Das Alte Testament · Interlinear Hebräisch – Deutsch

hänssler

RITA MARIA STEURER

Das Alte Testament

Interlinearübersetzung Hebräisch - Deutsch und Transkription des hebräischen Grundtextes

nach der Biblia Hebraica Stuttgartensia 1990

Band 5

Sprichwörter
Ruth
Das Hohelied
Prediger
Klagelieder
Esther
Daniel
Esra
Nehemia
1. Chronik
2. Chronik

Hänssler
Bestell-Nr. 391.585
ISBN 3-7751-1585-4

Hebräischer Text nach: Biblia Hebraica Stuttgartensia. 4. Auflage.

Internet: www.haenssler.de
E-Mail: info@haenssler.de

IDPC typesetting Software by Steven Gertiser and Adam Brencsan.
Umschlaggestaltung: Daniel Dolmetsch
Druck und Bindung: Druckerei C.H. Beck, Nördlingen
Printed in Germany

Inhalt

Vorwort

Wie eine Bibelübersetzung konzipiert wird, und wie sie schließlich ausfällt, das hängt nicht zuletzt von der vorgegebenen Zielsetzung und Zweckdienlichkeit ab. In diesem Werk liegt eine Interlinearversion vor, die uns vor allem den hebräischen Grundtext nahebringen will, also die Abschrift der uns verloren gegangenen Urschrift des Alten Testamentes. Bereits für das gesamte Mittelalter hatten Interlinearversionen, damals der lateinischen Bibel, eine hohe didaktische Bedeutung. Über dem lateinischen Text wurden die grammatikalisch richtigen deutschen Formen geschrieben, eine Vorarbeit zur Übersetzung in fließendes Deutsch für alle Laien, da die Geistlichkeit sich des Lateins bediente. Schließlich wollte der Laie die Bibel selber in der Umgangssprache des Volkes lesen. Das Bibellesen, endlich in volkstümlicher Sprache ermöglicht, nahm in solchem Umfang zu, der dann dem 14. Jahrhundert den Namen »Jahrhundert der Laienbibel« eintrug, denn es wurde ernstlich nach persönlicher Überlegung getrachtet, da man sich mit der Auslegung der lateinischen Bibel durch die Geistlichen nicht mehr zufrieden gab. In unseren Tagen hat sich umgekehrt ein Drang zurück zum Grundtext, zur Erforschung des Ursprünglichen angebahnt. Dazu ermöglicht die vorliegende Interlinearversion mit ihrer Transkription des hebräischen Grundtextes dem deutschsprachigen Lernwilligen einen leichteren und schnelleren Einstieg.

Selbst wenn hier versucht wird, den Grundtext möglichst genau, Wort für Wort, in seiner grammatischen Form wiederzugeben, ist eine völlige Übereinstimmung von Text und Übersetzung nicht zu erreichen. Eine Übersetzung ist nun einmal keine Ersetzung des Grundtextes. Zudem erwarte man bei einer parallel dreizeilig gehaltenen Ausführung kein wissenschaftliches Meisterwerk. Oft sagt ein hebräisches Wort sehr viel mehr aus als die Übersetzung in ein deutsches Wort. Semantische Differenzierungen müssen einem Lexikon entnommen werden.

Diese Interlinearversion muss als Lern- und Orientierungshilfe verstanden werden, die durch geleistete Vorarbeit dem Bibelinteressierten eine Wort für Wort dem hebräischen Grundtext folgende Version (keine »wörtliche«) darbietet, die notgedrungen kein stilvolles Deutsch sein kann. Dementsprechend liest sich der Text etwas holperig und ersetzt daher keine der gängigen Übersetzungen. Der Vorteil dieses Werkes liegt auf morphologisch-grammatikalischer Ebene sowie in Ausdrucksweisen, die bewusst nicht dem deutschen Sprachgebrauch angepasst wurden, um damit die hebräische Spracheigenart herauszustellen. Worum es sich im Einzelnen handelt, zeigen die Erläuterungen auf den folgenden Seiten.

Zeichenerklärung

*** bedeutet, dass ein Bestandteil des Grundtextes nicht ausdrücklich in die Übersetzung aufgenommen wurde, weil er sich auf gedankenlogischer Ebene erübrigt.

( ) In runden Klammern werden die für einen verständlichen deutschen Satz notwendigen Ergänzungen angeführt, wenn es sich nicht um morphologische Bestandteile des Grundtextes handelt, die sich erübrigen, wie z. B. »sie(ist) gehend(e)«. Die erste Einklammerung fehlt im Grundtext, während die zweite sich im Deutschen erübrigt.

(=) So eingefügte Wörter sind hinzugefügte Erläuterungen. Die Erläuterungen wurden in diesem Band vermehrt angeführt, jedoch aus technischen oder sonstigen Gründen nicht immer konsequent durchgeführt.

– Wie weit eine Einheit des Grundtextes mit der Übersetzung des Grundtextes übereinstimmt, wird, wenn im Deutschen dafür mehrere Wörter benötigt werden, durch Bindestriche angedeutet.

[ ] Die Leseform (Quere) wird in eckigen Klammern dem Grundtext und der Transkription beigefügt.

JHWH Dieses Tetragramm steht durchgehend für den alttestamentlichen Gottesnamen Jahwe, von den Juden »adonay« (Herr) ausgesprochen.
Der zweiten Zeile kann jeweils die unterschiedliche Vokalisation des Tetragramms entnommen werden.

Schreib- und Leseweise

Statt vorne fängt das Buch hinten an.

Den hebräischen Text liest man buchstabenweise, Transkription und Übersetzung wortweise von rechts nach links.

Bindestriche in der Übersetzung haben fiktive wortverkettende Funktionen und dienen zur Hervorhebung der im Grundtext gegebenen Einheit, wobei die Wortfolge nicht immer beachtet wird (z. B. wird »in Ebenbild seinem«, mit »in seinem Ebenbild« dem deutschen Sprachgebrauch angepasst).

Für ein deutsches Kompositum (zusammengesetztes Wort) steht im Grundtext oft mehr als eine Einheit, wird aber durch die Konstruktform (Bindeform) als solches angedeutet (vgl. »Begegnungszelt« statt: »Begegnungs Zelt«). Wenn ein Kompositum am Ende der Zeile durch Trennungsstrich getrennt wurde, so muss das darauffolgende Wort zuerst gelesen werden.

Interpunktionszeichen sollen als Hilfeleistung und nicht als einzige Möglichkeit angesehen werden.

Hinweis für den Anfänger

Die vielen Hinweise in Klammern sollten dem Anfänger helfen, ohne viel Zeitaufwand Anfangsschwierigkeiten zu überwinden. Qamez-Chatuf wurde ab dem zweiten Band mit o wiedergegeben. »Begadkefat«-Buchstaben werden in allen Bänden in der Transkription nicht berücksichtigt. Man merke sich:

ב = v   בּ = b ;   פ = f   פּ = p

Hebräisches Alphabet

(1. Quadratschrift; 2. Transliteration; 3. Name des Konsonanten; 4. Zahlenwert)

1.	2.	3.	4.
א	ʾ	Aleph	1
ב	b	Beth	2
ג	g	Gimel	3
ד	d	Daleth	4
ה	h	He	5
ו	w	Waw	6
ז	z	Zajin	7
ח	ḥ	Chet	8
ט	ṭ	Tet	9
י	j (=y)	Jod	10
כ, ך	k	Kaph	20
ל	l	Lamed	30
מ, ם	m	Mem	40
נ, ן	n	Nun	50
ס	s	Samech	60
ע	ʿ	Ajin	70
פ, ף	p	Pe	80
צ, ץ	ṣ	Sade	90
ק	q	Quoph	100
ר	r	Resch	200
שׂ	ś	Sin	300
שׁ	š	Schim	300
ת	t	Taw	400

Wenn Jesus in Mt. 5,18 voraussagt: »Kein Jota wird von dieser Schrift vergehen«, so meint er das Jod dieser Quadratschrift (kleinster Buchstabe).
Dieses Alphabet besteht aus 22 Konsonanten (die zweierlei Aussprache von b g d k p t und ś/š zählen nur einfach), die zugleich Zahlenwert haben. Vokalisationssysteme sind spätere Erfindung jüdischer Gelehrter, da es hebräische Schriftzeichen grundsätzlich nur für konsonantische Laute gibt.
Fünf der 22 Buchstaben haben am Wortende eine besondere Form.

Darstellung der Vokalzeichen

Ein Lernender sollte sich zuerst diese 7 Vokalzeichen einprägen:

Chireq	ִ	i
Seré	ֵ	e
Segól	ֶ	ɛ
Pátach	ַ	a
Qámez	ָ	ɔ
Chólem	ֹ	o
Qibbúz	ֻ	u

Alle diese Zeichen befinden sich unter einem Konsonanten (Ausnahme: Chólem befindet sich immer oberhalb; Pátach-furtivum wird etwas rechts unterhalb des Konsonanten eingeschoben und vor diesem gesprochen). Qámez (ɔ) steht für langes a und ganz selten bei unbetonter geschlossener Silbe für kurzes o, in diesem Fall Qámez-Chatúf (wird mit o dargestellt).

Verkürzungszeichen Sch^{ə}wa

Einfaches Sch^{ə}wa	ְ	ə	(ein sehr reduziertes e)

Zusammengesetztes Sch^{ə}wa in Verbindung mit Pátach, Qámez, Segól:

Chátef-Pátach	ֲ	a	reduziertes a
Chátef-Qámez	ֳ	o	reduziertes o
Chátef-Segól	ֱ	ɛ	reduziertes ä
Stummes Sch^{ə}wa	ְ	ə	zeigt lediglich das Fehlen eines Vokals an (= Silbenschluss)

Lesehilfen → Vokalsymbole

ה (h)   י (y)   ו (w)   א (^{c})

Vier Konsonanten werden als Lesehilfe herangezogen und in diesem Fall nicht ausgesprochen. In der Transkription werden die Lesehilfen immer hochgestellt, da sie nicht als Konsonant ausgesprochen werden.

Auch unser deutsches Dehnungs-h ist eine Lesehilfe und dient gleich diesen vier Konsonanten der langen, gedehnten Aussprache des vorangegangenen Vokals.

ָה (ɔ^h)   ֵה (e^h)   ֶה (ε^h)   ֹה (o^h)

ִי (i^y)   ֵי (e^y)   ֶי (ε^y)

ָא (ɔ')   usf.

ָו (ɔ^w = langes a; vergl. ɔw = aw)   וֹ (o^w)   וּ (u^w)

Chólem über der Lesestütze (= וֹ) nennt man Chólem Magnum (großer Chólem). Wird langes u mit einer Lesestütze dargestellt (= וּ), nennt man dies Schúreq.

Einige Hinweise zu Eigentümlichkeiten des Hebräischen

Das Alte Testament ist wahrlich kein einfaches Buch. Wer jedoch den Einstieg wagt, den fasziniert die Eröffnung eines Neulands, wo auf uns ungewohnte Weise gedacht, argumentiert und darum auch formuliert wird. Der Lernende muss zuerst vieles einfach in dem ahnenden Vertrauen eines Kindes hinnehmen, um dann nach und nach in diese neue Geisteswelt hineinzuwachsen, seine »Sprachanatomie« assimilieren, um damit einen Schatz erwerben zu können. Während es uns heute ein hartes Bemühen abverlangt, konnte Jesus z. B. seine Zeitgenossen noch ganz unmittelbar ansprechen und, wo nötig, sicher ohne größere Anstrengung eine aramäische, seiner Muttersprache entsprechende Version, vornehmen. Von der Sprachstruktur her gesehen haben Hebräisch und Aramäisch große Ähnlichkeit, während unser Deutsch einen davon sehr verschiedenen Aufbau hat. Erst die vergleichende Sprachwissenschaft hat uns schließlich die Vorstellung von der Vielfalt sprachlicher Strukturen vermittelt. Spricht jemand gemäß seiner natürlichen Logik, so wird er leicht Gegebenheiten folgen, die in seiner eigenen Sprache Hintergrundcharakter haben, die aber keineswegs in allen Sprachen gelten. Einer Bewusstmachung von Wesenszügen der hebräischen Spracheigenheit sollen folgende Kurzhinweise dienen, die keineswegs den Anspruch auf Vollständigkeit erheben können und wollen, sondern sie bemühen sich einfach herauszustellen, dass, je unterschiedlicher die Sprachstruktur von unserer gewohnten, desto eindringlicher die Forderung ist, das Augenmerk auf die jeweiligen Hintergrundprobleme zu richten. Ein neues Denkschema eröffnet eine neue Welt, hier die Welt des Alten Testaments, in dessen Verstehenshorizont es einzudringen gilt, will man sich eine eigene Meinung bilden.

Aus didaktischen Gründen wurden folgende Ausdrucksformen in Klammern oder gar nicht unserer Sprechweise angepasst, um eben dadurch das typisch Hebräische nicht zu verwischen. So liebt es zum Beispiel der Hebräer, Intensität durch Beifügung des Objekts in Gestalt eines Nomens vom gleichen Stamm auszudrücken. Sie »erbebten ein Beben« könnte in unserer Sprache lauten: »Es ergriff sie ein heftiges Beben.« Als Ausdruck von Gewissheit, Nachdruck und Unausweichlichkeit wird der Infinitivus absolutus mit dem Verbum derselben Wurzel verbunden. »Ein Sterben muss er sterben« meint: »Gewiss muss er sterben.« »Ein Einschärfen hat er uns eingeschärft« heißt soviel wie »mit Nachdruck hat er uns eingeschärft«. Die Wiederholung von Wortbildungen ist Ausdruck für hoch gesteigerte Beschaffenheit (z. B. »Gold, Gold« meint: »edelstes Gold«) oder auch Totalität, Unbedingtheit (z. B. »Schabbat Schabbaton« meint: »unbedingte Ruhefeier«), für fortwährende Zunahme (z. B. »tief, tief«, meint: »immer tiefer«) und ist mit der Kopula (vgl. Kopula = und) Ausdruck eines Mehrerlei (z. B. »Stein und Stein« meint: »zweierlei Steine«). Ein Ganzes wird meist als zweigeteilter polarischer Gegensatz dargestellt, z. B. das »All« als »Himmel und Erde«.

Ein für uns ungrammatischer Wechsel vom Singular zum Plural oder umgekehrt kann kontextbedingt einem Stilmittel der hebräischen Sprachlogik entsprechen, wenn es z. B. das Solidaritätsprinzip einzuschärfen gilt, wobei das Individuum gleichermaßen zu Entscheidung und Eigenverantwortung aufgerufen wird wie die Gemeinschaft als solche. Außer dem Singular und dem Plural kennt das Hebräische noch eine Dualform, die außer einigen Zeitbegriffen (z. B. zwei Tage) fast nur von paarweise vorkommenden Dingen gebraucht wird (z. B. zwei Augen). Der Artikel erscheint im Hebräischen nie als selbständiges Wort, sondern verbindet sich immer mit dem dazugehörenden Substantiv. Genus und Numerus verändern im Hebräischen nicht die Form des Artikels, und auch der Gebrauch des bestimmten Artikels ist im Deutschen sehr verschieden und wird deshalb je nach Bedarf eingefügt oder, wenn im Deutschen überflüssig, einfach weggelassen. In runden Klammern wird der unbestimmte Artikel eingefügt, da das Hebräische keinen solchen kennt. Zuweilen gebraucht man hierfür das Zahlwort eins.

Da das Hebräische nur zwei Geschlechter, nämlich nur Maskulinum und Femininum, aber kein Neutrum, kennt und die Geschlechter nicht immer mit den deutschen übereinstimmen, muss der Lernende eben selber in Erfahrung bringen, ob ein Genuswechsel vollzogen wurde oder nicht. Wo immer möglich, wurde jedoch aus didaktischen Gründen versucht, ein Wort mit dem gleichen Geschlecht zu finden, da dieses im unmittelbaren Kontext ja auch in den Verbflektierungen, Suffixen, Pronomen usf. zutage tritt. Erläuternd wird daher des Öfteren das dem deutschen Sprachgebrauch entsprechende Pronomen, Suffix, usf., in Klammern beigefügt.

Die Neigung, unser grammatikalisches Zeitsystem Vergangenheit, Gegenwart und Zukunft auch auf das Hebräische anzuwenden, ist verständlich, aber nicht adäquat, und es öffnet schweren Missverständnissen Tür und Tor. Nur ein Rapportsystem in der grammatischen Zuordnung kann uns da weiterhelfen, denn das Hebräische kennt an sich keine Verbalform, die die Zeit eines Geschehens anzeigen würde. Das »Perfekt« stellt meist die Handlung als vollendet, das »Imperfekt« als unvollendet dar. Ob dies nun in der Gegenwart, Vergangenheit oder Zukunft der Fall ist, muss für uns die Einordnung im Satzgefüge entscheiden. Das »Perfekt« ist außerdem bei erfahrungsgemäßen Tatsachen, beim futurum exactum usf. gegeben, während beim »Imperfekt« unter anderem noch der modalistische Gebrauch von können, mögen, sollen, wollen, dürfen zutrifft. Vieles mehr darüber findet sich in einer guten Grammatik.

Im Verständnishorizont eines Laien bedeuten die sehr oft verschieden ausfallenden Übersetzungen eine weitere Schwierigkeit. Bei der Sinnfülle gebündelter Ausdrücke ist im Normalfall der Kontext für eine betreffende Wortwahl entscheidend. Als Beispiel gelte das Verbum hɔ^{y}ɔ^{h}. Bei den gleichwertigen Übersetzungsmöglichkeiten (werden, sein, wirken, geschehen, d. h. wirksam vorhanden sein) wurde z. B. in Gen 1, 7 »geschehen« als adäquat betrachtet.

In anderen Fällen lässt sich des Öfteren eine Auswahl treffen, die meist nur einen Aspekt der Sinnfülle aufzeigt. Als Beispiel sei auf das Verbum šabat (vgl. z. B. Gen 2, 2-3) hingewiesen, dessen Sinnfülle gebündelt: aufhören, stocken, ruhen, feiern, eratmen beinhalten. In einem Satzgefüge kann nur eine dieser Möglichkeiten integriert werden, obwohl dies dann meist eine Reduzierung des ursprünglichen Sinns bedeutet. Unter dem Gesichtspunkt der wöchentlichen Arbeit bedeutet šabat »ruhen« (nicht sinnverwandt mit »Nichts tun«). Es bedeutet aber zugleich ein Ruhen der Kritik, der Nörgelei ... Vom Jahwebund ausgehend bedeutet es, sich ganz und gar auf Gott einzulassen, eine Denk- und Betpause einlegen, eine Neubesinnung auf die wesentlichen Dinge, ein Feiern, das die Seele eratmen lässt, das in Dank und Lob ausbricht, Segnungen spricht, Gott Opfer darbringt, Verkündigung des Heiligen (= Hl. Schrift) und Betrachtung desselben. Bei einer solchen Sinnfülle verwundert es nicht, wenn der eine »ruhen«, der andere »feiern«, wieder der andere »eratmen« übersetzt. Es genügt zu erfassen, dass eine Übersetzung manchmal notgedrungen nicht die Sinnfülle wiedergeben kann, die ein Israelit beim Hören oder Lesen eines Wortes in der hebräischen Fassung in seinem, am Alten Testament geschulten, Gedächtnis, durch die Tradition wie in einem Festplattenspeicher gesichert, zur Verfügung hatte. Vor allem die oft so unwahrscheinlich anmutenden Präpositionen beinhalten zumeist eine ganze Palette von Bedeutungen. Einschränkend beinhaltet z. B. min »von«. So kann man übersetzen: Gott ruhte von der Arbeit.

Weitere Bedeutungswerte von min sind »aus«, »nach«, »vor«, »etwas«, »infolge«, »seit«, »angefangen von«. Eine Einschränkung ist sehr oft im Satzgefüge des Textzusammenhangs klar ersichtlich, oft aber, wie in unserem Beispiel, nicht erforderlich, ja für eine theologisch-liturgische Auslegung eher fatal. Sich mit dem Grundtext zu befassen hilft viele unnötige Vorurteile abzubauen, und vermittelt auch dem Laien mehr Sicherheit und Freude im Umgang mit der Hl. Schrift.

Bei Altersangaben beachte man die Verwendung »ein Sohn (bzw. Tochter) von soundso vielen Jahren«. »Ein Sohn von zwanzig Jahren« meint: »zwanzig Jahre alt«. Bei Aufzählungen wird eine Notlösung getroffen, da es besonders schwierig ist, eine deutsche Anpassung zu finden. »Zwölf« wird im Hebräischen als »zwei und zehn«, »vierzehn« als »vier zehn«, »tausendundsechsunddreißig« als »tausend dreißig und sechs« dargestellt. In solchen Fällen genügt ein wenig rechnerische Logik.

Schlussbemerkung

In Israel gab es nur ein Buch schlechthin, die HEILIGE SCHRIFT. Heilig, weil sie göttlichen Ursprungs und schriftlich fixiertes Gotteswort ist. Geschrieben wurde dieses Gotteswort, um immer wieder verlesen, verkündet, betrachtet und kommentiert zu werden. Das gilt auch uns. Das vorliegende Werk wird daher all denen wertvolle Dienste leisten, die sich durch persönliches Studium in die Bücher der Geschichte (Israels) vertiefen möchten. Keine Übersetzung ist perfekt. Eine größere Perfektion ist nicht nur eine Zeitfrage, sondern auch eine finanzielle Last. Allein drucktechnische Schwierigkeiten erwiesen sich für den Verleger als finanzielle Bürde, die er erst nach Jahren wird ablegen können. Bei einem noch größeren Aufwand würde das Werk für viele unerschwinglich und noch lange nicht erscheinen, und sicherlich würde kein Verleger, selbst um des Wortes Gottes willen, noch größere Opfer bringen. Dank sei daher allen, die im Dienste dieses Werkes standen.

Rita Maria Steurer

Sprichwörter

Ruth

Das Hohelied

Prediger

Klagelieder

Esther

Daniel

Esra

Nehemia

1. Chronik

2. Chronik

משלי

Sprichwörter

1

1 מִשְׁלֵי mišᵊleʸ (von)-Sprüche
שְׁלֹמֹה šᵊlomoʰ (Salomo=)Schelomo
בֶן־דָּוִד dɔwid-bɛn ,David(s)-Sohn

מֶלֶךְ mɛlɛk (von)-König(s)-(des)
יִשְׂרָאֵל׃ yiśᵊrɔˀel. :Israel
2 לָדַעַת lɔdaᶜat (erkenne-man-dass=)erkennen-zu
חָכְמָה ḥokᵊmɔʰ Weisheit

וּמוּסָר uʷmuʷsɔr ,Zucht-und
לְהָבִין lᵊhɔbiʸn (verstehe-man-dass=)verstehen-zu
אִמְרֵי ˀimᵊreʸ (von)-Worte
בִינָה׃ biʸnɔʰ. ,Einsicht

3 לָקַחַת lɔqaḥat (annehme-man-dass=)nehmen-zu
מוּסַר muʷsar (und)-Zucht
הַשְׂכֵּל haśᵊkel ,Klugsein-(ein)
צֶדֶק ṣɛdɛq Gerechtigkeit

וּמִשְׁפָּט uʷmišᵊpɔṭ Recht-und
וּמֵישָׁרִים׃ uʷmeʸšɔriʸm. .(Redlichkeit=)Geradheit(en)-und
4 לָתֵת lɔtet (verleihen=)geben-Zu

לִפְתָאיִם lipᵊtɔˀyim Unerfahrene(n)-(den=)zu
עָרְמָה ᶜorᵊmɔʰ ,Klugheit
לְנַעַר lᵊnaᶜar (Jugend-der=)Knabe-zu
דַּעַת daᶜat (Er)kenntnis

חָכָם	5 יִשְׁמַע	וּמְזִמָּה׃
ḥɔkɔm	yišᵊmaᶜ	uʷmᵊzimmɔʰ.
Weise-(der)	hört-(Es=)Er	.(Besonnenheit=)Sinnen-und

לֶקַח	וְיוֹסֶף
lɛqaḥ	wᵊyoʷsɛp
,(Belehrung=)Lehre	(durch-gewinnt=)hinzufügen-macht-er-und

יִקְנֶה׃	תַּחְבֻּלוֹת	וְנָבוֹן
yiqᵊnɛʰ.	taḥᵊbuloʷt	wᵊnɔboʷn
,erwirbt-(er)	(Einfälle=)Überlegungen	Einsichtige-(der)-und

וּמְלִיצָה	מָשָׁל	6 לְהָבִין
uʷmᵊliʸṣɔʰ	mɔšɔl	lᵊhɔbiʸn
,(Sinnspruch=)Rätsel-und	Spruch	(verstehe-man-dass=)machen-verstehen-zu

יְהוָה	7 יִרְאַת	וְחִידֹתָם׃	חֲכָמִים	דִּבְרֵי
yᵊhwɔʰ	yirᵊʾat	wᵊḥiʸdotɔm.	ḥᵃkɔmiʸm	dibᵊreʸ
JHWH	(vor)-Furcht	.Rätsel(reden)-ihr(e)-und	Weise(n)	(von)-Worte

אֱוִילִים	וּמוּסָר	חָכְמָה	דָּעַת	רֵאשִׁית
ʾᵋwiʸliʸm	uʷmuʷsɔr	ḥokᵊmɔʰ	dɔᶜat	reʾšiʸt
Toren-(die)	Zucht-und	Weisheit	;(Er)kenntnis-(der)	Anfang-(ist)

מוּסַר	בְּנִי	8 שְׁמַע	בָּזוּ׃
muʷsar	bᵊniʸ	šᵊmaᶜ	bɔzuʷ.
(Zurechtweisung=)Zucht-(die-auf)	,Sohn-mein	,Höre	.verachte(te)n-(sie)

תּוֹרַת	תִּטֹּשׁ	וְאַל־	אָבִיךָ
toʷrat	tiṭṭoš	-wᵊʾal	ʾɔbiʸkɔ
Weisung-(die)	verwerfen-(sollst=)wirst-du	nicht-und	,Vater(s)-dein(es)

הֵם	חֵן	לִוְיַת	9 כִּי	אִמֶּךָ׃
hem	ḥen	liwᵊyat	kiʸ	ʾimmɛkɔ.
(sind)-sie	(Anmut=)Gnade-(der)	Kranz-(ein)	denn	,Mutter-deine(r)

לְגַרְגְּרֹתֶיךָ׃	וַעֲנָקִים	לְרֹאשֶׁךָ
lᵊgarᵊgᵊrotɛʸkɔ.	waᶜᵃnɔqiʸm	lᵊroʾšɛkɔ
.(Hals=)Gurgel-deine-(für=)zu	Geschmeide(n)-und	Haupt-dein-(für=)zu

אַל־	חַטָּאִים	יְפַתּוּךָ	אִם־	10 בְּנִי
-ʾal	ḥaṭṭɔʾiʸm	yᵊpattuʷkɔ	-ʾim	bᵊniʸ
nicht	,Sünder	dich-betören-(wollen=)werden-(sie)	wenn	,Sohn-Mein

תֹּבֶא׃ 11 אִם־ יֹאמְרוּ לְכָה אִתָּנוּ
ʾittɔnuʷ lᵊkɔʰ yoʾmᵊruʷ -ʾim tobeʾ.
!uns-mit Geh :sagen-sie Wenn !(sein-willig=)wollen-(sollst=)wirst-du

נֶאֶרְבָה לְדָם נִצְפְּנָה
niṣᵊpᵊnɔʰ lᵊdɔm nɛʾɛrᵊbɔʰ
nachstellen-(wollen=)werden-wir ,Blut-(auf=)zu lauern-(wollen=)werden-Wir

לְנָקִי חִנָּם׃ 12 נִבְלָעֵם
nibᵊlɔᶜem ḥinnɔm. lᵊnɔqiʸ
sie-verschlingen-Wir !grundlos Unschuldigen-(dem=)zu

כִּשְׁאוֹל חַיִּים וּתְמִימִים
uʷtᵊmiʸmiʸm ḥayyiʸm kišᵊʾoʷl
(Gesunde=)Vollkommene-(zwar)-und ,lebendig(e) (Unterwelt-die=)Scheol-wie

כְּיוֹרְדֵי בוֹר׃ 13 כָּל־
-kol boʷr. kᵊyoʷrᵊdeʸ
All(erlei) .(Grab=)Grube-(die) (in)-Hinabsteigende-wie

הוֹן יָקָר נִמְצָא
nimᵊṣɔʾ yɔqɔr hoʷn
,(erlangen=)finden-werden-wir wertvoll(e) (Kostbarkeit=)Reichtum

נְמַלֵּא בָתֵּינוּ שָׁלָל׃ 14 גּוֹרָלְךָ
goʷrɔlᵊkɔ šɔlɔl. bɔtteʸnuʷ nᵊmalleʾ
Los-Dein .Beute-(mit) Häuser-unsere füllen-werden-wir

תַּפִּיל בְּתוֹכֵנוּ כִּיס אֶחָד
ʾɛḥɔd kiʸs bᵊtoʷkenuʷ tappiʸl
einer Beutel ,(uns-unter=)Mitte-unsere-in (werfen=)lassen-fallen-wirst-du

יִהְיֶה לְכֻלָּנוּ׃ 15 בְּנִי אַל־
-ʾal bᵊniʸ lᵊkullɔnuʷ. yihᵊyɛʰ
nicht ,Sohn-Mein .(allen-uns=)uns-alle-zu (gehören=)sein-(soll=)wird-(er)

תֵּלֵךְ בְּדֶרֶךְ אִתָּם מְנַע
mᵊnaᶜ ʾittɔm bᵊdɛrɛk telek
ferne-halte ;ihnen-mit Weg-(einem)-(auf=)in gehen-(sollst=)wirst-du

רַגְלְךָ מִנְּתִיבָתָם׃ 16 כִּי רַגְלֵיהֶם לָרַע
lɔraᶜ ragᵊleʸhɛm kiʸ minnᵊtiʸbɔtɔm. ragᵊlᵊkɔ
Bösen-zum-(hin) Füße-ihre Denn !Pfad-ihrem-von Fuß-dein(en)

17 כִּי־	דָּם:	לִשְׁפָּךְ־	וִימַהֲרוּ	יָרוּצוּ
-ki^{y}	dɔm.	-liš^{ə}pok	wi^{y}mah^{a}ru^{w}	yɔru^{w}ṣu^{w}
Denn	.Blut	vergießen-zu-(um)	eilen-sie-und	,laufen-(sie)

הָרָשֶׁת	מְזֹרָה	חִנָּם
hɔrɔšɛt	m^{ə}zorɔ^{h}	ḥinnɔm
Netz-das	gespannt(e)-(ist)-(es=sie)	(Nutzen-ohne=)grundlos

כָּנָף:	בַּעַל	כָּל־	בְּעֵינֵי
kɔnɔp.	baʿal	-kol	b^{ə}ʿe^{y}ne^{y}
.(Befiederten=)Flügel	-Besitzer	all(er)	Augen-(beiden)-(vor=)in

יִצְפְּנוּ	יֶאֱרֹבוּ	לְדָמָם	18 וְהֵם
yiṣ^{ə}p^{ə}nu^{w}	yɛʾ^{ɛ}robu^{w}	l^{ə}dɔmɔm	w^{ə}hem
nach-stellen-sie	,lauern-sie	Blut-ihr-(auf=)zu	,sie-(Doch=)Und

כָּל־	אָרְחוֹת	19 כֵּן	לְנַפְשֹׁתָם:
-kol	ʾor^{ə}ḥo^{w}t	ken	l^{ə}nap^{ə}šotɔm.
(jedes=)all	Wege-(die)	(sind)-So	.(Leben-ihrem=)Seelen-ihren-zu

אֶת־נֶפֶשׁ	בָּצַע	בֹּצֵעַ
nɛpɛš-ʾɛt	bɔṣaʿ	boṣeaʿ
(Leben-Das=)Seele-(Die)***	:Gewinn	(nach-Gierenden=)Brechend(en)

בַּחוּץ	20 חָכְמוֹת	יִקָּח:	בְּעָלָיו
baḥu^{w}ṣ	ḥok^{ə}mo^{w}t	yiqqɔḥ.	b^{ə}ʿɔlɔ^{y}w
(Gasse-der-auf=)Draußen-im	Weisheit(en)-(Die)	.nimmt-er	Besitzer-seine(r)

קוֹלָהּ:	תִּתֵּן	בָּרְחֹבוֹת	תָּרֹנָּה
qo^{w}lɔh.	titten	bɔr^{ə}ḥobo^{w}t	tɔronnɔ^{h}
.Stimme-ihre	(erhebt=)gibt-sie	Plätze(n)-(den=)die-(auf=)in	,schreit-(sie)

תִּקְרָא	הֹמִיּוֹת	21 בְּרֹאשׁ
tiq^{ə}rɔʾ	homi^{y}yo^{w}t	b^{ə}roʾš
,ruft-sie	(Plätzen)-lärmende(n)	(über-oben-Hoch=)Haupt-In

תֹאמֵר:	אֲמָרֶיהָ	בָּעִיר	שְׁעָרִים	בְּפִתְחֵי
toʾmer.	ʾ^{a}mɔrɛ^{y}hɔ	bɔʿi^{y}r	š^{ə}ʿɔri^{y}m	b^{ə}pit^{ə}ḥe^{y}
:spricht-sie	Worte-ihre	Stadt-(der=)die-in	Tore-(der)	Öffnungen-(den)-(an=)in

תְּאֵהֲבוּ	פְּתָיִם	22 עַד־מָתַי
t^{ə}ʾeh^{a}bu^{w}	p^{ə}tɔyim	mɔtay-ʿad
liebt-ihr	,(Betörten-ihr=)Einfältige	,(noch-lange-Wie=)wann-Bis

חָמְדוּ	לָצוֹן	וְלֵצִים	פֶּתִי
ḥɔmᵊduʷ	lɔṣoʷn	wᵊleṣiʸm	pɛtiʸ
begehr(t)en-(sie)	Spott	Spötter-und	,(Betörung=)Einfältigkeit

דָעַת׃	יִשְׂנְאוּ־	וּכְסִילִים	לָהֶם
dɔʿat.	-yiśᵊnᵊʾuʷ	uʷkᵊsiʸliʸm	lɔhɛm
?(Er)kenntnis	hassen-(sie)	Törichte-und	(sich-für=)sie-zu

הִנֵּה	לְתוֹכַחְתִּי	23 תָּשׁוּבוּ
hinneʰ	lᵊtoʷkaḥᵊtiʸ	tɔšuʷbuʷ
,Siehe	!Zurechtweisung-meine(r)-zu	umkehren-(sollt=)werdet-Ihr

רוּחִי	לָכֶם	אַבִּיעָה
ruʷḥiʸ	lɔkɛm	ʾabbiʸʿɔʰ
,Geist-mein(en)	euch-(über=)zu	(ausgießen=)lassen-sprudeln-will-ich

קָרָאתִי	24 יַעַן	אֶתְכֶם׃	דְבָרַי	אוֹדִיעָה
qɔrɔʾtiʸ	yaʿan	ʾɛtᵊkɛm.	dᵊbɔray	ʾoʷdiʸʿɔʰ
rief-ich	Weil	!euch	Worte-meine	(kundtun=)machen-wissen-will-ich

יָדִי	נָטִיתִי	וַתְּמָאֵנוּ
yɔdiʸ	nɔṭiʸtiʸ	wattᵊmɔʾenuʷ
Hand-meine	aus-streckte-ich	,(wolltet-nicht=)weigertet-euch-ihr-und

25 וַתִּפְרְעוּ	מַקְשִׁיב׃	וְאֵין
wattipᵊrᵊʿuʷ	maqᵊšiʸb.	wᵊʾeʸn
(ablehntet=)frei-ließet-ihr-(weil)-und	,Aufmerkender-(ein)	(war)-nicht-und

אֲבִיתֶם׃	לֹא	וְתוֹכַחְתִּי	עֲצָתִי	כָל־
ʾᵃbiʸtɛm.	loʾ	wᵊtoʷkaḥᵊtiʸ	ʿᵃṣɔtiʸ	-kol
:gewollt-habt-ihr	nicht	Zurechtweisung-meine-und	,Rat-mein(en)	all

אֶשְׂחָק	בְּאֵידְכֶם	26 גַּם־אֲנִי
ʾɛśᵊḥɔq	bᵊʾeʸdᵊkɛm	ʾᵃniʸ-gam
,lachen-werde-(ich)	Unglück-eurem-(bei=)in	,ich-auch-(So)

בְּבֹא	אֶלְעַג
bᵊboʾ	ʾɛlᵊʿag
(kommt-wenn=)Kommen-in	,spotten-werde-(ich)

27 בְּבֹא	פַּחְדְּכֶם׃
bᵊboʾ	paḥᵊdᵊkɛm.
(kommt-wenn=)Kommen-in	,(euch-über-Schrecken=)Schrecken-euer

כְּשַׁאֲוָה[כְשׁוֹאָה]
[k^{ə}šo^{wʾ}ɔ^{h}]k^{ə}ša^{ʾa}wɔ^{h}
Unwetter-(ein)-wie

פַּחְדְּכֶם
paḥ^{ə}d^{ə}kɛm
,(euch-über-Schrecken=)Schrecken-euer

וְאֵידְכֶם
w^{əʾ}e^{y}d^{ə}kɛm
Unglück-euer-und

כְּסוּפָה
k^{ə}su^{w}pɔ^{h}
Sturmwind-(ein)-wie

יֶאֱתֶה
yɛ^{ʾɛ}tɛ^{h}
,kommt-(es=er)

בְּבֹא
b^{ə}boʾ
(kommt-wenn=)Kommen-in

עֲלֵיכֶם
^{ʿa}le^{y}kɛm
euch-(über=)auf

צָרָה
ṣɔrɔ^{h}
Not

וְצוּקָה׃
w^{ə}ṣu^{w}qɔ^{h}.
.Bedrängnis-und

28 אָז
ʾɔz
Dann

יִקְרָאֻנְנִי
yiq^{ə}rɔʾun^{ə}ni^{y}
,mich-rufen-werden-sie

וְלֹא
w^{ə}loʾ
nicht-(aber=)und

אֶעֱנֶה
ʾɛ^{ʿɛ}nɛ^{h}
,antworten-werde-ich

יְשַׁחֲרֻנְנִי
y^{ə}šaḥ^{a}run^{ə}ni^{y}
,mich-suchen-werden-sie

וְלֹא
w^{ə}loʾ
nicht-(aber=)und

יִמְצָאֻנְנִי׃
yim^{ə}ṣɔʾun^{ə}ni^{y}.
.mich-finden-werden-sie

29 תַּחַת
taḥat
,(Dafür=)Unter

כִּי־
-ki^{y}
dass

שָׂנְאוּ
śɔn^{əʾ}u^{w}
hass(t)en-sie

דָעַת
dɔʿat
(Er)kenntnis

וְיִרְאַת
w^{ə}yir^{əʾ}at
(vor)-Furcht-und

יְהוָה
y^{ə}hwɔ^{h}
JHWH

לֹא
loʾ
nicht

בָחָרוּ׃
bɔḥɔru^{w}.
,(er)wählten-(sie)

30 לֹא־
-loʾ
nicht

אָבוּ
ʾɔbu^{w}
wollten-sie

לַעֲצָתִי
la^{ʿa}ṣɔti^{y}
,Rat-mein(en)

נָאֲצוּ
nɔ^{ʾa}ṣu^{w}
verwarfen-sie

כָּל־
-kol
all

תּוֹכַחְתִּי׃
to^{w}kaḥti^{y}.
.Zurechtweisung-meine

31 וְיֹאכְלוּ
w^{ə}yoʾk^{ə}lu^{w}
essen-(sollen=)werden-sie-(So=)Und

מִפְּרִי
mipp^{ə}ri^{y}
Frucht-(der)-von

דַרְכָּם
dar^{ə}kɔm
,(Wandels=)Weg(es)-ihr(es)

וּמִמֹּעֲצֹתֵיהֶם
u^{w}mimmo^{ʿa}ṣote^{y}hɛm
Ratschlüssen-(eigenen)-ihren-von-und

יִשְׂבָּעוּ׃
yiś^{ə}bɔʿu^{w}.
!satt-sein-(sollen=)werden-sie

32 כִּי
ki^{y}
Denn

מְשׁוּבַת
m^{ə}šu^{w}bat
Abtrünnigkeit-(die)

פְּתָיִם
p^{ə}tɔyim
(Betörten=)Einfältigen-(der)

תַּהַרְגֵם
tahar^{ə}gem
,sie-tötet-(sie)

וְשַׁלְוַת
w^{ə}šal^{ə}wat
(Sorglosigkeit=)Ruhe-(die)-und

כְּסִילִים kᵊsiʸliʸm Tore(n)-(der)
תְּאַבְּדֵם׃ tᵊʾabᵊdem. .sie-vernichtet-(sie)
33 וְשֹׁמֵעַ wᵊšomeaᶜ Hörende-(der)-(Aber=)Und

לִי liʸ (mich-auf=)mir-zu
יִשְׁכָּן־ -yišᵊkon wohnt-(er)
בֶּטַח bɛṭaḥ (sicher=)Sicherheit
וְשַׁאֲנַן wᵊšaʾᵃnan sorglos-und

מִפַּחַד mippaḥad Schrecken-(dem)-(vor=)von
רָעָה׃ rɔᶜɔʰ. .Unheil(s-des)

2

1 בְּנִי bᵊniʸ ,Sohn-Mein
אִם־ -ʾim wenn
תִּקַּח tiqqaḥ (an)nimmst-du
אֲמָרָי ʾᵃmɔrɔy Worte-meine

וּמִצְוֹתַי uʷmiṣᵊwotay Gebote-meine-und
תִּצְפֹּן tiṣᵊpon (bewahrst=)birgst-du
אִתָּךְ׃ ʾittɔk. ,dir-(bei=)mit

2 לְהַקְשִׁיב lᵊhaqᵊšiʸb (hinhört-indem=)Hinhören-zu
לַחָכְמָה laḥokᵊmɔʰ Weisheit-zur
אָזְנֶךָ ʾozᵊnɛkɔ ,Ohr-dein
תַּטֶּה taṭṭɛʰ (wendest=)neigst-du

לִבְּךָ libbᵊkɔ (Sinn-deinen=)Herz-dein
לַתְּבוּנָה׃ lattᵊbuʷnɔʰ. ,Einsicht-zur
3 כִּי kiʸ ,(ja=)denn
אִם ʾim wenn

לַבִּינָה labbiʸnɔʰ Verständnis-(nach=)zu
תִּקְרָא tiqᵊrɔʾ ,rufst-du
לַתְּבוּנָה lattᵊbuʷnɔʰ Einsicht-zur
תִּתֵּן titten (erhebst=)gibst-du

קוֹלֶךָ׃ qoʷlɛkɔ. ,Stimme-deine
4 אִם־ -ʾim wenn
תְּבַקְשֶׁנָּה tᵊbaqᵊšɛnnɔʰ (ihr-nach=)sie-suchst-du
כַכָּסֶף kakkɔsɛp Silber-das-wie

וְכַמַּטְמוֹנִים wᵊkammaṭᵊmoʷniʸm (Schätzen-nach=)Schätze-die-wie-und
תַּחְפְּשֶׂנָּה׃ taḥᵊpᵊśɛnnɔʰ. :sie-erforschst-du
5 אָז ʾɔz Dann

תָּבִין tɔbiʸn (begreifen=)verstehen-wirst-du
יִרְאַת yirᵊʾat (vor)-Furcht-(die)
יְהוָה yᵊhwɔʰ ,JHWH
וְדַעַת wᵊdaᶜat (Er)kenntnis-und

יִתֵּן	יְהוָה	6 כִּֽי־	תִּמְצָא׃	אֱלֹהִים
yitten	yᵊhwɔʰ	-kiʸ	timᵊṣɔʾ.	ʾᵋlohiʸm
(verleiht=)gibt-(er)	JHWH	Denn	.finden-wirst-du	(Gottes=)Götter-(der)

וּתְבוּנָה׃	דַּעַת	מִפִּיו	חָכְמָה
uʷtᵊbuʷnɔʰ.	daᶜat	mippiʸw	ḥokᵊmɔʰ
.Einsicht-und	Erkenntnis	(kommt)-Mund-seinem-(aus=)von	,Weisheit

לַיְשָׁרִים	[יִצְפֹּן]וְצָפַן 7
layᵊšɔriʸm	[yiṣᵊpon]wᵊṣɔpan
(Redlichen=)Geraden-(den=)zu	(bereit-hält=)verwahrt-er-Und

לְהֹלְכֵי	מָגֵן	תּוּשִׁיָּה
lᵊholᵊkeʸ	mɔgen	tuʷšiʸyɔʰ
(in)-(Wandelnden=)Gehenden-(den=)zu	Schild-(einen)	,(Bestand=)Gelingen

אָרְחוֹת	לִנְצֹר 8	תֹּם׃
ʾorᵊḥoʷt	linᵊṣor	tom.
Pfade-(die)	(behütet-er-indem=)behüten-zu	,(Lauterkeit=)Vollständigkeit

[חֲסִידָיו]חֲסִידוֹ	וְדֶרֶךְ	מִשְׁפָּט
[ḥᵃsiʸdɔʸw]ḥᵃsiʸdoʷ	wᵊdɛrɛk	mišᵊpɔṭ
[Frommen-seiner]Frommen-seines	Weg-(den)-und	Recht(es)-(des)

וּמִשְׁפָּט	צֶדֶק	תָּבִין	אָז 9	יִשְׁמֹר׃
uʷmišᵊpɔṭ	ṣɛdɛq	tɔbiʸn	ʾɔz	yišᵊmor.
Recht-und	Gerechtigkeit	verstehen-wirst-du	Dann	.bewacht-(er)

כִּֽי־ 10	טוֹב׃	מַעְגַּל־	כָּל־	וּמֵישָׁרִים
-kiʸ	ṭoʷb.	-maᶜᵊgal	-kol	uʷmeʸšɔriʸm
Denn	.gut(en)	Pfad	(jeden=)all-(als)	,Geradheit(en)-und

וְדַעַת	בְלִבֶּךָ	חָכְמָה	תָבוֹא
wᵊdaᶜat	bᵊlibbɛkɔ	ḥokᵊmɔʰ	tɔboʷʾ
(Er)kenntnis-(so=)und	,Herz-dein-in	Weisheit	kommen-wird-(es=)sie

מְזִמָּה 11	יִנְעָם׃	לְנַפְשְׁךָ
mᵊzimmɔʰ	yinᵊᶜɔm.	lᵊnapᵊšᵊkɔ
(Besonnenheit=)Plan	.sein-angenehm-wird-(sie)	Seele-deine-(für=)zu

תִנְצְרֶכָּה׃	תְּבוּנָה	עָלֶיךָ	תִּשְׁמֹר
tinᵊṣᵊrɛkkɔʰ.	tᵊbuʷnɔʰ	ᶜɔlɛʸkɔ	tišᵊmor
dich-(be)hüten-wird-(sie)	Einsicht	,dich-(über=)auf	wachen-wird-(sie)

רָע	מִדֶּרֶךְ	12 לְהַצִּילְךָ
rɔᶜ	midderɛk	lᵊhaṣṣiʸlᵊkɔ
,Böse(n)-(des)	Weg-dem-(vor=)von	dich-(er)retten-zu-(um)

תַּהְפֻּכוֹת:	מְדַבֵּר	מֵאִישׁ
tahᵊpukoʷt.	mᵊdabber	meʾiʸš
,(Falschheit=)Verkehrtheiten	(ist)-sprechend(er)-(der)	,Mann-(dem)-(vor=)von

לָלֶכֶת	יֹשֶׁר	אָרְחוֹת	13 הַעֹזְבִים
lɔlɛkɛt	yošɛr	ʾorᵊḥoʷt	haᶜozᵊbiʸm
gehen-zu-(um)	Geradheit-(von)	Pfade	Verlassende(n)-(den=)die

רָע	לַעֲשׂוֹת	14 הַשְּׂמֵחִים	חֹשֶׁךְ:	בְּדַרְכֵי־
rɔᶜ	laᶜaśoʷt	haśśᵊmeḥiʸm	ḥošɛk.	-bᵊdarᵊkeʸ
Böse(s)	tun-zu	Freuende(n)-sich-Die	.Finsternis-(der)	Wege(n)-(auf=)in

רָע:	בְּתַהְפֻּכוֹת	יָגִילוּ
rɔᶜ.	bᵊtahᵊpukoʷt	yɔgiʸluʷ
,Böse(n)-(eines)	(Falschheit=)Verkehrtheiten-(die)-(über=)in	frohlocken-(sie)

וּנְלוֹזִים	עִקְּשִׁים	אָרְחֹתֵיהֶם	15 אֲשֶׁר
uʷnᵊloʷziʸm	ᶜiqqᵊšiʸm	ʾorᵊḥoteʸhɛm	ʾᵃšɛr
verkehrt(e)-und	(pervers=)verdreht(e)-(sind)	Wege-ihre	weil

זָרָה	מֵאִשָּׁה	16 לְהַצִּילְךָ	בְּמַעְגְּלוֹתָם:
zɔrɔʰ	meʾiššɔʰ	lᵊhaṣṣiʸlᵊkɔ	bᵊmaᶜᵊgᵊloʷtɔm.
,fremde(n)	Frau-(einer)-(vor=)von	dich-retten-zu-(Um)	.Routen-ihre-(***=)in

17 הַעֹזֶבֶת	הֶחֱלִיקָה:	אֲמָרֶיהָ	מִנָּכְרִיָּה
haᶜozɛbɛt	hɛḥᵉliʸqɔʰ.	ʾᵃmɔrɛʸhɔ	minnokᵊriʸyɔʰ
Verlassende-die	,glättet-(sie)	Worte-ihre-(welche)	,Fremde(n)-(einer)-(vor=)von

וְאֶת־בְּרִית	נְעוּרֶיהָ	אַלּוּף
bᵊriʸt-wᵊʾɛt	nᵊᶜuʷrɛʸhɔ	ʾalluʷp
Bund-(den)-***und	,Jugendzeit(en)-ihre(r)	Freund-(den)

18 כִּי	שָׁכֵחָה:	אֱלֹהֶיהָ
kiʸ	šɔkeḥɔʰ.	ʾᵉlohɛʸhɔ
,(Fürwahr=)Denn	:(vergisst=)vergaß-(sie)	(Gottes-ihres=)Götter-ihre(r)

וְאֶל־	בֵּיתָהּ	מָוֶת	אֶל־	שָׁחָה
-wᵊʾɛl	beʸtɔh	mɔwɛt	-ʾɛl	šɔḥɔʰ
zu-und	,Haus-ihr	Tod	zu(m)	(hinab-sinkt=)sank-(es=)sie

19 כָּל־	מַעְגְּלֹתֶיהָ׃	רְפָאִים
-kol	maʿəgəlotɛyhɔ.	rəpɔʾiym
,All(e)	.Pfade-ihre-(führen)	Verstorbene(n)-(den)

יְשׁוּבוּן	לֹא	בָּאֶיהָ
yəšuwbuwn	loʾ	bɔʾɛyhɔ
zurückkehren-werden-sie	nicht	,(kommen-ihr-zu-die=)Kommenden-ihre

חַיִּים׃	אָרְחוֹת	יַשִּׂיגוּ	וְלֹא־
ḥayyiym.	ʾorəḥowt	yaśśiyguw	-wəloʾ
.(Lebens-des=)Lebende(n)-(der)	Wege	erreichen-werden-sie	nicht-und

וְאָרְחוֹת	טוֹבִים	בְּדֶרֶךְ	תֵּלֵךְ	20 לְמַעַן
wəʾorəḥowt	ṭowbiym	bədɛrɛk	telek	ləmaʿan
Pfade-(die)-und	Gute(n)-(der)	Weg-(dem)-(auf=)in	gehst-du	Damit

יְשָׁרִים	21 כִּי־	תִּשְׁמֹר׃	צַדִּיקִים
yəšɔriym	-kiy	tišəmor.	ṣaddiyqiym
(Redlichen=)Gerade(n)-(die)	Denn	.bewahrst-du	Gerechte(n)-(der)

אָרֶץ	יִשְׁכְּנוּ־
ʾɔrɛṣ	-yišəkənuw
,Land-(das)	(be)wohnen-werden-(sie)

יִוָּתְרוּ	וּתְמִימִים
yiwwɔtəruw	uwtəmiymiym
bleiben-werden-(sie)	(Rechtschaffenen=)Vollkommene(n)-(die)-und

מֵאֶרֶץ	22 וּרְשָׁעִים	בָהּ׃
meʾɛrɛṣ	uwrəšɔʿiym	bɔh.
Land-(dem)-(aus=)von	Frevler-(aber=)und	,(ihm=)ihr-in

וּבוֹגְדִים	יִכָּרֵתוּ
uwbowgədiym	yikkɔretuw
Treulose-und	(vertilgt=)geschnitten-werden-(sie)

מִמֶּנָּה׃	יִסְּחוּ
mimmɛnnɔh.	yissəḥuw
.(ihm=)ihr-(aus=)von	(ausgerottet=)herausgerissen-werden-(sie)

3

תִּשְׁכָּח	אַל־	תּוֹרָתִי	1 בְּנִי
tišəkɔḥ	-ʾal	towrɔtiy	bəniy
,vergessen-(sollst=)wirst-du	nicht	Weisung-meine	,Sohn-Mein

לִבֶּךָ׃	יִצֹּר	וּמִצְוֺתַי
libbɛkɔ.	yiṣṣor	uʷmiṣᵊwotay
!Herz-dein	(bewahren=)beobachten-(soll=)wird-(es=er)	Gebote-meine-und

חַיִּים	וּשְׁנוֹת	יָמִים	אֹרֶךְ	2 כִּי
ḥayyiʸm	uʷšᵊnoʷt	yɔmiʸm	ʾorɛk	kiʸ
(Lebens-des=)Lebende(n)-(der)	Jahre(n)-und	Tage(n)	(an)-Länge-(eine)	Denn

3 חֶסֶד	לָךְ׃	יוֹסִיפוּ	וְשָׁלוֹם
ḥɛsɛd	lɔk.	yoʷsiʸpuʷ	wᵊšɔloʷm
(Güte=)Gnade-(Die)	.dir-(zu)	mehren-werden-sie	(Heil=)Friede(n)-und

קָשְׁרֵם	יַעַזְבֻךָ	אַל־	וֶאֱמֶת
qošᵊrem	yaʿazᵊbukɔ	-ʾal	wɛʾᵋmɛt
sie-Binde	!dich-verlassen-(mögen=)werden-(sie)	nicht	(Treue=)Wahrheit-und

לִבֶּךָ׃	לוּחַ	עַל־	כָּתְבֵם	גַּרְגְּרֹתֶיךָ	עַל־
libbɛkɔ.	luʷaḥ	-ʿal	kotᵊbem	garᵊgᵊroʷtɛʸkɔ	-ʿal
!Herz(ens)-dein(es)	Tafel-(die)	auf	sie-schreibe	,Hals-dein(en)	(um=)auf

בְּעֵינֵי	וְשֵׂכֶל־טוֹב	חֵן	4 וּמְצָא־
bᵊʿeʸneʸ	ṭoʷb-wᵊśekɛl	ḥen	-uʷmᵊṣoʾ
Augen-(zwei)-(den)-in	(Klugheit=)gut(en)-Verstand-und	Gunst	finde-Und

יְהוָה	אֶל־	5 בְּטַח	וְאָדָם׃	אֱלֹהִים
yᵊhwɔʰ	-ʾɛl	bᵊṭaḥ	wᵊʾɔdɔm.	ʾᵋlohiʸm
JHWH	(auf=)zu	Vertraue	!Mensch(en)-(der)-und	(Gottes=)Götter-(der)

בִּינָתְךָ	וְאֶל־	לִבֶּךָ	בְּכָל־
biʸnɔtᵊkɔ	-wᵊʾɛl	libbɛkɔ	-bᵊkol
Einsicht-(eigene=)deine	(auf=)zu-(doch=)und	,Herz(en)-dein(em)	all-(mit=)in

דְּרָכֶיךָ	6 בְּכָל־	תִּשָּׁעֵן׃	אַל־
dᵊrɔkɛʸkɔ	-bᵊkol	tiššɔʿen.	-ʾal
Wege(n)-deine(n)	all-(Auf=)In	!stützen-dich-(sollst=)wirst-du	nicht

7 אַל־	אֹרְחֹתֶיךָ׃	יְיַשֵּׁר	וְהוּא	דָעֵהוּ
-ʾal	ʾorᵊḥotɛʸkɔ.	yᵊyaššer	wᵊhuʷʾ	dɔʿehuʷ
Nicht	!Pfade-deine	ebnen-wird-er	,er-und	,ihn-erkenne

אֶת־יְהוָה	יְרָא	בְּעֵינֶיךָ	חָכָם	תְּהִי
yᵊhwɔʰ-ʾɛt	yᵊrɔʾ	bᵊʿeʸnɛʸkɔ	ḥɔkɔm	tᵊhiʸ
JHWH***	fürchte	,Augen-(zwei)-deine(n)-in	weise	sein-(sollst=)wirst-du

תְּהִי	8 רִפְאוּת	מֵרָע׃	וְסוּר
tᵊhiʸ	ripᵊᵓuʷt	merɔᶜ.	wᵊsuʷr
sei-(sie)	Heilung	!Böse(n)-(dem)-von	(fern-bleibe=)weiche-und

לְעַצְמוֹתֶיךָ׃	וְשִׁקּוּי	לְשָׁרֶּךָ
lᵊᶜaṣᵊmoʷtɛʸkɔ.	wᵊšiqquʷy	lᵊšorrɛkɔ
!Gebeine-deine-(für=)zu	(Erquickung=)Trank-(ein)-und	Nabel-dein(en)-(für=)zu

מֵהוֹנֶךָ	אֶת־יְהוָה	9 כַּבֵּד
mehoʷnɛkɔ	yᵊhwɔʰ-ᵓɛt	kabbed
Habe-deine(r)-(mit=)von	JHWH***	Ehre

תְּבוּאָתֶךָ׃	כָּל־	וּמֵרֵאשִׁית
tᵊbuʷᵓɔtɛkɔ.	-kol	uʷmereᵓšiʸt
!Ertrag(es)-dein(es)	all	(Erstlingen-den=)Anfang-(mit=)von-und

שָׂבָע	אֲסָמֶיךָ	10 וְיִמָּלְאוּ
śɔbɔᶜ	ᵓasɔmɛʸkɔ	wᵊyimmɔlᵊᵓuʷ
,(Überfluss=)Sättigung-(in)	Speicher-deine	gefüllt-werden-(es=sie)-(Dann=)Und

11 מוּסַר	יִפְרֹצוּ׃	יְקָבֶיךָ	וְתִירוֹשׁ
muʷsar	yipᵊroṣuʷ.	yᵊqɔbɛʸkɔ	wᵊtiʸroʷš
Züchtigung-(Eine)	.(über-laufen=)reißen-(sie)	Kufen-deine	Most-(von)-und

תִּמְאָס	אַל־	בְּנִי	יְהוָה
timᵊᵓɔs	-ᵓal	bᵊniʸ	yᵊhwɔʰ
,(verwerfen=)verachten-(sollst=)wirst-du	nicht	,Sohn-mein	,JHWH(s)

בְּתוֹכַחְתּוֹ׃	תָּקֹץ	וְאַל־
bᵊtoʷkaḥᵊtoʷ.	tɔqoṣ	-wᵊᵓal
!Zurechtweisung-seine(r)-(bei=)in	ekeln-(dich)-(soll=)wird-(es=)sie	nicht-und

יוֹכִיחַ	יְהוָה	יֶאֱהַב	אֲשֶׁר	אֶת	12 כִּי
yoʷkiʸaḥ	yᵊhwɔʰ	yɛᵓᵉhab	ᵓašɛr	ᵓɛt	kiʸ
,zurecht-weist-er	,JHWH	liebt-(es=er)	(wen=)welch(en)	***	Denn

יִרְצֶה׃	אֶת־בֵּן	וּכְאָב
yirᵊṣɛʰ.	ben-ᵓɛt	uʷkᵊᵓɔb
.Gefallen-hat-er-(dem-an)	,Sohn-(den)***	Vater-(ein)-wie-(zwar)-und

חָכְמָה	מָצָא	אָדָם	13 אַשְׁרֵי
ḥokᵊmɔʰ	mɔṣɔᵓ	ᵓɔdɔm	ᵓašᵊreʸ
,Weisheit	gefunden-hat-(d)er	,Mensch(en)-(dem)	(Heil=)Seligkeiten

טוֹב	14 כִּי	תְּבוּנָה׃	יָפִיק	וְאָדָם
ṭoʷb	kiʸ	tᵊbuʷnɔʰ.	yɔpiʸq	wᵊʾɔdɔm
(ist)-gut	Denn	!Einsicht	(erlangt=)erhält-(d)er	,Mensch(en)-(dem)-und

כָּסֶף	מִסְּחַר־	סַחְרָהּ
kɔsɛp	-missᵊḥar	saḥᵊrɔh
,Silber	(von)-Erwerb-(ein)-(als-mehr=)von	Erwerb-ihr

הִיא	15 יְקָרָה	תְּבוּאָתָהּ׃	וּמֵחָרוּץ
hiʸʾ	yᵊqɔrɔʰ	tᵊbuʷʾɔtɔh.	uʷmeḥɔruʷṣ
sie	(ist)-Kostbar(e)	.Ertrag-ihr	Gold-(als-mehr=)von-und

לֹא	חֲפָצֶיךָ	וְכָל־	מִפְּנִיִּים[מִפְּנִינִים]
loʾ	ḥᵃpɔṣɛʸkɔ	-wᵊkol	[mippᵊniʸniʸm]mippᵊniʸyiʸm
nicht	Kostbarkeiten-deine	all(e)-und	,Korallen-(als-mehr=)von

יָמִים	16 אֹרֶךְ	בָהּ׃	יִשְׁווּ־
yɔmiʸm	ʾorɛk	bɔh.	-yišᵊwuʷ
Tage-(der)	(Dauer=)Länge-(Die)	.(ihr=)sie-in	gleichen-(sie)

עֹשֶׁר	בִּשְׂמֹאולָהּ	בִּימִינָהּ
ʿošɛr	biśᵊmoʾwlɔh	biʸmiʸnɔh
Reichtum	Linke(n)-ihre(r)-(zu=)in-und	,Rechte(n)-ihre(r)-(zu=)in-(ist)

וְכָל־	נֹעַם	דַרְכֵי־	17 דְּרָכֶיהָ	וְכָבוֹד׃
-wᵊkol	noʿam	-darᵊkeʸ	dᵊrɔkɛʸhɔ	wᵊkɔboʷd.
all(e)-und	,Annehmlichkeit-(der)	Wege-(sind)	Wege-Ihre	.Ehre-und

18 עֵץ־	שָׁלוֹם׃	נְתִיבוֹתֶיהָ
-ʿeṣ	šɔloʷm.	nᵊtiʸboʷtɛʸhɔ
(Baum=)Holz-(Ein)	.(Sicherheit=)Friede	Pfade-ihre

לַמַּחֲזִיקִים	הִיא	חַיִּים
lammaḥᵃziʸqiʸm	hiʸʾ	ḥayyiʸm
Festhaltende(n)-(den=)zu	sie-(ist)	(Lebens-des=)Lebende(n)-(der)

וְתֹמְכֶיהָ	בָּהּ
wᵊtomᵊkɛʸhɔ	bɔh
,(ergreift-sie-wer=)Ergreifenden-ihre-und	,(ihr-an=)sie-in

בְּחָכְמָה	19 יְהוָה	מְאֻשָּׁר׃
bᵊḥokᵊmɔʰ	yᵊhwɔʰ	mᵊʾuššɔr.
Weisheit-(mit=)in	,JHWH	.(gepriesen-glücklich-wird=)Gepriesener

שָׁמָיִם	כּוֹנֵן	אָרֶץ	יָסַד־
šɔmayim	koʷnen	ᵓɔrɛṣ	-yɔsad
Himmel-(die)	befestigt-hat-er	,Erde-(die)	gegründet-hat-er

תְּהוֹמוֹת	בְּדַעְתּוֹ 20	בִּתְבוּנָה:
tᵊhoʷmoʷt	bᵊdaᶜᵊtoʷ	bitᵊbuʷnɔʰ.
Urfluten-(die)	Wissen-sein-(Durch=)In	.(Klugheit=)Einsicht-(mit=)in

טָל:	יִרְעֲפוּ־	וּשְׁחָקִים	נִבְקָעוּ
ṭɔl.	-yirᵊᶜᵃpuʷ	uʷšᵊḥɔqiʸm	nibᵊqɔᶜuʷ
.Tau	träufeln-(sie)	Wolken-(die)-und	(sich-spalteten=)gespalten-wurden-(sie)

יָלֻזוּ	אַל־	בְּנִי 21
yɔluzuʷ	-ᵓal	bᵊniʸ
weichen-(mögen=)werden-sie	nicht	,Sohn-Mein

תֻּשִׁיָּה	נְצֹר	מֵעֵינֶיךָ
tušiʸyɔʰ	nᵊṣor	meᶜeʸnɛʸkɔ
(Umsicht=)Hilfe	bewahre	,Augen-(zwei)-deine(n)-(aus=)von

וְיִהְיוּ 22	וּמְזִמָּה:
wᵊyihᵊyuʷ	uʷmᵊzimmɔʰ.
sein-werden-sie-(-So=)Und	!(Besonnenheit=)Klugheit-und

וְחֵן	לְנַפְשֶׁךָ	חַיִּים
wᵊḥen	lᵊnapᵊšɛkɔ	ḥayyiʸm
(Anmut=)Gunst-und	Seele-deine-(für=)zu	(Lebensglück=)Lebende

לָבֶטַח	תֵּלֵךְ	אָז 23	לְגַרְגְּרֹתֶיךָ:
lɔbɛṭaḥ	telek	ᵓɔz	lᵊgarᵊgᵊrotɛʸkɔ.
Sicherheit-(in=)zu	gehst-du	Dann	!(Hals=)Gurgel-deine-(für=)zu

אִם־ 24	תִגּוֹף:	לֹא	וְרַגְלְךָ	דַּרְכֶּךָ
-ᵓim	tiggoʷp.	loᵓ	wᵊragᵊlᵊkɔ	darᵊkɛkɔ
Wenn	.(an)-stößt-(er=sie)	nicht	Fuß-dein-und	,Weg-dein(en)

תִפְחָד	לֹא־	תִּשְׁכַּב
tipᵊḥɔd	-loᵓ	tišᵊkab
,fürchten-(zu)-dich-(brauchst=)wirst-du	nicht	,(nieder)legst-dich-du

שְׁנָתֶךָ:	וְעָרְבָה	וְשָׁכַבְתָּ
šᵊnɔtɛkɔ.	wᵊᶜɔrᵊbɔʰ	wᵊšɔkabᵊtɔ
.Schlaf-dein	angenehm(e)-ist-(es=)sie-(dann=)und	,liegst-du-(wenn)-und

25 אַל־
-ʾal
Nicht

תִּירָא
tiʸrɔʾ
(dich)-fürchten-(musst=)wirst-du

מִפַּחַד
mippaḥad
Schrecknis-(vor=)von

פִּתְאֹם
pitᵊʾom
,plötzlich(em)

וּמִשֹּׁאַת
uʷmiššoʾat
(über)-Unheil-(dem)-(vor=)von-(noch=)und

רְשָׁעִים
rᵊšɔʿiʸm
,Frevler-(die)

כִּי
kiʸ
wenn

תָבֹא׃
tɔboʾ.
!kommt-(es=)sie

26 כִּי־
-kiʸ
Denn

יְהוָה
yᵊhwɔʰ
JHWH

יִהְיֶה
yihᵊyɛʰ
(da)sein-wird-(er)

בְכִסְלֶךָ
bᵊkisᵊlɛkɔ
,Zuversicht-deine-(als=)in

וְשָׁמַר
wᵊšɔmar
bewahren-wird-er-und

רַגְלְךָ
ragᵊlᵊkɔ
Fuß-dein(en)

מִלָּכֶד׃
millɔkɛd.
.(Schlinge-der=)Fang-(dem)-(vor=)von

27 אַל־
-ʾal
Nicht

תִּמְנַע־
-timᵊnaʿ
versagen-(sollst=)wirst-du

טוֹב
ṭoʷb
,(Wohltat=)Gut(es)

מִבְּעָלָיו
mibbᵊʿɔlɔʸw
,(gebührt-sie-dem=)Besitzern-seinen-(vor=)von

בִּהְיוֹת
bihᵊyoʷt
(ist-es-wenn=)Sein-in

לְאֵל
lᵊʾel
Macht-(der)-(in=)zu

יָדֶיךָ[יָדְךָ]
[yɔdᵊkɔ]yɔdɛʸkɔ
[Hand]Hände-(zwei)-deine(r)

לַעֲשׂוֹת׃
laʿaśoʷt.
!tun-zu-(sie=)es

28 אַל־
-ʾal
Nicht

תֹּאמַר
toʾmar
sagen-(sollst=)wirst-du

לְרֵעֶיךָ[לְרֵעֲךָ]
[lᵊreʿakɔ]lᵊreʿɛʸkɔ
:[Gefährte(n)-dein(em)]Gefährten-deine(n)-zu

לֵךְ
lek
!Geh

וָשׁוּב
wɔšuʷb
,wieder-komm-Und

וּמָחָר
uʷmɔḥɔr
morgen-(dann=)und

אֶתֵּן
ʾɛtten
,!geben-(will=)werde-ich

וְיֵשׁ
wᵊyeš
(vorhanden-ist=)gibt-es-und

אִתָּךְ׃
ʾittɔk.
.(ist-möglich-schon-jetzt-doch-es-wo=)dir-(bei=)mit-

29 אַל־
-ʾal
Nicht

רֵעֲךָ	עַל־	תַּחֲרֹשׁ
re^{ca}kɔ	-^{c}al	taḥ^{a}roš
Gefährte(n)-dein(en)	(gegen=)auf	(bereiten=)bearbeiten-(sollst=)wirst-du

לָבֶטַח	יוֹשֵׁב	וְהוּא־	רָעָה
lɔbɛṭaḥ	yo^{w}šeb	-w^{ə}hu^{wɔ}	rɔ^{c}ɔ^{h}
(Sorglosigkeit-in=)Sicherem-zu	wohnend(er)-(ist)	er-(da=)und	,Böse(s)

אָדָם	עִם־	תָּרוֹב[תָּרִיב]	30 אַל־	אִתָּךְ׃
^{ɔ}ɔdɔm	-^{c}im	[tɔri^{y}b]tɔro^{w}b	-^{ɔ}al	^{ɔ}ittɔk.
Mensch(en)-(einem)	mit	zanken-(sollst=)wirst-du	Nicht	!dir-(bei=)mit

31 אַל־	רָעָה׃	גְּמָלְךָ	לֹא	אִם־	חִנָּם
-^{ɔ}al	rɔ^{c}ɔ^{h}.	g^{ə}mɔl^{ə}kɔ	lo^{ɔ}	-^{ɔ}im	ḥinnɔm
Nicht	!Böse(s)	(dir-zugefügt=)dich-bereitet-hat-er	nicht	wenn	,grundlos

וְאַל־	חָמָס	בְּאִישׁ	תְּקַנֵּא
-w^{əɔ}al	ḥɔmɔs	b^{əɔ}i^{y}š	t^{ə}qanne^{ɔ}
nicht-und	,Gewalt(tat)-(der)	Mann-(den=)in	beneiden-(sollst=)wirst-du

בְּכָל־	תִּבְחַר
-b^{ə}kol	tib^{ə}ḥar
all-(an=)in	(haben-Gefallen=)beneiden-(sollst=)wirst-du

יְהוָה	תוֹעֲבַת	32 כִּי	דְּרָכָיו׃
y^{ə}hwɔ^{h}	to^{wca}bat	ki^{y}	d^{ə}rɔkɔ^{y}w.
JHWH	(für)-Gräuel	Denn	!(Unternehmungen=)Wege(n)-seine(n)

יְשָׁרִים	וְאֶת־	נָלוֹז
y^{ə}šɔri^{y}m	-w^{əɔ}ɛt	nɔlo^{w}z
(Redlichen=)Geraden	mit-(indes=)und	,Verkehrter-(ein)-(ist)

יְהוָה	33 מְאֵרַת	סוֹדוֹ׃
y^{ə}hwɔ^{h}	m^{əɔ}erat	so^{w}do^{w}.
JHWH(s)	Fluch-(Der)	.(Einvernehmen=)Umgang-sein-(ist)

וּנְוֵה	רָשָׁע	בְּבֵית
u^{w}n^{ə}we^{h}	rɔšɔ^{c}	b^{ə}be^{y}t
Wohnung-(die)-(aber=)und	,Frevler(s)-(eines)	Haus-(dem)-(auf-liegt=)in

לַלֵּצִים	34 אִם־	יְבָרֵךְ׃	צַדִּיקִים
lalleṣi^{y}m	-^{ɔ}im	y^{ə}bɔrek.	ṣaddi^{y}qi^{y}m
,Spötter-die-(um-handelt-sich´s=)zu	Wenn	.segnet-er	Gerechte(n)-(der)

הוּא־ יָלִיץ וְלַעֲנִיִּים[וְלַעֲנָוִים]
[wəlaʿanɔwiym]wəlaʿaniyyiym yɔliyṣ -huwʾ
Gebeugten-(den=)zu-(aber=)und ,(Gespötte-zum-macht=)spottet-(er) er

יִתֶּן־ חֵן׃ 35 כָּבוֹד חֲכָמִים
ḥakɔmiym kɔbowd ḥen. -yittɛn
Weise(n)-(die) Ehre .Gnade (verleiht=)gibt-er

יִנְחָלוּ וּכְסִילִים
uwkəsiyliym yinəḥɔluw
Toren-(die)-(aber=)und ,(erlangen=)erben-werden-(sie)

מֵרִים קָלוֹן׃
qɔlown. meriym
.Schande (davon-tragen=)Aufrichtende-(sind)

4

1 שִׁמְעוּ בָנִים מוּסַר אָב
ʾɔb muwsar bɔniym šiməʿuw
,Vater(s)-(des) (Zurechtweisung=)Zucht-(die-auf) ,Söhne ,Höret

וְהַקְשִׁיבוּ לָדַעַת בִּינָה׃ 2 כִּי לֶקַח טוֹב
ṭowb lɛqaḥ kiy biynɔh. lɔdaʿat wəhaqəšiybuw
gut(e) Lehre Denn !Einsicht (lernen=)kennen-zu-(um) auf-merket-und

נָתַתִּי לָכֶם תּוֹרָתִי אַל־ תַּעֲזֹבוּ׃
taʿazobuw. -ʾal towrɔtiy lɔkɛm nɔtattiy
!verlassen-(sollt=)werdet-ihr nicht Weisung-meine ,euch-(zu) (gebe=)gab-ich

3 כִּי־ בֵן הָיִיתִי לְאָבִי רַךְ
rak ləʾɔbiy hɔyiytiy ben -kiy
(zart=)dünn(er) ,Vater-mein(en)-(für=)zu war-ich Sohn-(ein) Denn

וְיָחִיד לִפְנֵי אִמִּי׃
ʾimmiy. lipəney wəyɔḥiyd
.Mutter-meine(r) (vor=)Gesichter-zu einzig(er)-und

4 וַיֹּרֵנִי וַיֹּאמֶר לִי
liy wayyoʾmɛr wayyoreniy
:mir-zu sprach-(er)-und mich-(unterwies=)belehrte-er-Und

יִתְמָךְ־ דְּבָרַי לִבֶּךָ
libbɛkɔ dəbɔray -yitəmok
,(Sinn=)Herz-dein Worte-meine (festhalten=)ergreifen-(möge=)wird-(Es=)Er

חָכְמָה	5 קְנֵה	וֶחְיֵה׃	מִצְוֹתַי	שְׁמֹר
ḥokᵊmɔʰ	qᵊneʰ	wɛḥᵊyeʰ.	miṣᵊwotay	šᵊmor
!Weisheit	(dir)-Erwirb	!(lebest-du-dass=)lebe-und	,Gebote-meine	bewahre

וְאַל־	תִּשְׁכַּח	אַל־	בִּינָה	קְנֵה
-wᵊʾal	tišᵊkaḥ	-ʾal	biʸnɔʰ	qᵊneʰ
nicht-und	vergessen-(sollst=)wirst-du	Nicht	!Einsicht	(dir)-Erwirb

6 אַל־	פִּי׃	מֵאִמְרֵי־	תֵּט
-ʾal	piʸ.	-meʾimᵊreʸ	teṭ
Nicht	!Mund(es)-mein(es)	Worten-(den)-von	weichen-(sollst=)wirst-du

אֱהָבֶהָ	וְתִשְׁמְרֶךָּ	תַּעַזְבֶהָ
ʾɛhɔbɛhɔ	wᵊtišᵊmᵊrɛkɔ	taʿazᵊbɛhɔ
,sie-liebe	,dich-bewahren-wird-sie-(dann=)und	,sie-verlassen-(sollst=)wirst-du

7 רֵאשִׁית	וְתִצְּרֶךָּ׃
reʾšiʸt	wᵊtiṣṣᵊrɛkɔ.
(von)-Anfang-(Der)	!dich-(beschützen=)bewachen-wird-sie-(dann=)und

קִנְיָנְךָ	וּבְכָל־	חָכְמָה	קְנֵה	חָכְמָה
qinᵊyonᵊkɔ	-uʷbᵊkol	ḥokᵊmɔʰ	qᵊneʰ	ḥokᵊmɔʰ
Vermögen-dein(em)	all-(mit=)in-und	,Weisheit	(dir)-Erwirb	:Weisheit

8 סַלְסְלֶהָ	בִּינָה׃	קְנֵה
salᵊsᵊlɛhɔ	biʸnɔʰ.	qᵊneʰ
,sie-hoch-Halte	!Einsicht	(dir)-erwirb

וּתְרוֹמְמֶךָּ
uʷtᵊroʷmᵊmɛkɔ
,dich-erheben-(möge=)wird-sie-(dass=)und

כִּי	תְּכַבֵּדְךָ
kiʸ	tᵊkabbedᵊkɔ
wenn	,(dir-Ehre-bringe=)dich-ehren-(möge=)wird-sie

לְרֹאשְׁךָ	9 תִּתֵּן	תְחַבְּקֶנָּה׃
lᵊroʾšᵊkɔ	titten	tᵊḥabbᵊqɛnnɔʰ.
Haupt-dein-(auf=)zu	geben-wird-Sie	.sie-(umfängst=)umarmst-du

תִּפְאֶרֶת	עֲטֶרֶת	חֵן	לִוְיַת־
tipᵊʾɛrɛt	ʿᵃṭɛrɛt	ḥen	-liwᵊyat
(Pracht=)Ruhm	(von)-Krone-(einer-mit)	,(Anmut=)Gnade-(der)	Kranz-(einen)

וְקַח	בְּנִי	10 שְׁמַע	תְּמַגְּנֶךָּ׃
wᵊqaḥ	bᵊniʸ	šᵊmaᶜ	tᵊmaggᵊnɛkɔ.
(an)-nimm-und	,Sohn-mein	,Höre	.dich-beschenken-wird-sie

לְךָ	וְיִרְבּוּ	אֲמָרָי
lᵊkɔ	wᵊyirᵊbuʷ	ᵓᵃmɔrɔy
(dich-für=)dir-zu	(mehren-sich=)viel-werden-(es=sie)-(So=)Und	!Worte-meine

חָכְמָה	11 בְּדֶרֶךְ	חַיִּים׃	שְׁנוֹת
ḥokᵊmɔʰ	bᵊdɛrɛk	ḥayyiʸm.	šᵊnoʷt
Weisheit-(der)	Weg-(dem)-(Auf=)In	!(Lebens-des=)Lebende(n)-(der)	Jahre

הִדְרַכְתִּיךָ	הֹרֵתִיךָ
hidᵊrakᵊtiʸkɔ	horetiʸkɔ
dich-(leite=)gehen-machte-ich	,dich-(unterweise=)unterwies-ich

לֹא־	12 בְּלֶכְתְּךָ	יֹשֶׁר׃	בְּמַעְגְּלֵי־
-loᵓ	bᵊlɛkᵊtᵊkɔ	yošɛr.	-bᵊmaᶜᵊgᵊleʸ
nicht	Gehen-dein(em)-(Bei=)In	.Geradheit-(der)	(Bahnen=)Pfade(n)-(auf=)in

לֹא	תָּרוּץ	וְאִם־	צַעֲדֶךָ	יֵצַר
loᵓ	tɔruʷṣ	-wᵊᵓim	ṣaᶜᵃdɛkɔ	yeṣar
nicht	,läufst-du	wenn-und	,Schritt-dein	(gehemmt=)beengt-wird-(es=er)

אַל־	בַּמּוּסָר	13 הַחֲזֵק	תִּכָּשֵׁל׃
-ᵓal	bammuʷsɔr	haḥᵃzeq	tikkɔšel.
nicht	,Zucht-der-(an=)in	(fest-Halte=)stark-Mache	.straucheln-wirst-du

הִיא	כִּי־	נִצְּרֶהָ	תֶּרֶף
hiʸᵓ	-kiʸ	niṣṣᵊrɛhɔ	tɛrɛp
(ist)-sie	denn	,sie-behüte	,(lassen-sie=)machen-aufhören-(sollst=)wirst-du

אַל־	רְשָׁעִים	14 בְּאֹרַח	חַיֶּיךָ׃
-ᵓal	rᵊšɔᶜiʸm	bᵊᵓoraḥ	ḥayyɛʸkɔ.
nicht	Frevler-(der)	Pfad-(dem)-(Auf=)In	!Leben-dein(e)

תְּאַשֵּׁר	וְאַל־	תָּבֹא
tᵊᵓaššer	-wᵊᵓal	tɔboᵓ
einhergehen-(sollst=)wirst-du	nicht-und	,(gehen=)kommen-(sollst=)wirst-du

אַל־	15 פְּרָעֵהוּ	רָעִים׃	בְּדֶרֶךְ
-ᵓal	pᵊrɔᶜehuʷ	rɔᶜiʸm.	bᵊdɛrɛk
nicht	,(ihn-Meide=)ihn-frei-Lass	!Böse(n)-(der)	Weg-(dem)-(auf=)in

שְׁטֵה	בּוֹ	תַּעֲבָר־
šᵊṭeʰ	boʷ	-taᶜᵃbor
ab-(dich-wende=)weiche	,ihm-(zu=)in	hinübergehen-(sollst=)wirst-du

לֹא	16 כִּי	וַעֲבוֹר׃	מֵעָלָיו
loᵓ	kiʸ	waᶜᵃboʷr.	meᶜɔlɔʸw
nicht	Denn	!vorüber-geh-und	(ihm=)ihnen-von

יָרֵעוּ	לֹא	אִם־	יִשְׁנוּ
yɔreᶜuʷ	loᵓ	-ᵓim	yišᵊnuʷ
,(Böses-tun=)schlecht-machen-sie	nicht	wenn	,schlafen-(können=)werden-sie

לֹא	אִם־	שְׁנָתָם	וְנִגְזְלָה
loᵓ	-ᵓim	šᵊnɔtɔm	wᵊnigᵊzᵊlɔʰ
nicht	wenn	,Schlaf-ihr(en)	(um-geschehn-ist=)geraubt-wird-(es=)sie-und

לֶחֶם	לָחֲמוּ	17 כִּי	יִכְשׁוֹלוּ[יַכְשִׁילוּ]׃
lɛḥɛm	lɔḥᵃmuʷ	kiʸ	[yakᵊšiʸluʷ]yikᵊšoʷluʷ.
Brot	(essen=)aßen-sie	Denn	.(Fall-zu-bringen=)straucheln-machen-sie

יִשְׁתּוּ׃	חֲמָסִים	וְיֵין	רֶשַׁע
yišᵊtuʷ.	ḥᵃmɔsiʸm	wᵊyeʸn	rɛšaᶜ
.trinken-sie	Gewalttaten	(von)-Wein-und	,(Frevels-des=)Gottlosigkeit-(der)

נֹגַהּ	כְּאוֹר	צַדִּיקִים	18 וְאֹרַח
nogah	kᵊᵓoʷr	ṣaddiʸqiʸm	wᵊᵓoraḥ
Glanz	Licht(es)-(des)-wie-(ist)	Gerechte(n)-(der)	Pfad-(der)-(Doch=)Und

עַד־	וָאוֹר	הוֹלֵךְ
-ᶜad	wɔᵓoʷr	hoʷlek
bis	,(wird-leuchtender-immer-der=)Leuchten-(ein)-und	,gehend(er)

רְשָׁעִים	19 דֶּרֶךְ	הַיּוֹם׃	נְכוֹן
rᵊšɔᶜiʸm	dɛrɛk	hayyoʷm.	nᵊkoʷn
(Frevler-der=)Gottlose(r)	Weg-(Der)	.Tag-der	(beginnt=)werdend(er)-bereitet

בַּמֶּה	יָדְעוּ	לֹא	כָּאֲפֵלָה
bammɛʰ	yɔdᵊᶜuʷ	loᵓ	kɔᵓᵃpelɔʰ
(wodurch=)was-in	,(erkennen=)wussten-sie	nicht	,Dunkel-das-wie-(ist)

הַקְשִׁיבָה	לִדְבָרַי	20 בְּנִי	יִכָּשֵׁלוּ׃
haqᵊšiʸbɔʰ	lidᵊbɔray	bᵊniʸ	yikkɔšeluʷ.
,merke	Worte-meine-(auf=)zu	,Sohn-Mein	.(stürzen=)straucheln-sie

יַלִּיזוּ	אַל־ 21	אָזְנֶךָ׃	הַט־	לַאֲמָרַי
yalli^{y}zu^{w}	-ʾal	ʾoz^{ə}nɛkɔ.	-haṭ	la$^{ə a}$mɔray
weichen-(sollen=)werden-sie	Nicht	!Ohr-dein	neige	Reden-meine(n)-zu

לְבָבֶךָ׃	בְּתוֹךְ	שָׁמְרֵם	מֵעֵינֶיךָ
l^{ə}bɔbɛkɔ.	b^{ə}to^{w}k	šɔm^{ə}rem	me^{c}e^{y}nɛ^{y}kɔ
!Herz(ens)-dein(es)	inmitten	sie-Bewahre	!Augen-(zwei)-deine(n)-(aus=)von

לְמֹצְאֵיהֶם	הֵם	חַיִּים	כִּי־ 22
l^{ə}moṣ^{ə}ʾe^{y}hɛm	hem	ḥayyi^{y}m	-ki^{y}
,sie-Findende(n)-(den=)zu	(sind)-sie	(Leben=)Lebende	Denn

מִכָּל־ 23	מַרְפֵּא׃	בְּשָׂרוֹ	וּלְכָל־
-mikkol	mar^{ə}peʾ.	b^{ə}śɔro^{w}	-u^{w}l^{ə}kol
-all(er)-(Vor=)Von	.(Arznei=)Heilung	(Leib=)Fleisch-sein(en)	all-(für=)zu-und

כִּי־	לִבֶּךָ	נְצֹר	מִשְׁמָר
-ki^{y}	libbɛkɔ	n^{ə}ṣor	miš^{ə}mɔr
denn	,Herz-dein	(bewahre=)bewache	(Linie-erster-In=)Wache

חַיִּים׃	תּוֹצְאוֹת	מִמֶּנּוּ
ḥayyi^{y}m.	to^{w}ṣ^{ə}ʾo^{w}t	mimmɛnnu^{w}
!(Lebens-des=)Lebende(n)-(der)	(Quellen=)Ausgänge-(die)	(aus-gehen)-ihm-von

וּלְזוּת	פֶּה	עִקְּשׁוּת	מִמְּךָ	הָסֵר 24
u^{w}l^{ə}zu^{w}t	pɛ^{h}	^{c}iqq^{ə}šu^{w}t	mimm^{ə}kɔ	hɔser
Verkehrtheit-und	,Mund(es)-(des)	Falschheit	dir-von	weichen-Mache

עֵינֶיךָ 25	מִמֶּךָּ׃	הַרְחֵק	שְׂפָתַיִם
^{c}e^{y}nɛ^{y}kɔ	mimmɛkɔ.	har^{ə}ḥeq	ś^{ə}pɔtayim
Augen-(zwei)-Deine	!dir-von	fern-halte	Lippen-(zweier)

יַבִּיטוּ	לְנֹכַח
yabbi^{y}ṭu^{w}	l^{ə}nokaḥ
,schauen-(sollen=)werden-(sie)	(geradeaus=)gegen-zu

יַיְשִׁרוּ	וְעַפְעַפֶּיךָ
yay^{ə}širu^{w}	w$^{ə c}$ap$^{ə c}$appɛ^{y}kɔ
blicken-geradeaus-(sollen=)werden-(sie)	(Blicke=)Wimpern-(zwei)-deine-und

דְּרָכֶיךָ	וְכָל־	רַגְלֶךָ	מַעְגַּל	פַּלֵּס 26	נֶגְדֶּךָ׃
d^{ə}rɔkɛ^{y}kɔ	-w^{ə}kol	rag^{ə}lɛkɔ	ma$^{c ə}$gal	palles	nɛg^{ə}dɛkɔ.
Wege-deine	all-und	,Fuß(es)-dein(es)	Bahn-(die)	Ebne	!dir-vor

יִכֹּנוּ׃ yikkonuʷ. !fest-(seien=)werden-(sie)

27 אַל־ -ʾal Nicht

תֵּט־ -teṭ (ab-biege=)aus-strecke

יָמִין yɔmiʸn Rechte(n)-(zur)

וּשְׂמֹאול uʷśᵊmoʾwl ,Linken-(zur)-und

הָסֵר hɔser fern-halte

רַגְלְךָ ragᵊlᵊkɔ Fuß-dein(en)

מֵרָע׃ merɔᶜ. !Bösen-(dem)-von

5

1 בְּנִי bᵊniʸ ,Sohn-Mein

לְחָכְמָתִי lᵊḥokᵊmɔtiʸ Weisheit-meine-(auf=)zu

הַקְשִׁיבָה haqᵊšiʸbɔʰ ,achte

לִתְבוּנָתִי litᵊbuʷnɔtiʸ Einsicht-meiner-zu

הַט־ -haṭ (neige=)aus-strecke

אָזְנֶךָ׃ ʾozᵊnɛkɔ. Ohr-dein

2 לִשְׁמֹר lišᵊmor beachten-zu-(um)

מְזִמּוֹת mᵊzimmoʷt ,(Besonnenheit=)Pläne

וְדַעַת wᵊdaᶜat (Er)kenntnis-und

שְׂפָתֶיךָ śᵊpɔtɛʸkɔ Lippen-(zwei)-deine

יִנְצֹרוּ׃ yinᵊṣoruʷ. !bewahren-(mögen=)werden-(sie)

3 כִּי kiʸ Denn

נֹפֶת nopɛt Honig(seim)

תִּטֹּפְנָה tiṭṭopᵊnɔʰ träufeln-(sie)

שִׂפְתֵי śipᵊteʸ Lippen-(beide)

זָרָה zɔrɔʰ ,(Frau)-fremde(n)-(einer)

וְחָלָק wᵊḥɔlɔq (ist)-glatt(er)-und

מִשֶּׁמֶן miššɛmɛn Öl-(als-mehr=)von

חִכָּהּ׃ ḥikkɔh. ,Gaumen-ihr

4 וְאַחֲרִיתָהּ wᵊʾaḥᵃriʸtɔh (Ende=)(Seite)-hintere-ihre-(aber=)und

מָרָה mɔrɔʰ bitter(e)-(ist)

כַלַּעֲנָה kallaᶜᵃnɔʰ ,Wermut-der-wie

חַדָּה ḥaddɔʰ scharf(e)

כְּחֶרֶב kᵊḥɛrɛb (mit)-Schwert-(ein)-wie

פִּיּוֹת׃ piʸyoʷt. .(Schneiden=)Münder(n)

5 רַגְלֶיהָ ragᵊlɛʸhɔ Füße-(beiden)-Ihre

יֹרְדוֹת yorᵊdoʷt (zum)-niedersteigend(e)-(sind)

מָוֶת mɔwɛt ,Tod

שְׁאוֹל šᵊʾoʷl (Unterwelt=)Scheol-(der-an)

צְעָדֶיהָ ṣᵊᶜɔdɛʸhɔ Schritte-ihre

יִתְמֹכוּ׃ yitᵊmokuʷ. .(fest-halten=)ergreifen-(sie)

6 אֹרַח
ʾoraḥ
Pfad-(Den)

חַיִּים
ḥayyiʸm
,(Lebens-des=)Lebende(n)-(der)

פֶּן־
-pɛn
nicht-(nur)-dass

תְּפַלֵּס
tᵊpalles
,beachten-(mögest=)wirst-du

נָעוּ
nɔᶜuʷ
(haltlos-sind=)schwank(t)en-(es=)sie

מַעְגְּלֹתֶיהָ
maᶜᵃgᵊlotɛʸhɔ
,Bahnen-ihre

לֹא
loʾ
nicht

תֵדָע׃
tedɔᶜ.
.(es)-merkst-du

7 וְעַתָּה
wᵊᶜattɔʰ
,nun-Und

בָנִים
bɔniʸm
,(Kinder=)Söhne

שִׁמְעוּ־
-šimᵊᶜuʷ
höret

לִי
liʸ
,(mich-auf=)mir-zu

וְאַל־
-wᵊʾal
nicht-und

תָּסוּרוּ
tɔsuʷruʷ
(weichen=)abwenden-(sollt=)werdet-ihr

מֵאִמְרֵי־
-meʾimᵊreʸ
Worten-(den)-von

פִי׃
piʸ.
!Mund(es)-mein(es)

8 הַרְחֵק
harᵊḥeq
fern-Halte

מֵעָלֶיהָ
meᶜɔlɛʸhɔ
ihr-von

דַּרְכֶּךָ
darᵊkɛkɔ
,(Wandel=)Weg-dein(en)

וְאַל־
-wᵊʾal
nicht-und

תִּקְרַב
tiqᵊrab
nahen-(sollst=)wirst-du

אֶל־
-ʾɛl
(dem=)zu

פֶּתַח
pɛtaḥ
Eingang

בֵּיתָהּ׃
beʸtɔh.
!Haus(es)-ihr(es)

9 פֶּן־
-pɛn
nicht-Dass

תִּתֵּן
titten
gibst-du

לַאֲחֵרִים
laʾᵃḥeriʸm
andere-(an=)zu

הוֹדֶךָ
hoʷdɛkɔ
,(Jugendblüte-deine=)Glanz-dein(en)

וּשְׁנֹתֶיךָ
uʷšᵊnotɛʸkɔ
Jahre-deine-und

לְאַכְזָרִי׃
lᵊʾakᵊzɔriʸ.
!(Grausamen=)Unbarmherzigen-(einen)-(an=)zu

10 פֶּן־
-pɛn
nicht-Dass

יִשְׂבְּעוּ
yiśᵊbᵊᶜuʷ
sättigen-sich-(sie)

זָרִים
zɔriʸm
Fremde

כֹּחֶךָ
koḥɛkɔ
,(Habe=)Kraft-deine(r)-(an)

וַעֲצָבֶיךָ
waᶜᵃṣɔbɛʸkɔ
(Dinge)-erworbene(n)-(sauer)-deine-und

בְּבֵית
bᵊbeʸt
Haus-(im=)in-(seien)

נָכְרִי׃
nokᵊriʸ.
,Ausländer(s)-(eines)

בְּאַחֲרִיתֶךָ	11 וְנָהַמְתָּ
bᵊʾaḥᵃriʸtɛkɔ	wᵊnɔhamᵊtɔ
,(Ende=)Ausgang-dein(em)-(an=)in	(stöhnen=)knurren-(müsstest=)wirst-du-und

וּשְׁאֵרֶךָ׃	בְּשָׂרֶךָ	בִּכְלוֹת
uʷšᵊʾerɛkɔ.	bᵊśɔrᵊkɔ	bikᵊloʷt
,Fleisch-dein-und	(Leib=)Fleisch-dein	(dahin-schwindet-da=)Schwinden-in

מוּסָר	שָׂנֵאתִי	אֵיךְ	12 וְאָמַרְתָּ
muʷsɔr	śɔneʾtiʸ	ʾeʸk	wᵊʾɔmarᵊtɔ
,Zucht	(verhasst-mir-war=)hasste-ich	Wie	:sag(e)st-du-und

שָׁמַעְתִּי	13 וְלֹא־	לִבִּי׃	נָאַץ	וְתוֹכַחַת
šɔmaᶜᵊtiʸ	-wᵊloʾ	libbiʸ.	nɔʾaṣ	wᵊtoʷkaḥat
hörte-ich	nicht-Und	!Herz-mein	verschmähte-(es=er)	Zurechtweisung-und

מוֹרָי	בְּקוֹל
moʷrɔy	bᵊqoʷl
,Unterweisende(n)-meine(r)	Stimme-(die)-(auf=)in

אָזְנִי׃	הִטִּיתִי	לֹא־	וְלִמְלַמְּדַי
ʾozᵊniʸ.	hiṭṭiʸtiʸ	-loʾ	wᵊlimᵊlammᵊday
!Ohr-mein	(neigte=)streckte-ich	nicht	Lehrende(n)-meine(n)-zu-(hin)-und

בְכָל־	הָיִיתִי	14 כִּמְעַט
-bᵊkol	hɔyiʸtiʸ	kimᵊᶜaṭ
(ins-ganz=)all-in	(geraten-wäre=)war-ich	(Beinahe=)Wenig(es)-Wie

קָהָל	בְּתוֹךְ	רָע
qɔhɔl	bᵊtoʷk	rɔᶜ
Versammlung-(der)	(inmitten=)Mitte-in	.(Unglück=)Übel

מַיִם	15 שְׁתֵה־	וְעֵדָה׃
mayim	-šᵊteʰ	wᵊᶜedɔʰ.
Wasser	Trink	!Gemeinde-(der-in)-und

וְנֹזְלִים	מִבּוֹרֶךָ
wᵊnozᵊliʸm	mibboʷrɛkɔ
Fließende(s)-und	,Zisterne-(eigenen)-deiner-(aus=)von

בְּאֵרֶךָ׃	מִתּוֹךְ
bᵊʾerɛkɔ.	mittoʷk
!Brunnen(s)-(eigenen)-dein(es)	(Innern-dem-aus=)Mitte-von

16 יָפוּצוּ מַעְיְנֹתֶיךָ חוּצָה
ḥuwṣɔh maʿəyənotɛykɔ yɔpuwṣuw
,hin-draußen-(nach) Quellen-deine ausbreiten-sich-(sollen=)werden-(Es=)Sie

בָּרְחֹבוֹת פַּלְגֵי־מָיִם׃
mɔyim-paləgey. bɔrəḥobowt
.Wasser-bäche (Freie-ins=)Plätze-offene(n)-die-in

17 יִהְיוּ־ לְךָ לְבַדֶּךָ וְאֵין
wəʾeyn ləbaddɛkɔ ləkɔ -yihəyuw
nicht-(aber=)und ,dir-allein-(zu) ,dir-(zu) (gehören=)sein-(sollen=)werden-Sie

לְזָרִים אִתָּךְ׃ 18 יְהִי־ בָרוּךְ מְקוֹרְךָ
məqowrəkɔ bɔruwk -yəhiy ʾittɔk. ləzɔriym
,Quelle-deine gesegnet(er) sei-(Es=)Sie !dir-(bei=)mit Fremden-(den=)zu

וּשְׂמַח מֵאֵשֶׁת נְעוּרֶךָ׃
nəʿuwrɛkɔ. meʾešɛt uwśəmaḥ
!Jugend(zeiten)-deine(r) Frau-(der)-(an=)von (dich)-freue-und

19 אַיֶּלֶת אֲהָבִים וְיַעֲלַת־
-wəyaʿalat ʾahɔbiym ʾayyɛlɛt
Gemse-(die)-und (liebliche=)Buhlschaften-(der) (Hirschkuh=)Hindin-(Die)

חֵן דַּדֶּיהָ יְרַוֻּךָ
yərawwukɔ daddɛyhɔ ḥen
dich-(erquicken=)tränken-(sie) Brüste-(zwei)-Ihre :Anmut-(der)

בְכָל־עֵת בְּאַהֲבָתָהּ תִּשְׁגֶּה
tišəgɛh bəʾahabɔtɔh ʿet-bəkol
(berauscht-bist=)umher-irrst-du Liebe-ihre(r)-(ob=)in ,(allezeit=)Zeit-all(er)-in

תָמִיד׃ 20 וְלָמָּה
wəlɔmmɔh tɔmiyd.
(warum=)was-zu-Und .beständig

תִשְׁגֶּה בְנִי
bəniy tišəgɛh
,Sohn-mein ,(dich-berauschen=)umherirren-(willst=)wirst-du

בְזָרָה וּתְחַבֵּק חֵק נָכְרִיָּה׃
nokəriyyɔh. ḥeq uwtəḥabbeq bəzɔrɔh
?Auswärtige(n)-(einer) Busen-(den) umarmst-und ,Fremde(n)-eine(r)-(an=)in

21 כִּי נֹכַח עֵינֵי יְהוָה
yᵊhwɔʰ ᶜeʸneʸ nokaḥ kiʸ
JHWH(s) Augen-(zwei)-(den) (gegenwärtig=)gegenüber Denn

דַּרְכֵי־ אִישׁ וְכָל־ מַעְגְּלֹתָיו
maᶜᵊgᵊlotɔʸw -wᵊkol ʾiʸš -darᵊkeʸ
Bahnen-seine all(e)-und ,(Menschen=)Mann(es)-(eines) Wege-(die-sind)

מְפַלֵּס׃ 22 עֲווֹנוֹתָיו יִלְכְּדֻנוֹ
yilᵊkᵊdunoʷ ᶜawoʷnoʷtɔʸw mᵊpalles.
,ihn-fangen-(sie) Missetaten-(eigenen)-Seine .ebnend(er)-(ist-er)

אֶת־הָרָשָׁע וּבְחַבְלֵי חַטָּאתוֹ
ḥaṭṭɔʾtoʷ uʷbᵊḥabᵊleʸ hɔrɔšɔᶜ-ʾɛt
Sünde-seine(r) Stricke-die-(durch=)in-und ,Frevler-den***

יִתָּמֵךְ׃ 23 הוּא יָמוּת
yɔmuʷt huʷʾ yittɔmek.
stirbt-er ,Er .(festgehalten=)ergriffen-wird-er

בְּאֵין מוּסָר וּבְרֹב
uʷbᵊrob muʷsɔr bᵊʾeʸn
Menge-(der)-(wegen=)in-und ,Zucht (an-Mangel-aus=)Nichtsein-in

אִוַּלְתּוֹ יִשְׁגֶּה׃
yišᵊgɛʰ. ʾiwwalᵊtoʷ
.umher-irrt-er Torheit-seine(r)

6

1 בְּנִי אִם־ עָרַבְתָּ לְרֵעֶךָ
lᵊreᶜɛkɔ ᶜɔrabᵊtɔ -ʾim bᵊniʸ
,Nächste(n)-dein(en)-(für=)zu gebürgt-hast-du wenn ,Sohn-Mein

תָּקַעְתָּ לַזָּר כַּפֶּיךָ׃
kappɛʸkɔ. lazzɔr tɔqaᶜᵊtɔ
,Hände(n)-(zwei)-deine(n)-(mit) Fremd(en)-den-(für=)zu (ein)geschlagen-(hast)

2 נוֹקַשְׁתָּ בְאִמְרֵי־ פִיךָ נִלְכַּדְתָּ
nilᵊkadᵊtɔ piʸkɔ -bᵊʾimᵊreʸ noʷqašᵊtɔ
gefangen-bist-du ,Mund(es)-dein(es) Worte-(der)-(ob=)in verstrickt-bist-du

בְּאִמְרֵי־ פִיךָ׃ 3 עֲשֵׂה זֹאת אֵפוֹא בְּנִי
bᵊniʸ ʾepoʷʾ zoʾt ᶜaśeʰ piʸkɔ. -bᵊʾimᵊreʸ
,Sohn-mein ,nun dies(e) Tue :Mund(es)-dein(es) Worte-(der)-(ob=)in

בְּכַף־	בָּאתָ	כִּי	וְהִנָּצֵל
-bəkap	bɔʾtɔ	kiy	wəhinnɔṣel
(Gewalt=)Faust-(die)-in	(geraten=)gekommen-bist-du	denn	,dich-rette-und

רֵעֶיךָ׃	וּרְהַב	הִתְרַפֵּס	לֵךְ	רֵעֶךָ
re‘εykɔ.	uwrəhab	hitərappes	lek	re‘εkɔ
!Nächsten-deine	bestürme-und	nieder-dich-wirf	,Gehe	:Nächste(n)-dein(es)

לְעֵינֶיךָ	שֵׁנָה	תִּתֵּן	4 אַל־
lə‘eynεykɔ	šenɔh	titten	-ʾal
,Augen-(zwei)-deine(n=)zu	Schlaf	(gönnen=)geben-(sollst=)wirst-du	Nicht

5 הִנָּצֵל	לְעַפְעַפֶּיךָ׃	וּתְנוּמָה
hinnɔṣel	lə‘apə‘appεykɔ.	uwtənuwmɔh
dich-Rette	!(Lidern=)Wimpern-(zwei)-deine(n=)zu	Schlummer-(nicht=)und

וּכְצִפּוֹר	מִיָּד	כִּצְבִי
uwkəṣippowr	miyyɔd	kiṣəbiy
Vogel-(ein)-wie-und	Hand-(der)-(aus=)von	Gazelle-(eine)-wie

נְמָלָה	אֶל־	6 לֵךְ־	יָקוּשׁ׃	מִיַּד
nəmɔlɔh	-ʾεl	-lek	yɔquwš.	miyyad
,Ameise	zu(r)	Gehe	!Vogelsteller(s)-(des)	Hand-(der)-(aus=)von

וַחֲכָם׃	דְּרָכֶיהָ	רְאֵה	עָצֵל
waḥakɔm.	dərɔkεyhɔ	rəʾeh	‘ɔṣel
,weise-werde-und	(Verhalten=)Wege-ihr(e)	(an)-sieh	,(Faulpelz=)Träger

קָצִין	אֵין־לָהּ	7 אֲשֶׁר
qɔṣiyn	lɔh-ʾeyn	ʾašεr
,(Aufseher=)Vorsteher	(keinen-hat=)ihr-zu-ist-nicht	(die=)welch(e)

8 תָּכִין	וּמֹשֵׁל׃	שֹׁטֵר
tɔkiyn	uwmošel.	šoṭer
bereitet-Sie	:(Gebieter=)Herrschend(en)-und	(Beamten=)Antreibend(en)

מַאֲכָלָהּ׃	בַּקָּצִיר	אָגְרָה	לַחְמָהּ	בַּקַּיִץ
maʾakɔlɔh.	baqqɔṣiyr	ʾɔgərɔh	laḥəmɔh	baqqayiṣ
.Speise-ihre	Ernte-der-in	ein-(bringt=)sammelt(e)-sie	,Brot-ihr	Sommer-im

עָצֵל	9 עַד־מָתַי
‘ɔṣel	mɔtay-‘ad
,(Faulpelz=)Träger-(du)	,(noch-lange-Wie=)wann-Bis

תִּשְׁכָּב
tišᵊkɔb
?(bleiben)-liegen-(willst=)wirst-du

מָתַי
mɔtay
Wann

תָּקוּם
tɔquʷm
aufstehen-wirst-du

מִשְּׁנָתֶךָ:
miššᵊnɔtɛkɔ.
?Schlaf-deinem-von

10 מְעַט
mᵊʿaṭ
wenig-(Ein)

שֵׁנוֹת
šenoʷt
,Schlaf(zeiten)

מְעַט
mᵊʿaṭ
wenig-(ein)

תְּנוּמוֹת
tᵊnuʷmoʷt
,Schlummer(zeiten)

מְעַט
mᵊʿaṭ
wenig-(ein)

חִבֻּק
ḥibbuq
(Verschränken=)Ineinanderlegen

יָדַיִם
yɔdayim
Hände-(beider)

לִשְׁכָּב:
lišᵊkɔb.
:(Ruhen=)Liegen-zu(m)

11 וּבָא־
-uʷbɔʾ
kommend(er)-(ist)-(So=)Und

כִמְהַלֵּךְ
kimᵊhallek
(Wanderer=)Gehender-(ein)-wie

רֵאשֶׁךָ
reʾšɛkɔ
,Armut-deine

וּמַחְסֹרְךָ
uʷmaḥᵊsorᵊkɔ
Mangel-dein-und

כְּאִישׁ
kᵊʾiʸš
-Mann-(ein)-wie

מָגֵן:
mɔgen.
.(Bewaffneter=)Schild-(mit)

12 אָדָם
ʾɔdɔm
Mensch-(Ein)

בְּלִיַּעַל
bᵊliʸyaʿal
,nichtswürdiger

אִישׁ
ʾiʸš
Mann-(ein)

אָוֶן
ʾɔwɛn
Frevel(s)-(des)

הוֹלֵךְ
hoʷlek
(umher)gehend(er)-(ist)

עִקְּשׁוּת
ʿiqqᵊšuʷt
(Falschheit=)Verkehrtheit-(mit)

פֶּה:
pɛʰ.
,Mund-(im)

13 קֹרֵץ
qoreṣ
(zwinkernd=)kneifend(er)-(ist)

בְּעֵינָו
bᵊʿeʸnɔw
,Augen-(zwei)-seine(n)-(mit=)in

מֹלֵל
molel
(gebend-Zeichen=)scharrend(er)-(ist)

בְּרַגְלָו
bᵊragᵊlɔw
,Füße(n)-(zwei)-seine(n)-(mit=)in

מֹרֶה
moreʰ
weisend(er)-(ist)

בְּאֶצְבְּעֹתָיו:
bᵊʾɛṣᵊbᵊʿotɔʸw.
,Finger(n)-seine(n)-(mit=)in

14 תַּהְפֻּכוֹת
tahᵊpukoʷt
Ränke-(hat)

בְּלִבּוֹ
bᵊlibboʷ
,Herz(en)-sein(em)-in

חֹרֵשׁ
ḥoreš
(bewirkend=)einschneidend(er)-(ist)

מְדָנִים[מִדְיָנִים]	עֵת	בְּכָל־	רָע
[midᵊyɔniʸm]mᵊdɔniʸm	ʿet	-bᵊkol	rɔʿ
Zänkereien	,Zeit	all(er)-(zu=)in	Unheil

יָבוֹא	פִּתְאֹם	15 עַל־כֵּן	יְשַׁלֵּחַ׃
yɔboʷʾ	pitᵊʾom	ken-ʿal	yᵊšalleaḥ.
kommt-(es=er)	plötzlich	(Darum=)so-Auf	.(Lauf-freien-lässt=)schickt-er

יִשָּׁבֵר	פֶּתַע	אֵידוֹ
yiššɔber	pɛtaʿ	ʾeʸdoʷ
(vernichtet=)zerbrochen-wird-er	(unversehens=)augenblicklich	,Verderben-sein

יְהוָה	שָׂנֵא	הֵנָּה	16 שֶׁשׁ־	מַרְפֵּא׃	וְאֵין
yᵊhwɔʰ	śɔneʾ	hennɔh	-šɛš	marᵊpeʾ.	wᵊʾeʸn
,JHWH	hasst-(es=er)	diese(n)-(von)	Sechs	.Heilung	gibt-es-nicht-und

רָמוֹת	17 עֵינַיִם	נַפְשׁוֹ׃	תּוֹעֲבוֹת[תּוֹעֲבַת]	וְשֶׁבַע
rɔmoʷt	ʿeʸnayim	napᵊšoʷ.	[toʷʿᵃbat]toʷʿᵃboʷt	wᵊšɛbaʿ
,(stolze=)hohe	Augen-(zwei)	:Seele-seine	(für)-Gräuel-(die)-(sind)	sieben-und

דָּם־	שֹׁפְכוֹת	וְיָדַיִם	שָׁקֶר	לְשׁוֹן
-dɔm	šopᵊkoʷt	wᵊyɔdayim	šɔqɛr	lᵊšoʷn
Blut	vergießend(e)	Hände-(zwei)-und	Lüge-(der)	Zunge-(eine)

מַחְשְׁבוֹת	חֹרֵשׁ	18 לֵב	נָקִי׃
maḥᵊšᵊboʷt	ḥoreš	leb	nɔqiʸ.
Gedanken	(ersinnend=)schmiedend(es)	Herz-(ein)	,unschuldig(es)

לָרוּץ	מְמַהֲרוֹת	רַגְלַיִם	אָוֶן
lɔruʷṣ	mᵊmahᵃroʷt	ragᵊlayim	ʾɔwɛn
laufen-zu-(um)	eilend(e)	Füße-(zwei)	,Unheil(s)-(des)

עֵד	כְּזָבִים	19 יָפִיחַ	לָרָעָה׃
ʿed	kᵊzɔbiʸm	yɔpiʸaḥ	lɔrɔʿɔʰ.
Zeuge-(als)	Lügen	(vor-bringt=)schnaubt-Er	.Böse(n)-dem-(nach=)zu

בֵּין	מְדָנִים	וּמְשַׁלֵּחַ	שָׁקֶר
beʸn	mᵊdɔniʸm	uʷmᵊšalleaḥ	šɔqɛr
zwischen	Zänkereien	(entfesselt=)schickend(er)-und	,Trug(es)-(des)

וְאַל־	אָבִיךָ	מִצְוַת	בְּנִי	20 נְצֹר	אַחִים׃
-wᵊʾal	ʾɔbiʸkɔ	miṣᵊwat	bᵊniʸ	nᵊṣor	ʾaḥiʸm.
nicht-und	,Vater(s)-dein(es)	Gebot-(das)	,Sohn-mein	,Beobachte	.Brüder(n)

אִמֶּךָ׃	תּוֹרַת	תִּטֹּשׁ
ʾimmɛkɔ.	toʷrat	tiṭṭoš
!Mutter-deine(r)	Weisung-(die)	(verwerfen=)aufgeben-(sollst=)wirst-du

עַל־	עָנְדֵם	תָמִיד	לִבְּךָ	עַל־	21 קָשְׁרֵם
-ʿal	ʿonᵊdem	tɔmiʸd	libbᵊkɔ	-ʿal	qošᵊrem
(um=)auf	sie-(lege=)umwinde	,ständig	Herz-dein	(an=)auf	sie-Binde

אֹתָךְ	תַּנְחֶה	22 בְּהִתְהַלֶּכְךָ	גַּרְגְּרֹתֶךָ׃
ʾotɔk	tanᵊḥɛʰ	bᵊhitᵊhallɛkᵊkɔ	garᵊgᵊrotɛkɔ.
,dich	leiten-(möge=)wird-sie	Gehen(s)-dein(es)-(Während=)In	!Hals-dein(en)

עָלֶיךָ	תִּשְׁמֹר	בְּשָׁכְבְּךָ
ʿɔlɛʸkɔ	tišᵊmor	bᵊšɔokᵊbᵊkɔ
,dich-(über=)auf	wachen-(möge=)wird-sie	Liegen(s)-dein(es)-(während=)in

23 כִּי	תְשִׂיחֶךָ׃	הִיא	וַהֲקִיצוֹתָ
kiʸ	tᵊśiʸḥɛkɔ.	hiʸʾ	wahᵃqiʸṣoʷtɔ
Denn	!dich-anreden-(möge=)wird-sie	,sie	,erwachst-du-(wenn=)und

אוֹר	וְתוֹרָה	מִצְוָה	נֵר
ʾoʷr	wᵊtoʷrɔʰ	miṣᵊwɔʰ	ner
,Licht-(ein)	Weisung-(die)-und	,Gebot-(das)-(ist)	Leuchte-(eine)

חַיִּים	וְדֶרֶךְ
ḥayyiʸm	wᵊdɛrɛk
(Leben-zum=)Lebende(n)-(der)	Weg-(ein)-und

מוּסָר׃	תּוֹכְחוֹת
muʷsɔr.	toʷkᵊḥoʷt
,Zucht-(zur)	(Mahnungen=)Zurechtweisungen-(die)-(sind)

רָע	מֵאֵשֶׁת	24 לִשְׁמָרְךָ
rɔʿ	meʾešɛt	lišᵊmorᵊkɔ
,Böse(n)-(des)	Frau-(einer)-(vor=)von	dich-(behüten=)wahren-zu-(um)

נָכְרִיָּה׃	לָשׁוֹן	מֵחֶלְקַת
nokᵊriʸyɔʰ.	lɔšoʷn	meḥɛlᵊqat
.Fremde(n)-(einer)	Zunge-(der)	(Schmeichelei=)Glätte-(der)-(vor=)von

בִּלְבָבֶךָ	יָפְיָהּ	תַּחְמֹד	25 אַל־
bilᵊbɔbɛkɔ	yopᵊyɔh	taḥᵊmod	-ʾal
,Herz(en)-dein(em)-in	Schönheit-ihre	begehren-(sollst=)wirst-du	Nicht

תִּקָּחֲךָ	וְאַל־
tiqqɔḥ^{a}kɔ	-w^{ə}ʾal
dich-(ein)-nehme-sie	nicht-(dass=)und

אִשָּׁה	בְּעַד־	26 כִּי	בְּעַפְעַפֶּיהָ׃
ʾiššɔ^{h}	-b^{ə}ʿad	ki^{y}	b^{ə}ʿap^{ə}ʿappɛ^{y}hɔ.
Frau-(eine)	(für=)bis-in	Denn	!(Blicken=)Wimpern-(zwei)-ihre(n)-(mit=)in

וְאֵשֶׁת	לָחֶם	כִּכַּר	עַד־	זוֹנָה
w^{ə}ʾešɛt	lɔḥɛm	kikkar	-ʿad	zo^{w}nɔ^{h}
Frau-(die)-(aber=)und	,Brot	Laib-(einem)	(zu)-bis-(sich-es-dreht)	hurerische

תָּצוּד׃	יְקָרָה	נֶפֶשׁ	אִישׁ
tɔṣu^{w}d.	y^{ə}qɔrɔ^{h}	nɛpɛš	ʾi^{y}š
.nach-jagt-sie	kostbare(n)	(Leben-dem=)Seele-(der)	,(Ehe)mann(es)-(eines)

בְּחֵיקוֹ	אֵשׁ	אִישׁ	27 הֲיַחְתֶּה
b^{ə}ḥe^{y}qo^{w}	ʾeš	ʾi^{y}š	h^{a}yaḥ^{ə}tɛ^{h}
,(Schoß=)Busen-sein(em)-in	Feuer	(jemand=)Mann	(trägt=)holt-(es=)er-Etwa

יְהַלֵּךְ	28 אִם־	תִּשָּׂרַפְנָה׃	לֹא	וּבְגָדָיו
y^{ə}hallek	-ʾim	tiśśɔrap^{ə}nɔ^{h}.	loʾ	u^{w}b^{ə}gɔdɔ^{y}w
geht-(es=)er	(Oder=)Wenn	?verbrennen-sie	nicht	,Kleider-seine-(indes=)und

וְרַגְלָיו	הַגֶּחָלִים	עַל־	אִישׁ
w^{ə}rag^{ə}lɔ^{y}w	haggɛḥɔli^{y}m	-ʿal	ʾi^{y}š
Füße-(zwei)-seine-(dann=)und	Kohlen(glut)-die	(über=)auf	(jemand=)Mann

אֶל־	הַבָּא	29 כֵּן	תִּכָּוֶינָה׃	לֹא
-ʾɛl	habbɔʾ	ken	tikkɔwɛ^{y}nɔ^{h}.	loʾ
zu(r)	(Eingehende=)Kommende-der	So	?versengt-werden-(sie)	nicht

יִנָּקֶה	לֹא	רֵעֵהוּ	אֵשֶׁת
yinnɔqɛ^{h}	loʾ	reʿehu^{w}	ʾešɛt
(straflos-bleibt=)unschuldig-ist-(es=)er	nicht	,Gefährte(n)-sein(es)	Frau

30 לֹא־	בָּהּ׃	הַנֹּגֵעַ	כָּל־
-loʾ	bɔh.	hannogeaʿ	-kol
Nicht	.sie-(an=)in	(ist)-rührend(e)-der	,(jeder=)all

כִּי	לַגַּנָּב	יָבוּזוּ
ki^{y}	laggannɔb	yɔbu^{w}zu^{w}
wenn	,Dieb-(den=)zum	(geringschätzig-behandelt-man=)verachten-sie

כִּי	נַפְשׁוֹ	לְמַלֵּא	יִגְנוֹב
ki^{y}	nap^{ə}šo^{w}	l^{ə}malle^{ʾ}	yig^{ə}no^{w}b
wenn	,(Verlangen=)Seele-sein(e)	(stillen=)füllen-zu-(um)	stiehlt-er

31 וְנִמְצָא	יִרְעָב׃
w^{ə}nim^{ə}ṣɔ^{ʾ}	yir^{əʿ}ɔb.
,(ertappt=)gefunden-wird-er-(Wenn=)Und	.hungert-er

הוֹן	אֶת־כָּל־	שִׁבְעָתָיִם	יְשַׁלֵּם
ho^{w}n	-kol-ʾɛt	šib^{əʿ}ɔtɔyim	y^{ə}šallem
Habe-(die)	All***	:siebenfach	(es)-ersetzen-(muss=)wird-er

32 נֹאֵף	יִתֵּן׃	בֵּיתוֹ
noʾep	yitten.	be^{y}to^{w}
Ehebrechend(e)-(Der)	.(her)geben-(muss=)wird-er	Haus(es)-sein(es)

מַשְׁחִית	לֵב	חֲסַר־	אִשָּׁה
maš^{ə}ḥi^{y}t	leb	-ḥ^{a}sar	ʾiššɔ^{h}
Verderbender-(ein)	,(Verstand=)Herz	ermangelnd-(ist)	Frau-(einer)-(mit)

וְקָלוֹן	33 נֶגַע־	יַעֲשֶׂנָּה׃	הוּא	נַפְשׁוֹ
w^{ə}qɔlo^{w}n	-nɛgaʿ	ya^{ʿa}śɛnnɔ^{h}.	hu^{wʾ}	nap^{ə}šo^{w}
Schande-und	(Plage=)Schlag	.(es=)sie-tut-(er)	(d)er	,(selbst-sich=)Seele-seine

תִמָּחֶה׃	לֹא	וְחֶרְפָּתוֹ	יִמְצָא
timmɔḥɛ^{h}.	lo^{ʾ}	w^{ə}ḥɛr^{ə}pɔto^{w}	yim^{ə}ṣɔ^{ʾ}
.(ausgelöscht=)abgewischt-wird-(sie)	nicht	Schmach-seine-und	,findet-er

וְלֹא־	גָּבֶר	חֲמַת־	קִנְאָה	34 כִּי־
-w^{ə}lo^{ʾ}	gɔbɛr	-ḥ^{a}mat	qin^{əʾ}ɔ^{h}	-ki^{y}
nicht-und	,Mann(es)-(des)	(Zornes)glut-(die)-(ist)	Eifersucht	Denn

35 לֹא־	נָקָם׃	בְּיוֹם	יַחְמוֹל
-lo^{ʾ}	nɔqɔm.	b^{ə}yo^{w}m	yaḥ^{ə}mo^{w}l
Nicht	.(Vergeltung=)Rache-(der)	Tag-(am=)in	Schonung-übt-er

וְלֹא־	כֹּפֶר	כָל־	פְּנֵי	יִשָּׂא
-w^{ə}lo^{ʾ}	kopɛr	-kol	p^{ə}ne^{y}	yiśśɔ^{ʾ}
nicht-und	,Lösegeld	(jegliches=)all	(beachten=)Gesichter-erheben-wird-er	

שֹׁחַד׃	תַרְבֶּה־	כִּי	יֹאבֶה
šoḥad.	-tar^{ə}bɛ^{h}	ki^{y}	yoʾbɛ^{h}
.Geschenk(e)	viel(e)-(bietest=)machst-du	wenn	,(nach-gibt=)willens-ist-er

7

וּמִצְוֹתַי	אֲמָרַי	שְׁמֹר	1 בְּנִי
uwmiṣəwotay	ʾamɔrɔy	šəmor	bəniy
Gebote-meine-und	,Worte-meine	(bewahre=)beachte	,Sohn-Mein

מִצְוֹתַי	2 שְׁמֹר	אִתָּךְ׃	תִּצְפֹּן
miṣəwotay	šəmor	ʾittɔk.	tiṣəpon
,Gebote-meine	(Halte=)Beachte	!dir-(bei=)mit	bergen-(sollst=)wirst-du

כְּאִישׁוֹן	וְתוֹרָתִי	וֶחְיֵה
kəʾiyšown	wətowrɔtiy	wεḥəyeh
Pupille-(die)-wie	Weisung-meine-und	,(lebest-du-damit=)lebe-und

עַל־	כָּתְבֵם	אֶצְבְּעֹתֶיךָ	עַל־	3 קָשְׁרֵם	עֵינֶיךָ׃
-ʿal	kotəbem	ʾεṣəbəʿotεykɔ	-ʿal	qošərem	ʿeynεykɔ.
auf	sie-schreibe	,Finger-deine	(an=)auf	sie-Binde	!Augen-(zwei)-deine(r)

אֲחֹתִי	לַחָכְמָה	4 אֱמֹר	לִבֶּךָ׃	לוּחַ
ʾaḥotiy	laḥokəmɔh	ʾεmor	libbεkɔ.	luwaḥ
Schwester-Meine	:Weisheit-zur	Sprich	!Herz(ens)-dein(es)	Tafel-(die)

לַבִּינָה	וּמֹדָע	אָתְּ
labbiynɔh	uwmodɔʿ	ʾɔttə
Einsicht-(der=)die-zu	(Bekannte=)verwandt(er)-und	,(bist)-du

5 לִשְׁמָרְךָ	תִקְרָא׃
lišəmorəkɔ	tiqərɔʾ.
(bewahre-dich-sie-dass=)dich-bewahren-zu	,(sie-nennen=)rufen-(sollst=)wirst-du

מִנָּכְרִיָּה	זָרָה	מֵאִשָּׁה
minnokəriyyɔh	zɔrɔh	meʾiššɔh
,Ausländerin-(einer)-(vor=)von	,fremde(n)	Frau-(einer)-(vor=)von

6 כִּי	הֶחֱלִיקָה׃	אֲמָרֶיהָ
kiy	hεḥεliyqɔh.	ʾamɔrεyhɔ
Denn	!(schmeichelt=)glättet-(sie)	Worte(n)-ihre(n)-(mit-die)

אֶשְׁנַבִּי	בְּעַד	בֵּיתִי	בְּחַלּוֹן
ʾεšənabbiy	bəʿad	beytiy	bəḥallown
Gitter-mein	(durch=)bis-in	,Haus(es)-mein(es)	Fenster-das-(durch=)in

אָבִינָה	בַפְּתָאיִם	7 וָאֵרֶא	נִשְׁקָפְתִּי׃
ʾɔbiynɔh	bappətɔʾyim	wɔʾerεʾ	nišəqɔpətiy.
bemerkte-ich	,Unerfahrenen-den-(bei=)in	sah-ich-Und	.hinaus-blickte-ich

חֲסַר־	נַעַר	בַבָּנִים
-ḥᵃsar	naʿar	babbɔniʸm
ermangelnd(er)-(war)	Knabe-(ein-dass)	,Söhnen-den-(unter=)in

אֵצֶל	בַּשּׁוּק	8 עֹבֵר	לֵב׃
ʾeṣɛl	baššuʷq	ʿober	leb.
neben	Markt-den-(durch=)in	hinübergehend(er)-(war-er)	,(Verstand=)Herz

יִצְעָד׃	בֵּיתָהּ	וְדֶרֶךְ	פִּנָּהּ
yiṣᵊʿɔd.	beʸtɔh	wᵊderɛk	pinnɔh
.(schritt=)schreitet-er	Haus(es)-ihr(es)	Weg-(den)-und	,Ecke-ihre(r)

יוֹם	בְּעֶרֶב	9 בְּנֶשֶׁף־
yoʷm	bᵊʿɛrɛb	-bᵊnɛšɛp
,Tag(es)-(des)	(Neige-zur=)Abend-in	Dämmerung-(Bei=)In

אִשָּׁה	10 וְהִנֵּה	וַאֲפֵלָה׃	לַיְלָה	בְּאִישׁוֹן
ʾiššɔʰ	wᵊhinneʰ	waʾᵃpelɔʰ.	layᵊlɔʰ	bᵊʾiʸšoʷn
Frau-(eine)	,siehe-Und	.Dunkelheit-und	Nacht-(der)	(Zeit-zur=)Mitte-(der)-in

זוֹנָה	שִׁית	לִקְרָאתוֹ
zoʷnɔʰ	šiʸt	liqᵊrɔʾtoʷ
Hure-(der)	Gewand-(in)	(entgegen-ihm-kam=)Begegnen-sein(em)-zu

11 הֹמִיָּה	לֵב׃	וּנְצֻרַת
homiʸyɔʰ	leb.	uʷnᵊṣurat
(Unstet=)Lärmend(e) —	.Herz(en)	(zielstrebigem=)beobachtet(em)-(mit)-und

לֹא־	בְּבֵיתָהּ	וְסֹרָרֶת	הִיא
-loʾ	bᵊbeʸtɔh	wᵊsorɔrɛt	hiʸʾ
nicht	,(zuhause=)Haus-ihr(em)-in	widerspenstig(e)-und	(ist)-sie

12 פַּעַם	רַגְלֶיהָ׃	יִשְׁכְּנוּ
paʿam	ragᵊlɛʸhɔ.	yišᵊkᵊnuʷ
(Einmal=)Schritt-(Ein)	.Füße-(zwei)-ihre	(aus-halten-es=)wohnen-sie

בָּרְחֹבוֹת	פַּעַם	בַּחוּץ
bɔrᵊḥoboʷt	paʿam	baḥuʷṣ
Plätze(n)-(den=)die-(auf=)in	(einmal=)Schritt-(ein)	,(Gasse-der-auf=)Draußen-im

13 וְהֶחֱזִיקָה	תֶּאֱרֹב׃	פִּנָּה	כָּל־	וְאֵצֶל
wᵊhɛḥᵉziʸqɔʰ	tɛʾᵉrob.	pinnɔʰ	-kol	wᵊʾeṣɛl
fest-fasste-sie-(Schon=)Und	— .lauert-sie	Ecke	(jeder=)all	(an=)neben-und

הֶעֱזָה	לוֹ	וְנָשְׁקָה־	בּוֹ
he‘ezɔ^{h}	lo^{w}	-w^{ə}nɔš^{ə}qo^{h}	bo^{w}
frech-zeigte-sie	,(ihn=)ihm-zu	küsste-(sie)-und	(ihn=)ihm-in

לוֹ׃	וַתֹּאמַר	פָּנֶיהָ
lo^{w}.	watto’mar	pɔnɛ^{y}hɔ
:ihm-zu	sagte-(sie)-und	Gesicht(er)-ihr(e)

עָלָי	שְׁלָמִים זִבְחֵי 14
‘ɔlɔy	š^{ə}lɔmi^{y}m zib^{ə}ḥe^{y}
.(mir-obliegen=)mich-auf	(Friedensopfer=)Verpflichtungen-(von)-Opfer

נְדָרָי׃	שִׁלַּמְתִּי	הַיּוֹם
n^{ə}dɔrɔy.	šillam^{ə}ti^{y}	hayyo^{w}m
.Gelöbnisse-meine	(erfüllt-habe=)ersetzte-ich	(Heute=)Tag-Der

לִקְרָאתֶךָ	יָצָאתִי	עַל־כֵּן 15
liq^{ə}rɔ’tɛkɔ	yɔṣɔ’ti^{y}	ken-‘al
,(dir-begegnen-zu-um=)Begegnen-dein-zu	aus-ging-ich	(Darum=)so-Auf

וָאֶמְצָאֶךָּ׃	פָּנֶיךָ	לְשַׁחֵר
wɔ’ɛm^{ə}ṣɔ’ɛkɔ.	pɔnɛ^{y}kɔ	l^{ə}šaḥer
.dich-gefunden-habe-ich-(nun=)und	;(dich=)Gesichter-deine	suchen-zu

אֵטוּן	חֲטֻבוֹת	עַרְשִׂי	רָבַדְתִּי	מַרְבַדִּים 16
’eṭu^{w}n	ḥ^{a}ṭubo^{w}t	‘ar^{ə}śi^{y}	rɔbad^{ə}ti^{y}	mar^{ə}baddi^{y}m
Linnen	gestreifte(n)-bunt-(mit)	,Bett-mein	bereitete-ich	Decken-(Mit)

אֲהָלִים	מֹר	מִשְׁכָּבִי	נַפְתִּי 17	מִצְרָיִם׃
’^{a}hɔli^{y}m	mor	miš^{ə}kɔbi^{y}	nap^{ə}ti^{y}	miṣ^{ə}rɔyim.
Aloe	,Myrrhe-(mit)	Lager-mein	besprengte-Ich	.Ägypten(s)

לְכָה 18	וְקִנָּמוֹן׃
l^{ə}kɔ^{h}	w^{ə}qinnɔmo^{w}n.
,(Komm=)Geh	.Zimt-und

נִרְוֶה
nir^{ə}wɛ^{h}
(schwelgen-uns-lass=)satttrinken-uns-(wollen=)werden-wir

הַבֹּקֶר	עַד־	דֹּדִים
habboqɛr	-‘ad	dodi^{y}m
,Morgen-(dem=)der	(zu)-bis	(Liebesfreuden=)Geliebte(n)-in

אֵין	19 כִּי	בָּאֳהָבִים׃	נִתְעַלְּסָה
ʾeʸn	kiʸ	bɔʾᵒhɔbiʸm.	nitᵊʿallᵊsɔʰ
ist-nicht	Denn	!Buhlschaften-in	ergötzen-uns-(wollen=)werden-wir

בְּדֶרֶךְ	הָלַךְ	בְּבֵיתוֹ	הָאִישׁ
bᵊdɛrɛk	hɔlak	bᵊbeʸtoʷ	hɔʾiʸš
(Reise-auf=)Weg-in	gegangen-ist-er	,Haus-sein(em)-in	(Ehe)mann-der

לָקַח	הַכֶּסֶף	20 צְרוֹר־	מֵרָחוֹק׃
lɔqaḥ	hakkɛsɛp	-ṣᵊroʷr	merɔḥoʷq.
nahm-er	(Geldes=)Silber(s)-(des=)das	Beutel-(Den)	.Ferne-die-(in=)von

יָבֹא	הַכֵּסֶא	לְיוֹם	בְּיָדוֹ
yɔboʾ	hakkeseʾ	lᵊyoʷm	bᵊyɔdoʷ
(heim)kommen-wird-er	Vollmond(es)-(des=)der	Tag-Zu(m)	.Hand-seine-in

בְּרֹב	21 הִטַּתּוּ	בֵּיתוֹ׃
bᵊrob	hiṭṭattuʷ	beʸtoʷ.
Menge-(die)-(durch=)in	ihn-(verleitet=)gebeugt-hat-Sie	!Haus-sein-(in)

בְּחֵלֶק	לִקְחָהּ
bᵊḥelɛq	liqᵊḥɔh
(Schmeichelei=)Glätte-(die)-(durch=)in	,Überredung-ihre(r)

אַחֲרֶיהָ	22 הוֹלֵךְ	תַּדִּיחֶנּוּ׃	שְׂפָתֶיהָ
ʾaḥᵃrɛʸhɔ	hoʷlek	taddiʸḥɛnnuʷ.	śᵊpɔtɛʸhɔ
(her)-ihr-hinter	gehend(er)-(war-Er)	:ihn-verführt(e)-sie	Lippen-(zwei)-ihre(r)

טָבַח	אֶל־	כְּשׁוֹר	פִּתְאֹם
ṭɔbaḥ	-ʾɛl	kᵊšoʷr	pitᵊʾom
Schlachtung	zu(r)-(der)	,Stier-(ein)-wie	,(entschlossen-kurz=)augenblicklich

אֱוִיל׃	מוּסַר	אֶל־	וּכְעֶכֶס	יָבוֹא
ʾᵉwiʸl.	muʷsar	-ʾɛl	uʷkᵊʿɛkɛs	yɔboʷʾ
,Tor-(ein)	Strafe	zu(r-geht)	Fußfessel-(in)-wie-und	,(geht=)kommt-(er)

צִפּוֹר	כְּמַהֵר	כְּבֵדוֹ	חֵץ	יְפַלַּח	23 עַד
ṣippoʷr	kᵊmaher	kᵊbedoʷ	ḥeṣ	yᵊpallaḥ	ʿad
Vogel-(ein)	eilt-wie	;Leber-seine	Pfeil-(ein)	zerspaltet-(es=er)	bis

כִּי־	יָדַע	וְלֹא־	פָּח	אֶל־
-kiʸ	yɔdaʿ	-wᵊloʾ	pɔḥ	-ʾɛl
dass	,(weiß=)wusste-er	nicht-und	,Schlinge	zu(r)

בָּנִים	24 וְעַתָּה	הוּא:	בְּנַפְשׁוֹ
bɔni^{y}m	w^{ə}^{c}attɔ^{h}	hu^{w}^{ɔ}.	b^{ə}nap^{ə}šo^{w}
,(Kinder=)Söhne	,nun-Und	.(ist-es=)er	(Leben=)Seele-sein(e)-(gegen=)in

לְאִמְרֵי־	וְהַקְשִׁיבוּ	לִי	שִׁמְעוּ־
-l^{ə}^{ɔ}im^{ə}re^{y}	w^{ə}haq^{ə}ši^{y}bu^{w}	li^{y}	-šim^{ə}^{c}u^{w}
Worte-(die)-(auf=)zu	merket-und	(mich-auf=)mir-zu	höret

אֶל־	יֵשְׂטְ	25 אַל־	פִי:
-^{ɔ}ɛl	yeś^{ə}ṭ^{ə}	-^{ɔ}al	pi^{y}.
zu	(ab)weichen-(soll=)wird-(es=)er	Nicht	!Mund(es)-mein(es)

תֵּתַע	אַל־	לִבֶּךָ	דְּרָכֶיהָ
teta^{c}	-^{ɔ}al	libbɛkɔ	d^{ə}rɔkɛ^{y}hɔ
umherirren-(sollst=)wirst-du	nicht	,Herz-dein	Wege(n)-ihre(n)

חֲלָלִים	רַבִּים	26 כִּי־	בִּנְתִיבוֹתֶיהָ:
ḥ^{a}lɔli^{y}m	rabbi^{y}m	-ki^{y}	bin^{ə}ti^{y}bo^{w}tɛ^{y}hɔ.
(Gefallene=)Durchbohrte	viele	Denn	!Pfade(n)-ihre(n)-(auf=)in

כָּל־	וַעֲצֻמִים	הִפִּילָה
-kol	wa^{ca}ṣumi^{y}m	hippi^{y}lɔ^{h}
all	(sind-zahlreich=)starke-und	,(Fall-zu-brachte=)fallen-machte-sie

שְׁאוֹל	27 דַּרְכֵי	הֲרֻגֶיהָ:
š^{ə}^{ɔ}o^{w}l	dar^{ə}ke^{y}	h^{a}rugɛ^{y}hɔ.
Unterwelt-(der)	(Wandel-Einen=)Wege	.(ihr-von-Getöteten-die=)Getöteten-ihre

מָוֶת:	חַדְרֵי־	אֶל־	יֹרְדוֹת	בֵּיתָהּ
mɔwɛt.	-ḥad^{ə}re^{y}	-^{ɔ}ɛl	yor^{ə}do^{w}t	be^{y}tɔh
.Tod(es)-(des)	Kammern	zu	(führend=)hinabsteigend(e)	,Haus-ihr-(führt)

8

וּתְבוּנָה	תִּקְרָא	חָכְמָה	1 הֲלֹא־
u^{w}t^{ə}bu^{w}nɔ^{h}	tiq^{ə}rɔ^{ɔ}	ḥok^{ə}mɔ^{h}	-h^{a}lo^{ɔ}
Einsicht-(die)-und	,ruft-(sie)	Weisheit-(die)	nicht-Etwa

מְרוֹמִים	2 בְּרֹאשׁ־	קוֹלָהּ:	תִּתֵּן
m^{ə}ro^{w}mi^{y}m	-b^{ə}ro^{ɔ}š	qo^{w}lɔh.	titten
Höhen-(der)	(Kuppe-der-Auf=)Kopf-In	?Stimme-ihre	(erhebt=)gibt-(sie)

נִצָּבָה:	נְתִיבוֹת	בֵּית	דֶּרֶךְ	עֲלֵי־
niṣṣɔbɔ^{h}.	n^{ə}ti^{y}bo^{w}t	be^{y}t	dɔrɛk	-^{ca}le^{y}
.hin-sich-stellt(e)-sie	Pfade-(der)	(inmitten=)Haus-(im)	,Weg	(am=)auf

קָרֶת	לְפִי־	שְׁעָרִים	3 לְיַד־
qɔrɛt	-lᵊpiʸ	šᵊᶜɔriʸm	-lᵊyad
,Stadt-(der)	(Öffnung-der-an=)Mund-zu	Tore-(der)	(Seite-der-An=)Hand-Zu

אֶקְרָא	אִישִׁים	4 אֲלֵיכֶם	תָּרֹנָּה:	פְּתָחִים	מְבוֹא
ᵓɛqᵊrɔᵓ	ᵓiʸšiʸm	ᵓᵃleʸkɛm	tɔronnɔʰ.	pᵊtɔḥiʸm	mᵊboʷᵓ
,rufe-ich	,Männer	,euch-Zu	:schreit-sie	Pforten-(der)	Eingang-(am)

אָדָם:	בְּנֵי	אֶל־	וְקוֹלִי
ᵓɔdɔm.	bᵊneʸ	-ᵓɛl	wᵊqoʷliʸ
.Mensch(en)-(der)	(Kindern=)Söhne(n)-(den)	zu	Stimme-meine-und

וּכְסִילִים	עָרְמָה	פְּתָאיִם	5 הָבִינוּ
uʷkᵊsiʸliʸm	ᶜorᵊmɔʰ	pᵊtɔᵓyim	hɔbiʸnuʷ
,Dumme(n-ihr)-und	,Klugheit	,Tore(n)-ihr	,(Begreift=)Versteht

נְגִידִים	כִּי־	6 שִׁמְעוּ	לֵב:	הָבִינוּ
nᵊgiʸdiʸm	-kiʸ	šimᵊᶜuʷ	leb.	hɔbiʸnuʷ
Dinge-edle	denn	,Höret	!(Verstand=)Herz	(lernt=)versteht

שְׂפָתָי	וּמִפְתַּח	אֲדַבֵּר
śᵊpɔtay	uʷmipᵊtaḥ	ᵓᵃdabber
Lippen-(zwei)-meine(r)	Auftun-(das)-und	,reden-(will=)werde-ich

חִכִּי	יֶהְגֶּה	אֱמֶת	7 כִּי־	מֵישָׁרִים:
ḥikkiʸ	yɛhᵊgɛʰ	ᵓᵉmɛt	-kiʸ	meʸšɔriʸm.
,Gaumen-mein	murmelt-(es=er)	Wahrheit	Denn	!(Redliches=)Geradheit(en)

רֶשַׁע:	שְׂפָתָי	וְתוֹעֲבַת
rɛšaᶜ.	śᵊpɔtay	wᵊtoʷᶜᵃbat
!Frevel(haftigkeit)-(ist)	Lippen-(zwei)-meine	(für)-Abscheu-(aber=)und

אֵין	פִי	אִמְרֵי־	כָּל־	8 בְּצֶדֶק
ᵓeʸn	piʸ	-ᵓimᵊreʸ	-kol	bᵊṣɛdɛq
ist-nicht(s)	,Mund(es)-mein(es)	Worte	all(e)	(sind-Aufrichtig=)Geradheit-In

9 כֻּלָּם	וְעִקֵּשׁ:	נִפְתָּל	בָּהֶם
kullɔm	wᵊᶜiqqeš.	nipᵊtɔl	bɔhɛm
sie-All(e)	.verkehrt-und	(hinterlistig=)verschlungen	ihnen-in

וִישָׁרִים	לַמֵּבִין	נְכֹחִים
wiʸšɔriʸm	lammebiʸn	nᵊkoḥiʸm
Geradheit(en)-und	,Einsichtig(en)-(dem=)zu	(richtig=)gerade-(sind)

לִמֹצְאֵי	דָּעַת׃	10 קְחוּ־	מוּסָרִי	וְאַל־
lᵊmoṣᵊʾeʸ	dɔʿat.	-qᵊḥuʷ	muʷsɔriʸ	-wᵊʾal
Findende(n)-(den=)zu	.Erkenntnis	(an)-Nehmt	Zucht-meine	nicht-und

כָּסֶף	וְדַעַת	מֵחָרוּץ	נִבְחָר׃	11 כִּי־	טוֹבָה
kɔsɛp	wᵊdaʿat	meḥɔruʷṣ	nibᵊḥɔr.	-kiʸ	ṭoʷbɔʰ
,Silber	Kenntnis-und	Gold-(als-mehr=)von	!erlesen(es)	Denn	(ist)-gut(e)

חָכְמָה	מִפְּנִינִים	וְכָל־
ḥokᵊmɔʰ	mippᵊniʸniʸm	-wᵊkol
Weisheit	,Korallen-(als-mehr=)von	all(e)-und

חֲפָצִים	לֹא	יִשְׁווּ־	בָהּ׃
ḥᵃpɔṣiʸm	loʾ	-yišᵊwuʷ	bɔh.
(Kostbarkeiten=)Dinge-begehrte(n)	nicht	gleich-sind-(sie)	.(sie-wie=)ihr-in

12 אֲנִי־	חָכְמָה	שָׁכַנְתִּי	עָרְמָה
-ʾaniʸ	ḥokᵊmɔʰ	šɔkanᵊtiʸ	ʿorᵊmɔʰ
,Ich	,Weisheit-(die)	(mit-vertraut-bin=)(be)wohn(t)e-ich	,Klugheit-(der)

וְדַעַת	מְזִמּוֹת	אֶמְצָא׃	13 יִרְאַת
wᵊdaʿat	mᵊzimmoʷt	ʾɛmᵊṣɔʾ.	yirᵊʾat
(von)-Kenntnis-und	Gedanken-(sinnreichen)	.finde-ich	(vor)-Furcht-(Die)

יְהוָה	שְׂנֹאת	רָע	גֵּאָה	וְגָאוֹן
yᵊhwɔʰ	śᵊnoʾt	rɔʿ	geʾɔʰ	wᵊgɔʾoʷn
JHWH	(hasst=)Hassen-(ein-ist)	;Böse(s)	Hochmut	Stolz-und

וְדֶרֶךְ	רָע	וּפִי	תַהְפֻּכוֹת
wᵊdɛrɛk	rɔʿ	uʷpiʸ	tahᵊpukoʷt
(Wandel=)Weg-(einen)-und	,bös(en)	Mund-(einen)-und	Ränke-(der)

שָׂנֵאתִי׃	14 לִי־	עֵצָה	וְתוּשִׁיָּה	אֲנִי	בִינָה
śɔneʾtiʸ.	-liʸ	ʿeṣɔʰ	wᵊtuʷšiʸyɔʰ	ʾᵃniʸ	biʸnɔʰ
.hass(t)e-ich	(ist)-mir-(Bei=)Zu	Rat	;Gelingen-und	,ich	Einsicht

לִי	גְבוּרָה׃	15 בִּי	מְלָכִים	יִמְלֹכוּ
liʸ	gᵊbuʷrɔʰ.	biʸ	mᵊlɔkiʸm	yimᵊlokuʷ
,(habe-ich=)mir-zu	.Stärke	(mich-Durch=)mir-In	Könige	,regieren-(sie)

וְרוֹזְנִים	יְחֹקְקוּ	צֶדֶק׃	16 בִּי	שָׂרִים
wᵊroʷzᵊniʸm	yᵊḥoqᵊquʷ	ṣɛdɛq.	biʸ	śɔriʸm
Würdenträger-und	an-ordnen-(sie)	.Richtiges	(mich-Durch=)mir-In	Fürsten

שֹׁפְטֵי	כָּל־	וּנְדִיבִים	יָשֹׂרוּ
šopᵊṭeʸ	-kol	uʷnᵊdiʸbiʸm	yɔśoruʷ
(mit)-rechtsprechend(e)	all(e)-(sind)	Machthaber-und	,regieren-(sie)

אֵהָב	[אֹהֲבַי]אֹהֲבֶיהָ	17 אֲנִי	צֶדֶק׃
ʾehɔb	[ʾohᵃbay]ʾohᵃbɛʸhɔ	ʾᵃniʸ	ṣɛdɛq.
,liebe-ich	,(lieben-mich-die=)Liebenden-ihre	,Ich	.Gerechtigkeit

עֹשֶׁר־ 18	יִמְצָאֻנְנִי׃	וּמְשַׁחֲרַי
-ʿošɛr	yimᵊṣɔʾunᵊniʸ.	uʷmᵊšaḥᵃray
Reichtum	.mich-finden-werden-(sie)	(suchen-mich-die=)Suchenden-meine-und

טוֹב 19	וּצְדָקָה׃	עָתֵק	הוֹן	אִתִּי	וְכָבוֹד
ṭoʷb	uʷṣᵊdɔqɔʰ.	ʿɔteq	hoʷn	ʾittiʸ	wᵊkɔboʷd
(ist)-Gut	.Recht-und	stattlich(es)	Gut	,mir-(bei=)mit-(sind)	Ehre-und

וּמִפָּז	מֵחָרוּץ	פִּרְיִי
wmippɔz	meḥɔruʷṣ	pirᵊyiʸ
,Gold-gediegenes-(als-mehr=)von-und	,Gold-(als-mehr=)von	Frucht-meine

בְּאֹרַח־ 20	נִבְחָר׃	מִכֶּסֶף	וּתְבוּאָתִי
-bᵊʾoraḥ	nibᵊḥɔr.	mikkɛsɛp	uʷtᵊbuʷʾɔtiʸ
Pfad-(dem)-(Auf=)In	.erlesen(es)	Silber-(als-mehr=)von	Ertrag-mein-und

נְתִיבוֹת	בְּתוֹךְ	אֲהַלֵּךְ	צְדָקָה
nᵊtiʸboʷt	bᵊtoʷk	ʾᵃhallek	ṣᵊdɔqɔʰ
Pfade-(der)	(inmitten=)Mitte-in	,(wandle=)gehe-ich	Gerechtigkeit-(der)

לְהַנְחִיל 21	מִשְׁפָּט׃
lᵊhanᵊḥiʸl	mišᵊpɔṭ.
(vererben=)machen-erben-zu-(um)	,Recht(es)-(des)

יֵשׁ	אֹהֲבַי
yeš	ʾohᵃbay
,(vorhanden)-ist-(was=)es	,(lieben-mich-die-,denen=)Liebende(n)-meine(n)

רֵאשִׁית	קָנָנִי	יְהוָה 22	אֲמַלֵּא׃	וְאֹצְרֹתֵיהֶם
reʾšiʸt	qɔnɔniʸ	yᵊhwɔʰ	ʾᵃmalleʾ.	wᵊʾoṣᵊroteʸhɛm
(Erstling=)Anfang-(als)	mich-schuf	JHWH	.fülle-ich	Speicher-ihre-und

מִפְּעָלָיו	קֶדֶם	דַּרְכּוֹ
mipᵊʿɔlɔʸw	qɛdɛm	darᵊkoʷ
Werke-seine-(als=)von	(früher=)vorne	,(Waltens=)Weg(es)-sein(es)

מֵרֹאשׁ	נִסַּכְתִּי	23 מֵעוֹלָם	מֵאָז׃
meroʾš	nissakᵊtiʸ	meʿoʷlɔm	meʾɔz.
,(Anbeginn=)Kopf-von	,eingesetzt-wurde-ich	(her)-Ewigkeit-Von	.damals-von

תְּהֹמוֹת	24 בְּאֵין־	אָרֶץ׃	מִקַּדְמֵי־
tᵊhomoʷt	-bᵊʾeʸn	ʾɔrɛṣ.	-miqqadᵊmeʸ
,Urfluten	(waren-nicht-Als=)Nichtsein-In	.Erde-(der)	Urzeiten-(den)-(vor=)von

מַעְיָנוֹת	בְּאֵין	חוֹלָלְתִּי
maʿᵃyɔnoʷt	bᵊʾeʸn	ḥoʷlɔlᵊtiʸ
Quellen	(waren-nicht-als=)Nichtsein-in	,geboren-wurde-ich

הָרִים	25 בְּטֶרֶם	מָיִם׃	נִכְבַּדֵּי־
hɔriʸm	bᵊṭɛrɛm	mɔyim.	-nikᵊbaddeʸ
Berge-(die)	Bevor	.Wasser	(an)-(reich=)geachtete-wert

גְּבָעוֹת	לִפְנֵי	הָטְבָּעוּ
gᵊbɔʿoʷt	lipᵊneʸ	hoṭᵊbɔʿuʷ
Hügel(n)-(den)	(vor=)Gesichter-zu	,eingesenkt-wurden-(sie)

אֶרֶץ	עָשָׂה	לֹא	26 עַד־	חוֹלָלְתִּי׃
ʾɛrɛṣ	ʿɔśɔʰ	loʾ	-ʿad	ḥoʷlɔlᵊtiʸ.
Erde-(die)	gemacht-hatte-er	nicht	(Noch=)Bis	.geboren-wurde-ich

תֵּבֵל׃	עַפְרוֹת	וְרֹאשׁ	וְחוּצוֹת
tebel.	ʿopᵊroʷt	wᵊroʾš	wᵊḥuʷṣoʷt
,Erdenrund(s)-(des)	Bestandteile-(der)	(Anfang=)Kopf-(den)-und	Fluren-und

אָנִי	שָׁם	שָׁמַיִם	27 בַּהֲכִינוֹ
ʾɔniʸ	šɔm	šɔmayim	bahᵃkiʸnoʷ
,(war)-ich	(dabei=)dort	Himmel-(die)	Bereiten-sein(em)-(bei=)in

עַל־	חוּג	בְּחוּקוֹ
-ʿal	ḥuʷg	bᵊḥuʷqoʷ
(über=)auf	(Erd)kreis-(den)	Festsetzen-sein(em)-(bei=)in

28 בְּאַמְּצוֹ	תְהוֹם׃	פְּנֵי
bᵊʾammᵊṣoʷ	tᵊhoʷm.	pᵊneʸ
Befestigen-sein(em)-(bei=)in	,Urflut-(der)	(Fläche-der=)Gesichter

בַּעֲזוֹז	מִמָּעַל	שְׁחָקִים
baʿᵃzoʷz	mimmɔʿal	šᵊḥɔqiʸm
(waren-mächtig-als=)Starksein-in	,(droben=)oben-von	Wolken-(die)

לַיָּם	29 בְּשׂוּמוֹ	תְּהוֹם׃	עִינוֹת
layyɔm	bᵊśuʷmoʷ	tᵊhoʷm.	ʿiʸnoʷt
Meer-(dem=)zum	Setzen-sein(em)-(bei=)in	,Tiefe-(der)	Quellen-(die)

יַעַבְרוּ־	לֹא	וּמַיִם	חֻקּוֹ
-yaʿabᵊruʷ	loʾ	uʷmayim	ḥuqqoʷ
übertreten-(sie)	nicht	Wasser-(die)-(dass=)und	,(Grenze=)Bestimmtes-sein(e)

מוֹסְדֵי	בְּחוּקוֹ	פִיו
moʷsᵊdeʸ	bᵊḥuʷqoʷ	piʸw
Grundlagen-(die)	Festsetzen-sein(em)-(bei=)in	,(Rand=)Mund-sein(en)

אָמוֹן	אֶצְלוֹ	30 וָאֶהְיֶה	אָרֶץ׃
ʾɔmoʷn	ʾɛṣᵊloʷ	wɔʾɛhᵊyɛʰ	ʾɔrɛṣ.
,Pflegling-(als)	(Seite-seiner-an=)ihm-neben	war-ich-Und	.Erde-(der)

מְשַׂחֶקֶת	יוֹם	יוֹם	שַׁעֲשֻׁעִים	וָאֶהְיֶה
mᵊśaḥɛqɛt	yoʷm	yoʷm	šaʿašuʿiʸm	wɔʾɛhᵊyɛʰ
spielend(e)	,Tag-(für)	Tag	(Wonne-eine=)Ergötzungen	war-ich-und

עֵת׃	בְּכָל־	לְפָנָיו
ʿet.	-bᵊkol	lᵊpɔnɔʸw
.Zeit-(der)	all-(während=)in	(ihm-vor=)Gesichtern-seinen-zu

אַרְצוֹ	בְּתֵבֵל	31 מְשַׂחֶקֶת
ʾarᵊṣoʷ	bᵊtebel	mᵊśaḥɛqɛt
,Erde-seine(r)	Festland-(dem)-(auf=)in	spielend(e)-(war-Ich)

אֶת־בְּנֵי	וְשַׁעֲשֻׁעַי
bᵊneʸ-ʾɛt	wᵊšaʿᵃšuʿay
Söhne(n)-(den)-mit-(sein-zu)	,(es-war-Wonne=)Ergötzungen-meine-und

לִי	שִׁמְעוּ־	בָנִים	32 וְעַתָּה	אָדָם׃
liʸ	-šimᵊʿuʷ	bɔniʸm	wᵊʿattɔʰ	ʾɔdɔm.
,(mich-auf=)mir-zu	höret	,(Kinder=)Söhne	,nun-Und	.Mensch(en)-(des)

33 שִׁמְעוּ	יִשְׁמֹרוּ׃	דְּרָכַי	וְאַשְׁרֵי
šimᵊʿuʷ	yišᵊmoruʷ.	dᵊrɔkay	wᵊʾašᵊreʸ
Höret	!bewahren-(sie)	Wege-meine	(die-,denen)-(Heil=)Seligkeiten-und

וְאַל־	וַחֲכָמוּ	מוּסָר
-wᵊʾal	waḥᵃkɔmuʷ	muʷsɔr
nicht(s)-und	,weise-seid-und	Zurechtweisung-(die)

תִּפְרָעוּ׃
tip^{ə}rɔʿu^{w}.
!lassen-(unbeachtet=)frei-(sollt=)werdet-ihr

34 אַשְׁרֵי
ʾaš^{ə}re^{y}
(Heil=)Seligkeiten

אָדָם
ʾɔdɔm
,Mensch(en)-(dem)

שֹׁמֵעַ
šomeaʿ
hörend(er)-(ist-der)

לִי
li^{y}
,(mich-auf=)mir-zu

לִשְׁקֹד
liš^{ə}qod
wachen-zu

עַל־
-ʿal
(an=)auf

דַּלְתֹתַי
dal^{ə}totay
Türe(n)-meine(n)

יוֹם
yo^{w}m
Tag

יוֹם
yo^{w}m
,Tag-(für)

לִשְׁמֹר
liš^{ə}mor
hüten-zu

מְזוּזֹת
m^{ə}zu^{w}zot
Pfosten-(die)

פְּתָחָי׃
p^{ə}tɔḥɔy.
!Tore-meine(r)

35 כִּי
ki^{y}
Denn

מֹצְאִי
moṣ^{əʾ}i^{y}
,(findet-mich-wer=)Findender-mein

מֹצְאִי[מָצָא]
[mɔṣɔʾ]moṣ^{əʾ}e^{y}
findend(er)-(ist-der)

חַיִּים
ḥayyi^{y}m
,(Leben=)Lebende

וַיָּפֶק
wayyɔpɛq
erlangt(e)-er-und

רָצוֹן
rɔṣo^{w}n
Wohlgefallen

מֵיְהוָה׃
me^{yə}hwɔ^{h}.
!JHWH-(vor=)von

36 וְחֹטְאִי
w^{ə}ḥoṭ^{əʾ}i^{y}
(mich-gegen-verfehlt-sich-wer=)Verfehlender-mein-(Doch=)Und

חֹמֵס
ḥomes
antuend(er)-Gewalt-(ist)

נַפְשׁוֹ
nap^{ə}šo^{w}
.(selbst-sich=)Seele-seine(r)

כָּל־
-kol
,All(e)

מְשַׂנְאַי
m^{ə}śan^{əʾ}ay
,(hassen-mich-die=)Hassenden-meine

אָהֲבוּ
ʾɔh^{a}bu^{w}
lieb(t)en-(sie)

מָוֶת׃
mɔwɛt.
.Tod-(den)

9

1 חָכְמוֹת
ḥok^{ə}mo^{w}t
Weisheit(en)-(Die)

בָּנְתָה
bɔn^{ə}tɔ^{h}
erbaut-hat-(sie)

בֵיתָהּ
be^{y}tɔh
,Haus-ihr

חָצְבָה
ḥɔṣ^{ə}bɔ^{h}
(aus)gehauen-hat-sie

עַמּוּדֶיהָ
ʿammu^{w}dɛ^{y}hɔ
Säulen-ihre

שִׁבְעָה׃
šib^{əʿ}ɔ^{h}.
.sieben

2 טָבְחָה
ṭɔb^{ə}ḥɔ^{h}
geschlachtet-hat-Sie

טִבְחָהּ
ṭib^{ə}ḥɔh
,(Fleischmahlzeit=)Geschlachtetes-ihr(e)

מָסְכָה
mɔs^{ə}kɔ^{h}
gemischt-hat-(sie)

יֵינָהּ
ye^{y}nɔh
,Wein-ihr(en)

אַף
ʾap
auch

נַעֲרֹתֶיהָ	3 שָׁלְחָה	שֻׁלְחָנָהּ׃	עָרְכָה
na^{ca}rote^{y}hɔ	šɔl^{ə}ḥɔ^{h}	šul^{ə}ḥɔnɔh.	^{c}ɔr^{ə}kɔ^{h}
,Mädchen-ihre	ausgesandt-hat-Sie	.Tisch-ihr(en)	hergerichtet-(hat-sie)

מְרֹמֵי	גַּפֵּי	עַל־	תִקְרָא
m^{ə}rome^{y}	gappe^{y}	-^{c}al	tiq^{ə}rɔʾ
Höhen-(der)	Rücken-(die)	auf	(einladen=)rufen-(lässt=)wird-sie-und

הֵנָּה	יָסֻר	פֶתִי	4 מִי־	קָרֶת׃
hennɔ^{h}	yɔsur	pɛti^{y}	-mi^{y}	qɔrɛt.
!hierher	kehren-(soll=)wird-(d)er	,(ist)-einfältig	Wer	:Stadt-(der)

אָמְרָה	לֵב	חֲסַר־
ʾɔm^{ə}rɔ^{h}	leb	-ḥ^{a}sar
(spricht=)sprach-sie	,(Verstand=)Herz	(er)mangelnd-(ist-Wer)

בְלַחֲמִי	לַחֲמוּ	5 לְכוּ	לוֹ׃
b^{ə}laḥ^{a}mi^{y}	laḥ^{a}mu^{w}	l^{ə}ku^{w}	lo^{w}.
Brot-mein(em)-(von=)in	Esset	!(Kommt=)Geht	.(ihn-an=)ihm-zu

פְתָאיִם	6 עִזְבוּ	מָסָכְתִּי׃	בְּיָיִן	וּשְׁתוּ
p^{ə}tɔʾyim	^{c}iz^{ə}bu^{w}	mɔsɔk^{ə}ti^{y}.	b^{ə}yayin	u^{w}š^{ə}tu^{w}
,Einfältigkeiten-(die)	Verlasst	!gemischt-ich-(den)	,Wein-(vom=)in	trinkt-und

בְּדֶרֶךְ	וְאִשְׁרוּ	וִחְיוּ
b^{ə}dɛrɛk	w^{ə}ʾiš^{ə}ru^{w}	wiḥ^{ə}yu^{w}
Weg-(dem)-(auf=)in	(gerade)-geht-und	,(lebet-ihr-dass=)lebet-und

לֵץ	7 יֹסֵר	בִּינָה׃
leṣ	yoser	bi^{y}nɔ^{h}.
Spötter-(einen)	Zurechtweisender-(Ein)	!Einsicht-(der)

וּמוֹכִיחַ	קָלוֹן	לוֹ	לֹקֵחַ
u^{w}mo^{w}ki^{y}aḥ	qɔlo^{w}n	lo^{w}	loqeaḥ
Tadelnder-(ein)-und	,Schimpf	(sich=)ihm-zu	(holend=)nehmend(er)-(ist)

8 אַל־	מוּמוֹ׃	לְרָשָׁע
-ʾal	mu^{w}mo^{w}.	l^{ə}rɔšɔ^{c}
Nicht	!Schandfleck-(eigenen)-sein(en)	Frevler-(den=)zu

הוֹכַח	יִשְׂנָאֶךָּ	פֶּן־	לֵץ	תּוֹכַח
ho^{w}kaḥ	yiś^{ə}nɔʾɛkɔ	-pɛn	leṣ	to^{w}kaḥ
Tadle	!dich-hasst-er	nicht-dass	,Spötter-(einen)	tadeln-(sollst=)wirst-du

לְחָכָם	9 תֵּן	וְיֶאֱהָבֶךָּ׃	לְחָכָם
lᵊḥɔkɔm	ten	wᵊyɛʾᵋhɔbɛkɔ.	lᵊḥɔkɔm
,Weise(n)-(dem=)zu	Gib	!dich-lieben-wird-er-und	,Weise(n)-(den=)zu

לְצַדִּיק	הוֹדַע	עוֹד	וְיֶחְכַּם־
lᵊṣaddiʸq	hoʷdaᶜ	ᶜoʷd̂	-wᵊyɛḥᵊkam
,Gerechten-(den=)zu	(belehre=)wissen-lasse	,noch	weise(r)-wird-er-und

10 תְּחִלַּת	לֶקַח׃	וְיוֹסֶף
tᵊḥillat	lɛqaḥ.	wᵊyoʷsɛp
Anfang-(Der)	!(Wissen=)Einsicht	(mehren=)hinzufügen-macht-er-und

וְדַעַת	יְהוָה	יִרְאַת	חָכְמָה
wᵊdaᶜat	yᵊhwɔʰ	yirᵊʾat	ḥokᵊmɔʰ
(Er)kennen-(ein)-und	,JHWH	(vor)-(Ehr)furcht-(die)-(ist)	Weisheit-(der)

בִי	11 כִּי־	בִּינָה׃	קְדֹשִׁים
biʸ	-kiʸ	biʸnɔʰ.	qᵊdošiʸm
(mich-durch=)mir-in	Denn	.Einsicht-(ist)	(Heiligen-des=)Heilige

וְיוֹסִיפוּ	יָמֶיךָ	יִרְבּוּ
wᵊyoʷsiʸpuʷ	yɔmɛʸkɔ	yirᵊbuʷ
mehren-sich-werden-(es=)sie-und	,Tage-deine	sein-viel-werden-(es=sie)

12 אִם־	חַיִּים׃	שְׁנוֹת	לְךָ
-ʾim	ḥayyiʸm.	šᵊnoʷt	lᵊkɔ
Wenn	.(Lebensjahre=)Lebende(n)-(der)	-Jahre	(dich-für=)dir-zu

לָּךְ	חָכַמְתָּ	חָכַמְתָּ
lɔk	ḥɔkamᵊtɔ	ḥɔkamᵊtɔ
,(zugute-dir=)dir-zu	weise-bist-du	,weise-bist-du

תִשָּׂא׃	לְבַדְּךָ	וְלַצְתָּ
tiśśɔʾ.	lᵊbaddᵊkɔ	wᵊlaṣᵊtɔ
!tragen-(es)-(musst=)wirst-(du)	allein-du	,(bist-du)-übermütig-(wenn)-und

פְּתַיּוּת	הֹמִיָּה	כְּסִילוּת	13 אֵשֶׁת
pᵊtayyuʷt	homiʸyɔʰ	kᵊsiʸluʷt	ʾešɛt
,Einfalt	,(leidenschaftlich=)lärmend(e)-(ist)	Torheit	(von)-Frau-(Eine)

14 וְיָשְׁבָה	מָּה׃	יָדְעָה	וּבַל־
wᵊyɔšᵊbɔʰ	mɔʰ.	yɔdᵊᶜɔʰ	-uʷbal
(sitzt=)saß-sie-(So=)Und	.(ist-es)-was	,(weiß=)wusste-sie	nicht-(indes=)und

כִּסֵּא	עַל־	בֵּיתָהּ	לְפֶתַח
kisseʾ	-ʿal	beʸtɔh	lᵊpɛtaḥ
Sessel-(einem)	auf	,Haus(es)-ihr(es)	Eingang-(dem)-(an=)zu

15 לִקְרֹא	קָרֶת׃	מְרֹמֵי
liqᵊroʾ	qɔrɛt.	mᵊromeʸ
(einzuladen=)rufen-zu-(Um)	.Stadt-(der)	Höhen-(den-auf)

הַמְיַשְּׁרִים	דָּרֶךְ	לְעֹבְרֵי־
hamᵊyaššᵊriʸm	dɔrɛk	-lᵊʿobᵊreʸ
Gehende(n)-geradeaus-die	,Weg(es)-(des)	Vorbeiziehende(n)-(die=)zu

הֵנָּה	יָסֻר	פֶּתִי	16 מִי־	אֹרְחוֹתָם׃
hennɔʰ	yɔsur	pɛtiʸ	-miʸ	ʾorᵊḥoʷtɔm.
!hierher	abbiegen-(möge=)wird-(er)	(ist)-einfältig	Wer	:Pfade-ihre

לוֹ׃	וְאָמְרָה	לֵב	וַחֲסַר־
loʷ.	wᵊʾɔmᵊrɔʰ	leb	-waḥᵃsar
:ihm-zu	sagt(e)-sie-(so=)und	,(Verstand=)Herz	(ist)-(er)mangelnd-(der)-Und

סְתָרִים	וְלֶחֶם	יִמְתָּקוּ	גְּנוּבִים	17 מַיִם־
sᵊtɔriʸm	wᵊlɛḥɛm	yimᵊtɔquʷ	gᵊnuʷbiʸm	-mayim
(verborgenes=)Verstecke(n)	Brot-und	,süß-sind-(sie)	gestohlene	Wasser

כִּי־	יָדַע	18 וְלֹא־	יִנְעָם׃
-kiʸ	yɔdaʿ	-wᵊloʾ	yinᵊʿɔm.
dass	,(merkt=)wusste-er	nicht-(Jedoch=)Und	!(köstlich=)angenehm-ist-(es=er)

שְׁאוֹל	בְּעִמְקֵי	שָׁם	רְפָאִים
šᵊʾoʷl	bᵊʿimᵊqeʸ	šɔm	rᵊpɔʾiʸm
Totenreich(es)-(des)	Tiefen-(den)-in	,(sind)-dort	Verstorbene

קְרֻאֶיהָ׃
qᵊruʾɛʸhɔ.
.(Geladenen-ihr-von-die=)Gerufenen-ihre

10

חָכָם	בֵּן	שְׁלֹמֹה׃	1 מִשְׁלֵי
ḥɔkɔm	ben	šᵊlomoʰ.	mišᵊleʸ
weise(r)	Sohn-(Ein)	.(Salomo=)Schelomo	(von)-Sprüche

תּוּגַת	כְּסִיל	וּבֵן	אָב	יְשַׂמַּח־
tuʷgat	kᵊsiʸl	uʷben	ʾɔb	-yᵊśammaḥ
(für)-Kummer-(ist)	töricht(er)	Sohn-(ein)-(aber=)und	,Vater-(den)	erfreut-(er)

רֶשַׁע	אוֹצְרוֹת	יוֹעִילוּ	2 לֹא־	אִמּוֹ:
rεšaᶜ	ᵓoʷṣᵊroʷt	yoʷᶜiʸluʷ	-loᵓ	ᵓimmoʷ.
,Unrecht(s)-(des)	Schätze	nützen-(es=sie)	Nicht(s)	.Mutter-seine

3 לֹא־	מִמָּוֶת:	תַּצִּיל	וּצְדָקָה
-loᵓ	mimmɔwεt.	taṣṣiʸl	uʷṣᵊdɔqɔʰ
Nicht	.Tod-(dem)-(vor=)von	rettet-(sie)	Gerechtigkeit-(aber=)und

צַדִּיק	נֶפֶשׁ	יְהוָה	יַרְעִיב
ṣaddiʸq	nεpεš	yᵊhwɔʰ	yarᵊᶜiʸb
,Gerechten-(eines)	Seele-(die)	JHWH	(ungesättigt=)hungern-lässt-(es=er)

4 רָאשׁ	יֶהְדֹּף:	רְשָׁעִים	וְהַוַּת
rɔᵓš	yεhᵊdop.	rᵊšɔᶜiʸm	wᵊhawwat
darbend(er)-ist-(Es=)Er	.zurück-stößt-er	Frevler-(der)	Gier-(die)-(aber=)und

רְמִיָּה	כַף־	עֹשֶׂה
rᵊmiʸyɔʰ	-kap	ᶜośεʰ
,(lässiger=)Lässigkeit	Hand-(mit)	(Schaffender=)Machender-(ein)

תַּעֲשִׁיר:	חָרוּצִים	וְיַד
taᶜašiʸr.	ḥoruʷṣiʸm	wᵊyad
.reich-macht-(sie)	(Fleißigen=)Geschärfte(n)-(der)	Hand-(die)-(aber=)und

בֵּן	בַּקַּיִץ	5 אֹגֵר
ben	baqqayiṣ	ᵓoger
Sohn-(ein)	Sommer-im-(ist)	(anlegend-Vorrat=)Sammelnd(er)

בַּקָּצִיר	נִרְדָּם	מַשְׂכִּיל
baqqɔṣiʸr	nirᵊdɔm	maśᵊkiʸl
Ernte-der-(während=)in	Schlafender-tief-(ein)	,(verständiger=)habender-Erfolg

6 בְּרָכוֹת	מֵבִישׁ:	בֵּן
bᵊrɔkoʷt	mebiʸš.	ben
Segnungen	.(schändlich-handelt-der=)machender-Schande	,Sohn-(ein)

רְשָׁעִים	וּפִי	צַדִּיק	לְרֹאשׁ
rᵊšɔᶜiʸm	uʷpiʸ	ṣaddiʸq	lᵊroᵓš
Böse(n)-(der)	Mund-(der)-(aber=)und	,gerecht(en)	Haupt-(dem=)zu

7 זֵכֶר	חָמָס:	יְכַסֶּה
zekεr	ḥɔmɔs.	yᵊkassεʰ
(Andenken=)Gedenken-(Das)	.(Unrecht=)Gewalttat	(sich-in-birgt=)bedeckt-(er)

וְשֵׁם	לִבְרָכָה	צַדִּיק
w^{ə}šem	lib^{ə}rɔkɔ^{h}	ṣaddi^{y}q
Name-(der)-(hingegen=)und	,Segnung-zu-(wird)	Gerecht(en)-(des)

יִקַּח	לֵב	8 חֲכַם־	יִרְקָב׃	רְשָׁעִים
yiqqaḥ	leb	-ḥ^{a}kam	yir^{ə}qɔb.	r^{ə}šɔ^{c}i^{y}m
(an)-nimmt-(d)er	,(ist)-Herz(ens)	weise(n)-(Wer)	.verfault-(er)	Frevler-(der)

שְׂפָתַיִם	וֶאֱוִיל	מִצְוֹת
ś^{ə}pɔtayim	wɛ^{ʾɛ}wi^{y}l	miṣ^{ə}wot
(Maulheld=)Lippen(zwei)-(mit)	-Törichter-(ein)-(hingegen=)und	,Gebote-(die)

בַּתֹּם	9 הוֹלֵךְ	יִלָּבֵט׃
battom	ho^{w}lek	yillɔbeṭ.
(Lauterkeit=)Ganzheit-der-in	(Wandelnder=)Gehender-(Ein)	.Fall-zu-kommt-(er)

וּמְעַקֵּשׁ	בֶּטַח	יֵלֶךְ
u^{w}m^{əc}aqqeš	bɛṭaḥ	yelɛk
krumm-Machender-(ein)-(hingegen=)und	,Sicherheit-(in)	(wandelt=)geht-(er)

10 קֹרֵץ	יִוָּדֵעַ׃	דְּרָכָיו
qoreṣ	yiwwɔdea^{c}.	d^{ə}rɔkɔ^{y}w
Zusammenkneifender-(Ein)	.(überführt=)erkannt-wird-(er)	Wege-seine

עַצָּבֶת	יִתֵּן	עַיִן
^{c}aṣṣɔbɛt	yitten	^{c}ayin
,(Leid=)Schmerz	(verursacht=)gibt-(er)	Auge-(das)

יִלָּבֵט׃	שְׂפָתַיִם	וֶאֱוִיל
yillɔbeṭ.	ś^{ə}pɔtayim	wɛ^{ʾɛ}wi^{y}l
.Fall-zu-kommt-(er)	Lippen-(zwei)-(den)-(mit)	Törichter-(ein)-(hingegen=)und

צַדִּיק	פִּי	חַיִּים	11 מְקוֹר
ṣaddi^{y}q	pi^{y}	ḥayyi^{y}m	m^{ə}qo^{w}r
,Gerecht(en)-(des)	Mund-(der)-(ist)	(Lebens-des=)Lebende(n)-(der)	Quell-(Ein)

יְכַסֶּה	רְשָׁעִים	וּפִי
y^{ə}kassɛ^{h}	r^{ə}šɔ^{c}i^{y}m	u^{w}pi^{y}
(sich-in-birgt=)bedeckt-(er)	Böse(n)-(der)	Mund-(der)-(aber=)und

מְדָנִים	תְּעוֹרֵר	12 שִׂנְאָה	חָמָס׃
m^{ə}dɔni^{y}m	t^{əc}o^{w}rer	śin^{ʾɔ}ɔ^{h}	ḥɔmɔs.
,Streitigkeiten	erregt-(sie)	(Feindschaft=)Hass	.(Unrecht=)Gewalttat

אַהֲבָה:	תְּכַסֶּה	פְּשָׁעִים	כָּל־	וְעַל
ʾah^{a}bɔ^{h}.	t^{ə}kassɛ^{h}	p^{ə}šɔʿi^{y}m	-kol	w^{ə}ʿal
.Liebe-(die)	zu-deckt-(es=sie)	Vergehen	all(e)	(über=)auf-(aber=)und

נָבוֹן	13 בְּשִׂפְתֵי
nɔbo^{w}n	b^{ə}śip^{ə}te^{y}
(Einsichtigen=)Klugen-(des)	Lippen-(zwei)-(den)-(Auf=)In

וְשֵׁבֶט	חָכְמָה	תִּמָּצֵא
w^{ə}šebɛṭ	ḥok^{ə}mɔ^{h}	timmɔṣeʾ
Rute-(eine)-(aber=)und	,Weisheit	gefunden-wird-(es=sie)

14 חֲכָמִים	לֵב:	חֲסַר־	לְגֵו
ḥ^{a}kɔmi^{y}m	leb.	-ḥ^{a}sar	l^{ə}gew
Weise	.(Verstand=)Herz	(Er)mangelnd(en)-(des)	Rücken-(den)-(für=)zu

אֱוִיל	וּפִי־	דָּעַת	יִצְפְּנוּ־
ʾ^{ɛ}wi^{y}l	-u^{w}pi^{y}	dɔʿat	-yiṣ^{ə}p^{ə}nu^{w}
Tor(en)-(eines)	Mund-(der)-(aber=)und	,(Er)kenntnis	bergen-(sie)

עָשִׁיר	15 הוֹן	קְרֹבָה:	מְחִתָּה
ʿɔši^{y}r	ho^{w}n	q^{ə}robɔ^{h}.	m^{ə}ḥittɔ^{h}
Reich(en)-(eines)	Vermögen-(Das)	.nahe(s)	(Verderben=)Zerstörung-(ist)

דַּלִּים	מְחִתַּת	עֻזּוֹ	קִרְיַת
dalli^{y}m	m^{ə}ḥittat	ʿuzzo^{w}	qir^{ə}yat
Arme(n)-(der)	Untergang-(der)	,Macht-seine(r)	(Burg=)Stadt-(die-ist)

צַדִּיק	16 פְּעֻלַּת	רֵישָׁם:
ṣaddi^{y}q	p^{əʿ}ullat	re^{y}šɔm.
Gerecht(en)-(des)	(Erwerb-Der=)Tun-(Das)	.Armut-ihre-(ist)

רָשָׁע	תְּבוּאַת	לְחַיִּים
rɔšɔʿ	t^{ə}bu^{wʾ}at	l^{ə}ḥayyi^{y}m
Frevler(s)-(des)	Ertrag-(der)	,(Leben-das=)Lebende-(für-ist)

לְחַיִּים	17 אֹרַח	לְחַטָּאת:
l^{ə}ḥayyi^{y}m	ʾoraḥ	l^{ə}ḥaṭṭɔʾt.
(Leben-zum=)Lebende(n)-zu	Pfad-(Den)	.Sünde-(die)-(für=)zu

מוּסָר	שׁוֹמֵר
mu^{w}sɔr	šo^{w}mer
,(Warnung=)Züchtigung-(eine)	(beachtet-wer=)Beachtender-,(geht)

תּוֹכָחַת	וְעוֹזֵב
to^{w}kaḥat	w^{əʿ}o^{w}zeb
Zurechtweisung	(missachtet-wer=)Verlassender-(ein)-(aber=)und

שִׂנְאָה	18 מְכַסֶּה	מַתְעֶה:
śin^{əʾ}ɔ^{h}	m^{ə}kassɛ^{h}	mat^{əʿ}ɛ^{h}.
(Feindschaft=)Hass	(Verbergender=)Bedeckender-(Ein)	.irreführend(er)-(ist)

וּמוֹצִא	שָׁקֶר	שִׂפְתֵי־
u^{w}mo^{w}ṣi^{ʾ}	šɔqɛr	-śip^{ə}te^{y}
Hervorbringender-(ein)-und	,Lüge-(der)	Lippen-(zwei)-(hat)

19 בְּרֹב	כְסִיל:	הוּא	דִּבָּה
b^{ə}rob	k^{ə}si^{y}l.	hu^{wʾ}	dibbɔ^{h}
viel(en)-(Bei=)In	.Tor-(ein)	(ist)-(d)er	,(Verleumdung=)Gerede

פָּשַׁע	יֶחְדַּל־	לֹא	דְבָרִים
pɔša^{ʿ}	-yɛḥ^{ə}dal	lo^{ʾ}	d^{ə}bɔri^{y}m
,Verfehlung	(aus-bleibt=)auf-hört-(es=er)	nicht	(Reden=)Worte(n)

שְׂפָתָיו	וְחֹשֵׂךְ
ś^{ə}pɔtɔ^{y}w	w^{ə}ḥośek
Lippen-(zwei)-seine	(Zaum-im=)zurück-Haltender-(ein)-(indes=)und

לְשׁוֹן	נִבְחָר	20 כֶּסֶף	מַשְׂכִּיל:
l^{ə}šo^{w}n	nib^{ə}ḥɔr	kɛsɛp	maś^{ə}ki^{y}l.
Zunge-(die-gleicht)	erlesen(em)	Silber	.Verständiger-(ein-ist)

כִּמְעָט:	רְשָׁעִים	לֵב	צַדִּיק
kim^{əʿ}ɔṭ.	r^{ə}šɔ^{ʿ}i^{y}m	leb	ṣaddi^{y}q
.(wert-wenig-ist=)Weniges-(wie)	Frevler-(der)	Herz-(das)	,Gerecht(en)-(des)

רַבִּים	יִרְעוּ	צַדִּיק	21 שִׂפְתֵי
rabbi^{y}m	yir^{əʿ}u^{w}	ṣaddi^{y}q	śip^{ə}te^{y}
,viele	(leiten=)weiden-(sie)	Gerecht(en)-(des)	Lippen-(zwei)-(Die)

לֵב	בַּחֲסַר־	וֶאֱוִילִים
leb	-baḥ^{a}sar	wɛ^{ʾɛ}wi^{y}li^{y}m
(Verstand=)Herz	(an)-Mangel-(durch=)in	Tore(n)-(die)-(aber=)und

תַּעֲשִׁיר	הִיא	יְהוָה	22 בִּרְכַּת	יָמוּתוּ:
ta^{ʿa}ši^{y}r	hi^{yʾ}	y^{ə}hwɔ^{h}	bir^{ə}kat	yɔmu^{w}tu^{w}.
,reich-macht-sie	,sie	,JHWH(s)	Segnung-(Die)	.sterben-(sie)

וְלֹא־ יוֹסִף עֶצֶב עִמָּהּ׃
ˁimmɔh. ˁɛṣɛb yo^{w}sip -w^{ə}lo^{ʾ}
.ihr-(zu=)mit Mühe-(eigene) hinzu-fügt-(es=er) nicht(s)-(aber=)und

23 כִּשְׂחוֹק לִכְסִיל עֲשׂוֹת זִמָּה
zimmɔ^{h} ^{ca}śo^{w}t lik^{ə}si^{y}l kiś^{ə}ḥo^{w}q 23
,Schandtat Tun-(ein) Tor(en)-(den)-(für=)zu (ist)-Scherz-Wie

וְחָכְמָה לְאִישׁ תְּבוּנָה׃
t^{ə}bu^{w}nɔ^{h}. l^{əʾ}i^{y}š w^{ə}ḥok^{ə}mɔ^{h}
.Einsicht-(mit) Mann-(dem=)zu-(gehört) Weisheit-(aber=)und

24 מְגוֹרַת רָשָׁע הִיא תְבוֹאֶנּוּ
t^{ə}bo^{wʾ}ɛnnu^{w} hi^{yʾ} rɔšɔ^{c} m^{ə}go^{w}rat 24
,ihn-(über)kommt-sie ,sie ,Frevler(s)-(des) Befürchtung-(Die)

וְתַאֲוַת צַדִּיקִים יִתֵּן׃
yitten. ṣaddi^{y}qi^{y}m w^{ə}ta^{ʾa}wat
.(erfüllen=)geben-wird-er Gerechte(n)-(der) Wunsch-(einen)-(aber=)und

25 כַּעֲבוֹר סוּפָה
su^{w}pɔ^{h} ka^{ca}bo^{w}r 25
,Sturmwind (vorbeibraust-Sowie=)Vorübergehen-(ein)-Wie

וְאֵין רָשָׁע וְצַדִּיק
w^{ə}ṣaddi^{y}q rɔšɔ^{c} w^{əʾ}e^{y}n
Gerechte-(der)-(aber=)und ,Frevler-(der) (da-ist-mehr=)ist-nicht-(schon=)und

יְסוֹד עוֹלָם׃
^{c}o^{w}lɔm. y^{ə}so^{w}d
.(immer-für=)Ewigkeit-(der) (Fundament=)Grundlage-(ist)

26 כַּחֹמֶץ לַשִּׁנַּיִם וְכֶעָשָׁן
w^{ə}kɛ^{c}ɔšɔn laššinnayim kaḥomɛṣ 26
Rauch-wie-und Zahnreihen-(zwei)-die-(für=)zu (Essig=)Säure-die-Wie

לָעֵינָיִם כֵּן הֶעָצֵל
hɛ^{c}ɔṣel ken lɔ^{c}e^{y}nɔyim
(Faulpelz=)Träge-(der) (ist)-so ,Augen-(zwei)-die-(für=)zu

לְשֹׁלְחָיו׃ 27 יִרְאַת יְהוָה
y^{ə}hwɔ^{h} yir^{əʾ}at 27 l^{ə}šol^{ə}ḥɔ^{y}w.
JHWH (vor)-(Ehr)furcht-Die .(Auftraggeber=)Aussendenden-seine-(für=)zu

וּשְׁנוֹת	יָמִים	תּוֹסִיף
uʷšᵊnoʷt	yɔmiʸm	toʷsiʸp
Jahre-(die)-(aber=)und	,Tage	(vermehrt=)hinzufügen-macht-(sie)

28 תּוֹחֶלֶת	תִּקְצֹרְנָה׃	רְשָׁעִים
toʷḥɛlɛt	tiqᵊṣorᵊnɔʰ.	rᵊšɔʿiʸm
(Hoffnung=)Erwartung-(Die)	.kurz-(werden=)sind-(sie)	Frevler-(der)

רְשָׁעִים	וְתִקְוַת	שִׂמְחָה	צַדִּיקִים
rᵊšɔʿiʸm	wᵊtiqᵊwat	śimᵊḥɔʰ	ṣaddiʸqiʸm
Frevler-(der)	Hoffnung-(die)-(aber=)und	,Freude-(bringt)	Gerechte(n)-(der)

דֶּרֶךְ	לַתֹּם	29 מָעוֹז	תֹּאבֵד׃
dɛrɛk	lattom	mɔʿoʷz	toʾbed.
Weg-(der-ist)	(Lauteren=)Ganzen-(dem=)zu	Schutzwehr	.unter-geht-(sie)

30 צַדִּיק	אָוֶן׃	לְפֹעֲלֵי	וּמְחִתָּה	יְהוָה
ṣaddiʸq	ʾɔwɛn.	lᵊpoʿᵃleʸ	uʷmᵊḥittɔʰ	yᵊhwɔʰ
,Gerechter-(Ein)	.Übel	Tuende-(für=)zu	Untergang-(aber=)und	,JHWH(s)

לֹא	וּרְשָׁעִים	יִמּוֹט	בַּל־	לְעוֹלָם
loʾ	uʷrᵊšɔʿiʸm	yimmoʷṭ	-bal	lᵊʿoʷlɔm
nicht	Frevler-(die)-(aber=)und	,wanken-wird-er	nicht	Ewigkeit-(in=)zu

צַדִּיק	31 פִּי־	אָרֶץ׃	יִשְׁכְּנוּ־
ṣaddiʸq	-piʸ	ʾɔrɛṣ.	-yišᵊkᵊnuʷ
Gerecht(en)-(des)	Mund-(Der)	.Land-(im)	wohnen-(bleiben=)werden-(sie)

תַּהְפֻּכוֹת	וּלְשׁוֹן	חָכְמָה	יָנוּב
tahᵊpukoʷt	uʷlᵊšoʷn	ḥokᵊmɔʰ	yɔnuʷb
Verkehrtheiten	(von)-Zunge-(die)-(aber=)und	,Weisheit	(trägt=)sprießt-(er)

צַדִּיק	32 שִׂפְתֵי	תִּכָּרֵת׃
ṣaddiʸq	śipᵊteʸ	tikkɔret.
Gerecht(en)-(des)	Lippen-(zwei)-(Die)	.(ausgerottet=)abgeschnitten-wird-(sie)

וּפִי	רָצוֹן	יֵדְעוּן
uʷpiʸ	rɔṣoʷn	yedᵃʿuʷn
(von)-Mund-(der)-(aber=)und	,Wohlwollen	(beachten=)kennen-(sie)

תַּהְפֻּכוֹת׃	רְשָׁעִים
tahᵊpukoʷt.	rᵊšɔʿiʸm
.Verkehrtheiten-(aus-spricht)	Frevler(n)

11

1 מֹאזְנֵי — moʾzᵊneʸ — Waagschalen-(Zwei)
מִרְמָה — mirᵊmɔʰ — Betrug(s)-(des)
תּוֹעֲבַת — toʷᶜᵃbat — (für)-Gräuel-(ein-sind)
יְהוָה — yᵊhwɔʰ — ,JHWH
וְאֶבֶן — wᵊʾɛbɛn — (Gewicht=)Stein-(ein)-(dagegen=)und
שְׁלֵמָה — šᵊlemɔʰ — (richtiges=)vollständige(s)
רְצוֹנוֹ׃ — rᵊṣoʷnoʷ. — .Wohlgefallen-sein-(findet)

2 בָּא־ — -bɔʾ — (Kommt=)kam-(Es=Er)
זָדוֹן — zɔdoʷn — ,Übermut
וַיָּבֹא — wayyɔboʾ — (kommt=)kam-(es=er)-(so=)und
קָלוֹן — qɔloʷn — ,Schande
וְאֶת־ — -wᵊʾɛt — (bei=)mit-(aber=)und
צְנוּעִים — ṣᵊnuʷᶜiʸm — Bescheidene(n)
חָכְמָה׃ — ḥokᵊmɔʰ. — .Weisheit-(ist)

3 תֻּמַּת — tummat — (Lauterkeit=)Ganzheit-(Die)
יְשָׁרִים — yᵊšɔriʸm — ,(Redlichen=)Geraden-(der)
תַּנְחֵם — tanᵊḥem — ,sie-leitet-(die=)sie
וְסֶלֶף — wᵊsɛlɛp — (Falschheit=)Verdrehtheit-(die)-(wogegen=)und
בּוֹגְדִים — boʷgᵊdiʸm — ,Treulose(n)-(der)
וְשַׁדָּם[יְשָׁדֵּם]׃ — [yᵊšɔddem]wᵊšaddɔm. — .sie-zerstört-(die=)er-(und)

4 לֹא־ — -loʾ — Nicht
יוֹעִיל — yoʷᶜiʸl — nützt-(es=er)
הוֹן — hoʷn — Reichtum
בְּיוֹם — bᵊyoʷm — Tag-(am=)in
עֶבְרָה — ᶜɛbᵊrɔʰ — ,Zorn(es)-(des)
וּצְדָקָה — uʷṣᵊdɔqɔʰ — Gerechtigkeit-(aber=)und
תַּצִּיל — taṣṣiʸl — rettet-(sie)
מִמָּוֶת׃ — mimmɔwɛt. — .Tod-(dem)-(vor=)von

5 צִדְקַת — ṣidᵊqat — Gerechtigkeit-(Die)
תָּמִים — tɔmiʸm — (Lauteren=)Vollständig(en)-(des)
תְּיַשֵּׁר — tᵊyaššer — gerade-macht-(sie)
דַּרְכּוֹ — darᵊkoʷ — ,Weg-sein(en)
וּבְרִשְׁעָתוֹ — uʷbᵊrišᵊᶜɔtoʷ — Frevel-sein(en)-(durch=)in-(aber=)und
יִפֹּל — yippol — fällt-(es=er)
רָשָׁע׃ — rɔšɔᶜ. — .Frevler-(der)

תַּצִּילֵם	יְשָׁרִים	6 צִדְקַת
taṣṣiʸlem	yᵊšɔriʸm	ṣidᵊqat
,sie-rettet-(sie)	(Redlichen=)Geraden-(der)	Gerechtigkeit-(Die)

בֹּגְדִים	וּבְהַוַּת
bogᵊdiʸm	uʷbᵊhawwat
Treulose(n)-(der)	Gier-(der)-in-(aber=)und

7 בְּמוֹת	יִלָּכֵדוּ׃
bᵊmoʷt	yillɔkeduʷ.
Tod-(dem)-(Mit=)In	.(selbst-sich-fangen=)gefangen-werden-sie

תִּקְוָה	תֹּאבַד	רָשָׁע	אָדָם
tiqᵊwɔʰ	toʾbad	rɔšɔᶜ	ʾɔdɔm
,Hoffnung-(die)	unter-geht-(es=sie)	böse(n)	Mensch(en)-(eines)

אָבָדָה׃	אוֹנִים	וְתוֹחֶלֶת
ʾɔbɔdɔʰ.	ʾoʷniʸm	wᵊtoʷḥɛlɛt
.zugrunde-(geht=)ging-(sie)	Lügen	(von)-Erwartung-(die)-und

נֶחֱלָץ	מִצָּרָה	8 צַדִּיק
nɛḥᵋlɔṣ	miṣṣɔrɔʰ	ṣaddiʸq
,gerettet-wird-(er)	Bedrängnis-(der)-(aus=)von	Gerechte-(Der)

תַּחְתָּיו׃	רָשָׁע	וַיָּבֹא
taḥᵊtɔʸw.	rɔšɔᶜ	wayyɔboʾ
.(Stelle-seine-an=)ihn-unter	Frevler-(der)	(kommt=)kam-(es=)er-(doch=)und

יַשְׁחִת	חָנֵף	9 בְּפֶה
yašᵊḥit	ḥɔnep	bᵊpɛʰ
verdirbt-(er)	(Gottesverächter=)Ruchlose-(der)	Mund-(dem)-(Mit=)In

צַדִּיקִים	וּבְדַעַת	רֵעֵהוּ
ṣaddiʸqiʸm	uʷbᵊdaᶜat	reᶜehuʷ
Gerechte	(Er)kenntnis-(durch=)in-(aber=)und	,Nächste(n=)r-sein(en)

צַדִּיקִים	10 בְּטוּב	יֵחָלֵצוּ׃
ṣaddiʸqiʸm	bᵊṭuʷb	yeḥɔleṣuʷ.
Gerechte(n)-(der)	(Glücks=)Gut(es)-(des)-(Ob=)In	.gerettet-werden-(sie)

רְשָׁעִים	וּבַאֲבֹד	קִרְיָה	תַּעֲלֹץ
rᵊšɔᶜiʸm	uʷbaᵃbod	qirᵊyɔʰ	taᶜᵃloṣ
Frevler-(der)	Untergehn-(beim=)in-(aber=)und	,Stadt-(die)	frohlockt-(es=sie)

רִנָּה׃
rinnɔ^{h}.
.(Jubel=)Ruf-gellender-(erschallt)

11 בְּבִרְכַּת
b^{ə}bir^{ə}kat
Segnung-(die)-(Durch=)In

יְשָׁרִים
y^{ə}šɔri^{y}m
(Redlichen=)Gerade(n)-(der)

תָּרוּם
tɔru^{w}m
(erhöht-wird=)erhöht-(sie)

קָרֶת
qɔrɛt
,Stadt-(die)

וּבְפִי
u^{w}b^{ə}pi^{y}
Mund-(den)-(durch=)in-(aber=)und

רְשָׁעִים
r^{ə}šɔ^{c}i^{y}m
Frevler-(der)

תֵּהָרֵס׃
tehɔres.
.niedergerissen-wird-sie

12 בָּז־
-bɔz
Verachtender-(Ein)

לְרֵעֵהוּ
l^{ə}re^{c}ehu^{w}
Nächsten-(seinen=)seinem-zu

חֲסַר־
-ḥ^{a}sar
(Er)mangelnder-(ein)-(ist)

לֵב
leb
,(Verstand=)Herz

וְאִישׁ
w^{əʾ}i^{y}š
Mann-(der)-(aber=)und

תְּבוּנוֹת
t^{ə}bu^{w}no^{w}t
Einsicht(en)-(mit)

יַחֲרִישׁ׃
yaḥ^{a}ri^{y}š.
.schweigt-(er)

13 הוֹלֵךְ
ho^{w}lek
(Umher)gehender-(Ein)

רָכִיל
rɔki^{y}l
Verleumder-(als)

מְגַלֶּה־
-m^{ə}gallɛ^{h}
(auf-deckt=)entblößend(er)-(ist-er)

סוֹד
so^{w}d
,Geheimnis-(anvertrautes)

וְנֶאֱמַן־
-w^{ə}nɛ^{ʾɛ}man
(in)-Zuverlässiger-(ein)-(aber=)und

רוּחַ
ru^{w}aḥ
(Sinn-seinem=)Geist

מְכַסֶּה
m^{ə}kassɛ^{h}
(geheim-hält=)zudeckend(er)-(ist)

דָבָר׃
dɔbɔr.
.Sache-(die)

14 בְּאֵין
b^{əʾ}e^{y}n
(Ohne=)Nichtsein-In

תַּחְבֻּלוֹת
taḥ^{ə}bulo^{w}t
(Führung=)Überlegungen

יִפָּל־
-yippol
(zer)fällt-(es=er)

עָם
^{c}ɔm
,Volk-(ein)

וּתְשׁוּעָה
u^{w}t^{ə}šu^{wc}ɔ^{h}
(besteht)-(Erfolg=)Rettung-(aber=)und

בְּרֹב
b^{ə}rob
Menge-(eine)-(durch=)in

יוֹעֵץ׃
yo^{wc}eṣ.
.Ratgebende(r)

15 רַע־
-ra^{c}
Schlimm

יֵרוֹעַ
yero^{w}a^{c}
,(behandelt-übel-wird-es=)werden-behandelt-Übel-(ein)

כִּי־
-ki^{y}
wenn

עָרַב
ʿɔrab
verbürgt-sich-(ein)er

זָר
zɔr
,Fremden-(einen-für)

וְשֹׂנֵא
w^{ə}śoneʾ
(Meidender=)Hassender-(ein)-(aber=)und

תֹּקְעִים
toq^{əʿ}i^{y}m
(Handschlag=)Schlagende-(Hand-der-mit)

בּוֹטֵחַ׃
bo^{w}ṭeaḥ.
.(gesichert=)Vertrauender-(ist)

16 אֵשֶׁת־
-ʾešɛt
Frau-(Eine)

חֵן
ḥen
(anmutige=)Anmut-(von)

תִּתְמֹךְ
tit^{ə}mok
erlangt-(sie)

כָּבוֹד
kɔbo^{w}d
,(Ansehen=)Ehre

וְעָרִיצִים
w^{əʿ}ɔri^{y}ṣi^{y}m
(Tatkräftige=)Gewaltige-und

יִתְמְכוּ־
-yit^{ə}m^{ə}ku^{w}
(gewinnen=)erlangen-(sie)

עֹשֶׁר׃
ʿošɛr.
.Reichtum

17 גֹּמֵל
gomel
(Guttuender=)Reifender-(Ein)

נַפְשׁוֹ
nap^{ə}šo^{w}
(selbst-sich=)Seele-seine(r)

אִישׁ
ʾi^{y}š
Mann-(ein)-(ist)

חָסֶד
ḥɔsɛd
,(gütiger=)Güte-(der)

וְעֹכֵר
w^{əʿ}oker
(wehtut-wer=)Betrübender-(ein)-(aber=)und

שְׁאֵרוֹ
š^{əʾ}ero^{w}
(Leib=)Fleisch-sein(em)

אַכְזָרִי׃
ʾak^{ə}zɔri^{y}.
.unbarmherzig(er)-(ist)

18 רָשָׁע
rɔšɔʿ
Frevler-(Ein)

עֹשֶׂה
ʿośɛ^{h}
machend(er)-(ist)

פְּעֻלַּת־
-p^{əʿ}ullat
Gewinn-(einen)

שָׁקֶר
šɔqɛr
,Trug(es)-(des)

וְזֹרֵעַ
w^{ə}zoreaʿ
Säender-(ein)-(hingegen=)und

צְדָקָה
ṣ^{ə}dɔqɔ^{h}
Gerechtigkeit

שֶׂכֶר
śɛkɛr
(von)-Lohn-(einen)

אֱמֶת׃
ʾ^{ɛ}mɛt.
.(Beständigkeit=)Wahrheit

19 כֵּן־
-ken
Recht(e)

צְדָקָה
ṣ^{ə}dɔqɔ^{h}
Gerechtigkeit

לְחַיִּים
l^{ə}ḥayyi^{y}m
,(Leben=)Lebende(n)-zu(m)-(führt)

וּמְרַדֵּף
u^{w}m^{ə}raddep
Nachjagender-(ein)-(hingegen=)und

רָעָה
rɔʿɔ^{h}
Böse(m)

לְמוֹתוֹ׃	20 תּוֹעֲבַת	יְהוָה	עִקְּשֵׁי־
l^{ə}mo^{w}to^{w}.	to^{wca}bat	y^{ə}hwɔ^{h}	-^{c}iqq^{ə}še^{y}
.Tod-sein(em)-zu-(gelangt)	(für)-Abscheu	JHWH	(Falsche=)Verkehrte-(sind)

לֵב	וּרְצוֹנוֹ
leb	u^{w}r^{ə}ṣo^{w}no^{w}
,Herz(en)-(im)	Wohlgefallen-sein-(hingegen=)und

תְּמִימֵי	דָּרֶךְ׃
t^{ə}mi^{y}me^{y}	dɔrɛk.
(unbescholtenen=)vollendeten-(die)-(haben)	.(Wandels=)Weg(es)

21 יָד	לְיָד	לֹא־
yɔd	l^{ə}yɔd	-lo^{ɔ}
Hand	:(darauf-Hand-Die=)Hand-(auf=)zu	Nicht

יִנָּקֶה	רָע
yinnɔqɛ^{h}	rɔ^{c}
(ungestraft-bleibt=)unschuldig-ist-(es=)er	,Bös(er)-(ein)

וְזֶרַע	צַדִּיקִים
w^{ə}zɛra^{c}	ṣaddi^{y}qi^{y}m
(Nachkomme=)Same-(der)-(jedoch=)und	Gerechte(n)-(der)

נִמְלָט׃	22 נֶזֶם	זָהָב
nim^{ə}lɔṭ.	nɛzɛm	zɔhɔb
.(sich-rettet=)entrissen-wird-(er)	Ring-(ein)-(Wie)	(goldener=)Gold-(von)

בְּאַף	חֲזִיר	אִשָּׁה	יָפָה
b^{əɔ}ap	ḥ^{a}zi^{y}r	^{ɔ}iššɔ^{h}	yɔpɔ^{h}
(Rüssel-am=)Nase-in	,Wildschwein(es)-(eines)	Frau-(eine)-(ist-so)	,schöne

וְסָרַת	טָעַם׃
w^{ə}sɔrat	ṭɔ^{c}am.
(ist)-abweichend(e)-(die=)und	.(Guten-vom=)Geschmack

23 תַּאֲוַת	צַדִּיקִים	אַךְ־	טוֹב
ta^{ɔa}wat	ṣaddi^{y}qi^{y}m	-^{ɔ}ak	ṭo^{w}b
(Verlangen=)Sehnen-(Das)	Gerechte(n)-(der)	nur-(bringt)	,Gut(es)

תִּקְוַת	רְשָׁעִים	עֶבְרָה׃	24 יֵשׁ
tiq^{ə}wat	r^{ə}šɔ^{c}i^{y}m	^{c}ɛb^{ə}rɔ^{h}.	yeš
(Erwartung=)Hoffnung-(die)	Frevler-(der)	.Zorn	ist-Da

מְפַזֵּר
mᵊpazzer
(freigebig=)Ausstreuend(er)-(einer)

וְנוֹסָף
wᵊnoʷsɔp
(gewinnend=)werdend(er)-hinzugefügt-(ist)-und

עוֹד
ʿoʷd
,noch

וְחוֹשֵׂךְ
wᵊḥoʷśek
Zurückhaltender-(ein)-(indes=)und

מִיֹּשֶׁר
miʸyošɛr
(Gebührendes=)Geradheit

אַךְ־
-ʾak
nur

לְמַחְסוֹר׃
lᵊmaḥᵊsoʷr.
.(Verlust=)Mangel-(hat=)zu

25 נֶפֶשׁ־
-nɛpɛš
(von)-(Person=)Seele-(Eine)

בְּרָכָה
bᵊrɔkɔʰ
Segen(swunsch)

תְדֻשָּׁן
tᵊduššɔn
,gesättigt-wird-(sie)

וּמַרְוֶה
uʷmarᵊwɛʰ
,Tränkender-(ein)-und

גַם־
-gam
auch

הוּא
huʷʾ
(d)er

יוֹרֶא׃
yoʷrɛʾ.
.(gelabt=)benetzt-wird-(er)

26 מֹנֵעַ
moneaʿ
Zurückhaltend(en)-(Den)

בָּר
bɔr
Korn

יִקְּבֻהוּ
yiqqᵊbuhuʷ
(verfluchen=)durchbohren-werden-(es=sie)

לְאוֹם
lᵊʾoʷm
,(Leute-die=)Volk

וּבְרָכָה
uʷbᵊrɔkɔʰ
Segen-(hingegen=)und

לְרֹאשׁ
lᵊroʾš
Haupt-(das)-(über=)zu-(kommt)

מַשְׁבִּיר׃
mašᵊbiʸr.
.Verkaufenden-Getreide-(eines)

27 שֹׁחֵר
šoḥer
Suchender-(Ein)

טוֹב
ṭoʷb
,Gut(es)

יְבַקֵּשׁ
yᵊbaqqeš
(erstrebt=)sucht-(d)er

רָצוֹן
rɔṣoʷn
,Wohlgefallen

וְדֹרֵשׁ
wᵊdoreš
Trachtender-(ein)-(hingegen=)und

רָעָה
rɔʿɔʰ
,Böse(m)-(nach)

תְבוֹאֶנּוּ׃
tᵊboʷʾɛnnuʷ.
.(selbst)-ihn-(über)kommt-(es=)er

28 בּוֹטֵחַ
boʷṭeaḥ
Vertrauender-(Ein)

וְכֶעָלֶה	יִפֹּל	הוּא	בְּעָשְׁרוֹ
wᵊkεᶜolεʰ	yippol	huʷʾ	bᵊᶜošᵊroʷ
Laub-das-wie-(hingegen=)und	,stürzt-(er)	(d)er	,Reichtum-sein(en)-(auf=)in

29 עוֹכֵר	יִפְרָחוּ׃	צַדִּיקִים
ᶜoʷker	yipᵊrɔḥuʷ.	ṣaddiʸqiʸm
(bringt-Unordnung-in-Wer=)Verwirrender-(Ein)	.sprießen-(sie)	Gerechte(n)-(die)

אֱוִיל	וְעֶבֶד	רוּחַ	יִנְחַל־	בֵּיתוֹ
ʾᵋwiʸl	wᵊᶜεbεd	ruʷaḥ	-yinᵊḥal	beʸtoʷ
Tor-(der)-(wird)	Knecht-und	,Wind	erbt-(er)	Haus-sein

צַדִּיק	30 פְּרִי־	לַחֲכַם־לֵב׃
ṣaddiʸq	-pᵊriʸ	leb-laḥᵃkam.
Gerecht(en)-(des)	Frucht-(Die)	.(Vernünftigen=)Herz(en)-(im)-Weisen-(dem=)zu

חַיִּים	עֵץ
ḥayyiʸm	ᶜeṣ
,(Lebens-des=)Lebendige(n)-(der)	Baum-(ein)-(ist)

31 הֵן	חָכָם׃	נְפָשׁוֹת	וְלֹקֵחַ
hen	ḥɔkɔm.	nᵊpɔšoʷt	wᵊloqeaḥ
,Siehe	.Weise-(der)-(ist)	(Menschen=)Seelen	(gewinnend=)Nehmender-und

בָּאָרֶץ	צַדִּיק
bɔʾɔrεṣ	ṣaddiʸq
Erde-der-(auf=)in	Rechtschaffenen-(einem)

אַף כִּי־	יְשֻׁלָּם
-kiʸ ʾap	yᵊšullɔm
(mehr-viel-wie=)wenn-auch	,(vergolten-wird-es=)vergelten-wird-er

וְחוֹטֵא׃	רָשָׁע
wᵊḥoʷṭeʾ.	rɔšɔᶜ
.(Sünder=)Sündigend(en)-und	Böse(n)-(einem)

12

דָּעַת	אֹהֵב	מוּסָר	1 אֹהֵב
dɔᶜat	ʾoheb	muʷsɔr	ʾoheb
,(Er)kenntnis	liebend(er)-(ist)	Zucht	Liebender-(Ein)

בָּעַר׃	תוֹכַחַת	וְשֹׂנֵא
bɔᶜar.	toʷkaḥat	wᵊśoneʾ
.(dumm-bleibt=)Vieh-(wie-ist)	Zurechtweisung	Hassender-(ein)-(aber=)und

מֵיְהוָה	רָצוֹן	יָפִיק	2 טוֹב
meyᵊhwɔʰ	rɔṣoʷn	yɔpiʸq	ṭoʷb
,JHWH-(bei=)von	Wohlgefallen	erlangt-(er)	Guter-(Ein)

3 לֹא־	יַרְשִׁיעַ׃	מְזִמּוֹת	וְאִישׁ
-loᵓ	yarᵊšiʸaᶜ.	mᵊzimmoʷt	wᵊᵓiʸš
Nicht	.schuldig-für-erklärt-er	Ränke(n)-(von)	Mann-(einen)-(aber=)und

בְּרֶשַׁע	אָדָם	יִכּוֹן
bᵊrɛšaᶜ	ᵓɔdɔm	yikkoʷn
,Frevel-(durch=)in	Mensch-(ein)	(Bestand-hat=)gefestigt-wird-(es=er)

4 אֵשֶׁת־	יִמּוֹט׃	בַּל־	צַדִּיקִים	וְשֹׁרֶשׁ
-ᵓešɛt	yimmoʷṭ.	-bal	ṣaddiʸqiʸm	wᵊšorɛš
Frau-(Eine)	.wankt-(sie=er)	nicht	Gerechte(n)-(der)	Wurzel-(die)-(aber=)und

בַּעְלָהּ	עֲטֶרֶת	חַיִל
baᶜᵊlɔh	ᶜaṭɛrɛt	ḥayil
,(Ehe)herr(n)-ihr(es)	Krone-(die)-(ist)	(tatkräftige=)Stärke-(von)

מְבִישָׁה׃	בְּעַצְמוֹתָיו	וּכְרָקָב
mᵊbiʸšɔʰ.	bᵊᶜaṣᵊmoʷtɔʸw	uʷkᵊrɔqɔb
.Schändliche-(eine)	Knochen-seine(n)-in	Fäulnis-wie-(aber=)und

תַּחְבֻּלוֹת	מִשְׁפָּט	צַדִּיקִים	5 מַחְשְׁבוֹת
taḥᵊbuloʷt	mišᵊpɔṭ	ṣaddiʸqiʸm	maḥᵊšᵊboʷt
Überlegungen-(die)	,Recht-(das)-(sind)	Gerechte(n)-(der)	Gedanken-(Die)

אֱרָב־	רְשָׁעִים	6 דִּבְרֵי	מִרְמָה׃	רְשָׁעִים
-ᵓᵋrob	rᵊšɔᶜiʸm	dibᵊreʸ	mirᵊmɔʰ.	rᵊšɔᶜiʸm
Lauern-(ein)-(sind)	Frevler(n)	(von)-Worte-(Die)	.Betrug-(sind)	Frevler-(der)

יַצִּילֵם׃	יְשָׁרִים	וּפִי	דָם
yaṣṣiʸlem.	yᵊšɔriʸm	uʷpiʸ	dɔm
.sie-errettet-(er)	(Redlichen=)Geraden-(der)	Mund-(der)-(aber=)und	,Blut-(auf)

וְאֵינָם	רְשָׁעִים	7 הָפוֹךְ
wᵊᵓeʸnɔm	rᵊšɔᶜiʸm	hɔpoʷk
,sind-sie-(mehr)-nicht-und	Frevler-(die)	(stürzen-Es=)Umstürzen-(Ein)

יַעֲמֹד׃	צַדִּיקִים	וּבֵית
yaᶜᵃmod.	ṣaddiʸqiʸm	uʷbeʸt
.(be)stehen-(bleibt=)wird-(es=er)	Gerechte(n)-(der)	Haus-(das)-(hingegen=)und

יְהֻלַּל־	שִׂכְלוֹ	8 לְפִי־
-yəhullal	śikəlow	-ləpiy
gepriesen-wird-(es=er)	Verstand(es)-sein(es)	(Aussage-der-Gemäß=)Mund-Zu
לֵב	וְנַעֲוֵה־	אִישׁ
leb	-wənaʿaweh	ʾiyš
Herz(en)-(im)	(Verkehrter=)Gekrümmter-(ein)-(aber=)und	,(jemand=)Mann-(ein)
9 טוֹב	לָבוּז׃	יִהְיֶה
ṭowb	lɔbuwz.	yihəyεh
(ist)-(Besser=)Gut	.Verachtung-(der=)zu	(anheim-fällt=)sein-wird-(er)
לוֹ	וְעֶבֶד	נִקְלֶה
low	wəʿεbεd	niqəlεh
,(sich-für-hat=)ihm-zu	Knecht-(einen)-(der=)und	,Geschätzter-gering-(ein)
לָחֶם׃	וַחֲסַר־	מִמְּתַכַּבֵּד
lɔḥεm.	-waḥasar	mimmətakkabbed
.Brot	(ist)-(er)mangelnd(er)-(indes=)und	,Brüstender-sich-(ein)-(als-mehr=)von
נֶפֶשׁ	צַדִּיק	10 יוֹדֵעַ
nεpεš	ṣaddiyq	yowdeaʿ
(Empfinden-das=)Seele-(die)	Rechtschaffener-(ein)	(ist)-Kennend(er)
רְשָׁעִים	וְרַחֲמֵי	בְּהֶמְתּוֹ
rəšɔʿiym	wəraḥamey	bəhεmətow
Frevler-(der)	(Innere-das=)Eingeweide-(die)-(aber=)und	,Vieh(s)-sein(es)

יִשְׂבַּע־	אַדְמָתוֹ	11 עֹבֵד	אַכְזָרִי׃
-yiśəbaʿ	ʾadəmɔtow	ʿobed	ʾakəzɔriy.
satt-wird-(er)	Boden-sein(en)	(Bestellender=)Bearbeitender-(Ein)	.grausam-(ist)

רֵיקִים	וּמְרַדֵּף	לֶחֶם
reyqiym	uwməraddep	lɔḥεm
(Dingen-nichtigen=)leere(n)	Nachjagender-(ein)-(aber=)und	,Brot-(mit)

רָשָׁע	12 חָמַד	לֵב׃	חֲסַר־
rɔšɔʿ	ḥɔmad	leb.	-ḥasar
Frevler-(ein)	begehrt(e)-(Es=)Er	.(Verstand=)Herz	ermangelnd(er)-(ist)
צַדִּיקִים	וְשֹׁרֶשׁ	רָעִים	מְצוֹד
ṣaddiyqiym	wəšorεš	rɔʿiym	məṣowd
Rechtschaffene(n)-(der)	Wurzel-(die)-(aber=)und	,Böse(n)-(der)	Fangnetz-(das)

שְׂפָתַיִם	13 בְּפֶשַׁע	יִתֵּן׃
śᵊpɔtayim	bᵊpɛšaᶜ	yitten.
Lippen-(zwei)-(der)	Verfehlung-(der)-In	.(ergiebig-ist=)gibt-(sie=er)

וַיֵּצֵא	רָע	מוֹקֵשׁ
wayyeṣeʾ	rɔᶜ	moʷqeš
heraus-(kommt=)kam-(es=)er-(aber=)und	,Böse(n)-(des)	Fallstrick-(der)-(ist)

14 מִפְּרִי	צַדִּיק׃	מִצָּרָה
mippᵊriʸ	ṣaddiʸq.	miṣṣɔrɔʰ
Frucht-(der)-Von	.Rechtschaffener-(ein)	Bedrängnis-(der)-(aus=)von

טוֹב	יִשְׂבַּע־	אִישׁ	פִּי־
ṭoʷb	-yiśᵊbaᶜ	ʾiʸš	-piʸ
,Gut(em)-(mit)	satt-wird-(man=)er	(Menschen=)Mann-(eines)	Mund(es)-(des)

אָדָם	יְדֵי־	וּגְמוּל
ʾɔdɔm	-yᵊdeʸ	uʷgᵊmuʷl
Mensch(en)-(eines)	Hände-(zwei)-(der)	Tat-(die)-und

יָשָׁר	אֱוִיל	15 דֶּרֶךְ	לוֹ׃	ישׁוב[יָשִׁיב]
yɔšɔr	ʾɛwiʸl	dɛrɛk	loʷ.	[yɔšiʸb]yɔšuʷb
gerade-(ist)	Tor(en)-(eines)	Weg-(Der)	.ihm-zu	zurück-(fällt=)kehrt-(sie=er)

לְעֵצָה	וְשֹׁמֵעַ	בְּעֵינָיו
lᵊᶜeṣɔʰ	wᵊšomeaᶜ	bᵊᶜeʸnɔʸw
Rat-(auf=)zu	hörend(er)-(aber=)und	,Augen-(zwei)-seine(n)-in

בַּיּוֹם	16 אֱוִיל	חָכָם׃
bayyoʷm	ʾɛwiʸl	ḥɔkɔm.
Tag-(selben)-(dem)-(an=)in	Tor(en)-(Einem)	.Weise-(der)-(ist)

כַּעְסוֹ	יִוָּדַע
kaᶜᵊsoʷ	yiwwɔdaᶜ
,Ärger-sein	(kund-sich-tut=)erkannt-wird-(es=)er

עָרוּם׃	קָלוֹן	וְכֹסֶה
ᶜɔruʷm.	qɔloʷn	wᵊkosɛʰ
.Kluge-(der)	Schmach	(verbirgt-es=)bedeckend(er)-(aber=)und

צֶדֶק	יַגִּיד	אֱמוּנָה	17 יָפִיחַ
ṣɛdɛq	yaggiʸd	ʾɛmuʷnɔʰ	yɔpiʸaḥ
,Recht(es)	aus-sagt-(er)	Wahrheit	(hervorbringt=)macht-nahen-(W)er

18 יֵשׁ	מִרְמָה׃	שְׁקָרִים	וְעֵד
yeš	mirᵊmɔʰ.	šᵊqɔriʸm	wᵊᶜed
ist-Da	.Betrug	(lügenhafter=)Lügen-(von)	Zeuge-(ein)-(aber=)und

חָרֶב	כְּמַדְקְרוֹת	בּוֹטֶה
ḥɔrɛb	kᵊmadᵊqᵊroʷt	boʷṭɛʰ
,Schwert(es)-(des)	(Stiche=)Durchbohrungen-wie	Schwatzender-(ein)

19 שְׂפַת־	מַרְפֵּא׃	חֲכָמִים	וּלְשׁוֹן
-śᵊpat	marᵊpeʾ.	ḥᵃkɔmiʸm	uʷlᵊšoʷn
Lippe-(Die)	.Heilung-(bringt)	Weise(n)	(von)-Zunge-(die)-(aber=)und

לָעַד	תִּכּוֹן	אֱמֶת
lɔᶜad	tikkoʷn	ʾɛmɛt
,immer-(für=)zu	(Bestand-hat=)gegründet-ist-(sie)	Wahrheit-(der)

לְשׁוֹן	אַרְגִּיעָה	וְעַד־
lᵊšoʷn	ʾarᵊgiʸᶜɔʰ	-wᵊᶜad
Zunge-(eine)	(Augenblick-einen=)habe-Ruhe-ich	(für=)bis-(jedoch=)und

בְּלֶב־	20 מִרְמָה	שָׁקֶר׃
-bᵊlɛb	mirᵊmɔʰ	šɔqɛr.
Herz(en)-(im=)in-(ist)	Trug	.Lüge-(der)

וּלְיֹעֲצֵי	רָע	חֹרְשֵׁי
uʷlᵊyoᶜᵃṣeʸ	rɔᶜ	ḥorᵊšeʸ
Ratende(n)-(bei=)zu-(doch=)und	,Bös(es)	(Ersinnenden=)Schmiedende(n)-(der)

21 לֹא־	שִׂמְחָה׃	שָׁלוֹם
-loʾ	śimᵊḥɔʰ.	šɔloʷm
Nicht	.Freude-(ist)	(Heil=)Friede(n)-(zum)

לַצַּדִּיק	יְאֻנֶּה
laṣṣaddiʸq	yᵊʾunnɛʰ
Rechtschaffenen-(dem=)zum	(begegnet=)zugeschickt-wird-(es=er)

מָלְאוּ	וּרְשָׁעִים	אָוֶן	כָּל־
mɔlᵊʾuʷ	uʷrᵊšɔᶜiʸm	ʾɔwɛn	-kol
voll-sind-(sie)	Frevler-(aber=)und	,(Unheil=)Unrecht	(irgendein=)all

שִׂפְתֵי־	יְהוָה	22 תּוֹעֲבַת	רָע׃
-śipᵊteʸ	yᵊhwɔʰ	toʷᶜᵃbat	rɔᶜ.
Lippen-(zwei)-(sind)	JHWH	(für)-Abscheu	.(Unglücks=)Böse(n)-(des)

שָׁקֶר šɔqɛr ,(falsche=)Lüge-(der) | וְעֹשֵׂי wᵊᶜośeʸ (Übende=)Tuende-(aber=)und | אֱמוּנָה ᵓᵋmuʷnɔʰ Wahrhaftigkeit

רְצוֹנוֹ׃ rᵊṣoʷnoʷ. .Wohlgefallen-sein-(haben) | 23 אָדָם ᵓɔdɔm Mensch-(Ein) | עָרוּם ᶜɔruʷm klug(er)

כֹּסֶה kosɛʰ (zurück-hält=)bedeckend(er)-(ist) | דָּעַת dɔᶜat ,Wissen | וְלֵב wᵊleb Herz-(das)-(aber=)und | כְּסִילִים kᵊsiʸliʸm Tore(n)-(der)

יִקְרָא yiqᵊrɔᵓ aus-ruft-(es=er) | אִוֶּלֶת׃ ᵓiwwɛlɛt. .Narrheit | 24 יַד־ -yad Hand-(Die) | חָרוּצִים ḥɔruʷṣiʸm (Fleißigen=)Geschärfte(n)-(der)

תִּמְשׁוֹל timᵊšoʷl ,herrschen-wird-(sie) | וּרְמִיָּה uʷrᵊmiʸyɔʰ Lässigkeit-(aber=)und | תִּהְיֶה tihᵊyɛʰ -(zu-führt=)sein-wird-(sie)

לָמַס׃ lɔmas. .(fronpflichtig-wird=)Fronarbeit | 25 דְּאָגָה dᵊᵓɔgɔʰ Kummer | בְלֶב־ -bᵊlɛb Herz(en)-(im=)in

אִישׁ ᵓiʸš (Menschen=)Mann-(eines) | יַשְׁחֶנָּה yašᵊḥɛnnɔʰ ,(es=)sie-beugen-macht-(er)

וְדָבָר wᵊdɔbɔr Wort-(ein)-(hingegen=)und | טוֹב ṭoʷb (gütiges=)gut(es) | יְשַׂמְּחֶנָּה׃ yᵊśammᵊḥɛnnɔʰ. .(es=)sie-erfreut-(es=er)

26 יָתֵר yɔter erkunden-(möge=)wird-(Es=)Er | מֵרֵעֵהוּ mereᶜehuʷ Gefährten-seinem-von | צַדִּיק ṣaddiʸq ,Gerechte-(der)

וְדֶרֶךְ wᵊdɛrɛk Weg-(der)-(aber=)und | רְשָׁעִים rᵊšɔᶜiʸm Frevler-(der) | תַּתְעֵם׃ tatᵊᶜem. .sie-irre-führt-(er=sie) | 27 לֹא־ -loᵓ Nicht

יַחֲרֹךְ yaḥᵃrok (erlangen=)braten-wird-(es=er) | רְמִיָּה rᵊmiʸyɔʰ (Lässige-der)Lässigkeit | צֵידוֹ ṣeʸdoʷ ,Wild-sein

יָקָר	אָדָם	וְהוֹן־
yɔqɔr	ʾɔdɔm	-wᵉhoʷn
(angesehener=)wertvoll(er)	Mensch-(ein)	(genug=)Gut-(aber=)und
צְדָקָה	28 בְּאֹרַח־	חָרוּץ׃
ṣᵉdɔqɔʰ	-bᵉʾoraḥ	ḥɔruʷṣ.
Gerechtigkeit-(der)	Pfad-(dem)-(Auf=)In	.fleißig(er)-(und)

אַל־	נְתִיבָה	וְדֶרֶךְ	חַיִּים
-ʾal	nᵉtiʸbɔʰ	wᵉdɛrɛk	ḥayyiʸm
nicht	(führend=)Pfad-(ist)	Weg-(der)-und	,(Leben-ist=)Lebendige
			מָוֶת׃
			mɔwɛt.
			.Tod-(zum)

13

אָב	מוּסַר	חָכָם	1 בֵּן
ʾɔb	muʷsar	ḥɔkɔm	ben
,Vater(s)-(des)	Mahnung-(die)-(auf-hört)	weise(r)	Sohn-(Ein)
גְּעָרָה׃	שָׁמַע	לֹא־	וְלֵץ
gᵉʿɔrɔʰ.	šɔmaʿ	-loʾ	wᵉleṣ
.Tadel-(einen)	(auf)-hört(e)-(er)	nicht	Spötter-(ein)-(aber=)und
יֹאכַל	אִישׁ	פִּי־	2 מִפְּרִי
yoʾkal	ʾiʸš	-piʸ	mippᵉriʸ
isst-(es=er)	(Menschen=)Mann(es)-(eines)	Mund(es)-(des)	Frucht-(der)-Von

וְנֶפֶשׁ	טוֹב
wᵉnɛpɛš	ṭoʷb
(Verlangen-das=)Seele-(die)-(aber=)und	,Gut(e)-(der)

3 נֹצֵר	חָמָס׃	בֹּגְדִים
noṣer	ḥɔmɔs.	bogᵉdiʸm
Bewachender-(Ein)	.Gewalttat-(ist)	(Treulosen=)treulos-Handelnde(n)-(der)

פֹּשֵׂק	נַפְשׁוֹ	שֹׁמֵר	פִּיו
pośeq	napᵉšoʷ	šomer	piʸw
Aufreißend(er)-(ein)	,(Leben=)Seele-sein(e)	bewahrend(er)-(ist)	Mund-sein(en)
4 מִתְאַוָּה	לוֹ׃	מְחִתָּה־	שְׂפָתָיו
mitᵉʾawwɔʰ	loʷ.	-mᵉḥittoʰ	śᵉpɔtɔʸw
,zeigend(er)-begierig-Sich	.ihm-(gilt=)zu	Verderben —	Lippen-(zwei)-seine

עָצֵל ʿɔṣel ,Faul(en)-(des)	נַפְשׁוֹ napəšow (ist)-(Begehren=)Seele-sein(e)	וָאַיִן wɔʾayin ,(vergebens=)ist-nicht-(indes=)und

חָרֻצִים ḥɔruṣiym Fleißige(n)-(der)	וְנֶפֶשׁ wənɛpɛš (Trachten-das=)Seele-(die)-(aber=)und

יִשְׂנָא yiśənɔʾ hasst-(es=er)	שֶׁקֶר šɛqɛr Lüge-(der)	5 דְּבַר־ -dəbar Wort-(Ein)	תְּדֻשָּׁן׃ tədušsɔn. .(gesättigt=)gemacht-fett-wird-(es=sie)

יַבְאִישׁ yabəʾiyš stinkend-macht-(er)	וְרָשָׁע wərɔšɔʿ Frevler-(ein)-(aber=)und	צַדִּיק ṣaddiyq ,Rechtschaffener-(ein)

תִּצֹּר tiṣṣor (be)wahrt-(sie)	6 צְדָקָה ṣədɔqɔh Gerechtigkeit	וְיַחְפִּיר׃ wəyaḥəpiyr. .schändlich-handelt-(er)-und

דָּרֶךְ dɔrɛk ,(Wandel-im=)Weg(es)-(des)	תָּם־ -tom (Unsträflichen=)Vollendet(en)-(den)

7 יֵשׁ yeš gibt-Es	חַטָּאת׃ ḥaṭṭɔʾt. .Sünde	תְּסַלֵּף təsallep (in)-(stürzt=)verkehrt-(sie)	וְרִשְׁעָה wərišəʿɔh Ruchlosigkeit-(aber=)und

כֹּל kol ,all(es)	וְאֵין wəʾeyn (hat-er=)gibt-es-nicht-und	מִתְעַשֵּׁר mitəʿaššer ,Stellend(en)-reich-Sich-(einen)

רָב׃ rɔb. .viel	וְהוֹן wəhown Vermögen-(hat-er)-(indes=)und	מִתְרוֹשֵׁשׁ mitərowšeš ,Stellend(en)-arm-Sich-(einen)

אִישׁ ʾiyš (Menschen=)Mann-(eines)	נֶפֶשׁ־ -nɛpɛš (Leben-das=)Seele-(die)-(für)	8 כֹּפֶר kopɛr (Lösegeld=)Lösung

שָׁמַע šɔmaʿ hört(e)-(er)	לֹא־ -loʾ nicht	וְרָשׁ wərɔš Arm(er)-(ein)-(aber=)und	עָשְׁרוֹ ʿošərow ,Reichtum-sein-(ist)

גְּעָרָה׃ g^{əʿ}ɔrɔ^{h}. .(Drohung=)Tadel
9 אוֹר־ -ʾo^{w}r Licht-(Das)
צַדִּיקִים ṣaddi^{y}qi^{y}m Gerechte(n)-(der)
יִשְׂמָח yiś^{ə}mɔḥ ,(gedeiht=)sich-freut-(es=er)

וְנֵר w^{ə}ner Leuchte-(die)-(aber=)und
רְשָׁעִים r^{ə}šɔʿi^{y}m Frevler-(der)
יִדְעָךְ׃ yid^{əʿ}ɔk. .erlischt-(sie=er)
10 רַק־ -raq Nur

בְּזָדוֹן b^{ə}zɔdo^{w}n Vermessenheit-(durch=)in
יִתֵּן yitten gibt-(es=)er
מַצָּה maṣṣɔ^{h} ,Streit
וְאֶת־ -w^{əʾ}ɛt (bei=)mit-(aber=)und

נוֹעָצִים no^{wʿ}ɔṣi^{y}m Beratende(n)-Sich
חָכְמָה׃ ḥok^{ə}mɔ^{h}. .Weisheit-(ist)
11 הוֹן ho^{w}n Vermögen

מֵהֶבֶל mehɛbɛl (Nichts-dem=)Nichtigkeit-(der)-(aus=)von
יִמְעָט yim^{əʿ}ɔṭ ,(ab-nimmt=)wenig-wird-(es=er)

וְקֹבֵץ w^{ə}qobeṣ Ansammeln-(ein)-(aber=)und
עַל־יָד yɔd-ʿal (handvollweise=)Hand-(die)-auf

יַרְבֶּה׃ yar^{ə}bɛ^{h}. .(vermehrt-wird=)viel-macht-(es=er)
12 תּוֹחֶלֶת to^{w}ḥɛlɛt Erwartung-(Eine)
מְמֻשָּׁכָה m^{ə}muššɔkɔ^{h} (hingehaltene=)gedehnte

מַחֲלָה־ -maḥ^{a}lɔ^{h} Krankheit-(bedeutet)
לֵב leb ,Herz-(das)-(für)
וְעֵץ w^{əʿ}eṣ Baum-(ein)-(aber=)und

חַיִּים ḥayyi^{y}m (Lebens-des=)Lebende(n)-(der)
תַּאֲוָה ta^{ʾa}wɔ^{h} Verlangen-(ein)-(ist)
בָאָה׃ bɔʾɔ^{h}. .(erfülltes=)kommende(s)

13 בָּז bɔz Verachtend(er)-(Ein)
לְדָבָר l^{ə}dɔbɔr Wort-(das=)zu
יֵחָבֶל yeḥɔbɛl werden-gepfändet-wird-(es=)er —

לוֹ lo^{w} ,ihm-(bei=)zu
וִירֵא wi^{y}reʾ fürchtet-(w)er-(aber=)und
מִצְוָה miṣ^{ə}wɔ^{h} ,Gebot-(das)
הוּא hu^{wʾ} (d)er

יְשֻׁלָּם: yᵊšullɔm. .(belohnt=)vergolten-wird-(er)
14 תּוֹרַת toʷrat Weisung-(Die)
חָכָם ḥɔkɔm Weise(n)-(des)
מְקוֹר mᵊqoʷr Quelle-(eine)-(ist)

חַיִּים ḥayyiʸm (Lebens-des=)Lebende(n)-(der)
לָסוּר lɔsuʷr (fernzuhalten-sich=)weichen-zu

מִמֹּקְשֵׁי mimmoqᵊšeʸ Schlingen-(den)-von
מָוֶת: mɔwɛt. .Tod(es)-(des)
15 שֵׂכֶל־ -śekɛl Einsicht
טוֹב ṭoʷb gut(e)

יִתֶּן־ -yittɛn (ein-bringt=)gibt-(sie=er)
חֵן ḥen ,Gunst
וְדֶרֶךְ wᵊdɛrɛk Weg-(der)-(aber=)und

בֹּגְדִים bogᵊdiʸm (Treulosen=)treulos-Handelnde(n)-(der)
אֵיתָן: ʾeʸtɔn. .(unfahrbar=)fest-(ist)
16 כָּל־ -kol (Jeder=)All

עָרוּם ʿɔruʷm Klug(e)
יַעֲשֶׂה yaʿᵃśɛʰ (handelt=)macht-(er)
בְדָעַת bᵊdɔʿat ,(Er)kenntnis-(nach=)in
וּכְסִיל uʷkᵊsiʸl Tor-(ein)-(hingegen=)und

יִפְרֹשׂ yipᵊroś verbreitet-(er)
אִוֶּלֶת: ʾiwwɛlɛt. .Narrheit
17 מַלְאָךְ malʾɔk Bote-(Ein)
רָשָׁע rɔšɔʿ ruchloser
יִפֹּל yippol fällt-(er)
בְּרָע bᵊrɔʿ ,Unglück-in(s)

וְצִיר wᵊṣiʸr Gesandter-(ein)-(hingegen=)und
אֱמוּנִים ʾᵉmuʷniʸm (treuer=)Zuverlässige(n)-(der)
מַרְפֵּא: marᵊpeʾ. .Heilung-(bringt)

18 רֵישׁ reʸš Armut
וְקָלוֹן wᵊqɔloʷn Schande-und
פּוֹרֵעַ poʷreaʿ (Entziehenden-Sich=)Lassend(en)-unbeachtet-(einem)

מוּסָר muʷsɔr ,Zucht-(der)
וְשׁוֹמֵר wᵊšoʷmer Beachtend(er)-(ein)-(doch=)und
תּוֹכַחַת toʷkaḥat Zurechtweisung
יְכֻבָּד: yᵊkubbɔd. .geehrt-wird-(er)

19 תַּאֲוָה taʾᵃwɔʰ (Wunsch=)Verlangen-(Ein)
נִהְיָה nihᵊyɔʰ (erfüllter=)zutragend(er)-sich
תֶּעֱרַב tɛʿᵉrab angenehm-ist-(er=sie)

לְנָפֶשׁ	וְתוֹעֲבַת	כְּסִילִים
lənɔpɛš	wətowʿabat	kəsiyliym
,Seele-(die)-(für=)zu	(für)-Abscheu-(aber=)und	Tore(n)-(die)

סוּר	מֵרָע׃
suwr	merɔʿ.
Weichen-(ein)-(ist)	.Böse(n)-(dem)-(vor=)von

20 הָלוֹךְ[הוֹלֵךְ]	אֶת־	חֲכָמִים
[howlek]hɔlowk	-ʾɛt	ḥakɔmiym
(umgeht-Wer=)(Um)gehend(er)-(Ein)	mit	,Weise(n)

וַחֲכָם[יֶחְכָּם]	וְרֹעֶה
[yɛḥakɔm]waḥakɔm	wəroʿɛh
,weise-(selbst)-wird-(der=)er	(verkehrt-wer=)Verkehrend(er)-(ein)-(aber=)und

כְּסִילִים	יֵרוֹעַ׃	21 חַטָּאִים
kəsiyliym	yerowaʿ.	ḥaṭṭɔʾiym
,Tore(n)-(mit)	.(schlecht-es-ergeht-dem=)behandelt-übel-wird-(d)er	Sünder

תְּרַדֵּף	רָעָה	וְאֶת־צַדִּיקִים	יְשַׁלֶּם־
təraddep	rɔʿɔh	ṣaddiyqiym-wəʾɛt	-yəšallɛm
verfolgt-(es=sie)	,Böse-(das)	Gerechte(n)-***(aber=)und	(belohnt=)vergilt-er

טוֹב׃	22 טוֹב	יַנְחִיל
ṭowb.	ṭowb	yanḥiyl
.Gut(em)-(mit)	Gut(e)-(Der)	erben-macht-(er)

בְּנֵי־בָנִים	וְצָפוּן
bɔniym-bəney	wəṣɔpuwn
,(Kindeskinder=)Söhne(n)-(von)-Söhne	(verwahrt=)geborgen(er)-ist-(es=)er-und

לַצַּדִּיק	חֵיל	חוֹטֵא׃
laṣṣaddiyq	ḥeyl	ḥowṭeʾ.
Gerechten-den-(für=)zu	Vermögen-(das)	.(Sünders=)Sündigenden-(des)

23 רָב־	אֹכֶל	נִיר	רָאשִׁים
-rob	ʾokɛl	niyr	roʾšiym
Viel	Nahrung	Neubruch-(der)-(bringt)	,(Vornehmen=)Häupter-(der)

וְיֵשׁ	נִסְפֶּה	בְּלֹא	מִשְׁפָּט׃
wəyeš	nisəpɛh	bəloʾ	mišəpɔṭ.
ist-(es=)er-(aber=)und	werdend(er)-weggerafft	-(Un-durch=)nicht-in	.recht

24 חוֹשֵׂךְ ḥowśek Zurückhaltend(er)-(Ein) | שִׁבְטוֹ šibəṭow Rute-seine | שׂוֹנֵא śowneʾ hassend(er)-(ist) | בְּנוֹ bənow ,Sohn-sein(en)

וְאֹהֲבוֹ wəʾohabow ,(liebt-ihn-wer=)Liebender-sein-(aber=)und | שִׁחֲרוֹ šiḥarow ihn-heim-sucht-(d)er

מוּסָר׃ muwsɔr. .Züchtigung-(mit) | 25 צַדִּיק ṣaddiyq Rechtschaffener-(Ein) | אֹכֵל ʾokel essend(er)-(ist) | לְשֹׂבַע ləśobaʿ Sättigen-zu(m)-(bis)

נַפְשׁוֹ napəšow ,(sich=)Seele-seine | וּבֶטֶן uwbɛṭɛn Bauch-(der)-(hingegen=)und | רְשָׁעִים rəšɔʿiym Frevler-(der)

תֶּחְסָר׃ tɛḥəsɔr. .(darben=)leiden-Mangel-(muss=)wird-(er)

14

1 חַכְמוֹת ḥakəmowt (von)-Weisheit(en) | נָשִׁים nɔšiym Frauen | בָּנְתָה bɔnətɔh erbaut(e)-(sie) | בֵיתָהּ beytɔh ,Haus-ihr

וְאִוֶּלֶת wəʾiwwɛlɛt Torheit-(die)-(doch=)und | בְּיָדֶיהָ bəyɔdɛyhɔ Hände(n)-(zwei)-ihre(n)-(mit=)in

תֶּהֶרְסֶנּוּ׃ tɛhɛrəsɛnnuw. .(es=)ihn-nieder-reißt-(sie) | 2 הוֹלֵךְ howlek (Wandelnder=)Gehender-(Ein) | בְּיָשְׁרוֹ bəyošərow Geradheit-seine(r)-in

יְרֵא yəreʾ fürchtend(er)-(ist) | יְהוָה yəhwɔh ,JHWH | וּנְלוֹז uwnəlowz (Sünder=)Verdrehter-(ein)-(aber=)und

דְּרָכָיו dərɔkɔyw Wege(n)-seine(n)-(auf) | בּוֹזֵהוּ׃ bowzehuw. .ihn-verachtend(er)-(ist) | 3 בְּפִי־ -bəpiy Mund-(Im=)In | אֱוִיל ʾɛwiyl Narr(en)-(des)

חֹטֶר ḥoṭɛr (von)-(Spross=)Zweig-(ein)-(ist) | גַּאֲוָה gaʾawɔh ,Hochmut | וְשִׂפְתֵי wəśipətey Lippen-(zwei)-(aber=)und

אֲלָפִים	4 בְּאֵין	תִּשְׁמוּרֵם׃	חֲכָמִים
ʾ^{a}lɔpi^{y}m	b^{ə}ʾe^{y}n	tiš^{ə}mu^{w}rem.	ḥ^{a}kɔmi^{y}m
Rinder	(Ohne=)Nichtsein-In	.(davor)-sie-bewahren-(sie)	Weise(n)-(der)

תְּבוּאוֹת	וְרָב־	בָּר	אֵבוּס
t^{ə}bu^{w}ʾo^{w}t	-w^{ə}rob	bɔr	ʾebu^{w}s
(Ertrag=)Erzeugnisse	viel-(aber=)und	,(leer=)rein	Futtertrog-(ein)-(ist)

אֱמוּנִים	5 עֵד	שׁוֹר׃	בְּכֹחַ
ʾ^{ɛ}mu^{w}ni^{y}m	ʿed	šo^{w}r.	b^{ə}koaḥ
zuverlässige(r)	Zeuge-(Ein)	.Stier(es)-(eines)	Kraft-(die)-(durch=)in-(man-hat)

כְּזָבִים	וְיָפִיחַ	יְכַזֵּב	לֹא
k^{ə}zɔbi^{y}m	w^{ə}yɔpi^{y}aḥ	y^{ə}kazzeb	loʾ
Lügen	(verbreitet=)hauchen-lässt-(w)er-(doch=)und	,lügt-(er)	nicht

לֵץ	6 בִּקֶּשׁ־	שָׁקֶר׃	עֵד
leṣ	-biqqɛš	šɔqɛr.	ʿed
Spötter-(der)	sucht-(Es=)Er	.(trügerischer=)Trug-(von)	Zeuge-(ein)-(ist)

וְדַעַת	וָאָיִן	חָכְמָה
w^{ə}daʿat	wɔʾɔyin	ḥok^{ə}mɔ^h
(Er)kenntnis-(hingegen=)und	,(umsonst=)Nichtsein-(doch=)und	,Weisheit-(nach)

מִנֶּגֶד	7 לֵךְ	נָקָל׃	לְנָבוֹן
minnɛgɛd	lek	nɔqɔl.	l^{ə}nɔbo^{w}n
(vor)-von	(hinweg)-Geh	.leicht-(ist)	Einsichtsvollen-(einen)-(für=)zu

יָדַעְתָּ	וּבַל־	כְּסִיל	לְאִישׁ
yɔdaʿ^{ə}tɔ	-u^{w}bal	k^{ə}si^{y}l	l^{ə}ʾi^{y}š
(erkennst=)erkanntest-du	nicht-(da=)und	,töricht(en)	Mann-(einem=)zu

עָרוּם	8 חָכְמַת	דָּעַת׃	שִׂפְתֵי־
ʿɔru^{w}m	ḥok^{ə}mat	dɔʿat.	-śip^{ə}te^y
klug(en)-(des)	Weisheit-(Die)	!(Verstand=)Erkenntnis	(von)-Lippen-(zwei)

כְּסִילִים	וְאִוֶּלֶת	דַּרְכּוֹ	הָבִין
k^{ə}si^{y}li^{y}m	w^{ə}ʾiwwɛlɛt	dar^{ə}ko^w	hɔbi^{y}n
Tore(n)-(der)	Narrheit-(die)-(aber=)und	,Weg-sein(en)	Erkennen-(ist)

יָלִיץ	9 אֱוִלִים	מִרְמָה׃
yɔli^{y}ṣ	ʾ^{ɛ}wili^{y}m	mir^{ə}mɔ^h.
(Gespötte-zum-macht=)spottet-(es=er)	Narren-(Die)	.(Täuschung=)Trug-(ist)

יְשָׁרִים yᵊšɔriʸm (Redlichen=)Geraden	וּבֵין uʷbeʸn zwischen-(aber=)und	אָשָׁם ʾɔšɔm ,(Schuldopfer=)Verschuldung

מָרַּת morrat Bitternis-(die)-(um)	יוֹדֵעַ yoʷdeaᶜ wissend(er)-(ist)	10 לֵב leb Herz-(Das)	רָצוֹן׃ rɔṣoʷn. .Wohlgefallen-(herrscht)

יִתְעָרַב yitᵊᶜɔrab ein-sich-mischt-(es=er)	לֹא־ -loʾ nicht	וּבְשִׂמְחָתוֹ uʷbᵊśimᵊḥɔtoʷ Freude-seine-in-und	נַפְשׁוֹ napᵊšoʷ ,(selbst=)Seele-seine(r)

יִשָּׁמֵד yiššɔmed ,vernichtet-wird-(es=er)	רְשָׁעִים rᵊšɔᶜiʸm Frevler-(der)	11 בֵּית beʸt Haus-(Das)	זָר׃ zɔr. .Fremder-(ein)

יַפְרִיחַ׃ yapᵊriʸaḥ. .(gedeiht=)auf-blüht-(es=er)	יְשָׁרִים yᵊšɔriʸm (Redlichen=)Geraden-(der)	וְאֹהֶל wᵊʾohɛl Zelt-(das)-(aber=)und

לִפְנֵי־ -lipᵊneʸ (vor=)Gesichter-zu	יָשָׁר yɔšɔr gerade(r)-(ein)	דֶּרֶךְ dɛrɛk Weg-(mancher)	12 יֵשׁ yeš (dünkt=)ist-Es

דַּרְכֵי־ -darᵊkeʸ Wege-(sind)	וְאַחֲרִיתָהּ wᵊʾaḥᵃriʸtɔh (Ende-sein=)Hinterseite-ihre-(aber=)und	אִישׁ ʾiʸš ,Mann-(einem)

יִכְאַב־ -yikᵊʾab schmerzen-(kann=)wird-(es=er)	בִּשְׂחוֹק biśᵊḥoʷq Lachen-(beim=)in	13 גַּם־ -gam Auch	מָוֶת׃ mɔwɛt. .Tod(es)-(des)

תוּגָה׃ tuʷgɔʰ. .Kummer-(ist)	שִׂמְחָה śimᵊḥɔʰ Fröhlichkeit-(der)	וְאַחֲרִיתָהּ wᵊʾaḥᵃriʸtɔh (Ende-am=)Hinterseite-ihre-und	לֵב leb ,Herz-(das)

יִשְׂבַּע yiśᵊbaᶜ ,(gesättigt-wird=)satt-wird-(es=er)	14 מִדְּרָכָיו middᵊrɔkɔʸw (Wandel-seinem=)Wegen-seinen-Von

לֵב leb ,(ist)-Herz(ens)	סוּג suʷg (abtrünnigen-wer=)zurückweichend(es)-(ein)

וּמֵעָלָיו אִישׁ טוֹב:
ṭoʷb. ʾiʸš uʷmeʿɔlɔʸw
.gut(er) (Mensch=)Mann-(ein) ihm-(auf)-von-(fern)-(doch=)und

15 פֶּתִי יַאֲמִין לְכָל־ דָּבָר וְעָרוּם
wᵊʿɔruʷm dɔbɔr -lᵊkol yaʾᵃmiʸn pɛtiʸ
Kluge-(der)-(aber=)und ,Wort (jedes-an=)all-zu glaubt-(er) Einfältige-(Der)

יָבִין לַאֲשֻׁרוֹ: 16 חָכָם
ḥɔkɔm laʾᵃšuroʷ. yɔbiʸn
Weise-(Der) .Schritt-sein(en)-(auf=)zu (achtet=)merkt-(er)

יָרֵא וְסָר מֵרָע
merɔʿ wᵊsɔr yɔreʾ
,Bös(em)-(vor=)von ausweichend(er)-(ist)-und (vorsichtig-ist=)fürchtet-(er)

וּכְסִיל מִתְעַבֵּר
mitʿabber uʷkᵊsiʸl
(unbehutsam=)lassend(er)-gehen-sich-(ist) Tor-(der)-(dagegen=)und

וּבוֹטֵחַ:
uʷboʷṭeaḥ.
.wähnend(er)-sicher-sich-(dabei)-und

17 קְצַר־אַפַּיִם יַעֲשֶׂה אִוֶּלֶת
ʾiwwɛlɛt yaʿᵃśɛʰ ʾappayim-qᵊṣar
,Torheit (begeht=)macht-(er) (Jähzornige=)Nasenlöcher-(zwei)-(von)-kurz-(Der)

וְאִישׁ מְזִמּוֹת יִשָּׂנֵא:
yiśśɔneʾ. mᵊzimmoʷt wᵊʾiʸš
.gehasst-wird-(er) (Ränkesucht=)Tücken (von)-Mann-(ein)-(aber=)und

18 נָחֲלוּ פְתָאיִם אִוֶּלֶת וַעֲרוּמִים
waʿᵃruʷmiʸm ʾiwwɛlɛt pᵊtɔʾyim nɔḥᵃluʷ
Kluge-(aber=)und ,Torheit Einfältige erb(t)en-(Es=)Sie

יַכְתִּרוּ דָעַת:
dɔʿat. yakᵊtiruʷ
.(Wissen=)(Er)kenntnis-(mit) sich-(schmücken=)umgeben-(sie)

19 שַׁחוּ רָעִים לִפְנֵי טוֹבִים
ṭoʷbiʸm lipᵊneʸ rɔʿiʸm šaḥuʷ
,Gute(n)-(den) (vor=)Gesichter-zu Böse sich-beug(t)en-(Es=)Sie

גַּם־ 20	צַדִּיק׃	שַׁעֲרֵי	עַל־	וּרְשָׁעִים
-gam	ṣaddiʸq.	šaᶜᵃreʸ	-ᶜal	uʷrᵊšɔᶜiʸm
Auch	.Gerecht(en)-(des)	Tore(n)-(den)	(an=)auf	Frevler-und

רָשׁ	יִשָּׂנֵא	לְרֵעֵהוּ
rɔš	yiśśɔneʾ	lᵊreᶜehuʷ
,Arm(er)-(ein)	verhasst-wird-(es=er)	Gefährte(n)-sein(em=)zu

רַבִּים׃	עָשִׁיר	וְאֹהֲבֵי
rabbiʸm.	ᶜɔšiʸr	wᵊʾohᵃbeʸ
.viele-(sind)	Reich(en)-(des)	(Freunde=)Liebende-(aber=)und

חוֹטֵא	לְרֵעֵהוּ	בָּז־ 21
ḥoʷṭeʾ	lᵊreᶜehuʷ	-bɔz
,sündigend(er)-(ist)	Nächsten-(seinen=)seinem-zu	Verachtender-(Ein)

עֲנָיִים[עֲנָוִים]	וּמְחוֹנֵן
[ᶜᵃnɔwiʸm]ᶜᵃnɔyiʸm	uʷmᵊḥoʷnen
,(Elenden=)Demütige(n)-(mit)	Erbarmen-Habender-(ein)-(aber=)und

יִתְעוּ	הֲלוֹא־ 22	אַשְׁרָיו׃
yitᵊᶜuʷ	-haloʷʾ	ʾašᵊrɔʸw.
irre-gehen-(es=sie)	nicht-Etwa	!(ihm-Heil=)Seligkeiten-seine

וְחֶסֶד	רָע	חֹרְשֵׁי
wᵊḥɛsɛd	rɔᶜ	ḥorᵊšeʸ
(Liebe=)Gnade-(Indes=)Und	?Bös(es)	(Ersinnenden=)Schmiedende(n)-(die)

בְּכָל־ 23	טוֹב׃	חֹרְשֵׁי	וֶאֱמֶת
-bᵊkol	ṭoʷb.	ḥorᵊšeʸ	wɛʾᵉmɛt
all(em)-(Bei=)In	.Gut(es)	Schmiedende-(erfahren)	(Treue=)Wahrheit-und

מוֹתָר	יִהְיֶה	עֶצֶב
moʷtɔr	yihᵊyɛʰ	ᶜɛṣɛb
,(Gewinn=)Vorteil	ist-(es=er)	(Mühen=)Schmerz

אַךְ־	שְׂפָתַיִם	וּדְבַר־
-ʾak	śᵊpɔtayim	-uʷdᵊbar
nur-(führt)	Lippen-(zwei)	(von)-(Geschwätz=)Wort-(ein)-(aber=)und

אִוֶּלֶת	עָשְׁרָם	חֲכָמִים	עֲטֶרֶת 24	לְמַחְסוֹר׃
ʾiwwɛlɛt	ᶜošᵊrɔm	ḥᵃkɔmiʸm	ᶜᵃṭɛrɛt	lᵊmaḥᵊsoʷr.
Narrheit-(die)	,Reichtum-ihr-(ist)	Weise(n)-(der)	Krone-(Die)	.Mangel-zu

כְּסִילִים
k^{ə}si^{y}li^{y}m
Tore(n)-(der)

אִוֶּלֶת׃
ʾiwwɛlɛt.
.Narrheit-(bleibt)

25 מַצִּיל
maṣṣi^{y}l
Rettender-(Ein)

נְפָשׁוֹת
n^{ə}pɔšo^{w}t
(Menschenleben=)Seelen

עֵד
ʿed
Zeuge-(ein)-(ist)

אֱמֶת
ʾ^{ɛ}mɛt
,Wahrheit-(der)

וְיָפִחַ
w^{ə}yɔpiaḥ
(hervorbringen=)hauchen-macht-(w)er-(aber=)und

כְּזָבִים
k^{ə}zɔbi^{y}m
Lügen

מִרְמָה׃
mir^{ə}mɔ^{h}.
.(Verräter-ein-ist=)Verrat

26 בְּיִרְאַת
b^{ə}yir^{əʾ}at
(vor)-(Ehr)furcht-(der)-In

יְהוָה
y^{ə}hwɔ^{h}
JHWH

מִבְטַח־
-mib^{ə}ṭaḥ
(Sicherheit-eine=)Vertrauen-(besteht)

עֹז
ʿoz
,(starke=)Stärke

וּלְבָנָיו
u^{w}l^{ə}bɔnɔ^{y}w
(Kinder=)Söhne-seine-(für=)zu-(auch=)und

יִהְיֶה
yih^{ə}yɛ^{h}
ist-er

מַחְסֶה׃
maḥ^{ə}sɛ^{h}.
.Zuflucht

27 יִרְאַת
yir^{əʾ}at
(vor)-(Ehr)furcht-(Die)

יְהוָה
y^{ə}hwɔ^{h}
JHWH

מְקוֹר
m^{ə}qo^{w}r
Quelle-(eine)-(ist)

חַיִּים
ḥayyi^{y}m
(Lebens-des=)Lebende(n)-(der)

לָסוּר
lɔsu^{w}r
entweichen-zu-(um)

מִמֹּקְשֵׁי
mimmoq^{ə}še^{y}
Schlingen-(den)-(vor=)von

מָוֶת׃
mɔwɛt.
.Tod(es)-(des)

28 בְּרָב־
-b^{ə}rob
Menge-(der)-In

עָם
ʿɔm
Volk(es)-(des)

הַדְרַת־
-had^{ə}rat
Herrlichkeit-(die)-(beruht)

מֶלֶךְ
mɛlɛk
,König(s)-(des)

וּבְאֶפֶס
u^{w}b^{əʾ}ɛpɛs
(an-Mangel-im=)Nichtsein-in-(hingegen=)und

לְאֹם
l^{əʾ}om
Volk

מְחִתַּת
m^{ə}ḥittat
Untergang-(der)-(liegt)

רָזוֹן׃
rɔzo^{w}n.
.Fürst(en)-(eines)

תְּבוּנָה	רַב־	אֶרֶךְ אַפַּיִם 29
tᵊbuʷnɔʰ	-rab	ᵓappayim ᵓɛrɛk
,(hat)-Einsicht	viel-(wer)	,(ist-Langmütig=)Nasenlöcher-(zwei)-Länge

וּקְצַר־רוּחַ
ruʷaḥ-uʷqᵊṣar
(Ungeduldige=)Geist-(an)-Kurz(e)-(der)-(aber=)und

חַיֵּי 30	אִוֶּלֶת׃	מֵרִים
ḥayyeʸ	ᵓiwwɛlɛt.	meriʸm
(Leben=)Lebende	.Torheit	(davon-trägt=)aufhebend(er)-(ist)

לֵב	בְּשָׂרִים
leb	bᵊśɔriʸm
(Sinn=)Herz-(ein)-(ist)	(Leib-den-für=)Fleisch-in

עֲצָמוֹת	וּרְקַב	מַרְפֵּא
ᶜaṣɔmoʷt	uʷrᵊqab	marᵊpeᵓ
Gebeine-(die)-(für)	Fäulnis-(aber=)und	,(Gelassenheit=)Linderung-(der)

חֵרֵף	דָּל	עֹשֵׁק־ 31	קִנְאָה׃
ḥerep	dɔl	-ᶜošeq	qinᵊᵓɔʰ.
gering-achtet(e)-(d)er	,Schwachen-(einen)	Bedrückender-(Ein)	.Eifersucht-(ist)

וּמְכַבְּדוֹ	עֹשֵׂהוּ
uʷmᵊkabbᵊdoʷ	ᶜośehuʷ
ihn-Ehrender-(ein)-(hingegen=)und	,(Schöpfer=)Machenden-sein(en)

בְּרָעָתוֹ 32	אֶבְיוֹן׃	חֹנֵן
bᵊrɔᶜɔtoʷ	ᵓɛbᵊyoʷn.	ḥonen
Bosheit-seine-(Durch=)In	.Bedürftig(en)-(eines)	Erbarmender-Sich-(ein)-(ist)

וְחֹסֶה	רָשָׁע	יִדָּחֶה
wᵊḥosɛʰ	rɔšɔᶜ	yiddɔḥɛʰ
(ist)-bergend(er)-sich-(aber=)und	,Frevler-(der)	(gestürzt=)gestoßen-wird-(es=er)

בְּלֵב 33	צַדִּיק׃	בְמוֹתוֹ
bᵊleb	ṣaddiʸq.	bᵊmoʷtoʷ
Herz(en)-(Im=)In	.Rechtschaffener-(ein)	Tod-seinem-(bei=)in

וּבְקֶרֶב	חָכְמָה	תָּנוּחַ	נָבוֹן
uʷbᵊqɛrɛb	ḥokᵊmɔʰ	tɔnuʷaḥ	nɔboʷn
(inmitten=)Mitte-in-und	,Weisheit-(die)	ruht-(es=sie)	Verständig(en)-(des)

גּוֹי	תְּרוֹמֵם־	34 צְדָקָה	תִּוָּדֵעַ׃	כְּסִילִים
goʷy	-tᵊroʷmem	ṣᵊdɔqɔʰ	tiwwɔdeaᶜ.	kᵊsiʸliʸm
,Volk-(ein)	erhöht-(sie)	Gerechtigkeit	.bekannt-wird-sie	Tore(n)-(der)

חַטָּאת׃	לְאֻמִּים	וְחֶסֶד
ḥaṭṭɔʾt.	lᵊʾummiʸm	wᵊḥɛsɛd
.Sünde-(die)-(ist)	Nationen-(der)	(Schande=)Schmach-(eine)-(aber=)und

מַשְׂכִּיל	לְעֶבֶד	מֶלֶךְ	35 רְצוֹן־
maśᵊkiʸl	lᵊᶜɛbɛd	mɛlɛk	-rᵊṣoʷn
,verständnisvoll(en)	Diener-(dem)-(gilt=)zu	König(s)-(des)	Wohlgefallen

תִּהְיֶה	וְעֶבְרָתוֹ
tihᵊyɛʰ	wᵊᶜɛbᵊrɔtoʷ
(trifft=)ist-(er)	Zorn-sein-(aber=)und

מֵבִישׁ׃
mebiʸš.
.(Handelnden-schändlich=)Machend(en)-Schande-(den)

15

יָשִׁיב	רַךְ	1 מַעֲנֶה־
yɔšiʸb	rak	-maᶜᵃnɛʰ
(abwenden=)kehren-macht-(sie=er)	milde	Antwort-(Eine)

עֶצֶב	וּדְבַר־	חֵמָה
ᶜɛṣɛb	-uʷdᵊbar	ḥemɔʰ
Kränkung-(der)	Wort-(ein)-(aber=)und	,(Grimm)glut

חֲכָמִים	2 לְשׁוֹן	אָף׃	יַעֲלֶה־
ḥᵃkɔmiʸm	lᵊšoʷn	ʾɔp.	-yaᶜᵃlɛʰ
Weise(n)-(der)	Zunge-(Die)	.(Zorn=)Nase	(erweckt=)aufsteigen-macht-(es=er)

וּפִי	דָּעַת	תֵּיטִיב
uʷpiʸ	dɔᶜat	teʸṭiʸb
Mund-(der)-(aber=)und	,(Er)kenntnis	(angenehm=)gut-macht-(sie)

3 בְּכָל־	אִוֶּלֶת׃	יַבִּיעַ	כְּסִילִים
-bᵊkol	ʾiwwɛlɛt.	yabbiʸaᶜ	kᵊsiʸliʸm
(jedem=)all(em)-(An=)In	.Narrheit	hervorsprudeln-macht-(er)	Tore(n)-(der)

רָעִים	צֹפוֹת	יְהוָה	עֵינֵי	מָקוֹם
rɔᶜiʸm	ṣopoʷt	yᵊhwɔʰ	ᶜeʸneʸ	mɔqoʷm
Böse	(beobachtend=)(er)spähend(e)	JHWH(s)	Augen-(die)-(sind)	Ort

עֵץ	לָשׁוֹן	4 מַרְפֵּא	וְטוֹבִים׃
ʿeṣ	lɔšoʷn	marᵊpeʾ	wṭoʷbiʸm.
Baum-(ein)-(ist)	Zunge-(der)	(Sanftheit=)Linderung	.Gute-und

בָּהּ	וְסֶלֶף	חַיִּים
bɔh	wᵊsɛlɛp	ḥayyiʸm
(ihr-an=)sie-in	Verkehrtheit-(doch=)und	,(Lebens-des=)Lebende(n)-(der)

יִנְאַץ	5 אֱוִיל	בְּרוּחַ׃	שֶׁבֶר
yinᵊʾaṣ	ʾɛwiʸl	bᵊruʷaḥ.	šɛbɛr
verachtet-(er)	Narr-(Ein)	.(Gemüt-im=)Geist-in	(Zusammen)bruch-(ist)

אָבִיו	מוּסַר
ʾɔbiʸw	muʷsar
,Vater(s)-sein(es)	(Zurechtweisung=)Züchtigung-(die)

יַעְרִם׃	תּוֹכַחַת	וְשֹׁמֵר
yaʿᵊrim.	toʷkaḥat	wᵊšomer
.klug-(handelt=)ist-(er)	(Mahnung=)Tadel	Beachtender-(ein)-(aber=)und

רָב	חֹסֶן	צַדִּיק	6 בֵּית
rɔb	ḥosɛn	ṣaddiʸq	beʸt
,(reichlich=)viel	Vermögen-(ist)	Rechtschaffen(en)-(eines)	Haus-(Im)

רָשָׁע	וּבִתְבוּאַת
rɔšɔʿ	uʷbitᵊbuʷʾat
Frevler(s)-(eines)	Ertrag-(im=)in-(aber=)und

חֲכָמִים	7 שִׂפְתֵי	נֶעְכָּרֶת׃
ḥᵃkɔmiʸm	śipᵊteʸ	nɛʿᵊkɔrɛt.
Weise(n)-(der)	Lippen-(zwei)-(Die)	.(Zerrüttung-ist=)zerrüttet-wird-(er=sie)

כְּסִילִים	וְלֵב	דָעַת	יְזָרוּ
kᵊsiʸliʸm	wᵊleb	dɔʿat	yᵊzɔruʷ
Tore(n)-(der)	Herz-(das)-(aber=)und	,(Er)kenntnis	aus-streuen-(sie)

תּוֹעֲבַת	רְשָׁעִים	8 זֶבַח	לֹא־כֵן׃
toʷʿᵃbat	rᵊšɔʿiʸm	zɛbaḥ	ken-loʾ.
(für)-Gräuel-(ein-ist)	Frevler-(der)	(Schlacht)opfer-(Ein)	.richtig-nicht-(ist)

יְשָׁרִים	וּתְפִלַּת	יְהוָה
yᵊšɔriʸm	uʷtᵊpillat	yᵊhwɔʰ
(Rechtschaffenen=)Geraden-(der)	Gebet-(ein)-(aber=)und	,JHWH

דֶּרֶךְ	יְהוָה	9 תּוֹעֲבַת	רְצוֹנוֹ׃
dɛrɛk	y^{ə}hwɔ^{h}	to^{wʿa}bat	r^{ə}ṣo^{w}no^{w}.
(Wandel=)Weg-(der)-(ist)	JHWH	(für)-Gräuel-(Ein)	.Wohlgefallen-sein-(findet)

וּמְרַדֵּף	רָשָׁע
u^{w}m^{ə}raddep	rɔšɔ^{ʿ}
(Erstrebenden=)Nachjagend(en)-(einen)-(doch=)und	,Frevler(s)-(eines)

רָע	10 מוּסָר	יֶאֱהָב׃	צְדָקָה
rɔ^{ʿ}	mu^{w}sɔr	yɛ^{ʾɛ}hɔb.	ṣ^{ə}dɔqɔ^{h}
(übel=)schlecht-(ist)	Züchtigung	.liebt-er	Gerechtigkeit

שׂוֹנֵא	אֹרַח	לְעֹזֵב
śo^{w}neʾ	ʾoraḥ	l^{əʿ}ozeb
Hassender-(ein)	,Pfad-(rechten)-(den)	Verlassenden-(den)-(für=)zu

11 שְׁאוֹל	יָמוּת׃	תּוֹכַחַת
š^{əʾ}o^{w}l	yɔmu^{w}t.	to^{w}kaḥat
(Totenreich=)Scheol	.sterben-(muss=)wird-(er)	Zurechtweisung

אַף	יְהוָה	נֶגֶד	וַאֲבַדּוֹן
ʾap	y^{ə}hwɔ^{h}	nɛgɛd	wa^{ʾa}baddo^{w}n
(viel-wie=)auch	,JHWH	(gegenwärtig=)vor-(sind)	(Unterwelt=)Abaddon-und

בְּנֵי־אָדָם׃	לִבּוֹת	כִּי־
ʾɔdɔm-b^{ə}ne^{y}.	libbo^{w}t	-ki^{y}
.(Menschenkinder=)Mensch(en)-(des)-Söhne-(der)	Herzen-(die)	(mehr=)wenn

אֶל־	לוֹ	הוֹכֵחַ	לֵץ	יֶאֱהַב־	12 לֹא
-ʾɛl	lo^{w}	ho^{w}keaḥ	leṣ	-yɛ^{ʾɛ}hab	loʾ
zu	,ihn	Zurechtweisen-(ein)	Spötter-(der)	liebt-(es=er)	Nicht

שָׂמֵחַ	13 לֵב	יֵלֵךְ׃	לֹא	חֲכָמִים
śɔmeaḥ	leb	yelek.	loʾ	ḥ^{a}kɔmi^{y}m
fröhlich(es)	Herz-(Ein)	.geht-er	nicht	Weise(n)-(den)

פָּנִים	יֵיטִב
pɔni^{y}m	ye^{y}ṭib
,(Antlitz-das=)Gesichter	(erheitert=)gut-macht-(es=er)

לֵב	וּבְעַצְּבַת־
leb	-u^{w}b^{əʿ}aṣṣ^{ə}bat
Herz(ens)-(des)	(Kummer=)Schmerz-(durch=)in-(aber=)und

14 לֵב	נִכְאָה׃	רוּחַ
leb	nᵊkeʾɔʰ.	ruʷaḥ
Herz-(Ein)	.(niedergeschlagen=)geschlagen(e)-(ist)	(Lebensmut=)Geist-(der)

דָּעַת	יְבַקֶּשׁ־	נָבוֹן
dɔʿat	-yᵊbaqqɛš	nɔboʷn
,(Er)kenntnis	sucht-(es=er)	verständig(es)

יִרְעֶה	כְּסִילִים	וּפְנֵי[וּפִי]
yirᵊʿɛʰ	kᵊsiʸliʸm	[uʷpiʸ]uʷpᵊneʸ
(pflegt=)weidet-(er)	Tore(n)-(der)	[Mund-(der)-(aber=)und]Gesichter-und

רָעִים	עָנִי	יְמֵי	15 כָּל־	אִוֶּלֶת׃
rɔʿiʸm	ʿɔniʸ	yᵊmeʸ	-kol	ʾiwwɛlɛt.
,schlimm(e)-(sind)	Elend(en)-(eines)	Tage	All(e)	.Narrheit

תָּמִיד׃	מִשְׁתֶּה	לֵב	וְטוֹב־
tɔmiʸd.	mišᵊtɛʰ	leb	-wᵊṭoʷb
.ständig(es)	Festmahl-(ein)-(ist)	Herz	(heiteres=)gut(es)-(ein)-(aber=)und

יְהוָה	בְּיִרְאַת	מְעַט	16 טוֹב־
yᵊhwɔʰ	bᵊyirᵊʾat	mᵊʿaṭ	-ṭoʷb
JHWH	(vor)-Furcht-(an=)in	(wenig-ein-nur=)Weniges	(ist)-(Besser=)Gut

וּמְהוּמָה	רָב	מֵאוֹצָר
uʷmᵊhuʷmɔʰ	rɔb	meʾoʷṣɔr
(Beunruhigung=)Verwirrung-und	groß(er)	Schatz-(ein)-(als=)von

וְאַהֲבָה־	יָרָק	אֲרֻחַת	17 טוֹב	בּוֹ׃
-wᵊʾahᵃboʰ	yɔrɔq	ʾᵃruḥat	ṭoʷb	boʷ.
Liebe-und	Gemüse	Portion-(eine)	(ist)-(Besser=)Gut	.(dabei=)ihm-in

וְשִׂנְאָה־	אָבוּס	מִשּׁוֹר	שָׁם
-wᵊśinᵊʾoʰ	ʾɔbuʷs	miššoʷr	šɔm
Hass-und	gemästet(er)	Ochs-(ein)-(als=)von	,(da=)dort-(ist)

מָדוֹן	יְגָרֶה	חֵמָה	18 אִישׁ	בּוֹ׃
mɔdoʷn	yᵊgɔrɛʰ	ḥemɔʰ	ʾiʸš	boʷ.
,Zank	erregt-(er)	(hitziger=)Glut-(der)	Mann-(Ein)	.(dabei=)ihm-in-(ist)

אַפַּיִם	וְאֶרֶךְ
ʾappayim	wᵊʾɛrɛk
(Langmütiger-ein-aber=)Nasenlöcher(n)-(zwei)-(an)-lang-und	

עָצֵל   19 דֶּרֶךְ   רִיב׃   יַשְׁקִיט
ᶜɔṣel   dɛrɛk   riʸb.   yašᵊqiʸṭ
Faul(en)-(eines)   Weg-(Der)   .Streit-(einen)   (beschwichtigt=)ruhen-macht-(er)

וְאֹרַח   חֲדֶק   כִּמְשֻׂכַת
wᵊʾoraḥ   ḥɔdɛq   kimᵊśukat
Pfad-(der)-(doch=)und   ,Strauch(s)-(eines)   Dornhecke-(die)-wie-(ist)

20 בֵּן   סְלֻלָה׃   יְשָׁרִים
ben   sᵊlulɔʰ.   yᵊšɔriʸm
Sohn-(Ein)   .(gebahnt=)aufgeschüttet(e)-(ist)   (Redlichen=)Geraden-(der)

אָדָם   וּכְסִיל   אָב   יְשַׂמַּח־   חָכָם
ʾɔdɔm   uʷkᵊsiʸl   ʾɔb   -yᵊśammaḥ   ḥɔkɔm
Mensch   töricht(er)-(ein)-(hingegen=)und   ,Vater-(den)   erfreut-(er)   weise(r)

שִׂמְחָה   21 אִוֶּלֶת   אִמּוֹ׃   בּוֹזֶה
śimᵊḥɔʰ   ʾiwwɛlɛt   ʾimmoʷ.   boʷzɛʰ
Freude-(ist)   Narrheit   .Mutter-seine   verachtend(er)-(ist)

וְאִישׁ   לֵב   לַחֲסַר־
wᵊʾiʸš   leb   -laḥᵃsar
Mann-(ein)-(aber=)und   ,(Verstand=)Herz   (Er)mangelnden-(dem=)zu

לָכֶת׃   יְיַשֶּׁר־   תְּבוּנָה
lɔkɛt.   -yᵊyaššɛr   tᵊbuʷnɔʰ
.Gehen-(beim)   gerade(aus)-(geht=)ist-(er)   Einsicht-(mit)

בְּאֵין   מַחֲשָׁבוֹת   22 הָפֵר
bᵊʾeʸn   maḥᵃšɔboʷt   hɔper
(ohne=)nicht-in-(geschieht)   Pläne(n)-(von)   (Scheitern=)Brechen-(Ein)

יוֹעֲצִים   וּבְרֹב   סוֹד
yoʷᶜᵃṣiʸm   uʷbᵊrob   soʷd
Ratgeber(n)   (von)-Vielheit-(einer)-(mit=)in-(aber=)und   ,Beratschlagung

לָאִישׁ   23 שִׂמְחָה   תָּקוּם׃
lɔʾiʸš   śimᵊḥɔʰ   tɔquʷm.
Mann-(ein)-(hat=)zu   Freude   .(bestehen=)aufstehen-(kannst=)wirst-du

וְדָבָר   פִּיו   בְּמַעֲנֵה־
wᵊdɔbɔr   piʸw   -bᵊmaᶜᵃneʰ
Wort-(ein)-und   ,Mund(es)-sein(es)   Antwort-(einer)-(an=)in

טוֹב:	מַה־	בְּעִתּוֹ
ṭoʷb.	-maʰ	bᵊʿittoʷ
!(angenehm=)gut-(es-ist)	(wie=)was —	Zeit-(rechter=)seiner-(zu=)in

לְמַעְלָה	חַיִּים	24 אֹרַח
lᵊmaʿᵊlɔʰ	ḥayyiʸm	ʾoraḥ
oben-nach-(führt=)zu	(Lebens-des=)Lebende(n)-(der)	Pfad-(Der)

סוּר	לְמַעַן	לְמַשְׂכִּיל
suʷr	lᵊmaʿan	lᵊmaśᵊkiʸl
(Fernhalten=)Abweichen-(ein)	(damit=)willen-zu	,Verständigen-(den=)zu

גֵּאִים	25 בֵּית	מָטָּה:	מִשְּׁאוֹל
geʾiʸm	beʸt	mɔṭṭɔʰ.	miššᵊʾoʷl
Hochmütige(n)-(der)	Haus-(Das)	.drunten	Totenreich-(dem)-von-(sei)

גְּבוּל	וְיַצֵּב	יְהוָה	יִסַּח
gᵊbuʷl	wᵊyaṣṣeb	yᵊhwɔʰ	yissaḥ
(Gebiet-das=)Grenze-(die)	fest-macht-er-(aber=)und	,JHWH	ein-reißt-(es=er)

מַחְשְׁבוֹת	יְהוָה	26 תּוֹעֲבַת	אַלְמָנָה:
maḥᵊšᵊboʷt	yᵊhwɔʰ	toʷʿᵃbat	ʾalᵊmɔnɔʰ.
Gedanken-(die)-(sind)	JHWH	(für)-Gräuel-(Ein)	.Witwe-(einer)

נֹעַם:	אִמְרֵי־	וּטְהֹרִים	רָע
noʿam.	-ʾimᵊreʸ	uʷṭᵊhoriʸm	rɔʿ
.Freundlichkeit	(von)-Worte-(ihn-für)	(sind)-rein(e)-(doch=)und	,Bös(en)-(des)

בֵּיתוֹ	27 עֹכֵר
beʸtoʷ	ʿoker
Haus(gemeinschaft)-sein(e)	(durcheinander-bringt-Es=)(ist)-Verwirrend(er)

בָּצַע	בּוֹצֵעַ
bɔṣaʿ	boʷṣeaʿ
,Gewinn-(unrechtmäßigem)	(nach-Jagender=)Abschneidender-(ein)

מַתָּנֹת	וְשׂוֹנֵא
mattɔnot	wᵊśoʷneʾ
(Bestechung=)Geschenke	(Meidender=)Hassender-(ein)-(aber=)und

יֶהְגֶּה	צַדִּיק	28 לֵב	יִחְיֶה:
yɛhᵊgɛʰ	ṣaddiʸq	leb	yiḥᵊyɛʰ.
(nach)-sinnt-(es=er)	Rechtschaffen(en)-(eines)	Herz-(Das)	.(auf)leben-wird-(er)

רְשָׁעִים	וּפִי	לַעֲנוֹת
r^{ə}šɔʿi^{y}m	u^{w}pi^{y}	la^{ʿa}no^{w}t
Frevler-(der)	Mund-(der)-(aber=)und	,antworten-zu-(um)

יְהוָה	29 רָחוֹק	רָעוֹת׃	יַבִּיעַ
y^{ə}hwɔ^{h}	rɔḥo^{w}q	rɔʿo^{w}t.	yabbi^{y}aʿ
JHWH	(ist)-Fern(er)	.Bosheiten	hervorsprudeln-macht-(er)

צַדִּיקִים	וּתְפִלַּת	מֵרְשָׁעִים
ṣaddi^{y}qi^{y}m	u^{w}t^{ə}pillat	mer^{ə}šɔʿi^{y}m
Rechtschaffene(n)-(der)	Gebet-(ein)-(aber=)und	,Gottlosen-(den)-von

יְשַׂמַּח־	עֵינַיִם	30 מְאוֹר־	יִשְׁמָע׃
-y^{ə}śammaḥ	ʿe^{y}nayim	-m^{əʾ}o^{w}r	yiš^{ə}mɔʿ.
(er)freut-(er)	Augen-(zweier)	(Glanz-Der=)Leuchten-(Das)	.(er)hört-er

תְּדַשֶּׁן־	טוֹבָה	שְׁמוּעָה	לֵב
-t^{ə}daššɛn	ṭo^{w}bɔ^{h}	š^{ə}mu^{wʿ}ɔ^{h}	leb
(erquickt=)fett-macht-(sie)	gute	(Kunde-eine=)Gehörtes	,Herz-(das)

שֹׁמַעַת	31 אֹזֶן	עָצֶם׃
šomaʿat	ʾozɛn	ʿɔṣɛm.
(auf)-(hört-das=)hörende(s)	,Ohr-(Ein)	.Gebein-(das)

בְּקֶרֶב	חַיִּים	תּוֹכַחַת
b^{ə}qɛrɛb	ḥayyi^{y}m	to^{w}kaḥat
(von-inmitten=)Mitte-in	,Lebende(n)-(der)	(Mahnung=)Zurechtweisung-(eine)

32 פּוֹרֵעַ	תָּלִין׃	חֲכָמִים
po^{w}reaʿ	tɔli^{y}n.	ḥ^{a}kɔmi^{y}m
(verwirft-Wer=)Verwerfender-(Ein)	.(weilen=)nächtigen-wird-(es=)sie	Weise(n)

נַפְשׁוֹ	מוֹאֵס	מוּסָר
nap^{ə}šo^{w}	mo^{wʾ}es	mu^{w}sɔr
,(selbst-sich=)Seele-seine	(missachtet-der=)verschmähend(er)-(ist)	,Zucht

קוֹנֶה	תּוֹכַחַת	וְשׁוֹמֵעַ
qo^{w}nɛ^{h}	to^{w}kaḥat	w^{ə}šo^{w}meaʿ
erwerbend(er)-(ist)	Zurechtweisung-(eine)	(auf)-Hörender-(ein)-(aber=)und

חָכְמָה	מוּסַר	יְהוָה	33 יִרְאַת	לֵב׃
ḥok^{ə}mɔ^{h}	mu^{w}sar	y^{ə}hwɔ^{h}	yir^{əʾ}at	leb.
,Weisheit-(der)	Zucht-(ist)	JHWH	(vor)-(Ehr)furcht-(Die)	.(Verstand=)Herz

עֲנָוָה׃	כָבוֹד	וְלִפְנֵי
^{ca}nɔwɔ^{h}.	kɔbo^{w}d	w^{ə}lip^{ə}ne^{y}
.Demut-(kommt)	Ehre-(der)	(vor=)Gesichter-zu-und

16

מַעַרְכֵי־	1 לְאָדָם
-ma^{c}ar^{ə}ke^{y}	l^{əʾ}ɔdɔm
Überlegungen-(die)-(sind)	Mensch(en)-(Beim=)Zu

לָשׁוֹן׃	מַעֲנֵה	וּמֵיְהוָה	לֵב
lɔšo^{w}n.	ma^{ca}ne^{h}	u^{w}mey^{ə}hwɔ^{h}	leb
.Zunge-(der)	Antwort-(die)	(kommt)-JHWH-von-(aber=)und	,Herz(ens)-(des)

זַךְ	אִישׁ	דַּרְכֵי־	2 כָּל־
zak	ʾi^{y}š	-dar^{ə}ke^{y}	-kol
rein-(sind)	(Menschen=)Mann(es)-(des)	Wege	All(e)

וְתֹכֵן	בְּעֵינָיו
w^{ə}token	b^{əc}e^{y}nɔ^{y}w
(prüfend=)abwägend(er)-(hingegen=)und	,Augen-(zwei)-seine(n)-in

יְהוָה	אֶל־	3 גֹּל	יְהוָה׃	רוּחוֹת
y^{ə}hwɔ^{h}	-ʾɛl	gol	y^{ə}hwɔ^{h}.	ru^{w}ḥo^{w}t
JHWH	(auf=)zu	Wälze	.JHWH-(ist)	(Gesinnungen=)Geister-(die)

וְיִכֹּנוּ	מַעֲשֶׂיךָ
w^{ə}yikkonu^{w}	ma^{ca}śɛ^{y}kɔ
(bestehen=)gefestigt-werden-(es=sie)-(so=)und	,(Tun-dein=)Werke-deine

יְהוָה	פָּעַל	4 כֹּל	מַחְשְׁבֹתֶיךָ׃
y^{ə}hwɔ^{h}	pɔ^{c}al	kol	maḥ^{ə}š^{ə}botɛ^{y}kɔ.
JHWH	schuf-(es=er)	All(es)	.Planungen-deine

רָשָׁע	וְגַם־	לַמַּעֲנֵהוּ
rɔšɔ^{c}	-w^{ə}gam	lamma^{ca}nehu^{w}
Frevler-(den)	auch-(aber=)und	,(Zweck-seinem=)Antwort-seine(r)-zu

כָּל־	יְהוָה	5 תּוֹעֲבַת	רָעָה׃	לְיוֹם
-kol	y^{ə}hwɔ^{h}	to^{wca}bat	rɔ^{c}ɔ^{h}.	l^{ə}yo^{w}m
(jeder=)all	JHWH	(für-ist)-Gräuel-(Ein)	.Unheil(s)-(des)	Tag-(den)-(für=)zu

לֹא	לְיָד	יָד	לֵב	גְּבַהּ־
loʾ	l^{ə}yɔd	yɔd	leb	-g^{ə}bah
Nicht	:(darauf=)Hand-zu	Hand-(Die)	.Herz(ens)	stolz(en)

וֶאֱמֶת	6 בְּחֶסֶד	יִנָּקֶה׃
wɛʾᵋmɛt	bᵊḥɛsɛd	yinnɔqɛʰ.
Treue-und	(Liebe=)Gnade-(Durch=)In	!(ungestraft-bleibt=)unschuldig-ist-er

וּבְיִרְאַת	עָוֺן	יְכֻפַּר
uʷbᵊyirʾᵃt	ʿɔwon	yᵊkuppar
(vor)-Furcht-(der)-in-(doch=)und	,Schuld-(eine)	(gesühnt=)bedeckt-wird-(es=er)

מֵרָע׃	סוּר	יְהוָה
merɔʿ.	suʷr	yᵊhwɔʰ
.Bös(en)-(dem)-von	(fern-sich-man-hält=)Weichen-(ein)	JHWH

דַּרְכֵי־	יְהוָה	7 בִּרְצוֹת
-darᵊkeʸ	yᵊhwɔʰ	birᵊṣoʷt
Wege(n)-(den)-(an)	JHWH	(hat-Wohlgefallen-Wenn=)haben-Wohlgefallen-In

אוֹיְבָיו	גַּם־	אִישׁ
ʾoʷyᵊbɔʸw	-gam	ʾiʸš
Feinde-(dessen=)seine	auch	,(Menschen=)Mann(es)-(eines)

מְעַט	8 טוֹב־	אִתּוֹ׃	יַשְׁלִם
mᵊʿaṭ	-ṭoʷb	ʾittoʷ.	yašᵊlim
(wenig-ein-nur=)Weniges	(ist)-(Besser=)Gut	.ihm-mit	machen-Frieden-lässt-er

תְּבוּאוֹת	מֵרֹב	בִּצְדָקָה
tᵊbuʷʾoʷt	merob	biṣᵊdɔqɔʰ
Einkünfte(n)	(von)-Vielheit-(eine)-(als=)von	Gerechtigkeit-(durch=)in

יְחַשֵּׁב	אָדָם	9 לֵב	מִשְׁפָּט׃	בְּלֹא
yᵊḥaššeb	ʾɔdɔm	leb	mišᵊpɔṭ.	bᵊloʾ
plant-(es=er)	Mensch(en)-(des)	Herz-(Das)	.Recht	(ohne=)nicht-in

צַעֲדוֹ׃	יָכִין	וַיהוָה	דַּרְכּוֹ
ṣaʿᵃdoʷ.	yɔkiʸn	wayhwɔʰ	darᵊkoʷ
.Schritt-sein(en)	(lenkt=)festigt-(er)	JHWH-(aber=)und	,Weg-sein(en)

מֶלֶךְ	שִׂפְתֵי־	עַל־	10 קֶסֶם
mɛlɛk	-śipᵊteʸ	-ʿal	qɛsɛm
,König(s)-(des)	Lippen-(den)	auf-(liegt)	(Entscheidung-Die=)Orakel

פִּיו׃	יִמְעַל־	לֹא	בְּמִשְׁפָּט
piʸw.	-yimᵊʿal	loʾ	bᵊmišᵊpɔṭ
.Mund-sein	(fehl-geht=)treulos-ist-(es=er)	nicht	Rechtspruch-(beim=)in

מַעֲשֵׂהוּ	לַיהוָה	מִשְׁפָּט	וּמֹאזְנֵי	פֶּלֶס 11
ma^{ca}śehu^{w}	layhwɔ^{h}	miš^{ə}pɔṭ	u^{w}moᵓz^{ə}ne^{y}	pɛlɛs
Werk-sein	,JHWH-(bei=)zu-(sind)	Recht(s)-(des)	Waagschalen-und	Waage

מְלָכִים	תּוֹעֲבַת 12	כִּיס׃	אַבְנֵי־	כָּל־
m^{ə}lɔki^{y}m	to^{wca}bat	ki^{y}s.	-ᵓab^{ə}ne^{y}	-kol
Könige	(für)-Abscheu-(Ein)	.Beutel	(im)-(Gewichts)steine	all(e)-(sind)

בִּצְדָקָה	כִּי	רֶשַׁע	עֲשׂוֹת
biṣ^{ə}dɔqɔ^{h}	ki^{y}	rɛšaᶜ	^{ca}śo^{w}t
Gerechtigkeit-(durch=)in	denn	,Frevel	(Verüben=)Tun-(ein)-(sei)

מְלָכִים	רְצוֹן 13	כִּסֵּא׃	יִכּוֹן
m^{ə}lɔki^{y}m	r^{ə}ṣo^{w}n	kisseᵓ.	yikko^{w}n
Könige-(der)	Wohlgefallen	.Thron-(der)	(Bestand-hat=)gefestigt-wird-(es=er)

יְשָׁרִים	וְדֹבֵר	צֶדֶק	שִׂפְתֵי־
y^{ə}šɔri^{y}m	w^{ə}dober	ṣɛdɛq	-śip^{ə}te^{y}
(Dinge)-rechte	Redenden-(einen)-und	,Gerechtigkeit-(der)	Lippen-(zwei)-(sind)

מָוֶת	מַלְאֲכֵי־	מֶלֶךְ	חֲמַת־ 14	יֶאֱהָב׃
mɔwɛt	-mal^{ᵓa}ke^{y}	mɛlɛk	-ḥ^{a}mat	yɛ^{ᵓɛ}hɔb.
,Tod(es)-(des)	Boten-(sind)	König-(den)	(für)-(Zornes)glut	.liebt-er

בְּאוֹר־ 15	יְכַפְּרֶנָּה׃	חָכָם	וְאִישׁ
-b^{ə}ᵓo^{w}r	y^{ə}kapp^{ə}rɛnnɔ^{h}.	ḥɔkɔm	w^{ə}ᵓi^{y}š
Leuchten-(Im=)In	.sie-(besänftigt=)sühnt-(er)	weise(r)	Mann-(ein)-(aber=)und

חַיִּים	מֶלֶךְ	פְּנֵי־
ḥayyi^{y}m	mɛlɛk	-p^{ə}ne^{y}
,(Leben-ist=)Lebende-(sind)	König(s)-(des)	(Antlitzes-des=)Gesichter-(der)

קְנֹה־ 16	מַלְקוֹשׁ׃	כְּעָב	וּרְצוֹנוֹ
-q^{ə}no^{h}	mal^{ə}qo^{w}š.	k^{əc}ɔb	u^{w}r^{ə}ṣo^{w}no^{w}
Erwerben-(Ein)	.Spätregen(s)-(des)	Gewölk-wie-(ist)	Wohlgefallen-sein-und

מֵחָרוּץ	טּוֹב	מַה־	חָכְמָה
meḥɔru^{w}ṣ	ṭo^{w}b	-ma^{h}	ḥok^{ə}mɔ^{h}
,Gold-(als-mehr=)von	gut-(ist)	(das=)was	,Weisheit

נִבְחָר	בִּינָה	וּקְנוֹת
nib^{ə}ḥɔr	bi^{y}nɔ^{h}	u^{w}q^{ə}no^{w}t
(vorgezogen-wird=)erwählt-ist-(es=er)	Einsicht	Erwerben-(ein)-(aber=)und

יְשָׁרִים yᵊšɔriʸm (Redlichen=)Geraden-(der)	17 מְסִלַּת mᵊsillat Straße-(Die)	מִכָּסֶף׃ mikkɔsɛp. .Silber-(als-mehr=)von
שֹׁמֵר šomer Bewahrender-(ein)	מֵרָע merɔᶜ ,Bös(em)-(vor=)von	סוּר suʷr Ausweichen-(ein)-(ist)
דַּרְכּוֹ׃ darᵊkoʷ. .(Wandel=)Weg-sein(en)	נֹצֵר noṣer (auf)-Achthabender-(ein)-(ist)	נַפְשׁוֹ napᵊšoʷ (Leben=)Seele-sein(e)
גָאוֹן gɔʾoʷn ,Stolz-(der)-(kommt)	שֶׁבֶר šɛbɛr (Zusammen)bruch-(dem)	18 לִפְנֵי־ -lipᵊneʸ (Vor=)Gesichter-Zu

19 טוֹב ṭoʷb gut-ist-(Es=)Er	רוּחַ׃ ruʷaḥ. .Geist(es)-(des)	גֹבַהּ gobah Hochmut	כִּשָּׁלוֹן kiššɔloʷn Fall-(dem)	וְלִפְנֵי wᵊlipᵊneʸ (vor=)Gesichter-zu-und

עֲנִיִּים[עֲנָוִים] [ᶜᵃnɔwiʸm]ᶜᵃniʸyiʸm ,Demütige(n)-(den)	אֶת־ -ʾɛt mit	רוּחַ ruʷaḥ (sein-zu)-Geist	שְׁפַל־ -šᵊpal (im)-(demütig=)niedrig(er)

אֶת־גֵּאִים׃ geʾiʸm-ʾɛt. .Stolze(n)-mit	שָׁלָל šɔlɔl Beute	מֵחַלֵּק meḥalleq Teilen-(ein)-(als-mehr=)von
דָּבָר dɔbɔr (Sache-eine=)Wort-(ein)	עַל־ -ᶜal auf-(Bezug-in)	20 מַשְׂכִּיל maśᵊkiʸl (Seiender=)Machender-einsichtig-(Ein)

בַּיהוָה bayhwɔʰ JHWH-(auf=)in	וּבוֹטֵחַ uʷboʷṭeaḥ Vertrauender-(ein)-und	טוֹב ṭoʷb ,Gut(es)	יִמְצָא־ -yimᵊṣoʾ findet-(er)

לֵב leb Herz(ens)-(des)	21 לַחֲכַם־ -laḥᵃkam Weise(n)-(Den=)Zu	אַשְׁרָיו׃ ʾašᵊrɔʸw. .(Heil=)Seligkeiten-sein(e)
נָבוֹן nɔboʷn ,Seienden-verständig-(einen)		יִקָּרֵא yiqqɔreʾ (man-nennt=)gerufen-wird-(er)

יֹסִיף	שְׂפָתַיִם	וּמֶתֶק
yosiʸp	śᵊpɔtayim	uʷmɛtɛq
(mehrt=)hinzufügen-macht-(er)	Lippen-(zwei)-(der)	Süßigkeit-(mit)-(einer)-und

שֵׂכֶל	חַיִּים	22 מְקוֹר	לֶקַח׃
śekɛl	ḥayyiʸm	mᵊqoʷr	lɛqaḥ.
Verstand-(der)-(ist)	(Lebens-des=)Lebende(n)-(der)	Quelle-(Eine)	.Belehrung

אֱוִלִים	וּמוּסַר	בְּעָלָיו
ʾɛwiliʸm	uʷmuʷsar	bᵊʿɔlɔʸw
Narren-(der)	Zurechtweisung-(aber=)und	,(hat-ihn-der=)ihm-auf-(,dem-bei=)in

יַשְׂכִּיל	חָכָם	23 לֵב	אִוֶּלֶת׃
yaśᵊkiʸl	ḥɔkɔm	leb	ʾiwwɛlɛt.
verständig-macht-(es=er)	Weise(n)-(eines)	Herz-(Das)	.Narrheit-(ist)

יֹסִיף	שְׂפָתָיו	וְעַל־	פִּיהוּ
yosiʸp	śᵊpɔtɔyw	-wᵊʿal	piʸhuʷ
(mehrt=)hinzufügen-macht-er	Lippen-(zwei)-seine(n)	auf-und	,Mund-sein(en)

נֹעַם	אִמְרֵי־	24 צוּף־דְּבַשׁ	לֶקַח׃
noʿam	-ʾimᵊreʸ	dᵊbaš-ṣuʷp	lɛqaḥ.
,Freundlichkeit-(der)	Worte-(sind)	(Honigseim=)Honig-(von)-Wabe	.Belehrung

לָעָצֶם׃	וּמַרְפֵּא	לַנֶּפֶשׁ	מָתוֹק
lɔʿɔṣɛm.	uʷmarᵊpeʾ	lannɛpɛš	mɔtoʷq
.Gebein-(das)-(für=)zu	(Erquickung=)Heilung-und	Seele-(die)-(für=)zu	süß

לִפְנֵי־	יָשָׁר	דֶּרֶךְ	25 יֵשׁ
-lipᵊneʸ	yɔšɔr	dɛrɛk	yeš
(vor=)Gesichter-zu	gerade(r)-(ein)	Weg-(mancher)	(dünkt=)ist-Es

דַּרְכֵי־	וְאַחֲרִיתָהּ	אִישׁ
-darᵊkeʸ	wᵊʾaḥᵃriʸtɔh	ʾiʸš
Wege-(sind)	(Ende-sein=)Hinterseite-ihre-(aber=)und	,(jemandem=)Mann

עָמְלָה	עָמֵל	26 נֶפֶשׁ	מָוֶת׃
ʿɔmᵊlɔʰ	ʿɔmel	nɛpɛš	mɔwɛt.
sich-bemüht(e)-(sie)	Arbeiter(s)-(des)	(Gier=)Seele-(Die)	.Tod(es)-(des)

פִּיהוּ׃	עָלָיו	אָכַף	כִּי־	לוֹ
piʸhuʷ.	ʿɔlɔʸw	ʾɔkap	-kiʸ	loʷ
.Mund-sein	ihn-(an=)auf	(treibt=)trieb-(es=)er	denn	,(ihn-für=)ihm-zu

וְעַל־	רָעָה	כֹּרֶה	בְּלִיַּעַל	27 אִישׁ
-wᵊᶜal	rɔᶜɔʰ	korɛʰ	bᵊliʸyaᶜal	ʾiʸš
auf-und	,Unheil	(aus)grabend(er)-(ist)	nichtsnutziger	Mann-(Ein)

צָרָבֶת׃	כְּאֵשׁ	שְׂפָתָיו[שְׂפָתוֹ]
ṣɔrɔbɛt.	kᵊʾeš	[śᵊpɔtoʷ]śᵊpɔtɔʸw
.(versengendes=)Versengung-(der)	Feuer-wie-(ist's)	Lippen-(zwei)-seine(n)

מָדוֹן	יְשַׁלַּח	תַּהְפֻּכוֹת	28 אִישׁ
mɔdoʷn	yᵊšallaḥ	tahᵊpukoʷt	ʾiʸš
,Streit	(stiftet=)sendet-(es=er)	Verkehrtheiten-(der)	Mann-(Ein)

מַפְרִיד	וְנִרְגָּן
mapᵊriʸd	wᵊnirᵊgɔn
(sich-trennt=)absondernd(er)-(ist)	Verleumder-(ein)-und

יְפַתֶּה	חָמָס	29 אִישׁ	אַלּוּף׃
yᵊpattɛʰ	ḥɔmɔs	ʾiʸš	ʾalluʷp.
betört-(er)	Gewalt(tat)-(der)	Mann-(Ein)	.Vertrauten-(einem)-(von)

לֹא־	בְּדֶרֶךְ	וְהוֹלִיכוֹ	רֵעֵהוּ
-loʾ	bᵊdɛrɛk	wᵊhoʷliʸkoʷ	reᶜehuʷ
nicht	Weg-(einem)-(auf=)in	ihn-gehen-macht-er-und	,Gefährte(n)-sein(en)

עֵינָיו	30 עֹצֶה	טוֹב׃
ᶜeʸnɔʸw	ᶜoṣɛʰ	ṭoʷb.
Augen-(zwei)-seine	(Zukneifender=)Schließender-(Ein)	.gut(en)

שְׂפָתָיו	קֹרֵץ	תַּהְפֻּכוֹת	לַחְשֹׁב
śᵊpɔtɔʸw	qoreṣ	tahᵊpukoʷt	laḥᵊšob
Lippen-(zwei)-seine	pressend(er)	,Verkehrtheiten	ersinnen-zu-(um)-(es-tut)

תִּפְאֶרֶת	31 עֲטֶרֶת	רָעָה׃	כִּלָּה
tipᵊʾɛrɛt	ᶜᵃṭɛrɛt	rɔᶜɔʰ.	killɔʰ
Ehre-(der)	(Bekränzung=)Krone-(Eine)	.Böse-(das=)die	vollbracht-hat-er

צְדָקָה	בְּדֶרֶךְ	שֵׂיבָה
ṣᵊdɔqɔʰ	bᵊdɛrɛk	śeʸbɔʰ
Gerechtigkeit-(der)	Weg-(dem)-(auf=)in	,Greisenhaar-(ist)

32 טוֹב	תִּמָּצֵא׃
ṭoʷb	timmɔṣeʾ.
(ist)-Gut	.(finden-sich-lässt=)gefunden-wird-sie

אַפַּיִם אֶרֶךְ
ʾappayim ʾɛrɛk
(Langmütiger-ein=)Nasenlöcher-(zweier)-Länge

וּמֹשֵׁל מִגִּבּוֹר
uʷmošel miggibboʷr
Herrschender-(ein)-und ,(Kriegs)held-(ein)-(als-mehr=)von

מִלֹּכֵד בְּרוּחוֹ
milloked bᵊruʷḥoʷ
(Bezwingender=)Einnehmender-(ein)-(als-mehr=)von (Gemüt=)Geist-sein(em)-in

יוּטַל בַּחֵיק 33 עִיר׃
yuʷṭal baḥeʸq ʿiʸr.
(man-wirft=)geworfen-wird-(es=er) (Gewandbausch=)Busen-Im .Stadt-(eine)

מִשְׁפָּטוֹ׃ כָּל־ וּמֵיְהוָה אֶת־הַגּוֹרָל
mišᵊpɔṭoʷ. -kol uʷmeyᵊhwɔʰ haggoʷrɔl-ʾɛt
.(Rechts)entscheid-sein all (aus-geht)-JHWH-von-(doch=)und ,Los-das***

17

וְשַׁלְוָה־ חֲרֵבָה פַּת טוֹב 1
-wᵊšalᵊwoʰ ḥᵃrebɔʰ pat ṭoʷb
Ruhe-und trockene(r) (Brot)bissen-(ein) (ist)-(Besser=)Gut

זִבְחֵי־ מָלֵא מִבַּיִת בָהּ
-zibᵊḥeʸ mɔleʾ mibbayit bɔh
(bei)-(Opfermahlzeit=)Schlachtopfer voll Haus-(ein)-(als=)von (dabei=)ihr-in

בְּבֵן יִמְשֹׁל מַשְׂכִּיל עֶבֶד־ 2 רִיב׃
bᵊben yimᵊšol maśᵊkiʸl -ʿɛbɛd riʸb.
Sohn-(einem=)in (befiehlt=)herrscht-(er) verständiger Knecht-(Ein) .Zank

אַחִים וּבְתוֹךְ מֵבִישׁ
ʾaḥiʸm uʷbᵊtoʷk mebiʸš
Brüder-(der) (inmitten=)Mitte-in-und ,(schändlichen=)machend(en)-Schande

לַכֶּסֶף מַצְרֵף 3 נַחֲלָה׃ יַחֲלֹק
lakkɛsɛp maṣᵊrep naḥᵃlɔʰ. yaḥᵃloq
Silber-(das)-(für-ist=)zu Schmelztiegel-(Der) .Erbe-(das) (zu)-teilt-er

וּבֹחֵן לַזָּהָב וְכוּר
uʷboḥen lazzɔhɔb wᵊkuʷr
Prüf(end)er-(aber=)und ,Gold-das-(für=)zu Schmelzofen-(der)-und

עַל־	מַקְשִׁיב	4 מֵרַע	יְהוָה׃	לִבּוֹת
-ʿal	maqᵊšiʸb	meraʿ	yᵊhwɔʰ.	libboʷt
auf	achtend(er)-(ist)	(Böse=)Übeltuende-(Der)	.JHWH-(ist)	Herzen-(die)

עַל־	מֵזִין	שֶׁקֶר	אָוֶן	שְׂפַת־
-ʿal	meziʸn	šɛqɛr	ʾɔwɛn	-śᵊpat
auf	horchend(er)-(ist)	(Falschheit=)Lüge-(die)	,Unheil(s)-(des)	Lippe-(die)

5 לֹעֵג	הַוֹּת׃	לְשׁוֹן
loʿeg	hawwot.	lᵊšoʷn
Spottender-(Ein)	.(Verderbens-des=)Unglücke(n)	(von)-Zunge-(die)

עֹשֵׂהוּ	חֵרֵף	לָרָשׁ
ʿośehuʷ	ḥerep	lɔrɔš
,(Schöpfer=)Machend(en)-sein(en)	verhöhnt(e)-(er)	Armen-den-(über=)zu

יִנָּקֶה׃	לֹא	לְאֵיד	שָׂמֵחַ
yinnɔqɛʰ.	loʾ	lᵊʾeʸd	śɔmeaḥ
.ungestraft-bleibt-(er)	nicht	Unglück-(am=)zu	freut(e)-sich-(w)er

זְקֵנִים	6 עֲטֶרֶת
zᵊqeniʸm	ʿᵃṭɛrɛt
Greise(n)-(der)	(Ehrenkranz=)Krone-(Die)

וְתִפְאֶרֶת	בָנִים	בְּנֵי
wᵊtipᵊʾɛrɛt	bɔniʸm	bᵊneʸ
Ehre-(die)-und	,(Kindeskinder=)Söhne(n)-(von)-Söhne-(sind)	

לְנָבָל	נָאוָה	7 לֹא־	אֲבוֹתָם׃	בָּנִים
lᵊnɔbɔl	nɔʾwɔʰ	-loʾ	ʾᵃboʷtɔm.	bɔniʸm
Tor(en)-(dem=)zu	geziemt-(es=)sie	Nicht	.Väter-ihre	(Kinder=)Söhne-(der)

כִּי־	אַף	יֶתֶר	שְׂפַת־
-kiʸ	ʾap	yɛtɛr	-śᵊpat
(weniger=)wenn	(viel-wie=)auch	,(anmaßende=)Vorzug(s)-(des)	(Rede=)Lippe

חֵן	8 אֶבֶן־	שָׁקֶר׃	שְׂפַת־	לְנָדִיב
ḥen	-ʾɛbɛn	šɔqɛr.	-śᵊpat	lᵊnɔdiʸb
Gunst-(der)	Stein-(Ein)	.Lüge-(der)	(Sprache=)Lippe-(eine)	Edlen-(dem=)zu

בְּעֵינֵי	הַשֹּׁחַד
bᵊʿeʸneʸ	haššoḥad
Augen-(zwei)-(den)-in	(Bestechung=)Geschenk-das-(ist)

בְּעָלָיו b^{ə}ʿɔlɔ^{y}w ,(Geber=)Besitzer-seine(r)
אֶל־כָּל־ -kol -ʾɛl
אֲשֶׁר ʾ^{a}šɛr (immer-wen-an=)welch(em)-all-zu
יִפְנֶה yip^{ə}nɛ^{h} wendet-sich-er

יַשְׂכִּיל׃ yaś^{ə}ki^{y}l. .Erfolg-hat-er
9 מְכַסֶּה־ -m^{ə}kassɛ^{h} (zudeckt-Wer=)Bedeckender
פֶּשַׁע pɛšaʿ Missetat
מְבַקֵּשׁ m^{ə}baqqeš suchend(er)-(ist)
אַהֲבָה ʾah^{a}bɔ^{h} ,Liebe

וְשֹׁנֶה w^{ə}šonɛ^{h} (weiterträgt-wer=)Wiederholender-und
בְדָבָר b^{ə}dɔbɔr Sache-(eine=)in

מַפְרִיד map^{ə}ri^{y}d (verstößt=)trennend(er)-(ist)
אַלּוּף׃ ʾallu^{w}p. .Freund-(den)
10 תֵּחַת teḥat (tiefer-dringt=)hinab-steigt-(Es=)Sie

גְּעָרָה g^{ə}ʿɔrɔ^{h} Tadel-(ein)
בְמֵבִין b^{ə}mebi^{y}n Verständigen-(einem)-(bei=)in
מֵהַכּוֹת mehakko^{w}t Schlagen-(ein)-(als=)von

כְּסִיל k^{ə}si^{y}l Tor(en)-(einen)
מֵאָה׃ meʾɔ^{h}. .hundert(mal)
11 אַךְ־ -ʾak Nur
מְרִי m^{ə}ri^{y} Widerspenstigkeit
יְבַקֶּשׁ־ -y^{ə}baqqɛš sucht-(es=er)

רָע rɔʿ ,Böse-(der)
וּמַלְאָךְ u^{w}malʾɔk Bote-(ein)-(jedoch=)und
אַכְזָרִי ʾak^{ə}zɔri^{y} erbarmungslos(er)
יְשֻׁלַּח־ -y^{ə}šullaḥ gesendet-wird-(es=er)

בּוֹ׃ bo^{w}. .(ihn-gegen=)ihm-in
12 פָּגוֹשׁ pɔgo^{w}š (begegnen-Mag=)Begegnen-(Ein)
דֹּב dob (Bärin-eine=)Bär-(ein)

שַׁכּוּל šakku^{w}l beraubt(er)-(Jungen-der)
בְּאִישׁ b^{ə}ʾi^{y}š ,(Menschen-einem=)Mann-in
וְאַל־ -w^{ə}ʾal nicht-(aber=)und

כְּסִיל k^{ə}si^{y}l Tor-(ein)
בְּאִוַּלְתּוֹ׃ b^{ə}ʾiwwal^{ə}to^{w}. .Unverstand-sein(em)-in
13 מֵשִׁיב meši^{y}b (Vergeltend=)Kehrenmachender
רָעָה rɔʿɔ^{h} Böse(s)

תַּחַת taḥat (von-Stelle-an=)unter
טוֹבָה ṭo^{w}bɔ^{h} ,Gute(m)
לֹא־ -loʾ nicht
תָמִישׁ[תמוּשׁ] [tɔmu^{w}š]tɔmi^{y}š weicht-(es=sie)

מַ֫יִם	14 פּוֹטֵר	מִבֵּיתוֹ׃	רָעָה
mayim	po^{w}ṭer	mibbe^{y}to^{w}.	rɔʿɔ^{h}
Wasser	Freilassender-(Ein)	.Haus-sein(em)-von	(Unglück-das=)Böse-(die)

הִתְגַּלַּע	וְלִפְנֵי	מָדוֹן	רֵאשִׁית
hit^{ə}gallaʿ	w^{ə}lip^{ə}ne^{y}	mɔdo^{w}n	reʾši^{y}t
losbricht-(er)	(bevor=)Gesichter-zu-(doch=)und	,Zank(es)-(des)	Anfang-(ist)

15 מַצְדִּיק	נְטוֹשׁ׃	הָרִיב
maṣ^{ə}di^{y}q	n^{ə}ṭo^{w}š.	hɔri^{y}b
(rechtfertigt-Wer=)Rechtfertigender-(Ein)	!(auf-gib=)ab-lass	,Streit-der

צַדִּיק	וּמַרְשִׁיעַ	רָשָׁע
ṣaddi^{y}q	u^{w}mar^{ə}ši^{y}aʿ	rɔšɔʿ
Gerechten-(den)	schuldig-(erklärt-wer=)Machender-(ein)-und	Schuldigen-(einen)

שְׁנֵיהֶם׃	גַּם־	יְהוָה	תּוֹעֲבַת
š^{ə}ne^{y}hɛm.	-gam	y^{ə}hwɔ^{h}	to^{w}ʿ^{a}bat
.ihnen-von-beide	(indes=)auch-(sind)	JHWH	(für)-Gräuel-(ein) —

כְּסִיל	בְּיַד־	מְחִיר	16 לָמָּה־זֶּה
k^{ə}si^{y}l	-b^{ə}yad	m^{ə}ḥi^{y}r	zɛ^{h}-lɔmmo^{h}
Tor(en)-(eines)	Hand-(der)-in	(Geld=)Kaufpreis	(Wozu=)dieser-was-Zu

אָיִן׃	וְלֶב־	חָכְמָה	לִקְנוֹת
ʾɔyin.	-w^{ə}lɛb	ḥok^{ə}mɔ^{h}	liq^{ə}no^{w}t
?(fehlt=)ist-nicht	(Verstand-der=)Herz-(da=)und	,Weisheit	kaufen-zu

וְאָח	הָרֵעַ	אֹהֵב	עֵת	17 בְּכָל־
w^{ə}ʾɔḥ	hɔreaʿ	ʾoheb	ʿet	-b^{ə}kol
Bruder-(als)-und	,Freund-der	Liebender-(ein)-(ist)	Zeit	(jeder-Zu=)all-In

חֲסַר־	18 אָדָם	יִוָּלֵד׃	לְצָרָה
-ḥ^{a}sar	ʾɔdɔm	yiwwɔled.	l^{ə}ṣɔrɔ^{h}
(er)mangelnd(er)	Mensch-(Ein)	.geboren-wird-er	Not-(die)-(für=)zu

כָּף	תּוֹקֵעַ	לֵב
kɔp	to^{w}qeaʿ	leb
,Hand-(die-in)	(ein)schlagend(er)-(ist)	(Verstand=)Herz

לִפְנֵי	עֲרֻבָּה	עֹרֵב
lip^{ə}ne^{y}	ʿ^{a}rubbɔ^{h}	ʿoreb
(für=)Gesichter-zu	Pfand-(einem)-(mit)	Bürgschaft-leistend(er)-(ist-der)

פֶּשַׁע	19 אֹהֵב	רֵעֵהוּ׃
pεšaᶜ	ᵓoheb	reᶜehuʷ.
,Missetat	(liebt-Wer=)Liebender	.(Nächsten=)Gefährte(n)-sein(en)

פִּתְחוֹ	מַגְבִּיהַּ	מַצָּה	אֹהֵב
pitᵊḥoʷ	magᵊbiʸha	maṣṣɔʰ	ᵓoheb
Eingang-sein(en)	Hochmachender-(ein)	,Zank	(liebt-der=)Liebender-(ist)

20 עִקֶּשׁ־	שָׁבֶר׃	מְבַקֶּשׁ־
-ᶜiqqεš	šɔbεr.	-mᵊbaqqεš
Verkehrter-(Ein)	.(Zusammen)bruch	(heraus-fordert=)suchend(er)-(ist)

טוֹב	יִמְצָא־	לֹא	לֵב
ṭoʷb	-yimᵊṣɔᵓ	loᵓ	leb
,Gut(es)	(erlangt=)findet-(er)	nicht	(Sinn=)Herz(en)-(im)

יִפּוֹל	בִּלְשׁוֹנוֹ	וְנֶהְפָּךְ
yippoʷl	bilᵊšoʷnoʷ	wᵊnεhᵊpɔk
fällt-(er)	Zunge-seine(r)-(mit=)in	(unaufrichtig=)drehend(er)-sich-(ist-wer)-und

כְּסִיל	21 יֹלֵד	בְּרָעָה׃
kᵊsiʸl	yoled	bᵊrɔᶜɔʰ.
,Tor(en)-(einen)	(zeugt-Wer=)Zeugender	.(Unheil-in=)Schlechte-in

אֲבִי	יִשְׂמַח	וְלֹא־	לוֹ	לְתוּגָה
ᵓᵃbiʸ	yiśᵊmaḥ	-wᵊloᵓ	loʷ	lᵊtuʷgɔʰ
Vater-(der)	sich-freut-(es=er)	nicht-und	,ihm	(gereicht-es)-Kummer-zu(m)

שָׂמֵחַ	22 לֵב	נָבָל׃
śɔmeaḥ	leb	nɔbɔl.
(fröhliches=)freuend(es)-sich	Herz-(Ein)	.Narr(en)-(einem)-(an)

וְרוּחַ	גֵּהָה	יֵיטִב
wᵊruʷaḥ	gehɔʰ	yeʸṭib
(Gemüt=)Geist-(ein)-(aber=)und	,Heilung	(bewirkt=)gut-macht-(es=er)

23 שֹׁחַד	גָּרֶם׃	תְּיַבֶּשׁ־	נְכֵאָה
šoḥad	gɔrεm.	-tᵊyabbεš	nᵊkeᵓɔʰ
(Bestechung=)Geschenk	.Gebein-(das)	aus-trocknet-(es=sie)	verzagt(es)

יִקָּח	רָשָׁע	מֵחֵיק
yiqqɔḥ	rɔšɔᶜ	meḥeʸq
,(an)-nimmt-(er)	Frevler-(ein)	(Gewandbausch=)Busen-(einem)-(aus=)von

24 אֶת־פְּנֵי	מִשְׁפָּט׃	אָרְחוֹת	לְהַטּוֹת
pᵊneʸ-ʾɛt	mišᵊpɔṭ.	ʾorᵊḥoʷt	lᵊhaṭṭoʷt
(Antlitz-Das=)Gesichter***	.Recht(s)-(des)	Pfade-(die)	(beugend=)wenden-zu

וְעֵינֵי	חָכְמָה	מֵבִין
wᵊʿeʸneʸ	ḥokᵊmɔʰ	mebiʸn
(von)-Augen-(zwei)-(die)-(aber=)und	,Weisheit-(bekundet)	Verständigen-(eines)

25 כַּעַס	אָרֶץ׃	בִּקְצֵה־	כְּסִיל
kaʿas	ʾɔrɛṣ.	-biqᵊṣeʰ	kᵊsiʸl
Verdruss	.Erde-(der)	Ende-(das)-(an=)in-(schweifen)	Tor(en)-(einem)

וּמֶמֶר	כְּסִיל	בֵּן	לְאָבִיו
uʷmɛmɛr	kᵊsiʸl	ben	lᵊʾɔbiʸw
Bitternis-und	,töricht(er)	Sohn-(ein)-(ist)	Vater-sein(en)-(für=)zu

עֲנוֹשׁ	26 גַּם	לְיוֹלַדְתּוֹ׃
ʿᵃnoʷš	gam	lᵊyoʷladᵊtoʷ.
Strafen-(ein)	(Selbst=)Auch	.(Gebärerin-seine=)ihn-Gebärende-(für=)zu

נְדִיבִים	לְהַכּוֹת	טוֹב	לֹא־	לַצַּדִּיק
nᵊdiʸbiʸm	lᵊhakkoʷt	ṭoʷb	-loʾ	laṣṣaddiʸq
Edle	schlagen-zu	,gut-(ist)	nicht	Rechtschaffenen-(den=)zum

אֲמָרָיו	27 חוֹשֵׂךְ	יֹשֶׁר׃	עַל־
ʾᵃmɔrɔʸw	ḥoʷśek	yošɛr.	-ʿal
Worte-seine	Zurückhaltender-(Ein)	.(Rechte-das=)Geradheit	(gegen=)auf-(ist)

רוּחַ	וְקַר[יְקַר־]	דָּעַת	יוֹדֵעַ
ruʷaḥ	[-yᵊqar]wᵊqar	dɔʿat	yoʷdeaʿ
(Sinn=)Geist	kühl(en)-und	,Einsicht	(bekundet=)Kennender-(ist)

מַחֲרִישׁ	אֱוִיל	28 גַּם	תְּבוּנָה׃	אִישׁ
maḥᵃriʸš	ʾɛwiʸl	gam	tᵊbuʷnɔʰ.	ʾiʸš
schweigender	Narr-(ein)	Auch	.Vernunft-(mit)	Mann-(ein)-(bewahrt)

שְׂפָתָיו	אֹטֵם	יֵחָשֵׁב	חָכָם
śᵊpɔtɔʸw	ʾoṭem	yeḥɔšeb	ḥɔkɔm
Lippen-(zwei)-seine	Verschließender-(ein)	,geachtet-wird-(er)	weise(r)-(als)

נָבוֹן׃
nɔboʷn.
.einsichtig(er)-(als-gilt)

18

יְבַקֵּשׁ 1 לְתַאֲוָה
yᵊbaqqeš lᵊtaᵓᵃwɔʰ
(folgt=)sucht-(er) (Eigenwillen=)Begehren-(Dem=)Zu

תּוּשִׁיָּה בְּכָל־ נִפְרָד
tuʷšiʸyɔʰ -bᵊkol nipᵊrɔd
(Kraft=)Umsicht all(er)-(mit=)in ,(Absondernder-sich=)Abgesonderter-(ein)

בִּתְבוּנָה כְּסִיל יַחְפֹּץ 2 לֹא־ יִתְגַּלָּע׃
bitᵊbuʷnɔʰ kᵊsiʸl yaḥᵊpoṣ -loᵓ yitᵊgallɔᶜ.
,Einsicht-(an=)in Tor-(ein) Gefallen-findet-(es=er) Nicht .los-bricht-er

לִבּוֹ׃ בְּהִתְגַּלּוֹת אִם־ כִּי
libboʷ. bᵊhitᵊgalloʷt -ᵓim kiʸ
.Herz-sein (Bloßlegen=)Offenbaren-(dem)-(an=)in (nur=)wenn (sondern=)denn

גַּם־ בָּא רָשָׁע 3 בְּבוֹא־
-gam bɔᵓ rɔšɔᶜ -bᵊboʷᵓ
auch (kommt=)kam-(es=er) ,Frevler-(der) (kommt-Wenn=)Kommen-In

עֲמֻקִּים 4 מַיִם חֶרְפָּה׃ קָלוֹן וְעִם־ בּוּז
ᶜᵃmuqqiʸm mayim ḥɛrᵊpɔʰ. qɔloʷn -wᵊᶜim buʷz
tiefe Wasser-(Wie) .Schmach Schande mit-und ,Verachtung

אִישׁ פִּי־ דִּבְרֵי
ᵓiʸš -piʸ dibᵊreʸ
;(Menschen=)Mann(es)-(eines) Mund(es)-(des) Worte-(die)-(sind)

חָכְמָה׃ מְקוֹר נֹבֵעַ נַחַל
ḥokᵊmɔʰ. mᵊqoʷr nobeaᶜ naḥal
.Weisheit-(der) Quell-(ein-ist) sprudelnder Bach-(ein-wie)

טוֹב לֹא־ רָשָׁע פְּנֵי־ 5 שְׂאֵת
ṭoʷb -loᵓ rɔšɔᶜ -pᵊneʸ śᵊᵓet
,gut-(ist) nicht Frevler-(einen) (begünstigen-Zu=)Gesichter-Erheben-(Ein)

בַּמִּשְׁפָּט׃ צַדִּיק לְהַטּוֹת
bammišᵊpɔṭ. ṣaddiʸq lᵊhaṭṭoʷt
.Gericht-im Rechtschaffenen-(einen) (unterdrücken=)beugen-zu-(noch)

בְרִיב יָבֹאוּ כְסִיל 6 שִׂפְתֵי
bᵊriʸb yɔboᵓuʷ kᵊsiʸl śipᵊteʸ
,Zank-(mit=)in kommen-(sie) Tor(en)-(eines) Lippen-(zwei)-(Die)

כְּסִיל	7 פִּי־	יִקְרָא׃	לְמַהֲלֻמוֹת	וּפִיו
k^{ə}si^{y}l	-pi^{y}	yiq^{ə}rɔʾ.	l^{ə}mah^{a}lumo^{w}t	u^{w}pi^{y}w
Tor(en)-(eines)	Mund-(Der)	.ruft-(er)	Schlägen-(nach=)zu	Mund-sein-und

מוֹקֵשׁ	וּשְׂפָתָיו	לוֹ	מְחִתָּה־
mo^{w}qeš	u^{w}ś^{ə}pɔtɔ^{y}w	lo^{w}	-m^{ə}ḥitto^{h}
Falle-(eine)-(sind)	Lippen-(zwei)-seine-und	,(ihn-für=)ihm-zu	Verderben-(ist)

נִרְגָּן	8 דִּבְרֵי	נַפְשׁוֹ׃
nir^{ə}gɔn	dib^{ə}re^{y}	nap^{ə}šo^{w}.
(Verleumders=)Murrend(en)-(eines)	Worte	.(Leben=)Seele-sein(e)-(für)

יָרְדוּ	וְהֵם	כְּמִתְלַהֲמִים
yɔr^{ə}du^{w}	w^{ə}hem	k^{ə}mit^{ə}lah^{a}mi^{y}m
hinab-(gehen=)gingen-(sie)	(die=)sie-und	,Leckerbissen-wie-(sind)

מִתְרַפֶּה	9 גַּם	בָטֶן׃	חַדְרֵי־
mit^{ə}rappɛ^{h}	gam	bɔṭɛn.	-ḥad^{ə}re^{y}
Zeigender-lässig-sich-(ein)	Auch	.Leib(es)-(des)	Kammern-(den)-(zu)

הוּא	אָח	בִּמְלַאכְתּוֹ
hu^{w}ʾ	ʾɔḥ	bim̂laʾk^{ə}to^{w}
,(ist)-er	(Genosse=)Bruder-(ein)	Arbeit-seine(r)-(bei=)in

עֹז	10 מִגְדַּל־	מַשְׁחִית׃	לְבַעַל
ʿoz	-mig^{ə}dal	maš^{ə}ḥi^{y}t.	l^{ə}baʿal
(Zuflucht=)Stärke-(der)	Turm-(Ein)	.verderbend(en)	Herr(n)-(einen)-(für=)zu

צַדִּיק	יָרוּץ	בּוֹ־	יְהוָה	שֵׁם
ṣaddi^{y}q	yɔru^{w}ṣ	-bo^{w}	y^{ə}ĥwɔ^{h}	šem
Rechtschaffene-(der)	läuft-(er)	ihm-(zu=)in	,JHWH(s)	Name-(der)-(ist)

עָשִׁיר	11 הוֹן	וְנִשְׂגָּב׃
ʿɔši^{y}r	ho^{w}n	w^{ə}niś^{ə}gɔb.
Reich(en)-(eines)	Vermögen-(Das)	.(geborgen=)gesichert-ist-er-und

נִשְׂגָּבָה	וּכְחוֹמָה	עֻזּוֹ	קִרְיַת
niś^{ə}gɔbɔ^{h}	u^{w}k^{ə}ḥo^{w}mɔ^{h}	ʿuzzo^{w}	qir^{ə}yat
(unzugängliche=)hohe	Mauer-(eine)-wie-und	,Macht-seine(r)	Burg-(die)-(ist)

שֶׁבֶר	12 לִפְנֵי־	בְּמַשְׂכִּיתוֹ׃
šɛbɛr	-lip^{ə}ne^{y}	b^{ə}maś^{ə}ki^{y}to^{w}.
(Zusammen)bruch-(dem)	(Vor=)Gesichter-Zu	.Einbildung-seine(r)-in

אִישׁ	לֵב־	יִגְבַּהּ
ʾiyš	-leb	yigᵊbah
,(Menschen=)Mann(es)-(eines)	Herz-(das)	hochmütig-ist-(es=er)

עֲנָוָה׃	כָבוֹד	וְלִפְנֵי
ʿanɔwɔʰ.	kɔboʷd	wᵊlipᵊneʸ
.Demut-(kommt)	Ehre-(der)	(vor=)Gesichter-zu-(doch=)und

בְּטֶרֶם	דָּבָר	13 מֵשִׁיב
bᵊṭɛrɛm	dɔbɔr	mešiʸb
(bevor=)Anfang-in	,(Ant)wort	(Gebender=)kehren-Machender-(Ein)

וּכְלִמָּה׃	לוֹ	הִיא־	אִוֶּלֶת	יִשְׁמָע
uʷkᵊlimmɔʰ.	loʷ	-hiʸʾ	ʾiwwɛlɛt	yišᵊmɔʿ
.Schande-und	(ihn-für=)ihm-zu	(es-ist=)sie	Narrheit	,(zu)-hört-er

מַחֲלֵהוּ	יְכַלְכֵּל	אִישׁ	14 רוּחַ־
maḥᵃlehuʷ	yᵊkalᵊkel	ʾiyš	-ruʷaḥ
,Krankheit-seine	erträgt-(er)	(Menschen=)Mann(es)-(des)	(Mut=)Geist-(Der)

מִי	נְכֵאָה	וְרוּחַ
miʸ	nᵊkeʾɔʰ	wᵊruʷaḥ
wer	verzagte(s)	(Gemüt=)Geist-(ein)-(jedoch=)und

נָבוֹן	15 לֵב	יִשָּׂאֶנָּה׃
nɔboʷn	leb	yiśśɔʾɛnnɔʰ.
(Einsichtigen=)Klugen-(des)	Herz-(Das)	?(es=)sie-(er)tragen-(kann=)wird-(er)

תְּבַקֶּשׁ־	חֲכָמִים	וְאֹזֶן	דָּעַת	יִקְנֶה־
-tᵊbaqqɛš	ḥᵃkɔmiʸm	wᵊʾozɛn	dɔʿat	-yiqᵊnɛʰ
sucht-(es=sie)	Weise(n)-(der)	Ohr-(das)-und	,(Er)kenntnis	erwirbt-(es=er)

אָדָם	16 מַתָּן	דָּעַת׃
ʾɔdɔm	mattɔn	dɔʿat.
Mensch(en)-(eines)	Geschenk-(Das)	.(Er)kenntnis

וְלִפְנֵי	לוֹ	יַרְחִיב
wᵊlipᵊneʸ	loʷ	yarᵊḥiʸb
(vor=)Gesichter-zu-und	,ihm-(zu)	(Raum-schafft=)weit-macht-(es=er)

הָרִאשׁוֹן	17 צַדִּיק	יַנְחֶנּוּ׃	גְדֹלִים
hɔriʾšoʷn	ṣaddiʸq	yanᵊḥennuʷ.	gᵊdoliʸm
Erste-der	(hat-Recht=)Gerechter	.ihn-(bringt=)führt-(es=)er	Große(n)-(die)

רֵעֵהוּ	יָבֹא[וּבָא־]	בְרִיבוֹ
reʿehuʷ	[-uʷbɔʾ]yɔboʾ	bᵊriʸboʷ
(andere-der=)Gefährte-sein	kommt-(es=)er-(doch=)und	,Streit(fall)-sein(em)-in

יַשְׁבִּית	18 מִדְיָנִים	וַחֲקָרוֹ׃
yašᵊbiʸt	midᵊyɔniʸm	waḥᵃqɔroʷ.
(schlichtet=)aufhören-macht-(es=er)	Zwistigkeiten	.ihn-(über)prüft-(er)-und

יַפְרִיד׃	עֲצוּמִים	וּבֵין	הַגּוֹרָל
yapᵊriʸd.	ʿᵃṣuʷmiʸm	uʷbeʸn	haggoʷrɔl
.(entscheidet=)trennt-(es=)er	(Mächtigen=)Starke(n)	zwischen-und	,Los-das

עֹז	מִקִּרְיַת־	נִפְשָׁע	19 אָח
ʿoz	-miqqirᵊyat	nipᵊšɔʿ	ʾɔḥ
,Stärke-(an)	Burg-(eine)-(als-mehr=)von-(besitzt)	betrogen(er)	Bruder-(Ein)

אַרְמוֹן׃	כִּבְרִיחַ	וּמִדוֹנִים[וּמִדְיָנִים]
ʾarᵊmoʷn.	kibᵊriʸaḥ	[uʷmidᵊyɔniʸm]uʷmᵊdoʷniʸm
.Wohnturm(s)-(eines)	Riegel-(der)-wie-(sind)	Zwistigkeiten-und

אִישׁ	פִּי־	20 מִפְּרִי
ʾiʸš	-piʸ	mippᵊriʸ
(Menschen=)Mann(es)-(eines)	Mund(es)-(des)	Frucht-(der)-Von

שְׂפָתָיו	תְּבוּאַת	בִּטְנוֹ	תִּשְׂבַּע
śᵊpɔtɔʸw	tᵊbuʷʾat	biṭᵊnoʷ	tiśᵊbaʿ
Lippen-(zwei)-seine(r)	Ertrag-(vom)	,Leib-sein	satt-wird-(es=sie)

בְּיַד־	וְחַיִּים	21 מָוֶת	יִשְׂבָּע׃
-bᵊyad	wᵊḥayyiʸm	mɔwɛt	yiśᵊbɔʿ.
(Gewalt=)Hand-(der)-in-(sind)	(Leben=)Lebende-und	Tod	.satt-wird-er

פִּרְיָהּ׃	יֹאכַל	וְאֹהֲבֶיהָ	לָשׁוֹן
pirᵊyɔh.	yoʾkal	wᵊʾohᵃbɛʸhɔ	lɔšoʷn
.Frucht-ihre	isst-(d)er	,(liebt-sie-wer=)sie-Liebende-und	,Zunge-(der)

וַיָּפֶק	טוֹב	מָצָא	אִשָּׁה	22 מָצָא
wayyɔpɛq	ṭoʷb	mɔṣɔʾ	ʾiššɔʰ	mɔṣɔʾ
erlangt-er-und	,Gut(es)	gefunden-hat-(d)er	,Frau-(eine)	gefunden-hat-(W)er

יְדַבֶּר־	23 תַּחֲנוּנִים	מֵיְהוָה׃	רָצוֹן
-yᵊdabbɛr	taḥᵃnuʷniʸm	meyᵊhwɔʰ.	rɔṣoʷn
spricht-(es=er)	Bitten-(Flehentliche)	.JHWH-von	Wohlgefalliges

רָשׁ rɔš ,Arm(e)-(der)
וְעָשִׁ֗יר wəʿɔšiʸr Reiche-(der)-(aber=)und
יַעֲנֶה yaʿᵃnɛʰ antwortet-(er)
עַזּֽוֹת׃ ʿazzoʷt. .(Härte-mit=)Harte(s)

24 אִ֣ישׁ ʾiʸš (Jemand=)Mann-(Ein)
רֵ֭עִים reʿiʸm ,(Freunde=)Gesellen-(hat)

לְהִתְרֹ֫עֵעַ ləhitəroʿeaʿ ,(antun-Böses-die=)zertrümmern-zu
וְיֵ֥שׁ wəyeš gibt-es-(dagegen=)und

אֹהֵ֗ב ʾoheb ,(Freund=)Liebend(en)-(einen)
דָּבֵ֥ק dɔbeq (ist)-anhänglich-(der)

מֵאָֽח׃ meʾɔḥ. .Bruder-(ein)-(als-mehr=)von

19

1 טֽוֹב־ -ṭoʷb (ist)-(Besser=)Gut
רָ֭שׁ rɔš ,Arm(er)-(ein)
הוֹלֵ֣ךְ hoʷlek (wandelt-der=)Gehender

בְּתֻמּ֑וֹ bətummoʷ ,(Lauterkeit=)Ganzheit-seine(r)-in
מֵעִקֵּ֥שׁ meʿiqqeš Verkehrter-(ein)-(als=)von

שְׂ֝פָתָ֗יו śəpɔtɔʸw ,Lippen-(zwei)-seine(n)-(mit)
וְה֣וּא wəhuʷʾ (ist-der=)er-und
כְסִֽיל׃ kəsiʸl. .Tor-(ein)
2 גַּ֣ם gam (Schon=)Auch

בְּלֹא־דַ֣עַת daʿat-bəloʾ (Unkenntnis=)Wissen-nicht-in
נֶ֣פֶשׁ nɛpɛš (Begehren-ein=)Seele-(ist)
לֹא־ -loʾ nicht
ט֑וֹב ṭoʷb ,gut

וְאָ֥ץ wəʾɔṣ Eilender-(ein)-und
בְּרַגְלַ֣יִם bəragəlayim Füßen-(beiden)-(mit=)in
חוֹטֵֽא׃ ḥoʷṭeʾ. .(fehl-geht=)sündigend(er)-(ist)

3 אִוֶּ֣לֶת ʾiwwɛlɛt Torheit-(Die)
אָ֭דָם ʾɔdɔm Mensch(en)-(des)
תְּסַלֵּ֣ף təsallep verdreht-(sie)
דַּרְכּ֑וֹ darəkoʷ ,Weg-sein(en)
וְעַל־ -wəʿal (wider=)auf-und

יֹסִיף	4 הוֹן	לִבּוֹ׃	יִזְעַף	יְהוָה
yosiʸp	hoʷn	libboʷ.	yizᵊᶜap	yᵊhwɔʰ
(mehrt=)hinzufügen-macht-(es=er)	Vermögen	.Herz-sein	zürnt-(es=er)	JHWH

מֵרֵעֵהוּ	וְדָל	רַבִּים	רֵעִים
mereᶜhuʷ	wᵊdɔl	rabbiʸm	reᶜiʸm
Freund-seinem-von	Arm(er)-(ein)-(doch=)und	,viele	Freunde

לֹא	שְׁקָרִים	5 עֵד	יִפָּרֵד׃
loᵓ	šᵊqɔriʸm	ᶜed	yippɔred.
nicht	(lügenhafter=)Lügen-(von)	Zeuge-(Ein)	.(verlassen=)getrennt-wird-(er)

וְיָפִיחַ	יִנָּקֶה
wᵊyɔpiʸaḥ	yinnɔqɛʰ
(ausspricht-wer=)Atmender-(ein)-und	,(ungestraft-bleibt=)unschuldig-ist-(er)

6 רַבִּים	יִמָּלֵט׃	לֹא	כְּזָבִים
rabbiʸm	yimmɔleṭ.	loᵓ	kᵊzɔbiʸm
Viele	.entrinnen-wird-(er)	nicht	Lügen

נָדִיב	פְנֵי־	יְחַלּוּ
nɔdiʸb	-pᵊneʸ	yᵊḥalluʷ
,Vornehmen-(einem)	(schmeicheln=)(vor)-Gesichter-besänftigen-(sie)	

לְאִישׁ	הָרֵעַ	וְכָל־
lᵊᵓiʸš	hɔreaᶜ	-wᵊkol
Mann-(einem)-(von=)zu	Freund-(der)-(sein-will)	(jeder=)all-und

רָשׁ	אֲחֵי־	7 כָּל	מַתָּן׃
rɔš	-ᵓaḥeʸ	kol	mattɔn.
Arm(en)-(einem)	(von)-Brüder	All(e)	.(ist-freigebig-der=)Geschenk(s)-(des)

מֵרֵעֵהוּ	כִּי	אַף	שְׂנֵאֻהוּ
mᵊreᶜehuʷ	kiʸ	ᵓap	śᵊneᵓuhuʷ
Gefährte(n)-sein(e)	(mehr-viel-wie=)wenn-auch		,ihn-(meiden=)hass(t)en-(sie)

אֲמָרִים	מְרַדֵּף	מִמֶּנּוּ	רָחֲקוּ
ᵓamɔriʸm	mᵊraddep	mimmɛnnuʷ	rɔḥaquʷ
,Worte(n)	(nach)-Haschender-(ein)	,ihm-von	fern-sich-(halten=)hielten-(sie)

לֵב	8 קֹנֶה־	הֵמָּה׃	לא[לוֹ]־
leb	-qonɛʰ	hemmɔʰ.	-[loʷ]loᵓ
(Verstand=)Herz	Erwerbender-(Ein)	.(sind)-sie	[ihn-für=)ihm-zu]-nicht

תְּבוּנָה	שֹׁמֵר	נַפְשׁוֹ	אֹהֵב
təbuʷnɔʰ	šomer	napəšoʷ	ʾoheb
Einsicht	Wahrender-(ein)	,(Leben=)Seele-sein(e)	liebend(er)-(ist)

לֹא	שְׁקָרִים	9 עֵד	טוֹב:	לִמְצֹא־
loʾ	šəqɔriʸm	ʿed	ṭoʷb.	-liməṣoʾ
nicht	(lügenhafter=)Lügen-(von)	Zeuge-(Ein)	.Gut(es)	(findet=)finden-zu

וְיָפִיחַ	יִנָּקֶה
wəyɔpiʸaḥ	yinnɔqɛʰ
(ausspricht-wer=)Atmender-(ein)-und	,(ungestraft-bleibt=)unschuldig-ist-(er)

לִכְסִיל	נָאוֶה	10 לֹא־	יֹאבֵד:	כְּזָבִים
likəsiʸl	nɔʾwɛʰ	-loʾ	yoʾbed.	kəzɔbiʸm
Tor(en)-(dem=)zu	geziemend(e)-(ist)	Nicht	.um-kommt-(er)	Lügen

לְעֶבֶד	כִּי־	אַף	תַּעֲנוּג
ləʿɛbɛd	-kiʸ	ʾap	taʿᵃnuʷg
Sklave(n)-(dem=)zu	(weniger-viel-wie=)wenn-auch		,Wohlleben

אָדָם	11 שֵׂכֶל	בְּשָׂרִים:	מְשֹׁל
ʾɔdɔm	śekɛl	bəśɔriʸm.	məšol
Mensch(en)-(eines)	Klugheit-(Die)	.Fürsten-(über=)in	Herrschen-(ein)

וְתִפְאַרְתּוֹ	אַפּוֹ	הֶאֱרִיךְ
wətipʾarətoʷ	ʾappoʷ	hɛʾᵉriʸk
Auszeichnung-seine-und	,(langmütig-ihn-macht=)Nase-seine-lang-macht-(sie=er)	

12 נַהַם	פָּשַׁע:	עַל־	עֲבֹר
naham	pɔšaʿ.	-ʿal	ʿᵃbor
Knurren-(Ein)	.Verfehlung	(über=)auf	Hinweggehen-(ein-ist)

מֶלֶךְ	זַעַף	כַּכְּפִיר
mɛlɛk	zaʿap	kakkəpiʸr
,König(s)-(des)	Zorn-(der)-(ist)	(Jung)löwe(n)-(des=)der-wie

רְצוֹנוֹ:	עֵשֶׂב	עַל־	וּכְטַל
rəṣoʷnoʷ.	ʿeśɛb	-ʿal	uʷkəṭal
.(Huld=)Wohlgefallen-sein(e)	Gras	auf	Tau-wie-(aber=)und

כְּסִיל	בֵּן	לְאָבִיו	13 הַוֹּת
kəsiʸl	ben	ləʾɔbiʸw	hawwot
,töricht(er)	Sohn-(ein)-(ist)	Vater-sein(en)-(für=)zu	(Verderben=)Unglücke

וְדֶלֶף	טֹרֵד	מִדְיְנֵי	אִשָּׁה׃
wədɛlɛp	ṭored	midəyəney	ʾiššɔh.
Traufe-(eine)-und	rinnende(r)-(ständig)	Zwistigkeiten-(sind)	.Frau-(einer)

14 בַּיִת	וָהוֹן	נַחֲלַת	אָבוֹת	וּמֵיְהוָה
bayit	wɔhown	naḥalat	ʾɔbowt	uwmeyəhwɔh
Haus	Gut-und	Erbe-(ist)	,Väter-(der)	(kommt)-JHWH-von-(aber=)und

אִשָּׁה	מַשְׂכָּלֶת׃	15 עַצְלָה	תַּפִּיל	תַּרְדֵּמָה
ʾiššɔh	maśəkɔlɛt.	ʿaṣəlɔh	tappiyl	tarədemɔh
Frau-(eine)	.verständige	Trägheit	fallen-macht-(sie)	,Tiefschlaf-(in)

וְנֶפֶשׁ	רְמִיָּה	תִרְעָב׃
wənɛpɛš	rəmiyyɔh	tirəʿɔb.
(von)-Seele-(eine)-und	Lässigkeit	.hungern-(muss=)wird-(sie)

16 שֹׁמֵר	מִצְוָה	שֹׁמֵר
šomer	miṣəwɔh	šomer
(beachtet-Wer=)Wahrender-(Ein)	Gebot-(ein)	(be)wahrend(er)-(ist)

נַפְשׁוֹ	בּוֹזֵה
napəšow	bowzeh
,(Leben=)Seele-sein(e)	(auf-achtet-nicht-wer=)Verachtender-(ein)

דְּרָכָיו	יוּמָת[יָמוּת]׃	17 מַלְוֵה
dərɔkɔyw	[yɔmuwt]yuwmɔt.	maləweh
,(Wandel=)Wege-seine(n)	.[stirbt]getötet-wird-(d)er	(leiht-Wer=)Leihender

יְהוָה	חוֹנֵן	דָּל
yəhwɔh	ḥownen	dɔl
JHWH-(an)	Erbarmender-sich-(ein)-(ist)	,Bedürftig(en)-(des)

וּגְמֻלוֹ	יְשַׁלֶּם־	לוֹ׃	18 יַסֵּר	בִּנְךָ
uwgəmulow	-yəšallɛm	low.	yasser	binəkɔ
Tat-(gute)-seine-und	(vergilt=)bezahlt-er	.ihm-(zu)	Züchtige	,Sohn-dein(en)

כִּי־	יֵשׁ	תִּקְוָה	וְאֶל־	הֲמִיתוֹ
-kiy	yeš	tiqəwɔh	-wəʾɛl	hamiytow
(solange=)wenn	gibt-es	,Hoffnung	zu-(aber=)und	(ihn-töten=)Töten-sein(em)

אַל־	תִּשָּׂא	נַפְשֶׁךָ׃	19 גְּרָל[גְּדָל־]
-ʾal	tiśśɔʾ	napəšɛkɔ.	[-gədol]goral
nicht	erheben-sich-(soll=)wird-(es=sie)	!Seele-deine	Groß(er)-(Ein)

אִם־	כִּי	עֹנֶשׁ	נֹשֵׂא	חֲמָה
-ʾim	ki^{y}	ʿonɛš	nośeʾ	ḥemɔ^{h}
wenn	(selbst=)denn	,Geldbuße-(eine)	(davon)tragend(er)-(ist)	Zorn-(im)

תּוֹסִף׃	וְעוֹד	תַּצִּיל
to^{w}sip.	w^{ə}ʿo^{w}d	taṣṣi^{y}l
.(steigern-sie=)hinzufügen-(musst-du)	noch-(dann=)und	,retten-(willst=)wirst-du

לְמַעַן	מוּסָר	וְקַבֵּל	עֵצָה	20 שְׁמַע
l^{ə}maʿan	mu^{w}sɔr	w^{ə}qabbel	ʿeṣɔ^{h}	š^{ə}maʿ
(damit=)willen-zu	,Zucht	an-nimm-und	Rat-(einen)	(auf)-Höre

21 רַבּוֹת	בְּאַחֲרִיתֶךָ׃	תֶּחְכַּם
rabbo^{w}t	b^{ə}ʾaḥ^{a}ri^{y}tɛkɔ.	tɛḥ^{ə}kam
Viele	!(Zukunft-in=)Ausgang-dein(em)-(an=)in	weise-wirst-du

אִישׁ	בְּלֶב־	מַחֲשָׁבוֹת
ʾi^{y}š	-b^{ə}lɛb	maḥ^{a}šɔbo^{w}t
,(Menschen=)Mann(es)-(eines)	Herz(en)-(im=)in-(sind)	Pläne

הִיא	יְהוָה	וַעֲצַת
hi^{y}ʾ	y^{ə}hwɔ^{h}	waʿ^{a}ṣat
(der=)sie	,JHWH(s)	Ratschluss-(der)-(aber=)und

אָדָם	22 תַּאֲוַת	תָקוּם׃
ʾɔdɔm	taʾ^{a}wat	tɔqu^{w}m.
Mensch(en)-(beim)	Verlangen-(Das)	.(Bestand-hat=)auf-steht-(er=sie)

רָשׁ	וְטוֹב־	חַסְדּוֹ
rɔš	-w^{ə}ṭo^{w}b	ḥas^{ə}do^{w}
Arm(er)-(ein)	(ist)-(besser=)gut-(aber=)und	,(Freundlichkeit=)Liebe-seine-(ist)

יְהוָה	23 יִרְאַת	כָּזָב׃	מֵאִישׁ
y^{ə}hwɔ^{h}	yirʾ^{a}at	kɔzɔb.	meʾi^{y}š
JHWH	(vor)-(Ehr)furcht-(Die)	.(enttäuscht=)Lüge-(der)	Mann-(ein)-(als=)von

יָלִין	וְשָׂבֵעַ	לְחַיִּים
yɔli^{y}n	w^{ə}śɔbeaʿ	l^{ə}ḥayyi^{y}m
,(ruht=)nächtigt-(man=)er	gesättigt-und	,(Leben-zum=)Lebende(n)-zu-(führt)

24 טָמַן	רָע׃	יִפָּקֶד	בַּל־
ṭɔman	rɔʿ.	yippɔqɛd	-bal
streckt(e)-(Es=)Er	.(Unheil=)Übel-(von)	heimgesucht-wird-(man=)er	nicht

אֶל־	גַּם־	בַּצַּלָּחַת	יָדוֹ	עָצֵל
-ʾɛl	-gam	baṣṣallɔḥat	yɔdoʷ	ʿɔṣel
zu	(doch=)auch	,Schüssel-die-in	Hand-seine	Faulpelz-(der)

25 לֵץ	יְשִׁיבֶנָּה:	לֹא	פִּיהוּ
leṣ	yᵊšiʸbɛnnɔʰ.	loʾ	piʸhuʷ
Spötter-(Den)	.sie-(zurück-führt=)zurückkehren-macht-er	nicht	Mund-sein(em)

יַעְרִם	וּפֶתִי	תַּכֶּה
yaʿᵃrim	uʷpɛtiʸ	takkɛʰ
,klug-wird-(er)	Einfältiger-(ein)-(so=)und	,schlägst-du

יָבִין	לְנָבוֹן	וְהוֹכִיחַ
yɔbiʸn	lᵊnɔboʷn	wᵊhoʷkiʸaḥ
(erwirbt=)versteht-er	,Einsichtig(en)-(den=)zu	zurechtwies-(man=)er-(so=)und

יַבְרִיחַ	אָב	26 מְשַׁדֶּד־	דָּעַת:
yabᵊriʸaḥ	ʾɔb	-mᵊšaddɛd	dɔʿat.
fliehen-macht-er-(und)	,Vater-(dem)	(An)tuender-Gewalt-(Ein)	.Kenntnis

מֵבִישׁ	בֵּן	אֵם
mebiʸš	ben	ʾem
(schandbarer=)beschämender	Sohn-(ein)-(ist)	,Mutter-(die)

לִשְׁמֹעַ	בְּנִי	27 חֲדַל־	וּמַחְפִּיר:
lišᵊmoaʿ	bᵊniʸ	-ḥadal	uʷmaḥᵊpiʸr.
(auf)-hören-zu	,Sohn-mein	,ab-Lass	.handelnder-schändlich-und

מֵאִמְרֵי־	לִשְׁגּוֹת	מוּסָר
-meʾimᵊreʸ	lišᵊgoʷt	muʷsɔr
Worte(n)-von-(fern)	(Abirren=)Umherirren-(einem)-zu	,Mahnung-(eine)

בְּלִיַּעַל	28 עֵד	דָּעַת:
bᵊliʸyaʿal	ʿed	dɔʿat.
nichtsnutziger	Zeuge-(Ein)	!(führt-es=)Erkenntnis-(der)

רְשָׁעִים	וּפִי	מִשְׁפָּט	יָלִיץ
rᵊšɔʿiʸm	uʷpiʸ	mišᵊpɔṭ	yɔliʸṣ
Frevler-(der)	Mund-(der)-und	,Recht-(das)	(Gespötte-zum-macht=)spottet-(er)

לַלֵּצִים	29 נָכוֹנוּ	אָוֶן:	יְבַלַּע־
lalleṣiʸm	nɔkoʷnuʷ	ʾɔwɛn.	-yᵊballaʿ
Spötter-die-(für=)zu	bereit-sind-(Es=)Sie	.Unrecht	verschlingt-(er)

שְׁפָטִים šepɔṭiym ,(Straf)gerichte | וּמַהֲלֻמוֹת uwmahalumowt Schläge-und | לְגֵו legew Rücken-(den)-(für=)zu | כְּסִילִים׃ kesiyliym. .Tore(n)-(der)

20

1 לֵץ leṣ Spötter-(Ein) | הַיַּיִן hayyayin ,Wein-der-(ist) | הֹמֶה homɛh (Lärmmacher=)Lärmender-(ein)

שֵׁכָר šekɔr ,Rauschtrank-(der) | וְכָל- -wekol (jeder=)all-und | שֹׁגֶה šogɛh (Taumelnde=)Irrende(r) | בּוֹ bow (davon=)ihm-in

לֹא loʾ nicht | יֶחְכָּם׃ yɛḥekɔm. .weise-wird-(er) | 2 נַהַם naham Knurren | כַּכְּפִיר kakkepiyr (Jung)löwe-der-wie | אֵימַת ʾeymat Schrecklichkeit-(die)-(ist)

מֶלֶךְ mɛlɛk ,König(s)-(des) | מִתְעַבְּרוֹ mitʿabberow ,(erzürnt-ihn-wer=)ihn-Erzürnender-(ein)

חוֹטֵא ḥowṭeʾ (verwirkend=)sündigend(er)-(ist) | נַפְשׁוֹ׃ napešow. .(Leben=)Seele-sein(e) | 3 כָּבוֹד kɔbowd (ist)-Ehre-(Eine)

לָאִישׁ lɔʾiyš Mann-den-(für=)zu | שֶׁבֶת šɛbɛt Ablassen-(ein) | מֵרִיב meriyb ,Streit-(dem)-von | וְכָל- -wekol (jeglicher=)all-und

אֱוִיל ʾɛwiyl Tor | יִתְגַּלָּע׃ yitegallɔʿ. .los-(platzt=)bricht-(er) | 4 מֵחֹרֶף meḥorɛp (an)-Herbst-Von | עָצֵל ʿɔṣel (Faulpelz=)Träge-(der) | לֹא- -loʾ nicht

יַחֲרֹשׁ yaḥaroš ,pflügt-(er) | יִשְׁאַל[וְשָׁאַל] [wešɔʾal]yišeʾal sucht(e)-er-(wenn=)und | בַקָּצִיר baqqɔṣiyr ,Ernte-der-in | וָאָיִן׃ wɔʾɔyin. .da-ist-nicht(s)-(dann=)und

5 מַיִם mayim Wasser | עֲמֻקִּים ʿamuqqiym tiefe(s) | עֵצָה ʿeṣɔh Ratschluss-(der)-(ist) | בְלֶב- -belɛb Herz(en)-(im=)in

אִישׁ ʾiyš ,(Menschen=)Mann(es)-(eines) | וְאִישׁ weʾiyš (von)-Mann-(ein)-(aber=)und

אָדָם	6 רָב־	יִדְלֶנָּה׃	תְּבוּנָה
ʾɔdɔm	-rob	yid^{ə}lɛnnɔ^{h}.	t^{ə}bu^{w}nɔ^{h}
Mensch(en)	Viel(e)	.(ihn=)sie-herauf-schöpft-(er)	(Klugheit=)Einsicht

חַסְדּוֹ	אִישׁ	יִקְרָא
ḥas^{ə}do^{w}	ʾi^{y}š	yiq^{ə}rɔʾ
,Güte-(eigene)-seine	(jeder)mann	,aus-(rufen-sie=)ruft-(er)

מִי	אֱמוּנִים	וְאִישׁ
mi^{y}	ʾ^{ɛ}mu^{w}ni^{y}m	w^{ə}ʾi^{y}š
wer	,(treuen=)Zuverlässigkeiten-(von)	Mann-(einen)-(aber=)und

7 מִתְהַלֵּךְ	יִמְצָא׃
mit^{ə}hallek	yim^{ə}ṣɔʾ.
(Wandelnder=)Einhergehender-(Ein)	?(ihn)-findet-(er)

אַשְׁרֵי	צַדִּיק	בְּתֻמּוֹ
ʾaš^{ə}re^{y}	ṣaddi^{y}q	b^{ə}tummo^{w}
(Heil=)Seligkeiten	,Gerechte-(der)-(ist)	(Lauterkeit=)Ganzheit-seine(r)-in

יוֹשֵׁב	8 מֶלֶךְ	אַחֲרָיו׃	בָנָיו
yo^{w}šeb	mɛlɛk	ʾaḥ^{a}rɔ^{y}w.	bɔnɔ^{y}w
sitzend(er)	König-(Der)	!(ihm-nach=)ihm-hinter	(Kindern=)Söhne(n)-seine(n)

מְזָרֶה	דִּין	כִּסֵּא־	עַל־
m^{ə}zɔrɛ^{h}	di^{y}n	-kisseʾ	-ʿal
(aus-sondert=)worfelnd(er)-(ist)	Richten(s)-(des)	Stuhl-(dem)	auf

יֹאמַר	9 מִי־	רָע׃	כָּל־	בְּעֵינָיו
yoʾmar	-mi^{y}	rɔʿ.	-kol	b^{ə}ʿe^{y}nɔ^{y}w
:sagen-(darf=)wird-(er)	Wer	.Bös(e)	all(es)	Augen-(zwei)-seine(n)-(mit=)in

מֵחַטָּאתִי׃	טָהַרְתִּי	לִבִּי	זִכִּיתִי
meḥaṭṭɔʾti^{y}.	ṭɔhar^{ə}ti^{y}	libbi^{y}	zikki^{y}ti^{y}
?!Sünde-meiner-von	rein-bin-ich	,Herz-mein	erhalten-lauter-habe-Ich

וְאֵיפָה	אֵיפָה	וָאֶבֶן	10 אֶבֶן
w^{ə}ʾe^{y}pɔ^{h}	ʾe^{y}pɔ^{h}	wɔʾɛbɛn	ʾɛbɛn
,(Maße-zweierlei=)Efa-und	-Efa	,(Gewichtsteine-Zweierlei=)Stein-und	Stein

שְׁנֵיהֶם׃	גַּם־	יְהוָה	תּוֹעֲבַת
š^{ə}ne^{y}hɛm.	-gam	y^{ə}hwɔ^{h}	to^{w}ʿ^{a}bat
.(beide-sie=)ihrer-zwei	(gleichermaßen=)auch-(sind)	JHWH	(für)-Gräuel-(ein)

יִתְנַכֶּר־	בְּמַעֲלָלָיו	11 גַּם
-yit^{ə}nakkɛr	b^{ə}maʿ^{a}lɔlɔ^{y}w	gam
erkennen-zu-sich-gibt-(es=er)	Handlungen-seine(n)-(an=)in	(Schon=)Auch

יָשָׁר	וְאִם־	זַךְ	אִם־	נַעַר
yɔšɔr	-w^{ə}ʾim	zak	-ʾim	nɔʿar
(ist)-(rechtschaffen=)gerade	(ob=)wenn-und	lauter	(ob=)wenn	,Knabe-(ein)

יְהוָה	רֹאָה	וְעַיִן	שֹׁמַעַת	12 אֹזֶן	פָּעֳלוֹ׃
y^{ə}hwɔ^{h}	roʾɔ^{h}	w^{ə}ʿayin	šomaʿat	ʾozɛn	poʿ^{o}lo^{w}.
JHWH	,sehende(s)	Auge-(ein)-und	hörend(es)	Ohr-(Ein)	.Tun-sein

13 אַל־	שְׁנֵיהֶם׃	גַּם־	עָשָׂה
-ʾal	š^{ə}ne^{y}hɛm.	-gam	ʿɔśɔ^{h}
Nicht	.(beide-sie=)ihnen-(von)-beide	(doch=)auch	gemacht-hat-(er)

פְּקַח	תִּוָּרֵשׁ	פֶּן־	שֵׁנָה	תֶּאֱהַב
p^{ə}qaḥ	tiwwɔreš	-pɛn	šenɔ^{h}	tɛʾ^{ɛ}hab
öffne	,wirst-(arm=)beerbt-du	nicht-dass	,Schlaf-(den)	lieben-(sollst=)wirst-du

רַע	14 רַע	לָחֶם׃	שְׂבַע־	עֵינֶיךָ
raʿ	raʿ	lɔḥɛm.	-ś^{ə}baʿ	ʿe^{y}nɛ^{y}kɔ
,!Schlecht	!Schlecht	!Brot	(an)-Sättigung-(einer)	Augen-(zwei)-deine

וְאֹזֵל	הַקּוֹנֶה	יֹאמַר
w^{ə}ʾozel	haqqo^{w}nɛ^{h}	yoʾmar
weggehend(er)-(doch=)und	,(Käufer=)Kaufende-der	sagt-(es=er)

זָהָב	15 יֵשׁ	יִתְהַלָּל׃	אָז	לוֹ
zɔhɔb	yeš	yit^{ə}hallɔl.	ʾɔz	lo^{w}
Gold	gibt-Es	.sich-rühmt-er	da	(heim)-(sich=)ihm-zu

וּכְלִי	פְּנִינִים	וְרָב־
u^{w}k^{ə}li^{y}	p^{ə}ni^{y}ni^{y}m	-w^{ə}rob
(von)-Gefäß-(ein)-(aber=)und	,Korallen	(von)-(Fülle-eine=)viel-und

16 לְקַח־	דָעַת׃	שִׂפְתֵי־	יְקָר
-l^{ə}qaḥ	dɔʿat.	-śip^{ə}te^{y}	y^{ə}qɔr
Nimm	.(verständige=)Erkenntnis-(der)	Lippen-(zwei)-(sind)	Kostbarkeit

וּבְעַד	זָר	עָרַב	כִּי־	בְּגָדוֹ
u^{w}b^{ə}ʿad	zɔr	ʿɔrab	-ki^{y}	big^{ə}do^{w}
(für=)bis-in-und	,Fremd(en)-(einen-für)	gebürgt-er	weil	,Gewand-sein

נָכְרִים[נָכְרִיָּה] — [nokəriʸyɔʰ]nokəriʸm — (Frau)-fremde-(die)
חַבְלֵהוּ׃ — ḥabəlehuʷ. — !ihn-pfände
17 עָרֵב — ʿɔreb — (ist)-Angenehm(er)

לָאִישׁ — lɔʾiʸš — (Menschen=)Mann-(dem=)zu
לֶחֶם — lɛḥɛm — Brot-(das)
שָׁקֶר — šɔqɛr — ,Betrug(s)-(des)
וְאַחַר — wəʾaḥar — nach(her)-(aber=)und

יִמָּלֵא־ — -yimmɔleʾ — gefüllt-wird-(es=er)
פִיהוּ — piʸhuʷ — Mund-sein
חָצָץ׃ — ḥɔṣɔṣ. — .Kiesel-(mit)
18 מַחֲשָׁבוֹת — maḥašɔboʷt — Pläne

בְּעֵצָה — bəʿeṣɔʰ — Ratschlag-(durch=)in
תִכּוֹן — tikkoʷn — ,befestigst-du
וּבְתַחְבֻּלוֹת — uʷbətaḥəbuloʷt — Überlegungen-(mit=)in-und
עֲשֵׂה — ʿaśeʰ — (führe=)mache

מִלְחָמָה׃ — miləḥɔmɔʰ. — !Kampf-(den)
19 גּוֹלֶה־ — -goʷlɛʰ — (aufdeckt-Wer=)Aufdeckend(er)
סּוֹד — soʷd — Geheimnis-(ein)

הוֹלֵךְ — hoʷlek — (umher)gehend(er)-(ist)
רָכִיל — rɔkiʸl — ,Verleumder-(als)

וּלְפֹתֶה — uʷləpotɛʰ — Lassenden-verführen-sich-(einem)-(mit=)zu-und
שְׂפָתָיו — śəpɔtɔʸw — Lippen-(zwei)-seine-(durch)

לֹא — loʾ — nicht
תִתְעָרָב׃ — titəʿɔrɔb. — !(einlassen=)mischen-dich-(sollst=)wirst-du
20 מְקַלֵּל — məqallel — (flucht-Wer=)Fluchender-(Ein)

אָבִיו — ʾɔbiʸw — Vater-sein(em)
וְאִמּוֹ — wəʾimmoʷ — ,Mutter-seine(r)-und
יִדְעַךְ — yidəʿak — erlischt-(es=)er
נֵרוֹ — neroʷ — Leuchte-(dessen=)seine

בְּאִישׁוֹן[בֶּאֱשׁוּן] — [bɛʾɛšuʷn]bəʾiʸšoʷn — Zeit-(der)-(während=)in
חֹשֶׁךְ׃ — ḥošɛk. — .Finsternis-(der)
21 נַחֲלָה — naḥalɔʰ — Besitz-(Ein)
מְבֻחֶלֶת[מְבֹהֶלֶת] — [məbohɛlɛt]məbuḥɛlɛt — gewonnene(r)-rasch

בָּרִאשֹׁנָה — bɔriʾšonɔʰ — ,Anfang-(am=)im
וְאַחֲרִיתָהּ — wəʾaḥariʸtɔh — (Ende-dessen=)Hinterseite-ihre-(so=)und
לֹא — loʾ — nicht

תְּבֹרָךְ׃ — tᵊborɔk. — .gesegnet-sein-wird-(es=sie)
22 אַל־ — -ʾal — Nicht
תֹּאמַר — toʾmar — :sagen-(sollst=)wirst-du

אֲשַׁלְּמָה־ — -ʾᵃšallᵊmoʰ — vergelten-will-Ich
רָע — rɔᶜ — !Bös(es)
קַוֵּה — qawweʰ — Hoffe
לַיהוָה — layhwɔʰ — JHWH-(auf=)zu
וְיֹשַׁע — wᵊyošaᶜ — helfen-wird-er-und

לָךְ׃ — lɔk. — .dir-(zu)
23 תּוֹעֲבַת — towᶜᵃbat — (für)-Gräuel-(Ein)
יְהוָה — yᵊhwɔʰ — JHWH

אֶבֶן — ʾɛbɛn — Stein-(sind)
וָאָבֶן — wɔʾɔbɛn — ,(Gewichtsteine-zweierlei=)Stein-und
וּמֹאזְנֵי — uwmoʾzᵊneʸ — Waagschalen-und

מִרְמָה — mirᵊmoʰ — Betrug(s)-(des)
לֹא־ — -loʾ — nicht
טוֹב׃ — ṭowb. — .gut-(sind)
24 מֵיְהוָה — meyᵊhwɔʰ — JHWH-Von
מִצְעֲדֵי־ — -miṣᵊᶜᵃdeʸ — Schritte-(die)-(gelenkt-werden)

גָבֶר — gɔbɛr — ,Mann(es)-(eines)
וְאָדָם — wᵊʾɔdɔm — ,Mensch-(ein)-(indes=)und
מַה־ — -maʰ — (wie=)was

יָבִין — yɔbiʸn — begreifen-(könnte=)wird-er
דַּרְכּוֹ׃ — darᵊkow. — ?Weg-sein(en)
25 מוֹקֵשׁ — mowqeš — Fallstrick-(ein)-(ist-Es)

אָדָם — ʾɔdɔm — ,Mensch(en)-(dem)
יָלַע — yɔlaᶜ — :unbedacht-(er-sagt=)sagt-er
קֹדֶשׁ — qodɛš — ,!(Geweihtes=)Heiligkeit

וְאַחַר — wᵊʾaḥar — nach-(aber=)und
נְדָרִים — nᵊdɔriʸm — Gelöbnisse(n)-(den)
לְבַקֵּר׃ — lᵊbaqqer. — .(haben-zu-Bedenken=)überlegen-zu

26 מְזָרֶה — mᵊzɔrɛʰ — (aus-sondert-Es=)Worfelnder
רְשָׁעִים — rᵊšɔᶜiʸm — Frevler-(die)
מֶלֶךְ — mɛlɛk — König-(ein)
חָכָם — ḥɔkɔm — ,weise(r)

וַיָּשֶׁב — wayyɔšɛb — (drehen=)kehren-macht-er-und
עֲלֵיהֶם — ᶜᵃleʸhɛm — ihnen-(über=)auf
אוֹפָן׃ — ʾowpɔn. — .(Dreschwalze-die=)Rad-(das)

27 נֵר יְהוָה נִשְׁמַת אָדָם חֹפֵשׂ
ḥopeś ʾɔdɔm nišᵊmat yᵊhwɔʰ ner
durchforschend(er) ,Mensch(en)-(des) Odem-(der)-(ist) JHWH(s) Leuchte

כָּל־ חַדְרֵי־ בָטֶן׃ 28 חֶסֶד וֶאֱמֶת יִצְּרוּ־
-yiṣṣᵊruʷ wɛʾᵋmɛt ḥɛsɛd bɔṭɛn. -ḥadᵊreʸ -kol
behüten-(sie) Treue-und Güte .(Innern=)Leib(es)-(des) Kammern all(e)

מֶלֶךְ וְסָעַד בַּחֶסֶד כִּסְאוֹ׃
kisᵊʾoʷ. baḥɛsɛd wᵊsɔʿad mɛlɛk
.Thron-sein(en) Güte-die-(durch=)in (befestigt=)stützt(e)-er-und ,König-(den)

29 תִּפְאֶרֶת בַּחוּרִים כֹּחָם
koḥɔm baḥuʷriʸm tipᵊʾɛrɛt
,Kraft-ihre-(ist) Jünglinge-(der) (Auszeichnung-Die=)Ruhm-(Der)

וַהֲדַר זְקֵנִים שֵׂיבָה׃ 30 חַבֻּרוֹת
ḥabburoʷt śeʸbɔʰ. zᵊqeniʸm wahᵃdar
Striemen .Haar-graues-(ist) Alten-(der) Schmuck-(der)-(doch=)und

פֶּצַע תַּמְרִיק[תַּמְרוּק] בְּרָע
bᵊrɔʿ [tamᵊruʷq]tamᵊriʸq pɛṣaʿ
,Übel-(das)-(gegen=)in Säuberung-(sind) Wunde-(einer)

וּמַכּוֹת חַדְרֵי־ בָטֶן׃
bɔṭɛn. -ḥadᵊreʸ uʷmakkoʷt
.Leib(es)-(des) Kammern-(die) (für)-Schläge-(aber=)und

21

1 פַּלְגֵי־ מַיִם לֶב־ מֶלֶךְ
mɛlɛk -lɛb mayim -palᵊgeʸ
König(s)-(des) Herz-(das)-(sind) Wasser (von)-Bäche

בְּיַד־ יְהוָה עַל־ כָּל־ אֲשֶׁר יַחְפֹּץ
yaḥᵊpoṣ ʾᵃšɛr -kol -ʿal yᵊhwɔʰ -bᵊyad
,begehrt-(es=)er (was=)welch(es) ,all(em) (zu=)auf ,JHWH(s) Hand-(der)-in

יַטֶּנּוּ׃ 2 כָּל־ דֶּרֶךְ־
-dɛrɛk -kol yaṭṭɛnnuʷ.
Weg (Jeder=)All .(hin)-(es=)ihn-(leitet=)neigt-er

אִישׁ יָשָׁר בְּעֵינָיו
bᵊʿeʸnɔʸw yɔšɔr ʾiʸš
,Augen-(zwei)-seine(n)-in gerade-(ist) (Menschen=)Mann(es)-(eines)

עָשֹׂה 3	יְהוָה׃	לִבּוֹת	וְתֹכֵן
ᶜᵃśoʰ	yᵊhwɔʰ.	libboʷt	wᵊtoken
(Üben=)Tun	.JHWH-(ist)	Herzen-(die)	(prüfend=)abwägend(er)-(aber=)und

לַיהוָה	נִבְחָר	וּמִשְׁפָּט	צְדָקָה
layhwɔʰ	nibᵊḥɔr	uʷmišᵊpɔṭ	ṣᵊdɔqɔʰ
JHWH-(von=)zu	(vorgezogen=)erwählt-wird-(es=er)	Recht-und	Gerechtigkeit

עֵינַיִם	רוּם־ 4	מִזָּבַח׃
ᶜeʸnayim	-ruʷm	mizzɔbaḥ.
Augen-(zwei)-(der)	(Hochmut=)Höhe	.(Schlacht)opfer-(ein)-(als-mehr=)von

רְשָׁעִים	נִר	לֵב	וּרְחַב־
rᵊšɔᶜiʸm	nir	leb	-uʷrᵊḥab
Frevler-(der)	Leuchte-(die) —	Herz(ens)-(des)	(Anmaßung=)Weite-und

אַךְ־	חָרוּץ	מַחְשְׁבוֹת 5	חַטָּאת׃
-ʾak	ḥɔruʷṣ	maḥᵊšᵊboʷt	ḥaṭṭɔʾt.
(gewiss=)nur-(führen)	Fleißig(en)-(eines)	Pläne-(Die)	.Sünde-(ist)

אַךְ־	אָץ	וְכָל־	לְמוֹתָר
-ʾak	ʾɔṣ	-wᵊkol	lᵊmoʷtɔr
nur-(gelangt)	Eilfertige	(jeder=)all-(aber=)und	,Gewinn-zu

אוֹצָרוֹת	פֹּעַל 6	לְמַחְסוֹר׃
ʾoʷṣɔroʷt	poᶜal	lᵊmaḥᵊsoʷr.
Schätze(n)	(von)-(Erwerb=)Arbeit	.(Verlust=)Mangel-zu

הֶבֶל	שָׁקֶר	בִּלְשׁוֹן
hɛbɛl	šɔqɛr	bilᵊšoʷn
Windhauch-(wie)-(ist)	(Falschheit=)Täuschung-(der)	Zunge-(eine)-(durch=)in

רְשָׁעִים	שֹׁד־ 7	מָוֶת׃	מְבַקְשֵׁי־	נִדָּף
rᵊšɔᶜiʸm	-šod	mɔwɛt.	-mᵊbaqᵊšeʸ	niddɔp
Frevler-(der)	Gewalttat-(Die)	.Tod-(den)	Suchende-(wie)	,verweht(er)

לַעֲשׂוֹת	מֵאֲנוּ	כִּי	יְגוֹרֵם
laᶜᵃśoʷt	meʾᵃnuʷ	kiʸ	yᵊgoʷrem
(tun=)machen-zu	sich-weiger(te)n-sie	denn	,sie-fort-reißt-(sie=er)

אִישׁ	דֶּרֶךְ	הֲפַכְפַּךְ 8	מִשְׁפָּט׃
ʾiʸš	dɛrɛk	hᵃpakᵊpak	mišᵊpɔṭ.
(Menschen=)Mann(es)-(des)	Weg-(der)	(ist)-Gewunden	.Recht(e)-(das)

יָשָׁר	וְזַךְ	וָזָר
yɔšɔr	wᵊzak	wɔzɔr
(rechtschaffen=)gerade —	Reine-(der)-(aber=)und	,schuldbeladen-und

פִּנַּת־	עַל־	לָשֶׁבֶת	9 טוֹב	פָּעֳלוֹ׃
-pinnat	-ʿal	lɔšɛbɛt	ṭoʷb	poʿᵒloʷ.
(Ecke=)Zinne-(einer)	auf	wohnen-zu	(ist's)-(Besser=)Gut	.Tun-sein-(ist)

מִדְיָנִים	מֵאֵשֶׁת	גָּג
midᵊyɔniʸm	meʾešɛt	gɔg
(streitsüchtige=)Streitigkeiten-(von)	Frau-(eine)-(als=)von	Dach(es)-(des)

10 נֶפֶשׁ	חָבֶר׃	וּבֵית
nɛpɛš	ḥɔbɛr.	uʷbeʸt
Seele-(Die)	.(gemeinsames=)Verbindung-(von)	Haus-(ein)-und

יֻחַן	לֹא־	רָע	אִוְּתָה־	רָשָׁע
yuḥan	-loʾ	rɔʿ	-ʾiwwᵊtoʰ	rɔšɔʿ
bemitleidet-wird-(es=er)	nicht	,Bös(es)	begehrt(e)-(sie)	Frevler(s)-(eines)

11 בַּעְנָשׁ־	רֵעֵהוּ׃	בְּעֵינָיו
-baʿᵊnoš	reʿehuʷ.	bᵊʿeʸnɔʸw
(man-Straft=)Strafen-(Durch=)In	.Gefährte-sein	Augen-(zwei)-seine(n)-in

פֶּתִי	יֶחְכַּם־	לֵץ
pɛtiʸ	-yɛḥᵊkam	leṣ
,Unerfahrene-(der)	(klug=)weise-wird-(es=er)	,Spötter-(einen)

יִקַּח־	לְחָכָם	וּבְהַשְׂכִּיל
-yiqqaḥ	lᵊḥɔkɔm	uʷbᵊhaśᵊkiʸl
(gewinnt=)nimmt-er	Weise(n)-(den=)zu	Einsichtigmachen-(durch=)in-und

צַדִּיק	12 מַשְׂכִּיל	דָּעַת׃
ṣaddiʸq	maśᵊkiʸl	dɔʿat.
Gerechter-(ein)-(ist)	(habend=)machend(er)-Einsicht	.(Er)kenntnis

מְסַלֵּף	רָשָׁע	לְבֵית
mᵊsallep	rɔšɔʿ	lᵊbeʸt
Bringender-Fall-zu-(ein-als)	,Frevler(s)-(eines)	Haus(es)-(des)-(bezüglich=)zu

אָזְנוֹ	13 אֹטֵם	לָרָע׃	רְשָׁעִים
ʾozᵊnoʷ	ʾoṭem	lɔrɔʿ.	rᵊšɔʿiʸm
Ohr-sein	Verschließender-(Ein)	.(Unheil=)Bös(es)-(in=)zu	Frevler-(die)

יִקְרָא	הוּא	גַּם־	דָּל	מִזַּעֲקַת־
yiqᵊrɔᵓ	huʷᵓ	-gam	dɔl	-mizzaᶜᵃqat
rufen-wird-(er)	(d)er	auch	,Arm(en)-(des)	(Hilfe)schrei-(dem)-(vor=)von

מַתָּן 14	יֵעָנֶה׃	וְלֹא
mattɔn	yeᶜɔnɛʰ.	wᵊloᵓ
Gabe-(Eine)	.(erhalten-Antwort=)beantwortet-wird-er	(keine=)nicht-und

אָף	יִכְפֶּה־	בַסֵּתֶר
ᵓɔp	-yikᵊpɛʰ	bassetɛr
,(Zorn=)Nase	(ab-wendet=)zurück-drängt-(sie=er)	Geheimen-im

חֵמָה	בַּחֵק	וְשֹׁחַד
ḥemɔʰ	baḥeq	wᵊšoḥad
(Grimmes)glut	(Gewandbausch=)Busen-im	Bestechung(sgeschenk)-(ein)-und

עֲשׂוֹת	לַצַּדִּיק	שִׂמְחָה 15	עַזָּה׃
ᶜᵃśoʷt	laṣṣaddiʸq	śimᵊḥɔʰ	ᶜazzɔʰ.
(Ausführen=)Machen-(am)	Gerechte-der-(hat=)zu	Freude	.(heftige=)starke

לְפֹעֲלֵי	וּמְחִתָּה	מִשְׁפָּט
lᵊpoᶜᵃleʸ	uʷmᵊḥittɔʰ	mišᵊpɔṭ
Tuende(n)-(den)-(beschieden-ist=)zu	Schrecken-(aber=)und	,Recht-(das)

הַשְׂכֵּל	מִדֶּרֶךְ	תּוֹעֶה	אָדָם 16	אָוֶן׃
haśᵊkel	middɛrɛk	toʷᶜɛʰ	ᵓɔdɔm	ᵓɔwɛn.
,Einsehen(s)-(des)	Weg-(dem)-von	abirrend(er)	Mensch-(Ein)	.Unrecht

אִישׁ 17	יָנוּחַ׃	רְפָאִים	בִּקְהַל
ᵓiʸš	yɔnuʷaḥ.	rᵊpɔᵓiʸm	biqᵊhal
Mann-(Ein)	.ruhn-wird-er	Verstorbene(n)-(der)	Versammlung-(der)-in

אֹהֵב	מַחְסוֹר
ᵓoheb	maḥᵊsoʷr
Liebender-(ein)-(wird)	(Leidender-Mangel=)Mangel(s)-(des)

לֹא	וָשֶׁמֶן	יַיִן־	אֹהֵב	שִׂמְחָה
loᵓ	wɔšɛmɛn	-yayin	ᵓoheb	śimᵊḥɔʰ
nicht	Öl-und	Wein	Liebender-(ein)	,(Vergnügen=)Fröhlichkeit

כֹּפֶר 18	יַעֲשִׁיר׃
kopɛr	yaᶜᵃšiʸr.
Sühne-(zur-Gelegenheit-Eine)	.(sich)-machen-reich-wird-(er)

וְתַחַת	רָשָׁע	לַצַּדִּיק
wətaḥat	rɔšɔʿ	laṣṣaddiyq
(Stelle-die-an=)unter-und	,Frevler-(der)-(sein-soll=)ist	Gerechten-den-(für=)zu

19 טוֹב	בּוֹגֵד׃	יְשָׁרִים
ṭowb	bowged.	yəšɔriym
(ist)-(Besser=)Gut	.Abtrünnige-(der)-(tritt)	(Rechtschaffenen=)Gerade(n)-(der)

מֵאֵשֶׁת	מִדְבָּר	בְּאֶרֶץ־	שֶׁבֶת
meʾešɛt	midəbɔr	-bəʾɛrɛṣ	šɛbɛt
Frau-(eine)-(als=)von	Wüste-(der)	Land-(im=)in	(Weilen=)Wohnen-(ein)

20 אוֹצָר	וָכָעַס׃	מְדוֹנִים[מִדְיָנִים]
ʾowṣɔr	wɔkɔʿas.	[midəyɔniym]mədowniym
Schatz-(Ein)	.Verdruss(es)-(des)-und	(streitsüchtige=)Streitigkeiten-(der)

בִּנְוֵה	וָשֶׁמֶן	נֶחְמָד
binəweh	wɔšɛmɛn	nɛḥəmɔd
Wohnung-(der)-in	Öl-(wie)-und	(begehrenswert=)angenehm(er)-(ist)

אָדָם	וּכְסִיל	חָכָם
ʾɔdɔm	uwkəsiyl	ḥɔkɔm
Mensch	töricht(er)-(ein)-(doch=)und	,Weise(n)-(eines)

21 רֹדֵף	יְבַלְּעֶנּוּ׃
rodep	yəballəʿɛnnuw.
(nach-Strebender=)Verfolgender-(Ein)	.ihn-(vergeudet=)verschlingt-(er)

צְדָקָה	חַיִּים	יִמְצָא	וָחֶסֶד	צְדָקָה
ṣədɔqɔh	ḥayyiym	yiməṣɔʾ	wɔḥɛsɛd	ṣədɔqɔh
Gerechtigkeit	,(Leben=)Lebende	findet-(d)er	,Liebe-und	Gerechtigkeit

עָלָה	גִּבֹּרִים	22 עִיר	וְכָבוֹד׃
ʿɔlɔh	gibboriym	ʿiyr	wəkɔbowd.
(ersteigt=)hinauf-stieg-(es=er)	Helden-(von)	Stadt-(Eine)	.Ehre-und

עֹז	וַיֹּרֶד	חָכָם
ʿoz	wayyorɛd	ḥɔkɔm
(Befestigung=)Macht-(die)	(stürzt=)nieder-macht(e)-er-und	,Weise-(der)

פִּיו	23 שֹׁמֵר	מִבְטֶחָה׃
piyw	šomer	mibəṭɛḥɔh.
Mund-sein(en)	Hütend(er)-(Ein)	.(vertraute-sie-der=)Vertrauen(s)-ihr(es)

מִצָּרוֹת	שֹׁמֵר	וּלְשׁוֹנוֹ
miṣṣɔroʷt	šomer	uʷl̂ᵊšoʷnoʷ
(Bedrängnissen=)Einengungen-(vor=)von	bewahrend(er)-(ist)	Zunge-seine-und

לֵץ	יָהִיר	24 זֵד	נַפְשׁוֹ׃
leṣ	yɔhiʸr	zed	napᵊšoʷ.
Spötter	,Stolzer —	Übermütiger-(Ein)	.(selbst-sich=)Seele-seine

זָדוֹן׃	בְּעֶבְרַת	עוֹשֶׂה	שְׁמוֹ
zɔdoʷn.	bᵊʿɛbᵊrat	ʿoʷśɛʰ	šᵊm̂oʷ
.Frechheit-(der)	Übermut-in	(handelnd-ist=)Machender	,Name-sein-(ist)

מֵאֲנוּ	כִּי־	תְּמִיתֶנּוּ	עָצֵל	25 תַּאֲוַת
meʾᵃnuʷ	-kiʸ	tᵊmiʸtɛnnuʷ	ʿɔṣel	taʾᵃwat
sich-weiger(te)n-(es=)sie	denn	,ihn-tötet-(sie)	Träg(en)-(des)	Begierde-(Die)

26 כָּל־הַיּוֹם	לַעֲשׂוֹת׃	יָדָיו
hayyoʷm-kol	laʿᵃśoʷt.	yɔdɔʸw
(Zeit-ganze-Die=)Tag-der-All	.(arbeiten=)machen-zu	Hände-(beiden)-seine

יִתֵּן	וְצַדִּיק	תַאֲוָה	הִתְאַוָּה
yitten	wᵊṣaddiʸq	taʾᵃwɔʰ	hitᵊʾawwɔʰ
gibt-(er)	Gerechter-(ein)-(indes=)und	,Verlangen-(im)	begierig-sich-zeigt(e)-er

רְשָׁעִים	27 זֶבַח	יַחְשֹׂךְ׃	וְלֹא
rᵊšɔʿiʸm	zɛbaḥ	yaḥᵊśok.	wᵊloʾ
Frevler-(der)	(Schlacht)opfer-(Ein)	.zurück-hält-er	nicht-und

כִּי־	אַף	תּוֹעֵבָה
-kiʸ	ʾap	toʷʿebɔʰ
wenn-,(mehr-viel-wie=)auch		,Gräuel-(ein)-(ist)

יְבִיאֶנּוּ׃	בְזִמָּה
yᵊbiʸʾɛnnuʷ.	bᵊzimmɔʰ
.(es=)ihn-(dar-bringt=)kommen-macht-er	Schandtat-(eine)-(durch=)in

וְאִישׁ	יֹאבֵד	כְּזָבִים	28 עֵד־
wᵊʾiʸš	yoʾbed	kᵊzɔbiʸm	-ʿed
Mann(es)-(eines)-(doch=)und	,zugrunde-geht-(er)	Lügen	(von)-Zeuge-(Ein)

יְדַבֵּר׃	לָנֶצַח	שׁוֹמֵעַ
yᵊdabber.	lɔnɛṣaḥ	šoʷmeaʿ
.redet-er-(was)	(,Bestand-hat=)Dauer-zu	(gehorsamen=)hörend(en)

29 הֵעֵז
heʿez
Trotz-zeigt(e)-(Es=)Er

אִישׁ
ʾiʸš
(Mensch=)Mann-(ein)

רָשָׁע
rɔšɔʿ
bös(er)

בְּפָנָיו
bᵊpɔnɔʸw
,Gesicht(ern)-(seinem=)seinen-(auf=)in

וְיָשָׁר
wᵊyɔšɔr
,(Redlicher=)Gerader-(ein)-(aber=)und

הוּא
huʷʾ
(d)er

יָכִין[יָבִין]
[yɔbiʸn]yɔkiʸn
auf-merkt-(er)

דְּרָכָיו[דַּרְכּוֹ]:
[darᵊkoʷ]dᵊrɔkɔʸw.
.(Wandel=)Weg[e]-seine(n)

30 אֵין
ʾeʸn
(keine-gibt-Es=)gibt-es-Nicht

חָכְמָה
ḥokᵊmɔʰ
Weisheit

וְאֵין
wᵊʾeʸn
(keine=)gibt-es-nicht-und

תְּבוּנָה
tᵊbuʷnɔʰ
(Klugheit=)Einsicht

וְאֵין
wᵊʾeʸn
(keinen=)gibt-es-nicht-und

עֵצָה
ʿeṣɔʰ
Ratschlag

לְנֶגֶד
lᵊnɛgɛd
(vor=)gegenüber-zu

יְהוָה:
yᵊhwɔʰ.
.JHWH

31 סוּס
suʷs
Ross-(Ein)

מוּכָן
muʷkɔn
gerüstet-wird-(es=er)

לְיוֹם
lᵊyoʷm
Tag-(den)-(für=)zu

מִלְחָמָה
milᵊḥɔmɔʰ
,Schlacht-(der)

וְלַיהוָה
wᵊlayhwɔʰ
JHWH-(bei=)zu-(aber=)und

הַתְּשׁוּעָה:
hattᵊšuʷʿɔʰ.
.(Sieg-der=)Rettung-die-(ist)

22

1 נִבְחָר
nibᵊḥɔr
(wertvoll-ist=)erwählt-(wird=)wurde-(Es=)Er

שֵׁם
šem
Name-(gute)-(der)

מֵעֹשֶׁר
meʿošɛr
Reichtum-(als-mehr=)von

רָב
rɔb
,(großer=)viel

מִכֶּסֶף
mikkɛsɛp
Silber-(als-mehr=)von

וּמִזָּהָב
uʷmizzɔhɔb
Gold-(als-mehr=)von-und

חֵן
ḥen
-Anmut

טוֹב:
ṭoʷb.
.(Beliebtheit=)gut(e)

2 עָשִׁיר
ʿɔšiʸr
Reich(er)

וָרָשׁ
wɔrɔš
Arm(er)-und

נִפְגָּשׁוּ
nipᵊgɔšuʷ
,sich-begegne(te)n-(sie)

עֹשֵׂה
ʿośeʰ
(war)-(erschaffend=)Machender

כֻלָּם
kullɔm
sie-all(e)

רָעָה	רָאָה	3 עָרוּם	יְהוָה:
rɔʿɔʰ	rɔʾɔʰ	ʿɔruʷm	yᵊhwɔʰ.
Übel-(das)	(sieht=)sah-(er)	Klug(er)-(Ein)	.JHWH

וּפְתָיִים	[וְנִסְתַּר]וְיִסָּתֵר
uʷpᵊtɔyiʸm	[wᵊnisᵊtɔr]wᵊyissɔter
Einfältige-(aber=)und	,sich-(verbirgt=)verbarg-er-und

וְנֶעֱנָשׁוּ:	עָבְרוּ
wᵊnɛʿᵋnɔšuʷ.	ʿɔbᵊruʷ
.bestraft-(werden=)wurden-(sie)-und	(vorbei=)hindurch-(gehen=)gingen-(sie)

עֹשֶׁר	יְהוָה	יִרְאַת	עֲנָוָה	4 עֵקֶב
ʿošɛr	yᵊhwɔʰ	yirᵊʾat	ʿᵃnɔwɔʰ	ʿeqɛb
Reichtum-(ist)	,JHWH	(vor)-Furcht-(nämlich)	,Demut-(der)	Lohn

פַּחִים	5 צִנִּים	וְחַיִּים:	וְכָבוֹד
paḥiʸm	ṣinniʸm	wᵊḥayyiʸm.	wᵊkɔboʷd
Schlingen-(und)	Dornen	.(Leben=)Lebende-und	Ehre-und

שׁוֹמֵר	עִקֵּשׁ	בְּדֶרֶךְ
šoʷmer	ʿiqqeš	bᵊdɛrɛk
(Be)wahrender-(Ein)	.(falschen=)verkehrt(en)	Weg-(dem)-(auf=)in-(sind)

6 חֲנֹךְ	מֵהֶם:	יִרְחַק	נַפְשׁוֹ
ḥᵃnok	mehɛm.	yirᵊḥaq	napᵊšoʷ
(an-Leite=)ein-Übe	.ihnen-von	fern-bleibt-(d)er	,(Leben=)Seele-sein(e)

כִּי-	גַּם	דַּרְכּוֹ	עַל-פִּי	לַנַּעַר
-kiʸ	gam	darᵊkoʷ	piʸ-ʿal	lannaʿar
wenn	auch	,(Wandel=)Weg-sein(em)	(gemäß=)Mund-auf	Knabe(n)-(den=)zu

7 עָשִׁיר	מִמֶּנָּה:	יָסוּר	לֹא-	יַזְקִין
ʿɔšiʸr	mimmɛnnɔʰ.	yɔsuʷr	-loʾ	yazᵊqiʸn
Reich(er)-(Ein)	.(davon=)ihr-von	ab-weicht-er	nicht	,alt-wird-er

לֹוֶה	וְעֶבֶד	יִמְשׁוֹל	בְּרָשִׁים
lowɛʰ	wᵊʿɛbɛd	yimᵊšoʷl	bᵊrɔšiʸm
Borgender-(ein)	(ist)-Knecht-und	,herrscht-(er)	Arme-(über=)in

עַוְלָה	8 זוֹרֵעַ	מַלְוֶה:	לְאִישׁ
ʿawᵊlɔʰ	zoʷreaʿ	malᵊwɛʰ.	lᵊʾiʸš
,Unrecht	Säender-(Ein)	.(Gläubiger=)Leihend(em)	(einem=)Mann-zu

עֶבְרָתוֹ	וְשֵׁבֶט	אָוֶן	יִקְצוֹר[יִקְצָר־]
ʿɛb^{ə}rɔto^{w}	w^{ə}šebɛṭ	ʾɔwɛn	[-yiq^{ə}ṣor]yiq^{ə}ṣo^{w}r
Überheblichkeit-seine(r)	Stock-(dem)-(mit)-und	,Unheil	erntet-(d)er

הוּא	עַיִן	9 טוֹב־	יִכְלֶה׃
hu^{wʾ}	ʿayin	-ṭo^{w}b	yik^{ə}lɛ^{h}.
(d)er	,(ist)-Aug(es)	(wohlwollenden=)gut(en)-(Wer)	.Ende-zu-ist-(es=)er

מִלַּחְמוֹ	נָתַן	כִּי־	יְבֹרָךְ
millaḥ^{ə}mo^{w}	nɔtan	-ki^{y}	y^{ə}borɔk
Brot-sein(em)-von	(gibt=)gab-er	(weil=)denn	,gesegnet-wird-(er)

לֵץ	10 גָּרֵשׁ	לַדָּל׃
leṣ	gɔreš	laddɔl.
,Spötter-(den)	(Vertreibe=)fort-Treibe	.(Bedürftigen=)Gering(en)-(dem=)zu

וְיִשְׁבֹּת	מָדוֹן	וְיֵצֵא
w^{ə}yiš^{ə}bot	mɔdo^{w}n	w^{ə}yeṣeʾ
auf-hört-(es=)er-und	Zank-(der)	(schwindet=)hinaus-zieht-(es=er)-(dann=)und

חֵן	לֵב	טְהוֹר[טְהָר־]	11 אֹהֵב	וְקָלוֹן׃	דִּין
ḥen	leb	[-ṭ^{ə}hor]ṭ^{ə}ho^{w}r	ʾoheb	w^{ə}qɔlo^{w}n.	di^{y}n
Anmut-(der)-(bei)	Herz	rein(es)	Liebender-(Ein)	.Schimpf-und	Streit

מֶלֶךְ׃	רֵעֵהוּ	שְׂפָתָיו
mɛlɛk.	reʿehu^{w}	ś^{ə}pɔtɔ^{y}w
.König-(der)	(ist)-Freund-sein —	Lippen-(zwei)-seine(r)

דָעַת	נָצְרוּ	יְהוָה	12 עֵינֵי
dɔʿat	nɔṣ^{ə}ru^{w}	y^{ə}hwɔ^{h}	ʿe^{y}ne^{y}
,(Er)kenntnis	behüte(te)n-(sie)	JHWH	(von)-Augen-(zwei)-(Die)

בֹּגֵד׃	דִּבְרֵי	וַיְסַלֵּף
boged.	dib^{ə}re^{y}	way^{ə}sallep
.(Verräters=)Treulos(en)-(des)	Worte-(die)	(vereitelt=)verdreht-er-(doch=)und

אֲרִי	עָצֵל	13 אָמַר
ʾ^{a}ri^{y}	ʿɔṣel	ʾɔmar
Löwe-(Ein)	:Faule-(der)	(spricht=)sprach-(Es=)Er

רְחֹבוֹת	בְּתוֹךְ	בַּחוּץ
r^{ə}ḥobo^{w}t	b^{ə}to^{w}k	baḥu^{w}ṣ
Plätze-(der)	(inmitten=)Mitte-in	,(Gasse-der-auf-ist=)Draußen-im

עֲמֻקָּה	14 שׁוּחָה	אָרְצֵחַ׃
ʿᵃmuqqɔʰ	šuʷḥɔʰ	ʾerɔṣeaḥ.
tiefe	Grube-(Eine)	!(getötet=)gemordet-(würde=)werde-ich

יְהוָה	זְעוּם	זָרוֹת	פִּי
yᵊhwɔʰ	zᵊʿuʷm	zɔroʷt	piʸ
JHWH(s)	Verflucht(er)-(ein)	,(Frauen)-fremde(n)	(von)-Mund-(der)-(ist)

קְשׁוּרָה	15 אִוֶּלֶת	שָׁם׃	יִפּוֹל[יִפָּל־]
qᵊšuʷrɔʰ	ʾiwwɛlɛt	šɔm.	[-yippol]yippoʷl
(haftend=)gebunden(e)	Torheit-(Ist)	.(hinein=)dort	fällt-(er)

מוּסָר	שֵׁבֶט	נָעַר	בְלֶב־
muʷsɔr	šebɛṭ	nɔʿar	-bᵊlɛb
Zucht-(der)	Rute-(eine)	,Knabe(n)-(eines)	Herz(en)-(am=)in

16 עֹשֵׁק	מִמֶּנּוּ׃	יַרְחִיקֶנָּה
ʿošeq	mimmɛnnuʷ.	yarᵊḥiʸqɛnnɔʰ
(ist-streng-Wer=)Bedrückend(er)	.ihm-von	sie-fernhalten-wird-(sie=er)

לוֹ	לְהַרְבּוֹת	דָּל
loʷ	lᵊharᵊboʷt	dɔl
,(sich=)ihm-zu	(mehr-verschafft=)vielmachen-zu	Gering(en)-(einem-mit)

לְמַחְסוֹר׃	אַךְ־	לְעָשִׁיר	נֹתֵן
lᵊmaḥᵊsoʷr.	-ʾak	lᵊʿɔšiʸr	noten
.(Verlust-hat=)Mangel-zu	-nur	Reich(en)-(dem=)zu(m)	(gibt-wer=)gebend(er)

חֲכָמִים	דִּבְרֵי	וּשְׁמַע	אָזְנְךָ	17 הַט
ḥᵃkɔmiʸm	dibᵊreʸ	uʷšᵊmaʿ	ʾozᵊnᵊkɔ	haṭ
,Weise(n)	(von)-Worte-(die)	höre-und	Ohr-dein	(Neige=)Strecke

תָּשִׁית	וְלִבְּךָ
tɔšiʸt	wᵊlibbᵊkɔ
(richten=)stellen-(sollst=)wirst-du	Herz-dein-und

כִּי־	נָעִים	18 כִּי־	לְדַעְתִּי׃
-kiʸ	nɔʿiʸm	-kiʸ	lᵊdaʿᵊtiʸ.
wenn	,angenehm-(ist-es)	Denn	.(Belehrung=)Erkenntnis-meine-(auf=)zu

יִכֹּנוּ	בְּבִטְנֶךָ	תִּשְׁמְרֵם
yikkonuʷ	bᵊbiṭᵊnɛkɔ	tišᵊmᵊrem
(haften=)feststehen-werden-sie	,(Innern=)Leib-dein(em)-in	sie-bewahrst-du

19 לִהְיוֹת	שְׂפָתֶיךָ׃	עַל־	יַחְדָּו
lih^{ə}yo^{w}t	ś^{ə}pɔtɛ^{y}kɔ.	-ʿal	yaḥ^{ə}dɔw
(sei-Dass=)sein-Zu	.Lippen-(zwei)-deine(n)	(an=)auf	(allesamt=)zusammen

הוֹדַעְתִּיךָ	מִבְטַחֶךָ	בַּיהוָה
ho^{w}daʿ^{ə}ti^{y}kɔ	mib^{ə}ṭaḥɛkɔ	bayhwɔ^{h}
dich-(belehre=)wissen-mach(t)e-ich	,Vertrauen-dein	JHWH-(bei=)in

כָתַבְתִּי	20 הֲלֹא	אָתָּה׃	אַף־	הַיּוֹם
kɔtab^{ə}ti^{y}	h^{a}loʾ	ʾɔttɔ^{h}.	-ʾap	hayyo^{w}m
geschrieben-habe-ich	nicht-Etwa	.(dich=)du	(gerade=)auch	,(heute=)Tag-der

בְּמוֹעֵצוֹת	שִׁלְשׁוֹם[שָׁלִישִׁים]	לְךָ
b^{ə}mo^{w}ʿeṣo^{w}t	[šɔli^{y}ši^{y}m]šil^{ə}šo^{w}m	l^{ə}kɔ
Ratschläge(n)-(mit=)in	Kernsprüche	(dich-für=)dir-zu

21 לְהוֹדִיעֲךָ	וָדָעַת׃
l^{ə}ho^{w}di^{y}ʿ^{a}kɔ	wɔdɔʿat.
(dir-kundzutun-Um=)dich-machen-wissen-Zu	?(Belehrung=)Erkenntnis-und

אֱמֶת	אִמְרֵי	קֹשְׁטְ
ʾ^{ɛ}mɛt	ʾim^{ə}re^{y}	qoš^{ə}ṭ^{ə}
,(zuverlässige=)Wahrheit-(der)	Worte	,Wahrheit

אֱמֶת	אֲמָרִים	לְהָשִׁיב
ʾ^{ɛ}mɛt	ʾ^{a}mɔri^{y}m	l^{ə}hɔši^{y}b
,(zuverlässige=)Wahrheit-(der)	Worte	(antworten=)machen-kehren-zu

22 אַל־	לְשֹׁלְחֶיךָ׃
-ʾal	l^{ə}šol^{ə}ḥɛ^{y}kɔ.
Nicht	.(gesandt-dich-die-,denen=)Sendenden-deinen-zu

הוּא	דַל־	כִּי	דָל	תִּגְזָל־
hu^{w}ʾ	-dal	ki^{y}	dɔl	-tig^{ə}zol
,er	(ist)-gering	weil	,Gering(en)-(einen)	berauben-(sollst=)wirst-du

עָנִי	תְדַכֵּא	וְאַל־
ʿɔni^{y}	t^{ə}dakkeʾ	-w^{ə}ʾal
Arm(en)-(einen)	(unterdrücken=)zermalmen-(sollst=)wirst-du	nicht-und

רִיבָם	יָרִיב	יְהוָה	23 כִּי־	בַּשָּׁעַר׃
ri^{y}bɔm	yɔri^{y}b	y^{ə}hwɔ^{h}	-ki^{y}	baššɔʿar.
Streitfall-ihr(en)	(führt=)streitet-(er)	JHWH	Denn	!Tor-(im=)in

נָפֶשׁ׃	אֶת־קֹבְעֵיהֶם	וְקָבַע
nɔpɛš.	qobᵊᶜeʸhɛm-ᵓɛt	wᵊqɔbaᶜ
.(Lebens-des=)Seele-(der)	(Räuber=)Raubende(n)-ihre***	beraubt(e)-er-und

תִּתְרַע	24 אַל־
titᵊraᶜ	-ᵓal
einlassen-dich-(sollst=)wirst-du	Nicht

וְאֶת־אִישׁ	אָף	בַּעַל	אֶת־
ᵓiʸš-wᵊᵓɛt	ᵓɔp	baᶜal	-ᵓɛt
(von)-Mann-(einem)-mit-und	,(Zornmütigen=)Zorn(es)-(des)-Herr(n)-(einem)-mit		

25 פֶּן־	תָבוֹא׃	לֹא	חֵמוֹת
-pɛn	tɔboʷᵓ.	loᵓ	ḥemoʷt
nicht-dass	,(umgehen=)kommen-(sollst=)wirst-du	nicht	Erregungen-(hitzigen)

אֹרְחֹתוֹ[אֹרְחֹתָיו]	תֶּאֱלַף
[ᵓorᵊḥotɔʸw]ᵓorᵊḥɔtoʷ	tɛᵓᵋlap
(Benehmen-seinem=)Pfade(n)-seine(n)	(mit)-vertraut-(werdest=)wirst-du

לְנַפְשֶׁךָ׃	מוֹקֵשׁ	וְלָקַחְתָּ
lᵊnapᵊšɛkɔ.	moʷqeš	wᵊlɔqaḥᵊtɔ
!(Leben-dein=)Seele-deine-(für=)zu	Falle-(eine)	(schaffst=)nimmst-du-und

בְתֹקְעֵי־	תְהִי	26 אַל־
-bᵊtoqᵊᶜeʸ	tᵊhiʸ	-ᵓal
(geben-die-,denen=)Schlagende(n)-(bei=)in	sein-(sollst=)wirst-du	Nicht

אֵין־	27 אִם־	מַשָּׁאוֹת׃	בַּעֹרְבִים	כָף
-ᵓeʸn	-ᵓim	maššɔᵓoʷt.	baᶜorᵊbiʸm	kɔp
nicht(s)	Wenn	!Schulden-(für)	Bürgende(n)-(den)-(bei=)in	,Hand(schlag)

לָמָּה	לְשַׁלֵּם	לְךָ
lɔmmɔʰ	lᵊšallem	lᵊkɔ
(warum=)was-zu	,bezahlen-zu-(um)	(hast-du=)dir-zu

28 אַל־	מִתַּחְתֶּיךָ׃	מִשְׁכָּבְךָ	יִקַּח
-ᵓal	mittaḥᵊtɛʸkɔ.	mišᵊkobᵊkɔ	yiqqaḥ
Nicht	?dir-unter-von-(weg)	Lager-dein	nehmen-(soll=)wird-(man=)er

אֲשֶׁר	עוֹלָם	גְּבוּל	תַּסֵּג
ᵓᵃšɛr	ᶜoʷlɔm	gᵊbuʷl	tasseg
welch(e)	,(uralte=)Vorzeit-(der)	Grenze-(eine)	verrücken-(sollst=)wirst-du

29 חָזִיתָ	אֲבוֹתֶיךָ׃	עָשׂוּ
ḥɔziʸtɔ	ᵓᵃboʷtɛʸkɔ.	ʿɔśuʷ
(du-Siehst=)sahst-Du	!(Vorfahren=)Väter-deine	(gesetzt=)gemacht-haben-(sie)

לִפְנֵי־	בִּמְלַאכְתּוֹ	מָהִיר	אִישׁ
-lipᵊneʸ	bimᵊlaᵓkᵊtoʷ	mɔhiʸr	ᵓiʸš
(vor=)Gesichter-zu	,Arbeit-seine(r)-(bei=)in	behende(n)	Mann-(einen)

יִתְיַצֵּב	בַּל־	יִתְיַצָּב	מְלָכִים
yitᵊyaṣṣeb	-bal	yitᵊyaṣṣɔb	mᵊlɔkiʸm
(Dienst-tut=)hin-sich-stellt-er	nicht	,(Dienst-tut=)hin-sich-stellt-er	Könige(n)

חֲשֻׁכִּים׃	לִפְנֵי
ḥᵃšukkiʸm.	lipᵊneʸ
.Niedrige(n)	(vor=)Gesichter-zu

23

אֶת־	לִלְחוֹם	תֵשֵׁב	1 כִּי־
-ᵓɛt	lilᵊḥoʷm	tešeb	-kiʸ
mit	speisen-zu-(um)	setzt-dich-du	Wenn

תָּבִין	בִּין	מוֹשֵׁל
tɔbiʸn	biʸn	moʷšel
,(wohl=)merken-(sollst=)wirst-du	(achte=)Merken-(ein)	,Herrsch(end)er-(einem)

לְפָנֶיךָ׃	אֶת־אֲשֶׁר
lᵊpɔnɛʸkɔ.	ᵓᵃšɛr-ᵓɛt
,(steht-dir-vor=)Gesichter(n)-deine(n)-zu	(was=)welch(es)***

אִם־	בְּלֹעֶךָ	שַׂכִּין	2 וְשַׂמְתָּ
-ᵓim	bᵊloʿɛkɔ	śakkiʸn	wᵊśamᵊtɔ
wenn	,Kehle-deine-(an=)in	Messer-(ein)	(setze=)setzest-du-und

3 אַל־	אָתָּה׃	נֶפֶשׁ	בַּעַל
-ᵓal	ᵓɔttɔʰ.	nɛpɛš	baʿal
Nicht	.bist-du	(gierig=)(Verlangen=)Seele-(von)-Besitzer	

לְמַטְעַמּוֹתָיו	תִּתְאָו
lᵊmaṭᵊʿammoʷtɔʸw	titᵊᵓɔw
,Leckerbissen-seinen-(nach=)zu	(sein-begierig=)begehren-(sollst=)wirst-du

4 אַל־	כְּזָבִים׃	לֶחֶם	וְהוּא
-ᵓal	kᵊzɔbiʸm.	lɛḥɛm	wᵊhuʷᵓ
Nicht	.(trügerische=)Lügen-(von)	(Speise=)Brot	(ist-es=)er-(denn=)und

לְהַעֲשִׁיר l^{ə}ha^{ca}ši^{y}r ,reich-(werden=)machen-zu-(um)	תִּיגַע ti^{y}ga^{c} abmühen-dich-(sollst=)wirst-du
חֲדָל׃ ḥ^{a}dɔl. !(davon-ab-lass=)auf-höre	מִבִּינָתְךָ mibbi^{y}nɔt^{ə}kɔ Einsicht-deine(r)-(ob=)von

בּוֹ bo^{w} ,ihm-(nach=)in	עֵינֶיךָ ^{c}e^{y}nɛ^{y}kɔ Augen-(zwei)-deine	[הֲתָעִיף]הֲתָעוּף 5 [h^{a}tɔ^{c}i^{y}p]h^{a}tɔ^{c}u^{w}p machen-fliegen-(kannst=)wirst-du-Etwa

לוֹ lo^{w} (sich=)ihm-zu	יַעֲשֶׂה־ -ya^{ca}śɛ^{h} machte-er	עָשֹׂה ^{c}ɔśo^{h} Machen-(ein)	כִּי ki^{y} Denn	וְאֵינֶנּוּ׃ w^{ə}^{ʾ}e^{y}nɛnnu^{w}. .(da)-nicht-ist-er-(dann=)und
6 אַל־ -^{ʾ}al Nicht	הַשָּׁמָיִם׃ haššɔmɔyim. .Himmel-(zum=)die	[יָעוּף]וְעָיף [yɔ^{c}u^{w}p]w^{ə}^{c}ɔyep fliegt-er-und	כְּנֶשֶׁר k^{ə}nɛšɛr Adler-(ein)-wie	כְנָפַיִם k^{ə}nɔpayim Flügel-(zwei)

אֶת־לֶחֶם lɛḥɛm-^{ʾ}ɛt (Kost-die=)Brot-(das)***	תִּלְחַם til^{ə}ḥam essen-(sollst=)wirst-du

וְאַל־ -w^{əʾ}al nicht-und	עָיִן ^{c}ɔyin	רַע ra^{c}
	,(Missgünstigen=)Auge-(von)-Böse(n)-(eines)	

לְמַטְעַמֹּתָיו׃ l^{ə}maṭ^{əc}ammotɔ^{y}w. ,Leckerbissen-seine(n)-(nach=)zu	[תִּתְאָיו]תִּתְאָו [tit^{əʾ}ɔ^{y}w]tit^{əʾ}ɔw (sein-begierig=)begehren-(sollst=)wirst-du

אֱכֹל ^{ʾɛ}kol Iss	הוּא hu^{wʾ} .(es=)er-(wäre)	כֶּן־ -kɛn so	בְּנַפְשׁוֹ b^{ə}nap^{ə}šo^{w} ,Seele-sein(e)-(für=)in	שָׁעַר šɔ^{c}ar Schauder	כְּמוֹ־ -k^{ə}mo^{w} wie	7 כִּי ki^{y} denn

עִמָּךְ׃ ^{c}immɔk. .dir-(bei=)mit	בַּל־ -bal nicht-(ist)	וְלִבּוֹ w^{ə}libbo^{w} Herz-sein-(indes=)und	לָךְ lɔk ;dir-zu	יֹאמַר yo^{ʾ}mar sagt-er	וּשְׁתֵה u^{w}š^{ə}te^{h} ,!trink-und

תְּקִיאֶנָּה t^{ə}qi^{yʾ}ɛnnɔ^{h} ,(ihn=)sie-ausspeien-(musst=)wirst-du	אָכַלְתָּ ^{ʾ}ɔkal^{ə}tɔ ,gegessen-du-(den)	8 פִּתְּךָ־ -pitt^{ə}kɔ ,Bissen-Dein(en)

הַנְּעִימִים׃	דְּבָרֶיךָ	וְשִׁחַתָּ
hannᵊʿiʸmiʸm.	dᵊbɔrɛʸkɔ	wᵊšiḥattɔ
.lieblichen-die	,Worte-deine	(verschwendet=)vernichtet-hast-du-und

כִּי־	תְּדַבֵּר	אַל־	כְּסִיל	9 בְּאָזְנֵי
-kiʸ	tᵊdabber	-ʾal	kᵊsiʸl	bᵊʾɔzᵊneʸ
denn	,reden-(sollst=)wirst-du	nicht	Narr(en)-(eines)	Ohren-(zwei)-(Vor=)In

10 אַל־	מִלֶּיךָ׃	לְשֵׂכֶל	יָבוּז
-ʾal	millɛʸkɔ.	lᵊśekɛl	yɔbuʷz
Nicht	.Worte-deine(r)	(Klugheit-die=)Einsicht-zu	verachtet-er

וּבִשְׂדֵי	עוֹלָם	גְּבוּל	תַּסֵּג
uʷbiśᵊdeʸ	ʿoʷlɔm	gᵊbuʷl	tasseg
Felder-in-und	,(uralte=)Vorzeit-(der)	Grenze-(eine)	verrücken-(sollst=)wirst-du

11 כִּי־	תָּבֹא׃	אַל־	יְתוֹמִים
-kiʸ	tɔboʾ.	-ʾal	yᵊtoʷmiʸm
Denn	!(eindringen=)kommen-(sollst=)wirst-du	nicht	Verwaiste(n)-(der)

יָרִיב	הוּא־	חָזָק	גֹּאֲלָם
yɔriʸb	-huʷʾ	ḥɔzɔq	goʾalɔm
(führen=)streiten-wird-(er)	(d)er	,stark-ist-(er)	(Rechtshelfer=)Auslöser-ihr

לַמּוּסָר	12 הָבִיאָה	אִתָּךְ׃	אֶת־רִיבָם
lammuʷsɔr	hɔbiʸʾɔʰ	ʾittɔk.	riʸbɔm-ʾɛt
Zucht-zur	(an-Halte=)kommen-Mache	.dir-mit	Streit(fall)-ihr(en)***

דָעַת׃	לְאִמְרֵי־	וְאָזְנֶךָ	לִבֶּךָ
dɔʿat.	-lᵊʾimᵊreʸ	wᵊʾɔzᵊnɛkɔ	libbɛkɔ
!(Er)kenntnis-(der)	Worte-(für=)zu	Ohr-dein-und	,(Sinn=)Herz-dein(en)

כִּי־	מוּסָר	מִנַּעַר	תִּמְנַע	13 אַל־
-kiʸ	muʷsɔr	minnaʿar	timᵊnaʿ	-ʾal
wenn	,Zucht	Knabe(n)-(dem=)von	zurückhalten-(sollst=)wirst-du	Nicht

14 אַתָּה	יָמוּת׃	לֹא	בַּשֵּׁבֶט	תַכֶּנּוּ
ʾattɔʰ	yɔmuʷt.	loʾ	baššebɛṭ	takkɛnnuʷ
,Du	.sterben-wird-er	nicht	,Rute-der-(mit=)in	ihn-schlägst-du

וְנַפְשׁוֹ	תַּכֶּנּוּ	בַּשֵּׁבֶט
wᵊnapᵊšoʷ	takkɛnnuʷ	baššebɛṭ
(Leben=)Seele-sein(e)-(doch=)und	,ihn-schlägst-du	Rute-der-(mit=)in

חָכָם	אִם־	15 בְּנִי	תַּצִּיל׃	מִשְּׁאוֹל
ḥɔkam	-ʾim	bᵊniʸ	taṣṣiʸl.	miššᵊʾoʷl
weise-ist-(es=er)	wenn	,Sohn-Mein	.rettest-du	Unterwelt-(der)-(vor=)von

גַם־אָנִי׃	לִבִּי	יִשְׂמַח	לִבְּךָ
ʾɔniʸ-gam.	libbiʸ	yiśᵊmaḥ	libbɛkɔ
.(ebenso=)ich-auch	Herz-mein	sich-freut-(es=er)	,Herz-dein

בְּדַבֵּר	כִלְיוֹתָי	16 וְתַעְלֹזְנָה
bᵊdabber	kilᵊyoʷtɔy	wᵊtaʿᵊlozᵊnɔʰ
(sagen-wenn=)Sagen-in	,Nieren-meine	jauchzen-werden-(es=)sie-Und

17 אַל־	מֵישָׁרִים׃	שְׂפָתֶיךָ
-ʾal	meʸšɔriʸm.	śᵊpɔtɛʸkɔ
Nicht	.(Redliches=)Geradheiten	Lippen-(zwei)-deine

בַּחַטָּאִים	לִבְּךָ	יְקַנֵּא
baḥaṭṭɔʾiʸm	libbᵊkɔ	yᵊqanneʾ
,Sünder-die-(über=)in	Herz-dein	eifern-(soll=)wird-(es=er)

יְהוָה	בְּיִרְאַת־	אִם־ כִּי
yᵊhwɔʰ	-bᵊyirᵊʾat	-ʾim kiʸ
JHWH	(vor)-Furcht-(der)-(nach=)in	(sondern=)wenn-denn

יֵשׁ	אִם־ 18 כִּי	כָּל־הַיּוֹם
yeš	-ʾim kiʸ	hayyoʷm-kol
gibt-es	(Vielmehr=)wenn-Denn	.(jederzeit=)Tag-der-all

לֹא	וְתִקְוָתְךָ	אַחֲרִית
loʾ	wᵊtiqᵊwɔtᵊkɔ	ʾaḥᵃriʸt
nicht	Hoffnung-deine-und	,(Ende-gutes-ein=)Ausgang

בְנִי	אַתָּה	19 שְׁמַע־	תִכָּרֵת׃
bᵊniʸ	ʾattɔʰ	-šᵊmaʿ	tikkɔret.
,Sohn-mein	,du	Höre	.(zerstört=)geschnitten-wird-(sie)

20 אַל־	לִבֶּךָ׃	בַּדֶּרֶךְ	וְאַשֵּׁר	וַחֲכָם
-ʾal	libbɛkɔ.	badderɛk	wᵊʾaššer	waḥᵃkɔm
Nicht	!Herz-dein	Weg-dem-(auf=)in	(gerade)-führe-und	weise-werde-und

יָיִן	בְסֹבְאֵי־	תְּהִי
yɔyin	-bᵊsobᵊʾeʸ	tᵊhiʸ
,Wein	Zechende(n)-(bei=)in	sein-(sollst=)wirst-du

לָמוֹ׃	בָשָׂר	בְּזֹלְלֵי
lɔmoʷ.	bɔśɔr	bᵊzolᵃleʸ
!(sich=)ihnen-zu	Fleisch-(mit)	(Anfressenden=)Ausschweifende(n)-(bei=)in

וְזוֹלֵל	סֹבֵא	21 כִּי־
wᵊzoʷlel	sobeʾ	-kiʸ
(Schlemmer=)Ausschweifender-und	Zechender-(ein)	Denn

תַּלְבִּישׁ	וּקְרָעִים	יִוָּרֵשׁ
talᵊbiʸš	uʷqᵊrɔʿiʸm	yiwwɔreš
kleidet-(es=sie)	Lumpen-(mit)-und	,(arm=)besessen-wird-(er)

זֶה	לְאָבִיךָ	22 שְׁמַע	נוּמָה׃
zɛʰ	lᵊʾɔbiʸkɔ	šᵊmaʿ	nuʷmɔʰ.
(der=)dieser	,Vater-dein(en)-(auf=)zu	Höre	.(Verschlafenheit=)Schlummer

כִּי־	תָּבוּז	וְאַל־	יְלָדֶךָ
-kiʸ	tɔbuʷz	-wᵊʾal	yᵊlɔdɛkɔ
wenn	,verachten-(darfst=)wirst-du	nicht-und	,dich-(zeugte=)gebar-(er)

וְאַל־	קְנֵה	23 אֱמֶת	אִמֶּךָ׃	זָקְנָה
-wᵊʾal	qᵊneʰ	ʾᵋmɛt	ʾimmɛkɔ.	zɔqᵊnɔʰ
nicht-(aber=)und	,(erwirb=)kaufe	Wahrheit	!Mutter-deine	,gealtert-sie

וּבִינָה׃	וּמוּסָר	חָכְמָה	תִּמְכֹּר
uʷbiʸnɔʰ.	uʷmuʷsɔr	ḥɔkᵊmɔʰ	timᵊkor
!Einsicht-und	Zucht-und	Weisheit	verkaufen-(sollst=)wirst-du

יָגִיל	יָגוּל	24 גול[גִּיל]
yɔgiʸl	yɔguʷl	[giʸl]goʷl
jauchzen-(kann=)wird-(es=er)	(Recht-Mit=)jauchzen-wird-(es=er)	Jauchzen-(Ein)

יוֹלֵד[וְיוֹלֵד]	צַדִּיק	אֲבִי
[wᵊyoʷled]yoʷled	ṣaddiʸq	ʾᵃbiʸ
(Zeugende=)Gebärend(e)-(der)-und	,Gerecht(en)-(des)	Vater-(der)

בּוֹ׃	וְיִשְׂמַח[יִשְׂמַח־]	חָכָם
boʷ.	[-yiśᵊmaḥ]wᵊyiśᵊmaḥ	ḥɔkɔm
.ihm-(an=)in	freuen-sich-(kann=)wird-(der=)er-und	,Weise(n)-(des)

וְאִמֶּךָ	אָבִיךָ	25 יִשְׂמַח־
wᵊʾimmɛkɔ	ʾɔbiʸkɔ	-yiśᵊmaḥ
,Mutter-deine-und	Vater-dein	freuen-sich-(möge=)wird-(Es=)Er

יוֹלַדְתֶּךָ׃	וְתָגֵל
yoʷladᵊtɛkɔ.	wᵊtɔgel
!(hat-geboren-dich-die=)dich-Gebärende	frohlocken-(möge=)wird-(es=)sie-und

וְעֵינֶיךָ	לִי	לִבְּךָ	בְנִי	26 תְּנָה־
wᵊʿeʸnɛʸkɔ	liʸ	libbᵊkɔ	bᵊniʸ	-tᵊnɔʰ
Augen-(zwei)-deine-und	,mir-(zu)	Herz-dein	,Sohn-mein	,Gib

שׁוּחָה	27 כִּי־	תִּרְצֶנָה[תִּצֹּרְנָה]׃	דְּרָכַי
šuʷḥɔʰ	-kiʸ	[tiṣṣorᵊnɔʰ]tirᵊṣɛnɔʰ.	dᵊrɔkay
Grube-(eine)	Denn	!beobachten-(sollen=)werden-(sie)	Wege-meine

צָרָה	וּבְאֵר	זוֹנָה	עֲמֻקָּה
ṣɔrɔʰ	uʷbᵊʾer	zoʷnɔʰ	ʿᵃmuqqɔʰ
enge(r)	Brunnen(schacht)-(ein)-und	,Buhlerin-(die)-(ist)	tiefe

תֶּאֱרֹב	כְּחֶתֶף	הִיא	28 אַף־	נָכְרִיָּה׃
tɛʾᵋrob	kᵊḥɛtɛp	hiʸʾ	-ʾap	nokᵊriʸyɔʰ.
,lauert-(sie)	(Räuber=)Raub-(ein)-wie	sie	Auch	.Ausländerin-(die)

29 לְמִי	תּוֹסִף׃	בָּאָדָם	וּבוֹגְדִים
lᵊmiʸ	toʷsip.	bᵊʾɔdɔm	uʷboʷgᵊdiʸm
(hat-Wer=)wer-Zu	.mehrt-sie	Mensch(en)-(den)-(unter=)in	Treulose-und

לְמִי	מְדוֹנִים[מִדְיָנִים]	לְמִי	אֲבוֹי	לְמִי	אוֹי
lᵊmiʸ	[midᵊyɔniʸm]midoʷniʸm	lᵊmiʸ	ʾᵃboʷy	lᵊmiʸ	ʾoʷy
wer-(zu)	,Zänkereien	wer-(zu)	,Verlangen	wer-(zu)	,Weh-(ein)

לְמִי	חִנָּם	פְּצָעִים	לְמִי	שִׂיחַ
lᵊmiʸ	ḥinnɔm	pᵊṣɔʿiʸm	lᵊmiʸ	śiʸaḥ
(hat-Wer=)wer-Zu	?(nichts-um=)grundlos	Wunden	wer-(zu)	,Sorge

30 לַמְאַחֲרִים	עֵינָיִם׃	חַכְלִלוּת
lamᵊʾᵃḥᵃriʸm	ʿeʸnɔyim.	ḥakᵊliluʷt
(Sitzenden-spät-bis=)Säumende(n)-(Die=)Zu	?Augen-beide(r)	Trübheit

לַחְקֹר	לַבָּאִים	הַיָּיִן	עַל־
laḥᵊqor	labbɔʾiʸm	hayyɔyin	-ʿal
(kosten=)prüfen-zu	Kommende(n)-(die=)zu	,Wein-(dem=)der	(bei=)auf

יַיִן	תֵּרֶא	31 אַל־	מִמְסָךְ׃
yayin	terɛʾ	-ʾal	mimᵊsɔk.
,Wein-(dem)	(nach)-schauen-(sollst=)wirst-du	Nicht	.Mischtrank-(dem)-von

כִּי kiy (wie=)wenn | יִתְאַדָּם yitᵊᵓaddɔm ,schimmert-rot-er | כִּי־ -kiy (wie=)wenn | יִתֵּן yitten gegeben-wird-(es=er)

בַּכִּיס[בַּכּוֹס] [bakkows]bakkiys Becher-den-in | עֵינוֹ ᶜeynow ,(Glanz=)Auge-sein | יִתְהַלֵּךְ yitᵊhallek sich-(trinkt=)ergeht-er

בְּמֵישָׁרִים׃ bᵊmeyšɔriym. !(unbehindert=)Geradheiten-in | 32 אַחֲרִיתוֹ ᵓaḥᵃriytow (Ende-Am=)Ausgang-Sein | כְּנָחָשׁ kᵊnɔḥɔš Schlange-(eine)-wie

יִשָּׁךְ yiššɔk ,beißt-er | וּכְצִפְעֹנִי uwkᵊṣipᵊᶜoniy Otter-(eine)-wie-und | יַפְרִשׁ׃ yapᵊriš. .ab-Gift-sondert-er | 33 עֵינֶיךָ ᶜeynɛykɔ Augen-(zwei)-Deine

יִרְאוּ yirᵊᵓuw sehen-(sie) | זָרוֹת zɔrowt ,(Dinge)-befremdliche | וְלִבְּךָ wᵊlibbᵊkɔ Herz-dein-und | יְדַבֵּר yᵊdabber redet-(es=er)

תַּהְפֻּכוֹת׃ tahᵊpukowt. .(Dinge)-verkehrte | 34 וְהָיִיתָ wᵊhɔyiytɔ (bist=)warst-du-Und | כְּשֹׁכֵב kᵊšokeb Liegender-(ein)-wie

בְּלֶב־ -bᵊlɛb (im-mitten=)Herz-in | יָם yɔm Meer | וּכְשֹׁכֵב uwkᵊšokeb Liegender-(ein)-wie-und | בְּרֹאשׁ bᵊroᵓš (Spitze-der-an=)Kopf-in

חִבֵּל׃ ḥibbel. .Mast(es)-(des) | 35 הִכּוּנִי hikkuwniy ,mich-schlugen-Sie | בַּל־ -bal nicht | חָלִיתִי ḥɔliytiy ,krank-wurde-ich

הֲלָמוּנִי hᵃlɔmuwniy ,mich-prügelten-sie | בַּל־ -bal nicht(s) | יָדָעְתִּי yɔdɔᶜᵊtiy .(merkte=)wusste-ich | מָתַי mɔtay (Wenn=)Wann

אָקִיץ ᵓɔqiyṣ ,(ich-erwache=)wach-werde-ich | אוֹסִיף ᵓowsiyp ,(noch-mehr=)hinzufügen-(will=)werde-ich-(dann)

אֲבַקְשֶׁנּוּ ᵓᵃbaqᵊšɛnnuw ihn-(verlangen=)suchen-(will=)werde-ich | עוֹד׃ ᶜowd. !(mehr)-noch

24

תְּקַנֵּא	1 אַל־	
tᵊqanneʾ	-ʾal	
beneiden-(sollst=)wirst-du	Nicht	

וְאַל־	רָעָה	בְּאַנְשֵׁי
-wᵊʾal	rɔʿɔʰ	bᵊʾanᵊšeʸ
nicht-und	,Bosheit-(der)	(Menschen=)Männer-(die=)in

2 כִּי־	אִתָּם׃	לִהְיוֹת	תִּתְאָו[תִּתְאָיו]
-kiʸ	ʾittɔm.	lihᵊyoʷt	[titᵊʾɔʸw]titᵊʾɔw
Denn	!ihnen-(bei=)mit	sein-zu	lassen-gelüsten-dich-(sollst=)wirst-du

שִׂפְתֵיהֶם	וְעָמָל	לִבָּם	יֶהְגֶּה	שֹׁד
śipᵊteʸhɛm	wᵊʿɔmɔl	libbɔm	yɛhᵊgɛʰ	šod
Lippen-(zwei)-ihre	Unheil-und	,Herz-ihr	(er)sinnt-(es=er)	Gewalttat

בָּיִת	יִבָּנֶה	3 בְּחָכְמָה	תְּדַבֵּרְנָה׃
bɔyit	yibbɔnɛʰ	bᵊḥokᵊmɔʰ	tᵊdabberᵊnɔʰ.
,Haus-(ein)	gebaut-wird-(es=er)	Weisheit-(Durch=)In	.reden-(sie)

יִתְכּוֹנָן׃	וּבִתְבוּנָה
yitᵊkoʷnɔn.	uʷbitᵊbuʷnɔʰ
.(gegründet-fest=)befestigt-wird-(es=)er	(Klugheit=)Einsicht-(durch=)in-und

יִמָּלְאוּ	חֲדָרִים	4 וּבְדַעַת
yimmɔlᵊʾuʷ	ḥᵃdɔriʸm	uʷbᵊdaʿat
(sich-füllen=)gefüllt-werden-(sie)	Kammern	(Er)kenntnis-(durch=)in-Und

5 גֶּבֶר־	וְנָעִים׃	יָקָר	הוֹן	כָּל־
-gɛbɛr	wᵊnɔʿiʸm.	yɔqɔr	hoʷn	-kol
Mann-(Ein)	.(wertvollem=)liebliche(m)-und	kostbar(em)	Gut	all(erlei)-(mit)

דַּעַת	וְאִישׁ־	בַּעוֹז	חָכָם
daʿat	-wᵊʾiʸš	baʿoʷz	ḥɔkɔm
(Verstand=)Erkenntnis	(von)-Mann-(ein)-und	,Kraft-der-in-(besteht)	weise(r)

בְּתַחְבֻּלוֹת	6 כִּי	כֹּחַ׃	מְאַמֶּץ־
bᵊtaḥᵊbuloʷt	kiʸ	koaḥ.	-mᵊʾammɛṣ
Gedanken-(kluge)-(durch=)in	Denn	.Stärke	(entfaltet=)festigend(er)-(ist)

מִלְחָמָה	לְךָ	תַּעֲשֶׂה־
milᵊḥɔmɔʰ	lᵊkɔ	-taʿᵃśɛʰ
,Kampf-(den)	(Gunsten-deinen=)dir-zu	(führen=)machen-(musst=)wirst-du

וּתְשׁוּעָה uʷtᵊšuʷᶜɔʰ (besteht)-(Erfolg=)Sieg-und
בְּרֹב bᵊrob (von)-Vielzahl-(einer)-in
יוֹעֵץ׃ yoʷᶜeṣ. .Ratgebend(em)

7 רָאמוֹת rɔʾmoʷt (sind-hoch-Zu=)Höhen
לֶאֱוִיל lɛʾᵋwiʸl Tor(en)-(dem=)zu
חָכְמוֹת ḥokᵊmoʷt ,Weisheit(en)
בַּשַּׁעַר baššaᶜar Tor-dem-in
לֹא loʾ nicht

יִפְתַּח־ -yipᵊtaḥ auf-tut-er
פִּיהוּ׃ piʸhuʷ. .Mund-sein(en)
8 מְחַשֵּׁב mᵊḥaššeb Sinnend(en)-(Einen)
לְהָרֵעַ lᵊhɔreaᶜ ,Bösestun-(auf=)zu

לוֹ loʷ (den=)ihm-zu
בַּעַל־מְזִמּוֹת mᵊzimmoʷt-baᶜal (Ränkeschmied=)Ränke-(der)-Herr
יִקְרָאוּ׃ yiqᵊrɔʾuʷ. .(nennt-man=)rufen-sie

9 זִמַּת zimmat Schandtat-(Die)
אִוֶּלֶת ʾiwwɛlɛt Torheit-(der)
חַטָּאת ḥaṭṭɔʾt ,Sünde-(ist)
וְתוֹעֲבַת wᵊtoʷᶜᵃbat Gräuel-(ein)-und

לְאָדָם lᵊʾɔdɔm Mensch(en)-(für=)zu
לֵץ׃ leṣ. .Spötter-(der)-(ist)
10 הִתְרַפִּיתָ hitᵊrappiʸtɔ schlaff-dich-(du-Zeigst=)zeigst-Du

בְּיוֹם bᵊyoʷm Tag-(am=)in
צָרָה ṣɔrɔʰ ,Bedrängnis-(der)
צַר ṣar (versagt=)beengt-(bleibt)
כֹּחֶכָה׃ koḥɛkɔʰ. .Kraft-deine

11 הַצֵּל haṣṣel Rette
לְקֻחִים lᵊquḥiʸm (Geführten=)Ergriffene(n)-(die=)zu
לַמָּוֶת lammɔwɛt ,Tod-zu(m)
וּמָטִים uʷmɔṭiʸm Wankende(n)-und

לַהֶרֶג lahɛrɛg (Hinmordung-zur=)Morden-zum
אִם־ -ʾim (nicht=)wenn

תַּחְשׂוֹךְ׃ taḥᵊśoʷk. !(Hilfe)-zurückhalten-(sollst=)wirst-du
12 כִּי־ -kiʸ Wenn
תֹאמַר toʾmar :sagst-du
הֵן hen ,Siehe
לֹא־ -loʾ nicht(s)

יָדַעְנוּ yɔdaᶜᵊnuʷ (wussten=)kannten-wir
זֶה zɛʰ ,!(davon=)dies(em)-(von)
הֲלֹא־ -haloʾ nicht-etwa
תֹכֵן token Prüfende-(der)

וְנֹצֵר	יָבִין	הוּא־	לִבּוֹת
wᵊnoṣer	yɔbiʸn	-huʷʾ	libboʷt
Behütende-(der)-und	,(es-merkt=)Acht-gibt-(er)	(d)er	,Herzen-(die)

וְהֵשִׁיב	יֵדָע	הוּא	נַפְשְׁךָ
wᵊhešiʸb	yedɔʿ	huʷʾ	napᵊšᵊkɔ
(vergilt=)kehren-macht-er-und	,(es)-weiß-(er)	(d)er	,(Leben=)Seele-dein(e)

בְּנִי	13 אֱכָל־	כְּפָעֳלוֹ׃	לְאָדָם
bᵊniʸ	-ʾɛkol	kᵊpoʿolowʷ.	lᵊʾɔdɔm
,Sohn-mein	,Iss	?Tun-sein(em)-(gemäß=)wie	Mensch(en)-(dem=)zu

חִכֶּךָ׃	עַל־	מָתוֹק	וְנֹפֶת	טוֹב	כִּי־	דְבַשׁ
ḥikkɛkɔ.	-ʿal	mɔtoʷq	wᵊnopɛt	ṭoʷb	-kiʸ	dᵊbaš
!Gaumen-dein(en)	(für=)auf	süß(en)	Seim-und	,gut-(ist-er)	denn	,Honig

אִם־	לְנַפְשֶׁךָ	חָכְמָה	דְּעֶה	14 כֵּן
-ʾim	lᵊnapᵊšɛkɔ	ḥokᵊmɔʰ	dᵊʿɛʰ	ken
Wenn	!Seele-deine-(für=)zu	Weisheit	(erlerne=)wisse	So

אַחֲרִית	וְיֵשׁ	מְצָאתָ
ʾaḥᵃriʸt	wᵊyeš	mɔṣɔʾtɔ
,(Ende-gutes-ein=)Ausgang	gibt-es-(dann=)und	,(erworben-sie=)fandest-du

15 אַל־	תִכָּרֵת׃	לֹא	וְתִקְוָתְךָ
-ʾal	tikkɔret.	loʾ	wᵊtiqᵊwɔtᵊkɔ
Nicht	.(zerstört=)geschnitten-wird-(sie)	nicht	Hoffnung-deine-und

צַדִּיק	לִנְוֵה	רָשָׁע	תֶּאֱרֹב
ṣaddiʸq	linᵊweʰ	rɔšɔʿ	tɛʾɛrob
,Gerecht(en)-(des)	Wohnstatt-(die=)zu	Frevler-(als)	belauern-(sollst=)wirst-du

שֶׁבַע	16 כִּי	רִבְצוֹ׃	תְּשַׁדֵּד	אַל־
šɛbaʿ	kiʸ	ribᵊṣoʷ.	tᵊšadded	-ʾal
sieben(mal)	Wenn	.Lagerplatz-sein(en)	verwüsten-(sollst=)wirst-du	nicht

וּרְשָׁעִים	וָקָם	צַדִּיק	יִפּוֹל
uʷrᵊšɔʿiʸm	wɔqɔm	ṣaddiʸq	yippoʷl
Frevler-(aber=)und	,auf-(steht=)stand-(er)-(so=)und	,Gerechter-(ein)	fällt-(er)

17 בִּנְפֹל	בְרָעָה׃	יִכָּשְׁלוּ
binᵊpol	bᵊrɔʿɔʰ.	yikkɔšᵊluʷ
(fällt-Wenn=)Fallen-In	.Unglück-in(s)	(stürzen=)straucheln-(sie)

תִּשְׂמָח	אַל־	אֹיְבֶיךָ[אוֹיִבְךָ]
tiśᵊmɔḥ	-ˀal	[ˀoʷyibᵊkɔ]ˀoʷyᵊbɛʸkɔ
,freuen-dich-(sollst=)wirst-du	nicht	,Feind-dein

יָגֵל	אַל־	וּבִכָּשְׁלוֹ
yɔgel	-ˀal	uʷbikkošᵊloʷ
jubeln-(laut)-(soll=)wird-(es=er)	nicht	Straucheln-sein(em)-(bei=)in-und

וָרַע	יְהוָה	יִרְאֶה	18 פֶּן־	לִבֶּךָ׃
wᵊraᶜ	yᵊhwɔʰ	yirᵊˀɛʰ	-pɛn	libbɛkɔ.
schlecht-(ist-es)-und —	JHWH	(sehe=)sieht-(es=)er	nicht-Dass	!Herz-dein

מֵעָלָיו	וְהֵשִׁיב	בְּעֵינָיו
meᶜɔlɔʸw	wᵊhešiʸb	bᵊᶜeʸnɔʸw
ihm-von	(ab)kehren-mach(t)e-er-und	,— Augen-(zwei)-seine(n)-in

תִּתְחַר	19 אַל־	אַפּוֹ׃
titᵊḥar	-ˀal	ˀappoʷ.
(aufregen=)erhitzen-dich-(sollst=)wirst-du	Nicht	.(Zorn=)Nase-seine(n)

אַל־	בַּמְּרֵעִים
-ˀal	bammᵊreᶜiʸm
nicht	,(Übeltäter=)Handelnde(n)-schlecht-die-(über=)in

לֹא־	20 כִּי	בָּרְשָׁעִים׃	תְּקַנֵּא
-loˀ	kiʸ	bɔrᵊšɔᶜiʸm.	tᵊqanneˀ
nicht	Denn	!Frevler-die-(über=)in	ereifern-dich-(sollst=)wirst-du

לָרָע	אַחֲרִית	תִהְיֶה
lɔrɔᶜ	ˀaḥᵃriʸt	tihᵊyɛʰ
,Frevler-den-(für=)zu	(Ende-gutes-ein=)Ausgang	sein-wird-(es=sie)

אֶת־יְהוָה	21 יְרָא־	יִדְעָךְ׃	רְשָׁעִים	נֵר
yᵊhwɔʰ-ˀɛt	-yᵊrɔˀ	yidᵊᶜɔk.	rᵊšɔᶜiʸm	ner
,JHWH***	Fürchte	.erlischt-(sie=er)	Frevler-(der)	Leuchte-(die)

שׁוֹנִים	עִם־	וָמֶלֶךְ	בְּנִי
šoʷniʸm	-ᶜim	wɔmɛlɛk	bᵊniʸ
(Andersdenkenden=)Ändernde(n)-sich	mit	;König-(den)-und	,Sohn-mein

פִּתְאֹם	22 כִּי־	תִּתְעָרָב׃	אַל־
pitᵊˀom	-kiʸ	titᵊᶜɔrɔb.	-ˀal
plötzlich	Denn	!(einlassen=)mischen-dich-(sollst=)wirst-du	nicht

יָקוּם yoquʷm sich-erhebt-(es=er)
אֵידָם ʾeʸdɔm ,Verderben-ihr
וּפִיד uʷpiʸd Unheil-und
שְׁנֵיהֶם šᵊneʸhɛm ,ihnen-(von)-beide(n)-(von)

מִי miʸ wer
יוֹדֵעַ: yoʷdeaʿ. ?wissend(er)-(ist)
23 גַּם־ -gam Auch
אֵלֶּה ʾellɛʰ (ist)-dies(e)
לַחֲכָמִים laḥᵃkɔmiʸm :Weise(n)-(von=)zu

הַכֵּר־פָּנִים pɔniʸm-hakker (sein-Parteiisch=)Gesichter-Betrachten
בְּמִשְׁפָּט bᵊmišᵊpɔṭ Gericht-(im=)in
בַּל־ -bal nicht
טוֹב: ṭoʷb. .gut-(ist)

24 אֹמֵר ʾomer (spricht-Wer=)Sprechend(er)
לְרָשָׁע lᵊrɔšɔʿ :Schuldigen-(einem)-zu
צַדִּיק ṣaddiʸq Gerecht
אָתָּה ʾɔttɔʰ !(bist)-du

יִקְּבֻהוּ yiqqᵊbuhuʷ ihn-(verfluchen=)durchbohren-(Es=)Sie —
עַמִּים ʿammiʸm ,Völker-(die)

יִזְעָמוּהוּ yizᵊʿɔmuʷhuʷ ihn-verwünschen-(es=)sie
לְאֻמִּים: lᵊʾummiʸm. .Nationen

25 וְלַמּוֹכִיחִים wᵊlammoʷkiʸḥiʸm Zurechtweisende(n)-(den=)zu-(Aber=)Und
יִנְעָם yinᵊʿɔm ,wohl-geht-(es=)er

וַעֲלֵיהֶם waʿᵃleʸhɛm (sie=)ihnen-(über=)auf-und
תָּבוֹא tɔboʷʾ kommt-(es=sie)
בִּרְכַּת־ -birᵊkat Segnung-(die)

טוֹב: ṭoʷb. .(Glückes=)Gut(es)-(des)
26 שְׂפָתַיִם śᵊpɔtayim Lippen-(Zwei)
יִשָּׁק yiššɔq küsst-(man=)er

מֵשִׁיב mešiʸb (Antwortenden=)Machenden-kehren-(einem)
דְּבָרִים dᵊbɔriʸm Worte(n)-(mit)

נְכֹחִים: nᵊkoḥiʸm. .(redlichen=)gerade(n)
27 הָכֵן hɔken (Ver)richte
בַּחוּץ baḥuʷṣ (Freien=)Draußen-im
מְלַאכְתֶּךָ mᵊlaʾkᵊtɛkɔ Arbeit-deine

אַחַר   לְךָ   בַּשָּׂדֶה   וְעַתְּדָהּ
ʾaḥar   lɔk   baśśɔdεʰ   wᵊʿattᵊdɔh
nach(her)   ,(dich-für=)dir-zu   Feld-dem-(auf=)in   sie-(bestelle=)bereite-und

תְּהִי   28 אַל־   בֵּיתֶךָ׃   וּבָנִיתָ
tᵊhiʸ   -ʾal   beʸtεkɔ.   uʷbɔniʸtɔ
sein-(sollst=)wirst-du   Nicht   !Haus-dein   bauen-(magst=)wirst-du-(also=)und

בְּרֵעֶךָ   חִנָּם   עֵד־
bᵊreʿεkɔ   ḥinnɔm   -ʿed
,Nächsten-deinen-(gegen=)in   grundlos   Zeuge-(ein)

בִּשְׂפָתֶיךָ׃   וַהֲפִתִּיתָ
biśᵊpɔtεʸkɔ.   wahᵃpittiʸtɔ
!Lippen-(zwei)-deine(n)-(mit=)in   (täuschst=)verführst-du-etwa-(dass=)und

כֵּן   לִי   עָשָׂה־   כַּאֲשֶׁר   תֹּאמַר   29 אַל־
ken   liʸ   -ʿɔśɔʰ   kaʾᵃšεr   toʾmar   -ʾal
so   ,mir-(zu)   (getan=)machte-er   wie-So   :sagen-(sollst=)wirst-du   Nicht

אָשִׁיב   לוֹ   אֶעֱשֶׂה־
ʾɔšiʸb   loʷ   -ʾεʿεśεʰ
(vergelten=)machen-kehren-werde-ich   ,ihm-(zu)   (tun=)machen-(will=)werde-ich

שְׂדֵה   30 עַל־   כְּפָעֳלוֹ׃   לָאִישׁ
śᵊdeʰ   -ʿal   kᵊpoʿoloʷ.   lɔʾiʸš
Feld-(dem)   (An=)Auf   !Tun-sein(em)-(gemäß=)wie   (jedem=)Mann-dem-zu

כֶּרֶם   וְעַל־   עָבַרְתִּי   עָצֵל   אִישׁ־
kεrεm   -wᵊʿal   ʿɔbarᵊtiʸ   ʿɔṣel   -ʾiʸš
Weingarten-(dem)   (an=)auf-und   ,vorbei-ging-ich   träge(n)   Mann(es)-(eines)

עָלָה   31 וְהִנֵּה   חֲסַר־לֵב׃   אָדָם
ʿɔlɔʰ   wᵊhinneʰ   leb-ḥᵃsar.   ʾɔdɔm
auf-ging-er   ,siehe-Und   .(unverständigen=)Herz-entbehrend   Mensch(en)-(eines)

פָנָיו   כָּסּוּ   קִמְּשֹׂנִים   כֻּלּוֹ
pɔnɔʸw   kɔssuʷ   qimmᵊśoniʸm   kulloʷ
(Fläche=)Gesichter-seine   bedeckten-(Es=)Sie   .Unkräuter(n)-(mit)   (ganz=)er-all

נֶהֱרָסָה׃   אֲבָנָיו   וְגֶדֶר   חֲרֻלִּים
nεhᵋrɔsɔʰ.   ʾᵃbɔnɔʸw   wᵊgεdεr   ḥᵃrulliʸm
.niedergerissen-war-(sie)   Steine-seine(r)   Mauer-(die)-Und   .Disteln

אָשִׁית	אָנֹכִי	32 וָאֶחֱזֶה
ʾɔšiʸt	ʾɔnokiʸ	wɔʾɛḥᵉzɛʰ
(es-nahm=)setz(t)e-ich	,ich	,schaute-ich-Und

לָקַחְתִּי	רָאִיתִי	לִבִּי
lɔqaḥᵊtiʸ	rɔʾiʸtiʸ	libbiʸ
(mir)-nahm-ich-(und)	(es-betrachtete=)sah-ich	,(Herzen-zu-mir=)Herz-mein-(in)

מְעַט	שֵׁנוֹת	33 מְעַט	מוּסָר׃
mᵊʿaṭ	šenoʷt	mᵊʿaṭ	muʷsɔr.
wenig-(ein)	,Schlaf(zeiten)	wenig-(Ein)	.(daraus-Lehre-eine=)Zucht

חִבֻּק	מְעַט	תְּנוּמוֹת
ḥibbuq	mᵊʿaṭ	tᵊnuʷmoʷt
(Verschränken=)Ineinanderlegen	wenig-(ein)	,Schlummer(zeiten)

34 וּבָא־	לִשְׁכָּב׃	יָדַיִם
-uʷbɔʾ	lišᵊkɔb.	yɔdayim
kommt-(es=er)-(so=)und	,(Ruhen=)Liegen-zu(m)	Hände-(beider)

כְּאִישׁ	וּמַחְסֹרֶיךָ	רֵישֶׁךָ	מִתְהַלֵּךְ
kᵊʾiʸš	uʷmaḥᵊsorɛʸkɔ	reʸšɛkɔ	mitᵊhallek
-Mann-(ein)-wie	Verluste-deine-und	,Armut-deine	(schnell=)einhergehend

מָגֵן׃
mɔgen.
.(Bewaffneter=)Schild-(mit)

25

שְׁלֹמֹה	מִשְׁלֵי	אֵלֶּה	1 גַּם־
šᵊlomoʰ	mišᵊleʸ	ʾellɛʰ	-gam
,(Salomo=)Schelomo	(von)-Sprüche	(sind)-diese	Auch

חִזְקִיָּה	אַנְשֵׁי	הֶעְתִּיקוּ	אֲשֶׁר
ḥizᵊqiʸyɔʰ	ʾanᵊšeʸ	hɛʿᵊtiʸquʷ	ʾᵃšɛr
,(Hiskija=)Chiskija	(von)-Männer-(die)	sammelten-(sie)	welch(e)

הַסְתֵּר	אֱלֹהִים	2 כְּבֹד	יְהוּדָה	מֶלֶךְ־
hasᵊter	ʾᵉlohiʸm	kᵊbod	yᵊhuʷdɔʰ	-mɛlɛk
verbergen-(ist)	(Gottes=)Götter-(der)	Ehre	:Juda	(von)-König(s)-(des)

חֲקֹר	מְלָכִים	וּכְבֹד	דָּבָר
ḥᵃqor	mᵊlɔkiʸm	uʷkᵊbod	dɔbɔr
erforschen-(ist)	Könige-(der)	Ehre-(jedoch=)und	,(Sache-eine=)Wort-(ein)

דָּבָר׃ dɔbɔr. .(Sache-eine=)Wort-(ein)
3 שָׁמַיִם šɔmayim Himmel-(Die)
לָרוּם lɔruʷm Höhe-(an=)zu
וָאָרֶץ wɔʾɔrɛṣ Erde-(die)-und

לָעֹמֶק lɔʿomɛq Tiefe-(an=)zu
וְלֵב wᵊleb Herz-(das)-und
מְלָכִים mᵊlɔkiʸm Könige-(der)

אֵין ʾeʸn. (ist)-nicht
חֵקֶר׃ ḥeqɛr .(unerforschlich-sind=)Erforschung
4 הָגוֹ hɔgoʷ (weg-Schaffe=)Entfernen-(Ein)

סִיגִים siʸgiʸm Schlacken-(die)
מִכָּסֶף mikkɔsɛp ,Silber-(dem)-von
וַיֵּצֵא wayyeṣeʾ hervor-(kommt=)kam-(es=)er-(so=)und

לַצֹּרֵף laṣṣorep Schmelzenden-(dem=)zum
כֶּלִי׃ kɛliʸ. .(Gefäß=)Gerät-(ein)
5 הָגוֹ hɔgoʷ (weg-Schaffe=)Entfernen-(Ein)

רָשָׁע rɔšɔʿ Frevler-(einen)
לִפְנֵי־ -lipᵊneʸ (vor=)Gesichter-zu
מֶלֶךְ mɛlɛk ,König-(dem)

וְיִכּוֹן wᵊyikkoʷn (Bestand-hat=)gegründet-ist-(es=er)-(dann=)und
בַּצֶּדֶק baṣṣɛdɛq Gerechtigkeit-(durch=)der-in

כִּסְאוֹ׃ kisᵊʾoʷ. .Thron-sein
6 אַל־ -ʾal Nicht
תִּתְהַדַּר titᵊhaddar brüsten-dich-(sollst=)wirst-du
לִפְנֵי־ -lipᵊneʸ (vor=)Gesichter-zu

מֶלֶךְ mɛlɛk ,König-(dem)
וּבִמְקוֹם uʷbimᵊqoʷm Platz-(den)-(an=)in-und
גְּדֹלִים gᵊdoliʸm Große(n)-(der)
אַל־ -ʾal nicht

תַּעֲמֹד׃ taʿᵃmod. .(hin)stehen-(sollst=)wirst-du
7 כִּי kiʸ Denn
טוֹב ṭoʷb (,besser=)gut-(ist-es)

אֲמָר־ -ʾᵃmor (sagt-man-wenn=)Sagen-(ein)
לְךָ lᵊkɔ :dir-zu
עֲלֵה ʿaleʰ herauf-Komm
הֵנָּה hennɔʰ ,!hierher

לִפְנֵי	מֵֽהַשְׁפִּילְךָ
lip^{ə}ne^{y}	mehaš^{ə}pi^{y}l^{ə}kɔ
(vor=)Gesichter-zu	dich-(Erniedrigen=)Herabsetzen-(ein)-(als=)von

עֵינֶיךָ׃	רָאוּ	אֲשֶׁר	נָדִיב
ʿe^{y}nɛ^{y}kɔ.	rɔʾu^{w}	^{ʾa}šɛr	nɔdi^{y}b
,Augen-(zwei)-deine	gesehen-haben-(sie)	(Was=)Welch(es)	.Edlen-(einem)

לָרִב	תֵּצֵא	8 אַל־
lɔrib	teṣeʾ	-ʾal
Rechtsstreit-zum	(vorbringen-es=)ausziehen-(sollst=)wirst-du	nicht

תַּעֲשֶׂה	מַה־	פֶּן	מַהֵר
ta^{ʿa}śɛ^{h}	-ma^{h}	pɛn	maher
machen-wirst-du	was	,(sonst=)nicht-damit	,(vorschnell=)Eilen-(ein)

אֹתְךָ	בְּהַכְלִים	בְּאַחֲרִיתָהּ
ʾot^{ə}kɔ	b^{ə}hak^{ə}li^{y}m	b^{əʾ}aḥ^{a}ri^{y}tɔh
dich	(beschämt-wenn=)Beschämen-in	,(Ende-am=)Ausgang-ihr(em)-in

אֶת־	רִיב	9 רִיבְךָ	רֵעֶךָ׃
-ʾɛt	ri^{y}b	ri^{y}b^{ə}kɔ	re^{ʿ}ɛkɔ.
mit	(aus-handle=)streite	Rechtsstreit-Dein(en)	?(andere-der=)Gefährte-dein

אַל־	אַחֵר	וְסוֹד	רֵעֲךָ
-ʾal	ʾaḥer	w^{ə}so^{w}d	re^{ʿ}ɛkɔ
nicht	ander(en)-(eines)	Geheimnis-(ein)-(aber=)und	,Gefährte(n)-dein(em)

יְחַסֶּדְךָ	10 פֶּן־	תְּגָל׃
y^{ə}ḥassɛd^{ə}kɔ	-pɛn	t^{ə}gɔl.
,dich-tadelt-(es=er)	nicht-dass	,aufdecken-(sollst=)wirst-du

לֹא	וְדִבָּתְךָ	שֹׁמֵעַ
loʾ	w^{ə}dibbɔt^{ə}kɔ	šomea^{ʿ}
nicht	Nachrede-(üble)-(dich-über=)deine-und	,(hört-es-wer=)Hörender-(ein)

בְּמַשְׂכִּיּוֹת	זָהָב	11 תַּפּוּחֵי	תָשׁוּב׃
b^{ə}maś^{ə}ki^{y}yo^{w}t	zɔhɔb	tappu^{w}ḥe^{y}	tɔšu^{w}b.
(Gefäßen=)Gebilden-in	Gold	(aus)-Äpfel	.zurück-(kehre=)kehrt-(es=sie)

דָּבֻר	דָּבָר	כֶּסֶף
dɔbur	dɔbɔr	kɔsɛp
gesprochen(es)	Wort-(ein)-(ist)	Silber-(aus)

עַל־ אָפְנָיו 12 נֶזֶם
nɛzɛm ʾopᵊnɔʸw -ʿal
Ring-(ein)-(Wie) .(Zeit-rechten-zur=)Gelegenheiten-seine-auf

זָהָב וַחֲלִי־ כָּתֶם
kɔtɛm -waḥᵃliʸ zɔhɔb
(Fein)gold-(aus) Geschmeide-und (goldener=)Gold-(von)

מוֹכִיחַ חָכָם עַל־ אֹזֶן
ʾozɛn -ʿal ḥɔkɔm moʷkiʸaḥ
Ohr-(das) (für=)auf weise(r) (Warner=)Mahnender-(ein)-(ist)

שֹׁמָעַת׃ 13 כְּצִנַּת־ שֶׁלֶג
šɛlɛg -kᵊṣinnat šomɔʿat.
Schnee (von)-(Kühlung=)Kälte-Wie .(aufmerksame=)hörende

בְּיוֹם קָצִיר צִיר נֶאֱמָן
nɛʾᵉmɔn ṣiʸr qɔṣiʸr bᵊyoʷm
zuverlässiger (Herold=)Bote-(ein)-(ist) Ernte-(der) Tag-(einem)-(an=)in

לְשֹׁלְחָיו וְנֶפֶשׁ אֲדֹנָיו
ʾᵃdonɔʸw wᵊnɛpɛš lᵊšolᵊḥɔʸw
Herr(e)n-seine(s) Seele-(die)-und ,(Auftraggeber=)Sendenden-seine-(für=)zu

יָשִׁיב׃ 14 נְשִׂיאִים וְרוּחַ וְגֶשֶׁם
wᵊgɛšɛm wᵊruʷaḥ nᵊśiʸʾiʸm yɔšiʸb.
Regen-(aber=)und ,Wind-und Wolken .(erquickt=)kehren-macht-er

אַיִן אִישׁ מִתְהַלֵּל
mitᵊhallel ʾiʸš ʾɔyin
(rühmt-sich-der=)Rühmender-sich ,(jemand=)Mann-(ist)-(so) ,(gibt-es)-nicht

בְּמַתַּת־ שָׁקֶר׃
šɔqɛr. -bᵊmattat
.Betrug(es)-(des) Gabe-(einer)-(mit=)in

15 בְּאֹרֶךְ אַפַּיִם
ʾappayim bᵊʾorɛk
(Langmut-Durch=)Nasenlöcher-(zweier) Länge-In

יְפֻתֶּה קָצִין
qɔṣiʸn yᵊputtɛʰ
,Richter-(ein) (werden-umgestimmt=)verführt-(kann=)wird-(es=er)

גָּרֶם׃	תִּשְׁבָּר־	רַכָּה	וְלָשׁוֹן
gɔrɛm.	-tiš^{ə}bor	rakkɔ^{h}	w^{ə}lɔšo^{w}n
.(Knochen=)Gebein	brechen-(kann=)wird-(sie)	(sanfte=)zarte	Zunge-(eine)-und

דַּיֶּךָּ	אֱכֹל	מָצָאתָ	16 דְּבַשׁ
dayyɛkɔ	ᵓ^{ɛ}kol	mɔṣɔᵓtɔ	d^{ə}baš
,(Bedarf-nach=)Ausreichende(n)-deine	iss —	,gefunden-hast-du	Honig

17 הֹקַר	וַהֲקֵאתוֹ׃	תִּשְׂבָּעֶנּוּ	פֶּן־
hoqar	wah^{a}qeᵓto^{w}.	tiś^{ə}bɔ^{c}ɛnnu^{w}	-pɛn
selten-(Setze=)Mache	.ihn-erbrichst-(du)-und	ihn-satt-bekommst-du	nicht-dass

פֶּן־	רֵעֶךָ	מִבֵּית	רַגְלְךָ
-pɛn	re^{c}ɛkɔ	mibbe^{y}t	rag^{ə}l^{ə}kɔ
nicht-dass	,(Nachbarn=)Nächste(n)-dein(es)	Haus-(das)-(in=)von	Fuß-dein(en)

18 מֵפִיץ	וּשְׂנֵאֶךָ׃	יִשְׂבָּעֲךָ
mepi^{y}ṣ	u^{w}ś^{ə}neᵓɛkɔ.	yiś^{ə}bɔ^{ca}kɔ
Streithammer-(ein)-(Wie)	.dich-hass(t)e-(er)-und	dich-satt-(habe=)hat-er

אִישׁ	שָׁנוּן	וְחֵץ	וְחֶרֶב
ᵓi^{y}š	šɔnu^{w}n	w^{ə}ḥeṣ	w^{ə}ḥɛrɛb
,(jemand=)Mann-(ist)	(spitzer=)geschärfter	Pfeil-(ein)-und	Schwert-(ein)-und

עֵד	בְרֵעֵהוּ	עֹנֶה
^{c}ed	b^{ə}re^{c}ehu^{w}	^{c}onɛ^{h}
Zeuge-(als)	Gefährte(n)-sein(en)-(gegen=)in	(ist)-antwortend(er)-(der)

מוּעָדֶת	וְרֶגֶל	רֹעָה	19 שֵׁן	שָׁקֶר׃
mu^{wc}ɔdɛt	w^{ə}rɛgɛl	ro^{c}ɔ^{h}	šen	šɔqɛr.
wankende(r)	Fuß-(ein)-und	zerbröckelnde(r)	Zahn-(ein)-Wie	.Lüge-(der)

צָרָה׃	בְּיוֹם	בּוֹגֵד	מִבְטָח
ṣɔrɔ^{h}.	b^{ə}yo^{w}m	bo^{w}ged	mib^{ə}ṭɔḥ
.Bedrängnis-(der)	Tag-(am=)in	Treulosen-(einen)-(auf=)in	Verlass-(der)-(ist)

קָרָה	בְּיוֹם	בֶּגֶד	20 מַעֲדֶה
qɔrɔ^{h}	b^{ə}yo^{w}m	bɛgɛd	ma^{ca}dɛ^{h}
,Kälte-(der)	Tag-(einem)-(an=)in	Gewand-(ein)	Abstreifender-(ein)-(Wie)

וְשָׁר	נָתֶר	עַל־	חֹמֶץ
w^{ə}šɔr	nɔtɛr	-^{c}al	ḥomɛṣ
Singender-(ein)-(ist)-(so=)und	,Laugensalz	auf	Säure-(wie)

רָֽע׃	לֶב־	עַ֣ל	בַשִּׁרִ֗ים
rɔʿ.	-lɛb	ʿal	bašširiʸm
.(vergrämtes=)(gehendes)-schlecht	Herz-(ein)	(für=)auf	Lieder(n)-(mit=)in

לָ֑חֶם	הַאֲכִלֵ֣הוּ	שֹׂ֭נַאֲךָ	רָעֵ֣ב	21 אִם־
lɔḥɛm	haʾᵃkilehuʷ	śonaʾᵃkɔ	rɔʿeb	-ʾim
,Brot	ihn-essen-mache	,(Feind=)Hassender-dein	hungrig-(ist)	Wenn

גֶּֽחָלִ֗ים	22 כִּ֤י	מָֽיִם׃	הַשְׁקֵ֥הוּ	צָ֝מֵ֗א	וְאִם־
gɛḥɔliʸm	kiʸ	mɔyim.	hašᵊqehuʷ	ṣomeʾ	-wᵊʾim
Kohlen	Denn	.Wasser	ihn-trinken-mache	,(ist)-durstig-er	wenn-und

יְשַׁלֶּם־	וַ֝יהוָ֗ה	רֹאשׁ֑וֹ	עַל־	חֹתֶ֣ה	אַ֭תָּה
-yᵊšallɛm	wayhwɔʰ	roʾšoʷ	-ʿal	ḥotɛʰ	ʾattɔʰ
(es)-vergilt-(er)	JHWH-und	,Haupt-sein	auf	häufend(er)	(bist)-du

גָּ֑שֶׁם	תְּח֣וֹלֵֽל	צָ֭פוֹן	23 ר֣וּחַ	לָֽךְ׃
gɔšɛm	tᵊḥoʷlel	ṣɔpoʷn	ruʷaḥ	lɔk.
,Regen	(erzeugt=)wirbelt-(er=sie)	Norden-(dem-aus)	Wind-(Der)	.dir-(zu)

לְשׁ֣וֹן	נִ֝זְעָמִ֗ים	וּפָנִ֥ים
lᵊšoʷn	nizᵊʿɔmiʸm	uʷpɔniʸm
Zunge-(eine-erzeugen)	(ärgerliche=)zornige	(Mienen=)Gesichter-und

עַל־	שֶׁ֥בֶת	24 ט֗וֹב	סָֽתֶר׃
-ʿal	šɛbɛt	ṭoʷb	sɔtɛr.
auf	wohnen-(zu)	(besser=)gut-(ist-Es)	.(redende-heimlich=)Versteck(s)-(des)

מֵאֵ֥שֶׁת	גָּ֑ג	פִּנַּת־
meʾešɛt	gɔg	-pinnat
Frau-(eine)-(als=)von	Dach(es)-(des)	(Ecke=)Zinne-(der)

וּבֵ֥ית	מדונים[מִ֝דְיָנִ֗ים]
uʷbeʸt	[midᵊyɔniʸm]midoʷniʸm
Haus-(ein)-und	(zänkische=)Streitigkeiten-(von)

עַל־	קָ֭רִים	25 מַ֣יִם	חָֽבֶר׃
-ʿal	qɔriʸm	mayim	ḥɔbɛr.
(für=)auf	kühle(s)	Wasser-(Wie)	.(gemeinsames=)Verbindung-(der)

ט֝וֹבָ֗ה	וּשְׁמוּעָ֥ה	עֲיֵפָ֑ה	נֶ֣פֶשׁ
ṭoʷbɔʰ	uʷšᵊmuʷʿɔʰ	ʿᵃyepɔʰ	nɛpɛš
gute	(Kunde-eine=)Gehörte(s)-(ist-so=)und	,(erschöpfte=)müde	Seele-(eine)

נִרְפָּשׂ	26 מַעְיָן	מֶרְחָק׃	מֵאֶרֶץ
nirᵊpɔś	maᶜᵊyɔn	mɛrᵊḥɔq.	meʾɛrɛṣ
getrübter	Quell-(ein)-(Wie)	.Ferne-(der)	Land-(einem)-(aus=)von

מָט	צַדִּיק	מָשְׁחָת	וּמָקוֹר
mɔṭ	ṣaddiʸq	mɔšᵊḥɔt	uʷmɔqoʷr
(wankt-der=)wankend(er)	,Gerechter-(ein)-(ist)	verdorbener	Born-(ein)-und

דְּבַשׁ	27 אָכֹל	רָשָׁע׃	לִפְנֵי־
dᵊbaš	ʾɔkol	rɔšɔᶜ.	-lipᵊneʸ
(Worte-süsse=)Honig	(Aufnehmen=)Essen	.Frevler-(einem)	(vor=)Gesichter-zu

וְחֵקֶר	טוֹב	לֹא־	הַרְבּוֹת
wᵊḥeqɛr	ṭoʷb	-loʾ	harᵊboʷt
Überprüfung-(aber=)und	,gut-(ist)	nicht	(viel-zu=)Vielmachen-(ein)

פְּרוּצָה	28 עִיר	כָּבוֹד׃	כְּבֹדָם
pᵊruʷṣɔʰ	ᶜiʸr	kɔboʷd.	kᵊbodɔm
eingerissene	Stadt-(eine)-(Wie)	!Ehre-(eine)-(ist)	(Wertigkeit=)Ehre-ihre(r)

אֲשֶׁר	אִישׁ	חוֹמָה	אֵין
ʾašɛr	ʾiʸš	ḥoʷmɔʰ	ʾeʸn
(der=)welch(er)	,(jemand=)Mann-(ist-so)	,Mauer	(ohne=)(ist)-nicht

לְרוּחוֹ׃	מַעְצָר	אֵין
lᵊruʷḥoʷ.	maᶜᵊṣɔr	ʾeʸn
.(Gemütes=)Geist(es)-sein(es=)zu	(Beherrschung=)Einhalt	(ohne=)nicht-(ist)

בַּקָּצִיר	וְכַמָּטָר	בַּקַּיִץ	1 כַּשֶּׁלֶג	**26**
baqqɔṣiʸr	wᵊkammɔṭɔr	baqqayiṣ	kaššɛlɛg	
,Ernte-der-in	Regen-der-wie-und	Sommer-im	Schnee-der-Wie	

לִכְסִיל	נָאוֶה	לֹא־	כֵּן
likᵊsiʸl	nɔʾwɛʰ	-loʾ	ken
Tor(en)-(den)-(für=)zu	(passend=)geziemend(er)-(es=er)	(ist)-nicht	so

כַּדְּרוֹר	לָנוּד	2 כַּצִּפּוֹר	כָּבוֹד׃
kaddᵊroʷr	lɔnuʷd	kaṣṣippoʷr	kɔboʷd.
Schwalbe-die-wie-und	Flattern-(im=)zu(m)	Vögelchen-das-Wie	.Ehre

[לוֹ]לֹא	חִנָּם	קִלְלַת	כֵּן	לָעוּף
[loʷ]loʾ	ḥinnɔm	qilᵊlat	ken	lɔᶜuʷp
nicht	(unverdienter=)Grund-ohne	Fluch-(ein)	so	,Fliegen-(im=)zu(m)

מֶתֶג	לַסּוּס	3 שׁוֹט	תָבֹא׃
mɛtɛg	lassu^{w}s	šo^{w}ṭ	tɔbo^{ɔ}.
Zaum-(der)	,Ross-das-(für=)zu	Peitsche-(Die)	.(ein-trifft=)kommt-(er=sie)

לְגֵו	וְשֵׁבֶט	לַחֲמוֹר
l^{ə}gew	w^{ə}šebɛṭ	laḥ^{a}mo^{w}r
Rücken-(den)-(für=)zu	(Rute-die=)Stock-(der)-und	Esel-(den)-(für=)zu

כְּסִיל	תַּעַן	4 אַל־	כְּסִילִים׃
k^{ə}si^{y}l	ta^{c}an	-^{ɔ}al	k^{ə}si^{y}li^{y}m.
Tor(en)-(einem)	erwidern-(sollst=)wirst-du	Nicht	.Tore(n)-(der)

לוֹ	תִּשְׁוֶה־	פֶּן־	כְּאִוַּלְתּוֹ
lo^{w}	-tiš^{ə}wɛ^{h}	-pɛn	k^{əɔ}îwwal^{ə}to^{w}
ihm-(zu)	(gleichst=)ähnlich-bist-(du)	nicht-dass	,Narrheit-seine(r)-(gemäß=)wie

כְּאִוַּלְתּוֹ	כְּסִיל	5 עֲנֵה	אָתָּה׃	גַּם־
k^{əɔ}îwwal^{ə}to^{w}	k^{ə}si^{y}l	^{ca}ne^{h}	^{ɔ}ɔttɔ^{h}.	-gam
,Narrheit-seine(r)-(gemäß=)wie	Tor(en)-(einem)	Erwidere	.(selber)-du	auch

בְּעֵינָיו׃	חָכָם	יִהְיֶה	פֶּן־
b^{əc}e^{y}nɔ^{y}w.	ḥɔkɔm	yih^{ə}yɛ^{h}	-pɛn
.Augen-(zwei)-seine(n)-in	(klug=)weise	(sei=)wird-er	nicht-dass

שֹׁתֶה	חָמָס	רַגְלַיִם	6 מְקַצֶּה
šotɛ^{h}	ḥɔmɔs	rag^{ə}layim	m^{ə}qaṣṣɛ^{h}
,(schlucken-muss=)trinkend(er)-(ist)	Unrecht	,Füße-(beide)	(ist)-Abhauend(er)

בְּיַד־	דְּבָרִים	שֹׁלֵחַ
-b^{ə}yad	d^{ə}bɔri^{y}m	šoleaḥ
(durch=)Hand-in	(Angelgenheiten=)Worte	(lässt-besorgen-wer=)Sendender-(ein)

שֹׁקַיִם	7 דַּלְיוּ	כְּסִיל׃
šoqayim	dal^{ə}yu^{w}	k^{ə}si^{y}l.
Schenkel-(beide)	(hängen=)hingen-schlaff-(sie)-(Wie)	.Tor(en)-(einen)

וּמָשָׁל	מִפִּסֵּחַ
u^{w}mɔšɔl	mippisseaḥ
(Weisheits)spruch-(ein)-(ist)-(so=)und	,Lahmen-(einem)-von

אֶבֶן	8 כִּצְרוֹר	כְּסִילִים׃	בְּפִי
^{ɔ}ɛbɛn	kiṣ^{ə}ro^{w}r	k^{ə}si^{y}li^{y}m.	b^{ə}pi^{y}
stein	-Kiesel-(ein)-Wie	.Tore(n)	(von)-Mund-(im=)in

נוֹתֵן	כֵּן־	בְּמַרְגֵּמָה
noʷten	-ken	bᵊmarᵊgemɔʰ
(erweist-wer=)Gebender-(ein)	,(ist)-so	,Schleuder-(einer)-(an=)in

עֹלָה	9 חוֹחַ	כָּבוֹד׃	לִכְסִיל
ʿɔlɔʰ	ḥoʷaḥ	kɔboʷd.	likᵊsiʸl
(gerät=)hinauf-stieg-(er)	Dorn-(ein)-(Wie)	.Ehre	Tor(en)-(dem=)zu

וּמָשָׁל	שִׁכּוֹר	בְּיַד־
uʷmɔšɔl	šikkoʷr	-bᵊyad
(Weisheits)spruch-(der)-(so=)und	,Betrunkenen-(eines)	Hand-(die)-in

10 רַב	כְּסִילִים׃	בְּפִי
rab	kᵊsiʸliʸm.	bᵊpiʸ
(Geschoss=)Schütze-(ein-Wie)	.Tore(n)-(der)	Mund-(den)-in

כְּסִיל	וְשֹׂכֵר	כֹּל	מְחוֹלֶל־
kᵊsiʸl	wᵊśoker	kol	-mᵊḥoʷlel
Tor(en)-(einen)	Dingender-(ein)-(so=)und	,all(es)	machend(er)-beben-(ist)

11 כְּכֶלֶב	עֹבְרִים׃	וְשֹׂכֵר
kᵊkɛlɛb	ʿobᵊriʸm.	wᵊśoker
Hund-(ein)-Wie	.(Landstreicher=)Herumziehende	Dingender-(ein)-und

כְּסִיל	קֵאוֹ	עַל־	שָׁב
kᵊsiʸl	qeʾoʷ	-ʿal	šɔb
Tor-(ein)-(ist-so)	,Gespei-sein(em)	(zu=)auf	zurückkehrend(er)-(ist)

אִישׁ	12 רָאִיתָ	בְּאִוַּלְתּוֹ׃	שׁוֹנֶה
ʾiʸš	rɔʾiʸtɔ	bᵊʾiwwalᵊtoʷ.	šoʷnɛʰ
Mann-(einen)	(du-Siehst=)sahst-Du	.Narredei-sein(er)-in	wiederholend(er)

תִּקְוָה	בְּעֵינָיו	חָכָם
tiqᵊwɔʰ	bᵊʿeʸnɔʸw	ḥɔkɔm
Hoffnung	,Augen-(zwei)-(eigenen)-seine(n)-in	weise(n)

מִמֶּנּוּ׃	לִכְסִיל
mimmɛnnuʷ.	likᵊsiʸl
.(ihn-für-als-mehr=)ihm-von	Tor(en)-(den)-(für=)zu-(ist)

שַׁחַל	עָצֵל	13 אָמַר
šaḥal	ʿɔṣel	ʾɔmar
Jungleu-(Ein)	:(Faulpelz=)Träge-(der)	(spricht=)sprach-(Es=)Er

בַּדָּרֶךְ baddɔrɛk ,Weg-(dem)-(auf=)in-(ist)
אֲרִי ᵓariʸ Löwe-(ein)
בֵּין beʸn (auf-mitten=)zwischen-(ist)

הָרְחֹבוֹת: hɔrᵊḥoboʷt. !Pätze(n)-(den=)die
14 הַדֶּלֶת haddɛlɛt Tür-Die
תִּסּוֹב tissoʷb sich-dreht-(sie)
עַל־ -ᶜal (um=)auf
צִירָהּ ṣiʸrɔh Angel-ihre

וְעָצֵל wᵊᶜɔṣel Fauler-(ein)-und
עַל־ -ᶜal auf
מִטָּתוֹ: miṭṭɔtoʷ. .Bett-sein(em)
15 טָמַן ṭɔman (gesteckt-Hat=)steckte-(Es=Er)

עָצֵל ᶜɔṣel Fauler-(ein)
יָדוֹ yɔdoʷ Hand-seine
בַּצַּלָּחַת baṣṣallɔḥat ,Schüssel-die-in
נִלְאָה nilᵊᵓɔʰ müde-sich-fühlt(e)-er-(schon)

לַהֲשִׁיבָהּ lahᵃšiʸbɔh sie-zurück-führen-zu
אֶל־ -ᵓɛl zu
פִּיו: piʸw. .Mund-sein(em)
16 חָכָם ḥɔkɔm (ist)-Weise
עָצֵל ᶜɔṣel Fauler-(ein)

בְּעֵינָיו bᵊᶜeʸnɔʸw Augen-(zwei)-(eigenen)-seine(n)-in
מִשִּׁבְעָה miššibᵊᶜɔʰ sieben-(als-mehr=)von

מְשִׁיבֵי mᵊšiʸbeʸ (Erwidernde=)zurückkehren-Machende
טָעַם: ṭɔᶜam. .(Verstand=)Geschmack-(mit)

17 מַחֲזִיק maḥᵃziʸq (Greifender=)Packender-(Ein)
בְּאָזְנֵי־ -bᵊᵓozᵊneʸ Ohren-(beiden)-(die)-(an=)in
כָּלֶב kɔlɛb Hund(es)-(des)

עֹבֵר ᶜober ,Vorbeigehender-(ein)-(ist)
מִתְעַבֵּר mitᵊᶜabber (ereifert-sich-der=)Ereifernder-sich
עַל־ -ᶜal (wegen=)auf

רִיב riʸb ,Streit(es)-(eines)
לֹּא־לוֹ: loʷ-loᵓ. .(angeht-nichts-ihn-der=)ihm-zu-nicht

18 כְּמִתְלַהְלֵהַּ kᵊmitᵊlahᵊleah ,Gebärdender-unsinnig-sich-(ein)-Wie
הַיֹּרֶה hayyorɛʰ (ist)-schießend(er)-der

זִקִּים חִצִּים וָמָוֶת׃ 19 כֵּן־
-ken wɔmɔwɛt. ḥiṣṣiʸm ziqqiʸm
(ist)-so ,(Geschossen-tödlichen=)Tod-und Pfeile(n) ,Brandgeschosse(n)-(mit)

אִישׁ רִמָּה אֶת־רֵעֵהוּ
reʿehuʷ-ʾɛt rimmɔʰ ʾiʸš
Freund-sein(en)*** (betrügt=)betrog-(d)er ,(jemand=)Mann

וְאָמַר הֲלֹא־ מְשַׂחֵק אָנִי׃
ʾɔniʸ. mᵊśaḥeq -haloʾ wᵊʾɔmar
?(war)-ich scherzend(er) nicht-Etwa :(spricht=)sprach-er-und

20 בְּאֶפֶס עֵצִים תִּכְבֶּה־ אֵשׁ
ʾeš -tikᵊbɛʰ ʿeṣiʸm bᵊʾɛpɛs
,Feuer-(ein) erlischt-(es=sie) Holzscheite(n) (an-Mangel-Aus=)Nichtsein-in

וּבְאֵין נִרְגָּן יִשְׁתֹּק מָדוֹן׃
mɔdoʷn. yišᵊtoq nirᵊgɔn uʷbᵊʾeʸn
.Streit-(der) (sich-legt=)ruht-(es=er) Verleumder (ohne=)Nichtsein-in-und

21 פֶּחָם לְגֶחָלִים וְעֵצִים לְאֵשׁ
lᵊʾeš wᵊʿeṣiʸm lᵊgɛḥɔliʸm pɛḥɔm
,Feuer-(für=)zu Holzscheite-und Gluten-(für=)zu Kohle-(Wie)

וְאִישׁ מִדוֹנִים[מִדְיָנִים]
[midᵊyɔniʸm]midoʷniʸm wᵊʾiʸš
(zänkischer=)Streitigkeiten-(von) (Mensch=)Mann-(ein)-(ist-so=)und

לְחַרְחַר־ רִיב׃ 22 דִּבְרֵי
dibᵊreʸ riʸb. -lᵊḥarᵊḥar
Worte-(Die) .Streit-(von) (Schüren=)Anfachen-(das)-(für=)zu

נִרְגָּן כְּמִתְלַהֲמִים וְהֵם
wᵊhem kᵊmitᵊlahᵃmiʸm nirᵊgɔn
(die=)sie-und ,Leckerbissen-wie-(sind) Verleumder(s)-(des)

יָרְדוּ חַדְרֵי־ בָטֶן׃ 23 כֶּסֶף
kɛsɛp bɔṭɛn. -ḥadᵊreʸ yɔrᵊduʷ
Silber-(Wie) .Leib(es)-(des) Kammern-(die)-(in) hinab-(gehen=)gingen-(sie)

סִיגִים מְצֻפֶּה עַל־ חֶרֶשׂ שְׂפָתַיִם
śᵊpɔtayim ḥɔrɛś -ʿal mᵊṣuppɛʰ siʸgiʸm
Lippen-(zwei)-(sind) Ton(geschirr) auf überzogen Schlacken-(von)

דֹּלְקִים doləqiym brennende · וְלֶב־ -wəlɛb Herz-(ein)-und · רָע׃ rɔʿ. .bös(es) · 24 בִּשְׂפָתוֹ [בִּשְׂפָתָיו] [biśəpɔtɔyw]biśəpɔtow Lippen-(zwei)-seine(n)-(Mit=)In

יִנָּכֵר yinnɔker sich-verstellt-(es=er) · שׂוֹנֵא śowneʾ ,(Feind=)Hassender-(ein) · וּבְקִרְבּוֹ uwbəqirəbow Innern-seinem-in-(aber=)und

יָשִׁית yɔšiyt (hegt=)legt-er · מִרְמָה׃ mirəmɔh. .Trug · 25 כִּי־ -kiy Wenn · יְחַנֵּן yəḥannen lieblich-macht-(ein)er · קוֹלוֹ qowlow ,Stimme-seine · אַל־ -ʾal nicht

תַּאֲמֶן־ -taʾamɛn vertrauen-(sollst=)wirst-du · בּוֹ bow ,(ihn-auf=)ihm-in · כִּי kiy denn · שֶׁבַע šɛbaʿ sieben · תּוֹעֵבוֹת towʿebowt Gräuel

בְּלִבּוֹ׃ bəlibbow. .Herz(en)-sein(em)-in-(sind) · 26 תִּכַּסֶּה tikkassɛh (sich-Verbirgt=)sich-verbirgt-(Es=)Sie · שִׂנְאָה śinəʾɔh Hass

בְּמַשָּׁאוֹן bəmaššɔʾown ,Täuschung-(unter=)in · תִּגָּלֶה tiggɔlɛh enthüllt-wird-(es=)sie · רָעָתוֹ rɔʿɔtow Bosheit-seine

בַּקָּהָל׃ bəqɔhɔl. .Versammlung-(der)-in · 27 כֹּרֶה־ -korɛh Grabender-(Ein) · שַׁחַת šaḥat ,Grube-(eine) · בָּהּ bɔh sie-in · יִפֹּל yippol ,fällt-er

וְגֹלֵל wəgolel (wälzt-wer=)Rollender-(ein)-und · אֶבֶן ʾɛbɛn ,Stein-(einen) · אֵלָיו ʾelɔyw ihm-zu · תָּשׁוּב׃ tɔšuwb. .zurück-(fällt=)kehrt-er

28 לְשׁוֹן־ -ləšown Zunge-(Die) · שֶׁקֶר šɛqɛr Lüge-(der) · יִשְׂנָא yiśənɔʾ hasst-(sie=er) · דַכָּיו dakkɔyw Zermalmte(n)-(ihre=)seine

וּפֶה uwpɛh Mund-(ein)-und · חָלָק ḥɔlɔq (schmeichelnder=)glatter · יַעֲשֶׂה yaʿaśɛh (bereitet=)macht-(er) · מִדְחֶה׃ midəḥɛh. .Sturz

27

1 אַל־ -ʾal Nicht · תִּתְהַלֵּל titəhallel rühmen-dich-(sollst=)wirst-du

מַה־	תֵדַע	לֹא־	כִּי	מָחָר	בְּיוֹם
-ma^{h}	tedaʿ	-loʾ	ki^{y}	mɔḥɔr	b^{ə}yo^{w}m
(für)-was	,weißt-du	nicht	denn	,morgen	(von)-Tag-(einem)-(mit=)in

2 יְהַלֶּלְךָ	יוֹם:	יֶלֶד
y^{ə}hallɛl^{ə}kɔ	yo^{w}m.	yelɛd
dich-rühmen-(soll=)wird-(Es=)Er	!(ist)-Tag-(der)	Kind-(ein)

וְאַל־	נָכְרִי	פִּיךָ	וְלֹא־	זָר
-w^{ə}ʾal	nok^{ə}ri^{y}	pi^{y}kɔ	-w^{ə}loʾ	zɔr
nicht-und	,Fremde-(der)	,Mund-dein	nicht-und	(anderer=)fremd(er)-(ein)

וְנֵטֶל	אֶבֶן	3 כֹּבֶד־	שְׂפָתֶיךָ:
w^{ə}neṭɛl	ʾɛbɛn	-kobɛd	ś^{ə}pɔtɛ^{y}kɔ.
Last-(die)-und	Stein(s)-(des)	Schwere-(die)-(ist-Da)	!Lippen-(zwei)-deine

אֱוִיל	וְכַעַס	הַחוֹל
ʾ^{ɛ}wi^{y}l	w^{ə}kaʿas	haḥo^{w}l
Tor(en)-(einen-über=)(des)	Verdruss-(hingegen=)und	,Sand(es)-(des=)der

4 אַכְזְרִיּוּת	מִשְּׁנֵיהֶם:	כָּבֵד
ʾak^{ə}z^{ə}ri^{y}yu^{w}t	mišš^{ə}ne^{y}hɛm.	kɔbed
Grausamkeit-(die)-(ist-Da)	.beide-sie-(als=)von	schwer(er)-(ist)

אָף	וְשֶׁטֶף	חֵמָה
ʾɔp	w^{ə}šɛṭɛp	ḥemɔ^{h}
,(Zornes-des=)Nase-(der)	Überfluten-(das)-und	(Grimm)glut-(der)

קִנְאָה:	לִפְנֵי	יַעֲמֹד	וּמִי
qin^{ə}ʾɔ^{h}.	lip^{ə}ne^{y}	yaʿ^{a}mod	u^{w}mi^{y}
?Eifersucht-(der)	(vor=)Gesichter-zu	(stand-hält=)steht-(er)	wer-(doch=)und

מְגֻלָּה	תּוֹכַחַת	5 טוֹבָה
m^{ə}gullɔ^{h}	to^{w}kaḥat	ṭo^{w}bɔ^{h}
(offene=)geöffnete	Zurechtweisung-(eine)	(ist)-(Besser=)Gut(e)

6 נֶאֱמָנִים	מְסֻתָּרֶת:	מֵאַהֲבָה
nɛʾ^{ɛ}mɔni^{y}m	m^{ə}suttɔrɛt.	meʾah^{a}bɔ^{h}
(sind)-Zuverlässig(e)	.(verheimlichte=)verborgene	Liebe-(als=)von

אוֹהֵב	פִּצְעֵי
ʾo^{w}heb	piṣ^{ə}ʿe^{y}
,(Freundes=)Liebenden-(eines)	(Schläge=)Wunden

וְנַעְתָּרוֹת נְשִׁיקוֹת שׂוֹנֵא:
śoʷneʾ. nᵊśiʸqoʷt wᵊnaᶜᵃtɔroʷt
.Hassenden-(eines) Küsse lassend(e)-erbitten-sich-(aber=)und

7 נֶפֶשׁ שְׂבֵעָה תָּבוּס נֹפֶת
nopεt tɔbuʷs śᵊbeᶜɔʰ nεpεš
,Honig(seim) (verschmäht=)nieder-tritt-(sie) satte (Person=)Seele-(Eine)

וְנֶפֶשׁ רְעֵבָה כָּל־ מַר מָתוֹק:
mɔtoʷq. mar -kol rᵊᶜebɔʰ wᵊnεpεš
.süß-(ist) Bitter(e) all(es) hungrige(n) (Person=)Seele-(einer)-(aber=)und

8 כְּצִפּוֹר נוֹדֶדֶת מִן־ קִנָּהּ כֵּן־
-ken qinnɔh -min noʷdεdεt kᵊṣippoʷr
(ist)-so ,Nest-(seinem=)ihr(em) von entfliehend(e)-(ist) Vöglein-(ein)-Wie

אִישׁ נוֹדֵד מִמְּקוֹמוֹ: 9 שֶׁמֶן
šεmεn mimmᵊqoʷmoʷ. noʷded ʾiʸš
(Duft)öl-Wie .Ort-sein(em)-von fliehend(er) (einer=)Mann-(ein)

וּקְטֹרֶת יְשַׂמַּח־ לֵב וּמֶתֶק
uʷmεtεq leb -yᵊśammaḥ uʷqᵊṭorεt
Annehmlichkeit-(die)-(so=)und ,Herz-(das) erfreut-(es=er) Räucherwerk-und

רֵעֵהוּ מֵעֲצַת־ נָפֶשׁ:
nɔpεš. -meᶜᵃṣat reᶜehuʷ
.(eigene=)Seele-(der) Rat-(der)-(als-mehr=)von (Freundes=)Gefährte(n)-sein(es)

10 רֵעֲךָ וְרֵעֶה[וְרֵעַ] אָבִיךָ אַל־
-ʾal ʾɔbiʸkɔ [wᵊreaᶜ]wᵊreᶜεʰ reᶜᵃkɔ
nicht Vater(s)-dein(es) Freund-(einen)-und Freund-Dein(en)

תַּעֲזֹב וּבֵית אָחִיךָ אַל־
-ʾal ʾɔḥiʸkɔ uʷbeʸt taᶜᵃzob
nicht Bruder(s)-dein(es) Haus-(das)-und ,verlassen-(sollst=)wirst-du

תָּבוֹא בְּיוֹם אֵידֶךָ
ʾeʸdεkɔ bᵊyoʷm tɔboʷʾ
!Unglück(s)-dein(es) Tag-(am=)in (betreten=)kommen-(sollst=)wirst-du

טוֹב שָׁכֵן קָרוֹב מֵאָח רָחוֹק:
rɔḥoʷq. meʾɔḥ qɔroʷb šɔken ṭoʷb
.ferner Bruder-(ein)-(als=)von naher Nachbar-(ein) (ist)-(Besser=)Gut

לִבִּי	וְשַׂמַּח	בְּנִי	חֲכַם 11
libbiʸ	wᵊśammaḥ	bᵊniʸ	ḥᵃkam
,Herz-mein	erfreue-und	,Sohn-mein	,weise-(Werde=)Sei

וְאָשִׁיבָה
wᵊʾɔšiʸbɔʰ
(erwidern=)machen-kehren-(kann=)werde-ich-(dass=)und

עָרוּם 12	דָּבָר׃	חֹרְפִי
ʿɔruʷm	dɔbɔr.	ḥorᵊpiʸ
Klug(er)-(Ein)	.Wort-(ein)	(mich-Schmähenden=)Schmähenden-meinem

פְּתָאיִם	נִסְתָּר	רָעָה	רָאָה
pᵊtɔʾyim	nisᵊtɔr	rɔʿɔʰ	rɔʾɔʰ
Einfältige	,sich-verbirgt-(er)-(und)	Übel-(das)	(sieht=)sah-(er)

קַח־ 13	נֶעֱנָשׁוּ׃	עָבְרוּ
-qaḥ	nɛʿᵋnɔšuʷ.	ʿɔbᵊruʷ
Nimm	.büßen-(es)-müssen-(sie)-(und)	weiter-(gehen=)gingen-(sie)

זָר	עָרַב	כִּי־	בִּגְדוֹ
zɔr	ʿɔrab	-kiʸ	bigᵊdoʷ
,(anderen=)Fremd(en)-(einen-für)	gebürgt-hat-er	weil	,Gewand-sein

מְבָרֵךְ 14	חַבְלֵהוּ׃	נָכְרִיָּה	וּבְעַד
mᵊbɔrek	ḥabᵊlehuʷ.	nokᵊriʸyɔʰ	uʷbᵊʿad
Segnender-(Ein)	!ihn-pfände	(Frau)-fremde(n)-(der)	(wegen=)bis-in-und

בַּבֹּקֶר	גָּדוֹל	בְּקוֹל	רֵעֵהוּ
babboqɛr	gɔdoʷl	bᵊqoʷl	reʿehuʷ
Morgen-(am=)dem-in	(lauter=)groß(er)	Stimme-(mit=)in	Gefährte(n)-sein(en)

קְלָלָה	הַשְׁכֵּים
qᵊlɔlɔʰ	hašᵊkeʸm
Fluch-(als)	,(frühen=)Aufstehen-(ein)

דֶּלֶף 15	לוֹ׃	תֵּחָשֶׁב
dɛlɛp	loʷ.	teḥɔšɛb
Dachtraufe-(Eine)	.ihm-(zu)	werden-angerechnet-(könnte=)wird-(es=)sie

וְאֵשֶׁת	סַגְרִיר	בְּיוֹם	טוֹרֵד
wᵊʾešɛt	sagᵊriʸr	bᵊyoʷm	ṭoʷred
Frau-(eine)-und	Regen(s)-heftig(en)	Tag-(einem)-(an=)in	rinnende(r)

16 צֹפְנֶיהָ	נִשְׁתָּוָה׃	מְדוֹנִים[מִדְיָנִים]
ṣopᵊnɛʸhɔ	nišᵊtɔwɔʰ.	[midᵊyɔniʸm]midoʷniʸm
sie-Bergender-(ein)	;sich-gleicht-(das=)sie	,(zänkische=)Streitigkeiten-(von)

יִקְרָא׃	יְמִינוֹ	וְשֶׁמֶן	רוּחַ	צָפַן־
yiqᵊrɔʾ.	yᵊmiʸnoʷ	wᵊšɛmɛn	ruʷaḥ	-ṣɔpan
.trifft-(sie=er)	Rechte-seine	Öl-(auf)-und	,Wind	(birgt=)barg-(d)er

וְאִישׁ	יָחַד	בְּבַרְזֶל	17 בַּרְזֶל
wᵊʾiʸš	yɔḥad	bᵊbarᵊzɛl	barᵊzɛl
(einer=)Mann-und	,geschärft-wird-(es=er)	Eisen-(mit=)in	Eisen

פְּנֵי־	יַחַד
-pᵊneʸ	yaḥad
(Blick-den=)Gesichter-(die)	schärfen-macht-(er)

18 נֹצֵר	רֵעֵהוּ׃
noṣer	reʿehuʷ.
(Pflegender=)Hütender-(Ein)	.(anderen-des=)Gefährte(n)-sein(es)

פִּרְיָהּ	יֹאכַל	תְּאֵנָה
pirᵊyɔh	yoʾkal	tᵊʾenɔʰ
,Frucht-(dessen=)ihre	essen-wird-(d)er	,Feigenbaum-(den)

יְכֻבָּד׃	אֲדֹנָיו	וְשֹׁמֵר
yᵊkubbɔd.	ʾᵃdonɔʸw	wᵊšomer
.geehrt-wird-(d)er	,(Herrn=)Herren-seine(n)	(Bedienender=)Achtender-(ein)-und

הַפָּנִים	19 כַּמַּיִם
happɔniʸm	kammayim
(Antlitz-das=)Gesichter-die	Wasser-Wie

לֵב־	כֵּן	לַפָּנִים
-leb	ken	lappɔniʸm
Herz-(das)	so	,(zeigt)-(Antlitz-dem=)Gesichtern-den-zu

20 שְׁאוֹל	לָאָדָם׃	הָאָדָם
šᵊʾoʷl	lɔʾɔdɔm.	hɔʾɔdɔm
Totenreich	.Mensch(en)-(dem=)zu	Mensch(en)-(des=)der

וְעֵינֵי	תִשְׂבַּעְנָה	לֹא	וַאֲבַדֹּה[וַאֲבַדּוֹ]
wᵊʿeʸneʸ	tiśᵊbaʿᵊnɔʰ	loʾ	[waʾᵃbaddoʷ]waʾᵃbaddoʰ
Augen-(zwei)-(die)-(so=)und	,satt-werden-(sie)	nicht	Unterwelt-und

21 מַצְרֵף	תִּשְׂבַּעְנָה:	לֹא	הָאָדָם
masᵊrep	tiśᵊbaᶜᵊnɔʰ.	loᵓ	hɔᵓɔdɔm
Schmelztiegel-(ein)-(Wie)	.satt-werden-(sie)	nicht	Mensch(en)-(des=)der

לַזָּהָב	וְכוּר	לַכֶּסֶף
lazzɔhɔb	wᵊkuʷr	lakkɛsɛp
,Gold-das-(für=)zu	Ofen-(ein)-und	Silber-das-(für=)zu

מַהֲלָלוֹ:	לְפִי	וְאִישׁ
mahᵃlɔloʷ.	lᵊpiʸ	wᵊᵓiʸš
.Anerkennung-seine(r)	(entsprechend=)Mund-zu	(einer=)Mann-(ist)-(so=)und

בַּמַּכְתֵּשׁ	אֶת־הָאֱוִיל	תִּכְתּוֹשׁ־	22 אִם
bammakᵊteš	hɔᵓᵋwiʸl-ᵓɛt	-tikᵊtoʷš	ᵓim
Mörser-dem-in	Tor(en)-(den=)der***	(zerstießest=)zerstößt-du	Wenn

לֹא־	בַּעֱלִי	הָרִיפוֹת	בְּתוֹךְ
-loᵓ	baᶜᵋliʸ	hɔriʸpoʷt	bᵊtoʷk
nicht	,Stößel-(dem)-(mit=)in	Körner(n)-(den=)die	(unter-mitten=)Mitte-in

אִוַּלְתּוֹ:	מֵעָלָיו	תָסוּר
ᵓiwwalᵊtoʷ.	meᶜɔlɔʸw	tɔsuʷr
.Torheit-seine	ihm-(über=)auf-von-(weg)	weicht-(es=sie)

תֵּדַע	23 יָדֹעַ
tedaᶜ	yɔdoaᶜ
(auf-sehr=)achten-(sollst=)wirst-du	(Achte=)Kennen-(Ein)

שִׁית	צֹאנֶךָ	פְּנֵי
šiʸt	ṣoᵓnɛkɔ	pᵊneʸ
(richte=)setze	,Kleinvieh(s)-dein(es)	(Aussehn-das=)Gesichter-(die)

לֹא	24 כִּי	לַעֲדָרִים:	לִבְּךָ
loᵓ	kiʸ	laᶜᵃdɔriʸm.	libbᵊkɔ
nicht	Denn	!Herden-(die)-(auf=)zu	(Sinn=)Herz-dein(en)

וְאִם־	חֹסֶן	לְעוֹלָם
-wᵊᵓim	ḥosɛn	lᵊᶜoʷlɔm
(nicht=)wenn-und	,Reichtum-(bleibt)	(immer-für=)ewig-zu

דוֹר[וָדוֹר]:	לְדוֹר	נֵזֶר
[wɔdoʷr]doʷr.	lᵊdoʷr	nezɛr
.Geschlecht-(zu=)und	Geschlecht-(von=)zu	(Vermögen=)Diadem

25 גָּלָה — golɔʰ — (Erscheint=)auf-deckte-Er
חָצִיר — ḥɔṣiʸr — Gras
וְנִרְאָה־ — -wᵊnirᵊʾoʰ — sich-zeigt(e)-(es=er)-und
דֶשֶׁא — dɛšɛʾ — ,Frischgrün

וְנֶאֶסְפוּ — wᵊnɛʾɛsᵊpuʷ — werden-gesammelt-(müssen=)werden-(es=sie)-(dann=)und
עִשְּׂבוֹת — ʿiśśᵊboʷt — Kräuter-(die)

הָרִים׃ — hɔriʸm. — .Berge-(der)
26 כְּבָשִׂים — kᵊbɔśiʸm — Lämmer
לִלְבוּשֶׁךָ — lilᵊbuʷšɛkɔ — ,Bekleidung-deine(r)-zu-(dienen)
וּמְחִיר — uʷmᵊḥiʸr — Kaufpreis-(der)-und

שָׂדֶה — śɔdɛʰ — Feld(es)-(eines)
עַתּוּדִים׃ — ʿattuʷdiʸm. — .Böcke-(sind)
27 וְדֵי — wᵊdeʸ — ausreichend-Und
חֲלֵב — ḥᵃleb — (von)-Milch
עִזִּים — ʿizziʸm — Ziegen

לְלַחְמְךָ — lᵊlaḥᵊmᵊkɔ — (Kost-deiner=)Brot-dein(em)-zu-(dient)
לְלֶחֶם — lᵊlɛḥɛm — (Kost-zur=)Brot-zu(m)

בֵּיתֶךָ — beʸtɛkɔ — Haus(gemeinschaft)-deine(r)
וְחַיִּים — wᵊḥayyiʸm — (Lebensunterhalt-zum=)Lebende-und

לְנַעֲרוֹתֶיךָ׃ — lᵊnaʿᵃroʷtɛʸkɔ. — .Mägde-deine-(für=)zu

28

1 נָסוּ — nɔsuʷ — (fliehen=)flohen-Sie
וְאֵין־ — -wᵊʾeʸn — (ist)-nicht-(wobei=)und —

רֹדֵף — rodep — Nachjagender-(ein)
רָשָׁע — rɔšɔʿ — ,— Frevler-(dem)
וְצַדִּיקִים — wᵊṣaddiʸqiʸm — Gerechte(n)-(die)-(aber=)und

כִּכְפִיר — kikᵊpiʸr — (Jung)leu-(ein)-wie-(sind)
יִבְטָח׃ — yibᵊṭɔḥ. — .(unerschrocken=)vertraut-(er)
2 בְּפֶשַׁע — bᵊpɛšaʿ — Sünde-(die)-(Durch=)In

אֶרֶץ — ʾɛrɛṣ — Land(es)-(des)
רַבִּים — rabbiʸm — (zahlreich=)viele-(sind)
שָׂרֶיהָ — śɔrɛʸhɔ — ,Fürsten-ihre

וּבְאָדָם
uʷbᵊʾɔdɔm
Mensch(en)-(einen)-(durch=)in-(aber=)und

מֵבִין
mebiʸn
,verständig(en)

יֹדֵעַ
yodeaᶜ
(kennt-der=)kennend(er)

כֵּן
ken
,Recht-(das)

יַאֲרִיךְ׃
yaʾᵃriʸk.
.(dauerhaft-besteht=)lang-macht-(es=)er

3 גֶּבֶר
gɛbɛr
Mann-(Ein)

רָשׁ
rɔš
arm(er)

וְעֹשֵׁק
wᵊᶜošeq
bedrückend(er)-und

דַּלִּים
dalliʸm
,Geringe(n)-(die)

מָטָר
mɔṭɔr
,Regen-(dem)-(gleicht)

סֹחֵף
soḥep
,(ist)-wegschwemmend(er)-(der)

וְאֵין
wᵊʾeʸn
gibt-es-nicht-(dass=)und

לָחֶם׃
lɔḥɛm.
.(Nahrung=)Brot

4 עֹזְבֵי
ᶜozᵊbeʸ
Verlassende

תוֹרָה
toʷrɔʰ
Weisung-(die)

יְהַלְלוּ
yᵊhalᵊluʷ
preisen-(sie)

רָשָׁע
rɔšɔᶜ
,Frevler-(den)

וְשֹׁמְרֵי
wᵊšomᵊreʸ
Bewahrende-(hingegen=)und

תוֹרָה
toʷrɔʰ
Weisung-(die)

יִתְגָּרוּ
yitᵊgɔruʷ
sich-(rüsten=)erregen-(sie)

בָם׃
bɔm.
.sie-(gegen=)in

5 אַנְשֵׁי־
-ʾanᵊšeʸ
(von)-Menschen

רָע
rɔᶜ
(Art-böser=)Bosheit

לֹא־
-loʾ
nicht

יָבִינוּ
yɔbiʸnuʷ
(erfassen=)verstehen-(sie)

מִשְׁפָּט
mišᵊpɔṭ
,Recht-(das)

וּמְבַקְשֵׁי
uʷmᵊbaqᵊšeʸ
Suchende-(aber=)und

יְהוָה
yᵊhwɔʰ
JHWH

יָבִינוּ
yɔbiʸnuʷ
(erfassen=)verstehen-(sie)

כֹל׃
kol.
.all(es)

6 טוֹב־
-ṭoʷb
(ist)-(Besser=)Gut

רָשׁ
rɔš
,Arm(er)-(ein)

הוֹלֵךְ
hoʷlek
(wandelt-der=)Gehender

בְּתֻמּוֹ
bᵊtummoʷ
,(Lauterkeit=)Ganzheit-seine(r)-in

מֵעִקֵּשׁ
meᶜiqqeš
-(Perverser=)Verkehrter-(ein)-(als=)von

עָשִׁיר׃	וְהוּא	דְּרָכַיִם
ʿɔši^{y}r.	wəhu^{w}ʾ	dərɔkayim
.Reicher-(ein)	(ist)-(d)er-und	,(Wandel-zwiespältigem-einem-mit=)Wege-(zweier)

מֵבִין	בֵּן	תּוֹרָה	7 נוֹצֵר
mebi^{y}n	ben	to^{w}rɔ^{h}	no^{w}ṣer
,einsichtiger	Sohn-(ein)-(ist)	Weisung-(die)	(bewahrt-Wer=)Bewahrender-(Ein)

זוֹלְלִים	וְרֹעֶה
zo^{w}ləli^{y}m	wəroʿɛ^{h}
,(Schlemmern=)Ausschweifende(n)	(mit)-Verkehrender-(ein)-(doch=)und

הוֹנוֹ	8 מַרְבֶּה	אָבִיו׃	יַכְלִים
ho^{w}no^{w}	marəbɛ^{h}	ʾɔbi^{y}w.	yakəli^{y}m
Vermögen-sein	Vermehrender-(Ein)	.Vater-sein(em)	Schande-macht-(d)er

לְחוֹנֵן	וּבְתַרְבִּית[וְתַרְבִּית]	בְּנֶשֶׁךְ
ləḥo^{w}nen	[wətarəbi^{y}t]u^{w}bətarəbi^{y}t	bənɛšɛk
Erbarmenden-sich-(einen)-(für=)zu	:(Wucher=)Aufgeld-und	Zins-(durch=)in

אָזְנוֹ	9 מֵסִיר	יְקַבְּצֶנּוּ׃	דַּלִּים
ʾozəno^{w}	mesi^{y}r	yiqəbəṣɛnnu^{w}.	dalli^{y}m
Ohr-sein	Abwendender-(Ein)	.(es=)ihn-sammelt-er	Armen-(der)

תְּפִלָּתוֹ	גַּם־	תּוֹרָה	מִשְּׁמֹעַ
təpillɔto^{w}	-gam	to^{w}rɔ^{h}	miššəmoaʿ
Gebet-sein	(selbst=)auch —	Weisung-(auf)	(hören-zu-nicht-um=)Hören-von

יְשָׁרִים	10 מַשְׁגֶּה	תּוֹעֵבָה׃
yəšɔri^{y}m	mašəgɛ^{h}	to^{w}ʿebɔ^{h}.
(Redliche=)Gerade	(Irreführender=)Verführender-(Ein)	.Gräuel-(ein)-(ist)

יִפּוֹל	הוּא־	בִשְׁחוּתוֹ	רָע	בְּדֶרֶךְ
yippo^{w}l	-hu^{w}ʾ	bišəḥu^{w}to^{w}	rɔʿ	bədɛrɛk
,fällt-(er)	(selbst)-er	Grube-seine-in	,schlecht(en)	Weg-(einen)-(auf=)in

11 חָכָם	טוֹב׃	יִנְחֲלוּ־	וּתְמִימִים
ḥɔkɔm	ṭo^{w}b.	-yinəḥ^{a}lu^{w}	u^{w}təmi^{y}mi^{y}m
(ist)-Weise	.Gut(es)	erben-(sie)	(Lauteren=)Ganzen-(die)-(aber=)und

עָשִׁיר	אִישׁ	בְּעֵינָיו
ʿɔši^{y}r	ʾi^{y}š	bəʿe^{y}nɔ^{y}w
,reich(er)	Mann-(ein)	Augen-(zwei)-(eigenen)-seine(n)-in

יַחְקְרֶנּוּ׃	מֵבִין	וְדַל
yaḥ^{ə}q^{ə}rɛnnu^{w}.	mebi^{y}n	w^{ə}dal
.ihn-durchschaut-(d)er	,(verständiger=)einsichtiger	Arm(er)-(ein)-(doch=)und

תִּפְאָרֶת	רַבָּה	צַדִּיקִים	12 בַּעֲלֹץ
tip^{ə}ʾɔrɛt	rabbɔ^{h}	ṣaddi^{y}qi^{y}m	ba^{ʿa}loṣ
,Ehre	reichlich(e)-(ist)	Gerechte(n)-(der)	Frohlocken-(Beim=)In

רְשָׁעִים	וּבְקוּם
r^{ə}šɔʿi^{y}m	u^{w}b^{ə}qu^{w}m
Frevler-(der)	Aufstehen-(beim=)in-(aber=)und

אָדָם׃	יְחֻפַּשׂ
ʾɔdɔm.	y^{ə}ḥuppaś
.Mensch-(ein)	(suchen-sich-lässt=)gesucht-wird-(es=er)

יַצְלִיחַ	לֹא	פְּשָׁעָיו	13 מְכַסֶּה
yaṣ^{ə}li^{y}aḥ	loʾ	p^{ə}šɔʿɔ^{y}w	m^{ə}kassɛ^{h}
,Gedeihen-hat-(er)	nicht	Missetaten-seine	(verheimlicht-Wer=)Bedeckender

יְרֻחָם׃	וְעֹזֵב	וּמוֹדֶה
y^{ə}ruḥɔm.	w^{ə}ʿozeb	u^{w}mo^{w}dɛ^{h}
.Erbarmen-findet-(d)er	,Ablassender-und	Bekennender-(ein)-(aber=)und

מְפַחֵד	אָדָם	14 אַשְׁרֵי
m^{ə}paḥed	ʾɔdɔm	ʾaš^{ə}re^{y}
(ist)-(sorgsam=)fürchtend(er)-(der)	,Mensch(en)-(dem)	(Heil=)Seligkeit(en)

יִפּוֹל	לִבּוֹ	וּמַקְשֶׁה	תָּמִיד
yippo^{w}l	libbo^{w}	u^{w}maq^{ə}šɛ^{h}	tɔmi^{y}d
stürzt-(d)er	,Herz-sein	(verhärtet-wer=)Verhärtender-(ein)-(aber=)und	,stets

וְדֹב	נֹהֵם	15 אֲרִי־	בְּרָעָה׃
w^{ə}dob	nohem	-ʾ^{a}ri^{y}	b^{ə}rɔʿɔ^{h}.
Bär-(ein)-und	knurrender	Löwe-(ein)-(Wie)	.(Unglück-ins=)Schlechte(s)-in

עַל	רָשָׁע	מוֹשֵׁל	שׁוֹקֵק
ʿal	rɔšɔʿ	mošel	šo^{w}qeq
(über=)auf	ruchloser	Herrsch(end)er-(ein)-(ist)	(angriffslustiger=)überfallender

חֲסַר	16 נָגִיד	דָּל׃	עַם־
ḥ^{a}sar	nɔgi^{y}d	dɔl.	-ʿam
(an)-mangelt-(es=)er-(dem)	,Fürst(en)-(Einem)	.arm(es)	Volk-(ein)

וְרָב	תְּבוּנוֹת
wᵊrab	tᵊbuʷnoʷt
(reichlich=)viel-(dem)-und	,(Gedanken-einsichtsvollen=)Einsichten

בֶּצַע	שֹׂנֵא]שֹׂנְאֵי[	מַעֲשַׁקּוֹת
bɛṣaᶜ	[śoneᵓ]śonᵊᵓeʸ	maᶜᵃšaqqoʷt
,Gewinn-(unrechten)	(hasst-wer=)Hassender	,Erpressungen-(widerfahren)

עָשֻׁק	17 אָדָם	יָמִים׃	יַאֲרִיךְ
ᶜɔšuq	ᵓɔdɔm	yɔmiʸm	yaᵓᵃriʸk.
gedrückt(er)	Mensch-(Ein)	.(leben-lange-wird=)Tage-(die)	lang-macht-(d)er

בּוֹר	עַד־	נָפֶשׁ	בְּדַם־
boʷr	-ᶜad	nɔpɛš	-bᵊdam
Grube	(zur)-bis	,(Person=)Seele-(einer)	Blut-(dem)-(von=)in

בּוֹ׃	יִתְמְכוּ־	אַל־	יָנוּס
boʷ.	-yitᵊmᵊkuʷ	-ᵓal	yɔnuʷs
!(ihn=)ihm-in	festhalten-(sollen=)werden-sie	nicht —	(flüchtig-ist=)flieht-er

יִוָּשֵׁעַ	תָּמִים	18 הוֹלֵךְ
yiwwɔšeaᶜ	tɔmiʸm	hoʷlek
,geholfen-wird-(dem=)er	,unsträflich	(wandelt-Wer=)Gehender-(Ein)

יִפּוֹל	דְּרָכַיִם	וְנֶעְקַשׁ
yippoʷl	dᵊrɔkayim	wᵊnɛᶜᵊqaš
fällt-(d)er	,Wege-(zweier)	Verkehrter-(ein)-(aber=)und

אַדְמָתוֹ	19 עֹבֵד	בְּאֶחָת׃
ᵓadᵊmɔtoʷ	ᶜobed	bᵊᵓɛḥɔt.
,Ackerland-sein	(Bestellender=)(Be)arbeitender-(Ein)	.(davon)-eine(m)-(auf=)in

וּמְרַדֵּף	לָחֶם	יִשְׂבַּע־
uʷmᵊraddep	lɔḥɛm	-yiśᵊbaᶜ
Nachjagender-(ein)-(hingegen=)und	,Brot-(an)	(Fülle-hat=)satt-wird-(d)er

20 אִישׁ	רִישׁ׃	יִשְׂבַּע־	רֵקִים
ᵓiʸš	riʸš.	-yiśᵊbaᶜ	reqiʸm
Mann-(Ein)	.Armut-(an)	(Fülle-hat=)satt-wird-(d)er	,(Dingen)-leere(n)

בְּרָכוֹת	רַב־	אֱמוּנוֹת
bᵊrɔkoʷt	-rab	ᵓᵋmuʷnoʷt
,Segnungen	(reichlich-erlangt=)viel-(ist)	(Zuverlässigkeit=)Festigkeiten-(der)

יִנָּקֶה׃	לֹא	לְהַעֲשִׁיר	וְאָץ
yinnɔqɛʰ.	loᵓ	lᵊhaᶜᵃšiʸr	wᵊᵓɔṣ
.ungestraft-bleibt-(er)	nicht	sich-bereichern-zu	Eilender-(ein)-(hingegen=)und

וְעַל־	טוֹב	לֹא־	21 הַכֵּר־פָּנִים
-wᵊᶜal	ṭoʷb	-loᵓ	pɔniʸm-hakker
(um=)auf-und	,gut-(ist)	nicht	(Parteinahme=)Gesichter-(An)erkennen

גָּבֶר׃	יִפְשַׁע־	לֶחֶם	פַּת־
gɔbɛr.	-yipᵊšaᶜ	lɛḥɛm	-pat
.Mann-(ein)	vergehen-sich-(kann=)wird-(es=er)	Brot	Bissen-(einen)

אִישׁ	לַהוֹן	22 נִבֳהָל
ᵓiʸš	lahoʷn	nibᵒhɔl
Mann-(ein)	Reichtum-(nach=)zu	(ist)-Hastend(er)

יֵדַע	וְלֹא־	עָיִן	רַע
yedaᶜ	-wᵊloᵓ	ᶜɔyin	raᶜ
,(er)kennt-er	nicht-(doch=)und	,(Blick=)Auge	(missgünstigem=)bös(em)-(mit)

23 מוֹכִיחַ	יְבֹאֶנּוּ׃	חֶסֶר	כִּי־
moʷkiʸaḥ	yᵊboᵓɛnnuʷ.	ḥɛsɛr	-kiʸ
Zurechtweisender-(Ein)	.ihn-(treffen=)kommen-wird-(er)	Mangel	dass

יִמְצָא	חֵן	אַחֲרַי	אָדָם
yimᵊṣɔᵓ	ḥen	ᵓaḥᵃray	ᵓɔdɔm
findet-er	Gunst	(schließlich=)hernach	,Mensch(en)-(einen)

לָשׁוֹן׃	מִמַּחֲלִיק
lɔšoʷn.	mimmaḥᵃliʸq
.Zunge-(der-mit)	(Schmeichelnder=)Glättender-(ein)-(als-mehr=)von

וְאִמּוֹ	אָבִיו	24 גּוֹזֵל
wᵊᵓimmoʷ	ᵓɔbiʸw	goʷzel
Mutter-seine-und	Vater-sein(en)	(beraubt-Wer=)Beraubender-(Ein)

הוּא	חָבֵר	פָּשַׁע	אֵין־	וְאֹמֵר
huʷᵓ	ḥɔber	pɔšaᶜ	-ᵓeʸn	wᵊᵓomer
(d)er-(ist)	Genosse-(ein)	,!Sünde	ist-(es)-Nicht	:(sagt=)sprechend(er)-(ist)-und

מַשְׁחִית׃	לְאִישׁ
mašᵊḥiʸt.	lᵊᵓiʸš
.(handelnden-schlimm=)verderbend(en)	Mann(es)-(eines=)zu

25 רְחַב־נֶפֶשׁ
nεpεš-rᵊḥab
(Habgieriger=)(Verlangen=)Seele-(von)-Weiter-(Ein)

יְגָרֶה
yᵊgɔrεʰ
erregt-(er)

מָדוֹן
mɔdoʷn
,Zank

וּבוֹטֵחַ
uʷboʷṭeaḥ
Vertrauender-(ein)-(dagegen=)und

עַל־
-ʿal
auf

יְהוָה
yᵊhwɔʰ
JHWH

יְדֻשָּׁן׃
yᵊduššɔn.
.gelabt-wird-(er)

26 בּוֹטֵחַ
boʷṭeaḥ
(vertraut-Wer=)Vertrauender-(Ein)

בְּלִבּוֹ
bᵊlibboʷ
,(Verstand-seinen-auf=)Herz-sein-in

הוּא
huʷʾ
(ist)-(d)er

כְּסִיל
kᵊsiʸl
,Tor-(ein)

וְהוֹלֵךְ
wᵊhoʷlek
(Wandelnder=)Gehender-(ein)-(doch=)und

בְּחָכְמָה
bᵊḥokᵊmɔʰ
,Weisheit-(mit=)in

הוּא
huʷʾ
(d)er

יִמָּלֵט׃
yimmɔleṭ.
.gerettet-wird-(er)

27 נוֹתֵן
noʷten
(gibt-Wer=)Gebender-(Ein)

לָרָשׁ
lɔrɔš
Armen-(dem=)zum

אֵין
ʾeʸn
(keinen-hat=)gibt-es-nicht

מַחְסוֹר
maḥᵊsoʷr
,Mangel

וּמַעְלִים
uʷmaʿᵊliʸm
Verhüllende-(aber=)und

עֵינָיו
ʿeʸnɔʸw
Augen-(zwei)-(ihre=)seine

רַב־
-rab
(reichlich=)viel-(erhalten)

מְאֵרוֹת׃
mᵊʾeroʷt.
.Flüche

28 בְּקוּם
bᵊquʷm
(sich-Erheben=)Aufstehen-In

רְשָׁעִים
rᵊšɔʿiʸm
,Frevler

יִסָּתֵר
yissɔter
sich-verbirgt-(es=er)

אָדָם
ʾɔdɔm
,Mensch-(der)

וּבְאָבְדָם
uʷbᵊʾobᵊdɔm
Umkommen-ihr(em)-(bei=)in-(aber=)und

יִרְבּוּ
yirᵊbuʷ
(sich-mehren=)viel-werden-(es=sie)

צַדִּיקִים׃
ṣaddiʸqiʸm.
.Gerechte(n)-(die)

29

1 אִישׁ
ʾiʸš
(Mensch=)Mann-(Ein)

תּוֹכָחוֹת
toʷkɔḥoʷt
(eigensinniger=)Widerreden-(der)

	מַקְשֶׁה־	-maq^{ə}šɛ^{h}	machend(er)-hart-(ist)
	עֹרֶף	ʿorɛp	,Nacken-(seinen)
	פֶּתַע	pɛtaʿ	(unversehens=)augenblicklich
	יִשָּׁבֵר	yiššɔber	,zerbrochen-wird-er
	וְאֵין	w^{ə}ʾe^{y}n	gibt-es-nicht-(aber=)und
	מַרְפֵּא׃	mar^{ə}peʾ.	.Heilung-(eine)
2	בִּרְבוֹת	bir^{ə}bo^{w}t	(mehren-sich-Wenn=)Zahlreichwerden-(In)
	צַדִּיקִים	ṣaddi^{y}qi^{y}m	,Gerechte
	יִשְׂמַח	yiś^{ə}maḥ	sich-freut-(es=er)
	הָעָם	hɔʿɔm	,Volk-das
	וּבִמְשֹׁל	u^{w}bim^{ə}šol	(herrscht-wenn=)Herrschen-in-(aber=)und
	רָשָׁע	rɔšɔʿ	,Frevler-(ein)
	יֵאָנַח	yeʾɔnaḥ	seufzt-(es=er)
	עָם׃	ʿɔm.	.Volk-(das)
3	אִישׁ־	-ʾi^{y}š	(Mensch=)Mann-(Ein)
	אֹהֵב	ʾoheb	liebend(er)
	חָכְמָה	ḥok^{ə}mɔ^{h}	Weisheit
	יְשַׂמַּח	y^{ə}śammaḥ	(er)freut-(er)
	אָבִיו	ʾɔbi^{y}w	,Vater-sein(en)
	וְרֹעֶה	w^{ə}roʿɛ^{h}	Verkehrender-(ein)-(aber=)und
	זוֹנוֹת	zo^{w}no^{w}t	Dirnen-(mit)
	יְאַבֶּד־	-y^{əʾ}abbɛd	(vergeudet=)vernichtet-(er)
	הוֹן׃	ho^{w}n.	.Vermögen
4	מֶלֶךְ	mɛlɛk	König-(Ein)
	בְּמִשְׁפָּט	b^{ə}miš^{ə}pɔṭ	Recht-(dem)-(mit=)in
	יַעֲמִיד	ya^{ca}mi^{y}d	(auf-richtet=)stehen-macht-(er)
	אָרֶץ	ʾɔrɛṣ	,Land-(ein)
	וְאִישׁ	w^{əʾ}i^{y}š	(einer=)Mann-(aber=)und
	תְּרוּמוֹת	t^{ə}ru^{w}mo^{w}t	Abgaben-(häufend)
	יֶהֶרְסֶנָּה׃	yɛhɛr^{ə}sɛnnɔ^{h}.	.(es=)sie-zerstört-(er)
5	גֶּבֶר	gɛbɛr	Mann-(Ein)
	מַחֲלִיק	maḥ^{a}li^{y}q	(schmeichelnder=)glättender
	עַל־	-ʿal	(bei=)auf
	רֵעֵהוּ	reʿehu^{w}	,Nächste(n)-sein(em)
	רֶשֶׁת	rɛšɛt	Netz-(ein)
	פּוֹרֵשׂ	po^{w}reś	ausbreitend(er)-(ist-er)
	עַל־	-ʿal	(für=)auf
	פְּעָמָיו	p^{əc}ɔmɔ^{y}w	.Schritte-seine
6	בְּפֶשַׁע	b^{ə}pɛšaʿ	Missetat-(der)-In

אִישׁ רָע מוֹקֵשׁ
mowqeš rɔᶜ ʾiʸš
,Fallstrick-(der)-(liegt) bös(en) (Menschen=)Mann(es)-(eines)

וְצַדִּיק יָרוּן וְשָׂמֵחַ׃ 7 יֹדֵעַ
yodeaᶜ wᵊśɔmeaḥ. yɔruʷn wᵊṣaddiʸq
(ist)-Kennend(er) .fröhlich-(ist)-und jubelt-(er) Gerechter-(ein)-(indes=)und

צַדִּיק דִּין דַּלִּים רָשָׁע לֹא־
-loʾ rɔšɔᶜ dalliʸm diʸn ṣaddiʸq
nicht Frevler-(ein) ,Hilfsbedürftige(r) Rechtslage-(die) Gerechter-(ein)

יָבִין דָּעַת׃
dɔᶜat. yɔbiʸn
.(Verständnis=)Wissen-(und) haben-(Einsicht)-(will=)wird-(er)

8 אַנְשֵׁי לָצוֹן יָפִיחוּ קִרְיָה
qirᵊyɔʰ yɔpiʸḥuʷ lɔṣoʷn ʾanᵊšeʸ
,Stadt-(eine) (erregen=)an-fachen-(sie) (Hetzer=)Spott(es)-(des) Männer

וַחֲכָמִים יָשִׁיבוּ
yɔšiʸbuʷ waḥᵃkɔmiʸm
(beschwichtigen=)abkehren-machen-(sie) Weise-(aber=)und

אָף׃ 9 אִישׁ־ חָכָם
ḥɔkɔm -ʾiʸš ʾɔp.
Weise(r) (ein=)Mann-(Wenn) .(Zorn-den=)Nase-(die)

נִשְׁפָּט אֶת־ אִישׁ אֱוִיל
ʾᵋwiʸl ʾiʸš -ʾɛt nišᵊpɔṭ
,Narr(en) (einem=)Mann mit (rechtet=)gerichtet-wird-(es=er)

וְרָגַז וְשָׂחַק וְאֵין נָחַת׃
nɔḥat. wᵊʾeʸn wᵊśɔḥaq wᵊrɔgaz
.Ruhe ist-nicht-und lacht(e)-und tobt(e)-(der=)er-(so=)und

10 אַנְשֵׁי דָמִים יִשְׂנְאוּ־
-yiśᵊnᵊʾuʷ dɔmiʸm ʾanᵊšeʸ
hassen-(sie) Blut(taten) (von)-(Leute=)Männer

תָּם וִישָׁרִים
wiʸšɔriʸm tɔm
(Redliche=)Gerade-(aber=)und ,(Unbescholtenen=)Ganz(en)-(einen)

כָּל־ 11	נַפְשׁוֹ׃	יְבַקְשׁוּ
-kol	nap^{ə}šo^{w}.	y^{ə}baq^{ə}šu^{w}
All	.(Leben-sein=)Seele-seine-(um)	(sich-kümmern=)suchen-(sie)

יוֹצִיא	רוּחוֹ
yo^{w}ṣi^{yʾ}	ru^{w}ḥo^{w}
(Lauf-freien-lässt=)herausgehen-macht-(es=er)	(Unmut=)Geist-sein(em)

בְּאָחוֹר	וְחָכָם	כְּסִיל
b^{əʾ}ɔḥo^{w}r	w^{ə}ḥɔkɔm	k^{ə}si^{y}l
(zuletzt=)rückwärts-in	Weise-(der)-(jedoch=)und	,Tor-(der)

מֹשֵׁל 12	יְשַׁבְּחֶנָּה׃
mošel	y^{ə}šabb^{ə}ḥɛnnɔ^{h}.
,Herrschender-(Ein)	.(ihn=)sie-(zurück-hält=)beschwichtigt-(er)

כָּל־	שָׁקֶר	דְּבַר־	עַל־	מַקְשִׁיב
-kol	šɔqɛr	-d^{ə}bar	-ʿal	maq^{ə}ši^{y}b
all(e) —	Lüge-(der)	Wort-(ein)	auf	(ist)-(hörend=)aufmerkend(er)-(der)

וְאִישׁ	רָשׁ 13	רְשָׁעִים׃	מְשָׁרְתָיו
w^{əʾ}i^{y}š	rɔš	r^{ə}šɔʿi^{y}m.	m^{ə}šɔr^{ə}tɔ^{y}w
Mann-(ein)-und	Arm(er)-(Ein)	.Frevler(n)-(zu-werden)	Bediensteten-seine

מֵאִיר־	נִפְגָּשׁוּ	תְּכָכִים
-meʾi^{y}r	nip^{ə}gɔšu^{w}	t^{ə}kɔki^{y}m
machend(er)-leuchten —	sich-begegne(te)n-(sie)	Bedrückungen-(der)

מֶלֶךְ 14	יְהוָה׃	שְׁנֵיהֶם	עֵינֵי
mɛlɛk	y^{ə}hwɔ^{h}.	š^{ə}ne^{y}hɛm	ʿe^{y}ne^{y}
König-(ein)-(Wenn)	.JHWH-(ist)	ihnen-(von)-beide(r)	Augen-(zwei)-(die)

דַּלִּים	בֶּאֱמֶת	שׁוֹפֵט
dalli^{y}m	bɛ^{ʾɛ}mɛt	šo^{w}peṭ
,Geringe	(wahrheitsgemäß=)Wahrheit-in	rechtsprechend(er)-(ist)

שֵׁבֶט 15	יִכּוֹן׃	לָעַד	כִּסְאוֹ
šebɛṭ	yikko^{w}n.	lɔʿad	kis^{əʾ}o^{w}
Rute	.(Bestand-hat=)gegründet-ist-(er)	immer-(für=)zu	(Thron=)Stuhl-sein

וְנַעַר	חָכְמָה	יִתֵּן	וְתוֹכַחַת
w^{ə}naʿar	ḥok^{ə}mɔ^{h}	yitten	w^{ə}to^{w}kaḥat
Knabe-(ein)-(dagegen=)und	,Weisheit	(verleiht=)gibt-(er)	Zurechtweisung-und

אִמּוֹ׃	מֵבִישׁ	מְשֻׁלָּח
ᵓimmoʷ.	mebiʸš	mᵊšullɔḥ
.Mutter-sein(er)	machend(er)-Schande-(ist)	(zuchtloser=)entsandter

רְשָׁעִים	16 בִּרְבוֹת
rᵊšɔᶜiʸm	birᵊboʷt
,Frevler-(die)	(mehren-sich-Wenn=)Zahlreichwerden-(In)

וְצַדִּיקִים	פָּשַׁע	יִרְבֶּה־
wᵊṣaddiʸqiʸm	pɔšaᶜ	-yirᵊbɛʰ
Gerechte(n)-(die)-(aber=)und	,Missetat	sich-mehrt-(es=er)-(dann)

בִנְךָ	17 יַסֵּר	יִרְאוּ׃	בְּמַפַּלְתָּם
binᵊkɔ	yasser	yirᵊᵓuʷ.	bᵊmappalᵊtɔm
,Sohn-dein(en)	Züchtige	.(zu)sehen-werden-(sie)	Sturz-ihrem-(bei=)in

וְיִתֵּן	וִינִיחֶךָ
wᵊyitten	wiʸniʸḥɛkɔ
(bereitet=)gibt-er-und	dich-machen-(zufrieden=)ruhen-wird-er-(so=)und

18 בְּאֵין	לְנַפְשֶׁךָ׃	מַעֲדַנִּים
bᵊᵓeʸn	lᵊnapᵊšɛkɔ.	maᶜᵃdanniʸm
(Ohne=)Nichtsein-In	.Seele-deine(r=)zu	(Wonne=)Freuden

עָם	יִפָּרַע	חָזוֹן
ᶜɔm	yippɔraᶜ	ḥɔzoʷn
,Volk-(ein)	zügellos-wird-(es=er)	(Offenbarung=)Schau

אַשְׁרֵהוּ׃	תּוֹרָה	וְשֹׁמֵר
ᵓašᵊrehuʷ.	toʷrɔʰ	wᵊšomer
!(ihm-Heil=)Seligkeiten-seine —	Weisung-(die)	Beachtender-(ein)-(aber=)und

כִּי־	עָבֶד	יִוָּסֶר	לֹא־	19 בִּדְבָרִים
-kiʸ	ᶜɔbɛd	yiwwɔsɛr	-loᵓ	bidᵊbɔriʸm
denn	,Knecht-(ein)	(belehrt=)gezüchtigt-wird-(es=er)	nicht	Worte-(Durch=)In

מַעֲנֶה׃	וְאֵין	יָבִין
maᶜᵃnɛʰ.	wᵊᵓeʸn	yɔbiʸn
.(entsprechend-handelnd-er=)Antwort	ist-nicht-(doch=)und	,(wohl)-versteht-er

אָץ	אִישׁ	20 חָזִיתָ
ᵓɔṣ	ᵓiʸš	ḥɔziʸtɔ
hastend(er)	(Menschen=)Mann-(einen)	(du-Siehst=)sahst-Du

לִכְסִיל	תִּקְוָה	בִּדְבָרָיו
lik^{ə}si^{y}l	tiq^{ə}wɔ^{h}	bid^{ə}bɔrɔ^{y}w
Tor(en)-(den)-(für=)zu	Hoffnung-(ist-so)	,Worte(n)-seine(n)-(mit=)in

עַבְדּוֹ	מִנֹּעַר	21 מְפַנֵּק	מִמֶּנּוּ׃
ʿab^{ə}do^{w}	minnoʿar	m^{ə}panneq	mimmɛnnu^{w}.
,Knecht-sein(en)	(an)-Jugend-von	Verzärtelnd(er)	.(ihn-für-als-mehr=)ihm-von

22 אִישׁ־	מָנוֹן׃	יִהְיֶה	וְאַחֲרִיתוֹ
-ʾi^{y}š	mɔno^{w}n.	yih^{ə}yɛ^{h}	w^{ə}ʾaḥ^{a}ri^{y}to^{w}
Mann-(Ein)	.Verächter-(ein)	sein-wird-er	(zuletzt=)Ausgang-sein-(so=)und

מָדוֹן	יְגָרֶה	אַף
mɔdo^{w}n	y^{ə}gɔrɛ^{h}	ʾap
,Streit	erregt-(er)	(Zornes-des=)Nase-(von)

פָּשַׁע׃	רַב־	חֵמָה	וּבַעַל
pɔšaʿ.	-rab	ḥemɔ^{h}	u^{w}baʿal
.Verfehlung	(reichlich=)viel-(begeht)	(Hitzkopf=)Glut-(von)	Besitzer-(der)-und

תַּשְׁפִּילֶנּוּ	אָדָם	23 גַּאֲוַת
taš^{ə}pi^{y}lɛnnu^{w}	ʾɔdɔm	ga^{ʾa}wat
,(ihn-erniedrigt=)niedrig-macht-(er=sie)	Mensch(en)-(des)	Hochmut-(Der)

כָּבוֹד׃	יִתְמֹךְ	וּשְׁפַל־רוּחַ
kɔbo^{w}d.	yit^{ə}mok	ru^{w}aḥ-u^{w}š^{ə}pal
.Ehre	erlangt-(er)	(Demütiger=)Geist-(im)-Niedriger-(ein)-(aber=)und

שׂוֹנֵא	גַּנָּב	עִם־	24 חוֹלֵק
śo^{w}neʾ	gannɔb	-ʿim	ḥo^{w}leq
hassend(er)-(ist)	Dieb-(einem)	mit	(teilt-Wer=)Teilender-(Ein)

וְלֹא	יִשְׁמָע	אָלָה	נַפְשׁוֹ
w^{ə}loʾ	yiš^{ə}maʿ	ʾɔlɔ^{h}	nap^{ə}šo^{w}
nicht-(aber=)und	,hört-er	Fluch-(den)	,(Leben=)Seele-sein(e)

אָדָם	25 חֶרְדַּת	יַגִּיד׃
ʾɔdɔm	ḥɛr^{ə}dat	yaggi^{y}d.
Mensch(en)-(des)	Schrecken-(Der)	.(anzeigen=)sagen-(es)-(darf=)wird-er

וּבוֹטֵחַ	מוֹקֵשׁ	יִתֵּן
u^{w}bo^{w}ṭeaḥ	mo^{w}qeš	yitten
Vertrauender-(ein)-(dagegen=)und	,Fallstrick-(einen)	(legt=)gibt-(er)

מְבַקְשִׁים	26 רַבִּים	יְשֻׂגָּב׃	בַּיהוָה
m^{ə}baq^{ə}ši^{y}m	rabbi^{y}m	y^{ə}śuggɔb.	bayhwɔ^{h}
suchend(e)-(sind)	Viele	.(sicher-ist=)geschützt-wird-(er)	JHWH-(auf=)in

וּמֵיְהוָה	מוֹשֵׁל	פְּנֵי־
u^{w}mey^{ə}hwɔ^{h}	mo^{w}šel	-p^{ə}ne^{y}
(kommt)-JHWH-von-(aber=)und	,Herrschenden-(des)	(Antlitz-das=)Gesichter

צַדִּיקִים	27 תּוֹעֲבַת	אִישׁ׃	מִשְׁפַּט־
ṣaddi^{y}qi^{y}m	to^{w}ʿabat	ʾi^{y}š.	-miš^{ə}paṭ
Gerechte(n)-(die)	(für)-Gräuel-(Ein)	.(Menschen=)Mann(es)-(des)	Recht-(das)

רָשָׁע	וְתוֹעֲבַת	עָוֶל	אִישׁ
rɔšɔʿ	w^{ə}to^{w}ʿabat	ʿɔwεl	ʾi^{y}š
Frevler-(den)	(für)-Gräuel-(ein)-und	,Unrecht(s)-(des)	Mann-(ein)-(ist)

דָּרֶךְ׃	יְשַׁר־
dɔrεk.	-y^{ə}šar
.(Wandel=)Weg	gerade(m)-(von-der)

30

נְאֻם	הַמַּשָּׂא	בִּן־יָקֶה	אָגוּר	1 דִּבְרֵי
n^{ə}ʾum	hammaśśɔʾ	yɔqε^{h}-bin	ʾɔgu^{w}r	dib^{ə}re^{y}
Spruch	,Massa-(aus=)der	Jakeh(s)-Sohn	Agur	(von)-Worte

וְאֻכָל׃	לְאִיתִיאֵל	לְאִיתִיאֵל	הַגֶּבֶר
w^{ə}ʾukɔl.	l^{ə}ʾi^{y}ti^{y}ʾel	l^{ə}ʾi^{y}ti^{y}ʾel	haggεbεr
:(Ukal=)Uchal-und	Itiel-(für=)zu	,Itiel-(an=)zu	Mann(es)-(des=)der

אָנֹכִי	בַעַר	2 כִּי
ʾɔnoki^{y}	baʿar	ki^{y}
(bin)-ich	(dumm=)Vieh-(ein)	(Wohl=)Denn

בִּינַת	וְלֹא־	מֵאִישׁ
bi^{y}nat	-w^{ə}loʾ	meʾi^{y}š
Einsicht-(die)	nicht-(also=)und	,(irgendeiner=)Mann-(als-mehr=)von

לָמַדְתִּי	3 וְלֹא־	לִי׃	אָדָם
lɔmad^{ə}ti^{y}	-w^{ə}loʾ	li^{y}.	ʾɔdɔm
gelernt-habe-ich	nicht-Und	.(besitze-ich=)mir-zu	Mensch(en)-(eines)

4 מִי	אֵדָע׃	קְדֹשִׁים	וְדַעַת	חָכְמָה
mi^{y}	ʾedɔʿ.	q^{ə}doši^{y}m	w^{ə}daʿat	ḥok^{ə}mɔ^{h}
Wer	.(hätte=)weiß-ich	Heilige(n)-(der)	(Er)kenntnis-(dass=)und	,Weisheit

עָלָה־שָׁמַיִם וַיֵּרַד מִי אָסַף־
-ʾɔsap miʸ wayyerad šɔmayim -ʿɔlɔʰ
sammelte-(er) Wer ?hernieder-stieg-(er)-und Himmel-(die) hinan-stieg-(er)

רוּחַ בְּחָפְנָיו מִי צָרַר־מַיִם
mayim -ṣɔrar miʸ bᵊḥopᵊnɔʸw ruʷaḥ
Wasser (ein-band=)presste-(er) Wer ?Hohlhände-(zwei)-seine-in Wind-(den)

בַּשִּׂמְלָה מִי הֵקִים כָּל־אַפְסֵי־
-ʾapᵊseʸ -kol heqiʸm miʸ baśśimᵊlɔʰ
Enden all(e) (fest-setzte=)aufstehen-machte-(er) Wer ?Mantel-(den=)der-in

אָרֶץ מַה־שְּׁמוֹ וּמַה־שֶּׁם־
-šɛm -uʷmaʰ šᵊmoʷ -maʰ ʾɔrɛṣ
Name-(der) (ist)-(wie=)was-und Name-sein (ist)-(Wie=)Was ?Erde-(der)

בְּנוֹ כִּי תֵדָע׃ 5 כָּל־אִמְרַת
ʾimᵊrat -kol tedɔʿ. kiʸ bᵊnoʷ
Wort (Jegliches=)All ?weißt-(es)-du wenn ,Sohn(es)-sein(es)

אֱלוֹהַּ צְרוּפָה מָגֵן הוּא
huʷʾ mɔgen ṣᵊruʷpɔʰ ʾᵋlowah
(ist)-er Schild-(ein) ,(bewährt=)geprüft-(ist) (Gottes=)Eloah(s)

לַחֹסִים בּוֹ׃ 6 אַל־
-ʾal boʷ. lahosiʸm
Nicht(s) .ihm-(bei=)in Bergenden-sich-(den=)zu

תּוֹסְףְּ עַל־דְּבָרָיו פֶּן־
-pɛn dᵊbɔrɔʸw -ʿal toʷsᵊpᵊ
(sonst=)nicht-dass ,Worte-seine (an=)auf (hinzu-füge=)hinzufügen-wirst-du

יוֹכִיחַ בְּךָ וְנִכְזָבְתָּ׃
wᵊnikᵊzɔbᵊtɔ. bᵊkɔ yoʷkiʸaḥ
.lügnerisch-als-dich-erweist-du-und (dich=)dir-in zurecht-weist-er

7 שְׁתַּיִם שָׁאַלְתִּי מֵאִתָּךְ אַל־
-ʾal meʾittɔk šɔʾalᵊtiʸ šᵊtayim
nicht ,dir-von (mir-ich-erbitte=)erbat-ich (Dinge)-Zwei

תִּמְנַע מִמֶּנִּי בְּטֶרֶם אָמוּת׃
ʾɔmuʷt. bᵊṭɛrɛm mimmɛnniʸ timᵊnaʿ
!sterbe-ich (bevor=)Anfang-in mir-(von) (es-versage=)versagen-(es)-wirst-du

8 שָׁוְא וּדְבַר־כָּזָב הַרְחֵק
harᵊḥeq kɔzɔb -uʷdᵊbar šɔwᵊʾ
(fern-halte=)entfernen-mache Lüge-(der) Wort-(ein)-und (Falschheit=)Eitles

מִמֶּנִּי רֵאשׁ וָעֹשֶׁר אַל־תִּתֶּן־לִי
liʸ -tittɛn -ʾal wɔʿošɛr reʾš mimmɛnniʸ
!mir-(zu) geben-(mögest=)wirst-du nicht Reichtum-und Armut !mir-von

הַטְרִיפֵנִי לֶחֶם חֻקִּי׃ 9 פֶּן
pɛn ḥuqqiʸ. lɛḥɛm haṭᵊriʸpeniʸ
nicht-Dass .(zugewiesen-mir=)Festgesetztes-mein ,Brot mich-genießen-Lass

אֶשְׂבַּע וְכִחַשְׁתִּי וְאָמַרְתִּי
wᵊʾɔmarᵊtiʸ wᵊkiḥašᵊtiʸ ʾɛśᵊbaʿ
:(denke=)sag(t)e-(ich)-und leugne-ich-und bin-(überdrüssig=)satt-ich

מִי יְהוָה וּפֶן־אִוָּרֵשׁ וְגָנַבְתִּי
wᵊgɔnabᵊtiʸ ʾiwwɔreš -uʷpɛn yᵊhwɔʰ miʸ
stehle-(ich)-und verarme-ich nicht-dass-und ,?JHWH (schon-ist)-Wer

וְתָפַשְׂתִּי שֵׁם
šem wᵊtɔpaśᵊtiʸ
Name(n)-(am) (vergreife-mich=)ergreife-ich-und

אֱלֹהָי׃ 10 אַל־תַּלְשֵׁן
talᵊšen -ʾal ʾᵋlohɔy.
verleumden-(sollst=)wirst-du Nicht .(Gottes-meines=)Götter-meine(r)

עֶבֶד אֶל־אדנו[אֲדֹנָיו] פֶּן־
-pɛn [ʾᵃdonɔʸw]ʾᵃdonoʷ -ʾɛl ʿɛbɛd
nicht-dass ,[Herren-seinen]Herrn-sein(em) (bei=)zu Knecht-(einen)

יְקַלֶּלְךָ וְאָשָׁמְתָּ׃
wᵊʾɔšɔmᵊtɔ. yᵊqallɛlᵊkɔ
!büßen-(müsstest=)wirst-du-und dich-(verfluche=)verflucht-er

11 דּוֹר אָבִיו יְקַלֵּל וְאֶת־אִמּוֹ
ʾimmoʷ-wᵊʾɛt yᵊqallel ʾɔbiʸw doʷr
Mutter-seine***und verflucht-(es=er) Vater-sein(en) Geschlecht-(Ein) —

לֹא יְבָרֵךְ׃ 12 דּוֹר טָהוֹר
ṭɔhoʷr doʷr yᵊbɔrek. loʾ
rein-(sich-dünkt) Geschlecht-(anderes-Ein) .segnet-(es=)er nicht

לֹא	וּמִצֹּאָתוֹ	בְּעֵינָיו
loʾ	uʷmiṣṣoʾɔtoʷ	bᵊʿeʸnɔʸw
nicht	Unflat-sein(em)-von-(aber=)und	,Augen-(zwei)-seine(n)-in

מָה־	13 דּוֹר	רֻחָץ׃
-mɔʰ	doʷr	ruḥɔṣ.
(wie=)was —	Geschlecht-(Ein)	.gewaschen-ist-(es=)er

עֵינָיו	רָמוּ
ʿeʸnɔʸw	rɔmuʷ
,Augen-(zwei)-seine	(sind-überheblich=)sich-erheben-(es=sie)

14 דּוֹר	יִנָּשֵׂאוּ׃	וְעַפְעַפָּיו
doʷr	yinnɔśeʾuʷ.	wᵊʿapᵊʿappɔʸw
Geschlecht-(Ein)	!sich-erheben-(sie)	Wimpernreihen-(zwei)-seine-und

וּמַאֲכָלוֹת	שִׁנָּיו	חֲרָבוֹת
uʷmaʾᵃkɔloʷt	šinnɔʸw	ḥᵃrɔboʷt
Messer-und	Zahnreihen-(zwei)-seine	(sind)-Schwerter —

עֲנִיִּים	לֶאֱכֹל	מְתַלְּעֹתָיו
ʿᵃniʸyiʸm	lɛʾᵋkol	mᵊtallᵊʿotɔʸw
Elenden-(die)	(wegzufressen=)Essen-zum	:(Gebisse=)Kinnladen-(zwei)-seine

מֵאָדָם׃	וְאֶבְיוֹנִים	מֵאֶרֶץ
meʾɔdɔm.	wᵊʾɛbᵊyoʷniʸm	meʾɛrɛṣ
.Mensch(heit)-(der)-(aus=)von	Arme-und	,Land-(dem)-(aus=)von

שָׁלוֹשׁ	הַב	הַב	בָנוֹת	שְׁתֵּי	15 לַעֲלוּקָה
šɔloʷš	hab	hab	bɔnoʷt	šᵊteʸ	laʿᵃluʷqɔʰ
Drei	!(her)-Gib	!(her)-Gib	:Töchter	zwei	Blutsauger-(der)-(hat-Es=)Zu

לֹא־	אַרְבַּע	תִּשְׂבַּעְנָה	לֹא	הֵנָּה
-loʾ	ʾarᵊbaʿ	tiśᵊbaʿᵊnɔʰ	loʾ	hennɔʰ
(nie=)nicht-(die)	,vier	,satt-werden-(sie)	nicht-(die)	,diese-(sind)

וְעֹצֶר	16 שְׁאוֹל	הוֹן׃	אָמְרוּ
wᵊʿoṣɛr	šᵊʾoʷl	hoʷn.	ʾɔmᵊruʷ
Verschlossenheit-(die)-und	Totenreich-(Das)	!Genug	:sag(t)en-(sie)

שָׂבְעָה	לֹא־	אֶרֶץ	רָחַם
śɔbᵊʿɔʰ	-loʾ	ʾɛrɛṣ	rɔḥam
satt-ist-(sie)	(nie=)nicht-(die)	,Erde-(die)	,(Mutter)schoß(es)-(des)

מַיִם mayim ,Wasser(s)-(des) | וָאֵשׁ wᵊʾeš ,Feuer-(das)-und | לֹא־ -loʾ (nie=)nicht-(das) | אָמְרָה ʾɔmᵊrɔʰ :sagt(e)-(es=sie) | הוֹן׃ hoʷn. !Genug

17 עַיִן ʿayin ,Auge-(Ein) | תִּלְעַג tilᵊʿag verspottet-(das=)sie | לְאָב lᵊʾɔb Vater-(den=)zu | וְתָבוּז wᵊtɔbuʷz missachtet-(es=sie)-und

לִיקֲּהַת־ -liʸqᵃhat Gehorsam-(den=)zu | אֵם ʾem Mutter-(der)-(gegenüber)

יִקְּרוּהָ yiqqᵊruʷhɔ — (es=)sie-aushacken-(sollen=)werden-(es=)sie | עֹרְבֵי־ -ʿorᵊbeʸ (am)-Raben-(die) | נַחַל naḥal ,Bach

וְיֹאכְלוּהָ wᵊyoʾkᵊluʷhɔ (es=)sie-fressen-(sollen=)werden-(es=)sie-und | בְנֵי־ -bᵊneʸ (Jungen=)Söhne-(die)

נָשֶׁר׃ nɔšɛr. !Adler(s)-(des) | 18 שְׁלֹשָׁה šᵊlošɔʰ ,(Dinge)-Drei | הֵמָּה hemmɔʰ (die=)sie | נִפְלְאוּ nipᵊlᵊʾuʷ (unbegreiflich=)wunderbar-(zu)-(sind)

מִמֶּנִּי mimmɛnniuʷ ,(mich-für=)mir-von | וארבע[וְאַרְבָּעָה] [wᵊʾarᵊbɔʿɔʰ]wᵊʾarᵊbɔʿ vier-und | לֹא loʾ — nicht | יְדַעְתִּים׃ yᵊdaʿᵊtiʸm. :sie-(kenne=)kannte-ich

19 דֶּרֶךְ dɛrɛk Weg-(Den) | הַנֶּשֶׁר hannɛšɛr Adler(s)-(des=)der | בַּשָּׁמַיִם baššɔmayim ,Himmeln-den-(an=)in | דֶּרֶךְ dɛrɛk Weg-(den)

נָחָשׁ nɔḥɔš Schlange-(der) | עֲלֵי ʿᵃleʸ (über=)auf | צוּר ṣuʷr ,Fels(en)-(den) | דֶּרֶךְ־ -dɛrɛk Weg-(den) | אֳנִיָּה ʾᵒniʸyɔʰ Schiff(es)-(des)

בְלֶב־ -bᵊlɛb Herz(en)-(im=)in | יָם yɔm Meer(es)-(des) | וְדֶרֶךְ wᵊdɛrɛk Weg-(den)-und | גָּבֶר gɛbɛr Mann(es)-(des)

בְּעַלְמָה׃ bᵊʿalᵊmɔʰ. .Mädchen-(mannbaren)-(beim=)in | 20 כֵּן ken (ist)-So | דֶּרֶךְ dɛrɛk (Weise-die=)Weg-(der) | אִשָּׁה ʾiššɔʰ Frau-(einer)

פִּיהָ	וּמָחֲתָה	אָכְלָה	מְנָאָפֶת
piyhɔ	uwmɔḥatɔh	ʾɔkelɔh	menɔʾɔpɛt
Mund-ihr(en)	ab-wischt(e)-sie-und	(isst=)aß-Sie	:ehebrecherische(n)

21 תַּחַת	אָוֶן׃	פָעַלְתִּי	לֹא־	וְאָמְרָה
taḥat	ʾɔwɛn.	pɔʿaltiy	-loʾ	weʾɔmerɔh
Unter	!(Übles=)Sünde	getan-habe-ich	Nicht	:(spricht=)sprach-sie-und

תוּכַל	לֹא־	אַרְבַּע	וְתַחַת	אָרֶץ	רָגְזָה	שָׁלוֹשׁ
tuwkal	-loʾ	ʾarebaʿ	wetaḥat	ʾɛrɛṣ	rɔgezɔh	šɔlowš
kann-sie	nicht	Vier(en)	unter-und	,Erde-(die)	erbebt(e)-(es=sie)	Drei(en)

יִמְלוֹךְ	כִּי	עֶבֶד	22 תַּחַת־	שְׂאֵת׃
yimelowk	kiy	ʿɛbɛd	-taḥat	śeʾet.
,König-wird-er	wenn	,Knecht-(einem)	Unter	:(standhalten=)Tragen-(ein)

23 תַּחַת	לָחֶם׃	יִשְׂבַּע־	כִּי	וְנָבָל
taḥat	lɔḥɛm.	-yiśebaʿ	kiy	wenɔbɔl
Unter	.Brot-(an)	satt-ist-er	wenn	,Tor(en)-(einem)-und

כִּי	שְׂנוּאָה
kiy	śenuwʾɔh
wenn	,(Verschmähten=)Gehasste(n)-(einer)

כִּי־	וְשִׁפְחָה	תִּבָּעֵל
-kiy	wešipeḥɔh	tibbɔʿel
wenn	,Magd-(einer)-und	,wird-genommen-(Ehefrau-zur=)Besitz-in-sie

הֵם	24 אַרְבָּעָה	גְּבִרְתָּהּ׃	תִּירַשׁ
hem	ʾarebɔʿɔh	gebirtɔh.	tiyraš
(sind)-(die=)sie	,Vier	.Gebieterin-ihre	vertreibt-Besitz-vom-sie

חֲכָמִים	וְהֵמָּה	אָרֶץ	קְטַנֵּי־
ḥakɔmiym	wehemmɔh	ʾɔrɛṣ	-qeṭanney
weise-(sind)	sie-(doch=)und	,Erde(n)-(auf)	Kleine

עַם	25 הַנְּמָלִים	מְחֻכָּמִים׃
ʿam	hannemɔliym	meḥukkɔmiym.
(Völkchen=)Volk-(ein)	,Ameisen-Die	.(Gewitzigten=)Weisen-(den)-(unter=)von

בַקַּיִץ	וַיָּכִינוּ	עָז	לֹא־
baqqayiṣ	wayyɔkiynuw	ʿɔz	-loʾ
Sommer-im	bereite(te)n-sie-(indes=)und	,(Macht=)Kraft	(ohne=)nicht

עֲצוּם	לֹא־	עַם	26 שְׁפַנִּים	לַחְמָם׃
ʿɔṣuʷm	-loʾ	ʿam	šᵊpanniʸm	laḥᵊmɔm.
,stark(es)	nicht	Volk-(ein-sind)	Klippdachse	.(Nahrung=)Brot-ihr(e)

בֵּיתָם׃	בַּסֶּלַע	וַיָּשִׂימוּ
beʸtɔm.	bassɛlaʿ	wayyɔśiʸmuʷ
.(Höhle=)Behausung-ihre	Fels(gestein)-(das)-in	setz(t)en-sie-(aber=)und

לָאַרְבֶּה	אֵין	27 מֶלֶךְ
lɔʾarᵊbɛʰ	ʾeʸn	mɛlɛk
,Heuschreck(enschwarm)-den-(für=)zu	gibt-es-nicht	König-(Einen)

כֻּלּוֹ׃	חֹצֵץ	וַיֵּצֵא
kulloʷ.	ḥoṣeṣ	wayyeṣeʾ
.ihm-(von)-(jeder=)all	(wohlgeordnet=)ordnend(er)	aus-zieht-(es=)er-(doch=)und

תְּתַפֵּשׂ	בְּיָדַיִם	28 שְׂמָמִית
tᵊtappeś	bᵊyɔdayim	śᵊmɔmiʸt
,greifen-(kannst=)wirst-du	Hände(n)-(zwei)-(mit=)in	Eidechse-(Eine)

29 שְׁלֹשָׁה	מֶלֶךְ׃	בְּהֵיכְלֵי	וְהִיא
šᵊlošɔʰ	mɛlɛk.	bᵊheʸkᵊleʸ	wᵊhiʸʾ
,Drei	.König(s)-(des)	Palästen-(den)-in	(ist)-sie-(dennoch=)und

וְאַרְבָּעָה	צָעַד	מֵיטִיבֵי	הֵמָּה
wᵊʾarᵊbɔʿɔʰ	ṣɔʿad	meʸṭiʸbeʸ	hemmɔʰ
vier-und	,(schreitend=)Schritt	(ahnsehnlich=)machend(e)-gut-(sind)	(die=)sie

גִּבּוֹר	30 לַיִשׁ	לָכֶת׃	מֵיטִבֵי
gibboʷr	layiš	lɔkɛt	meʸṭibeʸ.
Starke-(der)	,Löwe-(Der)	.(einher-stattlich-gehen=)Gehen-(das)	gutmachend(e)

מִפְּנֵי־	יָשׁוּב	וְלֹא־	בַּבְּהֵמָה
-mippᵊneʸ	yɔšuʷb	-wᵊloʾ	babbᵊhemɔʰ
(vor=)Gesichter-zu	um-kehrt-(er)	nicht-(der=)und	,Tier(en)-den-(unter=)in

אוֹ־	מָתְנַיִם	31 זַרְזִיר	כֹּל׃
-ʾoʷ	motᵊnayim	zarᵊziʸr	kol.
oder	(Hahn=)Lenden-(zwei)-(an)	-(an)-Geschnürter-(Ein)	.(irgendeinem=)all

אַלְקוּם	וּמֶלֶךְ	תַיִשׁ
ʾalᵊquʷm	uʷmɛlɛk	tɔyiš
(Bestehen-kein=)Aufstehen-nicht —	König-(ein)-und	,Ziegenbock-(ein)

נָבַלְתָּ	32 אִם־	עִמּוֹ׃
nɔbalᵊtɔ	-ʾim	ʿimmoʷ.
töricht-warst-du	Wenn	.ihm-(vor=)mit-(gibt-es)
זַמּוֹתָ	וְאִם־	בְהִתְנַשֵּׂא
zammoʷtɔ	-wᵊʾim	bᵊhitᵊnaśśeʾ
nachdenkst-reiflich-du	wenn-und	,Überheben-Sich-ein-(durch=)in

מִיץ	33 כִּי	לְפֶה׃	יָד
miʸṣ	kiʸ	lᵊpɛʰ.	yɔd
(Pressen=)Drücken-(ein)	Denn	!Mund-(den)-(auf=)zu	Hand-(die) —

חֶמְאָה	יוֹצִיא	חָלָב
ḥɛmʾɔʰ	yoʷṣiʸʾ	ḥɔlɔb
,Butter	(hervor-bringt=)herausgehen-macht-(es=er)	Milch-(der)
אַף		וּמִיץ־
ʾap		-uʷmiʸṣ
Nase-(der)		(Pressen=)Drücken-(ein)-und
וּמִיץ	דָם	יוֹצִיא
uʷmiʸṣ	dɔm	yoʷṣiʸʾ
(Pressen=)Drücken-(ein)-und	,Blut	(hervor-bringt=)herausgehen-macht-(es=er)
		אַפַּיִם
		ʾappayim
		(Zornes-des=)Nasenlöcher-(zwei)-(der)
	רִיב׃	יוֹצִיא
	riʸb.	yoʷṣiʸʾ
	.Streit	(hervor-bringt=)herausgehen-macht-(es=er)

31

מַשָּׂא	מֶלֶךְ	לְמוּאֵל	1 דִּבְרֵי
maśśɔʾ	mɛlɛk	lᵊmuʷʾel	dibᵊreʸ
,Massa	(von)-König-(den)	,Lemuel	(an)-Worte

אִמּוֹ׃	יִסְּרַתּוּ	אֲשֶׁר־
ʾimmoʷ.	yissᵊrattuʷ	-ʾašɛr
.Mutter-seine	ihn-(ermahnte=)zurechtwies-(es=sie)	welch(en)-(mit)

בִּטְנִי	בַּר־	וּמַה־	בְּרִי	2 מַה־
biṭᵊniʸ	-bar	-uʷmaʰ	bᵊriʸ	-maʰ
,Leib(es)-mein(es)	Sohn-(dem)	was-(ja=)und	,Sohn-mein	,(raten-dir)-Was

תִּתֵּן	3 אַל־	נְדָרָי׃	בַּר־	וּמֶה
titten	-ʾal	nᵊdɔrɔy.	-bar	uʷmɛʰ
geben-(sollst=)wirst-du	Nicht	?Gelübde-meine(r)	Sohn-(dem)	was-und

לַמְחוֹת	וּדְרָכֶיךָ	חֵילֶךָ	לַנָּשִׁים
lamᵊḥoʷt	uʷdᵊrɔkɛʸkɔ	ḥeʸlɛkɔ	lannɔšiʸm
Ausmerzen-zu(m)	Wege-deine-(noch=)und	,Kraft-deine	Frauen-(an=)zu

אַל	לְמוֹאֵל	לַמְלָכִים	4 אַל	מְלָכִין׃
ʾal	lᵊmoʷʾel	lamᵊlɔkiʸm	ʾal	mᵊlɔkiʸn.
nicht	,Lemuel	,Könige-(für-sich-ziemt-es=)zu	Nicht	!Könige

וּלְרוֹזְנִים	יָיִן	שְׁתוֹ־	לַמְלָכִים
uʷlᵊroʷzᵊniʸm	yɔyin	-šᵊtoʷ	lamᵊlɔkiʸm
Fürsten-(den=)zu-und	,Wein	trinken-(zu)	Könige-(für-sich-ziemt-es=)zu

יִשְׁתֶּה	5 פֶּן־	שֵׁכָר׃	או[אֵי]
yišᵊtɛʰ	-pɛn	šekɔr.	[ʾeʸ]ʾoʷ
(trinke=)trinkt-(ein)er	nicht-Dass	.Rauschtrank	nicht

מְחֻקָּק	וְיִשְׁכַּח
mᵊḥuqqɔq	wᵊyišᵊkaḥ
,(Vorgeschriebenes=)Festgesetztes	(vergesse=)vergisst-(er)-und

כָּל־	דִּין	וִישַׁנֶּה
-kol	diʸn	wiʸšannɛʰ
all(er)	Recht(ssache)-(ein[e])	(verdrehe=)ändert-(er)-und

שֵׁכָר	6 תְּנוּ־	בְּנֵי־עֹנִי׃
šekɔr	-tᵊnuʷ	ʿoniʸ-bᵊneʸ.
Rauschtrank	Gebt	.(Elendskinder=)Elend(s)-(des)-Söhne

וְיַיִן	לְאוֹבֵד
wᵊyayin	lᵊʾoʷbed
Wein-und	,(Dahinsiechenden=)Untergehenden-(dem=)zu

7 יִשְׁתֶּה	נָפֶשׁ׃	לְמָרֵי
yišᵊtɛʰ	nɔpɛš	lᵊmɔreʸ.
trinken-(möge=)wird-(D)er	!(Verbitterten=)Seele-(der)	Bitteren-(den=)zu

לֹא	וַעֲמָלוֹ	רִישׁוֹ	וְיִשְׁכַּח
loʾ	waʿamɔloʷ	riʸšoʷ	wᵊyišᵊkaḥ
nicht	Mühsal-seine(r)-und	,Armut-seine	vergessen-(möge=)wird-er-und

פִּ֫יךָ	8 פְּתַח־	עוֹד׃	יִזְכָּר־
piʸkɔ	-pᵊtaḥ	ʿoʷd.	-yizᵊkor
Mund-dein(en)	Öffne	!(mehr=)noch	gedenken-(möge=)wird-er

כָּל־	דִּין	אֶל־	לְאִלֵּם
-kol	diʸn	-ʾɛl	lᵊʾillem
all(er)	Recht(ssache)-(ein[e])	(für=)zu	,Stumm(en)-(den)-(für=)zu

פִּ֫יךָ	9 פְּתַח־	חֲלוֹף׃	בְּנֵי
piʸkɔ	-pᵊtaḥ	ḥᵃloʷp	bᵊneʸ.
,Mund-dein(en)	Öffne	!(Bedürftigen=)Dahinschwinden(s)-(des)	Söhne

עָנִי	וְדִין	צֶדֶק	שְׁפָט־
ʿɔniʸ	wᵊdiʸn	ṣɛdɛq	-šᵊpoṭ
Bedrückten-(dem)	Recht-schaffe-und	Gerechtigkeit-(nach)	(urteile=)richte

יִמְצָא	מִי	חַיִל	10 אֵשֶׁת־	וְאֶבְיוֹן׃
yimᵊṣɔʾ	miʸ	ḥayil	-ʾešɛt	wᵊʾɛbᵊyoʷn.
?(sie)-findet-(er)	wer	,(tüchtige=)Tüchtigkeit-(von)	Frau-(Eine)	!Elenden-und

מִכְרָהּ׃	מִפְּנִינִים	וְרָחֹק
mikᵊrɔh.	mippᵊniʸniʸm	wᵊrɔḥoq
.(Wert=)Kaufpreis-ihr-(ist)	Korallen-(als-mehr=)von	weit-Und

בַּעְלָהּ	לֵב	בָּהּ	11 בָּטַח
baʿᵊlɔh	leb	bɔh	bɔṭaḥ
,(Ehe)herr(n)-ihr(es)	Herz-(das)	sie-(auf=)in	vertraut(e)-(Es=)Er

12 גְּמָלַתְהוּ	יֶחְסָר׃	לֹא	וְשָׁלָל
gᵊmɔlatᵊhuʷ	yɛḥᵊsɔr.	loʾ	wᵊšɔlɔl
ihn-behandelt(e)-Sie	.(er)mangelt-er	nicht	(Gewinnes-des=)(Aus)beute-und

יְמֵי	כֹּל	רָע	וְלֹא־	טוֹב
yᵊmeʸ	kol	rɔʿ	-wᵊloʾ	ṭoʷb
Tage	all(e)	,Bös(em)-(mit)	(nie=)nicht-und	Gut(em)-(mit)

צֶמֶר	13 דָּרְשָׁה	חַיֶּיהָ׃
ṣɛmɛr	dɔrᵊšɔʰ	ḥayyɛʸʰ.
Wolle	(um)-(sich-kümmert=)suchte-Sie	.(Lebens-ihres=)Lebende(n)-ihre(r)

בְּחֵפֶץ	וַתַּעַשׂ	וּפִשְׁתִּים
bᵊḥepɛṣ	wattaʿaś	uʷpišᵊtiʸm
(gerne=)Gernhaben-in	(schafft=)macht(e)-sie-und	Flachs-und

כָּאֳנִיּוֹת	הָיְתָה 14	כַּפֶּיהָ׃
kɔ^{ᵓo}ni^{y}yo^{w}t	hɔy^{ə}tɔ^{h}	kappɛ^{y}hɔ.
Schiffe-die-wie	(ist=)war-(Sie)	.Hände(n)-(beiden)-ihre(n)-(mit)

מִמֶּרְחָק	סוֹחֵר
mimmɛr^{ə}ḥɔq	so^{w}ḥer
(weg-weit=)Ferne-von	,(Händlers=)Umherziehend(en)-(eines)

וַתָּקָם 15	לַחְמָהּ׃	תָּבִיא
wattɔqom	laḥ^{ə}mɔh.	tɔbi^{yᵓ}
,auf-(steht=)stand-sie-Und	.(Nahrung=)ihr(e)	kommen-(lässt=)macht-sie

לְבֵיתָהּ	טֶרֶף	וַתִּתֵּן	לַיְלָה	בְּעוֹד
l^{ə}be^{y}tɔh	ṭɛrɛp	wattitten	lay^{ə}lɔ^{h}	b^{əc}o^{w}d
,Haus-ihr(em=)zu	Nahrung	gibt-sie-und	,(ist)-Nacht	noch-(wenn=)in

לְנַעֲרֹתֶיהָ׃	וְחֹק
l^{ə}na^{ca}rotɛ^{y}hɔ.	w^{ə}ḥoq
,(Mägden=)Mädchen-ihre(n=)zu	(Gebührendes=)Festgesetztes-und

וַתִּקָּחֵהוּ	שָׂדֶה	זָמְמָה 16
wattiqqɔḥehu^{w}	śɔdɛ^{h}	zɔm^{ə}mɔ^{h}
.(es=)ihn-(erwirbt=)nahm-sie-und	Feld-(ein)	(kaufen-zu)-trachtet(e)-sie

נטע[נָטְעָה]	כַּפֶּיהָ	מִפְּרִי
[nɔṭ^{əc}ɔ^{h}]n^{ə}ṭa^{c}	kappɛ^{y}hɔ	mipp^{ə}ri^{y}
pflanzt(e)-sie	Hände-(beiden)-ihre(r)	(Ertrag-dem=)Frucht-(der)-Von

מָתְנֶיהָ	בְּעוֹז	חָגְרָה 17	כָּרֶם׃
mot^{ə}nɛ^{y}hɔ	b^{əc}o^{w}z	ḥɔg^{ə}rɔ^{h}	korɛm.
Hüften-(zwei)-ihre	(kraftvoll=)Kraft-in	gürtet(e)-Sie	.Weinberg-(einen)

כִּי־	טָעֲמָה 18	זְרוֹעֹתֶיהָ׃	וַתְּאַמֵּץ
-ki^{y}	ṭɔ^{ca}mɔ^{h}	z^{ə}ro^{c}o^{w}tɛ^{y}hɔ.	watt^{əᵓ}ammeṣ
dass	,(fühlt=)genoss-Sie	.Arme-(zwei)-ihre	(kräftigt=)festigt(e)-sie-und

נֵרָהּ׃	בליל[בַלַּיְלָה]	יִכְבֶּה	לֹא־	סַחְרָהּ	טוֹב
nerɔh.	[ballay^{ə}lɔ^{h}]ballayil	yik^{ə}bɛ^{h}	-lo^{ᵓ}	saḥ^{ə}rɔh	ṭo^{w}b
.Leuchte-ihre	Nacht-der-in	erlischt-(es=er)	nicht	,Erwerb-ihr	(ist)-gut

שִׁלְּחָה	יָדֶיהָ 19
šill^{ə}ḥɔ^{h}	yɔdɛ^{y}hɔ
(aus-streckt=)schickt(e)-sie	(Arme=)Hände-(beiden)-Ihre

תָּמְכוּ	וְכַפֶּיהָ	בַכִּישׁוֹר
tɔmᵊkuʷ	wᵊkappɛʸhɔ	bakkiʸšoʷr
(halten=)fass(t)en-(sie)	Hände-(beiden)-ihre-und	,Spinnrocken-(dem)-(nach=)in

לֶעָנִי	פָּרְשָׂה	20 כַּפָּהּ	פָלֶךְ׃
lɛᶜɔniʸ	pɔrᵊśɔʰ	kappɔh	pɔlɛk.
,Elenden-(dem=)zum	(öffnet=)aus-breitet(e)-sie	(Hohl)hand-Ihre	.Spindel-(die)

לָאֶבְיוֹן׃	שִׁלְּחָה	וְיָדֶיהָ
lɔᵓɛbᵊyoʷn.	šillᵊḥɔʰ	wᵊyɔdɛʸhɔ
.Armen-dem-zu	(aus-streckt=)schickt(e)-sie	(Arme=)Hände-(beiden)-ihre-und

כִּי	מִשָּׁלֶג	לְבֵיתָהּ	תִירָא	21 לֹא־
kiʸ	miššɔlɛg	lᵊbeʸtɔh	tiʸrɔᵓ	-loᵓ
denn	,Schnee-(dem)-(vor=)von	Haus-ihr-(für=)zu	fürchtet-sie	Nicht

לָבֻשׁ	בֵּיתָהּ	כָל־
lɔbuš	beʸtɔh	-kol
gekleidet-ist-(sie=er)	Haus(gemeinschaft)-ihr(e)	all

לָהּ	עָשְׂתָה־	22 מַרְבַדִּים	שָׁנִים׃
lɔh	-ᶜɔśᵊtoʰ	marᵊbaddiʸm	šɔniʸm.
,(sich=)ihr-zu	(fertigt=)machte-sie	Decken	.Scharlach(wolle[n])-(mit)

23 נוֹדָע	לְבוּשָׁהּ׃	וְאַרְגָּמָן	שֵׁשׁ
noʷdɔᶜ	lᵊbuʷšɔh.	wᵊᵓarᵊgɔmɔn	šeš
(geachtet=)gekannt-(ist=)war-(Es=)Er	.Gewand-ihr-(ist)	Purpur-und	Byssus

עִם־	בְּשִׁבְתּוֹ	בַּעְלָהּ	בַּשְּׁעָרִים
-ᶜim	bᵊšibᵊtoʷ	baᶜᵊlɔh	baššᵊᶜɔriʸm
mit	(sitzt-er-wenn=)Sitzen-sein(em)-in	,(Ehe)herr-ihr	Tore(n)-(den=)die-in

עָשְׂתָה	24 סָדִין	אָרֶץ׃	זִקְנֵי־
ᶜɔśᵊtoʰ	sɔdiʸn	ᵓɔrɛṣ.	-ziqᵊneʸ
(fertigt=)machte-sie	Untergewand	.Land(es)-(des)	(Ältesten=)Alten-(den)

25 עֹז־	לַכְּנַעֲנִי׃	נָתְנָה	וַחֲגוֹר	וַתִּמְכֹּר
-ᶜoz	lakkᵊnaᶜᵃniʸ.	nɔtᵊnɔʰ	waḥᵃgoʷr	wattimᵊkor
Kraft	.Händler-den-(an=)zu	(gibt=)gab-sie	Gürtel-und	,verkauft-(sie)-und

לְיוֹם	וַתִּשְׂחַק	לְבוּשָׁהּ	וְהָדָר
lᵊyoʷm	wattiśᵊḥaq	lᵊbuʷšɔh	wᵊhɔdɔr
Tag(es)-(des=)zu	lacht-sie-und	,Gewand-ihr-(sind)	Glanz-und

בְּחָכְמָה	פָּתְחָה	26 פִּיהָ	אַחֲרוֹן׃
bᵊḥokᵊmɔʰ	potᵊḥɔʰ	piʸhɔ	ʾaḥᵃroʷn.
,Weisheit-(mit=)in	(auf-tut=)öffnete-sie	Mund-Ihr(en)	.(künftigen=)später(en)

27 צוֹפִיָּה	לְשׁוֹנָהּ׃	עַל־	חֶסֶד	וְתוֹרַת־
ṣoʷpiʸyɔʰ	lᵊšoʷnɔh.	-ʿal	ḥɛsɛd	-wᵊtoʷrat
(ist-sie)-Ausschauend(e)	.Zunge-ihre(r)	auf-(ist)	Güte-(der)	Weisung-und

עַצְלוּת	וְלֶחֶם	בֵּיתָהּ	הֲלִיכוֹת
ʿaṣᵊluʷt	wᵊlɛḥɛm	beʸtɔh	hᵃliʸkoʷt
Trägheit-(der)	Brot-und	,Haus(es)-ihr(es)	(Vorgängen=)Wege(n)-(den)-(nach)

בָנֶיהָ	28 קָמוּ	תֹאכֵל׃	לֹא
bɔnɛʸhɔ	qɔmuʷ	toʾkel.	loʾ
,Söhne-ihre	(Erscheinen=)auf-standen-(Sie)	.isst-sie	nicht

וַיְהַלְלָהּ׃	בַּעְלָהּ	וַיְאַשְּׁרוּהָ
wayᵊhalᵊlɔh.	baʿᵃlɔh	wayᵊʾaššᵊruʷhɔ
.sie-rühmt-er-(auch=)und	,(Ehe)herr-ihr	,sie-glücklich-preisen-sie-(dann=)und

חָיִל	עָשׂוּ	בָּנוֹת	29 רַבּוֹת
ḥɔyil	ʿɔśuʷ	bɔnoʷt	rabboʷt
,(Vermögen=)Tüchtigkeit	(erwarben=)machten-(sie)	Töchter	Viele

30 שֶׁקֶר	כֻּלָּנָה׃	עַל־	עָלִית	וְאַתְּ
šɛqɛr	kullɔnɔh.	-ʿal	ʿɔliʸt	wᵊʾattᵊ
(ist)-Trug	.sie-all(e)	(übertriffst=)auf	-hinauf-stiegst-du	,du-(aber=)und

אִשָּׁה	הַיֹּפִי	וְהֶבֶל	הַחֵן
ʾiššɔʰ	hayyopiʸ	wᵊhɛbɛl	haḥen
(mit)-Frau-(eine)	,Schönheit-die	(ist)-Windhauch-(ein)-und	Anmut-die

31 תְּנוּ־	תִתְהַלָּל׃	הִיא	יְהוָה	יִרְאַת־
-tᵊnuʷ	titᵊhallɔl.	hiʸʾ	yᵊhwɔʰ	-yirᵊʾat
(dar-Bringt=)Gebet	.gepriesen-wird-(sie)	(die=)sie	,JHWH	(vor)-(Ehr)furcht

יָדֶיהָ	מִפְּרִי	לָהּ
yɔdɛʸhɔ	mippᵊriʸ	lɔh
,Hände-(zwei)-ihre(r)	(Ertrag-dem=)Frucht-(der)-von	(sie-für=)ihr-zu

מַעֲשֶׂיהָ׃	בַשְּׁעָרִים	וִיהַלְלוּהָ
maʿᵃśɛʸhɔ.	baššᵊʿɔriʸm	wiʸhalᵊluʷhɔ
.Werke-ihre	Tore(n)-(den=)die-in	sie-preisen-(es=)sie-und

רות
Rut(h)

1

1 וַיְהִי
wayᵊhiʸ
(geschah-(Es=)war-er-Und

בִּימֵי
biʸmeʸ
Tage(n)-(den)-in

שְׁפֹט
šᵊpoṭ
(Regierens=)Richten(s)-(des)

הַשֹּׁפְטִים
haššopᵊṭiʸm
,Richter-(der=)die

וַיְהִי
wayᵊhiʸ
war-(es=er)-(als=)und

רָעָב
rɔʿɔb
Hunger(snot)

בָּאָרֶץ
bɔʾɔrɛṣ
;Land-dem-in

וַיֵּלֶךְ
wayyelɛk
(hin)-ging-(es=er)-(da=)und

אִישׁ
ʾiʸš
Mann-(ein)

מִבֵּית
mibbeʸt
-Bet(h)-(aus=)von

לֶחֶם
lɛḥɛm
le(c)hem

יְהוּדָה
yᵊhuʷdɔʰ
Juda-(in)

לָגוּר
lɔguʷr
(Gast-als)-wohnen-zu-(um)

בִּשְׂדֵי
biśᵊdeʸ
(von)-(Gefilde-im=)Felder-in

מוֹאָב
moʷʾɔb
,Moab

הוּא
huʷʾ
er

וְאִשְׁתּוֹ
wᵊʾišᵊtoʷ
Frau-seine-und

וּשְׁנֵי
uʷšᵊneʸ
(beide=)zwei-und

בָנָיו׃
bɔnɔʸw.
.Söhne-seine

2 וְשֵׁם
wᵊšem
Name-(der)-Und

הָאִישׁ
hɔʾiʸš
Mann(es)-(des=)der

אֱלִימֶלֶךְ
ʾɛliʸmɛlɛk
Elimelech-(war)

וְשֵׁם wᵊšem Name-(der)-und	נָעֳמִי noᶜᵒmiʸ Noomi-(war)	אִשְׁתּוֹ ʾišᵊtoʷ Frau-seine(r)	וְשֵׁם wᵊšem Name-(der)-und

וְכִלְיוֹן wᵊkilᵊyoʷn ,(Kiljon=)Chiljon-und	מַחְלוֹן maḥᵊloʷn Machlon	שְׁנֵי־בָנָיו bɔnɔʸw-šᵊneʸ (Söhne-beiden-seiner=)Söhne-seine-zwei

וַיָּבֹאוּ wayyɔboʾuʷ kamen-(Die=)sie-Und	יְהוּדָה yᵊhuʷdɔʰ .Juda-(in)	לֶחֶם lɛḥɛm le(c)hem	מִבֵּית mibbeʸt -Bet(h)-(aus=)von	אֶפְרָתִים ʾɛpᵊrɔtiʸm ,Ephratiter

שָׁם׃ šɔm. .dort	וַיִּהְיוּ־ -wayyihᵊyuʷ (blieben=)waren-(sie)-und	מוֹאָב moʷʾɔb Moab	שְׂדֵי־ -śᵊdeʸ (von)-(Gefilde-ins=)Felder-(die-in)

נָעֳמִי noᶜᵒmiʸ ,Noomi(s)	אִישׁ ʾiʸš Mann-(der)	אֱלִימֶלֶךְ ʾᵋliʸmɛlɛk ,Elimelech	3 וַיָּמָת wayyɔmot starb-(es=er)-(Da=)Und

בָנֶיהָ׃ bɔnɛʸhɔ. .Söhne-ihre	וּשְׁנֵי uʷšᵊneʸ (beide=)zwei-und	הִיא hiʸʾ sie	וַתִּשָּׁאֵר wattiššɔʾer (hinterblieb=)übrig-blieb-(es=)sie-und

מֹאֲבִיּוֹת moʾᵃbiʸyoʷt ;moabitische	נָשִׁים nɔšiʸm Frauen	לָהֶם lɔhɛm (sich-für=)ihnen-zu	4 וַיִּשְׂאוּ wayyiśᵊʾuʷ (nahmen=)erhoben-(die=)sie-Und

הַשֵּׁנִית haššeniʸt (war)-zweite(n)-der	וְשֵׁם wᵊšem Name-(der)-und	עָרְפָּה ᶜorᵊpɔʰ Orpa	הָאַחַת hɔʾaḥat (war)-eine(n)-der	שֵׁם šem Name-(der)

שָׁנִים׃ šɔniʸm. .Jahre	כְּעֶשֶׂר kᵊᶜɛśɛr zehn-(etwa=)wie	שָׁם šɔm dort	וַיֵּשְׁבוּ wayyešᵊbuʷ (wohnten=)blieben-sie-(Und)	רוּת ruʷt .Rut(h)

וְכִלְיוֹן wᵊkilᵊyoʷn ,(Kiljon=)Chiljon-und	מַחְלוֹן maḥᵊloʷn Machlon	שְׁנֵיהֶם šᵊneʸhɛm ,sie-beide	גַם־ -gam auch	5 וַיָּמוּתוּ wayyɔmuʷtuʷ starben-(sie)-(Dann=)Und

מִשְּׁנֵי miššᵊneʸ zwei-(die)-(ohne=)von	הָאִשָּׁה hɔʾiššɔʰ Frau-die	וַתִּשָּׁאֵר wattiššɔʾer (hinterblieb=)übrig-blieb-(es=)sie-und

6 וַתָּקָם	וּמֵאִישָׁהּ׃	יְלָדֶיהָ
wattɔqom	uʷmeʾiʸšɔh.	yᵊlɔdɛʸhɔ
,auf-sich-machte-sie-(Da=)Und	.Mann-ihr(en)-(ohne=)von-und	Söhne-ihre(r)

וַתָּשָׁב	וְכַלֹּתֶיהָ	הִיא
wattɔšob	wᵊkallotɛʸhɔ	hiʸʾ
(zurückzukehren-um=)zurück-kehrte-sie-und	,Schwiegertöchter-ihre-und	sie

שָׁמְעָה	כִּי	מוֹאָב	מִשְּׂדֵי
šɔmᵊʿɔʰ	kiʸ	moʷʾɔb	miśśᵊdeʸ
(erfahren=)gehört-hatte-sie	weil	;Moab(s)	Gefilde(n)-den-(aus=)von

אֶת־עַמּוֹ	יְהוָה	פָקַד	כִּי־	מוֹאָב	בִּשְׂדֵה
ʿammoʷ-ʾɛt	yᵊhwɔʰ	pɔqad	-kiʸ	moʷʾɔb	biśᵊdeʰ
Volk-sein***	JHWH	aufsuchte-(er)	(dass=)wenn	,Moab(s)	Gefilde-(im=)in

מִן־	7 וַתֵּצֵא	לָחֶם׃	לָהֶם	לָתֵת
-min	watteṣeʾ	lɔḥɛm.	lɔhɛm	lɔtet
von	aus-zog-sie-(So=)Und	.Brot	ihnen-(zu)	geben-zu-(um)

וּשְׁתֵּי	שָׁמָּה	הָיְתָה־	אֲשֶׁר	הַמָּקוֹם
uʷšᵊteʸ	šɔmmɔh	-hɔyᵊtɔʰ	ʾašɛr	hammɔqoʷm
(beide=)zwei-und	,dorthin	(gekommem)-war-sie	welch(er)	,Ort-(dem=)der

וַתֵּלַכְנָה	עִמָּהּ	כַלֹּתֶיהָ
wattelakᵊnɔʰ	ʿimmɔh	kallotɛʸhɔ
gingen-sie-(Als=)Und	.(sie-begleiteten=)ihr-mit	Schwiegertöchter-ihre

יְהוּדָה׃	אֶרֶץ	אֶל־	לָשׁוּב	בַּדֶּרֶךְ
yᵊhuʷdɔʰ.	ʾɛrɛṣ	-ʾɛl	lɔšuʷb	baddɛrɛk
,Juda	Land-(dem)	zu	zurück-kehren-zu-(um)	Weg-(dem=)der-(auf=)in

כַלֹּתֶיהָ	לִשְׁתֵּי	נָעֳמִי	8 וַתֹּאמֶר
kallotɛʸhɔ	lišᵊteʸ	noʿᵒmiʸ	wattoʾmɛr
:Schwiegertöchter(n)-ihre(n)	(beiden=)zwei-zu	Noomi	sprach-(sie)-(da=)und

אִמָּהּ	לְבֵית	אִשָּׁה	שֹׁבְנָה	לֵכְנָה
ʾimmɔh	lᵊbeʸt	ʾiššɔʰ	šobᵊnɔʰ	lekᵊnɔʰ
!Mutter-ihre(r)	Haus-(dem)-zu	(jede=)Frau	,zurück-kehrt	,(nun)-Geht

עִמָּכֶם	יְהוָה	יַעֲשֶׂה[יַעַשׂ]
ʿimmɔkɛm	yᵊhwɔʰ	[yaʿaś]yaʿᵃśɛʰ
euch-(an=mit)	JHWH	(erweisen=)machen-(möge=)wird-(Es=)Er

עִם־	עֲשִׂיתֶם	כַּאֲשֶׁר	חֶסֶד
-ʿim	ʿᵃśiʸtɛm	kaʾᵃšɛr	ḥɛsɛd
(an=mit)	(habt-erwiesen-sie=)machtet-ihr	wie-so	,(Liebe=)Gnade

וְעִמָּדִי׃	הַמֵּתִים
wᵊʿimmɔdiʸ.	hammetiʸm
!mir-(an=mit)-und	(Verstorbenen=)Toten-(den=)die

לָכֶם	יְהוָה	9 יִתֵּן
lɔkɛm	yᵊhwɔʰ	yitten
,euch-(zu)	JHWH	(gewähren=)geben-(möge=)wird-(Es=)Er

בֵּית	אִשָּׁה	מְנוּחָה	וּמְצֶאןָ
beʸt	ʾiššɔʰ	mᵊnuʷḥɔʰ	uʷmᵊṣɛʾnɔ
Haus-(im)	(jede=)Frau	,Ruhe(platz)-(einen)	findet-ihr-(dass=)und

וַתִּשֶּׂאנָה	לָהֶן	וַתִּשַּׁק	אִישָׁהּ
wattiśśɛʾnɔʰ	lɔhɛn	wattiššaq	ʾiʸšɔh
erhoben-sie-(Indes=)Und	.(sie=)ihnen-zu	küsste-sie-Und	!Mann(es)-ihr(es)

כִּי־	לָהּ	10 וַתֹּאמַרְנָה־	וַתִּבְכֶּינָה׃	קוֹלָן
-kiʸ	lɔh	-wattoʾmarᵊnɔʰ	wattibᵊkɛʸnɔʰ.	qoʷlɔn
(,Nein=)Dass	:ihr-zu	sprachen-sie-Und	.weinten-(sie)-und	Stimme-ihre

לְעַמֵּךְ׃	נָשׁוּב	אִתָּךְ
lᵊʿammek.	nɔšuʷb	ʾittɔk
!Volk-dein(em)-zu	,zurückkehren-(wollen=)werden-wir	dir-mit

בְנֹתַי	שֹׁבְנָה	נָעֳמִי	11 וַתֹּאמֶר
bᵊnotay	šbᵊnɔʰ	noʿᵒmiʸ	wattoʾmɛr
!Töchter-meine	,(heim=)um-Kehrt	:Noomi	sprach-(es=)sie-(Doch=)Und

הַעוֹד־	עִמִּי	תֵלַכְנָה	לָמָּה
-haʿoʷd	ʿimmiʸ	telakᵊnɔʰ	lɔmmɔʰ
noch-Etwa	?mir-mit	gehen-(wollt=)werdet-ihr	(Warum=)was-Zu

בְּמֵעַי	בָנִים	לִי
bᵊmeʿay	bɔniʸm	liʸ
,(Schoß-meinem=)Eingeweide(n)-meine(n)-in	Söhne	(habe-ich=)mir-zu

לַאֲנָשִׁים׃	לָכֶם	וְהָיוּ
laʾᵃnɔšiʸm.	lɔkɛm	wᵊhɔyuʷ
?Männer(n)-zu	euch-(für=)zu	(werden=)sein-(könnten=)werden-sie-(dass=)und

זָקַנְתִּי	כִּי	לֵכְןָ	בְנֹתַי	12 שֹׁבְנָה
zɔqan^{ə}ti^{y}	ki^{y}	lek^{ə}nɔ	b^{ə}notay	šob^{ə}nɔ^{h}
alt-(zu)-bin-ich	Denn	!geht	,Töchter-meine	,(heim=)um-Kehrt

אָמַרְתִּי	כִּי	לְאִישׁ	מֵהְיוֹת
ʾɔmar^{ə}ti^{y}	ki^{y}	l^{ə}ʾi^{y}š	mih^{ə}yo^{w}t
,(dächte=)sagte-ich	Wenn	.Mann-(einem=)zu	(anzugehören-um=)sein-von

גַּם	תִקְוָה	לִי	יֶשׁ־
gam	tiq^{ə}wɔ^{h}	li^{y}	-yɛš
(noch=)auch	,Hoffnung	(mich-für=)mir-zu	gibt-es

לְאִישׁ	הַלַּיְלָה	הָיִיתִי
l^{ə}ʾi^{y}š	hallay^{ə}lɔ^{h}	hɔyi^{y}ti^{y}
,Mann-(einem=)zu	Nacht-(diese=)die	(angehören=)sein-(würde=)werde-ich

בָנִים׃	יָלַדְתִּי	וְגַם
bɔni^{y}m.	yɔlad^{ə}ti^{y}	w^{ə}gam
,Söhne	(gebären-würde=)gebar-ich	(sogar=)auch-und

אֲשֶׁר	עַד	תְּשַׂבֵּרְנָה	13 הֲלָהֵן
ʾ^{a}šɛr	ʿad	t^{ə}śabber^{ə}nɔ^{h}	h^{a}lɔhen
dass	bis	,warten-(ihr)	(ihr-wolltet=)euch-zu-etwa —

הֲלָהֵן	יִגְדָּלוּ
h^{a}lɔhen	yig^{ə}dɔlu^{w}
(ihr-solltet=)euch-zu-Etwa	?(erwachsen=)groß-werden-sie

הֱיוֹת	לְבִלְתִּי	תֵּעָגֵנָה
h^{ɛ}yo^{w}t	l^{ə}bil^{ə}ti^{y}	teʿɔgenɔ^{h}
(werden=)sein	(zu-nicht-um=)nicht-zu	zurückhalten-euch-(ihr)

מַר־	כִּי־	בְּנֹתַי	אַל	לְאִישׁ
-mar	-ki^{y}	b^{ə}notay	ʾal	l^{ə}ʾi^{y}š
bitter	denn	,Töchter-meine	(,Nein=)Nicht	?(Mannes-eines=)Mann-zu

כִּי־	מִכֶּם	מְאֹד	לִי
-ki^{y}	mikkɛm	m^{ə}ʾod	li^{y}
denn	,euch-(um=)von	sehr-(zu)	mir-zu(mute)-(ist)

יְהוָה	יַד־	בִי	יָצְאָה
y^{ə}hwɔ^{h}	-yad	bi^{y}	yɔṣ^{ə}ʾɔ^{h}
!JHWH(s)	Hand-(die)	(mich-gegen=)mir-in	(sich-richtete=)aus-ging-(es=)sie

עוֹד	וַתִּבְכֶּינָה	קוֹלָן	14 וַתִּשֶּׂנָה
ʿoʷd	wattibᵊkɛʸnɔʰ	qoʷlɔn	wattiśśɛnɔʰ
.(mehr)-noch	weinten-(sie)-und	Stimme-ihre	erhoben-sie-(Da=)Und

לַחֲמוֹתָהּ	עָרְפָּה	וַתִּשַּׁק
laḥᵃmoʷtɔh	ʿorᵊpɔʰ	wattiššaq
,Schwiegermutter-ihre-(zu)	Orpa	küsste-(es=sie)-(Schließlich=)Und

בָּהּ׃	דָּבְקָה	וְרוּת
bɔh.	dɔbᵊqɔʰ	wᵊruʷt
.ihr-(an=)in	(sich-schloss=)hing-(sie)	Rut(h)-(hingegen=)und

שָׁבָה	הִנֵּה	15 וַתֹּאמֶר
šɔbɔʰ	hinneʰ	wattoʾmɛr
(heim=)zurück-kehrte-(es=)sie	,Siehe	:sprach-sie-(Alsdann=)Und

אֱלֹהֶיהָ	וְאֶל־	עַמָּהּ	אֶל־	יְבִמְתֵּךְ
ʾᵉlohɛʸhɔ	-wᵊʾᵉl	ʿammɔh	-ʾɛl	yᵊbimᵊtek
;(Gott-ihrem=)Götter(n)-ihre(n)	zu-und	Volk-ihr(em)	zu	Schwägerin-deine

16 וַתֹּאמֶר	יְבִמְתֵּךְ׃	אַחֲרֵי	שׁוּבִי
wattoʾmɛr	yᵊbimᵊtek.	ʾaḥᵃreʸ	šuʷbiʸ
sagte-(es=)sie-(Aber=)Und	!Schwägerin-deine(r)	nach	(folge=)um-kehre

בִּי	תִּפְגְּעִי־	אַל־	רוּת
biʸ	-tipᵊgᵊʿiʸ	-ʾal	ruʷt
(mich=)mir-in	(drängen=)stoßen-(sollst=)wirst-du	Nicht	:Rut(h)

כִּי	מֵאַחֲרָיִךְ	לָשׁוּב	לְעָזְבֵךְ
kiʸ	meʾaḥᵃrɔyik	lɔšuʷb	lᵊʿozᵊbek
denn	,(weg-dir=)dir-hinter-von	,(heim=)um-kehren-zu	,dich-verlassen-zu

אֵלֵךְ	תֵּלְכִי	אֶל־אֲשֶׁר
ʾelek	telᵊkiʸ	ʾᵃšɛr-ʾɛl
,gehen-(will=)werde-ich	,gehst-du	(wohin=)welch(em)-zu

אָלִין	תָּלִינִי	וּבַאֲשֶׁר
ʾɔliʸn	tɔliʸniʸ	uʷbaʾᵃšɛr
!(bleibe=)nächtige-ich	,(bleibst=)nächtigst-du	(wo=)welch(em)-in-und

וֵאלֹהַיִךְ	עַמִּי	עַמֵּךְ
weʾlohayik	ʿammiʸ	ʿammek
(Gott=)Götter-dein(e)-und	,Volk-mein-(ist)	Volk-Dein

תְּמוּתִי	17 בַּאֲשֶׁר	אֱלֹהָי׃
tɔmuʷtiʸ	baᵓᵃšɛr	ᵓᵋlohɔy.
,stirbst-du	(Wo=)welch(em)-In	!(Gott=)Götter-mein(e)-(ist=sind)

כֹּה	אֶקָּבֵר	וְשָׁם	אָמוּת
koʰ	ᵓɛqqɔber	wᵊšɔm	ᵓɔmuʷt
So	!(sein)-begraben-(will=)werde-ich	dort-und	,sterben-(will=)werde-ich

וְכֹה	לִי	יְהוָה	יַעֲשֶׂה
wᵊkoʰ	liʸ	yᵊhwɔʰ	yaᶜᵃśɛʰ
so-und	mir-(an=)zu	JHWH	(tun=)machen-(möge=)wird-(er)

הַמָּוֶת	כִּי	יֹסִיף
hammɔwɛt	kiʸ	yosiʸp
Tod-der	(nur)-denn	,(fortfahren=)hinzufügen-(möge=)wird-er

וּבֵינֵךְ׃	בֵּינִי	יַפְרִיד
uʷbeʸnek.	beʸniʸ	yapᵊriʸd
!dir-zwischen-und	mir-zwischen	(scheiden=)trennen-(soll=)wird-(er)

אִתָּהּ	לָלֶכֶת	הִיא	מִתְאַמֶּצֶת	כִּי־	18 וַתֵּרֶא
ᵓittɔh	lɔlɛkɛt	hiʸᵓ	mitᵓammɛṣɛt	-kiʸ	watterɛᵓ
,ihr-mit	gehen-zu	(war)-sie	seiend(e)-entschlossen	dass	,sah-sie-(Als=)Und

19 וַתֵּלַכְנָה	אֵלֶיהָ׃	לְדַבֵּר	וַתֶּחְדַּל
wattelakᵊnɔʰ	ᵓelɛʸhɔ.	lᵊdabber	wattɛḥᵊdal
gingen-(sie)-(So=)Und	.ihr-zu	sprechen-zu	auf-hörte-sie-(da=)und

בֵּית	בֹּאָנָה	עַד־	שְׁתֵּיהֶם
beʸt	boᵓɔnɔh	-ᶜad	šᵊteʸhɛm
-Bet(h)-(nach)	Kommen-ihr(em)	(zu)-bis	(beide-sie=)ihnen-(von)-zwei

כְּבֹאָנָה	וַיְהִי	לָחֶם
kᵊboᵓɔnɔʰ	wayᵊhiʸ	lɔḥɛm
Hineingehen-ihr(em)-(bei=)wie	(geschah=)war-(es=)er-Und	.le(c)hem

וַתֵּהֹם	לֶחֶם	בֵּית
wattehom	lɛḥɛm	beʸt
(Aufruhr-in-geriet=)sich-bewegte-(es=sie)-(dass=)und	,le(c)hem	-Bet(h)-(nach)

הֲזֹאת	וַתֹּאמַרְנָה	עֲלֵיהֶן	הָעִיר	כָּל־
hᵃzoᵓt	wattoᵓmarᵊnɔʰ	ᶜᵃleʸhɛn	hɔᶜiʸr	-kol
(ist)-diese-Etwa	:sagte(n)-(man=)sie-und	(ihretwegen=)sie-auf	Stadt-die	all

אַל־	אֲלֵיהֶן	20 וַתֹּאמֶר	נָעֳמִי׃
-ʾal	ʾaleʸhɛn	wattoʾmɛr	noᶜomiʸ.
Nicht	:ihnen-zu	sagte-sie-(Da=)Und	?(Liebliche-die=)Noomi

נָעֳמִי	לִי	תִּקְרֶאנָה
noᶜomiʸ	liʸ	tiqᵊrɛʾnɔʰ
,(Liebliche-die=)Noomi	(mich=)mir-zu	(nennen=)rufen-(sollt=)werdet-ihr

הֵמַר	כִּי־	מָרָא	לִי	קְרֶאןָ
hemar	-kiʸ	mɔrɔʾ	liʸ	qᵊrɛʾnɔ
bitter-machte-(es=)er	denn	;(Bittere-die=)Mara	(mich=)mir-zu	(nennt=)ruft

מְלֵאָה	21 אֲנִי	מְאֹד׃	לִי	שַׁדַּי
mᵊleʾɔʰ	ʾaniʸ	mᵊʾod.	liʸ	šadday
voll(e)-(als)	,Ich	!sehr	(mich=)mir-zu	(Allmächtige-der=)Schaddai

יְהוָה	הֱשִׁיבַנִי	וְרֵיקָם	הָלַכְתִּי
yᵊhwɔʰ	hᵋšiʸbaniʸ	wᵊreʸqɔm	hɔlakᵊtiʸ
.JHWH	mich-zurückkehren-machte-(es=er)	leer-(jedoch=)und	,(weg)-ging-ich

לִי	תִקְרֶאנָה	לָמָּה
liʸ	tiqᵊrɛʾnɔʰ	lɔmmɔʰ
(mich=)mir-zu	(nennen=)rufen-(solltet=)werdet-ihr	(Warum=)was-Zu

עָנָה	וַיהוָה	נָעֳמִי
ᶜɔnɔʰ	wayhwɔʰ	noᶜomiʸ
(zeugte=)antwortete-(er)	JHWH-(doch-da=)und	,(Liebliche-die=)Noomi

וְשַׁדַּי	בִּי
wᵊšadday	biʸ
(Allmächtige-der=)Schaddai-und	,(mich-wider=)mir-in

לִי׃	הֵרַע
liʸ.	heraᶜ
?mir-(an=)zu	(Schlimmes=)übel-tat-(er)

הַמּוֹאֲבִיָּה	וְרוּת	נָעֳמִי	22 וַתָּשָׁב
hammoʷʾabiʸyɔʰ	wᵊruʷt	noᶜomiʸ	wattɔšob
,Moabiterin-die	,Rut(h)-und	Noomi	(heim=)zurück-kehrte-(es=sie)-(So=)Und

הַשָּׁבָה	עִמָּהּ	כַלָּתָהּ
haššɔbɔʰ	ᶜimmɔh	kallɔtɔh
zurückgekehrt-war-(sie)-(welche=)die	,ihr-mit	,Schwiegertochter-ihre

בָּאוּ	וְהֵמָּה	מוֹאָב	מִשְּׂדֵי
bɔʾuʷ	wᵊhemmɔʰ	moʷʾɔb	miśśᵊdeʸ
kamen-sie	,sie-und	,Moab(s)	(Gefilden=)Felder(n)-(den)-von

שְׂעֹרִים׃	קְצִיר	בִּתְחִלַּת	לֶחֶם	בֵּית
śᵊʿoriʸm.	qᵊṣiʸr	bitᵊḥillat	lɛḥɛm	beʸt
.Gerste(n)-(der)	Ernte-(der)	(Beginn-zu=)Anfang-in	le(c)hem	-Bet(h)-(nach)

2

מְיֻדָּע[מוֹדַע]	1 וּלְנָעֳמִי
[moʷdaʿ]mᵊyuddɔʿ	uʷlᵊnoʿᵒmiʸ
(Verwandten-einen=)Bekanntschaft	Noomi-(hatte-es=)zu-Und

גִּבּוֹר	אִישׁ	לְאִישָׁהּ
gibboʷr	ʾiʸš	lᵊʾiʸšɔh
vermögend(er)	Mann-(ein-war-es)	;Mann-ihrem-(von=)zu

אֱלִימֶלֶךְ	מִמִּשְׁפַּחַת	חַיִל
ʾᵋliʸmɛlɛk	mimmišᵊpaḥat	ḥayil
,Elimelech(s)	Geschlecht-(dem)-von	(tapferer=)Kraft-(von)-(und)

רוּת	2 וַתֹּאמֶר	בֹּעַז׃	וּשְׁמוֹ
ruʷt	wattoʾmɛr	boʿaz.	uʷšᵊmoʷ
,Rut(h)	sagte-(sie)-(Damals=)Und	.Boas	(war)-Name-sein-und

נָּא	אֵלְכָה־	נָעֳמִי	אֶל־	הַמּוֹאֲבִיָּה
nɔʾ	-ʾelᵊkoʰ	noʿᵒmiʸ	-ʾɛl	hammoʷʾᵃbiʸyɔʰ
doch	gehen-(mich-Lass=)will-Ich	:Noomi	zu	,Moabiterin-die

אַחַר	בַשִּׁבֳּלִים	וַאֲלַקֳטָה	הַשָּׂדֶה
ʾaḥar	baššibbᵒliʸm	waʾᵃlaqᵒṭɔʰ	haśśɔdɛʰ
hinter	,Ähren-den-(bei=)in	auflesen-(will-ich)-und	Feld-das-(auf)

בְּעֵינָיו	חֵן	אֶמְצָא־	אֲשֶׁר
bᵊʿeʸnɔʸw	ḥen	-ʾɛmᵊṣoʾ	ʾᵃšɛr
!Augen-(zwei)-seine(n)-in	(Gunst=)Gnade	finde-ich	,(her-dem=)welch(em)

3 וַתֵּלֶךְ	בִּתִּי׃	לְכִי	לָהּ	וַתֹּאמֶר
wattelɛk	bittiʸ.	lᵊkiʸ	lɔh	wattoʾmɛr
ging-sie-(Hierauf=)Und	!Tochter-meine	,Geh	:ihr-zu	sagte-sie-(Da=)Und

אַחֲרֵי	בַּשָּׂדֶה	וַתְּלַקֵּט	וַתָּבוֹא
ʾaḥᵃreʸ	baśśɔdɛʰ	wattᵊlaqqeṭ	wattɔboʷʾ
hinter	Feld-(dem=)das-(auf=)in	auf-las-(sie)-und	kam-(sie)-und

הַקֹּצְרִים	וַיִּקֶר
haqqoṣᵊriʸm	wayyiqɛr
,(Schnittern=)Erntende(n)-(den=)die	(sich-traf=)begegnete-(es=)er-und

מִקְרֶהָ	חֶלְקַת	הַשָּׂדֶה
miqᵊrɛhɔ	ḥɛlᵊqat	haśśɔdɛʰ
,(zufällig-ihr=)sie-Begegnen-(ein)	(Stück=)Teil-(ein)	,Feld(es)-(des=)das

לְבֹעַז	אֲשֶׁר	מִמִּשְׁפַּחַת	אֱלִימֶלֶךְ׃
lᵊboᶜaz	ᵓᵃšɛr	mimmišᵊpaḥat	ᵓɛliʸmɛlɛk.
,Boas-(gehörte=)zu-(das)	welch(er)	Geschlecht-(dem)-von	.(war)-Elimelech(s)

4 וְהִנֵּה־	בֹּעַז	בָּא	מִבֵּית	לֶחֶם
-wᵊhinneʰ	boᶜaz	bɔᵓ	mibbeʸt	lɛḥɛm
,siehe-Und	Boas	kommend(er)-(war)	-Bet(h)-von	,(her)-le(c)hem

וַיֹּאמֶר	לַקּוֹצְרִים	יְהוָה	עִמָּכֶם
wayyoᵓmɛr	laqqoʷṣᵊriʸm	yᵊhwɔʰ	ᶜimmɔkɛm
sagte-er-und	:(Schnittern=)Erntenden-den-zu	JHWH	!euch-mit-(sei)

וַיֹּאמְרוּ	לוֹ	יְבָרֶכְךָ	יְהוָה׃
wayyoᵓmᵊruʷ	loʷ	yᵊbɔrɛkᵊkɔ	yᵊhwɔʰ.
sagten-sie-Und	:ihm-zu	dich-segnen-(möge=)wird-(Es=)Er	!JHWH

5 וַיֹּאמֶר	בֹּעַז	לְנַעֲרוֹ
wayyoᵓmɛr	boᶜaz	lᵊnaᶜᵃroʷ
sagte-(es=er)-(Da=)Und	Boas	,(Knecht=)Jungen-seinem-zu

הַנִּצָּב	עַל־	הַקּוֹצְרִים
hanniṣṣɔb	-ᶜal	haqqoʷṣᵊriʸm
gestellte(n)-(dem=)der	(über=)auf	:(Schnitter=)Erntenden-die

לְמִי	הַנַּעֲרָה	הַזֹּאת׃	6 וַיַּעַן
lᵊmiʸ	hannaᶜᵃrɔʰ	hazzoᵓt.	wayyaᶜan
(gehört-Wem=)wer-Zu	,Frau-(junge)-die	?da-diese	antwortete-(es=)er-Und

הַנַּעַר	הַנִּצָּב	עַל־	הַקּוֹצְרִים
hannaᶜar	hanniṣṣɔb	-ᶜal	haqqoʷṣᵊriʸm
,(Knecht=)Junge-der	gestellte-der	(über=)auf	,(Schnitter=)Erntenden-die

וַיֹּאמַר	נַעֲרָה	מוֹאֲבִיָּה	הִיא
wayyoᵓmar	naᶜᵃrɔʰ	moʷᵓᵃbiʸyɔʰ	hiʸᵓ
:sagte-er-(indem=)und	Frau-(junge)-(Eine)	moabitische	,(ist)-sie

מִשְּׂדֵה	נָעֳמִי	עִם־	הַשָּׁבָה
miśśᵊdeʰ	noᶜomiʸ	-ᶜim	haššɔbɔʰ
Gefilde-(dem)-(aus=)von	Noomi	mit	zurückgekehrt-ist-(sie)-(welche=)die

נָא	אֲלַקֳטָה־	7 וַתֹּאמֶר	מוֹאָב׃
nɔʾ	-ʾᵃlaqᵒṭɔʰ	wattoʾmɛr	moʷʾɔb.
doch	auflesen-(ich-Dürfte=)will-Ich	:gesagt-hat-sie-und	;Moab(s)

אַחֲרֵי	בָעֳמָרִים	וְאָסַפְתִּי
ʾaḥᵃreʸ	bɔᶜᵒmɔriʸm	wᵊʾɔsapᵊtiʸ
hinter	Garben-den-(unter=)in	sammeln-(möchte=)werde-ich-und

וַתַּעֲמוֹד	וַתָּבוֹא	הַקּוֹצְרִים
wattaᶜᵃmoʷd	wattɔboʷʾ	haqqoʷṣᵊriʸm
(aus-hielt=)stand-sie-und	kam-sie-Und	!(Schnittern=)Erntenden-(den=)die

זֶה	עַתָּה	וְעַד־	הַבֹּקֶר	מֵאָז
zɛʰ	ᶜattɔʰ	-wᵊᶜad	habboqɛr	meʾɔz
,(dieses=)dieser	,jetzt	bis-(und)	Morgen-(dem=)der	(seit=)dann-von

הַבַּיִת	שִׁבְתָּהּ
habbayit	šibᵊtɔh
(drinnen=)Haus-(dem=)das-(in)	(Verweilen=)Bleiben-ihr

רוּת	אֶל־	בֹּעַז	8 וַיֹּאמֶר	מְעָט׃
ruʷt	-ʾɛl	boᶜaz	wayyoʾmɛr	mᵊᶜɔṭ.
:Rut(h)	zu	Boas	sprach-(es=er)-(Da=)Und	!(kurz-nur=)wenig-(war)

אַל־	בִּתִּי	שָׁמַעַתְּ	הֲלוֹא
-ʾal	bittiʸ	šɔmaᶜattᵊ	hᵃloʷʾ
nicht	,Tochter-meine	,(höre=)hörtest-(du)	(wohl-Sehr=)nicht-Etwa

אַחֵר	בְּשָׂדֶה	לִלְקֹט	תֵּלְכִי
ʾaḥer	bᵊśɔdɛʰ	lilᵊqoṭ	telᵊkiʸ
ander(em)	Feld-in	(aufzulesen=)sammeln-zu	gehen-(sollst=)wirst-du

מִזֶּה	תַעֲבוּרִי	לֹא	וְגַם
mizzɛʰ	taᶜᵃbuʷriʸ	loʾ	wᵊgam
,(hier=)dieser-von	gehen-(weg=)hinüber-(sollst=)wirst-du	nicht	auch-und

נַעֲרֹתָי׃	עִם־	תִדְבָּקִין	וְכֹה
naᶜᵃrotɔy.	-ᶜim	tidᵊbɔqiʸn	wᵊkoʰ
.Mädchen-meine(n)	(bei=)mit	(bleiben=)anhangen-(sollst=)wirst-du	so-und

יִקְצֹרוּן	אֲשֶׁר־	בַּשָּׂדֶה	9 עֵינַיִךְ
yiqᵊṣoruʷn	-ʾᵃšɛr	baśśɔdɛʰ	ᶜeʸnayik
,ernten-sie	welch(es)	,Feld-dem-(auf=)in-(seien)	Augen-(beiden)-Deine

צִוִּיתִי	הֲלוֹא	אַחֲרֵיהֶן	וְהָלַכְתְּ
ṣiwwiʸtiʸ	hᵃloʷʾ	ʾaḥᵃreʸhɛn	wᵊhɔlakᵊtᵊ
hieß-ich	nicht-Etwa	!(ihnen=)sie-hinter	gehen-(sollst=)wirst-du-und

נָגְעֵךְ	לְבִלְתִּי	אֶת־הַנְּעָרִים
nogᵊᶜek	lᵊbilᵊtiʸ	hannᵊᶜɔriʸm-ʾɛt
?dich-(behelligen=)berühren	(zu-nicht=)nicht-zu	(Knechte=)Jungen-meine***

אֶל־	וְהָלַכְתְּ	וְצָמִת
-ʾɛl	wᵊhɔlakᵊtᵊ	wᵊṣɔmit
zu	gehen-(kannst=)wirst-du-(so=)und	,dürstest-du-(Wenn=)Und

מֵאֲשֶׁר	וְשָׁתִית	הַכֵּלִים
meʾᵃšɛr	wᵊšɔtiʸt	hakkeliʸm
welch(en)-von	trinken-(kannst=)wirst-du-und	Gefäße(n)-(den=)die

עַל־	10 וַתִּפֹּל	הַנְּעָרִים׃	יִשְׁאֲבוּן
-ᶜal	wattippol	hannᵊᶜɔriʸm.	yišʾᵃbuʷn
auf	fiel-sie-(Da=)Und	!(Knechte=)Jungen-die	schöpfen-(sie)

אָרְצָה	וַתִּשְׁתַּחוּ	פָּנֶיהָ
ʾɔrᵊṣɔʰ	wattišᵊtaḥuʷ	ponɛʸhɔ
hin-Erde-(zur)	sich-warf-(sie)-und	(Angesicht=)Gesichter-ihr(e)

חֵן	מָצָאתִי	מַדּוּעַ	אֵלָיו	וַתֹּאמֶר
ḥen	mɔṣɔʾtiʸ	madduʷaᶜ	ʾelɔʸw	wattoʾmɛr
(Gunst=)Gnade	fand-ich	Warum	:ihm-zu	sprach-(sie)-und

לְהַכִּירֵנִי	בְּעֵינֶיךָ
lᵊhakkiʸreniʸ	bᵊᶜeʸnɛʸkɔ
,mich-(freundlich)-betrachten-zu	Augen-(zwei)-deinen-in

בֹּעַז	11 וַיַּעַן	נָכְרִיָּה׃	וְאָנֹכִי
boᶜaz	wayyaᶜan	nokᵊriʸyɔʰ.	wᵊʾɔnokiʸ
Boas	entgegnete-(es=er)-(Da=)Und	?Fremde-(eine)	(bin)-ich-(obwohl=)und

לִי	הֻגַּד	הֻגֵּד	לָהּ	וַיֹּאמֶר
liʸ	huggad	hugged	lɔh	wayyoʾmɛr
mir-(zu)	berichtet-wurde-(es=er)	Berichtetwerden-(Ein)	:ihr-zu	sagte-(er)-und

כֹּל אֲשֶׁר־ עָשִׂית אֶת־חֲמוֹתֵךְ
ḥamowtek-ʾɛt ʿɔśiyt -ʾašɛr kol
Schwiegermutter-deine(r)*** (erwiesest=)machtest-du (was=)welch(es) ,all(es)

אַחֲרֵי מוֹת אִישֵׁךְ וַתַּעַזְבִי אָבִיךְ
ʾɔbiyk wattaʿazəbiy ʾiyšek mowt ʾaḥarey
Vater-dein(en) verließest-du-(wie=)und ,Mann(es)-dein(es) Tod-(dem) nach

וְאִמֵּךְ וְאֶרֶץ מוֹלַדְתֵּךְ וַתֵּלְכִי
watteləkiy mowladətek wəʾɛrɛṣ wəʾimmek
gingst-du-(wie)-und Herkunft-deine(r) Land-(das)-und Mutter-deine-und

אֶל־ עַם אֲשֶׁר לֹא־ יָדַעַתְּ
yɔdaʿattə -loʾ ʾašɛr ʿam -ʾɛl
kanntest-du nicht welch(es) ,Volk-(einem) zu

תְּמוֹל שִׁלְשׁוֹם׃ 12 יְשַׁלֵּם יְהוָה
yəhwɔh yəšallem šiləšowm təmowl.
JHWH vergelten-(möge=)wird-(Es=)Er .(vorher=)vorgestern-(und)-gestern

פָּעֳלֵךְ וּתְהִי מַשְׂכֻּרְתֵּךְ שְׁלֵמָה מֵעִם
meʿim šəlemɔh maśəkurətek uwtəhiy pɔʿolek
(vonseiten=)mit-von vollständig(e) Lohn-dein sei-(es=)sie-und ,Tun-dein

יְהוָה אֱלֹהֵי יִשְׂרָאֵל אֲשֶׁר־
-ʾašɛr yiśərɔʾel ʾɛlohey yəhwɔh
welch(em)-(zu) ,Israel (von)-(Gottes-des=)Götter-(der) ,JHWH(s)

בָּאת לַחֲסוֹת תַּחַת־ כְּנָפָיו׃
kənɔpɔyw. -taḥat laḥasowt bɔʾt
!Flügel-(zwei)-seine unter dich-bergen-zu gekommen-bist-du

13 וַתֹּאמֶר אֶמְצָא־ חֵן
ḥen -ʾɛməṣɔʾ wattoʾmɛr
(Gunst=)Gnade finden-(möge=)werde-Ich :sprach-sie-(Da=)Und

בְּעֵינֶיךָ אֲדֹנִי כִּי נִחַמְתָּנִי וְכִי
wəkiy niḥamətɔniy kiy ʾadoniy bəʿeynɛykɔ
weil-und ,mich-getröstet-hast-du denn ,Herr-mein ,Augen-(zwei)-deine(n)-in

דִבַּרְתָּ עַל־ לֵב שִׁפְחָתֶךָ וְאָנֹכִי
wəʾɔnokiy šipəḥɔtɛkɔ leb -ʿal dibbarətɔ
,ich-(obwohl=)und ,Magd-deine(r) Herz(en)-(dem) (zu-hin=)auf sprachst-du

לָ֑הּ	14 וַיֹּ֨אמֶר	שִׁפְחֹתֶֽיךָ׃	כְּאַחַ֖ת	אֶֽהְיֶ֔ה	לֹ֣א
lɔ^{h}	wayyoʾmɛr	šip^{ə}ḥotɛ^{y}kɔ.	k^{ə}ʾaḥat	ʾɛh^{ə}yɛ^{h}	loʾ
ihr-zu	sprach-(es=er)-(Dann=)Und	!Mägde-deine(r)	eine-wie	bin-ich	nicht

הֲלֹ֗ם	גֹּ֣שִׁי	הָאֹ֗כֶל	לְעֵ֣ת	בֹ֜עַז
h^{a}lom	goši^{y}	hɔʾokɛl	l^{ə}ʿet	boʿaz
hier(her)	nahe-Komm	:Essen(s)-(des=)das	Zeit-zu(r)	Boas

הַלֶּ֔חֶם	מִן־	וְאָכַ֣לְתְּ
hallɛḥɛm	-min	w^{ə}ʾɔkal^{ə}t^{ə}
(Speise-der=)Brot-(dem=)das	von	essen-(kannst=)wirst-du-und

בַּחֹ֑מֶץ	פִּתֵּ֖ךְ	וְטָבַ֥לְתְּ
baḥomɛṣ	pittek	w^{ə}ṭɔbal^{ə}t^{ə}
!(Wein)essig-den-in	Bissen-dein(en)	eintauchen-(kannst=)wirst-du-und

הַקּֽוֹצְרִ֗ים	מִצַּ֣ד	וַתֵּ֗שֶׁב
haqqo^{w}ṣ^{ə}ri^{y}m	miṣṣad	wattešɛb
,(Schnitter=)Erntenden-(der=)die	Seite-(die)-(an=)von	sich-setzte-sie-(Da=)Und

וַתִּשְׂבַּ֖ע	וַתֹּ֥אכַל	קָלִ֔י	לָ֔הּ	וַיִּצְבָּט־
wattiś^{ə}baʿ	wattoʾkal	qɔli^{y}	lɔh	-wayyiṣ^{ə}bɔṭ
,satt-wurde-sie-und	,aß-sie-Und	.Getreide-geröstetes	ihr-(zu)	reichte-er-und

לְלַקֵּ֑ט	15 וַתָּ֖קָם	וַתֹּתַֽר׃
l^{ə}laqqeṭ	wattɔqom	wattotar.
,(aufzulesen-um=)sammeln-zu	auf-stand-sie-(Als=)Und	.übrig-ließ-sie-und

אֶת־נְעָרָ֜יו	בֹּ֨עַז	וַיְצַ֨ו
n^{ə}ʿɔrɔ^{y}w-ʾɛt	boʿaz	way^{ə}ṣaw
,(Knechte=)Jungen-seine***	Boas	hieß-(es=er)-(da=)und

הָעֳמָרִ֛ים	בֵּ֧ין	גַּ֣ם	לֵאמֹ֗ר
hɔ^{ʿo}mɔri^{y}m	be^{y}n	gam	leʾmor
Garben-(den=)die	zwischen	Auch	:(sagte-er-indem=)sagen-zu

וְלֹ֥א	תְּלַקֵּ֖ט
w^{ə}loʾ	t^{ə}laqqeṭ
nicht(s)-und	,auflesen-(kann=)wird-sie

16 וְגַ֥ם	תַכְלִימֽוּהָ׃
w^{ə}gam	tak^{ə}li^{y}mu^{w}hɔ.
(sogar=)auch-Und	!(ihr-tun-zuleide=)sie-beleidigen-(sollt=)werdet-ihr

לָהּ תָּשֹׁלּוּ שֶׁל־
lɔh tɔšollu^{w} -šol
(sie-für=)ihr-zu herausziehen-(sollt=)werdet-ihr (obendrein=)Herausziehen-(ein)

הַצְּבָתִים מִן־
haṣṣ^{ə}bɔti^{y}m -min
Ährenbündel(n)-(den=)die (aus-etwas=)von

וַעֲזַבְתֶּם
wa^{ca}zab^{ə}tɛm
,(es)-(lassen-liegen=)verlassen-(sollt=)werdet-ihr-und

תִגְעֲרוּ־ וְלֹא וְלִקְּטָה
-tig^{əca}ru^{w} w^{ə}loᵓ w^{ə}liqq^{ə}ṭɔ^{h}
schelten-(sollt=)werdet-hr nicht-und ,auflesen-(kann=)wird-sie-(dass=)und

עַד־ בַּשָּׂדֶה 17 וַתְּלַקֵּט בָהּ׃
-ᶜad baśśɔdɛ^{h} watt^{ə}laqqeṭ bɔh.
(zu)-bis Feld-(dem=)das-(auf=)in auf-las-sie-(So=)Und !(sie=)ihr-in

אֵת אֲשֶׁר־ וַתַּחְבֹּט הָעָרֶב
-ᵓ^{a}šɛr ᵓet wattaḥ^{ə}boṭ hɔᶜɔrɛb
(was=)welch(es)*** ,ausklopfte-sie-(Als=)Und .Abend-(dem=)der

כְּאֵיפָה וַיְהִי לִקֵּטָה
k^{əᵓ}e^{y}pɔ^{h} way^{ə}hi^{y} liqqeṭɔ^{h}
(Liter-36,4=)Efa-(ein)-(etwa=)wie war-(es=)er-(da=)und ,(hatte)-aufgelesen-sie

הָעִיר וַתָּבוֹא 18 וַתִּשָּׂא שְׂעֹרִים׃
hɔᶜi^{y}r wattɔbo^{wᵓ} wattiśśɔᵓ ś^{əc}ori^{y}m.
.Stadt-die-(in) (hinein-ging=)kam-(sie)-und auf-hob-sie-Und .Gerste(n)

חֲמוֹתָהּ וַתֵּרֶא
ḥ^{a}mo^{w}tɔh watterɛᵓ
,Schwiegermutter-ihre gesehen-hat-(es=sie)-(Nachdem=)Und

לִקֵּטָה אֵת אֲשֶׁר־
liqqeṭɔh -ᵓ^{a}šɛr ᵓet
,aufgelesen-(hatte)-sie (was=)welch(es)***

לָהּ וַתִּתֶּן־ וַתּוֹצֵא
lɔh -wattittɛn watto^{w}ṣeᵓ
,ihr-(zu) gab-(sie)-und (heraus-zog=)herausgehen-machte-sie-(da=)und

הוֹתִרָה	אֲשֶׁר־ אֵת
hoʷtirɔʰ	-ʾᵃšɛr ʾet
behalten-übrig-hatte-sie	(was=)welch(es)***

לָהּ	19 וַתֹּאמֶר	מִשָּׂבְעָהּ׃
lɔh	wattoʾmɛr	miśśɔbᵊʿɔh.
ihr-zu	sagte-(es=sie)-(Da=)Und	.(war-geworden-satt-sie-als=)Sattheit-ihrer-von

הַיּוֹם	לִקַּטְתְּ	אֵיפֹה	חֲמוֹתָהּ
hayyoʷm	liqqaṭᵊtᵊ	ʾeʸpoʰ	ḥᵃmoʷtɔh
(heute=)Tag-der	gesammelt-hast-du	Wo	:Schwiegermutter-ihre

יְהִי	עָשִׂית	וְאָנָה
yᵊhiʸ	ʿɔśiʸt	wᵊʾɔnɔʰ
sei-(Es=)Er	?(gearbeitet=)getan-hast-du	wo(hin)-und

וַתַּגֵּד	בָּרוּךְ	מַכִּירֵךְ
wattagged	bɔruʷk	makkiʸrek
erzählte-sie-(Nun=)Und	!gesegnet(er)	dich-Ansehende-freundlich-(der)

עָשְׂתָה	אֲשֶׁר־ אֵת	לַחֲמוֹתָהּ
ʿɔśᵊtɔʰ	-ʾᵃšɛr ʾet	laḥᵃmoʷtɔh
(getan=)gemacht-hatte-sie	(was=)welch(es)***	,Schwiegermutter-ihre(r)-(zu)

הָאִישׁ	שֵׁם	וַתֹּאמֶר	עִמּוֹ
hɔʾiʸš	šem	wattoʾmɛr	ʿimmoʷ
,Mann(es)-(des=)der	Name-(Der)	:sagte-sie-(Hierauf=)Und	.ihm-(bei=)mit

בֹּעַז׃	הַיּוֹם	עִמּוֹ	עָשִׂיתִי	אֲשֶׁר
boʿaz.	hayyoʷm	ʿimmoʷ	ʿɔśiʸtiʸ	ʾᵃšɛr
.Boas-(ist)	,(heute=)Tag-der	ihm-(bei=)mit	(arbeitete=)machte-ich	welch(er)

בָּרוּךְ	לְכַלָּתָהּ	נָעֳמִי	20 וַתֹּאמֶר
bɔruʷk	lᵊkallɔtɔh	noʿᵒmiʸ	wattoʾmɛr
(sei)-Gesegnet(er)	:Schwiegertochter-ihrer-zu	Noomi	sagte-(sie)-(Nun=)Und

עָזַב	לֹא־	אֲשֶׁר	לַיהוָה	הוּא
ʿɔzab	-loʾ	ʾᵃšɛr	layhwɔʰ	huʷʾ
(versagte=)übrig-ließ-(er)	nicht	welch(er)	,JHWH-(von=)zu	er

וְאֶת־הַמֵּתִים	אֶת־הַחַיִּים	חַסְדּוֹ
hammetiʸm-wᵊʾɛt	haḥayyiʸm-ʾɛt	ḥasᵊdoʷ
!Toten-(den=)die-***und	Lebenden-(den=)die***	(Liebe=)Gnade-seine

לָנוּ	קָרוֹב	נָעֳמִי	לָהּ	וַתֹּאמֶר
lɔnuʷ	qɔroʷb	noᶜᵒmiʸ	lɔh	wattoᵓmɛr
uns-zu	(Verwandt=)Nahe	:Noomi	ihr-zu	sprach-(es=)sie-Und

21 וַתֹּאמֶר	הוּא׃	מִגֹּאֲלֵנוּ	הָאִישׁ
wattoᵓmɛr	huʷᵓ.	miggoᵓᵃlenuʷ	hɔᵓiʸš
sagte-(sie)-(Darauf=)Und	!(ist)-er	(Löser=)Goël-unser(em)-von	,Mann-der-(ist)

אֵלַי	אָמַר	כִּי־	גַּם	הַמּוֹאֲבִיָּה	רוּת
ᵓelay	ᵓɔmar	-kiʸ	gam	hammoʷᵓᵃbiʸyɔʰ	ruʷt
:mir-zu	gesagt-hat-er	(dass=)wenn	,(ist)-Auch	:Moabiterin-die	,Rut(h)

לִי	אֲשֶׁר־	הַנְּעָרִים	עִם־
liʸ	-ᵓᵃšɛr	hannᵊᶜɔriʸm	-ᶜim
,mir-zu-(gehören)	welch(e)	,(Knechten=)Jungen-(den=)die	(Bei=)Mit

כִּלּוּ	אִם־	עַד	תִּדְבָּקִין
killuʷ	-ᵓim	ᶜad	tidᵊbɔqiʸn
vollendet-haben-sie	(wann=)wenn	bis	(bleiben=)anhangen-(sollst=)wirst-du

נָעֳמִי	22 וַתֹּאמֶר	לִי׃	אֲשֶׁר־	הַקָּצִיר	אֵת כָּל־
noᶜᵒmiʸ	wattoᵓmɛr	liʸ.	-ᵓᵃšɛr	haqqɔṣiʸr	-kol ᵓet
Noomi	sagte-(sie)-(Da=)Und	!(gehört)-mir-zu	welch(e)	,Ernte-die	all***

כִּי	בִּתִּי	טוֹב	כַּלָּתָהּ	רוּת	אֶל־
kiʸ	bittiʸ	ṭoʷb	kallɔtɔh	ruʷt	-ᵓɛl
dass	,Tochter-meine	,Gut	:Schwiegertochter-ihre(r)	,Rut(h)	zu

וְלֹא	נַעֲרוֹתָיו	עִם־	תֵּצְאִי
wᵊloᵓ	naᶜᵃroʷtɔʸw	-ᶜim	teṣᵊᵓiʸ
nicht-(so=)und	,Mädchen-seine(n)	mit	hinaus-gehst-du

בְּשָׂדֶה	בָךְ	יִפְגְּעוּ־
bᵊśɔdɛʰ	bɔk	-yipᵊgᵊᶜuʷ
Feld-(einem)-(auf=)in	dich-(über=)in	(her)fallen-(können=)werden-sie

23 וַתִּדְבַּק	אַחֵר׃
wattidᵊbaq	ᵓaḥer.
(sich-hielt=)an-hing-sie-(So=)Und	!ander(en)

לְלַקֵּט	בֹּעַז	בְּנַעֲרוֹת
lᵊlaqqeṭ	boᶜaz	bᵊnaᶜᵃroʷt
(Auflesen-beim=)sammeln-zu	Boas	(von)-(Mägde=)Mädchen-(die)-(an=)in

וּקְצִיר	הַשְּׂעֹרִים	קְצִיר־	כְּלוֹת	עַד־
uwqəṣiyr	haśśəʿoriym	-qəṣiyr	kəlowt	-ʿad
Ernte-(die)-und	Gerste(n)-(der=)die	Ernte-(die)	Vollenden	(zum)-bis

אֶת־חֲמוֹתָהּ׃	וַתֵּשֶׁב	הַחִטִּים
ḥamowtɔh-ʾɛt.	watteše b	hahiṭṭiym
.Schwiegermutter-ihre(r)-(bei=)mit	blieb-sie-Und	,Weizen-(der=)die

3

נָעֳמִי	לָהּ	1 וַתֹּאמֶר
noʿomiy	lɔh	wattoʾmɛr
,Noomi	ihr-zu	sprach-(es=sie)-(Damals=)Und

אֲבַקֶּשׁ־	הֲלֹא	בִּתִּי	חֲמוֹתָהּ
-ʾabaqqɛš	haloʾ	bittiy	ḥamowtɔh
suchen-(soll=)werde-ich	nicht-etwa	,Tochter-Meine	:Schwiegermutter-ihre

יִיטַב־	אֲשֶׁר	מָנוֹחַ	לָךְ
-yiyṭab	ʾašɛr	mɔnowaḥ	lɔk
sein-gut-wird-(er)	welch(er)	,(Heim=)Ruheplatz-(einen)	(dich-für=)dir-zu

בֹּעַז	הֲלֹא	2 וְעַתָּה	לָךְ׃
boʿaz	haloʾ	wəʿattɔh	lɔk.
Boas	nicht-etwa-(ist)	,(Wohlan=)nun-Und	?(dich-für=)dir-zu

אֶת־	הָיִית	אֲשֶׁר	מֹדַעְתָּנוּ
-ʾɛt	hɔyiyt	ʾašɛr	modaʿətɔnuw
(bei=)mit	warst-du	welch(er)	,Verwandter-unser

אֶת־גֹּרֶן	זֹרֶה	הוּא	הִנֵּה־	נַעֲרוֹתָיו
gorɛn-ʾɛt	zorɛh	huwʾ	-hinneh	naʿarowtɔyw
Tenne-(die)***	worfelnd(er)	(ist)-er	,Siehe	?(Mägden=)Mädchen-seine(n)

3 וְרָחַצְתְּ	הַלָּיְלָה׃	הַשְּׂעֹרִים
wərɔḥaṣət	hallɔyəlɔh.	haśśəʿoriym
waschen-(sollst=)wirst-du-(Also=)Und	.Nacht-die(se)	Gerste(n)-(der=)die

שִׂמְלֹתֵךְ[שִׂמְלֹתַיִךְ]	וְשַׂמְתְּ	וָסַכְתְּ
[śiməlotayik]śiməlotek	wəśamət	wɔsakət
Gewänder-deine	(an)legen-(wirst)-und	(dich)-salben-(wirst)-und

אַל־	הַגֹּרֶן	וְיָרַדְתִּי[וְיָרַדְתְּ]	עָלַיִךְ
-ʾal	haggorɛn	[wəyɔradət]wəyɔradətiy	ʿɔlayik
Nicht	.Tenne-die-(in)	hinabgehen-(sollst=)wirst-du-(so)-und	dich-auf

עַד	לָאִישׁ	תִּוָּדְעִי
ʿad	lɔʾiyš	tiwwɔdəʿiʸ
bis	Mann-(dem=)zum	dich-machen-bekannt-(sollst=)wirst-du

וְלִשְׁתּוֹת׃	לֶאֱכֹל	כַּלֹּתוֹ
wəlišətoʷt.	lɛʾɛkol	kallotoʷ
.Trinken-(mit=)zu-und	Essen-(mit=)zu	(ist-fertig-er=)Beenden-sein

בְשָׁכְבוֹ	4 וִיהִי
bəšokəboʷ	wiʸhiʸ
,Hinlegen-sein(em)-(bei=)in	sein-(soll=)wird-(es=)er-Und

אֶת־הַמָּקוֹם	וְיָדַעַתְּ
hammɔqoʷm-ʾɛt	wəyɔdaʿattə
,Ort-(den=)der***	(merken-dir=)wissen-(sollst=)wirst-du-(da=)und

שָׁם	יִשְׁכַּב־	אֲשֶׁר
šɔm	-yišəkab	ʾašɛr
.dort	legen-sich-wird-er	welch(en)-(an)

וְגִלִּית	וּבָאת
wəgilliʸt	uʷbɔʾt
aufdecken-(sollst=)wirst-du-und	(hingehen=)kommen-(sollst=)wirst-du-Und

וְהוּא	וְשָׁכָבְתִּי[וְשָׁכָבְתְּ]	מַרְגְּלֹתָיו
wəhuʷʾ	[wəšɔkɔbətə]wəšɔkɔbətiʸ	marəgəlotɔʸw
,er-(dann=)und	;dich-(hin)legen-(sollst=)wirst-du-(da=)und	Fußenden-seine

תַּעֲשִׂין׃	אֲשֶׁר	אֵת	לָךְ	יַגִּיד
taʿaśiʸn.	ʾašɛr	ʾet	lɔk	yaggiʸd
!tun-(sollst=)wirst-du	(was=)welch(es)	***	,dir-(zu)	erzählen-wird-er

אֵלַי	תֹּאמְרִי	אֲשֶׁר־	כֹּל	אֵלֶיהָ	5 וַתֹּאמֶר
ʾelay	toʾməriʸ	-ʾašɛr	kol	ʾelɛʸhɔ	wattoʾmɛr
,mir-zu	sagst-du	(was=)welch(es)	,All(es)	:ihr-zu	sagte-sie-(Hierauf=)Und

הַגֹּרֶן	6 וַתֵּרֶד	אֶעֱשֶׂה׃
haggorɛn	watterɛd	ʾɛʿɛśɛʰ.
Tenne-die-(in)	hinab-ging-sie-(Dann=)Und	!(tun=)machen-werde-ich

צִוַּתָּה	אֲשֶׁר־	כְּכֹל	וַתַּעַשׂ
ṣiwwattɔʰ	-ʾašɛr	kəkol	wattaʿaś
geheißen-sie	(was=)welch(es)	,all(em)-(gemäß=)wie	(tat=)machte-(sie)-und

וַיֵּשְׁתְּ	בֹּעַז	7 וַיֹּאכַל	חֲמוֹתָהּ׃
wayyešᵊtᵊ	boʿaz	wayyoʾkal	ḥᵃmoʷtɔh.
trank-er-und	Boas	aß-(es=)er-Und	.Schwiegermutter-ihre

וַיָּבֹא	לִבּוֹ	וַיִּיטַב
wayyɔboʾ	libboʷ	wayyiʸṭab
(ging=)kam-er-(Schließlich=)Und	.Herz-sein	gut(gestimmt)-war-(es=)er-und

הָעֲרֵמָה	בִּקְצֵה	לִשְׁכַּב
hɔʿᵃremɔʰ	biqᵊṣeʰ	lišᵊkab
.(Getreide)haufen(s)-(des=)der	Ende-(am=)in	sich-legen-zu

וַתְּגַל	בַלָּט	וַתָּבֹא
wattᵊgal	ballɔṭ	wattɔboʾ
auf-deckte-(sie)-und	(leise=)Sanftheit-der-in	kam-sie-(Dann=)Und

בַּחֲצִי	8 וַיְהִי	וַתִּשְׁכָּב׃	מַרְגְּלֹתָיו
baḥᵃṣiʸ	wayᵊhiʸ	wattišᵊkɔb.	marᵊgᵊlotɔʸw
Hälfte-(der)-in	war-(es=)er-Und	.(hin)-sich-legte-(sie)-und	Fußenden-seine

הָאִישׁ	וַיֶּחֱרַד	הַלַּיְלָה
hɔʾiʸš	wayyɛḥᵉrad	hallayᵊlɔʰ
Mann-der	(erschrak=)zitterte-(es=er)-(da=)und	,Nacht-(der=)die

שֹׁכֶבֶת	אִשָּׁה	וְהִנֵּה	וַיִּלָּפֵת
šokɛbɛt	ʾiššɔʰ	wᵊhinneʰ	wayyillɔpet
liegend(e)-(war)	Frau-(eine)	,siehe-und	,(vor)-sich-beugte-er-und

וַתֹּאמֶר	אָתְּ	מִי־	9 וַיֹּאמֶר	מַרְגְּלֹתָיו׃
wattoʾmɛr	ʾɔtt	-miʸ	wayyoʾmɛr	marᵊgᵊlotɔʸw.
:sagte-sie-Und	?du-(bist)	Wer	:sagte-er-(Da=)Und	.Fußenden-seine(n)-(an)

וּפָרַשְׂתָּ	אֲמָתֶךָ	רוּת	אָנֹכִי
uʷpɔraśᵊtɔ	ʾᵃmɔtɛkɔ	ruʷt	ʾɔnokiʸ
ausbreiten-(mögest=)wirst-du-und	,Magd-deine	,Rut(h)	(bin)-Ich

אָתָּה׃	גֹאֵל	כִּי	אֲמָתְךָ	עַל־	כְּנָפֶךָ
ʾɔttɔʰ.	goʾel	kiʸ	ʾᵃmɔtᵊkɔ	-ʿal	kᵊnɔpɛkɔ
!(bist)-du	(Löser=)Goël	denn	,Magd-deine	(über=)auf	Flügel-dein(en)

בִּתִּי	לַיהוָה	אַתְּ	בְּרוּכָה	10 וַיֹּאמֶר
bittiʸ	layhwɔʰ	ʾattᵊ	bᵊruʷkɔʰ	wayyoʾmɛr
!Tochter-meine	,JHWH-(von=)zu	du-(seist)	Gesegnet(e)	:sprach-er-(Da=)Und

מִן־	הָאַחֲרוֹן	חַסְדֵּךְ	הֵיטַבְתְּ
-min	hɔʾaḥᵃroʷn	ḥasᵊdek	heʸṭabᵊtᵊ
(als-mehr=)von	spätere(n)-der	Liebe-deine(r)-(mit)	gut-machtest-Du

אַחֲרֵי	לֶכֶת	לְבִלְתִּי־	הָרִאשׁוֹן
ʾaḥᵃreʸ	lɛkɛt	-lᵊbilᵊtiʸ	hɔriʾšoʷn
nach	(gingst-nicht-du-indem=)Gehen-(ein)-nicht-zu		,erste(n)-(der=)die-(mit)

עָשִׁיר׃	וְאִם־	דַּל	אִם־	הַבַּחוּרִים
ʿɔšiʸr.	-wᵊʾim	dal	-ʾim	habbaḥuʷriʸm
.reich(er)	(oder=)wenn-und	arm(er)	(er-sei=)wenn	,Jungmänner(n)-(den=)die

כֹּל	תִּירְאִי	אַל־	בִּתִּי	11 וְעַתָּה
kol	tiʸrᵊʾiʸ	-ʾal	bittiʸ	wᵊʿattɔʰ
,All(es)	.(dich)-fürchten-(sollst=)wirst-du	nicht	,Tochter-meine	,nun-Und

כִּי	לָּךְ	אֶעֱשֶׂה־	תֹּאמְרִי	אֲשֶׁר־
kiʸ	lɔk	-ʾɛʿɛśɛʰ	toʾmᵊriʸ	-ʾᵃšɛr
denn	;(dich-für=)dir-zu	(tun=)machen-werde-ich	,sagst-du	(was=)welch(es)

כִּי	עַמִּי	שַׁעַר	כָּל־	יוֹדֵעַ
kiʸ	ʿammiʸ	šaʿar	-kol	yoʷdeaʿ
dass	,Volk(es)-mein(es)	(Versammlung=)Tor	all(es)	(ist)-wissend(er)

אָמְנָם	כִּי	12 וְעַתָּה	אָתְּ׃	חַיִל	אֵשֶׁת
ʾomᵊnɔm	kiʸ	wᵊʿattɔʰ	ʾɔttᵊ.	ḥayil	ʾešɛt
,fürwahr	dass	,nun-(Doch=)Und	.(bist)-du	Stärke	(von)-Frau-(eine)

וְגַם	אָנֹכִי	גֹּאֵל	כִּי אִם
wᵊgam	ʾɔnokiʸ	goʾel	ʾim kiʸ
(noch-aber=)auch-und	,(bin)-ich	(Löser=)Goël-(ein)	(gewiss=)wenn-dass

13 לִינִי	מִמֶּנִּי׃	קָרוֹב	גֹּאֵל	יֵשׁ
liʸniʸ	mimmɛnniʸ.	qɔroʷb	goʾel	yeš
Übernachte	.(ich-als-mehr=)mir-von	nahe(r)	(Löser=)Goël-(einen)	gibt-es

בַבֹּקֶר	וְהָיָה	הַלַּיְלָה
babboqɛr	wᵊhɔyɔʰ	hallayᵊlɔʰ
Morgen-(am=)dem-in	sein-(soll=)wird-(es=)er-(Doch=)Und	.Nacht-die(se)

לֹא	וְאִם־	יִגְאָל	טוֹב	יִגְאָלֵךְ	אִם־
loʾ	-wᵊʾim	yigᵊʾɔl	ṭoʷb	yigᵊʾɔlek	-ʾim
nicht	wenn-und	,lösen-(mag=)wird-er	,gut	,dich-löst-er	wenn —

יַחְפֹּץ לְגָאֳלֵךְ וּגְאַלְתִּיךְ אָנֹכִי
ʾɔnokiʸ uʷgᵊʾalᵊtiʸk lᵊgɔʾolek yaḥᵊpoṣ
,(selbst)-ich ,dich-lösen-werde-ich-(so=)und ,dich-lösen-zu willig-ist-er

חַי־יְהוָה שִׁכְבִי עַד־
-ʿad šikᵊbiʸ yᵊhwɔʰ-ḥay
(zu)-bis (hin)-dich-Lege !(lebt-JHWH-sowahr=)JHWH-lebendig

הַבֹּקֶר׃ 14 וַתִּשְׁכַּב מַרְגְּלֹתָו[מַרְגְּלוֹתָיו]
[marᵊgᵊloʷtɔʸw]marᵊgᵊlɔtoʷ wattišᵊkab habboqɛr.
Fußenden-seine(n)-(zu) (hin)-sich-legte-sie-(So=)Und !Morgen-(dem=)der

עַד־ הַבֹּקֶר וַתָּקָם בטרום[בְּטֶרֶם]
[bᵊṭɛrɛm]biṭᵊroʷm wattɔqom habboqɛr -ʿad
bevor auf-stand-sie-(Doch=)Und .Morgen-(dem=)der (zu)-bis

יַכִּיר אִישׁ אֶת־רֵעֵהוּ
reʿehuʷ-ʾɛt ʾiʸš yakkiʸr
,Gefährte(n)-sein(en)*** (jemand=)Mann erkennt-(es=er)

וַיֹּאמֶר אַל־ יִוָּדַע כִּי־
-kiʸ yiwwɔdaʿ -ʾal wayyoʾmɛr
dass ,werden-gekannt-(soll=)wird-(es=)er Nicht :(dachte=)sagte-er-(da=)und

בָאָה הָאִשָּׁה הַגֹּרֶן׃ 15 וַיֹּאמֶר הָבִי
hɔbiʸ wayyoʾmɛr haggorɛn. hɔʾiššɔʰ bɔʾɔʰ
(her-Reiche=)Gib :sagte-er-Und .Tenne-die-(in) Frau-die ist-gekommen-(sie)

הַמִּטְפַּחַת אֲשֶׁר־ עָלַיִךְ וְאֶחֳזִי־
-wᵊʾɛḥᵒziʸ ʿɔlayik -ʾᵃšɛr hammiṭᵊpaḥat
(fest-halte=)ergreife-und ,(ist)-dir-auf welch(er) ,Überwurf-(den=)der

בָהּ וַתֹּאחֶז בָּהּ וַיָּמָד
wayyɔmod bɔh wattoʾḥɛz bɔh
(ab)-maß-er-und ,(ihn=)ihr-in (fest-hielt=)ergriff-sie-(Da=)Und !(ihn=)ihr-in

שֵׁשׁ־ שְׂעֹרִים וַיָּשֶׁת עָלֶיהָ
ʿɔlɛʸhɔ wayyɔšɛt śᵊʿoriʸm -šeš
.sie-auf (sie-lud=)legte-(er)-und Gersten(maße) sechs

וַיָּבֹא הָעִיר׃ 16 וַתָּבוֹא אֶל־
-ʾɛl wattɔboʷʾ hɔʿiʸr. wayyɔboʾ
zu kam-sie-(Als=)Und .Stadt-die-(in) (ging=)kam-er-(Dann=)Und

מִי־אַתְּ	וַתֹּאמֶר	חֲמוֹתָהּ
ʾattᵊ-miʸ	wattoʾmɛr	ḥᵃmoʷtɔh
,(es-steht-Wie=)du-Wer	:sagte-(diese=)sie-(da=)und	,Schwiegermutter-ihre(r)

אֲשֶׁר	אֵת כָּל־	לָהּ	וַתַּגֶּד־	בִּתִּי
ʾᵃšɛr	-kol ʾet	lɔh	-wattaggɛd	bittiʸ
(was=)welch(es)	,all(es)***	ihr-(zu)	erzählte-sie-(Da=)Und	?Tochter-meine

17 וַתֹּאמֶר	הָאִישׁ׃	לָהּ	עָשָׂה־
wattoʾmɛr	hɔʾiʸš.	lɔh	-ʿɔśoʰ
:sagte-sie-Und	.Mann-der	(sie-für=)ihr-zu	(getan=)gemacht-hatte-(es=er)

אָמַר	כִּי	לִי	נָתַן	הָאֵלֶּה	הַשְּׂעֹרִים	שֵׁשׁ־
ʾɔmar	kiʸ	liʸ	nɔtan	hɔʾellɛʰ	haśśᵊʿoriʸm	-šeš
sagte-er	denn	,mir-(zu)	gab-er	,da-diese	,Gersten(maße)-die	,Sechs

אֶל־	רֵיקָם	תָּבוֹאִי	אַל־	אֵלַי
-ʾɛl	reʸqɔm	tɔboʷʾiʸ	-ʾal	ʾelay
zu	leer	kommen-(sollst=)wirst-du	Nicht	:mir-zu

עַד	בִּתִּי	שְׁבִי	18 וַתֹּאמֶר	חֲמוֹתֵךְ׃
ʿad	bittiʸ	šᵊbiʸ	wattoʾmɛr	ḥᵃmoʷtek.
bis	,Tochter-meine	,Bleibe	:sagte-sie-(Da=)Und	!Schwiegermutter-deine(r)

יִפֹּל	אֵיךְ	תֵּדְעִין	אֲשֶׁר
yippol	ʾeʸk	tedᵊʿiʸn	ʾᵃšɛr
(ausgehen=)fallen-wird-(es=er)	wie	,weißt-du	(wann=)welch(es)

הָאִישׁ	יִשְׁקֹט	לֹא	כִּי	דָּבָר
hɔʾiʸš	yišᵊqoṭ	loʾ	kiʸ	dɔbɔr
,Mann-der	ruhen-wird-(es=er)	nicht	denn	;(Sache-die=)Wort

הַיּוֹם׃	הַדָּבָר	כִּלָּה	אִם־	כִּי־
hayyoʷm.	haddɔbɔr	killɔʰ	-ʾim	-kiʸ
!(heute=)Tag-der	Sache-die	vollendet-hat-er	wenn	(außer=)dass

4

הַשַּׁעַר	עָלָה	1 וּבֹעַז
haššaʿar	ʿɔlɔʰ	uʷboʿaz
Tor-(dem=)das-(zu)	hinaufgegangen-war-(er)	Boas-(Indessen=)Und

הַגֹּאֵל	וְהִנֵּה	שָׁם	וַיֵּשֶׁב
haggoʾel	wᵊhinneʰ	šɔm	wayyešɛb
(Löser=)Goël-der	,siehe-Und	.(daselbst=)dort	gesetzt-sich-hatte-(er)-und

עֹבֵר ʿober ,(vorbei-gerade-ging=)vorbeigehend(er)
אֲשֶׁר ᵓᵃšɛr (dem-von=)welch(er)

דִּבֶּר־ -dibbɛr gesprochen-hatte-(es=er)
בֹּעַז boʿaz .Boas
וַיֹּאמֶר wayyoᵓmɛr :sagte-er-Und
סוּרָה suʷrɔʰ ,(heran-Komm=)dich-Wende

שְׁבָה־ -šᵊboʰ dich-setze
פֹּה poʰ ,(her-)hier
פְּלֹנִי pᵊloniʸ
אַלְמֹנִי ᵓalᵊmoniʸ
!(Soundso-du=)irgendeiner-gewisser

וַיָּסַר wayyɔsar (heran-kam=)sich-wandte-(d)er-(Da=)Und
וַיֵּשֵׁב׃ wayyešeb. .sich-setzte-(er)-und

2 וַיִּקַּח wayyiqqaḥ (holte=)nahm-er-(Dann=)Und
עֲשָׂרָה ʿᵃśɔrɔʰ zehn
אֲנָשִׁים ᵓᵃnɔšiʸm Männer
מִזִּקְנֵי mizziqᵊneʸ (Ältesten=)Alten-(den)-von

הָעִיר hɔʿiʸr Stadt-(der=)die
וַיֹּאמֶר wayyoᵓmɛr :sprach-(er)-und
שְׁבוּ־ -šᵊbuʷ euch-Setzt
פֹה poʰ !(her-)hier

וַיֵּשֵׁבוּ׃ wayyešebuʷ. .sich-setzten-sie-(Da=)Und
3 וַיֹּאמֶר wayyoᵓmɛr sprach-er-(Hierauf=)Und
לַגֹּאֵל laggoᵓel :(Löser=)Goël-dem-zu

חֶלְקַת ḥɛlᵊqat (Stück=)Teil-(Den)
הַשָּׂדֶה haśśɔdɛʰ ,Feld(es)-(des=)das
אֲשֶׁר ᵓᵃšɛr (der=)welch(er)

לְאָחִינוּ lᵊᵓɔḥiʸnuʷ ,Bruder-unserem-(gehörte=)zu
לֶאֱלִימֶלֶךְ lɛᵓᵉliʸmɛlɛk ,Elimelech-(dem=)zu
מָכְרָה mɔkᵊrɔʰ verkauft(e)-(sie)
נָעֳמִי noʿᵒmiʸ ,Noomi

הַשָּׁבָה haššɔbɔʰ zurückgekehrt-ist-(sie)-(welche=)die
מִשְּׂדֵה miśśᵊdeʰ Gefilde-(dem)-von
מוֹאָב׃ moʷᵓɔb. .Moab(s)

4 וַאֲנִי waᵓᵃniʸ ,ich-(Nun=)Und
אָמַרְתִּי ᵓɔmarᵊtiʸ ,(dachte=)sagte-ich
אֶגְלֶה ᵓɛgᵊlɛʰ (unterrichten=)aufdecken-(will=)werde-ich

נֶגֶד	קְנֵה	לֵאמֹר	אָזְנְךָ
nɛgɛd	qᵊneʰ	leʾmor	ʾozᵊnᵊkɔ
Gegenwart-(in)	(es)-Kaufe	:(vorschlagen-und=)sagen-zu	,(dich=)Ohr-dein

זִקְנֵי	וְנֶגֶד	הַיֹּשְׁבִים
ziqᵊneʸ	wᵊnɛgɛd	hayyošᵊbiʸm
(Ältesten=)Alten-(der)	Gegenwart-in-und	(Anwesenden=)Wohnenden-(der=)die

גְּאָל	תִּגְאַל	אִם־	עַמִּי
gᵊʾɔl	tigᵊʾal	-ʾim	ʿammiʸ
!(es)-löse	,lösen-(willst=)wirst-du	Wenn	.Volk(es)-mein(es)

לִּי	הַגִּידָה	יִגְאַל	לֹא	וְאִם־
liʸ	haggiʸdɔʰ	yigᵊʾal	loʾ	-wᵊʾim
,mir-(zu)	(es)-sage	,lösen-(will=)wird-er	nicht	wenn-(Hingegen=)Und

לִגְאוֹל	זוּלָתְךָ	אֵין	כִּי	וְאֵדַע[וְאֵדְעָה]
ligᵊʾoʷl	zuʷlɔtᵊkɔ	ʾeʸn	kiʸ	[wᵊʾedᵊʿɔʰ]wᵊʾedaʿ
,lösen-zu	dir-außer	(da)-ist-(niemand=)nicht	denn	;weiß-(es)-ich-(damit=)und

אָנֹכִי	וַיֹּאמֶר	אַחֲרֶיךָ	וְאָנֹכִי
ʾɔnokiʸ	wayyoʾmɛr	ʾaḥᵃrɛʸkɔ	wᵊʾɔnokiʸ
,Ich	:sagte-er-(Da=)Und	!dir-nach-(erst)	(komme)-ich-(da=)und

בְּיוֹם־	בֹּעַז	5 וַיֹּאמֶר	אֶגְאָל׃
-bᵊyoʷm	boʿaz	wayyoʾmɛr	ʾɛgᵊʾɔl.
,Tag-(Am=)In	:Boas	sagte-(es=er)-(Hierauf=)Und	!lösen-(es)-(will=)werde-ich

מִיַּד	הַשָּׂדֶה	קְנוֹתְךָ
miʸyad	haśśɔdɛʰ	qᵊnoʷtᵊkɔ
Hand-(der)-von	(Grundstück=)Feld-das	(erwirbst-du-da=)Kaufen(s)-dein(es)

אֵשֶׁת־	הַמּוֹאֲבִיָּה	רוּת	וּמֵאֵת	נָעֳמִי
-ʾešɛt	hammoʷʾᵃbiʸyɔʰ	ruʷt	uʷmeʾet	noʿᵒmiʸ
Frau-(die)	,Moabiterin-die	,Rut(h)	(zugleich=)mit-von-(dann=)und	,Noomi(s)

קָנִיתִי[קָנִיתָה]	הַמֵּת
[qɔniʸtɔʰ]qɔniʸtiʸ	hammet
,(erwirbst=)kauf(te)st-du	,Verstorbene(n)-(des=)der

עַל־	הַמֵּת	שֵׁם־	לְהָקִים
-ʿal	hammet	-šem	lᵊhɔqiʸm
auf	Verstorbene(n)-(des=)der	Name(n)-(den)	(erhalten=)machen-erstehen-zu

לֹא	הַגֹּאֵל	6 וַיֹּאמֶר	נַחֲלָתוֹ׃
loʾ	haggoʾel	wayyoʾmɛr	naḥ^{a}lɔto^{w}.
Nicht	:(Löser=)Goël-der	sprach-(es=er)-(Da=)Und	!Erbbesitz-sein(em)

לִי	לִגְאוֹל[לִגְאָל־]	אוּכַל
li^{y}	[-lig^{əʾ}ol]lig^{əʾ}o^{w}l	ʾu^{w}kal
,(mich-für=)mir-zu	(es-einzulösen=)lösen-zu	(vermag=)kann-ich

גְּאַל־	אֶת־נַחֲלָתִי	אַשְׁחִית	פֶּן־
-g^{əʾ}al	naḥ^{a}lɔti^{y}-ʾɛt	ʾaš^{ə}ḥi^{y}t	-pɛn
Löse	.Erbteil-mein(en)***	(schädige=)verderbe-ich	(sonst=)nicht-damit

אֶת־גְּאֻלָּתִי	אַתָּה	לְךָ
g^{əʾ}ullɔti^{y}-ʾɛt	ʾattɔ^{h}	l^{ə}kɔ
,(sollte-einlösen-ich-was=)Lösung(spflicht)-meine***	,du	(dich-für=)dir-zu

לִגְאֹל׃	אוּכַל	לֹא־	כִּי
lig^{əʾ}ol.	ʾu^{w}kal	-loʾ	ki^{y}
!(es-einzulösen=)lösen-zu	(vermag=)kann-ich	nicht	(da=)denn

בְּיִשְׂרָאֵל	לְפָנִים	7 וְזֹאת
b^{ə}yiś^{ə}rɔʾel	l^{ə}pɔni^{y}m	w^{ə}zoʾt
Israel-in	(Zeiten-vor=)Gesichtern-zu	(Brauch-es-war-so=)diese-Und

וְעַל־	הַגְּאוּלָּה	עַל־
-w^{əʿ}al	hagg^{əʾ}u^{w}llɔ^{h}	-ʿal
(bezüglich=)auf-und	Lösungs(pflicht)-(der=)die	(bezüglich=)auf

כָּל־	לְקַיֵּם	הַתְּמוּרָה
-kol	l^{ə}qayyem	hatt^{ə}mu^{w}rɔ^{h}
(jegliche=)all	machen-(zu-rechtskräftig-um=)erstehen-zu	,Tausch(es)-(des=)der

וְנָתַן	נַעֲלוֹ	אִישׁ	שָׁלַף	דָּבָר
w^{ə}nɔtan	na^{ʿa}lo^{w}	ʾi^{y}š	šɔlap	dɔbɔr
(ihn)-gab-(er)-und	Schuh-sein(en)	(einer=)Mann	aus-zog-(es=er)	:Sache

וְזֹאת	לְרֵעֵהוּ
w^{ə}zoʾt	l^{ə}reʿehu^{w}
(war-das=)dies(e)-Und	.(andern-dem=)Gefährte-sein-zu

8 וַיֹּאמֶר	בְּיִשְׂרָאֵל׃	הַתְּעוּדָה
wayyoʾmɛr	b^{ə}yiś^{ə}rɔʾel.	hatt^{əʿ}u^{w}dɔ^{h}
sprach-(es=)er-Und	.Israel-in	(Bestätigung=)Bezeugung-(die)

וַיִּשְׁלֹף	לָךְ	קְנֵה־	לְבֹעַז	הַגֹּאֵל
wayyišᵊlop	lɔk	-qᵊneʰ	lᵊboᶜaz	haggoᵓel
aus-zog-er-Und	!(dich-für=)dir-zu	(es)-Kaufe	:Boas-zu	(Löser=)Goël-der

וְכָל־	לַזְּקֵנִים	בֹּעַז	9 וַיֹּאמֶר	נַעֲלוֹ׃
-wᵊkol	lazzᵊqeniʸm	boᶜaz	wayyoᵓmɛr	naᶜᵃloʷ.
all-und	(Ältesten=)Alten-den-zu	Boas	sagte-(es=)er-Und	.Schuh-sein(en)

כִּי	הַיּוֹם	אַתֶּם	עֵדִים	הָעָם
kiʸ	hayyoʷm	ᵓattɛm	ᶜediʸm	hɔᶜɔm
dass	,(heute=)Tag-der	(seid)-ihr	Zeugen	:Volk-(dem=)das

אֵת־כָּל־אֲשֶׁר	קָנִיתִי
ᵓᵃšɛr-kol-ᵓɛt	qɔniʸtiʸ
(was=)welch(es)-,all(es)***	(erworben=)gekauft-habe-ich

כָּל־אֲשֶׁר	וְאֵת	לֶאֱלִימֶלֶךְ
ᵓᵃšɛr-kol	wᵊᵓet	lɛᵓᵉliʸmɛlɛk
(was=)welch(es)-,all(es)	***und	Elimelech-(gehörte=)zu

נָעֳמִי׃	מִיַּד	וּמַחְלוֹן	לְכִלְיוֹן
noᶜᵒmiʸ.	miʸyad	uʷmaḥᵊloʷn	lᵊkilᵊyoʷn
.Noomi(s)	Hand-(der)-von	Machlon-und	(Kiljon=)Chiljon-(gehörte=)zu

מַחְלוֹן	אֵשֶׁת	הַמֹּאֲבִיָּה	אֶת־רוּת	10 וְגַם
maḥᵊloʷn	ᵓešɛt	hammoᵓᵃbiʸyɔʰ	ruʷt-ᵓɛt	wᵊgam
,Machlon(s)	Frau-(die)	,Moabiterin-die	,Rut(h)***	auch-Und

לְאִשָּׁה	לִי	קָנִיתִי
lᵊᵓiššɔʰ	liʸ	qɔniʸtiʸ
Frau-zu(r)	(mich-für=)mir-zu	erworben-habe-ich

הַמֵּת	שֵׁם־	לְהָקִים
hammet	-šem	lᵊhɔqiʸm
Verstorbene(n)-(des=)der	Name(n)-(den)	(erhalten=)machen-erstehen-zu-(um)

וְלֹא־	נַחֲלָתוֹ	עַל־
-wᵊloᵓ	naḥᵃlɔtoʷ	-ᶜal
nicht-(dass=)und	,Erbteil-sein(em)	(über=)auf

שֵׁם־	יִכָּרֵת
-šem	yikkɔret
Name-(der)	(ausgerottet=)geschnitten-(werde=)wird-(es=er)

אֶחָיו	מֵעִם	הַמֵּת
ʾɛḥɔʸw	meʿim	hammet
Brüder-seine(r)	(Kreise-im=)mit-von	Verstorbene(n)-(des=)der

אַתֶּם	עֵדִים	מְקוֹמוֹ	וּמִשַּׁעַר
ʾattɛm	ʿediʸm	mᵊqoʷmoʷ	uʷmiššaʿar
(seid)-ihr	Zeugen	.(Heimat)ort(es)-sein(es)	Tor-(dem)-(aus=)von-und

אֲשֶׁר־	הָעָם	כָּל־	וַיֹּאמְרוּ 11	הַיּוֹם׃
-ʾᵃšɛr	hɔʿɔm	-kol	wayyoʾmᵊruʷ	hayyoʷm.
(das=)welch(es)	,Volk-das	all	sagte(n)-(es=sie)-(Da=)Und	!(heute=)Tag-der

עֵדִים	וְהַזְּקֵנִים	בַּשַּׁעַר
ʿediʸm	wᵊhazzᵊqeniʸm	baššaʿar
!(wir-sind)-Zeugen	:(Ältesten=)Alten-die-und	,(war)-Tor-dem-in

אֶת־הָאִשָּׁה	יְהוָה	יִתֵּן
hɔʾiššɔʰ-ʾɛt	yᵊhwɔʰ	yitten
,Frau-die***	JHWH	(lassen-werden=)geben-(möge=)wird-(Es=)Er

אֲשֶׁר	וּכְלֵאָה	כְּרָחֵל	בֵּיתֶךָ	אֶל־	הַבָּאָה
ʾᵃšɛr	uʷkᵊleʾɔʰ	kᵊrɔḥel	beʸtɛkɔ	-ʾɛl	habbɔʾɔʰ
,welch(e)	,Lea-wie-und	Rachel-wie	,Haus-dein	(in=)zu	kommende-die

יִשְׂרָאֵל	אֶת־בֵּית	שְׁתֵּיהֶם	בָּנוּ
yiśᵊrɔʾel	beʸt-ʾɛt	šᵊteʸhɛm	bɔnuʷ
,Israel	Haus-(das)***	(beide-sie=)ihnen-(von)-zwei	erbaut-haben-(es=)sie

וּקְרָא־	בְּאֶפְרָתָה	חַיִל	וַעֲשֵׂה־
-uʷqᵊrɔʾ	bᵊʾɛpᵊrɔtɔʰ	ḥayil	-waʿᵃśeʰ
(verkünde=)ruf-und	,Ephrata-in	(Macht=)Stärke	(aus-übe=)mache-und

בֵיתְךָ	וִיהִי 12	לָחֶם׃	בְּבֵית	שֵׁם
beʸtᵊkɔ	wiʸhiʸ	lɔḥɛm.	bᵊbeʸt	šem
Haus-dein	sei-(es=)er-Und	!le(c)hem	-Bet(h)-in	Name(n)-(den)

לִיהוּדָה	תָמָר	יָלְדָה	אֲשֶׁר־	פֶּרֶץ	כְּבֵית
liʸhuʷdɔʰ	tɔmɔr	yɔlᵊdɔʰ	-ʾᵃšɛr	pɛrɛṣ	kᵊbeʸt
,Juda-(dem=)zu	Tamar	gebar-(sie)	welch(en)	,Perez	(von)-Haus-(das)-wie

יִתֵּן	אֲשֶׁר	הַזֶּרַע	מִן־
yitten	ʾᵃšɛr	hazzɛraʿ	-min
geben-(möge=)wird-(es=er)	welch(en)	,Same(n)-(den=)der	(durch=)von

הַזֹּאת׃	הַנַּעֲרָה	מִן־	לְךָ	יְהוָה
hazzo^{ɔ}t.	hanna^{ca}rɔ^{h}	-min	l^{ə}kɔ	y^{ə}hwɔ^{h}
!da-diese(r)	‚Frau-junge(n)-(der=)die	von	dir-(zu)	JHWH

לוֹ	וַתְּהִי־	אֶת־רוּת	בֹּעַז	13 וַיִּקַּח
lo^{w}	-watt^{ə}hi^{y}	ru^{w}t-^{ɔ}ɛt	bo^{c}az	wayyiqqaḥ
ihm-(zu)	wurde-sie-und	‚Rut(h)-(die)***	Boas	nahm-(er)-(So=)Und

לָהּ	יְהוָה	וַיִּתֵּן	אֵלֶיהָ	וַיָּבֹא	לְאִשָּׁה
lɔh	y^{ə}hwɔ^{h}	wayyitten	^{ɔ}elɛ^{y}hɔ	wayyɔbo^{ɔ}	l$^{ə ɔ}$iššɔ^{h}
ihr-(zu)	JHWH	gab-(es=)er-und	‚ihr-zu	(ein)-ging-er-und	‚Frau-zu(r)

14 וַתֹּאמַרְנָה	בֵּן׃	וַתֵּלֶד	הֵרָיוֹן
watto^{ɔ}mar^{ə}nɔ^{h}	ben.	watteled	herɔyo^{w}n
sagten-(es=sie)-(Da=)Und	.Sohn-(einen)	gebar-sie-und	Empfängnis

יְהוָה	בָּרוּךְ	נָעֳמִי	אֶל־	הַנָּשִׁים
y^{ə}hwɔ^{h}	bɔru^{w}k	no^{co}mi^{y}	-^{ɔ}ɛl	hannɔši^{y}m
‚JHWH	(sei-Gepriesen=)Gesegnet(er)	:Noomi	zu	Frauen-die

לָךְ	הִשְׁבִּית	לֹא	אֲשֶׁר
lɔk	hiš^{ə}bi^{y}t	lo^{ɔ}	^{ɔa}šɛr
dir-(zu)	(versagte=)aufhören-machte-(er)	nicht	(der=)welch(er)

וְיִקָּרֵא	הַיּוֹם	גֹּאֵל
w^{ə}yiqqɔre^{ɔ}	hayyo^{w}m	go^{ɔ}el
(gefeiert=)gerufen-werde-(es=)er-und	‚(heute=)Tag-der	(Löser=)Goël-(einen)

לָךְ	15 וְהָיָה	בְּיִשְׂרָאֵל׃	שְׁמוֹ
lɔk	w^{ə}hɔyɔ^{h}	b^{ə}yiś^{ə}rɔ^{ɔ}el.	š^{ə}mo^{w}
(dich-für=)dir-zu	(werden=)sein-(möge=)wird-er-Und	!Israel-in	Name-sein

וּלְכַלְכֵּל	נֶפֶשׁ	לְמֵשִׁיב
u^{w}l^{ə}kal^{ə}kel	nɛpɛš	l^{ə}meši^{y}b
Versorgend(em)-zu-und	(Erquicker=)Seele-Machend(em)-zurückkehren-zu	

אֲשֶׁר־	כַּלָּתֵךְ	כִּי	אֶת־שֵׂיבָתֵךְ
-^{ɔa}šɛr	kallɔtek	ki^{y}	śe^{y}bɔtek-^{ɔ}ɛt
(die=)welch(e)	‚Schwiegertochter-deine	denn	‚Alter-dein***

לָךְ	טוֹבָה	הִיא	אֲשֶׁר־	יְלָדַתּוּ	אֲהֵבַתֶךְ
lɔk	ṭo^{w}bɔ^{h}	hi^{yɔ}	-^{ɔa}šɛr	y^{ə}lɔdattu^{w}	^{ɔa}hebatɛk
dir-zu	gut(e)-(ist)	sie	welch(e)	‚ihn-gebar-sie	‚dich-liebt(e)-(sie)

אֶת־הַיֶּלֶד	נָעֳמִי	16 וַתִּקַּח	בָּנִים׃	מִשִּׁבְעָה
hayyɛlɛd-ʾɛt	noʿomiʸ	wattiqqaḥ	bɔniʸm.	miššibᵊʿɔʰ
Kind-das***	Noomi	nahm-(sie)-(Da=)Und	!Söhne	sieben-(als-mehr=)von

וַתְּהִי־	בְחֵיקָהּ	וַתְּשִׁתֵהוּ
-wattᵊhiʸ	bᵊḥeʸqɔh	wattᵊšitehuʷ
(wurde=)war-sie-und	(Schoß=)Busen-ihr(en)-(auf=)in	(es=)ihn-legte-sie-und

לוֹ	17 וַתִּקְרֶאנָה	לְאֹמֶנֶת׃	לוֹ
loʷ	wattiqᵊrɛʾnɔʰ	lᵊʾomɛnɛt.	loʷ
(es=)ihn-(für=)zu	(aus)-riefen-(es=)sie-Und	.Pflegerin-zu(r)	(es=)ihn-(für=)zu

לֵאמֹר	שֵׁם	הַשְּׁכֵנוֹת
leʾmor	šem	haššᵊkenoʷt
:(sprachen-sie-indem=)sagen-zu	,Name(n)-(einen)	Nachbarinnen-die

וַתִּקְרֶאנָה	לְנָעֳמִי	בֵּן	יֻלַּד־
wattiqᵊrɛʾnɔʰ	lᵊnoʿomiʸ	ben	-yullad
(nannten=)riefen-sie-Und	!Noomi-(für=)zu	Sohn-(ein)	geboren-wurde-(Es=)Er

יִשַׁי	אֲבִי־	הוּא	עוֹבֵד	שְׁמוֹ
yišay	-ʾᵃbiʸ	huʷʾ	ʿoʷbed	šᵊmoʷ
,Isai	(von)-Vater-(der)	(ist-Das=)Er	.Obed	Name(n)-sein(en)

18 וְאֵלֶּה	דָוִד׃	אֲבִי
wᵊʾellɛʰ	dɔwid.	ʾᵃbiʸ
(sind)-diese-Und	.David	(von)-Vater(s)-(des)

פֶּרֶץ	פָּרֶץ	תּוֹלְדוֹת
pɛrɛṣ	pɔrɛṣ	toʷlᵊdoʷt
Perez	:Perez	(von)-(Geschlechter=)Zeugungen-(die)

19 וְחֶצְרוֹן	אֶת־חֶצְרוֹן׃	הוֹלִיד
wᵊḥɛṣᵊroʷn	ḥɛṣᵊroʷn-ʾɛt.	hoʷliʸd
(Hezron=)Chezron-und	,(Hezron=)Chezron***	(zeugte=)gebären-machte-(er)

וְרָם	אֶת־רָם	הוֹלִיד
wᵊrɔm	rɔm-ʾɛt	hoʷliʸd
Ram-und	,Ram***	(zeugte=)gebären-machte-(er)

20 וְעַמִּינָדָב	אֶת־עַמִּינָדָב׃	הוֹלִיד
wᵊʿammiʸnɔdɔb	ʿammiʸnɔdɔb-ʾɛt.	hoʷliʸd
Amminadab-und	,Amminadab***	(zeugte=)gebären-machte-(er)

וְנַחְשׁוֹן w^{ə}naḥ^{ə}šo^{w}n Nachson-und	אֶת־נַחְשׁוֹן naḥ^{ə}šo^{w}n-ʾɛt ,Nachson***	הוֹלִיד ho^{w}li^{y}d (zeugte=)gebären-machte-(er)
21 וְשַׂלְמוֹן w^{ə}śal^{ə}mo^{w}n Salmon-und	אֶת־שַׂלְמָה׃ śal^{ə}mɔ^{h}-ʾɛt. ,(Salmon=)Salma***	הוֹלִיד ho^{w}li^{y}d (zeugte=)gebären-machte-(er)
וּבֹעַז u^{w}boʿaz Boas-und	אֶת־בֹּעַז boʿaz-ʾɛt ,Boas***	הוֹלִיד ho^{w}li^{y}d (zeugte=)gebären-machte-(er)
22 וְעֹבֵד w^{ə}ʿobed Obed-Und	אֶת־עוֹבֵד׃ ʿo^{w}bed-ʾɛt. .Obed***	הוֹלִיד ho^{w}li^{y}d (zeugte=)gebären-machte-(er)
וְיִשַׁי w^{ə}yišay Isai-und	אֶת־יִשָׁי yišɔy-ʾɛt ,Isai***	הוֹלִיד ho^{w}li^{y}d (zeugte=)gebären-machte-(er)
	אֶת־דָּוִד׃ .dɔwid-ʾɛt .David***	הוֹלִיד ho^{w}li^{y}d (zeugte=)gebären-machte-(er)

שִׁיר הַשִּׁירִים

Lieder-(der=)die Lied-(Das)

Das Hohelied

1

אֲשֶׁר ʾᵃšɛr welch(es)	הַשִּׁירִים haššiʸriʸm ,Lieder-(der=)die	שִׁיר 1 šiʸr Lied-(Das)	
מִנְּשִׁיקוֹת minnᵊšiʸqoʷt Küsse(n)-(mit=)von	יִשָּׁקֵנִי 2 yiššɔqeniʸ mich-(küsse=)küsst-Er		לִשְׁלֹמֹה׃ lišᵊlomoʰ. .(Salomo=)Schlomo-(von=)zu
דֹּדֶיךָ dodɛʸkɔ Liebkosungen-deine	טוֹבִים ṭoʷbiʸm (sind-süss=)gut(e)	כִּי־ -kiʸ denn	פִּיהוּ piʸhuʷ ,Mund(es)-sein(es)
שְׁמָנֶיךָ šᵊmɔnɛʸkɔ (Salb)öle-deine	לְרֵיחַ 3 lᵊreʸaḥ (Wohl)geruch-(An=)Zu		מִיָּיִן׃ miʸyɔyin. !Wein-(als-mehr=)von
שְׁמֶךָ šᵊmɛkɔ ;Name-dein-(ist)	תּוּרַק tuʷraq ausgegossen(es)	שֶׁמֶן šɛmɛn (Duft)öl-(wie)	טוֹבִים ṭoʷbiʸm ,(köstlich=)gute-(sind)
מָשְׁכֵנִי 4 mošᵊkeniʸ mich-Ziehe	אֲהֵבוּךָ׃ ʾᵃhebuʷkɔ. .dich-lieben-(sie)	עֲלָמוֹת ʿᵃlɔmoʷt Mädchen-(die)	עַל־כֵּן ken-ʿal (darum=)so-auf

אַחֲרֶיךָ
ʾaḥᵃrɛʸkɔ
!(nach-dir=)dich-hinter

נָּרוּצָה
nɔruʷṣɔʰ
!(ent)eilen-uns-Lass

הֱבִיאַנִי
hᵉbiʸʾaniʸ
mich-kommen-(ließ=)machte-(Es=)Er

הַמֶּלֶךְ
hammɛlɛk
König-der

חֲדָרָיו
ḥᵃdɔrɔʸw
!Gemächer-seine-(in)

נָגִילָה
nɔgiʸlɔʰ
jubeln-wollen-Wir

וְנִשְׂמְחָה
wᵊniśᵊmᵊḥɔʰ
freuen-uns-wollen-wir-und

בָּךְ
bɔk
!dir-(an=)in

נַזְכִּירָה
nazᵊkiʸrɔʰ
(rühmen=)gedenken-wollen-Wir

דֹדֶיךָ
dodɛʸkɔ
Liebkosungen-deine

מִיַּיִן
miʸyayin
,Wein-(als-mehr=)von

מֵישָׁרִים
meʸšɔriʸm
(Recht-mit=)Aufrichtigkeiten

אֲהֵבוּךָ׃
ʾᵃhebuʷkɔ.
.dich-(liebt-man=)lieben-sie

5 שְׁחוֹרָה
šᵊḥoʷrɔʰ
(Gebräunt=)Schwarze

אֲנִי
ʾᵃniʸ
,(bin)-ich

וְנָאוָה
wᵊnɔʾwɔʰ
,anmutig(e)-(doch=)und

בְּנוֹת
bᵊnoʷt
Töchter-(ihr)

יְרוּשָׁלִָם
yᵊruʷšɔlɔim
,Jerusalem(s)

כְּאָהֳלֵי
kᵊʾohᵒleʸ
Zelte(n)-(den)-(gleich=)wie

קֵדָר
qedɔr
,Kedar(s)

כִּירִיעוֹת
kiʸriʸʿoʷt
Zeltdecken-(den)-(gleich=)wie

שְׁלֹמֹה׃
šᵊlomoʰ.
.(Salomos=)Schelomo(s)

6 אַל־
-ʾal
Nicht

תִּרְאוּנִי
tirᵊʾuʷniʸ
,mich-(an-sehet=)seht-ihr

שֶׁאֲנִי
šɛʾᵃniʸ
(bin)-ich-welch(e)

שְׁחַרְחֹרֶת
šᵊḥarᵊḥorɛt
,schwärzlich(e)

שֶׁשֱּׁזָפַתְנִי
šɛššᵉzɔpatᵊniʸ
mich-(bräunte=)traf-(es=)sie-,welch(e)

הַשָּׁמֶשׁ
haššɔmɛš
!Sonne-die

בְּנֵי
bᵊneʸ
Söhne-(Die)

אִמִּי
ʾimmiʸ
Mutter-meine(r)

נִחֲרוּ־
-niḥᵃruʷ
schnaubten-(sie)

בִי
biʸ
,(mich-gegen=)mir-in

שָׂמֻנִי
śɔmuniʸ
mich-(ein)-setzten-sie

נֹטֵרָה
noṭerɔʰ
(Hüterin-zur=)Hütende

אֶת־הַכְּרָמִים
hakkᵊrɔmiʸm-ʾɛt
.Weingärten-(der=)die***

כַּרְמִי
karᵊmiʸ
,Weinberg-Mein(en)

לִֽי	7 הַגִּ֣ידָה	נָטָֽרְתִּי׃	לֹ֥א	שֶׁלִּ֖י
li^{y}	haggi^{y}dɔ^{h}	nɔṭɔr^{ə}ti^{y}.	lo^{ʾ}	šɛlli^{y}
,mir-(zu)	Erzähle	.gehütet-habe-ich	nicht	,mir-(gehört=)zu-welch(er)

אֵיכָה	תִרְעֶה	אֵיכָה	נַפְשִׁי	שֶׁאָהֲבָה
ʾe^{y}kɔ^{h}	tir^{əʿ}ɛ^{h}	ʾe^{y}kɔ^{h}	nap^{ə}ši^{y}	šɛʾɔh^{a}bɔ^{h}
wo	,weidest-du	wo	,Seele-meine	liebt(e)-(sie)-welch(en)-,(du)

שַׁלָּמָה	בַּצָּהֳרָיִם	תַּרְבִּיץ
šallɔmɔ^{h}	baṣṣɔh^{o}rɔyim	tar^{ə}bi^{y}ṣ
(Wozu=)was-zu-Welch	?Mittag(sstunden)-den-in	lagern-(lässt=)machst-du

עֶדְרֵי	עַל	כְּעֹטְיָה	אֶהְיֶה
ʿɛd^{ə}re^{y}	ʿal	k^{əʿ}oṭ^{ə}yɔ^{h}	ʾɛh^{ə}yɛ^{h}
Herden-(den)	(bei=)auf	Umherirrende-(eine)-wie	sein-(sollte=)werde-ich

לָךְ	תֵדְעִי	לֹא	8 אִם־	חֲבֵרֶיךָ׃
lɔk	ted^{əʿ}i^{y}	lo^{ʾ}	-ʾim	ḥ^{a}berɛ^{y}kɔ.
,(selbst=)dir-zu	(das)-weißt-du	nicht	Wenn	?Genossen-deine(r)

לָךְ	צְאִי־	בַּנָּשִׁים	הַיָּפָה
lɔk	-ṣ^{əʾ}i^{y}	bannɔši^{y}m	hayyɔpɔ^{h}
(dich-für=)dir-zu	hinaus-ziehe	,Frauen-(den-unter=)die-in	schöne-(du=)die

וּרְעִי	הַצֹּאן	בְּעִקְבֵי
u^{w}r^{əʿ}i^{y}	haṣṣoʾn	b^{əʿ}iq^{ə}be^{y}
weide-und	Herde-(der=)die	(Spuren=)Fersen-(den)-(auf=)in

מִשְׁכְּנוֹת	עַל	אֶת־גְּדִיֹּתַיִךְ
miš^{ə}k^{ə}no^{w}t	ʿal	g^{ə}di^{y}yotayik-ʾɛt
(Hütten=)Wohnungen-(den)	(an=)auf	(Zicklein=)Böcklein-deine***

9 לְסֻסָתִי	הָרֹעִים׃
l^{ə}susɔti^{y}	hɔroʿi^{y}m.
Stute-(m)eine(r)-(Mit=)Zu	!(Hirten=)Hütende(n)-(der=)die

דִּמִּיתִיךְ	פַּרְעֹה	בְּרִכְבֵי
dimmi^{y}ti^{y}k	par^{əʿ}o^{h}	b^{ə}rik^{ə}be^{y}
,dich-(vergleiche=)verglich-ich	Pharao(s)	Wagen(zügen)-(den)-(an=)in

לְחָיַיִךְ	10 נָאווּ	רַעְיָתִי׃
l^{ə}ḥɔyayik	nɔʾwu^{w}	ra^{ʿə}yɔti^{y}.
Wangen-(zwei)-deine	sind-Lieblich	.(Geliebte=)Freundin-meine

בַּחֲרוּזִים׃	צַוָּארֵךְ	בַּתֹּרִים
bah^{a}ru^{w}zi^{y}m.	ṣawwɔʾrek	battori^{y}m
.Schnüren-(den-mit=)die-in	Hals-dein	,(Perlen)reihen-(mit=)in

נַעֲשֶׂה־	זָהָב	11 תּוֹרֵי
-na^{ca}śɛ^{h}	zɔhɔb	to^{w}re^{y}
machen-(wollen=)werden-wir	(goldene=)Gold-(von)	(Kettchen=)(Perlen)reihen

הַכָּסֶף׃	נְקֻדּוֹת	עִם	לָךְ
hakkɔsɛp.	n^{ə}quddo^{w}t	^{c}im	lɔk
!Silber-(aus=)das	Küglein	mit	,(dich-für=)dir-zu

נִרְדִּי	בִּמְסִבּוֹ	12 עַד־שֶׁהַמֶּלֶךְ
nir^{ə}di^{y}	bim^{ə}sibbo^{w}	šɛhammɛlɛk-^{c}ad
Narde-meine	(Tafel)runde-seine(r)-(bei-weilt=)in	König-der-(Solange=)dass-Bis

13 צְרוֹר	רֵיחוֹ׃	נָתַן
ṣ^{ə}ro^{w}r	re^{y}ḥo^{w}.	nɔtan
(Bündel=)Beutel-(Ein)	.(Duft=)Geruch-(ihren=)sein(en)	(verströmt=)gab-(sie=er)

בֵּין	לִי	דּוֹדִי	הַמֹּר
be^{y}n	li^{y}	do^{w}di^{y}	hammor
zwischen	,mir-(ist=)zu	(Geliebter=)Freund-mein	Myrrhe-(der=)die

14 אֶשְׁכֹּל	יָלִין׃	שָׁדַי
ʾɛš^{ə}kol	yɔli^{y}n.	šɔday
Traube-(Eine)	.(ruht=)übernachtet-er	Brüsten-(zwei)-meine(n)

לִי	דּוֹדִי	הַכֹּפֶר
li^{y}	do^{w}di^{y}	hakkopɛr
mir-(zu)	(Geliebter=)Freund-mein-(ist)	Zyprus-(des=)der

יָפָה	15 הִנָּךְ	גֶּדִי׃	עֵין	בְּכַרְמֵי
yɔpɔ^{h}	hinnɔk	gɛdi^{y}.	^{c}e^{y}n	b^{ə}kar^{ə}me^{y}
,schön(e)	(bist-du-,Ja=)dich-,Siehe	!Gedi	-En	(von)-Weingärten-(den)-in

יָפָה	הִנָּךְ	רַעְיָתִי
yɔpɔ^{h}	hinnɔk	ra^{cə}yɔti^{y}
!schön(e)	(bist-du-,ja=)dich-,siehe	,(Geliebte=)Freundin-meine

יָפֶה	16 הִנְּךָ	יוֹנִים׃	עֵינַיִךְ
yɔpɛ^{h}	hinn^{ə}kɔ	yo^{w}ni^{y}m.	^{c}e^{y}nayik
,schön	(bist-du-,Ja=)dich-,Siehe	!Tauben-(gleich-sind)	Augen-(zwei)-Deine

דּוֹדִי	אַף	נָעִים	אַף־	עַרְשֵׂנוּ	רַעֲנָנָה׃
do^{w}di^{y}	ʾap	nɔʿi^{y}m	-ʾap	ʿar^{ə}śenu^{w}	raʿ^{a}nɔnɔ^{h}.
,Geliebter-mein	auch	!lieblich	Auch	Lagerstätte-unsere	.laubreich(e)-(ist)

17 קֹרוֹת	בָּתֵּינוּ	אֲרָזִים	רַחִיטֵנוּ[רַהִיטֵנוּ]
qoro^{w}t	bɔtte^{y}nu^{w}	ʾ^{a}rɔzi^{y}m	[rahi^{y}ṭenu^{w}]raḥi^{y}ṭenu^{w}
Balken-(Die)	Häuser-unsere(r)	,Zedern-(sind)	Täfelung-unsere

בְּרוֹתִים׃
b^{ə}ro^{w}ti^{y}m.
.Zypressen

2

1 אֲנִי	חֲבַצֶּלֶת	הַשָּׁרוֹן	שׁוֹשַׁנַּת
ʾ^{a}ni^{y}	ḥ^{a}baṣṣɛlɛt	haššɔro^{w}n	šo^{w}šannat
(bin)-Ich	Lilie-(weiße)-(die)	,Scharon-(des=)der	Lilie-(weiße)-die

הָעֲמָקִים׃	2 כְּשׁוֹשַׁנָּה	בֵּין	הַחוֹחִים
hɔʿ^{a}mɔqi^{y}m.	k^{ə}šo^{w}šannɔ^{h}	be^{y}n	haḥo^{w}ḥi^{y}m
.Täler-(der=)die	Lilie-(weiße)-(eine)-Wie	(unter=)zwischen	,Dornen-(den=)die

כֵּן	רַעְיָתִי	בֵּין
ken	raʿ^{a}yɔti^{y}	be^{y}n
(ist)-so	(Geliebte=)Freundin-meine	(unter=)zwischen

הַבָּנוֹת׃	3 כְּתַפּוּחַ
habbɔno^{w}t.	k^{ə}tappu^{w}aḥ
.(Mädchen=)Töchter(n)-(den=)die	Apfelbaum-(ein)-Wie

בַּעֲצֵי	הַיַּעַר	כֵּן
baʿ^{a}ṣe^{y}	hayyaʿar	ken
Bäume(n)-(den=)die-(unter=)in	,Wald(es)-(des=)der	(ist)-so

דּוֹדִי	בֵּין	הַבָּנִים
do^{w}di^{y}	be^{y}n	habbɔni^{y}m
(Geliebter=)Freund-mein	(unter=)zwischen	.(Jünglingen=)Söhne(n)-(den=)die

בְּצִלּוֹ	חִמַּדְתִּי	וְיָשַׁבְתִּי
b^{ə}ṣillo^{w}	ḥimmad^{ə}ti^{y}	w^{ə}yɔšab^{ə}ti^{y}
Schatten-sein(em)-In	begehrte-ich	,(sitzen-zu=)saß-ich-(dass=)und

וּפִרְיוֹ	מָתוֹק	לְחִכִּי׃
u^{w}pir^{ə}yo^{w}	mɔto^{w}q	l^{ə}ḥikki^{y}.
Frucht-seine-und	süß-(ist)	.Gaumen-mein(en)-(für=)zu

הַיָּיִן	בֵּית	אֶל־	4 הֱבִיאַנִי
hayyɔyin	beʸt	-ʾɛl	hᵉbiʸʾaniʸ
,Wein(es)-(des=)der	Haus-(dem)	zu	mich-(führte=)kommen-machte-Er

5 סַמְּכוּנִי	אַהֲבָה׃	עָלַי	וְדִגְלוֹ
sammᵊkuʷniʸ	ʾahᵃbɔʰ.	ʿɔlay	wᵊdigᵊloʷ
mich-Erquicket	.Liebe-(die)-(ist)	mir-(über=)auf	Panier-sein-und

כִּי־	בַּתַּפּוּחִים	רַפְּדוּנִי	בָּאֲשִׁישׁוֹת
-kiʸ	battappuʷḥiʸm	rappᵊduʷniʸ	bɔʾᵃšiʸšoʷt
denn	,!Äpfeln-(mit=)in	mich-Labet	!Traubenkuchen-(mit=)in

תַּחַת	6 שְׂמֹאלוֹ	אָנִי׃	אַהֲבָה	חוֹלַת
taḥat	śᵊmoʾloʷ	ʾɔniʸ.	ʾahᵃbɔʰ	ḥoʷlat
unter-(ruht)	Linke-Seine	.(bin)-ich	Liebe-(vor)	(Seiende)-krank(e)

תְּחַבְּקֵנִי׃	וִימִינוֹ	לְרֹאשִׁי
tᵊḥabbᵊqeniʸ.	wiʸmiʸnoʷ	lᵊroʾšiʸ
.mich-umfängt-(sie)	Rechte-seine-und	,Haupt-mein(em=)zu

יְרוּשָׁלִַם	בְּנוֹת	אֶתְכֶם	7 הִשְׁבַּעְתִּי
yᵊruʷšɔlaim	bᵊnoʷt	ʾɛtᵊkɛm	hišᵊbaʿᵊtiʸ
,Jerusalem(s)	Töchter-(ihr)	,euch	(beschwöre=)schwören-mach(t)e-Ich

בְּאַיְלוֹת	אוֹ	בִּצְבָאוֹת
bᵊʾayᵊloʷt	ʾoʷ	biṣᵊbɔʾoʷt
Hindinnen-(den)-(bei=)in	oder	Gazellen-(den)-(bei=)in

וְאִם־	תָּעִירוּ	אִם־	הַשָּׂדֶה
-wᵊʾim	tɔʿiʸruʷ	-ʾim	haśśɔdɛʰ
(nicht=)wenn-und	weckt-ihr	(nicht-dass=)wenn	,(Flur-der=)Feld(es)-(des=)das

שֶׁתֶּחְפָּץ׃	עַד	אֶת־הָאַהֲבָה	תְּעוֹרְרוּ
šɛttɛḥᵊpɔṣ.	ʿad	hɔʾahᵃbɔʰ-ʾɛt	tᵊʿoʷrᵊruʷ
!(gefällt-ihr-es=)begehrt-sie-dass	bis	,Liebe-die***	aufstört-ihr

בָּא	זֶה	הִנֵּה־	דוֹדִי	8 קוֹל
bɔʾ	zɛʰ	-hinneʰ	doʷdiʸ	qoʷl
,kommend(er)-(ist)	(er=)dieser	, Siehe —	!Geliebter-Mein	!(Horch=)Stimme

הַגְּבָעוֹת׃	עַל־	מְקַפֵּץ	הֶהָרִים	עַל־	מְדַלֵּג
haggᵊbɔʿoʷt.	-ʿal	mᵊqappeṣ	hɛhɔriʸm	-ʿal	mᵊdalleg
!Hügel-die	(über=)auf	hüpfend(er)	,Berge-die	(über=)auf	springend(er)

אוֹ	לִצְבִי	דּוֹדִי	9 דּוֹמֶה
ˀow	liṣəbiy	dowdiy	dowmɛh
oder	Gazelle-(der=)zu	(Geliebter=)Freund-mein	(ist)-Gleichend(er)

עוֹמֵד	זֶה	הִנֵּה־	הָאַיָּלִים	לְעֹפֶר
ʿowmed	zɛh	-hinneh	hɔˀayyɔliym	ləʿopɛr
stehend(er)-(ist)	(er=)dieser	,Siehe	.Hirsche-(der=)die	Kitz-(dem=)zu

מִן־הַחַלֹּנוֹת	מַשְׁגִּיחַ	כָּתְלֵנוּ	אַחַר
haḥallonowt-min	mašəgiyaḥ	kotəlenuw	ˀaḥar
,Fenster-(die)-(durch=)von	schauend(er)-(ist)	,(Haus)wand-unsere(r)	hinter

10 עָנָה	מִן־הַחֲרַכִּים׃	מֵצִיץ
ʿɔnɔh	haḥarakkiym-min.	meṣiyṣ
(an-hebt=)antwortet(e)-(Es=)Er	!Gitter-die-(durch=)von	(lugend=)spähend(er)

קוּמִי	לִי	וְאָמַר	דוֹדִי
quwmiy	liy	wəˀɔmar	dowdiy
auf-(Mach=)Steh	:mir-zu	sagt(e)-(er)-und	(Geliebter=)Freund-mein

וּלְכִי־	יָפָתִי	רַעְיָתִי	לָךְ
-uwləkiy	yɔpɔtiy	raʿəyɔtiy	lɔk
komm-(so=)und	,Schöne-meine	,(Geliebte=)Freundin-meine	,(dich=)dir-zu

עָבָר	הַסְּתָו[הַסְּתָיו]	הִנֵּה	11 כִּי־	לָךְ׃
ʿɔbɔr	[hassətɔyw]hassətow	hinneh	-kiy	lɔk.
,vorüber-(ist=)ging-(er)	Winter-der	,siehe	Denn	!(doch=)dir-zu

12 הַנִּצָּנִים	לוֹ׃	הָלַךְ	חָלַף	הַגֶּשֶׁם
hanniṣṣɔniym	low.	hɔlak	ḥɔlap	haggɛšɛm
Blüten-Die	.(dahin=)ihm-zu	ging-er	,vorbei-zog-(er)	(Regen=)Erguss-der

עֵת	בָּאָרֶץ	נִרְאוּ
ʿet	bɔˀɔrɛṣ	nirəˀuw
Zeit-(die)	,Land-im	(sehen-sich-lassen=)gesehen-wurden-(sie)

וְקוֹל	הִגִּיעַ	הַזָּמִיר
wəqowl	higgiyaʿ	hazzɔmiyr
(Gurren-das=)Stimme-(die)-und	,eingetroffen-ist-(sie=er)	Gesang(s)-(des=)der

בְּאַרְצֵנוּ׃	נִשְׁמַע	הַתּוֹר
bəˀarəṣenuw.	nišəmaʿ	hattowr
.Land(e)-unser(em)-in	gehört-(wird=)wurde-(sie=er)	Turteltaube-(der=)die

פַגֶּיהָ	חָנְטָה	13 הַתְּאֵנָה
paggɛʸhɔ	ḥɔnᵊṭɔʰ	hattᵊʾenɔʰ
,Fruchtkeime-(seine=)ihre	(treibt=)trieb-(er=sie)	(Feigenbaum-Der=)Feige-Die

רֵיחַ	נָתְנוּ	סְמָדַר	וְהַגְּפָנִים
reʸaḥ	nɔtᵊnuʷ	sᵊmɔdar	wᵊhaggᵊpɔniʸm
.(Wohl)geruch	(spenden=)gaben-(sie)	Blüte-(der-in)	Reben-die-und

לָךְ	לְכִי	קוּמִי
lɔk	lᵊkiʸ	quʷmiʸ
,(doch=)dir-zu	(komm=)geh	,auf-(dich-Mach=)Steh

לָךְ׃	וּלְכִי־	יָפָתִי	רַעְיָתִי
lɔk.	-uʷlᵊkiʸ	yɔpɔtiʸ	raʿᵊyɔtiʸ
!(doch=)dir-zu	komm-(so=)und	,Schöne-meine	,(Geliebte=)Freundin-meine

בְּסֵתֶר	הַסֶּלַע	בְּחַגְוֵי	14 יוֹנָתִי
bᵊsetɛr	hassɛlaʿ	bᵊḥagᵊweʸ	yoʷnɔtiʸ
Versteck-(einem)-in	,Fels(ens)-(des=)der	Klüfte(n)-(den)-in	,Taube-Meine

הַרְאִינִי	הַמַּדְרֵגָה
harᵊʾiʸniʸ	hammadᵊregɔʰ
mich-(schauen-lass=)sehen-mach	Felsensteig(es)-(des=)der

אֶת־קוֹלֵךְ	הַשְׁמִיעִינִי	אֶת־מַרְאַיִךְ
qoʷlek-ʾɛt	hašᵊmiʸʿiʸniʸ	marᵊʾayik-ʾɛt
;Stimme-deine***	mich-hören-(lass=)mach	,(Aussehen-dein=)Anblicke-deine***

וּמַרְאֵיךְ	עָרֵב	קוֹלֵךְ	כִּי־
uʷmarᵊʾeʸk	ʿɔreb	qoʷlek	-kiʸ
(Aussehn=)Anblick-dein-und	angenehm-(ist)	Stimme-deine	denn

קְטַנִּים	שׁוּעָלִים	שׁוּעָלִים	לָנוּ	15 אֶחֱזוּ־	נָאוֶה׃
qᵊṭanniʸm	šuʷʿɔliʸm	šuʷʿɔliʸm	lɔnuʷ	-ʾɛḥᵉzuʷ	nɔʾwɛʰ.
,kleine	Füchse	,Füchse	uns-(für=)zu	Fanget	!lieblich-(ist)

וּכְרָמֵינוּ	כְּרָמִים	מְחַבְּלִים
uʷkᵊrɔmeʸnuʷ	kᵊrɔmiʸm	mᵊḥabbᵊliʸm
Weingärten-unsere-(da=)und	,Weingärten	(sind)-richtend(e)-zugrunde-(die)

וַאֲנִי	לִי	16 דּוֹדִי	סְמָדַר׃
waʾaniʸ	liʸ	doʷdiʸ	sᵊmɔdar.
ich-und	,(mein-ist=)mir-zu	(Geliebter=)Freund-Mein	!(sind)-Blüte-(in)

בַּשּׁוֹשַׁנִּים׃	הָרֹעֶה	לוֹ
baššoʷšanniʸm.	hɔroᶜεʰ	loʷ
.Lilien-(weißen)-(den-unter=)die-in	(ist)-weidend(er)-der	,(sein-bin=)ihm-zu
הַיּוֹם	שֶׁיָּפוּחַ	17 עַד
hayyoʷm	šεʸyɔpuʷaḥ	ᶜad
(Morgenwind=)Tag-der	weht-(es=er)-dass	Bis
סֹב	הַצְּלָלִים	וְנָסוּ
sob	haṣṣᵊlɔliʸm	wᵊnɔsuʷ
,(wandle=)wende	,Schatten-die	(fliehen=)auf-brachen-(es=)sie-und

לִצְבִי	דוֹדִי	לְךָ	דְּמֵה־
liṣᵊbiʸ	doʷdiʸ	lᵊkɔ	-dᵊmeʰ
Gazelle-(einer=)zu	,(Geliebter=)Freund-mein	,(dich=)dir-zu	ähnlich-mach

הָרֵי	עַל־	הָאַיָּלִים	לְעֹפֶר	אוֹ
hɔreʸ	-ᶜal	hɔʾayyɔliʸm	lᵊᶜopεr	ʾoʷ
(im)-Berge(n)-(den)	auf	Hirsche-(der=)die	Kitz-(einem=)zu	oder
				בָתֶר׃
				bɔtεr.
				!Felsengeklüft

3

בִּקַּשְׁתִּי	בַּלֵּילוֹת	מִשְׁכָּבִי	1 עַל־
biqqašᵊtiʸ	balleʸloʷt	mišᵊkɔbiʸ	-ᶜal
suchte-ich	Nächte(n-den=)die-in	Lager-mein(em)	Auf
בִּקַּשְׁתִּיו	נַפְשִׁי	שֶׁאָהֲבָה	אֵת
biqqašᵊtiʸw	napᵊšiʸ	šεʾɔhᵃbɔʰ	ʾet
,ihn-suchte-Ich	.Seele-meine	liebt(e)-(es=sie)-welch(en)	,(den)***
נָּא	2 אָקוּמָה	מְצָאתִיו׃	וְלֹא
nɔʾ	ʾɔquʷmɔʰ	mᵊṣɔʾtiʸw.	wᵊloʾ
,doch	(aufmachen-mich=)aufstehen-will-Ich	.ihn-fand-ich	nicht-(doch=)und

בַּשְּׁוָקִים	בָּעִיר	וַאֲסוֹבְבָה
baššᵊwɔqiʸm	bɔᶜiʸr	waʾᵃsoʷbᵊbɔʰ
Straßen-(den-auf=)die-in	,Stadt-der-in	(umherstreifen=)herumgehen-will-ich-und
אֵת	אֲבַקְשָׁה	וּבָרְחֹבוֹת
ʾet	ʾᵃbaqᵊšɔʰ	uʷbɔrᵊḥoboʷt
,(den)***	suchen-will-ich	Plätze(n)-(den-auf=)die-in-und

וְלֹא	בִּקַּשְׁתִּיו	נַפְשִׁי	שֶׁאָהֲבָה
wᵊloʾ	biqqašᵊtiʸw	napᵊšiʸ	šɛʾɔhᵃbɔʰ
nicht-(doch=)und	,ihn-suchte-Ich	!Seele-meine	liebt(e)-(es=sie)-welch(en)

הַשֹּׁמְרִים	3 מְצָאוּנִי	מְצָאתִיו׃
haššomᵊriʸm	mᵊṣɔʾuʷniʸ	mᵊṣɔʾtiʸw.
,Wächter-die	mich-(trafen=)fanden-(Es=)Sie	.ihn-fand-ich

שֶׁאָהֲבָה	אֵת	בָּעִיר	הַסֹּבְבִים
šɛʾɔhᵃbɔʰ	ʾet	bɔʿiʸr	hassobᵊbiʸm
liebt(e)-(es=sie)-welch(en)	,(Den)***	:Stadt-der-in	umhergehende(n)-die

4 כִּמְעַט	רְאִיתֶם׃	נַפְשִׁי
kimᵊʿaṭ	rᵊʾiʸtɛm.	napᵊšiʸ
,(war's-nur-wenig-Ein=)Wenig(es)-Wie	?gesehen-habt-ihr	,Seele-meine

אֵת	שֶׁמָּצָאתִי	עַד	מֵהֶם	שֶׁעָבַרְתִּי
ʾet	šɛmmɔṣɔʾtiʸ	ʿad	mehɛm	šɛʿɔbarᵊtiʸ
,(den)***	fand-ich-dass	bis	,ihnen-(an=)von	vorbeigegangen-war-ich-dass

וְלֹא	אֲחַזְתִּיו	נַפְשִׁי	שֶׁאָהֲבָה
wᵊloʾ	ʾᵃḥazᵊtiʸw	napᵊšiʸ	šɛʾɔhᵃbɔʰ
(nimmer=)nicht-und	ihn-fest-hielt-Ich	.Seele-meine	liebt(e)-(es=sie)-welch(en)

בֵּית	אֶל־	שֶׁהֲבֵיאתִיו	עַד־	אַרְפֶּנּוּ
beʸt	-ʾɛl	šɛhᵃbeʸʾtiʸw	-ʿad	ʾarᵊpɛnnuʷ
Haus-(das)	(in=)zu	ihn-kommen-mach(t)e-ich-dass	bis	,ihn-lasse-ich

הוֹרָתִי׃	חֶדֶר	וְאֶל־	אִמִּי
hoʷrɔtiʸ.	ḥɛdɛr	-wᵊʾɛl	ʾimmiʸ
.Gebärerin-meine(r)	Gemach	zu(m)-und	,Mutter-meine(r)

יְרוּשָׁלִַם	בְּנוֹת	אֶתְכֶם	5 הִשְׁבַּעְתִּי
yᵊruʷšɔlaim	bᵊnoʷt	ʾɛtᵊkɛm	hišᵊbaʿᵊtiʸ
,Jerusalem(s)	Töchter-(ihr)	,euch	(beschwöre=)schwören-mach(t)e-Ich

בְּאַיְלוֹת	אוֹ	בִּצְבָאוֹת
bᵊʾayᵊloʷt	ʾoʷ	biṣᵊbɔʾoʷt
Hindinnen-(den)-(bei=)in	oder	Gazellen-(den)-(bei=)in

וְאִם־	תָּעִירוּ	אִם־	הַשָּׂדֶה
-wᵊʾim	tɔʿiʸruʷ	-ʾim	haśśɔdɛʰ
(nicht=)wenn-und	wecket-ihr	(nicht-dass=)wenn	:(Flur-der=)Feld(es)-(des=)das

6 מִי	שֶׁתֶּחְפָּץ׃	עַד	אֶת־הָאַהֲבָה	תְּעוֹרְרוּ
mi^{y}	šɛttɛḥ^{ə}pɔṣ.	^{c}ad	hɔʾah^{a}bɔ^{h}-ʾɛt	t^{əc}o^{w}r^{ə}ru^{w}
(ist)-Wer	!(gefällt-ihr-es=)begehrt-sie-dass	bis	,Liebe-die***	aufstört-ihr

כְּתִימְרוֹת	הַמִּדְבָּר	מִן־	עֹלָה	זֹאת
k^{ə}ti^{y}m^{ə}ro^{w}t	hammid^{ə}bɔr	-min	^{c}olɔ^{h}	zoʾt
(von)-Säulen-wie	Steppe-(der=)die	(aus=)von	Heraufkommende	diese

וּלְבוֹנָה	מוֹר	מְקֻטֶּרֶת	עָשָׁן
u^{w}l^{ə}bo^{w}nɔ^{h}	mo^{w}r	m^{ə}quṭṭɛrɛt	^{c}ɔšɔn
,Weihrauch-und	Myrrhe-(mit)	(durchwürzt=)durchräuchert(e)	,Rauch

7 הִנֵּה	רוֹכֵל׃	אַבְקַת	מִכֹּל
hinne^{h}	ro^{w}kel.	ʾab^{ə}qat	mikkol
,Siehe	?Krämer(s)-(eines)	(Gewürz)pulver	all(erart)-(mit=)von

שִׁשִּׁים	שֶׁלִּשְׁלֹמֹה	מִטָּתוֹ
šišši^{y}m	šɛlliš^{ə}lomo^{h}	miṭṭɔto^{w}
Sechzig	.(Salomos=)Schelomo(s)-(die)-(ist)-welch(e)	,(Sänfte-seine=)Bett-sein

מִגִּבֹּרֵי	לָהּ	סָבִיב	גִּבֹּרִים
miggibbore^{y}	lɔh	sɔbi^{y}b	gibbori^{y}m
Helden-(den)-von	,sie-(um=)zu	herum-rings-(sind)	Krieger-(tapfere)

חֶרֶב	אֲחֻזֵי	8 כֻּלָּם	יִשְׂרָאֵל׃
ḥɛrɛb	ʾ^{a}ḥuze^{y}	kulɔm	yiś^{ə}rɔʾel.
,Schwert	(mit-bewaffnet=)Ergriffene-(sind)	sie-All(e)	.Israel(s)

חַרְבּוֹ	אִישׁ	מִלְחָמָה	מְלֻמְּדֵי
ḥar^{ə}bo^{w}	ʾi^{y}š	mil^{ə}ḥɔmɔ^{h}	m^{ə}lumm^{ə}de^{y}
Schwert-sein-(trägt)	(jeder=)Mann	,Kampf-(den)	(für)-(geübt=)Gelernte

בַּלֵּילוֹת׃	מִפַּחַד	יְרֵכוֹ	עַל־
balle^{y}lo^{w}t.	mippaḥad	y^{ə}reko^{w}	-^{c}al
.Nächte(n-den=)die-in	Schrecken-(gegen=)von	Hüfte-seine(r)	(an=)auf

הַמֶּלֶךְ	לוֹ	עָשָׂה	9 אַפִּרְיוֹן
hammɛlɛk	lo^{w}	^{c}ɔśɔ^{h}	ʾappir^{ə}yo^{w}n
König-der	(sich=)ihm-zu	(machen-ließ=)machte-(es=er)	Tragsessel-(Einen)

הַלְּבָנוֹן׃	מֵעֲצֵי	שְׁלֹמֹה
hall^{ə}bɔno^{w}n.	me^{ca}ṣe^{y}	š^{ə}lomo^{h}
.Libanon-(des=)der	Hölzer(n)-(aus=)von	,(Salomo=)Schelomo

רְפִידָתוֹ	כֶּסֶף	עָשָׂה	10 עַמּוּדָיו
rᵊpiʸdɔtoʷ	kɛsɛp	ʿɔśɔʰ	ʿammuʷdɔʸw
Lehne-seine	,Silber-(aus)	(machen-ließ=)machte-er	(Füße=)Säulen-Seine
תּוֹכוֹ	אַרְגָּמָן	מֶרְכָּבוֹ	זָהָב
toʷkoʷ	ʾarᵊgɔmɔn	mɛrᵊkɔboʷ	zɔhɔb
Inneres-sein	,Purpur-(von)	(Kissen=)Sitz-sein(en)	,Gold-(aus)

מִבְּנוֹת	אַהֲבָה	רָצוּף
mibbᵊnoʷt	ʾahᵃbɔʰ	rɔṣuʷp
Töchter(n)-(den)-von	(liebevoll=)Liebe-(mit)	(gepolstert=)ausgelegt(er)

צִיּוֹן	בְּנוֹת	וּרְאֶינָה	11 צְאֶינָה	יְרוּשָׁלִָם׃
ṣiʸyoʷn	bᵊnoʷt	uʷrᵊʾɛʸnɔʰ	ṣᵊʾɛʸnɔʰ	yᵊruʷšɔlɔim.
,Zion(s)	Töchter-(ihr)	,schaut-und	hinaus-Zieht	.Jerusalem(s)

בָּעֲטָרָה	שְׁלֹמֹה	בַּמֶּלֶךְ
bɔʿᵃṭɔrɔʰ	šᵊlomoʰ	bammɛlɛk
,(Krone=)Kranz-(dem)-(mit=)in	(Salomo=)Schlomo	König-(den=)im

בְּיוֹם	אִמּוֹ	לוֹ	שֶׁעִטְּרָה־
bᵊyoʷm	ʾimmoʷ	loʷ	-šɛʿiṭṭᵊroʰ
Tag-(am=)in	Mutter-seine	ihn	bekränzte-(es=sie)-welch(em)-(mit)

שִׂמְחַת	וּבְיוֹם	חֲתֻנָּתוֹ
śimᵊḥat	uʷbᵊyoʷm	ḥᵃtunnɔtoʷ
Freude-(der)	Tag-(einem)-(an=)in-(somit=)und	,(Hochzeit=)Vermählung-seine(r)

לִבּוֹ׃
libboʷ.
!Herzen(s)-sein(es)

4

רַעְיָתִי	יָפָה	1 הִנָּךְ
raʿᵊyɔtiʸ	yɔpɔʰ	hinnɔk
,(Geliebte=)Freundin-meine	,schön(e)	(bist-du-,Ja=)dich-,Siehe

יוֹנִים	עֵינַיִךְ	יָפָה	הִנָּךְ
yoʷniʸm	ʿeʸnayik	yɔpɔʰ	hinnɔk
Tauben-(gleichen)	Augen-(beiden)-Deine	!schön(e)	(bist-du-,ja=)dich-,siehe
כְּעֵדֶר	שַׂעְרֵךְ	לְצַמָּתֵךְ	מִבַּעַד
kᵊʿedɛr	śaʿᵊrek	lᵊṣammɔtek	mibbaʿad
Herde-(eine)-wie-(ist)	Haar-Dein	.Schleier-dein(en=)zu	(durch=)bis-in-von

הָעִזִּים hɔʿizziʸm ,Ziegen-(der=)die
שֶׁגָּלְשׁוּ šɛggɔlᵊšuʷ herab-wall(t)en-(sie)-welch(e)
מֵהַר mehar Berg-(dem)-von
גִּלְעָד׃ gilᵊʿɔd. .Gilead

2 שִׁנַּיִךְ šinnayik (Zähne=)Zahnreihen-(zwei)-Deine
כְּעֵדֶר kᵊʿedɛr Herde-(eine)-wie-(sind)

הַקְּצוּבוֹת haqqᵊṣuʷboʷt ,(Frisch)geschorene(n)-(der=)die
שֶׁעָלוּ šɛʿɔluʷ herauf-stiegen-(sie)-welch(e)
מִן־ -min (aus=)von

הָרַחְצָה hɔraḥᵊṣɔʰ ,Schwemme-(der=)die
שֶׁכֻּלָּם šɛkkullɔm (allesamt=)sie-all-welch(e)

מַתְאִימוֹת matᵊʾiʸmoʷt (zwillingsträchtig=)Zwillinge-gebärend(e)-(sind)

וְשַׁכֻּלָה wᵊšakkulɔʰ (Junge-ohne=)beraubte-Jungen-der-(eine)-und
אֵין ʾeʸn ist-nicht
בָּהֶם׃ bɔhɛm. .ihnen-(unter=)in

3 כְּחוּט kᵊḥuʷṭ Faden-(ein)-Wie
הַשָּׁנִי haššɔniʸ Karmesin-(von=)der
שִׂפְתֹתַיִךְ śipᵊtotayik ,Lippen-(zwei)-deine-(sind)

וּמִדְבָּרֵיךְ uʷmidᵊbɔreʸk (Mündchen=)Sprachorgan(e)-dein(e)-und
נָאוֶה nɔʾwɛʰ .lieblich-(ist)
כְּפֶלַח kᵊpɛlaḥ Scheibe-(eine)-Wie

הָרִמּוֹן hɔrimmoʷn Granatapfel(s)-(des=)der
רַקָּתֵךְ raqqɔtek Schläfe-deine-(aus-sieht)
מִבַּעַד mibbaʿad (durch=)bis-in-von

לְצַמָּתֵךְ׃ lᵊṣammɔtek. .Schleier-dein(en=)zu
4 כְּמִגְדַּל kᵊmiggᵊdal Turm-(der)-Wie
דָּוִיד dɔwiʸd David(s)
צַוָּארֵךְ ṣawwɔʾrek ,Hals-dein-(ist)
בָּנוּי bɔnuʷy gebaut(er)

לְתַלְפִּיּוֹת lᵊtalᵊpiʸyoʷt :(Zeughaus=)Befestigungen-(als=)zu
אֶלֶף ʾɛlɛp Tausend(zahl)-(Eine)
הַמָּגֵן hammɔgen Schild(e)-(der=)die

הַגִּבּוֹרִים׃	שִׁלְטֵי	כֹּל	עָלָיו	תָּלוּי
haggibbo^{w}ri^{y}m.	šil^{ə}ṭe^{y}	kol	ʿɔlɔ^{y}w	tɔlu^{w}y
.Helden-(der=)die	Köcher	all(e)	,(ihm-an=)ihn-auf	aufgehängt(er)-(ist)

תְּאוֹמֵי	עֳפָרִים	כִּשְׁנֵי	שָׁדַיִךְ	5 שְׁנֵי
t^{ə}ʾo^{w}me^{y}	ʿ^{o}pɔri^{y}m	kiš^{ə}ne^{y}	šɔdayik	š^{ə}ne^{y}
Zwillinge-wie	,Rehe	zwei-wie-(sind)	Brüste-(zwei)-deine	(Beide=)Zwei

6 עַד	בַּשּׁוֹשַׁנִּים׃	הָרוֹעִים	צְבִיָּה
ʿad	baššo^{w}šanni^{y}m.	hɔro^{w}ʿi^{y}m	ṣ^{ə}bi^{y}yɔ^{h}
Bis	.Lilien-(weißen)-(den-unter=)die-in	(sind)-weidend(e)-die	,Hindin-(der)

הַצְּלָלִים	וְנָסוּ	הַיּוֹם	שֶׁיָּפוּחַ
haṣṣ^{ə}lɔli^{y}m	w^{ə}nɔsu^{w}	hayyo^{w}m	šɛ^{y}yɔpu^{w}aḥ
,Schatten-die	(entweichen=)flohen-(sie)-und	Tag(eswind)-der	weht-(kühl)-dass

הַמּוֹר	הַר	אֶל־	לִי	אֵלֶךְ
hammo^{w}r	har	-ʾɛl	li^{y}	ʾelɛk
Myrrhe-(der=)die	Berg	zu(m)	(mich-für=)mir-zu	gehen-(will=)werde-ich

יָפָה	7 כֻּלָּךְ	הַלְּבוֹנָה׃	גִּבְעַת	וְאֶל־
yɔpɔ^{h}	kullɔk	hall^{ə}bo^{w}nɔ^{h}.	gib^{ə}ʿat	-w^{ə}ʾɛl
,schön(e)	(du-bist-Ganz=)dich-All	.Weihrauch(s)-(des=)der	Hügel	zu(m)-und

8 אִתִּי	בָּךְ׃	אֵין	וּמוּם	רַעְיָתִי
ʾitti^{y}	bɔk.	ʾe^{y}n	u^{w}mu^{w}m	raʿ^{ə}yɔti^{y}
mir-Mit	.dir-(an=)in	ist-nicht	Makel-(ein)-und	,(Geliebte=)Freundin-meine

מִלְּבָנוֹן	אִתִּי	כַּלָּה	מִלְּבָנוֹן
mill^{ə}bɔno^{w}n	ʾitti^{y}	kallɔ^{h}	mill^{ə}bɔno^{w}n
Libanon-(dem)-von	mir-mit	,Braut-(o)	,Libanon-(dem)-von

מֵרֹאשׁ	תָּשׁוּרִי	תָּבוֹאִי
meroʾš	tɔšu^{w}ri^{y}	tɔbo^{w}ʾi^{y}
(Gipfel=)Kopf-(dem)-von	(aus-Schaue=)schaust-Du	!(komm=)kommst-du

וְחֶרְמוֹן	שְׂנִיר	מֵרֹאשׁ	אֲמָנָה
w^{ə}ḥɛr^{ə}mo^{w}n	ś^{ə}ni^{y}r	meroʾš	ʾ^{a}mɔnɔ^{h}
,Hermon-(des)-und	Senir-(des)	(Gipfel=)Kopf-(dem)-von	,Amana-(des)

מֵהַרְרֵי	אֲרָיוֹת	מִמְּעֹנוֹת
mehar^{ə}re^{y}	ʾ^{a}rɔyo^{w}t	mimm^{ə}ʿono^{w}t
Berge(n)-(den)-von	,Löwen-(der)	Aufenthaltsorte(n)-(den)-von

נְמֵרִים׃
nᵊmeriʸm.
!Leoparde(n)-(der)

9 לִבַּבְתִּנִי
libbabᵊtiniʸ
,(Verstandes=)Herz(ens-des)-mich-beraubtest-Du

אֲחֹתִי
ᵓᵃḥotiʸ
,Schwester-meine

כַלָּה
kallɔʰ
,Braut-(o)

לִבַּבְתִּינִי
libbabᵊtiʸniʸ
(Verstandes=)Herz(ens-des)-mich-beraubtest-du

בְּאַחַד[בְּאַחַת]
[bᵊᵓaḥat]bᵊᵓaḥad
(Blick)-ein(em)-(mit=)in

מֵעֵינַיִךְ
meᶜeʸnayik
,Augen-(zwei)-deine(r=)von

בְּאַחַד
bᵊᵓaḥad
ein(em)-(mit=)in

עֲנָק
ᶜᵃnɔq
(Hals)geschmeide

מִצַּוְּרֹנָיִךְ׃
miṣṣawwᵊronɔyik.
.Halsketten-deine(n)-(an=)von

10 מַה־
-maʰ
(Wie=)Was

יָּפוּ
yɔpuʷ
schön-sind-(sie)

דֹדַיִךְ
dodayik
,Liebkosungen-deine

אֲחֹתִי
ᵓᵃḥotiʸ
,Schwester-meine

כַלָּה
kallɔʰ
,Braut-(o)

מַה־
-maʰ
(wie=)was

טֹּבוּ
ṭobuʷ
(süss=)gut-sind-(sie)

דֹדַיִךְ
dodayik
Liebkosungen-deine

מִיַּיִן
miʸyayin
,Wein-(als-mehr=)von

וְרֵיחַ
wᵊreʸaḥ
(Duft=)Geruch-(der)-und

שְׁמָנַיִךְ
šᵊmɔnayik
(Salb)öle-deine(r)

מִכָּל־
-mikkol
all(e)-(als-mehr=)von

בְּשָׂמִים׃
bᵊśɔmiʸm.
.Balsam(düft)e

11 נֹפֶת
nopɛt
Honig(seim)

תִּטֹּפְנָה
tiṭṭopᵊnɔʰ
träufeln-(sie)

שִׂפְתוֹתַיִךְ
śipᵊtoʷtayik
,Lippen-(zwei)-deine

כַּלָּה
kallɔʰ
,Braut-(o)

דְּבַשׁ
dᵊbaš
Honig

וְחָלָב
wᵊḥɔlɔb
Milch-und

תַּחַת
taḥat
unter-(sind)

לְשׁוֹנֵךְ
lᵊšoʷnek
,Zunge-deine(r)

וְרֵיחַ
wᵊreʸaḥ
(Duft=)Geruch-(der)-und

שַׂלְמֹתַיִךְ
śalᵊmotayik
Kleider-deine(r)

כְּרֵיחַ
kᵊreʸaḥ
(Duft-der=)Geruch-wie-(ist)

לְבָנוֹן׃
lᵊbɔnoʷn.
.Libanon-(des)

12 גַּן
gan
Garten-(Ein)

נָעוּל
nɔᶜuʷl
verriegelt(er)

אֲחֹתִי
ᵓᵃḥotiʸ
,Schwester-meine-,(bist-du)

כַלָּה
kallɔʰ
,Braut

גַּל
gal
Brunnen(schacht)-(ein)

13 שְׁלָחַיִךְ	חָתוּם׃	מַעְיָן	נָעוּל
šᵊlɔḥayik	ḥɔtuʷm.	maᶜᵊyɔn	nɔᶜuʷl
(Sprösslinge=)Triebe-Deine	.versiegelt(er)	Quellort-(ein)	,verriegelt(er)

פְּרִי	עִם	רִמּוֹנִים	פַּרְדֵּס
pᵊriʸ	ᶜim	rimmoʷniʸm	parᵊdes
(von)-(Früchten=)Frucht	mit	Granatäpfel(n)-(von)	Baumgarten-(einen-bilden)

עִם־	כְּפָרִים	מְגָדִים
-ᶜim	kᵊpɔriʸm	mᵊgɔdiʸm
(wie-so=)mit	Hennasträucher(n)	,(köstlichen=)Köstlichkeiten

קָנֶה	וְכַרְכֹּם	14 נֵרְדְּ	נְרָדִים׃
qɔnɛʰ	wᵊkarᵊkom	nerᵊdᵊ	nᵊrɔdiʸm.
Würzgras	,Kurkuma-und	(Lavendel=)Narde	.(Lavendel=)Narden

לְבוֹנָה	עֲצֵי	כָּל־	עִם	וְקִנָּמוֹן
lᵊboʷnɔʰ	ᶜᵃṣeʸ	-kol	ᶜim	wᵊqinnɔmoʷn
,Weihrauch(s)-(des)	Hölzer(n)	all(erlei)	(samt=)mit	,Zimtbaum-und

כָּל־	עִם	וַאֲהָלוֹת	מֹר
-kol	ᶜim	waᵓᵃhɔloʷt	mor
all(erlei)	(nebst=)mit	,Adlerholzbäume(n)-und	Myrrhe-(der)

גַּנִּים	15 מַעְיַן	בְשָׂמִים׃	רָאשֵׁי
ganniʸm	maᶜᵊyan	bᵊśɔmiʸm.	rɔᵓšeʸ
Gärten-(den)-(in)	Quellort-(Der)	.Balsam(bäum)e-(der)	(Erlesenen=)Häupter(n)

חַיִּים	מַיִם	בְּאֵר
ḥayyiʸm	mayim	bᵊᵓer
lebendige(n)	Wasser(n)	(von)-Brunnen-(ein-ist)

16 עוּרִי	מִן־לְבָנוֹן׃	וְנֹזְלִים
ᶜuʷriʸ	lᵊbɔnoʷn-min.	wᵊnozᵊliʸm
,Erwache	.(her)-Libanon-(dem)-von	(strömend=)rieselnd(e)-(ist)-und

הָפִיחִי	תֵימָן	וּבוֹאִי	צָפוֹן
hɔpiʸḥiʸ	teʸmɔn	uʷboʷᵓiʸ	ṣɔpoʷn
(durchwehe=)wehen-mache	,Südwind	,komm-und	,Nordwind

בְשָׂמָיו	יִזְּלוּ	גַנִּי
bᵊśɔmɔʸw	yizzᵊluʷ	ganniʸ
!Balsam(düft)e-seine	strömen-(sollen=)werden-(es=)sie	,Garten-mein(en)

יָבֹא דוֹדִי לְגַנּוֹ
ləgannow dowdiy yɔboʾ
Garten-sein(en)-(in=)zu Geliebter-mein kommen-(möge=)wird-(Es=)Er

וְיֹאכַל פְּרִי מְגָדָיו׃
məgɔdɔyw. pəriy wəyoʾkal
!Köstlichkeiten-seine(r) Frucht-(die) (genießen=)essen-(möge=)wird-er-und

5

1 בָּאתִי לְגַנִּי אֲחֹתִי כַלָּה
kallɔh ʾaḥotiy ləganniy bɔʾtiy
.Braut-(o) ,Schwester-meine ,Garten-mein(en)-(in=)zu kam-Ich

אָרִיתִי מוֹרִי עִם־ בְּשָׂמִי אָכַלְתִּי
ʾɔkalətiy bəśɔmiy -ʿim mowriy ʾɔriytiy
(esse=)aß-Ich .Balsam-mein(em) (samt=)mit Myrrhe-meine pflück(t)e-Ich

יַעְרִי עִם־ דִּבְשִׁי שָׁתִיתִי יֵינִי
yeyniy šɔtiytiy dibəšiy -ʿim yaʿəriy
Wein-mein(en) (trinke=)trank-ich ,Honig-mein(em) (samt=)mit Wabe-meine

עִם־ חֲלָבִי אִכְלוּ רֵעִים שְׁתוּ וְשִׁכְרוּ
wəšikəruw šətuw reʿiym ʾikəluw ḥalɔbiy -ʿim
euch-berauscht-und trinkt ,Gefährten ,Esst .Milch-meine(r) (samt=)mit

דּוֹדִים׃ 2 אֲנִי יְשֵׁנָה וְלִבִּי
wəlibbiy yəšenɔh ʾaniy dowdiym.
Herz-mein-(indes=)und ,schlafend(e)-(war) Ich !Liebe(sgelüsten)-(an)

עֵר קוֹל דּוֹדִי
dowdiy qowl ʿer
Geliebter-mein ,(Horch=)Stimme .(wachend=)erregend(er)-sich-war-(es=er)

דוֹפֵק פִּתְחִי־ לִי אֲחֹתִי
ʾaḥotiy liy -pitəḥiy dowpeq
,Schwester-meine ,mir-(zu) auf-Tu — !anklopfend(er)-(ist)

רַעְיָתִי יוֹנָתִי תַמָּתִי
tammɔtiy yownɔtiy raʿəyɔtiy
!(makellose=)Makellose-meine Taube-meine ,(Geliebte=)Freundin-meine

שֶׁרֹּאשִׁי נִמְלָא־ טָל
ṭɔl -niməloʾ šɛrroʾšiy
,Tau (von-voll=)seiend-gefüllt-ist-(es=er) Haupt-mein-(Denn=)Weil

3 פָּשַׁטְתִּי	לָיְלָה׃	רְסִיסֵי	קְוֻצּוֹתַי
pɔšaṭᵊtiʸ	lɔyᵊlɔʰ.	rᵊsiʸseʸ	qᵊwwuṣṣoʷtay
ausgezogen-habe-Ich	.Nacht-(der)	Tropfen-(von)	Locken-meine

אֵלְבָּשֶׁנָּה	אֵיכָכָה	אֶת־כֻּתָּנְתִּי
ʾɛlᵊbɔšɛnnɔʰ	ʾeʸkɔkɔʰ	kuttɔnᵊtiʸ-ʾɛt
?(es=)sie-anziehen-(wieder)-(sollte=)werde-ich	wie —	Kleid-mein***

אֵיכָכָה	אֶת־רַגְלַי	רָחַצְתִּי
ʾeʸkɔkɔʰ	ragᵊlay-ʾɛt	rɔḥaṣᵊtiʸ
wie —	Füße-(zwei)-meine***	gewaschen-habe-Ich

4 דּוֹדִי	אֲטַנְּפֵם׃
doʷdiʸ	ʾᵃṭannᵊpem.
(Geliebter=)Freund-Mein	?sie-beschmutzen-(wieder)-(sollte=)werde-ich

הַחֹר	מִן־	יָדוֹ	שָׁלַח
haḥor	-min	yɔdoʷ	šɔlaḥ
,(Öffnung-die=)Loch-das	(durch=)von	Hand-seine	(streckte=)schickte-(er)

עָלָיו׃	הָמוּ	וּמֵעַי
ʿɔlɔʸw.	hɔmuʷ	uʷmeʿay
.(seinetwegen=)ihm-auf	erregt-waren-(sie)	Eingeweide-meine-(da=)und

לִפְתֹּחַ	אֲנִי	5 קַמְתִּי
lipᵊtoaḥ	ʾᵃniʸ	qamᵊtiʸ
öffnen-zu-(um)	(selbst=)ich	(mich-erhob=)auf-stand-Ich

נָטְפוּ־	וְיָדַי	לְדוֹדִי
-nɔṭᵊpuʷ	wᵊyɔday	lᵊdoʷdiʸ
troffen-(sie)	Hände-(zwei)-meine-und	,(Geliebten=)Freund-mein(en)-(für=)zu

עֹבֵר	מוֹר	וְאֶצְבְּעֹתַי	מוֹר
ʿober	moʷr	wᵊʾɛṣᵊbᵊʿotay	moʷr
(flüssiger=)vorübergehender	Myrrhe-(von)	Finger-meine-und	Myrrhe-(von)

אֲנִי	6 פָּתַחְתִּי	הַמַּנְעוּל׃	כַּפּוֹת	עַל
ʾᵃniʸ	pɔtaḥᵊtiʸ	hammanᵊʿuʷl.	kappoʷt	ʿal
(selbst=)ich	öffnete-Ich	.Riegel(s)-(des=)der	(Griffe=)Hände-(die)	auf

וְדוֹדִי	לְדוֹדִי
wᵊdoʷdiʸ	lᵊdoʷdiʸ
(Geliebter=)Freund-mein-(jedoch=)und	,(Geliebten=)Freund-mein(en)-(für=)zu

עָבָר	חָמַק
ʿɔbɔr	ḥɔmaq
.gegangen-(weiter=)vorüber-(war-er)	,weggegangen-war-(er)

יָצְאָה	נַפְשִׁי
yɔṣᵊʾɔʰ	napᵊšiʸ
(dahin-schwand=)aus-zog-(sie)	(Lebenskraft=)Seele-Meine

מְצָאתִיהוּ	וְלֹא	בִּקַּשְׁתִּיהוּ	בְדַבְּרוֹ
mᵊṣɔʾtiʸhuʷ	wᵊloʾ	biqqašᵊtiʸhuʷ	bᵊdabbᵊroʷ
.ihn-fand-ich	nicht-(aber=)und	,ihn-suchte-Ich	.Sprechen-seinem-(bei=)in

עָנָנִי׃	וְלֹא	קְרָאתִיו
ʿɔnɔniʸ.	wᵊloʾ	qᵊrɔʾtiʸw
.(mir=)mich-antwortet(e)-er	nicht-(aber=)und	,ihn-rief-Ich

הַסֹּבְבִים	הַשֹּׁמְרִים	7 מְצָאֻנִי
hassobᵊbiʸm	haššomᵊriʸm	mᵊṣɔʾuniʸ
herumgehende(n)-die	,Wächter-die	mich-(trafen=)fanden-(Es=)Sie

פְצָעוּנִי	הִכּוּנִי	בָּעִיר
pᵊṣɔʿuʷniʸ	hikkuʷniʸ	bɔʿiʸr
,mich-verwundeten-(sie)	,mich-schlugen-Sie	.Stadt-die-(um=)in

מֵעָלַי	אֶת־רְדִידִי	נָשְׂאוּ
meʿɔlay	rᵊdiʸdiʸ-ʾɛt	nɔśᵊʾuʷ
mir-(auf)-von	Oberkleid-mein***	(ab-nahmen=)hoben-(es=)sie

הַחֹמוֹת׃	שֹׁמְרֵי
haḥomoʷt.	šomᵊreʸ
.Mauern-(der=)die	(Wächter=)Bewachende(n)-(die)

יְרוּשָׁלָם	בְּנוֹת	אֶתְכֶם	8 הִשְׁבַּעְתִּי
yᵊruʷšɔlɔim	bᵊnoʷt	ʾɛtᵊkɛm	hišᵊbaʿᵊtiʸ
,Jerusalem(s)	Töchter-(ihr)	,euch	(beschwöre=)schwören-mach(t)e-Ich

מַה־	אֶת־דּוֹדִי	תִּמְצְאוּ	אִם־
-maʰ	doʷdiʸ-ʾɛt	timᵊṣᵊʾuʷ	-ʾim
was	,(Geliebten=)Freund-mein(en)***	findet-ihr	wenn

אַהֲבָה	שֶׁחוֹלַת	לוֹ	תַּגִּידוּ
ʾahᵃbɔʰ	šɛḥoʷlat	loʷ	taggiʸduʷ
Liebe	(vor=)von-seiend(e)-krank-Dass	:ihm-zu	sagen-(sollt=)werdet-ihr

Das Hohelied 5,9-13

דּוֹדֵךְ֙ do^wdek (Geliebter=)Freund-dein	מַה־ 9 -ma^h (hat)-Was	אָנִ֑י׃ ʾɔni^y. .(bin)-ich
הַיָּפָ֖ה hayyɔpɔ^h schön(st)e-(du=)die	מִדּ֔וֹד middo^wd ,(Geliebter=)Freund-(anderer-ein)-(als-mehr=)von	
דּוֹדֵ֔ךְ do^wdek (Geliebter=)Freund-dein	מַה־ -ma^h (hat)-Was	בַּנָּשִׁ֑ים bannɔši^ym ?Frauen-(den-unter=)die-in
שֶׁכָּ֖כָה šɛkkɔkɔ^h (also=)so-wie-dass	מִדּ֔וֹד middo^wd ,(Geliebter=)Freund-(anderer-ein)-(als-mehr=)von	
דּוֹדִ֞י 10 do^wdi^y (Geliebter=)Freund-Mein	הִשְׁבַּעְתָּֽנוּ׃ hišᵊba^ʕtɔnu^w. ?uns-(beschworen=)machen-schwören-hast-du	

מֵרְבָבָֽה׃ merᵊbɔbɔ^h. .Zehntausend-(aus=)von	דָּג֖וּל dɔgu^wl ausgezeichnet(er)	וְאָד֔וֹם wᵊʾɔdo^wm ,rot(braun)-und	צַ֚ח ṣaḥ glänzend(er)-(ist)
קְוֻצּוֹתָיו֙ qᵊwuṣṣo^wtɔ^yw Locken-seine	פָּ֑ז pɔz ,(Gold)-gediegenes	כֶּ֣תֶם ketɛm ,Gold-(ist)	רֹאשׁ֖וֹ 11 ro^ʾšo^w Haupt-Sein
עֵינָ֕יו 12 ^ʕe^ynɔ^yw Augen-(beiden)-Seine	כָּעוֹרֵֽב׃ kɔ^ʕo^wreb. .Rabe-der-wie	שְׁחֹר֖וֹת šᵊḥoro^wt schwarz(e)	תַּלְתַּלִּ֔ים talᵊtalli^ym ,Dattelrispen-(wie-sind)
מָ֑יִם mɔyim ,Wasser	אֲפִ֣יקֵי ʾᵃpi^yqe^y (mit)-Flussbette(n)	עַל־ -^ʕal (an=)auf	כְּיוֹנִ֣ים kᵊyo^wni^ym Tauben-(gleichen=)wie
מִלֵּֽאת׃ milleʾt. .(Wasser)fülle	עַל־ -^ʕal (an=)auf	יֹשְׁב֖וֹת yošᵊbo^wt sitzend(e)	בֶּֽחָלָ֔ב beḥɔlɔb ,Milch-in	רֹחֲצוֹת֙ roḥᵃṣo^wt (gebadet=)gewaschene
כַּעֲרוּגַ֣ת ka^ʕᵃru^wgat Beet-(ein)-wie-(sind)		לְחָיָו֙ 13 lᵊḥɔyɔw (Wangen=)Kinnbacken-(beiden)-Seine	

הַבֹּשֶׂם	מִגְדָּלוֹת	מֶרְקָחִים
habbośɛm	migᵊdᵊloʷt	mɛrᵊqɔḥiʸm
,Balsam(strauches)-(des=)der	(von)-Türme-(wie)	Gewürzkräuter(n)

שִׂפְתוֹתָיו	שׁוֹשַׁנִּים	נֹטְפוֹת	מוֹר
śipᵊtoʷtɔʸw	šoʷšanniʸm	noṭᵊpoʷt	moʷr
,Lippen-(beiden)-seine-(sind)	Lilien-(weiße)-wie	(von)-träufelnd(e)	Myrrhe

עֹבֵר׃	14 יָדָיו	גְּלִילֵי
ʿober.	yɔdɔʸw	gᵊliʸleʸ
.(flüssiger=)vorübergehend(er)	Hände-(beiden)-Seine	Rundstangen-(sind)

זָהָב	מְמֻלָּאִים	בַּתַּרְשִׁישׁ	מֵעָיו
zɔhɔb	mᵊmullɔʾiʸm	battarᵊšiʸš	meʿɔʸw
,(goldene=)Gold-(von)	(besetzt=)gefüllte	.Tarschisch-(mit=)im	Unterleib-Sein

עֶשֶׁת	שֵׁן	מְעֻלֶּפֶת
ʿɛšɛt	šen	mᵊʿullɛpɛt
(Kunstwerk=)Gebilde-(ein)-(ist)	(Elfenbein=)Zahn-(aus)	bedeckt(e)

סַפִּירִים׃	15 שׁוֹקָיו	עַמּוּדֵי	שֵׁשׁ
sappiʸriʸm.	šoʷqɔʸw	ʿammuʷdeʸ	šeš
.Saphire(n)-(mit)	Schenkel-(beiden)-Seine	(von)-Säulen-(sind)	,Marmor

מְיֻסָּדִים	עַל־	אַדְנֵי־	פָז
mᵊyussɔdiʸm	-ʿal	-ʾadᵊneʸ	pɔz
gegründet(e)	auf	(von)-Fußgestelle(n)	.(Gold)-gediegen(em)

מַרְאֵהוּ	כַּלְּבָנוֹן	בָּחוּר
marᵊʾehuʷ	kallᵊbɔnoʷn	bɔḥuʷr
(Gestalt=)Aussehn-Sein(e)	,Libanon(wald)-(dem)-(gleicht=)wie	erlesen(er)-(ist)

כָּאֲרָזִים׃	16 חִכּוֹ	מַמְתַקִּים	וְכֻלּוֹ
kɔʾᵃrɔziʸm.	ḥikkoʷ	mamᵊtaqqiʸm	wᵊkulloʷ
.Zedern-die-wie	Gaumen-Sein	,Süßigkeit(en)-(ist)	ihm-(an)-all(es)-und

מַחֲמַדִּים	זֶה	דוֹדִי
maḥᵃmaddiʸm	zɛʰ	doʷdiʸ
.(Wonne=)Lieblichkeit(en)	(ist-Das=)Dieser	,(Geliebter=)Freund-mein

וְזֶה	רֵעִי	בְּנוֹת	יְרוּשָׁלִָם׃
wᵊzɛʰ	reʿiʸ	bᵊnoʷt	yᵊruʷšɔlɔim.
(ist-das=)dieser-und	,Gefährte-mein	Töchter-(ihr)	!Jerusalem(s)

6

1 אָנָה	הָלַךְ	דּוֹדֵךְ	הַיָּפָה
ʾɔnɔh	hɔlak	doʷdek	hayyɔpɔh
Wohin	ging-(er)	,(Geliebter=)Freund-dein	schön(st)e-(du=)die

בַּנָּשִׁים	אָנָה	פָּנָה
bannɔšiʸm	ʾɔnɔh	pɔnɔh
?Frauen-(den-unter=)die-in	Wohin	gewandt-sich-hat-(er)

דּוֹדֵךְ	וּנְבַקְשֶׁנּוּ	עִמָּךְ׃
doʷdek	uʷnᵊbaqᵊšɛnnuʷ	ʿimmɔk.
,(Geliebter=)Freund-dein	ihn-suchen-wir-(dass=)und	?dir-mit

2 דּוֹדִי	יָרַד	לְגַנּוֹ	לַעֲרוּגוֹת
doʷdiʸ	yɔrad	lᵊgannoʷ	laʿᵃruʷgoʷt
(Geliebter=)Freund-Mein	hinab-ging-(er)	,Garten-sein(en)-(in=)zu	Beeten-zu

הַבֹּשֶׂם	לִרְעוֹת	בַּגַּנִּים
habbośɛm	lirᵊʿoʷt	bagganniʸm
,Balsam(strauches)-(des=)der	weiden-zu	Gärten-den-in

וְלִלְקֹט	שׁוֹשַׁנִּים׃	3 אֲנִי
wᵊlilᵊqoṭ	šoʷšanniʸm.	ʾᵃniʸ
(pflücken=)sammeln-zu-und	.Lilien-(weiße)	Ich

לְדוֹדִי	וְדוֹדִי
lᵊdoʷdiʸ	wᵊdoʷdiʸ
,(Geliebten=)Freund-mein(em)-(gehöre=)zu	(Geliebter=)Freund-mein-und

לִי	הָרֹעֶה	בַּשּׁוֹשַׁנִּים׃
liʸ	hɔroʿɛh	baššoʷšanniʸm.
,mir-(gehört=)zu	(ist)-weidend(er)-der	.Lilien-(weißen)-(den-unter=)die-in

4 יָפָה	אַתְּ	רַעְיָתִי	כְתִרְצָה	נָאוָה
yɔpɔh	ʾattᵊ	raʿᵊyɔtiʸ	kᵊtirᵊṣɔh	nɔʾwɔh
Schön(e)	,(bist)-du	,(Geliebte=)Freundin-meine	,Tirza-wie	anmutig(e)

כִּירוּשָׁלִָם	אֲיֻמָּה	כַּנִּדְגָּלוֹת׃
kiʸruʷšɔlɔim	ʾᵃyummɔh	kannidᵊgɔloʷt.
,Jerusalem-wie	furchtbar(e)	.(Bannerscharen=)Gescharte-wie

5 הָסֵבִּי	עֵינַיִךְ	מִנֶּגְדִּי
hɔsebbiʸ	ʿeʸnayik	minnɛgᵊdiʸ
(Wende=)wenden-Mache	Augen-(zwei)-deine	,mir-(von=)vor-(ab=)von

כְּעֵדֶר	שַׂעְרֵךְ	הִרְהִיבֻנִי	שֶׁהֵם
kᵊᶜedɛr	śaᶜᵃrek	hirᵊhiʸbuniʸ	šɛhem
Herde-(eine)-wie-(ist)	Haar-Dein	!mich-verwirr(t)en-sie	,sie-(denn=)weil

הַגִּלְעָד׃	מִן־	שֶׁגָּלְשׁוּ	הָעִזִּים
haggilᵊᶜɔd.	-min	šɛggɔlᵊšuʷ	hɔᶜizziʸm
.Gilead-(dem=)der	von	herab-wall(t)en-(sie)-welch(e)	,Ziegen-(von=)die

כְּעֵדֶר	6 שִׁנַּיִךְ
kᵊᶜedɛr	šinnayik
Herde-(eine)-wie-(sind)	(Zähne=)Zahnreihen-(zwei)-Deine

מִן־	שֶׁעָלוּ	הָרְחֵלִים
-min	šɛᶜɔluʷ	hɔrᵊḥeliʸm
(aus=)von	herauf-stiegen-(sie)-welch(e)	,(Lämmern=)Schafe(n)-(von=)die

שֶׁכֻּלָּם	הָרַחְצָה
šɛkkullɔm	hɔraḥᵊṣɔʰ
(allesamt=)sie-all-welch(e)	,Schwemme-(der=)die

מַתְאִימוֹת
matᵊʾiʸmoʷt
(zwillingsträchtig=)Zwillinge-gebärend(e)-(sind)

בָּהֶם׃	אֵין	וְשַׁכֻּלָה
bɔhɛm.	ʾeʸn	wᵊšakkulɔʰ
.(darunter=)ihnen-in	(ist)-nicht	(Junge-ohne=)beraubte-Jungen-der-(eine)-und

רַקָּתֵךְ	הָרִמּוֹן	7 כְּפֶלַח
raqqɔtek	hɔrimmoʷn	kᵊpɛlaḥ
Schläfe-deine-(aus-sieht)	Granatapfel(s)-(des=)der	Scheibe-eine-Wie

הֵמָּה	8 שִׁשִּׁים	לְצַמָּתֵךְ׃	מִבַּעַד
hemmɔʰ	šiššiʸm	lᵊṣammɔtek.	mibbaᶜad
(es=)sie-(sind)	Sechzig	.Schleier-dein(en=)zu	(durch=)bis-in-von

וַעֲלָמוֹת	פִּילַגְשִׁים	וּשְׁמֹנִים	מְלָכוֹת
waᶜᵃlɔmoʷt	piʸlagᵊšiʸm	uʷšᵊmoniʸm	mᵊlɔkoʷt
Mädchen-(der)-und	,Nebenfrauen-(sind)	achtzig-und	,Königinnen

יוֹנָתִי	הִיא	9 אַחַת	מִסְפָּר׃	אֵין
yoʷnɔtiʸ	hiʸʾ	ʾaḥat	misᵊpɔr.	ʾeʸn
,Taube-meine	,(ist)-sie	(Einzig=)Eine	.Zahl	(keine-gibt-es=)gibt-es-nicht

לְאִמָּהּ	הִיא	אַחַת	תַּמָּתִי
l^{əʾ}immɔh	hi^{yʾ}	ʾaḥat	tammɔti^{y}
,Mutter-ihre-(für=)zu	(ist)-sie	(Einzig=)Eine	.Vollendete-meine

רָאוּהָ	לְיוֹלַדְתָּהּ	הִיא	בָּרָה
rɔʾu^{w}hɔ	l^{ə}yo^{w}lad^{ə}tɔh	hi^{yʾ}	bɔrɔ^{h}
sie-sahen-(Es=)Sie	.Gebärerin-ihre-(für=)zu	(ist)-sie	(untadelig=)lauter(e)

וּפִילַגְשִׁים	מְלָכוֹת	וַיְאַשְּׁרוּהָ	בָנוֹת
u^{w}pi^{y}lag^{ə}ši^{y}m	m^{ə}lɔko^{w}t	way^{əʾ}ašš^{ə}ru^{w}hɔ	bɔno^{w}t
,Nebenfrauen-und	Königinnen	sie-glücklich-priesen-(es=)sie-und	,Töchter-(die)

הַנִּשְׁקָפָה	זֹאת	10 מִי־	וַיְהַלְלוּהָ׃
hanniš^{ə}qɔpɔ^{h}	zoʾt	-mi^{y}	way^{ə}hal^{ə}lu^{w}hɔ.
Herabblickende-die	,diese	(ist)-Wer	.sie-(bewunderten=)lobten-sie-und

כַּלְּבָנָה	יָפָה	שַׁחַר	כְּמוֹ־
kall^{ə}bɔnɔ^{h}	yɔpɔ^{h}	šɔḥar	-k^{ə}mo^{w}
,(Mond-der=)Weiße-(strahlend)-die-wie	schön(e)	,Morgenröte-(die)	wie

אֲיֻמָּה	כַּחַמָּה	בָּרָה
^{ʾa}yummɔ^{h}	kaḥammɔ^{h}	bɔrɔ^{h}
furchtbar(e)	,(Sonnen)glut-die-wie	(hell=)rein(e)

יָרַדְתִּי	אֱגוֹז גִּנַּת	11 אֶל־	כַּנִּדְגָּלוֹת׃
yɔrad^{ə}ti^{y}	^{ʾɛ}go^{w}z ginnat	-ʾɛl	kannid^{ə}gɔlo^{w}t.
hinab-ging-ich	Nuss-garten	Zu(m)	?(Bannerscharen=)Gescharte-wie

לִרְאוֹת	הַנָּחַל	בְּאִבֵּי	לִרְאוֹת
lir^{əʾ}o^{w}t	hannɔḥal	b^{əʾ}ibbe^{y}	lir^{əʾ}o^{w}t
,sehen-zu-(um)	,Tal-(dem=)das	(in)-Triebe(n)-(den)-(nach=)in	sehen-zu-(um)

הָרִמֹּנִים׃	הֵנֵצוּ	הַגֶּפֶן	הֲפָרְחָה
hɔrimmoni^{y}m.	heneṣu^{w}	haggɛpɛn	h^{a}pɔr^{ə}ḥɔ^{h}
.Granatäpfel(bäume)-die	blühten-(es=sie)	,Weinrebe-die	,Knospen-trieb-sie-ob

שָׂמַתְנִי	נַפְשִׁי	יָדַעְתִּי	12 לֹא
śɔmat^{ə}ni^{y}	nap^{ə}ši^{y}	yɔda^{ʿə}ti^{y}	loʾ
mich-(ver)setzte-(sie)	Seele-meine	— (wie-weiß=)kannte-ich	Nicht —

נָדִיב׃	עַמִּי־	מַרְכְּבוֹת
nɔdi^{y}b.	-ʿammi^{y}	mar^{ə}k^{ə}bo^{w}t
.(edlen-des=)edel	,Volk(es)-mein(es)	Wagen-(den-zu)

7

1 שׁוּבִי šu^{w}bi^{y} ,um-Kehre
שׁוּבִי šu^{w}bi^{y} ,um-kehre
הַשּׁוּלַמִּית haššu^{w}lammi^{y}t !Schulamitin-(du=)die
שׁוּבִי šu^{w}bi^{y} ,um-Kehre

שׁוּבִי šu^{w}bi^{y} ,um-kehre
וְנֶחֱזֶה־ -w^{ə}nɛḥ^{ɛ}zɛ^{h} (bewundern=)schauen-wir-(dass=)und
בָּךְ bɔk !dich-(in)
מַה־ -ma^{h} Was

תֶּחֱזוּ tɛḥ^{ɛ}zu^{w} (bewundern=)schauen-(wollt=)werdet-ihr
בַּשּׁוּלַמִּית bašš u^{w}lammi^{y}t Schulamitin-der-(an=)in

כִּמְחֹלַת kim^{ə}ḥolat Reigentanz-(dem)-(bei=)wie
הַמַּחֲנָיִם׃ hammaḥ^{a}nɔyim. ?Heerlager-(zwei)-(der=)die

2 מַה־ -ma^{h} (Wie=)Was
יָּפוּ yɔpu^{w} schön-sind-(es=sie)
פְעָמַיִךְ p^{əc}ɔmayik Schritte-deine
בַּנְּעָלִים bann^{əc}ɔli^{y}m ,Sandalen-den-in
בַּת־ -bat Tochter-(du)

נָדִיב nɔdi^{y}b !Fürst(en)-(eines)
חַמּוּקֵי ḥammu^{w}qe^{y} (von)-Rundungen-(Die)
יְרֵכַיִךְ y^{ə}rekayik (Hüften=)Schenkeln-(zwei)-deine(n)

כְּמוֹ k^{ə}mo^{w} wie-(sind)
חֲלָאִים ḥ^{a}lɔʾi^{y}m ,(Hals)geschmeide
מַעֲשֵׂה ma^{ca}śe^{h} (Mach)werk-(ein)
יְדֵי y^{ə}de^{y} Hände(n)-(zwei)-(von)

אָמָּן׃ ʾɔmmɔn. !Künstler(s)-(eines)

3 שָׁרְרֵךְ šor^{ə}rek Nabel-Dein
אַגַּן ʾaggan Schale-(eine)-(ist)
הַסַּהַר hassahar .(runde=)Rundung-(der=)die

אַל־ -ʾal Nicht
יֶחְסַר yɛḥ^{ə}sar mangeln-(möge=)wird-(es=er)
הַמָּזֶג hammɔzɛg !Mischwein-der
בִּטְנֵךְ biṭ^{ə}nek Leib-Dein

עֲרֵמַת ^{ca}remat (von)-Haufen-(einem)-(gleicht)
חִטִּים ḥiṭṭi^{y}m Weizen
סוּגָה su^{w}gɔ^{h} (eingefasst=)umhegt(e)

בַּשּׁוֹשַׁנִּים׃ baššo^{w}šanni^{y}m. .Lilien-(weißen)-(mit=)in

4 שְׁנֵי š^{ə}ne^{y} (Beide=)Zwei
שָׁדַיִךְ šɔdayik Brüste-(zwei)-deine
כִּשְׁנֵי kiš^{ə}ne^{y} zwei-wie-(sind)

עֳפָרִים ʿopɔriym ,(Zicklein=)Jungrehe
תָּאֳמֵי toʾomey Zwillinge
צְבִיָּה׃ sᵊbiyyɔh. .Gazelle-(der)
5 צַוָּארֵךְ ṣawwɔʾrek Hals-Dein

כְּמִגְדַּל kᵊmigᵊdal Turm-(ein)-wie-(ist)
הַשֵּׁן haššen .(Elfenbein-von=)Zahn(s)-(des=)der
עֵינַיִךְ ʿeynayik Augen-(zwei)-Deine

בְּרֵכוֹת bᵊrekowt Teiche(n)-(den)-(gleichen)
בְּחֶשְׁבּוֹן bᵊḥɛšᵊbown (Heschbon=)Cheschbon-in
עַל־ -ʿal (am=)auf
שַׁעַר šaʿar (von)-Tor(e)

בַּת־רַבִּים rabbiym-bat .Rabbim-Bat
אַפֵּךְ ʾappek Nase-Deine
כְּמִגְדַּל kᵊmigᵊdal Turm-(der)-wie-(ist)
הַלְּבָנוֹן hallᵊbɔnown ,Libanon-(des=)der

צוֹפֶה ṣowpɛh schauend(er)
פְּנֵי pᵊney (gegen)-Gesichter(n)-(mit)
דַמָּשֶׂק׃ dammɔśɛq. .Damaskus
6 רֹאשֵׁךְ roʾšek Haupt-Dein
עָלַיִךְ ʿɔlayik dir-auf

כַּכַּרְמֶל kakkarᵊmɛl ,Karmel-der-wie-(ist)
וְדַלַּת wᵊdallat Geflecht-(das)-und
רֹאשֵׁךְ roʾšek Haupt(es)-dein(es)

כָּאַרְגָּמָן kɔʾarᵊgɔmɔn Purpur(wolle)-(der-gleicht=)die-wie
מֶלֶךְ mɛlɛk König-(ein) —

אָסוּר ʾɔsuwr (gefesselt=)gefangen(er)-(liegt)
בָּרְהָטִים׃ bɔrᵊhɔṭiym. .Schlingen-(den=)die-in
7 מַה־ -mah (Wie=)Was

יָּפִית yɔpiyt schön-bist-du
וּמַה־ -uwmah (wie=)was-und
נָּעַמְתְּ nɔʿamᵊtᵊ ,lieblich-bist-du
אַהֲבָה ʾahabɔh Liebe
בַּתַּעֲנוּגִים׃ battaʿanuwgiym. !Wonnen-(den=)die-in

8 זֹאת zoʾt ,Diese(r)
קוֹמָתֵךְ qowmɔtek ,(Wuchs=)Höhe-dein(e)
דָּמְתָה dɔmᵊtɔh gleicht-(er=sie)
לְתָמָר lᵊtɔmɔr ,Palme-(einer=)zu

וְשָׁדַיִךְ wᵊšɔdayik Brüste-(zwei)-deine-und
לְאַשְׁכֹּלוֹת׃ lᵊʾašᵊkolowt. .Trauben-(den=)zu-(gleichen)
9 אָמַרְתִּי ʾɔmarᵊtiy ,(dachte=)sprach-Ich

אֶעֱלֶה
ʾɛ^{ʿɛ}lɛ^{h}
hinaufsteigen-(will=)werde-Ich

בְתָמָר
b^{ə}tɔmɔr
,Palme-(die)-(auf=)in

אֹחֲזָה
ʾoḥ^{a}zɔ^{h}
greifen-(will=)werde-ich

בְּסַנְסִנָּיו
b^{ə}san^{ə}sinnɔ^{y}w
!Rispen-(ihren=)seinen-(nach=)in

וְיִהְיוּ־
-w^{ə}yih^{ə}yu^{w}
sind-(es=)sie-Und

נָא
nɔʾ
doch

שָׁדַיִךְ
šɔdayik
Brüste-(zwei)-deine

כְּאֶשְׁכְּלוֹת
k^{ə}ʾɛš^{ə}k^{ə}lo^{w}t
Trauben-wie

הַגֶּפֶן
haggɛpɛn
,Weinstock(s-des=)der

וְרֵיחַ
w^{ə}re^{y}aḥ
(Duft=)Geruch-(der)-und

אַפֵּךְ
ʾappek
(Atems-deines=)Nase-deine(r)

כַּתַּפּוּחִים׃
kattappu^{w}ḥi^{y}m.
.Äpfel(n)-(von)-(Duft)-wie-(ist)

10 וְחִכֵּךְ
w^{ə}ḥikkek
(Mund=)Gaumen-dein-Und

כְּיֵין
k^{ə}ye^{y}n
,Wein-(gleicht=)wie

הַטּוֹב
haṭṭo^{w}b
,gute(n)-(dem=)der

הוֹלֵךְ
ho^{w}lek
(hingleitend=)gehend(er)

לְדוֹדִי
l^{ə}do^{w}di^{y}
(Geliebten=)Freund-mein(em)-zu

לְמֵישָׁרִים
l^{ə}me^{y}šɔri^{y}m
,(unbehindert=)Geradheiten-zu

דּוֹבֵב
do^{w}beb
(netzend=)fließend(er)

שִׂפְתֵי
śip^{ə}te^{y}
(von)-Lippen-(die)

יְשֵׁנִים׃
y^{ə}šeni^{y}m.
.Schlafende(n)

11 אֲנִי
ʾ^{a}ni^{y}
Ich

לְדוֹדִי
l^{ə}do^{w}di^{y}
(Geliebten=)Freund-mein(em)-(gehöre=)zu

וְעָלַי
w^{ə}ʿɔlay
mir-(nach=)auf-und

תְּשׁוּקָתוֹ׃
t^{ə}šu^{w}qɔto^{w}.
.Verlangen-sein-(steht)

12 לְכָה
l^{ə}kɔ^{h}
,(Komm=)Geh

דוֹדִי
do^{w}di^{y}
,(Geliebter=)Freund-mein

נֵצֵא
neṣeʾ
(hinausgehen-uns-lass=)hinaus-gehen-wir

הַשָּׂדֶה
haśśɔdɛ^{h}
.Feld-das-(auf)

נָלִינָה
nɔli^{y}nɔ^{h}
nächtigen-(wollen=)werden-Wir

בַּכְּפָרִים׃
bakk^{ə}pɔri^{y}m.
!Hennabäume(n)-(den-unter=)die-in

13 נַשְׁכִּימָה
naš^{ə}ki^{y}mɔ^{h}
(hinausgehen=)tun-früh-(wollen=)werden-Wir

לַכְּרָמִים
lakk^{ə}rɔmi^{y}m
,Weingärten-die-(in=)zu

נִרְאֶה
nir^{əʾ}ɛ^{h}
,schauen-(wollen=)werden-wir

אִם
ʾim
(ob=)wenn

פָּרְחָה
pɔr^{ə}ḥɔ^{h}
gesprosst-(sie)

הַגֶּפֶן
haggɛpɛn
,(Wein)rebe-die

פִּתַּח
pittaḥ
(sich)-öffnete-(es=er)

הַסְּמָדַר
hass^{ə}mɔdar
,Knospenhülle-die

הֵנֵצוּ
heneṣu^{w}
(brachten=)machten-Blüten-(sie)

הָרִמּוֹנִים
hɔrimmo^{w}ni^{y}m
!Granatäpfel(bäume)-die

שָׁם
šɔm
Dort

אֶתֵּן
ʾɛtten
geben-(will=)werde-ich

אֶת־דֹּדַי
doday-ʾɛt
(Liebe=)Liebkosungen-meine***

לָךְ׃
lɔk.
!dir-(zu)

14 הַדּוּדָאִים
haddu^{w}dɔʾi^{y}m
Liebesäpfel-Die

נָתְנוּ־
-nɔt^{ə}nu^{w}
(spenden=)gaben-(sie)

רֵיחַ
re^{y}aḥ
,(Wohl)geruch

וְעַל־
-w^{əʿ}al
(vor=)auf-und

פְּתָחֵינוּ
p^{ə}tɔḥe^{y}nu^{w}
Türen-unsere(n)

כָּל־
-kol
all(erlei)-(liegen)

מְגָדִים
m^{ə}gɔdi^{y}m
,(köstliche=)Köstlichkeiten

חֲדָשִׁים
ḥ^{a}dɔši^{y}m
(frische=)neue

גַּם־
-gam
(sowie=)auch

יְשָׁנִים
y^{ə}šɔni^{y}m
,(vor)jährige

דּוֹדִי
do^{w}di^{y}
,(Geliebter=)Freund-mein

צָפַנְתִּי
ṣɔpan^{ə}ti^{y}
(auf)-bewahrte-ich

לָךְ׃
lɔk.
!(dich-für=)dir-zu

8

1 מִי
mi^{y}
Wer

יִתֶּנְךָ
yittɛn^{ə}kɔ
(doch-du-wärest-,O=)dich-gibt-(er)

כְּאָח
k^{əʾ}ɔḥ
Bruder-(ein)-wie

לִי
li^{y}
,mir-(zu)

יוֹנֵק
yo^{w}neq
(gesogen-der=)saugend(er)

שְׁדֵי
š^{ə}de^{y}
Brüste-(beiden)-(die)

אִמִּי
ʾimmi^{y}
!Mutter-meine(r)

אֶמְצָאֲךָ ʾɛmᵊṣɔʾᵃkɔ dich-(ich-Träfe=)finden-werde-Ich
בַחוּץ baḥuʷṣ ,(Straße-der-auf=)Draußen-im

אֶשָּׁקְךָ ʾɛššɔqᵊkɔ ,dich-küssen-(würde=)werde-ich
גַּם gam auch
לֹא־ -loʾ nicht

יָבוּזוּ yɔbuʷzuʷ (verübeln-es=)verachten-(würden=)werden-sie
לִי׃ liʸ. .mir-(zu)

2 אֶנְהָגְךָ ʾɛnᵊhɔgᵃkɔ ,dich-führen-(würde=)werde-Ich
אֲבִיאֲךָ ʾᵃbiʸʾᵃkɔ dich-(brächte=)machen-kommen-werde-ich

אֶל־ -ʾɛl (in=)zu
בֵּית beʸt Haus-(das)
אִמִּי ʾimmiʸ ,Mutter-meine(r)
תְּלַמְּדֵנִי tᵊlammᵊdeniʸ .mich-belehren-(solltest=)wirst-du

אַשְׁקְךָ ʾašᵊqᵊkɔ dich-tränkte-Ich
מִיַּיִן miʸyayin Wein-(mit=)von
הָרֶקַח hɔrɛqaḥ ,Würze-(der=)die
מֵעֲסִיס meʿᵃsiʸs Most-(dem)-von

רִמֹּנִי׃ rimmoniʸ. .Granatäpfel(baums)-mein(es)
3 שְׂמֹאלוֹ śᵊmoʾloʷ (läge)-Linke-Seine
תַּחַת taḥat unter
רֹאשִׁי roʾšiʸ Haupt-mein(em)

וִימִינוֹ wiʸmiʸnoʷ Rechte-seine-und
תְּחַבְּקֵנִי׃ tᵊḥabbᵊqeniʸ. .mich-(umfinge=)umfängt-(sie)

4 הִשְׁבַּעְתִּי hišᵊbaʿᵊtiʸ (beschwöre=)schwören-mach(t)e-Ich
אֶתְכֶם ʾɛtᵊkɛm ,euch
בְּנוֹת bᵊnoʷt Töchter
יְרוּשָׁלָ͏ִם yᵊruʷšɔlɔim :Jerusalem(s)
מַה־ -maʰ Was

תָּעִירוּ tɔʿiʸruʷ wecken-(wollt=)werdet-ihr
וּמַה־ -uʷmaʰ was-und
תְּעֹרְרוּ tᵊʿorᵊruʷ aufstören-(wollt=)werdet-ihr

אֶת־הָאַהֲבָה hɔʾahᵃbɔʰ-ʾɛt ,Liebe-die***
עַד ʿad (ehe=)bis
שֶׁתֶּחְפָּץ׃ šɛttɛḥᵊpɔṣ. ?(gefällt-ihr-es=)hat-Gefallen-sie-dass
5 מִי miʸ Wer

הַמִּדְבָּ֔ר	מִן־	עֹלָה֙	זֹ֗את
hammidᵊbɔr	-min	ʿolɔʰ	zoʾt
,Steppe-(der=)die	(aus=)von	Heraufziehende	die(se)-(ist)

תַּ֤חַת	דּוֹדָ֑הּ	עַל־	מִתְרַפֶּ֖קֶת
taḥat	doʷdɔh	-ʿal	mitᵊrappɛqɛt
Unter	?(Geliebten=)Freund-ihr(en)	(an=)auf	(anschmiegend=)lehnend(e)-sich

שָׁ֤מָּה	עֽוֹרַרְתִּ֔יךָ	הַתַּפּ֙וּחַ֙
šɔmmɔʰ	ʿoʷrarᵊtiʸkɔ	hattappuʷaḥ
(wo-,dort=)dorthin	,dich-weckte-ich	Apfelbaum-(dem=)der

חִבְּלָ֥ה	שָׁ֖מָּה	אִמֶּ֔ךָ	חִבְּלַ֣תְךָ
ḥibbᵊlɔʰ	šɔmmɔʰ	ʾimmɛkɔ	ḥibbᵊlatᵊkɔ
empfing-(es=sie)	(wo-,dort=)dorthin	,Mutter-deine	dich-empfing-(es=sie)

לִבֶּ֗ךָ	עַל־	כַֽחוֹתָ֜ם	6 שִׂימֵ֨נִי	יְלָדַֽתְךָ׃
libbɛkɔ	-ʿal	kaḥoʷtɔm	śiʸmeniʸ	yᵊlɔdatᵊkɔ.
,Herz-dein	(an=)auf	Siegelring-(den=)der-wie	mich-Lege	.Gebärerin-deine

עַזָּ֤ה	כִּֽי־	זְרוֹעֶ֔ךָ	עַל־	כַּֽחוֹתָם֙
ʿazzɔʰ	-kiʸ	zᵊroʷʿɛkɔ	-ʿal	kaḥoʷtɔm
stark-ist-(es=)er	Denn	!Arm-dein(en)	(an=)auf	Siegelring-(den=)der-wie

כִשְׁא֖וֹל	קָשָׁ֥ה	אַהֲבָ֔ה	כַמָּ֙וֶת֙
kišᵊʾoʷl	qɔšɔʰ	ʾahᵃbɔʰ	kammɔwɛt
(Unterwelt-die=)Scheol-wie	hart(e)	,Liebe-(die)	Tod-der-wie

רִשְׁפֵּ֖י אֵ֥שׁ	רְשָׁפֶ֔יהָ	קִנְאָ֑ה
ʾeš rišᵊpeʸ	rᵊšɔpɛʸhɔ	qinᵊʾɔʰ
,Feuer-brände-(sind)	Brände-Ihre	.Leidenschaft-(die)

יוּכְלוּ֙	לֹ֤א	רַבִּ֗ים	7 מַ֣יִם	שַׁלְהֶ֖בֶתְיָֽה׃
yuʷkᵊluʷ	loʾ	rabbiʸm	mayim	šalᵊhɛbɛtᵊyɔʰ.
vermögen-(sie)	nicht	viele	Wasser	.JHWH(s)-Flamme-(sind)-welch(e)

לֹ֣א	וּנְהָר֖וֹת	אֶת־הָֽאַהֲבָ֔ה	לְכַבּ֣וֹת
loʾ	uʷnᵊhɔroʷt	hɔʾahᵃbɔʰ-ʾɛt	lᵊkabboʷt
nicht	Ströme-und	,Liebe-die***	löschen-zu

יִתֵּ֨ן	אִם־	יִשְׁטְפ֑וּהָ
yitten	-ʾim	yišᵊṭᵊpuʷhɔ
(gäbe=)gibt-(es=)er	Wenn	.sie-fortschwemmen-(können=)werden-(sie)

בֵּיתוֹ | אֶת־כָּל־הוֹן | אִישׁ
beʸtoʷ | hoʷn-kol-ʾɛt | ʾiʸš
Haus(es)-sein(es) | Gut-(ganze=)all-(das)*** | (jemand=)Mann

יָבוּזוּ | בּוֹז | בְּאַהֲבָה
yɔbuʷzuʷ | boʷz | bɔʾahᵃbɔʰ
verachten-(würden=)werden-sie | (wahrlich=)Verachten-(ein) | ,Liebe-die-(für=)in

וְשָׁדַיִם | קְטַנָּה | לָנוּ | 8 אָחוֹת | לוֹ׃
wᵊšɔdayim | qᵊṭannɔʰ | lɔnuʷ | ʾɔḥoʷt | loʷ.
Brüste-(zwei)-und | ,kleine-(eine) | ,(wir-haben=)uns-zu | Schwester-(Eine) | .ihn

נַּעֲשֶׂה | מַה־ | לָהּ | אֵין
naᶜᵃśɛʰ | -maʰ | lɔhʰ | ʾeʸn
machen-(sollen=)werden-wir | Was | .(hat-sie=)ihr-zu | nicht-(noch)

בַּיּוֹם | לַאֲחֹתֵנוּ
bayyoʷm | laʾᵃḥotenuʷ
,Tag-(dem)-(an=)in | Schwester-unsere(r)-(mit=)zu

9 אִם־ | בָּהּ׃ | שֶׁיְּדֻבַּר־
-ʾim | bɔh. | -šɛʸyᵊdubbar
Wenn | ?sie-(um=)in | (geworben=)gesprochen-wird-(es=er)-(dem-an=)welch(er)

כָּסֶף | טִירַת | עָלֶיהָ | נִבְנֶה | הִיא | חוֹמָה
kɔsɛp | ṭiʸrat | ᶜɔlɛʸhɔ | nibᵊnɛʰ | hiʸʾ | ḥoʷmɔʰ
,Silber | (aus)-(Mauer)krone-(eine) | sie-auf | bauen-wir | ,(ist)-sie | Mauer-(eine)

עָלֶיהָ | נָצוּר | הִיא | דֶּלֶת | וְאִם־
ᶜɔlɛʸhɔ | nɔṣuʷr | hiʸʾ | dɛlɛt | -wᵊʾim
sie-(um=)auf | (verrammeln=)befestigen-wir | ,(ist)-sie | Tür(e)-(eine) | wenn-und

חוֹמָה | 10 אֲנִי | אָרֶז׃ | לוּחַ
ḥoʷmɔʰ | ʾᵃniʸ | ʾɔrɛz. | luʷaḥ
Mauer-(eine) | (bin)-Ich | !Zeder(n-aus) | (Planken=)Tafel-(mit)

הָיִיתִי | אָז | כַּמִּגְדָּלוֹת | וְשָׁדַי
hɔyiʸtiʸ | ʾɔz | kammigᵊdɔloʷt | wᵊšɔday
war-ich | (Nun=)Da | .Türme-die-wie-(sind) | Brüste-(zwei)-meine-und

שָׁלוֹם׃ | כְּמוֹצְאֵת | בְעֵינָיו
šɔloʷm. | kᵊmoʷṣᵊʾet | bᵊᶜeʸnɔʸw
.(Freundlichkeit=)Friede(n) | Findende-(eine)-wie | Augen-(zwei)-seine(n)-in

בְּבַעַל	לִשְׁלֹמֹה	הָיָה	11 כֶּרֶם
bᵊbaᶜal	lišᵊlomoʰ	hɔyɔʰ	kɛrɛm
-Baal-in	(Salomo=)Schlomo-(zu)	(hatte=)war-(es=er)	Weinberg-(Einen)

אִישׁ	לַנֹּטְרִים	אֶת־הַכֶּרֶם	נָתַן	הָמוֹן
ʾiʸš	lannoṭᵊriʸm	hakkɛrɛm-ʾɛt	nɔtan	hɔmoʷn
Mann-(Ein)	.Hütende(n)-(an=)den-zu	Weinberg-(den=)der***	gab-er	;Hamon

יָבִא
yɔbiʾ
(aufbringen=)machen-kommen-sollte=)wird-(er)

12 כַּרְמִי	כָּסֶף׃	אֶלֶף	בְּפִרְיוֹ
karᵊmiʸ	kɔsɛp.	ʾɛlɛp	bᵊpirᵊyoʷ
,Weinberg-Mein	.Silber(stücke)	tausend	(Ertrag=)Frucht-seine(n)-(für=)in

הָאֶלֶף	לְפָנָי	שֶׁלִּי
hɔʾɛlɛp	lᵊpɔnɔy	šɛlliʸ
Tausend-Die	.(mir-vor-ist=)Gesichtern-meinen-zu	,mir-(gehört=)zu-welch(er)

וּמָאתַיִם	שְׁלֹמֹה	לְךָ
uʷmɔʾtayim	šᵊlomoʰ	lᵊkɔ
zweihundert(e)-und	,(Salomo=)Schelomo	,(dich-für=)dir-zu-(sind)

13 הַיּוֹשֶׁבֶת	אֶת־פִּרְיוֹ׃	לְנֹטְרִים
hayyoʷšɛbɛt	pirᵊyoʷ-ʾɛt.	lᵊnoṭᵊriʸm
Wohnende-(Du=)Die	.Frucht-(dessen=)seine***	Hütende(n)-(den)-(gehören=)zu

מַקְשִׁיבִים	חֲבֵרִים	בַּגַּנִּים
maqᵊšiʸbiʸm	ḥᵃberiʸm	bagganniʸm
hinhörend(e)-(sind)	(Freunde=)Gefährten	,Gärten-den-in

14 בְּרַח	הַשְׁמִיעִנִי׃	לְקוֹלֵךְ
bᵊraḥ	hašᵊmiʸᶜiʸniʸ.	lᵊqoʷlek
,(Enteile=)Fliehe	!mich-hören-(sie)-(lass=)Mach	.Stimme-deine-(auf=)zu

לְךָ	וּדְמֵה־	דוֹדִי
lᵊkɔ	-uʷdᵊmeʰ	doʷdiʸ
(dich-für=)dir-zu	(gleich-es-tue=)gleiche-und	,(Geliebter=)Freund-mein

עַל	הָאַיָּלִים	לְעֹפֶר	אוֹ	לִצְבִי
ᶜal	hɔʾayyɔliʸm	lᵊᶜopɛr	ʾoʷ	liṣᵊbiʸ
auf	Hirsche-(der=)die	Böcklein-(dem=)zu	oder	Gazelle-(der=)zu

בְשָׂמִים׃	הָרֵי
bᵊśɔmiʸm.	hɔreʸ
!Balsam(bäum)e(n)	(mit)-Berge(n)-(den)

קהלת
Kohelet
Versammler(in)
(Prediger)

1

1 דִּבְרֵי | dibᵊreʸ | (von)-Worte
קֹהֶלֶת | qohɛlɛt | Kohelet
בֶּן־דָּוִד | dɔwid-bɛn | ,David(s)-Sohn
מֶלֶךְ | mɛlɛk | König
בִּירוּשָׁלִָם׃ | biʸruʷšɔlɔim. | .Jerusalem-in

2 הֲבֵל | hᵃbel | (Nichtigkeit=)Windhauch
הֲבָלִים | hᵃbɔliʸm | ,Nichtigkeiten-(der)
אָמַר | ʾɔmar | sprach-(es=er)
קֹהֶלֶת | qohɛlɛt | ,Kohelet

הֲבֵל | hᵃbel | (Nichtigkeit=)Windhauch
הֲבָלִים | hᵃbɔliʸm | ,Nichtigkeiten-(der)
הַכֹּל | hakkol | (alles=)all-das

הָבֶל׃ | hɔbɛl. | .(Nichtigkeit=)Windhauch-(ist)
3 מַה־ | -maʰ | (ist)-Was
יִּתְרוֹן | yitᵊroʷn | Gewinn-(der)

לָאָדָם | lɔʾɔdɔm | Mensch(en)-den-(für=)zu
בְּכָל־ | -bᵊkol | all-(für=)in
עֲמָלוֹ | ʿᵃmɔloʷ | ,Mühe-seine

שֶׁיַּעֲמֹל | šɛʸyaʿᵃmol | müht-sich-er-(womit=)welch(e)
תַּחַת | taḥat | unter
הַשָּׁמֶשׁ׃ | haššɔmɛš. | ?Sonne-(der=)die
4 דּוֹר | doʷr | Geschlecht-(Ein)

בָּא	וְדוֹר	הֹלֵךְ
bɔʾ	wᵊdoʷr	holek
,kommend(er)-(ist)	Geschlecht-(anderes)-(ein)-und	gehend(er)-(ist)

עֹמָדֶת׃	לְעוֹלָם	וְהָאָרֶץ
ʿomɔdɛt.	lᵊʿoʷlɔm	wᵊhɔʾɔrɛṣ
.(be)stehend(e)-(ist)	(immer-für=)ewig-zu	Erde-die-(indes=)und

וּבָא	הַשָּׁמֶשׁ	5 וְזָרַח
uʷbɔʾ	haššɛmɛš	wᵊzɔraḥ
(unter-geht=)kam-(es=)er-und	Sonne-die	auf-(geht=)ging-(es=)er-Und

מְקוֹמוֹ	וְאֶל־	הַשָּׁמֶשׁ
mᵊqoʷmoʷ	-wᵊʾɛl	haššɔmɛš
Ort-(ihrem=)sein(em)	(nach=)zu-und	,Sonne-die

שָׁם׃	הוּא	זוֹרֵחַ	שׁוֹאֵף
šɔm.	huʷʾ	zoʷreaḥ	šoʷʾep
.dort	(sie=)er-(ist)	(erneut)-aufgehend(er)	,(strebend=)lechzend(er)-(ist-sie=)er

וְסוֹבֵב	דָּרוֹם	אֶל־	6 הוֹלֵךְ
wᵊsoʷbeb	dɔroʷm	-ʾɛl	hoʷlek
(kreisend=)drehend(er)-sich-und	Süden	(gen=)zu	(Wehend=)Gehend(er)

סֹבֵב	סוֹבֵב	צָפוֹן	אֶל־
sobeb	soʷbeb	ṣɔpoʷn	-ʾɛl
,(kreisend=)drehend(er)-sich	,(kreisend=)drehend(er)-sich	,Norden	(gen=)zu

וְעַל־	הָרוּחַ	הוֹלֵךְ
-wᵊʿal	hɔruʷaḥ	hoʷlek
(zu=)auf-und	,Wind-der	(wehend=)gehend(er)-(ist)

7 כָּל־	הָרוּחַ׃	שָׁב	סְבִיבֹתָיו
-kol	hɔruʷaḥ.	šɔb	sᵊbiʸbotɔʸw
All(e)	.Wind-der	zurückkehrend(er)-(ist)	(Kreisen=)Umgebungen-seine(n)

הַיָּם	אֶל־	הֹלְכִים	הַנְּחָלִים
hayyɔm	-ʾɛl	holᵊkiʸm	hannᵊḥɔliʸm
,Meer-(dem=)das	zu-(hin)	(laufen=)gehen(de)	Bäche-die

מְקוֹם	אֶל־	מָלֵא	אֵינֶנּוּ	וְהַיָּם
mᵊqoʷm	-ʾɛl	mɔleʾ	ʾeʸnɛnnuʷ	wᵊhayyɔm
,Ort-(dem)	zu	;voll	(wird=)ist-nicht	Meer-das-(indes=)und

שָׁבִים	הֵם	שָׁם	הֹלְכִים	שֶׁהַנְּחָלִים
šɔbiʸm	hem	šɔm	holᵊkiʸm	šɛhannᵊḥɔliʸm
kehrend(e)	(sind)-sie	dort(hin)	,(laufen=)gehen(de)	Bäche-die-welch(em)-(zu)

לֹא־	יְגֵעִים	הַדְּבָרִים	8 כָּל־	לָלָכֶת׃
-loʾ	yᵊgeʿiʸm	haddᵊbɔriʸm	-kol	lɔlɔkɛt.
nicht	,ermattend(e)-(sind)	Worte-die	All(e)	.(Laufen-im=)gehen-zu

תִשְׂבַּע	לֹא־	לְדַבֵּר	אִישׁ	יוּכַל
tiśᵊbaʿ	-loʾ	lᵊdabber	ʾiʸš	yuʷkal
satt-wird-(es=sie)	nicht	;sprechen-zu	(einer=)Mann	vermag-(es=er)

אֹזֶן	תִמָּלֵא	וְלֹא־	לִרְאוֹת	עַיִן
ʾozɛn	timmɔleʾ	-wᵊloʾ	lirᵊʾoʷt	ʿayin
Ohr-(ein)	(voll=)gefüllt(e)-wird-(es=sie)	nicht-und	,sehen-zu	Auge-(ein)

שֶׁהָיָה	9 מַה־	מִשְּׁמֹעַ׃
šɛhɔyɔʰ	-maʰ	miššᵊmoaʿ.
,(gewesen=)war-(es=er)-(da=)welch(es)	Was	.Hören-(vom=)von

וּמַה־	שֶׁיִּהְיֶה	הוּא
-uʷmaʰ	šɛʸyihᵊyɛʰ	huʷʾ
was-und	,sein-wird-(es=er)-welch(es)	,(es-ist-das=)er

הוּא	שֶׁנַּעֲשָׂה
huʷʾ	šɛnnaʿᵃśɔʰ
,(es-ist-das=)er	,(geschehen-ist=)getan-wurde-(es=er)-(da=)welch(es)

וְאֵין	שֶׁיֵּעָשֶׂה
wᵊʾeʸn	šɛʸyeʿɔśɛʰ
(gibt-es=)ist-nicht-Und	.(geschehen=)getan-wird-(es=er)-welch(es)

10 יֵשׁ	הַשָּׁמֶשׁ׃	תַּחַת	חָדָשׁ	כָּל־
yeš	haššɔmɛš.	taḥat	ḥɔdɔš	-kol
(es-Gibt=)gibt-Es	.Sonne-(der=)die	unter	(Neues-etwas=)Neue-(das=)der-all	

רְאֵה־	שֶׁיֹּאמַר	דָּבָר
-rᵊʾeʰ	šɛyyoʾmar	dɔbɔr
,Schau	:sagen-(kann=)wird-(man=)er-welch(em)-(von)	,Ding-(ein)

הָיָה	כְּבָר	הוּא	חָדָשׁ	זֶה
hɔyɔʰ	kᵊbɔr	huʷʾ	ḥɔdɔš	zɛʰ
(es-war=)war-er	Längst —	?!(es=)er	(ist)-neu(er)	,(da-das=)dieser

הָיָה	אֲשֶׁר	לְעֹלָמִים
hɔyɔʰ	ᵓašɛr	lᵊᶜolɔmiʸm
(gewesen-waren-sie=)war-er	welch(e)	,Vorzeiten-(den)-(in=)zu

זִכְרוֹן	11 אֵין	מִלְּפָנֵינוּ׃
zikᵊroʷn	ᵓeʸn	millᵊpɔnenuʷ.
Gedenken-(ein)	(bleibt=)ist-Nicht	.(uns-vor=)Gesichtern-unseren-zu-von

לָאַחֲרֹנִים	וְגַם	לָרִאשֹׁנִים
lɔᵓaḥᵃroniʸm	wᵊgam	lɔriᵓšoniʸm
,Spätere(n)-(den=)zu	auch-(aber=)und	;Frühere(n)-(den=)zu

לָהֶם	יִהְיֶה	לֹא־	שֶׁיִּהְיוּ
lɔhɛm	yihᵊyɛʰ	-loᵓ	šɛʸyihᵊyuʷ
(sie-für=)sie-zu	(bleiben=)sein-wird-(es=er)	nicht	,sein-werden-(sie)-welch(e)

שֶׁיִּהְיוּ	עִם	זִכָּרוֹן
šɛʸyihᵊyuʷ	ᶜim	zikkɔroʷn
sein-werden-(sie)-welch(en)	(bei=)mit	Gedenken-(ein)

עַל־	מֶלֶךְ	הָיִיתִי	קֹהֶלֶת	12 אֲנִי	לָאַחֲרֹנָה׃
-ᶜal	mɛlɛk	hɔyiʸtiʸ	qohɛlɛt	ᵓᵃniʸ	lɔᵓaḥᵃronɔʰ.
(über=)auf	König	war-(ich)	,Kohelet	,Ich	.(nachher=)Letzten-der-zu

אֶת־לִבִּי	13 וְנָתַתִּי	בִּירוּשָׁלִָם׃	יִשְׂרָאֵל
libbiʸ-ᵓɛt	wᵊnɔtattiʸ	biʸruʷšɔlɔim.	yiśᵊrɔᵓel
(Sinnen=)Herz-mein***	(aus-richtete=)gab-ich-Und	.Jerusalem-in	Israel

בַּחָכְמָה	וְלָתוּר	לִדְרוֹשׁ
baḥokᵊmɔʰ	wᵊlɔtuʷr	lidᵊroʷš
— Weisheit-(der-Hilfe-mit=)in	erkunden-zu-und	(forschen=)suchen-zu-(um) —

תַּחַת	נַעֲשָׂה	אֲשֶׁר	כָּל־	עַל
taḥat	naᶜᵃśɔʰ	ᵓᵃšɛr	-kol	ᶜal
unter	(vollbracht=)gemacht-wurde-(es=er)	(was=)welch(es)	,all(es)	auf

רָע	עִנְיַן	הוּא	הַשָּׁמָיִם
rɔᶜ	ᶜinᵊyan	huʷᵓ	haššɔmɔyim
,(leidiges=)böse(s)	Geschäft-(ein)	(ist-Das=)Er	.Himmel(n)-(den=)die

לִבְנֵי	אֱלֹהִים	נָתַן
libᵊneʸ	ᵓᵉlohiʸm	nɔtan
(Kindern=)Söhnen-(den=)zu	(Gott=)Götter	gegeben-hat-(er)-(das)

14 רָאִיתִי	בּוֹ׃	לַעֲנוֹת	הָאָדָם
rɔʾiʸtiʸ	boʷ.	laᶜᵃnoʷt	hɔʾɔdɔm
(betrachtete=)sah-Ich	.(damit=)ihm-in	plagen-zu-(sich)	Mensch(en)-(des=)der

תַּחַת	שֶׁנַּעֲשׂוּ	הַמַּעֲשִׂים	אֶת־כָּל־
taḥat	šɛnnaᶜᵃśuʷ	hammaᶜᵃśiʸm	-kol- ʾɛt
unter	gemacht-wurden-(sie)-welch(e)	,Machwerke-die	all***

הֶבֶל	הַכֹּל	וְהִנֵּה	הַשָּׁמֶשׁ
hɛbɛl	hakkol	wᵊhinneʰ	haššɔmɛš
(Nichtigkeit=)Windhauch-(war)	(das-all=)all-das	,siehe-und	,Sonne-(der=)die

לֹא־	15 מְעֻוָּת	רוּחַ׃	וּרְעוּת
-loʾ	mᵊᶜuwwɔt	ruʷaḥ.	uʷrᵊᶜuʷt
nicht	(Krummes=)Gekrümmter	.Wind(es)-(des)	Weiden-(ein)-und

לֹא־	וְחֶסְרוֹן	לִתְקֹן	יוּכַל
-loʾ	wᵊḥɛsᵊroʷn	litᵊqon	yuʷkal
nicht	(Fehlendes=)Mangel-und	,gerade-werden-zu	vermag-(es=er)

אֲנִי	16 דִּבַּרְתִּי	לְהִמָּנוֹת׃	יוּכַל
ʾᵃniʸ	dibbarᵊtiʸ	lᵊhimmɔnoʷt.	yuʷkal
(mir-bei=)ich	redete-Ich	.gezählt-werden-zu	(ermöglicht=)kann-(es=er)

הִנֵּה	אֲנִי	לֵאמֹר	לִבִּי	עִם־
hinneʰ	ʾᵃniʸ	leʾmor	libbiʸ	-ᶜim
,siehe	,Ich	:(also=)sagen-zu	Herz(en)-mein(em)	mit

וְהוֹסַפְתִּי	הִגְדַּלְתִּי
wᵊhoʷsapᵊtiʸ	higᵊdalᵊtiʸ
(mehren=)hinzufügen-machte-ich-und	(Größe-entfaltete=)groß-machte-ich

הָיָה	אֲשֶׁר־	כָּל־	עַל	חָכְמָה
hɔyɔʰ	-ʾᵃšɛr	-kol	ᶜal	ḥokᵊmɔʰ
war-(er)	(der=)welch(er)	,(jeden=)all	auf-(Hinsicht-in)	Weisheit

יְרוּשָׁלִָם	עַל־	לְפָנַי
yᵊruʷšɔlɔim	-ᶜal	lᵊpɔnay
,Jerusalem	(über-gesetzt=)auf	(mir-vor=)Gesichtern-meinen-zu

חָכְמָה	הַרְבֵּה	רָאָה	וְלִבִּי
ḥokᵊmɔʰ	harᵊbeʰ	rɔʾɔʰ	wᵊlibbiʸ
Weisheit	(an)-Vieles-(ein)	geschaut-hat-(es=er)	Herz-mein-und

לִבִּי	17 וָאֶתְּנָה	וָדָעַת:
libbi^{y}	wɔʾɛtt^{ə}nɔ^{h}	wɔdɔʿat.
(Sinnen=)Herz-mein	(aus-richtete=)gab-ich-(Dann=)Und	.(Er)kenntnis-und

הוֹלֵלוֹת	וָדַעַת	חָכְמָה	לָדַעַת
ho^{w}lelo^{w}t	w^{ə}daʿat	ḥok^{ə}mɔ^{h}	lɔdaʿat
Torheiten	(um)-(Wissen=)Kenntnis-und	Weisheit	(erfahren=))kennen-zu-(um)

הוּא	זֶה	שֶׁגַּם־	יָדַעְתִּי	וְשִׂכְלוּת
hu^{wʾ}	zɛ^{h}	-šɛggam	yɔdaʿ^{ə}ti^{y}	w^{ə}ŝik^{ə}lu^{w}t
(ist-es=)er	(das=)dieser	auch-dass	,(er)kannte-Ich	.Unverstand-und

חָכְמָה	בְּרֹב	18 כִּי	רוּחַ:	רַעְיוֹן
ḥok^{ə}mɔ^{h}	b^{ə}rob	ki^{y}	ru^{w}aḥ.	raʿ^{ə}yo^{w}n
Weisheit	viel-(bei=)in	,(Fürwahr=)Denn	.Wind(es)-(des)	Weiden-(ein)

דָּעַת	וְיוֹסִיף	כָּעַס	רָב־
daʿat	w^{ə}yo^{w}si^{y}p	kɔʿas	-rob
,(Wissen=)Kenntnis	(mehrt=)hinzufügen-macht-(w)er-und	,Verdruss	viel-(ist)

מַכְאוֹב:	יוֹסִיף
mak^{ə}ʾo^{w}b.	yo^{w}si^{y}p
.Schmerz	(mehrt=)hinzufügen-macht-(d)er

2

בְּלִבִּי	אֲנִי	1 אָמַרְתִּי
b^{ə}libbi^{y}	^{ʾa}ni^{y}	ʾɔmar^{ə}ti^{y}
.(selbst=)Herz(en)-mein(em)-in	(mir-bei=)ich	sprach-Ich

אֲנַסְּכָה	לְכָה־נָּא
^{ʾa}nass^{ə}kɔ^{h}	nɔʾ-l^{ə}kɔ^{h}
(versuchen-es=)prüfen-(will=)werde-ich	,(denn-Wohlan=)doch-Geh

גַם־	וְהִנֵּה	בְטוֹב	וּרְאֵה	בְשִׂמְחָה
-gam	w^{ə}hinne^{h}	b^{ə}ṭo^{w}b	u^{w}r^{əʾ}e^{h}	b^{ə}ŝim^{ə}ḥɔ^{h}
auch	,siehe-Und	!Gut(es)-(an=)in	sieh-und	,Freude-(der)-(mit=)in

אָמַרְתִּי	2 לִשְׂחוֹק	הָבֶל:	הוּא
ʾɔmar^{ə}ti^{y}	liŝ^{ə}ḥo^{w}q	hɔbɛl.	hu^{wʾ}
:sagte-ich	Lachen-Zu(m)	.(Nichtigkeit=)Windhauch	(ist-das=)er

זֹה	מַה־	וּלְשִׂמְחָה	מְהוֹלָל
zo^{h}	-ma^{h}	u^{w}l^{ə}ŝim^{ə}ḥɔ^{h}	m^{ə}ho^{w}lɔl
(die=)diese	Was	:Freude-zu(r)-und	,!(Sinnlos=)gemacht-Unsinnig(er)

בְלִבִּי	3 תַּרְתִּי	עֹשֶׂה׃
bᵊlibbiʸ	tarᵊtiʸ	ʿośɔʰ.
Herz(en)-mein(em)-in	(sann=)erkundete-Ich	?(bewirkend=)machend(e)-(ist)

אֶת־בְּשָׂרִי	בַּיַּיִן	לִמְשׁוֹךְ
bᵊśɔriʸ-ʾɛt	bayyayin	limᵊšoʷk
,(Leib=)Fleisch-mein(en)***	Wein-(mit=)in	(laben=)bewahren-zu

בַּחָכְמָה	נֹהֵג	וְלִבִּי
baḥokᵊmɔʰ	noheg	wᵊlibbiʸ
,Weisheit-(der)-in	führend(er)	(Verstand=)Herz-mein-(dabei=)und

אֶרְאֶה	אֲשֶׁר־	עַד	בְּסִכְלוּת	וְלֶאֱחֹז
ʾɛrᵊʾɛʰ	-ʾᵃšɛr	ʿad	bᵊsikᵊluʷt	wᵊlɛʾᵋḥoz
,(sähe=)sehe-ich	dass	bis	,Torheit-(der)-(an=)in	fest-halten-zu-und

לִבְנֵי	טוֹב	זֶה	אֵי־
libᵊneʸ	ṭoʷb	zɛʰ	-ʾeʸ
(Kinder=)Söhne-(für=)zu	(ist)-gut	(davon=)dies(er)	(was=)welch(er)

תַּחַת	יַעֲשׂוּ	אֲשֶׁר	הָאָדָם
taḥat	yaʿᵃśuʷ	ʾᵃšɛr	hɔʾɔdɔm
unter	(tun-könnten=)machen-werden-sie	dass	,Mensch(en)-(des=)der

חַיֵּיהֶם׃	יְמֵי	מִסְפַּר	הַשָּׁמַיִם
ḥayyeʸhɛm.	yᵊmeʸ	misᵊpar	haššɔmayim
.Leben(s)-ihre(s)	Tage-(der)	Zahl-(die)	Himmel(n)-(den=)die

נָטַעְתִּי	בָּתִּים	לִי	בָּנִיתִי	מַעֲשָׂי	4 הִגְדַּלְתִּי
nɔṭaʿᵊtiʸ	bɔttiʸm	liʸ	bɔniʸtiʸ	maʿᵃśɔy	higᵊdalᵊtiʸ
pflanzte-ich	,Häuser	mir-(zu)	baute-Ich	.Werke-meine	groß-machte-Ich

גַּנּוֹת	לִי	5 עָשִׂיתִי	כְּרָמִים׃	לִי
gannoʷt	liʸ	ʿɔśiʸtiʸ	kᵊrɔmiʸm.	liʸ
Gärten	mir-(zu)	(an-legte=)machte-ich	,Weingärten	mir-(zu)

עֵץ	בָּהֶם	וְנָטַעְתִּי	וּפַרְדֵּסִים
ʿeṣ	bɔhɛm	wᵊnɔṭaʿᵊtiʸ	uʷparᵊdesiʸm
(Bäume=)Holz	ihnen-in	pflanzte-ich-und	,(Lusthaine=)Baumgärten-und

מָיִם	בְּרֵכוֹת	לִי	6 עָשִׂיתִי	פֶּרִי׃	כָּל־
mɔyim	bᵊrekoʷt	liʸ	ʿɔśiʸtiʸ	pɛriʸ.	-kol
Wasser	(von)-Teiche	mir-(zu)	(an-legte=)machte-Ich	.Frucht	all(erlei-mit)

יַעַר	מֵהֶם	לְהַשְׁקוֹת
yaʿar	mehɛm	l^{ə}haš^{ə}qo^{w}t
Wald-(einen)	(daraus=)ihnen-von	(bewässern=)tränken-zu-(um)

וּשְׁפָחוֹת	עֲבָדִים	7 קָנִיתִי	עֵצִים׃	צוֹמֵחַ
u^{w}š^{ə}pɔḥo^{w}t	ʿ^{a}bɔdi^{y}m	qɔni^{y}ti^{y}	ʿeṣi^{y}m.	ṣo^{w}meaḥ
,Mägde-und	Knechte	(erwarb=)kaufte-Ich	.Bäume(n)	(von)-sprießend(er)

לִי	הָיָה	בַיִת	וּבְנֵי־
li^{y}	hɔyɔ^{h}	bayit	-u^{w}b^{ə}ne^{y}
,(ich-hatte=)mir-zu	-war(en)-(es=er)	(Hausgeborene=)Haus-(von)	-Söhne-und

הַרְבֵּה	וָצֹאן	בָקָר	מִקְנֶה	גַּם
har^{ə}be^{h}	wɔṣoʾn	bɔqɔr	miq^{ə}nɛ^{h}	gam
Vieles-(ein)	Schaf(en)-und	Rind(ern)	(von)-Herde(n)	auch

שֶׁהָיוּ	מִכֹּל	לִי	הָיָה
šɛhɔyu^{w}	mikkol	li^{y}	hɔyɔ^{h}
waren-(sie)-welch(e)	,all(e)-(als-mehr=)von	(ich-hatte=)mir-zu	war-(er)

גַּם־	לִי	8 כָּנַסְתִּי	בִּירוּשָׁלִָם׃	לְפָנַי
-gam	li^{y}	kɔnas^{ə}ti^{y}	bi^{y}ru^{w}šɔlɔim.	l^{ə}pɔnay
auch	mir-(zu)	sammelte-Ich	.Jerusalem-in	(mir-vor=)Gesichtern-meinen-zu

וְהַמְּדִינוֹת	מְלָכִים	וּסְגֻלַּת	וְזָהָב	כֶּסֶף
w^{ə}hamm^{ə}di^{y}no^{w}t	m^{ə}lɔki^{y}m	u^{w}s^{ə}gullat	w^{ə}zɔhɔb	kɛsɛp
.Provinzen-(der=)die-und	Könige(n)	(von)-Eigentum-und	Gold-und	Silber

וְשָׁרוֹת	שָׁרִים	לִי	עָשִׂיתִי
w^{ə}šɔro^{w}t	šɔri^{y}m	li^{y}	ʿɔśi^{y}ti^{y}
,Sängerinnen-und	(Sänger=)Singende	mir-(zu)	(be)schaffte-Ich

הָאָדָם	בְּנֵי	וְתַעֲנוּגֹת
hɔʾɔdɔm	b^{ə}ne^{y}	w^{ə}taʿ^{a}nu^{w}got
Mensch(en)-(des=)der	(Kinder=)Söhne-(der)	(Wohlleben=)Ergötzungen-(zu)-und

9 וְגָדַלְתִּי	וְשִׁדּוֹת׃	שִׁדָּה
w^{ə}gɔdal^{ə}ti^{y}	w^{ə}šiddo^{w}t.	šiddɔ^{h}
groß-ward-ich-(So=)Und	.(Neben)frauen-und	Liebchen-(ein)

מִכֹּל	וְהוֹסַפְתִּי
mikkol	w^{ə}ho^{w}sap^{ə}ti^{y}
,(jeder=)all-(als-mehr=)von	(reich-wurde=)hinzufügen-machte-(ich)-und

בִּירוּשָׁלִָם	לְפָנַי	שֶׁהָיָה
biʸruʷšɔlɔim	lᵊpɔnay	šɛhɔyɔʰ
.Jerusalem-in	(mir-vor=)Gesichtern-meinen-zu	gewesen-war-(er)-(der=)welch(er)

10 וְכֹל	לִי׃	עָמְדָה	חָכְמָתִי	אַף
wᵊkol	liʸ.	ʿɔmᵊdɔʰ	ḥokᵊmɔtiʸ	ʾap
,all(es)-Und	.mir-(zu)	(be)stehen-blieb-(sie)	Weisheit-meine	Auch

לֹא	עֵינַי	שָׁאֲלוּ	אֲשֶׁר
loʾ	ʿeʸnay	šɔʾᵃluʷ	ʾᵃšɛr
nicht	,Augen-(zwei)-meine	verlangten-(sie)	(was=)welch(es)

מָנַעְתִּי	לֹא־	מֵהֶם	אָצַלְתִּי
mɔnaʿᵊtiʸ	-loʾ	mehɛm	ʾɔṣalᵊtiʸ
(ab-hielt=)hemmte-ich	Nicht	.ihnen-(von)	(versagte=)zurück-nahm-ich

שָׂמֵחַ	לִבִּי	כִּי־	שִׂמְחָה	מִכָּל־	אֶת־לִבִּי
śɔmeaḥ	libbiʸ	-kiʸ	śimᵊḥɔʰ	-mikkol	libbiʸ-ʾɛt
fröhlich(er)-(war)	Herz-mein	denn	,Freude	all(erlei)-von	Herz-mein***

הָיָה	וְזֶה־	עֲמָלִי	מִכָּל־
hɔyɔʰ	-wᵊzɛʰ	ʿᵃmɔliʸ	-mikkol
war-(es=er)	(das=)dieser-und	,Mühe-mein(er)	all-(nach=)von

עֲמָלִי׃	מִכָּל־	חֶלְקִי
ʿᵃmɔliʸ.	-mikkol	ḥɛlᵊqiʸ
.Mühe-meine	all-(für=)von	(Lohn=)Anteil-mein

מַעֲשַׂי	בְּכָל־	אֲנִי	11 וּפָנִיתִי
maʿᵃśay	-bᵊkol	ʾᵃniʸ	uʷpɔniʸtiʸ
,Werke(n)-(meinen)	all-(zu)	(m)ich	(ich-wandte=)wandte-ich-(Dann=)Und

יָדַי	שֶׁעָשׂוּ
yɔday	šɛʿɔśuʷ
,Hände-(zwei)-meine	(vollbracht=)gemacht-haben-(es=sie)-welch(e)

וּבֶעָמָל
uʷbɛʿɔmɔl
,(Erarbeiteten-mühsam-dem-zu=)Mühe-die-in-und

וְהִנֵּה	לַעֲשׂוֹת	שֶׁעָמַלְתִּי
wᵊhinneʰ	laʿᵃśoʷt	šɛʿɔmalᵊtiʸ
,(da)-siehe-und	,Schaffen-(beim=)zu(m)	abgemüht-mich-ich-welch(es)-(um)

רוּחַ	וּרְעוּת	הָבֶל	הַכֹּל
ruʷaḥ	uʷrᵊʿuʷt	hɛbɛl	hakkol
,Wind(es)-(des)	Weiden-(ein)-und	(Nichtigkeit=)Windhauch-(war)	Ganze-das

הַשָּׁמֶשׁ׃	תַּחַת	יִתְרוֹן	וְאֵין
haššɔmɛš.	taḥat	yitᵊroʷn	wᵊʾeʸn
.Sonne-(der=)die	unter	(Nutzen=)Gewinn-(ein)	(war)-nicht-und

חָכְמָה	לִרְאוֹת	אֲנִי	12 וּפָנִיתִי
ḥokᵊmɔʰ	lirᵊʾoʷt	ʾᵃniʸ	uʷpɔniʸtiʸ
Weisheit	(betrachten=)sehen-zu	(m)ich	(ich-wandte=)wandte-ich-(Dann=)Und

הָאָדָם	מֶה	כִּי	וְסִכְלוּת	וְהוֹלֵלוֹת
hɔʾɔdɔm	mɛʰ	kiʸ	wᵊsikᵊluʷt	wᵊhoʷleloʷt
,Mensch-der	(tun-wird)-was	denn —	Unverstand-und	Torheit(en)-und

אֲשֶׁר־	אֵת	הַמֶּלֶךְ	אַחֲרֵי	שֶׁיָּבוֹא
-ʾᵃšɛr	ʾet	hammɛlɛk	ʾaḥᵃreʸ	šɛʸyɔboʷʾ
(was=)welch(es)	,(Das)***	?König-(dem=)der	nach	kommt-(er)-welch(er)

13 וְרָאִיתִי	עָשׂוּהוּ׃	כְּבָר
wᵊrɔʾiʸtiʸ	ʿɔśuʷhuʷ.	kᵊbɔr
(gewahrte=)schaute-ich-Und	.(es=ihn)-getan-haben-sie	(vor)längst

יִתְרוֹן	שֶׁיֵּשׁ	אָנִי
yitᵊroʷn	šɛʸyeš	ʾɔniʸ
(Nutzen=)Gewinn-(einen)	gibt-es-dass	,(mir-bei=)ich

הַסִּכְלוּת	מִן־	לַחָכְמָה
hassikᵊluʷt	-min	laḥokᵊmɔʰ
Unverstand-(dem=)der	(vor=)von	Weisheit-die-(auf-Bezug-in=)zu

הַחֹשֶׁךְ׃	מִן־	הָאוֹר	כִּיתְרוֹן
haḥošɛk.	-min	hɔʾoʷr	kiʸtᵊroʷn
.Finsternis-(der=)die	(vor=)von	Licht(es)-(des=)das	Nutzen-(der)-wie

וְהַכְּסִיל	בְּרֹאשׁוֹ	עֵינָיו	14 הֶחָכָם
wᵊhakkᵊsiʸl	bᵊroʾšoʷ	ʿeʸnɔʸw	hɛḥɔkɔm
Tor-der-(indes=)und	;Kopf-sein(em)-in	Augen-[(zwei)-seine]-(hat)	Weise-Der

גַּם־	וְיָדַעְתִּי	הוֹלֵךְ	בַּחֹשֶׁךְ
-gam	wᵊyɔdaʿᵊtiʸ	hoʷlek	baḥošɛk
auch	(er)kannte-(es=)ich-(Aber=)Und	.(tappend=)gehend(er)-(ist)	Finstern-im

אֲנִי	שֶׁמִּקְרֶה	אֶחָד	יִקְרֶה	אֶת־כֻּלָּם׃
ʾɔniʸ	šɛmmiqᵊrɛʰ	ʾɛḥɔd	yiqᵊrɛʰ	kullɔm-ʾɛt.
,ich	Geschick-dass	ein(erlei)	trifft-(es=er)	.sie-all(e)***

15 וְאָמַרְתִּי	אֲנִי	בְּלִבִּי
wᵊʾɔmarᵊtiʸ	ʾaniʸ	bᵊlibbiʸ
(dachte=)sagte-ich-Und	(mir-bei=)ich	:(selbst=)Herz(en)-mein(em)-in

כְּמִקְרֵה	הַכְּסִיל	גַּם־אֲנִי
kᵊmiqᵊreʰ	hakkᵊsiʸl	ʾaniʸ-gam
Geschick-(das)-Wie	,Tor(en)-(des=)der	(ebenso=)ich-auch

יִקְרֵנִי	וְלָמָּה	חָכַמְתִּי	אֲנִי
yiqᵊreniʸ	wᵊlɔmmɔʰ	ḥɔkamᵊtiʸ	ʾaniʸ
.mich-treffen-wird-(es=)er	(wozu=)was-zu-(Also=)Und	weise-war-(ich)	ich

אָז	יוֹתֵר	וְדִבַּרְתִּי	בְלִבִּי	שֶׁגַּם־
ʾɔz	yoʷter	wᵊdibbarᵊtiʸ	bᵊlibbiʸ	-šɛggam
dann	?(überaus=)Übrig(es)	sprach-ich-Und	,Herz(en)-mein(em)-in	auch-dass

זֶה	הָבֶל׃	16 כִּי	אֵין
zɛʰ	hɔbɛl.	kiʸ	ʾeʸn
(das=)dieser	.(Nichtigkeit=)Windhauch-(ist)	Denn	(ist)-nicht

זִכְרוֹן	לֶחָכָם	עִם־
zikᵊroʷn	lɛḥɔkɔm	-ʿim
Gedenken-(ein)	,Weise(n)-(den)-(für=)zu	(wie-wenig-so=)mit

הַכְּסִיל	לְעוֹלָם	בְּשֶׁכְּבָר
hakkᵊsiʸl	lᵊʿoʷlɔm	bᵊšɛkkᵊbɔr
Tor(en)-(des=)der	,(immer-für=)ewig-zu	längst-(dem=)welch(em)-(nach=)in

הַיָּמִים	הַבָּאִים	הַכֹּל	נִשְׁכָּח
hayyɔmiʸm	habbɔʾiʸm	hakkol	nišᵊkɔḥ
,Tage-die	,kommende(n)-die	(das-all=)all-das	,vergessen(er)-ist-(es=er)

וְאֵיךְ	יָמוּת	הֶחָכָם	עִם־	הַכְּסִיל׃
wᵊʾeʸk	yɔmuʷt	hɛḥɔkɔm	-ʿim	hakkᵊsiʸl.
,(ach=)wie-und	stirbt-(es=)er	Weise-der	(wie-genau=)mit	.Tor-der

17 וְשָׂנֵאתִי	אֶת־הַחַיִּים	כִּי	רַע
wᵊśɔneʾtiʸ	haḥayyiʸm-ʾɛt	kiʸ	raʿ
hasste-ich-Und	,(Leben-das=)Lebende(n)-die***	denn	Übel-(als)

הַשָּׁמֶשׁ	תַּחַת	שֶׁנַּעֲשָׂה	הַמַּעֲשֶׂה	עָלָי
haššɔmɛš	taḥat	šɛnnaᶜᵃśɔʰ	hammaᶜᵃśɛʰ	ᶜɔlay
,Sonne-(der=)die	unter	gemachte-das	,Machwerk-das	(mir-auf-lag=)mich-auf

וּרְעוּת	הֶבֶל	הַכֹּל	כִּי־
uʷrᵊᶜuʷt	hɛbɛl	hakkol	-kiʸ
Weiden-(ein)-und	(Nichtigkeit=)Windhauch-(ist)	(das-all=)all-das	denn

עֲמָלִי	אֶת־כָּל־	אֲנִי	18 וְשָׂנֵאתִי	רוּחַ׃
ᶜᵃmɔliʸ	-kol-ʾɛt	ʾᵃniʸ	wᵊśɔneʾtiʸ	ruʷaḥ.
,Mühe-meine	all***	ich	hasste-(ich)-(Da=)Und	.Wind(es)-(des)

הַשָּׁמֶשׁ	תַּחַת	עָמֵל	שֶׁאֲנִי
haššɔmɛš	taḥat	ᶜɔmel	šɛʾᵃniʸ
,Sonne-(der=)die	unter	abmühend(er)-mich	(war)-ich-(womit=)welch(es)

לָאָדָם	שֶׁאַנִּיחֶנּוּ
lɔʾɔdɔm	šɛʾanniʸḥɛnnuʷ
,Mensch(en)-(einem=)zu	(es=)ihn-(zurück)lassen-(muss=)werde-ich-dass

הֶחָכָם	יוֹדֵעַ	19 וּמִי	אַחֲרָי׃	שֶׁיִּהְיֶה
hɛḥɔkɔm	yoʷdeaᶜ	uʷmiʸ	ʾaḥᵃrɔy.	šɛʸyihᵊyɛʰ
weise-ob	,wissend(er)-(ist)	wer-Und	.mir-nach	sein-wird-(er)-welch(er)

וְיִשְׁלַט	סָכָל	אוֹ	יִהְיֶה
wᵊyišᵊlaṭ	sɔkɔl	ʾoʷ	yihᵊyɛʰ
(schalten=)herrschen-wird-er-(Indes=)Und	?töricht	oder	sein-wird-er

עֲמָלִי	בְּכָל־
ᶜᵃmɔliʸ	-bᵊkol
,(Erarbeitetes-mühsam-mein=)Mühe-meine	all-(über=)in

תַּחַת	וְשֶׁחָכַמְתִּי	שֶׁעָמַלְתִּי
taḥat	wᵊšɛḥɔkamᵊtiʸ	šɛᶜɔmalᵊtiʸ
unter	weise-war-ich-(wie=)welch(er)-und	abgemüht-mich-ich-welch(es)-(um)

הָבֶל׃	זֶה	גַּם־	הַשָּׁמֶשׁ
hɔbɛl.	zɛʰ	-gam	haššɔmɛš
.(Nichtigkeit=)Windhauch	(ist-das=)dieser	Auch	.Sonne-(der=)die

לְיַאֵשׁ	אֲנִי	20 וְסַבּוֹתִי
lᵊyaʾeš	ʾᵃniʸ	wᵊsabboʷtiʸ
lassen-verzweifeln-zu	(selbst=)ich	(an-fing=)mich-wandte-ich-(Da=)Und

הֶעָמָל	כָּל־	עַל	אֶת־לִבִּי
hɛʿɔmɔl	-kol	ʿal	libbiʸ-ʾɛt
,(Erarbeiteten-mühsam-des=)Mühe-(der=)die	all	(wegen=)auf	Herz-mein***

כִּי־יֵשׁ 21	הַשָּׁמֶשׁ׃	תַּחַת	שֶׁעָמַלְתִּי
yeš-kiʸ	haššɔmɛš.	taḥat	šɛʿɔmalᵊtiʸ
ist-(da)-Denn	.Sonne-(der=)die	unter	abgemüht-mich-ich-welch(es)-(um)

שֶׁעֲמָלוֹ	אָדָם
šɛʿᵃmɔloʷ	ʾɔdɔm
(Erarbeitetes-mühsam=)Mühe-sein(e)-welch(er)	,Mensch-(ein)

וּבְכִשְׁרוֹן	וּבְדַעַת	בְּחָכְמָה
uʷbᵊkišᵊroʷn	uʷbᵊdaʿat	bᵊḥokᵊmɔʰ
,Tüchtigkeit-(durch=)in-und	Kenntnis-(durch=)in-und	Weisheit-(durch=)in

עָמַל־	שֶׁלֹּא	וּלְאָדָם
-ʿɔmal	šɛllɔʾ	uʷlᵊʾɔdɔm
abgemüht-sich-(er)	nicht-welch(er)	,Mensch(en)-(einen)-(an=)zu-(dann=)und

גַּם־	חֶלְקוֹ	יִתְּנֶנּוּ	בּוֹ
-gam	ḥɛlᵊqoʷ	yittᵊnɛnnuʷ	boʷ
Auch	.(An)teil-sein(en)	ihm-(ab)geben-(muss=)wird-er	,(dafür=)ihm-in

כִּי 22	רַבָּה׃	וְרָעָה	הֶבֶל	זֶה
kiʸ	rabbɔʰ.	wᵊrɔʿɔʰ	hɛbɛl	zɛʰ
Denn	.große(s)	Übel-(ein)-und	(Nichtigkeit=)Windhauch-(ist)	(das=)dieser

בְּכָל־	לָאָדָם	הֹוֶה	מֶה־
-bᵊkol	lɔʾɔdɔm	howɛʰ	-mɛʰ
all-(von=)in	Mensch(en)-(dem=)zu(m)	bleibend(er)-(ist)	was

וּבְרַעְיוֹן	עֲמָלוֹ
uʷbᵊraʿᵊyoʷn	ʿᵃmɔloʷ
Streben-(dem)-(von=)in-und	(Erarbeiteten-mühsam-seinem=)Mühe-seine(r)

תַּחַת	עָמֵל	שֶׁהוּא	לִבּוֹ
taḥat	ʿɔmel	šɛhuʷʾ	libboʷ
unter	abmühend(er)-sich-(war)	er-welch(em)-(mit)	,Herzen(s)-sein(es)

וָכַעַס	מַכְאֹבִים	יָמָיו	כָל־	כִּי 23	הַשָּׁמֶשׁ׃
wɔkaʿas	makᵊʾobiʸm	yɔmɔʸw	-kol	kiʸ	haššɔmɛš.
Verdruss-und	,Leiden-(waren)	Tage-seine	all(e)	Denn	?Sonne-(der=)die

לֹא־	בַּלַּיְלָה	גַּם־	עִנְיָנוֹ
-lo^{ɔ}	ballay^{ə}lɔ^{h}	-gam	^{c}in^{ə}yɔno^{w}
nicht	Nacht-der-in	(selbst=)auch	,Geschäft-sein-(war)

זֶה	גַּם־	לִבּוֹ	שָׁכַב
zɛ^{h}	-gam	libbo^{w}	šɔkab
(das=)dieser	Auch	.(Geist=)Herz-sein	(ruht=)sich-legt(e)-(es=er)

טוֹב	24 אֵין־	הוּא׃	הֶבֶל
ṭo^{w}b	-^{ɔ}e^{y}n	hu^{wɔ}.	hɛbɛl
gut(es)	ist-es-Nicht	.(ist)-(es=)er	(Nichtigkeit=)Windhauch

וְשָׁתָה	שֶׁיֹּאכַל	בָּאָדָם
w^{ə}šɔtɔ^{h}	šɛ^{y}yo^{ɔ}kal	bɔ^{ɔ}ɔdɔm
(trinke=)trank-(er)-und	(esse=)isst-er-dass	,Mensch(en)-(den)-(für=)in

טוֹב	אֶת־נַפְשׁוֹ	וְהֶרְאָה
ṭo^{w}b	nap^{ə}šo^{w}-^{ɔ}ɛt	w^{ə}hɛr^{əɔ}ɔ^{h}
(Angenehmes=)Gut(es)	Seele-seine(r)***	(gönne=)sehen-macht(e)-(er)-und

כִּי	אָנִי	רָאִיתִי	זֹה	גַּם־	בַּעֲמָלוֹ
ki^{y}	^{ɔ}ɔni^{y}	rɔ^{ɔ}i^{y}ti^{y}	zo^{h}	-gam	ba^{ca}mɔlo^{w}
dass	,ich	sah-(ich)	(das=)diese	auch	;Mühe-seine(r)-(bei=)in

25 כִּי	הִיא׃	הָאֱלֹהִים	מִיַּד
ki^{y}	hi^{yɔ}.	hɔ^{ɔɛ}lohi^{y}m	mi^{y}yad
Denn	.(kommt)-(es=)sie	(Gottes=)Götter-(der=)die	Hand-(der)-(aus=)von

יָחוּשׁ	וּמִי	יֹאכַל	מִי
yɔḥu^{w}š	u^{w}mi^{y}	yo^{ɔ}kal	mi^{y}
,genießen-(könnte=)wird-(er)	wer-und	essen-(könnte=)wird-(er)	wer

לְאָדָם	26 כִּי	מִמֶּנִּי׃	חוּץ
l^{əɔ}ɔdɔm	ki^{y}	mimmɛnni^{y}.	ḥu^{w}ṣ
,Mensch(en)-(dem=)zu(m)	Denn	?mir-(von)	(außer=)außen

נָתַן	לְפָנָיו	שֶׁטּוֹב
nɔtan	l^{ə}pɔnɔ^{y}w	šɛṭṭo^{w}b
(gibt=)gab-er	,(Augen-seinen-in=)Gesichtern-seinen-zu	gut-(ist)-welch(er)

וְלַחוֹטֶא	וְשִׂמְחָה	וְדַעַת	חָכְמָה
w^{ə}laḥo^{w}ṭɛ^{ɔ}	w^{ə}śim^{ə}ḥɔ^{h}	w^{ə}da^{c}at	ḥok^{ə}mɔ^{h}
Sündigenden-(dem=)zum-(aber=)und	,Freude-und	(Er)kenntnis-und	Weisheit

וְלִכְנוֹס	לֶאֱסוֹף	עִנְיָן	נָתַן
wᵊlikᵊnoʷs	lɛᵓᵋsoʷp	ᶜinᵊyɔn	nɔtan
Anhäufen-zu(m)-und	Sammeln-zu(m)	(Verdruss-den=)Geschäft	(gibt=)gab-er

לִפְנֵי	לְטוֹב	לָתֵת
lipᵊneʸ	lᵊṭoʷb	lɔtet
(Augen-den-in=)Gesichter-zu	Gut(en)-(dem=)zu	geben-zu-(es-um)

הֶבֶל	זֶה	גַּם־	הָאֱלֹהִים
hɛbɛl	zɛʰ	-gam	hɔᵓᵋlohiʸm
(Nichtigkeit=)Windhauch-(ist)	(das=)dieser	Auch	.(Gottes=)Götter-(der=)die

רוּחַ׃	וּרְעוּת
ruʷaḥ.	uʷrᵊᶜuʷt
.Wind(es)-(des)	Weiden-(ein)-und

3

וְעֵת	זְמָן	1 לַכֹּל
wᵊᶜet	zᵊmɔn	lakkol
Zeit-(eine)-und	Zeit-(festgelegte-eine)	all(es)-(für=)zu-(Gibt-Es)

הַשָּׁמָיִם׃	תַּחַת	חֵפֶץ	לְכָל־
haššɔmɔyim.	taḥat	ḥepɛṣ	-lᵊkol
.Himmel(n)-(den=)die	unter	(Vorhaben=)Begehren	(jegliches=)all-(für=)zu

לָמוּת	וְעֵת	לָלֶדֶת	2 עֵת
lɔmuʷt	wᵊᶜet	lɔlɛdɛt	ᶜet
,Sterben-zum	Zeit-(eine)-und	(Geborenwerden=)Gebären-zum	Zeit-(Eine)

לַעֲקוֹר	וְעֵת	לָטַעַת	עֵת
laᶜᵃqoʷr	wᵊᶜet	lɔṭaᶜat	ᶜet
Ausreißen-(fürs=)zu(m)	Zeit-(eine)-und	Pflanzen-(fürs=)zum	Zeit-(eine)

וְעֵת	לַהֲרוֹג	3 עֵת	נָטוּעַ׃
wᵊᶜet	lahᵃroʷg	ᶜet	nɔṭuʷaᶜ.
Zeit-(eine)-und	Töten-(fürs=)zu(m)	Zeit-(Eine)	.Gepflanzt(es)

וְעֵת	לִפְרוֹץ	עֵת	לִרְפּוֹא
wᵊᶜet	lipᵊroʷṣ	ᶜet	lirᵊpoʷᵓ
Zeit-(eine)-und	Einreißen-(fürs=)zu(m)	Zeit-(eine)	,Heilen-(fürs=)zu(m)

וְעֵת	לִבְכּוֹת	4 עֵת	לִבְנוֹת׃
wᵊᶜet	libᵊkoʷt	ᶜet	libᵊnoʷt.
Zeit-(eine)-und	Weinen-(fürs=)zu(m)	Zeit-(Eine)	.Bauen-(fürs=)zu

וְעֵת	סְפוֹד	עֵת	לִשְׂחוֹק
w^{ə}ʿet	s^{ə}po^{w}d	ʿet	liś^{ə}ḥo^{w}q
Zeit-(eine)-und	Klagen(s)-(des)	Zeit-(eine)	,Lachen-(fürs=)zu(m)

וְעֵת	אֲבָנִים	לְהַשְׁלִיךְ	5 עֵת	רְקוֹד׃
w^{ə}ʿet	ʾ^{a}bɔni^{y}m	l^{ə}haš^{ə}li^{y}k	ʿet	r^{ə}qo^{w}d.
Zeit-(eine)-und	Steine	werfen-zu	Zeit-(Eine)	.(Tanzens=)Springen(s)-(des)

וְעֵת	לַחֲבוֹק	עֵת	אֲבָנִים	כְּנוֹס
w^{ə}ʿet	laḥ^{a}bo^{w}q	ʿet	ʾ^{a}bɔni^{y}m	k^{ə}no^{w}s
Zeit-(eine)-und	Umarmen-(fürs=)zu(m)	Zeit-(eine)	,Steine	Auflesen(s)-(des)

לְבַקֵּשׁ	6 עֵת	מֵחַבֵּק׃	לִרְחֹק
l^{ə}baqqeš	ʿet	meḥabbeq.	lir^{ə}ḥoq
Suchen-(fürs=)zu(m)	Zeit-(Eine)	.Umarmendem-von	Fernbleiben-(fürs=)zu(m)

עֵת	לְאַבֵּד	וְעֵת
ʿet	l^{ə}ʾabbed	w^{ə}ʿet
Zeit-(eine)	,(Verlieren=)Verlorengehen-(fürs=)zu	Zeit-(eine)-und

לְהַשְׁלִיךְ׃	וְעֵת	לִשְׁמוֹר
l^{ə}haš^{ə}li^{y}k.	w^{ə}ʿet	liš^{ə}mo^{w}r
.(Weg)werfen-(fürs=)zu(m)	Zeit-(eine)-und	(Behalten=)Verwahren-(fürs=)zu(m)

לִתְפּוֹר	וְעֵת	לִקְרוֹעַ	7 עֵת
lit^{ə}po^{w}r	w^{ə}ʿet	liq^{ə}ro^{w}aʿ	ʿet
,Nähen-(fürs=)zu(m)	Zeit-(eine)-und	Zerreißen-(fürs=)zu(m)	Zeit-(Eine)

לְדַבֵּר׃	וְעֵת	לַחֲשׁוֹת	עֵת
l^{ə}dabber.	w^{ə}ʿet	laḥ^{a}šo^{w}t	ʿet
.Reden-(fürs=)zu(m)	Zeit-(eine)-und	Schweigen-(fürs=)zu(m)	Zeit-(eine)

לִשְׂנֹא	וְעֵת	לֶאֱהֹב	8 עֵת
liś^{ə}noʾ	w^{ə}ʿet	lɛʾ^{ɛ}hob	ʿet
,Hassen-(fürs=)zu(m)	Zeit-(eine)-und	Lieben-(fürs=)zu(m)	Zeit-(Eine)

9 מַה־	שָׁלוֹם׃	וְעֵת	מִלְחָמָה	עֵת
-ma^{h}	šɔlo^{w}m.	w^{ə}ʿet	mil^{ə}ḥɔmɔ^{h}	ʿet
(ist)-Was	.Frieden(s)-(des)	Zeit-(eine)-und	Krieg(es)-(des)	Zeit-(eine)

הָעוֹשֶׂה	יִתְרוֹן
hɔʿo^{w}śɛ^{h}	yit^{ə}ro^{w}n
,(Schaffenden-des=)Machende-der	(Nutzen=)Gewinn-(der)

10 רָאִיתִי	עָמֵל׃	הוּא	בַּאֲשֶׁר
rɔʾiʸtiʸ	ʿɔmel.	huʷʾ	baʾᵃšɛr
sah-Ich	?abmühend(er)-sich-ist	er	(wofür=)welch(en)-(für=)in

אֱלֹהִים	נָתַן	אֲשֶׁר	אֶת־הָעִנְיָן
ʾᵋlohiʸm	nɔtan	ʾᵃšɛr	hɔʿinᵊyɔn-ʾɛt
(Gott=)Götter	(übertrug=)gab-(es=er)	welch(es)	,Geschäft-das***

לַעֲנוֹת	הָאָדָם	לִבְנֵי
laʿᵃnoʷt	hɔʾɔdɔm	libᵊneʸ
sich-mühen-zu	Mensch(en)-(des=)der	(Kindern=)Söhnen-(den=)zu

יָפֶה	עָשָׂה	11 אֶת־הַכֹּל	בוֹ׃
yɔpɛʰ	ʿɔśɔʰ	hakkol-ʾɛt	boʷ.
(wohlgeordnet=)schön	machte-er	all(es)-Das***	.(damit=)ihm-in

נָתַן	אֶת־הָעֹלָם	גַּם	בְעִתּוֹ
nɔtan	hɔʿolɔm-ʾɛt	gam	bᵊʿittoʷ
(legte=)gab-er	(Ewige-das=)Ewigkeit-die***	Auch	.Zeit-seine(r)-(zu=)in

לֹא־	אֲשֶׁר	מִבְּלִי	בְּלִבָּם
-loʾ	ʾᵃšɛr	mibbᵊliʸ	bᵊlibbɔm
nicht	dass	,(Unfähigkeit-der-ob=)Nichtsein-von	,Herz-ihr-in

אֶת־הַמַּעֲשֶׂה	הָאָדָם	יִמְצָא
hammaʿᵃśɛʰ-ʾɛt	hɔʾɔdɔm	yimᵊṣɔʾ
,Werk-das***	Mensch-der	(fassen=)finden-(kann=)wird-(es=er)

מֵרֹאשׁ	הָאֱלֹהִים	עָשָׂה	אֲשֶׁר־
meroʾš	hɔʾᵋlohiʸm	ʿɔśɔʰ	-ʾᵃšɛr
(Anbeginn=)Kopf-von	(Gott=)Götter-die	gemacht-hat-(es=er)	(das=)welch(es)

טוֹב	אֵין	כִּי	12 יָדַעְתִּי	סוֹף׃	וְעַד־
ṭoʷb	ʾeʸn	kiʸ	yɔdaʿᵊtiʸ	soʷp.	-wᵊʿad
Gut(es)	(ist)-nicht	dass	,(er)kannte-Ich	.Ende-(dem)	(zu-bis=)bis-und

וְלַעֲשׂוֹת	לִשְׂמוֹחַ	אִם־	כִּי	בָּם
wᵊlaʿᵃśoʷt	liśᵊmoʷaḥ	-ʾim	kiʸ	bɔm
(tun=)machen-zu-und	sich-freuen-zu	(als=)wenn	-denn	,ihnen-(bei=)in

13 וְגַם	בְּחַיָּיו׃	טוֹב
wᵊgam	bᵊḥayyɔʸw.	ṭoʷb
(dass)-,auch-(Aber=)Und	.Lebzeiten-seine(n)-(zu=)in	Gut(es)

13 כָּל־ הָאָדָם שֶׁיֹּאכַל וְשָׁתָה
wᵊšɔtɔʰ šɛʸyoʾkal hɔʾɔdɔm -kol
(trinkt=)trank-(er)-und isst-er-(was=)welch(es) ,Mensch-(jeglicher=)der-all

וְרָאָה טוֹב בְּכָל־
-bᵊkol ṭoʷb wᵊrɔʾɔʰ
all-(von=)in Gut(em)-(an) (auswählt=)sah-(er)-und

עֲמָלוֹ מַתַּת אֱלֹהִים
ʾᵋlohiʸm mattat ᶜᵃmɔloʷ
(Gott=)Götter (von)-Gabe-(eine) (Erarbeiteten-mühsam=)Mühe-seine(m)

הִיא׃ 14 יָדַעְתִּי כִּי כָּל־ אֲשֶׁר
ʾᵃšɛr -kol kiʸ yɔdaᶜᵊtiʸ hiʸʾ.
(was=)welch(es) ,all(es) dass ,(er)kannte-Ich .(ist)-(es=)sie

יַעֲשֶׂה הָאֱלֹהִים הוּא יִהְיֶה
yihᵊyɛʰ huʷʾ hɔʾᵋlohiʸm yaᶜᵃśɛʰ
(bestehn=)sein-wird-(es=er) (das=)er ,(Gott=)Götter-die (wirkt=)macht-(er)

לְעוֹלָם עָלָיו אֵין
ʾeʸn ᶜɔlɔʸw lᵊᶜoʷlɔm
(ist)-nicht(s) (Dem=)ihn-Auf .(ewiglich=)ewig-zu

לְהוֹסִיף וּמִמֶּנּוּ אֵין
ʾeʸn uʷmimmɛnnuʷ lᵊhoʷsiʸp
ist-nicht(s) (davon=)ihm-von-und (mehren=)hinzufügen-machen-zu

לִגְרֹעַ וְהָאֱלֹהִים
wᵊhɔʾᵋlohiʸm ligᵊroaᶜ
(Gott=)Götter-die-(Aber=)Und ,(mindern=)abnehmen-zu

עָשָׂה שֶׁיִּרְאוּ
šɛʸyirᵊʾuʷ ᶜɔśɔʰ
(fürchte-sich-man=)fürchten-sich-sie-dass ,(eingerichtet=)gemacht-(es)-hat-(er)

מִלְּפָנָיו׃ 15 מַה־ שֶּׁהָיָה
šɛhɔyɔʰ -maʰ millᵊpɔnɔʸw.
,war-(es=er)-(da=)welch(es) Was .(ihm-vor=)Gesichtern-seinen-zu-von

כְּבָר הוּא וַאֲשֶׁר לִהְיוֹת כְּבָר
kᵊbɔr lihᵊyoʷt waʾᵃšɛr huʷʾ kᵊbɔr
längst ,(werden-soll=)sein-zu (was=)welch(es)-und ,(existierte)-(es=)er längst

יְבַקֵּשׁ	וְהָאֱלֹהִים	הָיָה
yᵊbaqqeš	wᵊhɔʾᵋlohiʸm	hɔyɔʰ
sucht-(er)	(Gott=)Götter-die-(aber=)und	;war-(es=)er

תַּחַת	רָאִיתִי	16 וְעוֹד	נִרְדָּף:	אֶת־
taḥat	rɔʾiʸtiʸ	wᵊʿoʷd	nirᵊdɔp	-ʾɛt.
unter	sah-ich	(Ferner=)noch-Und	.(Entschwundene=)Verjagte-(das)***	

שָׁמָּה	הַמִּשְׁפָּט	מְקוֹם	הַשָּׁמֶשׁ
šɔmmɔʰ	hammišᵊpɔṭ	mᵊqoʷm	haššɔmɛš
(daselbst=)dorthin	,Recht(s)-(des=)das	Stätte-(der)-(an-dass)	,Sonne-(der=)die

הַצֶּדֶק	וּמְקוֹם	הָרֶשַׁע
haṣṣɛdɛq	uʷmᵊqoʷm	hɔrɛšaʿ
,Gerechtigkeit-(der=)die	Stätte-(der)-(an)-und	,Unrecht-das-(war)

17 אָמַרְתִּי	הָרָשַׁע:	שָׁמָּה
ʾɔmarᵊtiʸ	hɔrɔšaʿ.	šɔmmɔʰ
(dachte=)sagte-Ich	.(Ungerechtigkeit-die=)Unrecht-das-(war)	(daselbst=)dorthin

אֶת־הַצַּדִּיק	בְּלִבִּי	אֲנִי
haṣṣaddiʸq-ʾɛt	bᵊlibbiʸ	ʾᵃniʸ
Gerechte(n)-(Den=)Der***	:(selbst=)Herz(en)-mein(em)-in	(mir-bei=)ich

כִּי־	הָאֱלֹהִים	יִשְׁפֹּט	וְאֶת־הָרָשָׁע
-kiʸ	hɔʾᵋlohiʸm	yišᵊpoṭ	hɔrɔšɔʿ-wᵊʾɛt
Denn	.(Gott=)Götter-die	richten-wird-(er)	Ungerechte(n)-(den=)der-***und

חֵפֶץ	לְכָל־	עֵת
ḥepɛṣ	-lᵊkol	ʿet
(Vorhaben=)Begehren	(jegliches=)all-(für-bestimmt-ist=)zu	Zeit-(eine)

אֲנִי	18 אָמַרְתִּי	שָׁם:	הַמַּעֲשֶׂה	כָּל־	וְעַל
ʾᵃniʸ	ʾɔmarᵊtiʸ	šɔm.	hammaʿᵃśɛʰ	-kol	wᵊʿal
(mir-bei=)ich	(dachte=)sagte-Ich	.dort	Handeln-das	all	(für=)auf-und

בְּנֵי	דִּבְרַת	עַל־	בְּלִבִּי
bᵊneʸ	dibᵊrat	-ʿal	bᵊlibbiʸ
(Kinder=)Söhne-(der)	Sache-(der)	(nach=)auf	(selbst=)Herz(en)-mein(em)-in

הָאֱלֹהִים	לְבָרָם	הָאָדָם
hɔʾᵋlohiʸm	lᵊbɔrɔm	hɔʾɔdɔm
(Gott=)Götter-die	sie-(prüft-dass=)(prüfen=)absondern-zu	,Mensch(en)-der

הֵמָּה	בְהֵמָה	שְׁהֶם־	וְלִרְאוֹת
hemmɔʰ	bᵊhemɔʰ	-šᵊhɛm	wᵊlirᵊʾoʷt
sie-(das)	,(sind)-Vieh-(das)-(wie)	sie-dass	,(einzusehen-um=)sehe-zu-und

בְּנֵי־	מִקְרֶה	19 כִּי	לָהֶם׃
-bᵊneʸ	miqᵊrɛʰ	kiʸ	lɔhɛm.
(Kinder=)Söhne-(der)	Geschick-(ein)	Denn	.(besitzen=)ihnen-zu

הַבְּהֵמָה	וּמִקְרֶה	הָאָדָם
habbᵊhemɔʰ	uʷmiqᵊrɛʰ	hɔʾɔdɔm
,Vieh(s-des=)das	Geschick-(ein)-und	Mensch(en)-(des=)der

לָהֶם	אֶחָד	וּמִקְרֶה
lɔhɛm	ʾɛḥɔd	uʷmiqᵊrɛʰ
:(haben-sie=)ihnen-zu	(dasselbe-und-ein=)einer	Geschick-(also=)und

מוֹת	כֵּן	זֶה	כְּמוֹת
moʷt	ken	zɛʰ	kᵊmoʷt
(stirbt=)Sterben-(ein)	so	,(der=)dieser	(stirbt=)Sterben-(ein)-Wie

לַכֹּל	אֶחָד	וְרוּחַ	זֶה
lakkol	ʾɛḥɔd	wᵊruʷaḥ	zɛʰ
,(alle-haben=)all-zu	(einen=)einer	(Odem=)Geist-und	,(jenes=)dieser

הַבְּהֵמָה	מִן־	הָאָדָם	וּמוֹתַר
habbᵊhemɔʰ	-min	hɔʾɔdɔm	uʷmoʷtar
Vieh-(dem=)das	(vor=)von	Mensch(en)-(des=)der	Vorzug-(einen)-und

הָבֶל׃	הַכֹּל	כִּי	אָיִן
hɔbɛl.	hakkol	kiʸ	ʾɔyin
.(Nichtigkeit=)Windhauch-(ist)	(das-all=)all-das	denn	,(gibt-es=)ist-nicht

אֶחָד	מָקוֹם	אֶל־	הוֹלֵךְ	20 הַכֹּל
ʾɛḥɔd	mɔqoʷm	-ʾɛl	hoʷlek	hakkol
,(einen=)einer	Ort	(an=)zu	gehend(er)-(ist)	(das-All=)all-Das

הֶעָפָר	מִן־	הָיָה	הַכֹּל
hɛʿɔpɔr	-min	hɔyɔʰ	hakkol
,Staub-(dem=)der	(aus=)von	(geworden-ist=)war-(es=er)	(das-all=)all-das

21 מִי	הֶעָפָר׃	אֶל־	שָׁב	וְהַכֹּל
miʸ	hɛʿɔpɔr.	-ʾɛl	šɔb	wᵊhakkol
Wer	.Staub-(dem=)der	zu	zurückkehrend(er)-(ist)	(das-all=)all-das-und

בְּנֵי	רוּחַ	יֹדֵעַ
bᵊneʸ	ruʷaḥ	yoʷdeaᶜ
(Kinder=)Söhne-(der)	Geist-(den)	(kennt=)wissend(er)-(ist)

הִיא	הָעֹלָה	הָאָדָם
hiʸʾ	hɔᶜolɔʰ	hɔʾɔdɔm
(er=)sie	(ist)-emporsteigend(e)-(ob=)die	,Mensch(en)-(des=)der

הַיֹּרֶדֶת	הַבְּהֵמָה	וְרוּחַ	לְמָעְלָה
hayyorɛdɛt	habbᵊhemɔʰ	wᵊruʷaḥ	lᵊmɔᶜᵊlɔʰ
(ist)-hinabsteigend(e)-ob	,Vieh(s-des=)das	Geist-(der)-und	,hin-oben-(nach=)zu

אֵין	כִּי	22 וְרָאִיתִי	לָאָרֶץ׃	לְמַטָּה	הִיא
ʾeʸn	kiʸ	wᵊrɔʾiʸtiʸ	lɔʾɔrɛṣ.	lᵊmaṭṭɔʰ	hiʸʾ
(ist)-nicht	dass	,(ein)-sah-ich-(So=)Und	?Erde-die-(in=)zu	abwärts	(er=)sie

הָאָדָם	יִשְׂמַח	מֵאֲשֶׁר	טוֹב
hɔʾɔdɔm	yiśᵊmaḥ	meʾᵃšɛr	ṭoʷb
Mensch-der	(freue=)freut-sich-(er)	dass-(als=)von	,(Besseres=)Gut(es)

מִי	כִּי	חֶלְקוֹ	הוּא	כִּי־	בְּמַעֲשָׂיו
miʸ	kiʸ	ḥɛlᵊqoʷ	huʷʾ	-kiʸ	bᵊmaᶜᵃśɔʸw
wer	denn	;(An)teil-sein	(ist-das=)er	denn	,Werke(n)-seine(n)-(an=)in

בְּמֶה	לִרְאוֹת	יְבִיאֶנּוּ
bᵊmɛʰ	lirᵊʾoʷt	yᵊbiʸʾɛnnuʷ
was-,(an=)in	sehen-zu-(um)	ihn-(hinführen=)machen-kommen-(soll=)wird-(er)

אַחֲרָיו׃	שֶׁיִּהְיֶה
ʾaḥᵃrɔʸw.	šɛʸyihᵊyɛʰ
?hm-nach	sein-wird-(es=er)-(da=)welch(es)

4

אֶת־כָּל־	וָאֶרְאֶה	אֲנִי	1 וְשַׁבְתִּי
-kol-ʾɛt	wɔʾɛrᵊʾɛʰ	ʾᵃniʸ	wᵊšabᵊtiʸ
all(e)***	sah-ich-(als=)und	,ich	(wieder=)kehrte-ich-Und

תַּחַת	נַעֲשִׂים	אֲשֶׁר	הָעֲשֻׁקִים
taḥat	naᶜᵃśiʸm	ʾᵃšɛr	hɔᶜᵃšuqiʸm
unter	werdend(e)-gemacht-sind-(sie)	(die=)welch(e)	,Gewalttaten-die

הָעֲשֻׁקִים	דִּמְעַת	וְהִנֵּה	הַשָּׁמֶשׁ
hɔᶜᵃšuqiʸm	dimᵊᶜat	wᵊhinneʰ	haššɔmɛš
,Unterdrückten-(der=)die	Träne-(die)	(war-da),siehe-und	,Sonne-(der=)die

וּמִיַּד	מְנַחֵם	לָהֶם	וְאֵין
uʷmiʸyad	mᵊnaḥem	lɔhɛm	wᵊʾeʸn
Hand-(der)-von-und	,Tröstender-(ein)	(sie-für=)ihnen-zu	war-nicht-(aber=)und

לָהֶם	וְאֵין	כֹּחַ	עֹשְׁקֵיהֶם
lɔhɛm	wᵊʾeʸn	koaḥ	ʿošᵊqeʸhɛm
(sie-für=)ihnen-zu	war-nicht-(aber=)und	,Gewalt-(kam)	Unterdrücker-ihre(r)

אֲנִי	2 וְשַׁבֵּחַ	מְנַחֵם׃
ʾᵃniʸ	wᵊšabbeaḥ	mᵊnaḥem.
(vollführte)-ich	Glücklichpreisen-(ein)-Und	.Tröstender-(ein)

מִן־	מֵתוּ	שֶׁכְּבָר	אֶת־הַמֵּתִים
-min	metuʷ	šɛkkᵊbɔr	hammetiʸm-ʾɛt
(als-mehr=)von	,gestorben-sind-(sie)	längst-welch(e)	,Toten-die-(für)***

עֲדֶנָה׃	חַיִּים	הֵמָּה	אֲשֶׁר	הַחַיִּים
ʿᵃdɛnɔʰ.	ḥayyiʸm	hemmɔʰ	ʾᵃšɛr	haḥayyiʸm
;(noch=)hierher-bis	lebend(e)	(sind)-sie	welch(e)	,Lebenden-die-(für)

אֵת	מִשְּׁנֵיהֶם	3 וְטוֹב
ʾet	miššᵊneʸhɛm	wᵊṭoʷb
,(den)***(glücklich-ich-preise)	beide-sie-(als-mehr=)von	(glücklicher=)gut-und

אֲשֶׁר	הָיָה	לֹא	עֲדֶן	אֲשֶׁר־
ʾᵃšɛr	hɔyɔʰ	loʾ	ʿᵃdɛn	-ʾᵃšɛr
dass	,(Dasein-zum-gelangte=)geworden-ist-(er)	nicht	bisher	welch(er)

אֲשֶׁר	הָרָע	אֶת־הַמַּעֲשֶׂה	רָאָה	לֹא־
ʾᵃšɛr	hɔrɔʿ	hammaʿᵃśɛʰ-ʾɛt	rɔʾɔʰ	-loʾ
welch(es)	,böse-das	,Treiben-das***	gesehen-(hat)-er	nicht

הַשָּׁמֶשׁ׃	תַּחַת	נַעֲשָׂה
haššɔmɛš.	taḥat	naʿᵃśɔʰ
.Sonne-(der=)die	unter	(verübt=)gemacht-(wird=)wurde-(es=er)

כָּל־	וְאֵת	עָמָל	כָּל־	אֶת־	אֲנִי	4 וְרָאִיתִי
-kol	wᵊʾet	ʿɔmɔl	-kol	-ʾɛt	ʾᵃniʸ	wᵊrɔʾiʸtiʸ
all(em)	(bei=)mit-und	Mühe	all(er)-(bei=)mit		ich	sah-(ich)-(Auch=)und

קִנְאַת־	הִיא	כִּי	הַמַּעֲשֶׂה	כִּשְׁרוֹן
-qinᵊʾat	hiʸʾ	kiʸ	hammaʿᵃśɛʰ	kišᵊroʷn
Eifersucht	(ist)-(es=)sie	dass	,Werk(es)-(des=)das	Erfolg

גַּם־	מֵרֵעֵהוּ	אִישׁ
-gam	mere^{c}ehu^{w}	ʾi^{y}š
Auch	.(anderen-den-gegen=)Gefährten-seinem-von	(einen-des=)Mann

רוּחַ׃	וּרְעוּת	הֶבֶל	זֶה
ru^{w}aḥ.	u^{w}r^{ə}ʿu^{w}t	hɛbɛl	zɛ^{h}
.Wind(es)-(des)	Weiden-(ein)-und	(Nichtigkeit=)Windhauch	(ist-das=)dieser

אֶת־יָדָיו	חֹבֵק	5 הַכְּסִיל
yɔdɔ^{y}w-ʾɛt	ḥobeq	hakk^{ə}si^{y}l
Hände-(beiden)-seine***	(ineinander-legt=)umarmend(er)-(ist)	Tor-Der

6 טוֹב	אֶת־בְּשָׂרוֹ׃	וְאֹכֵל
ṭo^{w}b	b^{ə}śɔro^{w}-ʾɛt.	w^{ə}ʾokel
(Besser=)Gut	.Fleisch-(eigenen)-sein(em)-(von)***	(zehrend-ist=)essend(er)-und

חָפְנַיִם	מִמְּלֹא	נָחַת	כַף	מְלֹא
ḥop^{ə}nayim	mimm^{ə}loʾ	nɔḥat	kap	m^{ə}loʾ
Hände-beide(r)	Voll(es)-(ein)-(als=)von	Ruhe-(in)	Hand-(der)	Voll(es)-(ein)

אֲנִי	7 וְשַׁבְתִּי	רוּחַ׃	וּרְעוּת	עָמָל
ʾ^{a}ni^{y}	w^{ə}šab^{ə}ti^{y}	ru^{w}aḥ.	u^{w}r^{ə}ʿu^{w}t	ʿɔmɔl
,ich	(wieder=)kehrte-ich-Und	.Wind(es)-(des)	Weiden-(ein)-und	Mühsal-(in)

הַשָּׁמֶשׁ׃	תַּחַת	הֶבֶל	וָאֶרְאֶה
haššɔmɛš.	taḥat	hɛbɛl	wɔʾɛr^{ə}ʾɛ^{h}
:Sonne-(der=)die	unter	(Nichtigkeit=)Windhauch-(als)	(an)-sah-ich-(das=)und

בֵּן	גַּם	שֵׁנִי	וְאֵין	אֶחָד	8 יֵשׁ
ben	gam	šeni^{y}	w^{ə}ʾe^{y}n	ʾɛḥɔd	yeš
Sohn-(einen)	auch	,zwei(ten)-(einen)	(ohne=)nicht-und	einer	ist-Da

קֵץ	וְאֵין	לוֹ	אֵין־	וָאָח
qeṣ	w^{ə}ʾe^{y}n	lo^{w}	-ʾe^{y}n	wɔʾɔḥ
Ende-(ein)	ist-nicht-Und	.(er-hat=)ihm-zu	nicht	Bruder-(einen)-und

תִשְׂבַּע	לֹא־	עֵינָיו[עֵינוֹ]	גַּם־	עֲמָלוֹ	לְכָל־
tiś^{ə}baʿ	-loʾ	[ʿe^{y}no^{w}]ʿe^{y}nɔ^{y}w	-gam	ʿ^{a}mɔlo^{w}	-l^{ə}kol
satt-wird-(es=sie)	nicht	Auge-sein	auch	,Mühen-sein	all-(für=)zu

עָמֵל	אֲנִי	וּלְמִי	עֹשֶׁר
ʿɔmel	ʾ^{a}ni^{y}	u^{w}l^{ə}mi^{y}	ʿošɛr
abmühend(er)-mich-(bin)	ich	(wen-für=)wer-zu-Und	.Reichtum(s)-(des)

מִטּוֹבָה	אֶת־נַפְשִׁי	וּמְחַסֵּר
miṭṭoʷbɔʰ	napᵊšiʸ-ʾɛt	uʷmᵊḥasser
?Gute(m)-von-(etwas)	Seele-meine(r)***	(versagend=)lassend(er)-fehlen-und

הוּא:	רָע	וְעִנְיַן	הֶבֶל	זֶה	גַּם־
huʷʾ.	rɔʿ	wᵊʿinᵊyan	hɛbɛl	zɛʰ	-gam
.(ist-es=)er	böse(s)	Geschäft-(ein)-und	,Windhauch	(ist-das=)dieser	Auch

מִן־	הַשְּׁנַיִם	9 טוֹבִים
-min	haššᵊnayim	ṭoʷbiʸm
(als=)von	(sein-zwei[en]-zu=)Zwei(heit)-die	(ist-Besser=)Gut(e)

טוֹב	שָׂכָר	לָהֶם	יֵשׁ־	אֲשֶׁר	הָאֶחָד
ṭoʷb	śɔkɔr	lɔhɛm	-yeš	ʾᵃšɛr	hɔʾɛḥɔd
gut(en)	Lohn	(sie-für=)ihnen-zu	gibt-es	weil	,(allein-einer=)eine-der

יָקִים	הָאֶחָד	יִפֹּלוּ	אִם־	10 כִּי	בַּעֲמָלָם:
yɔqiʸm	hɔʾɛḥɔd	yippoluʷ	-ʾim	kiʸ	baʿᵃmɔlɔm.
aufrichten-wird-(er)	eine-der	,fallen-sie	wenn	Denn	.Mühe-ihre-(für=)in

וְאִילוֹ	אֶת־חֲבֵרוֹ
wᵊʾiʸloʷ	ḥᵃberoʷ-ʾɛt
(dagegen=)ihm-nicht-(und)	,Gefährte(n)-sein(en)***

וְאֵין	שֶׁיִּפּוֹל	הָאֶחָד
wᵊʾeʸn	šɛʸyippoʷl	hɔʾɛḥɔd
ist-nicht-(dann=)und	,fällt-(er)-welch(er)	,(Einzelne=)eine-(der)-(es-ist)

יִשְׁכְּבוּ	אִם־	11 גַּם	לַהֲקִימוֹ:	שֵׁנִי
yišᵊkᵊbuʷ	-ʾim	gam	lahᵃqiʸmoʷ.	šeniʸ
(beisammen)-liegen-(es=sie)	wenn	Auch	.ihn-auf-richten-zu	Zweiter-(ein)

לָהֶם	וְחַם	שְׁנַיִם
lɔhɛm	wᵊḥam	šᵊnayim
,ihnen-(wird=)zu	warm-(so=)und	,zwei

אֵיךְ	וּלְאֶחָד
ʾeʸk	uʷlᵊʾɛḥɔd
wie	,(Einzelnen=)einen-(dem=)zu-(aber=)und

יִתְקְפוֹ	12 וְאִם־	יֵחָם:
yitᵊqᵊpoʷ	-wᵊʾim	yeḥɔm.
,ihn-überwältigten-sie	wenn-Und	?warm-werden-(soll=)wird-(es=)er

יַעַמְדוּ	הַשְּׁנַיִם	הָאֶחָד
yaᶜamᵊduʷ	haššᵊnayim	hɔʾɛḥɔd
(ein)stehen-(würden=)werden-(sie)	zwei-die	,(Einzelnen-einen=)eine-der

בִּמְהֵרָה	לֹא	הַמְשֻׁלָּשׁ	וְהַחוּט	נֶגְדּוֹ
bimᵊherɔʰ	loʾ	hamᵊšullɔš	wᵊhaḥuʷṭ	nɛgᵊdoʷ
(bald-so=)Eile-in	nicht	,dreifache-der	,Faden-der-und	,(ihn-für=)ihm-vor

מִסְכֵּן	יֶלֶד	13 טוֹב	יִנָּתֵק׃
misᵊken	yɛlɛd	ṭoʷb	yinnɔteq.
,armer	Knabe-(ein)	(Besser=)Gut	.(zerrissen=)abgerissen-wird-(er)

וּכְסִיל	זָקֵן	מִמֶּלֶךְ	וְחָכָם
uʷkᵊsiʸl	zɔqen	mimmɛlɛk	wᵊḥɔkɔm
,Tor-(ein)-(aber=)und	,alter	König-(ein)-(als=)von	,weise-(aber=)und

לְהִזָּהֵר	יָדַע	לֹא־	אֲשֶׁר
lᵊhizzɔher	yɔdaᶜ	-loʾ	ʾašɛr
sich-lassen-warnen-zu	(versteht=)wusste-(er)	nicht	(der=)welch(er)

מִבֵּית	14 כִּי־	עוֹד׃
mibbeʸt	-kiʸ	ᶜoʷd.
-Haus-(dem)-(aus=)von	Denn	.(mehr=)noch

כִּי	לִמְלֹךְ	יָצָא	הָסוּרִים
kiʸ	limᵊlok	yɔṣɔʾ	hɔsuʷriʸm
wenn	,herrschen-zu	heraus-kam-er	(Gefängnis=)Gebundene(n)-(der=)die

רָשׁ׃	נוֹלַד	בְּמַלְכוּתוֹ	גַּם
rɔš.	noʷlad	bᵊmalᵊkuʷtoʷ	gam
.(Armer-als=)arm	geboren-war-er	Königsherrschaft-seine(r)-(unter=)in	auch

תַּחַת	הַמְהַלְּכִים	הַחַיִּים	15 אֶת־כָּל־	15 רָאִיתִי
taḥat	hamᵊhallᵊkiʸm	haḥayyiʸm	-kol-ʾɛt	rɔʾiʸtiʸ
unter	(wandeln=)Gehenden-die	,Lebenden-die	all***	sah-Ich

אֲשֶׁר	הַשֵּׁנִי	הַיֶּלֶד	עִם	הַשָּׁמֶשׁ
ʾašɛr	haššeniʸ	hayyɛlɛd	ᶜim	haššɔmɛš
welch(er)	,zweite(n)-(dem=)der	,Knabe(n)-(dem=)der	mit	,Sonne-(der=)die

תַּחְתָּיו׃	יַעֲמֹד
taḥᵊtɔʸw.	yaᶜᵃmod
.(Stelle-seiner-an=)ihm-unter	(auftreten=)stehen-(sollte=)wird-(er)

לְכֹל	הָעָם	לְכָל־	קֵץ	16 אֵין־
lᵊkol	hɔʿɔm	-lᵊkol	qeṣ	-ʾeʸn
,all(es)-(für=)zu	,Volk-das	all-(für=)zu	Ende-(ein)	(war=)ist-Nicht

גַּם	לִפְנֵיהֶם	הָיָה	אֲשֶׁר־
gam	lipᵊneʸhɛm	hɔyɔʰ	-ʾᵃšɛr
auch	,Gesichter(n)-ihre(n)-(vor=)zu	(geschah=)war-(es=er)	(was=)welch(es)

גַּם־	כִּי־	בּוֹ	יִשְׂמְחוּ־	לֹא	הָאַחֲרוֹנִים
-gam	-kiʸ	bôʷ	-yiśᵊmᵊḥuʷ	loʾ	hɔʾaḥᵃroʷniʸm
auch	denn	;(ihn-über=)ihm-in	freuen-sich-werden-(sie)	nicht	Späteren-die

רוּחַ׃	וְרַעְיוֹן	הֶבֶל	זֶה
ruʷaḥ.	wᵊraʿᵊyoʷn	hɛbɛl	zɛʰ
.Wind(es)-(des)	Weiden-(ein)-und	(Nichtigkeit=)Windhauch	(ist-das=)dieser

בֵּית	אֶל־	תֵּלֵךְ	כַּאֲשֶׁר	רַגְלֶיךָ[רַגְלְךָ]	17 שְׁמֹר
beʸt	-ʾɛl	telek	kaʾᵃšɛr	[ragᵊlᵊkɔ]ragᵊlɛʸkɔ	šᵊmor
Haus-(das)	(in=)zu	gehst-du	wann	,Fuß-dein(en)	Hüte

לִשְׁמֹעַ	וְקָרוֹב	הָאֱלֹהִים
lišᵊmoaʿ	wᵊqɔroʷb	hɔʾᵋlohiʸm
hören-zu-(um)	Nahen-(ein)-Und	!(Gottes=)Götter-(der=)die

זָבַח	הַכְּסִילִים	מִתֵּת
zɔbaḥ	hakkᵊsiʸliʸm	mittet
,Opfer-(ein)	Toren-die	(darbringen-wenn=)Geben-(ein)-(als-mehr-ist=)von

רָע׃	לַעֲשׂוֹת	יוֹדְעִים	אֵינָם	כִּי־
rɔʿ.	laʿᵃśoʷt	yoʷdᵊʿiʸm	ʾeʸnɔm	-kiʸ
.Böse(s)	tun-zu-(als)	,kennend(e)-(sind)	(sie-anderes-nichts=)sie-nicht	denn

5

עַל־	תְּבַהֵל	1 אַל־
-ʿal	tᵊbahel	-ʾal
(mit=)auf	(vorschnell-sei=)eilen-(sollst=)wirst-du	Nicht

יְמַהֵר	אַל־	וְלִבְּךָ	פִּיךָ
yᵊmaher	-ʾal	wᵊlibbᵊkɔ	piʸkɔ
(voreilig-sei=)eilen-(soll=)wird-(es=er)	nicht	Herz-dein-und	,Mund-dein(em)

לִפְנֵי	דָבָר	לְהוֹצִיא
lipᵊneʸ	dɔbɔr	lᵊhoʷṣiʸʾ
(vor=)Gesichter-zu	(Gelöbnis)wort-(ein)	hervor-bringen-zu

הָאֱלֹהִים	כִּי	הָאֱלֹהִים
hɔˀᵋlohiʸm	kiʸ	hɔˀᵋlohiʸm
(Gott=)Götter-die	Denn	!(Gott=)Götter(n)-(den=)die

הָאָרֶץ	עַל־	וְאַתָּה	בַשָּׁמַיִם
hɔˀɔrɛṣ	-ʿal	wᵊˀattɔʰ	baššɔmayim
,Erde-(der=)die	auf	du-(aber=)und	,Himmel(n)-(den=)die-in-(ist)

2 כִּי	מְעַטִּים:	דְבָרֶיךָ	יִהְיוּ	עַל־כֵּן
kiʸ	mᵊʿaṭṭiʸm.	dᵊbɔrɛʸkɔ	yihᵊyuʷ	ken-ʿal
Denn	!wenige	Worte-deine(r)	(seien=)sein-werden-(sie)	(darum=)so-auf

בְּרֹב	הַחֲלוֹם	בָּא
bᵊrob	haḥᵃloʷm	bɔˀ
(Menge=)Vielheit-(einer)-(bei=)in	Traum-der	(ist)-kommend(er)

כְּסִיל	וְקוֹל	עִנְיָן
kᵊsiʸl	wᵊqoʷl	ʿinᵊyɔn
Tor(en)-(eines)	Stimme-(die)-und	,Geschäft(igkeit)-(von)

דְּבָרִים:	בְּרֹב
dᵊbɔriʸm.	bᵊrob
.Worte(n)-(von)	(Menge=)Vielheit-(einer)-(mit=)in

נֶדֶר	תִּדֹּר	3 כַּאֲשֶׁר
nɛdɛr	tiddor	kaˀᵃšɛr
Gelübde-(ein)	gelobst-du	(wie-Genauso=)welch(es)-Wie

תְּאַחֵר	אַל־	לֵאלֹהִים
tᵊˀaḥer	-ˀal	leˀlohiʸm
(säumen=)zögern-(sollst=)wirst-du	nicht	,(Gott=)Götter(n)-(den=)zu

חֵפֶץ	אֵין	כִּי	לְשַׁלְּמוֹ
ḥepɛṣ	ˀeʸn	kiʸ	lᵊšallᵊmoʷ
Gefallen	(er-hat=)ist-nicht	denn	,(es=)ihn-(einzulösen=)vollenden-zu

שַׁלֵּם:	תִּדֹּר	אֲשֶׁר־	אֵת	בַּכְּסִילִים
šallem.	tiddor	-ˀᵃšɛr	ˀet	bakkᵊsiʸliʸm
!(erfülle=)vergilt	,gelobst-du	(was=)welch(es)	***	;Toren-(den=)die-(an=)in

וְלֹא	מִשֶּׁתִּדּוֹר	תִדֹּר	לֹא־	אֲשֶׁר	4 טוֹב
wᵊloˀ	miššɛttiddoʷr	tiddor	-loˀ	ˀᵃšɛr	ṭoʷb
nicht-und	gelobst-du-dass-(als=)von	,gelobst-du	nicht	dass	,(Besser=)Gut

תִּתֵּן	5 אַל־	תְּשַׁלֵּם׃
titten	-ᵓal	tᵊšallem.
(gestatten=)geben-(sollst=)wirst-du	Nicht	.(erfüllst=)ersetzest-du

לַחֲטִיא	אֶת־פִּיךָ
laḥᵃṭiʸᵓ	piʸkɔ-ᵓɛt
(versündigen=)machen-sündigen-zu	Mund-dein(em)***

תֹּאמַר	וְאַל־	אֶת־בְּשָׂרֶךָ
toᵓmar	-wᵊᵓal	bᵊśɔrɛkɔ-ᵓɛt
sagen-(sollst=)wirst-du	nicht-und	,(Leib-deinen=)Fleisch-dein***

כִּי	הַמַּלְאָךְ	לִפְנֵי
kiʸ	hammalᵓɔk	lipᵊneʸ
dass	,(Gottes)bote(n)-(dem=)der	(vor=)Gesichter-zu

לָמָּה	הִיא	שְׁגָגָה
lɔmmɔʰ	hiʸᵓ	šᵊgɔgɔʰ
(Warum=)was-Zu	!(war)-(es=)sie	Vergehen-(unabsichtliches)-(ein)

עַל־	הָאֱלֹהִים	יִקְצֹף
-ᶜal	hɔᵓᵋlohiʸm	yiqᵊṣop
(über=)auf	(Gott=)Götter-die	zürnen-(soll=)wird-(es=er)

אֶת־מַעֲשֵׂה	וְחִבֵּל	קוֹלֶךָ
maᶜᵃśeʰ-ᵓɛt	wᵊḥibbel	qoʷlɛkɔ
Werk-(das)***	verderben-(wird-er)-und	(Reden=)Stimme-deine

בְרֹב	6 כִּי	יָדֶיךָ׃
bᵊrob	kiʸ	yɔdɛʸkɔ.
(von)-Vielheit-(üblichen-der)-(trotz=)in	Denn	?Hände-(zwei)-deine(r)

הַרְבֵּה	וּדְבָרִים	וַהֲבָלִים	חֲלֹמוֹת
harᵊbeʰ	uʷdᵊbɔriʸm	wahᵃbɔliʸm	ḥᵃlomoʷt
,(vielen=)Vieles-(ein)	Worte(n)-und	Nichtigkeiten-und	Träume(n)

עֹשֶׁק	7 אִם־	יְרָא׃	אֶת־הָאֱלֹהִים	כִּי
ᶜošɛq	-ᵓim	yᵊrɔᵓ.	hɔᵓᵋlohiʸm-ᵓɛt	kiʸ
Bedrückung	Wenn	!fürchte	(Gott=)Götter-die***	(vielmehr=)so

וָצֶדֶק	מִשְׁפָּט	וְגֵזֶל	רָשׁ
wɔṣɛdɛq	mišᵊpɔṭ	wᵊgezɛl	rɔš
Gerechtigkeit-(der)-und	Recht(s)-(des)	(Entziehung=)Raub-und	Arm(en)-(des)

אַל־	בַּמְּדִינָה	תִּרְאֶה
-ʾal	bammᵊdiʸnɔʰ	tirᵊʾɛʰ
nicht	,Landschaft-(der=)die-in	siehst-du

עַל־	תִּתְמַהּ
-ʿal	titᵊmaʰ
(über=)auf	(wundern-dich=)staunen-(sollst=)wirst-du

גָּבֹהַּ	כִּי	הַחֵפֶץ
gɔboaʰ	kiʸ	haḥepɛṣ
(Höherer=)Hoher-(ein)	denn	,(Angelegenheit-die=)Begehren-das

שֹׁמֵר	גָּבֹהַּ	מֵעַל
šomer	gɔboaʰ	meʿal
,wachend(er)-(ist)	Hohen-(einem)	(über=)auf-von

8 וְיִתְרוֹן	עֲלֵיהֶם׃	וּגְבֹהִים
wᵊyitᵊroʷn	ʿaleʸhɛm.	uʷgᵊbohiʸm
Vorzug-(der)-Und	.(sie-über=)ihnen-auf	(Höhere=)Hohe-(wieder)-und

מֶלֶךְ	הִיא[הוּא]	בַּכֹּל	אֶרֶץ
mɛlɛk	[huʷʾ]hiʸʾ	bakkol	ʾɛrɛṣ
König-(ein)-(dass)	,(es-ist=)[er]sie	all(edem)-(bei=)in	Land(es)-(eines)

9 אֹהֵב	נֶעֱבָד׃	לְשָׂדֶה
ʾoheb	nɛʿᵋbɔd.	lᵊśɔdɛʰ
Liebender-(Ein)	.(verehrt=)bedient-(wird=)wurde-(er)	Feld-(ein)-(über=)zu

וּמִי־	כֶּסֶף	יִשְׂבַּע	לֹא־	כֶּסֶף
-uʷmiʸ	kɛsɛp	yiśᵊbaʿ	-loʾ	kɛsɛp
wer-und	,(Geld=)Silber-(von)	satt-wird-(er)	nicht	(Geld=)Silber

גַּם־	תְבוּאָה	לֹא	בֶּהָמוֹן	אֹהֵב
-gam	tᵊbuʷʾɔʰ	loʾ	bɛhɔmoʷn	ʾoheb
Auch	.Ertrag-(am)	(satt-wird)-nicht	,Menge-(die=)in	liebend(er)-(ist)

10 בִּרְבוֹת	הָבֶל׃	זֶה
birᵊboʷt	hɔbɛl.	zɛʰ
(viel-Ist=)Vielsein-In	.(Nichtigkeit=)Windhauch	(ist-das=)dieser

כִּשְׁרוֹן	וּמַה־	אוֹכְלֶיהָ	רַבּוּ	הַטּוֹבָה
kišᵊroʷn	-uʷmaʰ	ʾoʷkᵊlɛʸhɔ	rabbuʷ	haṭṭoʷbɔʰ
Nutzen-(einen)	(für)-was-und	,Verzehrer-ihre	(sind)-viele	,Gut(e)-(das=)die

Kohelet 5,11-13

לִבְעָלֶ֔יהָ	כִּ֛י	אִם־
lib⁽ᵃ⁾ᵒlɛʸhɔ	kiʸ	-ʾim
,(Besitzer=)Herren-(dessen=)ihre-(haben=)zu	(als=)denn	(dass=)wenn

[רְאִית]רְאִ֔וּת	עֵינָ֑יו:	11 מְתוּקָה֙	שְׁנַ֣ת
[rᵊʾuʷt]rᵊʾyt	ʿeʸnɔʸw.	mᵊtuʷqɔʰ	šᵊnat
(haben)-Sehen-(ein)	.Augen-(zwei)-seine	(ist)-Süß(e)	Schlaf-(der)

הָעֹבֵ֔ד	אִם־	מְעַ֣ט	וְאִם־
hɔʿobed	-ʾim	mᵃʿaṭ	-wᵊʾim
,Arbeitende(n)-(des=)der	(ob=)wenn	wenig	(ob=)wenn-(oder=)und

הַרְבֵּ֖ה	יֹאכֵ֑ל	וְהַשָּׂבָע֙
harᵊbeʰ	yoʾkel	wᵊhaśśɔbɔʿ
Vieles-(ein)	,(esse=)isst-er	(Überfluss-der=)Sättigung-die-(doch=)und

לֶֽעָשִׁ֔יר	אֵינֶ֥נּוּ	מַנִּ֥יחַ	לֹ֖ו
lɛʿɔšiʸr	ʾeʸnɛnnuʷ	manniʸaḥ	loʷ
,Reich(en)-(des=)zu(m)	ist-er-nicht	(lassend=)machend(er)-ruhen	ihn-(zu)

לִישֹׁ֑ון: 12	יֵ֚שׁ	רָעָ֣ה	חֹולָ֔ה	רָאִ֖יתִי	תַּ֣חַת
liʸšoʷn.	yeš	rɔʿɔʰ	ḥoʷlɔʰ	rɔʾiʸtiʸ	taḥat
.schlafen-(zu)	gibt-Es	Übel-(ein)	,(schlimmes=)kranke(s)	sah-ich-(das)	unter

הַשָּׁ֑מֶשׁ	עֹ֖שֶׁר	שָׁמ֥וּר
haššɔmɛš	ʿošɛr	šɔmuʷr
:Sonne-(der=)die	,Reichtum	(auf)bewahrt

לִבְעָלָ֖יו	לְרָעָתֹֽו:
libᵊʿɔlɔʸw	lᵊrɔʿɔtoʷ.
,(Besitzer-seinem=)Herren-seinen-(von=)zu	.(Unheil=)Übel-sein(em)-zu-(wird)

13 וְאָבַ֛ד	הָעֹ֥שֶׁר	הַה֖וּא
wᵊʾɔbad	hɔʿošɛr	hahuʷʾ
verloren-(geht=)ging-(es=er)-(Wenn=)Und	,Reichtum-der	.jener

בְּעִנְיָ֣ן	רָ֑ע
bᵃʿinᵊyan	rɔʿ
(Geschehnis=)Geschäft-(ein)-(durch=)in	,(unglückliches=)Übel(s)-(eines)

וְהֹולִ֣יד	בֵּ֔ן	וְאֵ֥ין	בְּיָדֹ֖ו
wᵊhoʷliʸd	ben	wᵊʾeʸn	bᵊyɔdoʷ
gezeugt-hat-er-und	,Sohn-(einen)	ist-nicht-(dann=)und	Hand-seine(r)-in

יָצָא	14 כַּאֲשֶׁר	מְאוּמָה׃
yɔṣɔʾ	kaʾᵃšɛr	mᵊʾuʷmɔʰ.
hervor-ging-er	(als=)welch(es)-Wie	.(Geringste-das=)irgendetwas

יָשׁוּב	עָרוֹם	אִמּוֹ	מִבֶּטֶן
yɔšuʷb	ʿɔroʷm	ʾimmoʷ	mibbɛṭɛn
(wieder=)kehrt-er	nackt	,Mutter-sein(er)	Schoß-(dem)-(aus=)von

לֹא־	וּמְאוּמָה	כְּשֶׁבָּא	לָלֶכֶת
-loʾ	uʷmᵊʾuʷmɔʰ	kᵊšɛbbɔʾ	lɔlɛkɛt
nicht	etwas-und	kam-er-(als=)welch(es)-wie	,(dahin-geht=)gehen-zu

בַעֲמָלוֹ	יִשָּׂא
baʿᵃmɔloʷ	yiśśɔʾ
,Mühe-seine-(für=)in	(davon)-trägt-er

בְּיָדוֹ׃	שֶׁיֹּלֵךְ
bᵊyɔdoʷ.	šɛʸyolek
.(sich-mit=)Hand-seine(r)-in	(führen=)machen-gehen-(könnte=)wird-er-welch(es)

כָּל־עֻמַּת	חוֹלָה	רָעָה	זֹה	15 וְגַם־
ʿummat-kol	ḥoʷlɔʰ	rɔʿɔʰ	zoʰ	-wᵊgam
Entsprechend	:(schlimmes=)kranke(s)	Übel-(ein)	(ist)-dies(e)	auch-Und

יֵלֵךְ	כֵּן	שֶׁבָּא
yelek	ken	šɛbbɔʾ
.gehen-(muss=)wird-er	so	,gekommen-ist-er-(wie=)welch(es)

לוֹ	יִּתְרוֹן	וּמַה־
loʷ	yitᵊroʷn	-uʷmaʰ
,(hat-er=)ihm-zu	(Nutzen=)Gewinn-(einen)	(für)-was-(Also=)Und

יָמָיו	כָּל־	16 גַּם	לָרוּחַ׃	שֶׁיַּעֲמֹל
yɔmɔʸw	-kol	gam	lɔruʷaḥ.	šɛʸyaʿᵃmol
Tage-seine	all(e)	Auch	?Wind-den-(für=)zu	abmüht-sich-er-dass

וְכָעַס	יֹאכֵל	בַּחֹשֶׁךְ
wᵊkɔʿas	yoʾkel	baḥošɛk
verdrießlich-ist-er-und	,(verzehrt=)isst-er	Finsternis-der-in

17 הִנֵּה	וָקָצֶף׃	וְחָלְיוֹ	הַרְבֵּה
hinneʰ	wɔqɔṣɛp.	wᵊḥolᵊyoʷ	harᵊbeʰ
,Siehe	.Ärger-und	Krankheit-seine-(dazu=)und	,(allzusehr=)Vieles-(ein)

אֲשֶׁר־	טוֹב	אָנִי	רָאִיתִי	אֲשֶׁר־
-ᵓᵃšɛr	ṭoʷb	ᵓoniʸ	rᵓiʸtiʸ	-ᵓᵃšɛr
(was=)welch(es)	,gut-(als)	ich	(er)sehen-habe-(ich)	(was=)welch(es)

וְלִרְאוֹת	וְלִשְׁתּוֹת	לֶאֱכוֹל־	יָפֶה
wᵊlirᵊᵓoʷt	wᵊlišᵊtoʷt	-lɛᵓɛkoʷl	yopɛʰ
(genießen=)sehen-zu-und	trinken-zu-und	essen-zu	:(ist)-(wohlgeordnet=)schön

עֲמָלוֹ	בְּכָל־	טוֹבָה
ᶜᵃmoloʷ	-bᵊkol	ṭoʷboʰ
,(Erarbeiteten-mühsam=)Mühe-seine(m)	all-(von=)in	Gute(s)

יְמֵי־	מִסְפַּר	הַשֶּׁמֶשׁ	תַּחַת־	שֶׁיַּעֲמֹל
-yᵊmeʸ	misᵊpar	haššɛmɛš	-taḥat	šɛʸyaᶜᵃmol
Tage-(der)	Zahl-(die)	,Sonne-(der=)die	unter	abmüht-sich-er-welch(es)-(um)

כִּי־	הָאֱלֹהִים	לוֹ	נָתַן־	אֲשֶׁר־	חַיָּו[חַיָּיו]
-kiʸ	hoᵓᵋlohiʸm	loʷ	-notan	-ᵓᵃšɛr	[ḥayyoʸw]ḥayyow
denn	,(Gott=)Götter-die	ihm-(zu)	gab-(es=er)	welch(e)	,Leben(s)-seine(s)

אֲשֶׁר	כָּל־הָאָדָם	18 גַּם	חֶלְקוֹ׃	הוּא
ᵓᵃšɛr	hoᵓodom-kol	gam	ḥɛlᵊqoʷ.	huʷᵓ
welch(er)	,Mensch-(jeder=)der-all	Auch	.(An)teil-sein	(ist-das=)er

וּנְכָסִים	עֹשֶׁר	הָאֱלֹהִים	לוֹ	נָתַן־
uʷnᵊkosiʸm	ᶜošɛr	hoᵓᵋlohiʸm	loʷ	-notan
,Güter-und	Reichtum	(Gott=)Götter-die	ihm-(zu)	gab-(es=)er

מִמֶּנּוּ	לֶאֱכֹל	וְהִשְׁלִיטוֹ
mimmɛnnuʷ	lɛᵓᵋkol	wᵊhišᵊliʸṭoʷ
(davon=)ihm-von	(genießen=)essen-zu	ihn-ermächtigt-hat-er-und

וְלִשְׂמֹחַ	אֶת־חֶלְקוֹ	וְלָשֵׂאת
wᵊliśᵊmoaḥ	ḥɛlᵊqoʷ-ᵓɛt	wᵊlośeᵓt
sich-freuen-zu-und	Teil-sein(en)***	(nehmen=)tragen-zu-und

אֱלֹהִים	מַתַּת	זֹה	בַּעֲמָלוֹ
ᵓᵋlohiʸm	mattat	zoʰ	baᶜᵃmoloʷ
(Gottes=)Götter-(der)	Gabe-(eine)	,dies(e)	,Mühe-seine(r)-(bei=)in

אֶת־יְמֵי	יִזְכֹּר	הַרְבֵּה	לֹא	19 כִּי	הִיא׃
yᵊmeʸ-ᵓɛt	yizᵊkor	harᵊbeʰ	loᵓ	kiʸ	hiʸᵓ.
Tage-(die)***	an-denkt-er	(viel=)Vieles-(ein)	nicht	Denn	.(ist-es=)sie

חַיָּיו	כִּי	הָאֱלֹהִים
ḥayyɔʸw	kiʸ	hɔʾᵋlohiʸm
,Leben(s)-seine(s)	weil	(Gott=)Götter-die

מַעֲנֶה	בְּשִׂמְחַת
maʿᵃnɛʰ	bᵊśimᵊḥat
(entschädigt-ihn=)antwortend(er)-(ist)	Freude-(die)-(durch=)in

לִבּוֹ׃
libboʷ.
.Herzen(s)-sein(es)

6

1 יֵשׁ	רָעָה	אֲשֶׁר	רָאִיתִי	תַּחַת
yeš	rɔʿɔʰ	ʾᵃšɛr	rɔʾiʸtiʸ	taḥat
gibt-Es	,Übel-(ein)	(das=)welch(es)	gesehen-(habe)-ich	unter

הַשָּׁמֶשׁ	וְרַבָּה	הִיא	עַל־
haššɔmɛš	wᵊrabbɔʰ	hiʸʾ	-ʿal
,Sonne-(der=)die	(schwer=)viele-und	(es-ist=)sie	(für=)auf

הָאָדָם׃	2 אִישׁ	אֲשֶׁר	יִתֶּן־
hɔʾɔdɔm.	ʾiʸš	ʾᵃšɛr	-yittɛn
.Mensch(en)-(den=)der	,Mann-(Ein)	,welch(er)	(verlieh=)gibt-(es=)er

לוֹ	הָאֱלֹהִים	עֹשֶׁר	וּנְכָסִים	וְכָבוֹד
loʷ	hɔʾᵋlohiʸm	ʿošɛr	uʷnᵊkɔsiʸm	wᵊkɔboʷd
ihm-(zu)	(Gott=)Götter-die	Reichtum	Güter-und	,Ehre-und

וְאֵינֶנּוּ	חָסֵר	לְנַפְשׁוֹ	מִכֹּל
wᵊʾeʸnɛnnuʷ	ḥɔser	lᵊnapᵊšoʷ	mikkol
ist-er-nicht(s)-und	ermangelnd	Seele-seine-(für=)zu	,all(em)-von

אֲשֶׁר־	יִתְאַוֶּה	וְלֹא־
-ʾᵃšɛr	yitᵊʾawwɛʰ	-wᵊloʾ
(was=)welch(es)	,begehren-(mag=)wird-er	nicht-(aber=)und

יַשְׁלִיטֶנּוּ	הָאֱלֹהִים	לֶאֱכֹל
yašᵊliʸṭɛnnuʷ	hɔʾᵋlohiʸm	lɛʾᵋkol
(ihm-gestattet=)ihn-ermächtigt-(es=)er	(Gott=)Götter-die	(genießen=)essen-zu

מִמֶּנּוּ	כִּי	אִישׁ	נָכְרִי
mimmɛnnuʷ	kiʸ	ʾiʸš	nokᵊriʸ
,(davon=)ihm-von	(vielmehr=)denn	(Mensch=)Mann-(ein)	fremder

הֶבֶל	זֶה	יֹאכְלֶנּוּ
hɛbɛl	zɛʰ	yoʾkᵃlɛnnuʷ
,(Nichtigkeit=)Windhauch	(ist-Das=)Dieser	.(es=)ihn-(genießen=)essen-wird-(er)

3 אִם־	הוּא׃	רָע	וְחֹלִי
-ʾim	huʷʾ.	rɔʿ	wɔḥᵒliʸ
Wenn	.(ist-es=)er	böse(s)	(Leiden-ein=)Krankheit-(eine)-und

וְשָׁנִים	מֵאָה	אִישׁ	יוֹלִיד
wᵊšoniʸm	meʾɔʰ	ʾiʸš	yoʷliʸd
Jahre-und	(Kinder)-hundert	(einer=)Mann	(zeugte=)macht-gebären-(er)

יְמֵי־	שֶׁיִּהְיוּ	וְרַב	יִחְיֶה	רַבּוֹת
-yᵊmeʸ	šɛʸyihᵊyuʷ	wᵊrab	yiḥᵊyɛʰ	rabboʷt
Tage-(die)	(wären=)waren-(sie)-(wenn=)welch(e)	viel-und	,lebt(e)-er	viele

מִן־	תִשְׂבַּע	לֹא־	וְנַפְשׁוֹ	שָׁנָיו
-min	tiśᵊbaʿ	-loʾ	wᵊnapᵊšoʷ	šɔnɔʸw
(an=)von	sättigt-sich-(sie)	nicht	Seele-sein(e)-(aber=)und	,Jahre-seine(r)

הָיְתָה	לֹא־	קְבוּרָה	וְגַם־	הַטּוֹבָה
hɔyᵊtɔʰ	-loʾ	qᵊbuʷrɔʰ	-wᵊgam	haṭṭoʷbɔʰ
wurde-(sie)	nicht	Grabstätte-(eine)	(selbst=)auch-und	,Gute(n)-(dem=)die

מִמֶּנּוּ	טוֹב	אָמַרְתִּי	לוֹ
mimmɛnnuʷ	ṭoʷb	ʾɔmarᵊtiʸ	loʷ
(er-als=)ihm-von	(Besser=)Gut	:sag(t)e-ich	,ihm-zu(teil)

בַהֶבֶל	4 כִּי־	הַנָּפֶל׃
bahɛbɛl	-kiʸ	hannɔpɛl.
Nichtigkeit-in	Denn	!(Fehlgeburt-die=)Fallende-(vorzeitig)-das-(es-hat)

וּבַחֹשֶׁךְ	יֵלֵךְ	וּבַחֹשֶׁךְ	בָא
uʷbaḥošɛk	yelek	uʷbaḥošɛk	bɔʾ
Dunkel-(mit=)im-und	,geht-(sie=)er	Dunkel-das-in-und	,kam-(sie=)er

לֹא־	שֶׁמֶשׁ	5 גַּם־	יְכֻסֶּה׃	שְׁמוֹ
-loʾ	šɛmɛš	-gam	yᵊkussɛʰ.	šᵊmoʷ
nicht	Sonne-(die)	Auch	.(verhüllt=)bedeckt-wird-(sie=)er	Name-(ihr=)sein

נַחַת	יָדָע	וְלֹא	רָאָה
naḥat	yɔdɔʿ	wᵊloʾ	rɔʾɔʰ
Ruhe —	(gewahrte=)kannte-(sie=)er	nicht-und	,erblickte-(sie=)er

חָיָה	6 וְאִלּוּ	מִזֶּה:	לָזֶה
ḥɔyɔʰ	wᵊʾilluʷ	mizzɛʰ.	lɔzɛʰ
lebte-er	wenn-(selbst)-Und	.(jener=)dieser-(als-mehr=)von	dieser-(hat=)zu

רָאָה	לֹא	וְטוֹבָה	פַּעֲמַיִם	שָׁנִים	אֶלֶף
rɔʾɔʰ	loʾ	wᵊṭoʷbɔʰ	paᶜᵃmayim	šɔniʸm	ʾɛlɛp
,gesehen-(hätte=)hat-er	nicht	Gute(s)-und	,zweimal(e)	Jahre	tausend

הוֹלֵךְ:	הַכֹּל	אֶחָד	מָקוֹם	אֶל־	הֲלֹא
hoʷlek.	hakkol	ʾɛḥɔd	mɔqoʷm	-ʾɛl	hᵃloʾ
?gehend(er)-(ist)	(das-all=)all-das	ein(en)	Ort	(an=)zu	nicht-etwa

לְפִיהוּ	הָאָדָם	עֲמַל	7 כָּל־
lᵊpiʸhuʷ	hɔʾɔdɔm	ᶜᵃmal	-kol
,Mund-sein(en)-(für=)zu-(ist)	Mensch(en)-(des=)der	Mühen	All(es)

8 כִּי	תִמָּלֵא:	לֹא	הַנֶּפֶשׁ	וְגַם־
kiʸ	timmɔleʾ.	loʾ	hannɛpɛš	-wᵊgam
Denn	.(gestillt=)gefüllt-wird-(sie)	nicht	(Gier=)Seele-die	auch-und

הַכְּסִיל	מִן־	לֶחָכָם	יּוֹתֵר	מַה־
hakkᵊsiʸl	-min	lɛḥɔkɔm	yoʷter	-maʰ
,Tor(en)-(dem=)der	(vor=)von	Weise-(der)-(hat=)zu	Vorteil	(welchen=)was

לַהֲלֹךְ	יוֹדֵעַ	לֶעָנִי	מַה־
lahᵃlok	yoʷdeaᶜ	lɛᶜɔniʸ	-maʰ
(wandelt-er-dass=)gehen-zu	,wissend(er)	Elende-der-(hat=)zu	(welchen=)was

עֵינַיִם	מַרְאֵה	9 טוֹב	הַחַיִּים:	נֶגֶד
ᶜeʸnayim	marᵊʾeʰ	ṭoʷb	haḥayyiʸm.	nɛgɛd
,Augen-(zweier)	Sehen-(ein)	(ist)-(Besser=)Gut	?Lebenden-(den=)die	vor

זֶה	גַּם־	נָפֶשׁ	מֵהֲלָךְ־
zɛʰ	-gam	nɔpɛš	-mehᵃlok
(ist-das=)dieser	Auch	.(Gier=)Seele-(mit)	gehen-(als=)von

10 מַה־	רוּחַ:	וּרְעוּת	הֶבֶל
-maʰ	ruʷaḥ.	uʷrᵊᶜuʷt	hɛbɛl
Was	.Wind(es)-(des)	Weiden-(ein)-und	(Nichtigkeit=)Windhauch

כְּבָר	שֶׁהָיָה
kᵊbɔr	šɛhɔyɔʰ
längst —	geschehen-ist-(es=er)-(da=)welch(es)

שְׁמוֹ	נִקְרָא
šᵊmoʷ	niqᵊrɔʾ
.(Identität-seine=)Name-sein	(genannt=)gerufen-wurde-(es=)er

אָדָם	הוּא	אֲשֶׁר־	וְנוֹדָע
ʾɔdɔm	huʷʾ	-ʾᵃšɛr	wᵊnoʷdɔʿ
Mensch-(ein)	(ist)-er	dass	,bekannt-ist-(es=er)-(Somit=)Und

עִם	לָדִין	יוּכַל	וְלֹא־
ʿim	lɔdiʸn	yuʷkal	-wᵊlɔʾ
mit	rechten-zu	(vermag=)kann-er	nicht-(dass=)und

יֵשׁ־	11 כִּי	מִמֶּנּוּ׃	שֶׁהתַּקִּיף[שֶׁתַּקִּיף]
-yeš	kiʸ	mimmɛnnuʷ.	[šɛttaqqiʸp]šɛhttaqqiʸp
gibt-es	Denn	.(er-als-mehr=)ihm-von	stark-ist-der-,(dem=)welch(em)

מַרְבִּים	הַרְבֵּה	דְּבָרִים
marᵊbiʸm	harᵊbeʰ	dᵊbɔriʸm
(mehrend=)viel-machend(e)-(sind)	(viele=)Vieles-(ein)	(Dinge=)Worte

לָאָדָם׃	יֹּתֵר	מַה־	הָבֶל
lɔʾɔdɔm.	yoter	-maʰ	hɔbɛl
?Mensch(en)-(den)-(für=)zu	Vorteil-(der)	(ist)-Was	.(Nichtigkeit=)Windhauch

לָאָדָם	טּוֹב	מַה־	יוֹדֵעַ	מִי־	12 כִּי
lɔʾɔdɔm	ṭoʷb	-maʰ	yoʷdeaʿ	-miʸ	kiʸ
Mensch(en)-(den)-(für=)zu	(ist)-gut	was	,wissend(er)	(ist)-wer	Denn

יְמֵי־	מִסְפַּר	בַּחַיִּים
-yᵊmeʸ	misᵊpar	baḥayyiʸm
Tage-(der)	Zahl-(die)	,(Leben-im=)Lebenden-(den=)die-(bei=)in

הֶבְלוֹ	חַיֵּי
hɛbᵊloʷ	ḥayyeʸ
,(Vergänglichkeit=)Nichtigkeit-seine	,(Lebens-des=)Lebenden-(der)

כַּצֵּל	וְיַעֲשֵׂם
kaṣṣel	wᵊyaʿᵃśem
?Schatten-(dem=)der-(gleich=)wie	sie-(gestalte=)macht(e)-er-(dass=)und

מַה־	לָאָדָם	יַגִּיד	מִי־	אֲשֶׁר
-maʰ	lɔʾɔdɔm	yaggiʸd	-miʸ	ʾᵃšɛr
was	,Mensch(en)-(dem=)zum	kündet-(er)	wer	(Denn=)Welch(er)

יִהְיֶה yihᵊyɛʰ sein-wird-(es=er)
אַחֲרָיו ʾaḥᵃrɔʸw ihm-nach
תַּחַת taḥat unter
הַשָּׁמֶשׁ׃ haššɔmɛš. ?Sonne-(der=)die

7

1 טוֹב ṭoʷb gut(er)-(Ein)
שֵׁם šem (Ruf=)Name
מִשֶּׁמֶן miššɛmɛn Öl-(als-besser-ist=)von
טוֹב ṭoʷb ,gut(es)

וְיוֹם wᵊyoʷm Tag-(der)-und
הַמָּוֶת hammɔwɛt Tod(es)-(des=)der
מִיּוֹם miʸyoʷm Tag-(der)-(als-besser=)von

הִוָּלְדוֹ׃ hiwwɔlᵊdoʷ. .Geborenwerden(s)-sein(es)

2 טוֹב ṭoʷb (Besser=)Gut
לָלֶכֶת lɔlɛkɛt gehen-zu
אֶל־ -ʾɛl (in=)zu
בֵּית־ -beʸt Haus-(das)

אֵבֶל ʾebɛl Trauer-(der)
מִלֶּכֶת millɛkɛt gehen-(als=)von
אֶל־ -ʾɛl (in=)zu
בֵּית beʸt Haus-(das)
מִשְׁתֶּה mišᵊtɛʰ ,(Fest)gelage(s)-(eines)

בַּאֲשֶׁר baʾᵃšɛr (dieweil=)welch(em)-in
הוּא huʷʾ (jenes=)er
סוֹף soʷp Ende-(das)
כָּל־ -kol all
הָאָדָם hɔʾɔdɔm ,(ist)-Mensch(en)-der

וְהַחַי wᵊhaḥay Lebende-der-und
יִתֵּן yitten nehmen-(soll=)wird-(er)
אֶל־ -ʾɛl zu
לִבּוֹ׃ libboʷ. .(sich's=)sein-Herz(en)

3 טוֹב ṭoʷb (Besser=)Gut
כַּעַס kaʿas Unmut
מִשְּׂחֹק miśśᵊḥoq ,Lachen-(als=)von
כִּי־ -kiʸ denn

בְּרֹעַ bᵊroaʿ (Traurigkeit=)Hässlichkeit-(bei=)in
פָּנִים pɔniʸm (Miene=)Gesichter-(der)

יִיטַב yiʸṭab (wohl=)gut-ist-(es=er)
לֵב׃ leb. .Herz(en)-(dem)

4 לֵב leb Herz-(Das)
חֲכָמִים ḥᵃkɔmiʸm Weise(n)-(der)

בְּבֵית bᵊbeʸt Haus-(dem)-in-(ist)
אֵבֶל ʾebɛl ,Trauer-(der)
וְלֵב wᵊleb Herz-(das)-und
כְּסִילִים kᵊsiʸliʸm Tore(n)-(der)
בְּבֵית bᵊbeʸt Haus-(dem)-in

חָכָם	גַּעֲרַת	לִשְׁמֹעַ	5 טוֹב	שִׂמְחָה׃
ḥɔkɔm	ga^{ᶜa}rat	liš^{ə}moa^{c}	ṭo^{w}b	śim^{ə}ḥɔ^{h}.
Weise(n)-(des)	Schelten-(das)	hören-zu	(Besser=)Gut	.Fröhlichkeit-(der)

6 כִּי	כְּסִילִים׃	שִׁיר	שֹׁמֵעַ	מֵאִישׁ
ki^{y}	k^{ə}si^{y}li^{y}m.	ši^{y}r	šomea^{c}	meʾi^{y}š
Denn	.Narren-(der)	Lied-(ein)	hörend(er)-(ist)	(einer=)Mann-(als=)von

הַסִּיר	תַּחַת	הַסִּירִים	כְקוֹל
hassi^{y}r	taḥat	hassi^{y}ri^{y}m	k^{ə}qo^{w}l
,(Kessel=)Topf-(dem=)der	unter	Dornen-(der=)die	(Prasseln-das=)Stimme-wie

זֶה	וְגַם־	הַכְּסִיל	שְׂחֹק	כֵּן
zɛ^{h}	-w^{ə}gam	hakk^{ə}si^{y}l	ś^{ə}ḥoq	ken
(ist-das=)dieser	auch-und	;Narr(en)-(des=)der	Lachen-(das)	(ist)-so

יְהוֹלֵל	הָעֹשֶׁק	7 כִּי	הָבֶל׃
y^{ə}ho^{w}lel	hɔᶜošɛq	ki^{y}	hɔbɛl.
Toren-zum-macht-(sie=er)	Erpressung-die	Denn	.(Nichtigkeit=)Windhauch

אֶת־לֵב	וִיאַבֵּד	חָכָם
leb-ʾɛt	wi^{y}ʾabbed	ḥɔkɔm
Herz-(das)***	verdirbt-(es=)er-und	Weise(n)-(einen)

אַחֲרִית	8 טוֹב	מַתָּנָה׃
ʾaḥ^{a}ri^{y}t	ṭo^{w}b	mattɔnɔ^{h}.
Ausgang-(der)	(Besser=)Gut	.(Bestechungs)geschenk-(ein)

טוֹב	מֵרֵאשִׁיתוֹ	דָּבָר
ṭo^{w}b	mereʾši^{y}to^{w}	dɔbɔr
(Besser=)Gut	.Anfang-sein-(als=)von	(Sache-einer=)Wort(es)-(eines)

רוּחַ	אֶרֶךְ־
ru^{w}aḥ	-ʾɛrɛk
(Langmütige=)Geist(es)	-lang(en)-(der)

9 אַל־	רוּחַ׃	מִגְּבַהּ־
-ʾal	ru^{w}aḥ	-migg^{ə}bah.
Nicht	.(Hochmütige=)Geist(es)	-hohe(n)-(der)-(als=)von

בְּרוּחֲךָ	תְּבַהֵל
b^{ə}ru^{w}ḥ^{a}kɔ	t^{ə}bahel
(Gemüt=)Geist-dein(em)-(mit=)in	(drängen=)eilen-(sollst=)wirst-du

לִכְעוֹס כִּי כַעַס בְּחֵיק כְּסִילִים יָנוּחַ׃
likᵃᶜoʷs kiʸ kaᶜas bᵊḥeʸq kᵊsiʸliʸm yɔnuʷaḥ.
,verdrießen-zu-(um) denn Verdruss Busen-(im=)in Tore(n)-(der) .ruht-(er)

10 אַל־ תֹּאמַר מֶה הָיָה
-ʾal toʾmar meʰ hɔyɔʰ
Nicht :sagen-(sollst=)wirst-du (Wie=)Was ,(es-geschah=)war-er

שֶׁהַיָּמִים הָרִאשֹׁנִים הָיוּ טוֹבִים
šɛhayyɔmiʸm hɔriʾšoniʸm hɔyuʷ ṭoʷbiʸm
,(Zeiten=)Tage-die-dass ,(früheren=)ersten-die waren-(sie) (besser=)gut(e)

מֵאֵלֶּה כִּי לֹא מֵחָכְמָה שָׁאַלְתָּ
meʾellɛʰ kiʸ loʾ meḥokᵊmɔʰ šɔʾalᵊtɔ
,diese-(als=)von denn nicht Weisheit-(der)-(aus=)von frag(te)st-du

עַל־זֶה׃ 11 טוֹבָה חָכְמָה עִם־ נַחֲלָה
zɛʰ-ᶜal. ṭoʷbɔʰ ḥokᵊmɔʰ -ᶜim naḥᵃlɔʰ
.(danach=)dieser-auf (ist)-Gut(e) Weisheit (bei=)mit ,Besitz

וְיֹתֵר לָרֹאֵי הַשָּׁמֶשׁ׃ 12 כִּי בְּצֵל
wᵊyoter lᵊroʾeʸ haššɔmɛš. kiʸ bᵊṣel
Vorzug-(ein)-und Schauende-(für=)zu .Sonne-die Denn Schatten-(im=)in

הַחָכְמָה בְּצֵל הַכָּסֶף
haḥokᵊmɔʰ bᵊṣel hakkɔsɛp
Weisheit-(der=)die Schatten-(im=)in-(wie-ist) ,(sein)-Silber(s)-(des=)das

וְיִתְרוֹן דַּעַת הַחָכְמָה תְּחַיֶּה
wᵊyitᵊroʷn daᶜat haḥokᵊmɔʰ tᵊḥayyɛʰ
Vorzug-(der)-und (ist)-Wissen(s)-(des) ,Weisheit-die Leben-am-erhält-sie

בְעָלֶיהָ׃ 13 רְאֵה אֶת־מַעֲשֵׂה
bᵃᶜɔlɛʸhɔ. rᵊʾeʰ maᶜᵃśeʰ-ʾɛt
.(Eigner=)Herren-ihre(n) (Betrachte=)Sieh Werk-(das)***

הָאֱלֹהִים כִּי מִי יוּכַל לְתַקֵּן
hɔʾᵉlohiʸm kiʸ miʸ yuʷkal lᵊtaqqen
,(Gottes=)Götter-(der=)die denn wer (vermag=)kann-(er) ,gerade-machen-zu

אֵת אֲשֶׁר עִוְּתוֹ׃ 14 בְּיוֹם
ʾet ʾᵃšɛr ᶜiwwᵊtoʷ. bᵊyoʷm
*** (was=)welch(es) .(es=ihn)-gekrümmt-hatte-er Tag-(Am=)In

וּבְיוֹם	בְּטוֹב	הֱיֵה	טוֹבָה
uʷbᵊyoʷm	bᵊṭoʷb	hᵉyeʰ	ṭoʷbɔʰ
Tag-(am=)-in-und	,(Dinge-guter=)Gut-in	sei	(Glücks-des=)Gute(n)-(der)

לְעֻמַּת־	אֶת־זֶה	גַּם	רְאֵה	רָעָה
-lᵊᶜummat	zɛʰ-ᵓɛt	gam	rᵊᵓeʰ	rɔᶜɔʰ
bei-nahe	(diesen=)dieser***	Auch	:(denke=)sieh	(Unglücks=)Übel(s)-(des)

עַל־דִּבְרַת	הָאֱלֹהִים	עָשָׂה	זֶה
dibᵊrat-ᶜal	hɔᵓᵉlohiʸm	ᶜɔśɔʰ	zɛʰ
,(deswegen=)Sache-auf	,(Gott=)Götter-die	gemacht-hat-(es=er)	(jenem=)dieser

אַחֲרָיו	הָאָדָם	יִמְצָא	שֶׁלֹּא
ᵓaḥᵃrɔʸw	hɔᵓɔdɔm	yimᵊṣɔᵓ	šɛlloᵓ
ihm-nach	Mensch-der	(heraus)finden-(kann=)wird-(es=er)	nicht-dass

בִּימֵי	רָאִיתִי	15 אֶת־הַכֹּל	מְאוּמָה׃
biʸmeʸ	rɔᵓiʸtiʸ	hakkol-ᵓɛt	mᵊᵓuʷmɔʰ.
Tagen-(den)-in	sah-ich	all(es)-Das***	.(Geringste-das=)irgendetwas

אֹבֵד	צַדִּיק	יֵשׁ	הֶבְלִי
ᵓobed	ṣaddiʸq	yeš	hɛbᵊliʸ
gehend(er)-zugrunde	Gerechter-(ein)	ist-Da	:Nichtigkeit-meine(r)

רָשָׁע	וְיֵשׁ	בְּצִדְקוֹ
rɔšɔᶜ	wᵊyeš	bᵊṣidᵊqoʷ
Frevler-(ein)	ist-da-und	,Gerechtigkeit-seine-(durch=)in

16 אַל־	בְּרָעָתוֹ׃	מַאֲרִיךְ
-ᵓal	bᵊrɔᶜɔtoʷ.	maᵓᵃriʸk
Nicht	.Bosheit-seine(r)-in	(lebend-lange=)lang-machend(er)

וְאַל־	הַרְבֵּה	צַדִּיק	תְּהִי
-wᵊᵓal	harᵊbeʰ	ṣaddiʸq	tᵊhiʸ
nicht-und	,(allzusehr=)Vieles-(ein)	gerecht(er)	sein-(sollst=)wirst-du

לָמָּה	יוֹתֵר	תִּתְחַכַּם
lɔmmɔʰ	yoʷter	titᵊḥakkam
(Warum=)was-Zu	!übermäßig	weise-dich-gebärden-(sollst=)wirst-du

17 אַל־	תִּשּׁוֹמֵם׃
-ᵓal	tiššoʷmem.
Nicht	?(richten-zugrunde=)zerstören-dich-(willst=)wirst-du

וְאַל-	הַרְבֵּה	תִּרְשַׁע
-wᵊʾal	harᵊbeʰ	tirᵊšaᶜ
nicht-und	,(arg=)Vieles-(ein)	werden-schuldig-(sollst=)wirst-du

תָמוּת	לָמָּה	סָכָל	תְּהִי
tɔmuʷt	lɔmmɔʰ	sɔkɔl	tᵊhiʸ
,sterben-(solltest=)wirst-du	(Warum=)was-Zu	!Tor-(ein)	sein-(sollst=)wirst-du

תֶּאֱחֹז	אֲשֶׁר	טוֹב 18	עִתֶּךָ׃	בְּלֹא
tɛʾɛḥoz	ʾašɛr	ṭoʷb	ᶜittɛkɔ.	bᵊloʾ
festhälst-du	dass	,(ist's)-Gut	?Zeit-deine	(ist-es)-nicht-(wenn=)in

אַל-	מִזֶּה	וְגַם-	בָּזֶה
-ʾal	mizzɛʰ	-wᵊgam	bɔzɛʰ
nicht	(anderen-dem=)dieser-von	auch-und	,(einen-dem-an=)dieser-in

כִּי-	אֶת-יָדֶךָ	תַּנַּח
-kiʸ	yɔdɛkɔ-ʾɛt	tannaḥ
denn	,Hand-deine***	(lassen-entgleiten=)hinlegen-(sollst=)wirst-du

יֵצֵא	אֱלֹהִים	יְרֵא
yeṣeʾ	ʾɛlohiʸm	yᵊreʾ
(entgeht=)heraus-kommt-(er)	(Gottes=)Götter	-fürchtige-(der)

תָּעֹז	הַחָכְמָה 19	אֶת-כֻּלָּם׃
tɔᶜoz	haḥokᵊmɔʰ	kullɔm-ʾɛt.
(Stärke-gibt=)stark-ist-(sie)	Weisheit-Die	.(alledem=)sie-all(e)***

אֲשֶׁר	שַׁלִּיטִים	מֵעֲשָׂרָה	לֶחָכָם
ʾašɛr	šalliʸṭiʸm	meᶜašɔrɔʰ	lɛḥɔkɔm
welch(e)	,Machthaber(n)	zehn-(als-mehr=)von	Weise(n)-(dem=)zu

אֵין	אָדָם	כִּי 20	בָּעִיר׃	הָיוּ
ʾeʸn	ʾɔdɔm	kiʸ	bɔᶜiʸr.	hɔyuʷ
(so)-ist-nicht	Mensch-(ein)	,(Ja=)Denn	.Stadt-der-in	(sind=)waren-(sie)

וְלֹא	טוֹב	יַעֲשֶׂה-	אֲשֶׁר	בָּאָרֶץ	צַדִּיק
wᵊloʾ	ṭoʷb	-yaᶜaśɛʰ	ʾašɛr	bɔʾɔrɛṣ	ṣaddiʸq
nicht-und	Gut(es)	tut-er	dass	,Erde-der-(auf=)in	gerecht(er)

אֲשֶׁר	הַדְּבָרִים	לְכָל-	גַּם 21	יֶחֱטָא׃
ʾašɛr	haddᵊbɔriʸm	-lᵊkol	gam	yɛḥᵉṭɔʾ.
welch(e)	,Worte-die	all-(auf=)zu	Auch	.sündigt(e)-(er)

לִבֶּךָ	תִּתֵּן	אַל־	יְדַבֵּרוּ
libbɛkɔ	titten	-ʾal	yᵊdabberuʷ
,Herz-dein	(hinwenden=)geben-(sollst=)wirst-du	nicht	,(redet-man=)reden-sie

22 כִּי	מְקַלְלֶךָ׃	אֶת־עַבְדְּךָ	תִשְׁמַע	לֹא־	אֲשֶׁר
kiʸ	mᵊqalᵊlɛkɔ.	ʿabᵊdᵊkɔ-ʾɛt	tišᵊmaʿ	-loʾ	ʾašɛr
Denn	!dich-verfluchend(er)	Knecht-dein(en)***	hör(e)st-du	nicht	dass

לִבֶּךָ	יָדַע	רַבּוֹת	פְּעָמִים	גַּם־
libbɛkɔ	yɔdaʿ	rabboʷt	pᵊʿɔmiʸm	-gam
,— Herz-dein	(es)-weiß-(es=)er —	viele	Male	auch

23 כָּל־	אֲחֵרִים׃	קִלַּלְתָּ	אַתְּ[אַתָּה]	גַּם־	אֲשֶׁר
-kol	ʾaḥeriʸm.	qillalᵊtɔ	[ʾattɔʰ]ʾattᵊ	-gam	ʾašɛr
All	.andere(n)	geflucht-hast	(selbst)-du	auch	(dass=)welch(e)

אָמַרְתִּי	בַחָכְמָה	נִסִּיתִי	זֹה
ʾɔmarᵊtiʸ	baḥokᵊmɔʰ	nissiʸtiʸ	zoʰ
,(dachte=)sagte-ich	;Weisheit-(durch=)in	erprobt-habe-ich	diese(s)

וְהִיא	אֶחְכָּמָה
wᵊhiʸʾ	ʾɛḥᵊkɔmɔʰ
,(die=)sie-(aber=)und	,Weisheit-erlangen-(will=)werde-ich

מַה־	24 רָחוֹק	מִמֶּנִּי׃	רְחוֹקָה
-maʰ	rɔḥoʷq	mimmɛnniʸ.	rᵊḥoʷqɔʰ
was	,(blieb)-Fern	.mir-von	(fern-sich-hielt=)fern(e)-(war)-sie

וְעָמֹק	שֶּׁהָיָה
wᵊʿɔmoq	šɛhɔyɔʰ
,(unergründlich=)tief-und	,(geworden)-war-(es=er)-(da=)welch(es)

יִמְצָאֶנּוּ׃	מִי	עָמֹק
yimᵊṣɔʾɛnnuʷ.	miʸ	ʿɔmoq
?(es=)ihn-finden-(mag=)wird-(er)	wer	,(unergründlich=)tief

לָדַעַת	וְלִבִּי	אֲנִי	25 סַבּוֹתִי
lɔdaʿat	wᵊlibbiʸ	ʾaniʸ	sabboʷtiʸ
(er)kennen-zu	,Herz-mein-und	(selbst)-ich	,(ringsum-mich-wandte=)umgab-Ich

חָכְמָה	וּבַקֵּשׁ	וְלָתוּר
ḥokᵊmɔʰ	uʷbaqqeš	wᵊlɔtuʷr
.Weisheit	suchen-und	(er)forschen-zu-und

וְחֶשְׁבּוֹן — wəḥεšəbown — (war)-(Denkergebnis-das=)Berechnung-Und
וְלָדַעַת — wəlɔdaʿat — ,(er)kennen-zu-(indes=)und

רֶשַׁע — rεšaʿ — Frevel-(dass)
כֶּסֶל — kεsεl — ,Tollheit-(ist)
וְהַסִּכְלוּת — wəhassikəluwt — Torheit-und
הוֹלֵלוֹת׃ — howlelowt. — .Wahnsinn-(ist)

26 וּמוֹצֶא — uwmowṣεʾ — (heraus)findend(er)-Und
אֲנִי — ʾaniy — ,(war)-ich
מַר — mar — bitter(er)-(dass)
מִמָּוֶת — mimmɔwεt — Tod-(der)-(als=)von

אֶת־הָאִשָּׁה — hɔʾiššɔh-ʾεt — ,Frau-die-***(ist)
אֲשֶׁר־ — -ʾašεr — (diejenige=)welch(e)
הִיא — hiyʾ — (sind-es=)sie
מְצוֹדִים — məṣowdiym — (Fang)garne
וַחֲרָמִים — waḥarɔmiym — Netze-und

לִבָּהּ — libbɔh — ,Herz-ihr
אֲסוּרִים — ʾasuwriym — (Fesseln=)Gebundene
יָדֶיהָ — yɔdεyhɔ — .(Arme=)Hände-(zwei)-ihre
טוֹב — ṭowb — Gut(er)-(Ein)

לִפְנֵי — lipəney — (vor=)Gesichter-zu
הָאֱלֹהִים — hɔʾεlohiym — (Gott=)Götter(n)-(den=)die

יִמָּלֵט — yimmɔleṭ — (Sicherheit-in-sich-bringt=)entrinnt-(er)
מִמֶּנָּה — mimmεnnɔh — ,ihr-(vor=)von

וְחוֹטֵא — wəḥowṭeʾ — Sündigender-(ein)-(aber=)und
יִלָּכֶד — yillɔkεd — gefangen-wird-(er)
בָּהּ׃ — bɔh. — .(sie-durch=)ihr-in
27 רְאֵה — rəʾeh — ,Sieh

זֶה — zεh — (das=)dieser
מָצָאתִי — mɔṣɔʾtiy — ,gefunden-habe-ich
אָמְרָה — ʾɔmərɔh — sprach-(sie)
קֹהֶלֶת — qohεlεt — ,Kohelet

אַחַת — ʾaḥat — eine(s)
לְאַחַת — ləʾaḥat — ,(andere-das-um=)eine(r)-zu
לִמְצֹא — liməṣoʾ — finden-zu-(um)

חֶשְׁבּוֹן׃ — ḥεšəbown. — .(Denkergebnis-ein=)Berechnung
28 אֲשֶׁר — ʾašεr — (Was=)Welch(es)
עוֹד־ — -ʿowd — (stets=)noch
בִּקְשָׁה — biqəšɔh — suchte-(sie)

נַפְשִׁי	וְלֹא	מָצָאתִי	אָדָם	אֶחָד
nap^{ə}ši^{y}	w^{ə}loʾ	mɔṣɔʾti^{y}	ʾɔdɔm	ʾɛḥɔd
,Seele-meine	nicht-(aber=)und	;fand-ich	Mensch(en)	ein(en)

מֵאֶלֶף	מָצָאתִי	וְאִשָּׁה	בְּכָל־	אֵלֶּה
meʾɛlɛp	mɔṣɔʾti^{y}	w^{ə}ʾiššɔ^{h}	-b^{ə}kol	ʾellɛ^{h}
tausend-(aus=)von	,fand-ich	Frau-(eine)-(aber=)und	all-(unter=)in	diese(n)

לֹא	מָצָאתִי׃	29 לְבַד	רְאֵה־	זֶה	מָצָאתִי	אֲשֶׁר
loʾ	mɔṣɔʾti^{y}.	l^{ə}bad	-r^{ə}ʾe^{h}	zɛ^{h}	mɔṣɔʾti^{y}	ʾ^{a}šɛr
nicht	.fand-ich	(Nur=)allein-Zu	,sieh	(das=)dieser	,fand-ich	dass

עָשָׂה	הָאֱלֹהִים	אֶת־הָאָדָם
ʿɔśɔ^{h}	hɔʾ^{ɛ}lohi^{y}m	hɔʾɔdɔm-ʾɛt
gemacht-hat-(es=er)	(Gott=)Götter-die	Mensch(en)-(den=)der***

יָשָׁר	וְהֵמָּה	בִקְשׁוּ	חִשְּׁבֹנוֹת
yɔšɔr	w^{ə}hemmɔ^{h}	biq^{ə}šu^{w}	ḥišš^{ə}bono^{w}t
,(recht=)gerade	(die=)sie-(aber=)und	such(t)en-(sie)	Berechnungen-(kluge)

רַבִּים׃
rabbi^{y}m.
.viele

8

1 מִי	כְּהֶחָכָם	וּמִי	יוֹדֵעַ
mi^{y}	k^{ə}hɛḥɔkɔm	u^{w}mi^{y}	yo^{w}dea^{ʿ}
(ist)-Wer	,Weise-der-wie	wer-und	(kennt=)wissend(er)-(ist)

פֵּשֶׁר	דָּבָר	חָכְמַת	אָדָם
pešɛr	dɔbɔr	ḥok^{ə}mat	ʾɔdɔm
Deutung-(die)	?(Dinges=)Wort(es)-(eines)	Weisheit-(Die)	Mensch(en)-(eines)

תָּאִיר	פָּנָיו	וְעֹז
tɔʾi^{y}r	pɔnɔ^{y}w	w^{ə}ʿoz
leuchten-macht-(sie)	,(Antlitz=)Gesichter-sein(e)	(Strenge=)Kraft-(die)-und

פָּנָיו	יְשֻׁנֶּא׃
pɔnɔ^{y}w	y^{ə}šunnɛʾ.
(Gesichtszüge=)Gesichter-seine(r)	.(gemildert=)verändert-wird-(sie=er)

2 אֲנִי	פִּי־	מֶלֶךְ	שְׁמוֹר
ʾ^{a}ni^{y}	-pi^{y}	mɛlɛk	š^{ə}mo^{w}r
:(meine)-Ich	(Anweisung-Der=)Mund-(Den)	König(s)-(des)	,(folge=)bewahre

3 אַל־	אֱלֹהִים׃	שְׁבוּעַת	דִּבְרַת	וְעַל
-ʾal	ʾᵋlohiʸm.	šᵊbuʷʿat	dibᵊrat	wᵊʿal
Nicht	!(Gottes=)Götter-(der)	Eid(es)-(des)	(wegen=)Wort	auf-(zwar)-und

תִּבָּהֵל
tibbɔhel
(vorschnell-sei=)eilen-(sollst=)wirst-du

אַל־	תֵּלֵךְ	מִפָּנָיו
-ʾal	telek	mippɔnɔʸw
nicht	,gehst-du	(ihm-von-weg=)Gesichtern-seinen-von-(dass)

כִּי	רָע	בְּדָבָר	תַּעֲמֹד
kiʸ	rɔʿ	bᵊdɔbɔr	taʿᵃmod
denn	,böse	(Sache-eine-auf=)Wort-in	(einlassen-dich=)stehen-(darfst=)wirst-du

4 בַּאֲשֶׁר	יַעֲשֶׂה׃	יַחְפֹּץ	אֲשֶׁר	כָּל־
baʾᵃšɛr	yaʿᵃśɛʰ.	yaḥᵊpoṣ	ʾᵃšɛr	-kol
(Weil=)welch(er)-In	.(tut=)macht-er	,begehrt-er	(was=)welch(es)	,all(es)

יֹאמַר־	וּמִי	שִׁלְטוֹן	מֶלֶךְ	דְּבַר־
-yoʾmar	uʷmiʸ	šilᵊṭoʷn	mɛlɛk	-dᵊbar
sagen-(darf=)wird-(er)	wer-(also=)und	,(ist)-Macht	König(s)-(des)	Wort-(das)

לֹא	מִצְוָה	5 שׁוֹמֵר	תַּעֲשֶׂה׃	מַה־	לוֹ
loʾ	miṣᵊwɔʰ	šoʷmer	taʿᵃśɛʰ.	-maʰ	loʷ
nicht	Gebot-(das)	Beachtender-(Ein)	?(da-du-tust=)machst-du	Was	:ihm-zu

וּמִשְׁפָּט	וְעֵת	רָע	דָּבָר	יֵדַע
uʷmišᵊpɔṭ	wᵊʿet	rɔʿ	dɔbɔr	yedaʿ
(Sitte=)Recht-und	Zeit-und	,Böse(s)	(etwas=)Wort	(erfährt=)kennt-(er)

6 כִּי	חָכָם׃	לֵב	יֵדַע
kiʸ	ḥɔkɔm.	leb	yedaʿ
,(Ja=)Denn	.Weise(n)-(des)	(Sinn-der=)Herz-(das)	kennt-(es=er)

עֵת	יֵשׁ	חֵפֶץ	לְכָל־
ʿet	yeš	ḥepɛṣ	-lᵊkol
Zeit-(eine)	(gibt-es=)ist	(Anliegen=)Begehren	(jedes=)all-(für=)zu

הָאָדָם	רָעַת	כִּי־	וּמִשְׁפָּט
hɔʾɔdɔm	rɔʿat	-kiʸ	uʷmišᵊpɔṭ
Mensch(en)-(des=)der	(Unglück-das=)Schlechte-(die)	denn	,(Sitte=)Recht-und

יֹדֵעַ	אֵינֶנּוּ	7 כִּי־	עָלָיו:	רַבָּה
yodeaᶜ	ᵓeʸnɛnnuʷ	-kiʸ	ᶜɔlɔʸw.	rabbɔʰ
,Wissender-(ein)	ist-er-nicht	Denn	.ihm-auf	(schwer=)viel(e)-(lastet)

כַּאֲשֶׁר	כִּי	שֶׁיִּהְיֶה	מַה־
kaᵓᵃšɛr	kiʸ	šɛʸyihᵊyɛʰ	-maʰ
wie	denn	;(geschehen=)sein-wird-(es=er)-(das=)welch(es)	,(ist-es)-was

יַגִּיד	מִי	יִהְיֶה
yaggiʸd	miʸ	yihᵊyɛʰ
(vorher)sagen-(könnte=)wird-(es=)er	wer	,(geschehen=)sein-wird-(es=)er

שַׁלִּיט	אָדָם	8 אֵין	לוֹ:
šalliʸṭ	ᵓɔdɔm	ᵓeʸn	loʷ.
(ist-mächtig-der=)Machthabender	,Mensch-(ein)	ist-Nicht	?ihm-(zu)

וְאֵין	אֶת־הָרוּחַ	לִכְלוֹא	בָּרוּחַ
wᵊᵓeʸn	hɔruʷaḥ-ᵓɛt	likᵊloʷᵓ	bɔruʷaḥ
ist-nicht-und	,Wind-(den)***	hemmen-zu	,Wind-den-(über=)in

וְאֵין	הַמָּוֶת	בְּיוֹם	שִׁלְטוֹן
wᵊᵓeʸn	hammɔwɛt	bᵊyoʷm	šilᵊṭoʷn
(gibt-es=)ist-nicht-und	,Tod(es)-(des=)der	Tag-(den)-(über=)in	Mächtiger-(ein)

יְמַלֵּט	וְלֹא־	בַּמִּלְחָמָה	מִשְׁלַחַת
yᵊmalleṭ	-wᵊloᵓ	bammilᵊḥɔmɔʰ	mišᵊlaḥat
entkommen-(lässt=)wird-(es=)er	nicht-und	,Krieg-im	Entlassung-(eine)

רָאִיתִי	9 אֶת־כָּל־זֶה	אֶת־בְּעָלָיו:	רֶשַׁע
rɔᵓiʸtiʸ	zɛʰ-kol-ᵓɛt	bᵊᶜɔlɔʸw-ᵓɛt.	rɛšaᶜ
(wahr-nahm=)sah-ich	dies(er)-All***	.(Urheber=)Herren-seine(n)***	Unrecht-(das)

לְכָל־	אֶת־לִבִּי	וְנָתוֹן
-lᵊkol	libbiʸ-ᵓɛt	wᵊnɔtoʷn
all(es)-(auf=)zu	(Sinn-meinen=)Herz-mein***	(richtete-ich-als=)Geben-(ein)-und

תַּחַת	נַעֲשָׂה	אֲשֶׁר	מַעֲשֶׂה
taḥat	naᶜᵃśɔʰ	ᵓᵃšɛr	maᶜᵃśɛʰ
unter	(geschieht=)gemacht-(wird=)wurde-(es=er)	welch(es)	,Tun

שָׁלַט	אֲשֶׁר	עֵת	הַשֶּׁמֶשׁ
šɔlaṭ	ᵓᵃšɛr	ᶜet	haššɔmɛš
aus-Macht-(übt=)hatte-(es=er)	(da=)welch(e)	,Zeit-(eine)	,Sonne-(der=)die

לְרָע	בְּאָדָם	הָאָדָם
l^{ə}ra^{c}	b^{əɔ}ɔdɔm	hɔ^{ɔ}ɔdɔm
(Schaden-zum=)Schlecht(es)-zu	Mensch(en)-(einen)-(über=)in	Mensch-der

קְבֻרִים	רְשָׁעִים	רָאִיתִי	10 וּבְכֵן	לוֹ:
q^{ə}buri^{y}m	r^{ə}šɔ^{c}i^{y}m	rɔ^{ɔ}i^{y}ti^{y}	u^{w}b^{ə}ken	lo^{w}.
,begrabene	Gottlose	sah-ich	(dabei=)so-in-Und	.(ihn-für=)ihm-zu

יְהַלֵּכוּ	קָדוֹשׁ	וּמִמְּקוֹם	וָבָאוּ
y^{ə}halleku^{w}	qɔdo^{w}š	u^{w}mimm^{ə}qo^{w}m	wɔbɔ^{ɔ}u^{w}
,gehen-(müssen=)werden-sie	heilig(en)	Ort-(dem)-von-und	,ein-gingen-sie-und

כֵּן־	אֲשֶׁר	בָעִיר	וְיִשְׁתַּכְּחוּ
-ken	^{ɔa}šɛr	bɔ^{c}i^{y}r	w^{ə}yiš^{ə}takk^{ə}ḥu^{w}
recht(es)	(wo=)welch(e)	,Stadt-der-in	Vergessenheit-in-geraten-sie-und

הָבֶל:	זֶה	גַּם־	עָשׂוּ
hɔbɛl.	zɛ^{h}	-gam	^{c}ɔśu^{w}
.(Nichtigkeit=)Windhauch	(ist-das=)dieser	Auch	.(getan=)machten-sie

נַעֲשָׂה	אֵין־	11 אֲשֶׁר
na^{ca}śɔ^{h}	-^{ɔ}e^{y}n	^{ɔa}šɛr
gemacht-(wird=)wurde-(es=er)	(nicht=)Nichtsein	Weil

מְהֵרָה	הָרָעָה	מַעֲשֵׂה	פִּתְגָם
m^{ə}herɔ^{h}	hɔrɔ^{c}ɔ^{h}	ma^{ca}śe^{h}	pit^{ə}gɔm
,(sogleich=)Eile-(in)	,(ist)-böse-die	,Tat-(einer)	Richterspruch-(der)

בְּנֵי־	לֵב	מָלֵא	עַל־כֵּן
-b^{ə}ne^{y}	leb	mɔle^{ɔ}	ken-^{c}al
(Kinder=)Söhne-(der)	Herz-(das)	voll-ist	(darum=)so-auf

רָע:	לַעֲשׂוֹת	בָּהֶם	הָאָדָם
rɔ^{c}.	la^{ca}śo^{w}t	bɔhɛm	hɔ^{ɔ}ɔdɔm
.Böse(s)	(begehen=)machen-zu	ihnen-in	Mensch(en)-(des=)der

רָע	עֹשֶׂה	חֹטֶא	12 אֲשֶׁר
rɔ^{c}	^{c}ośɛ^{h}	ḥoṭɛ^{ɔ}	^{ɔa}šɛr
Böse(s)	(tuend=)machend(er)-(ist)	,(ist)-Sündigender-(ein)	(Wer=)Welch(er)

לוֹ	וּמַאֲרִיךְ	מְאַת
lo^{w}	u^{w}ma^{ɔa}ri^{y}k	m^{əɔ}at
.(sich-für=)ihm-zu	lange-(es-treibt=)machend(er)-und	(Male)-hundert

יִהְיֶה־ אֲשֶׁר אֲנִי יוֹדֵעַ גַּם־ כִּי
-yih^{ə}yε^{h} ᵓ^{a}šεr ᵓɔni^{y} yo^{w}deaᶜ -gam ki^{y}
(ergeht=)ist-(es=)er dass ,(bin)-ich wissend(er) auch (Gewiss=)Denn

יִירְאוּ אֲשֶׁר הָאֱלֹהִים לְיִרְאֵי טוֹב
yi^{y}r^{ə}ᵓu^{w} ᵓ^{a}šεr hɔᵓ^{ε}lohi^{y}m l^{ə}yir^{ə}ᵓe^{y} ṭo^{w}b
fürchten-sich-(sie) welch(e) ,(Gott=)Götter-die Fürchtende(n)-(den=)zu gut

לֹא־ 13 וְטוֹב מִלְּפָנָיו׃
-loᵓ w^{ə}ṭo^{w}b mill^{ə}pɔnɔ^{y}w.
nicht gut-(Aber=)Und .(ihm-vor=)Gesichtern-seinen-zu-von

וְלֹא־ לָרָשָׁע יִהְיֶה
-w^{ə}loᵓ lɔrɔšɔᶜ yih^{ə}yε^{h}
nicht-und ,Frevler-(dem=)zum (ergehen=)sein-wird-(es=)er

אֲשֶׁר כַּצֵּל יָמִים יַאֲרִיךְ
ᵓ^{a}šεr kaṣṣel yɔmi^{y}m yaᵓ^{a}ri^{y}k
weil ,Schatten-(den=)der-wie Tage-(die) (ausdehnen=)machen-lang-wid-er

אֱלֹהִים׃ מִלִּפְנֵי יָרֵא אֵינֶנּוּ
ᵓ^{ε}lohi^{y}m. millip^{ə}ne^{y} yɔreᵓ ᵓe^{y}nεnnu^{w}
.(Gott=)Götter (vor=)Gesichter-zu-von fürchtend(er)-(sich) ist-er-nicht

אֲשֶׁר הֶבֶל 14 יֶשׁ־
ᵓ^{a}šεr hεbεl -yεš
(was=)welch(es) ,(Nichtigkeit=)Windhauch ist-Es

יֵשׁ אֲשֶׁר הָאָרֶץ עַל־ נַעֲשָׂה
yeš ᵓ^{a}šεr hɔᵓɔrεṣ -ᶜal naᶜ^{a}śɔ^{h}
gibt-es dass ,Erde-(der=)die auf gemacht-(wird=)wurde-(es=er)

אֲלֵהֶם מַגִּיעַ אֲשֶׁר צַדִּיקִים
ᵓ^{a}lehεm maggi^{y}aᶜ ᵓ^{a}šεr ṣaddi^{y}qi^{y}m
(ihnen-zu) (widerfahrend-ist-es=)machend(er)-berühren welch(en) ,Gerechte

רְשָׁעִים וְיֵשׁ הָרְשָׁעִים כְּמַעֲשֵׂה
r^{ə}šɔᶜi^{y}m w^{ə}yeš hɔr^{ə}šɔᶜi^{y}m k^{ə}maᶜ^{a}śe^{h}
,Frevler gibt-es-und ,Frevler-(der=)die Tat-(einer)-(gemäß=)wie

אֲלֵהֶם שֶׁמַּגִּיעַ
ᵓ^{a}lehεm šεmmaggi^{y}aᶜ
(ihnen-zu) (widerfahrend-ist-es=)machend(er)-berühren-welch(en)

שֶׁגַּם־	אָמַרְתִּי	הַצַּדִּיקִים	כְּמַעֲשֵׂה
-šɛggam	ʾɔmar^{ə}ti^{y}	haṣṣaddi^{y}qi^{y}m	k^{ə}ma^{ca}śe^{h}
auch-dass	,(dachte=)sagte-Ich	.Gerechten-(der=)die	Tat-(einer)-(gemäß=)wie

אָנִי	15 וְשִׁבַּחְתִּי	הָבֶל׃	זֶה
ʾ^{a}ni^{y}	w^{ə}šibbaḥ^{ə}ti^{y}	hɔbɛl.	zɛ^{h}
(mir=)ich	pries-ich-(Da=)Und	.(Nichtigkeit=)Windhauch	(ist-das=)dieser

תַּחַת	לָאָדָם	טוֹב	אֵין־	אֲשֶׁר	אֶת־הַשִּׂמְחָה
taḥat	lɔʾɔdɔm	ṭo^{w}b	-ʾe^{y}n	ʾ^{a}šɛr	haśśim^{ə}ḥɔ^{h}-ʾɛt
unter	Mensch(en)-(den)-(für=)zu	Gut(es)	ist-nicht	weil	,Freude-die***

וְלִשְׁתּוֹת	לֶאֱכוֹל	אִם־	כִּי	הַשָּׁמֶשׁ
w^{ə}liš^{ə}to^{w}t	lɛʾ^{ɛ}ko^{w}l	-ʾim	ki^{y}	haššɛmɛš
trinken-zu-und	essen-zu	(denn=)wenn	(sei-es=)als	,Sonne-(der=)die

יִלְוֶנּוּ	וְהוּא	וְלִשְׂמוֹחַ
yil^{ə}wɛnnu^{w}	w^{ə}hu^{w}ʾ	w^{ə}liś^{ə}mo^{w}aḥ
ihn-begleiten-(möge=)wird-(es=er)	(dies=)er-und	,sich-freuen-zu-und

אֲשֶׁר־	חַיָּיו	יְמֵי	בַעֲמָלוֹ
-ʾ^{a}šɛr	ḥayyɔ^{y}w	y^{ə}me^{y}	ba^{ca}mɔlo^{w}
welch(e)	,Leben(s)-seine(s)	Tage-(die)	Mühe-seine(r)-(bei=)in

הַשָּׁמֶשׁ׃	תַּחַת	הָאֱלֹהִים	לוֹ	נָתַן־
haššɔmɛš.	taḥat	hɔʾ^{ɛ}lohi^{y}m	lo^{w}	-nɔtan
!Sonne-(der=)die	unter	(Gott=)Götter-die	ihm-(zu)	(gibt=)gab-(es=er)

לָדַעַת	אֶת־לִבִּי	נָתַתִּי	16 כַּאֲשֶׁר
lɔda^{c}at	libbi^{y}-ʾɛt	nɔtatti^{y}	ka^{ʾa}šɛr
(er)kennen-zu	(Sinnen=)Herz-mein***	(aus-richtete=)gab-ich	Als

אֲשֶׁר	אֶת־הָעִנְיָן	וְלִרְאוֹת	חָכְמָה
ʾ^{a}šɛr	hɔ^{c}in^{ə}yɔn-ʾɛt	w^{ə}lir^{ə}o^{w}t	ḥok^{ə}mɔ^{h}
(das=)welch(es)	,Geschäft-das***	(betrachten=)sehen-zu-und	Weisheit

כִּי	הָאָרֶץ	עַל־	נַעֲשָׂה
ki^{y}	hɔʾɔrɛṣ	-^{c}al	na^{ca}śɔ^{h}
denn —	Erde-(der=)die	auf	(betrieben=)gemacht-(wird=)wurde-(es=er)

שֵׁנָה	וּבַלַּיְלָה	בַּיּוֹם	גַּם
šenɔ^{h}	u^{w}ballay^{ə}lɔ^{h}	bayyo^{w}m	gam
Schlaf	Nacht-der-(während=)in-(als=)und	Tag-(bei=)im	(sowohl=)auch

בְּעֵינָיו	אֵינֶנּוּ	רֹאֶה׃
bᵊᶜeʸnɔʸw	ʾeʸnɛnnuʷ	roʾɛʰ.
Augen-(zwei)-seine(n)-(mit=)in	er-ist-nicht	.(wahrnehmend=)sehend(er)

17 וְרָאִיתִי	אֶת־כָּל־	מַעֲשֵׂה	הָאֱלֹהִים	כִּי	לֹא
wᵊrɔʾiʸtiʸ	-kol-ʾɛt	maᶜaśeʰ	hɔʾᵋlohiʸm	kiʸ	loʾ
sah-ich-Und	all***	Werk-(das)	,(Gottes=)Götter-(der=)die	dass	nicht

יוּכַל	הָאָדָם	לִמְצוֹא	אֶת־הַמַּעֲשֶׂה
yuʷkal	hɔʾɔdɔm	limᵊṣoʷʾ	hammaᶜaśɛʰ-ʾɛt
(vermag=)kann-(es=er)	Mensch-der	(ergründen=)finden-zu	,Werk-das***

אֲשֶׁר	נַעֲשָׂה	תַּחַת־	הַשָּׁמֶשׁ
ʾašɛr	naᶜaśɔʰ	-taḥat	haššɛmɛš
welch(es)	gemacht-(wird=)wurde-(es=er)	unter	,Sonne-(der=)die

בְּשֶׁל	אֲשֶׁר	יַעֲמֹל	הָאָדָם
bᵊšɛl	ʾašɛr	yaᶜamol	hɔʾɔdɔm
(sehr-wie=)welch(em)-in	dass	(mühe=)müht-sich-(er)	Mensch-der

לְבַקֵּשׁ	וְלֹא
lᵊbaqqeš	wᵊloʾ
,(erforschen=)suchen-zu	nicht-(jedoch=)und

יִמְצָא	וְגַם	אִם־
yimᵊṣɔʾ	wᵊgam	-ʾim
,(es-ergründen=)finden-(kann=)wird-er	(selbst=)auch-und	wenn

יֹאמַר	הֶחָכָם	לָדַעַת	לֹא	יוּכַל
yoʾmar	hɛḥɔkɔm	lɔdaᶜat	loʾ	yuʷkal
(meint=)sagt-(er)	Weise-der	,(er)kennen-zu	nicht	(vermag=)kann-er

לִמְצֹא׃
limᵊṣoʾ.
.(es-ergründen=)finden-zu

9

1 כִּי	אֶת־כָּל־זֶה	נָתַתִּי	אֶל־
kiʸ	zɛʰ-kol-ʾɛt	nɔtattiʸ	-ʾɛl
,(Gewiss=)Denn	(alles-das=)dieser-all***	(nahm=)gab-ich	-zu

לִבִּי	וְלָבוּר	אֶת־כָּל־זֶה
libbiʸ	wᵊlɔbuʷr	zɛʰ-kol-ʾɛt
,(Herzen-zu-mir=)Herz-mein	(prüfen=)aussondern-zu-(um)-und	:dies(er)-all***

אֲשֶׁר / ʾᵃšɛr / dass
הַצַּדִּיקִים / haṣṣaddiʸqiʸm / Gerechten-die
וְהַחֲכָמִים / wᵊhaḥᵃkɔmiʸm / Weisen-die-und
וַעֲבָדֵיהֶם / waᶜᵃbɔdeʸhɛm / Taten-ihre-und
בְּיַד / bᵊyad / Hand-(der)-in-(sind)

הָאֱלֹהִים / hɔʾᵉlohiʸm / .(Gottes=)Götter-(der=)die
גַּם־ / -gam / (Sowohl=)Auch
אַהֲבָה / ʾahᵃbɔʰ / Liebe
גַּם־ / -gam / auch-(als)
שִׂנְאָה / śinᵊʾɔʰ / ,Hass

אֵין / ʾeʸn / ist-nicht
יוֹדֵעַ / yoʷdeaᶜ / (verstehend=)wissend(er)
הָאָדָם / hɔʾɔdɔm / Mensch-der
הַכֹּל / hakkol / (das-all=)all-das

לִפְנֵיהֶם׃ / lipᵊneʸhɛm. / .(ihnen-vor=)Gesichtern-ihren-zu

2 הַכֹּל / hakkol / (das-All=)all-Das
כַּאֲשֶׁר / kaʾᵃšɛr / (Geltung-gleicher-von=)welch(es)-wie-(ist)
לַכֹּל / lakkol / :all(e)-(für=)zu

מִקְרֶה / miqᵊrɛʰ / (Geschick=)Widerfahrnis
אֶחָד / ʾɛḥɔd / ein(erlei)
לַצַּדִּיק / laṣṣaddiʸq / Gerechten-(den=)zu(m)-(trifft)

וְלָרָשָׁע / wᵊlɔrɔšɔᶜ / ,Frevler-(den=)zu(m)-und
לַטּוֹב / laṭṭoʷb / Gut(en)-(den=)zu(m)
וְלַטָּהוֹר / wᵊlaṭṭɔhoʷr / Rein(en)-(den=)zu(m)-und

וְלַטָּמֵא / wᵊlaṭṭɔmeʾ / Unrein(en)-(den=)zu(m)-und
וְלַזֹּבֵחַ / wᵊlazzobeaḥ / Opfernd(en)-(den=)zu(m)-und

וְלַאֲשֶׁר / wᵊlaʾᵃšɛr / welch(er)-,(den=)zu-und
אֵינֶנּוּ / ʾeʸnɛnnuʷ / (er)-ist-nicht
זֹבֵחַ / zobeaḥ / .opfernd(er)

כַּטּוֹב / kaṭṭoʷb / Gut(en)-(dem=)der-(geschieht-Gleiches=)Wie
כַּחֹטֶא / kaḥoṭɛʾ / ,Sündigende(n)-(dem=)der-wie

הַנִּשְׁבָּע / hannišᵊbɔᶜ / Schwörende(n)-(dem=)der
כַּאֲשֶׁר / kaʾᵃšɛr / welch(er)-,(dem)-wie
שְׁבוּעָה / šᵊbuʷᶜɔʰ / Schwur-(einen)

בְּכֹל	רָע	זֶה 3	יָרֵא:
bᵊkol	rɔᶜ	zɛʰ	yɔreʾ.
,all(em)-(bei=)in	(Schlimme-das=)Übel	(ist-Das=)Dieser	.(scheut=)fürchtet

הַשָּׁמֶשׁ	תַּחַת	נַעֲשָׂה	אֲשֶׁר־
haššɛmɛš	taḥat	naᶜᵃśɔʰ	-ʾᵃšɛr
,Sonne-(der=)die	unter	(geschieht=)gemacht-wurde-(es=er)	(was=)welch(es)

וְגַם	לַכֹּל	אֶחָד	מִקְרֶה	כִּי־
wᵊgam	lakkol	ʾɛḥɔd	miqᵊrɛʰ	-kiʸ
auch-und	,all(e)-(trifft=)zu	ein(erlei)	(Geschick=)Widerfahrnis	dass

מָלֵא־	הָאָדָם	בְּנֵי־	לֵב
-mɔleʾ	hɔʾɔdɔm	-bᵊneʸ	leb
voll-(ist)	Mensch(en)-(des=)der	(Kinder=)Söhne-(der)	Herz-(das)

בִּלְבָבָם	וְהוֹלֵלוֹת	רָע
bilᵊbɔbɔm	wᵊhoʷleloʷt	rɔᶜ
Herz(en)-ihr(em)-in-(sind)	Tollheit(en)-und	Böse(n)-(des)

אֶל־	וְאַחֲרָיו	בְּחַיֵּיהֶם
-ʾɛl	wᵊʾaḥᵃrɔʸw	bᵊḥayyeʸhɛm
zu-(geht's)	(danach=)ihm-nach-und	,(leben-sie-solange=)Leben-ihre(n)-in

יִבָּחֵר[יְחֻבַּר]	אֲשֶׁר	מִי	כִּי־ 4	הַמֵּתִים:
[yᵊḥubbar]yibbɔḥer	ʾᵃšɛr	miʸ	-kiʸ	hammetiʸm.
[verbunden-ist]erwählt-wird-(er)	(da=)welch(er)	wer	Denn	.Toten-(den=)die

בִּטָּחוֹן	יֵשׁ	הַחַיִּים	כָּל־	אֶל
biṭṭɔḥoʷn	yeš	haḥayyiʸm	-kol	ʾɛl
,(Hoffnung=)Vertrauen	(hat=)gibt-es	,Lebenden-(den=)die	all	(mit=)zu

הָאַרְיֵה	מִן־	טוֹב	הוּא	חַי	לְכֶלֶב	כִּי־
hɔʾarᵊyeʰ	-min	ṭoʷb	huʷʾ	ḥay	lᵊkɛlɛb	-kiʸ
,Löwe-der	(als=)von	(besser=)gut-(ist)	er	,lebendig(er)	Hund-(ein)	denn

יוֹדְעִים	הַחַיִּים	כִּי 5	הַמֵּת:
yoʷdᵊᶜiʸm	haḥayyiʸm	kiʸ	hammet.
,wissend(e)-(sind)	Lebenden-die	,(Ja=)Denn	.tote-der

יוֹדְעִים	אֵינָם	וְהַמֵּתִים	שֶׁיָּמֻתוּ
yoʷdᵊᶜiʸm	ʾeʸnɔm	wᵊhammetiʸm	šɛʸyɔmutuʷ
wissend(e)	(sie)-sind-nicht	Toten-die-(aber=)und	,sterben-werden-sie-dass

לָהֶם	עוֹד	וְאֵין־	מְאוּמָה
lɔhɛm	ᶜowd	-wᵊᵓeyn	mᵊᵓuwmɔh
(sie-für=)ihnen-zu	noch	ist-nicht-und	,(Geringste-das=)irgendetwas

6 גַּם	זִכְרָם:	נִשְׁכַּח	כִּי	שָׂכָר
gam	zikᵊrɔm.	nišᵊkaḥ	kiy	śɔkɔr
(Sowohl=)Auch	.Andenken-ihr	vergessen-ist-(es=)er	denn	,Lohn-(ein)

כְּבָר	קִנְאָתָם	גַּם־	שִׂנְאָתָם	גַּם־	אַהֲבָתָם
kᵊbɔr	qinᵊᵓɔtɔm	-gam	śinᵊᵓɔtɔm	-gam	ᵓahᵃbɔtɔm
längst	Eifern-ihr	(sowie=)auch	Hass-ihr	auch-(als)	Liebe-ihre

אֵין־	וְחֵלֶק	אָבָדָה
-ᵓeyn	wᵊḥelɛq	ᵓɔbɔdɔh
ist-nicht	(An)teil-und	,(geschwunden-sind=)zugrunde-ging-(sie)

בְּכֹל	לְעוֹלָם	עוֹד	לָהֶם
bᵊkol	lᵊᶜowlɔm	ᶜowd	lɔhɛm
,all(em)-(an=)in	(Ewigkeit-in=)ewig-zu	(mehr=)noch	(sie-für=)ihnen-zu

הַשָּׁמֶשׁ:	תַּחַת	נַעֲשָׂה	אֲשֶׁר־
haššɔmɛš.	taḥat	naᶜᵃśɔh	-ᵓᵃšɛr
.Sonne-(der=)die	unter	(geschieht=)gemacht-wurde-(es=er)	(was=)welch(es)

בְּלֶב־	וּשֲׁתֵה	לַחְמֶךָ	בְּשִׂמְחָה	אֱכֹל	7 לֵךְ
-bᵊlɛb	uwšᵃteh	laḥᵊmɛkɔ	bᵊśimᵊḥɔh	ᵓᵉkol	lek
Herz(en)-(mit=)in	trinke-und	Brot-dein	Freude(n)-in	iss	,Geh

כְּבָר	כִּי	יֵינֶךָ	טוֹב
kᵊbɔr	kiy	yeynɛkɔ	ṭowb
längst	Denn	!Wein-dein(en)	(gelauntem)-gut

אֶת־מַעֲשֶׂיךָ:	הָאֱלֹהִים	רָצָה
maᶜᵃśɛykɔ-ᵓɛt.	hɔᵓᵉlohiym	rɔṣɔh
.Taten-deine***	(Gott=)Götter-die	(gebilligt=)Gefallen-hatte-(es=er)

לְבָנִים	בְגָדֶיךָ	יִהְיוּ	8 בְּכָל־עֵת
lᵊbɔniym	bᵊgɔdɛykɔ	yihᵊyuw	ᶜet-bᵊkol
,weiß(e)	Kleider-deine	sein-(sollen=)werden-(es=sie)	(Allezeit=)Zeit-all(er)-In

יֶחְסָר:	אַל־	רֹאשְׁךָ	עַל־	וְשֶׁמֶן
yɛḥᵊsɔr.	-ᵓal	roᵓšᵊkɔ	-ᶜal	wᵊšɛmɛn
.mangeln-(möge=)wird-(es=er)	nicht	Haupt-dein(em)	auf	Öl-und

אִשָּׁה	עִם־	חַיִּים	9 רְאֵה
ʾiššɔʰ	-ʿim	ḥayyiʸm	rᵊʾeʰ
,Frau-(einer)	mit	(Leben-das=)Lebenden-(die)	(Genieße=)Sieh

חַיֵּי	יְמֵי	כָּל־	אֲהַבְתָּ	אֲשֶׁר־
ḥayyeʸ	yᵊmeʸ	-kol	ʾɔhabᵊtɔ	-ʾᵃšɛr
(Lebens-des=)Lebenden-(der)	Tage	all(e)	,liebst-du	(die=)welch(e)

כֹּל	הַשָּׁמֶשׁ	תַּחַת	לְךָ	נָתַן־	אֲשֶׁר	הֶבְלֶךָ
kol	haššɛmɛš	taḥat	lᵊkɔ	-nɔtan	ʾᵃšɛr	hɛbᵊlɛkɔ
all(e)	,Sonne-(der=)die	unter	dir-(zu)	gab-er	welch(e)	,Nichtigkeit-deine(r)

חֶלְקְךָ	הוּא	כִּי	הֶבְלֶךָ	יְמֵי
ḥɛlᵊqᵊkɔ	huʷʾ	kiʸ	hɛbᵊlɛkɔ	yᵊmeʸ
(An)teil-dein	(ist-das=)er	denn	,Nichtigkeit-deine(r)	Tage

בַּחַיִּים
baḥayyiʸm
(Leben-am=)Lebenden-den-(unter=)in

אֲשֶׁר־	וּבַעֲמָלְךָ
-ʾᵃšɛr	uʷbaʿᵃmɔlᵊkɔ
welch(es)-(um)	,(Erarbeiteten-mühsam-deinem=)Mühe-deine(r)-(an=)in-und

10 כֹּל	הַשָּׁמֶשׁ׃	תַּחַת	עָמֵל	אַתָּה
kol	haššɔmɛš.	taḥat	ʿɔmel	ʾattɔʰ
,All(es)	.Sonne-(der=)die	unter	abmühend(er)-dich	(warst)-du

לַעֲשׂוֹת	יָדְךָ	תִּמְצָא	אֲשֶׁר
laʿᵃśoʷt	yɔdᵊkɔ	timᵊṣɔʾ	ʾᵃšɛr
,(tun=)machen-zu	Hand-deine	(erreicht=)findet-(sie)	(was=)welch(es)

מַעֲשֶׂה	אֵין	כִּי	עֲשֵׂה	בְּכֹחֲךָ
maʿᵃśɛʰ	ʾeʸn	kiʸ	ʿᵃśeʰ	bᵊkoḥᵃkɔ
Schaffen-(ein)	ist-nicht	Denn	!tue	Kraft-deine(r)-(mit=)in

וְחָכְמָה	וְדַעַת	וְחֶשְׁבּוֹן
wᵊḥokᵊmɔʰ	wᵊdaʿat	wᵊḥɛšᵊboʷn
Weisheit-und	(Wissen=)Kenntnis-und	(Planen=)Berechnung-und

שָׁמָּה׃	הֹלֵךְ	אַתָּה	אֲשֶׁר	בִּשְׁאוֹל
šɔmmɔʰ.	holek	ʾattɔʰ	ʾᵃšɛr	bišᵊʾoʷl
.dorthin	gehend(er)	(bist)-du	welch(es)	,(Totenreich-im=)Unterwelt-(der)-in

כִּֽי	הַשֶּׁ֑מֶשׁ	תַֽחַת־	וְרָאֹ֣ה	11 שַׁ֜בְתִּי
kiʸ	haššɛmɛš	-taḥat	wᵊrɔʾoʰ	šabᵊtiʸ
dass	,Sonne-(der=)die	unter	(sah-ich=)Sehen-(ein)-und	(Erneut=)kehrte-Ich

וְלֹ֤א	הַמֵּר֗וֹץ	לַקַּלִּ֜ים	לֹ֨א
wᵊloʾ	hammeroʷṣ	laqqalliʸm	loʾ
nicht-und	,(Wett)lauf-der	Schnelle(n)-(den=)zu-(gehört)	nicht

לֶ֗חֶם	לַחֲכָמִ֣ים	לֹ֣א	וְ֠גַם	הַמִּלְחָמָ֡ה	לַגִּבּוֹרִ֣ים
lɛḥɛm	laḥᵃkɔmiʸm	loʾ	wᵊgam	hammilᵊḥɔmɔʰ	laggibboʷriʸm
,Brot	Weisen-(den=)zu	nicht	auch-und	,Krieg-der	Helden-(den=)zu

לֹ֣א	וְגַ֨ם	עֹ֗שֶׁר	לַנְּבֹנִים֙	לֹ֤א	וְגַ֨ם
loʾ	wᵊgam	ʿošɛr	lannᵊboniʸm	loʾ	wᵊgam
nicht	auch-und	,Reichtum	Verständige(n)-(den=)zu	nicht	auch-und

וָפֶ֖גַע	עֵ֥ת	כִּי־	חֵ֑ן	לַיֹּדְעִים֙
wɔpɛgaʿ	ʿet	-kiʸ	ḥen	layyodᵊʿiʸm
Geschick-und	Zeit	(sondern=)denn	,Gunst	Wissende(n)-(den=)zu

הָאָדָם֮	יֵדַ֨ע	לֹא־	גַּ֠ם	12 כִּ֡י	אֶת־כֻּלָּֽם׃	יִקְרֶ֥ה
hɔʾɔdɔm	yedaʿ	-loʾ	gam	kiʸ	kullɔm-ʾɛt.	yiqᵊrɛʰ
Mensch-(der)	kennt-(es=er)	nicht	auch	Denn	.sie-all(e)***	trifft-(es=er)

כַּדָּגִים֙	אֶת־עִתּוֹ֒
kaddɔgiʸm	ʿittoʷ-ʾɛt
,Fische-die-wie	,Zeit-seine***

בִּמְצוֹדָ֣ה	שֶׁנֶּאֱחָזִים֙
bimᵊṣoʷdɔʰ	šɛnnɛʾᵉḥɔziʸm
Netz-(einem)-in	werdende(n)-(gefangen=)festgehalten-(die=)welch(e)

הָאֲחֻז֖וֹת	וְכַ֨צִּפֳּרִ֔ים	רָעָ֑ה
hɔʾᵃḥuzoʷt	wᵊkaṣṣippᵒriʸm	rɔʿɔʰ
(gefangenen=)festgehaltene(n)-die	,Vögel-die-wie-und	,(tückischen=)böse(n)

יוּקָשִׁים֙	כָּהֵ֗ם	בַּפָּ֑ח
yuʷqɔšiʸm	kɔhem	bappɔḥ
werdend(e)-gefangen-(sind)	(ihnen-gleich=)sie-wie	,Klappnetz-im

לְעֵ֣ת	הָֽאָדָ֔ם	בְּנֵי֙
lᵊʿet	hɔʾɔdɔm	bᵊneʸ
Zeit-zu(r)	Mensch(en)-(des=)der	(Kinder=)Söhne-(die)

פִּתְאֹם: pitᵊʾom. .plötzlich	עֲלֵיהֶם ʿaleʸhɛm sie-auf	כְּשֶׁתִּפּוֹל kᵊšɛttippoʷl fällt-(das=)welch(es)-wenn	רָעָה rɔʿɔʰ ,(Unglücks-des=)schlechte

הַשָּׁמֶשׁ haššɔmɛš ,Sonne-(der=)die	תַּחַת taḥat unter	חָכְמָה ḥokᵊmɔʰ Weisheit-(als)	רָאִיתִי rɔʾiʸtiʸ sah-ich	זֹה zoʰ (das=)diese	13 גַּם־ -gam Auch

קְטַנָּה qᵊṭannɔʰ kleine	14 עִיר ʿiʸr Stadt-(eine-war-Da)	אֵלָי: ʾelɔy. .mir-(zu)	הִיא hiʸʾ (schien)-sie	וּגְדוֹלָה uʷgᵊdoʷlɔʰ groß(e)-und

וּבָא־ -uʷbɔʾ kam-(es=)er-Und	מְעָט mᵊʿɔṭ .wenig	בָּהּ bɔh ihr-in-(waren)	וַאֲנָשִׁים waʾᵃnɔšiʸm (Leute=)Männer-und

וּבָנָה uʷbɔnɔʰ baute-(er)-und	אֹתָהּ ʾotɔh sie	וְסָבַב wᵊsɔbab umringte-er-und	גָּדוֹל gɔdoʷl ,groß(er)	מֶלֶךְ mɛlɛk König-(ein)	אֵלֶיהָ ʾelɛʸhɔ (sie-gegen=)ihr-zu

בָּהּ bɔh ihr-in	15 וּמָצָא uʷmɔṣɔʾ (trifft=)findet-er-(Aber=)Und	גְּדֹלִים: gᵊdoliʸm. .große	מְצוֹדִים mᵊṣoʷdiʸm Bollwerke	עָלֶיהָ ʿɔlɛʸhɔ sie-(wider=)auf

הוּא huʷʾ (d)er	וּמִלַּט־ -uʷmillaṭ rettet(e)-(es=)er-und	חָכָם ḥɔkɔm ,weise(n)	מִסְכֵּן misᵊken Bedürftigen-(einen)	אִישׁ ʾiʸš ,Mann-(einen)

לֹא loʾ nicht	וְאָדָם wᵊʾɔdɔm Mensch-(ein)-(indes=)und	בְּחָכְמָתוֹ bᵊḥokᵊmɔtoʷ ;Weisheit-seine-(durch=)in	אֶת־הָעִיר hɔʿiʸr-ʾɛt Stadt-die***

הַמִּסְכֵּן hammisᵊken bedürftige(n)-(des=)der	אֶת־הָאִישׁ hɔʾiʸš-ʾɛt ,Mann(es)-(des=)der***	זָכַר zɔkar (gedenkt=)gedachte-(er)

חָכְמָה ḥokᵊmɔʰ Weisheit	טוֹבָה ṭoʷbɔʰ (ist)-Gut(e)	אָנִי ʾɔniʸ :(mir=)ich	16 וְאָמַרְתִּי wᵊʾɔmarᵊtiʸ (dachte=)sagte-ich-Und	הַהוּא: hahuʷʾ. .(jenes=)jener

הַמִּסְכֵּן hammisᵊken Bedürftige(n)-(des=)der	וְחָכְמַת wᵊḥokᵊmat Weisheit-(die)-(doch=)und	מִגְּבוּרָה miggᵊbuʷrɔʰ ,Stärke-(als-mehr=)von

בְּזוּיָה	וּדְבָרָיו	אֵינָם
b^{ə}zu^{w}yɔ^{h}	u^{w}d^{ə}bɔrɔ^{y}w	^{ɔ}e^{y}nɔm
,verachtet(e)-(wird=)ist-(sie)	Worte-seine-und	(sind)-(sie)-nicht

נִשְׁמָעִים׃	17 דִּבְרֵי	חֲכָמִים	בְּנַחַת
niš^{ə}mɔ^{c}i^{y}m.	dib^{ə}re^{y}	ḥ^{a}kɔmi^{y}m	b^{ə}naḥat
.werdend(e)-gehört	Worte	Weise(n)-(der)	Ruhe-in

נִשְׁמָעִים	מִזַּעֲקַת	מוֹשֵׁל
niš^{ə}mɔ^{c}i^{y}m	mizza^{ca}qat	mo^{w}šel
werdend(e)-gehört-(sind)	Geschrei-(das)-(als-eher=)von	Herrschenden-(des)

בַּכְּסִילִים׃	18 טוֹבָה	חָכְמָה
bakk^{ə}si^{y}li^{y}m.	ṭo^{w}bɔ^{h}	ḥok^{ə}mɔ^{h}
.Tore(n)-(den=)die-(unter=)in	(Besser=)Gut(e)	Weisheit

מִכְּלֵי	קְרָב
mikk^{ə}le^{y}	q^{ə}rɔb
(Waffen=)Geräte-(als=)von	;Krieg(es)-(des)

וְחוֹטֶא	אֶחָד	יְאַבֵּד
w^{ə}ḥo^{w}ṭɛ^{ɔ}	^{ɔ}ɛḥɔd	y^{əɔ}abbed
(Fehlender=)Sündigender-(ein)-(aber=)und	,ein(er)-(ist)	zugrunde-richtet-(d)er

טוֹבָה	הַרְבֵּה׃
ṭo^{w}bɔ^{h}	har^{ə}be^{h}.
Gute(s)	.(viel=)Vieles-(ein)

10

1 זְבוּבֵי	מָוֶת
z^{ə}bu^{w}be^{y}	mɔwɛt
Fliege(nschwarm)-(Ein)	(verendeter=)Tod(es)-(des)

יַבְאִישׁ	יַבִּיעַ	שֶׁמֶן
yab^{əɔ}i^{y}š	yabbi$^{ya c}$	šɛmɛn
,stinken-macht-(er)	(gären=)ausgießen-macht-(er)	Öl-(das)

רוֹקֵחַ	יָקָר	מֵחָכְמָה
ro^{w}qeaḥ	yɔqɔr	meḥok^{ə}mɔ^{h}
,Salbenmischenden-(des)	kostbar-ist-(es=)er	,Weisheit-(als-mehr=)von

מִכָּבוֹד	סִכְלוּת	מְעָט׃	2 לֵב
mikkɔbo^{w}d	sik^{ə}lu^{w}t	m^{əc}ɔṭ.	leb
Ruhm-(als-mehr=)von	Torheit	.wenig-(ein)	(Verstand-Den=)Herz-(Das)

חָכָם֙	לִימִינ֔וֹ	וְלֵ֥ב
ḥɔkɔm	li^{y}mi^{y}no^{w}	w^{ə}leb
Weise(r)-(ein)	,Rechte(n)-seine(r)-(an-hat=)zu	(Verstand-den=)Herz-(das)-und

כְּסִ֖יל	לִשְׂמֹאלֽוֹ׃	3 וְגַם־
k^{ə}si^{y}l	liś^{ə}mo^{ʾ}lo^{w}.	-w^{ə}gam
Tor-(ein)	.Linke(n)-seine(r)-(an-hat=)zu	auch-Und

בַּדֶּ֛רֶךְ	כְּשֶׁהסָּכָל[כְּשֶׁסָּכָ֖ל]
badderɛk	[k^{ə}šɛssɔkɔl]k^{ə}šɛhssɔkɔl
(Reise-der=)Weg-(dem)-(auf=)in	Tor-der-welche(n)-(entsprechend=)wie

הֹלֵ֥ךְ	לִבּ֣וֹ	חָסֵ֑ר
holek	libbo^{w}	ḥɔser
,(machend=)gehend(er)-(ist)	(Verstand=)Herz-sein	,(fehlt=)ermangelnd-(ist)

וְאָמַ֥ר	לַכֹּ֖ל	סָכָ֥ל	הֽוּא׃	4 אִם־
w^{əʾ}ɔmar	lakkol	sɔkɔl	hu^{wʾ}.	-ʾim
sagt(e)-er-(indem=)und	,(jedem=)all(en)-zu	töricht-(dass)	.(sei)-er	Wenn

ר֤וּחַ	הַמּוֹשֵׁל֙	תַּעֲלֶ֣ה	עָלֶ֔יךָ
ru^{w}aḥ	hammo^{w}šel	ta^{ʿa}lɛ^{h}	^{ʿ}ɔlɛ^{y}kɔ
(Unmut=)Geist-(der)	Herrscher(s)-(des=)der	auf-steigt-(er)	,dich-(gegen=)auf

מְקוֹמְךָ֖	אַל־	תַּנַּ֑ח	כִּ֣י
m^{ə}qo^{w}m^{ə}kɔ	-ʾal	tannaḥ	ki^{y}
(Stellung=)Ort-deine(n)	nicht	,(verlassen=)hinlegen-(sollst=)wirst-du	denn

מַרְפֵּ֔א	יַנִּ֖יחַ	חֲטָאִ֥ים
mar^{ə}pe^{ʾ}	yanni^{y}aḥ	ḥ^{a}ṭɔʾi^{y}m
(Gelassenheit=)Linderung	(beschwichtigt=)nieder-legt-(sie=er)	Verfehlungen

גְּדוֹלִֽים׃	5 יֵ֣שׁ	רָעָ֔ה	רָאִ֖יתִי	תַּ֣חַת	הַשָּׁ֑מֶשׁ
g^{ə}do^{w}li^{y}m.	yeš	rɔ^{ʿ}ɔ^{h}	rɔ^{ʾ}i^{y}ti^{y}	taḥat	haššɔmɛš
.große	gibt-Es	,Übel-(ein)	sah-ich-(das)	unter	,Sonne-(der=)die

כִּשְׁגָגָ֕ה	שֶׁיֹּצָ֖א
kiš^{ə}gɔgɔ^{h}	šɛ^{y}yoṣɔ^{ʾ}
,Vergehen-(unabsichtliches)-(ein)-wie	ausgehend(e)-(ist)-welch(es)

מִלִּפְנֵ֥י	הַשַּׁלִּֽיט׃
millip^{ə}ne^{y}	haššalli^{y}ṭ.
(von=)Gesichter-zu-von	:Machthaber-(dem=)der

6 נִתַּן nittan (eingesetzt=)gegeben-wurde-(Es=)Er
הַסֶּכֶל hassεkεl Törichte-der
בַּמְּרוֹמִים bammərowmiym (Ehrenstellen=)Höhen-in

רַבִּים rabbiym ,viele(n)
וַעֲשִׁירִים wacašiyriym Reiche-(während=)und
בַּשֵּׁפֶל baššepεl Niedrigkeit-der-in
יֵשֵׁבוּ׃ yešebuw. .sitzen-(sie)
7 רָאִיתִי rɔʾiytiy sah-Ich

עֲבָדִים cabɔdiym Knechte
עַל־ -cal auf
סוּסִים suwsiym ,Rosse(n)
וְשָׂרִים wəśɔriym Fürsten-und
הֹלְכִים holəkiym gehend(e)
כַּעֲבָדִים kacabɔdiym Knechte-wie
עַל־ -cal auf

הָאָרֶץ׃ hɔʾɔrεṣ. .Erde-(der=)die
8 חֹפֵר ḥoper Grabender-(Ein)
גּוּמָּץ guwmmɔṣ ,Grube-(eine)
בּוֹ bow (sie=)ihm-in
יִפּוֹל yippowl ,fällt-er

וּפֹרֵץ uwporeṣ Einreißender-(ein)-und
גָּדֵר gɔder ,Mauer-(eine)
יִשְּׁכֶנּוּ yiššəkennuw ihn-beißen-wird-(es=)er
נָחָשׁ׃ nɔḥɔš. .Schlange-(die)

9 מַסִּיעַ massiyac (Brechender=)Herausreißender-(Ein)
אֲבָנִים ʾabɔniym Steine
יֵעָצֵב yecɔṣeb weh-sich-tut-(er)

בָּהֶם bɔhεm ,(dabei=)ihnen-in
בּוֹקֵעַ bowqeac Spaltender-(ein)
עֵצִים ceṣiym Holzscheite
יִסָּכֶן yissɔkεn sich-gefährdet-(er)

בָּם׃ bɔm. .(dabei=)ihnen-in
10 אִם־ -ʾim Wenn
קֵהָה qehɔh stumpf-wird-(es=er)
הַבַּרְזֶל habbarəzεl (Schneide-die=)Eisen-das

וְהוּא wəhuwʾ er-und
לֹא־ -loʾ nicht
פָנִים pɔniym (vorher=)Gesichter
קִלְקַל qiləqal ,(sie=es)-(wetzt=)schärft-(er)

וַחֲיָלִים waḥayɔliym Kräfte-(die)-(so=)und
יְגַבֵּר yəgabber ;(anstrengen=)stärken-muss-er
וְיִתְרוֹן wəyitərown Vorteil-(der)-(doch=)und

הַכְשֵׁיר hakəšeyr (Tüchtigkeit-der=)Gelingenmachen(s)-(des)
חָכְמָה׃ ḥokəmɔh. .Weisheit-(ist)
11 אִם־ -ʾim Wenn

לָחַשׁ	בְלוֹא־	הַנָּחָשׁ	יִשֹּׁךְ
lɔḥaš	-bᵊloʷᵓ	hannɔḥɔš	yiššok
,Beschwörung	(stattfand-nicht-weil=)nicht-in	,Schlange-die	beißt-(sie=er)

לְבַעַל	יִתְרוֹן	וְאֵין
lᵊbaᶜal	yitᵊroʷn	wᵊᵓeʸn
-Beherrscher-(den)-(für=)zu	Vorteil-(einen)	(gibt-es=)ist-nicht-(dann=)und

חָכָם	פִּי־	12 דִּבְרֵי	הַלָּשׁוֹן׃
ḥɔkɔm	-piʸ	dibᵊreʸ	hallɔšoʷn.
Weise(n)-(des)	Mund-(dem)	(aus)-Worte-(Die)	.(Beschwörer=)Zunge-(der=)die

כְּסִיל	וְשִׂפְתוֹת	חֵן
kᵊsiʸl	wᵊśipᵊtoʷt	ḥen
Tor(en)-(des)	Lippen-(die)-(doch=)und	,(Beifall=)Gunst-(finden)

פִיהוּ	דִבְרֵי־	13 תְּחִלַּת	תְּבַלְּעֶנּוּ׃
piʸhuʷ	-dibᵊreʸ	tᵊḥillat	tᵊballᵊᶜɛnnuʷ.
Mund(es)-sein(es)	Worte-(der)	Anfang-(Der)	.(selbst)-ihn-verschlingen-(sie)

וְאַחֲרִית	סִכְלוּת
wᵊᵓaḥᵃriʸt	sikᵊluʷt
(Ende=)Hintere-(das=)die-(doch=)und	,Narrheit-(ist)

14 וְהַסָּכָל	רָעָה׃	הוֹלֵלוּת	פִּיהוּ
wᵊhassɔkɔl	rɔᶜɔʰ.	hoʷleluʷt	piʸhuʷ
Tor-der-Und	.schlimme	Tollheit(en)-(ist)	(Ausspruches=)Mund(es)-sein(es)

מַה־	הָאָדָם	יֵדַע	לֹא־	דְבָרִים	יַרְבֶּה
-maʰ	hɔᵓɔdɔm	yedaᶜ	-loᵓ	dᵊbɔriʸm	yarᵊbɛʰ
was	Mensch-der	weiß-(es=er)	nicht-(dabei)	;Worte	viel(e)-macht-(er)

וַאֲשֶׁר	שֶׁיִּהְיֶה
waᵓᵃšɛr	šɛʸyihᵊyɛʰ
(was=)welch(es)-und	,sein-wird-(es=er)-(da=)welch(es)

מִי	מֵאַחֲרָיו	יִהְיֶה
miʸ	meᵓaḥᵃrɔʸw	yihᵊyɛʰ
wer	,ihm-(nach=)hinter-von	(geschehn=)sein-wird-(es=er)

הַכְּסִילִים	15 עֲמַל	לוֹ׃	יַגִּיד
hakkᵊsiʸliʸm	ᶜᵃmal	loʷ.	yaggiʸd
,Toren-(der=)die	Mühen-(Das)	?ihm-(zu)	kundmachen-(es)-(sollte=)wird-(er)

אֶל־	לָלֶכֶת	יָדַע	לֹא־	אֲשֶׁר	תְּיַגְּעֶנּוּ
-ʾɛl	lɔlɛkɛt	yɔdaᶜ	-loʾ	ʾ^{a}šɛr	t^{ə}yagg^{əc}ɛnnu^{w}
(in=)zu	gehen-zu	weiß-er	nicht	weil	,ihn-(erschöpft=)müde-macht-(es=)er

שֶׁמַּלְכֵּךְ	אֶרֶץ	לָךְ	16 אִי־	עִיר׃
šɛmmal^{ə}kek	ʾɛrɛṣ	lɔk	-ʾi^{y}	ᶜi^{y}r.
König-(dessen=)dein-welch(es)	,Land	,dir-(zu)	Weh	.Stadt-(die)

בַּבֹּקֶר	וְשָׂרַיִךְ	נָעַר
babboqɛr	w^{ə}śɔrayik	nɔᶜar
Morgen-(am=)im	Fürsten-(dessen=)deine-und	Knabe-(ein)-(ist)

אֶרֶץ	17 אַשְׁרֵיךְ	יֹאכֵלוּ׃
ʾɛrɛṣ	ʾaš^{ə}re^{y}k	yoʾkelu^{w}.
,Land	,(dir-Heil=)Seligkeiten-Deine	!(tafeln=)essen-(sie)

חוֹרִים	בֶּן־	שֶׁמַּלְכֵּךְ
ḥo^{w}ri^{y}m	-bɛn	šɛmmal^{ə}kek
(ist)-Edle(n)	(von)-Sohn-(ein)	König-(dessen=)dein-welch(es)

יֹאכֵלוּ	בָּעֵת	וְשָׂרַיִךְ
yoʾkelu^{w}	bɔᶜet	w^{ə}śɔrayik
,(tafeln=)essen-(sie)	Zeit-(rechten)-der-in	Fürsten-(dessen=)deine-und

בַּשְּׁתִי׃	וְלֹא	בִּגְבוּרָה
bašš^{ə}ti^{y}.	w^{ə}loʾ	big^{ə}bu^{w}rɔ^{h}
!Zechen-(mit=)im	nicht-und	(willen)-Kraft-(der)-(um=)in

יִמַּךְ	18 בַּעֲצַלְתַּיִם
yimmak	ba^{ca}ṣal^{ə}tayim
sich-senkt-(es=er)	(Hände-faulen-beide=)Faulheiten-(zwei)-(Durch=)In

יָדַיִם	וּבְשִׁפְלוּת	הַמְּקָרֶה
yɔdayim	u^{w}b^{ə}šip^{ə}lu^{w}t	hamm^{ə}qɔrɛ^{h}
Hände-(beide)	(Sinkenlassen=)Schlaffheit-(durch=)in-und	Gebälk-das

19 לִשְׂחוֹק	הַבָּיִת׃	יִדְלֹף
liś^{ə}ḥo^{w}q	habbɔyit.	yid^{ə}lop
(Vergnügen=)Gelächter-Zu(m)	.Haus-das-(in)	tropft-(es=)er

יְשַׂמַּח	וְיַיִן	לֶחֶם	עֹשִׂים
y^{ə}śammaḥ	w^{ə}yayin	lɛḥɛm	ᶜośi^{y}m
(er)freut-(er)	Wein-und	,(Mahl-ein=)Brot	machend(e)-(sind)-(sie)

חַיִּים
ḥayyiʸm
,(Leben-das=)Lebendige(n)-(die)

וְהַכֶּסֶף
wᵊhakkɛsɛp
(Geld=)Silber-das-(aber=)und

יַעֲנֶה
yaᶜᵃnɛʰ
(gewährt=)erwidert-(es=er)

אֶת־הַכֹּל׃
hakkol-ʾɛt.
.all(es)-das***

20 גַּם
gam
Auch

בְּמַדָּעֲךָ
bᵊmaddɔᶜᵃkɔ
(Bewusstsein-deinem=)Kenntnis-deine(r)-in

מֶלֶךְ
mɛlɛk
König-(dem)

אַל־
-ʾal
nicht

תְּקַלֵּל
tᵊqallel
,fluchen-(sollst=)wirst-du

וּבְחַדְרֵי
uʷbᵊḥadᵊreʸ
Gemächer(n)-(den)-in-und

מִשְׁכָּבְךָ
mišᵊkɔbᵊkɔ
Liegen(s)-dein(es)

אַל־
-ʾal
nicht

תְּקַלֵּל
tᵊqallel
fluchen-(sollst=)wirst-du

עָשִׁיר
ᶜɔšiʸr
!Reich(en)-(einem)

כִּי
kiʸ
Denn

עוֹף
ᶜoʷp
Vogel-(der)

הַשָּׁמַיִם
haššɔmayim
Himmel-(der=)die

יוֹלִיךְ
yoʷliʸk
(forttragen=)machen-gehen-(kann=)wird-(er)

אֶת־הַקּוֹל
haqqoʷl-ʾɛt
(Laut-den=)Stimme-die***

וּבַעַל
uʷbaᶜal
(Träger=)Besitzer-(der)-und

הכנפים[כְּנָפַיִם]
[kᵊnɔpayim]hakkᵊnɔpayim
Flügel-(zwei)-(der=)die

יַגִּיד
yaggeʸd
vermelden-(kann=)wird-(er)

דָּבָר׃
dɔbɔr.
.(Sache-die=)Wort-(das)

11

1 שַׁלַּח
šallaḥ
(Wirf=)Schicke

לַחְמְךָ
laḥᵊmᵊkɔ
Brot-dein

עַל־
-ᶜal
auf

פְּנֵי
pᵊneʸ
(Fläche=)Gesichter-(die)

הַמָּיִם
hammɔyim
,Wasser-(der=)die

כִּי־
-kiʸ
denn

בְּרֹב
bᵊrob
(Menge=)Vielheit-(einer)-(nach=)in

הַיָּמִים
hayyɔmiʸm
Tage(n)-(von=)die

תִּמְצָאֶנּוּ׃
timᵊṣɔʾɛnnuʷ.
.(es=)ihn-(wieder)finden-(magst=)wirst-du

2 תֶּן־
-tɛn
Gib

חֵלֶק
ḥɛlɛq
Teil-(einen)

לְשִׁבְעָה
lᵊšibᵊᶜɔʰ
sieben-(an=)zu

מַה־	תֵּדַע	לֹא	כִּי	לִשְׁמוֹנָה	וְגַם
-maʰ	tedaᶜ	loᵓ	kiʸ	lišᵊmoʷnɔʰ	wᵊgam
was	,wissen-(kannst=)wirst-du	nicht	denn	,acht-(an=)zu	auch-(oder=)und

3 אִם־	הָאָרֶץ׃	עַל־	רָעָה	יִהְיֶה
-ᵓim	hɔᵓɔrɛṣ.	-ᶜal	rɔᶜɔʰ	yihᵊyɛʰ
Wenn	.Erde-(der=)die	auf	Schlimme(s)	(geschehn=)sein-wird-(es=er)

הָאָרֶץ	עַל־	גֶּשֶׁם	הֶעָבִים	יִמָּלְאוּ
hɔᵓɔrɛṣ	-ᶜal	gɛšɛm	hɛᶜɔbiʸm	yimmɔlᵊᵓuʷ
Erde-die	auf	(Regen)guss	,Wolken-die	gefüllt-sind-(sie)

יִפּוֹל	וְאִם־	יָרִיקוּ
yippoʷl	-wᵊᵓim	yɔriʸquʷ
fällt-(es=er)	(ob=)wenn-Und	.(aus-schütten=)leer-machen-sie

בַּצָּפוֹן	וְאִם	בַּדָּרוֹם	עֵץ
baṣṣɔpoʷn	wᵊᵓim	baddɔroʷm	ᶜeṣ
,Norden-(gegen=)in	(oder=)wenn-und	Süden-(gegen=)in	(Baum=)Holz-(ein)

שָׁם	הָעֵץ	שֶׁיִּפּוֹל	מְקוֹם
šɔm	hɔᶜeṣ	šɛʸyippoʷl	mᵊqoʷm
dort	,(Baum-der=)Holz-das	fällt-(es=er)-(wohin=)welch(e)	,(Stelle-der-an=)Ort

לֹא	רוּחַ	4 שֹׁמֵר	יְהוּא׃
loᵓ	ruʷaḥ	šomer	yᵊhuʷᵓ.
nicht	Wind-(den)	Beobachtender-(Ein)	.(bleibt=)sein-wird-(es=)er

לֹא	בֶּעָבִים	וְרֹאֶה	יִזְרָע
loᵓ	bɛᶜɔbiʸm	wᵊroᵓɛʰ	yizᵊrɔᶜ
nicht	Wolken-(den-nach=)die-in	Sehender-(ein)-und	,säen-wird-(er)

דֶּרֶךְ	מַה־	יוֹדֵעַ	אֵינְךָ	5 כַּאֲשֶׁר	יִקְצוֹר׃
dɛrɛk	-maʰ	yoʷdeaᶜ	ᵓeʸnᵊkɔ	kaᵓᵃšɛr	yiqᵊṣoʷr.
Weg-(der)	(wie=)was	,wissend(er)	bist-du-nicht	wie-So	.ernten-wird-(er)

בְּבֶטֶן	כַּעֲצָמִים	הָרוּחַ
bᵊbɛṭɛn	kaᶜᵃṣɔmiʸm	hɔruʷaḥ
Leib-(im=)in	Gebeine-die-wie-und	Wind(es)-(des=)der

תֵדַע	לֹא	כָּכָה	הַמְּלֵאָה
tedaᶜ	loᵓ	kɔkɔʰ	hammᵊleᵓɔʰ
kennst-du	nicht	ebenso	,(werden)-(Schwangeren=)Volle(n)-(der=)die

אֶת־מַעֲשֵׂה	הָאֱלֹהִים	אֲשֶׁר	יַעֲשֶׂה
ma^{ca}śe^{h}-ʾɛt	hɔ^{ʾɛ}lohi^{y}m	^{ʾa}šɛr	ya^{ca}śɛ^{h}
Werk-(das)***	,(Gottes=)Götter-(der=)die	(der=)welch(er)	macht-(er)

אֶת־הַכֹּל׃	6 בַּבֹּקֶר	זְרַע	אֶת־זַרְעֶךָ
hakkol-ʾɛt.	babboqɛr	z^{ə}ra^{c}	zar^{əc}ɛkɔ-ʾɛt
.all(es)-das***	Morgen-(Am=)Im	säe	,Same(n)-dein(en)***

וְלָעֶרֶב	אַל־	תַּנַּח
w^{ə}lɔ^{c}ɛrɛb	-ʾal	tannaḥ
Abend-(am=)zum-und	nicht	(lassen-ruhen=)hinlegen-(sollst=)wirst-du

יָדֶךָ	כִּי	אֵינְךָ	יוֹדֵעַ	אֵי	זֶה
yɔdɛkɔ	ki^{y}	ʾe^{y}n^{ə}kɔ	yo^{w}de^{c}	ʾe^{y}	zɛ^{h}
,Hand-deine	denn	bist-du-nicht	,wissend(er)	wo	(das=)dieser

יִכְשָׁר	הֲזֶה	אוֹ־	זֶה
yik^{ə}šɔr	h^{a}zɛ^{h}	-ʾo^{w}	zɛ^{h}
,(gerät=)gelingt-(es=er)	dies(er)-ob	oder	,(jenes=)dieser

וְאִם־	שְׁנֵיהֶם	כְּאֶחָד	טוֹבִים׃
-w^{ə}ʾim	š^{ə}ne^{y}hɛm	k^{ə}ʾɛḥɔd	ṭo^{w}bi^{y}m.
(ob=)wenn-(oder=)und	sie-beide	(zuleich=)einer-wie	.gut(e)-(sind)

7 וּמָתוֹק	הָאוֹר	וְטוֹב	לַעֵינַיִם
u^{w}mɔto^{w}q	hɔʾo^{w}r	w^{ə}ṭo^{w}b	la^{c}e^{y}nayim
(ist)-(angenehm=)süß-Und	Licht-das	(tut-es)-gut-und	Augen-(zwei)-(den=)zu

לִרְאוֹת	אֶת־הַשָּׁמֶשׁ׃	8 כִּי	אִם־	שָׁנִים	הַרְבֵּה
lir^{əʾ}o^{w}t	haššɔmɛš-ʾɛt.	ki^{y}	-ʾim	šɔni^{y}m	har^{ə}be^{h}
schauen-zu	.Sonne-die***	Denn	wenn	Jahre	(viele=)Vieles-(ein)

יִחְיֶה	הָאָדָם	בְּכֻלָּם
yiḥ^{ə}yɛ^{h}	hɔʾɔdɔm	b^{ə}kullɔm
leben-(darf=)wird-(es=er)	,Mensch-der	ihnen-all(en)-in

יִשְׂמָח	וְיִזְכֹּר	אֶת־יְמֵי
yiś^{ə}mɔḥ	w^{ə}yiz^{ə}kor	y^{ə}me^{y}-ʾɛt
,freuen-sich-(möge=)wird-er	bedenken-(soll=)wird-er-(aber=)und	Tage-(die)***

הַחֹשֶׁךְ	כִּי־	הַרְבֵּה	יִהְיוּ
haḥošɛk	-ki^{y}	har^{ə}be^{h}	yih^{ə}yu^{w}
,Dunkel(s)-(des=)das	dass	(viele=)Vieles-(ein)	,sein-(können=)werden-(es=)sie

כָּל־
-kol
,all(es)-(dass)

שֶׁבָּא
šɛbbɔʾ
,kommend(er)-(ist-was=)welch(es)

הָבֶל׃
hɔbɛl.
.(Nichtigkeit=)Windhauch-(ist)

9 שְׂמַח
śᵊmaḥ
,dich-Freue

בָּחוּר
bɔḥuʷr
,Jüngling

בְּיַלְדוּתֶיךָ
bᵊyalᵊduʷtɛʸkɔ
,Kindheit-deine(r)-(an=)in

וִיטִיבְךָ
wiʸṭiʸbᵊkɔ
dich-(stimmen-fröhlich=)machen-gut-(soll=)wird-(es=)er-und

לִבְּךָ
libbᵊkɔ
Herz-dein

בִּימֵי
biʸmeʸ
Tage(n)-(den)-in

בְחוּרוֹתֶךָ
bᵊḥuʷroʷtɛkɔ
,Jugendzeit(en)-deine(r)

וְהַלֵּךְ
wᵊhallek
(wandle=)gehe-und

בְּדַרְכֵי
bᵊdarᵊkeʸ
Wege(n)-(den)-(auf=)in

לִבְּךָ
libbᵊkɔ
Herz(ens)-dein(es)

וּבְמַרְאֵי
uʷbᵊmarᵊʾeʸ
Sehen-(dem)-(nach=)in-und

עֵינֶיךָ
ʿeʸnɛʸkɔ
,Augen-(zwei)-deine(r)

וְדָע
wᵊdɔʿ
,wisse-(aber=)und

כִּי
kiʸ
dass

עַל־
-ʿal
(ob=)auf

כָּל־
-kol
all

אֵלֶּה
ʾellɛʰ
diese(m)

יְבִיאֲךָ
yᵊbiʸʾᵃkɔ
dich-(führen=)machen-kommen-wird-(es=)er

הָאֱלֹהִים
hɔʾᵋlohiʸm
(Gott=)Götter-die

בַּמִּשְׁפָּט׃
bammišᵊpɔṭ.
.Gericht-das-(vor=)in

10 וְהָסֵר
wᵊhɔser
fern-halte-Und

כַּעַס
kaʿas
Unmut

מִלִּבֶּךָ
millibbɛkɔ
Herz(en)-dein(em)-von

וְהַעֲבֵר
wᵊhaʿᵃber
(beseitige=)vorübergehen-mache-und

רָעָה
rɔʿɔʰ
(Übel=)Schlechte-(das)

מִבְּשָׂרֶךָ
mibbᵊśɔrɛkɔ
!(Leib=)Fleisch-dein(em)-von

כִּי־
-kiʸ
Denn

הַיַּלְדוּת
hayyalᵊduʷt
(Jugend=)Kindheit

וְהַשַּׁחֲרוּת
wᵊhaššaḥᵃruʷt
Schwarzhaar-und

הָבֶל׃
hɔbɛl.
.(Nichtigkeit=)Windhauch-(sind)

12

אֶת־בּוֹרְאֶיךָ	1 וּזְכֹר	
boʷrᵊʾɛʸkɔ-ʾɛt	uʷzᵊkor	
(Schöpfers-deines=)Erschaffende(n)-deine(r)	eingedenk-sei-Und	

לֹא־	אֲשֶׁר	עַד	בְּחוּרֹתֶיךָ	בִּימֵי
-loʾ	ʾᵃšɛr	ʿad	bᵊḥuʷrotɛʸkɔ	biʸmeʸ
(ehe=)nicht	-dass	-bis	‚Jugendzeit(en)-deine(r)	Tage(n)-(den)-in

הָרָעָה	יְמֵי	יָבֹאוּ
hɔrɔʿɔʰ	yᵊmeʸ	yɔboʾuʷ
(Unheils-des=)Schlechte-die	Tage-(die)	kommen-(sie)

אֲשֶׁר	שָׁנִים	וְהִגִּיעוּ
ʾᵃšɛr	šɔniʸm	wᵊhiggiʸʿuʷ
(denen-von=)welch(e)	‚Jahre	(nahen=)berühren-machen-(sie)-und

2 עַד	חֵפֶץ׃	בָּהֶם	אֵין־לִי	תֹּאמַר
ʿad	ḥepɛṣ.	bɔhɛm	liʸ-ʾeʸn	toʾmar
-bis	;!Gefallen	ihnen-(an=)in	(habe-ich=)mir-zu-ist-Nicht	:sagen-wirst-du

וְהָאוֹר	הַשֶּׁמֶשׁ	תֶחְשַׁךְ	לֹא־	אֲשֶׁר
wᵊhɔʾoʷr	haššɛmɛš	tɛḥᵊšak	-loʾ	ʾᵃšɛr
Licht-das-und	Sonne-die	verfinstert-sich-(sie)	(ehe=)nicht	-dass

אַחַר	הֶעָבִים	וְשָׁבוּ	וְהַכּוֹכָבִים	וְהַיָּרֵחַ
ʾaḥar	hɛʿɔbiʸm	wᵊšɔbuʷ	wᵊhakkoʷkɔbiʸm	wᵊhayyɔreaḥ
nach	Wolken-die	Sterne-die-und	Sterne-die-und	Mond-der-und

שֶׁיָּזֻעוּ	3 בַּיּוֹם	הַגָּשֶׁם׃
šɛʸyɔzuʿuʷ	bayyoʷm	haggɔšɛm.
zittern-(sie)-welch(em)-(an)	‚Tag-dem-(An=)In	.(Regen)guss-(dem=)der

אַנְשֵׁי	וְהִתְעַוְּתוּ	הַבַּיִת	שֹׁמְרֵי
ʾanᵊšeʸ	wᵊhitᵃʿawwᵊtuʷ	habbayit	šomᵊreʸ
Männer	sich-krümmen-(es=)sie-und	Haus-das	Bewachende(n)-(die)

וּבָטְלוּ	הֶחָיִל
uʷbɔṭᵊluʷ	hɛḥɔyil
(untätig-sind=)feiern-(es=)sie-und	‚(kräftige=)Kraft-(der=)die

מִעֵטוּ	כִּי	הַטֹּחֲנוֹת
miʿeṭuʷ	kiʸ	haṭṭoḥᵃnoʷt
‚geworden-wenig-sind-sie	weil	‚(Müllerinnen=)Mahlende(n)-die

וְחָשְׁכוּ
w^{ə}ḥɔš^{ə}ku^{w}
(sich-betrüben-es=)dunkel-sind-sie-und

הָרֹאוֹת
hɔroᵓo^{w}t
Schauenden-die

בָּאֲרֻבּוֹת׃
bɔᵓ^{a}rubbo^{w}t.
,Fenster-die-(durch=)in

4 וְסֻגְּרוּ
w^{ə}sugg^{ə}ru^{w}
verschlossen-wurden-(es=sie)-(da=)und

דְּלָתַיִם
d^{ə}lɔtayim
(Doppel)türen-(die)

בַּשּׁוּק
baššu^{w}q
,Straße-der-(zu=)in

בִּשְׁפַל
biš^{ə}pal
(klang-leiser-dass=)werden-niedrig-in

קוֹל
qo^{w}l
(Gang-der=)Stimme-(die)

הַטַּחֲנָה
haṭṭaḥ^{a}nɔ^{h}
.Mühle-(der=)die

וְיָקוּם
w^{ə}yɔqu^{w}m
(sich-erhebt=)auf-steht-(man=)er-Und

לְקוֹל
l^{ə}qo^{w}l
(Gezirp-beim=)Stimme-zu

הַצִּפּוֹר
haṣṣippo^{w}r
,Vogel(s)-(des=)der

וְיִשַּׁחוּ
w^{ə}yiššaḥu^{w}
gedämpft-werden-(es=)sie-und

כָּל־
-kol
all(e)

בְּנוֹת
b^{ə}no^{w}t
(Klänge=)Töchter

הַשִּׁיר׃
hašši^{y}r.
.Gesang(s)-(des=)der

5 גַּם
gam
Auch

מִגָּבֹהַּ
miggɔboah
(Erhabenheit=)Höhe-(der)-(vor=)von

יִרָאוּ
yirɔᵓu^{w}
,sich-fürchten-sie

וְחַתְחַתִּים
w^{ə}ḥat^{ə}ḥatti^{y}m
Schrecknisse(n)-und

בַּדֶּרֶךְ
badderɛk
,(lauern)-(Weg-dem-auf=)Weg-in

וְיָנֵאץ
w^{ə}yɔneᵓṣ
(verschmähen-macht=)verwirft-er-und

הַשָּׁקֵד
haššɔqed
.Mandel-die

וְיִסְתַּבֵּל
w^{ə}yis^{ə}tabbel
dahin-sich-schleppt-(es=)er-Und

הֶחָגָב
hɛḥɔgɔb
,Heuschrecke-die

וְתָפֵר
w^{ə}tɔper
(platzt=)versagt-(es=)sie-und

הָאֲבִיּוֹנָה
hɔᵓ^{a}bi^{y}yo^{w}nɔ^{h}
,Kaper-die

כִּי־
-ki^{y}
,(ja=)wenn

הֹלֵךְ
holek
(ist)-gehend(er)

הָאָדָם
hɔᵓɔdɔm
Mensch-der

אֶל־
-ᵓɛl
zu(m)

בֵּית
be^{y}t
Haus

עוֹלָמוֹ
ʿo^{w}lɔmo^{w}
,Ewigkeit-seine(r)

בַּשּׁוּק	וְסָבְבוּ
baššuʷq	wᵊsɔbᵊbuʷ
Straße-der-(auf=)in	(umher-wandeln=)umgeben-(es=sie)-(während=)und

[יֵרָתֵק]ירחק	לֹא־	אֲשֶׁר	6 עַד	הַסֹּפְדִים׃
[yerɔteq]yirḥaq	-loʾ	ʾᵃšɛr	ʿad	hassopᵊdiʸm.
entfernt-wird-(es=er)	(Ehe=)nicht	-dass	-Bis	.Klagenden-die

גֻּלַּת	וְתָרֻץ	הַכֶּסֶף	חֶבֶל
gullat	wᵊtɔruṣ	hakkɛsɛp	ḥɛbɛl
Gefäß-(das)	zerbricht-(es=sie)-und	Silber-(aus=)das	(Strick=)Schnur-(eine)

עַל־	כַּד	וְתִשָּׁבֵר	הַזָּהָב
-ʿal	kad	wᵊtiššɔbɛr	hazzɔhɔb
(an=)auf	Krug-(der)	zertrümmert-wird-(es=sie)-und	Gold-(aus=)das

אֶל־	הַגַּלְגַּל	וְנָרֹץ	הַמַּבּוּעַ
-ʾɛl	haggalᵊgal	wᵊnɔroṣ	hammabbuʷaʿ
(an=)zu	Rad-das	zerschlagen-wird-(es=er)-und	Quelle-(der=)die

הָאָרֶץ	עַל־	הֶעָפָר	7 וְיָשֹׁב	הַבּוֹר׃
hɔʾɔrɛṣ	-ʿal	hɛʿɔpɔr	wᵊyɔšob	habboʷr.
,Erde-die	auf	Staub-der	(kehrt=)Kehren-(ein)-(so=)und	,Brunnen-(dem=)der

וְהָרוּחַ	כְּשֶׁהָיָה
wᵊhɔruʷaḥ	kᵊšɛhɔyɔʰ
(Lebenshauch=)Geist-der-(während=)und	,gewesen-er-was-(als=)wie

אֲשֶׁר	הָאֱלֹהִים	אֶל־	תָּשׁוּב
ʾᵃšɛr	hɔʾᵉlohiʸm	-ʾɛl	tɔšuʷb
(der=)welch(er)	,(Gott=)Götter(n)-(den=)die	zu	zurück-kehrt-(er=sie)

הֲבָלִים	8 הֲבֵל	נְתָנָהּ
hᵃbɔliʸm	hᵃbel	nᵊtɔnɔʰ
,Nichtigkeiten-(der)	(Nichtigkeit=)Windhauch	.(ihn=)sie-gegeben-(hat-er)

הַכֹּל	הַקּוֹהֶלֶת	אָמַר
hakkol	haqqoʷhɛlɛt	ʾɔmar
(das-all=)all-das	(Prediger-der=)Kohelet-die	(spricht=)sprach-(er)

9 וְיֹתֵר	הָבֶל׃
wᵊyoter	hɔbɛl.
,(außerdem=)Übrige-(das)-Und	!(Nichtigkeit=)Windhauch-(ist)

לִמַּד־	עוֹד	חָכָם	קֹהֶלֶת	שֶׁהָיָה
-limmad	^{c}o^{w}d	ḥɔkɔm	qohɛlɛt	šɛhɔyɔ^{h}
lehrte-er	(ferner=)noch	,weise	Kohelet	war-(es=er)-(da=)welch(er)

וְחִקֵּר	וְאִזֵּן	אֶת־הָעָם	דַּעַת
w^{ə}ḥiqqer	w^{ə}^{ɔ}izzen	hɔ^{c}ɔm-^{ɔ}ɛt	da^{c}at
erforschte-(er)-und	erwog-er-und	,Volk-das***	(Er)kenntnis

הַרְבֵּה׃	מְשָׁלִים	תִּקֵּן
har^{ə}be^{h}.	m^{ə}šɔli^{y}m	tiqqen
.(viele=)Vieles-(ein)	(Lehr)sprüche	(verfasste=)gerade-machte-(er)-und

חֵפֶץ	דִּבְרֵי־	לִמְצֹא	קֹהֶלֶת	10 בִּקֵּשׁ
ḥepɛṣ	-dib^{ə}re^{y}	lim^{ə}ṣo^{ɔ}	qohɛlɛt	biqqeš
Wohlgefallen	(von)-Worte	finden-zu	Kohelet	suchte-(Es=)Er

דִּבְרֵי	יֹשֶׁר	וְכָתוּב
dib^{ə}re^{y}	yošɛr	w^{ə}kɔtu^{w}b
Worte	,(Redlichkeit=)Geradheit-(in)	Aufgeschrieben(es)-und

כַּדָּרְבֹנוֹת	חֲכָמִים	11 דִּבְרֵי	אֱמֶת׃
kaddɔr^{ə}bono^{w}t	ḥ^{a}kɔmi^{y}m	dib^{ə}re^{y}	^{ɔɛ}mɛt.
Stacheln-die-wie-(sind)	Weise(n)	(von)-Worte	.(zuverlässige=)Wahrheit-(der)

בַּעֲלֵי	נְטוּעִים	וּכְמַשְׂמְרוֹת
ba^{ca}le^{y}	n^{ə}ṭu^{wc}i^{y}m	u^{w}k^{ə}maś^{ə}m^{ə}ro^{w}t
Herren-(den)-(von)	(eingeschlagene=)eingepflanzte	Nägel-wie-und

אֶחָד׃	מֵרֹעֶה	נִתְּנוּ	אֲסֻפּוֹת
^{ɔ}ɛḥɔd.	mero^{c}ɛ^{h}	nitt^{ə}nu^{w}	^{ɔa}suppo^{w}t
.(einem=)einer	Hirte(n)-von	gegeben-wurden-(die=)sie	,Versammlungen-(der)

בְּנִי	מֵהֵמָּה	12 וְיֹתֵר
b^{ə}ni^{y}	mehemmɔ^{h}	w^{ə}yoter
,Sohn-mein	,(hinausgeht-darüber-was=)ihnen-von	-Übrige-(das)-Und

אֵין	הַרְבֵּה	סְפָרִים	עֲשׂוֹת	הִזָּהֵר
^{ɔ}e^{y}n	har^{ə}be^{h}	s^{ə}pɔri^{y}m	^{ca}śo^{w}t	hizzɔher
ist-nicht	(viele=)Vieles-(ein)	Bücher	Machen-(Einem)	!warnen-dich-lass

יְגִעַת	הַרְבֵּה	וְלַהַג	קֵץ
y^{ə}gi^{c}at	har^{ə}be^{h}	w^{ə}lahag	qeṣ
(für-mühsam=)Mühe-(ist)	(viel=)Vieles-(ein)	Studieren-(aber=)und	,Ende-(ein)

הַכֹּל	דָּבָר	13 סוֹף	בָּשָׂר׃
hakkol	dɔbɔr	so^{w}p	bɔśɔr.
(das-All=)all-Das	!Rede-(der)	Schluss	.(Leib-den=)Fleisch-(das)

יְרָא	אֶת־הָאֱלֹהִים	נִשְׁמָע
y^{ə}rɔʾ	hɔ^{ʾɛ}lohi^{y}m-ʾɛt	niš^{ə}mɔʿ
fürchte	(Gott=)Götter-Die***	:(verstanden=)gehört-wurde-(es=er)

זֶה	כִּי־	שְׁמוֹר	וְאֶת־מִצְוֹתָיו
zɛ^{h}	-ki^{y}	š^{ə}mo^{w}r	miṣ^{ə}wotɔ^{y}w-w^{əʾ}ɛt
(betrifft-das=)dieser	,(Fürwahr=)Denn	!(halte=)wahre	Gebote-seine***und

הָאֱלֹהִים	מַעֲשֶׂה	אֶת־כָּל־	14 כִּי	הָאָדָם׃	כָּל־
hɔ^{ʾɛ}lohi^{y}m	ma^{ʿa}śɛ^{h}	-kol-ʾɛt	ki^{y}	hɔʾɔdɔm.	-kol
(Gott=)Götter-die	Tun	all(es)***	Denn	.Mensch(en)-(die=)der	all

כָּל־	עַל	בְּמִשְׁפָּט	יָבִא
-kol	ʿal	b^{ə}miš^{ə}pɔṭ	yɔbiʾ
all(es)	(über=)auf	,Gericht-(vor=)in	(bringt=)kommen-macht-(er)

רָע׃	וְאִם־	טוֹב	אִם־	נֶעְלָם
rɔʿ.	-w^{əʾ}im	ṭo^{w}b	-ʾim	nɛ^{ʿə}lɔm
.böse	(oder=)wenn-und	gut	(ob=)wenn	,Verborgen(e)

איכה
Wehe
Klagelieder

1

הָעִ֑יר	בָדָ֔ד	יָשְׁבָ֣ה	1 אֵיכָ֣ה
hɔʿi^{y}r	bɔdɔd	yɔš^{ə}bɔ^{h}	ʾe^{y}kɔ^{h}
,Stadt-die	einsam-(so)	(liegt=)wohnt(e)-(es=)sie	(,Ach=)Wie

כְּאַלְמָנָ֑ה	הָֽיְתָ֖ה	עָ֔ם	רַבָּ֣תִי
k^{ə}ʾal^{ə}mɔnɔ^{h}	hɔy^{ə}tɔ^{h}	ʿɔm	rabbɔti^{y}
,Witwe-(eine)-wie	geworden-ist-sie	,Volk	(an)-(reich=)viele-(einst)

שָׂרָ֙תִי֙	בַגּוֹיִ֗ם	רַבָּ֣תִי
śɔrɔti^{y}	baggo^{w}yim	rabbɔti^{y}
Fürstin-(die)	.Völker(n)-(den=)die-(unter=)in	(mächtig=)viele-(einst)

לָמַֽס׃	הָיְתָ֖ה	בַּמְּדִינ֔וֹת
lɔmas.	hɔy^{ə}tɔ^{h}	bamm^{ə}di^{y}no^{w}t
!Fron-(der=)zur	(verfallen=)geworden-ist-(sie)	Provinzen-(den=)die-(unter=)in

עַ֣ל	וְדִמְעָתָהּ֙	בַּלַּ֗יְלָה	תִבְכֶּ֜ה	2 בָּכ֨וֹ
ʿal	w^{ə}dim^{əʿ}ɔtɔh	ballay^{ə}lɔ^{h}	tib^{ə}kɛ^{h}	bɔko^{w}
auf-(ist)	Träne-ihre-und	,Nacht-der-in	weint-sie	(Bitterlich=)Weinen-(Ein)

מִכָּל־	מְנַחֵ֖ם	לָ֛הּ	אֵין־	לֶֽחֱיָ֔הּ
- mikkol	m^{ə}naḥem	lɔh	-ʾ e^{y}n	lɛḥ^{ɛ}yɔh
all(en)-von	Tröstender-(ein)	(sie-für=)ihr-zu	ist-nicht	,Wange-ihre(r)

רֵעֶ֫יהָ	כָּל־	אֹהֲבֶ֫יהָ
reʿεʸhɔ	- kol	ʾohᵃbεʸhɔ
Freunde-ihre	All(e)	.(Freunden-ihren=)sie-Liebende(n)

לָהּ	הָיוּ	בָּהּ	בָּגְדוּ
lɔh	hɔyuʷ	bɔh	bɔgᵊduʷ
ihr-(zu)	geworden-sind-(sie)	,(ihr=)sie-in	untreu-geworden-sind-(sie)

מֵעֹ֫נִי	יְהוּדָה	3 גָּלְתָ֫ה	לְאֹיְבִים׃
meʿoniʸ	yᵊhuʷdɔʰ	gɔlᵊ tɔʰ	lᵊʾoyᵊbiʸm.
Elend-(vor=)von	,Juda	Exil-ins-ausgewandert-ist-(Es=)Sie	.Feinde(n)-zu

יָשְׁבָה	הִיא	עֲבֹדָה	וּמֵרֹב
yɔšᵊbɔʰ	hiʸʾ	ʿᵃbodɔʰ	uʷmerob
weilte-(sie)	sie	Knechtsdienst-(von)	Menge-(einer)-(wegen=)von-und

כָּל־	מָנוֹחַ	מָצְאָה	לֹא	בַגּוֹיִם
- kol	mɔnoʷaḥ	mɔṣᵊʾɔʰ	loʾ	baggoʷyim
,all(e)	,Ruhe	fand-sie	nicht	,Völker(n)-(den=)die-(unter=)in

בֵּין	הִשִּׂיגוּהָ	רֹדְפֶיהָ
beʸn	hiśśiʸguʷhɔ	rodᵊpεʸhɔ
(in-mitten=)zwischen	sie-erreichten-(sie)	,(verfolgten-sie-die=)Verfolgenden-ihre

צִיּוֹן	4 דַּרְכֵי	הַמְּצָרִים׃
ṣiʸyoʷn	darᵊkeʸ	hammᵊṣɔriʸm.
Zion	(nach)-Wege-(Die)	.(Bedrängnissen=)Einengungen

בָּאֵי	מִבְּלִי	אֲבֵלוֹת
bɔʾeʸ	mibbᵊliʸ	ʾᵃbeloʷt
(zu)-Kommende-(sind)	(nicht-weil=)Nichtsein-von	,(verödet=)trauernd(e)-(sind)

שׁוֹמֵמִין	שְׁעָרֶ֫יהָ	כָּל־	מוֹעֵד
šoʷmemiʸn	šᵊʿɔrεʸhɔ	-kol	moʷʿed
,(öde-liegen=)Schauernde-(sind)	Tore-ihre	all(e)	,(Fest)versammlung-(der)

בְּתוּלֹתֶ֫יהָ	נֶאֱנָחִים	כֹּהֲנֶיהָ
bᵊtuʷlotεʸhɔ	nεʾεnɔḥiʸm	kohᵃnεʸhɔ
Jungfrauen-ihre	,seufzend(e-(sind)	Priester-ihre

לָהּ׃	מַר־	וְהִיא	נוּגוֹת
lɔh.	-mar	wᵊhiʸʾ	nuʷgoʷt
.ihr-(ist=)zu	(wehe=)bitter	,(ihr=)sie-und	,(bekümmert=)betrübend(e)-sich

צָרֶיהָ	5 הָיוּ
ṣɔrɛʸhɔ	hɔyuʷ
(Widersacher=)Bedränger-ihre	(erlangten=)waren-(Es=)Sie

כִּי־	שָׁלוּ	אֹיְבֶיהָ	לְרֹאשׁ
-kiʸ	šɔluʷ	ᵓoyᵊbɛʸhɔ	lᵊroᵓš
denn	,(wohlgemut=)sorglos-sind-(sie)	Feinde-ihre	,(Oberhand-die=)Haupt-zu

עוֹלָלֶיהָ	פְּשָׁעֶיהָ	רֹב־	עַל	הוֹגָהּ	יְהוָה
ʿoʷlɔlɛʸhɔ	pᵊšɔʿɛʸhɔ	-rob	ʿal	hoʷgɔh	yᵊhwɔʰ
Kindlein-ihre	,Sünden-ihre(r)	Menge-(der)	(ob=)auf	sie-betrübte-(er)	JHWH

צָר׃	לִפְנֵי־	שְׁבִי	הָלְכוּ
ṣɔr.	-lipᵊneʸ	šᵊbiʸ	hɔlᵊkuʷ
.Bedränger-(dem)	(vor=)Gesichter-zu	Gefangenschaft-(die-in)	gingen-(sie)

כָּל־	צִיּוֹן	בת[מִבַּת־]	מִן־	6 וַיֵּצֵא
-kol	ṣiʸyoʷn	[-mibbat]bat	-min	wayyeṣeᵓ
all	Zion	Tochter-(der)	von	(schwand=)aus-zog-(es=er)-(So=)Und

מָצְאוּ	לֹא־	כְּאַיָּלִים	שָׂרֶיהָ	הָיוּ	הֲדָרָהּ
mɔṣᵊᵓuʷ	-loᵓ	kᵊᵓayyɔliʸm	śɔrɛʸhɔ	hɔyuʷ	hᵃdɔrɔh
fanden-(sie)	nicht-(die)	,Hirsche-wie	Fürsten-ihre	waren-(es=)sie	,Glanz-ihr

לִפְנֵי	כֹחַ	בְלֹא־	וַיֵּלְכוּ	מִרְעֶה
lipᵊneʸ	koaḥ	-bᵊloᵓ	wayyelᵊkuʷ	mirᵊʿɛʰ
(vor=)Gesichter-zu	Kraft	(ohne=)nicht-in	gingen-sie-und	,Weide-(eine)

יְרוּשָׁלִַם	7 זָכְרָה	רוֹדֵף׃
yᵊruʷšɔlaim	zɔkᵊrɔʰ	roʷdep.
Jerusalem	gedachte-(Es=)Sie	.(Verfolger-dem=)Verfolgender

כֹּל	וּמְרוּדֶיהָ	עָנְיָהּ	יְמֵי
kol	uʷmᵊruʷdɛʸhɔ	ʿonᵊyɔh	yᵊmeʸ
all	Bitterkeiten-ihre(r)-und	Elend(es)-ihr(es)	Tage(n)-(den)-(in)

מִימֵי	הָיוּ	אֲשֶׁר	מַחֲמֻדֶיהָ
miʸmeʸ	hɔyuʷ	ᵓᵃšɛr	maḥᵃmudɛʸhɔ
-Tagen-(den)-(seit=)von	waren-(ihr=)sie	welch(e)	,Kostbarkeiten-ihre(r)

בְּיַד־	עַמָּהּ	בִּנְפֹל	קֶדֶם
-bᵊyad	ʿammɔh	binᵊpol	qɛdɛm
Hand-(die)-in	Volk-ihr	(fiel-Als=)Fallen-In	.(altersher=)Vorzeit-(der)

לָהּ	עוֹזֵר	וְאֵין	צָר
lɔh	ʿoʷzer	wᵊʾeʸn	ṣɔr
.ihr-(zu)	Helfender-(ein)	war-nicht-(da=)und	,(Feindes=)Bedränger(s)-(des)

עַל־	שָׂחֲקוּ	צָרִים	רָאוּהָ
-ʿal	śɔḥᵃquʷ	ṣɔriʸm	rɔʾuʷhɔ
(über=)auf	lachten-sie	,Bedränger-(die)	sie-sahen-(Es=)Sie

חָטְאָה	8 חֵטְא	מִשְׁבַּתֶּהָ׃
ḥɔṭᵊʾɔʰ	ḥeṭᵊʾ	mišᵊbattɛhɔ.
gesündigt-hat-(es=sie)	(Schwer=)Sünde-(Eine)	.(Verfall-ihren=)Vertilgungen-ihre

כָּל־	הָיָתָה	לְנִידָה	עַל־כֵּן	יְרוּשָׁלַםִ
-kol	hɔyɔtɔʰ	lᵊniʸdɔʰ	ken-ʿal	yᵊruʷšɔlaim
,all(e)	,geworden-ist-sie	Abscheu-zu(m)	(darum=)so-auf	,Jerusalem

כִּי־	הִזִּילוּהָ	מְכַבְּדֶיהָ
-kiʸ	hizziʸluʷhɔ	mᵊkabbᵊdɛʸhɔ
denn	,sie-veracht(et)en-(sie)	,(verehrten-sie-einst-die=)Verehrenden-ihre

נֶאֶנְחָה	הִיא	גַּם־	עֶרְוָתָהּ	רָאוּ
nɛʾɛnᵊḥɔʰ	hiʸʾ	-gam	ʿɛrᵊwɔtɔh	rɔʾuʷ
seufzt(e)-sie	(selbst=)sie	auch	,Blöße-ihre	sahen-sie

9 טֻמְאָתָהּ	אָחוֹר׃	וַתָּשָׁב
ṭumᵊʾɔtɔh	ʾɔḥoʷr.	wattɔšob
Unreinheit-Ihre	.(ab=)hinten-(nach)	sich-(wendet=)wandte-(sie)-und

אַחֲרִיתָהּ	זָכְרָה	לֹא	בְּשׁוּלֶיהָ
ʾaḥᵃriʸtɔh	zɔkᵊrɔʰ	loʾ	bᵊšuʷlɛʸhɔ
,(Endes=)Ausgang(s)-ihr(es)	gedachte-sie	nicht	,Säume(n)-ihre(n)-an=)in-(ist)

פְּלָאִים	וַתֵּרֶד
pᵊlɔʾiʸm	watterɛd
.(tief-schrecklich=)staunenswerte	(stürzte=)ab-stieg-sie-(dann=)und

יְהוָה	רְאֵה	לָהּ	מְנַחֵם	אֵין
yᵊhwɔʰ	rᵊʾeʰ	lɔh	mᵊnaḥem	ʾeʸn
,JHWH	,(an)-Sieh	.(sie-für=)ihr-zu	Tröstenden-(einen)	(gibt-es=)ist-Nicht

10 יָדוֹ	אוֹיֵב׃	הִגְדִּיל	כִּי	אֶת־עָנְיִי
yɔdoʷ	ʾoʷyeb.	higᵊdiʸl	kiʸ	ʿonᵊyiʸ-ʾɛt
Hand-Seine	!Feind-(der)	groß-(sich)-machte-(es=)er	denn	,Elend-mein***

כָּל־	עַל	צָר	פָּרַשׂ
-kol	ʿal	ṣɔr	pɔraś
all(en)	(nach=)auf	Bedränger-(der)	aus-(streckte=)breitete-(er)

בָּאוּ	גוֹיִם	רָאֲתָה	כִּי־	מַחֲמַדֶּיהָ
bɔʾuʷ	goʷyim	rɔʾᵃtɔʰ	-kiʸ	maḥᵃmaddɛʸhɔ
(eindringen=)kamen-(sie)	Völker	sah-sie	denn	,Kostbarkeiten-ihre(n)

לֹא־	צִוִּיתָה	אֲשֶׁר	מִקְדָּשָׁהּ
-loʾ	ṣiwwiʸtɔʰ	ʾᵃšɛr	miqᵊdɔšɔh
Nicht	:befohlen-du	(denen-von=)welch(en)	,Heiligtum-ihr-(in)

11 כָּל־	לָךְ׃	בַקָּהָל	יָבֹאוּ
-kol	lɔk.	baqqɔhɔl	yɔboʾuʷ
All	!dir-zu	Gemeinde-die-in	kommen-(dürfen=)werden-sie

לֶחֶם	מְבַקְּשִׁים	נֶאֱנָחִים	עַמָּהּ
lɛḥɛm	mᵊbaqqᵊšiʸm	nɛʾᵉnɔḥiʸm	ʿammɔh
.Brot	(um)-(bettelnd=)suchend(e)	,seufzend(e)-(sind)	(Leute-ihre=)Volk-ihr

בְּאֹכֶל	מַחֲמוּדֵּיהֶם[מַחֲמַדֵּיהֶם]	נָתְנוּ
bᵊʾokɛl	[maḥᵃmaddeʸhɛm]maḥᵃmawdeʸhɛm	nɔtᵊnuʷ
,Nahrung-(für=)in	Kostbarkeiten-ihre	(hin)-gaben-Sie

יְהוָה	רְאֵה	נָפֶשׁ	לְהָשִׁיב
yᵊhwɔʰ	rᵊʾeʰ	nɔpɛš	lᵊhɔšiʸb
,JHWH	,Sieh	.(Leben-das=)Seele-(die)	(erhalten=)machen-kehren-zu-(um)

זוֹלֵלָה׃	הָיִיתִי	כִּי	וְהַבִּיטָה
zoʷlelɔʰ.	hɔyiʸtiʸ	kiʸ	wᵊhabbiʸṭɔʰ
!(Schlemmerin=)Verschwendende-(eine)	war-ich	denn	,(her)-schau-und

עֹבְרֵי	כָּל־	אֲלֵיכֶם	12 לוֹא
ʿobᵊreʸ	-kol	ʾᵃleʸkɛm	loʷʾ
Vorüberziehende(n)-(ihr)	all	,(hin)-euch-zu-(gedrungen-ist's)	Nicht

מַכְאוֹב	יֵשׁ	אִם־	וּרְאוּ	הַבִּיטוּ	דֶּרֶךְ
makᵊʾoʷb	yeš	-ʾim	uʷrᵊʾuʷ	habbiʸṭuʷ	dɛrɛk.
Schmerz-(einen)	gibt-es	(ob=)wenn	,seht-und	(her)-Schaut	!Weg(es)-(des)

לִי	עוֹלַל	אֲשֶׁר	כְּמַכְאֹבִי
liʸ	ʿoʷlal	ʾᵃšɛr	kᵊmakᵊʾobiʸ
,mir-(zu)	angetan-wurde-(er)	(der=)welch(er)	,Schmerz-mein(em)-(gleich=)wie

בְּיוֹם	יְהוָה	הוֹגָה	אֲשֶׁר
b^{ə}yo^{w}m	y^{ə}hwɔ^{h}	ho^{w}gɔ^{h}	^{ɔa}šɛr
Tag-(einem)-(an=)in	JHWH	bekümmerte-mich-(er)	welch(em)-(mit)

שָׁלַח־	13 מִמָּרוֹם	אַפּוֹ׃	חֲרוֹן
-šɔlaḥ	mimmɔro^{w}m	ᵓappo^{w}.	ḥ^{a}ro^{w}n
sandte-er	Höhe-(der)-(Aus=)Von	.(Zornes-seines=)Nase-seine(r)	Glut-(der)

וַיִּרְדֶּנָּה	בְּעַצְמֹתַי	אֵשׁ
wayyir^{ə}dɛnnɔ^{h}	b^{ə}ᶜaṣ^{ə}motay	ᵓeš
.(es-herrschen-ließ=)sie-beherrschte-er-und	Gebeine-meine-in	Feuer

לְרַגְלַי	רֶשֶׁת	פָּרַשׂ
l^{ə}rag^{ə}lay	rɛšɛt	pɔraś
,Füße-(zwei)-meine-(für=)zu	Netz-(ein)	aus-breitete-Er

נְתָנַנִי	אָחוֹר	הֱשִׁיבַנִי
n^{ə}tɔnani^{y}	ᵓɔḥo^{w}r	h^{ɛ}ši^{y}bani^{y}
mich-(machte=)gab-Er	.(zurück=)hinten-(nach)	mich-(fallen=)kehren-machte-er

דָּוָה׃	הַיּוֹם	כָּל־	שֹׁמֵמָה
dɔwɔ^{h}.	hayyo^{w}m	-kol	šomemɔ^{h}
.elend(e)	Tag-(den=)der	all	,(zunichte=)Schauernde(n)-(zur)

בְּיָדוֹ	פְּשָׁעַי	עֹל	14 נִשְׂקַד
b^{ə}yɔdo^{w}	p^{ə}šɔᶜay	ᶜol	niś^{ə}qad
Hand-seine(r)-in	,Verbrechen-meine(r)	Joch-(das)	angebunden-wurde-(Es=)Er

צַוָּארִי	עַל־	עָלוּ	יִשְׂתָּרְגוּ
ṣawwɔᵓri^{y}	-ᶜal	ᶜɔlu^{w}	yiś^{ə}tɔr^{ə}gu^{w}
,Hals-mein(em)	(zu-bis=)auf	hinan-stiegen-sie	,sich-verflechten-sie

נְתָנַנִי	כֹּחִי	הִכְשִׁיל
n^{ə}tɔnani^{y}	kohi^{y}	hik^{ə}ši^{y}l
mich-gab-(es=)er	,Kraft-meine	(lähmte=)straucheln-machte-(es=)er

אוּכַל	לֹא־	בִּידֵי	אֲדֹנָי
ᵓu^{w}kal	-loᵓ	bi^{y}de^{y}	^{ɔa}donɔy
kann-ich	nicht-(die-gegen)	,(derer)-Hände-(beide)-in	Herr(en)-mein(e)

אַבִּירַי	כָל־	15 סִלָּה	קוּם׃
ᵓabbi^{y}ray	-kol	sillɔ^{h}	qu^{w}m.
(Verteidiger=)Starken-meine	all(e)	verwarf-(Es=)Er	.(aufkommen=)aufstehen

עָלַי	קָרָא	בְּקִרְבִּי	אֲדֹנָי
ʿɔlay	qɔrɔʾ	b^{ə}qir^{ə}bi^{y}	^{ʾa}donɔy
(mich-wider=)mir-auf	(aus)-rief-Er	.Mitte-meine(r)-in	Herr(en)-mein(e)

בַּחוּרָי	לִשְׁבֹּר	מוֹעֵד
baḥu^{w}rɔy	liš^{ə}bor	mo^{wʿ}ed
.Jünglinge-meine	(vernichten=)brechen-zu-(um)	Zeit-(festgesetzte)-(eine)

לִבְתוּלַת	אֲדֹנָי	דָּרַךְ	גַּת
lib^{ə}tu^{w}lat	^{ʾa}donɔy	dɔrak	gat
Jungfrau-(die)-(für=)zu	Herr(en)-mein(e)	getreten-hat-(er)	Kelter-(Die)

אֲנִי	אֵלֶּה	16 עַל־	יְהוּדָה׃	בַּת־
^{ʾa}ni^{y}	ʾelleɛ^{h}	-ʿal	y^{ə}hu^{w}dɔ^{h}.	-bat
ich	dies(e)	(Über=)Auf	.Juda	Tochter

יֹרְדָה	עֵינִי	עֵינִי	בוֹכִיָּה
yor^{ə}dɔ^{h}	ʿe^{y}ni^{y}	ʿe^{y}ni^{y}	bo^{w}ki^{y}yɔ^{h}
(zerfließend=)niedersteigend(e)-(ist)	Auge-mein	,Auge-Mein	.weinend(e)-(bin)

מְנַחֵם	מִמֶּנִּי	רָחַק	כִּי־	מַּיִם
m^{ə}naḥem	mimmɛnni^{y}	rɔḥaq	-ki^{y}	mayim
,Tröstender-(ein)	mir-von	fern-ist-(es=)er	denn	,(Tränen=)Wasser-(in)

נַפְשִׁי	מֵשִׁיב
nap^{ə}ši^{y}	meši^{y}b
.(mich=)Seele-meine	(aufrichtete-der=)kehren-machend(er)

כִּי	שׁוֹמֵמִים	בָנַי	הָיוּ
ki^{y}	šo^{w}memi^{y}m	bɔnay	hɔyu^{w}
denn	,(Verschmachtende=)Schauernde	Söhne-meine	geworden-sind-(Es=)Sie

צִיּוֹן	17 פֵּרְשָׂה	אוֹיֵב׃	גָבַר
ṣi^{y}yo^{w}n	per^{ə}śɔ^{h}	^{ʾ}o^{w}yeb.	gɔbar
Zion	aus-breitet(e)-(Es=)Sie	.Feind-(der)	(überlegen=)stark-war-(es=)er

לָהּ	מְנַחֵם	אֵין	בְּיָדֶיהָ
lɔh	m^{ə}naḥem	^{ʾ}e^{y}n	b^{ə}yɔdɛ^{y}hɔ
.(es=)sie-(für=)zu	Tröstender-(ein)	ist-nicht	,Hände-(zwei)-ihre-(***=)in

לְיַעֲקֹב	יְהוָה	צִוָּה
l^{ə}ya^{ʿa}qob	y^{ə}hwɔ^{h}	ṣiwwɔ^{h}
Jakob-(gegen=)zu	JHWH	(auf)geboten-hat-(Es=)Er

הָיְתָה	צָרָיו	סְבִיבָיו
hɔyᵊtɔʰ	ṣɔrɔʸw	sᵊbiʸbɔʸw
geworden-ist-(es=)sie	,Bedränger-seine-(als)	(Umwohner=)Umgebungen-seine

הוּא	צַדִּיק 18	בֵּינֵיהֶם׃	לְנִדָּה	יְרוּשָׁלִַם
huʷʾ	ṣaddiʸq	beʸneʸhɛm.	lᵊniddɔʰ	yᵊruʷšɔlaim
,Er	(ist)-Gerecht —	.ihnen-(bei=)zwischen	Abscheu-zu(m)	Jerusalem

כָּל־	נָא	שִׁמְעוּ־	מָרִיתִי	פִּיהוּ	כִּי	יְהוָה
-kol	nɔʾ	-šimᵊʿuʷ	mɔriʸtiʸ	piʸhuʷ	kiʸ	yᵊhwɔʰ
all(e)	,doch	Höret	.trotzte-ich	Mund-sein(em)	denn	,JHWH

בְּתוּלֹתַי	מַכְאֹבִי	וּרְאוּ	עַמִּים[הָעַמִּים]
bᵊtuʷlotay	makᵊʾobiʸ	uʷrᵊʾuʷ	[hɔʿammiʸm]ʿammiʸm
Jungfrauen-Meine	:Schmerz-mein(en)	sehet-und	,Völker-(ihr)

בַּשֶּׁבִי׃	הָלְכוּ	וּבַחוּרַי
baššɛbiʸ.	hɔlᵊkuʷ	uʷbaḥuʷray
!Gefangenschaft-die-in	(weg)gegangen-sind-(sie)	Jünglinge-meine-und

הֵמָּה	לַמְאַהֲבַי	19 קָרָאתִי
hemmɔʰ	lamᵊʾahᵃbay	qɔrɔʾtiʸ
,sie	,(Freunden=)Liebenden-meinen-(nach=)zu	rief-Ich

וּזְקֵנַי	כֹּהֲנַי	רִמּוּנִי
uʷzᵊqenay	kohᵃnay	rimmuʷniʸ
(Ältesten=)Alten-meine-und	Priester-Meine	.mich-Stich-im-ließen-sie

אֹכֶל	בִקְשׁוּ	כִּי־	גָּוָעוּ	בָּעִיר
ʾokɛl	biqᵊšuʷ	-kiʸ	gɔwɔʿuʷ	bɔʿiʸr
Nahrung	suchten-sie	denn	,verstarben-(sie)	Stadt-(der=)die-in

וְיָשִׁיבוּ	לָמוֹ
wᵊyɔšiʸbuʷ	lɔmoʷ
(erhalten=)machen-kehren-(könnten=)werden-sie-(dass=)und	,(sich-für=)ihnen-zu

צַר־	כִּי־	יְהוָה	20 רְאֵה	אֶת־נַפְשָׁם׃
-ṣar	-kiʸ	yᵊhwɔʰ	rᵊʾeʰ	napᵊšɔm-ʾɛt.
(angst=)eng-ist-es	denn	,JHWH	,(her)-Sieh	.(Leben-ihr=)Seele-ihre***

חֳמַרְמָרוּ	מֵעַי	לִי
ḥᵒmarᵊmɔruʷ	meʿay	liʸ
,(erglühen=)gärten-(sie)	Eingeweide-Meine	!mir-(zu)

כִּי	בְּקִרְבִּי	לִבִּי	נֶהְפַּךְ
kiʸ	bᵊqirᵊbiʸ	libbiʸ	nɛhᵊpak
denn	,Innern-meinem-in	Herz-mein	sich-(dreht=)wendet-(es=)er

מִחוּץ	מָרִיתִי	מָרוֹ
mihuʷṣ	mɔriʸtiʸ	mɔroʷ
(Draußen=)Außen-Von	.trotzig-war-ich	(sehr=)Trotzen-(ein)

בַּבָּיִת	חֶרֶב	שִׁכְּלָה־
babbayit	ḥɛrɛb	-šikkᵊloʰ
(drinnen=)Haus-im	,Schwert-(das)	(entvölkerte=)kinderlos-machte-(es=sie)

אֵין	אָנִי	נֶאֱנָחָה	כִּי	21 שָׁמְעוּ	כַּמָּוֶת׃
ʾeʸn	ʾɔniʸ	nɛʾᵉnɔḥɔʰ	kiʸ	šɔmᵊʿuʷ	kammɔwɛt.
ist-nicht	,(bin)-ich	seufzend(e)	dass	,hörten-Sie	.Tod-der-wie-(ist's)

שָׁמְעוּ	אֹיְבַי	כָּל־	לִי	מְנַחֵם
šɔmᵊʿuʷ	ʾoyᵊbay	-kol	liʸ	mᵊnaḥem
(von)-hörten-(sie)	Feinde-meine	All(e)	.(mich-für=)mir-zu	Tröstender-(ein)

עָשִׂיתָ	אַתָּה	כִּי	שָׂשׂוּ	רָעָתִי
ʿɔśiʸtɔ	ʾattɔʰ	kiʸ	śɔśuʷ	rɔʿɔtiʸ
.(getan-es=)machtest-du	,du	dass	,sich-freu(t)en-sie	,Unglück-mein(em)

קָרָאתָ	יוֹם־	הֵבֵאתָ
qɔrɔʾtɔ	-yoʷm	hebeʾtɔ
,(verkündet=)gerufen-hast-du-(den)	,Tag-(den)	kommen-mach(te)st-Du

22 תָּבֹא	כָמוֹנִי׃	וְיִהְיוּ
tɔboʾ	kɔmoʷniʸ.	wᵊyihᵊyuʷ
kommen-(soll=)wird-(Es=)Sie	.ich-wie	sein-(mögen=)werden-sie-(dann=)und

לְפָנֶיךָ	רָעָתָם	כָל־
lᵊpɔnɛʸkɔ	rɔʿɔtɔm	-kol
,(dich-vor=)Gesichtern-deinen-zu	(Bosheit=)Übel-ihr(e)	all

עוֹלַלְתָּ	כַּאֲשֶׁר	לָמוֹ	וְעוֹלֵל
ʿoʷlalᵊtɔ	kaʾᵃšɛr	lɔmoʷ	wᵊʿoʷlel
zugefügt-hast-du	(was=)welch(es)-wie	,ihnen-zu	(füge=)Machen-(ein)-und

רַבּוֹת	כִּי־	פְּשָׁעַי	כָּל־	עַל	לִי
rabboʷt	-kiʸ	pᵊšɔʿɔy	-kol	ʿal	liʸ
(sind)-viele	denn	,Verfehlungen-mein(er)	all	(wegen=)auf	mir-(zu)

דַּוָּי׃	וְלִבִּי	אַנְחֹתַי
dawwɔy.	wᵊlibbiʸ	ʾanᵊḥotay
.siech-(ist)	Herz-mein-und	Seufzer-mein(e)

2

יָעִיב	1 אֵיכָה
yɔʿiʸb	ʾeʸkɔʰ
(umwölkt=)verdunkelt-(es=)er	(,Ach=)Wie

אֶת־בַּת־צִיּוֹן	אֲדֹנָי	בְּאַפּוֹ
ṣiʸyoʷn-bat-ʾɛt	ʾᵃdonɔy	bᵊʾappoʷ
!Zion-Tochter-(die)***	Herr(en)-mein(e)	(Zorn-seinem=)Nase-seine(r)-in

תִּפְאֶרֶת	אֶרֶץ	מִשָּׁמַיִם	הִשְׁלִיךְ
tipᵊʾɛrɛt	ʾɛrɛṣ	miššɔmayim	hišᵊliʸk
Herrlichkeit-(die)	Erde-(zur)	Himmel(n)-(den)-von	schleudern-machte-Er

רַגְלָיו	הֲדֹם־	זָכַר	וְלֹא־	יִשְׂרָאֵל
ragᵊlɔʸw	-hᵃdom	zɔkar	-wᵊloʾ	yiśᵊrɔʾel
Füße-(zwei)-seine(r)	Schemel(s)-(des)	gedachte-er	nicht-und	,Israel(s)

אַפּוֹ׃	בְּיוֹם
ʾappoʷ.	bᵊyoʷm
.(Zornes-seines=)Nase-seine(r)	Tag-(dem)-(an=)in

לֹא[וְלֹא]	אֲדֹנָי	2 בִּלַּע
[wᵊloʾ]loʾ	ʾᵃdonɔy	billaʿ
nicht-und —	Herr(en)-mein(e)	(verwüstete=)verschlungen-hat-(Es=)Er

הָרַס	יַעֲקֹב	נְאוֹת	כָּל־	אֵת	חָמַל
hɔras	yaʿᵃqob	nᵊʾoʷt	-kol	ʾet	ḥɔmal
niedergerissen-hat-er	,Jakob(s)	(Wohn)stätten	all(e)	***	— Mitleid-hatte-er

בַּת־יְהוּדָה	מִבְצְרֵי	בְּעֶבְרָתוֹ
yᵊhuʷdɔʰ-bat	mibᵊṣᵊreʸ	bᵊʿɛbᵊrɔtoʷ
.Juda-Tochter-(der)	Festungen-(die)	(Unmut=)Überwallen-sein(em)-in

חִלֵּל	לָאָרֶץ	הִגִּיעַ
ḥillel	lɔʾɔrɛṣ	higgiʸaʿ
(entehrt=)entweiht-hat-er	,Erde-der-zu-(bis)	(nieder-beugte=)berühren-machte-Er

בָּחֳרִי־	3 גָּדַע	וְשָׂרֶיהָ׃	מַמְלָכָה
-bɔḥᵒriʸ	gɔdaʿ	wᵊśɔrɛʸhɔ.	mamᵊlɔkɔʰ
Glut-(der)-in	(zerbrach=)ab-hieb-Er	.Fürsten-(seine=)ihre-und	Reich-(das)

יִשְׂרָאֵל	קֶרֶן	כֹּל	אַף
yiśᵊrɔʾel	qɛrɛn	kol	ʾap
,Israel(s)	(Kraft-die=)Horn-(das)	all	(Zornes-des=)Nase-(der)
יְמִינוֹ		אָחוֹר	הֵשִׁיב
yᵊmiʸnoʷ		ʾɔḥoʷr	hešiʸb
(Hand)-rechte-sein(e)		(zurück-zog=)hinten-(nach)	-kehren-machte-er
בְּיַעֲקֹב	וַיִּבְעַר	אוֹיֵב	מִפְּנֵי
bᵊyaᶜᵃqob	wayyibᵊᶜar	ʾoʷyeb	mippᵊneʸ
Jakob-in	(wütete=)brannte-(es=)er-und	,Feind-(dem)	(vor=)Gesichter-von
4 דָּרַךְ	סָבִיב׃	אָכְלָה	לֶהָבָה	כְּאֵשׁ
dɔrak	sɔbiʸb.	ʾɔkᵊlɔʰ	lɛhɔbɔʰ	kᵊʾeš
(spannte=)trat-Er	.ringsum	(verzehrte=)aß-sie	,flamme	-Feuer-(eine)-wie
יְמִינוֹ	נִצָּב	כְּאוֹיֵב	קַשְׁתּוֹ
yᵊmiʸnoʷ	niṣṣɔb	kᵊʾoʷyeb	qašᵊtoʷ
Rechte(n)-seine(r)-(mit)	hinstellend(er)-sich	,Feind-(ein)-wie	Bogen-sein(en)
מַחֲמַדֵּי־	כֹּל	וַיַּהֲרֹג	כְּצָר
-maḥᵃmaddeʸ	kol	wayyahᵃrog	kᵊṣɔr
Begehrenswerte(n)	all(e)	tötete-er-und	,(Be)dränger-(ein)-wie
שָׁפַךְ	בַּת־צִיּוֹן	בְּאֹהֶל	עָיִן
šɔpak	ṣiʸyoʷn-bat	bᵊʾohɛl	ᶜɔyin
ausgeschüttet-hat-er	Zion-Tochter-(der)	Zelt-(dem)-In	.Auge(s)-(des)
אֲדֹנָי	5 הָיָה	חֲמָתוֹ׃	כָּאֵשׁ
ʾᵃdonɔy	hɔyɔʰ	ḥᵃmɔtoʷ.	kɔʾeš
Herr(en)-mein(e)	(geworden)-ist-(Es=)Er	.(Zornes)glut-seine	Feuer-das-wie
יִשְׂרָאֵל	בִּלַּע		כְּאוֹיֵב
yiśᵊrɔʾel	billaᶜ		kᵊʾoʷyeb
,Israel	(zerstörte=)verschlang-Er		.Feind-(einem)-(gleich=)wie
שִׁחֵת	אַרְמְנוֹתֶיהָ	כָּל־	בִּלַּע
šiḥet	ʾarᵊmᵊnoʷtɛʸhɔ	-kol	billaᶜ
(vernichtete=)verdarb-er	,Paläste-(seine=)ihre	all(e)	(zerstörte=)verschlang-er
בְּבַת־יְהוּדָה	וַיֶּרֶב		מִבְצָרָיו
yᵊhuʷdɔʰ-bᵊbat	wayyɛrɛb		mibᵊṣɔrɔʸw
Juda-Tochter-(der)-(bei=)in	(häufte=)viel-machte-er-(So=)Und		.Festungen-seine

כַּגַּן	6 וַיַּחְמֹס	וַאֲנִיָּה׃	תַּאֲנִיָּה
kaggan	wayyaḥᵊmos	waʾᵃniʸyɔʰ.	taʾᵃniʸyɔʰ
Garten-(den=)der-wie	nieder-riss-er-Und	.Klage-und	(Traurigkeit=)Betrübnis

שִׁכַּח	מוֹעֲדוֹ	שִׁחֵת	שֻׂכּוֹ
šikkaḥ	moʷʿᵃdoʷ	šiḥet	śukkoʷ
vergessen-machte-(Es=)Er	.Festort-sein(en)	vernichtete-er	,Hütte-seine

בְּזַעַם־	וַיִּנְאַץ	וְשַׁבָּת	מוֹעֵד	בְּצִיּוֹן	יְהוָה
-bᵊzaʿam	wayyinᵊʾaṣ	wᵊšabbɔt	moʷʿed	bᵊṣiʸyoʷn	yᵊhwɔʰ
Wut-(der)-in	verwarf-er-und	,Sabbat(feier)-und	Festtag	Zion-in	JHWH

7 זָנַח	וְכֹהֵן׃	מֶלֶךְ	אַפּוֹ
zɔnaḥ	wᵊkohen.	mɛlɛk	ʾappoʷ
verschmäht-hat-(Es=)Er	.Priester-und	König	(Zornes-seines=)Nase-seine(r)

מִקְדָּשׁוֹ	נִאֵר	מִזְבְּחוֹ	אֲדֹנָי
miqᵊdɔšoʷ	niʾer	mizᵊbᵊḥoʷ	ʾᵃdonɔy
,Heiligtum-sein	entweiht-hat-er	,Altar-sein(en)	Herr(en)-mein(e)

אוֹיֵב	בְּיַד־	הִסְגִּיר
ʾoʷyeb	-bᵊyad	hisᵊgiʸr
Feind(es)-(des)	(Gewalt=)Hand-(die)-in	(ausliefern=)einschließen-machte-er

נָתְנוּ	קוֹל	אַרְמְנוֹתֶיהָ	חוֹמֹת
nɔtᵊnuʷ	qoʷl	ʾarᵊmᵊnoʷtɛʸhɔ	ḥoʷmot
(erhoben=)gaben-sie	Stimme-(Die)	.Paläste-ihre(r)	Mauern-(die)

מוֹעֵד׃	כְּיוֹם	יְהוָה	בְּבֵית־
moʷʿed.	kᵊyoʷm	yᵊhwɔʰ	-bᵊbeʸt
.(Fest)versammlung-(der)	Tag-(am)-(einst)-wie	JHWH(s)	Haus-(dem)-in

בַּת־צִיּוֹן	חוֹמַת	לְהַשְׁחִית	יְהוָה	8 חָשַׁב
ṣiʸyoʷn-bat	ḥoʷmat	lᵊhašᵊḥiʸt	yᵊhwɔʰ	ḥɔšab
.Zion-Tochter-(der)	Mauer-(die)	zerstören-zu	JHWH	beabsichtigte-(Es=)Er

לֹא־	קָו	נָטָה
-loʾ	qɔw	nɔṭɔʰ
nicht	,(Mess)schnur-(eine)	ausgespannt-hat(te)-Er

מִבַּלֵּעַ	יָדוֹ	הֵשִׁיב
mibballeaʿ	yɔdoʷ	hešiʸb
,Vernichten-(vom=)von	Hand-seine	(zurück-zog=)kehren-machte-er

יַחְדָּו	וְחוֹמָה	חֵל	וַיַּאֲבֶל־
yaḥᵊdɔw	wᵊḥoʷmɔʰ	ḥel	-wayyaʾᵃbɛl
zusammen	,Mauer-und	Vorwall	(über)-trauern-machte-er

שְׁעָרֶיהָ	בָאָרֶץ	9 טָבְעוּ	אֻמְלָלוּ׃
šᵊʿɔrɛʸhɔ	bɔʾɔrɛṣ	ṭɔbᵊʿuʷ	ʾumᵊlɔluʷ.
,Tore-ihre	Erde-die-in	ein-sanken-(Es=)Sie	.(hinfällig-wurden=)verwelkten-sie

בְּרִיחֶיהָ	וְשִׁבַּר	אִבַּד
bᵊriʸḥɛʸhɔ	wᵊšibbar	ʾibbad
.Riegel(balken)-ihre	zerschmettert-(hatte-er)-und	vernichtet-hat(te)-er

בַגּוֹיִם	וְשָׂרֶיהָ	מַלְכָּהּ
baggoʷyim	wᵊśɔrɛʸhɔ	malᵊkɔh
Völker(n)-(den=)die-(bei=)in	Fürsten-ihre-und	König-ihr(en)-(Für)

לֹא־	נְבִיאֶיהָ	גַּם־	תּוֹרָה	אֵין
-loʾ	nᵊbiʸʾɛʸhɔ	-gam	toʷrɔʰ	ʾeʸn
nicht	Propheten-ihre	auch	,Weisung	(war=)ist-nicht

מֵיְהוָה׃	חָזוֹן	מָצְאוּ
meʸᵊhwɔʰ.	ḥɔzoʷn	mɔṣᵊʾuʷ
.JHWH-von	(Offenbarung=)Schau-(eine)	(erlangten=)fanden-(sie)

יִדְּמוּ	לָאָרֶץ	10 יֵשְׁבוּ
yiddᵊmuʷ	lɔʾɔrɛṣ	yešᵊbuʷ
(verstummt-sind=)schweigen-(es=)sie	,Erde-zur	sitzen-(Es=)Sie

בַּת־צִיּוֹן	זִקְנֵי
ṣiʸyoʷn-bat	ziqᵊneʸ
,Zion-Tochter-(der)	(Ältesten=)Alten-(die)

רֹאשָׁם	עַל־	עָפָר	הֶעֱלוּ
roʾšɔm	-ʿal	ʿɔpɔr	hɛʿᵋluʷ
,Haupt-ihr	auf	Staub	(gestreut-haben=)hinaufgehen-machten-sie

שַׂקִּים	חָגְרוּ
śaqqiʸm	ḥɔgᵊruʷ
,Säcke(n)-(mit)	gegürtet-sich-haben-(sie)

רֹאשָׁן	לָאָרֶץ	הוֹרִידוּ
roʾšɔn	lɔʾɔrɛṣ	hoʷriʸduʷ
Haupt-ihr	Erde-zur	(senkten=)hinuntergehen-machten-(es=)sie

11 כָּלוּ	יְרוּשָׁלִָם׃	בְּתוּלֹת
kɔluʷ	yᵊruʷšɔlɔim.	bᵊtuʷlot
(vergehen=)schwanden-(Es=)Sie	.Jerusalem(s)	Jungfrauen-(die)

חֳמַרְמְרוּ	עֵינַי	בַדְּמָעוֹת
ḥᵒmarᵊmᵊruʷ	ʿeʸnay	baddᵊmɔʿoʷt
(erglühen=)gär(t)en-(es=)sie	,Augen-(zwei)-meine	Tränen-(den=)die-in

עַל־	כְּבֵדִי	לָאָרֶץ	נִשְׁפַּךְ	מֵעַי
-ʿal	kᵊbediʸ	lɔʾɔrɛṣ	nišᵊpak	meʿay
(wegen=)auf	Leber-meine	Erde-zur	ergossen-ist-(es=)er	,Eingeweide-meine

עַמִּי	בַּת־	שֶׁבֶר
ʿammiʸ	-bat	šɛbɛr
,Volk(es)-mein(es)	Tochter-(der)	(Zusammen)bruch(es)-(des)

וְיוֹנֵק	עוֹלֵל	בֵּעָטֵף
wᵊyoʷneq	ʿoʷlel	beʿɔṭep
Säugling(s)-und	Kleinkind(es)-(des)	Verschmachten-(beim=)im

יֹאמְרוּ	12 לְאִמֹּתָם	קִרְיָה׃	בִּרְחֹבוֹת
yoʾmᵊruʷ	lᵊʾimmotɔm	qirᵊyɔʰ.	birᵊḥoboʷt
:sagen-sie	Mütter(n)-ihre(n)-Zu	.Stadt-(der)	Plätze(n)-(den=)die-(auf=)in

בְּהִתְעַטְּפָם	וָיָיִן	דָּגָן	אַיֵּה
bᵊhitᵃʿaṭṭᵊpɔm	wɔyɔyin	dɔgɔn	ʾayyeʰ
Schmachten-ihr(em)-(bei=)in	,?Wein-und	(Brot)korn	(ist)-Wo

עִיר	בִּרְחֹבוֹת	כֶּחָלָל
ʿiʸr	birᵊḥoboʷt	kɛḥɔlɔl
,Stadt-(der)	Plätze(n)-(den=)die-(auf=)in	Durchbohrte-der-wie

חֵיק	אֶל־	נַפְשָׁם	בְּהִשְׁתַּפֵּךְ
heʸq	-ʾɛl	napᵊšɔm	bᵊhišᵊtappek
Busen	(am=)zu	(Leben=)Seele-ihr(e)	(aushaucht-sich-da=)Vergossenwerden-in

אֲעִידֵךְ	13 מָה־	אִמֹּתָם׃
ʾᵃʿiʸdek	-mɔʰ	ʾimmotɔm.
,(nennen-Beispiel-als=)dich-beteuern-(soll=)werde-ich	Was	.Mütter-ihre(r)

הַבַּת	לָּךְ	אֲדַמֶּה־	מָה
habbat	lɔk	-ʾᵃdammɛʰ	mɔʰ
Tochter-(o=)die	,(dich=)dir-zu	vergleichen-(soll=)werde-ich	was-(mit)

יְרוּשָׁלַם מָה אַשְׁוֶה־
-^{ʾ}aš^{ə}wɛ^{h} mɔ^{h} y^{ə}ru^{w}šɔlaim
(gleichstellen=)gleichmachen-(soll=)werde-ich was-(mit) ,Jerusalem

לָּךְ וַאֲנַחֲמֵךְ בְּתוּלַת בַּת־צִיּוֹן כִּי־
-ki^{y} ṣi^{y}yo^{w}n-bat b^{ə}tu^{w}lat wa^{ʾa}naḥ^{a}mek lɔk
Denn ?Zion-Tochter Jungfrau ,dich-tröste-ich-(dass=)und ,(dich=)dir-zu

גָּדוֹל כַּיָּם שִׁבְרֵךְ מִי יִרְפָּא־
-yir^{ə}pɔ^{ʾ} mi^{y} šib^{ə}rek kayyɔm gɔdo^{w}l
heilen-(könnte=)wird-(er) wer ,Zusammenbruch-dein Meer-das-wie (ist)-groß

לָךְ׃ 14 נְבִיאַיִךְ חָזוּ לָךְ
lɔk ḥɔzu^{w} n^{ə}bi^{y}ʾayik lɔk.
dir-(zu) (weissagten=)schauten-(sie) Propheten-Deine ?(dich=)dir-zu

שָׁוְא וְתָפֵל וְלֹא־ גִלּוּ
gillu^{w} -w^{ə}lo^{ʾ} w^{ə}tɔpel šɔw^{əʾ}
auf-deckten-sie nicht-und ,(Trügerisches=)Tünche-und Lüge(nhaftes)

עַל־ עֲוֺנֵךְ לְהָשִׁיב
l^{ə}hɔši^{y}b ^{ca}wonek -^{c}al
(abzuwenden=)kehren-machen-zu-(um) Vergehen(s)-dein(es) (ob=)auf

שְׁבִיתֵךְ [שְׁבוּתֵךְ] וַיֶּחֱזוּ
wayyɛḥ^{ɛ}zu^{w} [š^{ə}bu^{w}tek]š^{ə}bytek
(weissagten=)schauten-sie-(indes=)und ;(Geschick=)Gefangenschaft-dein(e)

לָךְ מַשְׂאוֹת שָׁוְא
šɔw^{əʾ} maś^{əʾ}o^{w}t lɔk
(falsche=)Lüge-(der) Sprüche dir-(zu)

וּמַדּוּחִים׃ 15 סָפְקוּ
sɔp^{ə}qu^{w} u^{w}maddu^{w}ḥi^{y}m.
(klatschten=)schlugen-(Es=)Sie .(verführerische=)Verführungen-(der)-und

עָלַיִךְ כַּפַּיִם כָּל־
-kol kappayim ^{c}ɔlayik
all(e) (Händen=)Fäuste(n)-(beiden)-(mit) (deinetwegen=)dich-auf

עֹבְרֵי דֶרֶךְ שָׁרְקוּ וַיָּנִעוּ
wayyɔni^{c}u^{w} šɔr^{ə}qu^{w} dɛrɛk ^{c}ob^{ə}re^{y}
schüttelten-(sie)-und (zischten=)pfiffen-sie ,Weg(es)-(des) Vorbeiziehende(n)

הָעִיר	הֲזֹאת	יְרוּשָׁלָ͏ִם	בַּת	עַל־	רֹאשָׁם
hɔʿiʸr	hᵃzoʾt	yᵊruʷšɔlɔim	bat	-ʿal	roʾšɔm
,Stadt-die	(ist)-diese-Etwa	.Jerusalem	Tochter-(die)	(über=)auf	Haupt-ihr

יֹפִי	כְּלִילַת	שֶׁיֹּאמְרוּ
yopiʸ	kᵊliʸlat	šɛʸyoʾmᵊruʷ
!Schönheit-(der)	Vollendung-(Du)	:(sagt-man=)sagen-sie-welch(er)-(von)

16 פָּצוּ	הָאָרֶץ׃	לְכָל־	מָשׂוֹשׂ
pɔṣuʷ	hɔʾɔrɛṣ.	-lᵊkol	mɔśoʷś
auf-rissen-(Es=)Sie	?!Erde-(der=)die	all(e)-(für=)zu	Wonne-(Du)

שָׁרְקוּ	אוֹיְבַיִךְ	כָּל־	פִּיהֶם	עָלַיִךְ
šɔrᵊquʷ	ʾoʷyᵊbayik	-kol	piʸhɛm	ʿɔlayik
(zischten=)pfiffen-Sie	.Feinde-deine	all(e)	Mund-ihr(en)	dich-(wider=)auf

אָמְרוּ	שֵׁן	וַיַּחַרְקוּ־
ʾɔmᵊruʷ	šen	-wayyaḥarᵊquʷ
:sprachen-Sie	.(Zähnen-den-mit=)Zahn	knirschten-(sie)-und

הַיּוֹם	זֶה	אַךְ	בִּלָּעְנוּ
hayyoʷm	zɛʰ	ʾak	billɔʿᵊnuʷ
,Tag-der	(ist-das=)dieser	,Gewiss	!(sie-vernichteten=)verschlangen-Wir

מָצָאנוּ	שֶׁקִּוִּינֻהוּ
mɔṣɔʾnuʷ	šɛqqiwwiʸnuhuʷ
!(erreicht-es=)gefunden-haben-Wir	!(ihn)-erhofft-haben-wir-welch(en)

יְהוָה	17 עָשָׂה	רָאִינוּ׃
yᵊhwɔʰ	ʿɔśɔʰ	rɔʾiʸnuʷ.
,JHWH	(vollbrachte=)machte-(Es=)Er	!(erlebt-es=)gesehen-haben-Wir

אֲשֶׁר	אֶמְרָתוֹ	בִּצַּע	זָמָם	אֲשֶׁר
ʾᵃšɛr	ʾɛmᵊrɔtoʷ	biṣṣaʿ	zɔmɔm	ʾᵃšɛr
(das=)welch(es)	,Wort-sein	erfüllte-er	,geplant-(hat)-er	(was=)welch(es)

קֶדֶם	מִימֵי־	צִוָּה
qɛdɛm	-miʸmeʸ	ṣiwwɔʰ
,Vorzeit-(der)	Tage(n)-(den)-(seit=)von	(entboten=)befohlen-hat-er

חָמָל	וְלֹא	הָרַס
ḥɔmɔl	wᵊloʾ	hɔras
.(verschonte=)Erbarmen-hatte-er	nicht-und	nieder-riss-er

אֹויֵב	עָלַיִךְ	וַיְשַׂמַּח
ᵓoʷyeb	ʿɔlayik	wayᵊśammaḥ
.Feind-(den)	dich-(über=)auf	(triumphieren-ließ=)erfreute-er-Und

18 צָעַק	צָרָיִךְ׃	קֶרֶן	הֵרִים
ṣɔʿaq	ṣɔrɔyik.	qɛrɛn	heriʸm
(auf)-schrie-(Es=)Er	.Bedränger-deine(r)	Horn-(das)	erheben-machte-Er

בַּת־צִיּוֹן	חוֹמַת	אֲדֹנָי	אֶל־	לִבָּם
ṣiʸyoʷn-bat	ḥoʷmat	ᵓᵃdonɔy	-ᵓɛl	libbɔm
,Zion-Tochter-(der)	Mauer-(O)	:Herr(e)n-meine(m)	zu	Herz-ihr

יוֹמָם	דִּמְעָה	כַּנַּחַל	הוֹרִידִי
yoʷmɔm	dimᵊʿɔʰ	kannaḥal	hoʷriʸdi
Tag-bei	Träne-(die)	Bach-der-wie	(herabströmen-lass=)niedergehen-mache

תִּתְּנִי	אַל־	וָלַיְלָה
tittᵊniʸ	-ᵓal	wɔlayᵊlɔʰ
(gönnen=)geben-(sollst=)wirst-du	Nicht	!Nacht-(bei)-und

אַל־	לָךְ	פוּגַת
-ᵓal	lɔk	puʷgat
nicht	,dir-(zu)	(Erschlaffen=)Aufhören-(ein)

תִּדֹּם
tiddom
(ruhen=)stillstehen-(soll=)wird-(es=sie)

רֹנִּי	19 קוּמִי	בַּת־עֵינֵךְ׃
ronniʸ	quʷmiʸ	ʿeʸnek-bat.
(jammere=)laut-rufe	,auf-Stehe	!(Augapfel-dein=)Auge(s)-dein(es)-Tochter-(die)

שִׁפְכִי	אַשְׁמֻרוֹת	לְרֹאשׁ	בַלַּיְל[בַלַּיְלָה]
šipᵊkiʸ	ᵓašᵊmuroʷt	lᵊroᵓš	[ballayᵊlɔʰ]ballayilɔ
aus-Schütte	!(Nacht)wachen-(der)	(Anfang-am=)Kopf-zu	,Nacht-der-in

פְּנֵי	נֹכַח	לִבֵּךְ	כַמַּיִם
pᵊneʸ	nokaḥ	libbek	kammayim
(Angesicht-dem=)Gesichter(n)	(vor=)gegenüber	Herz-dein	Wasser-die-wie

עַל־	כַּפַּיִךְ	אֵלָיו	שְׂאִי	אֲדֹנָי
-ʿal	kappayik	ᵓelɔʸw	śᵊᵓiʸ	ᵓᵃdonɔy
(wegen=)auf	Hände-(zwei)-deine	ihm-zu	empor-Hebe	!Herr(e)n-meine(s)

הָעֲטוּפִים	עוֹלָלַיִךְ	נֶפֶשׁ
hɔ^{ca}ṭu^{w}pi^{y}m	^{c}o^{w}lɔlayik	nεpεš
(sind)-verschmachtend(e)-die	,Kindlein-deine(r)	(Lebens-des=)Seele-(der)

יְהוָה	20 רְאֵה	חוּצוֹת׃	כָּל־	בְּרֹאשׁ	בְּרָעָב
y^{ə}hwɔ^{h}	r^{ə}ʾe^{h}	ḥu^{w}ṣo^{w}t.	-kol	b^{ə}roʾš	b^{ə}rɔ^{c}ɔb
,JHWH	,Sieh	!Straßen	all(er)	(Ecken-den-an=)Kopf-in	Hunger-(vor=)in

אִם־	כֹּה	עוֹלַלְתָּ	לְמִי	וְהַבִּיטָה
-ʾim	ko^{h}	^{c}o^{w}lal^{ə}tɔ	l^{ə}mi^{y}	w^{ə}habbi^{y}ṭɔ^{h}
(Ob=)Wenn	!so(lches)	zugefügt-hast-du	(wem=)wer-zu	,schaue-und

עֹלְלֵי	פִּרְיָם	נָשִׁים	תֹּאכַלְנָה
^{c}ol^{a}le^{y}	pir^{ə}yɔm	nɔši^{y}m	toʾkal^{ə}nɔ^{h}
Kindlein	,(Leibes)frucht-ihre	Frauen	(verzehren=)essen-(dürfen=)werden-(sie)

יֵהָרֵג	אִם־	טִפֻּחִים
yehɔreg	-ʾim	ṭippuḥi^{y}m
werden-erschlagen-(darf=)wird-(es=er)	(ob=)wenn	,(pflegende-zu=)Pfleger-(der)

וְנָבִיא׃	כֹּהֵן	אֲדֹנָי	בְּמִקְדַּשׁ
w^{ə}nɔbi^{y}ʾ.	kohen	ʾ^{a}donɔy	b^{ə}miq^{ə}daš
?Prophet-und	Priester-(der)	Herr(e)n-meine(s)	Heiligtum-(dem)-in

נַעַר	חוּצוֹת	לָאָרֶץ	21 שָׁכְבוּ
na^{c}ar	ḥu^{w}ṣo^{w}t	lɔʾɔrεṣ	šɔk^{ə}bu^{w}
Knabe	Gassen-(der)	(Boden-dem-auf=)Erde-zur	(liegen=)lagen-(Es=)Sie

נָפְלוּ	וּבַחוּרַי	בְּתוּלֹתַי	וְזָקֵן
nɔp^{ə}lu^{w}	u^{w}baḥu^{w}ray	b^{ə}tu^{w}lotay	w^{ə}zɔqen
fielen-(sie)	Jünglinge-meine-und	Jungfrauen-meine	,Greis-und

בְּיוֹם	הָרַגְתָּ	בֶּחָרֶב
b^{ə}yo^{w}m	hɔrag^{ə}tɔ	bεḥɔrεb
Tag-(am=)in	erschlugst-Du	.Schwert-das-(durch=)in

לֹא	טָבַחְתָּ	אַפֶּךָ
loʾ	ṭɔbaḥ^{ə}tɔ	ʾappεkɔ
nicht	,(hin)-schlachtetest-du	,(Zornes-deines=)Nase-deine(r)

כְּיוֹם	22 תִּקְרָא	חָמָלְתָּ׃
k^{ə}yo^{w}m	tiq^{ə}rɔʾ	ḥɔmɔl^{ə}tɔ.
Tag-(einem)-(zu)-wie	(auf-riefst=)rufst-Du	!Schonung-übtest-du

מוֹעֵד mo^{w}ʿed (Festbegegnung=)Versammlung-(der)
מְגוּרַי m^{ə}gu^{w}ray (Wohnenden=)Wohnungen-meine

מִסָּבִיב missɔbi^{y}b ,(ringsumher=)Umkreis-von
וְלֹא w^{ə}loʾ nicht-und
הָיָה hɔyɔ^{h} war-(es=)er
בְּיוֹם b^{ə}yo^{w}m Tag-(am=)in

אַף־ -ʾap (Zornes-des=)Nase-(der)
יְהוָה y^{ə}hwɔ^{h} JHWH(s)
פָּלִיט pɔli^{y}ṭ Entkommener-(ein)
וְשָׂרִיד w^{ə}śɔri^{y}d .Entronnener-und

אֲשֶׁר־ -ʾ^{a}šɛr (Die=)Welch(e)
טִפַּחְתִּי ṭippaḥ^{ə}ti^{y} gepflegt-hatte-ich
וְרִבִּיתִי w^{ə}ribbi^{y}ti^{y} ,großgezogen-hatte-ich-und
אֹיְבִי ʾoy^{ə}bi^{y} Feind-mein

כִלָּם׃ killɔm. .sie-vernichtete-(er)

3

1 אֲנִי ʾ^{a}ni^{y} (bin)-Ich
הַגֶּבֶר haggɛbɛr ,Mann-der
רָאָה rɔʾɔ^{h} gesehen-hat-(d)er
עֳנִי ʿ^{o}ni^{y} Elend-(das)

בְּשֵׁבֶט b^{ə}šebɛṭ (Rute-die=)Stab-(den)-(durch=)in
עֶבְרָתוֹ׃ ʿɛb^{ə}rɔto^{w}. .(Zornes=)Überwallen(s)-sein(es)
2 אוֹתִי ʾo^{w}ti^{y} Mich

נָהַג nɔhag (führte=)trieb-er
וַיֹּלַךְ wayyolak gehen-machte-(er)-und
חֹשֶׁךְ ḥošɛk Dunkel-(im)
וְלֹא־ -w^{ə}loʾ nicht-und
אוֹר׃ ʾo^{w}r. .Licht-(im)

3 אַךְ ʾak (Ja=)Nur
בִּי bi^{y} (mich-gegen=)mir-in
יָשֻׁב yɔšub ,kehrt-er
יַהֲפֹךְ yah^{a}pok wendet-er
יָדוֹ yɔdo^{w} Hand-seine

כָּל־הַיּוֹם׃ hayyo^{w}m-kol. .(Zeit-ganze-die=)Tag-der-all
4 בִּלָּה billɔ^{h} (dahin)schwinden-ließ-Er
בְשָׂרִי b^{ə}śɔri^{y} Fleisch-mein

וְעוֹרִי w^{ə}ʿo^{w}ri^{y} ,Haut-meine-und
שִׁבַּר šibbar zerschlug-er
עַצְמוֹתָי׃ ʿaṣ^{ə}mo^{w}tɔy. .Gebeine-meine
5 בָּנָה bɔnɔ^{h} baute-Er
עָלַי ʿɔlay mich-(um=)auf

בְּמַחֲשַׁכִּים 6	וּתְלָאָה׃	רֹאשׁ	וַיַּקַּף
b^{ə}maḥ^{a}šakki^{y}m	u^{w}t^{ə}lɔʾɔ^{h}.	roʾš	wayyaqqap
Finsternisse(n)-In	.Mühsal-und	Gift-(mit)	(mich)-umgeben-machte-(er)-und

גָּדַר 7	עוֹלָם׃	כְּמֵתֵי	הוֹשִׁיבַנִי
gɔdar	ʿo^{w}lɔm.	k^{ə}mete^{y}	ho^{w}ši^{y}bani^{y}
mauerte-Er	.(längst=)ewig	(Verstorbene=)Tote-wie	mich-weilen-machte-er

אֵצֵא	וְלֹא	בַּעֲדִי
ʾeṣeʾ	w^{ə}loʾ	baʿ^{a}di^{y}
,hinausgehen-(kann=)werde-ich	nicht-(dass=)und	,(mich-um=)mich-bis-in

אֶזְעַק	כִּי	גַּם 8	נְחָשְׁתִּי׃	הִכְבִּיד
ʾɛz^{ə}ʿaq	ki^{y}	gam	n^{ə}ḥoš^{ə}ti^{y}.	hik^{ə}bi^{y}d
schreie-ich	wenn	Auch	.Fessel-(eherne)-meine	schwer-machte-er

תְּפִלָּתִי׃	שָׂתַם	וַאֲשַׁוֵּעַ
t^{ə}pillɔti^{y}.	śɔtam	waʾ^{a}šawweaʿ
.Gebet-mein	(ungehört=)verstummen-lässt-er	,rufe-Hilfe-um-(ich)-und

נְתִיבֹתַי	בְּגָזִית	דְּרָכַי	גָּדַר 9
n^{ə}ti^{y}botay	b^{ə}gɔzi^{y}t	d^{ə}rɔkay	gɔdar
Pfade-meine	,Quader(mauer)-(mit=)in	Wege-meine	ummauerte-Er

לִי	הוּא	אֹרֵב	דֹּב 10	עִוָּה׃
li^{y}	hu^{w}ʾ	ʾoreb	dob	ʿiwwɔ^{h}.
,mir-(zu)	(war)-er	auflauernd(er)	Bär-(Ein)	.(ungangbar-machte=)verkehrte-er

סוֹרֵר	דְּרָכַי 11	בְּמִסְתָּרִים׃	אֲרִיה[אֲרִי]
so^{w}rer	d^{ə}rɔkay	b^{ə}mis^{ə}tɔri^{y}m.	[ʾ^{a}ri^{y}]ʾari^{y}h
ab-lenkte-er	Wege-Meine	.(Orten)-verborgene(n)-(an=)in	Löwe-(ein)

שֹׁמֵם׃	שָׂמַנִי	וַיְפַשְּׁחֵנִי
šomem.	śɔmani^{y}	way^{ə}pašš^{ə}ḥeni^{y}
.(Verlassenen-zum=)Schauernder	mich-(machte=)setzte-er	,mich-zerriss-er-und

וַיַּצִּיבֵנִי	קַשְׁתּוֹ	דָּרַךְ 12
wayyaṣṣi^{y}beni^{y}	qaš^{ə}to^{w}	dɔrak
mich-hinstellen-ließ-(er)-und	Bogen-sein(en)	(spannte=)trat-Er

הֵבִיא 13	לַחֵץ׃	כַּמַּטָּרָא
hebi^{y}ʾ	laḥeṣ.	kammaṭṭɔrɔʾ
(dringen=)kommen-machte-Er	.Pfeil-den-(für=)zu	Zielscheibe-die-wie

14 הָיִיתִי	אַשְׁפָּתוֹ׃	בְּנֵי	בְּכִלְיוֹתָי
hɔyiʸtiʸ	ʾašᵊpɔtoʷ.	bᵊneʸ	bᵊkilᵊyoʷtɔy
ward-Ich	.Köcher(s)-sein(es)	(Pfeile=)Söhne-(die)	Nieren-meine-in

כָּל־הַיּוֹם׃	נְגִינָתָם	עַמִּי	לְכָל־	שְׂחֹק
hayyoʷm-kol.	nᵊgiʸnɔtɔm	ᶜammiʸ	-lᵊkol	śᵊḥoq
.(Tage-alle=)Tag-der-all	Spottlied-ihr	,Volk-mein	all-(für=)zu	Gespött-(zum)

הִרְוַנִי	בַמְּרוֹרִים	15 הִשְׂבִּיעַנִי
hirᵊwaniʸ	bammᵊroʷriʸm	hiśᵊbiʸᶜaniʸ
mich-(tränkte=)trinken-machte-er	,Bitterkeiten-den-(mit=)in	mich-sättigte-Er

בֶּחָצָץ	16 וַיַּגְרֵס	לַעֲנָה׃
bɛḥɔṣɔṣ	wayyagᵊres	laᶜᵃnɔʰ.
Kiesel-(dem=)der-(mit=)in	zerreiben-ließ-er-Und	.Wermut-(mit)

הִכְפִּישַׁנִי	שִׁנָּי
hikᵊpiʸšaniʸ	šinnɔy
mich-niederdrücken-ließ-(er)	,(Zähne=)Zahnreihen-zwei-meine

נַפְשִׁי	מִשָּׁלוֹם	17 וַתִּזְנַח	בָּאֵפֶר׃
napᵊšiʸ	miššɔloʷm	wattizᵊnaḥ	bɔʾepɛr.
,Seele-meine	Frieden-von	(verstießest=)verwarfst-du-Und	.Staub-(den=)der-in

18 וָאֹמַר	טוֹבָה׃	נָשִׁיתִי
wɔʾomar	ṭoʷbɔʰ.	nɔšiʸtiʸ
:sprach-ich-Und	.(Glück=)Gute-(das=)die	vergessen-habe-ich

נִצְחִי	אָבַד
niṣᵊḥiʸ	ʾɔbad
Glanz-mein	(dahin=)geschwunden-ist-(Es=)Er

19 זְכָר־	מֵיְהוָה׃	וְתוֹחַלְתִּי
-zᵊkor	meʸᵊhwɔʰ.	wᵊtoʷḥalᵊtiʸ
Gedenke	!JHWH-(auf=)von	(Zuversicht=)Hoffnung-meine-und

וָרֹאשׁ׃	לַעֲנָה	וּמְרוּדִי	עָנְיִי
wɔroʾš.	laᶜᵃnɔʰ	uʷmᵊruʷdiʸ	ᶜonᵊyiʸ
!Gift(es)-und	Wermut(s)-(des)	,Heimatlosigkeit-meine(r)-und	Elend(s)-mein(es)

עָלַי	וְתָשִׁיחַ[וְתָשׁוֹחַ]	תִּזְכּוֹר	20 זָכוֹר
ᶜɔlay	[wᵊtɔšoʷaḥ]wᵊtɔšoyaḥ	tizᵊkoʷr	zɔkoʷr
mir-(in=)auf	zerfließt-(es=sie)-(dass=)und	,gedenkst-du	(„Ja=)Gedenken-(Ein)

נַפְשִׁי׃
napᵊšiʸ.
.Seele-meine

21 זֹאת
zoʾt
(Das=)Diese

אָשִׁיב
ʾɔšiʸb
(nehme=)kehren-mache-ich

אֶל־ לִבִּי
-ʾɛl libbiʸ
,(mir-Herzen-zu=)Herz(en)-mein(em)-zu

עַל־כֵּן
ken-ʿal
(darum=)so-auf

אוֹחִיל׃
ʾoʷḥiʸl.
(erhoffen=)warten-(will=)werde-ich

22 חַסְדֵי
ḥasᵊdeʸ
Gnaden(erweise)

יְהוָה
yᵊhwɔʰ
,JHWH(s)

כִּי
kiʸ
denn

לֹא־
-loʾ
nicht

תָמְנוּ
tɔmᵊnuʷ
,auf-hör(t)en-(sie=)wir

כִּי
kiʸ
denn

לֹא־
-loʾ
nicht

כָלוּ
kɔluʷ
Ende-zu-(sind=)waren-(es=)sie

רַחֲמָיו׃
raḥᵃmɔʸw.
.Erbarmungen-seine

23 חֲדָשִׁים
ḥᵃdɔšiʸm
(sind-sie)-Neu(e)

לַבְּקָרִים
labbᵊqɔriʸm
,(allmorgendlich=)Morgen(zeiten)-(den=)die-zu

רַבָּה
rabbɔʰ
(ist-groß=)viele

אֱמוּנָתֶךָ׃
ʾᵋmuʷnɔtɛkɔ.
.Treue-deine

24 חֶלְקִי
ḥɛlᵊqiʸ
(An)teil-Mein

יְהוָה
yᵊhwɔʰ
,JHWH-(ist)

אָמְרָה
ʾɔmᵊrɔʰ
sprach-(sie)

נַפְשִׁי
napᵊšiʸ
,Seele-meine

עַל־כֵּן
ken-ʿal
(darum=)so-auf

אוֹחִיל
ʾoʷḥiʸl
(hoffen=)warten-(will=)werde-ich

לוֹ׃
loʷ.
.(ihn-auf=)ihm-zu

25 טוֹב
ṭoʷb
(ist)-(Gütig=)Gut

יְהוָה
yᵊhwɔʰ
JHWH

לְקֹוָו[לְקֹוָיו]
[lᵊqowɔʸwlᵊqowɔw
,(hoffen-ihn-auf-die-,denen-zu=)Hoffenden-seine(n)-zu

לְנֶפֶשׁ
lᵊnɛpɛš
,Seele-zu(r)

תִּדְרְשֶׁנּוּ׃
tidᵊrᵊšɛnnuʷ.
.ihn-sucht-(die=)sie

26 טוֹב
ṭoʷb
,(ist's)-Gut

וְיָחִיל
wᵊyɔḥiʸl
,(harrt=)wartet-(man=)er-(dass=)und

וְדוּמָם
wᵊduʷmɔm
,still-(zwar)-und

לִתְשׁוּעַת
litᵊšuʷʿat
Hilfe-(der=)zu

יְהוָה׃
yᵊhwɔʰ.
.JHWH(s)

27 טוֹב
ṭoʷb
(ist's)-Gut

עֹ֖ל	יִשָּׂ֥א	כִּֽי־	לַגֶּ֔בֶר
ʿol	yiśśɔʾ	-kiʸ	laggɛbɛr
Joch-(ein)	trägt-er	wenn	,Mann-(den=)der-(für=)zu

וְיִדֹּ֔ם	בָּדָד֙	28 יֵשֵׁ֤ב	בִּנְעוּרָֽיו׃
wᵊyiddom	bɔdɔd	yešeb	binᵊʿuʷrɔʸw.
,schweigt-er-und	einsam	(da)-sitzt-Er	.Jugend(zeiten)-(seiner=)seine(n)-in

בֶּעָפָר֙	29 יִתֵּ֤ן	עָלָֽיו׃	נָטַ֖ל	כִּ֥י
bɛʿɔpɔr	yitten	ʿɔlɔʸw.	nɔṭal	kiʸ
Staub-den-in	(legt=)gibt-Er	.(ihm=)ihn-auf	auferlegte-(es)-er	wenn

30 יִתֵּ֧ן	תִּקְוָֽה׃	יֵ֥שׁ	אוּלַ֖י	פִּ֔יהוּ
yitten	tiqᵊwɔʰ.	yeš	ʾuʷlay	piʸhuʷ
(bietet=)gibt-Er	?Hoffnung	gibt-es	vielleicht —	Mund-sein(en)

בְּחֶרְפָּֽה׃	יִשְׂבַּ֖ע	לֶ֔חִי	לְמַכֵּ֥הוּ
bᵊḥɛrᵊpɔʰ.	yiśᵊbaʿ	lɛḥiʸ	lᵊmakkehuʷ
.Schmach-(an=)in	satt-wird-er	,Wange-(die)	ihn-Schlagenden-(dem=)zu

32 כִּ֥י	אֲדֹנָֽי׃	לְעוֹלָ֖ם	יִזְנַ֥ח	לֹ֥א	31 כִּ֣י
kiʸ	ʾᵃdonɔy.	lᵊʿoʷlɔm	yizᵊnaḥ	loʾ	kiʸ
Denn	.Herr(en)-mein(e)	ewig-(auf=)zu	verwirft-(es=er)	nicht	Denn

וְרִחַ֖ם	הוֹגָ֔ה	אִם־
wᵊriḥam	hoʷgɔʰ	-ʾim
sich-erbarmt(e)-er-(so=)und	,betrübte-er	wenn

לֹ֤א	33 כִּ֣י	חסדו[חֲסָדָֽיו׃]	כְּרֹ֥ב
loʾ	kiʸ	[ḥᵃsɔdɔʸw]ḥasɔdɔw.	kᵊrob
nicht	Denn	.Erbarmungen-seine(r)	(Fülle=)Menge-(der)-(gemäß=)wie

וַיַּגֶּ֖ה	מִלִּבּ֔וֹ	עִנָּה֙
wayyaggɛʰ	millibboʷ	ʿinnɔʰ
betrübt-(er)-und	(Lust-aus=)Herz(en)-sein(em)-von	bedrückt(e)-er

34 לְדַכֵּא֙	אִֽישׁ׃	בְּנֵי־
lᵊdakkeʾ	ʾiʸš	-bᵊneʸ.
(zermalme-man-dass=)zermalmen-zu	,(Menschenkinder=)Mann-(von)-Söhne-(die)	

אָֽרֶץ׃	אֲסִ֣ירֵי	כֹּ֖ל	רַגְלָ֔יו	תַּ֚חַת
ʾɔrɛṣ.	ʾᵃsiʸreʸ	kol	ragᵊlɔʸw	taḥat
,Erde-(der)	Gefesselte(n)-(die)	all	Füße(n)-(zwei)-seine(n)	unter

נֶגֶד	גָּבֶר	מִשְׁפַּט־	35 לְהַטּוֹת
nɛgɛd	gɔbɛr	-miš^{ə}paṭ	l^{ə}haṭṭo^{w}t
vor	Mann(es)-(eines)	Recht-(das)	(beuge-man-dass=)neigen-zu

עֶלְיוֹן׃	פְּנֵי
^{c}ɛl^{ə}yo^{w}n.	p^{ə}ne^{y}
,(Höchsten-des=)Höchster	(Antlitz-dem=)Gesichter

אָדָם	36 לְעַוֵּת
^{ɔ}ɔdɔm	l^{əc}awwet
Mensch(en)-(einen)	(krümme-man-dass=)krümmen-zu

רָאָה׃	לֹא	אֲדֹנָי	בְּרִיבוֹ
rɔ^{ɔ}ɔ^{h}.	lo^{ɔ}	^{ɔa}donɔy	b^{ə}ri^{y}bo^{w}
.(sähe-es=)sah-er	nicht	Herr(en)-mein(e)-(und)	,Rechtsstreit-sein(em)-(bei=)in

אֲדֹנָי	וַתֶּהִי	אָמַר	זֶה	37 מִי
^{ɔa}donɔy	wattɛhi^{y}	^{ɔ}ɔmar	zɛ^{h}	mi^{y}
Herr(en)-Mein(e)	?geschah-(es=)sie-und	,sprach-(er)	(der=)dieser	(,war)-Wer

38 מִפִּי	צִוָּה׃	לֹא
mippi^{y}	ṣiwwɔ^{h}.	lo^{ɔ}
Mund-(dem)-(Aus=)Von	?geboten-hat('s)-er	nicht-(etwa)

תֵצֵא	לֹא	עֶלְיוֹן
teṣe^{ɔ}	lo^{ɔ}	^{c}ɛl^{ə}yo^{w}n
heraus-kommt-(es=sie)	nicht	(Höchsten-des=)Höchster

יִתְאוֹנֵן	39 מַה־	וְהַטּוֹב׃	הָרָעוֹת
yit^{əɔ}o^{w}nen	-ma^{h}	w^{ə}haṭṭo^{w}b.	hɔrɔ^{c}o^{w}t
sich-beklagt-(er)	Was	?Gute-das-und	(Böse-das=)Schlechtigkeiten-die

[חֲטָאו]חֲטָאָיו׃	עַל־	גֶּבֶר	חָי	אָדָם
[h^{a}ṭɔ^{ɔ}ɔ^{y}w]h^{a}ṭɔ^{ɔ}ɔw.	-^{c}al	gɛbɛr	ḥɔy	^{ɔ}ɔdɔm
?Sünden-seine	(über=)auf	Mann-(der)	,Lebender-(als)	Mensch-der

דְרָכֵינוּ	40 נַחְפְּשָׂה
d^{ə}rɔke^{y}nu^{w}	naḥ^{ə}p^{ə}śɔ^{h}
,(Wandel=)Wege-unsere(n)	erforschen-(uns-Lasst=)(sollen=)werden-Wir

וְנָשׁוּבָה	וְנַחְקֹרָה
w^{ə}nɔšu^{w}bɔ^{h}	w^{ə}naḥ^{ə}qorɔ^{h}
zurückkehren-(wollen=)werden-wir-und	prüfen-(wollen=)werden-wir-und

אֶל־	לְבָבֵנוּ	41 נִשָּׂא	יְהוָה׃	עַד־
-ʾɛl	lᵊbɔbenuʷ	niśśɔʾ	yᵊhwɔʰ.	-ʿad
(mit=)zu	Herz-unser	erheben-(wollen=)werden-Wir	.JHWH	(zu=)bis

42 נַחְנוּ	בַּשָּׁמָיִם׃	אֵל	אֶל־	כַּפַּיִם
naḥᵊnuʷ	baššɔmɔyim.	ʾel	-ʾɛl	kappɔyim
,Wir	!Himmel(n)-(den=)die-in	Gott	zu	(Hohl)hände(n)-(beiden)

סָלָחְתָּ׃	לֹא	אַתָּה	וּמָרִינוּ	פָּשַׁעְנוּ
sɔlɔḥᵊtɔ.	loʾ	ʾattɔʰ	uʷmɔriʸnuʷ	pɔšaʿᵊnuʷ
.verziehen-hast-du	nicht	,du-(darum)	,trotzten-(wir)-und	frevelten-wir

בָאַף	43 סַכֹּתָה
bɔʾap	sakkotɔʰ
(Zorn-im=)Nase-der-in	dich-(verhülltest=)bedecktest-Du

לֹא	הָרַגְתָּ	וַתִּרְדְּפֵנוּ
loʾ	hɔragᵊtɔ	wattirᵊdᵊpenuʷ
nicht	,getötet-hast-du	,uns-verfolgtest-(du)-und

44 סַכּוֹתָה	חָמָלְתָּ׃
sakkoʷtɔʰ	ḥɔmɔlᵊtɔ.
(verhülltest=)bedecktest-Du	.(Schonung-übtest-du=)Mitleid-hattest-du

מֵעֲבוֹר	לָךְ	בֶעָנָן
meʿᵃboʷr	lɔk	bɛʿɔnɔn
(hindurchdrang-nicht-dass=)Durchschreiten-von	,(dich=)dir-zu	Wolke-der-in

וּמָאוֹס	45 סְחִי	תְּפִלָּה׃
uʷmɔʾoʷs	sᵊḥiʸ	tᵊpillɔʰ.
Verabscheuen-(zum)-und	Kehricht-(Zu)	.Gebet-(ein)

הָעַמִּים׃	בְּקֶרֶב	תְּשִׂימֵנוּ
hɔʿammiʸm.	bᵊqɛrɛb	tᵊśiʸmenuʷ
.Völker(n)-(den=)die	(unter=)Mitte-in	uns-(machtest=)setztest-du

אֹיְבֵינוּ׃	כָּל־	פִּיהֶם	עָלֵינוּ	46 פָּצוּ
ʾoyᵊbeʸnuʷ.	-kol	piʸhɛm	ʿɔleʸnuʷ	pɔṣuʷ
.Feinde-unsere	all(e)	Mund-ihr(en)	uns-(gegen=)auf	auf-rissen-(Es=)Sie

הַשֵּׁאת	לָנוּ	הָיָה	וָפַחַת	47 פַּחַד
haššeʾt	lɔnuʷ	hɔyɔʰ	wɔpaḥat	paḥad
Untergang-der	,uns-zu(teil)	(wurde=)war-(es=er)	(Fall)grube-und	Schrecken

מַיִם	48 פַּלְגֵי־	וְהַשָּׁבֶר׃
mayim	-pal^{ə}ge^{y}	w^{ə}haššɔbɛr.
Wasser	(von)-Bäche	.(Verderben-das=)Bruch-der-und

עַל־	עֵינִי	תֵּרַד
-ʿal	ʿe^{y}ni^{y}	terad
(wegen=)auf	Auge-mein	(nieder-strömt=)herab-steigt-(es=sie)

49 עֵינִי	עַמִּי׃	בַּת־	שֶׁבֶר
ʿe^{y}ni^{y}	ʿammi^{y}.	-bat	šɛbɛr
Auge-Mein	.Volk(es)-mein(es)	Tochter-(der)	(Verderbens=)Bruch(es)-(des)

מֵאֵין	תִדְמֶה	וְלֹא	נִגְּרָה
meʾe^{y}n	tid^{ə}mɛ^{h}	w^{ə}loʾ	nigg^{ə}rɔ^{h}
(ohne=)Nicht(sein)-von	sich-beruhigt-(es=)sie	nicht-und	sich-ergießt-(es=sie)

וְיֵרֶא	יַשְׁקִיף	50 עַד־	הֲפֻגוֹת׃
w^{ə}yerɛʾ	yaš^{ə}qi^{y}p	-ʿad	h^{a}pugo^{w}t.
(an)sieht-(es=er)-und	herunterblickt-er	bis	,(Aufhören=)Nachlassende

51 עֵינִי	מִשָּׁמָיִם׃	יְהוָה
ʿe^{y}ni^{y}	miššɔmɔyim.	y^{ə}hwɔ^{h}
Auge-Mein	.(her)-Himmel(n)-(den)-von	JHWH

לְנַפְשִׁי	עוֹלְלָה
l^{ə}nap^{ə}ši^{y}	ʿo^{w}l^{ə}lɔ^{h}
Seele-meine(r=)zu	(Schmerz-bereitet=)sich-beschäftigt-(es=sie)

52 צוֹד	עִירִי׃	בְּנוֹת	מִכֹּל
ṣo^{w}d	ʿi^{y}ri^{y}.	b^{ə}no^{w}t	mikkol
(Arg=)Jagen-(Ein)	.Stadt-meine(r)	Töchter	(jeglicher=)all-(wegen=)von

חִנָּם׃	אֹיְבַי	כַּצִּפּוֹר	צָדוּנִי
ḥinnɔm.	ʾoy^{ə}bay	kaṣṣippo^{w}r	ṣɔdu^{w}ni^{y}
.grundlos	,Feinde-meine	Vogel-(den=)der-wie	mich-jagten-(sie)

חַיָּי	בַבּוֹר	53 צָמְתוּ
ḥayyɔy	babbo^{w}r	ṣɔm^{ə}tu^{w}
,Leben(sgeister)-meine	Grube-der-in	(Gewalt-mit)-ein-schlossen-Sie

54 צָפוּ־	בִּי׃	אֶבֶן	וַיַּדּוּ־
-ṣɔpu^{w}	bi^{y}.	ʾɛbɛn	-wayyaddu^{w}
strömte(n)-(Es=)Sie	.(mich-gegen=)mir-in	Stein(e)	schleuderten-sie-und

אָמַרְתִּי	רֹאשִׁי	עַל־	מַיִם
ʾɔmar^{ə}ti^{y}	roʾši^{y}	-ʿal	mayim
:(dachte=)sprach-Ich	.Haupt-mein	(über=)auf	Wasser

יְהוָה	שִׁמְךָ	55 קָרָאתִי	נִגְזָרְתִּי׃
y^{ə}hwɔ^{h}	šim^{ə}kɔ	qɔrɔʾti^{y}	nig^{ə}zɔr^{ə}ti^{y}.
,JHWH	,Name(n)-dein(en)	rief-Ich	!(verloren-bin=)aufgerieben-wurde-Ich

שָׁמָעְתָּ	56 קוֹלִי	תַּחְתִּיּוֹת׃	מִבּוֹר
šɔmɔʿ^{ə}tɔ	qo^{w}li^{y}	taḥ^{ə}ti^{y}yo^{w}t.	mibbo^{w}r
,hörtest-du	Stimme-Meine	.(unten-tief=)Tiefen-(der)	,Grube-(der)-(aus=)von

אָזְנְךָ	תַּעְלֵם	אַל־
ʾoz^{ə}n^{ə}kɔ	taʿ^{ə}lem	-ʾal
Ohr-dein	(verschließe=)verbergen-(sollst=)wirst-du	nicht

לְשַׁוְעָתִי׃	לְרַוְחָתִי
l^{ə}šaw^{ə}ʿɔti^{y}.	l^{ə}raw^{ə}ḥɔti^{y}
!Hilferuf-mein(em=)zu	,(Befreiung=)Erleichterung-meine(r=)zu

אַל־	אָמַרְתָּ	אֶקְרָאֶךָּ	בְּיוֹם	57 קָרַבְתָּ
-ʾal	ʾɔmar^{ə}tɔ	ʾɛq^{ə}rɔʾɛkɔ	b^{ə}yo^{w}m	qɔrab^{ə}tɔ
Nicht	:sprachst-Du	.dich-an-rufe-ich-(da)	,Tag-(am=)in	nahe-(bist=)warst-Du

אֲדֹנָי	58 רַבְתָּ	תִּירָא׃
ʾ^{a}donɔy	rab^{ə}tɔ	ti^{y}rɔʾ.
,(Herr-o=)Herren-meine	,erstrittest-Du	!(dich-fürchte=)fürchten-wirst-du

חַיָּי׃	גָּאַלְתָּ	נַפְשִׁי	רִיבֵי
ḥayyɔy.	gɔʾal^{ə}tɔ	nap^{ə}ši^{y}	ri^{y}be^{y}
.Leben(sgeister)-meine	erlöstest-du	,Seele-meine(r)	Streitfälle-(die)

שָׁפְטָה	עַוָּתָתִי	יְהוָה	59 רָאִיתָה
šɔp^{ə}ṭɔ^{h}	ʿawwɔtɔti^{y}	y^{ə}hwɔ^{h}	rɔʾi^{y}tɔ^{h}
(zu-verhilf=)richte	,Unterdrückung-meine	,JHWH	,sahst-Du

מַחְשְׁבֹתָם	כָּל־	נִקְמָתָם	כָּל־	60 רָאִיתָה	מִשְׁפָּטִי׃
maḥ^{ə}š^{ə}botɔm	-kol	niq^{ə}mɔtɔm	-kol	rɔʾi^{y}tɔ^{h}	miš^{ə}pɔṭi^{y}.
Pläne-ihre	all	,Rachsucht-ihre	all	sahst-Du	!Recht-mein(em)

מַחְשְׁבֹתָם	כָּל־	יְהוָה	חֶרְפָּתָם	61 שָׁמַעְתָּ	לִי׃
maḥ^{ə}š^{ə}botɔm	-kol	y^{ə}hwɔ^{h}	ḥɛr^{ə}pɔtɔm	šɔmaʿ^{ə}tɔ	li^{y}.
Pläne-ihre	all(e)	,JHWH	,Schmähung-ihre	hörtest-(Du)	.mich-(wider=)zu

עָלָי׃
ʿɔlɔy.
.mich-(wider=)auf

62 שִׂפְתֵי
śipᵊteʸ
Lippen-(zwei)-(Die)

קָמַי
qɔmay
(Gegner=)Aufstehende(n)-meine(r)

וְהֶגְיוֹנָם
wᵊhɛgᵊyoʷnɔm
Sinnen-ihr-und

עָלַי
ʿɔlay
(mich-gegen-ist=)mir-auf

כָּל־הַיּוֹם׃
hayyoʷm-kol.
.(Zeit-ganze-die=)Tag-der-all

63 שִׁבְתָּם
šibᵊtɔm
Sitzen-Ihr

וְקִימָתָם
wᵊqiʸmɔtɔm
Stehen-ihr-und

הַבִּיטָה
habbiʸṭɔʰ
,an-schaue

אֲנִי
ʾᵃniʸ
(bin)-ich

מַנְגִּינָתָם׃
manᵊgiʸnɔtɔm.
!Spottlied-ihr

64 תָּשִׁיב
tɔšiʸb
machen-kehren-(sollst=)wirst-Du

לָהֶם
lɔhɛm
ihnen-(zu)

גְּמוּל
gᵊmuʷl
,(Vergeltung=)Tat

יְהוָה
yᵊhwɔʰ
,JHWH

כְּמַעֲשֵׂה
kᵊmaʿᵃśeʰ
Machwerk-(dem)-(gemäß=)wie

יְדֵיהֶם׃
yᵊdeʸhɛm.
,Hände-(zwei)-ihre(r)

65 תִּתֵּן
titten
(vergelten=)geben-(sollst=)wirst-du

לָהֶם
lɔhɛm
ihnen-(zu)

מְגִנַּת־
-mᵊginnat
Verstocktheit-(die)

לֵב
leb
Herz(ens)-(des)

תַּאֲלָתְךָ
taʾᵃlɔtᵊkɔ
Fluch-dein(em)-(mit)

לָהֶם׃
lɔhɛm.
!(sie-gegen=)ihnen-zu

66 תִּרְדֹּף
tirᵊdop
verfolgen-(sollst=)wirst-Du

בְּאַף
bᵊʾap
Zorn-(im=)in

וְתַשְׁמִידֵם
wᵊtašᵊmiʸdem
,sie-vernichten-(wirst-du)-und

מִתַּחַת
mittaḥat
unter-von-(hinweg)

שְׁמֵי
šᵊmeʸ
Himmel(n)-(den)

יְהוָה׃
yᵊhwɔʰ.
!JHWH(s)

4

1 אֵיכָה
ʾeʸkɔʰ
(,Ach=)Wie

יוּעַם
yuʷʿam
(worden)-verdunkelt-ist-(es=)er

זָהָב
zɔhɔb
,Gold-(das)

יִשְׁנֶא
yišᵊnɛʾ
verändert-ist-(es=)er

הַכֶּתֶם
hakkɛtɛm
,Gold-das

הַטּוֹב
haṭṭoʷb
!(lautere=)gute-(das=)der

קֹדֶשׁ	אַבְנֵי־	תִּשְׁתַּפֵּכְנָה
qodɛš	-ʾabᵊneʸ	tišᵊtappekᵊnɔʰ
Heiligtum(s)-(des)	Steine-(die)	hingeschüttet-sind-(Es=)Sie

צִיּוֹן	2 בְּנֵי	חוּצוֹת׃	כָּל־	בְּרֹאשׁ
șiʸyoʷn	bᵊneʸ	ḥuʷșoʷt.	-kol	bᵊroʾš
,Zion(s)	(Kinder=)Söhne-(Die)	.Straßen	all(er)	(Ecke-der-an=)Kopf-in

אֵיכָה	בַּפָּז	הַמְסֻלָּאִים	הַיְקָרִים
ʾeʸkɔʰ	bappɔz	hamᵊsullɔʾiʸm	hayᵊqɔriʸm
wie	,Gold-gediegenem-(mit=)in	aufgewogenen-die	,(edlen=)kostbaren-die

מַעֲשֵׂה	חָרֶשׂ	לְנִבְלֵי־	נֶחְשְׁבוּ
maᶜaśeʰ	ḥɛrɛś	-lᵊnibᵊleʸ	nɛḥᵊšᵊbuʷ
(von)-Werk-(als)	,Ton	(aus)-Krüge-(für=)zu	(gehalten=)geachtet-wurden-sie

תנין[תַּנִּים]	3 גַּם־	יוֹצֵר׃	יְדֵי
[tanniʸm]tanniʸn	-gam	yoʷșer.	yᵊdeʸ
Schakale	(Selbst=)Auch	.(Töpfers=)Formenden-(des)	Hände(n)-(zwei)

גּוּרֵיהֶן	הֵינִיקוּ	שַׁד	חָלְצוּ
guʷreʸhɛn	heʸniʸquʷ	šad	ḥɔlᵊșuʷ
.Jungen-ihre	säug(t)en-sie	,Brust-(die)	(reichten=)heraus-zogen-(sie)

כִּי	לְאַכְזָר	עַמִּי	בַּת־
kiʸ	lᵊʾakᵊzɔr	ᶜammiʸ	-bat
(ja=)denn	,Grausam(en)-zu(r)-(wurde)	Volk(es)-mein(es)	Tochter-(Die)

לְשׁוֹן	4 דָּבַק	בַּמִּדְבָּר׃	ענים[כַּיְעֵנִים]
lᵊšoʷn	dɔbaq	bammidᵊbɔr.	[kayᵊᶜeniʸm]ᶜeniʸm
Zunge-(die)	klebt(e)-(Es=)Er	.Wüste-(der=)die-in	Strauße-die-wie

בַּצָּמָא	חִכּוֹ	אֶל־	יוֹנֵק
bașșɔmɔʾ	ḥikkoʷ	-ʾɛl	yoʷneq
.Durst-(vor=)im	Gaumen-sein(em)	(an=)zu	(Säuglings-des=)Saugender

פֹּרֵשׂ	לָחֶם	שָׁאֲלוּ	עוֹלָלִים
poreś	lɛḥɛm	šɔʾaluʷ	ᶜoʷlɔliʸm
(Reichender=)Ausbreitender-(Ein)	.Brot	(verlangten=)baten-(sie)	Kleinkinder

5 הָאֹכְלִים	לָהֶם׃	אֵין
hɔʾokᵊliʸm	lɔhɛm.	ʾeʸn
(waren)-essend(e)-Die	.(sie-für=)ihnen-zu	(da)-(war=)ist-nicht

לְמַעֲדַנִּים
lᵊmaᶜᵃdanniʸm
,Leckerbissen-(von=)zu

נָשַׁמּוּ
nɔšammuʷ
(verschmachteten=)verwüstet-wurden-(sie)

בַּחוּצוֹת
baḥuʷṣoʷt
;Straßen-(den-auf=)die-in

הָאֱמֻנִים
hɔᵓᵋmuniʸm
(Gehüllten=)Gestützten-die

עֲלֵי
ᶜᵃleʸ
(in=)auf

תוֹלָע
toʷlɔᶜ
,Purpur

חִבְּקוּ
ḥibbᵊquʷ
umfass(t)en-sie

אַשְׁפַּתּוֹת׃
ᵓašᵊpattoʷt.
.Düngerhaufen

6 וַיִּגְדַּל
wayyigᵊdal
groß-war-(So=)Und

עֲוֹן
ᶜᵃwon
Schuld-(die)

בַּת־
-bat
Tochter-(der)

עַמִּי
ᶜammiʸ
Volk(es)-mein(es)

מֵחַטַּאת
meḥaṭṭaᵓt
Sünde-(die)-(als-mehr=)von

סְדֹם
sᵊdom
,Sodom(s)

הַהֲפוּכָה
hahᵃpuʷkɔʰ
(war)-(vernichtet=)umgestürzt(e)-(das=)die

כְמוֹ־רָגַע
rɔgaᶜ-kᵊmoʷ
,(augenblicklich=)Augenblick-wie

וְלֹא־
-wᵊloᵓ
nicht-und

חָלוּ
ḥɔluʷ
schwach-waren-(es=)sie

בָהּ
bɔh
ihr-(an=)in

יָדָיִם׃
yɔdɔyim.
.Hände-beide

7 זַכּוּ
zakkuʷ
rein-waren-(Es=)Sie

נְזִירֶיהָ
nᵊziʸrɛʸhɔ
(Edlen=)Geweihten-ihre

מִשֶּׁלֶג
miššɛlɛg
,Schnee-(als-mehr=)von

צַחוּ
ṣaḥuʷ
weiß-waren-sie

מֵחָלָב
meḥɔlɔb
,Milch-(als-mehr=)von

אָדְמוּ
ᵓɔdᵊmuʷ
(rosig=)rötliche-war(en)-(es=)sie

עֶצֶם
ᶜɛṣɛm
Gebein-(das)

מִפְּנִינִים
mippᵊniʸniʸm
,Korallen-(als-mehr=)von

סַפִּיר
sappiʸr
Saphir-(wie)

גִּזְרָתָם׃
gizᵊrɔtɔm.
.(Gestalt=)Schnitt-ihr(e)-(war)

8 חָשַׁךְ
ḥɔšak
(finster=)verdunkelt-war-(Es=)Er

מִשְּׁחוֹר
miššᵊḥoʷr
Schwärze-(als-mehr=)von

תָּאֳרָם
toᵓᵒrɔm
.Aussehn-ihr

לֹא
loᵓ
Nicht

נִכְּרוּ
nikkᵊruʷ
erkannt-wurden-sie

עוֹרָם֙	צָפַ֤ד	בַּחוּצ֔וֹת
ʿoʷrɔm	ṣɔpad	baḥuʷṣoʷt
Haut-ihre	(verrunzelte=)schrumpfte-(Es=)Er	.Straßen-(den-auf=)die-in

כָעֵֽץ׃	הָיָ֥ה	יָבֵ֖שׁ	עַצְמָ֔ם	עַל־
kɔʿeṣ.	hɔyɔʰ	yɔbeš	ʿaṣᵊmɔm	-ʿal
.Holz-das-wie	war-(es=)er	vertrocknet	,Gebein-ihr(em)	(an=)auf

חָ֔רֶב	חַלְלֵי־	הָיוּ֙	9 טוֹבִ֤ים
ḥɛrɛb	-ḥalᵊleʸ	hɔyuʷ	ṭoʷbiʸm
Schwert(es)-(des)	Durchbohrte	waren-(sie)	(daran-Besser=)Gute

שֶׁהֵ֞ם	רָעָ֑ב	מֵֽחַלְלֵ֖י
šɛhem	rɔʿɔb	meḥalᵊleʸ
(die=)sie-weil	,Hunger	(von)-(Getötete=)Durchbohrte-(als=)von

מְדֻקָּרִ֔ים	יָז֙וּבוּ֙
mᵊduqqɔriʸm	yɔzuʷbuʷ
getroffen(e)	,verschmachten-(müssen=)werden-(sie)

10 יְדֵ֗י	שָׂדָֽי׃	מִתְּנוּבֹ֖ת
yᵊdeʸ	śɔdɔy.	mittᵊnuʷbot
(von)-Hände-(zwei)-(Die)	.Feld(es)-(des)	Erträge(n)-(an-Mangel-aus=)von

יַלְדֵיהֶ֑ן	בִּשְּׁל֖וּ	רַחֲמָ֣נִיּ֔וֹת	נָשִׁים֙
yalᵊdeʸhɛn	biššᵊluʷ	raḥᵃmɔniʸyoʷt	nɔšiʸm
,Kinder-ihre	kochten-(sie)	(weichherzigen=)barmherzige(n)	Frauen

בְּשֶׁ֖בֶר	לָ֔מוֹ	לְבָרוֹת֙	הָי֤וּ
bᵊšɛbɛr	lɔmoʷ	lᵊbɔroʷt	hɔyuʷ
(Zusammen)bruch-(dem)-(bei=)in	ihnen	Nahrung-zu(r)	(dienten=)waren-sie

יְהוָה֙	11 כִּלָּ֤ה	עַמִּֽי׃	בַּת־
yᵊhwɔʰ	killɔʰ	ʿammiʸ.	-bat
JHWH	(erschöpfte=)vollendete-(Es=)Er	.Volk(es)-mein(es)	Tochter-(der)

אַפּ֑וֹ	חֲר֣וֹן	שָׁפַ֖ךְ	אֶת־חֲמָת֔וֹ
ʾappoʷ	ḥᵃroʷn	šɔpak	ḥᵃmɔtoʷ-ʾɛt
.(Zornes-seines=)Nase-seine(r)	Glut-(die)	ergoss-er	,(Grimm)glut-seine***

וַתֹּ֖אכַל	בְּצִיּ֔וֹן	אֵשׁ֙	וַיַּצֶּת־
wattoʾkal	bᵊṣiʸyoʷn	ʾeš	-wayyaṣṣɛt
(verzehrte=)aß-(es=)sie-und	,Zion-in	Feuer-(ein)	entzünden-machte-er-Und

מַלְכֵי־	הֶאֱמִינוּ	12 לֹא	יְסוֹדֹתֶיהָ׃
-malᵊkeʸ	hɛʾɛmiʸnuʷ	loʾ	yᵊsoʷdotɛʸhɔ.
Könige-(die)	glaubten-(es=)sie	Nicht	.Grundfesten-(dessen=)ihre

תֵּבֵל	יֹשְׁבֵי	וכל[וְכֹל]	אֶרֶץ
tebel	yošᵊbeʸ	[wᵊkol]wkol	ʾɛrɛṣ
,(Welt-der=)Erdkreis(es)-(des)	(Bewohner=)Wohnende	all(e)-und	Erde-(der)

וְאוֹיֵב	צַר	יָבֹא	כִּי
wᵊʾoʷyeb	ṣar	yɔboʾ	kiʸ
Feind-und	Bedränger-(ein)	(eindringen=)kommen-(würde=)wird-(es=er)	dass

נְבִיאֶיהָ	13 מֵחַטֹּאת	יְרוּשָׁלָםִ׃	בְּשַׁעֲרֵי
nᵊbiʸʾɛʸhɔ	meḥaṭṭoʾt	yᵊruʷšɔlɔim.	bᵊšaᶜᵃreʸ
,Propheten-ihre(r)	Sünden-(der)-(Wegen=)Von	.Jerusalem(s)	Tore-(die)-in

בְּקִרְבָּהּ	הַשֹּׁפְכִים	כֹּהֲנֶיהָ	עֲוֹנוֹת
bᵊqirᵊbɔh	haššopᵊkiʸm	kohᵃnɛʸhɔ	ᶜᵃwonoʷt
Mitte-ihre(r)-in	(waren)-vergießend(e)-die	,Priester-ihre(r)	Vergehen-(der)

עִוְרִים	14 נָעוּ	צַדִּיקִים׃	דַּם
ᶜiwᵊriʸm	nɔᶜuʷ	ṣaddiʸqiʸm.	dam
Blinde-(wie)	umher-(irrten=)schweiften-Sie	.Gerechte(n)	(von)-Blut

בְּלֹא	בַּדָּם	נְגֹאֲלוּ	בַּחוּצוֹת
bᵊloʾ	baddɔm	nᵊgoʾᵃluʷ	baḥuʷṣoʷt
nicht-(dass=)in	,Blut-(mit=)im	sich-besudelten-sie	;Straßen-die-(durch=)in

15 סוּרוּ	בִּלְבֻשֵׁיהֶם׃	יִגְּעוּ	יוּכְלוּ
suʷruʷ	bilᵊbušeʸhɛm.	yiggᵊᶜuʷ	yuʷkᵊluʷ
,!Weichet	.Gewänder-ihre-(an=in)	(be)rühren	(durfte-man=)können-sie

סוּרוּ	סוּרוּ	לָמוֹ	קָרְאוּ	טָמֵא
suʷruʷ	suʷruʷ	lɔmoʷ	qɔrᵊʾuʷ	ṭɔmeʾ
!Weichet	!Weichet	.(zu-sich=)ihnen-zu	(rief-man=)riefen-sie	,!Unreiner-(ein)

נָצוּ	כִּי	תִּגָּעוּ	אַל־
nɔṣuʷ	kiʸ	tiggɔᶜuʷ	-ʾal
,(herumtrieben-sich=)eilten-sie	Wenn	!berühren-(sollt=)werdet-ihr	Nicht

אָמְרוּ	נָעוּ	גַּם־
ʾɔmᵊruʷ	nɔᶜuʷ	-gam
(sprach-man=)sprachen-sie	,umher-(irrten=)schweiften-sie	(,ja=)auch

יוֹסִ֫יפוּ	לֹא	בַּגּוֹיִם
yoʷsiʸpuʷ	loʾ	baggoʷyim
fortfahren-werden-sie	Nicht	:Völker(n)-(den=)die-(unter=)in

יְהוָה	16 פְּנֵי	לָגוּר׃
yᵊhwɔʰ	pᵊneʸ	lɔguʷr.
JHWH(s)	(Blick-Ein=)Gesichter	!(bleiben=)wohnen-zu

יוֹסִיף	לֹא	חִלְּקָם
yoʷsiʸp	loʾ	ḥillᵊqɔm
fortfahren-wird-er	nicht	,sie-(zerstreute=)teilte-(sie=er)

פְּנֵי	לְהַבִּיטָם
pᵊneʸ	lᵊhabbiʸṭɔm
(Ansehen-Das=)Gesichter-(Die)	.sie-(beachten=)sehen-zu

נָשָׂאוּ	לֹא	כֹּהֲנִים
nɔśɔʾuʷ	loʾ	kohᵃniʸm
,(geachtet=)erhoben-haben-sie	nicht	(priesterliche=)Priester(n)-(von)

[עוֹדֵינוּ]עוֹדֵינָה 17	חָנָנוּ׃	לֹא	[וּזְקֵנִים]זְקֵנִים
[ᶜoʷdeʸnuʷ]ᶜoʷdeʸnuʰ	ḥɔnɔnuʷ.	loʾ	[uʷzᵊqeniʸm]zᵊqeniʸm
(immer=)sie-Noch	.(schonten=)gnädig-waren-sie	nicht	Greise(n)-und

עֶזְרָתֵנוּ	אֶל־	עֵינֵינוּ	תִּכְלֶינָה
ᶜɛzᵊrɔtenuʷ	-ʾɛl	ᶜeʸneʸnuʷ	tikᵊlɛʸnɔʰ
Hilfe-unsere(r)	(nach=)zu	Augen-(zwei)-unsere	schmachteten-(es=sie)

אֶל־	צִפִּינוּ	בְּצִפִּיָּתֵנוּ	הָבֶל
-ʾɛl	ṣippiʸnuʷ	bᵊṣippiʸyɔtenuʷ	hɔbɛl
(nach=)zu	spähten-wir	Warte-unsere(r)-(Auf=)In	!(vergebens=)Nichtigkeit —

צְעָדֵינוּ	18 צָדוּ	יוֹשִׁעַ׃	לֹא	גּוֹי
ṣᵊᶜɔdeʸnuʷ	ṣɔduʷ	yoʷšiaᶜ.	loʾ	goʷy
,Schritte(n)-unsere(n)	nach-stellten-Sie	.hilft-(es=)er	nicht —	Volk-(einem)

בִּרְחֹבֹתֵינוּ	מִלֶּכֶת
birᵊḥoboteʸnuʷ	millɛkɛt
.Plätze(n)-unsere(n)-(auf=)in	(gehen-konnten-wir-kaum-dass=)Gehen-von

יָמֵינוּ	מָלְאוּ	קִצֵּינוּ	קָרַב
yɔmeʸnuʷ	mɔlᵊʾuʷ	qiṣṣeʸnuʷ	qɔrab
,Tage-unsere	(erfüllt=)voll-waren-(es=)sie	,Ende(n)-unser(e)	nahe-war-(Es=)Er

הָיוּ	19 קַלִּים	קִצֵּינוּ׃	בָא	כִּי־
hɔyuʷ	qalliʸm	qiṣṣeʸnuʷ.	bɔʾ	-kiʸ
,waren-(sie)	Schnell(e)	.Ende(n)-unser(e)	gekommen-war-(es=)er	(,ja=)denn

מִנִּשְׁרֵי	רֹדְפֵינוּ
minnišᵊreʸ	rodᵊpeʸnuʷ
Adler-(als-mehr=)von	,(verfolgten-uns-die=)Verfolgende(n)-unsere

בַּמִּדְבָּר	דְּלָקֻנוּ	הֶהָרִים	עַל־	שָׁמַיִם
bammidᵊbɔr	dᵊlɔqunuʷ	hɛhɔriʸm	-ʿal	šɔmɔyim
Wüste-der-in	,uns-verfolgten-sie	Berge-die	(über=)auf	,Himmel(n)-(den-an)

אַפֵּינוּ	20 רוּחַ	לָנוּ׃	אָרְבוּ
ʾappeʸnuʷ	ruʷaḥ	lɔnuʷ.	ʾɔrᵊbuʷ
,(Lebensodem-Unser=)Nasen-unsere(r)	-Geist-(Der)	.uns-(auf=)zu	lauerten-sie

בִּשְׁחִיתוֹתָם	נִלְכַּד	יְהוָה	מְשִׁיחַ
bišᵊḥiʸtoʷtɔm	nilᵊkad	yᵊhwɔʰ	mᵊšiʸaḥ
,Fanggruben-ihre(n)-in	gefangen-ward-(er)	,JHWH(s)	Gesalbte-(der)

בְצִלּוֹ	אָמַרְנוּ	אֲשֶׁר
bᵊṣilloʷ	ʾɔmarᵊnuʷ	ʾᵃšɛr
Schatten-sein(em)-In	:(dachten=)sagten-wir	(dem-von=)welch(er)

21 שִׂישִׂי	בַגּוֹיִם׃	נִחְיֶה
śiʸśiʸ	baggoʷyim.	niḥᵊyɛʰ
fröhlich-Sei	.Völker(n)-(den=)die-(unter=)in	leben-(würden=)werden-wir

עוּץ	בְּאֶרֶץ	יוֹשַׁבְתִּי[יוֹשֶׁבֶת]	בַּת־אֱדוֹם	וְשִׂמְחִי
ʿuʷṣ	bᵊʾɛrɛṣ	[yoʷšɛbɛt]yoʷšɛbɛty	ʾᵋdoʷm-bat	wᵊśimᵊḥiʸ
!Uz	Land-(dem)-in	Wohnende-(du)	,Edom-Tochter-(du)	,dich-freue-und

כּוֹס	תַּעֲבָר־	עָלַיִךְ	גַּם־
koʷs	-taʿᵃbor	ʿɔlayik	-gam
,Becher-(ein)	kommen-wird-(es=sie)	dich-(an=)auf	Auch

וְתִתְעָרִי׃	תִּשְׁכְּרִי
wᵊtitᵊʿɔriʸ.	tišᵊkᵊriʸ
.entblößen-dich-wirst-du-und	werden-trunken-wirst-du

לֹא	בַּת־צִיּוֹן	עֲוֹנֵךְ	22 תַּם־
loʾ	ṣiʸyoʷn-bat	ʿᵃwonek	-tam
nicht	,Zion-Tochter	,(Strafe=)Schuld-deine	(auf-hört=)Ende-zu-ist-(Es=)Er

עֲוֹנֵךְ פָּקַד לְהַגְלוֹתֵךְ יוֹסִיף
ᶜawonek pɔqad lᵊhagᵊloʷtek yoʷsiʸp
,Schuld-deine(r) gedachte-Er .dich-verbannen-zu fortfahren-wird-er

חַטֹּאתָיִךְ׃ עַל־ גִּלָּה בַּת־אֱדוֹם
ḥaṭṭoʾtɔyik. -ᶜal gillɔʰ ʾᵋdoʷm-bat
!Sünden-deine(r) (entsprechend=)auf auf-deckte-er ,Edom-Tochter

5

הָיָה מֶה־ יְהוָה 1 זְכֹר
hɔyɔʰ -mɛʰ yᵊhwɔʰ zᵊkor
(geschehen=)war-(es=er) was-(dessen) ,JHWH ,eingedenk-Sei

2 נַחֲלָתֵנוּ אֶת־חֶרְפָּתֵנוּ׃ וּרְאֵה הַבִּיט[הַבִּיטָה] לָנוּ
naḥᵃlɔtenuʷ ḥɛrᵊpɔtenuʷ-ʾɛt. uʷrᵊʾeʰ [habbiʸṭɔʰ]habbiʸṭɔ. lɔnuʷ
Erbe-Unser !Schmach-unsere*** (auf)-sieh-und her-Schaue !uns-(zu)

בָּתֵּינוּ לְזָרִים נֶהֶפְכָה
bɔtteʸnuʷ lᵊzoriʸm nɛhɛpᵊkɔʰ
Häuser-unsere ,Fremden-(den=)zu (zugefallen-ist=)gewendet-wurde-(es=sie)

אֵין[וְאֵין] הָיִינוּ 3 יְתוֹמִים לְנָכְרִים׃
[wᵊʾeʸn]ʾeʸn hɔyiʸnuʷ yᵊtoʷmiʸm lᵊnokᵊriʸm.
(ohne=)ist-nicht-und ,(wurden=)waren-wir Waisen .Ausländer(n)-(den=)zu

4 מֵימֵינוּ כְּאַלְמָנוֹת׃ אִמֹּתֵינוּ אָב
meʸmeʸnuʷ kᵊʾalᵊmɔnoʷt. ʾimmoteʸnuʷ ʾɔb
Wasser-Unser(e) .Witwen-(gleichen=)wie Mütter-Unsere .Vater

עֵצֵינוּ שָׁתִינוּ בְּכֶסֶף
ᶜeṣeʸnuʷ šɔtiʸnuʷ bᵊkɛsɛp
(Baumfrüchte=)Hölzer-unsere ,(trinken=)tranken-wir (Geld=)Silber-(um=)in

5 עַל יָבֹאוּ׃ בִּמְחִיר
ᶜal yɔboʾuʷ. bimᵊḥiʸr
Auf .(erhalten-wir=)kommen-sie (Steuern=)Kaufpreis-(gegen=)in

נִרְדָּפְנוּ צַוָּארֵנוּ
nirᵊdɔpᵊnuʷ ṣawwɔʾrenuʷ
;(Verfolger-unsere-sitzen=)verfolgt-wurden-wir Nacken-unser(em)

לֹא[וְלֹא] יָגַעְנוּ
[wᵊloʾ]loʾ yɔgaᶜᵊnuʷ
nicht-(jedoch=)und ,ermattet-waren-wir

6 מִצְרַיִם	לָנוּ׃	הוּנַח־
miṣᵊrayim	lɔnuʷ.	-huʷnaḥ
Ägypten	.uns-(zu)	(zuteil-Ruhe-wurde=)gemacht-ruhen-wurde-(es=er)

לִשְׂבֹּעַ	אַשּׁוּר	יָד	נָתַנּוּ
liśᵊboaᶜ	ᵓaššuʷr	yɔd	nɔtannuʷ
satt-werden-zu-(um)	,(Assur=)Aschschur	,Hand-(die)	(reichten=)gaben-wir

[וְאֵינָם]אֵינָם	חָטְאוּ	7 אֲבֹתֵינוּ	לָחֶם׃
[wᵊᵓeʸnɔm]ᵓeʸnɔm	ḥɔtᵊᵓuʷ	ᵓaboteʸnuʷ	lɔḥɛm.
,(mehr)-sind-sie-nicht-und	sündigten-(sie)	Väter-Unsere	.Brot-(mit)

8 עֲבָדִים	סָבָלְנוּ׃	עֲוֺנֹתֵיהֶם	[וַאֲנַחְנוּ]אֲנַחְנוּ
ᶜabɔdiʸm	sɔbɔlᵊnuʷ.	ᶜawonoteʸhɛm	[waᵓanaḥᵊnuʷ]ᵓanaḥᵊnuʷ
Knechte	.trugen-wir	(Verschulden=)Vergehen-ihr(e)	,wir-(aber=)und

אֵין	פֹּרֵק	בָנוּ	מָשְׁלוּ
ᵓeʸn	poreq	bɔnuʷ	mɔšᵊluʷ
(gibt-es=)ist-nicht	(Befreier=)Entreißender	,uns-(über=)in	herrschten-(sie)

9 בְּנַפְשֵׁנוּ	מִיָּדָם׃
bᵊnapᵊšenuʷ	miʸyɔdɔm.
(Lebensgefahr-Unter=)Seele-unsere-(Um=)In	.(Gewalt=)Hand-ihrer-(aus=)von

מִפְּנֵי	לַחְמֵנוּ	נָבִיא
mippᵊneʸ	laḥᵊmenuʷ	nɔbiʸᵓ
(wegen=)Gesichter-von	,Brot-unser	(ein-brachten=)kommen-mach(t)en-wir

כְּתַנּוּר	10 עוֹרֵנוּ	הַמִּדְבָּר׃	חֶרֶב
kᵊtannuʷr	ᶜoʷrenuʷ	hammidᵊbɔr.	ḥɛrɛb
Ofen-(ein)-wie	Haut-Unsere	.Wüste(nbewohner)-(der=)die	Schwert(es)-(des)

זַלְעֲפוֹת	מִפְּנֵי	נִכְמָרוּ
zalᵃᶜapoʷt	mippᵊneʸ	nikᵊmɔruʷ
(Heftigkeit=)Gluten-(der)	(wegen=)Gesichter-von	,rissig-wurde(n)-(sie)

בְּתֻלֹת	עִנּוּ	בְּצִיּוֹן	11 נָשִׁים	רָעָב׃
bᵊtulot	ᶜinnuʷ	bᵊṣiʸyoʷn	nɔšiʸm	rɔᶜɔb.
Jungfrauen	,(schändeten=)zwangen-sie	Zion-in	Frauen	.Hunger(s)-(des)

בְּיָדָם	12 שָׂרִים	יְהוּדָה׃	בְּעָרֵי
bᵊyɔdɔm	śɔriʸm	yᵊhuʷdɔʰ.	bᵊᶜɔreʸ
Hand-ihre-(durch=)in	Fürsten	.Juda	(von)-Städten-(den)-in

לֹא	זְקֵנִים	פְּנֵי	נִתְלוּ
loʾ	zᵊqeniʸm	pᵊneʸ	nitᵊluʷ
nicht	(Ältesten=)Alten-(der)	(Ansehen-das=)Gesichter	,erhängt-wurden-(sie)

טְחוֹן	13 בַּחוּרִים	נֶהְדָּרוּ׃
ṭᵊḥoʷn	baḥuʷriʸm	nɛhᵊdɔruʷ.
Handmühle-(die)	Jünglinge	.(geachtet=)geehrt-wurde(n)-(es=sie)

כָּשָׁלוּ׃	בָּעֵץ	וּנְעָרִים	נָשָׂאוּ
kɔšɔluʷ.	bɔʿeṣ	uʷnᵊʿɔriʸm	nɔśɔʾuʷ
.strauchelten-sie	Holz-(dem=)das-(unter=)in	,Knaben-und	,trugen-(sie)

שָׁבָתוּ	מִשַּׁעַר	14 זְקֵנִים
šɔbɔtuʷ	miššaʿar	zᵊqeniʸm
,(fern-blieben=)auf-hörten-(sie)	Tor-(dem)-von	(Ältesten=)Alten-(Die)

15 שָׁבַת	מִנְּגִינָתָם׃	בַּחוּרִים
šɔbat	minnᵊgiʸnɔtɔm.	baḥuʷriʸm
aufgehört-hat-(Es=)Er	.Saitenspiel-ihr(em)-von	Jünglinge-(die)

לְאֵבֶל	נֶהְפַּךְ	לִבֵּנוּ	מְשׂוֹשׂ
lᵊʾebɛl	nɛhᵊpak	libbenuʷ	mᵊśoʷś
Trauer-(in=)zu	verkehrt-sich-hat-(es=)er	,Herzen(s)-unsere(s)	Fröhlichkeit-(die)

רֹאשֵׁנוּ	עֲטֶרֶת	16 נָפְלָה	מְחֹלֵנוּ׃
roʾšenuʷ	ʿaṭɛrɛt	nɔpᵊlɔʰ	mᵊḥolenuʷ.
.Haupt(es)-unser(es)	Krone-(die)	gefallen-ist-(Es=)Sie	.Reigen-unser

17 עַל־זֶה	חָטָאנוּ׃	כִּי	לָנוּ	אוֹי־נָא
zɛʰ-ʿal	ḥɔṭɔʾnuʷ.	kiʸ	lɔnuʷ	nɔʾ-ʾoʷy
(Darob=)dieser-Auf	!gesündigt-haben-wir	dass	,uns	doch-Wehe

עַל־אֵלֶּה	לִבֵּנוּ	דָוֶה	הָיָה
ʾellɛʰ-ʿal	libbenuʷ	dɔwɛʰ	hɔyɔʰ
(deswegen=)diese-auf	,Herz-unser	elend	war-(es=er)

18 עַל	עֵינֵינוּ׃	חָשְׁכוּ
ʿal	ʿeʸneʸnuʷ.	ḥɔšᵊkuʷ
(Wegen=)Auf	.Augen-(zwei)-unsere	(trübe=)dunkel-wurden-(sie)

שׁוּעָלִים	שֶׁשָּׁמֵם	צִיּוֹן	הַר־
šuʷʿɔliʸm	šɛššɔmem	ṣiʸyoʷn	-har
Füchse	,verödet-ist-(er)-welch(er)	,Zion	Berg(es)-(des)

הִלְּכוּ־ בּוֹ׃ 19 אַתָּה יְהוָה
yᵊhwɔʰ ᵓattɔʰ boʷ. -hillᵊkuʷ
,JHWH ,Du .ihm-(auf=)in umher-(streifen=)gehen-(sie)

לְעוֹלָם תֵּשֵׁב כִּסְאֲךָ
kisᵊᵓᵃkɔ tešeb lᵊᶜoʷlɔm
Thron-dein ,(herrschest=)wohnst-du (ewiglich=)ewig-zu

לְדֹר וָדוֹר׃ 20 לָמָּה
lɔmmɔʰ wɔdoʷr. lᵊdor
(Warum=)was-Zu .Geschlecht-(zu=)und Geschlecht-(von=)zu-(besteht)

לָנֶצַח תִּשְׁכָּחֵנוּ תַּעַזְבֵנוּ לְאֹרֶךְ
lᵊᵓorɛk taᶜazᵊbenuʷ tišᵊkɔḥenuʷ lɔnɛṣaḥ
-Länge-zu uns-verlässt-du ,uns-vergisst-du (immer-für=)Dauer-zu

יָמִים׃ 21 הֲשִׁיבֵנוּ יְהוָה
yᵊhwɔʰ hᵃšiʸbenuʷ yɔmiʸm.
,JHWH ,uns-(heim-Führe=)zurückkommen-Mache ?(lebenslang=)Tage-(der)

אֵלֶיךָ וְנָשׁוּבָ[וְנָשׁוּבָה] חַדֵּשׁ יָמֵינוּ
yɔmeʸnuʷ ḥaddeš [wᵊnɔšuʷbɔʰ]wᵊnɔšuʷbɔ ᵓelɛʸkɔ
Tage-unsere erneuere ,zurück-kehren-wir-(dass=)und ,dir-zu

כְּקֶדֶם׃ 22 כִּי אִם־ מָאֹס
mɔᵓos -ᵓim kiʸ kᵊqɛdɛm.
(arg=)Verwerfen-(ein) (gar=)wenn Denn !Vorzeit-(der-in)-wie

מְאַסְתָּנוּ קָצַפְתָּ עָלֵינוּ
ᶜɔleʸnuʷ qɔṣapᵊtɔ mᵊᵓasᵊtɔnuʷ
uns-(gegen=)auf gezürnt-hast-du ,uns-verworfen-hast-du

עַד־מְאֹד
mᵊ ᵓod-ᶜad
!(Maßen-die-über=)sehr-bis

אסתר
Esther

1

אֲחַשְׁוֵרוֹשׁ	בִּימֵי	1 וַיְהִי
ʾᵃḥašᵊwerowš	biʸmeʸ	wayᵊhiʸ
,Achaschwerosch-(des)	Tage(n)-(den)-in	(geschah=)war-(es=)er-Und

הַמֹּלֵךְ	אֲחַשְׁוֵרוֹשׁ	הוּא
hammolek	ʾᵃḥašᵊwerowš	huwʾ
(war)-regierend(er)-(König-als)-der	,Achaschwerosch	(jenes=)er

וּמֵאָה	וְעֶשְׂרִים	שֶׁבַע	כּוּשׁ	וְעַד־	מֵהֹדּוּ
uʷmeʾɔʰ	wᵊʿɛśᵊriʸm	šɛbaʿ	kuʷš	-wᵊʿad	mehodduʷ
hundert-und	zwanzig-und	sieben	:(Äthiopien=)Kusch	bis-(und)	(Indien=)Hoddu-von

הַמֶּלֶךְ	כְּשֶׁבֶת	הָהֵם	2 בַּיָּמִים	מְדִינָה׃
hammɛlɛk	kᵊšɛbɛt	hɔhem	bayyɔmiʸm	mᵊdiʸnɔʰ.
König-der	(saß-als=)sitzen-wie	,jenigen-den	,Tagen-den-In	.Provinz(en)

מַלְכוּתוֹ	כִּסֵּא	עַל	אֲחַשְׁוֵרוֹשׁ
malᵊkuʷtoʷ	kisseʾ	ʿal	ʾᵃḥašᵊwerowš
,(König)reich(es)-sein(es)	Thron-(dem)	auf	Achaschwerosch

3 בִּשְׁנַת	הַבִּירָה׃	בְּשׁוּשַׁן	אֲשֶׁר
bišᵊnat	habbiʸrɔʰ.	bᵊšuʷšan	ʾᵃšɛr
Jahr-(dem)-in	,Burg-(der=)die	,(Susa=)Schuschan-in	(stand-der=)welch(er)

שָׁלוֹשׁ	לְמָלְכוֹ	עָשָׂה
šɔlowš	ləmolkow	ʿɔśɔh
drei	,(Regierung-seiner=)Herrschen-seinem-zu	(veranstaltete=)machte-er-(da)

מִשְׁתֶּה	לְכָל־	שָׂרָיו	וַעֲבָדָיו
mišətɛh	-ləkol	śɔrɔyw	waʿabɔdɔyw
Mahl-(ein)	all(e)-(für=)zu	Fürsten-seine	,Diener-seine-und

חֵיל	פָּרַס	וּמָדַי	הַפַּרְתְּמִים
ḥeyl	pɔras	uwmɔday	happarətəmiym
(von)-Streitmacht-(die)	(Persien=)Paras	,(Medien=)Madai-und	Edlen-die

וְשָׂרֵי	הַמְּדִינוֹת
wəśɔrey	hamədiynowt
Obersten-(die)-und	,Provinzen-(der=)die

לְפָנָיו׃	4 בְּהַרְאֹתוֹ
ləpɔnɔyw.	bəharʾotow
(waren-zugegen-die=)Gesichtern-seinen-zu	Sehenlassen(s)-sein(es)-(während=)in

אֶת־עֹשֶׁר	כְּבוֹד	מַלְכוּתוֹ
ʿošɛr-ʾɛt	kəbowd	maləkuwtow
,Reichtum-(den)***	Herrlichkeit-(die)	(König)reich(es)-sein(es)

וְאֶת־יְקָר	תִּפְאֶרֶת	גְּדוּלָּתוֹ	יָמִים	רַבִּים
yəqɔr-wəʾɛt	tipʾɛrɛt	gəduwllɔtow	yɔmiym	rabbiym
,Kostbarkeit-(die)***und	(Glanz-den=)Ehre-(die)	,Größe-seine(r)	Tage	,viele

שְׁמוֹנִים	וּמְאַת	יוֹם׃	5 וּבִמְלוֹאת	הַיָּמִים
šəmowniym	uwməʾat	yowm.	uwbiməlowʾt	hayyɔmiym
achtzig	hundert-und	.Tag(e)	(waren-um-als=)Vollsein-in-Und	,Tage-die

הָאֵלֶּה	עָשָׂה	הַמֶּלֶךְ	לְכָל־	הָעָם
hɔʾellɛh	ʿɔśɔh	hammɛlɛk	-ləkol	hɔʿɔm
,selben-die	(veranstaltete=)machte-(er)	König-der	all-(für=)zu	,Volk-das

הַנִּמְצְאִים	בְּשׁוּשַׁן	הַבִּירָה	לְמִגָּדוֹל
hannimәṣəʾiym	bəšuwšan	habbiyrɔh	ləmiggɔdowl
Sichbefindenden-die	,(Susa=)Schuschan-in	,Burg-(der=)die	Groß-von-(zu)

וְעַד־	קָטָן	מִשְׁתֶּה	שִׁבְעַת	יָמִים	בַּחֲצַר
-wəʿad	qɔṭɔn	mišətɛh	šibəʿat	yɔmiym	bahaṣar
bis-(und)	,Klein	,Mahl-(ein)	(an)-Siebenzahl-(eine)	,Tage(n)	Hof-im

וּתְכֵלֶת	כַּרְפַּס	6 חוּר	הַמֶּלֶךְ׃	בִּיתַן	גִּנַּת
uʷtᵊkelɛt	karᵊpas	ḥuʷr	hammɛlɛk.	biʸtan	ginnat
Blaupurpur-und	Glanztuch	,Linnen	.König(s)-(des=)der	Palast-	garten(s)-(des)

עַל־	וְאַרְגָּמָן	בּוּץ	בְּחַבְלֵי־	אָחוּז
-ʿal	wᵊʾarᵊgɔmɔn	buʷṣ	-bᵊḥabᵊleʸ	ʾɔḥuʷz
(an=)auf	Purpur-und	Byssus	(von)-Bändern-(mit=)in	befestigt-(war)

מִטּוֹת	שֵׁשׁ	וְעַמּוּדֵי	כֶסֶף	גְּלִילֵי
miṭṭoʷt	šeš	wᵊʿammuʷdeʸ	kɛsɛp	gᵊliʸleʸ
(Polster=)Ruhebetten	;Alabaster	(von)-Säulen-und	Silber	(aus)-Ringe(n)

רִצְפַת	עַל	וָכֶסֶף	זָהָב
riṣᵊpat	ʿal	wɔkɛsɛp	zɔhɔb
(aus)-Pflaster-(einem)	auf-(waren)	(silberne =)Silber-und	(goldene =)Gold

וְדַר	וָשֵׁשׁ	בַּהַט־
wᵊdar	wɔšeš	-bahaṭ
Perlstein-und	Marmor-(weißem)-und	Edelstein(en)

7 וְהַשְׁקוֹת	וְסֹחָרֶת׃
wᵊhašᵊqoʷt	wᵊsoḥɔrɛt.
(Getränk=)Trinken-das-Und	.(Mosaik=)Sochert(stein)-und

מִכֵּלִים	וְכֵלִים	זָהָב	בִּכְלֵי
mikkeliʸm	wᵊkeliʸm	zɔhɔb	bikᵊleʸ
Gefäße(n)-(zu=)von	Gefäße-(zwar)-und	,Gold	(aus)-Gefäßen-in-(war)

רָב	מַלְכוּת	וְיֵין	שׁוֹנִים
rɔb	malᵊkuʷt	wᵊyeʸn	šoʷniʸm
,reichlich-(es-gab)	Königreich(es)-(des)	Wein-und	,verschieden(e)

הַמֶּלֶךְ׃	כְּיַד
hammɛlɛk.	kᵊyad
.König(s)-(des=)der	(Freigebigkeit=)Hand-(der)-(gemäß=)wie

אֵין	כַדָּת	8 וְהַשְּׁתִיָּה
ʾeʸn	kaddɔt	wᵊhaššᵊtiʸyɔʰ
(war)-nicht —	Verordnung-(der)-(nach=)wie	(geschah)-Trinken-das-Und

עַל	הַמֶּלֶךְ	יִסַּד	כִּי־כֵן	אֹנֵס
ʿal	hammɛlɛk	yissad	ken-kiʸ	ʾones
(für=)auf	König-der	festgesetzt-hatte-(es=)er	so-denn	,Nötigender-(ein)

כָּל־
-kol
(jeden=)all

רַב
rab
(Vorsteher=)Mächtiger

בֵּיתוֹ
beʸtoʷ
,Haus(es)-sein(es)

לַעֲשׂוֹת
laᶜᵃśoʷt
(verfahren=)machen-zu-(nämlich)

כִּרְצוֹן
kirᵊṣoʷn
Wunsch-(dem)-(nach=)wie

אִישׁ־וָאִישׁ׃
wɔʾiʸš-ʾiʸš.
.(jeden-eines=)Mann-und-Mann

9 גַּם
gam
Auch

וַשְׁתִּי
wašᵊtiʸ
,Waschti

הַמַּלְכָּה
hammalᵊkɔʰ
,Königin-die

עָשְׂתָה
ᶜɔśᵊtɔʰ
(veranstaltete=)machte-(sie)

מִשְׁתֵּה
mišᵊteʰ
(für)-(Gast)mahl-(ein)

נָשִׁים
nɔšiʸm
Frauen-(die)

בֵּית
beʸt
Haus-(im)

הַמַּלְכוּת
hammalᵊkuʷt
,(königlichen=)Königsherrschaft-(der=)die

אֲשֶׁר
ʾᵃšɛr
welch(es)

לַמֶּלֶךְ
lammɛlɛk
König-(dem)-(gehörte=)zu

אֲחַשְׁוֵרוֹשׁ׃
ʾᵃḥašᵊweroʷš.
.Achaschwerosch

10 בַּיּוֹם
bayyoʷm
,Tag-(Am=)Im

הַשְּׁבִיעִי
haššᵊbiʸᶜiʸ
,(siebenten-dem=)siebte-der

כְּטוֹב
kᵊṭoʷb
(war-fröhlich-als=)gut-wie

לֵב־
-leb
Herz-(das)

הַמֶּלֶךְ
hammɛlɛk
König(s)-(des=)der

בַּיָּיִן
bayyɔyin
,Wein-(den-durch=)dem-in

אָמַר
ʾɔmar
(befahl=)sagte-er

לִמְהוּמָן
limᵊhuʷmɔn
,Mehuman-(zu)

בִּזְּתָא
bizzᵊtɔʾ
,Biseta

חַרְבוֹנָא
ḥarᵊboʷnɔʾ
,Charbona

בִּגְתָא
bigᵊtɔʾ
Bigta

וַאֲבַגְתָא
waʾᵃbagᵊtɔʾ
,Abagta-und

זֵתַר
zetar
Setar

וְכַרְכַּס
wᵊkarᵊkas
,Karkas-und

שִׁבְעַת
šibᵊᶜat
sieben-(den)

הַסָּרִיסִים
hassɔriʸsiʸm
,Kämmerer-(der=)die

הַמְשָׁרְתִים
hamᵊšɔrᵊtiʸm
(Be)dienende(n)-(den=)die

אֶת־פְּנֵי
pᵊneʸ-ʾɛt
(Person=)Gesichter-(die)***

הַמֶּלֶךְ
hammɛlɛk
König(s)-(des=)der

אֲחַשְׁוֵרוֹשׁ׃
ʾᵃḥašᵊweroʷš.
,Achaschwerosch

11 לְהָבִיא
lᵊhɔbiʸʾ
(herbeizubringen=)machen-kommen-zu

אֶת־וַשְׁתִּי הַמַּלְכָּה לִפְנֵי הַמֶּלֶךְ
hammɛlɛk lipᵊneʸ hammalᵊkɔʰ wašᵊtiʸ-ᵓɛt
König-(den=)der (vor=)Gesichter-zu ,Königin-die ,Waschti***

בְּכֶתֶר מַלְכוּת לְהַרְאוֹת
lᵊharᵊᵓoʷt malᵊkuʷt bᵊkɛtɛr
(zeigen-zu-um=)machen-sehen-zu ,Königswürde-(der) Diadem-(dem)-(mit=)in

הָעַמִּים וְהַשָּׂרִים אֶת־יָפְיָהּ כִּי־
-kiʸ yopᵊyɔʰ-ᵓɛt wᵊhaśśɔriʸm hɔᶜammiʸm
denn ,Schönheit-ihre*** Fürsten-(den=)die-und Völker(n)-(den=)die

טוֹבַת מַרְאֶה הִיא׃ 12 וַתְּמָאֵן
wattᵊmɔᵓen hiʸᵓ. marᵓᵓɛʰ ṭoʷbat
sich-weigerte-(es=)sie-(Aber=)Und .(war)-sie Aussehen (von)-(schön=)gute

הַמַּלְכָּה וַשְׁתִּי לָבוֹא בִּדְבַר הַמֶּלֶךְ
hammɛlɛk bidᵊbar lɔboʷᵓ wašᵊtiʸ hammalᵊkɔʰ
,König(s)-(des=)der Wort-(das)-(auf=)in kommen-zu Waschti Königin-die

אֲשֶׁר בְּיַד הַסָּרִיסִים
hassɔriʸsiʸm bᵊyad ᵓašɛr
.Hofbeamten-die (durch=)Hand-in (erging)-welch(es)

וַיִּקְצֹף הַמֶּלֶךְ מְאֹד וַחֲמָתוֹ
waḥᵃmɔtoʷ mᵊᵓod hammɛlɛk wayyiqᵊṣop
(Wut=)Glut-seine-und (heftig=)sehr König-der erzürnte-(es=er)-(Da=)Und

בָּעֲרָה בוֹ׃ 13 וַיֹּאמֶר הַמֶּלֶךְ לַחֲכָמִים
laḥᵃkɔmiʸm hammɛlɛk wayyoᵓmɛr boʷ. bɔᶜᵃrɔʰ
,Weisen-(den)-zu König-der sprach-(es=)er-Und .ihm-in brannte-(sie)

יֹדְעֵי הָעִתִּים כִּי־כֵן דְּבַר
dᵊbar ken-kiʸ hɔᶜittiʸm yodᵊᶜeʸ
Sache-(eine-geschah) so-denn ,Zeit(begebenheit)en-die Kennende(n)-(den)

הַמֶּלֶךְ לִפְנֵי כָּל־ יֹדְעֵי דָּת
dɔt yodᵊᶜeʸ -kol lipᵊneʸ hammɛlɛk
Gesetz Kennende(n)-(den) all (vor=)Gesichter-zu König(s)-(des=)der

וָדִין׃ 14 וְהַקָּרֹב אֵלָיו כַּרְשְׁנָא
karᵊšᵊnɔᵓ ᵓelaʸw wᵊhaqqɔrob wɔdiʸn.
,Karschena-(waren) ihm-zu Nahe(n)-(die=)der-Und .Rechtssache-und

שִׁבְעַת	מְמוּכָן	מַרְסְנָא	מֶרֶס	תַרְשִׁישׁ	אַדְמָתָא	שֵׁתָר
šibᵊᶜat	mᵊmuʷkɔn	marᵊsᵊnɔᵓ	mɛrɛs	tarᵊšiʸš	ᵓadᵊmɔtɔᵓ	šetɔr
sieben-(die)	,Memuchan	,Marsena	,Meres	,Tarschisch	,Admata	,Schetar

רֹאֵי	וּמָדַי	פָּרַס	שָׂרֵי
roᵓeʸ	uʷmɔday	pɔras	śɔreʸ
Sehende(n)-(die)	,(Medien=)Madai-und	(Persien=)Paras	(von)-Fürsten

הַיֹּשְׁבִים	הַמֶּלֶךְ	פְּנֵי
hayyošᵊbiʸm	hammɛlɛk	pᵊneʸ
Sitzende(n)-die	,König(s)-(des=)der	(Antlitz-das=)Gesichter

מַה־	כְּדָת 15	בַּמַּלְכוּת׃	רִאשֹׁנָה
-maʰ	kᵊdɔt	bammalᵊkuʷt.	riᵓšonɔʰ
(ist)-was	,Gesetz-(dem)-(Nach=)Wie	:Königreich-im	(Spitze-der-an=)zuerst

לֹא־	אֲשֶׁר	עַל	וַשְׁתִּי	בַּמַּלְכָּה	לַעֲשׂוֹת
-loᵓ	ᵓᵃšɛr	ᶜal	wašᵊtiʸ	bammalᵊkɔʰ	laᶜᵃśoʷt
nicht	dass	,(dafür=)auf	,Waschti	Königin-der-(mit=)in	tun-zu

הַמֶּלֶךְ	אֶת־מַאֲמַר	עָשְׂתָה
hammɛlɛk	maᵓᵃmar-ᵓɛt	ᶜɔśᵊtɔʰ
König(s)-(des=)der	Geheiß-(das)***	(ausgeführt=)gemacht-sie

וַיֹּאמֶר 16	הַסָּרִיסִים׃	בְּיַד	אֲחַשְׁוֵרוֹשׁ
wayyoᵓmɛr	hassɔriʸsiʸm.	bᵊyad	ᵓᵃḥašᵊweroʷš
sagte-(er)-(Da=)Und	?Hofbeamten-die	(durch=)Hand-in	Achaschwerosch

הַמֶּלֶךְ	לִפְנֵי	מוּמְכָן[מְמוּכָן]
hammɛlɛk	lipᵊneʸ	[mᵊmuʷkɔn]muʷmᵊkɔn
König-(dem=)der	(vor=)Gesichter-zu	[Memuchan]Mumchan

לְבַדּוֹ	הַמֶּלֶךְ	עַל־	לֹא	וְהַשָּׂרִים
lᵊbaddoʷ	hammɛlɛk	-ᶜal	loᵓ	wᵊhaśśɔriʸm
(ihm)-allein	König-(den=)der	(gegen=)auf	Nicht	:Fürsten-(den=)die-und

כָּל־	עַל־	כִּי	הַמַּלְכָּה	וַשְׁתִּי	עָוְתָה
-kol	-ᶜal	kiʸ	hammalᵊkɔʰ	wašᵊtiʸ	ᶜɔwᵊtɔʰ
all	(gegen=)auf	sondern	,Königin-die	,Waschti	gefehlt-hat-(sie)

בְּכָל־	אֲשֶׁר	הָעַמִּים	כָּל־	וְעַל־	הַשָּׂרִים
-bᵊkol	ᵓᵃšɛr	hɔᶜammiʸm	-kol	-wᵊᶜal	haśśɔriʸm
all-in	(sind)-welch(e)	,Völker-die	all	(gegen=)auf-und	Fürsten-die

17 כִּי־	אֲחַשְׁוֵרוֹשׁ׃	הַמֶּלֶךְ	מְדִינוֹת
-kiʸ	ᵓᵃḥašᵊweroʷš.	hammɛlɛk	mᵊdiʸnoʷt
Denn	.Achaschwerosch	König(s)-(des=)der	Provinzen-(den)

הַמַּלְכָּה	דְּבַר־	יֵצֵא
hammalᵊkɔʰ	-dᵊbar	yeṣeᵓ
Königin-(der=)die	(Betragen-das=)Sache-(die)	hinausdringen-wird-(es=)er

הַנָּשִׁים	כָּל־	עַל־
hannɔšiʸm	-kol	-ᶜal
;Frauen-(den=)die	all	(zu=)auf

בַּעְלֵיהֶן	לְהַבְזוֹת
baᶜᵊleʸhɛn	lᵊhabᵊzoʷt
Männer-ihre	(verachten-werden-sie-folglich=)verächtlich-machen-zu

אֲחַשְׁוֵרוֹשׁ	הַמֶּלֶךְ	בְּאָמְרָם	בְּעֵינֵיהֶן
ᵓᵃḥašᵊweroʷš	hammɛlɛk	bᵊᵓomᵊrɔm	bᵊᶜeʸneʸhɛn
Achaschwerosch	König-Der	:Sagen-ihr-(durch=)in	Augen-ihre(n)-in

אֶת־וַשְׁתִּי	לְהָבִיא	אָמַר
wašᵊtiʸ-ᵓɛt	lᵊhɔbiʸᵓ	ᵓɔmar
,Waschti***	(bringen-zu=)machen-kommen-zu	(befohlen=)gesagt-hat-(er)

בָּאָה׃	וְלֹא־	לְפָנָיו	הַמַּלְכָּה
bɔᵓɔʰ.	-wᵊloᵓ	lᵊpɔnɔʸw	hammalᵊkɔʰ
.kam-sie	nicht-(hingegen=)und	,(ihn-vor=)Gesichtern-seinen-zu	,Königin-die

שָׂרוֹת	תֹּאמַרְנָה	הַזֶּה	18 וְהַיּוֹם
śɔroʷt	toᵓmarᵊnɔʰ	hazzɛʰ	wᵊhayyoʷm
(von)-Fürstinnen-(die)	sprechen-(sie)	(heute-Schon=),da-dieser	-,Tag-der-Und

שָׁמְעוּ	אֲשֶׁר	וּמָדַי	פָּרַס־
šɔmᵊᶜuʷ	ᵓᵃšɛr	uʷmɔday	-pɔras
gehört-haben-(sie)	(die=)welch(e)	,(Medien=)Madai-und	(Persien=)Paras

הַמֶּלֶךְ	שָׂרֵי	לְכֹל	הַמַּלְכָּה	אֶת־דְּבַר
hammɛlɛk	śɔreʸ	lᵊkol	hammalᵊkɔʰ	dᵊbar-ᵓɛt
König(s)-(des=)der	Fürsten	all(en)-zu	,Königin-(der=)die	Wort-(das)***

19 אִם־	וָקָצֶף׃	בִּזָּיוֹן	וּכְדַי
-ᵓim	wɔqɔṣɛp.	bizzɔyoʷn	uʷkᵊday
Wenn	.(Unmut=)Zorn-und	Verachtung	(genügend-mit=)genug-wie-und

טוֹב ṭo^{w}b ,(ist-recht-es=)gut	הַמֶּלֶךְ hammɛlɛk König-(den=)der	עַל־ -ʿal (für=)auf

דְבַר־ -d^{ə}bar (Geheiß=)Wort-(ein)	יֵצֵא yeṣeʾ (werden-erlassen=)ausgehen-(möge=)wird-(es=er)

מִלְּפָנָיו mill^{ə}pɔnɔ^{y}w (ihm-von=)Gesichtern-seinen-zu-von	מַלְכוּת mal^{ə}ku^{w}t (königliches=)Königtum(s)-(des)

בְּדָתֵי b^{ə}dɔte^{y} (von)-Verordnungen-(die)-in	וְיִכָּתֵב w^{ə}yikkɔteb (ein)geschrieben-(werde=)wird-(es=)er-und

וְלֹא w^{ə}loʾ nicht-(die=)und	וּמָדַי u^{w}mɔday ,(Medien=)Madai-und	פָּרַס־ -pɔras (Persien=)Paras

לֹא־ -loʾ nicht	אֲשֶׁר ʾ^{a}šɛr dass-(nämlich)	יַעֲבוֹר ya^{ʿa}bo^{w}r ,übertreten-(darf=)wird-(man=)er

הַמֶּלֶךְ hammɛlɛk König-(den=)der	לִפְנֵי lip^{ə}ne^{y} (vor=)Gesichter-zu	וַשְׁתִּי waš^{ə}ti^{y} Waschti	תָּבוֹא tɔbo^{w}ʾ kommen-(darf=)wird-(es=)sie

הַמֶּלֶךְ hammɛlɛk König-der	יִתֵּן yitten geben-(möge=)wird-(er)	וּמַלְכוּתָהּ u^{w}mal^{ə}ku^{w}tɔ^{h} Königswürde-ihre-und	אֲחַשְׁוֵרוֹשׁ ʾ^{a}ḥaš^{ə}wero^{w}š ,Achaschwerosch

מִמֶּנָּה׃ mimmɛnnɔ^{h}. .(sie-als-mehr=)ihr-von	הַטּוֹבָה haṭṭo^{w}bɔ^{h} (ist)-gut(e)-die	לִרְעוּתָהּ lir^{əʿ}u^{w}tɔh ,Gefährtin-ihre-(an=)zu

הַמֶּלֶךְ hammɛlɛk ,König(s)-(des=)der	פִּתְגָם pit^{ə}gɔm Verordnung-(die)	20 וְנִשְׁמַע w^{ə}niš^{ə}maʿ werden-gehört-wird-(es=er)-(Wenn=)Und

מַלְכוּתוֹ mal^{ə}ku^{w}to^{w} ,(König)reich-sein(em)	בְּכָל־ -b^{ə}kol all-in	יַעֲשֶׂה ya^{ʿa}śɛ^{h} (erlassen=)machen-wird-er	אֲשֶׁר־ -ʾ^{a}šɛr welch(e)

כִּי	רַבָּה	הִיא	וְכָל־	הַנָּשִׁים
kiʸ	rabbɔʰ	hiʸᵓ	-wᵊkol	hannɔšiʸm
(doch-wo=)denn	groß(e)	,(ist-es=)sie	all-(so=)und	Frauen-die

יִתְּנוּ	יְקָר	לְבַעְלֵיהֶן	לְמִגָּדוֹל
yittᵊnuʷ	yᵊqɔr	lᵊbaᶜᵊleʸhɛn	lᵊmiggɔdoʷl
(erweisen=)geben-werden-(sie)	Ehre	,Männern-ihren-(zu)	Groß-von-(zu)

וְעַד־	קָטָן׃	21 וַיִּיטַב	הַדָּבָר
-wᵊᶜad	qɔṭɔn.	wayyiʸṭab	haddɔbɔr
bis-(und)	!Klein	gut-war-(es=)er-Und	(Vorschlag-der=)Wort-das

בְּעֵינֵי	הַמֶּלֶךְ	וְהַשָּׂרִים
bᵊᶜeʸneʸ	hammɛlɛk	wᵊhaśśɔriʸm
Augen-(zwei)-(den)-in	König(s)-(des=)der	.Fürsten-(der=)die-und

וַיַּעַשׂ	הַמֶּלֶךְ	כִּדְבַר
wayyaᶜaś	hammɛlɛk	kidᵊbar
(tat=)machte-(es=er)-(Sodann=)Und	König-der	Wort-(dem)-(gemäß=)wie

מְמוּכָן׃	22 וַיִּשְׁלַח	סְפָרִים	אֶל־	כָּל־
mᵊmuʷkɔn.	wayyišᵊlaḥ	sᵊpɔriʸm	-ᵓɛl	-kol
.Memuchan(s)	(aus)-sandte-er-Und	Schriftrollen	(an=)zu	all(e)

מְדִינוֹת	הַמֶּלֶךְ	אֶל־	מְדִינָה
mᵊdiʸnoʷt	hammɛlɛk	-ᵓɛl	mᵊdiʸnɔh
Provinzen	König(s)-(des=)der	— (an=)zu	Provinz-(eine)

וּמְדִינָה	כִּכְתָבָהּ	וְאֶל־	עַם
uʷmᵊdiʸnɔʰ	kikᵊtɔbɔh	-wᵊᵓɛl	ᶜam
Provinz-(andere-eine)-und	,Schrift-ihre(r)-(gemäß=)wie	(an=)zu-und	Volk-(ein)

וָעָם	כִּלְשׁוֹנוֹ
wɔᶜɔm	kilᵊšoʷnoʷ
Volk-(anderes-ein)-und	,(Sprache=)Zunge-seine(r)-(gemäß=)wie

לִהְיוֹת	כָּל־	אִישׁ	שֹׂרֵר	בְּבֵיתוֹ
lihᵊyoʷt	-kol	ᵓiʸš	śorer	bᵊbeʸtoʷ
(sei-dass=)sein-zu	(jeder=)all	Mann	Herr(schender)	Haus-sein(em)-in

וּמְדַבֵּר	כִּלְשׁוֹן	עַמּוֹ׃
uʷmᵊdabber	kilᵊšoʷn	ᶜammoʷ.
sprechend(er)-und	(Sprache=)Zunge-(der)-(gemäß=)wie	.Volk(es)-sein(es)

2

הָאֵלֶּה	הַדְּבָרִים	1 אַחַר
hɔʾellɛʰ	haddᵊbɔriʸm	ʾaḥar
,da-diese(n)	,(Dingen=)Worte(n)-(den=)die	Nach

חֲמַת	כְּשֹׁךְ
ḥᵃmat	kᵊšok
(Wut=)Glut-(die)	(hatte-gelegt-sich-als=)Nachlassen-(ein)-wie

אֶת־וַשְׁתִּי	זָכַר	אֲחַשְׁוֵרוֹשׁ	הַמֶּלֶךְ
wašᵊtiʸ-ʾɛt	zɔkar	ʾᵃḥašᵊweroʷš	hammɛlɛk
Waschti(s)***	gedachte-er	,Achaschwerosch	König(s)-(des=)der

וְאֵת אֲשֶׁר־	עָשָׂתָה	אֲשֶׁר־	וְאֵת
-ʾᵃšɛr wᵊʾet	ʿɔśɔtɔh	-ʾᵃšɛr	wᵊʾet
was-***und	(getan=)gemacht-hatte-sie	was	,(dessen=)mit-und

עָלֶיהָ׃	נִגְזַר
ʿɔlɛʸhɔ.	nigᵊzar
.sie-(über=)auf	worden-(beschlossen=)geschnitten-war-(es=er)

הַמֶּלֶךְ	נַעֲרֵי־	2 וַיֹּאמְרוּ
hammɛlɛk	-naʿᵃreʸ	wayyoʾmᵊruʷ
,König(s)-(des=)der	(Höflinge=)Knaben-(die)	sprachen-(es=sie)-(Da=)Und

לַמֶּלֶךְ	יְבַקְשׁוּ	מְשָׁרְתָיו
lammɛlɛk	yᵊbaqᵊšuʷ	mᵊšɔrᵊtɔʸw
König-den-(für=)zu	suchen-(möge=)werden-(Man=)Sie	:Bediensteten-seine

מַרְאֶה׃	טוֹבוֹת	בְּתוּלוֹת	נְעָרוֹת
marᵊʾɛʰ.	ṭoʷboʷt	bᵊtuʷloʷt	nᵊʿɔroʷt
!Aussehen	(von)-(schön=)gute	,(jungfräuliche=)Jungfrauen	Mädchen

פְּקִידִים	הַמֶּלֶךְ	3 וְיַפְקֵד
pᵊqiʸdiʸm	hammɛlɛk	wᵊyapᵊqed
(Beamte=)Beauftragte	König-der	bestellen-(möge=)wird-(es=)er-Und

וְיִקְבְּצוּ	מַלְכוּתוֹ	מְדִינוֹת	בְּכָל־
wᵊyiqᵊbᵊṣuʷ	malᵊkuʷtoʷ	mᵊdiʸnoʷt	-bᵊkol
(ver)sammeln-sie-(dass=)und	,(König)reich(es)-sein(es)	Provinzen	all(en)-in

טוֹבַת	בְּתוּלָה	נַעֲרָה־	אֶת־כָּל־
ṭoʷbat	bᵊtuʷlɔʰ	-naʿᵃrɔʰ	-kol-ʾɛt
(von)-(schön=)gut(e)	,(jungfräuliche=)Jungfrau	Mädchen	(jedes=)all***

בֵּית	אֶל־	הַבִּירָה	שׁוּשַׁן	אֶל־	מַרְאֶה
beʸt	-ʾɛl	habbiʸrɔʰ	šuʷšan	-ʾɛl	marᵊʾɛʰ
Haus-(dem)	(in=)zu	,Burg-(der=)die	,(Susa=)Schuschan	(in=)zu	,Aussehen

סְרִיס	הֵגֶא	אֶל־יַד	הַנָּשִׁים
sᵊriʸs	hegɛʾ	yad-ʾɛl	hannɔšiʸm
Höfling(s)-(des)	,Hegai(s)	(Obhut-die-in=)Hand-zu	,Frauen-die-(für)

הַנָּשִׁים	שֹׁמֵר	הַמֶּלֶךְ
hannɔšiʸm	šomer	hammɛlɛk
,Frauen-(der=)die	Aufseher(s)-(des)	,König(s)-(des=)der

תַּמְרוּקֵיהֶן׃	וְנָתוֹן
tamᵊruʷqeʸhɛn.	wᵊnɔtoʷn
.(Salbungen=)Einreibungen-ihre	(vor-nehme=)Geben-(ein)-und

בְּעֵינֵי	תִּיטַב	אֲשֶׁר	4 וְהַנַּעֲרָה
bᵊʿeʸneʸ	tiʸṭab	ʾašɛr	wᵊhannaʿarɔʰ
Augen-(beiden)-in	(schön=)gut-ist-(es=sie)	(das=)welch(es)	,Mädchen-das-Und

תִּמְלֹךְ	הַמֶּלֶךְ
timᵊlok	hammɛlɛk
(sein-Königin=)herrschen-(soll=)wird-(es=sie)	,König(s)-(des=)der

הַדָּבָר	וַיִּיטַב	וַשְׁתִּי	תַּחַת
haddɔbɔr	wayyiʸṭab	wašᵊtiʸ	taḥat
(Vorschlag-der=)Wort-das	gut-war-(es=)er-Und	!Waschti	(anstatt=)unter

אִישׁ 5	כֵּן׃	וַיַּעַשׂ	הַמֶּלֶךְ	בְּעֵינֵי
ʾiʸš	ken.	wayyaʿaś	hammɛlɛk	bᵊʿeʸneʸ
Mann-(Ein)	.so	(tat=)machte-er-und	König(s)-(des=)der	Augen-(beiden)-in

הַבִּירָה	בְּשׁוּשַׁן	הָיָה	יְהוּדִי
habbiʸrɔʰ	bᵊšuʷšan	hɔyɔʰ	yᵊhuʷdiʸ
,Burg-(der=)die	,(Susa=)Schuschan-in	war-(er)	judäischer

בֶּן־שִׁמְעִי	יָאִיר	בֶּן	מָרְדֳּכַי	וּשְׁמוֹ
šimᵊʿiʸ-bɛn	yɔʾiʸr	bɛn	morᵊdᵒkay	uʷšᵊmoʷ
,Schimi(s)-Sohn	,Jaïr(s)	Sohn	Mordochai	(war)-Name-sein-und

הָגְלָה	אֲשֶׁר 6	יְמִינִי׃	אִישׁ	בֶּן־קִישׁ
hogᵊlɔʰ	ʾašɛr	yᵊmiʸniʸ.	ʾiʸš	qiʸš-bɛn
weggeführt-wurde-(er)	(der=)welch(er)	,Jeminite	(ein=)Mann	,Kisch(s)-Sohn

אֲשֶׁר	הַגֹּלָה	עִם־	מִירוּשָׁלַיִם
ʾᵃšɛr	haggolɔh	-ʿim	miʸruʷšɔlayim
(die=)welch(e)	,(Exulantenschar=)Wegführung-der	mit	Jerusalem-von

יְהוּדָה	מֶלֶךְ־	יְכָנְיָה	עִם	הָגְלְתָה
yᵊhuʷdɔʰ	-mɛlɛk	yᵊkonᵊyɔʰ	ʿim	hogᵊlᵊtɔʰ
,Juda	(von)-König-(dem)	,Jechonja	mit	weggeführt-wurde-(sie)

בָּבֶל׃	מֶלֶךְ	נְבוּכַדְנֶאצַּר	הֶגְלָה	אֲשֶׁר
bɔbɛl.	mɛlɛk	nᵊbuʷkadᵊnɛʾṣar	hɛgᵊlɔʰ	ʾᵃšɛr
.Babel	(von)-König-(der)	,Nebuchadnezzar	weggeführt-hatte-(er)	welch(en)

אֶסְתֵּר	הִיא	אֶת־הֲדַסָּה	אֹמֵן	7 וַיְהִי
ʾɛsᵊter	hiʸʾ	hᵃdassɔʰ-ʾɛt	ʾomen	wayᵊhiʸ
,Esther	(ist-das=)sie	,Hadassa-(der)***	Erzieher	war-(d)er-Und

אָב	לָהּ	אֵין	כִּי	דֹּדוֹ	בַּת־
ʾɔb	lɔh	ʾeʸn	kiʸ	dodoʷ	-bat
Vater	(hatte-sie=)ihr-zu	nicht	denn	,Onkel(s)-sein(es)	Tochter-(die)

תֹּאַר	יְפַת־	וְהַנַּעֲרָה	וָאֵם
toʾar	-yᵊpat	wᵊhannaʿᵃrɔʰ	wɔʾem
Gestalt	(von)-schön(e)-(war)	Mädchen-das-Und	.Mutter-(noch=)und

אָבִיהָ	וּבְמוֹת	מַרְאֶה	וְטוֹבַת
ʾɔbiʸhɔ	uʷbᵊmoʷt	marᵊʾɛʰ	wᵊṭoʷbat
Vater-ihr	(starben-als=)Sterben-in-Und	.Erscheinungsform	gute(r)-und

לְבַת׃	לוֹ	מָרְדֳּכַי	לְקָחָהּ	וְאִמָּהּ
lᵊbat.	loʷ	morᵊdᵒkay	lᵊqɔḥɔʰ	wᵊʾimmɔʰ
.Tochter-(als=)zu	(sich=)ihm-zu	Mordochai	sie-nahm-(er)	,Mutter-ihre-und

דְּבַר־	בְּהִשָּׁמַע	8 וַיְהִי
-dᵊbar	bᵊhiššɔmaʿ	wayᵊhiʸ
Wort-(das)	(wurde-gehört-als=)Gehörtwerden-in	war-(es=)er-Und

וְדָתוֹ	הַמֶּלֶךְ
wᵊdɔtoʷ	hammɛlɛk
,Gesetz-sein-und	König(s)-(des=)der

רַבּוֹת	נְעָרוֹת	וּבְהִקָּבֵץ
rabboʷt	nᵊʿɔroʷt	uʷbᵊhiqqɔbeṣ
viele	Mädchen	(wurden-gebracht-zusammen-als=)Gesammeltwerden-in-und

אֶל־יַד	הַבִּירָה	שׁוּשַׁן	אֶל־
yad-ᵓɛl	habbiʸrɔʰ	šuʷšan	-ᵓɛl
(Obhut-die-in=)Hand-zu	,Burg-(der=)die	,(Susa=)Schuschan	(in=)zu

בֵּית	אֶל־	אֶסְתֵּר	וַתִּלָּקַח	הֵגָי
beʸt	-ᵓɛl	ᵓɛsᵊter	wattillɔqaḥ	hegɔy
Haus-(das)	(in=)zu	Esther	geholt-wurde-(es=sie)-(da=)und	,Hegai(s)

שֹׁמֵר	הֵגַי	אֶל־יַד	הַמֶּלֶךְ
šomer	hegay	yad-ᵓɛl	hammɛlɛk
Aufseher(s)-(des)	,Hegai(s)	(Obhut-die-in=)Hand-zu	,König(s)-(des=)der

הַנַּעֲרָה	9 וַתִּיטַב	הַנָּשִׁים׃
hannaᶜᵃrɔʰ	wattiʸṭab	hannɔšiʸm.
Mädchen-das	(wohlgefällig=)gut-war-(es=)sie-Und	.Frauen-(der=)die

חֶסֶד	וַתִּשָּׂא	בְעֵינָיו
ḥɛsɛd	wattiśśɔᵓ	bᵊᶜeʸnɔʸw
Gunst	(erlangte=)auf-hob-sie-Und	.Augen-(zwei)-seine(n)-in

וַיְבַהֵל	לְפָנָיו
wayᵊbahel	lᵊpɔnɔʸw
beschleunigte-er-Und	.(ihm-vor=)Gesichtern-seinen-zu

וְאֶת־מָנוֹתֶהָ	אֶת־תַּמְרוּקֶיהָ
mɔnoʷtɛhɔ-wᵊᵓɛt	tamᵊruʷqɛʸhɔ-ᵓɛt
,(Portionen=)Anteile-ihre***-und	(Salbungen=)Einreibungen-ihre***

שֶׁבַע	וְאֵת	לָהּ	לָתֶת
šɛbaᶜ	wᵊᵓet	lɔh	lɔtet
sieben	***(auch=)und	(sie-an=)ihr-zu	(gebend=)geben-zu

לָהּ	לָתֶת־	הָרְאֻיוֹת	הַנְּעָרוֹת
lɔh	-lɔtɛt	hɔrᵊᵓuyoʷt	hannᵊᶜɔroʷt
(sie-an=)ihr-zu	geben-zu	ausersehenen-die	,Mädchen-(der=)die

וַיְשַׁנֶּהָ	הַמֶּלֶךְ	מִבֵּית
wayᵊšannɛhɔ	hammɛlɛk	mibbeʸt
sie-(behandelte=)änderte-er-und	,König(s)-(des=)der	Haus-(dem)-(aus=)von

הַנָּשִׁים׃	בֵּית	לְטוֹב	וְאֶת־נַעֲרוֹתֶיהָ
hannɔšiʸm.	beʸt	lᵊṭoʷb	naᶜᵃroʷtɛʸhɔ-wᵊᵓɛt
.Frauen-(der=)die	Haus-(im)	(Beste-aufs=)Gut-zu	Mädchen-ihre-***und

וְאֶת־מוֹלַדְתָּהּ	אֶת־עַמָּהּ	אֶסְתֵּר	הִגִּידָה	לֹא־ 10
moʷladᵊtɔh-wᵊʾɛt	ʿammɔh-ʾɛt	ʾɛsᵊter	higgiʸdɔʰ	-loʾ
,Herkunft-ihre-***und	Volk-ihr***	Esther	(kund-tat=)erzählte-(sie)	Nicht

לֹא־	אֲשֶׁר	עָלֶיהָ	צִוָּה	מָרְדֳּכַי	כִּי
-loʾ	ʾᵃšɛr	ʿɔlɛʸhɔ	ṣiwwɔʰ	morᵊdᵒkay	kiʸ
nicht(s)	dass	,sie-(für=)über	angeordnet-hatte-(er)	Mordochai	denn

וָיוֹם	יוֹם	וּבְכָל־ 11	תַגִּיד׃
wɔyoʷm	yoʷm	-uʷbᵊkol	taggiʸd.
Tag-(für=)und	Tag	,all(em)-(ob=)in-Und	.kundtun-(sollte=)wird-sie

חֲצַר	לִפְנֵי	מִתְהַלֵּךְ	מָרְדֳּכַי
ḥᵃṣar	lipᵊneʸ	mitᵊhallek	morᵊdᵒkay
Hof-(dem)	(vor=)Gesichter-zu	gehend(er)-her-und-hin-(war)	Mordochai

לָדַעַת	הַנָּשִׁים	בֵּית־
lɔdaʿat	hannɔšiʸm	-beʸt
(erkunden=)wissen-zu-(um)	Frauen-(der=)die	Haus(es)-(des)

וּמַה־	אֶסְתֵּר	אֶת־שְׁלוֹם
-uʷmaʰ	ʾɛsᵊter	šᵊloʷm-ʾɛt
was-und	Esther(s)	(Wohlergehen-das=)Frieden-(den)***

בָּהּ׃	יֵעָשֶׂה
bɔh.	yeʿɔśɛʰ
.ihr-(mit=)in	gemacht-(würde=)wird-(es=er)

נַעֲרָה	תֹּר	וּבְהַגִּיעַ 12
naʿᵃrɔʰ	tor	uʷbᵊhaggiʸaʿ
Mädchen	,Reihe-(einer)	(Herannahen=)Berühren-(beim=)in-Und

הַמֶּלֶךְ	אֶל־	לָבוֹא	וְנַעֲרָה
hammɛlɛk	-ʾɛl	lɔboʷʾ	wᵊnaʿᵃrɔʰ
König-(dem=)der	zu	(einzugehen=)kommen-zu-(um)	,Mädchen-(um=)und

לָהּ	הֱיוֹת	מִקֵּץ	אֲחַשְׁוֵרוֹשׁ
lɔh	hᵉyoʷt	miqqeṣ	ʾᵃḥašᵊweroʷš
(sie-für=)ihr-zu	Sein(s)-(des)	Ende-(am=)von	,Achaschwerosch

חֹדֶשׁ	שְׁנֵים עָשָׂר	הַנָּשִׁים	כְּדָת
ḥodɛš	ʿɔśɔr šᵊneʸm	hannɔšiʸm	kᵊdɔt
Monat(e)	(zwölf=)zehn-zwei	Frauen-(der=)die	Gesetz-(dem)-(gemäß=)wie

יְמֵי	יִמְלְאוּ	כֵּן	כִּי
yᵊmeʸ	yimᵊlᵊʾuʷ	ken	kiʸ
(für)-Tage-(die)	(sich-vollenden=)voll-werden-(es=sie)	so	denn —

בְּשֶׁמֶן	חֳדָשִׁים	שִׁשָּׁה	מְרוּקֵיהֶן
bᵊšɛmɛn	ḥᵒdɔšiʸm	šiššɔʰ	mᵊruʷqeʸhɛn
Öl-(mit=)in	Monate	sechs	:(Salbungen=)Einreibungen-ihre

בַּבְּשָׂמִים	חֳדָשִׁים	וְשִׁשָּׁה	הַמֹּר
babbᵊśɔmiʸm	ḥᵒdɔšiʸm	wᵊšiššɔʰ	hammor
Balsamölen-(mit=)in	Monate	sechs-und	Myrrhe-(der=)die

13 וּבָזֶה	הַנָּשִׁים׃	וּבְתַמְרוּקֵי
uʷbɔzɛʰ	hannɔšiʸm.	uʷbᵊtamᵊruʷqeʸ
(danach=)-dieser-in-Und	.Frauen-die	(für)-Salbungen-(mit=)in-und

אֲשֶׁר	כָּל־	אֵת	הַמֶּלֶךְ	אֶל־	בָּאָה	הַנַּעֲרָה
ʾašɛr	-kol	ʾet	hammɛlɛk	-ʾɛl	bɔʾɔʰ	hannaᶜarɔʰ
was	,all(em)	mit	König-(dem=)der	zu	kam-(es=sie)	Mädchen-das

לָהּ	יִנָּתֵן	תֹּאמַר
lɔh	yinnɔten	toʾmar
ihr-(zu)	gegeben-(wurde=)wird-(Es=)Er	:(verlangte=)sagt-sie

הַנָּשִׁים	מִבֵּית	עִמָּהּ	לָבוֹא
hannɔšiʸm	mibbeʸt	ᶜimmɔh	lɔboʷʾ
Frauen-(der=)die	Haus-(dem)-(aus=)von	(sich=)ihr-mit	(es)-bringen-zu-(um)

הִיא	14 בָּעֶרֶב	הַמֶּלֶךְ׃	בֵּית	עַד־
hiʸʾ	bɔᶜɛrɛb	hammɛlɛk.	beʸt	-ᶜad
,sie	Abend-(Am=)Im	.König(s)-(des=)der	Haus	(zum=)bis

אֶל־	שָׁבָה	הִיא	וּבַבֹּקֶר	בָּאָה
-ʾɛl	šɔbɔʰ	hiʸʾ	uʷbabboqɛr	bɔʾɔʰ
(ins=)zu	zurück-kehrte-sie	,sie	Morgen-(am=)im-und	(ein-trat=)kam-sie

אֶל־יַד	שֵׁנִי	הַנָּשִׁים	בֵּית
yad-ʾɛl	šeniʸ	hannɔšiʸm	beʸt
(Obhut-unter=)Hand-zu	zweite-(das-in)	,Frauen-(der=)die	Haus

שֹׁמֵר	הַמֶּלֶךְ	סְרִיס	שַׁעַשְׁגַז
šomer	hammɛlɛk	sᵊriʸs	šaᶜašᵊgaz
Aufseher(s)-(des)	,König(s)-(des=)der	Hofbeamten-(eines)	,Scha'aschgas-(des)

עוֹד	תָבוֹא	לֹא־	הַפִּילַגְשִׁים
ʿoʷd	tɔboʷʾ	-loʾ	happiʸlagᵊšiʸm
(hinfort=)noch	(kommen-durfte=)kommt-sie	Nicht	.Nebenfrauen-(der=)die

בָּהּ	חָפֵץ	אִם־	כִּי	הַמֶּלֶךְ	אֶל־
bɔh	ḥɔpeṣ	-ʾim	kiʸ	hammɛlɛk	-ʾɛl
ihr-(nach=)in	begehrte-(es=er)	wenn	(außer=)denn	,König-(dem=)der	zu

בְשֵׁם׃	וְנִקְרְאָה	הַמֶּלֶךְ
bᵊšem.	wᵊniqᵊrᵊʾɔh	hammɛlɛk
.Namen-(mit=)in	gerufen-wurde-sie-und	König-der

אֶסְתֵּר	תֹּר־	וּבְהַגִּיעַ 15
ʾɛsᵊter	-tor	uʷbᵊhaggiʸaʿ
,Esther	(an)-Reihe-(die)	(herankam-nun-Als=)Berühren-in-Und

מָרְדֳּכַי	דֹּד	אֲבִיחַיִל	בַּת־
morᵊdᵒkay	dod	ʾabiʸḥayil	-bat
Mordochai(s)	Onkel(s)-(des)	,Abichajil	(von)-Tochter-(die)

לוֹ	לָקַח־	אֲשֶׁר
loʷ	-lɔqaḥ	ʾašɛr
(sich=)ihm-zu	(sie)-genommen-hatte-(er)	(der=)welch(er) —

לֹא	הַמֶּלֶךְ	אֶל־	לָבוֹא	לְבַת
loʾ	hammɛlɛk	-ʾɛl	lɔboʷʾ	lᵊbat
nicht	,König-(dem=)der	zu	kommen-zu	,— Tochter-(als=)zu

אֶת־אֲשֶׁר	אִם	כִּי	דָּבָר	בִּקְשָׁה
ʾašɛr-ʾɛt	ʾim	kiʸ	dɔbɔr	biqᵊšɔh
was***	,(dem-außer=)wenn	-denn	,(etwas=)Wort	(verlangte=)erbat-sie

הַמֶּלֶךְ	סְרִיס־	הֵגַי	יֹאמַר
hammɛlɛk	-sᵊriʸs	hegay	yoʾmar
,König(s)-(des=)der	Hofbeamte-(der)	,Hegai	sagen-(würde=)wird-(es=er)

אֶסְתֵּר	וַתְּהִי	הַנָּשִׁים	שֹׁמֵר
ʾɛsᵊter	wattᵊhiʸ	hannɔšiʸm	šomer
Esther	war-(es=)sie-Und	.Frauen-(der=)die	Aufseher-(der)

רֹאֶיהָ׃	כָּל־	בְּעֵינֵי	חֵן	נֹשֵׂאת
roʾɛʸhɔ.	-kol	bᵊʿeʸneʸ	ḥen	nośeʾt
.sie-Sehende(n)	all(er)	Augen-(den)-in	Gunst	(gewinnend=)tragend(e)

הַמֶּלֶךְ	אֶל־	אֶסְתֵּר	16 וַתִּלָּקַח
hammɛlɛk	-ʾɛl	ʾɛsᵊter	wattillɔqaḥ
König-(dem=)der	zu	Esther	geholt-wurde-(es=sie)-(Sodann=)Und

מַלְכוּתוֹ	בֵּית	אֶל־	אֲחַשְׁוֵרוֹשׁ
malᵊkuʷtoʷ	beʸt	-ʾɛl	ʾᵃḥašᵊweroʷš
(Königshaus-sein=)Königtum(s)	-sein(es)-Haus	(in=)zu	,Achaschwerosch

בִּשְׁנַת־	טֵבֵת	חֹדֶשׁ	הוּא־	הָעֲשִׂירִי	בַּחֹדֶשׁ
-bišᵊnat	ṭebet	ḥodɛš	-huʷʾ	hɔᶜᵃśiʸriʸ	baḥodɛš
Jahr-im	,Tebet	Monat-(der)	(ist-das=)er	,zehnte(n)-(dem=)der	Monat-im

הַמֶּלֶךְ	17 וַיֶּאֱהַב	לְמַלְכוּתוֹ׃	שֶׁבַע
hammɛlɛk	wayyɛʾᵋhab	lᵊmalᵊkuʷtoʷ.	šɛbaᶜ
König-der	liebte-(es=)er-Und	.(Regierung-seiner=)Regieren-seinem-zu	sieben

חֵן	וַתִּשָּׂא־	הַנָּשִׁים	מִכָּל־	אֶת־אֶסְתֵּר
ḥen	-wattiśśoʾ	hannɔšiʸm	-mikkol	ʾɛsᵊter-ʾɛt
Gunst	(gewann=)trug-sie-und	,Frauen-die	all-(als-mehr=)von	Esther***

מִכָּל־	לְפָנָיו	וָחֶסֶד
-mikkol	lᵊpɔnɔʸw	wɔḥɛsɛd
all-(als-mehr=)von	(Augen-seinen-in=)Gesichtern-seinen-zu	Liebe-und

בְּרֹאשָׁהּ	כֶּתֶר־ מַלְכוּת	וַיָּשֶׂם	הַבְּתוּלֹת
bᵊroʾšɔʰ	malᵊkuʷt -kɛtɛr	wayyɔśɛm	habbᵊtuʷlot
Haupt-ihr-(auf=)in	Königs -krone-(eine)	setzte-er-und	;Jungfrauen-die

וַשְׁתִּי׃	תַּחַת	וַיַּמְלִיכֶהָ
wašᵊtiʸ.	taḥat	wayyamᵊliʸkɛhɔ
.Waschti	(von-anstelle=)unter	sie-(Königin-zur=)herrschen-machte-er-und

גָּדוֹל	מִשְׁתֶּה	הַמֶּלֶךְ	18 וַיַּעַשׂ
gɔdoʷl	mišᵊtɛʰ	hammɛlɛk	wayyaᶜaś
groß(es)	Mahl-(ein)	König-der	(veranstaltete=)machte-(es=er)-(Sodann=)Und

אֶסְתֵּר	מִשְׁתֵּה	אֵת	וַעֲבָדָיו	שָׂרָיו	לְכָל־
ʾɛsᵊter	mišᵊteʰ	ʾet	waᶜᵃbɔdɔʸw	śɔrɔʸw	-lᵊkol
,Esther(s)	Mahl-(das)***		,Diener-seine-und	Fürsten-seine	all(e)-(für=)zu

וַיִּתֵּן	עָשָׂה	לַמְּדִינוֹת	וַהֲנָחָה
wayyitten	ᶜɔśɔʰ	lammᵊdiʸnoʷt	wahᵃnɔḥɔʰ
gab-er-und	(erteilte=)machte-er	Provinzen-(den=)zu	(Steuererlass=)Ruhe-und

כְּיַד	מַשְׂאֵת
kᵊyad	maśᵊʾet
(Freigebigkeit=)Hand-(der)-(gemäß=)wie	(Spende=)Erhebung-(eine)

בְּתוּלוֹת	19 וּבְהִקָּבֵץ	הַמֶּלֶךְ׃
bᵊtuʷloʷt	uʷbᵊhiqqɔbeṣ	hammɛlɛk.
Jungfrauen	Versammeltwerden-(beim=)in-Und	.König(s)-(des=)der

יֹשֵׁב	וּמָרְדֳּכַי	שֵׁנִית
yošeb	uʷmɔrᵊdᵒkay	šeniʸt
(war)-sitzend(er)	Mordochai-(während=)und	,(Mal-zweites-ein=)zweite

מַגֶּדֶת	אֶסְתֵּר	20 אֵין	הַמֶּלֶךְ׃	בְּשַׁעַר־
maggɛdɛt	ʾɛsᵊter	ʾeʸn	hammɛlɛk.	-bᵊšaʿar
mitteilend(e)	Esther	(war)-nicht	,König(s)-(des=)der	Tor-(dem)-in

צִוָּה	כַּאֲשֶׁר	וְאֶת־עַמָּהּ	מוֹלַדְתָּהּ
ṣiwwɔʰ	kaʾᵃšɛr	ʿammɔh-wᵊʾɛt	moʷladᵊtɔh
angeordnet-hatte-(es=er)	wie	,Volk-ihr-***und	Herkunft-ihre

אֶסְתֵּר	מָרְדֳּכַי	וְאֶת־מַאֲמַר	מָרְדֳּכָי	עָלֶיהָ
ʾɛsᵊter	mɔrdᵒkay	maʾᵃmar-wᵊʾɛt	morᵊdᵒkɔy	ʿɔlɛʸhɔ
Esther	Mordochai(s)	Geheiß-(das)-***(da=)und	,Mordochai	sie-(für=)über

בְאָמְנָה	הָיְתָה	כַּאֲשֶׁר	עֹשָׂה
bᵊʾomᵊnɔʰ	hɔyᵊtɔʰ	kaʾᵃšɛr	ʿośɔʰ
Pflege-in	war-sie	(als-schon=)welch(es)-wie	,(ausführend=)machend(e)-(war)

וּמָרְדֳּכַי	הָהֵם	21 בַּיָּמִים	אִתּוֹ׃
uʷmorᵊdᵒkay	hɔhem	bayyɔmiʸm	ʾittoʷ.
Mordochai-(während=)und	,jenigen-den	,Tagen-den-In	.ihm-(bei=)mit

הַמֶּלֶךְ	בְּשַׁעַר־	יֹשֵׁב
hammɛlɛk	-bᵊšaʿar	yošeb
,König(s)-(des=)der	Tor-(dem)-in	(war)-sitzend(er)

שְׁנֵי־	וָתֶרֶשׁ	בִּגְתָן	קָצַף
-šᵊneʸ	wɔtɛrɛš	bigᵊtɔn	qɔṣap
zwei	,Teresch-und	Bigtan	(Zorn-in-gerieten=)zürnte-(es=er)

הַסַּף	מִשֹּׁמְרֵי	הַמֶּלֶךְ	סָרִיסֵי
hassap	miššomᵊreʸ	hammɛlɛk	sɔriʸseʸ
,Schwelle-die	Hütenden-(den)-von	,König(s)-(des=)der	Hofbeamte(n)-(der)

בַּמֶּלֶךְ	יָד	לִשְׁלֹחַ	וַיְבַקְשׁוּ
bammɛlɛk	yɔd	lišᵊloaḥ	wayᵊbaqᵊšuʷ
König-den-(an=)in	Hand	(anzulegen=)senden-zu	(ver)suchten-(die=)sie-und

הַדָּבָר	22 וַיִּוָּדַע	אֲחַשְׁוֵרֹשׁ׃
haddɔbɔr	wayyiwwɔdaᶜ	ʾᵃḥašᵊweroš.
(Sache-die=)Wort-das	bekannt-wurde-(es=)er-(Aber=)Und	.Achaschwerosch

לְאֶסְתֵּר	וַיַּגֵּד	לְמָרְדֳּכַי
lᵊʾɛsᵊter	wayyagged	lᵊmorᵊdᵒkay
,Esther-(an=)zu	melden-(es)-machte-(d)er-und	,Mordochai-(dem=)zu

לַמֶּלֶךְ	אֶסְתֵּר	וַתֹּאמֶר	הַמַּלְכָּה
lammɛlɛk	ʾɛsᵊter	wattoʾmɛr	hammalᵊkɔʰ
König-dem-zu	Esther	sprach-(es=sie)-(Sodann=)Und	.Königin-die

מָרְדֳּכָי׃	בְּשֵׁם
morᵊdᵒkɔy.	bᵊšem
.Mordochai(s)	Name(n)-(im=)in

הַדָּבָר	23 וַיְבֻקַּשׁ
haddɔbɔr	wayᵊbuqqaš
(Sache-die=)Wort-das	(untersucht=)gesucht-wurde-(es=er)-(Hierauf=)Und

וַיִּתָּלוּ	וַיִּמָּצֵא
wayyittɔluʷ	wayyimmɔṣeʾ
erhängt-wurden-(es=)sie-und	,(befunden-richtig=)gefunden-wurde-(es=er)-und

וַיִּכָּתֵב	עֵץ	עַל־	שְׁנֵיהֶם
wayyikkɔteb	ᶜeṣ	-ᶜal	šᵊneʸhɛm
geschrieben-wurde-(es=)er-Und	.(Galgen=)Holz-(einem)	(an=)auf	beide

הַיָּמִים	דִּבְרֵי	בְּסֵפֶר
hayyɔmiʸm	dibᵊreʸ	bᵊsepɛr
(Chronik=)Tage-(der=)die	-(Ereignisse=)Dinge-(der)	Buch-(das)-in

הַמֶּלֶךְ׃	לִפְנֵי
hammɛlɛk.	lipᵊneʸ
.König-(den=)der	(für=)Gesichter-zu

הָאֵלֶּה	הַדְּבָרִים	1 אַחַר	**3**
hɔʾellɛʰ	haddᵊbɔriʸm	ʾaḥar	
,selben-den	,(Ereignissen=)Dinge(n)-(den=)die	Nach	

אֶת־הָמָ֞ן	אֲחַשְׁוֵר֗וֹשׁ	הַמֶּ֣לֶךְ	גִּדַּ֡ל
hɔmɔn-ʾɛt	ʾaḥašəwerowš	hammɛlɛk	giddal
Haman-(den)***	Achaschwerosch	König-der	groß-machte-(es=er)

וַיָּ֙שֶׂם֙	וַֽיְנַשְּׂאֵ֑הוּ	הָאֲגָגִ֖י	בֶּן־הַמְּדָ֛תָא
wayyɔśɛm	wayənaśśəʾehuw	hɔʾagɔgiy	hamməḏɔtɔʾ-bɛn
setzte-(er)-und	ihn-erhob-er-Und	.Agagäer(s)-(des=)der	,Hammedata(s)-Sohn

אֲשֶׁ֥ר	הַשָּׂרִ֖ים	כָּל־	מֵעַ֕ל	אֶת־כִּסְא֔וֹ
ʾašɛr	haśśɔriym	-kol	meʿal	kisəʾow-ʾɛt
(die=)welch(e)	,Fürsten-die	all	(über=)auf-von	Stuhl-sein(en)***

אֲשֶׁר־	הַמֶּ֜לֶךְ	עַבְדֵ֨י	2 וְכָל־	אִתּֽוֹ׃
-ʾašɛr	hammɛlɛk	ʿabədey	-wəkol	ʾittow.
(die=)welch(e)	,König(s)-(des=)der	Diener	all(e)-Und	.(waren)-ihm-(bei=)mit

כֹּרְעִ֤ים	הַמֶּ֗לֶךְ	בְּשַׁ֣עַר
korəʿiym	hammɛlɛk	bəšaʿar
(knie)beugend(e)-(waren)	,(waren)-König(s)-(des=)der	Tor-(dem)-in

צִוָּה־	כִּי־כֵ֖ן	לְהָמָ֔ן	וּמִֽשְׁתַּחֲוִים֙
-ṣiwwɔh	ken-kiy	ləhɔmɔn	uwmišətaḥawiym
angeordnet-hatte-(es=er)	so-denn	,Haman-(vor=)zu	niederwerfend(e)-sich-und

לֹ֥א	וּמָ֣רְדֳּכַ֔י	הַמֶּ֑לֶךְ	ל֣וֹ
loʾ	uwmorədokay	hammɛlɛk	low
nicht	Mordochai-(Aber=)Und	.König-der	(ihn-für=)ihm-zu

3 וַיֹּ֨אמְר֜וּ	יִשְׁתַּחֲוֶֽה׃	וְלֹ֥א	יִכְרַ֖ע
wayyoʾməruw	yišətaḥawɛh.	wəloʾ	yikəraʿ
sagten-(Da=)Und	.nieder-sich-warf-er	nicht-und	(Knie-das)-beugte-(er)

בְּשַׁ֥עַר	אֲשֶׁר־	הַמֶּ֛לֶךְ	עַבְדֵ֥י
bəšaʿar	-ʾašɛr	hammɛlɛk	ʿabədey
Tor-(dem)-in	(jene=)welch(e)	,König(s)-(des=)der	Diener-(die)

עוֹבֵ֔ר	אַתָּ֣ה	מַדּ֙וּעַ֙	לְמָרְדֳּכָ֑י	הַמֶּ֖לֶךְ
ʿowber	ʾattɔh	madduwaʿ	ləmorədokɔy	hammɛlɛk
übertretend(er)	(bist)-du	Warum	:Mordochai-zu	,König(s)-(des=)der

4 וַיְהִ֗י	הַמֶּֽלֶךְ׃	אֵ֖ת מִצְוַ֥ת
wayəhiy	hammɛlɛk.	miṣəwat ʾet
(geschah=)war-(es=)er-Und	?König(s)-(des=)der	Gebot-(das)***

וְי֖וֹם	י֣וֹם	אֵלָ֔יו	באמרם[כְּאָמְרָ֞ם]
wɔyoʷm	yoʷm	ʾelɔʸw	[kᵊʾomᵊrɔm]bᵊʾomᵊrɔm
Tag-(für=)und	Tag	ihm-zu	(sagten-es-sie-da=)[Sagen-ihr-wie]Sagen-ihrem-in

וַיַּגִּ֣ידוּ	אֲלֵיהֶ֑ם	שָׁמַ֖ע	וְלֹ֥א
wayyaggiʸduʷ	ʾᵃleʸhɛm	šmaʿ	wᵊloʾ
Meldung-machten-sie-(dass=)und	,(sie-auf=)ihnen-zu	hörte-er	nicht-und

הֲיַֽעַמְדוּ֙	לִרְאוֹת֙	לְהָמָ֗ן
hᵃyaʿamᵊduʷ	lirᵊʾoʷt	lᵊhɔmɔn
(standhielten=)stehen-(sie)-ob	,sehen-zu-(um)	Haman-(an=)zu

אֲשֶׁר־	לָהֶ֖ם	הִגִּ֥יד	כִּֽי־	מָרְדֳּכַ֔י	דִּבְרֵ֣י
-ʾᵃšɛr	lɔhɛm	higgiʸd	-kiʸ	morᵊdᵒkay	dibᵊreʸ
dass	,ihnen-(zu)	kundgetan-hatte-er	denn	,Mordochai	(von)-Worte-(die)

כִּֽי־אֵ֥ין	הָמָ֔ן	5 וַיַּ֣רְא	יְהוּדִֽי׃	ה֥וּא
ʾeʸn-kiʸ	hɔmɔn	wayyarᵊʾ	yᵊhuʷdiʸ.	huʷʾ
(war)-nicht-dass	,Haman	sah-(er)-(nun-Als=)Und	.Judäer-(ein)	(sei)-er

ל֑וֹ	וּמִשְׁתַּחֲוֶ֖ה	כֹּרֵ֥עַ	מָרְדֳּכַ֔י
loʷ	uʷmišᵊtaḥᵃwɛʰ	koreaʿ	morᵊdᵒkay
,ihm-(vor=)zu	niederwerfend(er)-sich-und	(knie)beugend(er)	Mordochai

חֵמָֽה׃	הָמָ֖ן	וַיִּמָּלֵ֥א
ḥemɔʰ.	hɔmɔn	wayyimmɔleʾ
.(Wut=)Glut-(mit)	Haman	erfüllt-wurde-(es=er)-(da=)und

בְּעֵינָ֗יו	6 וַיִּ֣בֶז
bᵊʿeʸnɔʸw	wayyibɛz
Augen-(zwei)-seine(n)-in	(unpassend-für-es-hielt=)verachtete-er-(Indes=)Und

כִּֽי־	לְבַדּ֔וֹ	בְּמָרְדֳּכַ֣י	יָד֙	לִשְׁלֹ֤חַ
-kiʸ	lᵊbaddoʷ	bᵊmorᵊdᵒkay	yɔd	lišᵊloḥ
weil	;(ihn)-allein	Mordechai-(an=)in	Hand	(anzulegen=)senden-zu

מָרְדֳּכָ֑י	אֶת־עַ֣ם	ל֖וֹ	הִגִּ֥ידוּ
morᵊdᵒkɔy	ʿam-ʾɛt	loʷ	higgiʸduʷ
,Mordochai(s)	Volk-(das)***	ihm-(zu)	kundgetan-hatten-sie

אֶת־כָּל־הַיְּהוּדִ֛ים	לְהַשְׁמִ֧יד	הָמָ֗ן	וַיְבַקֵּ֣שׁ
hayyᵊhuʷdiʸm-kol-ʾɛt	lᵊhašᵊmiʸd	hɔmɔn	wayᵊbaqqeš
,Judäer-die-all***	vernichten-zu	Haman	(trachtete=)suchte-(es=)er-und

אֲחַשְׁוֵרוֹשׁ	מַלְכוּת	בְּכָל־	אֲשֶׁר
^{ʾa}ḥaš^{ə}wero^{w}š	mal^{ə}ku^{w}t	-b^{ə}kol	^{ʾa}šɛr
,Achaschwerosch(s)	Königreich	(ganzen-im=)all-in	(diejenigen=)welch(e)

הוּא־	הָרִאשׁוֹן	7 בַּחֹדֶשׁ	מָרְדֳּכָי׃	עַם
-hu^{wʾ}	hɔriʾšo^{w}n	baḥodɛš	mor^{ə}d^{o}kɔy.	ʿam
(ist-das=)er	,(ersten-dem=)erste-der	,Monat-Im	.Mordechai(s)	Volk-(das)

לַמֶּלֶךְ	שְׁתֵּים עֶשְׂרֵה	בִּשְׁנַת	נִיסָן	חֹדֶשׁ
lammɛlɛk	ʿɛś^{ə}re^{h} š^{ə}te^{y}m	biš^{ə}nat	ni^{y}sɔn	ḥodɛš
König(s)-(des=)zu	(zwölf=)zehn-zwei	Jahr-(dem)-in	,Nissan	Monat-(der)

הַגּוֹרָל	הוּא	פּוּר	הִפִּיל	אֲחַשְׁוֵרוֹשׁ
haggo^{w}rɔl	hu^{wʾ}	pu^{w}r	hippi^{y}l	^{ʾa}ḥaš^{ə}wero^{w}š
,Los-das	(ist-das=)er	,Pur-(das)	warf-(man=)er	,Achaschwerosch

וּמֵחֹדֶשׁ	לְיוֹם	מִיּוֹם	הָמָן	לִפְנֵי
u^{w}meḥodɛš	l^{ə}yo^{w}m	mi^{y}yo^{w}m	hɔmɔn	lip^{ə}ne^{y}
Monat-von-und	Tag-(auf=)zu	Tag-von	Haman	(vor=)Gesichter-zu

אֲדָר׃	חֹדֶשׁ	הוּא־	שְׁנֵים־עָשָׂר	לְחֹדֶשׁ
^{ʾa}dɔr.	ḥodɛš	-hu^{wʾ}	ʿɔśɔr-š^{ə}ne^{y}m	l^{ə}ḥodɛš
.Adar	Monat-(der)	(ist-das=)er	,(zwölf=)zehn-zwei	,Monat-(auf=)zu

אֲחַשְׁוֵרוֹשׁ	לַמֶּלֶךְ	הָמָן	8 וַיֹּאמֶר
^{ʾa}ḥaš^{ə}wero^{w}š	lammɛlɛk	hɔmɔn	wayyoʾmɛr
:Achaschwerosch	König-dem-zu	Haman	sagte-(es=)er-Und

וּמְפֹרָד	מְפֻזָּר	אֶחָד	עַם־	יֶשְׁנוֹ
u^{w}m^{ə}porɔd	m^{ə}puzzɔr	ʾɛḥɔd	-ʿam	yɛš^{ə}no^{w}
abgesondert(er)-und	zerstreut(er)	ein(es)	Volk	(hier=)ihm-gibt-Es

מְדִינוֹת	בְּכֹל	הָעַמִּים	בֵּין
m^{ə}di^{y}no^{w}t	b^{ə}kol	hɔʿammi^{y}m	be^{y}n
Provinzen	all(en)-in	Völker(n)-(den=)die	(unter=)zwischen

שֹׁנוֹת	וְדָתֵיהֶם	מַלְכוּתֶךָ
šono^{w}t	w^{ə}dɔte^{y}hɛm	mal^{ə}ku^{w}tɛkɔ
verschieden(e)-sind	Gesetze-(dessen=)ihre-und	,Königreich(es)-dein(es)

הַמֶּלֶךְ	וְאֶת־דָּתֵי	עָם	מִכָּל־
hammɛlɛk	dɔte^{y}-w^{ə}ʾɛt	ʿɔm	-mikkol
König-(dem=)der	(von)-Gesetze-(die)***und	,Volk	(anderen-jedem=)all-von

וְלַמֶּלֶךְ	עֹשִׂים	אֵינָם
wᵊlammɛlɛk	ʿośiʸm	ʾeʸnɔm
König-den-(für=)zu-(dass-so=)und	,(ausführend=)machend(e)	(sind)-sie-nicht

עַל־	9 אִם־	לְהַנִּיחָם׃	שֹׁוֶה	אֵין־
-ʿal	-ʾim	lᵊhanniʸḥɔm.	šowɛh	-ʾeʸn
(für=)auf	Wenn	.sie-lassen-zu-(Ruhe-in)	angemessen(er)	(ist-es)-nicht

יִכָּתֵב	טוֹב	הַמֶּלֶךְ
yikkɔteb	ṭoʷb	hammɛlɛk
werden-(aus)geschrieben-(möge=)wird-(es=)er	,(recht-ist-es=)gut	König-(den=)der

כֶּסֶף	כִּכַּר־	אֲלָפִים	וַעֲשֶׂרֶת	לְאַבְּדָם
kɛsɛp	-kikkar	ʾᵃlɔpiʸm	waʿᵃśɛrɛt	lᵊʾabbᵊdɔm
Silber	(Talent[e]=)Kikar	tausend(e)	-zehn-(So=)Und	.sie-vernichten-zu

עַל־יְדֵי	אֶשְׁקוֹל
yᵊdeʸ-ʿal	ʾɛšᵊqoʷl
(von)-Hände-(die)-(in=)auf	darwägen-(kann=)werde-ich

הַמְּלָאכָה	עֹשֵׂי
hammᵊlɔʾkɔʰ	ʿośeʸ
(Werk-das=)Arbeit-die	(Vollstreckenden=)Machende(n)

גִּנְזֵי	אֶל־	לְהָבִיא
ginᵊzeʸ	-ʾɛl	lᵊhɔbiʸʾ
(von)-Schatzkammern-(die)	(in=)zu	(bringen=)machen-kommen-zu

הַמֶּלֶךְ	10 וַיָּסַר	הַמֶּלֶךְ׃
hammɛlɛk	wayyɔsar	hammɛlɛk.
König-der	(ab-zog=)entfernte-(es=er)-(Da=)Und	.König-(dem=)der

וַיִּתְּנָהּ	יָדוֹ	מֵעַל	אֶת־טַבַּעְתּוֹ
wayyittᵊnɔh	yɔdoʷ	meʿal	ṭabbaʿᵊtoʷ-ʾɛt
(ihn=)sie-gab-(er)-und	Hand-seine(r)	(auf)-von	(Siegel)ring-sein(en)***

הָאֲגָגִי	בֶּן־הַמְּדָתָא	לְהָמָן
hɔʾᵃgɔgiʸ	hammᵊdɔtɔʾ-bɛn	lᵊhɔmɔn
,Agagäer(s)-(des=)der	,Hammedata(s)-Sohn	Haman-(an=)zu

הַמֶּלֶךְ	11 וַיֹּאמֶר	הַיְּהוּדִים׃	צֹרֵר
hammɛlɛk	wayyoʾmɛr	hayyᵊhuʷdiʸm.	ṣorer
König-der	sprach-(es=)er-Und	.Judäer-die	(war)-bedrängend(er)-(der)

וְהָעָ֕ם	לָ֔ךְ	נָת֣וּן	הַכֶּ֣סֶף	לְהָמָ֗ן
w^{ə}hɔʿɔm	lɔk	nɔtu^{w}n	hakkɛsɛp	l^{ə}hɔmɔn
Volk-das-und	dir-(zu)	gegeben-(sei=)ist-(es=er)	Silber-Das	:Haman-zu

כַּטּ֥וֹב	בּ֖וֹ	לַעֲשׂ֥וֹת
kaṭṭo^{w}b	bo^{w}	la^{ʿa}śo^{w}t
(scheint-gut-es=)Gute-das-wie	,ihm-(mit=)in	(tun=)machen-zu

12 וַיִּקָּרְא֞וּ	בְּעֵינֶֽיךָ׃
wayyiqqɔr^{əʾ}u^{w}	b^{əʿ}e^{y}nɛ^{y}kɔ.
gerufen-wurden-(es=sie)-(Da=)Und	!Augen-(zwei)-deinen-in

הָרִאשׁ֗וֹן	בַּחֹ֣דֶשׁ	הַמֶּ֜לֶךְ	סֹפְרֵ֨י
hɔriʾšo^{w}n	baḥodɛš	hammɛlɛk	sop^{ə}re^{y}
,(ersten-dem=)erste-der	,Monat-im	,König-(dem=)der	(von)-Schreiber-(die)

בּ֗וֹ	י֣וֹם	בִּשְׁלוֹשָׁ֨ה עָשָׂ֥ר
bo^{w}	yo^{w}m	ʿɔśɔr biš^{ə}lo^{w}šɔ^{h}
,(darin=)ihm-in	Tag	(dreizehnten-am=)zehn-drei-im

צִוָּ֣ה	אֲשֶׁר־	כְּכָל־	וַיִּכָּתֵ֣ב
ṣiwwɔ^{h}	-^{ʾa}šɛr	-k^{ə}kol	wayyikkɔteb
anordnete-(er)	was	,all(em)-(gemäß=)wie	geschrieben-wurde-(es=)er-und

וְאֶל־	הַ֠מֶּלֶךְ	אֲחַשְׁדַּרְפְּנֵֽי־	אֶ֣ל	הָמָ֡ן
-w^{əʾ}ɛl	hammɛlɛk	-^{ʾa}ḥaš^{ə}dar^{ə}p^{ə}ne^{y}	ʾɛl	hɔmɔn
(für=)zu-und	König(s)-(des=)der	Statthalter-(die)	(für=)zu	Haman

עַל־	אֲשֶׁ֣ר	הַפַּח֞וֹת
-ʿal	^{ʾa}šɛr	happaḥo^{w}t
(über=)auf	(diejenigen=)welch(e)	,(Abgeordneten=)Beauftragten-die

שָׂרֵ֨י	וְאֶל־	מְדִינָ֣ה וּמְדִינָ֗ה
śɔre^{y}	-w^{əʾ}ɛl	u^{w}m^{ə}di^{y}nɔ^{h} m^{ə}di^{y}nɔ^{h}
(von)-Obersten-(die)	(für=)zu-und	,(Provinz-eine-je=)Provinz-und-Provinz

וּמְדִינָה֙	מְדִינָ֤ה	עַם֙ וָעָ֔ם
u^{w}m^{ə}di^{y}nɔ^{h}	m^{ə}di^{y}nɔ^{h}	wɔʿɔm ʿam
,Provinz-(um=)und	Provinz	,(Volk-jedem=)Volk-und-Volk

וְעַ֥ם וָעָ֖ם	כִּכְתָבָ֔הּ
wɔʿɔm w^{əʿ}am	kik^{ə}tɔbɔh
(Volk-jedem-und=)Volk-und-Volk-und	,Schrift-(dessen=)ihre(r)-(gemäß=)wie

כִּלְשׁוֹנוֹ
kilᵊšoʷnoʷ
;(Sprache=)Zunge-seine(r)-(gemäß=)wie

בְּשֵׁם
bᵊšem
Namen-(im=)in

הַמֶּלֶךְ
hammɛlɛk
König(s)-(des=)der

אֲחַשְׁוֵרֹשׁ
ᵓᵃḥašᵊweroš
Achaschwerosch

נִכְתָּב
nikᵊtɔb
geschrieben-wurde-(es=)er

וְנֶחְתָּם
wᵊnɛḥᵊtɔm
versiegelt-wurde-(es=)er-und

בְּטַבַּעַת
bᵊṭabbaᶜat
Siegelring-(dem)-(mit=)in

הַמֶּלֶךְ׃
hammɛlɛk.
.König(s)-(des=)der

13 וְנִשְׁלוֹחַ
wᵊnišᵊloʷaḥ
(gesandt-wurden-es=)Gesandtwerden-(ein)-Und

סְפָרִים
sᵊpɔriʸm
(Schreiben=)Schriftrollen

בְּיַד
bᵊyad
(durch=)Hand-in

הָרָצִים
hɔrɔṣiʸm
(Eilboten=)Laufenden-die

אֶל־
-ᵓɛl
(in=)zu

כָּל־
-kol
all(e)

מְדִינוֹת
mᵊdiʸnoʷt
Provinzen

הַמֶּלֶךְ
hammɛlɛk
,König(s)-(des=)der

לְהַשְׁמִיד
lᵊhašᵊmiʸd
,vernichten-zu

לַהֲרֹג
lahᵃrog
morden-zu

וּלְאַבֵּד
uʷlᵊᵓabbed
vertilgen-zu-und

אֶת־כָּל־
-kol-ᵓɛt
all***

הַיְּהוּדִים
hayyᵊhuʷdiʸm
,Judäer-die

מִנַּעַר
minnaᶜar
Knaben-(dem)-von-(angefangen)

וְעַד־
-wᵊᶜad
(zum-hin-bis=)bis-und

זָקֵן
zɔqen
,Greis

טַף
ṭap
Kind(er)

וְנָשִׁים
wᵊnɔšiʸm
Frauen-und

בְּיוֹם
bᵊyoʷm
Tag-(an=)in

אֶחָד
ᵓɛḥɔd
,(einem=)einer

בִּשְׁלוֹשָׁה עָשָׂר
bišᵊloʷšɔʰ ᶜɔśɔr
(Tag-dreizehnten-am=)zehn-und-drei-(am=)in

לְחֹדֶשׁ
lᵊḥodɛš
Monat(s)-(des=)zu

שְׁנֵים־עָשָׂר
ᶜɔśɔr-šᵊneʸm
(zwölften=)zehn-zwei

הוּא־
-huʷᵓ
(ist-das=)er —

חֹדֶשׁ
ḥodɛš
Monat-(der)

אֲדָר
ᵓᵃdɔr
,— Adar

וּשְׁלָלָם
uʷšᵊlɔlɔm
Habe-ihre-und

לָבוֹז׃
lɔboʷz.
.plündern-zu

14 פַּתְשֶׁגֶן
patᵊšɛgɛn
(von)-Abschrift-(Eine)

הַכְּתָב
hakkᵊtɔb
Schreiben-(dem=)das

לְהִנָּתֵן
lᵊhinnɔten
(werden-gegeben-sollte=)Gegebenwerden-(einem)-zu

דָּת
dɔt
Verordnung-(als)

בְּכָל-
-bᵊkol
(jeder=)all-in

מְדִינָה וּמְדִינָה
uʷmᵊdiʸnɔʰ mᵊdiʸnɔʰ
,(Provinz-einzelnen=)Provinz-und-Provinz

גָּלוּי
gɔluʷy
(öffentlich=)geöffnet(er)

לְכָל-
-lᵊkol
all-(für=)zu

הָעַמִּים
hɔʿammiʸm
,Völker-die

לִהְיוֹת
lihᵊyoʷt
(seien-sie-dass=)sein-zu

עֲתִדִים
ʿᵃtidiʸm
bereit(e)

לַיּוֹם
layyoʷm
,Tag-den-(für=)zu

הַזֶּה׃
hazzɛʰ.
!da-dies(en)

15 הָרָצִים
hɔrɔṣiʸm
(Eilboten=)Laufenden-Die

יָצְאוּ
yɔṣᵊʾuʷ
,ab-zogen-(sie)

דְחוּפִים
dᵊḥuʷpiʸm
eilend(e)

בִּדְבַר
bidᵊbar
Wort-(dem)-(mit=)in

הַמֶּלֶךְ
hammɛlɛk
,König(s)-(des=)der

וְהַדָּת
wᵊhaddɔt
Anordnung-die-(nachdem=)und

נִתְּנָה
nittᵊnɔʰ
(aus)gegeben-wurde-(sie)

בְּשׁוּשַׁן
bᵊšuʷšan
,(Susa=)Schuschan-in

הַבִּירָה
habbiʸrɔʰ
.Burg-(der=)die

וְהַמֶּלֶךְ
wᵊhammɛlɛk
König-der-(Hingegen=)Und

וְהָמָן
wᵊhɔmɔn
Haman-und

יָשְׁבוּ
yɔšᵊbuʷ
sich-setzten-(sie)

לִשְׁתּוֹת
lišᵊtoʷt
(zechen=)trinken-zu-(um)

וְהָעִיר
wᵊhɔʿiʸr
Stadt-die-und

שׁוּשָׁן
šuʷšɔn
(Susa=)Schuschan

נָבוֹכָה׃
nɔboʷkɔʰ.
.aufgewühlt(e)-war-(sie)

4

1 וּמָרְדֳּכַי
uʷmorᵊdᵒkay
Mordochai-(Als=)Und

יָדַע
yɔdaʿ
(hatte-erfahren=)wusste-(er)

אֶת-כָּל-אֲשֶׁר
ʾᵃšɛr-kol-ʾɛt
was-,all(es)***

נַעֲשָׂה
naʿᵃśɔʰ
,(war-geschehen=)gemacht-wurde-(es=er)

וַיִּקְרַע
wayyiqᵊraʿ
zerriss-(es=er)-(da=)und

מָרְדֳּכַי
morᵊdᵒkay
Mordochai

שַׂק	וַיִּלְבַּשׁ	אֶת־בְּגָדָיו
śaq	wayyilᵊbaš	bᵊgɔdɔʸw-ʾɛt
Sack(gewand)	(mit)-(sich-bedeckte=)an-zog-(er)-und	Kleider-seine***

וַיִּזְעַק	הָעִיר	בְּתוֹךְ	וַיֵּצֵא	וָאֵפֶר
wayyizᵃʿaq	hɔʿiʸr	bᵊtoʷk	wayyeṣeʾ	wɔʾepɛr
schrie-(er)-und	Stadt-die	(Mitte)-in	hinaus-ging-er-(so=)und	;Asche-und

עַד	2 וַיָּבוֹא	וּמָרָה׃	גְדֹלָה	זְעָקָה
ʿad	wayyɔboʷʾ	uʷmɔrɔʰ.	gᵊdolɔʰ	zᵊʿɔqɔʰ
bis	kam-er-(so)-Und	.bittere(m)-und	(lautem=)große(m)	Geschrei-(mit)

אֵין	כִּי	הַמֶּלֶךְ	שַׁעַר־	לִפְנֵי
ʾeʸn	kiʸ	hammɛlɛk	-šaʿar	lipᵊneʸ
(erlaubt-war-es)-nicht	denn	,König(s)-(des=)der	Tor-(das)	(vor=)Gesichter-zu

שָׂק׃	בִּלְבוּשׁ	הַמֶּלֶךְ	שַׁעַר	אֶל־	לָבוֹא
śɔq.	bilᵊbuʷš	hammɛlɛk	šaʿar	-ʾɛl	lɔboʷʾ
.Sack	-gewand-in	König(s)-(des=)der	Tor	(ins=)zu	kommen-zu

מְקוֹם	וּמְדִינָה	מְדִינָה	3 וּבְכָל־
mᵊqoʷm	uʷmᵊdiʸnɔʰ	mᵊdiʸnɔʰ	-uʷbᵊkol
,Ort-(am)	,Provinz-(für=)und	Provinz	,all(en)-(bei=)in-(Indes=)Und

וְדָתוֹ	הַמֶּלֶךְ	דְּבַר־	אֲשֶׁר
wᵊdɔtoʷ	hammɛlɛk	-dᵊbar	ʾᵃšɛr
Anordnung-seine-und	König-(dem=)der	(von)-Wort-(das)	(den-in=)welch(er)

לַיְּהוּדִים	גָּדוֹל	אֵבֶל	מַגִּיעַ
layyᵊhuʷdiʸm	gɔdoʷl	ʾebɛl	maggiʸaʿ
Judäern-den-(bei=)zu	groß(e)	Trauer-(herrschte)	,(gelangend=)berührend(er)-(war)

וָאֵפֶר	שַׂק	וּמִסְפֵּד	וּבְכִי	וְצוֹם
wɔʾepɛr	śaq	uʷmisᵊped	uʷbᵊkiʸ	wᵊṣoʷm
Asche-und	Sack(gewand)	,(Weh)klage-und	Weinen-und	Fasten-und

לָרַבִּים׃	יֻצַּע
lɔrabbiʸm.	yuṣṣaʿ
.Vielen-die-(für=)zu	(Lager-als)-ausgebreitet-wurde-(es=er)

וְסָרִיסֶיהָ	אֶסְתֵּר	נַעֲרוֹת	4 וַתָּבוֹאינָה [וַתָּבוֹאנָה]
wᵊsɔriʸsɛʸhɔ	ʾɛsᵊter	naʿᵃroʷt	[wattɔboʷʾnɔʰ]wattᵊboʷʾɛʸnɔʰ
Höflinge-ihre-und	Esther(s)	Mädchen-(die)	kamen-(sie)-(als)-Und

הַמַּלְכָּה	וַתִּתְחַלְחַל	לָהּ	וַיַּגִּידוּ
hammal^{ə}kɔ^{h}	wattit^{ə}ḥal^{ə}ḥal	lɔh	wayyaggi^{y}du^{w}
Königin-die	erzitterte-(es=sie)-(da=)und	,ihr-zu-(es)	berichteten-(sie)-und

לְהַלְבִּישׁ	בְּגָדִים	וַתִּשְׁלַח	מְאֹד
l^{ə}hal^{ə}bi^{y}š	b^{ə}gɔdi^{y}m	wattiš^{ə}laḥ	m$^{ə\text{ʾ}}$od
bekleiden-zu-(um)	Kleider	schickte-sie-Und	.(heftig=)sehr

מֵעָלָיו	שַׂקּוֹ	וּלְהָסִיר	אֶת־מָרְדֳּכַי
meʿɔlɔ^{y}w	śaqqo^{w}	u^{w}l^{ə}hɔsi^{y}r	mor^{ə}d^{o}kay-ʾɛt
,ihm-(auf)-von	Sackgewand-sein	entfernen-zu-und	Mordochai-(den)***

אֶסְתֵּר	5 וַתִּקְרָא	קִבֵּל׃	וְלֹא
ʾɛs^{ə}ter	wattiq^{ə}rɔʾ	qibbel.	w^{ə}loʾ
Esther	rief-(sie)-(Da=)Und	.an-nahm-er	nicht(s)-(aber=)und

הַמֶּלֶךְ	מִסָּרִיסֵי	לַהֲתָךְ
hammɛlɛk	missɔri^{y}se^{y}	lah^{a}tɔk
,König(s)-(des=)der	Hofbeamten-(den)-von-(einen)	,Hatach-(den=)zu

לְפָנֶיהָ	הֶעֱמִיד	אֲשֶׁר
l^{ə}pɔnɛ^{y}hɔ	hɛ$^{\text{ʿ}ɛ}$mi^{y}d	$^{\text{ʾ}a}$šɛr
,(sie-für=)Gesichtern-ihren-zu	stehen-(Dienst-in)-machte-er	(die=)welch(e)

לָדַעַת	מָרְדֳּכָי	עַל־	וַתְּצַוֵּהוּ
lɔdaʿat	mor^{ə}d^{o}kɔy	-ʿal	watt^{ə}ṣawwehu^{w}
,(erfahren=)kennen-zu-(um)	Mordochai	(wegen=)auf	ihn-beauftragte-(sie)-und

זֶה׃	מַה־	וְעַל־	זֶה	מַה־
zɛ^{h}	-ma^{h}	-w^{ə}ʿal.	zɛ^{h}	-ma^{h}
.(sei-das=)dieser	(weswegen=)was	-auf-und	(sei-das=)dieser	was

אֶל־	מָרְדֳּכָי	אֶל־	הֲתָךְ	6 וַיֵּצֵא
-ʾɛl	mor^{ə}d^{o}kɔy	-ʾɛl	h^{a}tɔk	wayyeṣeʾ
(auf=)zu	Mordochai	zu	Hatach	hinaus-ging-(es=er)-(Hierauf=)Und

לִפְנֵי	אֲשֶׁר	הָעִיר	רְחוֹב
lip^{ə}ne^{y}	$^{\text{ʾ}a}$šɛr	hɔʿi^{y}r	r^{ə}ḥo^{w}b
(vor=)Gesichter-zu	(war)-welch(er)	,Stadt-(der=)die	(Platz-den=)Weite-(die)

מָרְדֳּכַי	לוֹ	7 וַיַּגֶּד־	הַמֶּלֶךְ׃	שַׁעַר־
mor^{ə}d^{o}kay	lo^{w}	-wayyaggɛd	hammɛlɛk.	-šaʿar
Mordochai	ihm-(zu)	brichtete-(es=)er-Und	.König(s)-(des=)der	Tor-(dem)

וְאֵת	קָרָהוּ	אֵת כָּל־ אֲשֶׁר
wəʾet	qɔrɔhuw	ʾašɛr -kol ʾet
***und	,(ihm-begegnet-war=)ihn-getroffen-hatte-(es=er)	was-,all(es)***

אֲשֶׁר	הַכֶּסֶף	פָּרָשַׁת
ʾašɛr	hakkɛsɛp	pɔrɔšat
(das=)welch(es)	,Silber(s)-(des=)das	Angabe-(genaue)-(die)

עַל־	לִשְׁקוֹל	הָמָן	אָמַר
-ʿal	lišəqowl	hɔmɔn	ʾɔmar
(in=)auf	Darwägen-(ein)-(für=)zu	Haman	(zu)gesagt-hatte-(es=er)

בַּיְּהוּדִיִּים[בַּיְּהוּדִים]	הַמֶּלֶךְ	גִּנְזֵי
[bayyəhuwdiym]bayyəhuwdiyyiym	hammɛlɛk	ginəzey
Judäer-die-(gegen=)in	König(s)-(des=)der	Schatzkammern-(die)

כְּתָב־	8 וְאֶת־פַּתְשֶׁגֶן	לְאַבְּדָם׃
-kətob	patəšɛgɛn-wəʾɛt	ləʾabbədɔm.
Schreiben(s)-(des)	Abschrift-(eine)-***Und	.sie-vernichten-zu-(um)

נִתַּן	אֲשֶׁר־	הַדָּת
nittan	-ʾašɛr	haddɔt
worden-(aus)gegeben-war-(sie=er)	(die=)welche	,Verordnung-(der=)die

לוֹ	נָתַן	לְהַשְׁמִידָם	בְּשׁוּשָׁן
low	nɔtan	ləhašəmiydɔm	bəšuwšɔn
,ihm-(zu)	gab-er	,sie-vertilgen-zu	(Susa=)Schuschan-in

לָהּ	וּלְהַגִּיד	אֶת־אֶסְתֵּר	לְהַרְאוֹת
lɔh	uwləhaggiyd	ʾɛsəter-ʾɛt	ləharəʾowt
ihr-(zu)	berichten-zu-und	Esther-***	(zeige-sie-er-dass=)machen-sehen-zu

הַמֶּלֶךְ	אֶל־	לָבוֹא	עָלֶיהָ	וּלְצַוּוֹת
hammɛlɛk	-ʾɛl	lɔbowʾ	ʿɔlɛyhɔ	uwləṣauwowt
König-(dem=)der	zu	(gehen=)kommen-zu	sie-(auf)	beauftragen-zu-und

וּלְבַקֵּשׁ	לוֹ	לְהִתְחַנֶּן־
uwləbaqqeš	low	-ləhitəḥannɛn
(bitten=)suchen-zu-und	ihm-zu	Gnade-um-flehen-zu

9 וַיָּבוֹא	עַמָּהּ׃	עַל־	מִלְּפָנָיו
wayyɔbowʾ	ʿammɔh.	-ʿal	milləpɔnɔyw
kam-(es=)er-Und	.Volk-ihr	(für=)auf	(ihm-vor=)Gesichtern-seinen-zu-von

מָרְדֳּכָי׃	אֵת דִּבְרֵי	לְאֶסְתֵּר	וַיַּגֵּד	הֲתָךְ
morᵊdᵒkɔy.	dibᵊreʸ ʾet	lᵊʾɛsᵊter	wayyagged	hᵃtɔk
.Mordochai	(von)-Worte-(die)***	Esther-(an=)zu	berichtete-er-und	Hatach

וַתְּצַוֵּהוּ	לַהֲתָךְ	אֶסְתֵּר	10 וַתֹּאמֶר
wattᵊṣawwehuʷ	lahᵃtɔk	ʾɛsᵊter	wattoʾmɛr
ihn-beauftragte-(sie)-und	Hatach-zu	Esther	sprach-(es=sie)-(Da=)Und

הַמֶּלֶךְ	עַבְדֵי	11 כָּל־	מָרְדֳּכָי׃	אֶל־
hammɛlɛk	ʿabᵊdeʸ	-kol	morᵊdᵒkɔy.	-ʾɛl
König-(dem=)der	(von)-Diener	All(e)	:Mordochai	zu-(damit)

אֲשֶׁר	יוֹדְעִים	הַמֶּלֶךְ	מְדִינוֹת	וְעַם־
ʾᵃšɛr	yoʷdᵊʿiʸm	hammɛlɛk	mᵊdiʸnoʷt	-wᵊʿam
dass	,wissend(e)-(sind)	König(s)-(des=)der	Provinzen-(der)	Volk-(das)-und

אֶל־	יָבוֹא־	אֲשֶׁר	וְאִשָּׁה	אִישׁ	כָּל־
-ʾɛl	-yɔboʷʾ	ʾᵃšɛr	wᵊʾiššɔʰ	ʾiʸš	-kol
zu	kommt-(er)	(der=)welch(er)	,Frau-(oder=)und	Mann	,(jeder=)all

הַפְּנִימִית	הֶחָצֵר	אֶל־	הַמֶּלֶךְ
happᵊniʸmiʸt	hɛḥɔṣer	-ʾɛl	hammɛlɛk
,innere(n)-(den=)die	,Hof-(den=)der	(in=)zu	König-(dem=)der

דָּתוֹ	אַחַת	יִקָּרֵא	לֹא־	אֲשֶׁר
dɔtoʷ	ʾaḥat	yiqqɔreʾ	-loʾ	ʾᵃšɛr
,Gesetz-sein-(ist)	eine(s) —	gerufen-wird-(er)	nicht	(der=)welch(er)

לְבַד	לְהָמִית
lᵊbad	lᵊhɔmiʸt
(außer=)allein-zu	,(ihn-töte-man-dass=)machen-sterben-zu

הַמֶּלֶךְ	לוֹ	יוֹשִׁיט־	מֵאֲשֶׁר
hammɛlɛk	loʷ	-yoʷšiʸṭ	meʾᵃšɛr
König-der	ihm-zu	aus-streckt-(es=)er	,(den=)welch(en)-(für=)von

וַאֲנִי	וְחָיָה	הַזָּהָב	אֶת־שַׁרְבִיט
waʾᵃniʸ	wᵊḥɔyɔʰ	hazzɔhɔb	šarᵊbiʸṭ-ʾɛt
,ich-(Aber=)Und	.lebe-er-(dass=)und	,(goldene=)Gold-das	,Zepter-(das)***

הַמֶּלֶךְ	אֶל־	לָבוֹא	נִקְרֵאתִי	לֹא
hammɛlɛk	-ʾɛl	lɔboʷʾ	niqᵊreʾtiʸ	loʾ
,König-(dem=)der	zu	kommen-zu	gerufen-wurde-ich	nicht

לְמָרְדֳּכָי	12 וַיַּגִּידוּ	יוֹם׃	שְׁלוֹשִׁים	זֶה
l^{ə}mor^{ə}d^{o}kɔy	wayyaggi^{y}du^{w}	yo^{w}m.	š^{ə}lo^{w}ši^{y}m	zɛ^{h}
Mordochai-(dem=)zu	berichteten-sie-Und	!Tag(e)	dreißig	(schon=)dieser

מָרְדֳּכַי	13 וַיֹּאמֶר	אֶסְתֵּר׃	אֵת דִּבְרֵי
mor^{ə}d^{o}kay	wayyo^{ʾ}mɛr	^{ʾ}ɛs^{ə}ter.	dib^{ə}re^{y} ^{ʾ}et
Mordochai	sagte-(es=)er-Und	.Esther	(von)-Worte-(die)***

תְּדַמִּי	אַל־	אֶל־אֶסְתֵּר	לְהָשִׁיב
t^{ə}dammi^{y}	-^{ʾ}al	^{ʾ}ɛs^{ə}ter-^{ʾ}ɛl	l^{ə}hɔši^{y}b
denken-(sollst=)wirst-du	Nicht	:Esther-(zu)	(antworten=)machen-kehren-zu

הַמֶּלֶךְ	בֵּית־	לְהִמָּלֵט	בְנַפְשֵׁךְ
hammɛlɛk	-be^{y}t	l^{ə}himmɔleṭ	b^{ə}nap^{ə}šek
König(s)-(des=)der	Haus-(im)	entkommen-zu	Leben-dein(em)-(mit=)in

אִם־	14 כִּי	הַיְּהוּדִים׃	מִכָּל־
-^{ʾ}im	ki^{y}	hayy^{ə}hu^{w}di^{y}m.	-mikkol
wenn	,(Vielmehr=)Denn	.Judäer(n)-(den=)die	all-von

רֶוַח	הַזֹּאת	בָּעֵת	תַּחֲרִישִׁי	הַחֲרֵשׁ
rɛwaḥ	hazzo^{ʾ}t	bɔ^{ʿ}et	taḥ^{a}ri^{y}ši^{y}	haḥ^{a}reš
Befreiung	,da-diese(r)	,Zeit-der-in	schweigst-du	(trotzdem=)Schweigen-(ein)

מִמָּקוֹם	לַיְּהוּדִים	יַעֲמוֹד	וְהַצָּלָה
mimmɔqo^{w}m	layy^{ə}hu^{w}di^{y}m	ya^{ʿa}mo^{w}d	w^{ə}haṣṣɔlɔ^{h}
(Stelle=)Ort-von	Judäer-die-(für=)zu	erstehen-wird-(es=er)	Rettung-und

אָבִיךְ	וּבֵית־	וְאַתְּ	אַחֵר
^{ʾ}ɔbi^{y}k	-u^{w}be^{y}t	w^{əʾ}att^{ə}	^{ʾ}aḥer
,Vater(s)-dein(es)	Haus-(das)-und	du-(indes=)und	,ander(er)

אִם־	יוֹדֵעַ	וּמִי	תֹּאבֵדוּ
-^{ʾ}im	yo^{w}dea^{ʿ}	u^{w}mi^{y}	to^{ʾ}bedu^{w}
(nicht-ob=)wenn	,(weiß=)Wissender	wer-Und	.umkommen-werdet-ihr

לַמַּלְכוּת׃	הִגַּעַתְּ	כָּזֹאת	לְעֵת
lammal^{ə}ku^{w}t.	higga^{ʿ}att^{ə}	kɔzo^{ʾ}t	l^{əʿ}et
?Königswürde-zur	(gelangt-bist=)berührt-hast-du	diese-wie	Zeit-(eine)-(für=)zu

לְהָשִׁיב	אֶסְתֵּר	15 וַתֹּאמֶר
l^{ə}hɔši^{y}b	^{ʾ}ɛs^{ə}ter	watto^{ʾ}mɛr
(antworte-man-dass=)machen-kehren-zu	,Esther	sprach-(es=)sie-Und

הַיְּהוּדִים	אֶת־כָּל־	כְּנוֹס	16 לֵךְ	אֶל־מָרְדֳּכָי׃
hayyᵊhuʷdiʸm	-kol-ʾɛt	kᵊnoʷs	lek	morᵊdᵒkɔy-ʾɛl.
,Judäer-die	all***	versammle	,Geh	:Mordochai-(dem=)zu

עָלַי	וְצוּמוּ	בְּשׁוּשָׁן	הַנִּמְצְאִים
ʿɔlay	wᵊṣuʷmuʷ	bᵊšuʷšɔn	hannimᵊṣᵊʾiʸm
;mich-(für=)auf	fastet-und	,(Susa=)Schuschan-in	Sichbefindenden-die

תִּשְׁתּוּ	וְאַל־	תֹּאכְלוּ	וְאַל־
tišᵊtuʷ	-wᵊʾal	toʾkᵊluʷ	-wᵊʾal
trinken-(sollt=)werdet-ihr	nicht-und	essen-(sollt=)werdet-ihr	nicht-und

וְנַעֲרֹתַי	גַּם־אֲנִי	וָיוֹם	לַיְלָה	יָמִים	שְׁלֹשֶׁת
wᵊnaʿᵃrotay	ʾᵃniʸ-gam	wɔyoʷm	layᵊlɔʰ	yɔmiʸm	šᵊlošɛt
;Mädchen-meine-und	ich-Auch	!Tag-und	Nacht	,(lang)-Tage	drei

אָבוֹא	וּבְכֵן	כֵּן	אָצוּם
ʾɔboʷʾ	uʷbᵊken	ken	ʾɔṣuʷm
hingehen-werde-ich	(sodann=)so-in-und	,(al)so	fasten-werde-ich

לֹא־	אֲשֶׁר	הַמֶּלֶךְ	אֶל־
-loʾ	ʾᵃšɛr	hammɛlɛk	-ʾɛl
(ist)-nicht	(was=)welch(es)	,König-(dem=)der	zu

אָבַדְתִּי	וְכַאֲשֶׁר	כַּדָּת
ʾɔbadᵊtiʸ	wᵊkaʾᵃšɛr	kaddɔt
,umkomme-ich	(wenn=)wann-und	,Verordnung-(der)-(gemäß=)wie

מָרְדֳּכָי	17 וַיַּעֲבֹר	אָבָדְתִּי׃
morᵊdᵒkɔy	wayyaʿᵃbor	ʾɔbɔdᵊtiʸ.
Mordochai	(fort=)hinüber-ging-(es=)er-Und	!um-(eben)-komme-ich

אֲשֶׁר־	כְּכֹל	וַיַּעַשׂ
-ʾᵃšɛr	kᵊkol	wayyaʿaś
(was=)welch(es)	,(allem-gemäß=)alles-wie	(tat=)machte-er-und

אֶסְתֵּר׃	עָלָיו	צִוְּתָה
ʾɛsᵊter.	ʿɔlɔʸw	ṣiwwᵊtɔʰ
.Esther	ihn-(für=)auf	angeordnet-hatte-(sie)

הַשְּׁלִישִׁי	בַּיּוֹם	1 וַיְהִי	**5**
haššᵊliʸšiʸ	bayyoʷm	wayᵊhiʸ	
,dritte(n)-(dem=)der	,Tag-(dem)-(an=)in	(geschah=)war-(es=)er-Und	

מַלְכ֔וּת	אֶסְתֵּר֙	וַתִּלְבַּ֤שׁ
mal^{ə}ku^{w}t	ʾεs^{ə}ter	wattil^{ə}baš
.(königlich=)Königtum	Esther	kleidete-sich-(sie)-(dass=)und

הַמֶּ֔לֶךְ	בֵּית־	בַּחֲצַ֤ר	וַתַּעֲמֹ֞ד
hammεlεk	-be^{y}t	baḥ^{a}ṣar	wattaʿ^{a}mod
,König(s)-(des=)der	Haus(es)-(des)	Hof-den-in	sich-stellte-sie-Und

הַמֶּ֑לֶךְ	בֵּ֣ית	נֹ֖כַח	הַפְּנִימִ֔ית
hammεlεk	be^{y}t	nokaḥ	happ^{ə}ni^{y}mi^{y}t
,König(s)-(des=)der	Haus-(dem)	gegenüber	,innere(n)-(den=)die

כִּסֵּ֣א	עַל־	יוֹשֵׁ֞ב	וְהַמֶּ֨לֶךְ
kisseʾ	-ʿal	yo^{w}šeb	w^{ə}hammεlεk
Thron-(dem)	auf	sitzend(er)-(war)	König-der-(als=)und

הַמַּלְכ֔וּת	בְּבֵ֣ית	מַלְכוּתוֹ֙
hammal^{ə}ku^{w}t	b^{ə}be^{y}t	mal^{ə}ku^{w}to^{w}
,(königlichen=)Königtum(s)-(des=)das	Haus-(im=)in	(König)reich(es)-sein(es)

2 וַיְהִ֡י	הַבָּֽיִת׃	פֶּ֥תַח	נֹ֖כַח
way^{ə}hi^{y}	habbɔyit.	pεtaḥ	nokaḥ
,(geschah=)war-(es=)er-Und	.Haus(es)-(des=)das	Eingang-(dem)	gegenüber

עֹמֶ֙דֶת֙	הַמַּלְכָּ֗ה	אֶת־אֶסְתֵּ֣ר	הַמֶּ֜לֶךְ	כִרְא֨וֹת
ʿomεdεt	hammal^{ə}kɔ^{h}	ʾεs^{ə}ter-ʾεt	hammεlεk	kir^{ə}ʾo^{w}t
stehend(e)	,Königin-die	,Esther-***	König-der	(sah-als=)Sehen-(ein)-wie

בְּעֵינָ֑יו	חֵ֖ן	נָשְׂאָ֥ה	בֶּחָצֵ֔ר
b^{ə}ʿe^{y}nɔ^{y}w	ḥen	nɔś^{ə}ʾɔ^{h}	bεḥɔṣer
,Augen-(zwei)-seinen-in	Gnade	(fand=)auf-hob-sie	,Hof-im

אֶת־שַׁרְבִ֤יט	לְאֶסְתֵּ֗ר	הַמֶּ֜לֶךְ	וַיּ֨וֹשֶׁט
šar^{ə}bi^{y}ṭ-ʾεt	l^{ə}ʾεs^{ə}ter	hammεlεk	wayyo^{w}šεṭ
Zepter-(das)***	Esther-zu	König-der	hin-streckte-(es=)er-und

בְּיָד֔וֹ	אֲשֶׁ֣ר	הַזָּהָב֙
b^{ə}yɔdo^{w}	ʾ^{a}šεr	hazzɔhɔb
.Hand-seine(r)-in-(war)	welch(es)	,(goldene=)Gold-das

בְּרֹ֥אשׁ	וַתִּגַּ֖ע	אֶסְתֵּ֔ר	וַתִּקְרַ֣ב
b^{ə}roʾš	wattiggaʿ	ʾεs^{ə}ter	wattiq^{ə}rab
(Spitze-die=)Haupt-in	berührte-(sie)-und	Esther	heran-trat-(es=sie)-(Da=)Und

מַה־	הַמֶּלֶךְ	לָהּ	3 וַיֹּאמֶר	הַשַּׁרְבִיט׃
-maʰ	hammɛlɛk	lɔh	wayyoʾmɛr	haššarᵊbiʸṭ.
Was	:König-der	ihr-zu	sprach-(er)-(Hierauf=)Und	.Zepter(s)-(des=)das

וּמַה־	הַמַּלְכָּה	אֶסְתֵּר	לָּךְ
-uʷmaʰ	hammalᵊkɔʰ	ʾɛsᵊter	lɔk
(ist)-was-und	,Königin-(o=)die	,Esther	,(dich-bewegt=)dir-zu

הַמַּלְכוּת	חֲצִי	עַד־	בַּקָּשָׁתֵךְ
hammalᵊkuʷt	ḥᵃṣiʸ	-ʿad	baqqɔšɔtek
,Königreich(es)-(des=)das	Hälfte	(zur)-Bis	?(Begehren=)Verlangen-dein

לָךְ׃	וְיִנָּתֵן
lɔk.	wᵊyinnɔten
!dir-(zu)	werden-gegeben-(soll=)wird-(es=)er-(,ja=)und

הַמֶּלֶךְ	עַל־	אִם־	אֶסְתֵּר	4 וַתֹּאמֶר
hammɛlɛk	-ʿal	-ʾim	ʾɛsᵊter	wattoʾmɛr
König-(den=)der	(für=)auf	Wenn	:Esther	sprach-(es=sie)-(Da=)Und

וְהָמָן	הַמֶּלֶךְ	יָבוֹא	טוֹב
wᵊhɔmɔn	hammɛlɛk	yɔboʷʾ	ṭoʷb
Haman-und	König-der	kommen-(möge=)wird-(es=er)	,(recht-ist-es=)gut

אֲשֶׁר־	הַמִּשְׁתֶּה	אֶל־	הַיּוֹם
-ʾᵃšɛr	hammišᵊtɛʰ	-ʾɛl	hayyoʷm
welch(es)	,Mahl-(dem=)das	zu	(heute=)Tag-der

5 וַיֹּאמֶר	לוֹ׃	עָשִׂיתִי
wayyoʾmɛr	loʷ.	ʿɔśiʸtiʸ
sagte-(es=er)-(Da=)Und	!(ihn-für=)ihm-zu	(bereitet=)gemacht-habe-ich

אֶת־הָמָן	מַהֲרוּ	הַמֶּלֶךְ
hɔmɔn-ʾɛt	mahᵃruʷ	hammɛlɛk
Haman-(den)***	(holt-Eiligst=)Eilet	:König-der

וַיָּבֹא	אֶסְתֵּר	אֶת־דְּבַר	לַעֲשׂוֹת
wayyɔboʾ	ʾɛsᵊter	dᵊbar-ʾɛt	laʿᵃśoʷt
kam-(es=)er-Und	!Esther(s)	Wort-(das)***	(auszuführen=)machen-zu-(um)

אֲשֶׁר־	הַמִּשְׁתֶּה	אֶל־	וְהָמָן	הַמֶּלֶךְ
-ʾᵃšɛr	hammišᵊtɛʰ	-ʾɛl	wᵊhɔmɔn	hammɛlɛk
welch(es)	,Mahl-(dem=)das	zu	Haman-und	König-der

הַמֶּלֶךְ	6 וַיֹּאמֶר	אֶסְתֵּר׃	עָשְׂתָה
hammɛlɛk	wayyoʾmɛr	ʾɛsᵊter.	ʿɔśᵊtɔʰ
König-der	sprach-(es=)er-Und	.Esther	(bereitet=)gemacht-hatte-(sie)

מַה־	הַיָּיִן	בְּמִשְׁתֵּה	לְאֶסְתֵּר
-maʰ	hayyayin	bᵊmišᵊteʰ	lᵊʾɛsᵊter
(ist)-Was	:Wein(es)-(des=)der	(Gelage=)Trinken-(beim=)in	Esther-zu

לָךְ	וְיִנָּתֵן	שְׁאֵלָתֵךְ
lɔk	wᵊyinnɔten	šᵊʾelɔtek
!dir-(zu)	werden-(gewährt=)gegeben-(soll=)wird-(es=)er-(,Ja=)Und	?Bitte-deine

חֲצִי	עַד־	בַּקָּשָׁתֵךְ	וּמַה־
ḥᵃṣiʸ	-ʿad	baqqɔšɔtek	-uʷmaʰ
Hälfte	(zur)-Bis	?(Begehren=)Verlangen-dein	(ist)-was-Und

וְתֵעָשׂ׃	הַמַּלְכוּת
wᵊteʿɔś.	hammalᵊkuʷt
!werden-(erfüllt=)gemacht-(soll=)wird-(es=)er-,(ja=)und	,Königreich(es)-(des=)das

שְׁאֵלָתִי	וַתֹּאמַר	אֶסְתֵּר	7 וַתַּעַן
šᵊʾelɔtiʸ	wattoʾmar	ʾɛsᵊter	wattaʿan
Bitte-Meine	:sagte-sie-(indem=)und	,Esther	antwortete-(es=sie)-(Darauf=)Und

חֵן	מָצָאתִי	8 אִם־	וּבַקָּשָׁתִי׃
ḥen	mɔṣɔʾtiʸ	-ʾim	uʷbaqqɔšɔtiʸ.
Gnade	gefunden-habe-ich	Wenn	:(ist)-(Begehren=)Verlangen-mein-und

הַמֶּלֶךְ	עַל־	וְאִם־	הַמֶּלֶךְ	בְּעֵינֵי
hammɛlɛk	-ʿal	-wᵊʾim	hammɛlɛk	bᵊʿeʸneʸ
König-(den=)der	(für=)auf	wenn-und	König(s)-(des=)der	Augen-(beiden)-in

אֶת־שְׁאֵלָתִי	לָתֵת	טוֹב
šᵊʾelɔtiʸ-ʾɛt	lɔtet	ṭoʷb
Bitte-meine***	(gewähren=)geben-zu	(recht-ist-es=)gut

אֶת־בַּקָּשָׁתִי	וְלַעֲשׂוֹת
baqqɔšɔtiʸ-ʾɛt	wᵊlaʿᵃśoʷt
,(Begehren=)Verlangen-mein***	(erfüllen=)machen-zu-und

אֶל־	וְהָמָן	הַמֶּלֶךְ	יָבוֹא
-ʾɛl	wᵊhɔmɔn	hammɛlɛk	yɔboʷʾ
zu	Haman-und	König-der	kommen-(möge=)wird-(es=)er-(so)

הַמִּשְׁתֶּה֙	אֲשֶׁר	אֶֽעֱשֶׂה	לָהֶם
hammišᵊtɛʰ	ᵓašɛr	ᵓɛᶜᵉśɛʰ	lɔhɛm
,Mahl-(dem=)das	(das=)welch(es)	(bereiten=)machen-werde-ich	,ihnen-(zu)

וּמָחָר	אֶֽעֱשֶׂה	כִּדְבַר
uʷmɔḥɔr	ᵓɛᶜᵉśɛʰ	kidᵊbar
morgen-und	(tun=)machen-werde-ich	Wort-(dem)-(nach=)wie

הַמֶּלֶךְ׃	9 וַיֵּצֵא	הָמָן֙	בַּיּוֹם
hammɛlɛk.	wayyeṣeᵓ	hɔmɔn	bayyoʷm
!König(s)-(des=)der	hinaus-ging-(es=)er-Und	Haman	,Tag-dem-(an=)in

הַהוּא	שָׂמֵחַ	וְטוֹב	לֵב
hahuʷᵓ	śɔmeaḥ	wᵊṭoʷb	leb
,da-jenem	fröhlich	gut(en)-und	;(Mutes=)Herz(ens)

וְכִרְאוֹת֩	הָמָ֜ן	אֶת־מָרְדֳּכַי	בְּשַׁעַר
wᵊkirᵊᵓoʷt	hɔmɔn	morᵊdᵒkay-ᵓɛt	bᵊšaᶜar
(sah-als=)Sehen-(ein)-wie-(aber=)und	Haman	Mordochai-(den)***	Tor-(im=)in

הַמֶּלֶךְ	וְלֹא־	קָם֙	וְלֹא־
hammɛlɛk	-wᵊloᵓ	qɔm	-wᵊloᵓ
König(s)-(des=)der	nicht-und	auf-stand-er	nicht-und

זָע	מִמֶּנּוּ
zɔᶜ	mimmɛnnuʷ
(Respekt=)Furcht-zeigte-er	,ihm-(vor=)von

וַיִּמָּלֵא	הָמָן	עַל־	מָרְדֳּכַי
wayyimmɔleᵓ	hɔmɔn	-ᶜal	morᵊdᵒkay
(voll=)erfüllt-war-(es=er)-(da=)und	Haman	(über=)auf	Mordochai

חֵמָה׃	10 וַיִּתְאַפַּק	הָמָן
ḥemɔʰ.	wayyitᵊᵓappaq	hɔmɔn
.(Wut=)Glut-(mit)	sich-an-hielt-(es=)er-(Aber=)Und	Haman

וַיָּבוֹא	אֶל־	בֵּיתוֹ	וַיִּשְׁלַח
wayyɔboʷᵓ	-ᵓɛl	beʸtoʷ	wayyišᵊlaḥ
(ging=)kam-(er)-und	zu	Haus-sein(em)	,(hin)-sandte-er-und

וַיָּבֵא	אֶת־אֹהֲבָיו
wayyɔbeᵓ	ᵓohᵃbɔʸw-ᵓɛt
mache-kommen-(man=)er-(dass=)und	(Freunde=)Liebenden-seine***

הָמָן	לָהֶם	11 וַיְסַפֵּר	אִשְׁתּוֹ׃	וְאֶת־זֶרֶשׁ
hɔmɔn	lɔhɛm	wayᵊsapper	ʾišᵊtoʷ.	zɛrɛš-wᵊʾɛt
Haman	ihnen-(zu)	auf-zählte-(es=)er-(Dann=)Und	.Frau-seine	,Seresch-***und

וְרֹב	עָשְׁרוֹ	אֶת־כְּבוֹד
wᵊrob	ʿɔšᵊroʷ	kᵊboʷd-ʾɛt
Menge-(die)-und	Reichtum(s)-sein(es)	(Pracht=)Schwere-(die)***

אֲשֶׁר	כָּל־	וְאֵת	בָּנָיו
ʾašɛr	-kol	wᵊʾet	bɔnɔʸw
(womit=)was	,all(es)	***und	(Kinder=)Söhne-seine(r)

נִשְּׂאוֹ	אֲשֶׁר	וְאֵת	הַמֶּלֶךְ	גִּדְּלוֹ
niśśᵊʾoʷ	ʾašɛr	wᵊʾet	hammɛlɛk	giddᵊloʷ
ihn-erhoben-hatte-er	dass	***und	König-der	ihn-gemacht-groß-hat-(es=er)

הַמֶּלֶךְ׃	וְעַבְדֵי	הַשָּׂרִים	עַל־
hammɛlɛk.	wᵊʿabᵊdeʸ	haśśɔriʸm	-ʿal
.König-(dem=)der	(von)-Diener-und	Fürsten-die	(über=)auf

לֹא־	אַף	הָמָן	12 וַיֹּאמֶר
-loʾ	ʾap	hɔmɔn	wayyoʾmɛr
(einen)-nicht	(,Ja=)Auch	:Haman	sagte-(es=er)-(Dann=)Und

הַמֶּלֶךְ	עִם־	הַמַּלְכָּה	אֶסְתֵּר	הֵבִיאָה
hammɛlɛk	-ʿim	hammalᵊkɔʰ	ʾɛsᵊter	hebiʸʾɔʰ
König-(dem=)der	mit	,Königin-die	,Esther	kommen-(ließ=)machte-(es=sie)

עָשָׂתָה	אֲשֶׁר־	הַמִּשְׁתֶּה	אֶל־
ʿɔśɔtɔʰ	-ʾašɛr	hammišᵊtɛʰ	-ʾɛl
,(bereitet=)gemacht-hatte-sie	(das=)welch(es)	,Mahl-(dem=)das	zu

אֲנִי	לְמָחָר	וְגַם־	אוֹתִי	כִּי אִם־
ʾaniʸ	lᵊmɔḥɔr	-wᵊgam	ʾoʷtiʸ	-ʾim kiʸ
(bin)-ich	morgen-(für=)zu	auch-und	,mich	(außer=)wenn-denn

13 וְכָל־	הַמֶּלֶךְ׃	עִם־	לָהּ	קְרוּאָ־
-wᵊkol	hammɛlɛk.	-ʿim	lɔh	-qɔruʷʾ
all-(Aber=)Und	!König-(dem=)der	mit	ihr-zu	(geladen=)gerufen(er)

לִי	שֹׁוֶה	אֵינֶנּוּ	זֶה
liʸ	šowɛʰ	ʾeʸnɛnnuʷ	zɛʰ
,(mich-für=)mir-zu	genügend(er)	(es=er)-ist-nicht	(das=)dieser

אֶת־מָרְדֳּכַי	רֹאֶה	אֲנִי	אֲשֶׁר	בְּכָל־עֵת
mor^{ə}d^{o}kay-ʾɛt	roʾɛ^{h}	ʾ^{a}ni^{y}	ʾ^{a}šɛr	ʿet-b^{ə}kol
,Mordochai-(den)	sehend(er)	(bin)-ich	als	(solange=)Zeit-all(er)-in

הַמֶּלֶךְ׃	בְּשַׁעַר	יוֹשֵׁב	הַיְּהוּדִי
hammɛlɛk.	b^{ə}šaʿar	yo^{w}šeb	hayy^{ə}hu^{w}di^{y}
!König(s)-(des=)der	Tor-(dem)-in	sitzend(er)	,Judäer-(den=)der

וְכָל־	אִשְׁתּוֹ	זֶרֶשׁ	לוֹ	14 וַתֹּאמֶר
-w^{ə}kol	ʾiš^{ə}to^{w}	zɛrɛš	lo^{w}	wattoʾmɛr
all(e)-und	,Frau-seine	,Seresch	ihm-zu	sprach-(es=sie)-(Da=)Und

יַעֲשׂוּ־	אֹהֲבָיו
-yaʿ^{a}śu^{w}	ʾoh^{a}bɔ^{y}w
(mache-Man=)machen-werden-Sie	:(Freunde=)Liebenden-seine

וּבַבֹּקֶר	אַמָּה	חֲמִשִּׁים	גָּבֹהַּ	עֵץ
u^{w}babboqɛr	ʾammɔ^{h}	ḥ^{a}mišši^{y}m	gɔboah	ʿeṣ
Morgen-(am=)im-und	,Elle(n)	fünfzig	hoch	,(Galgen-einen=)Holz-(ein)

וְיִתְלוּ	לַמֶּלֶךְ	אֱמֹר
w^{ə}yit^{ə}lu^{w}	lammɛlɛk	ʾ^{ɛ}mor
aufhängen-(möge=)werden-(man=)sie-(dass=)und	,König-dem-zu	sprich

עִם־	וּבֹא־	עָלָיו	אֶת־מָרְדֳּכַי
-ʿim	-u^{w}boʾ	ʿɔlɔ^{y}w	mor^{ə}d^{o}kay-ʾɛt
mit	(geh=)komm-(dann)-und	,ihm-(an=)auf	Mordochai-(den)***

וַיִּיטַב	שָׂמֵחַ	הַמִּשְׁתֶּה	אֶל־	הַמֶּלֶךְ
wayyi^{y}ṭab	śɔmeaḥ	hammiš^{ə}tɛ^{h}	-ʾɛl	hammɛlɛk
gut-war-(es=)er-Und	!fröhlich	Mahl-(dem=)das	zu	König-(dem=)der

הָמָן	לִפְנֵי	הַדָּבָר
hɔmɔn	lip^{ə}ne^{y}	haddɔbɔr
Haman	(für=)Gesichter-zu	(Sache-die=)Wort-das

הָעֵץ׃	וַיַּעַשׂ
hɔʿeṣ.	wayyaʿaś
.(Galgen-den=)Holz-das	(fertigen-ließ=)machte-er-und

6

שְׁנַת	נָדְדָה	הַהוּא	1 בַּלַּיְלָה
š^{ə}nat	nɔd^{ə}dɔ^{h}	hahu^{w}ʾ	ballay^{ə}lɔ^{h}
(von)-Schlaf-(der)	floh-(es=sie)	,da-jener	,Nacht-der-In

לְהָבִיא	וַיֹּאמֶר	הַמֶּלֶךְ
lᵊhɔbiʸʾ	wayyoʾmɛr	hammɛlɛk
(bringen=)machen-kommen-zu	(befahl=)sagte-er-und	König-(dem=)der

דִּבְרֵי	הַזִּכְרֹנוֹת	אֶת־סֵפֶר
dibᵊreʸ	hazzikᵊronoʷt	sepɛr-ʾɛt
(Ereignisse=)Dinge-(der)	Denkwürdigkeiten-(der=)die	Buch-(das)***

נִקְרָאִים	וַיִּהְיוּ	הַיָּמִים
niqᵊrɔʾiʸm	wayyihᵊyuʷ	hayyɔmiʸm
(gelesen=)gerufen(e)	wurden-sie-und	;(Zeit=)Tage-(der=)die

כָּתוּב	2 וַיִּמָּצֵא	הַמֶּלֶךְ׃	לִפְנֵי
kɔtuʷb	wayyimmɔṣeʾ	hammɛlɛk.	lipᵊneʸ
,geschrieben(er)	sich-fand-(es=)er-Und	.König-(dem=)der	(vor=)Gesichter-zu

וָתֶרֶשׁ	בִּגְתָנָא	עַל־	מָרְדֳּכַי	הִגִּיד	אֲשֶׁר
wɔtɛrɛš	bigᵊtɔnɔʾ	-ʿal	morᵊdᵒkay	higgiʸd	ʾᵃšɛr
,Teresch-und	Bigtana	(über=)auf	Mordochai	gemeldet-hatte-(er)	dass

מִשֹּׁמְרֵי	הַמֶּלֶךְ	סָרִיסֵי	שְׁנֵי
miššomᵊreʸ	hammɛlɛk	sɔriʸseʸ	šᵊneʸ
Hütenden-(den)-von	,König(s)-(des=)der	Hofbeamte(n)-(den)	(von)-zwei

לִשְׁלֹחַ	בִּקְשׁוּ	אֲשֶׁר	הַסַּף
lišᵊloaḥ	biqᵊšuʷ	ʾᵃšɛr	hassap
(anzulegen=)senden-zu	(trachteten=)suchten-(sie)	(die=)welch(e)	,Schwelle-die

3 וַיֹּאמֶר	אֲחַשְׁוֵרוֹשׁ׃	בַּמֶּלֶךְ	יָד
wayyoʾmɛr	ʾᵃḥašᵊweroʷš.	bammɛlɛk	yɔd
sagte-(es=er)-(Da=)Und	.Achaschwerosch	König-den-(an=)in	Hand

יְקָר	נַעֲשָׂה	מַה־	הַמֶּלֶךְ
yᵊqɔr	naʿᵃśɔʰ	-maʰ	hammɛlɛk
(Auszeichnung=)Pracht-(an)	gemacht-wurde-(es=er)	Was	:König-der

עַל־זֶה	לְמָרְדֳּכַי	וּגְדוּלָּה
zɛʰ-ʿal	lᵊmorᵊdᵒkay	uʷgᵊduʷllɔʰ
?(deshalb=)dieser-auf	Mordochai-(dem=)zu	(Ehre=)Größe-und

הַמֶּלֶךְ	נַעֲרֵי	וַיֹּאמְרוּ
hammɛlɛk	naʿᵃreʸ	wayyoʾmᵊruʷ
,König(s)-(des=)der	(Knechte=)Knaben-(die)	sagten-(sie)-(Da=)Und

דָּבָר׃	עִמּוֹ	נַעֲשָׂה	לֹא־	מְשָׁרְתָיו
dɔbɔr.	ʿimmo^{w}	naʿ^{a}śɔh	-loʾ	m^{ə}šɔr^{ə}tɔ^{y}w
.(etwas=)Wort	ihm-(mit)	gemacht-wurde-(es=er)	Nicht	:Bediensteten-seine

וְהָמָן	בֶּחָצֵר	מִי	הַמֶּלֶךְ	4 וַיֹּאמֶר
w^{ə}hɔmɔn	bεḥɔṣer	mi^{y}	hammεlεk	wayyoʾmεr
Haman-(Gerade=)Und	?Hof-im	(ist)-Wer	:König-der	sprach-(er)-(Da=)Und

הַמֶּלֶךְ	בֵּית־	לַחֲצַר	בָּא
hammεlεk	-be^{y}t	laḥ^{a}ṣar	bɔʾ
,König-(dem=)der	(von)-Haus(es)-(des)	Hof-zu(m)	kommend(er)-(war)

לַמֶּלֶךְ	לֵאמֹר	הַחִיצוֹנָה
lammεlεk	leʾmor	haḥi^{y}ṣo^{w}nɔ^{h}
,König-(dem=)zu	sagen-zu-(um)	,äußere(n)-(dem=)der

עַל־	אֶת־מָרְדֳּכַי	לִתְלוֹת
-ʿal	mor^{ə}d^{o}kay-ʾεt	lit^{ə}lo^{w}t
(an=)auf	Mordochai-(den)***	(hänge-man-dass=)hängen-zu

הֵכִין	אֲשֶׁר־	הָעֵץ
heki^{y}n	-ʾ^{a}šεr	hɔʿeṣ
lassen-errichten-hatte-er	(den=)welch(en)	,(Galgen-den=)Holz-das

הַמֶּלֶךְ	נַעֲרֵי	5 וַיֹּאמְרוּ	לוֹ׃
hammεlεk	naʿ^{a}re^{y}	wayyoʾm^{ə}ru^{w}	lo^{w}.
König-(dem=)der	(von)-(Diener=)Knaben-(die)	sagten-(Da=)Und	.ihn-(für=)zu

בֶּחָצֵר	עֹמֵד	הָמָן	הִנֵּה	אֵלָיו
bεḥɔṣer	ʿomed	hɔmɔn	hinne^{h}	ʾelɔ^{y}w
!Hof-im	stehend(er)-(ist)	Haman	,Siehe	:ihm-zu

יָבוֹא׃	הַמֶּלֶךְ	וַיֹּאמֶר
yɔbo^{w}ʾ.	hammεlεk	wayyoʾmεr
!kommen-(soll=)wird-Er	:König-der	sagte-(es=er)-(Hierauf=)Und

הַמֶּלֶךְ	לוֹ	וַיֹּאמֶר	הָמָן	6 וַיָּבוֹא
hammεlεk	lo^{w}	wayyoʾmεr	hɔmɔn	wayyɔbo^{w}ʾ
:König-der	ihm-zu	sprach-(es=er)-(Da=)Und	.Haman	kam-(es=)er-Und

הַמֶּלֶךְ	אֲשֶׁר	בָּאִישׁ	לַעֲשׂוֹת	מַה־
hammεlεk	ʾ^{a}šεr	bɔʾi^{y}š	laʿ^{a}śo^{w}t	-ma^{h}
König-der	welch(er)	,Mann-dem-(mit=)in	tun-zu	(ist)-Was

וַיֹּאמֶר	בִּיקָרוֹ	חָפֵץ
wayyoʾmɛr	biʸqɔroʷ	ḥɔpeṣ
(dachte=)sagte-(es=er)-(Da=)Und	?Ansehen-seinem-(an=)in	Gefallen-hat-(er)

יַחְפֹּץ	לְמִי	בְּלִבּוֹ	הָמָן
yaḥᵊpoṣ	lᵊmiʸ	bᵊlibboʷ	hɔmɔn
gefällt-(es=)er	(Wem=)wer-Zu	:(sich-bei=)Herz(en)-sein(em)-in	Haman

יוֹתֵר	יְקָר	לַעֲשׂוֹת	הַמֶּלֶךְ
yoʷter	yᵊqɔr	laᶜᵃśoʷt	hammɛlɛk
(eher=)bleibend(er)-übrig	Ehre	(erweisen=)machen-zu	König-(dem=)der

הַמֶּלֶךְ	אֶל־	הָמָן	7 וַיֹּאמֶר	מִמֶּנִּי׃
hammɛlɛk	-ʾɛl	hɔmɔn	wayyoʾmɛr	mimmɛnniʸ.
:König-(dem=)der	zu	Haman	sprach-(es=)er-Und	?mir-(als=)von

חָפֵץ	הַמֶּלֶךְ	אֲשֶׁר	אִישׁ
ḥɔpeṣ	hammɛlɛk	ʾᵃšɛr	ʾiʸš
Gefallen-hat-(es=er)	König-der	welch(er)	,Mann-(Dem)

8 יָבִיאוּ	בִּיקָרוֹ׃
yɔbiʸʾuʷ	biʸqɔroʷ.
(bringen=)machen-kommen-(mögen=)werden-sie	,Ansehen-seinem-(an=)in

לָבַשׁ־	אֲשֶׁר	מַלְכוּת	לְבוּשׁ
-lɔbaš	ʾᵃšɛr	malᵊkuʷt	lᵊbuʷš
bekleidet-sich-hatte-(es=)er	welch(es)	,(königliches=)Königtum	Gewand-(ein)

רָכַב	אֲשֶׁר	וְסוּס	הַמֶּלֶךְ	בּוֹ
rɔkab	ʾᵃšɛr	wᵊsuʷs	hammɛlɛk	boʷ
geritten-ist-(es=)er	welch(es)	,Ross-(ein)-und	,König-der	(damit=)ihm-in

נִתַּן	וַאֲשֶׁר	הַמֶּלֶךְ	עָלָיו
nittan	waʾᵃšɛr	hammɛlɛk	ᶜɔlɔʸw
(gesetzt=)gegeben-wurde-(es=er)	welch(em)-und	,König-der	ihm-auf

בְּרֹאשׁוֹ׃	מַלְכוּת	כֶּתֶר
bᵊroʾšoʷ.	malᵊkuʷt	kɛtɛr
.Kopf-sein(en)-(auf=)in	(königliche=)Königtum	Krone-(eine)

יַד־	עַל־	וְהַסּוּס	הַלְּבוּשׁ	9 וְנָתוֹן
-yad	-ᶜal	wᵊhassuʷs	hallᵊbuʷš	wᵊnɔtoʷn
Hand-(die)	(in=)auf	Ross-das-und	Gewand-das	(gebe-man=)Geben-(ein)-Und

הַֽפַּרְתְּמִ֔ים	הַמֶּ֙לֶךְ֙	מִשָּׂרֵ֤י	אִ֫ישׁ
happarᵊtᵊmiʸm	hammɛlɛk	miśśɔreʸ	ʾiʸš
,Edlen-(den=)die	,König(s)-(des=)der	Fürsten-(den)-von	(eines=)Mann

אֲשֶׁ֥ר	אֶת־הָאִ֔ישׁ	וְהִלְבִּ֙ישׁוּ֙
ʾᵃšɛr	hɔʾiʸš-ʾɛt	wᵊhilᵊbiʸšuʷ
welch(en)	,Mann-(den=)der***	machen-anziehen-(sollen=)werden-sie-und

בִּיקָר֑וֹ	חָפֵ֣ץ	הַמֶּ֖לֶךְ
biʸqɔroʷ	ḥɔpeṣ	hammɛlɛk
,Ansehen-seinem-(an=)in	Gefallen-hat-(es=er)	König-der

הַסּוּס֙	עַל־	וְהִרְכִּיבֻ֤הוּ
hassuʷs	-ʿal	wᵊhirᵊkiʸbuhuʷ
Ross-(dem=)das	auf	ihn-machen-reiten-(sollen=)werden-sie-und

וְקָרְא֣וּ	הָעִ֔יר	בִּרְח֣וֹב
wᵊqɔrᵊʾuʷ	hɔʿiʸr	birᵊḥoʷb
(aus)rufen-(sollen=)werden-sie-und	Stadt-(der=)die	Platz-(dem)-(auf=)in

יֵעָשֶׂ֣ה	כָּ֚כָה	לְפָנָ֔יו
yeʿɔśɛʰ	kɔkɔʰ	lᵊpɔnɔʸw
(geschieht=)gemacht-wird-(es=er)	So	:(ihm-vor=)Gesichtern-seinen-zu

חָפֵ֥ץ	הַמֶּ֖לֶךְ	אֲשֶׁ֥ר	לָאִ֕ישׁ
ḥɔpeṣ	hammɛlɛk	ʾᵃšɛr	lɔʾiʸš
Gefallen-hat-(es=er)	König-der	welch(er)	,Mann-(dem=)zu

לְהָמָ֗ן	הַמֶּ֜לֶךְ	10 וַיֹּ֨אמֶר	בִּיקָרֽוֹ׃
lᵊhɔmɔn	hammɛlɛk	wayyoʾmɛr	biʸqɔroʷ.
:Haman-zu	König-der	sprach-(es=er)-(Da=)Und	!Ehre-seine(r)-(an=)in

כַּאֲשֶׁ֣ר	וְאֶת־הַסּוּס֙	אֶת־הַלְּב֣וּשׁ	קַ֣ח	מַ֠הֵר
kaʾᵃšɛr	hassuʷs-wᵊʾɛt	hallᵊbuʷš-ʾɛt	qaḥ	maher
wie	,Ross-das***und	Gewand-das***	(hole=)nimm	(Eilends=)Eilen-(Ein)

הַיְּהוּדִ֔י	לְמָרְדֳּכַ֣י	כֵן֙	וַעֲשֵׂה־	דִּבַּ֔רְתָּ
hayyᵊhuʷdiʸ	lᵊmorᵊdᵒkay	ken	-waʿᵃśeʰ	dibbarᵊtɔ
,Judäer-(dem=)der	,Mordochai-(an=)zu	so	(tue=)mache-und	,geredet-hast-du

אַל־	הַמֶּ֑לֶךְ	בְּשַׁ֣עַר	הַיּוֹשֵׁ֖ב
-ʾal	hammɛlɛk	bᵊšaʿar	hayyoʷšeb
Nicht	.König(s)-(des=)der	Tor-(im=)in	sitzende(n)-(dem=)der

מִכֹּל	דָּבָר	תַּפֵּל
mikkol	dɔbɔr	tappel
,all(em)-von	(etwas=)Wort	(unterlassen=)machen-fallen-(sollst=)wirst-du

הָמָן	11 וַיִּקַּח	דִּבַּרְתָּ׃	אֲשֶׁר
hɔmɔn	wayyiqqaḥ	dibbarᵊtɔ.	ᵓᵃšɛr
Haman	(holte=)nahm-(es=er)-(Da=)Und	!geredet-hast-du	(was=)welch(es)

אֶת־מָרְדֳּכַי	וַיַּלְבֵּשׁ	וְאֶת־הַסּוּס	אֶת־הַלְּבוּשׁ
mɔrᵊdᵒkɔy-ᵓɛt	wayyalᵊbeš	hassuʷs-wᵊᵓɛt	hallᵊbuʷš-ᵓɛt
Mordochai-(den)***	bekleidete-er-und	Ross-das***und	Gewand-das***

הָעִיר	בִּרְחוֹב	וַיַּרְכִּיבֵהוּ
hɔᶜiʸr	birᵊḥoʷb	wayyarᵊkiʸbehuʷ
Stadt-(der=)die	Platz-(dem)-(auf=)in	ihn-reiten-machte-(er)-und

כָּכָה	לְפָנָיו	וַיִּקְרָא
kɔkɔʰ	lᵊpɔnɔʸw	wayyiqᵊrɔᵓ
(Solches=)So	:(ihm-vor=)Gesichtern-seinen-zu	(aus)-rief-(er)-und

הַמֶּלֶךְ	אֲשֶׁר	לָאִישׁ	יֵעָשֶׂה
hammɛlɛk	ᵓᵃšɛr	lɔᵓiʸš	yeᶜɔśɛʰ
König-der	welch(er)	,Mann-(dem=)zu	(getan=)gemacht-wird-(es=er)

12 וַיָּשָׁב	בִּיקָרוֹ׃	חָפֵץ
wayyɔšob	biʸqɔroʷ.	ḥɔpeṣ
zurück-kehrte-(es=er)-(Danach=)Und	!Ehre-seine(r)-(an=)in	Gefallen-hat-(es=er)

וְהָמָן	הַמֶּלֶךְ	שַׁעַר	אֶל־	מָרְדֳּכַי
wᵊhɔmɔn	hammɛlɛk	šaᶜar	-ᵓɛl	morᵊdᵒkay
Haman-(während=)und	,König(s)-(des=)der	Tor-(dem)	zu	Mordochai

וַחֲפוּי	אָבֵל	בֵּיתוֹ	אֶל־	נִדְחָף
waḥᵃpuʷy	ᵓɔbel	beʸtoʷ	-ᵓɛl	nidᵊḥap
(verhüllten=)bedeckter-und	traurig	Haus-sein(em)	zu	hastete-(er)

אִשְׁתּוֹ	לְזֶרֶשׁ	הָמָן	13 וַיְסַפֵּר	רֹאשׁ׃
ᵓišᵊtoʷ	lᵊzɛrɛš	hɔmɔn	wayᵊsapper	roᵓš.
,Frau-seine(r)	,Seresch-zu	Haman	erzählte-(es=)er-Und	.Haupt(es)

אֲשֶׁר	אֵת כָּל־	אֹהֲבָיו	וּלְכָל־
ᵓᵃšɛr	-kol ᵓet	ᵓohᵃbɔʸw	-uʷlᵊkol
(was=)welch(es)	,all(es)***	(Freunden=)Liebenden-seine(n)	all-zu-und

חֲכָמָיו לוֹ וַיֹּאמְרוּ קָרָהוּ
ḥakɔmɔyw low wayyoʾmǝruw qɔrɔhuw
(Berater=)Weisen-seine ihm-zu sagten-(Da=)Und .ihn-getroffen-hatte-(es=er)

הַיְּהוּדִים מִזֶּרַע אִם אִשְׁתּוֹ וְזֶרֶשׁ
hayyǝhuwdiym mizzɛraʿ ʾim ʾišǝtow wǝzɛrɛš
Judäer-(der=)die Same(n)-(dem)-von Wenn :Frau-seine ,Seresch-und

לִנְפֹּל הַחִלּוֹתָ אֲשֶׁר מָרְדֳּכַי
linǝpol haḥillowtɔ ʾašɛr morǝdǝkay
fallen-zu begonnen-hast-du welch(er) ,(ist)-Mordochai

תוּכַל לֹא־ לְפָנָיו
tuwkal -loʾ lǝpɔnɔyw
vermögen-wirst-du nicht(s) ,(ihm-vor=)Gesichtern-seinen-zu

נָפוֹל כִּי־ לוֹ
nɔpowl -kiy low
(unausweichlich=)Fallen-(ein) (sondern=)denn ,(ihn-gegen=)ihm-zu

מְדַבְּרִים עוֹדָם 14 לְפָנָיו׃ תִּפּוֹל
mǝdabbǝriym ʿowdɔm lǝpɔnɔyw. tippowl
redend(e)-(waren) sie-Noch !(ihm-vor=)Gesichtern-seinen-zu fallen-wirst-du

הִגִּיעוּ הַמֶּלֶךְ וְסָרִיסֵי עִמּוֹ
higgiyʿuw hammɛlɛk wǝsɔriysey ʿimmow
ein-trafen-(sie) König-(dem=)der (von)-Hofbeamte-(als=)und ,ihm-mit

לְהָבִיא וַיַּבְהִלוּ
lǝhɔbiyʾ wayyabǝhiluw
(führen=)kommen-machen-zu (sich-beeilten=)eilig-machten-(sie)-und

עָשְׂתָה אֲשֶׁר־ הַמִּשְׁתֶּה אֶל־ אֶת־הָמָן
ʿɔśǝtɔh -ʾašɛr hammišǝtɛh -ʾɛl hɔmɔn-ʾɛt
(bereitet=)gemacht-hatte-(sie) welch(es) ,Mahl-(dem=)das zu Haman***

אֶסְתֵּר׃
ʾɛsǝter.
.Esther

לִשְׁתּוֹת וְהָמָן הַמֶּלֶךְ וַיָּבֹא 1 **7**
lišǝtowt wǝhɔmɔn hammɛlɛk wayyɔboʾ
(zechen=)trinken-zu-(um) Haman-und König-der kam-(es=)er-Und

הַמֶּ֫לֶךְ	2 וַיֹּ֫אמֶר	הַמַּלְכָּה׃	אֶסְתֵּר	עִם־
hammɛlɛk	wayyoʾmɛr	hammalᵊkɔʰ.	ʾɛsᵊter	-ʿim
König-der	sprach-(es=)er-Und	.Königin-(der=)die	,Esther	(bei=)mit

בְּמִשְׁתֵּה	הַשֵּׁנִי	בַּיּוֹם	גַּם	לְאֶסְתֵּר
bᵊmišᵊteʰ	haššeniʸ	bayyoʷm	gam	lᵊʾɛsᵊter
Gelage-(beim=)in	,zweite(n)-(dem=)der	,Tag-(am=)im	auch	Esther-zu

הַמַּלְכָּה	אֶסְתֵּר	שְׁאֵלָתֵךְ	מַה־	הַיַּיִן
hammalᵊkɔʰ	ʾɛsᵊter	šᵊʾelɔtek	-maʰ	hayyayin
?Königin-(o=)die	,Esther	,Bitte-deine	(ist)-Was	:Wein(es)-(des=)der

וּמַה־	לָךְ	וְתִנָּתֵן
-uʷmaʰ	lɔk	wᵊtinnɔten
(ist)-was-Und	!dir-(zu)	(gewährt=)gegeben-(werde=)wird-sie-(Nun=)Und

הַמַּלְכוּת	חֲצִי	עַד־	בַּקָּשָׁתֵךְ
hammalᵊkuʷt	ḥᵃṣiʸ	-ʿad	baqqɔšɔtek
,Königreich(es)-(des=)das	Hälfte	(zur)-Bis	?Begehren-dein

הַמַּלְכָּה	אֶסְתֵּר	3 וַתַּעַן	וְתֵעָשׂ׃
hammalᵊkɔʰ	ʾɛsᵊter	wattaʿan	wᵊteʿɔś.
,Königin-die	,Esther	antwortete-(es=)sie-Und	!(erfüllt=)gemacht-sei-(das=)und

חֵן	מָצָאתִי	אִם־	וַתֹּאמַר
ḥen	mɔṣɔʾtiʸ	-ʾim	wattoʾmar
(Gunst=)Gnade	gefunden-habe-ich	Wenn	:sagte-sie-(indem=)und

עַל־	וְאִם־	הַמֶּלֶךְ	בְּעֵינֶיךָ
-ʿal	-wᵊʾim	hammɛlɛk	bᵊʿeʸnɛʸkɔ
(für=)auf	(es)-wenn-und	,König-(o=)der	,Augen-(zwei)-deine(n)-in

תִּנָּתֶן־	טוֹב	הַמֶּלֶךְ
-tinnɔtɛn	ṭoʷb	hammɛlɛk
(geschenkt=)gegeben-(werde=)wird-(es=)sie	,(ist-recht=)gut	König-(den=)der

וְעַמִּי	בִּשְׁאֵלָתִי	נַפְשִׁי	לִי
wᵊʿammiʸ	bišᵊʾelɔtiʸ	napᵊšiʸ	liʸ
Volk-mein-und	,Bitte-meine-(durch=)in	(Leben=)Seele-mein(e)	mir-(zu)

וְעַמִּי	אֲנִי	נִמְכַּרְנוּ	4 כִּי	בְּבַקָּשָׁתִי׃
wᵊʿammiʸ	ʾᵃniʸ	nimᵊkarᵊnuʷ	kiʸ	bᵊbaqqɔšɔtiʸ.
,Volk-mein-und	ich	,verkauft-wurden-wir	Denn	.Begehren-mein-(durch=)in

וְאִלּוּ	וּלְאַבֵּד	לַהֲרוֹג	לְהַשְׁמִיד
w^{ə}ʾillu^{w}	u^{w}l^{ə}ʾabbed	lah^{a}ro^{w}g	l^{ə}haš^{ə}mi^{y}d
wenn-Und	.vertilgen-zu-und	morden-zu-und	vernichten-zu-(um)

נִמְכַּרְנוּ	וְלִשְׁפָחוֹת	לַעֲבָדִים
nim^{ə}kar^{ə}nu^{w}	w^{ə}liš^{ə}pɔḥo^{w}t	laʿ^{a}bɔdi^{y}m
,worden-verkauft-(wären=)sind-wir	Dienstmägden-zu-und	Dienstknechten-zu

הַצָּר	אֵין	כִּי	הֶחֱרַשְׁתִּי
haṣṣɔr	ʾe^{y}n	ki^{y}	hɛḥ^{ɛ}raš^{ə}ti^{y}
(Not-die=)Bedränger-der	(wäre)-nicht	denn	,geschwiegen-(hätte=)habe-ich

הַמֶּלֶךְ׃	בְּנֵזֶק	שֹׁוֶה
hammɛlɛk.	b^{ə}nezɛq	šowɛ^{h}
!König(s)-(des=)der	Belästigung-(eine)-(für=)in	(genug-groß=)genügend(er)

וַיֹּאמֶר	אֲחַשְׁוֵרוֹשׁ	הַמֶּלֶךְ	5 וַיֹּאמֶר
wayyoʾmɛr	ʾ^{a}ḥaš^{ə}wero^{w}š	hammɛlɛk	wayyoʾmɛr
sagte-er-(indem=)und	,Achaschwerosch	König-der	sprach-(er)-(Da=)Und

זֶה	וְאֵי־	זֶה	הוּא	מִי	הַמַּלְכָּה	לְאֶסְתֵּר
zɛ^{h}	-w^{ə}ʾe^{y}	zɛ^{h}	hu^{w}ʾ	mi^{y}	hammal^{ə}kɔ^{h}	l^{ə}ʾɛs^{ə}ter
,dieser	(ist)-wo-und	,dieser	,er	(ist)-Wer	:Königin-(der=)die	,Esther-zu

לִבּוֹ	מְלָאוֹ	אֲשֶׁר־	הוּא
libbo^{w}	m^{ə}lɔʾo^{w}	-ʾ^{a}šɛr	hu^{w}ʾ
(Sinn=)Herz-sein(en)	(sich=)ihn-füllte-(er)	(der=)welch(er)	,er

אֶסְתֵּר	6 וַתֹּאמֶר־	כֵּן׃	לַעֲשׂוֹת
ʾɛs^{ə}ter	-wattoʾmɛr	ken.	laʿ^{a}śo^{w}t
:Esther	sagte-(es=sie)-(Darauf=)Und	?so	(tun=)machen-zu-(um)

הַזֶּה	הָרָע	הָמָן	וְאוֹיֵב	צַר	אִישׁ
hazzɛ^{h}	hɔrɔʿ	hɔmɔn	w^{ə}ʾo^{w}yyeb	ṣar	ʾi^{y}š
!da-dieser	,böse-der	,Haman-(ist)	,Feind-und	Bedränger-(der)	,Mann-(Der)

הַמֶּלֶךְ	מִלִּפְנֵי	נִבְעַת	וְהָמָן
hammɛlɛk	millip^{ə}ne^{y}	nib^{ə}ʿat	w^{ə}hɔmɔn
König(s)-(des=)der	(wegen=)vor	bestürzt-war-(er)	Haman-(Da=)Und

בַּחֲמָתוֹ	קָם	7 וְהַמֶּלֶךְ	וְהַמַּלְכָּה׃
baḥ^{a}mɔto^{w}	qɔm	w^{ə}hammɛlɛk	w^{ə}hammal^{ə}kɔ^{h}.
(Wut=)Glut-seine(r)-in	sich-erhob-(er)	König-der-Und	.Königin-(der=)die-und

גַּנַּת	אֶל־	הַיַּיִן	מִמִּשְׁתֵּה
ginnat	-ʾɛl	hayyayin	mimmiš^{ə}te^{h}
Garten-(dem)	zu	Wein(es)-(des=)der	Gelage-(dem)-von-(ging-und)

עָמַד	וְהָמָן	הַבִּיתָן
ʿɔmad	w^{ə}hɔmɔn	habbi^{y}tɔn
(da)-stand-(er)	Haman-(während=)und	,Palast(es)-(des=)der

מֵאֶסְתֵּר	נַפְשׁוֹ	עַל־	לְבַקֵּשׁ
meʾɛs^{ə}ter	nap^{ə}šo^{w}	-ʿal	l^{ə}baqqeš
,Esther-(bei=)von	(Leben=)Seele-sein(e)	(um=)auf	(bitten=)suchen-zu-(um)

כָלְתָה	כִּי־	רָאָה	כִּי	הַמַּלְכָּה
kɔl^{ə}tɔ^{h}	-ki^{y}	rɔʾɔ^{h}	ki^{y}	hammal^{ə}kɔ^{h}
(entschieden=)fertig-war-(es=sie)	dass	,sah-er	(da=)denn	,Königin-(der=)die

הַמֶּלֶךְ׃	מֵאֵת	הָרָעָה	אֵלָיו
hammɛlɛk.	meʾet	hɔrɔʿɔ^{h}	ʾelɔ^{y}w
.König(s)-(des=)der	(seiten=)mit-von	(Verderben=)Böse-das	ihn-(über=)zu

מִגִּנַּת	שָׁב	8 וְהַמֶּלֶךְ
migginnat	šɔb	w^{ə}hammɛlɛk
Garten-(dem)-(aus=)von	zurückkehrend(er)-(war)	König-der-(Indes=)Und

הַיַּיִן	מִשְׁתֵּה	בֵּית	אֶל־	הַבִּיתָן
hayyayin	miš^{ə}te^{h}	be^{y}t	-ʾɛl	habbi^{y}tɔn
,Wein(es)-(des=)der	Gelage(s)-(des)	Haus-(das)	(in=)zu	Palast(es)-(des=)der

עַל־	נֹפֵל	וְהָמָן
-ʿal	nopel	w^{ə}hɔmɔn
auf	(hingesunken-war=)fallend(er)	Haman-(als=)und

עָלֶיהָ	אֶסְתֵּר	אֲשֶׁר	הַמִּטָּה
ʿɔlɛ^{y}hɔ	ʾɛs^{ə}ter	ʾ^{a}šɛr	hammiṭṭɔ^{h}
,(darauf=)sie-auf-(war)	Esther	welch(es)	,(Polster=)Lager-(dem=)das

אֶת־הַמַּלְכָּה	לִכְבּוֹשׁ	הֲגַם	הַמֶּלֶךְ	וַיֹּאמֶר
hammal^{ə}kɔ^{h}-ʾɛt	lik^{ə}bo^{w}š	h^{a}gam	hammɛlɛk	wayyoʾmɛr
Königin-die***	nötigen-zu	auch-Etwa	:König-der	sagte-(es=)er-und

יָצָא	הַדָּבָר	בַּבָּיִת	עִמִּי
yɔṣɔʾ	haddɔbɔr	babbɔyit	ʿimmi^{y}
ausgegangen-war-(es=er)	Wort-das-(Kaum)	?Haus-im	mir-(bei=)mit

וּפְנֵי	הַמֶּלֶךְ	מִפִּי
uʷpᵊneʸ	hammɛlɛk	mippiʸ
(von)-(Antlitz-das=)Gesichter-(da=)und	,König(s)-(des=)der	Mund-(dem)-von

מִן־	אֶחָד	חַרְבוֹנָה	9 וַיֹּאמֶר	חָפוּ׃	הָמָן
-min	ʾɛḥɔd	ḥarᵊboʷnɔʰ	wayyoʾmɛr	ḥɔpuʷ.	hɔmɔn
von	einer	,Charbona	sprach-(es=)er-Und	.verhüllten-sie	Haman

גַּם	הַמֶּלֶךְ	לִפְנֵי	הַסָּרִיסִים
gam	hammɛlɛk	lipᵊneʸ	hassɔriʸsiʸm
Auch	:König-(dem=)der	(vor=)Gesichter-zu	,Hofbeamten-(den=)die

עָשָׂה	אֲשֶׁר־	הָעֵץ	הִנֵּה־
ʿɔśɔʰ	-ʾašɛr	hɔʿeṣ	-hinneʰ
(anfertigte=)machte-(er)	welch(en)	,(Galgen-der=)Holz-das	(da-ist=)siehe

טוֹב	דִּבֶּר־	אֲשֶׁר	לְמָרְדֳּכַי	הָמָן
ṭoʷb	-dibbɛr	ʾašɛr	lᵊmorᵊdᵒkay	hɔmɔn
(vorteilhaft=)gut	geredet-hatte-(er)	welch(er)	,Mordochai-(für=)zu	Haman

בְּבֵית	עֹמֵד	הַמֶּלֶךְ	עַל־
bᵊbeʸt	ʿomed	hammɛlɛk	-ʿal
(von)-Haus-(dem)-in	stehend(er)	,König(s)-(des=)der	(bezüglich=)auf

הַמֶּלֶךְ	וַיֹּאמֶר	אַמָּה	חֲמִשִּׁים	גָּבֹהַּ	הָמָן
hammɛlɛk	wayyoʾmɛr	ʾammɔʰ	ḥᵃmiššiʸm	gɔbohah	hɔmɔn
:König-der	sprach-(er)-(Da=)Und	!Elle(n)	fünfzig	hoch	,Haman

עַל־	אֶת־הָמָן	10 וַיִּתְלוּ	עָלָיו׃	תְּלֻהוּ
-ʿal	hɔmɔn-ʾɛt	wayyitᵊluʷ	ʿɔlɔʸw.	tᵊluhuʷ
(an=)auf	Haman***	hängten-sie-Und	!(daran=)ihn-auf	ihn-Hängt

הֵכִין	אֲשֶׁר־	הָעֵץ
hekiʸn	-ʾašɛr	hɔʿeṣ
lassen-errichten-hatte-er	welch(en)	,(Galgen-den=)Holz-das

שָׁכָכָה׃	הַמֶּלֶךְ	וַחֲמַת	לְמָרְדֳּכָי
šɔkɔkɔʰ.	hammɛlɛk	waḥᵃmat	lᵊmorᵊdᵒkɔy
.sich-legte-(sie)	König(s)-(des=)der	(Wut=)Glut-(die)-und	,Mordochai-(für=)zu

אֲחַשְׁוֵרוֹשׁ	הַמֶּלֶךְ	נָתַן	הַהוּא	1 בַּיּוֹם	**8**
ʾᵃḥašᵊweroʷš	hammɛlɛk	nɔtan	hahuʷʾ	bayyoʷm	
Achaschwerosch	König-der	gab-(er)	,da-jenem	,Tag-dem-(An=)In	

הָמָן	אֶת־בֵּית	הַמַּלְכָּה	לְאֶסְתֵּר
hɔmɔn	beʸt-ʾɛt	hammalᵊkɔʰ	lᵊʾɛsᵊter
,Haman	(von)-Haus-(das)***	,Königin-die	,Esther-(an=)zu

וּמָרְדֳּכַי	הַיְּהוּדִיִּים[הַיְּהוּדִים]	צֹרֵר
uʷmorᵊdᵒkay	[hayyᵊhuʷdiʸm]hayyᵊhuʷdiʸyiʸm	ṣorer
Mordochai-Und	.Judäer-die	(war)-befeindend(er)-(der)

הִגִּידָה	כִּי־	הַמֶּלֶךְ	לִפְנֵי	בָּא
higgiʸdɔʰ	-kiʸ	hammɛlɛk	lipᵊneʸ	bɔʾ
mitgeteilt-hatte-(es=)sie	denn	,König-(den=)der	(vor=)Gesichter-zu	kam-(er)

הַמֶּלֶךְ	2 וַיָּסַר	לָהּ׃	הוּא־	מַה	אֶסְתֵּר
hammɛlɛk	wayyɔsar	lɔh.	-huʷʾ	maʰ	ʾɛsᵊter
König-der	(ab-zog=)entfernte-(es=)er-Und	.(war)-ihr-zu	er	was	,Esther

הֶעֱבִיר	אֲשֶׁר	אֶת־טַבַּעְתּוֹ
hɛʿᵉbiʸr	ʾᵃšɛr	ṭabbaʿᵊtoʷ-ʾɛt
lassen-nehmen(ab=)herüber-hatte-er	(den=)welch(en)	,(Siegel)ring-sein(en)***

וַתָּשֶׂם	לְמָרְדֳּכָי	וַיִּתְּנָהּ	מֵהָמָן
wattɔśɛm	lᵊmordᵒkɔy	wayyittᵊnɔh	mehɔmɔn
setzte-(es=)sie-und	,Mordochai-(dem=)zu	(ihn=)sie-gab-(er)-und	,Haman-von

הָמָן׃	בֵּית	עַל־	אֶת־מָרְדֳּכַי	אֶסְתֵּר
hɔmɔn.	beʸt	-ʿal	morᵊdᵒkay-ʾɛt	ʾɛsᵊter
.Haman	(von)-Haus-(das)	(über=)auf	Mordochai***	Esther

לִפְנֵי	וַתְּדַבֵּר	אֶסְתֵּר	3 וַתּוֹסֶף
lipᵊneʸ	wattᵊdabber	ʾɛsᵊter	wattoʷsɛp
(vor=)Gesichter-zu	redete-(sie)-(also=)und	Esther	(erneut=)hinzu-fügte-sie-Und

לִפְנֵי	וַתִּפֹּל	הַמֶּלֶךְ
lipᵊneʸ	wattippol	hammɛlɛk
(vor=)Gesichter-zu	nieder-fiel-sie-(während=)und	,König-(dem=)der

לוֹ	וַתִּתְחַנֶּן־	וַתֵּבְךְּ	רַגְלָיו
loʷ	-wattitᵊḥannɛn	wattebᵊkᵊ	ragᵊlɔʸw
,(an-ihn=)ihm-zu	flehte-sie-und	weinte-sie-und	Füße(n)-(zwei)-seine(n)

הָמָן	אֶת־רָעַת	לְהַעֲבִיר
hɔmɔn	rɔʿat-ʾɛt	lᵊhaʿᵃbiʸr
,Haman(s)	Unheil-(das)***	(abwende-er-dass=)machen-vorübergehen-zu

אֲשֶׁר	מַחֲשַׁבְתּוֹ	וְאֵת	הָאֲגָגִי
ᵓᵃšɛr	maḥᵃšabᵊtoʷ	wᵊᵓet	hɔᵓᵃgɔgiʸ
(das=)welch(es)	,Ansinnen-sein	***und	,Agagäer(s)-(des=)der

הַיְּהוּדִים׃	עַל־	חָשַׁב
hayyᵊhuʷdiʸm.	-ᶜal	ḥɔšab
.Judäer-die	(gegen=)auf	(ersonnen=)berechnet-hatte-er

שַׁרְבִט	אֵת	לְאֶסְתֵּר	הַמֶּלֶךְ	4 וַיּוֹשֶׁט
šarᵊbiṭ	ᵓet	lᵊᵓɛsᵊter	hammɛlɛk	wayyoʷšɛṭ
Zepter-(das)***		Esther-zu	König-der	hin-streckte-(es=er)-(Hierauf=)Und

אֶסְתֵּר	וַתָּקָם	הַזָּהָב
ᵓɛsᵊter	wattɔqom	hazzɔhɔb
Esther	sich-erhob-(es=sie)-(Danach=)Und	.(goldene=)Gold-das

הַמֶּלֶךְ׃	לִפְנֵי	וַתַּעֲמֹד
hammɛlɛk.	lipᵊneʸ	wattaᶜᵃmod
.König-(den=)der	(vor=)Gesichter-zu	(sich-stellte=)stand-(sie)-und

טוֹב	הַמֶּלֶךְ	עַל־	אִם־	5 וַתֹּאמֶר
ṭoʷb	hammɛlɛk	-ᶜal	-ᵓim	wattoᵓmɛr
(recht-ist-es=)gut	König-(den=)der	(für=)auf	Wenn	:sprach-sie-Und

חֵן	מָצָאתִי	וְאִם־
ḥen	mɔṣɔᵓtiʸ	-wᵊᵓim
(Gunst=)Gnade	gefunden-habe-ich	wenn-und

וְכָשֵׁר	לְפָנָיו
wᵊkɔšer	lᵊpɔnɔʸw
angemessen-ist-(es=)er-und	(Gegenwart-seiner-in=)Gesichtern-seinen-zu

הַמֶּלֶךְ	לִפְנֵי	הַדָּבָר
hammɛlɛk	lipᵊneʸ	haddɔbɔr
,König-(den=)der	(für=)Gesichter-zu	(Sache-die=)Wort-das

בְּעֵינָיו	אָנִי	וְטוֹבָה
bᵊᶜeʸnɔʸw	ᵓᵃniʸ	wᵊṭoʷbɔʰ
,Augen-(zwei)-seine(n)-in	(bin)-ich	(wohlgefällig=)gute-(wenn=)und

יִכָּתֵב
yikkɔteb
,werden-geschrieben-(möge=)wird-(es=er)-(so)

לְהָשִׁיב
lᵊhɔšiʸb
(zurück-nehme-man-dass=)machen-kehren-zu

אֶת־הַסְּפָרִים
hassᵊpɔriʸm-ʾɛt
,Schriftrollen-die***

מַחֲשֶׁבֶת
maḥᵃšɛbɛt
Ansinnen-(das)

הָמָן
hɔmɔn
Haman(s)

בֶּן־הַמְּדָתָא
hammᵊdɔtɔʾ-bɛn
,Hammedata(s)-Sohn

הָאֲגָגִי
hɔʾᵃgɔgiʸ
,Agagäer(s)-(des=)der

אֲשֶׁר
ʾᵃšɛr
(die=)welch(e)

כָּתַב
kɔtab
schrieb-er

לְאַבֵּד
lᵊʾabbed
vernichten-zu-(um)

אֶת־הַיְּהוּדִים
hayyᵊhuʷdiʸm-ʾɛt
Judäer-die***

אֲשֶׁר
ʾᵃšɛr
(die=)welch(e)

בְּכָל־
-bᵊkol
all(en)-in

מְדִינוֹת
mᵊdiʸnoʷt
Provinzen

הַמֶּלֶךְ׃
hammɛlɛk.
.(sind)-König(s)-(des=)der

6 כִּי
kiʸ
Denn

אֵיכָכָה
ʾeʸkɔkɔʰ
wie

אוּכַל
ʾuʷkal
,(halten-zu-Stand)-vermöchte-ich

וְרָאִיתִי
wᵊrɔʾiʸtiʸ
(sähe=)schaute-ich-(wenn=)und

בָּרָעָה
bɔrɔʿɔʰ
,Unheil-(dem=)das-(zu=)in

אֲשֶׁר־
-ʾᵃšɛr
(das=)welch(es)

יִמְצָא
yimᵊṣɔʾ
(soll-treffen=)findet-(es=er)

אֶת־עַמִּי
ʿammiʸ-ʾɛt
,Volk-mein***

וְאֵיכָכָה
wᵊʾeʸkɔkɔʰ
wie-und

אוּכַל
ʾuʷkal
,(halten-zu-Stand)-vermöchte-ich

וְרָאִיתִי
wᵊrɔʾiʸtiʸ
(sähe=)schaute-ich-(wenn=)und

בְּאָבְדַן
bᵊʾobᵊdan
Vernichtung-(der)-(zu=)in

מוֹלַדְתִּי׃
moʷladᵊtiʸ.
?Geschlecht(es)-mein(es)

7 וַיֹּאמֶר
wayyoʾmɛr
sprach-(es=er)-(Da=)Und

הַמֶּלֶךְ
hammɛlɛk
König-der

אֲחַשְׁוֵרֹשׁ
ʾᵃḥašᵊweroš
Achaschwerosch

לְאֶסְתֵּר
lᵊʾɛsᵊter
,Esther-zu

הַמַּלְכָּה
hammalᵊkɔʰ
,Königin-(der=)die

וּלְמָרְדֳּכַי
uʷlᵊmorᵊdᵒkay
,Mordochai-zu-und

הַיְּהוּדִי
hayyᵊhuʷdiʸ
:Judäer-(dem=)der

הִנֵּה
hinneʰ
,(Seht=)Siehe

בֵית־
-beʸt
(von)-Haus-(das)

הָמָן
hɔmɔn
Haman

נָתַתִּי
nɔtattiʸ
gegeben-habe-ich

הָעֵ֑ץ	עַל־	תָּל֣וּ	וְאֹת֙וֹ	לְאֶסְתֵּ֔ר
hɔᶜeṣ	-ᶜal	tɔluʷ	wᵊʾotoʷ	lᵊʾɛsᵊter
,(Galgen-den=)Holz-das	(an=)auf	hängten-sie	ihn-und	,Esther-(an=)zu

יָד֖וֹ	שָׁלַ֥ח	אֲשֶׁר־	עַ֛ל
yɔdoʷ	šɔlaḥ	-ʾᵃšɛr	ᶜal
Hand-(seine)	(an-legte=)schickte-er	dass	,(dafür=)auf

עַל־	כִּתְב֞וּ	8 וְאַתֶּם֩	בַּיְּהוּדִיים[בַּיְּהוּדִֽים]׃
-ᶜal	kitᵊbuʷ	wᵊʾattɛm	[bayyᵊhuʷdiʸm]bayyᵊhuʷdiʸyiʸm.
(an=)auf	schreibt	,ihr-(Hingegen=)Und	.Judäer-die-(an=)in

בְּעֵינֵיכֶם֙	כַּטּ֤וֹב	הַיְּהוּדִ֜ים
bᵊᶜeʸneʸkɛm	kaṭṭoʷb	hayyᵊhuʷdiʸm
Augen-(beiden)-euren-in	(gutdünkt-es-wie-so=)Gute-das-wie	,Judäer-die

וְחִתְמ֖וּ	הַמֶּ֔לֶךְ	בְּשֵׁ֣ם
wᵊḥitᵊmuʷ	hammɛlɛk	bᵊšem
besiegelt-und	,König(s)-(des=)der	Name(n)-(im=)in

כְּתָ֞ב	כִּֽי־	הַמֶּ֑לֶךְ	בְּטַבַּ֣עַת
kᵊtɔb	-kiʸ	hammɛlɛk	bᵊṭabbaᶜat
,Schreiben-(ein)	denn	,König(s)-(des=)der	Siegelring-(einem)-(mit=)in

הַמֶּ֗לֶךְ	בְּשֵׁם־	נִכְתָּ֣ב	אֲשֶׁר־
hammɛlɛk	-bᵊšem	nikᵊtɔb	-ʾᵃšɛr
König(s)-(des=)der	Namen-(im=)in	geschrieben-wurde-(es=er)	welch(es)

בְּטַבַּ֥עַת	וְנַחְתּ֛וֹם
bᵊṭabbaᶜat	wᵊnaḥᵊtoʷm
Siegelring-(einem)-(mit=)in	(besiegelt-wurde=)Besiegeltwerden-(ein)-und

לְהָשִֽׁיב׃	אֵ֥ין	הַמֶּ֖לֶךְ
lᵊhɔšiʸb.	ʾeʸn	hammɛlɛk
!(machen-zu-rückgängig=)zurück-bringen-zu	(ist-es)-nicht	,König(s)-(des=)der

הַמֶּ֜לֶךְ	סֹפְרֵֽי־	9 וַיִּקָּרְא֣וּ
hammɛlɛk	-sopᵊreʸ	wayyiqqɔrᵊʾuʷ
,König(s)-(des=)der	Schreiber-(die)	gerufen-wurden-(es=sie)-(Dann=)Und

הוּא־	הַשְּׁלִישִׁ֗י	בַּחֹ֧דֶשׁ	הַהִיא֩	בָּעֵֽת־
-huʷʾ	haššᵊliʸšiʸ	baḥodɛš	hahiʸʾ	-bɔᶜet
(ist-das=)er	,dritte(n)-(dem=)der	,Monat-im	,da-jene(r)	,Zeit-der-in

בּוֹ	וְעֶשְׂרִים	בִּשְׁלוֹשָׁה	סִיוָן	חֹדֶשׁ
bo^{w}	w^{əc}ɛś^{ə}ri^{y}m	biš^{ə}lo^{w}šɔ^{h}	si^{y}wɔn	ḥodɛš
,(darin=)ihm-in	zwanzig(sten)-und	-drei-(am=)in	,Siwan	Monat-(der)

אֲשֶׁר־	כְּכָל־	וַיִּכָּתֵב
-^{ɔa}šɛr	-k^{ə}kol	wayyikkɔteb
(was=)welch(es)	all(em)-(gemäß=)wie	geschrieben-wurde-(es=)er-und

הַיְּהוּדִים	אֶל־	מָרְדֳּכַי	צִוָּה
hayy^{ə}hu^{w}di^{y}m	-^{ɔ}ɛl	mor^{ə}d^{o}kay	ṣiwwɔ^{ə}
Judäer-die	(über=)zu	Mordochai	verordnet-hatte-(er)

הַמְּדִינוֹת	וְשָׂרֵי	וְאֶל
hamm^{ə}di^{y}no^{w}t	w^{ə}śɔre^{y}	w^{əɔ}ɛl
Provinzen-(der=)die	Fürsten-(die)-(auch=)und	(anbetraf-was=)zu-und

כּוּשׁ	וְעַד־	מֵהֹדּוּ	אֲשֶׁר
ku^{w}š	-w^{əc}ad	mehoddu^{w}	^{ɔa}šɛr
(Äthiopien=)Kusch	bis-(und)	(Indien=)Hoddu-von	welch(e) —

מְדִינָה	מְדִינָה	וּמֵאָה	וְעֶשְׂרִים	שֶׁבַע
m^{ə}di^{y}nɔ^{h}	m^{ə}di^{y}nɔ^{h}	u^{w}me^{ɔ}ɔ^{h}	w^{əc}ɛś^{ə}ri^{y}m	šɛba^{c}
Provinz	,— Provinz(en)	hundert-und	zwanzig-und	sieben-(waren)

וָעָם	וְעַם	כִּכְתָבָהּ	וּמְדִינָה
wɔ^{c}ɔm	w^{əc}am	kik^{ə}tɔbɔh	u^{w}m^{ə}di^{y}nɔ^{h}
Volk-(um=)und	Volk-und	,Schrift-ihre(r)-(gemäß=)wie	Provinz-(um=)und

הַיְּהוּדִים	וְאֶל־	כִּלְשֹׁנוֹ
hayy^{ə}hu^{w}di^{y}m	-w^{əɔ}ɛl	kil^{ə}šono^{w}
Judäer-die	(an=)zu-(auch=)und	,(Sprache-dessen=)Zunge-seine(r)-(nach=)wie

וְכִלְשׁוֹנָם׃	כִּכְתָבָם
w^{ə}kil^{ə}šo^{w}nɔm.	kik^{ə}tɔbɔm
.(Sprache=)Zunge-ihre(r)-(nach=)wie-und	Schrift-ihre(r)-(gemäß=)wie

אֲחַשְׁוֵרֹשׁ	הַמֶּלֶךְ	בְּשֵׁם	10 וַיִּכְתֹּב
^{ɔa}ḥaš^{ə}weroš	hammɛlɛk	b^{ə}šem	wayyik^{ə}tob
Achaschwerosch	König(s)-(des=)der	Name(n)-(im=)in	schrieb-er-Und

הַמֶּלֶךְ	בְּטַבַּעַת	וַיַּחְתֹּם
hammɛlɛk	b^{ə}ṭabba^{c}at	wayyaḥ^{ə}tom
König(s)-(des=)der	Siegelring-(einem)-(mit=)in	besiegelte-(er)-und

הָרָצִים	בְּיַד	סְפָרִים	וַיִּשְׁלַח
hɔrɔṣiʸm	bᵊyad	sᵊpɔriʸm	wayyišᵊlaḥ
(Eilboten=)Laufenden-die	(durch=)Hand-in	Schriftrollen	sandte-er-und

הָאֲחַשְׁתְּרָנִים	הָרֶכֶשׁ	רֹכְבֵי	בַּסּוּסִים
hɔᵓᵃḥašᵊtᵊrɔniʸm	hɔrɛkɛš	rokᵊbeʸ	bassuʷsiʸm
,herrschaftliche(n)-die	,Pferd(e)-die	reitend(e)	,Rosse(n)-(den=)die-(auf=)in

נָתַן	11 אֲשֶׁר	הָרַמָּכִים:	בְּנֵי
nɔtan	ᵓᵃšɛr	hɔrammɔkiʸm.	bᵊneʸ
(gestattete=)gab-(es=er)	dass	:Gestüte(n)-(den=)die	(von)-(Junge=)Söhne

בְּכָל־	אֲשֶׁר	לַיְּהוּדִים	הַמֶּלֶךְ
-bᵊkol	ᵓᵃšɛr	layyᵊhuʷdiʸm	hammɛlɛk
(jeder=)all-in	(denjenigen=)welch(e)	,Judäern-(den=)zu	König-der

לְהִקָּהֵל	עִיר־וָעִיר
lᵊhiqqɔhel	wɔᶜiʸr-ᶜiʸr
(zusammenzutun-sich=)sammeln-sich-zu	,(Stadt-einzelnen=)Stadt-und-Stadt

נַפְשָׁם	עַל־	וְלַעֲמֹד
napᵊšɔm	-ᶜal	wᵊlaᶜᵃmod
,(Leben=)Seele-ihr(e)	(für=)auf	(einzustehen=)stehen-zu-und

וּלְאַבֵּד	וְלַהֲרֹג	לְהַשְׁמִיד
uʷlᵊᵓabbed	wᵊlahᵃrog	lᵊhašᵊmiʸd
(austilgend=)austilgen-zu	,(tötend=)töten-zu-und	(vernichtend=)vernichten-zu

וּמְדִינָה	עַם	אֶת־כָּל־חֵיל
uʷmᵊdiʸnɔʰ	ᶜam	ḥeʸl-kol-ᵓɛt
Provinz-(einer)-und	Volk(es)-(eines)	(Streit)macht-(jegliche=)all***

וְנָשִׁים	טַף	אֹתָם	הַצָּרִים
wᵊnɔšiʸm	ṭap	ᵓotɔm	haṣṣɔriʸm
Frauen-und	Kind(er)	,sie	(sind-bedrängend=)Feinde-die

בְּכָל־	אֶחָד	12 בְּיוֹם	לָבוֹז:	וּשְׁלָלָם
-bᵊkol	ᵓɛḥɔd	bᵊyoʷm	lɔboʷz.	uʷšᵊlɔlɔm
all(en)-in	ein(em)	Tag-(an=)in	,plündern-zu	(Beute=)Habe-ihre-(als=)und

בִּשְׁלוֹשָׁה	אֲחַשְׁוֵרוֹשׁ	הַמֶּלֶךְ	מְדִינוֹת
bišᵊloʷšɔʰ	ᵓᵃḥašᵊweroʷš	hammɛlɛk	mᵊdiʸnoʷt
-drei-(am=)in	:Achaschwerosch	König(s)-(des=)der	Provinzen

עֶשָׂר
ʿɔśɔr
(Tag)-zehn(ten)

לְחֹדֶשׁ
lᵊḥodɛš
Monat(s)-(des=)zu

שְׁנֵים־עָשָׂר
ʿɔśɔr-šᵊneʸm
,(zwölften=)zehn-zwei

הוּא־
-huʷʾ
(ist-das=)er

חֹדֶשׁ
ḥodɛš
Monat-(der)

אֲדָר׃
ʾᵃdɔr.
.Adar

13 פַּתְשֶׁגֶן
patᵊšɛgɛn
Abschrift-(Eine)

הַכְּתָב
hakkᵊtɔb
Schreiben(s)-(des=)der

לְהִנָּתֵן
lᵊhinnɔten
(werden-kundgegeben-sollte=)Gegebenwerden-(einem)-zu

דָּת
dɔt
(Verordnung-als=)Gesetz

בְּכָל־
-bᵊkol
(jeder=)all-in

מְדִינָה
mdiʸnɔʾ
Provinz

וּמְדִינָה
uʷmᵊdiʸnɔʰ
,(Provinz-einzelnen=)Provinz-und-

גָּלוּי
gɔluʷy
(öffentlich=)geöffnet(er)

לְכָל־
-lᵊkol
all-(an=)zu

הָעַמִּים
hɔʿammiʸm
,Völker-die

וְלִהְיוֹת
wᵊlihᵊyoʷt
(seien-dass=)sein-zu-und

הַיְּהוּדִיִּים[הַיְּהוּדִים]
[hayyᵊhuʷdiʸm]hayyᵊhuʷdiʸyiʸm
Judäer-die

עֲתוּדִים[עֲתִידִים]
[ʿᵃtiʸdiʸm]ʿᵃtuʷdiʸm
bereit(e)

לַיּוֹם
layyoʷm
,Tag-den-(für=)zu

הַזֶּה
hazzɛʰ
,da-dies(en)

לְהִנָּקֵם
lᵊhinnɔqem
sich-rächen-zu-(um)

מֵאֹיְבֵיהֶם׃
meʾoyᵊbeʸhɛm.
!Feinden-ihren-(an=)von

14 הָרָצִים
hɔrɔṣiʸm
,(Eilboten=)Laufenden-Die

רֹכְבֵי
rokᵊbeʸ
reitend(e)

הָרֶכֶשׁ
hɔrɛkɛš
,Pferd(e)-die

הָאֲחַשְׁתְּרָנִים
hɔʾᵃḥašᵊtᵊrɔniʸm
,herrschaftliche(n)-die

יָצְאוּ
yɔṣᵊʾuʷ
aus-zogen-(sie)

מְבֹהָלִים
mᵊbohɔliʸm
beschleunigt(e)

וּדְחוּפִים
uʷdᵊḥuʷpiʸm
(dahin)eilend(e)-und

בִּדְבַר
bidᵊbar
Wort-(dem)-(nach=)in

הַמֶּלֶךְ
hammɛlɛk
.König(s)-(des=)der

וְהַדָּת
wᵊhaddɔt
Verordnung-die-Und

נִתְּנָה
nittᵊnɔʰ
worden-(erlassen=)gegeben-war-(sie)

בְּשׁוּשַׁן
bᵊšuʷšan
,(Susa=)Schuschan-in

הַבִּירָה׃
habbiʸrɔʰ.
.Burg-(der=)die

הַמֶּלֶךְ	מִלִּפְנֵי	יָצָא	15 וּמָרְדֳּכַי
hammɛlɛk	millipᵊneʸ	yɔṣɔʾ	uʷmorᵊdᵒkay
,König(s)-(des=)der	Antlitz-(dem)-von-(weg)	,hinaus-ging-(er)	Mordochai-Und

וְחוּר	תְּכֵלֶת	מַלְכוּת	בִּלְבוּשׁ
wɔḥuʷr	tᵊkelɛt	malᵊkuʷt	bilᵊbuʷš
Linnen-und	Blaupurpur-(aus)	(königlichem=)Königtum	Gewand-in

וְתַכְרִיךְ	גְּדוֹלָה	זָהָב	וַעֲטֶרֶת
wᵊtakᵊriʸk	gᵊdoʷlɔʰ	zɔhɔb	waᶜᵃṭɛrɛt
Mantel-(einem)-und	große(n)	(goldenen=)Gold	Diadem-(einem)-und

צָהֲלָה	שׁוּשָׁן	וְהָעִיר	וְאַרְגָּמָן	בּוּץ
ṣɔhᵃlɔʰ	šuʷšɔn	wᵊhɔᶜiʸr	wᵊʾarᵊgɔmɔn	buʷṣ
jauchzte-(sie)	(Susa=)Schuschan	Stadt-die-und	;Rotpurpur-und	Byssus-(von)

אוֹרָה	הָיְתָה	16 לַיְּהוּדִים	וְשָׂמֵחָה׃
ʾoʷrɔʰ	hɔyᵊtɔʰ	layyᵊhuʷdiʸm	wᵊśɔmeḥɔʰ.
(Glück=)Licht	war-(es=sie)	Judäern-den-(Bei=)Zu	.sich-freute-(sie)-und

17 וּבְכָל־	וִיקָר׃	וְשָׂשֹׂן	וְשִׂמְחָה
-uʷbᵊkol	wiʸqɔr.	wᵊśɔśon	wᵊśimᵊḥɔʰ
(jeder=)all-in-Und	.(Ehre=)Glanz-und	Jubel-und	Freude-und

וּבְכָל־	וּמְדִינָה מְדִינָה
-uʷbᵊkol	uʷmᵊdiʸnɔʰ mᵊdiʸnɔʰ
(jeder=)all-in-und	(Provinz-einzelnen=)Provinz-und-Provinz

דְּבַר־	אֲשֶׁר	מְקוֹם	וָעִיר עִיר
-dᵊbar	ʾᵃšɛr	mᵊqoʷm	wɔᶜiʸr ᶜiʸr
(von)-Wort-das	welch(en)	,Ort-(am)	(Stadt-einzelnen=)Stadt-und-Stadt

שִׂמְחָה	מַגִּיעַ	וְדָתוֹ	הַמֶּלֶךְ
śimᵊḥɔʰ	maggiʸaᶜ	wᵊdɔtoʷ	hammɛlɛk
Freude-(war)	,erreichend(er)-(war)	Verordnung-seine-und	König-(dem=)der

וְיוֹם	מִשְׁתֶּה	לַיְּהוּדִים	וְשָׂשׂוֹן
wᵊyoʷm	mišᵊtɛʰ	layyᵊhuʷdiʸm	wᵊśɔśoʷn
Tag-(ein)-und	(Gast)mahl-(ein)	,Judäern-den-(bei=)zu	Jubel-und

מֵעַמֵּי	וְרַבִּים	טוֹב
meᶜammeʸ	wᵊrabbiʸm	ṭoʷb
Völker(n)-(den)-(aus=)von	viele-(Hingegen=)Und	.(Glückes=)Gut(en)-(des)

כִּי־	מִתְיַהֲדִים	הָאָרֶץ
-kiʸ	mitᵊyahᵃdiʸm	hɔʾɔrɛṣ
weil	‚Judäer-als-sich-ausgebend(e)-(waren)	(Landes-des=)Erde-die

עֲלֵיהֶם׃	הַיְּהוּדִים	פַּחַד־	נָפַל
ʿᵃleʸhɛm.	hayyᵊhuʷdiʸm	-paḥad	nɔpal
.(sie=)ihnen-auf	Judäer(n)-(den=)die	(vor)-Furcht	(gefallen-war=)fiel-(es=er)

9

הוּא־	חֹדֶשׁ	עָשָׂר	1 וּבִשְׁנֵים
-huʷʾ	ḥodɛš	ʿɔśɔr	uʷbišᵊneʸm
(ist-das=)er	‚Monat	(zwölften-im-Und=)zehn-zwei-in-Und	

בּוֹ	יוֹם	עָשָׂר	בִּשְׁלוֹשָׁה	אֲדָר	חֹדֶשׁ
boʷ	yoʷm	ʿɔśɔr	bišᵊloʷšɔʰ	ʾᵃdɔr	ḥodɛš
‚(darin=)ihm-in	Tag	zehn(ten)	-drei-(am=)in	‚Adar	Monat-(der)

הַמֶּלֶךְ	דְּבַר־	הִגִּיעַ	אֲשֶׁר
hammɛlɛk	-dᵊbar	higgiʸaʿ	ʾᵃšɛr
König(s)-(des=)der	Wort-(das)	(gelangte=)erreichte-(es=er)	welch(em)-(an)

לְהֵעָשׂוֹת	וְדָתוֹ
lᵊheʿɔśoʷt	wᵊdɔtoʷ
‚(Ausführung-zur=)gemacht-werden-zu	Verordnung-seine-und

אֹיְבֵי	שִׂבְּרוּ	אֲשֶׁר	בַּיּוֹם
ʾoyᵊbeʸ	śibbᵊruʷ	ʾᵃšɛr	bayyoʷm
(von)-Feinde-(die)	gehofft-hatten-(es=sie)	welch(em)-(an)	‚Tag-(dem)-(an=)in

בָּהֶם	לִשְׁלוֹט	הַיְּהוּדִים
bɔhɛm	lišᵊloʷṭ	hayyᵊhuʷdiʸm
‚sie-(über=)in	(Macht-gewinnen=)herrschen-zu	Judäer(n)-(den=)die

אֲשֶׁר	הוּא	וְנַהֲפוֹךְ
ʾᵃšɛr	huʷʾ	wᵊnahᵃpoʷk
(nämlich)-dass	‚(es=)er	(Gegenteil-ins-sich-verkehrte=)Wenden-(ein)-(da=)und

הֵמָּה	הַיְּהוּדִים	יִשְׁלְטוּ
hemmɔʰ	hayyᵊhuʷdiʸm	yišᵊlᵊṭuʷ
(selbst=)sie	Judäer-die	(Macht-gewannen=)herrschten-(es=sie)

2 נִקְהֲלוּ	בְּשֹׂנְאֵיהֶם׃
niqᵊhᵃluʷ	bᵊśonᵊʾeʸhɛm.
(zusammen-sich-taten=)sich-versammelten-(Es=)Sie	.Hasser-ihre-(über=)in

מְדִינוֹת mᵊdiʸnoʷt (von)-Provinzen	בְּכָל־ -bᵊkol all(en)-in	בְּעָרֵיהֶם bᵊᶜɔreʸhɛm Städte(n)-ihre(n)-in	הַיְּהוּדִים hayyᵊhuʷdiʸm Judäer-die
יָד yɔd Hand	לִשְׁלֹחַ lišᵊloaḥ (anzulegen=)senden-zu	אֲחַשְׁוֵרוֹשׁ ᵓᵃḥašᵊweroʷš Achaschwerosch	הַמֶּלֶךְ hammɛlɛk König-(dem=)der

רָעָתָם rɔᶜɔtɔm ,(Verderben=)Übel-ihr(em)	בִּמְבַקְשֵׁי bimᵊbaqᵊšeʸ (nach)-(Trachtenden=)Suchenden-(die)-(an=)in
עָמַד ᶜɔmad stand-(hielt)-(es=er)	וְאִישׁ לֹא־ -loᵓ wᵊᵓiʸš (niemand=)nicht-Mann-(ein)-und

נָפַל nɔpal gefallen-war-(es=er)	כִּי־ -kiʸ weil	לִפְנֵיהֶם lipᵊneʸhɛm ,(ihnen-vor=)Gesichtern-ihren-zu

3 וְכָל־ -wᵊkol all-Und	הָעַמִּים: hɔᶜammiʸm. .Völker-die	כָּל־ -kol all	עַל־ -ᶜal (über=)auf	פַּחְדָּם paḥᵊdɔm (ihnen-vor-Furcht=)Furcht-ihre

וְהָאֲחַשְׁדַּרְפְּנִים wᵊhɔᵓᵃḥašᵊdarᵊpᵊniʸm Statthalter-die-und	הַמְּדִינוֹת hammᵊdiʸnoʷt Provinzen-(den=)die	שָׂרֵי śɔreʸ (von)-Fürsten-(die)

וְעֹשֵׂי wᵊᶜośeʸ (Ausführenden=)Machenden-(die)-und	וְהַפַּחוֹת wᵊhappaḥoʷt (Abgeordneten=)Beauftragten-die-und

לַמֶּלֶךְ lammɛlɛk ,(war)-König-den-(für=)zu	אֲשֶׁר ᵓᵃšɛr welch(e)	הַמְּלָאכָה hammᵊlɔᵓkɔʰ ,Arbeit-die

נָפַל nɔpal gefallen-war-(es=er)	כִּי־ -kiʸ weil	אֶת־הַיְּהוּדִים hayyᵊhuʷdiʸm-ᵓɛt ,Judäer-die***	מְנַשְּׂאִים mᵊnaśśᵊᵓiʸm (unterstützend=)tragend(e)-(waren)

מָרְדֳּכַי morᵊdᵒkay Mordochai	גָּדוֹל gɔdoʷl (war)-groß	4 כִּי־ -kiʸ Denn	עֲלֵיהֶם: ᶜᵃleʸhɛm. .sie-(über=)auf	מָרְדֳּכַי morᵊdᵒkay Mordochai	פַּחַד־ -paḥad (vor)-Furcht

הוֹלֵךְ	וְשָׁמְעוֹ	הַמֶּלֶךְ	בְּבֵית
hoʷlek	wᵊšomᵊᶜoʷ	hammɛlɛk	bᵊbeʸt
gehend(er)	(Ruf=)Gerücht-sein-und	,König(s)-(des=)der	Haus-(im=)in

מָרְדֳּכַי	הָאִישׁ	כִּי־	הַמְּדִינוֹת	בְּכָל־
morᵊdᵒkay	hɔᵓiʸš	-kiʸ	hammᵊdiʸnoʷt	-bᵊkol
Mordochai	Mann-der	(,ja=)denn	,Provinzen-die	all-(durch=)in

5 וַיַּכּוּ	וְגָדוֹל׃	הוֹלֵךְ
wayyakkuʷ	wᵊgɔdoʷl.	hoʷlek
(zu)-schlugen-(es=)sie-Und	.(größer-immer=)groß-und	(wurde=)gehend(er)-(war)

מַכַּת־חֶרֶב	אֹיְבֵיהֶם	בְּכָל־	הַיְּהוּדִים
ḥɛrɛb-makkat	ᵓoyᵊbeʸhɛm	-bᵊkol	hayyᵊhuʷdiʸm
Schwert-schlag-(mit)	Feinde(n)-ihre(n)	all-(unter=)in	Judäer-die

וַיַּעֲשׂוּ	וְאַבְדָן	וְהֶרֶג
wayyaᶜᵃśuʷ	wᵊᵓabᵊdɔn	wᵊhɛrɛg
(taten=)machten-sie-und	,(Vernichtung=)Untergang-und	Mord-und

כִּרְצוֹנָם׃	בְשֹׂנְאֵיהֶם
kirᵊṣoʷnɔm.	bᵊśonᵊᵓeʸhɛm
.(Belieben=)Wohlgefallen-ihr(em)-(nach=)wie	Hasser(n)-ihre(n)-(an=)in

הַיְּהוּדִים	הָרְגוּ	הַבִּירָה	6 וּבְשׁוּשַׁן
hayyᵊhuʷdiʸm	hɔrᵊguʷ	habbiʸrɔʰ	uʷbᵊšuʷšan
Judäer-die	töteten-(sie)	,Burg-(der=)die	,(Susa=)Schuschan-in-Und

7 וְאֵת	אִישׁ׃	מֵאוֹת	חֲמֵשׁ	וְאַבֵּד
wᵊᵓet	ᵓiʸš.	meᵓoʷt	ḥᵃmeš	wᵊᵓabbed
***(Auch=)Und	.Mann	hundert(e)	-fünf	(aus-rotteten=)Ausrotten-(ein)-und

פּוֹרָתָא	8 וְאֵת	אַסְפָּתָא׃	וְאֵת	דַּלְפוֹן	וְאֵת	פַּרְשַׁנְדָּתָא
poʷrɔtɔᵓ	wᵊᵓet	ᵓaspɔtɔᵓ	wᵊᵓet.	dalᵊpoʷn	wᵊᵓet	parᵊšanᵊdɔtɔᵓ
Porata-***und		Aspata-***und		Dalfon-***und		Parschandata

אֲרִיסַי	וְאֵת	פַּרְמַשְׁתָּא	9 וְאֵת	אֲרִידָתָא׃	וְאֵת	אֲדַלְיָא	וְאֵת
ᵓᵃriʸsay	wᵊᵓet	parᵊmašᵊtɔᵓ	wᵊᵓet	ᵓᵃriʸdɔtɔᵓ	wᵊᵓet.	ᵓᵃdalᵊyɔᵓ	wᵊᵓet
Arisai-***und		Parmaschta-***und		Aridata-***und		Adalja-***und	

הָמָן	בְּנֵי	10 עֲשֶׂרֶת	וַיְזָתָא׃	וְאֵת	אֲרִדַי	וְאֵת
hɔmɔn	bᵊneʸ	ᶜᵃśɛrɛt	wayᵊzɔtɔᵓ	wᵊᵓet.	ᵓᵃriday	wᵊᵓet
Haman	(von-)Söhne	zehn-(die)	,Waisata-***und		Aridai-***und	

הָרְגוּ	הַיְּהוּדִים	צֹרֵר	בֶּן־הַמְּדָתָא
hɔrɔguʷ	hayyᵊhuʷdiʸm	ṣorer	hammᵊdɔtɔʾ-bɛn
.töteten-sie	,Judäer-die	(war)-anfeindend(er)-(der)	,Hammedata(s)-Sohn

שָׁלְחוּ	לֹא	וּבַבִּזָּה
šɔlᵊḥuʷ	loʾ	uʷbabbizzɔʰ
(aus-streckten=)schickten-sie	nicht	Beute-(der=)die-(nach=)in-(Aber=)Und

מִסְפַּר	בָּא	הַהוּא	11 בַּיּוֹם	אֶת־יָדָם׃
misᵊpar	bɔʾ	hahuʷʾ	bayyoʷm	yɔdɔm-ʾɛt.
Zahl-(die)	kam-(es=er)	,(da)-jenem	,Tag-(Am=)Im	.Hand-ihre***

לִפְנֵי	הַבִּירָה	בְּשׁוּשַׁן	הַהֲרוּגִים
lipᵊneʸ	habbiʸrɔʰ	bᵊšuʷšan	hahᵃruʷgiʸm
(vor=)Gesichter-zu	,Burg-(der=)die	,(Susa=)Schuschan-in	Getöteten-(der=)die

לְאֶסְתֵּר	הַמֶּלֶךְ	12 וַיֹּאמֶר	הַמֶּלֶךְ׃
lᵊʾɛsᵊter	hammɛlɛk	wayyoʾmɛr	hammɛlɛk.
,Esther-zu	König-der	sprach-(es=er)-(Da=)Und	.König-(den=)der

הָרְגוּ	הַבִּירָה	בְּשׁוּשַׁן	הַמַּלְכָּה
hɔrᵊguʷ	habbiʸrɔʰ	bᵊšuʷšan	hammalᵊkɔʰ
töteten-(sie)	,Burg-(der=)die	,(Susa=)Schuschan-In	:Königin-(der=)die

אִישׁ	מֵאוֹת	חֲמֵשׁ	וְאַבֵּד	הַיְּהוּדִים
ʾiʸš	meʾoʷt	ḥᵃmeš	wᵊʾabbed	hayyᵊhuʷdiʸm
Mann	hundert(e)	-fünf	(aus-rotteten=)Ausrotten-(ein)-und	Judäer-die

מְדִינוֹת	בִּשְׁאָר	הָמָן	בְּנֵי־	וְאֵת עֲשֶׂרֶת
mᵊdiʸnoʷt	bišᵊʾɔr	hɔmɔn	-bᵊneʸ	ʿᵃśɛrɛt wᵊʾet
Provinzen	(übrigen-den=)Rest-In	.Haman	(von)-Söhne	zehn-(die)-***und

עָשׂוּ	מֶה	הַמֶּלֶךְ
ʿɔśuʷ	mɛʰ	hammɛlɛk
?(haben-getan-mögen=)machten-sie	(wohl)-was —	König(s)-(des=)der

שְׁאֵלָתֵךְ	וּמַה־
šᵊʾelɔtek	-uʷmaʰ
,Bitte-deine	(ist)-was-(Doch=)Und

לָךְ	וְיִנָּתֵן
lɔk	wᵊyinnɔten
,dir-(zu)	werden-(gewährt=)gegeben-(soll=)wird-(sie=)er-(dass=)und

וּמַה־ -u^{w}ma^{h} (ist)-was-und
בַּקָּשָׁתֵךְ baqqɔšɔtek Begehren-dein
עוֹד ʿo^{w}d ,(ferner=)noch

וְתֵעָשׂ: w^{ə}teʿɔś. ?(erfüllt=)gemacht-wird-(es=)sie-(dass=)und
13 וַתֹּאמֶר wattoʾmɛr sprach-(es=sie)-(Da=)Und
אֶסְתֵּר ʾɛs^{ə}ter :Esther

אִם־ -ʾim Wenn
עַל־ -ʿal (für=)auf
הַמֶּלֶךְ hammɛlɛk König-(den=)der
טוֹב ṭo^{w}b ,(ist-recht-es=)gut

יִנָּתֵן yinnɔten werden-(gestattet=)gegeben-(möge=)wird-(es=er)
גַּם־ -gam auch
מָחָר mɔḥɔr morgen

לַיְּהוּדִים layy^{ə}hu^{w}di^{y}m ,Judäern-(den=)zu
אֲשֶׁר ʾ^{a}šɛr (denjenigen=)welch(e)
בְּשׁוּשָׁן b^{ə}šu^{w}šɔn ,(Susa=)Schuschan-in

לַעֲשׂוֹת laʿ^{a}śo^{w}t (handeln=)machen-zu
כְּדָת k^{ə}dɔt (von)-(Weise=)Verordnung-(der)-(nach=)wie

הַיּוֹם hayyo^{w}m ;(heute=)Tag-der
וְאֵת עֲשֶׂרֶת ʿ^{a}śɛrɛt w^{ə}ʾet zehn-(die)-***und
בְּנֵי־ -b^{ə}ne^{y} (von)-Söhne
הָמָן hɔmɔn Haman

יִתְלוּ yit^{ə}lu^{w} hängen-(möge=)werden-(man=)sie
עַל־ -ʿal (an=)auf
הָעֵץ: hɔʿeṣ. !(Galgen-den=)Holz-das

14 וַיֹּאמֶר wayyoʾmɛr (befahl=)sprach-(er)-(Da=)Und
הַמֶּלֶךְ hammɛlɛk ,König-der

לְהֵעָשׂוֹת l^{ə}heʿɔśo^{w}t (werde-getan-dass=)gemacht-werden-zu
כֵּן ken .(al)so

וַתִּנָּתֵן wattinnɔten (erlassen=)gegeben-wurde-(es=)sie-Und
דָּת dɔt Verordnung-(eine)

הָמָן בְּנֵי־ עֲשֶׂרֶת וְאֵת בְּשׁוּשָׁן
hɔmɔn -bᵊneʸ ᶜᵃśɛrɛt wᵊᵓet bᵊšuʷšɔn
Haman (von)-Söhne zehn-(die)-***und ,(Susa=)Schuschan-in

15 וַיִּקָּהֲלוּ תָּלוּ׃
wayyiqqɔhᵃluʷ tɔluʷ.
zusammen-sich-taten-(es=)-sie-(Sodann=)Und .(auf)-hängten-sie

בְּשׁוּשָׁן אֲשֶׁר־ הַיְּהוּדִיִּים[הַיְּהוּדִים]
bᵊšuʷšɔn -ᵓᵃšɛr [hayyᵊhuʷdiʸm]hayyᵊhuʷdiʸyiʸm
,(Susa=)Schuschan-in (diejenigen=)welch(e) ,Judäer-die

אֲדָר לְחֹדֶשׁ עָשָׂר אַרְבָּעָה בְּיוֹם גַּם
ᵓᵃdɔr lᵊḥodɛš ᶜɔśɔr ᵓarᵊbɔᶜɔʰ bᵊyoʷm gam
,Adar Monat(s)-(des=)zu zehn -vier Tag-(dem-an=)in auch

אִישׁ מֵאוֹת שְׁלֹשׁ בְּשׁוּשָׁן וַיַּהַרְגוּ
ᵓiʸš meᵓoʷt šᵊloš bᵊšuʷšɔn wayyaharᵊguʷ
,Mann hundert(e) -drei (Susa=)Schuschan-in töteten-sie-und

שָׁלְחוּ לֹא וּבַבִּזָּה
šɔlᵊḥuʷ loᵓ uʷbabbizzɔʰ
(aus-streckten=)schickten-sie nicht Beute-(der=)die-(nach=)in-(aber=)und

הַיְּהוּדִים 16 וּשְׁאָר אֶת־יָדָם׃
hayyᵊhuʷdiʸm uʷšᵊᵓɔr yɔdɔm-ᵓɛt.
,Judäer-(der=)die (übrigen-die=)Rest-(Auch=)Und .Hand-ihre***

הַמֶּלֶךְ בִּמְדִינוֹת אֲשֶׁר
hammɛlɛk bimᵊdiʸnoʷt ᵓᵃšɛr
,König(s)-(des=)der Provinzen-(den)-in (diejenigen=)welch(e)

עַל־ וְעָמֹד נִקְהֲלוּ
-ᶜal wᵊᶜɔmod niqᵊhᵃluʷ
(für=)auf (verteidigten=)Stehen-(ein)-und zusammengetan-sich-hatten-(sie)

מֵאֹיְבֵיהֶם וְנוֹחַ נַפְשָׁם
meᵓoyᵊbeʸhɛm wᵊnoʷaḥ napᵊšɔm
,Feinden-ihren-(vor=)von (war)-Ruhe-und ,(Leben=)Seele-ihr(e)

וְשִׁבְעִים חֲמִשָּׁה בְּשֹׂנְאֵיהֶם וְהָרֹג
wᵊšibᵊᶜiʸm ḥᵃmiššɔʰ bᵊśonᵊᵓeʸhɛm wᵊhɔrog
siebzig-und -fünf Hassern-ihren-(von=)in (töteten-sie=)Töten-(ein)-und

לֹא	וּבַבִּזָּה	אֶלֶף
loʾ	uʷbabbizzɔʰ	ʾɔlɛp
nicht	Beute-(der=)die-(nach=)in-(aber=)und	,tausend

שְׁלֹשָׁה	17 בְּיוֹם־	אֶת־יָדָם׃	שָׁלְחוּ
šᵊlošɔʰ	-bᵊyoʷm	yɔdɔm-ʾɛt.	šɔlᵊḥuʷ
-drei	Tag-(am=)in-(war-Das)	.Hand-ihre***	(aus-streckten=)schickten-sie

עָשָׂר	בְּאַרְבָּעָה	וְנוֹחַ	אֲדָר	לְחֹדֶשׁ	עָשָׂר
ʿɔśɔr	bᵊʾarᵊbɔʿɔʰ	wᵊnoʷaḥ	ʾadɔr	lᵊḥodɛš	ʿɔśɔr
zehn(ten)	-vier-(am=)in	(war)-Ruhe-und	,Adar	Monat(s)-(des=)zu	zehn

יוֹם	אֹתוֹ	וְעָשֹׂה	בּוֹ
yoʷm	ʾotoʷ	wᵊʿɔśoʰ	boʷ
Tag-(einem-zu)	ihn	(machten-sie=)Machen-(ein)-und	,(desselben=)ihm-in

[וְהַיְּהוּדִים]וְהַיְּהוּדִיִּים 18	וְשִׂמְחָה׃	מִשְׁתֶּה
[wᵊhayyᵊhuʷdiʸm]wᵊhayyᵊhuʷdiʸyiʸm	wᵊśimᵊḥɔʰ.	mišᵊtɛʰ
,Judäer-die-Und	.Freude-(der)-und	(Fest)mahl(s)-(des)

נִקְהֲלוּ	בְּשׁוּשָׁן	אֲשֶׁר־
niqᵊhaluʷ	bᵊšuʷšɔn	-ʾašɛr
zusammen-sich-taten-(sie)	,(Susa=)Schuschan-in	(diejenigen=)welch(e)

וּבְאַרְבָּעָה	בּוֹ	עָשָׂר	בִּשְׁלֹשָׁה
uʷbᵊʾarᵊbɔʿɔʰ	boʷ	ʿɔśɔr	bišᵊlošɔʰ
-vier-(dem)-(an=)in-und	(desselben=)ihm-in	zehn(ten)	-drei-(dem)-(an=)in

עָשָׂר	בַּחֲמִשָּׁה	וְנוֹחַ	בּוֹ	עָשָׂר
ʿɔśɔr	baḥamiššɔʰ	wᵊnoʷaḥ	boʷ	ʿɔśɔr
zehn(ten)	-fünf-(dem)-(an=)in	(war)-Ruhe-und	,(desselben=)ihm-in	zehn(ten)

יוֹם	אֹתוֹ	וְעָשֹׂה	בּוֹ
yoʷm	ʾotoʷ	wᵊʿɔśoʰ	boʷ
Tag-(einem-zu)	ihn	(machten-sie=)Machen-(ein)-und	,(desselben=)ihm-in

הַיְּהוּדִים	19 עַל־כֵּן	וְשִׂמְחָה׃	מִשְׁתֶּה
hayyᵊhuʷdiʸm	ken-ʿal	wᵊśimᵊḥɔʰ.	mišᵊtɛʰ
,Judäer-die	(Darum=)so-Auf	.Freude-(der)-und	(Fest)mahl(s)-(des)

בְּעָרֵי	הַיֹּשְׁבִים	[הַפְּרָזִים]הַפְּרוֹזִים
bᵊʿɔreʸ	hayyošᵊbiʸm	[happᵊrɔziʸm]happᵊroʷziʸm
Städten-in	(sind)-wohnend(en)-die	,Landbewohner-die

אַרְבָּעָה	אֶת יוֹם	עֹשִׂים	הַפְּרָזוֹת
ʾar^{ə}bɔʿɔ^{h}	yo^{w}m ʾet	ʿośi^{y}m	happ^{ə}rɔzo^{w}t
-vier	Tag-(den)***	machend(e)-(sind-die)	,Land(es)-offene(n)-(des=)die

וּמִשְׁתֶּה	שִׂמְחָה	אֲדָר	לְחֹדֶשׁ	עָשָׂר
u^{w}miš^{ə}tɛ^{h}	śim^{ə}ḥɔ^{h}	^{ʾa}dɔr	l^{ə}ḥodɛš	ʿɔśɔr
(Fest)mahl-und	Freude-(zu)	Adar	Monat(s)-(des=)zu	zehn

וּמִשְׁלוֹחַ	טוֹב	וְיוֹם
u^{w}miš^{ə}lo^{w}aḥ	ṭo^{w}b̂	w^{ə}yo^{w}m
(von)-Sendung-(der)-und	(festlichen=)gut(en)	Tag-(einem-zu)-und

לְרֵעֵהוּ׃	אִישׁ	מָנוֹת
l^{ə}reʿehu^{w}.	ʾi^{y}š	mɔno^{w}t
.(andern-dem=)Gefährten-seinem-zu	(einer=)Mann	Essportionen

הָאֵלֶּה	אֶת־הַדְּבָרִים	מָרְדֳּכַי	20 וַיִּכְתֹּב
hɔʾellɛ^{h}	hadd^{ə}bɔri^{y}m-ʾɛt	mor^{ə}d^{o}kay	wayyik^{ə}tob
,selben-die	,Worte-die***	Mordochai	(nieder)-schrieb-(es=)er-Und

אֲשֶׁר	הַיְּהוּדִים	כָּל־	אֶל־	סְפָרִים	וַיִּשְׁלַח
^{ʾa}šɛr	hayy^{ə}hu^{w}di^{y}m	-kol	-ʾɛl	s^{ə}pɔri^{y}m	wayyiš^{ə}laḥ
welch(e)	,Judäer-die	all	(an=)zu	Schriftrollen	sandte-(er)-und

אֲחַשְׁוֵרוֹשׁ	הַמֶּלֶךְ	מְדִינוֹת	בְּכָל־
^{ʾa}ḥaš^{ə}wero^{w}š	hammɛlɛk	m^{ə}di^{y}no^{w}t	-b^{ə}kol
,(waren)-Achaschwerosch	König(s)-(des=)der	Provinzen-(den)	all-in

עֲלֵיהֶם	21 לְקַיֵּם	וְהָרְחוֹקִים׃	הַקְּרוֹבִים
^{ʿa}le^{y}hɛm	l^{ə}qayyem	w^{ə}hɔr^{ə}ḥo^{w}qi^{y}m.	haqq^{ə}ro^{w}bi^{y}m
,(ihnen=)sie-auf	(auferlegen=)lassen-erstehen-zu	,fernen-die-und	nahen-die

עָשָׂר	אַרְבָּעָה	אֵת יוֹם	עֹשִׂים	לִהְיוֹת
ʿɔśɔr	ʾar^{ə}bɔʿɔ^{h}	yo^{w}m ʾet	ʿośi^{y}m	lih^{ə}yo^{w}t
zehn	-vier	Tag-(den)***	machend(e)	(sollen-sein-sie-dass=)sein-zu

בּוֹ	עָשָׂר	חֲמִשָּׁה	וְאֵת יוֹם־	אֲדָר	לְחֹדֶשׁ
bo^{w}	ʿɔśɔr	ḥ^{a}miššɔ^{h}	-yo^{w}m w^{ə}ʾet	^{ʾa}dɔr	l^{ə}ḥodɛš
,(darin=)ihm-in	zehn	-fünf	Tag-(den)-***und	Adar	Monat(s)-(des=)zu

אֲשֶׁר־	22 כַּיָּמִים	שָׁנָה וְשָׁנָה׃	בְּכָל־
-^{ʾa}šɛr	kayyɔmi^{y}m	w^{ə}šɔnɔ^{h} šɔnɔ^{h}.	-b^{ə}kol
welch(e)	,Tagen-den-(in)-wie	,(Jahr-einzelnen=)Jahr-und -Jahr	(jedem=)all-in

הַיְּהוּדִים בָּהֶם נָחוּ
hayyᵊhuʷdiʸm | bɔhɛm | nɔḥuʷ
Judäer-die | ihnen-in | (Ruhe-bekamen=)ruhten-(es=)sie

נֶהְפַּךְ אֲשֶׁר וְהַחֹדֶשׁ מֵאוֹיְבֵיהֶם
nɛhᵊpak | ʾašɛr | wᵊhaḥodɛš | meʾoʷyᵊbeʸhɛm
sich-wandelte-(er) | welch(er) | ,Monat-(den=)der-und | ,Feinden-ihren-(vor=)von

לְיוֹם וּמֵאֵבֶל לְשִׂמְחָה מִיָּגוֹן לָהֶם
lᵊyoʷm | uʷmeʾebɛl | lᵊśimᵊḥɔʰ | miʸyɔgoʷn | lɔhɛm
Tag-(einem)-zu | Trauer-von-und | Freude-zu(r) | Kummer-von | ihnen-(zu)

יְמֵי אוֹתָם לַעֲשׂוֹת טוֹב
yᵊmeʸ | ʾoʷtɔm | laᶜᵃśoʷt | ṭoʷb
Tage(n)-(zu) | sie | (machend=)machen-zu | ,(festlichen=)gut(en)

מָנוֹת וּמִשְׁלוֹחַ וְשִׂמְחָה מִשְׁתֶּה
mɔnoʷt | uʷmišᵊloʷaḥ | wᵊśimᵊḥɔʰ | mišᵊtɛʰ
Essportionen | (von)-Sendung-(der)-und | Freude-(der)-und | (Fest)mahl(s)-(des)

וּמַתָּנוֹת לְרֵעֵהוּ אִישׁ
uʷmattɔnoʷt | lᵊreᶜehuʷ | ʾiʸš
Geschenke(n)-(von)-und | ,(andern-dem=)Gefährten-seinem-zu | (einer=)Mann

הַיְּהוּדִים 23 וְקִבֵּל לָאֶבְיוֹנִים׃
hayyᵊhuʷdiʸm | wᵊqibbel | lɔʾɛbᵊyoʷniʸm.
Judäer-die | an-nahm(en)-(es=er)-(So=)Und | .Armen-(die)-(an=)zu

לַעֲשׂוֹת הֵחֵלּוּ אֵת אֲשֶׁר־
laᶜᵃśoʷt | heḥelluʷ | -ʾašɛr ʾet
(tun=)machen-zu | begonnen-hatten-sie | (was=)welch(es)***

כִּי 24 אֲלֵיהֶם׃ מָרְדֳּכַי כָּתַב וְאֵת אֲשֶׁר־
kiʸ | ʾaleʸhɛm. | morᵊdᵒkay | kɔtab | -ʾašɛr wᵊʾet
Denn | .ihnen-(zu) | Mordochai | geschrieben-(er) | (was=)welch(es)-***und

צֹרֵר הָאֲגָגִי בֶּן־הַמְּדָתָא הָמָן
ṣorer | hɔʾᵃgɔgiʸ | hammᵊdɔtɔʾ-bɛn | hɔmɔn
bedrängend(er)-(war) | ,Agagäer(s)-(des=)der | ,Hammedata(s)-Sohn | Haman

לְאַבְּדָם הַיְּהוּדִים עַל־ חָשַׁב הַיְּהוּדִים כָּל־
lᵊʾabbᵊdɔm | hayyᵊhuʷdiʸm | -ᶜal | ḥɔšab | hayyᵊhuʷdiʸm | -kol
,sie-ausrotten-zu | Judäer-die | (über=)auf | plante-Er | .Judäer-die | all

הַגּוֹרָל	הוּא	פּוּר	וְהִפִּיל
haggo^{w}rɔl	hu^{w}ʾ	pu^{w}r	w^{ə}hippi^{y}l
,Los-das	(ist-das=)er	,Pur-(das)	(werfen=)fallen-machte-(er)-und

וּלְאַבְּדָם:	לְהֻמָּם
u^{w}l^{ə}ʾabb^{ə}dɔm.	l^{ə}hummɔm
.sie-Ausrotten-(einem)-zu-und	sie-Aufreiben-(einem)-zu

לִפְנֵי	25 וּבְבֹאָהּ
lip^{ə}ne^{y}	u^{w}b^{ə}boʾɔ^{h}
(vor=)Gesichter-zu	(kam-es-als-Aber=)Kommen-ihrem-in-Und

הַסֵּפֶר	עִם־	אָמַר	הַמֶּלֶךְ
hassepɛr	-ʿim	ʾɔmar	hammɛlɛk
:Schriftstück-(dem=)der	mit	(befahl=)sagte-(d)er	,König-(den=)der

אֲשֶׁר־	הָרָעָה	מַחֲשַׁבְתּוֹ	יָשׁוּב
-ʾ^{a}šɛr	hɔrɔʿɔ^{h}	maḥ^{a}šab^{ə}to^{w}	yɔšu^{w}b
(das=)welch(es)	,böse-(das=)die	,Ansinnen-sein	kehren-(soll=)wird-(Es=)Er

רֹאשׁוֹ	עַל־	הַיְּהוּדִים	עַל־	חָשַׁב
roʾšo^{w}	-ʿal	hayy^{ə}hu^{w}di^{y}m	-ʿal	ḥɔšab
!Haupt-(eigenes)-sein	auf	,Judäer-die	(gegen=)auf	ersonnen-hat-er

עַל־	וְאֶת־בָּנָיו	אֹתוֹ	וְתָלוּ
-ʿal	bɔnɔ^{y}w-w^{ə}ʾɛt	ʾoto^{w}	w^{ə}tɔlu^{w}
(an=)auf	Söhne-seine-***und	ihn	hängen-(sollten=)werden-sie-Und

לַיָּמִים	קָרְאוּ	26 עַל־כֵּן	הָעֵץ:
layyɔmi^{y}m	qɔr^{ə}ʾu^{w}	ken-ʿal	hɔʿeṣ.
,Tage-(die=)zu	(nannten=)riefen-sie	(Deshalb=)so-Auf	.(Galgen-den=)Holz-das

עַל־כֵּן	הַפּוּר	שֵׁם	עַל־	פוּרִים	הָאֵלֶּה
ken-ʿal	happu^{w}r	šem	-ʿal	pu^{w}ri^{y}m	hɔʾellɛ^{h}
,(Deshalb=)so-Auf	.Pur-(des)	Name(n)-(dem)	(nach=)auf	,Purim	:da-diese

הָאִגֶּרֶת	דִּבְרֵי	כָּל־	עַל־
hɔʾiggɛrɛt	dib^{ə}re^{y}	-kol	-ʿal
,Brief-(dem=)der	(von)-(Angelegenheiten=)Worte	all(er)	(wegen=)auf

עַל־כָּכָה	רָאוּ	וּמָה־	הַזֹּאת
kɔkɔ^{h}-ʿal	rɔʾu^{w}	-u^{w}mɔ^{h}	hazzoʾt
(deswegen=)so-auf	(erlebt=)gesehen-hatten-sie	was-und	,da-diese(m)

אֲלֵיהֶם׃	הִגִּיעַ	וּמָה
ᵓaleʸhɛm.	higgiʸaᶜ	uʷmɔʰ
,ihnen-(zu)	(zugegangen-war=)berühren-machte-(es=er)	was-und

הַיְּהוּדִים	וְקִבֵּל[וְקִבְּלוּ]	27 קִיְּמוּ
hayyᵊhuʷdiʸm	[wᵊqibbᵊluʷ]wᵊqibbel	qiʸyᵊmuʷ
,Judäer-die	an-nahmen-(es=sie)-und	bestätigten-(es=sie)

כָּל-	וְעַל	זַרְעָם	וְעַל-	עֲלֵיהֶם
-kol	wᵊᶜal	zarᵊᶜɔm	-wᵊᶜal	ᶜaleʸhɛm
all	(für=)auf-und	,Same(n)-ihr(en)	(für=)auf-und	(sich=)ihnen-(für=)auf

וְלֹא	עֲלֵיהֶם	הַנִּלְוִים
wᵊloᵓ	ᶜaleʸhɛm	hannilᵊwiʸm
(keiner=)nicht-(dass)-und	,sie-(an=)auf	Anschließenden-sich-die

עֹשִׂים	לִהְיוֹת	יַעֲבוֹר
ᶜośiʸm	lihᵊyoʷt	yaᶜᵃboʷr
(begangen=)Machende	(würden-dass=)sein-zu	:(übertrete=)übertritt-(es=)er

כִּכְתָבָם	הָאֵלֶּה	הַיָּמִים	שְׁנֵי	אֶת
kikᵊtɔbɔm	hɔᵓellɛʰ	hayyɔmiʸm	šᵊneʸ	ᵓet
(Vor)schrift-ihre(r)-(nach=)wie	,da-diese	,Tage-(der=)die	Zweiheit-(die)***	

וְשָׁנָה׃	שָׁנָה	בְּכָל-	וְכִזְמַנָּם
wᵊšɔnɔʰ	šɔnɔʰ.	-bᵊkol	wᵊkizᵊmannɔm
.Jahr-(um=)und	-Jahr	,all(en)-(von=)in	,Zeitbestimmung-ihr(er)-(nach=)wie-und

נִזְכָּרִים	הָאֵלֶּה	28 וְהַיָּמִים
nizᵊkɔriʸm	hɔᵓellɛʰ	wᵊhayyɔmiʸm
werdend(e)-gebracht-Erinnerung-in-(sind)	,da-diese	,Tage-die-(so)-Und

בְּכָל-	וְנַעֲשִׂים
-bᵊkol	wᵊnaᶜᵃśiʸm
(jedem=)all-(bei=)in	werdend(e)-(begangen=)gemacht-und

מִשְׁפָּחָה	וָדוֹר	דּוֹר
mišᵊpɔḥɔʰ	wɔdoʷr	doʷr
Familie	,(Geschlecht-einzelnen=)Geschlecht-und	-Geschlecht

וָעִיר	וְעִיר	וּמְדִינָה	מְדִינָה	וּמִשְׁפָּחָה
wɔᶜiʸr	wᵊᶜiʸr	uʷmᵊdiʸnɔʰ	mᵊdiʸnɔʰ	uʷmišᵊpɔḥɔʰ
,Stadt-(um=)und	Stadt-und	Provinz-(um=)und	Provinz	,Familie-(um=)und

לֹא	הָאֵלֶּה	הַפּוּרִים	וִימֵי
loʾ	hɔʾellɛʰ	happuʷriʸm	wiʸmeʸ
nicht	,da-diese	,Purim-(der=)die	Tage-(die)-(da=)und

מִתּוֹךְ	יַעַבְרוּ
mittoʷk	yaᶜabᵊruʷ
Mitte-(der)-(aus=)von	(verschwinden=)vorübergehen-(sollten=)werden-(sie)

יָסוּף	לֹא־	וְזִכְרָם	הַיְּהוּדִים
yɔsuʷp	-loʾ	wᵊzikᵊrɔm	hayyᵊhuʷdiʸm
aufhören-(sollte=)wird-(es=er)	nicht	Gedenken-ihr-und	Judäer-(der=)die

הַמַּלְכָּה	אֶסְתֵּר	29 וַתִּכְתֹּב	מִזַּרְעָם׃
hammalᵊkɔʰ	ʾɛsᵊter	wattikᵊtob	mizzarᵊᶜɔm.
,Königin-die	,Esther	schrieb-(es=)sie-Und	.Samen-ihrem-(bei=)von

כָּל־	אֶת־	הַיְּהוּדִי	וּמָרְדֳּכַי	בַת־אֲבִיחַיִל
-kol	-ʾɛt	hayyᵊhuʷdiʸ	uʷmorᵊdᵒkay	ʾᵃbiʸḥayil-bat
all	***	,Judäer-der	,Mordochai-und	,Abichail(s)-Tochter-(die)

הַפּוּרִים	אֵת אִגֶּרֶת	לְקַיֵּם	תֹּקֶף
happuʷriʸm	ʾiggɛrɛt ʾet	lᵊqayyem	toqɛp
,Purim-(der=)die	(Erlass=)Brief-(den)***	bestätigen-zu	(Macht=)Kraft-(die)

סְפָרִים	30 וַיִּשְׁלַח	הַשֵּׁנִית׃	הַזֹּאת
sᵊpɔriʸm	wayyišᵊlaḥ	haššeniʸt.	hazzoʾt
Schriftrollen	sandte-er-Und	.(Mal-zweiten-zum=)zweite-die	,da-diese(n)

וְעֶשְׂרִים	שֶׁבַע	אֶל־	הַיְּהוּדִים	כָּל־	אֶל־
wᵊᶜɛśᵊriʸm	šɛbaᶜ	-ʾɛl	hayyᵊhuʷdiʸm	-kol	-ʾɛl
zwanzig-und	sieben-(die)	(an=)zu	,Judäer-die	all	(an=)zu

דִּבְרֵי	אֲחַשְׁוֵרוֹשׁ	מַלְכוּת	מְדִינָה	וּמֵאָה
dibᵊreʸ	ʾᵃḥašᵊweroʷš	malᵊkuʷt	mᵊdiʸnɔʰ	uʷmeʾɔʰ
Worte	,Achaschwerosch(s)	Königreich(es)-(des)	Provinz(en)	hundert-und

אֶת־יְמֵי	31 לְקַיֵּם	וֶאֱמֶת׃	שָׁלוֹם
yᵊmeʸ-ʾet	lᵊqayyem	wɛʾᵋmet.	šɔloʷm
Tage-(die)***	bestätigen-zu	,(Treue=)Wahrheit-(der)-und	Frieden(s)-(des)

כַּאֲשֶׁר	בִּזְמַנֵּיהֶם	הָאֵלֶּה	הַפֻּרִים
kaʾᵃšɛr	bizᵊmanneʸhɛm	hɔʾellɛʰ	happuriʸm
wie	,Zeiten-ihren-(zu=)in	,da-diese	,Purim-(der=)die

קִיַּם	עֲלֵיהֶם	מָרְדֳּכַי	הַיְּהוּדִי	וְאֶסְתֵּר
qiʸyam	ᶜaleʸhεm	morᵊdᵒkay	hayyᵊhuʷdiʸ	wᵊʾεsᵊter
festgesetzt-hat-(es=)er	sie-(für=)auf	,Mordochai	,Judäer-der	,Esther-und

הַמַּלְכָּה	וְכַאֲשֶׁר	קִיְּמוּ	עַל־
hammalᵊkɔʰ	wᵊkaʾᵃšεr	qiʸyᵊmuʷ	-ᶜal
,Königin-die	wie-und	festgesetzt-hatten-sie	(für=)auf

נַפְשָׁם	וְעַל־	זַרְעָם
napᵊšɔm	-wᵊᶜal	zarᵊᶜɔm
(selbst-sich=)Seele-ihre	(für=)auf-und	Same(n)-ihr(en)

דִּבְרֵי	הַצּוֹמוֹת	וְזַעֲקָתָם׃
dibᵊreʸ	haṣṣomoʷt	wᵊzaᶜᵃqɔtɔm.
(für)-(Anleitungen=)Worte	Fasten(übungen)-die	.Wehklage-ihre-und

32 וּמַאֲמַר	אֶסְתֵּר	קִיַּם	דִּבְרֵי
uʷmaʾᵃmar	ʾεsᵊter	qiʸyam	dibᵊreʸ
Erlass-(der)-Und	Esther(s)	fest-setzte-(er)	(für)-(Anleitungen=)Worte-(die)

הַפֻּרִים	הָאֵלֶּה	וְנִכְתָּב	בַּסֵּפֶר׃
happuriʸm	hɔʾellεʰ	wᵊnikᵊtɔb	bassepεr.
,Purim-die	,da-diese	geschrieben-wurde-(es=)er-und	.Buch-das-in

10

1 וַיָּשֶׂם	הַמֶּלֶךְ	אחשרש[אֲחַשְׁוֵרוֹשׁ]
wayyɔśεm	hammεlεk	[ʾᵃḥašᵊweroʷš]ʾᵃḥašeroš
legte-(es=er)-(Damals=)Und	König-der	Achaschwerosch

מַס	עַל־	הָאָרֶץ	וְאִיֵּי	הַיָּם׃
mas	-ᶜal	hɔʾɔrεṣ	wᵊʾiʸyeʸ	hayyɔm.
Fronarbeit	auf	Land-das	(in)-Inseln-(die)-und	.Meer-(dem=)das

2 וְכָל־	מַעֲשֵׂה	תָקְפּוֹ	וּגְבוּרָתוֹ
-wᵊkol	maᶜᵃśeʰ	toqᵊpoʷ	uʷgᵊbuʷrɔtoʷ
all(es)-Und	Werk	Macht-seine(r)	Stärke-seine(r)-und

וּפָרָשַׁת	גְּדֻלַּת	מָרְדֳּכַי
uʷpɔrɔšat	gᵊdullat	mɔrᵊdᵒkay
Angabe-(genaue)-(die)-und	(für)-Ehrenbezeigung-(der)	,Mordochai

אֲשֶׁר	גִּדְּלוֹ	הַמֶּלֶךְ	הֲלוֹא־	הֵם
ʾᵃšεr	giddᵊloʷ	hammεlεk	-hᵃloʷʾ	hem
welch(er)-(zu)	ihn-gemacht-groß-hatte-(es=)er	,König-der	nicht-etwa	sie

סֵפֶר	עַל־	כְּתוּבִים
sepɛr	-ᶜal	k^{ə}tu^{w}bi^{y}m
Buch-(dem)	(in=)auf	geschrieben(e)-(sind)

לְמַלְכֵי	דִּבְרֵי הַיָּמִים
l^{ə}mal^{ə}ke^{y}	hayyɔmi^{y}m dib^{ə}re^{y}
(von)-Könige-(der=)zu	Tage-(der=)die-(Ereignisse=)Worte-(der)

הַיְּהוּדִי	מָרְדֳּכַי	3 כִּי	וּפָרָס׃	מָדַי
hayy^{ə}hu^{w}di^{y}	mor^{ə}d^{o}kay	ki^{y}	u^{w}pɔrɔs.	mɔday
,Judäer-der	,Mordochai	Denn	?(Persien=)Paras-und	(Medien=)Madai

אֲחַשְׁוֵרוֹשׁ	לַמֶּלֶךְ	מִשְׁנֶה
ʾ^{a}ḥaš^{ə}wero^{w}š	lammɛlɛk	miš^{ə}nɛ^{h}
Achaschwerosch	König-dem-(nach=)zu	(zweiter-Rang=)Verdoppelung-(war)

לְרֹב	וְרָצוּי	לַיְּהוּדִים	וְגָדוֹל
l^{ə}rob	w^{ə}rɔṣu^{w}y	layy^{ə}hu^{w}di^{y}m	w^{ə}gɔdo^{w}l
Menge-(der)-(bei=)zu	beliebt-und	Judäern-den-(bei=)zu	groß-und

לְעַמּוֹ	טוֹב	דֹּרֵשׁ	אֶחָיו
l^{ə}ᶜammo^{w}	ṭo^{w}b	doreš	ʾɛḥɔ^{y}w
Volk-sein-(für=)zu	Gut(es)	(fordernd=)suchend(er)	,Brüder-seine(r)

שָׁלוֹם	וְדֹבֵר
šɔlo^{w}m	w^{ə}dober
(Heil=)Friede(n)-(zum)	redend(er)-und

זַרְעוֹ׃	לְכָל־
zar^{ə}ᶜo^{w}.	-l^{ə}kol
.(Geschlechtes=)Same(ns)-sein(es)	(Gesamtheit-die=)all-(für=)zu

דניאל
Daniel

1

יְהוֹיָקִים	לְמַלְכוּת	שָׁלוֹשׁ	1 בִּשְׁנַת
yᵊhoʷyɔqiʸm	lᵊmalᵊkuʷt	šɔloʷš	bišᵊnat
,J(eh)ojakim(s)	Regierung(szeit)-(der=)zu	drei	Jahr-(dem)-In
נְבוּכַדְנֶאצַּר	בָּא	יְהוּדָה	מֶלֶךְ־
nᵊbuʷkadᵊnɛʾṣar	bɔʾ	yᵊhuʷdɔʰ	- mɛlɛk
,Nebuchadnezzar	kam-(es=er)	,Juda	(von)-König(s)-(des)
וַיָּצַר	יְרוּשָׁלַםִ	בָּבֶל	מֶלֶךְ־
wayyɔṣar	yᵊruʷšɔlaim	bɔbɛl	- mɛlɛk
an-drängte-(er)-und	Jerusalem-(nach)	,Babel	(von)-König-(der)

אֲדֹנָי	2 וַיִּתֵּן	עָלֶיהָ׃
ʾadonɔy	wayyitten	ʿɔlɛʸhɔ.
(HERR-der=)Herren-meine	gab-(es=)er-Und	.(es=)sie-(gegen=)auf

יְהוּדָה	מֶלֶךְ־	אֶת־יְהוֹיָקִים	בְּיָדוֹ
yᵊhuʷdɔʰ	- mɛlɛk	yᵊhoʷyɔqiʸm-ʾɛt	bᵊyɔdoʷ
,Juda	(von)-König-(den)	,J(eh)ojakim***	Hand-seine-in

בֵית־	כְּלֵי	וּמִקְצָת
- beʸt	kᵊleʸ	uʷmiqᵊṣɔt
Haus-(dem)	(von)-Geräte-(der)	(Teil-einen=)Ende-(ein)-und

אֶרֶץ־	וַיְבִיאֵם	הָאֱלֹהִים
- ᵓɛrɛṣ	wayᵊbiʸᵓem	hɔᵓᵋlohiʸm
Land-(ins)	sie-(bringen-ließ=)kommen-machte-er-und	;(Gottes=)Götter-der

אֱלֹהָיו	בֵּית	שִׁנְעָר
ᵓᵋlohɔʸw	beʸt	šinᵊᶜɔr
,(Gottes-seines=)Götter-seine(r)	Haus-(zum)	,Schinear

בֵּית	הֵבִיא	וְאֶת־הַכֵּלִים
beʸt	hebiʸᵓ	hakkeliʸm-wᵊᵓɛt
haus-(ins)	(bringen-ließ=)kommen-machte-er	Geräte-die-***(aber=)und

3 וַיֹּאמֶר	אֱלֹהָיו׃	אוֹצַר
wayyoᵓmɛr	ᵓᵋlohɔʸw.	ᵓoʷṣar
(befahl=)sagte-(es=er)-(Dann=)Und	.(Gottes-seines=)Götter-seine(r)	Schatz-

רַב	לְאַשְׁפְּנַז	הַמֶּלֶךְ
rab	lᵊ ᵓašᵊpᵊnaz	hammɛlɛk
(Obersten-dem=)Mächtiger	,Aschpenas-(dem=)zu	König-der

לְהָבִיא	סָרִיסָיו
lᵊhɔbiʸᵓ	sɔriʸsɔʸw
(herbeizubringen=)machen-kommen-zu	,Hofbeamte(n)-seine(r)

וּמִזֶּרַע	יִשְׂרָאֵל	מִבְּנֵי
uʷmizzɛraᶜ	yiśᵊrɔᵓel	mibbᵊneʸ
Same(n)-(dem)-von-und	Israel	(von)-Söhne-(der)-(einige=)von

4 יְלָדִים	הַפַּרְתְּמִים׃	וּמִן־	הַמְּלוּכָה
yᵊlɔdiʸm	happarᵊt ᵊmiʸm.	- uʷmin	hammᵊluʷkɔʰ
,Knaben	:Edlen-(den=)die	von-und	Königsgeschlecht(es)-(des=)das

מְאוּם[מוּם]	כָּל־	בָּהֶם	אֵין־	אֲשֶׁר
[muʷm]mᵊ ᵓuʷm	- kol	bɔhɛm	- ᵓeʸn	ᵓᵃšɛr
,(Gebrechen=)Makel	(irgendein=)all	ihnen-(an=)in	(war)-nicht	welch(e)

בְּכָל־	וּמַשְׂכִּילִים	מַרְאֶה	וְטוֹבֵי
- bᵊkol	uʷmaśᵊ kiʸliʸm	marᵊ ᵓɛʰ	wᵊṭoʷbeʸ
all(er)-in	(geschulte=)einsichtige-und	Aussehen	(von)-schön(e)-und

דַעַת	וְיֹדְעֵי	חָכְמָה
daᶜat	wᵊyodᵊ ᶜeʸ	ḥokᵊmɔʰ
,(fachkundige=)Kenntnis-(über)-(verfügende=)kennende-und		(Kunst=)Weisheit

וּמְבִינֵי
uʷmᵊbiʸneʸ
(durch)-(einsichtige=)verstehende-und

מַדָּע
maddɔᶜ
Verständnis

וַאֲשֶׁר
waᵓᵃšɛr
(die=)welch(e)-und

כֹּחַ
koaḥ
Kraft-(über)

בָּהֶם
bɔhɛm
(verfügen=)ihnen-in

לַעֲמֹד
laᶜᵃmod
(dienen=)stehen-zu-(um)

בְּהֵיכַל
bᵊheʸkal
Palast-(im=)in

הַמֶּלֶךְ
hammɛlɛk
König(s)-(des=)der

וּלְלַמְּדָם
uʷlᵃlammᵊdɔm
sie-unterweisen-zu-und

סֵפֶר
sepɛr
(Schrift=)Buch-(in)

וּלְשׁוֹן
uʷlᵊ šoʷn
(Sprache=)Zunge-und

כַּשְׂדִּים׃
kaśᵊdiʸm.
.(Chaldäer=)Chasdäer-(der)

5 וַיְמַן
wayᵊman
teilte-(es=)er-Und

לָהֶם
lɔhɛm
ihnen-zu

הַמֶּלֶךְ
hammɛlɛk
König-der

דְּבַר־
- dᵊbar
(satz-einen=)Sache

יוֹם
yoʷm
Tag(es)-

בְּיוֹמוֹ
bᵊyoʷmoʷ
,Tag-(betreffenden=)sein(en)-(den)-(für=)in

מִפַּת־
- mippat
Bissen-(dem)-von-(etwas)

בַּג
bag
Kost-(der)

הַמֶּלֶךְ
hammɛlɛk
König(s)-(des=)der

וּמִיֵּין
uʷmiʸyeʸn
Wein-(dem)-von-und

מִשְׁתָּיו
miš ᵊ tɔʸw
,Getränke-seine(r)

וּלְגַדְּלָם
uʷlᵊgaddᵊlɔm
sie-(Ausbilden=)Großmachen-(einem)-zu-(zwar)-und

שָׁנִים
šɔniʸm
Jahre

שָׁלוֹשׁ
šɔloʷš
,drei

וּמִקְצָתָם
uʷmiqᵊṣɔtɔm
(Verlauf=)Ende-(deren=)ihrem-(nach=)von-und

יַעַמְדוּ
yaᶜamᵊduʷ
(tun-Dienst=)stehen-(sollten=)werden-sie

לִפְנֵי
lipᵊneʸ
(vor=)Gesichter-zu

הַמֶּלֶךְ׃
hammɛlɛk.
.König-(dem=)der

6 וַיְהִי
wayᵊhiʸ
war-(es=er)-(Auch=)Und

בָהֶם
bɔhɛm
ihnen-(unter=)in

מִבְּנֵי
mibbᵊneʸ
Söhnen-(den)-von

יְהוּדָה
yᵊhuʷdɔʰ
:Juda(s)

דָּנִיֵּאל
dɔniʸyeᵓl
,Daniel

7 וַיָּשֶׂם	וַעֲזַרְיָה׃	מִישָׁאֵל	חֲנַנְיָה
wayyɔśɛm	waᶜᵃzarᵊyɔʰ.	miʸšɔʾel	ḥᵃnanᵊyɔʰ
(fest)-setzte-(es=)er-Und	.Asarja-und	Mischael	,(Hananja=)Chananja

שֵׁמוֹת	הַסָּרִיסִים	שַׂר	לָהֶם
šemoʷt	hassɔriʸsiʸm	śar	lɔhɛm
.Namen	Hofbeamten-(der=)die	(oberste=)Oberer-(der)	(sie-für=)ihnen-zu

בֵּלְטְשַׁאצַּר	לְדָנִיֵּאל	וַיָּשֶׂם
belᵊṭᵊšaʾṣṣar	lᵊdɔniʸyeʾl	wayyɔśɛm
Beltschazzar	Daniel-(für=)zu	(fest)-setzte-er-(Dabei=)Und

וּלְמִישָׁאֵל	שַׁדְרַךְ	וְלַחֲנַנְיָה
uʷlᵊmiʸšɔʾel	šadᵊrak	wᵊlaḥᵃnanᵊyɔʰ
Mischael-(für=)zu-und	Schadrach	(Hananja=)Chananja-(für=)zu-und

נְגוֹ׃	עֲבֵד	וְלַעֲזַרְיָה	מֵישַׁךְ
nᵊgoʷ.	ᶜᵃbed	wᵊlaᶜᵃzarᵊyɔʰ	meʸšak
.Nego	-Abed	Asarja-(für=)zu-und	Meschach

אֲשֶׁר	עַל־לִבּוֹ	דָּנִיֵּאל	8 וַיָּשֶׂם
ʾᵃšɛr	libboʷ -ᶜal	dɔniʸyeʾl	wayyɔśɛm
dass	,(vor-sich=)Herz-sein-auf	Daniel	(nahm=)legte-(es=)er-(Doch=)Und

בְּפַתְבַּג	יִתְגָּאַל	לֹא־
bᵊpatᵊbag	yitᵊgɔʾal	- l oʾ
Kost-(die)-(durch=)in	verunreinigen-sich-(würde=)wird-er	nicht

מִשְׁתָּיו	וּבְיֵין	הַמֶּלֶךְ
mišᵊtɔʸw	uʷbᵊyeʸn	hammɛlɛk
,Getränke-seine(r)	Wein-(den)-(durch=)in-und	König(s)-(des=)der

מִשַּׂר	וַיְבַקֵּשׁ
miśśar	wayᵊ baqqeš
(obersten=)Oberster-(dem)-von	(sich-erbat=)suchte-er-und

יִתְגָּאָל׃	לֹא	אֲשֶׁר	הַסָּרִיסִים
yitᵊgɔʾɔl.	loʾ	ʾᵃšɛr	hassɔriʸsiʸm
.verunreinigen-zu-sich-(brauchte=)wird-er	nicht	dass	,Hofbeamten-(der=)die

אֶת־דָּנִיֵּאל	הָאֱלֹהִים	9 וַיִּתֵּן
dɔniʸyeʾl-ʾɛt	hɔʾᵋlohiʸm	wayyitten
Daniel***	(Gott=)Götter-die	(über)gab-(es=er)-(Dabei=)Und

וּלְרַחֲמִים uʷlᵊrahᵃmiʸm Erbarmungen-(den=)zu-und	לְחֶסֶד lᵊḥɛsɛd (Wohlwollen-dem=)Huld-(der=)zu

הַסָּרִיסִים: hassɔriʸsiʸm. .Hofbeamten-(der=)die	שַׂר śar (obersten-des=)Oberster	לִפְנֵי lipᵊneʸ (Gegenwart-in=)Gesichter-zu

הַסָּרִיסִים hassɔriʸsiʸm Hofbeamten-(der=)die	שַׂר śar (oberste-der=)Oberster	10 וַיֹּאמֶר wayyoʾmɛr sprach-(es=er)-(Allerdings=)Und

הַמֶּלֶךְ hammɛlɛk ,König-(den=)der	אֶת־אֲדֹנִי ʾᵃdoniʸ-ʾɛt ,Herr(n)-mein(en)***	אֲנִי ʾᵃniʸ (bin)-ich	יָרֵא yɔreʾ Fürchtend(er)	לְדָנִיֵּאל lᵊdɔniʸyeʾl :Daniel-zu

וְאֶת־מִשְׁתֵּיכֶם mišᵊteʸkɛm-wᵊʾɛt ,Getränke-***eure-und	אֶת־מַאֲכַלְכֶם maʾᵃkalᵊkɛm-ʾɛt Speise-eure***	מִנָּה minnɔʰ bestimmt-hat-(er)	אֲשֶׁר ʾᵃšɛr welch(er)

אֶת־פְּנֵיכֶם pᵊneʸkɛm -ʾɛt Gesichter-eure***(dass)	יִרְאֶה yirᵊ ʾɛʰ ,sehen-(sollte=)wird-er	לָמָּה lɔmmɔʰ (wozu=)was-zu	אֲשֶׁר ʾᵃšɛr ,welch(er)

אֲשֶׁר ʾᵃšɛr welch(e)	הַיְלָדִים hayᵊlɔdiʸm ,Knaben-(der=)die-(die)	מִן־ - min (als-mehr=)von	זֹעֲפִים zoᶜᵃpiʸm (sind)-abgemagert(e)

אֶת־רֹאשִׁי roʾšiʸ- ʾɛt Haupt-mein***	וְחִיַּבְתֶּם wᵊḥiʸyabᵊtɛm schuldig-macht-ihr-und	כְּגִילְכֶם kᵊgiʸlᵊkɛm ,(sind-gleichaltrig=)Altersstufe-eure-wie

אֶל־ - ʾɛl zu	דָּנִיֵּאל dɔniʸyeʾl Daniel	11 וַיֹּאמֶר wayyoʾmɛr sagte-(er)-(Da=)Und	לַמֶּלֶךְ: lammɛlɛk. .König-(beim=)dem-zu

שַׂר śar (oberste-der=)Oberster	מִנָּה minnɔʰ bestimmt-hatte-(es=er)	אֲשֶׁר ʾᵃšɛr welch(en)	הַמֶּלְצַר hammɛlᵊṣar ,Aufseher-(dem=)der

מִישָׁאֵל miʸšɔʾel Mischael	חֲנַנְיָה ḥᵃnanᵊyɔʰ ,(Hananja=)Chananja	דָּנִיֵּאל dɔniʸyeʾl ,Daniel	עַל־ - ᶜal (über=)auf	הַסָּרִיסִים hassɔriʸsiʸm Hofbeamten-(der=)die

עֲשָׂרָה	יָמִים	אֶת־עֲבָדֶיךָ	נָא	12 נַס־	וַעֲזַרְיָה׃
ᶜa śɔrɔʰ	yɔmiʸm	ᶜabɔdɛʸkɔ- ʾɛt	nɔʾ	- nas	waᶜazarᵊyɔʰ.
,zehn	Tage	Knechte(n)-deine(n)-mit	doch	(es)-Versuche	:Asarja-und

מִן־	לָנוּ	וְיִתְּנוּ־
- min	lɔnuʷ	- wᵊyittᵊnuʷ
(aus=)von-(etwas)	uns-(zu)	geben-(soll-man=)werden-sie-(dabei=)und

וְנֹאכְלָה	הַזֵּרֹעִים
wᵊnoʾkᵊlɔʰ	hazzeroᶜiʸm
,essen-wir-(dass=)und	,(Kost-pflanzlicher=)Küchenpflanzen-(den=)die

וְנִשְׁתֶּה׃	וּמַיִם
wᵊniš ᵊtɛʰ.	uʷmayim
!trinken-wir-(dass=)und	,Wasser-und

13 וְיֵרָאוּ
wᵊyerɔʾuʷ
werden-gesehen-(möge[n]=)werden-sie-(Dann=)Und

מַרְאֵינוּ	לְפָנֶיךָ
marᵊ ʾeʸnuʷ	lᵊpɔnɛʸkɔ
(Aussehen=)Erscheinungen-unser(e)	(Gegenwart-deiner-in=)Gesichtern-deinen-zu

פַּתְבַּג	אֵת	הָאֹכְלִים	הַיְלָדִים	וּמַרְאֵה
patᵊbag	ʾet	hɔʾokᵊliʸm	hayᵊlɔdiʸm	uʷmarᵊʾeʰ
Speise-(die)	***	(sind)-essend(e)-die	,Knaben-(der=)die	Aussehen-(das)-und

עִם־	עֲשֵׂה	תִּרְאֶה	וְכַאֲשֶׁר	הַמֶּלֶךְ
-ᶜim	ᶜaśeʰ	tirᵊʾeʰ	wᵊkaʾašɛr	hammɛlɛk
mit	(verfahre=)mache	,(findest=)siehst-du	wie-so-Und	!König(s)-(des=)der

לַדָּבָר	לָהֶם	14 וַיִּשְׁמַע	עֲבָדֶיךָ
laddɔbɔr	lɔhɛm	wayyi š ᵊmaᶜ	ᶜabɔdɛʸkɔ
,Sache-der-(betreffs=)zu	(sie-auf=)ihnen-zu	hörte-er-Und	!Knechte(n)-deine(n)

עֲשָׂרָה׃	יָמִים	וַיְנַסֵּם	הַזֶּה
ᶜaśɔrɔʰ.	yɔmiʸm	wayᵊnassem	hazzɛʰ
.zehn	Tage	(es-versuchte=)sie-probierte-er-und	,da-dies(er)

עֲשָׂרָה	יָמִים	15 וּמִקְצָת
ᶜaśɔrɔʰ	yɔmiʸm	uʷmiqᵊṣɔt
zehn	Tage(n)	(von-Ablauf-nach=)Ende-von-,(Dann=)Und

מַרְאֵיהֶם	נִרְאָה
mar^{ə} ^{ɔ}e^{y}hɛm	nir^{əɔ}ɔ^{h}
(Aussehen-ihr=)Erscheinungen-ihre-(dass)	,(sich-zeigte=)gesehen-wurde-(es=er)

מִן־	בָּשָׂר	וּבְרִיאֵי	טוֹב
-min	bɔśɔr	u^{w}b^{ə}ri^{yɔ}e^{y}	ṭo^{w}b
(als-mehr=)von	(Körper-ihr-war=)Fleisch-(im)	wohlgenährt(e)-und	,(war)-gut

פַּתְבַּג אֵת	הָאֹכְלִים	הַיְלָדִים	כָּל־
pat^{ə}bag ^{ɔ}et	hɔ^{ɔ}ok^{ə}li^{y}m	hay^{ə}lɔdi^{y}m	-kol
Kost-(die)-***	(waren)-essend(e)-die	,Knaben-(der=)die	all

הַמֶּלְצַר	16 וַיְהִי	הַמֶּלֶךְ׃
hammɛl^{ə}ṣar	way^{ə}hi^{y}	hammɛlɛk.
,Aufseher-der	war-(es=)er-(Indes=)Und	.König(s)-(des=)der

מִשְׁתֵּיהֶם	וְיֵין	אֶת־פַּתְבָּגָם	נֹשֵׂא
miš^{ə}te^{y}hɛm	w^{ə}ye^{y}n	pat^{ə}bɔgɔm-^{ɔ}ɛt	nośe^{ɔ}
,(Gast)mähler-ihre(r)	Wein-(den)-und	Kost-ihre***	(wegtrug-der=)tragend(er)

זֵרְעֹנִים	לָהֶם	וְנֹתֵן
zer^{əc}oni^{y}m	lɔhɛm	w^{ə}noten
.(Kost-pflanzliche=)Küchenpflanzen	ihnen-(zu)	gebend(er)-und

אַרְבַּעְתָּם	הָאֵלֶּה	17 וְהַיְלָדִים
^{ɔ}ar^{ə}ba^{cə}tɔm	hɔ^{ɔ}ellɛ^{h}	w^{ə}hay^{ə}lɔdi^{y}m
,Vierzahl-ihre(r)	,selben-(den=)die	,Knaben-(den=)die-(Außerdem=)Und

וְהַשְׂכֵּל	מַדָּע	הָאֱלֹהִים	לָהֶם	נָתַן
w^{ə}haś^{ə}kel	maddɔ^{c}	hɔ^{ɔε}lohi^{y}m	lɔhɛm	nɔtan
Verstehen-und	Wissen	(Gott=)Götter-die	ihnen-(zu)	gab-(es=)er

וְחָכְמָה	סֵפֶר	בְּכָל־
w^{ə}ḥok^{ə}mɔ^{h}	sepɛr	- b^{ə}kol
.(Wissenschaft=)Weisheit-und	Schrift	(jegliche=)all-(für=)in

חָזוֹן	בְּכָל־	הֵבִין	וְדָנִיֵּאל
ḥɔzo^{w}n	- b^{ə}kol	hebi^{y}n	w^{ə}dɔni^{y}ye^{ɔ}l
Schau-(prophetische)	all(erlei)-in	Einsicht-hatte-(er)	Daniel-(Zudem=)Und

הַיָּמִים	18 וּלְמִקְצָת	וַחֲלֹמוֹת׃
hayyɔmi^{y}m	u^{w}l^{ə}miq^{ə}ṣɔt	waḥ^{a}lomo^{w}t.
,(Zeit=)Tage-(der=)die	(Ablauf-nach=)Ende-zu-,(Sodann=)Und	.Träume-und

הַמֶּלֶךְ	אָמַר	אֲשֶׁר־
hammɛlɛk	ʾɔmar	- ʾᵃšɛr
,König-der	(bestimmt=)gesagt-hatte-(es=er)	(die=)welch(e)

לַהֲבִיאָם
lahᵃbiʸʾɔm
.sie-(vorführe-man-dass=)machen-kommen-zu

שַׂר	וַיְבִיאֵם
śar	wayᵊbiʸʾem
(oberste-der=)Oberster	sie-(hin-führte=)kommen-machte-(es=er)-(Hierauf=)Und

נְבֻכַדְנֶצַּר׃	לִפְנֵי	הַסָּרִיסִים
nᵊbukadᵊnɛṣṣar.	lipᵊneʸ	hassɔriʸsiʸm
.Nebuchadnezzar	(vor=)Gesichter-zu	Hofbeamten-(der=)die

וְלֹא	הַמֶּלֶךְ	אִתָּם	וַיְדַבֵּר 19
wᵊloʾ	hammɛlɛk	ʾittɔm	wayᵊdabber
nicht-(da=)und	,König-der	ihnen-mit	redete-(es=er)-(Als=)Und

כְּדָנִיֵּאל	מִכֻּלָּם	נִמְצָא
kᵊdɔniʸyeʾl	mikkullɔm	nimᵊṣɔʾ
,Daniel-wie-(einer)	(allen-unter=)ihnen-all-von	sich-fand-(es=)er

וַעֲזַרְיָה	מִישָׁאֵל	חֲנַנְיָה
waᶜᵃzarᵊyɔʰ	miʸšɔʾel	ḥᵃnanᵊyɔʰ
.Asarja-und	Mischael	,(Hananja=)Chananja

הַמֶּלֶךְ׃	לִפְנֵי	וַיַּעַמְדוּ
hammɛlɛk.	lipᵊneʸ	wayyaᶜamᵊduʷ
.König-(dem=)der	(bei=)Gesichter-zu	(Dienst-den-in-traten=)standen-sie-Und

בִּינָה	חָכְמַת	דְּבַר	וְכֹל 20
biʸnɔʰ	ḥokᵊmat	dᵊbar	wᵊkol
,Einsicht	(wissenschaftlicher=)Weisheit	(von)-Sache	(jeder=)all-(bei)-Und

וַיִּמְצָאֵם	הַמֶּלֶךְ	מֵהֶם	בִּקֵּשׁ	אֲשֶׁר־
wayyimᵊṣɔʾem	hammɛlɛk	mehɛm	biqqeš	- ʾᵃšɛr
sie-fand-(der=)er-und	,König-der	ihnen-von	(erfragte=)suchte-(er)	welch(e)

הַחַרְטֻמִּים	כָּל־	עַל	יָדוֹת	עֶשֶׂר
haḥarᵊṭummiʸm	- kol	ᶜal	yɔdoʷt	ᶜɛśɛr
,Gelehrten-(den=)die	all(en)	(überlegen=)auf	(Mal=)Hände	zehn

הָאַשָּׁפִים	אֲשֶׁר	בְּכָל־	מַלְכוּתוֹ׃
hɔʾaššɔpiʸm	ʾᵃšɛr	- bᵊkol	malᵊkuʷtoʷ.
,Zeichendeuter(n)-(den=)die	(waren)-welch(e)	all-in	.Königreich-sein(em)

21 וַיְהִי	דָּנִיֵּאל	עַד־	שְׁנַת	אַחַת
wayᵊhiʸ	dɔniʸyeʾl	- ʿad	šᵊnat	ʾaḥat
(blieb=)war-(es=)er-Und	Daniel	(zum)-bis	Jahr	(eins=)eine

לְכוֹרֶשׁ	הַמֶּלֶךְ׃
lᵊkoʷrɛš	hammɛlɛk.
,Kyrus-(von=)zu	.König-(dem=)der

2

1 וּבִשְׁנַת	שְׁתַּיִם	לְמַלְכוּת
uʷbišᵊnat	šᵊtayim	lᵊmalᵊkuʷt
Jahr-(dem)-in-(Indes=)Und	zwei	Regierung(szeit)-(der=)zu

נְבֻכַדְנֶצַּר	חָלַם	נְבֻכַדְנֶצַּר	חֲלֹמוֹת
nᵊbukadᵊnɛṣṣar	ḥɔlam	nᵊbukadᵊnɛṣṣar	ḥᵃlomoʷt
Nebuchadnezzar(s)	(hatte=)träumte-(er)	Nebuchadnezzar	,Träume

וַתִּתְפָּעֶם	רוּחוֹ	וּשְׁנָתוֹ
wattitᵊpɔʿɛm	ruʷḥoʷ	uʷšᵊnɔtoʷ
sich-beunruhigte-(es=)sie-und	,Geist-sein	Schlaf-sein-und

נִהְיְתָה	עָלָיו׃
nihᵊyᵊtɔʰ	ʿɔlɔʸw.
— geschehen-war-(es=)sie	.(ihn-um=)ihm-auf

2 וַיֹּאמֶר	הַמֶּלֶךְ	לִקְרֹא
wayyoʾmɛr	hammɛlɛk	liqᵊroʾ
(befahl=)sprach-(es=er)-(Da=)Und	König-der	rufen-zu

לַחַרְטֻמִּים	וְלָאַשָּׁפִים
laḥarᵊṭummiʸm	wᵊlɔʾaššɔpiʸm
(Schriftkundigen=)Gelehrten-(die=)zu	Zeichendeuter-(die=)zu-und

וְלַמְכַשְּׁפִים	וְלַכַּשְׂדִּים
wᵊlamᵊkaššᵊpiʸm	wᵊlakkaśᵊdiʸm
Zauberer-(die=)zu-und	,(Chaldäer=)Chasdäer-(die=)zu-und

לְהַגִּיד	לַמֶּלֶךְ	חֲלֹמֹתָיו	וַיָּבֹאוּ
lᵊhaggiʸd	lammɛlɛk	ḥᵃlomotɔʸw	wayyɔboʾuʷ
(deuteten-sie-dass=)sagen-zu	König-(dem=)zum	.Träume-seine	kamen-sie-Und

וַיַּעַמְדוּ
wayyaʿamᵊduʷ
(hin-sich-stellten=)standen-(sie)-und

לִפְנֵי
lipᵊneʸ
(vor=)Gesichter-zu

הַמֶּלֶךְ׃
hammɛlɛk.
.König-(den=)der

3 וַיֹּאמֶר
wayyoʾmɛr
sprach-(es=er)-(Da=)Und

לָהֶם
lɔhɛm
ihnen-zu

הַמֶּלֶךְ
hammɛlɛk
:König-der

חֲלוֹם
ḥᵃloʷm
Traum-(Einen)

חָלָמְתִּי
ḥɔlɔmᵊtiʸ
,(hatte=)träumte-ich

וַתִּפָּעֶם
wattippɔʿɛm
(bemüht-war=)sich-beunruhigte-(es=)sie-und

רוּחִי
ruʷḥiʸ
Geist-mein

לָדַעַת
lɔdaʿat
verstehen-zu

אֶת־הַחֲלוֹם׃
haḥᵃloʷm- ʾɛt.
.Traum-den***

4 וַיְדַבְּרוּ
wayᵊdabbᵊruʷ
redeten-(es=sie)-(Da=)Und

הַכַּשְׂדִּים
hakkaśᵊdiʸm
(Chaldäer=)Chasdäer-die

לַמֶּלֶךְ
lammɛlɛk
König-dem-zu

אֲרָמִית
ʾᵃrɔmiʸt
:Aramäisch-(auf)

מַלְכָּא
malᵊkɔʾ
,König-(O)

לְעָלְמִין
lᵊ ʿɔlᵊmiʸn
ewig-(auf=)zu

חֱיִי
ḥᵋyiʸ
!(leben-mögest-du=)lebe

אֱמַר
ʾᵋmar
(Erzähle=)Sage

חֶלְמָא
ḥɛlᵊmɔʾ
Traum-(den)

לְעַבְדֵיךְ[לְעַבְדָךְ]
[lᵊʿabᵊdɔk]lᵊʿabᵊdayik
,Knechte(n)-deine(n)-(zu)

וּפִשְׁרָא
uʷpišᵊrɔʾ
Deutung-(die)-und

נְחַוֵּא׃
nᵊḥawweʾ.
!kundtun-(wollen=)werden-wir

5 עָנֵה
ʿɔneʰ
(war)-Antwortend(er)

מַלְכָּא
malᵊkɔʾ
König-der

וְאָמַר
wᵊʾɔmar
sagend(er)-und

לְכַשְׂדָּיֵא[לְכַשְׂדָּאֵי]
[lᵊkaśᵊdɔʾeʸ]lᵊkaśᵊdɔyeʾ
:(Chaldäern=)Chasdäern-(den)-zu

מִלְּתָא
millᵊtɔʾ
(Sache-Die=)Wort-Das

מִנִּי
minniʸ
mir-von-(ist)

אַזְדָּא
ʾazᵊdɔʾ
:(entschieden=)gemacht(e)-bekannt

הֵן
hen
Wenn

לָא
lɔʾ
nicht

תְהוֹדְעוּנַּנִי
tᵊhoʷdᵊʿuʷnnaniʸ
mich-wissen-macht-ihr

חֶלְמָא
ḥɛlᵊmɔʾ
Traum-(den)

וּפִשְׁרֵהּ
uʷpišᵊreh
,Deutung-seine-und

הַדָּמִין
haddɔmiʸn
Gliedmaßen-(zu)

נְוָלִי	וּבָתֵּיכוֹן	תִּתְעַבְדוּן
nᵊwɔliʸ	uʷbɔtteʸkoʷn	titᵊᶜabᵊduʷn
Düngerhaufen-(zu)	Häuser-eure-und	,(zerschnitten=)gemacht-werdet-ihr

6 וְהֵן	יִתְּשָׂמוּן:
wᵊhen	yittᵊśɔmuʷn.
wenn-(Doch=)Und	!werden-(gemacht=)gesetzt-(sollen=)werden-(sie)

מַתְּנָן	תְּהַחֲוֺן	וּפִשְׁרֵהּ	חֶלְמָא
mattᵊnɔn	tᵊhaḥᵃwon	uʷpišᵊreh	ḥɛlᵊmɔʾ
Gaben	,(kundtut=)wissen-macht-ihr	Deutung-seine-und	Traum-(den)

תְּקַבְּלוּן	שַׂגִּיא	וִיקָר	וּנְבִזְבָּה
tᵊqabbᵊluʷn	śaggiʸʾ	wiʸqɔr	uʷnᵊbizᵊbɔʰ
empfangen-werdet-ihr	(große=)viel(e)	Ehrung-und	Geschenk-(ein)-und

וּפִשְׁרֵהּ	חֶלְמָא	לָהֵן	מִן־קֳדָמָי
uʷpišᵊreh	ḥɛlᵊmɔʾ	lɔhen	qᵒdɔmɔy-min
Deutung-seine-und	Traum-(den)	Deshalb	.(meinerseits=)mir-vor-von

וְאָמְרִין	תִּנְיָנוּת	7 עֲנוֹ	הַחֲוֺנִי:
wᵊʾɔmᵊriʸn	tinᵊyɔnuʷt	ᶜᵃnoʷ	haḥᵃwoniʸ.
:sprachen-(sie)-und	abermals	antworteten-Sie	!(mir=)mich-melden-macht

לְעַבְדוֹהִי	יֵאמַר	חֶלְמָא	מַלְכָּא
lᵊᶜabᵊdoʷhiʸ	yeʾmar	ḥɛlᵊmɔʾ	malᵊkɔʾ
,Knechten-seinen-(zu)	sagen-(soll=)wird-er	Traum-(den)	,König-(Der)

נְהַחֲוֵה:	וּפִשְׁרָה
nᵊhaḥᵃweʰ.	uʷpišᵊrɔʰ
!(kundtun-wollen=)machen-melden-werden-wir	Deutung-(die)-(dann=)und

מִן־יַצִּיב	וְאָמַר	מַלְכָּא	8 עָנֵה
yaṣṣiʸb-min	wᵊʾɔmar	malᵊkɔʾ	ᶜɔneʰ
gewiss-(Ganz=)Von	:sagend(er)-und	König-der	(war)-Antwortend(er)

אַנְתּוּן	עִדָּנָא	דִּי	אֲנָה	יָדַע
ʾanᵊtuʷn	ᶜiddɔnɔʾ	diʸ	ʾᵃnɔʰ	yɔdaᶜ
ihr	Zeit-(nur)	dass	,(bin)-ich	wissend(er)

דִּי	חֲזֵיתוֹן	דִּי	כָּל־קֳבֵל	זָבְנִין
diʸ	ḥᵃzeʸtoʷn	diʸ	qᵒbel-kol	zɔbᵊniʸn
dass	,seht-ihr	weil	(sowie=)vor-all	(gewinnen-wollt=)kaufend(e)-(seid)

9 דִּי	מִלְּתָא:	מִנִּי	אַזְדָּא
diʸ	millᵊtɔʾ.	minniʸ	ʾazᵊdɔʾ
dass	,(Sache-die=)Wort-das	mir-von	(ist-entschieden=)gemacht(e)-bekannt

חֲדָה־	תְהוֹדְעֻנַּנִי	לָא	חֶלְמָא	הֵן־
-ḥᵃdɔʰ	tᵊhoʷdᵊʿunnaniʸ	lɔʾ	ḥɛlᵊmɔʾ	-hen
Eine-(das)	,(mir-kundtut=)mich-wissen-macht-ihr	nicht	Traum-(den)	wenn

וּמִלָּה	דָתְכוֹן	הִיא
uʷmillɔʰ	dɔtᵊkoʷn	hiʸʾ
Wort-(ein)-(da=)und	,(euch-über-Urteil=)euer-Gesetz-(als)	(fest-steht=)sie

קָדָמַי	לְמֵאמַר	הַזְמִנְתּוּן[הִזְדְּמִנְתּוּן]	וּשְׁחִיתָה	כִדְבָה
qɔdɔmay	lᵊmeʾmar	[hizᵊdᵊminᵊtuʷn]hazᵊminᵊtuʷn	uʷšᵊḥiʸtɔʰ	kidᵊbɔʰ
,mir-vor	reden-zu	abgemacht-habt-ihr	schlechte(s)-und	unwahre(s)

אֱמַרוּ	חֶלְמָא	לָהֵן	יִשְׁתַּנֵּא	עִדָּנָא	דִּי	עַד
ʾᵋmaruʷ	ḥɛlᵊmɔʾ	lɔhen	yišᵊtanneʾ	ʿiddɔnɔʾ	diʸ	ʿad
sagt	Traum-(den)	Deshalb	.ändert-sich-(sie=er)	Zeit-die	dass	bis

פִּשְׁרֵהּ	דִּי	וְאִנְדַּע	לִי
pišᵊreh	diʸ	wᵊʾinᵊdaʿ	liʸ
Deutung-seine	dass	,erkenne-ich-(damit=)und	,mir-(zu)

10 עֲנוֹ	תְּהַחֲוֻנַּנִי:
ʿᵃnoʷ	tᵊhaḥᵃwunnaniʸ.
antworteten-(Es=)Sie	!(mir-kundtun-könnt=)mich-melden-macht-ihr

מַלְכָּא	קֳדָם־	כַשְׂדָּיֵא[כַשְׂדָּאֵי]
malᵊkɔʾ	-qᵒdɔm	[kaśᵊdɔʾeʸ]kaśᵊdɔyeʾ
,König-(dem=)der	vor	(Chaldäer=)Chasdäer-(die)

עַל־	אֱנָשׁ	אִיתַי	לָא־	וְאָמְרִין
-ʿal	ʾᵃnɔš	ʾiʸtay	-lɔʾ	wᵊʾɔmᵊriʸn
auf	Mensch(en)-(einen)	gibt-es	Nicht	:sprachen-sie-(indem=)und

מִלַּת	דִּי	יַבֶּשְׁתָּא
millat	diʸ	yabbɛšᵊtɔʾ
(für)-(Auskunft=)Wort	(der=)welch(er)	,(Erde-der=)Festland-(dem=)das

לְהַחֲוָיָה	יוּכַל	מַלְכָּא
lᵊhaḥᵃwɔyɔʰ	yuʷkal	malᵊkɔʾ
,(ver)künden-zu	(vermöchte=)vermag-(er)	König-(den)

רַב	מֶ֫לֶךְ	כָּל־	דִּי	כָּל־קֳבֵל
rab	mɛlɛk	-kol	di^{y}	q^{o}bel-kol
groß-(auch-ob)	,König-(ein)	(irgend=)all	dass	(sowie=)dementsprechend

לָא	כִּדְנָה	מִלָּה	וְשַׁלִּיט
lɔʾ	kid^{ə}nɔ^{h}	millɔ^{h}	w^{ə}šalli^{y}ṭ
nicht	(diese=)dieser-wie	(Auskunft=)Wort	,mächtig-und

חַרְטֹּם	לְכָל־	שְׁאֵל
ḥar^{ə}ṭṭom	-l^{ə}kol	š^{ə}ʾel
Magier	(irgendeinem=)all-(von=)zu	(verlangte=)fragend(er)-(war)

11 וּמִלְּתָא	וְכַשְׂדָּי׃	וְאָשַׁף
u^{w}mill^{ə}tɔʾ	w^{ə}kaś^{ə}dɔy.	w^{əʾ}ɔšap
,(Sache-die=)Wort-das-Und	.(Chaldäer=)Chasdäer-und	Zauberer-und

יַקִּירָה	שָׁאֵל	מַלְכָּה	דִּי־
yaqqi^{y}rɔ^{h}	šɔʾel	mal^{ə}kɔ^{h}	-di^{y}
,schwer-(zu)-ist-(sie)	,(verlangt=)(ist)-fragend(er)	König-(der)	(die=)welch(e)

דִּי	אִיתַי	לָא	וְאָחֳרָן
di^{y}	ʾi^{y}tay	lɔʾ	w^{əʾ}oḥ^{o}rɔn
(der=)welch(er)	,(da)-ist	nicht	anderer-(ein)-und

לָהֵן	מַלְכָּא	קֳדָם	יְחַוִּנַּהּ
lɔhen	mal^{ə}kɔʾ	q^{o}dɔm	y^{ə}ḥawwinnah
außer	,König-(dem)	vor	sie-(auslegen=)melden-(könnte=)wird-(er)

בִּשְׂרָא	עִם־	מְדָרְהוֹן	דִּי	אֱלָהִין
biś^{ə}rɔʾ	-ʿim	m^{ə}dɔr^{ə}ho^{w}n	di^{y}	^{ʾɛ}lɔhi^{y}n
(Menschen=)Fleisch	(bei=)mit	Wohnung-ihre	(die=)welch(e)	,Götter(n)

מַלְכָּא	דְּנָה	12 כָּל־קֳבֵל	אִיתוֹהִי׃	לָא
mal^{ə}kɔʾ	d^{ə}nɔ^{h}	q^{o}bel-kol	ʾi^{y}to^{w}hi^{y}.	lɔʾ
König-(der)	(Darob=)dem	-gegenüber-All	!(haben=)ihm-bei-ist	nicht

שַׂגִּיא	וּקְצַף	בְּנַס
śaggi^{y}ʾ	u^{w}q^{ə}ṣap	b^{ə}nas
,(sehr=)viel	erbost-war-er-und	verärgert-(wurde=)war-(er)

חַכִּימֵי	לְכֹל	לְהוֹבָדָה	וַאֲמַר
ḥakki^{y}me^{y}	l^{ə}kol	l^{ə}ho^{w}bɔdɔ^{h}	wa^{ʾa}mar
(von)-Weise(n)	(alle=)all-zu	vernichten-zu	(befahl=)sprach-er-(als=)und

נֶפְקַת	13 וְדָתָא	בָּבֶל׃
nɛpᵊqat	wᵊdɔtɔʾ	bɔbɛl.
.(erlassen-wurde=)aus-ging-(es=sie)	(Dekret=)Gesetz-(das)-Und	.Babel

מִתְקַטְּלִין	וְחַכִּימַיָּא
mitᵊqaṭṭᵊliʸn	wᵊḥakkiʸmayyɔʾ
,(sollten)-werden(de)-getötet-(sie)	Weisen-die-(Während=)Und

וְחַבְרוֹהִי	דָּנִיֵּאל	וּבְעוֹ
wᵊḥabᵊroʷhiʸ	dɔniʸyeʾl	uʷbᵊʿoʷ
Gefährten-seine-und	Daniel	suchten-sie-(auch=)und

דָּנִיֵּאל	14 בֵּאדַיִן	לְהִתְקְטָלָה׃
dɔniʸyeʾl	beʾdayin	lᵊhitᵊqᵊṭɔlɔʰ.
Daniel	Inzwischen	.(töten-zu-sie-um=)werden-getötet-zu

וּטְעֵם	עֵטָא	הֲתִיב
uʷṭᵊʿem	ʿeṭɔʾ	hᵃtiʸb
Klugheit-(mit)-und	(rechtskundig=)Rat-(mit)	(erwiderte=)kehren-machte-(er)

דִּי	טַבָּחַיָּא	רַב־	לְאַרְיוֹךְ
diʸ	ṭabbɔḥayyɔʾ	-rab	lᵊʾarᵊyoʷk
von	(Leibwache=)Aufseher-(der)	(oberster=)großer	,Arjoch-(dem=)zu

לְקַטָּלָה	נְפַק	דִּי	מַלְכָּא
lᵊqaṭṭɔlɔʰ	nᵊpaq	diʸ	malᵊkɔʾ
töten-zu	ausgegangen-war-(er)	(der=)welch(er)	,König-(dem)

לְאַרְיוֹךְ	וְאָמַר	15 עָנֵה	בָּבֶל׃	לְחַכִּימֵי
lᵊʾarᵊyoʷk	wᵊʾɔmar	ʿɔneʰ	bɔbɛl.	lᵊḥakkiʸmeʸ
,Arjoch-zu	sprach-er-(also=)und	Anhebend(er)	:Babel	(von)-Weisen-(die=)zu

עַל־מָה	מַלְכָּא	דִּי־	שַׁלִּיטָא
moʰ-ʿal	malᵊkɔʾ	-diʸ	šalliʸṭɔʾ
(ist-Weshalb=)was-Auf	:König-(dem)	(von=)welch(er)	Befehlshaber-(dem)

אֱדַיִן	מַלְכָּא	מִן־קֳדָם	מְהַחְצְפָה	דָּתָא
ʾᵉdayin	malᵊkɔʾ	qᵒdɔm-min	mᵊhaḥᵊṣᵊpɔʰ	dɔtɔʾ
Darauf	?König(s)-(des)	Seiten-von	(streng=)dringend-(so)	Befehl-(der)

אַרְיוֹךְ	הוֹדַע	מִלְּתָא
ʾarᵊyoʷk	hoʷdaʿ	millᵊtɔʾ
Arjoch	(mit-teilte=)wissen-machte-(es=er)	(Sache-die=)Wort-(das)

עַל	16 וְדָנִיֵּאל	לְדָנִיֵּאל׃
ʿal	wədɔniyyeʾl	lədɔniyyeʾl.
hinein-ging-(er)	Daniel-(Sodann=)Und	.Daniel-(dem=)zu

זְמָן	דִּי	מַלְכָּא	מִן־	וּבְעָה
zəmɔn	diy	maləkɔʾ	-min	uwbəʿɔh
(Frist=)Zeit-(eine)	dass	,König-(dem)	von	(sich-erbat=)fragte-(er)-und

לְהַחֲוָיָה	וּפִשְׁרָא	יִנְתֵּן־לֵהּ
ləhaḥawɔyɔh	uwpišərɔʾ	leh-yinəten
(verkünden=)melden-zu	Deutung-die-(um=)und	ihm-(zu)-(gewähre=)gibt-er

אֲזַל	לְבַיְתֵהּ	דָּנִיֵּאל	17 אֱדַיִן	לְמַלְכָּא׃
ʾazal	ləbayəteh	dɔniyyeʾl	ʾɛdayin	ləmaləkɔʾ.
,ging-(er)	Haus-sein(em)-zu	Daniel	Alsdann	.König-(dem=)zu

חַבְרוֹהִי	וַעֲזַרְיָה	מִישָׁאֵל	וְלַחֲנַנְיָה
ḥabərowhiy	waʿazaryɔh	miyšɔʾel	wəlaḥananəyɔh
,Gefährten-seine(n)	,Asarja-und	Mischael	,(Hananja=)Chananja-(dem=)zu-und

18 וְרַחֲמִין	הוֹדַע׃	מִלְּתָא
wəraḥamiyn	howdaʿ.	millətɔʾ
(Erbarmen=)Eingeweide-(um=)und	,(mit-teilte=)wissen-machte-er	Sache-die

עַל־	שְׁמַיָּא	אֱלָהּ	מִן־קֳדָם	לְמִבְעֵא
-ʿal	šəmayyɔʾ	ʾɛlɔh	qodɔm-min	ləmibəʿeʾ
(bezüglich=)über	Himmel-(der)	Gott(es)-(des)	Seiten-von	erbitten-zu

לָא	דִּי	דְּנָה	רָזָה
lɔʾ	diy	dənɔh	rɔzɔh
nicht	damit	,dies(es)	,Geheimnis(ses)-(des)

דָּנִיֵּאל	יְהֹבְדוּן
dɔniyyeʾl	yəhobəduwn
Daniel	(umgebracht=)vernichtet-(würden=)werden-(es=sie)

בָבֶל׃	חַכִּימֵי	שְׁאָר	עִם־	וְחַבְרוֹהִי
bɔbɛl.	ḥakkiyme(y)	šəʾɔr	-ʿim	wəḥabərowhiy
.Babel	(von)-Weise(n)-(der)	Rest-(dem)	mit	Gefährten-seine-und

לֵילְיָא	דִּי־	בְּחֶזְוָא	לְדָנִיֵּאל	19 אֱדַיִן
leyləyɔʾ	-diy	bəḥɛzəwɔʾ	lədɔniyyeʾl	ʾɛdayin
Nacht	(der=)das	Gesicht-(einem)-in	Daniel-(dem=)zu	Alsbald

בָּרִךְ	דָּנִיֵּאל	אֱדַיִן	גְּלִי	רָזָה
bɔrik	dɔniʸyeʾl	ʾᵋdayin	gᵃliʸ	rɔzɔʰ
pries-(er)	Daniel	Daraufhin	.enthüllt-wurde-(es=er)	Geheimnis-(das)

דָנִיֵּאל	20 עָנֵה	שְׁמַיָּא׃	לֶאֱלָהּ
dɔniʸyeʾl	ʿɔneʰ	šᵊmayyɔʾ.	lɛʾᵋlɔh
,Daniel	(war)-Anhebend(er)	.Himmel-(der)	Gott-(den=)zu

אֱלָהָא	דִּי־	שְׁמֵהּ	לֶהֱוֵא	וְאָמַר
ʾᵋlɔhɔʾ	-diʸ	šᵊmeh	lɛhᵋweʾ	wᵊʾɔmar
,Gott	weil	,Name-sein	(sei-Es=)sein-Zu	:sprach-er-(indem=)und

דִּי	וְעַד־עָלְמָא	מִן־עָלְמָא	מְבָרַךְ
diʸ	ʿɔlᵊmɔʾ-wᵊʿad	ʿɔlᵊmɔʾ-min	mᵊbɔrak
weil	,Ewigkeit-(zu=)bis-und	Ewigkeit-von	(gepriesen=)gesegnet(er)

לֵהּ־הִיא׃	דִּי	וּגְבוּרְתָא	חָכְמְתָא
hiʸʾ-leh.	diʸ	uʷgᵊbuʷrᵊtɔʾ	ḥokᵊmᵊtɔʾ
!(sein-sind=)sie-ihm-zu	(die=)welch(e)	,Kraft-die-und	Weisheit-die

וְזִמְנַיָּא	עִדָּנַיָּא	מְהַשְׁנֵא	21 וְהוּא
wᵊzimᵊnayyɔʾ	ʿiddɔnayyɔʾ	mᵊhašᵊneʾ	wᵊhuʷʾ
,Fristen-und	Zeiten	(ist)-ändernd(er)-(der)	,(es-ist)-er-Und

חָכְמְתָא	יָהֵב	מַלְכִין	וּמְהָקֵים	מַלְכִין	מְהַעְדֵּה
ḥokᵊmᵊtɔʾ	yɔheb	malᵊkiʸn	uʷmᵊhɔqeʸm	malᵊkiʸn	mᵊhaᶜᵊdeʰ
Weisheit	gebend(er)	,Könige	einsetzend(er)-und	Könige	absetzend(er)

בִינָה׃	לְיָדְעֵי	וּמַנְדְּעָא	לְחַכִּימִין
biʸnɔʰ.	lᵊyɔdᵊʿeʸ	uʷmanᵊdᵊʿɔʾ	lᵊḥakkiʸmiʸn
.Einsicht	Kennenden-(den=)zu	(Erkenntnis=)Wissen-und	Weisen-(den=)zu

עַמִּיקָתָא	גָּלֵא	22 הוּא
ʿammiʸqɔtɔʾ	gɔleʾ	huʷʾ
(Dinge)-tiefe	(ist)-(offenbarend=)aufdeckend(er)-(der)	,(es-ist)-Er

בַחֲשׁוֹכָא	מָה	יָדַע	וּמְסַתְּרָתָא
baḥᵃšoʷkɔʾ	mɔʰ	yɔdaᶜ	uʷmᵊsattᵊrɔtɔʾ
,(ist)-Finstern-im	was	,(weiß-er=)wissend(er)	,(Dinge)-verborgene-und

23 לָךְ	שְׁרֵא׃	עִמֵּהּ	וּנְהִירָא[וּנְהוֹרָא]
lɔk	šᵊreʾ.	ʿimmeh	[uʷnᵊhoʷrɔʾ]uʷnᵊhiʸrɔʾ
,dir-Zu	.(wohnt=)losgelöst(er)-ist-(es=er)	ihm-(bei=)mit	Licht-das-und

דִּי	אֲנָה	וּמְשַׁבַּח	מְהוֹדֵא	אֲבָהָתִי	אֱלָהּ
di^{y}	ʾ^{a}nɔ^{h}	u^{w}m^{ə}šabbaḥ	m^{ə}ho^{w}deʾ	ʾ^{a}bɔhɔti^{y}	ʾ^{ε}lɔh
dass	,(bin)-ich	preisend(er)-und	dankend(er)	,Väter-meine(r)	Gott

וּכְעַן	לִי	יְהַבְתְּ	וּגְבוּרְתָא	חָכְמְתָא
u^{w}k^{ə}ʿan	li^{y}	y^{ə}hab^{ə}t^{ə}	u^{w}g^{ə}bu^{w}r^{ə}tɔʾ	ḥok^{ə}m^{ə}tɔʾ
jetzt-(dass=)und	,mir-(zu)	gabst-du	Kraft-und	Weisheit

דִּי־	מִנָּךְ	בְעֵינָא	דִּי־	הוֹדַעְתַּנִי
-di^{y}	minnɔk	b^{ə}ʿe^{y}nɔʾ	-di^{y}	ho^{w}daʿ^{ə}tani^{y}
Denn	!dir-von	erbaten-wir	was	,mich-wissen-machtest-du

24 כָּל־	הוֹדַעְתֶּנָא:	מַלְכָּא	מִלַּת
-kol	ho^{w}daʿ^{ə}tεnɔʾ.	mal^{ə}kɔʾ	millat
-All(so)	.uns-wissen-ließest-du	König-(dem)	(von)-(Sache-die=)Wort-(das)

אַרְיוֹךְ	עַל־	עַל	דָּנִיֵּאל	דְּנָה	קֳבֵל
ʾar^{ə}yo^{w}k	-ʿal	ʿal	dɔni^{y}ye^{ə}l	d^{ə}nɔ^{h}	q^{o}bel
,Arjoch	zu-(hin)	hinein-ging-(er)	Daniel	(darob=)dieser	(gleich=)vor

לְהוֹבָדָה	מַלְכָּא	מַנִּי	דִּי
l^{ə}ho^{w}bɔdɔ^{h}	mal^{ə}kɔʾ	manni^{y}	di^{y}
(umzubringen=)vernichten-zu	König-der	beauftragt-hatte-(es=er)	welch(en)

לֵהּ	אֲמַר־	וְכֵן	אֲזַל	בָּבֶל	לְחַכִּימֵי
leh	-ʾ^{a}mar	w^{ə}ken	ʾ^{a}zal	bɔbεl	l^{ə}ḥakki^{y}me^{y}
:ihm-zu	sprach-er	so-und	,ging-Er	.Babel	(von)-Weisen-(die=)zu

אַל־	בָבֶל	לְחַכִּימֵי
-ʾal	bɔbεl	l^{ə}ḥakki^{y}me^{y}
nicht	Babel	(von)-Weisen-(Die=)Zu

תְּהוֹבֵד
t^{ə}ho^{w}bed
!(umbringen=)untergehen-machen-(mögest=)wirst-du

קֳדָם	הַעֵלְנִי
q^{o}dɔm	haʿel^{ə}ni^{y}
vor	(mich-hinein-Führe=)eintreten-Mache

לְמַלְכָּא	וּפִשְׁרָא	מַלְכָּא
l^{ə}mal^{ə}kɔʾ	u^{w}piš^{ə}rɔʾ	mal^{ə}kɔʾ
König-(dem=)zu	Deutung-die-(damit=)und	,König-(den)

בְּהִתְבְּהָלָה	אַרְיוֹךְ	25 אֱדַיִן	אַחֲוֵא׃
bᵊhitᵊbᵊhɔlɔʰ	ᵓarᵊyoʷk	ᵓᵋdayin	ᵓᵃḥawweᵓ.
(eiligst=)Sichbeeilen-in	Arjoch	Darauf	!(kundtue=)wissen-mache-ich

מַלְכָּא	קֳדָם	לְדָנִיֵּאל	הַנְעֵל
malᵊkɔᵓ	qᵒdɔm	lᵊdɔniʸyeᵓl	hanᵊᶜel
,König-(den)	vor	Daniel-(den=)zu	(hinein-führte=)eintreten-machte-(er)

מִן־	גְּבַר	הַשְׁכַּחַת	דִּי־	לֵהּ	אֲמַר־	וְכֵן
-min	gᵊbar	hašᵊkaḥat	-diʸ	leh	-ᵓᵃmar	wᵊken
von	Mann-(einen)	gefunden-habe-ich	Da	:ihm-zu	sprach-er	so-und

יְהוּד	דִּי	גָלוּתָא	בְּנֵי
yᵊhuʷd	diʸ	gɔluʷtɔᵓ	bᵊneʸ
,Juda	von	(Deportierten-der=)Verbannung-(der)	Söhnen-(den)

יְהוֹדַע׃	לְמַלְכָּא	פִּשְׁרָא	דִּי
yᵊhoʷdaᶜ.	lᵊmalᵊkɔᵓ	pišᵊrɔᵓ	diʸ
.(mit-teilt=)wissen-macht-(er)	König-(dem=)zu	Deutung-die	(der=)welch(er)

דִּי	לְדָנִיֵּאל	וְאָמַר	מַלְכָּא	26 עָנֵה
diʸ	lᵊdɔniʸyeᵓl	wᵊᵓɔmar	malᵊkɔᵓ	ᶜɔneʰ
,welch(er)	,Daniel-zu	sprach-er-und	König-(der)	(war)-Anhebend(er)

כָּהֵל	הַאִיתַיךְ[הַאִיתָךְ]	בֵּלְטְשַׁאצַּר	שְׁמֵהּ
kɔhel	[haᵓiʸtɔk]haᵓiʸtayik	belᵊṭᵊšaᵓṣṣar	šᵊmeh
(imstande=)könnend(er)	bist-du-Etwa	:Beltschazzar	(war)-Name-sein

חֲזֵית	דִּי־	חֶלְמָא	לְהוֹדָעֻתַנִי
ḥᵃzeʸt	-diʸ	ḥɛlᵊmɔᵓ	lᵊhoʷdɔᶜutaniʸ
,schaute-ich	welch(en)	,Traum-(den)	mich-wissen-machen-zu

מַלְכָּא	קֳדָם	דָנִיֵּאל	27 עָנֵה	וּפִשְׁרֵהּ׃
malᵊkɔᵓ	qᵒdɔm	dɔniʸyeᵓl	ᶜɔneʰ	uʷpišᵊreh.
König-(dem)	vor	Daniel	(war)-Anhebend(er)	?Deutung-seine-und

מַלְכָּא	דִּי־	רָזָה	וְאָמַר
malᵊkɔᵓ	-diʸ	rɔzɔʰ	wᵊᵓɔmar
König-(der)	welch(em)-(nach)	,Geheimnis-Das	:sprach-(er)-und

גָּזְרִין	חַרְטֻמִּין	אָשְׁפִין	חַכִּימִין	לָא	שָׁאֵל
gɔzᵊriʸn	ḥarᵊṭummiʸn	ᵓɔšᵊpiʸn	ḥakkiʸmiʸn	lɔᵓ	šɔᵓel
Sterndeuter	,Zauberer	,Magier	,Weise	nicht	,fragend(er)-(ist)

לְמַלְכָּא:	לְהַחֲוָיָה	יָכְלִין
lᵊmalᵊkɔʾ.	lᵊhaḥᵃwɔyɔʰ	yɔkᵊliʸn
.König-(dem=)zu	(künden=)machen-wissen-zu	(fähig=)könnend(e)-(sind)

גָּלֵא	בִּשְׁמַיָּא	אֱלָהּ	אִיתַי	28 בְּרַם
gɔleʾ	bišᵊmayyɔʾ	ʾᵉlɔh	ʾiʸtay	bᵊram
(offenbarend=)aufdeckend(er)	Himmeln-den-in	Gott-(einen)	gibt-es	Jedoch

לְמַלְכָּא	וְהוֹדַע	רָזִין
lᵊmalᵊkɔʾ	wᵊhoʷdaʿ	rɔziʸn
König-(dem=)zu	(kundgetan-hat=)wissen-machte-er-Und	.Geheimnisse

לֶהֱוֵא	דִּי	מָה	נְבוּכַדְנֶצַּר
lɛhᵉweʾ	diʸ	mɔʰ	nᵊbuʷkadᵊnɛṣṣar
(wird-geschehen=)sein-zu	(was-,das=)welch(es)	-was	,Nebuchadnezzar

וְחֶזְוֵי	חֶלְמָךְ	יוֹמַיָּא	בְּאַחֲרִית
wᵊḥɛzᵊweʸ	ḥɛlᵊmɔk	yoʷmayyɔʾ	bᵊʾaḥᵃriʸt
Gesichte-(die)-und	Traum-Dein	.Tage-(der)	(Ende=)Ausgang-(am=)in

הוּא:	דְּנָה	מִשְׁכְּבָךְ	עַל־	רֵאשָׁךְ
huʷʾ.	dᵊnɔʰ	mišᵊkᵊbɔk	-ʿal	reʾšɔk
:(war)-(es=)er	dies	,Lager-dein(em)	auf	Haupt(es)-dein(es)

מִשְׁכְּבָךְ	עַל־	רַעְיוֹנָךְ	מַלְכָּא	29 אַנְתָּה[אַנְתְּ]
mišᵊkᵊbɔk	-ʿal	raʿᵊyoʷnɔk	malᵊkɔʾ	[ʾanᵊtᵊ]ʾanᵊtɔʰ
Lager-dein(em)	auf	Gedanken-deine	,König-(o)	,(Dir=)Du

לֶהֱוֵא	דִּי	מָה	סְלִקוּ
lɛhᵉweʾ	diʸ	mɔʰ	sᵊliquʷ
(wird-geschehen=)sein-zu	(was-,das-über=)welch(es)	-was	auf-stiegen-(sie)

רָזַיָּא	וְגָלֵא	דְנָה	אַחֲרֵי
rɔzayyɔʾ	wᵊgɔleʾ	dᵊnɔʰ	ʾaḥᵃreʸ
,Geheimnisse-(die)	(ist)-aufdeckend(er)-(der)-und	,dies(em)	nach

מָה־דִי	הוֹדְעָךְ
diʸ-mɔʰ	hoʷdᵊʿɔk
(was-,das=)welch(es)-was	(dir-kundgetan-hat=)dich-wissen-machte-(er)

בְחָכְמָה	לָא	30 וַאֲנָה	לֶהֱוֵא:
bᵊḥokᵊmɔʰ	lɔʾ	waʾᵃnɔʰ	lɛhᵉweʾ.
,Weisheit-(durch=)in	nicht	,ich-(Aber=)Und	.(wird-geschehen=)sein-zu

חַיַּיָּא	כָּל־	מִן־	בִּי	אִיתַי	דִּי־
ḥayyayyɔʾ	-kol	-min	bi^{y}	ʾi^{y}tay	-di^{y}
,Lebenden	all(en-in)	(als-mehr=)von	mir-in	(es-gäbe=)gibt-es	welch(e)

לִי	גֱּלִי	דְנָה	רָזָא
li^{y}	g^{ɛ}li^{y}	d^{ə}nɔ^{h}	rɔzɔʾ
,mir-(zu)	(offenbart=)aufgedeckt-wurde-(es=er)	dies(es)	Geheimnis-(das)

לְמַלְכָּא	פִּשְׁרָא	דִּי	דִּבְרַת	עַל־	לָהֵן
l^{ə}mal^{ə}kɔʾ	piš^{ə}rɔʾ	di^{y}	dib^{ə}rat	-ʿal	lɔhen
König-(dem=)zu	Deutung-(die)	dass	,Zweck-(dem)	zu	sondern

וְרַעְיוֹנֵי	יְהוֹדְעוּן
w^{ə}raʿ^{ə}yo^{w}ne^{y}	y^{ə}ho^{w}d^{ə}ʿu^{w}n
Gedanken-(die)-(dass=)und	,(kundtue-man=)wissen-machen-sie

חָזֵה	מַלְכָּא	[אַנְתְּ]אַנְתָּה 31	תִנְדַּע׃	לִבְבָךְ
ḥɔze^{h}	mal^{ə}kɔʾ	[ʾan^{ə}t^{ə}]ʾan^{ə}tɔ^{h}	tin^{ə}daʿ.	lib^{ə}bɔk
schauend(er)	,König-(o)	,Du	.verstehst-du	Herz(ens)-dein(es)

שַׂגִּיא	חַד	צְלֵם	וַאֲלוּ	הֲוַיְתָ
śaggi^{y}ʾ	ḥad	ṣ^{ə}lem	waʾ^{a}lu^{w}	h^{a}way^{ə}tɔ
.groß(es)	ein	,Standbild-(ein)	(war-da=)siehe-und	,warst-du

וְזִיוֵהּ	רַב	דִּכֵּן	צַלְמָא
w^{ə}zi^{y}weh	rab	dikken	ṣal^{ə}mɔʾ
Glanz-sein-und	groß-(war)	,jene(s)	,(Stand)bild-(Das)

לְקָבְלָךְ	קָאֵם	יַתִּיר
l^{ə}qɔb^{ə}lɔk	qɔʾem	yatti^{y}r
,dir-(vor=)gegenüber-zu	dastehend(er)	,außergewöhnlicher-(ein)

הוּא 32	דְּחִיל׃	וְרֵוֵהּ
hu^{w}ʾ	d^{ə}ḥi^{y}l.	w^{ə}reweh
(war-Das=)Er	.(furchtbar=)gefürchtet(er)-war-(es=er)	Aussehen-sein-und

טָב	דְּהַב	דִּי־	רֵאשֵׁהּ	צַלְמָא
ṭɔb	d^{ə}hab	-di^{y}	reʾšeh	ṣal^{ə}mɔʾ
,(reinem=)gut(em)	Gold	(aus=)von-(war)	Haupt-Sein	:(Stand)bild-das

כְּסַף	דִּי	וּדְרָעוֹהִי	חֲדוֹהִי
k^{ə}sap	di^{y}	u^{w}d^{ə}rɔʿo^{w}hi^{y}	ḥ^{a}do^{w}hi^{y}
,Silber	(aus=)von-(waren)	Arme-seine-und	Brüste-seine

נְחָשׁ׃	דִּי	וְיַרְכָתֵהּ	מְעוֹהִי
nᵊḥɔš.	diʸ	wᵊyarᵊkɔteh	mᵊʿoʷhiʸ
.Erz	(aus=)von	Hüfte(n)-seine-und	(Bauch=)Bäuche-sein(e)

רַגְלוֹהִי	פַּרְזֶל	דִּי	33 שָׁקוֹהִי
ragᵊloʷhiʸ	parᵊzɛl	diʸ	šɔqoʷhiʸ
,Füße-seine	,Eisen	(aus=)von-(waren)	(Unter)schenkel-Seine

וּמִנְּהוֹן[וּמִנְּהֵין]	פַּרְזֶל	דִּי	מִנְּהוֹן[מִנְּהֵין]
[uʷminnᵊheʸn]uʷminnᵊhoʷn	parᵊzɛl	diʸ	[minnᵊheʸn]minnᵊhoʷn
sie-(teils=)von-und	Eisen	(aus=)von-(waren)	sie-(teils=)von

דִּי	עַד	הֲוַיְתָ	34 חָזֵה	חֲסַף׃	דִּי
diʸ	ʿad	hᵃwayᵊtɔ	ḥɔzeʰ	ḥᵃsap.	diʸ
dass	bis	,warst-du	Schauend(er)	.Ton	(aus=)von-(waren)

דִּי־לָא	אֶבֶן	הִתְגְּזֶרֶת
lɔʾ-diʸ	ʾɛbɛn	hitᵊgᵊzɛrɛt
nicht-(was=)welch(es) —	Stein-(ein)	sich-loslöste-(es=sie)

וּמְחָת	בִּידַיִן
uʷmᵊḥɔt	biʸdayin
schlug-(er=)sie-und	,— (geschah)-Hände-(zwei)-(durch=)in

פַּרְזְלָא	דִּי	רַגְלוֹהִי	עַל־	לְצַלְמָא
parᵊzᵊlɔʾ	diʸ	ragᵊloʷhiʸ	-ʿal	lᵊṣalᵊmɔʾ
Eisen	(aus=)von	Füße-(beiden)-seine	auf	(Stand)bild-(das=)zu

35 בֵּאדַיִן	הִמּוֹן׃	וְהַדֶּקֶת	וְחַסְפָּא
beʾdayin	himmoʷn.	wᵊhaddeqɛt	wᵊḥasᵊpɔʾ
(Dadurch=)dann-In	.sie	zermalmte-(er=sie)-und	Ton-und

חַסְפָּא	פַּרְזְלָא	כַּחֲדָה	דָּקוּ
ḥasᵊpɔʾ	parᵊzᵊlɔʾ	kaḥᵃdɔʰ	dɔquʷ
,Ton-(der)	,Eisen-(das)	(Male-einem-mit=)eine-wie	zermalmt-wurden-(es=sie)

מִן־	כְּעוּר	וַהֲווֹ	וְדַהֲבָא	כַּסְפָּא	נְחָשָׁא
-min	kᵊʿuʷr	wahᵃwoʷ	wᵊdahᵃbɔʾ	kasᵊpɔʾ	nᵊḥɔšɔʾ
von	Spreu-wie	wurden-sie-und	,Gold-(das)-und	Silber-(das)	,Erz-(das)

הִמּוֹן	וּנְשָׂא	קָיִט	אִדְּרֵי־
himmoʷn	uʷnᵊśɔʾ	qayiṭ	-ʾiddᵊreʸ
sie	(fort-trug=)nahm-(es=)er-Und	.Sommer	(im)-Tennen-(den)

השתכח	לא־	אתר	וכל־	רוחא
hiš^{ə}t^{a}kaḥ	-lɔʾ	^{ʾa}tar	-w^{ə}kol	ru^{w}ḥɔʾ
sich-fand-(es=er)	nicht	Spur	(irgendeine=)all-und	,Wind-(der)

מחת	די־	ואבנא	להון
m^{ə}ḥɔt	-di^{y}	w^{əʾ}ab^{ə}nɔʾ	l^{ə}ho^{w}n
zermalmte-(er=sie)	welch(en)	,Stein-(der)-(Aber=)Und	.ihnen-(von=)zu

רב	לטור	הות	לצלמא
rab	l^{ə}ṭu^{w}r	h^{a}wɔt	l^{ə}ṣal^{ə}mɔʾ
groß(en)	Berg-(einem)-zu	wurde-(er=sie)	,(Stand)bild-das-(zu)

36 דנה	ארעא׃	כל־	ומלת
d^{ə}nɔ^{h}	ʾar^{əʿ}ɔʾ.	-kol	u^{w}m^{ə}lɔt
Dies	.Erde	(gesamte-die=)(die)-all	füllte-(er=sie)-und

קדם־	נאמר	ופשרה	חלמא
-q^{o}dɔm	neʾmar	u^{w}piš^{ə}reh	ḥɛl^{ə}mɔʾ
vor	sagen-(wollen=)werden-wir	Deutung-seine-Und	.Traum-(der)-(war)

די	מלכיא	מלך	מלכא	37 אנתה[אנת]	מלכא׃
di^{y}	mal^{ə}kayyɔʾ	mɛlɛk	mal^{ə}kɔʾ	[ʾan^{ə}t^{ə}]ʾan^{ə}tɔ^{h}	mal^{ə}kɔʾ.
welch(er)	,Könige-(der)	König	,König-(o)	,Du	.König-(dem)

ותקפא	חסנא	מלכותא	שמיא	אלה
w^{ə}tɔq^{ə}pɔʾ	ḥis^{ə}nɔʾ	mal^{ə}ku^{w}tɔʾ	š^{ə}mayyɔʾ	^{ʾɛ}lɔh
Stärke-(die)-und	Macht-(die)	,Königtum-(das)	Himmel-(der)	Gott-(der)

דארין[דירין]	די	38 ובכל־	יהב־לך׃	ויקרא
[dɔy^{ə}ri^{y}n]dɔ^{ʾa}ri^{y}n	di^{y}	-u^{w}b^{ə}kol	lɔk-y^{ə}hab.	wi^{y}qɔrɔʾ
(sind)-wohnend(e)	wo	,(überall=)all-in-und	,dir-(zu)-gab-(er)	Ehre-(die)-und

ברא	חיות	אנשא	בני־
bɔrɔʾ	ḥe^{y}wat	^{ʾa}nɔšɔʾ	-b^{ə}ne^{y}
Feld(es)-(des)	Getier	,Mensch(en)-(des)	(Kinder=)Söhne

בידך	יהב	שמיא	ועוף־
bi^{y}dɔk	y^{ə}hab	š^{ə}mayyɔʾ	-w^{əʿ}o^{w}p
Hand-deine-in	gegeben-hat-er	,Himmel-(der)	(Vögel=)Geflügel-und

הוא	אנתה־[אנת־]	בכלהון	והשלטך
hu^{w}ʾ	[-ʾan^{ə}t^{ə}]-ʾan^{ə}tɔ^{h}	b^{ə}kɔll^{ə}ho^{w}n	w^{ə}haš^{ə}l^{ə}ṭɔk
,(es=)er	bist-Du	.sie-alle-(über=)in	dich-herrschen-machte-er-und

39 וּבָתְרָךְ	דַּהֲבָא׃	דִּי	רֵאשֵׁהּ
u^{w}bɔt^{ə}rɔk	dah^{a}bɔʾ.	di^{y}	reʾšɔ^{h}
(dir-nach=)statt-deiner-(an=)in-(Aber=)Und	.Gold	(aus=)von	Haupt-(das)

אֲרַעא	אָחֳרִי	מַלְכוּ	תְּקוּם
ʾ^{a}raʿʾ	ʾoḥ^{o}ri^{y}	mal^{ə}ku^{w}	t^{ə}qu^{w}m
(niedrigere=)untere	,andere	Königsherrschaft-(eine)	erstehen-wird-(es=sie)

אָחֳרִי	תְּלִיתָיָא[תְּלִיתָאָה]	וּמַלְכוּ	מִנָּךְ
ʾoḥ^{o}ri^{y}	[t^{ə}li^{y}tɔʾɔ^{h}]t^{ə}li^{y}tɔyɔʾ	u^{w}mal^{ə}ku^{w}	minnɔk
,andere	,dritte	Königsherrschaft-(eine)-und	,(deine-als=)dir-von

תִּשְׁלַט	דִּי	נְחָשָׁא	דִּי
tiš^{ə}laṭ	di^{y}	n^{ə}ḥɔšɔʾ	di^{y}
herrschen-wird-(sie)	(die=)welch(e)	,(ist-ehern=)Erz-(das)	(die=)welch(e)

רְבִיעָיָה[רְבִיעָאָה]	40 וּמַלְכוּ	אַרְעָא׃	בְּכָל־
[r^{ə}bi^{y}ʿɔʾɔ^{h}]r^{ə}bi^{y}ʿɔyɔ^{h}	u^{w}mal^{ə}ku^{w}	ʾar^{ə}ʿɔʾ.	-b^{ə}kol
vierte	Königsherrschaft-(eine)-Und	.Erde-(die)	all-(über=)in

דִּי	כָּל־קֳבֵל	כְּפַרְזְלָא	תַקִּיפָה	תֶּהֱוֵא
di^{y}	q^{o}bel-kol	k^{ə}par^{ə}z^{ə}lɔʾ	taqqi^{y}pɔ^{h}	tɛh^{ɛ}weʾ
dass	,(dem-entsprechend=)vor-all	,Eisen-wie	starke-(eine)	,sein-wird-(sie)

וּכְפַרְזְלָא	כֹּלָּא	וְחָשֵׁל	מְהַדֵּק	פַּרְזְלָא
u^{w}k^{ə}par^{ə}z^{ə}lɔʾ	kollɔʾ	w^{ə}ḥɔšel	m^{ə}haddeq	par^{ə}z^{ə}lɔʾ
,Eisen-wie-und	,all(es)	(ist)-zermalmend(er)-und	zertrümmernd(er)	Eisen

תַּדִּק	אִלֵּין	כָּל־	מְרָעַע	דִּי־
taddiq	ʾille^{y}n	-kol	m^{ə}rɔʿaʿ	-di^{y}
zertrümmern-wird-sie	diese	all(e)	,(ist)-zerschmetternd(er)	(das=)welch(es)

רַגְלַיָּא	חֲזַיְתָה	41 וְדִי־	וְתֵרֹעַ׃
rag^{ə}layyɔʾ	ḥ^{a}zay^{ə}tɔ^{h}	-w^{ə}di^{y}	w^{ə}teroaʿ.
Füße-(zwei)-(die)	sahst-du	dass-Und	.zermalmen-wird-sie-und

פֶּחָר	דִּי־	חֲסַף	מִנְהוֹן[מִנְּהֵן]	וְאֶצְבְּעָתָא
pɛḥɔr	-di^{y}	ḥ^{a}sap	[minn^{ə}hen]minn^{ə}ho^{w}n	w^{ə}ʾɛṣ^{ə}b^{ə}ʿɔtɔʾ
Töpfer-(dem)	von	Ton	(aus-teils=)ihnen-von	,(Zehen=)Finger-und

מַלְכוּ	פַּרְזֶל	וּמִנְהוֹן[וּמִנְּהֵין]
mal^{ə}ku^{w}	par^{ə}zɛl	[u^{w}minn^{ə}he^{y}n]u^{w}minn^{ə}ho^{w}n
Königsherrschaft-(eine)	(dass-,bedeutet)-,Eisen	(aus-teils=)ihnen-von-und

דִּי	נִצְבְּתָא	וּמִן־	תֶּהֱוֵה	פְלִיגָה
diʸ	niṣᵊbᵊtɔʾ	-uʷmin	tɛhᵉweʰ	pᵊliʸgɔʰ
welch(e)	,(Härte=)Festigkeit-der	von-und	,sein-wird-sie	(gespaltene=)geteilte

כָּל־קֳבֵל	בַהּ	לֶהֱוֵא־	פַּרְזְלָא
qᵒbel-kol	bah	-lɛhᵉweʾ	parᵊzᵊlɔʾ
,(dem-entsprechend=)vor-all	,ihm-in	sein-(spüren)-zu-(wird)	,(ist)-Eisen-(im)

טִינָא׃	בַּחֲסַף	מְעָרַב	פַּרְזְלָא	חֲזַיְתָה	דִּי
ṭiʸnɔʾ.	baḥᵃsap	mᵊʿɔrab	parᵊzᵊlɔʾ	ḥᵃzayᵊtɔʰ	diʸ
.Lehm	(von)-Ton-(mit=)in	vermischt(er)	Eisen	sahst-du	dass

פַּרְזֶל	מִנְּהוֹן[מִנְּהֵין]	רַגְלַיָּא	42 וְאֶצְבְּעָת
parᵊzɛl	[minnᵊheʸn]minnᵊhoʷn	ragᵊlayyɔʾ	wᵊʾɛṣᵊbᵊʿɔt
Eisen	(aus-teils=)ihnen-von	,Füße-(zwei)-(der)	(Zehen=)Finger-(die)-Und

קְצָת	מִן־	חֲסַף	וּמִנְּהוֹן[וּמִנְּהֵין]
qᵊṣɔt	-min	ḥᵃsap	[uʷminnᵊheʸn]uʷmnᵊhoʷn
Teil	(zum=)von	(dass-,bedeutet)-,Ton	(aus-teils=)ihnen-von-und

וּמִנַּהּ	תַקִּיפָה	תֶּהֱוֵה	מַלְכוּתָא
uʷminnah	taqqiʸpɔʰ	tɛhᵉweʰ	malᵊkuʷtɔʾ
ihr-von-(Teil-ein)-und	starke-(eine)	sein-wird-(es=sie)	Königsherrschaft-die

פַּרְזְלָא	חֲזַיְתָ	43 דִּי[וְדִי]	תְבִירָה׃	תֶּהֱוֵה
parᵊzᵊlɔʾ	ḥᵃzayᵊtɔ	[wᵊdiʸ]diʸ	tᵊbiʸrɔʰ.	tɛhᵉweʰ
Eisen	sahst-du	[dass-Und]Dass	.zerbrechliche-(eine)	sein-wird-(sie)

מִתְעָרְבִין	טִינָא	בַּחֲסַף	מְעָרַב
mitᵊʿɔrᵊbiʸn	ṭiʸnɔʾ	baḥᵃsap	mᵊʿɔrab
vermischend(e)-Sich	:(bedeutet),Lehm	(von)-Ton-(mit=)in	vermischt(er)

וְלָא־	אֲנָשָׁא	בִּזְרַע	לֶהֱוֺן
-wᵊlɔʾ	ʾᵃnɔšɔʾ	bizᵊraʿ	lɛhᵉwon
nicht-(aber=)und	,Mensch(en)-	same(n)-(mit=)in	sein-werden-sie-(nämlich=)zu

עִם־	דְּנָה	דָּבְקִין	לֶהֱוֺן
-ʿim	dᵊnɔʰ	dɔbᵊqiʸn	lɛhᵉwon
(am=)mit	(eins=)dies(er)	Haftende	sein-werden-sie-(hingegen=)zu

לָא	פַרְזְלָא	כְּדִי	הָא־	דְּנָה
lɔʾ	parᵊzᵊlɔʾ	kᵊdiʸ	-heʾ	dᵊnɔh
nicht	Eisen	(gleicherweise=)dem-entsprechend	wie-so	,(anderen=)dies(em)

דִּי	44 וּבְיוֹמֵיהוֹן	עִם־חַסְפָּא׃	מִתְעָרַב
diʸ	uʷbᵊyoʷmeʸhoʷn	ḥasᵊpɔʾ-ʿim.	mitᵊʿɔrab
(von=)welch(e)	,Tagen-ihren-in-Und	.Ton-mit	(ist)-vermischend(er)-sich

שְׁמַיָּא	אֱלָהּ	יְקִים	אִנּוּן	מַלְכַיָּא
šᵊmayyɔʾ	ʾᵋlɔh	yᵊqiʸm	ʾinnuʷn	malᵊkayyɔʾ
Himmel-(der)	Gott-(der)	errichten-wird-(es=er)	,(jenen=)sie	,Könige(n)-(den)

לָא	לְעָלְמִין	דִּי	מַלְכוּ
lɔʾ	lᵊʿɔlᵊmiʸn	diʸ	malᵊkuʷ
nicht	ewig-(auf=)zu	(die=)welch(e)	,Königsherrschaft-(eine)

לָא	אָחֳרָן	לְעַם	וּמַלְכוּתָה	תִתְחַבַּל
lɔʾ	ʾoḥᵒrɔn	lᵊʿam	uʷmalᵊkuʷtɔʰ	titᵊḥabbal
nicht	anderen	Volk-(einem=)zu	Königtum-das-und	,zerstört-wird-(sie)

תַּדִּק	תִשְׁתְּבִק
taddiq	tišᵊtᵊbiq
zertrümmern-wird-(es=)sie	;überlassen-wird-(es=sie)

מַלְכְוָתָא	אִלֵּין	כָּל־	וְתָסֵיף
malᵊkᵊwɔtɔʾ	ʾilleʸn	-kol	wᵊtɔseʸp
,Reiche	(jene=)diese	all(e)	(vernichten=)beenden-wird-(es=)sie-und

לְעָלְמַיָּא׃	תְּקוּם	וְהִיא
lᵊʿɔlᵊmayyɔʾ.	tᵊquʷm	wᵊhiʸʾ
,Ewigkeit(en)-(in=)zu	bestehen-wird-(es=sie)	(selbst-es=)sie-(aber=)und

דִּי	חֲזַיְתָ	דִּי־	45 כָּל־קֳבֵל
diʸ	ḥᵃzayᵊtɔ	-diʸ	qᵒbel-kol
dass	,geschaut-hast-du	(was-,dem=)welch(es)	(entsprechend=)vor-all

אֶבֶן	אִתְגְּזֶרֶת	מִטּוּרָא
ʾɛbɛn	ʾitᵊgᵊzɛrɛt	mitṭuʷrɔʾ
Stein-(ein)	losgerissen-hat-sich-(es=sie)	Berg-(dem)-von

בִידַיִן	דִּי־לָא
biʸdayin	lɔʾ-diʸ
— (geschah)-Hände-(zwei)-(durch=)in	nicht-(was=)welch(es) —

כַּסְפָּא	חַסְפָּא	נְחָשָׁא	פַּרְזְלָא	וְהַדֶּקֶת
kasᵊpɔʾ	ḥasᵊpɔʾ	nᵊḥɔšɔʾ	parᵊzᵊlɔʾ	wᵊhaddɛqɛt
Silber-(das)	,Ton-(den)	,Erz-(das)	,Eisen-(das)	zermalmte-(er=sie)-und

הוֹדַע	רַב	אֱלָהּ	וְדַהֲבָא
hoʷdaᶜ	rab	ᵓᵋlɔh	wᵊdahᵃbɔᵓ
(kundgetan-hat=)wissen-machte-(er)	groß(er)	Gott-(Ein)	.Gold-(das)-und

לֶהֱוֵא	דִּי	מָה	לְמַלְכָּא
lɛhᵉweᵓ	diʸ	mɔʰ	lᵊmalᵊkɔᵓ
(wird-geschehen=)sein-zu	(was-,das=)welch(es)	-was	König-(dem=)zu

חֶלְמָא	וְיַצִּיב	דְנָה	אַחֲרֵי
ḥɛlᵊmɔᵓ	wᵊyaṣṣiʸb	dᵊnɔʰ	ᵓaḥᵃreʸ
Traum-(der)	sicher-ist-(es=)er-und	,(es-ist)-dies	,(einst=)danach

מַלְכָּא	46 בֵּאדַיִן	פִּשְׁרֵהּ׃	וּמְהֵימַן
malᵊkɔᵓ	beᵓdayin	pišᵊreh.	uʷmᵊheʸman
König-(der)	(Daraufhin=)dann-In	.Deutung-seine	zuverlässig-ist-(es=)er-und

אַנְפּוֹהִי	עַל־	נְפַל	נְבוּכַדְנֶצַּר
ᵓanᵊpoʷhiʸ	-ᶜal	nᵊpal	nᵊbuʷkadᵊnɛṣṣar
(Antlitz=)Gesichter-sein(e)	auf	fiel-(er)	Nebuchadnezzar

וּמִנְחָה	סְגִד	וּלְדָנִיֵּאל
uʷminᵊḥɔʰ	sᵊgid	uʷlᵊdɔniʸyeᵓl
(Opfer)gabe-(eine)-und	,nieder-sich-warf-er	Daniel-(vor=)zu-und

לֵהּ׃	לְנַסָּכָה	אֲמַר	וְנִיחֹחִין
leh.	lᵊnassɔkɔʰ	ᵓᵃmar	wᵊniʸḥoḥiʸn
.ihm-(vor=)zu	aus-gießen-zu	(befahl=)sagte-er	Wohlgerüche-und

וְאָמַר	לְדָנִיֵּאל	מַלְכָּא	47 עָנֵה
wᵊᵓɔmar	lᵊdɔniʸyeᵓl	malᵊkɔᵓ	ᶜɔneʰ
:(sprach=)sagend(er)-(war)-und	Daniel-zu	König-(der)	(war)-Anhebend(er)

הוּא	אֱלָהֲכוֹן	דִּי	קְשֹׁט	מִן־
huʷᵓ	ᵓᵋlɔhᵃkoʷn	diʸ	qᵊšoṭ	-min
(ist)-er	,(Gott=)Götter-euer(e)	dass	,Wahrheit-(der)	(entspricht-Es=)Von

וְגָלֵה	מַלְכִין	וּמָרֵא	אֱלָהִין	אֱלָהּ
wᵊgɔleʰ	malᵊkiʸn	uʷmɔreᵓ	ᵓᵋlɔhiʸn	ᵓᵋlɔh
Offenbar(end)er-und	Könige-(der)	Herr-(der)-und	Götter-(der)	Gott-(der)

לְמִגְלֵא	יְכֵלְתָּ	דִּי	רָזִין
lᵊmigᵊleᵓ	yᵊkelᵊtɔ	diʸ	rɔziʸn
(offenbaren=)enthüllen-zu	(vermochtest=)konntest-du	dass	,Geheimnisse

רָזָה	דְנָה:	48 אֱדַיִן	מַלְכָּא	לְדָנִיֵּאל
rɔzɔh	dənɔh.	ʾɛdayin	malәkɔʾ	lədɔniyyeʾl
,Geheimnis-(das)	!diese(s)	Darauf	König-(der)	Daniel-(dem=)zu

רַבִּי	וּמַתְּנָן	רַבְרְבָן
rabbiy	uwmattənɔn	rabərəbɔn
,(Rang-hohen-einen-verlieh=)groß-machte-er	Geschenke-und	viele

שַׂגִּיאָן	יְהַב־לֵהּ	וְהַשְׁלְטֵהּ	עַל
śaggiyʾɔn	leh-yəhab	wəhašəlәṭeh	ʿal
(große=)reiche	ihm-gab-er	ihn-Herrn-zum-machte-er-und	(über=)auf

כָּל־	מְדִינַת	בָּבֶל	וְרַב־	סִגְנִין
-kol	mədiynat	bɔbɛl	-wərab	sigəniyn
(ganze-die=)all	Provinz	Babel	-(Ober=)Mächtigen-(zum)-und	Vorsteher

עַל	כָּל־חַכִּימֵי	בָּבֶל:	49 וְדָנִיֵּאל	בְּעָא	מִן־
ʿal	ḥakkiymey-kol	bɔbɛl.	wədɔniyyeʾl	bəʿɔʾ	-min
(über=)auf	(von)-Weise(n)-all(e)	.Babel	Daniel-Und	erbat-(er)	von

מַלְכָּא	וּמַנִּי	עַל	עֲבִידְתָּא	דִּי
malәkɔʾ	uwmanniy	ʿal	ʿabiydətɔʾ	diy
,König-(dem)	bestellte-er-(dass=)und	(über=)auf	Verwaltung-(die)	von

מְדִינַת	בָּבֶל	לְשַׁדְרַךְ	מֵישַׁךְ	וַעֲבֵד	נְגוֹ
mədiynat	bɔbɛl	ləšadərak	meyšak	waʿabed	nəgow
Provinz-(der)	Babel	,Schadrach-(den=)zu	Meschach	-Abed-und	.Nego

וְדָנִיֵּאל	בִּתְרַע	מַלְכָּא:
wədɔniyyeʾl	bitəraʿ	malәkɔʾ.
Daniel-(Hingegen=)Und	(Hof=)Tor-(im=)in-(blieb)	.König(s)-(des)

3

1 נְבוּכַדְנֶצַּר	מַלְכָּא	עֲבַד
nəbuwkadənɛṣṣar	malәkɔʾ	ʿabad
,Nebuchadnezzar	,König-(der)	(machte=)arbeitete-(es=er)

צְלֵם	דִּי־דְהַב	רוּמֵהּ	אַמִּין	שִׁתִּין
ṣəlem	dəhab-diy	ruwmeh	ʾammiyn	šittiyn
(Stand)bild-(ein)	.Gold-von	(betrug)-Höhe-Seine	Ellen	,sechzig

פְּתָיֵהּ	אַמִּין	שִׁת	אֲקִימֵהּ
pətɔyeh	ʾammiyn	šit	ʾaqiymeh
Breite-seine	Ellen	.sechs	(es=)ihn-auf-stellte=)errichtete-Er

2 וּנְבוּכַדְנֶצַּר	בָּבֶל׃	בִּמְדִינַת	דּוּרָא	בְּבִקְעַת
uʷnᵊbuʷkadᵊnɛṣṣar	bɔbɛl.	bimᵊdiʸnat	duʷrɔʾ	bᵊbiqᵊʿat
,Nebuchadnezzar-Und	.Babel	Provinz-(der)-in	Dura	(von)-Ebene-(der)-in

לַאֲחַשְׁדַּרְפְּנַיָּא	לְמִכְנַשׁ	שְׁלַח	מַלְכָּא
laʾᵃḥašᵊdarᵊpᵊnayyɔʾ	lᵊmikᵊnaš	šᵊlaḥ	malᵊkɔʾ
,Satrapen-(die=)zu	versammeln-zu-(um)	(aus)-sandte-(er)	,König-(der)

גְּדָבְרַיָּא	אֲדַרְגָּזְרַיָּא	וּפַחֲוָתָא	סִגְנַיָּא
gᵊdɔbᵊrayyɔʾ	ʾᵃdarᵊgɔzᵊrayyɔʾ	uʷpaḥᵃwɔtɔʾ	sigᵊnayyɔʾ
,Schatzmeister-(die)	,Ratgeber-(die)	,Statthalter-(die)-und	Vorsteher-(die)

שִׁלְטֹנֵי	וְכֹל	תִּפְתָּיֵא	דְּתָבְרַיָּא
šilᵊṭoneʸ	wᵊkol	tipᵊtɔyeʾ	dᵊtɔbᵊrayyɔʾ
(von)-Beamte(n)	all(e)-und	Ordnungshüter-(die)	,Rechtskundigen-(die)

צַלְמָא	לַחֲנֻכַּת	לְמֵתֵא	מְדִינָתָא
ṣalᵊmɔʾ	laḥᵃnukkat	lᵊmeteʾ	mᵊdiʸnɔtɔʾ
,(Stand)bild(es)-(des)	Einweihung-zu(r)	kommen-zu-(um)	,Provinzen-(den)

נְבוּכַדְנֶצַּר	הֲקֵים	דִּי
nᵊbuʷkadᵊnɛṣṣar	hᵃqeʸm	diʸ
,Nebuchadnezzar	(aufstellen-ließ=)stehen-machte-(es=er)	(das=)welch(es)

מִתְכַּנְּשִׁין	3 בֵּאדַיִן	מַלְכָּא׃
mitᵊkannᵊšiʸn	beʾdayin	malᵊkɔʾ.
versammelnd(e)-sich-(waren)	(Daraufhin=)dann-In	.König-(der)

אֲדַרְגָּזְרַיָּא	וּפַחֲוָתָא	סִגְנַיָּא	אֲחַשְׁדַּרְפְּנַיָּא
ʾᵃdarᵊgɔzᵊrayyɔʾ	uʷpaḥᵃwɔtɔʾ	sigᵊnayyɔʾ	ʾᵃḥašᵊdarᵊpᵊnayyɔʾ
,Ratgeber-(die)	,Statthalter-(die)-und	Vorsteher-(die)	,Satrapen-(die)

וְכֹל	תִּפְתָּיֵא	דְּתָבְרַיָּא	גְּדָבְרַיָּא
wᵊkol	tipᵊtɔyeʾ	dᵊtɔbᵊrayyɔʾ	gᵊdɔbᵊrayyɔʾ
all(e)-und	Ordnungshüter-(die)	,Rechtskundigen-(die)	,Schatzmeister-(die)

צַלְמָא	לַחֲנֻכַּת	מְדִינָתָא	שִׁלְטֹנֵי
ṣalᵊmɔʾ	laḥᵃnukkat	mᵊdiʸnɔtɔʾ	šilᵊṭoneʸ
,Standbild(es)-(des)	Einweihung-zu(r)	Provinzen-(den)	(von)-Beamte(n)

נְבוּכַדְנֶצַּר	הֲקֵים	דִּי
nᵊbuʷkadᵊnɛṣṣar	hᵃqeʸm	diʸ
,Nebuchadnezzar	(aufstellen-ließ=)stehen-machte-(es=er)	(das=)welch(es)

צַלְמָא	לָקֳבֵל	וְקָאֲמִין[וְקָיְמִין]	מַלְכָּא
ṣalᵊmɔʾ	lɔqᵒbel	[wᵊqɔyᵊmiʸn]wᵊqɔʾᵃmiʸn	malᵊkɔʾ
,(Stand)bild-dem	gegenüber-(zu)	aufstellend(e)-sich-(waren)-und	,König-(der)

נְבוּכַדְנֶצַּר׃	הֲקֵים	דִּי
nᵊbuʷkadᵊnɛṣṣar.	hᵃqeʸm	diʸ
.Nebuchadnezzar	(aufstellen-ließ=)stehen-machte-(es=er)	(das=)welch(es)

לְכוֹן	בְּחָיִל	קָרֵא	4 וְכָרוֹזָא
lᵊkoʷn	bᵊḥɔyil	qɔreʾ	wᵊkɔroʷzɔʾ
euch-(obliegt-Es=)Zu	:Macht-(mit=)in	(aus)rufend(er)-(war)	Herold-(der)-Und

וְלִשָּׁנַיָּא׃	אֻמַּיָּא	עַמְמַיָּא	אָמְרִין
wᵊliššɔnayyɔʾ.	ʾummayyɔʾ	ʿamᵊmayyɔʾ	ʾɔmᵊriʸn
:Zungen-und	Nationen	,Völker(n)-(den)	(befehlen-zu=)sagend(e)

קַרְנָא	קָל	תִּשְׁמְעוּן	דִּי־	5 בְּעִדָּנָא
qarᵊnɔʾ	qɔl	tišᵊmᵊʿuʷn	-diʸ	bᵊʿiddɔnɔʾ
,Horn	(von)-(Klang-den=)Stimme	hört-ihr	(da=)welch(er)	,Zeit-(der)-In

פְּסַנְתֵּרִין	סַבְּכָא	קִיתָרוֹס[קַתְרוֹס]	מַשְׁרוֹקִיתָא
pᵊsanᵊteriʸn	sabbᵊkɔʾ	[qatᵊroʷs]qiʸtɔroʷs	mašᵊroʷqiʸtɔʾ
,Psalterion	,(Harfe=)Sambuka	,Zither	,Rohrpfeife

זְמָרָא	זְנֵי	וְכֹל	סוּמְפֹּנְיָה
zᵊmɔrɔʾ	zᵊneʸ	wᵊkol	suʷmᵊponᵊyɔʰ
,Saitenspiel	(von)-Arten	all(en)-und	Sackpfeife

וְתִסְגְּדוּן	תִּפְּלוּן
wᵊtisᵊgᵊduʷn	tippᵊluʷn
huldigen-(müsst=)werdet-ihr-und	niederfallen-(müsst=)werdet-ihr

דִּי	דַהֲבָא	לְצֶלֶם
diʸ	dahᵃbɔʾ	lᵊṣɛlɛm
(das=)welch(es)	,Gold-(aus=)(das)	(Stand)bild-(dem=)zu

מַלְכָּא׃	נְבוּכַדְנֶצַּר	הֲקֵים
malᵊkɔʾ.	nᵊbuʷkadᵊnɛṣṣar	hᵃqeʸm
.König-(der)	,Nebuchadnezzar	(aufstellen-ließ=)stehen-machte-(es=er)

וְיִסְגֻּד	יִפֵּל	לָא	דִּי־	6 וּמַן־
weyisᵊgud	yippel	lɔʾ	-diʸ	-uʷman
,huldigt-(er)-und	nieder-fällt-(er)	nicht	(der=)welch(er)	,(derjenige=)wer-Und

לְגוֹא־	יִתְרְמֵא	שַׁעֲתָא	בַּהּ־
-lᵊgoʷʾ	yitᵊrᵊmeʾ	šaʿᵃtɔʾ	-bah
Innere-(ins=)zu	geworfen-wird-(er)	(unverzüglich=)Augenblick-	(dem=)ihm-in
כָּל־קֳבֵל 7	יָקִדְתָּא׃	נוּרָא	אַתּוּן
qᵒbel -kol	yɔqidᵊtɔʾ.	nuraʾ	ʾattuʷn
(Sobald=)vor-All	!brennende(n)	Feuer-	ofen(s)-(eines)
כְּדִי	זִמְנָא	בֵּהּ־	דְּנָה
kᵊdiʸ	zimᵊnɔʾ	-beh	dᵊnɔʰ
welch(er)-gemäß	,(kam)-Zeit-die	(dafür=)ihn-in	(nun=)diese
קַרְנָא	קָל	כָּל־עַמְמַיָּא	שָׁמְעִין
qarᵊnɔʾ	qol	ʿamᵊmayyɔʾ-kol	šɔmᵊʿiʸn
,Horn	(von)-(Klang-den=)Stimme	Völker-(die)-all	(waren)-hörend(e)

וְכֹל	פְּסַנְטֵרִין	שַׂבְּכָא	קִיתָרֹס[קַתְרוֹס]	מַשְׁרוֹקִיתָא
wᵊkol	pᵊsanᵊṭeriʸn	śabbᵊkɔʾ	[qatᵊroʷs]qiʸtɔros	mašᵊroʷqiʸtɔʾ
all(erlei)-und	Psalterion	,(Harfe=)Sambuka	,Zither	,Rohrpfeife

כָּל־עַמְמַיָּא	נָפְלִין	זְמָרָא	זְנֵי
ʿmᵊmayyɔʾ-kol	nɔpᵊliʸn	zᵊmɔrɔʾ	zᵊneʸ
,Völker-(die)-all(e)	(nieder)fallend(e)-(waren)	,Saitenspiel	(von)-Arten

סָגְדִין	וְלִשָּׁנַיָּא	אֻמַיָּא
sɔgᵊdiʸn	wᵊliššɔnayyɔʾ	ʾumayyɔʾ
huldigend(e)-(waren)	(Sprachen=)Zungen-(die)-und	,Nationen-(die)
דִּי	דַּהֲבָא	לְצֶלֶם
diʸ	dahᵃbɔʾ	lᵊṣɛlɛm
(das=)welch(es)	,Gold-(aus=)(das)	(Stand)bild-(dem=)zu
מַלְכָּא׃	נְבוּכַדְנֶצַּר	הֲקֵים
malᵊkɔʾ.	nᵊbuʷkadᵊnɛṣṣar	hᵃqeʸm
.König-der	.Nebuchadnezzar	(lassen- aufgestellen-hatte=)stehen-machte-(es=er)

זִמְנָא	בֵּהּ־	דְּנָה	כָּל־קֳבֵל 8
zimᵊnɔʾ	-beh	dᵊnɔʰ	qᵒbel-kol
,(war)-Zeit-(die)	(dafür=)ihm-in	(also=)diese(r)	(Sobald=)vor-All
וַאֲכַלוּ	כַּשְׂדָּאִין	גֻּבְרִין	קְרִבוּ
waʾᵃkaluʷ	kaśᵊdɔʾiʸn	gubᵊriʸn	qᵊribuʷ
-aßen-(es=)sie-und	(chaldäische=)chasdäische	Männer	herzu-traten-(es=)sie

9 עֲנוֹ	יְהוּדָיֵא:	דִּי	קַרְצֵיהוֹן
^{ca}no^{w}	y^{ə}hu^{w}dɔyeʾ.	di^{y}	qar^{ə}ṣe^{y}ho^{w}n
an-hoben-Sie	.Judäer-(die)	welch(e)	(verleumdeten=)Stücke-ihre

מַלְכָּא	מַלְכָּא	לִנְבוּכַדְנֶצַּר	וְאָמְרִין
mal^{ə}kɔʾ	mal^{ə}kɔʾ	lin^{ə}bu^{w}kad^{ə}nɛṣṣar	w^{əʾ}ɔm^{ə}ri^{y}n
,König-(O=)(Der)	:König-(dem)	,Nebuchadnezzar-zu	sagend(e)-(waren)-und

מַלְכָּא	10 אנתה[אַנְתְּ]	חֱיִי:	לְעָלְמִין
mal^{ə}kɔʾ	[ʾan^{ə}t^{ə}]ʾan^{ə}tɔ^{h}	ḥ^{ɛ}yi^{y}.	l^{əc}ɔl^{ə}mi^{y}n
,König-(o=)(der)	,Du	!(leben-mögest-du=)lebe	ewig-(auf=)zu

אֱנָשׁ	כָּל־	דִּי	טְעֵם	שָׂמְתָּ
^{ʾɛ}nɔš	-kol	di^{y}	ṭ^{əc}em	śɔm^{ə}tɔ
,Mensch	(jeder=)all	dass	,Befehl	(gegeben=)gesetzt-hast-(du)

מַשְׁרוֹקִיתָא	קַרְנָא	קָל	יִשְׁמַע	דִּי־
maš^{ə}roqi^{y}tɔʾ	qar^{ə}nɔʾ	qɔl	yiš^{ə}ma^{c}	-di^{y}
,Rohrpfeife	,Horn	(von)-(Klang-den=)Stimme	hört-(er)	(der=)welch(er)

וסיפניה[וְסוּפֹּנְיָה]	פְּסַנְתֵּרִין	שַׂבְּכָא	קיתרס[קַתְרוֹס]
[w^{ə}su^{w}ppon^{ə}yɔ^{h}]w^{ə}si^{y}pon^{ə}yɔ^{h}	p^{ə}san^{ə}teri^{y}n	śabb^{ə}kɔʾ	[qat^{ə}ro^{w}s]qi^{y}tɔros
Sackpfeife-und	Psalterion	,(Harfe=)Sambuka	,Zither

יִפֵּל	זְמָרָא	זְנֵי	וְכֹל
yippel	z^{ə}mɔrɔʾ	z^{ə}ne^{y}	w^{ə}kol
(nieder)fallen-(muss=)wird-(d)er	,Saitenspiel	(von)-Arten	all(erlei)-und

דַהֲבָא:	לְצֶלֶם	וְיִסְגֻּד
dah^{a}bɔʾ.	l^{ə}ṣɛlɛm	w^{ə}yis^{ə}gud
.Gold	(von)-(Stand)bild-(dem=)zu	huldigen-(muss=)wird-(er)-und

וְיִסְגֻּד	יִפֵּל	לָא	דִּי־	11 וּמַן־
w^{ə}yis^{ə}gud	yippel	lɔʾ	-di^{y}	-u^{w}man
,huldigt-(er)-und	nieder-fällt-(er)	nicht	(der=)welch(er)	,(derjenige=)wer-Und

יָקִדְתָּא:	נוּרָא	אַתּוּן	לְגוֹא־	יִתְרְמֵא
yɔqid^{ə}tɔʾ.	nu^{w}rɔʾ	ʾattu^{w}n	-l^{ə}go^{wʾ}	yit^{ə}r^{ə}meʾ
.brennende(n)	Feuer-	ofen(s)-(eines)	Innere-(ins=)zu	geworfen-wird-(d)er

יָתְהוֹן	מַנִּיתָ	דִּי־	יְהוּדָאִין	גֻּבְרִין	12 אִיתַי
yɔt^{ə}ho^{w}n	manni^{y}tɔ	-di^{y}	y^{ə}hu^{w}dɔ^{ʾ}yin	gub^{ə}ri^{y}n	^{ʾ}i^{y}tay
sie***	eingesetzt-hast-du	welch(e) —	judäische	Männer	gibt-Es

מֵישַׁךְ	שַׁדְרַךְ	בָּבֶל	מְדִינַת	עֲבִידַת	עַל־
meʸšak	šadᵊrak	bɔbɛl	mᵊdiʸnat	ᶜᵃbiʸdat	-ᶜal
Meschach	,Schadrach-(nämlich)	,— Babel	Provinz-(der)	Verwaltung	zu(r)

שָׂמוּ	לָא־	אִלֵּךְ	גֻּבְרַיָּא	נְגוֹ	וַעֲבֵד
śɔmuʷ	-lɔʾ	ʾillek	gubᵊrayyɔʾ	nᵊgoʷ	waᶜᵃbed
(gaben=)setzten-(sie)	nicht	jene	Männer-Die	.Nego	-Abed-und

לָא	[לֵאלָהָךְ] לֵאלָהַיִךְ	טְעֵם	מַלְכָּא	עֲלַיִךְ[עֲלָךְ]
lɔʾ	[leʾlɔhɔk]leʾlɔhayik	ṭᵊᶜem	malᵊkɔʾ	[ᶜᵃlɔk]ᶜᵃlayik
nicht	Götter-Deine	.Aufmerksamkeit	,König-(o=)(der)	,dir

דַּהֲבָא	וּלְצֶלֶם	פָלְחִין
dahᵃbɔʾ	uʷlᵊṣɛlɛm	pɔlᵊḥiʸn
,Gold-(aus=)(das)	(Stand)bild-(dem=)zu-und	verehrend(e)-sind-sie

סָגְדִין׃	לָא	הֲקֵימְתָּ	דִּי
sɔgᵊdiʸn.	lɔʾ	hᵃqeʸmᵊtɔ	diʸ
!huldigend(e)-(sind-sie)	nicht	,errichten-(ließest=)machtest-du	(das=)welch(es)

וַחֲמָה	בִּרְגַז	נְבוּכַדְנֶצַּר	13 בֵּאדַיִן
waḥᵃmɔʰ	birᵊgaz	nᵊbuʷkadᵊnɛṣṣar	beʾdayin
(Zornes)glut-und	Ärger-in	Nebuchadnezzar	(Daraufhin=)dann-In

לְשַׁדְרַךְ	לְהַיְתָיָה	אֲמַר
lᵊšadᵊrak	lᵊhayᵊtɔyɔʰ	ʾᵃmar
,Schadrach-(den=)zu	(vorzuführen=)machen-kommen-zu	(befahl=)sagte-(er)

אִלֵּךְ	גֻּבְרַיָּא	בֵּאדַיִן	נְגוֹ	וַעֲבֵד	מֵישַׁךְ
ʾillek	gubᵊrayyɔʾ	beʾdayin	nᵊgoʷ	waᶜᵃbed	meʸšak
jene	Männer-die	(Alsbald=)dann-In	.Nego	-Abed-und	Meschach

14 עָנֵה	מַלְכָּא׃	קֳדָם	הֵיתָיוּ
ᶜɔneʰ	malᵊkɔʾ.	qᵒdɔm	heʸtɔyuʷ
(war)-Anhebend(er)	.König-(den)	vor	gebracht-wurden-(sie)

הַצְדָּא	לְהוֹן	וְאָמַר	נְבֻכַדְנֶצַּר
haṣᵊdɔʾ	lᵊhoʷn	wᵊʾɔmar	nᵊbukadᵊnɛṣṣar
,(Wirklich=)sicher-Etwa	:ihnen-zu	sprach-(er)-und	Nebuchadnezzar

אִיתֵיכוֹן	לָא	לֵאלָהַי	נְגוֹ	וַעֲבֵד	מֵישַׁךְ	שַׁדְרַךְ
ʾiʸteʸkoʷn	lɔʾ	leʾlɔhay	nᵊgoʷ	waᶜᵃbed	meʸšak	šadᵊrak
ihr	nicht	Götter-meine-(zu)	,Nego	-Abed-und	Meschach	,Schadrach

דִּ֣י	דַהֲבָ֔א	וּלְצֶ֥לֶם	פָּלְחִ֔ין
diʸ	dahᵃbɔʾ	uʷlᵊṣɛlɛm	pɔlᵊḥiʸn
(das=)welch(es)	,Gold	(aus)-(Stand)bild-(dem=)zu-und	verehrend(e)-(seid)

הֵ֣ן	15 כְּעַ֞ן	סָגְדִֽין׃	לָ֥א	הֲקֵ֖ימֶת
hen	kᵊʿan	sɔgᵊdiʸn.	lɔʾ	hᵃqeʸmɛt
wenn	,Nun	?huldigend(e)-(seid-ihr)	nicht	,(ließ=)machte-errichten-ich

דִּֽי־תִשְׁמְע֡וּן	בְּעִדָּנָ֡א	דִּ֣י	עֲתִידִ֗ין	אִיתֵיכ֣וֹן
tišᵊmᵊʿuʷn-diʸ	bᵊʿiddɔnɔʾ	diʸ	ʿᵃtiʸdiʸn	ʾiʸteʸkoʷn
hört-ihr-(da=)welch(er)	,Zeit-(der)-in	dass	,bereit(ete)-(seid)	ihr

קִיתָרֹס[קַתְר֡וֹס]	מַֽשְׁרוֹקִיתָ֡א	קַרְנָ֣א	קָ֣ל
[qatᵊroʷs]qiʸtɔros	mašᵊroʷqiʸtɔʾ	qarᵊnɔʾ	qɔl
,Zither	,Rohrpfeife	,Horn	(von)-(Klang-den=)Stimme

זְנֵ֣י	וְכֹ֖ל	וְסוּמְפֹּ֛נְיָ֔ה	פְּסַנְתֵּ֨רִ֜ין	שַׂבְּכָ֡א
zᵊneʸ	wᵊkol	wᵊsuʷmᵊponᵊyɔʰ	pᵊsanᵊteriʸn	śabbᵊkɔʾ
(von)-Arten	all(erlei)-und	Sackpfeife-und	Psalterion	,(Harfe=)Sambuka

וְתִסְגְּד֨וּן	תִּפְּל֜וּן	זְמָרָ֗א
wᵊtisᵊgᵊduʷn	tippᵊluʷn	zᵊmɔrɔʾ
huldigen-(müsst=)werdet-ihr-und	niederfallen-(müsst=)werdet-ihr	,Saitenspiel

לָ֣א	וְהֵן֙	עַבְדֵ֔ת	דִּֽי־	לְצַלְמָ֣א
lɔʾ	wᵊhen	ʿabᵊdet	-diʸ	lᵊṣalᵊmɔʾ
nicht	wenn-Und	.fertigte-ich	(das=)welch(es)	,(Stand)bild-(dem=)zu

תִתְרְמ֔וֹן	בַּהּ־שַׁעֲתָ֣ה	תִסְגְּד֗וּן
titᵊrᵊmoʷn	šaʿᵃtɔʰ-bah	tisᵊgᵊduʷn
geworfen-werdet-ihr	(unverzüglich=)Augenblick-(dem=)ihm-in	,huldigt-ihr

וּמַן־ה֣וּא	יָקִֽדְתָּ֑א	נוּרָ֖א	לְגֽוֹא־אַתּ֥וּן
huʷʾ-uʷman	yɔqidᵊtɔʾ	nuʷrɔʾ	ʾattuʷn-lᵊgoʷʾ
,er-(ist)-wer-Und	.brennende(n)	Feuer-	ofen(s)-(eines)-Innere-(ins=)zu

יְשֵֽׁיזְבִנְכ֖וֹן	דִּ֥י	אֱלָ֔הּ
yᵊšeʸzᵊbinᵊkoʷn	deʸ	ʾᵉlɔh
euch-retten-(könnte=)wird-(er)	(der=)welch(er)	,Gott-der

מֵישַׁ֤ךְ	שַׁדְרַ֨ךְ	16 עֲנ֗וֹ	מִן־יְדָֽי׃
meʸšak	šadᵊrak	ʿᵃnoʷ	yᵊdɔy-min.
Meschach	,Schadrach	antworteten-(Es=)Sie	!?Hand-meine(r)-(aus=)von

וַעֲבֵד נְגוֹ וְאָמְרִין לְמַלְכָּא
lᵊmalᵊkɔʾ wᵊʾɔmᵊriʸn nᵊgoʷ waʿᵃbed
:König-(dem)-zu (sprachen=)redend(e)-(waren)-und Nego -Abed-und

נְבוּכַדְנֶצַּר לָא־ חַשְׁחִין אֲנַחְנָה
ʾᵃnaḥᵊnɔʰ ḥašᵊḥiʸn -lɔʾ nᵊbuʷkadᵊnɛṣṣar
(nötig-nicht-es-haben-Wir=)wir -Dinge-nötige Nicht !Nebuchadnezzar-(O)

עַל־דְּנָה פִּתְגָם לַהֲתָבוּתָךְ׃ 17 הֵן
hen lahᵃtɔbuʷtɔk. pitᵊgɔm dᵊnɔʰ-ʿal
Wenn .(dir=)dich-antworten-zu Wort-(ein) (deshalb=)diese(s)-auf

אִיתַי אֱלָהַנָא דִּי־ אֲנַחְנָא פָּלְחִין
pɔlᵊḥiʸn ʾᵃnaḥᵊnɔʾ -diʸ ʾᵋlɔhanɔʾ ʾiʸtay
,verehrend(e)-(sind) wir (den=)welch(en) ,Gott-unser ,(soll-sein=)gibt-es

יָכִל לְשֵׁיזָבוּתַנָא מִן־ אַתּוּן נוּרָא
nuʷrɔʾ ʾattuʷn -min lᵊšeʸzɔbuʷtanɔʾ yɔkil
Feuer- ofen-(dem) (aus=)von uns-retten-zu (vermag=)kann-er

יָקִדְתָּא וּמִן־ יְדָךְ מַלְכָּא יְשֵׁיזִב׃
yᵊšeʸzib. malᵊkɔʾ yᵊdɔk -uʷmin yɔqidᵊtɔʾ
.retten-wird-er ,König-(o) ,Hand-deine(r) (aus=)von-und brennende(n)

18 וְהֵן לָא יְדִיעַ לֶהֱוֵא־
-lɛhᵋweʾ yᵊdiʸaʿ lɔʾ wᵊhen 18
sein-(zu) (kundgetan=)gewusst-(soll=)sei-(es=)er ,nicht wenn-(Doch=)Und

לָךְ מַלְכָּא דִּי לֵאלָהָיךְ לָא־ אִיתַיְנָא[אִיתָנָא]
[ʾiʸtanɔʾ]ʾiʸtayᵊnɔʾ -lɔʾ leʾlɔhɔyk diʸ malᵊkɔʾ lɔk
(sind-wir=)uns-gibt-es nicht Götter(n)-deine(n=zu) dass ,König-(o) ,dir

פָּלְחִין וּלְצֶלֶם דַּהֲבָא דִּי
diʸ dahᵃbɔʾ uʷlᵊṣɛlɛm pɔlᵊḥiʸn
(das=)welch(es) ,Gold (aus)-(Stand)bild-(dem=)zu-und ,erweisend(e)-Ehre

הֲקֵימְתָּ לָא נִסְגֻּד׃
nisᵊgud. lɔʾ hᵃqeʸmᵊtɔ
!huldigen-wir nicht ,(aufstellen-ließest=)errichten-machtest-du

19 בֵּאדַיִן נְבוּכַדְנֶצַּר הִתְמְלִי חֱמָא
ḥᵋmɔʾ hitᵊmᵊliʸ nᵊbuʷkadᵊnɛṣṣar beʾdayin 19
Zorn (von)-erfüllt-wurde-(er) Nebuchadnezzar (Daraufhin=)dann-In

אַנְפּוֹהִי	וּצְלֵם
ʾan^{ə}po^{w}hi^{y}	u^{w}ṣ^{ə}lem
(Gesichtszüge=)Gesichter-sein(er)	(Aussehen=)Bild-(das)-und

וַעֲבֵד	מֵישַׁךְ	שַׁדְרַךְ	עַל־	אֶשְׁתַּנּוּ[אֶשְׁתַּנִּי]
wa^{ʿa}bed	me^{y}šak	šad^{ə}rak	-ʿal	[ʾɛš^{ə}tanni^{y}]ʾɛš^{ə}tannu^{w}
-Abed-und	Meschach	,Schadrach	(wegen=)auf	sich-änderte(n)-(es=sie)

לְמֵזֵא	וְאָמַר	עָנֵה	נְגוֹ
l^{ə}mezeʾ	w^{əʾ}ɔmar	ʿɔne^{h}	n^{ə}go^{w}
heizen-zu	(befahl=)sprach-(er)-und	(war-er)-Anhebend(er)	.Nego

דִּי	עַל	שִׁבְעָה	חַד־	לְאַתּוּנָא
di^{y}	ʿal	šib^{əʿ}ɔ^{h}	-ḥad	l^{əʾ}attu^{w}nɔʾ
(als=)dass	,(über=)auf	sieben-	(mal=)ein	Ofen-(den=)zu

20 וּלְגֻבְרִין	לְמֵזְיֵהּ׃	חָזֵה
u^{w}l^{ə}gub^{ə}ri^{y}n	l^{ə}mez^{ə}yeh.	ḥ^{a}ze^{h}
Männern-zu-Und	.ihn-heizen-zu	(nötig-war-es=)gesehen-wurde-er

בְחַיְלֵהּ	דִּי	גִּבָּרֵי־חַיִל
b^{ə}ḥay^{ə}leh	di^{y}	ḥayil-gibbɔre^{y}
,Heer-sein(em)-in	(waren)-(die=)welch(e)	,Kraft-(von)-starke(n)

וַעֲבֵד	מֵישַׁךְ	לְשַׁדְרַךְ	לְכַפָּתָה	אֲמַר
wa^{ʿa}bed	me^{y}šak	l^{ə}šad^{ə}rak	l^{ə}kappɔtɔ^{h}	^{ʾa}mar
-Abed-und	Meschach	,Schadrach-(den=)zu	fesseln-zu	(befahl=)sagte-er

21 בֵּאדַיִן	יָקִדְתָּא׃	נוּרָא	לְאַתּוּן	לְמִרְמֵא	נְגוֹ
beʾdayin	yɔqid^{ə}tɔʾ.	nu^{w}rɔʾ	l^{əʾ}attu^{w}n	l^{ə}mir^{ə}meʾ	n^{ə}go^{w}
(Hierauf=)dann-In	.brennende(n)	Feuer-	ofen-(den-in=)zu	werfen-zu	,Nego

בְּסַרְבָּלֵיהוֹן	כְּפִתוּ	אִלֵּךְ	גֻּבְרַיָּה
b^{ə}sar^{ə}bɔle^{y}ho^{w}n	k^{ə}pitu^{w}	ʾillek	gub^{ə}rayyɔ^{h}
,Hosen-ihren-in	gebunden-wurden-(sie)	,jene	,Männer-(die)

וְכַרְבְּלָתְהוֹן	פַּטִּישֵׁיהוֹן[פַּטְּשֵׁיהוֹן]
w^{ə}kar^{ə}b^{ə}lɔt^{ə}ho^{w}n	[paṭṭ^{ə}še^{y}ho^{w}n]paṭṭi^{y}še^{y}ho^{w}n
Kopfbedeckungen-ihre(n)-und	Röcke(n)-ihre(n)

לְגוֹא־	וּרְמִיו	וּלְבֻשֵׁיהוֹן
-l^{ə}go^{wʾ}	u^{w}r^{ə}mi^{y}w	u^{w}l^{ə}bûše^{y}ho^{w}n
Innere-(ins=)zu	geworfen-wurden-sie-und	Kleider(n)-(sonstigen)-ihre(n)-und

אַתּוּן נוּרָא יָקִדְתָּא׃ 22 כָּל־קֳבֵל דְּנָה
dᵊnɔʰ qᵒbel-kol yɔqidᵊtɔʾ. nuʷrɔʾ ʾattuʷn
(nun=)dieser (Infolge=)vor-All .brennende(n) Feuer- ofen(s)-(eines)

מִן־ דִּי מִלַּת מַלְכָּא
malᵊkɔʾ millat diʸ -min
König-(dem) (von)-(Befehl-der=)Wort-(das) dass ,(da)von

מַחְצְפָה וְאַתּוּנָא אֵזֵה יַתִּירָא
yattiʸrɔʾ ʾezeʰ wᵊʾattuʷnɔʾ maḥᵊṣᵊpɔʰ
,übermäßig (war)-geheizt(er) Ofen-(der)-und (streng=)dringend(e)

גֻּבְרַיָּא אִלֵּךְ דִּי הַסִּקוּ לְשַׁדְרַךְ
lᵊšadᵊrak hassiquʷ diʸ ʾillek gubᵊrayyɔʾ
,Schadrach-(den=)zu brachten-(sie) (die=)welch(e) ,jene Männer-die

מֵישַׁךְ וַעֲבֵד נְגוֹ קַטִּל הִמּוֹן שְׁבִיבָא
šᵊbiʸbɔʾ himmoʷn qaṭṭil nᵊgoʷ waᶜᵃbed meʸšak
Flamme-(die) sie tötete-(es=)er ,Nego -Abed-und Meschach

דִּי נוּרָא׃ 23 וְגֻבְרַיָּא אִלֵּךְ תְּלָתֵּהוֹן שַׁדְרַךְ
šadᵊrak tᵊlɔttehoʷn ʾillek wᵊgubᵊrayyɔʾ nuʷrɔʾ. diʸ
,Schadrach ,ihrer-drei ,jene Männer-(die)-Und .Feuer (von=)welch(e)

מֵישַׁךְ וַעֲבֵד נְגוֹ נְפַלוּ לְגוֹא־ אַתּוּן־
-ʾattuʷn -lᵊgoʷʾ nᵊpaluʷ nᵊgoʷ waᶜᵃbed meʸšak
ofen-(den) (in-hinein=)Mitte-zu fielen-(sie) ,Nego -Abed-und Meschach

נוּרָא יָקִדְתָּא מְכַפְּתִין׃ 24 אֱדַיִן נְבוּכַדְנֶצַּר מַלְכָּא
malᵊkɔʾ nᵊbuʷkadᵊnɛṣṣar ʾᵋdayin mᵊkappᵊtiʸn. yɔqidᵊtɔʾ nuʷrɔʾ
,König-(der) ,Nebuchadnezzar Darauf .gefesselt(e) brennend(en) Feuer-

תְּוַהּ וְקָם בְּהִתְבְּהָלָה
bᵊhitᵊbᵊhɔlɔʰ wᵊqɔm tᵊwah
.(beilend-sich=)Sichbeeilen-in auf-stand-(er)-und erstaunte-(er)

עָנֵה וְאָמַר לְהַדָּבְרוֹהִי
lᵊhaddɔbᵊroʷhiʸ wᵊʾɔmar ᶜɔneʰ
:(Ministern=)Gefährten-seine(n)-zu sprach-(er)-und (war-er)-Anhebend(er)

הֲלָא גֻבְרִין תְּלָתָא רְמֵינָא לְגוֹא־ נוּרָא
nuʷrɔʾ -lᵊgoʷʾ rᵊmeʸnɔʾ tᵊlɔtɔʾ gubᵊriʸn hᵃlɔʾ
Feuer-(ins) (hinein=)Mitte-zu warfen-wir drei Männer nicht-Etwa

לְמַלְכָּא	וְאָמְרִין	עָנַיִן	מְכַפְּתִין
lᵊmalᵊkɔʾ	wᵊʾɔmᵊriʸn	ʿɔnayin	mᵊkappᵊtiʸn
:König-(dem)-zu	sprachen-(sie)-und	(waren-sie)-Antwortend(e)	?gefesselt(e)

אֲנָה	הָא־	וְאָמַר	25 עָנֵה	מַלְכָּא:	יַצִּיבָא
ʾᵃnɔʰ	-hɔʾ	wᵊʾɔmar	ʿɔneʰ	malᵊkɔʾ.	yaṣṣiʸbɔʾ
ich	,Siehe	:sprach-(er)-und	(war-er)-Antwortend(er)	!König-(o)	,Gewiss

מַהְלְכִין	שְׁרַיִן	אַרְבְּעָה	גֻּבְרִין	חָזֵה
mahᵊlᵊkiʸn	šᵊrayin	ʾarᵊbᵊʿɔʰ	gubᵊriʸn	ḥɔzeʰ
(umher)gehend(e)	,losgelöste	,vier	Männer	sehend(er)-(bin)

בְּהוֹן	אִיתַי	לָא־	וַחֲבָל	נוּרָא	בְּגוֹא־
bᵊhoʷn	ʾiʸtay	-lɔʾ	waḥᵃbɔl	nuʷrɔʾ	-bᵊgoʷʾ
,ihnen-(an=)in	gibt-es	nicht	Verletzung-und	,Feuer-	ofen-(im=)in

דָּמֵה	רְבִיעָיָא[רְבִיעָאָה]	דִּי	וְרֵוֵהּ
dɔmeʰ	[rᵊbiʸʿɔʾɔʰ]rᵊbiʸʿɔyɔʾ	diʸ	wᵊreweh
gleichend(er)-(ist)	,vierte(n)-(des)	(das=)welch(es)	,Aussehen-sein-und

קְרֵב	26 בֵּאדַיִן	אֱלָהִין:	לְבַר־
qᵊreb	beʾdayin	ʾᵋlɔhiʸn.	-lᵊbar
sich-näherte-(es=er)	(Hierauf=)dann-In	!Götter(n)	(von)-Sohn-(einem=)zu

יָקִדְתָּא	נוּרָא	אַתּוּן	לִתְרַע	נְבוּכַדְנֶצַּר
yɔqidᵊtɔʾ	nuʷrɔʾ	ʾattuʷn	litᵊraʿ	nᵊbuʷkadᵊnɛṣṣar
,brennende(n)	Feuer-	ofen(s)-(des)	Öffnung-(der=)zu	Nebuchadnezzar

מֵישַׁךְ	שַׁדְרַךְ	וְאָמַר	עָנֵה
meʸšak	šadᵊrak	wᵊʾɔmar	ʿɔneʰ
Meschach	,Schadrach	(zu)-sprach-(er)-und	anhebend(er)-(war-er)

אֱלָהָא	דִּי־	עַבְדוֹהִי	וַעֲבֵד־נְגוֹ
ʾᵋlɔhɔʾ	-diʸ	ʿabᵊdoʷhiʸ	nᵊgoʷ-waʿᵃbed
,Gott(es)	(sind)-welch(e)	,Diener(n)-seine(n)	,Nego-Abed-und

בֵּאדַיִן	וֶאֱתוֹ	פֻּקוּ	עִלָּיָא[עִלָּאָה]
beʾdayin	wɛʾᵋtoʷ	puquʷ	[ʿillɔʾɔʰ]ʿillɔyɔʾ
(Daraufhin=)dann-In	!kommt-und	heraus-Tretet	:höchst(en)-(des)

מִן־	נְגוֹ	וַעֲבֵד	מֵישַׁךְ	שַׁדְרַךְ	נָפְקִין
-min	nᵊgoʷ	waʿᵃbed	meʸšak	šadᵊrak	nɔpᵊqiʸn
(aus=)von	Nego	-Abed-und	Meschach	,Schadrach	heraustretend(e)-(waren)

27 וּמִתְכַּנְּשִׁין uʷmitᵊkannᵊšiʸn versammelnd(e)-sich-(waren-es)-Und	נוּרָא׃ nuʷrɔʾ. .Feuer(s)-(des)	גּוֹא goʷʾ Mitte-(der)

וּפַחֲוָתָא uʷpaḥᵃwɔtɔʾ Statthalter-(die)-und	סִגְנַיָּא sigᵊnayyɔʾ Vorsteher-(die)	אֲחַשְׁדַּרְפְּנַיָּא ʾᵃḥašᵊdarᵊpᵊnayyɔʾ ,Satrapen-(die)

חָזַיִן ḥɔzayin sehend(e)	מַלְכָּא malᵊkɔʾ ,König(s)-(des)	וְהַדָּבְרֵי wᵊhaddɔbᵊreʸ (Minister=)Gefährten-die-und

שְׁלֵט šᵊleṭ (Macht-hatte=)herrschte-(es=er)	לָא־ -lɔʾ nicht	דִּי diʸ dass	אִלֵּךְ ʾillek ,jene(n)	לְגֻבְרַיָּא lᵊgubᵊrayyɔʾ ,Männer(n)-(den)-(an=)zu

לָא lɔʾ nicht	רֵאשְׁהוֹן reʾšᵊhoʷn Haupt(es)-ihr(es)	וּשְׂעַר uʷśᵊʿar Haar-(das)-und	בְּגֶשְׁמְהוֹן bᵊgɛšᵊmᵊhoʷn ,Leib-ihren-(über=)in	נוּרָא nuʷrɔʾ Feuer-(das)

שְׁנוֹ šᵊnoʷ (beschädigt=)geändert-waren-(sie)	לָא lɔʾ nicht	וְסָרְבָּלֵיהוֹן wᵊsɔrᵊbɔleʸhoʷn Hosen-ihre-und	הִתְחָרַךְ hitᵊḥɔrak versengt-war-(es=er)

עֲדָת ʿᵃdɔt (gekommen=)ausgegangen-war-(es=sie)	לָא lɔʾ nicht	נוּר nuʷr Feuer	וְרֵיחַ wᵊreʸaḥ (von)-Geruch-und

וְאָמַר wᵊʾɔmar :sprach-(er)-und	נְבוּכַדְנֶצַּר nᵊbuʷkadᵊnɛṣṣar Nebuchadnezzar	28 עָנֵה ʿɔneʰ (war)-Anhebend(er)	בְּהוֹן׃ bᵊhoʷn. .sie-(an=)in

מֵישַׁךְ meʸšak Meschach	שַׁדְרַךְ šadᵊrak ,Schadrach	דִּי־ -diʸ (von=)welch(er)	אֱלָהֲהוֹן ʾᵋlɔhᵃhoʷn ,Gott-ihr-(sei)	בְּרִיךְ bᵊriʸk Gepriesen(er)

מַלְאֲכֵהּ malᵊʾᵃkeh (Engel=)Bote(n)-sein(en)	שְׁלַח šᵊlaḥ sandte-(er)	דִּי־ -diʸ (der=)welch(er)	נְגוֹ nᵊgoʷ ,Nego	וַעֲבֵד waʿᵃbed -Abed-und

דִּי diʸ (die=)welch(e)	לְעַבְדוֹהִי lᵊʿabᵊdoʷhiʸ ,Diener-seine-(für=)zu	וְשֵׁיזִב wᵊšeʸzib Rettung-schaffte-(er)-und

מַלְכָּא	וּמִלַּת	עֲלוֹהִי	הִתְרְחִצוּ
malᵊkɔʾ	uʷmillat	ʿalowhiʸ	hitᵊrᵊḥiṣuʷ
König(s)-(des)	(Befehl-den=)Wort-(das)-und	,ihn-(auf=)in	vertrauten-(sie)

[גֶּשְׁמְהוֹן]גֶּשְׁמֵיהוֹן	וִיהַבוּ	שַׁנִּיו
[gɛšᵊmᵊhoʷn]gɛšᵊmeʸhoʷn	wiʸhabuʷ	šanniʸw
,Leiber-ihre	(preis)-gaben-(sie)-und	(übertraten=)änderten-sie

וְלָא־	יִפְלְחוּן	לָא־	דִּי
-wᵊlɔʾ	yipᵊlᵊḥuʷn	-lɔʾ	diʸ
nicht-und	dienen-(würden=)werden-sie	nicht	(damit=)dass

לָהֵן	אֱלָהּ	לְכָל־	יִסְגְּדוּן
lɔhen	ʾɛlɔh	-lᵊkol	yisᵊgᵊduʷn
außer	Gott	(irgendeinen=)all-zu	anbeten-(würden=)werden-sie

דִּי	טְעֵם	שִׂים	29 וּמִנִּי	לֵאלָהֲהוֹן׃
diʸ	ṭᵊʿem	śiʸm	uʷminniʸ	leʾlɔhᵃhoʷn.
dass	,(Befehl=)Sache	gegeben-wurde-(es=er)	mir-von-Und	.Gott-ihr(en=zu)

יֵאמַר	דִּי־	וְלִשָּׁן	אֻמָּה	עַם	כָּל־
yeʾmar	-diʸ	wᵊliššɔn	ʾummɔʰ	ʿam	-kol
sagt-(er)	welch[e](s)	,Zunge-und	Nation-(jede)	,Volk	(jedes=)all

שַׁדְרַךְ	דִּי־	אֱלָהֲהוֹן	עַל	[שָׁלוּ]שָׁלָה
šadᵊrak	-diʸ	ʾɛlɔhᵃhoʷn	ʿal	[šɔluʷ]šelɔʰ
,Schadrach	(von=)welch(er)	,Gott-ihr(en)	(gegen=)auf	Nachlässigkeit

הַדָּמִין	נְגוֹא	וַעֲבֵד	מֵישַׁךְ
haddɔmiʸn	nᵊgoʷʾ	waʿᵃbed	meʸšak
Gliedmaßen-(zu)	,Nego	-Abed-und	Meschach

נְוָלִי	וּבַיְתֵהּ	יִתְעֲבֵד
nᵊwɔliʸ	uʷbayᵊteh	yitᵊʿᵃbed
Düngerhaufe(n)-(einem)	Haus-sein-und	(zerschnitten=)gemacht-wird-er

לָא	דִּי	כָּל־קֳבֵל	יִשְׁתַּוֵּה
lɔʾ	diʸ	qᵒbel-kol	yišᵊtawweʰ
nicht	dass	(,dem-entsprechend=)vor-all	,gemacht-(gleich)-wird-(es=)er

לְהַצָּלָה	יִכֻּל	דִּי־	אָחֳרָן	אֱלָהּ	אִיתַי
lᵊhaṣṣɔlɔʰ	yikkul	-diʸ	ʾɔḥᵒrɔn	ʾɛlɔʰ	ʾiʸtay
retten-zu	(vermag=)kann-(er)	welch(er)	,ander(en)	Gott-(einen)	gibt-es

מַלְכָּא	30 בֵּאדַיִן	כִּדְנָה׃
malᵊkɔʾ	beʾdayin	kidᵊnɔʰ.
König-(der)	(Darauf=)dann-In	!(Weise-diese-auf=)dieser-wie

נְגוֹ	וַעֲבֵד	מֵישַׁךְ	לְשַׁדְרַךְ	הַצְלַח
nᵊgoʷ	waʿᵃbed	meʸšak	lᵊšadᵊrak	haṣᵊlaḥ
Nego	-Abed-und	Meschach	,Schadrach-(den=)zu	erfolgreich-machte-(er)

לְכָל־	מַלְכָּא	31 נְבוּכַדְנֶצַּר	בָּבֶל׃	בִּמְדִינַת
-lᵊkol	malᵊkɔʾ	nᵊbuʷkadᵊnɛṣṣar	bɔbɛl.	bimᵊdiʸnat
all(e)-(an=)zu	,König-(der)	,Nebuchadnezzar	.Babel	Provinz-(der)-in

דִּי־	וְלִשָּׁנַיָּא	אֻמַיָּא	עַמְמַיָּא
-diʸ	wᵊliššɔnayyɔʾ	ʾumayyɔʾ	ʿamᵊmayyɔʾ
(die=)welch(e)	,Zungen-(die)-und	Nationen-(die)	,Völker-(die)

שְׁלָמְכוֹן	אַרְעָא	בְּכָל־	דָאֲרִין[דָּיְרִין]
šᵊlɔmᵊkoʷn	ʾarᵃʿɔʾ	-bᵊkol	[dɔyᵊriʸn]dɔʾᵃriʸn
Wohlergehen-Euer	:Erde	(ganzen-der=)all-(auf=)in	(sind)-wohnend(e)

דִּי	וְתִמְהַיָּא	32 אָתַיָּא	יִשְׂגֵּא׃
diʸ	wᵊtimᵊhayyɔʾ	ʾɔtayyɔʾ	yiśᵊgeʾ.
(die=)welch(e)	,Wunder-und	Zeichen	!wachsen-(möge=)wird-(es=er)

שְׁפַר	עִלָּיָא[עִלָּאָה]	אֱלָהָא	עִמִּי	עֲבַד
šᵊpar	[ʿillɔʾɔʰ]ʿillɔyɔʾ	ʾᵉlɔhɔʾ	ʿimmiʸ	ʿᵃbad
gut-(ist=)war-(es=)er	,höchste-(der)	Gott	mir-(an=)mit	machte-(es=er)

כְּמָה	33 אָתוֹהִי	לְהַחֲוָיָה׃	קָדָמַי
kᵊmɔʰ	ʾɔtoʷhiʸ	lᵊhaḥᵃwɔyɔʰ.	qɔdɔmay
wie	,Zeichen-Seine	.(machen-zu-bekannt=)machen-wissen-zu	mir-vor

מַלְכוּתֵהּ	תַקִּיפִין	כְּמָה	וְתִמְהוֹהִי	רַבְרְבִין
malᵊkuʷteh	taqqiʸpiʸn	kᵊmɔʰ	wᵊtimᵊhoʷhiʸ	rabᵊrᵊbiʸn
Reich-Sein	!(gewaltig=)stark(e)	wie	,Wunder-seine-und	,groß(e)

עִם־	וְשָׁלְטָנֵהּ	עָלַם	מַלְכוּת
-ʿim	wᵊšɔlᵊṭɔneh	ʿɔlam	malᵊkuʷt
(von-sich-erstreckt=)mit	Herrschaft-seine-und	(ewiges=)ewiger	Reich-(ein-ist)

וְדָר׃	דָּר
wᵊdɔr.	dɔr
!Generation-(zu=)und	Generation

4

הֲוֵית	שְׁלֵה	נְבוּכַדְנֶצַּר	1 אֲנָה
hᵃweʸt	šᵊleʰ	nᵊbuʷkadᵊnɛṣṣar	ʾᵃnɔʰ
war-ich	glücklich(er)	,Nebuchadnezzar	,Ich

בְּהֵיכְלִי׃	וְרַעְנַן	בְּבֵיתִי
bᵊheʸkᵊliʸ.	wᵊraʿᵊnan	bᵊbeʸtiʸ
.Palast-mein(em)-in	(sorglos=)gesund(er)-und	(Residenz=)Haus-mein(er)-in

וִידַחֲלִנַּנִי	חֲזֵית	2 חֵלֶם
wiʸdaḥᵃlinnaniʸ	ḥᵃzeʸt	ḥelɛm
,mich-fürchten-machte-er-und	,(hatte=)sah-ich	Traum-(Einen)

וְחֶזְוֵי	מִשְׁכְּבִי	עַל־	וְהַרְהֹרִין
wᵊḥɛzᵊweʸ	mišᵊkᵊbiʸ	-ʿal	wᵊharᵊhoriʸn
Gesichte-(die)-und	Lager-mein(em)	auf	Vorstellungen-und

שִׂים	3 וּמִנִּי	יְבַהֲלֻנַּנִי׃	רֵאשִׁי
śiʸm	uʷminniʸ	yᵊbahᵃlunnaniʸ.	reʾšiʸ
gegeben-wurde-(es=er)	mir-Von	.mich-störten-(sie)	Haupt(es)-mein(es)

לְכֹל	קֳדָמַי	לְהַנְעָלָה	טְעֵם
lᵊkol	qɔdɔmay	lᵊhanᵊʿɔlɔʰ	ṭᵊʿem
all(e=zu)	(mich=)mir-vor	(ein)treten-machen-zu	(Befehl=)Sache

חֶלְמָא	פְּשַׁר	דִּי־	בָבֶל	חַכִּימֵי
ḥɛlᵊmɔʾ	pᵊšar	-diʸ	bɔbɛl	ḥakkiʸmeʸ
Traum(es)-(des)	Auslegung	dass	,Babel	(von)-Weise(n)

עָלֲלִין[עָלִּין]	4 בֵּאדַיִן	יְהוֹדְעֻנַּנִי׃
[ʿɔlliʸn]ʿɔlᵃliʸn	beʾdayin	yᵊhoʷdᵊʿunnaniʸ.
kamen-(es=sie)	(Daraufhin=)dann-In	.mich-wissen-mach(t)en-sie

וְגָזְרַיָּא	כַּשְׂדָּיֵא[כַּשְׂדָּאֵי]	אָשְׁפַיָּא	חַרְטֻמַיָּא
wᵊgɔzᵊrayyɔʾ	[kaśᵊdɔʾeʸ]kaśᵊdɔyeʾ	ʾɔšᵊpayyɔʾ	ḥarᵊṭumayyɔʾ
,Sterndeuter-(die)-und	(Chaldäer=)Chasdäer-(die)	,Magier-(die)	,Zauberer-(die)

קֳדָמֵיהוֹן	אֲנָה	אָמַר	וְחֶלְמָא
qᵒdɔmeʸhoʷn	ʾᵃnɔʰ	ʾɔmar	wᵊḥɛlᵊmɔʾ
,ihnen-vor	ich	sagend(er)-(war)	Traum-(den)-und

מְהוֹדְעִין	לָא־	וּפִשְׁרֵהּ
mᵊhoʷdᵊʿiʸn	-lɔʾ	uʷpišᵊreh
machend(e)-wissen-(waren-sie)	nicht	Deutung-seine-(aber=)und

קֳדָמַי	עַל	אָחֳרֵין	5 וְעַד	לִי:
qɔdɔmay	ʿal	ʾɔḥᵒreʸn	wᵊʿad	liʸ.
(trat)-mich-vor	(hin=)auf	(schließlich=)später	bis-Und	.(mich=)mir-zu

בֵּלְטְשַׁאצַּר	שְׁמֵהּ	דִּי־	דָּנִיֵּאל
belᵊṭᵊšaʾṣṣar	šᵊmeh	-diʸ	dɔniʸyeʾl
,Beltschazzar	(ist)-Name-sein	,welch(er)	,Daniel

רוּחַ־	וְדִי	אֱלָהִי	כְּשֻׁם
-ruʷaḥ	wᵊdiʸ	ʾᵋlɔhiʸ	kᵊšum
(von)-Geist	(dessen=)der-und	,Gott(es)-mein(es)	Name(n)-(dem)-(gleich=)wie

קֳדָמוֹהִי	וְחֶלְמָא	בֵּהּ	קַדִּישִׁין	אֱלָהִין
qɔdɔmoʷhiʸ	wᵊḥɛlᵊmɔʾ	beh	qaddiʸšiʸn	ʾᵋlɔhiʸn
ihm-vor	Traum-(den)-und	,ihm-in-(ist)	heiligen	Götter(n)

חַרְטֻמַיָּא	רַב	6 בֵּלְטְשַׁאצַּר	אַמְרֵת:
ḥarᵊṭumayyɔʾ	rab	belᵊṭᵊšaʾṣṣar	ʾamᵊret.
,Zauberer-(der)	(oberster=)großer	,Beltschazzar	:(vor-trug=)sagte-ich

אֱלָהִין	רוּחַ	דִּי	יִדְעֵת	אֲנָה	דִּי
ʾᵋlɔhiʸn	ruʷaḥ	diʸ	yidᵊʿet	ʾᵃnɔʰ	diʸ
Götter(n)	(von)-Geist	dass	,weiß-ich	,(selbst)-ich	(dem-von=)welch(er)

לָא־	רָז	וְכָל־	בָּךְ	קַדִּישִׁין
-lɔʾ	rɔz	-wᵊkol	bɔk	qaddiʸšiʸn
(ist)-nicht	Geheimnis	(jedes=)all-und	,dir-in-(ist)	heiligen

חֶלְמִי	חֶזְוֵי	לָךְ	אָנֵס
ḥɛlᵊmiʸ	ḥɛzᵊweʸ	lɔk	ʾɔnes
,Traum(es)-mein(es)	Gesichte	,(dich-für=)dir-zu	seiend(er)-schwierig

7 וְחֶזְוֵי	אֱמַר:	וּפִשְׁרֵהּ	חֲזֵית	דִּי־
wᵊḥɛzᵊweʸ	ʾᵋmar.	uʷpišᵊreh	ḥᵃzeʸt	-diʸ
Gesichte-(die)-(Also=)Und	!sage	Deutung-seine-und	,sah-ich	welch(en)

וַאֲלוּ	הֲוֵית	חָזֵה	מִשְׁכְּבִי	עַל־	רֵאשִׁי
waʾᵃluʷ	hᵃweʸt	ḥɔzeʰ	mišᵊkᵊbiʸ	-ʿal	reʾšiʸ
,siehe-und	,war-ich	Sehend(er)	:Lager-mein(em)	auf	Haupt(es)-mein(es)

וְרוּמֵהּ	אַרְעָא	בְּגוֹא	אִילָן
wᵊruʷmeh	ʾarᵊʿɔʾ	bᵊgoʷʾ	ʾiʸlɔn
(war)-Höhe-seine-und	Erde-(der)	(inmitten-war=)Mitte-in	Baum-(ein)

וּתְקִף	אִילָנָא	8 רְבָה	שַׂגִּיא׃
uʷtᵊqip	ᵓiʸlɔnɔᵓ	rᵊbɔʰ	śaggiʸᵓ.
,stark-(wurde=)war-er-und	Baum-(der)	groß-(wurde=)war-(Es=)Er	.(groß=)viel

וַחֲזוֹתֵהּ	לִשְׁמַיָּא	יִמְטֵא	וְרוּמֵהּ
waḥᵃzoʷteh	lišᵊmayyɔᵓ	yimᵊṭeᵓ	wᵊruʷmeh
Erscheinung-seine-und	Himmeln-(den)-zu	reichte-(sie=er)	Höhe-seine-und

שַׁפִּיר	9 עָפְיֵהּ	אַרְעָא׃	כָּל־	לְסוֹף
šappiʸr	ᶜɔpᵊyeh	ᵓarᵊᶜɔᵓ.	-kol	lᵊsoʷp
schön(er)-(war)	Laub-Sein	.Erde-(der)	all	Ende-zu(m)-(bis)

בֵּהּ	לְכֹלָּא־	וּמָזוֹן	שַׂגִּיא	וְאִנְבֵּהּ
beh	-lᵊkollɔᵓ	uʷmɔzoʷn	śaggiʸᵓ	wᵊᵓinᵊbeh
.ihm-in	all(e)-(für=)zu	(war)-Nahrung-und	,(reichlich=)viel	Frucht-seine-und

בָרָא	חֵיוַת	תַּטְלֵל	תְּחֹתוֹהִי
bɔrɔᵓ	ḥeʸwat	taṭᵊlel	tᵊḥotoʷhiʸ
Feld(es)-(des)	(Ge)tier	Schatten-sucht-(es=sie)	ihm-Unter

שְׁמַיָּא	צִפְּרֵי	יְדֻרוּן[יְדוּרָן]	וּבְעַנְפוֹהִי
šᵊmayyɔᵓ	ṣippᵃreʸ	[yᵊduʷrɔn]yᵊduruʷn	uʷbᵊᶜanᵊpoʷhiʸ
Himmel-(der)	Vögel-(die)	wohnen-(es=sie)	Zweigen-seine(n)-in-und

בִּשְׂרָא׃	כָּל־	יִתְּזִין	וּמִנֵּהּ
biśᵊrɔᵓ.	-kol	yittᵊziʸn	uʷminneh
.(Lebewesen=)Fleisch	(jegliches=)all	Nahrung-erhält-(es=er)	ihm-von-und

עַל־	רֵאשִׁי	בְּחֶזְוֵי	הֲוֵית	10 חָזֵה
-ᶜal	reᵓšiʸ	bᵊḥɛzᵊweʸ	hᵃweʸt	ḥɔzeʰ
auf	Haupt(es)-mein(es)	Gesichten-(den)-in	war-ich	Sehend(er)

וְקַדִּישׁ	עִיר	וַאֲלוּ	מִשְׁכְּבִי
wᵊqaddiʸš	ᶜiʸr	waᵓᵃluʷ	mišᵊkᵊbiʸ
,heiliger-(zwar)-und	,(Gottesbote=)Bewachter-(ein)	,siehe-und	,Lager-mein(em)

11 קָרֵא	נָחִת׃	שְׁמַיָּא	מִן־
qɔreᵓ	nɔḥit.	šᵊmayyɔᵓ	-min
rufend(er)-(war-Er)	.herabsteigend(er)-(war)	Himmeln-(den)	von

אִילָנָא	גֹּדּוּ	אָמַר	וְכֵן	בְּחַיִל
ᵓiʸlɔnɔᵓ	godduʷ	ᵓɔmar	wᵊken	bᵊḥayil
Baum-(den)	um-Haut	:sagend(er)-(war-er)	so-und	,Macht-(mit=)in

עָפְיֵהּ	אַתַּרוּ	עַנְפּוֹהִי	וְקַצִּצוּ
ʿopəyeh	ʾattaruw	ʿanəpowhiy	wəqaṣṣiṣuw
Laub-sein	ab-schüttelt	,Zweige-seine	(ab-schlagt=)schneidet-und

תַּחְתּוֹהִי	מִן־	חֵיוְתָא	תְּנֻד	אִנְבֵּהּ	וּבַדַּרוּ
taḥətowhiy	-min	ḥeywətɔʾ	tənud	ʾinəbeh	uwbaddaruw
ihm-unter	von	(Wild=)Getier	fliehe-(Es=)Sie	!Frucht-seine	zerstreut-und

בְּרַם 12	עַנְפּוֹהִי׃	מִן־	וְצִפְּרַיָּא
bəram	ʿanəpowhiy.	-min	wəṣippərayyɔʾ
Jedoch	!Zweigen-seine(n)	(aus=)von	Vögel-(die)-und

שְׁבֻקוּ	בְּאַרְעָא	שָׁרְשׁוֹהִי	עִקַּר
šəbuquw	bəʾarəʿɔʾ	šorəšowhiy	ʿiqqar
.(zurück)-lasst	Erde-(der)-in	Wurzeln-seine(r)	(Stock=)Stumpf-(den)

דִּי	בְּדִתְאָא	וּנְחָשׁ	פַּרְזֶל	דִּי־	וּבֶאֱסוּר
diy	bəditəʾɔʾ	uwnəḥɔš	parəzɛl	-diy	uwbɛʾɛsuwr
(von=)welch(es)	Gras-(dem)-in	Erz-und	Eisen	von	Fessel-in-Und

יִצְטַבַּע	שְׁמַיָּא	וּבְטַל	בָרָא
yiṣəṭabbaʿ	šəmayyɔʾ	uwbəṭal	bɔrɔʾ
,benetzt-(werde=)wird-er	Himmel-(der)	Tau-(mit=)in-und	,Feld-(dem)

אַרְעָא׃	בַּעֲשַׂב	חֲלָקֵהּ	חֵיוְתָא	וְעִם־
ʾarəʿɔʾ.	baʿaśab	ḥalɔqeh	ḥeywətɔʾ	-wəʿim
.Erde-(der)	Gras-(dem)-in	Anteil-sein-(ist)	(Wild=)Getier	(beim=)mit-und

וּלְבַב	יְשַׁנּוֹן	אֱנוֹשָׁא[אֲנָשָׁא]	מִן־	לִבְבֵהּ 13
uwləbab	yəšannown	[ʾanɔšɔʾ]ʾɛnowšɔʾ	-min	libəbeh
(von)-Herz-(ein)-und	wechseln-werden-sie	Mensch(heit)	von	Herz-Sein

עִדָּנִין	וְשִׁבְעָה	לֵהּ	יִתְיְהִב	חֵיוָה
ʿiddoniyn	wəšibəʿɔh	leh	yitəyəhib	ḥeywɔh
Zeiten	sieben-und	,ihm-zu	gegeben-(werde=)wird-(es=er)	Tier

עֲלוֹהִי׃	יַחְלְפוּן
ʿalowhiy.	yaḥələpuwn
.ihm-über	(dahingehen=)vorübergehen-(sollen=)werden-(sie)

פִּתְגָמָא	עִירִין	בִּגְזֵרַת 14
pitəgɔmɔʾ	ʿiyriyn	bigəzerat
,Verordnung-(die)	(Gottesboten=)Bewachten-(der)	Beschluss-(den)-(Auf=)In

שְׁאֶלְתָא	קַדִּישִׁין	וּמֵאמַר
šᵊʾelᵊtɔʾ	qaddiʸšiʸn	uʷmeʾmar
,Angelegenheit-(die-ist)	Heiligen	(von)-(Befehl-der=)Gesagte-(das)-und

חַיַּיָּא	יִנְדְּעוּן	דִּי	דִּבְרַת	עַד־
ḥayyayyɔʾ	yinᵊdᵊʿuʷn	diʸ	dibᵊrat	-ʿad
,Lebenden-(die)	erkennen-(es=sie)	dass	,(Zweck-dem=)Sache-(der)	(zu=)bis

בְּמַלְכוּת	עִלָּיָא[עִלָּאָה]	שַׁלִּיט	דִּי־
bᵊmalᵊkuʷt	[ʿillɔʾɔʰ]ʿillɔyɔʾ	šalliʸṭ	-diʸ
Reich-(das)-(über=)in	Höchste-(der)	(ist)-mächtig(er)	dass

יִצְבֵּא	דִּי	וּלְמַן־	אֱנוֹשָׁא[אֲנָשָׁא]
yiṣᵊbeʾ	diʸ	-uʷlᵊman	[ʾᵃnɔšɔʾ]ʾᵋnoʷšɔʾ
,wünscht-er	welch(em)	,(dem=)wer-zu-und	,Mensch(en)-(des)

אֲנָשִׁים	וּשְׁפַל	יִתְּנִנַּהּ
ʾᵃnɔšiʸm	uʷšᵊpal	yittᵊninnah
Menschen-(der)	niedrig(st)en-(den)-und	,(es=)sie-geben-wird-er

חֶלְמָא	15 דְּנָה	עֲלַיַּהּ[עֲלַהּ]׃	יְקִים
ḥɛlᵊmɔʾ	dᵊnɔʰ	[ʿᵃlah]ʿᵃlayyah.	yᵊqiʸm
Traum	(Diesen=)Dieser	.(es=)sie-über	setzen-(kann=)wird-er

וְאַנְתָּה[וְאַנְתְּ]	נְבוּכַדְנֶצַּר	מַלְכָּא	אֲנָה	חֲזֵית
[wᵊʾanᵊtᵊ]wᵊʾanᵊtɔʰ	nᵊbuʷkadᵊnɛṣṣar	malᵊkɔʾ	ʾᵃnɔʰ	ḥᵃzeʸt
,du-(aber=)und	,Nebuchadnezzar	König	ich	,(hatte=)sah-ich

כָּל־	דִּי	כָּל־קֳבֵל	אֱמַר	פִּשְׁרֵא	בֵּלְטְשַׁאצַּר
-kol	diʸ	qᵒbel-kol	ʾᵋmar	pišᵊreʾ	belᵊṭᵊšaʾṣṣar
all(e)	dass	,(daraufhin=)vor-all	,sage	Deutung-(die)	,Beltschazzar

יָכְלִין	לָא־	מַלְכוּתִי	חַכִּימֵי
yɔkᵊliʸn	-lɔʾ	malᵊkuʷtiʸ	ḥakkiʸmeʸ
(imstande=)könnend(e)-(sind)	nicht	Reich(es)-mein(es)	Weise(n)

וְאַנְתָּה[וְאַנְתְּ]	לְהוֹדָעֻתַנִי	פִּשְׁרָא
[wᵊʾanᵊtᵊ]wᵊʾanᵊtɔʰ	lᵊhoʷdɔʿutaniʸ	pišᵊrɔʾ
du-(aber=)und	,mich-wissen-machen-zu	Deutung-(die)

קַדִּישִׁין	אֱלָהִין	רוּחַ־	דִּי	כָּהֵל
qaddiʸšiʸn	ʾᵋlɔhiʸn	-ruʷaḥ	diʸ	kɔhel
heiligen	Götter(n)	(von)-Geist	denn	,(imstande=)könnend(er)-(bist)

בֵּלְטְשַׁאצַּר	שְׁמֵהּ	דִּי־	דָּנִיֵּאל	אֱדַיִן 16	בָּךְ׃
belᵉṭᵉšaᵓṣṣar	šᵉmeh	-diʸ	doniʸyeᵓl	ᵓᵋdayin	bok.
,Beltschazzar	(ist)-Name-sein	welch(er)	,Daniel	Darauf	!dir-in-(ist)

חֲדָה	כְּשָׁעָה	אֶשְׁתּוֹמַם
ḥᵃdoʰ	kᵉšoᶜoʰ	ᵓɛšᵉtoʷmam
,eine	(Weile=)Stunde-(etwa=)wie	erstarrt-Schrecken-vor-war-(er)

עָנֵה	יְבַהֲלֻנֵּהּ	וְרַעְיֹנֹהִי
ᶜoneʰ	yᵉbahᵃlunneh	wᵉraᶜᵊyonohiʸ
(war)-Anhebend(er)	.ihn-erschreckten-(sie)	Gedanken-seine-(so=)und

חֶלְמָא	בֵּלְטְשַׁאצַּר	וְאָמַר	מַלְכָּא
ḥɛlᵉmoᵓ	belᵉṭᵉšaᵓṣṣar	wᵊᵓomar	malᵉkoᵓ
Traum-(der)	,Beltschazzar	:sagend(er)-(war)-und	König-(der)

עָנֵה	יְבַהֲלָךְ	אַל־	וּפִשְׁרֵא
ᶜoneʰ	yᵉbahᵃlok	-ᵓal	uʷpišᵉreᵓ
(war)-Anhebend(er)	!dich-erschrecken-(soll=)wird-(er)	nicht	Deutung-(die)-und

חֶלְמָא	מָרְאִי[מָרִי]	וְאָמַר	בֵלְטְשַׁאצַּר
ḥɛlᵉmoᵓ	[moriʸ]morᵊᵓiʸ	wᵊᵓomar	belᵉṭᵉšaᵓṣṣar
(ist)-Traum-(Der)	!Herr-Mein	:sagend(er)-und	Beltschazzar

לְעָרַיִךְ[לְעָרָךְ]׃	וּפִשְׁרֵהּ	לְשָׂנְאַיִךְ[לְשָׂנְאָךְ]
[lᵉᶜorok]lᵉᶜorayik.	uʷpišᵉreh	[lᵉśonᵊᵓok]lᵉśonᵊᵓayik
.Gegner-deinen-(für=)zu	Deutung-seine-und	,Hassende(n)-deine-(für=)zu

רְבָה	דִּי	חֲזַיְתָ	דִּי	אִילָנָא 17
rᵉboʰ	diʸ	ḥᵃzayᵉto	diʸ	ᵓiʸlonoᵓ
groß-(wurde=)war-(er)	welch(er)	,sahst-du	welch(en)	,Baum-(Der)

יִמְטֵא	וְרוּמֵהּ	וּתְקִף
yimᵉṭeᵓ	wᵉruʷmeh	uʷtᵉqip
reichte-(sie=er)	Höhe-seine-und	stark-(wurde=)war-(er)-und

וַחֲזוֹתֵהּ	לִשְׁמַיָּא
waḥᵃzoʷteh	lišᵉmayyoᵓ
(sichtbar-war-er=)Erscheinung-seine-und	Himmeln-(den)-zu-(bis)

שַׁפִּיר	וְעָפְיֵהּ 18	אַרְעָא׃	לְכָל־
šappiʸr	wᵊᶜopᵉyeh	ᵓarᵊᶜoᵓ.	-lᵉkol
schön(er)-(war)	Laub-sein-und	,Erde	(ganzen-der=)all-(auf=)zu

לְכָלָּא־	וּמָזוֹן	שַׂגִּיא	וְאִנְבֵּהּ
-lᵊkollɔʾ	uʷmɔzoʷn	śaggiʸʾ	wᵊʾinᵊbeh
all(e)-(für=)zu	(war)-Nahrung-und	(reichlich=)viel	Frucht-seine-und

בְּרָא	חֵיוַת	תְּדוּר	תְּחֹתוֹהִי	בֵּהּ
bɔrɔʾ	ḥeʸwat	tᵊduʷr	tᵊḥotoʷhiʸ	beh
,Feld(es)-(des)	(Ge)tier-(das)	wohnt-(es=sie)	ihm-unter	;ihm-(an=)in

שְׁמַיָּא׃	צִפְּרֵי	יִשְׁכְּנָן	וּבְעַנְפּוֹהִי
šᵊmayyɔʾ.	ṣippᵃreʸ	yišᵊkᵊnɔn	uʷbᵊʿanᵊpoʷhiʸ
:Himmel-(der)	Vögel-(die)	wohnen-(es=sie)	Zweige(n)-seine(n)-in-und

רְבַיְת	דִּי	מַלְכָּא	הוּא	19 אַנְתָּה[אַנְתְּ־]
rᵊbayt	diʸ	malᵊkɔʾ	huʷʾ	[-ʾanᵊtᵊ]ʾanᵊtɔʰ
(groß-bist=)wächst-du	welch(er)	,König-(o)	,(dieser=)er	(bist)-Du

וּמְטָת	רְבָת	וּרְבוּתָךְ	וּתְקֵפְתְּ
uʷmᵊṭɔt	rᵊbɔt	uʷrᵊbuʷtɔk	uʷtᵊqepᵊtᵊ
reichte-sie-und	wuchs-(sie)	Größe-deine-und	,(mächtig=)stark-bist-du-und

אַרְעָא׃	לְסוֹף	וְשָׁלְטָנָךְ	לִשְׁמַיָּא
ʾarᵃʿɔʾ.	lᵊsoʷp	wᵊšolᵊṭɔnɔk	lišᵊmayyɔʾ
.Erde-(der)	Ende-(ans=)zu	Macht-deine-und	Himmeln-(den)-zu-(bis)

עִיר	מַלְכָּא	חֲזָה	20 וְדִי
ʿiʸr	malᵊkɔʾ	ḥᵃzɔʰ	wᵊdiʸ
(Gottesboten=)Bewachten-(einen)	König-(der)	sah-(er)	dass-Und

שְׁמַיָּא	מִן־	נָחִת	וְקַדִּישׁ
šᵊmayyɔʾ	-min	nɔḥit	wᵊqaddiʸš
Himmeln-(den)	von	herabsteigend(en)	,(heiligen=)heiliger-(zwar)-und

בְּרַם	וְחַבְּלוּהִי	אִילָנָא	גֹּדּוּ	וְאָמַר
bᵊram	wᵊḥabbᵊluʷhiʸ	ʾiʸlɔnɔʾ	godduʷ	wᵊʾɔmar
nur	,ihn-verderbt-und	Baum-(den)	um-Haut	:sagend(en)-und

שְׁבֻקוּ	בְּאַרְעָא	שָׁרְשׁוֹהִי	עִקַּר
šᵊbuquʷ	bᵊʾarᵃʿɔʾ	šorᵊšoʷhiʸ	ʿiqqar
,(zurück)-lasst	Erde-(der)-in	Wurzeln-seine(r)	(Stock=)Stumpf-(den)

בְּדִתְאָא	וּנְחָשׁ	פַּרְזֶל	דִּי־	וּבֶאֱסוּר
bᵊditᵊʾɔʾ	uʷnᵊḥɔš	parᵊzɛl	-diʸ	uʷbɛʾᵋsuʷr
Gras-(dem)-in	,Erz-und	Eisen	(von=)welch(e)	,Fessel-in-und

שְׁמַיָּא	וּבְטַל	בָרָא	דִּי
šᵊmayyɔʾ	uʷbᵊṭal	bɔrɔʾ	diʸ
Himmel-(der)	Tau-(mit=)in-und	,Feld-(dem)	(von=)welch(es)

בָּרָא	חֵיוַת	וְעִם־	יִצְטַבַּע
bɔrɔʾ	ḥeʸwat	-wᵊʿim	yiṣᵊṭabbaʿ
Feld(es)-(des)	(Ge)tier	(beim=)mit-und	,benetzt-(werde=)wird-er

עִדָּנִין	שִׁבְעָה	דִּי־	עַד	חֲלָקֵהּ
ʿiddɔniʸn	šibᵊʿɔʰ	-diʸ	ʿad	ḥᵃlɔqeh
Zeiten	sieben	dass	bis	,Anteil-sein-(ist)

21 דְּנָה	עֲלוֹהִי׃	יַחְלְפוּן
dᵊnɔʰ	ʿᵃloʷhiʸ.	yaḥᵊlᵊpuʷn
(ist-Dies=)Dieser	.ihm-über	(dahingehen=)vorübergehen-(sollen=)werden-(sie)

וּגְזֵרַת	מַלְכָּא	פִשְׁרָא
uʷgᵊzerat	malᵊkɔʾ	pišᵊrɔʾ
(Beschluss-der=)Entscheidung-(die)-und	,König-(o)	,Deutung-(die)

עַל־	מְטָת	דִּי	הִיא	עִלָּיָא[עִלָּאָה]
-ʿal	mᵊṭɔt	diʸ	hiʸʾ	[ʿillɔʾɔʰ]ʿillɔyɔʾ
(über=)auf	(erging=)reichte-(sie)	welch(er)	,(ist's)-diese(r)	,Höchst(en)-(des)

טָרְדִין	22 וְלָךְ	מַלְכָּא׃	מַרְאִי[מָרִי]
ṭɔrᵊdiʸn	wᵊlɔk	malᵊkɔʾ.	[mɔriʸ]marᵊʾiʸ
vertreibend(e)-sind-sie	(dich=)dir-(Also=)Und	.König-(den)	,Herr(n)-mein(en)

בָּרָא	חֵיוַת	וְעִם־	אֲנָשָׁא	מִן־
bɔrɔʾ	ḥeʸwat	-wᵊʿim	ʾᵃnɔšɔʾ	min
Feld(es)-(des)	(Ge)tier-(dem)	(bei=)mit-und	,Mensch(heit)-(der)	(aus=)von

וְעִשְׂבָּא	מְדֹרָךְ	לֶהֱוֵה
wᵊʿiśᵊbɔʾ	mᵊdorɔk	lɛhᵋweʰ
Gras-und	,(Behausung-deine=)Wohnen-dein	(sein-wird-es=)sein-zu

יְטַעֲמוּן	לָךְ	כְתוֹרִין
yᵊṭaʿᵃmuʷn	lɔk	kᵊtoʷriʸn
,geben-Nahrung-als-werden-sie	dir-(zu)	Rinder(n)-(den)-wie

לָךְ	שְׁמַיָּא	וּמִטַּל
lɔk	šᵊmayyɔʾ	uʷmiṭṭal
(dich=)dir-zu	Himmel-(der)	Tau-(dem)-von-und

מְצַבְּעִין	וְשִׁבְעָה	עִדָּנִין
mᵊṣabbᵊʿiʸn	wᵊšibᵊʿɔʰ	ʿiddɔniʸn
,benetzend(e)-(sein-werden)-sie	sieben-und	Zeiten

יַחְלְפוּן	עֲלַיִךְ[עֲלָךְ]	עַד	דִּי־	תִּנְדַּע
yaḥᵊlᵊpuʷn	[ʿᵃlɔk]ʿᵃlayik	ʿad	-diʸ	tinᵊdaʿ
(dahingehen=)vorübergehen-werden-(sie)	,dich-über	bis	dass	,erkennst-du

דִּי־	שַׁלִּיט	עִלָּיָא[עִלָּאָה]	בְּמַלְכוּת
-diʸ	šalliʸṭ	[ʿillɔʾɔʰ]ʿillɔyɔʾ	bᵊmalᵊkuʷt
dass	(habende-Macht=)Mächtige-(der)	Höchste-(der)-(ist)	Reich-(dem)-in

אֲנָשָׁא	וּלְמַן־	דִּי
ʾᵃnɔšɔʾ	-uʷlᵊman	diʸ
,(Menschheit-der=)Mensch(en)-(des)	,(den=)wer-(an=)zu-und	welch(en)

יִצְבֵּא	יִתְּנִנַּהּ׃	23 וְדִי	אֲמַרוּ	לְמִשְׁבַּק
yiṣᵊbeʾ	yittᵊninnah.	wᵊdiʸ	ʾᵃmaruʷ	lᵊmišᵊbaq
,wünscht-er	.sie-geben-wird-er	dass-Und	sagten-sie	(be)lassen-zu

עִקַּר	שָׁרְשׁוֹהִי	דִּי
ʿiqqar	šorᵊšoʷhiʸ	diʸ
(Stock=)Stumpf-(den)	,Wurzeln-seine(r)	(die=)welch(e)

אִילָנָא	מַלְכוּתָךְ	לָךְ
ʾiʸlɔnɔʾ	malᵊkuʷtɔk	lɔk
:(bedeutet)-,Baum(es)-(des)	Reich-Dein	(dich-für=)dir-(zu)

קַיָּמָה	מִן־דִּי	תִּנְדַּע	דִּי
qayyɔmɔʰ	diʸ-min	tinᵊdaʿ	diʸ
,(erhalten-bleibt=)dauernd(e)-(ist)	(sobald=)dass-von	,(an)erkennst-du	dass

שַׁלִּטִן	שְׁמַיָּא׃	24 לָהֵן	מַלְכָּא	מִלְכִּי
šalliṭin	šᵊmayyɔʾ.	lɔhen	malᵊkɔʾ	milᵊkiʸ
(sind)-mächtig(e)	.Himmel-(die)	,Darum	,König-(o)	Rat-mein

יִשְׁפַּר	עֲלַיִךְ[עֲלָךְ]	וַחֲטָיָךְ[וַחֲטָאָךְ]
yišᵊpar	[ʿᵃlɔk]ʿᵃlayik	[waḥᵃṭɔʾɔk]waḥᵃṭɔyɔk
sein-gut-(möge=)wird-(er)	:(dich-für=)dir-auf	Sünden-deine-(Also=)Und

בְּצִדְקָה	פְרֻק	וַעֲוָיָתָךְ
bᵊṣidᵊqɔʰ	pᵊruq	waʿᵃwɔyɔtɔk
Gerechtigkeit-(durch=)in	,sühne	Missetaten-deine-und

הֵן	עֲנָיִן	בְּמִחַן
hen	ʿ^{a}nɔyin	b^{ə}miḥan
(vielleicht=ob=)wenn	;Elende(n)-(zu)	Barmherzigsein-(durch=)in

25 כֹּלָּא	לִשְׁלֵוְתָךְ:	אַרְכָה	תֶּהֱוֵא
kollɔʾ	liš^{ə}lew^{ə}tɔk.	ʾar^{ə}kɔ^{h}	tεh^{ε}weʾ
(Alles=)Gesamtheit	!Wohlbefinden-dein-(für=)zu	Dauer	sein-wird-(es=sie)

מַלְכָּא:	נְבוּכַדְנֶצַּר	עַל־	מְטָא
mal^{ə}kɔʾ.	n^{ə}bu^{w}kad^{ə}nεṣṣar	-ʿal	m^{ə}ṭɔʾ
.König-(dem)	,Nebuchadnezzar	(an=)auf	(sich-erfüllte=)erreichte-(es=er)

הֵיכַל	עַל־	תְּרֵי־עֲשַׂר	יַרְחִין	26 לִקְצָת
he^{y}kal	-ʿal	ʿ^{a}śar-t^{ə}re^{y}	yar^{ə}ḥi^{y}n	liq^{ə}ṣɔt
Palast-(dem)	auf	,(zwölf=)zehn-zwei	Monate(n)	(von)-Ende-(Am=)Zu

הֲוָה:	מְהַלֵּךְ	בָּבֶל	דִּי	מַלְכוּתָא
h^{a}wɔ^{h}.	m^{ə}hallek	bɔbεl	di^{y}	mal^{ə}ku^{w}tɔʾ
.war-er	umhergehend(er)	,Babel-(von)	(dem=)welch(er)	,Königtum(s)-(des)

דָא־	הֲלָא	וְאָמַר	מַלְכָּא	27 עָנֵה
-doʾ	h^{a}lɔʾ	w^{ə}ʾɔmar	mal^{ə}kɔʾ	ʿɔne^{h}
diese	nicht-Etwa	:sagend(er)-und	König-(der)	(war)-Anhebend(er)

בֱנַיְתַהּ	אֲנָה	דִּי־	רַבְּתָא	בָּבֶל	הִיא
b^{ε}nay^{ə}tah	ʾ^{a}nɔ^{h}	-di^{y}	rabb^{ə}tɔʾ	bɔbεl	hi^{y}ʾ
(es=)sie-erbaute-ich	,ich	welch(es)	,große-(das=die)	,Babel	(ist)-(es=)sie

בִּתְקַף	מַלְכוּ	לְבֵית
bit^{ə}qap	mal^{ə}ku^{w}	l^{ə}be^{y}t
Kraft-(der)-in	(königliche=)Königtum(s)-(des)	(Residenz=)Haus-(als=)zu

מִלְּתָא	28 עוֹד	הַדְרִי:	וְלִיקָר	חִסְנִי
mill^{ə}tɔʾ	ʿo^{w}d	had^{ə}ri^{y}.	w^{ə}li^{y}qɔr	ḥis^{ə}ni^{y}
Wort-(das)	(war)-Noch	?Glanz(es)-mein(es)	Ehre-zu(r)-und	Macht-meine(r)

שְׁמַיָּא	מִן־	קָל	מַלְכָּא	בְּפֻם
š^{ə}mayyɔʾ	-min	qɔl	mal^{ə}kɔʾ	b^{ə}pum
Himmeln-(den)	von	Stimme-(eine)-(da)	,König(s)-(des)	Mund-(dem)-in

מַלְכָּא	נְבוּכַדְנֶצַּר	אָמְרִין	לָךְ	נְפַל
mal^{ə}kɔʾ	n^{ə}bu^{w}kad^{ə}nεṣṣar	ʾɔm^{ə}ri^{y}n	lɔk	n^{ə}pal
:König-(o)	,Nebuchadnezzar	,sagend(e)-(sind-sie)	dir-Zu	:fiel-(sie=er)

29 וּמִן־	מִנָּךְ:	עֲדָת	מַלְכוּתָה
-uʷmin	minnɔk.	ᶜᵃdɔt	malᵊkuʷtɔʰ
(aus=)von-und	,dir-von	(entwichen=)gegangen-ist-(es=sie)	Reich-(Das)

וְעִם־	טָרְדִין	לָךְ	אֲנָשָׁא
-wᵊᶜim	ṭɔrᵊdiʸn	lɔk	ᵓᵃnɔšɔᵓ
(bei=)mit-und	,vertreibend(e)-(sind-sie)	(dich=)dir-zu	Mensch(heit)-(der)

עִשְׂבָּא	מְדֹרָךְ	בָרָא	חֵיוַת
ᶜiśᵊbɔᵓ	mᵊdorɔk	bɔrɔᵓ	ḥeʸwat
Gras	.(Behausung-deine=)Wohnen-dein-(sei)	Feld(es)-(des)	(Ge)tier-(dem)

וְשִׁבְעָה	יְטַעֲמוּן	לָךְ	כְתוֹרִין
wᵊšibᵊᶜɔʰ	yᵊṭaᶜᵃmuʷn	lɔk	kᵊtoʷriʸn
sieben-und	,geben-Nahrung-als-werden-sie	dir-(zu)	Rinder(n)-(den)-wie

דִּי־	עַד	עֲלַיִךְ[עֲלָךְ]	יַחְלְפוּן	עִדָּנִין
-diʸ	ᶜad	[ᶜᵃlɔk]ᶜᵃlayik	yaḥᵊlᵊpuʷn	ᶜiddɔniʸn
dass	bis	,dich-über	(dahingehen=)vorübergehen-werden-(sie)	Zeiten

עִלָּיָא[עִלָּאָה]	שַׁלִּיט	דִּי־	תִנְדַּע
[ᶜillɔᵓɔʰ]ᶜillɔyɔᵓ	šalliʸṭ	-diʸ	tinᵊdaᶜ
Höchste-(der)-(ist)	(Machthabende=)Mächtige-(der)	dass	,erkennst-du

וּלְמַן־	אֲנָשָׁא	בְּמַלְכוּת
-uʷlᵊman	ᵓᵃnɔšɔᵓ	bᵊmalᵊkuʷt
,(den=)wer-(an=)zu-und	,(Menschheit-der=)Mensch(en)-(des)	Reich-(dem)-in

בַּהּ־שַׁעֲתָא	יִתְּנִנַּהּ:	יִצְבֵּא	דִּי
šaᶜᵃtɔᵓ-bah	yittᵊninnah.	yiṣᵊbeᵓ	diʸ
(Sofort=)Stunde-ihre(r)-In	.sie-geben-wird-er	,wünscht-er	welch(en)

30 וּמִן־	נְבוּכַדְנֶצַּר	עַל־	סָפַת	מִלְּתָא
-uʷmin	nᵊbuʷkadᵊnɛṣṣar	-ᶜal	sɔpat	millᵊtɔᵓ
(aus=)von-(Und)	:Nebuchadnezzar	(an=)zu	erfüllt-wurde-(es=er)	Wort-(das)

כְתוֹרִין	וְעִשְׂבָּא	טְרִיד	אֲנָשָׁא
kᵊtoʷriʸn	wᵊᶜiśᵊbɔᵓ	ṭᵊriʸd	ᵓᵃnɔšɔᵓ
Rinder-(die)-wie	Gras-und	,vertrieben-wurde-er	Mensch(engesellschaft)

יִצְטַבַּע	גִּשְׁמֵהּ	שְׁמַיָּא	וּמִטַּל	יֵאכֻל
yiṣᵊṭabbaᶜ	gišᵊmeh	šᵊmayyɔᵓ	uʷmiṭṭal	yeᵓkul
,benetzt-(wurde=)wird-er	Leib-sein	Himmel-(der)	Tau-(dem)-von-und	,aß-er

וְטִפְרוֹהִי	רְבָה	כְּנִשְׁרִין	שַׂעְרֵהּ	דִּי	עַד
wᵊṭipᵊroʷhiʸ	rᵊbɔʰ	kᵊnišᵊriʸn	śaᶜᵊreh	diʸ	ᶜad
Nägel-seine-und	wuchs-(es=er)	Adler(s)-(des)-wie	Haar-sein	dass	bis

אֲנָה	יוֹמַיָּה	31 וְלִקְצָת	כְּצִפְּרִין׃
ᵓᵃnɔʰ	yoʷmayyɔʰ	wᵊliqᵊṣɔt	kᵊṣippᵊriʸn.
,ich	Tage-(der)	(Verlauf-nach=)Ende-zu-(Jedoch=)Und	.Vögel-(der-die)-wie

נִטְלֵת	לִשְׁמַיָּא	עַיְנַי	נְבוּכַדְנֶצַּר
niṭᵊlet	lišᵊmayyɔᵓ	ᶜayᵊnay	nᵊbuʷkadᵊnɛṣṣar
,erhob-ich	Himmeln-(den)-zu	Augen-(zwei)-meine	,Nebuchadnezzar

יְתוּב	עֲלַי	וּמַנְדְּעִי
yᵊtuʷb	ᶜᵃlay	uʷmanᵊdᵊᶜiʸ
,zurück-kam-(sie=er)	mir-(zu=)auf	Vernunft-meine-und

שַׁבְּחֵת	עָלְמָא	וּלְחַי	בָּרְכֵת	וּלְעִלָּיָא[וּלְעִלָּאָה]
šabbᵊḥet	ᶜɔlᵊmɔᵓ	uʷlᵊḥay	bɔrᵊket	[uʷlᵊᶜillɔᵓɔʰ]uʷlᵊᶜillɔyɔᵓ
pries-ich	ewig	Lebenden-(den=)zu-und	lobte-ich	Höchsten-(den=)zu-und

וּמַלְכוּתֵהּ	עָלַם	שָׁלְטָן	שָׁלְטָנֵהּ	דִּי	וְהַדְּרֵת
uʷmalᵊkuʷteh	ᶜɔlam	šɔlᵊṭɔn	šɔlᵊṭɔneh	diʸ	wᵊhaddᵊret
Reich-sein-und	ewig(e)	Macht-(ist)	Macht-seine	denn	,verherrlichte-ich-und

32 וְכָל־	וְדָר׃	דָּר	עִם־
-wᵊkol	wᵊdɔr.	dɔr	-ᶜim
all(e)-Und	.Generation-(zu=)und	Generation	(von-währt=)mit

חֲשִׁיבִין	כְּלָה	אַרְעָא	דָּאֲרֵי[דָּיְרֵי]
ḥᵃšiʸbiʸn	kᵊlɔʰ	ᵓarᵊᶜɔᵓ	[dɔyᵊreʸ]dɔᵓᵃreʸ
,(angesehen=)gezählt(e)-sind-(sie)	nicht(s)-wie	Erde-(die)	Bewohnende(n)

עָבֵד	וּכְמִצְבְּיֵהּ
ᶜɔbed	uʷkᵊmiṣᵊbᵊyeh
(verfahrend=)machend(er)-(ist-er)	Wünschen-sein(em)-(nach=)wie-und

אַרְעָא	וְדָאֲרֵי[וְדָיְרֵי]	שְׁמַיָּא	בְּחֵיל
ᵓarᵊᶜɔᵓ	[wᵊdɔyᵊreʸ]wᵊdɔᵓᵃreʸ	šᵊmayyɔᵓ	bᵊḥeʸl
,Erde-(die)	Bewohnende(n)-(den)-und	Himmel-(der)	Heer-(dem)-(mit=)in

בִידֵהּ	יְמַחֵא	דִּי־	אִיתַי	וְלָא
biʸdeh	yᵊmaḥeᵓ	-diʸ	ᵓiʸtay	wᵊlɔᵓ
Hand-seine-in	(schlüge=)schlägt-er	dass	,(einen)-gibt-es	nicht-und

זִמְנָא	33 בֵּהּ־	עֲבַדְתְּ׃	מָה	לֵהּ	וְיֵאמַר
zimᵊnɔʾ	-beh	ᶜᵃbadᵊtᵊ.	mɔʰ	leh	wᵊyeʾmar
Zeit	(derselben=)ihm-In	?machst-du	Was	:ihm-zu	sagt(e)-(er)-und

וְלִיקַר	עֲלַי	יְתוּב	מַנְדְּעִי
wᵊliʸqar	ᶜᵃlay	yᵊtuʷb	manᵊdᵊᶜiʸ
Ruhm-zu(m)-und	,mir-(zu=)auf	zurück-kam-(sie=er)	Vernunft-meine

יְתוּב	וְזִוִי	הַדְרִי	מַלְכוּתִי
yᵊtuʷb	wᵊziwiʸ	hadᵊriʸ	malᵊkuʷtiʸ
zurück-kam-(sie=er)	Majestät-meine-und	Pracht-meine	Königtum(s)-mein(es)

וְרַבְרְבָנַי	הַדָּבְרַי	וְלִי	עֲלַי
wᵊrabᵊrᵊbɔnay	haddɔbᵊray	wᵊliʸ	ᶜᵃlay
Großen-meine-und	(Minister=)Gefährten-meine	mir-zu-und	,mir-(zu=)auf

מַלְכוּתִי	וְעַל־	יְבַעוֹן
malᵊkuʷtiʸ	-wᵊᶜal	yᵊbaᶜoʷn
Reich-mein	(über=)auf-und	,sich-wandten-(sie)

יַתִּירָה	וּרְבוּ	הָתְקְנַת
yattiʸrɔʰ	uʷrᵊbuʷ	hotᵊqᵊnat
außerordentliche	Größe-und	,(gesetzt-wieder=)hergestellt-wurde-ich

נְבוּכַדְנֶצַּר	אֲנָה	34 כְּעַן	לִי׃	הוּסְפַת
nᵊbuʷkadᵊnɛṣṣar	ʾᵃnɔʰ	kᵊᶜan	liʸ.	huʷsᵊpat
,Nebuchadnezzar	,ich	Jetzt	.mir-(zu)	verliehen-wurde-(sie)

לְמֶלֶךְ	וּמְהַדַּר	וּמְרוֹמֵם	מְשַׁבַּח
lᵊmɛlɛk	uʷmᵊhaddar	uʷmᵊroʷmem	mᵊšabbaḥ
König-(den=)zu	verherrlichend(er)-und	erhebend(er)-und	preisend(er)-(bin)

וְאֹרְחָתֵהּ	קְשֹׁט	מַעֲבָדוֹהִי	כָל־	דִּי	שְׁמַיָּא
wᵊʾorᵊḥɔteh	qᵊšoṭ	maᶜᵃbɔdoʷhiʸ	-kol	diʸ	šᵊmayyɔʾ
Wege-seine-und	Wahrheit-(sind)	Taten-seine	all(e)	denn	,Himmel-(der)

בְּגֵוָה	מַהְלְכִין	וְדִי	דִּין
bᵊgewɔʰ	mahᵊlᵊkiʸn	wᵊdiʸ	diʸn
,Hochmut-in	(sind)-(wandelnd=)gehend(e)	welch(e)-und	,Gerechtigkeit-(sind)

לְהַשְׁפָּלָה׃	יָכִל
lᵊhašᵊpɔlɔʰ.	yɔkil
.demütigen-zu	(vermag=)kann-er

Daniel 5,1-3

5

1 בֵּלְשַׁאצַּ֣ר belᵊšaʾṣṣar ,Belschazzar
מַלְכָּ֗א malᵊkɔʾ ,König-(der)
עֲבַד֙ ʿabad (veranstaltete=)machte-(er)
לְחֶ֣ם lᵊḥɛm (Mahl=)Brot-(ein)
רַ֔ב rab (großes=)großer
לְרַבְרְבָנ֖וֹהִי lᵊrabᵊrᵊbɔnowhiʸ Großen-seine-(für=)zu
אֲלַ֑ף ʾalap ,tausend
וְלָקֳבֵ֥ל wᵊlɔqᵒbel Gegenwart-(in=)zu-und
אַלְפָּ֖א ʾalᵊpɔʾ Tausend-(der)
חַמְרָ֥א ḥamᵊrɔʾ Wein
שָׁתֵֽה׃ šɔteʰ .trinkend(er)-(war-er)

2 בֵּלְשַׁאצַּ֣ר belᵊšaʾṣṣar Belschazzar
אֲמַ֣ר ʾamar (befahl=)sagte-(er)
בִּטְעֵ֣ם biṭᵊʿem (Einfluss-unter=)Entscheidung-in
חַמְרָ֗א ḥamᵊrɔʾ ,Wein(es)-(des)
לְהַיְתָיָה֙ lᵊhayᵊtɔyɔʰ (bringe-man-dass=)machen-kommen-zu
לְמָאנֵי֙ lᵊmɔʾneʸ (von)-Gefäße-(die=)zu
דַהֲבָ֣א dahᵃbɔʾ Gold
וְכַסְפָּ֔א wᵊkasᵊpɔʾ ,Silber-(von)-und
דִּ֣י diʸ welch(e) —
הַנְפֵּ֗ק hanᵊpeq weggenommen-hatte-(es=er)
נְבוּכַדְנֶצַּ֣ר nᵊbuʷkadᵊnɛṣṣar ,Nebuchadnezzar
אֲב֔וּהִי ʾabuʷhiʸ ,Vater-sein
מִן־ -min (aus=)von
הֵיכְלָ֖א heʸkᵊlɔʾ ,Tempel-(dem)
דִּ֣י diʸ welch(er)
בִירוּשְׁלֶ֑ם biʸruʷšᵊlɛm (ist)-Jerusalem-in —,
וְיִשְׁתּ֣וֹן wᵊyišᵊtowⁿ (tränken=)trinken-(sie)-(damit=)und
בְּה֗וֹן bᵊhowⁿ (daraus=)ihnen-in
מַלְכָּ֛א malᵊkɔʾ König-(der)
וְרַבְרְבָנ֖וֹהִי wᵊrabᵊrᵊbɔnowhiʸ ,Großen-seine-und
שֵׁגְלָתֵ֥הּ šegᵊlɔteh Gemahlinnen-seine
וּלְחֵנָתֵֽהּ׃ uʷlᵊḥenɔteh .Konkubinen-seine-und

3 בֵּאדַ֗יִן beʾdayin (Daraufhin=)dann-In
הַיְתִ֞יו hayᵊtiʸʷ (brachte-man=)kommen-machten-sie
מָאנֵ֤י mɔʾneʸ (von)-Gefäße-(die)
דַהֲבָא֙ dahᵃbɔʾ ,Gold
דִּ֣י diʸ welch(e)
הַנְפִּ֔קוּ hanᵊpiquʷ (weggenommen-hatte=)weg-nahmen-(man=)sie
מִן־ -min (aus=)von

בִּירוּשְׁלֶם	דִּי	אֱלָהָא	בֵּית	דִּי־	הֵיכְלָא
biʸruʷšᵊlɛm	diʸ	ᵓᵋlɔhɔᵓ	beʸt	-diʸ	heʸkᵊlɔᵓ
.(ist)-Jerusalem-in	welch(es)	,(ist)-Gott(es)	Haus	welch(er)	,Tempel-(dem)

וְרַבְרְבָנוֹהִי	מַלְכָּא	בְּהוֹן	וְאִשְׁתִּיו
wᵊrabᵊrᵊbɔnoʷhiʸ	malᵊkɔᵓ	bᵊhoʷn	wᵊᵓišᵊtiʸw
,Großen-seine-und	König-(der)	ihnen-(aus=)in	tranken-(es=)sie-Und

חַמְרָא	4 אִשְׁתִּיו	וּלְחֵנָתֵהּ׃	שֵׁגְלָתֵהּ
ḥamᵊrɔᵓ	ᵓišᵊtiʸw	uʷlᵊḥenɔteh.	šegᵊlɔteh
Wein	tranken-Sie	.Konkubinen-seine-und	Gemahlinnen-seine

פַּרְזְלָא	נְחָשָׁא	וְכַסְפָּא	דַּהֲבָא	לֵאלָהֵי	וְשַׁבַּחוּ
parᵊzᵊlɔᵓ	nᵊḥɔšɔᵓ	wᵊkasᵊpɔᵓ	dahᵃbɔᵓ	leᵓlɔheʸ	wᵊšabbaḥuʷ
,Eisen	,Erz	,Silber-und	Gold	(von)-Götter-(die=)zu	priesen-sie-und

5 בַּהּ־שַׁעֲתָה	וְאַבְנָא׃	אָעָא
šaᶜᵃtɔʰ-bah	wᵊᵓabᵊnɔᵓ.	ᵓɔᶜɔᵓ
(Alsbald=)Stunde-(derselben-eben=)ihr-In	.Stein-und	Holz

יַד־אֱנָשׁ	דִּי	אֶצְבְּעָן	נְפַקוּ[נְפַקָה]
ᵓᵋnɔš -yad	diʸ	ᵓɛṣᵊbᵊᶜɔn	[nᵊpaqɔʰ]nᵊpaquʷ
,Mensch(en)-(des)-Hand-(einer)	(die=)welch(e)	Finger	hervor-kamen-(es=sie)

נֶבְרַשְׁתָּא	לָקֳבֵל	וְכָתְבָן
nɛbᵊrašᵊtɔᵓ	lɔqᵒbel	wᵊkɔtᵊbɔn
Leuchter-(dem)	(von)-(gegenüber=)Gegenseite-zu	schrieben-sie-und

הֵיכְלָא	דִּי־כְתַל	עַל־גִּירָא
heʸkᵊlɔᵓ	kᵊtal-diʸ	giʸrɔᵓ-ᶜal
Palast(es)-(des)	Wand-(der-an)-(war)-welch(er)	,Kalk-(den)-auf

חָזֵה	וּמַלְכָּא	מַלְכָּא	דִּי
ḥɔzeʰ	uʷmalᵊkɔᵓ	malᵊkɔᵓ	diʸ
sehend(er)-(war)	König-(der)-(Indes=)Und	.König-(dem)	(von=)welch(er)

מַלְכָּא	6 אֱדַיִן	כָּתְבָה׃	דִּי	יְדָה	פַּס
malᵊkɔᵓ	ᵓᵋdayin	kɔtᵊbɔʰ.	diʸ	yᵊdɔʰ	pas
König(s)-(des)	Da	.schrieb-(sie)	welch(e)	,Hand-	fläche-(die)

שְׁנוֹהִי	זִיוֹהִי
šᵊnoʷhiʸ	ziʸwohiʸ
,(Farbe-wechselten=)ihm-verschieden-waren-(sie)	Gesichtszüge-(seine)

חַרְצֵהּ	וְקִטְרֵי	יְבַהֲלוּנֵּהּ	וְרַעְיֹנֹהִי
ḥarᵊṣeh	wᵊqiṭᵊreʸ	yᵊbahᵃluʷnneh	wᵊraᶜyonohiʸ
Hüfte-seine(r)	Gelenke-(die)-und	,ihn-beunruhigten-(sie)	Gedanken-seine-und

דָּא	וְאַרְכֻבָּתֵהּ	מִשְׁתָּרַיִן
dɔᵓ	wᵊᵓarᵊkubbɔteh	mišᵊtɔrayin
(eins=)dies(es)	,Knie-seine-und	,lösend(e)-sich-(waren)

מַלְכָּא	7 קָרֵא	נָקְשָׁן׃	לְדָא
malᵊkɔᵓ	qɔreᵓ	nɔqᵊšɔn.	lᵊdɔᵓ
König-(der)	(war)-Schreiend(er)	.schlagend(e)-(war)	(andere-ans=)dies(es)-zu

לְהֶעָלָה	בְּחַיִל
lᵊhɛᶜɔlɔʰ	bᵊḥayil
(hereinbringe-man-dass=)eintreten-machen-zu	,(laut=)Macht-(mit=)in

כַּשְׂדָּיֵא[כַּשְׂדָּאֵי]	לְאָשְׁפַיָּא
[kaśᵊdɔᵓeʸ]kaśᵊdɔyeᵓ	lᵊᵓɔšᵊpayyɔᵓ
(Chaldäer=)Chasdäer-(die)	,Zauberer-(die=)zu

מַלְכָּא	עָנֵה	וְגָזְרַיָּא
malᵊkɔᵓ	ᶜɔneʰ	wᵊgɔzᵊrayyɔᵓ
König-(der)	(war)-Anhebend(er)	.(Sterndeuter=)Wahrsager-(die)-und

אֱנָשׁ	כָּל־	דִּי	בָבֶל	לְחַכִּימֵי	וְאָמַר
ᵓᵋnɔš	-kol	diʸ	bɔbɛl	lᵊḥakkiʸmeʸ	wᵊᵓɔmar
,Mensch	(jeder=)all	Dass	:Babel	(von)-Weisen-(den)-zu	sagend(er)-und

וּפִשְׁרֵהּ	דְּנָה	כְתָבָה	יִקְרֵה	דִּי־
uʷpišᵊreh	dᵊnɔʰ	kᵊtɔbɔʰ	yiqᵊreʰ	-diʸ
Deutung-(ihre=)seine-und	diese(r)	Schrift-(die)	liest-(er)	welch(er)

יִלְבַּשׁ	אַרְגְּוָנָא	יְחַוִּנַּנִי
yilᵊbaš	ᵓarᵊgᵊwɔnɔᵓ	yᵊḥawwinnaniʸ
anziehen-wird-er	Purpur	,mich-wissen-macht-er

עַל־	דַהֲבָא	דִּי־	וְהַמּוֹנְכָא[וְהַמְנִיכָא]
-ᶜal	dahᵃbɔᵓ	-diʸ	[wᵊhamᵊniʸkɔᵓ]wᵊhammoʷnᵊkɔᵓ
(um=)auf	Gold	(von=)welch(e)	Halskette-(eine)-und

בְּמַלְכוּתָא	וְתַלְתִּי	צַוְּארֵהּ
bᵊmalᵊkuʷtɔᵓ	wᵊtalᵊtiʸ	ṣawwᵊᵓreh
Reich-(dem)-in	(Triumvir=)Dritter-(als)-und	,Hals-sein(en)

חַכִּימֵי	כֹּל	עָלְלִין[עָלִּין]	8 אֱדַיִן	יִשְׁלַט׃
ḥakkiʸmeʸ	kol	[ʿɔlliʸn]ʿɔlᵃliʸn	ʾᵋdayin	yišᵊlaṭ.
Weise(n)	all(e)	eintretend(e)-(waren)	Darauf	!herrschen-(soll=)wird-er

כָהֲלִין	וְלָא־	מַלְכָּא
kɔhᵃliʸn	-wᵊlɔʾ	malᵊkɔʾ
(vermögend=)könnend(e)-(waren-sie)	nicht-(aber=)und	,König(s)-(des)

לְהוֹדָעָה	וּפִשְׁרָא[וּפִשְׁרֵהּ]	לְמִקְרֵא	כְּתָבָא
lᵊhoʷdɔʿɔʰ	[uʷpišᵊreh]uʷpišᵊrɔʾ	lᵊmiqᵊreʾ	kᵊtɔbɔʾ
wissen-machen-zu	Deutung-(die)-und	lesen-zu	Schrift-(die)

שַׂגִּיא	בֵּלְשַׁאצַּר	מַלְכָּא	9 אֱדַיִן	לְמַלְכָּא׃
śaggiʸʾ	belᵊšaʾṣṣar	malᵊkɔʾ	ʾᵋdayin	lᵊmalᵊkɔʾ.
(sehr=)groß	Belschazzar	König-(der)	Da	.König-(den=)zu

שָׁנַיִן	וְזִיוֹהִי	מִתְבָּהַל
šɔnayin	wᵊziʸwohiʸ	mitᵊbɔhal
(Farbe)-wechselnd(e)-(waren)	Gesichtszüge-seine-und	geängstigt(er)-(war)

10 מַלְכְּתָא	מִשְׁתַּבְּשִׁין׃	וְרַבְרְבָנוֹהִי	עֲלוֹהִי
malᵊkᵊtɔʾ	mišᵊtabbᵊšiʸn.	wᵊrabᵊrᵊbɔnoʷhiʸ	ʿᵃloʷhiʸ
Königin-(Die)	.bestürzt(e)-(waren)	Großen-seine-und	,ihm-(an=)in

וְרַבְרְבָנוֹהִי	מַלְכָּא	מִלֵּי	לָקֳבֵל
wᵊrabᵊrᵊbɔnoʷhiʸ	malᵊkɔʾ	milleʸ	lɔqᵒbel
Großen-seine(r)-und	König(s)-(des)	Worte-(der)	(wegen=)vor-all

עֲנָת	עַלַּלַת[עַלַּת]	מִשְׁתְּיָא	לְבֵית
ʿᵃnɔt	[ʿallat]ʿalᵃlat	mišᵊtᵊyɔʾ	lᵊbeʸt
an-hob-(Es=)Sie	.ein-trat-(sie)	Gelag(es)-(des)	Haus-(das)-(in=)zu

לְעָלְמִין	מַלְכָּא	וַאֲמֶרֶת	מַלְכְּתָא
lᵊʿɔlᵊmiʸn	malᵊkɔʾ	waʾᵃmɛrɛt	malᵊkᵊtɔʾ
Zeiten-ewige-(auf=)zu	,König-(O)	:sprach-(sie)-und	Königin-(die)

יְבַהֲלוּךְ	אַל־	חֱיִי
yᵊbahᵃluʷk	-ʾal	ḥᵋyiʸ
dich-ängstigen-(sollen=)werden-(es=sie)	Nicht	!(leben-mögest-du=)lebe

אַל־	וְזִיוָיךְ	רַעְיוֹנָךְ
-ʾal	wᵊziʸwɔyk	raʿᵃyoʷnɔk
nicht	Gesichtszüge-deine-und	,Gedanken-deine

בְּמַלְכוּתָךְ	גְּבַר	11 אִיתַי	יִשְׁתַּנּוֹ׃
bᵊmalᵊkuʷtɔk	gᵊbar	ʾiʸtay	yišᵊtannoʷ.
,Reich-dein(em)-in	Mann-(einen)	gibt-Es	!ändern-sich-(sollen=)werden-(sie)

בֵּהּ	קַדִּישִׁין	אֱלָהִין	רוּחַ	דִּי
beh	qaddiʸšiʸn	ʾᵋlɔhiʸn	ruʷaḥ	diʸ
,ihm-in-(ist)	heilige(n)	Götter(n)	(von)-Geist-(der)	,welch(er)

וְחָכְמָה	וְשָׂכְלְתָנוּ	נַהִירוּ	אֲבוּךְ	וּבְיוֹמֵי
wᵊḥokᵊmɔʰ	wᵊśokᵊlᵊtɔnuʷ	nahiʸruʷ	ʾᵃbuʷk	uʷbᵊyoʷmeʸ
Weisheit-und	Intelligenz-und	Verstand	Vater(s)-dein(es)	Tagen-(den)-in-und

בֵּהּ	הִשְׁתְּכַחַת	אֱלָהִין	כְּחָכְמַת־
beh	hišᵊtᵊkaḥat	ʾᵋlɔhiʸn	-kᵊḥokᵊmat
.ihm-in	gefunden-wurden-(sie)	Götter(n)	(von)-Weisheit-wie

רַב	אֲבוּךְ	נְבֻכַדְנֶצַּר	וּמַלְכָּא
rab	ʾᵃbuʷk	nᵊbukadᵊnɛṣṣar	uʷmalᵊkɔʾ
(obersten=)groß(en)-(als)	,Vater-dein	,Nebuchadnezzar	König-(der)-Und

כַּשְׂדָּאִין	אָשְׁפִין	חַרְטֻמִּין
kaśᵊdɔʾiʸn	ʾɔšᵊpiʸn	ḥarᵊṭummiʸn
,(Chaldäer=)Chasdäer-(der)	,Zeichendeuter-(der)	,Schriftkundigen-(der)

מַלְכָּא׃	אֲבוּךְ	הֲקִימֵהּ	גָּזְרִין
malᵊkɔʾ.	ʾᵃbuʷk	hᵃqiʸmeh	gɔzᵊriʸn
.König-(o)	,Vater-dein	ihn-bestellte-(es=er)	Sterndeuter-(der)

וּמַנְדַּע	יַתִּירָה	רוּחַ	דִּי	12 כָּל־קֳבֵל
uʷmanᵊdaʿ	yattiʸrɔʰ	ruʷaḥ	diʸ	qᵒbel-kol
Verständnis-und	besondere(r)	Geist-(ein)	dass	,(dem-Entsprechend=)vor-All

וְאַחֲוָיַת	חֶלְמִין	מְפַשַּׁר	וְשָׂכְלְתָנוּ
waʾaḥᵃwɔyat	ḥɛlᵊmiʸn	mᵊpaššar	wᵊśokᵊlᵊtɔnuʷ
(Lösen=)Wissenlassen-(ein)-und	Träume	auslegend(er)	,Scharfsinn-und

הִשְׁתְּכַחַת	קִטְרִין	וּמְשָׁרֵא	אֲחִידָן
hišᵊtᵊkaḥat	qiṭᵊriʸn	uʷmᵊšɔreʾ	ʾᵃḥiʸdɔn
gefunden-wurden-(sie)	Geheimnisse(n)	(von)-Erklären-(ein)-und	Rätsel

שָׂם־	מַלְכָּא	דִּי־	בְדָנִיֵּאל	בֵּהּ
-śɔm	malᵊkɔʾ	-diʸ	bᵊdɔniʸyeʾl	beh
(bezeichnete=)legte-(er)	König-(der)	dass	,Daniel-(bei=)in	,ihm-(bei=)in

יִתְקְרֵי	דָּנִיֵּאל	כְּעַן	בֵּלְטְשַׁאצַּר	שְׁמֵהּ
yitᵊqᵊreʸ	dɔniʸyeʾl	kᵊʿan	belᵊṭᵊšaʾṣṣar	šᵊmeh
gerufen-(werde=)wird-(er)	Daniel	Nun	.Beltschazzar	Name(n)-sein(en)

13 בֵּאדַיִן	יְהַחֲוֵה׃	וּפִשְׁרָה
beʾdayin	yᵊhaḥᵃweʰ.	uʷpišᵊrɔʰ
(Daraufhin=)dann-In	!(geben=)erklären-(möge=)wird-er	Deutung-(die)-und

עָנֵה	מַלְכָּא	קֳדָם	הֻעַל	דָּנִיֵּאל
ʿɔneʰ	malᵊkɔʾ	qᵒdɔm	huʿal	dɔniʸyeʾl
(war)-Anhebend(er)	.König-(den)	vor	gebracht-wurde-(er)	Daniel

דָּנִיֵּאל	הוּא	אַנְתְּה[אַנְתְּ־]	לְדָנִיֵּאל	וְאָמַר	מַלְכָּא
dɔniʸyeʾl	huʷʾ	[-ʾanᵊtᵊ]ʾanᵊtɔʰ	lᵊdɔniʸyeʾl	wᵊʾɔmar	malᵊkɔʾ
,Daniel	,(es=)er	(bist)-Du	:Daniel-zu	sagend(er)-und	König-(der)

גָּלוּתָא	בְּנֵי	מִן־	דִּי־
gɔluʷtɔʾ	bᵊneʸ	-min	-diʸ
(Weggeführten=)Verbannung-(der)	Söhne(n)-(den)	von	(derjenige=)welch(er)

מַלְכָּא	הַיְתִי	דִּי	יְהוּד	דִּי
malᵊkɔʾ	hayᵊtiʸ	diʸ	yᵊhuʷd	diʸ
,König-(der)	kommen-machte-(es=er)	(die=)welch(e)	,Juda	(von=)welch(er)

דִּי	עֲלַיִךְ[עֲלָךְ]	14 וְשִׁמְעֵת	יְהוּד׃	מִן־	אַבִי
diʸ	[ʿᵃlɔk]ʿᵃlayik	wᵊšimᵊʿet	yᵊhuʷd.	-min	ʾabiʸ
dass	,dir-(von=)auf	hörte-ich-(Also=)Und	.Juda	(aus=)von	,Vater-mein

וְשָׂכְלְתָנוּ	וְנַהִירוּ	בָּךְ	אֱלָהִין	רוּחַ
wᵊśokᵊlᵊtɔnuʷ	wᵊnahiʸruʷ	bɔk	ʾᵋlɔhiʸn	ruʷaḥ
Scharfsinn-und	Erleuchtung-und	,(ist)-dir-in	Götter(n)	(von)-Geist

15 וּכְעַן	בָּךְ׃	הִשְׁתְּכַחַת	יַתִּירָה	וְחָכְמָה
uʷkᵊʿan	bɔk.	hišᵊtᵊkaḥat	yattiʸrɔʰ	wᵊḥokᵊmɔʰ
nun-(Da=)Und	.dir-in	gefunden-wurden-(sie)	besondere	Weisheit-und

אָשְׁפַיָּא	חַכִּימַיָּא	קֳדָמַי	הֻעַלּוּ
ʾɔšᵊpayyɔʾ	ḥakkiʸmayyɔʾ	qɔdɔmay	huʿalluʷ
,Wahrsager-(die)-(und)	Weisen-(die)	(mich=)mir-vor	gebracht-wurden-(es=sie)

וּפִשְׁרֵהּ	יִקְרוֹן	דְנָה	כְתָבָה	דִּי־
uʷpišᵊreh	yiqᵊroʷn	dᵊnɔʰ	kᵊtɔbɔʰ	-diʸ
Deutung-(ihre=)seine-und	lesen-sie	diese(r)	,Schrift-(die)	dass

כָּהֲלִין	וְלָא־	לְהוֹדָעֻתַנִי
kɔhᵃliʸn	-wᵊlɔʾ	lᵊhoʷdɔᶜutaniʸ
(vermögend=)könnend(e)-(sind-sie)	nicht-(aber=)und	,mich-wissen-machen-zu

16 וַאֲנָה	לְהַחֲוָיָה׃	מִלְּתָא	פְּשַׁר־
waʾᵃnɔʰ	lᵊhaḥᵃwɔyɔʰ.	millᵊtɔʾ	-pᵊšar
,ich-(Hingegen=Und	.(geben=)erklären-zu	Wort(es)-(eines)	Deutung-(die)

פִּשְׁרִין	תוּכַל[תִיכּוּל]	דִּי־	עֲלַיִךְ[עֲלָךְ]	שִׁמְעֵת
pišᵊriʸn	[tiʸkuʷl]tuʷkal	-diʸ	[ᶜᵃlɔk]ᶜᵃlayik	šimᵊᶜet
Deutungen	(vermagst=)kannst-du	dass	,dir-(von=)auf	hörte-ich

הֵן	כְּעַן	לְמִשְׁרֵא	וְקִטְרִין	לְמִפְשַׁר
hen	kᵊᶜan	lᵊmišᵊreʾ	wᵊqiṭᵊriʸn	lᵊmipᵊšar
wenn	,Nun	.erklären-zu	Geheimnisse-und	(geben=)deuten-zu

וּפִשְׁרֵהּ	לְמִקְרֵא	כְּתָבָא	תוּכַל[תִּכּוּל]
uʷpišᵊreh	lᵊmiqᵊreʾ	kᵊtɔbɔʾ	[tikuʷl]tuʷkal
Deutung-(ihre=)seine-und	lesen-zu	Schrift-(die)	(vermagst=)kannst-du

תִלְבַּשׁ	אַרְגְּוָנָא	לְהוֹדָעֻתַנִי
tilᵊbaš	ʾarᵊgᵊwɔnɔʾ	lᵊhoʷdɔᶜutaniʸ
anziehen-wirst-du	Purpur	,mich-machen-wissen-zu

עַל־	דַּהֲבָא	דִּי־	וְהַמּוֹנְכָא[וְהַמְנִיכָא]
-ᶜal	dahᵃbɔʾ	-diʸ	[wᵊhamᵊniʸkɔʾ]wᵊhammoʷnᵊkɔʾ
(um=)auf	Gold	(aus=)welch(e)	Halskette-(eine)-und

בְּמַלְכוּתָא	וְתַלְתָּא	צַוְּארָךְ
bᵊmalᵊkuʷtɔʾ	wᵊtalᵊtɔʾ	ṣawwᵊʾrɔk
Reich-(dem)-in	(Triumvir=)Dritter-(als)-und	,Hals-dein(en)

דָּנִיֵּאל	עָנֵה	17 בֵּאדַיִן	תִּשְׁלַט׃
dɔniʸyeʾl	ᶜɔneʰ	beʾdayin	tišᵊlaṭ.
Daniel	antwortend(er)-(war)	(Hierauf=)dann-In	!herrschen-(sollst=)wirst-du

לָךְ	מַתְּנָתָךְ	מַלְכָּא	קֳדָם	וְאָמַר
lɔk	mattᵊnɔtɔk	malᵊkɔʾ	qᵒdɔm	wᵊʾɔmar
(dein=)dir-zu	Geschenke-Deine	:König-(dem)	vor	sagend(er)-und

לְאָחֳרָן	וּנְבָזְבְּיָתָךְ	לֶהֶוְיָן
lᵊʾɔḥᵒrɔn	uʷnᵊbɔzᵊbᵊyɔtɔk	lɛhɛwᵊyɔn
anderen-(einen)-(an=)zu	Gaben-deine-und	,(bleiben=)sein-(mögen=)werden-(zu)

לְמַלְכָּא	אֶקְרֵא	כְּתָבָא	בְּרַם	הַב
lᵊmalᵊkɔʾ	ʾɛqᵊreʾ	kᵊtɔbɔʾ	bᵊram	hab
,König-(den)-(für=)zu	lesen-(will=)werde-ich	Schrift-(die)	aber	,gib

מַלְכָּא	18 אַנְתָּה[אַנְתְּ]	אֲהוֹדְעִנֵּהּ׃	וּפִשְׁרָא
malᵊkɔʾ	[ʾanᵊtᵊ]ʾanᵊtɔʰ	ʾªhoʷdᵊʿinneh.	uʷpišᵊrɔʾ
,König-(o)	Du	.ihn-machen-wissen-werde-ich	Deutung-(die)-und

וִיקָרָא	וּרְבוּתָא	מַלְכוּתָא	עִלָּיָא[עִלָּאָה]	אֱלָהָא
wiʸqɔrɔʾ	uʷrᵊbuʷtɔʾ	malᵊkuʷtɔʾ	[ʿillɔʾɔʰ]ʿillɔyɔʾ	ʾᵋlɔhɔʾ
Würde-(die)-und	Macht-(die)-und	Reich-(das)	,höchste-(der)	,Gott-(der)

אֲבוּךְ׃	לִנְבֻכַדְנֶצַּר	יְהַב	וְהַדְרָה
ʾªbuʷk.	linᵊbukadᵊnɛṣṣar	yᵊhab	wᵊhadᵊrɔʰ
.Vater-dein(em)	,Nebuchadnezzar-(dem=)zu	gab-er	Herrlichkeit-(die)-und

כֹּל	לֵהּ	יְהַב־	דִּי	רְבוּתָא	19 וּמִן־
kol	leh	-yᵊhab	diʸ	rᵊbuʷtɔʾ	-uʷmin
all(e)	,ihm-(zu)	gab-er	welch(e)	,Macht-(der)	(Infolge=)von-Und

זָאֲעִין[זָיְעִין]	הֲווֹ	וְלִשָּׁנַיָּא	אֻמַיָּא	עַמְמַיָּא
[zɔyᵊʿiʸn]zɔʾªʿiʸn	hªwoʷ	wᵊliššɔnayyɔʾ	ʾumayyɔʾ	ʿamᵊmayyɔʾ
zitternd(e)	waren-(sie)	Zungen-und	Nationen	,Völker

קֳדָמוֹהִי	מִן־	וְדָחֲלִין
qᵒdɔmoʷhiʸ	-min	wᵊdɔḥªliʸn
;(ihm=)Gesichter(n)-seine(n)	(vor=)von	fürchtend(e)-(sich)-und

קָטֵל	הֲוָא	צָבֵא	הֲוָה	דִּי־
qɔṭel	hªwɔʾ	ṣɔbeʾ	hªwɔʰ	-diʸ
,tötend(er)	war-er-(den)	,wünschend(er)	war-er	(wen=)welch(en)

מַחֵא	הֲוָה	צָבֵא	הֲוָה	וְדִי־
maḥeʾ	hªwɔʰ	ṣɔbeʾ	hªwɔʰ	-wᵊdiʸ
,lassend(er)-leben	war-er-(den)	,wünschend(er)	war-er	(wen=)welch(en)-und

מָרִים	הֲוָה	צָבֵא	הֲוָה	וְדִי־
mɔriʸm	hªwɔʰ	ṣɔbeʾ	hªwɔʰ	-wᵊdiʸ
,erhöhend(er)	war-er-(den)	,wünschend(er)	war-er	(wen=)welch(en)-und

מַשְׁפִּיל׃	הֲוָה	צָבֵא	הֲוָה	וְדִי־
mašᵊpiʸl.	hªwɔʰ	ṣɔbeʾ	hªwɔʰ	-wᵊdiʸ
.erniedrigend(er)	war-er-(den)	,wünschend(er)	war-er	(wen=)welch(en)-und

תְּקִפַת	וְרוּחֵהּ	לִבְבֵהּ	רִם	20 וּכְדִי
tiq^{ə}pat	w^{ə}ru^{w}ḥeh	lib^{ə}beh	rim	u^{w}k^{ə}di^{y}
stark-war-(er=sie)	Geist-sein-und	Herz-sein	stolz-war-(es=er)	als-Und

כָּרְסֵא	מִן־	הָנְחַת	לַהֲזָדָה
kɔr^{ə}se^{ɔ}	-min	hon^{ə}ḥat	lah^{a}zɔdɔ^{h}
Thron-(dem)	von	heruntergeholt-wurde-er-(da)	,Übermütigwerden-zu(m)

21 וּמִן־	מִנֵּהּ׃	הֶעְדִּיו	וִיקָרָה	מַלְכוּתֵהּ
-u^{w}min	minneh.	hɛ^{cə}di^{y}u^{w}	wi^{y}qɔrɔ^{h}	mal^{ə}ku^{w}teh
von-Und	.ihm-von	weg-nahmen-sie	Würde-(die)-und	,Reich(es)-sein(es)

טְרִיד	אֲנָשָׁא	בְּנֵי
ṭ^{ə}ri^{y}d	^{ɔa}nɔšɔ^{ɔ}	b^{ə}ne^{y}
,vertrieben-wurde-er	(Menschheit-der=)Mensch(en)-(des)	Söhne(n)-(den)

וְעִם־	שַׁוִי[שַׁוִּיו]	חֵיוְתָא	עִם־	וְלִבְבֵהּ
-w$^{ə c}$im	[šawwi^{yə}w]š^{ə}wi^{y}	ḥe^{y}w^{ə}tɔ^{ɔ}	-^{c}im	w^{ə}lib^{ə}beh
mit-und	,gleich-machten-sie	Tier	(beim-wie=)mit	Herz-sein-und

כְתוֹרִין	עִשְׂבָּא	מְדוֹרֵהּ	עֲרָדַיָּא
k^{ə}to^{w}ri^{y}n	^{c}iś^{ə}bɔ^{ɔ}	m^{ə}do^{w}reh	^{ca}rɔdayyɔ^{ɔ}
Rinder(n)-(gleich=)wie	Gras-(mit)	,wohnend(er)-(war-er)	Wildeseln

גִּשְׁמֵהּ	שְׁמַיָּא	וּמִטַּל	יְטַעֲמוּנֵּהּ
giš^{ə}meh	š^{ə}mayyɔ^{ɔ}	u^{w}miṭṭal	y^{ə}ṭa^{ca}mu^{w}nneh
Leib-sein	Himmel-(der)	Tau-(dem)-von-und	,ihn-ernähr(t)en-sie

שַׁלִּיט	דִּי־	יְדַע	דִּי־	עַד	יִצְטַבַּע
šalli^{y}ṭ	-di^{y}	y^{ə}da^{c}	-di^{y}	^{c}ad	yiṣ^{ə}ṭabba^{c}
(ist)-Mächtiger-(ein)	dass	,erkannte-er	dass	bis	,benetzt-(wurde=)wird-(er)

אֲנָשָׁא	בְּמַלְכוּת	עִלָּיָא[עִלָּאָה]	אֱלָהָא
^{ɔa}nɔšɔ^{ɔ}	b^{ə}mal^{ə}ku^{w}t	[^{c}illɔ^{ɔ}ɔ^{h}]^{c}illɔyɔ^{ɔ}	^{ɔɛ}lɔhɔ^{ɔ}
,Mensch(heit)-(der)	Reich-(dem)-in	höchste-(der)	,Gott

יְהָקֵים	יִצְבֵּא	דִּי	וּלְמַן־
y^{ə}hɔqe^{y}m	yiṣ^{ə}be^{h}	di^{y}	-u^{w}l^{ə}man
(ein-setzt=)stehen-macht-er	,wünscht-er	welch(en)	,(den=)wer-zu-und

לָא	בֵּלְשַׁאצַּר	בְּרֵהּ	22 וְאַנְתָּה[וְאַנְתְּ]	עֲלַיַהּ[עֲלַהּ]
lɔ^{ɔ}	bel^{ə}ša^{ɔ}ṣṣar	b^{ə}reh	[w^{əɔ}an^{ə}t^{ə}]w^{əɔ}an^{ə}tɔ^{h}	[^{ca}lah]^{ca}layeh
nicht	,Belschazzar	,Sohn-sein	,du-(Aber=)Und	.(es=)ihn-über

דְּנָה dənɔh dies(er)	כָּל־ -kol all	דִּי diy dass	כָּל־קֳבֵל qobel-kol (obwohl=)vor-all	לִבְבָךְ libəbɔk ,Herz-dein	הַשְׁפֵּלְתְּ hašəpelətə gedemütigt-hast-du

שְׁמַיָּא šəmayyɔʾ Himmel-(der)	מָרֵא־ -mɔreʾ Herr(n)-(den)	23 וְעַל wəʿal (über=)auf-Und	יְדַעְתָּ׃ yədaʿətɔ. .(weißt=)wusstest-du

בַיְתֵהּ bayəteh Haus-sein(em)	דִּי־ -diy (von=)welch(e)	וּלְמָאנַיָּא uwləmɔʾnayyɔʾ Gefäße(n)-(von=)zu-und	הִתְרוֹמַמְתָּ hitərowmamətɔ ,erhoben-dich-hast-du

[וְאַנְתְּ]וְאַנְתָּה [wəʾanətə]wəʾanətɔh du-(dass=)und	[קָדָמָךְ]קָדָמַיִךְ [qɔdɔmɔk]qɔdɔmayik ,(dich=)dir-vor	הַיְתִיו hayətiyw (brachten=)kommen-machten-sie

וּלְחֵנָתָךְ uwləḥenɔtɔk Konkubinen-deine-und	שֵׁגְלָתָךְ šegəlɔtɔk Gemahlinnen-deine	[וְרַבְרְבָנָךְ]וְרַבְרְבָנַיִךְ [wərabərəbɔnɔk]wərabərəbɔnayik ,Großen-deine-und

כַסְפָּא־ -kasəpɔʾ Silber	וְלֵאלָהֵי wəleʾlɔhey (von)-Götter-(die)-und	בְּהוֹן bəhown ,ihnen-(aus=)in	שָׁתַיִן šɔtayin (wären)-trinkend(e)	חַמְרָא ḥamərɔʾ Wein

חָזַיִן ḥozayin sehend(e)	לָא־ -lɔʾ nicht	דִּי diy welch(e)	וְאַבְנָא wəʾabənɔʾ ,Stein-und	אָעָא ʾɔʿɔʾ Holz	פַרְזְלָא parəzəlɔʾ ,Eisen	נְחָשָׁא nəḥɔšɔʾ ,Erz	וְדַהֲבָא wədahabɔʾ ,Gold-und

שַׁבַּחְתָּ šabbaḥətɔ ,gepriesen-hast-du	יָדְעִין yɔdəʿiyn ,(sind)-wissend(e)	וְלָא wəlɔʾ nicht-und	שָׁמְעִין šɔməʿiyn hörend(e)	וְלָא־ -wəlɔʾ nicht-und

נִשְׁמְתָךְ nišəmətɔk (ist)-(Leben=)Odem-dein	דִּי־ -diy welch(er)	וְלֵאלָהָא wəleʾlɔhɔʾ ,Gott-(den=)zu-(aber=)und

לָא lɔʾ nicht	לֵהּ leh ,ihm-(vor=)zu-(sind)	אֹרְחָתָךְ ʾorəḥɔtɔk Wege-deine	וְכָל־ -wəkol all-und	בִּידֵהּ biydeh Hand-seine(r)-in

קֳדָמוֹהִי qodɔmowhiy (ihm=)Gesichter(n)-seine(n)	מִן־ -min von	24 בֵּאדַיִן beʾdayin (Daraufhin=)dann-In	הַדַּרְתָּ׃ haddarətɔ. !geehrt-hast-du

יְדָא yᵊdɔʾ ,Hand-(der)	דִּי־ -diʸ (von=)welch(e)	פַּסָּא passɔʾ Fläche-(die)	שְׁלִיַח šᵊliyaaḥ gesandt-wurde-(es=er)

כְּתָבָא kᵊtɔbɔʾ ,Schrift	25 וּדְנָה uʷdᵊnɔʰ diese(r)-Und	רְשִׁים׃ rᵊšiʸm. .geschrieben-wurde-(sie=er)	דְּנָה dᵊnɔʰ diese(r)	וּכְתָבָא uʷkᵊtɔbɔʾ Schrift-(die)-und

תְּקֵל tᵊqel Tekel	מְנֵא mᵊneʾ ,Mene	מְנֵא mᵊneʾ ,Mene	רְשִׁים rᵊšiʸm :(lautet)-,geschrieben-wurde-(sie=er)	דִּי diʸ welch(e)

מְנֵא mᵊneʾ :Mene	מִלְּתָא millᵊtɔʾ :Wort(es)-(des)	פְּשַׁר־ -pᵊšar Deutung-(die)	26 דְּנָה dᵊnɔʰ (ist)-Diese(r)	וּפַרְסִין׃ uʷparᵊsiʸn. .Parsin-und

וְהַשְׁלְמַהּ׃ wᵊhašᵊlᵊmah. .beendet-(es=)sie-hat-er-und	מַלְכוּתָךְ malᵊkuʷtɔk Reich-dein	אֱלָהָא ʾᵋlɔhɔʾ Gott	מְנָה־ -mᵊnɔʰ gezählt-hat-(Es=)Er

בְמֹאזַנְיָא bᵊmoʾzanᵊyɔʾ Waagschalen-(zwei)-(den)-(auf=)in	תְּקִילְתָּה tᵊqiʸlᵊtɔʰ gewogen-wurdest-Du	27 תְּקֵל tᵊqel :Tekel

28 פְּרֵס pᵊres :Peres	חַסִּיר׃ ḥassiʸr. .(leicht-zu=)fehlend(er)	וְהִשְׁתְּכַחַתְּ wᵊhišᵊtᵊkaḥattᵊ befunden-wurdest-du-und

וִיהִיבַת wiʸhiʸbat gegeben-wurde-(es=)sie-und	מַלְכוּתָךְ malᵊkuʷtɔk Reich-dein	פְּרִיסַת pᵊriʸsat geteilt-wurde-(Es=)Sie

אֲמַר ʾᵃmar (befahl=)sagte-(er)	29 בֵּאדַיִן beʾdayin (Hierauf=)dann-In	וּפָרָס׃ uʷpɔrɔs. !Perser-und	לְמָדַי lᵊmɔday Meder-(dem=)zu

אַרְגְּוָנָא ʾarᵊgᵊwɔnɔʾ Purpur-(mit)	לְדָנִיֵּאל lᵊdɔniʸyeʾl Daniel-(den=)zu	וְהַלְבִּישׁוּ wᵊhalᵊbiʸšuʷ bekleideten-sie-(dass=)und	בֵּלְשַׁאצַּר belᵊšaʾṣṣar ,Belschazzar

עַל־ -ʿal (um=)auf	דַּהֲבָא dahᵃbɔʾ Gold	דִּי־ -diʸ (von=)welch(e)	וְהַמּוֹנְכָא[וְהַמְנִיכָא] [wᵊhamᵊniʸkɔʾ]wᵊhammoʷnᵊkɔʾ Halskette-(einer)-und

דִּי־	עֲלוֹהִי	וְהַכְרִזוּ	צַוְּארֵהּ
-diʸ	ᶜᵃloʷhiʸ	wᵊhakᵊrizuʷ	ṣawwᵊʾreh
dass	,ihn-(über=)auf	aus-riefen-sie-(Dann=)Und	.Hals-sein(en)

בְּמַלְכוּתָא׃	תַּלְתָּא	שַׁלִּיט	לֶהֱוֵא
bᵊmalᵊkuʷtɔʾ.	talᵊtɔʾ	šalliʸṭ	lɛhᵉweʾ
.Reich-(dem)-in	(Triumvir=)Dritter-(als)	mächtig(er)	(sei-er=)sein-zu

בֵּלְאשַׁצַּר	קְטִיל	בְּלֵילְיָא	30 בֵּהּ
belᵊʾšaṣṣar	qᵊṭiʸl	bᵊleʸlᵊyɔʾ	beh
,Belschazzar	getötet-wurde-(es=er)	Nacht-(derselben=)in	(eben=)ihm-In

כַּשְׂדָּיָא[כַּשְׂדָּאָה]׃	מַלְכָּא
[kaśᵊdɔʾɔʰ]kaśᵊdɔyɔʾ.	malᵊkɔʾ
.(Chaldäer=)Chadäer-(der)	König-(der)

קַבֵּל	מָדָיָא[מָדָאָה]	1 וְדָרְיָוֶשׁ	**6**
qabbel	[mɔdɔʾɔʰ]mɔdɔyɔʾ	wᵊdɔrᵊyɔwɛš	
erhielt-(er)	,Meder-(der)	,(Darius=)Darjawesch-(Alsdann=)Und	

וְתַרְתֵּין׃	שִׁתִּין	שְׁנִין	כְּבַר	מַלְכוּתָא
wᵊtarᵊteʸn.	šittiʸn	šᵊniʸn	kᵊbar	malᵊkuʷtɔʾ
.zwei-und	sechzig	Jahre(n)	(von)-(Alter-im=)Sohn-(als=)wie	Reich-(das)

דָּרְיָוֶשׁ	קֳדָם	2 שְׁפַר
dɔrᵊyɔwɛš	qᵒdɔm	šᵊpar
,(Darius=)Darjawesch	(von)-(Sicht-der-in=)vor	gut-war-(Es=)Er

מַלְכוּתָא	עַל־	וַהֲקִים
malᵊkuʷtɔʾ	-ᶜal	wahᵃqiʸm
Reich-(das)	(über=)auf	(ein-setzte=)erstehen-machte-er-(dass=)und

לֶהֱוֺן	דִּי	וְעֶשְׂרִין	מְאָה	לַאֲחַשְׁדַּרְפְּנַיָּא
lɛhᵉwon	diʸ	wᵊᶜɛśᵊriʸn	mᵊʾɔʰ	laʾᵃḥašᵊdarᵊpᵊnayyɔʾ
sein-(sollten=)zu	welch(e)	,zwanzig-und	hundert	Satrapen-(an=)zu

תְּלָתָא	סָרְכִין	מִנְּהוֹן	3 וְעֵלָּא	מַלְכוּתָא׃	בְּכָל־
tᵊlɔtɔʾ	sɔrᵊkiʸn	minnᵊhoʷn	wᵊᶜellɔʾ	malᵊkuʷtɔʾ.	-bᵊkol
,drei	Oberbeamte	ihnen-von	darüber-Und	.Reich-(dem)	all-in

לֶהֱוֺן	דִּי־	מִנְּהוֹן	חַד־	דָנִיֵּאל	דִּי
lɛhᵉwon	-diʸ	minnᵊhoʷn	-ḥad	dɔniʸyeʾl	diʸ
sein-(sollten=)zu	dass	,ihnen-von	einer-(war)	Daniel	welch(e)

טַעְמָא	לְהוֹן	יָהֲבִין	אִלֵּין	אֲחַשְׁדַּרְפְּנַיָּא
ṭaᶜᵊmɔʾ	lᵊhoʷn	yɔhᵃbiʸn	ʾilleʸn	ʾᵃḥašᵊdarᵊpᵊnayyɔʾ
,(Rechenschaft=)Bericht	ihnen-zu	gebend(e)	diese	,Satrapen-(die)

4 אֱדַיִן	נָזִק׃	לֶהֱוֵא	לָא־	וּמַלְכָּא
ʾᵋdayin	nɔziq.	lɛhᵋweʾ	-lɔʾ	uʷmalᵊkɔʾ
Da	.leidend(er)-Schaden	sein-(sollte=)zu	nicht	König-(der)-(damit=)und

עַל־	מִתְנַצַּח	הֲוָא	דְּנָה	דָּנִיֵּאל
-ᶜal	mitᵊnaṣṣaḥ	hᵃwɔʾ	dᵊnɔʰ	dɔniʸyeʾl
(über=)auf	auszeichnend(er)-sich	war-(er)	dieser	,Daniel

דִּי	כָּל־קֳבֵל	וַאֲחַשְׁדַּרְפְּנַיָּא	סָרְכַיָּא
diʸ	qᵒbel-kol	waʾᵃḥašᵊdarᵊpᵊnayyɔʾ	sɔrᵊkayyɔʾ
dass	,(dem-entsprechend=)vor-all	Satrapen-(die)-und	Oberbeamte(n)-(die)

עֲשִׁית	וּמַלְכָּא	בֵּהּ	יַתִּירָא	רוּחַ
ᶜᵃšiʸt	uʷmalᵊkɔʾ	beh	yattiʸrɔʾ	ruʷaḥ
gewillt-war-(er)	König-(der)-und	,(war)-ihm-in	hervorragende(r)	Geist-(ein)

5 אֱדַיִן	מַלְכוּתָא׃	כָּל־	עַל־	לַהֲקָמוּתֵהּ
ʾᵋdayin	malᵊkuʷtɔʾ.	-kol	-ᶜal	lahᵃqɔmuʷteh
Da	.Reich-(das)	all	(über=)auf	ihn-Einsetzen-zu(m)

בָעַיִן	הֲווֹ	וַאֲחַשְׁדַּרְפְּנַיָּא	סָרְכַיָּא
bɔᶜayin	hᵃwoʷ	waʾᵃḥašᵊdarᵊpᵊnayyɔʾ	sɔrᵊkayyɔʾ
(suchend=)fragend(e)	waren-(sie)	Satrapen-(die)-und	Oberbeamte(n)-(die)

מַלְכוּתָא	מִצַּד	לְדָנִיֵּאל	לְהַשְׁכָּחָה	עִלָּה
malᵊkuʷtɔʾ	miṣṣad	lᵊdɔniʸyeʾl	lᵊhašᵊkɔḥɔʰ	ᶜillɔʰ
,Reich(es)-(des)	Seite(n)-von	Daniel-(gegen=)zu	finden-zu	Vorwand-(einen)

לָא־	וּשְׁחִיתָה	עִלָּה	וְכָל־
-lɔʾ	uʷšᵊḥiʸtɔʰ	ᶜillɔʰ	-wᵊkol
nicht	Fehler-und	Vorwand	(irgendeinen=)all-(jedoch=)und

דִּי־	כָּל־קֳבֵל	לְהַשְׁכָּחָה	יָכְלִין
-diʸ	qᵒbel-kol	lᵊhašᵊkɔḥɔʰ	yɔkᵊliʸn
dass	,(dem-entsprechend=)vor-all	,finden-zu	vermögend(e)-waren-sie

שָׁלוּ	וְכָל־	הוּא	מְהֵימַן
šɔluʷ	-wᵊkol	huʷʾ	mᵊheʸman
Nachlässigkeit	(irgendeine=)all-und	(war)-er	zuverlässig(er)

6 אֱדַיִן	עֲלוֹהִי׃	הִשְׁתְּכַחַת	לָא	וּשְׁחִיתָה
ᵓᵋdayin	ᶜalowhiʸ.	hišᵊtᵊkaḥat	lɔᵓ	uʷšᵊḥiʸtɔʰ
Da	.ihm-(an=)in	gefunden-wurde-(es=sie)	nicht	Fehler-(ein)-und

נְהַשְׁכַּח	לָא	דִּי	אָמְרִין	אִלֵּךְ	גֻּבְרַיָּא
nᵊhašᵊkaḥ	lɔᵓ	diʸ	ᵓɔmᵊriʸn	ᵓillek	gubᵊrayyɔᵓ
finden-wir	nicht	Dass	:sagend(e)-(waren)	jene	Männer-(die)

לָהֵן	עִלָּא	כָּל־	דְּנָה	לְדָנִיֵּאל
lɔhen	ᶜillɔᵓ	-kol	dᵊnɔʰ	lᵊdɔniʸyeᵓl
außer	,Grund	(irgendeinen=)all(en)	dies(en)	Daniel-(gegen=)zu

אֱלָהֵהּ׃	בְּדָת	עֲלוֹהִי	הַשְׁכַּחְנָה
ᵓᵋlɔheh.	bᵊdɔt	ᶜalowhiʸ	hašᵊkaḥᵊnɔʰ
.Gott(es)-sein(es)	Gesetz-(dem)-in	ihn-(gegen=)in	(einen)-(finden=)fanden-wir

אִלֵּן	וַאֲחַשְׁדַּרְפְּנַיָּא	סָרְכַיָּא	7 אֱדַיִן
ᵓillen	waᵓaḥašᵊdarᵊpᵊnayyɔᵓ	sɔrᵊkayyɔᵓ	ᵓᵋdayin
diese	Satrapen-(die)-und	Oberbeamte(n)-(die)	Darauf

אָמְרִין	וְכֵן	מַלְכָּא	עַל־	הַרְגִּשׁוּ
ᵓɔmᵊriʸn	wᵊken	malᵊkɔᵓ	-ᶜal	harᵊgišuʷ
sagend(e)-(waren-sie)	so-und	,König-(den)	(um=)auf	sich-versammelten-(sie)

לְעָלְמִין	מַלְכָּא	דָּרְיָוֶשׁ	לֵהּ
lᵊᶜɔlᵊmiʸn	malᵊkɔᵓ	dɔrᵊyɔwɛš	leh
(immer-für=)Ewigkeiten-zu	,König-(o)	,(Darius=)Darjawesch	:ihm-zu

כֹּל	8 אִתְיָעַטוּ	חֱיִי׃
kol	ᵓitᵊyɔᶜaṭuʷ	ḥᵋyiʸ.
all(e)	übereingekommen-sind-(Es=)Sie	!(leben-mögest-du=)lebe

וַאֲחַשְׁדַּרְפְּנַיָּא	סִגְנַיָּא	מַלְכוּתָא	סָרְכֵי
waᵓaḥašᵊdarᵊpᵊnayyɔᵓ	sigᵊnayyɔᵓ	malᵊkuʷtɔᵓ	sɔrᵊkeʸ
,Satrapen-(die)-und	Vorsteher-(die)	,Reich(es)-(des)	Oberbeamte(n)

לְקַיָּמָה	וּפַחֲוָתָא	הַדָּבְרַיָּא
lᵊqayyɔmɔʰ	uʷpaḥᵃwɔtɔᵓ	haddɔbᵊrayyɔᵓ
(erlassen=)festsetzen-zu	Statthalter-(die)-und	(Minister=)Gefährten-(die)

דִּי	אֱסָר	וּלְתַקָּפָה	מַלְכָּא	קְיָם
diʸ	ᵓᵋsɔr	uʷlᵊtaqqɔpɔʰ	malᵊkɔᵓ	qᵊyɔm
dass	,Verbot-(ein)	(aufzustellen=)festigen-zu-und	König(s)-(des)	Statut-(ein)

כָּל־	מִן־	בָּעוּ	יִבְעֵה	דִּי־	כָּל־
-kol	-min	bɔᶜuʷ	yibᵊᶜeʰ	-diʸ	-kol
(irgendeinem=)all	von	Bitte-(eine)	(er)bittet-(er)	welch(er)	,(jeder=)all

לָהֵן	תְּלָתִין	יוֹמִין	עַד־	וֶאֱנָשׁ	אֱלָהּ
lɔhen	tᵊlɔtiʸn	yoʷmiʸn	-ᶜad	wɛʾᵋnɔš	ʾᵋlɔh
außer	,dreißig	Tage(n)	(von-innerhalb=)bis	Mensch(en)-und	Gott

לְגֹב	יִתְרְמֵא	מַלְכָּא	מִנָּךְ
lᵊgob	yitᵊrᵊmeʾ	malᵊkɔʾ	minnɔk
grube-(eine)-(in=)zu	geworfen-(werde=)wird-er	,König-(o)	,dir-von

תְּקִים	מַלְכָּא	9 כְּעַן	אַרְיָוָתָא׃
tᵊqiʸm	malᵊkɔʾ	kᵊᶜan	ʾarᵊyɔwɔtɔʾ.
(erlassen=)aufstellen-(möge=)wird-(er)	König-(der)	,Nun	.Löwen-

כְּתָבָא	וְתִרְשֻׁם	אֱסָרָא
kᵊtɔbɔʾ	wᵊtirᵊšum	ʾᵋsɔrɔʾ
,Schreiben-(ein)	(verfassen=)schreiben-(mögest=)wirst-du-und	,Verbot-(ein)

מָדַי	כְּדָת־	לְהַשְׁנָיָה	לָא	דִּי
mɔday	-kᵊdɔt	lᵊhašᵊnɔyɔʰ	lɔʾ	diʸ
Meder(s)-(des)	Gesetz-(gemäß=)wie	,(ist)-ändern-zu	nicht	welch(es)

לָא	דִּי־	וּפָרַס
lɔʾ	-diʸ	uʷpɔras
nicht	welch(es)	,Perser(s)-(des)-und

10 כָּל־קֳבֵל	תֶּעְדֵּא׃
qᵒbel-kol	tɛᶜᵊdeʾ.
(Entsprechend=)vor-All	!(werden-ungültig=)vorübergehen-wird-(es=sie)

דָּרְיָוֶשׁ	מַלְכָּא	דְּנָה
dɔrᵊyɔwɛš	malᵊkɔʾ	dᵊnɔʰ
(Darius=)Darjawesch	König-(der)	(diesem=)dieser

11 וְדָנִיֵּאל	וֶאֱסָרָא׃	כְּתָבָא	רְשַׁם
wᵊdoniʸyeʾl	wɛʾᵋsɔrɔʾ.	kᵊtɔbɔʾ	rᵊšam
,Daniel-Und	.Verbot-(ein)-und	Schreiben-(ein)	(ausfertigen-ließ=)verfasste-(er)

כְּתָבָא	רְשִׁים	דִּי־	יְדַע	כְּדִי
kᵊtɔbɔʾ	rᵊšiʸm	-diʸ	yᵊdaᶜ	kᵊdiʸ
,Schreiben-(ein)	(war)-geschrieben(er)	dass	,(vernahm=)wusste-er	als

לֵהּ	פְּתִיחָן	וְכַוִּין	לְבַיְתֵהּ	עַל
leh	p^{e}ti^{y}ḥɔn	w^{e}kawwi^{y}n	l^{e}bay^{e}teh	ʿal
ihm-(bei=)zu	geöffnet(e)-(waren)	Fenster-und	,Haus-sein-(in=)zu	trat-er

תְּלָתָה	וְזִמְנִין	יְרוּשְׁלֶם	נֶגֶד	בְּעִלִּיתֵהּ
t^{e}lɔtɔ^{h}	w^{e}zim^{e}ni^{y}n	y^{e}ru^{w}š^{e}lɛm	nɛgɛd	b^{e}ʿilli^{y}teh
drei	Zeiten-und	,Jerusalem	gegen(über)	Obergemach-sein(em)-in

בִּרְכוֹהִי	עַל־	בָּרֵךְ	הוּא	בְּיוֹמָא
bir^{e}ko^{w}hi^{y}	-ʿal	bɔrek	hu^{w}ʾ	b^{e}yo^{w}mɔʾ
Knie(n)-seine(n)	auf	(pries=)segnete-er	,er	Tag-(am=)in

אֱלָהֵהּ	קֳדָם	וּמוֹדֵא	וּמְצַלֵּא
ʾ^{ɛ}lɔheh	q^{o}dɔm	u^{w}mo^{w}deʾ	u^{w}m^{e}ṣalleʾ
,Gott-sein(em)	vor	dankend(er)-und	betend(er)-(war-er)-und

מִן־קַדְמַת	עָבֵד	הֲוָא	דִּי־	כָּל־קֳבֵל
qad^{e}mat-min	ʿɔbed	h^{a}wɔʾ	-di^{y}	q^{o}bel-kol
-vor-von	tuend(er)	war-er	dass	,(dem-entsprechend=)vor-all

אִלֵּךְ	גֻּבְרַיָּא	אֱדַיִן 12	דְּנָה׃
ʾillek	gub^{e}rayyɔʾ	ʾ^{ɛ}dayin	d^{e}nɔ^{h}.
,jene	,Männer-(die)	Da	.(gewöhnlich-wie=)dieser

בָּעֵא	לְדָנִיֵּאל	וְהַשְׁכַּחוּ	הַרְגִּשׁוּ
bɔʿeʾ	l^{e}dɔni^{y}yeʾl	w^{e}haš^{e}kaḥu^{w}	har^{e}gišu^{w}
betend(er)	Daniel-(den=)zu	fanden-(sie)-und	zusammen-traten-sie

קְרִיבוּ	בֵּאדַיִן 13	אֱלָהֵהּ׃	קֳדָם	וּמִתְחַנַּן
q^{e}ri^{y}bu^{w}	beʾdayin	ʾ^{ɛ}lɔheh.	q^{o}dɔm	u^{w}mit^{e}ḥannan
sich-näherten-sie	(Daraufhin=)dann-In	.Gott-sein(em)	vor	flehend(er)-und

אֱסָר	עַל־	מַלְכָּא	קֳדָם־	וְאָמְרִין
ʾ^{ɛ}sɔr	-ʿal	mal^{e}kɔʾ	-q^{o}dɔm	w^{e}ʾɔm^{e}ri^{y}n
Verbot-(das)	(über=)auf	König-(dem)	vor	sprechend(e)-(waren)-und

דִּי	רְשַׁמְתָּ	אֱסָר	הֲלָא	מַלְכָּא
di^{y}	r^{e}šam^{e}tɔ	ʾ^{ɛ}sɔr	h^{a}lɔʾ	mal^{e}kɔʾ
dass	,(erlassen=)verfasst-hast-du	Verbot-(ein)	nicht-Etwa	:König(s)-(des)

מִן־	יִבְעֵה	דִּי־	אֱנָשׁ	כָּל־
-min	yib^{e}ʿe^{h}	-di^{y}	ʾ^{ɛ}nɔš	-kol
von	(er)bittet-(er)	(der=)welch(er)	,Mensch(en)	(jeden=)all

יוֹמִין	עַד־	וֶאֱנָשׁ	אֱלָהּ	כָּל־
yoʷmiʸn	-ᶜad	wɛʾᵋnɔš	ʾᵋlɔh	-kol
Tage(n)	(von-innerhalb=)bis	Mensch(en)-und	Gott	(irgendeinem=)all(em)

יִתְרְמֵא	מַלְכָּא	מִנָּךְ	לָהֵן	תְּלָתִין
yitᵊrᵊmeʾ	malᵊkɔʾ	minnɔk	lɔhen	tᵊlɔtiʸn
geworfen-(werde=)wird-er	,König-(o)	,dir-von	außer	,dreißig

מַלְכָּא	עָנֵה	אַרְיָוָתָא	לְגוֹב
malᵊkɔʾ	ᶜɔneʰ	ʾarᵊyɔwtɔʾ	lᵊgoʷb
König-(der)	(war)-Antwortend(er)	?Löwen-	grube-(eine)-(in=)zu

מִלְּתָא	יַצִּיבָא	וְאָמַר
millᵊtɔʾ	yaṣṣiʸbɔʾ	wᵊʾɔmar
(Sache-die=)Wort-(das)	(ist)-Sicher(e)	:sagend(er)-und

דִּי־	וּפָרַס	מָדַי	כְּדָת־
-diʸ	uʷpɔras	mɔday	-kᵊdɔt
(das=)welch(es)	,Perser(s)-und	Meder(s)-(des)	Gesetz-(dem)-(gemäß=)wie

14 בֵּאדַיִן	תֶעְדֵּא׃	לָא
beʾdayin	tɛᶜᵊdeʾ.	lɔʾ
(Darauf=)dann-In	!(werden-ungültig=)vorübergehen-wird-(es=sie)	nicht

דִּי	מַלְכָּא	קֳדָם	וְאָמְרִין	עֲנוֹ
diʸ	malᵊkɔʾ	qᵒdɔm	wᵊʾɔmᵊriʸn	ᶜᵃnoʷ
dieser-(ist)	König-(dem)	Vor	:sagend(e)-(waren)-und	antworteten-sie

בְּנֵי	מִן־	דִּי	דָנִיֵּאל
bᵊneʸ	-min	diʸ	dɔniʸyeʾl
Söhne(n)-(den)	von	(derjenige=)welch(er)	,Daniel

שָׂם	לָא־	יְהוּד	דִּי	גָלוּתָא
śɔm	-lɔʾ	yᵊhuʷd	diʸ	gɔluʷtɔʾ
gab-er	nicht	,Judäa	(von=)welch(e)	(Weggeführten=)Verbannung-(der)

אֱסָרָא	וְעַל־	טְעֵם	מַלְכָּא	עֲלַיִךְ[עֲלָךְ]
ʾᵋsɔrɔʾ	-wᵊᶜal	ṭᵊᶜem	malᵊkɔʾ	[ᶜᵃlɔk]ᶜᵃlayik
,Verbot-(das)	auf-und	Aufmerksamkeit	,König-(o)	,dich-auf

בְּיוֹמָא	תְּלָתָה	וְזִמְנִין	רְשַׁמְתָּ	דִּי
bᵊyoʷmɔʾ	tᵊlɔtɔʰ	wᵊzimᵊniʸn	rᵊšamᵊtɔ	diʸ
Tag-(am=)in	drei	Zeiten-und	,(erließest=)verfasstest-du	(das=)welch(es)

כְּדִי	מַלְכָּא	15 אֱדַיִן	בָּעוּתֵהּ:	בָּעֵא
kᵊdiʸ	malᵊkɔʾ	ʾᵉdayin	bɔʿuʷteh.	bɔʿeʾ
als	,König-(der)	Da	.Gebet-sein	(verrichtend=)betend(er)-(ist-er)

בְּאֵשׁ	שַׂגִּיא	שְׁמַע	מִלְּתָא
bᵊʾeš	śaggiʸʾ	šᵊmaʿ	millᵊtɔʾ
(betrübt=)übel-war-er	(sehr=)viel	,hörte-er	(Sache-die=)Wort-(das)

בָּל	שָׂם	דָּנִיֵּאל	וְעַל	עֲלוֹהִי
bɔl	śɔm	dɔniʸyeʾl	wᵊʿal	ʿᵃloʷhiʸ
(Sinn-den=)Herz-(das)	(richtete=)setzte-er	Daniel	auf-und	,ihm-(in=)auf

הֲוָא	שִׁמְשָׁא	מֶעָלֵי	וְעַד	לְשֵׁיזָבוּתֵהּ
hᵃwɔʾ	šimᵊšɔʾ	meʿɔleʸ	wᵊʿad	lᵊšeʸzɔbuʷteh
war-er	Sonne-(der)	(Untergang=)Eingang	bis-und	,ihn-(er)retten-zu-(um)

אִלֵּךְ	גֻּבְרַיָּא	16 בֵּאדַיִן	לְהַצָּלוּתֵהּ:	מִשְׁתַּדַּר
ʾillek	gubᵊrayyɔʾ	beʾdayin	lᵊhaṣṣɔluʷteh.	mišᵊtaddar
diese	Männer-(die)	(Darauf=)dann-In	.ihn-befreien-zu	(be)strebend(er)

וְאָמְרִין	מַלְכָּא	עַל־	הַרְגִּשׁוּ
wᵊʾɔmᵊriʸn	malᵊkɔʾ	-ʿal	harᵊgišuʷ
sprechend(e)-(waren)-und	König-(den)	(um=)auf	zusammen-traten-(sie)

דָת	דִּי־	מַלְכָּא	דַּע	לְמַלְכָּא
dɔt	-diʸ	malᵊkɔʾ	daʿ	lᵊmalᵊkɔʾ
Gesetz	dass	,König-(o)	,(Bedenke=)Wisse	:König-(dem)-zu

אֱסָר	כָל־	דִּי־	וּפָרַס	לְמָדַי
ʾᵉsɔr	-kol	-diʸ	uʷpɔras	lᵊmɔday
Verbot	(jedes=)all	dass	,(ist-es-)Perser(s)-und	Meder(s)-(des=)zu

לָא	יְהָקֵים	מַלְכָּא	דִּי־	וּקְיָם
lɔʾ	yᵊhɔqeʸm	malᵊkɔʾ	-diʸ	uʷqᵊyɔm
nicht	,(erlässt=)erstehen-macht-(er)	König-(der)	welch(es)	,Statut-und

אֲמַר	מַלְכָּא	17 בֵּאדַיִן	לְהַשְׁנָיָה:
ʾᵃmar	malᵊkɔʾ	beʾdayin	lᵊhašᵊnɔyɔʰ.
,(befahl=)sprach-(er)	König-(der)	(Hierauf=)dann-In	!(ist)-ändern-zu

לְדָנִיֵּאל	וְהַיְתִיו
lᵊdɔniʸyeʾl	wᵊhayᵊtiʸw
Daniel-(den=)zu	(holte=)brachte-(man=)er-(dass=)und

דִּ֠י	לְגֻבָּ֣א	וּרְמ֖וֹ
diʸ	lᵊgubbɔʾ	uʷrᵊmoʷ
(diejenige=)welch(e)	,Grube-(die)-(in=)zu	(ihn)-warf(en)-(man=)sie-und

לְדָנִיֵּ֑אל	וְאָמַ֣ר	מַלְכָּ֗א	עָנֵה֙	אַרְיָוָתָ֔א
lᵊdɔniʸyeʾl	wᵊʾɔmar	malᵊkɔʾ	ʿɔneʰ	ʾarᵊyɔwɔtɔʾ
:Daniel-zu	sprach-er-und	König-(der)	(war)-Anhebend(er)	.Löwen-(des)

בִּתְדִירָ֔א	לֵהּ֙	פָּֽלַח־	אַנְתָּה[אַנְתְּ]	דִּ֣י	אֱלָהָ֗ךְ
bitᵊdiʸrɔʾ	leh	-pɔlaḥ	[ʾanᵊtᵊ]ʾanᵊtɔʰ	diʸ	ʾᵋlɔhɔk
,unablässig	(ihn=)ihm-zu	verehrend(er)	(bist)-du	welch(en)	,Gott-Dein

חֲדָ֔ה	אֶ֣בֶן	18 וְהֵיתָ֗יִת	יְשֵׁיזְבִנָּֽךְ׃	ה֥וּא
ḥᵃdɔʰ	ʾɛbɛn	wᵊheʸtɔyit	yᵊšeʸzᵊbinnɔk.	huʷʾ
eine(r)	Stein	gebracht-wurde-(es=)er-Und	!dich-erretten-(möge=)wird-er	,er

גֻבָּ֑א	פֻּ֣ם	עַל־	וְשֻׂמַ֖ת
gubbɔʾ	pum	-ʿal	wᵊśumat
,Grube-(der)	Öffnung-(die)	auf	gelegt-wurde-(er=)sie-und

בְּעִזְקְתֵ֗הּ	מַלְכָּ֜א	וְחַתְמַ֨הּ
bᵊʿizᵊqᵊteh	malᵊkɔʾ	wᵊḥatᵊmah
Siegel-sein(em)-(mit=)in	König-(der)	(ihn=)sie-besiegelte-(es=)er-und

לָא־	דִּ֥י	רַבְרְבָנ֔וֹהִי	וּבְעִזְקַת֙
-lɔʾ	diʸ	rabᵊrᵊbɔnoʷhiʸ	uʷbᵊʿizᵊqɔt
nicht	dass	,Großen-seine(r)	Siegel-(dem)-(mit=)in-und

19 אֱדַ֜יִן	בְּדָנִיֵּֽאל׃	צְב֖וּ	תִשְׁנֵ֥א
ʾᵋdayin	bᵊdɔniʸyeʾl.	ṣᵊbuʷ	tišᵊneʾ
Darauf	.Daniel-(bei=)in	Sache-(die)	verschieden-(sei=)wird-(es=sie)

וּבָ֣ת	לְהֵיכְלֵהּ֙	מַלְכָּ֤א	אֲזַ֨ל
uʷbɔt	lᵊheʸkᵊleʰ	malᵊkɔʾ	ʾᵃzal
Nacht-die-verbrachte-(er)-und	Palast-sein(em)-zu	König-(der)	ging-(es=er)

קָדָמ֑וֹהִי	הַנְעֵ֣ל	לָא־	וְדַחֲוָ֖ן	טְוָ֔ת
qɔdɔmoʷhiʸ	hanᵊʿel	-lɔʾ	wᵊdaḥᵃwɔn	ṭᵊwɔt
,sich-(zu=)vor	eintreten-machte-er	nicht	Konkubinen-und	,fastend

מַלְכָּ֔א	20 בֵּאדַ֙יִן	עֲלֽוֹהִי׃	נַדַּ֥ת	וְשִׁנְתֵּ֖הּ
malᵊkɔʾ	beʾdayin	ʿᵃloʷhiʸ.	naddat	wᵊšinᵊteh
König-(der)	(Darauf=)dann-In	.ihm-(von=)auf	floh-(er=sie)	Schlaf-sein-und

בְּנָגְהָא	יְקוּם	בִּשְׁפַרְפָּרָא
bᵊnogᵊhɔʾ	yᵊquʷm	bišᵊparᵊpɔrɔʾ
(Morgen)dämmerung-(bei=)in	auf-(stand=)steht-(er)	Morgenrot-(beim=)in

אַרְיָוָתָא	דִּי־	לְגֻבָּא	וּבְהִתְבְּהָלָה
ʾarᵊyɔwɔtɔʾ	-diʸ	lᵊgubbɔʾ	uʷbᵊhitᵊbᵊhɔlɔʰ
,Löwen-(des)	(derjenigen=)welch(e)	,Grube-(der)-zu	(eiligst=)Eilen-in-und

לְדָנִיֵּאל	לְגֻבָּא	21 וּכְמִקְרְבֵהּ	אֲזַל׃
lᵊdɔniʸyeʾl	lᵊgubbɔʾ	uʷkᵊmiqᵊrᵊbeh	ʾᵃzal.
Daniel-(den=)zu	Grube-(der)-zu	Sichnähern-sein(em)-(bei=)wie-Und	.ging-er

מַלְכָּא	עָנֵה	זְעִק	עֲצִיב	בְּקָל
malᵊkɔʾ	ʿɔneʰ	zᵊʿiq	ʿᵃṣiʸb	bᵊqɔl
König-(der)	(war)-Anhebend(er)	.rief-er	trauriger	Stimme-(mit=)in

חַיָּא	אֱלָהָא	עֲבֵד	דָּנִיֵּאל	לְדָנִיֵּאל	וְאָמַר
ḥayyɔʾ	ʾᵋlɔhɔʾ	ʿᵃbed	dɔniʸyeʾl	lᵊdɔniʸyeʾl	wᵊʾɔmar
.lebendig(en)-(des)	Gott(es)	Diener	,Daniel	:Daniel-zu	sagte-er-und

בִּתְדִירָא	לֵהּ	פָּלַח־	אַנְתָּה[אַנְתְּ]	דִּי	אֱלָהָךְ
bitᵊdiʸrɔʾ	leh	-pɔlaḥ	[ʾanᵊtᵊ]ʾanᵊtɔʰ	diʸ	ʾᵋlɔhɔk
,unablässig	ihm-(zu)	dienend(er)	(bist)-du	welch(em)	,Gott-Dein

דָּנִיֵּאל	22 מִן־אֱדַיִן	אַרְיָוָתָא׃	לְשֵׁיזָבוּתָךְ	הֲיִכִל
dɔniʸyɛʾl	ʾᵋdayin-min	ʾarᵊyɔwɔtɔʾ.	lᵊšeʸzɔbuʷtɔk	hayᵊkil
Daniel	da-Von	?Löwen-(dem-vor)	dich-retten-zu	vermochte-er-etwa

לְעָלְמִין	מַלְכָּא	מַלִּל	מַלְכָּא	עִם־
lᵊʿɔlᵊmiʸn	malᵊkɔʾ	mallil	malᵊkɔʾ	-ʿim
(immer-für=)Ewigkeiten-zu	,König-(O)	:sprach-(er)	König-(dem)	mit

מַלְאֲכֵהּ	שְׁלַח	23 אֱלָהִי	חֱיִי׃
malᵊʾᵃkeh	šᵊlaḥ	ʾᵋlɔhiʸ	ḥᵋyiʸ.
Bote(n)-sein(en)	sandte-(er)	Gott-Mein	!(leben-mögest-du=)lebe

וְלָא	אַרְיָוָתָא	פֻּם	וּסֲגַר
wᵊlɔʾ	ʾarᵊyɔwɔtɔʾ	pum	uʷsᵃgar
nicht-(dass-so=)und	,Löwen-(der)	(Rachen=)Mund-(den)	verschloss-(d)er-und

דִּי	כָּל־קֳבֵל	חַבְּלוּנִי
diʸ	qᵒbel-kol	ḥabbᵊluʷniʸ
dass	,(dem-entsprechend=)vor-all	,(mir-zufügten-Leid=)mich-verletzten-sie

וְאַף	לִי	הִשְׁתְּכַחַת	זָכוּ	קָדָמוֹהִי
w^{əʾ}ap	li^{y}	hiš^{ə}t^{ə}kaḥat	zɔku^{w}	qɔdɔmo^{w}hi^{y}
auch-und	,mir-(in=)zu	gefunden-wurde-(sie)	Unschuld	ihm-vor

עֲבַדֵת׃	לָא	חֲבוּלָה	מַלְכָּא	קָדָמַיִךְ[קָדָמָךְ]
ʿab^{ə}det.	lɔʾ	ḥ^{a}bu^{w}lɔ^{h}	mal^{ə}kɔʾ	[qɔdɔmɔk]qɔdɔmayik
.tat-ich	nicht	Böses	,König-(o)	,dir-vor

עֲלוֹהִי	טְאֵב	שַׂגִּיא	מַלְכָּא	24 בֵּאדַיִן
ʿ^{a}lo^{w}hi^{y}	ṭ^{əʾ}eb	śaggy^{ʾ}	mal^{ə}kɔʾ	beʾdayin
,sich-(bei=)auf	(froh=)gut	(sehr=)viel	König-(der)	(war)-(Darauf=)dann-In

אֲמַר	וּלְדָנִיֵּאל
^{ʾa}mar	u^{w}l^{ə}dɔni^{y}yeʾl
(befahl=)sagte-er	Daniel-(den=)zu-und

גֻּבָּא	מִן־	לְהַנְסָקָה
gubbɔʾ	-min	l^{ə}han^{ə}sɔqɔ^{h}
,Grube-(der)	(aus=)von	(heraufzuholen=)machen-heraufkommen-zu

גֻּבָּא	מִן־	דָּנִיֵּאל	וְהֻסַּק
gubbɔʾ	-min	dɔni^{y}yeʾl	w^{ə}hussaq
,Grube-(der)	(aus=)von	Daniel	heraufgebracht-wurde-(es=)er-und

בֵּהּ	הִשְׁתְּכַח	לָא־	חֲבָל	וְכָל־
beh	hiš^{ə}t^{ə}kaḥ	-lɔʾ	ḥ^{a}bɔl	-w^{ə}kol
,ihm-(an=)in	gefunden-wurde-(es=er)	nicht	Schaden	(irgendein=)all-und

25 וַאֲמַר	בֵּאלָהֵהּ׃	הֵימִן	דִּי
wa^{ʾa}mar	beʾlɔheh.	he^{y}min	di^{y}
(befahl=)sprach-(es=er)-(Da=)Und	.Gott-seinen-(auf=)in	vertraute-er	weil

דִּי־	אִלֵּךְ	גֻּבְרַיָּא	וְהַיְתִיו	מַלְכָּא
-di^{y}	ʾillek	gub^{ə}rayyɔʾ	w^{ə}hay^{ə}ti^{y}w	mal^{ə}kɔʾ
welch(e)	,jene	,Männer-(die)	brachten-sie-(dass=)und	,König-(der)

דָנִיֵּאל	דִּי	קַרְצוֹהִי	אֲכַלוּ
dɔni^{y}yeʾl	di^{y}	qar^{ə}ṣo^{w}hi^{y}	^{ʾa}kalu^{w}
,Daniel	(damit=)welch(e)	(verleumdet-hatten=)Stücke-seine	-aßen-(sie)

בְּנֵיהוֹן	אִנּוּן	רְמוֹ	אַרְיָוָתָא	וּלְגֹב
b^{ə}ne^{y}ho^{w}n	ʾinnu^{w}n	r^{ə}mo^{w}	ʾar^{ə}yɔwɔtɔʾ	u^{w}l^{ə}gob
Söhne-ihre	,sie	warfen-sie	Löwen-(der)	Grube-(die)-(in=)zu-und

לְאַרְעִית	מְטוֹ	וְלָא־	וּנְשֵׁיהוֹן
lᵊʾarᵃʿiʸt	mᵊṭoʷ	-wᵊlɔʾ	uʷnᵊšeʸhoʷn
Grund-(den=)zu	erreicht-hatten-sie	nicht-(Noch=)Und	.Frauen-ihre-und

בְהוֹן	שְׁלִטוּ	דִּי־	עַד	גֻּבָּא
bᵊhoʷn	šᵊliṭuʷ	-diʸ	ʿad	gubbɔʾ
(ihrer-sich=)ihnen-in	bemächtigten-(es=sie)	dass	bis	,Grube-(der)

26 בֵּאדַיִן	הַדִּקוּ׃	גַּרְמֵיהוֹן	וְכָל־	אַרְיָוָתָא
beʾdayin	haddiquʷ.	garᵊmeʸhoʷn	-wᵊkol	ʾarᵊyɔwɔtɔʾ
(Daraufhin=)dann-In	.zermalmten-sie	Knochen-ihre	all(e)-und	Löwen-(die)

עַמְמַיָּא	לְכָל־	כְּתַב	מַלְכָּא	דָּרְיָוֶשׁ
ʿamᵊmayyɔʾ	-lᵊkol	kᵊtab	malᵊkɔʾ	dɔrᵊyɔwɛš
,Völker	all(e)-(an=)zu	schrieb-(er)	,König-(der)	,(Darius=)Darjawesch

בְּכָל־אַרְעָא	דִּי־דָאְרִין[דָיְרִין]	וְלִשָּׁנַיָּא	אֻמַיָּא
ʾarᵃʿɔʾ-bᵊkol	[dɔyᵊriʸn]dɔʾᵃriʸn-diʸ	wᵊliššɔnayyɔʾ	ʾumayyɔʾ
:Erde-(der)-all-(auf=)in	(sind)-wohnend(e)-welch(e)	,Zungen-und	Nationen

קֳדָמַי	27 מִן־	יִשְׂגֵּא׃	שְׁלָמְכוֹן
qᵒdɔmay	-min	yiśᵊgeʾ.	šᵊlɔmᵊkoʷn
mir-(vor)	Von	!wachsen-(möge=)wird-(es=er)	(Heil=)Friede-Euer

שָׁלְטָן	בְּכָל־	דִּי	טְעֵם	שִׂים
šɔlᵊṭɔn	-bᵊkol	diʸ	ṭᵊʿem	śiʸm
Macht(bereich)	(ganzen-im=)all-in	dass	,Befehl-(ein)	gegeben-wurde-(es=er)

זָאעִין[זָיְעִין]	לֶהֱוֺן	מַלְכוּתִי
[zɔyᵊʿiʸn]zɔʾᵃʿiʸn	lɛhᵋwon	malᵊkuʷtiʸ
zitternd(e)	sein-(sollen=)werden-sie-(zu)	Reich(es)-mein(es)

דִּי־דָנִיֵּאל	אֱלָהֵהּ	מִן־קֳדָם	וְדָחֲלִין
dɔniʸyeʾl-diʸ	ʾᵋlɔheh	qᵒdɔm-min	wᵊdɔḥᵃliʸn
,Daniel(s)-(ist)-welch(er)	,Gott-sein(em)	vor-(von)	fürchtend(e)-(sich)-und

וְקַיָּם	חַיָּא	אֱלָהָא	הוּא	דִּי־
wᵊqayyɔm	ḥayyɔʾ	ʾᵋlɔhɔʾ	huʷʾ	-diʸ
beständige(r)-und	lebendige(r)	Gott-(der)	(ist)-er	(denn=)dass

לָא	דִּי־	וּמַלְכוּתֵהּ	לְעָלְמִין
lɔʾ	-diʸ	uʷmalᵊkuʷteh	lᵊʿɔlᵊmiʸn
nicht	welch(es)	,Reich-sein-und	,(ewig-auf=)Ewigkeiten-zu

עַד־סוֹפָא׃	וְשָׁלְטָנֵהּ	תִתְחַבַּל
soʷpɔʾ-ʿad.	wᵊšɔlᵊṭɔneh	titᵊḥabbal
.(Ewigkeit-in=)Ende-bis	Herrschaft-seine-(noch=)und	,zerstört-wird-(es=sie)

וְתִמְהִין	אָתִין	וְעָבֵד	וּמַצִּל	28 מְשֵׁיזִב
wᵊtimᵊhiʸn	ʾɔtiʸn	wᵊʿɔbed	uʷmaṣṣil	mᵊšeʸzib
Wunder-und	Zeichen	tuend(er)-und	befreiend(er)-und	errettend(er)-(ist-Er)

שֵׁיזִיב	דִּי	וּבְאַרְעָא	בִּשְׁמַיָּא
šeʸziʸb	diʸ	uʷbᵊʾarᵊʿɔʾ	bišᵊmayyɔʾ
errettete-(er)	(der=)welch(er)	,Erde(n)-auf=)in-und	Himmeln-(den)-in

29 וְדָנִיֵּאל	אַרְיָוָתָא׃	יַד	מִן־	לְדָנִיֵּאל
wᵊdɔniʸyeʾl	ʾarᵊyɔwɔtɔʾ.	yad	-min	lᵊdɔniʸyeʾl
,Daniel-Und	.Löwen-(der)	(Gewalt=)Hand-(der)	(aus=)von	Daniel-(den=)zu

דָּרְיָוֶשׁ	בְּמַלְכוּת	הַצְלַח	דְּנָה
dɔrᵊyɔwɛš	bᵊmalᵊkuʷt	haṣᵊlaḥ	dᵊnɔʰ
Darius	(von)-Reich-(dem)-in	erfolgreich-(war=)machte-(er)	dieser

פָּרְסָיָא[פָּרְסָאָה]׃	כּוֹרֶשׁ	וּבְמַלְכוּת
[pɔrᵊsɔʾɔʰ]pɔrᵊsɔyɔʾ.	koʷrɛš	uʷbᵊmalᵊkuʷt
.Perser(s)-(des)	,(Cyrus=)Koresch	(von)-Reich-(dem)-in-und

7

מֶלֶךְ	לְבֵלְאשַׁצַּר	חֲדָה	1 בִּשְׁנַת
mɛlɛk	lᵊbelᵊʾšaṣṣar	ḥᵃdɔʰ	bišᵊnat
(von)-König	,Belschazzar-(von=)zu	(ersten=)eine	Jahr-(dem)-In

וְחֶזְוֵי	חֲזָה	חֵלֶם	דָּנִיֵּאל	בָּבֶל
wᵊḥɛzᵊweʸ	ḥᵃzɔʰ	ḥelɛm	dɔniʸyeʾl	bɔbɛl
Gesichte-(die)-und	,sah-(er)	Traum-(einen)	Daniel	,Babel

בֵּאדַיִן	מִשְׁכְּבֵהּ	עַל־	רֵאשֵׁהּ
beʾdayin	mišᵊkᵊbeh	-ʿal	reʾšeh
(Sodann=)dann-In	.Lager-sein(em)	auf-(waren)	Haupt(es)-sein(es)

אֲמַר׃	מִלִּין	רֵאשׁ	כְּתַב	חֶלְמָא
ʾᵃmar.	milliʸn	reʾš	kᵊtab	ḥɛlᵊmɔʾ
:sagte-Er	.Worte-(der)	(Anfang=)Haupt	:(nieder)-schrieb-er	Traum-(den)

הֲוֵית	חָזֵה	וְאָמַר	דָּנִיֵּאל	2 עָנֵה
hᵃweʸt	ḥɔzeʰ	wᵊʾɔmar	dɔniʸyeʾl	ʿɔneʰ
sah-ich	Schauend(er)	:sagte-er-und	Daniel	(war)-Anhebend(er)

בְּחֶזְוִי	עִם־	לֵילְיָא	וַאֲרוּ	אַרְבַּע	רוּחֵי
bᵊḥɛzᵊwiʸ	-ʿim	leʸlᵊyɔʾ	waʾᵃruʷ	ʾarᵊbaʿ	ruʷḥeʸ
Gesicht-mein(em)-in	(bei=)mit	,Nacht	,siehe-und	vier	Winde

שְׁמַיָּא	מְגִיחָן	לְיַמָּא	רַבָּא׃	3 וְאַרְבַּע
šᵊmayyɔʾ	mᵊgiʸḥɔn	lᵊyammɔʾ	rabbɔʾ.	wᵊʾarᵊbaʿ
Himmel-(der)	aufwühlend(e)	,Meer-(das=)zu	.groß(e)-(das)	vier-Und

חֵיוָן	רַבְרְבָן	סָלְקָן	מִן־	יַמָּא
ḥeʸwɔn	rabᵊrᵊbɔn	sɔlᵊqɔn	-min	yammɔʾ
Tiere	große	heraufkommend(e)-(waren)	(aus=)von	,Meer-(dem)

שָׁנְיָן	דָּא	מִן־דָּא׃	4 קַדְמָיְתָא
šɔnᵊyɔn	dɔʾ	dɔʾ-min.	qadᵊmɔyᵊtɔʾ
seiend(e)-verschieden	-dieser	.(anderen-vom-eins=)dieser-von	erste-(Das=)Die

כְאַרְיֵה	וְגַפִּין	דִּי־	נְשַׁר	לַהּ
kᵊʾarᵊyeʰ	wᵊgappiʸn	-diʸ	nᵊšar	lah
,Löwe-(ein)-wie	,Flügel-und	welch(e)	,Adler(s)-(des)	.(ihm=)ihr-(an=)zu

חָזֵה	הֲוֵית	עַד	דִּי־	מְּרִיטוּ	גַּפַּיהּ
ḥɔzeʰ	hᵃweʸt	ʿad	-diʸ	mᵊriʸṭuʷ	gappayʰ
Schauend(er)	,sah-ich	bis	dass	ausgerissen-wurden-(es=sie)	Flügel-seine

וּנְטִילַת	מִן־	אַרְעָא	וְעַל־	רַגְלַיִן
uʷnᵊṭiʸlat	-min	ʾarᵊʿɔʾ	-wᵊʿal	ragᵊlayin
erhoben-wurde-(es=)sie-und	von	,Erde-(der)	auf-und	Füße-(zwei)

כֶּאֱנָשׁ	הֳקִימַת
kɛʾᵋnɔš	hᵒqiʸmat
Mensch(en)-(eines)-wie	,(gestellt=)gemacht-stehen-wurde-(es=)sie

וּלְבַב	אֱנָשׁ	יְהִיב	לַהּ׃
uʷlᵊbab	ʾᵋnɔš	yᵊhiʸb	lah.
Herz-(ein)-und	Mensch(en)-(des)	gegeben-wurde-(es=er)	.(ihm=)ihr-zu

5 וַאֲרוּ	חֵיוָה	אָחֳרִי	תִנְיָנָה	דָּמְיָה
waʾᵃruʷ	ḥeʸwɔʰ	ʾɔḥᵒriʸ	tinᵊyɔnɔʰ	dɔmᵊyɔʰ
,siehe-Und	Tier-(ein)	andere(s)	,zweite(s)	seiend(e)-ähnlich

לְדֹב	וְלִשְׂטַר־	חַד	הֳקִמַת
lᵊdob	-wᵊliśᵊṭar	ḥad	hᵒqimat
,Bären-(einem=)zu	Seite-(an=)zu-und	ein(er)	,aufgerichtet-war-(es=)sie

בֵּין	בְּפֻמַּהּ	עִלְעִין	וּתְלָת
be^{y}n	b^{ə}pummah	ʿil^{ə}ʿi^{y}n	u^{w}t^{ə}lɔt
zwischen	(Maul=)Mund-(seinem=)ihrem-in-(es-hielt)	Rippen	drei-und

אָמְרִין	וְכֵן	שִׁנַּיַּהּ[שִׁנַּהּ]
ʾɔm^{ə}ri^{y}n	w^{ə}ken	[šinnah]šinnayyah
sagend(e)-(waren-sie)	so-und	,(Zähnen=)Zahnreihen-(zwei)-seine(n)

דְּנָה	6 בָּאתַר	שַׂגִּיא:	בְּשַׂר	אֲכֻלִי	קוּמִי	לַהּ
d^{ə}nɔ^{h}	bɔʾtar	śaggi^{y}ʾ.	b^{ə}śar	^{ʾa}kuli^{y}	qu^{w}mi^{y}	lah
(diesem=)dieser	Nach	!viel	Fleisch	Friss	!auf-Steh	:(ihm=)ihr-zu

אָחֳרִי	וַאֲרוּ	הֲוֵית	חָזֵה
ʾɔḥ^{o}ri^{y}	waʾ^{a}ru^{w}	h^{a}we^{y}t	ḥɔze^{h}
(Tier-anderes-ein=)andere-(eine)	,siehe-und	,war-ich	schauend(er)

דִּי־	אַרְבַּע	גַּפִּין	וְלַהּ	כִּנְמַר
-di^{y}	ʾar^{ə}baʿ	gappi^{y}n	w^{ə}lah	kin^{ə}mar
welch(e)	,vier	Flügel	(hatte-es=)ihr-zu-und	,Panther-(ein)-wie

רֵאשִׁין	וְאַרְבְּעָה	גַּבַּיַּהּ[גַּבַּהּ]	עַל־	עוֹף
reʾši^{y}n	w^{ə}ʾar^{ə}b^{ə}ʿɔ^{h}	[gabbah]gabbayyah	-ʿal	ʿo^{w}p
Köpfe	vier-und	,Seiten-seine(n)	(an=)auf	,Vogel(s)-(des)

לַהּ:	יְהִיב	וְשָׁלְטָן	לְחֵיוְתָא
lah.	y^{ə}hi^{y}b	w^{ə}šɔl^{ə}ṭɔn	l^{ə}ḥe^{y}w^{ə}tɔʾ
.(ihm=)ihr-zu	gegeben-war-(es=er)	Macht-und	Tier-(das-hatte=)(dem)-zu

לֵילְיָא	בְּחֶזְוֵי	הֲוֵית	חָזֵה	דְּנָה	7 בָּאתַר
le^{y}l^{ə}yɔʾ	b^{ə}ḥɛz^{ə}we^{y}	h^{a}we^{y}t	ḥɔze^{h}	d^{ə}nɔ^{h}	bɔʾtar
,Nacht-(der)	Gesichte(n)-in	war-ich	schauend(er)	(diesem=)dieser	Nach

דְּחִילָה	רְבִיעָיָה[רְבִיעָאָה]	חֵיוָה	וַאֲרוּ
d^{ə}ḥi^{y}lɔ^{h}	[r^{ə}bi^{y}ʿɔʾɔ^{h}]r^{ə}bi^{y}ʿɔyɔ^{h}	ḥe^{y}wɔ^{h}	waʾ^{a}ru^{w}
(furchterregendes=)gefürchtete(s)	vierte(s)	Tier-(ein)	,siehe-und

וְשִׁנַּיִן	יַתִּירָא	וְתַקִּיפָא	וְאֵימְתָנִי
w^{ə}šinnayin	yatti^{y}rɔʾ	w^{ə}taqqi^{y}pɔʾ	w^{ə}ʾe^{y}m^{ə}tɔni^{y}
,(Zähne=)Zahnreihen-(zwei)-und	,überaus	starke(s)-und	schreckliche(s)-und

רַבְרְבָן	לַהּ	פַּרְזֶל	דִּי־
rab^{ə}r^{ə}bɔn	lah	par^{ə}zɛl	-di^{y}
,(riesige=)große	(es-hatte=)ihr-zu	,Eisen-(aus)	welch(e)

אָכְלָה	וּמַדֱּקָה	וּשְׁאָרָא
ʾɔkᵊlɔʰ	uʷmaddᵋqɔʰ	uʷšᵊʾɔrɔʾ
fressend(e)-(war-es=sie)	,zermalmte-(es=)sie-und	Rest-(den)-und

[בְּרַגְלַהּ]בְּרַגְלַיהּ	רָפְסָה	וְהִיא
[bᵊragᵊlah]bᵊragᵊlayyah	rɔpᵊsɔʰ	wᵊhiʸʾ
Füßen-(zwei)-seine(n)-(mit=)in	.zertrat-(es=)sie	(es=)sie-Und

מְשַׁנְּיָה	מִן־	כָּל־	חֵיוָתָא	דִּי
mᵊšannᵊyɔʰ	-min	-kol	ḥeʸwɔtɔʾ	diʸ
verschieden(e)-(war)	von	all	,Tieren-(den)	welch(e)

קָדָמַיהּ	וְקַרְנַיִן	עֲשַׂר	לַהּ׃
qɔdɔmayʰ	wᵊqarᵊnayin	ᶜaśar	lah.
,(waren-es-als-früher=)ihr-vor	Hörner(paare)-und	zehn	.(hatte-es=)ihr-zu

8 מִשְׂתַּכַּל	הֲוֵית	בְּקַרְנַיָּא	וַאֲלוּ
miśᵊtakkal	hᵃweʸt	bᵊqarᵊnayyɔʾ	waʾᵃluʷ
(Achtend=)Beobachtend(er)	war-ich	,Hörner-(die)-(auf=)in	,siehe-und

קֶרֶן	אָחֳרִי	זְעֵירָה	סִלְקָת
qɛrɛn	ʾɔḥᵒriʸ	zᵊᶜeʸrɔʰ	silᵊqɔt
Horn-(ein)	,(anderes=)andere-(eine)	,kleine(s)	herauf-wuchs-(es=sie)

[בֵּינֵיהֵן]בֵּינֵיהוֹן	וּתְלָת	מִן־	קַרְנַיָּא	קַדְמָיָתָא
[beʸneʸhen]beʸneʸhoʷn	uʷtᵊlɔt	-min	qarᵊnayyɔʾ	qadᵊmɔyɔtɔʾ
,ihnen-zwischen	drei-und	von	Hörner(n)-(den)	erste(n)-(den)

[אֶתְעֲקַרָה]אֶתְעֲקַרוּ	מִן־	[קֳדָמַהּ]קֳדָמַיהּ	וַאֲלוּ	עַיְנִין
[ʾɛtᵃᶜaqarɔʰ]ʾɛtᵃᶜaqaruʷ	-min	[qᵒdɔmah]qᵒdɔmayyah	waʾᵃluʷ	ᶜayᵊniʸn
ausgerissen-wurden-(sie)	von	,(ihm=)ihr-vor	,siehe-und	Augen

כְּעַיְנֵי	אֲנָשָׁא	בְּקַרְנָא־	דָא
kᵊᶜayᵊneʸ	ʾᵃnɔšɔʾ	-bᵊqarᵊnɔʾ	dɔʾ
(von)-Augen-(zwei)-wie	Mensch(en)	Horn-(am=)in-(waren)	,(diesem=)dieser

וּפֻם	מְמַלִּל	רַבְרְבָן׃	9 חָזֵה	הֲוֵית	עַד	דִּי
uʷpum	mᵊmallil	rabᵊrᵊbɔn.	ḥɔzeʰ	hᵃweʸt	ᶜad	diʸ
Mund-(ein)-und	redend(er)	.(Dinge)-große	Schauend(er)	,war-ich	bis	dass

כָרְסָוָן	רְמִיו	וְעַתִּיק
kɔrᵊsɔwɔn	rᵊmiʸw	wᵊᶜattiʸq
Throne	,(hingestellt=)geworfen-wurden-(sie)	-Alter-(ein)-und

לְבוּשֵׁהּ	יְתִב	יוֹמִין
lᵊbuʷšeh	yᵊtib	yoʷmiʸn
Gewand-Sein	.(Platz-nahm=)saß-(er)	(Hochbetagter=)Tage(n)-(an)

כַּעֲמַר	רֵאשֵׁהּ	וּשְׂעַר	חִוָּר	כִּתְלַג
kaᶜᵃmar	reʾšeh	uʷśᵊᶜar	ḥiwwɔr	kitᵊlag
Wolle-wie	Haupt(es)-sein(es)	Haar-(das)-und	weiß(er)	Schnee-wie-(war)

גַּלְגִּלּוֹהִי	נוּר	דִּי־	שְׁבִיבִין	כָּרְסְיֵהּ	נְקֵא
galᵊgilloʷhiʸ	nuʷr	-diʸ	šᵊbiʸbiʸn	kɔrᵊsᵊyeh	nᵊqeʾ
Räder-seine	,Feuer-(aus)	welch(e)	,Flammen-wie	Thron-sein	,rein(er)

נוּר	דִּי־	10 נְהַר	דָּלִק׃	נוּר
nuʷr	-diʸ	nᵊhar	dɔliq.	nuʷr
,Feuer-(aus)	welch(er)	,Strom-(Ein)	.brennend(em)	Feuer-(aus)

אֶלֶף	קֳדָמוֹהִי	מִן־	וְנָפֵק	נָגֵד
ʾɛlɛp	qᵒdɔmoʷhiʸ	-min	wᵊnɔpeq	nɔged
tausend	,ihm-(vor)	(aus=)von	herausgehend(er)-und	fließend(er)-(war)

רִבְבָן[רִבּוֹן]	וְרִבּוֹ	יְשַׁמְּשׁוּנֵּהּ	אַלְפִּים[אֲלַפִין]
[ribᵊbɔn]rabbᵊwɔn	wᵊribboʷ	yᵊšammᵊšuʷnneh	[ʾalᵊpiʸn]ʾalᵊpayim
Zehntausende	zehntausend(e)-und	,ihn-bedienten-(sie)	Tausende

יְתִב	דִּינָא	יְקוּמוּן	קֳדָמוֹהִי
yᵊtib	diʸnɔʾ	yᵊquʷmuʷn	qɔdɔmoʷhiʸ
(Platz-nahm=)saß-(es=er)	Gericht-(Das)	.standen-(sie)	ihm-vor

הֲוֵית	11 חָזֵה	פְּתִיחוּ׃	וְסִפְרִין
hᵃweʸt	ḥɔzeʰ	pᵊtiʸḥuʷ.	wᵊsipᵊriʸn
war-ich	Schauend(er)	.geöffnet-wurden-(sie)	Bücher-(die)-und

מִלַּיָּא	קָל	מִן־	בֵּאדַיִן
millayyɔʾ	qɔl	-min	beʾdayin
Worte-(der)	(Klang-dem=)Stimme	(wegen=)von	(daraufhin=)dann-in

מְמַלְּלָה	קַרְנָא	דִּי	רַבְרְבָתָא
mᵊmallᵋlɔʰ	qarᵊnɔʾ	diʸ	rabᵊrᵊbɔtɔʾ
,sprechend(e)-(war)	Horn-(das)	welch(e)	,(gewaltigen=)große(n)-(der)

חֵיוְתָא	קְטִילַת	דִּי	עַד	הֲוֵית	חָזֵה
ḥeʸwᵊtɔʾ	qᵊṭiʸlat	diʸ	ᶜad	hᵃweʸt	ḥɔzeʰ
Tier-(das)	getötet-wurde-(es=sie)	dass	bis	,war-ich	schauend(er)

וִיהִיבַת	גִּשְׁמַהּ	וְהוּבַד
wiʸhiʸbat	gišᵊmah	wᵊhuʷbad
übergeben-wurde-(es=)sie-und	Leib-(sein=)ihr	vernichtet-wurde-(es=)er-und

חֵיוָתָא	12 וּשְׁאָר	אֶשָּׁא׃	לִיקֵדַת
ḥeʸwɔtɔʾ	uʷšᵊʾɔr	ʾɛššɔʾ.	liʸqedat
Tiere-(der)	Rest-(dem)-(Auch=)Und	.Feuer	brennende(n)-(dem=)zu

בְחַיִּין	וְאַרְכָה	שָׁלְטָנְהוֹן	הֶעְדִּיו
bᵊḥayyiʸn	wᵊʾarᵊkɔʰ	šɔlᵊṭɔnᵊhoʷn	hɛʿᵊdiʸw
(Lebens-ihres=)Leben-ihren-in	Dauer-(die)-und	,Macht-ihre	weg-nahmen-sie

זְמַן	עַד־	לְהוֹן	יְהִיבַת
zᵊman	-ʿad	lᵊhoʷn	yᵊhiʸbat
-Zeit	(auf)-bis	(sie-für=)ihnen-zu	(bestimmt=)gegeben-wurde-(sie)

בְּחֶזְוֵי	הֲוֵית	13 חָזֵה	וְעִדָּן׃
bᵊḥɛzᵊweʸ	hᵃweʸt	ḥɔzeʰ	wᵊʿiddɔn.
Gesichte(n)-(den)-in	war-ich	Schauend(er)	.(Tag-und-Jahr=)Zeit-und

שְׁמַיָּא	עֲנָנֵי	עִם־	וַאֲרוּ	לֵילְיָא
šᵊmayyɔʾ	ʿᵃnɔneʸ	-ʿim	waʾᵃruʷ	leʸlᵊyɔʾ
Himmel-(der)	Wolken-(den)	mit	,siehe-und	,Nacht-(der)

וְעַד־	הֲוָה	אָתֵה	אֱנָשׁ	כְּבַר
-wᵊʿad	hᵃwɔʰ	ʾɔteʰ	ʾᵉnɔš	kᵊbar
(zum)-bis-und	,war-(ein)er	kommend(er)	Mensch	(von)-Sohn-(ein)-wie

וּקְדָמוֹהִי	מְטָה	יוֹמַיָּא	עַתִּיק
uʷqᵊdɔmoʷhiʸ	mᵊṭɔʰ	yoʷmayyɔʾ	ʿattiʸq
ihn-vor-und	kam-er	(Hochbetagten=)Tage-(der)	-Alten

שָׁלְטָן	יְהִיב	14 וְלֵהּ	הַקְרְבוּהִי׃
šɔlᵊṭɔn	yᵊhiʸb	wᵊleh	haqᵊrᵊbuʷhiʸ.
Macht	gegeben-wurde-(es=er)	ihm-(zu)-Und	.ihn-(brachten=)näherten-sie

אֻמַּיָּא	עַמְמַיָּא	וְכֹל	וּמַלְכוּ	וִיקָר
ʾumayyɔʾ	ʿamᵊmayyɔʾ	wᵊkol	uʷmalᵊkuʷ	wiʸqɔr
Nationen	,Völker	all(e)-und	,(Königtum=)Reich-und	Ehre-und

עָלַם	שָׁלְטָן	שָׁלְטָנֵהּ	יִפְלְחוּן	לֵהּ	וְלִשָּׁנַיָּא
ʿɔlam	šɔlᵊṭɔn	šɔlᵊṭɔneh	yipᵊlᵊḥuʷn	leh	wᵊliššɔnayyɔʾ
,ewige(r)	Macht-(ist)	Macht-seine	,dienten-(sie)	ihm-(zu)	Zungen-und

דִּי־לָא	וּמַלְכוּתֵהּ	יֶעְדֵּה	דִּי־לָא
lɔʾ-diʸ	uʷmalᵊkuʷteh	yɛʿᵊdeʰ	lɔʾ-diʸ
nicht-(das=)welch(es)	,Reich-sein-und	,vergeht-(sie=er)	nicht-welch(e)

דָנִיֵּאל	אֲנָה	רוּחִי	אֶתְכְּרִיַּת 15	תִתְחַבַּל׃
dɔniʸyeʾl	ʾᵃnɔʰ	ruʷḥiʸ	ʾɛtᵊkᵊriʸyat	titᵊḥabbal.
,Daniel	,ich	,Geist-mein	bekümmert-war-(Es=)Sie	.zerstört-wird-(es=sie)

וְחֶזְוֵי	נִדְנֶה	בְּגוֹא
wᵊḥɛzᵊweʸ	nidᵊnɛʰ	bᵊgoʷʾ
Gesichte-(die)-und	,(Innersten-im=)Scheide-(Geistes-des=)seine(r)	-Mitte-in

קִרְבֵת 16	יְבַהֲלֻנַּנִי׃	רֵאשִׁי
qirᵊbet	yᵊbahᵃlunnaniʸ.	reʾšiʸ
mich-näherte-Ich	.(Angst-machten=)mich-verwirrten-(sie)	Haupt(es)-mein(es)

אֶבְעֵא־	וְיַצִּיבָא	קָאֲמַיָּא	מִן־	עַל־חַד
-ʾɛbᵊʿeʾ	wᵊyaṣṣiʸbɔʾ	qɔʾᵃmayyɔʾ	-min	ḥad-ʿal
erbat-ich	(Auskunft)-sichere-und	,Dastehende(n)-(den)	von	ein(en)-(an=)auf

וּפְשַׁר	לִי	וַאֲמַר־	כָּל־דְּנָה	עַל־	מִנֵּהּ
uʷpᵊšar	liʸ	-waʾᵃmar	dᵊnɔʰ-kol	-ʿal	minneh
Deutung-(die)-und	,mir-zu	sprach-er-und	,dies(er)-all	(über=)auf	ihm-von

רַבְרְבָתָא	חֵיוָתָא	אִלֵּין 17	יְהוֹדְעִנַּנִי׃	מִלַּיָּא
rabᵊrᵊbɔtɔʾ	ḥeʸwɔtɔʾ	ʾilleʸn	yᵊhoʷdᵊʿinnaniʸ.	millayyɔʾ
,große(n)	Tiere	Diese	.mich-wissen-machte-er	Worte-(der)

יְקוּמוּן	מַלְכִין	אַרְבְּעָה	אַרְבַּע	אִנִּין	דִּי
yᵊquʷmuʷn	malᵊkiʸn	ʾarᵊbᵊʿɔʰ	ʾarᵊbaʿ	ʾinniʸn	diʸ
erstehen-werden-(sie)	Könige	Vier	:vier	diese	(sind)-welch(e)

מַלְכוּתָא	וִיקַבְּלוּן 18	אַרְעָא׃	מִן־
malᵊkuʷtɔʾ	wiʸqabbᵊluʷn	ʾarᵊʿɔʾ.	-min
Reich-(das)	erhalten-werden-(es=sie)-(Sodann=)Und	.Erde-(der)	(aus=)von

מַלְכוּתָא	וְיַחְסְנוּן	עֶלְיוֹנִין	קַדִּישֵׁי
malᵊkuʷtɔʾ	wᵊyaḥᵊsᵊnuʷn	ʿɛlᵊyoʷniʸn	qaddiʸšeʸ
Reich-(das)	besitzen-werden-sie-und	Höchsten-(des=der)	Heilige(n)-(die)

אֱדַיִן 19	עָלְמַיָּא׃	עָלַם	וְעַד	עַד־עָלְמָא
ʾᵋdayin	ʿɔlᵊmayyɔʾ.	ʿɔlam	wᵊʿad	ʿɔlᵊmɔʾ-ʿad
Alsdann	!Zeiten-ewige(n)-(der)	ewig	(auf)-bis-und	ewig-(auf)-bis

רְבִיעָיְתָא	חֵיוְתָא	עַל־	לְיַצָּבָא	צְבִית
rᵊbiʸᶜɔyᵊtɔᵓ	ḥeʸwᵊtɔᵓ	-ᶜal	lᵊyaṣṣɔbɔᵓ	ṣᵊbiʸt
,vierte-(das)	,Tier-(das)	(über=)auf	(Gewissheit=)machen-sicher-zu	erbat-ich

[כָּלְהֵין]מִן־כָּלְּהוֹן	שָׁנְיָה	דִּי־הֲוָת
[kɔllᵊheʸn]kɔllᵊhoʷn-min	šɔnᵊyɔʰ	hᵃwɔt -diʸ
,ihnen-all-von	seiend(e)-verschieden	war-(es=sie)-welch(es)

[שִׁנַּהּ]שִׁנַּיַהּ	יַתִּירָה	דְּחִילָה
[šinnah]šinnayyah	yattiʸrɔʰ	dᵊḥiʸlɔʰ
,(Zähne=)Zahnreihen-(zwei)-Seine	.überaus	(furchtbar=)gefürchtet(e)

וְטִפְרַיהּ	דִּי־פַרְזֶל
wᵊṭipᵊrayʰ	parᵊzɛl-diʸ
,Klauen-seine-und	,Eisen-(aus)-(waren-die=)welch(e)

מַדֲּקָה	אָכְלָה	דִּי־נְחָשׁ
maddᵃqɔʰ	ᵓɔkᵊlɔʰ	nᵊḥɔš-diʸ
,zermalmte-(es=)er	,fressend(e)-war-(es=)sie	,Erz-(aus)-(waren-die=)welch(e)

20 וְעַל־	רָפְסָה:	בְּרַגְלַיהּ	וּשְׁאָרָא
-wᵊᶜal	rɔpᵊsɔʰ.	bᵊragᵊlayʰ	uʷšᵊᵓɔrɔᵓ
(über=)auf-und	,zertrat-(es=)sie	Füßen-(zwei)-seine(n)-(mit=)in	Rest-(den)-und

בְּרֵאשַׁהּ	דִּי	עֲשַׂר	קַרְנַיָּא
bᵊreᵓšah	diʸ	ᶜᵃśar	qarᵊnayyɔᵓ
,Kopf-sein(em)-(an=)in	(waren)-welch(e)	,zehn	Hörner-(die)

סִלְקַת	דִּי	וְאָחֳרִי
silᵊqat	diʸ	wᵊᵓɔḥᵒriʸ
herauf-wuchs-(es=sie)	welch(es)	,andere-(das=)die-und

וְקַרְנָא	תְּלָת	[קֳדָמַהּ]קֳדָמַיַהּ	מִן־	[וּנְפַלָה]וּנְפַלוּ
wᵊqarᵊnɔᵓ	tᵊlɔt	[qᵒdɔmah]qᵒdɔmayyah	-min	[uʷnᵊpalɔʰ]uʷnᵊpaluʷ
Horn-(das)-und	,drei	(ihm=)ihr-vor	von	(aus)-fielen-(es=)sie-und

מְמַלִּל	וּפֻם	לַהּ	וְעַיְנִין	דִּכֵּן
mᵊmallil	wᵊpum	lah	wᵊᶜayᵊniʸn	dikken
redend(er)	Mund-(einen)-und	(hatte=)ihr-zu	Augen-(das=)und	,jene(s)

מִן־	רַב	וְחֶזְוַהּ	רַבְרְבָן
-min	rab	wᵊḥɛzᵊwah	rabᵊrᵊbɔn
(das)-(als-mehr=)von	groß-(war)	Aussehn-(sein=)ihr-und	,(Dinge)-große

דִּכֵּ֔ן	וְקַרְנָ֣א	הֲוֵ֑ית	21 חָזֵ֣ה	חַבְרָתַֽהּ׃
dikken	w^{ə}qar^{ə}nɔʾ	h^{a}we^{y}t	ḥɔze^{h}	ḥab^{ə}rɔtah.
jene(s)	Horn-(das)-und	,war-ich	Schauend(er)	.Gefährten-(seiner=)ihre(r)

קַדִּישִׁ֑ין	עִם־	קְרָ֖ב	עָבְדָ֥ה
qaddi^{y}ši^{y}n	-ʿim	q^{ə}rɔb	ʿɔb^{ə}dɔ^{h}
Heilige(n)-(die)	(gegen=)mit	Krieg	(führend=)machend(e)-(war)-(es=sie)

דִּי	22 עַ֣ד	לְהֽוֹן׃	וְיָכְלָ֥ה
di^{y}	ʿad	l^{ə}ho^{w}n.	w^{ə}yɔk^{ə}lɔ^{h}
dass	bis	,(sie=)ihnen-zu	(überwältigend=)vermögend(e)-war-(es=)sie-und

וְדִינָ֣א	יוֹמַיָּ֔א	עַתִּיק֙	אֲתָה֙
w^{ə}di^{y}nɔʾ	yo^{w}mayyɔʾ	ʿatti^{y}q	ʾ^{a}tɔ^{h}
Gericht-(das)-und	,(Hochbetagte-der=)Tage(n)	-(an)-Alte-(der)	kam-(er)

עֶלְיוֹנִ֑ין	לְקַדִּישֵׁ֖י	יְהִ֕ב
ʿɛl^{ə}yo^{w}ni^{y}n	l^{ə}qaddi^{y}še^{y}	y^{ə}hib
,Höchsten-(des=der)	Heilige(n)-(die)-(an=)zu	(über)geben-wurde-(es=er)

הֶחֱסִ֥נוּ	וּמַלְכוּתָ֖א	מְטָ֔ה	וְזִמְנָ֣א
hɛḥ^{ɛ}sinu^{w}	u^{w}mal^{ə}ku^{w}tɔʾ	m^{ə}ṭɔ^{h}	w^{ə}zim^{ə}nɔʾ
erhielten-(sie)	Reich-(das)-(da=)und	,(an-brach=)kam-(sie=er)	Zeit-(die)-und

רְבִיעָיְתָ֗א	חֵיוְתָא֙	אֲמַ֗ר	23 כֵּן֮	קַדִּישִֽׁין׃
r^{ə}bi^{y}ʿɔy^{ə}tɔʾ	ḥe^{y}w^{ə}tɔʾ	ʾ^{a}mar	ken	qaddi^{y}ši^{y}n.
,vierte-(das)	,Tier-(Das)	:sagte-er	So	.Heilige(n)-(die)

תֶּהֱוֵ֣א	רְבִיעָאָה֙	רְבִיעָ֗יָא	מַלְכוּ֙
tɛh^{ɛ}weʾ	r^{ə}bi^{y}ʿɔʾɔ^{h}	r^{ə}bi^{y}ʿɔyɔʾ	mal^{ə}ku^{w}
sein-wird-(es=sie)	vierte-(Das=)Die	.vierte(s)-(ein)	,Reich-(ein)-(bedeutet)

כָּל־	מִן־	תִּשְׁנֵא	דִּ֥י	בְּאַרְעָ֔א
-kol	-min	tiš^{ə}neʾ	di^{y}	b^{ə}ʾar^{a}ʿɔʾ
all(en)	von	verschieden-sein-wird-(es=sie)	welch(es)	,Erde(n)-(auf=)in

אַרְעָ֔א	כָּל־	וְתֵאכֻל֙	מַלְכְוָתָ֑א
ʾar^{a}ʿɔʾ	-kol	w^{ə}teʾkul	mal^{ə}k^{ə}wɔtɔʾ
Erde-(die)	all	fressen-wird-(es=)sie-und	,Reiche(n)

וְתַדְּקִנַּֽהּ׃	וּתְדוּשִׁנַּ֖הּ
w^{ə}tadd^{ə}qinnah.	u^{w}t^{ə}du^{w}šinnah
.sie-zermalmen-wird-(es=)sie-und	sie-zertreten-wird-(es=)sie-und

עַשְׂרָה	מַלְכוּתָה	מִנַּהּ	עֲשַׂר	24 וְקַרְנַיָּא
ʿaśərɔh	maləkuwtɔh	minnah	ʿaśar	wəqarənayyɔʾ
zehn	,Reich-(dem)	,(ihm=)ihr-(Aus=)Von	:zehn	Hörner-(die)-Und

יְקוּם	וְאָחֳרָן	יְקֻמוּן	מַלְכִין
yəquwm	wəʾɔḥorɔn	yəqumuwn	maləkiyn
aufstehen-wird-(er)	anderer-(ein)-(dann=)und	,aufstehen-werden-(sie)	Könige

קַדְמָיֵא	מִן־	יִשְׁנֵא	וְהוּא	אַחֲרֵיהוֹן
qadəmɔyeʾ	-min	yišəneʾ	wəhuwʾ	ʾaḥareyhown
,frühere(n)-(den)	von	sein-verschieden-wird-er	,(d)er-und	,ihnen-nach

לְצַד	25 וּמִלִּין	יְהַשְׁפִּל׃	מַלְכִין	וּתְלָתָה
ləṣad	uwmilliyn	yəhašəpil.	maləkiyn	uwtəlɔtɔh
(gegen=)Seite-zu(r)	Worte-Und	.niederwerfen-wird-er	Könige	drei-und

עֶלְיוֹנִין	וּלְקַדִּישֵׁי	יְמַלִּל	עִלָּיָא[עִלָּאָה]
ʿɛləyowniyn	uwləqaddiyšey	yəmallil	[ʿillɔʾɔh]ʿillɔyɔʾ
Höchste(n)-(des=)der	Heiligen-(die=)zu-und	,reden-wird-er	Höchst(en)-(den)

לְהַשְׁנָיָה	וְיִסְבַּר	יְבַלֵּא
ləhašənɔyɔh	wəyisəbar	yəballeʾ
ändern-zu	(beabsichtigen=)hoffen-wird-er-Und	.misshandeln-wird-er

עַד־	בִּידֵהּ	וְיִתְיַהֲבוּן	וְדָת	זִמְנִין
-ʿad	biydeh	wəyitəyahabuwn	wədɔt	zimənyin
(auf)-bis	Hand-seine-in	gegeben-werden-sie-und	,Gesetz-und	(Fest)zeiten

26 וְדִינָא	עִדָּן׃	וּפְלַג	וְעִדָּנִין	עִדָּן
wədiynɔʾ	ʿiddɔn.	uwpəlag	wəʿiddɔniyn	ʿiddɔn
Gericht-(das)-Und	.Zeit	halbe-(eine)-und	Zeiten-und	Zeit

לְהַשְׁמָדָה	יְהַעְדּוֹן	וְשָׁלְטָנֵהּ	יִתִּב
ləhašəmɔdɔh	yəhaʿdown	wəšɔlətɔneh	yittib
vernichten-zu-(um)	entreißen-werden-sie	Macht-seine-und	,sitzen-wird-(es=er)

27 וּמַלְכוּתָה	עַד־סוֹפָא׃	וּלְהוֹבָדָה
uwmaləkuwtɔh	sowpɔʾ-ʿad.	uwləhowbɔdɔh
(Königtum=)Reich-(das)-Und	.(endgültig=)Ende-bis	(sie)-zerstören-zu-und

כָּל־	תְּחוֹת	מַלְכְוָת	דִּי	וּרְבוּתָא	וְשָׁלְטָנָא
-kol	təḥowt	maləkəwɔt	diy	uwrəbuwtɔʾ	wəšɔlətɔnɔʾ
all	unter	Reiche-(der)	welch(e)	,Größe-(die)-und	Macht-(die)-und

שְׁמַיָּא	יְהִיבַת	לְעַם	קַדִּישֵׁי
š^{ə}mayyɔʾ	y^{ə}hi^{y}bat	l^{ə}ᶜam	qaddi^{y}še^{y}
,Himmel(n)-(den)	gegeben-wird-(es=sie)	Volk-(dem=)zu	Heilige(n)-(der)

עֶלְיוֹנִין	מַלְכוּתֵהּ	מַלְכוּת	עָלַם	וְכֹל
ᶜɛl^{ə}yo^{w}ni^{y}n	mal^{ə}ku^{w}teh	mal^{ə}ku^{w}t	ᶜɔlam	w^{ə}kol
.Höchsten-(des=der)	Reich-Sein	Reich-(ein-ist)	,ewig(es)	all-und

שָׁלְטָנַיָּא	לֵהּ	יִפְלְחוּן
šɔl^{ə}ṭɔnayyɔʾ	leh	yip^{ə}l^{ə}ḥu^{w}n
Mächte-(die)	ihm-(zu)	dienen-werden-(sie)

וְיִשְׁתַּמְּעוּן׃	28 עַד־כָּה
w^{ə}yiš^{ə}tamm^{əᶜ}u^{w}n.	kɔ^{h}-ᶜad
.(ihm=)ihn-gehorchen-(werden-sie)-und	(hierher=)so-Bis

סוֹפָא	דִּי־מִלְּתָא	אֲנָה
so^{w}pɔʾ	mill^{ə}tɔʾ-di^{y}	ʾ^{a}nɔ^{h}
(Schluss-der=)Ende-(das)	.(Berichtes-des=)Wort(es)-(des)-welch(es)	,Ich

דָּנִיֵּאל	שַׂגִּיא	רַעְיוֹנַי	יְבַהֲלֻנַּנִי
dɔni^{y}yeʾl	śaggi^{y}ʾ	ra^{ᶜə}yo^{w}nay	y^{ə}bah^{a}lunnani^{y}
,Daniel	(sehr=)viel	Gedanken-meine	,(Angst-machten=)mich-verwirrten-(sie)

וְזִיוַי	יִשְׁתַּנּוֹן	עֲלַי
w^{ə}zi^{y}way	yiš^{ə}tanno^{w}n	ᶜ^{a}lay
Gesichtszüge-meine-und	sich-veränderten-(sie)	,(mir-an=)mich-auf

וּמִלְּתָא	בְּלִבִּי	נִטְרֵת׃
u^{w}mill^{ə}tɔʾ	b^{ə}libbi^{y}	niṭ^{ə}ret.
(Sache-die=)Wort-das-und	Herz(en)-mein(em)-in	.bewahrte-ich

8

1 בִּשְׁנַת	שָׁלוֹשׁ	לְמַלְכוּת	בֵּלְאשַׁצַּר
biš^{ə}nat	šɔlo^{w}š	l^{ə}mal^{ə}ku^{w}t	bel^{əʾ}šaṣṣar
Jahr-(dem)-In	drei	(von)-Regierung(szeit)-(der=)zu	,Belschazzar

הַמֶּלֶךְ	חָזוֹן	נִרְאָה	אֵלַי
hammɛlɛk	ḥɔzo^{w}n	nir^{əʾ}ɔ^{h}	ʾelay
,König-(dem=)der	Gesicht-(ein)	(sich-zeigte=)gesehen-wurde-(es=er)	,mir-(zu)

אֲנִי	דָנִיֵּאל	אַחֲרֵי	הַנִּרְאָה
ʾ^{a}ni^{y}	dɔni^{y}yeʾl	ʾaḥ^{a}re^{y}	hannir^{əʾ}ɔ^{h}
,(mir=)ich	,Daniel	nach	(erschienenen=)habenden-gezeigt-sich-(dem=)der

אֵלַי ʾelay mir-(zu)
בַּתְּחִלָּה׃ battᵊḥillɔʰ. .(früher=)Anfang-im
2 וָאֶרְאֶה wɔʾɛrᵊʾɛʰ schaute-ich-Und
בֶּחָזוֹן bɛḥɔzoʷn ,Gesicht-dem-in

וַיְהִי wayᵊhiʸ war-(es=)er-und
בִּרְאֹתִי birᵊʾotiʸ ,Schauen-meinem-(bei=)in
וַאֲנִי waʾᵃniʸ (befand-mich)-ich-(dass=)und

בְּשׁוּשַׁן bᵊšuʷšan ,(Susa=)Schuschan-in
הַבִּירָה habbiʸrɔʰ ,Burg-(der=)die
אֲשֶׁר ʾᵃšɛr (liegt)-welch(e)
בְּעֵילָם bᵊʿeʸlɔm ,Elam-in

הַמְּדִינָה hammᵊdiʸnɔʰ .Provinz-(der=)die
וָאֶרְאֶה wɔʾɛrᵊʾɛʰ sah-ich-Und
בֶּחָזוֹן bɛḥɔzoʷn ,Gesicht-dem-in
וַאֲנִי waʾᵃniʸ ,ich-(dass=)und
הָיִיתִי hɔyiʸtiʸ war-ich

עַל־ -ʿal (an=)auf
אוּבַל ʾuʷbal Flusse-(dem)
אוּלָי׃ ʾuʷlɔy. .Ulai
3 וָאֶשָּׂא wɔʾɛśśɔʾ erhob-ich-(Als=)Und
עֵינַי ʿeʸnay Augen-(beiden)-meine

וָאֶרְאֶה wɔʾɛrᵊʾɛʰ ,schaute-(ich)-und
וְהִנֵּה wᵊhinneʰ ,siehe-(da=)und
אַיִל ʾayil Widder
אֶחָד ʾɛḥɔd einer
עֹמֵד ʿomed (da)stehend(er)-(war)

לִפְנֵי lipᵊneʸ (vor=)Gesichter-zu
הָאֻבָל hɔʾubɔl Fluss-(dem=)der
וְלוֹ wᵊloʷ (hatte-er=)ihm-zu-und
קְרָנָיִם qᵊrɔnɔyim .Hörner-(zwei)

וְהַקְּרָנַיִם wᵊhaqqᵊrɔnayim Hörner-(zwei)-die-Und
גְּבֹהוֹת gᵊbohoʷt ,(hoch=)hohe-(waren-sie)
וְהָאַחַת wᵊhɔʾaḥat eine-(das=)die-(indes=)und

גְּבֹהָה gᵊbohɔʰ hoch-(war-es=sie)
מִן־ -min (als-mehr=)von
הַשֵּׁנִית haššeniʸt ,(andere=)zweite-(das=)die

וְהַגְּבֹהָה wᵊhaggᵊbohɔʰ (höhere-das=)hohe-die-und
עֹלָה ʿolɔʰ (wachsend=)aufsteigend(e)-(war)

בָּאַחֲרֹנָה׃ bɔʾaḥᵃronɔʰ. .(zuletzt=)Nachherigen-der-in
4 רָאִיתִי rɔʾiʸtiʸ sah-Ich
אֶת־הָאַיִל hɔʾayil-ʾɛt Widder-(den=)der***
מְנַגֵּחַ mᵊnaggeaḥ stoßend(er)

וְצָפ֫וֹנָה	יַ֫מָּה
w^{ə}ṣɔpo^{w}nɔ^{h}	yɔmmɔ^{h}
(Norden-nach=)nordwärts-und	(Westen-nach=)meerwärts

לֹא־	חַיּ֫וֹת	וְכָל־	וָנֶ֫גְבָּה
-lo^{ɔ}	ḥayyo^{w}t	-w^{ə}kol	wɔnɛg^{ə}bɔ^{h}
nicht	Tiere-(die)	all(e)-und	,(hin-Süden-nach=)südwärts-und

לְפָנָ֫יו	יַעַמְדוּ
l^{ə}pɔnɔ^{y}w	ya^{c}am^{ə}du^{w}
,(ihm-vor=)Gesichtern-seinen-zu	(standhalten-konnten=)standen-(sie)

מִיָּדוֹ	מַצִּ֫יל	וְאֵין
mi^{y}yɔdo^{w}	maṣṣi^{y}l	w^{əɔ}e^{y}n
,Hand-seine(r)-(aus=)von	Entreißender-(ein)	(war)-nicht-und

כִרְצֹנוֹ	וְעָשָׂה
kir^{ə}ṣono^{w}	w^{əc}ɔśɔ^{h}
Gefallen-sein(em)-(nach=)wie	(tat=)machte-er-und

הָיִיתִי	5 וַאֲנִי	וְהִגְדִּ֫יל׃
hɔyi^{y}ti^{y}	wa^{ɔa}ni^{y}	w^{ə}hig^{ə}di^{y}l.
war-ich	,ich-Und	.(mächtig-wurde=)groß-machte-er-und

הָעִזִּ֫ים	צְפִיר־	וְהִנֵּה	מֵבִ֫ין
hɔ^{c}izzi^{y}m	-ṣ^{ə}pi^{y}r	w^{ə}hinne^{h}	mebi^{y}n
Ziegen-(der=)die	Bock-(ein)	,siehe-(dass=)und	,(beachtend=)verstehend(er)

עַל־	מִן־הַמַּעֲרָ֫ב	בָּא
-^{c}al	hamma^{ca}rɔb-min	bɔ^{ɔ}
(über=)auf	(Westen=)Untergang-(dem=)der-von	kommend(er)-(war)

וְאֵין	כָל־הָאָ֫רֶץ	פְנֵי
w^{əɔ}e^{y}n	hɔ^{ɔ}ɔrɛṣ-kol	p^{ə}ne^{y}
nicht-(indes=)und	,Erde-(ganzen-der=)der-all	(Oberfläche=)Antlitze-(die)

קֶרֶן	וְהַצָּפִיר	בָּאָרֶץ	נוֹגֵעַ
qɛrɛn	w^{ə}haṣṣɔpi^{y}r	bɔ^{ɔ}ɔrɛṣ	no^{w}gea^{c}
Horn-(ein-hatte)	Bock-der-Und	.Erde-(die=)der-in	(be)rührend(er)

6 וַיָּבֹא	עֵינָיו׃	בֵּין	חָזוּת
wayyɔbo^{ɔ}	^{c}e^{y}nɔ^{y}w.	be^{y}n	ḥɔzu^{w}t
kam-er-Und	.Augen-(beiden)-seine(n)	zwischen	(ansehnliches=)Ansehen

הַקְּרָנַ֫יִם	בַּעַל	הָאַ֫יִל	עַד־
haqqᵊrɔnayim	baᶜal	hɔʾayil	-ᶜad
,Hörner(n)-zwei-(den=)die	(mit=)Besitzer	Widder-(dem=)der	(zu)-bis

הָאֻבָל	לִפְנֵי	עֹמֵד	רָאִיתִי	אֲשֶׁר
hɔʾubɔl	lipᵊneʸ	ᶜomed	rɔʾiʸtiʸ	ʾᵃšɛr
,Flusse-(dem=)der	(vor=)Gesichtern-zu	stehend(er)	sah-ich	(den=)welch(en)

כֹּחוֹ׃	בַּחֲמַת	אֵלָיו	וַיָּרָץ
koḥoʷ.	baḥᵃmat	ʾelɔʸw	wayyɔroṣ
.Kraft-seine(r)	(Wut=)Glut-(der)-(mit=)in	(los-ihn-auf=)ihm-zu	rannte-er-und

אֵצֶל	מַגִּיעַ	7 וּרְאִיתִיו
ʾeṣɛl	maggiʸaᶜ	uʷrᵊʾiʸtiʸw
(an)-nahe	(herankommend=)machend(en)-berühren	ihn-sah-ich-Und

וַיַּךְ	אֵלָיו	וַיִּתְמַרְמַר	הָאַיִל
wayyak	ʾelɔʸw	wayyitᵊmarᵊmar	hɔʾayil
(stieß=)schlug-er-und	ihn-(gegen=)zu	ergrimmte-er-und	,Widder-(den=)der

קְרָנָיו	אֶת־שְׁתֵּי	וַיְשַׁבֵּר	אֶת־הָאַיִל
qᵊrɔnɔʸw	šᵊteʸ-ʾɛt	wayᵊšabber	hɔʾayil-ʾɛt
.Hörner-seine(r)	zwei-(die)***	zerbrach-(er)-und	Widder-(den=)der***

לַעֲמֹד	בָּאַיִל	כֹּחַ	הָיָה	וְלֹא־
laᶜᵃmod	bɔʾayil	koaḥ	hɔyɔʰ	-wᵊloʾ
(standzuhalten=)stehen-zu	Widder-(dem=)der-in	Kraft	war-(es=)er	nicht-Und

וַיַּשְׁלִיכֵהוּ	לְפָנָיו
wayyašᵊliʸkehuʷ	lᵊpɔnɔʸw
ihn-warf-er-(Da=)Und	.(ihm-vor=)Gesichtern-seinen-zu

הָיָה	וְלֹא־	וַיִּרְמְסֵהוּ	אַרְצָה
hɔyɔʰ	-wᵊloʾ	wayyirᵊmᵊsehuʷ	ʾarᵊṣɔʰ
war-(es=er)	nicht-und	;ihn-zertrat-(er)-und	(Boden-zu=)zu-Erde-(der)

לָאַיִל	מַצִּיל
lɔʾayil	maṣṣiʸl
Widder-den-(für=)zu	(Retter=)Entreißender-(ein)

הָעִזִּים	8 וּצְפִיר	מִיָּדוֹ׃
hɔᶜizziʸm	uʷṣᵊpiʸr	miʸyɔdoʷ.
Ziegen-(der=)die	Bock-(der)-(Indes=)Und	.(Gewalt=)Hand-seiner-(aus=)von

וּכְעָצְמוֹ	עַד־מְאֹד	הִגְדִּיל
uʷkᵊʿoṣᵊmoʷ	mᵊʾod-ʿad	higᵊdiʸl
,(erstarkte)-Gebein-sein-wie-Und	.(überaus=)sehr-bis	groß-(wurde=)machte-(er)

הַגְּדוֹלָה	הַקֶּרֶן	נִשְׁבְּרָה
haggᵊdoʷlɔʰ	haqqɛrɛn	nišᵊbᵊrɔʰ
,große-(das=)die	,Horn-das	zerbrochen-wurde-(es=sie)

אַרְבַּע	חָזוּת	וַתַּעֲלֶנָה
ʾarᵊbaʿ	ḥɔzuʷt	wattaᶜᵃlɛnɔʰ
vier	(ansehnliche=)Ansehen	(hervor-traten=)auf-stiegen-(es=)sie-und

הַשָּׁמָיִם׃	רוּחוֹת	לְאַרְבַּע	תַּחְתֶּיהָ
haššɔmɔyim.	ruʷḥoʷt	lᵊʾarᵊbaʿ	taḥᵊtɛʸhɔ
.Himmel-(der=)die	Winde(n)	vier-(den)-(nach=)zu	,(statt-seiner-an=)ihr-unter

יָצָא	מֵהֶם	הָאַחַת	9 וּמִן־
yɔṣɔʾ	mehɛm	hɔʾaḥat	-uʷmin
hervor-(wuchs=)ging-(es=er)	ihnen-von	eine(n)-(dem=)die	(aus=)von-Und

וַתִּגְדַּל־	מִצְּעִירָה	אַחַת	קֶרֶן־
-wattigᵊdal	miṣṣᵊʿiʸrɔʰ	ʾaḥat	-qɛrɛn
groß-wurde-(es=)sie-(doch=)und	,(winziges=)Kleinheit-von	ein(e)	Horn

וְאֶל־	הַנֶּגֶב	אֶל־	יֶתֶר
-wᵊʾɛl	hannɛgɛb	-ʾɛl	yɛtɛr
(gegen=)zu-und	(Süden=)Negeb-(den=)der	(gegen=)zu	übermäßig

הַצֶּבִי׃	וְאֶל־	הַמִּזְרָח
haṣṣɛbiʸ.	-wᵊʾɛl	hammizᵊrɔḥ
.(Prachtland-das=)Pracht-die	(gegen=)zu-und	(Osten=)Aufgang-(den=)der

הַשָּׁמָיִם	צְבָא	עַד־	10 וַתִּגְדַּל
haššɔmɔyim	ṣᵊbɔʾ	-ʿad	wattigᵊdal
,Himmel-(der=)die	Heer-(das)	(an)-bis	(wuchs=)groß-wurde-(es=)sie-Und

וּמִן־	הַצָּבָא	מִן־	אַרְצָה	וַתַּפֵּל
-uʷmin	haṣṣɔbɔʾ	-min	ʾarᵊṣɔʰ	wattappel
von-und	Heer-(dem=)das	von	zu-Erde-(der)	fallen-machte-(es=)sie-und

שַׂר־	11 וְעַד	וַתִּרְמְסֵם׃	הַכּוֹכָבִים
-śar	wᵊʿad	wattirᵊmᵊsem.	hakkoʷkɔbiʸm
Fürst(en)	(zum)-bis-Und	.sie-zertrat-(es=sie)-und	Sterne(n)-(den=)die

הַצָּבָא
hassɔbɔʾ
Heer(es)-(des=)das

הִגְדִּיל
higᵊdiʸl
,groß-(sich)-machte-(es=)er

וּמִמֶּנּוּ
uʷmimmɛnnuʷ
ihm-von-und

הֵרִים[הוּרַם]
[huʷram]heriʸm
(aufgehoben-wurde=)[weggenommen-wurde]weg-nahm-(es=er)

הַתָּמִיד
hattɔmiʸd
,(Opfer-tägliche=)Fortdauernde-das

וְהֻשְׁלַךְ
wᵊhušᵊlak
(gestürzt=)geworfen-wurde-(es=)er-und

מְכוֹן
mᵊkoʷn
Stätte-(die)

מִקְדָּשׁוֹ׃
miqᵊdɔšoʷ.
.Heiligtum(s)-sein(es)

12 וְצָבָא
wᵊṣɔbɔʾ
,(Kultdienst-der=)Heer-(das)-(Nun=)Und

תִּנָּתֵן
tinnɔten
(angesetzt=)gegeben-wird-(er=)sie

עַל־
-ʿal
(über=)auf

הַתָּמִיד
hattɔmiʸd
(Opfer)-(tägliche=)beständige-das

בְּפָשַׁע
bᵊpɔšaʿ
,(frevelhafte=)Frevel-in

וְתַשְׁלֵךְ
wᵊtašᵊlek
wirft-(es=)sie-(dabei=)und

אֱמֶת
ʾᵋmɛt
Wahrheit-(die)

אַרְצָה
ʾarᵊṣɔʰ
,Boden-zu

וְעָשְׂתָה
wᵊʿɔśᵊtɔʰ
,(ist-tätig=)machte-(es=)sie-(während=)und

וְהִצְלִיחָה׃
wᵊhiṣᵊliʸḥɔʰ.
.Gelingen-hat(te)-(es=)sie-und

13 וָאֶשְׁמְעָה
wɔʾɛšᵊmᵊʿɔʰ
hörte-ich-(Dann=)Und

אֶחָד־
-ʾɛḥɔd
ein(en)

קָדוֹשׁ
qɔdoʷš
Heilig(en)

מְדַבֵּר
mᵊdabber
,sprechend(er)

וַיֹּאמֶר
wayyoʾmɛr
sprach-(es=)er-und

אֶחָד
ʾɛḥɔd
(anderer)-ein

קָדוֹשׁ
qɔdoʷš
Heilig(er)

לַפַּלְמוֹנִי
lappalᵊmoʷniʸ
,(betreffenden=)gewissen-dem-zu

הַמְדַבֵּר
hamᵊdabber
:(war)-sprechend(er)-der

עַד־מָתַי
mɔtay-ʿad
(aus-noch-steht)-wann-Bis

הֶחָזוֹן
hɛḥɔzoʷn
,Gesicht-das

הַתָּמִיד
hattɔmiʸd
,(Opfer-tägliche=)Fortdauernde-das-(dass)

וְהַפֶּשַׁע
wᵊhappɛšaʿ
,Frevel-der-(also=)und

וְקֹדֶשׁ	תֵּת	שֹׁמֵם
wᵊqodɛš	tet	šomem
Heiligtum-(das)-(sogar=)und	(preisgegeben=)Geben-(ein)	,(ist)-verwüstend(er)

אֵלַי	14 וַיֹּאמֶר	מִרְמָס׃	וְצָבָא
ʾelay	wayyoʾmɛr	mirᵊmɔs.	wᵊṣɔbɔʾ
:mir-zu	sagte-er-(Da=)Und	?Zertretenes-(ist)	(Kultdienst-der=)Heer-(das)-und

מֵאוֹת	וּשְׁלֹשׁ	אַלְפַּיִם	בֹּקֶר	עֶרֶב	עַד
meʾoʷt	uʷšᵊloš	ʾalᵊpayim	boqɛr	ʿɛrɛb	ʿad
,(sind)-hundert(e)	drei-und	zweitausend(e)	Morgen-(und)	Abend	Bis

קֹדֶשׁ׃	וְנִצְדַּק
qodɛš.	wᵊniṣᵊdaq
!Heiligtum-(das)	(Recht-sein-erhält=)gerechtfertigt-wird-(es=er)-(dann=)und

דָנִיֵּאל	אֲנִי	בִּרְאֹתִי	15 וַיְהִי
dɔniʸyeʾl	ʾᵃniʸ	birᵊʾotiʸ	wayᵊhiʸ
,Daniel	,ich	,Sehen-meinem-(bei=)in	(geschah=)war-(es=)er-Und

בִינָה	וָאֲבַקְשָׁה	אֶת־הֶחָזוֹן
biʸnɔʰ	wɔʾᵃbaqᵊšɔʰ	hɛḥɔzoʷn-ʾɛt
,(verstehen-zu-es=)Einsicht	(ver)suchte-ich-(als=)und	,Gesicht-das***

לְנֶגְדִּי	עֹמֵד	וְהִנֵּה
lᵊnɛgᵊdiʸ	ʿomed	wᵊhinneʰ
mir-(gegenüber=)zugegen	(da)stehend(er)-(einer-war)	,siehe-(da=)und

קוֹל־	16 וָאֶשְׁמַע	גָבֶר׃	כְּמַרְאֵה־
-qoʷl	wɔʾɛšᵊmaʿ	gɔbɛr.	-kᵊmarᵊʾeʰ
(von)-Stimme-(eine)	hörte-ich-Und	.Mann(es)-(eines)	Aussehen-(das)-wie

וַיֹּאמַר	וַיִּקְרָא	אוּלָי	בֵּין	אָדָם
wayyoʾmar	wayyiqᵊrɔʾ	ʾuʷlɔy	beʸn	ʾɔdɔm
:sagte-(sie=er)-und	rief-(sie=)er-und	,Ulai-(dem)	(über=)zwischen	Mensch

לְהַלָּז	הָבֵן	גַּבְרִיאֵל
lᵊhallɔz	hɔben	gabᵊriʸʾel
(da-diesem=)dieser-zu	(erkläre=)verstehen-mache	,Gabriel

אֵצֶל	17 וַיָּבֹא	אֶת־הַמַּרְאֶה׃
ʾeṣɛl	wayyɔboʾ	hammarᵊʾɛʰ-ʾɛt.
neben(	(trat=)kam-er-(Da=)Und	!(Gesicht-das=)Erscheinung-die***

נִבְעַ֫תִּי	וּבְבֹאוֹ	עָמְדִ֑י
nibᵊᶜattiʸ	uʷbᵊboᵓoʷ	ᶜɔmᵊdiʸ
erschrak-ich	Kommen-seinem-(bei=)in-(Jedoch=)Und	.(mich=)Stehen-mein

אֵלַ֔י	וַיֹּ֣אמֶר	פָּנָ֑י	עַל־	וָאֶפְּלָ֖ה
ᵓelay	wayyoᵓmɛr	pɔnɔy	-ᶜal	wɔᵓɛppᵊlɔʰ
:mir-zu	sprach-er-(Indes=)Und	.Gesicht(er)-mein(e)	auf	fiel-(ich)-und

קֵּ֥ץ	לְעֶת־	כִּ֥י	בֶּן־אָדָ֔ם	הָבֵ֤ן
qeṣ	-lᵊᶜɛt	kiʸ	ᵓɔdɔm-bɛn	hɔben
Ende(s)-(des)	Zeit-(die)-(betrifft=)zu	dass	,Mensch(en)-sohn	,Begreife

עִמִּ֔י	18 וּבְדַבְּר֣וֹ	הֶחָזֽוֹן׃
ᶜimmiʸ	uʷbᵊdabbᵊroʷ	hɛḥɔzoʷn.
mir-mit	Reden-seinem-(bei=)in-(Indes=)Und	!Gesicht-das

אָ֑רְצָה	פָּנַ֖י	עַל־	נִרְדַּ֥מְתִּי
ᵓɔrᵊṣɔʰ	pɔnay	-ᶜal	nirᵊdamᵊtiʸ
.(Boden-dem-auf=)erdwärts	Gesicht(er)-meine(m)	auf	betäubt-(lag=)war-ich

עַל־	וַיַּעֲמִידֵ֖נִי	בִּ֔י	וַיִּגַּע־
-ᶜal	wayyaᶜᵃmiʸdeniʸ	biʸ	-wayyiggaᶜ
(an=)auf	mich-stehen-machte-(er)-und	(mich=)mir-in	berührte-er-(Da=)Und

הִנְנִ֤י	19 וַיֹּ֗אמֶר	עָמְדִֽי׃
hinᵊniʸ	wayyoᵓmɛr	ᶜomᵊdiʸ.
(bin)-ich-,Siehe	:sprach-er-(Darauf=)Und	.(Platz=)Stehen-mein(em)

יִהְיֶ֖ה	אֵ֥ת אֲשֶׁר־	מוֹדִ֣יעֲךָ֔
yihᵊyɛʰ	-ᵓᵃšɛr ᵓet	moʷdiʸᶜᵃkɔ
(geschehn=)sein-wird-(es=er)	(was=)welch(es)***	,dich-machend(er)-wissen

כִּ֖י	הַזָּ֑עַם	בְּאַחֲרִ֣ית
kiʸ	hazzɔᶜam	bᵊᵓaḥᵃriʸt
denn	,(Zornes-des=)Zorn-der	(Ende-am=)Hinterseite-in

אֲשֶׁר־	20 הָאַ֥יִל	קֵֽץ׃	לְמוֹעֵ֖ד
-ᵓᵃšɛr	hɔᵓayil	qeṣ.	lᵊmoʷᶜed
welch(en)	,Widder-Der	.Ende(s)-(des)	Zeit-bestimmte-(eine)-(betrifft-es=)zu

מַלְכֵ֖י	הַקְּרָנָ֑יִם	בַּ֣עַל	רָאִ֛יתָ
malᵊkeʸ	haqqᵊrɔnɔyim	baᶜal	rɔᵓiʸtɔ
(von)-Könige-(die-sind)	,Hörner(n)-zwei-(den=)die	(mit=)Besitzer	sahst-du

מָדַי
mɔday
(Medien=)Madai

וּפָרָס:
uʷpɔrɔs.
.(Persien=)Paras-und

21 וְהַצָּפִיר
wᵊhaṣṣɔpiʸr
,Bock-der-Und

הַשָּׂעִיר
haśśɔʿiʸr
,haarige-(der=)die

מֶלֶךְ
mɛlɛk
(von)-König-(der-ist)

יָוָן
yɔwɔn
.(Jonien=)Jawan

וְהַקֶּרֶן
wᵊhaqqɛrɛn
,Horn-das-Und

הַגְּדוֹלָה
haggᵊdoʷlɔʰ
,große-(das=)die

אֲשֶׁר
ʾašɛr
welch(es)

בֵּין־
-beʸn
zwischen

עֵינָיו
ʿeʸnɔʸw
,(ist)-Augen-(zwei)-seine(n)

הוּא
huʷʾ
(ist-es=)er

הַמֶּלֶךְ
hammɛlɛk
,König-der

הָרִאשׁוֹן:
hɔriʾšoʷn.
.erste-der

22 וְהַנִּשְׁבֶּרֶת
wᵊhannišᵊbɛrɛt
,(brach-es-als=)gebrochene-(das=)die-Und

וַתַּעֲמֹדְנָה
wattaʿᵃmodᵊnɔʰ
auf-standen-(es=sie)-(da=)und

אַרְבַּע
ʾarᵊbaʿ
vier

תַּחְתֶּיהָ
taḥᵊteʸhɔ
:(Stelle-dessen-an=)ihr-unter

אַרְבַּע
ʾarᵊbaʿ
Vier

מַלְכֻיוֹת
malᵊkuyoʷt
Königreiche

מִגּוֹי
miggoʷy
Volk-(einem)-(aus=)von

יַעֲמֹדְנָה
yaʿᵃmodᵊnɔʰ
,(er)stehen-werden-(sie)

וְלֹא
wᵊloʾ
nicht-(aber=)und

בְכֹחוֹ:
bᵊkoḥoʷ.
.Kraft-seine-(durch=)in

23 וּבְאַחֲרִית
uʷbᵊʾaḥᵃriʸt
(Ende-am=)Hinterseite-in-Und

מַלְכוּתָם
malᵊkuʷtɔm
,Reich(es)-ihr(es)

כְּהָתֵם
kᵊhɔtem
(Maß-ihr-haben-vollgemacht=)Vollenden(ein)-(wenn=)wie

הַפֹּשְׁעִים
happošᵊʿiʸm
,Abtrünnigen-die

יַעֲמֹד
yaʿᵃmod
(er)steht-(es=er)

מֶלֶךְ
mɛlɛk
,König-(ein)

עַז־
-ʿaz
-(von)-(frech=)stark

פָּנִים
pɔniʸm
(Stirn-frecher-mit=)Gesichter(n)

וּמֵבִין
uʷmebiʸn
verstehend(er)-und

חִידוֹת:
ḥiʸdoʷt..
.Ränke

24 וְעָצַם
wᵊʿɔṣam
(mächtig=)stark-ist-(es=)er-Und

כֹּחוֹ
koḥoʷ
;Kraft-seine

וְלֹא
wᵊloʾ
nicht-(aber=)und

בְּכֹחוֹ	וְנִפְלָאוֹת	יַשְׁחִית
bəkoḥow	wənipəlɔʾowt	yašəḥiyt
,(es-ist)-Kraft-seine-(durch=)in	(Dinge)-wunderbare-(dass=)und	,verdirbt-er

וְהִצְלִיחַ	וְעָשָׂה	וְהִשְׁחִית
wəhiṣəliyaḥ	wəʿɔśɔh	wəhišəḥiyt
Gelingen-hat-er-(dass=)und	.(Tun-seinem-in=)tut-er-und	verdirbt-er-Und

עֲצוּמִים	וְעַם־	קְדֹשִׁים׃	25 וְעַל־
ʿaṣuwmiym	-wəʿam	qədošiym.	-wəʿal
Mächtige	(von)-Volk-(ein)-und	.Heilige(n)	auf(grund)-Und

שִׂכְלוֹ	וְהִצְלִיחַ	מִרְמָה
śikəlow	wəhiṣəliyaḥ	mirəmɔh
(Schlauheit=)Einsicht-seine(r)	gelingen-macht-er-(also=)und	Trug

בְּיָדוֹ	וּבִלְבָבוֹ	יַגְדִּיל
bəyɔdow	uwbiləbɔbow	yagədiyl
,Hand-seine-(durch=)in	Herz(en)-sein(em)-in-und	.groß-(tut=)macht-er

וּבְשַׁלְוָה	יַשְׁחִית	רַבִּים
uwbəšaləwɔh	yašəḥiyt	rabbiym
(unversehens=)Sorglosigkeit-in-(Jedoch=)Und	verdirbt-er	,viele

וְעַל־	שַׂר־	שָׂרִים	יַעֲמֹד
-wəʿal	-śar	śɔriym	yaʿamod
(gegen=)auf-und	Fürst-(den)	Fürsten-(der)	;auf-steht-er

וּבְאֶפֶס	יָד	יִשָּׁבֵר׃
uwbəʾɛpɛs	yɔd	yiššɔber.
(ohne=)Nichtsein-in-(aber=)und	(Menschen-von)-Hand	.zerschmettert-wird-er

26 וּמַרְאֵה	הָעֶרֶב	וְהַבֹּקֶר
uwmarəʾeh	hɔʿɛrɛb	wəhabboqɛr
Erscheinung-(die)-Und	Abend(s)-(des=)der	Morgen(s)-(des=)der-und

אֲשֶׁר	נֶאֱמַר	אֱמֶת	הוּא
ʾašɛr	nɛʾɛmar	ʾɛmɛt	huwʾ
(was=)welch(es) —	,gesagt-wurde-(es=er)	Wahrheit	.(es=)er-(ist)

וְאַתָּה	סְתֹם	הֶחָזוֹן
wəʾattɔh	sətom	hɛḥɔzown
,du-(Jedoch=)Und	(versiegle=)verstopfe	,(Schau-prophetische-die=)Gesicht-das

כִּי kiʸ denn
לְיָמִים lᵊyɔmiʸm Tage-(für=)zu
רַבִּים׃ rabbiʸm. !(es-gilt)-viele
27 וַאֲנִי waᵓaniʸ ,ich-Und
דָּנִיֵּאל dɔniʸyeᵓl ,Daniel

נִהְיֵיתִי nihᵊyeʸtiʸ (darnieder-lag=)geschehen-wurde-ich
וְנֶחֱלֵיתִי wᵊnɛḥᵉleʸtiʸ krank-war-(ich)-und
יָמִים yɔmiʸm .Tage-(einige)

וָאָקוּם wɔᵓɔquʷm auf-stand-ich-(Dann=)Und
וָאֶעֱשֶׂה wɔᵓɛᶜᵋśɛʰ (besorgte=)machte-(ich)-und

אֶת־מְלֶאכֶת mᵊlɛᵓkɛt-ᵓɛt (Geschäfte=)Arbeit-(die)***
הַמֶּלֶךְ hammɛlɛk .König(s)-(des=)der
וָאֶשְׁתּוֹמֵם wɔᵓɛšᵊtoʷmem staunte-ich-Und
עַל־ -ᶜal (über=)auf

הַמַּרְאֶה hammarᵊᵓɛʰ ,Erscheinung-die
וְאֵין wᵊᵓeʸn nicht-(die=)und
מֵבִין׃ mebiʸn. .(war-ich)-verstehend(er)

9

1 בִּשְׁנַת bišᵊnat Jahr-(dem)-In
אַחַת ᵓaḥat (eins=)eine
לְדָרְיָוֶשׁ lᵊdɔrᵊyɔwɛš (Darius=)Darjawesch-(von=)zu

בֶּן־אֲחַשְׁוֵרוֹשׁ ᵓᵃḥašᵊweroʷš-bɛn ,(Xerxes=)Achaschwerosch(s)-Sohn
מִזֶּרַע mizzɛraᶜ (von)-(Geschlecht=)Samen-(dem)-von

מָדָי mɔdɔy ,(Medien=)Madai
אֲשֶׁר ᵓᵃšɛr (der=)welch(er)
הָמְלַךְ homᵊlak (König=)gemacht-herrschen-wurde-(er)

עַל ᶜal (über=)auf
מַלְכוּת malᵊkuʷt (König)reich-(das)
כַּשְׂדִּים׃ kaśᵊdiʸm. (Chaldäer=)Chasdäer-(der)
2 בִּשְׁנַת bišᵊnat Jahr-(dem)-in

אַחַת ᵓaḥat (eins=)eine
לְמָלְכוֹ lᵊmolᵊkoʷ ,(Regierung-seiner=)Herrschen-seinem-zu
אֲנִי ᵓᵃniʸ ,ich
דָּנִיֵּאל dɔniʸyeᵓl ,Daniel

בִּינֹתִי biʸnotiʸ (bedachte=)bemerkte-(ich)
בַּסְּפָרִים bassᵊpɔriʸm Schriften-(den=)die-in
מִסְפַּר misᵊpar Zahl-(die)
הַשָּׁנִים haššɔniʸm ,Jahre-(der=)die

יִרְמְיָה	אֶל־	דְבַר־יְהוָה	הָיָה	אֲשֶׁר
yir^{ə}mi^{y}ɔ^{h}	-ʾɛl	y^{ə}hwɔ^{h}-d^{ə}bar	hɔyɔ^{h}	^{ʾa}šɛr
,Jeremia	(an=)zu	JHWH(s)-Wort-(als)	(ergangen)-war-(es=)er —	welch(e)

לְמַלֹּאות	הַנָּבִיא
l^{ə}malloʾwt	hannɔbi^{yʾ}
(war)-erfüllen-zu	— Prophet(en)-(den=)der

שָׁנָה׃	שִׁבְעִים	יְרוּשָׁלִָם	לְחָרְבוֹת
šɔnɔ^{h}.	šib^{ə}ʿi^{y}m	y^{ə}ru^{w}šɔlaim	l^{ə}ḥor^{ə}bo^{w}t
.Jahr(e)	siebzig-(waren-Es)	:Jerusalem	Verwüsten-(ein)-(auf=)zu-(Bezug-in)

אֶל־	אֶת־פָּנַי	3 וָאֶתְּנָה
-ʾɛl	pɔnay-ʾɛt	wɔʾɛtt^{ə}nɔ^{h}
zu	(Antlitz=)Gesichter-mein(e)***	(richtete=)gab-ich-Und

לְבַקֵּשׁ	הָאֱלֹהִים	אֲדֹנָי
l^{ə}baqqeš	hɔʾ^{ɛ}lohi^{y}m	^{ʾa}donɔy
(verrichten=)suchen-zu	,Gott-(dem=)der	,(Herrn-dem=)Herren-meine

וְשַׂק	בְּצוֹם	וְתַחֲנוּנִים	תְּפִלָּה
w^{ə}śaq	b^{ə}ṣo^{w}m	w^{ə}taḥ^{a}nu^{w}ni^{y}m	t^{ə}pillɔ^{h}
Sack(gewand)-und	Fasten-in	Bitten-(flehentliche)-und	Gebet-(ein)

אֱלֹהַי	לַיהוָה	4 וָאֶתְפַּלְלָה	וָאֵפֶר׃
^{ʾɛ}lohay	layhwɔ^{h}	wɔʾɛt^{ə}pal^{ə}lɔ^{h}	wɔʾepɛr.
,Gott-mein(em)	,JHWH-zu	betete-ich-(Als=)Und	.Asche-und

אֲדֹנָי	אָנָּא	וָאֹמְרָה	וָאֶתְוַדֶּה
^{ʾa}donɔy	ʾɔnnɔʾ	wɔʾom^{ə}rɔ^{h}	wɔʾɛt^{ə}waddɛ^{h}
,Herr(en)-mein(e)	,Ach	:sprach-ich-(indem=)und	,bekannte-ich-(da=)und

שֹׁמֵר	וְהַנּוֹרָא	הַגָּדוֹל	הָאֵל
šomer	w^{ə}hanno^{w}rɔʾ	haggɔdo^{w}l	hɔʾel
bewahrend(er)	,furchtbar(er)-(du=)der-und	groß(er)-(du=)der	,Gott-(du=)der

וְהַחֶסֶד	הַבְּרִית
w^{ə}haḥɛsɛd	habb^{ə}ri^{y}t
(Gnade=)Huld-die-und	Bund-(den=)der

וּלְשֹׁמְרֵי	לְאֹהֲבָיו
u^{w}l^{ə}šom^{ə}re^{y}	l^{ə}ʾoh^{a}bɔ^{y}w
Beobachtende(n)-(den=)zu-und	(lieben-ihn-die-,denen=)Liebenden-seinen-zu

וְהִרְשַׁעְנוּ[הִרְשַׁעְנוּ]	וְעָוִינוּ	5 חָטָאנוּ	מִצְוֹתָיו׃
[hirᵊšaᶜᵊnuʷ]wᵊhirᵊšaᶜᵊnuʷ	wᵊᶜɔwiʸnuʷ	ḥɔṭɔᵓnuʷ	miṣᵊwotɔʸw.
gottlos-waren-wir-und	frevelten-wir-und	sündigten-Wir	.Gebote-seine

וְסוֹר	וּמָרָדְנוּ
wᵊsoʷr	uʷmɔrɔdᵊnuʷ
(ab-wichen-wir=)Weichen-(ein)-und	widerspenstig-waren-wir-und

6 וְלֹא	וּמִמִּשְׁפָּטֶיךָ׃	מִמִּצְוֹתֶךָ
wᵊloᵓ	uʷmimmišᵊpɔṭɛʸkɔ.	mimmiṣᵊwotɛkɔ
nicht-Und	.Rechtsordnungen-deine(n)-von-und	Gebote(n)-deine(n)-von

דִּבְּרוּ	אֲשֶׁר	הַנְּבִיאִים	עֲבָדֶיךָ	אֶל־	שָׁמַעְנוּ
dibbᵊruʷ	ᵓᵃšɛr	hannᵊbiʸᵓiʸm	ᶜᵃbɔdɛʸkɔ	-ᵓɛl	šɔmaᶜᵊnuʷ
redeten-(sie)	welch(e)	,Propheten-die	,Diener-deine	(auf=)zu	hörten-wir

שָׂרֵינוּ	מְלָכֵינוּ	אֶל־	בְּשִׁמְךָ
śɔreʸnuʷ	mᵊlɔkeʸnuʷ	-ᵓɛl	bᵊšimᵊkɔ
Obere(n)-unsere(n)	,Könige(n)-unsere(n)	zu	Name(n)-dein(em)-in

הָאָרֶץ	עַם	כָּל־	וְאֶל	וַאֲבֹתֵינוּ
hɔᵓɔrɛṣ	ᶜam	-kol	wᵊᵓɛl	waᵓᵃboteʸnuʷ
.(Landes-des=)Erde-die	Volk-(dem)	all	zu-und	Väter(n)-unsere(n)-und

הַצְּדָקָה	אֲדֹנָי	7 לְךָ
haṣṣᵊdɔqɔʰ	ᵓᵃdonɔy	lᵊkɔ
,Gerechtigkeit-die	,Herr(en)-mein(e)	,(ist-Dein=)dir-Zu

הַפָּנִים	בֹּשֶׁת	וְלָנוּ
happɔniʸm	bošɛt	wᵊlɔnuʷ
,Gesichter-(der=)die	Scham-(die)	(ist-unser=)uns-zu-(aber=)und

יְהוּדָה	לְאִישׁ	הַזֶּה	כַּיּוֹם
yᵊhuʷdɔʰ	lᵊᵓiʸš	hazzɛʰ	kayyoʷm
Juda	(von-jedem=)Mann-zu	,da-dies(em)	,Tag-(am=)der-(zeigt-sich-es)-wie

יִשְׂרָאֵל	וּלְכָל־	יְרוּשָׁלַםִ	וּלְיוֹשְׁבֵי
yiśᵊrɔᵓel	-uʷlᵊkol	yᵊruʷšɔlaim	uʷlᵊyoʷšᵊbeʸ
,Israel	(ganz=)all-zu-und	Jerusalem	Bewohnende(n)-(den=)zu-und

הָאֲרָצוֹת	בְּכָל־	וְהָרְחֹקִים	הַקְּרֹבִים
hɔᵓᵃrɔṣoʷt	-bᵊkol	wᵊhɔrᵊḥoqiʸm	haqqᵊrobiʸm
,Länder(n)-(den=)die	all-in	Fernen-(den=)die-und	Nahen-(den=)die

בְּמַעֲלָם	שָׁם	הִדַּחְתָּם	אֲשֶׁר
b^{ə}ma^{ca}lɔm	šɔm	hiddaḥ^{ə}tɔm	^{ɔa}šɛr
,Treubruch(s)-ihr(es)-(wegen=)in	dort(hin)	sie-verstießest-du	welch(e)

8 יְהוָה	בָךְ׃	מָעֲלוּ־	אֲשֶׁר
y^{ə}hwɔ^{h}	bɔk.	-mɔ^{ca}lu^{w}	^{ɔa}šɛr
,JHWH	.(dich-gegen=)dir-in	untreu-waren-sie	welch(em)-(mit)

לִמְלָכֵינוּ	הַפָּנִים	בֹּשֶׁת	לָנוּ
lim^{ə}lɔke^{y}nu^{w}	happɔni^{y}m	bošɛt	lɔnu^{w}
,Könige-unsere(r=zu)	,Gesichter-(der=)die	Scham-(die)	(ist-unser=)uns-zu

חָטָאנוּ	אֲשֶׁר	וְלַאֲבֹתֵינוּ	לְשָׂרֵינוּ
ḥɔṭɔ^{ɔ}nu^{w}	^{ɔa}šɛr	w^{ə}la^{ɔa}bote^{y}nu^{w}	l^{ə}śɔre^{y}nu^{w}
sündigten-wir	(weil=)wie	,Väter-unsere(r=)zu-und	Fürsten-unsere(r=)zu

אֱלֹהֵינוּ	9 לַאדֹנָי	לָךְ׃
^{ɔɛ}lohe^{y}nu^{w}	la^{ɔ}donɔy	lɔk.
,Gott-unser(em)	,Herr(e)n-meine(m)-(Bei=)Zum	.(dich-gegen=)dir-zu

כִּי	וְהַסְּלִחוֹת	הָרַחֲמִים
ki^{y}	w^{ə}hass^{ə}liḥo^{w}t	hɔraḥ^{a}mi^{y}m
denn	,Vergebungen-die-und	(Erbarmen-das=)Eingeweide-die-(sind)

שָׁמַעְנוּ	10 וְלֹא	בּוֹ׃	מָרַדְנוּ
šɔma^{cə}nu^{w}	w^{ə}lo^{ɔ}	bo^{w}.	mɔrad^{ə}nu^{w}
hörten-wir	nicht-und	,(ihn-gegen=)ihm-in	widerspenstig-waren-wir

אֱלֹהֵינוּ	יְהוָה	בְּקוֹל
^{ɔɛ}lohe^{y}nu^{w}	y^{ə}hwɔ^{h}	b^{ə}qo^{w}l
,Gott(es)-unser(es)	,JHWH(s)	Stimme-(die)-(auf=)in

נָתַן	אֲשֶׁר	בְּתוֹרֹתָיו	לָלֶכֶת
nɔtan	^{ɔa}šɛr	b^{ə}to^{w}rotɔ^{y}w	lɔlɛkɛt
(legte=)gab-er	welch(e)	,Gesetzen-seine(n)-in	(wandeln=)gehen-zu-(nämlich)

הַנְּבִיאִים׃	עֲבָדָיו	בְּיַד	לְפָנֵינוּ
hann^{ə}bi^{y}^{ɔ}i^{y}m.	^{ca}bɔdɔ^{y}w	b^{ə}yad	l^{ə}pɔne^{y}nu^{w}
.Propheten-die	,Diener-seine	(durch=)Hand-in	(vor-uns=)Gesichtern-unseren-zu

אֶת־תּוֹרָתֶךָ	עָבְרוּ	יִשְׂרָאֵל	11 וְכָל־
to^{w}rɔtɛkɔ-^{ɔ}ɛt	^{c}ɔb^{ə}ru^{w}	yiś^{ə}rɔ^{ɔ}el	-w^{ə}kol
,Gesetz-dein***	übertrat(en)-(es=sie)	Israel	(ganz=)all-Und

שְׁמוֹעַ לְבִלְתִּי וְסוֹר
š^{ə}mo^{w}a^{c} l^{ə}bil^{ə}ti^{y} w^{ə}so^{w}r
hören (zu-ohne=)nicht-zu (ab-wich-es-indem=)Weichen-(ein)-und

הָאָלָה עָלֵינוּ וַתִּתַּךְ בְּקֹלֶךָ
hɔ^{ɔ}ɔlɔ^{h} ^{c}ɔle^{y}nu^{w} wattittak b^{ə}qolɛkɔ
Fluch-der uns-(über=)auf sich-ergoss-(es=)sie-Und .Stimme-deine-(auf=)in

מֹשֶׁה בְּתוֹרַת כְּתוּבָה אֲשֶׁר וְהַשְּׁבֻעָה
mošɛ^{h} b^{ə}to^{w}rat k^{ə}tu^{w}bɔ^{h} ^{ɔa}šɛr w^{ə}hašš^{ə}bu^{c}ɔ^{h}
,Mose (von)-Gesetz-(dem)-in geschrieben(e)-(ist) welch(er) ,Schwur-der-und

חָטָאנוּ כִּי הָאֱלֹהִים עֶבֶד־
ḥɔṭɔ^{ɔ}nu^{w} ki^{y} hɔ^{ɔɛ}lohi^{y}m -^{c}ɛbɛd
gesündigt-hatten-wir denn ,(Gottes=)Götter-(der=)die Knecht(es)-(des)

12 וַיָּקֶם לוֹ׃
wayyɔqɛm lo^{w}.
(wahr=)erstehen-machte-er-(Indes=)Und .(ihn-gegen=)ihm-zu

עָלֵינוּ דִּבֶּר אֲשֶׁר־ אֶת־דְּבָרָיו[דְּבָרוֹ]
^{c}ɔle^{y}nu^{w} dibbɛr -^{ɔa}šɛr [d^{ə}bɔro^{w}]d^{ə}bɔrɔ^{y}w-^{ɔ}ɛt
uns-(wider=)auf geredet-er welch(e) ,[Wort-sein]Worte-seine***

אֲשֶׁר שֹׁפְטֵינוּ וְעַל
^{ɔa}šɛr šop^{ə}ṭe^{y}nu^{w} w^{əc}al
welch(e) ,(Regenten=)Richter-unsere (wider=)auf-und

עָלֵינוּ לְהָבִיא שְׁפָטוּנוּ
^{c}ɔle^{y}nu^{w} l^{ə}hɔbi^{yɔ} š^{ə}pɔṭu^{w}nu^{w}
uns-(über=)auf machen-kommen-zu-(nämlich) ,uns-(regierten=)richteten-(sie)

לֹא־ אֲשֶׁר גְדֹלָה רָעָה
-lo^{ɔ} ^{ɔa}šɛr g^{ə}dolɔ^{h} rɔ^{c}ɔ^{h}
nicht welch(es) ,große(s) (Unheil=)Übel

הַשָּׁמַיִם כָּל־ תַּחַת נֶעֶשְׂתָה
haššɔmayim -kol taḥat nɛ^{c}ɛś^{ə}tɔ^{h}
,Himmel(n)-(den=)die all unter (geschehen-ist=)gemacht-wurde-(es=sie)

בִּירוּשָׁלִָם׃ נֶעֶשְׂתָה כַּאֲשֶׁר
bi^{y}ru^{w}šɔlɔim. nɛ^{c}ɛś^{ə}tɔ^{h} ka^{ɔa}šɛr
.Jerusalem-in (geschah=)gemacht-wurde-(es=sie) welch(es)-,(das)-wie

13 כַּאֲשֶׁר כָּתוּב בְּתוֹרַת מֹשֶׁה
ka'ašɛr kɔtuwb bᵊtowrat mošɛh
Gleichwie geschrieben(er)-(ist) (von)-Gesetz-(dem)-in ,Mose

אֵת כָּל־ הָרָעָה הַזֹּאת בָּאָה עָלֵינוּ
'et -kol hɔrɔʿɔh hazzo't bɔ'ɔh ʿɔleynuw
(nämlich-dass=)*** all ,Unheil-das ,diese(s) kam-(es=sie) ,uns-(über=)auf

וְלֹא־ חִלִּינוּ אֶת־פְּנֵי יְהוָה
-wᵊlo' ḥilliynuw pᵊney-'ɛt yᵊhwɔh
nicht-(aber=)und besänftigten-wir (Antlitz-das=)Gesichter-(die)*** ,JHWH(s)

אֱלֹהֵינוּ לָשׁוּב
'ᵋloheynuw lɔšuwb
,(Gottes-unseres=)Götter-unsere(r) (abkehrten-wir-dass=)abkehren-zu

מֵעֲוֺנֵנוּ וּלְהַשְׂכִּיל
meʿᵃwonenuw uwlᵊhaśᵊkiyl
Missetat-unserer-von (wären-achtend=)sein-verständnisvoll-zu-und

בַּאֲמִתֶּךָ׃ 14 וַיִּשְׁקֹד יְהוָה
ba'ᵃmittɛkɔ. wayyišᵊqod yᵊhwɔh
.Wahrheit-deine-(auf=)in (bedacht=)wachsam-war-(es=er)-(So=)Und JHWH

עַל־ הָרָעָה וַיְבִיאֶהָ עָלֵינוּ
-ʿal hɔrɔʿɔh wayᵊbiy'ɛhɔ ʿɔleynuw
auf ,(Unheil=)Übel-das (es=)sie-kommen-(ließ=)machte-er-und ,uns-(über=)auf

כִּי־ צַדִּיק יְהוָה אֱלֹהֵינוּ עַל־ כָּל־
-kiy ṣaddiyq yᵊhwɔh 'ᵋloheynuw -ʿal -kol
denn (ist)-gerecht(er) ,JHWH ,(Gott-unser=)Götter-unsere (bei=)auf all(en)

מַעֲשָׂיו אֲשֶׁר עָשָׂה וְלֹא
maʿᵃśɔyw 'ᵃšɛr ʿɔśɔh wᵊlo'
,Werke(n)-seine(n) (die=)welch(e) (wirkt=)macht(e)-er — nicht-(aber=)und

שָׁמַעְנוּ בְּקֹלוֹ׃ 15 וְעַתָּה אֲדֹנָי
šɔmaʿᵊnuw bᵊqolow. wᵊʿattɔh 'ᵃdonɔy
hörten-wir .Stimme-seine-(auf=)in ,nun-(Da=)Und ,Herr(en)-mein(e)

אֱלֹהֵינוּ אֲשֶׁר הוֹצֵאתָ
'ᵋloheynuw 'ᵃšɛr howṣe'tɔ
(Gott-unser=)Götter-unsere — (der=)welch(er) herausgehen-machtest-du

חֲזָקָה	בְּיָד	מִצְרַיִם	מֵאֶרֶץ	אֶת־עַמְּךָ
ḥ^{a}zɔqɔ^{h}	b^{e}yɔd	miṣ^{e}rayim	meʾɛrɛṣ	ʿamm^{e}kɔ-ʾɛt
,starke(r)	Hand-(mit=)in	Ägypten	Land-(dem)-von	Volk-dein***

כַּיּוֹם	שֵׁם	לְךָ	וַתַּעַשׂ־
kayyo^{w}m	šem	l^{e}kɔ	-wattaʿaś
,Tag-(am=)der-wie	Name(n)-(einen)	dich-(für=)zu	machtest-du-und

רָשָׁעְנוּ׃	חָטָאנוּ	הַזֶּה
rɔšɔʿ^{a}nu^{w}.	ḥɔṭɔʾnu^{w}	hazzɛ^{h}
:gottlos-(handelten=)waren-wir	,sündigten-wir	,— da-dies(em)

צִדְקֹתֶךָ	כְּכָל־	16 אֲדֹנָי
ṣid^{e}qotɛkɔ	-k^{e}kol	^{ʾa}donɔy
Gerechtigkeit-deine(r)	all-(nach=)wie	,Herr(en)-Mein(e)

אַפְּךָ	נָא	יָשָׁב־
ʾapp^{e}kɔ	nɔʾ	-yɔšob
(Zorn=)Nase-dein(e)	doch	abkehren-(möge=)wird-(es=er)

הַר־	יְרוּשָׁלַםִ	מֵעִירְךָ	וַחֲמָתְךָ
-har	y^{e}ru^{w}šɔlaim	meʿi^{y}r^{e}kɔ	waḥ^{a}mɔt^{e}kɔ
Berg-(dem)	,Jerusalem	Stadt-deine(r)-von	(Grimm=)Glut-dein(e)-und

בַחֲטָאֵינוּ	כִּי	קָדְשֶׁךָ
baḥ^{a}ṭɔʾe^{y}nu^{w}	ki^{y}	qod^{e}šɛkɔ
Sünden-unsere(r)-(ob=)in	Denn	!Heiligkeit-deine(r)

וְעַמְּךָ	יְרוּשָׁלַםִ	אֲבֹתֵינוּ	וּבַעֲוֹנוֹת
w^{e}ʿamm^{e}kɔ	y^{e}ru^{w}šɔlaim	^{ʾa}bote^{y}nu^{w}	u^{w}baʿ^{a}wono^{w}t
Volk-dein-und	Jerusalem-(ward)	Väter-unsere(r)	Missetaten-(der)-(ob=)in-und

שְׁמַע	17 וְעַתָּה	סְבִיבֹתֵינוּ׃	לְכָל־	לְחֶרְפָּה
š^{e}maʿ	w^{e}ʿattɔ^{h}	s^{e}bi^{y}bote^{y}nu^{w}.	-l^{e}kol	l^{e}ḥɛr^{e}pɔ^{h}
,höre	,nun-Und	.Umgebungen-unsere	all-(für=)zu	Schande-zu(r)

עַבְדְּךָ	תְּפִלַּת	אֶל־	אֱלֹהֵינוּ
ʿab^{e}d^{e}kɔ	t^{e}pillat	-ʾɛl	^{ʾɛ}lohe^{y}nu^{w}
Knecht(es)-dein(es)	Gebet-(das)	auf	,(Gott-unser=)Götter-unsere

וְהָאֵר	תַּחֲנוּנָיו	וְאֶל־
w^{e}hɔʾer	taḥ^{a}nu^{w}nɔ^{y}w	-w^{eʾ}ɛl
leuchten-mache-und	Bitten-(flehentlichen)-seine	(auf=)zu-und

פָּנֶיךָ עַל־ מִקְדָּשֶׁךָ
miqᵊdɔšᵊkɔ -ʿal pɔnɛʸkɔ
,Heiligtum-dein (über=)auf (Angesicht=)Gesichter-dein(e)

הַשָּׁמֵם לְמַעַן אֲדֹנָי׃
ʾᵃdonɔy. lᵊmaʿan haššɔmem
!Herr(e)n-(meines=)meine(r) (willen-um=)um-zu ,verwüstete-(das=)der

18 הַטֵּה אֱלֹהַי אָזְנְךָ וּשְׁמָע פִּקְחָה[פְּקַח]
[pᵊqaḥ]piqᵊḥɔʰ uʷšᵃmɔʿ ʾozᵊnᵊkɔ ʾᵋlohay haṭṭeʰ
öffne ,höre-und Ohr-dein ,Gott-mein ,(Neige=)aus-Breite

עֵינֶיךָ וּרְאֵה שֹׁמְמֹתֵינוּ וְהָעִיר אֲשֶׁר־
-ʾᵃšɛr wᵊhɔʿiʸr šomᵊmoteʸnuʷ uʷrᵊʾeʰ ʿeʸnɛʸkɔ
welch(e) ,Stadt-die-und Verwüstungen-unsere sieh-und Augen-(zwei)-deine

נִקְרָא שִׁמְךָ עָלֶיהָ כִּי לֹא
loʾ kiʸ ʿɔlɛʸhɔ šimᵊkɔ niqᵊrɔʾ
nicht denn ,sie-(über=)auf Name-dein (aus)gerufen-wurde-(es=)er

עַל־ צִדְקֹתֵינוּ אֲנַחְנוּ
ʾᵃnaḥᵊnuʷ ṣidᵊqoteʸnuʷ -ʿal
(sind)-wir Gerechtigkeit(en)-unsere(r) (wegen=)auf

מַפִּילִים תַּחֲנוּנֵינוּ לְפָנֶיךָ
lᵊpɔnɛʸkɔ taḥᵃnuʷneʸnuʷ mappiʸliʸm
,Gesicht(er)-dein(e)-(vor=)zu Bitten-unsere (bringend=)lassend(e)-fallen

כִּי עַל־ רַחֲמֶיךָ
raḥᵃmɛʸkɔ -ʿal kiʸ
,(Erbarmungen=)Eingeweide-deine(r) (wegen=)auf (sondern=)denn

הָרַבִּים׃ 19 אֲדֹנָי שְׁמָעָה אֲדֹנָי סְלָחָה
sᵊlɔḥɔʰ ʾᵃdonɔy šᵊmɔʿɔʰ ʾᵃdonɔy hɔrabbiʸm.
!verzeihe ,Herr(en)-Mein(e) !(er)höre ,Herr(en)-Mein(e) .vielen-(der=)die

אֲדֹנָי הַקֲשִׁיבָה וַעֲשֵׂה אַל־
-ʾal waʿᵃśeʰ haqᵃšiʸbɔʰ ʾᵃdonɔy
Nicht !(handle=)mache-und auf-merke ,Herr(en)-Mein(e)

תְּאַחַר לְמַעַנְךָ אֱלֹהַי כִּי־
-kiʸ ʾᵋlohay lᵊmaʿᵃnᵊkɔ tᵊʾaḥar
denn ,Gott-mein ,(deinetwillen-um=)dir-wegen-zu säumen-(sollst=)wirst-du

וְעַל־	עִירְךָ	עַל־	נִקְרָא	שִׁמְךָ
-wᵊʿal	ʿiʸrᵊkɔ	-ʿal	niqᵊrɔʾ	šimᵊkɔ
(über=)auf-und	Stadt-deine	(über=)auf	(aus)gerufen-wurde-(er)	Name-dein
וּמִתְפַּלֵּל	מְדַבֵּר	אֲנִי	20 וְעוֹד	עַמֶּךָ׃
uʷmitᵊpallel	mᵊdabber	ʾᵃniʸ	wᵊʿoʷd	ʿammɛkɔ.
betend(er)-und	redend(er)	(war)-ich	noch-Und	!Volk-dein
יִשְׂרָאֵל	עַמִּי	וְחַטַּאת	חַטָּאתִי	וּמִתְוַדֶּה
yiśᵊrɔʾel	ʿammiʸ	wᵊḥaṭṭaʾt	ḥaṭṭɔʾtiʸ	uʷmitᵊwaddɛʰ
Israel	Volk(es)-mein(es)	Sünde-(die)-und	Sünde-meine	bekennend(er)-und
יְהוָה	לִפְנֵי	תְּחִנָּתִי	וּמַפִּיל	
yᵊhwɔʰ	lipᵊneʸ	tᵊḥinnɔtiʸ	uʷmappiʸl	
,JHWH	(vor=)Gesichter-zu	Flehen-mein	(bringend=)machend(er)-fallen-und	
אֱלֹהָי׃	קֹדֶשׁ	הַר־	עַל	אֱלֹהַי
ʾᵉlohɔy.	qodɛš	-har	ʿal	ʾᵉlohay
,Gott(es)-mein(es)	Heiligkeit	(von)-Berg-(den)	(für=)auf	,Gott-mein(en)
וְהָאִישׁ	בַּתְּפִלָּה	מְדַבֵּר	אֲנִי	21 וְעוֹד
wᵊhɔʾiʸš	battᵊpillɔʰ	mᵊdabber	ʾᵃniʸ	wᵊʿoʷd
Mann-der-(als=)und	,Gebet-dem-in	redend(er)	(war)-ich	noch-(also=)und
בֶּחָזוֹן	רָאִיתִי	אֲשֶׁר	גַּבְרִיאֵל	
bɛḥɔzoʷn	rɔʾiʸtiʸ	ʾᵃšɛr	gabᵊriʸʾel	
Gesicht-dem-in	gesehen-(hatte=)habe-ich	(den=)welch(en)	,Gabriel	
נֹגֵעַ	בִּיעָף	מֻעָף	בַּתְּחִלָּה	
nogeaʿ	biʸʿɔp	muʿɔp	battᵊḥillɔʰ	
berührend(er)-(war)	Eile-in	geflogen(er)	,Anfang-(am=)dem-in	
עָרֶב׃	מִנְחַת־	כְּעֵת	אֵלַי	
ʿɔrɛb.	-minᵊḥat	kᵊʿet	ʾelay	
.Abend-(am)	Opfergabe-(der)	Zeit-(die)-(um=)wie	(mich=)mir-zu	
עִמִּי	וַיְדַבֵּר	22 וַיָּבֶן		
ʿimmiʸ	wayᵊdabber	wayyɔbɛn		
,mir-mit	redete-er-(als=)und	,(aufmerksam-war=)Einsicht-hatte-er-Und		
לְהַשְׂכִּילְךָ	יָצָאתִי	עַתָּה	דָּנִיֵּאל	וַיֹּאמַר
lᵊhaśkiʸlᵊkɔ	yɔṣɔʾtiʸ	ʿattɔʰ	dɔniʸyeʾl	wayyoʾmar
dich-belehren-zu	aus-(gehe=)ging-ich	nun	,Daniel	:sagte-(er)-und

תַּחֲנוּנֶיךָ	23 בִּתְחִלַּת	בִינָה:
taḥᵃnuʷnɛʸkɔ	bitᵊḥillat	biʸnɔʰ.
(Flehrufe=)Bitten-deine(r)	(Beginn=)Anfang-(Zu=)In	.Einsicht-(durch)

כִּי	לְהַגִּיד	בָּאתִי	וַאֲנִי	דָבָר	יָצָא
kiʸ	lᵊhaggiʸd	bɔᵓtiʸ	waᵓᵃniʸ	dɔbɔr	yɔṣɔᵓ
denn	,(dir)-berichten-zu	kam-ich	,ich-und	,Wort-(ein)	aus-ging-(es=er)

בַּדָּבָר	וּבִין	אָתָּה	חֲמוּדוֹת
baddɔbɔr	uʷbiʸn	ᵓɔttɔʰ	ḥᵃmuʷdoʷt
Wort-(das)-(auf=)in	achte-(Also=)Und	.(bist)-du	(Liebling-ein=)Kostbarkeiten

שִׁבְעִים	24 שָׁבֻעִים	בַּמַּרְאֶה:	וְהָבֵן
šibᵊᶜiʸm	šɔbuᶜiʸm	bammarᵊᵓɛʰ.	wᵊhɔben
siebzig	Wochen	:Erscheinung-die-(auf=)in	merke-und

וְעַל־עִיר	עַמְּךָ	עַל־	נֶחְתַּךְ
ᶜiʸr-wᵊᶜal	ᶜammᵊkɔ	-ᶜal	nɛḥᵊtak
Stadt-(die)-(für=)auf-und	Volk-dein	(für=)auf	bestimmt-wurde(n)-(es=er)

הַפֶּשַׁע	לְכַלֵּא	קָדְשֶׁךָ
happɛšaᶜ	lᵊkalleᵓ	qodᵊšɛkɔ
Frevel-(den=)der	vollenden-zu	,Heiligkeit-deine(r)

וּלְכַפֵּר	חַטָּאוֹת[חַטָּאת]	וּלַחְתֹּם[וּלְהָתֵם]
uʷlᵊkapper	[ḥaṭṭɔᵓt]ḥaṭṭɔᵓoʷt	[uʷlᵊhɔtem]uʷlaḥᵊtom
sühnen-zu-und	Sünde[n]-(die)	[bestätigen-zu-und]versiegeln-zu-und

צֶדֶק	וּלְהָבִיא	עָוֹן
ṣɛdɛq	uʷlᵊhɔbiʸᵓ	ᶜɔwon
Gerechtigkeit	(Herbeiführen=)Kommenmachen-(einem)-zu-und	Missetat-(die)

חָזוֹן	וְלַחְתֹּם	עֹלָמִים
ḥɔzoʷn	wᵊlaḥᵊtom	ᶜolɔmiʸm
Gesicht-(das)	versiegeln-zu-und	(immer-für=)Ewigkeiten

קָדָשִׁים:	קֹדֶשׁ	וְלִמְשֹׁחַ	וְנָבִיא
qɔdɔšiʸm .	qodɛš	wᵊlimᵊšoaḥ	wᵊnɔbiʸᵓ
.Heiligtümer-(der)	Heiligtum-(das)	salben-zu-und	Prophet(en)-(den)-und

וְתַשְׂכֵּל	25 וְתֵדַע
wᵊtaśᵊkel	wᵊtedaᶜ
,verstehen-(sollst=)wirst-du-und	(wissen=)kennen-(sollst=)wirst-du-Und

לְהָשִׁיב	דָּבָר	מֹצָא	מִן־
lᵊhošiʸb	dɔbɔr	mɔṣɔʾ	-min
machen-wiederkehren-zu	,Wort(es)-(des)	Ausgang-(dem)	von-(dass)

נָגִיד	מָשִׁיחַ	עַד־	יְרוּשָׁלַםִ	וְלִבְנוֹת
nɔgiʸd	mɔšiʸaḥ	-ʿad	yᵊruʷšɔlaim	wᵊlibᵊnoʷt
,Fürst(en)-(einem)	,Gesalbten-(einem)	(zu)-bis	,Jerusalem	erbauen-zu-und

וּשְׁנַיִם	שִׁשִּׁים	וְשָׁבֻעִים	שִׁבְעָה	שָׁבֻעִים
uʷšᵊnayim	šiššiʸm	wᵊšɔbuʿiʸm	šibᵊʿɔʰ	šɔbuʿiʸm
,zwei-und	sechzig	Wochen-und	,sieben	Wochen-(es-sind)

וְנִבְנְתָה	תָּשׁוּב
wᵊnibᵊnᵊtɔʰ	tɔšuʷb
werden-gebaut-wird-(es=)sie-(also=)und	(erneut=)kehren-wird-(es=sie)-(dass)

הָעִתִּים׃	וּבְצוֹק	וְחָרוּץ	רְחוֹב
hɔʿittiʸm.	uʷbᵊṣoʷq	wᵊḥɔruʷṣ	rᵊḥoʷb
.Zeiten-(der=)die	Bedrängnis-(der)-in-(zwar)-und	,Graben-und	Platz-(ein)

וּשְׁנַיִם	שִׁשִּׁים	הַשָּׁבֻעִים	26 וְאַחֲרֵי
uʷšᵊnayim	šiššiʸm	haššɔbuʿiʸm	wᵊʾaḥᵃreʸ
zwei-und	sechzig	Wochen-(den=)die	nach-Und

וְאֵין	מָשִׁיחַ	יִכָּרֵת
wᵊʾeʸn	mɔšiʸaḥ	yikkɔret
(ist)-nicht-und	,Gesalbter-(ein)	(ausgerottet=)geschnitten-wird-(es=er)

וְהַקֹּדֶשׁ	וְהָעִיר	לוֹ
wᵊhaqqodɛš	wᵊhɔʿiʸr	loʷ
Heiligtum-das-und	Stadt-die-Und	.(Nachfolger-sein=)ihm-zu

הַבָּא	נָגִיד	עַם	יַשְׁחִית
habbɔʾ	nɔgiʸd	ʿam	yašᵊḥiʸt
,(ist)-kommend(er)-der	,Fürst(en)-(eines)	Volk-(das)	vernichten-wird-(es=er)

קֵץ	וְעַד	בַשֶּׁטֶף	וְקִצּוֹ
qeṣ	wᵊʿad	baššɛṭɛp	wᵊqiṣṣoʷ
Ende	(zum)-bis-und	,Überflutung-die-(durch=)in	(kommt)-Ende-sein-und

27 וְהִגְבִּיר	שֹׁמֵמוֹת׃	נֶחֱרֶצֶת	מִלְחָמָה
wᵊhigᵊbiʸr	šomemoʷt.	nɛḥᵉrɛṣɛt	milᵊḥɔmɔʰ
stark-macht-er-Und	.Verwüstende(n)	(von)-Beschlossene(s)	Krieg-(ist)

אֶחָד	שָׁבוּעַ	לָרַבִּים	בְּרִית
ʾɛḥɔd	šɔbuʷaʿ	lɔrabbiʸm	bᵊriʸt
eine(r)	(Woche=)Siebent	.Vielen-(den=)die-(mit=)zu	Bündnis-(ein)

זֶבַח	יַשְׁבִּית	הַשָּׁבוּעַ	וַחֲצִי
zɛbaḥ	yašᵊbiʸt	haššɔbuʷaʿ	waḥᵃṣiʸ
Schlachtopfer	aufhören-macht-er	Woche-(der=)die	Hälfte-(eine)-und

שִׁקּוּצִים	כְּנַף	וְעַל	וּמִנְחָה
šiqquʷṣiʸm	kᵊnap	wᵊʿal	uʷminᵊḥɔʰ
Abscheulichkeiten	(von)-Flügel-(dem)	auf-und	Speiseopfer-und

כָּלָה	וְעַד־	מְשֹׁמֵם
kɔlɔh	-wᵊʿad	mᵊšomem
Vernichtung-(die)	(endlich-bis=)bis-und	,verwüstend(er)-(ist-er)

שֹׁמֵם׃	עַל־	תִּתַּךְ	וְנֶחֱרָצָה
šomem.	-ʿal	tittak	wᵊnɛḥᵉrɔṣɔʰ
.Verwüstenden-(den)	(über=)auf	ergießt-sich-(sie)	Beschlossene(s)-(als=)und

10

מֶלֶךְ	לְכוֹרֶשׁ	שָׁלוֹשׁ	1 בִּשְׁנַת
mɛlɛk	lᵊkoʷrɛš	šɔloʷš	bišᵊnat
(von)-König	,(Kyrus=)Koresch-(von=)zu	drei	Jahr-(dem)-In

לְדָנִיֵּאל	נִגְלָה	דָּבָר	פָּרַס
lᵊdoniʸyeʾl	nigᵊlɔʰ	dɔbɔr	pɔras
,Daniel-(dem=)zu	geoffenbart-wurde-(es=er)	Wort-(ein)	,(Persien=)Paras

בֵּלְטְשַׁאצַּר	שְׁמוֹ	נִקְרָא	אֲשֶׁר־
belᵊṭᵊšaʾṣṣar	šᵊmoʷ	niqᵊrɔʾ	-ʾᵃšɛr
.Beltschazzar	Name-sein	(genannt=)gerufen-wurde-(es=)er	welch(er)

גָּדוֹל	וְצָבָא	הַדָּבָר	וֶאֱמֶת
gɔdoʷl	wᵊṣɔbɔʾ	haddɔbɔr	wɛʾᵉmɛt
,große(r)	(Mühsal=)Kriegszug-und	Wort-das	(ist)-Wahrheit-Und

לוֹ	וּבִינָה	אֶת־הַדָּבָר	וּבִין
loʷ	uʷbiʸnɔʰ	haddɔbɔr-ʾɛt	uʷbiʸn
ihm-(ist=)zu	Verstehen-und	,Wort-das***	(beachtet=)versteht-er-und

אֲנִי	הָהֵם	2 בַּיָּמִים	בַּמַּרְאֶה׃
ʾᵃniʸ	hɔhem	bayyɔmiʸm	bammarʾɛʰ.
,ich	,jenigen-(den=)die	,Tagen-den-In	!Erscheinung-die-(auf-Bezug)-in

3 לֶחֶם	יָמִים׃	שָׁבֻעִים	שְׁלֹשָׁה	מִתְאַבֵּל	הָיִיתִי	דָּנִיֵּאל
lɛḥɛm	yɔmiʸm.	šɔbuᶜiʸm	šᵊlošɔʰ	mitᵓᵓabbel	hɔyiʸtiʸ	dɔniʸyeᵓl
(Speise=)Brot	.Tage(n-an)	Wochen	drei	trauernd(er)	war-ich	,Daniel

לֹא־	וָיַיִן	וּבָשָׂר	אָכַלְתִּי	לֹא	חֲמֻדוֹת
-loᵓ	wɔyayin	uʷbɔśɔr	ᵓɔkalᵊtiʸ	loᵓ	ḥᵃmudoʷt
nicht	Wein-und	Fleisch-und	,aß-ich	nicht	(leckere=)Kostbarkeiten

לֹא־	וָסוֹךְ	פִּי	אֶל־	בָּא
-loᵓ	wᵊsoʷk	piʸ	-ᵓɛl	bɔᵓ
nicht	Salben-(ein)-Und	.Mund-mein(en)	(in=)zu	kam-(es=er)

שָׁבֻעִים	שְׁלֹשֶׁת	מְלֹאת	עַד־	סָכְתִּי
šɔbuᶜiʸm	šᵊlošɛt	mᵊloᵓt	-ᶜad	sɔkᵊtiʸ
Wochen	drei	(waren-um=)Erfüllen	bis	(vor-nahm=)salbte-ich

וְאַרְבָּעָה	עֶשְׂרִים	4 וּבְיוֹם	יָמִים׃
wᵊᵓarᵊbɔᶜɔʰ	ᶜɛśᵊriʸm	uʷbᵊyoʷm	yɔmiʸm.
vier-und	zwanzig	Tag-(am=)in-(Aber=)Und	.Tage(n-an)

הָיִיתִי	וַאֲנִי	הָרִאשׁוֹן	לַחֹדֶשׁ
hɔyiʸtiʸ	waᵓᵃniʸ	hɔriᵓšoʷn	laḥodɛš
war-ich	,ich-(während=)und	,erste(n)-(des=)der	,Monat(s)-(des=)dem-zu

הוּא	הַגָּדוֹל	הַנָּהָר	יַד	עַל
huʷᵓ	haggɔdoʷl	hannɔhɔr	yad	ᶜal
(ist-das=)er	,große(n)-(des=)der	,Fluss(es)-(des=)der	(Ufer=)Hand	(am=)auf

אֶת־עֵינַי	5 וָאֶשָּׂא	חִדָּקֶל׃
ᶜeʸnay-ᵓɛt	wɔᵓɛśśɔᵓ	ḥiddɔqɛl.
Augen-(zwei)-meine***	erhob-ich-(da=)und	,(Tigris=)Hiddekel-(der)

לָבוּשׁ	אֶחָד	אִישׁ־	וְהִנֵּה	וָאֵרֶא
lɔbuʷš	ᵓɛḥɔd	-ᵓiʸš	wᵊhinneʰ	wɔᵓerɛᵓ
gekleidet(er)	einer	Mann	(war-da-),siehe-und	,schaute-ich-und

חֲגֻרִים	וּמָתְנָיו	בַּדִּים
ḥᵃguriʸm	uʷmotᵊnɔʸw	baddiʸm
gegürtet(e)-(waren)	Lenden-(zwei)-seine-und	,Leinen(gewänder)-(in)

כְתַרְשִׁישׁ	6 וּגְוִיָּתוֹ	אוּפָז׃	בְּכֶתֶם
kᵊtarᵊšiʸš	uʷgᵊwiʸyɔtoʷ	ᵓuʷpɔz.	bᵊkɛtɛm
,(Chrysolith=)Tarschisch-wie	(war)-Leib-sein-Und	.Uphas-(aus)	Gold-(mit=)in

בָּרָק	כְּמַרְאֵה	וּפָנָיו
bɔrɔq	k^{ə}mar^{ʾʾ}e^{h}	u^{w}pɔnɔ^{y}w
,Blitz-(ein)	(wie-anzuschaun=)Aussehen-wie	(war)-Gesicht(er)-sein(e)-und

וּזְרֹעֹתָיו	אֵשׁ	כְּלַפִּידֵי	וְעֵינָיו
u^{w}z^{ə}ro^{ʿ}otɔ^{y}w	ʾeš	k^{ə}lappi^{y}de^{y}	w^{əʿ}e^{y}nɔ^{y}w
Arme-seine-und	,Feuer	(von)-Fackeln-wie	(waren)-Augen-(beiden)-seine-und

נְחֹשֶׁת	כְּעֵין	וּמַרְגְּלֹתָיו
n^{ə}ḥošɛt	k^{əʿ}e^{y}n	u^{w}mar^{ə}g^{ə}lotɔ^{y}w
Erz	(von)-(Leuchten-das=)Auge-wie	Beine-seine-und

דְּבָרָיו	וְקוֹל	קָלָל
d^{ə}bɔrɔ^{y}w	w^{ə}qo^{w}l	qɔlɔl
Worte-seine(r)	(Schall-der=)Stimme-und	,(geglättetem=)glatter

אֲנִי	7 וְרָאִיתִי	הָמוֹן׃	כְּקוֹל
^{ʾa}ni^{y}	w^{ə}rɔʾi^{y}ti^{y}	hɔmo^{w}n.	k^{ə}qo^{w}l
,ich	,sah-ich-Und	.Menge-(lärmenden-einer)	(Schall-der=)Stimme-wie-(war)

אֶת־הַמַּרְאָה	לְבַדִּי	דָּנִיֵּאל
hammar^{ʾʾ}ɔ^{h}-ʾɛt	l^{ə}baddi^{y}	dɔni^{y}yeʾl
,Erscheinung-die***	,(allein-ich=)mich-für-zu	,Daniel

לֹא	עִמִּי	הָיוּ	אֲשֶׁר	וְהָאֲנָשִׁים
loʾ	ʿimmi^{y}	hɔyu^{w}	^{ʾa}šɛr	w^{ə}hɔ^{ʾa}nɔši^{y}m
nicht	,mir-(bei=)mit	waren-(sie)	(die=)welche	,Männer-die-(während=)und

גְּדֹלָה	חֲרָדָה	אֲבָל	אֶת־הַמַּרְאָה	רָאוּ
g^{ə}dolɔ^{h}	ḥ^{a}rɔdɔ^{h}	^{ʾa}bɔl	hammar^{ʾʾ}ɔ^{h}-ʾɛt	rɔʾu^{w}
große(s)	Schrecknis	(vielmehr=)gewiss	,Erscheinung-die***	sahen-(sie)

וַיִּבְרְחוּ	עֲלֵיהֶם	נָפְלָה
wayyib^{ə}r^{ə}ḥu^{w}	^{ʿa}le^{y}hɛm	nɔp^{ə}lɔ^{h}
flohen-sie-und	,(sie=)ihnen-auf	fiel-(es=sie)

נִשְׁאַרְתִּי	8 וַאֲנִי	בְּהֵחָבֵא׃
niš^{ʾa}ar^{ə}ti^{y}	wa^{ʾa}ni^{y}	b^{ə}heḥɔbeʾ.
,(zurück=)übrig-blieb-ich	,ich-Und	.(verbergen-zu-sich-um=)Sichverbergen-in

הַגְּדֹלָה	אֶת־הַמַּרְאָה	וָאֶרְאֶה	לְבַדִּי
hagg^{ə}dolɔ^{h}	hammar^{ʾʾ}ɔ^{h}-ʾɛt	wɔʾɛr^{ʾʾ}ɛ^{h}	l^{ə}baddi^{y}
,große-die	,Erscheinung-die***	sah-ich-und	,(allein-ich=)mich-für-zu

כֹּח	בִּי	נִשְׁאַר־	וְלֹא	הַזֹּאת
koḥ	biʸ	-nišᵊʾar	wᵊloʾ	hazzoʾt
,Kraft	mir-in	(ver)blieb-(es=er)	nicht-und	,da-diese

נֶהְפַּךְ	וְהוֹדִי
nɛhᵊpak	wᵊhoʷdiʸ
(verändert=)gewendet-wurde-(sie=er)	Gesichtsfarbe-mein(e)-und

וְלֹא	לְמַשְׁחִית	עָלַי
wᵊloʾ	lᵊmašᵊḥiʸt	ʿɔlay
nicht-und	,(Entstellung-zur-bis=)Verderbender-zu	(mir-an=)mich-auf

דְּבָרָיו	אֶת־קוֹל	9 וָאֶשְׁמַע	כֹּחַ׃	עָצַרְתִּי
dᵊbɔrɔʸw	qoʷl-ʾɛt	wɔʾɛšᵊmaʿ	koaḥ.	ʿɔṣarᵊtiʸ
.Worte-seine(r)	(Klang-den=)Stimme***	hörte-ich-Und	.Kraft	(be)hielt-ich

אֶת־קוֹל	וּכְשָׁמְעִי
qoʷl-ʾɛt	uʷkᵊšomᵊʿiʸ
(Klang-den=)Stimme***	Hören-mein(em)-(bei=)wie-(Indes=)Und

עַל־	נִרְדָּם	הָיִיתִי	וַאֲנִי	דְּבָרָיו
-ʿal	nirᵊdɔm	hɔyiʸtiʸ	waʾᵃniʸ	dᵊbɔrɔʸw
(an=)auf	betäubt(er)	war-ich	,ich-(da=)und	,Worte-seine(r)

וּפָנַי	פָּנַי
uʷpɔnay	pɔnay
Gesicht(er)-mein(e)-und	,(Gesicht-meinem=)Gesichtern-meine(n)

נָגְעָה	יָד	10 וְהִנֵּה־	אָרְצָה׃
nɔgᵊʿɔʰ	yɔd	-wᵊhinneʰ	ʾɔrᵊṣɔʰ.
berührte-(sie)	Hand-(eine)	,siehe-Und	.(Erde-zur-fiel=)erdwärts

בִּרְכַּי	עַל־	וַתְּנִיעֵנִי	בִּי
birᵊkay	-ʿal	wattᵊniʸʿeniʸ	biʸ
Knien-(beiden)-meine(n)	(an=)auf	mich-rüttelte-(sie)-und	(mich=)mir-in

11 וַיֹּאמֶר	יָדָי׃	וְכַפּוֹת
wayyoʾmɛr	yɔdɔy.	wᵊkappoʷt
sprach-er-(Dann=)Und	.Hände-(beiden)-meine(r)	Flächen-(hohlen)-(den)-und

הָבֵן	חֲמֻדוֹת	אִישׁ־	דָּנִיֵּאל	אֵלַי
hɔben	ḥᵃmudoʷt	-ʾiʸš	dɔniʸyeʾl	ʾelay
(achte=)verstehe	,(Liebling-du=)Kostbarkeiten	(von)-Mann	,Daniel	:mir-zu

אֵלֶ֫יךָ	דֹּבֵר	אָנֹכִי	אֲשֶׁר	בַּדְּבָרִים
ʾelɛʸkɔ	dober	ʾɔnokiʸ	ʾᵃšɛr	baddᵊbɔriʸm
,dir-zu	redend(er)	(bin)-ich	(die=)welch(e)	,Worte-die-(auf=)in

עַתָּה	כִּי	עָמְדֶךָ	עַל־	וַעֲמֹד
ʿattɔʰ	kiʸ	ʿomᵊdɛkɔ	-ʿal	waʿᵃmod
jetzt	denn	,(Platz=)Stehen-dein(em)	(an=)auf	(auf)-steh-und

עִמִּי	וּבְדַבְּרוֹ	אֵלֶיךָ	שֻׁלַּחְתִּי
ʿimmiʸ	uʷbᵊdabbᵊroʷ	ʾelɛʸkɔ	šullaḥᵊtiʸ
mir-mit	Reden(s)-sein(es)-(während=)in-Und	!dir-zu	gesandt-wurde-ich

12 וַיֹּאמֶר	מַרְעִיד׃	עָמַדְתִּי	הַזֶּה	אֶת־הַדָּבָר
wayyoʾmɛr	marᵊʿiʸd.	ʿɔmadᵊtiʸ	hazzɛʰ	haddɔbɔr-ʾɛt
sprach-er-(Jedoch=)Und	.zitternd(er)	(auf)-stand-ich	,da-dies(er)	,Wort-das***

מִן־	כִּי	דָנִיֵּאל	תִּירָא	אַל־	אֵלַי
-min	kiʸ	dɔniʸyeʾl	tiʸrɔʾ	-ʾal	ʾelay
von	denn	,Daniel	,(dich)-fürchten-(sollst=)wirst-du	Nicht	:mir-zu

אֲשֶׁר	הָרִאשׁוֹן	הַיּוֹם
ʾᵃšɛr	hɔriʾšoʷn	hayyoʷm
(da=)welch(er)	,(an)-(ersten-dem=)erste-der	,Tag-(dem=)der

אֶת־לִבְּךָ	נָתַתָּ
libbᵊkɔ-ʾɛt	nɔtattɔ
(Sinn=)Herz-dein(en)***	(richtetest=)gabst-du

וּלְהִתְעַנּוֹת	לְהָבִין
uʷlᵊhitʿᵃannoʷt	lᵊhɔbiʸn
dich-Demütigen-(einem)-zu-und	(Verständnis-erlangen=)verstehen-zu-(um)

דְבָרֶיךָ	נִשְׁמְעוּ	אֱלֹהֶיךָ	לִפְנֵי
dᵊbɔrɛʸkɔ	nišᵊmᵊʿuʷ	ʾᵉlohɛʸkɔ	lipᵊneʸ
,Worte-deine	gehört-wurden-(es=sie)	,Gott-dein(em)	(vor=)Gesichter-zu

בִּדְבָרֶיךָ׃	בָאתִי	וַאֲנִי־
bidᵊbɔrɛʸkɔ.	bɔʾtiʸ	-waʾᵃniʸ
.Worte-deine(r)-(wegen=)in	gekommen-bin-ich	,ich-und

פָּרַס	מַלְכוּת	13 וְשַׂר
pɔras	malᵊkuʷt	wᵊśar
(Persien=)Paras	(König)reich(es)-(des)	Fürst-(der)-(Aber=)Und

יוֹם	וְאֶחָד	עֶשְׂרִים	לְנֶגְדִּי	עֹמֵד
yoʷm	wᵊʾεḥɔd	ʿεśᵊriʸm	lᵊnεgᵊdiʸ	ʿomed
,Tag(e)	ein-und-	zwanzig	mir-(entgegen=)vor-zu	stehend(er)-(war)

בָּא	הָרִאשֹׁנִים	הַשָּׂרִים	אַחַד	מִיכָאֵל	וְהִנֵּה
bɔʾ	hɔriʾšoniʸm	haśśɔriʸm	ʾaḥad	miʸkɔʾel	wᵊhinneʰ
kam-(er)	,ersten-(der=)die	,Fürsten-(der=)die	einer	,Michael	,siehe-und

אֵצֶל	שָׁם	נוֹתַרְתִּי	וַאֲנִי	לְעָזְרֵנִי
ʾeṣεl	šɔm	noʷtarᵊtiʸ	waʾᵃniʸ	lᵊʿozᵊreniʸ
bei	dort	gelassen-wurde-ich	,ich-Und	.(zuhilfe-mir=)mich-helfen-zu

14 וּבָאתִי	פָּרָס׃	מַלְכֵי
uʷbɔʾtiʸ	pɔrɔs.	malᵊkeʸ
gekommen-bin-ich-(Nun=)Und	.(Persien=)Paras	(von)-Könige(n)-(den)

אֵת אֲשֶׁר־	לַהֲבִינְךָ
-ʾᵃšεr ʾet	lahᵃbiʸnᵊkɔ
(was=)welch(es)***	,(dir-erklären=)dich-machen-verstehen-zu-(um)

בְּאַחֲרִית	לְעַמְּךָ	יִקְרָה
bᵊʾaḥᵃriʸt	lᵊʿammᵊkɔ	yiqᵊrɔʰ
(Ende-dem=)Hinterseite-(der)-(an=)in	Volk-dein(em=)zu	begegnen-wird-(es=er)

חָזוֹן	עוֹד	כִּי־	הַיָּמִים
ḥɔzoʷn	ʿoʷd	-kiʸ	hayyɔmiʸm
Gesicht-(ein)	(es-ist)-(wieder=)noch	denn	,Tage-(der=)die

עִמִּי	15 וּבְדַבְּרוֹ	לַיָּמִים׃
ʿimmiʸ	uʷbᵊdabbᵊroʷ	layyɔmiʸm.
mir-mit	Reden(s)-sein(es)-(während=)in-Und	!Tage-(jene=)die-(über=)zu

פָנַי	נָתַתִּי	הָאֵלֶּה	כַּדְּבָרִים
pɔnay	nɔtattiʸ	hɔʾellεʰ	kaddᵊbɔriʸm
Gesicht(er)-mein(e)	(richtete=)gab-ich	,da-diese	,Worte-die-(solcherart=)wie

16 וְהִנֵּה	וְנֶאֱלָמְתִּי׃	אַרְצָה
wᵊhinneʰ	wᵊnεʾᵋlɔmᵊtiʸ.	ʾarᵊṣɔʰ
,siehe-Und	.stumm-wurde-ich-und	zu-Erde-(der)

אָדָם	בְּנֵי	כִּדְמוּת
ʾɔdɔm	bᵊneʸ	kidᵊmuʷt
Mensch	(von)-Söhne(n)	(von)-(Aussehen-das=)Abbildung-wie-(etwas)

וָאֶפְתַּח־	שְׂפָתַי	עַל־	נֹגֵעַ
-wɔʾɛp^{ə}taḥ	ś^{ə}pɔtɔy	-ʿal	nogeaʿ
öffnete-ich-(Da=)Und	.Lippen-meine	(an=)auf	berührend(er)-(war)

הָעֹמֵד	אֶל־	וָאֹמְרָה	וָאֲדַבְּרָה	פִי
hɔʿomed	-ʾɛl	wɔʾom^{ə}rɔ^{h}	wɔʾ^{a}dabb^{ə}rɔ^{h}	pi^{y}
Stehende(n)-(dem=)der	zu	sagte-ich-und	,redete-(ich)-und	Mund-mein(en)

בַּמַּרְאָה	אֲדֹנִי	לְנֶגְדִּי
bammar^{ə}ʾɔ^{h}	ʾ^{a}doni^{y}	l^{ə}nɛg^{ə}di^{y}
Erscheinung-(der=)die-(während=)in	,Herr-Mein	:mir-(vor=)gegenüber-zu

וְלֹא	עָלַי	צִירַי	נֶהֶפְכוּ
w^{ə}loʾ	ʿɔlay	ṣi^{y}ray	nɛhɛp^{ə}ku^{w}
nicht-und	,mir-(in=)auf	Wehen-meine	(aufgewühlt=)gedreht-wurden-(es=sie)

יוּכַל	17 וְהֵיךְ	כֹּחַ׃	עָצַרְתִּי
yu^{w}kal	w^{ə}he^{y}k	koaḥ.	ʿɔṣar^{ə}ti^{y}
(vermöchte=)vermag-(er)	(also-Wie=)wie-Und	.Kraft	(be)hielt-ich

אֲדֹנִי	עִם־	לְדַבֵּר	זֶה	אֲדֹנִי	עֶבֶד
ʾ^{a}doni^{y}	-ʿim	l^{ə}dabber	zɛ^{h}	ʾ^{a}doni^{y}	ʿɛbɛd
,Herr(n)-mein(em)	mit	sprechen-zu	,dieser	,Herr(n)-mein(es)	Diener-(ein)

לֹא־	מֵעַתָּה	וַאֲנִי	זֶה
-loʾ	meʿattɔ^{h}	waʾ^{a}ni^{y}	zɛ^{h}
nicht	(an)-nun-von	,(betrifft-mich-was=)ich-(da=)und	,(diesem=)dieser

בִי׃	נִשְׁאֲרָה־	לֹא	וּנְשָׁמָה	כֹּחַ	בִי	יַעֲמָד־
bi^{y}.	-niš^{ə}ʾ^{a}rɔ^{h}	loʾ	u^{w}n^{ə}šɔmɔ^{h}	koaḥ	bi^{y}	-yaʿ^{a}mod
?mir-in	verblieb-(es=sie)	nicht	Atem-und	,Kraft	mir-in	(be)steht-(es=er)

בִּי	וַיִּגַּע־	18 וַיֹּסֶף
bi^{y}	-wayyiggaʿ	wayyosɛp
(mich=)mir-in	berührte-(es=)er-(alsdann=)und	(neuem-von=)vermehrte-er-Und

וַיְחַזְּקֵנִי׃	אָדָם	כְּמַרְאֵה
way^{ə}ḥazz^{ə}qeni^{y}.	ʾɔdɔm	k^{ə}mar^{ə}ʾe^{h}
.mich-stärkte-er-und	Mensch(en)-(eines)	Aussehen-(das)-wie-(einer)

אִישׁ־	תִּירָא	אַל־	19 וַיֹּאמֶר
-ʾi^{y}š	ti^{y}rɔʾ	-ʾal	wayyoʾmɛr
(von)-Mann	,(dich)-fürchten-(sollst=)wirst-du	Nicht	:sprach-er-Und

חֲזָק	לָךְ	שָׁלוֹם	חֲמֻדוֹת
ḥ^{a}zaq	lɔk	šɔlo^{w}m	ḥ^{a}mudo^{w}t
,stark-Sei	!dir-(mit-sei=)zu	Friede	,(Liebling-du=)Kostbarkeiten

עִמִּי	וּכְדַבְּרוֹ	וַחֲזָק
ʿimmi^{y}	u^{w}k^{ə}dabb^{ə}ro^{w}	waḥ^{a}zɔq
,mir-mit	(redete-so-er-als=)Reden-sein-wie-Und	!stark-sei-(ja=)und

יְדַבֵּר	וָאֹמְרָה	הִתְחַזַּקְתִּי
y^{ə}dabber	wɔʾom^{ə}rɔ^{h}	hit^{ə}ḥazzaq^{ə}ti^{y}
reden-(möge=)wird-(Es=)Er	:sagte-(ich)-und	stark-mich-(fühlte=)machte-ich

20 וַיֹּאמֶר	חִזַּקְתָּנִי׃	כִּי	אֲדֹנִי
wayyoʾmɛr	ḥizzaq^{ə}tɔni^{y}.	ki^{y}	ʾ^{a}doni^{y}
:sprach-er-(Hierauf=)Und	!mich-gestärkt-hast-du	denn	,Herr-mein

אֵלֶיךָ	בָּאתִי	לָמָּה־	הֲיָדַעְתָּ
ʾelɛ^{y}kɔ	bɔʾti^{y}	-lɔmmɔ^{h}	h^{a}yɔdaʿ^{ə}tɔ
?dir-zu	gekommen-bin-ich	(wozu=)was-zu	,(weißt=)kanntest-du-Etwa

עִם־	לְהִלָּחֵם	אָשׁוּב	וְעַתָּה
-ʿim	l^{ə}hillɔḥem	ʾɔšu^{w}b	w^{ə}ʿattɔ^{h}
(gegen=)mit	kämpfen-zu-(um)	(wieder=)zurück-kehre-ich	nun-Und

וַאֲנִי	פָּרָס	שַׂר
wa^{ʾa}ni^{y}	pɔrɔs	śar
ich-(Sobald=)Und	.(Persien=)Paras	(von)-Fürst(en)-(den)

שַׂר־	וְהִנֵּה	יוֹצֵא
-śar	w^{ə}hinne^{h}	yo^{w}ṣeʾ
(von)-Fürst-(der)	,siehe-(dann=)und	,(Sieger-als)-hervorgegangen(er)-(bin)

לְךָ	אַגִּיד	21 אֲבָל	בָּא׃	יָוָן
l^{ə}kɔ	ʾaggi^{y}d	ʾ^{a}bɔl	bɔʾ.	yɔwɔn
,dir-(zu)	sage-ich	(Wahrlich=)Gewiss	.kommend(er)-(ist)	(Jonien=)Jawan

אֱמֶת	בִּכְתָב	אֶת־הָרָשׁוּם
ʾ^{ɛ}mɛt	bik^{ə}tɔb	hɔrɔšu^{w}m-ʾɛt
,Wahrheit-(ist)	Schrift-(der)-in	Aufgezeichnete-das***

מִתְחַזֵּק	אֶחָד	וְאֵין
mit^{ə}ḥazzeq	ʾɛḥɔd	w^{ə}ʾe^{y}n
machend(er)-stark-sich-ist-(er)	(einziger=)einer	(kein=)nicht-(doch=)und

מִיכָאֵל	כִּי אִם־	אֵלֶּה	עַל־	עִמִּי
mi^{y}kɔʾel	-ʾim ki^{y}	ʾellɛ^{h}	-ʿal	ʿimmi^{y}
,Michael	(außer=)wenn-denn	,(jene=)diese	(gegen=)auf	mir-(bei=)mit

שָׂרְכֶם׃
śar^{ə}kɛm.
!Fürst-euer

11

אַחַת	בִּשְׁנַת	1 וַאֲנִי
ʾaḥat	biš^{ə}nat	wa^{ʾa}ni^{y}
(ersten=)eine	Jahr-(dem)-in	,(betrifft-mich-was=)ich-Und

הַמָּדִי	לְדָרְיָוֶשׁ
hammɔdi^{y}	l^{ə}dɔr^{ə}yɔwɛš
,Meder(s)-(des=)der	,(Darius=)Darjawesch-(von=)zu

וּלְמָעוֹז	לְמַחֲזִיק	עָמְדִי
u^{w}l^{ə}mɔʿo^{w}z	l^{ə}maḥ^{a}zi^{y}q	ʿom^{ə}di^{y}
Schutz-(sein)-zu-und	Stärkender-(ein)-(sein)-zu	(war)-(Dienst=)Stehen-mein

עוֹד	הִנֵּה־	לָךְ	אַגִּיד	אֱמֶת	2 וְעַתָּה	לוֹ׃
ʿo^{w}d	-hinne^{h}	lɔk	ʾaggi^{y}d	^{ʾɛ}mɛt	w^{əʿ}attɔ^{h}	lo^{w}.
noch	,Siehe	.dir-(zu)	kund-tue-ich	Wahrheit	nun-Und	.(ihn-für=)ihm-zu

לְפָרָס	עֹמְדִים	מְלָכִים	שְׁלֹשָׁה
l^{ə}pɔras	ʿom^{ə}di^{y}m	m^{ə}lɔki^{y}m	š^{ə}lošɔ^{h}
,Persien-(für=)zu	(er)stehend(e)-(sind)	Könige	drei

עֹשֶׁר־	יַעֲשִׁיר	וְהָרְבִיעִי
-ʿošɛr	yaʿ^{a}ši^{y}r	w^{ə}hɔr^{ə}bi^{y}ʿi^{y}
Reichtum-(mit)	(sich)-machen-reich-wird-(er)	vierte-der-(danach=)und

וּכְחֶזְקָתוֹ	מִכֹּל	גָּדוֹל
u^{w}k^{ə}ḥɛz^{ə}qɔto^{w}	mikkol	gɔdo^{w}l
Erstarken-sein(em)-(gemäß=)wie-und	,all(e)-(als-mehr=)von	groß(em)

הַכֹּל	יָעִיר	בְּעָשְׁרוֹ
hakkol	yɔʿi^{y}r	b^{əʿ}oš^{ə}ro^{w}
(Gesamtheit-die=)all(es)-das	auf-(bietet=)stört-er	Reichtum-sein(en)-(durch=)in

3 וְעָמַד	יָוָן׃	מַלְכוּת	אֵת
w^{əʿ}ɔmad	yɔwɔn.	mal^{ə}ku^{w}t	ʾet
(auf-tritt=)steht-(es=er)-(Dann=)Und	.(Jonien=)Jawan	Königreich-(das)	(gegen=)mit

רָ֔ב	מִמְשָׁ֣ל	וּמָשַׁל֙	גִּבּ֑וֹר	מֶ֫לֶךְ
rab	mimᵊšɔl	uʷmɔšal	gibboʷr	mɛlɛk
(gewaltiger=)viel	Herrschaft-(mit)	herrscht-er-und	,Krieger-(ein)	,König-(ein)

כִּרְצוֹנֽוֹ׃	וְעָשָׂ֖ה
kirᵊṣoʷnoʷ.	wᵊʿɔśɔʰ
.(Belieben=)Gefallen-sein(em)-(nach=)wie	(handelt=)macht-(er)-und

4 וּכְעָמְדוֹ֙
uʷkᵊʿomᵊdoʷ
,(aufgetreten-er-ist-kaum=)Stehen-sein-wie-(Aber=)Und

מַלְכוּתוֹ֔	תִּשָּׁבֵ֣ר
malᵊkuʷtoʷ	tiššɔber
(König)reich-sein	(auseinander-bricht-da=)gebrochen-wird-(es=sie)

הַשָּׁמָ֑יִם	רוּח֣וֹת	לְאַרְבַּ֖ע	וְתֵחָ֕ץ
haššɔmɔyim	ruʷḥoʷt	lᵊʾarᵊbaʿ	wᵊteḥɔṣ
,Himmel-(der=)die	Winde(n)	vier-(den)-(nach=)zu	aufgeteilt-wird-(es=)sie-und

וְלֹ֤א	לְאַחֲרִיתוֹ֔	וְלֹ֣א
wᵊloʾ	lᵊʾaḥᵃriʸtoʷ	wᵊloʾ
(sein-es-wird)-nicht-und	,Nachkommenschaft-seine(r)-zu-(fällt-es)	nicht-(aber=)und

כִּ֤י	מָשָׁ֔ל	אֲשֶׁ֣ר	כְמָשְׁלוֹ֙
kiʸ	mɔšɔl	ʾᵃšɛr	kᵊmɔšᵊloʷ
Denn	.(ausgeübt=)regierte-er	(das=)welch(es)	,Herrschen-sein-wie

וְלַאֲחֵרִ֖ים	מַלְכוּת֔וֹ	תִנָּתֵשׁ֙
wᵊlaʾᵃḥeriʸm	malᵊkuʷtoʷ	tinnɔteš
,anderen-zu(teil)-und	(König)reich-sein	ausgerottet-wird-(es=)sie

5 וְיֶחֱזַ֥ק	אֵֽלֶּה׃	מִלְּבַד־
wᵊyɛḥᵋzaq	ʾɛllɛʰ.	-millᵊbad
erstarkt-(es=er)-(Dann=)Und	.(jene=)diese	(inbegriffen-nicht=)allein-zu-von

שָׂרָ֑יו	וּמִן־	הַנֶּ֖גֶב	מֶֽלֶךְ־
śɔrɔʸw	-uʷmin	hannɛgɛb	-mɛlɛk
,Feldherren-seine(n)	von-(einer)-(indes=)und	;Süden(s)-(des=)der	König-(der)

וּמָשָׁ֔ל	עָלָ֔יו	וְיֶֽחֱזַ֣ק
uʷmɔšɔl	ʿɔlɔʸw	wᵊyɛḥᵋzaq
geherrscht-er-(Nachdem=)Und	.(ihn-gegen=)ihm-auf	erstarken-wird-(der=)er-und

מֶמְשַׁלְתּוֹ:	רָב	מִמְשָׁל
mɛm^{ə}šal^{ə}to^{w}.	rab	mim^{ə}šɔl
;Herrschen-sein(em)-(bei)	(gewaltigen=)großer	Herrschaft-(einer-mit)

וּבַת	יִתְחַבָּרוּ	שָׁנִים	6 וּלְקֵץ
u^{w}bat	yit^{ə}ḥabbɔru^{w}	šɔni^{y}m	u^{w}l^{ə}qeṣ
Tochter-(eine)-und	,sich-verbünden-werden-sie	Jahre(n)	(von)-Ende-(am=)zu-und

מֶלֶךְ	אֶל־	תָּבוֹא	הַנֶּגֶב	מֶלֶךְ־
mɛlɛk	-ʾɛl	tɔbo^{wʾ}	hannɛgɛb	-mɛlɛk
König-(dem)	zu	kommen-wird-(sie)	Süden(s)-(des=)der	König(s)-(des)

מֵישָׁרִים	לַעֲשׂוֹת	הַצָּפוֹן
me^{y}šɔri^{y}m	la^{ʿa}śo^{w}t	haṣṣɔpo^{w}n
,(Beziehungen-gute=)Geradheiten	(schaffen=)machen-zu-(um)	Norden(s)-(des=)der

כּוֹחַ	תַעְצֹר	וְלֹא־
ko^{w}aḥ	ta^{ʿə}ṣor	-w^{ə}loʾ
(Macht=)Kraft-(die)	(er)halten-(kann=)wird-sie	nicht-(hingegen=)und

יַעֲמֹד	וְלֹא	הַזְּרוֹעַ
ya^{ʿa}mod	w^{ə}loʾ	hazz^{ə}ro^{w}a^{ʿ}
(bestehn-bleibt-es=)stehn-wird-(es=er)	nicht-und	,(Streitmacht=)Arm-der

הִיא	וְתִנָּתֵן	וּזְרֹעוֹ
hi^{yʾ}	w^{ə}tinnɔten	u^{w}z^{ə}roʿo^{w}
sie	,(dahin)gegeben-wird-sie-Und	.(Streitmacht-seine=)Arm-sein-(noch=)und

וְהַיֹּלְדָהּ	וּמְבִיאֶיהָ
w^{ə}hayyol^{ə}dɔh	u^{w}m^{ə}bi^{y}ʾɛ^{y}hɔ
(Vater=)Zeugender-ihr-und	(Geleiter=)Bringenden-ihre-und

7 וְעָמַד	בָּעִתִּים:	וּמַחֲזִקָהּ
w^{əʿ}ɔmad	bɔʿitti^{y}m.	u^{w}maḥ^{a}ziqɔh
(tritt=)steht-(es=)er-Und	.Zeiten-die(sen)-in	(Stütze=)Kräftigender-ihr(e)-und

כַּנּוֹ	שָׁרָשֶׁיהָ	מִנֵּצֶר
kanno^{w}	šɔrɔšɛ^{y}hɔ	minnɛṣɛr
,Stelle-seine-(an)	Wurzeln-ihre(r)	Spross-(dem)-(aus)-von-(einer)

וְיָבֹא	הַחַיִל	אֶל־	וְיָבֹא
w^{ə}yɔboʾ	haḥayil	-ʾɛl	w^{ə}yɔboʾ
eindringen-wird-er-und	Heer-das	(gegen=)zu	(ziehen=)kommen-wird-er-und

הַצָּפוֹן	מֶלֶךְ	בְּמָעוֹז
haṣṣɔpoʷn	mɛlɛk	bᵊmɔᶜoʷz
Norden(s)-(des=)der	König(s)-(des)	Festung-(die)-in

וְהֶחֱזִיק׃	בָּהֶם	וְעָשָׂה
wᵊhɛḥᵉziʸq.	bɔhɛm	wᵊᶜɔśɔʰ
.stark-sich-macht(e)-(er)-und	ihnen-(an=)in	(Sieger-als-handelt=)macht(e)-er-und

עִם־	נְסִכֵיהֶם	עִם־	אֱלֹהֵיהֶם	8 וְגַם
-ᶜim	nᵊsikeʸhɛm	-ᶜim	ʾɛloheʸhɛm	wᵊgam
(samt=)mit	Gussbilder(n)-ihre(n)	(samt=)mit	Götter-ihre	selbst-Und

וְזָהָב	כֶּסֶף	חֶמְדָּתָם	כְּלֵי
wᵊzɔhɔb	kɛsɛp	ḥɛmᵊdɔtɔm	kᵊleʸ
,Gold-und	Silber	,Begehren(s)-ihr(es)	Geräte(n)-(den)

מִצְרָיִם	יָבִא	בַּשְּׁבִי
miṣᵊrɔyim	yɔbiʾ	baššᵊbiʸ
;Ägypten-(nach)	bringt-er	(Gefangenenschar=)Wegführung-der-(mit=)in

מִמֶּלֶךְ	יַעֲמֹד	שָׁנִים	וְהוּא
mimmɛlɛk	yaᶜᵃmod	šɔniʸm	wᵊhuʷʾ
König-(dem)-von	(ab)stehen-wird-er	Jahre-(auf)	,er-(doch=)und

9 וּבָא	הַצָּפוֹן׃
uʷbɔʾ	haṣṣɔpoʷn.
(eindringen=)kommen-wird-(d)er-(Dann=)Und	.Norden(s)-(des=)der

הַנֶּגֶב	מֶלֶךְ	בְּמַלְכוּת
hannɛgɛb	mɛlɛk	bᵊmalᵊkuʷt
,Süden(s)-(des=)der	König(s)-(des)	Herrschaftsgebiet-in(s)

10 וּבְנָו[וּבָנָיו]	אַדְמָתוֹ׃	אֶל־	וְשָׁב
[uʷbɔnɔʸw]uʷbɔnɔw	ʾadᵊmɔtoʷ.	-ʾɛl	wᵊšɔb
Söhne-seine-Und	.Land-sein	(in=)zu	zurückkehren-(muss=)wird-(er)-(doch=)und

וְאָסְפוּ	יִתְגָּרוּ
wᵊʾɔsᵊpuʷ	yitᵊgɔruʷ
(zusammenziehen=)sammeln-werden-sie-und	,sich-(rüsten=)erregen-werden-(sie)

רַבִּים	חֲיָלִים	הֲמוֹן
rabbiʸm	ḥᵃyɔliʸm	hᵃmoʷn
.viele(n)	Streitkräfte(n)	(an)-(Heer)haufe(n)-(einen)

וּבָא
u^{w}bɔʾ
-(ein-dringt=)kam-(es=)er-Und

בּוֹא
bo^{w}ʾ
(fort-einem-in=)Kommen-(ein)

וְשָׁטַף
w^{ə}šɔṭap
überschwemmt(e)-(es=er)-und

וְעָבָר
w^{əc}ɔbɔr
überflutet(e)-(es=er)-und

וְיָשֹׁב
w^{ə}yɔšob
wieder-kehrt-(es=)er-und

וְיִתְגָּרוּ[וְיִתְגָּרֶה]
[w^{ə}yit^{ə}gɔrɛ^{h}]w^{ə}yit^{ə}gɔru^{w}
[vor-dringt-(es=er)-und]vor-dringen-sie-und

עַד־
-ʿad
(zu)-bis

מָעֻזָּה[מָעֻזּוֹ]:
[mɔʿuzzo^{w}]mɔʿuzzɔ^{h}.
.Festung-seine(r)

11 וְיִתְמַרְמַר
w^{ə}yit^{ə}mar^{ə}mar
(gereizt-wird=)sich-erbost-(es=)er-(Da=)Und

מֶלֶךְ
mɛlɛk
König-(der)

הַנֶּגֶב
hannɛgɛb
Süden(s)-(des=)der

וְיָצָא
w^{ə}yɔṣɔʾ
aus-zieht-er-und

וְנִלְחַם
w^{ə}nil^{ə}ḥam
kämpft-(er)-und

עִמּוֹ
ʿimmo^{w}
,(ihn-gegen=)ihm-mit

עִם־
-ʿim
(gegen=)mit

מֶלֶךְ
mɛlɛk
König-(den)

הַצָּפוֹן
haṣṣɔpo^{w}n
.Norden(s)-(des=)der

וְהֶעֱמִיד
w^{ə}hɛ^{cε}mi^{y}d
(aufstellt=)stehen-macht-(d)er-(Obwohl=)Und

הָמוֹן
hɔmo^{w}n
(Heer)haufe(n)-(einen)

רָב
rɔb
,(großen=)viel

וְנִתַּן
w^{ə}nittan
gegeben-wird-(es=er)-(schließlich=)und

הֶהָמוֹן
hɛhɔmo^{w}n
(Heer)haufe-der

בְּיָדוֹ:
b^{ə}yɔdo^{w}.
.Hand-seine-in

12 וְנִשָּׂא
w^{ə}niśśɔʾ
(vernichtet=)(weg)getragen-ward-(es=er)-(Als=)Und

הֶהָמוֹן
hɛhɔmo^{w}n
,(Heer)haufe-der

יָרוּם[וְרָם]
[w^{ə}rɔm]yɔru^{w}m
hoch(mütig)-wird-(es=er)

לְבָבוֹ
l^{ə}bɔbo^{w}
Herz-sein

וְהִפִּיל
w^{ə}hippi^{y}l
fallen-macht-er-und

רִבֹּאוֹת
ribboʾo^{w}t
,Zehntausende

וְלֹא
w^{ə}loʾ
nicht-(doch=)und

יָעוֹז:
yɔʿo^{w}z.
.(überlegen=)stark-(bleibt=)ist-er

13 וְשָׁב
w^{ə}šɔb
(erneut=)kehrt-(er)-(Indes=)Und

מֶלֶךְ הַצָּפוֹן וְהֶעֱמִיד
wᵊhɛᶜᵉmiʸd haṣṣɔpoʷn mɛlɛk
(auf-stellt=)stehen-macht-(er-und) Norden(s)-(des=)der König-(der)

הָמוֹן רַב מִן־ הָרִאשׁוֹן
hɔriᵓšoʷn -min rab hɔmoʷn
,(war-frühere=)erste-der (als=)von (größeren=)viel (Heer)haufe(n)-(einen)

וּלְקֵץ הָעִתִּים שָׁנִים
šɔniʸm hɔᶜittiʸm uʷlᵊqeṣ
,Jahre (waren-verstrichen-nachdem=)(von)-Zeiten-(der=)die -Ende-(am=)zu-und

יָבוֹא בוֹא בְּחַיִל גָּדוֹל וּבִרְכוּשׁ
uʷbirᵊkuʷ gɔdoʷl bᵊḥayil boʷᵓ yɔboʷᵓ
Tross-(mit=)in-und groß(er) Streitmacht-(mit=)in (daher=)Kommen-(ein) -kommt-er

רָב׃ 14 וּבָעִתִּים הָהֵם רַבִּים
rabbiʸm hɔhem uʷbɔᶜittiʸm rɔb.
viele ,jenigen-(den=)die ,Zeiten-(den=)die-in-Und .(gewaltigem=)viel

יַעַמְדוּ עַל־ מֶלֶךְ הַנֶּגֶב
hannɛgɛb mɛlɛk -ᶜal yaᶜamᵊduʷ
.Süden(s)-(des=)der König-(den) (gegen=)auf (auf)stehen-werden-(sie)

וּבְנֵי פָּרִיצֵי עַמְּךָ יִנַּשְּׂאוּ
yinnaśśᵊᵓuʷ ᶜammᵊkɔ pɔriʸṣeʸ uʷbᵊneʸ
,sich-erheben-werden-(sie) Volk(es)-dein(es) Gewalttätige(n) (von)-Söhne-Und

לְהַעֲמִיד חָזוֹן
ḥɔzoʷn lᵊhaᶜᵃmiʸd
,Schau-(prophetische)-(die) (erfülle-sich-dass=)Stehenmachen-(einem)-zu

וְנִכְשָׁלוּ׃ 15 וְיָבֹא מֶלֶךְ
mɛlɛk wᵊyɔboᵓ wᵊnikᵊšɔluʷ.
König-(der) kommen-wird-(es=er)-(Dann=)Und .straucheln-sie-(indes=)und

הַצָּפוֹן וְיִשְׁפֹּךְ סוֹלְלָה
soʷlᵃlɔʰ wᵊyišᵊpok haṣṣɔpoʷn
Belagerungswall-(einen) (auf)schütten-wird-(er)-und Norden(s)-(des=)der

וְלָכַד עִיר מִבְצָרוֹת וּזְרֹעוֹת
uʷzᵊroᶜoʷt mibᵊṣɔroʷt ᶜiʸr wᵊlɔkad
(Kräfte=)Arme-(die)-(Doch=)Und .festungen -Stadt-(die) (ein)nehmen-wird-(er)-und

וְעַם	יַעֲמֹדוּ	לֹא	הַנֶּגֶב
w^{əʿ}am	ya^{ʿa}modu^{w}	lo^{ʾ}	hannɛgɛb
Volk-(das)-(noch=)und	(standhalten=)stehen-werden-(sie)	nicht	Süden(s)-(des=)der

כֹּחַ	וְאֵין	מִבְחָרָיו
koaḥ	w^{əʾ}e^{y}n	mib^{ə}ḥɔrɔ^{y}w
Kraft	(haben=)gibt-es-nicht-(die=)und	,Erlesenen-seine(r)

הַבָּא	16 וְיַעַשׂ	לַעֲמֹד׃
habbɔ^{ʾ}	w^{ə}yaʿaś	la^{ʿa}mod.
Kommende-der	(handelt=)macht-(es=)er-Und	.(standzuhalten=)stehen-zu

וְאֵין	כִּרְצוֹנוֹ	אֵלָיו
w^{əʾ}e^{y}n	kir^{ə}ṣo^{w}no^{w}	ʾelɔ^{y}w
gibt-es-nicht-und	,(Belieben=)Gefallen-sein(em)-(nach=)wie	ihm-zu-(heran)

וְיַעֲמֹד	לְפָנָיו	עוֹמֵד
w^{ə}ya^{ʿa}mod	l^{ə}pɔnɔ^{y}w	ʿo^{w}med
(Fuß-fasst=)steht-er-Und	.(ihm-vor=)Gesichtern-seinen-zu	(Be)stehenden-(einen)

וְכָלָה	הַצְּבִי	בְּאֶרֶץ־
w^{ə}kɔlɔ^{h}	haṣṣ^{ə}bi^{y}	-b^{əʾ}ɛrɛṣ
(geschieht)-Vernichtung-(indes=)und	,Pracht-(der=)die	Land-(einem)-in

פָּנָיו	17 וְיָשֵׂם	בְיָדוֹ׃
pɔnɔ^{y}w	w^{ə}yɔśem	b^{ə}yɔdo^{w}.
,(danach=)Gesicht(er)-sein(e)	(trachtet=)setzt-er-Und	.Hand-seine-(durch=)in

מַלְכוּתוֹ	כָּל־	בְּתֹקֶף	לָבוֹא
mal^{ə}ku^{w}to^{w}	-kol	b^{ə}toqɛp	lɔbo^{wʾ}
,Reich-(dessen=)sein	all	Gewalt-(mit=)-in	(be)kommen-zu

וְעָשָׂה	עִמּוֹ	וִישָׁרִים
w^{əʿ}ɔśɔ^{h}	ʿimmo^{w}	wi^{y}šɔri^{y}m
,bewirkte-er-und	,(ihn-gegen-sind=)ihm-mit	(Rechtschaffene=)Gerade-(indes=)und

יִתֶּן־	הַנָּשִׁים	וּבַת
-yittɛn	hannɔši^{y}m	u^{w}bat
(hin)geben-(musste=)wird-(man=)er	Frauen-(der=)die	Tochter-(die)-(dass=)und

וְלֹא	לְהַשְׁחִיתָהּ	לוֹ
w^{ə}lo^{ʾ}	l^{ə}haš^{ə}ḥi^{y}tɔh	lo^{w}
nicht-(aber=)und	;(es=)sie-(zerstören=)verderben-zu-(um)	(ihn-an=)ihm-zu

תִּהְיֶה׃	לוֹ	וְלֹא־	תַּעֲמֹד
tihᵊyɛʰ.	loʷ	-wᵊloʾ	taʿᵃmod
.(bleiben=)sein-wird-(es=)sie	sein	nicht-und	(zustande-kommt-es=)steht-sie

לְאִיִּים	פָּנָיו	18 וְיָשֵׁב[וְיָשֵׂם]
lᵊʾiʸyiʸm	pɔnɔʸw	[wᵊyɔśem]wᵊyɔšeb
Küstenländern-zu-(hin)	Antlitz(e)-sein(e)	(richtet=)wendet-er-(Als=)Und

וְהִשְׁבִּית	רַבִּים	וְלָכַד
wᵊhišᵊbiʸt	rabbiʸm	wᵊlɔkad
(Ende-ein-setzt=)ruhen-macht-(es=er)-(da=)und	,viele	(erobert=)nimmt-er-und

חֶרְפָּתוֹ	קָצִין
ḥɛrᵊpɔtoʷ	qɔṣiʸn
(Herausforderung=)Schmähung-seine(r)	(Feldherr=)Anführer-(ein)

חֶרְפָּתוֹ	בִּלְתִּי	לוֹ
ḥɛrᵊpɔtoʷ	bilᵊtiʸ	loʷ
(Herausforderung=)Schmähung-seine	nicht	,(ihn-gegen=)ihm-zu

פָּנָיו	19 וְיָשֵׁב	לוֹ׃	יָשִׁיב
pɔnɔʸw	wᵊyɔšeb	loʷ.	yɔšiʸb
Antlitz(e)-sein(e)	wendet-er-(Dann=)Und	.(ihn-auf=)ihm-zu	kehren-macht-er

וְנִכְשַׁל	אַרְצוֹ	לְמָעוּזֵּי
wᵊnikᵊšal	ʾarᵊṣoʷ	lᵊmɔʿuʷzzeʸ
strauchelt-er-(Indes=)Und	.Land(es)-sein(es)	Festungen-(gegen=)zu

יִמָּצֵא׃	וְלֹא	וְנָפַל
yimmɔṣeʾ.	wᵊloʾ	wᵊnɔpal
.(finden-zu-ist-er=)gefunden-wird-er	(mehr)-nicht-und	fällt-(er)-und

מַעֲבִיר	כַּנּוֹ	עַל־	20 וְעָמַד
maʿᵃbiʸr	kannoʷ	-ʿal	wᵊʿɔmad
Übertragender-(ein)	Stelle-seine	(an=)auf	(tritt=)steht-(es=er)-(Dann=)Und

מַלְכוּת	הֶדֶר	נוֹגֵשׂ
malᵊkuʷt	hɛdɛr	noʷgeś
,Königtum(s)-(des)	(Würde=)Zierde-(die)	Fronvogt-(einem)

וְלֹא	יִשָּׁבֵר	אֲחָדִים	וּבְיָמִים
wᵊloʾ	yiššɔber	ʾᵃḥɔdiʸm	uʷbᵊyɔmiʸm
nicht-(doch=)und	,zerschmettert-wird-er	einige(n)	Tagen-(nach=)in-(aber=)und

בְּאַפַּיִם bᵊʾappayim (Zorn=)Nasenlöcher-(zwei)-(durch=)in	וְלֹא wᵊloʾ nicht-und	בְּמִלְחָמָה׃ bᵊmilᵊḥɔmɔʰ. .Krieg-(durch=)in
21 וְעָמַד wᵊʿɔmad (tritt=)steht-(es=)er-Und	עַל־ -ʿal (an=)auf	כַּנּוֹ kannoʷ Stelle-seine
נִבְזֶה nibᵊzɛʰ ,(Verächtlicher=)Verachteter-(ein)		וְלֹא־ -wᵊloʾ nicht-(wobei=)und
נָתְנוּ nɔtᵊnuʷ (gegeben-hatte-man=)gaben-sie	עָלָיו ʿɔlɔʸw ihm-(zu=)auf	הוֹד hoʷd (Würde-die=)Glanz-(den)
מַלְכוּת malᵊkuʷt ,Königtum(s)-(des)	וּבָא uʷbɔʾ (ein-drang=)kam-er-(indes=)und	בְשַׁלְוָה bᵊšalᵊwɔʰ Unachtsamkeit-(durch=)in
וְהֶחֱזִיק wᵊhɛḥᵉziʸq ergriff-(er)-und	מַלְכוּת malᵊkuʷt Herrschaft-(die)	בַּחֲלַקְלַקּוֹת׃ baḥᵃlaqᵊlaqqoʷt. .Ränke-(durch=)in
		22 וּזְרֹעוֹת uʷzᵊroʿoʷt (Gewalten=)Arme-Und
הַשֶּׁטֶף haššɛṭɛp Flut-(der=)die		יִשָּׁטְפוּ yiššɔṭᵊpuʷ hingeschwemmt-werden-(es=sie)
מִלְּפָנָיו millᵊpɔnɔʸw .(ihn-vor=)Gesichtern-seinen-zu-von		וְיִשָּׁבֵרוּ wᵊyiššɔberuʷ ,zerschmettert-werden-sie-Und
וְגַם wᵊgam auch-(ja=)und	נְגִיד nᵊgiʸd Fürst-(der)	בְּרִית׃ bᵊriʸt. ,Bund(es)-(des)
		23 וּמִן־ -uʷmin (seit=)von-(da=)und
הִתְחַבְּרוּת hitᵊḥabbᵊruʷt Verbünden-Sich-(einem)	אֵלָיו ʾelɔʸw ihm-(mit=)zu	יַעֲשֶׂה yaʿᵃśɛʰ (übt=)macht-er
		מִרְמָה mirᵊmɔʰ Trug
וְעָלָה wᵊʿɔlɔʰ (heran=)herauf-zieht-er-und	וְעָצַם wᵊʿɔṣam mächtig-ist-(er)-und	בִּמְעַט־גּוֹי׃ goʷy-bimᵊʿaṭ. .Volk-wenig-(mit=)in

וּבְמִשְׁמַנֵּי	24 בְּשַׁלְוָה
uʷbᵊmišᵊmanneʸ	bᵊšalᵊwɔʰ
Landstriche-fette-in-(also=)und	Unachtsamkeit-(Durch=)In

אֲשֶׁר	וְעָשָׂה	יָבוֹא	מְדִינָה
ʾᵃšɛr	wᵊʿɔśɔʰ	yɔboʷʾ	mᵊdiʸnɔʰ
(was=)welch(es)	,(tut=)macht-er-und	(ein-dringt=)kommt-er	Provinz-(einer)

אֲבֹתָיו	עָשׂוּ	לֹא־
ʾᵃbotɔʸw	ʿɔśuʷ	-loʾ
(Vorfahren=)Väter-seine	(getan=)machten-(sie)	nicht

בִּזָּה	אֲבֹתָיו	וַאֲבוֹת
bizzɔʰ	ʾᵃbotɔʸw	waʾᵃboʷt
Plünderung	:(Vorfahren=)Väter-seine(r)	(Vorfahren=)Väter-(die-noch=)und

וְעַל	יִבְזוֹר	לָהֶם	וּרְכוּשׁ	וְשָׁלָל
wᵊʿal	yibᵊzoʷr	lɔhɛm	uʷrᵊkuʷš	wᵊšɔlɔl
(gegen=)auf-Und	.aus-teilt-er	(sie-für=)ihnen-zu	Habe-und	Beute-und

וְעַד־	מַחְשְׁבֹתָיו	יְחַשֵּׁב	מִבְצָרִים
-wᵊʿad	maḥᵊšᵊbotɔʸw	yᵊḥaššeb	mibᵊṣɔriʸm
(während=)bis-(zwar)-und	,Pläne-seine	aus-sinnt-er	Festungen

וּלְבָבוֹ	כֹּחוֹ	25 וְיָעֵר	עֵת׃
uʷlᵊbɔboʷ	koḥoʷ	wᵊyɔʿer	ʿet.
(Mut=)Herz-sein(en)-und	Kraft-seine	auf-(bietet=)rüttelt-er-Und	.Zeit-(einiger)

גָּדוֹל	בְּחַיִל	הַנֶּגֶב	מֶלֶךְ	עַל־
gɔdoʷl	bᵊḥayil	hannɛgɛb	mɛlɛk	-ʿal
.groß(er)	Heeresmacht-(mit=)in	Süden(s)-(des=)der	König-(den)	(gegen=)auf

יִתְגָּרֶה	הַנֶּגֶב	וּמֶלֶךְ
yitᵊgɔrɛʰ	hannɛgɛb	uʷmɛlɛk
sich-(rüstet=)erregt-(er)	Süden(s)-(des=)der	König-(der)-Und

וְעָצוּם	גָּדוֹל	בְּחַיִל־	לַמִּלְחָמָה
wᵊʿɔṣuʷm	gɔdoʷl	-bᵊḥayil	lammilᵊḥɔmɔʰ
stark(em)-und	groß(em)	Heer-(mit=)in	Krieg-den-(für=)zu

יַחְשְׁבוּ	כִּי־	יַעֲמֹד	וְלֹא	עַד־מְאֹד
yaḥᵊšᵊbuʷ	-kiʸ	yaʿᵃmod	wᵊloʾ	mᵊʾod-ʿad
ersinnen-sie	weil	,(stand-hält=)steht-er	nicht-(aber=)und	,(überaus=)sehr-bis

עָלָיו
ʿɔlɔʸw
(ihn-gegen=)ihm-auf

מַחֲשְׁבוֹת׃
maḥᵃšɔboʷt.
.(Verschwörungen=)Vorhaben

26 וְאֹכְלֵי
wᵊʾokᵊleʸ
(von)-Essende-(Sodann=)Und

פַּת־
-pat
(Speise-der=)Bissen-(dem)

בָּגוֹ
bɔgoʷ
Tafel-seine(r)

יִשְׁבְּרוּהוּ
yišᵊbᵊruʷhuʷ
,ihn-zerschmettern-(sie)

וְחֵילוֹ
wᵊḥeʸloʷ
Heer-sein-und

יִשְׁטוֹף
yišᵊṭoʷp
hinweggeschwemmt-wird-(es=er)

וְנָפְלוּ
wᵊnɔpᵊluʷ
fallen-(es=)sie-und

חֲלָלִים
ḥᵃlɔliʸm
Durchbohrte

רַבִּים׃
rabbiʸm.
.viele

27 וּשְׁנֵיהֶם
uʷšᵊneʸhɛm
,beide-sie-(Indes=)Und

הַמְּלָכִים
hammᵊlɔkiʸm
,Könige-die

לְבָבָם
lᵊbɔbɔm
(Sinn-ihren=)Herz-ihr-(haben)

לְמֵרָע
lᵊmerɔʿ
,(gerichtet)-Böses-(auf=)zu

וְעַל־
-wᵊʿal
(an=)auf-(während=)und

שֻׁלְחָן
šulᵊḥɔn
Tisch

אֶחָד
ʾɛḥɔd
(einem=)einer

כָּזָב
kɔzɔb
(Täuschung=)Lüge

יְדַבֵּרוּ
yᵊdabberuʷ
.reden-sie

וְלֹא
wᵊloʾ
nicht-(Aber=)Und

תִצְלָח
tiṣᵊlɔḥ
,gelingen-wird-(es=)sie

כִּי־
-kiʸ
denn

עוֹד
ʿoʷd
(aus-steht)-noch

קֵץ
qeṣ
Ende-(das)

לַמּוֹעֵד׃
lammoʷʿed.
.Frist-(festgesetzten)-(der=)zu

28 וְיָשֹׁב
wᵊyɔšob
zurück-kehrt-er-(Hierauf=)Und

אַרְצוֹ
ʾarᵊṣoʷ
Land-sein-(in)

בִּרְכוּשׁ
birᵊkuʷš
Tross-(mit=)in

גָּדוֹל
gɔdoʷl
,groß(em)

וּלְבָבוֹ
uʷlᵊbɔboʷ
(Sinn=)Herz-sein-(aber=)und

עַל־
-ʿal
(gegen=)auf-(sich-richtet)

בְּרִית
bᵊriʸt
Bund-(den)

קֹדֶשׁ
qodɛš
,(heiligen=)Heiligkeit-(von)

וְעָשָׂה
wᵊʿɔśɔʰ
,(tätig-erst-wird=)macht(e)-er-(aber=)und

וְשָׁב
wᵊšɔb
zurückgekehrt-ist-er-(nachdem=)und

יָשׁוּב	29 לַמּוֹעֵד	לְאַרְצוֹ׃
yɔšuʷb	lammoʷᶜed	lᵊʾarᵊṣoʷ.
(erneut=)kehrt-er	Frist-(festgesetzten)-Zur	.Land-seinem-zu

וְלֹא־	בַנֶּגֶב	וּבָא
-wᵊloʾ	bannɛgɛb	uʷbɔʾ
nicht-(da=)und	,Süden-den-in	(einfallend=)kommend(er)-(also=)und

וְכָאַחֲרֹנָה׃	כָרִאשֹׁנָה	תִהְיֶה
wᵊkɔʾaḥᵃronɔʰ.	kɔriʾšonɔʰ	tihᵊyɛʰ
,(Mal)-zweite-(das=)die-wie-(so=)und	erste-(das=)die-wie	ist-(es=sie)

וְנִכְאָה	כִּתִּים	צִיִּים	בוֹ	30 וּבָאוּ
wᵊnikᵊʾɔʰ	kittiʸm	ṣiʸyiʸm	boʷ	uʷbɔʾuʷ
.verzagt-er-und	kittäische	Schiffe	ihn-(wider=)in	kommen-(es=sie)-(wo=)und

בְּרִית־	עַל־	וְזָעַם	וְשָׁב
-bᵊriʸt	-ᶜal	wᵊzɔᶜam	wᵊšɔb
Bund-(den)	(gegen=)auf	wütet-er-(da=)und	,umkehrend(er)-(Hierauf=)Und

וְעָשָׂה	קוֹדֶשׁ
wᵊᶜɔśɔʰ	qoʷdɛš
.(danach-handelt=)macht(e)-er-und	,(heiligen=)Heiligkeit-(von)

עֹזְבֵי	עַל־	וְיָבֵן	וְשָׁב
ᶜozᵊbeʸ	-ᶜal	wᵊyɔben	wᵊšɔb
Verlassende	auf	Aufmerksamkeit-wendet-(er)-und	wieder-kehrt-er-Und

מִמֶּנּוּ	31 וּזְרֹעִים	קֹדֶשׁ׃	בְּרִית
mimmɛnnuʷ	uʷzᵊroᶜiʸm	qodɛš.	bᵊriʸt
ihm-von	(Gewalten=)Hände-Und	.(heiligen=)Heiligkeit-(von)	Bund-(den)

הַמָּעוֹז	הַמִּקְדָּשׁ	וְחִלְּלוּ	יַעֲמֹדוּ
hammɔᶜoʷz	hammiqᵊdɔš	wᵊḥillᵊluʷ	yaᶜᵃmoduʷ
,Burg-die	,Heiligtum-das	entweihen-(sie)-und	(er)stehen-(sie)

הַתָּמִיד	וְהֵסִירוּ
hattɔmiʸd	wᵊhesiʸruʷ
(Opfer-tägliche=)Fortdauernde-das	(ab-schaffen=)entfernen-machen-sie-und

מְשׁוֹמֵם׃	הַשִּׁקּוּץ	וְנָתְנוּ
mᵊšoʷmem.	haššiqquʷṣ	wᵊnɔtᵊnuʷ
.verheerende(n)	Gräuel-(den=)der	(auf-stellen=)geben-(sie)-und

32 וּמַרְשִׁיעֵי
uʷmarᵊšiʸʿeʸ
(am)-Frevelnde-Und

בְּרִית
bᵊriʸt
Bund

יַחֲנִיף
yaḥᵃniʸp
abtrünnig-macht-er

בַּחֲלַקּוֹת
baḥᵃlaqqoʷt
,(Reden)-glatte-(durch=)in

וְעַם
wᵊʿam
,(Leute-die=)Volk-(das)-(aber=)und

יֹדְעֵי
yodᵊʿeʸ
Kennende(n)-(die)

אֱלֹהָיו
ʾᵋlohɔʸw
,Gott-(ihren=)sein(en)

יַחֲזִקוּ
yaḥᵃziquʷ
fest-bleiben-sie

וְעָשׂוּ׃
wᵊʿɔśuʷ.
.(danach-handeln=)mach(t)en-(sie)-und

33 וּמַשְׂכִּילֵי
uʷmaśᵊkiʸleʸ
(unter)-Verständige-Und

עָם
ʿɔm
Volk-(dem)

יָבִינוּ
yɔbiʸnuʷ
Einsicht-zur-führen-(sie)

לָרַבִּים
lɔrabbiʸm
,Vielen-(die=)zu

וְנִכְשְׁלוּ
wᵊnikᵊšᵊluʷ
gestrauchelt-waren-sie-(nachdem=)und

בְּחֶרֶב
bᵊḥɛrɛb
Schwert-(durch=)in

וּבְלֶהָבָה
uʷbᵊlɛhɔbɔʰ
,Flamme-(durch=)in-und

בִּשְׁבִי
bišᵊbiʸ
Gefangenschaft-(durch=)in

וּבְבִזָּה
uʷbᵊbizzɔʰ
Plünderung-(durch=)in-und

יָמִים׃
yɔmiʸm.
.(Zeitlang-eine=)Tage

34 וּבְהִכָּשְׁלָם
uʷbᵊhikkɔšᵊlɔm
Straucheln(s)-ihres-(während=)in-(Jedoch=)Und

יֵעָזְרוּ
yeʿɔzᵊruʷ
,(Hilfe-erfuhren=)geholfen-werden-sie

עֵזֶר
ʿezɛr
Hilfe-(eine)

מְעָט
mᵊʿɔṭ
,(kleine=)Wenigkeit

וְנִלְווּ
wᵊnilᵊwuʷ
an-sich-schlossen-(es=)sie-und

עֲלֵיהֶם
ʿᵃleʸhɛm
ihnen-(auf)

רַבִּים
rabbiʸm
viele

בַּחֲלַקְלַקּוֹת׃
baḥᵃlaqᵊlaqqoʷt.
.(Schein-zum-nur=)Reden-glatten-(mit=)in

35 וּמִן־
-uʷmin
von-(einige)-(Sodann=)Und

הַמַּשְׂכִּילִים
hammaśᵊkiʸliʸm
Verständigen-(den=)die

יִכָּשְׁלוּ
yikkɔšᵊluʷ
,straucheln-(sollten=)werden-(sie)

בָּהֶם	לִצְרוֹף
bɔhɛm	lisᵊroʷp
(jenen=)ihnen-(unter=)in	(würden-läutern-sie-dass=)läutern-zu

עַד־	וְלַלְבֵּן	וּלְבָרֵר
-ʿad	wᵊlalᵊben	uʷlᵊbɔrer
(zur)-bis	(würden-reinigen=)reinigen-zu-und	(würden-sichten=)sichten-zu-und

לַמּוֹעֵד׃	עוֹד	כִּי־	קֵץ	עֵת
lammoʷʿed.	ʿoʷd	-kiʸ	qeṣ	ʿet
.(Zeit-bestimmte-eine-für=)Frist-zur	noch-(nur)	(ja=)denn	,Ende(s)-(des)	Zeit

הַמֶּלֶךְ	כִּרְצוֹנוֹ	36 וְעָשָׂה
hammɛlɛk	kirᵊṣoʷnoʷ	wᵊʿɔśɔʰ
,König-der	(Belieben=)Gefallen-sein(em)-(nach=)wie	(tut=)macht-(es=)er-Und

כָּל־	עַל־	וְיִתְגַּדֵּל	וְיִתְרוֹמֵם
-kɔl	-ʿal	wᵊyitᵊgaddel	wᵊyitᵊroʷmem
(jeden=)all	(gegen=)auf	groß-(tut=)sich-macht-(er)-und	sich-überhebt-er-und

יְדַבֵּר	אֵלִים	אֵל	וְעַל	אֵל
yᵊdabber	ʾeliʸm	ʾel	wᵊʿal	ʾel
redet-er	Götter-(der)	Gott-(den)	(gegen=)auf-und	,Gott

עַד־	וְהִצְלִיחַ	נִפְלָאוֹת
-ʿad	wᵊhiṣᵊliʸaḥ	nipᵊlɔʾoʷt
(dass)-bis	,Gelingen-hat-er-und	,(Dinge)-(ungeheure=)ungewöhnliche

נֶחֱרָצָה	כִּי	זָעַם	כָּלָה
nɛḥᵋrɔṣɔʰ	kiʸ	zaʿam	kɔlɔʰ
Beschlossene(s)	weil	,(Fluch-der=)Verwünschung	endet(e)-(es=er)

אֱלֹהֵי	37 וְעַל־	נֶעֱשָׂתָה׃
ʾᵋloheʸ	-wᵊʿal	nɛʿᵋśɔtɔʰ.
Götter-(die)	auf-Und	.(vollbracht=)gemacht-wurde-(es=sie)

וְעַל־	יָבִין	לֹא	אֲבֹתָיו
-wᵊʿal	yɔbiʸn	loʾ	ʾᵃbotɔʸw
auf-(noch=)und	(achtet=)versteht-er	nicht	(Vorfahren=)Väter-seine(r)

אֱלוֹהַּ	כָּל־	וְעַל־	נָשִׁים	חֶמְדַּת
ʾᵋloʷah	-kɔl	-wᵊʿal	nɔšiʸm	ḥɛmᵊdat
Gottheit	(jegliche=)all	auf-und	,Frauen-(der)	(Liebling-den=)Kostbarkeit

יִתְגַּדָּל:	כֹּל	עַל־	כִּי	יָבִין	לֹא
yitᵊgaddɔl.	kol	-ʿal	kiʸ	yɔbiʸn	loʾ
.groß-sich-macht-er	all(es)	(über=)auf	sondern	,achtet-er	nicht

מָעֻזִּים	38 וְלֶאֱלֹהַּ
mɔʿuzziʸm	wᵊlɛʾᵋloah
Festungen-(die)	Gottheit-(als=)zu-(Aber=)Und

וְלֶאֱלוֹהַּ	יְכַבֵּד	עַל־כַּנּוֹ
wᵊlɛʾᵋloʷah	yᵊkabbed	kannoʷ-ʿal
,Gottheit-(eine=)zu-Und	.ehrt-er	(stattdessen=)Stelle-seine-(an=)auf

אֲבֹתָיו	יְדָעֻהוּ	לֹא־	אֲשֶׁר
ʾᵃbotɔʸw	yᵊdɔʿuhuʷ	-loʾ	ʾᵃšɛr
,(Vorfahren=)Väter-seine	(sie=ihn)-kannten-(es=sie)	nicht	(die=)welch(e)

וּבְאֶבֶן	וּבְכֶסֶף	בְּזָהָב	יְכַבֵּד
uʷbᵊʾᵉɛbɛn	uʷbᵊkɛsɛp	bᵊzɔhɔb	yᵊkabbed
Stein(en)-(mit=)in-und	Silber-(mit=)in-und	Gold-(mit=)in	ehrt-er

וּבַחֲמֻדוֹת:	יְקָרָה
uʷbaḥᵃmudoʷt.	yᵊqɔrɔʰ
.(Kleinodien=)Kostbarkeiten-(mit=)in-und	(kostbaren=)wertvolle(n)

מָעֻזִּים	לְמִבְצְרֵי	39 וְעָשָׂה
mɔʿuzziʸm	lᵊmibᵊṣᵊreʸ	wᵊʿɔśɔʰ
Zufluchtsorte(n)	(von)-Befestigungen-(gegen=)zu	(tätig-wird=)macht(e)-er-Und

אֲשֶׁר	נֵכָר	אֱלוֹהַּ	עִם־
ʾᵃšɛr	nekɔr	ʾᵋloʷah	-ʿim
Welch(en)	.Fremde-(der)	Gottheit-(einer)	(bei=)mit

כָבוֹד	יַרְבֶּה	הִכִּיר[יַכִּיר]
kɔboʷd	yarᵊbɛʰ	[yakkiʸr]hikkiʸr
Ehre	(mehrt=)groß-macht-er-(dem)	,[an-erkennt-er]anerkannte-er

וַאֲדָמָה	בָּרַבִּים	וְהִמְשִׁילָם
waʾᵃdɔmɔʰ	bɔrabbiʸm	wᵊhimᵊšiʸlɔm
,Land-und	,viele-(über=)in	sie-herrschen-macht-er-und

בִּמְחִיר:	וְחִלֵּק
bimᵊḥiʸr.	wᵊḥalleq
.(Belohnung=)Gegenwert-(als=)in	(verteilt-er-das=)Verteilen-(ein)-und

עִמּוֹ	יִתְנַגַּח	קֵץ	40 וּבְעֵת
ʿimmoʷ	yitᵊnaggaḥ	qeṣ	uʷbᵊʿet
ihm-mit	sich-stößt-(es=er)	Ende(s)-(des)	Zeit-(der)-in-(Aber=)Und

עָלָיו	וְיִשְׂתָּעֵר	הַנֶּגֶב	מֶלֶךְ
ʿɔlɔʸw	wᵊyiśᵊtɔʿer	hannɛgɛb	mɛlɛk
(ihn-gegen=)ihm-auf	an-stürmt-(es=)er-Und	.Süden(s)-(des=)der	König-(der)

וּבְפָרָשִׁים	בְּרֶכֶב	הַצָּפוֹן	מֶלֶךְ
uʷbᵊpɔrɔšiʸm	bᵊrɛkɛb	haṣṣɔpoʷn	mɛlɛk
Reitern-(mit=)in-und	Wagen-(mit=)in	Norden(s)-(des=)der	König-(der)

וּבָא	רַבּוֹת	וּבָאֳנִיּוֹת
uʷbɔʾ	rabboʷt	uʷbɔʾᵒniʸyoʷt
(eindringend=)kommend(er)-Und	.viele(n)	Schiffen-(mit=)in-und

וְעָבָר׃	וְשָׁטַף	בַאֲרָצוֹת
wᵊʿɔbɔr.	wᵊšɔṭap	baʾᵃrɔṣoʷt
.überflutet(e)-er-und	überschwemmt(e)-er-(da=)und	,Länder-(die)-in

הַצְּבִי	בְּאֶרֶץ	41 וּבָא
haṣṣᵊbiʸ	bᵊʾɛrɛṣ	uʷbɔʾ
,Pracht-(der=)die	Land-(das)-in	(eindringend=)kommend(er)-Und

יִמָּלְטוּ	וְאֵלֶּה	יִכָּשֵׁלוּ	וְרַבּוֹת
yimmɔlᵊṭuʷ	wᵊʾellɛʰ	yikkɔšeluʷ	wᵊrabboʷt
entrinnen-(sie)	diese-(Doch=)Und	.straucheln-(sie)	viele-(da=)und

וּמוֹאָב	אֱדוֹם	מִיָּדוֹ
uʷmoʷʾɔb	ʾᵋdoʷm	miʸyɔdoʷ
Moab-und	Edom	:(Gewalt=)Hand-seiner-(aus=)von

עַמּוֹן׃	בְּנֵי	וְרֵאשִׁית
ʿammoʷn.	bᵊneʸ	wᵊreʾšiʸt
.Ammon	(von)-Söhne-(der)	(Hauptteil=)Anfang-(der)-und

בַּאֲרָצוֹת	יָדוֹ	42 וְיִשְׁלַח
baʾᵃrɔṣoʷt	yɔdoʷ	wᵊyišᵊlaḥ
,Länder(n)-(einigen)-(nach=)in	Hand-seine	(aus-streckt=)schickt-er-Und

תִהְיֶה	לֹא	מִצְרַיִם	וְאֶרֶץ
tihᵊyɛʰ	loʾ	miṣᵊrayim	wᵊʾɛrɛṣ
(da)sein-wird-(es=sie)	(mehr)-nicht	Ägypten	Land-(das)-(hingegen=)und

לִפְלֵיטָה׃	43 וּמָשַׁל	בְּמִכְמַנֵּי
lip^{ə}le^{y}ṭɔ^{h}.	u^{w}mɔšal	b^{ə}mik^{ə}manne^{y}
.(Rettung-zur=)Entrinnen-zu	waltet(e)-er-Und	Schätze-(die)-(über=)in

הַזָּהָב	וְהַכֶּסֶף	וּבְכֹל	חֲמֻדוֹת
hazzɔhɔb	w^{ə}hakkɛsɛp	u^{w}b^{ə}kol	ḥ^{a}mudo^{w}t
Gold(es)-(des=)das	Silber(s)-(des=)das-und	all(e)-(über=)in-und	Kostbarkeiten

מִצְרָיִם	וְלֻבִים	וְכֻשִׁים
miṣ^{ə}rɔyim	w^{ə}lubi^{y}m	w^{ə}kuši^{y}m
,Ägypten(s)	(Libyer=)Lubier-(die)-und	Kuschiten-und

בְּמִצְעָדָיו׃	44 וּשְׁמֻעוֹת
b^{ə}miṣ^{ə}ʿɔdɔ^{y}w.	u^{w}š^{ə}muʿo^{w}t
.(Gefolge-seinem-in=)Schritten-seinen-in-(sind)	Nachrichten-(Aber=)Und

יְבַהֲלֻהוּ	מִמִּזְרָח	וּמִצָּפוֹן	וְיָצָא
y^{ə}bah^{a}luhu^{w}	mimmiz^{ə}rɔḥ	u^{w}miṣṣɔpo^{w}n	w^{ə}yɔṣɔʾ
ihn-schrecken-(sie)	Sonnenaufgang-von	,Norden-von-und	aus-zieht-er-und

בְּחֵמָא	גְדֹלָה	לְהַשְׁמִיד	וּלְהַחֲרִים	רַבִּים׃
b^{ə}ḥemɔʾ	g^{ə}dolɔ^{h}	l^{ə}hašmi^{y}d	u^{w}l^{ə}haḥ^{a}ri^{y}m	rabbi^{y}m.
(Wut=)Glut-(mit=)in	große(r)	verderben-zu-(um)	vernichten-zu-und	.viele

45 וְיִטַּע	אָהֳלֵי	אַפַּדְנוֹ	בֵּין
w^{ə}yiṭṭaʿ	ʾoh^{o}lɛ^{y}	ʾappad^{ə}no^{w}	be^{y}n
(auf-schlägt=)pflanzt-er-Und	Zelte-(die)	Palast(es)-sein(es)	zwischen

יַמִּים	לְהַר־	צְבִי־	קֹדֶשׁ
yammi^{y}m	-l^{ə}har	-ṣ^{ə}bi^{y}	qodɛš
Meere(n)-(den)	Berg-zu(m)-(hin)	Zierde-(der)	.Heiligkeit-(der)

וּבָא	עַד־	קִצּוֹ	וְאֵין	עוֹזֵר
u^{w}bɔʾ	-ʿad	qiṣṣo^{w}	w^{ə}ʾe^{y}n	ʿo^{w}zer
kommt-er-(Doch=)Und	(an=)bis	Ende-sein	(ist)-nicht-und	Helfender-(ein)

לוֹ׃
lo^{w}.
.ihm-(zu)

12

1 וּבָעֵת	הַהִיא
u^{w}bɔʿet	hahi^{y}ʾ
,Zeit-(der)-in-(Aber=)Und	,da-jene(r)

יַעֲמֹד	yaᶜᵃmod	(auftreten=)dastehen-wird-(er)
מִיכָאֵל	miʸkɔᵓel	,Michael
הַשַּׂר	haśśar	,Fürst-der
הַגָּדוֹל	haggɔdoʷl	,große-der
הָעֹמֵד	hɔᶜomed	(ein)stehende-der
עַל-	-ᶜal	(für=)auf
בְּנֵי	bᵊneʸ	(Kinder=)Söhne-(die)
עַמֶּךָ	ᶜammɛkɔ	.Volk(es)-dein(es)
וְהָיְתָה	wᵊhɔyᵊtɔʰ	sein-wird-(es=)sie-Und
עֵת	ᶜet	Zeit-(eine)
צָרָה	ṣɔrɔʰ	,Drangsal-(der)
אֲשֶׁר	ᵓᵃšɛr	(wie=)welch(e)
לֹא-	-loᵓ	nicht
נִהְיְתָה	nihᵊyᵊtɔʰ	(war-da=)ereignete-sich-(sie)
מִהְיוֹת	mihᵊyoʷt	(existiert-seit=)sein-von
גּוֹי	goʷy	Volk-(ein)
עַד	ᶜad	(zu)-bis
הָעֵת	hɔᶜet	,Zeit-der
הַהִיא	hahiʸᵓ	;da-jene(r)
וּבָעֵת	uʷbɔᶜet	,Zeit-der-in-(aber=)und
הַהִיא	hahiʸᵓ	,da-jene(r)
יִמָּלֵט	yimmɔleṭ	gerettet-wird-(es=er)
עַמְּךָ	ᶜammᵊkɔ	,Volk-dein
כָּל-	-kol	,(jeder=)all
הַנִּמְצָא	hannimᵊṣɔᵓ	(findet-sich=)Gefundene-der
כָּתוּב	kɔtuʷb	(ein)geschrieben(er)
בַּסֵּפֶר׃	bassepɛr.	.Buch-dem-in
2 וְרַבִּים	wᵊrabbiʸm	viele-Und
מִיְּשֵׁנֵי	miʸyᵊšeneʸ	(im)-Schlafenden-(den)-von
אַדְמַת-	-ᵓadᵊmat	-Erde(n)
עָפָר	ᶜɔpɔr	staub
יָקִיצוּ	yɔqiʸṣuʷ	;erwachen-werden-(sie)
אֵלֶּה	ᵓellɛʰ	(einen-die=)diese
לְחַיֵּי	lᵊḥayyeʸ	Leben-zu(m)
עוֹלָם	ᶜoʷlɔm	(immer-für=)Dauer-(von)
וְאֵלֶּה	wᵊᵓellɛʰ	(andern-die=)diese-und
לַחֲרָפוֹת	laḥᵃrɔpoʷt	,Beschimpfungen-zu
לְדִרְאוֹן	lᵊdirᵊᵓoʷn	Abscheu-zu
עוֹלָם׃	ᶜoʷlɔm.	.ewig(em)
3 וְהַמַּשְׂכִּלִים	wᵊhammaśᵊkiliʸm	Verständigen-die-(Indes=)Und
יַזְהִרוּ	yazᵊhiruʷ	strahlen-werden-(sie)
כְּזֹהַר	kᵊzohar	Glanz-(der)-wie
הָרָקִיעַ	hɔrɔqiʸaᶜ	,Himmelsgewölbe(s)-(des)
וּמַצְדִּיקֵי	uʷmaṣᵊdiʸqeʸ	Machend(en)-gerecht-(die)-(auch=)und

4 וְאַתָּה	וָעֶד׃	לְעוֹלָם	כַּכּוֹכָבִים	הָרַבִּים
w^{ə}ʾattɔ^{h}	wɔʿɛd.	l^{ə}ʿo^{w}lɔm	kakko^{w}kɔbi^{y}m	hɔrabbi^{y}m
,du-(Aber=)Und	.ewig-und	(immer-für=)ewig-zu	,Sterne-die-wie	,Vielen-die

הַסֵּפֶר	וַחֲתֹם	הַדְּבָרִים	סְתֹם	דָנִיֵּאל
hassepɛr	waḥ^{a}tom	hadd^{ə}bɔri^{y}m	s^{ə}tom	dɔni^{y}yeʾl
Buch-das	versiegle-und	Worte-die	(verschließe=)verstopfe	,Daniel

רַבִּים	יְשֹׁטְטוּ	קֵץ	עֵת	עַד־
rabbi^{y}m	y^{ə}šoṭ^{ə}ṭu^{w}	qeṣ	ʿet	-ʿad
viele	nachforschen-(sie)-(da)	,Ende(s)-(des)	Zeit	(zur)-bis

דָנִיֵּאל	אֲנִי	5 וְרָאִיתִי	הַדָּעַת׃	וְתִרְבֶּה
dɔni^{y}yeʾl	ʾ^{a}ni^{y}	w^{ə}rɔʾi^{y}ti^{y}	haddɔʿat.	w^{ə}tir^{ə}bɛ^{h}
,Daniel	,ich	,sah-ich-Und	.Erkenntnis-die	(wächst=)sein-viel-(es=)sie-und

אֶחָד	עֹמְדִים	אֲחֵרִים	שְׁנַיִם	וְהִנֵּה
ʾɛḥɔd	ʿom^{ə}di^{y}m	ʾ^{a}ḥeri^{y}m	š^{ə}nayim	w^{ə}hinne^{h}
einer	,(da)stehend(e)-(waren)	andere	zwei	,siehe-(da=)und

וְאֶחָד	הַיְאֹר	לִשְׂפַת	הֵנָּה
w^{ə}ʾɛḥɔd	hay^{ə}ʾor	liś^{ə}pat	hennɔ^{h}
einer-und	(Stromes-des=)Strom-der	Ufer-(am=)zu	(diesseits=)hierher

6 וַיֹּאמֶר	הַיְאֹר׃	לִשְׂפַת	הֵנָּה
wayyoʾmɛr	hay^{ə}ʾor.	liś^{ə}pat	hennɔ^{h}
sprach-(ein)er-Und.	(Stromes-des=)Strom-der	Ufer-(am=)zu	(jenseits=)hierher

הַבַּדִּים	לְבוּשׁ	לָאִישׁ
habbaddi^{y}m	l^{ə}bu^{w}š	lɔʾi^{y}š
,Leinen(gewänder)-die-(in)	gekleidet(en)	Mann-dem-zu

לְמֵימֵי	מִמַּעַל	אֲשֶׁר
l^{ə}me^{y}me^{y}	mimmaʿal	ʾ^{a}šɛr
Gewässer(n)-(den=)zu	(über=)oben-von	(stand-der=)welch(er)

קֵץ	עַד־מָתַי	הַיְאֹר
qeṣ	mɔtay-ʿad	hay^{ə}ʾor
Ende-(das)	(ist-endlich-Wann=)wann-Bis	:Strom(es)-(des=)der

אֶת־הָאִישׁ	וָאֶשְׁמַע	הַפְּלָאוֹת׃
hɔʾi^{y}š-ʾɛt	wɔʾɛš^{ə}maʿ	happ^{ə}lɔʾo^{w}t.
Mann-den***	hörte-ich-(Da=)Und	?(Unerklärlichen-des=)Wunderbaren-(der=)die

אֲשֶׁר	הַבַּדִּים	לְבוּשׁ
ᵓ^{a}šɛr	habbaddi^{y}m	l^{ə}bu^{w}š
(stand-der=)welch(er)	,Leinen(gewänder)-die-(in)	gekleidet(en)

הַיְאֹר	לְמֵימֵי	מִמַּעַל
hay^{ə}ᵓor	l^{ə}me^{y}me^{y}	mimmaᶜal
,(Stromes-des=)Strom-der	Gewässer(n)-(den=)zu	(über=)oben-von

הַשָּׁמַיִם	אֶל־	וּשְׂמֹאלוֹ	יְמִינוֹ	וַיָּרֶם
haššɔmayim	-ᵓɛl	u^{w}ś^{ə}moᵓlo^{w}	y^{ə}mi^{y}no^{w}	wayyɔrɛm
Himmel(n)-(den=)die	zu	Linke-seine-und	Rechte-seine	erhob-er-(als=)und

כִּי	הָעוֹלָם	בְּחֵי	וַיִּשָּׁבַע
ki^{y}	hɔᶜo^{w}lɔm	b^{ə}ḥe^{y}	wayyiššɔbaᶜ
(Gewiss=)Wenn	:Ewige(n)-(des=)der	Leben-(beim=)in	schwor-(er)-und

מוֹעֲדִים	לְמוֹעֵד
mo^{w}ᶜ^{a}di^{y}m	l^{ə}mo^{w}ᶜed
(Festzeiten-der=)Festgesetzte	Zeit-(festgesetzte-eine)-(betrifft-es=)zu

נַפֵּץ	וּכְכַלּוֹת	וָחֵצִי
nappeṣ	u^{w}k^{ə}kallo^{w}t	wɔḥeṣi^{y}
Zerstören-(dem)	(wird-geboten-Einhalt=)Vollenden-(so)wie-und	,Hälfte-(eine)-und

קֹדֶשׁ	עַם־	יַד־
qodɛš	-ᶜam	-yad
,(heiligen=)Heiligkeit-(der)	Volk(es)-(des)	(Kraft=)Hand-(die)

8 וַאֲנִי	כָּל־אֵלֶּה׃	תִּכְלֶינָה
waᵓ^{a}ni^{y}	ᵓɛllɛ^{h}-kol.	tik^{ə}lɛ^{y}nɔ^{h}
,ich-(Zwar=)Und	!diese(s)-all	(erfüllen-sich-wird-es=)vollenden-wird-sie

אֲדֹנִי	וָאֹמְרָה	אָבִין	וְלֹא	שָׁמַעְתִּי
ᵓ^{a}doni^{y}	wɔᵓom^{ə}rɔ^{h}	ᵓɔbi^{y}n	w^{ə}loᵓ	šɔmaᶜ^{ə}ti^{y}
,Herr-Mein	:sag(t)e-ich-Und	.(verstand=)verstehe-ich	nicht(s)-(doch=)und	,hörte-ich

9 וַיֹּאמֶר	אֵלֶּה׃	אַחֲרִית	מָה
wayyoᵓmɛr	ᵓɛllɛ^{h}.	ᵓaḥ^{a}ri^{y}t	mɔ^{h}
:sagte-er-(Aber=)Und	?diese(m)	(von)-(Ende-das=)Nachherige-(die)	(ist)-was

הַדְּבָרִים	וַחֲתֻמִים	סְתֻמִים	כִּי־	דָּנִיֵּאל	לֵךְ
hadd^{ə}bɔri^{y}m	waḥ^{a}tumi^{y}m	s^{ə}tumi^{y}m	-ki^{y}	dɔni^{y}yeᵓl	lek
Worte-die	(bleiben)-versiegelt(e)-und	verschlossen(e)	denn	,Daniel	,Geh

10 יִתְבָּרְרוּ	קֵץ׃	עֵת	עַד־
yitᵊbɔrᵊruʷ	qeṣ.	ᶜet	-ᶜad
erweisen-rein-als-sich-werden-(Es=)Sie	!Ende(s)-(des)	Zeit	(zur)-bis

רַבִּים	וְיִצָּרְפוּ	וְיִתְלַבְּנוּ
rabbiʸm	wᵊyiṣṣɔrᵊpuʷ	wᵊyitᵊlabbᵊnuʷ
,viele	geläutert-werden-(es=)sie-und	lassen-reinigen-sich-werden-(es=)sie-und

וְלֹא	רְשָׁעִים	וְהִרְשִׁיעוּ
wᵊloᵓ	rᵊšɔᶜiʸm	wᵊhirᵊšiʸᶜuʷ
nicht-und	,Frevler	freveln-(weiterhin)werden-(es=)sie-(aber=)und

וְהַמַּשְׂכִּלִים	כָּל־רְשָׁעִים	יָבִינוּ
wᵊhammaśᵊkiliʸm	rᵊšɔᶜiʸm -kol	yɔbiʸnuʷ
Verständigen-die-(aber=)und	,Frevler all(e)	(einsichtig=)verstehen-werden-(es=sie)

11 וּמֵעֵת	יָבִינוּ׃
uʷmeᶜet	yɔbiʸnuʷ.
,(an)-Zeit-der-von-(Jedoch=)Und	.(einsichtig=)verstehen-(es)-werden-(sie)

הַתָּמִיד	הוּסַר
hattɔmiʸd	huʷsar
(Opfer-tägliche=)Fortdauernde-das	(abgeschafft=)entfernt-wurde-(es=er)-(da)

אֶלֶף	יָמִים	שֹׁמֵם	שִׁקּוּץ	וְלָתֵת
ᵓɛlɛp	yɔmiʸm	šomem	šiqquʷṣ	wᵊlɔtet
tausend	Tage-(es-sind)	,wüst(er)	Gräuel-(ein)	(aufgestellt=)geben-zu-und

הַמְחַכֶּה	12 אַשְׁרֵי	וְתִשְׁעִים׃	מָאתַיִם
hamᵊḥakkɛʰ	ᵓašᵊreʸ	wᵊtišᵊᶜiʸm.	mɔᵓtayim
(ist)-ausharrend(er)-der	,(dem-Wohl=)Seligkeiten	.neunzig-und	zweihundert

שְׁלֹשִׁים	מֵאוֹת	שְׁלֹשׁ	אֶלֶף	לְיָמִים	וְיַגִּיעַ
šᵊlošiʸm	meᵓoʷt	šᵊloš	ᵓɛlɛp	lᵊyɔmiʸm	wᵊyaggiʸaᶜ
dreißig	-hundert(e)	-drei	-tausend	Tage(n)-(an=)zu	erreicht-(er)-und

וְתָנוּחַ	לַקֵּץ	לֵךְ	13 וְאַתָּה	וַחֲמִשָּׁה׃
wᵊtɔnuʷaḥ	laqqeṣ	lek	wᵊᵓattɔʰ	waḥᵃmiššɔʰ.
;(ruhe=)ruhst-du-und	,(zu)-Ende-(dem=)zum	geh	,du-(Doch=)Und	!fünf-und

הַיָּמִין׃	לְקֵץ	לְגֹרָלְךָ	וְתַעֲמֹד
hayyɔmiʸn.	lᵊqeṣ	lᵊgorɔlᵊkɔ	wᵊtaᶜᵃmod
!Tage-(der=)die	Ende-(am=)zu	Los-deinem-zu	(er)stehen-wirst-und

עזרא
Esra

1

מֶלֶךְ	לְכוֹרֶשׁ	אַחַת	1 וּבִשְׁנַת
mɛlɛk	lᵊkoʷrɛš	ʾaḥat	uʷbišᵊnat
(von)-König	,Kyrus-(von=)zu	(eins=)eine	Jahr-(dem)-in-Und

דְּבַר־יְהוָה	לִכְלוֹת	פָּרַס
yᵊhwɔʰ-dᵊbar	likᵊloʷt	pɔras
JHWH(s)-Wort-(das)	(erfülle-sich-damit=)sein-fertig-zu	,(Persien=)Paras

הֵעִיר	יִרְמְיָה	מִפִּי
heʿiʸr	yirᵊmᵊyɔʰ	mippiʸ
(erweckte=)aufstören-machte-(es=er)	,Jeremia(s)	Mund-(dem)-(aus=)von

פָּרַס	מֶלֶךְ־	כֹּרֶשׁ	אֶת־רוּחַ	יְהוָה
pɔras	-mɛlɛk	korɛš	ruʷaḥ-ʾɛt	yᵊhwɔʰ
,(Persien=)Paras	(von)-König	,(Kyrus=)Koresch	(von)-Geist-(den)***	JHWH

קוֹל	וַיַּעֲבֶר־
qoʷl	-wayyaʿᵃbɛr
(Aufruf-einen=)Stimme	(lasse-ergehen=)vorübergehn-mache-er-(damit=)und

בְּמִכְתָּב	וְגַם־	מַלְכוּתוֹ	בְּכָל־
bᵊmikᵊtɔb	-wᵊgam	malᵊkuʷtoʷ	-bᵊkol
,Schreiben-(ein)-(durch=)in	auch-und	(König)reich-sein(em)	all-in

לֵאמֹר׃ 2 כֹּה אָמַר כֹּרֶשׁ
korɛš ʾɔmar ko^{h} leʾmor.
,(Kyrus=)Koresch (spricht=)sprach-(es=er) So :(mitzuteilen-um=)sagen-zu

מֶלֶךְ פָּרָס כֹּל מַמְלְכוֹת הָאָרֶץ
hɔʾɔrɛṣ mam^{ə}l^{ə}ko^{w}t kol pɔras mɛlɛk
Erde-(der=)die (König)reiche All(e) :(Persien=)Paras (von)-König-(der)

נָתַן לִי יְהוָה אֱלֹהֵי
^{ɛ}ʾlohe^{y} y^{ə}hwɔ^{h} li^{y} nɔtan
(Gott-der=)Götter-(die) ,JHWH mir-(zu) gegeben-hat-(es=er)

הַשָּׁמַיִם וְהוּא־ פָּקַד עָלַי לִבְנוֹת־
-lib^{ə}no^{w}t ʿɔlay pɔqad -w^{ə}hu^{w}ʾ haššɔmɔyim
bauen-zu (mich=)mir-auf beauftragt-hat-er ,er-und ,Himmel-(der=)die

לוֹ בַּיִת בִּירוּשָׁלַםִ אֲשֶׁר
ʾ^{a}šɛr bi^{y}ru^{w}šɔlaim bayit lo^{w}
(das=)welch(es) ,Jerusalem-in (Tempel)haus-(ein) (ihn-für=)ihm-zu

בִּיהוּדָה׃ 3 מִי־ בָכֶם מִכָּל־ עַמּוֹ
ʿammo^{w} -mikkol bɔkɛm -mi^{y} bi^{y}hu^{w}dɔ^{h}.
,(ist)-Volk-sein(em) all-von euch-(unter=)in (immer)Wer .(ist)-Juda-in

יְהִי אֱלֹהָיו עִמּוֹ
ʿimmo^{w} ʾ^{ɛ}lohɔ^{y}w y^{ə}hi^{y}
,ihm-mit (Gott-sein=)Götter-seine sei-(es=)er

וְיַעַל לִירוּשָׁלַםִ אֲשֶׁר
ʾ^{a}šɛr li^{y}ru^{w}šɔlaim w^{ə}yaʿal
(das=)welch(es) ,Jerusalem-(nach=)zu hinaufziehen-(soll=)wird-(der=)er-und

בִּיהוּדָה וְיִבֶן אֶת־בֵּית יְהוָה
y^{ə}hwɔ^{h} be^{y}t-ʾɛt w^{ə}yibɛn bi^{y}hu^{w}dɔ^{h}
,JHWH(s) (Tempel)haus-(das)*** bauen-(soll=)wird-er-und ,(ist)-Juda-in

אֱלֹהֵי יִשְׂרָאֵל הוּא הָאֱלֹהִים
hɔʾ^{ɛ}lohi^{y}m hu^{w}ʾ yiś^{ə}rɔʾel ʾ^{ɛ}lohe^{y}
,(Gott-der=)Götter-die (ist-das=)er ,Israel (von)-(Gottes-des=)Götter-(der)

אֲשֶׁר בִּירוּשָׁלָםִ׃ 4 וְכָל־
-w^{ə}kol bi^{y}ru^{w}šɔlɔim. ʾ^{a}šɛr
,(jeden=)all-Und .Jerusalem-in (wird-verehrt)-welch(er)

הַמְּקֹמוֹת	מִכָּל־	הַנִּשְׁאָר
hammᵊqomoʷt	-mikkol	hannišᵊᵓɔr
,Orte(n)-(den=)die	all-(aus=)von	(ist-übrig-noch=)Übriggebliebene-der

שָׁם	גָר־	הוּא	אֲשֶׁר
šɔm	-gor	huʷᵓ	ᵓᵃšɛr
,dort	weilend(er)-Fremdling-als	(ist)-er	(denen-an=)welch(en)

אַנְשֵׁי	יְנַשְּׂאוּהוּ
ᵓanᵊšeʸ	yᵊnaśśᵊᵓuʷhuʷ
(von)-(Leute=)Männer-(die)	ihn-unterstützen-(sollen=)werden-(es=)sie

וּבְזָהָב	בְּכֶסֶף	מְקֹמוֹ
uʷbᵊzɔhɔb	bᵊkɛsɛp	mᵊqomoʷ
Gold-(mit=)in-und	Silber-(mit=)in	Ort-sein(em)

עִם־	וּבִבְהֵמָה	וּבִרְכוּשׁ
-ʿim	uʷbibᵊhemɔʰ	uʷbirᵊkuʷš
(samt=)mit	,Vieh-(mit=)in-und	Habe-(beweglicher)-(mit=)in-und

הָאֱלֹהִים	לְבֵית	הַנְּדָבָה
hɔᵓᵋlohiʸm	lᵊbeʸt	hannᵊdɔbɔʰ
,(Gottes=)Götter-(der=)die	Haus-(das)-(für=)zu	Gabe-(freiwilligen)-(der=)die

5 וַיָּקוּמוּ	בִּירוּשָׁלִָם׃	אֲשֶׁר
wayyɔquʷmuʷ	biʸruʷšɔlɔim.	ᵓᵃšɛr
auf-sich-machten-(es=sie)-(Da=)Und	!Jerusalem-in	(jenes=)welch(es)

וּבִנְיָמִן	לִיהוּדָה	הָאָבוֹת	רָאשֵׁי
uʷbinᵊyɔmin	liʸhuʷdɔʰ	hɔᵓɔboʷt	rɔᵓšeʸ
Benjamin-und	Juda-(in=)zu	(Familien=)Väter(n)-(den=)die	(von)-Häupter-(die)

לְכֹל	וְהַלְוִיִּם	וְהַכֹּהֲנִים
lᵊkol	wᵊhalᵊwiʸyim	wᵊhakkohᵃniʸm
,(jeder=)all-zu	,Leviten-die-und	Priester-die-und

אֶת־רוּחוֹ	הָאֱלֹהִים	הֵעִיר
ruʷḥoʷ-ᵓɛt	hɔᵓᵋlohiʸm	heʿiʸr
Geist-sein(en)***	(Gott=)Götter-die	(erwecken=)aufreizen-machte-(es=er)-(dem)

יְהוָה	אֶת־בֵּית	לִבְנוֹת	לַעֲלוֹת
yᵊhwɔʰ	beʸt-ᵓɛt	libᵊnoʷt	laʿᵃloʷt
,JHWH(s)	(Tempel)haus-(das)***	erbauen-zu-(um)	hinauf-gehen-zu

סְבִיבֹתֵיהֶם	6 וְכָל־	בִּירוּשָׁלָֽםִ׃	אֲשֶׁר
səbiyboteyhɛm	-wəkol	biyruwšɔlɔim.	ʾašɛr
(Mitbewohner=)Umgebungen-ihre	all(e)-Und	.Jerusalem-in	(jenes=)welch(es)

בִּידֵיהֶם	חִזְּקוּ
biydeyhɛm	ḥizzəquw
Händen-(zwei)-ihren-(mit=)in	stark-(sich)-machten-(sie)

בַּזָּהָב	כֶּסֶף	בִּכְלֵי־
bazzɔhɔb	kɛsɛp	-bikəley
Gold-(mit=)dem-in	,Silber	(von)-(Gefäßen=)Geräte(n)-(mit=)in

וּבַבְּהֵמָה	בָּרְכוּשׁ
uwbabbəhemɔh	bɔrəkuwš
Vieh-(mit=)dem-in-und	Habe-(beweglicher)-(mit=)in-und

כָּל־	עַל־	לְבַד	וּבַמִּגְדָּנוֹת
-kol	-ʿal	ləbad	uwbammigədɔnowt
,(jedem=)all	(von=)auf	(abgesehen=)allein-zu	,Kostbarkeiten-(mit=)die-in-und

כּוֹרֶשׁ	7 וְהַמֶּלֶךְ	הִתְנַדֵּב׃
kowrɛš	wəhammɛlɛk	hitənaddeb.
(Kyrus=)Koresch	König-der-(Zudem=)Und	.zeigte-spendewillig-sich-(d)er

בֵּית־	אֶת־כְּלֵי	הוֹצִיא
-beyt	kəley-ʾɛt	howṣiyʾ
(Tempel)haus-(dem)	(von)-Geräte-(die)***	herausführen-(ließ=)machte-(er)

הוֹצִיא	אֲשֶׁר	יְהוָה
howṣiyʾ	ʾašɛr	yəhwɔh
(herausgeholt-hatte=)hinausführen-(ließ=)machte-(es=er)	welch(e)	,JHWH(s)

וַיִּתְּנֵם	מִירוּשָׁלַםִ	נְבוּכַדְנֶצַּר
wayyittənem	miyruwšɔlaim	nəbuwkadənɛṣṣar
(hatte-übergeben=)sie-gab-(er)-und	Jerusalem-(aus=)von	Nebuchadnezzar

8 וַיּוֹצִיאֵם	אֱלֹהָיו׃	בְּבֵית
wayyowṣiyʾem	ʾɛlohɔyw.	bəbeyt
sie-herausführen-(ließ=)machte-(es=)er-Und	.Götter-seine(r)	Haus-(dem=)in

עַל־יַד	פָּרַס	מֶלֶךְ	כּוֹרֶשׁ
yad-ʿal	pɔras	mɛlɛk	kowrɛš
Hand-(die)-(in=)auf	,(Persien=)Paras	(von)-König-(der)	,(Kyrus=)Koresch

מִתְרְדָת mitərədɔt ,Mitredat(s)
הַגִּזְבָּר haggizəbɔr ,Schatzmeister(s)-(des=)der
וַיִּסְפְּרֵם wayyisəpərem sie-zählte-(d)er-und

לְשֵׁשְׁבַּצַּר ləšešəbaṣṣar ,Scheschbazzar-(dar=)zu
הַנָּשִׂיא hannɔśiyʾ Fürst(en)-(dem=)der
לִיהוּדָה׃ liyhuwdɔh. .Juda-(von=)zu

9 וְאֵלֶּה wəʾɛllɛh (war)-dies(e)-Und
מִסְפָּרָם misəpɔrɔm :Zahl-ihre
אֲגַרְטְלֵי ʾagarəṭəley (von)-Becken
זָהָב zɔhɔb Gold
שְׁלֹשִׁים šəlošiym ;dreißig
אֲגַרְטְלֵי־ -ʾagarəṭəley (von)-Becken

כֶּסֶף kɛsɛp Silber
אָלֶף ʾɔlɛp ;tausend
מַחֲלָפִים maḥalɔpiym :Gefäße
תִּשְׁעָה tišəʿɔh neun
וְעֶשְׂרִים׃ wəʿɛśəriym. ;zwanzig-und
10 כְּפוֹרֵי kəpowrey (von)-Becher
זָהָב zɔhɔb :Gold

שְׁלֹשִׁים šəlošiym ;dreißig
כְּפוֹרֵי kəpowrey (von)-Becher
כֶּסֶף kɛsɛp ,Silber
מִשְׁנִים mišəniym :(doppelwertig=)Verdoppelungen
אַרְבַּע ʾarəbaʿ -vier

מֵאוֹת meʾowt -hundert(e)
וַעֲשָׂרָה waʿaśɔrɔh ;zehn-und
כֵּלִים keliym (Geräte=)Gefäße
אֲחֵרִים ʾaḥeriym andere
אָלֶף׃ ʾɔlɛp. .tausend
11 כָּל־ -kol All(e)

כֵּלִים keliym (Geräte=)Gefäße
לַזָּהָב lazzɔhɔb Gold-(aus=)dem-zu
וְלַכֶּסֶף wəlakkɛsɛp :Silber-(aus=)dem-zu-und
חֲמֵשֶׁת ḥamešɛt -fünf

אֲלָפִים ʾalɔpiym tausend(e)
וְאַרְבַּע wəʾarəbaʿ vier-und
מֵאוֹת meʾowt .hundert(e)
הַכֹּל hakkol all(es)-Das

הֶעֱלָה hɛʿɛlɔh hinaufführen-(ließ=)machte-(es=er)
שֵׁשְׁבַּצַּר šešəbaṣṣar Scheschbazzar
עִם ʿim mit

הֵעָלוֹת heʿɔlowt Hinaufgeführtwerden-(dem)
הַגּוֹלָה haggowlɔh (Exulantenschar=)Wegführung-(der=)die
מִבָּבֶל mibbɔbɛl Babel-von

לִירוּשָׁלִָם׃ liyruwšɔlɔim. .Jerusalem-(nach=)zu

2

הַמְּדִינָה	בְּנֵי	1 וְאֵלֶּה
hammᵊdiʸnɔʰ	bᵊneʸ	wᵊʾelleʰ
,Provinz-(der=)die	(Angehörigen=)Söhne-(die)	(sind)-diese-Und

מִשְּׁבִי	הָעֹלִים
miššᵊbiʸ	hɔʿoliʸm
Gefangenschaft-(der)-(aus=)von	(waren)-hinaufziehend(e)-die

אֲשֶׁר	הַגּוֹלָה
ʾᵃšɛr	haggoʷlɔʰ
welch(e)	,(Exulantenschar=)Wegführung-(der=)die

נְבוּכַדְנֶצּוֹר[נְבוּכַדְנֶצַּר]	הֶגְלָה
[nᵊbuʷkadᵊnɛṣṣar]nᵊbuʷkadᵊnɛṣṣoʷr	hɛgᵊlɔʰ
,[Nebuchadnezzar]Nebuchadnezzor	weggeführt-(Exil-ins)-hatte-(es=er)

וַיָּשׁוּבוּ	לְבָבֶל	בָּבֶל	מֶלֶךְ־
wayyɔšuʷbuʷ	lᵊbɔbɛl	bɔbɛl	-mɛlɛk
(wieder)kehrten-(dann-die=)sie-und	,Babel-(nach=)zu	,Babel	(von)-König-(der)

לְעִירוֹ׃	אִישׁ	וִיהוּדָה	לִירוּשָׁלַםִ
lᵊʿiʸroʷ.	ʾiʸš	wiʸhuʷdɔʰ	liʸruʷšɔlaim
.Stadt-seine-(in=)zu	(jeder)mann	,Juda-und	Jerusalem-(nach=)zu

שְׂרָיָה	נְחֶמְיָה	יֵשׁוּעַ	זְרֻבָּבֶל	עִם־	בָּאוּ	2 אֲשֶׁר־
śᵊrɔyɔʰ	nᵊḥɛmᵊyɔʰ	yešuʷaʿ	zᵊrubbɔbɛl	-ʿim	bɔʾuʷ	-ʾᵃšɛr
,Seraja	,Nechemja	,Jeschua	:Serubbabel	mit	kamen-(sie)	(Die=)Welch(e)

בַּעֲנָה	רְחוּם	בִּגְוַי	מִסְפָּר	בִּלְשָׁן	מָרְדֳּכַי	רְעֵלָיָה
baʿᵃnɔʰ	rᵊḥuʷm	bigᵊway	misᵊpɔr	bilᵊšɔn	morᵊdᵒkay	rᵊʿelɔyɔʰ
.Baana-(und)	Rechum	,Bigwai	,Mispar	,Bilschan	,Mordochai	,Reëlaja

יִשְׂרָאֵל׃	עַם	אַנְשֵׁי	מִסְפַּר
yiśᵊrɔʾel.	ʿam	ʾanᵊšeʸ	misᵊpar
:Israel	Volk(es)-(des)	Männer-(der)	Zahl-(Die)

שִׁבְעִים	מֵאָה	אַלְפַּיִם	פַּרְעֹשׁ	3 בְּנֵי
šibᵊʿiʸm	meʾɔʰ	ʾalᵊpayim	parᵊʿoš	bᵊneʸ
-siebzig	-hundert-(ein)	zweitausend(e)	:Parosch	(von)-(Nachkommen=)Söhne

מֵאוֹת	שְׁלֹשׁ	שְׁפַטְיָה	4 בְּנֵי	וּשְׁנָיִם׃
meʾoʷt	šᵊloš	šᵊpaṭᵊyɔʰ	bᵊneʸ	uʷšᵊnɔyim.
-hundert(e)	-drei	:Schephatja	(von)-(Nachkommen=)Söhne	.zwei-und

מֵאוֹת	שְׁבַע	אָרַח	5 בְּנֵי	וּשְׁנָיִם׃	שִׁבְעִים
meʾoʷt	šᵊbaʿ	ʾɔraḥ	bᵊneʸ	uʷšᵊnɔyim.	šibᵊʿiʸm
-hundert(e)	-sieben	:Arach	(von)-(Nachkommen=)Söhne	.zwei-und	siebzig

מוֹאָב	פַּחַת	6 בְּנֵי־	וְשִׁבְעִים׃	חֲמִשָּׁה
moʷʾɔb	paḥat	-bᵊneʸ	wᵊšibᵊʿiʸm.	ḥᵃmiššɔʰ
,Moab	-Pachat	(von)-(Nachkommen=)Söhne	.siebzig-und	fünf

שְׁמֹנֶה	אַלְפַּיִם	יוֹאָב	יֵשׁוּעַ	לִבְנֵי
šᵊmoneʰ	ʾalᵊpayim	yoʷʾɔb	yešuʷaʿ	libᵊneʸ
-acht	-zweitausend(e)	:Joab(s)-(und)	Jeschua(s)	Söhnen-(den)-(von=)zu

עֵילָם	7 בְּנֵי	וּשְׁנֵים עָשָׂר׃	מֵאוֹת
ʿeʸlɔm	bᵊneʸ	ʿɔśɔr uʷšᵊneʸm.	meʾoʷt
:Elam	(von)-(Nachkommen=)Söhne	.(zwölf=)zehn-zwei-und	hundert(e)

8 בְּנֵי	וְאַרְבָּעָה׃	חֲמִשִּׁים	מָאתַיִם	אֶלֶף
bᵊneʸ	wᵊʾarᵊbɔʿɔʰ.	ḥᵃmiššiʸm	mɔʾtayim	ʾɛlɛp
(von)-(Nachkommen=)Söhne	.vier-und	fünfzig	-zweihundert(e)	-tausend

וַחֲמִשָּׁה׃	וְאַרְבָּעִים	מֵאוֹת	תְּשַׁע	זַתּוּא
waḥᵃmiššɔʰ.	wᵊʾarᵊbɔʿiʸm	meʾoʷt	tᵊšaʿ	zattuʷʾ
.fünf-und	vierzig-und	hundert(e)	-neun	:Sattu

וְשִׁשִּׁים׃	מֵאוֹת	שְׁבַע	זַכָּי	9 בְּנֵי
wᵊšiššiʸm.	meʾoʷt	šᵊbaʿ	zakkɔy	bᵊneʸ
.sechzig-und	hundert(e)	-sieben	:Sakkai	(von)-(Nachkommen=)Söhne

וּשְׁנָיִם׃	אַרְבָּעִים	מֵאוֹת	שֵׁשׁ	בָּנִי	10 בְּנֵי
uʷšᵊnɔyim.	ʾarᵊbɔʿiʸm	meʾoʷt	šeš	bɔniʸ	bᵊneʸ
.zwei-und	vierzig	-hundert(e)	-sechs	:Bani	(von)-(Nachkommen=)Söhne

וּשְׁלֹשָׁה׃	עֶשְׂרִים	מֵאוֹת	שֵׁשׁ	בֵּבָי	11 בְּנֵי
uʷšᵊlošɔʰ.	ʿɛśᵊriʸm	meʾoʷt	šeš	bebɔy	bᵊneʸ
.drei-und	zwanzig	hundert(e)	-sechs	:Bebai	(von)-(Nachkommen=)Söhne

עֶשְׂרִים	מָאתַיִם	אֶלֶף	עַזְגָּד	12 בְּנֵי
ʿɛśᵊriʸm	mɔʾtayim	ʾɛlɛp	ʿazᵊgɔd	bᵊneʸ
zwanzig	-zweihundert(e)	-tausend	:Asgad	(von)-(Nachkommen=)Söhne

מֵאוֹת	שֵׁשׁ	אֲדֹנִיקָם	13 בְּנֵי	וּשְׁנָיִם׃
meʾoʷt	šeš	ʾᵃdoniʸqɔm	bᵊneʸ	uʷšᵊnɔyim.
-hundert(e)	-sechs	:Adonikam	(von)-(Nachkommen=)Söhne	.zwei-und

אַלְפַּיִם	בִּגְוָי	14 בְּנֵי	וְשִׁשָּׁה׃	שִׁשִּׁים
ʾalᵊpayim	bigᵊwɔy	bᵊneʸ	wᵊšiššɔʰ.	šiššiʸm
-zweitausend(e)	:Bigwai	(von)-(Nachkommen=)Söhne	.sechs-und	sechzig

אַרְבַּע	עָדִין	15 בְּנֵי	וְשִׁשָּׁה׃	חֲמִשִּׁים
ʾarᵊbaʿ	ʿɔdiʸn	bᵊneʸ	wᵊšiššɔʰ.	ḥᵃmiššiʸm
-vier	:Adin	(von)-(Nachkommen=)Söhne	.sechs-und	fünfzig

אָטֵר	16 בְּנֵי־	וְאַרְבָּעָה׃	חֲמִשִּׁים	מֵאוֹת
ʾɔṭer	-bᵊneʸ	wᵊʾarᵊbɔʿɔʰ.	ḥᵃmiššiʸm	meʾoʷt
,Ater	(von)-(Nachkommen=)Söhne	.vier-und	fünfzig	-hundert(e)

17 בְּנֵי	וּשְׁמֹנָה׃	תִּשְׁעִים	לִיחִזְקִיָּה
bᵊneʸ	uʷšᵊmonɔʰ.	tišᵊʿiʸm	liʸḥizᵊqiʸyɔʰ
(von)-(Nachkommen=)Söhne	.acht-und	neunzig	:Jechiskija-(von-ist-das=)zu

18 בְּנֵי	וּשְׁלֹשָׁה׃	עֶשְׂרִים	מֵאוֹת	שְׁלֹשׁ	בֵּצָי
bᵊneʸ	uʷšᵊlošɔʰ.	ʿɛśᵊriʸm	meʾoʷt	šᵊloš	beṣɔy
(von)-(Nachkommen=)Söhne	.drei-und	zwanzig	-hundert(e)	-drei	:Bezai

19 בְּנֵי	עָשָׂר׃ וּשְׁנֵים	מֵאָה	יוֹרָה
bᵊneʸ	ʿɔśɔr uʷšᵊneʸm.	meʾɔʰ	yoʷrɔʰ
(von)-(Nachkommen=)Söhne	.(zwölf=)zehn-zwei-und	-hundert	:Jora

20 בְּנֵי	וּשְׁלֹשָׁה׃	עֶשְׂרִים	מָאתַיִם	חָשֻׁם
bᵊneʸ	uʷšᵊlošɔʰ.	ʿɛśᵊriʸm	mɔʾtayim	ḥɔšum
(von)-(Nachkommen=)Söhne	.drei-und	zwanzig	-zweihundert(e)	:Chaschum

בֵּית־לָחֶם	21 בְּנֵי	וַחֲמִשָּׁה׃	תִּשְׁעִים	גִבָּר
lɔḥɛm-beʸt	bᵊneʸ	waḥᵃmiššɔʰ.	tišᵊʿiʸm	gibbɔr
:Le(c)hem-Beth	(von)-(Nachkommen=)Söhne	.fünf-und	neunzig	:Gibbar

וְשִׁשָּׁה׃	חֲמִשִּׁים	נְטֹפָה	22 אַנְשֵׁי	וּשְׁלֹשָׁה׃	עֶשְׂרִים	מֵאָה
wᵊšiššɔʰ.	ḥᵃmiššiʸm	nᵊṭopɔʰ	ʾanᵊšeʸ	uʷšᵊlošɔʰ.	ʿɛśᵊriʸm	meʾɔʰ
.sechs-und	fünfzig	:Netopha	(von)-Männer	.drei-und	zwanzig	-hundert

וּשְׁמֹנָה׃	עֶשְׂרִים	מֵאָה	עֲנָתוֹת	23 אַנְשֵׁי
uʷšᵊmonɔʰ.	ʿɛśᵊriʸm	meʾɔʰ	ʿᵃnɔtoʷt	ʾanᵊšeʸ
.acht-und	zwanzig	-hundert	:Anatot	(von)-Männer

וּשְׁנָיִם׃	אַרְבָּעִים	עַזְמָוֶת	24 בְּנֵי
uʷšᵊnɔyim.	ʾarᵊbɔʿiʸm	ʿazᵊmɔwɛt	bᵊneʸ
.zwei-und	vierzig	:Asmawet	(von)-(Nachkommen=)Söhne

שְׁבַע	וּבְאֵרוֹת	כְּפִירָה	עָרִים	קִרְיַת	25 בְּנֵי
šᵊbaᶜ	uʷbᵊʾeroʷt	kᵊpiʸrɔʰ	ᶜɔriʸm	qirᵊyat	bᵊneʸ
-sieben	:Beërot-und	Kephira	,Arim	-Kirjat	(von)-(Nachkommen=)Söhne

הָרָמָה	26 בְּנֵי	וּשְׁלֹשָׁה:	וְאַרְבָּעִים	מֵאוֹת
hɔrɔmɔʰ	bᵊneʸ	uʷšᵊlošɔʰ.	wᵊʾarᵊbɔᶜiʸm	meʾoʷt
Harama	(von)-(Nachkommen=)Söhne	.drei-und	vierzig-und	hundert(e)

מִכְמָס	27 אַנְשֵׁי	וְאֶחָד:	עֶשְׂרִים	מֵאוֹת	שֵׁשׁ	וָגָבַע
mikᵊmɔs	ʾanᵊšeʸ	wᵊʾɛḥɔd.	ᶜɛśᵊriʸm	meʾoʷt	šeš	wɔgɔbaᶜ
:Michmas	(von)-Männer	.einer-und	zwanzig	-hundert(e)	-sechs	:Geba-und

וְהָעָי	בֵּית־אֵל	28 אַנְשֵׁי	וּשְׁנָיִם:	עֶשְׂרִים	מֵאָה
wᵊhɔᶜɔy	ʾel-beʸt	ʾanᵊšeʸ	uʷšᵊnɔyim.	ᶜɛśᵊriʸm	meʾɔʰ
:Haai-und	El-Beth	(von)-Männer	.zwei-und	zwanzig	-hundert

נְבוֹ	29 בְּנֵי	וּשְׁלֹשָׁה:	עֶשְׂרִים	מָאתַיִם
nᵊboʷ	bᵊneʸ	uʷšᵊlošɔʰ.	ᶜɛśᵊriʸm	mɔʾtayim
:Nebo	(von)-(Nachkommen=)Söhne	.drei-und	zwanzig	-zweihundert(e)

מֵאָה	מַגְבִּישׁ	30 בְּנֵי	וּשְׁנָיִם:	חֲמִשִּׁים
meʾɔʰ	magᵊbiʸš	bᵊneʸ	uʷšᵊnɔyim.	ḥᵃmiššiʸm
-hundert	:Magbisch	(von)-(Nachkommen=)Söhne	.zwei-und	fünfzig

אַחֵר	עֵילָם	31 בְּנֵי	וְשִׁשָּׁה:	חֲמִשִּׁים
ʾaḥer	ᶜeʸlɔm	bᵊneʸ	wᵊšiššɔʰ.	ḥᵃmiššiʸm
:ander(en)-(eines)	,Elam	(von)-(Nachkommen=)Söhne	.sechs-und	fünfzig

32 בְּנֵי	וְאַרְבָּעָה:	חֲמִשִּׁים	מָאתַיִם	אֶלֶף
bᵊneʸ	wᵊʾarᵊbɔᶜɔʰ.	ḥᵃmiššiʸm	mɔʾtayim	ʾɛlɛp
(von)-(Nachkommen=)Söhne	.vier-und	fünfzig	-zweihundert(e)	-tausend

וְעֶשְׂרִים:	מֵאוֹת	שְׁלֹשׁ	חָרִם
wᵊᶜɛśᵊriʸm.	meʾoʷt	šᵊloš	ḥɔrim
.zwanzig-und	hundert(e)	-drei	:(Harim=)Charim

שְׁבַע	וְאוֹנוֹ	חָדִיד	לֹד	33 בְּנֵי־
šᵊbaᶜ	wᵊʾoʷnoʷ	ḥɔdiʸd	lod	-bᵊneʸ
-sieben	:Ono-und	(Hadid=)Chadid	,Lod	(von)-(Nachkommen=)Söhne

יְרֵחוֹ	34 בְּנֵי	וַחֲמִשָּׁה:	עֶשְׂרִים	מֵאוֹת
yᵊreḥoʷ	bᵊneʸ	waḥᵃmiššɔʰ.	ᶜɛśᵊriʸm	meʾoʷt
:Jerecho	(von)-(Nachkommen=)Söhne	.fünf-und	zwanzig	-hundert(e)

35 בְּנֵי	וַחֲמִשָּׁה׃	אַרְבָּעִים	מֵאוֹת	שְׁלֹשׁ
bəney	waḥamiššɔh.	ʾarəbɔʿiym	meʾowt	šəloš
(von)-(Nachkommen=)Söhne	.fünf-und	vierzig	-hundert(e)	-drei

וּשְׁלֹשִׁים׃	מֵאוֹת	וְשֵׁשׁ	אֲלָפִים	שְׁלֹשֶׁת	סְנָאָה
uwšəlošiym.	meʾowt	wəšeš	ʾalɔpiym	šəlošɛt	sənɔʾɔh
.dreißig-und	hundert(e)	-sechs-und	tausend(e)	-drei	:Senaah

לְבֵית	יְדַעְיָה	בְּנֵי	36 הַכֹּהֲנִים
ləbeyt	yədaʿəyɔh	bəney	hakkohaniym
Haus-(vom=)zu	Jedaja	(von)-(Nachkommen=)Söhne	:Priester-Die

וּשְׁלֹשָׁה׃	שִׁבְעִים	מֵאוֹת	תְּשַׁע	יֵשׁוּעַ
uwšəlošɔh.	šibəʿiym	meʾowt	təšaʿ	yešuwaʿ
.drei-und	siebzig	-hundert(e)	-neun	:Jeschua(s)

וּשְׁנָיִם׃	חֲמִשִּׁים	אֶלֶף	אִמֵּר	37 בְּנֵי
uwšənɔyim.	ḥamiššiym	ʾɛlɛp	ʾimmer	bəney
.zwei-und	fünfzig	-tausend-(ein)	:Immer	(von)-(Nachkommen=)Söhne

אֶלֶף	פַּשְׁחוּר	38 בְּנֵי
ʾɛlɛp	pašəḥuwr	bəney
-tausend-(ein)	:(Paschhur=)Paschchur	(von)-(Nachkommen=)Söhne

39 בְּנֵי	וְשִׁבְעָה׃	אַרְבָּעִים	מָאתַיִם
bəney	wəšibəʿɔh.	ʾarəbɔʿiym	mɔʾtayim
(von)-(Nachkommen=)Söhne	.sieben-und	vierzig	-zweihundert(e)

40 הַלְוִיִּם	עָשָׂר׃	וְשִׁבְעָה	אֶלֶף	חָרִם
haləwiyyim	ʿɔśɔr.	wəšibəʿɔh	ʾɛlɛp	ḥɔrim
:Leviten-Die	.zehn	-sieb(en)-und	tausend-(ein)	:(Harim=)Charim

וְקַדְמִיאֵל	יֵשׁוּעַ	בְּנֵי־
wəqadəmiyʾel	yešuwaʿ	-bəney
,Kadmiel-und	Jeschua	(von)-(Nachkommen=)Söhne

וְאַרְבָּעָה׃	שִׁבְעִים	הוֹדַוְיָה	לִבְנֵי
wəʾarəbɔʿɔh.	šibəʿiym	howdawəyɔh	libəney
.vier-und	siebzig	:Hodawja	(von)-(Nachkommen=)Söhne

מֵאָה	אָסָף	בְּנֵי	41 הַמְשֹׁרְרִים
meʾɔh	ʾɔsɔp	bəney	haməšorəriym
-hundert	:Asaph	(von)-(Nachkommen=)Söhne	:(Sänger=)Singenden-Die

עֶשְׂרִים
ʿɛś^{ə}ri^{y}m
zwanzig

וּשְׁמֹנָה׃
u^{w}š^{ə}monɔ^{h}.
.acht-und

42 בְּנֵי
b^{ə}ne^{y}
(Nachkommen=)Söhne

הַשֹּׁעֲרִים
haššoʿ^{a}ri^{y}m
,Torwächter-(der=)die

בְּנֵי־
-b^{ə}ne^{y}
(von)-(Nachkommen=)Söhne

שַׁלּוּם
šallu^{w}m
,Schallum

בְּנֵי־
-b^{ə}ne^{y}
(von)-(Nachkommen=)Söhne

אָטֵר
ʾɔṭer
,Ater

בְּנֵי־
-b^{ə}ne^{y}
(von)-(Nachkommen=)Söhne

טַלְמוֹן
ṭal^{ə}mo^{w}n
,Talmon

בְּנֵי־
-b^{ə}ne^{y}
(von)-(Nachkommen=)Söhne

עַקּוּב
ʿaqqu^{w}b
,Akkub

בְּנֵי
b^{ə}ne^{y}
(von)-(Nachkommen=)Söhne

חֲטִיטָא
ḥ^{a}ṭi^{y}ṭɔʾ
,(Hatita=)Chatita

בְּנֵי
b^{ə}ne^{y}
(von)-(Nachkommen=)Söhne

שֹׁבָי
šobɔy
,Schobai

הַכֹּל
hakkol
:(insgesamt=)all-das

מֵאָה
meʾɔ^{h}
-hundert-(ein)

שְׁלֹשִׁים
š^{ə}loši^{y}m
dreißig

וְתִשְׁעָה׃
w^{ə}tiš^{ə}ʿɔ^{h}.
.neun-und

43 הַנְּתִינִים
hann^{ə}ti^{y}ni^{y}m
:Geschenkten-(Heiligtum-dem)-Die

בְּנֵי־
-b^{ə}ne^{y}
(von)-(Nachkommen=)Söhne

צִיחָא
ṣi^{y}ḥɔʾ
,Zicha

בְּנֵי־
-b^{ə}ne^{y}
(von)-(Nachkommen=)Söhne

חֲשׂוּפָא
ḥ^{a}śu^{w}pɔʾ
,(Haschufa=)Chaschufa

בְּנֵי
b^{ə}ne^{y}
(von)-(Nachkommen=)Söhne

טַבָּעוֹת׃
ṭabbɔʿo^{w}t.
,Tabbaot

44 בְּנֵי־
-b^{ə}ne^{y}
(von)-(Nachkommen=)Söhne

קֵרֹס
qeros
,Keros

בְּנֵי־
-b^{ə}ne^{y}
(von)-(Nachkommen=)Söhne

סִיעֲהָא
si^{y}ʿ^{a}hɔʾ
,Siaha

בְּנֵי
b^{ə}ne^{y}
(von)-(Nachkommen=)Söhne

פָדוֹן׃
pɔdo^{w}n.
,Padon

45 בְּנֵי־
-b^{ə}ne^{y}
(von)-(Nachkommen=)Söhne

לְבָנָה
l^{ə}bɔnɔ^{h}
,Lebana

בְּנֵי־
-b^{ə}ne^{y}
(von)-(Nachkommen=)Söhne

חֲגָבָה
ḥ^{a}gɔbɔ^{h}
,(Hagaba=)Chagaba

בְּנֵי
b^{ə}ne^{y}
(von)-(Nachkommen=)Söhne

עַקּוּב׃
ʿaqqu^{w}b.
,Akkub

46 בְּנֵי־ -b^{ə}ne^{y} (von)-(Nachkommen=)Söhne
חָגָב ḥɔgɔb ,(Hagab=)Chagab
בְּנֵי־ -b^{ə}ne^{y} (von)-(Nachkommen=)Söhne

שַׁמְלַי[שַׂלְמַי] [šal^{ə}may]šam^{ə}lay ,[Schalmai]Schamlai
בְּנֵי b^{ə}ne^{y} (von)-(Nachkommen=)Söhne
חָנָן׃ ḥɔnɔn. ,(Hanan=)Chanan

47 בְּנֵי־ -b^{ə}ne^{y} (von)-(Nachkommen=)Söhne
גִּדֵּל giddel ,Giddel
בְּנֵי־ -b^{ə}ne^{y} (von)-(Nachkommen=)Söhne
גַּחַר gaḥar ,Gachar

בְּנֵי b^{ə}ne^{y} (von)-(Nachkommen=)Söhne
רְאָיָה׃ r^{əʾ}ɔyɔ^{h}. ,Reaja
48 בְּנֵי־ -b^{ə}ne^{y} (von)-(Nachkommen=)Söhne
רְצִין r^{ə}ṣi^{y}n ,Rezin

בְּנֵי־ -b^{ə}ne^{y} (von)-(Nachkommen=)Söhne
נְקוֹדָא n^{ə}qo^{w}dɔʾ ,Nekoda
בְּנֵי b^{ə}ne^{y} (von)-(Nachkommen=)Söhne
גַזָּם׃ gazzɔm. ,Gasam

49 בְּנֵי־ -b^{ə}ne^{y} (von)-(Nachkommen=)Söhne
עֻזָּא ʿuzzɔʾ ,Us(s)a
בְּנֵי־ -b^{ə}ne^{y} (von)-(Nachkommen=)Söhne
פָסֵחַ pɔseaḥ ,Paseach

בְּנֵי b^{ə}ne^{y} (von)-(Nachkommen=)Söhne
בֵסָי׃ besɔy. ,Besai
50 בְּנֵי־ -b^{ə}ne^{y} (von)-(Nachkommen=)Söhne
אַסְנָה ʾas^{ə}nɔ^{h} ,Asna

בְּנֵי־ -b^{ə}ne^{y} (Nachkommen=)Söhne
מְעִינִים[מְעוּנִים] [m^{əʿ}u^{w}ni^{y}m]m^{əʿ}i^{y}ni^{y}m ,Meüniter-(der)
בְּנֵי b^{ə}ne^{y} (Nachkommen=)Söhne

נְפִיסִים[נְפוּסִים]׃ [n^{ə}pu^{w}si^{y}m]n^{ə}pi^{y}si^{y}m. ,Nephusiter-(der)
51 בְּנֵי־ -b^{ə}ne^{y} (von)-(Nachkommen=)Söhne
בַקְבּוּק baq^{ə}bu^{w}q ,Bakbuk

בְּנֵי־ -b^{ə}ne^{y} (von)-(Nachkommen=)Söhne
חֲקוּפָא ḥ^{a}qu^{w}pɔʾ ,(Hakufa=)Chakupha
בְּנֵי b^{ə}ne^{y} (von)-(Nachkommen=)Söhne

חַרְחוּר׃ ḥar^{ə}ḥu^{w}r. ,(Harhur=)Charchur
52 בְּנֵי־ -b^{ə}ne^{y} (von)-(Nachkommen=)Söhne
בַצְלוּת baṣ^{ə}lu^{w}t ,Bazlut

בְּנֵי־ -bᵊneʸ (von)-(Nachkommen=)Söhne
מְחִידָא mᵊḥiʸdɔʾ ,Mechida
בְּנֵי bᵊneʸ (von)-(Nachkommen=)Söhne
חַרְשָׁא׃ ḥarᵊšɔʾ. ,(Harscha=)Charscha

53 בְּנֵי־ -bᵊneʸ (von)-(Nachkommen=)Söhne
בַרְקוֹס barᵊqoʷs ,Barkos
בְּנֵי־ -bᵊneʸ (von)-(Nachkommen=)Söhne
סִיסְרָא siʸsᵊrɔʾ ,Sisera
בְּנֵי־ -bᵊneʸ (von)-(Nachkommen=)Söhne
תָמַח׃ tɔmaḥ. ,Tamach

54 בְּנֵי bᵊneʸ (von)-(Nachkommen=)Söhne
נְצִיחַ nᵊṣiʸaḥ ,Neziach
בְּנֵי bᵊneʸ (von)-(Nachkommen=)Söhne
חֲטִיפָא׃ ḥᵃṭiʸpɔʾ. .(Hatifa=)Chatipha

55 בְּנֵי bᵊneʸ (Nachkommen=)Söhne
עַבְדֵי ʿabᵊdeʸ (von)-Diener-(der)
שְׁלֹמֹה šᵊlomoʰ :(Salomo=)Schelomo
בְּנֵי־ -bᵊneʸ (von)-(Nachkommen=)Söhne
סֹטַי soṭay ,Sotai
בְּנֵי־ -bᵊneʸ (von)-(Nachkommen=)Söhne
הַסֹּפֶרֶת hassopɛrɛt ,Hassopheret
בְּנֵי bᵊneʸ (von)-(Nachkommen=)Söhne
פְרוּדָא׃ pᵊruʷdɔʾ. ,Peruda

56 בְּנֵי־ -bᵊneʸ (von)-(Nachkommen=)Söhne
יַעְלָה yaʿᵃlɔh ,Jaala
בְּנֵי־ -bᵊneʸ (von)-(Nachkommen=)Söhne
דַרְקוֹן darᵊqoʷn ,Darkon
בְּנֵי bᵊneʸ (von)-(Nachkommen=)Söhne
גִדֵּל׃ giddel. ,Giddel

57 בְּנֵי bᵊneʸ (von)-(Nachkommen=)Söhne
שְׁפַטְיָה šᵊpaṭᵊyɔʰ ,(Schefatja=)Schephatja
בְּנֵי־ -bᵊneʸ (von)-(Nachkommen=)Söhne
חַטִּיל ḥaṭṭiʸl ,(Hattil=)Chattil
בְּנֵי bᵊneʸ (von)-(Nachkommen=)Söhne
פֹּכֶרֶת pokɛrɛt -Pocheret
הַצְּבָיִים haṣṣᵊbɔyiʸm ,Hazzebajim

בְּנֵי
bᵊneʸ
(von)-(Nachkommen=)Söhne

אָמִי:
ʾɔmiʸ.
:Ami

58 כָּל־
-kol
(waren-insgesamt=)all

הַנְּתִינִים
hannᵊtiʸniʸm
Geschenkten-(Heiligtum-dem)-die

וּבְנֵי
uʷbᵊneʸ
(Nachkommen=)Söhne-(die)-und

עַבְדֵי
ʿabᵊdeʸ
(von)-Diener-(der)

שְׁלֹמֹה
šᵊlomoʰ
:(Salomo=)Schelomo

שְׁלֹשׁ
šᵊloš
-drei

מֵאוֹת
meʾoʷt
-hundert(e)

תִּשְׁעִים
tišᵊʿiʸm
neunzig

וּשְׁנָיִם:
uʷšᵊnɔyim.
.zwei-und

59 וְאֵלֶּה
wᵊʾellɛʰ
(waren)-diese-Und

הָעֹלִים
hɔʿoliʸm
Hinaufziehenden-die

מִתֵּל
mittel
-Tel-von

מֶלַח
mɛlaḥ
,Melach

תֵּל
tel
-Tel

חַרְשָׁא
ḥarᵊšɔʾ
:(Harscha=)Charscha

כְּרוּב
kᵊruʷb
-Kerub

אַדָּן
ʾaddɔn
,Addan

אִמֵּר
ʾimmer
,Immer

וְלֹא
wᵊloʾ
nicht-(die=)und

יָכְלוּ
yɔkᵊluʷ
vermochten-(sie)

לְהַגִּיד
lᵊhaggiʸd
(anzugeben=)melden-zu

בֵּית־אֲבוֹתָם
ʾᵃbowtɔm-beʸt
Väter-ihrer-Haus-(das)

וְזַרְעָם
wᵊzarᵊʿɔm
,(Abkunft=)Same(n)-ihre(n)-und

אִם
ʾim
(ob=)wenn

מִיִּשְׂרָאֵל
miʸyiśᵊrɔʾel
Israel-(aus=)von

הֵם:
hem.
.(stammten)-sie

60 בְּנֵי־
-bᵊneʸ
(von)-(Nachkommen=)Söhne

דְלָיָה
dᵊlɔyɔʰ
,Delaja

בְנֵי־
-bᵊneʸ
(von)-(Nachkommen=)Söhne

טוֹבִיָּה
ṭoʷbiʸyɔʰ
,Tobija

בְּנֵי
bᵊneʸ
(von)-(Nachkommen=)Söhne

נְקוֹדָא
nᵊqoʷdɔʾ
:Nekoda

שֵׁשׁ
šeš
-sechs

מֵאוֹת
meʾoʷt
-hundert(e)

חֲמִשִּׁים
ḥᵃmiššiʸm
fünfzig

וּשְׁנָיִם:
uʷšᵊnɔyim.
.zwei-und

61 וּמִבְּנֵי
uʷmibbᵊneʸ
Söhnen-(den)-von-Und

הַכֹּהֲנִים
hakkohᵃniʸm
:Priester-(der=)die

בְּנֵי
bᵊneʸ
(von)-(Nachkommen=)Söhne

חֳבַיָּה
ḥᵒbayyɔʰ
,(Hobaja=)Chobaja

בְּנֵי
bᵊneʸ
(von)-(Nachkommen=)Söhne

אֲשֶׁר	בַּרְזִלַּי	בְּנֵי	הַקּוֹץ
ʾᵃšɛr	barᵊzillay	bᵊneʸ	haqqoʷṣ
(der=)welch(er)	,Barsillai	(von)-(Nachkommen=)Söhne	,(Hakkoz=)Chakkoz

בַּרְזִלַּי	מִבְּנוֹת	לָקַח
barᵊzillay	mibbᵊnoʷt	lɔqaḥ
,Barsillai(s)	Töchtern-(den)-von	genommen-hat(te)-(er)

וַיִּקָּרֵא	אִשָּׁה	הַגִּלְעָדִי
wayyiqqɔreʾ	ʾiššɔʰ	haggilᵊʿɔdiʸ
(genannt=)gerufen-wurde-er-und	,Frau-(eine)	,Gileaditer(s)-(des=)der

בִּקְשׁוּ	62 אֵלֶּה	שְׁמָם׃	עַל־
biqᵊšuʷ	ʾellɛʰ	šᵊmɔm.	-ʿal
suchten-(sie)	Diese	.Name-(deren=)ihre(n)	(nach=)auf

הַמִּתְיַחְשִׂים	כְּתָבָם
hammitᵊyaḥᵊśiʸm	kᵊtɔbɔm
,(Registrierten=)Sicheingetragenen-(der=)die	(Urkunde=)Schrift-ihre

נִמְצָאוּ	וְלֹא
nimᵊṣɔʾuʷ	wᵊloʾ
,gefunden-wurde(n)-sie	nicht-(hingegen=)und

מִן־	וַיְגֹאֲלוּ
-min	wayᵊgoʾᵃluʷ
(aus=)von	(ausgeschlossen=)befreit-wurden-sie-(so=)und

לָהֶם	הַתִּרְשָׁתָא	63 וַיֹּאמֶר	הַכְּהֻנָּה׃
lɔhɛm	hattirᵊšɔtɔʾ	wayyoʾmɛr	hakkᵊhunnɔʰ.
,ihnen-zu	(Delegierte=)Tirschatha-der	sprach-(es=)er-Und	.Priesteramt-(dem=)das

מִקֹּדֶשׁ	יֹאכְלוּ	לֹא־	אֲשֶׁר
miqqodɛš	yoʾkᵊluʷ	-loʾ	ʾᵃšɛr
-Heiligen-(dem)-von	essen-(dürfen=)werden-sie	nicht	(dass=)welch(e)

עֲמֹד	עַד	הַקֳּדָשִׁים
ʿᵃmod	ʿad	haqqᵒdɔšiʸm
(tut-Dienst=)Stehen-(ein)	bis	(Weihegaben-den=)Heiligtümer-(der=)die

וּלְתֻמִּים׃	לְאוּרִים	כֹּהֵן
uʷlᵊtummiʸm.	lᵊʾuʷriʸm	kohen
.Tummim-(die)-(für=)zu-und	Urim-(die)-(für=)zu	Priester-(ein)

64 כָּל־	-kol	(Gesamtheit-Die=)All
הַקָּהָל	haqqɔhɔl	(Gemeinde=)Versammlung-(der=)die
כְּאֶחָד	k^{ə}ʾɛḥɔd	:(zusammen=)einer-wie
אַרְבַּע	ʾar^{ə}baʿ	-vier
רִבּוֹא	ribbo^{w}ʾ	zehntausend
אַלְפַּיִם	ʾal^{ə}payim	-zweitausend(e)-(und)
שְׁלֹשׁ־מֵאוֹת	meʾo^{w}t-š^{ə}loš	-hundert(e)-drei
שִׁשִּׁים׃	šišši^{y}m.	,sechzig
65 מִלְּבַד	mill^{ə}bad	(außer=)allein-zu-von
עַבְדֵיהֶם	ʿab^{ə}de^{y}hɛm	Knechte(n)-ihre(n)
וְאַמְהֹתֵיהֶם	w^{ə}ʾam^{ə}hote^{y}hɛm	;Mägde(n)-ihre(n)-und
אֵלֶּה	ʾellɛ^{h}	(waren)-diese
שִׁבְעַת	šib^{ə}ʿat	-sieben
אֲלָפִים	ʾ^{a}lɔpi^{y}m	-tausend(e)
שְׁלֹשׁ	š^{ə}loš	-drei
מֵאוֹת	meʾo^{w}t	-hundert(e)
שְׁלֹשִׁים	š^{ə}loši^{y}m	dreißig
וְשִׁבְעָה	w^{ə}šib^{ə}ʿɔ^{h}	.sieben-und
וְלָהֶם	w^{ə}lɔhɛm	(hatten-sie=)ihnen-zu-Und
מְשֹׁרְרִים	m^{ə}šor^{ə}ri^{y}m	Sänger
וּמְשֹׁרְרוֹת	u^{w}m^{ə}šor^{ə}ro^{w}t	Sängerinnen-und
מָאתָיִם׃	mɔʾtɔyim.	.zweihundert(e)
66 סוּסֵיהֶם	su^{w}se^{y}hɛm	:Pferde-Ihre
שְׁבַע	š^{ə}baʿ	-sieben
מֵאוֹת	meʾo^{w}t	-hundert(e)
שְׁלֹשִׁים	š^{ə}loši^{y}m	dreißig
וְשִׁשָּׁה	w^{ə}šiššɔ^{h}	.sechs-und
פִּרְדֵיהֶם	pir^{ə}de^{y}hɛm	:Maultiere-Ihre
מָאתַיִם	mɔʾtayim	-zweihundert(e)
אַרְבָּעִים	ʾar^{ə}bɔʿi^{y}m	vierzig
וַחֲמִשָּׁה׃	waḥ^{a}miššɔ^{h}.	.fünf-und
67 גְּמַלֵּיהֶם	g^{ə}malle^{y}hɛm	:Kamele-Ihre
אַרְבַּע	ʾar^{ə}baʿ	-vier
מֵאוֹת	meʾo^{w}t	-hundert(e)
שְׁלֹשִׁים	š^{ə}loši^{y}m	dreißig
וַחֲמִשָּׁה	waḥ^{a}miššɔ^{h}	.fünf-und
חֲמֹרִים	ḥ^{a}mori^{y}m	:Esel
שֵׁשֶׁת	šešɛt	-sechs
אֲלָפִים	ʾ^{a}lɔpi^{y}m	-tausend(e)
שְׁבַע	š^{ə}baʿ	-sieben
מֵאוֹת	meʾo^{w}t	hundert(e)
וְעֶשְׂרִים׃	w^{ə}ʿɛś^{ə}ri^{y}m.	.zwanzig-und
68 וּמֵרָאשֵׁי	u^{w}merɔʾše^{y}	-Häuptern-(den)-von-(manche)-Und
הָאָבוֹת	hɔʾɔbo^{w}t	,(Familien=)Väter-(der=)die
בְּבוֹאָם	b^{ə}bo^{w}ʾɔm	(kamen-sie-als=)Kommen-ihr(em)-(bei=)in
לְבֵית	l^{ə}be^{y}t	(Tempel)haus-(dem)-zu
יְהוָה	y^{ə}hwɔ^{h}	,JHWH(s)
אֲשֶׁר	ʾ^{a}šɛr	(jenes=)welch(es)
בִּירוּשָׁלִָם	bi^{y}ru^{w}šɔlɔim	,Jerusalem-in

עזרא

הִתְנַדְּבוּ֙ hitᵊnaddᵊbuʷ (Spenden-mit)-großzügig-sich-zeigten-(sie)

לְבֵ֣ית lᵊbeʸt (Tempel)hus-(das)-(für=)zu

הָֽאֱלֹהִ֔ים hɔʾɛlohiʸm ,(Gottes=)Götter-(der=)die

לְהַעֲמִיד֖וֹ lᵊhaᶜamiʸdoʷ (es=)ihn-(errichten=)machen-stehen-zu

עַל־ -ᶜal (an=)auf

מְכוֹנ֑וֹ mᵊkoʷnoʷ .(Stätte-seiner=)Platz-sein(em)

69 כְּכֹחָ֗ם kᵊkohɔm (Vermögen-ihrem-Nach=)Kraft-ihre-Wie

נָתְנוּ֙ nɔtᵊnuʷ gaben-sie

לְאוֹצַ֣ר lᵊʾoʷṣar Schatz-(den-für=)zu

הַמְּלָאכָ֔ה hammᵊlɔʾkɔʰ (Bau)werk(es)-(des=)das

זָהָ֞ב zɔhɔb Gold-(an)

דַּרְכְּמוֹנִים֙ darᵊkᵊmoʷniʸm Drachmen

שֵׁשׁ־רִבֹּאות ribboʾwt-šeš zehntausend(e)-sech(s)

וְאֶ֔לֶף wᵊʾɛlɛp ,eintausend-und

וְכֶ֖סֶף wᵊkɛsɛp Silber-(an)-und

מָנִ֖ים mɔniʸm Minen

חֲמֵ֥שֶׁת ḥamešɛt -fünf

אֲלָפִ֑ים ʾalɔpiʸm ,tausend(e)

וְכָתְנֹ֥ת wᵊkɔtᵊnot -kleider-und

כֹּהֲנִ֖ים kohaniʸm Priester

מֵאָֽה׃ meʾɔʰ. .hundert

וַיֵּשְׁב֣וּ 70 wayyešᵊbuʷ wohnten-(es=)sie-Und

הַכֹּהֲנִ֣ים hakkohaniʸm Priester-die

וְהַלְוִיִּ֡ם wᵊhalᵊwiyyim Leviten-die-und

וּמִן־ -uʷmin (von)-(einige)-und

הָעָם֩ hɔᶜɔm Volk-(dem=)das

וְהַמְשֹׁרְרִ֨ים wᵊhamᵊšorᵊriʸm (Sänger=)Singenden-die-und

וְהַשּׁוֹעֲרִ֜ים wᵊhaššoʷᶜariʸm Torwächter-die-und

וְהַנְּתִינִ֧ים wᵊhannᵊtiʸniʸm Geschenkten-(Heiligtum-dem)-die-und

בְּעָרֵיהֶ֛ם bᵊᶜɔreʸhɛm ,Städte(n)-ihre(n)-in

וְכָל־ -wᵊkol (ganz=)all-und

יִשְׂרָאֵ֖ל yiśᵊrɔʾel Israel

בְּעָרֵיהֶֽם׃ bᵊᶜɔreʸhɛm. .Städte(n)-ihre(n)-in

3

1 וַיִּגַּע֙ wayyiggaᶜ (herankam-Als=)berührte-er-Und

הַחֹ֣דֶשׁ haḥodɛš ,Monat-der

הַשְּׁבִיעִ֔י haššᵊbiʸᶜiy ,siebte-der

בְּעָרִים	יִשְׂרָאֵל	וּבְנֵי
bɛʿɔriʸm	yiśᵊrɔʾel	uʷbᵊneʸ
,(weilten)-Städten-den-in	Israel(s)	(Kinder=)Söhne-(die)-und

אֶל־	אֶחָד	כְּאִישׁ	הָעָם	וַיֵּאָסְפוּ
-ʾɛl	ʾɛḥɔd	kᵊʾiʸš	hɔʿɔm	wayyeʾɔsᵊpuʷ
zu	einer	Mann-wie	Volk-das	sich-versammelte(n)-(es=sie)-(da=)und

יֵשׁוּעַ	2 וַיָּקָם	יְרוּשָׁלִָם׃
yešuʷaʿ	wayyɔqom	yᵊruʷšɔlɔim.
Jeschua	(sich-erhoben=)auf-stand-(es=er)-(Damals=)Und	.Jerusalem

וּזְרֻבָּבֶל	הַכֹּהֲנִים	וְאֶחָיו	בֶּן־יוֹצָדָק
uʷzᵊrubbɔbɛl	hakkohᵃniʸm	wᵊʾɛḥɔʸw	yoʷṣɔdɔq-bɛn
Serubbabel-und	,Priester-die	,Brüder-seine-und	Jozadak(s)-Sohn

אֶת־מִזְבַּח	וַיִּבְנוּ	וְאֶחָיו	בֶּן־שְׁאַלְתִּיאֵל
mizᵊbaḥ-ʾɛt	wayyibᵊnuʷ	wᵊʾɛḥɔʸw	šᵊʾalᵊtiʸʾel-bɛn
Altar-(den)***	bauten-(sie)-und	,Brüder-seine-und	Schealtiel(s)-Sohn

יִשְׂרָאֵל	אֱלֹהֵי
yiśᵊrɔʾel	ʾᵋloheʸ
,Israel	(von)-(Gottes-des=)Götter-(der)

עָלָיו	לְהַעֲלוֹת
ʿɔlɔʸw	lᵊhaʿᵃloʷt
(darauf=)ihm-auf	(darzubringen-um=)aufsteigen-machen-zu

בְּתוֹרַת	כַּכָּתוּב	עֹלוֹת
bᵊtoʷrat	kakkɔtuʷb	ʿoloʷt
Weisung-(der)-in	(Vor)geschriebene-das-wie	,(Brandopfer=)Hochopfer

אִישׁ־הָאֱלֹהִים׃	מֹשֶׁה
hɔʾᵋlohiʸm-ʾiʸš.	mošɛʰ
.(Gottesmannes-des=)(Gottes=)Götter-(der=)die-Mann	,(Moses=)Mosche(s)

עַל־	הַמִּזְבֵּחַ	3 וַיָּכִינוּ
-ʿal	hammizᵊbeaḥ	wayyɔkiʸnuʷ
auf	Altar-(den=)der	errichteten-sie-(Dann=)Und

בְּאֵימָה	כִּי	מְכוֹנֹתָיו
bᵊʾeʸmɔʰ	kiʸ	mᵊkoʷnotɔʸw
(waren)-Schrecken-in	denn	,(Fundamenten=)Stellen-seine(n)

עֲלֵיהֶם
ᶜᵃleʸhɛm
(sie-gegen=)ihnen-auf

מֵעַמֵּי
meᶜammeʸ
Völker-(der)-(manche=)von

הָאֲרָצוֹת
hɔᵓᵃrɔṣoʷt
,Länder-(der=)die

וַיַּעַל[וַיַּעֲלוּ]
[wayyaᶜᵃluʷ]wayyaᶜal
[(opferten=)steigen-machten-sie-(als=)und]steigen-machte-er-(als=)und

עָלָיו
ᶜɔlɔʸw
ihm-auf

עֹלוֹת
ᶜoloʷt
(Brandopfer=)Hochopfer

לַיהוָה
layhwɔʰ
,JHWH(s)-(Ehren)-zu

עֹלוֹת
ᶜoloʷt
(Brandopfer=)Hochopfer

לַבֹּקֶר
labboqɛr
Morgen-(den=)der-(für=)zu

וְלָעָרֶב׃
wᵊlɔᶜɔrɛb.
.Abend-(den=)der-(für=)zu-und

4 וַיַּעֲשׂוּ
wayyaᶜᵃśuʷ
(begingen=)machten-sie-(Dann=)Und

אֶת־חַג
ḥag-ᵓɛt
Fest-(das)***

הַסֻּכּוֹת
hassukkoʷt
,(Laub)hütten-(der=)die

כַּכָּתוּב
kakkɔtuʷb
,(ist-vorgeschrieben=)(Vor)geschriebene-das-wie

וְעֹלַת
wᵊᶜolat
(Hochopfer=)Brandopfer-(ein)-(opferten)-und

יוֹם
yoʷm
Tag

בְּיוֹם
bᵊyoʷm
Tag-(für=)in

בְּמִסְפָּר
bᵊmisᵊpɔr
Zahl-(entsprechender)-in

כְּמִשְׁפַּט
kᵊmišᵊpaṭ
,(Vorschrift-nach=)Richterspruch-wie

דְּבַר־יוֹם
yoʷm-dᵊbar
Tag-(einen)-(für)-(Satz-den=)Sache

בְּיוֹמוֹ׃
bᵊyoʷmoʷ.
.Tag-(betreffenden=)sein(en)-(dem)-(an=)in

5 וְאַחֲרֵי־כֵן
wᵊᵓaḥᵃreʸken
danach-Und

עֹלַת
ᶜolat
(Brandopfer=)Hochopfer-(das)

תָּמִיד
tɔmiʸd
(ständige=)Dauer

וְלֶחֳדָשִׁים
wᵊlɛḥᵒdɔšiʸm
Neumonde-(die)-(für=)zu-und

וּלְכָל־
-uʷlᵊkol
all(e)-(für=)zu-und

הַמְקֻדָּשִׁים	יְהוָה	מוֹעֲדֵי
hamᵊquddɔšiʸm	yᵊhwɔʰ	moʷᶜadeʸ
,geheiligten-die	,JHWH	(von)-(Festzeiten=)Versammlungen

נְדָבָה	מִתְנַדֵּב	וּלְכֹל
nᵊdɔbɔʰ	mitᵊnaddeb	uʷlᵊkol
Spende-(eine)-(durch)	großzügig-sich-zeigend(en)	(jeden=)all-(für=)zu-und

אֶחָד	6 מִיּוֹם	לַיהוָה׃
ʾɛḥɔd	miʸyoʷm	layhwɔʰ.
(eins=)einer	Tag-(dem)-von-(Angefangen)	.JHWH(s)-(Ehren)-zu

הֵחֵלּוּ	הַשְּׁבִיעִי	לַחֹדֶשׁ
heḥelluʷ	haššᵊbiʸᶜiʸ	laḥodɛš
begannen-sie	,siebte(n)-(des=)der	,Monat(s)-(des=)zu

עֹלוֹת	לְהַעֲלוֹת
ᶜoloʷt	lᵊhaᶜaloʷt
(Brandopfer=)Hochopfer	(darzubringen=)aufsteigen-machen-zu

לֹא	יְהוָה	וְהֵיכַל	לַיהוָה
loʾ	yᵊhwɔʰ	wᵊheʸkal	layhwɔʰ
nicht	JHWH(s)	Tempel-(der)-(wobei=)und	,JHWH(s)-(Ehren)-zu

כֶּסֶף	7 וַיִּתְּנוּ־	יֻסָּד׃
kɛsɛp	-wayyittᵊnuʷ	yussɔd.
(Geld=)Silber	gaben-sie-(Aber=)Und	.(grundgelegt=)gegründet-war-(er)

וּמִשְׁתֶּה	וּמַאֲכָל	וְלֶחָרָשִׁים	לַחֹצְבִים
uʷmišᵊtɛʰ	uʷmaʾakɔl	wᵊlɛḥɔrɔšiʸm	laḥoṣᵊbiʸm
Trinken-und	Essen-und	Handwerker(n)-(den=)zu-und	Steinhauer(n)-(den=)zu

וְלַצֹּרִים	לַצִּדֹנִים	וָשֶׁמֶן
wᵊlaṣṣoriʸm	laṣṣidoniʸm	wɔšɛmɛn
,(Thyriern=)Zorier(n)-(den=)zu-und	Zidonier(n)-(den=)zu	Öl-und

מִן־	אֲרָזִים	עֲצֵי	לְהָבִיא
-min	ʾarɔziʸm	ᶜaṣeʸ	lᵊhɔbiʸʾ
von	Zedern	(von)-(Stämme=)Hölzer	(brächten-sie-dass=)machen-kommen-zu

יָפוֹא	אֶל־יָם	הַלְּבָנוֹן
yɔpoʷʾ	yɔm-ʾɛl	hallᵊbɔnoʷn
,(Joppe=)Japho-(nach)	(Meeresweg-dem-auf=)Meer-zu	Libanon-(dem=)der

מֶלֶךְ־	כּוֹרֶשׁ	כִּרְשְׁיוֹן
-mɛlɛk	ko^{w}rɛš	k^{ə}riš^{ə}yo^{w}n
(von)-König-(dem)	,(Kyrus=)Koresch	(von)-Ermächtigung-(der)-(gemäß=)wie

8 וּבַשָּׁנָה	עֲלֵיהֶם׃	פָּרָס
u^{w}baššɔnɔ^{h}	^{ʿa}le^{y}hɛm.	pɔras
,Jahr-dem-in-(Dann=)Und	.(sie-für=)ihnen-auf	,(Persien=)Paras

בֵּית	אֶל־	לְבוֹאָם	הַשֵּׁנִית
be^{y}t	-ʾɛl	l^{ə}bo^{w}ʾɔm	haššeni^{y}t
(Tempel)haus-(dem)	zu	Kommen-ihr(em)-(nach=)zu	zweite(n)-(dem=)die

בַּחֹדֶשׁ	לִירוּשָׁלַםִ	הָאֱלֹהִים
baḥodɛš	li^{y}ru^{w}šɔlaim	hɔ^{ʾɛ}lohi^{y}m
,Monat-dem-in	,Jerusalem-(in=)zu	(Gottes=)Götter-(der=)die

בֶּן־שְׁאַלְתִּיאֵל	זְרֻבָּבֶל	הֵחֵלּוּ	הַשֵּׁנִי
š^{ə}ʾal^{ə}ti^{y}ʾel-bɛn	z^{ə}rubbɔbɛl	heḥellu^{w}	haššeni^{y}
Schealtiel(s)-Sohn	Serubbabel	an-fingen-(es=sie)	,zweite(n)-(dem=)der

הַכֹּהֲנִים	אֲחֵיהֶם	וּשְׁאָר	בֶּן־יוֹצָדָק	וְיֵשׁוּעַ
hakkoh^{a}ni^{y}m	^{ʾa}ḥe^{y}hɛm	u^{w}š^{ə}ʾɔr	yo^{w}ṣɔdɔq-bɛn	w^{ə}yešu^{w}a^{ʿ}
Priester-die	,Brüder-ihre(r)	Rest-(der)-und	Jozadak(s)-Sohn	Jeschua-und

מֵהַשְּׁבִי	הַבָּאִים	וְכָל־	וְהַלְוִיִּם
mehašš^{ə}bi^{y}	habbɔʾi^{y}m	-w^{ə}kol	w^{ə}hal^{ə}wi^{y}yim
Gefangenschaft-(der)-(aus=)von	Kommenden-die	all(e)-und	Leviten-die-und

אֶת־הַלְוִיִּם	וַיַּעֲמִידוּ	יְרוּשָׁלַםִ
hal^{ə}wi^{y}yim-ʾɛt	wayya^{ʿa}mi^{y}du^{w}	y^{ə}ru^{w}šɔlaim
,Leviten-die***	(bestellten=)stehen-machten-(die=)sie-und	,Jerusalem-(nach)

שָׁנָה	עֶשְׂרִים	מִבֶּן
šɔnɔ^{h}	ʿɛś^{ə}ri^{y}m	mibbɛn
(Zwanzigjährigen=)Jahr(e)	-zwanzig	-(Sohn)-(einem)-von-(angefangen)

עַל־	לְנַצֵּחַ	וָמַעְלָה
-ʿal	l^{ə}naṣṣeaḥ	wɔma^{ʿə}lɔ^{h}
(über=)auf	(Aufsicht-als=)leiten-zu	,(aufwärts=)oben-nach-(und)

9 וַיַּעֲמֹד	יְהוָה׃	בֵּית־	מְלֶאכֶת
wayya^{ʿa}mod	y^{ə}hwɔ^{h}.	-be^{y}t	m^{ə}lɛʾkɛt
(an-traten=)stand-(es=er)-(Da=)Und	. JHWH(s)	(Tempel)haus	(am)-Arbeit-(die)

וּבָנָיו	קַדְמִיאֵל	וְאֶחָיו	בָּנָיו	יֵשׁוּעַ
uwbɔnɔyw	qadəmiyᵓel	wəᵓεḥɔyw	bɔnɔyw	yešuwaᶜ
,Söhne-seine-und	Kadmiel	,Brüder-seine-und	Söhne-seine	,Jeschua

לְנַצֵּחַ	כְּאֶחָד	יְהוּדָה	בְּנֵי־
lənaṣṣeaḥ	kəᵓεḥɔd	yəhuwdɔh	-bəney
(Aufsicht-als=)leiten-zu	,(allesamt=)einer-wie	Juda	(von)-Söhne-(die)

בְּבֵית	הַמְּלָאכָה	עֹשֵׂה	עַל־
bəbeyt	hamməlɔᵓkɔh	ᶜośeh	-ᶜal
Haus-(dem)-(an=)in	Arbeit-die	(Ausführenden-die=)Machender	(über=)auf

חֵנָדָד	בְּנֵי	הָאֱלֹהִים
ḥenɔdɔd	bəney	hɔᵓεlohiym
,(Henadad=)Chenadad	(von)-Söhne-(die)	,(Gottes=)Götter-(der=)die

הַלְוִיִּם׃	וַאֲחֵיהֶם	בְּנֵיהֶם
haləwiyyim.	waᵓaḥeyhεm	bəneyhεm
.Leviten-die	,Brüder-(deren=)ihre-und	Söhne-(deren=)ihre

יְהוָה	אֶת־הֵיכַל	הַבֹּנִים	וְיִסְּדוּ 10
yəhwɔh	heykal-ᵓεt	habboniym	wəyissəduw
,JHWH(s)	Tempel-(den)***	(Bauleute=)Bauenden-die	gründeten-(es=)sie-Und

הַכֹּהֲנִים	וַיַּעֲמִידוּ
hakkohaniym	wayyaᶜamiyduw
Priester-die	(auf-stellten=)stehen-machten-sie-(während=)und

וְהַלְוִיִּם	בַּחֲצֹצְרוֹת	מְלֻבָּשִׁים
wəhaləwiyyim	baḥaṣoṣərowt	məlubbɔšiym
,Leviten-die-und	,Trompeten-(mit=)in	,(Amtstracht-in)-gekleidet(e)

לְהַלֵּל	בַּמְצִלְתַּיִם	בְּנֵי־אָסָף
ləhallel	baməṣilətayim	ᵓɔsɔp-bəney
preisen-zu-(um)	Zimbeln-(zwei)-(mit=)in	,Asaph(s)-(Nachkommen=)Söhne-(die)

מֶלֶךְ־יִשְׂרָאֵל׃	דָּוִיד	עַל־יְדֵי	אֶת־יְהוָה
yiśərɔᵓel-mεlεk.	dɔwiyd	yədey-ᶜal	yəhwɔh-ᵓεt
.Jsrael-(von)-König	,David(s)	(Weisung-nach=)Hände-(zwei)-auf	JHWH***

וּבְהוֹדֹת	בְּהַלֵּל	וַיַּעֲנוּ 11
uwbəhowdot	bəhallel	wayyaᶜanuw
Danksagen-(mit=)in-und	Lobpreis(en)-(mit=)in	an-(stimmten=)hoben-sie-Und

לַיהוָה כִּי טוֹב כִּי־ לְעוֹלָם
lᵊᶜoʷlɔm -kiʸ ṭoʷb kiʸ layhwɔʰ
(währt-immerfort=)ewig-zu Denn !(gütig=)gut-(ist-er) Denn :JHWH-(für=)zu

חַסְדּוֹ עַל־ יִשְׂרָאֵל וְכָל־ הָעָם
hɔᶜɔm -wᵊkol yiśᵊrɔʾel -ᶜal ḥasᵊdoʷ
(Leute-die=)Volk-das all-Und !Israel (über=)auf (Gnade=)Huld-seine

הֵרִיעוּ תְרוּעָה גְדוֹלָה בְהַלֵּל לַיהוָה
layhwɔʰ bᵊhallel gᵊdoʷlɔʰ tᵊruʷᶜɔʰ heriʸᶜuʷ
JHWH-(zu) Lobpreis(en)-(beim=)in große(m) Festesjubel-(mit) jubelten-(sie)

עַל הוּסַד בֵּית־
-beʸt huʷsad ᶜal
(Tempel)haus(es)-(des) (Grundlegung-der=)seiend-gegründet(er) (wegen=)auf

יְהוָה׃ 12 וְרַבִּים מֵהַכֹּהֲנִים וְהַלְוִיִּם
wᵊhalᵊwiʸyim mehakkohᵃniʸm wᵊrabbiʸm yᵊhwɔʰ.
Leviten-(den=)die-und Priestern-(den)-von viele-(Indes=)Und .JHWH(s)

וְרָאשֵׁי הָאָבוֹת הַזְּקֵנִים
hazzᵊqeniʸm hɔʾɔboʷt wᵊrɔʾšeʸ
,alten-(den=)die ,(Familien=)Väter-(der=)die (Ober)häupter(n)-(den)-und

אֲשֶׁר רָאוּ אֶת־הַבַּיִת
habbayit-ʾɛt rɔʾuʷ ʾᵃšɛr
,(Tempel)haus-das*** gesehen-hatten-(sie) (die=)welch(e)

הָרִאשׁוֹן בְּיָסְדוֹ
bᵊyosᵊdoʷ hɔriʾšoʷn
(gründete-man-während=)Gründen-sein(em)-(bei=)in ,(frühere=)erste-(das=)der

זֶה הַבַּיִת בְּעֵינֵיהֶם
bᵊᶜeʸneʸhɛm habbayit zɛʰ
,Augen-(beiden)-ihre(n)-(mit=)in (Tempel)haus-das ,dies(er)

בֹּכִים בְּקוֹל גָּדוֹל וְרַבִּים
wᵊrabbiʸm gɔdoʷl bᵊqoʷl bokiʸm
viele-und (heftig=)großer -Stimme-(mit=)in weinend(e)-(waren-sie)

בִּתְרוּעָה בְשִׂמְחָה לְהָרִים
lᵊhɔriʸm bᵊśimᵊḥɔʰ bitᵊruʷᶜɔʰ
(lassen-ertönen=)machen-hoch-zu-(um) Fröhlichkeit-in ,Jubelschall-(mit=)in

קֹול׃ qoʷl. .Stimme-(die)

13 וְאֵין wᵊʾeʸn (war)-nicht-(Indes=)Und

הָעָם hɔʿɔm Volk-das

מַכִּירִים makkiʸriʸm (haltend-auseinander=)unterscheidend(e)

קֹול qoʷl (Laut-den=)Stimme-(die)

תְּרוּעַת tᵊruʷʿat Geschrei(s)-(des)

הַשִּׂמְחָה haśśimᵊḥɔʰ Freude-(der=)die

לְקֹול lᵊqoʷl (Laut-vom=)Stimme-(von=)zu

בְּכִי bᵊkiʸ Weinen(s)-(des)

הָעָם hɔʿɔm ,Volk(es)-(des=)das

כִּי kiʸ denn

הָעָם hɔʿɔm Volk-das

מְרִיעִים mᵊriʸʿiʸm erhebend(e)-(war)

תְּרוּעָה tᵊruʷʿɔʰ (Jubel)geschrei

גְדוֹלָה gᵊdoʷlɔʰ ,große(s)

וְהַקֹּול wᵊhaqqoʷl (Schall-der=)Stimme-die-und

נִשְׁמַע nišᵊmaʿ gehört-wurde-(er)

עַד־ -ʿad bis

לְמֵרָחֹוק׃ lᵊmerɔḥoʷq. .(fernhin=)Ferne-von-zu

4

1 וַיִּשְׁמְעוּ wayyišᵊmᵊʿuʷ (vernahmen=)hörten-(sie)-(Als=)Und

צָרֵי ṣɔreʸ Bedränger-(die)

יְהוּדָה yᵊhuʷdɔʰ Juda(s)

וּבִנְיָמִן uʷbinᵊyɔmin ,Benjamin(s)-und

כִּי־ -kiʸ dass

בְנֵי bᵊneʸ (Angehörigen=)Söhne-(die)

הַגֹּולָה haggoʷlɔʰ (Deportierten=)Wegführung-(der=)die

בֹּונִים boʷniʸm bauend(e)-(waren)

הֵיכָל heʸkɔl Tempel-(einen)

לַיהוָה layhwɔʰ ,JHWH(s)-(Ehren)-zu

אֱלֹהֵי ʾᵋloheʸ (Gottes-des=)Götter-(der)

יִשְׂרָאֵל׃ yiśᵊrɔʾel. ,Israel(s)

2 וַיִּגְּשׁוּ wayyiggᵊšuʷ heran-traten-sie-(da=)und

אֶל־ -ʾɛl (an=)zu

זְרֻבָּבֶל zᵊrubbɔbɛl Serubbabel

וְאֶל־ -wᵊʾɛl (an=)zu-und

לָהֶם	וַיֹּאמְרוּ	הָאָבוֹת	רָאשֵׁי
lɔhɛm	wayyoʾmᵊruʷ	hɔʾɔboʷt	rɔʾšeʸ
:ihnen-zu	sagten-(sie)-und	(Familien=)Väter-(der=)die	(Ober)häupter-(die)

כָּכֶם	כִּי	עִמָּכֶם	נִבְנֶה
kɔkɛm	kiʸ	ʿimmɔkɛm	nibᵊnɛʰ
euch-gleich	denn	,euch-mit	bauen-(wollen=)werden-Wir

לֵאלֹהֵיכֶם	נִדְרוֹשׁ
leʾloheʸkɛm	nidᵊroʷš
(Gott-euren=)Götter-eure-(an=)zu	(uns-wenden=)suchen-wir

מִימֵי	זֹבְחִים	אֲנַחְנוּ	וְלֹא[וְלוֹ]
miʸmeʸ	zobᵊḥiʸm	ʾᵃnaḥᵊnuʷ	[wᵊloʷ]wᵊloʾ
Tagen-(den)-(seit=)von	opfernd(e)-(sind)	wir	[ihm-zu-und]nicht-und

אַשּׁוּר	מֶלֶךְ	חַדֹּן	אֵסַר
ʾaššuʷr	mɛlɛk	ḥaddon	ʾesar
,(Assur=)Aschschur	(von)-König	,(Haddons=)Chaddon(s)	-Esar

פֹּה׃	אֹתָנוּ	הַמַּעֲלֶה
poʰ.	ʾotɔnuʷ	hammaʿᵃlɛʰ
!(her)hier	uns***	(heraufgebracht=)Machende-heraufgehen-der

וְיֵשׁוּעַ	זְרֻבָּבֶל	לָהֶם	3 וַיֹּאמֶר
wᵊyešuʷaʿ	zᵊrubbɔbɛl	lɔhɛm	wayyoʾmɛr
Jeschua-und	Serubbabel	ihnen-zu	sprach(en)-(es=er)-(Da=)Und

לְיִשְׂרָאֵל	הָאָבוֹת	רָאשֵׁי	וּשְׁאָר
lᵊyiśᵊrɔʾel	hɔʾɔboʷt	rɔʾšeʸ	uʷšᵊʾɔr
:Israel(s=)zu	(Familien=)Väter-(der=)die	(Ober)häupter	(übrigen-die=)Rest-und

וָלָנוּ	לָכֶם	לֹא־
wɔlɔnuʷ	lɔkɛm	-loʾ
uns-(mit-zusammen=)zu-und	euch-(für=)zu-(sich-ziemt-es)	(Keineswegs=)Nicht

לֵאלֹהֵינוּ	בַּיִת	לִבְנוֹת
leʾloheʸnuʷ	bayit	libᵊnoʷt
,(Gottes-unseres=)Götter-unsere(r)-(Ehren)-zu	(Tempel)haus-(das)	bauen-zu

נִבְנֶה	יַחַד	אֲנַחְנוּ	כִּי
nibᵊnɛʰ	yaḥad	ʾᵃnaḥᵊnuʷ	kiʸ
bauen-werden-(wir)	(allein=)zusammen	wir	(sondern=)wenn

כַּאֲשֶׁר	יִשְׂרָאֵל	אֱלֹהֵי	לַיהוָה
kaʾašɛr	yiśərɔʾel	ʾɛlohey	layhwɔh
sowie	,Israel(s)	(Gottes-des=)Götter-(der)	,JHWH(s)-(Ehren)-zu

מֶלֶךְ־	כּוֹרֶשׁ	הַמֶּלֶךְ	צִוָּנוּ
-mɛlɛk	kowrɛš	hammɛlɛk	ṣiwwɔnuw
(von)-König-(der)	,(Kyrus=)Koresch	König-der	uns-geheißen-(er)

הָאָרֶץ	עַם־	4 וַיְהִי	פָּרָס׃
hɔʾɔrɛṣ	-ʿam	wayəhiy	pɔrɔs.
Land(es)-(des=)das	Volk-(das)	war-(es=)er-(Aber=)Und	!(Persien=)Paras

יְהוּדָה	עַם־	יְדֵי	מְרַפִּים
yəhuwdɔh	-ʿam	yədey	mərappiym
Juda(s)	Volk-(das)	(entmutigend=)(von)-Hände-(beide)	-lassend(e)-sinken

לִבְנוֹת׃	אוֹתָם	וּמְבַלְהִים[וּמְבַהֲלִים]
libənowt.	ʾowtɔm	[uwməbahaliym]uwməbalahiym
,Bauen-(vom=)zu	sie	abschreckend(e)-und

יוֹעֲצִים	עֲלֵיהֶם	5 וְסֹכְרִים
yowʿaṣiym	ʿaleyhɛm	wəsokəriym
(Ratgeber=)Beratende	(sie-gegen=)ihnen-auf	(bestachen-sie=)Erkaufende-und

כָּל־	עֲצָתָם	לְהָפֵר
-kol	ʿṣɔtɔm	ləhɔper
(ganze-die=)all(e)	(Plan=)Rat-ihr(en)	(vereiteln=)brechen-zu-(um)

פָּרַס	מֶלֶךְ	כּוֹרֶשׁ	יְמֵי
pɔras	mɛlɛk	kowrɛš	yəmey
,(Persien=)Paras	(von)-König-(dem)	,(Kyrus=)Koresch	(von)-(Zeit=)Tage

דָּרְיָוֶשׁ	מַלְכוּת	וְעַד־
dɔrəyɔwɛš	maləkuwt	-wəʿad
,(Darius=)Darjawesch	(von)-(Regierung=)Herrschaft	(zur-bis=)bis-und

6 וּבְמַלְכוּת	מֶלֶךְ־פָּרָס׃
uwbəmaləkuwt	pɔrɔs-mɛlɛk.
(von)-Herrschaft-(der)-(während=)in-Und	.(Persien=)Paras-(von)-König-(dem)

בִּתְחִלַּת	אֲחַשְׁוֵרוֹשׁ
bitəḥillat	ʾaḥašəwerowš
(Beginn-zu=)Anfang-in	,(Xerxes=)Achaschwerosch

עַל־	שִׂטְנָה	כְּתַבוּ	מַלְכוּתוֹ
-ʿal	śiṭᵊnɔʰ	kɔtᵊbuʷ	malᵊkuʷtoʷ
(gegen=)auf	Anklage-(eine)	schrieben-sie	,(Regierung=)Herrschaft-sein(er)

וִירוּשְׁלָם׃	יְהוּדָה	יָשְׁבֵי
wiʸruʷšɔlɔim.	yᵊhuʷdɔʰ	yošᵊbeʸ
.Jerusalem-und	Juda	(von)-(Bewohner=)Wohnende(n)-(die)

אַרְתַּחְשַׁשְׂתָּא	7 וּבִימֵי
ʾarᵊtaḥᵊšaśᵊtɔʾ	uʷbiʸmeʸ
(Artaxerxes=)Artachschasta	(von)-Tagen-(den)-in-(Ferner=)Und

וּשְׁאָר	טָבְאֵל	מִתְרְדָת	בִּשְׁלָם	כְּתַב
uʷšᵊʾɔr	ṭɔbᵊʾel	mitᵊrᵊdɔt	bišᵊlɔm	kɔtab
(übrigen-die=)Rest-und	Tabeal	,Mitredat	,Bischlam	schrieb(en)-(es=er)

אַרְתַּחְשַׁשְׂתָּא[אַרְתַּחְשַׁשְׂתְּ]	עַל־	כְּנָוֺתוֹ[כְּנָוָתֵיו]
[ʾarᵊtaḥᵊšaśᵊtᵊ]ʾarᵊtaḥᵊšaśᵊtɔʾ	-ʿal	[kᵊnɔwotɔʸw]kᵊnɔwotoʷ
,(Artaxerxes=)Artachschast(a)	(an=)auf	Genossen-seine(r)

וּכְתָב	פָּרָס	מֶלֶךְ
uʷkᵊtɔb	pɔrɔs	mɛlɛk
Schriftstück-(das)-(Indes=)Und	.(Persien=)Paras	(von)-König-(den)

וּמְתֻרְגָּם	אֲרָמִית	כְּתִיב	הַנִּשְׁתְּוָן
uʷmᵊturᵊgɔm	ʾᵃrɔmiʸt	kɔtuʷb	hnišᵊtᵊwɔn
übersetzt-(also=)und	,Aramäisch-(in)	geschrieben(er)-(war)	Brief(es)-(des=)der

בְּעֵל־טְעֵם	8 רְחוּם	אֲרָמִית׃
ṭᵊʿem-bᵊʿel	rᵊḥuʷm	ʾᵃrɔmiʸt.
,(Kanzleichef=)Klugheit-(von)-Besitzer	,Rechum	:Aramäisch(e)-(ins)

חֲדָה	אִגְּרָה	כְּתַבוּ	סָפְרָא	וְשִׁמְשַׁי
ḥᵃdɔʰ	ʾiggᵊrɔʰ	kᵊtabuʷ	sɔpᵊrɔʾ	wᵊšimᵊšay
eine(n)	Brief	schrieben-sie	,(Sekretär=)Schreiben(der)	,Schimschai-und

מַלְכָּא	לְאַרְתַּחְשַׁשְׂתְּא	יְרוּשְׁלֶם	עַל־
malᵊkɔʾ	lᵊʾarᵊtaḥᵊšaśᵊtᵊʾ	yᵊruʷšᵊlɛm	-ʿal
,König-(den)	,(Artaxerxes=)Artachschast-(an=)zu	Jerusalem	(betreffs=)auf

רְחוּם	9 אֱדַיִן	כְּנֵמָא׃
rᵊḥuʷm	ʾᵋdayin	kᵊnemɔʾ.
,Rechum	(also=)dann —	(folgt-wie=)so

וְשִׁמְשַׁי	בְּעֵל־טְעֵם
wᵊšimᵊšay	ṭᵊᶜem-bᵊᶜel
,Schimschai-und	,(Kanzleichef-der=)Klugheit-(von)-Besitzer

כְּנָוָתְהוֹן	וּשְׁאָר	סָפְרָא
kᵊnɔwɔtᵊhoʷn	uʷšᵊʾɔr	sɔpᵊrɔʾ
,Genossen-ihre(r)	(übrigen-die=)Rest-und	,(Sekretär-der=)Schreiben(der)

אֲפָרְסָיֵא	טַרְפְּלָיֵא	וַאֲפַרְסַתְכָיֵא	דִּינָיֵא
ʾᵃpɔrᵊsɔyeʾ	ṭrᵊpᵊlɔyeʾ	waʾᵃparᵊsatᵊkɔyeʾ	diʸnɔyeʾ
,Apharsäer	,Tarpeläer	,Apharsathchäer-und	,(Richter=)Dinäer-(die)

עֵלְמָיֵא׃	דהוא[דֶּהָיֵא]	שׁוּשַׁנְכָיֵא	בָבְלָיֵא	ארכוי[אַרְכְּוָיֵא]
ᶜelᵊmɔyeʾ.	[dɛhɔyeʾ]dihuʷʾ	šuʷšanᵊkɔyeʾ	bɔbᵊlɔyeʾ	[ʾarᵊkᵊwɔyeʾ]ʾarᵊkᵊwɔy
.Elamiter	ist-das	,Susier	,Babylonier	,Orchoïter

אָסְנַפַּר	הַגְלִי	דִּי	אֻמַּיָּא	10 וּשְׁאָר
ʾɔsᵊnappar	hagᵊliʸ	diʸ	ʾummayyɔʾ	uʷšᵊʾɔr
Asnappar	weg-führte-(es=er)	welch(e)	,Völker-(der)	Rest-(der)-Und

הִמּוֹ	וְהוֹתֵב	וְיַקִּירָא	רַבָּא
himmoʷ	wᵊhoʷteb	wᵊyaqqiʸrɔʾ	rabbɔʾ
sie	siedeln-machte-er-und	,(Erlauchte=)wichtig(er)-und	Große-(der)

וּשְׁאָר	שָׁמְרָיִן	דִּי	בְּקִרְיָה
uʷšᵊʾɔr	šɔmᵊrɔyin	diʸ	bᵊqirᵊyɔʰ
(von)-Rest-(im)-und	Samaria	(von=)welch(e)	(Städten-den=)Stadt-(der)-in

פַּרְשֶׁגֶן	11 דְּנָה	וּכְעֶנֶת׃	עֲבַר־נַהֲרָה
parᵊšɛgɛn	dᵊnɔʰ	uʷkᵊᶜɛnɛt.	nahᵃrɔh-ᶜᵃbar
Abschrift-(die)	(ist)-dies(er)	,nun-Und	.(Syrien=)Fluss(es)-(des)-jenseits

עַל־	עֲלוֹהִי	שְׁלַחוּ	דִּי	אִגַּרְתָּא
-ᶜal	ᶜᵃloʷhiʸ	šᵊlaḥuʷ	diʸ	ʾiggarᵊtɔʾ
(An=)Auf	:ihn-(an=)auf	sandten-sie	(den=)welch(en)	,Brief(es)-(des)

עבדיך[עַבְדָךְ]	מַלְכָּא	אַרְתַּחְשַׁשְׂתָּא
[ᶜabᵊdɔk]ᶜabᵊdɔyik	malᵊkɔʾ	ʾarᵊtaḥᵊšaśᵊtɔʾ
Diener-deine	,König-(den)	,(Artaxerxes=)Artachschast

וּכְעֶנֶת׃	עֲבַר־נַהֲרָה	אֱנָשׁ
uʷkᵊᶜɛnɛt.	nahᵃrɔʰ-ᶜᵃbar	ʾᵋnɔš
nun-Und	.Fluss(es)-(des)-jenseits	(Leute-die=)Mensch

לְמַלְכָּ֔א	לֶהֱוֵ֣א	12 יְדִ֣יעַ
lᵊmalᵊkɔᵓ	lɛhᵋweᵓ	yᵊdiʸaᶜ
,König-(dem=)zu	(sei=)ist-(es=)er	(kundgetan=)gewusst(er)

סְלִ֙קוּ֙	דִּ֤י	יְהוּדָיֵ֗א	דִּ֣י
sᵊliquʷ	diʸ	yᵊhuʷdɔyeᵓ	diʸ
herauf-(zogen=)stiegen-(sie)	(die=)welch(e)	,Judäer-(die)	(dass=)welch(es)

קִרְיְתָ֥א	לִירוּשְׁלֶ֑ם	אֲת֣וֹ	עֲלֶ֖יְנָא	לְוָתָ֔ךְ	מִן־
qirᵊyᵊtɔᵓ	liʸruʷšᵊlɛm	ᵓᵃtoʷ	ᶜᵃlɛʸnɔᵓ	lᵊwɔtɔk	-min
Stadt-(die)	,Jerusalem-(nach=)zu	kamen-sie	,uns-zu-hin	dir-(bei)	von-(weg)

[שַׁכְלִ֔לוּ]אֶשְׁכְלִ֔לוּ	[וְשׁוּרַיָּ֣א]וְשׁוּרַ֣י	בָּנַ֔יִן	וּבִאישְׁתָּא֙	מָרָדְתָּ֤א
[šakᵊliluʷ]ᵓɛšᵊkᵊliluʷ	[wᵊšuʷrayyɔᵓ]wᵊšuʷray	bɔnayin	uʷbiᵓyšᵊtɔᵓ	mɔrɔdᵊtɔᵓ
vollenden-sie	Mauern-und	bauend(e)-(sind-sie)	böse-und	rebellische

13 כְּעַ֗ן	יַחִֽיטוּ׃	וְאֻשַּׁיָּ֖א
kᵊᶜan	yaḥiʸṭuʷ.	wᵊᵓuššayyɔᵓ
Nun	.aus-bessern-sie	Fundamente-(die)-und

דִּ֣י	לְמַלְכָּ֔א	לֶהֱוֵ֣א	יְדִ֙יעַ֙
diʸ	lmalᵊkɔᵓ	lɛhᵋweᵓ	yᵊdiʸaᶜ
,dass	,König-(dem=)zu	(sei=)ist-(es=)er	(kundgetan=)gewusst(er)

וְשׁוּרַיָּ֣ה	תִּתְבְּנֵ֔א	דָךְ֙	קִרְיְתָ֤א	הֵ֣ן
wᵊšuʷrayyɔʰ	titᵊbᵊneᵓ	dɔk	qirᵊyᵊtɔᵓ	hen
Mauern-(die)-und	gebaut-wird-(sie)	jene	Stadt-(die)	wenn

לָ֣א	וַהֲלָךְ֙	בְלוֹ	מִנְדָּה־	יִשְׁתַּכְלְל֔וּן
lɔᵓ	wahᵃlɔk	bᵊloʷ	-minᵊdɔʰ	yišᵊtakᵊlᵊluʷn
nicht	Wegezoll-und	Steuer	,Tribut	,vollendet-werden-(sie)

תְּהַנְזִֽק׃	מַלְכִ֖ים	וְאַפְּתֹ֥ם	יִנְתְּנ֔וּן
tᵊhanᵊziq.	malᵊkiʸm	wᵊᵓappᵊtom	yinᵊtᵊnuʷn
.schaden-wird-(es=)er	Könige(n)-(den)	gewiss-und	,geben-werden-sie

הֵֽיכְלָא֙	מְלַ֤ח	דִּֽי־	כָּל־קֳבֵ֞ל	14 כְּעַ֗ן
heʸkᵊlɔᵓ	mᵊlaḥ	-diʸ	qᵒbel-kol	kᵊᶜan
Palast(es)-(des)	Salz-(mit)	(da=)welch(er)	(dieweil=)vor-all	,Nun

אֲרִ֥יךְ	לָ֛א	מַלְכָּ֔א	וְעַרְוַ֣ת	מְלַ֗חְנָא
ᵓariʸk	lɔᵓ	malᵊkɔᵓ	wᵊᶜarᵊwat	mᵊlaḥᵊnɔᵓ
(geziehmt=)ordentlich	nicht	König(s)-(des)	Schande-(die)-und	salz(t)en-wir

שְׁלַחְנָא	עַל־דְּנָה	לְמֶחֱזֵא	לָנָא
šᵊlaḥᵊnɔʾ	dᵊnɔʰ-ʿal	lᵊmɛḥᵋzeʾ	lanɔʾ
(senden=)sandten-wir	(deshalb=)diese(r)-auf	,sehen-zu	uns-(es=)zu

15 דִּי	לְמַלְכָּא׃	וְהוֹדַעְנָא
diʸ	lᵊmalᵊkɔʾ.	wᵊhoʷdaʿᵊnɔʾ
Dass	:König-(dem=)zu	kund-(tun=)taten-(wir)-und

דָּכְרָנַיָּא	בִּסְפַר־	יְבַקַּר
dɔkᵊrɔnayyɔʾ	-bisᵊpar	yᵊbaqqar
,Denkwürdigkeiten-(der)	Buch-(dem)-in	(nachforsche=)nachforscht-(man=)er

בִּסְפַר	וּתְהַשְׁכַּח	אֲבָהָתָךְ	דִּי
bisᵊpar	uʷtᵊhašᵊkaḥ	ʾᵃbɔhɔtɔk	diʸ
Buch-(dem)-in	finden-wirst-du-und	,(Vorfahren=)Väter-deine(r)	diese(m)

קִרְיְתָא	דִּי	וְתִנְדַּע	דָּכְרָנַיָּא
qirᵊyᵊtɔʾ	diʸ	wᵊtinᵊdaʿ	dɔkᵊrɔnayyɔʾ
Stadt-(die)	dass	,(erfahren=)wissen-wirst-du-und	Denkwürdigkeiten-(der)

מַלְכִין	וּמְהַנְזְקַת	מָרָדָא	קִרְיָא	דָךְ
malᵊkiʸn	uʷmᵊhanᵊzᵊqat	mɔrɔdɔʾ	qirᵊyɔʾ	dɔk
Könige	schädigend(e)-und	(ist)-aufrührerisch(e)	Stadt-(eine)	jene

מִן־	בְּגַוַּהּ	עָבְדִין	וְאֶשְׁתַּדּוּר	וּמְדִנָן
-min	bᵊgawwah	ʿɔbᵊdiʸn	wᵊʾɛšᵊtadduʷr	uʷmᵊdinɔn
(seit=)von	Mitte-ihre(r)-in	(stiftend=)Tuende	Aufruhr-und	,Provinzen-und

דָךְ	קִרְיְתָא	עַל־דְּנָה	עָלְמָא	יוֹמָת
dɔk	qirᵊyᵊtɔʾ	dᵊnɔʰ-ʿal	ʿɔlᵊmɔʾ	yoʷmɔt
jene	Stadt-(die)	(deshalb=)diese(s)-auf	,ewig(en)	Tage(n)

דִּי	לְמַלְכָּא	אֲנַחְנָה	16 מְהוֹדְעִין	הָחָרְבַת׃
diʸ	lᵊmalᵊkɔʾ	ʾᵃnaḥᵊnɔʰ	mᵊhoʷdᵊʿiʸn	hɔḥɔrᵊbat.
,dass	,König-(den=)zu	wir-(sind)	machend(e)-Wissen	.zerstört-wurde-(sie)

וְשׁוּרַיָּה	תִּתְבְּנֵא	דָךְ	קִרְיְתָא	הֵן
wᵊšuʷrayyɔʰ	titᵊbᵊneʾ	dɔk	qirᵊyᵊtɔʾ	hen
Mauern-und	(auf)gebaut-(wieder)-wird-(sie)	jene	Stadt-(die)	wenn

חֲלָק	דְּנָה	לָקֳבֵל	יִשְׁתַּכְלְלוּן
ḥᵃlɔq	dᵊnɔʰ	lɔqᵒbel	yištakᵊlᵊluʷn
Anteil	dieser	(dann=)gegenüber-zu	,hergestellt-(wieder)-werden-(sie)

לָךְ׃	אִיתַי	לָא	נַהֲרָא	בַּעֲבַר
lɔk.	ʾiʸtay	lɔʾ	nahᵃrɔʾ	baʿᵃbar
!(dich-für=)dir-zu	ist-(er)	nicht	Fluss(es)-(des)	(jenseits=)Jenseitigem-in

רְחוּם	עַל־	מַלְכָּא	שְׁלַח	17 פִּתְגָמָא
rᵊḥuʷm	-ʿal	malᵊkɔʾ	šᵊlaḥ	pitᵊgɔmɔʾ
,Rechum	(An=)Auf	:König-(der)	sandte-(es=er)	(Botschaft=)Wort

סָפְרָא	וְשִׁמְשַׁי	בְּעֵל־טְעֵם
sɔpᵊrɔʾ	wᵊšimᵊšay	ṭᵊʿem-bᵊʿel
,Schreiber-(den)	,Schimschai-und	,(Kanzleichef=)Klugheit-(von)-Besitzer-(den)

יָתְבִין	דִּי	כְּנָוָתְהוֹן	וּשְׁאָר
yɔtᵊbiʸn	diʸ	kᵊnɔwɔtᵊhoʷn	uʷšᵊʾɔr
(sind)-wohnend(e)	(die=)welch(e)	,Genossen	(übrigen-die=)Rest-und

עֲבַר־נַהֲרָה	וּשְׁאָר	בְּשָׁמְרָיִן
nahᵃrɔʰ-ʿᵃbar	uʷšᵊʾɔr	bᵊšɔmᵊrɔyin
,(Syrien=)Fluss(es)-(des)-jenseits	(von)-Rest-(dem)-und	Samarien-in

דִּי	18 נִשְׁתְּוָנָא	וּכְעֶת׃	שְׁלָם
diʸ	nišᵊtᵊwɔnɔʾ	uʷkᵊʿɛt.	šᵊlɔm
(den=)welch(en)	,Brief-(der)	,nun-Und	!(Gruß-einen=)Friede

קָדָמָי׃	קֱרִי	מְפָרַשׁ	עֲלֶינָא	שְׁלַחְתּוּן
qɔdɔmɔy.	qᵋriʸ	mᵊpɔraš	ʿᵃlɛʸnɔʾ	šᵊlaḥᵊtuʷn
.mir-vor	gelesen-wurde-(er)	deutlich	,uns-(an=)auf	gesandt-habt-ihr

וּבַקַּרוּ	טְעֵם	שִׂים	19 וּמִנִּי
uʷbaqqaruʷ	ṭᵊʿem	śiʸm	uʷminniʸ
gesucht-wurde(n)-(es=)sie-und	Befehl	gegeben-wurde-(es=er)	mir-von-Und

יוֹמָת	מִן־	דָךְ	קִרְיְתָא	דִּי	וְהַשְׁכַּחוּ
yoʷmɔt	-min	dɔk	qirᵊyᵊtɔʾ	diʸ	wᵊhašᵊkaḥuʷ
Tage(n)	(seit=)von	jene	Stadt-(die)	dass	,gefunden-wurde(n)-(es=)sie-und

וּמְרַד	מִתְנַשְּׂאָה	מַלְכִין	עַל־	עָלְמָא
uʷmᵊrad	mitᵊnaśśᵊʾɔʰ	malᵊkiʸn	-ʿal	ʿɔlᵊmɔʾ
Empörung-und	,auflehnte-sich-(sie)	Könige	(gegen=)auf	ewig(en)

תַּקִּיפִין	20 וּמַלְכִין	בַּהּ׃	מִתְעֲבֶד־	וְאֶשְׁתַּדּוּר
taqqiʸpiʸn	uʷmalᵊkiʸn	bah.	-mitᵊʿᵃbɛd	wᵊʾɛšᵊtadduʷr
starke	Könige-Und	.ihr-in	gemacht-wurde-(es=er)	Aufruhr-und

עֲבַר	בְּכֹל	וְשַׁלִּיטִין	יְרוּשְׁלֶם	עַל־	הֲווֹ
ᶜabar	bᵊkol	wᵊšalliʸṭiʸn	yᵊruʷšᵊlɛm	-ᶜal	hᵃwoʷ
jenseits	all(em)-in	mächtige-und	Jerusalem	(über=)auf	waren-(sie)

מִתְיְהֵב	וַהֲלָךְ	בְּלוֹ	וּמִדָּה	נַהֲרָה
mitᵊyᵊheb	wahᵃlɔk	bᵊloʷ	uʷmiddɔʰ	nahᵃrɔʰ
gegeben-wurde-(es=er)	Wegezoll-und	Steuer	,Tribut-und	,Fluss(es)-(des)

אִלֵּךְ	גֻּבְרַיָּא	לְבַטָּלָא	טְעֵם	שִׂימוּ	21 כְּעַן	לְהוֹן:
ʾillek	gubᵊrayyɔʾ	lᵊbaṭṭɔlɔʾ	ṭᵊᶜem	śiʸmuʷ	kᵊᶜan	lᵊhoʷn.
jene	Männer-(die)	hindern-zu	Befehl	(gebt=)legt	,Nun	.ihnen-zu

מִנִּי	עַד־	תִתְבְּנֵא	לָא	דָךְ	וְקִרְיְתָא
minniʸ	-ᶜad	titᵊbᵊneʾ	lɔʾ	dɔk	wᵊqirᵊyᵊtɔʾ
mir-von	bis	(auf)gebaut-(werde=)wird-sie	nicht	jene	Stadt-(die)-und

שָׁלוּ	הֱווֹ	22 וּזְהִירִין	יִתְּשָׂם:	טַעְמָא
šɔluʷ	hᵋwoʷ	uʷzᵊhiʸriʸn	yittᵊśɔm.	ṭaᶜᵊmɔʾ
Nachlässigkeit	seid	gewarnt(e)-Und	.gegeben-wird-(es=er)	Befehl-(ein)

יִשְׂגֵּא	לְמָה	דְּנָה	עַל־	לְמֶעְבַּד
yiśᵊgeʾ	lᵊmɔʰ	dᵊnɔʰ	-ᶜal	lᵊmɛᶜᵊbad
(entsteht=)wird-(es=er)	nicht-damit	,dies(em)	(in=)auf	(üben=)tun-zu

מִן־דִּי	23 אֱדַיִן	מַלְכִין:	לְהַנְזָקַת	חֲבָלָא
diʸ-min	ʾᵋdayin	malᵊkiʸn.	lᵊhanᵊzɔqat	ḥᵃbɔlɔʾ
(sobald=)dass-von	Dann	!Könige(n)	schaden-zu	Schaden

אַרְתַּחְשַׁשְׂתָּא[אַרְתַּחְשַׁשְׂתְּ]	דִּי	נִשְׁתְּוָנָא	פַּרְשֶׁגֶן
[ʾarᵊtaḥᵊšaśᵊtᵊ]ʾarᵊtaḥᵊšaśᵊtɔʾ	diʸ	nišᵊtᵊwɔnɔʾ	parᵊšɛgɛn
,(Artaxerxes=)Artachschasta	(des=)welch(e)	Brief(es)-(des)	Abschrift-(die)

וְשִׁמְשַׁי	רְחוּם	קֳדָם־	קֱרִי	מַלְכָּא
wᵊšimᵊšay	rᵊḥuʷm	-qᵒdɔm	qᵋriʸ	malᵊkɔʾ
,Schimschai-und	Rechum	vor	gelesen-wurde-(sie=er)	,König(s)-(des)

בִבְהִילוּ	אֲזַלוּ	וּכְנָוָתְהוֹן	סָפְרָא
bibᵊhiʸluʷ	ʾᵃzaluʷ	uʷkᵊnɔwɔtᵊhoʷn	sɔpᵊrɔʾ
Eile-in	liefen-sie	,Genossen-ihre(n)-und	,Schreiber-(dem)

הִמּוֹ	וּבַטִּלוּ	יְהוּדָיֵא	עַל־	לִירוּשְׁלֶם
himmoʷ	uʷbaṭṭiluʷ	yᵊhuʷdɔyeʾ	-ᶜal	liʸrwšᵊlɛm
sie	hinderten-sie-und	Judäer(n)-(den=die)	(zu=)auf	Jerusalem-(nach=)zu

בְּטֵלַת	24 בֵּאדַיִן	וְחָיִל׃	בְּאֶדְרָע
bᵊṭelat	beʾdayin	wᵊḥɔyil.	bᵊʾɛdᵊrɔʿ
auf-hörte-(es=sie)	(Darauf=)dann-In	.Kraft-und	(Gewalt=)Arm-(mit=)in

וַהֲוָת	בִּירוּשְׁלֶם	דִּי	בֵּית־אֱלָהָא	עֲבִידַת
wahᵃwɔt	biʸruʷšᵊlɛm	diʸ	ʾᵋlɔhɔʾ-beʸt	ʿᵃbiʸdat
(blieb=)war-sie-und	,Jerusalem-in	jenes	,Gott(es)-Haus-(am)	Arbeit-(die)

לְמַלְכוּת	תַּרְתֵּין	שְׁנַת	עַד	בָּטְלָא
lᵊmalᵊkuʷt	tarᵊteʸn	šᵊnat	ʿad	bɔṭᵊlɔʾ
(von)-Regierung-(der=)zu	zwei	Jahr	(zum)-bis	(eingestellt=)untätige

מֶלֶךְ־פָּרָס׃	דָּרְיָוֶשׁ
pɔrɔs-mɛlɛk.	dɔrᵊyɔwɛš
.(Persien=)Paras-(von)-König	,(Darius=)Darjawesch

5

וּזְכַרְיָה	נְבִיאָה[נְבִיָּא]	חַגַּי	1 וְהִתְנַבִּי
uʷzᵊkarᵊyɔʰ	[nᵊbiʸyɔʾ]nᵊbiʸʾɔʰ	ḥaggay	wᵊhitᵊnabbiʸ
Secharja-und	,Prophet-(der)	,Haggai —	weissagte(n)-(es=)er-Und

יְהוּדָיֵא	עַל־	נְבִיאַיָּא[נְבִיַּיָּא]	בַר־עִדּוֹא
yhuʷdɔyeʾ	ʿal	[nᵊbiʸyayyɔʾ]nᵊbiʸʾayyɔʾ	ʿiddoʷʾ-bar
Judäer-(die)	(über=)auf	,Propheten-(die)	,Iddo(s)-Sohn

אֱלָהּ	בְּשֻׁם	וּבִירוּשְׁלֶם	בִּיהוּד	דִּי
ʾᵋlɔh	bᵊšum	uʷbiʸruʷšᵊlɛm	biʸhuʷd	diʸ
Gott(es)-(des)	Name(n)-(im=)in	,Jerusalem-in-und	Juda-in	(jene=)welch(e)

2 בֵּאדַיִן	עֲלֵיהוֹן׃	יִשְׂרָאֵל
beʾdayin	ʿᵃleʸhoʷn.	yiśᵊrɔʾel
(Damals=)dann-In	.(waltete)-ihnen-(über=)auf-(der)	,Israel(s)

וְיֵשׁוּעַ	בַּר־שְׁאַלְתִּיאֵל	זְרֻבָּבֶל	קָמוּ
wᵊyešuʷaʿ	šᵊʾalᵊtiʸʾel-bar	zᵊrubbɔbɛl	qɔmuʷ
Jeschua-und	Schaltiël(s)-Sohn	Serubbabel	sich-erhoben-(es=sie)

אֱלָהָא	בֵּית	לְמִבְנֵא	וְשָׁרִיו	בַּר־יוֹצָדָק
ʾᵋlɔhɔʾ	beʸt	lᵊmibᵊneʾ	wᵊšɔriʸw	yoʷṣɔdɔq-bar
,Gott(es)	(Tempel)haus-(am)	bauen-zu	begannen-sie-und	,Jozadak(s)-Sohn

נְבִיאַיָּא[נְבִיַּיָּא]	וְעִמְּהוֹן	בִּירוּשְׁלֶם	דִּי
[nᵊbiʸyayyɔʾ]nᵊbiʸʾayyɔʾ	wᵊʿimmᵊhoʷn	biʸruʷšᵊlɛm	diʸ
,Propheten-(die)-(waren)	ihnen-mit-und	,Jerusalem-in	(jenes=)welch(es)

זִמְנָא	3 בֵּהּ־	לְהוֹן׃	מְסָעֲדִין	דִּי־אֱלָהָא
zimᵊnɔʾ	-beh	lᵊhoʷn.	mᵊsɔᶜᵃdiʸn	ʾᵋlɔhɔʾ-diʸ
Zeit	(dieser-Zu=)ihm-In	.(ihnen=)sie-zu	helfende	,Gott(es=)welch(e)

פַּחַת	תַּתְּנַי	עֲלֵיהוֹן	אֲתָא
paḥat	tattᵊnay	ᶜᵃleʸhoʷn	ʾᵃtɔʾ
(von)-(Statthalter=)Regent-(der)	,Tattenai	(ihnen-zu=)sie-auf	kam-(es=er)

בּוֹזְנַי	וּשְׁתַר	עֲבַר־נַהֲרָה
boʷzᵊnay	uʷšᵊtar	nahᵃrɔʰ -ᶜᵃbar
Bosenai	-Schetar-und	,(Syrien=)Fluss(es)-(des)-jenseits

מַן־	לְהֹם	אָמְרִין	וְכֵן	וּכְנָוָתְהוֹן
-man	lᵊhom	ʾɔmᵊriʸn	wᵊken	uʷkᵊnɔwɔtᵊhoʷn
Wer	:ihnen-zu	sprachen-sie	so-und	,(Amts)genossen-ihre-und

לְבְּנֵא	דְנָה	בַּיְתָא	טְעֵם	לְכֹם	שָׂם
libbᵊneʾ	dᵊnɔʰ	bayᵊtɔʾ	ṭᵊᶜem	lᵊkom	śɔm
bauen-zu	dies(er)	Haus-(das)	Befehl	euch-(an=)zu	(gab=)stellte-(er)

אֲמַרְנָא	כְּנֵמָא	4 אֱדַיִן	לְשַׁכְלָלָה׃	דְנָה	וְאֻשַּׁרְנָא
ʾᵃmarᵊnɔʾ	kᵊnemɔʾ	ʾᵋdayin	lᵊšakᵊlɔlɔʰ.	dᵊnɔʰ	wᵊʾuššarᵊnɔʾ
sagten-wir	also	Darauf	?(herzustellen=)vollenden-zu	dies(er)	Material-und

דְנָה	דִּי־	גֻּבְרַיָּא	שְׁמָהָת	אִנּוּן	מַן־	לְהֹם
dᵊnɔʰ	-diʸ	gubᵊrayyɔʾ	šᵊmɔhɔt	ʾinnuʷn	-man	lᵊhom
dies(er)	welch(e)	,Männer-(der)	Namen-(die)	,sie-(sind)	Wer	:ihnen-zu

אֱלָהֲהֹם	5 וְעֵין	בָּנַיִן׃	בִּנְיָנָא
ʾᵋlɔhᵃhom	wᵊᶜeʸn	bɔnayin.	binᵊyɔnɔʾ
Gott(es)-ihr(es)	Auge-(das)-(Aber=)Und	?bauen-(sie)	Gebäude

יְהוּדָיֵא	שָׂבֵי	עַל־	הֲוָת
yᵊhuʷdɔyeʾ	śɔbeʸ	-ᶜal	hᵃwɔt
,Judäer-(der=die)	(Ältesten=)Alten-(die)	auf	(gerichtet)-war-(es=sie)

טַעְמָא	עַד־	הִמּוֹ	בַטִּלוּ	וְלָא־
ṭaᶜᵊmɔʾ	-ᶜad	himmoʷ	baṭṭiluʷ	-wᵊlɔʾ
Befehl	bis	,sie	hinderte(n)-(man=)sie	nicht-(dass=)und

וֶאֱדַיִן	יְהָךְ	לְדָרְיָוֶשׁ
wɛʾᵋdayin	yᵊhɔk	lᵊdɔrᵊyɔwɛš
dann-und	,(kam=)kommt-(er)	(Darius=)Darjawesch-(von=)zu

עַל־דְּנָה׃	נִשְׁתְּוָנָא	יְתִיבוּן
dᵊnɔʰ -ʿal.	nišᵊtᵊwɔnɔʾ	yᵊtiʸbuʷn
.(darüber=)dies(er)-auf	Brief-(einen)	(zustellen=)wiederkehre(n)-machten-sie

תַּתְּנַי	שְׁלַח	דִּי־	אִגַּרְתָּא	6 פַּרְשֶׁגֶן
tattᵊnay	šᵊlaḥ	-diʸ	ʾiggarᵊtɔʾ	parᵊšɛgɛn
,Tattenai	sandte-(es=er)	(den=)welch(en)	,Brief(es)-(des)	Abschrift-(Die)

בּוֹזְנַי	וּשְׁתַר	עֲבַר־נַהֲרָה	פַּחַת
boʷzᵊnay	uʷšᵊtar	nahᵃrɔʰ-ʿᵃbar	paḥat
Bosenai	-Schetar-und	,Fluss(es)-(des)-jenseits	(Statthalter=)Regent-(der)

בַּעֲבַר	דִּי	אֲפַרְסְכָיֵא	וּכְנָוָתֵהּ
baʿᵃbar	diʸ	ʾᵃparᵊsᵊkɔyeʾ	uʷkᵊnɔwɔteh
jenseits-(von=)in	(jene=)welch(e)	,Perser-(die)	,(Amts)genossen-seine-und

7 פִּתְגָמָא	מַלְכָּא׃	דָּרְיָוֶשׁ	עַל־	נַהֲרָה
pitᵊgɔmɔʾ	malᵊkɔʾ.	dɔrᵊyɔwɛš	-ʿal	nahᵃrɔʰ
Bericht	:König-(den)	,(Darius=)Darjawesch	(an=)auf	,Fluss(es)-(des)

כְּתִיב	וְכִדְנָה	עֲלוֹהִי	שְׁלַחוּ
kᵊtiʸb	wᵊkidᵊnɔʰ	ʿᵃloʷhiʸ	šᵊlaḥuʷ
geschrieben-war-(es=er)	(so=)dieser-wie-und	,ihn-(an=)auf	sandten-sie

מַלְכָּא	לְדָרְיָוֶשׁ	בְּגַוֵּהּ
malᵊkɔʾ	lᵊdɔrᵊyɔwɛš	bᵊgawweh
,König-(den)	,(Darius=)Darjawesch-(An=)Zu	:(darin=)Mitte-seine(r)-in

8 יְדִיעַ	כֹּלָּא׃	שְׁלָמָא
yᵊdiʸaʿ	kollɔʾ.	šᵊlɔmɔʾ
(Kundgetan=)Gewuss(ter)	!(Grüße-viele=)Ganzheit	-(von)-Friede

לִיהוּד	אֲזַלְנָא	דִּי־	לְמַלְכָּא	לֶהֱוֵא
liʸhuʷd	ʾᵃzalᵊnɔʾ	-diʸ	lᵊmalᵊkɔʾ	lɛhᵉweʾ
,Juda-(nach=)zu	gingen-wir	dass	,König-(dem=)zu	(sei-es=)ist-er

וְהוּא	רַבָּא	אֱלָהָא	לְבֵית	מְדִינְתָּא
wᵊhuʷʾ	rabbɔʾ	ʾᵉlɔhɔʾ	lᵊbeʸt	mᵊdiʸnᵊtɔʾ
(es=)er-und	,groß(en)-(des)	,Gott(es)-(des)	Haus-zu(m)	,Provinz-(der)

וְאָע	גְּלָל	אֶבֶן	מִתְבְּנֵא
wᵊʾɔʿ	gᵊlɔl	ʾɛbɛn	mitᵊbᵊneʾ
(Balken=)Holz-und	,quadratisch(em)	Stein-(aus)	gebaut-(wurde=)wird-(es=er)

אָסְפַּרְנָא	דָךְ	וַעֲבִידְתָּא	בְּכֻתְלַיָּא	מִתְּשָׂם
ʾɔsᵊparᵊnɔʾ	dɔk	waᶜᵃbiʸdᵊtɔʾ	bᵊkutᵊlayyɔʾ	mittᵊśɔm
genau	jene	Arbeit-(die)-und	,Wände-(die)-in	setzend(er)-(war)-(man=)er

9 אֱדַיִן	בִּידְהֹם׃	וּמַצְלַח	מִתְעַבְדָא
ʾᵋdayin	bᵊyɛdᵊhom.	uʷmaṣᵊlaḥ	mitᵊᶜabᵊdɔʾ
Darauf	.Hand-ihre(r)-in	Erfolg-hatte-(man=)er-und	gemacht-(wurde=)wird-(sie)

לְהֹם	אֲמַרְנָא	כְּנֵמָא	אִלֵּךְ	לְשָׂבַיָּא	שְׁאֵלְנָא
lᵊhom	ʾᵃmarᵊnɔʾ	kᵊnemɔʾ	ʾillek	lᵊśɔbayyɔʾ	šᵊʾelᵊnɔʾ
:ihnen-zu	sagten-wir	also	,jene	(Ältesten=)Alten-(die)	(be)fragten-wir

דְנָה	בַּיְתָא	טְעֵם	לְכֹם	שָׂם	מַן־
dᵊnɔʰ	bayᵊtɔʾ	ṭᵊᶜem	lᵊkom	śɔm	-man
(dieses=)dieser	Haus-(das)	Befehl	euch-(an=)zu	(gab=)setzte-(er)	Wer

10 וְאַף	לְשַׁכְלָלָה׃	דְנָה	וְאֻשַּׁרְנָא	לְמִבְנְיָה
wᵊʾap	lᵊšakᵊlɔlɔʰ.	dᵊnɔʰ	wᵊʾuššarᵊnɔʾ	lᵊmibᵊnᵊyɔʰ
auch-Und	?(herzustellen=)vollenden-zu	dies(er)	Material-und	bauen-zu

דִּי	לְהוֹדָעוּתָךְ	לְהֹם	שְׁאֵלְנָא	שְׁמָהָתְהֹם
diʸ	lᵊhoʷdɔᶜuʷtɔk	lᵊhom	šᵊʾelᵊnɔʾ	šᵊmɔhɔtᵊhom
sodass	,dich-machen-wissen-zu	ihnen-(von=)zu	(er)fragten-wir	Namen-ihre

דִּי	גֻּבְרַיָּא	שֻׁם־	נִכְתֻּב
diʸ	gubᵊrayyɔʾ	-šum	nikᵊtub
(standen)-welch(e)	,Männer-(der)	Name(n)-(den)	(schrieben=)schreiben-wir

פִּתְגָמָא	11 וּכְנֵמָא	בְּרָאשֵׁיהֹם׃
pitᵊgɔmɔʾ	uʷkᵊnemɔʾ	bᵊrɔʾšeʸhom.
(Auskunft=)Sache	also-Und	.(Spitze=)Häupter-ihre(r)-(an=)in

הִמּוֹ	אֲנַחְנָא	לְמֵמַר	הֲתִיבוּנָא
himmoʷ	ʾᵃnaḥᵊnɔʾ	lᵊmemar	hᵃtiʸbuʷnɔʾ
(sind=)sie	Wir	:(folgende=)sagen-zu	(gaben=)zurückkehren-machten-sie

וְאַרְעָא	שְׁמַיָּא	אֱלָהּ	דִּי־	עַבְדוֹהִי
wᵊʾarᵊᶜɔʾ	šᵊmayyɔʾ	ʾᵋlɔh	-diʸ	ᶜabᵊdoʷhiʸ
,Erde-(der)-und	Himmel-(der)	Gott	(ist)-welch(er)	,Diener-(dessen=)seine

בְּנֵה	הֲוָא	דִּי־	בַּיְתָא	וּבָנַיִן
bᵊneʰ	hᵃwɔʾ	-diʸ	bayᵊtɔʾ	uʷbɔnayin
gebaut(er)	war-(es=er)	welch(es)	,(Tempel)haus-(das)	bauend(e)-(sind-wir)-und

מִקַּדְמַת miqqadᵊmat vor-(von)	דְּנָה dᵊnɔʰ ,dies(em)	שְׁנִין šᵊniʸn Jahre	שַׂגִּיאָן śaggiʸʾɔn ,viele	וּמֶלֶךְ uʷmɛlɛk König-(ein)-und	לְיִשְׂרָאֵל lᵊyiśᵊrɔʾel Israel(s=)zu
רַב rab groß(er)	בְּנָהִי bᵊnɔhiʸ (es=)ihn-baute-(er)	וְשַׁכְלְלֵהּ׃ wᵊšakᵊlᵊleh. .(es=)ihn-vollendete-(er)-und	12 לָהֵן lɔhen Aber		
מִן־דִּי diʸ-min (weil=)dass-von	הַרְגִּזוּ harᵊgizuʷ zürnen-machten-(es=sie)	אֲבָהֳתַנָא ʾᵃbɔhᵒtanɔʾ (Vorfahren=)Väter-unsere			
לֶאֱלָהּ lɛʾᵋlɔh Gott-(den=)zu	שְׁמַיָּא šᵊmayyɔʾ ,Himmel-(der)	יְהַב yᵊhab (über)gab-er	הִמּוֹ himmoʷ sie	בְּיַד bᵊyad Hand-(die)-in	
נְבוּכַדְנֶצַּר nᵊbuʷkadᵊnɛṣṣar ,Nebuchadnezzar(s)	מֶלֶךְ־ -mɛlɛk (von)-König(s)-(des)	בָּבֶל bɔbɛl ,Babel			
כַּסְדָּיָה[כַּסְדָּאָה] [kasᵊdɔʾɔʰ]kasᵊdɔyɔʰ ,(Chaldäers=)Chasdäer(s)-(des)	וּבַיְתָה uʷbayᵊtɔʰ Haus-(das)-und	דְנָה dᵊnɔʰ ,dies(es)	סַתְרֵהּ satᵊreh ,(es=)ihn-nieder-riss-er		
וְעַמָּה wᵊʿammɔʰ Volk-(das)-und	הַגְלִי hagᵊliʸ wegführen-machte-er	לְבָבֶל׃ lᵊbɔbɛl. .Babel-(nach=)zu	13 בְּרַם bᵊram Jedoch		
בִּשְׁנַת bišᵊnat Jahr-(dem)-in	חֲדָה ḥᵃdɔʰ (ersten=)eine	לְכוֹרֶשׁ lᵊkoʷrɛš ,(Kyrus=)Koresch-(von=)zu	מַלְכָּא malᵊkɔʾ König		
דִּי diʸ (von=)welch(er)	בָבֶל bɔbɛl ,Babel	כּוֹרֶשׁ koʷrɛš ,(Kyrus=)Koresch	מַלְכָּא malᵊkɔʾ ,König-(der)	שָׂם śɔm (gab=)setzte-(er)	
טְעֵם ṭᵊʿem Befehl	בֵּית־ -beʸt Haus-(das)	אֱלָהָא ʾᵋlɔhɔʾ Gott(es)	דְנָה dᵊnɔʰ dies(es)	לִבְּנֵא׃ libbᵊneʾ. .bauen-zu-(wieder)	14 וְאַף wᵊʾap auch-Und
מָאנַיָּא mɔʾnayyɔʾ ,Geräte-(die)	דִּי־ -diʸ (waren)-welch(e)	בֵית־ -beʸt Haus-(im)	אֱלָהָא ʾᵋlɔhɔʾ ,Gott(es)	דִּי diʸ (von)-welch(e)	דַהֲבָה dahᵃbɔʰ Gold

נְבוּכַדְנֶצַּר	דִּי	וְכַסְפָּא
nᵊbuʷkadᵊnɛṣṣar	diʸ	wᵊkasᵊpɔʾ
Nebuchadnezzar	(die=)welch(e)	,Silber-und

דִּי	הֵיכְלָא	מִן־	הַנְפֵּק
diʸ	heʸkᵊlɔʾ	-min	hanᵊpeq
welch(er)	,Tempel-(dem)	(aus=)von	(herausbringen=)herausgehen-machte-(er)

דִּי	לְהֵיכְלָא	הִמּוֹ	וְהֵיבֵל	בִּירוּשְׁלֶם
diʸ	lᵊheʸkᵊlɔʾ	himmoʷ	wᵊheʸbel	biʸruʷšᵊlɛm
welch(er)	,Tempel-zu(m)	sie	bringen-machte-er-und	(war)-Jerusalem-in

כּוֹרֶשׁ	הִמּוֹ	הַנְפֵּק	בָּבֶל
koʷrɛš	himmoʷ	hanᵊpeq	bɔbɛl
,(Kyrus=)Koresch	sie	(bringen=)herausgehen-machte-(es=)er	,Babel-(zu)

בָּבֶל	דִּי	הֵיכְלָא	מִן־	מַלְכָּא
bɔbɛl	diʸ	heʸkᵊlɔʾ	-min	malᵊkɔʾ
,Babel-(zu)	welch(er)	,Tempel-(dem)	(aus=)von	,König-(der)

שְׁמֵהּ	לְשֵׁשְׁבַּצַּר	וִיהִיבוּ
šᵊmeh	lᵊšešᵊbaṣṣar	wiʸhiʸbuʷ
,(jenes=)Name-sein	,Scheschbazzar-(an=)zu	gegeben-wurden-sie-und

15 וַאֲמַר־	שָׂמֵהּ׃	פֶּחָה	דִּי
-waʾᵃmar	śɔmeh.	pɛḥɔʰ	diʸ
sprach-er-Und	.ihn-(ein)gesetzt-hat-er	(Statthalter=)Regent-(als)	welch(en)

אֲחֵת	אֵזֶל־	שֵׂא	מָאנַיָּא	אֵלֶּה [אֵל]	לֵהּ
ʾᵃḥet	-ʾezɛl	śeʾ	mɔʾnayyɔʾ	[ʾel]ʾellɛʰ	leh
(niederlegen=)hinuntergehen-mache	,geh	,nimm	Geräte	Diese	:ihm-zu

וּבֵית	בִּירוּשְׁלֶם	דִּי	בְּהֵיכְלָא	הִמּוֹ
uʷbeʸt	biʸruʷšᵊlɛm	diʸ	bᵊheʸkᵊlɔʾ	himmoʷ
Haus-(das)-und	,(ist)-Jerusalem-in	welch(er)	,Tempel-(im=)in	sie

16 אֱדַיִן	עַל־אַתְרֵהּ׃	יִתְבְּנֵא	אֱלָהָא
ʾᵋdayin	ʾatᵊreh-ʿal.	yitᵊbᵊneʾ	ʾᵋlɔhɔʾ
Darauf	!Stelle-seine(r)-(an=)auf	(auf)gebaut-(werde=)wird-(es=er)	Gott(es)

דִּי־	אֻשַּׁיָּא	יְהַב	אֲתָא	דֵּךְ	שֵׁשְׁבַּצַּר
-diʸ	ʾuššayyɔʾ	yᵊhab	ʾᵃtɔʾ	dek	šešᵊbaṣṣar
(von=)welch(e)	Fundamente-(die)	(legte=)gab-(er)	,kam-(er)	jener	Scheschbazzar

וּמִן־	בִּירוּשְׁלֶם	דִּי	אֱלָהָא	בֵּית
-uʷmin	biʸruʷšᵊlɛm	diʸ	ᵓᵋlɔhɔᵓ	beʸt
(seit=)von-und	,Jerusalem-in	(dessen=)welch(es)	,Gott(es)	Haus-(dem)

וְלָא	מִתְבְּנֵא	כְּעַן	וְעַד־	אֱדַיִן
wᵊlɔᵓ	mitᵊbᵊneᵓ	kᵊᶜan	-wᵊᶜad	ᵓᵋdayin
nicht-(aber=)und	,werdend(er)-gebaut-(ist-es)	jetzt	bis-(und)	(damals=)dann

טָב	מַלְכָּא	עַל־	הֵן	17 וּכְעַן	שְׁלִם׃
ṭɔb	malᵊkɔᵓ	-ᶜal	hen	uʷkᵊᶜan	šᵊlim.
,gut-(ist)-(es=)er	König-(den)	(für=)auf	wenn	,nun-Und	.vollendet-wurde-(es=)er

דִּי־	גִּנְזַיָּא	בְּבֵית	יִתְבַּקַּר
-diʸ	ginᵊzayyɔᵓ	bᵊbeʸt	yitᵊbaqqar
(des=)welch(e)	Schätze-(der)	Haus-(dem)-in	gesucht-(werde=)wird-(es=)er

אִיתַי	הֵן	בְּבָבֶל	דִּי	תַמָּה	מַלְכָּא
ᵓiʸtay	hen	bᵊbɔbɛl	diʸ	tammɔʰ	malᵊkɔᵓ
,(wahr)-ist-(es=)er	(ob=)wenn	,Babel-in	welch(e)	,dort	König(s)

טְעֵם	שִׂים	מַלְכָּא	כּוֹרֶשׁ	מִן־	דִּי־
ṭᵊᶜem	śiʸm	malᵊkɔᵓ	koʷrɛš	-min	-diʸ
Befehl	gegeben-wurde-(es=er)	,König-(dem)	,(Kyrus=)Koresch	von	dass

בִּירוּשְׁלֶם	דֵךְ	אֱלָהָא	בֵּית־	לְמִבְנֵא
biʸruʷšᵊlɛm	dek	ᵓᵋlɔhɔᵓ	-beʸt	lᵊmibᵊneᵓ
,Jerusalem-in	(jenes=)jener	Gott(es)	Haus-(das)	bauen-zu

עַל־דְּנָה	מַלְכָּא	וּרְעוּת
dᵊnɔʰ-ᶜal	malᵊkɔᵓ	uʷrᵊᶜuʷt
(Sache-dieser-in=)dies(em)-auf	König(s)-(des)	(Entscheid=)Wille(n)-(den)-und

עֲלֶינָא׃	יִשְׁלַח
ᶜᵃlɛʸnɔᵓ.	yišᵊlaḥ
!uns-(an=)auf	senden-(möge=)wird-er

6

מַלְכָּא	דָּרְיָוֶשׁ	1 בֵּאדַיִן
malᵊkɔᵓ	dɔrᵊyɔwɛš	beᵓdayin
,König-(der)	,(Darius=)Darjawesch	(Darauf=)dann-In

בְּבֵית	וּבַקַּרוּ	טְעֵם	שָׂם
bᵊbeʸt	uʷbaqqaruʷ	ṭᵊᶜem	śɔm
Haus-(dem)-in	suchte(n)-(man=)sie-(dass=)und	,Befehl	(gab=)setzte-er

תַּמָּה	מְהַחֲתִין	גִּנְזַיָּא	דִּי	סִפְרַיָּא
tammɔʰ	mᵊhaḥᵃtiʸn	ginᵊzayyɔʾ	diʸ	sipᵊrayyɔʾ
dort	aufbewahrt-werden-(sie)	Schätze-(die)	(wo=)welch(e)	,Bücher-(der)

בְּאַחְמְתָא	2 וְהִשְׁתְּכַח	בְּבָבֶל׃
bᵊʾaḥᵊmᵊtɔʾ	wᵊhišᵊtᵊkaḥ	bᵊbɔbɛl.
Achmeta-in	(sich-fand=)gefunden-wurde-(es=er)-(Da=)Und	.Babel-in

חֲדָה	מְגִלָּה	מְדִינְתָּה	בְּמָדַי	דִּי	בְּבִירְתָא
ḥᵃdɔʰ	mᵊgillɔʰ	mᵊdiʸnᵊtɔʰ	bᵊmɔday	diʸ	bᵊbiʸrᵊtɔʾ
,eine	(Schrift)rolle	,Provinz-(der)	,Madai-in	welch(e)	,Festung-(der)-in

דִּכְרוֹנָה׃	בְּגַוַּהּ	כְּתִיב	וְכֵן־
dikᵊroʷnɔʰ.	bᵊgawwah	kᵊtiʸb	-wᵊken
.Memorandum-(ein)	(darin=)Mitte-ihre(r)-in	(stand)-geschrieben(er)	so-und

מַלְכָּא	לְכוֹרֶשׁ	חֲדָה	3 בִּשְׁנַת
malᵊkɔʾ	lᵊkoʷrɛš	ḥᵃdɔʰ	bišᵊnat
,König-(dem)	,(Kyrus=)Koresch-(von=)zu	(ersten=)eine	Jahr-(dem)-In

טְעֵם	שָׂם	מַלְכָּא	כּוֹרֶשׁ
ṭᵊʿem	śɔm	malᵊkɔʾ	koʷrɛš
Befehl-(einen)	(erließ=)setzte-(er)	,König-(der)	,(Kyrus=)Koresch

בַּיְתָא	בִּירוּשְׁלֶם	אֱלָהָא	בֵּית־
bayᵊtɔʾ	biʸruʷšᵊlɛm	ʾɛlɔhɔʾ	-beʸt
Haus-(Das)	:Jerusalem-in	Gott(es)	Haus-(das-betreffend)

דִּי־	אֲתַר	יִתְבְּנֵא
-diʸ	ʾᵃtar	yitᵊbᵊneʾ
(wo=)welch(er)	,Ort-(am)	werden-gebaut-(soll=)wird-(es=er)

וְאֻשּׁוֹהִי	דִּבְחִין	דָּבְחִין
wᵊʾuššoʷhiʸ	dibᵊḥiʸn	dɔbᵊḥiʸn
Fundamente-seine-und	,Opfer	(geopfert-werden=)werdende-geopfert-sind

פְּתָיֵהּ	שִׁתִּין	אַמִּין	רוּמֵהּ	מְסוֹבְלִין
pᵊtɔyeh	šittiʸn	ʾammiʸn	ruʷmeh	mᵊsoʷbᵊliʸn
Breite-seine	,sechzig	Ellen-(sein-soll)	Höhe-Seine	.gelegt-werden-(sie)

גְּלָל	אֶבֶן	דִּי־	4 נִדְבָּכִין	שִׁתִּין׃	אַמִּין
gᵊlɔl	ʾɛbɛn	-diʸ	nidᵊbɔkiʸn	šittiʸn.	ʾammiʸn
,quadratisch(em)	Stein-(von)	welch(e)	,Schichten	.sechzig	Ellen

חֲדַת	אָע	דִּי־	וְנִדְבָּךְ	תְּלָתָא
ḥ^{a}dat	ʾɔʿ	-di^{y}	w^{ə}nid^{ə}bɔk	t^{ə}lɔtɔʾ
,(neuem=)neuer	Holz-(von)	welch(e)	,Schicht-(eine)-und	,drei

מַלְכָּא	בֵּית	מִן־	וְנִפְקְתָא
mal^{ə}kɔʾ	be^{y}t	-min	w^{ə}nip^{ə}q^{ə}tɔʾ
König(s)-(des)	Haus-(dem)	von	(Kosten=)Angaben-(die)-und

אֱלָהָא	בֵּית־	מָאנֵי	5 וְאַף	תִּתְיְהִב׃
ʾ^{ɛ}lɔhɔʾ	-be^{y}t	mɔʾne^{y}	w^{ə}ʾap	tit^{ə}y^{ə}hib.
,Gott(es)	Haus(es)-(des)	Geräte-(die)	auch-Und	.gegeben-(werden=)wird-(sie)

נְבוּכַדְנֶצַּר	דִּי	וְכַסְפָּא	דַהֲבָה	דִּי
n^{ə}bu^{w}kad^{ə}nɛṣṣar	di^{y}	w^{ə}kas^{ə}pɔʾ	dah^{a}bɔ^{h}	di^{y}
Nebuchadnezzar	(die=)welch(e)	,Silber-(aus)-und	Gold-(aus)	welch(e)

דִּי־	הֵיכְלָא	מִן־	הַנְפֵּק
-di^{y}	he^{y}k^{ə}lɔʾ	-min	han^{ə}peq
(welch(er)	,Tempel-(dem)	(aus=)von	(bringen=)herausgehen-machte-(er)

לְבָבֶל	וְהֵיבֵל	בִּירוּשְׁלֶם
l^{ə}bɔbɛl	w^{ə}he^{y}bel	bi^{y}ru^{w}š^{ə}lɛm
,Babel-(nach=)zu	bringen-machte-er-und	,(ist)-Jerusalem-in

וִיהָךְ	יַהֲתִיבוּן
wi^{y}hɔk	yah^{a}ti^{y}bu^{w}n
kommen-(möge=)wird-(es=)er-und	zurückkehren-machen-(sollen=)werden-sie

לְאַתְרֵהּ	בִּירוּשְׁלֶם	דִּי־	לְהֵיכְלָא
l^{ə}ʾat^{ə}reh	bi^{y}ru^{w}š^{ə}lɛm	-di^{y}	l^{ə}he^{y}k^{ə}lɔʾ
,Ort-sein(en)-(an=)zu	,(ist)-Jerusalem-in	welch(er)	,Tempel-(dem)-zu

אֱלָהָא׃	בְּבֵית	וְתַחֵת
ʾ^{ɛ}lɔhɔʾ.	b^{ə}be^{y}t	w^{ə}taḥet
.Gott(es)	(Tempel)haus-(dem)-in	(niederlegen=)gesetzt-wirst-du-(das=)und

שְׁתַר	עֲבַר־נַהֲרָה	פַּחַת	תַּתְּנַי	6 כְּעַן
š^{ə}tar	nah^{a}rɔ^{h}-ʿ^{a}bar	paḥat	tatt^{ə}nay	k^{ə}ʿan
-Schetar	,Fluss(es)-(des)-jenseits	(Statthalter=)Regent	,Tattenai	Nun(mehr)

בַּעֲבַר	דִּי	אֲפַרְסְכָיֵא	וּכְנָוָתְהוֹן	בּוֹזְנַי
ba^{ʿa}bar	di^{y}	ʾ^{a}par^{ə}s^{ə}kɔyeʾ	u^{w}k^{ə}nɔwɔt^{ə}ho^{w}n	bo^{w}z^{ə}nay
jenseits-(von=)in	(jene=)welch(e)	,Perser-(die)	,(Amts)genossen-ihre-und	Bosenai

7 שְׁבֻקוּ	מִן־תַּמָּה:	הֲווֹ	רַחִיקִין	נַהֲרָה
šᵊbuquʷ	tammɔʰ-min.	hᵃwoʷ	rahiʸqiʸn	nahᵃrɔʰ
(Über)lasst	.dort-von	waren-(sie)	fern(e)	,Fluss(es)-(des)

פַּחַת	דֵּךְ	אֱלָהָא	בֵּית־	לַעֲבִידַת
pahat	dek	ᵓᵋlɔhɔᵓ	-beʸt	laᶜᵃbiʸdat
(Statthalter=)Regent-(dem)	(jenes=)jener	Gott(es)	Haus	(am)-Arbeit-(die=)zu

אֱלָהָא	בֵּית־	יְהוּדָיֵא	וּלְשָׂבֵי	יְהוּדָיֵא
ᵓᵋlɔhɔᵓ	-beʸt	yᵊhuʷdɔyeᵓ	uʷlᵊśɔbeʸ	yᵊhuʷdɔyeᵓ
Gott(es)	Haus-(das)	;Judäer-(der)	(Ältesten=)Alten-(den=)zu-und	Judäer-(der)

8 וּמִנִּי	אַתְרֵהּ:	עַל־	יִבְנוֹן	דֵּךְ
uʷminniʸ	ᵓatᵊreh.	-ᶜal	yibᵊnoʷn	dek
mir-von-Und	.Ort-sein(em)	(an=)auf	bauen-(sollen=)werden-sie	(jenes=)jener

דִּי־	לְמָא	טְעֵם	שִׂים
-diʸ	lᵊmɔᵓ	ṭᵊᶜem	śiʸm
(dem=)welch(er)-	(gemäß=)was-zu	.Befehl	(erlassen=)gegeben-wurde-(es=er)

אִלֵּךְ	יְהוּדָיֵא	שָׂבֵי	עִם־	תַעַבְדוּן
ᵓillek	yᵊhuʷdɔyeᵓ	śɔbeʸ	-ᶜim	taᶜabᵊduʷn
jene(r)	,Judäer-(der)	(Ältesten=)Alten-(den)	mit	(verfahren=)tun-(sollt=)werdet-ihr

וּמִנִּכְסֵי	דֵּךְ	אֱלָהָא	בֵּית־	לְמִבְנֵא
uʷminnikᵊseʸ	dek	ᵓᵋlɔhɔᵓ	-beʸt	lᵊmibᵊneᵓ
Einkünften-(den)-von-und	,(jenes=)jener	Gott(es)	Haus-(das)	bauen-zu

נַהֲרָה	עֲבַר	מִדַּת	דִּי	מַלְכָּא
nahᵃrɔʰ	ᶜᵃbar	middat	diʸ	malᵊkɔᵓ
,Fluss(es)-(des)	jenseits	Tribut-(dem)-von	(ist-das=)welch(e)	,König(s)-(des)

מְתִיְהֲבָא	תֶּהֱוֵא	נִפְקְתָא	אָסְפַּרְנָא
mitᵊyahᵃbɔᵓ	tɛhᵋweᵓ	nipᵊqᵊtɔᵓ	ᵓɔsᵊparᵊnɔᵓ
gegeben(e)	sein-(soll=)wird-(sie)	Angabe(n)-(die)	genau

לְבַטָּלָא:	לָא	דִּי־	אִלֵּךְ	לְגֻבְרַיָּא
lᵊbaṭṭɔlɔᵓ.	lɔᵓ	-diʸ	ᵓillek	lᵊgubᵊrayyɔᵓ
.(Verzug-ohne=)machen-aufhören-zu	-nicht	-dass	,jene	Männer-(die)-(an=)zu

וְדִכְרִין	תוֹרִין	וּבְנֵי	חַשְׁחָן	9 וּמָה
wᵊdikᵊriʸn	toʷriʸn	uʷbᵊneʸ	ḥašᵊḥɔn	uʷmɔʰ
Widder-und	Stiere	(junge=)Söhne-und	,Dinge-nötige	was-Und

חִנְטִין	שְׁמַיָּא	לֶאֱלָהּ	לַעֲלָוָן	וְאִמְּרִין
ḥinᵊṭiʸn	šᵊmayyɔʾ	lɛʾᵋlɔh	laʿᵃlɔwɔn	wᵊʾimmᵊriʸn
,Weizen	,Himmel-(der)	Gott-(den)-(für=)zu	Brandopfer(n)-zu	Lämmer-und

דִּי־	כָהֲנַיָּא	כְּמֵאמַר	וּמְשַׁח	חֲמַר	מְלַח
-diʸ	kɔhᵃnayyɔʾ	kᵊmeʾmar	uʷmᵊšaḥ	ḥᵃmar	mᵊlaḥ
welch(e)	,Priester-(der)	(Anweisung-laut=)Wort-wie	,Öl-und	Wein	,Salz

יוֹם	לְהֹם	מִתְיְהֵב	לֶהֱוֵא	בִירוּשְׁלֶם
yoʷm	lᵊhom	mitᵊyᵊheb	lɛhᵋweʾ	biʸruʷšᵊlɛm
Tag	ihnen-zu	gegeben(er)	(sei=)ist-(es=)er	,(sind)-Jerusalem-in

לֶהֱוֺן	10 דִּי־	שָׁלוּ׃	דִּי־לָא	בְּיוֹם
lɛhᵋwon	-diʸ	šɔluʷ.	lɔʾ-diʸ	bᵊyoʷm
(seien=)sind-sie	dass	,Nachlässigkeit	(ohne=)nicht-dass	,Tag-(für=)in

שְׁמַיָּא	לֶאֱלָהּ	נִיחוֹחִין	מְהַקְרְבִין
šᵊmayyɔʾ	lɛʾᵋlɔh	niʸḥoʷḥiʸn	mᵊhaqᵊrᵊbiʸn
Himmel-(der)	Gott-(dem=)zu	Wohlgerüche	(opfernd=)bringend(e)-näher

מַלְכָּא	לְחַיֵּי	וּמְצַלַּיִן
malᵊkɔʾ	lᵊḥayyeʸ	uʷmᵊṣallayin
König(s)-(des)	Leben-(das)-(für=)zu	betend(e)-(seien=)sind-und

שִׂים	11 וּמִנִּי	וּבְנוֹהִי׃
śiʸm	uʷminniʸ	uʷbᵊnoʷhiʸ.
(erlassen=)gegeben-wurde-(es=er)	mir-von-Und	.Söhne-seine(r)-und

דִּי	כָל־אֱנָשׁ	דִּי	טְעֵם
diʸ	ʾᵋnɔš-kol	diʸ	ṭᵊʿem
welch(er)	,Mensch-(jeder=)all	dass	,(Dekret=)Befehl-(ein)

דְנָה	פִּתְגָמָא	יְהַשְׁנֵא
dᵊnɔʰ	pitᵊgɔmɔʾ	yᵊhašᵊneʾ
,diese(r)	Sache-(die)	(übertritt=)wechseln-macht-(er)

בַּיְתֵהּ	מִן־	אָע	יִתְנְסַח
bayᵊteh	-min	ʾɔʿ	yitᵊnᵊsaḥ
Haus-sein(em)	(aus=)von	Holz	werden-herausgerissen-(soll=)wird-(es=)er

וּבַיְתֵהּ	עֲלֹהִי	יִתְמְחֵא	וּזְקִיף
uʷbayᵊteh	ʿᵃlohiʸ	yitᵊmᵊḥeʾ	uʷzᵊqiʸp
Haus-sein-und	(daran=)ihm-auf	gehängt-wird-er	,gepfählt-wird-er-und

עַל־דְּנָה:	יִתְעֲבֵד	נְוָלוּ
d^{ə}nɔ^{h}-^{c}al.	yit^{əca}bed	n^{ə}wɔlu^{w}
.(deshalb=)diese(r)-auf	gemacht-wird-(es=er)	Trümmerhaufen-(einem-zu)

שְׁמֵהּ	שַׁכִּן	דִּי	12 וֶאֱלָהָא
š^{ə}meh	šakkin	di^{y}	we^{ɔ}lɔhɔ^{ɔ}
Name(n)-sein(en)	wohnen-machte-(er)	welch(er)	,Gott-(der)-(Aber=)Und

וְעַם	מֶלֶךְ	כָּל־	יְמַגַּר	תַּמָּה
w^{əc}am	mɛlɛk	-kol	y^{ə}maggar	tammɔ^{h}
,Volk-(jedes)-und	König	(jeden=)all	stürzen-(möge=)wird-er	,dort

לְהַשְׁנָיָה	יְדֵהּ	יִשְׁלַח	דִּי
l^{ə}haš^{ə}nɔyɔ^{h}	y^{ə}deh	yiš^{ə}laḥ	di^{y}
ändern-zu	Hand-seine	(ausstrecken=)senden-wird-(er)	welch(er)

דִּי	דֵךְ	אֱלָהָא	בֵּית־	לְחַבָּלָה
di^{y}	dek	^{ɔɛ}lɔhɔ^{ɔ}	-be^{y}t	l^{ə}ḥabbɔlɔ^{h}
welch(es)	,(jenes=)jener	Gott(es)	Haus-(das)	zerstören-zu-(und)

טְעֵם	שָׂמֶת	דָרְיָוֶשׁ	אֲנָה	בִירוּשְׁלֶם
ṭ^{əc}em	śɔmɛt	dɔr^{ə}yɔwɛš	^{ɔa}nɔ^{h}	bi^{y}ru^{w}š^{ə}lɛm
,Befehl	(gab=)setzte-ich	,(Darius=)Darjawesch	,Ich	.(ist)-Jerusalem-in

תַּתְּנַי	13 אֱדַיִן	יִתְעֲבִד:	אָסְפַּרְנָא
tatt^{ə}nay	^{ɔɛ}dayin	yit^{əca}bid.	^{ɔ}ɔs^{ə}par^{ə}nɔ^{ɔ}
,Tattenai	Darauf	!(ausgeführt=)getan-(werde=)wird-er	genau

בּוֹזְנַי	שְׁתַר	עֲבַר־נַהֲרָה	פַּחַת
bo^{w}z^{ə}nay	š^{ə}tar	nah^{a}rɔ^{h}-^{ca}bar	paḥat
Bosenai	-Schetar	,(Syrien=)Fluss(es)-(des)-jenseits	(Statthalter=)Regent

דִּי־	לָקֳבֵל	וּכְנָוָתְהוֹן
-di^{y}	lɔq^{o}bel	u^{w}k^{ə}nɔwɔt^{ə}ho^{w}n
(was=)welch(es)	(wie=)vor-zu	,(Amts)genossen-ihre-und

כְּנֵמָא	מַלְכָּא	דָּרְיָוֶשׁ	שְׁלַח
k^{ə}nemɔ^{ɔ}	mal^{ə}kɔ^{ɔ}	dɔr^{ə}yɔwɛš	š^{ə}laḥ
so	,König-(der)	,(Darius=)Darjawesch	(ließ-überbringen=)sandte-(er=er)

יְהוּדָיֵא	14 וְשָׂבֵי	עֲבַדוּ:	אָסְפַּרְנָא
y^{ə}hu^{w}dɔye^{ɔ}	w^{ə}śɔbe^{y}	^{ca}badu^{w}.	^{ɔ}ɔs^{ə}par^{ə}nɔ^{ɔ}
Judäer-(der)	(Ältesten=)Alten-(die)-Und	.taten-sie	genau

בִּנְבוּאַת	וּמַצְלְחִין	בָּנַיִן
binᵊbuʷʾat	uʷmaṣᵊlᵊḥiʸn	bɔnayin
(von)-Weissagung-(die)-(durch=)in	habend(e)-Erfolg-und	bauend(e)-(waren)

וּבָנוֹ	בַּר־עִדּוֹא	וּזְכַרְיָה	נְבִיאָה[נְבִיָּא]	חַגַּי
uʷbᵊnoʷ	ʿiddoʷʾ-bar	uʷzᵊkarᵊyɔʰ	[nᵊbiʸyɔʾ]nᵊbiʸʾɔʰ	ḥaggay
bauten-sie-und	,Iddo(s)-Sohn	Secharja-und	,Prophet(en)-(dem)	,Haggai

טַעַם	מִן־	וְשַׁכְלִלוּ
ṭaʿam	-min	wᵊšakᵊliluʷ
Befehl-(dem)	(nach=)von	(her-wieder-stellten=)vollendeten-sie-und

כּוֹרֶשׁ	וּמִטְּעֵם	יִשְׂרָאֵל	אֱלָהּ
koʷrɛš	uʷmiṭṭᵊʿem	yiśᵊrɔʾel	ʾᵋlɔh
(Kyrus=)Koresch	(von)-Befehl-(dem)-(nach=)von-und	Israel(s)	Gott(es)-(des)

מֶלֶךְ	וְאַרְתַּחְשַׁשְׂתְּא	וְדָרְיָוֶשׁ
mɛlɛk	wᵊʾarᵊtaḥᵊšaśᵊtᵊʾ	wᵊdɔrᵊyɔwɛš
(von)-König	,(Artaxerxes=)Artachschasta-und	(Darius=)Darjawesch-und

דְנָה	בַּיְתָה	15 וְשֵׁיצִיא	פָּרָס:
dᵊnɔʰ	bayᵊtɔʰ	wᵊšeʸṣiʸʾ	pɔrɔs.
(dieses=)dieser	Haus-(das)	vollendet-wurde-(es=)er-Und	.(Persien=)Paras

דִּי־	אֲדָר	לִירַח	תְּלָתָה	יוֹם	עַד
-diʸ	ʾᵃdɔr	liʸraḥ	tᵊlɔtɔʰ	yoʷm	ʿad
(das=)welch(er)	,Adar	Monat(s)-(des=)zu	drei	Tag	(zum)-bis

לְמַלְכוּת	שֵׁת	שְׁנַת־	הִיא
lᵊmalᵊkuʷt	šet	-šᵊnat	hiʸʾ
Regierung(szeit)-(der=)zu	sechs	Jahr-(dem)	(entspricht=)sie

16 וַעֲבַדוּ	מַלְכָּא:	דָּרְיָוֶשׁ
waʿᵃbaduʷ	malᵊkɔʾ.	dɔrᵊyɔwɛš
(begingen=)machten-(es=)sie-Und	.König(s)-(des)	,(Darius=)Darjawesch(s)

וּשְׁאָר	וְלֵוָיֵא	כָּהֲנַיָּא	בְנֵי־יִשְׂרָאֵל
uʷšᵊʾɔr	wᵊlewɔyeʾ	kɔhᵃnayyɔʾ	yiśᵊrɔʾel-bᵊneʸ
(übrigen-die=)Rest-und	Leviten-(die)-und	Priester-(die)	,Israel(s)-Söhne-(die)

חֲנֻכַּת	גָלוּתָא	בְנֵי־
ḥᵃnukkat	gɔluʷtɔʾ	-bᵊneʸ
Einweihung-(die)	(Deportierten=)Deportation-(der)	(Angehörigen=)Söhne

בְּחֶדְוָה׃	דְּנָה	אֱלָהָא	בֵּית־
b^{ə}ḥɛd^{ə}wɔ^{h}	d^{ə}nɔ^{h}	^{ʾɛ}lɔhɔʾ	-be^{y}t
,Freude-in	(dieses=)dieser	Gott(es)	Haus(es)-(des)

בֵּית־	לַחֲנֻכַּת	וְהַקְרִבוּ 17
-be^{y}t	laḥ^{a}nukkat	w^{ə}haq^{ə}ribu^{w}
Haus(es)-(des)	Einweihung-zu(r)	(opferten=)herbei-brachten-sie-und

מָאתַיִן	דִּכְרִין	מְאָה	תּוֹרִין	דְּנָה	אֱלָהָא
mɔʾtayin	dik^{ə}ri^{y}n	m^{əʾ}ɔ^{h}	to^{w}ri^{y}n	d^{ə}nɔ^{h}	^{ʾɛ}lɔhɔʾ
,zweihundert	Widder	,hundert-(ein)	Stiere	:(dieses=)dieser	,Gott(es)

[לְחַטָּאָה]לְחַטָּיָא	עִזִּין	וּצְפִירֵי	מְאָה	אַרְבַּע	אִמְּרִין
[l^{ə}ḥaṭṭɔʾɔ^{h}]l^{ə}ḥaṭṭɔyɔʾ	ʿizzi^{y}n	u^{w}ṣ^{ə}pi^{y}re^{y}	m^{əʾ}ɔ^{h}	ʾar^{ə}baʿ	ʾimm^{ə}ri^{y}n
sühnen-zu	Ziegen-	böcke-und	,hundert	-vier	Lämmer-und

שִׁבְטֵי	לְמִנְיָן	תְּרֵי־עֲשַׂר	כָּל־יִשְׂרָאֵל	עַל־
šib^{ə}ṭe^{y}	l^{ə}min^{ə}yɔn	^{ʿa}śar-t^{ə}re^{y}	yiś^{ə}rɔʾel-kol	-ʿal
Stämme-(der)	Zahl-(der)-(nach=)zu	,(zwölf=)zehn-zwei	,Israel-(ganz=)all	(für=)auf

כָּהֲנַיָּא	וַהֲקִימוּ 18	יִשְׂרָאֵל׃
kɔh^{a}nayyɔʾ	wah^{a}qi^{y}mu^{w}	yiś^{ə}rɔʾel.
Priester-(die)	(bestellten=)aufstellen-machten-sie-Und	.Israel(s)

בְּמַחְלְקָתְהוֹן	וְלֵוָיֵא	בִּפְלֻגָּתְהוֹן
b^{ə}maḥ^{ə}l^{ə}qɔt^{ə}ho^{w}n	w^{ə}lewɔyeʾ	bip^{ə}luggɔt^{ə}ho^{w}n
Klassen-ihre(n)-(nach=)in	Leviten-(die)-und	Abteilungen-ihre(n)-(nach=)in

בִּירוּשְׁלֶם	דִּי	אֱלָהָא	עֲבִידַת	עַל־
bi^{y}ru^{w}š^{ə}lɛm	di^{y}	^{ʾɛ}lɔhɔʾ	^{ʿa}bi^{y}dat	-ʿal
,Jerusalem-in	(dem=)welch(er)	,Gott(es)	Dienst-(den)	(für=)auf

מֹשֶׁה׃	סְפַר	כִּכְתָב
mošɛ^{h}.	s^{ə}par	kik^{ə}tɔb
.(Mose=)Mosche	Buch(es)-(des)	(Vor)schrift-(der)-(nach=)wie

בְנֵי־	וַיַּעֲשׂוּ 19
-b^{ə}ne^{y}	wayya^{ʿa}śu^{w}
(Angehörigen=)Söhne-(die)	(begingen=)machten-(es=sie)-(Dann=)Und

בְּאַרְבָּעָה	אֶת־הַפֶּסַח	הַגּוֹלָה
b^{əʾ}ar^{ə}bɔʿɔ^{h}	happɔsaḥ-ʾɛt	haggo^{w}lɔ^{h}
-vier-(am=)in	(Pascha=)Pesach-das***	(Deportierten=)Wegführung-(der=)die

20 כִּי	הָרִאשׁוֹן׃	לַחֹדֶשׁ	עָשָׂר
kiʸ	hɔriʾšoʷn.	laḥodɛš	ʿɔśɔr
Denn	.erste(n)-(des=der)	Monat(s)-(des=)zu	zehn(ten)

וְהַלְוִיִּם	הַכֹּהֲנִים	הִטַּהֲרוּ
wᵊhalᵊwiʸyim	hakkohᵃniʸm	hiṭṭahᵃruʷ
Leviten-die-und	Priester-die	gereinigt-sich-hatten-(es=)sie

וַיִּשְׁחֲטוּ	טְהוֹרִים	כֻּלָּם	כְּאֶחָד
wayyišᵊḥᵃṭuʷ	ṭᵊhoʷriʸm	kullɔm	kᵊʾɛḥɔd
schlachteten-sie-Und	.rein(e)-(waren)	sie-alle-(dass)	,(allesamt=)einer-wie

בְּנֵי	לְכָל־	הַפֶּסַח
bᵊneʸ	-lᵊkol	happɛsaḥ
(Angehörigen=)Söhne	all(e)-(für=)zu	(Paschaopfer=)Pesach-das

הַכֹּהֲנִים	וְלַאֲחֵיהֶם	הַגּוֹלָה
hakkohᵃniʸm	wᵊlaʾᵃḥeʸhɛm	haggoʷlɔʰ
,Priester-die	,Brüder-ihre-(für=)zu-und	(Deportierten=)Wegführung-(der=)die

בְּנֵי־	21 וַיֹּאכְלוּ	וְלָהֶם׃
-bᵊneʸ	wayyoʾkᵊluʷ	wᵊlɔhɛm.
(Kinder=)Söhne-(die)	aßen-(es=)sie-Und	.(selbst-sich=)ihnen-(für=)zu-und

מֵהַגּוֹלָה	הַשָּׁבִים	יִשְׂרָאֵל
mehaggoʷlɔʰ	haššɔbiʸm	yiśᵊrɔʾel
,(Exil-dem=)Wegführung-der-(aus=)von	zurückgekehrte(n)-die	,Israel(s)

מִטֻּמְאַת	הַנִּבְדָּל	וְכֹל
miṭṭumᵊʾat	hannibᵊdɔl	wᵊkol
Unreinheit-(der)-von	abgesondert-hat(te)-sich-(d)er	,(jeder=)all-und

אֲלֵהֶם	גּוֹיֵ־הָאָרֶץ
ʾᵃlehɛm	hɔʾɔrɛṣ-goʷye
,ihnen-zu-(überlaufend)	Land(es)-(des=)das-Völker-(der)

אֱלֹהֵי	לַיהוָה	לִדְרֹשׁ
ʾɛloheʸ	layhwɔʰ	lidᵊroš
(Gott-den=)Götter-(die)	,JHWH-(an=)zu	(halten-zu-sich=)suchen-zu-(um)

מַצּוֹת	חַג־	22 וַיַּעֲשׂוּ	יִשְׂרָאֵל׃
maṣṣoʷt	-ḥag	wayyaʿᵃśuʷ	yiśᵊrɔʾel.
Brote-(ungesäuerten)-(der)	Fest-(das)	(begingen=)machten-sie-Und	.Israel(s)

שִׂמְּחָם	כִּי	בְּשִׂמְחָה	יָמִים	שִׁבְעַת
śimmᵊḥɔm	kiʸ	bᵊśimᵊḥɔʰ	yɔmiʸm	šibᵊᶜat
sie-erfreut-hat-(es=)er	denn	,Fröhlichkeit-in	Tage(n)	(an)-Siebenzahl-(eine)

לֵב	וְהֵסֵב	יְהוָה
leb	wᵊheseb	yᵊhwɔʰ
Herz-(das)	(wandte=)kehren-machte-er-(indem=)und	,JHWH

לְחַזֵּק	עֲלֵיהֶם	אַשּׁוּר	מֶלֶךְ־
lᵊḥazzeq	ᶜᵃleʸhɛm	ʾaššuʷr	-mɛlɛk
stärken-zu-(um)	ihnen-(zu=)auf	(Assur=)Aschschur	(von)-König(s)-(des)

הָאֱלֹהִים	בֵּית־	בִּמְלֶאכֶת	יְדֵיהֶם
hɔʾᵋlohiʸm	-beʸt	bimᵊlɛʾkɛt	yᵊdeʸhɛm
,(Gottes=)Götter-(der=)die	Haus	(am)-Arbeit-(der)-(bei=)in	Hände-ihre

יִשְׂרָאֵל׃	אֱלֹהֵי
yiśᵊrɔʾel.	ʾᵋloheʸ
.Israel	(von)-(Gottes-des=)Götter-(der)

7

הָאֵלֶּה	הַדְּבָרִים	1 וְאַחַר
hɔʾellɛʰ	haddᵊbɔriʸm	wᵊʾaḥar
,da-diese(n)	,(Ereignissen=)Dinge(n)-(den=)die	nach-Und

מֶלֶךְ־	אַרְתַּחְשַׁסְתְּא	בְּמַלְכוּת
-mɛlɛk	ʾarᵊtaḥᵊšasᵊtᵊʾ	bᵊmalᵊkuʷt
(von)-König	,(Artaxerxes=)Artachschast	(von)-Regierung-(der)-(unter=)in

בֶּן־עֲזַרְיָה	בֶּן־שְׂרָיָה	עֶזְרָא	פָּרָס
ᶜᵃzarᵊyɔʰ-bɛn	śᵊrɔyɔʰ-bɛn	ᶜɛzᵊrɔʾ	pɔrɔs
Asarja(s)-Sohn(es)-(des)	,Seraja(s)-Sohn	Esra-(herauf-zog)	,(Persien=)Paras

בֶּן־צָדוֹק	2 בֶּן־שַׁלּוּם	בֶּן־חִלְקִיָּה
ṣɔdoʷq-bɛn	šalluʷm-bɛn	ḥilᵊqiʸyɔʰ-bɛn
,Zadok(s)-Sohn	Schallum(s)-Sohn(es)-(des)	,Chilkija(s)-Sohn

בֶּן־עֲזַרְיָה	3 בֶּן־אֲמַרְיָה	בֶּן־אֲחִיטוּב׃
ᶜᵃzarᵊyɔʰ-bɛn	ʾᵃmarᵊyɔʰ-bɛn	ʾᵃḥiʸṭuʷb-bɛn.
Asarja(s)-Sohn(es)-(des)	,Amarja(s)-Sohn	Achitub(s)-Sohn(es)-(des)

בֶּן־עֻזִּי	4 בֶּן־זְרַחְיָה	בֶּן־מְרָיוֹת׃
ᶜuzziʸ-bɛn	zᵊraḥᵊyɔʰ-bɛn	mᵊrɔyoʷt-bɛn.
,Ussi(s)-Sohn	Serachja(s)-Sohn(es)-(des)	,Merajot(s)-Sohn

בֶּן־בֻּקִּי׃
buqqiʸ-bɛn.
Bukki(s)-Sohn(es)-(des)

5 בֶּן־אֲבִישׁוּעַ
ʾᵃbiʸšuʷaʿ-bɛn
,Abischua(s)-Sohn

בֶּן־פִּינְחָס
piʸnᵊḥɔs-bɛn
Pinchas-(von)-Sohn

בֶּן־אֶלְעָזָר
ʾɛlᵊʿɔzɔr-bɛn
Eleasar(s)-Sohn(es)-(des)

בֶּן־אַהֲרֹן
ʾahᵃron-bɛn
,Aaron(s)-Sohn

הַכֹּהֵן
hakkohen
-Priester(s)-(des=)der

הָרֹאשׁ׃
hɔroʾš.
.(Oberpriesters=)Haupt(es)-(des)

6 הוּא
huʷʾ
(Dieser=)Er

עֶזְרָא
ʿɛzᵊrɔʾ
Esra

עָלָה
ʿɔlɔʰ
herauf-zog-(es=er)

מִבָּבֶל
mibbɔbɛl
.Babel-von

וְהוּא־
-wᵊhuʷʾ
(war)-er-(Doch=)Und

סֹפֵר
soper
,(Schriftgelehrter=)Schreibender-(ein)

מָהִיר
mɔhiʸr
(bewandert=)geschickt

בְּתוֹרַת
bᵊtoʷrat
Weisung-(der)-in

מֹשֶׁה
mošɛʰ
,(Moses=)Mosche(s)

אֲשֶׁר־
-ʾᵃšɛr
welch(e)

נָתַן
nɔtan
(erlassen=)gegeben-hat(te)-(es=er)

יְהוָה
yᵊhwɔʰ
,JHWH

אֱלֹהֵי
ʾᵋloheʸ
(Gott-der=)Götter-(die)

יִשְׂרָאֵל
yiśᵊrɔʾel
,Israel(s)

וַיִּתֶּן־
-wayyittɛn
(gewährte=)gab-(es=er)-(also=)und

לוֹ
loʷ
ihm-(zu)

הַמֶּלֶךְ
hammɛlɛk
,König-der

כְּיַד־
-kᵊyad
Hand-(die)-(weil=)wie

יְהוָה
yᵊhwɔʰ
,JHWH(s)

אֱלֹהָיו
ʾᵋlohɔʸw
,(Gottes-seines=)Götter-seine(r)

עָלָיו
ʿɔlɔʸw
,ihm-(über=)auf-(war)

כֹּל
kol
-all

בַּקָּשָׁתוֹ׃
baqqɔšɔtoʷ.
.(Wunsch-jeglichen=)Begehren-sein

7 וַיַּעֲלוּ
wayyaʿᵃluʷ
herauf-zogen-(es=)sie-Und

מִבְּנֵי־
-mibbᵊneʸ
(Kindern=)Söhne(n)-(den)-von-(einige)

יִשְׂרָאֵל
yiśᵊrɔʾel
Israel(s)

וּמִן־
-uʷmin
von-und

הַכֹּהֲנִים
hakkohᵃniʸm
Priester(n)-(den=)die

וְהַלְוִיִּם
wᵊhalᵊwiʸyim
Leviten-(den=)die-und

וְהַמְשֹׁרְרִים
wᵊhamᵊšorᵊriʸm
(Sängern=)Singenden-(den=)die-(sowie=)und

אֶל־	וְהַנְּתִינִים	וְהַשֹּׁעֲרִים
-ʾɛl	wᵊhannᵊtiʸniʸm	wᵊhaššoʿᵃriʸm
(nach=)zu	Geschenkten-(Heiligtum-dem)-die-und	Torwächter(n)-(den=)die-und

לְאַרְתַּחְשַׁסְתְּא	שֶׁבַע	בִּשְׁנַת־	יְרוּשָׁלִָם
lᵊʾarᵊtaḥᵊšasᵊtᵊʾ	šɛbaʿ	-bišᵊnat	yᵊruʷšɔlɔim
,(Artaxerxes=)Artachschast-(von=)zu	sieben	Jahr-(dem)-in	Jerusalem

בַּחֹדֶשׁ	יְרוּשָׁלִַם	8 וַיָּבֹא	הַמֶּלֶךְ׃
baḥodɛš	yᵊruʷšɔlaim	wayyɔboʾ	hammɛlɛk.
,Monat-dem-in	Jerusalem-(nach)	kam-(man=)er-Und	.König-(dem=)der

הַשְּׁבִיעִית	שְׁנַת	הִיא	הַחֲמִישִׁי
haššᵊbiʸʿiʸt	šᵊnat	hiʸʾ	haḥᵃmiʸšiʸ
,siebte-(das=)die	,Jahr-(das)	(war-das=)sie	,fünfte(n)-(dem=)der

לַחֹדֶשׁ	בְּאֶחָד	9 כִּי	לַמֶּלֶךְ׃
laḥodɛš	bᵊʾɛḥɔd	kiʸ	lammɛlɛk.
,Monat(s)-(des=)zu	(Tag)-(ersten=)einen-(am=)in	Denn	.König(s)-(des=)zu

יְסֻד	הוּא	הָרִאשׁוֹן
yᵊsud	huʷʾ	hɔriʾšoʷn
Aufbruch-(den)	(bestimmte)-er	,erste(n)-(des=)der

מִבָּבֶל	הַמַּעֲלָה
mibbɔbɛl	hammaʿᵃlɔʰ
,Babel-von	(Zuges=)Hinaufziehende(n)-(des=)der

הַחֲמִישִׁי	לַחֹדֶשׁ	וּבְאֶחָד
haḥᵃmiʸšiʸ	laḥodɛš	uʷbᵊʾɛḥɔd
,fünfte(n)-(des=)der	,Monat(s)-(des=)zu	(Tag)-(ersten=)einen-(am=)in-und

כְּיַד־	יְרוּשָׁלִַם	אֶל־	בָּא
-kᵊyad	yᵊruʷšɔlaim	-ʾɛl	bɔʾ
Hand-(die)-(weil=)wie	,Jerusalem	(nach=)zu	kam-er

עָלָיו׃	הַטּוֹבָה	אֱלֹהָיו
ʿɔlɔʸw.	haṭṭoʷbɔʰ	ʾᵉlohɔʸw
.(war)-ihm-(über=)auf	,(gütige=)gute-die	,(Gottes-seines=)Götter-seine(r)

לְבָבוֹ	הֵכִין	עֶזְרָא	10 כִּי
lᵊbɔboʷ	hekiʸn	ʿɛzᵊrɔʾ	kiʸ
Herz-sein	(gerichtet=)gegründet-hat(te)-(er)	Esra	Denn

לִדְרוֹשׁ lidᵊroʷš (erforschen=)suchen-zu
אֶת־תּוֹרַת toʷrat-ʾɛt Weisung-(die)***
יְהוָה yᵊhwɔʰ JHWH(s)
וְלַעֲשֹׂת wᵊlaᶜᵃśot (erfüllen=)tun-zu-und

וּלְלַמֵּד uʷlᵊlammed lehren-zu-und
בְּיִשְׂרָאֵל bᵊyiśᵊrɔʾel Israel-in
חֹק ḥoq (Satzung=)Festgesetztes
וּמִשְׁפָּט׃ uʷmišᵊpɔṭ. .Recht-und

11 וְזֶה wᵊzɛʰ (ist)-dies(er)-Und
פַּרְשֶׁגֶן parᵊšɛgɛn Abschrift-(die)
הַנִּשְׁתְּוָן hannišᵊtᵊwɔn ,Brief(es)-(des=)der
אֲשֶׁר ʾᵃšɛr (den=)welch(en)

נָתַן nɔtan gab-(es=er)
הַמֶּלֶךְ hammɛlɛk König-der
אַרְתַּחְשַׁסְתְּא ʾarᵊtaḥᵊšasᵊtᵊɔʾ (Artaxerxes=)Artachschast
לְעֶזְרָא lᵊᶜɛzᵊrɔʾ ,Esra-(an=)zu

הַכֹּהֵן hakkohen ,Priester-(den=)der
הַסֹּפֵר hassoper ,(Schriftgelehrten=)Schreibende(n)-(den=)der

סֹפֵר soper (Gelehrten-den=)Schreibender
דִּבְרֵי dibᵊreʸ Worte-(der)
מִצְוֹת־ -miṣᵊwot Gebote-(der)
יְהוָה yᵊhwɔʰ JHWH(s)

וְחֻקָּיו wᵊḥuqqɔʸw Satzungen-seine(r)-und
עַל־ -ᶜal (für=)auf
יִשְׂרָאֵל׃ yiśᵊrɔʾel. .Israel
12 אַרְתַּחְשַׁסְתְּא ʾarᵊtaḥᵊšasᵊtᵊɔʾ ,(Artaxerxes=)Artachschast

מֶלֶךְ mɛlɛk König-(der)
מַלְכַיָּא malᵊkayyɔʾ ,Könige-(der)
לְעֶזְרָא lᵊᶜɛzᵊrɔʾ ,Esra-(an=)zu
כָהֲנָא kɔhᵃnɔʾ ,Priester-(den)

סָפַר sɔpar (Gelehrten-den=)Schreiber
דָּתָא dɔtɔʾ Gesetz(es)-(des)
דִּי־ -diʸ (des=)welch(es)
אֱלָהּ ʾᵋlɔh Gott(es)

שְׁמַיָּא šᵊmayyɔʾ ,Himmel-(der)
גְּמִיר gᵊmiʸr .weiter-so-(und)
וּכְעֶנֶת׃ uʷkᵊᶜɛnɛt. nun-Und
13 מִנִּי minniʸ mir-von

שִׂים śiʸm (gegeben=)gesetzt-wurde-(es=er)
טְעֵם ṭᵊᶜem ,(Befehl=)Sache
דִּי diʸ dass
כָל־ -kol ,(jeder=)all

עַמָּה	מִן־	בְּמַלְכוּתִי	מִתְנַדַּב
ʿammɔʰ	-min	bᵊmalᵊkuʷtiʸ	mitᵊnaddab
Volk-(dem)	von	Reich-mein(em)-in	zeigend(er)-spendenwillig-ist-sich-(der)

לִירוּשְׁלֶם	לִמְהָךְ	וְלֵוָיֵא	וְכָהֲנוֹהִי	יִשְׂרָאֵל
liʸruʷšᵊlɛm	limᵊhɔk	wᵊlewɔyeʾ	wᵊkɔhᵃnoʷhiʸ	yiśᵊrɔʾel
Jerusalem-(nach=)zu	gehen-zu	,Leviten-und	Priester(n)-seine(n)-und	Israel

מִן־קֳדָם	דִּי	14 כָּל־קֳבֵל	יְהָךְ׃	עִמָּךְ
qᵒdɔm-min	diʸ	qᵒbel-kol	yᵊhɔk.	ʿimmɔk
(seiten=)vor-von	dass	,(Dieweil=)vor-All	!gehen-(mag=)wird-(d)er	,dir-mit

יָעֲטֹהִי	וְשִׁבְעַת	מַלְכָּא
yɔʿᵃṭohiʸ	wᵊšibᵊʿat	malᵊkɔʾ
(Räte=)Beratende(n)-seine(r)	Siebenzahl-(der)-und	König(s)-(des)

יְהוּד	עַל־	לְבַקָּרָא	שְׁלִיחַ
yᵊhuʷd	-ʿal	lᵊbaqqɔrɔʾ	šᵊliʸaḥ
Juda	(bei=)auf	untersuchen-zu	gesandt(er)-(bist-du)

אֱלָהָךְ	בְּדָת	וְלִירוּשְׁלֶם
ʾᵉlɔhɔk	bᵊdɔt	wᵊliʸruʷšᵊlɛm
,Gott(es)-dein(es)	Gesetz-(dem)-(nach=)in	Jerusalem-(bei=)zu-und

כְּסַף	15 וּלְהֵיבָלָה	בִּידָךְ׃	דִּי
kᵊsap	uʷlᵊheʸbɔlɔʰ	biʸdɔk.	diʸ
Silber	(über)bringen-zu-und	,Hand-deine(r)-in-(ist)	(das=)welch(es)

וְיָעֲטוֹהִי	מַלְכָּא	דִּי־	וּדְהַב
wᵊyɔʿᵃṭoʷhiʸ	malᵊkɔʾ	-diʸ	uʷdᵊhab
(Räte=)Ratgebende(n)-seine-und	König-(der)	(das=)welch(es)	,Gold-und

יִשְׂרָאֵל	לֶאֱלָהּ	הִתְנַדַּבוּ
yiśᵊrɔʾel	lɛʾᵉlɔh	hitᵊnaddabuʷ
,Israel(s)	Gott-(den)-(für=)zu	spenden-zu-willig-sich-zeigten-(sie)

16 וְכֹל	מִשְׁכְּנֵהּ׃	בִּירוּשְׁלֶם	דִּי
wᵊkol	mišᵊkᵊneh.	biʸruʷšᵊlɛm	diʸ
all(es)-(sowie=)und	,Wohnung-seine	(ist)-Jerusalem-in	(dessen=)welch(er)

תְהַשְׁכַּח	דִּי	וּדְהַב	כְּסַף
tᵊhašᵊkaḥ	diʸ	uʷdᵊhab	kᵊsap
(erhalten=)finden-(magst=)wirst-du	(das=)welch(es)	,Gold-und	Silber

הִתְנַדָּבוּת	עִם	בָּבֶל	מְדִינַת	בְּכֹל
hitᵊnaddɔbuʷt	ʿim	bɔbɛl	mᵊdiʸnat	bᵊkol
(Spende-der=)Spenden-(dem)	(samt=)mit	,Babel	Provinz	(ganzen-der=)all-in

מִתְנַדְּבִין	וְכָהֲנַיָּא	עַמָּא
mitᵊnaddᵊbiʸn	wᵊkɔhᵃnayyɔʾ	ʿammɔʾ
zeigende(n)-spendenwillig-sich-(die)	,Priester-(der)-und	Volk(es)-(des)

בִּירוּשְׁלֶם׃	דִּי	אֱלָהֲהֹם	לְבֵית
biʸruʷšᵊlɛm.	diʸ	ʾᵋlɔhᵃhom	lᵊbeʸt
.(ist)-Jerusalem-in	welch(es)	,Gott(es)-ihr(es)	Haus-(das)-(für=)zu

תִּקְנֵא	אָסְפַּרְנָא	דְּנָה	17 כָּל־קֳבֵל
tiqᵊneʾ	ʾosᵊparᵊnɔʾ	dᵊnɔʰ	qᵒbel-kol
kaufen-(sollst=)wirst-du	(pünktlich=)genau	dies(em)	(Entsprechend=)vor-All

אִמְּרִין	דִּכְרִין	תּוֹרִין	דְּנָה	בְּכַסְפָּא
ʾimmᵊriʸn	dikᵊriʸn	toʷriʸn	dᵊnɔʰ	bᵊkasᵊpɔʾ
Lämmer-(und)	Widder	,Stiere	dies(es)	(Geld=)Silber-(das)-(für=)in

וְנִסְכֵּיהוֹן	וּמִנְחָתְהוֹן
wᵊnisᵊkeʸhoʷn	uʷminᵊḥɔtᵊhoʷn
,Trankopfer-ihre-und	Speiseopfer-ihre-(sowie=)und

דִּי	מַדְבְּחָה	עַל־	הִמּוֹ	וּתְקָרֵב
diʸ	madᵊbᵊḥɔʰ	-ʿal	himmoʷ	uʷtᵊqɔreb
welch(er)	,Altar-(dem)	auf	sie	darbringen-(sollst=)wirst-du-und

בִּירוּשְׁלֶם׃	דִּי	אֱלָהֲכֹם	בֵּית
biʸruʷšᵊlɛm.	diʸ	ʾᵋlɔhᵃkom	beʸt
.(ist)-Jerusalem-in	welch(es)	,Gott(es)-euer(es)	Haus-(im)

וְעַל־	עֲלַיִךְ[עֲלָךְ]	דִּי	18 וּמָה
-wᵊʿal	[ʿᵃlɔk]ʿᵃlayik	diʸ	uʷmɔʰ
(für=)auf-und	(dich-für=)dir-auf	welch(es)	,(ist-es)-(immer)was-Und

כַּסְפָּא	בִּשְׁאָר	יֵיטַב	אֶחָיִךְ[אֶחָךְ]
kasᵊpɔʾ	bšᵊʾɔr	yeʸṭab	[ʾɛḥɔk]ʾɛḥayik
Silber(s)-(des)	Rest-(dem)-(mit=)in	,gut-(dünkt=)ist-(es=er)	Brüder-deine

אֱלָהֲכֹם	כִּרְעוּת	לְמֶעְבַּד	וְדַהֲבָה
ʾᵋlɔhᵃkom	kirᵊʿuʷt	lᵊmɛʿᵊbad	wᵊdahᵃbɔʰ
Gott(es)-euer(es)	Wille(n)-(dem)-(nach=)wie	,tun-zu	Gold(es)-und

דִּי־	19 וּמָאנַיָּא	תַּעַבְדוּן׃
-diʸ	uʷmɔʾnayyɔʾ	taʿabᵊduʷn.
(die=)welch(e)	,Geräte-(die)-(Hingegen=)Und	!tun-(mögt=)werdet-ihr

בֵּית	לְפָלְחָן	לָךְ	מִתְיַהֲבִין
beʸt	lᵊpolᵊḥɔn	lɔk	mitᵊyahᵃbiʸn
Haus-(im)	Gottesdienst-(den)-(für=)zu	dir-(zu)	werdende(n)-(über)geben

יְרוּשְׁלֶם׃	אֱלָהּ	קֳדָם	הַשְׁלֵם	אֱלָהָךְ
yᵊruʷšᵊlɛm.	ʾᵋlɔh	qᵒdɔm	hašᵊlem	ʾᵋlɔhɔk
.Jerusalem-(in)	Gott	vor	(übergib=)beende	,Gott(es)-dein(es)

אֱלָהָךְ	בֵּית	חַשְׁחוּת	20 וּשְׁאָר
ʾᵋlɔhɔk	beʸt	ḥašᵊḥuʷt	uʷšᵊʾɔr
,Gott(es)-dein(es)	Haus(es)-(des)	Bedarf	(übrigen=)Rest-(den)-Und

תִּנְתֵּן	לְמִנְתַּן	לָךְ	יִפֶּל־	דִּי
tinᵊten	lᵊminᵊtan	lɔk	-yippɛl	diʸ
geben-(magst=)wirst-du	,geben-zu	dir-(zu)	(anheim)-fällt-(er)	welch(er)

21 וּמִנִּי	מַלְכָּא׃	גִּנְזֵי	בֵּית	מִן־
uʷminniʸ	malᵊkɔʾ.	ginᵊzeʸ	beʸt	-min
,mir-von-Und	.König(s)-(des)	Schatzkammern-(der)	Haus-(dem)	(aus=)von

מַלְכָּא	אַרְתַּחְשַׁסְתָּא	אֲנָה
malᵊkɔʾ	ʾarᵊtaḥᵊšasᵊtᵊʾ	ʾᵃnɔʰ
,König-(dem)	,(Artaxerxes=)Artachschast	,(selbst-mir=)ich

לְכֹל	טְעֵם	שִׂים
lᵊkol	ṭᵊʿem	śiʸm
all-(an=)zu	(Befehl=)Sache	(ergangen-ist=)gesetzt-wurde-(es=er)

נַהֲרָה	בַּעֲבַר	דִּי	גִּזַּבְרַיָּא
nahᵃrɔʰ	baʿᵃbar	diʸ	gizzabᵊrayyɔʾ
:Strom(es)-(des)	(jenseits=)Jenseitigem-in	(von=)welch(e)	Schatzmeister-(die)

כָהֲנָה	עֶזְרָא	יִשְׁאֲלֶנְכוֹן	כָּל־דִּי	דִּי
kɔhᵃnɔʰ	ʿɛzᵊrɔʾ	yišᵊʾᵃlɛnᵊkoʷn	diʸ-kol	diʸ
,Priester-(der)	,Esra	euch-(von)-fordert-(er)	(was=)welch(es)-,all(es)	dass

אֱלָהּ	דִּי־	דָתָא	סָפַר
ʾᵋlɔh	-diʸ	dɔtɔʾ	sɔpar
Gott(es)-(des)	welch(es)	,Gesetz(es)-(des)	(Gelehrte-der=)Schreiber

יִתְעֲבִד׃	אָסְפַּרְנָא	שְׁמַיָּא
yit^{əʿa}bid.	ʾos^{ə}par^{ə}nɔʾ	š^{ə}mayyɔʾ
,(geleistet=)getan-(werde=)wird-(es=)er	(pünktlich=)genau	,Himmel-(der)

חִנְטִין	וְעַד־	מְאָה	כַּכְּרִין	כְּסַף	22 עַד־
ḥin^{ə}ṭi^{y}n	-w^{əʿ}ad	m^{əʾ}ɔ^{h}	kakk^{ə}ri^{y}n	k^{ə}sap	-ʿad
Weizen	(zu)-bis-und	hundert-(ein)	(Talente=)Scheiben	Silber	(zu)-bis

מְאָה	בַּתִּין	חֲמַר	וְעַד־	מְאָה	כֹּרִין
m^{əʾ}ɔ^{h}	batti^{y}n	ḥ^{a}mar	-w^{əʿ}ad	m^{əʾ}ɔ^{h}	kori^{y}n
hundert-(ein)	Bat(maße)	Wein	(zu)-bis-und	hundert-(ein)	Kor(maße)

וּמְלַח	מְאָה	מְשַׁח	בַּתִּין	וְעַד־
u^{w}m^{ə}laḥ	m^{əʾ}ɔ^{h}	m^{ə}šaḥ	batti^{y}n	-w^{əʿ}ad
Salz-und	hundert-(ein)	Öl	Bat(maße)	(zu)-bis-und

23 כָּל־דִּי	כְּתָב׃	דִּי־לָא
di^{y}-kol	k^{ə}tɔb.	lɔʾ-di^{y}
(was=)welch(es)-,All(es)	.(Verrechnung=)Schriftstück	(ohne=)nicht-welch(es)

שְׁמַיָּא	אֱלָהּ	טַעַם	מִן־
š^{ə}mayyɔʾ	ʾ^{ɛ}lɔh	ṭaʿam	-min
,(erfolgt)-Himmel-(der)	Gott(es)-(des)	(Befehl=)Sache	(auf=)von

אַדְרַזְדָּא	יִתְעֲבֵד
ʾad^{ə}raz^{ə}dɔʾ	yit^{əʿa}bed
eifrig	werden-(ausgeführt=)gemacht-(soll=)wird-(es=er)

דִּי־לְמָה	שְׁמַיָּא	אֱלָהּ	לְבֵית
l^{ə}mɔ^{h}-di^{y}	š^{ə}mayyɔʾ	ʾ^{ɛ}lɔh	l^{ə}be^{y}t
nicht-dass-(auf)	,Himmel-(der)	Gott(es)-(des)	Haus-(das)-(für=)zu

מַלְכָּא	עַל־מַלְכוּת	קְצַף	לֶהֱוֵא
mal^{ə}kɔʾ	mal^{ə}ku^{w}t-ʿal	q^{ə}ṣap	lɛh^{ɛ}weʾ
König(s)-(des)	Reich-(dem)-(über=)auf	Zorn	(aufkomme=)geschieht-(es=er)

דִּי	מְהוֹדְעִין	24 וּלְכֹם	וּבְנוֹהִי׃
di^{y}	m^{ə}ho^{w}d^{əʿ}i^{y}n	u^{w}l^{ə}kom	u^{w}b^{ə}no^{w}hi^{y}.
dass	,(kund-tun-wir=)machend(e)-wissen	euch-zu-Und	.Söhne-seine(r)-und

תָּרָעַיָּא	זַמָּרַיָּא	וְלֵוָיֵא	כָּהֲנַיָּא	כָּל־
tɔrɔʿayyɔʾ	zammɔrayyɔʾ	w^{ə}lewɔyeʾ	kɔh^{a}nayyɔʾ	-kol
Torwächter(n)	,Sänger(n)	,Leviten-und	Priester(n)-(den)	all

אֱלָהָא	בֵּית	וּפָלְחֵי	נְתִינַיָּא
ʾᵋlɔhɔʾ	beʸt	uʷpɔlᵊḥeʸ	nᵊtiʸnayyɔʾ
Gott(es)	Haus	(am)-Dienende(n)-und	Gegebenen-(Heiligtum-dem)-und

שַׁלִּיט	לָא	וַהֲלָךְ	בְּלוֹ	מִנְדָּה	דְנָה
šalliʸṭ	lɔʾ	wahᵃlɔk	bᵊloʷ	minᵊdɔʰ	dᵊnɔʰ
(gesetzlich=)mächtig	nicht	Wegezoll-und	Steuer	,Tribut	(dieses=)dieser

עֶזְרָא	25 וְאַנְתְּ	עֲלֵיהֹם׃	לְמִרְמֵא
ʿɛzᵊrɔʾ	wᵊʾanᵊtᵊ	ʿᵃleʸhom.	lᵊmirᵊmeʾ
,Esra	,du-(Jedoch=)Und	.(ihnen=)sie-auf	(aufzuerlegen=)werfen-zu

דִּי־	אֱלָהָךְ	כְּחָכְמַת
-diʸ	ʾᵋlɔhɔk	kᵊḥokᵊmat
welch(e)	,Gott(es)-dein(es)	Weisheit-(der)-(gemäß=)wie

דִּי־	וְדַיָּנִין	שָׁפְטִין	מֶנִּי	בִּידָךְ
-diʸ	wᵊdayyɔniʸn	šɔpᵊṭiʸn	mɛnniʸ	biʸdɔk
(die=)welch(e)	,Beamte-und	Richter	ein-setze	,(besitzt-du=)Hand-deine(r)-in

דִּי	עַמָּה	לְכָל־	דָּאֲנִין[דָּאיְנִין]	לֶהֱוֺן
diʸ	ʿammɔʰ	-lᵊkol	[dɔʾyᵊniʸn]dɔʾᵃniʸn	lɛhᵉwon
welch(es)	,Volk	(ganze-das=)all-zu	richtend(e)	(seien=)sind-(sie)

יָדְעֵי	לְכָל־	נַהֲרָה	בַּעֲבַר
yɔdᵊʿeʸ	-lᵊkol	nahᵃrɔʰ	baʿᵃbar
Kennende(n)	all(en)-zu	,(ist)-Strom(es)-(des)	(jenseits=)Jenseitigem-in

לָא	וְדִי	אֱלָהָךְ	דָתֵי
lɔʾ	wᵊdiʸ	ʾᵋlɔhɔk	dɔteʸ
nicht	(der-den=)welch(er)-und	,Gott(es)-dein(es)	Gesetze-(die)

26 וְכָל־	תְּהוֹדְעוּן׃	יָדַע
-wᵊkol	tᵊhoʷdᵊʿuʷn.	yɔdaʿ
,(jeder=)all-Und	.(lehren=)machen-wissen-(sollt=)werdet-ihr	,kennend(er)-(ist)

דִּי־	דָתָא	עָבֵד	לֶהֱוֵא	לָא	דִּי־
-diʸ	dɔtɔʾ	ʿɔbed	lɛhᵉweʾ	lɔʾ	-diʸ
(von=)welch(es)	Gesetz-(das)	(befolgend=)tuend(er)	ist-(er)	nicht	welch(er)

אָסְפַּרְנָא	מַלְכָּא	דִּי	וְדָתָא	אֱלָהָךְ
ʾɔsᵊparᵊnɔʾ	malᵊkɔʾ	diʸ	wᵊdɔtɔʾ	ʾᵋlɔhɔk
(pünktlich=)genau	,König(s)-(des)	welch(es)	,Gesetz-(das)-und	Gott-dein(em)

מִנֵּהּ	מִתְעֲבֵד	לֶהֱוֵא	דִּינָה	
minneh	mitᵊʿᵃbed	lɛhᵉweʾ	diʸnɔʰ	
,(ihn-über=)ihm-von	(gefällt=)werdend(er)-getan	(sei=)ist-(es=er)	Urteil	
לִשְׁרֹשׁוּ[לִשְׁרֹשִׁי]	הֵן	לְמוֹת	הֵן	
[lišᵊrošiʸ]lišᵊrošuʷ	hen	lᵊmoʷt	hen	
,Züchtigung-zu(r)	(oder=)wenn	Tod-zu(m)	(es-sei=)wenn	
וְלֶאֱסוּרִין׃	נִכְסִין	לַעֲנָשׁ	הֵן־	
wᵊlɛʾᵉsuʷriʸn.	nikᵊsiʸn	laʿᵃnɔš	-hen	
.(Kerker=)Fesseln-(den)-zu-(oder=)und	Eigentum-(am)	Strafe-zu(r)	(es-sei=)wenn	
אֱלָהֵי	יְהוָה	27 בָּרוּךְ		
ʾᵉloheʸ	yᵊhwɔʰ	bɔruʷk		
(von)-(Gott-der=)Götter-(die)	,JHWH	(sei-Gepriesen=)Gesegnet(er)		
כְּזֹאת	נָתַן	אֲשֶׁר	אֲבוֹתֵינוּ	
kɔzoʾt	nɔtan	ʾᵃšɛr	ʾᵃboʷteʸnuʷ	
(dergleichen=)diese-wie	gegeben-hat-(er)	(der=)welch(er)	,Väter(n)-unsere(n)	
יְהוָה	אֶת־בֵּית	לְפָאֵר	הַמֶּלֶךְ	בְּלֵב
yᵊhwɔʰ	beʸt-ʾɛt	lᵊpɔʾer	hammɛlɛk	bᵊleb
JHWH(s)	(Tempel)haus-(das)***	verherrlichen-zu	,König(s)-(des)	Herz-in(s)
הִטָּה־	28 וְעָלַי	בִּירוּשָׁלִָם׃	אֲשֶׁר	
-hiṭṭoʰ	wᵊʿɔlay	biʸruʷšɔlɔim.	ʾᵃšɛr	
ausbreiten-machte-er	mich-(über=)auf-Und	!(ist)-Jerusalem-in	welch(es)	
הַמֶּלֶךְ	לִפְנֵי	חֶסֶד		
hammɛlɛk	lipᵊneʸ	ḥɛsɛd		
König-(dem=)der	(vor=)Gesichter-zu	(Huld=)Gnade		
שָׂרֵי	וּלְכָל־	וְיוֹעֲצָיו		
śɔreʸ	-uʷlᵊkol	wᵊyoʷʿᵃṣɔʸw		
(von)-Ober(st)e(n)	all(e)-(über=)zu	,(Räten=)Beratende(n)-seine(n)-und		
וַאֲנִי	הַגִּבֹּרִים	הַמֶּלֶךְ		
waʾᵃniʸ	haggibboriʸm	hammɛlɛk		
(selbst)-ich-Und	.(Kraft)männer-die	,König-(dem=)der		
יְהוָה	כְּיַד־	הִתְחַזַּקְתִּי		
yᵊhwɔʰ	-kᵊyad	hitᵊḥazzaqᵊtiʸ		
,JHWH(s)	Hand-(die)-(da=)wie	,(Mut-fasste=)stark-mich-machte-(ich)		

אֱלֹהַי / ʾᵉlohay / ,(Gottes-meines=)Götter-meine(r)
עָלַי / ʿɔlay / ,(war)-mir-(über=)auf
וָאֶקְבְּצָה / wɔʾεqᵊbᵊṣɔʰ / sammelte-ich-und

מִיִּשְׂרָאֵל / miʸyiśᵊrɔʾel / Israel-(aus=)von
רָאשִׁים / rɔʾšiʸm / ,(Anführer=)Häupter
לַעֲלוֹת / laᶜᵃloʷt / (hinaufzögen-sie-dass=)hinauf-gehen-zu

עִמִּי׃ / ʿimmiʸ. / .mir-mit

8

1 וְאֵלֶּה / wᵊʾellεʰ / (sind)-dies(e)-Und
רָאשֵׁי / rɔʾšeʸ / (Ober)häupter-(die)
אֲבֹתֵיהֶם / ʾᵃboteʸhεm / (Familien=)Väter-ihre(r)

וְהִתְיַחְשָׂם / wᵊhitᵊyaḥᵊśɔm / ,(Geschlechternachweis=)Eintragen-Sich-ihr-und
הָעֹלִים / hɔʿoliʸm / Heraufziehenden-(der=)die

עִמִּי / ʿimmiʸ / mir-mit
בְּמַלְכוּת / bᵊmalᵊkuʷt / (von)-Regierung-(der)-(unter=)in
אַרְתַּחְשַׁסְתְּא / ʾarᵊtaḥᵊšasᵊtᵊʾ / ,(Artaxerxes=)Artachschast

הַמֶּלֶךְ / hammεlεk / König-(dem=)der
מִבָּבֶל׃ / mibbɔbεl. / :Babel-von
2 מִבְּנֵי / mibbᵊneʸ / (von)-Söhne(n)-(den)-Von
פִּינְחָס / piʸnᵊḥɔs / :Pinchas
גֵּרְשֹׁם / gerᵊšom / ;Gerschom

מִבְּנֵי / mibbᵊneʸ / Söhne(n)-(den)-von
אִיתָמָר / ʾiʸtɔmɔr / :Itamar(s)
דָּנִיֵּאל / dɔniʸyeʾl / ;Daniel
מִבְּנֵי / mibbᵊneʸ / Söhne(n)-(den)-von
דָּוִיד / dɔwiʸd / :David(s)

חַטּוּשׁ׃ / ḥaṭṭuʷš. / ;(Hattusch=)Chattusch
3 מִבְּנֵי / mibbᵊneʸ / Söhne(n)-(den)-von
שְׁכַנְיָה / šᵊkanᵊyɔʰ / ,Schechanja(s)
מִבְּנֵי / mibbᵊneʸ / Söhne(n)-(den)-von

פַּרְעֹשׁ / parᵊʿoš / :Parosch(s)
זְכַרְיָה / zᵊkarᵊyɔʰ / ,Secharja
וְעִמּוֹ / wᵊʿimmoʷ / ihm-mit-und
הִתְיַחֵשׂ / hitᵊyaḥeś / (registriert=)Eintragen-Sich-(ein)

לִזְכָרִים / lizᵊkɔriʸm / Männlichen-(von=)zu
מֵאָה / meʾɔʰ / hundert
וַחֲמִשִּׁים׃ / waḥᵃmiššiʸm. / ;fünfzig-und
4 מִבְּנֵי / mibbᵊneʸ / Söhne(n)-(den)-von
פַּחַת / paḥat / -Pachat

מָאתָ֑יִם	וְעִמּ֥וֹ	בֶּן־זְרַֽחְיָ֔ה	אֶלְיְהוֹעֵינַ֣י	מוֹאָ֗ב
mɔʾtayim	wəʿimmow	zəraḥəyɔh-bɛn	ʾɛləyəhowʿeynay	mowʾɔb
zweihundert(e)	ihm-mit-und	,Serachja(s)-Sohn	Elj(eh)oënai	:Moab(s)

שְׁכַנְיָ֔ה	5 מִבְּנֵ֣י	הַזְּכָרִֽים׃
šəkanəyɔh	mibbəney	hazzəkɔriym.
:Schechanja(s)	Söhne(n)-(den)-von	;Männer-(der=)die

הַזְּכָרִֽים׃	מֵא֥וֹת	שְׁלֹ֥שׁ	וְעִמּ֕וֹ	בֶּן־יַחֲזִיאֵ֑ל
hazzəkɔriym.	meʾowt	šəloš	wəʿimmow	yaḥaziyʾel-bɛn
;Männer-(der=)die	hundert(e)	-drei	ihm-mit-und	,Jachasiel-(von)-Sohn-(der)

וְעִמּ֕וֹ	בֶּן־יוֹנָתָ֑ן	עֶ֖בֶד	עָדִ֔ין	6 וּמִבְּנֵ֣י
wəʿimmow	yownɔtɔn-bɛn	ʿɛbɛd	ʿɔdiyn	uwmibbəney
ihm-mit-und	,Jonatan(s)-Sohn	Ebed	:Adin(s)	Söhne(n)-(den)-von-und

יְשַֽׁעְיָה֙	עֵילָ֔ם	7 וּמִבְּנֵ֣י	הַזְּכָרִֽים׃	חֲמִשִּׁ֥ים
yəšaʿəyɔh	ʿeylɔm	uwmibbəney	hazzəkɔriym.	ḥamiššiym
Jeschaja	:Elam(s)	Söhnen-(den)-von-und	;Männer-(der=)die	fünfzig

הַזְּכָרִֽים׃	שִׁבְעִ֥ים	וְעִמּ֖וֹ	בֶּן־עֲתַלְיָ֑ה
hazzəkɔriym.	šibəʿiym	wəʿimmow	ʿataləyɔh-bɛn
;Männer-(der=)die	siebzig	ihm-mit-und	,Atalia(s)-Sohn

בֶּן־מִֽיכָאֵ֔ל	זְבַדְיָ֣ה	שְׁפַטְיָ֔ה	8 וּמִבְּנֵ֣י
miykɔʾel-bɛn	zəbadəyɔh	šəpaṭəyɔh	uwmibbəney
,Michael(s)-Sohn	Sebadja	:Schephatja(s)	Söhne(n)-(den)-von-und

יוֹאָ֔ב	9 מִבְּנֵ֣י	הַזְּכָרִֽים׃	שְׁמֹנִ֥ים	וְעִמּ֖וֹ
yowʾɔb	mibbəney	hazzəkɔriym.	šəmoniym	wəʿimmow
:Joab(s)	Söhne(n)-(den)-von	;Männer-(der=)die	achtzig	ihm-mit-und

עָשָׂ֛ר	וּשְׁמֹנָ֥ה	מָאתַ֛יִם	וְעִמּ֗וֹ	בֶּן־יְחִיאֵ֔ל	עֹבַדְיָה֙
ʿɔśɔr	uwšəmonɔh	mɔʾtayim	wəʿimmow	yəḥiyʾel-bɛn	ʿobadəyɔh
zehn	-acht-und	zweihundert(e)	ihm-mit-und	,Jechiel(s)-Sohn	Obadja

בֶּן־	שְׁלוֹמִ֖ית	10 וּמִבְּנֵ֥י	הַזְּכָרִֽים׃
-bɛn	šəlowmiyt	uwmibbəney	hazzəkɔriym.
(von)-Sohn-(der)	:Schelomit(s)	Söhne(n)-(den)-von-und	;Männer-(der=)die

הַזְּכָרִֽים׃	וְשִׁשִּׁ֖ים	מֵאָ֥ה	וְעִמּ֕וֹ	יוֹסִפְיָ֑ה
hazzəkɔriym.	wəšiššiym	meʾɔh	wəʿimmow	yowsipəyɔh
;Männer-(der=)die	sechzig-und	hundert	ihm-mit-und	,Josiphja

וְעִמּוֹ	בֶּן־בֵּבָי	זְכַרְיָה	בֵּבָי	11 וּמִבְּנֵי
wᵊᶜimmoʷ	bebɔy-bɛn	zᵊkarᵊyɔʰ	bebay	uʷmibbᵊneʸ
ihm-mit-und	,Bebai(s)-Sohn	Secharja	:Bebai(s)	Söhne(n)-(den)-von-und

עַזְגָּד	12 וּמִבְּנֵי	הַזְּכָרִים׃	וּשְׁמֹנָה	עֶשְׂרִים
ᶜazᵊgɔd	uʷmibbᵊneʸ	hazzᵊkɔriʸm.	uʷšᵊmonɔʰ	ᶜɛśᵊriʸm
:Asgad(s)	Söhne(n)-(den)-von-und	;Männer-(der=)die	acht-und	zwanzig

וַעֲשָׂרָה	מֵאָה	וְעִמּוֹ	הַקָּטָן	בֶּן־	יוֹחָנָן
waᶜᵃśɔrɔʰ	meʾɔʰ	wᵊᶜimmoʷ	haqqɔṭɔn	-bɛn	yoʷḥɔnɔn
zehn-und	hundert	ihm-mit-und	,Hakkatan(s)	Sohn	Jochanan

אֲדֹנִיקָם	13 וּמִבְּנֵי	הַזְּכָרִים׃
ʾᵃdoniʸqɔm	uʷmibbᵊneʸ	hazzᵊkɔriʸm.
,Adonikam(s)	Söhne(n)-(den)-von-und	;Männer-(der=)die

יְעִיאֵל	אֱלִיפֶלֶט	שְׁמוֹתָם	וְאֵלֶּה	אַחֲרֹנִים
yᵊᶜiʸʾel	ʾɛliʸpɛlɛṭ	šᵊmoʷtɔm	wᵊʾellɛʰ	ʾaḥᵃroniʸm
Jeïel	,Eliphelet	:Namen-ihre	(sind)-diese-und	,(Späteren=)Hinteren-(die)

הַזְּכָרִים׃	שִׁשִּׁים	וְעִמָּהֶם	וּשְׁמַעְיָה
hazzᵊkɔriʸm.	šiššiʸm	wᵊᶜimmɔhɛm	uʷšᵊmaᶜᵊyɔʰ
;Männer-(der=)die	sechzig	ihnen-mit-und	,Schemaja-und

וְזַכּוּר	וְזָבוּד	עוּתַי	בִּגְוָי	14 וּמִבְּנֵי
wᵊzakkuʷr	wᵊzɔbuʷd	ᶜuʷtay	bigᵊway	uʷmibbᵊneʸ
,Sakkur-und	Sabud-und	Utai	:Bigwai(s)	Söhne(n)-(den)-von-und

15 וָאֶקְבְּצֵם	הַזְּכָרִים׃	שִׁבְעִים	וְעִמּוֹ
wɔʾɛqᵊbᵊṣem	hazzᵊkɔriʸm.	šibᵊᶜiʸm	wᵊᶜimmoʷ
sie-sammelte-ich-Und	.Männer-(der=)die	siebzig	(ihnen=)ihm-mit-und

אֶל־	הַבָּא	הַנָּהָר	אֶל־
-ʾɛl	habbɔʾ	hannɔhɔr	-ʾɛl
(in=)zu	(ist)-(fließend=)kommend(e)-der	,Fluss-(dem=)der	(an=)zu

וָאָבִינָה	שְׁלֹשָׁה	יָמִים	שָׁם	וַנַּחֲנֶה	אַהֲוָא
wɔʾɔbiʸnɔʰ	šᵊlošɔʰ	yɔmiʸm	šɔm	wannaḥᵃnɛʰ	ʾahᵃwɔʾ
Acht-gab-ich-Und	.drei	Tage	dort	lagerten-wir-und	,Ahava-(den)

וּמִבְּנֵי	וּבַכֹּהֲנִים	בָּעָם
uʷmibbᵊneʸ	uʷbakkohᵃniʸm	bɔᶜɔm
Söhne(n)-(den)-von-(aber=)und	,Priester(n)-den-(bei=)in-und	Volk-dem-(bei=)in

16 וָאֶשְׁלְחָה	שָׁם׃	מָצָאתִי	לֹא־	לֵוִי
wɔʾεšᵊlᵊḥɔʰ	šɔm.	mɔṣɔʾtiʸ	-loʾ	lewiʸ
(schickte=)sandte-ich-(Da=)Und	.dort	fand-ich	(keinen=)nicht	Levi(s)

וּלְיָרִיב	וּלְאֶלְנָתָן	לִשְׁמַעְיָה	לַאֲרִיאֵל	לֶאֱלִיעֶזֶר
uʷlᵊyɔriʸb	uʷlᵊʾεlᵊnɔtɔn	lišᵊmaᶜᵊyɔʰ	laᵃriʸʾel	lεᵋliʸᶜεzεr
Jarib-zu-und	Elnatan-zu-und	Schemaja-zu	,Ariel-zu	,Eliëser-zu

וְלִמְשֻׁלָּם	וְלִזְכַרְיָה	וּלְנָתָן	וּלְאֶלְנָתָן
wᵊlimᵊšullɔm	wᵊlizᵊkarᵊyɔʰ	uʷlᵊnɔtɔn	uʷlᵊʾεlᵊnɔtɔn
,Meschullam-zu-und	Secharja-zu-und	Natan-zu-und	Elnatan-zu-und

וּלְאֶלְנָתָן	וּלְיוֹיָרִיב	רָאשִׁים
uʷlᵊʾεlᵊnɔtɔn	uʷlᵊyoʷyɔriʸb	rɔʾšiʸm
,Elnatan-zu-und	Jojarib-zu-und	,(Ober)häupter(n)-(den)

אוֹתָם	17 וְאוֹצִאָה[וָאֲצַוֶּה]	מְבִינִים׃
ʾoʷtɔm	[wɔᵃṣawwεʰ]wɔʾoʷṣiʾɔʰ	mᵊbiʸniʸm.
sie	[verwies]hervorgehen-machte-ich-und	,(Einsichtige=)Verstehende

וָאָשִׂימָה	הַמָּקוֹם	בְּכָסִפְיָא	הָרֹאשׁ	אִדּוֹ	עַל־
wɔʾɔśiʸmɔʰ	hammɔqoʷm	bᵊkɔsipᵊyɔʾ	hɔroʾš	ʾiddoʷ	-ᶜal
legte-ich-und	,(Kult)stätte-(der=)die	,Kasiphja-in	(Ober)haupt-das	,Iddo	(an=)auf

אָחִיו	אִדּוֹ	אֶל־	לְדַבֵּר	דְּבָרִים	בְּפִיהֶם
ʾɔḥiʸw	ʾiddoʷ	-ʾεl	lᵊdabber	dᵊbɔriʸm	bᵊpiʸhεm
,Bruder-sein(em)	,Iddo	zu	reden-zu-(um)	Worte	Mund-ihr(en)-in

הַמָּקוֹם	בְּכָסִפְיָא	הַנְּתוּנִים[הַנְּתִינִים]
hammɔqoʷm	bᵊkɔsipᵊyɔʾ	[hannᵊtiʸniʸm]hannᵊtuʷniʸm
,(Kult)stätte-(der=)die	,Kasphja-in	(Tempeldienern=)Gegebene(n)-(den=)die

מְשָׁרְתִים	לָנוּ	לְהָבִיא־
mᵊšɔrᵊtiʸm	lɔnuʷ	-lᵊhɔbiʸʾ
Dienende	uns-zu	(brächte-man-dass=)machen-kommen-zu

18 וַיָּבִיאוּ	אֱלֹהֵינוּ׃	לְבֵית
wayyɔbiʸʾuʷ	ʾᵋloheʸnuʷ.	lᵊbeʸt
(brachten=)kommen-machten-sie-Und	.Gott(es)-unser(es)	Haus-(das)-(für=)zu

אֱלֹהֵינוּ	כְּיַד־	לָנוּ
ʾᵋloheʸnuʷ	-kᵊyad	lɔnuʷ
,(Gottes-unseres=)Götter-unsere(r)	Hand-(die)-(da=)wie	,uns-zu

אִישׁ	עָלֵינוּ	הַטּוֹבָה
ʾiʸš	ʿɔleʸnuʷ	hat̩t̩oʷbɔʰ
(Männer=)Mann	,(war)-uns-(über=)auf	,(gütige=)gute-die

בֶּן־לֵוִי	מַחְלִי	מִבְּנֵי	שֶׂכֶל
lewiʸ-bɛn	maḥᵊliʸ	mibbᵊneʸ	śɛkɛl
,Levi(s)-Sohn	Machli(s)	Söhne(n)-(den)-von	(Einsicht=)Verstand-(mit)

וְאֶחָיו	וּבָנָיו	וְשֵׁרֵבְיָה	בֶּן־יִשְׂרָאֵל
wᵊʾɛḥɔʸw	uʷbɔnɔʸw	wᵊšerebᵊyɔʰ	yiśᵊrɔʾel-bɛn
:Brüder-seine-und	Söhne-seine-und	Scherebja-und	,Israel(s)-Sohn(es)-(des)

וְאִתּוֹ	19 וְאֶת־חֲשַׁבְיָה	עָשָׂר׃	שְׁמֹנָה
wᵊʾittoʷ	ḥᵃšabᵊyɔʰ-wᵊʾɛt	ʿɔśɔr.	šᵊmonɔʰ
ihm-mit-und	(Haschabja=)Chaschabja-***(Ferner=)Und	.zehn	-acht

אֶחָיו	מְרָרִי	מִבְּנֵי	יְשַׁעְיָה
ʾɛḥɔʸw	mᵊrɔriʸ	mibbᵊneʸ	yᵊšaʿᵃyɔʰ
Brüder-seine	,Merari(s)	Söhne(n)-(den)-von	Jeschaja

20 וּמִן־	עֶשְׂרִים׃	וּבְנֵיהֶם
-uʷmin	ʿɛśᵊriʸm.	uʷbᵊneʸhɛm
von-(Zudem=)Und	.zwanzig	:Söhne-(deren=)ihre-und

דָּוִיד	שֶׁנָּתַן	הַנְּתִינִים
dɔwiʸd	šɛnnɔtan	hannᵊtiʸniʸm
David	gab-(es=er)-welch(e)	,(Tempeldienern=)Gegebenen-(den=)die

נְתִינִים	הַלְוִיִּם	לַעֲבֹדַת	וְהַשָּׂרִים
nᵊtiʸniʸm	halᵊwiʸyim	laʿᵃbodat	wᵊhaśśɔriʸm
(Tempeldiener=)Gegebene	:Leviten-(der=)die	Dienst-zu(m)	Fürsten-die-und

כֻּלָּם	וְעֶשְׂרִים	מָאתַיִם
kullɔm	wᵊʿɛśᵊriʸm	mɔʾtayim
,(insgesamt=)sie-all	zwanzig-und	-zweihundert(e)

21 וָאֶקְרָא	בְשֵׁמוֹת׃	נִקְּבוּ
wɔʾɛqᵊrɔʾ	bᵊšemoʷt.	niqqᵊbuʷ
(aus)-rief-ich-(Dann=)Und	.Namen-(mit=)in	(bezeichnet=)gestochen-wurden-sie

אַהֲוָא	הַנָּהָר	עַל־	צוֹם	שָׁם
ʾahᵃwɔʾ	hannɔhɔr	-ʿal	ṣoʷm	šɔm
,Ahava	Fluss-(dem=)der	(an=)auf	Fasten-(ein)	dort

לְהִתְעַנּוֹת	לִפְנֵי
ləhitəʿannowt	lipəney
(verdemütigten-uns-wir-damit=)verdemütigen-sich-zu	(vor=)Gesichter-zu

אֱלֹהֵינוּ	לְבַקֵּשׁ	מִמֶּנּוּ
ʾɛloheynuw	ləbaqqeš	mimmɛnnuw
(Gott-unserem=)Götter(n)-unsere(n)	(erbittend=)bitten-zu	ihm-von

דֶּרֶךְ	יְשָׁרָה	לָנוּ	וּלְטַפֵּנוּ
dɛrɛk	yəšɔrɔh	lɔnuw	uwləṭappenuw
(Reise-eine=)Weg-(einen)	gerade(n)	uns-(für=)zu	Kinder-unsere-(für=)zu-und

וּלְכָל־	רְכוּשֵׁנוּ׃	22 כִּי	בֹּשְׁתִּי	לִשְׁאוֹל
-uwləkol	rəkuwšenuw.	kiy	bošətiy	lišəʾowl
all-(für=)zu-und	.Habe-unsere	Denn	geschämt-mich-hatte-ich	(er)bitten-zu

מִן־	הַמֶּלֶךְ	חַיִל	וּפָרָשִׁים	לְעָזְרֵנוּ
-min	hammɛlɛk	ḥayil	uwpɔrɔšiym	ləʿozərenuw
von	König-(dem=)der	Streitmacht	Reiter-und	uns-unterstützen-zu

מֵאוֹיֵב	בַּדָּרֶךְ	כִּי־
meʾowyeb	baddɔrɛk	-kiy
Feind-(einem)-(vor=)von	,(Reise-der=)Weg-(dem)-(auf=)in	(sondern=)weil

אָמַרְנוּ	לַמֶּלֶךְ	לֵאמֹר	יַד־
ʾɔmarənuw	lammɛlɛk	leʾmor	-yad
gesagt-hatten-wir	,König-dem-zu	:(erklärend=)sagen-zu	Hand-(Die)

אֱלֹהֵינוּ	עַל־	כָּל־
ʾɛloheynuw	-ʿal	-kol
(Gottes-unseres=)Götter-unsere(r)	(über=)auf-(waltet)	,all(en)

מְבַקְשָׁיו	לְטוֹבָה
məbaqəšɔyw	ləṭowbɔh
(suchen-ihn-die=)Suchende(n)-seine(n)	,(Besten-ihrem=)Guten-zu

וְעֻזּוֹ	וְאַפּוֹ	עַל
wəʿuzzow	wəʾappow	ʿal
(Macht=)Kraft-seine-(aber=)und	(Zorn=)Nase-sein(e)-und	(gegen=)auf-(ist)

כָּל־	עֹזְבָיו׃	23 וַנָּצוּמָה
-kol	ʿozəbɔyw.	wannɔṣuwmɔh
,all(e)	!(verlassen-ihn-die=)Verlassenden-seine	fasteten-wir-(So=)Und

וַנְּבַקְשָׁה
wannᵊbaqᵊšɔʰ
baten-(wir)-und

מֵאֱלֹהֵינוּ
meʾᵋloheʸnuʷ
(Gott-unserem=)Göttern-unseren-von

עַל־זֹאת
zoʾt-ʿal
,(darob=)diese-auf

וַיֵּעָתֵר
wayyeʿɔter
erbitten-sich-ließ-(d)er-und

לָנוּ׃
lɔnuʷ.
.uns-(von=)zu

24 וָאַבְדִּילָה
wɔʾabᵊdiʸlɔʰ
aus-sonderte-ich-Und

מִשָּׂרֵי
miśśoreʸ
ober(st)e(n)-(den)-von

הַכֹּהֲנִים
hakkohᵃniʸm
Priester-(der=)die

שְׁנֵים עָשָׂר
ʿɔśɔr šᵊneʸm
,(zwölf=)zehn-zwei

לְשֵׁרֵבְיָה
lᵊšerebᵊyɔʰ
,Scherebja-(nämlich=)zu

חֲשַׁבְיָה
ḥᵃšabᵊyɔʰ
,(Haschabja=)Chaschbja

וְעִמָּהֶם
wᵊʿimmɔhɛm
ihnen-mit-und

מֵאֲחֵיהֶם
meʾᵃḥeʸhɛm
Brüdern-ihren-von

עֲשָׂרָה׃
ʿᵃśɔrɔʰ.
.zehn

25 וָאֶשְׁקוֹלָה[וָאֶשְׁקֳלָה]
[wɔʾɛšᵊqᵒlɔʰ]wɔʾɛšᵊqoʷlɔʰ
dar-wog-ich-(Ferner=)Und

לָהֶם
lɔhɛm
ihnen-(zu)

אֶת־הַכֶּסֶף
hakkɛsɛp-ʾɛt
Silber-das***

וְאֶת־הַזָּהָב
hazzɔhɔb-wᵊʾɛt
Gold-das***-und

וְאֶת־הַכֵּלִים
hakkeliʸm-wᵊʾɛt
Geräte-die-***und

תְּרוּמַת
tᵊruʷmat
(für)-(Weihgabe=)Hebe(gabe)-(der)

בֵּית־
-beʸt
(Tempel)haus-(das)

אֱלֹהֵינוּ
ʾᵋloheʸnuʷ
,(Gottes-unseres=)Götter-unsere(r)

הַהֵרִימוּ
haheriʸmuʷ
(hatten-gestiftet=)erheben-machten-(sie)-die

הַמֶּלֶךְ
hammɛlɛk
König-der

וְיֹעֲצָיו
wᵊyoʿᵃṣɔʸw
(Räte=)Beratende(n)-seine-und

וְשָׂרָיו
wᵊśɔrɔʸw
Oberste(n)-seine-und

וְכָל־
-wᵊkol
(ganz=)all-und

יִשְׂרָאֵל
yiśᵊrɔʾel
,Israel

הַנִּמְצָאִים׃
hannimᵊṣɔʾiʸm.
.(Anwesenden=)Sichfindenden-die

26 וָאֶשְׁקְלָה
wɔʾɛšᵊqᵃlɔʰ
dar-wog-ich-(So=)Und

עַל־
-ʿal
auf

יָדָם
yɔdɔm
Hände-ihre

כֶּסֶף
kɛsɛp
Silber-(an)

כִּכָּרִים
kikkɔriʸm
(Talente=)Scheiben

שֵׁשׁ־מֵאוֹת
meʾoʷt-šeš
hundert(e)-sechs

וַחֲמִשִּׁים
waḥᵃmiššiʸm
,fünfzig-und

זָהָב	לְכִכְּרִים	מֵאָה	כֶּסֶף	וּכְלֵי־
zɔhɔb	lᵊkikkɔriʸm	meʾɔʰ	kɛsɛp	-uʷkᵊleʸ
Gold-(an)	,(Talenten=)Scheiben-(an=)zu	hundert	Silber	(von)-Gefäße-und

לַאֲדַרְכֹנִים	עֶשְׂרִים	זָהָב	27 וּכְפֹרֵי	כִּכָּר׃	מֵאָה
laʾadarᵊkoniʸm	ʿɛśᵊriʸm	zɔhɔb	uʷkᵊporeʸ	kikkɔr.	meʾɔʰ
Dariken-zu	zwanzig	Gold	(von)-Becher-und	;(Talente=)Scheibe	hundert

טוֹבָה	מֻצְהָב	נְחֹשֶׁת	וּכְלֵי	אָלֶף
ṭoʷbɔʰ	muṣᵊhɔb	nᵊḥošɛt	uʷkᵊleʸ	ʾɔlɛp
(echter=)gute(r)	rotglänzend(er)	Bronze	(von)-Gefäße-und	,tausend

אֲלֵהֶם	28 וָאֹמְרָה	כַּזָּהָב׃	חֲמוּדֹת	שְׁנַיִם
ʾalehɛm	wɔʾomᵊrɔʰ	kazzɔhɔb.	ḥamuʷdot	šᵊnayim
:ihnen-zu	sprach-ich-(Dann=)Und	.Gold-das-wie	kostbare	,zwei

וְהַכֵּלִים	לַיהוָה	קֹדֶשׁ	אַתֶּם
wᵊhakkeliʸm	layhwɔʰ	qodɛš	ʾattɛm
Gefäße-die-und	,JHWH-(für=)zu	(heilig=)Heiligkeit	(seid)-Ihr

וְהַזָּהָב	וְהַכֶּסֶף	קֹדֶשׁ
wᵊhazzɔhɔb	wᵊhakkɛsɛp	qodɛš
Gold-das-und	Silber-das-und	,(heilig=)Heiligkeit-(sind)

אֱלֹהֵי	לַיהוָה	נְדָבָה
ʾᵋloheʸ	layhwɔʰ	nᵊdɔbɔʰ
(Gott-den=)Götter(n)-(die)	,JHWH-(für=)zu	(Spende=)Freigebigkeit-(eine)-(sind)

תִּשְׁקְלוּ	עַד־	וְשִׁמְרוּ	29 שִׁקְדוּ	אֲבֹתֵיכֶם׃
tišᵊqᵊluʷ	-ʿad	wᵊšimᵊruʷ	šiqᵊduʷ	ʾaboteʸkɛm.
darwägt-(es)-ihr	bis	wachsam-(seid)-und	bedacht-eifrig-Seid	.Väter-eure(r)

הַכֹּהֲנִים	שָׂרֵי	לִפְנֵי
hakkohᵃniʸm	śɔreʸ	lipᵊneʸ
Priester(n)-(den=)die	(von)-ober(st)e(n)-(der)	(Gegenwart-in=)Gesichter-zu

הָאָבוֹת	וְשָׂרֵי־	וְהַלְוִיִּם
hɔʾɔboʷt	-wᵊśɔreʸ	wᵊhalᵊwiʸyim
(Familien=)Väter-(der=)die	ober(st)e(n)-(den)-und	Leviten-(den=)die-und

בֵּית	הַלִּשְׁכוֹת	בִּירוּשָׁלִָם	לְיִשְׂרָאֵל
beʸt	hallišᵊkoʷt	biʸruʷšɔlɔim	lᵊyiśᵊrɔʾel
(Tempel)haus(es)-(des)	Kammern-(den=)die-(in)	,Jerusalem-in	Israel(s=)zu

הַכֹּהֲנִים	30 וְקִבְּלוּ	יְהוָה׃
hakkohᵃniʸm	wᵊqibbᵊluʷ	yᵊhwɔʰ.
Priester-die	entgegen-nahmen-(es=sie)-(Alsdann=)Und	.JHWH(s)

הַכֶּסֶף	מִשְׁקַל	וְהַלְוִיִּם
hakkɛsɛp	mišᵊqal	wᵊhalᵊwiʸyim
Silber-(an=)das	(Dargewägte=)Gewicht-(das)	Leviten-die-und

וְהַכֵּלִים	וְהַזָּהָב
wᵊhakkeliʸm	wᵊhazzɔhɔb
,(Gefäßen=)Geräte(n)-(an=)die-und	Gold-(an=)das-und

לְבֵית	לִירוּשָׁלַםִ	לְהָבִיא
lᵊbeʸt	liʸruʷšɔlaim	lᵊhɔbiʸʾ
Haus-(dem)-zu	Jerusalem-(nach=)zu	(brächte-es-man-dass=)kommen-machen-zu

מִנְּהַר	31 וַנִּסְעָה	אֱלֹהֵינוּ׃
minnᵊhar	wannisᵊʿɔʰ	ʾᵋloheʸnuʷ.
Fluss-(dem)-von	auf-brachen-wir-Und	.(Gottes-unseres=)Götter-unsere(r)

הָרִאשׁוֹן	לַחֹדֶשׁ	בִּשְׁנֵים עָשָׂר	אַהֲוָא
hɔriʾšoʷn	laḥodɛš	ʿɔśɔr bišᵊneʸm	ʾahᵃwɔʾ
erste(n)-(des=der)	Monat(s)-(des=)zu	(zwölften-am=)zehn-zwei-in	Ahava

הָיְתָה	אֱלֹהֵינוּ	וְיַד־	יְרוּשָׁלַםִ	לָלֶכֶת
hɔyᵊtɔʰ	ʾᵋloheʸnuʷ	-wᵊyad	yᵊruʷšɔlɔim	lɔlɛkɛt
war-(sie)	Gott(es)-unser(es)	Hand-(die)-und	,Jerusalem-(nach)	gehen-zu-(um)

מִכַּף	וַיַּצִּילֵנוּ	עָלֵינוּ
mikkap	wayyaṣṣiʸlenuʷ	ʿɔleʸnuʷ
(Gewalt=)Faust-(der)-(vor=)von	uns-errettete-er-und	,uns-(über=)auf

32 וַנָּבוֹא	הַדָּרֶךְ׃	עַל־	וְאוֹרֵב	אוֹיֵב
wannɔboʷʾ	haddɔrɛk.	-ʿal	wᵊʾoʷreb	ʾoʷyeb
kamen-wir-Und	.(Reise=)Weg-der	auf	Lauerer(s)-und	Feind(es)-(eines)

שְׁלֹשָׁה׃	יָמִים	שָׁם	וַנֵּשֶׁב	יְרוּשָׁלַםִ
šᵊlošɔʰ.	yɔmiʸm	šɔm	wannešɛb	yᵊruʷšɔlɔim
.drei	Tage	dort	(blieben=)wohnten-(wir)-und	Jerusalem-(nach)

נִשְׁקַל	הָרְבִיעִי	33 וּבַיּוֹם
nišᵊqal	hɔrᵊbiʸʿiʸ	uʷbayyoʷm
(dar)gewogen-wurde-(es=er)	,vierte(n)-(dem=)der	,Tag-(am=)in-,(Dann=)Und

בְּבֵית	וְהַכֵּלִים	וְהַזָּהָב	הַכֶּסֶף
bəbeyt	wəhakkeliym	wəhazzɔhɔb	hakkɛsɛp
Haus-(im=)in	Geräte-die-und	Gold-das-und	Silber-das

מְרֵמוֹת	יַד־	עַל	אֱלֹהֵינוּ
məremowt	-yad	ʿal	ʾɛloheynuw
Meremot(s)	(Händen=)Hand	(zu=)auf	(Gottes-unseres=)Götter-unsere(r)

אֶלְעָזָר	וְעִמּוֹ	הַכֹּהֵן	בֶּן־אוּרִיָּה
ʾɛlʿɔzɔr	wəʿimmow	hakkohen	ʾuwriyyɔh-bɛn
Eleasar	(war)-ihm-(bei=)mit-und	,Priester(s)-(des=)der	,Urija(s)-Sohn

יוֹזָבָד	וְעִמָּהֶם	בֶּן־פִּינְחָס
yowzɔbɔd	wəʿimmɔhɛm	piynəḥɔs-bɛn
Josabad	(waren)-ihnen-(bei=)mit-(ferner=)und	,Pinchas-(von)-Sohn

הַלְוִיִּם׃	בֶּן־בִּנּוּי	וְנוֹעַדְיָה	בֶּן־יֵשׁוּעַ
haləwiyyim.	binnuwy-bɛn	wənowʿadəyɔh	yešuwaʿ-bɛn
,Leviten-die	,Binnui(s)-Sohn	Noadja-und	Jeschua(s)-Sohn

לַכֹּל	בְּמִשְׁקָל	34 בְּמִסְפָּר
lakkol	bəmišəqɔl	bəmisəpɔr
,(insgesamt=)all-zu	Gewicht-(nach=)in	,(An)zahl-(der)-(nach=)in

הַהִיא׃	בָּעֵת	הַמִּשְׁקָל	כָּל־	וַיִּכָּתֵב
hahiyʾ.	bɔʿet	hammišəqɔl	-kol	wayyikkɔteb
.da-jene(r)	,Zeit-der-in	Gewicht-das	all	(auf)geschrieben-wurde-(es=)er-und

מֵהַשְּׁבִי	35 הַבָּאִים
mehaššəbiy	habbɔʾiym
,Gefangenschaft-der-(aus=)von	(Gekommenen=)Kommenden-Die

הַגּוֹלָה	בְנֵי־
haggowlɔh	-bəney
,(Deportierten=)Wegführung-(der=)die	(Angehörigen=)Söhne-(die)

לֵאלֹהֵי	עֹלוֹת	הִקְרִיבוּ
leʾlohey	ʿolowt	hiqəriybuw
(Gottes-des=)Götter-der-(Ehren)-zu	(Brandopfer=)Hochopfer	dar-brachten-(sie)

יִשְׂרָאֵל	כָּל־	עַל־	שְׁנֵים־עָשָׂר	פָּרִים	יִשְׂרָאֵל
yiśərɔʾel	-kol	-ʿal	ʿɔśɔr-šəneym	pɔriym	yiśərɔʾel
;Israel	(ganz=)all	(für=)auf	(zwölf=)zehn-zwei	(Stiere=)Farren	:Israel(s)

צְפִירֵי	וְשִׁבְעָה	שִׁבְעִים	כְּבָשִׂים	וְשִׁשָּׁה	תִּשְׁעִים	אֵילִים
ṣᵊpiʸreʸ	wᵊšibᵊʿɔʰ	šibᵊʿiʸm	kᵊbɔśiʸm	wᵊšiššɔʰ	tišᵊʿiʸm	ʾeʸliʸm
Böcke	;sieben-und	siebzig	Lämmer	;sechs-und	neunzig	Widder

עוֹלָה	הַכֹּל	שְׁנֵים עָשָׂר	חַטָּאת
ʿoʷlɔʰ	hakkol	ʿɔśɔr šᵊneʸm	ḥaṭṭɔʾt
(Brandopfer=)Hochopfer-(als)	all(es)-das	;(zwölf=)zehn-zwei	Sündopfer-(zum)

אֶת־דָּתֵי	36 וַיִּתְּנוּ	לַיהוָה׃
dɔteʸ-ʾɛt	wayyittᵊnuʷ	layhwɔʰ.
Erlasse-(die)***	(über)gaben-sie-(Sodann=)Und	.JHWH(s)-(Ehren)-zu

וּפַחֲווֹת	הַמֶּלֶךְ	לַאֲחַשְׁדַּרְפְּנֵי	הַמֶּלֶךְ
uʷpaḥᵃwoʷt	hammɛlɛk	laʾᵃḥašᵊdarᵊpᵊneʸ	hammɛlɛk
Statthalter(n)-und	König-(dem=)der	(von)-Satrapen-(den=)zu	König(s)-(des)

הַנָּהָר	עֵבֶר
hannɔhɔr	ʿebɛr
,Strom(es)-(des=)der	(jenseits=)Seite-gegenüberliegende

אֶת־הָעָם	וְנִשְּׂאוּ
hɔʿɔm-ʾɛt	wᵊniśśᵊʾuʷ
Volk-das***	(unterstützten=)erhoben-(die=)sie-und

וְאֶת־בֵּית־הָאֱלֹהִים׃
hɔʾᵉlohiʸm-beʸt-wᵊʾɛt.
.(Gottes=)Götter-(der=)die-Haus-(das)***und

9

אֵלֶּה	1 וּכְכַלּוֹת
ʾellɛʰ	uʷkᵊkalloʷt
,dies(e)	(war-vollendet-als=)Vollenden-(ein)-wie-Und

לֹא־	לֵאמֹר	הַשָּׂרִים	אֵלַי	נִגְּשׁוּ
-loʾ	leʾmor	haśśɔriʸm	ʾelay	niggᵊšuʷ
Nicht	:sagen-zu-(um)	Fürsten-die	mir-zu	heran-traten-(es=sie)

וְהַכֹּהֲנִים	יִשְׂרָאֵל	הָעָם	נִבְדְּלוּ
wᵊhakkohᵃniʸm	yiśᵊrɔʾel	hɔʿɔm	nibᵊdᵊluʷ
Priester-die-und	Israel(s)	Volk-das	abgesondert-sich-haben-(es=sie)

הָאֲרָצוֹת	מֵעַמֵּי	וְהַלְוִיִּם
hɔʾᵃrɔṣoʷt	meʿammeʸ	wᵊhalᵊwiʸyim
Länder-(der=)die	Völker(n)-(den)-von	Leviten-die-und

כְּתוֹעֲבֹתֵיהֶם
k^{ə}to^{wca}bote^{y}hɛm
— Gräuel(taten)-ihre(n)-(nach=)wie —

לַכְּנַעֲנִי
lakk^{ə}na^{ca}ni^{y}
,(Kanaanitern-den=)Kanaaniter-dem-(von=)zu

הַחִתִּי
haḥitti^{y}
,(Hittitern-den=)Chittiter-(dem=)der

הַפְּרִזִּי
happ^{ə}rizzi^{y}
,(Perissitern-den=)Perissiter-(dem=)der

הַיְבוּסִי
hay^{ə}bu^{w}si^{y}
,(Jebusitern-den=)Jebusiter-(dem=)der

הָעַמֹּנִי
hɔ^{c}ammoni^{y}
,(Ammonitern-den=)Ammoniter-(dem=)der

הַמֹּאָבִי
hammo^{ɔ}ɔbi^{y}
,(Moabitern-den=)Moabiter-(dem=)der

הַמִּצְרִי
hammiṣ^{ə}ri^{y}
(Ägyptern-den=)Ägypter-(dem=)der

וְהָאֱמֹרִי׃
w^{ə}hɔ^{ɔɛ}mori^{y}.
.(Amoritern-den=)Emoriter-(dem=)der-und

2 כִּי־
-ki^{y}
Denn

נָשְׂאוּ
nɔś^{əɔ}u^{w}
nahmen-sie

מִבְּנֹתֵיהֶם
mibb^{ə}note^{y}hɛm
Töchtern-(deren=)ihren-von

לָהֶם
lɔhɛm
(sich-für=)ihnen-zu

וְלִבְנֵיהֶם
w^{ə}lib^{ə}ne^{y}hɛm
Söhne-ihre-(für=)zu-und

וְהִתְעָרְבוּ
w^{ə}hit^{əc}ɔr^{ə}bu^{w}
vermischt-sich-haben-sie-(so)-und

זֶרַע
zɛra^{c}
Same —

הַקֹּדֶשׁ
haqqodɛš
— (heiliger=)Heiligkeit-(der=)die

בְּעַמֵּי
b^{əc}amme^{y}
Völker(n)-(mit=)in

הָאֲרָצוֹת
hɔ^{ɔa}rɔṣo^{w}t
.Länder-(der=)die

וְיַד
w^{ə}yad
(Beispiel-das=)Hand-(die)-Und

הַשָּׂרִים
haśśɔri^{y}m
Fürsten-(der=)die

וְהַסְּגָנִים
w^{ə}hass^{ə}gɔni^{y}m
Vorsteher-(der=)die-und

הָיְתָה
hɔy^{ə}tɔ^{h}
(ging=)war-(sie)

בַּמַּעַל
bamma^{c}al
,Untreue-der-(bei=)in

הַזֶּה
hazzɛ^{h}
,da-dieser

רִאשׁוֹנָה׃
ri^{ɔ}šo^{w}nɔ^{h}.
!(voran=)erste

3 וּכְשָׁמְעִי
u^{w}k^{ə}šom^{əc}i^{y}
(hörte-ich-als=)Hören-mein-wie-Und

אֶת־הַדָּבָר
haddɔbɔr-ʾɛt
,(Sache-die=)Wort-das***

הַזֶּה
hazzɛ^{h}
,da-diese(r)

קָרַעְתִּי
qɔraʿ^{ə}ti^{y}
(ich-zerriss=)zerriss-ich

אֶת־בִּגְדִי
big^{ə}di^{y}-ʾɛt
Kleid-mein***

וּמְעִילִי
u^{w}m^{ə}ʿi^{y}li^{y}
Mantel-mein(en)-und

וָאֶמְרְטָה
wɔʾɛm^{ə}r^{ə}ṭɔ^{h}
raufte-ich-und

מִשְּׂעַר
miśś^{ə}ʿar
Haar-(dem)-von

רֹאשִׁי
roʾši^{y}
Haupt(es)-mein(es)

וּזְקָנִי
u^{w}z^{ə}qɔni^{y}
Bart(es)-mein(es)-und

וָאֵשְׁבָה
wɔʾeš^{ə}bɔ^{h}
(da)-saß-ich-und

מְשׁוֹמֵם:
m^{ə}šo^{w}mem.
.erschüttert(er)

4 וְאֵלַי
w^{ə}ʾelay
mir-zu-Und

יֵאָסְפוּ
yeʾɔs^{ə}pu^{w}
sich-sammelte(n-(es=sie)

כֹּל
kol
(jeder=)all

חָרֵד
ḥɔred
(Fürchtende-sich=)Bebende(r)

בְּדִבְרֵי
b^{ə}dib^{ə}re^{y}
Worte-(der)-(ob=)in

אֱלֹהֵי־
-ʾ^{ɛ}lohe^{y}
(Gottes-des=)Götter-(der)

יִשְׂרָאֵל
yiś^{ə}rɔʾel
Israel(s)

עַל
ʿal
(wegen=)auf

מַעַל
maʿal
Untreue-(der)

הַגּוֹלָה
haggo^{w}lɔ^{h}
,(Deportierten=)Wegführung-(der=)die

וַאֲנִי
waʾ^{a}ni^{y}
ich-(indes=)und

יֹשֵׁב
yošeb
(da)sitzend(er)-(war)

מְשׁוֹמֵם
m^{ə}šo^{w}mem
erschüttert(er)-(tief)

עַד
ʿad
bis

לְמִנְחַת
l^{ə}min^{ə}ḥat
Speiseopfer-zu(m)

הָעָרֶב:
hɔʿɔrɛb.
.Abend(s)-(des=)der

5 וּבְמִנְחַת
u^{w}b^{ə}min^{ə}ḥat
Speiseopfer(s)-(des)-(während=)in-Und

הָעֶרֶב
hɔʿɛrɛb
Abend(s)-(des=)der

קַמְתִּי
qam^{ə}ti^{y}
(mich-ich-erhob=)auf-stand-ich

מִתַּעֲנִיתִי
mittaʿ^{a}ni^{y}ti^{y}
,Gedrücktheit-meiner-(aus=)von

וּבְקָרְעִי
u^{w}b^{ə}qɔr^{ə}ʿi^{y}
Zerreißen-mein(em)-(bei=)in

בִּגְדִי
big^{ə}di^{y}
Kleid-mein

וּמְעִילִי
u^{w}m^{ə}ʿi^{y}li^{y}
,Mantel-mein(en)-und

וָאֶכְרְעָה
wɔʾɛk^{ə}r^{ə}ʿɔ^{h}
nieder-kniete-ich-(da=)und

עַל־
-ʿal
auf

בִּרְכַּי
bir^{ə}kay
Knie-meine

וָאֶפְרְשָׂה
wɔʾɛp^{ə}r^{ə}śɔ^{h}
aus-breitete-ich-und

כַּפָּ֫י אֶל־ יְהוָ֥ה אֱלֹהָֽי׃
ʾᵋlohɔy. | yᵊhwɔʰ | -ʾɛl | kappay
.(Gott-meinem=)Götter(n)-meine(n) | ,JHWH | zu | (Hände=)Handflächen-meine

6 וָאֹמְרָ֗ה אֱלֹהַ֗י בֹּ֣שְׁתִּי וְנִכְלַ֔מְתִּי
wᵊnikᵊlamᵊtiʸ | bošᵊtiʸ | ʾᵋlohay | wɔʾomᵊrɔʰ
erröte-ich-und | mich-schäm(t)e-ich | ,(Gott=)Götter-Mein(e) | :sprach-ich-Und

לְהָרִ֧ים אֱלֹהַ֛י פָּנַ֖י
pɔnay | ʾᵋlohay | lᵊhɔriʸm
Gesicht(er)-mein(e) | ,(Gott=)Götter-mein(e) | ,(erheben-zu=)erheben-machen-zu

אֵלֶ֑יךָ כִּ֣י עֲוֹנֹתֵ֤ינוּ רָבוּ֙
rɔbuʷ | ʿᵃwonoteʸnuʷ | kiʸ | ʾelɛʸkɔ
(gehäuft-sich-haben=)viele-waren-(sie) | Vergehen-unsere | Denn | !dir-zu

לְמַ֣עְלָה רֹּ֔אשׁ וְאַשְׁמָתֵ֥נוּ
wᵊʾašᵊmɔtenuʷ | roʾš | lᵊmaʿᵊlɔʰ
Verschuldung-unsere-und | ,Haupt-(das) | (über-bis=)hin-oben-zu

גָֽדְלָ֖ה עַ֥ד לַשָּׁמָֽיִם׃
laššɔmɔyim. | ʿad | gɔdᵊlɔʰ
.Himmeln-den-zu | bis | (angewachsen-ist=)groß-wurde-(sie)

7 מִימֵ֣י אֲבֹתֵ֗ינוּ אֲנַ֙חְנוּ֙ בְּאַשְׁמָ֣ה גְדֹלָ֔ה
gᵊdolɔʰ | bᵊʾašᵊmɔʰ | ʾᵃnaḥᵊnuʷ | ʾᵃboteʸnuʷ | miʸmeʸ
große(r) | Schuld-in | (sind)-wir | Väter-unsere(r) | Tagen-(den)-(Seit=)Von

עַ֖ד הַיּ֣וֹם הַזֶּ֑ה וּבַעֲוֹנֹתֵ֙ינוּ֙
uʷbaʿᵃwonoteʸnuʷ | hazzɛʰ | hayyoʷm | ʿad
Vergehen-unsere(r)-(wegen=)in-und | ,da-dies(en) | ,Tag-(den=)der | (auf)-bis

נִתַּ֡נּוּ אֲנַ֨חְנוּ מְלָכֵ֜ינוּ כֹהֲנֵ֗ינוּ
kohᵃneʸnuʷ | mᵊlɔkeʸnuʷ | ʾᵃnaḥᵊnuʷ | nittannuʷ
,Priester-unsere-(und) | Könige-unsere | ,wir | ,(preis)gegeben-wurden-wir

בְּיַ֣ד מַלְכֵ֣י הָאֲרָצ֗וֹת
hɔʾᵃrɔṣoʷt | malᵊkeʸ | bᵊyad
,Länder(n)-(den=)die | (von)-Könige-(der) | Hand-(die)-in

בַּחֶ֤רֶב בַּשְּׁבִי֙
baššᵊbiʸ | baḥɛrɛb
Gefangenschaft-die-(durch=)in | ,Schwert-das-(durch=)in

וּבְבִזָּה
uʷbabbizzɔʰ
Plünderung-(durch=)in-und

וּבְבֹשֶׁת
uʷbᵊbošɛt
-(von)-Verhöhnung-(durch=)in-und

פָּנִים
pɔniʸm
,(offene=)Gesichter(n)

כְּהַיּוֹם
kᵊhayyoʷm
,Tag-dem-(gleich=)wie

הַזֶּה׃
hazzɛʰ.
.da-dies(em)

8 וְעַתָּה
wᵊʿattɔʰ
,nun-(Aber=)Und

כִּמְעַט־
-kimᵊʿaṭ
(kleinen-einen=)Kleinigkeit-wie

רֶגַע
rɛgaʿ
Augenblick

הָיְתָה
hɔyᵊtɔʰ
war-(es=sie)

תְחִנָּה
tᵊḥinnɔʰ
Erbarmen

מֵאֵת
meʾet
(seiten=)mit-von

יְהוָה
yᵊhwɔʰ
,JHWH(s)

אֱלֹהֵינוּ
ʾᵋloheʸnuʷ
,(Gottes-unseres=)Götter-unsere(r)

לְהַשְׁאִיר
lᵊhašᵊʾiʸr
(lassend-übrig=)lassen-übrig-zu

לָנוּ
lɔnuʷ
uns-(für=)zu

פְּלֵיטָה
pᵊleʸṭɔʰ
(Gerettete=)Rettung

וְלָתֶת־
-wᵊlɔtɛt
(gebend=)geben-zu-und

לָנוּ
lɔnuʷ
uns-(zu)

יָתֵד
yɔted
(Zelt)pflock-(einen)

בִּמְקוֹם
bimᵊqoʷm
Stätte-(der)-(an=)in

קָדְשׁוֹ
qodᵊšoʷ
,Heiligtum(s)-sein(es)

לְהָאִיר
lᵊhɔʾiʸr
(machte-leuchten-indem=)leuchten-machen-zu

עֵינֵינוּ
ʿeʸneʸnuʷ
Augenpaar(e)-unser(e)

אֱלֹהֵינוּ
ʾᵋloheʸnuʷ
,(Gott-unser=)Götter-unsere

וּלְתִתֵּנוּ
uʷlᵊtittenuʷ
uns-(gebend=)geben-(zu)-und

מִחְיָה
miḥᵊyɔʰ
Lebenskraft

מְעַט
mᵊʿaṭ
(wenig-ein=)Wenigkeit

בְּעַבְדֻתֵנוּ׃
bᵊʿabᵊdutenuʷ.
.Knechtschaft-unsere(r)-(während=)in

9 כִּי־
-kiʸ
Denn

עֲבָדִים
ʿabɔdiʸm
Knechte

אֲנַחְנוּ
ʾanaḥᵊnuʷ
,(sind)-wir

וּבְעַבְדֻתֵנוּ
uʷbᵊʿabᵊdutenuʷ
Knechtschaft-unsere(r)-(während=)in-(aber=)und

לֹא
loʾ
nicht

עֲזָבָנוּ
ʿazɔbɔnuʷ
uns-verließ(en)-(es=sie)

אֱלֹהֵינוּ
ʾᵋloheʸnuʷ
,(Gott-unser=)Götter-unsere

חֶסֶד	עָלֵינוּ	וַיַּט־
ḥɛsɛd	ʿɔle^{y}nu^{w}	-wayyaṭ
(Huld=)Gnade	uns-(über=)auf	(aus)-breitete-er-(sondern=)und

פָּרָס	מַלְכֵי	לִפְנֵי
pɔras	mal^{ə}ke^{y}	lip^{ə}ne^{y}
,(Persien=)Paras	(von)-Könige(n)-(den)	(vor=)Gesichter-zu

לְרוֹמֵם	מִחְיָה	לָנוּ	לָתֶת־
l^{ə}ro^{w}mem	miḥ^{ə}yɔ^{h}	lɔnu^{w}	-lɔtɛt
errichten-zu-(um)	,Lebenskraft	uns-(zu)	(gewährend=)geben-zu

אֱלֹהֵינוּ	אֶת־בֵּית
ʾ^{ɛ}lohe^{y}nu^{w}	be^{y}t-ʾɛt
(Gottes-unseres=)Götter-unsere(r)	(Tempel)haus-(das)***

וְלָתֶת־	אֶת־חָרְבֹתָיו	וּלְהַעֲמִיד
-w^{ə}lɔtɛt	ḥor^{ə}botɔ^{y}w-ʾɛt	u^{w}l^{ə}haʿ^{a}mi^{y}d
geben-zu-und	Trümmer-seine***	(herzustellen=)stehen-machen-zu-und

מַה־	10 וְעַתָּה	וּבִירוּשָׁלָםִ׃	בִּיהוּדָה	גָּדֵר	לָנוּ
-ma^{h}	w^{ə}ʿattɔ^{h}	u^{w}bi^{y}ru^{w}šɔlɔim.	bi^{y}hu^{w}dɔ^{h}	gɔder	lɔnu^{w}
was	,nun-Und	.Jerusalem-in-und	Juda-in	(Schutz)mauer-(eine)	uns-(zu)

אַחֲרֵי־	אֱלֹהֵינוּ	נֹּאמַר
-ʾaḥ^{a}re^{y}	ʾ^{ɛ}lohe^{y}nu^{w}	noʾmar
nach	,(Gott-unser-o=)Götter-unsere-(o)	,sagen-(sollen=)werden-wir

11 אֲשֶׁר	מִצְוֹתֶיךָ׃	עָזַבְנוּ	כִּי	זֹּאת
ʾ^{a}šɛr	miṣ^{ə}wotɛ^{y}kɔ.	ʿɔzab^{ə}nu^{w}	ki^{y}	zoʾt
(die=)welch(e)	,Gebote-deine	verließen-wir	Denn	?diese(m)

הַנְּבִיאִים	עֲבָדֶיךָ	בְּיַד	צִוִּיתָ
hann^{ə}bi^{y}ʾi^{y}m	ʿ^{a}bɔdɛ^{y}kɔ	b^{ə}yad	ṣiwwi^{y}tɔ
,Propheten-die	,Diener-deine	(durch=)Hand-in	erlassen-hast-du

בָּאִים	אַתֶּם	אֲשֶׁר	הָאָרֶץ	לֵאמֹר
bɔʾi^{y}m	ʾattɛm	ʾ^{a}šɛr	hɔʾɔrɛṣ	leʾmor
kommend(e)	(seid)-ihr	welch(es)-(in)	,Land-Das	:(erklärend=)sagen-zu

הִיא	נִדָּה	אֶרֶץ	לְרִשְׁתָּהּ
hi^{y}ʾ	niddɔ^{h}	ʾɛrɛṣ	l^{ə}riš^{ə}tɔh
,(es-ist=)sie	Unreinheit	(mit)-Land-(ein)	,(es=)sie-besitzen-zu-(um)

בְּנִדַּת b^{ə}niddat Unreinheit-(die)-(durch=)in

עַמֵּי ʿamme^{y} Völker-(der)

הָאֲרָצוֹת hɔ^{ʾa}rɔṣo^{w}t Länder-(der=)die

בְּתוֹעֲבֹתֵיהֶם b^{ə}to^{wʿa}bote^{y}hɛm Gräuel(taten)-ihre(r)-(wegen=)in

אֲשֶׁר ^{ʾa}šɛr welch(en)-(mit)

מִלְאוּהָ mil^{əʾ}u^{w}hɔ (es=)sie-füllten-sie

מִפֶּה אֶל־פֶּה mippɛ^{h} -ʾɛl pɛ^{h} (andern-zum-Ende-einem-von=)Mund-zu-Mund-von

בְּטֻמְאָתָם׃ b^{ə}ṭum^{əʾ}ɔtɔm. .Unreinheit-ihre(r)-(mit=)in

12 וְעַתָּה w^{əʿ}attɔ^{h} ,nun-(Doch=)Und

בְּנוֹתֵיכֶם b^{ə}no^{w}te^{y}kɛm Töchter-eure

אַל־ -ʾal nicht

תִּתְּנוּ titt^{ə}nu^{w} geben-(sollt=)werdet-ihr

לִבְנֵיהֶם lib^{ə}ne^{y}hɛm ,Söhne-(deren=)ihre-(an=)zu

וּבְנֹתֵיהֶם u^{w}b^{ə}note^{y}hɛm Töchter-ihre-und

אַל־ -ʾal nicht

תִּשְׂאוּ tiś^{əʾ}u^{w} nehmen-(sollt=)werdet-ihr

לִבְנֵיכֶם lib^{ə}ne^{y}kɛm .Söhne-eure-(für=)zu

וְלֹא־ -w^{ə}loʾ nicht-Und

תִדְרְשׁוּ tid^{ə}r^{ə}šu^{w} suchen-(sollt=)werdet-ihr

שְׁלֹמָם š^{ə}lomɔm (Wohlstand=)Frieden-ihr(en)

וְטֹבָתָם w^{ə}ṭo^{w}bɔtɔm (Glück=)Gut-ihr-und

עַד־עוֹלָם ʿo^{w}lɔm-ʿad ,(immerzu=)ewig-bis

לְמַעַן l^{ə}maʿan (damit=)um-zu

תֶּחֶזְקוּ tɛḥɛz^{ə}qu^{w} erstarkt-ihr

וַאֲכַלְתֶּם wa^{ʾa}kal^{ə}tɛm (genießen=)essen-(könnt=)werdet-ihr-und

אֶת־טוּב ṭu^{w}b-ʾɛt (Güter=)Gut-(das)***

הָאָרֶץ hɔʾɔrɛṣ Land(es)-(des=)das

וְהוֹרַשְׁתֶּם w^{ə}ho^{w}raš^{ə}tɛm vererbt-ihr-und

לִבְנֵיכֶם lib^{ə}ne^{y}kɛm Söhne-eure-(an=)zu

עַד־עוֹלָם׃ ʿo^{w}lɔm-ʿad. .(immer-für=)ewig-bis

13 וְאַחֲרֵי w^{əʾ}aḥ^{a}re^{y} nach-Und

כָּל־ -kol ,all(em)

הַבָּא	עָלֵינוּ	בְּמַעֲשֵׂינוּ
habbɔʾ	ʿɔleʸnuʷ	bᵊmaʿᵃśeʸnuʷ
(ist-gekommen-was=)Kommende-der	uns-(über=)auf	,Taten-unsere(r)-(ob=)in

הָרָעִים	וּבְאַשְׁמָתֵנוּ	הַגְּדֹלָה
hɔrɔʿiʸm	uʷbᵊʾašᵊmɔtenuʷ	haggᵊdolɔʰ
,bösen-(den=)die	,Verschuldung-unserer-(ob=)in-und	,große(n)-(der=)die

כִּי	אַתָּה	אֱלֹהֵינוּ
kiʸ	ʾattɔʰ	ʾᵋloheʸnuʷ
,(gewiss=)denn	,du	,(Gott-unser=)Götter-unsere

חָשַׂכְתָּ	לְמַטָּה
ḥɔśakᵊtɔ	lᵊmaṭṭɔʰ
(Schonung-übtest-du=)zurückgehalten-hast	(hin)-unten-(nach=)zu

מֵעֲוֹנֵנוּ	וְנָתַתָּה	לָּנוּ
meʿᵃwonenuʷ	wᵊnɔtattɔʰ	lɔnuʷ
,Vergehen-unsere-(auf-Bezug-in=)von	(gewährtest=)gabst-du-und	uns-(zu)

פְּלֵיטָה	כָּזֹאת׃
pᵊleʸṭɔʰ	kɔzoʾt.
(Gerettete=)Rettung	.diese-wie

14 הֲנָשׁוּב	לְהָפֵר	מִצְוֺתֶיךָ
hᵃnɔšuʷb	lᵊhɔper	miṣᵊwotɛʸkɔ
(billigen-wieder=)kehren-(sollten=)werden-wir-Etwa	brechen-zu	Gebote-deine

וּלְהִתְחַתֵּן	בְּעַמֵּי	הַתֹּעֵבוֹת
uʷlᵊhitᵊḥatten	bᵊʿammeʸ	hattoʿeboʷt
uns-verschwägern-zu-und	Völker(n)-(den)-(mit=)in	,Gräuel-(der=)die

הָאֵלֶּה	הֲלוֹא	תֶּאֱנַף־	בָּנוּ	עַד־
hɔʾellɛʰ	hᵃloʷʾ	-tɛʾᵋnap	bɔnuʷ	-ʿad
?da-diese(r)	nicht-Etwa	zürnen-(würdest=)wirst-du	uns-(gegen=)in	(zum)-bis

כַּלֵּה	לְאֵין	שְׁאֵרִית
kalleh	lᵊʾeʸn	šᵊʾeriʸt
,(Vertilgen=)Vollenden	(bliebe-nicht-dass=)Nichtsein-zu	Überrest-(ein)

וּפְלֵיטָה׃	15 יְהוָה	אֱלֹהֵי	יִשְׂרָאֵל	צַדִּיק
uʷpᵊleʸṭɔʰ.	yᵊhwɔʰ	ʾᵋloheʸ	yiśᵊrɔʾel	ṣaddiʸq
?(Gerettete=)Rettung-und	,JHWH-(O)	(Gott=)Götter	,Israel(s)	gerecht(er)

פְּלֵיטָה	נִשְׁאַרְנוּ	כִּי־	אַתָּה
p^{ə}le^{y}ṭɔ^{h}	niš^{ə}'ar^{ə}nu^{w}	-ki^{y}	'attɔ^{h}
(Gerettete=)Rettung-(als)	geblieben-übrig-sind-wir	(da=)wenn	,(bist)-du

הִנְנוּ	הַזֶּה	כְּהַיּוֹם
hin^{ə}nu^{w}	hazzɛ^{h}	k^{ə}hayyo^{w}m
wir-sind-hier	,da-dies(em)	,Tag-dem-(an-ist-Fall-der-es)-wie

כִּי	בְּאַשְׁמָתֵינוּ	לְפָנֶיךָ
ki^{y}	b^{ə}'aš^{ə}mɔte^{y}nu^{w}	l^{ə}pɔnɛ^{y}kɔ
,(Fürwahr=)Denn	!Verschuldungen-unseren-in	(dir-vor=)Gesichtern-deinen-zu

לְפָנֶיךָ	לַעֲמוֹד	אֵין
l^{ə}pɔnɛ^{y}kɔ	la^{ca}mo^{w}d	'e^{y}n
(dir-vor=)Gesichtern-deinen-zu	(be)stehen-zu	(möglich-es)-ist-nicht

עַל־זֹאת׃
zo't-^{c}al.
!(Art)-diese-auf

10

עֶזְרָא	1 וּכְהִתְפַּלֵּל
^{c}ɛz^{ə}rɔ'	u^{w}k^{ə}hit^{ə}pallel
Esra	(betete-als=)beten-wie-Und

בֹּכֶה	וּכְהִתְוַדֹּתוֹ
bokɛ^{h}	u^{w}k^{ə}hit^{ə}waddoto^{w}
weinend(er)	(ablegte-Geständnis-er-als=)Bekennen-sein-wie-und

בֵּית	לִפְנֵי	וּמִתְנַפֵּל
be^{y}t	lip^{ə}ne^{y}	u^{w}mit^{ə}nappel
(Tempel)haus-(dem)	(vor=)Gesichter-zu	niedergeworfen(er)-und

אֵלָיו	נִקְבְּצוּ	הָאֱלֹהִים
'elɔ^{y}w	niq^{ə}b^{ə}ṣu^{w}	hɔ'^{ɛ}lohi^{y}m
(ihn-um=)ihm-zu	sich-versammelte(n)-(es=sie)-(da)	,(Gottes=)Götter-(der=)die

רַב־מְאֹד	קָהָל	מִיִּשְׂרָאֵל
m^{ə}'od-rab	qɔhɔl	mi^{y}yiś^{ə}rɔ'el
,(große-sehr=)sehr-groß	(Volksschar=)Versammlung-(eine)	Israel-(aus=)von

הָעָם	בָכוּ	כִּי־	וִילָדִים	וְנָשִׁים	אֲנָשִׁים
hɔ^{c}ɔm	bɔku^{w}	-ki^{y}	wi^{y}lɔdi^{y}m	w^{ə}nɔši^{y}m	'^{a}nɔši^{y}m
Volk-das	weinte(n)-(es=sie)	denn	,Kinder-und	Frauen-und	Männer

הַרְבֵּה־בֶכֶה׃
bɛkɛh-harᵊbeʰ.
.(heftig=)Weinen-Vielmachen-(ein)

2 וַיַּעַן
wayyaᶜan
an-hob-(es=er)-(Da=)Und

שְׁכַנְיָה
šᵊkanᵊyɔʰ
Schechanja

בֶּן־יְחִיאֵל
yᵊḥiʸʾel-bɛn
,Jechiel(s)-Sohn

מִבְּנֵי
mibbᵊneʸ
(Nachkommen=)Söhne(n)-(den)-von

עולם[עֵילָם]
[ᶜeʸlɔm]ᶜoʷlɔm
,[Elam(s)]Olam(s)

וַיֹּאמֶר
wayyoʾmɛr
sprach-(er)-und

לְעֶזְרָא
lᵊᶜɛzᵊrɔʾ
:Esra-zu

אֲנַחְנוּ
ʾᵃnaḥᵊnuʷ
,Wir

מָעַלְנוּ
mɔᶜalᵊnuʷ
Untreue-begingen-wir

בֵּאלֹהֵינוּ
beʾloheʸnuʷ
,(Gott-unseren=)Götter-unsere-(gegen=)in

וַנֹּשֶׁב
wannošɛb
(heirateten=)wohnen-machten-wir

נָשִׁים
nɔšiʸm
Frauen

נָכְרִיּוֹת
nokᵊriʸyoʷt
fremd(gebürtig)e

מֵעַמֵּי
meᶜammeʸ
Völker(n)-(den)-von

הָאָרֶץ
hɔʾɔrɛṣ
!Land(es)-(des=)das

וְעַתָּה
wᵊᶜattɔʰ
jetzt-,(Indes=)Und

יֵשׁ־
-yeš
(besteht=)gibt-es

מִקְוֶה
miqᵊwɛʰ
Hoffnung

לְיִשְׂרָאֵל
lᵊyiśᵊrɔʾel
Israel-(für=)zu

עַל־זֹאת׃
zoʾt-ᶜal.
.(diesbezüglich=)diese-auf

3 וְעַתָּה
wᵊᶜattɔʰ
nun-(Also=)Und

נִכְרָת־
-nikᵊrot
(abschließen=)schneiden-(uns-lasst=)werden-wir

בְּרִית
bᵊriʸt
Bündnis-(ein)

לֵאלֹהֵינוּ
leʾloheʸnuʷ
,(Gott=)Götter(n)-unsere(n)-(mit=)zu

לְהוֹצִיא
lᵊhoʷṣiʸʾ
(entlassen-zu-nämlich=)hinausgehen-machen-zu

כָּל־
-kol
all(e)

נָשִׁים
nɔšiʸm
Frauen

וְהַנּוֹלָד
wᵊhannoʷlɔd
Geborene-(das=)der-und

מֵהֶם
mehɛm
,ihnen-von

בַּעֲצַת
baᶜᵃṣat
Rat-(dem)-(nach=)in

אֲדֹנָי
ʾᵃdonɔy
Herr(e)n-meine(s)

וְהַחֲרֵדִים	בְּמִצְוַת
wᵊhaḥᵃrediʸm	bᵊmiṣᵊwat
Fürchtenden-(der=)die-und	Gebot(es)-(des)-(ob=)in

אֱלֹהֵינוּ	וְכַתּוֹרָה
ʾᵋloheʸnuʷ	wᵊkattoʷrɔʰ
,(Gottes-unseres=)Götter-unsere(r)	(Gesetz-dem-nach=)Weisung-(die)-wie-und

יֵעָשֶׂה׃	4 קוּם	כִּי־
yeʿɔśɛʰ.	quʷm	-kiʸ
!werden-(verfahren=)gemacht-(soll=)wird-(es=)er	,auf-Steh	denn

עָלֶיךָ	הַדָּבָר	וַאֲנַחְנוּ	עִמָּךְ	חֲזַק
ʿɔlɛʸkɔ	haddɔbɔr	waʾᵃnaḥᵊnuʷ	ʿimmɔk	ḥᵃzaq
(obliegt-dir=)dir-auf	(Sache-die=)Wort-das	(sind)-wir-und	!dir-mit	stark-Sei

וַעֲשֵׂה׃	5 וַיָּקָם	עֶזְרָא
waʿᵃśeʰ.	wayyɔqom	ʿɛzᵊrɔʾ
!(handle=)mache-und	auf-stand-(es=er)-(Da=)Und	Esra

וַיַּשְׁבַּע	אֶת־שָׂרֵי	הַכֹּהֲנִים
wayyašᵊbaʿ	śɔreʸ-ʾɛt	hakkohᵃniʸm
schwören-(ließ=)machte-(er)-und	(von)-ober(st)e(n)-(die)	,Priester(n)-(den=)die

הַלְוִיִּם	וְכָל־	יִשְׂרָאֵל	לַעֲשׂוֹת
halᵊwiʸyim	-wᵊkol	yiśᵊrɔʾel	laʿᵃśoʷt
Leviten-(der=)die	(ganz=)all-und	Israel(s)	(verfahren=)machen-zu

כַּדָּבָר	הַזֶּה	וַיִּשָּׁבֵעוּ׃
kaddɔbɔr	hazzɛʰ	wayyiššɔbeʿuʷ.
,Wort-(dem)-(nach=)wie	;da-dies(em)	.schworen-sie-und

6 וַיָּקָם	עֶזְרָא
wayyɔqom	ʿɛzᵊrɔʾ
(sich-erhob=)auf-stand-(es=er)-(Sodann=)Und	,Esra

מִלִּפְנֵי	בֵּית
millipᵊneʸ	beʸt
(Frontseite-der=)Gesichter-zu-von-(sich-entfernte)	(Tempel)haus(es)-(des)

הָאֱלֹהִים	וַיֵּלֶךְ	אֶל־	לִשְׁכַּת	יְהוֹחָנָן
hɔʾᵋlohiʸm	wayyelɛk	-ʾɛl	lišᵊkat	yᵊhoʷḥɔnɔn
(Gottes=)Götter-(der=)die	ging-(er)-und	zu	Kammer-(der)	J(eh)ochanan(s)

בֶּן־אֶלְיָשִׁיב ʾɛl^{ə}yɔši^{y}b-bɛn .Eljaschib(s)-Sohn
וַיֵּלֶךְ wayyelɛk ging-er-Und
שָׁם šɔm .dort(hinein)
לֶחֶם lɛḥɛm Brot
לֹא־ -loʾ nicht
אָכַל ʾɔkal aß-er

וּמַיִם u^{w}mayim Wasser-und
לֹא־ -loʾ nicht
שָׁתָה šɔtɔh ,trank-er
כִּי ki^{y} (da=)denn
מִתְאַבֵּל mit^{əʾ}abbel trauernd(er)-(war-er)
עַל־ -ʿal (über=)auf

מַעַל maʿal Untreue-(die)
הַגּוֹלָה׃ haggo^{w}lɔ^{h}. .(Deportierten=)Wegführung-(der=)die

7 וַיַּעֲבִירוּ wayya^{ʿa}bi^{y}ru^{w} (ergehen=)durchgehen-machten-sie-(Dann=)Und
קוֹל qo^{w}l (Aufruf-einen=)Stimme

בִּיהוּדָה bi^{y}hu^{w}dɔ^{h} Juda-in
וִירוּשָׁלַםִ wi^{y}ru^{w}šɔlaim Jerusalem-und
לְכֹל l^{ə}kol all(e)-(an=)zu
בְּנֵי b^{ə}ne^{y} (Angehörigen=)Söhne

הַגּוֹלָה haggo^{w}lɔ^{h} ,(Deportierten=)Wegführung-(der=)die
לְהִקָּבֵץ l^{ə}hiqqɔbeṣ sich-versammeln-zu
יְרוּשָׁלָםִ׃ y^{ə}ru^{w}šɔlɔim. .Jerusalem-(in)

8 וְכֹל w^{ə}kol ,(jeder=)all-Und
אֲשֶׁר ^{ʾa}šɛr (der=)welch(er)
לֹא־ -loʾ nicht
יָבוֹא yɔbo^{wʾ} kommen-(würde=)wird-(er)

לִשְׁלֹשֶׁת liš^{ə}lošɛt drei-(innerhalb=)zu
הַיָּמִים hayyɔmi^{y}m ,Tage-(der=)die
כַּעֲצַת ka^{ʿa}ṣat Beschluss-(dem)-(gemäß=)wie

הַשָּׂרִים haśśɔri^{y}m Oberen-(der=)die
וְהַזְּקֵנִים w^{ə}hazz^{ə}qeni^{y}m ,(Ältesten=)Alten-(der=)die-und

יָחֳרַם yɔḥ^{o}ram werden-gebannt-(soll=)wird-(es=)er
כָּל־ -kol Gesamtheit-(die)

רְכוּשׁוֹ r^{ə}ku^{w}šo^{w} ,Habe-seine(r)
וְהוּא w^{ə}hu^{wʾ} (selbst)-er-und
יִבָּדֵל yibbɔdel werden-(ausgeschlossen=)getrennt-(soll=)wird-(er)

הַגּוֹלָֽה׃	מִקְּהַל
haggoʷlɔʰ.	miqqᵊhal
!(Deportierten=)Wegführung-(der=)die	Gemeinde-(der)-(aus=)von

יְהוּדָה	אַנְשֵׁי־	כָל־	9 וַיִּקָּבְצוּ
yᵊhuʷdɔʰ	-ʾanᵊšeʸ	-kol	wayyiqqɔbᵊṣuʷ
Juda	(von)-Männer	all(e)	sich-versammelten-(es=sie)-(Hierauf=)Und

הוּא	הַיָּמִים	לִשְׁלֹשֶׁת	יְרוּשָׁלַםִ	וּבִנְיָמִן
huʷʾ	hayyɔmiʸm	lišᵊlošɛt	yᵊruʷšɔlaim	uʷbinᵊyɔmin
(war-das=)er	,Tage-(der=)die	drei-(binnen=)zu	Jerusalem-(in)	Benjamin-und

בְּעֶשְׂרִים	הַתְּשִׁיעִי	חֹדֶשׁ
bᵊʿɛśᵊriʸm	hattᵊšiʸʿiʸ	ḥodɛš
(Tag)-zwanzig(sten)-(am=)in	,(neunten-dem=)neunte-der	,Monat-(im)

בִּרְחוֹב	הָעָם	כָל־	וַיֵּשְׁבוּ	בַּחֹדֶשׁ
birᵊḥoʷb	hɔʿɔm	-kol	wayyešᵊbuʷ	baḥodɛš
(Vor)platz-(dem)-(auf=)in	Volk-das	all	saß(en)-(es=)sie-und	,Monat-dem-in

עַל־	מַרְעִידִים	הָאֱלֹהִים	בֵּית
-ʿal	marᵊʿiʸdiʸm	hɔʾᵋlohiʸm	beʸt
(wegen=)auf	zitternd(e)	(Gottes=)Götter-(der=)die	Haus(es)-(des)

וּמֵהַגְּשָׁמִים׃	הַדָּבָר
uʷmehaggᵊšɔmiʸm.	haddɔbɔr
.Regengüsse-(der=)die-(wegen=)von-und	(Angelegenheit=)Wort-(der=)das

אֲלֵהֶם	וַיֹּאמֶר	הַכֹּהֵן	עֶזְרָא	10 וַיָּקָם
ʾᵃlehɛm	wayyoʾmɛr	hakkohen	ʿɛzᵊrɔʾ	wayyɔqom
:ihnen-zu	sagte-(er)-und	,Priester-der	,Esra	auf-stand-(es=er)-(Da=)Und

מְעַלְתֶּם	אַתֶּם
mᵊʿalᵊtɛm	ʾattɛm
(gefrevelt=)begangen-Untreue-habt-ihr	,Ihr

נָכְרִיּוֹת	נָשִׁים	וַתֹּשִׁיבוּ
nokᵊriʸyoʷt	nɔšiʸm	wattošiʸbuʷ
fremd(gebürtig)e	Frauen	(geheiratet=)gemacht-wohnen-habt-ihr-und

יִשְׂרָאֵל׃	אַשְׁמַת	עַל־	לְהוֹסִיף
yiśᵊrɔʾel.	ʾašᵊmat	-ʿal	lᵊhoʷsiʸp
.Israel(s)	Schuld-(die)	(noch=)auf	(mehrend=)hinzufügen-machen-zu

11 וְעַתָּה w^{əc}attɔ^{h} ,nun-(Doch=)Und
תְּנוּ t^{ə}nu^{w} gebt
תוֹדָה to^{w}dɔ^{h} (Ehre=)Dank
לַיהוָה layhwɔ^{h} ,JHWH-(an=)zu

אֱלֹהֵי־ -^{ɔε}lohe^{y} (Gott-den=)Götter(n)-(die)
אֲבֹתֵיכֶם ^{ɔa}bote^{y}kεm ,Väter-eure(r)
וַעֲשׂוּ wa^{ca}śu^{w} (befolgt=)macht-und
רְצוֹנוֹ r^{ə}ṣo^{w}no^{w} ,Willen-sein(en)

וְהִבָּדְלוּ w^{ə}hibbɔd^{ə}lu^{w} (absondern=)trennen-euch-(sollt=)werdet-ihr-und
מֵעַמֵּי me^{c}amme^{y} Völker(n)-(den)-von

הָאָרֶץ hɔ^{ɔ}rεṣ Land(es)-(des=)das
וּמִן־ -u^{w}min von-und
הַנָּשִׁים hannɔši^{y}m ,Frauen-(den=)die
הַנָּכְרִיּוֹת: hannok^{ə}ri^{y}yo^{w}t. !fremd(gebürtig)en-(den=)die

12 וַיַּעֲנוּ wayya^{cə}nu^{w} antwortete(n)-(es=sie)-(Da=)Und
כָּל־ -kol all
הַקָּהָל haqqɔhɔl Versammlung-die
וַיֹּאמְרוּ wayyo^{ɔ}m^{ə}ru^{w} sprach(en)-sie-und

קוֹל qo^{w}l Stimme-(mit)
גָּדוֹל gɔdo^{w}l :(lauter=)großer
כֵּן ken ,(Richtig=)So

כִּדְבָרֶיךָ[כִּדְבָרְךָ] [kid^{ə}bɔr^{ə}kɔ]k^{ə}dib^{ə}rε^{y}kɔ [Wort-dein(em)-(gemäß=)wie]Worte-deine-wie
עָלֵינוּ ^{c}ɔle^{y}nu^{w} uns-(es-obliegt=)auf

לַעֲשׂוֹת: la^{ca}śo^{w}t. !(handeln=)machen-zu
13 אֲבָל ^{ɔa}bɔl Aber
הָעָם hɔ^{c}ɔm Volk-das
רָב rɔb (zahlreich=)viel-(ist)

וְהָעֵת w^{ə}hɔ^{c}et (von)-Zeit-die-(ist-es)-und
גְּשָׁמִים g^{ə}šɔmi^{y}m ,Regengüsse(n)
וְאֵין w^{əɔ}e^{y}n (keine-haben-wir=)es-gibt-nicht-und

כֹּחַ koaḥ Kraft
לַעֲמוֹד la^{ca}mo^{w}d stehen-zu
בַּחוּץ baḥu^{w}ṣ ,(Freien=)Draußen-im
וְהַמְּלָאכָה w^{ə}hamm^{ə}lɔ^{ɔ}kɔ^{h} Werk-das-und
לֹא־ -lo^{ɔ} nicht-(ist)

לְיוֹם l^{ə}yo^{w}m Tag-(für=)zu
אֶחָד ^{ɔ}εḥɔd (einen=)einer
וְלֹא w^{ə}lo^{ɔ} nicht-und
לִשְׁנַיִם liš^{ə}nayim ,zwei-(für=)zu
כִּי־ -ki^{y} denn

הַזֶּה׃	בַּדָּבָר	לִפְשֹׁעַ	הִרְבִּינוּ
hazzεʰ.	baddɔbɔr	lipᵊšoaʿ	hirᵊbiʸnuʷ
!da-dieser	,(Sache=)Wort-(der=)dem-in	freveln-zu	(mehrten=)viel-machten-wir

לְכָל־	שָׂרֵינוּ	נָא	14 יַעַמְדוּ־
-lᵊkol	śɔreʸnuʷ	nɔʾ	-yaʿᵃmᵊduʷ
all-(für=)zu	Fürsten-unsere	doch	(ein)stehen-(mögen=)werden-(Es=)Er

אֲשֶׁר	וְכֹל	הַקָּהָל
ʾᵃšεr	wᵊkol	haqqɔhɔl
(der=)welch(er)	,(jeder=)all-und	,Versammlung-die

נָשִׁים	הַהֹשִׁיב	בֶּעָרֵינוּ
nɔšiʸm	hahošiʸb	bεʿɔreʸnuʷ
Frauen	(heiratete=)wohnen-machte-(er)-der	,(wohnt)-Städten-unsere(n)-in

מְזֻמָּנִים	לְעִתִּים	יָבֹא	נָכְרִיּוֹת
mᵊzummɔniʸm	lᵊʿittiʸm	yɔboʾ	nokᵊriʸyoʷt
,festgesetzte(n)	Zeiten-zu	kommen-(soll=)wird-(er)	,fremd(gebürtig)e

וָעִיר	עִיר	זִקְנֵי־	וְעִמָּהֶם
wɔʿiʸr	ʿiʸr	-ziqᵊneʸ	wᵊʿimmɔhεm
,Stadt-(einzelnen=)und	(jeder=)Stadt	(von)-(Älteste=)Alte	ihnen-mit-und

חֲרוֹן	לְהָשִׁיב	עַד	וְשֹׁפְטֶיהָ
ḥᵃroʷn	lᵊhɔšiʸb	ʿad	wᵊšopᵊṭεʸhɔ
Glut-(die)	(Abwenden=)Kehrenmachen-(einem)-zu	(zu)-bis	,Richter-ihre-und

מִמֶּנּוּ	אֱלֹהֵינוּ	אַף־
mimmεnnuʷ	ʾεloheʸnuʷ	-ʾap
uns-von	(Gottes-unseres=)Götter-unsere(r)	(Zornes-des=)Nase-(der)

בֶּן־עֲשָׂהאֵל	יוֹנָתָן	15 אַךְ	הַזֶּה׃	לַדָּבָר	עַד
ʿᵃśɔhʾel-bεn	yoʷnɔtɔn	ʾak	hazzεʰ.	laddɔbɔr	ʿad
Asaël(s)-Sohn	Jonatan	Jedoch	!da-dies(er)	,Sache-(der=)zu	(wegen=)auf

זֹאת	עַל־	עָמְדוּ	בֶּן־תִּקְוָה	וְיַחְזְיָה
zoʾt	-ʿal	ʿɔmᵊduʷ	tiqᵊwɔh-bεn	wᵊyaḥᵊzᵊyɔʰ
,diese	(gegen=)auf	(auf-traten=)standen-(sie)	Tikwa(s)-Sohn	Jachseja-und

עֲזָרֻם׃	הַלֵּוִי	וְשַׁבְּתַי	וּמְשֻׁלָּם
ʿᵃzɔrum.	hallewiʸ	wᵊšabbᵊtay	uʷmᵊšullɔm
.sie-unterstützten-(sie)	,Levit-der	,Schabbetai-und	Meschullam-und

16 וַיַּעֲשׂוּ־
-wayya^{ʿa}śu^{w}
(taten=)machten-(es=sie)-(Da=)Und

כֵן
ken
so

בְּנֵי
b^{ə}ne^{y}
(Angehörigen=)Söhne-(die)

הַגּוֹלָה
haggo^{w}lɔ^{h}
,(Deportierten=)Wegführung-(der=)die

וַיִּבָּדְלוּ
wayyibbɔd^{ə}lu^{w}
(ausgesondert=)getrennt-wurden-(es=)sie-und

עֶזְרָא
ʿɛz^{ə}rɔʾ
,Esra-(von)

הַכֹּהֵן
hakkohen
,Priester-(dem=)der

אֲנָשִׁים
^{ʾa}nɔši^{y}m
,Männer

רָאשֵׁי
rɔʾše^{y}
(Ober)häupter

הָאָבוֹת
hɔʾɔbo^{w}t
,(Familien=)Väter-(der=)die

לְבֵית
l^{ə}be^{y}t
Haus-(dem)-(nach=)zu

אֲבֹתָם
^{ʾa}botɔm
,(Geschlechter=)Väter-ihre(r)

וְכֻלָּם
w^{ə}kullɔm
sie-all(e)-und

בְּשֵׁמוֹת
b^{ə}šemo^{w}t
.(bestimmt-namentlich=)Name(n)-(mit=)in-(wurden)

וַיֵּשְׁבוּ
wayyeš^{ə}bu^{w}
(Sitzung-eine-ab-hielten=)saßen-sie-Und

בְּיוֹם
b^{ə}yo^{w}m
Tag-(am=)in

אֶחָד
ʾɛḥɔd
(ersten=)einer

לַחֹדֶשׁ
laḥodɛš
,Monat(s)-(des=)zu

הָעֲשִׂירִי
hɔ^{ʿa}śi^{y}ri^{y}
,zehnte(n)-(des)der

לְדַרְיוֹשׁ
l^{ə}dar^{ə}yo^{w}š
(unter)suchen-zu

הַדָּבָר׃
haddɔbɔr.
.(Angelegenheit=)Sache-die

17 וַיְכַלּוּ
way^{ə}kallu^{w}
(fertig-wurden=)endeten-sie-Und

בַכֹּל
bakkol
all-(mit=)in

אֲנָשִׁים
^{ʾa}nɔši^{y}m
,Männer(n)-(den)

הַהֹשִׁיבוּ
hahoši^{y}bu^{w}
(geheiratet=)gemacht-wohnen-hatten-(sie)-die

נָשִׁים
nɔši^{y}m
Frauen

נָכְרִיּוֹת
nok^{ə}ri^{y}yo^{w}t
,fremd(gebürtig)e(n)

עַד
ʿad
(zum)-bis

יוֹם
yo^{w}m
Tag

אֶחָד
ʾɛḥɔd
(eins=)einer

לַחֹדֶשׁ
laḥodɛš
,Monat(s)-(des=)zu

הָרִאשׁוֹן׃ hɔriʾšoʷn. .erste(n)-(des=)der | 18 וַיִּמָּצֵא wayyimmɔṣeʾ sich-fand(en)-(es=)er-Und

מִבְּנֵי mibbᵊneʸ (Nachkommen=)Söhne(n)-(den)-(unter=)von | הַכֹּהֲנִים hakkohᵃniʸm ,Priester-(der=)die | אֲשֶׁר ʾᵃšɛr welch(e)

הֹשִׁיבוּ hošiʸbuʷ (geheiratet=)gemacht-wohnen-hatten-(sie) | נָשִׁים nɔšiʸm Frauen | נָכְרִיּוֹת nokᵊriʸyoʷt :fremd(gebürtig)e

מִבְּנֵי mibbᵊneʸ (Nachkommen=)Söhne(n)-(den)-von | יֵשׁוּעַ yešuʷaᶜ Jeschua(s) | בֶּן־יוֹצָדָק yoʷṣɔdɔq-bɛn Jozadak(s)-Sohn

וְאֶחָיו wᵊʾɛḥɔʸw :Brüder(n)-seine(n)-und | מַעֲשֵׂיָה maᶜᵃśeʸɔʰ Maaseja | וֶאֱלִיעֶזֶר wɛʾᵋliʸᶜɛzɛr Eliëser-und | וְיָרִיב wᵊyɔriʸb Jarib-und | וּגְדַלְיָה׃ uʷgᵊdalᵊyɔʰ. .Gedalja-und

19 וַיִּתְּנוּ wayyittᵊnuʷ gaben-sie-Und | יָדָם yɔdɔm ,(darauf)-Hand-ihre | לְהוֹצִיא lᵊhoʷṣiʸʾ (entlassen-zu=)hinausgehen-machen-zu

נְשֵׁיהֶם nᵊšeʸhɛm ,Frauen-ihre | וַאֲשֵׁמִים waʾᵃšemiʸm :Schuldbeladene-und | אֵיל־צֹאן ṣoʾn-ʾeʸl Schaf-bock-(einen) | עַל־ -ᶜal (für=)auf | אַשְׁמָתָם׃ ʾašᵊmɔtɔm. .Schuld-ihre

20 וּמִבְּנֵי uʷmibbᵊneʸ (Nachkommen=)Söhne(n)-(den)-von-Und | אִמֵּר ʾimmer :Immer(s) | חֲנָנִי ḥᵃnɔniʸ (Hanani=)Chanani

וּזְבַדְיָה׃ uʷzᵊbadᵊyɔʰ. .Sebadja-und | 21 וּמִבְּנֵי uʷmibbᵊneʸ (Nachkommen=)Söhne(n)-(den)-von-Und | חָרִם ḥɔrim :(Harims=)Charim(s)

מַעֲשֵׂיָה maᶜᵃśeʸɔʰ Maaseja | וְאֵלִיָּה wᵊʾeliʸyɔʰ Elija-und | וּשְׁמַעְיָה uʷšᵊmaᶜᵊyɔʰ Schemaja-und | וִיחִיאֵל wiʸḥiʸʾel Jechiël-und | וְעֻזִּיָּה׃ wᵊᶜuziʸyɔʰ. .Usija-und

22 וּמִבְּנֵי uʷmibbᵊneʸ (Nachkommen=)Söhne(n)-(den)-von-Und | פַּשְׁחוּר pašᵊḥuʷr :(Paschhurs=)Paschchur(s)

23 וּמִן־	וְאֶלְעָשָׂה׃	יוֹזָבָד	נְתַנְאֵל	יִשְׁמָעֵאל	מַעֲשֵׂיָה	אֶלְיוֹעֵינַי
-uʷmin	wᵊʾɛlᵊʿɔśɔʰ.	yoʷzɔbɔd	nᵊtanᵊʾel	yišᵊmɔʿeʾl	maʿᵃśeʸyɔʰ	ʾɛlᵊyoʷʿeʸnay
von-Und	.Elasa-und	Josabad	,Netanel	,Jischmaël	,Maaseja	,Eljoënai

הוּא	וְקֵלָיָה	וְשִׁמְעִי	יוֹזָבָד	הַלְוִיִּם
huʷʾ	wᵊqelɔyɔʰ	wᵊšimᵊʿiʸ	yoʷzɔbɔd	halᵊwiʸyim
(ist-das=)er —	Kelaja-und	Schimei-und	Josabad	:Leviten-(den=)die

24 וּמִן־	וֶאֱלִיעֶזֶר׃	יְהוּדָה	פְּתַחְיָה	קְלִיטָא
-uʷmin	wɛʾᵉliʸʿɛzɛr.	yᵊhuʷdɔʰ	pᵊtaḥᵊyɔʰ	qᵊliʸṭɔʾ
von-Und	.Eliëser-und	Juda	,Petachja	,— Kelita

הַשֹּׁעֲרִים	וּמִן־	אֶלְיָשִׁיב	הַמְשֹׁרְרִים
haššoʿᵃriʸm	-uʷmin	ʾɛlᵊyɔšiʸb	hamᵊšorᵊriʸm
:Torwächter(n)-(den=)die	von-Und	.Eljaschib	:(Sängern=)Singenden-(den=)die

25 וּמִיִּשְׂרָאֵל	וְאוּרִי׃	וָטֶלֶם	שַׁלֻּם
uʷmiʸyiśᵊrɔʾel	wᵊʾuʷriʸ.	wɔṭɛlɛm	šallum
:Israel-(aus=)von-Und	.Uri-und	Telem-und	Schallum

וְיִזִּיָּה	רַמְיָה	פַרְעֹשׁ	מִבְּנֵי
wᵊyizziʸyɔʰ	ramᵊyɔʰ	parᵊʿoš	mibbᵊneʸ
Jissija-und	Ramja	:Parosch(s)	(Nachkommen=)Söhne(n)-(den)-von

וּבְנָיָה׃	וּמַלְכִּיָּה	וְאֶלְעָזָר	וּמִיָּמִן	וּמַלְכִּיָּה
uʷbᵊnɔyɔʰ.	uʷmalᵊkiʸyɔʰ	wᵊʾɛlᵊʿɔzɔr	uʷmiʸyɔmin	uʷmalᵊkiʸyɔʰ
.Benaja-und	Malkija-und	Elasar-und	Mijamin-und	Malkija-und

זְכַרְיָה	מַתַּנְיָה	עֵילָם	26 וּמִבְּנֵי
zᵊkarᵊyɔʰ	mattanᵊyɔʰ	ʿeʸlɔm	uʷmibbᵊneʸ
Sacharja	,Mattanja	:Elam(s)	(Nachkommen=)Söhne(n)-(den)-von-Und

וְאֵלִיָּה׃	וִירֵמוֹת	וְעַבְדִּי	וִיחִיאֵל
wᵊʾeliʸyɔʰ.	wiʸremoʷt	wᵊʿabᵊdiʸ	wiʸḥiʸʾel
.Elija-und	Jeremot-und	Abdi-und	Jechiël-und

אֶלְיָשִׁיב	אֶלְיוֹעֵנַי	זַתּוּא	27 וּמִבְּנֵי
ʾɛlᵊyɔšiʸb	ʾɛlᵊyoʷʿenay	zattuʷʾ	uʷmibbᵊneʸ
,Eljaschib	,Eljoënai	Sattu(s)	(Nachkommen=)Söhne(n)-(den)-von-Und

וַעֲזִיזָא׃	וְזָבָד	וִירֵמוֹת	מַתַּנְיָה
waʿᵃziʸzɔʾ.	wᵊzɔbɔd	wiʸremoʷt	mattanᵊyɔʰ
.Asisa-und	Sabad-und	Jeremot-und	Mattanja

יְהוֹחָנָן	בֵּבָי	28 וּמִבְּנֵי
yᵊhoʷḥɔnɔn	bebɔy	uʷmibbᵊneʸ
,J(eh)ochanan	:Bebai(s)	(Nachkommen=)Söhne(n)-(den)-von-Und

עַתְלָי׃	זַבַּי	חֲנַנְיָה
ʿatᵊlɔy.	zabbay	ḥᵃnanᵊyɔʰ
.Atlai	,Sabbai	,(Hananja=)Chananja

מַלּוּךְ	מְשֻׁלָּם	בָּנִי	29 וּמִבְּנֵי
malluʷk	mᵊšullɔm	bɔniʸ	uʷmibbᵊneʸ
Malluch	,Meschullam	:Bani(s)	(Nachkommen=)Söhne(n)-(den)-von-Und

יְרֵמוֹת[וְרָמוֹת]׃	וּשְׁאָל	יָשׁוּב	וַעֲדָיָה
[wᵊrɔmoʷt]yᵊremoʷt.	uʷšᵊʾɔl	yɔšuʷb	waʿᵃdɔyɔʰ
.[Ramot-und]Jeremot	,Scheal-und	Jaschub	,Adaja-und

עַדְנָא	מוֹאָב	פַּחַת	30 וּמִבְּנֵי
ʿadᵊnɔʾ	moʷʾɔb	paḥat	uʷmibbᵊneʸ
Adna	:Moab(s)	-Pachat	(Nachkommen=)Söhne(n)-(den)-von-Und

וּבִנּוּי	בְּצַלְאֵל	מַתַּנְיָה	מַעֲשֵׂיָה	בְּנָיָה	וּכְלָל
uʷbinnuʷy	bᵊṣalᵊʾel	mattanᵊyɔʰ	maʿᵃśeʸɔʰ	bᵊnɔyɔʰ	uʷkᵊlɔl
Binnui-und	Bezalel	,Mattanja	,Maaseja	,Benaja	,Kelal-und

31 וּבְנֵי	וּמְנַשֶּׁה׃
uʷbᵊneʸ	uʷmᵊnaššɛʰ.
(von)-(Nachkommen=)Söhne-(der)-Und	.(Manasse=)Menaschsche-und

שְׁמַעְיָה	מַלְכִּיָּה	יִשִּׁיָּה	אֱלִיעֶזֶר	חָרִם
šᵊmaʿᵊyɔʰ	malᵊkiʸyɔʰ	yiššiʸyɔʰ	ʾᵋliʸʿɛzɛr	ḥɔrim
,Schemaja	,Malkija	,Jischschija	,Eliëser	:(Harim=)Charim

33 מִבְּנֵי	שְׁמַרְיָה׃	מַלּוּךְ	32 בִּנְיָמִן	שִׁמְעוֹן׃
mibbᵊneʸ	šᵊmarᵊyɔʰ.	malluʷk	bᵊnᵊyɔmin	šimᵊʿoʷn.
Söhne(n)-(den)-Von	.Schemarja	,Malluch	,Benjamin	,(Simeon=)Schimeon

יְרֵמַי	אֱלִיפֶלֶט	זָבָד	מַתַּתָּה	מַתְּנַי	חָשֻׁם
yᵊremay	ʾᵋliʸpɛlɛṭ	zɔbɔd	mattattɔʰ	mattᵊnay	ḥɔšum
,Jeremai	,Eliphelet	,Sabad	,Mattata	,Mattenai	:Chaschum(s)

34 מִבְּנֵי	שִׁמְעִי׃	מְנַשֶּׁה
mibbᵊneʸ	šimᵊʿiʸ.	mᵊnaššɛʰ
(Nachkommen=)Söhne(n)-(den)-Von	.Schimei	,(Manasse=)Menaschsche

כְּלָהַי[כְּלוּהוּ]׃	בֵדְיָה	35 בְּנָיָה	וְאוּאֵל׃	עַמְרָם	מַעֲדַי	בָּנִי
[kᵊluʷhuʷ]kᵊlɔhay.	bedᵊyɔʰ	bᵊnɔyɔʰ	wᵊʾuʷʾel.	ᶜamᵊrɔm	maᶜᵃday	bɔniʸ
,[Keluhu]Kelahai	,Bedja	,Benaja	,Uël-und	Amram	,Maadai	:Bani(s)

וְיַעֲשׂוֹ[וְיַעֲשָׂי]׃	מַתְּנַי	37 מַתַּנְיָה	אֶלְיָשִׁיב׃	מְרֵמוֹת	36 וַנְיָה
[wᵊyaᶜᵃśɔy]wᵊyaᶜᵃśoʷ.	mattᵊnay	mattanᵊyɔʰ	ʾɛlᵊyɔšiʸb.	mᵊremoʷt	wanᵊyɔʰ
[Jaasai-und]Jaaso-und	Mattenai	,Mattanja	,Eljaschib	,Meremot	,Wanja

וַעֲדָיָה׃	וְנָתָן	39 וְשֶׁלֶמְיָה	שִׁמְעִי׃	וּבִנּוּי	38 וּבָנִי
waᶜᵃdɔyɔʰ.	wᵊnɔtɔn	wᵊšɛlɛmᵊyɔʰ	šimᵊᶜiʸ.	uʷbinnuʷy	uʷbɔniʸ
,Adaja-und	Natan-und	Schelemja-und	Schimeï	,Binnui-und	Bani-und

וְשֶׁלֶמְיָהוּ	41 עֲזַרְאֵל	שָׁרָי׃	שָׁשַׁי	40 מַכְנַדְבַי
wᵊšɛlɛmᵊyɔhuʷ	ᶜᵃzarᵊʾel	šɔrɔy.	šɔšay	makᵊnadᵊbay
,Schelemja(hu)-und	Asarel	,Scharai	,Schaschai	,Machnadbai

יוֹסֵף׃	אֲמַרְיָה	42 שַׁלּוּם	שְׁמַרְיָה׃
yoʷsep.	ʾᵃmarᵊyɔʰ	šalluʷm	šᵊmarᵊyɔʰ.
.Joseph	,Amarja	,Schallum	,Schemarja

זָבָד	מַתִּתְיָה	יְעִיאֵל	נְבוֹ	43 מִבְּנֵי
zɔbɔd	mattitᵊyɔʰ	yᵊᶜiʸʾel	nᵊboʷ	mibbᵊneʸ
,Sabad	,Mattitja	,Jeïel	:Nebo(s)	(Nachkommen=)Söhne(n)-(den)-Von

אֵלֶּה	44 כָּל־	בְּנָיָה׃	וְיוֹאֵל	יַדּוֹ[יַדַּי]	זְבִינָא
ʾellɛʰ	-kol	bᵊnɔyɔʰ.	wᵊyoʷʾel	[yadday]yaddoʷ	zᵊbiʸnɔʾ
diese	All(e)	.Benaja	,Joel-und	[Jaddai]Jaddo	,Sebina

מֵהֶם	וְיֵשׁ	נָכְרִיּוֹת	נָשִׁים	נָשְׂאוּ[נָשְׂאוּ]
mehɛm	wᵊyeš	nokᵊriʸyoʷt	nɔšiʸm	[nɔśᵊʾuʷ]nɔśᵊʾuʷ
ihnen-(unter=)von	gab-es-und	,fremd(gebürtig)e	Frauen	genommen-hatten-(sie)

בָּנִים׃	וַיָּשִׂימוּ	נָשִׁים
bɔniʸm.	wayyɔśiʸmuʷ	nɔšiʸm
.(Kinder=)Söhne	(gebracht-hatten=)setzten-(die=)sie-und	,Frauen

נחמיה
Nehemia

1

בֶּן־חֲכַלְיָה	נְחֶמְיָה	1 דִּבְרֵי
ḥakaləyɔh-bɛn	nəḥɛməyɔh	dibərey
.(Hekalias=)Chekalia(s)-Sohn	(Nehemias=)Nechemja(s)	Worte

עֶשְׂרִים	שְׁנַת	כִסְלֵו[כִּסְלֵיו]	בְחֹדֶשׁ־	וַיְהִי
ʿɛśəriym	šənat	[kisəleyw]kisəlew	-bəḥodɛš	wayəhiy
,zwanzig	Jahr-(im)	,Kislew	Monat-(im=)in	war-(es=)er-Und

בְּשׁוּשַׁן	הָיִיתִי	וַאֲנִי
bəšuwšan	hɔyiytiy	waʾaniy
,(Susa=)Schuschan-in	(mich-befand=)war-(ich)	ich-(während=)und

אֶחָד	חֲנָנִי	2 וַיָּבֹא	הַבִּירָה׃
ʾɛḥɔd	ḥanɔniy	wayyɔboʾ	habbiyrɔh.
ein(er)	,(Hanani=)Chanani	kam-(es=er)-(Da=)Und	.Burg-(der=)die

מִיהוּדָה	וַאֲנָשִׁים	הוּא	מֵאַחַי
miyhuwdɔh	waʾanɔšiym	huwʾ	meʾaḥay
.Juda-(aus=)von	Männer-(einige)-und	er	,Brüder(n)-meine(n)-von

הַיְּהוּדִים	עַל־	וָאֶשְׁאָלֵם
hayyəhuwdiym	-ʿal	wɔʾɛšʾɔlem
,Juden-die	(über=)auf	sie-(be)fragte-ich-Und

נִשְׁאֲרוּ	אֲשֶׁר־	הַפְּלֵיטָה
nišᵊʾᵃruʷ	-ʾᵃšɛr	happᵊleʸṭɔʰ
übriggeblieben-waren-(sie)	welch(e)	(Entronnenen-die=)Entrinnen-das

וְעַל־	הַשֶּׁבִי	מִן־
-wᵊʿal	haššɛbiʸ	-min
(über=)auf-und	,(Gefangenschaft=)Wegführung-(der=)die	(aus=)von

אֲשֶׁר־	הַנִּשְׁאָרִים	לִי	3 וַיֹּאמְרוּ	יְרוּשָׁלִָם׃
-ʾᵃšɛr	hannišᵊʾɔriʸm	liʸ	wayyoʾmᵊruʷ	yᵊruʷšɔlɔim.
welch(e)	,Übriggebliebenen-Die	:mir-zu	sprachen-sie-(Da=)Und	.Jerusalem

בַּמְּדִינָה	שָׁם	הַשְּׁבִי	מִן־	נִשְׁאֲרוּ
bammᵊdiʸnɔʰ	šɔm	haššᵊbiʸ	-min	nišᵊʾᵃruʷ
,Provinz-der-in	dort	Wegführung-(der=)die	(nach=)von	verblieben-sind-(sie)

וְחוֹמַת	וּבְחֶרְפָּה	גְדֹלָה	בְּרָעָה
wᵊḥoʷmat	uʷbᵊḥɛrᵊpɔʰ	gᵊdolɔʰ	bᵊrɔʿɔʰ
Mauer-(die)-und	,Schmach-in-und	,große(r)	(Not=)Übel-in-(sich-befinden)

נִצְּתוּ	וּשְׁעָרֶיהָ	מְפֹרָצֶת	יְרוּשָׁלִַם
niṣṣᵊtuʷ	uʷšᵊʿɔrɛʸhɔ	mᵊporɔṣɛt	yᵊruʷšɔlaim
verbrannt-wurden-(sie)	Tore-(seine=)ihre-und	,eingerissen(e)-(ist)	Jerusalem(s)

אֶת־הַדְּבָרִים	כְּשָׁמְעִי	4 וַיְהִי	בָּאֵשׁ׃
haddᵊbɔriʸm-ʾɛt	kᵊšɔmᵊʿiʸ	wayᵊhiʸ	bɔʾeš.
,Worte-die***	(hörte-ich-als=)Hören-mein-wie	,war-(es=)er-Und	!Feuer-im

וָאֶבְכֶּה	יָשַׁבְתִּי	הָאֵלֶּה
wɔʾɛbᵊkɛʰ	yɔšabᵊtiʸ	hɔʾellɛʰ
weinte-ich-Und	.nieder-mich-(ich-setzte=)setzte-ich	,diese(lben)

צָם	וָאֱהִי	יָמִים	וָאֶתְאַבְּלָה
ṣɔm	wɔʾɛhiʸ	yɔmiʸm	wɔʾɛtʾabbᵊlɔʰ
fastend(er)	war-ich-(Zugleich=)Und	.tage(lang)	trauerte-(ich)-und

הַשָּׁמָיִם׃	אֱלֹהֵי	לִפְנֵי	וּמִתְפַּלֵּל
haššɔmɔyim.	ʾᵋloheʸ	lipᵊneʸ	uʷmitᵊpallel
.Himmel-(der=)die	(Gott-dem=)Götter	(vor=)Gesichter-zu	betend(er)-und

הַשָּׁמַיִם	אֱלֹהֵי	יְהוָה	אָנָּא	5 וָאֹמַר
haššɔmayim	ʾᵋloheʸ	yᵊhwɔʰ	ʾɔnnɔʾ	wɔʾomar
,Himmel-(der=)die	(Gott=)Götter	,JHWH	,Ach	:sprach-ich-Und

הָאֵל hɔʾel ,Gott-(du=)der
הַגָּדוֹל haggɔdoʷl ,große(r)-(du=)der
וְהַנּוֹרָא wᵊhannoʷrɔʾ ,furchtbar(er)-(du=)der-und
שֹׁמֵר šomer Wahrender-(du)

הַבְּרִית habbᵊriʸt Bund-(den=)der
וָחֶסֶד wɔḥɛsɛd Gnade-und
לְאֹהֲבָיו lᵊʾohᵃbɔʸw (lieben-ihn-die-denen=)Liebenden-seinen-zu

וּלְשֹׁמְרֵי uʷlᵊšomᵊreʸ Haltende(n)-(den=)zu-und
מִצְוֺתָיו׃ miṣᵊwotɔʸw. !Gebote-seine
6 תְּהִי tᵊhiʸ sei-(Es=)Sie
נָא nɔʾ doch
אָזְנְךָ־ -ʾozᵊnᵊkɔ Ohr-dein

קַשֶּׁבֶת qaššɛbɛt ,aufmerkend(e)
וְעֵינֶיךָ wᵊʿeʸnɛʸkɔ Augen-(zwei)-deine-und
פְּתֻוּחוֹת pᵊtuuʷḥoʷt ,geöffnet(e)-(seien)
לִשְׁמֹעַ lišᵊmoaʿ hören-zu

אֶל־ -ʾɛl (auf=)zu
תְּפִלַּת tᵊpillat Gebet-(das)
עַבְדְּךָ ʿabᵊdᵊkɔ ,Knecht(es)-dein(es)
אֲשֶׁר ʾašɛr welch(es)
אָנֹכִי ʾɔnokiʸ (bin)-ich

מִתְפַּלֵּל mitᵊpallel (verrichtend=)betend(er)
לְפָנֶיךָ lᵊpɔnɛʸkɔ (dir-vor=)Gesichter(n)-deine(n)-zu
הַיּוֹם hayyoʷm (heute=)Tag-der

יוֹמָם yoʷmɔm (Tag-am=)tags
וָלַיְלָה wɔlayᵊlɔʰ (Nacht-bei=)nacht(s)-und
עַל־ -ʿal (für=)auf
בְּנֵי bᵊneʸ (Kinder=)Söhne-(die)

יִשְׂרָאֵל yiśᵊrɔʾel ,Israel(s)
עֲבָדֶיךָ ʿᵃbɔdɛʸkɔ ,Knechte-deine
וּמִתְוַדֶּה uʷmitᵊwaddɛʰ bekennend(er)-mich-und
עַל־ -ʿal (wegen=)auf
חַטֹּאות ḥaṭṭoʾwt Sünden-(der)

בְּנֵי־ -bᵊneʸ (Kinder=)Söhne-(der)
יִשְׂרָאֵל yiśᵊrɔʾel ,Israel(s)
אֲשֶׁר ʾašɛr welch(e)
חָטָאנוּ ḥɔṭɔʾnuʷ (begingen=)sündigten-wir

לָךְ lɔk ,(dich-gegen=)dir-zu
וַאֲנִי waʾᵃniʸ ich-(ja=)und
וּבֵית־ -uʷbeʸt Haus-(das)-und
אָבִי ʾɔbiʸ Vater(s)-mein(es)

חָטָאנוּ׃ ḥɔṭɔʾnuʷ. .gesündigt-haben-(wir)
7 חֲבֹל ḥᵃbol (Sehr=)Bösehandeln-(Ein)
חָבַלְנוּ ḥɔbalᵊnuʷ gehandelt-böse-haben-wir

אֶת־הַמִּצְוֺת	שָׁמַרְנוּ	וְלֹא־	לְךָ
hammiṣᵊwot-ʾɛt	šɔmarᵊnuʷ	-wᵊloʾ	lɔk
Gebote-die***	(hielten=)bewahrten-wir	nicht-und	,(dich-gegen=)dir-zu

צִוִּיתָ	אֲשֶׁר	וְאֶת־הַמִּשְׁפָּטִים	וְאֶת־הַחֻקִּים
ṣiwwiʸtɔ	ʾašɛr	hammišᵊpɔṭiʸm-wᵊʾɛt	haḥuqqiʸm-wᵊʾɛt
geboten-hast-du	welch(e)	,Rechtsvorschriften-die***und	Satzungen-die***und

נָא	8 זְכָר־	עַבְדֶּךָ׃	אֶת־מֹשֶׁה
nɔʾ	-zᵊkor	ʿabᵊdɛkɔ.	mošɛʰ-ʾɛt
doch	Gedenke	.Knecht-dein(em)	,(Mose=)Mosche-(dem)***

צִוִּיתָ	אֲשֶׁר	אֶת־הַדָּבָר
ṣiwwiʸtɔ	ʾašɛr	haddɔbɔr-ʾɛt
aufgetragen-hast-du	welch(es)	,(Wortes-des=)Wort-das***

לֵאמֹר	עַבְדְּךָ	אֶת־מֹשֶׁה
leʾmor	ʿabᵊdᵊkɔ	mošɛʰ-ʾɛt
:(sprachst-du-als=)sagen-zu	,Knecht-dein(em)	,(Mose=)Mosche-(dem)***

אֶתְכֶם	אָפִיץ	אֲנִי	תִּמְעָלוּ	אַתֶּם
ʾɛtᵊkɛm	ʾɔpiʸṣ	ʾaniʸ	timᵊʿɔluʷ	ʾattɛm
euch	zerstreuen-werde-(ich)	ich-(so)	,seid-treulos-ihr	,ihr-(Wenn)

9 וְשַׁבְתֶּם	בָּעַמִּים׃
wᵊšabᵊtɛm	bɔʿammiʸm.
(wendet-wieder-euch=)zurückkehrt-ihr-(wenn)-(doch=)und	,Völker-die-(unter=)in

אֹתָם	וַעֲשִׂיתֶם	מִצְוֺתַי	וּשְׁמַרְתֶּם	אֵלַי
ʾotɔm	waʿaśiʸtɛm	miṣᵊwotay	uʷšᵊmarᵊtɛm	ʾelay
sie	(ausführt=)tut-ihr-und	Gebote-meine	(haltet=)bewahrt-ihr-und	mir-zu

נִדַּחֲכֶם	יִהְיֶה	אִם־
niddaḥᵃkɛm	yihᵊyɛʰ	-ʾim
(Vertriebenen-eure=)Verstoßensein-euer	(wären=)ist-(es=er)	wenn —

אֲקַבְּצֵם	מִשָּׁם	הַשָּׁמַיִם	בִּקְצֵה
ʾaqabbᵊṣem	miššɔm	haššɔmayim	biqᵊṣeʰ
sie-sammeln-(würde=)werde-ich	dort-von	,Himmel-(der=)die	Ende-(am=)in

הַמָּקוֹם	אֶל־	וַהֲבוֹאֹתִים[וַהֲבִיאוֹתִים]
hammɔqoʷm	-ʾɛl	[wahᵃbiʸʾoʷtiʸm]wahᵃboʷʾotiʸm
,Ort-(dem=)der	zu	sie-machen-kommen-(würde=)werde-ich-und

שָׁם׃	אֶת־שְׁמִי	לְשַׁכֵּן	בָּחַרְתִּי	אֲשֶׁר
šɔm.	šᵊmiʸ-ʾɛt	lᵊšakken	bɔḥarᵊtiʸ	ʾᵃšɛr
.dort	Name-mein***	(wohne-dass=)wohnen-zu	,erwählte-ich	(den=)welch(en)

אֲשֶׁר	וְעַמֶּךָ	עֲבָדֶיךָ	10 וְהֵם
ʾᵃšɛr	wᵊʿammɛkɔ	ʿᵃbɔdɛʸkɔ	wᵊhem
welch(es)	,Volk-dein-und	Knechte-deine	(doch-sind)-sie-(Denn=)Und

הַגָּדוֹל	בְּכֹחֲךָ	פָּדִיתָ
haggɔdoʷl	bᵊkoḥᵃkɔ	pɔdiʸtɔ
,große(n)-(der=)die	,Kraft-deine(r)-(mit=)in	(befreitest=)loskauftest-du

אֲדֹנָי	11 אָנָּא	הַחֲזָקָה׃	וּבְיָדְךָ
ʾᵃdonɔy	ʾɔnnɔʾ	haḥᵃzɔqɔʰ.	uʷbᵊyɔdᵊkɔ
,Herr(en)-mein(e)	,Ach	.starke(n)-(der=)die	,Hand-deine(r)-(mit=)in-und

תְּפִלַּת	אֶל־	קַשֶּׁבֶת	אָזְנְךָ־	נָא	תְּהִי
tᵊpillat	-ʾɛl	qaššɛbɛt	-ʾozᵊnᵊkɔ	nɔʾ	tᵊhiʸ
Gebet-(das)	(auf=)zu	aufmerkend(e)	Ohr-dein	doch	sei-(es=)er

עֲבָדֶיךָ	תְּפִלַּת	וְאֶל־	עַבְדְּךָ
ʿᵃbɔdɛʸkɔ	tᵊpillat	-wᵊʾɛl	ʿabᵊdᵊkɔ
,Knechte-deine(r)	Gebet-(das)	(auf=)zu-und	Knecht(es)-dein(es)

וְהַצְלִיחָה־	אֶת־שְׁמֶךָ	לְיִרְאָה	הַחֲפֵצִים
-wᵊhaṣᵊliʸḥoʰ	šᵊmɛkɔ-ʾɛt	lᵊyirᵊʾɔʰ	haḥᵃpeṣiʸm
Gelingen-gib-und	,Name(n)-dein(en)***	fürchten-zu	Seiende(n)-willig-die

וּתְנֵהוּ	הַיּוֹם	לְעַבְדְּךָ	נָא
uʷtᵊnehuʷ	hayyoʷm	lᵊʿabᵊdᵊkɔ	nɔʾ
-ihn-gib-und	,(heute=)Tag-der	Knecht-(deinem=)dein-zu	doch

לִפְנֵי	לְרַחֲמִים
lipᵊneʸ	lᵊraḥᵃmiʸm
(vor=)Gesichter-zu	(finden-Erbarmen-ihn-lass=)Erbarmungen-zu

הָיִיתִי	וַאֲנִי	הַזֶּה	הָאִישׁ
hɔyiʸtiʸ	waʾᵃniʸ	hazzɛʰ	hɔʾiʸš
war-(selbst=)ich	ich-Und	!da-(diesem=)dieser	,Mann-(dem=)der

לַמֶּלֶךְ׃	מַשְׁקֶה
lammɛlɛk.	mašᵊqɛʰ
.König(s)-(des=)zu	(Mundschenk=)Machender-trinken

2

עֶשְׂרִים	שְׁנַת	נִיסָן	בְּחֹדֶשׁ	1 וַיְהִי
ʿɛśᵊriʸm	šᵊnat	niʸsɔn	bᵊḥodɛš	wayᵊhiʸ
zwanzig(sten)	Jahr-(im)	,Nissan	Monat-(im=)in	war-(es=)er-Und

יַיִן	הַמֶּלֶךְ	לְאַרְתַּחְשַׁסְתְּא
yayin	hammɛlɛk	lᵊʾarᵊtaḥᵊšasᵊtᵊʾ
Wein	,König(s)-(des=)der	,(Artaxerxes=)Artachschast-(von=)zu

אֶת־הַיַּיִן	וָאֶשָּׂא	לְפָנָיו
hayyayin-ʾɛt	wɔʾɛśśɔʾ	lᵊpɔnɔʸw
Wein-(den=)der***	(nahm=)hob-ich-und	,(ihm-vor-stand=)Gesichtern-seinen-zu

הָיִיתִי	וְלֹא־	לַמֶּלֶךְ	וָאֶתְּנָה
hɔyiʸtiʸ	-wᵊloʾ	lammɛlɛk	wɔʾɛttᵊnɔʰ
war-ich	nicht-(Indes=)Und	.König-(dem=)zu	(ihn-reichte=)gab-(ich)-und

לְפָנָיו׃	רַע
lᵊpɔnɔʸw.	raʿ
.(ihm-vor=)Gesichtern-seinen-zu	(aussehend)-schlecht(er)

מַדּוּעַ	הַמֶּלֶךְ	לִי	2 וַיֹּאמֶר
madduʷaʿ	hammɛlɛk	liʸ	wayyoʾmɛr
Warum	:König-der	mir-zu	sprach-(es=er)-(Da=)Und

וְאַתָּה	רָעִים	פָּנֶיךָ
wᵊʾattɔʰ	rɔʿiʸm	pɔnɛʸkɔ
du-(Also=)Und	?schlecht(e)-(aussehend)-(ist)	(Antlitz=)Gesichter-dein(e)

חוֹלֶה	אֵינְךָ
ḥoʷlɛʰ	ʾeʸnᵊkɔ
?krank(ender)	(etwa-nicht-doch-bist=)dir-ist-nicht

רֹעַ	כִּי־אִם	זֶה	אֵין
roaʿ	ʾim-kiʸ	zɛʰ	ʾeʸn
(Leid=)Übel-(ein)	(als=)wenn-denn	(anderes-nichts-ist-Dies=)dieser-ist-Nicht	

מְאֹד׃	הַרְבֵּה	וָאִירָא	לֵב
mᵊʾod.	harᵊbeʰ	wɔʾiʸrɔʾ	leb
.sehr	(gar=)Vieles-(ein)	mich-fürchtete-ich-(Da=)Und	!Herz(ens)-(des)

לְעוֹלָם	הַמֶּלֶךְ	לַמֶּלֶךְ	3 וָאֹמַר
lᵊʿoʷlɔm	hammɛlɛk	lammɛlɛk	wɔʾomar
ewig-(auf=)zu	König-Der	:König-dem-zu	sprach-ich-Und

לֹא־	מַדּוּעַ	יִחְיֶה
-loᵓ	madduʷaᶜ	yiḥᵊyεʰ
nicht	(Wie=)Warum	!leben-(möge=)wird-(er)

אֲשֶׁר	פָּנַי	יֵרְעוּ
ᵓᵃšεr	pɔnay	yerᵊᶜuʷ
da	,Gesicht(er)-mein(e)	sein-(aussehend)-schlecht-(sollte=)werden-(es=sie)

חֲרֵבָה	אֲבֹתַי	קִבְרוֹת	בֵּית־	הָעִיר
ḥᵃrebɔʰ	ᵓᵃbotay	qibᵊroʷt	-beʸt	hɔᶜiʸr
verwüstet(e)-(ist)	Väter-meine(r)	Gräber-(der)	Haus-(dem)-(mit)	Stadt-die

בָּאֵשׁ׃	אֻכְּלוּ	וּשְׁעָרֶיהָ
bɔᵓeš.	ᵓukkᵊluʷ	uʷšᵊᶜɔrεʸhɔ
!Feuer-das-(durch=)in	verzehrt-wurden-(sie)	Tore-ihre-und

זֶה	מַה־	עַל־	הַמֶּלֶךְ	לִי	4 וַיֹּאמֶר
zεʰ	-maʰ	-ᶜal	hammεlεk	liʸ	wayyoᵓmεr
(also=)dieser	was	(Um=)Auf	:König-der	mir-zu	sprach-(es=er)-(Da=)Und

אֱלֹהֵי	אֶל־	וָאֶתְפַּלֵּל	מְבַקֵּשׁ	אַתָּה
ᵓεloheʸ	-ᵓεl	wɔᵓεtᵊpallel	mᵊbaqqeš	ᵓattɔʰ
(Gott=)Götter	zu(m)	betete-ich-(Da=)Und	?(er)suchend(er)	(bist)-du

עַל־	אִם־	לַמֶּלֶךְ	5 וָאֹמַר	הַשָּׁמָיִם׃
-ᶜal	-ᵓim	lammεlεk	wɔᵓomar	haššɔmɔyim.
(für=)auf	Wenn	:König-dem-zu	sprach-ich-(Dann=)Und	.Himmel-(der=)die

יִיטַב	וְאִם־	טוֹב	הַמֶּלֶךְ
yiʸṭab	-wᵊᵓim	ṭoʷb	hammεlεk
(wohlgefällig-ist=)gut-geht-er	wenn-und	gut-(ist-es)	König-(den=)der

תִּשְׁלָחֵנִי	אֲשֶׁר	לְפָנֶיךָ	עַבְדְּךָ
tišᵊlɔḥeniʸ	ᵓᵃšεr	lᵊpɔnεʸkɔ	ᶜabᵊdᵊkɔ
mich-sendest-du	Dass	:(dir-vor=)Gesichtern-deinen-zu	Knecht-dein

אֲבֹתַי	קִבְרוֹת	עִיר	אֶל־	יְהוּדָה	אֶל־
ᵓᵃbotay	qibᵊroʷt	ᶜiʸr	-ᵓεl	yᵊhuʷdɔʰ	-ᵓεl
,Väter-meine(r)	Gräber-(der)	Stadt	zu(r)	,Juda	(nach=)zu

הַמֶּלֶךְ	לִי	6 וַיֹּאמֶר	וְאֶבְנֶנָּה׃
hammεlεk	liʸ	wayyoᵓmεr	wᵊᵓεbᵊnεnnɔʰ.
,König-der	mir-zu	sprach-(es=er)-(Hierauf=)Und	!sie-aufbaue-ich-(damit=)und

אֶצְלוֹ	יוֹשֶׁבֶת	וְהַשֵּׁגַל
ʾɛṣᵊloʷ	yoʷšɛbɛt	wᵊhaššegal
:ihm-neben	sitzend(e)-(war)	Gemahlin-die-(während=)und

וּמָתַי	מַהֲלָכְךָ	יִהְיֶה	עַד־מָתַי
uʷmɔtay	mahᵃlɔkᵃkɔ	yihᵊyɛʰ	mɔtay-ʿad
wann-und	,Reise-deine	(dauern=)sein-wird-(es=er)	(lange-Wie=)wann-Bis

לִפְנֵי־	וַיִּיטַב	תָּשׁוּב
-lipᵊneʸ	wayyiʸṭab	tɔšuʷb
(vor=)Gesichter-zu	gut-war-(es=)er-Und	?zurück-kommst-du

לוֹ	וָאֶתְּנָה	וַיִּשְׁלָחֵנִי	הַמֶּלֶךְ
loʷ	wɔʾɛttᵊnɔʰ	wayyišᵊlɔḥeniʸ	hammɛlɛk
ihm-(zu)	(an)-gab-ich-und	,mich-sandte-er-und	,König-(dem=)der

עַל־	אִם־	לַמֶּלֶךְ	7 וָאוֹמַר	זְמָן׃
-ʿal	-ʾim	lammɛlɛk	wɔʾoʷmar	zᵊmɔn.
(für=)auf	Wenn	:König-dem-zu	sprach-ich-(Ferner=)Und	.(Frist=)Zeit-(eine)

יִתְּנוּ־	אִגְּרוֹת	טוֹב	הַמֶּלֶךְ
-yittᵊnuʷ	ʾiggᵊroʷt	ṭoʷb	hammɛlɛk
geben-(möge-man=)werden-sie	Briefe	,gut-(ist-es)	König-(den=)der

אֲשֶׁר	הַנָּהָר	עֵבֶר	פַּחֲווֹת	עַל־	לִי
ʾᵃšɛr	hannɔhɔr	ʿebɛr	paḥᵃwoʷt	-ʿal	liʸ
dass	,Strom(es)-(des=)der	jenseits	Statthalter-(die)	(an=)auf	mir-(zu)

אֶל־	אָבוֹא	אֲשֶׁר־	עַד	יַעֲבִירוּנִי
-ʾɛl	ʾɔboʷʾ	-ʾᵃšɛr	ʿad	yaʿᵃbiʸruʷniʸ
(nach=)zu	komme-ich	dass	bis	mich-durchziehen-(lassen=)machen-sie

אָסָף	אֶל־	8 וְאִגֶּרֶת	יְהוּדָה׃
ʾɔsɔp	-ʾɛl	wᵊʾiggɛrɛt	yᵊhuʷdɔʰ.
,(Asaf=)Asaph	(an=)zu	Brief-(einen)-Und	!Juda

אֲשֶׁר	הַפַּרְדֵּס	שֹׁמֵר
ʾᵃšɛr	happarᵊdes	šomer
welch(er)	,(Forstaufseher-den=)Baumgarten(s)-(des=)der	Hütender

עֵצִים	לִי	יִתֶּן־	אֲשֶׁר	לַמֶּלֶךְ
ʿeṣiʸm	liʸ	-yittɛn	ʾᵃšɛr	lammɛlɛk
(Hölzer=)Bäume	mir-(zu)	(gebe=)gibt-er	dass	,König-(dem=)zum

אֲשֶׁר־	הַבִּירָה	אֶת־שַׁעֲרֵי	לְקָרוֹת
-ʾašɛr	habbiʸrɔʰ	šaʿareʸ-ʾɛt	lᵊqɔroʷt
welch(e)	,Burg-(der=)die	(von)-Tore-(die)***	bälken-zu

הָעִיר	וּלְחוֹמַת	לַבַּיִת
hɔʿiʸr	uʷlᵊḥoʷmat	labbayit
Stadt-(der=)die	Mauer-(die)-(für=)zu-und	,(Tempel)haus-zum-(gehören)

אֵלָיו	אָבוֹא	אֲשֶׁר־	וְלַבַּיִת
ʾelɔʸw	ʾɔboʷʾ	-ʾašɛr	wᵊlabbayit
!(es-in=)ihm-zu	kommen-werde-ich	welch(es)	Haus-das-(für=)zu-und

כְּיַד־	הַמֶּלֶךְ	לִי	וַיִּתֶּן־
-kᵊyad	hammɛlɛk	liʸ	-wayyittɛn
Hand-(die)-(da=)wie	,König-der	mir-(zu)	(gewährte=)gab-(es=)er-Und

עָלָי׃	הַטּוֹבָה	אֱלֹהַי
ʿɔlɔy.	haṭṭoʷbɔʰ	ʾᵋlohay
.mir-(über=)auf-(war)	,(gütige=)gute-die	,(Gottes-meines=)Götter-meine(r)

הַנָּהָר	עֵבֶר	פַּחֲווֹת	אֶל־	וָאָבוֹא 9
hannɔhɔr	ʿebɛr	paḥᵃwoʷt	-ʾɛl	wɔʾɔboʷʾ
,Strom(es)-(des=)der	jenseits	Statthalter(n)-(den)	zu	kam-ich-Als=)Und

הַמֶּלֶךְ	אִגְּרוֹת	אֵת	לָהֶם	וָאֶתְּנָה
hammɛlɛk	ʾiggᵊroʷt	ʾet	lɔhɛm	wɔʾɛttᵊnɔʰ
,König(s)-(des)	Briefe-(die)	***	ihnen-(zu)	gab-ich-(da=)und

חָיִל	שָׂרֵי	הַמֶּלֶךְ	עִמִּי	וַיִּשְׁלַח
ḥayil	śɔreʸ	hammɛlɛk	ʿimmiʸ	wayyišᵊlaḥ
Heer(es)-(des)	Ober(st)e	König-der	mir-mit	gesandt-hat(te)-(es=)er-und

סַנְבַלַּט	וַיִּשְׁמַע 10	וּפָרָשִׁים׃
sanᵊballaṭ	wayyišᵊmaʿ	uʷpɔrɔšiʸm.
,Sanballat	(davon)-hörte(n)-(es=)er-(Aber=)Und	.Reiter-und

הָעַמֹּנִי	הָעֶבֶד	וְטוֹבִיָּה	הַחֹרֹנִי
hɔʿammoniʸ	hɔʿɛbɛd	wᵊṭoʷbiʸyɔʰ	haḥoroniʸ
,ammonitische-der	Knecht-der	,Tobija-und	,(Horoniter=)Choroniter-der

גְדֹלָה	רָעָה	לָהֶם	וַיֵּרַע
gᵊdolɔʰ	rɔʿɔʰ	lɔhɛm	wayyeraʿ
,große(s)	Übel-(ein)	,(sie-für=)ihnen-zu	(übel=)schlimm-war-(es=)er-und

לְבַקֵּשׁ	אָדָם	בָּא	אֲשֶׁר־
l^{ə}baqqeš	ʾɔdɔm	bɔʾ	-ʾ^{a}šɛr
(bemühen-zu-sich=)suchen-zu	(jemand=)Mensch-(ein)	kam-(es=er)	dass

יִשְׂרָאֵל׃	לִבְנֵי	טוֹבָה
yiś^{ə}rɔʾel.	lib^{ə}ne^{y}	ṭo^{w}bɔ^{h}
.Israel	(von)-Söhne-(der=)zu	(Wohl-das=)Gute-die-(um)

יָמִים	שָׁם	וָאֱהִי־	יְרוּשָׁלִָם	אֶל־	11 וָאָבוֹא
yɔmi^{y}m	šɔm	-wɔʾ^{ɛ}hi^{y}	y^{ə}ru^{w}šɔlɔim	-ʾɛl	wɔʾɔbo^{w}ʾ
Tage	dort	war-ich-und	,Jerusalem	(nach=)zu	kam-ich-(Als=)Und

מְעַט	וַאֲנָשִׁים	אֲנִי	לַיְלָה	12 וָאָקוּם	שְׁלֹשָׁה׃
m^{ə}ʿaṭ	wa^{a}ʾnɔši^{y}m	ʾ^{a}ni^{y}	lay^{ə}lɔ^{h}	wɔʾɔqu^{w}m	š^{ə}lošɔ^{h}.
wenig(e)	Männer-und	ich	,Nacht(s)-(des)	auf-stand-ich-(da=)und	,drei

מָה	לְאָדָם	הִגַּדְתִּי	וְלֹא־	עִמִּי
mɔ^{h}	l^{ə}ʾɔdɔm	higgad^{ə}ti^{y}	-w^{ə}loʾ	ʿimmi^{y}
was	,(jemandem=)Mensch-zu	mitgeteilt-hatte-ich	nicht-(aber=)und	,mir-mit

לַעֲשׂוֹת	לִבִּי	אֶל־	נֹתֵן	אֱלֹהַי
laʿ^{a}śo^{w}t	libbi^{y}	-ʾɛl	noten	ʾ^{ɛ}lohay
(tun=)machen-zu	Herz-mein	(in=)zu	gebend(er)-(war)	(Gott=)Götter-mein(e)

עִמִּי	אֵין	וּבְהֵמָה	לִירוּשָׁלִָם
ʿimmi^{y}	ʾe^{y}n	u^{w}b^{ə}hemɔ^{h}	li^{y}ru^{w}šɔlɔim
,mir-(bei=)mit	(war)-nicht	Tier-(ein)-und	,Jerusalem-(für=)zu

רֹכֵב	אֲנִי	אֲשֶׁר	הַבְּהֵמָה	אִם־	כִּי
rokeb	ʾ^{a}ni^{y}	ʾ^{a}šɛr	habb^{ə}hemɔ^{h}	-ʾim	ki^{y}
reitend(er)	(war)-ich	welch(es)	,Tier-(dem=)das	(außer=)wenn	denn

הַגַּיְא	בְשַׁעַר־	13 וָאֵצְאָה	בָהּ׃
haggayʾ	-b^{ə}šaʿar	wɔʾeṣ^{ə}ʾɔ^{h}	bɔh.
Tal(es)-(des=)das	Tor-(das)-(durch=)in	hinaus-ging-ich-Und	.(darauf=)sie-in

הַתַּנִּין	עֵין	וְאֶל־פְּנֵי	לַיְלָה
hattanni^{y}n	ʿe^{y}n	p^{ə}ne^{y}-w^{ə}ʾɛl	lay^{ə}lɔ^{h}
Drachen-(der=)die	Quelle-(die)	(gegen=)Gesichter-zu-(dann=)und	,Nacht-(bei)

שֹׂבֵר	וָאֱהִי	הָאַשְׁפֹּת	שַׁעַר	וְאֶל־
śober	wɔʾ^{ɛ}hi^{y}	hɔʾaš^{ə}pot	šaʿar	-w^{ə}ʾɛl
(überprüfend=)untersuchend(er)	war-ich-und	,Mist(es)-(des)	Tor	zu(m)-und

אֲשֶׁר־	יְרוּשָׁלַ͏ִם	בְּחוֹמֹת
-ʾašɛr	yəruwšɔlaim	bəḥowmot
(wo=)welch(e)	,Jerusalem(s)	Mauern-(den)-(an=)in

אֻכְּלוּ	וּשְׁעָרֶיהָ	הַמְפֹּרוֹצִים[הֵם פְּרוּצִים]
ʾukkəluw	uwšəʿɔrɛyhɔ	[pəruwṣiym hem]hampərowɔṣiym
verzehrt-waren-(sie)	Tore-ihre-und	eingerissen(e)-(waren)-sie

הָעַיִן	שַׁעַר	אֶל־	14 וָאֶעֱבֹר	בָאֵשׁ׃
hɔʿayin	šaʿar	-ʾɛl	wɔʾɛʿɛbor	bɔʾeš.
Quelle-(der=)die	Tor	zu(m)	hinüber-ging-ich-Und	.Feuer-(vom=)im

מָקוֹם	וְאֵין־	הַמֶּלֶךְ	בְּרֵכַת	וְאֶל־
mɔqowm	-wəʾeyn	hammɛlɛk	bərekat	-wəʾɛl
Platz-(ein)	(war)-nicht-(doch=)und	,König(s)-(des)	Teich	zu(m)-und

תַּחְתָּי׃	לַעֲבֹר	לַבְּהֵמָה
taḥtɔy.	laʿabor	labbəhemɔh
.mir-(mit=)unter	(Weiterkommen=)Überqueren-zu(m)	Tier-das-(für=)zu

לַיְלָה	בַנַּחַל	עֹלֶה	15 וָאֱהִי
layəlɔh	bannaḥal	ʿolɛh	wɔʾɛhiy
Nacht-(bei)	Bachtal-das-(durch=)in	hinaufgehend(er)	war-ich-Und

בַחוֹמָה	שֹׂבֵר	וָאֱהִי
baḥowmɔh	śober	wɔʾɛhiy
,Mauer-der-(an=)in	(überprüfend=)untersuchend(er)	war-(ich)-und

בְּשַׁעַר	וָאָבוֹא	וָאָשׁוּב
bəšaʿar	wɔʾɔbowʾ	wɔʾɔšuwb
Tor-(das)-(durch=)in	kam-(ich)-und	um-kehrte-ich-(dann=)und

16 וְהַסְּגָנִים	וָאָשׁוּב׃	הַגַּיְא
wəhassəgɔniym	wɔʾɔšuwb.	haggayəʾ
Vorsteher-die-(Jedoch=)Und	.(heim=)um-kehrte-ich-und	Tal(es)-(des=)das

אֲנִי	וּמָה	הָלַכְתִּי	אָנָה	יָדְעוּ	לֹא
ʾaniy	uwmɔh	hɔlakətiy	ʾɔnɔh	yɔdəʿuw	loʾ
(war)-ich	was-und	gegangen-war-ich	wohin	wussten-(sie)	nicht

וְלַכֹּהֲנִים	וְלַיְּהוּדִים	עֹשֶׂה
wəlakkohaniym	wəlayyəhuwdiym	ʿośɛh
Priester(n)-(den=)zu-und	Juden-(den=)zu-Und	.(tuend=)machend(er)

וּלְיֶ֫תֶר	וְלַסְּגָנִ֔ים	וְלַֽחֹרִ֖ים
uʷlᵊyɛtɛr	wᵊlassᵊgɔniʸm	wᵊlaḥoriʸm
,Rest-(dem=)zu-und	Vorsteher(n)-(den=)zu-und	Vornehmen-(den=)zu-und

לֹ֥א	כֵּ֖ן	עַד־	הַמְּלָאכָ֑ה	עֹשֵׂ֣ה
loʾ	ken	-ʿad	hammᵊlɔʾkɔʰ	ʿośeʰ
nicht(s)	(dahin=)so	bis	,Arbeit-die	(war)-(ausführend=)machend(er)-(der)

רֹאִ֗ים	אַתֶּ֣ם	אֲלֵהֶ֗ם	17 וָאוֹמַ֣ר	הִגַּֽדְתִּי׃
roʾiʸm	ʾattɛm	ʾᵃlehɛm	wɔʾoʷmar	higgadᵊtiʸ.
sehend(e)-(seid)	Ihr	:ihnen-zu	sagte-ich-(Nun=)Und	.mitgeteilt-hatte-ich

בָ֔הּ	אֲנַ֣חְנוּ	אֲשֶׁ֣ר	הָרָעָה֙
bɔh	ʾᵃnaḥᵊnuʷ	ʾᵃšɛr	hɔrɔʿɔʰ
,(uns-befinden=)ihr-in	wir	(dem-in=)welch(es)	,(Elend-das=)Böse-die

וּשְׁעָרֶ֖יהָ	חֲרֵבָ֔ה	יְרוּשָׁלַ֙ם֙	אֲשֶׁ֤ר
uʷšᵊʿɔrɛʸhɔ	ḥᵃrebɔʰ	yᵊruʷšɔlaim	ʾᵃšɛr
Tore-ihre-und	verwüstet(e)-(ist)	Jerusalem	dass

לְכוּ֙	בָּאֵ֑שׁ	נִצְּת֣וּ
lᵊkuʷ	bɔʾeš	niṣṣᵊtuʷ
,(Wohlan=)Gehet	.Feuer-im	verbrannt-(sind=)waren-(sie)

יְרוּשָׁלִַ֔ם	אֶת־חוֹמַ֣ת	וְנִבְנֶה֙
yᵊruʷšɔlaim	ḥoʷmat-ʾɛt	wᵊnibᵊnɛʰ
,Jerusalem	(von)-Mauer-(die)***	bauen-(uns-lasst=)wir-(also=)und

חֶרְפָּֽה׃	ע֖וֹד	נִֽהְיֶ֥ה	וְלֹא־
ḥɛrᵊpɔʰ.	ʿoʷd	nihᵊyɛʰ	-wᵊloʾ
!Gespött-(zum)	(mehr=)noch	(seien=)sind-wir	nicht-(dass=)und

אֶת־יַ֣ד	לָהֶ֜ם	18 וָאַגִּ֨יד
yad-ʾɛt	lɔhɛm	wɔʾaggiʸd
Hand-(Die)***	:ihnen-(zu)	erzählte-ich-(Dann=)Und

טוֹבָה֙	הִיא֙	אֲשֶׁר־	אֱלֹהַ֗י
ṭoʷbɔʰ	hiʸʾ	-ʾᵃšɛr	ʾᵋlohay
(gütig=)gute	(war)-sie	welch(e)	,(Gottes-meines=)Götter-meine(r)

אֲשֶׁ֣ר	הַמֶּ֖לֶךְ	דִּבְרֵ֥י	וְאַף־	עָלַ֔י
ʾᵃšɛr	hammɛlɛk	dibᵊreʸ	-wᵊʾap	ʿɔlay
welch(e)	,König(s)-(des=)der	Worte-(die)	auch-und	,mir-(zu=)auf

וַיֹּאמְרוּ	לִי	אָמַר־
wayyoʾmᵊruʷ	liʸ	-ʾɔmar
:sagten-sie-(Hierauf=)Und	.mir-zu	gesprochen-hatte-er

וּבָנִינוּ	נָקוּם
uʷbɔniʸnuʷ	nɔquʷm
!bauen-wir-(dass=)und	,(bereit-sind=)auf-stehen-Wir

לַטּוֹבָה׃	יְדֵיהֶם	וַיְחַזְּקוּ
laṭṭoʷbɔʰ.	yᵊdeʸhɛm	wayᵊḥazzᵊquʷ
.Gute-(das=)die-(für=)zu	Hände-(zwei)-ihre	(stark-machten=)festigten-sie-Und

הַחֹרֹנִי	סַנְבַלַּט	19 וַיִּשְׁמַע
haḥoroniʸ	sanᵊballaṭ	wayyišᵊmaʿ
,(Horoniter=)Choroniter-der	,Sanballat	(vernahm=)hörte-(es=)er-(Als=)Und

הָעַרְבִי	וְגֶשֶׁם	הָעַמּוֹנִי	הָעֶבֶד	וְטֹבִיָּה
hɔʿarᵊbiʸ	wᵊgɛšɛm	hɔʿammoʷniʸ	hɔʿɛbɛd	wᵊṭobiʸyɔʰ
,Araber-der	,Geschem-und	,ammonitische-der	,Knecht-der	,Tobija-und

וַיִּבְזוּ	לָנוּ	וַיַּלְעִגוּ
wayyibᵊzuʷ	lɔnuʷ	wayyalᵊʿiguʷ
(höhnten=)verachteten-sie-und	uns-(über=)zu	spotteten-sie-(da=)und

אֲשֶׁר	הַזֶּה	הַדָּבָר	מָה־	וַיֹּאמְרוּ	עָלֵינוּ
ʾᵃšɛr	hazzɛʰ	haddɔbɔr	-mɔʰ	wayyoʾmᵊruʷ	ʿɔleʸnuʷ
welch(e)	,da-diese(r)	,Sache-die	(ist)-Was	:sagten-(sie)-und	uns-(über=)auf

אַתֶּם	הַמֶּלֶךְ	הַעַל	עֹשִׂים	אַתֶּם
ʾattɛm	hammɛlɛk	haʿal	ʿośiʸm	ʾattɛm
(seid)-ihr	König-(den=)der	(gegen=)auf-Etwa	?(tuend=)machend(e)	(seid)-ihr

אוֹתָם	20 וָאָשִׁיב	מֹרְדִים׃
ʾoʷtɔm	wɔʾɔšiʸb	morᵊdiʸm.
(ihnen=)sie	(entgegnete=)kehren-machte-ich-(Da=)Und	?empörend(e)-euch

אֱלֹהֵי	לָהֶם	וָאוֹמַר	דָּבָר
ʾᵋloheʸ	lɔhɛm	wɔʾoʷmar	dɔbɔr
(Gott-Der=)Götter-(Die)	:ihnen-zu	sagte-ich-(indem=)und	Wort-(einem)-(mit)

יַצְלִיחַ	הוּא	הַשָּׁמַיִם
yaṣᵊliʸaḥ	huʷʾ	haššɔmayim
(geben-Gelingen=)machen-gelingen-wird-(er)	(d)er	,Himmel-(der=)die

לָנוּ וַאֲנַחְנוּ עֲבָדָיו נָקוּם
nɔquʷm ʿᵃbɔdɔʸw waʾᵃnaḥᵊnuʷ lɔnuʷ
aufmachen-uns-(wollen=)werden-wir ,Knechte-seine ,wir-und ,uns-(zu)

וּבָנִינוּ וְלָכֶם אֵין־
-ʾeʸn wᵊlɔkɛm uʷbɔniʸnuʷ
(gibt-es=)ist-nicht euch-(für=)zu-(aber=)und ,bauen-(wollen=)werden-wir-und

חֵלֶק וּצְדָקָה וְזִכָּרוֹן בִּירוּשָׁלָםִ׃
biʸruʷšɔlɔim. wᵊzikkɔroʷn uʷṣᵊdɔqɔʰ ḥelɛq
.Jerusalem-in Gedächtnis-und Rechtsanspruch-und Anteil

3

1 וַיָּקָם אֶלְיָשִׁיב
ʾɛlᵊyɔšiʸb wayyɔqom
,Eljaschib auf-(sich-machte=)stand-(es=er)-(Da=)Und

הַכֹּהֵן הַגָּדוֹל וְאֶחָיו הַכֹּהֲנִים
hakkohᵃniʸm wᵊʾɛḥɔʸw haggɔdoʷl hakkohen
,Priester-die ,Brüder-seine-und ,(Hohepriester=)große-der Priester-der

וַיִּבְנוּ אֶת־שַׁעַר הַצֹּאן הֵמָּה
hemmɔʰ haṣṣoʾn šaʿar-ʾɛt wayyibᵊnuʷ
,(es-waren)-sie — ,(Schafe=)Herde-(der=)die Tor-(das)*** bauten-sie-und

קִדְּשׁוּהוּ וַיַּעֲמִידוּ
wayyaʿᵃmiʸduʷ qiddᵊšuʷhuʷ
(ein-setzten=)stehen-machten-sie-und (es=)ihn-weihten=)heiligten-(die=)sie

דַּלְתֹתָיו וְעַד־ מִגְדַּל הַמֵּאָה
hammeʾɔʰ migᵊdal -wᵊʿad dalᵊtotɔʸw
(Hundert-der=)Hammeah(s) Turm (vom=)bis-(zwar)-und ,Torflügel-seine

קִדְּשׁוּהוּ עַד מִגְדַּל חֲנַנְאֵל׃
ḥᵃnanᵊʾel. migᵊdal ʿad qiddᵊšuʷhuʷ
.(Hananels=)Chananel(s) Turm (zum)-bis ,(es=)ihn-(weihten=)heiligten-sie

2 וְעַל־ יָדוֹ בָנוּ אַנְשֵׁי
ʾanᵊšeʸ bɔnuʷ yɔdoʷ -wᵊʿal
(von)-Männer-(die) bauten-(es=sie) (Seite=)Hand-seine(r) (an=)auf-Und

יְרֵחוֹ וְעַל־ יָדוֹ בָנָה
bɔnɔʰ yɔdoʷ -wᵊʿal yᵊreḥoʷ
baute-(es=er) (Seite=)Hand-(anderen-der=)seine(r) (an=)auf-Und .Jericho

בָּנוּ	הַדָּגִים	שַׁעַר	3 וְאֵת	בֶּן־אִמְרִי׃	זַכּוּר
bɔnuʷ	haddɔgiʸm	šaᶜar	wᵊʾet	ʾimᵊriʸ-bɛn.	zakkuʷr
bauten-(es=sie)	Fische-(der=)die	Tor-(das)	***Und	.Imri(s)-Sohn	Sakkur

קֵרוּהוּ	הֵמָּה	הַסְּנָאָה	בְּנֵי
qeruʷhuʷ	hemmɔʰ	hassᵊnɔʾɔʰ	bᵊneʸ
,(es=)ihn-bälkten-(die=)sie	,(es-waren)-sie —	,Hassenaa(s)	Söhne-(die)

מַנְעוּלָיו	דַּלְתֹתָיו	וַיַּעֲמִידוּ
manᵊᶜuʷlɔʸw	dalᵊtotɔʸw	wayyaᶜᵃmiʸduʷ
Verschlussbalken-seine	,Torflügel-seine	(ein-setzten=)stehen-machten-sie-und

יָדָם	4 וְעַל־	וּבְרִיחָיו׃
yɔdɔm	-wᵊᶜal	uʷbᵊriʸḥɔʸw.
(Seite=)Hand-ihre(r)	(an=)auf-Und	.Riegel-seine-und

בֶּן־אוּרִיָּה	מְרֵמוֹת	הֶחֱזִיק
ʾuʷriʸyɔʰ-bɛn	mᵊremoʷt	hɛḥᵉziʸq
,Urija(s)-Sohn	Meremot	(aus-besserte=)stark-machte-(es=er)

יָדָם	וְעַל־	בֶּן־הַקּוֹץ
yɔdɔm	-wᵊᶜal	haqqoʷṣ-bɛn
(Seite=)Hand-(anderen-der=)ihre(r)	(an=)auf-Und	.Hakkoz-Sohn(es)-(des)

בֶּן־בֶּרֶכְיָה	מְשֻׁלָּם	הֶחֱזִיק
bɛrɛkᵊyɔʰ-bɛn	mᵊšullɔm	hɛḥᵉziʸq
,Berechja(s)-Sohn	Meschullam	(aus-besserte=)stark-machte-(es=er)

יָדָם	וְעַל־	בֶּן־מְשֵׁיזַבְאֵל
yɔdɔm	-wᵊᶜal	mᵊšeʸzabᵊʾel-bɛn
(Seite=)Hand-(deren=)ihre(r)	(an=)auf-Und	.Meschesabel(s)-Sohn(es)-(des)

5 וְעַל־	בֶּן־בַּעֲנָא׃	צָדוֹק	הֶחֱזִיק
-wᵊᶜal	baᶜᵃnɔʾ-bɛn.	ṣɔdoʷq	hɛḥᵉziʸq
(an=)auf-Und	.Baana(s)-Sohn	Zadok	(aus-besserte=)stark-machte-(es=er)

הֶחֱזִיקוּ	יָדָם
hɛḥᵉziʸquʷ	yɔdɔm
(aus-besserten=)stark-machten-(es=sie)	(Seite=)Hand-(deren=)ihre(r)

לֹא־	וְאַדִּירֵיהֶם	הַתְּקוֹעִים
-loʾ	wᵊʾaddiʸreʸhɛm	hattᵊqoʷᶜiʸm
nicht	Vornehmen-ihre-(aber=)und	;Tekoïter-die

בַּעֲבֹדַ֖ת baʿᵃbodat Dienst-den-(für=)in	צַוָּרָ֑ם ṣawwɔrɔm Nacken-ihr(en)	הֵבִ֣יאוּ hebiʸʾuʷ (beugten=)kommen-machten-(sie)

הַיְשָׁנָ֜ה hayᵊšɔnɔʰ ,alte-(das=)die	שַׁ֨עַר šaʿar ,Tor-(das)	6 וְאֵת֩ wᵊʾet ***Und	אֲדֹנֵיהֶֽם׃ ʾᵃdoneʸhɛm. .(Herrn-ihres=)Herrer-ihre(r)

בֶּן־פָּסֵ֔חַ pɔseaḥ-bɛn Passeach(s)-Sohn	יוֹיָדָע֙ yoʷyɔdɔʿ Jojada	הֶחֱזִ֗יקוּ hɛḥᵉziʸquʷ (aus-besserten=)stark-machten-(es=sie)

הֵ֣מָּה hemmɔʰ ,(es-waren)-sie —	בֶּן־בְּסוֹדְיָ֑ה bᵊsoʷdᵊyɔʰ-bɛn ;Besodeja(s)-Sohn	וּמְשֻׁלָּ֖ם uʷmᵊšullɔm Meschullam-und

וַֽיַּעֲמִ֙ידוּ֙ wayyaʿᵃmiʸduʷ (ein-setzten=)stehen-machten-(sie)-und	קֵר֗וּהוּ qeruʷhuʷ (es=)ihn-bälkten-(die=)sie

7 וְעַל־ -wᵊʿal (an=)auf-Und	וּבְרִיחָֽיו׃ uʷbᵊriʸḥɔʸw. .Riegel-seine-und	וּמַנְעֻלָ֖יו uʷmanᵊʿulɔʸw Verschlussbalken-seine-und	דַּלְתֹתָ֔יו dalᵊtotɔʸw Torflügel-seine

מְלַטְיָ֤ה mᵊlaṭᵊyɔʰ ,Melatja	הֶחֱזִ֗יק hɛḥᵉziʸq (aus-besserte=)stark-machte-(es=er)	יָדָ֔ם yɔdɔm (Seite=)Hand-(deren=)ihre(r)

גִבְע֖וֹן gibᵊʿoʷn Gibeon	אַנְשֵׁ֥י ʾanᵊšeʸ (von)-Männer-(die)	הַמֵּרֹ֣נֹתִ֔י hammeronotiʸ ,Meronothiter-der	וְיָדוֹן֙ wᵊyɔdoʷn ,Jadon-und	הַגִּבְעֹנִ֗י haggibᵊʿoniʸ ,Gibeoniter-der

עֵ֥בֶר ʿebɛr -Jenseits	פַּחַ֖ת paḥat (von)-Statthalter(s)-(des)	לְכִסֵּ֕א lᵊkisseʾ Stuhl-(dem)-(bei=)zu	וְהַמִּצְפָּ֑ה wᵊhammiṣᵊpɔʰ Mizpa-(von=)der-und

יָד֗וֹ yɔdoʷ (Seite=)Hand-seine(r)	8 עַל־ -ʿal (An=)Auf	הַנָּהָֽר׃ hannɔhɔr. ,(Syrien=)Fluss(es)-(des=)der

חַרְהֲיָה֙ ḥarᵊhᵃyɔʰ ,(Harhajas=)Charhaja(s)	בֶּן־ -bɛn Sohn	עֻזִּיאֵ֤ל ʿuzziʸʾel Ussiël	הֶחֱזִ֞יק hɛḥᵉziʸq (aus-besserte=)stark-machte-(es=er)

יָדוֹ   וְעַל־   צוֹרְפִים
yɔdoʷ   -wᵊʿal   ṣoʷrᵊpiʸm
(Seite=)Hand-seine(r)   (an=)auf-und   .Goldschmiede-(der-Mitglied)

חֲנַנְיָה   הֶחֱזִיק
ḥᵃnanᵊyɔʰ   hɛḥᵉziʸq
(Hananja=)Chananja   (aus-besserte=)stark-machte-(es=er)

וַיַּעַזְבוּ   הָרַקָּחִים   בֶּן־
wayyaʿazᵊbuʷ   hɔraqqɔḥiʸm   -bɛn
pflasterten-sie-Und   .Salbenmischer-(der=)die   (Zunft-der=)Sohn-(von)

9 וְעַל־   הָרְחָבָה׃   הַחוֹמָה   עַד   יְרוּשָׁלַםִ
-wᵊʿal   hɔrᵊḥɔbɔʰ.   haḥoʷmɔʰ   ʿad   yᵊruʷšɔlaim
(an=)auf-Und   .breite(n)-(der=)die   ,Mauer-(der=)die   (zu)-bis   Jerusalem

רְפָיָה   הֶחֱזִיק   יָדָם
rᵊpɔyɔʰ   hɛḥᵉziʸq   yɔdɔm
(Refaja=)Rephaja   (aus-besserte=)stark-machte-(es=er)   (Seite=)Hand-ihre(r)

פֶּלֶךְ   חֲצִי   שַׂר   בֶּן־חוּר
pɛlɛk   ḥᵃṣiʸ   śar   ḥuʷr-bɛn
(von)-Bezirk(es)   (halben-des=)Hälfte   Vorsteher-(der)   ,Chur(s)-Sohn

יָדָם   10 וְעַל־   יְרוּשָׁלָםִ׃
yɔdɔm   -wᵊʿal   yᵊruʷšɔlɔim.
(Seite=)Hand-(deren=)ihre(r)   (an=)auf-Und   .Jerusalem

חֲרוּמַף   בֶּן־   יְדָיָה   הֶחֱזִיק
ḥᵃruʷmap   -bɛn   yᵊdɔyɔʰ   hɛḥᵉziʸq
,(Harumafs=)Charumaph(s)   Sohn   Jedaja   (aus-besserte=)stark-machte-(es=er)

וְעַל־יָדוֹ   בֵּיתוֹ   וְנֶגֶד
yɔdoʷ-wᵊʿal   beʸtoʷ   wᵊnɛgɛd
(Seite=)Hand-seine(r)-(an=)auf-Und   .Haus-sein(em)   gegenüber-(zwar)-und

חַטּוּשׁ   הֶחֱזִיק
ḥaṭṭuʷš   hɛḥᵉziʸq
(Hattusch=)Chattusch   (aus-besserte=)stark-machte-(es=er)

שֵׁנִית   11 מִדָּה   בֶּן־חֲשַׁבְנְיָה׃
šeniʸt   middɔʰ   ḥᵃšabᵊnᵊyɔʰ-bɛn.
zweite   (Strecke=)Ausdehnung-(Eine)   .(Haschabnejas=)Chaschabneja(s)-Sohn

הֶחֱזִיק מַלְכִּיָּה בֶּן־חָרִם
ḥɔrim-bɛn malᵊkiʸyɔʰ hɛḥᵋziʸq
Charim(s)-Sohn Malkija (aus-besserte=)stark-machte-(es=er)

וְחַשּׁוּב בֶּן־פַּחַת מוֹאָב וְאֵת מִגְדַּל
migᵊdal wᵊʾet moʷʾɔb paḥat-bɛn wᵊḥaššuʷb
Turm-(den) ***(sowie=)und ,Moab(s) -Pachat-Sohn Chaschschub-und

הַתַּנּוּרִים׃ 12 וְעַל־ יָדוֹ
yɔdoʷ -wᵊʿal hattannuʷriʸm.
(Seite=)Hand-seine(r) (an=)auf-Und .(Back)öfen-(der=)die

הֶחֱזִיק שַׁלּוּם בֶּן־ הַלּוֹחֵשׁ
halloʷḥeš -bɛn šalluʷm hɛḥᵋziʸq
,Hallochesch(s) Sohn Schallum (aus-besserte=)stark-machte-(es=er)

שַׂר חֲצִי פֶּלֶךְ יְרוּשָׁלַםִ הוּא
huʷʾ yᵊruʷšɔlɔim pɛlɛk ḥᵃṣiʸ śar
er ,Jerusalem Bezirk(s) (halben-des=)Hälfte Vorsteher

וּבְנוֹתָיו׃ 13 אֵת שַׁעַר הַגַּיְא
haggayᵊʾ šaʿar ʾet uʷbᵊnoʷtɔʸw.
Tal(es)-(des=)das Tor-(Das) *** .Töchter-seine-und

הֶחֱזִיק חָנוּן
ḥɔnuʷn hɛḥᵋziʸq
(Hanun=)Chanun (aus-besserten=)stark-machte-(es=er)

וְיֹשְׁבֵי זָנוֹחַ הֵמָּה
hemmɔʰ zɔnoʷaḥ wᵊyošᵊbeʸ
,(es-waren)-sie — ,Sanoach (von)-(Bewohner=)Wohnende(n)-(die)-und

בְּנוּהוּ וַיַּעֲמִידוּ דַּלְתֹתָיו
dalᵊtotɔʸw wayyaʿᵃmiʸduʷ bɔnuʷhuʷ
,Torflügel-seine (ein-setzten=)stehen-machten-sie-und (es=)ihn-bauten-(die=)sie

מַנְעֻלָיו וּבְרִיחָיו וְאֶלֶף אַמָּה
ʾammɔʰ wᵊʾɛlɛp uʷbᵊriʸḥɔʸw manᵊʿulɔʸw
Elle(n) tausend-(dazu=)und , — Riegel-seine-und Verschlussbalken-seine

בַּחוֹמָה עַד שַׁעַר הָשְׁפוֹת׃ 14 וְאֵת
wᵊʾet hɔšᵃpoʷt. šaʿar ʿad baḥoʷmɔʰ
***Und .Düngerhaufen-(der=)die Tor (zum)-bis Mauer-der-(an=)in

הֶחֱזִיק	הָאַשְׁפּוֹת	שַׁעַר
hɛḥᵋziʸq	hɔʾašᵊpoʷt	šaᶜar
(aus-besserte=)stark-machte-(es=er)	Düngerhaufen-(der=)die	Tor-(das)

בֵּית־הַכֶּרֶם	פֶּלֶךְ	שַׂר	בֶּן־רֵכָב	מַלְכִּיָּה
hakkɔrɛm-beʸt	pɛlɛk	śar	rekɔb-bɛn	malᵊkiʸyɔʰ
.Hakkeren(s)-Bet	Bezirk(s)-(des)	Vorsteher	,Rechab(s)-Sohn	Malkija

דַּלְתֹתָיו	וְיַעֲמִיד	יִבְנֶנּוּ	הוּא
dalᵊtotɔʸw	wᵊyaᶜᵃmiʸd	yibᵊnɛnnuʷ	huʷʾ
,Torflügel-seine	(ein-setzte=)stehen-machte-er-und	(es=)ihn-(er)baute-(er)	Er

שַׁעַר	15 וְאֵת	וּבְרִיחָיו׃	מַנְעֻלָיו
šaᶜar	wᵊʾet	uʷbᵊriʸḥɔʸw.	manᵊᶜulɔʸw
Tor-(das)	***Und	.Riegel-seine-und	Verschlussbalken-seine

בֶּן־	שַׁלּוּן	הֶחֱזִיק	הָעַיִן
-bɛn	šalluʷn	hɛḥᵋziʸq	hɔᶜayin
Sohn	Schallum	(aus-besserte=)stark-machte-(es=er)	Quelle-(der=)die

הוּא	הַמִּצְפָּה	פֶּלֶךְ	שַׂר	כָּל־חֹזֶה
huʷʾ	hammiṣᵊpɔʰ	pɛlɛk	śar	ḥozɛʰ-kol
,(es-war)-Er	.Mizpa-(von=)der	Bezirk(s)-(des)	Vorsteher	,Chose(s)-Kol

וִיטַלְלֶנּוּ	יִבְנֶנּוּ
wiʸṭalᵊlɛnnuʷ	yibᵊnɛnnuʷ
,(es=)ihn-überdachte-(d)er-und	(es=)ihn-(er)baute-(d)er

מַנְעֻלָיו	דַּלְתֹתָיו	וְיַעֲמִידוּ[וְיַעֲמִיד]
manᵊᶜulɔʸw	dalᵊtotɔʸw	[wᵊyaᶜᵃmiʸd]wᵊyaᶜᵃmiʸduʷ
Verschlussbalken-seine	,Torflügel-seine	(ein-setzte=)stehen-machte-er-und

בְּרֵכַת	חוֹמַת	וְאֵת	וּבְרִיחָיו
bᵊrekat	ḥoʷmat	wᵊʾet	uʷbᵊriʸḥɔʸw
Teich(es)-(des)	Mauer-(die)	(Außerdem)***Und	.Riegel-seine-und

וְעַד־	הַמֶּלֶךְ	לְגַן־	הַשֶּׁלַח
-wᵊᶜad	hammɛlɛk	-lᵊgan	haššɛlaḥ
(zu)-bis-und	König(s)-(des=)der	Garten-zu(m)	Wasserleitung-(der=)die

מֵעִיר	הַיּוֹרְדוֹת	הַמַּעֲלוֹת
meᶜiʸr	hayyoʷrᵊdoʷt	hammaᶜᵃloʷt
Stadt-(der)-von	(sind-hinabführend=)hinabgehende(n)-die	,Stufen-(den=)die

הֶחֱזִיק	16 אַחֲרָיו	דָּוִיד׃
hɛḥ^{ɛ}zi^{y}q	ʾaḥ^{a}rɔ^{y}w	dɔwi^{y}d.
(aus-besserte=)stark-machte-(es=er)	ihm-(Nach=)Hinter	.David(s)

חֲצִי	שַׂר	עַזְבּוּק	בֶן־	נְחֶמְיָה
ḥ^{a}ṣi^{y}	śar	ʿaz^{ə}bu^{w}q	-bɛn	n^{ə}ḥɛm^{ə}yɔ^{h}
(halben-des=)Hälfte	Vorsteher	,Asbuk(s)	Sohn	(Nehemia=)Nechemja

דָוִיד	קִבְרֵי	נֶגֶד	עַד־	בֵּית־צוּר	פֶּלֶךְ
dɔwi^{y}d	qib^{ə}re^{y}	nɛgɛd	-ʿad	ṣu^{w}r-be^{y}t	pɛlɛk
David(s)	Gräber-(der)	gegenüber	bis –	,Zur(s)-Beth	Bezirk(s)

וְעַד	הָעֲשׂוּיָה	הַבְּרֵכָה	וְעַד־
w^{ə}ʿad	hɔʿ^{a}śu^{w}yɔ^{h}	habb^{ə}rekɔ^{h}	-w^{ə}ʿad
(zu)-bis-und	,(angelegten-dem=)gemachte-der	,Teich-(dem=)der	(zu)-bis-und

17 אַחֲרָיו	הַגִּבֹּרִים׃	בֵּית
ʾaḥ^{a}rɔ^{y}w	haggibbori^{y}m.	be^{y}t
ihm-(Nach=)Hinter	.Krieger-(der=)die	Haus-(dem)

בָּנִי	בֶּן־	רְחוּם	הַלְוִיִּם	הֶחֱזִיקוּ
bɔni^{y}	-bɛn	r^{ə}ḥu^{w}m	hal^{ə}wi^{y}yim	hɛḥ^{ɛ}zi^{y}qu^{w}
;Bani(s)	Sohn	Rechum	:Leviten-die	(aus-besserten=)stark-machten-(es=sie)

הֶחֱזִיק	יָדוֹ	עַל־
hɛḥ^{ɛ}zi^{y}q	yɔdo^{w}	-ʿal
(aus-besserte=)stark-machte-(es=er)	(Seite=)Hand-seine(r)	(an=)auf

קְעִילָה	פֶּלֶךְ	חֲצִי־	שַׂר־	חֲשַׁבְיָה
q^{ə}ʿi^{y}lɔ^{h}	pɛlɛk	-ḥ^{a}ṣi^{y}	-śar	ḥ^{a}šab^{ə}yɔ^{h}
Keïla	(von)-Bezirk(s)	(halben-des=)Hälfte	Vorsteher	,(Haschabja=)Chaschabja

18 אַחֲרָיו	לְפִלְכּוֹ׃
ʾaḥ^{a}rɔ^{y}w	l^{ə}pil^{ə}ko^{w}.
ihm-(Nach=)Hinter	.Bezirk-sein(en)-(für=)zu

בֶּן־	בַּוַּי	אֲחֵיהֶם	הֶחֱזִיקוּ
-bɛn	bawway	ʾ^{a}ḥe^{y}hɛm	hɛḥ^{ɛ}zi^{y}qu^{w}
Sohn	Bawwai	:Brüder-ihre	(aus-besserten=)stark-machten-(es=sie)

קְעִילָה׃	פֶּלֶךְ	חֲצִי	שַׂר	חֵנָדָד
q^{ə}ʿi^{y}lɔ^{h}.	pɛlɛk	ḥ^{a}ṣi^{y}	śar	ḥenɔdɔd
.Keïla	(von)-Bezirk(s)	(halben-des=)Hälfte	Vorsteher	,(Henadads=)Chenadad(s)

עֵזֶר יָדוֹ עַל־ 19 וַיְחַזֵּק
ᶜezɛr yɔdoʷ -ᶜal wayᵊḥazzeq
Eser (Seite=)Hand-seine(r) (an=)auf (aus-besserte=)stark-machte-(es=)er-Und

מִדָּה הַמִּצְפָּה שַׂר יֵשׁוּעַ בֶּן־
middɔʰ hammiṣᵊpɔʰ śar yešuʷaᶜ -bɛn
(Strecke=)Ausdehnung-(eine) ,Mizpa-(von=)der Vorsteher ,Jeschua(s) Sohn

עֲלֹת מִנֶּגֶד שֵׁנִית
ᶜᵃlot minnɛgɛd šeniʸt
(Aufgang=)Hinaufsteigen-(dem) (gegenüber=)vor-von ,zweite

20 אַחֲרָיו הַמִּקְצֹעַ׃ הַנֶּשֶׁק
ʾaḥᵃrɔʸw hammiqᵊṣoaᶜ. hannɛšɛq
ihm-(Nach=)Hinter .Ecke-(der=)die-(an) Rüstung(shauses)-(des=)das

הֶחֱזִיק הֶחֱרָה
hɛḥᵉziʸq hɛḥᵉrɔʰ
(aus-besserte=)stark-machte-(es=er) (Eifer-mit=)brennen-(machte)-(es=er)

שֵׁנִית מִדָּה זַבַּי[זַכַּי] בֶּן־ בָּרוּךְ
šeniʸt middɔʰ [zakkay]zabbay -bɛn bɔruʷk
,zweite (Strecke=)Ausdehnung-(eine) [Sakkais]Sabbai(s) Sohn Baruch

אֶלְיָשִׁיב בֵּית פֶּתַח עַד־ הַמִּקְצוֹעַ מִן־
ʾɛlᵊyɔšiʸb beʸt pɛtaḥ -ᶜad hammiqᵊṣoʷaᶜ -min
,Eljaschib(s) Haus(es)-(des) Eingang-(dem) (zu)-bis Ecke-(der=)die von

21 אַחֲרָיו הַגָּדוֹל׃ הַכֹּהֵן
ʾaḥᵃrɔʸw haggɔdoʷl hakkohen.
ihm-(Nach=)Hinter .(Hohenpriesters-des=)große-der-,Priester-der

בֶּן־ אוּרִיָּה בֶּן־ מְרֵמוֹת הֶחֱזִיק
-bɛn ʾuʷriʸyɔʰ -bɛn mᵊremoʷt hɛḥᵉziʸq
Sohn(es)-(des) ,Urija(s) Sohn Meremot (aus-besserte=)stark-machte-(es=er)

מִפֶּתַח שֵׁנִית מִדָּה הַקּוֹץ
mippɛtaḥ šeniʸt middɔʰ haqqoʷṣ
Eingang-(dem)-von ,zweite (Strecke=)Ausdehnung-(eine) ,Hakkoz

בֵּית תַּכְלִית וְעַד־ אֶלְיָשִׁיב בֵּית
beʸt takᵊliʸt -wᵊᶜad ʾɛlᵊyɔšiʸb beʸt
Haus(es)-(des) (Ende-zum=)Vollendung bis-(und) Eljaschib(s) Haus(es)-(des)

אֱלְיָשִׁיב׃ 22 וְאַחֲרָיו הֶחֱזִיקוּ
hɛḥᵋziʸquʷ wᵊʾaḥᵃrɔʸw ʾɛlᵊyɔšiʸb.
(aus-besserten=)stark-machten-(es=sie) ihm-(nach=)hinter-Und .Eljaschib(s)

הַכֹּהֲנִים אַנְשֵׁי הַכִּכָּר׃ 23 אַחֲרָיו
ʾaḥᵃrɔʸw hakkikkɔr. ʾanᵊšeʸ hakkohᵃniʸm
(ihnen=)ihm-(Nach=)Hinter .Umkreis-(dem=)der (aus)-Männer ,Priester-die

הֶחֱזִיק בִּנְיָמִן
binᵊyɔmin hɛḥᵋziʸq
Benjamin (aus-besserten=)stark-machte(n)-(es=er)

וְחַשּׁוּב נֶגֶד בֵּיתָם
beʸtɔm nɛgɛd wᵊḥaššuʷb
.Haus-ihr(em) gegenüber (Haschschub=)Chaschschub-und

אַחֲרָיו הֶחֱזִיק עֲזַרְיָה
ᶜᵃzarᵊyɔʰ hɛḥᵋziʸq ʾaḥᵃrɔʸw
Asarja (aus-besserten=)stark-machte-(es=er) (ihnen=)ihm-(Nach=)Hinter

בֶּן־ מַעֲשֵׂיָה בֶּן־עֲנַנְיָה אֵצֶל בֵּיתוֹ׃
beʸtoʷ. ʾeṣɛl ᶜᵃnɔnᵊyɔʰ-bɛn maᶜᵃśeʸɔʰ -bɛn
.Haus-sein(em) neben ,Ananja(s)-Sohn(es)-(des) ,Maaseja(s) Sohn

24 אַחֲרָיו הֶחֱזִיק בִּנּוּי בֶּן־
-bɛn binnuʷy hɛḥᵋziʸq ʾaḥᵃrɔʸw
Sohn Binnui (aus-besserte=)stark-machte-(es=er) ihm-(Nach=)Hinter

חֵנָדָד מִדָּה שֵׁנִית
šeniʸt middɔʰ ḥenɔdɔd
,zweite (Strecke=)Ausdehnung-(eine) (Henadads=)Chenadad(s)

מִבֵּית עֲזַרְיָה עַד־ הַמִּקְצוֹעַ וְעַד־
-wᵊᶜad hammiqᵊṣoʷaᶜ -ᶜad ᶜᵃzarᵊyɔʰ mibbeʸt
(zu)-bis-und Ecke-(der=)die (zu)-bis Asarja(s) Haus-(dem)-von

הַפִּנָּה׃ 25 פָּלָל בֶּן־ אוּזַי מִנֶּגֶד הַמִּקְצוֹעַ
hammiqᵊṣoʷaᶜ minnɛgɛd ʾuʷzay -bɛnpɔlɔl happinnɔʰ.
Ecke-(der=)die (gegenüber=)vor-von Usai(s) Sohn Palal .Zinne-(der=)die

וְהַמִּגְדָּל הַיּוֹצֵא
hayyoʷṣeʾ wᵊhammigᵊdɔl
(vorspringenden-des=)hervorkommende-der ,Turm(es)-(des=)der-und

הָעֶלְיוֹן	הַמֶּלֶךְ	מִבֵּית
hɔʿɛl^{ə}yo^{w}n	hammɛlɛk	mibbe^{y}t
,obere(n)-(des=)der	,König(s)-(des=)der	(Palast=)Haus-(dem)-(an=)von

אַחֲרָיו	הַמַּטָּרָה	לַחֲצַר	אֲשֶׁר
ʾaḥ^{a}rɔ^{y}w	hammaṭṭɔrɔ^{h}	laḥ^{a}ṣar	ʾ^{a}šɛr
ihm-(Nach=)Hinter	.Wache-(der=)die	Hof-(am=)zu	(derjenige=)welch(er)

הָיוּ	26 וְהַנְּתִינִים	בֶּן־פַּרְעֹשׁ׃	פְּדָיָה
hɔyu^{w}	w^{ə}hann^{ə}ti^{y}ni^{y}m	par^{əʿ}oš-bɛn.	p^{ə}dɔyɔ^{h}
waren-sie	,(Tempelhörigen=)Gegebenen-die-und	Parosch(s)-Sohn	Pedaja

שַׁעַר	נֶגֶד	עַד	בָּעֹפֶל	יֹשְׁבִים
šaʿar	nɛgɛd	ʿad	bɔʿopɛl	yoš^{ə}bi^{y}m
Tor-(dem)	(gegenüber=)vor-bis		Ophel-dem-(auf=)in	wohnend(e)

וְהַמִּגְדָּל	לַמִּזְרָח	הַמַּיִם
w^{ə}hammig^{ə}dɔl	lammiz^{ə}rɔḥ	hammayim
,Turm-(dem=)der-und	(Osten=)Aufgang-(nach=)zu	Wasser-(der=)die

27 אַחֲרָיו	הַיּוֹצֵא׃
ʾaḥ^{a}rɔ^{y}w	hayyo^{w}ṣeʾ.
(Danach=)ihm-Hinter	.(vorspringenden=)hervorkommende(n)-(dem=)der

הַתְּקֹעִים	הֶחֱזִיקוּ
hatt^{ə}qoʿi^{y}m	hɛḥ^{ɛ}zi^{y}qu^{w}
Tekoïter-die	(aus-besserten=)stark-machten-(es=sie)

הַמִּגְדָּל	מִנֶּגֶד	שֵׁנִית	מִדָּה
hammig^{ə}dɔl	minnɛgɛd	šeni^{y}t	middɔ^{h}
,Turm-(dem=)der	(gegenüber=)vor-von	zweite	(Strecke=)Ausdehnung-(eine)

הַיּוֹצֵא	הַגָּדוֹל
hayyo^{w}ṣeʾ	haggɔdo^{w}l
,(ist)-(vorspringend=)hervorkommende-der	,(hohen-dem=)große-der

28 מֵעַל	הָעֹפֶל׃	חוֹמַת	וְעַד
meʿal	hɔʿopɛl.	ḥo^{w}mat	w^{əʿ}ad
(Oberhalb=)auf-Von	.Ophel(s)-(des=)der	Mauer-(der)	(zu)-bis-(und)

הֶחֱזִיקוּ	הַסּוּסִים	שַׁעַר
hɛḥ^{ɛ}zi^{y}qu^{w}	hassu^{w}si^{y}m	šaʿar
(aus-besserten=)stark-machten-(es=sie)	Rosse-(der=)die	Tor(es)-(des)

הַכֹּהֲנִים	אִישׁ	לְנֶגֶד	בֵּיתוֹ׃
hakkohᵃniʸm	ʾiʸš	lənɛgɛd	beʸtoʷ.
,Priester-die	(jeder-ein=)Mann	(gegenüber=)vor-zu	.Haus-sein(em)

29 אַחֲרָיו	הֶחֱזִיק	צָדוֹק	בֶּן־
ʾaḥᵃrɔʸw	hɛḥᵋziʸq	ṣɔdoʷq	-bɛn
(Danach=)ihm-Hinter	(aus-besserte=)stark-machte-(es=er)	Zadok	-Sohn

אִמֵּר	נֶגֶד	בֵּיתוֹ	וְאַחֲרָיו
ʾimmer	nɛgɛd	beʸtoʷ	wəʾaḥᵃrɔʸw
Immer(s)	(bei=)vor	.Haus-sein(em)	ihm-(nach=)hinter-Und

הֶחֱזִיק	שְׁמַעְיָה	בֶּן־	שְׁכַנְיָה
hɛḥᵋziʸq	šəmaʿəyɔʰ	-bɛn	šəkanəyɔʰ
(aus-besserte=)stark-machte-(es=er)	Schemaëja	-Sohn	,Schechanja(s)

שֹׁמֵר	שַׁעַר	הַמִּזְרָח׃
šomer	šaʿar	hammizərɔḥ.
(Wächter=)Hütender	Tor(es)-(des)	.(Ostens=)Aufgang(s)-(des=)der

30 אַחֲרֵי[אַחֲרָיו]	הֶחֱזִיק	חֲנַנְיָה
[ʾaḥᵃrɔʸw]ʾaḥᵃreʸ	hɛḥᵋziʸq	ḥᵃnanəyɔʰ
ihm-(Nach=)Hinter	(aus-besserte=)stark-machte-(es=er)	(Hananja=)Chananja

בֶּן־	שֶׁלֶמְיָה	וְחָנוּן	בֶּן־	צָלָף	הַשִּׁשִּׁי
-bɛn	šɛlɛməyɔʰ	wəḥɔnuʷn	-bɛn	ṣɔlɔp	haššiššiʸ
-Sohn	Schelemja(s)	(Hanun=)Chanun-und	Sohn	,Zalaph(s)	,sechste-der

מִדָּה	שֵׁנִי	אַחֲרָיו
middɔʰ	šeniʸ	ʾaḥᵃrɔʸw
(Strecke=)Ausdehnung-(eine)	.zweite	(ihnen=)ihm-(Nach=)Hinter

הֶחֱזִיק	מְשֻׁלָּם	בֶּן־	בֶּרֶכְיָה	נֶגֶד
hɛḥᵋziʸq	məšullɔm	-bɛn	bɛrɛkəyɔʰ	nɛgɛd
(aus-besserte=)stark-machte-(es=er)	Meschullam	-Sohn	Berechja(s)	(bei=)vor

נִשְׁכָּתוֹ׃	31 אַחֲרֵי[אַחֲרָיו]	הֶחֱזִיק
nišəkɔtoʷ.	[ʾaḥᵃrɔʸw]ʾaḥᵃreʸ	hɛḥᵋziʸq
.Gemach-sein(em)	ihm-(Nach=)Hinter	(aus-besserte=)stark-machte-(es=er)

מַלְכִּיָּה	בֶּן־	הַצֹּרְפִי
maləkiʸyɔʰ	-bɛn	haṣṣorəpiʸ
Malkija	-(Mitglied=)Sohn	(Goldschmiedezunft-der=)Hazzorphi(s)

עַד־בֵּית
beʸt -ʿad
Haus-(dem)-(zu)-bis

הַנְּתִינִים
hannᵊtiʸniʸm
,(Tempelhörigen=)Gegebenen-(der=)die

וְהָרֹכְלִים
wᵊhɔrokᵊliʸm
(Kaufleute=)Krämer-die-und

נֶגֶד
nɛgɛd
(bei=)vor

שַׁעַר
šaʿar
Tor-(dem)

הַמִּפְקָד
hammipᵊqɔd
(Wache=)Musterung-(der=)die

וְעַד
wᵊʿad
(zu)-bis-und

עֲלִיַּת
ʿaliʸyat
Obergemach-(dem)

הַפִּנָּה׃
happinnɔʰ.
.(Ecke=)Zinne-(der=)die-(an)

32 וּבֵין
uʷbeʸn
zwischen-Und

עֲלִיַּת
ʿaliʸyat
Obergemach-(dem)

הַפִּנָּה
happinnɔʰ
(Ecke=)Zinne-(der=)die-(an)

לְשַׁעַר
lᵊšaʿar
Tor-dem-(von=)zu

הַצֹּאן
haṣṣoʾn
(Schafe=)Herde-(der=)die

הֶחֱזִיקוּ
hɛḥᵋziʸquʷ
(aus-besserten=)stark-machten-(es=sie)

הַצֹּרְפִים
haṣṣorᵊpiʸm
Goldschmiede-die

וְהָרֹכְלִים׃
wᵊhɔrokᵊliʸm.
.Kaufleute-die-und

33 וַיְהִי
wayᵊhiʸ
,(geschah=)war-(es=)er-Und

כַּאֲשֶׁר
kaʾᵃšɛr
(als=)wie

שָׁמַע
šɔmaʿ
hörte-(er)

סַנְבַלַּט
sanᵊballaṭ
,Sanballat

כִּי־
-kiʸ
dass

אֲנַחְנוּ
ʾanaḥᵊnuʷ
(waren)-wir

בוֹנִים
boʷniʸm
(er)bauend(e)

אֶת־הַחוֹמָה
haḥoʷmɔʰ-ʾɛt
,Mauer-die***

וַיִּחַר
wayyiḥar

לוֹ
loʷ

(zornig-wurde-er=)ihm-(in=)zu-brannte-(es=)er-(da=)und

וַיִּכְעַס
wayyikᵊʿas
sich-(ärgerte=)kränkte-er-und

הַרְבֵּה
harᵊbeʰ
(gewaltig=)Vieles-(ein)

וַיַּלְעֵג
wayyalᵊʿeg
spottete-(er)-und

עַל־
-ʿal
(über=)auf

הַיְּהוּדִים׃
hayyᵊhuʷdiʸm.
.Juden-die

34 וַיֹּאמֶר
wayyoʾmɛr
sprach-er-Und

לִפְנֵי
lipᵊneʸ
(Gegenwart-in=)Gesichter-zu

מָה	וַיֹּאמֶר	שֹׁמְרוֹן	וְחֵיל	אֶחָיו
mɔ^{h}	wayyoʾmɛr	šom^{ə}ro^{w}n	w^{ə}ḥe^{y}l	ʾɛḥɔ^{y}w
(sind)-Was	:sagte-(er)-und	Samaria	(von)-Heer(es)-(des)-und	Brüder-seine(r)

עֹשִׂים	הָאֲמֵלָלִים	הַיְּהוּדִים
ʿośi^{y}m	hɔ^{ʾa}melɔli^{y}m	hayy^{ə}hu^{w}di^{y}m
?(tuend=)machend(e)	,(elenden=)schwachen-die	,Juden-die

לָהֶם	הֲיַעַזְבוּ
lɔhɛm	h^{a}yaʿaz^{ə}bu^{w}
?(sich=)sie-(für=)zu	pflastern-(wollen=)werden-sie-Etwa

הֲיִזְבָּחוּ
h^{a}yiz^{ə}bɔḥu^{w}
?schlachten-(Opfer-zum)-(wollen=)werden-sie-Etwa

בַיּוֹם	הַיְכַלּוּ
bayyo^{w}m	hay^{ə}kallu^{w}
?Tag-(einem=)der-(an=)in	vollenden-(wollen=)werden-sie-Etwa

אֶת־הָאֲבָנִים	הַיְחַיּוּ
hɔ^{ʾa}bɔni^{y}m-ʾɛt	hay^{ə}ḥayyu^{w}
Steine-die***	machen-(lebendig=)leben-(wollen=)werden-sie-Etwa

וְהֵמָּה	הֶעָפָר	מֵעֲרֵמוֹת
w^{ə}hemmɔ^{h}	hɛʿɔpɔr	meʿ^{a}remo^{w}t
(doch-die=)sie-und	,(Schuttes=)Staub(es)-(des=)der	Haufen-(den)-(aus=)von

אֶצְלוֹ	הָעַמֹּנִי	35 וְטוֹבִיָּה	שְׂרוּפוֹת׃
ʾɛṣ^{ə}lo^{w}	hɔʿammoni^{y}	w^{ə}ṭo^{w}bi^{y}yɔ^{h}	ś^{ə}ru^{w}po^{w}t.
ihm-neben-(stand)	,Ammoniter-der	,Tobija-Und	?(sind)-verbrannt(e)

אִם־	בּוֹנִים	הֵם	אֲשֶׁר־	גַּם	וַיֹּאמֶר
-ʾim	bo^{w}ni^{y}m	hem	-^{ʾa}šɛr	gam	wayyoʾmɛr
wenn	,(er)bauend(e)	(sind)-sie	wenn	(Selbst=)Auch	:sprach-(er)-und

חוֹמַת	וּפָרַץ	שׁוּעָל	יַעֲלֶה
ḥo^{w}mat	u^{w}pɔraṣ	šu^{w}ʿɔl	yaʿ^{a}lɛ^{h}
(von)-Mauer-(die)	ein-reißt-(d)er-(so=)und	,Fuchs-(ein)	hinaufläuft-(er)

כִּי־	אֱלֹהֵינוּ	36 שְׁמַע	אַבְנֵיהֶם׃
-ki^{y}	^{ʾɛ}lohe^{y}nu^{w}	š^{ə}maʿ	ʾab^{ə}ne^{y}hɛm.
(wie=)dass	,(Gott=)Götter-unser(e)	,Höre	!Steine(n)-ihre(n)

וְהֵשֵׁב	בוּזָה	הָיִינוּ
wᵊhɔšeb	buʷzɔʰ	hɔyiʸnuʷ
kehren-mache-(also=)und	,(verachtet=)Verachtung	(sind=)waren-wir

לְבִזָּה	וּתְנֵם	רֹאשָׁם	אֶל־	חֶרְפָּתָם
lᵊbizzɔʰ	uʷtᵊnem	roʾšɔm	-ʾɛl	ḥɛrᵊpɔtɔm
Plünderung-(der=)zu	sie-(preis)-gib-und	,Haupt-ihr	(auf=)zu	Schmähung-ihre

תְּכַס	37 וְאַל־	שִׁבְיָה:	בְּאֶרֶץ
tᵊkas	-wᵊʾal	šibᵊyɔʰ.	bᵊʾɛrɛṣ
zu-(decke=)deckst-du	nicht-Und	!Gefangenschaft-(der)	Land-(einem)-in

וְחַטָּאתָם	עֲוֺנָם	עַל־
wᵊḥaṭṭɔʾtɔm	ᶜᵃwonɔm	-ᶜal
Sünde-ihre-und	,Vergehen-(deren=)ihr(em)	(über=)auf

כִּי	תִּמָּחֶה	אַל־	מִלְּפָנֶיךָ
kiʸ	timmɔḥɛʰ	-ʾal	millᵊpɔnɛʸkɔ
denn	,tilgen-(sollst=)wirst-du	nicht	(dir-vor=)Gesichter-deine-zu-von

לְנֶגֶד	הִכְעִיסוּ
lᵊnɛgɛd	hikᵊᶜiʸsuʷ
(bei=)neben-zu	(Verdruss-erregten=)kränken-machten-sie

אֶת־הַחוֹמָה	38 וַנִּבְנֶה	הַבּוֹנִים:
haḥoʷmɔʰ-ʾɛt	wannibᵊnɛʰ	habboʷniʸm.
Mauer-die***	(er)bauten-wir-(Aber=)Und	.(Bauleuten=)Bauenden-(den=)die

כָּל־הַחוֹמָה	וַתִּקָּשֵׁר
haḥoʷmɔʰ-kol	wattiqqɔšer
Mauer-(ganze-die=)die-all	(zusammengefügt=)gebunden-war-(es=)sie-und

לֵב	וַיְהִי	חֶצְיָהּ	עַד־
leb	wayᵊhiʸ	ḥɛṣᵊyɔh	-ᶜad
(Eifer-der=)Herz-(das)	war-(es=)er-und	,Hälfte-ihre(r)	(zu)-bis

לַעֲשׂוֹת:	לָעָם
laᶜᵃśoʷt.	lɔᶜɔm
.(tun-zu-es=)machen-zu	Volk(es)-(des=)zu

סַנְבַלַּט	שָׁמַע	כַּאֲשֶׁר	1 וַיְהִי	**4**
sanᵊballaṭ	šɔmaᶜ	kaʾᵃšɛr	wayᵊhiʸ	
Sanballat	hörte(n)-(er)	als	,(geschah=)war-(es=)er-Und	

וְטוֹבִיָּה וְהָעַרְבִים וְהָעַמֹּנִים וְהָאַשְׁדּוֹדִים כִּי־
-ki^{y} w^{ə}hɔ^{ɔ}aš^{ə}do^{w}di^{y}m w^{ə}hɔ^{c}ammoni^{y}m w^{ə}hɔ^{c}ar^{ə}bi^{y}m w^{ə}ṭo^{w}bi^{y}yɔ^{h}
dass ,Aschdoditer-die-und Ammoniter-die-und Araber-die-und Tobija-und

עָלְתָה
^{c}ɔl^{ə}tɔ^{h}
(fortgeschritten=)hinaufgegangen-war-(es=sie)

אֲרוּכָה לְחֹמוֹת יְרוּשָׁלַםִ כִּי־
-ki^{y} y^{ə}ru^{w}šɔlaim l^{ə}ḥomo^{w}t ^{ɔa}ru^{w}kɔ^{h}
dass ,Jerusalem(s) Mauern-(der=)zu (Wiederherstellung=)Genesung-(die)

הֵחֵלּוּ הַפְּרֻצִים לְהִסָּתֵם
l^{ə}hissɔtem happ^{ə}ruṣi^{y}m heḥellu^{w}
,sich-schließen-zu (Breschen=)Geschlagenen-Bresche-in-die begannen-(es=sie)

וַיִּחַר לָהֶם מְאֹד׃
m^{əɔ}od. lɔhɛm wayyiḥar
.sehr ihnen-(bei=)zu (Zorn)-entbrannte-(es=)er-(da=)und

2 וַיִּקְשְׁרוּ כֻלָּם יַחְדָּו
yaḥ^{ə}dɔw kullɔm wayyiq^{ə}š^{ə}ru^{w}
miteinander (allesamt=)sie-all(e) sich-verschworen-sie-Und

לָבוֹא לְהִלָּחֵם בִּירוּשָׁלָםִ
bi^{y}ru^{w}šɔlɔim l^{ə}hillɔḥem lɔbo^{wɔ}
Jerusalem-(gegen=)in kämpfen-zu-(um) (heranzuziehn=)kommen-zu

וְלַעֲשׂוֹת לוֹ תּוֹעָה׃ 3 וַנִּתְפַּלֵּל אֶל־
-^{ɔ}ɛl wannit^{ə}pallel to^{wc}ɔ^{h}. lo^{w} w^{ə}la^{ca}śo^{w}t
zu beteten-wir-(Da=)Und .Verwirrung ihm-(zu) (bereiten=)machen-zu-und

אֱלֹהֵינוּ וַנַּעֲמִיד
wanna^{ca}mi^{y}d ^{ɔɛ}lohe^{y}nu^{w}
(auf-stellten=)stehen-machten-wir-und ,(Gott-unserem=)Götter(n)-unsere(n)

מִשְׁמָר עֲלֵיהֶם יוֹמָם וָלָיְלָה
wɔlay^{ə}lɔ^{h} yo^{w}mɔm ^{ca}le^{y}hɛm miš^{ə}mɔr
Nacht-(bei)-und Tag-(bei) (sie-gegen=)ihnen-auf Wache-(eine)

מִפְּנֵיהֶם׃ 4 וַיֹּאמֶר יְהוּדָה
y^{ə}hu^{w}dɔ^{h} wayyo^{ɔ}mɛr mipp^{ə}ne^{y}hɛm.
:Juda sprach-(es=)er-(Doch=)Und .(ihretwegen=)Gesichtern-ihren-(vor=)von

הַסַּבָּל	כֹּחַ	כָּשַׁל
hassabbɔl	koaḥ	kɔšal
,Lastträger(s)-(des=)der	Kraft-(die)	erschöpft-(ist=)war-(Es=)Er

לֹא	וַאֲנַחְנוּ	הַרְבֵּה	וְהֶעָפָר
loʾ	waʾᵃnaḥᵊnuʷ	harᵊbeʰ	wᵊhɛʿɔpɔr
nicht	,wir-und	,(viel-ist=)Vieles-(ein)	(Schutt=)Staub-der-und

בַּחוֹמָה׃	לִבְנוֹת	נוּכַל
baḥoʷmɔʰ.	libᵊnoʷt	nuʷkal
.Mauer-(der=)die-(an=)in	bauen-zu	vermögen-wir

לֹא	צָרֵינוּ	5 וַיֹּאמְרוּ
loʾ	ṣɔreʸnuʷ	wayyoʾmᵊruʷ
Nicht(s)	:Bedränger-unsere	(dachten=)sprachen-(es=)sie-Und

יִרְאוּ	וְלֹא	יֵדְעוּ
yirᵊʾuʷ	wᵊloʾ	yedᵊʿuʷ
,(merken=)sehen-(sollen=)werden-sie	nicht(s)-und	wissen-(sollen=)werden-sie

וַהֲרַגְנוּם	תּוֹכָם	אֶל־	נָבוֹא	אֲשֶׁר־	עַד
wahᵃragᵊnuʷm	toʷkɔm	-ʾɛl	nɔboʷʾ	-ʾᵃšɛr	ʿad
sie-totschlagen-wir-und	Mitte-ihre	(in=)zu	kommen-wir	dass	bis

אֶת־הַמְּלָאכָה׃	וְהִשְׁבַּתְנוּ
hammᵊlɔʾkɔʰ-ʾɛt.	wᵊhišᵊbatᵊnuʷ
.Arbeit-(der=)die***	machen-(Ende-ein=)aufhören-wir-und

הַיְּהוּדִים	בָּאוּ	כַּאֲשֶׁר־	6 וַיְהִי
hayyᵊhuʷdiʸm	bɔʾuʷ	-kaʾᵃšɛr	wayᵊhiʸ
,Juden-die	kamen-(sie)	als	,(geschah=)war-(es=)er-Und

וַיֹּאמְרוּ	אֶצְלָם	הַיֹּשְׁבִים
wayyoʾmᵊruʷ	ʾɛṣᵊlɔm	hayyošᵊbiʸm
sprachen-sie-(dass=)und	,(Nachbarschaft-ihrer-in=)ihnen-neben	wohnenden-die

הַמְּקֹמוֹת	מִכָּל־	פְּעָמִים	עֶשֶׂר	לָנוּ
hammᵊqomoʷt	-mikkol	pᵊʿɔmiʸm	ʿɛśɛr	lɔnuʷ
,Orte(n)-(den=)die	all-von	(wieder-immer=)Mal(e)	zehn	uns-zu

עָלֵינוּ׃	תָּשׁוּבוּ	אֲשֶׁר־
ʿɔleʸnuʷ.	tɔšuʷbuʷ	-ʾᵃšɛr
?uns-(gegen=)auf	euch-wenden-(wollt=)werdet-ihr	dass-,(meint-man-wo)

מִתַּחְתִּיּוֹת	7 וָאַעֲמִיד
mittaḥᵊtiʸyoʷt	wɔʾaᶜamiʸd
(Stellen)-unterste(n)-(den)-(an=)von	(auf-ich-stellte=)stehen-machte-ich-(Da=)Und

לַחוֹמָה	מֵאַחֲרֵי	לַמָּקוֹם
laḥoʷmɔʰ	meʾaḥᵃreʸ	lammɔqoʷm
,— Mauer-die-(an=)zu	(her)-hinten-(von)	(Platz=)Ort-dem-(an=)zu —

אֶת־הָעָם	וָאַעֲמִיד	בַּצְּחִחִיִּים[בַּצְּחִיחִים]
hɔᶜɔm-ʾɛt	wɔʾaᶜamiʸd	[baṣṣᵊḥiʸḥiʸm]baṣṣᵊḥiḥiʸyiʸm
Volk-das***	(auf-stellte=)stehen-machte-ich-und	,Stellen-kahlen-die-(an=)in

רָמְחֵיהֶם	חַרְבֹתֵיהֶם	עִם־	לְמִשְׁפָּחוֹת
romᵊḥeʸhɛm	ḥarᵊboteʸhɛm	-ᶜim	lᵊmišᵊpɔḥoʷt
Lanzen-ihre(n)	,Schwerter(n)-ihre(n)	mit	Geschlechter(n)-(nach=)zu

וָאֹמַר	וָאָקוּם	8 וָאֵרֶא	וְקַשְּׁתֹתֵיהֶם׃
wɔʾomar	wɔʾɔquʷm	wɔʾerɛʾ	wᵊqaššᵊtoteʸhɛm.
sagte-(ich)-und	auf-stand-(ich)-und	(nach)-sah-ich-Und	.Bogen-ihre(n)-und

הַסְּגָנִים	וְאֶל־	הַחֹרִים	אֶל־
hassᵊgɔniʸm	-wᵊʾɛl	haḥoriʸm	-ʾɛl
Vorsteher(n)-(den=)die-zu-und	zu-und	Vornehmen-(den=)die-zu	zu

תִּירְאוּ	אַל־	הָעָם	יֶתֶר	וְאֶל־
tiʸrᵊʾuʷ	-ʾal	hɔᶜɔm	yɛtɛr	-wᵊʾɛl
(euch-fürchtet=)fürchtet-ihr	Nicht	:Volk(es)-(des=)das	Rest	zu(m)-und

הַגָּדוֹל	אֶת־אֲדֹנָי	מִפְּנֵיהֶם
haggɔdoʷl	ʾᵃdonɔy-ʾɛt	mippᵊneʸhɛm
große(n)-(des=)der	,Herr(e)n-(Des)***	!(ihnen-vor=)Gesichtern-ihren-von

אֲחֵיכֶם	עַל־	וְהִלָּחֲמוּ	זְכֹרוּ	וְהַנּוֹרָא
ʾᵃḥeʸkɛm	-ᶜal	wᵊhillɔḥᵃmuʷ	zᵊkoruʷ	wᵊhannoʷrɔʾ
,Brüder-eure	(für=)auf	kämpft-und	gedenket	,furchtbare(n)-(des=)der-und

וּבָתֵּיכֶם׃	נְשֵׁיכֶם	וּבְנֹתֵיכֶם	בְּנֵיכֶם
uʷbɔtteʸkɛm.	nᵊšeʸkɛm	uʷbᵊnoteʸkɛm	bᵊneʸkɛm
!Häuser-eure-und	Frauen-eure	,Töchter-eure-und	Söhne-eure

כִּי־	אוֹיְבֵינוּ	שָׁמְעוּ	כַּאֲשֶׁר־	9 וַיְהִי
-kiʸ	ʾoʷyᵊbeʸnuʷ	šɔmᵊᶜuʷ	-kaʾᵃšɛr	wayᵊhiʸ
dass	,Feinde-unsere	hörten-(sie)	als	,(nun)-war-(es=)er-Und

וַיָּפֵר	לָנוּ	נוֹדַע
wayyɔpɛr	lɔnuʷ	noʷdaʿ
(vereitelte=)brach-(es=er)-(da=)und	,uns-(zu)	bekannt-wurde-(es=)er

וַנָּשׁוּב[וַנָּשָׁב]	אֶת־עֲצָתָם	הָאֱלֹהִים
[wannɔšɔb]wannɔšuʷb	ʿaṣɔtɔm-ʾɛt	hɔʾɛlohiʸm
,zurück-kehrten-wir-und	(Plan=)Ratschlag-ihr(en)***	(Gott=)Götter-die

מְלַאכְתּוֹ׃	אֶל־	אִישׁ	הַחוֹמָה	אֶל־	כֻּלָּנוּ
məlaʾkətoʷ.	-ʾɛl	ʾiʸš	haḥoʷmɔʰ	-ʾɛl	kullɔnuʷ
.Arbeit-seine(r)	zu	(jeder=)Mann	,Mauer-die	(an=)zu	,uns-(von)-all(e)

הַהוּא	הַיּוֹם	מִן־	10 וַיְהִי
hahuʷʾ	hayyoʷm	-min	wayəhiʸ
,(an)-jenige(n)-(dem=)der	,Tag-(dem=)der	von	war-(es=)er-Und

עֹשִׂים	נְעָרַי	חֲצִי
ʿośiʸm	nəʿɔray	ḥaṣiʸ
(arbeitend=)machend(e)-(war)	Knappen-meine(r)	Hälfte-(eine)

וְחֶצְיָם	בַּמְּלָאכָה
wəḥɛṣəyɔm	bamməlɔʾkɔʰ
Hälfte-(andere-die=)ihre-(während=)und	,Werk-(dem=)das-(an=)in

וְהַקְּשָׁתוֹת	הַמָּגִנִּים	וְהָרְמָחִים	מַחֲזִיקִים
wəhaqqəšɔtoʷt	hammɔginniʸm	wəhɔrəmɔḥiʸm	maḥaziʸqiʸm
Bogen-die-und	Schilde-die	,Lanzen-die-(indes=)und	ergreifend(e)-(war)

כָּל־	אַחֲרֵי	וְהַשָּׂרִים	וְהַשִּׁרְיֹנִים
-kol	ʾaḥarey	wəhaśśɔriʸm	wəhašširəyoniʸm
(ganzen-dem=)all	hinter-(standen)	Oberen-die-und	,Panzer-die-und

11 הַבּוֹנִים	יְהוּדָה׃	בֵּית
habboʷniʸm	yəhuʷdɔʰ.	beʸt
(Bauleute=)Bauenden-Die	.Juda	(von)-Haus

בַּסֶּבֶל	וְהַנֹּשְׂאִים	בַּחוֹמָה
bassɛbɛl	wəhannośəʾiʸm	baḥoʷmɔʰ
Last-die-(herbei=)in	Tragenden-die-und	Mauer-(der=)die-(an=)in

עֹשֶׂה	יָדוֹ	בְּאַחַת	עֹמְשִׂים
ʿośɛʰ	yɔdoʷ	bəʾaḥat	ʿoməśiʸm
(arbeitend=)machend(er)	Hand-(seine)	eine(r)-(mit=)in	,aufladend(e)-(waren)

בַּמְּלָאכָה	וְאַחַת	מַחֲזֶקֶת	הַשָּׁלַח׃
bamməlɔʾkɔh	wəʾaḥat	maḥazɛqɛt	haššɔlaḥ.
Werk-(dem=)das-(an=)in	eine(r)-(mit)-und	festhaltend(e)	.Geschoss-das

12 וְהַבּוֹנִים	אִישׁ	חַרְבּוֹ	אֲסוּרִים
wəhabbowniym	ʾiyš	ḥarəbow	ʾasuwriym
:Bauenden-die-Und	(Jeder)mann	Schwert-sein-(hatte)	(gegürtet=)gebunden(e)

עַל־	מָתְנָיו	וּבוֹנִים
-ʿal	motənɔyw	uwbowniym
(an=)auf	,Hüften-(zwei)-seine(n)	,bauend(e)-(waren-sie)-(während=)und

וְהַתּוֹקֵעַ	בַּשּׁוֹפָר	אֶצְלִי׃
wəhattowqeaʿ	baššowpɔr	ʾɛṣəliy.
(Blasende=)Schlagende-der-(indes=)und	Horn-das-in	.mir-neben-(stand)

13 וָאֹמַר	אֶל־	הַחֹרִים	וְאֶל־	הַסְּגָנִים
wɔʾomar	-ʾɛl	hahoriym	-wəʾɛl	hassəgoniym
sagte-ich-Und	zu	Vornehmen-(den=)die	zu-und	Vorsteher(n)-(den=)die

וְאֶל־	יֶתֶר	הָעָם	הַמְּלָאכָה	הַרְבֵּה
-wəʾɛl	yɛtɛr	hɔʿɔm	hamməlɔʾkɔh	harəbeh
zu(m)-und	Rest	:Volk(es)-(des=)das	Arbeit-Die	(groß-ist=)Vieles-(ein)

וּרְחָבָה	וַאֲנַחְנוּ	נִפְרָדִים	עַל־
uwrəḥɔbɔh	waʾanaḥənuw	nipərɔdiym	-ʿal
,(ausgedehnt=)weite-und	wir-und	getrennt(e)-(sind)	auf

הַחוֹמָה	רְחוֹקִים	אִישׁ
haḥowmɔh	rəḥowqiym	ʾiyš
,Mauer-(der=)die	entfernt(e)-weit	(einer=)Mann

מֵאָחִיו׃	14 בִּמְקוֹם	אֲשֶׁר
meʾɔḥiyw.	biməqowm	ʾašɛr
.(andern-vom=)Bruder-sein(em)-von	,Ort-(den)-(An=)In	(wo=)welch(en)

תִּשְׁמְעוּ	אֶת־קוֹל	הַשּׁוֹפָר	שָׁמָּה
tišəməʿuw	qowl-ʾɛt	haššowpɔr	šɔmmɔh
hört-ihr	(Schall-den=)Stimme***	,Horn(es)-(des=)das	dorthin

תִּקָּבְצוּ	אֵלֵינוּ	אֱלֹהֵינוּ
tiqqɔbəṣuw	ʾeleynuw	ʾɛloheynuw
euch-sammeln-(sollt=)werdet-ihr	.uns-(um=)zu	(Gott=)Götter-Unser(e)

יִלָּחֵם
yillɔḥɛm
kämpfen-wird-(er)

לָנוּ׃
lɔnuʷ.
!uns-(für=)zu

15 וַאֲנַחְנוּ
waʾanaḥᵊnuʷ
(waren)-wir-(So=)Und

עֹשִׂים
ʿośiʸm
(arbeitend=)machend(e)

בַּמְּלָאכָה
bammᵊlɔʾkɔʰ
,Werk-(dem=)das-(an=)in

וְחֶצְיָם
wᵊḥɛṣᵊyɔm
(ihnen-von-Hälfte-die=)Hälfte-ihre-(während=)und

מַחֲזִיקִים
maḥᵃziʸqiʸm
festhaltend(e)-(war)

בָּרְמָחִים
bɔrᵊmɔḥiʸm
Lanzen-(den=)die-(an=)in

מֵעֲלוֹת
meʿᵃloʷt
(Anbruch=)Aufsteigen-(dem)-von

הַשַּׁחַר
haššaḥar
Morgenröte-(der=)die

עַד
ʿad
(zum)-bis

צֵאת
ṣeʾt
(Erscheinen=)Herauskommen

הַכּוֹכָבִים׃
hakkoʷkɔbiʸm.
.Sterne-(der=)die

16 גַּם
gam
Auch

בָּעֵת
bɔʿet
,Zeit-der-in

הַהִיא
hahiʸʾ
,da-jene(r)

אָמַרְתִּי
ʾɔmarᵊtiʸ
sagte-ich

לָעָם
lɔʿɔm
:Volk-zum

אִישׁ
ʾiʸš
(Jeder)mann

וְנַעֲרוֹ
wᵊnaʿᵃroʷ
Knappe(n)-sein(em)-(mit=)und

יָלִינוּ
yɔliʸnuʷ
übernachten-(soll=)werden-(sie)

בְּתוֹךְ
bᵊtoʷk
(Mitte)-in

יְרוּשָׁלָםִ
yᵊruʷšɔlɔim
,Jerusalem

וְהָיוּ־
-wᵊhɔyuʷ
(dienen=)sind-sie-(dass=)und

לָנוּ
lɔnuʷ
uns-(für=)zu

הַלַּיְלָה
hallayᵊlɔʰ
Nacht(s)-(des=)die

מִשְׁמָר
mišᵊmɔr
Wache-(als)

וְהַיּוֹם
wᵊhayyoʷm
Tag-(am=)der-und

מְלָאכָה׃
mᵊlɔʾkɔʰ.
!Werk-(dem)

17 וְאֵין
wᵊʾeʸn
war(en)-nicht-Und

אֲנִי
ʾᵃniʸ
ich

וְאַחַי
wᵊʾaḥay
Brüder-meine-und

וּנְעָרַי
uʷnᵊʿɔray
Knappen-meine-und

וְאַנְשֵׁי
wᵊʾanᵊšeʸ
(von)-Männer-(die)-und

הַמִּשְׁמָר
hammišᵊmɔr
,Wache-(der=)die

אֲשֶׁר
ʾᵃšɛr
welch(e)

אַחֲרַי
ʾaḥᵃray
,(folgten-mir=)mir-hinter

אִישׁ	בְּגָדֵינוּ	פֹּשְׁטִים	אֲנַחְנוּ	אֵין־
ʾiʸš	bᵊgɔdeʸnuʷ	pošᵊṭiʸm	ʾᵃnaḥᵊnuʷ	-ʾeʸn
(jedermanns=)Mann	,Kleider-unsere	ablegend(e)	(waren)-wir	nicht

הַמָּיִם׃	שִׁלְחוֹ
hammɔyim.	šilᵊḥoʷ
.Wasser-(das=)die-(war)	Geschoss-(sein)

הָעָם	צַעֲקַת	1 וַתְּהִי	**5**
hɔʿɔm	ṣaʿᵃqat	wattᵊhiʸ	
Volk(es)-(des=)das	Geschrei-(ein)	war-(es=)sie-(Aber=)Und	

הַיְּהוּדִים׃	אֲחֵיהֶם	אֶל־	גְּדוֹלָה	וּנְשֵׁיהֶם
hayyᵊhuʷdiʸm.	ʾᵃḥeʸhɛm	-ʾɛl	gᵊdoʷlɔʰ	uʷnᵊšeʸhɛm
.jüdischen-die	,Brüder-ihre	(über=)zu	große(s)	Frauen-ihre(r)-und

בָּנֵינוּ	אֹמְרִים	אֲשֶׁר	2 וְיֵשׁ
bɔneʸnuʷ	ʾomᵊriʸm	ʾᵃšɛr	wᵊyeš
Söhne-Unsere(r)	:(sagten-die=)Sagende	,welch(e)	(gab=)gibt-es-Und

רַבִּים	אֲנַחְנוּ	וּבְנֹתֵינוּ
rabbiʸm	ʾᵃnaḥᵊnuʷ	uʷbᵊnoteʸnuʷ
,viele	(verpfänden)-wir	Töchter-unsere(r)-und

וְנֹאכְלָה	דָגָן	וְנִקְחָה
wᵊnoʾkᵊlɔʰ	dɔgɔn	wᵊniqᵊḥɔʰ
essen-wir-(dass=)und	,Korn	(bekommen=)nehmen-wir-(dass=)und

אֹמְרִים	אֲשֶׁר	3 וְיֵשׁ	וְנִחְיֶה׃
ʾomᵊriʸm	ʾᵃšɛr	wᵊyeš	wᵊniḥᵊyɛʰ.
:(sagten-die=)Sagende	,welch(e)	(gab=)gibt-es-Und	!(können)-leben-(wir)-und

אֲנַחְנוּ	וּבָתֵּינוּ	וּכְרָמֵינוּ	שְׂדֹתֵינוּ
ʾᵃnaḥᵊnuʷ	uʷbɔtteʸnuʷ	uʷkᵊrɔmeʸnuʷ	śᵊdoteʸnuʷ
(sind)-wir	Häuser-unsere-und	Weingärten-unsere-und	Felder-Unsere

דָגָן	וְנִקְחָה	עֹרְבִים
dɔgɔn	wᵊniqᵊḥɔʰ	ʿorᵊbiʸm
Korn	(bekommen=)nehmen-wir-(dass=)und	,verpfändend(e)

אֹמְרִים	אֲשֶׁר	4 וְיֵשׁ	בָּרָעָב׃
ʾomᵊriʸm	ʾᵃšɛr	wᵊyeš	bɔrɔʿɔb.
:(sagten-die=)Sagende	,welch(e)	(gab=)gibt-es-Und	!Hungersnot-(der)-in

לָוִינוּ | כֶּסֶף | לְמִדַּת
lɔwiʸnuʷ | kεsεp | lᵊmiddat
geliehen-haben-Wir | (Geld=)Silber | (Steuer=)Abgabe-(die)-(für=)zu

הַמֶּלֶךְ | שְׂדֹתֵינוּ | וּכְרָמֵינוּ׃ | 5 וְעַתָּה
hammεlεk | śᵊdoteʸnuʷ | uʷkᵊrɔmeʸnuʷ. | wᵊʿattɔʰ
,König(s)-(des=)der | Felder-unsere | !Weingärten-unsere-und | :nun-Und

כִּבְשַׂר | אַחֵינוּ | בְּשָׂרֵנוּ
kibᵊśar | ʾaḥeʸnuʷ | bᵊśɔrenuʷ
Fleisch-(dem)-(Gleich=)Wie | Brüder-unsere(r) | ,Fleisch-unser-(ist)

כִּבְנֵיהֶם | בָּנֵינוּ | וְהִנֵּה | אֲנַחְנוּ
kibᵊneʸhεm | bɔneʸnuʷ | wᵊhinneʰ | ʾᵃnaḥᵊnuʷ
Söhne(n)-ihre(n)-(gleich=)wie | !Söhne-unsere-(sind) | ,siehe-Und | (sind)-wir

כֹּבְשִׁים | אֶת־בָּנֵינוּ | וְאֶת־בְּנֹתֵינוּ
kobᵊšiʸm | bɔneʸnuʷ-ʾεt | bᵊnoteʸnuʷ-wᵊʾεt
(erniedrigend=)unterjochend(e) | Söhne-unsere*** | Töchter-unsere***und

לַעֲבָדִים | וְיֵשׁ | מִבְּנֹתֵינוּ
laʿᵃbɔdiʸm | wᵊyeš | mibbᵊnoteʸnuʷ
,Sklaven-zu | gibt-es-und | ,Töchter(n)-unsere(n)-von-(welche)

נִכְבָּשׁוֹת | וְאֵין
nikᵊbɔšoʷt | wᵊʾeʸn
,(Leibeigene=)Unterworfene-(sind-die) | ist-es-nicht-und

לְאֵל | יָדֵנוּ | וּשְׂדֹתֵינוּ
lᵊʾel | yɔdenuʷ | uʷśᵊdoteʸnuʷ
(Macht-der-in=)Stärke-zu | ,Hände-unsere(r) | Felder-unsere-und

וּכְרָמֵינוּ | לַאֲחֵרִים׃
uʷkᵊrɔmeʸnuʷ | laʾᵃḥeriʸm.
Weingärten-unsere-und | !andere(n)-zu-(fielen)

6 וַיִּחַר | לִי | מְאֹד | כַּאֲשֶׁר | שָׁמַעְתִּי
wayyiḥar | liʸ | mᵊʾod | kaʾᵃšεr | šɔmaʿᵊtiʸ
(Zorn)-entbrannte-(es=er)-(Da=)Und | mir-(in=)zu | ,sehr | als | hörte-ich

אֶת־זַעֲקָתָם | וְאֵת | הַדְּבָרִים | הָאֵלֶּה׃
zaʿᵃqɔtɔm-ʾεt | wᵊʾet | haddᵊbɔriʸm | hɔʾεllεʰ.
Geschrei-ihr*** | ***und | ,Worte-die | .da-diese

7 וַיִּמָּלֵךְ
wayyimmɔlek
sich-beratschlagte-(es=)er-Und

לִבִּי
libbiʸ
Herz-mein

עָלַי
ʿɔlay
.mir-(in=)auf

וָאָרִיבָה
wɔʾɔriʸbɔʰ
(Rede-zur-stellte=)stritt-ich-(Dann=)Und

אֶת־הַחֹרִים
haḥoriʸm-ʾɛt
Vornehmen-die***

וְאֶת־הַסְּגָנִים
hassᵊgɔniʸm-wᵊʾɛt
,Vorsteher-die-***und

וָאֹמְרָה
wɔʾomᵊrɔʰ
sprach-ich-(indem=)und

לָהֶם
lɔhɛm
:ihnen-zu

מַשָּׁא
maššɔʾ
(Wucher=)Schuld(forderung)-(Eine)

אִישׁ־
-ʾiʸš
(jeder=)Mann

בְּאָחִיו
bᵊʾɔḥiʸw
Bruder-sein(en)-(gegen=)in

אַתֶּם
ʾattɛm
(seid)-ihr

נֹשִׁאִים
nošiʾym
!(eintreibend=)darleihend(e)

וָאֶתֵּן
wɔʾɛtten
(auf-brachte=)gab-ich-Und

עֲלֵיהֶם
ʿaleʸhɛm
(sie-gegen=)ihnen-auf

קְהִלָּה
qᵊhillɔʰ
Versammlung-(eine)

גְדוֹלָה׃
gᵊdoʷlɔʰ.
.große

8 וָאֹמְרָה
wɔʾomᵊrɔʰ
sagte-ich-(Dann=)Und

לָהֶם
lɔhɛm
:ihnen-zu

אֲנַחְנוּ
ʾanaḥᵊnuʷ
Wir

קָנִינוּ
qɔniʸnuʷ
(los)gekauft-haben-(selbst=)wir

אֶת־אַחֵינוּ
ʾaḥeʸnuʷ-ʾɛt
,Brüder-unsere***

הַיְּהוּדִים
hayyᵊhuʷdiʸm
,jüdischen-die

הַנִּמְכָּרִים
hannimᵊkɔriʸm
verkauften-die

לַגּוֹיִם
laggoʷyim
,Völker-die-(an=)zu

כְּדֵי
kᵊdeʸ
(stand-es-soweit=)Genügen-nach

בָנוּ
bɔnuʷ
.(Macht)-uns(erer)-in

וְגַם־
-wᵊgam
(nunmehr=)auch-Und

אַתֶּם
ʾattɛm
,ihr

תִּמְכְּרוּ
timᵊkᵊruʷ
verkaufen-(wollt=)werdet-ihr

אֶת־אֲחֵיכֶם
ʾaḥeʸkɛm-ʾɛt
,Brüder-eure***

וְנִמְכְּרוּ־
-wᵊnimᵊkᵊruʷ
verkauft-(wieder)-werden-sie-(dass=)und

לָנוּ
lɔnuʷ
?uns-(an=)zu

וַיַּחֲרִישׁוּ
wayyaḥariʸšuʷ
schwiegen-sie-(Da=)Und

טוֹב	לֹא־	[וָאוֹמַר]וַיֹּאמֶר 9	דָּבָר׃	מָצְאוּ	וְלֹא
ṭoʷb	-loʾ	[wɔʾoʷmar]wayyoʾmɛr	dɔbɔr.	mɔṣᵊʾuʷ	wᵊloʾ
(ist)-gut	Nicht	:sagte-ich-(Hierauf=)Und	.Wort(e)	fanden-sie	nicht-und

הֲלוֹא	עֹשִׂים	אַתֶּם	אֲשֶׁר־	הַדָּבָר
hᵃloʷʾ	ʿośiʸm	ʾattɛm	-ʾᵃšɛr	haddɔbɔr
nicht-Etwa	!(tuend=)machend(e)	(seid)-ihr	welch(e)	,Sache-die

אֱלֹהֵינוּ	בְּיִרְאַת
ʾᵋloheʸnuʷ	bᵊyirᵊʾat
(Gott-unserem=)Götter(n)-unsere(n)	(vor)-Furcht-in

מֵחֶרְפַּת	תֵּלֵכוּ
meḥɛrᵊpat	telekuʷ
Schmähung-(der)-(wegen=)von	?(wandeln=)gehen-(wollt=)werdet-ihr

אַחַי	אֲנִי	וְגַם־ 10	אוֹיְבֵינוּ׃	הַגּוֹיִם
ʾaḥay	ʾᵃniʸ	-wᵊgam	ʾoʷyᵊbeʸnuʷ.	haggoʷyim
Brüder-meine	,ich	auch-Und	?Feinde-unsere(r)	,Völker-(der=)die

כֶּסֶף	בָּהֶם	נֹשִׁים	וּנְעָרַי
kɛsɛp	bɔhɛm	nošiʸm	uʷnᵊʿɔray
(Geld=)Silber	(sie-an=)ihnen-in	leihend(e)-(sind)	Knappen-meine-und

אֶת־הַמַּשָּׁא	נָּא	נַעַזְבָה־	וְדָגָן
hammaššɔʾ-ʾɛt	nɔʾ	-naʿazᵊbɔʰ	wᵊdɔgɔn
,Schuld(forderung)-die***	doch	(er)lassen-(wollen=)werden-Wir	.Korn-und

לָהֶם	נָא	הָשִׁיבוּ 11	הַזֶּה׃
lɔhɛm	nɔʾ	hɔšiʸbuʷ	hazzɛʰ.
ihnen-(zu)	doch	(zurück-Gebt=)kehren-Macht	!da-dies(e)

זֵיתֵיהֶם	כַּרְמֵיהֶם	שְׂדֹתֵיהֶם	כְּהַיּוֹם
zeʸteʸhɛm	karᵊmeʸhɛm	śᵊdoteʸhɛm	kᵊhayyoʷm
Ölbäume-ihre	,Weingärten-ihre	,Felder-ihre	(heute-gleich=)Tag-der-wie

הַכֶּסֶף	וּמְאַת	וּבָתֵּיהֶם
hakkɛsɛp	uʷmᵊʾat	uʷbɔtteʸhɛm
(Geldes=)Silber(s)-(des=)das	Hundert(satz)-(einen)-und	,Häuser-ihre-und

וְהַיִּצְהָר	הַתִּירוֹשׁ	וְהַדָּגָן
wᵊhayyiṣᵊhɔr	hattiʸroʷš	wᵊhaddɔgɔn
,Öl(s)-(des=)das-und	Most(es)-(des=)der-und	Korn(es)-(des=)das-und

בָּהֶם׃	נֹשִׁים	אַתֶּם	אֲשֶׁר
bɔhɛm.	nošiʸm	ʾattɛm	ʾᵃšɛr
!ihnen-(bei=)in	(eintreibend=)darleihend(e)	(seid)-ihr	welch(en)

נָשִׁיב	12 וַיֹּאמְרוּ
nɔšiʸb	wayyoʾmᵊruʷ
(zurück-es-geben=)kehren-machen-Wir	:sagten-sie-(Hierauf=)Und

כֵּן	נְבַקֵּשׁ	לֹא	וּמֵהֶם
ken	nᵊbaqqeš	loʾ	uʷmehɛm
So	.(verlangen=)suchen-wir	nicht(s)	ihnen-von-und

אוֹמֵר	אַתָּה	כַּאֲשֶׁר	נַעֲשֶׂה
ʾoʷmer	ʾattɔʰ	kaʾᵃšɛr	naᶜᵃśɛʰ
!sagend(er)	(bist)-du	wie	,(handeln=)machen-(wollen=)werden-wir

וָאַשְׁבִּיעֵם	אֶת־הַכֹּהֲנִים	וָאֶקְרָא
wɔʾašᵊbiʸᶜem	hakkohᵃniʸm-ʾɛt	wɔʾɛqᵊrɔʾ
sie-schwören-ließ-ich-und	,Priester-die***	rief-ich-(Da=)Und

13 גַּם־	הַזֶּה׃	כַּדָּבָר	לַעֲשׂוֹת
-gam	hazzɛʰ.	kaddɔbɔr	laᶜᵃśoʷt
Auch	.da-dies(er)	,Sache-(der=)die-(gemäß=)wie	(handeln=)machen-zu

כָּכָה	וָאֹמְרָה	נָעַרְתִּי	חָצְנִי
kɔkɔʰ	wɔʾomᵊrɔʰ	nɔᶜarᵊtiʸ	ḥoṣᵊniʸ
Ebenso	:sagte-(ich)-und	schüttelte-ich	(Gewand)bausch-mein(en)

אֶת־כָּל־	הָאֱלֹהִים	יְנַעֵר
-kol-ʾɛt	hɔʾᵋlohiʸm	yᵊnaᶜer
(jeden=)all***	(Gott=)Götter-die	(ab)schütteln-(möge=)wird-(es=er)

יָקִים	לֹא־	אֲשֶׁר	הָאִישׁ
yɔqiʸm	-loʾ	ʾᵃšɛr	hɔʾiʸš
aufrecht-hält-(er)	nicht	(der=)welch(er)	,(Menschen=)Mann-der

וּמִיגִיעוֹ	מִבֵּיתוֹ	הַזֶּה	אֶת־הַדָּבָר
uʷmiʸgiʸᶜoʷ	mibbeʸtoʷ	hazzɛʰ	haddɔbɔr-ʾɛt
,Vermögen-sein(em)-von-und	Haus-sein(em)-von	,da-dies(e)	,Sache-die***

וָרֵק	נָעוּר	יִהְיֶה	וְכָכָה
wɔreq	nɔᶜuʷr	yihᵊyɛʰ	wᵊkɔkɔʰ
!leer-und	(ausgeplündert=)abgeschüttelt(er)	sein-(soll=)wird-er	so-und

אָמֵן	הַקָּהָל	כָל־	וַיֹּאמְרוּ
ʾɔmen	haqqɔhɔl	-kol	wayyoʾmᵊruʷ
!(es-sei-so-Wahrlich=)Amen	:Gemeinde-(der=)die	all(e)	sagten-(sie)-(Da=)Und

וַיַּעַשׂ	אֶת־יְהוָה	וַיְהַלְלוּ
wayyaᶜaś	yᵊhwɔʰ-ʾɛt	wayᵊhalᵊluʷ
(handelte=)machte-(es=er)-(Danach=)Und	.JHWH***	priesen-sie-Und

14 גַּם	הַזֶּה׃	כַּדָּבָר	הָעָם
gam	hazzɛʰ.	kaddɔbɔr	hɔᶜɔm
Auch	.da-dies(er)	,Sache-(der=)die-(gemäß=)wie	Volk-das

לִהְיוֹת	אֹתִי	צִוָּה	אֲשֶׁר־	מִיּוֹם
lihᵊyoʷt	ʾotiʸ	ṣiwwɔʰ	-ʾᵃšɛr	miʸyoʷm
sein-zu	mich	hieß-er	(da=)welch(er)	,(an)-Tag-(dem)-von

מִשְּׁנַת	יְהוּדָה	בְּאֶרֶץ	פֶּחָם
miššᵊnat	yᵊhuʷdɔʰ	bᵊʾɛrɛṣ	pɛḥɔm
Jahr-(dem)-von	,Juda	Land-(im=)in	(Statthalter=)Beauftragter-ihr

וּשְׁתַּיִם	שְׁלֹשִׁים	שְׁנַת	וְעַד	עֶשְׂרִים
uʷšᵊtayim	šᵊlošiʸm	šᵊnat	wᵊᶜad	ᶜɛśᵊriʸm
zwei-und-	dreißig(sten)	Jahr	(zum)-bis-und	(an)-zwanzig(sten)

שָׁנִים	הַמֶּלֶךְ	לְאַרְתַּחְשַׁסְתְּא
šɔniʸm	hammɛlɛk	lᵊʾarᵊtaḥᵊšasᵊtᵊʾ
Jahre-(also)	,König(s)-(des=)der	,(Artaxerxes=)Artachschast-(des=)zu

לֶחֶם	וְאַחַי	אֲנִי	שְׁתֵּים עֶשְׂרֵה
lɛḥɛm	wᵊʾaḥay	ʾᵃniʸ	ᶜɛśᵊreʰ šᵊteʸm
(Unterhalt=)Brot	,Brüder-meine-und	ich	,(zwölf=)zehn-zwei

אָכַלְתִּי׃	לֹא	הַפֶּחָה
ʾɔkalᵊtiʸ.	loʾ	happɛḥɔʰ
.(genossen=)gegessen-habe-ich	nicht	(Statthalters=)Beauftragte(n)-(des=)der

אֲשֶׁר־	הָרִאשֹׁנִים	15 וְהַפַּחוֹת
-ʾᵃšɛr	hɔriʾšoniʸm	wᵊhappaḥoʷt
(waren)-welch(e)	,(früheren=)ersten-die	,(Statthalter=)Beauftragten-die-Und

עַל־	הִכְבִּידוּ	לְפָנַי
-ᶜal	hikᵊbiʸduʷ	lᵊpɔnay
auf	(lasten)-schwer-machten-(sie)	,(mir-vor=)Gesichtern-meinen-zu

וְיָ֑יִן	בַּלֶּ֣חֶם	מֵהֶ֜ם	וַיִּקְח֨וּ	הָעָ֗ם
wɔyayin	b^{ə}lɛḥɛm	mehɛm	wayyiq^{ə}ḥu^{w}	hɔʿɔm
Wein-und	Brot-(für=)in	ihnen-von	nahmen-sie-(indem=)und	,Volk-(dem=)das

נַעֲרֵיהֶ֖ם	גַּ֥ם	אַרְבָּעִ֑ים	שְׁקָלִ֣ים	כֶּֽסֶף־	אַחַ֗ר
na^{ʿa}re^{y}hɛm	gam	ʾar^{ə}bɔʿi^{y}m	š^{ə}qɔli^{y}m	-kɛsɛp	ʾaḥar
Knappen-ihre	Auch	.vierzig	Schekel	Silber-(an)	(her)nach

וַאֲנִ֗י	עַל־הָעָ֑ם	שָׁלְט֖וּ
wa^{ʾa}ni^{y}	hɔʿɔm-ʿal	šɔl^{ə}ṭu^{w}
,(selbst)-ich-(Aber=)Und	.Volk-das-(über=auf)	(aus-beuteten=)herrschten-(sie)

יִרְאַ֥ת	מִפְּנֵ֖י	כֵּ֔ן	עָשִׂ֣יתִי	לֹא־
yir^{ə}ʾat	mipp^{ə}ne^{y}	ken	ʿɔśi^{y}ti^{y}	-loʾ
(vor)-Furcht	(aus=)Gesichter-von	,so	(handelte=)machte-ich	nicht

הַחוֹמָ֣ה	בִּמְלֶ֜אכֶת	16 וְגַ֨ם	אֱלֹהִֽים׃
haḥo^{w}mɔ^{h}	bim^{ə}lɛʾkɛt	w^{ə}gam	^{ʾɛ}lohi^{y}m.
,Mauer-(der=)die-(an)	Arbeit-(der)-(bei=)in	auch-Und	.(Gott=)Götter

לֹ֣א	וְשָׂדֶ֖ה	הֶחֱזַ֔קְתִּי	הַזֹּאת֙
loʾ	w^{ə}śɔdɛ^{h}	hɛḥ^{ɛ}zaq^{ə}ti^{y}	hazzoʾt
nicht	Feld-(ein)-und	,(an-Hand-legte=)stark-machte-ich	,da-diese(r)

שָׁ֖ם	קְבוּצִ֥ים	נְעָרַ֔י	וְכָל־	קָנִ֑ינוּ
šɔm	q^{ə}bu^{w}ṣi^{y}m	n^{ə}ʿɔray	-w^{ə}kol	qɔni^{y}nu^{w}
dort	versammelt(e)-(waren)	Knappen-meine	all(e)-und	,gekauft-haben-wir

מֵאָ֨ה	וְהַסְּגָנִ֜ים	17 וְהַיְּהוּדִ֨ים	הַמְּלָאכָֽה׃	עַל־
meʾɔ^{h}	w^{ə}hass^{ə}gɔni^{y}m	w^{ə}hayy^{ə}hu^{w}di^{y}m	hamm^{ə}lɔʾkɔ^{h}.	-ʿal
-hundert	,Vorsteher-die-und	Juden-die-Und	.Arbeit-(der=)die	(bei=)auf

מִן־	אֵלֵ֖ינוּ	וְהַבָּאִ֥ים	אִ֔ישׁ	וַחֲמִשִּׁ֣ים
-min	ʾele^{y}nu^{w}	w^{ə}habbɔʾi^{y}m	ʾi^{y}š	waḥ^{a}mišši^{y}m
von	uns-zu	(Gekommenen=)Kommenden-die-und	,Mann	fünfzig-und

אֲשֶׁר־סְבִיבֹתֵ֖ינוּ	הַגּוֹיִ֛ם
s^{ə}bi^{y}bote^{y}nu^{w}-^{ʾa}šɛr	haggo^{w}yim
(Umkreis-im=)Umgebungen-unsere-welch(e)	,Völker(n)-(den=)die

הָיָ֣ה	18 וַאֲשֶׁ֣ר	שֻׁלְחָנִֽי׃	עַל־
hɔyɔ^{h}	wa^{ʾa}šɛr	šul^{ə}ḥɔni^{y}.	-ʿal
(wurde=)war-(es=er)	(das=)welch(es)-Und	.Tisch-mein(em)	(an=)auf-(waren)

אֶחָ֔ד	שׁ֣וֹר	אֶחָ֗ד	לְי֣וֹם	נַעֲשֶׂ֞ה
ʾεḥɔd	šoʷr	ʾεḥɔd	lᵊyoʷm	naᶜᵃśεʰ
,ein(es)	Rind	:ein(en)	Tag-(für=)zu	(zubereitet=)werdend-gemacht

וְצִפֳּרִים֙	בְּרֻר֗וֹת	שֵׁשׁ־	צֹ֣אן
wᵊṣippᵒriʸm	bᵊruroʷt	-šeš	ṣoʾn
Geflügel-und	erlesene	sechs	(Schafe=)Herde

וּבֵ֨ין	לִ֑י	נַֽעֲשׂוּ־
uʷbeʸn	liʸ	-naᶜᵃśuʷ
zwischen-und	,(mich-für=)mir-zu	(zubereitet=)gemacht-wurde(n)-(es=sie)

יַ֖יִן	בְּכָל־	יָמִ֔ים	עֲשֶׂ֣רֶת
yayin	-bᵊkol	yɔmiʸm	ᶜᵃśεrεt
Wein	all(e)-(für=)in	Tage(n)	(an)-Zehn(zahl)-(einer)

זֶ֗ה	וְעִם־	לְהַרְבֵּ֑ה
zεʰ	-wᵊᶜim	lᵊharᵊbeʰ
(alledem=)dieser	(bei=)mit-(Indes=)Und	.(reichlich=)Vielmachen-zu

לֹ֣א	הַפֶּחָה֙	לֶ֤חֶם
loʾ	happεḥɔʰ	lεḥεm
nicht	(Statthalters=)Beauftragte(n)-(des=)der	(Unterhalt=)Brot

הָעֲבֹדָ֖ה	כָֽבְדָ֥ה	כִּֽי־	בִקַּ֔שְׁתִּי
hɔᶜᵃbodɔʰ	kɔbᵊdɔʰ	-kiʸ	biqqaśᵊtiʸ
(Fron)dienst-der	(lastete=)schwer-war-(es=)er	denn	,(forderte=)suchte-ich

לִ֥י	19 זָכְרָה־	הַזֶּֽה׃	הָעָ֥ם	עַל־
liʸ	-zokᵊroʰ	hazzεʰ.	hɔᶜɔm	-ᶜal
,mir-(zu)	(an-Rechne=)Gedenke	.da-dies(em)	,Volk-(dem=)das	auf

אֲשֶׁר־	כֹּ֥ל	לְטוֹבָ֑ה	אֱלֹהַ֖י
-ʾᵃšεr	kol	lᵊṭoʷbɔʰ	ʾᵉlohay
(was=)welch(es)	,all(es)	Gute(m)-zu	,(Gott=)Götter-mein(e)

הַזֶּֽה׃	הָעָ֥ם	עַל־	עָשִׂ֖יתִי
hazzεʰ.	hɔᶜɔm	-ᶜal	ᶜɔśiʸtiʸ
!da-dies(es)	,Volk-das	(für=)auf	(getan=)machte-ich

6

כַאֲשֶׁ֣ר	1 וַיְהִ֣י
kaʾᵃšεr	wayᵊhiʸ
als	,(geschah=)war-(es=)er-Und

וְטוֹבִיָּה	לְסַנְבַלַּט	נִשְׁמַע
w^{ə}ṭo^{w}bi^{y}yɔ^{h}	l^{ə}san^{ə}ballaṭ	niš^{ə}maʿ
Tobija-und	Sanballat-(von=)zu	(vernommen=)gehört-wurde-(es=er)

וּלְיֶתֶר	הָעַרְבִי	וּלְגֶשֶׁם
u^{w}l^{ə}yɛtɛr	hɔʿar^{ə}bi^{y}	u^{w}l^{ə}gɛšɛm
Rest-(dem=)zu-und	,Araber-(dem=)der	,Geschem-(von=)zu-und

וְלֹא־	אֶת־הַחוֹמָה	בָּנִיתִי	כִּי	אֹיְבֵינוּ
-w^{ə}loʾ	haḥo^{w}mɔ^{h}-ʾɛt	bɔni^{y}ti^{y}	ki^{y}	ʾoy^{ə}be^{y}nu^{w}
nicht-(dass=)und	,Mauer-die***	(auf)gebaut-habe-ich	dass	,Feinde-unsere(r)

עַד־	גַּם	פָּרֶץ	בָּהּ	נוֹתַר
-ʿad	gam	pɔrɛṣ	bɔh	no^{w}tar
(zu)-bis	(obgleich=)auch —	Lücke-(eine)	ihr-in	geblieben-war-(es=er)

לֹא־	דְלָתוֹת	הַהִיא	הָעֵת
-loʾ	d^{ə}lɔto^{w}t	hahi^{y}ʾ	hɔʿet
nicht-(noch)	Türflügel-(die)	,da-jene(r)	,Zeit-(der=)die

2 וַיִּשְׁלַח	בַשְּׁעָרִים׃	הֶעֱמַדְתִּי
wayyiš^{ə}laḥ	bašš^{ə}ʿɔri^{y}m.	hɛ^{ʿɛ}mad^{ə}ti^{y}
sandte(n)-(es=er)-(da=)und	,Tore-die-in	(eingesetzt-hatte=)stehen-machte-ich

לְכָה	לֵאמֹר	אֵלַי	וְגֶשֶׁם	סַנְבַלַּט
l^{ə}kɔ^{h}	leʾmor	ʾelay	w^{ə}gɛšɛm	san^{ə}ballaṭ
,(Komm=)Geh	:(lassend-sagen=)sagen-zu	,mir-zu	Geschem-und	Sanballat

בַּכְּפִירִים	יַחְדָּו	וְנִוָּעֲדָה
bakk^{ə}pi^{y}ri^{y}m	yaḥ^{ə}dɔw	w^{ə}niwwɔ^{ʿa}dɔ^{h}
Hakkaphirim-in	zusammen	treffen-uns-(wollen=)werden-wir-und

חֹשְׁבִים	וְהֵמָּה	אוֹנוֹ	בְּבִקְעַת
ḥoš^{ə}bi^{y}m	w^{ə}hemmɔ^{h}	ʾo^{w}no^{w}	b^{ə}biq^{ə}ʿat
sinnend(e)	(waren)-sie-(Aber=)Und	!Ono	(von)-(Tal)ebene-(der)-in

עֲלֵיהֶם	3 וָאֶשְׁלְחָה	רָעָה׃	לִי	לַעֲשׂוֹת
^{ʿa}le^{y}hɛm	wɔʾɛš^{ə}l^{ə}ḥɔ^{h}	rɔʿɔ^{h}.	li^{y}	la^{ʿa}śo^{w}t
sie-(an=)auf	sandte-ich-(Da=)Und	.Böse(s)	mir-(zu)	(anzutun=)machen-zu

אֲנִי	גְדוֹלָה	מְלָאכָה	לֵאמֹר	מַלְאָכִים
^{ʾa}ni^{y}	g^{ə}do^{w}lɔ^{h}	m^{ə}lɔʾkɔ^{h}	leʾmor	mal^{ʾ}ɔki^{y}m
(bin)-ich	große	Arbeit-(Eine)	:(lassend-sagen=)sagen-zu	,Boten

עֹשֶׂה
ʿośɛʰ
,(verrichtend=)machend(er)

וְלֹא
wᵊloʾ
nicht-(deshalb=)und

אוּכַל
ʾuʷkal
(vermag=)kann-ich

לָרֶדֶת
lɔrɛdɛt
.hinab-kommen-zu

לָמָּה
lɔmmɔʰ
(Warum=)was-Zu

תִשְׁבַּת
tišᵊbat
ruhen-(sollte=)wird-(es=sie)

הַמְּלָאכָה
hammᵊlɔʾkɔʰ
,Arbeit-die

כַּאֲשֶׁר
kaʾašɛr
(während=)welch(es)-wie

אַרְפֶּהָ
ʾarᵊpɛhɔ
(ablasse-davon=)sie-mache-sinken-ich

וְיָרַדְתִּי
wᵊyɔradᵊtiʸ
hinabkomme-(ich)-und

אֲלֵיכֶם׃
ʾaleʸkɛm.
?euch-zu

4 וַיִּשְׁלְחוּ
wayyišᵊlᵊḥuʷ
sandten-sie-(Indes=)Und

אֵלַי
ʾelay
mir-zu

כַּדָּבָר
kaddɔbɔr
,(Angelegenheit-der-in=)Wort-das-wie

הַזֶּה
hazzɛʰ
,da-dies(er)

אַרְבַּע
ʾarᵊbaʿ
vier

פְּעָמִים
pᵊʿɔmiʸm
,Mal(e)

וָאָשִׁיב
wɔʾɔšiʸb
(antwortete=)kehren-machte-ich-und

אוֹתָם
ʾoʷtɔm
(ihnen=)sie

כַּדָּבָר
kaddɔbɔr
(besagter-in=)Wort-das-wie

הַזֶּה׃
hazzɛʰ.
.(Weise=)da-dies(es)

5 וַיִּשְׁלַח
wayyišᵊlaḥ
sandte-(es=)er-Und

אֵלַי
ʾelay
mir-zu

סַנְבַלַּט
sanᵊballaṭ
Sanballat

כַּדָּבָר
kaddɔbɔr
,(Angelegenheit-der-in=)Wort-das-wie

הַזֶּה
hazzɛʰ
,da-dies(er)

פַּעַם
paʿam
Mal-(ein)

חֲמִישִׁית
ḥamiʸšiʸt
fünfte(s)

אֶת־נַעֲרוֹ
naʿaroʷ-ʾɛt
Knappen-sein(en)***

וְאִגֶּרֶת
wᵊʾiggɛrɛt
Brief-(einem)-(mit=)und

פְּתוּחָה
pᵊtuʷḥɔʰ
offene(n)

בְּיָדוֹ׃
bᵊyɔdoʷ.
.Hand-seine(r)-in

6 כָּתוּב
kɔtuʷb
Geschrieben(er)

בָּהּ
bɔh
:(darin-war=)ihr-in

בַּגּוֹיִם
baggoʷyim
Völker(n)-(den=)die-(Unter=)In

נִשְׁמָע
nišᵊmɔʿ
(vernommen=)gehört-wurde-(es=)er

וְגַשְׁמוּ
wᵊgašᵊmuʷ
Gaschmu-und

אֹמֵר
ʾomer
:(es-bestätigt=)Sagender-(ist)

חֹשְׁבִים	וְהַיְּהוּדִים	אַתָּה
ḥošᵊbiʸm	wᵊhayyᵊhuʷdiʸm	ʾattɔʰ
(plant=)Sinnende-(seid)	Juden-die-und	Du

בּוֹנֶה	אַתָּה	עַל־כֵּן	לִמְרוֹד
boʷnɛʰ	ʾattɔʰ	ken-ʿal	limᵊroʷd
(auf)bauend(er)	(bist)-du	(darum=)so-auf	,(abzufallen=)empören-zu-(euch)

לָהֶם	הֹוֶה	וְאַתָּה	הַחוֹמָה
lɔhɛm	howɛʰ	wᵊʾattɔʰ	haḥoʷmɔʰ
ihnen-(zu)	(werden-willst=)werdend(er)-(bist)	du-und	,Mauer-die

7 וְגַם־	הָאֵלֶּה׃	כַּדְּבָרִים	לְמֶלֶךְ
-wᵊgam	hɔʾellɛʰ.	kaddᵊbɔriʸm	lᵊmɛlɛk
auch-Und	.da-diese(n)	,Worte(n)-(den=)die-(gemäß=)wie	,König-zu(m)

לִקְרֹא	הֶעֱמַדְתָּ	נְבִיאִים
liqᵊroʾ	hɛʿᵉmadᵊtɔ	nᵊbiʸʾiʸm
(aus)-rufen-zu-(um)	,(bestellt=)machen-stehen-hast-du	Propheten

בִּיהוּדָה	מֶלֶךְ	לֵאמֹר	בִירוּשָׁלַםִ	עָלֶיךָ
biʸhuʷdɔʰ	mɛlɛk	leʾmor	biʸruʷšɔlaim	ʿɔlɛʸkɔ
!Juda-in	König	:(erklärend=)sagen-zu	,Jerusalem-in	dich-(über=)auf

לַמֶּלֶךְ	יִשָּׁמַע	וְעַתָּה
lammɛlɛk	yiššɔmaʿ	wᵊʿattɔʰ
König-(dem=)zum	werden-(bekannt=)gehört-wird-(es=er)	nun-(Doch=)Und

לְכָה	וְעַתָּה	הָאֵלֶּה	כַּדְּבָרִים
lᵊkɔʰ	wᵊʿattɔʰ	hɔʾellɛʰ	kaddᵊbɔriʸm
,(komm=)geh	nun-Und	.da-diese(n)	,Worte(n)-(den=)die-(gemäß=)wie

אֵלָיו	8 וָאֶשְׁלְחָה	יַחְדָּו׃	וְנִוָּעֲצָה
ʾelɔʸw	wɔʾɛšᵊlᵊḥɔʰ	yaḥᵊdɔw.	wᵊniwwɔʿᵃṣɔʰ
ihm-zu	sandte-ich-(Da=)Und	!miteinander	beraten-uns-wir-(dass=)und

נִהְיָה	לֹא	לֵאמֹר
nihᵊyɔʰ	loʾ	leʾmor
geschehen-ist-(es=er)	Nicht(s)	:sagen-zu-(um)

אֲשֶׁר	הָאֵלֶּה	כַּדְּבָרִים
ʾᵃšɛr	hɔʾellɛʰ	kaddᵊbɔriʸm
(die=)welch(e)	,da-diese(n)	,(Dingen=)Worte(n)-(den=)die-(gleich=)wie

אַתָּה	מִלִּבְּךָ	כִּי	אוֹמֵר	אַתָּה
ʾattɔ^{h}	millibb^{ə}kɔ	ki^{y}	ʾo^{w}mer	ʾattɔ^{h}
(warst)-du	Herz(en)-dein(em)-(in=)von	(sondern=)denn	,redend(er)	(bist)-du

מְיָרְאִים	כֻּלָּם	9 כִּי	בוֹדָאם׃
m^{ə}yɔr^{əʾ}i^{y}m	kullɔm	ki^{y}	bo^{w}dɔʾm.
machend(e)-(ängstlich=)fürchten-(waren)	sie-all(e)	Denn	!sie-ersinnend(er)

מִן־	יְדֵיהֶם	יִרְפּוּ	לֵאמֹר	אוֹתָנוּ
-min	y^{ə}de^{y}hɛm	yir^{ə}pu^{w}	leʾmor	ʾo^{w}tɔnu^{w}
von	Hände-ihre	(nehmen=)sinken-werden-Sie	:(denkend=)sagen-zu	,uns

וְעַתָּה	תֵעָשֶׂה	וְלֹא	הַמְּלָאכָה
w^{əʿ}attɔ^{h}	teʿɔśɛ^{h}	w^{ə}loʾ	hamm^{ə}lɔʾkɔ^{h}
,nun-Und	.(ausgeführt=)gemacht-wird-sie	nicht-(dass=)und	,Arbeit-(der=)die

בָּאתִי	10 וַאֲנִי־	אֶת־יָדָי׃	חַזֵּק
bɔʾti^{y}	-waʾ^{a}ni^{y}	yɔdɔy-ʾɛt.	ḥazzeq
(trat=)kam-ich	,ich-Und	!Hände-(zwei)-meine***	stark-mache

דְּלָיָה	בֶּן־	שְׁמַעְיָה	בֵּית
d^{ə}lɔyɔ^{h}	-bɛn	š^{ə}ma^{ʿə}yɔ^{h}	be^{y}t
,Delaja(s)	-Sohn	Schemaëja	(von)-Haus-(das)-(in)

וְהוּא	בֶּן־מְהֵיטַבְאֵל
w^{ə}hu^{wʾ}	m^{ə}he^{y}ṭab^{əʾ}el-bɛn
(d)er-(indes=)und	,Mehetabel(s)-Sohn(es)-(des)

וַיֹּאמֶר	עָצוּר
wayyoʾmɛr	ʿɔṣu^{w}r
:(mit-teilte=)sprach-er-Und	.(Ekstase-prophetischer-in=)gebunden(er)-(war)

אֶל־בֵּית	נִוָּעֵד
be^{y}t -ʾɛl	niwwɔʿed
Haus-(dem)-(in=)zu	(zusammenkommen=)uns-treffen-(wollen=)werden-Wir

הַהֵיכָל	אֶל־תּוֹךְ	הָאֱלֹהִים
hahe^{y}kɔl	to^{w}k -ʾɛl	hɔʾ^{ɛ}lohi^{y}m
,Tempel(s)-(des=)der	(Innern=)Mitte-(im=)zu	,(Gottes=)Götter-(der=)die

כִּי	הַהֵיכָל	דַּלְתוֹת	וְנִסְגְּרָה
ki^{y}	hahe^{y}kɔl	dal^{ə}to^{w}t	w^{ə}nis^{ə}g^{ə}rɔ^{h}
denn	,Tempel(s)-(des=)der	Türen-(die)	verschließen-werden-wir-und

וְלַיְלָה	לְהָרְגֶךָ	בָּאִים
wᵊlayᵊlɔʰ	lᵊhorᵊgɛkɔ	bɔʾiʸm
Nacht-(bei)-(zwar)-und	,dich-töten-zu	kommend(e)-(sind-sie)

11 וָאֹמְרָה	לְהָרְגֶךָ׃	בָּאִים
wɔʾomᵊrɔʰ	lᵊhorᵊgɛkɔ.	bɔʾiʸm
:sprach-ich-(Aber=)Und	!dich-töten-zu	kommend(e)-(sind-sie)

כָּמוֹנִי	וּמִי	יִבְרָח	כָּמוֹנִי	הָאִישׁ
kɔmoʷniʸ	uʷmiʸ	yibᵊrɔḥ	kɔmoʷniʸ	haʾiʸš
,ich-wie	,wer-Und	?fliehen-(sollte=)wird-(er)	ich-wie	Mann-(Ein=)Der

הַהֵיכָל	אֶל־	יָבוֹא	אֲשֶׁר־
haheʸkɔl	-ʾɛl	yɔboʷʾ	-ʾašɛr
Tempel-(den=)der	(in=)zu	(gehen=)kommen-(darf=)wird-(er)	(der=)welch(er)

אָבוֹא׃	לֹא	וָחָי
ʾɔboʷʾ.	loʾ	wɔḥɔy
!(gehe=)komme-ich	Nicht	?(Leben-am-bliebe=)lebendig(er)-(ist)-(er)-und

אֱלֹהִים	לֹא־	וְהִנֵּה	12 וָאַכִּירָה
ʾᵋlohiʸm	-loʾ	wᵊhinneʰ	wɔʾakkiʸrɔʰ
(Gott=)Götter	nicht	,siehe-(dass=)und	,(erkannte=)merkte-ich-Und

דִּבֶּר	הַנְּבוּאָה	כִּי	שְׁלָחוֹ
dibbɛr	hannᵊbuʷʾɔʰ	kiʸ	šᵊlɔḥoʷ
gesprochen-hat(te)-er	Weissagung-die	(sondern=)denn	,ihn-gesandt-hatte-(er)

וְסַנְבַלַּט	וְטוֹבִיָּה	עָלַי
wᵊsanᵊballaṭ	wᵊṭoʷbiʸyɔʰ	ʿɔlay
Sanballat-und	Tobija-(da=)und	,(mich-gegen=)mir-auf

הוּא	שָׂכוּר	13 לְמַעַן	שְׂכָרוֹ׃
huʷʾ	śɔkuʷr	lᵊmaʿan	śᵊkɔroʷ.
,er	gedungen(er)-(war)	(Dazu=)um-Zu	.ihn-gedungen-hat(ten)-(er)

וְאֶעֱשֶׂה־	אִירָא	לְמַעַן־
-wᵊʾɛʿᵋśɛʰ	ʾiʸrɔʾ	-lᵊmaʿan
(handelte=)machte-ich-und	(bekäme-Angst=)fürcht(et)e-ich	(damit=)um-zu

וְהָיָה	וְחָטָאתִי	כֵּן
wᵊhɔyɔʰ	wᵊḥɔṭɔʾtiʸ	ken
(sein-würde=)war-(es=)er-und	(ver)sündigte-(mich)-ich-und	(danach=)so

לְמַעַן	רָע	לְשֵׁם	לָהֶם
l^{ə}ma^{c}an	rɔ^{c}	l^{ə}šem	lɔhɛm
(damit=)um-zu	,(üblem=)bös(em)	(Leumund=)Name-zu	ihnen-(zu)

אֱלֹהַי	14 זָכְרָה	יְחָרְפוּנִי׃
^{ɔɛ}lohay	zok^{ə}rɔ^{h}	y^{ə}ḥɔr^{ə}pu^{w}ni^{y}.
,(Gott=)Götter-mein(e)	,Gedenke	.mich-verhöhnen-(könnten=)werden-sie

כְּמַעֲשָׂיו	וּלְסַנְבַלַּט	לְטוֹבִיָּה
k^{ə}ma^{ca}śɔ^{y}w	u^{w}l^{ə}san^{ə}ballaṭ	l^{ə}ṭo^{w}bi^{y}yɔ^{h}
,Taten-(ihren=)seine(n)-(gemäß=)wie	Sanballat-(dem=)zu-und	Tobija-(dem=)zu

וּלְיֶתֶר	הַנְּבִיאָה	לְנוֹעַדְיָה	וְגַם	אֵלֶּה
u^{w}l^{ə}yɛtɛr	hann^{ə}bi^{yɔ}ɔ^{h}	l^{ə}no^{wc}ad^{ə}yɔ^{h}	w^{ə}gam	^{ɔ}ellɛ^{h}
Rest-(dem=)zu-und	,Prophetin-(der=)die	,Noadja-(der=)zu	auch-und	,diese(n)

מְיָרְאִים	הָיוּ	אֲשֶׁר	הַנְּבִיאִים
m^{ə}yɔr^{əɔ}i^{y}m	hɔyu^{w}	^{ɔa}šɛr	hann^{ə}bi^{yɔ}i^{y}m
machend(e)-(ängstlich=)fürchten	waren-(sie)	welch(e)	,Propheten-(der=)die

הַחוֹמָה	15 וַתִּשְׁלַם	אוֹתִי׃
haḥo^{w}mɔ^{h}	wattiš^{ə}lam	^{ɔ}o^{w}ti^{y}.
Mauer-die	(vollendet=)vollständig-war-(es=)sie-Und	!mich

לַחֲמִשִּׁים	לֶאֱלוּל	וַחֲמִשָּׁה	בְּעֶשְׂרִים
laḥ^{a}mišši^{y}m	lɛ^{ɔɛ}lu^{w}l	waḥ^{a}miššɔ^{h}	b^{əc}ɛś^{ə}ri^{y}m
fünfzig-(nach=)zu	,Elul-(Monats-des=)zu	fünf-und-	zwanzig(sten)-(am=)in

כָּל־	שָׁמְעוּ	כַּאֲשֶׁר	16 וַיְהִי	יוֹם׃	וּשְׁנַיִם
-kol	šɔm^{əc}u^{w}	ka^{ɔa}šɛr	way^{ə}hi^{y}	yo^{w}m.	u^{w}š^{ə}nayim
all(e)	hörten-(sie)	als	,(geschah=)war-(es=)er-Und	.Tage(n)	zwei-und

אֲשֶׁר	הַגּוֹיִם	כָּל־	וַיִּרְאוּ	אוֹיְבֵינוּ
^{ɔa}šɛr	haggo^{w}yim	-kol	wayyir^{əɔ}u^{w}	^{ɔ}o^{w}y^{ə}be^{y}nu^{w}
welch(e)	,Völker-die	all(e)	sich-fürchteten-(es=sie)-(dass=)und	,Feinde-unsere

מְאֹד	וַיִּפְּלוּ	סְבִיבֹתֵינוּ
m^{əɔ}od	wayyipp^{ə}lu^{w}	s^{ə}bi^{y}bote^{y}nu^{w}
-sehr	-fielen-sie-(da=)und	,(herum-uns-um-wohnten=)Umgebungen-unsere

כִּי	וַיֵּדְעוּ	בְּעֵינֵיהֶם
ki^{y}	wayyed^{əc}u^{w}	b^{əc}e^{y}ne^{y}hɛm
dass	,(er)kannten-(sie)-und	(demütig-wurden-sie=)Augen-(zwei)-ihre(n)-in

אֱלֹהֵינוּ	מֵאֵת
ᵓᵋloheʸnuʷ	meᵓet
(Gottes-unseres=)Götter-unsere(r)	(vonseiten=)mit-von

17 גַּם	הַזֹּאת׃	הַמְּלָאכָה	נֶעֶשְׂתָה
gam	hazzoᵓt.	hammᵊlɔᵓkɔʰ	nɛᶜɛśᵊtɔʰ
(Zudem=)Auch	.da-diese(s)	,Werk-das	(vollbracht=)gemacht-wurde-(es=sie)

חֹרֵי	מַרְבִּים	הָהֵם	בַּיָּמִים
ḥoreʸ	marᵊbiʸm	hɔhem	bayyɔmiʸm
(aus)-Vornehme	(viele=)Vermehrende	,da-jene(n)	,Tage(n)-(den=)die-in

טוֹבִיָּה	עַל־	הוֹלְכוֹת	אִגְּרֹתֵיהֶם	יְהוּדָה
ṭoʷbiʸyɔʰ	-ᶜal	hoʷlᵊkoʷt	ᵓiggᵊroteʸhɛm	yᵊhuʷdɔʰ
,Tobija	(an=)auf	gehen(de)	Briefe-ihre-(ließen)	Juda

אֲלֵיהֶם׃	בָּאוֹת	לְטוֹבִיָּה	וַאֲשֶׁר
ᵓaleʸhɛm.	bɔᵓoʷt	lᵊṭoʷbiʸyɔʰ	waᵓašɛr
.ihnen-zu	kommend(e)-(waren)	Tobija-(von=)zu	(solche=)welch(e)-und

בַּעֲלֵי	בִּיהוּדָה	רַבִּים	18 כִּי־
baᶜaleʸ	biʸhuʷdɔʰ	rabbiʸm	-kiʸ
(Genossen=)Herren	Juda-in-(waren)	(zahlreich=)viele	Denn

הוּא	חָתָן	כִּי־	לוֹ	שְׁבוּעָה
huʷᵓ	ḥɔtɔn	-kiʸ	loʷ	šᵊbuʷᶜɔʰ
(war)-er	Schwiegersohn-(der)	weil	,(ihn-für=)ihm-zu	Schwur(s)-(des)

בְּנוֹ	וִיהוֹחָנָן	בֶּן־אָרַח	לִשְׁכַנְיָה
bᵊnoʷ	wiʸhoʷḥɔnɔn	ᵓɔraḥ-bɛn	lišᵊkanᵊyɔʰ
,Sohn-sein	,Jochanan-und	;Arach(s)-Sohn	Schechanja-(von=)zu

בֶּן	מְשֻׁלָּם	אֶת־בַּת־	לָקַח
bɛn	mᵊšullɔm	bat -ᵓɛt	lɔqaḥ
Sohn	Meschullam(s)	Tochter-(die)***	(geehelicht=)genommen-hat(te)-(er)

הָיוּ	טוֹבֹתָיו	19 גַּם	בֶּרֶכְיָה׃
hɔyuʷ	ṭoʷbotɔʸw	gam	bɛrɛkᵊyɔʰ.
waren-sie	(Eigenschaften)-gute(n)-seine	Auch	.Berechja(s)

וּדְבָרַי	לְפָנַי	אֹמְרִים
uʷdᵊbɔray	lᵊpɔnay	ᵓomᵊriʸm
Worte-meine-und	,(mir-vor=)Gesichtern-meinen-zu	(besprechend=)sagend(e)

הָיוּ hɔyuʷ waren-sie · מוֹצִיאִים moʷṣiʸʾiʸm (überbringend=)machend(e)-herausgehen · לוֹ loʷ ,ihm-(zu) · אִגְּרוֹת ʾiggᵊroʷt Briefe-und

שָׁלַח šɔlaḥ sandte-(es=er) · טוֹבִיָּה ṭoʷbiʸyɔʰ Tobija · לְיָרְאֵנִי׃ lᵊyɔrᵊʾeniʸ. .mich-machen-(ängstlich=)fürchten-zu-(um)

7

1 וַיְהִי wayᵊhiʸ ,war-(es=)er-Und · כַּאֲשֶׁר kaʾašɛr als · נִבְנְתָה nibᵊnᵊtɔʰ gebaut-war-(es=sie) · הַחוֹמָה haḥoʷmɔʰ ,Mauer-die

וָאַעֲמִיד wɔʾaᶜamiʸd (ein-setzte=)stehen-machte-ich-(da=)und · הַדְּלָתוֹת haddᵊlɔtoʷt .Tore-die

וַיִּפָּקְדוּ wayyippɔqᵊduʷ bestellt-wurden-(es=)sie-(Dann=)Und · הַשּׁוֹעֲרִים haššoʷᶜariʸm Torwächter-die

וְהַמְשֹׁרְרִים wᵊhamᵊšorᵊriʸm (Sänger=)Singenden-die-und · וְהַלְוִיִּם׃ wᵊhalᵊwiʸyim. .Leviten-die-und · 2 וָאֲצַוֶּה wɔʾaṣawwɛʰ beauftragte-ich-Und

אֶת־חֲנָנִי ḥᵃnɔniʸ-ʾɛt ,(Hanani=)Chanani*** · אָחִי ʾɔḥiʸ ,Bruder-mein(en) · וְאֶת־ -wᵊʾɛt ***und · חֲנַנְיָה ḥᵃnanᵊyɔʰ (Hananja=)Chananja

שַׂר śar Vorsteher-(als) · הַבִּירָה habbiʸrɔʰ Burg-(der=)die · עַל־ -ᶜal (über=)auf · יְרוּשָׁלִַם yᵊruʷšɔlɔim ,Jerusalem · כִּי־ -kiʸ denn · הוּא huʷʾ (d)er

כְּאִישׁ kᵊʾiʸš Mann-(als)-(galt=)wie · אֱמֶת ʾᵋmɛt (zuverlässiger=)Wahrheit-(der) · וְיָרֵא wᵊyɔreʾ fürchtender-und

אֶת־הָאֱלֹהִים hɔʾᵋlohiʸm-ʾɛt (Gott=)Götter-die*** · מֵרַבִּים׃ merabbiʸm. .viele-(als-mehr=)von · 3 וַיֹּאמֶר[וָאֹמַר] [wɔʾomar]wayyoʾmɛr sprach-ich-Und · לָהֶם lɔhɛm :ihnen-zu

לֹא loʾ Nicht · יִפָּתְחוּ yippɔtᵊḥuʷ werden-geöffnet-(sollen=)werden-(es=)sie · שַׁעֲרֵי šaᶜarey (von)-Tore-(die) · יְרוּשָׁלִַם yᵊruʷšɔlaim ,Jerusalem

הֵם hem sie	וְעַד wᵊᶜad (während=)bis-und	הַשֶּׁמֶשׁ haššɛmɛš ,Sonne-die	חֹם ḥom (scheint-heiß=)Wärme-(zur)	עַד־ -ᶜad bis

הַדְּלָתוֹת haddᵊlɔtoʷt Tore-die	יָגִיפוּ yɔgiʸpuʷ schließen-(sollen=)werden-sie	עֹמְדִים ᶜomᵊdiʸm ,stehend(e)-(sind)

וְאֶחֹזוּ wɛʾᵋḥozuʷ .(sie)-(verriegeln=)ergreifen-(sollen=)werden-(sie)-und

מִשְׁמְרוֹת mišᵊmᵊroʷt (aus)-Wachen	וְהַעֲמֵיד wᵊhaᶜᵃmeʸd (ein-setzte-man=)Stehenmachen-(ein)-Und

בְּמִשְׁמָרוֹ bᵊmišᵊmɔroʷ ,Wache-seine(r)-in	אִישׁ ʾiʸš (jeden=)Mann	יְרוּשָׁלַ‍ִם yᵊruʷšɔlaim ,Jerusalem(s)	יֹשְׁבֵי yošᵊbeʸ (Bewohnern=)Wohnende(n)

4 וְהָעִיר wᵊhɔᶜiʸr Stadt-die-(Jedoch=)Und	בֵּיתוֹ׃ beʸtoʷ. .Haus-sein(em)	נֶגֶד nɛgɛd (vor=)gegenüber	וְאִישׁ wᵊʾiʸš (jeden=)Mann-und

וּגְדוֹלָה uʷgᵊdoʷlɔʰ groß(e)-und	יָדַיִם yɔdayim (ausgedehnt=)(Seiten=)Händen-(zwei)-(an)-weit(e)-(war)	רַחֲבַת raḥᵃbat

וְאֵין wᵊʾeʸn (waren-es)-nicht-und	בְּתוֹכָהּ bᵊtoʷkɔh ,(darin=)Mitte-ihre(r)-in	מְעַט mᵊᶜaṭ wenig-(nur)	וְהָעָם wᵊhɔᶜɔm Volk-das-und

אֶל־ -ʾɛl (in=)zu	אֱלֹהַי ʾᵋlohay (Gott=)Götter-mein(e)	5 וַיִּתֵּן wayyitten gab-(es=er)-(Da=)Und	בְנוּיִם׃ bᵊnuʷyim. .gebaut(e)	בָּתִּים bɔttiʸm Häuser

וְאֶת־ -wᵊʾɛt ***und	אֶת־הַחֹרִים haḥoriʸm-ʾɛt Vornehmen-die***	וָאֶקְבְּצָה wɔʾɛqᵊbᵊṣɔʰ (ver)sammelte-ich-(dass=)und	לִבִּי libbiʸ ,Herz-mein

וָאֶמְצָא wɔʾɛmᵊṣɔʾ fand-ich-Und	לְהִתְיַחֵשׂ lᵊhitᵊyaḥeś .sich-Registrieren-zu(m)	הָעָם hɔᶜɔm Volk-das	וְאֶת־ -wᵊʾɛt ***und	הַסְּגָנִים hassᵊgɔniʸm Vorsteher-die

הָעוֹלִים	הַיַּחַשׂ	סֵפֶר
hɔᶜoʷliʸm	hayyaḥaś	sepɛr
Heraufgezogenen-(der=)die	Geschlechtsverzeichnis(ses)-(des=)das	Buch-(das)

בּוֹ:	כָּתוּב	וָאֶמְצָא	בָּרִאשׁוֹנָה
boʷ.	kɔtuʷb	wɔʾɛmᵊṣɔʾ	bɔriʾšoʷnɔʰ
:(darin=)ihm-in	geschrieben(er)	fand-ich-Und	.Beginn-(zu=)im

הָעֹלִים	הַמְּדִינָה	בְּנֵי	6 אֵלֶּה
hɔᶜoliʸm	hammᵊdiʸnɔʰ	bᵊneʸ	ʾellɛʰ
heraufziehende(n)-die	,Provinz-(der=)die	(von)-Söhne-(die)	(sind)-(Das=)Diese

אֲשֶׁר	הַגּוֹלָה	מִשְּׁבִי
ʾašɛr	haggoʷlɔʰ	miššᵊbiʸ
welch(e)	,(Deportation=)Wegführung-(der=)die	Gefangenschaft-(der)-(aus=)von

בָּבֶל	מֶלֶךְ	נְבוּכַדְנֶצַּר	הֶגְלָה
bɔbɛl	mɛlɛk	nᵊbuʷkadᵊnɛṣṣar	hɛgᵊlɔʰ
,Babel	(von)-König-(der)	,Nebuchadnezzar	weggeführt-hat(te)-(es=er)

וְלִיהוּדָה	לִירוּשָׁלַםִ	וַיָּשׁוּבוּ
wᵊliʸhuʷdɔʰ	liʸruʷšɔlaim	wayyɔšuʷbuʷ
,Juda-(nach=)zu-und	Jerusalem-(nach=)zu	zurück-kehrten-(sie)-(dann)-(die=)und

זְרֻבָּבֶל	עִם־	7 הַבָּאִים	לְעִירוֹ:	אִישׁ
zᵊrubbɔbɛl	-ᶜim	habbɔʾiʸm	lᵊᶜiʸroʷ.	ʾiʸš
,Serubbabel	mit	Kommenden-Die	.Stadt-seine-(in=)zu	(jeder)mann

מָרְדֳּכַי	נַחֲמָנִי	רַעַמְיָה	עֲזַרְיָה	נְחֶמְיָה	יֵשׁוּעַ
morᵊdᵒkay	naḥᵃmɔniʸ	raᶜamᵊyɔʰ	ᶜᵃzarᵊyɔʰ	nᵊḥɛmᵊyɔʰ	yešuʷaᶜ
,Mordochai	,Nachamani	,Raamja	,Asarja	,(Nehemia=)Nechemja	,Jeschua

מִסְפַּר	בַּעֲנָה	נְחוּם	בִּגְוַי	מִסְפֶּרֶת	בִּלְשָׁן
misᵊpar	baᶜᵃnɔʰ	nᵊḥuʷm	bigᵊway	misᵊpɛrɛt	bilᵊšɔn
Zahl-(Die)	.Baana-(und)	Nechum	,Bigwai	,Misperet	,Bilschan

פַּרְעֹשׁ	8 בְּנֵי	יִשְׂרָאֵל:	עַם	אַנְשֵׁי
parᵊᶜoš	bᵊneʸ	yiśᵊrɔʾel.	ᶜam	ʾanᵊšeʸ
:Parosch	(von)-Söhne-(die)	:Israel	Volk(es)-(des)	Männer-(der)

9 בְּנֵי	וּשְׁנָיִם:	וְשִׁבְעִים	מֵאָה	אַלְפַּיִם
bᵊneʸ	uʷšᵊnɔyim.	wᵊšibᵊᶜiʸm	meʾɔʰ	ʾalᵊpayim
(von)-Söhne-(Die)	.zwei-und	siebzig-und	-hundert-(ein)	-zweitausend(e)

10 בְּנֵי	וּשְׁנָיִם׃	שִׁבְעִים	מֵאוֹת	שְׁלֹשׁ	שְׁפַטְיָה
b^{ə}ne^{y}	u^{w}š^{ə}nɔyim.	šib^{əʿ}i^{y}m	meʾo^{w}t	š^{ə}loš	š^{ə}paṭ^{ə}yɔ^{h}
(von)-Söhne-(Die)	.zwei-und	siebzig	-hundert(e)	-drei	:Schephatja

11 בְּנֵי־	וּשְׁנָיִם׃	חֲמִשִּׁים	מֵאוֹת	שֵׁשׁ	אָרַח
-b^{ə}ne^{y}	u^{w}š^{ə}nɔyim.	ḥ^{a}mišši^{y}m	meʾo^{w}t	šeš	ʾɔraḥ
(von)-Söhne-(Die)	.zwei-und	fünfzig	-hundert(e)	-sechs	:Arach

וְיוֹאָב	יֵשׁוּעַ	לִבְנֵי	מוֹאָב	פַּחַת
w^{ə}yo^{w}ʾɔb	yešu^{w}aʿ	lib^{ə}ne^{y}	mo^{w}ʾɔb	paḥat
:Joab(s)-und	Jeschua(s)	Söhne(n)-(den)-(von=)zu	,Moab	-Pachat

12 בְּנֵי	עָשָׂר׃	שְׁמֹנָה	מֵאוֹת	וּשְׁמֹנֶה	אַלְפַּיִם
b^{ə}ne^{y}	ʿɔśɔr.	š^{ə}monɔ^{h}	meʾo^{w}t	u^{w}š^{ə}monɛ^{h}	ʾal^{ə}payim
(von)-Söhne-(Die)	.zehn	-acht	-hundert(e)	-acht-und	zweitausend(e)

13 בְּנֵי	וְאַרְבָּעָה׃	חֲמִשִּׁים	מָאתַיִם	אֶלֶף	עֵילָם
b^{ə}ne^{y}	w^{ə}ʾar^{ə}bɔʿɔ^{h}.	ḥ^{a}mišši^{y}m	mɔʾtayim	ʾɛlɛp	ʿe^{y}lɔm
(von)-Söhne-(Die)	.vier-und	fünfzig	-zweihundert(e)	-tausend	:Elam

14 בְּנֵי	וַחֲמִשָּׁה׃	אַרְבָּעִים	מֵאוֹת	שְׁמֹנֶה	זַתּוּא
b^{ə}ne^{y}	waḥ^{a}miššɔ^{h}.	ʾar^{ə}bɔʿi^{y}m	meʾo^{w}t	š^{ə}monɛ^{h}	zattu^{wʾ}
(von)-Söhne-(Die)	.fünf-und	vierzig	-hundert(e)	-acht	:Sattu

בִּנּוּי	15 בְּנֵי	וְשִׁשִּׁים׃	מֵאוֹת	שְׁבַע	זַכָּי
binnu^{w}y	b^{ə}ne^{y}	w^{ə}šišši^{y}m.	meʾo^{w}t	š^{ə}baʿ	zakkɔy
:Binnui	(von)-Söhne-(Die)	.sechzig-und	hundert(e)	-sieben	:Sakkai

שֵׁשׁ	בֵּבָי	16 בְּנֵי	וּשְׁמֹנָה׃	אַרְבָּעִים	מֵאוֹת	שֵׁשׁ
šeš	bebɔy	b^{ə}ne^{y}	u^{w}š^{ə}monɔ^{h}.	ʾar^{ə}bɔʿi^{y}m	meʾo^{w}t	šeš
-sechs	:Bebai	(von)-Söhne-(Die)	.acht-und	vierzig	-hundert(e)	-sech(s)

אַלְפַּיִם	עַזְגָּד	17 בְּנֵי	וּשְׁמֹנָה׃	עֶשְׂרִים	מֵאוֹת
ʾal^{ə}payim	ʿaz^{ə}gɔd	b^{ə}ne^{y}	u^{w}š^{ə}monɔ^{h}.	ʿɛś^{ə}ri^{y}m	meʾo^{w}t
-zweitausend(e)	:Asgad	(von)-Söhne-(Die)	.acht-und	zwanzig	-hundert(e)

אֲדֹנִיקָם	18 בְּנֵי	וּשְׁנָיִם׃	עֶשְׂרִים	מֵאוֹת	שְׁלֹשׁ
ʾ^{a}doni^{y}qɔm	b^{ə}ne^{y}	u^{w}š^{ə}nɔyim.	ʿɛś^{ə}ri^{y}m	meʾo^{w}t	š^{ə}loš
:Adonikam	(von)-Söhne-(Die)	.zwei-und	zwanzig	-hundert(e)	-drei

בִּגְוָי	19 בְּנֵי	וְשִׁבְעָה׃	שִׁשִּׁים	מֵאוֹת	שֵׁשׁ
big^{ə}wɔy	b^{ə}ne^{y}	w^{ə}šib^{əʿ}ɔ^{h}.	šišši^{y}m	meʾo^{w}t	šeš
:Bigwai	(von)-Söhne-(Die)	.sieben-und	sechzig	-hundert(e)	-sechs

אַלְפַּיִם שִׁשִּׁים וְשִׁבְעָה׃ 20 בְּנֵי עָדִין שֵׁשׁ
šeš ʿɔdi^{y}n b^{ə}ne^{y} w^{ə}šib^{əʿ}ɔ^{h}. šišši^{y}m ʾal^{ə}payim
-sechs :Adin (von)-Söhne-(Die) .sieben-und sechzig -zweitausend(e)

מֵאוֹת חֲמִשִּׁים וַחֲמִשָּׁה׃ 21 בְּנֵי־אָטֵר
ʾɔṭer -b^{ə}ne^{y} waḥ^{a}miššɔ^{h}. ḥ^{a}mišši^{y}m meʾo^{w}t
,Ater (von)-Söhne-(Die) .fünf-und fünfzig -hundert(e)

לְחִזְקִיָּה תִּשְׁעִים וּשְׁמֹנָה׃ 22 בְּנֵי
b^{ə}ne^{y} u^{w}š^{ə}monɔ^{h}. tiš^{əʿ}i^{y}m l^{ə}ḥiz^{ə}qi^{y}yɔ^{h}
(von)-Söhne-(Die) .acht-und neunzig :(Hiskija=)Chiskija-zu(gehörig)

חָשֻׁם שְׁלֹשׁ מֵאוֹת עֶשְׂרִים וּשְׁמֹנָה׃
u^{w}š^{ə}monɔ^{h}. ʿɛś^{ə}ri^{y}m meʾo^{w}t š^{ə}loš ḥɔšum
.acht-und zwanzig -hundert(e) -drei :(Haschum=)Chaschum

23 בְּנֵי בֵצָי שְׁלֹשׁ מֵאוֹת עֶשְׂרִים וְאַרְבָּעָה׃
w^{əʾ}ar^{ə}bɔʿɔ^{h}. ʿɛś^{ə}ri^{y}m meʾo^{w}t š^{ə}loš beṣɔy b^{ə}ne^{y}
.vier-und zwanzig -hundert(e) -drei :Bezai (von)-Söhne-(Die)

24 בְּנֵי חָרִיף מֵאָה שְׁנֵים עָשָׂר׃
ʿɔśɔr š^{ə}ne^{y}m. meʾɔ^{h} ḥori^{y}p b^{ə}ne^{y}
.(zwölf=)zehn zwei -hundert :(Harif=)Chariph (von)-Söhne-(Die)

25 בְּנֵי גִבְעוֹן תִּשְׁעִים וַחֲמִשָּׁה׃ 26 אַנְשֵׁי
ʾan^{ə}še^{y} waḥ^{a}miššɔ^{h}. tiš^{əʿ}i^{y}m gib^{əʿ}o^{w}n b^{ə}ne^{y}
(von)-Männer-(Die) .fünf-und neunzig :Gibeon (von)-Söhne-(Die)

בֵית־לֶחֶם וּנְטֹפָה מֵאָה שְׁמֹנִים
š^{ə}moni^{y}m meʾɔ^{h} u^{w}n^{ə}ṭopɔ^{h} lɛḥɛm-be^{y}t
achtzig -hundert :(Netofa=)Netopha-und (Betlehem=)Lechem-Beth

וּשְׁמֹנָה׃ 27 אַנְשֵׁי עֲנָתוֹת מֵאָה עֶשְׂרִים וּשְׁמֹנָה׃
u^{w}š^{ə}monɔ^{h}. ʿɛś^{ə}ri^{y}m meʾɔ^{h} ʿ^{a}nɔto^{w}t ʾan^{ə}še^{y} u^{w}š^{ə}monɔ^{h}.
.acht-und zwanzig -hundert :Anatot (von)-Männer-(Die) .acht-und

28 אַנְשֵׁי בֵית־עַזְמָוֶת אַרְבָּעִים וּשְׁנָיִם׃
u^{w}š^{ə}nɔyim. ʾar^{ə}bɔʿi^{y}m ʿaz^{ə}mɔwɛt-be^{y}t ʾan^{ə}še^{y}
.zwei-und vierzig :Asmawet-Beth (von)-Männer-(Die)

29 אַנְשֵׁי קִרְיַת יְעָרִים כְּפִירָה וּבְאֵרוֹת שְׁבַע
š^{ə}baʿ u^{w}b^{əʾ}ero^{w}t k^{ə}pi^{y}rɔ^{h} y^{əʿ}ɔri^{y}m qir^{ə}yat ʾan^{ə}še^{y}
-sieben :Beërot-und Kephira ,Jearim -Kirjat (von)-Männer-(Die)

וָגָבַע	הָרָמָה	30 אַנְשֵׁי	וּשְׁלֹשָׁה׃	אַרְבָּעִים	מֵאוֹת	
wɔgɔbaʿ	hɔrɔmɔʰ	ʾanᵊšeʸ	uʷšᵊlošɔʰ.	ʾarᵊbɔʿiʸm	meʾoʷt	
:Geba-und	Harama	(von)-Männer-(Die)	.drei-und	vierzig	-hundert(e)	
מִכְמָס	31 אַנְשֵׁי	וְאֶחָד׃	עֶשְׂרִים	מֵאוֹת	שֵׁשׁ	
mikᵊmɔs	ʾanᵊšeʸ	wᵊʾɛḥɔd.	ʿɛśᵊriʸm	meʾoʷt	šeš	
:Michmas	(von)-Männer-(Die)	.einer-und	zwanzig	-hundert(e)	-sechs	
וְהָעָי	בֵית־אֵל	32 אַנְשֵׁי	וּשְׁנָיִם׃	וְעֶשְׂרִים	מֵאָה	
wᵊhɔʿɔy	ʾel-beʸt	ʾanᵊšeʸ	uʷšᵊnɔyim.	wᵊʿɛśᵊriʸm	meʾɔʰ	
:Haai-und	El-Beth	(von)-Männer-(Die)	.zwei-und	zwanzig-und	hundert	
אַחֵר	נְבוֹ	33 אַנְשֵׁי	וּשְׁלֹשָׁה׃	עֶשְׂרִים	מֵאָה	
ʾaḥer	nᵊboʷ	ʾanᵊšeʸ	uʷšᵊlošɔʰ.	ʿɛśᵊriʸm	meʾɔʰ	
:ander(en)-(eines)	Nebo	(von)-Männer-(Die)	.drei-und	zwanzig	-hundert	
אֶלֶף	אַחֵר	עֵילָם	34 בְּנֵי	וּשְׁנָיִם׃	חֲמִשִּׁים	
ʾɛlɛp	ʾaḥer	ʿeʸlɔm	bᵊneʸ	uʷšᵊnɔyim.	ḥᵃmiššiʸm	
-tausend	:ander(en)-(eines)	Elam	(von)-Söhne-(Die)	.zwei-und	fünfzig	
חָרִם	35 בְּנֵי	וְאַרְבָּעָה׃	חֲמִשִּׁים	מָאתַיִם		
ḥɔrim	bᵊneʸ	wᵊʾarᵊbɔʿɔʰ.	ḥᵃmiššiʸm	mɔʾtayim		
:(Harim=)Charim	(von)-Söhne-(Die)	.vier-und	fünfzig	-zweihundert(e)		
שְׁלֹשׁ	יְרֵחוֹ	36 בְּנֵי	וְעֶשְׂרִים׃	מֵאוֹת	שְׁלֹשׁ	
šᵊloš	yᵊreḥoʷ	bᵊneʸ	wᵊʿɛśᵊriʸm.	meʾoʷt	šᵊloš	
-drei	:Jerecho	(von)-Söhne-(Die)	.zwanzig-und	hundert(e)	-drei	
חָדִיד	לֹד	37 בְּנֵי־	וַחֲמִשָּׁה׃	אַרְבָּעִים	מֵאוֹת	
ḥɔdiʸd	lod	-bᵊneʸ	waḥᵃmiššɔʰ.	ʾarᵊbɔʿiʸm	meʾoʷt	
(Hadid=)Chadid	,Lod	(von)-Söhne-(Die)	.fünf-und	vierzig	-hundert(e)	
38 בְּנֵי	וְאֶחָד׃	וְעֶשְׂרִים	מֵאוֹת	שְׁבַע	וְאוֹנוֹ	
bᵊneʸ	wᵊʾɛḥɔd.	wᵊʿɛśᵊriʸm	meʾoʷt	šᵊbaʿ	wᵊʾoʷnoʷ	
(von)-Söhne-(Die)	.einer-und	zwanzig-und	hundert(e)	-sieben	:Ono-und	
39 הַכֹּהֲנִים	וּשְׁלֹשִׁים׃	מֵאוֹת	תְּשַׁע	אֲלָפִים	שְׁלֹשֶׁת	סְנָאָה
hakkohᵃniʸm	uʷšᵊlošiʸm.	meʾoʷt	tᵊšaʿ	ʾᵃlɔpiʸm	šᵊlošɛt	sᵊnɔʾɔʰ
:Priester-Die	.dreißig-und	hundert(e)	-neun	-tausend(e)	-drei	:Senaah
מֵאוֹת	תְּשַׁע	יֵשׁוּעַ	לְבֵית	יְדַעְיָה	בְּנֵי	
meʾoʷt	tᵊšaʿ	yešuʷaʿ	lᵊbeʸt	yᵊdaʿᵊyɔʰ	bᵊneʸ	
-hundert(e)	-neun	:Jeschua(s)	Haus-(dem=)zu	,Jedaja	(von-)Söhne	

חֲמִשִּׁים	אֶלֶף	אִמֵּר	40 בְּנֵי	וּשְׁלֹשָׁה׃	שִׁבְעִים
ḥ^{a}mišší^{y}m	^{ɔ}ɛlɛp	^{ɔ}immer	b^{ə}ne^{y}	u^{w}š^{ə}lošɔ^{h}.	šib^{əʕ}i^{y}m
fünfzig	-tausend	:Immer	(von)-Söhne-(Die)	.drei-und	siebzig

אֶלֶף	פַּשְׁחוּר	41 בְּנֵי	וּשְׁנָיִם׃
^{ɔ}ɛlɛp	paš^{ə}ḥu^{w}r	b^{ə}ne^{y}	u^{w}š^{ə}nɔyim.
-tausend	:(Paschhur=)Paschchur	(von)-Söhne-(Die)	.zwei-und

חָרִם	42 בְּנֵי	וְשִׁבְעָה׃	אַרְבָּעִים	מָאתַיִם
ḥɔrim	b^{ə}ne^{y}	w^{ə}šib^{əʕ}ɔ^{h}.	^{ɔ}ar^{ə}bɔʕi^{y}m	mɔ^{ɔ}tayim
:(Harim=)Charim	(von)-Söhne-(Die)	.sieben-und	vierzig	-zweihundert(e)

יֵשׁוּעַ	בְּנֵי־	43 הַלְוִיִּם	עָשָׂר׃	שִׁבְעָה	אֶלֶף
yešu^{w}a^{ʕ}	-b^{ə}ne^{y}	hal^{ə}wi^{y}yim	^{ʕ}ɔśɔr.	šib^{əʕ}ɔ^{h}	^{ɔ}ɛlɛp
,Jeschua	(von)-Söhne-(die)	:Leviten-die	.zehn	-sieb(en)	-tausend

וְאַרְבָּעָה׃	שִׁבְעִים	לְהוֹדְוָה	לִבְנֵי	לְקַדְמִיאֵל
w^{əɔ}ar^{ə}bɔʕɔ^{h}.	šib^{əʕ}i^{y}m	l^{ə}ho^{w}d^{ə}wɔ^{h}	lib^{ə}ne^{y}	l^{ə}qad^{ə}mi^{yɔ}el
.vier-und	siebzig	:Hodwa-(von=)zu	Söhne-(der=)zu	,Kamdmiel-(von=)zu

מֵאָה	אָסָף	בְּנֵי	44 הַמְשֹׁרְרִים
me^{ɔ}ɔ^{h}	^{ɔ}ɔsɔp	b^{ə}ne^{y}	ham^{ə}šor^{ə}ri^{y}m
-hundert	:(Asaf=)Asaph	(von)-Söhne-(die)	:(Sänger=)Singenden-Die

שַׁלּוּם	בְּנֵי־	45 הַשֹּׁעֲרִים	וּשְׁמֹנָה׃	אַרְבָּעִים
šallu^{w}m	-b^{ə}ne^{y}	haššo^{ʕa}ri^{y}m	u^{w}š^{ə}monɔ^{h}.	^{ɔ}ar^{ə}bɔʕi^{y}m
,Schallum	(von)-Söhne-(die)	:Torwächter-Die	.acht-und	vierzig

בְּנֵי־	טַלְמֹן	בְּנֵי־	אָטֵר	בְּנֵי־
-b^{ə}ne^{y}	ṭal^{ə}mon	-b^{ə}ne^{y}	^{ɔ}ɔṭer	-b^{ə}ne^{y}
(von)-Söhne-(die)	,Talmon	(von)-Söhne-(die)	,Ater	(von)-Söhne-(die)

שֹׁבָי	בְּנֵי	חֲטִיטָא	בְּנֵי	עַקּוּב
šobɔy	b^{ə}ne^{y}	ḥ^{a}ṭi^{y}ṭɔ^{ɔ}	b^{ə}ne^{y}	^{ʕ}aqqu^{w}b
:Schobai	(von)-Söhne-(die)	,(Hatita=)Chatita	(von)-Söhne-(die)	,Akkub

46 הַנְּתִינִים	וּשְׁמֹנָה׃	שְׁלֹשִׁים	מֵאָה
hann^{ə}ti^{y}ni^{y}m	u^{w}š^{ə}monɔ^{h}.	š^{ə}loši^{y}m	me^{ɔ}ɔ^{h}
:(Tempeldiener=)Geschenkte(n)-(Heiligtum-dem)-Die	.acht-und	dreißig	-hundert

חֲשֻׂפָא	בְּנֵי־	צִחָא	בְּנֵי־
ḥ^{a}śupɔ^{ɔ}	-b^{ə}ne^{y}	ṣiḥɔ^{ɔ}	-b^{ə}ne^{y}
,(Hasufa=)Chasupha	(von)-Söhne-(die)	,Zicha	(von)-Söhne-(die)

בְּנֵי
bᵊneʸ
(von)-Söhne-(die)

טַבָּעוֹת׃
ṭabbɔʿoʷt.
,Tabbaot

47 בְּנֵי־
-bᵊneʸ
(von)-Söhne-(die)

קֵירֹס
qeʸros
,Keros

בְּנֵי־
-bᵊneʸ
(von)-Söhne-(die)

סִיעָא
siʸʿɔʾ
,Sia

בְּנֵי
bᵊneʸ
(von)-Söhne-(die)

פָדוֹן׃
pɔdoʷn.
,Padon

48 בְּנֵי־
-bᵊneʸ
(von)-Söhne-(die)

לְבָנָה
lᵊbɔnɔʰ
,Lebana

בְּנֵי־
-bᵊneʸ
(von)-Söhne-(die)

חֲגָבָה
ḥᵃgɔbɔʰ
,(Hagaba=)Chagaba

בְּנֵי
bᵊneʸ
(von)-Söhne-(die)

שַׁלְמָי׃
šalᵊmɔy.
,Schalmai

49 בְּנֵי־
-bᵊneʸ
(von)-Söhne-(die)

חָנָן
ḥɔnɔn
,(Hanan=)Chanan

בְּנֵי־
-bᵊneʸ
(von)-Söhne-(die)

גִּדֵּל
giddel
,Giddel

בְּנֵי־
-bᵊneʸ
(von)-Söhne-(die)

גָחַר׃
gɔḥar.
,Gachar

50 בְּנֵי־
-bᵊneʸ
(von)-Söhne-(die)

רְאָיָה
rᵊʾɔyɔʰ
,Reaja

בְּנֵי־
-bᵊneʸ
(von)-Söhne-(die)

רְצִין
rᵊṣiʸn
,Rezin

בְּנֵי
bᵊneʸ
(von)-Söhne-(die)

נְקוֹדָא׃
nᵊqoʷdɔʾ.
,Nekoda

51 בְּנֵי־
-bᵊneʸ
(von)-Söhne-(die)

גַזָּם
gazzɔm
,Gasam

בְּנֵי־
-bᵊneʸ
(von)-Söhne-(die)

עֻזָּא
ʿuzzɔʾ
,Ussa

בְּנֵי
bᵊneʸ
(von)-Söhne-(die)

פָסֵחַ׃
pɔseaḥ.
,Paseach

52 בְּנֵי־
-bᵊneʸ
(von)-Söhne-(die)

בֵּסָי
besay
,Besai

בְּנֵי־
-bᵊneʸ
(von)-Söhne-(die)

מְעוּנִים
mᵊʿuʷniʸm
,Meünim

בְּנֵי
bᵊneʸ
(von)-Söhne-(die)

נפושסים[נְפִישְׁסִים]׃
[nᵊpiʸšᵊsiʸm]nᵊpuʷšᵊsiʸm.
,Nephischesim

53 בְּנֵי־
-bᵊneʸ
(von)-Söhne-(die)

בַקְבּוּק
baqᵊbuʷq
,Bakbuk

בְּנֵי־
-bᵊneʸ
(von)-Söhne-(die)

חֲקוּפָא
ḥᵃquʷpɔʾ
,(Hakufa=)Chakupha

בְּנֵי
bᵊneʸ
(von)-Söhne-(die)

חַרְחוּר׃
ḥarᵊḥuʷr.
,(Harchur=)Charchur

54 בְּנֵי־
-bᵊneʸ
(von)-Söhne-(die)

בַצְלִית
baṣᵊliʸt
,Bazlit

בְּנֵי־
-bᵊneʸ
(von)-Söhne-(die)

מְחִידָא
mᵊḥiʸdɔʾ
,Mechida

בְּנֵי
bᵊneʸ
(von)-Söhne-(die)

סִיסְרָא	בְּנֵי־	בַרְקוֹס	55 בְּנֵי־	חַרְשָׁא׃
siʸsᵊrɔʾ	-bᵊneʸ	barᵊqoʷs	-bᵊneʸ	ḥarᵊšɔʾ.
,Sisera	(von)-Söhne-(die)	,Barkos	(von)-Söhne-(die)	,(Harscha=)Charscha

בְּנֵי	נְצִיחַ	56 בְּנֵי	תָמַח׃	בְּנֵי־
bᵊneʸ	nᵊṣiʸaḥ	bᵊneʸ	tɔmaḥ.	-bᵊneʸ
(von)-Söhne-(die)	,Neziach	(von)-Söhne-(die)	,Tamach	(von)-Söhne-(die)

שְׁלֹמֹה	עַבְדֵי	57 בְּנֵי	חֲטִיפָא׃
šᵊlomoʰ	ʿabᵊdeʸ	bᵊneʸ	ḥaᵃṭiʸpɔʾ.
:(Salomos=)Schelomo(s)	Sklaven	(von)-Söhne-(Die)	.(Hatifa=)Chatipha

בְּנֵי	סוֹפֶרֶת	בְּנֵי־	סוֹטַי	בְּנֵי־
bᵊneʸ	soʷpɛrɛt	-bᵊneʸ	soʷṭay	-bᵊneʸ
(von)-Söhne-(die)	,Sopheret	(von)-Söhne-(die)	,Sotai	(von)-Söhne-(die)

דַרְקוֹן	בְנֵי־	יַעְלָא	58 בְּנֵי־	פְרִידָא׃
darᵊqoʷn	-bᵊneʸ	yaʿᵊlɔʾ	-bᵊneʸ	pᵊriʸdɔʾ.
,Darkon	(von)-Söhne-(die)	,Jala	(von)-Söhne-(die)	,P(h)erida

בְנֵי־	שְׁפַטְיָה	59 בְּנֵי	גִדֵּל׃	בְנֵי
-bᵊneʸ	šᵊpaṭᵊyɔʰ	bᵊneʸ	giddel.	bᵊneʸ
(von)-Söhne-(die)	,Schephatja	(von)-Söhne-(die)	,Giddel	(von)-Söhne-(die)

בְּנֵי	הַצְּבָיִים	פֹּכֶרֶת	בְּנֵי	חַטִּיל
bᵊneʸ	haṣṣᵊbɔyiʸm	pokɛrɛt	bᵊneʸ	ḥaṭṭiʸl
(von)-Söhne-(die)	,Hazzebajim	-Pocheret	(von)-Söhne-(die)	,(Hattil=)Chattil

הַנְּתִינִים	60 כָּל־	אָמוֹן׃
hannᵊtiʸniʸm	-kol	ʾɔmoʷn.
(Tempeldiener=)Geschenkte(n)-(Heiligtum-dem)-die	All(e)	.Amon

מֵאוֹת	שְׁלֹשׁ	שְׁלֹמֹה	עַבְדֵי	וּבְנֵי
meʾoʷt	šᵊloš	šᵊlomoʰ	ʿabᵊdeʸ	uʷbᵊneʸ
-hundert(e)	-drei	:(Salomos=)Schelomo(s)	Sklaven	(von)-Söhne-(die)-und

מִתֵּל	הָעוֹלִים	61 וְאֵלֶּה	וּשְׁנָיִם׃	תִּשְׁעִים
mittel	hɔʿoʷliʸm	wᵊʾellɛʰ	uʷšᵊnɔyim.	tišᵊʿiʸm
-Tel-von	Heraufziehende(n)-die	(das=)diese-Und	.zwei-und	neunzig

וְאִמֵּר	אַדּוֹן	כְּרוּב	חַרְשָׁא	תֵּל	מֶלַח
wᵊʾimmer	ʾaddoʷn	kᵊruʷb	ḥarᵊšɔʾ	tel	mɛlaḥ
,Immer-und	Addon	-Kerub	,(Harscha=)Charscha	-Tel	,Melach

לְהַגִּיד	יָכְלוּ	וְלֹא
lᵊhaggiʸd	yɔkᵊluʷ	wᵊloʾ
(nachzuweisen=)melden-zu	(vermochten=)konnten-(es=sie)	nicht-(die=)und

וְזַרְעָם	אֲבוֹתָם	בֵּית־
wᵊzarᵊʿɔm	ʾᵃboʷtɔm	-beʸt
,(Geschlecht-ihr=)Same(n)-ihr(en)-und	Väter-ihre(r)	(Familie-die=)Haus-(das)

דְלָיָה	62 בְּנֵי־	הֵם:	מִיִּשְׂרָאֵל	אִם
dᵊlɔyɔʰ	-bᵊneʸ	hem.	miʸyiśᵊrɔʾel	ʾim
,Delaja	(von-Söhne-(die)	:(abstammten)-sie	Israel-von	(ob=)wenn

מֵאוֹת	שֵׁשׁ	נְקוֹדָא	בְּנֵי	טוֹבִיָּה	בְּנֵי־
meʾoʷt	šeš	nᵊqoʷdɔʾ	bᵊneʸ	ṭoʷbiʸyɔʰ	-bᵊneʸ
hundert(e)	-sechs	:Nekoda	(von)-Söhne-(die)	,Tobija	(von)-Söhne-(die)

בְּנֵי	הַכֹּהֲנִים	63 וּמִן־	וּשְׁנָיִם:	וְאַרְבָּעִים
bᵊneʸ	hakkohᵃniʸm	-uʷmin	uʷšᵊnɔyim.	wᵊʾarᵊbɔʿiʸm
(von)-Söhne-(die)	:Priester(n)-(den=)die	von-Und	.zwei-und	vierzig-und

בְּנֵי	הַקּוֹץ	בְּנֵי	חֳבַיָּה
bᵊneʸ	haqqoʷṣ	bᵊneʸ	ḥᵒbayyɔʰ
(von)-Söhne-(die)	,Hakkoz	(von)-Söhne-(die)	,(Hobaja=)Chobaja

מִבְּנוֹת	לָקַח	אֲשֶׁר	בַּרְזִלַּי
mibbᵊnoʷt	lɔqaḥ	ʾᵃšɛr	barᵊzillay
Töchter(n)-(den)-von-(eine)	genommen-hat(te)-(er)	(der=)welch(er)	,Barsillai

אִשָּׁה	הַגִּלְעָדִי	בַּרְזִלַּי
ʾiššɔʰ	haggilᵊʿɔdiʸ	barᵊzillay
,Frau-(zur)	,Gileaditer(s)-(des=)der	,Barsillai(s)

שְׁמָם:	עַל־	וַיִּקָּרֵא
šᵊmɔm.	-ʿal	wayyiqqɔreʾ
.Name(n)-(deren=)ihre(n)	(nach=)auf	(genannt=)gerufen-wurde-er-und

כְּתָבָם	בִּקְשׁוּ	64 אֵלֶּה
kᵊtɔbɔm	biqᵊšuʷ	ʾellɛʰ
(Nieder)schrift-ihre	suchten-(sie)	Diese

וְלֹא	הַמִּתְיַחְשִׂים
wᵊloʾ	hammitᵊyaḥᵊśiʸm
nicht-(aber=)und	,(Registrierten=)Sicheingetragenen-(der=)die

מִן־	וַיְגֹאֲלוּ	נִמְצָא
-min	wayᵊgoʾᵃluʷ	nimᵊṣɔʾ
von	(ausgeschlossen=)verworfen-wurden-sie-(Darauf=)Und	.sich-fand-(sie=)er

הַתִּרְשָׁתָא	65 וַיֹּאמֶר	הַכְּהֻנָּה׃
hattirᵊšɔtɔʾ	wayyoʾmɛr	hakkᵊhunnɔʰ.
(Delegierte=)Tirschatha-der	sprach-(es=)er-Und	.Priesteramt-(dem=)das

מִקֹּדֶשׁ	יֹאכְלוּ	לֹא־	אֲשֶׁר	לָהֶם
miqqodɛš	yoʾkᵊluʷ	-loʾ	ʾᵃšɛr	lɔhɛm
-Heiligen-(dem)-von	essen-(dürfen=)werden-sie	nicht	dass	,ihnen-zu

הַכֹּהֵן	עֲמֹד	עַד	הַקֳּדָשִׁים
hakkohen	ʿᵃmod	ʿad	haqqᵒdɔšiʸm
Priester-der	(erstünde=)Stehen-(ein)	bis	,(Hochheiligen=)Heiligen-(der=)die

הַקָּהָל	66 כָּל־	וְתוּמִּים׃	לְאוּרִים
haqqɔhɔl	-kol	wᵊtuʷmmiʸm.	lᵊʾuʷriʸm
Gemeinde-die	All	.Tummim-(die)-und	Urim-(die)-(für=)zu

אַלְפַּיִם	רִבּוֹא	אַרְבַּע	כְּאֶחָד
ʾalᵊpayim	ribboʷʾ	ʾarᵊbaʿ	kᵊʾɛḥɔd
-zweitausend(e)-(und)	zehntausend	vier(mal)	:(zusammen=)einer-wie

עַבְדֵיהֶם	67 מִלְּבַד	וְשִׁשִּׁים׃	שְׁלֹשׁ־מֵאוֹת
ʿabᵊdeʸhɛm	millᵊbad	wᵊšiššiʸm.	meʾoʷt-šᵊloš
Sklaven-ihre(n)	(außer=)allein-zu-von	,sechzig-und	hundert(e)-drei

שְׁלֹשׁ	אֲלָפִים	שִׁבְעַת	אֵלֶּה	וְאַמְהֹתֵיהֶם
šᵊloš	ʾᵃlɔpiʸm	šibᵊʿat	ʾellɛʰ	wᵊʾamᵊhoteʸhɛm
-drei	-tausend(e)	-sieben	(waren)-Diese	.Sklavinne(n)-ihre(n)-und

וְלָהֶם	וְשִׁבְעָה	שְׁלֹשִׁים	מֵאוֹת
wᵊlɔhɛm	wᵊšibᵊʿɔʰ	šᵊlošiʸm	meʾoʷt
(hatten-sie=)ihnen-zu-Und	.sieben-und	dreißig	-hundert(e)

וְאַרְבָּעִים	מָאתַיִם	וּמְשֹׁרְרוֹת	מְשֹׁרְרִים
wᵊʾarᵊbɔʿiʸm	mɔʾtayim	uʷmᵊšorᵊroʷt	mᵊšorᵊriʸm
vierzig-und	zweihundert(e)	Sängerinnen-und	(Sänger=)Singende

וַחֲמִשָּׁה	שְׁלֹשִׁים	מֵאוֹת	אַרְבַּע	68 גְּמַלִּים	וַחֲמִשָּׁה׃
waḥᵃmiššɔʰ	šᵊlošiʸm	meʾoʷt	ʾarᵊbaʿ	gᵊmalliʸm	waḥᵃmiššɔʰ.
.fünf-und	dreißig	-hundert(e)	-vier	:Kamele	.fünf-und

וְעֶשְׂרִים:	מֵאוֹת	שֶׁבַע	אֲלָפִים	שֵׁשֶׁת	חֲמֹרִים
wᵊʿɛśᵊriʸm.	meʾoʷt	šᵊbaʿ	ʾᵃlɔpiʸm	šešɛt	ḥᵃmoriʸm
.zwanzig-und	hundert(e)	-sieben	-tausend(e)	-sechs	:Esel

הָאָבוֹת	רָאשֵׁי	69 וּמִקְצָת
hɔʾɔboʷt	rɔʾšeʸ	uʷmiqᵊṣɔt
(Familien=)Väter-(der=)die	(Ober)häupter-(der)	(Teil-ein=)Ende-(von)-Und

הַתִּרְשָׁתָא	לַמְּלָאכָה	נָתְנוּ
hattirᵊšɔtɔʾ	lammᵊlɔʾkɔʰ	nɔtᵊnuʷ
(Delegierte=)Tirschatha-Der	:Werk-das-(für=)zu	(spendete=)gaben-(sie)

אֶלֶף	דַּרְכְּמֹנִים	זָהָב	לָאוֹצָר	נָתַן
ʾɛlɛp	darᵊkᵊmoniʸm	zɔhɔb	lɔʾoʷṣɔr	nɔtan
,tausend	Drachmen	Gold-(an)	Schatz-(den=)der-(für=)zu	(spendete=)gab-(er)

שְׁלֹשִׁים	כֹּהֲנִים	כָּתְנוֹת	חֲמִשִּׁים	מִזְרָקוֹת
šᵊlošiʸm	kohᵃniʸm	kotᵊnoʷt	ḥᵃmiššiʸm	mizᵊrɔqoʷt
-dreißig	Priester-(die)	(für)-Gewänder	,fünfzig	Besprengbecken

70 וּמֵרָאשֵׁי	מֵאוֹת:	וַחֲמֵשׁ
uʷmerɔʾšeʸ	meʾoʷt.	waḥᵃmeš
Häupter-(der)-(etliche=)von-Und	.hundert(e)	-fünf-und

לְאוֹצַר	נָתְנוּ	הָאָבוֹת
lᵊʾoʷṣar	nɔtᵊnuʷ	hɔʾɔboʷt
Schatz-(den=)der-(für=)zu	(spendeten=)gaben-(sie)	(Familien=)Väter-(der=)die

רִבּוֹת	שְׁתֵּי	דַּרְכְּמוֹנִים	זָהָב	הַמְּלָאכָה
ribboʷt	šᵊteʸ	darᵊkᵊmoʷniʸm	zɔhɔb	hammᵊlɔʾkɔʰ
zehntausend(e)	zwei(mal)	Drachmen	Gold-(an)	Werk(es)-(des=)das

וּמָאתָיִם:	אַלְפַּיִם	מָנִים	וְכֶסֶף
uʷmɔʾtɔyim.	ʾalᵊpayim	mɔniʸm	wᵊkɛsɛp
.zweihundert(e)-und	zweitausend(e)	Minen	Silber-(an)-und

הָעָם	שְׁאֵרִית	נָתְנוּ	71 וַאֲשֶׁר
hɔʿɔm	šᵊʾeriʸt	nɔtᵊnuʷ	waʾᵃšɛr
:Volk(es)-(des=)das	Rest-(der)	(spendete=)gaben-(sie)	(das=)welch(es)-Und

מָנִים	וְכֶסֶף	רִבֹּא	שְׁתֵּי	דַּרְכְּמוֹנִים	זָהָב
mɔniʸm	wᵊkɛsɛp	ribboʷʾ	šᵊteʸ	darᵊkᵊmoʷniʸm	zɔhɔb
Minen	Silber-(an)-und	zehntausend	zwei(mal)	Drachmen	Gold-(An)

וְשִׁבְעָה׃	שִׁשִּׁים	כֹּהֲנִים	וְכָתְנֹת	אֲלָפַיִם
wᵊšibᵊʿɔʰ.	šiššiʸm	kohᵃniʸm	wᵊkotᵊnot	ʾalᵊpɔyim
.sieben-und	sechzig	Priester-(die)	(für)-Gewänder-und	,zweitausend(e)

וְהַשּׁוֹעֲרִים	וְהַלְוִיִּם	הַכֹּהֲנִים	72 וַיֵּשְׁבוּ
wᵊhaššoʷʿᵃriʸm	wᵊhalᵊwiʸyim	hakkohᵃniʸm	wayyešᵊbuʷ
Torhüter-die-und	Leviten-die-und	Priester-die	wohnten-(es=)sie-Und

הָעָם	וּמִן־	וְהַמְשֹׁרְרִים
hɔʿɔm	-uʷmin	wᵊhamᵊšorᵊriʸm
Volk(es)-(des=)das	(etliche=)von-und	Sänger-die-und

יִשְׂרָאֵל	וְכָל־	וְהַנְּתִינִים
yiśᵊrɔʾel	-wᵊkol	wᵊhannᵊtiʸniʸm
Israel	(ganz=)all-und	(Tempeldiener=)Geschenkte(n)-(Heiligtum-dem)-die-und

הַחֹדֶשׁ	וַיִּגַּע	בְּעָרֵיהֶם
haḥodɛš	wayyiggaʿ	bᵊʿɔreʸhɛm
,Monat-der	(heran-kam=)berührte-(es=er)-(Damals=)Und	.Städte(n)-ihre(n)-in

בְּעָרֵיהֶם׃	יִשְׂרָאֵל	וּבְנֵי	הַשְּׁבִיעִי
bᵊʿɔreʸhɛm.	yiśᵊrɔʾel	uʷbᵊneʸ	haššᵊbiʸʿiʸ
.Städte(n)-ihre(n)-in-(waren)	Israel	(von)-Söhne-(die)-(als=)und	,siebte-der

8

כָל־הָעָם	1 וַיֵּאָסְפוּ
hɔʿɔm-kol	wayyeʾɔsᵊpuʷ
Volk-(ganze-das=)das-all	sich-versammelte(n)-(es=)sie-Und

אֲשֶׁר	הָרְחוֹב	אֶל־	כְּאִישׁ אֶחָד
ʾᵃšɛr	hɔrᵊḥoʷb	-ʾɛl	ʾɛḥɔd kᵊʾiʸš
welch(er)	,Platz-(dem=)der	(auf=)zu	(zusammen=)einer Mann-wie

לְעֶזְרָא	וַיֹּאמְרוּ	הַמָּיִם	שַׁעַר־	לִפְנֵי
lᵊʿɛzᵊrɔʾ	wayyoʾmᵊruʷ	hammɔyim	-šaʿar	lipᵊneʸ
,Esra-zu	sagten-sie-und	,(lag)-Wasser-(der=)die	Tor-(dem)	(vor=)Gesichter-zu

לְהָבִיא	הַסֹּפֵר
lᵊhobiʸʾ	hassoper
(bringe-er-dass=)machen-kommen-zu	,(Schriftgelehrten=)Schreibende(n)-(dem=)der

אֲשֶׁר־	מֹשֶׁה	תּוֹרַת	אֶת־סֵפֶר
-ʾᵃšɛr	mošɛʰ	toʷrat	seper-ʾɛt
welch(e)	,(Moses=)Mosche(s)	Weisung-(der)	Buch-(das)***

אֶת־יִשְׂרָאֵל׃	יְהוָה	צִוָּה
yiśᵊrɔʾel-ʾɛt.	yᵊhwɔʰ	ṣiwwɔʰ
.Israel***	JHWH	(geboten=)geheißen-hat(te)-(er)

אֶת־הַתּוֹרָה	הַכֹּהֵן	עֶזְרָא	2 וַיָּבִיא
hattoʷrɔʰ-ʾɛt	hakkohen	ʿɛzᵊrɔʾ	wayyɔbiʸʾ
Weisung-die***	,Priester-der	,Esra	(brachte=)kommen-machte-(es=)er-Und

אִשָּׁה	וְעַד־	מֵאִישׁ	הַקָּהָל	לִפְנֵי
ʾiššɔʰ	-wᵊʿad	meʾiʸš	haqqɔhɔl	lipᵊneʸ
Frau	(zu=)bis-und	Mann-von	,Gemeinde-die	(vor=)Gesichter-zu

אֶחָד	בְּיוֹם	לִשְׁמֹעַ	מֵבִין	וְכֹל
ʾɛḥɔd	bᵊyoʷm	lišᵊmoaʿ	mebiʸn	wᵊkol
(ersten=)einer	Tag-(dem)-(an=)in	,hören-zu	Verstehenden	(jeden=)all-und

בּוֹ	3 וַיִּקְרָא־	הַשְּׁבִיעִי׃	לַחֹדֶשׁ
boʷ	-wayyiqᵊrɔʾ	haššᵊbiʸʿiʸ.	laḥodɛš
(daraus=)ihm-in	(vor-las=)rief-er-Und	.siebte(n)-(des=)der	,Monat(s)-(des=)zu

לִפְנֵי	אֲשֶׁר	הָרְחוֹב	לִפְנֵי
lipᵊneʸ	ʾᵃšɛr	hɔrᵊḥoʷb	lipᵊneʸ
(vor=)Gesichter-zu	(lag)-welch(er)	,Platz-(dem=)der	(vor=)Gesichter-zu

עַד־	הָאוֹר	מִן־	הַמַּיִם	שַׁעַר־
-ʿad	hɔʾoʷr	-min	hammayim	-šaʿar
(zur)-bis	(an)-(Morgen=)Licht-(dem=)das	von	,Wasser-(der=)die	Tor-(dem)

הָאֲנָשִׁים	נֶגֶד	הַיּוֹם	מַחֲצִית
hɔʾᵃnɔšiʸm	nɛgɛd	hayyoʷm	maḥᵃṣiʸt
Männer-(der=)die	(Gegenwart-in=)gegenüber	Tag(es)-(des=)der	(Mitte=)Hälfte

וְאָזְנֵי	וְהַמְּבִינִים	וְהַנָּשִׁים
wᵊʾozᵊneʸ	wᵊhammᵊbiʸniʸm	wᵊhannɔšiʸm
Ohren-(beide)-Und	.Verstehenden-(der=)die-und	Frauen-(der=)die-und

סֵפֶר	אֶל־	כָּל־הָעָם
sepɛr	-ʾɛl	hɔʿɔm-kol
Buch-(dem)	zu(gewandt)-(waren)	Volk(es)-(ganzen-des=)das-all

הַסֹּפֵר	עֶזְרָא	4 וַיַּעֲמֹד	הַתּוֹרָה׃
hassoper	ʿɛzᵊrɔʾ	wayyaʿᵃmod	hattoʷrɔʰ.
,(Schriftgelehrte=)Schreibende-der	,Esra	stand-(es=)er-Und	.Weisung-(der=)die

עַל־	מִגְדַּל־	עֵץ	אֲשֶׁר	עָשׂוּ
-ʿal	-migᵊdal	ʿeṣ	ʾašɛr	ʿɔśuʷ
auf	(von)-(Gerüst=)Turm-(einem)	,Holz	welch(es)	gemacht-hatten-sie

לַדָּבָר	וַיַּעֲמֹד	אֶצְלוֹ	מַתִּתְיָה	וְשֶׁמַע
laddɔbɔr	wayyaʿamod	ʾɛṣᵊloʷ	mattitᵊyɔʰ	wᵊšɛmaʿ
.(dafür=)Sache-zur	stand(en)-(es=)er-Und	ihm-neben	Mattitja	Schema-und

וַעֲנָיָה	וְאוּרִיָּה	וְחִלְקִיָּה	וּמַעֲשֵׂיָה	עַל־
waʿanɔyɔʰ	wᵊʾuʷriʸyɔʰ	wᵊḥilᵊqiʸyɔʰ	uʷmaʿaśeʸyɔʰ	-ʿal
Ananja-und	Urija-und	(Hilkija=)Chilkija-und	Maaseja-und	(an=)auf

יְמִינוֹ	וּמִשְּׂמֹאלוֹ	פְּדָיָה	וּמִישָׁאֵל
yᵊmiʸnoʷ	uʷmiśśᵊmoʾloʷ	pᵊdɔyɔʰ	uʷmiʸšɔʾel
,Rechte(n)-seine(r)	Linke(n)-seine(r)-(an=)von-und	Pedaja	Mischael-und

וּמַלְכִּיָּה	וְחָשֻׁם	וְחַשְׁבַּדָּנָה
uʷmalᵊkiʸyɔʰ	wᵊḥɔšum	wᵊḥašᵊbaddɔnɔʰ
Malkija-und	(Haschum=)Chaschum-und	,(Haschbaddana=)Chaschbaddana-und

זְכַרְיָה	מְשֻׁלָּם׃	5 וַיִּפְתַּח	עֶזְרָא	הַסֵּפֶר
zᵊkarᵊyɔʰ	mᵊšullɔm.	wayyipᵊtaḥ	ʿɛzᵊrɔʾ	hassepɛr
Secharja	.Meschullam-(und)	öffnete-(es=er)-(Da=)Und	Esra	Buch-das

לְעֵינֵי	כָל־הָעָם	כִּי־	מֵעַל
lᵊʿeʸneʸ	hɔʿɔm-kol	-kiʸ	meʿal
Augen-(den)-(vor=)zu	,Volk(es)-(ganzen-des=)das-all	denn	(oberhalb=)auf-von

כָּל־הָעָם	הָיָה
hɔʿɔm-kol	hɔyɔʰ
Volk(es)-(ganzen-des=)das-all	.(stand=)war-er

וּכְפִתְחוֹ	עָמְדוּ
uʷkᵊpitᵊḥoʷ	ʿɔmᵊduʷ
,(öffnete-es-er-sowie=)Öffnen-sein-wie-Und	(auf-stand=)standen-(sie)

כָל־הָעָם׃	6 וַיְבָרֶךְ	עֶזְרָא
hɔʿɔm-kol.	wayᵊbɔrɛk	ʿɛzᵊrɔʾ
.Volk-(ganze-das=)das-all	(pries=)segnet(e)-(es=)er-(Da=)Und	Esra

אֶת־יְהוָה	הָאֱלֹהִים	הַגָּדוֹל
yᵊhwɔʰ-ʾɛt	hɔʾɛlohiʸm	haggɔdoʷl
,JHWH***	,(Gott-den=)Götter-die	,große(n)-(den=)der

אָמֵן	כָּל־הָעָם	וַיַּעֲנוּ
ʾɔmen	hɔ^{c}ɔm-kol	wayya^{ca}nu^{w}
!(so-Wahrlich=)Amen	:Volk-(ganze-das=)das-all	antwortete(n)-(es=)sie-und

יְדֵיהֶם	בְּמֹעַל	אָמֵן
y^{ə}de^{y}hɛm	b^{ə}mo^{c}al	ʾɔmen
,Hände-(zwei)-ihre	(erhoben-sie=)Erheben-(Wobei=)In	!(so-Wahrlich=)Amen

לַיהוָה	וַיִּשְׁתַּחֲוּ	וַיִּקְּדוּ
layhwɔ^{h}	wayyiš^{ə}taḥ^{a}wwu	wayyiqq^{ə}du^{w}
,JHWH-(vor=)zu	niederwarfen-sich-(sie)-und	beugten-sich-(sie)-(dann=)und

7 וְיֵשׁוּעַ	אָרְצָה׃	אַפַּיִם
w^{ə}yešu^{w}a^{c}	ʾɔr^{ə}ṣɔ^{h}.	ʾappayim
Jeschua-(Hierauf=)Und	.(hin)-Erde-(zur)	(Gesicht=)Nasenlöcher-(beide)

מַעֲשֵׂיָה	הוֹדִיָּה	שַׁבְּתַי	עַקּוּב	יָמִין	וְשֵׁרֵבְיָה	וּבָנִי
ma^{ca}śe^{y}ɔ^{h}	ho^{w}di^{y}yɔ^{h}	šabb^{ə}tay	^{c}aqqu^{w}b	yɔmi^{y}n	w^{ə}šereb^{ə}yɔ^{h}	u^{w}bɔni^{y}
,Maaseja	,Hodija	,Schabbetai	,Akkub	,Jamin	,Scherebja-und	Bani-und

וְהַלְוִיִּם	פְּלָאיָה	חָנָן	יוֹזָבָד	עֲזַרְיָה	קְלִיטָא
w^{ə}hal^{ə}wi^{y}yim	p^{ə}lɔʾyɔ^{h}	ḥɔnɔn	yo^{w}zɔbɔd	^{ca}zar^{ə}yɔ^{h}	q^{ə}li^{y}ṭɔʾ
Leviten-die-und	Pelaja	,(Hanan=)Chanan	,Josabad	,Asarja	,Kelita

לַתּוֹרָה	אֶת־הָעָם	מְבִינִים
latto^{w}rɔ^{h}	hɔ^{c}ɔm-ʾɛt	m^{ə}bi^{y}ni^{y}m
,Weisung-die-(über=)zu	Volk-das***	(belehrend=)machend(e)-verstehen-(waren)

עָמְדָם׃	עַל־	וְהָעָם
^{c}om^{ə}dɔm.	-^{c}al	w^{ə}hɔ^{c}ɔm
.(stand-Platz-dessen=)Stehen-ihr(em)	auf	Volk-das-(während=)und

בְּתוֹרַת	בַּסֵּפֶר	8 וַיִּקְרְאוּ
b^{ə}to^{w}rat	bassepɛr	wayyiq^{ə}r^{əʾ}u^{w}
Weisung-(der)-(mit=)in	Buch-(dem=)das-(aus=)in	(vor-lasen=)riefen-sie-Und

מְפֹרָשׁ	הָאֱלֹהִים
m^{ə}porɔš	hɔ^{ʾɛ}lohi^{y}m
,angegeben(er)-(deutlich=)bestimmt-(war-was)	(Gottes=)Götter-(der=)die

שֶׂכֶל	וְשׂוֹם
śɛkɛl	w^{ə}śo^{w}m
,(Sinn-den=)Einsicht	(verdeutlichten=)Setzen-(ein)-und

בַּמִּקְרָא׃	וַיָּבִינוּ
bammiqᵊrɔʾ.	wayyɔbiʸnuʷ
.(Lesung=)Versammlung-(der-bei=)die-in	Acht-gaben-sie-(dass=)und

הוּא	נְחֶמְיָה	9 וַיֹּאמֶר
huʷʾ	nᵊḥɛmᵊyɔʰ	wayyoʾmɛr
(war)-er —	(Nehemia=)Nechemja	sprach-(es=)er-Und

הַכֹּהֵן	וְעֶזְרָא	הַתִּרְשָׁתָא
hakkohen	wᵊʿɛzᵊrɔʾ	hattirᵊšɔtɔʾ
,Priester-der	,Esra-und	— (Delegierte=)Tirschatha-der

וְהַלְוִיִּם	הַסֹּפֵר
wᵊhalᵊwiʸyim	hassoper
,Leviten-die-und	,(Schriftgelehrte=)Schreibende-der

אֶת־הָעָם	הַמְּבִינִים
hɔʿɔm-ʾɛt	hammᵊbiʸniʸm
,Volk-(dem=)das***	(waren-erklärend=)machend(en)-verstehen-die

לַיהוָה	הוּא	קָדֹשׁ־	הַיּוֹם	לְכָל־הָעָם
layhwɔʰ	huʷʾ	-qɔdoš	hayyoʷm	hɔʿɔm-lᵊkol
,JHWH-(für=)zu	(ist)-er	heilig(er)	,Tag-Der	:Volk-(allem=)das-all-zu

וְאַל־	תִּתְאַבְּלוּ	אַל־	אֱלֹהֵיכֶם
-wᵊʾal	titᵊʾabbᵊluʷ	-ʾal	ʾɛloheʸkɛm
nicht-und	trauern-(sollt=)werdet-ihr	Nicht	!(Gott=)Götter-eure(n)

כָּל־הָעָם	בוֹכִים	כִּי	תִּבְכּוּ
hɔʿɔm-kol	boʷkiʸm	kiʸ	tibᵊkuʷ
,Volk-(ganze-das=)das-all	(war)-weinend(e)	Denn	!weinen-(sollt=)werdet-ihr

הַתּוֹרָה׃	אֶת־דִּבְרֵי	כְּשָׁמְעָם
hattoʷrɔʰ.	dibᵊreʸ-ʾɛt	kᵊšɔmᵊʿɔm
.Weisung-(der=)die	Worte-(die)***	(hörte-es-als=)Hören-ihr-wie

מַשְׁמַנִּים	אִכְלוּ	לְכוּ	לָהֶם	10 וַיֹּאמֶר
mašᵊmanniʸm	ʾikᵊluʷ	lᵊkuʷ	lɔhɛm	wayyoʾmɛr
(Speisen)-fette	esst	,Geht	:ihnen-(zu)	(befahl=)sprach-er-(Da=)Und

מָנוֹת	וְשִׁלְחוּ	מַמְתַקִּים	וּשְׁתוּ
mɔnoʷt	wᵊšilᵊḥuʷ	mamᵊtaqqiʸm	uʷšᵊtuʷ
Anteile	sendet-und	(Getränke-süße=)Süßigkeiten	trinkt-und

לוֹ	נָכוֹן	לְאֵין
loʷ	nɔkoʷn	lᵊᵓeʸn
,(ihn-für=)ihm-zu	werdend(er)-(zu)bereitet	(ist)-nicht(s)-(welchem)-,(den-an=)zu

וְאַל־	לַאֲדֹנֵינוּ	הַיּוֹם	קָדוֹשׁ	כִּי־
-wᵊᵓal	laᵓᵃdoneʸnuʷ	hayyoʷm	qɔdoʷš	-kiʸ
nicht-und	,Herr(e)n-unsere(n)-(für=)zu	Tag-der	(ist)-heilig(er)	denn

הִיא	יְהוָה	חֶדְוַת	כִּי־	תֵּעָצֵבוּ
hiʸᵓ	yᵊhwɔʰ	ḥɛdᵊwat	-kiʸ	teᶜɔṣebuʷ
(ist)-sie	,JHWH(s)	Freude-(die)	denn	,sein-betrübt-(sollt=)werdet-ihr

11 וְהַלְוִיִּם	מָעֻזְּכֶם׃
wᵊhalᵊwiʸyim	mɔᶜuzzᵊkɛm.
Leviten-die-(Indes=)Und	.(Schutz)burg-eure

לְכָל־הָעָם	מַחְשִׁים
hɔᶜɔm-lᵊkol	maḥᵊšiʸm
,Volk-(alles=)das-all-zu	(beschwichtigend=)machend(e)-schweigen-(waren)

וְאַל־	קָדֹשׁ	הַיּוֹם	כִּי	הַסּוּ	לֵאמֹר
-wᵊᵓal	qɔdoš	hayyoʷm	kiʸ	hassuʷ	leᵓmor
nicht-und	,heilig(er)-(ist)	Tag-der	denn	,Still(e)	:(sagend=)sagen-zu

12 וַיֵּלְכוּ	תֵּעָצֵבוּ׃
wayyelᵊkuʷ	teᶜɔṣebuʷ.
ging(en)-(es=sie)-(Hierauf=)Und	!sein-betrübt-(sollt=)werdet-ihr

מָנוֹת	וּלְשַׁלַּח	וְלִשְׁתּוֹת	לֶאֱכֹל	כָּל־הָעָם
mɔnoʷt	uʷlᵊšallaḥ	wᵊlišᵊtoʷt	lɛᵓᵋkol	hɔᶜɔm-kol
Anteile	senden-zu-und	trinken-zu-und	essen-zu	Volk-(ganze-das=)das-all

הֵבִינוּ	כִּי	גְדוֹלָה	שִׂמְחָה	וְלַעֲשׂוֹת
hebiʸnuʷ	kiʸ	gᵊdoʷlɔʰ	śimᵊḥɔʰ	wᵊlaᶜᵃśoʷt
gemerkt-hatten-sie	denn	,große	Freude	(bereiten=)machen-zu-und

לָהֶם׃	הוֹדִיעוּ	אֲשֶׁר	בַּדְּבָרִים
lɔhɛm.	hoʷdiʸᶜuʷ	ᵓᵃšɛr	baddᵊbɔriʸm
.ihnen-(zu)	(kund-taten=)verstehen-machten-sie	welch(e)	,Worte-die-(auf=)in

נֶאֶסְפוּ	הַשֵּׁנִי	13 וּבַיּוֹם
nɛᵓɛsᵊpuʷ	haššeniʸ	uʷbayyoʷm
sich-versammelten-(es=sie)	,zweite(n)-(dem=)der	welch(e)

הָאָבוֹת	רָאשֵׁי
hɔʾɔboʷt	rɔʾšeʸ
(Familien=)Väter-(der=)die	(Ober)häupter-(die)

אֶל־	וְהַלְוִיִּם	הַכֹּהֲנִים	לְכָל־הָעָם
-ʾɛl	wəhaləwiʸyim	hakkohəniʸm	hɔʿɔm-ləkol
(bei=)zu	Leviten-die-und	Priester-die	,(Volkes-ganzen-des=)Volk-das-all-zu

הַסֹּפֵר	עֶזְרָא
hassoper	ʿɛzərɔʾ
,(Schriftgelehrten=)Schreibende(n)-(dem=)der	,Esra

הַתּוֹרָה׃	דִּבְרֵי	אֶל־	וּלְהַשְׂכִּיל
hattoʷrɔʰ.	dibəreʸ	-ʾɛl	uʷləhaśəkiʸl
.Weisung-(der=)die	Worte-(die)	(in=)zu	Einsicht-gewinnen-zu-(um)-(zwar)-und

אֲשֶׁר	בַּתּוֹרָה	כָּתוּב	14 וַיִּמְצְאוּ
ʾašɛr	battoʷrɔʰ	kɔtuʷb	wayyiməṣəʾuʷ
(die=)welch(e)	,Weisung-der-in	geschrieben(er)	fanden-sie-Und

אֲשֶׁר	מֹשֶׁה	בְּיַד־	יְהוָה	צִוָּה
ʾašɛr	mošɛʰ	-bəyad	yəhwɔʰ	ṣiwwɔʰ
dass	,(Mose=)Mosche	(durch=)Hand-in	JHWH	angeordnet-hatte-(es=er)

בַּסֻּכּוֹת	יִשְׂרָאֵל	בְנֵי־	יֵשְׁבוּ
bassukkoʷt	yiśərɔʾel	-bəneʸ	yešəbuʷ
(Laub)hütten-in	Israel(s)	Söhne-(die)	wohnen-(sollten=)werden-(es=sie)

15 וַאֲשֶׁר	הַשְּׁבִיעִי׃	בַּחֹדֶשׁ	בֶּחָג
waʾašɛr	haššəbiʸʿiʸ.	baḥodɛš	bɛḥɔg
dass-(so=)und	,siebte(n)-(dem=)der	,Monat-im	Fest-(am=)im

וְיַעֲבִירוּ	יַשְׁמִיעוּ
wəyaʿabiʸruʷ	yašəmiʸʿuʷ
(verbreiten=)vorbeigehen-ließen-sie-und	(kundtaten=)hören-machten-sie

וּבִירוּשָׁלִַם	עָרֵיהֶם	בְּכָל־	קוֹל
uʷbiʸruʷšɔlaim	ʿɔreʸhɛm	-bəkol	qoʷl
,Jerusalem-in-und	Städte(n)-ihre(n)	all(en)-in	(Aufruf-einen=)Stimme

הָהָר	צְאוּ	לֵאמֹר
hɔhɔr	ṣəʾuʷ	leʾmor
(Gebirge-ins=)Berg-der	hinaus-Geht	:(anordnend=)sagen-zu

זַ֫יִת	עֲלֵי־	וְהָבִ֫יאוּ
zayit	-ᶜᵃleʸ	wᵊhɔbiʸʾuʷ
Olive(nbaum)-(dem)	(von)-Laubzweige	(bringt=)kommen-macht-und

שֶׁמֶן	עֵץ	וַעֲלֵי־
šɛmɛn	ᶜeṣ	-waᶜᵃleʸ
Öl(s)-(des)	Baum-(wilden)-(dem)	(von)-Laubzweige-und

תְּמָרִים	וַעֲלֵי	הֲדַס	וַעֲלֵי
tᵊmɔriʸm	waᶜᵃleʸ	hᵃdas	waᶜᵃleʸ
Palmen	(von)-Laubzweige-und	Myrte-(der)	(von)-Laubzweige-und

לַעֲשֹׂת	עָבֹת	עֵץ	וַעֲלֵי
laᶜᵃśot	ᶜɔbot	ᶜeṣ	waᶜᵃleʸ
machen-zu-(um)	,belaubt(em)-dicht	Holz	(von)-Laubzweige-und

כַּכָּתוּב׃	סֻכֹּת
kakkɔtuʷb.	sukkot
!(angeordnet-wie=)Geschriebene-das-wie	,(Laub)hütten

הָעָם	16 וַיֵּצְאוּ
hɔᶜɔm	wayyeṣᵊʾuʷ
.Volk-das	hinaus-ging(en)-(es=sie)-(Da=)Und

וַיַּעֲשׂוּ	וַיָּבִיאוּ
wayyaᶜᵃśuʷ	wayyɔbiʸʾuʷ
machten-sie-(da=)und	,(brachten=)kommen-machten-(es=)sie-(Nachdem=)Und

גַּגּוֹ	עַל־	אִישׁ	סֻכּוֹת	לָהֶם
gaggoʷ	-ᶜal	ʾiʸš	sukkoʷt	lɔhɛm
Dach-sein(em)	auf	(jeder)mann	,(Laub)hütten	(sich=)ihnen-zu

בֵּית	וּבְחַצְרוֹת	וּבְחַצְרֹתֵיהֶם
beʸt	uʷbᵊḥaṣᵊroʷt	uʷbᵊḥaṣᵊroteʸhɛm
Haus(es)-(des)	Höfe(n)-(den)-in-und	Höfe(n)-ihre(n)-in-und

הַמַּיִם	שַׁעַר	וּבִרְחוֹב	הָאֱלֹהִים
hammayim	šaᶜar	uʷbirᵊḥoʷb	hɔʾᵉlohiʸm
Wasser-(der=)die	Tor-(am)	Platz-(dem)-(an=)in-und	(Gottes=)Götter-(der=)die

אֶפְרָיִם׃	שַׁעַר	וּבִרְחוֹב
ʾɛpᵊrɔyim.	šaᶜar	uʷbirᵊḥoʷb
.(Efraim=)Ephraim	Tor-(am)	Platz-(dem)-(an=)in-und

הַקָּהָל	כָל־	17 וַיַּעֲשׂוּ
haqqɔhɔl	-kol	wayyaᶜᵃśuʷ
Gemeinde-(der=)die	all(e)	machten-(es=sie)-(So=)Und

הַשְּׁבִי	מִן־	הַשָּׁבִים
haššᵊbiʸ	-min	haššɔbiʸm
(Gefangenschaft=)Wegführung-(der=)die	(aus=)von	Zurückgekehrte(n)-(der=)die

לֹא־	כִּי	בַסֻּכּוֹת	וַיֵּשְׁבוּ	סֻכּוֹת
-loʾ	kiʸ	bassukkoʷt	wayyešᵊbuʷ	sukkoʷt
nicht	denn	;(Laub)hütten-(den=)die-in	wohnten-sie-und	,(Laub)hütten

בִּן־נוּן	יֵשׁוּעַ	מִימֵי	עָשׂוּ
nuʷn-bin	yešuʷaᶜ	miʸmeʸ	ᶜɔśuʷ
Nun(s)-Sohn	Jeschua(s)	Tage(n)-(den)-(seit=)von	(taten=)machten-(es=)sie

הַהוּא	הַיּוֹם	עַד	יִשְׂרָאֵל	בְּנֵי	כֵּן
hahuʷʾ	hayyoʷm	ᶜad	yiśᵊrɔʾel	bᵊneʸ	ken
.da-jenem	,Tag-(dem=)der	(zu)-bis	Israel(s)	Söhne-(die)	so

מְאֹד׃	גְּדוֹלָה	שִׂמְחָה	וַתְּהִי
mᵊʾod.	gᵊdoʷlɔʰ	śimᵊḥɔʰ	wattᵊhiʸ
.sehr	große	Freude	(herrschte=)war-(es=)sie-Und

תּוֹרַת	בְּסֵפֶר	18 וַיִּקְרָא
toʷrat	bᵊsepɛr	wayyiqᵊrɔʾ
Weisung-(der)	Buch-(dem=)das-(aus=)in	(vor-las=)rief-er-(Da=)Und

מִן־	בְּיוֹם	יוֹם	הָאֱלֹהִים
-min	bᵊyoʷm	yoʷm	hɔʾᵉlohiʸm
von-(angefangen)	,Tag-(für=)in	Tag	(Gottes=)Götter-(der=)die

הַיּוֹם	עַד	הָרִאשׁוֹן	הַיּוֹם
hayyoʷm	ᶜad	hɔriʾšoʷn	hayyoʷm
,Tag-(dem=)der	(zu)-bis	,(ersten-dem=)erste-der	,Tag-(dem=)der

חָג	וַיַּעֲשׂוּ־	הָאַחֲרוֹן
ḥɔg	-wayyaᶜᵃśuʷ	hɔʾaḥᵃroʷn
Fest-(das)	(beging-man=)machten-sie-Und	.(letzten=)hintere(n)-(dem=)der

הַשְּׁמִינִי	וּבַיּוֹם	יָמִים	שִׁבְעַת
haššᵊmiʸniʸ	uʷbayyoʷm	yɔmiʸm	šibᵊᶜat
,achte(n)-(dem=)der	,Tag-(am=)in-Und	.Tage	sieben

כַּמִּשְׁפָּט׃	עֲצֶרֶת
kammišᵊpɔṭ.	ᶜᵃṣɛrɛt
.(Rechts)brauch-(nach=)der-wie	Festversammlung-(war)

9

לַחֹדֶשׁ	וְאַרְבָּעָה	עֶשְׂרִים	1 וּבְיוֹם
laḥodɛš	wᵊʾarᵊbɔᶜɔʰ	ᶜɛśᵊriʸm	uʷbᵊyoʷm
,Monat(s)-(des=)zu	vier-und	zwanzig(sten)	Tag-(am=)-in-Und

יִשְׂרָאֵל	בְנֵי־	נֶאֶסְפוּ	הַזֶּה
yiśᵊrɔʾel	-bᵊneʸ	nɛʾɛsᵊpuʷ	hazzɛʰ
Israel(s)	Söhne-(die)	sich-versammelten-(es=sie)	,(desselben=)dieser-der

וַאֲדָמָה	וּבְשַׂקִּים	בְּצוֹם
waʾᵃdɔmɔʰ	uʷbᵊśaqqiʸm	bᵊṣoʷm
Erde-(loser)-(mit)-und	Sackkleider(n)-in-und	Fasten-(bei=)in

2 וַיִּבָּדְלוּ	עֲלֵיהֶם׃
wayyibbɔdᵊluʷ	ᶜᵃleʸhɛm.
ab-sich-sonderte(n)-(es=sie)-(Zudem=)Und	.(Haupt-ihrem=)ihnen-auf

נֵכָר	בְּנֵי	מִכֹּל	יִשְׂרָאֵל	זֶרַע
nekɔr	bᵊneʸ	mikkol	yiśᵊrɔʾel	zɛraᶜ
.Fremde-(der)	Söhne(n)	all(en)-von	Israel(s)	(Nachkommen-die=)Same-(der)

חַטֹּאתֵיהֶם	עַל־	וַיִּתְוַדּוּ	וַיַּעַמְדוּ
ḥaṭṭoʾteʸhɛm	-ᶜal	wayyitᵊwadduʷ	wayyaᶜamᵊduʷ
Sünden-ihre(n)	(zu=)auf	sich-bekannten-(sie)-und	(hin-traten=)standen-sie-Und

עַל־	3 וַיָּקוּמוּ	אֲבֹתֵיהֶם׃	וַעֲוֹנוֹת
-ᶜal	wayyɔquʷmuʷ	ʾᵃboteʸhɛm.	waᶜᵃwonoʷt
auf	(aufrecht)-standen-sie-(als=)Und	.Väter-ihre(r)	Vergehen-(den)-und

בְּסֵפֶר	וַיִּקְרְאוּ	עָמְדָם
bᵊsepɛr	wayyiqᵊrᵊʾuʷ	ᶜomᵊdɔm
Buch-(dem)-(aus=)in	(vor-man-las=)riefen-sie-(da=)und	(Platz=)Stehen-ihr(em)

רְבִעִית	אֱלֹהֵיהֶם	יְהוָה	תּוֹרַת
rᵊbiᶜiʸt	ʾᵋloheʸhɛm	yᵊhwɔʰ	toʷrat
Viertel-(ein)	,(Gottes-ihres=)Götter-ihre(r)	,JHWH(s)	Weisung-(der)

מִתְוַדִּים	וּרְבִעִית	הַיּוֹם
mitᵊwaddiʸm	uʷrᵊbiᶜiʸt	hayyoʷm
bekennend(e)-sich-(waren-sie)	Viertel-(anderes-ein)-und	,Tag(es)-(des=)der

וּמִשְׁתַּחֲוִים	לַיהוָה
u^{w}miš^{ə}taḥ^{a}wi^{y}m	layhwɔ^{h}
niederwerfend(e)-(anbetend)-sich-und	,JHWH-(vor=)zu

אֱלֹהֵיהֶם׃	4 וַיָּקָם	עַל־
^{ɔε}lohe^{y}hɛm.	wayyɔqom	-^{c}al
.(Gott-ihrem=)Götter-ihre(n)	standen-(es=)sie-Und	auf

מַעֲלֵה	הַלְוִיִּם	יֵשׁוּעַ	וּבָנִי
ma^{ca}le^{h}	hal^{ə}wi^{y}yim	yešu^{w}a^{c}	u^{w}bɔni^{y}
(Tribüne-der=)Aufgang-(dem)	Leviten-(der=)die	(Josua=)Jeschua	,Bani-und

קַדְמִיאֵל	שְׁבַנְיָה	בֻּנִּי	שֵׁרֵבְיָה	בָּנִי	כְּנָנִי	וַיִּזְעֲקוּ
qad^{ə}mi^{y}^{ɔ}el	š^{ə}ban^{ə}yɔ^{h}	bunni^{y}	šereb^{ə}yɔ^{h}	bɔni^{y}	k^{ə}nɔni^{y}	wayyiz^{əca}qu^{w}
,Kadmïel	,Schebanja	,Bunni	,Scherebja	,Bani	,Kenani	schrien-(sie)-und

בְּקוֹל	גָּדוֹל	אֶל־	יְהוָה
b^{ə}qo^{w}l	gɔdo^{w}l	-^{ɔ}ɛl	y^{ə}hwɔ^{h}
Stimme-(mit=)in	(lauter=)groß(er)	zu	,JHWH

אֱלֹהֵיהֶם׃	5 וַיֹּאמְרוּ	הַלְוִיִּם
^{ɔε}lohe^{y}hɛm.	wayyo^{ɔ}m^{ə}ru^{w}	hal^{ə}wi^{y}yim
.(Gott-ihrem=)Götter(n)-ihre(n)	sprachen-(es=sie)-(Dann=)Und	Leviten-die

יֵשׁוּעַ	וְקַדְמִיאֵל	בָּנִי	חֲשַׁבְנְיָה
yešu^{w}a^{c}	w^{ə}qad^{ə}mi^{y}^{ɔ}el	bɔni^{y}	ḥ^{a}šab^{ə}n^{ə}yɔ^{h}
(Josua=)Jeschua	,Kadmïel-und	,Bani	,(Haschabneja=)Chaschabneja

שֵׁרֵבְיָה	הוֹדִיָּה	שְׁבַנְיָה	פְתַחְיָה	קוּמוּ
šereb^{ə}yɔ^{h}	ho^{w}di^{y}yɔ^{h}	š^{ə}ban^{ə}yɔ^{h}	p^{ə}taḥ^{ə}yɔ^{h}	qu^{w}mu^{w}
,Scherebja	,Hodija	Schebanja	:P(h)etachja-(und)	!(Auf=)Steht

בָּרְכוּ	אֶת־יְהוָה	אֱלֹהֵיכֶם	מִן־	הָעוֹלָם
bɔr^{a}ku^{w}	y^{ə}hwɔ^{h}-^{ɔ}ɛt	^{ɔε}lohe^{y}kɛm	-min	hɔ^{c}o^{w}lɔm
(Preiset=)Segnet	,JHWH***	!(Gott=)Götter-eure(n)	Von	Ewigkeit-(der)

עַד־	הָעוֹלָם	וִיבָרְכוּ	שֵׁם
-^{c}ad	hɔ^{c}o^{w}lɔm	wi^{y}bɔr^{ə}ku^{w}	šem
(zu=)bis	Ewigkeit-(der)	(priesen=)segneten-sie-(da=)und	Name(n)-(den)

כְּבוֹדֶךָ	וּמְרוֹמַם	עַל־	כָּל־
k^{ə}bo^{w}dɛkɔ	u^{w}m^{ə}ro^{w}mam	-^{c}al	-kol
,Herrlichkeit-deine(r)	(erhaben=)erhöht(er)-(da=)und	(über=)auf	all(en)

יְהוָה	הוּא	6 אַתָּה־	וּתְהִלָּה׃	בְּרָכָה
yᵊhwɔʰ	huʷʾ	-ʾattoʰ	uʷtᵊhillɔʰ.	bᵊrɔkɔʰ
,JHWH	,(es=)er	(bist)-Du	.Ruhm-und	(Lobpreis=)Segen

עָשִׂיתָ	אַתְּ[אַתָּה]	לְבַדֶּךָ
ʿɔśiʸtɔ	[ʾattoʰ]ʾattᵊ	lᵊbaddɛkɔ
(schufest=)machtest-du	,(selbst)-du	,(einzig-bist-du=)du-allein-zu

הָאָרֶץ	צְבָאָם	וְכָל־	הַשָּׁמַיִם	שְׁמֵי	אֶת־הַשָּׁמַיִם
hɔʾɔrɛṣ	ṣᵊbɔʾɔm	-wᵊkol	haššɔmayim	šᵊmeʸ	haššɔmayim-ʾɛt
Erde-die	,Heer-ihr	all-und	Himmel-(der=)die	Himmel-(die)	,Himmel-die***

וְכָל־	הַיַּמִּים	עָלֶיהָ	אֲשֶׁר	וְכָל־
-wᵊkol	hayyammiʸm	ʿɔlɛʸhɔ	ʾašɛr	-wᵊkol
,all(es)-und	Meere-die	,(ist)-ihr-auf	(was=)welch(es)	,all(es)-und

מְחַיֶּה	וְאַתָּה	בָּהֶם	אֲשֶׁר
mᵊḥayyɛʰ	wᵊʾattɔʰ	bɔhɛm	ʾašɛr
erhaltend(er)-Leben-am-(bist)	du-Und	.(ist)-ihnen-in	(was=)welch(es)

לְךָ	הַשָּׁמַיִם	וּצְבָא	אֶת־כֻּלָּם
lᵊkɔ	haššɔmayim	uʷṣᵊbɔʾ	kullɔm-ʾɛt
dir-(vor=)zu	Himmel-(der=)die	Heer-(das)-und	,sie-all(e)***

יְהוָה	הוּא	7 אַתָּה־	מִשְׁתַּחֲוִים׃
yᵊhwɔʰ	huʷʾ	-ʾattoʰ	mišᵊtaḥᵃwiʸm.
,JHWH	,(es=)er	(bist)-Du	.niederwerfend(e)-(anbetend)-sich-(ist=sind)

בְּאַבְרָם	בָּחַרְתָּ	אֲשֶׁר	הָאֱלֹהִים
bᵊʾabᵊrɔm	bɔḥarᵊtɔ	ʾašɛr	hɔʾᵋlohiʸm
Abram-(***=in)	erwähltest-du	(der=)welch(er)	,(Gott-o=)Götter-die

כַּשְׂדִּים	מֵאוּר	וְהוֹצֵאתוֹ
kaśᵊdiʸm	meʾuʷr	wᵊhoʷṣeʾtoʷ
,(Chaldäer=)Chasdäer-(der)	Ur-(aus=)von	ihn-hinausziehen-machtest-du-und

8 וּמָצָאתָ	אַבְרָהָם׃	שְׁמוֹ	וְשַׂמְתָּ
uʷmɔṣɔʾtɔ	ʾabᵊrɔhɔm.	šᵊmoʷ	wᵊśamᵊtɔ
(be)fandest-du-Und	.Abraham	Name(n)-sein(en)	(riefst=)setztest-du-und

לְפָנֶיךָ	נֶאֱמָן	אֶת־לְבָבוֹ
lᵊpɔnɛʸkɔ	nɛʾᵋmɔn	lᵊbɔboʷ-ʾɛt
,(dir-vor=)Gesichter(n)-deine(n)-zu	(treu=)beständig	Herz-sein***

לָתֵת	הַבְּרִית	עִמּוֹ	וְכָרוֹת
lɔtet	habbᵊriʸt	ʿimmoʷ	wᵊkɔroʷt
geben-zu	Bund-(den=)der	ihm-mit	(schlossest-du-dass=)Schneiden-(ein)-und

הַחִתִּי	הַכְּנַעֲנִי	אֶת־אֶרֶץ
haḥittiʸ	hakkᵊnaʿᵃniʸ	ʾɛrɛṣ-ʾɛt
,Hittiter(s)-(des=)der	,Kanaaniter(s)-(des=)der	Land-(das)***

וְהַיְבוּסִי	וְהַפְּרִזִּי	הָאֱמֹרִי
wᵊhayᵊbuʷsiʸ	wᵊhappᵊrizziʸ	hɔʾᵉmoriʸ
Jebusiter(s)-(des=)der-und	Perissiter(s)-(des=)der-und	Amoriter(s)-(des=)der

לְזַרְעוֹ	לָתֵת	וְהַגִּרְגָּשִׁי
lᵊzarᵊʿoʷ	lɔtet	wᵊhaggirᵊgɔšiʸ
.Same(n)-sein(en)-(an=)zu	(es)-geben-zu	,Girgaschiter(s)-(des=)der-und

צַדִּיק	כִּי	אֶת־דְּבָרֶיךָ	וַתָּקֶם
ṣaddiʸq	kiʸ	dᵊbɔrɛʸkɔ-ʾɛt	wattɔqɛm
gerecht(er)	denn	,Worte-deine***	(erfülltest=)aufrecht-machtest-du-Und

בְּמִצְרָיִם	אֲבֹתֵינוּ	אֶת־עֳנִי	9 וַתֵּרֶא	אָתָּה׃
bᵊmiṣᵊrɔyim	ʾᵃboteʸnuʷ	ʿᵒniʸ-ʾɛt	wattɛrɛʾ	ʾɔttɔʰ.
,Ägypten-in	Väter-unsere(r)	Elend-das***	sahst-du-Und	.(bist)-du

סוּף׃	יַם־	עַל־	שָׁמַעְתָּ	וְאֶת־זַעֲקָתָם
suʷp.	-yam	-ʿal	šɔmaʿᵊtɔ	zaʿᵃqɔtɔm-wᵊʾɛt
.Schilf(s)-(des)	Meer	(am=)auf	hörtest-du	(Not)schrei-ihr(en)-***und

בְּפַרְעֹה	וּמֹפְתִים	אֹתֹת	10 וַתִּתֵּן
bᵊparᵊʿoʰ	uʷmopᵊtiʸm	ʾotot	wattitten
Pharao-(an=)in	Wunder-und	Zeichen	(wirktest=)gabst-du-Und

עַם	וּבְכָל־	עֲבָדָיו	וּבְכָל־
ʿam	-uʷbᵊkol	ʿᵃbɔdɔʸw	-uʷbᵊkol
Volk-(dem)	all-(an=)in-und	Knechte(n)-seine(n)	all-(an=)in-und

הֵזִידוּ	כִּי	יָדַעְתָּ	כִּי	אַרְצוֹ
heziʸduʷ	kiʸ	yɔdaʿᵊtɔ	kiʸ	ʾarᵊṣoʷ
gehandelt-vermessen-haben-sie	dass	,wusstest-du	denn	,Land(es)-sein(es)

שֵׁם	לְךָ	וַתַּעַשׂ־	עֲלֵיהֶם
šem	lᵊkɔ	-wattaʿaś	ʿᵃleʸhɛm
Namen-(einen)	dir-(zu)	machtest-du-und	,(sie-gegen=)ihnen-auf

בָּקַעְתָּ	11 וְהַיָּם	הַזֶּה׃ כְּהַיּוֹם
bɔqaᶜᵊtɔ	wᵊhayyɔm	hazzɛʰ kᵊhayyoʷm.
spaltetest-du	Meer-das-Und	.(heute-wie=)dieser-der Tag-der-wie

וַיַּעַבְרוּ	לִפְנֵיהֶם
wayyaᶜabᵊruʷ	lipᵊneʸhɛm
hindurchzogen-sie-(dass=)und	,(ihnen-vor=)Gesichtern-ihren-zu

בַיַּבָּשָׁה	הַיָּם	בְתוֹךְ־
bayyabbɔšɔʰ	hayyɔm	-bᵊtoʷk
,Trockenen-im	Meer(es)-(des=)das	(inmitten=)Mitte-in

כְּמוֹ־	בִמְצוֹלֹת	הִשְׁלַכְתָּ	וְאֶת־רֹדְפֵיהֶם
-kᵊmoʷ	bimᵊṣoʷlot	hišᵊlakᵊtɔ	rodᵊpeʸhɛm-wᵊʾɛt
wie	Tiefen-(die)-in	warfst-du	Verfolgende(n)-ihre***(wobei=)und

עָנָן	12 וּבְעַמּוּד	עַזִּים׃	בְּמַיִם	אֶבֶן
ᶜɔnɔn	uʷbᵊᶜammuʷd	ᶜazziʸm.	bᵊmayim	ʾɛbɛn
Wolke-(einer)	Säule-(der)-(mit=)in-Und	.mächtige	Wasser-in	Stein-(einen)

וּבְעַמּוּד	יוֹמָם	הִנְחִיתָם
uʷbᵊᶜammuʷd	yoʷmɔm	hinᵊḥiʸtɔm
Säule-(der)-(mit=)in-und	(Tage-am=)tags	sie-(führtest=)ziehen-machtest-du

לָהֶם	לְהָאִיר	לַיְלָה	אֵשׁ
lɔhɛm	lᵊhɔʾiʸr	layᵊlɔʰ	ʾeš
(sie-für=)ihnen-zu	erhellen-zu-(um)	,Nacht-(bei)	Feuer-(von)

בָהּ׃	יֵלְכוּ־	אֲשֶׁר	אֶת־הַדֶּרֶךְ
bɔh.	-yelᵊkuʷ	ʾᵃšɛr	haddɛrɛk-ʾɛt
.(darauf=)ihr-in	gehen-(sollten=)werden-sie	welch(en)	,Weg-(den=)der***

יָרַדְתָּ	סִינַי	הַר־	13 וְעַל
yɔradᵊtɔ	siʸnay	-har	wᵊᶜal
,hernieder-stiegst-du	Sinai	Berg-(den)	auf-Und

מִשָּׁמָיִם	עִמָּהֶם	וְדַבֵּר
miššɔmɔyim	ᶜimmɔhɛm	wᵊdabber
.(her)-Himmel(n)-(den)-von	ihnen-mit	(sprachst-du-wobei=)Sprechen-(ein)-und

מִשְׁפָּטִים	לָהֶם	וַתִּתֵּן
mišᵊpɔṭiʸm	lɔhɛm	wattitten
Rechtsvorschriften	(sie-für=)ihnen-zu	(bestimmtest=)gabst-du-Und

חֻקִּים	אֱמֶת	וְתוֹרוֹת	יְשָׁרִים
ḥuqqiʸm	ᵓᵋmɛt	wᵊtoʷroʷt	yᵊšɔriʸm
Satzungen	,(zuverlässige=)Beständigkeit-(von)	Weisungen-und	(rechte=)gerade

הוֹדַעְתָּ	קָדְשְׁךָ	14 וְאֶת־שַׁבַּת	טוֹבִים׃	וּמִצְוֺת
hoʷdaᶜatɔ	qodᵊšᵊkɔ	šabbat-wᵊᵓɛt	ṭoʷbiʸm.	uʷmiṣᵊwot
kund-tatest-du	Heiligkeit-deine(r)	Sabbat-(den)-***Und	.gute	Gebote-und

וְתוֹרָה	וְחֻקִּים	וּמִצְווֹת	לָהֶם
wᵊtoʷrɔʰ	wᵊḥuqqiʸm	uʷmiṣᵊwoʷt	lɔhɛm
Weisung-(die)-und	Satzungen-und	Gebote-und	,ihnen-(zu)

מֹשֶׁה	בְּיַד	לָהֶם	צִוִּיתָ
mošɛʰ	bᵊyad	lɔhɛm	ṣiwwiʸtɔ
,(Mose=)Mosche	(durch=)Hand-in	ihnen-(zu)	(gebotest=)befahlst-du

לָהֶם	נָתַתָּה	מִשָּׁמַיִם	15 וְלֶחֶם	עַבְדֶּךָ׃
lɔhɛm	nɔtattɔʰ	miššɔmayim	wᵊlɛḥɛm	ᶜabᵊdɛkɔ.
ihnen-(zu)	gabst-du	Himmel(n)-(den)-von	Brot-Und	.Knecht-dein(en)

מִסֶּלַע	וּמַיִם	לִרְעָבָם
missɛlaᶜ	uʷmayim	lirᵊᶜɔbɔm
Fels(en)-(dem)-(aus=)von	Wasser-und	,Hunger-ihr(en)-(für=)zu

לִצְמָאָם	לָהֶם	הוֹצֵאתָ
liṣᵊmɔᵓɔm	lɔhɛm	hoʷṣeᵓtɔ
.Durst-ihr(en)-(für=)zu	ihnen-(zu)	(hervor-brachtest=)herausgehen-machtest-du

לָבוֹא	לָהֶם	וַתֹּאמֶר
lɔboʷᵓ	lɔhɛm	wattoᵓmɛr
(einzuziehen=)kommen-zu	ihnen-zu	sagtest-du-Und

אֲשֶׁר־	אֶת־הָאָרֶץ	לָרֶשֶׁת
-ᵓᵃšɛr	hɔᵓɔrɛṣ-ᵓɛt	lɔrɛšɛt
welch(es)	,Land-das***	(nehmen-zu-Besitz-in=)besitzen-zu-(um)

לָתֵת	אֶת־יָדְךָ	נָשָׂאתָ
lɔtet	yɔdᵊkɔ-ᵓɛt	nɔśɔᵓtɔ
(es)-geben-zu	Hand-deine***	erhoben-(Schwur-zum)-hattest-du

וַאֲבֹתֵינוּ	16 וְהֵם	לָהֶם׃
waᵓᵃboteʸnuʷ	wᵊhem	lɔhɛm.
Väter-unsere-und	sie-(Doch=)Und	.(sie-an=)ihnen-zu

וַיַּקְשׁוּ֙				הֵזִ֔ידוּ
wayyaqᵊšuʷ				hezi ʸduʷ
(versteiften=)hart-machten-sie-und				vermessen-handelten-(sie)

מִצְוֺתֶ֗יךָ	אֶל־	שָׁמְע֣וּ	וְלֹ֤א	אֶת־עָרְפָּ֜ם
miṣᵊwotɛʸkɔ.	-ʾɛl	šɔmᵊʿuʷ	wᵊloʾ	ʿorᵊpɔm-ʾɛt
.Gebote-deine	(auf=)zu	hörten-sie	nicht-und	,Nacken-ihr(en)***

נִפְלְאֹתֶ֙יךָ֙	זָכְר֤וּ	וְלֹא־	לִשְׁמֹ֔עַ	וַיְמָאֲנ֣וּ 17
nipᵊlᵊʾotɛʸkɔ	zɔkᵊruʷ	-wᵊloʾ	lišᵊmoaʿ	wayᵊmɔʾᵃnuʷ
,Wunder-deine(r)	gedachten-sie	nicht-und	hören-zu	sich-weigerten-sie-Und

עִמָּהֶ֔ם		עָשִׂ֣יתָ		אֲשֶׁ֤ר
ʿimmɔhɛm		ʿɔśiʸtɔ		ʾᵃšer
.ihnen-(bei=)mit		(gewirkt=)gemacht-du		welch(e)

אֶת־עָרְפָּ֗ם				וַיַּקְשׁוּ֙
ʿorᵊpɔm-ʾɛt				wayyaqᵊšuʷ
Nacken-ihr(en)***				(versteiften=)hart-machten-sie-Und

לָשׁ֥וּב		רֹ֖אשׁ		וַיִּתְּנוּ־
lɔšuʷb		roʾš		-wayyittᵊnuʷ
zurück-kehren-zu		,Kopf-(den-in)		(sich-setzten=)gaben-(sie)-und

וְאַתָּ֞ה		בְּמִרְיָ֑ם		לְעַבְדֻתָ֖ם
wᵊʾattɔʰ		bᵊmirᵊyɔm		lᵊʿabᵊdutɔm
(bist)-du-(Aber=)Und		.Widerspenstigkeit-ihre(r)-in		Knechtschaft-ihre(r)-zu

וְרַח֧וּם	חַנּ֣וּן	סְלִיח֤וֹת	אֱל֨וֹהַּ
wᵊraḥuʷm	ḥannuʷn	sᵊliʸḥoʷt	ʾɛloʷah
,barmherzig(er)-und	gnädig(er)	,Vergebungen-(der)	(Gott=)Eloah-(ein)

וְחֶסֶד[חֶ֖סֶד]	וְרַב־		אֶ֥רֶךְ־אַפַּ֛יִם
[ḥɛsɛd]wᵊḥɛsɛd	-wᵊrab		ʾappayim-ʾɛrɛk
,Gnade-(an=)und	(reich=)viel-und		(langmütig=)Nasenlöcher(n)-(zwei)-(an)-lang

לָהֶֽם׃	עָשׂ֥וּ	כִּֽי־	אַ֗ף 18	עֲזַבְתָּֽם׃	וְלֹ֣א
lɔhɛm	ʿɔśuʷ	-kiʸ	ʾap	ʿᵃzabᵊtɔm.	wᵊloʾ
(sich=)ihnen-zu	machten-sie	als	(Sogar=)Auch	.sie-verließest-du	nicht-und

זֶ֣ה	וַיֹּ֣אמְר֔וּ	מַסֵּכָ֑ה	עֵ֖גֶל
zɛʰ	wayyoʾmᵊruʷ	massekɔʰ	ʿegɛl
(ist-Das=)Dieser	:sprachen-(sie)-und	gegossene(s)	Kalb-(ein)

הֶעֶלְךָ	אֲשֶׁר	אֱלֹהֶיךָ
hɛᶜɛlᵊkɔ	ᵓašɛr	ᵓᵋlohɛʸkɔ
dich-(herauf-führte=)heraufgehen-machte-(er)	welch(er)	,(Gott=)Götter-dein(e)

גְּדֹלוֹת׃	נֶאָצוֹת	וַיַּעֲשׂוּ	מִמִּצְרָיִם
gᵊdoloʷt.	nɛᵓɔṣoʷt	wayyaᶜᵃśuʷ	mimmiṣᵊrɔyim
.große	Lästerdinge	(verübten=)machten-sie-und	,!Ägypten-(aus=)von

הָרַבִּים	בְּרַחֲמֶיךָ	19 וְאַתָּה
hɔrabbiʸm	bᵊraḥᵃmɛʸkɔ	wᵊᵓattɔʰ
,(großen=)vielen-(der=)die	,Erbarmungen-deine(r)-(ob=)in	,du-(Aber=)Und

לֹא־	הֶעָנָן	אֶת־עַמּוּד	בַּמִּדְבָּר	עֲזַבְתָּם	לֹא
-loᵓ	hɛᶜɔnɔn	ᶜammuʷd-ᵓɛt	bammidᵊbɔr	ᶜᵃzabᵊtɔm	loᵓ
nicht	Wolke-(der=)die	Säule-(die)***	;Wüste-der-in	sie-verließest-du	nicht

לְהַנְחֹתָם	בְּיוֹמָם	מֵעֲלֵיהֶם	סָר
lᵊhanᵊḥotɔm	bᵊyoʷmɔm	meᶜᵃleʸhɛm	sɔr
sie-leiten-zu	Tag-(bei=)in	ihnen-von	weichend(er)-(war)

בַּלַּיְלָה	הָאֵשׁ	וְאֶת־עַמּוּד	בְּהַדֶּרֶךְ
bᵊlayᵊlɔʰ	hɔᵓeš	ᶜammuʷd-wᵊᵓɛt	bᵊhaddɛrɛk
Nacht-(bei=)in	Feuer(s)-(des=)das	Säule-(die)***und	,Weg-(dem)-(auf=)in

אֲשֶׁר	וְאֶת־הַדֶּרֶךְ	לָהֶם	לְהָאִיר
ᵓašɛr	haddɛrɛk-wᵊᵓɛt	lɔhɛm	lᵊhɔᵓiʸr
welch(en)	,Weg-(den=)der-***und	(sie-für=)ihnen-zu	erhellen-zu-(um)

20 וְרוּחֲךָ	בָהּ׃	יֵלְכוּ־
wᵊruʷḥᵃkɔ	bɔh.	-yelᵊkuʷ
,Geist-dein(en)-Und	.(darauf=)ihr-in	gehen-(sollten=)werden-sie

וּמַנְךָ	לְהַשְׂכִּילָם	נָתַתָּ	הַטּוֹבָה
uʷmanᵊkɔ	lᵊhaśᵊkiʸlɔm	nɔtattɔ	haṭṭoʷbɔʰ
Manna-dein-und	,sie-machen-verständig-zu-(um)	gabst-du	,gute(n)-(den=)die

נָתַתָּה	וּמַיִם	מִפִּיהֶם	מָנַעְתָּ	לֹא־
nɔtattɔʰ	uʷmayim	mippiʸhɛm	mɔnaᶜᵊtɔ	-loᵓ
gabst-du	Wasser-und	,Mund-ihr(em)-von	(entzogst=)zurück-hieltest-du	nicht

שָׁנָה	21 וְאַרְבָּעִים	לִצְמָאָם׃	לָהֶם
šɔnɔʰ	wᵊᵓarᵊbɔᶜiʸm	liṣᵊmɔᵓɔm.	lɔhɛm
Jahr(e)	vierzig-(Auch=)Und	.Durst-ihr(en)-(für=)zu	ihnen-(zu)

חָסֵרוּ	לֹא	בַּמִּדְבָּר	כִּלְכַּלְתָּם
ḥɔseruʷ	loʾ	bammidᵊbɔr	kilᵊkalᵊtɔm
.Mangel-litten-sie	nicht	,Wüste-der-in	sie-(versorgtest=)erhieltest-du

לֹא	וְרַגְלֵיהֶם	בָלוּ	לֹא	שַׂלְמֹתֵיהֶם
loʾ	wᵊragᵊleʸhɛm	bɔluʷ	loʾ	śalᵊmoteʸhɛm
nicht	Füße-(zwei)-ihre-und	abgenutzt-waren-(sie)	nicht	Kleider-Ihre

מַמְלָכוֹת	לָהֶם	22 וַתִּתֵּן	בָצֵקוּ׃
mamᵊlɔkoʷt	lɔhɛm	wattitten	bɔṣequʷ.
Königreiche	ihnen-(zu)	gabst-du-(Dann=)Und	.an-schwollen-(sie)

לְפֵאָה	וַתַּחְלְקֵם	וַעֲמָמִים
lᵊpeʾɔʰ	wattaḥᵊlᵊqem	waʿᵃmɔmiʸm
.(Grenzen-gewissen-nach=)Rand-zu	sie-teiltest-du-und	,Völker-und

וְאֶת־אֶרֶץ	סִיחוֹן	אֶת־אֶרֶץ	וַיִּירְשׁוּ
ʾɛrɛṣ-wᵊʾɛt	siʸḥoʷn	ʾɛrɛṣ-ʾɛt	wayyiʸrᵊšuʷ
Land-(das)-***und	Sichon(s)	Land-(das)***	Besitz-in-nahmen-sie-Und

עוֹג	וְאֶת־אֶרֶץ	חֶשְׁבּוֹן	מֶלֶךְ
ʿoʷg	ʾɛrɛṣ-wᵊʾɛt	ḥɛšᵊboʷn	mɛlɛk
,Og(s)	Land-(das)-***und	(Heschbon=)Cheschbon	(von)-König(s)-(des)

הִרְבִּיתָ	23 וּבְנֵיהֶם	הַבָּשָׁן׃	מֶלֶךְ־
hirᵊbiʸtɔ	uʷbᵊneʸhɛm	habbɔšɔn.	-mɛlɛk
zahlreich-machtest-du	Söhne-ihre-Und	.Baschan-(von=)der	König

אֶל־	וַתְּבִיאֵם	הַשָּׁמָיִם	כְּכוֹכְבֵי
-ʾɛl	wattᵊbiʸʾem	haššɔmɔyim	kᵊkokᵊbeʸ
(in=)zu	sie-kommen-machtest-du-und	,Himmel-(der=)die	Sterne-(die)-wie

לָבוֹא	לַאֲבֹתֵיהֶם	אָמַרְתָּ	אֲשֶׁר־	הָאָרֶץ
lɔboʷʾ	laʾᵃboteʸhɛm	ʾɔmarᵊtɔ	-ʾᵃšɛr	hɔʾɔrɛṣ
(hinzugehen=)kommen-zu	Väter(n)-ihre(n)-zu	sagtest-du	welch(es)	,Land-das

וַיִּירְשׁוּ	הַבָּנִים	24 וַיָּבֹאוּ	לָרֶשֶׁת׃
wayyiʸrᵊšuʷ	habbɔniʸm	wayyɔboʾuʷ	lɔrɔšɛt.
Besitz-in-nahmen-(sie)-und	Söhne-die	kamen-(es=)sie-Und	.(es)-besitzen-zu

לִפְנֵיהֶם	וַתַּכְנַע	אֶת־הָאָרֶץ
lipᵊneʸhɛm	wattakᵊnaʿ	hɔʾɔrɛṣ-ʾɛt
(ihnen-vor=)Gesichtern-ihren-zu	unterwarfst-du-und	,Land-das-***

הַכְּנַעֲנִים	הָאָרֶץ	אֶת־יֹשְׁבֵי
hakkᵊnaᶜᵃniʸm·	hɔʾɔrɛṣ	yošᵊbeʸ-ʾɛt
,Kanaaniter-die	,Land(es)-(des=)das	(Bewohner=)Bewohnende(n)-(die)***

וְאֶת־מַלְכֵיהֶם	בְּיָדָם	וַתִּתְּנֵם
malᵊkeʸhɛm-wᵊʾɛt	bᵊyɔdɔm	wattittᵊnem
Könige-ihre-***(auch=)und	,Hand-ihre-in	sie-gabst-(du)-und

בָּהֶם	לַעֲשׂוֹת	הָאָרֶץ	וְאֶת־עַמְמֵי
bɔhɛm	laᶜᵃśoʷt	hɔʾɔrɛṣ	ᶜamᵊmeʸ-wᵊʾɛt
ihnen-(mit=)in	tun-zu	,Land(es)-(des=)das	Völker-(die)-***und

25 וַיִּלְכְּדוּ	כִּרְצוֹנָם׃
wayyilᵊkᵊduʷ	kirᵊṣoʷnɔm.
(eroberten=)ein-nahmen-sie-Und	.(Belieben=)Gefallen-ihr(em)-(nach=)wie

בָּתִּים	וַיִּירְשׁוּ	שְׁמֵנָה	וַאֲדָמָה	בְּצֻרוֹת	עָרִים
bɔttiʸm	wayyiʸrᵊšuʷ	šᵊmenɔʰ	waʾᵃdɔmɔʰ	bᵊṣuroʷt	ᶜɔriʸm
Häuser	Besitz-in-nahmen-sie-Und	.fette(n)	Boden-und	befestigte	Städte

כְּרָמִים	חֲצוּבִים	בֹּרוֹת	טוּב	כָּל־	מְלֵאִים־
kᵊrɔmiʸm	ḥᵃṣuʷbiʸm	boroʷt	ṭuʷb	-kol	-mᵊleʾiʸm
Weingärten	,ausgehauene	Zisternen	,Gut(es)	all(en)	voll(e)

לָרֹב	מַאֲכָל	וְעֵץ	וְזֵיתִים
lɔrob	maʾᵃkɔl	wᵊᶜeṣ	wᵊzeʸtiʸm
.Menge-(in=)zur	(Frucht-mit=)Essen	(Bäume=)Holz-und	Ölbäume-und

וַיִּתְעַדְּנוּ	וַיַּשְׁמִינוּ	וַיִּשְׂבְּעוּ	וַיֹּאכְלוּ
wayyitᵊᶜaddᵊnuʷ	wayyašᵊmiʸnuʷ	wayyiśᵊbᵊᶜuʷ	wayyoʾkᵊluʷ
schwelgten-(sie)-und	fett-wurden-(sie)-und	satt-wurden-(sie)-und	aßen-sie-Und

הַגָּדוֹל׃	בְּטוּבְךָ
haggɔdoʷl.	bᵊṭuʷbᵊkɔ
.große(n)-(den=)der	,(Gütern-deinen=)Gut(en)-dein(em)-in

וַיִּמְרְדוּ	26 וַיַּמְרוּ
wayyimᵊrᵊduʷ	wayyamᵊruʷ
sich-empörten-(sie)-und	widerspenstig-waren-sie-(Dann=)Und

אַחֲרֵי	אֶת־תּוֹרָתְךָ	וַיַּשְׁלִכוּ	בָּךְ
ʾaḥᵃreʸ	toʷrɔtᵊkɔ-ʾɛt	wayyašᵊlikuʷ	bɔk
hinter	Weisung-deine-***	warfen-(sie)-und	(dich-wider=)dir-in

אֲשֶׁר־	הָרְגוּ	וְאֶת־נְבִיאֶיךָ	גַּוָּם
-ʾᵃšɛr	hɔrɔguʷ	nᵊbiʸʾɛʸkɔ-wᵊʾɛt	gawwɔm
welch(e)	,töteten-sie	Propheten-deine-***und	,Rücken-ihr(en)

אֵלֶיךָ	לַהֲשִׁיבָם	בָּם	הֵעִידוּ
ʾelɛʸkɔ	lahᵃšiʸbɔm	bɔm	heᶜiʸduʷ
,dir-zu	sie-zurück-führen-zu-(um)	sie-(***=in)	verwarnten-(sie)

גְּדוֹלֹת׃	נֶאָצוֹת	וַיַּעֲשׂוּ
gᵊdoʷlot.	nɛʾɔṣoʷt	wayyaᶜᵃśuʷ
.große	Lästerdinge	(verübten=)machten-sie-(da=)und

צָרֵיהֶם	בְּיַד	27 וַתִּתְּנֵם
ṣɔreʸhɛm	bᵊyad	wattittᵊnem
,Bedränger-ihre(r)	Hand-(die)-in	sie-gabst-du-(Dann=)Und

וּבְעֵת	לָהֶם	וַיָּצֵרוּ
uʷbᵊᶜet	lɔhɛm	wayyɔṣeruʷ
Zeit-(der)-in-(Jedoch=)Und	.(sie=)ihnen-zu	bedrängten-(die=)sie-und

וְאַתָּה	אֵלֶיךָ	יִצְעֲקוּ	צָרָתָם
wᵊʾattɔʰ	ʾelɛʸkɔ	yiṣᵊᶜᵃquʷ	ṣɔrɔtɔm
,du-und	,dir-zu	(schrien=)schreien-sie	(Drangsal-ihrer=)Bedrängtsein(s)-ihr(es)

תִּשְׁמָע	מִשָּׁמַיִם
tišᵊmɔᶜ	miššɔmayim
,hör(te)st-du	,(her)-Himmel(n)-(den)-von

הָרַבִּים	וּכְרַחֲמֶיךָ
hɔrabbiʸm	uʷkᵊraḥᵃmɛʸkɔ
,(großen=)vielen-(der=)die	,Erbarmungen-deine(r)-(gemäß=)wie-und

וְיוֹשִׁיעוּם	מוֹשִׁיעִים	לָהֶם	תִּתֵּן
wᵊyoʷšiʸᶜuʷm	moʷšiʸᶜiʸm	lɔhɛm	titten
sie-errett(te)ten-(die=)sie-und	,(Retter=)Helfende	ihnen-(zu)	(gabst=)gibst-du

צָרֵיהֶם׃	מִיַּד
ṣɔreʸhɛm.	miʸyad
.Bedränger-ihre(r)	Hand-(der)-(aus=)von

לָהֶם	28 וּכְנוֹחַ
lɔhɛm	uʷkᵊnoʷaḥ
,(hatten-sie=)ihnen-zu	(Ruhe=)Ruhen-(ein)-(sobald=)wie-(Aber=)Und

רָע	לַעֲשׂוֹת	יָשׁוּבוּ
ra^{c}	la^{ca}śo^{w}t	yɔšu^{w}bu^{w}
Bös(es)	(verüben=)machen-zu	kehr(t)en-sie

וַתַּעַזְבֵם	לְפָנֶיךָ
watta^{c}az^{ə}bem	l^{ə}pɔnɛ^{y}kɔ
sie-überließest-du-und	,(dich-gegen=)Gesichter(n)-deine(n)-zu

וַיִּרְדּוּ	אֹיְבֵיהֶם	בְּיַד
wayyir^{ə}du^{w}	^{ɔ}oy^{ə}be^{y}hɛm	b^{ə}yad
herrschten-sie-(dass=)und	,Feinde-ihre(r)	(Gewalt=)Hand-(der)-in

וַיָּשׁוּבוּ	בָהֶם
wayyɔšu^{w}bu^{w}	bɔhɛm
um-kehrten-sie-(Dann=)Und	.sie-(über=)in

מִשָּׁמַיִם	וְאַתָּה	וַיִּזְעָקוּךָ
miššɔmayim	w^{ə}^{ɔ}attɔ^{h}	wayyiz^{əc}ɔqu^{w}kɔ
,(her)-Himmel(n)-(den)-von	,du-und	,(dir-zu-schrien=)dich-riefen-(sie)-und

רַבּוֹת	כְּרַחֲמֶיךָ	וְתַצִּילֵם	תִּשְׁמַע
rabbo^{w}t	k^{ə}raḥ^{a}mɛ^{y}kɔ	w^{ə}taṣṣi^{y}lem	tiš^{ə}ma^{c}
viele	Erbarmungen-deine(n)-(gemäß=)wie	sie-rette(te)st-du-und	hör(te)st-du

לַהֲשִׁיבָם	בָּהֶם	29 וַתָּעַד	עִתִּים׃
lah^{a}ši^{y}bɔm	bɔhɛm	wattɔ^{c}ad	^{c}itti^{y}m.
sie-zurück-führen-zu-(um)	sie-(***=in)	warntest-du-Und	.(Male=)Zeiten

וְלֹא־	הֵזִידוּ	וְהֵמָּה	תּוֹרָתֶךָ	אֶל־
-w^{ə}lo^{ɔ}	hezi^{y}du^{w}	w^{ə}hemmɔ^{h}	to^{w}rɔtɛkɔ	-^{ɔ}ɛl
nicht-und	vermessen-handelten-sie	,sie-(doch=)und	,Weisung-deine(r)	zu

לְמִצְוֹתֶיךָ	שָׁמְעוּ
l^{ə}miṣ^{ə}wotɛ^{y}kɔ	šɔm^{əc}u^{w}
,Gebote-deine-(auf=)zu	(achteten=)hörten-sie

בָם	חָטְאוּ־	וּבְמִשְׁפָּטֶיךָ
bɔm	-ḥɔṭ^{əɔ}u^{w}	u^{w}b^{ə}miš^{ə}pɔṭɛ^{y}kɔ
,sie-(gegen=)in	sündigten-sie —	Rechtsentscheide-deine-(gegen=)in-und

אָדָם	יַעֲשֶׂה	אֲשֶׁר־
^{ɔ}ɔdɔm	ya^{ca}śɛ^{h}	-^{ɔa}šɛr
,Mensch-(der)	(ausführen=)tun-(soll=)wird-(er)	welch(e)

בָהֶם		וְחָיָה
bɔhɛm		w²ḥɔyɔʰ
,(sie-durch=)ihnen-in		(lebe-er-dass=)lebt(e)-er-und

סוֹרֶרֶת	כָתֵף	וַיִּתְּנוּ
soʷrɛrɛt	kɔtep	wayyitt²nuʷ
widerspenstige	Schulter-(eine)	(machten=)gaben-sie-(aber=)und

שָׁמֵעוּ׃	וְלֹא	הִקְשׁוּ	וְעָרְפָּם
šɔmeᶜuʷ.	w²loᵓ	hiq²šuʷ	w²ᶜor²pɔm
.hörten-sie	nicht-und	,(versteiften=)hart-machten-sie	Nacken-ihr(en)-und

רַבּוֹת	שָׁנִים	עֲלֵיהֶם	30 וַתִּמְשֹׁךְ
rabboʷt	šɔniʸm	ᶜaleʸhɛm	wattim²šok
,viele	Jahre	ihnen-(mit=)auf	(langmütig-warst=)Länge-die-in-zogst-du-Und

בְּרוּחֲךָ	בָּם	וַתָּעַד
b²ruʷḥᵃkɔ	bɔm	wattɔᶜad
,Geist-dein(en)-(durch=)in	sie-(***=in)	warntest-du-und

וְלֹא	נְבִיאֶיךָ	בְּיַד־
w²loᵓ	n²biʸᵓɛʸkɔ	-b²yad
nicht-(aber=)und	,Propheten-deine(r)	(Dienst-den-durch=)Hand-in

עַמֵּי	בְּיַד	וַתִּתְּנֵם	הֶאֱזִינוּ
ᶜammeʸ	b²yad	wattitt²nem	hɛᵓᵋziʸnuʷ
Völker-(der)	Hand-(die)-in	sie-gabst-du-(Da=)Und	.Ohr-liehen-sie

31 וּבְרַחֲמֶיךָ	הָאֲרָצֹת׃
uʷb²raḥᵃmɛʸkɔ	hɔᵓᵃrɔṣot.
,Erbarmungen-deine(r)-(ob=)in-(Aber=)Und	.Länder-(der=)die

כָלָה	עֲשִׂיתָם	לֹא־	הָרַבִּים
kɔlɔʰ	ᶜaśiʸtɔm	-loᵓ	hɔrabbiʸm
Vertilgung-(der)	sie-(überließest=)machtest-du	nicht	,viele(n)-(der=)die

וְרַחוּם	חַנּוּן	אֵל־	כִּי	עֲזַבְתָּם	וְלֹא
w²raḥuʷm	ḥannuʷn	-ᵓel	kiʸ	ᶜazab²tɔm	w²loᵓ
barmherzig(er)-und	gnädig(er)	Gott-(ein)	denn	,sie-verließest-du	nicht-und

הָאֵל	אֱלֹהֵינוּ	32 וְעַתָּה	אָתָּה׃
hɔᵓel	ᵓᵋloheʸnuʷ	w²ᶜattɔʰ	ᵓɔttɔʰ.
,Gott-(du=)der	,(Gott=)Götter-unser(e)	,nun-Und	.(bist)-du

הַגָּדוֹל haggɔdoʷl ,(großer-du=)große-der
הַגִּבּוֹר haggibboʷr starke(r)-(du=)der
וְהַנּוֹרָא wᵊhannoʷrɔʾ ,furchtbar(er)-(du=)der-und

שֹׁמֵר šoʷmer (be)wahrende(r)
הַבְּרִית habbᵊriʸt Bund-(den=)der
וְהַחֶסֶד wᵊhaḥɛsɛd ,(Liebe=)Gnade-die-und
אַל־ -ʾal nicht

יִמְעַט yimᵊʿaṭ sein-(gering=)wenig-(möge=)wird-(es=)er
לְפָנֶיךָ lᵊpɔnɛʸkɔ (dir-vor=)Gesichter(n)-deine(n)-zu

אֵת ʾet ***
כָּל־ -kol all
הַתְּלָאָה hattᵊlɔʾɔʰ ,(Mühsal=)Beschwerde-die
אֲשֶׁר־ -ʾašɛr welch(e)
מְצָאַתְנוּ mᵊṣɔʾatᵊnuʷ ,uns-(über)-(kam=)fand-(sie)

לִמְלָכֵינוּ limᵊlɔkeʸnuʷ ,Könige-unsere-(über=)zu
לְשָׂרֵינוּ lᵊśɔreʸnuʷ Fürsten-unsere-(über=)zu

וּלְכֹהֲנֵינוּ uʷlᵊkohᵃneʸnuʷ Priester-unsere-(über=)zu-und
וְלִנְבִיאֵנוּ wᵊlinᵊbiʸʾenuʷ Propheten-unsere-(über=)zu-und

וְלַאֲבֹתֵינוּ wᵊlaʾᵃboteʸnuʷ Väter-unsere-(über=)zu-und
וּלְכָל־ -uʷlᵊkol all-(über=)zu-und
עַמֶּךָ ʿammɛkɔ Volk-dein

מִימֵי miʸmeʸ Tage(n)-(den)-(seit=)von
מַלְכֵי malᵊkeʸ (von)-Könige-(der)
אַשּׁוּר ʾaššuʷr (Assur=)Aschschur
עַד ʿad (zu)-bis

הַיּוֹם hayyoʷm ,Tag-(dem=)der
הַזֶּה׃ hazzɛʰ. .da-dies(em)
33 וְאַתָּה wᵊʾattɔʰ (warst)-du-(Indes=)Und
צַדִּיק ṣaddiʸq gerecht
עַל ʿal (bei=)auf

כָּל־ -kol ,all(em)
הַבָּא habbɔʾ (kam-was=)Kommende-der
עָלֵינוּ ʿɔleʸnuʷ ,uns-(über=)auf
כִּי־ -kiʸ denn
אֱמֶת ʾɛmɛt (treu=)Treue

עָשִׂיתָ ʿɔśiʸtɔ ,(handeltest=)machtest-du
וַאֲנַחְנוּ waʾᵃnaḥᵊnuʷ ,wir-(jedoch=)und
הִרְשָׁעְנוּ׃ hirᵊšɔʿᵊnuʷ. .übel-taten-wir

וַאֲבֹתֵינוּ	כֹּהֲנֵינוּ	שָׂרֵינוּ	34 וְאֶת־מְלָכֵינוּ
waʾᵃboteʸnuʷ	kohᵃneʸnuʷ	śɔreʸnuʷ	mᵊlɔkeʸnuʷ-wᵊʾɛt
Väter-unsere-und	Priester-unsere	,Ober(st)e(n)-unsere	,Könige-unsere***Und

הִקְשִׁיבוּ	וְלֹא	תּוֹרָתֶךָ	עָשׂוּ	לֹא
hiqᵊšiʸbuʷ	wᵊloʾ	toʷrɔtɛkɔ	ʿɔśuʷ	loʾ
achteten-sie	nicht-und	Weisung-deine	(befolgten=)machten-(sie)	nicht

אֲשֶׁר	וּלְעֵדְוֺתֶיךָ	מִצְוֺתֶיךָ	אֶל־
ʾᵃšɛr	uʷlᵊʿedᵊwotɛʸkɔ	miṣᵊwotɛʸkɔ	-ʾɛl
welch(e)	,Mahnungen-deine-(auf=)zu-und	Gebote-deine	(auf=)zu

35 וְהֵם	בָּהֶם׃	הַעִידֹתָ
wᵊhem	bɔhɛm.	haʿiʸdotɔ
,sie-Und	.(sie-durch=)ihnen-in	(warnen-ließest=)mahnen-machtest-du

וּבְטוּבְךָ	בְּמַלְכוּתָם
uʷbᵊṭuʷbᵊkɔ	bᵊmalᵊkuʷtɔm
,(Güter=)Gut(es)-dein(es)-(trotz=)in-und	Königtum(s)-ihr(es)-(trotz=)in

לָהֶם	נָתַתָּ	אֲשֶׁר־	הָרָב
lɔhɛm	nɔtattɔ	-ʾᵃšɛr	hɔrɔb
,ihnen-(zu)	gabst-du	welch(es)	,(reichlichen=)viel(en)-(dem=)das

וְהַשְּׁמֵנָה	הָרְחָבָה	וּבְאֶרֶץ
wᵊhaššᵊmenɔʰ	hɔrᵊḥɔbɔʰ	uʷbᵊʾɛrɛṣ
,fette(n)-(des=)die-und	weite(n)-(des=)die	,Land(es)-(des)-(trotz=)in-und

לֹא	לִפְנֵיהֶם	נָתַתָּ	אֲשֶׁר־
loʾ	lipᵊneʸhɛm	nɔtattɔ	-ʾᵃšɛr
nicht	,(ihnen=)Gesichter(n)-ihre(n)-zu	gabst-du	welch(es)

מִמַּעַלְלֵיהֶם	שָׁבוּ	וְלֹא־	עֲבָדוּךָ
mimmaʿalᵊleʸhɛm	šɔbuʷ	-wᵊloʾ	ʿᵃbɔduʷkɔ
,Taten-ihre(n)-von	ab-kehrten-sie	nicht-und	(dir=)dich-gedient-haben-sie

עֲבָדִים	הַיּוֹם	אֲנַחְנוּ	36 הִנֵּה	הָרָעִים׃
ʿᵃbɔdiʸm	hayyoʷm	ʾᵃnaḥᵊnuʷ	hinneʰ	hɔrɔʿiʸm.
,Knechte	(heutigentags=)Tag-der	(sind)-wir	,Siehe	.bösen-(den=)die

לֶאֱכֹל	לַאֲבֹתֵינוּ	נָתַתָּה	אֲשֶׁר־	וְהָאָרֶץ
lɛʾᵉkol	laʾᵃboteʸnuʷ	nɔtattɔʰ	-ʾᵃšɛr	wᵊhɔʾɔrɛṣ
essen-zu	Väter-unsere-(an=)zu	(hast)-gegeben-du	welch(es)	,Land-das-und

אֲנַ֫חְנוּ	הִנֵּה	וְאֶת־טוּבָהּ	אֶת־פִּרְיָהּ
ʾᵃnaḥᵊnuʷ	hinneʰ	ṭuʷbɔh-wᵊʾɛt	pirᵊyɔh-ʾɛt
(sind)-wir	,siehe	,(Güter=)Gut-(seine=)ihr***und	Frucht-(seine=)ihre***

37 וּתְבוּאָתָהּ	עָלֶיהָ׃	עֲבָדִים
uʷtᵊbuʷʾɔtɔh	ʿɔlɛʸhɔ.	ʿᵃbɔdiʸm
Ertrag-(sein=)ihr-Und	!(ihm-in=)sie-auf	Knechte

אֲשֶׁר־	לַמְּלָכִים	מַרְבָּה
-ʾᵃšɛr	lammᵊlɔkiʸm	marᵊbɔʰ
welch(e)	,Könige-(die=)zu	(bereichernd=)machend(e)-viel-(ist)

וְעַל	בְּחַטֹּאותֵינוּ	עָלֵינוּ	נָתַתָּה
wᵊʿal	bᵊḥaṭṭoʾwteʸnuʷ	ʿɔleʸnuʷ	nɔtattɔʰ
(über=)auf-und	,Sünden-unsere(r)-(ob=)in	uns-(über=)auf	(setztest=)gabst-du

וּבִבְהֶמְתֵּנוּ	מֹשְׁלִים	גְּוִיֹּתֵינוּ
uʷbibᵊhɛmᵊtenuʷ	mošᵊliʸm	gᵊwiʸyoteʸnuʷ
Vieh-unser-(über=)in-und	,(schalten-sie=)herrschend(e)	Leiber-unsere

אֲנָחְנוּ׃	גְדוֹלָה	וּבְצָרָה	כִּרְצוֹנָם
ʾᵃnɔḥᵊnuʷ.	gᵊdoʷlɔʰ	uʷbᵊṣɔrɔʰ	kirᵊṣoʷnɔm
.(sind)-wir	große(r)	Not-in-und	,(Willkür-nach=)Gefallen-ihr-wie

10

אֲנַחְנוּ	וּבְכָל־ זֹאת
ʾᵃnaḥᵊnuʷ	zoʾt -uʷbᵊkol
(sind)-wir	(dem=)diese-all(e)-(bei=)in-Und

אֲמָנָה	כֹּרְתִים
ʾᵃmɔnɔʰ	korᵊtiʸm
,(Abmachung-feste=)Bündnis-(ein)	(treffend=)schneidend(e)

וְעַל	וְכֹתְבִים
wᵊʿal	wᵊkotᵊbiʸm
auf-Und	.(festgehalten-schriftlich=)schreibend(e)-(zwar)-und

שָׂרֵינוּ	הֶחָתוּם
śɔreʸnuʷ	hɛḥɔtuʷm
,Fürsten-unsere-(zeichnen)	(Urkunde-der=)Versiegelten-(dem=)der

2 וְעַל	כֹּהֲנֵינוּ׃	לְוִיֵּנוּ
wᵊʿal	kohᵃneʸnuʷ.	lᵊwiʸyenuʷ
auf-Und	.Priester-unsere-(und)	Leviten-unsere

הַחֲתוּמִים נְחֶמְיָה
nᵊḥɛmᵊyɔʰ hahᵃtuʷmiʸm
,(Nehemia=)Nechemja-:(verzeichnet-sind) (Urkunden=)Versiegelten-(den=)die

הַתִּרְשָׁתָא בֶּן־ חֲכַלְיָה וְצִדְקִיָּה׃
wᵊṣidᵊqiʸyɔʰ. ḥᵃkalᵊyɔʰ -bɛn hattirᵊšɔtɔʾ
,Zidkija-und (Hakaljas=)Chakalia(s) Sohn-(der) ,(Delegierte=)Tirschatha-der

3 שְׂרָיָה עֲזַרְיָה יִרְמְיָה׃ 4 פַּשְׁחוּר אֲמַרְיָה מַלְכִּיָּה׃
malᵊkiʸyɔʰ. ʾᵃmarᵊyɔʰ pašᵊḥuʷr yirᵊmᵊyɔʰ. ʿᵃzarᵊyɔʰ śᵊrɔyɔʰ
,Malkija ,Amarja ,(Paschhur=)Paschchur ,Jirmeja ,Asarja ,Seraja

5 חַטּוּשׁ שְׁבַנְיָה מַלּוּךְ׃ 6 חָרִם מְרֵמוֹת
mᵊremoʷt ḥɔrim malluʷk. šᵊbanᵊyɔʰ ḥaṭṭuʷš
,Meremot ,(Harim=)Charim ,Malluch ,Schebanja ,(Hattusch=)Chattusch

עֹבַדְיָה׃ 7 דָּנִיֵּאל גִּנְּתוֹן בָּרוּךְ׃ 8 מְשֻׁלָּם אֲבִיָּה מִיָּמִן׃
miʸyɔmin. ʾᵃbiʸyɔʰ mᵊšullɔm bɔruʷk. ginnᵊtoʷn dɔniʸyeʾl ʿobadᵊyɔʰ.
,Mijamin ,Abija ,Meschullam ,Baruch ,Ginneton ,Daniel ,Obadja

9 מַעַזְיָה בִלְגַּי שְׁמַעְיָה אֵלֶּה הַכֹּהֲנִים׃
hakkohᵃniʸm. ʾellɛʰ šᵊmaʿᵊyɔʰ bilᵊgay maʿazᵊyɔʰ
.Priester-die (sind-Das=)Diese .Schemaëja-(und) Bilgai ,Maasja

10 וְהַלְוִיִּם וְיֵשׁוּעַ בֶּן־אֲזַנְיָה בִּנּוּי
binnuʷy ʾᵃzanᵊyɔʰ-bɛn wᵊyešuʷaʿ wᵊhalᵊwiʸyim
Binnui ,Asanja(s)-Sohn Jeschua-(zwar)-und :Leviten-die-Und

מִבְּנֵי חֵנָדָד קַדְמִיאֵל׃
qadᵊmiʸʾel. ḥenɔdɔd mibbᵊneʸ
.Kadmïel-(und) ,(Henadads=)Chenadad(s) Söhne(n)-(den)-von

11 וַאֲחֵיהֶם שְׁבַנְיָה הוֹדִיָּה קְלִיטָא פְּלָאיָה
pᵊlɔʾyɔʰ qᵊliʸṭɔʾ hoʷdiʸyɔʰ šᵊbanᵊyɔʰ waʾᵃḥeʸhɛm
,Pelaja ,Kelita ,Hodija ,Schebanja :Brüder-(deren=)ihre-Und

חָנָן׃ 12 מִיכָא רְחוֹב חֲשַׁבְיָה׃ 13 זַכּוּר
zakkuʷr ḥᵃšabᵊyɔʰ. rᵊḥoʷb miʸkɔʾ ḥɔnɔn.
,Sakkur ,(Haschabja=)Chaschabja ,Rechob ,Micha ,(Hanan=)Chanan

שֵׁרֵבְיָה שְׁבַנְיָה׃ 14 הוֹדִיָּה בָנִי בְּנִינוּ׃ 15 רָאשֵׁי
rɔʾšeʸ bᵊniʸnuʷ. bɔniʸ hoʷdiʸyɔʰ šᵊbanᵊyɔʰ. šerebᵊyɔʰ
(Ober)häupter-(Die) .Beninu ,Bani ,Hodija ,Schebanja ,Scherebja

בָּנִי:	זַתּוּא	עֵילָם	מוֹאָב	פַּחַת	פַּרְעֹשׁ	הָעָם
boniʸ.	zattuʷʾ	ʿeʸlɔm	moʷʾɔb	paḥat	parᵃʿoš	hɔʿɔm
,Bani	,Sattu	,Elam	,Moab	-Pachat	,Parosch	:Volk(es)-(des=)das

18 אָטֵר	עָדִין:	בִּגְוָי	17 אֲדֹנִיָּה	בֵּבָי:	עַזְגָּד	16 בֻּנִּי
ʾɔṭer	ʿɔdiʸn.	bigᵊway	ʾᵃdoniʸyɔʰ	bebɔy.	ʿazᵊgɔd	bunniʸ
,Ater	,Adin	,Bigwai	,Adonija	,Bebai	,Asgad	,Bunni

בֵּצָי:	חָשֻׁם	19 הוֹדִיָּה	עַזּוּר:	חִזְקִיָּה
beṣɔy.	ḥɔšum	hoʷdiʸyɔʰ	ʿazzuʷr.	ḥizᵊqiʸyɔʰ
,Bezai	,(Haschum=)Chaschum	,Hodija	,Assur	,(Hiskija=)Chiskija

מְשֻׁלָּם	21 מַגְפִּיעָשׁ	נוֹבָי[נֵיבָי]:	עֲנָתוֹת	20 חָרִיף
mᵊšullɔm	magᵊpiʸʿɔš	[neʸbɔy]noʷbɔy.	ʿᵃnɔtoʷt	ḥɔriʸp
,Meschullam	,Magpiasch	,[Nebai]Nobai	,Anatot	,(Harif=)Chariph

23 פְּלַטְיָה	יַדּוּעַ:	צָדוֹק	22 מְשֵׁיזַבְאֵל	חֵזִיר:
pᵊlaṭᵊyɔʰ	yadduʷaʿ.	ṣɔdoʷq	mᵊšeʸzabᵊʾel	ḥeziʸr.
,Pelatja	,Jaddua	,Zadok	,Meschesabel	,(Hesir=)Chesir

חֲנַנְיָה	24 הוֹשֵׁעַ	עֲנָיָה:	חָנָן
ḥᵃnanᵊyɔʰ	hoʷšeaʿ	ʿᵃnɔyɔʰ.	ḥɔnɔn
,(Hananja=)Chananja	,Hoschea	,Anaja	,(Hanan=)Chanan

26 רְחוּם	שׁוֹבֵק:	פִּלְחָא	25 הַלּוֹחֵשׁ	חַשּׁוּב:
rᵊḥuʷm	šoʷbeq.	pilᵊḥɔʾ	halloʷḥeš	haššuʷb.
,Rechum	,Schobek	,Pilcha	,Hallochesch	,(Haschschub=)Chaschschub

עָנָן:	חָנָן	27 וַאֲחִיָּה	מַעֲשֵׂיָה:	חֲשַׁבְנָה
ʿɔnɔn.	ḥɔnɔn	waʾᵃḥiʸyɔʰ	maʿᵃśeʸyɔʰ.	ḥᵃšabᵊnɔʰ
,Anan	,(Hanan=)Chanan	,Achija-und	Maaseja	,(Haschabna=)Chaschabna

29 וּשְׁאָר	בַּעֲנָה:	חָרִם	28 מַלּוּךְ
uʷšᵊʾɔr	baʿᵃnɔʰ.	ḥɔrim	malluʷk
Rest-(der)-Und	.Baana-(und)	,(Harim=)Charim	,Malluch

הַשּׁוֹעֲרִים	הַלְוִיִּם	הַכֹּהֲנִים	הָעָם
haššoʷʿᵃriʸm	halᵊwiʸyim	hakkohᵃniʸm	hɔʿɔm
,Torwächter-die	,Leviten-die	,Priester-die	,Volk(es)-(des=)das

וְכָל־	הַנְּתִינִים	הַמְשֹׁרְרִים
-wᵊkol	hannᵊtiʸniʸm	hamᵊšorᵊriʸm
,(jeder=)all-und	(Tempelhörigen=)Gegebenen-die	,(Sänger=)Singenden-die

אֶל־	הָאֲרָצוֹת	מֵעַמֵּי	הַנִּבְדָּל
-ʾɛl	hɔʾarɔṣoʷt	meʿammeʸ	hannibᵊdɔl
zu-(hin)	Länder-(der=)die	Völker(n)-(den)-von	abgesondert-hat(te)-sich-(d)er

בְּנֵיהֶם	נְשֵׁיהֶם	הָאֱלֹהִים	תּוֹרַת
bᵊneʸhɛm	nᵊšeʸhɛm	hɔʾɛlohiʸm	toʷrat
Söhne-ihre	,Frauen-ihre	,(Gottes=)Götter-(der=)die	Weisung-(der)

מֵבִין׃	יוֹדֵעַ	כֹּל	וּבְנֹתֵיהֶם
mebiʸn.	yoʷdeaʿ	kol	uʷbᵊnoteʸhɛm
Einsichtige-(und)	(Verständige=)Erkennende	(jeder=)all	,Töchter-ihre-und

אֲחֵיהֶם	עַל־	30 מַחֲזִיקִים
ʾᵃḥeʸhɛm	-ʿal	maḥᵃziʸqiʸm
,Brüder-ihre	(an=)auf	(haltend=)machend(e)-stark-sich-(waren)

וּבָאִים	אַדִּירֵיהֶם
uʷbɔʾiʸm	ʾaddiʸreʸhɛm
,(verpflichtend-sich=)kommend(e)-(waren)-und	,Vornehme(n)-ihre

לָלֶכֶת	וּבִשְׁבוּעָה	בְּאָלָה
lɔlɛkɛt	uʷbišᵊbuʷʿɔʰ	bᵊʾɔlɔʰ
(wandeln=)gehen-zu	Schwur-(unter=)in-und	(Eid-unter=)Verfluchung-in

אֲשֶׁר	הָאֱלֹהִים	בְּתוֹרַת
ʾᵃšɛr	hɔʾɛlohiʸm	bᵊtoʷrat
welch(e)	,(Gottes=)Götter-(der=)die	Weisung-(der)-(nach=)in

עֶבֶד־	מֹשֶׁה	בְּיַד	נִתְּנָה
-ʿɛbɛd	mošɛʰ	bᵊyad	nittᵊnɔʰ
Knecht-(den)	,(Mose=)Mosche	(durch=)Hand-in	gegeben-wurde-(sie)

וְלַעֲשׂוֹת	וְלִשְׁמוֹר	הָאֱלֹהִים
wᵊlaʿᵃśoʷt	wᵊlišᵊmoʷr	hɔʾɛlohiʸm
(auszuführen=)machen-zu-und	beobachten-zu-und	,(Gottes=)Götter-(der=)die

וּמִשְׁפָּטָיו	אֲדֹנֵינוּ	יְהוָה	מִצְוֹת	אֶת־כָּל־
uʷmišᵊpɔṭɔʸw	ʾᵃdoneʸnuʷ	yᵊhwɔʰ	miṣᵊwot	-kol-ʾɛt
Rechtsentscheide-seine-und	,Herr(e)n-unsere(s)	,JHWH(s)	Gebote	all(e)***

בְּנֹתֵינוּ	נִתֵּן	לֹא־	31 וַאֲשֶׁר	וְחֻקָּיו׃
bᵊnoteʸnuʷ	nitten	-loʾ	waʾᵃšɛr	wᵊḥuqqɔʸw.
Töchter-unsere	geben-wir	nicht	dass-und	Satzungen-seine-und

לֹא	וְאֶת־בְּנֹתֵיהֶם	הָאָרֶץ	לְעַמֵּי
loʾ	bᵊnoteʸhɛm-wᵊʾɛt	hɔʾɔrɛṣ	lᵊʿammeʸ
nicht	Töchter-ihre***und	,Land(es)-(des=)das	Völker-(die)-(an=)zu

32 וְעַמֵּי	לְבָנֵינוּ׃	נִקַּח
wᵊʿammeʸ	lᵊbɔneʸnuʷ.	niqqaḥ
Völker-(die)-(wenn)-Und	.Söhne-unsere-(für=)zu	nehmen-wir

אֶת־הַמַּקָּחוֹת	הַמְבִיאִים	הָאָרֶץ
hammaqqɔḥoʷt-ʾɛt	hamᵊbiʸʾiʸm	hɔʾɔrɛṣ
Waren-die***	(sind)-(bringend=)machend(e)-kommen	Land(es)-(des=)das

הַשַּׁבָּת	בְּיוֹם	שֶׁבֶר	וְכָל־
haššabbɔt	bᵊyoʷm	šɛbɛr	-wᵊkol
(Ruhefeier-der=)Sabbat(s)-(des=)der	Tag-(am=)in	Getreide	all(erart)-und

בַּשַּׁבָּת	מֵהֶם	נִקַּח	לֹא־	לִמְכּוֹר
baššabbɔt	mehɛm	niqqaḥ	-loʾ	limᵊkoʷr
Sabbat-(am=)im	ihnen-von	(kaufen=)nehmen-wir	nicht(s)	,verkaufen-zu-(um)

קֹדֶשׁ	וּבְיוֹם
qodɛš	uʷbᵊyoʷm
.(heiligen=)Heiligkeit-(der)	Tag-(einem)-(an=)in-und

אֶת־הַשָּׁנָה	וְנִטֹּשׁ
haššɔnɔʰ -ʾɛt	wᵊniṭṭoš
,Jahr(es)-(des)***-(Ertrag-den-auf)	(verzichten=)auf-geben-wir-Und

וּמַשָּׁא	הַשְּׁבִיעִית
uʷmaššɔʾ	haššᵊbiʸʿiʸt
(Schuld-der)-Rückzahlung-(die)-(auf)-und	,siebte(n)-(des=)die

עָלֵינוּ	33 וְהֶעֱמַדְנוּ	יָד׃	כָל־
ʿɔleʸnuʷ	wᵊhɛʿᵉmadᵊnuʷ	yɔd.	-kɔl
uns-auf	(nahmen=)stehen-machten-wir-Und	.Hand	(jeglicher=)all-(aus)

שְׁלִשִׁית	עָלֵינוּ	לָתֵת	מִצְוֹת
šᵊlišiʸt	ʿɔleʸnuʷ	lɔtet	miṣᵊwot
Drittel-(ein)	uns-auf	(nehmen=)geben-zu	:(Verpflichtung=)Gebotene-(als)

בֵּית	לַעֲבֹדַת	בַּשָּׁנָה	הַשֶּׁקֶל
beʸt	laʿᵃbodat	baššɔnɔʰ	haššɛqɛl
Haus-(im)	Dienst-(den)-(für=)zu	Jahr-im	Schekel(s)-(des=)der

34 לְלֶחֶם lᵊlɛḥɛm -Brot-(das)-(für=)zu	אֱלֹהֵֽינוּ׃ ᵓᵉloheʸnuʷ. :(Gottes-unseres=)Götter-unsere(r)

הַתָּמִיד hattɔmiʸd ,ständige-das	וּמִנְחַת uʷminᵊḥat ,Speiseopfer-(das)-und	הַמַּעֲרֶכֶת hammaᶜᵃrɛkɛt (Schaubrote=)Schichtung-(der=)die

הַתָּמִיד hattɔmiʸd ,ständige-das	וּלְעוֹלַת uʷlᵊᶜoʷlat ,(Brandopfer=)Hochopfer-(das)-(für=)zu-und

לַמּוֹעֲדִים lammoʷᶜᵃdiʸm ,Festzeiten-die-(für=)zu	הֶחֳדָשִׁים hɛḥᵒdɔšiʸm ,Neumonde-die	הַשַּׁבָּתוֹת haššabbɔtoʷt ,(Ruhefeiern=)Sabbate-die

לְכַפֵּר lᵊkapper sühnen-zu-(um)	וְלַחַטָּאוֹת wᵊlaḥaṭṭɔᵓoʷt ,Sündopfer-die-(für=)zu-und	וְלַקֳּדָשִׁים wᵊlaqqᵒdɔšiʸm Weiheopfer-die-(für=)zu

בֵּית־ -beʸt Haus-(im)	מְלֶאכֶת mᵊlɛᵓkɛt (Verrichtung=)Arbeit	וְכֹל wᵊkol all(e)-(für)-und	יִשְׂרָאֵל yiśᵊrɔᵓel Israel	עַל־ -ᶜal (für=)auf

הִפַּלְנוּ hippalᵊnuʷ (warfen=)fallen-machten-wir	35 וְהַגּוֹרָלוֹת wᵊhaggoʷrɔloʷt Lose-die-Und	אֱלֹהֵֽינוּ׃ ᵓᵉloheʸnuʷ. .(Gottes-unseres=)Götter-unsere(r)

הָעֵצִים hɔᶜeṣiʸm (Holz-von=))Hölzer-(der=)die	קֻרְבַּן qurᵊban (Lieferung-die=)Bringen-das	עַל־ -ᶜal (über=)auf

לְהָבִיא lᵊhɔbiʸᵓ (bringen=)machen-kommen-zu	וְהָעָם wᵊhɔᶜɔm — Volk-das-und	הַלְוִיִּם halᵊwiʸyim Leviten-die	הַכֹּהֲנִים hakkohᵃniʸm ,Priester-die —

אֱלֹהֵינוּ ᵓᵉloheʸnuʷ (Gottes-unseres=)Götter-unsere(r)	לְבֵית lᵊbeʸt (Tempel)haus-zu(m)

לְעִתִּים lᵊᶜittiʸm Zeiten-zu	לְבֵית־אֲבֹתֵינוּ ᵓᵃboteʸnuʷ-lᵊbeʸt (geschlechterweise=)Väter-unsere(r)-Haus-(dem)-(nach=)zu

עַל־	לְבַעֵר	בְּשָׁנָה	שָׁנָה	מְזֻמָּנִים
-ʿal	lᵊbaʿer	bᵊšɔnɔʰ	šɔnɔʰ	mᵊzummɔniʸm
auf	(es)-verbrennen-zu	Jahr-(für=)in	Jahr	festgesetzte(n)

אֱלֹהֵינוּ	יְהוָה	מִזְבַּח
ʾᵋloheʸnuʷ	yᵊhwɔʰ	mizᵊbaḥ
,(Gottes-unseres=)Götter-unsere(r)	,JHWH(s)	Altar-(dem)

בַּתּוֹרָה׃	כַּכָּתוּב
battoʷrɔʰ.	kakkɔtuʷb
.Weisung-der-in	(Vorschrift-der-gemäß=)Geschriebene-der-wie

אֶת־בִּכּוּרֵי	36 וּלְהָבִיא
bikkuʷreʸ-ʾɛt	uʷlᵊhɔbiʸʾ
Erstlinge-(die)***	(bringe-man-dass=)kommen-machen-(einem)-zu-Und

כָּל־	פְּרִי	כָּל־	וּבִכּוּרֵי	אַדְמָתֵנוּ
-kol	pᵊriʸ	-kol	uʷbikkuʷreʸ	ʾadᵊmɔtenuʷ
(jeglichen=)all	Frucht	all(er)	Erstlinge-(die)-und	Boden(s)-unser(es)

יְהוָה׃	לְבֵית	בְּשָׁנָה	שָׁנָה	עֵץ
yᵊhwɔʰ.	lᵊbeʸt	bᵊšɔnɔʰ	šɔnɔʰ	ʿeṣ
.JHWH(s)	Haus(e)-zu(m)	,Jahr-(für=)in	Jahr	Baum(es)

וּבְהֶמְתֵּינוּ	בָּנֵינוּ	37 וְאֶת־בְּכֹרוֹת
uʷbᵊhɛmᵊteʸnuʷ	bɔneʸnuʷ	bᵊkoroʷt-wᵊʾɛt
(Viehs-unseres=)Tiere-unsere(r)-und	Söhne-unsere(r)	Erstgeburten-(die)***Und

בַּתּוֹרָה	כַּכָּתוּב
battoʷrɔʰ	kakkɔtuʷb
.Weisung-der-in	(Vorschrift-der-gemäß=)Geschriebene-der-wie

וְצֹאנֵינוּ	בְקָרֵינוּ	וְאֶת־בְּכוֹרֵי
wᵊṣoʾneʸnuʷ	bᵊqɔreʸnuʷ	bᵊkoʷreʸ-wᵊʾɛt
(Schafe=)Herden-unsere(r)-und	Rinder-unsere(r)	Erstlinge-(die)-***Und

אֱלֹהֵינוּ	לְבֵית	לְהָבִיא
ʾᵋloheʸnuʷ	lᵊbeʸt	lᵊhɔbiʸʾ
,(Gottes-unseres=)Götter-unsere(r)	Haus-zu(m)	(bringen=)kommen-machen-zu

בְּבֵית	הַמְשָׁרְתִים	לַכֹּהֲנִים
bᵊbeʸt	hamᵊšɔrᵊtiʸm	lakkohᵃniʸm
Haus-(im=)in	(Dienst-im-Stehenden=)Dienende(n)-die	,Priester-die-(für=)zu

וְאֶת־רֵאשִׁית 38	אֱלֹהֵינוּ׃
reʾšiyt-wəʾɛt	ʾɛloheynuw.
(Beste=)Erste-(das)-***Und	.(Gottes-unseres=)Götter-unsere(r)

וּפְרִי	וּתְרוּמֹתֵינוּ	עֲרִיסֹתֵינוּ
uwpəriy	uwtəruwmoteynuw	ᶜariysoteynuw
Frucht-(der)-und	Hebegaben-unsere(r)-und	(Schrotmehl=)Teige-unsere(r)

וְיִצְהָר	תִּירוֹשׁ	עֵץ	כָל־
wəyiṣəhɔr	tiyrowš	ᶜeṣ	-kol
Öl-und	Most-(von)	,Baum(es)	(jeglichen=)all

אֶל־	לַכֹּהֲנִים	נָבִיא
-ʾɛl	lakkohaniym	nɔbiyʾ
(in=)zu	Priester(n)-(den=)zu	(bringen-wollen=)kommen-machen-wir

אֱלֹהֵינוּ	בֵּית־	לִשְׁכוֹת
ʾɛloheynuw	-beyt	lišəkowt
,(Gottes-unseres=)Götter-unsere(r)	Haus(es)-(des)	Kammern-(die)

וְהֵם	לַלְוִיִּם	אַדְמָתֵנוּ	וּמַעְשַׂר
wəhem	laləwiyyim	ʾadəmɔtenuw	uwmaᶜəśar
,sie-und	,Leviten-(den=)zu	Boden-unser(em)	(von)-Zehnten-(den)-und

עָרֵי	בְּכֹל	הַמְעַשְּׂרִים	הַלְוִיִּם
ᶜɔrey	bəkol	haməᶜaśśəriym	haləwiyyim
Städte(n)	all(en)-in	erhebend(e)-Zehnten-(den=)die-(sind)	,Leviten-die

הַכֹּהֵן	וְהָיָה 39	עֲבֹדָתֵנוּ׃
hakkohen	wəhɔyɔh	ᶜabodɔtenuw.
,Priester-der	sein-(soll=)wird-(es=)er-Und	.(Kultus=)Dienst(es)-unser(es)

הַלְוִיִּם	עִם־	בֶּן־אַהֲרֹן
haləwiyyim	-ᶜim	ʾaharon-bɛn
,Leviten-(den=)die	(bei=)mit	,Aaron(s)-Sohn-(ein)

וְהַלְוִיִּם	הַלְוִיִּם	בַּעְשֵׂר
wəhaləwiyyim	haləwiyyim	baᶜəśer
Leviten-die-und	,Leviten-die	(erheben-Zehnten-den-wenn=)Zehntenerheben-im

לְבֵית	הַמַּעֲשֵׂר	אֶת־מַעֲשַׂר	יַעֲלוּ
ləbeyt	hammaᶜaśer	maᶜaśar-ʾɛt	yaᶜaluw
Haus-zu(m)	Zehnte(n)-(des=)der	Zehnte(n)-(den)***	hinauf-bringen-(sie)

אֱלֹהֵינוּ
ᵓᵋloheʸnuʷ
(Gottes-unseres=)Götter-unsere(r)

אֶל־
-ᵓɛl
(in=)zu

הַלְּשָׁכוֹת
hallᵊšɔkoʷt
Kammern-die

לְבֵית
lᵊbeʸt
Haus-(im=)zu

הָאוֹצָר׃
hɔᵓoʷṣɔr.
.Vorrat(s)-(des=)der

40 כִּי
kiʸ
Denn

אֶל־
-ᵓɛl
(in=)zu

הַלְּשָׁכוֹת
hallᵊšɔkoʷt
Kammern-die

יָבִיאוּ
yɔbiʸᵓuʷ
(bringen=)machen-kommen-(sollen=)werden-(es=sie)

בְנֵי־יִשְׂרָאֵל
yiśᵊrɔᵓel-bᵊneʸ
Israel(s)-Söhne-(die)

וּבְנֵי
uʷbᵊneʸ
Söhne-(die)-und

הַלֵּוִי
hallewiʸ
Levi-(des=)der

אֶת־תְּרוּמַת
tᵊruʷmat-ᵓɛt
Abgabe-(die)***

הַדָּגָן
haddɔgɔn
Getreide(s)-(des=)das

הַתִּירוֹשׁ
hattiʸroʷš
Most(es)-(des=)der-und

וְהַיִּצְהָר
wᵊhayyiṣᵊhɔr
,Öl(s)-(des=)das-und

וְשָׁם
wᵊšɔm
(sein-sollen)-dort-und

כְּלֵי
kᵊleʸ
(Gefäße=)Geräte-(die)

הַמִּקְדָּשׁ
hammiqᵊdɔš
Heiligtum(s)-(des=)das

וְהַכֹּהֲנִים
wᵊhakkohᵃniʸm
,Priester-die-und

הַמְשָׁרְתִים
hamᵊšɔrᵊtiʸm
,(tuenden-Dienst=)dienende(n)-die

וְהַשּׁוֹעֲרִים
wᵊhaššoʷᶜᵃriʸm
Torhüter-die-und

וְהַמְשֹׁרְרִים
wᵊhamᵊšorᵊriʸm
.(Sänger=)Singenden-die-und

וְלֹא
wᵊloᵓ
nicht-(Dabei=)Und

נַעֲזֹב
naᶜᵃzob
(vernachlässigen=)verlassen-(wollen=)werden-wir

אֶת־בֵּית
beʸt-ᵓɛt
Haus-(das)***

אֱלֹהֵינוּ׃
ᵓᵋloheʸnuʷ.
.(Gottes-unseres=)Götter-unsere(r)

11

1 וַיֵּשְׁבוּ
wayyešᵊbuʷ
(Wohnsitz-nahmen=)wohnten-(es=)sie-Und

שָׂרֵי־
-śɔreʸ
Ober(st)e(n)-(die)

הָעָם	וּשְׁאָר	בִּירוּשָׁלִָם	הָעָם
hɔᶜɔm	uʷšᵊᵓɔr	biʸruʷšɔlɔim	hɔᶜɔm
Volk(es)-(des=)das	Rest-(der)-und	;Jerusalem-in	Volk(es)-(des=)das

גוֹרָלוֹת	הִפִּילוּ
goʷrɔloʷt	hippiʸluʷ
Lose	(warf=)fallen-machte(n-sie)

מִן־	אֶחָד	לְהָבִיא
-min	ᵓɛḥɔd	lᵊhɔbiʸᵓ
von	ein(en)	(hineinzubringen=)machen-kommen-zu-(um)

בִּירוּשָׁלִָם	לָשֶׁבֶת	הָעֲשָׂרָה
biʸruʷšɔlaim	lɔšɛbɛt	hɔᶜᵃśɔrɔʰ
,Jerusalem-in	(wohne-er-dass=)wohnen-zu	,(zehn=)Zehnzahl-(der=)die

הַיָּדוֹת	וְתֵשַׁע	הַקֹּדֶשׁ	עִיר
hayyɔdoʷt	wᵊtešaᶜ	haqqodɛš	ᶜiʸr
(Teile=)Hände-(der=)die	neun-und	,(heiligen=)Heiligkeit-(der=)die	Stadt-(der)

לְכֹל	הָעָם	2 וַיְבָרְכוּ	בֶּעָרִים׃
lᵊkol	hɔᶜɔm	wayᵊbɔrᵃkuʷ	bɛᶜɔriʸm.
all(e)-(zu)	Volk-das	(pries=)segnete(n)-(es=)sie-Und	.Städte(n)-(den=)die-in

בִּירוּשָׁלִָם׃	לָשֶׁבֶת	הַמִּתְנַדְּבִים	הָאֲנָשִׁים
biʸruʷšɔlɔim.	lɔšɛbɛt	hammitᵊnaddᵊbiʸm	hɔᵓᵃnɔšiʸm
.Jerusalem-in	wohnen-zu	erweisende(n)-willig-sich-die	,Männer-die

אֲשֶׁר	הַמְּדִינָה	רָאשֵׁי	3 וְאֵלֶּה
ᵓᵃšɛr	hammᵊdiʸnɔʰ	rɔᵓšeʸ	wᵊᵓelleʰ
welch(e)	,Provinz-(der=)die	(Ober)häupter-(die)	(sind)-diese-Und

יְהוּדָה	וּבְעָרֵי	בִּירוּשָׁלִָם	יָשְׁבוּ
yᵊhuʷdɔʰ	uʷbᵊᶜɔreʸ	biʸruʷšɔlɔim	yɔšᵊbuʷ
,Juda	(von)-Städte(n)-(den)-in-und	Jerusalem-in	wohnten-(sie)

בְּעָרֵיהֶם	בַּאֲחֻזָּתוֹ	אִישׁ	יָשְׁבוּ
bᵊᶜɔreʸhɛm	baᵓᵃḥuzzɔtoʷ	ᵓiʸš	yɔšᵊbuʷ
,Städte(n)-ihre(n)-in	Grundstück-sein(em)-(auf=)in	(jeder=)Mann	wohnten-sie

וְהַנְּתִינִים	וְהַלְוִיִּם	הַכֹּהֲנִים	יִשְׂרָאֵל
wᵊhannᵊtiʸniʸm	wᵊhalᵊwiʸyim	hakkohᵃniʸm	yiśᵊrɔᵓel
(Tempelhörigen=)Gegebenen-die-und	Leviten-die-und	Priester-die	,Israel

4 וּבִירוּשָׁלַ͏ִם	שְׁלֹמֹה׃	עַבְדֵי	וּבְנֵי
uʷbiʸruʷšɔlaim	šᵊlomoʰ.	ᶜabᵊdeʸ	uʷbᵊneʸ
Jerusalem-in-Und	.(Salomo=)Schelomo	(von)-Knechte-(der)	Söhne-(die)-und

יְהוּדָה	מִבְּנֵי	יָשְׁבוּ
yᵊhuʷdɔʰ	mibbᵊneʸ	yɔšᵊbuʷ
Juda(s)	Söhne(n)-(den)-von-(etliche)	wohnten-(es=sie)

עֲתָיָה	יְהוּדָה	מִבְּנֵי	בִנְיָמִן	וּמִבְּנֵי
ᶜatɔyɔʰ	yᵊhuʷdɔʰ	mibbᵊneʸ	binᵊyɔmin	uʷmibbᵊneʸ
Ataja	:Juda(s)	Söhne(n)-(den)-Von	.Benjamin(s)	Söhne(n)-(den)-von-und

בֶּן־אֲמַרְיָה	בֶּן־זְכַרְיָה	בֶּן־עֻזִּיָּה
ᵓamarᵊyɔʰ-bɛn	zᵊkarᵊyɔʰ-bɛn	ᶜuzziʸyɔʰ-bɛn
,Amarja(s)-Sohn(es)-(des)	,Secharja(s)-Sohn(es)-(des)	,Ussija(s)-Sohn

מִבְּנֵי־	בֶּן־מַהֲלַלְאֵל	בֶּן־שְׁפַטְיָה
-mibbᵊneʸ	mahᵃlalᵊᵓel-bɛn	šᵊpaṭᵊyɔʰ-bɛn
Söhne(n)-(den)-von	,Mahalalel(s)-Sohn(es)-(des)	,Schephatja(s)-Sohn(es)-(des)

בֶּן־	בָּרוּךְ	בֶּן־	5 וּמַעֲשֵׂיָה	פָרֶץ׃
-bɛn	bɔruʷk	-bɛn	uʷmaᶜᵃśeʸyɔʰ	pɔrɛṣ.
Sohn(es)-(des)	,Baruch(s)	Sohn	Maaseja-(Ferner=)Und	.Perez-(des)

עֲדָיָה	בֶּן־	חֲזָיָה	בֶּן־	כָּל־חֹזֶה
ᶜᵃdɔyɔʰ	-bɛn	ḥᵃzɔyɔʰ	-bɛn	ḥozɛʰ-kol
,Adaja(s)	Sohn(es)-(des)	,Chasaja(s)	Sohn(es)-(des)	,Chose(s)-Kol

בֶּן־	זְכַרְיָה	בֶּן־	יוֹיָרִיב	בֶּן־
-bɛn	zᵊkarᵊyɔʰ	-bɛn	yoʷyɔriʸb	-bɛn
Sohn(es)-(des)	,Secharja(s)	Sohn(es)-(des)	,Jojarib(s)	Sohn(es)-(des)

פָּרֶץ	בְּנֵי־	6 כָּל־	הַשִּׁלֹנִי׃
pɛrɛṣ	-bᵊneʸ	-kol	haššiloniʸ.
,Perez	(von)-Söhne-(waren)	(Insgesamt=)All	.Schilonite(n)-(des=)der

וּשְׁמֹנָה	שִׁשִּׁים	מֵאוֹת	אַרְבַּע	בִּירוּשָׁלָ͏ִם	הַיֹּשְׁבִים
uʷšᵊmonɔʰ	šiššiʸm	meᵓoʷt	ᵓarᵊbaᶜ	biʸruʷšɔlɔim	hayyošᵊbiʸm
acht-und	sechzig	-hundert(e)	-vier	,Jerusalem-in	wohnende(n)-die

בְּנֵי	7 וְאֵלֶּה	אַנְשֵׁי־חָיִל׃
bᵊneʸ	wᵊᵓellɛʰ	ḥɔyil-ᵓanᵊšeʸ.
(von)-Söhne-(die)	(sind)-diese-Und	.(kriegstüchtige=)Kraft-(der)-Männer

יוֹעֵד	בֶּן־	מְשֻׁלָּם	בֶּן־	סַלֻּא	בִּנְיָמִן
yoʷᶜed	-bɛn	mᵊšullɔm	-bɛn	salluʾ	binᵊyɔmin
,Joëd(s)	Sohn(es)-(des)	,Meschullam(s)	Sohn	Sallu	:Benjamin

בֶּן־	קוֹלָיָה	בֶּן־	פְּדָיָה	בֶּן־
-bɛn	qoʷlɔyɔʰ	-bɛn	pᵊdɔyɔʰ	-bɛn
Sohn(es)-(des)	,Kolalja(s)	Sohn(es)-(des)	,Pedaja(s)	Sohn(es)-(des)

יְשַׁעְיָה	בֶּן־	אִיתִיאֵל	בֶּן־	מַעֲשֵׂיָה
yᵊšaᶜᵊyɔʰ	-bɛn	ʾiʸtiʸʾel	-bɛn	maᶜᵃśeʸyɔʰ
.Jeschaëja(s)	Sohn(es)-(des)	,Itiël(s)	Sohn(es)-(des)	,Maaseja(s)

עֶשְׂרִים	מֵאוֹת	תְּשַׁע	סַלָּי	גַּבַּי	8 וְאַחֲרָיו
ᶜɛśᵊriʸm	meʾoʷt	tᵊšaᶜ	sallɔy	gabbay	wᵊʾaḥᵃrɔʸw
zwanzig	-hundert(e)	-neun	:Sallai-(und)	Gabbai	ihm-(nach=)hinter-Und

פָּקִיד	בֶּן־זִכְרִי	9 וְיוֹאֵל	וּשְׁמֹנָה:
pɔqiʸd	zikᵊriʸ-bɛn	wᵊyoʷʾel	uʷšᵊmonɔʰ.
Aufsichtsbeamter-(war)	Sichri(s)-Sohn	Joël-Und	.acht-und

הַסְּנוּאָה	בֶּן־	וִיהוּדָה	עֲלֵיהֶם
hassᵊnuʷʾɔʰ	-bɛn	wiʸhuʷdɔʰ	ᶜᵃleʸhɛm
Hassenua(s)	Sohn-(der)	Juda-und	,(sie-über=)ihnen-auf

10 מִן־	מִשְׁנֶה:	הָעִיר	עַל־
-min	mišᵊnɛʰ.	hɔᶜiʸr	-ᶜal
Von	.(Zweiter=)Verdoppelung-(als)	Stadt-die	(über-gesetzt=)auf-(war)

בֶּן־	11 שְׂרָיָה	יָכִין:	יוֹיָרִיב	בֶּן־	יְדַעְיָה	הַכֹּהֲנִים
-bɛn	śᵊrɔyɔʰ	yɔkiʸn.	yoʷyɔriʸb	-bɛn	yᵊdaᶜᵊyɔʰ	hakkohᵃniʸm
Sohn	Seraja	,Jachin	,Jojarib(s)	Sohn	Jedaja	:Priester(n)-(den=)die

בֶּן־	מְשֻׁלָּם	בֶּן־	חִלְקִיָּה
-bɛn	mᵊšullɔm	-bɛn	ḥilᵊqiʸyɔʰ
Sohn(es)-(des)	,Meschullam(s)	Sohn(es)-(des)	,(Hilkijas=)Chilkija(s)

אֲחִיטוּב	בֶּן־	מְרָיוֹת	בֶּן־	צָדוֹק
ʾᵃḥiʸṭuʷb	-bɛn	mᵊrɔyoʷt	-bɛn	ṣɔdoʷq
,Achitub(s)	Sohn(es)-(des)	,Merajot(s)	Sohn(es)-(des)	,Zadok(s)

הָאֱלֹהִים:	בֵּית	נְגִד
hɔʾᵋlohiʸm.	beʸt	nᵊgid
.(Gottes=)Götter-(der=)die	Haus(es)-(des)	(Vorsteher=)Fürst

הַמְּלָאכָה̀	עֹשֵׂי	12 וַאֲחֵיהֶם
hamm^{ə}lɔʾkɔ^{h}	ʿośe^{y}	wa^{ʾa}ḥe^{y}hɛm
(Dienst-den=)Arbeit-die	(besorgten-die=)Machende	,Brüder-(deren=)ihre-Und

וּשְׁנָיִם	עֶשְׂרִים	מֵאוֹת	שְׁמֹנֶה	לַבַּיִת
u^{w}š^{ə}nɔyim	ʿɛś^{ə}ri^{y}m	meʾo^{w}t	š^{ə}monɛ^{h}	labbayit
.zwei-und	zwanzig	-hundert(e)	-acht	:(Tempel)haus(es)-(des=)zu

בֶּן־	פְּלַלְיָה̀	בֶּן־	יְרֹחָם	בֶּן־	וַעֲדָיָה
-bɛn	p^{ə}lal^{ə}yɔ^{h}	-bɛn	y^{ə}roḥɔm	-bɛn	wa^{ʿa}dɔyɔ^{h}
Sohn(es)-(des)	,Pelaja(s)	Sohn(es)-(des)	,Jerocham(s)	Sohn	Adaja-Und

בֶּן־	זְכַרְיָה	בֶּן־	אַמְצִי
-bɛn	z^{ə}kar^{ə}yɔ^{h}	-bɛn	ʾam^{ə}ṣi^{y}
Sohn(es)-(des)	,Secharja(s)	Sohn(es)-(des)	,Amzi(s)

מַלְכִּיָּה׃	בֶּן־	פַּשְׁחוּר
mal^{ə}ki^{y}yɔ^{h}.	-bɛn	paš^{ə}ḥu^{w}r
,Malkija(s)	Sohn(es)-(des)	,(Paschhurs=)Paschchur(s)

לָאָבוֹת	רָאשִׁים	13 וְאֶחָיו
l^{ɔʾ}ɔbo^{w}t	rɔʾši^{y}m	w^{əʾ}ɛḥɔ^{y}w
:(Familien=)Väter(n)-(von=)zu	Häupter	,Brüder-(dessen=)seine-und

בֶּן־	וַעֲמַשְׁסַי	וּשְׁנָיִם	אַרְבָּעִים	מָאתַיִם
-bɛn	wa^{ʿa}maš^{ə}say	u^{w}š^{ə}nɔyim	ʾar^{ə}bɔʿi^{y}m	mɔʾtayim
Sohn	Amaschsai-(Ferner=)Und	.zwei-und	vierzig	-zweihundert(e)

מְשִׁלֵּמוֹת	בֶּן־	אַחְזַי	בֶּן־	עֲזַרְאֵל
m^{ə}šillemo^{w}t	-bɛn	ʾaḥ^{ə}zay	-bɛn	^{ʿa}zar^{ə}ʾel
,Meschellemot(s)	Sohn(es)-(des)	,Achsai(s)	Sohn(es)-(des)	,Asarel(s)

14 וַאֲחֵיהֶם̀	אִמֵּר׃	בֶּן־
wa^{ʾa}ḥe^{y}hɛm	ʾimmer.	-bɛn
Brüder-ihre-Und	.Immer(s)	Sohn(es)-(des)

וּשְׁמֹנָה	עֶשְׂרִים	מֵאָה	חָיִל	גִּבּוֹרֵי
u^{w}š^{ə}monɔ^{h}	ʿɛś^{ə}ri^{y}m	meʾɔ^{h}	ḥayil	gibbo^{w}re^{y}
.acht-und	zwanzig	-hundert	:(Krieger-tapfere=)Kraft	(in)-Krieger-(waren)

בֶּן־	זַבְדִּיאֵל	עֲלֵיהֶם	וּפָקִיד
-bɛn	zab^{ə}di^{y}ʾel	^{ʿa}le^{y}hɛm	u^{w}pɔqi^{y}d
Sohn-(der)	Sabdiël	(sie-über=)ihnen-auf-(war)	Aufsichtsbeamter-Und

בֶּן־	שְׁמַעְיָה	הַלְוִיִּם	15 וּמִן־	הַגְּדוֹלִים׃
-bɛn	šəmaʿəyɔh	haləwiyyim	-uwmin	haggədowliym.
Sohn	Schemaja	:Leviten-(den=)die	von-Und	.Haggedolim(s)

בֶּן־	עַזְרִיקָם	בֶּן־	חַשּׁוּב
-bɛn	ʿazəriyqɔm	-bɛn	ḥaššuwb
Sohn(es)-(des)	,Asrikam(s)	Sohn(es)-(des)	,(Haschschubs=)Chaschschub(s)

16 וְשַׁבְּתַי	בוּנִּי׃	בֶּן־	חֲשַׁבְיָה
wəšabbətay	buwnniy.	-bɛn	ḥašabəyɔh
Schabbetai-Und	.Bunni(s)	Sohn(es)-(des)	,(Haschabjas=)Chaschabja(s)

הַמְּלָאכָה	עַל־	וְיוֹזָבָד
hamməlɔʾkɔh	-ʿal	wəyowzɔbɔd
,(Dienst-dem=)Arbeit-(der=)die	(vor-standen=)auf	Josabad-und

הָאֱלֹהִים	לְבֵית	הַחִיצֹנָה
hɔʾɛlohiym	ləbeyt	haḥiyṣonɔh
(Gottes=)Götter-(der=)die	Haus(es)-(des=)zu	,äußere(n)-(dem=)der

בֶּן־מִיכָה	17 וּמַתַּנְיָה	הַלְוִיִּם׃	מֵרָאשֵׁי
miykɔh-bɛn	uwmattanəyɔh	haləwiyyim.	merɔʾšey
,Micha(s)-Sohn	Mattanja-Und	.Leviten-(der=)die	Häupter(n)-(den)-von

רֹאשׁ	אָסָף	בֶּן־	זַבְדִּי	בֶּן־
roʾš	ʾɔsɔp	-bɛn	zabədiy	-bɛn
(Leiter=)Haupt	,(Asafs=)Asaph(s)	Sohn(es)-(des)	,Sabdi(s)	Sohn(es)-(des)

וּבַקְבֻּקְיָה	לַתְּפִלָּה	יְהוֹדֶה	הַתְּחִלָּה
uwbaqəbuqəyɔh	lattəpillɔh	yəhowdɛh	hattəḥillɔh
Bakbukja-und	,(Lob)gebet-zum	(an-stimmte=)pries-er	,Anfang(s)-(des=)der

וְעַבְדָּא	מֵאֶחָיו	מִשְׁנֶה
wəʿabədɔʾ	meʾɛḥɔyw	mišənɛh
Abda-und	,Brüder(n)-seine(n)-(unter=)von	(Zweiter=)Verdoppelung-(war)

בֶּן־	גָּלָל	בֶּן־	שַׁמּוּעַ	בֶּן־
-bɛn	gɔlɔl	-bɛn	šammuwaʿ	-bɛn
Sohn(es)-(des)	,Galal(s)	Sohn(es)-(des)	,Schammua(s)	Sohn

בְּעִיר	הַלְוִיִּם	18 כָּל־	יְדִיתוּן[יְדוּתוּן]׃
bəʿiyr	haləwiyyim	-kol	[yəduwtuwn]yədiytuwn.
Stadt-(der)-in	Leviten-die-(waren)	(Insgesamt=)All	.Jedutun(s)

וְאַרְבָּעָה׃	שְׁמֹנִים	מָאתַיִם	הַקֹּדֶשׁ
w^{ə}^{ɔ}ar^{ə}bɔ^{c}ɔ^{h}.	š^{ə}moni^{y}m	mɔ^{ɔ}tayim	haqqodɛš
.vier-und	achtzig	-zweihundert(e)	:(heiligen=)Heiligkeit-(der=)die

וַאֲחֵיהֶם	טַלְמוֹן	עַקּוּב	19 וְהַשּׁוֹעֲרִים
wa^{ɔa}ḥe^{y}hɛm	ṭal^{ə}mo^{w}n	^{c}aqqu^{w}b	w^{ə}haššo^{wca}ri^{y}m
Brüder-ihre-und	Talmon	,Akkub	:Torhüter-die-Und

שִׁבְעִים	מֵאָה	בַּשְּׁעָרִים	הַשֹּׁמְרִים
šib$^{ə c}$i^{y}m	me^{ɔ}ɔ^{h}	bašš$^{ə c}$ɔri^{y}m	haššom^{ə}ri^{y}m
siebzig	-hundert	:Tore(n)-(den=)die-(an=)in	haltend(e)-Wache-die-(waren)

הַלְוִיִּם	הַכֹּהֲנִים	יִשְׂרָאֵל	20 וּשְׁאָר	וּשְׁנָיִם׃
hal^{ə}wi^{y}yim	hakkoh^{a}ni^{y}m	yiś^{ə}rɔ^{ɔ}el	u^{w}š^{əɔ}ɔr	u^{w}š^{ə}nɔyim.
,Leviten-die-(und)	Priester-die	,Israel(s)	Rest-(der)-Und	.zwei-und

אִישׁ	יְהוּדָה	עָרֵי	בְּכָל־
^{ɔ}i^{y}š	y^{ə}hu^{w}dɔ^{h}	^{c}ɔre^{y}	-b^{ə}kol
(jeder=)Mann-(ein)	,Juda	(von)-Städte(n)-(den)	all-in-(weilte)

21 וְהַנְּתִינִים	בְּנַחֲלָתוֹ׃
w^{ə}hann^{ə}ti^{y}ni^{y}m	b^{ə}naḥ^{a}lɔto^{w}.
(Tempeldiener=)Geschenkte(n)-(Heiligtum-dem)-die-Und	.Erbbesitz-sein(em)-in

וְגִשְׁפָּא	וְצִיחָא	בָּעֹפֶל	יֹשְׁבִים
w^{ə}giš^{ə}pɔ^{ɔ}	w^{ə}ṣi^{y}ḥɔ^{ɔ}	bɔ^{c}opɛl	yoš^{ə}bi^{y}m
Gischpa-und	Zicha-und	,Ophel-dem-(auf=)in	wohnend(e)-(waren)

הַנְּתִינִים׃	עַל־
hann^{ə}ti^{y}ni^{y}m.	-^{c}al
.(Tempeldienern=)Geschenkte(n)-(Heiligtum-dem)-(den=)die	(vor-standen=)auf

בֶּן־	עֻזִּי	בִּירוּשָׁלִַם	הַלְוִיִּם	22 וּפְקִיד
-bɛn	^{c}uzzi^{y}	bi^{y}ru^{w}šɔlaim	hal^{ə}wi^{y}yim	u^{w}p^{ə}qi^{y}d
Sohn	Ussi-(war)	Jerusalem-in	Leviten-(der=)die	Aufsichtsbeamter-Und

בֶּן־	חֲשַׁבְיָה	בֶּן־	בָּנִי
-bɛn	ḥ^{a}šab^{ə}yɔ^{h}	-bɛn	bɔni^{y}
Sohn(es)-(des)	,(Haschabjas=)Chaschabja(s)	Sohn(es)-(des)	,Bani(s)

אָסָף	מִבְּנֵי	מִיכָא	בֶּן־	מַתַּנְיָה
^{ɔ}ɔsɔp	mibb^{ə}ne^{y}	mi^{y}kɔ^{ɔ}	-bɛn	mattan^{ə}yɔ^{h}
,Asaph(s)	Söhne(n)-(den)-von	,Micha(s)	Sohn(es)-(des)	,Mattanja(s)

בֵּית־	מְלֶאכֶת		לְנֶגֶד	הַמְשֹׁרְרִים
-beʸt	mᵊlɛʾkɛt		lᵊnɛgɛd	hamᵊšorᵊriʸm
Haus-(im)	(Kult)dienst		(beim=)gegenüber-zu	(waren)-singend(e)-die
הַמֶּלֶךְ	מִצְוַת		23 כִּי־	הָאֱלֹהִים׃
hammɛlɛk	miṣᵊwat		-kiʸ	hɔʾᵋlohiʸm.
König(s)-(des)	Gebot-(ein)		Denn	.(Gottes=)Götter-(der=)die
וַאֲמָנָה				עֲלֵיהֶם
waʾᵃmɔnɔʰ				ʿᵃleʸhɛm
(Lohn=)Abmachung-feste-(eine)-und				(ihretwegen-bestand=)ihnen-auf
דְּבַר־יוֹם			הַמְשֹׁרְרִים	עַל־
yoʷm-dᵊbar			hamᵊšorᵊriʸm	-ʿal
Tag(es)-(leistung=)sache-(eine)			,Sänger-(der=)die	(bezüglich=)auf
מְשֵׁיזַבְאֵל	בֶּן־		24 וּפְתַחְיָה	בְּיוֹמוֹ׃
mᵊšeʸzabᵊʾel	-bɛn		uʷpᵊtaḥᵊyɔʰ	bᵊyoʷmoʷ.
,Meschesabeel(s)	Sohn-(der)		Petachja-Und	.Tag-sein(em)-(an=)in
לְיַד	יְהוּדָה	בֶּן־	זֶרַח	מִבְּנֵי־
lᵊyad	yᵊhuʷdɔʰ	-bɛn	zɛraḥ	-mibbᵊneʸ
(half=)Hand-zu	,Juda(s)	Sohn(es)-(des)	,Serach(s)	Söhne(n)-(den)-von
דָּבָר			לְכָל־	הַמֶּלֶךְ
dɔbɔr			-lᵊkol	hammɛlɛk
(Angelegenheit=)Sache			(jeglicher=)all-(in=)zu	König-(dem=)der
הַחֲצֵרִים			25 וְאֶל־	לָעָם׃
haḥᵃṣeriʸm			-wᵊʾɛl	lɔʿɔm.
Gehöfte(n)-(den=)die			(in=)zu-Und	.Volk-das-(auf-Bezug-in=)zum
יָשְׁבוּ	יְהוּדָה		מִבְּנֵי	בִּשְׂדֹתָם
yɔšᵊbuʷ	yᵊhuʷdɔʰ		mibbᵊneʸ	biśᵊdotɔm
wohnten-(sie)	Juda(s)		Söhne(n)-(den)-von-(etliche)	,Felder(n)-ihre(n)-(auf=)in
וּבְדִיבֹן		וּבְנֹתֶיהָ	הָאַרְבַּע	בְּקִרְיַת
uʷbᵊdiʸbon		uʷbᵊnotɛʸhɔ	hɔʾarᵊbaʿ	bᵊqirᵊyat
Dibon-in-und		,Töchter(städte)n-(dessen=)ihre-und	Haarba	-Kirjat-in
וּבִיקַבְצְאֵל				וּבְנֹתֶיהָ
uʷbiʸqabᵊṣᵊʾel				uʷbᵊnotɛʸhɔ
Jekabzeel-in-und				,Töchter(städte)n-(dessen=)ihre(n)-und

וּבְבֵית	וּבְמוֹלָדָה	26 וּבְיֵשׁוּעַ	וַחֲצֵרֶיהָ׃
uʷbᵊbeʸt	uʷbᵊmoʷlɔdɔʰ	uʷbᵊyešuʷaᶜ	waḥᵃṣerɛʸhɔ.
-Beth-in-und	Molada-in-und	Jeschua-in-und	,Gehöfte(n)-(dessen=)ihre(n)-und

שֶׁבַע	וּבִבְאֵר	שׁוּעָל	27 וּבַחֲצַר	פָּלֶט׃
šɛbaᶜ	uʷbibᵊᵓer	šuʷᶜɔl	uʷbaḥᵃṣar	pɔlɛṭ.
Scheba	-Beër-in-und	,Schual	-(Hazar=)Chazar-in-und	,Pelet

וּבִמְכֹנָה	28 וּבְצִקְלַג	וּבְנֹתֶיהָ׃
uʷbimᵊkonɔʰ	uʷbᵊṣiqᵊlag	uʷbᵊnotɛʸhɔ.
Mechona-in-und	Ziklag-in-und	,Töchter(städte)n-(deren=)ihre(n)-und

וּבְצָרְעָה	רִמּוֹן	29 וּבְעֵין	וּבִבְנֹתֶיהָ׃
uʷbᵊṣorᵊᶜɔʰ	rimmoʷn	uʷbᵊᶜeʸn	uʷbibᵊnotɛʸhɔ.
Zora-in-und	Rimmon	-En-in-und	,Töchter(städte)n-(deren=)ihre(n)-in-und

לָכִישׁ	וְחַצְרֵיהֶם	עֲדֻלָּם	30 זָנֹחַ	וּבְיַרְמוּת׃
lɔkiʸš	wᵊḥaṣᵊreʸhɛm	ᶜᵃdullɔm	zɔnoaḥ	uʷbᵊyarᵊmuʷt.
Lachisch	,Gehöfte(n)-(deren=)ihre(n)-und	Adullam	,Sanoach	,Jarmut-in-und

וּבְנֹתֶיהָ	עֲזֵקָה	וּשְׂדֹתֶיהָ
uʷbᵊnotɛʸhɔ	ᶜᵃzeqɔʰ	uʷśᵊdotɛʸhɔ
.Töchter(städte)n-(deren=)ihre(n)-und	Aseka	,Felder(n)-(dessen=)ihre-und

גֵּיא־הִנֹּם׃	עַד־	מִבְּאֵר־שֶׁבַע	וַיַּחֲנוּ
hinnom-geʸᵓ.	-ᶜad	šɛbaᶜ-mibbᵊᵓer	wayyaḥᵃnuʷ
.Hinnom-Tal-(dem)	(zu)-bis	Scheba-Beër-von	nieder-sich-ließen-sie-(So=)Und

מִגָּבַע	בִּנְיָמִן	31 וּבְנֵי
miggɔbaᶜ	binᵊyɔmin	uʷbᵊneʸ
(aus)-Geba-von-(besiedelten)	Benjamin	(von)-Söhne-(die)-(Indes=)Und

וּבְנֹתֶיהָ׃	וּבֵית־אֵל	וְעַיָּה	מִכְמָשׂ
uʷbᵊnotɛʸhɔ.	ᵓel-uʷbeʸt	wᵊᶜayyɔʰ	mikᵊmɔś
,Töchter(städte)-(deren=)ihre-und	El-Beth-und	Ajja-und	Michmas

גִּתָּיִם׃	רָמָה	33 חָצוֹר	עֲנָנְיָה׃	נֹב	32 עֲנָתוֹת
gittɔyim.	rɔmɔʰ	ḥɔṣoʷr	ᶜᵃnɔnᵊyɔʰ.	nob	ᶜᵃnɔtoʷt
,Gittaim	,Rama	,(Hazor=)Chazor	,Ananja	,Nob	,Anatot

הַחֲרָשִׁים׃	גֵּי	וְאוֹנוֹ	35 לֹד	נְבַלָּט׃	צְבֹעִים	34 חָדִיד
haḥᵃrɔšiʸm.	geʸ	wᵊᵓoʷnoʷ	lod	nᵊballɔṭ.	ṣᵊboᶜiʸm	ḥɔdiʸd
.Hacharaschim	Ge	Ono-und	Lod	,Neballat	,Zeboïm	,(Hadid=)Chadid

36 וּמִן־ הַלְוִיִּם מַחְלְקוֹת יְהוּדָה לְבִנְיָמִין׃
lᵊbinᵊyɔmiʸn. yᵊhuʷdɔʰ maḥᵊlᵊqoʷt halᵊwiʸyim -uʷmin
.Benjamin-zu Juda(s) Abteilungen-(gehörten) Leviten-(den=)die von-Und

12

1 וְאֵלֶּה הַכֹּהֲנִים וְהַלְוִיִּם אֲשֶׁר
ʾᵃšɛr wᵊhalᵊwiʸyim hakkohᵃniʸm wᵊʾellɛʰ
welch(e) ,Leviten-die-und Priester-die (sind)-diese-Und

עָלוּ עִם־ זְרֻבָּבֶל בֶּן־ שְׁאַלְתִּיאֵל וְיֵשׁוּעַ
wᵊyešuʷaʿ šᵊʾalᵊtiʸʾel -bɛn zᵊrubbɔbɛl -ʿim ʿɔluʷ
:Jeschua-(mit)-und ,Schealtiël(s) Sohn Serubbabel mit herauf-kamen-(sie)

שְׂרָיָה יִרְמְיָה עֶזְרָא׃ 2 אֲמַרְיָה מַלּוּךְ חַטּוּשׁ׃
ḥaṭṭuʷš. malluʷk ʾᵃmarᵊyɔʰ ʿɛzᵊrɔʾ. yirᵊmᵊyɔʰ śᵊrɔyɔʰ
,(Hattusch=)Chattusch ,Malluch ,Amarja ,Esra ,Jirmeja ,Seraja

3 שְׁכַנְיָה רְחֻם מְרֵמֹת׃ 4 עִדּוֹא גִּנְּתוֹי אֲבִיָּה׃ 5 מִיָּמִין
miʸyɔmiʸn ʾᵃbiʸyɔʰ. ginnᵊtoʷy ʿiddoʷʾ mᵊremot. rᵊḥum šᵊkanᵊyɔʰ
,Mijamin ,Abija ,Ginnetoi ,Iddo ,Meremot ,Rechum ,Schechanja

מַעַדְיָה בִּלְגָּה׃ 6 שְׁמַעְיָה וְיוֹיָרִיב יְדַעְיָה׃ 7 סַלּוּ עָמוֹק
ʿɔmoʷq salluʷ yᵊdaʿᵊyɔʰ. wᵊyoʷyɔriʸb šᵊmaʿᵊyɔʰ bilᵊgɔʰ. maʿadᵊyɔʰ
,Amok ,Sallu ,Jodaja ,Jojarib-und Schemaëja ,Bilga ,Maadja

חִלְקִיָּה יְדַעְיָה אֵלֶּה רָאשֵׁי
rɔʾšeʸ ʾellɛʰ yᵊdaʿᵊyɔʰ ḥilᵊqiʸyɔʰ
Häupter-(die) (sind)-(Das=)Diese .Jedaja ,(Hilkija=)Chilkija

הַכֹּהֲנִים וַאֲחֵיהֶם בִּימֵי יֵשׁוּעַ׃
yešuʷaʿ. biʸmeʸ waʾᵃḥeʸhɛm hakkohᵃniʸm
.Jeschua(s) Tage(n)-(den)-in Brüder-ihre-und Priester-(der=)die

8 וְהַלְוִיִּם יֵשׁוּעַ בִּנּוּי קַדְמִיאֵל שֵׁרֵבְיָה יְהוּדָה
yᵊhuʷdɔʰ šerebᵊyɔʰ qadᵊmiʸʾel binnuʷy yešuʷaʿ wᵊhalᵊwiʸyim
,Juda ,Scherebja ,Kadmïel ,Binnui ,Jeschua :Leviten-die-Und

מַתַּנְיָה עַל־ הֻיְּדוֹת הוּא
huʷʾ huyyᵊdoʷt -ʿal mattanᵊyɔʰ
er-(war) Lobgesänge-(die) (über-gestellt=)auf — Mattanja

וְאֶחָיו׃ 9 וּבַקְבֻּקְיָה וְעֻנּוֹ[וְעֻנִּי] אֲחֵיהֶם
ʾᵃḥeʸhɛm [ᵊʿunniʸ]wᵊʿunnoʷ uʷbaqᵊbuqᵊyɔʰ wᵊʾɛḥɔʸw.
,Brüder-ihre ,Unni-und Bakbukja-und — Brüder-seine-und

10 וְיֵשׁוּעַ	לְמִשְׁמְרוֹת׃	לְנֶגְדָּם
wᵊyešuʷaᶜ	lᵊmišᵊmɔroʷt.	lᵊnɛgᵊdɔm
Jeschua-Und	.Dienstabteilungen-(nach=)zu	(gegenüber-ihnen=)ihnen-vor-zu

וְיוֹיָקִים	אֶת־יוֹיָקִים	הוֹלִיד
wᵊyoʷyɔqiʸm	yoʷyɔqiʸm-ᵓɛt	hoʷliʸd
Jojakim-und	,Jojakim***	(zeugte=)gebären-machte-(er)

וְאֶלְיָשִׁיב	אֶת־אֶלְיָשִׁיב	הוֹלִיד
wᵊᵓɛlᵊyɔšiʸb	ᵓɛlᵊyɔšiʸb-ᵓɛt	hoʷliʸd
Eljaschib-und	,Eljaschib***	(zeugte=)gebären-machte-(er)

אֶת־יוֹנָתָן	הוֹלִיד	11 וְיוֹיָדָע	אֶת־יוֹיָדָע׃
yoʷnɔtɔn-ᵓɛt	hoʷliʸd	wᵊyoʷyɔdɔᶜ	yoʷyɔdɔᶜ-ᵓɛt.
,Jonatan***	(zeugte=)gebären-machte-(er)	Jojada-Und	.Jojada-***-(zeugte)

12 וּבִימֵי	אֶת־יַדּוּעַ׃	הוֹלִיד	וְיוֹנָתָן
uʷbiʸmeʸ	yadduʷaᶜ-ᵓɛt.	hoʷliʸd	wᵊyoʷnɔtɔn
Tagen-(den)-in-Und	.Jaddua***	(zeugte=)gebären-machte-(er)	Jonatan-und

רָאשֵׁי	כֹּהֲנִים	הָיוּ	יוֹיָקִים
rɔᵓšeʸ	kohᵃniʸm	hɔyuʷ	yoʷyɔqiʸm
Häupter-(die)	Priester	waren-(es=sie)	Jojakim(s)

לְיִרְמְיָה	מְרָיָה	לִשְׂרָיָה	הָאָבוֹת
lᵊyirᵊmᵊyɔʰ	mᵊrɔyɔʰ	liśᵊrɔyɔʰ	hɔᵓɔboʷt
Jirmeja-(für=)zu	,Meraja	Saraja-(Für=)Zu	.(Familien=)Väter-(der=)die

לַאֲמַרְיָה	מְשֻׁלָּם	13 לְעֶזְרָא	חֲנַנְיָה׃
laᵓᵃmarᵊyɔʰ	mᵊšullɔm	lᵊᶜɛzᵊrɔᵓ	ḥᵃnanᵊyɔʰ.
Amarja-(für=)zu	,Meschullam	Esra-(für=)zu	,(Hananja=)Chananja

יוֹסֵף׃	לִשְׁבַנְיָה	יוֹנָתָן	14 לִמְלוּכִי[לִמְלִיכוּ]	יְהוֹחָנָן׃
yoʷsep.	lišᵊbanᵊyɔʰ	yoʷnɔtɔn	[limᵊliʸkuʷ]limᵊluʷkiʸ	yᵊhoʷḥɔnɔn.
,Joseph	Schebanja-(für=)zu	,Jonatan	Melichu-(für=)zu	,J(eh)ochanan

חֶלְקָי׃	לִמְרָיוֹת	עַדְנָא	15 לְחָרִם
ḥɛlᵊqɔy.	limᵊrɔyoʷt	ᶜadᵊnɔᵓ	lᵊḥɔrim
,(Helkai=)Chelkai	Merajot-(für=)zu	,Adna	(Harim=)Charim-(für=)zu

מְשֻׁלָּם׃	לְגִנְּתוֹן	זְכַרְיָה	16 לַעֲדָיא[לְעִדּוֹא]
mᵊšullɔm.	lᵊginnᵊtoʷn	zᵊkarᵊyɔʰ	[lᵊᶜiddoʷᵓ]laᶜᵃdɔyɔᵓ
,Meschullam	Ginneton-(für=)zu	,Secharja	Iddo-(für=)zu

פִּלְטָי׃	לְמוֹעַדְיָה	לְמִנְיָמִין	זִכְרִי	17 לַאֲבִיָּה
pilᵊṭɔy.	lᵊmoʷʿadᵊyɔʰ	lᵊminᵊyɔmiʸn	zikᵊriʸ	laᵓᵃbiʸyɔʰ
,Piltai	Moadja-(für=)zu	,Minjamin-(für=)zu	,Sichri	Abija-(für=)zu

יְהוֹנָתָן׃	לִשְׁמַעְיָה	שַׁמּוּעַ	18 לְבִלְגָּה
yᵊhoʷnɔtɔn.	lišᵊmaʿᵊyɔʰ	šammuʷaʿ	lᵊbilᵊgɔʰ
,J(eh)onatan	Schemaja-(für=)zu	,Schammua	Bilga-(für=)zu

20 לְסַלָּי	עֻזִּי׃	לִידַעְיָה	מַתְּנָי	19 וּלְיוֹיָרִיב
lᵊsallay	ʿuzziʸ.	liʸdaʿᵊyɔʰ	mattᵊnay	uʷlᵊyoʷyɔriʸb
Sallai-(für=)zu	,Ussi	Jedaja-(für=)zu	,Mattenai	Jojarib-(für=)zu-und

21 לְחִלְקִיָּה	עֵבֶר׃	לְעָמוֹק	קַלָּי
lᵊḥilᵊqiʸyɔʰ	ʿebɛr.	lᵊʿɔmoʷq	qallɔy
(Hilkija=)Chilkija-(für=)zu	,Eber	Amok-(für=)zu	,Kallai

22 הַלְוִיִּם	נְתַנְאֵל׃	לִידַעְיָה	חֲשַׁבְיָה
halᵊwiʸyim	nᵊtanᵊᵓel.	liʸdaʿᵊyɔʰ	ḥᵃšabᵊyɔʰ
,Leviten-Die	.Netanel	Jedaja-(für=)zu	,(Haschabja=)Chaschabja

וְיַדּוּעַ	וְיוֹחָנָן	יוֹיָדָע	אֶלְיָשִׁיב	בִּימֵי
wᵊyadduʷaʿ	wᵊyoʷḥɔnɔn	yoʷyɔdɔʿ	ᵓɛlᵊyɔšiʸb	biʸmeʸ
Jaddua-und	Jochanan-und	Jojada	,Eljaschib	(von)-Tagen-(den)-in

אָבוֹת	רָאשֵׁי	כְּתוּבִים
ᵓɔboʷt	rɔᵓšeʸ	kᵊtuʷbiʸm
,(Familien=)Väter-(der)	Häupter(n)-(nach)	(aufgezeichnet=)geschrieben(e)-(sind)

מַלְכוּת	עַל־	וְהַכֹּהֲנִים
malᵊkuʷt	-ʿal	wᵊhakkohᵃniʸm
(von)-(Regierung=)Herrschaft	(zur-bis=)auf	Priester-die-und

לֵוִי	23 בְּנֵי	הַפָּרְסִי׃	דָּרְיָוֶשׁ
lewiʸ	bᵊneʸ	happɔrᵊsiʸ.	dɔrᵊyɔwɛš
,Levi	(von)-Söhne-(Die)	.Perser-(dem=)der	,(Darius=)Darjawesch

כְּתוּבִים	הָאָבוֹת	רָאשֵׁי
kᵊtuʷbiʸm	hɔᵓɔboʷt	rɔᵓšeʸ
(aufgezeichnet=)geschrieben(e)-(sind)	,(Familien=)Väter-(der=)die	Häupter-(die)

הַיָּמִים	דִּבְרֵי	סֵפֶר	עַל־
hayyɔmiʸm	dibᵊreʸ	sepɛr	-ʿal
,(Chronik=)Tage-(der=)die	(Ereignisse=)Worte-(der)	Buch	(im=)auf

אֶלְיָשִׁיב׃	בֶּן־	יוֹחָנָן	יְמֵי	וְעַד־
ʾɛlᵊyɔšiʸb.	-bɛn	yoʷḥɔnɔn	yᵊmeʸ	-wᵊʿad
.Eljaschib(s)	Sohn	Jochanan	(von)-Tage(n)-(den)	(zu)-bis-(zwar)-und

חֲשַׁבְיָה	הַלְוִיִּם	24 וְרָאשֵׁי
ḥᵃšabᵊyɔʰ	halᵊwiʸyim	wᵊrɔʾšeʸ
,(Haschabja=)Chaschabja	:Leviten-(der=)die	(Ober)häupter-(die)-Und

וַאֲחֵיהֶם	קַדְמִיאֵל	בֶּן־	וְיֵשׁוּעַ	שֵׁרֵבְיָה
waʾᵃḥeʸhɛm	qadᵊmiʸʾel	-bɛn	wᵊyešuʷaʿ	šerebᵊyɔʰ
Brüder-(deren=)ihre-und	,Kadmiël(s)	Sohn	Jeschua-und	Scherebja

לְהוֹדוֹת	לְהַלֵּל	לְנֶגְדָּם
lᵊhoʷdoʷt	lᵊhallel	lᵊnɛgᵊdɔm
danken-zu-(und)	preisen-zu	(gegenüber-ihnen=)ihnen-vor-zu

אִישׁ־	דָוִיד	בְּמִצְוַת
-ʾiʸš	dɔwiʸd	bᵊmiṣᵊwat
Mann(es)-(des)	,David(s)	Verordnung-(der)-(nach=)in

מִשְׁמָר׃	לְעֻמַּת	מִשְׁמָר	הָאֱלֹהִים
mišᵊmɔr.	lᵊʿummat	mišᵊmɔr	hɔʾᵉlohiʸm
.Dienstabteilung	(neben=)bei-zu	Dienstabteilung	,(Gottes=)Götter-(der=)die

עַקּוּב	טַלְמוֹן	מְשֻׁלָּם	עֹבַדְיָה	וּבַקְבֻּקְיָה	25 מַתַּנְיָה
ʿaqquʷb	ṭalᵊmoʷn	mᵊšullɔm	ʿobadᵊyɔʰ	uʷbaqᵊbuqᵊyɔʰ	mattanᵊyɔʰ
Akkub-(und)	Talmon	,Meschullam	,Obadja	,Bakbukja-und	Mattanja

מִשְׁמָר	שׁוֹעֲרִים	שֹׁמְרִים
mišᵊmɔr	šoʷʿᵃriʸm	šomᵊriʸm
(Wacht)posten-(mit)	,Torhüter-(als)	wachend(e)-(waren)

26 אֵלֶּה	הַשְּׁעָרִים׃	בַּאֲסֻפֵּי
ʾellɛʰ	haššᵊʿɔriʸm.	baʾᵃsuppeʸ
(lebten)-Diese	.Tore-(der=)die	(Magazinen=)Sammlungen-(den=)die-(an=)in

יוֹצָדָק	בֶּן־	יֵשׁוּעַ	בֶּן־	יוֹיָקִים	בִּימֵי
yoʷṣɔdɔq	-bɛn	yešuʷaʿ	-bɛn	yoʷyɔqiʸm	biʸmeʸ
,Jozadak(s)	Sohn(es)-(des)	,Jeschua(s)	Sohn	Jojakim(s)	Tage(n)-(den)-in

הַפֶּחָה	נְחֶמְיָה	וּבִימֵי
happɛḥɔʰ	nᵊḥɛmᵊyɔʰ	uʷbiʸmeʸ
,Beauftragte(n)-(des=)der	,(Nehemia=)Nechemja	(von)-Tagen-(den)-in-und

וְעֶזְרָא
wəʿɛzərɔʾ
,Esra(s)-und

הַכֹּהֵן
hakkohen
,Priester(s)-(des=)der

הַסּוֹפֵר׃
hassowper.
.(Schriftgelehrten=)Schreibende(n)-(des=)der

27 וּבַחֲנֻכַּת
uwbaḥanukkat
Weihe-(der)-(bei=)in-Und

חוֹמַת
ḥowmat
Mauer-(der)

יְרוּשָׁלַםִ
yəruwšɔlaim
Jerusalem(s)

בִּקְשׁוּ
biqəšuw
(auf-man-suchte=)suchten-sie

אֶת־הַלְוִיִּם
haləwiyyim-ʾɛt
Leviten-die***

מִכָּל־
-mikkol
all(en)-(an=)von

מְקוֹמֹתָם
məqowmotɔm
,Orten-ihre(n)

לַהֲבִיאָם
lahabiyʾɔm
sie-(bringen=)machen-kommen-zu

לִירוּשָׁלָםִ
liyruwšɔlɔim
Jerusalem-(nach=)zu

לַעֲשֹׂת
laʿaśot
(begehen=)machen-zu-(um)

חֲנֻכָּה
ḥanukkɔh
Einweihung-(die)

וְשִׂמְחָה
wəśiməḥɔh
,Freude(nfest-ein)-und

וּבְתוֹדוֹת
uwbətowdowt
Danksagungen-(mit=)in-(zwar)-und

וּבְשִׁיר
uwbəšiyr
(Musik=)Gesang-(mit=)in-und

מְצִלְתַּיִם
məṣiltayim
,Zimbeln-(zwei)-(und)

נְבָלִים
nəbɔliym
Harfen

וּבְכִנֹּרוֹת׃
uwbəkinnorowt.
.Zithern-(mit=)in-und

28 וַיֵּאָסְפוּ
wayyeʾɔsəpuw
sich-versammelte(n)-(es=)sie-Und

בְּנֵי
bəney
(Angehörige=)Söhne

הַמְשֹׁרְרִים
haməšorəriym
Sänger-(der=)die

וּמִן־
-uwmin
(aus=)von-(sowohl=)und

הַכִּכָּר
hakkikkɔr
Umkreis-(dem=)der

סְבִיבוֹת
səbiybowt
(um-herum-rings=)Umgebungen-(der)

יְרוּשָׁלַםִ
yəruwšɔlaim
Jerusalem

וּמִן־
-uwmin
von-(als=)und

חַצְרֵי
ḥaṣərey
(Dörfern=)Gehöfte(n)-(den)

נְטֹפָתִי׃
nəṭopɔtiy.
.Netophatiter(s)-(des)

29 וּמִבֵּית	הַגִּלְגָּל	וּמִשְּׂדוֹת
uʷmibbeʸt	haggilᵊgɔl	uʷmiśśᵊdoʷt
-Beth-(aus=)von-(Ebenso=)Und	Haggilgal	Gefilde(n)-(den)-(aus=)von-und

גֶּבַע	וְעַזְמָוֶת	כִּי	חֲצֵרִים	בָּנוּ	לָהֶם
gɛbaʿ	wᵊʿazᵊmɔwɛt	kiʸ	ḥᵃṣeriʸm	bɔnuʷ	lɔhɛm
Geba(s)	,Asmawet(s)-und	denn	Gehöfte	erbaut-haben-(sie)	(sich=)ihnen-zu

הַמְשֹׁרְרִים	סְבִיבוֹת	יְרוּשָׁלִָם׃
hamᵊšorᵃriʸm	sᵊbiʸboʷt	yᵊruʷšɔlɔim.
Sänger-die	(um-rings=)Umgebungen-(den-in)	.Jerusalem

30 וַיִּטַּהֲרוּ	הַכֹּהֲנִים	וְהַלְוִיִּם
wayyiṭṭahᵃruʷ	hakkohᵃniʸm	wᵊhalᵊwiʸyim
sich-reinigten-(es=)sie-Und	Priester-die	.Leviten-die-und

וַיְטַהֲרוּ	אֶת־הָעָם	וְאֶת־הַשְּׁעָרִים	וְאֶת־הַחוֹמָה׃
wayᵊṭahᵃruʷ	hɔʿɔm-ʾɛt	haššᵊʿɔriʸm-wᵊʾɛt	haḥoʷmɔʰ-wᵊʾɛt.
reinigten-sie-(Hierauf=)Und	Volk-das***	Tore-die-***und	.Mauer-die-***und

31 וָאַעֲלֶה	אֶת־שָׂרֵי	יְהוּדָה
wɔʾaʿᵃlɛʰ	śɔreʸ-ʾɛt	yᵊhuʷdɔʰ
aufsteigen-(ließ=)machte-ich-(Dann=)Und	(von)-Fürsten-(die)***	Juda

מֵעַל	לַחוֹמָה	וָאַעֲמִידָה
meʿal	laḥoʷmɔʰ	wɔʾaʿᵃmiʸdɔʰ
(hinauf=)auf-von	,Mauer-die-(auf=)zu	(auf-stellte=)stehen-machte-ich-und

שְׁתֵּי	תוֹדֹת	גְּדוֹלֹת	וְתַהֲלֻכֹת	לַיָּמִין
šᵊteʸ	toʷdot	gᵊdoʷlot	wᵊtahᵃlukot	layyɔmiʸn
zwei	(Chöre=)Huldigungen	große	:Festzüge-und	(Seite)-rechten-zu(r)

מֵעַל	לַחוֹמָה	לְשַׁעַר
meʿal	laḥoʷmɔʰ	lᵊšaʿar
(oberhalb=)auf-von	Mauer-(der=)die-(entlang=)zu	Tor-(dem)-zu-(hin)

הָאַשְׁפֹּת׃	32 וַיֵּלֶךְ	אַחֲרֵיהֶם	הוֹשַׁעְיָה
hɔʾašᵊpot.	wayyelɛk	ʾaḥᵃreʸhɛm	hoʷšaʿᵊyɔʰ
.Mist(es)-(des)	ging-(es=)er-Und	(her)-ihnen-hinter	Hoschaja

וַחֲצִי	שָׂרֵי	יְהוּדָה׃	33 וַעֲזַרְיָה	עֶזְרָא
waḥᵃṣiʸ	śɔreʸ	yᵊhuʷdɔʰ.	waʿᵃzarᵊyɔʰ	ʿɛzᵊrɔʾ
Hälfte-(die)-und	(von)-Fürsten-(der)	.Juda	,Asarja-(Ferner=)Und	Esra

וְיִרְמְיָה׃	וּשְׁמַעְיָה	וּבִנְיָמִן	34 יְהוּדָה	וּמְשֻׁלָּם׃
wᵊyirᵊmᵊyɔʰ.	uʷšᵊmaᶜᵊyɔʰ	uʷbinᵊyɔmin	yᵊhuʷdɔʰ	uʷmᵊšullɔm.
.Jirmeja-und	Schemaëja-und	Benjamin-und	Juda	,Meschullam-und

זְכַרְיָה	בַּחֲצֹצְרוֹת	הַכֹּהֲנִים	35 וּמִבְּנֵי
zᵊkarᵊyɔʰ	baḥᵃṣoṣᵊroʷt	hakkohᵃniʸm	uʷmibbᵊneʸ
Sacharja	:Trompeten-(mit=)in	Priester-(der=)die	Söhne(n)-(den)-von-Und

מַתַּנְיָה	בֶּן־	שְׁמַעְיָה	בֶּן־	בֶּן־יוֹנָתָן
mattanᵊyɔʰ	-bɛn	šᵊmaᶜᵊyɔʰ	-bɛn	yoʷnɔtɔn-bɛn
,Mattanja(s)	Sohn(es)-(des)	,Schemaëja(s)	Sohn(es)-(des)	,Jonatan(s)-Sohn

בֶּן־	זַכּוּר	בֶּן־	מִיכָיָה	בֶּן־
-bɛn	zakkuʷr	-bɛn	miʸkɔyɔʰ	-bɛn
Sohn(es)-(des)	,Sakkur(s)	Sohn(es)-(des)	,Michaja(s)	Sohn(es)-(des)

מִלֲלַי	וַעֲזַרְאֵל	שְׁמַעְיָה	36 וְאֶחָיו	אָסָף׃
milᵃlay	waᶜᵃzarᵊʾel	šᵊmaᶜᵊyɔʰ	wᵊʾɛḥɔʸw	ʾɔsɔp.
,Milalai	,Asarel-und	Schemaja	:Brüder-seine-Und	.(Asafs=)Asaph(s)

חֲנָנִי	וִיהוּדָה	נְתַנְאֵל	מָעַי	גִּלֲלַי
ḥᵃnɔniʸ	wiʸhuʷdɔʰ	nᵊtanᵊʾel	mɔᶜay	gilᵃlay
(Hanani=)Chanani	,Juda-und	Netanel	,Maai	,Gilalai

אִישׁ	דָּוִיד	בִּכְלֵי־שִׁיר
ʾiʸš	dɔwiʸd	šiʸr-bikᵊleʸ
Mann(es)-(des)	,David(s)	(Musikinstrumenten=)Gesang-(zum)-Geräten-(mit=)in

הַסּוֹפֵר	וְעֶזְרָא	הָאֱלֹהִים
hassoʷper	wᵊᶜɛzᵊrɔʾ	hɔʾᵋlohiʸm
,(Schriftgelehrte=)Schreibende-der	,Esra-(wobei=)und	,(Gottes=)Götter-(der=)die

שַׁעַר	37 וְעַל	לִפְנֵיהֶם׃
šaᶜar	wᵊᶜal	lipᵊneʸhɛm.
Tor-(das)	(über=)auf-(Dann=)Und	.(her-ihnen-vor=)Gesichtern-ihren-zu-(ging)

עַל־	עָלוּ	וְנֶגְדָּם	הָעַיִן
-ᶜal	ᶜɔluʷ	wᵊnɛgᵊdɔm	hɔᶜayin
auf	hinauf-zogen-sie	(geradeaus=)ihnen-von-gegenüber-und	Quelle-(der=)die

בַּמַּעֲלֵה	דָּוִיד	עִיר	מַעֲלוֹת
bammaᶜᵃlɛʰ	dɔwiʸd	ᶜiʸr	maᶜᵃloʷt
Anstieg-(den)-(über=)in	David(s)	Stadt-(zur)	(Stufen=)Aufgängen-(den)

דָּוִיד	לְבֵית	מֵעַל	לַחוֹמָה
dɔwiʸd	lᵊbeʸt	meʿal	laḥoʷmɔʰ
David(s)	Haus(es)-(des=)zu	(oberhalb=)auf-von	Mauer-(der=)die-zu

מִזְרָח׃	הַמַּיִם	שַׁעַר	וְעַד
mizᵊrɔḥ.	hammayim	šaʿar	wᵊʿad
.(Osten=)Aufgang-(im)	Wasser-(der=)die	Tor-(dem)	(zu-hin=)bis-und

הַהוֹלֶכֶת	הַשֵּׁנִית	38 וְהַתּוֹדָה
hahoʷlɛkɛt	haššeniʸt	wᵊhattoʷdɔʰ
gehende-(der=)die-(war)	,zweite-der	,(Chor-der=)Huldigung-die-Und

וַחֲצִי	אַחֲרֶיהָ	וַאֲנִי	לְמוֹאל
waḥᵃṣiʸ	ʾaḥᵃrɛʸhɔ	waʾᵃniʸ	lᵊmoʷʾl
Hälfte-(eine)-und	,her-(ihm=)ihr-hinter	ich-und	(Seite)-linken-(der)-(an=)zu

לְהַחוֹמָה	מֵעַל	הָעָם
lᵊhaḥoʷmɔʰ	meʿal	hɔʿɔm
Mauer-(der=)die-(entlang=)zu	(oberhalb=)oben-von	Volk(es)-(des=)das

וְעַד	הַתַּנּוּרִים	לְמִגְדַּל	מֵעַל
wᵊʿad	hattannuʷriʸm	lᵊmigᵊdal	meʿal
(zu-hin=)bis-und	(Back)öfen-(der=)die	Turm-(den=)zu	(über=)auf-von

39 וּמֵעַל	הָרְחָבָה׃	הַחוֹמָה
uʷmeʿal	hɔrᵊḥɔbɔʰ.	haḥoʷmɔʰ
(hinüber=)auf-von-und	,(breiten=)weite(n)-(der=)die	,Mauer-(der=)die

הַיְשָׁנָה	שַׁעַר	וְעַל־	אֶפְרַיִם	לְשַׁעַר־
hayᵊšɔnɔʰ	šaʿar	-wᵊʿal	ʾɛpᵊrayim	-lᵊšaʿar
,alte-(das=)die	,Tor-(das)	(über=)auf-und	(Efraim=)Ephraim	Tor-(dem)-zu

וּמִגְדַּל	הַדָּגִים	שַׁעַר	וְעַל־
uʷmigᵊdal	haddɔgiʸm	šaʿar	-wᵊʿal
Turm-(den)-und	Fische-(der=)die	Tor-(das)	(über=)auf-und

וְעַד	הַמֵּאָה	וּמִגְדַּל	חֲנַנְאֵל
wᵊʿad	hammeʾɔʰ	uʷmigᵊdal	ḥᵃnanᵊʾel
(zu)-bis-und	(Hundert-der=)Hammeah(s)	Turm-(den)-und	(Hananels=)Chananel(s)

הַצֹּאן	שַׁעַר
haṣṣɔʾn	šaʿar
.(Schafe=)Herde-(der=)die	Tor-(dem)

וְעָמְדוּ
wᵊʿomᵊduʷ
(auf-sich-stellten=)standen-sie-(Dann=)Und

בְּשַׁעַר
bᵊšaʿar
Tor-(am=)in

הַמַּטָּרָה׃
hammaṭṭɔrɔʰ.
.Wache-(der=)die

40 וַתַּעֲמֹדְנָה
wattaʿᵃmodᵊnɔʰ
(auf-sich-stellten=)standen-(es=)sie-Und

שְׁתֵּי
šᵊteʸ
zwei-(die)

הַתּוֹדֹת
hattoʷdot
(Chöre=)Huldigungen-(die)

בְּבֵית
bᵊbeʸt
Haus-(dem)-in

הָאֱלֹהִים
hɔʾᵋlohiʸm
,(Gottes=)Götter-(der=)die

וַאֲנִי
waʾᵃniʸ
ich-(auch=)und

וַחֲצִי
waḥᵃṣiʸ
Hälfte-(die)-und

הַסְּגָנִים
hassᵊgɔniʸm
Vorsteher-(der=)die

עִמִּי׃
ʿimmiʸ.
,mir-mit

41 וְהַכֹּהֲנִים
wᵊhakkohᵃniʸm
Priester-die-und

אֶלְיָקִים
ʾɛlᵊyɔqiʸm
,Eljakim

מַעֲשֵׂיָה
maʿᵃśeʸɔʰ
,Maaseja

מִנְיָמִין
minᵊyɔmiʸn
,Minjamin

מִיכָיָה
miʸkɔyɔʰ
,Michaja

אֶלְיוֹעֵינַי
ʾɛlᵊyoʷʿeʸnay
,Eljoënai

זְכַרְיָה
zᵊkarᵊyɔʰ
,Secharja

חֲנַנְיָה
ḥᵃnanᵊyɔʰ
(Hananja=)Chananja

בַּחֲצֹצְרוֹת׃
baḥᵃṣoṣᵊroʷt.
.Trompeten-(den)-(mit=)in

42 וּמַעֲשֵׂיָה
uʷmaʿᵃśeʸɔʰ
Maaseja-(Ferner=)Und

וּשְׁמַעְיָה
uʷšᵊmaʿᵊyɔʰ
Schemaëja-und

וְאֶלְעָזָר
wᵊʾɛlᵊʿɔzɔr
Elasar-und

וְעֻזִּי
wᵊʿuzziʸ
Ussi-und

וִיהוֹחָנָן
wiʸhoʷḥɔnɔn
Jehochanan-und

וּמַלְכִּיָּה
uʷmalᵊkiʸyɔʰ
Malkija-und

וְעֵילָם
wᵊʿeʸlɔm
Elam-und

וָעָזֶר
wɔʿɔzɛr
.Eser-und

וַיַּשְׁמִיעוּ
wayyašᵊmiʸʿuʷ
hören-(sich-ließen=)machten-(es=)sie-Und

הַמְשֹׁרְרִים
hamᵊšorᵊriʸm
,(Sänger=)Singenden-die

וְיִזְרַחְיָה
wᵊyizᵊraḥᵊyɔʰ
Jisrachja-und

הַפָּקִיד׃
happɔqiʸd.
.Leiter-der-(war)

43 וַיִּזְבְּחוּ
wayyizᵊbᵊḥuʷ
(dar-brachten=)schlachteten-sie-Und

בַיּוֹם־
-bayyoʷm
,Tag-(dem=)der-(an=)in

הַהוּא
hahuʷʾ
,da-jenem

זְבָחִים
zᵊbɔḥiʸm
(Schlacht)opfer

גְּדוֹלִים
gᵊdoʷliʸm
,große

וַיִּשְׂמָחוּ
wayyiśᵊmɔḥuʷ
,sich-freuten-sie-und

כִּי
kiʸ
denn

הָאֱלֹהִים
hɔʾᵋlohiʸm
(Gott=)Götter-die

גְּדוֹלָה	שִׂמְחָה	שִׂמְּחָם
gᵊdoʷlɔʰ	śimᵊḥɔʰ	śimmᵊḥɔm
,große	Freude	,(bereitet-Freude-ihnen=)sie-lassen-freuen-sich-hatte-(er)

שָׂמֵחוּ	וְהַיְלָדִים	הַנָּשִׁים	וְגַם
śɔmeḥuʷ	wᵊhayᵊlɔdiʸm	hannɔšiʸm	wᵊgam
.sich-freuten-(sie)	Kinder-die-und	Frauen-die	auch-und

יְרוּשָׁלַםִ	שִׂמְחַת	וַתִּשָּׁמַע
yᵊruʷšɔlaim	śimᵊḥat	wattiššɔmaʿ
Jerusalem(s)	Freude(njubel)-(der)	gehört-wurde-(es=)sie-Und

בַּיּוֹם	44 וַיִּפָּקְדוּ	מֵרָחוֹק׃
bayyoʷm	wayyippɔqᵊduʷ	merɔḥoʷq.
,Tag-(dem)-(an=)in	bestellt-wurden-(es=)sie-Und	.(weithin=)Ferne-(der)-von

לָאוֹצָרוֹת	הַנְּשָׁכוֹת	עַל־	אֲנָשִׁים	הַהוּא
lɔʾoʷṣɔroʷt	hannᵊšɔkoʷt	-ʿal	ʾᵃnɔšiʸm	hahuʷʾ
,Vorräte-(der=)zu	Gemächer-die	(über=)auf	Männer	,da-jenem

וְלַמַּעַשְׂרוֹת	לָרֵאשִׁית	לַתְּרוּמוֹת
wᵊlammaʿaśᵊroʷt	lɔreʾšiʸt	lattᵊruʷmoʷt
,Zehnte(n)-(des=)zu-und	(Besten=)Erste(n)-(des=)zu	,Abgaben-(der=)zu

מְנָאוֹת	הֶעָרִים	לִשְׂדֵי	בָּהֶם	לִכְנוֹס
mᵊnɔʾoʷt	hɛʿɔriʸm	liśᵊdeʸ	bɔhɛm	likᵊnoʷs
Anteile-(die)	Städte-(der=)die	Felder(n)-(von=)zu	ihnen-in	sammeln-zu

לַכֹּהֲנִים	הַתּוֹרָה
lakkohᵃniʸm	hattoʷrɔʰ
Priester-die-(für=)zu	(gesetzlichen=)Weisung-(der=)die

עַל־	יְהוּדָה	שִׂמְחַת	כִּי	וְלַלְוִיִּם
-ʿal	yᵊhuʷdɔʰ	śimᵊḥat	kiʸ	wᵊlalᵊwiʸyim
auf-(sich-bezog)	Juda(s)	Freude-(die)	Denn	.Leviten-(die)-(für=)zu-und

הָעֹמְדִים׃	הַלְוִיִּם	וְעַל־	הַכֹּהֲנִים
hɔʿomᵊdiʸm.	halᵊwiʸyim	-wᵊʿal	hakkohᵃniʸm
.(versahen-Dienst-den=)Stehenden-(die)	,Leviten-die	auf-und	Priester-die

מִשְׁמֶרֶת	45 וַיִּשְׁמְרוּ
mišᵊmɛrɛt	wayyišᵊmᵊruʷ
(Dienst-den=)Wache-(die)	(besorgten=)wahrten-sie-Und

אֱלֹהֵיהֶם	וּמִשְׁמֶרֶת
ᵓᵋloheʸhɛm	uʷmišᵊmɛrɛt
(Gottes-ihres=)Götter-ihre(r)	(Dienst-den=)Wache-(die)-und

הַטָּהֳרָה	וְהַמְשֹׁרְרִים	וְהַשֹּׁעֲרִים
hatṭɔhᵒrɔʰ	wᵊhamᵊšorᵊriʸm	wᵊhaššoᶜᵃriʸm
.Reinigung-(der=)die	(Sänger=)Singenden-die-(Ferner=)Und	Torwächter-die-und

כְּמִצְוַת	דָּוִיד
kᵊmiṣᵊwat	dɔwiʸd
(Anordnung-der=)Gebot-(dem)-(gemäß=)wie	David(s)

שְׁלֹמֹה	בְנוֹ׃	46 כִּי־	בִימֵי
šᵊlomoʰ	bᵊnoʷ.	-kiʸ	biʸmeʸ
,(Salomos=)Schelomo(s)-(und)	.Sohn(es)-sein(es)	Denn	Tage(n)-(den)-in

דָוִיד	וְאָסָף	מִקֶּדֶם	ראשׁ[רָאשֵׁי]
dɔwiʸd	wᵊᵓɔsɔp	miqqɛdɛm	[rɔᵓšeʸ]roᵓš
David(s)	,(Asafs=)Asaph(s)-und	,(her)-alters-von	Häupter-(es-gab)

הַמְשֹׁרְרִים	וְשִׁיר־	תְּהִלָּה
hamᵊšorᵊriʸm	-wᵊšiʸr	tᵊhillɔʰ
(Sänger=)Singenden-(der=)die	Gesang(s)-(des)-und	Lob(es)-(des)

וְהֹדוֹת	לֵאלֹהִים׃	47 וְכָל־	יִשְׂרָאֵל
wᵊhodoʷt	leᵓlohiʸm.	-wᵊkol	yiśᵊrɔᵓel
Danken(s)-(des)-und	.(Gott=)Götter-(die)-(an=)zu	(ganz=)all-Und	Israel

בִּימֵי	זְרֻבָּבֶל	וּבִימֵי
biʸmeʸ	zᵊrubbɔbɛl	uʷbiʸmeʸ
Tage(n)-(den)-in	Serubbabel(s)	(von)-Tagen-(den)-in-und

נְחֶמְיָה	נֹתְנִים	מְנָיוֹת	הַמְשֹׁרְרִים
nᵊḥɛmᵊyɔʰ	notᵊniʸm	mᵊnɔyoʷt	hamᵊšorᵊriʸm
(Nehemia=)Nechemja	gebend(e)-(war)	Anteile	Sänger-(der=)die

וְהַשֹּׁעֲרִים	דְּבַר־יוֹם
wᵊhaššoᶜᵃriʸm	yoʷm-dᵊbar
,Torwächter-(der=)die-und	(Tagessatz-den=)Tag-(von)-Sache

בְּיוֹמוֹ	וּמַקְדִּשִׁים
bᵊyoʷmoʷ	uʷmaqᵊdišiʸm
,Tag-sein(em)-(an=)in	(darbringend=)heiligend(e)-(waren-sie)-und

מַקְדִּשִׁים	וְהַלְוִיִּם	לַלְוִיִּם
maqᵊdišiʸm	wᵊhalᵊwiʸyim	lalᵊwiʸyim
(es-übergaben=)heiligend(e)-(waren)	Leviten-die-und	,Leviten-die-(für=)zu

אַהֲרֹן׃	לִבְנֵי
ʾahᵃron.	libᵊneʸ
.(Aarons=)Aharon(s)	Söhne(n)-(den=)zu

13

הַהוּא	1 בַּיּוֹם
hahuʷʾ	bayyoʷm
,da-(jenem=)jener	,Tag-(dem)-(An=)In

מֹשֶׁה	בְּסֵפֶר	נִקְרָא
mošɛʰ	bᵊsepɛr	niqᵊrɔʾ
(Moses=)Mosche(s)	Buch-(dem)-(aus=)in	(gelesen=)gerufen-wurde-(es=er)

וְנִמְצָא	הָעָם	בְּאָזְנֵי
wᵊnimᵊṣɔʾ	hɔʿɔm	bᵊʾɔzᵊneʸ
sich-fand-(es=)er-und	,Volk(es)-(des=)das	Ohren-(den)-(vor=)in

יָבוֹא	לֹא־	אֲשֶׁר	בּוֹ	כָּתוּב
yɔboʷʾ	-loʾ	ʾašɛr	boʷ	kɔtuʷb
kommen-(darf=)wird-(es=er)	nicht	dass	,ihm-in	geschrieben(er)

בִּקְהַל	וּמֹאָבִי	עַמֹּנִי
biqᵊhal	uʷmoʾɔbiʸ	ʿammoniʸ
Gemeinde-(die)-in	Moabiter-(ein)-und	Ammoniter-(ein)

לֹא	2 כִּי	עַד־עוֹלָם׃	הָאֱלֹהִים
loʾ	kiʸ	ʿoʷlɔm-ʿad.	hɔʾᵋlohiʸm
nicht	Denn	.(immer-für=)ewig-bis	(Gottes=)Götter-(der=)die

בַּלֶּחֶם	יִשְׂרָאֵל	אֶת־בְּנֵי	קִדְּמוּ
ballɛḥɛm	yiśᵊrɔʾel	bᵊneʸ-ʾɛt	qiddᵊmuʷ
Brot-(mit=)in	Israel(s)	Söhne(n)-(den)***	gekommen-entgegen-waren-sie

עָלָיו	וַיִּשְׂכֹּר	וּבַמַּיִם
ʿɔlɔʸw	wayyiśᵊkor	uʷbammɔyim
(sie-gegen=)ihm-auf	dang-(man=)er-(sondern=)und	,Wasser(n)-(mit=)in-und

לְקַלְלוֹ	אֶת־בִּלְעָם
lᵊqalᵊloʷ	bilᵊʿɔm-ʾɛt
,(ihnen=)ihm-fluchen-zu-(um)	Bileam-(den)***

הַקְּלָלָה	אֱלֹהֵינוּ	וַיַּהֲפֹךְ	
haqqəlɔlɔh	ʾɛloheynuw	wayyahapok	
Fluch-(den=)der	,(Gott=)Götter-unser(e)	(um-kehrte=)wandte-(es=)er-(aber=)und	
כְּשָׁמְעָם	3 וַיְהִי	לִבְרָכָה׃	
kəšɔməʿɔm	wayəhiy	libərɔkɔh.	
(hatten-gehört-sie-als=)Hören-ihr-wie	,(nun)-war-(es=)er-Und	.Segen-(in=)zu	
עֵרֶב	כָל־	וַיַּבְדִּילוּ	אֶת־הַתּוֹרָה
ʿerɛb	-kol	wayyabədiyluw	hattowrɔh-ʾɛt
Gemisch	(jedes=)all	aus-schieden-sie-(da=)und	,Weisung-die***
אֶלְיָשִׁיב	מִזֶּה	4 וְלִפְנֵי	מִיִּשְׂרָאֵל׃
ʾɛləyɔšiyb	mizzɛh	wəlipəney	miyyiśərɔʾel.
,Eljaschib-(war)	(Zeit)-dieser-(von)	(vor=)Gesichter-zu-Und	.Israel-(aus=)von
בֵּית־	בְּלִשְׁכַּת	נָתוּן	הַכֹּהֵן
-beyt	bəlišəkat	nɔtuwn	hakkohen
Haus(es)-(des)	Kammer-(die)-(über=)in	(gesetzt=)Gegebener	,Priester-der
לְטוֹבִיָּה׃	קָרוֹב	אֱלֹהֵינוּ	
lətowbiyyɔh.	qɔrowb	ʾɛloheynuw	
,Tobija(s)-(des=)zu	(Verwandter=)Naher-(ein-war-er)	,(Gottes=)Götter-unsere(s)	
גְדוֹלָה	לִשְׁכָּה	לוֹ	5 וַיַּעַשׂ
gədowlɔh	lišəkɔh	low	wayyaʿaś
,große	Kammer-(eine)	(ihn-für=)ihm-zu	machte-er-und
לְפָנִים	הָיוּ	וְשָׁם	
ləpɔniym	hɔyuw	wəšɔm	
(früher=)Gesichter-zu	waren-sie	dort-(hingegen=)und	
הַלְּבוֹנָה	אֶת־הַמִּנְחָה	נֹתְנִים	
halləbownɔh	hamminəḥɔh-ʾɛt	notəniym	
Weihrauch-(den=)der	,Speiseopfer-das***	(aufbewahrend=)Gebende	
הַדָּגָן	וּמַעְשַׂר	וְהַכֵּלִים	
haddɔgɔn	uwmaʿəśar	wəhakkeliym	
,Getreide(s)-(des=)das	Zehnte(n)-(den)-und	(Gefäße=)Geräte-die-und	
הַלְוִיִּם	מִצְוַת	וְהַיִּצְהָר	הַתִּירוֹשׁ
haləwiyyim	miṣəwat	wəhayyiṣəhɔr	hattiyrowš
Leviten-die-(für)	Anordnung-(nach)	,Öl(s)-(des=)das-und	Most(es)-(des=)der

וְהַמְשֹׁרְרִים
wəhaməšorəriym
(Sänger=)Singenden-die-und

וְהַשֹּׁעֲרִים
wəhaššoʿariym
,Torwächter-die-und

וּתְרוּמַת
uwtəruwmat
(für)-Abgabe-(die)-(sowie=)und

הַכֹּהֲנִים׃
hakkohaniym.
.Priester-die

6 וּבְכָל־זֶה
zɛh-uwbəkol
(alledem-während=)dieser-all-in-Und

לֹא
loʾ
nicht

הָיִיתִי
hɔyiytiy
gewesen-war-ich

בִּירוּשָׁלִָם
biyruwšɔlɔim
,Jerusalem-in

כִּי
kiy
denn

בִּשְׁנַת
bišənat
Jahr-(dem)-in

שְׁלֹשִׁים
šəlošiym
dreißig

וּשְׁתַּיִם
uwšətayim
zwei-und

לְאַרְתַּחְשַׁסְתְּא
ləʾarətaḥəšasətəʾ
,(Artaxerxes=)Artachschast-(des=)zu

מֶלֶךְ־
-mɛlɛk
(von)-König

בָּבֶל
bɔbɛl
,Babel

בָּאתִי
bɔʾtiy
gekommen-war-ich

אֶל־
-ʾɛl
zu

הַמֶּלֶךְ
hammɛlɛk
,König-(dem=)der

וּלְקֵץ
uwləqeṣ
(von)-(Ablauf-nach=)Ende-zu-und

יָמִים
yɔmiym
(Zeit-einiger=)Tage

נִשְׁאַלְתִּי
nišəʾalətiy
(Urlaub=)frei-mich-für-erbat-ich

מִן־
-min
von

הַמֶּלֶךְ׃
hammɛlɛk.
.König-(dem=)der

7 וָאָבוֹא
wɔʾɔbowʾ
kam-ich-(Als=)Und

לִירוּשָׁלִָם
liyruwšɔlɔim
Jerusalem-(nach=)zu

וָאָבִינָה
wɔʾɔbiynɔh
(bemerkte=)Acht-gab-(ich)-und

בָרָעָה
bɔrɔʿɔh
,Unheil-das-(***=in)

אֲשֶׁר
ʾašɛr
welch(es)

עָשָׂה
ʿɔśɔh
(angerichtet=)gemacht-hat(te)-(es=er)

אֶלְיָשִׁיב
ʾɛləyɔšiyb
Eljaschib

לְטוֹבִיָּה
lətowbiyyɔh
,Tobija(s)-zu(gunsten)

לַעֲשׂוֹת
laʿaśowt
(einrichtend=)machen-zu

לוֹ
low
(ihn-für=)ihm-zu

נִשְׁכָּה
niškɔh
Kammer-(eine)

בְּחַצְרֵי
bəḥaṣərey
Höfe(n)-(den)-in

בֵּית
beyt
Haus(es)-(des)

הָאֱלֹהִים׃
hɔʾɛlohiym.
,(Gottes=)Götter-(der=)die

וָאַשְׁלִ֫יכָה	מְאֹד	לִי	8 וַיֵּרַע
wɔʾašᵊliʸkɔʰ	mᵊʾod	liʸ	wayyeraʿ
warf-ich-und	,sehr	mir-(zu)	(missfiel=)schlecht-war-(es=)er-(da=)und

טוֹבִיָּה	בֵית־	כְּלֵי	אֶת־כָּל־
ṭoʷbiʸyɔʰ	-beʸt	kᵊleʸ	-kol-ʾɛt
Tobija	(von)-Haus(es)-(des)	(Gegenstände=)Geräte	all(e)***

הַלִּשְׁכָּה׃	מִן־	הַחוּץ
hallišᵊkɔʰ.	-min	haḥuʷṣ
.Kammer-(der=)die	(aus=)von	(hinaus=)Draußen-der

וַיְטַהֲרוּ	9 וָאֹמְרָה
wayᵊṭahᵃruʷ	wɔʾomᵊrɔʰ
(reinige-man=)reinigten-sie-(dass=)und	,(befahl=)sprach-ich-(Dann=)Und

כְּלֵי	שָׁם	וָאָשִׁיבָה	הַלְּשָׁכוֹת
kᵊleʸ	šɔm	wɔʾɔšiʸbɔʰ	hallᵊšɔkoʷt
Geräte-die	dort(hin)	zurückbringen-(ließ=)machte-ich-und	,Gemächer-die

אֶת־הַמִּנְחָה	הָאֱלֹהִים	בֵּית
hamminᵊḥɔʰ-ʾɛt	hɔʾᵋlohiʸm	beʸt
Speiseopfer-das***	,(Gottes=)Götter-(der=)die	Haus(es)-(des)

מְנָיוֹת	כִּי־	10 וָאֵדְעָה	וְהַלְּבוֹנָה׃
mᵊnɔyoʷt	-kiʸ	wɔʾedᵊʿɔʰ	wᵊhallᵊboʷnɔʰ.
Anteile-(die)	dass	,(erfuhr=)wusste-ich-Und	.Weihrauch-(den=)der-und

נִתָּנָה	לֹא	הַלְוִיִּם
nittɔnɔʰ	loʾ	halᵊwiʸyim
,(geliefert=)gegeben-wurde(n-sie)	nicht	Leviten-(der=)die

לְשָׂדֵהוּ	אִישׁ־	וַיִּבְרְחוּ
lᵊśɔdehuʷ	-ʾiʸš	wayyibᵊrᵊḥuʷ
,Feld-sein(em)-zu	(jeder=)Mann	geflohen-war(en)-(es=sie)-(sodass=)und

עֹשֵׂי	וְהַמְשֹׁרְרִים	הַלְוִיִּם
ʿośeʸ	wᵊhamᵊšorᵊriʸm	halᵊwiʸyim
(Tuenden=)Machende(n)-(die)	,(Sänger=)Singenden-die-und	Leviten-die

11 וָאָרִ֫יבָה	הַמְּלָאכָה׃
wɔʾɔriʸbɔʰ	hammᵊlɔʾkɔʰ.
(Rede-zur-stellte=)stritt-ich-(Da=)Und	.(Dienst-den=)Arbeit-die

בֵּית־	נֶעֱזַב	מַדּוּעַ	וָאֹמְרָה	אֶת־הַסְּגָנִים
-beʸt	nɛᶜᵋzab	madduʷaᶜ	wɔʾomᵊrɔʰ	hassᵊgoniʸm-ʾɛt
Haus-(das)	verlassen-ist-(es=er)	Warum	:sagte-(ich)-und	Vorsteher-die***

וָאֶקְבְּצֵם	הָאֱלֹהִים
wɔʾɛqᵊbᵊṣem	hɔʾᵋlohiʸm
sie-sammelte-ich-(Hierauf=)Und	?(Gottes=)Götter-(der=)die

עָמְדָם׃	עַל־	וָאַעֲמִדֵם
ᶜomᵊdɔm.	-ᶜal	wɔʾaᶜᵃmidem
.(Platz-ihren=)Stehen-ihr	auf	sie-(stellte=)stehen-machte-ich-und

הֵבִיאוּ	יְהוּדָה	12 וְכָל־
hebiʸʾuʷ	yᵊhuʷdɔʰ	-wᵊkol
(brachte=)kommen-machte(n)-(es=sie)	Juda	(ganz=)all-Und

וְהַתִּירוֹשׁ	הַדָּגָן	מַעְשַׂר
wᵊhattiʸroʷš	haddɔgɔn	maᶜᵊśar
Most(es)-(des=)der-und	Getreide(s)-(des=)das	Zehnte(n)-(den)

לָאוֹצָרוֹת׃	וְהַיִּצְהָר
lɔʾoʷṣɔroʷt.	wᵊhayyiṣᵊhɔr
.Vorratskammern-die-(in=)zu	Öl(s)-(des=)das-und

עַל־	13 וָאוֹצְרָה
-ᶜal	wɔʾoʷṣᵊrɔʰ
(über=)auf	(Aufsicht-zur-bestellte=)anlegen-Vorrat-machte-ich-Und

וְצָדוֹק	הַכֹּהֵן	שֶׁלֶמְיָה	אוֹצָרוֹת
wᵊṣɔdoʷq	hakkohen	šɛlɛmᵊyɔʰ	ʾoʷṣɔroʷt
,Zadok-und	,Priester-(den=)der	,Schelemja	Vorratskammern-(die)

מִן־	וּפְדָיָה	הַסּוֹפֵר
-min	uʷpᵊdɔyɔʰ	hassoʷper
von	Pedaja-und	,(Schriftgelehrten=)Schreibende(n)-(den=)der

בֶּן־	חָנָן	יָדָם	וְעַל־	הַלְוִיִּם
-bɛn	ḥɔnɔn	yɔdɔm	-wᵊᶜal	halᵊwiʸyim
Sohn	(Hanan=)Chanan	(Seite=)Hand-ihre	(an=)auf-und	,Leviten-(den=)die

נֶאֱמָנִים	כִּי	מַתַּנְיָה	בֶּן־	זַכּוּר
nɛʾᵋmɔniʸm	kiʸ	mattanᵊyɔʰ	-bɛn	zakkuʷr
zuverlässig(e)	denn	,Mattanja(s)	Sohn(es)-(des)	,Sakkur(s)

לַחֲלֹק	וַעֲלֵיהֶם	נֶחְשָׁבוּ
laḥ^{a}loq	wa^{ca}le^{y}hɛm	nɛḥ^{ə}šɔbu^{w}
verteilen-zu	(es-oblag-ihnen=)ihnen-auf-und	,(befunden=)gerechnet-wurden-sie

אֱלֹהַי	לִי	14 זָכְרָה־	לַאֲחֵיהֶם׃
^{ɔɛ}lohay	li^{y}	-zok^{ə}ro^{h}	la^{ɔa}ḥe^{y}hɛm.
,(Gott=)Götter-mein(e)	,mir-(zu)	Gedenke	.Brüder-ihre-(an=)zu

תֶּמַח	וְאַל־	עַל־זֹאת
tɛmaḥ	-w^{əɔ}al	zo^{ɔ}t-^{c}al
(auslöschen=)tilgen-(mögest=)wirst-du	nicht-und	,(dessen=)diese-auf

אֲשֶׁר	חֲסָדַי
^{ɔa}šɛr	ḥ^{a}sɔday
welch(e)	,(Handlungen-frommen=)Barmherzigkeiten-meine

אֱלֹהַי	בְּבֵית	עָשִׂיתִי
^{ɔɛ}lohay	b^{ə}be^{y}t	^{c}ɔśi^{y}ti^{y}
(Gottes-meines=)Götter-meine(r)	Haus-(dem)-in	(getan=)gemacht-habe-ich

הָהֵמָּה	15 בַּיָּמִים	וּבְמִשְׁמְרָיו׃
hɔhemmɔ^{h}	bayyɔmi^{y}m	u^{w}b^{ə}miš^{ə}mɔrɔ^{y}w.
,da-jene(n)	,Tagen-(den)-In	!(Obliegenheiten=)Wachen-seine-(für=)in-und

בַּשַּׁבָּת	גִּתּוֹת	דֹּרְכִים־	בִיהוּדָה	רָאִיתִי
baššabbɔt	gitto^{w}t	-dor^{ə}ki^{y}m	bi^{y}hu^{w}dɔ^{h}	rɔ^{ɔ}i^{y}ti^{y}
Sabbat-(am=)im	Kelter(n)	Tretende	Juda-in	sah-ich

וְעֹמְסִים	הָעֲרֵמוֹת	וּמְבִיאִים
w^{əc}om^{ə}si^{y}m	hɔ^{ca}remo^{w}t	u^{w}m^{ə}bi^{yɔ}i^{y}m
Ladende-und	(Garben=)Getreidehaufen	(Einbringende=)Machende-kommen-und

וְכָל־	וּתְאֵנִים	עֲנָבִים	יַיִן	וְאַף־	הַחֲמֹרִים	עַל־
-w^{ə}kol	u^{w}t^{əɔ}eni^{y}m	^{ca}nɔbi^{y}m	yayin	-w^{əɔ}ap	haḥ^{a}mori^{y}m	-^{c}al
all(erart)-und	Feigen-und	Trauben	,Wein	auch-und	,Esel-die	auf

יְרוּשָׁלַםִ	וּמְבִיאִים	מַשָּׂא
y^{ə}ru^{w}šɔlaim	u^{w}m^{ə}bi^{yɔ}i^{y}m	maśśɔ^{ɔ}
Jerusalem-(nach)	(bringend=)Machende-kommen-(zwar)-und	,Last

וָאָעִיד	הַשַּׁבָּת	בְּיוֹם
wɔ^{ɔ}ɔ^{c}i^{y}d	haššabbɔt	b^{ə}yo^{w}m
warnte-ich-Und	.(Ruhefeier-der=)Sabbat(s)-(des=)der	Tag-(einem)-(an=)in

16 וְהַצֹּרִים	צַיִד׃	מִכְרָם	בְּיוֹם
w^{ə}haṣṣori^{y}m	ṣɔyid.	mik^{ə}rɔm	b^{ə}yo^{w}m
,Tyrier-die-(Auch=)Und	.Ertrag-(den)	Verkaufen(s)-ihr(es)	Tag-(am=)in

דָּאג	מְבִיאִים	בָּהּ	יָשְׁבוּ
dɔʾg	m^{ə}bi^{y}ʾi^{y}m	bɔh	yɔš^{ə}bu^{w}
Fisch(e)	(bringend=)machend(e)-kommen-(waren)	,ihr-in	wohnten-(die=)sie

בַּשַּׁבָּת	וּמֹכְרִים	מֶכֶר	וְכָל־
baššabbɔt	u^{w}mok^{ə}ri^{y}m	mɛkɛr	-w^{ə}kol
Sabbat-(am=)im	verkaufend(e)-und	Verkaufsware	all(erlei)-und

וּבִירוּשָׁלָםִ׃	יְהוּדָה	לִבְנֵי
u^{w}bi^{y}ru^{w}šɔlɔim.	y^{ə}hu^{w}dɔ^{h}	lib^{ə}ne^{y}
.Jerusalem-in-und	Juda	(von)-Söhne-(die)-(an=)zu

יְהוּדָה	חֹרֵי	אֵת	17 וָאָרִיבָה
y^{ə}hu^{w}dɔ^{h}	ḥore^{y}	ʾet	wɔʾɔri^{y}bɔ^{h}
Juda(s)	Vornehmen-(die)	***	(Rede-zur-stellte=)stritt-ich-(Da=)Und

הַזֶּה	הָרָע	הַדָּבָר	מָה־	לָהֶם	וָאֹמְרָה
hazzɛ^{h}	hɔrɔʿ	haddɔbɔr	-mɔ^{h}	lɔhɛm	wɔʾom^{ə}rɔ^{h}
,da-dies(e)	,böse-(die=)der	,Sache-die	(soll)-Was	:ihnen-zu	sagte-(ich)-und

וּמְחַלְּלִים	עֹשִׂים	אַתֶּם	אֲשֶׁר
u^{w}m^{ə}ḥall^{ə}li^{y}m	ʿośi^{y}m	ʾattɛm	ʾ^{a}šɛr
entweihend(e)-(dabei=)und	,(tuend=)machend(e)	(seid)-ihr	(die=)welch(e)

כֹּה	18 הֲלוֹא	הַשַּׁבָּת׃	אֶת־יוֹם
ko^{h}	h^{a}lo^{w}ʾ	haššabbɔt.	yo^{w}m-ʾɛt
so	nicht-Etwa	?(Ruhefeier-der=)Sabbat(s)-(des=)der	Tag-(den)***

וַיָּבֵא	אֲבֹתֵיכֶם	עָשׂוּ
wayyɔbeʾ	ʾ^{a}bote^{y}kɛm	ʿɔśu^{w}
(brachte=)kommen-machte-(es=)er-und	,Väter-eure	(taten=)machten-(sie)

הָרָעָה	כָּל־	אֵת	עָלֵינוּ	אֱלֹהֵינוּ
hɔrɔʿɔ^{h}	-kol	ʾet	ʿɔle^{y}nu^{w}	ʾ^{ɛ}lohe^{y}nu^{w}
,(Unheil-das=)Schlechte-die	all	***	uns-(über=)auf	(Gott=)Götter-unser(e)

מוֹסִיפִים	וְאַתֶּם	הַזֹּאת	הָעִיר	וְעַל	הַזֹּאת
mo^{w}si^{y}pi^{y}m	w^{ə}ʾattɛm	hazzoʾt	hɔʿi^{y}r	w^{ə}ʿal	hazzoʾt
vermehrend(e)	(seid)-ihr-und	,da-diese	,Stadt-die	auf-und	,da-diese(s)

לְחַלֵּל	יִשְׂרָאֵל	עַל־	חֲרוֹן
lᵊḥallel	yiśᵊrɔʾel	-ʿal	ḥɔrowⁿ
(entweiht-ihr-da=)entweihen-zu	,Israel	(gegen=)auf	(Grimm-den=)Glut

כַּאֲשֶׁר	19 וַיְהִי	אֶת־הַשַּׁבָּת׃
kaʾašɛr	wayᵊhiʸ	haššabbɔt-ʾɛt.
(sobald=)welch(es)-wie	,(nun)-war-(es=)er-Und	!Sabbat-(den=)der***

יְרוּשָׁלַם	שַׁעֲרֵי	צָלֲלוּ
yᵊruʷšɔlaim	šaʿareʸ	ṣɔlᵃluʷ
Jerusalem	(von)-Tore-(die)	warfen-Schatten-(sie)

וָאֹמְרָה	הַשַּׁבָּת	לִפְנֵי
wɔʾomᵊrɔʰ	haššabbɔt	lipᵊneʸ
,(befahl=)sagte-ich-(da=)und	,Sabbat-(dem=)der	(vor-unmittelbar=)Gesichter-zu

וָאֹמְרָה	הַדְּלָתוֹת	וַיִּסָּגְרוּ
wɔʾomᵊrɔʰ	haddᵊlɔtoʷt	wayyissɔgᵊruʷ
,(befahl=)sagte-ich-und	,Tore-die	geschlossen-wurden-(sie)-(dass=)und

הַשַּׁבָּת	אַחַר	עַד	יִפְתָּחוּם	לֹא	אֲשֶׁר
haššabbɔt	ʾaḥar	ʿad	yipᵊtɔḥuʷm	loʾ	ʾašɛr
.Sabbat-(dem=)der	nach	bis	sie-öffnen-(dürfen=)werden-sie	nicht	dass

עַל־	הֶעֱמַדְתִּי	וּמִנְּעָרַי
-ʿal	hɛʿɛmadᵊtiʸ	uʷminnᵊʿɔray
(an=)auf	(stellte=)stehen-machte-ich	Knappen-meine(n)-von-(einige)-Und

יָבוֹא	לֹא־	הַשְּׁעָרִים
yɔboʷʾ	-loʾ	haššᵊʿɔriʸm
(herein)kommen-(konnte=)wird-(es=er)	nicht-(dass)	,Tore-die

הַשַּׁבָּת׃	בְּיוֹם	מַשָּׂא
haššabbɔt.	bᵊyoʷm	maśśɔʾ
.(Ruhefeier-der=)Sabbat(s)-(des=)der	Tag-(am=)in	(Ware=)Last-(eine)

כָּל־	וּמֹכְרֵי	הָרֹכְלִים	20 וַיָּלִינוּ
-kol	uʷmokᵊreʸ	hɔrokᵊliʸm	wayyɔliʸnuʷ
all(erlei)	(von)-Verkäufer-(die)-und	Krämer-die	übernachteten-(es=)sie-Und

פַּעַם	לִירוּשָׁלַם	מִחוּץ	מִמְכָּר
paʿam	liʸruʷšɔlɔim	miḥuʷṣ	mimᵊkɔr
Mal-(ein)	Jerusalem-(von=)zu	(außerhalb=)außen-von	Verkaufsware

וְאֹמְרָה	בָּהֶם	21 וָאָעִידָה	וּשְׁתָּיִם:
wɔʾomᵊrɔʰ	bɔhɛm	wɔʾɔʿiʸdɔʰ	uʷšᵊtɔyim.
sagte-(ich)-und	sie-(***=in)	warnte-ich-(Aber=)Und	.(Mal-)zwei-und

הַחוֹמָה	נֶגֶד	לֵנִים	אַתֶּם	מַדּוּעַ	אֲלֵיהֶם
haḥoʷmɔʰ	nɛgɛd	leniʸm	ʾattɛm	madduʷaʿ	ʾaleʸhɛm
?Mauer-(der=)die	gegenüber	übernachtend(e)	(seid)-ihr	Warum	:ihnen-zu

אֶשְׁלַח	יָד	תִּשְׁנוּ	אִם־
ʾɛšᵊlaḥ	yɔd	tišᵊnuʷ	-ʾim
(anlegen-Hand-werde-ich=)schicke-ich	Hand	,wiederholt-(es)-ihr	Wenn

בָּאוּ	לֹא־	הַהִיא	הָעֵת	מִן־	בָּכֶם
bɔʾuʷ	-loʾ	hahiʸʾ	hɔʿet	-min	bɔkɛm
kamen-sie	(mehr)-nicht	,da-jene(r)	,Zeit-(der=)die	Von	!euch-(an=)in

אֲשֶׁר	לַלְוִיִּם	22 וָאֹמְרָה	בַּשַּׁבָּת:
ʾašɛr	lalᵊwiʸyim	wɔʾomᵊrɔʰ	baššabbɔt.
dass	,Leviten-(den=)zu	(befahl=)sagte-ich-Und	.Sabbat-(am=)im

וּבָאִים	מִטַּהֲרִים	יִהְיוּ
uʷbɔʾiʸm	mitṭahᵃriʸm	yihᵊyuʷ
(sind)-kommend(e)-(sie)-(wenn=)und	,gereinigt(e)	sein-(müssen=)werden-sie

אֶת־יוֹם	לְקַדֵּשׁ	הַשְּׁעָרִים	שֹׁמְרִים
yoʷm-ʾɛt	lᵊqaddeš	haššᵊʿɔriʸm	šomᵊriʸm
Tag-(den)***	(heilig-halten=)heiligen-zu-(um)	,Tore-die-(an)	Wächter-(als)

לִי	זָכְרָה־	זֹאת	גַּם־	הַשַּׁבָּת
liʸ	-zokᵊroʰ	zoʾt	-gam	haššabbɔt
,mir-(zu)	gedenke	(das=)diese	Auch	.Sabbat(s)-(des=)der

עָלַי	וְחוּסָה	אֱלֹהַי
ʿɔlay	wᵊḥuʷsɔʰ	ʾᵋlohay
(meiner=)mir-auf	dich-erbarme-und	,(Gott=)Götter-mein(e)

בַּיָּמִים	23 גַּם	חַסְדֶּךָ:	כְּרֹב
bayyɔmiʸm	gam	ḥasᵊdɛkɔ.	kᵊrob
,Tage(n)-(den=)die-in	Auch	!Gnade-deine(r)	Fülle-(der)-(gemäß=)wie

הֹשִׁיבוּ	אֶת־הַיְּהוּדִים	רָאִיתִי	הָהֵם
hošiʸbuʷ	hayyᵊhuʷdiʸm-ʾɛt	rɔʾiʸtiʸ	hɔhem
(heirateten=)wohnen-machten-(sie)	,Juden-die***	sah-ich	,da-jene(n)

נָשִׁים
nɔšiʸm
Frauen

אַשְׁדּוֹדִיּוֹת[אַשְׁדֳּדִיּוֹת]
[ʾašᵊdᵒdiʸyoʷt]ʾašᵊdoʷdiʸyoʷt
,aschdoditische

עַמּוֹנִיּוֹת[עַמֳּנִיּוֹת]
[ʿammᵒniʸyoʷt]ʿammoʷniʸyoʷt
ammonitische

מוֹאֲבִיּוֹת׃
moʷʾᵃbiʸyoʷt.
.moabitische-(und)

24 וּבְנֵיהֶם
uʷbᵊneʸhɛm
,(Kinder=)Söhne-ihre-Und

חֲצִי
ḥᵃṣiʸ
Hälfte-(die)

מְדַבֵּר
mᵊdabber
sprechend(er)-(war)

אַשְׁדּוֹדִית
ʾašᵊdoʷdiʸt
,aschdoditisch

וְאֵינָם
wᵊʾeʸnɔm
sie-nicht-und

מַכִּירִים
makkiʸriʸm
(verstanden=)erkennend(e)-(waren)

לְדַבֵּר
lᵊdabber
sprechen-zu

יְהוּדִית
yᵊhuʷdiʸt
jüdisch

וְכִלְשׁוֹן
wᵊkilᵊšoʷn
(Sprache=)Zunge-(der)-(nach=)wie-(oder=)und

עַם
ʿam
Volk(es)-(eines)

וָעָם׃
wɔʿɔm.
.Volk(es)-(anderen)-(oder=)und

25 וָאָרִיב
wɔʾɔriʸb
stritt-ich-(Da=)Und

עִמָּם
ʿimmɔm
ihnen-mit

וָאֲקַלְלֵם
wɔʾᵃqalᵊlem
,sie-(ver)fluchte-(ich)-und

וָאַכֶּה
wɔʾakkɛʰ
schlug-ich-und

מֵהֶם
mehɛm
ihnen-von

אֲנָשִׁים
ʾᵃnɔšiʸm
,Männer-(einige)

וָאֶמְרְטֵם
wɔʾɛmᵊrᵊṭem
(aus-Haare-ihnen-raufte=)sie-zerzauste-ich-und

וָאַשְׁבִּיעֵם
wɔʾašᵊbiʸʿem
sie-(beschwor=)schwören-machte-(ich)-und

בֵּאלֹהִים
beʾlohiʸm
:(Gott-bei=)Götter-in

אִם־
-ʾim
(Nicht=)Wenn

תִּתְּנוּ
tittᵊnuʷ
(ver)geben-(dürft=)werdet-ihr

בְנֹתֵיכֶם
bᵊnoteʸkɛm
Töchter-eure

לִבְנֵיהֶם
libᵊneʸhɛm
,Söhne-(deren=)ihre-(an=)zu

וְאִם־
-wᵊʾim
(nicht=)wenn-und

תִּשְׂאוּ
tiśᵊʾuʷ
(nehmen=)aufheben-(dürft=)werdet-ihr

מִבְּנֹתֵיהֶם
mibbᵊnoteʸhɛm
Töchter(n)-(deren=)ihre(n)-von

לִבְנֵיכֶם
libᵊneʸkɛm
Söhne-eure-(für=)zu

וְלָכֶם׃
wᵊlɔkɛm.
!euch-(für=)zu-und

שְׁלֹמֹה	חָטָא־	עַל־אֵלֶּה	26 הֲלוֹא
šᵊlomoʰ	-ḥɔṭɔʾ	ʾellɛʰ-ʿal	hᵃloʷʾ
,(Salomo=)Schelomo	gesündigt-hat-(es=er)	(deswegen=)diese-auf	nicht-Etwa

וּבַגּוֹיִם	יִשְׂרָאֵל	מֶלֶךְ
uʷbaggoʷyim	yiśᵊrɔʾel	mɛlɛk
,Völker(n)-(den=)die-(unter=)in-(doch=)und	,Israel	(von)-König-(der)

כָּמֹהוּ	מֶלֶךְ	הָיָה	לֹא־	הָרַבִּים
kɔmohuʷ	mɛlɛk	hɔyɔʰ	-loʾ	hɔrabbiʸm
,(seinesgleichen=)er-wie	König-(ein)	war-(es=er)	nicht	,vielen-(den=)die

הָיָה	לֵאלֹהָיו	וְאָהוּב
hɔyɔʰ	leʾlohɔʸw	wᵊʾɔhuʷb
,war-er	(Gott-seinem=)Götter(n)-seine(n)-(von=)zu	geliebt(er)-und

עַל־	מֶלֶךְ	אֱלֹהִים	וַיִּתְּנֵהוּ
-ʿal	mɛlɛk	ʾᵋlohiʸm	wayyittᵊnehuʷ
(über=)auf	König-(als)	(Gott=)Götter	ihn-(ein-setzte=)gab-(es=)er-und

אוֹתוֹ	גַּם־	יִשְׂרָאֵל	כָּל־
ʾoʷtoʷ	-gam	yiśᵊrɔʾel	-kol
ihn	auch-(Aber)	.Israel	(ganz=)all

הַנָּכְרִיּוֹת׃	הַנָּשִׁים	הֶחֱטִיאוּ
hannokᵊriʸyoʷt.	hannɔšiʸm	hɛḥᵉṭiʸʾuʷ
.ausländische(n)-die	,Frauen-die	(verführten=)sündigen-machten-(es=sie)

הֲנִשְׁמַע	27 וְלָכֶם
hᵃnišᵊmaʿ	wᵊlɔkɛm
,werden-(vernommen=)gehört-(sollte=)wird-(es=)er-etwa	euch-(von=)zu-Und

הָרָעָה	כָּל־	אֵת	לַעֲשֹׂת
hɔrɔʿɔʰ	-kol	ʾet	laʿᵃśot
,(Unrecht-das=)Schlechte-die	all	***	(begeht-ihr-dass=)machen-zu

לִמְעֹל	הַזֹּאת	הַגְּדוֹלָה
limᵊʿol	hazzoʾt	haggᵊdoʷlɔʰ
treulos-sein-zu	,da-diese(s)	,große-(das=)die

בֵּאלֹהֵינוּ
beʾloheʸnuʷ
,(Gott-unseren=)Götter-unsere-(gegen=)in

לְהֹשִׁיב lᵊhošiʸb (heiratet-ihr-indem=)wohnen-machen-zu
נָשִׁים nɔšiʸm Frauen
נָכְרִיּוֹת׃ nokᵊriʸyoʷt. ?ausländische

28 וּמִבְּנֵי uʷmibbᵊneʸ Söhne(n)-(den)-von-(einer)-Und
יוֹיָדָע yoʷyɔdɔʿ Jojada(s)
בֶּן־ -bɛn Sohn
אֶלְיָשִׁיב ʾɛlᵊyɔšiʸb ,Eljaschib(s)

הַכֹּהֵן hakkohen -,Priester-der
הַגָּדוֹל haggɔdoʷl ,(Hohenpriesters-des=)große-der
חָתָן ḥɔtɔn Schwiegersohn-(war)

לְסַנְבַלַּט lᵊsanᵊballaṭ ,Sanballat-(von=)zu
הַחֹרֹנִי haḥoroniʸ ,(Horoniter=)Choroniter-(dem=)der

וָאַבְרִיחֵהוּ wɔʾabᵊriʸḥehuʷ ihn-(vertrieb=)fliehen-machte-ich-(also=)und
מֵעָלָי׃ meʿɔlɔy. .(mir-von-hinweg=)mir-auf-von

29 זָכְרָה zokᵊrɔʰ Gedenke
לָהֶם lɔhɛm ,(ihrer=)ihnen-zu
אֱלֹהָי ʾᵋlohɔy ,(Gott=)Götter-mein(e)
עַל ʿal (ob=)auf

גָּאֳלֵי goʾᵒleʸ Befleckungen-(der)
הַכְּהֻנָּה hakkᵊhunnɔʰ Priestertum(s)-(des=)das
וּבְרִית uʷbᵊriʸt (mit)-Bund(es)-(des)-und

הַכְּהֻנָּה hakkᵊhunnɔʰ (Priesterschaft-der=)Priesteramt-(dem=)das
וְהַלְוִיִּם׃ wᵊhalᵊwiʸyim. !Leviten-(den=)die-und

30 וְטִהַרְתִּים wᵊṭiharᵊtiʸm sie-reinigte-ich-(Dann=)Und
מִכָּל־ -mikkol all(em)-von
נֵכָר nekɔr Fremd(en)

וָאַעֲמִידָה wɔʾaʿᵃmiʸdɔʰ (auf-stellte=)stehen-machte-(ich)-und
מִשְׁמָרוֹת mišᵊmɔroʷt Dienstordnungen
לַכֹּהֲנִים lakkohᵃniʸm Priester-die-(für=)zu

וְלַלְוִיִּם wᵊlalᵊwiʸyim ,Leviten-(die)-(für=)zu-und
אִישׁ ʾiʸš (jeden-einem=)Mann

בְּמְלַאכְתּוֹ:
bimᵊlaʾkᵊtoʷ.
.(Dienst-seinen=)Arbeit-seine-(für=)in

31 וּלְקֻרְבַּן
uʷlᵊqurᵊban
Lieferung-(die)-(für=)zu-(Auch=)Und

הָעֵצִים
hɔʿeṣiʸm
(Holz-von=)Hölzer-(der=)die

בְּעִתִּים
bᵊʿittiʸm
Zeiten-(zu=)in

מְזֻמָּנוֹת
mᵊzummɔnoʷt
festgesetzte(n)

וְלַבִּכּוּרִים
wᵊlabbikkuʷriʸm
.Erstlinge-die-(für=)zu-und

זָכְרָה־
-zokᵊroʰ
Gedenke

לִי
liʸ
,(meiner=)mir-zu

אֱלֹהַי
ʾɛlohay
,(Gott=)Götter-mein(e)

לְטוֹבָה:
lᵊṭoʷbɔʰ.
!(Guten-zum=)Gute(r)-zu

דברי הימים א
Ereignisse der Tage 1
1 Chronik

1

1 אָדָם שֵׁת אֱנוֹשׁ׃ 2 קֵינָן מַהֲלַלְאֵל יָרֶד׃
yɔrɛd. mah^{a}lal^{ə}ʾel qe^{y}nɔn ^{ʾɛ}no^{w}š. šet ʾɔdɔm
.Jered ,Mahalalel ,Kenan .Enosch ,Schet ,Adam

3 חֲנוֹךְ מְתוּשֶׁלַח לָמֶךְ׃ 4 נֹחַ שֵׁם חָם
ḥɔm šem noaḥ lɔmɛk. m^{ə}tu^{w}šɛlaḥ ḥ^{a}no^{w}k
(Ham=)Cham ,Schem ,Noach .Lemech ,Metuschelach ,(Hanoch=)Chanoch

וָיָפֶת׃ 5 בְּנֵי יֶפֶת גֹּמֶר וּמָגוֹג וּמָדַי
u^{w}mɔday u^{w}mɔgo^{w}g gomɛr yɛpɛt b^{ə}ne^{y} wɔyɔpɛt.
Madai-und Magog-und Gomer :Jephet (von)-Söhne-(Die) .Jephet-und

וְיָוָן וְתֻבָל וּמֶשֶׁךְ וְתִירָס׃ 6 וּבְנֵי
u^{w}b^{ə}ne^{y} w^{ə}ti^{y}rɔs. u^{w}mɛšɛk w^{ə}tubɔl w^{ə}yɔwɔn
(von)-Söhne-(die)-Und .Tiras-und Meschech-und Tubal-und Jawan-und

גֹּמֶר אַשְׁכְּנַז וְדִיפַת וְתוֹגַרְמָה׃
w^{ə}to^{w}gar^{ə}mɔ^{h}. w^{ə}di^{y}pat ʾaš^{ə}k^{a}naz gomɛr
.Togarma-und (Difat=)Diphat-und Aschkenas :Gomer

7 וּבְנֵי יָוָן אֱלִישָׁה וְתַרְשִׁישָׁה
w^{ə}tar^{ə}ši^{y}šɔ^{h} ^{ʾɛ}li^{y}šɔ^{h} yɔwɔn u^{w}b^{ə}ne^{y}
,Tarschischa-und Elischa :Jawan (von)-(Nachkommen=)Söhne-(die)-Und

כּוּשׁ	חָם	8 בְּנֵי	וְרוֹדָנִים׃	כִּתִּים
ku^{w}š	ḥɔm	b^{ə}ne^{y}	w^{ə}ro^{w}dɔni^{y}m.	kitti^{y}m
Kusch	:(Ham=)Cham	(von)-Söhne	.Rodanier-und	Kittäer-(die)

סְבָא	כוּשׁ	9 וּבְנֵי	וּכְנָעַן׃	פּוּט	וּמִצְרַיִם
s^{ə}bɔʾ	ku^{w}š	u^{w}b^{ə}ne^{y}	u^{w}k^{ə}nɔʿan.	pu^{w}ṭ	u^{w}miṣ^{ə}rayim
Seba	:Kusch	(von)-Söhne-(die)-Und	.Kenaan-und	Put	,Mizrayim-und

וְסַבְתְּכָא	וְרַעְמָא	וְסַבְתָּא	וַחֲוִילָה
w^{ə}sab^{ə}t^{ə}kɔʾ	w^{ə}ra^{ʿə}mɔʾ	w^{ə}sab^{ə}tɔʾ	waḥ^{a}wi^{y}lɔ^{h}
.Sabtecha-und	Rama-und	Sabta-und	(Hawila=)Chawila-und

10 וְכוּשׁ	וּדְדָן׃	שְׁבָא	רַעְמָא	וּבְנֵי
w^{ə}ku^{w}š	u^{w}d^{ə}dɔn.	š^{ə}bɔʾ	ra^{ʿə}mɔʾ	u^{w}b^{ə}ne^{y}
Kusch-Und	.Dedan-und	Scheba	:Rama	(von)-Söhne-(die)-Und

לִהְיוֹת	הֵחֵל	הוּא	אֶת־נִמְרוֹד	יָלַד
lih^{ə}yo^{w}t	heḥel	hu^{wʾ}	nim^{ə}ro^{w}d-ʾɛt	yɔlad
sein-zu	an-fing-(er)	(d)er	;Nimrod***	(zeugte=)gebar-(er)

11 וּמִצְרַיִם	בָּאָרֶץ׃	גִּבּוֹר
u^{w}miṣ^{ə}rayim	bɔʾɔrɛṣ.	gibbo^{w}r
Mizrayim-Und	.Erde-der-(auf=)in	(Machthaber=)Krieger-(ein)

וְאֶת־עֲנָמִים	אֶת־לוּדִיִּים[לוּדִים]	יָלַד
^{ʿa}nɔmi^{y}m-w^{əʾ}ɛt	[lu^{w}di^{y}m]lu^{w}di^{y}yi^{y}m-ʾɛt	yɔlad
Anamer-(die)-***und	Ludier-(die)***	(zeugte=)gebar-(er)

12 וְאֶת־פַּתְרֻסִים	וְאֶת־נַפְתֻּחִים׃	וְאֶת־לְהָבִים
pat^{ə}rusi^{y}m-w^{əʾ}ɛt	nap^{ə}tuḥi^{y}m-w^{əʾ}ɛt.	l^{ə}hɔbi^{y}m-w^{əʾ}ɛt
Patrusiter-(die)-***und	Naphtuchiter-(die)***und	Lehabiter-(die)***und

יָצְאוּ	אֲשֶׁר	וְאֶת־כַּסְלֻחִים
yɔṣ^{əʾ}u^{w}	^{ʾa}šɛr	kas^{ə}luḥi^{y}m-w^{əʾ}ɛt
(hervor=)heraus-gingen-(es=)sie	welch(e)	,Kasluchiter-(die)-***und

13 וּכְנַעַן	וְאֶת־כַּפְתֹּרִים׃	פְּלִשְׁתִּים	מִשָּׁם
u^{w}k^{ə}naʿan	kap^{ə}tori^{y}m-w^{əʾ}ɛt.	p^{ə}liš^{ə}ti^{y}m	miššɔm
Kenaan-Und	.Kaphtoriter-(die)-***und	Philister-(die)	(daraus=)dort-von

בְּכֹרוֹ	אֶת־צִידוֹן	יָלַד
b^{ə}koro^{w}	ṣi^{y}do^{w}n-ʾɛt	yɔlad
,(Erstgeborenen=)Erster-sein(en)	,Zidon***	(zeugte=)gebar-(er)

וְאֶת־חֵת׃
ḥet-wᵊʾɛt.
,(Het=)Chet-***und

14 וְאֶת־הַיְבוּסִי
hayᵊbuʷsiʸ-wᵊʾɛt
Jebusite(n)-(den=)der-***und

וְאֶת־הָאֱמֹרִי
hɔʾᵋmoriʸ-wᵊʾɛt
Amorite(n)-(den=)der-***und

וְאֵת
wᵊʾet
***und

הַגִּרְגָּשִׁי׃
haggirᵊgɔšiʸ.
Girgaschite(n)-(den=)der

15 וְאֶת־הַחִוִּי
haḥiwwiʸ-wᵊʾɛt
(Hiwwiten=)Chiwwite(n)-(den=)der-***und

וְאֶת־הַעַרְקִי
haʿarᵊqiʸ-wᵊʾɛt
Arkite(n)-(den=)der-***und

וְאֶת־הַסִּינִי׃
hassiʸniʸ-wᵊʾɛt.
Sinite(n)-(den=)der-***und

16 וְאֶת־הָאַרְוָדִי
hɔʾarᵊwɔdiʸ-wᵊʾɛt
Arwadite(n)-(den=)der-***und

וְאֶת־הַצְּמָרִי
haṣṣᵊmɔriʸ-wᵊʾɛt
Zemarite(n)-(den=)der-***und

וְאֶת־הַחֲמָתִי׃
haḥᵃmɔtiʸ-wᵊʾɛt.
.(Hamatiten=)Chamatite(n)-(den=)der-***und

17 בְּנֵי
bᵊneʸ
(von)-Söhne-(Die)

שֵׁם
šem
:Schem

עֵילָם
ʿeʸlɔm
Elam

וְאַשּׁוּר
wᵊʾaššuʷr
(Assur=)Aschschur-und

וְאַרְפַּכְשַׁד
wᵊʾarᵊpakᵊšad
Arpachschad-und

וְלוּד
wᵊluʷd
Lud-und

וַאֲרָם
waʾᵃrɔm
Aram-und

וְעוּץ
wᵊʿuʷṣ
Uz-und

וְחוּל
wᵊḥuʷl
(Hul=)Chul-und

וְגֶתֶר
wᵊgɛtɛr
Geter-und

וָמֶשֶׁךְ׃
wɔmɛšɛk.
.Meschech-und

18 וְאַרְפַּכְשַׁד
wᵊʾarᵊpakᵊšad
Arpachschad-Und

יָלַד
yɔlad
(zeugte=)gebar-(er)

אֶת־שָׁלַח
šɔlaḥ-ʾɛt
,Schelach***

וְשֶׁלַח
wᵊšɛlaḥ
Schelach-und

יָלַד
yɔlad
(zeugte=)gebar-(er)

אֶת־עֵבֶר׃
ʿebɛr-ʾɛt.
.Eber***

19 וּלְעֵבֶר
uʷlᵊʿebɛr
Eber-(dem=)zu-Und

יֻלַּד
yullad
geboren-wurde(n)-(es=er)

שְׁנֵי
šᵊneʸ
zwei

בָנִים
bɔniʸm
.Söhne

שֵׁם
šem
Name-(Der)

הָאֶחָד
hɔʾɛḥɔd
(einen-des=)eine-der

פֶּלֶג
pɛlɛg
Peleg-(war)

כִּי
kiʸ
denn —

בְיָמָיו
bᵊyɔmɔʸw
Tage(n)-seine(n)-in

נִפְלְגָה
nipᵊlᵊgɔʰ
sich-teilte-(es=sie)

הָאָרֶץ
hɔʾɔrɛṣ
— Erde-die

וְשֵׁם
wᵊšem
Name-(der)-und

יָלַד	20 וְיָקְטָן	יָקְטָן׃	אָחִיו
yɔlad	wᵊyoqᵊṭɔn	yoqᵊṭɔn.	ʾɔḥiʸw
(zeugte=)gebar-(er)	Joktan-Und	.Joktan-(war)	Bruder(s)-sein(es)

וְאֶת־חֲצַרְמָוֶת	וְאֶת־שָׁלֶף	אֶת־אַלְמוֹדָד
ḥᵃṣarᵊmɔwɛt-wᵊʾɛt	šɔlɛp-wᵊʾɛt	ʾalᵊmoʷdɔd-ʾɛt
(Hasarmawet=)Chazarmawet-***und	Schaleph-***und	Almodad***

וְאֶת־דִּקְלָה׃	וְאֶת־אוּזָל	21 וְאֶת־הֲדוֹרָם	וְאֶת־יָרַח׃
diqᵊlɔʰ-wᵊʾɛt.	ʾuʷzɔl-wᵊʾɛt	hᵃdoʷrɔm-wᵊʾɛt	yɔraḥ-wᵊʾɛt.
Dikla-***und	Usal-***und	Hadoram-***und	Jerach-***und

23 וְאֶת־אוֹפִיר	וְאֶת־שְׁבָא׃	וְאֶת־אֲבִימָאֵל	22 וְאֶת־עֵיבָל
ʾoʷpiʸr-wᵊʾɛt	šᵊbɔʾ-wᵊʾɛt.	ʾᵃbiʸmɔʾel-wᵊʾɛt	ʿeʸbɔl-wᵊʾɛt
Ophir-***und	Scheba-***und	Abimaël-***und	Ebal-***und

יָקְטָן׃	בְּנֵי	כָּל־אֵלֶּה	וְאֶת־יוֹבָב	וְאֶת־חֲוִילָה
yoqᵊṭɔn.	bᵊneʸ	ʾellɛʰ-kol	yoʷbɔb-wᵊʾɛt	ḥᵃwiʸlɔʰ-wᵊʾɛt
:Joktan(s)	(Nachkommen=)Söhne	(sind)-diese-all(e)	;Jobab***und	Chawila***und

26 שְׂרוּג	רְעוּ׃	פֶּלֶג	25 עֵבֶר	שָׁלַח׃	אַרְפַּכְשַׁד	24 שֵׁם
śᵊruʷg	rᵊʿuʷ.	pɛlɛg	ʿebɛr	šɔlaḥ.	ʾarᵊpakᵊšad	šem
,Serug	,Regu	,Peleg	,Eber	,Schelach	,Arpachschad	,Schem

28 בְּנֵי	אַבְרָהָם׃	הוּא	27 אַבְרָם	תָּרַח׃	נָחוֹר
bᵊneʸ	ʾabᵊrɔhɔm.	huʷʾ	ʾabᵊrɔm	tɔraḥ.	nɔḥoʷr
(von)-Söhne-(Die)	.Abraham	(ist-das=)er	,Abram	,Terach	,Nachor

29 אֵלֶּה	וְיִשְׁמָעֵאל׃	יִצְחָק	אַבְרָהָם
ʾellɛʰ	wᵊyišᵊmɔʿeʾl.	yiṣᵊḥɔq	ʾabᵊrɔhɔm
(ist)-Dies(e)	.(Ismael=)Jischmaël-und	(Isaak=)Jizchak	:Abraham

בְּכוֹר	תֹּלְדוֹתָם
bᵊkoʷr	tolᵊdoʷtɔm
(von)-Erst(geboren)e-(Der)	:(Geschlechterfolge=)Zeugungen-ihre

וְאַדְבְּאֵל	וְקֵדָר	נְבָיוֹת	יִשְׁמָעֵאל
wᵊʾadᵊbᵊʾel	wᵊqedɔr	nᵊbɔyoʷt	yišᵊmɔʿeʾl
Adbeël-und	Kedar-(kam-dann)-und	;Nebajot-(war)	(Ismael=)Jischmaël

וְתֵימָא׃	חֲדַד	מַשָּׂא	וְדוּמָה	30 מִשְׁמָע	וּמִבְשָׂם׃
wᵊteʸmɔʾ.	ḥᵃdad	maśśɔʾ	wᵊduʷmɔʰ	mišᵊmɔʿ	uʷmibᵊśɔm.
,Tema-und	(Hadad=)Chadad	,Massa	,Duma-und	Mischma	,Mibsan-und

בְּנֵי	הֵם	אֵלֶּה	וָקֵֽדְמָה	נָפִישׁ	31 יְטוּר
bᵊneʸ	hem	ᵓellɛʰ	wɔqedᵊmɔʰ	nɔpiʸš	yᵊṭuʷr
(von)-Söhne-(die)	(waren)-(also=)sie	Diese	.Kedma-und	Naphisch	,Jetur

פִּילֶגֶשׁ	קְטוּרָה	32 וּבְנֵי	יִשְׁמָעֵאל׃
piʸlɛgɛš	qᵊṭuʷrɔʰ	uʷbᵊneʸ	yišᵊmɔᶜeᵓl.
Nebenfrau-(der)	,Ketura	(von)-Söhne-(die)-Und	.(Ismael=)Jischmaël

וּמִדְיָן	וּמְדָן	וְיָקְשָׁן	אֶת־זִמְרָן	יָלְדָה	אַבְרָהָם
uʷmidᵊyɔn	uʷmᵊdɔn	wᵊyoqᵊšɔn	zimᵊrɔn-ᵓɛt	yɔlᵊdɔʰ	ᵓabᵊrɔhɔm
Midjan-und	Medan-und	Jokschan-und	Simran***	gebar-Sie	:Abraham(s)

שְׁבָא	יָקְשָׁן	וּבְנֵי	וְשׁוּחַ	וְיִשְׁבָּק
šᵊbɔᵓ	yoqᵊšɔn	uʷbᵊneʸ	wᵊšuʷaḥ	wᵊyišᵊbɔq
Scheba	:Jokschan	(von)-Söhne-(die)-Und	.Schuach-und	Jischbak-und

וָעֵפֶר	עֵיפָה	מִדְיָן	33 וּבְנֵי	וּדְדָן׃
wɔᶜepɛr	ᶜeʸpɔʰ	midᵊyɔn	uʷbᵊneʸ	uʷdᵊdɔn.
(Efer=)Epher-und	(Efa=)Epha	:Midian (von)	-Söhne-(die)-Und	.Dedan-und

אֵלֶּה	כָּל־	וְאֶלְדָּעָה	וַאֲבִידָע	וַחֲנוֹךְ
ᵓellɛʰ	-kol	wᵊᵓɛlᵊdɔᶜɔʰ	waᵓᵃbiʸdɔᶜ	waḥᵃnoʷk
(waren)-diese	All(e)	.Eldaah-und	Abida-und	(Henoch=)Chanoch-und

אַבְרָהָם	34 וַיּוֹלֶד	קְטוּרָה׃	בְּנֵי
ᵓabᵊrɔhɔm	wayyoʷlɛd	qᵊṭuʷrɔʰ.	bᵊneʸ
Abraham	(zeugte=)gebären-machte-(es=)er-Und	.Ketura	(von)-Söhne

עֵשָׂו	יִצְחָק	בְּנֵי	אֶת־יִצְחָק
ᶜeśɔw	yiṣᵊḥɔq	bᵊneʸ	yiṣᵊḥɔq-ᵓɛt
Esau	:(Isaak=)Jizchak	(von)-Söhne-(Die)	.(Isaak=)Jizchak***

וִיעוּשׁ	רְעוּאֵל	אֱלִיפַז	עֵשָׂו	35 בְּנֵי	וְיִשְׂרָאֵל׃
wiʸᶜuʷš	rᵊᶜuʷᵓel	ᵓᵉliʸpaz	ᶜeśɔw	bᵊneʸ	wᵊyiśᵊrɔᵓel.
Jeüsch-und	Reguel	,Eliphas	:Esau	(von)-Söhne-(Die)	.(Israel=)Jisrael-und

צְפִי	וְאוֹמָר	תֵּימָן	אֱלִיפָז	36 בְּנֵי	וְקֹרַח׃	וְיַעְלָם
ṣᵊpiʸ	wᵊᵓoʷmɔr	teʸmɔn	ᵓᵉliʸpɔz	bᵊneʸ	wᵊqoraḥ.	wᵊyaᶜᵊlɔm
Zephi	,Omar-und	Teman	:Eliphas	(von)-Söhne-(Die)	.Korach-und	Jalam-und

רְעוּאֵל	37 בְּנֵי	וַעֲמָלֵק׃	וְתִמְנָע	קְנַז	וְגַעְתָּם
rᵊᶜuʷᵓel	bᵊneʸ	waᶜᵃmɔleq.	wᵊtimᵊnɔᶜ	qᵊnaz	wᵊgaᶜᵊtɔm
:Reguel	(von)-Söhne-(Die)	.Amalek-und	Timna-und	Kenas	,Gatam-und

שֵׂעִיר	38 וּבְנֵי	וּמִזָּה׃	שַׁמָּה	זֶרַח	נַחַת
śeʿiyr	uwbəney	uwmizzɔh.	šammɔh	zεraḥ	naḥat
Seïr	(von)-Söhne-(die)-Und	.Missa-und	Schamma	,Serach	,Nachat

וְאֵצֶר	וְדִישֹׁן	וַעֲנָה	וְצִבְעוֹן	וְשׁוֹבָל	לוֹטָן
wəʾeṣεr	wədiyšon	waʿanɔh	wəṣibəʿown	wəšowbɔl	lowṭɔn
Ezer-und	Dischon-und	Ana-und	Zibeon-und	Schobal-und	Lotan

וְהוֹמָם	חֹרִי	לוֹטָן	39 וּבְנֵי	וְדִישָׁן׃
wəhowmɔm	ḥoriy	lowṭɔn	uwbəney	wədiyšɔn.
.Homam-und	(Hori=)Chori	:Lotan	(von)-Söhne-(die)-Und	.Dischan-und

שׁוֹבָל	40 בְּנֵי	תִּמְנָע׃	לוֹטָן	וַאֲחוֹת
šowbɔl	bəney	timənɔʿ.	lowṭɔn	waʾaḥowt
:Schobal	(von)-Söhne-(Die)	.Timna-(war)	Lotan	(von)-Schwester-(die)-Und

וּבְנֵי	וְאוֹנָם	שְׁפִי	וְעֵיבָל	וּמָנַחַת	עַלְיָן
uwbəney	wəʾownɔm	šəpiy	wəʿeybɔl	uwmɔnaḥat	ʿaləyɔn
(von)-Söhne-(die)-Und	.Onam-und	Schephi	,Ebal-und	Manachat-und	Aljan

דִּישׁוֹן	עֲנָה	41 בְּנֵי	וַעֲנָה׃	אַיָּה	צִבְעוֹן
diyšown	ʿanɔh	bəney	waʿanɔh.	ʾayyɔh	ṣibəʿown
.Dischon-(war)	Ana	(von)-(Sohn-Der=)Söhne	.Ana-und	Ajja	:Zibon

וְאֶשְׁבָּן	חַמְרָן	דִּישׁוֹן	וּבְנֵי
wəʾεšəbɔn	ḥamərɔn	diyšown	uwbəney
Eschban-und	(Hamran=)Chamran	:Dischon	(von)-Söhne-(die)-Und

וְזַעֲוָן	בִּלְהָן	אֵצֶר	42 בְּנֵי־	וּכְרָן׃	וְיִתְרָן
wəzaʿawɔn	biləhɔn	ʾeṣεr	-bəney	uwkərɔn.	wəyitərɔn
Saawan-und	Bilhan	:Ezer	(von)-Söhne-(Die)	.Keran-und	Jitran-und

וַאֲרָן׃	עוּץ	דִּישׁוֹן	בְּנֵי	יַעֲקָן
waʾarɔn.	ʿuwṣ	diyšown	bəney	yaʿaqɔn
.Aran-und	Uz	:Dischon	(von)-Söhne-(Die)	.Jaakan-(und)

מָלְכוּ	אֲשֶׁר	הַמְּלָכִים	43 וְאֵלֶּה
mɔləkuw	ʾašεr	hamməlɔkiym	wəʾelleh
(König-als)-herrschten-(sie)	(die=)welch(e)	,Könige-die	(waren)-diese-Und

מְלָךְ־	לִפְנֵי	אֱדוֹם	בְּאֶרֶץ
-məlok	lipəney	ʾεdowm	bəʾεrεṣ
(herrschte-noch=)Herrschen-(ein)	(bevor=)Gesichter-zu	,Edom	Land-(dem)-in

בֶּן־בְּעוֹר	בֶּלַע	יִשְׂרָאֵל	לִבְנֵי	מֶלֶךְ
bᵊᶜoʷr-bɛn	bɛlaᶜ	yiśᵊrɔᵓel	libᵊneʸ	mɛlɛk
Begor(s)-Sohn	Bela	:Israel(s)	Söhne-(die)-(über=)zu	König-(ein)

וַיָּמָת 44	דִּנְהָבָה׃	עִירוֹ	וְשֵׁם
wayyɔmot	dinᵊhɔbɔʰ.	ᶜiʸroʷ	wᵊšem
starb-(er)-(Als=)Und	.Dinhaba	(war)-Stadt-seine(r)	Name-(der)-und —

תַּחְתָּיו	וַיִּמְלֹךְ	בָּלַע
taḥᵊtɔʸw	wayyimᵊlok	bɔlaᶜ
(statt-seiner-an=)ihm-unter	(König-wurde=)herrschte-(es=er)-(da=)und	,Bela

יוֹבָב	וַיָּמָת 45	מִבָּצְרָה׃	בֶּן־זֶרַח	יוֹבָב
yoʷbɔb	wayyɔmot	mibboṣᵊrɔʰ.	zɛraḥ-bɛn	yoʷbɔb
,Jobab	starb-(er)-(Als=)Und	.Bozra-(aus=)von	Serach(s)-Sohn	Jobab

תַּחְתָּיו	וַיִּמְלֹךְ
taḥᵊtɔʸw	wayyimᵊlok
(statt-seiner-an=)ihm-unter	(König-wurde=)herrschte-(da=)und

הַתֵּימָנִי׃	מֵאֶרֶץ	חוּשָׁם
hatteʸmoniʸ.	meᵓɛrɛṣ	ḥuʷšɔm
.Temaniter(s)-(des=)der	Land-(dem)-(aus=)von	(Huscham=)Chuscham

חוּשָׁם	וַיָּמָת 46
ḥuʷšɔm	wayyɔmot
,(Huscham=)Chuscham	starb-(er)-(Als=)Und

הֲדַד	תַּחְתָּיו	וַיִּמְלֹךְ
hᵃdad	taḥᵊtɔʸw	wayyimᵊlok
Hadad	(statt-seiner-an=)ihm-unter	(König-wurde=)herrschte-(es=er)-(da=)und

בִּשְׂדֵה	אֶת־מִדְיָן	הַמַּכֶּה	בֶּן־בְּדַד
biśᵊdeʰ	midᵊyɔn-ᵓɛt	hammakkɛʰ	bᵊdad-bɛn
Gefilde-(im=)in	Midian***	schlagend(er)-(war)-der —	Bedad(s)-Sohn

וַיָּמָת 47	עֲיוֹת[עֲוִית]׃	עִירוֹ	וְשֵׁם	מוֹאָב
wayyɔmot	[ᶜᵃwiʸt]ᶜᵃyoʷt.	ᶜiʸroʷ	wᵊšem	moʷᵓɔb
starb-(er)-(Als=)Und	.Awit-(war)	Stadt-seine(r)	Name-(der)-und	;Moab(s)

תַּחְתָּיו	וַיִּמְלֹךְ	הֲדָד
taḥᵊtɔʸw	wayyimᵊlok	hᵃdɔd
(statt-seiner-an=)ihm-unter	(König-wurde=)herrschte-(es=er)-(da=)und	,Hadad

שַׂמְלָה	48 וַיָּמָת	מִמַּשְׂרֵקָה׃	שַׂמְלָה
śamᵊlɔʰ	wayyɔmot	mimmaśᵊreqɔʰ.	śamᵊlɔʰ
,Samla	starb-(er)-(Als=)Und	.Masreka-(aus=)von	Samla

תַּחְתָּיו	וַיִּמְלֹךְ
taḥᵊtɔʸw	wayyimᵊlok
(statt-seiner-an=)ihm-unter	(König-wurde=)herrschte-(es=er)-(da=)und

49 וַיָּמָת	הַנָּהָר׃	מֵרְחֹבוֹת	שָׁאוּל
wayyɔmot	hannɔhɔr.	merᵊḥoboʷt	šɔʾuʷl
starb-(er)-(Als=)Und	.Strom-(am=)der	Rehobot-(aus=)von	(Saul=)Schaul

וַיִּמְלֹךְ	שָׁאוּל
wayyimᵊlok	šɔʾuʷl
(König-wurde=)herrschte-(es=er)-(da=)und	,(Saul=)Schaul

בֶּן־עַכְבּוֹר׃	חָנָן	בַּעַל	תַּחְתָּיו
ʿakᵊboʷr-bɛn.	ḥɔnɔn	baʿal	taḥᵊtɔʸw
.Achbor(s)-Sohn	(Hanan=)Chanan	-Baal	(statt-seiner-an=)ihm-unter

חָנָן	בַּעַל	50 וַיָּמָת
ḥɔnɔn	baʿal	wayyɔmot
,(Hanan=)Chanan	-Baal	starb-(er)-(Als=)Und

הֲדַד	תַּחְתָּיו	וַיִּמְלֹךְ
hᵃdad	taḥᵊtɔʸw	wayyimᵊlok
Hadad	(statt-seiner-an=)ihm-unter	(König-wurde=)herrschte-(es=er)-(da=)und

וְשֵׁם	פָּעִי	עִירוֹ	וְשֵׁם
wᵊšem	pɔʿiʸ	ʿiʸroʷ	wᵊšem
Name-(der)-und	Paï	(war)-Stadt-seine(r)	Name-(der)-und —

מֵי	בַּת	בַּת־מַטְרֵד	מְהֵיטַבְאֵל	אִשְׁתּוֹ
meʸ	bat	matᵊred-bat	mᵊheʸṭabᵊʾel	ʾišᵊtoʷ
-Me	Tochter-(eine)	,Matred(s)-Tochter	Mehetabel	(war)-Frau-seine(r)

וַיִּהְיוּ	הֲדָד	51 וַיָּמָת	זָהָב׃
wayyihᵊyuʷ	hᵃdɔd	wayyɔmot	zɔhɔb.
waren-(es=sie)-(da=)und	,Hadad	starb-(er)-(Als=)Und	.Sahab(s)

אַלּוּף	תִּמְנָע	אַלּוּף	אֱדוֹם	אַלּוּפֵי
ʾalluʷp	timᵊnɔʿ	ʾalluʷp	ʾᵋdoʷm	ʾalluʷpeʸ
Häuptling	,Timna	Häuptling	:Edom(s)	(Stammes)häupter-(die)

אֵלָה	אַלּוּף	אָהֳלִיבָמָה	52 אַלּוּף	יְתֵת׃	אַלּוּף	עַלְיָה[עַלְוָה]
ʾelɔh	ʾalluwp	ʾoholiybɔmɔh	ʾalluwp	yetet.	ʾalluwp	[ʿalewɔh]ʿaleyɔh
,Ela	Häuptling	,Oholibama	Häuptling	,Jetet	Häuptling	,Alwa

אַלּוּף	תֵּימָן	אַלּוּף	קְנַז	53 אַלּוּף	פִּינֹן׃	אַלּוּף
ʾalluwp	teymɔn	ʾalluwp	qenaz	ʾalluwp	piynon.	ʾalluwp
Häuptling	,Teman	Häuptling	,Kenas	Häuptling	,Pinon	Häuptling

אֵלֶּה	עִירָם	אַלּוּף	מַגְדִּיאֵל	54 אַלּוּף	מִבְצָר׃
ʾelleh	ʿiyrɔm	ʾalluwp	magediyʾel	ʾalluwp	mibeṣɔr.
(waren-Das=)Diese	.Iram	Häuptling	,Magdiël	Häuptling	,Mibzar

אֱדוֹם׃	אַלּוּפֵי
ʾedowm.	ʾalluwpey
.Edom(s)	(Stammes)häupter-(die)

2

רְאוּבֵן	יִשְׂרָאֵל	בְּנֵי	1 אֵלֶּה
reʾuwben	yiśerɔʾel	beney	ʾelleh
,Ruben	:Israel	(von)-Söhne-(die)	(waren)-(Das=)Diese

2 דָּן	וּזְבֻלוּן׃	יִשָּׂכָר	וִיהוּדָה	לֵוִי	שִׁמְעוֹן
dɔn	uwzebuluwn.	yiśɔkɔr	wiyhuwdɔh	lewiy	šimeʿown
,Dan	,Sebulon-und	Is(s)achar	,Juda-und	Levi	,(Simeon=)Schimeon

3 בְּנֵי	וְאָשֵׁר׃	גָּד	נַפְתָּלִי	וּבִנְיָמִן	יוֹסֵף
beney	weʾɔšer.	gɔd	napetɔliy	uwbineyɔmin	yowsep
(von)-Söhne-(Die)	.Ascher-und	Gad	,Naphtali	,Benjamin-und	Joseph

שְׁלוֹשָׁה	וְשֵׁלָה	וְאוֹנָן	עֵר	יְהוּדָה
šelowšɔh	wešelɔh	weʾownɔn	ʿer	yehuwdɔh
Dreizahl-(eine)	,Schela-und	Onan-und	Ger	:Juda

מִבַּת־שׁוּעַ	לוֹ	נוֹלַד
šuwaʿ-mibbat	low	nowlad
,Schua(s)-Tochter-(der)-von	ihm-(zu)	geboren-wurde-(es=er)-(die)

עֵר	וַיְהִי	הַכְּנַעֲנִית
ʿer	wayehiy	hakkenaʿaniyt
,Ger	war-(es=)er-(Aber=)Und	.Kanaanäerin-(der=)die

בְּעֵינֵי	רַע	יְהוּדָה	בְּכוֹר
beʿeyney	raʿ	yehuwdɔh	bekowr
(von)-Augen-(zwei)-(den)-in	bös(e)	,Juda	(von)-Erst(geboren)e-(der)

וְתָמָר 4	וַיְמִיתֵהוּ׃	יְהוָה
w^{ə}tɔmɔr	way^{ə}mi^{y}tehu^{w}.	y^{ə}hwɔ^{h}
,Tamar-Und	.ihn-sterben-(ließ=)machte-er-(sodass=)und	,JHWH

וְאֶת־זָרַח	אֶת־פֶּרֶץ	לוֹ	יָלְדָה	כַּלָּתוֹ
zɔraḥ-w^{ə}ʾɛt	pɛrɛṣ-ʾɛt	lo^{w}	yɔl^{ə}dɔ^{h}	kallɔto^{w}
.Serach-***und	Perez***	ihm-(zu)	gebar-(sie)	,Schwiegertochter-seine

חֲמִשָּׁה׃	יְהוּדָה	בְּנֵי	כָּל־
ḥ^{a}miššɔ^{h}.	y^{ə}hu^{w}dɔ^{h}	b^{ə}ne^{y}	-kol
.fünf	Juda	(von)-Söhne-(der-waren)	(Insgesamt=)All

וְחָמוּל׃	חֶצְרוֹן	פֶּרֶץ	5 בְּנֵי־
w^{ə}ḥɔmu^{w}l.	ḥɛṣ^{ə}ro^{w}n	pɛrɛṣ	-b^{ə}ne^{y}
.(Hamul=)Chamul-und	(Hezron=)Chezron	:Perez	(von)-Söhne-(Die)

וְהֵימָן	וְאֵיתָן	זִמְרִי	זֶרַח	6 וּבְנֵי
w^{ə}he^{y}mɔn	w^{ə}ʾe^{y}tɔn	zim^{ə}ri^{y}	zɛraḥ	u^{w}b^{ə}ne^{y}
Heman-und	Etan-und	Simri	:Serach	(von)-Söhne-(die)-Und

חֲמִשָּׁה׃	כֻּלָּם	וָדָרַע	וְכַלְכֹּל
ḥ^{a}miššɔ^{h}.	kullɔm	wɔdɔraʿ	w^{ə}kal^{ə}kol
.fünf	(insgesamt=)sie-all(e)	,Dara-und	(Kalkol=)Chalkol-und

יִשְׂרָאֵל	עוֹכֵר	עָכָר	כַּרְמִי	7 וּבְנֵי
yiś^{ə}rɔʾel	ʿo^{w}ker	ʿɔkɔr	kar^{ə}mi^{y}	u^{w}b^{ə}ne^{y}
,Israel	machend(er)-unglücklich —	Achar	:Karmi	(von)-Söhne-(die)-Und

8 וּבְנֵי	בַּחֵרֶם׃	מָעַל	אֲשֶׁר
u^{w}b^{ə}ne^{y}	baḥerɛm.	mɔʿal	^{ʾa}šɛr
(von)-(Sohn-der=)Söhne-Und	.Geweihten-(am=)in	verübte-Treubruch-er	weil

אֲשֶׁר	חֶצְרוֹן	9 וּבְנֵי	עֲזַרְיָה׃	אֵיתָן
^{ʾa}šɛr	ḥɛṣ^{ə}ro^{w}n	u^{w}b^{ə}ne^{y}	^{ʿa}zar^{ə}yɔ^{h}.	ʾe^{y}tɔn
welch(e)	,(Hezron=)Chezron	(von)-Söhne-(die)-Und	.Asarja-(war)	Etan

וְאֶת־רָם	אֶת־יְרַחְמְאֵל	לוֹ	נוֹלַד־
rɔm-w^{ə}ʾɛt	y^{ə}raḥ^{ə}m^{ə}ʾel-ʾɛt	lo^{w}	-no^{w}lad
Ram-***und	Jerachmeel***	:ihm-(von=)zu	(gezeugt=)geboren-wurde(n)-(sie=er)

וְעַמִּינָדָב	אֶת־עַמִּינָדָב	הוֹלִיד	10 וְרָם	וְאֶת־כְּלוּבָי׃
w^{ə}ʿammi^{y}nɔdɔb	ʿammi^{y}nɔdɔb-ʾɛt	ho^{w}li^{y}d	w^{ə}rɔm	k^{ə}lu^{w}bɔy-w^{ə}ʾɛt.
Amminadab-und	,Amminadab***	zeugte-(er)	Ram-Und	.Kelubai-***und

הוֹלִיד אֶת־נַחְשׁוֹן נְשִׂיא בְּנֵי יְהוּדָה׃
yᵊhuʷdɔʰ. bᵊneʸ nᵊśiʸʾ naḥᵊšoʷn-ʾɛt hoʷliʸd
.Juda(s) Söhne(n)-(den) (von)-Fürst(en)-(den) ,Nachschon*** zeugte-(er)

11 וְנַחְשׁוֹן הוֹלִיד אֶת־שַׂלְמָא וְשַׂלְמָא הוֹלִיד אֶת־בֹּעַז׃
boʿaz-ʾɛt. hoʷliʸd wᵊśalᵊmɔʾ śalᵊmɔʾ-ʾɛt hoʷliʸd wᵊnaḥᵊšoʷn
.Boas*** zeugte-(er) Salma-und ,Salma*** zeugte-(er) Nachschon-Und

12 וּבֹעַז הוֹלִיד אֶת־עוֹבֵד וְעוֹבֵד הוֹלִיד אֶת־יִשָׁי׃
yišɔy-ʾɛt. hoʷliʸd wᵊʿoʷbed ʿoʷbed-ʾɛt hoʷliʸd uʷboʿaz
.(Isai=)Jischai*** zeugte-(er) Obed-und ,Obed*** zeugte-(er) Boas-Und

13 וְאִישַׁי הוֹלִיד אֶת־בְּכֹרוֹ אֶת־אֱלִיאָב
ʾɛliʸʾɔb-ʾɛt bᵊkoroʷ-ʾɛt hoʷliʸd wᵊʾiʸšay
,Eliab*** Erst(geboren)en-sein(en)*** zeugte-(er) (Isai=)Ischai-Und

וַאֲבִינָדָב הַשֵּׁנִי וְשִׁמְעָא הַשְּׁלִישִׁי׃
haššᵊliʸšiʸ. wᵊšimᵊʿɔʾ haššeniʸ waʾᵃbiʸnɔdɔb
,Dritte(n)-(als=)der Schimea-und ,Zweite(n)-(als=)der Abinadab-und

14 נְתַנְאֵל הָרְבִיעִי רַדַּי הַחֲמִישִׁי׃ 15 אֹצֶם
ʾoṣɛm haḥᵃmiʸšiʸ. radday hɔrᵊbiʸʿiʸ nᵊtanᵊʾel
Ozem ,Fünfte(n)-(als=)der Raddai ,Vierte(n)-(als=)der Netanel

הַשִּׁשִּׁי דָּוִיד הַשְּׁבִעִי׃
haššᵊbiʿiʸ. dɔwiʸd haššiššiʸ
.Siebente(n)-(als=)der David ,Sechste(n)-(als=)der

16 וְאַחְיֹתֵיהֶם[וְאַחְיוֹתֵיהֶם] צְרוּיָה וַאֲבִיגָ יִל וּבְנֵי
uʷbᵊneʸ waʾᵃbiʸgɔyil ṣᵊruʷyɔʰ [wᵊʾaḥᵊyoʷteʸhɛm]wᵊʾaḥᵊyoteʸhɛm
(von)-Söhne-(die)-Und .Abigail-und Zeruja :Schwestern-(deren=)ihre-Und

צְרוּיָה אַבְשַׁי וְיוֹאָב וַעֲשָׂה־אֵל שְׁלֹשָׁה׃ 17 וַאֲבִיגַיִל יָלְדָה
yɔlᵊdɔʰ waʾᵃbiʸgayil šᵊlošɔʰ. ʾel-waʿᵃśɔʰ wᵊyoʷʾɔb ʾabᵊšay ṣᵊruʷyɔʰ
gebar-(sie) Abigail-Und .drei :Asahel-und Joab-und Abschai :Zeruja

אֶת־עֲמָשָׂא וַאֲבִי עֲמָשָׂא יֶתֶר
yɛtɛr ʿᵃmɔśɔʾ waʾᵃbiʸ ʿᵃmɔśɔʾ-ʾɛt
,Jeter-(war) Amasa (von)-Vater-(der)-und ;Amasa***

הַיִּשְׁמְעֵאלִי׃ 18 וְכָלֵב בֶּן־חֶצְרוֹן
ḥɛṣᵊroʷn-bɛn wᵊkɔleb hayyišᵊmᵊʿeʾliʸ.
Chezron(s)-Sohn (Kaleb=)Chaleb-Und .(Ismaelite=)Jischmaelite-der

בָּנֶיהָ	וְאֵלֶּה	וְאֶת־יְרִיעוֹת	אִשָּׁה	אֶת־עֲזוּבָה	הוֹלִיד
bɔnɛʸhɔ	wᵊʾellɛʰ	yᵊriʸʿoʷt-wᵊʾɛt	ʾiššɔʰ	ʿᵃzuʷbɔʰ-ʾɛt	hoʷliʸd
:Söhne-ihre	diese-und	;Jeriot-mit-und	Frau-(als)	Asuba-mit	zeugte-(er)

עֲזוּבָה	19 וַתָּמָת	וְאַרְדּוֹן׃	וְשׁוֹבָב	יֵשֶׁר
ʿᵃzuʷbɔʰ	wattɔmot	wᵊʾarᵊdoʷn.	wᵊšoʷbɔb	yešɛr
Azuba	starb-(sie)-(Dann=)Und	.Ardon-und	Schobab-und	Jescher

אֶת־אֶפְרָת	כָּלֵב	לוֹ	וַיִּקַּח־
ʾɛpᵊrɔt-ʾɛt	kɔleb	loʷ	-wayyiqqaḥ
.(Efrat=)Ephrat-(die)***	(Kaleb=)Chaleb	(sich=)ihm-zu	nahm-(es=)er-und

אֶת־אוּרִי	הוֹלִיד	20 וְחוּר	אֶת־חוּר׃	לוֹ	וַתֵּלֶד
ʾuʷriʸ-ʾɛt	hoʷliʸd	wᵊḥuʷr	ḥuʷr-ʾɛt.	loʷ	wattelɛd
,Uri***	zeugte-(er)	Chur-Und	.Chur***	ihm-(zu)	gebar-sie-Und

בָּא	21 וְאַחַר	אֶת־בְּצַלְאֵל׃	הוֹלִיד	וְאוּרִי
bɔʾ	wᵊʾaḥar	bᵊṣalᵊʾel-ʾɛt.	hoʷliʸd	wᵊʾuʷriʸ
(ein-ging=)kam-(er)	danach-Und	.Bezalel***	zeugte-(er)	Uri-und

אֲבִי	מָכִיר	בַּת־	אֶל־	חֶצְרוֹן
ʾᵃbiʸ	mɔkiʸr	-bat	-ʾɛl	ḥɛṣᵊroʷn
(von)-(Gründers=)Vater(s)-(des)	,Machir(s)	Tochter	zu(r)	(Hezron=)Chezron

שָׁנָה	שִׁשִּׁים	בֶּן־	וְהוּא	לְקָחָהּ	וְהוּא	גִּלְעָד
šɔnɔʰ	šiššiʸm	-bɛn	wᵊhuʷʾ	lᵊqɔḥɔh	wᵊhuʷʾ	gilᵊʿɔd
,Jahr(e)	sechzig	(alt)-Sohn-(war)	er-(als=)und	,sie-nahm-er	,er-Und	.Gilead

אֶת־יָאִיר	הוֹלִיד	22 וּשְׂגוּב	אֶת־שְׂגוּב׃	לוֹ	וַתֵּלֶד
yɔʾiʸr-ʾɛt	hoʷliʸd	uʷśᵊguʷb	śᵊguʷb-ʾɛt.	loʷ	wattelɛd
.Jaïr***	zeugte-(er)	Segub-Und	.Segub***	ihm-(zu)	gebar-sie-(da=)und

עָרִים	וְשָׁלוֹשׁ	עֶשְׂרִים	לוֹ	וַיְהִי־
ʿɔriʸm	wᵊšɔloʷš	ʿɛśᵊriʸm	loʷ	-wayᵊhiʸ
Städte	drei-und	zwanzig	ihm-(zu)	(gehörten=)war-(es=)er-Und

וַאֲרָם	גְּשׁוּר־	23 וַיִּקַּח	הַגִּלְעָד׃	בְּאֶרֶץ
waʾᵃrɔm	-gᵊšuʷr	wayyiqqaḥ	haggilᵊʿɔd.	bᵊʾɛrɛṣ
Aram-und	Geschur	nahm(en)-(es=)er-(Aber=)Und	.Gilead	Lande-(im=)in

אֶת־קְנָת	מֵאִתָּם	יָאִיר	אֶת־חַוֹּת
qᵊnɔt-ʾɛt	meʾittɔm	yɔʾiʸr	ḥawwot-ʾɛt
Kenat-(nämlich=)***	,(weg)-ihnen-von	Jaïr	(von)-Zeltdörfer-(die)***

כָּל־	עִיר	שִׁשִּׁים	וְאֶת־בְּנֹתֶיהָ
-kol	ʿi^{y}r	šišši^{y}m	b^{ə}notɛ^{y}hɔ-w^{əʾ}ɛt
All(e)	.(Städte=)Stadt	sechzig-(zusammen)	,Töchter(städte)-(dessen=)ihre-und

גִּלְעָד׃	אֲבִי־	מָכִיר	בְּנֵי	אֵלֶּה
gil^{əʿ}ɔd.	-^{ʾa}bi^{y}	mɔki^{y}r	b^{ə}ne^{y}	ʾellɛ^{h}
.Gilead	(von)-(Gründers=)Vater(s)-(des)	,Machir(s)	Söhne-(waren)	diese

אֶפְרָתָה	בְּכָלֵב	חֶצְרוֹן	מוֹת־	24 וְאַחַר
ʾɛp^{ə}rɔtɔ^{h}	b^{ə}kɔleb	ḥɛṣ^{ə}ro^{w}n	-mo^{w}t	w^{əʾ}aḥar
,Ephrata	-(Kaleb=)Chaleb-in	(Hezrons=)Chezron(s)	Tod-(dem)	nach-Und

וַתֵּלֶד	אֲבִיָּה	חֶצְרוֹן	וְאֵשֶׁת
wattelɛd	^{ʾa}bi^{y}yɔ^{h}	ḥɛṣ^{ə}ro^{w}n	w^{əʾ}ešɛt
gebar-sie-(also=)und	,Abija-(war)	(Hezrons=)Chezron(s)	Frau-(die)-und

תְּקוֹעַ׃	אֲבִי	אֶת־אַשְׁחוּר	לוֹ
t^{ə}qo^{w}a^{ʿ}.	^{ʾa}bi^{y}	ʾaš^{ə}ḥu^{w}r-ʾɛt	lo^{w}
.Tekoa	(von)-(Gründer=)Vater-(den)	,Aschchur***	ihm-(von=)zu

בְּכוֹר	יְרַחְמְאֵל	בְנֵי־	25 וַיִּהְיוּ
b^{ə}ko^{w}r	y^{ə}raḥ^{ə}m^{əʾ}el	-b^{ə}ne^{y}	wayyih^{ə}yu^{w}
Erst(geboren)en-(des)	,Jerachmeel	(von)-Söhne-(die)	waren-(es=)sie-Und

וָאֹרֶן	וּבוּנָה	רָם	הַבְּכוֹר	חֶצְרוֹן
wɔʾorɛn	u^{w}bu^{w}nɔ^{h}	rɔm	habb^{ə}ko^{w}r	ḥɛṣ^{ə}ro^{w}n
Oren-und	Buna-(dann=)und	,Ram	Erst(geboren)e-Der	:(Hezrons=)Chezron(s)

אַחֶרֶת	אִשָּׁה	26 וַתְּהִי	אֲחִיָּה׃	וָאֹצֶם
ʾaḥɛrɛt	ʾiššɔ^{h}	watt^{ə}hi^{y}	^{ʾa}ḥi^{y}yɔ^{h}.	wɔʾoṣɛm
andere	Frau-(eine)	war-(es=)sie-Und	.Achija	,Ozem-und

אֵם	הִיא	עֲטָרָה	וּשְׁמָהּ	לִירַחְמְאֵל
ʾem	hi^{yʾ}	^{ʿa}ṭɔrɔ^{h}	u^{w}š^{ə}mɔh	li^{y}raḥ^{ə}m^{əʾ}el
Mutter-(die)	(war)-sie	,Atara	(war)-Name-ihr-und	,Jerachmeel-(dem=)zu

רָם	בְנֵי־	27 וַיִּהְיוּ	אוֹנָם׃
rɔm	-b^{ə}ne^{y}	wayyih^{ə}yu^{w}	ʾo^{w}nɔm.
,Ram	(von)-Söhne-(die)	waren-(es=)sie-Und	.Onam(s)

וָעֵקֶר׃	וְיָמִין	מַעַץ	יְרַחְמְאֵל	בְּכוֹר
wɔʿeqɛr.	w^{ə}yɔmi^{y}n	maʿaṣ	y^{ə}raḥ^{ə}m^{əʾ}el	b^{ə}ko^{w}r
.Eker-und	Jamin-(dann=)und	,Maaz	:Jerachmeel(s)	Erst(geboren)e(n)-(des)

וִידָע	שַׁמַּי	אוֹנָם	בְנֵי־	28 וַיִּהְיוּ
wᵊyɔdɔᶜ	šammay	ʾoʷnɔm	-bᵊneʸ	wayyihᵊyuʷ
.Jada-und	Schammai	:Onam	(von)-Söhne-(die)	waren-(es=)sie-Und

29 וְשֵׁם	וַאֲבִישׁוּר׃	נָדָב	שַׁמַּי	וּבְנֵי
wᵊšem	waʾᵃbiʸšuʷr.	nɔdɔb	šammay	uʷbᵊneʸ
Name-(der)-Und	.Abischur-und	Nadab	:Schammai	(von)-Söhne-(die)-Und

לוֹ	וַתֵּלֶד	אֲבִיהָיִל	אֲבִישׁוּר	אֵשֶׁת
loʷ	wattelɛd	ʾᵃbiʸhɔyil	ʾᵃbiʸšuʷr	ʾešɛt
ihm-(zu)	gebar-sie-Und	.Abihail-(war)	Abischur	(von)-Frau-(der)

סֶלֶד	נָדָב	30 וּבְנֵי	וְאֶת־מוֹלִיד׃	אֶת־אַחְבָּן
sɛlɛd	nɔdɔb	uʷbᵊneʸ	moʷliʸd-wᵊʾɛt.	ʾaḥᵊbɔn-ʾɛt
Seled	:Nadab	(von)-Söhne-(die)-Und	.Molid-***und	Achban***

לֹא	סֶלֶד	וַיָּמָת	וְאַפָּיִם
loʾ	sɛlɛd	wayyɔmot	wᵊʾappɔyim
(ohne=)nicht	Seled	starb-(es=)er-(Doch=)Und	.Appaim-und

אַפַּיִם	31 וּבְנֵי	בָנִים׃
ʾappayim	uʷbᵊneʸ	bɔniʸm.
:Appaim	(von)-(Sohn-der=)Söhne-Und	.(Nachkommen=)Söhne

שֵׁשָׁן	יִשְׁעִי	וּבְנֵי	יִשְׁעִי
šešɔn	yišᵊᶜiʸ	uʷbᵊneʸ	yišᵊᶜiʸ
.Scheschan	:Jischei	(von)-(Sohn-der=)Söhne-Und	.Jischei

אַחְלָי׃	שֵׁשָׁן	וּבְנֵי
ʾaḥᵊlɔy.	šešɔn	uʷbᵊneʸ
.Achlai	:Scheschan	(von)-(Sohn-der=)Söhne-Und

יֶתֶר	שַׁמַּי	אֲחִי	יָדָע	32 וּבְנֵי
yɛtɛr	šammay	ʾᵃḥiʸ	yɔdɔᶜ	uʷbᵊneʸ
Jeter	:Schammai	(von)-Bruder(s)-(des)	,Jada	(von)-Söhne-(die)-Und

לֹא	יֶתֶר	וַיָּמָת	וְיוֹנָתָן
loʾ	yɛtɛr	wayyɔmot	wᵊyoʷnɔtɔn
(ohne=)nicht	Jeter	starb-(es=)er-(Doch=)Und	.Jonatan-und

וְזָזָא	פֶּלֶת	יוֹנָתָן	33 וּבְנֵי	בָנִים׃
wᵊzɔzɔʾ	pɛlɛt	yoʷnɔtɔn	uʷbᵊneʸ	bɔniʸm.
.Sasa-und	Pelet	:Jonatan	(von)-Söhne-(die)-Und	.(Nachkommen=)Söhne

יְרַחְמְאֵל׃	בְּנֵי	הָיוּ	אֵלֶּה
yᵊraḥᵊmᵊʾel.	bᵊneʸ	hɔyuʷ	ʾellɛʰ
.Jerachmeel	(von)-Söhne-(die)	waren-(sie)	(Das=)Diese

בָּנִים	לְשֵׁשָׁן	הָיָה	34 וְלֹא־
bɔniʸm	lᵊšešɔn	hɔyɔʰ	-wᵊloʾ
,Söhne	Scheschan-(von=)zu	(da)-war(en)-(es=er)	nicht-(Hingegen=)Und

וּלְשֵׁשָׁן	בָּנוֹת	כִּי אִם־
uʷlᵊšešɔn	bɔnoʷt	-ʾim kiʸ
(war)-Scheschan-(dem=)zu-(Jedoch=)Und	.Töchter	(nur-sondern=)wenn-denn

יַרְחָע׃	וּשְׁמוֹ	מִצְרִי	עֶבֶד
yarᵊḥɔʿ.	uʷšᵊmoʷ	miṣᵊriʸ	ʿɛbɛd
.Jarcha	(war)-Name-(dessen=)sein-und	ägyptisch(er)	Knecht-(ein)

לְיַרְחָע	אֶת־בִּתּוֹ	שֵׁשָׁן	35 וַיִּתֵּן
lᵊyarᵊḥɔʿ	bittoʷ-ʾɛt	šešɔn	wayitten
,Jarcha-(dem=)zu	Tochter-seine***	Scheschan	gab-(es=er)-(Da=)Und

36 וְעַתַּי	אֶת־עַתָּי׃	לוֹ	וַתֵּלֶד	לְאִשָּׁה	עַבְדּוֹ
wᵊʿattay	ʿattɔy-ʾɛt.	loʷ	wattelɛd	lᵊʾiššɔʰ	ʿabᵊdoʷ
Attai-Und	.Attai***	ihm-(zu)	gebar-sie-Und	.Frau-zu(r)	,Knecht-sein(em)

37 וְזָבָד	אֶת־זָבָד׃	הוֹלִיד	וְנָתָן	אֶת־נָתָן	הֹלִיד
wᵊzɔbɔd	zɔbɔd-ʾɛt.	hoʷliʸd	wᵊnɔtɔn	nɔtɔn-ʾɛt	holiʸd
Sabad-Und	.Sabad***	zeugte-(er)	Natan-und	,Natan***	zeugte-(er)

38 וְעוֹבֵד	אֶת־עוֹבֵד׃	הוֹלִיד	וְאֶפְלָל	אֶת־אֶפְלָל	הוֹלִיד
wᵊʿoʷbed	ʿoʷbed-ʾɛt.	hoʷliʸd	wᵊʾɛpᵊlɔl	ʾɛpᵊlɔl-ʾɛt	hoʷliʸd
Obed-Und	.Obed***	zeugte-(er)	Ephlal-und	,Ephlal***	zeugte-(er)

39 וַעֲזַרְיָה	אֶת־עֲזַרְיָה׃	הוֹלִיד	וְיֵהוּא	אֶת־יֵהוּא	הוֹלִיד
waʿᵃzarᵊyɔʰ	ʿᵃzarᵊyɔʰ-ʾɛt.	hoʷliʸd	wᵊyehuʷʾ	yehuʷʾ-ʾɛt	hoʷliʸd
Asarja-Und	.Asarja***	zeugte-(er)	Jehu-und	,Jehu***	zeugte-(er)

אֶת־אֶלְעָשָׂה׃	הֹלִיד	וְחֶלֶץ	אֶת־חָלֶץ	הֹלִיד
ʾɛlᵊʿɔśɔʰ-ʾɛt.	holiʸd	wᵊḥɛlɛṣ	ḥɔlɛṣ-ʾɛt	holiʸd
.Eleasa***	zeugte-(er)	Chelez-und	,Chelez***	zeugte-(er)

הֹלִיד	וְסִסְמַי	אֶת־סִסְמָי	הֹלִיד	40 וְאֶלְעָשָׂה
holiʸd	wᵊsisᵊmay	sisᵊmɔy-ʾɛt	holiʸd	wᵊʾɛlᵊʿɔśɔʰ
zeugte-(er)	Sisemai-und	,Sisemai***	zeugte-(er)	Eleasa-Und

וִיקַמְיָה	אֶת־יְקַמְיָה	הוֹלִיד	41 וְשַׁלּוּם	אֶת־שַׁלּוּם׃
wi^{y}qam^{ə}yɔ^{h}	y^{ə}qam^{ə}yɔ^{h}-^{ɔ}ɛt	ho^{w}li^{y}d	w^{ə}šallu^{w}m	šallu^{w}m-^{ɔ}ɛt.
Jekamja-und	,Jekamja***	zeugte-(er)	Schallum-Und	.Schallum***

42 וּבְנֵי	אֶת־אֱלִישָׁמָע׃	הֹלִיד
u^{w}b^{ə}ne^{y}	^{ɔε}li^{y}šɔmɔ^{c}-^{ɔ}ɛt.	holi^{y}d
(von)-(Nachkommenschaft=)Söhne-(die)-Und	.Elischama***	zeugte-(er)

בְּכֹרוֹ	מֵישָׁע	יְרַחְמְאֵל	אֲחִי	כָלֵב
b^{ə}koro^{w}	me^{y}šɔ^{c}	y^{ə}raḥ^{ə}m^{ə}^{ɔ}el	^{ɔa}ḥi^{y}	kɔleb
,Erst(geboren)er-sein	,Mescha	:Jerachmeel	(von)-Bruder(s)-(des)	,Kaleb

מָרֵשָׁה	וּבְנֵי	זִיף	אֲבִי־	הוּא
mɔrešɔ^{h}	u^{w}b^{ə}ne^{y}	zi^{y}p	-^{ɔa}bi^{y}	hu$^{w ɔ}$
,Marescha	(von)-Söhne-(die)-und	,(Sif=)Siph	(von)-Vater-(der)	(ist-das=)er

43 וּבְנֵי	חֶבְרוֹן׃	אֲבִי
u^{w}b^{ə}ne^{y}	ḥɛb^{ə}ro^{w}n.	^{ɔa}bi^{y}
(von)-Söhne-(die)-Und	.(Hebron=)Chebron	(von)-Vater(s)-(des)

וָשָׁמַע׃	וְרֶקֶם	וְתַפֻּחַ	קֹרַח	חֶבְרוֹן
wɔšɔma^{c}.	w^{ə}rɛqɛm	w^{ə}tappuaḥ	qoraḥ	ḥɛb^{ə}ro^{w}n
.Schema-und	Rekem-und	Tappuach-und	Korach	:(Hebron=)Chebron

יָרְקְעָם	אֲבִי	אֶת־רַחַם	הוֹלִיד	44 וְשֶׁמַע
yor^{ə}q$^{ə c}$ɔm	^{ɔa}bi^{y}	raḥam-^{ɔ}ɛt	ho^{w}li^{y}d	w^{ə}šɛma^{c}
;Jorkoam	(von)-(Gründer=)Vater-(den)	,Racham***	zeugte-(er)	Schema-Und

שַׁמַּי	45 וּבֶן־	אֶת־שַׁמָּי׃	הוֹלִיד	וְרֶקֶם
šammay	-u^{w}bɛn	šammɔy-^{ɔ}ɛt.	ho^{w}li^{y}d	w^{ə}rɛqɛm
Schammai	(von)-Sohn-(der)-Und	.Schammai***	zeugte-(er)	Rekem-und

בֵית־צוּר׃	אֲבִי	וּמָעוֹן	מָעוֹן
ṣu^{w}r-be^{y}t.	^{ɔa}bi^{y}	u^{w}mɔ^{c}o^{w}n	mɔ^{c}o^{w}n
.Zur-Beth	(von)-(Gründer=)Vater-(der)	(war)-Maon-und	,Maon-(war)

אֶת־חָרָן	יָלְדָה	כָּלֵב	פִּילֶגֶשׁ	46 וְעֵיפָה
ḥɔrɔn-^{ɔ}ɛt	yɔl^{ə}dɔ^{h}	kɔleb	pi^{y}lɛgɛš	w$^{ə c}$e^{y}pɔ^{h}
(Haran=)Charan***	gebar-(sie)	,Kaleb	(von)-Nebenfrau-(die)	,Epha-Und

אֶת־גָּזֵז׃	הֹלִיד	וְחָרָן	וְאֶת־גָּזֵז	וְאֶת־מוֹצָא
gɔzez-^{ɔ}ɛt.	holi^{y}d	w^{ə}ḥɔrɔn	gɔzez-w^{əɔ}ɛt	mo^{w}ṣɔ^{ɔ}-w^{əɔ}ɛt
.Gases***	zeugte-(er)	(Haran=)Charan-und	;Gases-***und	Moza-***und

וָפֶלֶט	וָגֵישָׁן	וְיוֹתָם	רֶגֶם	יָהְדָּי	47 וּבְנֵי
wɔpɛlɛṭ	wᵊgeʸšɔn	wᵊyoʷtɔm	rɛgɛm	yohᵊdɔy	uʷbᵊneʸ
Pelet-und	Geschan-und	Jotam-und	Regem	:Johdai	(von)-Söhne-(die)-Und

מַעֲכָה	כָּלֵב	48 פִּלֶגֶשׁ	וְשָׁעַף׃	וְעֵיפָה
maʿᵃkɔʰ	kɔleb	pilɛgɛš	wɔšɔʿap.	wᵊʿeʸpɔʰ
Maacha	Kaleb(s)	Nebenfrau-(der-Mit)	.Schaaph-und	Epha-und

שַׁעַף	49 וַתֵּלֶד	וְאֶת־תִּרְחֲנָה׃	שֶׁבֶר	יָלַד
šaʿap	watteled	tirᵊḥᵃnɔʰ-wᵊʾɛt.	šɛbɛr	yɔlad
,Schaaph	gebar-sie-(Dann=)Und	.Tirchana-***und	Scheber	(zeugte=)gebar-er

אֶת־שְׁוָא	מַדְמַנָּה	אֲבִי
šᵊwɔʾ-ʾɛt	madᵊmannɔʰ	ʾᵃbiʸ
,Schewa***	,Madmanna	(von)-(Gründer=)Vater-(den)

גִּבְעָא	וַאֲבִי	מַכְבֵּנָה	אֲבִי
gibᵊʿɔʾ	waʾᵃbiʸ	makᵊbenɔʰ	ʾᵃbiʸ
;Gibea	(von)-(Gründer=)Vater-und	Machbena	(von)-(Gründer=)Vater-(den)

הָיוּ	50 אֵלֶּה	עַכְסָה׃	כָּלֵב	וּבַת־
hɔyuʷ	ʾellɛʰ	ʿakᵊsɔʰ.	kɔleb	-uʷbat
waren-(sie)	(Das=)Diese	.Achsa-(war)	Kaleb	(von)-Tochter-(die)-und

בְּכוֹר	בֶּן־חוּר	כָּלֵב	בְּנֵי
bᵊkoʷr	ḥuʷr-bɛn	kɔleb	bᵊneʸ
Erst(geboren)e(n)-(des)	,Chur(s)-Sohn(es)-(Des)	.Kaleb	(von)-Söhne-(die)

יְעָרִים׃	קִרְיַת	אֲבִי	שׁוֹבָל	אֶפְרָתָה
yᵊʿɔriʸm.	qirᵊyat	ʾᵃbiʸ	šoʷbɔl	ʾɛpᵊrɔtɔʰ
,Jearim	-Kirjat	(von)-(Gründer=)Vater-(der)	,Schobal-(waren)	,Ephrata(s)

חָרֵף	בֵּית־לָחֶם	אֲבִי	51 שַׂלְמָא
ḥɔrep	lɔḥɛm-beʸt	ʾᵃbiʸ	śalᵊmɔʾ
,Chareph	,Le(c)hem-Beth	(von)-(Gründer=)Vater-(der)	,Salma

בָנִים	52 וַיִּהְיוּ	בֵּית־גָּדֵר׃	אֲבִי
bɔniʸm	wayyihᵊyuʷ	gɔder-beʸt.	ʾᵃbiʸ
Söhne-(die)	waren-(es=)sie-Und	.Gader-Beth	(von)-(Gründer=)Vater-(der)

יְעָרִים	קִרְיַת	אֲבִי	לְשׁוֹבָל
yᵊʿɔriʸm	qirᵊyat	ʾᵃbiʸ	lᵊšoʷbɔl
,Jearim	-Kirjat	(von)-(Gründers=)Vater(s)-(des)	,Schobal-(von=)zu

הָרֹאֶה חֲצִי הַמְּנֻחוֹת:
hammᵊnuḥoʷt. ḥᵃṣiʸ hɔrɔʾɛʰ
.Menuchot-(von)-(derer=)die Hälfte-(die) :Seher(s)-(des=)der

53 וּמִשְׁפְּחוֹת קִרְיַת יְעָרִים הַיִּתְרִי
hayyitᵊriʸ yᵊʿɔriʸm qirᵊyat uʷmišᵊpᵊḥoʷt
Jitriter-(die=)der :Jearim -Kirjat (von)-Sippen(verbände)-(die)-Und

וְהַפּוּתִי וְהַשֻּׁמָתִי וְהַמִּשְׁרָעִי
wᵊhammišᵊrɔʿiʸ wᵊhaššumɔtiʸ wᵊhappuʷtiʸ
.Mischraïter-(die=)der-und Schumatiter-(die=)der-und Putiter-(die=)der-und

מֵאֵלֶּה יָצְאוּ הַצָּרְעָתִי
haṣṣɔrᵃʿɔtiʸ yɔṣᵊʾuʷ meʾellɛʰ
Zareatiter-(die=)der aus-gingen-(es=sie) diese(n)-Von

וְהָאֶשְׁתָּאֻלִי: 54 בְּנֵי שַׂלְמָא בֵּית
beʸt śalᵊmɔʾ bᵊneʸ wᵊhɔʾɛšᵊtɔʾuliʸ.
-Beth :Salma(s) (Nachkommen=)Söhne-(Die) .Eschtauliter-(die=)der-und

לֶחֶם וּנְטוֹפָתִי עַטְרוֹת בֵּית יוֹאָב וַחֲצִי
waḥᵃṣiʸ yoʷʾɔb beʸt ʿaṭᵊroʷt uʷnᵊṭoʷpɔtiʸ lɛḥɛm
Hälfte-(die)-und Joab -Beth -Atrot ,Netophatiter(sippe)-(die)-und Le(c)hem

הַמָּנַחְתִּי הַצָּרְעִי:
haṣṣɔrᵃʿiʸ. hammɔnaḥᵊtiʸ
.Zoriter(sippe)-(der=)die-(ist-das) ,Manachtiter(sippe)-(der=)die

55 וּמִשְׁפְּחוֹת סֹפְרִים
sopᵊriʸm uʷmišᵊpᵊḥoʷt
,(Schriftgelehrten=)Schreibende(n)-(der) Sippen(verbände)-(die)-Und

ישבו[יֹשְׁבֵי] יַעְבֵּץ תִּרְעָתִים שִׁמְעָתִים
šimᵊʿɔtiʸm tirᵊʿɔtiʸm yaʿᵊbeṣ [yošᵊbeʸ]yošᵊbuʷ
Schimatiter ,Tiratiter-(waren) ,Jabez (in)-Wohnende(n)-(die)

שׂוּכָתִים הֵמָּה הַקִּינִים הַבָּאִים
habbɔʾiʸm haqqiʸniʸm hemmɔʰ śuʷkɔtiʸm
(abstammten=)kommenden-die ,Kiniter-die (waren-das=)sie ,Suchatiter-(und)

מֵחַמַּת אֲבִי בֵית־רֵכָב:
rekɔb-beʸt. ʾᵃbiʸ meḥammat
.Rechab-Beth (von)-(Gründer=)Vater-(dem) ,(Hammat=)Chammat-von

3

אֲשֶׁר	דָּוִיד	בְּנֵי	הָיוּ	1 וְאֵלֶּה
^{ʾa}šɛr	dɔwyid	b^{ə}ne^{y}	hɔyu^{w}	w^{əʾ}ellɛ^{h}
(die=)welch(e)	,David	(von)-Söhne-(die)	waren-(sie)	dies(e)-Und

הַבְּכוֹר	בְּחֶבְרוֹן	לוֹ	נוֹלַד־
habb^{ə}ko^{w}r	b^{ə}ḥɛb^{ə}ro^{w}n	lo^{w}	-no^{w}lad
Erst(geboren)e-Der	:(Hebron=)Chebron-in	ihm-(zu)	geboren-wurde(n)-(sie=er)

שֵׁנִי	הַיִּזְרְעֵאלִית	לַאֲחִינֹעַם	אַמְנֹן
šeni^{y}	hayyiz^{ə}r^{əʿ}e^{ʾ}li^{y}t	la^{ʾa}ḥi^{y}noʿam	ʾam^{ə}non
Zweite-(der)	;Jesreelitin-(der=)die	,Achinoam-(von=)zu	Amnon-(war)

2 הַשְּׁלִשִׁי	הַכַּרְמְלִית׃	לַאֲבִיגַיִל	דָּנִיֵּאל
hašš^{ə}liši^{y}	hakkar^{ə}m^{ə}li^{y}t.	la^{ʾa}bi^{y}gayil	dɔni^{y}ye^{ʾ}l
Dritte-der	;Karmelitin-(der=)die	,Abigail-(von=)zu	Daniel-(war)

תַּלְמַי	בַּת־	בֶּן־מַעֲכָה	לְאַבְשָׁלוֹם
tal^{ə}may	-bat	ma^{ʿa}kɔ^{h}-bɛn	l^{əʾ}ab^{ə}šɔlo^{w}m
,Talmai(s)	Tochter	Maacha(s)-Sohn	Abschalom-(***=)zu

בֶּן־חַגִּית׃	אֲדֹנִיָּה	הָרְבִיעִי	גְּשׁוּר	מֶלֶךְ
ḥaggi^{y}t-bɛn.	^{ʾa}doni^{y}yɔ^{h}	hɔr^{ə}bi^{yʿ}i^{y}	g^{ə}šu^{w}r	mɛlɛk
;Chaggit(s)-Sohn	Adonija	Vierte-der	;Geschur	(von)-König(s)-(des)

יִתְרְעָם	הַשִּׁשִּׁי	לַאֲבִיטָל	שְׁפַטְיָה	3 הַחֲמִישִׁי
yit^{ə}r^{əʿ}ɔm	haššišši^{y}	la^{ʾa}bi^{y}ṭɔl	š^{ə}paṭ^{ə}yɔ^{h}	haḥ^{a}mi^{y}ši^{y}
Jitream	Sechste-der	;Abital-(von=)zu	Schephatja	Fünfte-der

לוֹ	נוֹלַד־	4 שִׁשָּׁה	אִשְׁתּוֹ׃	לְעֶגְלָה
lo^{w}	-no^{w}lad	šiššɔ^{h}	^{ʾ}iš^{ə}to^{w}.	l^{əʿ}ɛg^{ə}lɔ^{h}
ihm-(zu)	geboren-wurde(n)-(sie=er)	Sechs	.Frau-seine(r)	,Egla-(von=)zu

שָׁנִים	שֶׁבַע	שָׁם	וַיִּמְלָךְ־	בְּחֶבְרוֹן
šɔni^{y}m	šɛba^{ʿ}	šɔm	-wayyim^{ə}lok	b^{ə}ḥɛb^{ə}ro^{w}n
Jahre	sieben	dort	(König-als)-herrschte-er-und	;(Hebron=)Chebron-in

מָלַךְ	שָׁנָה	וְשָׁלוֹשׁ	וּשְׁלֹשִׁים	חֳדָשִׁים	וְשִׁשָּׁה
mɔlak	šɔnɔ^{h}	w^{ə}šɔlo^{w}š	u^{w}š^{ə}loši^{y}m	ḥ^{o}dɔši^{y}m	w^{ə}šiššɔ^{h}
(König-als)-regierte-er	Jahr(e)	drei-und	dreißig-und	;Monate	sechs-und

בִּירוּשָׁלִָם	לוֹ	נוֹלְדוּ־	5 וְאֵלֶּה	בִּירוּשָׁלִָם׃
bi^{y}ru^{w}šɔlɔyim	lo^{w}	-nu^{w}ll^{ə}du^{w}	w^{əʾ}ellɛ^{h}	bi^{y}ru^{w}šɔlɔim.
:Jerusalem-in	ihm-(zu)	geboren-wurden-(sie)	diese-Und	.Jerusalem-in

אַרְבָּעָה	וּשְׁלֹמֹה	וְנָתָן	וְשׁוֹבָב	שִׁמְעָא
ʾarəbɔʿɔh	uwšəlomoh	wənɔtɔn	wəšowbɔb	šimʿɔʾ
,vier	,(Salomo=)Schelomo-und	Natan-und	Schobab-und	Schimea

וֶאֱלִישָׁמָע	6 וְיִבְחָר	בַּת־עַמִּיאֵל׃	לְבַת־שׁוּעַ
wɛʾɛliyšɔmɔʿ	wəyibəḥɔr	ʿammiyʾel-bat.	šuwaʿ-ləbat
Elischama-und	Jibchar-Und	.Ammiël(s)-Tochter-(der)	,Schua-Bat-(von=)zu

וְאֶלְיָדָע	8 וֶאֱלִישָׁמָע	וְיָפִיעַ׃	וְנֶפֶג	7 וְנֹגַהּ	וֶאֱלִיפָלֶט׃
wəʾɛlyɔdɔʿ	wɛʾɛliyšɔmɔʿ	wəyɔpiyaʿ.	wənɛpɛg	wənogah	wɛʾɛliypɔlɛṭ.
Eljada-und	Elischama-und	,Japhia-und	Nepheg-und	Nogah-und	,Eliphelet-und

דָוִיד	בְּנֵי	9 כֹּל	תִּשְׁעָה׃	וֶאֱלִיפָלֶט
dɔwiyd	bəney	kol	tišəʿɔh.	wɛʾɛliypɛlɛṭ
,David	(von)-Söhne	All(es)	.neun	:Eliphelet-und

פִילַגְשִׁים	בְּנֵי־	מִלְּבַד
piylagəšiym	-bəney	milləbad
.Nebenfrauen	(von)-Söhne(n)-(den)	(von-abgesehen=)allein-zu-von

10 וּבֶן־	אֲחוֹתָם׃	וְתָמָר
-uwbɛn	ʾaḥowtɔm.	wətɔmɔr
(von)-Sohn-(der)-Und	.Schwester-(deren=)ihre	(war)-Tamar-Und

אָסָא	בְּנוֹ	אֲבִיָּה	רְחַבְעָם	שְׁלֹמֹה
ʾɔsɔʾ	bənow	ʾabiyyɔh	rəḥabəʿɔm	šəlomoh
Asa	,Sohn-(dessen=)sein	Abija	,Rechabeam-(war)	(Salomo=)Schelomo

11 יוֹרָם	בְּנוֹ׃	יְהוֹשָׁפָט	בְּנוֹ
yowrɔm	bənow.	yəhowšɔpɔṭ	bənow
Joram	,Sohn-(dessen=)sein	J(eh)oschaphat	,Sohn-(dessen=)sein

יוֹאָשׁ	בְּנוֹ	אֲחַזְיָהוּ	בְּנוֹ
yowʾɔš	bənow	ʾaḥazəyɔhuw	bənow
Joasch	,Sohn-(dessen=)sein	Achasja(hu)	,Sohn-(dessen=)sein

עֲזַרְיָה	בְּנוֹ	12 אֲמַצְיָהוּ	בְּנוֹ׃
ʿazarəyɔh	bənow	ʾamaṣəyɔhuw	bənow.
Asarja	,Sohn-(dessen=)sein	Amazja(hu)	,Sohn-(dessen=)sein

13 אָחָז	בְּנוֹ׃	יוֹתָם	בְּנוֹ
ʾɔḥɔz	bənow.	yowtɔm	bənow
Achas	,Sohn-(dessen=)sein	Jotam	,Sohn-(dessen=)sein

בְנוֹ	חִזְקִיָּהוּ	בְּנוֹ
bᵊnoʷ	ḥizᵊqiʸyɔhuʷ	bᵊnoʷ
,Sohn-(dessen=)sein	(Hiskija=)Chiskija(hu)	,Sohn-(dessen=)sein

בְּנוֹ	14 אָמוֹן	בְנוֹ׃	מְנַשֶּׁה
bᵊnoʷ	ʾɔmoʷn	bᵊnoʷ.	mᵊnaššɛʰ
,Sohn-(dessen=)sein	Amon	,Sohn-(dessen=)sein	(Manasse=)Menasche

יֹאשִׁיָּהוּ	15 וּבְנֵי	בְנוֹ׃	יֹאשִׁיָּהוּ
yoʾšiʸyɔhuʷ	uʷbᵊneʸ	bᵊnoʷ.	yoʾšiʸyɔhuʷ
:Joschija(hu)	(von)-Söhne-(die)-Und	.Sohn-(dessen=)sein	Joschija(hu)

הַשְּׁלִשִׁי	יְהוֹיָקִים	הַשֵּׁנִי	יוֹחָנָן	הַבְּכוֹר
haššᵊlišiʸ	yᵊhoʷyɔqiʸm	haššeniʸ	yoʷḥɔnɔn	habbᵊkoʷr
Dritte-der	,J(eh)ojakim	Zweite-der	,Jochanan	Erst(geboren)e-der

יְהוֹיָקִים	16 וּבְנֵי	שַׁלּוּם׃	הָרְבִיעִי	צִדְקִיָּהוּ
yᵊhoʷyɔqiʸm	uʷbᵊneʸ	šalluʷm.	hɔrᵊbiʸʿiʸ	ṣidᵊqiʸyɔhuʷ
:J(eh)ojakim	(von)-Söhne-(die)-Und	.Schallum	Vierte-der	,Zidkija(hu)

בְּנוֹ׃	צִדְקִיָּה	בְנוֹ	יְכָנְיָה
bᵊnoʷ.	ṣidᵊqiʸyɔʰ	bᵊnoʷ	yᵊkonᵊyɔʰ
.Sohn-(dessen=)sein	Zidkija	,Sohn-sein	(war)-Jechonja

שְׁאַלְתִּיאֵל	אַסִּר	יְכָנְיָה	17 וּבְנֵי
šᵊʾalᵊtiʸʾel	ʾassir	yᵊkonᵊyɔʰ	uʷbᵊneʸ
(war)-Schealtiël	.Assir	:Jechonja	(von)-(Nachkommenschaft=)Söhne-(die)-Und

וְשֶׁנְאַצַּר	וּפְדָיָה	18 וּמַלְכִּירָם	בְּנוֹ׃
wᵊšɛnᵊʾaṣṣar	uʷpᵊdɔyɔʰ	uʷmalᵊkiʸrɔm	bᵊnoʷ.
,Schenazzar-und	Pedaja-und	Malkiram-(ferner=)und	,Sohn-(dessen=)sein

פְּדָיָה	19 וּבְנֵי	וּנְדַבְיָה׃	הוֹשָׁמָע	יְקַמְיָה
pᵊdɔyɔʰ	uʷbᵊneʸ	uʷnᵊdabᵊyɔʰ.	hoʷšɔmɔʿ	yᵊqamᵊyɔʰ
:Pedaja	(von)-Söhne-(die)-Und	.Nebadja-und	Hoschama	,Jekamja

מְשֻׁלָּם	זְרֻבָּבֶל	וּבֶן־	וְשִׁמְעִי	זְרֻבָּבֶל
mᵊšullɔm	zᵊrubbɔbɛl	-uʷbɛn	wᵊšimᵊʿiʸ	zᵊrubbɔbɛl
Meschullam	:Serubbabel	(von)-(Söhne=)Sohn-Und	.Schimeï-und	Serubbabel

אֲחוֹתָם׃	וּשְׁלֹמִית	וַחֲנַנְיָה
ʾᵃḥoʷtɔm.	uʷšᵊlomiʸt	waḥᵃnanᵊyɔʰ
.Schwester-(deren=)ihre-(war)	Schelomit-und	;(Hananja=)Chananja-und

יוּשַׁב	וַחֲסַדְיָה	וּבֶרֶכְיָה	וָאֹהֶל	20 וַחֲשֻׁבָה
yuwšab	wahasadəyɔh	uwbɛrɛkəyɔh	wɔʾohɛl	wahašubɔh
-Juschab-(und)	Chasadja-und	Berechja-und	Ohel-und	Chaschuba-Und

חֲנַנְיָה	21 וּבֶן־	חָמֵשׁ׃	חֶסֶד
hənanəyɔh	-uwbɛn	homeš.	hɛsɛd
:(Hananjas=)Chananja(s)	(Nachkommen-die=)Sohn-Und	.fünf	:Chesed

אַרְנָן	בְּנֵי	רְפָיָה	בְּנֵי	וִישַׁעְיָה	פְלַטְיָה
ʾarənɔn	bəney	rəpɔyɔh	bəney	wiyšaʿəyɔh	pəlaṭəyɔh
,Arnan	(von)-Söhne-(die)	,Rephaja	(von)-Söhne-(die)	,Jeschaja-und	Pelatja

שְׁכַנְיָה׃	בְּנֵי	עֹבַדְיָה	בְּנֵי
šəkanəyɔh.	bəney	ʿobadəyɔh	bəney
.Schechanja	(von)-Söhne-(die)	,Obadja	(von)-Söhne-(die)

שְׁמַעְיָה	שְׁכַנְיָה	22 וּבְנֵי
šəmaʿəyɔh	šəkanəyɔh	uwbəney
.Schemaëja-(war)	Schechanja	(von)-(Sohn-Der=)Söhne-Und

וּבָרִיחַ	וְיִגְאָל	חַטּוּשׁ	שְׁמַעְיָה	וּבְנֵי
uwboriyah	wəyigəʾɔl	haṭṭuwš	šəmaʿəyɔh	uwbəney
Bariach-und	Jigal-und	Chattusch	:Schemaëja	(von)-Söhne-(die)-Und

נְעַרְיָה	23 וּבֶן־	שִׁשָּׁה׃	וְשָׁפָט	וּנְעַרְיָה
nəʿarəyɔh	-uwbɛn	šiššɔh.	wəšɔpɔṭ	uwnəʿarəyɔh
:Nearja(s)	(Nachkommen-die=)Sohn-Und	.sechs	:Schaphat-und	Nearja-und

שְׁלֹשָׁה׃	וְעַזְרִיקָם	וְחִזְקִיָּה	אֶלְיוֹעֵינַי
šəlošɔh.	wəʿazərīyqɔm	wəhizəqiyyɔh	ʾɛləyowʿeynay
.drei	:Asrikam-und	(Hiskija=)Chiskija-und	Eljoënai

הֹדַיְוָהוּ[הוֹדַוְיָהוּ]	אֶלְיוֹעֵינַי	24 וּבְנֵי
[howdawəyɔhuw]hodayəwɔhuw	ʾɛləyowʿeynay	uwbəney
Hodawja(hu)	:Eljoënai	(von)-Söhne-(die)-Und

וַעֲנָנִי	וּדְלָיָה	וְיוֹחָנָן	וְעַקּוּב	וּפְלָיָה	וְאֶלְיָשִׁיב
waʿanoniy	uwdəlɔyɔh	wəyowhɔnɔn	wəʿaqquwb	uwpəlɔyɔh	wəʾɛləyɔšiyb
:Anani-und	Delaja-und	Jochanan-und	Akkub-und	Pelaja-und	Eljaschib-und

שִׁבְעָה׃
šibəʿɔh.
.sieben

4

וְכַרְמִי	חֶצְרוֹן	פֶּרֶץ	יְהוּדָה	1 בְּנֵי
wᵊkarᵊmiʸ	ḥɛṣᵊroʷn	pɛrɛṣ	yᵊhuʷdɔʰ	bᵊneʸ
Karmi-und	(Hezron=)Chezron	,Perez	:Juda	(von)-Söhne-(Die)

אֶת־יַחַת	הוֹלִיד	בֶּן־שׁוֹבָל	2 וּרְאָיָה	וְשׁוֹבָל׃	וְחוּר
yaḥat-ʾɛt	hoʷliʸd	šoʷbɔl-bɛn	uʷrᵊʾɔyɔʰ	wᵊšoʷbɔl.	wᵊḥuʷr
,Jachat***	zeugte-(er)	Schobal(s)-Sohn	Reaja-Und	.Schobal-und	Chur-und

אֵלֶּה	וְאֶת־לָהַד	אֶת־אֲחוּמַי	הֹלִיד	וְיַחַת
ʾellɛʰ	lɔhad-wᵊʾɛt	ʾᵃḥuʷmay-ʾɛt	holiʸd	wᵊyaḥat
(waren-Das=)Diese	.Lahad-***und	Achumai***	zeugte-(er)	Jachat-und

3 וְאֵלֶּה	הַצָּרְעָתִי׃	מִשְׁפְּחוֹת
wᵊʾellɛʰ	haṣṣɔrᵊʿɔtiʸ.	mišᵊpᵊḥoʷt
diese-Und	.Zareatiter(s)-(der=des=)der	Sippen-(die)

וְיִדְבָּשׁ	וְיִשְׁמָא	יִזְרְעֶאל	עֵיטָם	אֲבִי
wᵊyidᵊbɔš	wᵊyišᵊmɔʾ	yizᵊrᵊʿɛʾl	ʿeʸṭɔm	ʾᵃbiʸ
.Jidbasch-und	Jischma-und	Jisreel	:Etam	(von)-(Gründers=)Vater(s)-(des)

4 וּפְנוּאֵל	הַצְלֶלְפּוֹנִי׃	אֲחוֹתָם	וְשֵׁם
uʷpᵊnuʷʾel	haṣᵊlɛlᵊpoʷniʸ.	ʾᵃḥoʷtɔm	wᵊšem
(war)-Penuël-Und	.Hazlelponi	:Schwester-ihre(r)	Name-(der)-Und

אֲבִי	וְעֵזֶר	גְדֹר	אֲבִי
ʾᵃbiʸ	wᵊʿezɛr	gᵊdor	ʾᵃbiʸ
(von)-(Gründer=)Vater-(der)	Eser-und	,Gedor	(von)-(Gründer=)Vater-(der)

חוּר	בְנֵי־	אֵלֶּה	חוּשָׁה
ḥuʷr	-bᵊneʸ	ʾellɛʰ	ḥuʷšɔʰ
,Chur	(von)-(Nachkommen=)Söhne-(die)	(waren-Das=)Diese	.Chuscha

לָחֶם׃	בֵּית	אֲבִי	אֶפְרָתָה	בְּכוֹר
lɔḥɛm.	beʸt	ʾᵃbiʸ	ʾɛpᵊrɔtɔʰ	bᵊkoʷr
.Le(c)hem	-Beth	(von)-Vater(s)-(des)	,Ephrata(s)	Erst(geboren)en-(des)

הָיוּ	תְקוֹעַ	אֲבִי	5 וּלְאַשְׁחוּר
hɔyuʷ	tᵊqoʷaʿ	ʾᵃbiʸ	uʷlᵊʾašᵊḥuʷr
waren-(es=sie)	,Tekoa	(von)-(Gründer=)Vater-(dem)	,Aschchur-(dem=)zu-Und

נַעֲרָה	לוֹ	6 וַתֵּלֶד	וְנַעֲרָה׃	חֶלְאָה	נָשִׁים	שְׁתֵּי
naʿᵃrɔʰ	loʷ	wattelɛd	wᵊnaʿᵃrɔʰ.	ḥɛlᵊʾɔʰ	nɔšiʸm	šᵊteʸ
Naara	ihm-(zu)	gebar-(es=)sie-Und	.Naara-und	Chelea	:Frauen	zwei

וְאֶת־תֵּימְנִי	וְאֶת־חֵפֶר	אֶת־אֲחֻזָּם
teʸmᵊniʸ-wᵊʾɛt	ḥepɛr-wᵊʾɛt	ʾaḥuzzɔm-ʾɛt
Temni-***und	(Hefer=)Chepher-***und	Achusam***

בְּנֵי	אֵלֶּה	וְאֶת־הָאֲחַשְׁתָּרִי
bᵊneʸ	ʾelleʰ	hɔʾaḥašᵊtɔriʸ-wᵊʾɛt
(von)-Söhne-(die)	(waren-Das=)Diese	.Achaschtariter-(die=den=)der-***und

וְאֶתְנָן׃	יִצְחָר[וְצֹחַר]	צֶרֶת	חֶלְאָה	7 וּבְנֵי	נַעֲרָה׃
wᵊʾɛtᵊnɔn.	[wᵊṣoḥar]yiṣᵊḥɔr	ṣɛrɛt	ḥɛlᵊʾɔʰ	uʷbᵊneʸ	naᶜarɔʰ.
.Etnan-und	Zochar-und	Zeret	:Chelea	(von)-Söhne-(die)-Und	.Naara

וְאֶת־הַצֹּבֵבָה	אֶת־עָנוּב	הוֹלִיד	8 וְקוֹץ
haṣṣobebɔʰ-wᵊʾɛt	ᶜɔnuʷb-ʾɛt	hoʷliʸd	wᵊqoʷṣ
Zobeba-(den=)der***und	Anub***	zeugte-(er)	Koz-Und

בֶּן־הָרוּם׃	אֲחַרְחֵל	וּמִשְׁפְּחוֹת
hɔruʷm-bɛn.	ʾaḥarᵊḥel	uʷmišᵊpᵊḥoʷt
.Harum(s)-Sohn	Acharchel(s)	Sippen-(die)-(sowie=)und

נִכְבָּד	יַעְבֵּץ	9 וַיְהִי
nikᵊbɔd	yaᶜᵊbeṣ	wayᵊhiʸ
geehrt-wurde-(d)ehr	,Jaebez	war-(es=er)-(Ferner=)Und

קָרְאָה	וְאִמּוֹ	מֵאֶחָיו
qɔrᵊʾɔʰ	wᵊʾimmoʷ	meʾɛḥɔʸw
(genannt=)gerufen-hatte-(sie)	Mutter-seine-und	,Brüder-seine-(als-mehr=)von

כִּי	לֵאמֹר	יַעְבֵּץ	שְׁמוֹ
kiʸ	leʾmor	yaᶜᵊbeṣ	šᵊmoʷ
,(Fürwahr=)Denn	:(erklärend=)sagen-zu	,Jaebez	Name(n)-sein(en)

יַעְבֵּץ	10 וַיִּקְרָא	בְּעֹצֶב׃	יָלַדְתִּי
yaᶜᵊbeṣ	wayyiqᵊrɔʾ	bᵊᶜoṣɛb.	yɔladᵊtiʸ
Jaebez	rief-(es=)er-Und	!(Beschwerden=)Schmerz-(mit=)in	geboren-habe-ich

אִם־	לֵאמֹר	יִשְׂרָאֵל	לֵאלֹהֵי
-ʾim	leʾmor	yiśᵊrɔʾel	leʾloheʸ
Wenn	:(sagte-er-indem=)sagen-zu	,Israel	(von)-Gott-dem-zu

תְּבָרְכֵנִי	בָּרֵךְ
tᵊbɔrᵃkeniʸ	bɔrek
mich-segnen-(möchtest=)wirst-du	(doch=)Segnen-(ein)

אֶת־גְּבוּלִי	וְהִרְבִּיתָ
gᵊbuʷliʸ-ʾɛt	wᵊhirᵊbiʸtɔ
Gebiet-mein***	(erweitern=)machen-viel-(wirst-du)-und

עִמִּי	יָדְךָ	וְהָיְתָה
ʿimmiʸ	yɔdᵊkɔ	wᵊhɔyᵊtɔʰ
,mir-mit	Hand-deine	sein-(möchte=)wird-(es=)sie-und

מֵרָעָה	וְעָשִׂיתָ
merɔʿɔʰ	wᵊʿɔśiʸtɔ
,Unheil-von	(weghalten=)machen-(würdest=)wirst-du-(dass=)und

עָצְבִּי	לְבִלְתִּי
ʿɔṣᵊbiʸ	lᵊbilᵊtiʸ
!(Beschwerde=)Schmerz-mein(e)	(wäre-mehr)-nicht-(damit=)zu

אֲשֶׁר־	אֵת	אֱלֹהִים	וַיָּבֵא
-ʾašɛr	ʾet	ʾᵋlohiʸm	wayyɔbeʾ
(was=)welch(es)***		,Gott	(gewährte=)kommen-machte-(es=er)-(Da=)Und

שׁוּחָה	אֲחִי־	11 וּכְלוּב	שָׁאָל׃
šuʷḥɔh	-ʾaḥiʸ	uʷkᵊluʷb	šɔʾɔl.
,Schucha	(von)-Bruder-(der)	,(Kelub=)Chelub-Und	.(hatte)-erbeten-er

אֶשְׁתּוֹן׃	אֲבִי	הוּא	אֶת־מְחִיר	הוֹלִיד
ʾɛšᵊtoʷn.	ʾabiʸ	huʷʾ	mᵊḥiʸr-ʾɛt	hoʷliʸd
.Eschton	(von)-(Gründer=)Vater-(der)	(ist)-er	,Mechir***	zeugte-(er)

וְאֶת־פָּסֵחַ	רָפָא	אֶת־בֵּית	הוֹלִיד	12 וְאֶשְׁתּוֹן
pɔseaḥ-wᵊʾɛt	rɔpɔʾ	beʸt-ʾɛt	hoʷliʸd	wᵊʾɛšᵊtoʷn
Paseach-***und	(Rafa=)Rapha	Beth***	zeugte-(er)	Eschton-Und

נָחָשׁ	עִיר	אֲבִי	וְאֶת־תְּחִנָּה
nɔḥɔš	ʿiʸr	ʾabiʸ	tᵊḥinnɔʰ-wᵊʾɛt
.Nachasch	-Ir	(von)-(Gründer=)Vater-(den)	,Techinna-***und

13 וּבְנֵי	רֵכָה׃	אַנְשֵׁי	אֵלֶּה
uʷbᵊneʸ	rekɔʰ.	ʾanᵊšeʸ	ʾellɛʰ
(von)-Söhne-(die)-Und	.Recha	(von)-Männer-(die)	(waren)-(Das=)Diese

חֲתַת׃	עָתְנִיאֵל	וּבְנֵי	וּשְׂרָיָה	עָתְנִיאֵל	קְנַז
ḥatat.	ʿotᵊniʸʾel	uʷbᵊneʸ	uʷśᵊrɔyɔʰ	ʿotᵊniʸʾel	qᵊnaz
,Chatat	:Otniël	(von)-Söhne-(die)-und	;Seraja-und	Otniël	:Kenas

הוֹלִיד	וּשְׂרָיָה	אֶת־עָפְרָה	הוֹלִיד	14 וּמְעוֹנֹתַי
hoʷliʸd	uʷśᵊrɔyɔʰ	ʿopᵊrɔʰ-ʾɛt	hoʷliʸd	uʷmᵊʿoʷnotay
zeugte-(er)	Seraja-Und	.(Ofra=)Ophra***	zeugt(e)-(d)er	,Meonotai-(dann=)und

כִּי	חֲרָשִׁים	גֵיא	אֲבִי	אֶת־יוֹאָב
kiʸ	ḥᵃrɔšiʸm	geʸʾ	ʾᵃbiʸ	yoʷʾɔb-ʾɛt
denn	,Handwerker-(der)	Tal(es)-(des)	(Gründer=)Vater-(den)	,Joab***

כָּלֵב	15 וּבְנֵי	הָיוּ׃	חֲרָשִׁים
kɔleb	uʷbᵊneʸ	hɔyuʷ.	ḥᵃrɔšiʸm
Kaleb	(von)-(Nachkommen=)Söhne-(die)-Und	.waren-sie	Handwerker

וּבְנֵי	וָנָעַם	אֵלָה	עִירוּ	בֶּן־יְפֻנֶּה
uʷbᵊneʸ	wɔnɔʿam	ʾelɔʰ	ʿiʸruʷ	yᵊpunnɛʰ-bɛn
(von)-Söhne-(die)-(dann=)und	,Naam-und	Ela	,Iru	:Jefunne(s)-Sohn

תִּירְיָא	וְזִיפָה	זִיף	יְהַלֶּלְאֵל	16 וּבְנֵי	וּקְנַז׃	אֵלָה
tiʸrᵊyɔʾ	wᵊziʸpɔʰ	ziʸp	yᵊhallɛlᵊʾel	uʷbᵊneʸ	uʷqᵊnaz.	ʾelɔʰ
Tirja	,Sipha-und	Siph	:Jehallelel	(von)-Söhne-(die)-Und	.Kenas-und	Ela

וּמֶרֶד	יֶתֶר	עֶזְרָה	17 וּבֶן־	וַאֲשַׂרְאֵל׃
uʷmɛrɛd	yɛtɛr	ʿɛzᵊrɔʰ	-uʷbɛn	waʾᵃśarʾᵊel.
Mered-und	Jeter	(waren)-Esra(s)	(Nachkommen-die=)Sohn-Und	.Asarel-und

אֶת־מִרְיָם	וַתַּהַר	וְיָלוֹן	וְעֵפֶר
mirᵊyɔm-ʾɛt	wattahar	wᵊyɔloʷn	wᵊʿepɛr
Mirjam-mit	(schwanger-war=)empfing-sie-(Dann=)Und	.Jalon-und	Epher-und

אֶשְׁתְּמֹעַ׃	אֲבִי	וְאֶת־יִשְׁבָּח	וְאֶת־שַׁמַּי
ʾɛšᵊtᵊmoaʿ.	ʾᵃbiʸ	yišᵊbɔḥ-wᵊʾɛt	šammay-wᵊʾɛt
.Eschtemoa	(von)-Vater-(dem)	,Jischbach-mit-und	Schammai-mit-und

אֶת־יֶרֶד	יָלְדָה	הַיְהֻדִיָּה	18 וְאִשְׁתּוֹ
yɛrɛd-ʾɛt	yɔlᵊdɔʰ	hayᵊhudiʸyɔʰ	wᵊʾišᵊtoʷ
,Jered***	gebar-(sie)	,Judäerin-die	,Frau-seine-Und

וְאֶת־חֶבֶר	גְדוֹר	אֲבִי
ḥɛbɛr-wᵊʾɛt	gᵊdoʷr	ʾᵃbiʸ
,Cheber-***und	,Gedor	(von)-(Gründer=)Vater-(den)

וְאֶת־יְקוּתִיאֵל	שׂוֹכוֹ	אֲבִי
yᵊquʷtiʸʾel-wᵊʾɛt	śoʷkoʷ	ʾᵃbiʸ
,Jekutiël-***und	,Socho	(von)-(Gründer=)Vater-(den)

וְאֵלֶּה	זָנוֹחַ	אֲבִי
w^{ə}ʾellɛ^{h}	zɔno^{w}aḥ	ʾ^{a}bi^{y}
(waren)-(das=)diese-Und	.Sanoach	(von)-(Gründer=)Vater-(den)

אֲשֶׁר	בַּת־פַּרְעֹה	בִּתְיָה	בְּנֵי
ʾ^{a}šɛr	par^{ə}ʿo^{h}-bat	bit^{ə}yɔ^{h}	b^{e}ne^{y}
(die=)welch(e)	,Pharao(s)-Tochter-(der)	,Bitja	(von)-Söhne-(die)

אֵשֶׁת	19 וּבְנֵי	מֶרֶד׃	לָקַח
ʾešɛt	u^{w}b^{ə}ne^{y}	mɔrɛd.	lɔqaḥ
(von)-Frau-(der)	Söhne-(die)-Und	.Mered	(geheiratet=)genommen-hatte-(er)

קְעִילָה	אֲבִי	נַחַם	אֲחוֹת	הוֹדִיָּה
q^{ə}ʿi^{y}lɔ^{h}	ʾ^{a}bi^{y}	naḥam	ʾ^{a}ḥo^{w}t	ho^{w}di^{y}yɔ^{h}
,Keïla	(von)-(Gründer=)Vater-(der)	:Nacham(s)	Schwester-(der)	,Hodija

20 וּבְנֵי	הַמַּעֲכָתִי׃	וְאֶשְׁתְּמֹעַ	הַגַּרְמִי
u^{w}b^{ə}ne^{y}	hamma^{ca}kɔti^{y}.	w^{ə}ʾɛš^{ə}t^{ə}moaʿ	haggar^{ə}mi^{y}
(von)-Söhne-(die)-Und	.Maachiter-der	,Eschtemoa-und	,Garmiter-der

וְתוֹלוֹן[וְתִילוֹן]	בֶּן־חָנָן	וְרִנָּה	אַמְנוֹן	שִׁימוֹן
[w^{ə}ti^{y}lo^{w}n]w^{ə}to^{w}lo^{w}n	ḥɔnɔn-bɛn	w^{ə}rinnɔ^{h}	ʾam^{ə}no^{w}n	ši^{y}mo^{w}n
.[Tilon-und]Tolon-und	Chanan-Ben	,Rinna-und	Amnon	:Schimon

21 בְּנֵי	וּבֶן־זוֹחֵת׃	זוֹחֵת	יִשְׁעִי	וּבְנֵי
b^{ə}ne^{y}	zo^{w}ḥet-u^{w}bɛn.	zo^{w}ḥet	yiš^{ə}ʿi^{y}	u^{w}b^{ə}ne^{y}
(von)-Söhne-(Die)	.Sochet-Ben-und	Sochet	:Jischei	(von)-Söhne-(die)-Und

לֵכָה	אֲבִי	עֵר	בֶּן־יְהוּדָה	שֵׁלָה
lekɔ^{h}	ʾ^{a}bi^{y}	ʿer	y^{ə}hu^{w}dɔ^{h}-bɛn	šelɔ^{h}
,Lecha	(von)-(Gründer=)Vater-(der)	,Ger	:Jehuda(s)-Sohn-(ein)	,Schela

וּמִשְׁפְּחוֹת	מָרֵשָׁה	אֲבִי	וְלַעְדָּה
u^{w}miš^{ə}p^{ə}ḥo^{w}t	mɔrešɔ^{h}	ʾ^{a}bi^{y}	w^{ə}la^{cə}dɔ^{h}
Sippen-(die)-und	,Marescha	(von)-(Gründer=)Vater-(der)	,Laeda-und

לְבֵית	הַבֻּץ	עֲבֹדַת	בֵּית־
l^{ə}be^{y}t	habbuṣ	^{ca}bodat	-be^{y}t
Haus-(dem)-(aus=)zu	Byssus-(dem=)der	(mit)-Arbeit-(der)	Haus(es)-(des)

כֹּזֵבָא	וְאַנְשֵׁי	22 וְיוֹקִים	אַשְׁבֵּעַ׃
kozebɔʾ	w^{ə}ʾan^{ə}še^{y}	w^{ə}yo^{w}qi^{y}m	ʾaš^{ə}beaʿ.
,Koseba	(von)-Männer-(die)-und	Jokim-(ferner=)und	,Aschbea

בָּעֲלוּ	אֲשֶׁר־	וְשָׂרָף	וְיוֹאָשׁ
bɔᶜᵃluʷ	-ʾᵃšɛr	wᵊśɔrɔp	wᵊyoʷʾɔš
herrschten-(sie)	(die=)welch(e)	,(Saraf=)Saraph-und	Joasch-(sowie=)und

לָחֶם	וְיָשֻׁבִי	לְמוֹאָב
lɔḥɛm	wᵊyɔšubiʸ	lᵊmoʷʾɔb
.Lechem	-Jaschubi-und	Moab-(über=)zu

עַתִּיקִים׃	וְהַדְּבָרִים
ᶜattiʸqiʸm.	wᵊhaddᵊbɔriʸm
.(altüberliefert=)alte-(sind)	(Nachrichten=)Worte-die-(Doch=)Und

וְיֹשְׁבֵי	הַיּוֹצְרִים	23 הֵמָּה
wᵊyošᵊbeʸ	hayyoʷṣᵊriʸm	hemmɔʰ
(in)-Wohnenden-(die)-und	(Töpfer=)Formenden-die	(waren-Diese=)Sie

הַמֶּלֶךְ	עִם־	וּגְדֵרָה	נְטָעִים
hammɛlɛk	-ᶜim	uʷgᵊderɔʰ	nᵊṭɔᶜiʸm
,König-(dem=)der	(Bei=)Mit	.Gedera-und	Netaim

24 בְּנֵי	שָׁם׃	יָשְׁבוּ	בִּמְלַאכְתּוֹ
bᵊneʸ	šɔm.	yɔšᵊbuʷ	bimᵊlaʾkᵊtoʷ
(von)-Söhne-(Die)	.dort	wohnten-sie	,(Dienst-seinem=)Arbeit-seiner-in

שָׁאוּל׃	זֶרַח	יָרִיב	וְיָמִין	נְמוּאֵל	שִׁמְעוֹן
šɔʾuʷl.	zɛraḥ	yɔriʸb	wᵊyɔmiʸn	nᵊmuʷʾel	šimᵊᶜoʷn
.(Saul=)Schaul	,Serach	,Jarib	,Jamin-und	Nemuël	:(Simeon=)Schimeon

מִשְׁמָע	בְּנוֹ	מִבְשָׂם	בְּנוֹ	25 שַׁלֻּם
mišᵊmɔᶜ	bᵊnoʷ	mibᵊśɔm	bᵊnoʷ	šallum
Mischma	,Sohn-(dessen=)sein	Mibsan	,Sohn-sein	(war)-Schallum

חַמּוּאֵל	מִשְׁמָע	26 וּבְנֵי	בְּנוֹ׃
ḥammuʷʾel	mišᵊmɔᶜ	uʷbᵊneʸ	bᵊnoʷ.
(war)-Chammuel	:Mischma	(von)-Söhne-(die)-Und	.Sohn-(dessen=)sein

בְּנוֹ׃	שִׁמְעִי	בְּנוֹ	זַכּוּר	בְּנוֹ
bᵊnoʷ.	šimᵊᶜiʸ	bᵊnoʷ	zakkuʷr	bᵊnoʷ
.Sohn-(dessen=)sein	Schimeï	,Sohn-(dessen=)sein	(war)-Sakkur	,Sohn-sein

שֵׁשׁ	וּבָנוֹת	עָשָׂר	שִׁשָּׁה	בָּנִים	27 וּלְשִׁמְעִי
šeš	uʷbɔnoʷt	ᶜɔśɔr	šiššɔʰ	bɔniʸm	uʷlᵊšimᵊᶜiʸ
.sechs	Töchter-und	zehn	-sech(s)	Söhne	Schimei-(hatte-es=)zu-Und

רַבִּים	בָּנִים	אֵין	וּלְאֶחָיו
rabbiym	bɔniym	ʾeyn	uwləʾεḥɔyw
,viele	Söhne	gab-es-nicht	Brüder(n)-seinen-(von=)zu-(Jedoch=)Und

עַד־	הִרְבּוּ	לֹא	מִשְׁפַּחְתָּם	וְכֹל
-ʿad	hirəbuw	loʾ	mišəpaḥətɔm	wəkol
(wie=)bis	zahlreich-(sich)-machten-sie	nicht	Sippe-ihre(r)	all(e)-und

וּמוֹלָדָה	בִּבְאֵר־שֶׁבַע	28 וַיֵּשְׁבוּ	יְהוּדָה׃	בְּנֵי
uwmowlɔdɔh	šεbaʿ-bibəʾer	wayyešəbuw	yəhuwdɔh.	bəney
Molada-und	Scheba-Beër-in	wohnten-sie-Und	.Juda	(von)-Söhne-(die)

וּבְתוֹלָד׃	וּבְעֶצֶם	29 וּבְבִלְהָה	שׁוּעָל׃	וַחֲצַר
uwbətowlɔd.	uwbəʿεṣεm	uwbəbiləhɔh	šuwʿɔl.	waḥaṣar
Tolad-in-und	Ezem-in-und	Bilha-in-und	Schual	-Chazar-und

מַרְכָּבוֹת	31 וּבְבֵית	וּבְצִיקְלָג׃	וּבְחָרְמָה	30 וּבִבְתוּאֵל
marəkɔbowt	uwbəbeyt	uwbəṣiyqəlɔg.	uwbəḥorəmɔh	uwbibətuwʾel
Markabot	-Beth-in-und	Ziklag-in-und	Chorma-in-und	Betuël-in-und

וּבְשַׁעֲרָיִם	בִּרְאִי	וּבְבֵית	סוּסִים	וּבַחֲצַר
uwbəšaʿarɔyim	birəʾiy	uwbəbeyt	suwsiym	uwbaḥaṣar
.Schaarajim-in-und	Bireï	-Beth-in-und	Susim	-Chazar-in-und

מְלֹךְ	עַד־	עָרֵיהֶם	אֵלֶּה
məlok	-ʿad	ʿɔreyhεm	ʾellεh
(wurde-König=)Königsein	(dass)-bis	,Städte-ihre	(waren)-(Das=)Diese

רִמּוֹן	וָעַיִן	עֵיטָם	32 וְחַצְרֵיהֶם	דָּוִיד׃
rimmown	wɔʿayin	ʿeyṭɔm	wəḥaṣəreyhεm	dɔwiyd.
Rimmon	,Ajin-und	Etam	:(Ortschaften=)Gehöfte-ihre-Und	.David

33 וְכָל־	חָמֵשׁ׃	עָרִים	וְעָשָׁן	וְתֹכֶן
-wəkol	ḥɔmeš.	ʿɔriym	wəʿɔšɔn	wətokεn
all-(mit=)und	fünf	Städte	,Aschan-und	Tochen-und

הֶעָרִים	סְבִיבוֹת	אֲשֶׁר	חַצְרֵיהֶם
hεʿɔriym	səbiybowt	ʾašεr	ḥaṣəreyhεm
,Städte-(der=)die	Umgebungen-(waren)	welch(e)	,(Dörfern=)Gehöfte(n)-ihre(n)

מוֹשְׁבֹתָם	זֹאת	בָּעַל	עַד־	הָאֵלֶּה
mowšəbotɔm	zoʾt	bɔʿal	-ʿad	hɔʾellεh
Wohnsitze-ihre	(waren)-(Das=)Diese	.Baal	(nach)-bis	,selben-(der=)die

לָהֶֽם׃	וְהִֽתְיַחְשָׂ֑ם
lɔhɛm.	wᵊhitᵊyaḥᵊśɔm
.(hatten-sie=)ihnen-zu	Geschlechtsregister-ins-lassen-eintragen-sich-(ihr)-und

בֶּן־אֲמַצְיָֽה׃	וְיוֹשָׁה	וְיַמְלֵךְ	34 וּמְשׁוֹבָב
ʾᵃmaṣᵊyɔh-bɛn.	wᵊyoʷšɔʰ	wᵊyamᵊlek	uʷmᵊšoʷbɔb
.Amazja(s)-Sohn	Joscha-und	Jamlech-und	Meschobab-(Dann=)Und

בֶּן־שְׂרָיָה	בֶּן־יוֹשִׁבְיָה	וְיֵהוּא	35 וְיוֹאֵל
śᵊrɔyɔʰ-bɛn	yoʷšibᵊyɔʰ-bɛn	wᵊyehuʷʾ	wᵊyoʷʾel
Seraja(s)-Sohn(es)-(des)	,Joschibja(s)-Sohn	Jehu-und	Joël-(Ferner=)Und

וִישׁוֹחָיָה	וְיַעֲקֹבָה	36 וְאֶלְיוֹעֵינַי	בֶּן־עֲשִׂיאֵל׃
wiʸšoʷḥɔyɔʰ	wᵊyaᶜᵃqobɔʰ	wᵊʾɛlᵊyoʷᶜeʸnay	ᶜᵃśiʸʾel-bɛn.
Jeschochaja-und	Jaakoba-und	Eljoenai-(Dann=)Und	.Asiël(s)-Sohn

37 וְזִיזָא	וּבְנָיָה׃	וִישִׂימִאֵל	וַעֲדִיאֵל	וַעֲשָׂיָה
wᵊziʸzɔʾ	uʷbᵊnɔyɔʰ.	wiʸśiʸmiʾel	waᶜᵃdiʸʾel	waᶜᵃśɔyɔʰ
Sisa-(Ferner=)Und	.Benaja-und	Jesmiël-und	Adiël-und	Asaja-und

בֶּן־יְדָיָה	בֶּן־אַלּוֹן	בֶּן־שִׁפְעִי
yᵊdɔyɔʰ-bɛn	ʾalloʷn-bɛn	šipᵊᶜiʸ-bɛn
,Jedaja(s)-Sohn	Allon(s)-Sohn(es)-(des)	,Schiphei(s)-Sohn

38 אֵלֶּה	בֶּן־שְׁמַעְיָה׃	בֶּן־שִׁמְרִי
ʾellɛʰ	šᵊmaᶜᵊyɔʰ-bɛn.	šimᵊriʸ-bɛn
(waren)-(Das=)Diese	.Schemaëja(s)-Sohn	Schimri(s)-Sohn(es)-(des)

נְשִׂיאִים	בְּשֵׁמוֹת	הַבָּאִים
nᵊśiʸʾiʸm	bᵊšemoʷt	habbɔʾiʸm
Fürsten	,Namen-(mit=)in	(Eingetragenen=)Kommenden-die

אֲבוֹתֵיהֶם	וּבֵית	בְּמִשְׁפְּחוֹתָם
ʾᵃboʷteʸhɛm	uʷbeʸt	bᵊmišᵊpᵊḥoʷtɔm
Väter-ihre(r)	Haus-(das)-und	,Sippen(verbänden)-ihren-in

39 וַיֵּלְכוּ	לָרוֹב׃	פָּרְצוּ
wayyelᵊkuʷ	lɔroʷb.	pɔrᵊṣuʷ
gingen-sie-(Dann=)Und	.(mächtig=)Menge-zu	aus-sich-breitete(n)-(es=sie)

הַגָּיְא	לְמִזְרַח	עַד	גְּדֹר	לִמְבוֹא
haggɔyᵊʾ	lᵊmizᵊraḥ	ᶜad	gᵊdor	limᵊboʷʾ
Tal(es)-(des=)das	(Osten=)Aufgang-zu(m)	bis	,Gedor(s)	Eingang-zu(m)

40 וַיִּמְצְאוּ	לְצֹאנָם׃	מִרְעֶה	לְבַקֵּשׁ
wayyimᵊṣᵊᵓuʷ	lᵊṣoᵓnɔm.	mirᵊᶜɛʰ	lᵊbaqqeš
fanden-sie-Und	.Herde-ihre-(für=)zu	Weide-(eine)	suchen-zu-(um)

רַחֲבַת	וְהָאָרֶץ	וָטוֹב	שָׁמֵן	מִרְעֶה
raḥᵃbat	wᵊhɔᵓɔrɛṣ	wɔṭoʷb	šɔmen	mirᵊᶜɛʰ
weiträumig(e)-(war)	Land-das-und	,gut(er)-und	fett(er)	Weide-(eine)

מִן־	כִּי	וּשְׁלֵוָה	וְשֹׁקֶטֶת	יָדַיִם
-min	kiʸ	uʷšᵊlewɔʰ	wᵊšoqɛṭɛt	yɔdayim
von	denn	,friedlich(e)-und	ruhig(e)-und	(Seiten=)Händen-beiden-(nach)

לְפָנִים׃	שָׁם	הַיֹּשְׁבִים	חָם
lᵊpɔniʸm.	šɔm	hayyošᵊbiʸm	ḥɔm
.(früher=)Gesichter-zu	dort	Wohnenden-die	(waren)-(Chamiten=)Cham

הַכְּתוּבִים	אֵלֶּה	41 וַיָּבֹאוּ
hakkᵊtuʷbiʸm	ᵓellɛʰ	wayyɔboᵓuʷ
(Aufgezeichneten=)Geschriebenen-die	,diese	kamen-(es=sie)-(Dann=)Und

מֶלֶךְ־	יְחִזְקִיָּהוּ	בִּימֵי	בְּשֵׁמוֹת
-mɛlɛk	yᵊḥizᵊqiʸyɔhuʷ	biʸmeʸ	bᵊšemoʷt
(von)-König	,(Hiskija=)(Je)chiskija(hu)	(von)-Tagen-(den)-in	,Namen-(mit=)in

אֶת־אָהֳלֵיהֶם	וַיַּכּוּ	יְהוּדָה
ᵓohᵒleʸhɛm-ᵓɛt	wayyakkuʷ	yᵊhuʷdɔʰ
Zelte-(deren=)ihre***	schlugen-sie-und	,Juda

אֲשֶׁר	וְאֶת־הַמְּעִינִים[הַמְּעוּנִים]
ᵓᵃšɛr	[hammᵊᶜuʷniʸm]hammᵊᶜiʸniʸm-wᵊᵓɛt
(die=)welch(e)	,Mëuniter-die***und

עַד־	וַיַּחֲרִימֻם	שָׁמָּה	נִמְצְאוּ־
-ᶜad	wayyaḥᵃriʸmum	šɔmmɔʰ	-nimᵊṣᵊᵓuʷ
(auf)-bis	sie-bannten-sie-und	,daselbst	(befanden-sich=)gefunden-wurden-(sie)

תַּחְתֵּיהֶם	וַיֵּשְׁבוּ	הַזֶּה	הַיּוֹם
taḥᵊteʸhɛm	wayyešᵊbuʷ	hazzɛʰ	hayyoʷm
,(Stelle-ihrer-an=)ihnen-unter	wohnten-sie-und	,da-dies(en)	,Tag-(den=)der

מִן־	42 וּמֵהֶם	שָׁם׃	לְצֹאנָם	מִרְעֶה	כִּי־
-min	uʷmehɛm	šɔm.	lᵊṣoᵓnɔm	mirᵊᶜɛʰ	-kiʸ
von	,ihnen-von-Und	.dort-(war)	Herde-ihre-(für=)zu	Weide	denn

הָלְכוּ	שִׁמְעוֹן	בְּנֵי
hɔl^{ə}ku^{w}	šim^{əc}o^{w}n	b^{ə}ne^{y}
gingen-(es=sie)	,(Simeons=)Schimeon(s)	Söhne(n)-(den)

וּפְלַטְיָה	מֵאוֹת	חֲמֵשׁ	אֲנָשִׁים	שֵׂעִיר	לְהַר
u^{w}p^{ə}laṭ^{ə}yɔ^{h}	me^{ɔ}o^{w}t	ḥ^{a}meš	^{ɔa}nɔši^{y}m	śe^{c}i^{y}r	l^{ə}har
Pelatja-und	,hundert(e)	-fünf	Männer	Seïr	(Gebirge=)Berg-(dem)-zu

יִשְׁעִי	בְּנֵי	וְעֻזִּיאֵל	וּרְפָיָה	וּנְעַרְיָה
yiš^{əc}i^{y}	b^{ə}ne^{y}	w^{əc}uzzi^{yɔ}el	u^{w}r^{ə}pɔyɔ^{h}	u^{w}n^{əc}ar^{ə}yɔ^{h}
,Jischei	(von)-Söhne-(die)	,Ussiël-und	Rephaja-und	Nearja-und

אֶת־שְׁאֵרִית	43 וַיַּכּוּ	בְּרֹאשָׁם׃
š^{əɔ}eri^{y}t-^{ɔ}ɛt	wayyakku^{w}	b^{ə}ro^{ɔ}šɔm.
Überrest-(den)***	schlugen-sie-Und	.(Spitze-ihrer-an=)Haupt-ihr-in

עַד	שָׁם	וַיֵּשְׁבוּ	לַעֲמָלֵק	הַפְּלֵטָה
^{c}ad	šɔm	wayyeš^{ə}bu^{w}	la^{ca}mɔleq	happ^{ə}leṭɔ^{h}
(auf)-bis	;dort	wohnten-(sie)-und	Amalek-(von=)zu	Entronnene(n)-(des=)das

הַזֶּה׃	הַיּוֹם
hazzɛ^{h}.	hayyo^{w}m
.(so-sich-es-verhält)-da-dies(en),Tag-(den=)der	

5

בְּכוֹר־	רְאוּבֵן	1 וּבְנֵי
-b^{ə}ko^{w}r	r^{əɔ}u^{w}ben	u^{w}b^{ə}ne^{y}
(von)-Erst(geboren)en-(des)	,Ruben	(von)-Söhne-(die)-Und

הַבְּכוֹר	הוּא	כִּי	יִשְׂרָאֵל
habb^{ə}ko^{w}r	hu^{wɔ}	ki^{y}	yiś^{ə}rɔ^{ɔ}el
;Erst(geboren)e-der	(war)-er	denn —	Israel

אָבִיו	יְצוּעֵי	וּבְחַלְּלוֹ
^{ɔ}ɔbi^{y}w	y^{ə}ṣu^{wc}e^{y}	u^{w}b^{ə}ḥall^{ə}lo^{w}
Vater(s)-sein(es)	Lager(stätte)-die	(Schänden=)Entweihen-sein-(durch=)in

יוֹסֵף	לִבְנֵי	בְּכֹרָתוֹ	נִתְּנָה
yo^{w}sep	lib^{ə}ne^{y}	b^{ə}korɔto^{w}	nitt^{ə}nɔ^{h}
Joseph(s)	Söhne(n)-(den=)zu	Erstgeburtsrecht-sein	gegeben-wurde-(es=sie)

לְהִתְיַחֵשׂ	וְלֹא	יִשְׂרָאֵל	בֶּן־
l^{ə}hit^{ə}yaḥeś	w^{ə}lo^{ɔ}	yiś^{ə}rɔ^{ɔ}el	-bɛn
(würde-registriert-er=)registrieren-zu	nicht-(damit=)und	,Israel(s)	Sohn

גָּבַר	יְהוּדָה	2 כִּי	לַבְּכֹרָה׃
gɔbar	yəhuwdɔh	kiy	labbəkorɔh.
(überlegen=)stark-war-(er)	Juda	Denn	.Erstgeburt-(als=)der-zu

מִמֶּנּוּ	וּלְנָגִיד	בְּאֶחָיו
mimmɛnnuw	uwlənɔgiyd	bəʾɛḥɔyw
,ihm-(aus=)von-(einer)-(ward)	Fürsten-zu(m)-und	Brüder(n)-seine(n)-(unter=)in

3 בְּנֵי	לְיוֹסֵף׃	וְהַבְּכֹרָה
bəney	ləyowsep.	wəhabbəkorɔh
(von)-Söhne-(Die)	.Joseph-zu(teil-wurde)	Erstgeburtsrecht-das-(hingegen=)und

וּפַלּוּא	חֲנוֹךְ	יִשְׂרָאֵל	בְּכוֹר	רְאוּבֵן
uwpalluwʾ	ḥanowk	yiśərɔʾel	bəkowr	rəʾuwben
,Pallu-und	(Hanoch=)Chanoch	:Israel(s)	Erst(geboren)en-(des)	,Ruben

שְׁמַעְיָה	יוֹאֵל	4 בְּנֵי	וְכַרְמִי׃	חֶצְרוֹן
šəmaʿəyɔh	yowʾel	bəney	wəkarəmiy.	ḥɛṣərown
Schemaëja	:Joël	(von)-Söhne-(Die)	.Karmi-und	(Hezron=)Chezron

בְנוֹ׃	שִׁמְעִי	בְנוֹ	גּוֹג	בְּנוֹ
bənow.	šimʿiy	bənow	gowg	bənow
,Sohn-(dessen=)sein	Schimei	,Sohn-(dessen=)sein	Gog	,Sohn-sein-(war)

בַּעַל	בְנוֹ	רְאָיָה	בְנוֹ	5 מִיכָה
baʿal	bənow	rəʾɔyɔh	bənow	miykɔh
Baal	,Sohn-(dessen=)sein	Reaja	,Sohn-(dessen=)sein	Micha

אֲשֶׁר	בְנוֹ	6 בְּאֵרָה	בְּנוֹ׃
ʾašɛr	bənow	bəʾerɔh	bənow.
(den=)welch(er)	,Sohn-(dessen=)sein	Beera	,Sohn-(dessen=)sein

מֶלֶךְ	פִּלְנְאֶסֶר	תִּלְּגַת	הֶגְלָה
mɛlɛk	pilənəʾɛsɛr	tilləgat	hɛgəlɔh
(von)-König-(der)	,Pilneëser	-Tilgat	(Exil-ins)-wegführen-machte-(er)

לָראוּבֵנִי׃	נָשִׂיא	הוּא	אַשֻּׁר
lɔrʾuwbeniy.	nɔśiyʾ	huwʾ	ʾaššur
.Rubeniten-(der=des=)zu	Fürst-(der)	(war)-er	,(Assur=)Aschschur

לְמִשְׁפְּחֹתָיו	7 וְאֶחָיו
ləmišəpəḥotɔyw	wəʾɛḥɔyw
Sippen-(deren=)seine(n)-(bezüglich=)zu	(Stammes)brüder-seine-(Dann=)Und

לְתֹלְדוֹתָם	בְּהִתְיַחֵשׂ
lətolədowtɔm	bəhitəyaḥeś
:(Geschlechtern=)Zeugungen-ihren-(nach=)zu	(Eintragung-mit=)Registriertsein-in

8 וּבֶלַע	וּזְכַרְיָהוּ׃	יְעִיאֵל	הָרֹאשׁ
uwbɛlaᶜ	uwzəkarəyɔhuw.	yəᶜiyᵓel	hɔroᵓš
Bela-(dann=)und	,Secharja(hu)-(dann=)und	,Jeïel-(war)	(Ober)haupt-Das

יוֹשֵׁב	הוּא	בֶּן־יוֹאֵל	בֶּן־שֶׁמַע	בֶּן־עָזָז
yowšeb	huwᵓ	yowᵓel-bɛn	šɛmaᶜ-bɛn	ᶜɔzɔz-bɛn
Wohnende	(d)er	,Joël(s)-Sohn	Schema(s)-Sohn(es)-(des)	,Asas-(von)-Sohn

מְעוֹן׃	וּבַעַל	נְבוֹ	וְעַד־	בַּעֲרֹעֵר
məᶜown.	uwbaᶜal	nəbow	-wəᶜad	baᶜaroᶜer
.Meon	-Baal-und	Nebo	bis-(dann=)und	,Aroër-in

לְבוֹא	עַד־	יָשַׁב	9 וְלַמִּזְרָח
ləbowᵓ	-ᶜad	yɔšab	wəlammizərɔḥ
(Zugang=)Kommen-zu(m)	bis	wohnte-er	(Osten=)Aufgang-(gegen=)zu-Und

פְּרָת	הַנָּהָר	לְמִן־	מִדְבָּרָה
pərɔt	hannɔhɔr	-ləmin	midəbɔrɔh
,(Euphrat=)Perat	Strom-(dem=)der	von-(angefangen=)zu	,hin-Wüste-(zur)

גִּלְעָד׃	בְּאֶרֶץ	רָבוּ	מִקְנֵיהֶם	כִּי
giləᶜɔd.	bəᵓɛrɛṣ	rɔbuw	miqəneyhɛm	kiy
.Gilead	Land-(dem)-in	(zahlreich=)viele-waren	Herden-ihre	denn

מִלְחָמָה	עָשׂוּ	שָׁאוּל	10 וּבִימֵי
miləḥɔmɔh	ᶜɔśuw	šɔᵓuwl	uwbiymey
Krieg	(führten=)machten-sie	(Sauls=)Schaul(s)	Tagen-(den)-in-Und

בְּיָדָם	וַיִּפְּלוּ	הַהַגְרִאִים	עִם־
bəyɔdɔm	wayyippəluw	hahagəriᵓiym	-ᶜim
,(Gewalt=)Hand-ihre-in	fielen-(die=)sie-Und	.Hagriter-die	(gegen=)mit

פְּנֵי	כָּל־	עַל־	בְּאָהֳלֵיהֶם	וַיֵּשְׁבוּ
pəney	-kol	-ᶜal	bəᵓohoᵒleyhɛm	wayyešəbuw
(Fläche-der=)Gesichter	all	auf	Zelten-(deren=)ihren-in	wohnten-sie-und

גָד	11 וּבְנֵי־	לַגִּלְעָד׃	מִזְרָח
gɔd	-uwbəney	laggiləᶜɔd.	mizərɔḥ
,Gad	(von)-Söhne-(die)-Und	.Gilead-(von=)zu	(Osten=)Aufgang-(im)

בְּאֶרֶץ	יָשְׁבוּ	לְנֶגְדָּם
bəʾɛrɛṣ	yɔšəbuw	lənɛgədɔm
Land-(im=)in	,wohnten-sie	(gegenüber-ihnen=)ihnen-vor-zu

הָרֹאשׁ	12 יוֹאֵל	סַלְכָה׃	עַד־	הַבָּשָׁן
hɔroʾš	yowʾel	saləkɔh.	-ʿad	habbɔšɔn
(Ober)haupt-das-(war)	Joël	.Salcha	bis	Baschan-(des=)der

בַּבָּשָׁן׃	וְשָׁפָט	וְיַעְנַי	הַמִּשְׁנֶה	וְשָׁפָם
babbɔšɔn.	wəšɔpɔṭ	wəyaʿənay	hammišənɛh	wəšɔpɔm
.Baschan-im	,Schaphat-und	Janai-(dann=)und	,Zweite-der	Schaphan-und

מִיכָאֵל	אֲבוֹתֵיהֶם	לְבֵית	13 וַאֲחֵיהֶם
miykɔʾel	ʾabowteyhɛm	ləbeyt	waʾaḥeyhɛm
Michael	:(Familien=)Väter-ihre(r)	Haus-(dem)-(nach=)zu	,Brüder-ihre-Und

וָעֵבֶר	וְזִיעַ	וְיַעְכָּן	וְיוֹרַי	וְשֶׁבַע	וּמְשֻׁלָּם
wɔʿebɛr	wəziyaʿ	wəyaʿəkɔn	wəyowray	wəšɛbaʿ	uwməšullɔm
:Eber-und	Sia-und	Jakan-und	Jorai-und	Scheba-und	Meschullam-und

בֶּן־חוּרִי	אֲבִיחַיִל	בְּנֵי	14 אֵלֶּה	שִׁבְעָה׃
ḥuwriy-bɛn	ʾabiyḥayil	bəney	ʾellɛh	šibəʿɔh.
,Churi(s)-Sohn	Abichajil	(von)-Söhne-(die)	(waren)-(Das=)Diese	.sieben

בֶּן־מִיכָאֵל	בֶּן־גִּלְעָד	בֶּן־יָרוֹחַ
miykɔʾel-bɛn	giləʿɔd-bɛn	yɔrowaḥ-bɛn
Michael(s)-Sohn(es)-(des)	,Gilead(s)-Sohn	Jaroach(s)-Sohn(es)-(des)

15 אֲחִי	בֶּן־בּוּז׃	בֶּן־יַחְדּוֹ	בֶּן־יְשִׁישַׁי
ʾaḥiy	buwz-bɛn.	yaḥədow-bɛn	yəšiyšay-bɛn
Achi	.Bus-(des)-Sohn	Jachdo(s)-Sohn(es)-(des)	,Jeschischai(s)-Sohn

לְבֵית	רֹאשׁ	בֶּן־גּוּנִי	בֶּן־עַבְדִּיאֵל
ləbeyt	roʾš	guwniy-bɛn	ʿabədiyʾel-bɛn
Haus(es)-(des=)zu	(Ober)haupt-(war)	,Guni(s)-Sohn(es)-(des)	,Abdiël(s)-Sohn

בַּבָּשָׁן	בַּגִּלְעָד	16 וַיֵּשְׁבוּ	אֲבוֹתָם׃
babbɔšɔn	baggiləʿɔd	wayyešəbuw	ʾabowtɔm.
Baschan-im	,Gilead-im	wohnten-sie-Und	.Väter-ihre(r)

מִגְרְשֵׁי	וּבְכָל־	וּבִבְנֹתֶיהָ
migərəšey	-uwbəkol	uwbibənoteyhɔ
Weideplätze(n)	all(en)-(an=)in-und	Töchter(städten)-(deren=)ihre(n)-in-und

הִתְיַחְשׂוּ	17 כֻּלָּם	תּוֹצְאוֹתָם:	עַל־	שָׁרוֹן
hitᵊyaḥᵊśuʷ	kullɔm	toʷṣᵊʾoʷtɔm.	-ʿal	šɔroʷn
ein-sich-trugen-(sie)	sie-All(esamt)	.Ausgänge-ihre	(an-bis=)auf	Scharon(s)

וּבִימֵי	יְהוּדָה	מֶלֶךְ־	יוֹתָם	בִּימֵי
uʷbiʸmeʸ	yᵊhuʷdɔʰ	-mɛlɛk	yoʷtɔm	biʸmeʸ
Tagen-(den)-in-und	,Juda	(von)-König	,Jotam(s)	Tagen-(den)-in

רְאוּבֵן	18 בְּנֵי־	יִשְׂרָאֵל:	מֶלֶךְ־	יָרָבְעָם
rᵊʾuʷben	-bᵊneʸ	yiśᵊrɔʾel.	-mɛlɛk	yɔrobᵊʿɔm
Ruben	(von)-Söhne-(Die)	.Israel	(von)-König	,Jerobeam(s)

שֵׁבֶט־	וַחֲצִי	וְגָדִי
-šebɛṭ	waḥᵃṣiʸ	wᵊgɔdiʸ
Stamm	(halbe-der=)Hälfte-und	Gadite(n)-(die=)der-und

בְּנֵי־חַיִל	מִן־	מְנַשֶּׁה
ḥayil-bᵊneʸ	-min	mᵊnaššɛʰ
,(Leuten-tapferen=)Kraft-(der)-Söhne(n)	(an=)von	,(Manasses=)Menasche(s)

וְחֶרֶב	מָגֵן	נֹשְׂאֵי	אֲנָשִׁים
wᵊḥɛrɛb	mɔgen	nośᵊʾeʸ	ʾᵃnɔšiʸm
Schwert-und	Schild	(trugen-die=)Tragende	,Männer(n)

וּלְמוּדֵי	קֶשֶׁת	וְדֹרְכֵי
uʷlᵊmuʷdeʸ	qɛšɛt	wᵊdorᵊkeʸ
(in)-(waren-geübt-die=)Gelernte-und	Bogen-(den)	(spannten-die=)Tretende-und

מֵאוֹת	וּשְׁבַע־	אֶלֶף	וְאַרְבָּעָה	אַרְבָּעִים	מִלְחָמָה
meʾoʷt	-uʷšᵊbaʿ	ʾɛlɛp	wᵊʾarᵊbɔʿɔʰ	ʾarᵊbɔʿiʸm	milᵊḥɔmɔʰ
hundert(e)	-sieben-und	tausend	-vier-und	vierzig	:Krieg(sführung)

מִלְחָמָה	19 וַיַּעֲשׂוּ	צָבָא:	יֹצְאֵי	וְשִׁשִּׁים
milᵊḥɔmɔʰ	wayyaʿᵃśuʷ	ṣɔbɔʾ.	yoṣᵊʾeʸ	wᵊšiššiʸm
Krieg	(führten=)machten-sie-Und	.Heer	(im)-Ausrückende	sechzig-und

וְנוֹדָב:	וְנָפִישׁ	וִיטוּר	הַהַגְרִיאִים	עִם־
wᵊnoʷdɔb.	wᵊnɔpiʸš	wiʸṭuʷr	hahagᵊriʸʾiʸm	-ʿim
.Nodab-und	Naphisch-und	Jetur-und	Hagriter-die	(gegen=)mit

עֲלֵיהֶם	20 וַיֵּעָזְרוּ
ʿᵃleʸhɛm	wayyeʿɔzᵊruʷ
(jene=)sie-(gegen=)auf	(Hilfe-erhielten-sie=)geholfen-wurde(n)-(ihnen=)sie-Und

וְכֹל	הַהַגְרִיאִים	בְיָדָם	וַיִּנָּתְנוּ
w^{ə}kol	hahag^{ə}ri^{y}ʾi^{y}m	b^{ə}yɔdɔm	wayyinnɔt^{ə}nu^{w}
,all(e)-Und	Hagriter-die	(Gewalt=)Hand-ihre-in	gegeben-wurden-(es=)sie-und

בַּמִּלְחָמָה	זָעֲקוּ	לֵאלֹהִים	כִּי	שֶׁעִמָּהֶם
bammil^{ə}ḥɔmɔ^{h}	zɔ^{ca}qu^{w}	leʾlohi^{y}m	ki^{y}	šɛ^{c}immɔhɛm
,Kampf-im	schrien-sie	Gott-zu	denn	,(waren)-ihnen-mit-die

בָטְחוּ	כִּי־	לָהֶם	וְנַעְתּוֹר
bɔṭ^{ə}ḥu^{w}	-ki^{y}	lɔhɛm	w^{ə}na^{cə}to^{w}r
vertrauten-sie	(weil=)denn	,ihnen-(von=)zu	erbitten-sich-ließ-er-und

גְּמַלֵּיהֶם	מִקְנֵיהֶם	21 וַיִּשְׁבּוּ	בוֹ׃
g^{ə}malle^{y}hɛm	miq^{ə}ne^{y}hɛm	wayyiš^{ə}bu^{w}	bo^{w}.
:Kamele-Ihre	.Herden-ihre	fort-(gefangen)-führten-sie-Und	.ihn-(auf=)in

אֶלֶף	וַחֲמִשִּׁים	מָאתַיִם	וְצֹאן	אֶלֶף	חֲמִשִּׁים
ʾɛlɛp	waḥ^{a}mišši^{y}m	mɔʾtayim	w^{ə}ṣoʾn	ʾɛlɛp	ḥ^{a}mišši^{y}m
;tausend	-fünfzig-und	zweihundert(e)	:Kleinvieh-und	;tausend	-fünfzig

מֵאָה	אָדָם	וְנֶפֶשׁ	אַלְפָּיִם	וַחֲמוֹרִים
meʾɔ^{h}	ʾɔdɔm	w^{ə}nɛpɛš	ʾal^{ə}pɔyim	waḥ^{a}mo^{w}ri^{y}m
-hundert	:Mensch(en)-	(Wesen=)Seele-und	;zweitausend(e)	:Esel-und

כִּי	נָפָלוּ	רַבִּים	חֲלָלִים	22 כִּי־	אָלֶף׃
ki^{y}	nɔpɔlu^{w}	rabbi^{y}m	ḥ^{a}lɔli^{y}m	-ki^{y}	ʾɔlɛp.
(weil=)denn	,fielen-(sie)	viele	Durchbohrte	Denn	.tausend

הַמִּלְחָמָה	מֵהָאֱלֹהִים
hammil^{ə}ḥɔmɔ^{h}	mehɔʾ^{ɛ}lohi^{y}m
.Krieg-der	(Gott=)Göttern-den-von-(ausgehend-war)

עַד־	תַחְתֵּיהֶם	וַיֵּשְׁבוּ
-^{c}ad	taḥ^{ə}te^{y}hɛm	wayyeš^{ə}bu^{w}
(zu)-bis	(statt-ihrer-an=)ihnen-unter	(an-sich-)siedelten-sie-Und

23 וּבְנֵי	הַגֹּלָה׃
u^{w}b^{ə}ne^{y}	haggolɔ^{h}.
(von)-(Angehörigen=)Söhne-(die)-Und	.Wegführung-(der=)die

יָשְׁבוּ	מְנַשֶּׁה	שֵׁבֶט	חֲצִי
yɔš^{ə}bu^{w}	m^{ə}naššɛ^{h}	šebɛṭ	ḥ^{a}ṣi^{y}
wohnten-(sie)	(Manasse=)Menasche	Stamm	(halben-dem=)Hälfte-(der)

חֶרְמוֹן	בַּעַל	עַד־	מִבָּשָׁן	בָּאָרֶץ
ḥɛrᵊmoʷn	baᶜal	-ᶜad	mibbɔšɔn	bɔʾɔrɛṣ
(Hermon=)Chermon	-Baal	bis	Baschan-(vom=)von	Land-dem-in

הֵמָּה	חֶרְמוֹן	וְהַר־	וּשְׂנִיר
hemmɔʰ	ḥɛrᵊmoʷn	-wᵊhar	uʷśᵊniʸr
sie;	(Hermon=)Chermon	(Gebirge=)Berg-(zum)-und	Senir-und

רָאשֵׁי	24 וְאֵלֶּה	רָבוּ׃
rɔʾšeʸ	wᵊʾellɛʰ	rɔbuʷ.
(Ober)häupter-(die)	(waren)-(das=)diese-Und	.(zahlreich=)viele-waren

וֶאֱלִיאֵל	וְיִשְׁעִי	וְעֵפֶר	אֲבוֹתָם	בֵּית־
wɛʾɛliʸʾel	wᵊyišᵊᶜiʸ	wᵊᶜepɛr	ʾᵃboʷtɔm	-beʸt
Eliël-und	Jischi-und	Epher-(zwar)-und	,Väter-ihre(r)	Haus(es)-(des)

גִּבּוֹרֵי	אֲנָשִׁים	וְיַחְדִּיאֵל	וְהוֹדַוְיָה	וְיִרְמְיָה	וְעַזְרִיאֵל
gibboʷreʸ	ʾᵃnɔšiʸm	wᵊyaḥᵊdiʸʾel	wᵊhoʷdawᵊyɔʰ	wᵊyirᵊmᵊyɔʰ	wᵊᶜazᵊriʸʾel
Helden	,Mannen —	Jachdiël-und	Hodawja-und	Jirmeja-und	Asriël-und

לְבֵית	רָאשִׁים	שֵׁמוֹת	אַנְשֵׁי	חַיִל
lᵊbeʸt	rɔʾšiʸm	šemoʷt	ʾanᵊšeʸ	ḥayil
Haus(es)-(des=)zu	Häupter	,Name(n)	(von)-Männer	,Streitmacht-(der)

בֵּאלֹהֵי	25 וַיִּמְעֲלוּ	אֲבוֹתָם׃
beʾloheʸ	wayyimᵊᶜᵃluʷ	ʾᵃboʷtɔm.
(Gott-den=)Götter-(die-gegen=)in	treulos-waren-sie-(Doch=)Und	.Väter-ihre(r)

אֱלֹהֵי	אַחֲרֵי	וַיִּזְנוּ	אֲבוֹתֵיהֶם
ʾᵉloheʸ	ʾaḥᵃreʸ	wayyizᵊnuʷ	ʾᵃboʷteʸhɛm
Götter(n)-(den)	(mit=)nach	gebuhlt-hatten-(sie)-und	Väter-ihre(r)

אֱלֹהִים	הִשְׁמִיד	אֲשֶׁר־	הָאָרֶץ	עַמֵּי־
ʾᵉlohiʸm	hišᵊmiʸd	-ʾᵃšɛr	hɔʾɔrɛṣ	-ᶜammeʸ
(Gott=)Götter	vertilgte-(er)	(die=)welch(e)	,Land(es)-(des=)das	Völker-(der)

26 וַיָּעַר	מִפְּנֵיהֶם׃
wayyɔᶜar	mippᵊneʸhɛm.
auf-reizte-(es=er)-(Da=)Und	.Gesichtern-ihren-(vor=)von

פּוּל	אֶת־רוּחַ	יִשְׂרָאֵל	אֱלֹהֵי
puʷl	ruʷaḥ-ʾɛt	yiśᵊrɔʾel	ʾᵉloheʸ
,Pul(s)	(Wut-die=)Geist-(den)***	Israel	(von)-(Gott-der=)Götter-(die)

וְאֶת־רוּחַ	אַשּׁוּר	מֶלֶךְ־
ruʷaḥ-wᵊʾɛt	ʾaššuʷr	-mɛlɛk
(Wut-die=)Geist-(den)-***(danach=)und	,(Assur=)Aschschur	(von)-König

אַשּׁוּר	מֶלֶךְ	פִּלְנֶסֶר	תִּלְּגַת
ʾaššuʷr	mɛlɛk	pilᵊnɛsɛr	tillᵊgat
,(Assur=)Aschschur	(von)-König	,Pilneser(s)	-Tilgat

לָראוּבֵנִי	וַיַּגְלֵם
lɔrʾuʷbeniʸ	wayyagᵊlem
Rubeniter-(die=den=)zu	:sie-Verbannung-die-in-führte-(d)er-und

שֵׁבֶט	וְלַחֲצִי	וְלַגָּדִי
šebɛṭ	wᵊlaḥᵃṣiʸ	wᵊlaggɔdiʸ
(von)-Stamm	(halben-den=)Hälfte-zu-und	Gaditer-(die=den=)zu-und

לַחְלַח	וַיְבִיאֵם	מְנַשֶּׁה
laḥᵊlaḥ	wayᵊbiʸʾem	mᵊnaššɛʰ
Chala-(nach=)zu	sie-(brachte=)kommen-machte-er-und	,(Manasse=)Menasche

הַיּוֹם	עַד	גּוֹזָן	וּנְהַר	וְהָרָא	וְחָבוֹר
hayyoʷm	ʿad	goʷzɔn	uʷnᵊhar	wᵊhɔrɔʾ	wᵊḥɔboʷr
,Tag-(dem=)der	(zu)-bis	;Gosan	Fluss-(zum)-und	Hara-und	Chabor-und

קְהָת	גֵּרְשׁוֹן	לֵוִי	27 בְּנֵי	הַזֶּה׃
qᵊhɔt	gerᵊšoʷn	lewiʸ	bᵊneʸ	hazzɛʰ.
Kehat	,Gerschon	:Levi	(von)-Söhne-(Die)	.(dort-sie-sind)-,da-dies(em)

יִצְהָר	עַמְרָם	קְהָת	28 וּבְנֵי	וּמְרָרִי׃
yiṣᵊhɔr	ʿamᵊrɔm	qᵊhɔt	uʷbᵊneʸ	uʷmᵊrɔriʸ.
Jizhar	,Amram	:Kehat	(von)-Söhne-(die)-Und	.Merari-und

עַמְרָם	29 וּבְנֵי	וְעֻזִּיאֵל׃	וְחֶבְרוֹן
ʿamᵊrɔm	uʷbᵊneʸ	wᵊʿuzziʸʾel.	wᵊḥɛbᵊroʷn
:Amram	(von)-Söhne-(die)-Und	.Ussiël-und	(Hebron=)Chebron-und

וּבְנֵי	וּמִרְיָם	וּמֹשֶׁה	אַהֲרֹן
uʷbᵊneʸ	uʷmirᵊyɔm	uʷmošɛʰ	ʾahᵃron
(von)-Söhne-(die)-Und	.Mirjam-und	Mosche-und	(Aaron=)Aharon

30 אֶלְעָזָר	וְאִיתָמָר׃	אֶלְעָזָר	וַאֲבִיהוּא	נָדָב	אַהֲרֹן
ʾɛlᵊʿɔzɔr	wᵊʾiʸtɔmɔr.	ʾɛlᵊʿɔzɔr	waʾᵃbiʸhuʷʾ	nɔdɔb	ʾahᵃron
Eleasar	.Itamar-und	Eleasar	,Abihu-und	Nadab	:(Aaron=)Aharon

הֹלִיד	פִּינְחָס	אֶת־פִּינְחָס	הוֹלִיד
holiyd	piynəḥɔs	piynəḥɔs-ʾɛt	howliyd
zeugte-(er)	Pinchas	,Pinchas***	(zeugte=)gebären-machte-(er)

הוֹלִיד	וּבֻקִּי	אֶת־בֻּקִּי	הוֹלִיד	31 וַאֲבִישׁוּעַ	אֶת־אֲבִישׁוּעַ׃
howliyd	uwbuqqiy	buqqiy-ʾɛt	howliyd	waʾabiyšuwaʿ	ʾabiyšuwaʿ-ʾɛt.
zeugte-(er)	Bukki-und	,Bukki***	zeugte-(er)	Abischua-Und	.Abischua***

הוֹלִיד	וּזְרַחְיָה	אֶת־זְרַחְיָה	הוֹלִיד	32 וְעֻזִּי	אֶת־עֻזִּי׃
howliyd	uwzəraḥəyɔh	zəraḥəyɔh-ʾɛt	howliyd	wəʿuzziy	ʿuzziy-ʾɛt.
zeugte-(er)	Serachja-und	,Serachja***	zeugte-(er)	Ussi-Und	.Ussi***

הוֹלִיד	וַאֲמַרְיָה	אֶת־אֲמַרְיָה	הוֹלִיד	33 מְרָיוֹת	אֶת־מְרָיוֹת׃
howliyd	waʾamarəyɔh	ʾamarəyɔh-ʾɛt	howliyd	mərɔyowt	mərɔyowt-ʾɛt.
zeugte-(er)	Amarja-und	,Amarja***	zeugte-(er)	Merajot	.Merajot***

וְצָדוֹק	אֶת־צָדוֹק	הוֹלִיד	34 וַאֲחִיטוּב	אֶת־אֲחִיטוּב׃
wəṣɔdowq	ṣɔdowq-ʾɛt	howliyd	waʾaḥiyṭuwb	ʾaḥiyṭuwb-ʾɛt.
Zadok-und	,Zadok***	zeugte-(er)	Achitub-Und	.Achitub***

אֶת־עֲזַרְיָה	הוֹלִיד	35 וַאֲחִימַעַץ	אֶת־אֲחִימָעַץ׃	הוֹלִיד
ʿazarəyɔh-ʾɛt	howliyd	waʾaḥiymaʿaṣ	ʾaḥiymɔʿaṣ-ʾɛt.	howliyd
,Asarja***	zeugte-(er)	Achimaaz-Und	.Achimaaz***	zeugte-(er)

הוֹלִיד	36 וְיוֹחָנָן	אֶת־יוֹחָנָן׃	הוֹלִיד	וַעֲזַרְיָה
howliyd	wəyowḥɔnɔn	yowḥɔnɔn-ʾɛt.	howliyd	waʿazarəyɔh
zeugte-(er)	Jochanan-Und	.Jochanan***	zeugte-(er)	Asarja-und

בַּבַּיִת	כִּהֵן	אֲשֶׁר	הוּא	אֶת־עֲזַרְיָה
babbayit	kihen	ʾašɛr	huwʾ	ʿazarəyɔh-ʾɛt
,(Tempel)haus-(dem)-in	(war)-Priester	(der=)welch(er)	,(den=)er	,Asarja***

37 וַיּוֹלֶד	בִּירוּשָׁלִָם׃	שְׁלֹמֹה	בָּנָה	אֲשֶׁר־
wayyowlɛd	biyruwšɔlɔim.	šəlomoh	bɔnɔh	-ʾašɛr
zeugte-(es=)er-Und	.Jerusalem-in	(Salomo=)Schlomo	baute-(er)	welch(es)

אֶת־אֲחִיטוּב׃	הוֹלִיד	וַאֲמַרְיָה	אֶת־אֲמַרְיָה	עֲזַרְיָה
ʾaḥiyṭuwb-ʾɛt.	howliyd	waʾamarəyɔh	ʾamarəyɔh-ʾɛt	ʿazarəyɔh
.Achitub***	zeugte-(er)	Amarja-und	,Amarja***	Asarja

אֶת־שַׁלּוּם׃	הוֹלִיד	וְצָדוֹק	אֶת־צָדוֹק	הוֹלִיד	38 וַאֲחִיטוּב
šalluwm-ʾɛt.	howliyd	wəṣɔdowq	ṣɔdowq-ʾɛt	howliyd	waʾaḥiyṭuwb
.Schallum***	zeugte-(er)	Zadok-und	,Zadok***	zeugte-(er)	Achitub-Und

וְחִלְקִיָּה	אֶת־חִלְקִיָּה	הוֹלִיד	39 וְשַׁלּוּם
wᵊḥilᵊqiʸyɔʰ	ḥilᵊqiʸyɔʰ-ʾɛt	hoʷliʸd	wᵊšalluʷm
(Hilkija=)Chilkija-und	,(Hilkija=)Chilkija***	zeugte-(er)	Schallum-Und

וּשְׂרָיָה	אֶת־שְׂרָיָה	הוֹלִיד	40 וַעֲזַרְיָה	אֶת־עֲזַרְיָה	הוֹלִיד
uʷśᵊrɔyɔʰ	śᵊrɔyɔʰ-ʾɛt	hoʷliʸd	waᶜᵃzarᵊyɔʰ	ᶜᵃzarᵊyɔʰ-ʾɛt	hoʷliʸd
Seraja-und	,Seraja***	zeugte-(er)	Asarja-Und	.Asarja***	zeugte-(er)

הָלַךְ	41 וִיהוֹצָדָק	אֶת־יְהוֹצָדָק׃	הוֹלִיד
hɔlak	wiʸhoʷṣɔdɔq	yᵊhoʷṣɔdɔq-ʾɛt.	hoʷliʸd
,(weg)-ging-(es=er)	J(eh)ozadak-Und	.J(eh)ozadak***	zeugte-(er)

וִירוּשָׁלִָם	אֶת־יְהוּדָה	יְהוָה	בְּהַגְלוֹת
wiʸruʷšɔlɔim	yᵊhuʷdɔʰ-ʾɛt	yᵊhwɔʰ	bᵊhagᵊloʷt
Jerusalem-und	Juda***	JHWH	(wegführte-als=)Wegführen-in

נְבֻכַדְנֶאצַּר׃	בְּיַד
nᵊbukadᵊnɛʾṣar.	bᵊyad
.Nebuchadnezzar	(durch=)Hand-in

6

וּמְרָרִי׃	קְהָת	גֵּרְשֹׁם	לֵוִי	1 בְּנֵי
uʷmᵊrɔriʸ.	qᵊhɔt	gerᵊšom	lewiʸ	bᵊneʸ
.Merari-und	Kehat	,Gerschom	:Levi	(von)-Söhne-(Die)

לִבְנִי	גֵרְשׁוֹם	בְּנֵי־	שְׁמוֹת	2 וְאֵלֶּה
libᵊniʸ	gerᵊšoʷm	-bᵊneʸ	šᵊmoʷt	wᵊʾellɛʰ
Libni	:Gerschom	(von)-Söhne-(der)	Namen-(die)	(sind)-(das=)diese-Und

וְיִצְהָר	עַמְרָם	קְהָת	3 וּבְנֵי	וְשִׁמְעִי׃
wᵊyiṣᵊhɔr	ᶜamᵊrɔm	qᵊhɔt	uʷbᵊneʸ	wᵊšimᵊᶜiʸ.
Jizhar-und	Amram	:Kehat	(von)-Söhne-(die)-Und	.Schimei-und

מַחְלִי	מְרָרִי	4 בְּנֵי	וְעֻזִּיאֵל׃	וְחֶבְרוֹן
maḥᵊliʸ	mᵊrɔriʸ	bᵊneʸ	wᵊᶜuzziʸʾel.	wᵊḥɛbᵊroʷn
Machli	:Merari	(von)-Söhne-(Die)	.Ussiël-und	(Hebron=)Chebron-und

הַלֵּוִי	מִשְׁפְּחוֹת	וְאֵלֶּה	וּמוּשִׁי
hallewiʸ	mišᵊpᵊḥoʷt	wᵊʾellɛʰ	uʷmušiʸ
Leviten-(der=)des	Sippen-(die)	(sind)-(das=)diese-Und	.Muschi-und

יַחַת	בְּנוֹ	לִבְנִי	5 לְגֵרְשׁוֹם	לַאֲבוֹתֵיהֶם׃
yaḥat	bᵊnoʷ	libᵊniʸ	lᵊgerᵊšoʷm	laᵓᵃboʷteʸhɛm.
Jachat	,Sohn-sein-(war)	Libni	:Gerschom-(Von=)Zu	:Vätern-ihren-(nach=)zu

6 יוֹאָח	בְּנוֹ׃	זִמָּה	בְּנוֹ
yo^{w}ʾɔḥ	b^{ə}no^{w}.	zimmɔ^{h}	b^{ə}no^{w}
Joach	,Sohn-(dessen=)sein	Simma	,Sohn-(dessen=)sein

בְּנוֹ	זֶרַח	בְּנוֹ	עִדּוֹ	בְּנוֹ
b^{ə}no^{w}	zɛraḥ	b^{ə}no^{w}	ʿiddo^{w}	b^{ə}no^{w}
,Sohn-(dessen=)sein	Serach	,Sohn-(dessen=)sein	Iddo	,Sohn-(dessen=)sein

עַמִּינָדָב	קְהָת	7 בְּנֵי	בְּנוֹ׃	יְאָתְרַי
ʿammi^{y}nɔdɔb	q^{ə}hɔt	b^{ə}ne^{y}	b^{ə}no^{w}.	y^{ə}ʾot^{ə}ray
Amminadab	:Kehat	(von)-Söhne-(Die)	.Sohn-(dessen=)sein	Jeotrai

בְּנוֹ׃	אַסִּיר	בְּנוֹ	קֹרַח	בְּנוֹ
b^{ə}no^{w}.	ʾassi^{y}r	b^{ə}no^{w}	qoraḥ	b^{ə}no^{w}
,Sohn-(dessen=)sein	Assir	,Sohn-(dessen=)sein	Korach	,Sohn-sein-(war)

וְאַסִּיר	בְּנוֹ	וְאֶבְיָסָף	בְּנוֹ	8 אֶלְקָנָה
w^{ə}ʾassi^{y}r	b^{ə}no^{w}	w^{ə}ʾɛb^{ə}yɔsɔp	b^{ə}no^{w}	ʾɛl^{ə}qɔnɔ^{h}
Assir-und	,Sohn-(dessen=)sein	Ebjasaph-und	,Sohn-(dessen=)sein	Elkana

אוּרִיאֵל	בְּנוֹ	9 תַּחַת	בְּנוֹ׃
ʾu^{w}ri^{y}ʾel	b^{ə}no^{w}	taḥat	b^{ə}no^{w}.
Uriël	,Sohn-(dessen=)sein	Tachat	,Sohn-(dessen=)sein

וְשָׁאוּל	בְּנוֹ	עֻזִּיָּה	בְּנוֹ
w^{ə}šɔʾu^{w}l	b^{ə}no^{w}	ʿuzzi^{y}yɔ^{h}	b^{ə}no^{w}
(Saul=)Schaul-und	,Sohn-(dessen=)sein	Ussija	,Sohn-(dessen=)sein

וַאֲחִימוֹת׃	עֲמָשַׂי	אֶלְקָנָה	10 וּבְנֵי	בְּנוֹ׃
wa^{a}ḥi^{y}mo^{w}t.	^{a}mɔśay	ʾɛl^{ə}qɔnɔ^{h}	u^{w}b^{ə}ne^{y}	b^{ə}no^{w}.
,Achimot-und	Amasai	:Elkana	(von)-Söhne-(die)-Und	.Sohn-(dessen=)sein

צוֹפַי	אֶלְקָנָה	בְּנֵי	בְּנוֹ	11 אֶלְקָנָה
ṣo^{w}pay	ʾɛl^{ə}qɔnɔ^{h}	b^{ə}ne^{y}	b^{ə}no^{w}	ʾɛl^{ə}qɔnɔ^{h}
(Zofai=)Zophai	:Elkana	(von)-Söhne-(Die)	.Sohn-(dessen=)sein	Elkana

12 אֱלִיאָב	בְּנוֹ׃	וְנַחַת	בְּנוֹ
^{ɛ}li^{y}ʾɔb	b^{ə}no^{w}.	w^{ə}naḥat	b^{ə}no^{w}
Eliab	,Sohn-(dessen=)sein	Nachat	,Sohn-sein-(war)

אֶלְקָנָה	בְּנוֹ	יְרֹחָם	בְּנוֹ
ʾɛl^{ə}qɔnɔ^{h}	b^{ə}no^{w}	y^{ə}roḥɔm	b^{ə}no^{w}
Elkana	,Sohn-(dessen=)sein	Jerocham	,Sohn-(dessen=)sein

שְׁמוּאֵל	13 וּבְנֵי	בְּנוֹ׃
šəmuwʾel	uwbəney	bənow.
:(Samuel=)Schemuel	(von)-Söhne-(die)-Und	.Sohn-(dessen=)sein

14 בְּנֵי	וַאֲבִיָּה׃	וַשְׁנִי	הַבְּכֹר
bəney	waʾabiyyɔh.	wašəniy	habbəkor
(von)-Söhne-(Die)	.Abija-(kam-dann=)und	,Waschni	Erst(geboren)e-Der

עֻזָּה	בְנוֹ	שִׁמְעִי	לִבְנִי[בְנוֹ]	מַחְלִי	מְרָרִי
ʿuzzɔh	bənow	šimʿiy	[bənow]libəniy	maḥəliy	mərɔriy
Ussa	,Sohn-(dessen=)sein	Schimi	,Sohn-sein-(war)	Machli	:Merari

חַגִּיָּה	בְנוֹ	15 שִׁמְעָא	בְּנוֹ׃
ḥaggiyyɔh	bənow	šimʿɔʾ	bənow.
(Haggia=)Chaggija	,Sohn-(dessen=)sein	Schimea	,Sohn-(dessen=)sein

16 וְאֵלֶּה	בְנוֹ׃	עֲשָׂיָה	בְנוֹ
wəʾellεh	bənow.	ʿaśɔyɔh	bənow
(sind)-(das=)diese-Und	.Sohn-(dessen=)sein	Asaja	,Sohn-(dessen=)sein

עַל־	דָּוִיד	הֶעֱמִיד	אֲשֶׁר
-ʿal	dɔwiyd	hεʿεmiyd	ʾašεr
(für=)auf	David	(bestellte=)stehen-machte-(er)	welch(e)-,(die)

יְהוָה	בֵּית	שִׁיר	יְדֵי־
yəhwɔh	beyt	šiyr	-yədey
JHWH(s)	Haus-(im)	Gesang(es)-(des)	(Ausführung=)Hände-(beiden)-(die)

הָאָרוֹן׃	מִמְּנוֹחַ
hɔʾɔrown.	mimmənowaḥ
.(Schrein-den=)Lade-die	(für)-Ruheort-(dem)-(seit=)von

לִפְנֵי	מְשָׁרְתִים	17 וַיִּהְיוּ
lipəney	məšɔrətiym	wayyihəyuw
(vor=)Gesichter-zu	(Dienst=)dienend(e)	(hatten=)waren-sie-Und

מוֹעֵד	אֹהֶל־	מִשְׁכַּן
mowʿed	-ʾohεl	mišəkan
(Festbegegnung=)Versammlung-(der)	Zelt(es)-(des)	Wohnstatt-(der)

שְׁלֹמֹה	בְּנוֹת	עַד־	בַּשִּׁיר
šəlomoh	bənowt	-ʿad	baššiyr
(Salomo=)Schlomo	(erbaute-dass=)Erbauen	bis	,Gesang-den-(für=)in

וַיַּעַמְדוּ	בִּירוּשָׁלִָם	יְהוָה	אֶת־בֵּית
wayyaᶜamᵊduʷ	biʸruʷšɔlɔim	yᵊhwɔʰ	beʸt-ʾɛt
(traten=)standen-sie-(Dann=)Und	.Jerusalem-in	JHWH	(für)-Haus-(das)****

עֲבוֹדָתָם׃	עַל־	כְּמִשְׁפָּטָם
ᶜᵃboʷdɔtɔm.	-ᶜal	kᵊmišᵊpɔṭɔm
.Dienst-ihr(en)	(an=)auf	(Vorschrift-gemäß=)Recht-ihr-wie

הָעֹמְדִים	בֵּן־	וְאֵלֶּה
hɔᶜomᵊdiʸm	-bɛn	wᵊʾellɛʰ
(Bestellten=)Stehenden-(der=)die	(Zugehörige=)Sohn	(waren)-diese-Und

הַקְּהָתִי	מִבְּנֵי	18 וּבְנֵיהֶם
haqqᵊhɔtiʸ	mibbᵊneʸ	uʷbᵊneʸhɛm
:Kehatiter(s)-(der=des=)der	Söhnen-(den)-Von	:(Nachkommen=)Söhne-ihre-und

בֶּן־יוֹאֵל	הַמְשׁוֹרֵר	הֵימָן
yoʷʾel-bɛn	hamᵊšoʷrer	heʸmɔn
,Joël(s)-Sohn-(der)	,(Tempelsänger=)Singende-der	,Heman

בֶּן־אֶלְקָנָה	בֶּן־שְׁמוּאֵל׃
ʾɛlᵊqɔnɔʰ-bɛn	šᵊmuʷʾel-bɛn .
,Elkana(s)-Sohn(es)-(des)	,(Samuels=)Schemuel(s)-Sohn(es)-(des)

בֶּן־תּוֹחַ׃	בֶּן־אֱלִיאֵל	בֶּן־יְרֹחָם
toʷaḥ-bɛn.	ʾᵉliʸʾel-bɛn	yᵊroḥɔm-bɛn
Toach(s)-Sohn(es)-(des)	,Eliël(s)-Sohn	Jerocham(s)-Sohn(es)-(des)

בֶּן־מַחַת	בֶּן־אֶלְקָנָה	בֶּן־צִיף[צוּף]
maḥat-bɛn	ʾɛlᵊqɔnɔʰ-bɛn	[ṣuʷp]ṣiʸp-bɛn
,Machat(s)-Sohn	Elkana(s)-Sohn(es)-(des)	,(Zufs=)Zuph(s)-Sohn

בֶּן־יוֹאֵל	21 בֶּן־אֶלְקָנָה	בֶּן־עֲמָשָׂי׃
yoʷʾel-bɛn	ʾɛlᵊqɔnɔʰ-bɛn	ᶜᵃmɔśɔy-bɛn.
Joël(s)-Sohn(es)-(des)	,Elkana(s)-Sohn	Amasai(s)-Sohn(es)-(des)

22 בֶּן־תַּחַת	בֶּן־צְפַנְיָה׃	בֶּן־עֲזַרְיָה
taḥat-bɛn	ṣᵊpanᵊyɔʰ-bɛn.	ᶜᵃzarᵊyɔʰ-bɛn
,Tachat(s)-Sohn	(Zefanjas=)Zephanja(s)-Sohn(es)-(des)	,Asarja(s)-Sohn

בֶּן־קֹרַח׃	בֶּן־אֶבְיָסָף	בֶּן־אַסִּיר
qoraḥ-bɛn.	ʾɛbᵊyɔsɔp-bɛn	ʾassiʸr-bɛn
Korach(s)-Sohn(es)-(des)	,Ebjasaph(s)-Sohn	Assir(s)-Sohn(es)-(des)

23 בֶּן־יִצְהָר בֶּן־קְהָת בֶּן־לֵוִי בֶּן־יִשְׂרָאֵל׃
yiś^{ə}rɔˀel-bɛn. lewi^{y}-bɛn q^{ə}hɔt-bɛn yiṣ^{ə}hɔr-bɛn
.Israel(s)-Sohn(es)-(des) ,Levi(s)-Sohn Kehat(s)-Sohn(es)-(des) ,Jizhar(s)-Sohn

24 וְאָחִיו אָסָף הָעֹמֵד עַל־יְמִינוֹ
y^{ə}mi^{y}no^{w} -^{c}al hɔ^{c}omed ˀɔsɔp w^{ə}ˀɔḥi^{y}w
.Rechte(n)-seine(r) (zu=)auf Stehende-der ,Asaph (war)-Bruder-sein-Und

אָסָף בֶּן־בֶּרֶכְיָהוּ בֶּן־שִׁמְעָא׃
šim^{əc}ɔˀ-bɛn. bɛrɛk^{ə}yɔhu^{w}-bɛn ˀɔsɔp
,Schimea(s)-Sohn Berechja(s)-Sohn-(der)-(war) Asaph

25 בֶּן־מִיכָאֵל בֶּן־בַּעֲשֵׂיָה בֶּן־מַלְכִּיָּה
mal^{ə}ki^{y}yɔ^{h}-bɛn ba^{ca}śe^{y}ɔ^{h}-bɛn mi^{y}kɔˀel-bɛn
Malkija(s)-Sohn(es)-(des) ,Baaseja(s)-Sohn Michael(s)-Sohn(es)-(des)

26 בֶּן־אֶתְנִי בֶּן־זֶרַח בֶּן־עֲדָיָה׃ 27 בֶּן־אֵיתָן
ˀe^{y}tɔn-bɛn ^{ca}dɔyɔ^{h}-bɛn. zɛraḥ-bɛn ˀɛt^{ə}ni^{y}-bɛn
Etan(s)-Sohn(es)-(des) ,Adaja(s)-Sohn Serach(s)-Sohn(es)-(des) ,Etni(s)-Sohn

בֶּן־זִמָּה בֶּן־שִׁמְעִי׃ 28 בֶּן־יַחַת
yaḥat-bɛn šim^{əc}i^{y}-bɛn. zimmɔ^{h}-bɛn
,Jachat(s)-Sohn Schimei(s)-Sohn(es)-(des) ,Simma(s)-Sohn

בֶּן־גֵּרְשֹׁם בֶּן־לֵוִי׃ 29 וּבְנֵי מְרָרִי
m^{ə}rɔri^{y} u^{w}b^{ə}ne^{y} lewi^{y}-bɛn. ger^{ə}šom-bɛn
,Merari (von)-Söhne-(die)-Und .Levi(s)-Sohn Gerschom(s)-Sohn(es)-(des)

אֲחֵיהֶם עַל־הַשְּׂמֹאול אֵיתָן בֶּן־קִישִׁי
qi^{y}ši^{y}-bɛn ˀe^{y}tɔn haśś^{ə}moˀ^{w}l -^{c}al ^{ˀa}ḥe^{y}hɛm
,Kischi(s)-Sohn Etan :Linke(n)-(der=)die (zu=)auf Brüder-ihre

בֶּן־עַבְדִּי בֶּן־מַלּוּךְ׃ 30 בֶּן־חֲשַׁבְיָה
ḥ^{a}šab^{ə}yɔ^{h}-bɛn mallu^{w}k-bɛn. ^{c}ab^{ə}di^{y}-bɛn
Chaschafja(s)-Sohn(es)-(des) ,Malluch(s)-Sohn Abdi(s)-Sohn(es)-(des)

בֶּן־אֲמַצְיָה בֶּן־חִלְקִיָּה 31 בֶּן־אַמְצִי
ˀam^{ə}ṣi^{y}-bɛn ḥil^{ə}qi^{y}yɔ^{h}-bɛn ^{ˀa}maṣ^{ə}yɔ^{h}-bɛn
,Amzi(s)-Sohn (Hilkijas=)Chilkija(s)-Sohn(es)-(des) ,Amazja(s)-Sohn

בֶּן־בָּנִי בֶּן־שָׁמֶר׃ 32 בֶּן־מַחְלִי
maḥ^{ə}li^{y}-bɛn šɔmɛr-bɛn. bɔni^{y}-bɛn
Machli(s)-Sohn(es)-(des) ,Schemer(s)-Sohn Bani(s)-Sohn(es)-(des)

33 וַאֲחֵיהֶ֖ם	בֶּן־לֵוִֽי׃	בֶּן־מְרָרִ֑י	בֶּן־מוּשִׁ֔י
waᵓᵃḥeʸhɛm	lewiʸ-bɛn.	mᵊrɔriʸ-bɛn	muʷšiʸ-bɛn
,Brüder-ihre-Und	.Levi(s)-Sohn	Merari(s)-Sohn(es)-(des)	,Muschi(s)-Sohn

עֲבוֹדַ֕ת	לְכָל־	נְתוּנִ֕ים	הַלְוִיִּ֔ם
ᶜᵃboʷdat	-lᵊkol	nᵊtuʷniʸm	halᵊwiʸyim
Dienst-(den)	all-(für=)zu	(bestimmt=)Gegebene-(waren)	,Leviten-die

הָאֱלֹהִֽים׃	בֵּ֥ית	מִשְׁכַּ֖ן
hɔᵓᵋlohiʸm.	beʸt	mišᵊkan
.(Gottes=)Götter-(der=)die	Haus-(im)	Wohnstätte-(der)

וּבָנָ֜יו	34 וְאַהֲרֹ֨ן
uʷbɔnɔʸw	wᵊᵓahᵃron
(Nachkommen=)Söhne-seine-und	(Aaron=)Aharon-(Hingegen=)Und

מִזְבַּ֤ח	עַל־	מַקְטִירִ֨ים
mizᵊbaḥ	-ᶜal	maqᵊṭiʸriʸm
Altar-(dem)	auf	(opfernd=)räuchernd(e)-(waren)

מִזְבַּ֣ח	וְעַל־	הָֽעוֹלָה֙
mizᵊbaḥ	-wᵊᶜal	hɔᶜoʷlɔʰ
Altar-(dem)	auf-und	(Brandopfers=)Hochopfer(s)-(des=)das

מְלֶ֖אכֶת	לְכֹ֕ל	הַקְּטֹ֔רֶת
mᵊlɛᵓkɛt	lᵊkol	haqqᵊṭorɛt
(am)-(Dienst=)Arbeit	(jedem=)all-(bei=)zu	,Rauchopfer(s)-(des=)der

עַל־	וּלְכַפֵּר֙	הַקֳּדָשִׁ֑ים	קֹ֣דֶשׁ
-ᶜal	uʷlᵊkapper	haqqᵒdɔšiʸm	qodɛš
(wegen=)auf	sühnen-zu-(um)-und	,(Hochheiligen=)Heiligen-(der=)die-	Heiligkeit

צִוָּ֔ה	אֲשֶׁ֣ר	כְּכֹל֙	יִשְׂרָאֵ֔ל
ṣiwwɔʰ	ᵓᵃšɛr	kᵊkol	yiśᵊrɔᵓel
angeordnet-hat-(er)	(was=)welch(es)	,all(em)-(gemäß=)wie	,Israel

הָאֱלֹהִֽים׃	עֶ֥בֶד	מֹשֶׁ֖ה
hɔᵓᵋlohiʸm.	ᶜɛbɛd	mošɛʰ
.(Gottes=)Götter-(der=)die	Knecht-(der)	,(Mose=)Mosche

אֶלְעָזָ֣ר	אַהֲרֹ֑ן	בְּנֵ֣י	35 וְאֵ֖לֶּה
ᵓɛlᵊᶜɔzɔr	ᵓahᵃron	bᵊneʸ	wᵊᵓellɛʰ
Eleasar	:(Aaron=)Aharon	(von)-Söhne-(die)	(sind)-(das=)diese-Und

בְּנ֑וֹ	אֲבִישׁ֖וּעַ֙	בְּנ֥וֹ	פִּֽינְחָ֖ס	בְּנ֛וֹ
bᵊnoʷ.	ʾabiʸšuʷaʿ	bᵊnoʷ	piʸnᵊḥɔs	bᵊnoʷ
,Sohn-(dessen=)sein	Abischua	,Sohn-(dessen=)sein	Pinchas	,Sohn-sein-(war)

זְרַֽחְיָ֥ה	בְּנ֖וֹ	עֻזִּ֥י	בְּנ֛וֹ	36 בֻּקִּ֥י
zᵊraḥᵊyɔh	bᵊnoʷ	ʿuzziʸ	bᵊnoʷ	buqqiʸ
Serachja	,Sohn-(dessen=)sein	Ussi	,Sohn-(dessen=)sein	Bukki

אֲמַרְיָ֥ה	בְּנ֖וֹ	37 מְרָיֹ֛ות	בְּנֽוֹ:
ʾamarᵊyɔh	bᵊnoʷ	mᵊrɔyoʷt	bᵊnoʷ.
Amarja	,Sohn-(dessen=)sein	Merajot	,Sohn-(dessen=)sein

38 צָד֥וֹק	בְּנ֖וֹ:	אֲחִיט֥וּב	בְּנ֖וֹ
ṣɔdoʷq	bᵊnoʷ.	ʾaḥiʸtuʷb	bᵊnoʷ
Zadok	,Sohn-(dessen=)sein	Achitub	,Sohn-(dessen=)sein

39 וְאֵ֙לֶּה֙	בְּנֽוֹ:	אֲחִימַ֑עַץ	בְּנ֖וֹ
wᵊʾelleh	bᵊnoʷ.	ʾaḥiʸmaʿaṣ	bᵊnoʷ
(waren)-diese-Und	,Sohn-(dessen=)sein	Achimaaz	,Sohn-(dessen=)sein

בִּגְבוּלָ֑ם	לְטִירוֹתָ֖ם	מוֹשְׁבוֹתָ֔ם
bigᵊbuʷlɔm	lᵊṭiʸroʷtɔm	moʷšᵊboʷtɔm
:Gebiet-ihr(em)-in	Zeltlager(n)-ihren-(nach=)zu	Wohnsitze-ihre

לְמִשְׁפַּ֣חַת	אַהֲרֹ֔ן	לִבְנֵ֤י
lᵊmišᵊpaḥat	ʾaharon	libᵊneʸ
Sippe-(der=)zu	,(Aaron=)Aharon	(von)-Söhne-(die)-(An=)Zu

הָיָ֥ה	לָהֶ֛ם	כִּ֥י	הַקְּהָתִ֑י
hɔyɔh	lɔhɛm	kiʸ	haqqᵊhɔtiʸ
(gefallen)-war-(es=er)	(sie-auf=)ihnen-zu	denn —	Kehatiter(s)-(der=des=)der

אֶת־חֶבְר֑וֹן	לָהֶ֖ם	40 וַֽיִּתְּנ֥וּ	הַגּוֹרָֽל:
ḥɛbᵊroʷn-ʾɛt	lɔhɛm	wayyittᵊnuʷ	haggoʷrɔl.
(Hebron=)Chebron***	(sie-an=)ihnen-zu	gaben-sie-(also=)und	— Los-das

וְאֶת־מִגְרָשֶׁ֖יהָ	יְהוּדָ֑ה	בְּאֶ֣רֶץ
migᵊrɔšɛʸhɔ-wᵊʾɛt	yᵊhuʷdɔh	bᵊʾɛrɛṣ
Weideflächen-(dessen=)ihre-und	Juda	Land-(im=)in

41 וְאֶת־שְׂדֵ֥ה	סְבִיבֹתֶֽיהָ:
śᵊdeh-wᵊʾɛt	sᵊbiʸbotɛʸhɔ.
(Gefilde=)Feld-(das)-***(Hingegen=)Und	.(herum-sie-um=)Umgebungen-ihre(r)

לְכָלֵב	נָתְנוּ	וְאֶת־חֲצֵרֶיהָ	הָעִיר
lᵊkɔleb	nɔtᵊnuʷ	ḥᵃṣerɛʸhɔ-wᵊʾɛt	hɔʿiʸr
Kaleb-(dem=)zu	gaben-sie	(Dörfer=)Gehöfte-ihre-***und	Stadt-(der=)die

נָתְנוּ	אַהֲרֹן	42 וְלִבְנֵי	בֶּן־יְפֻנֶּה׃
nɔtᵊnuʷ	ʾahᵃron	wᵊlibᵊneʸ	yᵊpunnɛʰ-bɛn.
gaben-sie	(Aaron=)Aharon	(von)-Söhne(n)-(den=)zu-Und	.Jefunne(s)-Sohn

וְאֶת־לִבְנָה	אֶת־חֶבְרוֹן	הַמִּקְלָט	אֶת־עָרֵי
libᵊnɔʰ-wᵊʾɛt	ḥɛbᵊroʷn-ʾɛt	hammiqᵊlɔṭ	ʿɔreʸ-ʾɛt
Libna-***und	(Hebron=)Chebron***	Zuflucht-(der=)die	Städte-(die)***

וְאֶת־אֶשְׁתְּמֹעַ	וְאֶת־יַתִּר	וְאֶת־מִגְרָשֶׁיהָ
ʾɛšᵊtᵊmoaʿ-wᵊʾɛt	yattir-wᵊʾɛt	migᵊrɔšɛʸhɔ-wᵊʾɛt
Eschtemoa-***und	Jattir-***und	,Weideflächen-(deren=)ihre-***und

43 וְאֶת־חִילֵז	וְאֶת־מִגְרָשֶׁיהָ׃
ḥiʸlez-wᵊʾɛt	migᵊrɔšɛʸhɔ-wᵊʾɛt.
Chiles-***und	,Weideflächen-(deren=)ihre-und

אֶת־דְּבִיר	וְאֶת־מִגְרָשֶׁיהָ
dᵊbiʸr-ʾɛt	migᵊrɔšɛʸhɔ-wᵊʾɛt
Debir***	,Weideflächen-(dessen=)ihre-***und

44 וְאֶת־עָשָׁן	וְאֶת־מִגְרָשֶׁיהָ׃
ʿɔšɔn-wᵊʾɛt	migᵊrɔšɛʸhɔ-wᵊʾɛt.
Aschan-***und	,Weideflächen-(dessen=)ihre-***und

שֶׁמֶשׁ	וְאֶת־בֵּית	וְאֶת־מִגְרָשֶׁיהָ
šɛmɛš	beʸt-wᵊʾɛt	migᵊrɔšɛʸhɔ-wᵊʾɛt
Schemesch	-Beth-***und	,Weideflächen-(dessen=)ihre-***und

בִנְיָמִן	45 וּמִמַּטֵּה	וְאֶת־מִגְרָשֶׁיהָ׃
binᵊyɔmin	uʷmimmaṭṭeʰ	migᵊrɔšɛʸhɔ-wᵊʾɛt.
:Benjamin	Stamm-(dem)-(aus=)von-Und	.Weideflächen-(dessen=)ihre-***und

וְאֶת־עָלֶמֶת	וְאֶת־מִגְרָשֶׁיהָ	אֶת־גֶּבַע
ʿɔlɛmɛt-wᵊʾɛt	migᵊrɔšɛʸhɔ-wᵊʾɛt	gɛbaʿ-ʾɛt
Alemet-***und	,Weideflächen-(dessen=)ihre-***und	Geba-***

וְאֶת־עֲנָתוֹת	וְאֶת־מִגְרָשֶׁיהָ
ʿᵃnɔtoʷt-wᵊʾɛt	migᵊrɔšɛʸhɔ-wᵊʾɛt
Anatot-***und	,Weideflächen-(dessen=)ihre-***und

עָרֵיהֶם	כָּל־	וְאֶת־מִגְרָשֶׁיהָ
ʿɔreʸhɛm	-kol	migᵊrɔšɛʸhɔ-wᵊʾɛt
:Städte-ihre(r)	(Gesamtheit-die=)all	;Weideflächen-(dessen=)ihre-***und

בְּמִשְׁפְּחוֹתֵיהֶם׃	עִיר	שְׁלֹשׁ־עֶשְׂרֵה
bᵊmišᵊpᵊḥoʷteʸhɛm.	ʿiʸr	ʿɛśᵊreʰ-šᵊloš
.Geschlechter-ihre-(auf=)in	Stadt(bezirke)	zehn-drei

הַנּוֹתָרִים	קְהָת	46 וְלִבְנֵי
hannoʷtɔriʸm	qᵊhɔt	wᵊlibᵊneʸ
verbliebenen-(den=)die	,Kehat	(von)-Söhne(n)-(den=)zu-Und

מַטֵּה	מִמַּחֲצִית	הַמַּטֶּה	מִמִּשְׁפַּחַת
maṭṭeʰ	mimmaḥᵃṣiʸt	hammaṭṭɛʰ	mimmišᵊpaḥat
stamm(es)-(des)	Hälfte-(der)-von	:Stamm(es)-(des=)der	Geschlecht-(dem)-von

עֶשֶׂר׃	עָרִים	בַּגּוֹרָל	מְנַשֶּׁה	חֲצִי
ʿɔśɛr.	ʿɔriʸm	baggoʷrɔl	mᵊnaššɛʰ	ḥᵃṣiʸ
.zehn	Städte	:Los-(das)-(durch=)in	(Manasse=)Menasche	Halb-

לְמִשְׁפְּחוֹתָם	גֵּרְשׁוֹם	47 וְלִבְנֵי
lᵊmišᵊpᵊḥoʷtɔm	gerᵊšoʷm	wᵊlibᵊneʸ
:Geschlechtern-ihren-(nach=)zu	Gerschom	(von)-Söhne(n)-(den=)zu-Und

אָשֵׁר	וּמִמַּטֵּה	יִשָּׂשכָר	מִמַּטֵּה
ʾɔšer	uʷmimmaṭṭeʰ	yiśɔkɔr	mimmaṭṭeʰ
Ascher	Stamm-(dem)-von-und	Isachar	Stamm-(dem)-von

מְנַשֶּׁה	וּמִמַּטֵּה	נַפְתָּלִי	וּמִמַּטֵּה
mᵊnaššɛʰ	uʷmimmaṭṭeʰ	napᵊtɔliʸ	uʷmimmaṭṭeʰ
(Manasse=)Menasche	Stamm-(dem)-von-und	Naphtali	Stamm-(dem)-von-und

מְרָרִי	48 לִבְנֵי	עֶשְׂרֵה׃	שְׁלֹשׁ	עָרִים	בַּבָּשָׁן
mᵊrɔriʸ	libᵊneʸ	ʿɛśᵊreʰ.	šᵊloš	ʿɔriʸm	babbɔšɔn
Merari(s)	Söhne(n)-(Den=)Zu	.zehn	-drei	Städte	Baschan-im

רְאוּבֵן	מִמַּטֵּה	לְמִשְׁפְּחוֹתָם
rᵊʾuʷben	mimmaṭṭeʰ	lᵊmišᵊpᵊḥoʷtɔm
Ruben	Stamm-(dem)-von	:Geschlechtern-ihren-(nach=)zu

זְבוּלֻן	וּמִמַּטֵּה	גָּד	וּמִמַּטֵּה־
zᵊbuʷlun	uʷmimmaṭṭeʰ	gɔd	-uʷmimmaṭṭeʰ
,Sebulon	Stamm-(dem)-von-und	Gad	Stamm-(dem)-von-und

וַיִּתְּנוּ 49	שְׁתֵּים עֶשְׂרֵה׃	עָרִים	בַּגּוֹרָל
wayyittᵊnuʷ	ʿɛśᵊreʰ šᵊteʸm.	ʿɔriʸm	baggoʷrɔl
(über)gaben-(sie)-(So=)Und	.(zwölf=)zehn-zwei	Städte	:Los-das-(durch=)in

אֶת־הֶעָרִים	לַלְוִיִּם	בְנֵי־יִשְׂרָאֵל
hɛʿɔriʸm-ʾɛt	lalᵊwiʸyim	yiśᵊrɔʾel-bᵊneʸ
Städte-die***	Leviten-die-(an=)zu	Israel(s)-Söhne-(die)

בַּגּוֹרָל	וַיִּתְּנוּ 50	וְאֶת־מִגְרְשֵׁיהֶם׃
baggoʷrɔl	wayyittᵊnuʷ	migᵊrᵊšeʸhɛm-wᵊʾɛt.
Los-das-(durch=)in	gaben-sie-Und	.Weideflächen-(deren=)ihre-***und

בְּנֵי־	וּמִמַּטֵּה	יְהוּדָה	בְנֵי־	מִמַּטֵּה
-bᵊneʸ	uʷmimmaṭṭeʰ	yᵊhuʷdɔʰ	-bᵊneʸ	mimmaṭṭeʰ
Söhne-(der)	Stamm-(dem)-von-und	Juda(s)	Söhne-(der)	Stamm-(dem)-von

בִנְיָמִן	בְּנֵי	וּמִמַּטֵּה	שִׁמְעוֹן
binᵊyɔmin	bᵊneʸ	uʷmimmaṭṭeʰ	šimᵊʿoʷn
Benjamin(s)	Söhne-(der)	Stamm-(dem)-von-und	(Simeons=)Schimeon(s)

אֶתְהֶם	יִקְרְאוּ	אֲשֶׁר־	הָאֵלֶּה	הֶעָרִים	אֵת
ʾɛtᵊhɛm	yiqᵊrᵊʾuʷ	-ʾᵃšɛr	hɔʾellɛʰ	hɛʿɔriʸm	ʾet
(sie***)	(benannten=)riefen-sie	(die=)welch(e)	,da-diese	,Städte-(die)***	

קְהָת	בְּנֵי	וּמִמִּשְׁפְּחוֹת 51	בְּשֵׁמוֹת׃
qᵊhɔt	bᵊneʸ	uʷmimmišᵊpᵊḥoʷt	bᵊšemoʷt.
,Kehat(s)	Söhne-(der)	Geschlechtern-(den)-von-(einige)-Und	.Namen-(mit=)in

גְּבוּלָם	עָרֵי	וַיְהִי
gᵊbuʷlɔm	ʿɔreʸ	wayᵊhiʸ
Gebiet(es)-ihr(es)	Städte-(die)	(zuteil)-wurde(n)-(es=er)-(denen)

לָהֶם	וַיִּתְּנוּ 52	אֶפְרָיִם׃	מִמַּטֵּה
lɔhɛm	wayyittᵊnuʷ	ʾɛpᵊrɔyim.	mimmaṭṭeʰ
(sie-an=)ihnen-zu	gaben-sie-Und	.Ephraim	Stamm-(dem)-von

אֶת־שְׁכֶם	הַמִּקְלָט	אֶת־עָרֵי
šᵊkɛm-ʾɛt	hammiqᵊlɔṭ	ʿɔreʸ-ʾɛt
(Sichem=)Schechem***	Zuflucht-(der=)die	Städte-(die)***

אֶפְרָיִם	בְּהַר	וְאֶת־מִגְרָשֶׁיהָ
ʾɛpᵊrɔyim	bᵊhar	migᵊrɔšɛʸhɔ-wᵊʾɛt
,Ephraim	(von)-Berg(land)-(im=)in	Weideflächen-(dessen=)ihre-***und

וְאֶת־גֶּזֶר
gɛzɛr-wᵊʾɛt
Geser-***und

וְאֶת־מִגְרָשֶׁיהָ׃
migᵊrɔšɛʸhɔ-wᵊʾɛt.
,Weideflächen-(dessen=)ihre-***und

53 וְאֶת־יָקְמְעָם
yoqᵊmᵊʿɔm-wᵊʾɛt
Jokmeam-***und

וְאֶת־מִגְרָשֶׁיהָ
migᵊrɔšɛʸhɔ-wᵊʾɛt
,Weideflächen-(dessen=)ihre-***und

וְאֶת־בֵּית
beʸt-wᵊʾɛt
-Beth-***und

חוֹרוֹן
ḥoʷroʷn
(Horon=)Choron

וְאֶת־מִגְרָשֶׁיהָ׃
migᵊrɔšɛʸhɔ-wᵊʾɛt.
,Weideflächen-(dessen=)ihre-***und

54 וְאֶת־אַיָּלוֹן
ʾayyɔloʷn-wᵊʾɛt
Ajjalon-***und

וְאֶת־מִגְרָשֶׁיהָ
migᵊrɔšɛʸhɔ-wᵊʾɛt
,Weideflächen-(dessen=)ihre-***und

וְאֶת־גַּת־רִמּוֹן
rimmoʷn-gat-wᵊʾɛt
Rimmon-Gat-***und

וְאֶת־מִגְרָשֶׁיהָ׃
migᵊrɔšɛʸhɔ-wᵊʾɛt.
.Weideflächen-(dessen=)ihre-***und

55 וּמִמַּחֲצִית
uʷmimmaḥᵃṣiʸt
Hälfte-(der)-von-Und

מַטֵּה
maṭṭeʰ
Stamm(es)-(des)

מְנַשֶּׁה
mᵊnaššɛʰ
:(Manasse=)Menasche

אֶת־עָנֵר
ʿɔner-ʾɛt
Aner***

וְאֶת־מִגְרָשֶׁיהָ
migᵊrɔšɛʸhɔ-wᵊʾɛt
,Weideflächen-(dessen=)ihre-***und

וְאֶת־בִּלְעָם
bilᵊʿɔm-wᵊʾɛt
Bileam-***und

וְאֶת־מִגְרָשֶׁיהָ
migᵊrɔšɛʸhɔ-wᵊʾɛt
,Weideflächen-(dessen=)ihre-***und

לְמִשְׁפַּחַת
lᵊmišᵊpaḥat
Geschlecht-(das)-(für=)zu

לִבְנֵי־קְהָת
qᵊhɔt-libᵊneʸ
,Kehat(s)-Söhne-(der)

הַנּוֹתָרִים׃
hannoʷtɔriʸm.
.übrigen-die

56 לִבְנֵי
libᵊneʸ
Söhne(n)-(Den=)Zu

גֵּרְשׁוֹם
gerᵊšoʷm
Gerschom(s)

מִמִּשְׁפַּחַת
mimmišᵊpaḥat
Geschlecht-(dem)-von

חֲצִי
ḥᵃṣiʸ
(halben-des=)Hälfte-(die)

מַטֵּה
maṭṭeʰ
Stamm(es)

מְנַשֶּׁה
mᵊnaššɛʰ
:(Manasse=)Menasche

אֶת־גּוֹלָן
goʷlɔn-ʾɛt
Golan***

בַּבָּשָׁן
babbɔšɔn
Baschan-im

וְאֶת־מִגְרָשֶׁיהָ
migᵊrɔšɛʸhɔ-wᵊʾɛt
,Weideflächen-(dessen=)ihre-***und

וְאֶת־עַשְׁתָּרוֹת
ʿašᵊtɔroʷt-wᵊʾɛt
Aschtarot-***und

יִשָּׂכָר 57 וּמִמַּטֵּה וְאֶת־מִגְרָשֶׁיהָ׃
yiśɔkɔr uʷmimmaṭṭeʰ migᵊrɔšɛʸhɔ-wᵊʾɛt.
:Isachar Stamm-(dem)-von-Und .Weideflächen-(dessen=)ihre-***und

אֶת־דָּבְרַת וְאֶת־מִגְרָשֶׁיהָ אֶת־קֶדֶשׁ
dobᵊrat-ʾɛt migᵊrɔšɛʸhɔ-wᵊʾɛt qɛdɛš-ʾɛt
(Daberat=)Dobrat*** ,Weideflächen-(dessen=)ihre-***und Kedesch***

58 וְאֶת־רָאמוֹת וְאֶת־מִגְרָשֶׁיהָ׃
rɔʾmoʷt-wᵊʾɛt migᵊrɔšɛʸhɔ-wᵊʾɛt.
Ramot-***und ,Weideflächen-(dessen=)ihre-***und

וְאֶת־עָנֵם וְאֶת־מִגְרָשֶׁיהָ
ʿɔnem-wᵊʾɛt migᵊrɔšɛʸhɔ-wᵊʾɛt
Anem-***und ,Weideflächen-(dessen=)ihre-***und

אָשֵׁר 59 וּמִמַּטֵּה וְאֶת־מִגְרָשֶׁיהָ׃
ʾɔšer uʷmimmaṭṭeʰ migᵊrɔšɛʸhɔ-wᵊʾɛt.
:Ascher Stamm-(dem)-von-Und .Weideflächen-(dessen=)ihre-***und

וְאֶת־עַבְדּוֹן וְאֶת־מִגְרָשֶׁיהָ אֶת־מָשָׁל
ʿabᵊdoʷn-wᵊʾɛt migᵊrɔšɛʸhɔ-wᵊʾɛt mɔšɔl-ʾɛt
Abdon-***und ,Weideflächen-(dessen=)ihre-***und Maschal***

60 וְאֶת־חוּקֹק וְאֶת־מִגְרָשֶׁיהָ׃
ḥuʷqoq-wᵊʾɛt migᵊrɔšɛʸhɔ-wᵊʾɛt.
Chukok-***und ,Weideflächen-(dessen=)ihre-***und

וְאֶת־רְחֹב וְאֶת־מִגְרָשֶׁיהָ
rᵊḥob-wᵊʾɛt migᵊrɔšɛʸhɔ-wᵊʾɛt
Rechob-***und ,Weideflächen-(dessen=)ihre-***und

נַפְתָּלִי 61 וּמִמַּטֵּה וְאֶת־מִגְרָשֶׁיהָ׃
napᵊtɔliʸ uʷmimmaṭṭeʰ migᵊrɔšɛʸhɔ-wᵊʾɛt.
:Naphtali Stamm-(dem)-von-Und .Weideflächen-(dessen=)ihre-***und

וְאֶת־חַמּוֹן וְאֶת־מִגְרָשֶׁיהָ בַּגָּלִיל אֶת־קֶדֶשׁ
ḥammoʷn-wᵊʾɛt migᵊrɔšɛʸhɔ-wᵊʾɛt baggɔliʸl qɛdɛš-ʾɛt
Chammon-***und ,Weideflächen-(dessen=)ihre-***und Galil-im Kedesch***

וְאֶת־קִרְיָתַיִם וְאֶת־מִגְרָשֶׁיהָ
qirᵊyɔtayim-wᵊʾɛt migᵊrɔšɛʸhɔ-wᵊʾɛt
Kirjatajim-***und ,Weideflächen-(dessen=)ihre-***und

מְרָרִי	62 לִבְנֵי	וְאֶת־מִגְרָשֶׁיהָ׃
mᵊrɔriʸ	libᵊneʸ	migᵊrɔšɛʸhɔ-wᵊʾɛt.
,Merari(s)	Söhne-(die)-(Für=)Zu	.Weideflächen-(dessen=)ihre-und

אֶת־רִמּוֹנוֹ	זְבוּלֻן	מִמַּטֵּה	הַנּוֹתָרִים
rimmoʷnoʷ-ʾɛt	zᵊbuʷlun	mimmaṭṭeʰ	hannoʷtɔriʸm
Rimmono***	:Sebulon	Stamm-(dem)-von	verbliebenen-die

וְאֶת־מִגְרָשֶׁיהָ׃	אֶת־תָּבוֹר	וְאֶת־מִגְרָשֶׁיהָ
migᵊrɔšɛʸhɔ-wᵊʾɛt.	tɔboʷr-ʾɛt	migᵊrɔšɛʸhɔ-wᵊʾɛt
.Weideflächen-(dessen=)ihre-***und	Tabor***	,Weideflächen-(dessen=)ihre-und

יְרֵחוֹ	לְיַרְדֵּן	63 וּמֵעֵבֶר
yᵊreḥoʷ	lᵊyarᵊden	uʷmeʿebɛr
,Jericho-(bei)	Jordan-(des=)zu	(jenseits=)Jenseitig(em)-von-Und

אֶת־בֶּצֶר	רְאוּבֵן	מִמַּטֵּה	הַיַּרְדֵּן	לְמִזְרַח
bɛṣɛr-ʾɛt	rᵊʾuʷben	mimmaṭṭeʰ	hayyarᵊden	lᵊmizᵊraḥ
Bezer***	:Ruben	Stamm-(dem)-von	:Jordan-(des=)zu	(östlich=)Aufgang-zu

וְאֶת־יַהְצָה	וְאֶת־מִגְרָשֶׁיהָ	בַּמִּדְבָּר
yahᵊṣɔʰ-wᵊʾɛt	migᵊrɔšɛʸhɔ-wᵊʾɛt	bammidᵊbɔr
Jahza-***und	,Weideflächen-(dessen=)ihre-***und	Wüste-der-in

64 וְאֶת־קְדֵמוֹת	וְאֶת־מִגְרָשֶׁיהָ׃
qᵊdemoʷt-wᵊʾɛt	migᵊrɔšɛʸhɔ-wᵊʾɛt.
Kedemot-***und	,Weideflächen-(dessen=)ihre-****und

וְאֶת־מֵיפַעַת	וְאֶת־מִגְרָשֶׁיהָ
meʸpaʿat-wᵊʾɛt	migᵊrɔšɛʸhɔ-wᵊʾɛt
Mefaat-***und	,Weideflächen-(dessen=)ihre-***und

אֶת־רָאמוֹת	גָּד	65 וּמִמַּטֵּה־	וְאֶת־מִגְרָשֶׁיהָ׃
rɔʾmoʷt-ʾɛt	gɔd	-uʷmimmaṭṭeʰ	migᵊrɔšɛʸhɔ-wᵊʾɛt.
Ramot***	:Gad	Stamm-(dem)-von-Und	.Weideflächen-(dessen=)ihre-***und

וְאֶת־מַחֲנַיִם	וְאֶת־מִגְרָשֶׁיהָ	בַּגִּלְעָד
maḥᵃnayim-wᵊʾɛt	migᵊrɔšɛʸhɔ-wᵊʾɛt	baggilᵊʿɔd
Machanajim-***und	,Weideflächen-(dessen=)ihre-***und	Gilead-im

66 וְאֶת־חֶשְׁבּוֹן	וְאֶת־מִגְרָשֶׁיהָ׃
ḥɛšᵊboʷn-wᵊʾɛt	migᵊrɔšɛʸhɔ-wᵊʾɛt.
(Heschbon=)Cheschbon-***und	,Weideflächen-(dessen=)ihre-***und

וְאֶת־מִגְרָשֶׁיהָ	וְאֶת־יַעְזֵיר
migᵊrɔšɛʸhɔ-wᵊʾɛt	yaᶜᵊzeʸr-wᵊʾɛt
,Weideflächen-(dessen=)ihre-***und	Jaser-***und

וְאֶת־מִגְרָשֶׁיהָ׃
migᵊrɔšɛʸhɔ-wᵊʾɛt.
.Weideflächen-(dessen=)ihre-***und

7

1 וְלִבְנֵי	יִשָּׂכָר	תּוֹלָע	וּפוּאָה
wᵊlibᵊneʸ	yiśɔkɔr	toʷlɔᶜ	uʷpuʷʾɔʰ
(von)-Söhne(n)-(der=)zu-Und	:Isachar	Tola	,Pua-und

יָשִׁיב[יָשׁוּב]	וְשִׁמְרוֹן	אַרְבָּעָה׃	2 וּבְנֵי	תוֹלָע
[yɔšuʷb]yɔšiʸb	wᵊšimᵊroʷn	ʾarᵊbɔᶜɔʰ.	uʷbᵊneʸ	toʷlɔᶜ
[Jaschub]Jaschib	Schimron-und	.vier –	(von)-Söhne-(die)-Und	Tola

עֻזִּי	וּרְפָיָה	וִירִיאֵל	וְיַחְמַי	וְיִבְשָׂם
ᶜuzziʸ	uʷrᵊpɔyɔʰ	wiʸriʸʾel	wᵊyaḥᵊmay	wᵊyibᵊśɔm
Ussi	Rephaja-und	Jeriël-und	Jachmai-und	Jibsam-und

וּשְׁמוּאֵל	רָאשִׁים	לְבֵית־	אֲבוֹתָם	לְתוֹלָע
uʷšᵊmuʷʾel	rɔʾšiʸm	-lᵊbeʸt	ʾᵃboʷtɔm	lᵊtoʷlɔᶜ
,(Samuel=)Schemuel-und	Häupter	Haus(es)-(des=)zu	Väter-ihre(r)	,Tola-zu

גִּבּוֹרֵי	חַיִל	לְתֹלְדוֹתָם
gibboʷreʸ	ḥayil	lᵊtolᵊdoʷtɔm
Krieger-(waren)	;Streitmacht-(der)	(Geschlechtern=)Zeugungen-ihren-(nach=)zu

מִסְפָּרָם	בִּימֵי	דָוִיד	עֶשְׂרִים־וּשְׁנַיִם	אֶלֶף
misᵊpɔrɔm	biʸmeʸ	dɔwiʸd	uʷšᵊnayim-ᶜɛśᵊriʸm	ʾɛlɛp
Zahl-ihre-(war)	Tagen-(den)-in	:David(s)	-zwei-und-zwanzig	tausend

וְשֵׁשׁ	מֵאוֹת׃	3 וּבְנֵי	עֻזִּי
wᵊšeš	meʾoʷt.	uʷbᵊneʸ	ᶜuzziʸ
-sechs-und	.hundert(e)	(Nachkommenschaft=)Söhne-(die)-Und	:Ussi(s)

יִזְרַחְיָה	וּבְנֵי	יִזְרַחְיָה	מִיכָאֵל	וְעֹבַדְיָה
yizᵊraḥᵊyɔʰ	uʷbᵊneʸ	yizᵊraḥᵊyɔʰ	miʸkɔʾel	wᵊᶜobadᵊyɔʰ
;Jisrachja	(von)-Söhne-(die)-und	:Jisrachja	Michael	Obadja-und

וְיוֹאֵל	יִשִּׁיָּה	חֲמִשָּׁה	רָאשִׁים	כֻּלָּם׃
wᵊyoʷʾel	yiššiʸyɔʰ	ḥᵃmiššɔʰ	rɔʾšiʸm	kullɔm.
,Joël-und	Jischschija	fünf —	Häupter	.(insgesamt=)sie-all

לְתֹלְדוֹתָם	4 וַעֲלֵיהֶם
lᵊtolᵊdoʷtɔm	waᶜᵃleʸhɛm
(Geschlechtern=)Zeugungen-ihren-(nach=)zu	(überdies=)ihnen-auf-Und

מִלְחָמָה	צְבָא	גְדוּדֵי	אֲבוֹתָם	לְבֵית
milᵊḥɔmɔʰ	ṣᵊbɔʾ	gᵊduʷdeʸ	ʾᵃboʷtɔm	lᵊbeʸt
:Krieg(s)-	heer-(ein)	(für)-Scharen	Väter-ihre(r)	Haus-(das)-(hatte=)zu

נָשִׁים	הִרְבּוּ	כִּי־	אָלֶף	וְשִׁשָּׁה	שְׁלֹשִׁים
nɔšiʸm	hirᵊbuʷ	-kiʸ	ʾɔlɛp	wᵊšiššɔʰ	šᵊlošiʸm
Frauen	(viele-hatten=)vermehrten-sie	denn	,tausend	sechs-und	dreißig

מִשְׁפְּחוֹת	לְכֹל	5 וַאֲחֵיהֶם	וּבָנִים:
mišᵊpᵊḥoʷt	lᵊkol	waʾᵃḥeʸhɛm	uʷbɔniʸm.
(Groß)familien-(den)	all-(von=)zu	Brüder-ihre-Und	.(Kinder=)Söhne-und

אֶלֶף	וְשִׁבְעָה	שְׁמוֹנִים	חֲיָלִים	גִּבּוֹרֵי	יִשָּׂכָר
ʾɛlɛp	wᵊšibᵊᶜɔʰ	šᵊmoʷniʸm	ḥᵃyɔliʸm	gibboʷreʸ	yiśśɔkɔr
,tausend	sieben-und	achtzig	:Streitkräfte-(der)	Krieger	,Isachar(s)

לַכֹּל:	הִתְיַחְשָׂם
lakkol.	hitᵊyaḥᵊśɔm
.(allesamt=)all-zudem	sie-(registrierte-man=)Sicheintragen-(ein)-und

שְׁלֹשָׁה:	וִידִיעֲאֵל	וָבֶכֶר	בֶּלַע	6 בִּנְיָמִן
šᵊlošɔʰ.	wiʸdiʸᶜᵃʾel	wɔbɛkɛr	bɛlaᶜ	binᵊyɔmin
.drei –	Jediaël-und	Bechar-und	Bela	:Benjamin(s)

וִירִימוֹת	וְעֻזִּיאֵל	וְעֻזִּי	אֶצְבּוֹן	בֶּלַע	7 וּבְנֵי
wiʸriʸmoʷt	wᵊᶜuzziʸʾel	wᵊᶜuzziʸ	ʾɛṣᵊboʷn	bɛlaᶜ	uʷbᵊneʸ
Jerimot-und	Ussiël-und	Ussi-und	Ezbon	:Bela	(von)-Söhne-(die)-Und

גִּבּוֹרֵי	אָבוֹת	בֵּית	רָאשֵׁי	חֲמִשָּׁה	וְעִירִי
gibboʷreʸ	ʾɔboʷt	beʸt	rɔʾšeʸ	ḥᵃmiššɔʰ	wᵊᶜiʸriʸ
Krieger	,— Väter-(der)	Haus-(dem)	(von)-Häupter	fünf —	Iri-und

עֶשְׂרִים	וְהִתְיַחְשָׂם	חֲיָלִים
ᶜɛśᵊriʸm	wᵊhitᵊyaḥᵊśɔm	ḥᵃyɔliʸm
zwanzig	:sie-(registrierte-man=)Sicheintragen-ein-und	,Streitkräfte-(der)

בֶּכֶר	8 וּבְנֵי	וְאַרְבָּעָה:	וּשְׁלֹשִׁים	אֶלֶף	וּשְׁנַיִם
bɛkɛr	uʷbᵊneʸ	wᵊʾarᵊbɔᶜɔʰ.	uʷšᵊlošiʸm	ʾɛlɛp	uʷšᵊnayim
:Becher	(von)-Söhne-(die)-Und	.vier-und	dreißig-und	tausend	-zwei-und

וִירֵמ֑וֹת	וְעָמְרִ֗י	וְאֶלְיוֹעֵינַ֜י	וֶאֱלִיעֶ֗זֶר	וְיוֹעָ֔שׁ	זְמִירָ֞ה
wiʸremoʷt	wᵊʿomᵊriʸ	wᵊʾɛlᵊyoʷʿeʸnay	wɛʾᵋliʸʿɛzɛr	wᵊyoʷʿɔš	zᵊmiʸrɔʰ
Jeremot-und	Omri-und	Eljoenai-und	Eliëser-und	Joasch-und	Semira

אֵ֖לֶּה	כָּל־	וְעָלָ֑מֶת	וַעֲנָת֣וֹת	וַאֲבִיָּ֖ה
ʾellɛʰ	-kol	wᵊʿɔlɔmɛt	waʿᵃnɔtoʷt	waʾᵃbiʸyɔʰ
diese	all(e) —	Alemet-und	Anatot-und	Abija-und

9 וְהִתְיַחְשָׂ֣ם	בְּנֵי־בָֽכֶר׃
wᵊhitᵊyaḥᵊśɔm	bɔkɛr-bᵊneʸ.
sie-(ein-trug-man=)Sicheintragen-(ein)-und	,Becher(s)-Söhne-(waren)

בֵּ֣ית	רָאשֵׁי֙	לְתֹלְדוֹתָ֗ם
beʸt	rɔʾšeʸ	lᵊtolᵊdoʷtɔm
Haus(es)-(des)	Häupter-(als)	,(Geschlechtern=)Zeugungen-ihren-(nach=)zu

אֶ֖לֶף	עֶשְׂרִ֥ים	חָ֑יִל	גִּבּ֣וֹרֵי	אֲבוֹתָ֔ם
ʾɛlɛp	ʿɛśᵊriʸm	ḥɔyil	gibboʷreʸ	ʾᵃboʷtɔm
tausend	-zwanzig	:Streitmacht-(der)	Krieger-(als)	,Väter-ihre(r)

בִּלְהָ֑ן	יְדִיעֲאֵ֖ל	10 וּבְנֵ֥י	וּמָאתָֽיִם׃
bilᵊhɔn	yᵊdiʸʿᵃʾel	uʷbᵊneʸ	uʷmɔʾtɔyim.
.Bilhan	:Jediaël(s)	(Nachkommenschaft=)Söhne-(die)-Und	.zweihundert(e)-und

וְאֵה֡וּד	וּבִנְיָמִ֣ן	יעיש[יְע֣וּשׁ]	בִלְהָ֔ן	וּבְנֵ֣י
wᵊʾehuʷd	uʷbinᵊyɔmin	[yᵊʿuʷš]yᵊʿiʸš	bilᵊhɔn	uʷbᵊneʸ
Ehud-und	Benjamin-und	Jeüsch	:Bilhan	(von)-Söhne-(die)-Und

11 כָּל־	וַאֲחִישָֽׁחַר׃	וְתַרְשִׁ֖ישׁ	וְזֵיתָ֥ן	וּכְנַעֲנָה֙
-kol	waʾᵃḥiʸšɔḥar.	wᵊtarᵊšiʸš	wᵊzeʸtɔn	uʷkᵊnaʿᵃnɔʰ
All(e)	.Achischachar-und	Tarschisch-und	Setan-und	Kenaana-und

לְרָאשֵׁ֖י	יְדִיעֲאֵ֔ל	בְּנֵ֣י	אֵ֚לֶּה
lᵊrɔʾšeʸ	yᵊdiʸʿᵃʾel	bᵊneʸ	ʾellɛʰ
Häupter-(jeweils=)zu	,Jediaël(s)	(Nachkommen=)Söhne-(waren)	(diese=)sie

חֲיָלִ֑ים	גִּבּ֣וֹרֵי	הָאָב֔וֹת
ḥᵃyɔliʸm	gibboʷreʸ	hɔʾɔboʷt
:Streitkräfte-(der)	Krieger	,(Familien=)Väter-(der=)die

צָבָ֖א	יֹצְאֵ֥י	וּמָאתַ֕יִם	אֶ֙לֶף֙	שִׁבְעָה־עָשָׂ֤ר
ṣɔbɔʾ	yoṣᵊʾeʸ	uʷmɔʾtayim	ʾɛlɛp	ʿɔśɔr-šibᵊʿɔʰ
Heer	(im)-Ausrückende	zweihundert(e)-und	tausend	-(siebzehn=)zehn-sieben

וְחֻפִּם	12 וְשֻׁפִּם	לַמִּלְחָמָה׃
w^{ə}ḥuppim	w^{ə}šuppim	lammil^{ə}ḥɔmɔ^{h}.
,Chuppiter-und	Schuppiter-(die)-(Ferner=)Und	.Schlacht-zur

חֻשִׁם	עִיר	בְּנֵי
ḥušim	^{c}i^{y}r	b^{ə}ne^{y}
(Huschiter=)Chuschiter-(Die)	.Ir(s)	(Nachkommen=)Söhne

נַפְתָּלִי	13 בְּנֵי	אַחֵר׃	בְּנֵי
nap^{ə}tɔli^{y}	b^{ə}ne^{y}	^{ɔ}aḥer.	b^{ə}ne^{y}
:Naphtali	(von)-Söhne-(Die)	.Acher(s)	(Nachkommen=)Söhne-(waren)

בִלְהָה׃	בְּנֵי	וְשַׁלּוּם	וְיֵצֶר	וְגוּנִי	יַחֲצִיאֵל
bil^{ə}hɔ^{h}.	b^{ə}ne^{y}	w^{ə}šallu^{w}m	w^{ə}yeṣɛr	w^{ə}gu^{w}ni^{y}	yaḥ^{a}ṣi^{y}^{ɔ}el
.Bilha(s)	Söhne —	Schallum-und	Jezer-und	Guni-und	Jachziël

אַשְׂרִיאֵל	מְנַשֶּׁה	14 בְּנֵי
^{ɔ}aś^{ə}ri^{y}^{ɔ}el	m^{ə}naššɛ^{h}	b^{ə}ne^{y}
,Asriël-(war)	(Manasses=)Menaschsche(s)	(Nachkomme=)Söhne

יָלְדָה	הָאֲרַמִּיָּה	פִּילַגְשׁוֹ	יָלָדָה	אֲשֶׁר
yɔl^{ə}dɔ^{h}	hɔ^{ɔa}rammi^{y}yɔ^{h}	pi^{y}lag^{ə}šo^{w}	yɔlɔdɔ^{h}	^{ɔa}šɛr
gebar-Sie	.aramäische-die	,Nebenfrau-seine	gebar-(sie)	(den=)welch(en)

לָקַח	15 וּמָכִיר	גִלְעָד׃	אֲבִי	אֶת־מָכִיר
lɔqaḥ	u^{w}mɔki^{y}r	gil$^{ə c}$ɔd.	^{ɔa}bi^{y}	mɔki^{y}r-^{ɔ}ɛt
nahm-(er)	Machir-Und	.Gilead	(von)-(Gründer=)Vater-(den)	,Machir***

וְשֵׁם	וּלְשֻׁפִּים	לְחֻפִּים	אִשָּׁה
w^{ə}šem	u^{w}l^{ə}šuppi^{y}m	l^{ə}ḥuppi^{y}m	^{ɔ}iššɔ^{h}
Name-(der)-und	,Schuppiter-(der=)zu-und	Chuppiter-(der=)zu	Frau-(eine)

וְשֵׁם	מַעֲכָה	אֲחֹתוֹ
w^{ə}šem	ma^{ca}kɔ^{h}	^{ɔa}ḥoto^{w}
,Name-(der)-und	,Maacha-(war)	(Stammes)schwester-seine(r)

וַתִּהְיֶנָה	צְלָפְחָד	הַשֵּׁנִי
wattih^{ə}yɛnɔ^{h}	ṣ^{ə}lop^{ə}ḥɔd	haššeni^{y}
(da)-waren-(es=)sie-Und	.(Zelofchad=)Zelophchad-(war)	Zweite(n)-(des=)der

אֵשֶׁת־	מַעֲכָה	16 וַתֵּלֶד	בָּנוֹת׃	לִצְלָפְחָד
-^{ɔ}ešɛt	ma^{ca}kɔ^{h}	wattelɛd	bɔno^{w}t.	liṣ^{ə}lop^{ə}ḥɔd
Frau-(eine)	,Maacha	gebar-(es=)sie-Und	.Töchter	Zelofchad-(von=)zu

פֶּרֶשׁ	שְׁמוֹ	וַתִּקְרָא	בֵּן	מָכִיר
pɛrɛš	šəmow	wattiqərɔʾ	ben	mɔkiyr
,Peresch	Name(n)-sein(en)	(nannte=)rief-sie-und	,Sohn-(einen)	,Machir(s)

וּבָנָיו	שָׁרֶשׁ	אָחִיו	וְשֵׁם
uwbɔnɔyw	šɔrɛš	ʾɔḥiyw	wəšem
(waren)-Söhne-seine-Und	.Scheresch-(war)	Bruder(s)-sein(es)	Name-(der)-und

בְּדָן	אוּלָם	17 וּבְנֵי	וָרָקֶם׃	אוּלָם
bədɔn	ʾuwlɔm	uwbəney	wɔrɔqɛm.	ʾuwlɔm
.Bedan	(war)-Ulam(s)	(Nachkomme=)Söhne-Und	.Rekem-und	Ulam

בֶּן־מָכִיר	גִּלְעָד	בְּנֵי	אֵלֶּה
mɔkiyr-bɛn	gilʿɔd	bəney	ʾellɛh
,Machir(s)-Sohn	Gilead	(von)-Söhne-(die)	(waren)-Diese

18 וַאֲחֹתוֹ	בֶּן־מְנַשֶּׁה׃
waʾaḥotow	mənaššɛh-bɛn.
,Schwester-seine-Und	.(Manasses=)Menaschsche(s)-Sohn(es)-(des)

וְאֶת־מַחְלָה׃	וְאֶת־אֲבִיעֶזֶר	אֶת־אִישְׁהוֹד	יָלְדָה	הַמֹּלֶכֶת
maḥəlɔh-wəʾɛt.	ʾabiyʿɛzɛr-wəʾɛt	ʾiyšəhowd-ʾɛt	yɔlədɔh	hammolɛkɛt
.Machla-***und	Abiëser-***und	Ischhod***	gebar-sie	,Molechet-die

וָשֶׁכֶם	אַחְיָן	שְׁמִידָע	בְּנֵי	19 וַיִּהְיוּ
wɔšɛkɛm	ʾaḥəyɔn	šəmiydɔʿ	bəney	wayyihəyuw
Schechem-und	Achjan	:Schemida	(von)-Söhne-(die)	waren-(es=)sie-Und

אֶפְרַיִם	20 וּבְנֵי	וַאֲנִיעָם׃	וְלִקְחִי
ʾɛpərayim	uwbəney	waʾaniyʿɔm.	wəliqəḥiy
(Efraims=)Ephraim(s)	(Nachkomme=)Söhne-Und	.Aniam-und	Likchi-und

וְתַחַת	בְּנוֹ	וּבֶרֶד	שׁוּתֶלַח
wətaḥat	bənow	uwbɛrɛd	šuwtɔlaḥ
Tachat-und	,Sohn-sein-(war)	Bered-und	Schutelach-(war)

וְתַחַת	בְּנוֹ	וְאֶלְעָדָה	בְּנוֹ
wətaḥat	bənow	wəʾɛləʿɔdɔh	bənow
Tachat-und	,Sohn-(dessen=)sein	Elada-und	,Sohn-(dessen=)sein

וְשׁוּתֶלַח	בְּנוֹ	21 וְזָבָד	בְּנוֹ׃
wəšuwtɛlaḥ	bənow	wəzɔbɔd	bənow.
Schutelach-und	,Sohn-(dessen=)sein	Sabad-und	,Sohn-(dessen=)sein

וְאֶלְעָד	וְעֵזֶר	בְּנוֹ
w^{ə}ʾɛl^{ə}ʿɔd	w^{ə}ʿezɛr	b^{ə}no^{w}
Elead-und	Eser-(Dann=)Und	.Sohn-(dessen=)sein

הַנּוֹלָדִים	גַּת	אַנְשֵׁי־	וַהֲרָגוּם
hanno^{w}lɔdi^{y}m	gat	-ʾan^{ə}še^{y}	wah^{a}rɔgu^{w}m
(Ein)geborenen-die	,Gat	(von)-Männer	sie-töteten-(es=)sie-(doch=)und —

אֶת־מִקְנֵיהֶם׃	לָקַחַת	יָרְדוּ	כִּי	בָּאָרֶץ
miq^{ə}ne^{y}hɛm-ʾɛt.	lɔqaḥat	yɔr^{ə}du^{w}	ki^{y}	bɔʾɔrɛṣ
.Herden-ihre***	(weg)-nehmen-zu-(um)	hinabgingen-sie	weil	,Lande-(im=)in

רַבִּים	יָמִים	אֲבִיהֶם	אֶפְרַיִם	22 וַיִּתְאַבֵּל
rabbi^{y}m	yɔmi^{y}m	ʾ^{a}bi^{y}hɛm	ʾɛp^{ə}rayim	wayyit^{ə}ʾabbel
,viele	Tage	,Vater-ihr	,(Efraim=)Ephraim	trauerte-(es=)er-Und

לְנַחֲמוֹ׃	אֶחָיו	וַיָּבֹאוּ
l^{ə}naḥ^{a}mo^{w}.	ʾɛḥɔ^{y}w	wayyɔboʾu^{w}
.ihn-trösten-zu-(um)	Brüder-seine	kamen-(es=)sie-und

וַתַּהַר	אִשְׁתּוֹ	אֶל־	23 וַיָּבֹא
wattahar	ʾiš^{ə}to^{w}	-ʾɛl	wayyɔboʾ
empfing-sie-und	,Frau-seine(r)	zu	(ein-ging=)kam-er-(Dann=)Und

וַיִּקְרָא	בֵּן	וַתֵּלֶד
wayyiq^{ə}rɔʾ	ben	watteled
(nannte=)rief-er-und	,Sohn-(einen)	gebar-(sie)-und

בְּרָעָה	כִּי	בְּרִיעָה	אֶת־שְׁמוֹ
b^{ə}rɔʿɔ^{h}	ki^{y}	b^{ə}ri^{y}ʿɔ^{h}	š^{ə}mo^{w}-ʾɛt
Unglück-(das=in)	(da=)denn	,Beria	Name(n)-(dessen=)sein(en)***

24 וּבִתּוֹ	בְּבֵיתוֹ׃	הָיְתָה
u^{w}bitto^{w}	b^{ə}be^{y}to^{w}.	hɔy^{ə}tɔ^{h}
Tochter-seine-Und	.Haus-sein-(über=)in	(gekommen)-war-(es=sie)

הַתַּחְתּוֹן	אֶת־בֵּית־חוֹרוֹן	וַתִּבֶן	שֶׁאֱרָה
hattaḥ^{ə}to^{w}n	ḥo^{w}ro^{w}n-be^{y}t-ʾɛt	wattibɛn	šɛ^{ʾɛ}rɔ^{h}
untere-das	,(Horon=)Choron-Beth***	(er)baute-(die=)sie-(und)	;Scheera-(war)

25 וְרֶפַח	שֶׁאֱרָה׃	אֻזֵּן	וְאֵת	וְאֶת־הָעֶלְיוֹן
w^{ə}rɛpaḥ	šɛ^{ʾɛ}rɔ^{h}.	ʾuzzen	w^{ə}ʾet	hɔʿɛl^{ə}yo^{w}n-w^{ə}ʾɛt
Rephach-(Ferner=)Und	.Scheera	-Ussen	***und	,obere-das-***und

בְּנוֹ	וְתֶלַח	וְרֶשֶׁף	בְּנוֹ
bənow	wətɛlaḥ	wərɛšɛp	bənow
,Sohn-(dessen=)sein-(war)	Telach-und	;Rescheph-(dann=)und	,Sohn-sein-(war)

עַמִּיהוּד	בְּנוֹ	26 לַעְדָּן	בְּנוֹ׃	וְתַחַן
ʿammiyhuwd	bənow	laʿədɔn	bənow.	wətaḥan
Ammihud	,Sohn-(dessen=)sein	Ladan	,Sohn-(dessen=)sein	Tachan-und

27 נוֹן	בְּנוֹ׃	אֱלִישָׁמָע	בְּנוֹ
nown	bənow.	ʾɛliyšɔmɔʿ	bənow
Non	,Sohn-(dessen=)sein	Elischama	,Sohn-(dessen=)sein

28 וַאֲחֻזָּתָם	בְּנוֹ׃	יְהוֹשֻׁעַ	בְּנוֹ
waʾaḥuzzɔtɔm	bənow.	yəhowšuaʿ	bənow
Besitz-ihr-Und	.Sohn-(dessen=)sein	J(eh)oschua	,Sohn-(dessen=)sein

וּבְנֹתֶיהָ	בֵּית־אֵל	וּמֹשְׁבוֹתָם
uwbənotɛyhɔ	ʾel-beyt	uwmošəbowtɔm
,Töchter(städte)-(dessen=)ihre-und	El-Beth-(waren)	Wohnplätze-ihre-und

וְלַמַּעֲרָב	נַעֲרָן	וְלַמִּזְרָח
wəlammaʿarɔb	naʿarɔn	wəlammizərɔḥ
Westen-(nach=)zu-und	,Naaran	(Osten=)Aufgang-(gegen=)zu-(zwar)-und

וּשְׁכֶם	וּבְנֹתֶיהָ	גֶּזֶר
uwšəkɛm	uwbənotɛyhɔ	gɛzɛr
(Sichem=)Schechem-und	,Töchter(städte)-(deren=)ihre-und	Geser

עַיָּה	עַד־	וּבְנֹתֶיהָ
ʿayyɔh	-ʿad	uwbənotɛyhɔ
Aja	(nach)-bis	Töchter(städte)-(dessen=)ihre-und

29 וְעַל־יְדֵי	וּבְנֹתֶיהָ׃
yədey-wəʿal	uwbənotɛyhɔ.
Hände(n)-(in=)auf-Und	,Töchter(städte)-(dessen=)ihre-und

בֵּית־שְׁאָן	בְנֵי־מְנַשֶּׁה
šəʾɔn-beyt	mənaššɛh-bəney
Schean-Beth-(war)	(Manasses=)Menaschsche(s)-Söhne-(der)

וּבְנֹתֶיהָ	תַּעְנַךְ	וּבְנֹתֶיהָ
uwbənotɛyhɔ	taʿənak	uwbənotɛyhɔ
,Töchter(städte)-(dessen=)ihre-und	Tanach	,Töchter(städte)-(dessen=)ihre-und

דּוֹר	וּבְנוֹתֶיהָ	מְגִדּוֹ
doʷr	uʷbᵊnoʷtεʸhɔ	mᵊgiddoʷ
Dor	,Töchter(städte)-(dessen=)ihre-und	Megiddo

בְּנֵי	יָשְׁבוּ	בְּאֵלֶּה	וּבְנוֹתֶיהָ
bᵊneʸ	yɔšᵊbuʷ	bᵊʾellεʰ	uʷbᵊnoʷtεʸhɔ
(von)-Söhne-(die)	wohnten-(sie)	diese(n)-In	.Töchter(städte)-(dessen=)ihre-und

וְיִשְׁוָה	יִמְנָה	אָשֵׁר	30 בְּנֵי	בֶּן־יִשְׂרָאֵל׃	יוֹסֵף
wᵊyišᵊwɔʰ	yimᵊnɔʰ	ʾɔšer	bᵊneʸ	yiśᵊrɔʾel-bεn.	yoʷsep
Jischwa-und	Jimna	:Ascher	(von)-Söhne-(Die)	.Israel(s)-Sohn	Joseph

אֲחוֹתָם׃	וְשֶׂרַח	וּבְרִיעָה	וְיִשְׁוִי
ʾᵃḥoʷtɔm.	wᵊśεraḥ	uʷbᵊriʸʿɔʰ	wᵊyišᵊwiʸ
.Schwester-(deren=)ihre-(war)	Serach-Und	.Beria-und	Jischwi-und

הוּא	וּמַלְכִּיאֵל	חֶבֶר	בְּרִיעָה	31 וּבְנֵי
huʷʾ	uʷmalᵊkiʸʾel	ḥεbεr	bᵊriʸʿɔʰ	uʷbᵊneʸ
(ist-das=)er	,Malkiël-und	(Heber=)Cheber	:Beria	(von)-Söhne-(die)-Und

הוֹלִיד	32 וְחֶבֶר	בִּרְזוֹת[בִּרְזָיִת]׃	אֲבִי
hoʷliʸd	wᵊḥεbεr	[birᵊzɔyit]birᵊzoʷt.	ʾᵃbiʸ
zeugte-(er)	(Heber=)Cheber-Und	.[Birsajit]Birzot	(von)-Vater-(der)

שׁוּעָא	וְאֵת	וְאֶת־חוֹתָם	וְאֶת־שׁוֹמֵר	אֶת־יַפְלֵט
šuʷʿɔʾ	wᵊʾet	ḥoʷtɔm-wᵊʾεt	šoʷmer-wᵊʾεt	yapᵊleṭ-ʾεt
,Schua	***und	(Hotam=)Chotam-***und	Schomer-***und	Japhlet***

וּבִמְהָל	פָּסַךְ	יַפְלֵט	33 וּבְנֵי	אֲחוֹתָם׃
uʷbimᵊhɔl	pɔsak	yapᵊleṭ	uʷbᵊneʸ	ʾᵃḥoʷtɔm.
Bimhal-und	Pasach	:Japhlet	(von)-Söhne-(die)-Und	.Schwester-(deren=)ihre

יַפְלֵט׃	בְּנֵי	אֵלֶּה	וְעַשְׁוָת
yapᵊleṭ.	bᵊneʸ	ʾellεʰ	wᵊʿašᵊwɔt
.Japhlet	(von)-Söhne-(die)	(waren-das=)diese	;Aschwat-und

וְרוֹהֲגָה[וְרָהְגָּה]	אֲחִי	שָׁמֶר	34 וּבְנֵי
[wᵊrohᵊgɔʰ]wᵊroʷhᵃgɔʰ	ʾᵃḥiʸ	šɔmεr	uʷbᵊneʸ
[Rohga]Rohaga-und	Achi	:Schemer	(von)-Söhne-(die)-Und

וַאֲרָם׃	יְחֻבָּה[וְחֻבָּה]
waʾᵃrɔm.	[wᵊḥubbɔʰ]yaḥᵊbɔʰ
.Aram-und	[Chubba-und]Jachba

צוֹפַח	אָחִיו	35 וּבֶן־הֵלֶם
ṣoʷpaḥ	ʾɔḥiʸw	helɛm-uʷbɛn
Zophach	:Bruder(s)-sein(es)	,Helem(s)-(Nachkommenschaft-die=)Sohn-(der)-Und

סוּחַ	צוֹפַח	36 בְּנֵי	וְעָמָל׃	וְשֵׁלֶשׁ	וְיִמְנָע
suʷaḥ	ṣoʷpɔḥ	bᵊneʸ	wᵊʿɔmɔl.	wᵊšelɛš	wᵊyimᵊnɔʿ
Suach	:Zophach	(von)-Söhne-(Die)	.Amal-und	Schelesch-und	Jimna-und

וְהוֹד	37 בֶּצֶר	וְיִמְרָה׃	וּבֵרִי	וְשׁוּעָל	וְחַרְנֶפֶר
wɔhoʷd	bɛṣɛr	wᵊyimᵊrɔʰ.	uʷberiʸ	wᵊšuʷʿɔl	wᵊḥarᵊnɛpɛr
Hod-und	Bezer	,Jimra-und	Beri-und	Schual-und	Charnepher-und

38 וּבְנֵי	וּבְאֵרָא׃	וְיִתְרָן	וְשִׁלְשָׁה	וְשַׁמָּא
uʷbᵊneʸ	uʷbᵊʾerɔʾ.	wᵊyitᵊrɔn	wᵊšilᵊšɔʰ	wᵊšammɔʾ
(von)-Söhne-(die)-Und	.Beera-und	Jitran-und	Schilscha-und	Schamma-und

אָרַח	עֻלָּא	39 וּבְנֵי	וַאֲרָא׃	וּפִסְפָּה	יְפֻנֶּה	יֶתֶר
ʾɔraḥ	ʿullɔʾ	uʷbᵊneʸ	waʾᵃrɔʾ.	uʷpisᵊpɔʰ	yᵊpunnɛʰ	yɛtɛr
Arach	:Ulla	(von)-Söhne-(die)-Und	.Ara-und	Pispa-und	,Jefunne	:Jeter

אָשֵׁר	בְנֵי־	אֵלֶּה	40 כָּל־	וְרִצְיָא׃	וְחַנִּיאֵל
ʾɔšer	-bᵊneʸ	ʾellɛʰ	-kol	wᵊriṣᵊyɔʾ.	wᵊḥanniʸʾel
Ascher	(von)-Söhne	diese	All(e)	.Rizja-und	Channiël-und

גִּבּוֹרֵי	בְּרוּרִים	הָאָבוֹת	בֵית־	רָאשֵׁי
gibboʷreʸ	bᵊruʷriʸm	hɔʾɔboʷt	-beʸt	rɔʾšeʸ
Krieger	,Auserlesene	,Väter-(der=)die	Haus-(dem)	(von)-Häupter-(waren)

וְהִתְיַחְשָׂם	הַנְּשִׂיאִים	רָאשֵׁי	חֲיָלִים
wᵊhitᵊyaḥᵊśɔm	hannᵊśiʸʾiʸm	rɔʾšeʸ	ḥᵃyɔliʸm
Eintragung-ihre-Und	.Fürsten-(der=)die	(Ober)häupter	,Streitkräfte-(der)

אֲנָשִׁים	מִסְפָּרָם	בַּמִּלְחָמָה	בַּצָּבָא
ʾᵃnɔšiʸm	misᵊpɔrɔm	bammilᵊḥɔmɔʰ	baṣṣɔbɔʾ
,Mannen	(an)-Zahl-ihre	,Krieg-im	Heer(esdienst)-(den)-(für=)in

אָלֶף׃	וְשִׁשָּׁה	עֶשְׂרִים
ʾɔlɛp.	wᵊšiššɔʰ	ʿɛśᵊriʸm
.tausend	-sechs-und	-zwanzig-(betrug)

8

בְּכֹרוֹ	אֶת־בֶּלַע	הוֹלִיד	1 וּבִנְיָמִן
bᵊkoroʷ	bɛlaʿ-ʾɛt	hoʷliʸd	uʷbinᵊyɔmin
,Erst(geboren)en-sein(en)	,Bela***	zeugte-(er)	Benjamin-Und

2 נוֹחָה	הַשְּׁלִישִׁי׃	וְאַחְרַח	הַשֵּׁנִי	אַשְׁבֵּל
noʷḥɔʰ	haššᵊliʸšiʸ.	wᵊʾaḥᵊraḥ	haššeniʸ	ʾašᵊbel
,Nocha	,Dritte(n)-(den=)der	,Achrach-und	,Zweite(n)-(den=)der	,Aschbel

3 וַיִּהְיוּ	הַחֲמִישִׁי׃	וְרָפָא	הָרְבִיעִי
wayyihᵊyuʷ	haḥᵃmiʸšiʸ.	wᵊrɔpɔʾ	hɔrᵊbiʸᶜiʸ
waren-(das=)sie-Und	.Fünfte(n)-(den=)der	,Rapha-und	,Vierte(n)-(den=)der

וַאֲבִיהוּד׃	וְגֵרָא	אַדָּר	לְבֶלַע	בָנִים
waʾᵃbiʸhuʷd.	wᵊgerɔʾ	ʾaddɔr	lᵊbɔlaᶜ	bɔniʸm
,Abihud-und	Gera-und	Addar	:Bela-(von=)zu	Söhne

וּשְׁפוּפָן	5 וְגֵרָא	וַאֲחוֹחַ׃	וְנַעֲמָן	4 וַאֲבִישׁוּעַ
uʷšᵊpuʷpɔn	wᵊgerɔʾ	waʾᵃḥoʷaḥ.	wᵊnaᶜᵃmɔn	waʾᵃbiʸšuʷaᶜ
Schefufan-und	Gera-und	Achoach-und	Naaman-und	Abischua-(ferner=)und

אֵחוּד	בְּנֵי	6 וְאֵלֶּה	וְחוּרָם׃
ʾeḥuʷd	bᵊneʸ	wᵊʾellɛʰ	wᵊḥuʷrɔm.
,Echud	(von)-Söhne-(die)	(waren)-diese-Und	.(Huram=)Churam-und

אָבוֹת	רָאשֵׁי	הֵם	אֵלֶּה
ʾɔboʷt	rɔʾšeʸ	hem	ʾellɛʰ
(Familien=)Väter(n)-(den)	(von)-Häupter-(die)	,sie	(waren-es=)diese

וַיַּגְלוּם	גֶבַע	לְיוֹשְׁבֵי
wayyagᵊluʷm	gɛbaᶜ	lᵊyoʷšᵊbeʸ
weggeführt-hatte(n)-(man=)sie-(die=)und	,Geba	(von)-Bewohner-(der=)zu

וְגֵרָא	וַאֲחִיָּה	7 וְנַעֲמָן	מָנָחַת׃	אֶל־
wᵊgerɔʾ	waʾᵃḥiʸyɔʰ	wᵊnaᶜᵃmɔn	mɔnɔḥat.	-ʾɛl
Gera-und	Achija-und	Naaman-(Also=)Und	:Manachat	(nach=)zu

אֶת־עֻזָּא	וְהוֹלִיד	הֶגְלָם	הוּא
ᶜuzzɔʾ-ʾɛt	wᵊhoʷliʸd	hɛgᵊlɔm	huʷʾ
Ussa***	zeugte-er-und	,sie-Verbannung-die-in-geführt-(d)er	,(es-war)-er —

מוֹאָב	בִּשְׂדֵה	הוֹלִיד	8 וְשַׁחֲרַיִם	וְאֶת־אֲחִיחֻד׃
moʷʾɔb	biśᵊdeʰ	hoʷliʸd	wᵊšaḥᵃrayim	ʾᵃḥiʸhud-wᵊʾɛt.
Moab(s)	Gefilde-(im=)in	zeugte-(er)	Schacharajim-Und	.Achichud-und

וְאֶת־בַּעֲרָא	חוּשִׁים	אֹתָם	שִׁלְחוֹ	מִן־
baᶜᵃrɔʾ-wᵊʾɛt	ḥuʷšiʸm	ʾotɔm	šilᵊḥoʷ	-min
,Baara-***und	Chuschim	(sie)	Fortschicken-sein(em)	(nach=)von —

חֹדֶשׁ	מִן־	9 וַיּוֹלֶד	נָשָׁיו׃
ḥodɛš	-min	wayyoʷlɛd	nɔšɔʸw.
,(Hodesch=)Chodesch	von	gebären-machte-er-und	— Frauen-seine

וְאֶת־מַלְכָּם׃	וְאֶת־מֵישָׁא	וְאֶת־צִבְיָא	אֶת־יוֹבָב	אִשְׁתּוֹ
malᵊkɔm-wᵊʾɛt.	meʸšɔʾ-wᵊʾɛt	ṣibᵊyɔʾ-wᵊʾɛt	yoʷbɔb-ʾɛt	ʾišᵊtoʷ
Malkam-***und	Mescha-***und	Zibja-***und	Jobab***	:Frau-seine(r)

בָּנָיו	אֵלֶּה	וְאֶת־מִרְמָה	וְאֶת־שָׂכְיָה	10 וְאֶת־יְעוּץ
bɔnɔʸw	ʾelleʰ	mirᵊmɔʰ-wᵊʾɛt	śɔkᵊyɔʰ-wᵊʾɛt	yᵊʿuʷṣ-wᵊʾɛt
,Söhne-seine	,Diese	.Mirma-***und	Sachja-***und	Jeüz-***und

11 וּמֵחֻשִׁים	אָבוֹת׃	רָאשֵׁי
uʷmeḥušiʸm	ʾɔboʷt.	rɔʾšeʸ
Chuschim-von-Und	.(Familien=)Väter-(den)	(von)-Häupter-(waren)

12 וּבְנֵי	וְאֶת־אֶלְפָּעַל׃	אֶת־אֲבִיטוּב	הוֹלִיד
uʷbᵊneʸ	ʾɛlᵊpɔʿal-wᵊʾɛt.	ʾᵃbiʸṭuʷb-ʾɛt	hoʷliʸd
(von)-Söhne-(die)-Und	.Elpaal-***und	Abitub***	gebären-machte-er

בָּנָה	הוּא	וָשָׁמֶד	וּמִשְׁעָם	עֵבֶר	אֶלְפַּעַל
bɔnɔʰ	huʷʾ	wɔšɔmɛd	uʷmišᵊʿɔm	ʿebɛr	ʾɛlᵊpaʿal
(er)baute-(er)	(d)er —	Schemed-und	Mischam-und	Eber	:Elpaal

13 וּבְרִעָה	וּבְנֹתֶיהָ׃	וְאֶת־לֹד	אֶת־אוֹנוֹ
uʷbᵊriʿɔʰ	uʷbᵊnotɛʸhɔ.	lod-wᵊʾɛt	ʾoʷnoʷ-ʾɛt
Beria-Und	.Töchter(städte)-(deren=)ihre-und	Lod-***und	Ono***

הָאָבוֹת	רָאשֵׁי	הֵמָּה	וָשֶׁמַע
hɔʾɔboʷt	rɔʾšeʸ	hemmɔʰ	wɔšɛmaʿ
(Familien=)Väter-(den=)die	(von)-Häupter-(die)	(waren)-sie	,Schema-und

הֵמָּה	אַיָּלוֹן	לְיוֹשְׁבֵי
hemmɔʰ	ʾayyɔloʷn	lᵊyoʷšᵊbeʸ
,(es-waren)-sie	,Ajjalon	(von)-(Bewohner=)Wohnende(n)-(der=)zu

אֶת־יוֹשְׁבֵי	הִבְרִיחוּ
yoʷšᵊbeʸ-ʾɛt	hibᵊriʸḥuʷ
(von)-(Bewohner=)Wohnende(n)-(die)***	(vertrieben=)fliehen-machten-(die=)sie

15 וּזְבַדְיָה	וִירֵמוֹת׃	שָׁשָׁק	14 וְאַחְיוֹ	גַּת׃
uʷzᵊbadᵊyɔʰ	wiʸremoʷt.	šɔšɔq	wᵊʾaḥᵊyoʷ	gat.
Sebadja-und	Jeremot-und	Schaschak	,Achjo-(Hingegen=)Und	.Gat

וַעֲרָד	וָעֶדֶר׃	16 וּמִיכָאֵל	וְיִשְׁפָּה	וְיוֹחָא
wa^{ca}rɔd	wɔ^{c}ɔdɛr.	u^{w}mi^{y}kɔ^{ɔ}el	w^{ə}yiš^{ə}pɔ^{h}	w^{ə}yo^{w}ḥɔ^{ɔ}
Arad-und	Eder-und	Michael-und	Jischpa-und	Jocha-und

בְּנֵי	בְרִיעָה׃	17 וּזְבַדְיָה	וּמְשֻׁלָּם	וְחִזְקִי
b^{ə}ne^{y}	b^{ə}ri^{yc}ɔ^{h}.	u^{w}z^{ə}bad^{ə}yɔ^{h}	u^{w}m^{ə}šullɔm	w^{ə}ḥiz^{ə}qi^{y}
(von)-Söhne-(waren)	.Beria	Sebadja-Und	Meschullam-und	Chiski-und

וָחָבֶר׃	18 וְיִשְׁמְרַי	וְיִזְלִיאָה	וְיוֹבָב
wɔḥɔbɛr.	w^{ə}yiš^{ə}m^{ə}ray	w^{ə}yiz^{ə}li^{yɔ}ɔ^{h}	w^{ə}yo^{w}bɔb
(Heber=)Cheber-und	Jischmerai-und	Jislia-und	Jobab-und

בְּנֵי	אֶלְפָּעַל׃	19 וְיָקִים	וְזִכְרִי	וְזַבְדִּי׃
b^{ə}ne^{y}	^{ɔ}ɛl^{ə}pɔ^{c}al.	w^{ə}yɔqi^{y}m	w^{ə}zik^{ə}ri^{y}	w^{ə}zab^{ə}di^{y}.
(von)-Söhne-(waren)	.Elpaal	Jakim-Und	Sichri-und	Sabdi-und

20 וֶאֱלִיעֵנַי	וְצִלְּתָי	וֶאֱלִיאֵל׃	21 וַעֲדָיָה	וּבְרָאיָה	וְשִׁמְרָת
wɛ^{ɔɛ}li^{yc}enay	w^{ə}ṣill^{ə}tay	wɛ^{ɔɛ}li^{yɔ}el.	wa^{ca}dɔyɔ^{h}	u^{w}b^{ə}rɔ^{ɔ}yɔ^{h}	w^{ə}šim^{ə}rɔt
Eliënai-und	Zilletai-und	Eliël-und	Adaja-und	Beraja-und	Schimrat-und

בְּנֵי	שִׁמְעִי׃	22 וְיִשְׁפָּן	וָעֵבֶר	וֶאֱלִיאֵל׃
b^{ə}ne^{y}	šim^{əc}i^{y}.	w^{ə}yiš^{ə}pɔn	wɔ^{c}ebɛr	wɛ^{ɔɛ}li^{yɔ}el.
(von)-Söhne-(waren)	.Schimei	Jischpan-Und	Eber-und	Eliël-und

23 וְעַבְדּוֹן	וְזִכְרִי	וְחָנָן׃	24 וַחֲנַנְיָה
w^{əc}ab^{ə}do^{w}n	w^{ə}zik^{ə}ri^{y}	w^{ə}ḥɔnɔn.	waḥ^{a}nan^{ə}yɔ^{h}
Abdon-und	Sichri-und	(Hanan=)Chanan-und	(Hananja=)Chananja-und

וְעֵילָם	וְעַנְתֹתִיָּה׃	25 וְיִפְדְיָה	וּפְנִיאֵל[וּפְנוּאֵל]
w^{əc}e^{y}lɔm	w^{əc}an^{ə}toti^{y}yɔ^{h}.	w^{ə}yip^{ə}d^{ə}yɔ^{h}	[u^{w}p^{ə}nu^{wɔ}el]u^{w}p^{ə}ni^{yɔ}el
Elam-und	Antotija-und	Jifdeja-und	[Penuël-und]Peniël-und

בְּנֵי	שָׁשָׁק׃	26 וְשַׁמְשְׁרַי	וּשְׁחַרְיָה
b^{ə}ne^{y}	šɔšɔq.	w^{ə}šam^{ə}š^{ə}ray	u^{w}š^{ə}ḥar^{ə}yɔ^{h}
(von)-Söhne-(waren)	.Schaschak	Schamscherai-Und	Schecharja-und

וַעֲתַלְיָה׃	27 וְיַעֲרֶשְׁיָה	וְאֵלִיָּה	וְזִכְרִי	בְּנֵי
wa^{ca}tal^{ə}yɔ^{h}.	w^{ə}ya^{ca}rɛš^{ə}yɔ^{h}	w^{əɔ}eli^{y}yɔ^{h}	w^{ə}zik^{ə}ri^{y}	b^{ə}ne^{y}
Atalja-und	Jaareschja-und	Elija-und	Sichri-und	(von)-Söhne-(waren)

יְרֹחָם׃	28 אֵלֶּה	רָאשֵׁי	אָבוֹת
y^{ə}roḥɔm.	^{ɔ}ellɛ^{h}	rɔ^{ɔ}še^{y}	^{ɔ}ɔbo^{w}t
.Jerocham	(waren)-Diese	(von)-(Ober)häupter	(Familien=)Väter-(den)

לְתֹלְדוֹתָם	lᵊtolᵊdoʷtɔm	;(Geschlechtern=)Zeugungen-ihren-(nach=)zu
רָאשִׁים	rɔʾšiʸm	,(Ober)häupter-(die)
אֵלֶּה	ʾelleʰ	,diese
יָשְׁבוּ	yɔšᵊbuʷ	wohnten-(sie)
בִּירוּשָׁלִָם׃	biʸruʷšɔlɔim.	.Jerusalem-in
29 וּבְגִבְעוֹן	uʷbᵊgibᵊʿoʷn	Gibeon-in-Und
יָשְׁבוּ	yɔšᵊbuʷ	:wohnten-(sie)
אֲבִי	ʾᵃbiʸ	(von)-(Gründer=)Vater-(Der)
גִבְעוֹן	gibᵊʿoʷn	Gibeon
וְשֵׁם	wᵊšem	Name-(der)-und —
אִשְׁתּוֹ	ʾišᵊtoʷ	Frau-seine(r)
מַעֲכָה׃	maʿᵃkɔʰ.	— Maacha-(war)
30 וּבְנוֹ	uʷbᵊnoʷ	,Sohn-sein-und
הַבְּכוֹר	habbᵊkoʷr	,erst(geboren)e-der
עַבְדּוֹן	ʿabᵊdoʷn	,Abdon-(war)
וְצוּר	wᵊṣuʷr	Zur-(kamen-dann=)und
וְקִישׁ	wᵊqiʸš	Kisch-und
וּבַעַל	uʷbaʿal	Baal-und
וְנָדָב׃	wᵊnɔdɔb.	Nadab-und
31 וּגְדוֹר	uʷgᵊdoʷr	Gedor-und
וְאַחְיוֹ	wᵊʾaḥᵊyoʷ	Achjo-und
וָזָכֶר׃	wɔzɔkɛr.	.Secher-und
32 וּמִקְלוֹת	uʷmiqᵊloʷt	Miklot-Und
הוֹלִיד	hoʷliʸd	zeugte-(er)
אֶת־שִׁמְאָה	šimᵊʾɔʰ-ʾɛt	.Schima***
וְאַף־	-wᵊʾap	auch-Und
הֵמָּה	hemmɔʰ	,sie
נֶגֶד	nɛgɛd	(angesichts=)gegenüber
אֲחֵיהֶם	ʾᵃḥeʸhɛm	,Brüder-ihre(r)
יָשְׁבוּ	yɔšᵊbuʷ	wohnten-sie
בִּירוּשָׁלִַם	biʸruʷšɔlaim	Jerusalem-in
עִם־	-ʿim	(bei=)mit
אֲחֵיהֶם׃	ʾᵃḥeʸhɛm.	.Brüder(n)-ihre(n)
33 וְנֵר	wᵊner	Ner-Und
הוֹלִיד	hoʷliʸd	zeugte-(er)
אֶת־קִישׁ	qiʸš-ʾɛt	,Kisch***
וְקִישׁ	wᵊqiʸš	Kisch-und
הוֹלִיד	hoʷliʸd	zeugte-(er)
אֶת־שָׁאוּל	šɔʾuʷl-ʾɛt	,(Saul=)Schaul***
וְשָׁאוּל	wᵊšɔʾuʷl	(Saul=)Schaul-und
הוֹלִיד	hoʷliʸd	zeugte-(er)
אֶת־יְהוֹנָתָן	yᵊhoʷnɔtɔn-ʾɛt	J(eh)onatan***
וְאֶת־מַלְכִּי־שׁוּעַ	šuʷaʿ-malᵊkiʸ-wᵊʾɛt	Schua-Malki-***und
וְאֶת־אֲבִינָדָב	ʾᵃbiʸnɔdɔb-wᵊʾɛt	Abinadab-***und
וְאֶת־אֶשְׁבָּעַל׃	ʾɛšᵊbɔʿal-wᵊʾɛt.	.Eschbaal-***und
34 וּבֶן־	-uʷbɛn	(von)-Sohn-(der)-Und
יְהוֹנָתָן	yᵊhoʷnɔtɔn	J(eh)onatan
מְרִיב	mᵊriʸb	-Merib-(war)
בָּעַל	bɔʿal	.Baal
וּמְרִיב	uʷmᵊriʸb	-Merib-Und
בַּעַל	baʿal	Baal

פִּיתוֹן	מִיכָה	35 וּבְנֵי	אֶת־מִיכָה׃	הוֹלִיד
piytown	miykoh	uwbəney	miykoh-ʾɛt.	howliyd
Piton-(waren)	Micha	(von)-Söhne-(die)-Und	.Micha***	zeugte-(er)

אֶת־יְהוֹעַדָּה	הוֹלִיד	36 וְאָחָז	וְאָחָז׃	וְתַאְרֵעַ	וָמֶלֶךְ
yəhowʿaddoh-ʾɛt	howliyd	wəʾɔḥɔz	wəʾɔḥɔz.	wətaʾareaʿ	wɔmɛlɛk
.J(eh)oadda***	zeugte-(er)	Achas-Und	.Achas-und	Tarea-und	Melech-und

וְאֶת־זִמְרִי	וְאֶת־עַזְמָוֶת	אֶת־עָלֶמֶת	הוֹלִיד	וִיהוֹעַדָּה
zimərio-wəʾɛt	ʿazəmɔwɛt-wəʾɛt	ʿɔlɛmɛt-ʾɛt	howliyd	wiyhowʿaddoh
.Simri-***und	Asmawet-***und	Alemet***	zeugte-(er)	J(eh)oadda-Und

אֶת־בִּנְעָא	הוֹלִיד	37 וּמוֹצָא	אֶת־מוֹצָא׃	הוֹלִיד	וְזִמְרִי
binaʿɔʾ-ʾɛt	howliyd	uwmowṣɔʾ	mowṣɔʾ-ʾɛt.	howliyd	wəzimriy
;Bina***	zeugte-(er)	Moza-Und	.Moza***	zeugte-(er)	Simri-Und

אָצֵל	בְּנוֹ	אֶלְעָשָׂה	בְּנוֹ	רָפָה
ʾɔṣel	bənow	ʾɛlaʿɔśɔh	bənow	rɔpɔh
Azel	,Sohn-(dessen=)sein	Elasa	,Sohn-sein-(war)	(Rafa=)Rapha

בָּנִים	שִׁשָּׁה	38 וּלְאָצֵל	בְּנוֹ׃
bɔniym	šiššɔh	uwləʾɔṣel	bənow.
,Söhne	sechs	Azel-(hatte-es=)zu-Und	.Sohn-(dessen=)sein

בֹּכְרוּ	עַזְרִיקָם	שְׁמוֹתָם	וְאֵלֶּה
bokəruw	ʿazəriyqɔm	šəmowtɔm	wəʾellɛh
Bochru	,Asrikam	:Namen-ihre	(sind)-(das=)diese-und

וְחָנָן	וְעֹבַדְיָה	וּשְׁעַרְיָה	וְיִשְׁמָעֵאל
wəḥɔnɔn	wəʿobadəyɔh	uwšəʿarəyɔh	wəyišəmɔʿeʾl
.(Hanan=)Chanan-und	Obadja-und	Schearja-und	(Ismael=)Jischmael-und

39 וּבְנֵי	אָצַל׃	בְּנֵי	אֵלֶּה	כָּל־
uwbəney	ʾɔṣal.	bəney	ʾellɛh	-kol
(von)-Söhne-(die)-Und	.Azel	(von)-Söhne-(waren)	(waren)-diese	All(e)

יְעוּשׁ	בְּכֹרוֹ	אוּלָם	אָחִיו	עֵשֶׁק
yəʿuwš	bəkorow	ʾuwlɔm	ʾɔḥiyw	ʿešɛq
,Jeüsch	,Erst(geboren)er-sein	,Ulam-(waren)	,Bruder-sein(em)	,Eschek

בְנֵי־	40 וַיִּהְיוּ	הַשְּׁלִשִׁי׃	וֶאֱלִיפֶלֶט	הַשֵּׁנִי
-bəney	wayyihəyuw	haššəlišiy.	wɛʾeliypɛlɛṭ	haššeniy
Söhne-(die)	waren-(es=)sie-Und	.Dritte-der	,Eliphelet-und	,Zweite-der

גִּבֹּרֵי־חַיִל	אֲנָשִׁים	אוּלָם
ḥayil-gibbore^{y}	^{ʾa}nɔši^{y}m	ʾu^{w}lɔm
,kriegstüchtige	Mannen	Ulam(s)

קֶשֶׁת	דֹּרְכֵי
qɛšɛt	dor^{ə}ke^{y}
,(Bogenschützen=)Bogen-(den)-(spannende=)tretende	

בָּנִים	וּמַרְבִּים
bɔni^{y}m	u^{w}mar^{ə}bi^{y}m
(Nachkommen=)Söhne	(viele-hatten=)viele-machend(e)-und

כָּל־	וַחֲמִשִּׁים	מֵאָה	בָנִים	וּבְנֵי
-kol	wah^{a}mišši^{y}m	me^{ʾ}ɔ^{h}	bɔni^{y}m	u^{w}b^{ə}ne^{y}
all(e)	;fünfzig-und	hundert	:(Enkel=)Söhne(n)-(von)-Söhne-und	

בִנְיָמִן׃	מִבְּנֵי	אֵלֶּה
bin^{ə}yɔmin.	mibb^{ə}ne^{y}	ʾellɛ^{h}
.Benjamin(s)	Söhnen-(den)-von	(waren)-diese

9

הִתְיַחְשׂוּ	יִשְׂרָאֵל	1 וְכָל־
hit^{ə}yaḥ^{ə}śu^{w}	yiś^{ə}rɔʾel	-w^{ə}kol
.ein-sich-trug(en)-(sie)	Israel	(ganz=)all-Und

מַלְכֵי	סֵפֶר	עַל־	כְּתוּבִים	וְהִנָּם
mal^{ə}ke^{y}	sepɛr	-ʿal	k^{ə}tu^{w}bi^{y}m	w^{ə}hinnɔm
(von)-Könige-(der)	Buch	(im=)auf	(Ein)geschriebene	(sind)-sie-,siehe-Und

לְבָבֶל	הָגְלוּ	וִיהוּדָה	יִשְׂרָאֵל
l^{ə}bɔbɛl	hog^{ə}lu^{w}	wi^{y}hu^{w}dɔ^{h}	yiś^{ə}rɔʾel
Babel-(nach=)zu	weggeführt-wurde(n-sie)	Juda-(Dagegen=)Und	.Israel

הָרִאשֹׁנִים	2 וְהַיּוֹשְׁבִים	בְּמַעֲלָם׃
hɔriʾšoni^{y}m	w^{ə}hayyo^{w}š^{ə}bi^{y}m	b^{ə}ma^{ʿa}lɔm.
,(früheren=)ersten-die	,(Ansiedler=)Wohnenden-die-Und	.Untreue-ihre(r)-(ob=)in

בְּעָרֵיהֶם	בַּאֲחֻזָּתָם	אֲשֶׁר
b^{əʿ}ɔre^{y}hɛm	ba^{ʾa}ḥuzzɔtɔm	^{ʾa}šɛr
,(lebten)-Städte(n)-ihre(n)-in	Besitztum-ihr(em)-(auf=)in	welch(e)

הַלְוִיִּם	הַכֹּהֲנִים	יִשְׂרָאֵל
hal^{ə}wi^{y}yim	hakkoh^{a}ni^{y}m	yiś^{ə}rɔʾel
Leviten-die	,Priester-die	,(Israeliten-waren=)Israel

יָשְׁבוּ	3 וּבִירוּשָׁלַםִ	וְהַנְּתִינִים׃
yɔšᵊbuʷ	uʷbiʸruʷšɔlaim	wᵊhannᵊtiʸniʸm.
wohnten-(sie)	Jerusalem-in-Und	.Geschenkte(n)-(Heiligtum-dem)die-und

בִּנְיָמִן	בְּנֵי	וּמִן־	יְהוּדָה	בְּנֵי	מִן־
binᵊyɔmin	bᵊneʸ	-uʷmin	yᵊhuʷdɔʰ	bᵊneʸ	-min
Benjamin(s)	Söhne(n)-(den)	von-und	Juda(s)	Söhne(n)-(den)	von

4 עוּתַי	וּמְנַשֶּׁה׃	אֶפְרַיִם	בְּנֵי	וּמִן־
ʿuʷtay	uʷmᵊnaššɛʰ.	ʾɛpᵊrayim	bᵊneʸ	-uʷmin
Utai	:(Manasses=)Menaschsche(s)-und	Ephraim(s)	Söhne(n)-(den)	von-und

בֶּן־אִמְרִי	בֶּן־עָמְרִי	בֶּן־עַמִּיהוּד
ʾimᵊriʸ-bɛn	ʿɔomᵊriʸ-bɛn	ʿammiʸhuʷd-bɛn
,Imri(s)-Sohn	Omri(s)-Sohn(es)-(des)	,Ammihud(s)-Sohn

בֶּן־יְהוּדָה׃	בְּנֵי־פֶרֶץ	מִן־	בֶּן־בָּנִימִן[בָּנִי]
yᵊhuʷdɔʰ-bɛn.	pɛrɛṣ-bᵊneʸ	-min	[bɔniʸ]bɔniʸmin-bɛn
.J(eh)uda(s)-Sohn	Perez-(des)-Söhne(n)-(den)	von	Bani(s)-Sohn(es)-(des)

הַבְּכוֹר	עֲשָׂיָה	הַשִּׁילוֹנִי	5 וּמִן־
habbᵊkoʷr	ʿᵃśɔyɔʰ	haššiʸloʷniʸ	-uʷmin
,Erst(geboren)e-der	,Asaja	:Schilonite(n)-(den=dem=)der	von-Und

יְעוּאֵל	זֶרַח	בְּנֵי־	6 וּמִן־	וּבָנָיו׃
yᵊʿuʷʾel	zɛraḥ	-bᵊneʸ	-uʷmin	uʷbɔnɔʸw.
;Jeguël	:Serach(s)	Söhne(n)-(den)	von-Und	.Söhne-seine-und

וְתִשְׁעִים׃	מֵאוֹת	שֵׁשׁ־	וַאֲחֵיהֶם
wᵊtišᵊʿiʸm.	meʾoʷt	-šeš	waʾᵃḥeʸhɛm
.neunzig-und	hundert(e)	-sechs-(waren)	(Stammes)brüder-(deren=)ihre(r)-und

בֶּן־מְשֻׁלָּם	סַלּוּא	בִּנְיָמִן	בְּנֵי	7 וּמִן־
mᵊšullɔm-bɛn	salluʷʾ	binᵊyɔmin	bᵊneʸ	-uʷmin
,Meschullam(s)-Sohn	Sallu	:Benjamin(s)	Söhne(n)-(den)	von-Und

8 וְיִבְנְיָה	בֶּן־הַסְּנֻאָה׃	בֶּן־הוֹדַוְיָה
wᵊyibᵊnᵊyɔʰ	hassᵊnuʾɔʰ-bɛn.	hoʷdawᵊyɔʰ-bɛn
Jibneja-(Ferner=)Und	.Senua-(des=)der-Sohn	Hodawja(s)-Sohn(es)-(des)

בֶּן־מִכְרִי	בֶּן־עֻזִּי	וְאֵלָה	בֶּן־יְרֹחָם
mikᵊriʸ-bɛn	ʿuzziʸ-bɛn	wᵊʾelɔʰ	yᵊroḥɔm-bɛn
,Michri(s)-Sohn(es)-(des)	,Ussi(s)-Sohn	Ela-und	Jerocham(s)-Sohn

וּמְשֻׁלָּם	בֶּן־שְׁפַטְיָה	בֶּן־רְעוּאֵל	בֶּן־יִבְנִיָּה׃
uʷmᵊšullɔm	šᵊpaṭᵊyɔʰ-bɛn	rᵊᶜuʷᵓel-bɛn	yibᵊniʸyɔʰ-bɛn.
Meschullam-und	Schephatja(s)-Sohn	Reguël(s)-Sohn(es)-(des)	,Jibnija(s)-Sohn

9 וַאֲחֵיהֶם	לְתֹלְדוֹתָם
waᵓaḥeʸhɛm	lᵊtolᵊdoʷtɔm
Brüder-(deren=)ihre-und	(Geschlechtern=)Zeugungen-ihren-(nach=)zu

תְּשַׁע	מֵאוֹת	וַחֲמִשִּׁים	וְשִׁשָּׁה	כָּל־	אֵלֶּה	אֲנָשִׁים
tᵊšaᶜ	meᵓoʷt	waḥᵃmiššiʸm	wᵊšiššɔʰ	-kol	ᵓellɛʰ	ᵓᵃnɔšiʸm
-neun-(waren)	hundert(e)	-fünfzig-und	.sechs-und	All(e)	diese	Männer

רָאשֵׁי	אָבוֹת	לְבֵית
rɔᵓšeʸ	ᵓɔboʷt	lᵊbeʸt
(von)-Häupter-(waren)	(Familien=)Väter(n)-(den)	Haus(es)-(des=)zu

אֲבֹתֵיהֶם׃	10 וּמִן־	הַכֹּהֲנִים	יְדַעְיָה
ᵓᵃboteʸhɛm.	-uʷmin	hakkohᵃniʸm	yᵊdaᶜᵊyɔʰ
.(Vorfahren=)Väter-ihre(r)	von-Und	:Priester(n)-(den=)die	Jedaja

וִיהוֹיָרִיב	וְיָכִין׃	11 וַעֲזַרְיָה	בֶּן־חִלְקִיָּה
wiʸhoʷyɔriʸb	wᵊyɔkiʸn.	waᶜᵃzarᵊyɔʰ	ḥilᵊqiʸyɔʰ-bɛn
Jehojarib-und	.Jachin-und	Asarja-(Ferner=)Und	,(Hilkijas=)Chilkija(s)-Sohn

בֶּן־מְשֻׁלָּם	בֶּן־צָדוֹק	בֶּן־מְרָיוֹת
mᵊšullɔm-bɛn	ṣɔdoʷq-bɛn	mᵊrɔyoʷt-bɛn
Meschullam(s)-Sohn(es)-(des)	,Zadok(s)-Sohn	Merajot(s)-Sohn(es=)(des)

בֶּן־אֲחִיטוּב	נְגִיד	בֵּית	הָאֱלֹהִים׃
ᵓᵃḥiʸṭuʷb-bɛn	nᵊgiʸd	beʸt	hɔᵓᵉlohiʸm.
,Achitub(s)-Sohn	Vorsteher	Haus(es)-(des)	.(Gottes=)Götter-(der=)die

12 וַעֲדָיָה	בֶּן־יְרֹחָם	בֶּן־פַּשְׁחוּר
waᶜᵃdɔyɔʰ	yᵊroḥɔm-bɛn	pašᵊḥuʷr-bɛn
Adaja-(Ebenso=)Und	,Jerocham(s)-Sohn	Paschchur(s)-Sohn(es)-(des)

בֶּן־מַלְכִּיָּה	וּמַעְשַׂי	בֶּן־עֲדִיאֵל	בֶּן־יַחְזֵרָה
malᵊkiʸyɔʰ-bɛn	uʷmaᶜᵊśay	ᶜᵃdiʸᵓel-bɛn	yaḥᵊzerɔʰ-bɛn
,Malkija(s)-Sohn	Masai-und	,Adiël(s)-Sohn	Jachsera(s)-Sohn(es)-(des)

בֶּן־מְשֻׁלָּם	בֶּן־מְשִׁלֵּמִית	בֶּן־אִמֵּר׃
mᵊšullɔm-bɛn	mᵊšillemiʸt-bɛn	ᵓimmer-bɛn.
,Meschullam(s)-Sohn	Meschullemit(s)-Sohn(es)-(des)	,Immer(s)-Sohn

13 וַאֲחֵיהֶם
waʾᵃḥeʸhεm
,Brüder-(deren=)ihre-und

רָאשִׁים
rɔʾšiʸm
(Ober)häupter

לְבֵית
lᵊbeʸt
Haus(es)-(des=)zu

אֲבוֹתָם
ʾᵃboʷtɔm
:(Familien=)Väter-ihre(r)

אֶלֶף
ʾεlεp
tausend

וּשְׁבַע
uʷšᵊbaʿ
-sieben-und

מֵאוֹת
meʾoʷt
hundert(e)

וְשִׁשִּׁים
wᵊšiššiʸm
sechzig-und

גִּבּוֹרֵי חֵיל
ḥeʸl gibboʷreʸ
(in)-(Männer-tüchtige=)Kraft-(der)-Krieger

מְלֶאכֶת
mᵊlεʾkεt
(Verrichtung=)Arbeit-(der)

עֲבוֹדַת
ʿᵃboʷdat
(im)-Dienst(es)-(des)

בֵּית־
-beʸt
Haus

הָאֱלֹהִים׃
hɔʾᵋlohiʸm.
.(Gottes=)Götter-(der=)die

14 וּמִן־
-uʷmin
von-Und

הַלְוִיִּם
halᵊwiʸyim
:Leviten-(den=)die

שְׁמַעְיָה
šᵊmaʿᵊyɔʰ
Schemaëja

בֶן־חַשּׁוּב
ḥaššuʷb-bεn
,Chaschschub(s)-Sohn

בֶּן־עַזְרִיקָם
ʿazᵊriʸqɔm-bεn
,Asrikam(s)-Sohn

בֶּן־חֲשַׁבְיָה
ḥᵃšabᵊyɔʰ-bεn
,Chaschafja(s)-Sohn(es)-(des)

מִן־
-min
von

בְּנֵי
bᵊneʸ
Söhne(n)-(den)

מְרָרִי׃
mᵊrɔriʸ.
.Merari(s)

15 וּבַקְבַּקַּר
uʷbaqᵊbaqqar
,Bakbakkar-(Ferner=)Und

חֶרֶשׁ
ḥεrεš
Cheresch

וְגָלָל
wᵊgɔlɔl
Galal-und

וּמַתַּנְיָה
uʷmattanᵊyɔʰ
Mattanja-und

בֶּן־מִיכָא
miʸkɔʾ-bεn
,Micha(s)-Sohn

בֶּן־זִכְרִי
zikᵊriʸ-bεn
Sichri(s)-Sohn(es)-(des)

בֶּן־אָסָף׃
ʾɔsɔp-bεn.
,Asaph(s)-Sohn

16 וְעֹבַדְיָה
wᵊʿobadᵊyɔʰ
Obadja-und

בֶּן־שְׁמַעְיָה
šᵊmaʿᵊyɔʰ-bεn
Schemaëja(s)-Sohn

בֶּן־גָּלָל
gɔlɔl-bεn
Galal(s)-Sohn(es)-(des)

בֶּן־יְדוּתוּן
yᵊduʷtuʷn-bεn
,Jedutun(s)-Sohn

וּבֶרֶכְיָה
uʷbεrεkᵊyɔʰ
Berechja-und

בֶן־אָסָא
ʾɔsɔʾ-bεn
,Asa(s)-Sohn

בֶּן־אֶלְקָנָה
ʾεlᵊqɔnɔʰ-bεn
,Elkana(s)-Sohn(es)-(des)

הַיּוֹשֵׁב
hayyoʷšeb
Wohnende-der

בְּחַצְרֵי
bᵊḥaṣᵊreʸ
Gehöfte(n)-(den)-in

נְטוֹפָתִי׃
nᵊṭoʷpɔtiʸ.
Netophatiter(s)-(des)

17 וְהַשֹּׁעֲרִים
wᵊhaššoʿᵃriʸm
Torhüter-die-Und

שַׁלּוּם
šalluʷm
Schallum-(waren)

וְעַקּוּב
wᵊʿaqquʷb
Akkub-und

שַׁלּוּם	וַאֲחִיהֶם	וַאֲחִימָן	וְטַלְמֹן
šalluʷm	waʾᵃḥiʸhɛm	waʾᵃḥiʸmɔn	wᵊṭalᵊmon
Schallum	(Stammes)bruder-ihr-und	,Achiman-und	Talmon-und

בְּשַׁעַר	הֵנָּה	18 וְעַד־	הָרֹאשׁ׃
bᵊšaᶜar	hennɔʰ	-wᵊᶜad	hɔroʾš.
Tor-(im=)in	(jetzt=)hierher	bis-(wacht)-und	,(Ober)haupt-das-(war)

הֵמָּה	מִזְרָחָה	הַמֶּלֶךְ
hemmɔʰ	mizᵊrɔḥɔʰ	hammɛlɛk
(sind-das=)sie	;(hin-Osten-nach=)aufgangwärts	König(s)-(des=)der

19 וְשַׁלּוּם	לֵוִי׃	בְּנֵי	לְמַחֲנוֹת	הַשֹּׁעֲרִים
wᵊšalluʷm	lewiʸ.	bᵊneʸ	lᵊmaḥᵃnoʷt	haššoᶜᵃriʸm
Schallum-Und	.Levi	(von)-Söhne-(der)	Lager-(die)-(für=)zu	Torhüter-die

בֶּן־קֹרַח	בֶּן־אֶבְיָסָף	בֶּן־קוֹרֵא
qoraḥ-bɛn	ʾɛbᵊyɔsɔp-bɛn	qoʷreʾ-bɛn
,Korach(s)-Sohn	(Ebjasafs=)Ebjasaph(s)-Sohn(es)-(des)	,Kore(s)-Sohn

אָבִיו	לְבֵית־	וְאֶחָיו
ʾɔbiʸw	-lᵊbeʸt	wᵊʾɛḥɔʸw
,Vater(s)-sein(es)	Haus-(dem)-(aus=)zu	(Stammes)brüder-(dessen=)seine-und

הָעֲבוֹדָה	מְלֶאכֶת	עַל	הַקָּרְחִים
hɔᶜᵃboʷdɔʰ	mᵊlɛʾkɛt	ᶜal	haqqɔrᵊḥiʸm
Dienst(es)-(des=)der	Verrichtung-(die)	(oblag=)auf	,Korachiten-(der=)die

וַאֲבֹתֵיהֶם	לָאֹהֶל	הַסִּפִּים	שֹׁמְרֵי
waʾᵃboteʸhɛm	lɔʾohɛl	hassippiʸm	šomᵊreʸ
Väter-ihre-(schon=)und	;Zelt-dem-zu	Schwellen-(der=)die	Hüter-(als)

הַמָּבוֹא׃	שֹׁמְרֵי	יְהוָה	מַחֲנֵה	עַל־
hammɔboʷʾ.	šomᵊreʸ	yᵊhwɔʰ	maḥᵃneʰ	-ᶜal
.Eingang(s)-(des=)der	Wächter	JHWH(s)	Lager	(am=)auf-(waren)

עֲלֵיהֶם	הָיָה	נָגִיד	בֶּן־אֶלְעָזָר	20 וּפִינְחָס
ᶜᵃleʸhɛm	hɔyɔʰ	nɔgiʸd	ʾɛlᵊᶜɔzɔr-bɛn	uʷpiʸnᵊḥɔs
sie-über	war-er	(Anführer=)Fürst	,Eleasar(s)-Sohn	Pinechas-(Hingegen=)Und

בֵּן	21 זְכַרְיָה	עִמּוֹ׃	יְהוָה	לְפָנִים
bɛn	zᵊkarᵊyɔʰ	ᶜimmoʷ.	yᵊhwɔʰ	lᵊpɔniʸm
Sohn	Sacharja	.ihm-mit	JHWH —	,(vormals=)Gesichtern-zu

לְאֹהֶל	פֶּתַח	שֹׁעֵר	מְשֶׁלֶמְיָה
l^{əʾ}ohɛl	pɛtaḥ	šoʿer	m^{ə}šɛlɛm^{ə}yɔ^{h}
Zelt(es)-(des=)zu	Eingang-(am)	Wächter-(war)	Meschelemja(s)

22 כֻּלָּם	מוֹעֵד׃
kullɔm	mo^{wʿ}ed.
(Insgesamt=)sie-All(e)	.(Festbegegnung=)Versammlung-(der)

בַּסִּפִּים	לְשֹׁעֲרִים	הַבְּרוּרִים
bassippi^{y}m	l^{ə}šo^{ʿa}ri^{y}m	habb^{ə}ru^{w}ri^{y}m
:Schwellen-(den=)die-(an=)in	Torhüter(n)-zu	Ausersehenen-die-(waren)

הֵמָּה	וּשְׁנֵים עָשָׂר	מָאתַיִם
hemmɔ^{h}	ʿɔśɔr u^{w}š^{ə}ne^{y}m	mɔʾtayim
,Sie	.(zwölf=)zehn-zwei-und	zweihundert(e)

הֵמָּה	הִתְיַחְשָׂם	בְּחַצְרֵיהֶם
hemmɔ^{h}	hit^{ə}yaḥ^{ə}śɔm	b^{ə}ḥaṣ^{ə}re^{y}hɛm
Sie	.sie-(ein-trug-man=)Eintragen-(ein)	(Dörfern=)Gehöften-ihre(n)-in

וּשְׁמוּאֵל	דָּוִיד	יִסַּד
u^{w}š^{ə}mu^{wʾ}el	dɔwi^{y}d	yissad
,(Samuel=)Schemuel-und	David	(eingesetzt=)gegründet-hatte-(es=er)

23 וְהֵם	בֶּאֱמוּנָתָם׃	הָרֹאֶה
w^{ə}hem	bɛ^{ʾɛ}mu^{w}nɔtɔm.	hɔroʾɛ^{h}
(ihnen=)sie-Und	.(Amtspflicht=)Festigkeit-ihr(e)-in	,Seher-der

לְבֵית־	הַשְּׁעָרִים	עַל־	וּבְנֵיהֶם
-l^{ə}be^{y}t	hašš^{əʿ}ɔri^{y}m	-ʿal	u^{w}b^{ə}ne^{y}hɛm
Haus-zu(m)	Tore-die	(oblagen=)auf	(Nachkommen=)Söhne(n)-ihre(n)-und

לְמִשְׁמָרוֹת׃	הָאֹהֶל	לְבֵית־	יְהוָה
l^{ə}miš^{ə}mɔro^{w}t.	hɔʾohɛl	-l^{ə}be^{y}t	y^{ə}hwɔ^{h}
.Wachen-(als=)zu	,Zelt(es)-(des=)das	Haus-zu(m)	,JHWH(s)

יִהְיוּ	רוּחוֹת	24 לְאַרְבַּע
yih^{ə}yu^{w}	ru^{w}ḥo^{w}t	l^{əʾ}ar^{ə}baʿ
(sollten=)werden-(sie)	Wind(richtung)en	vier-(den)-(Nach=)Zu

יָמָּה	מִזְרָח	הַשֹּׁעֲרִים
yɔmmɔ^{h}	miz^{ə}rɔḥ	haššo^{ʿa}ri^{y}m
,(Westen-nach=)meerwärts	,(Osten=)Aufgang-(nach)	:(stehen)-Torhüter-die

25 וַאֲחֵיהֶם	וָנֶגְבָּה:	צָפוֹנָה
wa^{ʾa}ḥe^{y}hɛm	wɔnɛg^{ə}bɔ^{h}.	ṣɔpo^{w}nɔ^{h}
,Brüder-ihre-Und	.(hin-Süden-nach=)Negeb-zu-und	hin-Norden-(nach)

לְשִׁבְעַת	לָבוֹא	בְּחַצְרֵיהֶם
l^{ə}šib^{əʿ}at	lɔbo^{wʾ}	b^{ə}ḥaṣ^{ə}re^{y}hɛm
sieben-(jeweils=)zu	kommen-zu-(hatten)	(Dörfern=)Gehöften-ihre(n)-(nach=)in

26 כִּי	עִם־אֵלֶּה:	אֶל־עֵת	מֵעֵת	הַיָּמִים
ki^{y}	ʾellɛh-ʿim.	ʿet-ʾɛl	meʿet	hayyɔmi^{y}m
Denn	.diese(n)-mit	Zeit-zu	Zeit-von	Tage(n)-(an=)der

אַרְבַּעַת	הֵמָּה	בֶּאֱמוּנָה
ʾar^{ə}baʿat	hemmɔ^{h}	bɛ^{ʾɛ}mu^{w}nɔ^{h}
Vierheit-(die)	,sie	(Dienst-ständigem=)Festigkeit-in

הַלְוִיִּם	הֵם	הַשֹּׁעֲרִים	גִּבֹּרֵי
hal^{ə}wi^{y}yim	hem	haššo^{ʿa}ri^{y}m	gibbore^{y}
.Leviten-die	,sie	,Torhüter-(der=)die	(Vorsteher=)Starken-(der)

הָאֹצְרוֹת	וְעַל	הַלְּשָׁכוֹת	עַל־	וְהָיוּ
hɔʾoṣ^{ə}ro^{w}t	w^{əʿ}al	hall^{ə}šɔko^{w}t	-ʿal	w^{ə}hɔyu^{w}
Vorräte-die	(über=)auf-und	Kammern-die	(über-bestellt=)auf	waren-sie-Und

27 וּסְבִיבוֹת	הָאֱלֹהִים:	בֵּית
u^{w}s^{ə}bi^{y}bo^{w}t	hɔ^{ʾɛ}lohi^{y}m.	be^{y}t
(um-rings=)Umgebungen-Und	.(Gottes=)Götter-(der=)die	Haus(es)-(des)

כִּי־	יָלִינוּ	הָאֱלֹהִים	בֵּית־
-ki^{y}	yɔli^{y}nu^{w}	hɔ^{ʾɛ}lohi^{y}m	-be^{y}t
denn	,übernachte(te)n-sie	(Gottes=)Götter-(der=)die	Haus-(das)

וְהֵם	מִשְׁמֶרֶת	עֲלֵיהֶם
w^{ə}hem	miš^{ə}mɛrɛt	^{ʿa}le^{y}hɛm
(ihnen=)sie-Und	.Bewachung-(die)	(oblag-ihnen=)ihnen-auf

וְלַבֹּקֶר	הַמַּפְתֵּחַ	עַל־
w^{ə}labboqɛr	hammap^{ə}teaḥ	-ʿal
Morgen-(zwar=)zu-und	,Schlüssel-der	(anvertraut=)auf-(wurde)

עַל־	28 וּמֵהֶם	לַבֹּקֶר:
-ʿal	u^{w}mehɛm	labboqɛr.
(über-bestellt=)auf-(waren)	ihnen-von-(einige)-Und	.Morgen-(für=)zu

כְּלֵי	הָעֲבוֹדָה	כִּי־	בְּמִסְפָּר
kᵊleʸ	hɔᶜᵃboʷdɔʰ	-kiʸ	bᵊmisᵊpɔr
(für)-Geräte-(die)	,Dienst-(den=)der	denn	(abgezählt=)Zählung-in

יְבִיאוּם	וּבְמִסְפָּר	יוֹצִיאוּם׃
yᵊbiʸʾuʷm	uʷbᵊmisᵊpɔr	yoʷṣiʸʾuʷm.
,sie-brachten-sie	(abgezählt=)Zählung-in-und	.sie-hinaus-schafften-sie

29 וּמֵהֶם	מְמֻנִּים	עַל־	הַכֵּלִים
uʷmehɛm	mᵊmunniʸm	-ᶜal	hakkeliʸm
ihnen-von-(einige)-Und	bestellt(e)-(waren)	(über=)auf	,(Gefäße=)Geräte-die

וְעַל	כָּל־	כְּלֵי	הַקֹּדֶשׁ
wᵊᶜal	-kol	kᵊleʸ	haqqodɛš
(über=)auf-(zwar)-und	all(e)	(Gefäße=)Geräte	,Heiligtum(s)-(des=)das

וְעַל־	הַסֹּלֶת	וְהַיַּיִן	וְהַשֶּׁמֶן
-wᵊᶜal	hassolɛt	wᵊhayyayin	wᵊhaššɛmɛn
(über=)auf-und	Feinmehl-das	Wein-(den=)der-und	Öl-das-und

וְהַלְּבוֹנָה	וְהַבְּשָׂמִים׃	30 וּמִן־
wᵊhallᵊboʷnɔʰ	wᵊhabbᵊśɔmiʸm.	-uʷmin
Weihrauch-(den=)der-und	.(Gewürze=)Wohlgerüche-die-und	von-(einige)-Und

בְּנֵי	הַכֹּהֲנִים	רֹקְחֵי	הַמִּרְקַחַת
bᵊneʸ	hakkohᵃniʸm	roqᵊḥeʸ	hammirᵊqaḥat
Söhne(n)-(den)	Priester-(der=)die	zubereitend(e)-(waren)	Salbengemisch-das

לַבְּשָׂמִים׃	31 וּמַתִּתְיָה	מִן־
labbᵊśɔmiʸm.	uʷmattitᵊyɔʰ	-min
.Wohlgerüche-die-(für=)zu	,Mattitja-(Indes=)Und	von-(einer)

הַלְוִיִּם	הוּא	הַבְּכוֹר	לְשַׁלֻּם
halᵊwiʸyim	huʷʾ	habbᵊkoʷr	lᵊšallum
Leviten-(den=)die	(war)-er —	Erst(geboren)e-der	,Schallum-(von=)zu

הַקָּרְחִי	בֶּאֱמוּנָה
haqqorᵊḥiʸ	bɛʾᵋmuʷnɔʰ
,(Korachiten=)Korchite(n)-(des=)der	(Dienst-ständigem=)Festigkeit-in-(war)

עַל	מַעֲשֵׂה	הַחֲבִתִּים׃
ᶜal	maᶜᵃśeʰ	haḥᵃbittiʸm.
(über=)auf	(Zubereitung-der=)Werk-(dem)	.Pfannen-(der=)die

מִן־	הַקְּהָתִי	בְּנֵי	32 וּמִן־
-min	haqqᵊhɔtiʸ	bᵊneʸ	-uʷmin
von	,Kehatiter(s)-(des=)der	Söhne(n)-(den)	von-(einigen)-Und

עַל־	אֲחֵיהֶם
-ᶜal	ᵓaḥeʸhεm
(oblag=)auf	,(Stammes)brüder(n)-ihre(n)

שַׁבָּת	לְהָכִין	הַמַּעֲרָכֶת	לֶחֶם
šabbat	lᵊhɔkiʸn	hammaᶜarɔkεt	lεḥεm
Sabbat	,(zuzurichten=)zu-richten-zu	(Schaubrot=)Schicht-(der=)die-Brot-(das)	

רָאשֵׁי	הַמְשֹׁרְרִים	33 וְאֵלֶּה	שַׁבָּת׃
rɔᵓšeʸ	hamᵊšorᵊriʸm	wᵊᵓelleʰ	šabbɔt.
(Ober)häupter	,(Sänger=)Singenden-die	(waren)-diese-Und	.Sabbat-(um)

בַּלְּשָׁכֹת	לַלְוִיִּם	אָבוֹת
ballᵊšɔkot	lalᵊwiʸyim	ᵓɔboʷt
Kammern-die-in	,Leviten-(der=)zu	(Familien=)Väter-(der)

וָלַיְלָה	יוֹמָם	כִּי־	פְּטִירִים[פְּטוּרִים]
wɔlayᵊlɔʰ	yoʷmɔm	-kiʸ	[pᵊṭuʷriʸm]pᵊṭiʸriʸm
Nacht-(bei)-und	Tag-bei	denn	,(Dienst-nächsten-zum-bis)-entweichend(e)

בַּמְּלָאכָה׃	עֲלֵיהֶם
bammᵊlɔᵓkɔʰ.	ᶜaleʸhεm
.(Dienst-dem=)Arbeit-(der=)die-(mit=)in	(verpflichtet-waren-sie=)ihnen-auf

הָאָבוֹת	רָאשֵׁי	34 אֵלֶּה
hɔᵓɔboʷt	rɔᵓšeʸ	ᵓelleʰ
(Familien=)Väter-(der=)die	(Ober)häupter-(die)	(waren)-(Das=)Diese

לְתֹלְדוֹתָם	לַלְוִיִּם
lᵊtolᵊdoʷtɔm	lalᵊwiʸyim
(Geschlechtern=)Zeugungen-ihren-(nach=)zu	,Leviten-(der=)zu

35 וּבְגִבְעוֹן	בִּירוּשָׁלִָם׃	יָשְׁבוּ	אֵלֶּה	רָאשִׁים
uʷbᵊgibᵊᶜoʷn	biʸruʷšɔlɔim.	yɔšᵊbuʷ	ᵓelleʰ	rɔᵓšiʸm
Gibeon-in-Und	.Jerusalem-in	wohnten-(sie)	Diese	.(Ober)häupter-(die)

יְעוּאֵל[יְעִיאֵל]	גִבְעוֹן	אֲבִי־	יָשְׁבוּ
[yᵊᶜiʸᵓel]yᵊᶜuʷᵓel	gibᵊᶜoʷn	-ᵓabiʸ	yɔšᵊbuʷ
,[Jegiël]Jeguël	Gibeon(s)	(Gründer=)Vater-(der)	wohnten-(sie)

36 וּבְנוֹ	מַעֲכָה׃	אִשְׁתּוֹ	וְשֵׁם
uʷbᵊnoʷ	maᶜᵃkɔʰ.	ᵓišᵊtoʷ	wᵊšem
,Sohn-sein-Und	.Maacha-(war)	Frau-seine(r)	Name-(der)-und

וְקִישׁ	וְצוּר	עַבְדּוֹן	הַבְּכוֹר
wᵊqiʸš	wᵊṣuʷr	ᶜabᵊdoʷn	habbᵊkoʷr
Kisch-und	Zur-(kamen-dann=)und	,Abdon-(war)	,Erst(geboren)e-der

וּזְכַרְיָה	וְאַחְיוֹ	37 וּגְדוֹר	וְנָדָב׃	וְנֵר	וּבַעַל
uʷzᵊkarᵊyɔʰ	wᵊᵓaḥᵊyoʷ	uʷgᵊdoʷr	wᵊnɔdɔb.	wᵊner	uʷbaᶜal
Secharja-und	Achjo-und	Gedor-und	Nadab-und	Ner-und	Baal-und

וְאַף־הֵם	אֶת־שִׁמְאָם	הוֹלִיד	38 וּמִקְלוֹת	וּמִקְלוֹת׃
hem-wᵊᵓap	šimᵊᵓɔm-ᵓɛt	hoʷliʸd	uʷmiqᵊloʷt	uʷmiqᵊloʷt.
,(die=)sie-auch-Und	.Schimeam***	zeugte-(er)	Miklot-Und	.Miklot-und

עִם־	בִּירוּשָׁלַםִ	יָשְׁבוּ	אֲחֵיהֶם	נֶגֶד
-ᶜim	biʸruʷšɔlaim	yɔšᵊbuʷ	ᵓᵃḥeʸhɛm	nɛgɛd
(bei=)mit	Jerusalem-in	wohnten-sie	Brüder-ihre(r)	(angesichts=)vor

הוֹלִיד	וְקִישׁ	אֶת־קִישׁ	הוֹלִיד	39 וְנֵר	אֲחֵיהֶם׃
hoʷliʸd	wᵊqiʸš	qiʸš-ᵓɛt	hoʷliʸd	wᵊner	ᵓᵃḥeʸhɛm.
zeugte-(er)	Kisch-und	,Kisch***	zeugte-(er)	Ner-Und	.Brüder(n)-ihre(n)

אֶת־יְהוֹנָתָן	הוֹלִיד	וְשָׁאוּל	אֶת־שָׁאוּל
yᵊhoʷnɔtɔn-ᵓɛt	hoʷliʸd	wᵊšɔᵓuʷl	šɔᵓuʷl-ᵓɛt
J(eh)onatan***	zeugte-(er)	(Saul=)Schaul-und	,(Saul=)Schaul

40 וּבֶן־	וְאֶת־אֶשְׁבָּעַל׃	וְאֶת־אֲבִינָדָב	וְאֶת־מַלְכִּי־שׁוּעַ
-uʷbɛn	ᵓɛšᵊbɔᶜal-wᵊᵓɛt.	ᵓᵃbiʸnɔdɔb-wᵊᵓɛt	šuʷᶜa-malᵊkiʸ-wᵊᵓɛt
Sohn-(der)-Und	.Eschbaal-***und	Abinadab-***und	Schua-Malki-***und

אֶת־מִיכָה׃	הוֹלִיד	וּמְרִי־בַעַל	בָּעַל	מְרִיב	יְהוֹנָתָן
miʸkɔʰ-ᵓɛt.	hoʷliʸd	baᶜal-uʷmᵊriʸ	bɔᶜal	mᵊriʸb	yᵊhoʷnɔtɔn
.Micha***	zeugte-(er)	Baal-Merib-Und	.Baal	-Merib-(war)	J(eh)onatan(s)

וְתַחְרֵעַ׃	וָמֶלֶךְ	פִּיתוֹן	מִיכָה	41 וּבְנֵי
wᵊtaḥᵊreaᶜ.	wɔmɛlɛk	piʸtoʷn	miʸkɔʰ	uʷbᵊneʸ
.Tachrea-und	Melech-und	Piton-(waren)	Micha	(von)-Söhne-(die)-Und

אֶת־עָלֶמֶת	הוֹלִיד	וְיַעְרָה	אֶת־יַעְרָה	הוֹלִיד	42 וְאָחָז
ᶜɔlɛmɛt-ᵓɛt	hoʷliʸd	wᵊyaᶜᵃrɔʰ	yaᶜᵃrɔʰ-ᵓɛt	hoʷliʸd	wᵊᵓɔḥɔz
Alemet***	zeugte-(er)	Jara-und	,Jara***	zeugte-(er)	Achas-Und

וְאֶת־עַזְמָוֶת
ᶜazᵊmɔwɛt-wᵊᵓɛt
Asmawet-***und

וְאֶת־זִמְרִי
zimᵊriʸ-wᵊᵓɛt
;Simri-***und

וְזִמְרִי
wᵊzimᵊriʸ
Simri-und

הוֹלִיד
hoʷliʸd
zeugte-(er)

אֶת־מוֹצָא׃
moʷṣɔᵓ-ᵓɛt.
.Moza***

43 וּמוֹצָא
uʷmoʷṣɔᵓ
Moza-Und

הוֹלִיד
hoʷliʸd
zeugte-(er)

אֶת־בִּנְעָא
binᵊᶜɔᵓ-ᵓɛt
,Binea***

וּרְפָיָה
uʷrᵊpɔyɔʰ
Rephaja-***und

בְנוֹ
bᵊnoʷ
,Sohn-sein-(war)

אֶלְעָשָׂה
ᵓɛlᵊᶜɔśɔʰ
Eleasa

בְנוֹ
bᵊnoʷ
,Sohn-(dessen=)sein

אָצֵל
ᵓɔṣel
Azel

בְנוֹ׃
bᵊnoʷ.
.Sohn-(dessen=)sein

44 וּלְאָצֵל
uʷlᵊᵓɔṣel
Azel-(hatte-es=)zu-Und

שִׁשָּׁה
šiššɔʰ
sechs

בָנִים
bɔniʸm
.Söhne

וְאֵלֶּה
wᵊᵓellɛʰ
(sind)-diese-Und

שְׁמוֹתָם
šᵊmoʷtɔm
:Namen-ihre

עַזְרִיקָם
ᶜazᵊriʸqɔm
Asrikam

בֹּכְרוּ
bokᵊruʷ
,Erst(geboren)er-sein

וְיִשְׁמָעֵאל
wᵊyišᵊmɔᶜeᵓl
,(Ismaël=)Jischmaël-(kamen-dann=)und

וּשְׁעַרְיָה
uʷšᵊᶜarᵊyɔʰ
Schearja-und

וְעֹבַדְיָה
wᵊᶜobadᵊyɔʰ
Obadja-und

וְחָנָן
wᵊḥɔnɔn
.(Hanan=)Chanan-und

אֵלֶּה
ᵓelleʰ
(waren)-(Das=)Diese

בְּנֵי
bᵊneʸ
(von)-Söhne-(die)

אָצַל׃
ᵓɔṣal.
.Azel

10

1 וּפְלִשְׁתִּים
uʷpᵊlišᵊtiʸm
Philister-(die)-(Als=)Und

נִלְחֲמוּ
nilᵊḥᵃmuʷ
kämpften-(sie)

בְיִשְׂרָאֵל
bᵊyiśᵊrɔᵓel
,Israel-(gegen=)in

וַיָּנָס
wayyɔnos
floh(en)-(es=er)-(da=)und

אִישׁ־יִשְׂרָאֵל
yiśᵊrɔᵓel-ᵓiʸš
(Israeliten-die=)Israel-Mann-(der)

מִפְּנֵי
mippᵊneʸ
(vor=)Gesichter-von

פְּלִשְׁתִּים
pᵊlišᵊtiʸm
,Philister(n)-(den)

וַיִּפְּלוּ
wayyippᵊluʷ
fielen-(es=)sie-und

חֲלָלִים
ḥᵃlɔliʸm
Durchbohrte

בְּהַר
bᵊhar
(von)-Berg(land)-(im=)in

גִּלְבֹּעַ׃
gilᵊboaᶜ.
.Gilboa

אַחֲרֵי	פְלִשְׁתִּים	2 וַיַּדְבְּקוּ
ʾaḥᵃreʸ	pᵊlišᵊtiʸm	wayyadᵊbᵊquʷ
hinter	Philister-(die)	(nach-jagten=)an-sich-hefteten-(es=sie)-(Dann=)Und

וַיַּכּוּ	בָּנָיו	וְאַחֲרֵי	שָׁאוּל
wayyakkuʷ	bɔnɔʸw	wᵊʾaḥᵃreʸ	šɔʾuʷl
(er)schlugen-(es=)sie-und	,Söhne(n)-seine(n)	hinter-und	(Saul=)Schaul

וְאֶת־מַלְכִּי־שׁוּעַ	וְאֶת־אֲבִינָדָב	אֶת־יוֹנָתָן	פְלִשְׁתִּים
šuʷᶜa-malᵊkiʸ-wᵊʾɛt	ʾᵃbiʸnɔdɔb-wᵊʾɛt	yoʷnɔtɔn-ʾɛt	pᵊlišᵊtiʸm
,Schua-Malki-***und	Abinadab-***und	Jonatan***	Philister-(die)

הַמִּלְחָמָה	3 וַתִּכְבַּד	שָׁאוּל׃	בְּנֵי
hammilᵊḥɔmɔʰ	wattikᵊbad	šɔʾuʷl.	bᵊneʸ
Kampf-der	schwer-war-(es=)sie-Und	.(Saul=)Schaul	(von)-Söhne-(die)

וַיִּמְצָאֻהוּ	שָׁאוּל	עַל־
wayyimᵊṣɔʾuhuʷ	šɔʾuʷl	-ᶜal
ihn-(entdeckten=)fanden-(es=)sie-(dabei=)und	,(Saul=)Schaul	(gegen=)auf

וַיָּחֶל	בַּקָּשֶׁת	הַמּוֹרִים
wayyɔḥɛl	baqqɔšɛt	hammoʷriʸm
zitterte-er-und	,(Bogenschützen=)Bogen-dem-(mit=)in	-Werfenden-die

4 וַיֹּאמֶר	הַיּוֹרִים׃	מִן־
wayyoʾmɛr	hayyoʷriʸm.	-min
sprach-(es=er)-(Da=)Und	.(Schützen=)Werfenden-(den=)die	(vor=)von

כֵּלָיו	נֹשֵׂא	אֶל־	שָׁאוּל
kelɔʸw	nośeʾ	-ʾɛl	šɔʾuʷl
:(Waffen=)Geräte-seine(r)	(Träger=)Tragender-(dem)	zu	(Saul=)Schaul

פֶּן־	בָּהּ	וְדָקְרֵנִי	חַרְבְּךָ	שְׁלֹף
-pɛn	bah	wᵊdoqᵊreniʸ	ḥarᵊbᵊkɔ	šᵊlop
nicht-dass	,(damit=)ihr-in	mich-durchbohre-und	Schwert-dein	heraus-Zieh

הָאֵלֶּה	הָעֲרֵלִים	יָבֹאוּ
hɔʾellɛʰ	hɔᶜᵃreliʸm	yɔboʾuʷ
,da-diese	,Unbeschnittenen-die	kommen-(sie)

וְלֹא	בִּי	וְהִתְעַלְּלוּ־
wᵊloʾ	biʸ	-wᵊhitᵊᶜallᵊluʷ
nicht-(Doch=)Und	!mir-(mit=)in	treiben-Mutwillen-ihren-(sie)-und

כִּי	כֵּלָיו	נֹשֵׂא	אָבָה
ki^{y}	kelɔ^{y}w	nośeʾ	ʾɔbɔ^{h}
denn	,(Waffen=)Geräte-seine(r)	(Träger=)Tragende(r)-(der)	willens-war-(es=er)

שָׁאוּל	וַיִּקַּח	מְאֹד	יָרֵא
šɔʾu^{w}l	wayyiqqaḥ	m^{ə}ʾod	yɔreʾ
(Saul=)Schaul	nahm-(es=er)-(Da=)Und	.sehr	sich-fürchtete-er

עָלֶיהָ׃	וַיִּפֹּל	אֶת־הַחֶרֶב
ʿɔlɛ^{y}hɔ.	wayyippol	haḥɛrɛb-ʾɛt
.(darauf=)sie-auf	(sich-stürzte=)fiel-(er)-und	Schwert-das***

נֹשֵׂא־כֵלָיו	5 וַיַּרְא
kelɔ^{y}w-nośeʾ	wayyar^{ə}ʾ
,(Waffenträger-sein=)Waffen-seine-Tragende(r)-(der)	sah-(er)-(nun-Als=)Und

וַיִּפֹּל	שָׁאוּל	מֵת	כִּי
wayyippol	šɔʾu^{w}l	met	ki^{y}
(sich-warf=)fiel-(er)-(da=)und	,(Saul=)Schaul	(war)-Sterbender-(ein)	dass

6 וַיָּמָת	וַיָּמֹת׃	עַל־הַחֶרֶב	גַּם־הוּא
wayyɔmot	wayyɔmot.	haḥɛrɛb-ʿal	hu^{w}ʾ-gam
starb-(es=er)-(So=)Und	.starb-er-und	Schwert-das-auf	er-auch

וְכָל־בֵּיתוֹ	בָנָיו	וּשְׁלֹשֶׁת	שָׁאוּל
be^{y}to^{w}-w^{ə}kol	bɔnɔ^{y}w	u^{w}š^{ə}lošɛt	šɔʾu^{w}l
,Haus-(ganzes-sein=)sein-all-und	Söhne-seine(r)	drei-und	(Saul=)Schaul

7 כָּל־אִישׁ	7 וַיִּרְאוּ	מֵתוּ׃	יַחְדָּו
ʾi^{y}š-kol	wayyir^{ə}ʾu^{w}	metu^{w}.	yaḥ^{ə}dɔw
Mann(en)-all(e)	sahen-(sie)-(Als=)Und	.starben-sie	(allesamt=)zusammen

וְכִי־	נָסוּ	כִּי	בָּעֵמֶק	אֲשֶׁר־	יִשְׂרָאֵל
-w^{ə}ki^{y}	nɔsu^{w}	ki^{y}	bɔʿemɛq	-ʾ^{a}šɛr	yiś^{ə}rɔʾel
dass-und	(ge)flohen-(sie)	dass	,Tal-(dem)-in	(jene=)welch(e)	,Israel(s)

וַיַּעַזְבוּ	וּבָנָיו	שָׁאוּל	מֵתוּ
wayyaʿaz^{ə}bu^{w}	u^{w}bɔnɔ^{y}w	šɔʾu^{w}l	metu^{w}
verließen-sie-(da=)und	,Söhne-seine-und	(Saul=)Schaul	tot-waren-(sie)

פְּלִשְׁתִּים	וַיָּבֹאוּ	וַיָּנֻסוּ	עָרֵיהֶם
p^{ə}liš^{ə}ti^{y}m	wayyɔboʾu^{w}	wayyɔnusu^{w}	ʿɔre^{y}hɛm
Philister-(die)	kamen-(es=sie)-(Dann=)Und	.flohen-(sie)-und	Städte-ihre

וַיֵּשְׁבוּ wayyešᵊbuʷ wohnten-(sie)-und	בָּהֶם׃ bɔhɛm. .(darin=)ihnen-in	8 וַיְהִי wayᵊhiʸ war-(es=)er-Und
מִמָּחֳרָת mimmoḥᵒrɔt ,(Tag=)Morgen-(nächsten)-(am=)von	וַיָּבֹאוּ wayyɔboᵓuʷ kamen-(sie)-(als=)und	פְלִשְׁתִּים pᵊlišᵊtiʸm Philister-(die)
לְפַשֵּׁט lᵊpaššeṭ plündern-zu-(um)	אֶת־הַחֲלָלִים haḥᵃlɔliʸm-ᵓɛt ,Durchbohrten-die***	וַיִּמְצְאוּ wayyimᵊṣᵊᵓuʷ fanden-sie-(da=)und
אֶת־שָׁאוּל šɔᵓuʷl-ᵓɛt (Saul=)Schaul***	וְאֶת־בָּנָיו bɔnɔyw-wᵊᵓɛt Söhne-seine-***und	נֹפְלִים nopᵊliʸm (daliegend=)Fallende
בְּהַר bᵊhar (von)-Berg(land)-(im=)in	גִּלְבֹּעַ׃ gilᵊboaᶜ. .Gilboa	9 וַיַּפְשִׁיטֻהוּ wayyapᵊšiʸṭuhuʷ ihn-aus-zogen-sie-(Hierauf=)Und
וַיִּשְׂאוּ wayyiśᵊᵓuʷ (nahmen=)erhoben-sie-und	אֶת־רֹאשׁוֹ roᵓšoʷ-ᵓɛt Kopf-sein(en)***	וְאֶת־כֵּלָיו kelɔʸw-wᵊᵓɛt (Rüstzeug=)Geräte-sein(e)-und
וַיְשַׁלְּחוּ wayᵊšallᵊḥuʷ (Boten)-sandten-(sie)-und	בְאֶרֶץ־ -bᵊᵓɛrɛṣ Land-(im=)in	פְלִשְׁתִּים pᵊlišᵊtiʸm Philister-(der)
סָבִיב sɔbiʸb ,(ringsum=)Umkreis-(im)	לְבַשֵּׂר lᵊbaśśer (Frohbotschaft-die)-künden-zu-(um)	אֶת־עֲצַבֵּיהֶם ᶜᵃṣabbeʸhɛm-ᵓɛt Götzen-ihre(n)***
וְאֶת־הָעָם׃ hɔᶜɔm-wᵊᵓɛt. .Volk-(dem=)das***und	10 וַיָּשִׂימוּ wayyɔśiʸmuʷ (nieder)-legten-sie-Und	אֶת־כֵּלָיו kelɔʸw-ᵓɛt (Rüstzeug=)Geräte-sein(e)***

בֵּית beʸt Haus-(im)	אֱלֹהֵיהֶם ᵓᵉloheʸhɛm ,Götter-ihre(r)	וְאֶת־גֻּלְגָּלְתּוֹ gulᵊgolᵊtoʷ-wᵊᵓɛt Schädel-sein(en)***und	תָקְעוּ tɔqᵊᶜuʷ (hefteten=)schlugen-sie

בֵּית beʸt Haus-(ans)	דָּגוֹן׃ dɔgoʷn. .Dagon(s)	11 וַיִּשְׁמְעוּ wayyišᵊmᵊᶜuʷ hörten-(sie)-(Als=)Und	כֹּל kol (von)-all(e)	יָבֵישׁ yɔbeʸš -Jabesch	גִּלְעָד gilᵊᶜɔd Gilead

פְּלִשְׁתִּים	עָשׂוּ	אֲשֶׁר־	כָּל־	אֵת
pᵊlišᵊtiʸm	ʿɔśuʷ	-ᵓᵃšɛr	-kol	ᵓet
Philister-(die)	(getan=)gemacht-hatten-(sie)	(was=)welch(es)	,all(es)	***

כָּל־	12 וַיָּקוּמוּ	לְשָׁאוּל׃
-kol	wayyɔquʷmuʷ	lᵊšɔᵓuʷl.
all(e)	auf-sich-machten-(es=sie)-(da=)und	,(Saul=)Schaul-(an=)zu

וַיִּשְׂאוּ	חַיִל	אִישׁ
wayyiśᵊᵓuʷ	ḥayil	ᵓiʸš
(fort)-trugen-(sie)-und	(Kriegstüchtigen=)Stärke-(von)-Mann(en)	

בָּנָיו	גּוּפֹת	וְאֵת	שָׁאוּל	אֶת־גּוּפַת
bɔnɔʸw	guʷpot	wᵊᵓet	šɔᵓuʷl	guʷpat-ᵓɛt
Söhne-seine(r)	Leichen-(die)	***und	(Sauls=)Schaul(s)	Leiche-(die)***

וַיִּקְבְּרוּ	יָבֵישָׁה	וַיְבִיאוּם
wayyiqᵊbᵊruʷ	yɔbeʸšɔʰ	wayᵊbiʸᵓuʷm
begruben-sie-(Dann=)Und	.hin-Jabesch-(nach)	sie-brachten-(sie)-und

וַיָּצוּמוּ	בְּיָבֵשׁ	הָאֵלָה	תַּחַת	אֶת־עַצְמוֹתֵיהֶם
wayyɔṣuʷmuʷ	bᵊyɔbeš	hɔᵓelɔʰ	taḥat	ʿaṣᵊmoʷteʸhɛm-ᵓɛt
fasteten-(sie)-und	Jabesch-in	Terebinte-(der=)die	unter	Gebeine-ihre***

שָׁאוּל	13 וַיָּמָת	יָמִים׃	שִׁבְעַת
šɔᵓuʷl	wayyɔmot	yɔmiʸm.	šibᵊʿat
(Saul=)Schaul	starb-(es=er)-(So=)Und	.Tage(n)	(an)-Siebenzahl-(eine)

אֲשֶׁר	בְּמַעֲלוֹ
ᵓᵃšɛr	bᵊmaʿᵃloʷ
(den=)welch(en)	,Treubruch(s)-sein(es)-(wegen=)in

עַל־	בַּיהוָה	מָעַל
-ʿal	bayhwɔʰ	mɔʿal
(wegen=)auf	JHWH-(gegen=)in	(hatte-begangen=)veruntreute-er

לֹא־	אֲשֶׁר	יְהוָה	דְּבַר
-loᵓ	ᵓᵃšɛr	yᵊhwɔʰ	dᵊbar
nicht	(das=)welch(es)	,JHWH(s)	Wort(es)-(des)

לִשְׁאוֹל	וְגַם־	שָׁמָר
lišᵊᵓoʷl	-wᵊgam	šɔmɔr
(An)fragen(s)-(des)-(wegen=)zu	auch-und	,(beachtet=)gewahrt-hat(te)-er

בָּאֹוב
bɔʾoʷb
Totengeist-(dem)-(bei=)in

לִדְרֹושׁ׃
lidᵊroʷš.
;(Auskunft)-suchen-zu-(um)

14 וְלֹא־
-wᵊloʾ
nicht-(hingegen=)und

דָרַשׁ
dɔraš
gesucht-(Auskunft)-hat-er

בַּיהוָה
bayhwɔʰ
.JHWH-(bei=)in

וַיְמִיתֵהוּ
wayᵊmiʸtehuʷ
,ihn-sterben-ließ-er-(Also=)Und

וַיַּסֵּב
wayyasseb
(zu)-wandte-er

אֶת־הַמְּלוּכָה
hammᵊluʷkɔʰ-ʾɛt
Königtum-das***

לְדָוִיד
lᵊdɔwiʸd
David-(dem=)zu

בֶּן־יִשָׁי׃
yišɔy-bɛn.
.Jischai(s)-Sohn

11

1 וַיִּקָּבְצוּ
wayyiqqɔbᵊṣuʷ
sich-versammelte(n)-(es=)sie-Und

כָל־
-kol
(ganz=)all

יִשְׂרָאֵל
yiśᵊrɔʾel
Israel

אֶל־
-ʾɛl
(bei=)zu

דָּוִיד
dɔwiʸd
David

חֶבְרוֹנָה
ḥɛbᵊroʷnɔʰ
,(Hebron=)Chebron-in

לֵאמֹר
leʾmor
:(erklärend=)sagen-zu

הִנֵּה
hinneʰ
,Siehe

עַצְמְךָ
ʿaṣᵊmᵊkɔ
Bein-dein

וּבְשָׂרְךָ
uʷbᵊśɔrᵊkɔ
Fleisch-dein-und

אֲנָחְנוּ׃
ʾᵃnɔḥᵊnuʷ.
!(sind)-wir

2 גַּם־
-gam
,(Außerdem=)Auch

תְּמוֹל
tᵊmoʷl
gestern

גַּם־
-gam
(sowie=)auch

שִׁלְשׁוֹם
šilᵊšoʷm
,(ehegestern=)(Tagen)-drei-(vor)

גַּם
gam
auch

בִּהְיוֹת
bihᵊyoʷt
(war-als=)Sein-in

שָׁאוּל
šɔʾuʷl
(Saul=)Schaul

מֶלֶךְ
mɛlɛk
,König

אַתָּה
ʾattɔʰ
du-(warst)

הַמּוֹצִיא
hammoʷṣiʸʾ
Hinausführende-der

וְהַמֵּבִיא
wᵊhammebiʸʾ
(Heimführende=)Machende-kommen-der-und

אֶת־יִשְׂרָאֵל
yiśᵊrɔʾel-ʾɛt
.Israel***

וַיֹּאמֶר
wayyoʾmɛr
gesprochen-hat-(es=)er-Und

יְהוָה
yᵊhwɔʰ
,JHWH

אֱלֹהֶיךָ
ʾᵉloheʸkɔ
,(Gott=)Götter-dein(e)

לְךָ
lᵊkɔ
:dir-zu

אַתָּה
ʾattɔʰ
,Du

תִרְעֶה
tirᵊʿɛʰ
weiden-(sollst=)wirst-du

אֶת־עַמִּי
ʿammiʸ-ʾɛt
Volk-mein***

אֶת־יִשְׂרָאֵל
yiśᵊrɔʾel-ʾɛt
,Israel***

וְאַתָּה
wᵊʾattɔʰ
,du-und

יִשְׂרָאֵל׃	עַמִּי	עַל	נָגִיד	תִּהְיֶה
yiśᵊrɔʾel.	ʿammiʸ	ʿal	nɔgiʸd	tihᵊyɛʰ
!Israel	Volk-mein	(über=)auf	Fürst	sein-(sollst=)wirst-du

אֶל־	יִשְׂרָאֵל	זִקְנֵי	כָּל־	3 וַיָּבֹאוּ
-ʾɛl	yiśᵊrɔʾel	ziqᵊneʸ	-kol	wayyɔboʾuʷ
zu	Israel	(von)-(Ältesten=)Alten	all(e)	kamen-(es=sie)-(Dann=)Und

וַיִּכְרֹת	חֶבְרוֹנָה	הַמֶּלֶךְ
wayyikᵊrot	ḥɛbᵊroʷnɔʰ	hammɛlɛk
(schloss=)schnitt-(es=)er-Und	.zu-(Hebron=)Chebron-(nach)	König-(dem=)der

בְּחֶבְרוֹן	בְּרִית	דָּוִיד	לָהֶם
bᵊḥɛbᵊroʷn	bᵊriʸt	dɔwiʸd	lɔhɛm
(Hebron=)Chebron-in	Bund-(einen)	David	ihnen-(mit=)zu

לְמֶלֶךְ	אֶת־דָּוִיד	וַיִּמְשְׁחוּ	יְהוָה	לִפְנֵי
lᵊmɛlɛk	dɔwiʸd-ʾɛt	wayyimᵊšᵊḥuʷ	yᵊhwɔʰ	lipᵊneʸ
König-zu(m)	David***	salbten-sie-(Dann=)Und	.JHWH	(vor=)Gesichter-zu

בְּיַד־	יְהוָה	כִּדְבַר	יִשְׂרָאֵל	עַל־
-bᵊyad	yᵊhwɔʰ	kidᵊbar	yiśᵊrɔʾel	-ʿal
(durch=)Hand-in	JHWH(s)	Worte-(dem)-(gemäß=)wie	Israel	(über=)auf

יִשְׂרָאֵל	וְכָל־	דָּוִיד	4 וַיֵּלֶךְ	שְׁמוּאֵל׃
yiśᵊrɔʾel	-wᵊkol	dɔwiʸd	wayyelɛk	šᵊmuʷʾel.
Israel	(ganz=)all-und	David	ging-(er)-(Sodann=)Und	.(Samuel=)Schemuel

וְשָׁם	יְבוּס	הִיא	יְרוּשָׁלַםִ
wᵊšɔm	yᵊbuʷs	hiʸʾ	yᵊruʷšɔlaim
(waren)-dort-(da=)und	,Jebus	(ist-das=)sie	,Jerusalem-(nach)

5 וַיֹּאמְרוּ	הָאָרֶץ׃	יֹשְׁבֵי	הַיְבוּסִי
wayyoʾmᵊruʷ	hɔʾɔrɛṣ.	yošᵊbeʸ	hayᵊbuʷsiʸ
sagten-(es=)sie-(Damals=)Und	.Land-das	(be)wohnend(e)	Jebusiter-(die=)der

הֵנָּה	תָבוֹא	לֹא	לְדָוִיד	יְבוּס	יֹשְׁבֵי
hennɔʰ	tɔboʷʾ	loʾ	lᵊdɔwiʸd	yᵊbuʷs	yošᵊbeʸ
!hierher	kommen-wirst-du	Nicht	:David-zu	Jebus	(in)-Wohnende(n)-(die)

צִיּוֹן	אֶת־מְצֻדַת	דָּוִיד	וַיִּלְכֹּד
ṣiʸyoʷn	mᵊṣudat-ʾɛt	dɔwiʸd	wayyilᵊkod
Zion	Bergfeste-(die)***	David	(eroberte=)ein-nahm-(es=)er-(Aber=)Und

6 וַיֹּאמֶר	דָּוִיד׃	עִיר	הִיא
wayyoʾmɛr	dɔwiʸd.	ʿiʸr	hiʸʾ
gesagt-hatte-(es=)er-Und	.David(s)	(Burg)stadt-(die)	(wurde-die=)sie —

בָּרִאשֹׁנָה	יְבֻסִי	מַכֵּה	כָּל־	דָּוִיד
bɔriʾšoʷnɔʰ	yᵊbuʷsiʸ	makkeʰ	-kol	dɔwiʸd
,(zuerst=)Anfang-dem-in	Jebusiter-(den)	Schlagender	(Irgendein=)All	:David

וּלְשָׂר	לְרֹאשׁ	יִהְיֶה
uʷlᵊśɔr	lᵊroʾš	yihᵊyɛʰ
!Anführer-(ein=)zu-und	(Ober)haupt-(ein=)zu	(werden=)sein-(soll=)wird-(d)er

בֶּן־צְרוּיָה	יוֹאָב	בָּרִאשׁוֹנָה	וַיַּעַל
ṣᵊruʷyɔʰ-bɛn	yoʷʾɔb	bɔriʾšoʷnɔʰ	wayyaʿal
,Zeruja(s)-Sohn	Joab	(zuerst=)Anfang-dem-in	hinauf-stieg-(es=er)-(Da=)Und

דָּוִיד	7 וַיֵּשֶׁב	לְרֹאשׁ׃	וַיְהִי
dɔwiʸd	wayyešɛb	lᵊroʾš.	wayᵊhiʸ
David	wohnte-(es=)er-Und	.(Ober)haupt-(ein=)zu	(wurde=)war-er-und

לוֹ	קָרְאוּ־	עַל־כֵּן	בַּמְּצָד
loʷ	-qɔrᵊʾuʷ	ken-ʿal	bamᵊṣɔd
(sie=)ihm-zu	(nannte-man=)riefen-sie	(darum=)so-auf	;Bergfeste-der-in

מִסָּבִיב	הָעִיר	8 וַיִּבֶן	דָּוִיד׃	עִיר
missɔbiʸb	hɔʿiʸr	wayyibɛn	dɔwiʸd.	ʿiʸr
,(ringsherum=)Umkreis-von	Stadt-die	baute-er-Und	.David(s)	(Burg)stadt

הַסָּבִיב	וְעַד־	הַמִּלּוֹא	מִן־
hassɔbiʸb	-wᵊʿad	hammilloʷʾ	-min
,Umfassung-(der=)die	(zu-hin=)bis-und	(Millo=)Auffüllung-der	von

אֶת־שְׁאָר	יְחַיֶּה	וְיוֹאָב
šᵊʾɔr-ʾɛt	yᵊḥayyɛʰ	wᵊyoʷʾɔb
Rest-(den)***	(wiederherstellte=)lebendig-machte-(er)	Joab-(während=)und

הָלוֹךְ	דָּוִיד	9 וַיֵּלֶךְ	הָעִיר׃
hɔloʷk	dɔwiʸd	wayyelɛk	hɔʿiʸr.
(immer=)Gehen-(ein)	David	(wurde=)ging-(es=)er-Und	.Stadt-(der=)die

עִמּוֹ׃	צְבָאוֹת	וַיהוָה	וְגָדוֹל
ʿimmoʷ.	ṣᵊbɔʾoʷt	wayhwɔʰ	wᵊgɔdoʷl
.ihm-mit-(war)	Heerscharen-(der)	JHWH-und	,(größer=)groß-und

אֲשֶׁר	הַגִּבּוֹרִים	רָאשֵׁי	10 וְאֵלֶּה
ᵓašɛr	haggibbowriym	rɔᵓšey	wᵊᵓellɛh
welch(e)	,Helden-(der=)die	(Ober)häupter-(die)	(sind)-(das=)diese-Und

עִמּוֹ	הַמִּתְחַזְּקִים	לְדָוִיד
ʿimmow	hammitᵊḥazzᵊqiym	lᵊdɔwiyd
ihm-bei	(waren)-erweisend(e)-(stark=)fest-sich-die	,David-zu-(gehörten)

יִשְׂרָאֵל	כָּל־	עִם־	בְּמַלְכוּתוֹ
yiśᵊrɔᵓel	-kol	-ʿim	bᵊmalᵊkuwtow
Israel	(ganz=)all	mit	Königtum-sein-(für=)in

יְהוָה	כִּדְבַר	לְהַמְלִיכוֹ
yᵊhwɔh	kidᵊbar	lᵊhamᵊliykow
,JHWH(s)	Wort-(dem)-(gemäß=)wie	ihn-(König-zum=)herrschen-machen-zu

מִסְפַּר	11 וְאֵלֶּה	יִשְׂרָאֵל׃	עַל־
misᵊpar	wᵊᵓellɛh	yiśᵊrɔᵓel.	-ʿal
(über)-(Erzählung=)Zahl-(die)	(ist)-(das=)diese-Und	.Israel	(über=)auf

בֶּן־חַכְמוֹנִי	יָשָׁבְעָם	לְדָוִיד	אֲשֶׁר	הַגִּבֹּרִים
ḥakᵊmowniy-bɛn	yɔšobᵊʿɔm	lᵊdɔwiyd	ᵓašɛr	haggibboriym
Chakmoni(s)-Sohn	Jaschobam	,David-zu-(gehörten)	welch(e)	,Helden-die

הַשְּׁלוֹשִׁים[הַשָּׁלִישִׁים]	רֹאשׁ
[haššɔliyšiym]haššᵊlowšiym	roᵓš
;[(Wagen)kämpfer(n)-(den=)die]Drei(en)-(den=)die	(von)-(Ober)haupt-(war)

עַל־	אֶת־חֲנִיתוֹ	עוֹרֵר	הוּא־
-ʿal	ḥᵃniytow-ᵓɛt	ʿowrer	-huwᵓ
(über=)auf	Speer-sein(en)***	(schwingend=)Aufrüttelnder-(war)	er

בְּפַעַם אֶחָת׃	חָלָל	שְׁלֹשׁ־מֵאוֹת
ᵓɛḥɔt bᵊpaʿam.	ḥɔlɔl	meᵓowt-šᵊloš
.(einmal-auf=)eine(m)-Mal-in	(Erschlagene=)Durchbohrte	hundert(e)-drei

הוּא	הָאֲחוֹחִי	בֶּן־דּוֹדוֹ	אֶלְעָזָר	12 וְאַחֲרָיו
huwᵓ	hɔᵓᵃḥowḥiy	dowdow-bɛn	ᵓɛlᵊʿɔzɔr	wᵊᵓaḥᵃrɔyw
(war)-(d)er	,Achochiter-der	,Dodo(s)-Sohn	Eleasar	ihm-nach-Und

הָיָה	13 הוּא־	הַגִּבֹּרִים׃	בִּשְׁלוֹשָׁה
hɔyɔh	-huwᵓ	haggibboriym.	bišᵊlowšɔh
war-(d)er	,(es-war)-Er	.Helden-(der=)die	Dreiheit-(der=)die-(von=)in-(einer)

וְהַפְּלִשְׁתִּים	דַּמִּים	בַּפַּס	דָּוִיד	עִם־
wᵊhappᵊlišᵊtiʸm	dammiʸm	bappas	dɔwiʸd	-ʿim
Philister-die-(als=)und	,Dammim	-Pas-(bei=)im	David	mit

חֶלְקַת	וַתְּהִי	לַמִּלְחָמָה	שָׁם	נֶאֶסְפוּ־
ḥɛlᵊqat	wattᵊhiʸ	lammilᵊḥɔmɔʰ	šɔm	-nɛʾᵋsᵊpuʷ
Teil-(ein)	war-(es=)sie-und	,Kampf-den-(für=)zu	dort	sammelten-sich-(sie)

וְהָעָם	שְׂעוֹרִים	מְלֵאָה	הַשָּׂדֶה
wᵊhɔʿɔm	śᵊʿoʷriʸm	mᵊleʾɔʰ	haśśɔdɛʰ
(Leute-die=)Volk-das-Und	.Gerste(n)	(voller=)angefüllt(e)	Feld(es)-(des=)das

פְּלִשְׁתִּים׃	מִפְּנֵי	נָסוּ
pᵊlišᵊtiʸm.	mippᵊneʸ	nɔsuʷ
;Philister-(der)	(angesichts=)Gesichtern-von	geflohen-waren-(sie)

בְתוֹךְ־	14 וַיִּתְיַצְּבוּ
-bᵊtoʷk	wayyitᵊyaṣṣᵊbuʷ
(inmitten=)Mitte-in	(Kampf-zum)-auf-sich-stellten-sie-(indes=)und

וַיַּכּוּ	וַיַּצִּילוּהָ	הַחֶלְקָה
wayyakkuʷ	wayyaṣṣiʸluʷhɔ	haḥɛlᵊqɔʰ
schlugen-(sie)-und	(es=)sie-(retteten=)entrissen-sie-und	;Feld(es)-(des=)das

תְּשׁוּעָה	יְהוָה	וַיּוֹשַׁע	אֶת־פְּלִשְׁתִּים
tᵊšuʷʿɔʰ	yᵊhwɔʰ	wayyoʷšaʿ	pᵊlišᵊtiʸm-ʾɛt
(Rettung=)Hilfe-(mit)	JHWH	(half=)rettete-(es=er)-(da=)und	,Philister-(die)***

הַשְּׁלוֹשִׁים	מִן־	שְׁלוֹשָׁה	15 וַיֵּרְדוּ	גְדוֹלָה׃
haššᵊloʷšiʸm	-min	šᵊloʷšɔʰ	wayyerᵊduʷ	gᵊdoʷlɔʰ.
dreißig-(den=)die	von	drei	hinab-stiegen-(es=sie)-(Einst=)Und	.große(r)

אֶל־	דָּוִיד	אֶל־	הַצֻּר	עַל־	רֹאשׁ
-ʾɛl	dɔwiʸd	-ʾɛl	haṣṣur	-ʿal	roʾš
(in=)zu	David	zu	Fels(en)-(dem=)der	(nach=)auf	Haupt(männern)

פְּלִשְׁתִּים	וּמַחֲנֵה	עֲדֻלָּם	מְעָרַת
pᵊlišᵊtiʸm	uʷmaḥᵃneʰ	ʿᵃdullɔm	mᵊʿɔrat
Philister-(der)	(Heer)lager-(das)-(während=)und	,Adullam	Höhle-(die)

אָז	16 וְדָוִיד	רְפָאִים׃	בְּעֵמֶק	חֹנָה
ʾɔz	wᵊdɔwiʸd	rᵊpɔʾiʸm.	bᵊʿemɛq	ḥonɔʰ
damals-(sich-befand)	David-Und	.Rephaïm	Tal-(im=)in	lagernd(e)-(war)

פְּלִשְׁתִּים	וּנְצִיב	בַּמְּצוּדָה
pᵊlišᵊtiʸm	uʷnᵊṣiʸb	bammᵊṣuʷdɔʰ
Philister-(der)	Besatzung-(eine)-(während=)und	,Bergfestung-der-in

דָּוִיד	17 וַיִּתְאָו[וַיִּתְאַיו]	לָחֶם׃	בְּבֵית	אָז
dɔwiʸd	[wayyitᵊᵓɔʸw]wayyitᵊᵓɔw	lɔḥɛm.	bᵊbeʸt	ᵓɔz
,David	gierig-sich-zeigte-(es=)er-Und	.Le(c)hem	-Beth-in	damals-(war)

יַשְׁקֵנִי	מִי	וַיֹּאמַר
yašᵊqeniʸ	miʸ	wayyoᵓmar
mich-(lassen=)machen-trinken-(würde=)wird-(er)	Wer	:sagte-er-(als=)und

אֲשֶׁר	בֵּית־לֶחֶם	מִבּוֹר	מַיִם
ᵓᵃšɛr	lɛḥɛm-beʸt	mibboʷr	mayim
(ist)-welch(e)	,Lehem-Bet	(von)-Zisterne-(der)-(aus=)von	Wasser

בְּמַחֲנֵה	הַשְּׁלֹשָׁה	18 וַיִּבְקְעוּ	בַּשָּׁעַר׃
bᵊmaḥᵃneʰ	haššᵊlošɔʰ	wayyibᵊqᵊᶜuʷ	baššɔᶜar.
Lager-in(s)	Drei-die	ein-drangen-(sie)-(Da=)Und	?Tor-dem-(an=)in

מִבּוֹר	מַיִם	וַיִּשְׁאֲבוּ־	פְלִשְׁתִּים
mibboʷr	mayim	-wayyišᵊᵓᵃbuʷ	pᵊlišᵊtiʸm
(von)-Zisterne-(der)-(aus=)von	Wasser	schöpften-sie-und	,Philister-(der)

וַיִּשְׂאוּ	בַּשַּׁעַר	אֲשֶׁר	בֵּית־לֶחֶם
wayyiśᵊᵓuʷ	baššaᶜar	ᵓᵃšɛr	lɛḥɛm-beʸt
trugen-sie-und	,Tor-dem-(an=)in	(war)-welch(e)	,Le(c)hem-Beth

וְלֹא־	דָּוִיד	אֶל־	וַיָּבִאוּ
-wᵊloᵓ	dɔwiʸd	-ᵓɛl	wayyɔbiᵓuʷ
nicht-(doch=)und	;David	zu	(es)-(brachten=)kommen-machten-(sie)-und

וַיְנַסֵּךְ	לִשְׁתּוֹתָם	דָּוִיד	אָבָה
wayᵊnassek	lišᵊtoʷtɔm	dɔwiʸd	ᵓɔbɔʰ
(aus)-goss-er-(sondern=)und	,(es=)sie-trinken-zu	David	willens-war-(es=er)

לִּי	חָלִילָה	19 וַיֹּאמֶר	לַיהוָה׃	אֹתָם
liʸ	ḥɔliʸlɔʰ	wayyoᵓmɛr	layhwɔʰ.	ᵓotɔm
mir-(zu)	(es)-sei-(Fern=)Profan	:sprach-er-Und	.JHWH(s)-(Ehren)-zu	(es=)sie

מֵעֲשׂוֹת	מֵאֱלֹהַי
meᶜᵃśoʷt	meᵓᵋlohay
(tue-ich-dass=)Machen-von	,(Gott-meinem=)Göttern-meinen-(vor=)von

הָאֵלֶּה	הָאֲנָשִׁים	הֲדַם	זֹאת
hɔʾellɛh	hɔʾanɔšiym	hadam	zoʾt
,(hier=)da-diese(r)	,Männer-(der=)die	Blut-(das)-Etwa	!(etwas-so=)diese

כִּי	בְנַפְשׁוֹתָם	אֶשְׁתֶּה
kiy	bənapəšowtɔm	ʾɛšətɛh
Denn	?(daran-Leben-ihrem=)Seelen-ihren-(mit=)in	trinken-(sollte=)werde-ich

בְנַפְשׁוֹתָם
bənapəšowtɔm
(Lebensgefahr-unter=)Seelen-ihren-(mit=)in

וְלֹא	הֱבִיאוּם
wəloʾ	hɛbiyʾuwm
nicht-(Also=)Und	!(es=)sie-(gebracht-haben=)kommen-machten-sie

שְׁלֹשֶׁת	עָשׂוּ	אֵלֶּה	לִשְׁתּוֹתָם	אָבָה
šəlošɛt	ʿɔśuw	ʾellɛh	lišətowtɔm	ʾɔbɔh
drei-(die)	(taten=)machten-(sie)	Diese(s)	.(es=)trinken-zu	willens-war-er

הָיָה	הוּא	יוֹאָב	אֲחִי־	20 וְאַבְשַׁי	הַגִּבּוֹרִים׃
hɔyɔh	huwʾ	yowʾɔb	-ʾahiy	wəʾabəšay	haggibbowriym.
war-er	,er	,Joab	(von)-Bruder-(der)	,Abschai-Und	.Helden-(der=)die

וְהוּא	הַשְּׁלוֹשָׁה	רֹאשׁ
wəhuwʾ	haššəlowšɔh	roʾš
er-und	,Dreiheit-(anderen-der=)die	(Ober)haupt-(das)

שְׁלֹשׁ	עַל־	אֶת־חֲנִיתוֹ	עוֹרֵר
šəloš	-ʿal	ḥaniytow-ʾɛt	ʿowrer
-drei	(über=)auf	Speer-sein(en)***	(schwingend=)Aufrüttelnder-(war)

וְלֹא[וְלוֹ־]	חָלָל	מֵאוֹת
[-wəlow]wəloʾ	ḥɔlɔl	meʾowt
[war-er-und=ihm-zu-und]nicht-und	,(Erschlagene=)Durchbohrte(r)	hundert(e)

21 מִן־	בַּשְּׁלוֹשָׁה׃	שֵׁם
-min	baššəlowšɔh.	šem
Von	.Dreiheit-(der=)die-(unter=)in	(berühmt=)Name-(ein)

נִכְבָּד	בַּשְּׁנַיִם	הַשְּׁלוֹשָׁה
nikəbɔd	baššənayim	haššəlowšɔh
geehrt-wurde-er	(Ranges-zweiten=)Zwei-der-in	Dreiheit-(anderen-der=)die

וַיְהִי	לָהֶם	לְשָׂר
wayᵊhiʸ	lɔhɛm	lᵊśɔr
wurde-er-und	ihnen-(von=)zu-(erkoren)	;Anführer-zu(m)

וְעַד־	הַשְּׁלוֹשָׁה	לֹא־	בָא׃	22 בְּנָיָה
-wᵊʿad	haššᵊlowšɔʰ	-loʾ	bɔʾ.	bᵊnɔyɔʰ
(an=)bis-(jedoch=)und	Drei-(jene=)die	nicht	.(heran)-kam-er	Benaja

בֶּן־יְהוֹיָדָע	בֶּן־	אִישׁ־
yᵊhowyɔdɔʿ-bɛn	-bɛn	-ʾiyš
J(eh)ojada(s)-Sohn	Sohn-(der)-(war)	Mann(es)-(eines)

חַיִל	רַב־	פְּעָלִים	מִן־	קַבְצְאֵל
ḥayil	-rab	pᵊʿɔliʸm	-min	qabᵊṣᵊʾel
,(tüchtigen=)Tüchtigkeit-(von)	(an)-(groß=)viel	,Taten	(aus=)von	;Kabzeël

הוּא	הִכָּה	אֵת	שְׁנֵי	אֲרִיאֵל	מוֹאָב
huwʾ	hikkɔʰ	ʾet	šᵊneʸ	ʾariʸʾel	mowʾɔb
(d)er	schlug-(er)	***	zwei-(die)	Gott(es)-Löwe(n)	,Moab(s)

וְהוּא	יָרַד	וְהִכָּה	אֶת־הָאֲרִי
wᵊhuwʾ	yɔrad	wᵊhikkɔʰ	hɔʾariʸ-ʾɛt
,(es-war)-er-und	hinabstieg-(d)er	schlug-(er)-und	Löwe(n)-(den=)der***

בְּתוֹךְ	הַבּוֹר	בְּיוֹם	הַשָּׁלֶג׃
bᵊtowk	habbowr	bᵊyowm	haššɔlɛg.
(in=)Mitte-in	Grube-(der=)die	Tag-(einem)-(an=)in	.(lag)-Schnee-der-(als)

23 וְהוּא־	הִכָּה	אֶת־הָאִישׁ
-wᵊhuwʾ	hikkɔʰ	hɔʾiʸš-ʾɛt
,(es-war)-er-Und	(er)schlug-(d)er	,Mann-(den=)der***

הַמִּצְרִי	אִישׁ	מִדָּה	חָמֵשׁ
hammiṣᵊriʸ	ʾiʸš	middɔʰ	ḥomeš
,ägyptische(n)-(den=)der	,Mann-(einen)	Maß-(dessen)	fünf-(betrug)

בָּאַמָּה	וּבְיַד	הַמִּצְרִי	חֲנִית
bɔʾammɔʰ	uʷbᵊyad	hammiṣᵊriʸ	ḥᵃniʸt
,Elle-der-(nach=)in	Hand-(der)-in-und	Ägypter(s)-(des=)der	Speer-(ein-war)

כִּמְנוֹר	אֹרְגִים	וַיֵּרֶד
kimᵊnowr	ʾorᵊgiʸm	wayyerɛd
(von)-Baum-(einem)-(gleich=)wie	.Webende(n)	hinab-ging-er-(Indes=)Und

אֶת־הַחֲנִית	וַיִּגְזֹל	בַּשָּׁבֶט	אֵלָיו
haḥ^{a}ni^{y}t-ʾɛt	wayyig^{ə}zol	baššɔbɛṭ	ʾelɔ^{y}w
Speer-(den=)der***	weg-riss-er-und	,Stock-(einem)-(mit=)in	ihm-zu

וַיַּהַרְגֵהוּ	הַמִּצְרִי	מִיַּד
wayyahar^{ə}gehu^{w}	hammiṣ^{ə}ri^{y}	mi^{y}yad
ihn-tötete-er-und	Ägypter(s)-(des=)der	Hand-(der)-(aus=)von

בְּנָיָהוּ	עָשָׂה	24 אֵלֶּה	בַּחֲנִיתוֹ׃
b^{ə}nɔyɔhu^{w}	ʿɔśɔ^{h}	ʾellɛ^{h}	baḥ^{a}ni^{y}to^{w}.
Benaja(hu)	(tat=)machte-(er)	(Das=)Diese	.Speer-(dessen=)seinem-(mit=)in

שֵׁם	וְלוֹ־	בֶּן־יְהוֹיָדָע
šem	-w^{ə}lo^{w}	y^{ə}ho^{w}yɔdɔʿ-bɛn
(Ruf=)Name(n)-(einen)	(hatte-er=)ihm-zu-und	,J(eh)ojada(s)-Sohn

25 מִן־	הַגִּבֹּרִים׃	בִּשְׁלוֹשָׁה
-min	haggibbori^{y}m.	biš^{ə}lo^{w}šɔ^{h}
(Unter=)Von	.Helden-(der=)die	Dreiheit-(der=)die-(unter=)in

הוּא	נִכְבָּד	הִנּוֹ	הַשְּׁלוֹשִׁים
hu^{w}ʾ	nik^{ə}bɔd	hinno^{w}	hašš^{ə}lo^{w}ši^{y}m
,er	geehrt-wurde-(es=)er	,er-siehe	,Dreißig-(den=)die

בָּא	לֹא־	הַשְּׁלוֹשָׁה	וְאֶל־
bɔʾ	-loʾ	hašš^{ə}lo^{w}šɔ^{h}	-w^{ə}ʾɛl
;(heran=)kam-er	nicht	Drei-(jene=)die	(an=)zu-(hingegen=)und

מִשְׁמַעְתּוֹ׃	עַל־	דָּוִיד	וַיְשִׂמֵהוּ
miš^{ə}ma^{ʿə}to^{w}.	-ʿal	dɔwi^{y}d	way^{ə}śi^{y}mehu^{w}
.Leibwache-seine	(über=)auf	David	ihn-setzte-(es=)er-und

עֲשָׂה־אֵל	הַחֲיָלִים	26 וְגִבּוֹרֵי
ʾel-^{ʿa}śɔ^{h}	haḥ^{a}yɔli^{y}m	w^{ə}gibbo^{w}re^{y}
,(Asael=)El-Asa-(waren)	Kriegstüchtigen-(den=)die	(unter)-Helden-Und

לָחֶם׃	מִבֵּית	בֶּן־דּוֹדוֹ	אֶלְחָנָן	יוֹאָב	אֲחִי
lɔḥɛm.	mibbe^{y}t	do^{w}do^{w}-bɛn	ʾɛl^{ə}ḥɔnɔn	yo^{w}ʾɔb	^{ʾa}ḥi^{y}
,le(c)hem-Beth-(aus=)von		Dodo(s)-Sohn	Elchanan	,Joab	(von)-Bruder-(der)

28 עִירָא	הַפְּלוֹנִי׃	חֶלֶץ	הַהֲרוֹרִי	27 שַׁמּוֹת
ʿi^{y}rɔʾ	happ^{ə}lo^{w}ni^{y}.	ḥɛlɛṣ	hah^{a}ro^{w}ri^{y}	šammo^{w}t
Ira	,Pelonite-der	,(Helez=)Chelez	,Harorite-der	,Schammot

29 סִבְּכַי	הָעֲנְּתוֹתִי׃	אֲבִיעֶזֶר	הַתְּקוֹעִי	בֶּן־עִקֵּשׁ
sibbᵊkay	hɔᶜannᵊtowtiʸ.	ᵓabiʸᶜɛzɛr	hattᵊqowᶜiʸ	ᶜiqqeš-bɛn
,Sibbechai	,Anetotiter-der	,Abiëser	,Tekoïter-der	,Ikkesch(s)-Sohn

30 מַהְרַי	הָאֲחוֹחִי׃	עִילַי	הַחֻשָׁתִי
mahᵊray	hɔᵓaḥowḥiʸ.	ᶜiʸlay	haḥušɔtiʸ
,Mahrai	,Achochiter-der	,Ilai	,(Huschatiter=)Chuschatiter-der

הַנְּטוֹפָתִי׃	בֶּן־בַּעֲנָה	חֵלֶד	הַנְּטֹפָתִי
hannᵊṭowpɔtiʸ.	baᶜanɔʰ-bɛn	ḥelɛd	hannᵊṭopɔtiʸ
,Netophatiter(s)-(des=)der	,Baana(s)-Sohn	(Helet=)Chelet	,Netophatiter-der

בְּנָיָה	בִנְיָמִן	בְּנֵי	מִגִּבְעַת	בֶּן־רִיבַי	31 אִיתַי
bᵊnɔyɔʰ	binᵊyɔmin	bᵊneʸ	miggibᵊᶜat	riʸbay-bɛn	ᵓiʸtay
,Benaja	,Benjamin(s)	Söhne-(der)	Gibea-(aus=)von	Ribai(s)-Sohn	Ittai

אֲבִיאֵל	גָּעַשׁ	מִנַּחֲלֵי	32 חוּרַי	הַפִּרְעָתֹנִי׃
ᵓabiʸᵓel	gɔᶜaš	minnaḥᵃleʸ	ḥuʷray	happirᵊᶜɔtoniʸ.
,Abiël	,Gaasch	-Nachale-(aus=)von	(Hurai=)Churai	,Piratoniter-der

הַשַּׁעַלְבֹנִי׃	אֶלְיַחְבָּא	הַבַּחֲרוּמִי	33 עַזְמָוֶת	הָעַרְבָתִי׃
haššaᶜalᵊboniʸ.	ᵓɛlᵊyaḥᵊbɔᵓ	habbaḥᵃruʷmiʸ	ᶜazᵊmɔwɛt	hɔᶜarᵊbɔtiʸ.
,Schaalboniter-der	,Eljachba	,Bacharumiter-der	,Asmawet	,Arbatiter-der

בֶּן־שָׁגֵה	יוֹנָתָן	הַגִּזוֹנִי	הָשֵׁם	34 בְּנֵי
šɔgeʰ-bɛn	yoʷnɔtɔn	haggizoʷniʸ	hɔšem	bᵊneʸ
,Schage(s)-Sohn	Jonatan	,Gisonier(s)-(des=)der	,Haschem	(von)-Söhne-(die)

אֱלִיפַל	הַהֲרָרִי	בֶּן־שָׂכָר	35 אֲחִיאָם	הַהֲרָרִי׃
ᵓᵋliʸpal	hahᵃrɔriʸ	śɔkɔr-bɛn	ᵓaḥiʸᵓɔm	hahᵃrɔriʸ.
Elifal	,Hararier(s)-(des=)der	,Sachar(s)-Sohn	Achiam	,Hararier-der

הַפְּלֹנִי׃	אֲחִיָּה	הַמְּכֵרָתִי	36 חֵפֶר	בֶּן־אוּר׃
happᵊloniʸ.	ᵓaḥiʸyɔʰ	hammᵊkerɔtiʸ	ḥepɛr	ᵓuʷr-bɛn.
,Peloniter-der	,Achija	,Mecheratiter-der	,(Hefer=)Chepher	,Ur(s)-Sohn

38 יוֹאֵל	בֶּן־אֶזְבָּי׃	נַעֲרַי	הַכַּרְמְלִי	37 חֶצְרוֹ
yoʷᵓel	ᵓɛzᵊbɔy-bɛn.	naᶜᵃray	hakkarᵊmᵊliʸ	ḥɛṣᵊroʷ
,Joël	,Esbai(s)-Sohn	Naarai	,Karmeliter-der	,(Hezro=)Chezro

39 צֶלֶק	בֶּן־הַגְרִי׃	מִבְחָר	נָתָן	אֲחִי
ṣɛlɛq	hagᵊriʸ-bɛn.	mibᵊḥɔr	nɔtɔn	ᵓaḥiʸ
,Zelek	,Hagri(s)-Sohn	Mibchar	,Natan	(von)-Bruder-(der)

הָעַמּוֹנִי	נַחְרַי	הַבֵּרֹתִי	נֹשֵׂא
hɔᶜammoʷniʸ	naḥᵊray	habberotiʸ	nośeʾ
,Ammoniter-der	,Nachrai	,Berotiter-der	(Träger=)Tragender

כְּלֵי	יוֹאָב	בֶּן־צְרוּיָה׃	40 עִירָא	הַיִּתְרִי
kᵊleʸ	yoʷʾɔb	ṣᵊruʷyɔʰ-bɛn.	ᶜiʸrɔʾ	hayyitᵊriʸ
(von)-(Waffen=)Geräte-(der)	Joab	,Zeruja(s)-Sohn	,Ira	,Jitriter-der

גָּרֵב	הַיִּתְרִי׃	41 אוּרִיָּה	הַחִתִּי	זָבָד
gɔreb	hayyitᵊriʸ.	ʾuʷriʸyɔʰ	haḥittiʸ	zɔbɔd
,Gareb	,Jitriter-der	,Urija	,(Hittiter=)Chittiter-der	Sabad

בֶּן־אַחְלָי׃	42 עֲדִינָא	בֶּן־שִׁיזָא	הָראוּבֵנִי	רֹאשׁ
ʾaḥᵊlɔy-bɛn.	ᶜᵃdiʸnɔʾ	šiʸzɔʾ-bɛn	hɔrʾuʷbeniʸ	roʾš
,Achlai(s)-Sohn	Adina	,Schisa(s)-Sohn	,Rubeniter-der	Haupt(mann)

לָראוּבֵנִי	וְעָלָיו	שְׁלוֹשִׁים׃
lɔrʾuʷbeniʸ	wᵊᶜɔlɔʸw	šᵊloʷšiʸm.
,Rubeniten-(der=des=)dem-zu	(über-Recht-hatte-er=)ihm-auf-und	,dreißig

43 חָנָן	בֶּן־מַעֲכָה	וְיוֹשָׁפָט	הַמִּתְנִי׃	44 עֻזִּיָּא
ḥɔnɔn	maᶜᵃkɔʰ-bɛn	wᵊyoʷšɔpɔṭ	hammitᵊniʸ.	ᶜuziʸyɔʾ
(Hanan=)Chanan	Maacha(s)-Sohn	,Joschaphat-und	,Mitniter-der	,Usija

הָעַשְׁתְּרָתִי	שָׁמָע	ויעואל[וִיעִיאֵל]	בְּנֵי
hɔᶜᵃšᵊtᵊrotiʸ	šɔmɔᶜ	[wiʸᶜiʸʾel]wiʸᶜuʷʾel	bᵊneʸ
,Aschteratiter-der	Schama	[Jegiël-und]Jeguël-und	(von)-Söhne

חוֹתָם	הָעֲרֹעֵרִי׃	45 יְדִיעֲאֵל	בֶּן־שִׁמְרִי
ḥoʷtɔm	hɔᶜᵃroᶜeriʸ.	yᵊdiʸᶜᵃʾel	šimᵊriʸ-bɛn
,(Hotam=)Chotam	,Aroeriter(s)-(des=)der	Jediaël	Schimri(s)-Sohn

וְיֹחָא	אָחִיו	הַתִּיצִי׃	46 אֱלִיאֵל	הַמַּחֲוִים
wᵊyoḥɔʾ	ʾɔḥiʸw	hattiʸṣiʸ.	ʾɛliʸʾel	hammaḥᵃwiʸm
,Jocha-und	,Bruder-sein	,Tiziter-der	,Eliël	,Machawimiter-(der=)die

וִירִיבַי	וְיוֹשַׁוְיָה	בְּנֵי	אֶלְנָעַם	וְיִתְמָה
wiʸriʸbay	wᵊyoʷšawᵊyɔʰ	bᵊneʸ	ʾɛlᵊnɔᶜam	wᵊyitᵊmɔʰ
Jeribai-und	,Joschawja-und	(von)-Söhne-(die)	,Elnaam	,Jitma-und

הַמּוֹאָבִי׃	47 אֱלִיאֵל	וְעוֹבֵד	וְיַעֲשִׂיאֵל
hammoʷʾɔbiʸ.	ʾɛliʸʾel	wᵊᶜoʷbed	wᵊyaᶜᵃśiʸʾel
,Moabiter-der	Eliël	Obed-und	,Jaasiël-und

הַמְּצֹבָיָה׃
hammᵊṣobɔyɔʰ.
.Meszobajaner(s)-(des=)der

12

דָּוִיד	אֶל־	הַבָּאִים	1 וְאֵלֶּה
dɔwiʸd	-ʾɛl	habbɔʾiʸm	wᵊʾellɛʰ
David	zu	Kommenden-die	(waren)-diese-Und

עָצוּר	עוֹד	לְצִיקְלַג
ʿɔṣuʷr	ʿoʷd	lᵊṣiʸqᵊlag
ausgeschlossen(er)-(war-er-als)	noch —	Ziklag-(nach=)zu

וְהֵמָּה	בֶּן־קִישׁ	שָׁאוּל	מִפְּנֵי
wᵊhemmɔʰ	qiʸš-bɛn	šɔʾuʷl	mippᵊneʸ
(waren)-sie-und	— Kisch(s)-Sohn	(Saul=)Schaul	(vor=)Gesichter-von

2 נֹשְׁקֵי	הַמִּלְחָמָה׃	עֹזְרֵי	בַּגִּבּוֹרִים
nošᵊqeʸ	hammilᵊḥɔmɔʰ.	ʿozᵊreʸ	baggibboʷriʸm
(mit)-Gerüstete	,Kampf-(im=)der	Helfende-(als)	Helden-(den=)die-(unter=)in

בָּאֲבָנִים	וּמַשְׂמִאלִים	מַיְמִינִים	קֶשֶׁת
bɔʾᵃbɔniʸm	uʷmaśᵊmiʾliʸm	mayᵊmiʸniʸm	qɛšɛt
Steine(n)-(mit=)in	linkshändig(e)-und	rechtshändig(e)	,Bogen

שָׁאוּל	מֵאֲחֵי	בַּקָּשֶׁת	וּבַחִצִּים
šɔʾuʷl	meʾᵃḥeʸ	baqqɔšɛt	uʷbaḥiṣṣiʸm
(Sauls=)Schaul(s)	Brüdern-(den)-von	,Bogen-den-(für=)in	Pfeilen-(mit=)in-und

בְּנֵי	וְיוֹאָשׁ	אֲחִיעֶזֶר	3 הָרֹאשׁ	מִבִּנְיָמִן׃
bᵊneʸ	wᵊyoʷʾɔš	ʾᵃḥiʸʿɛzɛr	hɔroʾš	mibbinᵊyɔmin.
Söhne-(die)	,Joasch-und	Achiëser	:(Ober)haupt-das	:Benjamin-(aus=)von

ויזואל[וִיזִיאֵל]	הַגִּבְעָתִי	הַשְּׁמָעָה
[wiʸziʸʾel]wiʸzuʷʾel	haggibᵊʿɔtiʸ	haššᵊmɔʿɔʰ
[Jesiël-und]Jesuel-und	,Gibeatiter(s)-(des=)der	,Haschschemaa(s=)der

וְיֵהוּא	וּבְרָכָה	עַזְמָוֶת	בְּנֵי	וָפֶלֶט
wᵊyehuʷʾ	uʷbᵊrɔkɔʰ	ʿazᵊmɔwɛt	bᵊneʸ	wɔpɛlɛṭ
,Jehu-und	Beracha-und	,Asmawet	(von)-Söhne-(die)	,Pelet-und

גִּבּוֹר	הַגִּבְעֹנִי	4 וְיִשְׁמַעְיָה	הָעֲנְּתֹתִי׃
gibboʷr	haggibᵊʿoʷniʸ	wᵊyišᵊmaʿᵊyɔʰ	hɔʿᵃnnᵊtotiʸ.
Held-(ein) —	Gibeoniter-der	,Jischmaja-und	,Anatotiter-der

5 וְיִרְמְיָה	הַשְּׁלֹשִׁים׃	וְעַל־	בַּשְּׁלֹשִׁים
wᵊyirᵊmᵊyɔʰ	haššᵊlošiʸm.	-wᵊʿal	baššᵊlošiʸm
Jirmeja-und	— Dreißig-(der=)die	(Anführer=)über-und	Dreißig-den-(unter=)in

6 אֶלְעוּזַי	הַגְּדֵרָתִי׃	וְיוֹזָבָד	וְיוֹחָנָן	וְיַחֲזִיאֵל
ʾɛlᵊʿuʷzay	haggᵊderɔtiʸ.	wᵊyoʷzɔbɔd	wᵊyoʷḥɔnɔn	wᵊyaḥᵃziʸʾel
Elusai	,Gederatiter-(die=)der	,Josabad-und	Jochanan-und	Jachasiël-und

וּשְׁפַטְיָהוּ	וּשְׁמַרְיָהוּ	וּבְעַלְיָה	וִירִימוֹת
uʷšᵊpaṭᵊyɔhuʷ	uʷšᵊmarᵊyɔhuʷ	uʷbᵊʿalᵊyɔʰ	wiʸriʸmoʷt
,Schephatja(hu)-und	Schemarja(hu)-und	Bealja-und	Jerimot-und

וְיִשִּׁיָּהוּ	7 אֶלְקָנָה	הַחֲרִיפִי[הַחֲרוּפִי]׃
wᵊyiššiʸyɔhuʷ	ʾɛlᵊqɔnɔʰ	[haḥᵃruʷpiʸ]haḥᵃriʸpiʸ.
Jischschija(hu)-und	Elkana	,[Charufiter-der]Chariphiter-(die=)der

8 וְיוֹעֵאלָה	הַקָּרְחִים׃	וְיָשָׁבְעָם	וְיוֹעֶזֶר	וַעֲזַרְאֵל
wᵊyoʷʿeʾlɔʰ	haqqɔrᵊḥiʸm.	wᵊyɔšobᵊʿɔm	wᵊyoʷʿɛzɛr	waʿᵃzarᵊʾel
Joëla-und	.Korachiter-die	,Jaschobam-und	Joëser-und	Asarel-und

9 וּמִן־	הַגְּדוֹר׃	מִן־	יְרֹחָם	בְּנֵי	וּזְבַדְיָה
-uʷmin	haggᵊdoʷr.	-min	yᵊroḥɔm	bᵊneʸ	uʷzᵊbadᵊyɔʰ
von-Und	.Gedor-(der)	(aus=)von	Jerocham	(von)-Söhne	,Sebadja-und

לַמְצַד	דָּוִיד	אֶל־	נִבְדְּלוּ	הַגָּדִי
lamᵊṣad	dɔwiʸd	-ʾɛl	nibᵊdᵊluʷ	haggɔdiʸ
Bergfeste-zu(r)	David	zu	über-liefen-(es=sie)	Gaditen-(den=dem=)der

אַנְשֵׁי	הַחַיִל	גִּבֹּרֵי	מִדְבָּרָה
ʾanᵊšeʸ	haḥayil	gibboreʸ	midᵊbɔrɔʰ
Mannen	,Streitmacht-(der=)die	Helden	(Wüste-der-in=)wüstenwärts

וָרֹמַח	צִנָּה	עֹרְכֵי	לַמִּלְחָמָה	צָבָא
wɔromaḥ	ṣinnɔʰ	ʿorᵊkeʸ	lammilᵊḥɔmɔʰ	ṣɔbɔʾ
,Lanze-und	Schild	(führend=)ordnend(e)	,Kampfe-zum	,Heer(es)-(des)

פְּנֵיהֶם	אַרְיֵה	וּפְנֵי
pᵊneʸhɛm	ʾarᵊyeʰ	uʷpᵊneʸ
,Antlitze-ihre-(waren)	Löwen-(einem)	(von-wie)-Antlitze-und

לְמַהֵר׃	הֶהָרִים	עַל־	וְכִצְבָאיִם
lᵊmaher.	hɛhɔriʸm	-ʿal	wᵊkiṣᵊbɔʾyim
.(flink-waren-sie=)eilen-zu	Berge(n)-(den=)die	auf	Gazellen-wie-und

הַשְּׁלִשִׁי:	אֱלִיאָב	הַשֵּׁנִי	עֹבַדְיָה	הָרֹאשׁ	10 עֵזֶר
haššᵊlišiʸ.	ᵓᵉliʸᵓɔb	haššeniʸ	ᶜobadᵊyɔʰ	hɔroᵓš	ᶜezɛr
,Dritte-der	Eliab	,Zweite-der	Obadja	,(Ober)haupt-das-(war)	Eser

הַשִּׁשִּׁי	12 עַתַּי	הַחֲמִשִׁי:	יִרְמְיָה	הָרְבִיעִי	11 מִשְׁמַנָּה
haššiššiʸ	ᶜattay	haḥᵃmišiʸ.	yirᵊmᵊyɔʰ	hɔrᵊbiʸᶜiʸ	mišᵊmannɔʰ
,Sechste-der	Attai	,Fünfte-der	Jirmeja	,Vierte-der	Mischmanna

הַתְּשִׁיעִי:	אֶלְזָבָד	הַשְּׁמִינִי	13 יוֹחָנָן	הַשְּׁבִעִי:	אֱלִיאֵל
hattᵊšiʸᶜiʸ.	ᵓɛlᵊzɔbɔd	haššᵊmiʸniʸ	yoʷḥɔnɔn	haššᵊbiᶜiʸ.	ᵓᵉliʸᵓel
,Neunte-der	Elsabad	,Achte-der	Jochanan	,Siebte-der	Eliël

עָשָׂר:	עַשְׁתֵּי	מַכְבַּנָּי	הָעֲשִׂירִי	14 יִרְמְיָהוּ
ᶜɔśɔr	ᶜašᵊteʸ.	makᵊbannay	hɔᶜᵃśiʸriʸ	yirᵊmᵊyɔhuʷ
.(Elfte-der=)zehn-(und)-eins		Machbannai	,Zehnte-der	Jirmeja(hu)

הַצָּבָא	רָאשֵׁי	גָד	מִבְּנֵי־	15 אֵלֶּה
haṣṣɔbɔᵓ	rɔᵓšeʸ	gɔd	-mibbᵊneʸ	ᵓellɛʰ
,Heer(es)-(des=)das	(Ober)häupter	Gad(s)	Söhnen-(den)-von	(waren)-Diese

וְהַגָּדוֹל	הַקָּטָן	לְמֵאָה	אֶחָד
wᵊhaggɔdoʷl	haqqɔṭɔn	lᵊmeᵓɔʰ	ᵓɛḥɔd
(Größte=)Große-der-und	,Klein(st)e-der	hundert-(gegen=)zu	einer

הֵם	16 אֵלֶּה	לְאָלֶף:
hem	ᵓellɛʰ	lᵊᵓɔlɛp.
,(die=)sie	(waren)-(Das=)Diese	.(aufnehmen-es-konnte=)tausend-(gegen=)zu

בַּחֹדֶשׁ	אֶת־הַיַּרְדֵּן	עָבְרוּ	אֲשֶׁר
baḥodɛš	hayyarᵊden-ᵓɛt	ᶜɔbᵊruʷ	ᵓᵃšɛr
,Monat-im	Jordan-(den=)der***	durchschritten-(sie)	welch(e)

מְמַלֵּא	וְהוּא	הָרִאשׁוֹן
mᵊmalleᵓ	wᵊhuʷᵓ	hɔriᵓšoʷn
(anschwellend=)füllend(er)-(war)	er-(während=)und	,(ersten-dem=)erste-der

גִּדְיֹתָיו[גְּדוֹתָיו]	כָּל־	עַל־
[gᵊdoʷtɔʸw]gidyotɔʸw	-kol	-ᶜal
,Ufer-seine	all(e)	(über=)auf

אֶת־כָּל־	וַיַּבְרִיחוּ
-kol-ᵓɛt	wayyabᵊriʸḥuʷ
all(e)***	(Flucht-die-in-schlugen=)fliehen-machten-sie-und

הָעֲמָקִים
hɔᶜᵃmɔqiʸm
(Talbewohner=)Täler-die

לַמִּזְרָח
lammizᵊrɔḥ
(Osten=)Aufgang-(nach=)zu

וְלַמַּעֲרָב׃
wᵊlammaᶜᵃrɔb.
.(Westen=)Untergang-(nach=)zu-und

17 וַיָּבֹאוּ
wayyɔboᵓuʷ
kamen-(es=)sie-Und

מִן־
-min
von-(einige)

בְּנֵי
bᵊneʸ
Söhne(n)-(den)

בִנְיָמִן
binᵊyɔmin
Benjamin(s)

וִיהוּדָה
wiʸhuʷdɔʰ
Juda(s)-und

עַד־
-ᶜad
bis

לַמְצָד
lamᵊṣɔd
Bergfeste-zu(r)

לְדָוִיד׃
lᵊdɔwiʸd.
.David-(des=)zu

18 וַיֵּצֵא
wayyeṣeᵓ
hinaus-ging-(er)-(Da=)Und

דָוִיד
dɔwiʸd
,David

לִפְנֵיהֶם
lipᵊneʸhɛm
(sie-vor=)Gesichtern-ihren-zu-(trat)

וַיַּעַן
wayyaᶜan
(an-hob=)antwortete-er-und

וַיֹּאמֶר
wayyoᵓmɛr
sagte-(er)-und

לָהֶם
lɔhɛm
:ihnen-zu

אִם־
-ᵓim
Wenn

לְשָׁלוֹם
lᵊšɔloʷm
(Absicht-friedlicher-in=)Frieden-zu

בָּאתֶם
bɔᵓtɛm
gekommen-seid-ihr

אֵלַי
ᵓelay
,mir-zu

לְעָזְרֵנִי
lᵊᶜozᵊreniʸ
,(zuhilfe-mir=)mich-helfen-zu

יִהְיֶה־
-yihᵊyɛʰ
sein-wird-(es=)er

לִּי
liʸ
mir-(zu)

עֲלֵיכֶם
ᶜᵃleʸkɛm
euch-(gegenüber=)auf

לֵבָב
lebɔb
(Entschluss=)Herz-(ein)

לְיָחַד
lᵊyɔḥad
,(Vereinbarung=)Vereinigung-(einer)-zu

וְאִם־
-wᵊᵓim
wenn-(hingegen=)und

לְרַמּוֹתַנִי
lᵊrammoʷtaniʸ
mich-Verraten-(einem)-zu

לְצָרַי
lᵊṣɔray
,Feinde-meine-(an=)zu

בְּלֹא
bᵊloᵓ
(kein-obwohl=)nicht-in

חָמָס
ḥɔmɔs
Unrecht

בְּכַפַּי
bᵊkappay
,Hände(n)-(zwei)-meine(n)-(an=)in-(ist)

אֲבוֹתֵינוּ	אֱלֹהֵי	יֵרֶא
ᵓaboʷteʸnuʷ	ᵓᵋloheʸ	yereᵓ
Väter-unsere(r)	(Gott-der=)Götter-(die)	(urteilen=)sehen-(möge=)wird-(es=)er

וְיוֹכַח׃
wᵊyoʷkaḥ.
!(ziehen-Rechenschaft-zur=)zurechtweisen-(soll=)wird-er-und

אֶת־עֲמָשַׂי	לָבְשָׁה	19 וְרוּחַ
ʿᵃmɔśay-ᵓɛt	lɔbᵊšɔʰ	wᵊruʷaḥ
,Amasai***	(ergriff=)bekleidete-(er=sie)	Geist-(ein)-(Indes=)Und

לְךָ	הַשְּׁלוֹשִׁים[הַשָּׁלִישִׁים]	רֹאשׁ
lᵊkɔ	[haššɔliʸšiʸm]haššᵊloʷšiʸm	roᵓš
,(dich-Um=)dir-Zu	:Krieger-(erlesene(n))-dreißig-(der=)die	(Ober)haupt-(das)

לְךָ	שָׁלוֹם	שָׁלוֹם	בֶּן־יִשַׁי	וְעִמְּךָ	דָוִיד
lᵊkɔ	šɔloʷm	šɔloʷm	yišay-bɛn	wᵊʿimmᵊkɔ	dɔwiʸd
(dich-für=)dir-zu	Friede	,Friede-(sei)	,Jischai(s)-Sohn	,dir-mit-und	,David

עֲזָרְךָ	כִּי	לְעֹזְרֶךָ	וְשָׁלוֹם
ʿᵃzɔrᵊkɔ	kiʸ	lᵊʿozᵊrɛkɔ	wᵊšɔloʷm
(dir=)dich-(hilft=)half-(es=)er	denn	,Helfer-dein(en)-(für=)zu	Friede-und

דָּוִיד	וַיְקַבְּלֵם	אֱלֹהֶיךָ
dɔwiʸd	wayᵊqabbᵊlem	ᵓᵋlohɛʸkɔ
David	sie-auf-nahm-(es=er)-(Da=)Und	!(Gott-dein=)Götter-deine

הַגְּדוּד׃	בְּרָאשֵׁי	וַיִּתְּנֵם
haggᵊduʷd.	bᵊrɔᵓšeʸ	wayyittᵊnem
.Streifschar-(der=)die	(Ober)häupter(n)-(zu=)in	sie-(machte=)gab-er-und

עַל־	נָפְלוּ	20 וּמִמְּנַשֶּׁה
-ʿal	nɔpᵊluʷ	uʷmimmᵊnaššɛʰ
(zu=)auf	(über-gingen=)fielen-(sie)	(Manasse=)Menaschsche-von-(einige)-Und

פְּלִשְׁתִּים	עִם־	בְּבֹאוֹ	דָוִיד
pᵊlišᵊtiʸm	-ʿim	bᵊboᵓoʷ	dɔwiʸd
Philister(n)-(den)	mit	(herankam-er-als=)Kommen-seinem-in	,David

וְלֹא	לַמִּלְחָמָה	שָׁאוּל	עַל־
wᵊloᵓ	lammilᵊḥɔmɔʰ	šɔᵓuʷl	-ʿal
nicht-(allerdings=)und —	Kampfe-zum	(Saul=)Schaul	(gegen=)auf

בְּעֵצָה	כִּי	עֲזָרֻם
bəʿeṣɔh	kiy	ʿazɔrum
Entschluss-(einem)-(nach=)in	denn	,(ihnen=)sie-halfen-sie

פְלִשְׁתִּים	סַרְנֵי	שִׁלְּחֻהוּ
pəlišətiym	sarəney	šilləḥuhuw
,Philister(n)-(den)	(von)-Fürsten-(die)	ihn-(weg)-schickten-(es=sie)

בְּרָאשֵׁינוּ	לֵאמֹר
bərɔʾšeynuw	leʾmor
Köpfen-unseren-(Mit=)In	:(sagend=)sagen-zu

אֲדֹנָיו	אֶל-	יִפּוֹל
ʾadonɔyw	-ʾɛl	yippowl
(Herrn=)Herren-seine(m)	zu	(übergehen=)fallen-(könnte=)wird-er

צִיקְלַג	אֶל-	21 בְּלֶכְתּוֹ	שָׁאוּל:
ṣiyqəlag	-ʾɛl	bəlɛkətow	šɔʾuwl.
Ziklag	(nach=)zu	Gehen-seinem-(Bei=)In	!(Saul=)Schaul

מִמְּנַשֶּׁה	עָלָיו	נָפְלוּ
mimmənaššɛh	ʿɔlɔyw	nɔpəluw
:(Manasse=)Menaschsche-von	(ihm-zu=)ihn-auf	(über-gingen=)fielen-(sie)

וֶאֱלִיהוּא	וְיוֹזָבָד	וּמִיכָאֵל	וִידִיעֲאֵל	וְיוֹזָבָד	עַדְנַח
wɛʾɛliyhuwʾ	wəyowzɔbɔd	uwmiykɔʾel	wiydiyʿaʾel	wəyowzɔbɔd	ʿadənaḥ
Elihu-und	Josabad-und	Michael-und	Jediaël-und	Josabad-und	Adnach

אֲשֶׁר	הָאֲלָפִים	רָאשֵׁי	וְצִלְּתָי
ʾašɛr	hɔʾalɔpiym	rɔʾšey	wəṣillətɔy
(derer=)welch(e)	,Tausendschaften-(der=)die	(Ober)häupter	,Zilletai-und

עָזְרוּ	22 וְהֵמָּה	לִמְנַשֶּׁה:
ʿɔzəruw	wəhemmɔh	limənaššɛh.
(standen=)halfen-sie	(die=)sie-Und	.(Manasse=)Menaschsche-(von=)zu

גִבּוֹרֵי	כִּי-	הַגְּדוּד	עַל-	דָּוִיד	עִם-
gibbowrey	-kiy	haggəduwd	-ʿal	dɔwiyd	-ʿim
Männer-wackere	denn	,Streifschar-die	(gegen=)auf	David	(Seite-zur=)mit

שָׂרִים	וַיִּהְיוּ	כֻּלָּם	חַיִל
śɔriym	wayyihəyuw	kullɔm	ḥayil
Anführer	(wurden=)waren-sie-und	,(allesamt=)sie-all-(waren)	Streitmacht-(der)

בְּיוֹם	יוֹם	לְעֶת־	23 כִּי	בַּצָּבָא׃
bəyowm	yowm	-ləʿɛt	kiy	baṣṣɔbɔʾ.
,Tag-(für=)in	Tag	,Zeit-(beliebiger)-zu	,(Ja=)Denn	.Heer-im

עַד־	לְעָזְרוֹ	דָּוִיד	עַל־	יָבֹאוּ
-ʿad	ləʿozərow	dɔwiyd	-ʿal	yɔboʾuw
(wurde)-bis	,ihn-unterstützen-zu-(um)	David	(zu=)auf	(kamen=)kommen-sie

אֱלֹהִים׃	כְּמַחֲנֵה	גָּדוֹל	לְמַחֲנֶה
ʾᵉlohiym.	kəmaḥᵃneh	gɔdowl	ləmaḥᵃnɛh
.(Gottes=)Götter-(der)	(Heer)lager-(ein)-wie	groß-(so)	(Heer)lager-(ein=)zu

רָאשֵׁי	מִסְפְּרֵי	24 וְאֵלֶּה
rɔʾšey	misəpərey	wəʾellɛh
(für)-(Ober)häupter-(der)	Zahlen-(die)	(sind-das=)diese-Und

דָּוִיד	עַל־	בָּאוּ	לַצָּבָא	הֶחָלוּץ
dɔwiyd	-ʿal	bɔʾuw	laṣṣɔbɔʾ	hɛḥɔluwṣ
David	(zu=)auf	kamen-(die=)sie	,Heer-zu(m)	Gerüstete(n)-(den=)der

אֵלָיו	שָׁאוּל	מַלְכוּת	לְהָסֵב	חֶבְרוֹנָה
ʾelɔyw	šɔʾuwl	maləkuwt	ləhɔseb	hɛbərownɔh
ihm-zu	(Sauls=)Schaul(s)	Königtum-(das)	zuwenden-machen-zu	zu-Hebron

יְהוּדָה	25 בְּנֵי	יְהוָה׃	כְּפִי
yəhuwdɔh	bəney	yəhwɔh.	kəpiy
Juda	(von)-Söhne	.JHWH(s)	(Wort-dem-nach=)Mund-wie

וּשְׁמוֹנֶה	אֲלָפִים	שֵׁשֶׁת	וָרֹמַח	צִנָּה	נֹשְׂאֵי
uwšəmownɛh	ʾᵃlɔpiym	šešɛt	wɔromaḥ	ṣinnɔh	nośəʾey
-acht-und	tausend(e)	-sechs	:Lanze-und	Schild	tragend(e)-(waren)

בְּנֵי	26 מִן־	צָבָא׃	חֲלוּצֵי	מֵאוֹת
bəney	-min	ṣɔbɔʾ.	ḥᵃluwṣey	meʾowt
Söhne(n)-(den)	Von	.Heer-(das)	(für)-Gerüstetete	hundert(e)

חַיִל	גִּבּוֹרֵי	שִׁמְעוֹן
ḥayil	gibbowrey	šiməʿown
Tüchtigkeit	(von)-Männer-wackere	,(Simeons=)Schimeon(s)

27 מִן־	וּמֵאָה׃	אֲלָפִים	שִׁבְעַת	לַצָּבָא
-min	uwmeʾɔh.	ʾᵃlɔpiym	šibəʿat	laṣṣɔbɔʾ
Von	.hundert-(ein)-und	tausend(e)	-sieben	:Heer-das-(für=)zu

וְשֵׁשׁ	אֲלָפִים	אַרְבַּעַת	הַלֵּוִי	בְּנֵי
wᵊšeš	ᵓalɔpiym	ᵓarᵊbaᶜat	hallewiy	bᵊney
-sechs-und	tausend(e)	-vier	:Leviten(stammes)-(des=)der	Söhne(n)-(den)

לְאַהֲרֹן	הַנָּגִיד	28 וִיהוֹיָדָע	מֵאוֹת:
lᵊᵓahᵃron	hannɔgiyd	wiyhowyɔdɔᶜ	meᵓowt.
,Aaron-(Haus-das-über=)zu	Fürst-der	,J(eh)ojada-(dazu=)und	;hundert(e)

29 וְצָדוֹק	מֵאוֹת:	וּשְׁבַע	אֲלָפִים	שְׁלֹשֶׁת	וְעִמּוֹ
wᵊṣɔdowq	meᵓowt.	uwšᵊbaᶜ	ᵓalɔpiym	šᵊloošt	wᵊᶜimmow
,Zadok-Und	.hundert(e)	-sieben-und	tausend(e)	-drei	ihm-mit-und

וּבֵית־אָבִיו	חַיִל	גִּבּוֹר	נַעַר
ᵓɔbiyw-uwbeyt	ḥɔyil	gibbowr	naᶜar
(zählte)-Vaterhaus-sein-und	,Tüchtigkeit	(von)-Krieger-(ein)	,Jüngling-(ein)

בִּנְיָמִן	בְּנֵי	30 וּמִן־	וּשְׁנָיִם:	עֶשְׂרִים	שָׂרִים
binᵊyɔmin	bᵊney	-uwmin	uwšᵊnɔyim.	ᶜeśᵊriym	śɔriym
,Benjamin(s)	Söhne(n)-(den)	von-Und	.zwei-und	-zwanzig	Anführer

וְעַד־	אֲלָפִים	שְׁלֹשֶׁת	שָׁאוּל	אֲחֵי
-wᵊᶜad	ᵓalɔpiym	šᵊlošɛt	šɔᵓuwl	ᵓaḥey
bis-(denn=)und —	tausend(e)	-drei	:(Saul=)Schaul	(von)-Brüder(n)-(den)

מִשְׁמֶרֶת	שֹׁמְרִים	מַרְבִּיתָם	הֵנָּה
mišᵊmɛrɛt	šomᵊriym	marᵊbiytɔm	hennɔh
(treu-blieben=)Wache-(die)	-haltend(e)-(waren)	Mehrzahl-ihre	(dahin=)hierher

אֶפְרַיִם	בְּנֵי	31 וּמִן־	שָׁאוּל:	בֵּית
ᵓɛpᵊrayim	bᵊney	-uwmin	šɔᵓuwl.	beyt
:Ephraim(s)	Söhne(n)-(den)	von-Und	.(Sauls=)Schaul(s)	Haus-(dem)

חַיִל	גִּבּוֹרֵי	מֵאוֹת	וּשְׁמוֹנֶה	אֶלֶף	עֶשְׂרִים
ḥayil	gibbowrey	meᵓowt	uwšᵊmownɛh	ᵓɛlɛp	ᶜɛśᵊriym
,Tüchtigkeit	(von)-Krieger	hundert(e)	-acht-und	-tausend	-zwanzig

אֲבוֹתָם:	לְבֵית	שֵׁמוֹת	אַנְשֵׁי
ᵓabowtɔm.	lᵊbeyt	šemowt	ᵓanᵊšey
.Väter-ihre(r)	Haus-(dem)-(in=)zu	(Ansehen=)Namen	(von)-Mannen

שְׁמוֹנָה	מְנַשֶּׁה	מַטֵּה	32 וּמֵחֲצִי
šᵊmownɔh	mᵊnaššɛh	maṭṭeh	uwmeḥᵃṣiy
-acht	:(Manasse=)Menaschsche	Stamm(es)-(des)	Hälfte-(der)-von-Und

נִקְּבוּ	אֲשֶׁר	אֶלֶף	עֲשַׂר
niqq^{ə}bu^{w}	^{ʾa}šɛr	ʾɔlɛp	ʿɔśɔr
(bezeichnet=)punktiert-wurden-(sie)	(die=)welch(e)	,tausend	-zehn

לְהַמְלִיךְ	לָבוֹא	בְּשֵׁמוֹת
l^{ə}ham^{ə}li^{y}k	lɔbo^{wʾ}	b^{ə}šemo^{w}t
(König-zum=)herrschen-machen-zu	kommen-zu-(um)	,Namen-(mit=)in

יוֹדְעֵי	יִשָּׂשכָר	33 וּמִבְּנֵי	אֶת־דָּוִיד׃
yo^{w}d^{ə}ʿe^{y}	yiśśɔkɔr	u^{w}mibb^{ə}ne^{y}	dɔwi^{y}d-ʾɛt.
Kennende(n)-(die)	,Is(s)achar(s)	Söhnen-(den)-von-Und	.David***

מַה־	לָדַעַת	לַעִתִּים	בִינָה
-ma^{h}	lɔdaʿat	laʿitti^{y}m	bi^{y}nɔ^{h}
was	,(er)kennen-zu-(um)	Zeiten-(der=)den-zu	Verständnis-(das)

רָאשֵׁיהֶם	יִשְׂרָאֵל	יַעֲשֶׂה
rɔʾše^{y}hɛm	yiś^{ə}rɔʾel	yaʿ^{a}śɛ^{h}
(Ober)häupter-Ihre	:Israel	(tun=)machen-(sollte=)wird-(es=er)

עַל־	אֲחֵיהֶם	וְכָל־	מָאתַיִם
-ʿal	^{ʾa}ḥe^{y}hɛm	-w^{ə}kol	mɔʾtayim
(unter=)auf-(waren)	Brüder-ihre	all(e)-und	,zweihundert(e)-(waren)

צָבָא	יוֹצְאֵי	34 מִזְּבֻלוּן	פִּיהֶם׃
ṣɔbɔʾ	yo^{w}ṣ^{ə}ʾe^{y}	mizz^{ə}bulu^{w}n	pi^{y}hɛm.
,Heer-(als)	ausrückend(e)-(waren)	Sebulon-von-Und	.(Befehl=)Mund-ihr(em)

בְּכָל־	מִלְחָמָה	עֹרְכֵי
-b^{ə}kol	mil^{ə}ḥɔmɔ^{h}	ʿor^{ə}ke^{y}
all(en)-(mit=)in	,Schlacht-(die)	(für)-ordnend(e)-(sich)

אָלֶף	חֲמִשִּׁים	מִלְחָמָה	כְּלֵי
ʾɔlɛp	ḥ^{a}miššši^{y}m	mil^{ə}ḥɔmɔ^{h}	k^{ə}le^{y}
,tausend	-fünfzig	:Kampf-(den)	(für)-(Waffen=)Geräte(n)

וָלֵב׃	בְּלֹא־לֵב	וְלַעֲדֹר
wɔleb	leb-b^{ə}loʾ.	w^{ə}laʿ^{a}dor
.(vorbehaltlos=)Herz-und-Herz-nicht-in		(einordnend-sich=)Einordnen-zu-und

בְּצִנָּה	וְעִמָּהֶם	אָלֶף	שָׂרִים	35 וּמִנַּפְתָּלִי
b^{ə}ṣinnɔ^{h}	w^{ə}ʿimmɔhɛm	ʾɔlɛp	śɔri^{y}m	u^{w}minnap^{ə}tɔli^{y}
Schild-(mit=)in	ihnen-mit-und	,tausend	Anführer	Naphtali-von-Und

36 וּמִן־	אָלֶף׃	וְשִׁבְעָה	שְׁלֹשִׁים	וַחֲנִית
-uʷmin	ᵓɔlɛp.	wᵊšibᵊᶜɔʰ	šᵊlošiʸm	waḥᵃniʸt
von-Und	.tausend	sieben-und	dreißig	:Speer-und

מִלְחָמָה	עֹרְכֵי	הַדָּנִי
milᵊḥɔmɔʰ	ᶜorᵊkeʸ	haddɔniʸ
:Schlacht-(die)	(für)-ordnend(e)-(sich)	(waren)-Danite(n)-(den=dem=)der

37 וּמֵאָשֵׁר	מֵאוֹת׃	וְשֵׁשׁ	אֶלֶף	וּשְׁמוֹנָה	עֶשְׂרִים־
uʷmeᵓɔšer	meᵓoʷt.	wᵊšeš	ᵓɛlɛp	uʷšᵊmoʷnɔh	-ᶜɛśᵊriʸm
Ascher-von-Und	.hundert(e)	-sechs-und	-tausend	-acht-und	-zwanzig

אַרְבָּעִים	מִלְחָמָה	לַעֲרֹךְ	צָבָא	יוֹצְאֵי
ᵓarᵊbɔᶜiʸm	milᵊḥɔmɔʰ	laᶜᵃrok	ṣɔbɔᵓ	yoʷṣᵊᵓeʸ
-vierzig	:Schlacht-(die)	ordnen-zu	Heer-(als)	ausrückend(e)-(waren)

מִן־	לַיַּרְדֵּן	38 וּמֵעֵבֶר	אָלֶף׃
-min	layyarᵊden	uʷmeᶜebɛr	ᵓɔlɛp.
von	,Jordan-(des=)zu	(jenseits=)Jenseitig(em)-von-Und	.tausend

וַחֲצִי	וְהַגָּדִי	הָראוּבֵנִי
waḥᵃṣiʸ	wᵊhaggɔdiʸ	hɔrᵓuʷbeniʸ
Hälfte-(einer)-und	Gadite(n)-(den=dem=)der-und	Rubenite(n)-(den=dem=)der

בְּכֹל	מְנַשֶּׁה	שֵׁבֶט
bᵊkol	mᵊnaššɛʰ	šebɛṭ
all(en)-(mit=)in	,(Manasse=)Menaschsche	Stamm(es)-(des)

וְעֶשְׂרִים	מֵאָה	מִלְחָמָה	צְבָא	כְּלֵי
wᵊᶜɛśᵊriʸm	meᵓɔʰ	milᵊḥɔmɔʰ	ṣᵊbɔᵓ	kᵊleʸ
-zwanzig-und	-hundert	:Krieg(s)-	heer-(das)	(für)-(Waffen=)Geräte(n)

עֹדְרֵי	מִלְחָמָה	אַנְשֵׁי	אֵלֶּה	39 כָּל־	אָלֶף׃
ᶜodᵊreʸ	milᵊḥɔmɔʰ	ᵓanᵊšeʸ	ᵓellɛʰ	-kol	ᵓɔlɛp.
(in)-ordnend-(sich)-(waren)	Krieg(s)-	mannen	diese	All(e)	.tausend

שָׁלֵם	בְּלֵבָב	מַעֲרָכָה
šɔlem	bᵊlebɔb	maᶜᵃrɔkɔʰ
(ungeteilten=)vollständig(er)	Herz-(einem)-(Mit=)In	.(Schlacht)ordnung

אֶת־דָּוִיד	לְהַמְלִיךְ	חֶבְרוֹנָה	בָּאוּ
dɔwiʸd-ᵓɛt	lᵊhamᵊliʸk	ḥɛbᵊroʷnɔʰ	bɔᵓuʷ
David***	König-zum-machen-zu-(um)	zu-(Hebron=)Chebron	kamen-sie

כָּל־	וְגַם	יִשְׂרָאֵל	כָּל־	עַל־
-kol	wᵊgam	yiśᵊrɔʾel	-kol	-ʿal
all	auch-(ja=)und	;Israel	(ganz=)all	(über=)auf

לֵב אֶחָד	יִשְׂרָאֵל	שְׁאֵרִית
ʾɛḥɔd leb	yiśᵊrɔʾel	šeriʸt
,(Sinnes-eines=)ein(es)-Herz-(war)	Israel(s)	Rest-(der)

40 וַיִּהְיוּ־	אֶת־דָּוִיד:	לְהַמְלִיךְ
-wayyihᵊyuʷ	dɔwiʸd-ʾɛt.	lᵊhamᵊliʸk
waren-sie-Und	.David***	König-(als)-(herrschen-mache-man-dass=)machen-zu

כִּי־	וְשׁוֹתִים	אֹכְלִים	שְׁלוֹשָׁה	יָמִים	דָּוִיד	עִם־	שָׁם
-kiʸ	wᵊšoʷtiʸm	ʾokᵊliʸm	šᵊloʷšɔʰ	yɔmiʸm	dɔwiʸd	-ʿim	šɔm
denn	,trinkend(e)-und	essend(e)	drei	Tage	David	(bei=)mit	dort

אֲחֵיהֶם:	לָהֶם	הֵכִינוּ
ʾaḥeʸhɛm.	lɔhɛm	hekiʸnuʷ
.(Stammes)brüder-ihre	(sie-für=)ihnen-zu	(her)gerichtet-hatten-(es=)sie

יִשָּׂכָר	עַד־	אֲלֵיהֶם	הַקְּרוֹבִים־	41 וְגַם
yiśɔkɔr	-ʿad	ʾaleʸhɛm	-haqqᵊroʷbiʸm	wᵊgam
Is(s)achar	(nach)-bis	,ihnen-zu	Nahen-die	auch-Und

מְבִיאִים	וְנַפְתָּלִי	וּזְבֻלוּן
mᵊbiʸʾiʸm	wᵊnapᵊtɔliʸ	uʷzᵊbuluʷn
bringend(e)-(waren)	,(hin)-Naphtali-und	(Sebulon=)Sebulun-und

וּבַגְּמַלִּים	בַּחֲמוֹרִים	לֶחֶם
uʷbaggᵊmalliʸm	baḥᵃmoʷriʸm	lɛḥɛm
Kamele(n)-(auf=)in-und	Esel(n)-(auf=)in	(Nahrung=)Brot

קֶמַח	מַאֲכָל	וּבַבָּקָר	וּבַפְּרָדִים
qɛmaḥ	maʾᵃkɔl	uʷbabbɔqɔr	uʷbappᵊrɔdiʸm
,Mehl	(aus)-Nahrung	,Rind(ern)-(auf=)in-und	Maultiere(n)-(auf=)in-und

וּבָקָר	וְשֶׁמֶן	וְיַיִן־	וְצִמּוּקִים	דְּבֵלִים
uʷbɔqɔr	wᵊšɛmɛn	-wᵊyayin	wᵊṣimmuʷqiʸm	dᵊbeliʸm
Rind(er)-und	Öl-und	Wein-und	Traubenkuchen-und	Feigenkuchen

בְּיִשְׂרָאֵל:	שִׂמְחָה	כִּי	לָרֹב	וְצֹאן
bᵊyiśᵊrɔʾel.	śimᵊḥɔʰ	kiʸ	lɔrob	wᵊṣoʾn
.Israel-in	(war)-Freude	denn	;Menge-(in=)zu	Schaf(e)-und

13

שָׂרֵי	עִם־	דָּוִיד	1 וַיִּוָּעַץ
śɔreʸ	-ʿim	dɔwiʸd	wayyiwwɔʿaṣ
Anführer(n)	mit	David	sich-beriet-(es=)er-Und

לְכָל־	וְהַמֵּאוֹת	הָאֲלָפִים
-lᵊkol	wᵊhammeʾoʷt	hɔʾalɔpiʸm
(jedem=)all-(mit=)zu	,Hundertschaften-(der=)die-und	Tausendschaften-(der=)die

קְהַל	לְכֹל	דָּוִיד	2 וַיֹּאמֶר	נָגִיד׃
qᵊhal	lᵊkol	dɔwiʸd	wayyoʾmɛr	nɔgiʸd.
Versammlung-(der)	all-zu	David	sprach-(er)-(Dann=)Und	.Fürst(en)

טוֹב	עֲלֵיכֶם	אִם־	יִשְׂרָאֵל
ṭoʷb	ʿaleʸkɛm	-ʾim	yiśᵊrɔʾel
(angebracht=)gut-ist-(es=)er	euch-(für=)auf	Wenn	:Israel(s)

אֱלֹהֵינוּ	יְהוָה	וּמִן־
ʾᵋloheʸnuʷ	yᵊhwɔʰ	-uʷmin
,(Gott-unserem=)Götter(n)-unsere(n)	,JHWH	von-(bestimmt)-und

אַחֵינוּ	עַל־	נִשְׁלְחָה	נִפְרְצָה
ʾaḥeʸnuʷ	-ʿal	nišᵊlᵊḥɔʰ	nipᵊrᵊṣɔʰ
,Brüder(n)-unsere(n)	(zu=)auf	senden-wollen-wir-(und)	verbreiten-wollen-wir

יִשְׂרָאֵל	אַרְצוֹת	בְּכֹל	הַנִּשְׁאָרִים
yiśᵊrɔʾel	ʾarᵊṣoʷt	bᵊkol	hannišᵊʾɔriʸm
,Israel(s)	Länder(n)	all(en)-in	gebliebenen-übrig-(den=)die

וְהַלְוִיִּם	הַכֹּהֲנִים	וְעִמָּהֶם
wᵊhalᵊwiʸyim	hakkohᵃniʸm	wᵊʿimmɔhɛm
Leviten-(den=)die-und	Priester(n)-(den=)die	ihnen-(bei=)mit-und

וְיִקָּבְצוּ	מִגְרְשֵׁיהֶם	בְּעָרֵי
wᵊyiqqɔbᵊṣuʷ	migᵊrᵊšeʸhɛm	bᵊʿɔreʸ
versammeln-sich-sie-(dass=)und	,Weideflächen-ihre(r)	Städten-(den)-in

אֶת־אֲרוֹן	3 וְנָסֵבָּה	אֵלֵינוּ׃
ʾᵃroʷn-ʾɛt	wᵊnɔsebbɔʰ	ʾeleʸnuʷ.
(Schrein-den=)Lade-(die)***(überführen=)machen-wenden-wollen-wir-Und		.uns-zu

דְרַשְׁנֻהוּ	לֹא	כִּי־	אֵלֵינוּ	אֱלֹהֵינוּ
dᵊrašᵊnuhuʷ	loʾ	-kiʸ	ʾeleʸnuʷ	ʾᵋloheʸnuʷ
ihn-(auf)-suchten-wir	nicht	denn	,uns-zu	(Gottes-unseres=)Götter-unsere(r)

כָּל־	4 וַיֹּאמְרוּ	שָׁאוּל׃	בִּימֵי
-kol	wayyoʾmᵊruʷ	šɔʾuʷl.	biʸmeʸ
all	sagte(n)-(es=sie)-(Da=)Und	!(Sauls=)Schaul(s)	Tagen-(den)-in

הַדָּבָר	יָשַׁר	כִּי־	כֵּן	לַעֲשׂוֹת	הַקָּהָל
haddɔbɔr	yɔšar	-kiʸ	ken	laᶜᵃśoʷt	haqqɔhɔl
Sache-die	recht-war-(es=)er	denn	,so	tun-zu	Versammlung-die

5 וַיַּקְהֵל	הָעָם׃	כָּל־	בְּעֵינֵי
wayyaqᵊhel	hɔᶜɔm.	-kol	bᵊᶜeʸneʸ
versammelte-(es=er)-(Hierauf=)Und	.Volk(es)-(des=)das	all	Augen-(den)-in

וְעַד־	מִצְרַיִם	שִׁיחוֹר	מִן־	אֶת־כָּל־יִשְׂרָאֵל	דָּוִיד
-wᵊᶜad	miṣᵊrayim	šiʸḥoʷr	-min	yiśᵊrɔʾel-kol-ʾɛt	dɔwiʸd
bis-(und)	Ägypten-(in)	Schichor-(dem)	von	Israel-(ganz=)all***	David

חֲמָת	לְבוֹא
ḥᵃmɔt	lᵊboʷʾ
(Hamat=)Chamat-(nach)	(kommt-man-wo=)kommen-zu

אֶת־אֲרוֹן	לְהָבִיא
ʾᵃroʷn-ʾɛt	lᵊhɔbiʸʾ
(Schrein-den=)Lade-(die)***	(herbeizubringen=)machen-kommen-zu

יְעָרִים׃	מִקִּרְיַת	הָאֱלֹהִים
yᵊᶜɔriʸm.	miqqirᵊyat	hɔʾᵋlohiʸm
.Jearim	-Kirjat-von	(Gottes=)Götter-(der=)die

בַּעֲלָתָה	יִשְׂרָאֵל	וְכָל־	דָּוִיד	6 וַיַּעַל
baᶜᵃlɔtɔʰ	yiśᵊrɔʾel	-wᵊkol	dɔwiʸd	wayyaᶜal
,zu-Baala	Israel	(ganz=)all-und	David	hinauf-zog-(es=er)-(Dann=)Und

לִיהוּדָה	אֲשֶׁר	יְעָרִים	קִרְיַת	אֶל־
liʸhuʷdɔʰ	ʾᵃšɛr	yᵊᶜɔriʸm	qirᵊyat	-ʾɛl
,Juda-zu-(gehörte)	(das=)welch(es)	,Jearim	-Kirjat	(nach=)zu

אֵת	מִשָּׁם	לְהַעֲלוֹת
ʾet	miššɔm	lᵊhaᶜᵃloʷt
***	dort-von	(heraufführe-man-dass=)heraufführen-zu

יְהוָה	הָאֱלֹהִים	אֲרוֹן
yᵊhwɔʰ	hɔʾᵋlohiʸm	ʾᵃroʷn
,JHWH	(Gottes-des=)Götter-(der=)die	(Schrein-den=)Lade-(die)

אֲשֶׁר־	הַכְּרוּבִים	יוֹשֵׁב
-ʾᵃšɛr	hakkᵊruʷbiʸm	yoʷšeb
welch(en)-(über)	,Kerube(n)-(den=)die-(über)	Thronenden-(des)

שֵׁם׃	נִקְרָא
šem.	niqᵊrɔʾ
.Name-(sein)	(aus)gerufen-(ist=)wurde-(es=)er

אֶת־אֲרוֹן	7 וַיַּרְכִּיבוּ
ʾᵃroʷn-ʾɛt	wayyarᵊkiʸbuʷ
(Schrein-den=)Lade-(die)***	(überführten=)fahren-machten-sie-Und

מִבֵּית	חֲדָשָׁה	עֲגָלָה	עַל־	הָאֱלֹהִים
mibbeʸt	ḥᵃdɔšɔʰ	ʿᵃgɔlɔʰ	-ʿal	hɔʾᵋlohiʸm
Haus-(dem)-von	neue(n)	Wagen-(einem)	auf	(Gottes=)Götter-(der=)die

נֹהֲגִים	וְאַחְיוֹ	וְעֻזָּא	אֲבִינָדָב
nohᵃgiʸm	wᵊʾaḥᵊyoʷ	wᵊʿuzzɔʾ	ʾᵃbiʸnɔdɔb
(Lenker-die=)leitend(e)-(waren)	Achjo-und	Ussa-(wobei=)und	,Abinadab(s)

יִשְׂרָאֵל	וְכָל־	8 וְדָוִיד	בָּעֲגָלָה׃
yiśᵊrɔʾel	-wᵊkol	wᵊdɔwiʸd	bɔʿᵃgɔlɔʰ.
Israel	(ganz=)all-und	David-(während=)und	,Wagen-dem-(auf=)in

הָאֱלֹהִים	לִפְנֵי	מְשַׂחֲקִים
hɔʾᵋlohiʸm	lipᵊneʸ	mᵊśaḥᵃqiʸm
(Gott=)Göttern-(den=)die	(vor=)Gesichter-zu	tanzend(e)-(waren)

וּבְשִׁירִים	עֹז	בְּכָל־
uʷbᵊšiʸriʸm	ʿoz	-bᵊkol
Gesängen-(nach=)in-(zwar)-und	,Kraft	(ganzer=)all-(mit=)in

וּבְתֻפִּים	וּבִנְבָלִים	וּבְכִנֹּרוֹת
uʷbᵊtuppiʸm	uʷbinᵊbɔliʸm	uʷbᵊkinnoroʷt
Pauken-(nach=)in-und	Harfen-(nach=)in-und	Zithern-(nach=)in-und

וּבַחֲצֹצְרוֹת׃	וּבִמְצִלְתַּיִם
uʷbaḥᵃṣoṣᵊroʷt.	uʷbimᵊṣilᵊtayim
.Trompeten-(nach=)in-und	Zimbeln-(zwei)-(nach=)in-und

כִּידֹן	גֹּרֶן	עַד־	9 וַיָּבֹאוּ
kiʸdon	gorɛn	-ʿad	wayyɔboʾuʷ
,Kidon(s)	Tenne	(zur)-bis	gekommen-waren-sie-(Als=)Und

אֶת־יָדוֹ	עֻזָּא	וַיִּשְׁלַח
yɔdoʷ-ʾɛt	ʿuzzɔʾ	wayyišᵊlaḥ
Hand-seine***	Ussa	(aus-streckte=)schickte-(es=er)-(da=)und

כִּי	אֶת־הָאָרוֹן	לֶאֱחֹז
kiʸ	hɔʾɔroʷn-ʾɛt	lɛʾᵋḥoz
weil	(Schrein-den=)Lade-(die)***	(fest-halten=)ergreifen-zu-(um)

הַבָּקָר׃	שָׁמְטוּ
habbɔqɔr.	šɔmᵊṭuʷ
.(Rinder-die=)Rind-das	(ließen-ausbrechen=)losließen-sie

בְּעֻזָּא	יְהוָה	אַף	10 וַיִּחַר־
bᵊʿuzzɔʾ	yᵊhwɔʰ	ʾap	-wayyiḥar
Ussa-(gegen=)in	JHWH(s)	(Zorn-der=)Nase	entbrannte-(es=er)-(Da=)Und

שָׁלַח	אֲשֶׁר־	עַל	וַיַּכֵּהוּ
šɔlaḥ	-ʾᵃšɛr	ʿal	wayyakkehuʷ
(ausgestreckt=)geschickt-hatte-er	dass	,(dafür=)auf	,ihn-schlug-er-und

שָׁם	וַיָּמָת	הָאָרוֹן	עַל־	יָדוֹ
šɔm	wayyɔmot	hɔʾɔroʷn	-ʿal	yɔdoʷ
dort	starb-er-Und	.(Schrein-dem=)Lade-(der=)die	(nach=)auf	Hand-seine

11 וַיִּחַר	אֱלֹהִים׃	לִפְנֵי
wayyiḥar	ʾᵋlohiʸm.	lipᵊneʸ
(Zorn)-auf-flammte-(es=)er-Und	.(Gott=)Götter	(vor=)Gesichter-zu

יְהוָה	פָרַץ	כִּי־	לְדָוִיד
yᵊhwɔʰ	pɔraṣ	-kiʸ	lᵊdɔwiʸd
JHWH	(weg)gerissen-hatte-(es=er)	dass	,David-(in=)zu

לַמָּקוֹם	וַיִּקְרָא	בְּעֻזָּא	פֶּרֶץ
lammɔqoʷm	wayyiqᵊrɔʾ	bᵊʿuzzɔʾ	pɛrɛṣ
,Ort-(den=)zu	(nannte=)rief-er-und	,Ussa-(den=)in	(jählings-so=)Riss-(einen)

הַיּוֹם	עַד	עֻזָּא	פֶּרֶץ	הַהוּא
hayyoʷm	ʿad	ʿuzzɔʾ	pɛrɛṣ	hahuʷʾ
,Tag-(den=)der	(an)-Bis	.Ussa	-Perez	:jenige(n)-(den=)der

אֶת־הָאֱלֹהִים	דָוִיד	12 וַיִּירָא	הַזֶּה׃
hɔʾᵋlohiʸm-ʾɛt	dɔwiʸd	wayyiʸrɔʾ	hazzɛʰ.
(Gott=)Götter-die***	David	fürchtete-(es=)er-Und	.(so-er-heißt),da-dies(en)

הֵיךְ	לֵאמֹר	הַהוּא	בַּיּוֹם
he^{y}k	leʾmor	hahu^{w}ʾ	bayyo^{w}m
Wie	:(sagend-sich=)sagen-zu	,da-(jenem=)jener	,Tag-dem-(an=)in

אֵת	אֵלַי	אָבִיא
ʾet	ʾelay	ʾɔbi^{y}ʾ
***	mir-zu	(bringen=)machen-kommen-(könnte=)werde-ich

13 וְלֹא־	הָאֱלֹהִים׃	אֲרוֹן
-w^{ə}loʾ	hɔʾ^{ɛ}lohi^{y}m.	^{ʾa}ro^{w}n
nicht-(Also=)Und	?(Gottes=)Götter-(der=)die	(Schrein-den=)Lade-(die)

אֶת־הָאָרוֹן	דָּוִיד	הֵסִיר
hɔʾɔro^{w}n-ʾɛt	dɔwi^{y}d	hesi^{y}r
(Schrein-den=)Lade-(die)***	David	(überführen=)wenden-machte-(es=er)

דָּוִיד	עִיר	אֶל־	אֵלָיו
dɔwi^{y}d	ʿi^{y}r	-ʾɛl	ʾelɔ^{y}w
,David(s)	(Burg)stadt-(die)	(in=)zu	(sich=)ihm-zu

בֵּית	אֶל־	וַיַּטֵּהוּ
be^{y}t	-ʾɛl	wayyaṭṭehu^{w}
Haus-(dem)	zu	ihn-abbiegen-(ließ=)machte-er-(sondern=)und

14 וַיֵּשֶׁב	הַגִּתִּי׃	עֹבֵד־אֱדֹם
wayyešɛb	haggitti^{y}.	^{ʾɛ}dom-ʿobed
blieb-(es=)er-Und	.Gittiter(s)-(des=)der	,Edom(s)-Obed

עִם־	הָאֱלֹהִים	אֲרוֹן
-ʿim	hɔʾ^{ɛ}lohi^{y}m	^{ʾa}ro^{w}n
(bei=)mit	(Gottes=)Götter-(der=)die	(Schrein-der=)Lade-(die)

שְׁלֹשָׁה	בְּבֵיתוֹ	אֱדֹם	עֹבֵד	בֵּית
š^{ə}lošɔ^{h}	b^{ə}be^{y}to^{w}	^{ʾɛ}dom	ʿobed	be^{y}t
drei	,Haus-sein(em)-in	,Edom	-Obed	(von)-Haus(gemeinschaft)-(der)

יְהוָה	וַיְבָרֶךְ	חֳדָשִׁים
y^{ə}hwɔ^{h}	way^{ə}bɔrɛk	ḥ^{o}dɔši^{y}m
JHWH	segnet(e)-(es=)er-und	;(lang)-Monate

כָּל־	וְאֶת־	עֹבֵד־אֱדֹם	אֶת־בֵּית
-kol	-w^{ə}ʾɛt	^{ʾɛ}dom-ʿobed	be^{y}t-ʾɛt
,all(es)	***und	Edom-Obed	(von)-Haus(gemeinschaft)-(die)***

לוֹ׃	אֲשֶׁר־
lo^{w}.	-ʾ^{a}šɛr
.ihm-(gehörte=)zu	(was=)welch(es)

14

חִירָם[חוּרָם]	1 וַיִּשְׁלַח
[u^{w}rɔm]ḥi^{y}rɔm	wayyiš^{ə}laḥ
,[Churam](Hiram=)Chiram	sandte-(es=er)-(Damals=)Und

דָּוִיד	אֶל־	מַלְאָכִים	צֹר	מֶלֶךְ־
dɔwi^{y}d	-ʾɛl	mal^{ə}ʾɔki^{y}m	ṣor	-mɛlɛk
David	zu	Boten	,Tyrus	(von)-König-(der)

קִיר	וְחָרָשֵׁי	אֲרָזִים	וַעֲצֵי
qi^{y}r	w^{ə}ḥɔrɔše^{y}	ʾ^{a}rɔzi^{y}m	waʿ^{a}ṣe^{y}
Mauer-	Werkmeister-und	Zedern	(aus)-(Stämmen=)Hölzer(n)-(mit=)und

לוֹ	לִבְנוֹת	עֵצִים	וְחָרָשֵׁי
lo^{w}	lib^{ə}no^{w}t	ʿeṣi^{y}m	w^{ə}ḥɔrɔše^{y}
(ihn-für=)ihm-zu	bauen-zu-(um)	(Holz=)Hölzer-	Werkmeister-und

כִּי־	דָּוִיד	2 וַיֵּדַע	בָּיִת׃
-ki^{y}	dɔwi^{y}d	wayyedaʿ	bɔyit.
dass	,David	erkannte-(es=er)-(Da=)Und	.Haus-(ein)

כִּי־	יִשְׂרָאֵל	עַל־	לְמֶלֶךְ	יְהוָה	הֱכִינוֹ
-ki^{y}	yiś^{ə}rɔʾel	-ʿal	l^{ə}mɛlɛk	y^{ə}hwɔ^{h}	h^{ɛ}ki^{y}no^{w}
denn	,Israel	(über=)auf	König-zu(m)	JHWH	ihn-eingesetzt-hatte-(es=er)

מַלְכוּתוֹ	לְמַעְלָה	נִשֵּׂאת
mal^{ə}ku^{w}to^{w}	l^{ə}maʿ^{ə}lɔ^{h}	niśśeʾt
Königtum-sein-(war)	zu-oben-nach	erhebend(e)-sich

יִשְׂרָאֵל׃	עַמּוֹ	בַּעֲבוּר
yiś^{ə}rɔʾel.	ʿammo^{w}	baʿ^{a}bu^{w}r
.Israel	Volk(es)-sein(es)	(hinsichtlich=)Ertrag-(den)-(um=)in

בִּירוּשָׁלִָם	נָשִׁים	עוֹד	דָּוִיד	3 וַיִּקַּח
bi^{y}ru^{w}šɔlɔim	nɔši^{y}m	ʿo^{w}d	dɔwi^{y}d	wayyiqqaḥ
,Jerusalem-in	Frauen	noch	David	(sich)-nahm-(es=)er-Und

וּבָנוֹת׃	בָּנִים	עוֹד	דָּוִיד	וַיּוֹלֶד
u^{w}bɔno^{w}t.	bɔni^{y}m	ʿo^{w}d	dɔwi^{y}d	wayyo^{w}lɛd
.Töchter-und	Söhne	noch	David	(zeugte=)gebären-machte-(es=)er-und

אֲשֶׁר	הַיִּלּוֹדִים	שְׁמוֹת	4 וְאֵלֶּה
ʾᵃšɛr	hayᵊluʷdiʸm	šᵊmoʷt	wᵊʾellɛʰ
welch(e)	,Geborenen-(der=)die	Namen-(die)	(sind)-(das=)diese-Und

שַׁמּוּעַ	בִּירוּשָׁלָםִ	לוֹ	הָיוּ־
šammuʷaᶜ	biʸruʷšɔlɔim	loʷ	-hɔyuʷ
Schammua	:Jerusalem-in	ihm-(zu)	(geboren-wurden=)waren-sie

וֶאֱלִישׁוּעַ	5 וְיִבְחָר	וּשְׁלֹמֹה׃	נָתָן	וְשׁוֹבָב
wɛʾᵉliʸšuʷaᶜ	wᵊyibᵊḥɔr	uʷšᵊlomoʰ.	nɔtɔn	wᵊšoʷbɔb
Elischua-und	Jibchar-Und	.(Salomo=)Schlomo-und	Natan	,Schobab-und

וּבְעֶלְיָדָע	7 וֶאֱלִישָׁמָע	וְיָפִיעַ׃	וְנֶפֶג	6 וְנֹגַהּ	וֶאֱלְפָּלֶט׃
uʷbᵊᶜɛlᵊyɔdɔᶜ	wɛʾᵉliʸšɔmɔᶜ	wᵊyɔpiʸaᶜ.	wᵊnɛpɛg	wᵊnogaʰ	wᵊʾɛlᵊpɔlɛṭ.
Beëljada-und	Elischama-und	Japhia-und	Nepheg-und	Nogah-und	Elfelet-und

כִּי־	פְלִשְׁתִּים	8 וַיִּשְׁמְעוּ	וֶאֱלִיפָלֶט׃
-kiʸ	pᵊlišᵊtiʸm	wayyišᵊmᵊᶜuʷ	wɛʾᵉliʸpɔlɛṭ.
dass	,Philister-(die)	hörten-(sie)-(Als=)Und	.Eliphelet-und

כָל־	עַל־	לְמֶלֶךְ	דָּוִיד	נִמְשַׁח
-kol	-ᶜal	lᵊmɛlɛk	dɔwiʸd	nimᵊšaḥ
(ganz=)all	(über=)auf	König-zu(m)	David	worden-gesalbt-war-(es=er)

פְּלִשְׁתִּים	כָל־	וַיַּעֲלוּ	יִשְׂרָאֵל
pᵊlišᵊtiʸm	-kol	wayyaᶜᵃluʷ	yiśᵊrɔʾel
Philister	all(e)	(heran=)herauf-zogen-(es=sie)-(da=)und	,Israel

אֶת־דָּוִיד	לְבַקֵּשׁ
dɔwiʸd-ʾɛt	lᵊbaqqeš
.David(s)***	(werden-zu-habhaft=)suchen-zu-(um)

וַיֵּצֵא	דָּוִיד	וַיִּשְׁמַע
wayyeṣeʾ	dɔwiʸd	wayyišᵊmaᶜ
hinaus-zog-er-und	,David	(davon)-hörte-(es=)er-(Aber=)Und

בָּאוּ	9 וּפְלִשְׁתִּים	לִפְנֵיהֶם׃
bɔʾuʷ	uʷpᵊlišᵊtiʸm	lipᵊneʸhɛm.
kamen-(sie)	Philister-(die)-(Als=)Und	.(entgegen-ihnen=)Gesichtern-ihren-zu

10 וַיִּשְׁאַל	רְפָאִים׃	בְּעֵמֶק	וַיִּפְשְׁטוּ
wayyišᵊʾal	rᵊpɔʾiʸm.	bᵊᶜemɛq	wayyipᵊšᵊṭuʷ
(an)-fragte-(es=er)-(da=)und	,Rephaïm	Tal-(im=)in	umher-streiften-(sie)-und

דָּוִיד
dɔwiʸd
David

בֵּאלֹהִים
beʾlohiʸm
(Gott-bei=)Götter-in

לֵאמֹר
leʾmor
:(folgendermaßen=)sagen-zu

הַאֶעֱלֶה
haʾɛʿɛlɛʰ
(herfallen=)hinaufziehen-(soll=)werde-ich-Etwa

עַל־
-ʿal
(über=)auf

פְלִשְׁתִּיִּים[פְּלִשְׁתִּים]
[pəlišətiʸm]pəlišətiʸyiʸm
Philister-(die)

וּנְתַתָּם
uʷnətattɔm
sie-geben-wirst-du-und

הֲבְיָדִי
bəyɔdiʸ
?Hand-meine-in

וַיֹּאמֶר
wayyoʾmɛr
sagte-(es=er)-(Da=)Und

לוֹ
loʷ
ihm-zu

יְהוָה
yəhwɔʰ
:JHWH

עֲלֵה
ʿaleʰ
hinauf-Zieh

וּנְתַתִּים
uʷnətattiʸm
sie-geben-werde-ich-und

בְּיָדֶךָ׃
bəyɔdɛkɔ.
!Hand-deine-in

11 וַיַּעֲלוּ
wayyaʿaluʷ
(heran=)hinauf-zogen-sie-Und

בְּבַעַל־
-bəbaʿal
-Baal-(bei=)in

פְּרָצִים
pərɔṣiʸm
Perazim

וַיַּכֵּם
wayyakkem
sie-schlug-(es=)er-und

שָׁם
šɔm
dort

דָּוִיד
dɔwiʸd
.David

וַיֹּאמֶר
wayyoʾmɛr
sagte-(es=er)-(Da=)Und

דָּוִיד
dɔwiʸd
:David

פָּרַץ
pɔraṣ
durchbrochen-hat-(Es=)Er

הָאֱלֹהִים
hɔʾɛlohiʸm
(Gott=)Götter-die

אֶת־אוֹיְבַי
ʾoʷyəbay-ʾɛt
Feinde-meine***

בְּיָדִי
bəyɔdiʸ
Hand-meine-(durch=)in

כְּפֶרֶץ
kəpɛrɛṣ
(von)-Durchbruch-(ein)-wie-(war-es) —

מָיִם
mɔyim
!Wasser(n)

עַל־כֵּן
ken-ʿal
(Darum=)so-Auf

קָרְאוּ
qɔrəʾuʷ
(benannten=)riefen-sie

שֵׁם־
-šem
Name(n)-(den)

הַמָּקוֹם
hammɔqoʷm
,Ort(es)-(des=)der

הַהוּא
hahuʷʾ
:selbe(n)-(des=)der

בַּעַל
baʿal
-(Herr=)Baal

פְּרָצִים׃
pərɔṣiʸm.
.(Durchbrüche-[der]=)Perazim

12 וַיַּעַזְבוּ־
-wayyaʿazəbuʷ
zurück-ließen-sie-Und

שָׁם
šɔm
dort

אֶת־אֱלֹהֵיהֶם
ʾɛloheʸhɛm-ʾɛt
.Götter-(deren=)ihre***

וַיִּשָּׂרְפוּ	דָּוִיד	וַיֹּאמֶר
wayyiśśɔrᵊpuʷ	dɔwiʸd	wayyoʾmɛr
verbrannt-wurden-sie-(dass=)und	,David	(befahl=)sprach-(es=)er-Und

פְּלִשְׁתִּים	עוֹד	13 וַיֹּסִיפוּ	בָּאֵשׁ׃
pᵊlišᵊtiʸm	ʿoʷd	wayyosiʸpuʷ	bɔʾeš.
,Philister-(die)	noch	fort-fuhren-(es=sie)-(Dann=)Und	.Feuer-im

14 וַיִּשְׁאַל	בָּעֵמֶק׃	וַיִּפְשְׁטוּ
wayyišᵊʾal	bɔʿemɛq.	wayyipᵊšᵊṭuʷ
(an)-fragte-(es=er)-(Da=)Und	.Tal-(das)-(über=)in	her-fielen-sie-(indem=)und

וַיֹּאמֶר	בֵּאלֹהִים	דָּוִיד	עוֹד
wayyoʾmɛr	beʾlohiʸm	dɔwiʸd	ʿoʷd
sprach-(es=er)-(Hierauf=)Und	.(Gott-bei=)Götter-in	David	noch(mals)

תַעֲלֶה	לֹא	הָאֱלֹהִים	לוֹ
taʿalɛʰ	loʾ	hɔʾᵉlohiʸm	loʷ
(heranziehen=)hinaufziehen-(sollst=)wirst-du	Nicht	:(Gott=)Götter-die	ihm-zu

מֵעֲלֵיהֶם	הָסֵב	אַחֲרֵיהֶם
meʿaleʸhɛm	hɔseb	ʾaḥareʸhɛm
,(herum-sie-um=)ihnen-auf-von	ab-biege	;ihnen-hinter

מִמּוּל	לָהֶם	וּבָאתָ
mimmuʷl	lɔhɛm	uʷbɔʾtɔ
gegenüber-von	(sie-an-heran=)ihnen-zu	(gehen=)kommen-(sollst=)wirst-du-und

15 וִיהִי	הַבְּכָאִים׃
wiʸhiʸ	habbᵊkɔʾiʸm.
,sein-(soll=)wird-(es=)er-Und	.Bakasträucher(n)-(den=)die

אֶת־קוֹל	כְּשָׁמְעֲךָ
qoʷl-ʾɛt	kᵊšomᵊʿakɔ
(Geräusch-das=)Stimme-(die)***	(hörst-du-sobald=)Hören-dein-wie

בְּרָאשֵׁי	הַצְּעָדָה
bᵊrɔʾšeʸ	haṣṣᵊʿɔdɔʰ
(von)-(Wipfeln=)Köpfe(n)-(den)-in	Schreiten(s)-(des=)das

תֵּצֵא	אָז	הַבְּכָאִים
teṣeʾ	ʾɔz	habbᵊkɔʾiʸm
(hinaus)ziehen-(sollst=)wirst-du	dann	,Bakasträucher(n)-(den=)die

הָאֱלֹהִים	יָצָא	כִּי־	בַמִּלְחָמָה
hɔʾᵋlohiʸm	yɔṣɔʾ	-kiʸ	bammilᵊḥɔmɔʰ
(Gott=)Götter-die	ausgezogen-ist-(es=)er	denn	,Kampf-den-in

אֶת־מַחֲנֵה	לְהַכּוֹת	לְפָנֶיךָ
maḥᵃneh-ʾɛt	lᵊhakkoʷt	lᵊpɔnɛʸkɔ
(Heer=)Lager-(das)***	schlagen-zu-(um)	(her-dir-vor=)Gesichtern-deinen-zu

כַּאֲשֶׁר	דָּוִיד	16 וַיַּעַשׂ	פְלִשְׁתִּים׃
kaʾᵃšɛr	dɔwiʸd	wayyaᶜaś	pᵊlišᵊtiʸm.
wie	,David	(tat=)machte-(es=er)-(Hierauf=)Und	!Philister-(der)

אֶת־מַחֲנֵה	וַיַּכּוּ	הָאֱלֹהִים	צִוָּהוּ
maḥᵃneʰ-ʾɛt	wayyakkuʷ	hɔʾᵋlohiʸm	ṣiwwɔhuʷ
(Heer=)Lager-(das)***	schlugen-sie-Und	.(Gott=)Götter-die	ihn-geheißen-(er)

17 וַיֵּצֵא	גָּזְרָה׃	וְעַד־	מִגִּבְעוֹן	פְלִשְׁתִּים
wayyeṣeʾ	gɔzᵊrɔh.	-wᵊᶜad	miggibᵊᶜoʷn	pᵊlišᵊtiʸm
aus-ging-(Da=)Und	.hin-Geser-(nach)	bis-(und)	Gibeon-von	Philister-(der)

וַיהוָה	הָאֲרָצוֹת	בְּכָל־	דָּוִיד	שֵׁם־
wayhwɔʰ	hɔʾᵃrɔṣoʷt	-bᵊkol	dɔwiʸd	-šem
JHWH-und	,Länder-die	all-in	David(s)	(Ruhm=)Name-(der)

הַגּוֹיִם׃	כָּל־	עַל־	אֶת־פַּחְדּוֹ	נָתַן
haggoʷyim.	-kol	-ᶜal	paḥᵊdoʷ-ʾɛt	nɔtan
.Völker-die	all	auf	(ihm-vor-Furcht=)Furcht-seine***	(legte=)gab-(er)

15

בְּעִיר	בָתִּים	לוֹ	1 וַיַּעַשׂ־
bᵊᶜiʸr	bɔttiʸm	loʷ	-wayyaᶜaś
Stadt-(der)-in	Häuser	(sich=)ihm-zu	(baute=)machte-er-Und

לַאֲרוֹן	מָקוֹם	וַיָּכֶן	דָוִיד
laʾᵃroʷn	mɔqoʷm	wayyɔkɛn	dɔwiʸd
(Schrein-den=)Lade-die-(für=)zu	Stätte-(eine)	errichtete-(er)-und	David(s)

אֹהֶל׃	לוֹ	וַיֶּט־	הָאֱלֹהִים
ʾohɛl.	loʷ	-wayyɛṭ	hɔʾᵋlohiʸm
.Zelt-(ein)	(ihn-für=)ihm-zu	auf-schlug-(er)-und	(Gottes=)Götter-(der=)die

לָשֵׂאת	לֹא	דָּוִיד	אָמַר	2 אָז
lɔśeʾt	loʾ	dɔwiʸd	ʾɔmar	ʾɔz
tragen-zu	nicht	David	(befahl=)sprach-(er)	(Damals=)Dann

אֶת־אֲרוֹן הָאֱלֹהִים
hɔʾᵋlohiʸm ʾᵃroʷn-ʾɛt
,(Gottes=)Götter-(der=)die (Schrein-den=)Lade-(die)***

כִּי אִם־ הַלְוִיִּם כִּי־ בָם
bɔm -kiʸ halᵊwiʸyim -ʾim kiʸ
(sie=)ihnen-in denn ,Leviten-die (denn-sei-es=)wenn-denn

בָּחַר יְהוָה לָשֵׂאת אֶת־אֲרוֹן יְהוָה
yᵊhwɔʰ ʾᵃroʷn-ʾɛt lɔśeʾt yᵊhwɔʰ bɔḥar
JHWH(s) (Schrein-den=)Lade-(die)*** tragen-zu JHWH erwählt-hat-(es=er)

וּלְשָׁרְתוֹ עַד־עוֹלָם׃ 3 וַיַּקְהֵל דָּוִיד
dɔwiʸd wayyaqᵊhel ʿoʷlɔm-ʿad. uʷlᵊšorᵊtoʷ
David versammelte-(es=er)-(Da=)Und .immer-(für=)bis ,ihn-bedienen-zu-und

אֶת־כָּל־יִשְׂרָאֵל אֶל־ יְרוּשָׁלִַם לְהַעֲלוֹת
lᵊhaʿᵃloʷt yᵊruʷšɔlɔim -ʾɛl yiśᵊrɔʾel-kol-ʾɛt
Hinaufbringen-zu(m) Jerusalem (nach=)zu Israel-(ganz=)all***

אֶת־אֲרוֹן יְהוָה אֶל־ מְקוֹמוֹ אֲשֶׁר־
-ʾᵃšɛr mᵊqoʷmoʷ -ʾɛl yᵊhwɔʰ ʾᵃroʷn-ʾɛt
(die=)welch(e) ,Stätte-seine (an=)zu JHWH(s) (Schrein-den=)Lade-(die)***

הֵכִין לוֹ׃ 4 וַיֶּאֱסֹף דָּוִיד
dɔwiʸd wayyɛʾᵋsop loʷ. hekiʸn
David versammelte-(es=er)-(Dann=)Und .(ihn-für=)ihm-zu errichtet-hatte-er

אֶת־בְּנֵי אַהֲרֹן וְאֶת־הַלְוִיִּם׃
halᵊwiʸyim-wᵊʾɛt. ʾahᵃron bᵊneʸ-ʾɛt
.Leviten-die***und (Aarons=)Aharon(s) Söhne-(die)***

5 לִבְנֵי קְהָת אוּרִיאֵל הַשָּׂר
haśśɔr ʾuʷriʸʾel qᵊhɔt libᵊneʸ
,Ober(st)e(n)-(den=)der ,Uriël :Kehat(s) Söhne(n)-(den)-(Von=)Zu

וְאֶחָיו מֵאָה וְעֶשְׂרִים׃ 6 לִבְנֵי
libᵊneʸ wᵊʿɛśᵊriʸm. meʾɔʰ wᵊʾɛḥɔʸw
Söhne(n)-(den)-(Von=)Zu .zwanzig-und hundert — Brüder-seine-und

מְרָרִי עֲשָׂיָה הַשָּׂר וְאֶחָיו מָאתָיִם
mɔʾtayim wᵊʾɛḥɔʸw haśśɔr ʿᵃśɔyɔʰ mᵊrɔriʸ
zweihundert — Brüder-seine-und ,Ober(st)e(n)-(den=)der ,Asaja :Merari(s)

יוֹאֵל	גֵּרְשׁוֹם	7 לִבְנֵי	וְעֶשְׂרִים׃
yoʷʾel	gerᵊšoʷm	libᵊneʸ	wᵊʿɛśᵊriʸm.
,Joël	:Gerschom(s)	Söhne(n)-(den)-(Von=)Zu	.zwanzig-und

וּשְׁלֹשִׁים׃	מֵאָה	וְאֶחָיו	הַשָּׂר
uʷšᵊlošiʸm.	meʾɔʰ	wᵊʾɛḥɔʸw	haśśɔr
.dreißig-und	hundert —	Brüder-seine-und	,Ober(st)e(n)-(den=)der

הַשָּׂר	שְׁמַעְיָה	אֱלִיצָפָן	8 לִבְנֵי
haśśɔr	šᵊmaʿᵊyɔʰ	ʾᵉliʸṣɔpɔn	libᵊneʸ
,Ober(st)e(n)-(den=)der	,Schemaëja	:Elizaphan(s)	Söhne(n)-(den)-(Von=)Zu

9 לִבְנֵי	מָאתָיִם׃	וְאֶחָיו
libᵊneʸ	mɔʾtɔyim.	wᵊʾɛḥɔʸw
Söhne(n)-(den)-(Von=)Zu	.zweihundert —	Brüder-seine-und

וְאֶחָיו	הַשָּׂר	אֱלִיאֵל	חֶבְרוֹן
wᵊʾɛḥɔʸw	haśśɔr	ʾᵉliʸʾel	ḥɛbᵊroʷn
Brüder-seine-und	,Ober(st)e(n)-(den=)der	,Eliël	:(Hebrons=)Chebron(s)

עַמִּינָדָב	עֻזִּיאֵל	10 לִבְנֵי	שְׁמוֹנִים׃
ʿammiʸnɔdɔb	ʿuzziʸʾel	libᵊneʸ	šᵊmoʷniʸm.
,Amminadab	:Ussiël(s)	Söhne(n)-(den)-(Von=)Zu	.achtzig —

וּשְׁנֵים עָשָׂר׃	מֵאָה	וְאֶחָיו	הַשָּׂר
ʿɔśɔr uʷšᵊneʸm.	meʾɔʰ	wᵊʾɛḥɔʸw	haśśɔr
.(zwölf=)zehn-zwei-und	hundert —	Brüder-seine-und	,Ober(st)e(n)-(den=)der

וּלְאֶבְיָתָר	לְצָדוֹק	דָּוִיד	11 וַיִּקְרָא
uʷlᵊʾɛbᵊyɔtɔr	lᵊṣɔdoʷq	dɔwiʸd	wayyiqᵊrɔʾ
,Ebjatar-(den=)zu-und	Zadok-(den=)zu	David	(be)rief-(es=)er-Und

וְיוֹאֵל	עֲשָׂיָה	לְאוּרִיאֵל	וְלַלְוִיִּם	הַכֹּהֲנִים
wᵊyoʷʾel	ʿᵃśɔyɔʰ	lᵊʾuʷriʸʾel	wᵊlalᵊwiʸyim	hakkoʰᵃniʸm
,Joël-und	Asaja	,Uriel-(nämlich=)zu	,Leviten-(die=)zu-und	,Priester-die

אַתֶּם	לָהֶם	12 וַיֹּאמֶר	וְעַמִּינָדָב׃	וֶאֱלִיאֵל	שְׁמַעְיָה
ʾattɛm	lɔhɛm	wayyoʾmɛr	wᵊʿammiʸnɔdɔb.	wɛʾᵉliʸʾel	šᵊmaʿᵊyɔʰ
(seid)-Ihr	:ihnen-zu	sagte-(er)-und	,Amminadab-und	Eliël-und	Schemaëja

לַלְוִיִּם	הָאָבוֹת	רָאשֵׁי
lalᵊwiʸyim	hɔʾɔboʷt	rɔʾšeʸ
.Leviten-(der=)zu	(Familien=)Väter(n)-(den=)die	(von)-(Ober)häupter-(die)

וַאֲחֵיכֶם	אַתֶּם	הִֽתְקַדְּשׁוּ
waᵓᵃḥeʸkɛm	ᵓattɛm	hitᵊqaddᵊšuʷ
!Brüder-eure-und	(selbst)-ihr	,euch-Heiligt

אֲרוֹן	אֵת	וְהַעֲלִיתֶם
ᵓᵃroʷn	ᵓet	wᵊhaᶜᵃliʸtɛm
(Schrein-den=)Lade-(die)	***	hinaufbringen-(sollt=)werdet-ihr-(Dann=)Und

אֶל־	יִשְׂרָאֵל	אֱלֹהֵי	יְהוָה
-ᵓɛl	yiśᵊrɔᵓel	ᵓᵋloheʸ	yᵊhwɔʰ
,(Stätte-der)-zu	,Israel	(von)-(Gottes-des=)Götter-(der)	,JHWH(s)

לְמַבָּרִאשׁוֹנָה	13 כִּי	לוֹ:	הֲכִינוֹתִי
lᵊmabbɔriᵓšoʷnɔʰ	kiʸ	loʷ.	hᵃkiʸnoʷtiʸ
Anfang-(am=)im-(weil=)warum	Denn	!ihm-(zu)	errichtet-habe-ich-(welche)

אֱלֹהֵינוּ	יְהוָה	פָּרַץ	אַתֶּם	לֹא
ᵓᵋloheʸnuʷ	yᵊhwɔʰ	pɔraṣ	ᵓattɛm	loᵓ
,(Gott=)Götter-unser(e)	,JHWH	Bresche-eine-riss-(es=er)	,(wart-da)-ihr	nicht

כַּמִּשְׁפָּט:	דְרַשְׁנֻהוּ	כִּי־לֹא	בָּנוּ
kammišᵊpɔṭ.	dᵊrašᵊnuhuʷ	loᵓ-kiʸ	bɔnuʷ
!(wäre-es)-Recht-wie	ihn-gesucht-haben-wir	nicht-weil	,uns-(unter=)in

וְהַלְוִיִּם	הַכֹּהֲנִים	14 וַיִּתְקַדְּשׁוּ
wᵊhalᵊwiʸyim	hakkohᵃniʸm	wayyitᵊqaddᵊšuʷ
Leviten-die-und	Priester-die	sich-heiligten-(es=sie)-(Darauf=)Und

יְהוָה	אֶת־אֲרוֹן	לְהַעֲלוֹת
yᵊhwɔʰ	ᵓᵃroʷn-ᵓɛt	lᵊhaᶜᵃloʷt
,JHWH(s)	(Schrein-den=)Lade-(die)***	Hinaufbringen-zu(m)

בְנֵי־	15 וַיִּשְׂאוּ	יִשְׂרָאֵל:	אֱלֹהֵי
-bᵊneʸ	wayyiśᵊᵓuʷ	yiśᵊrɔᵓel.	ᵓᵋloheʸ
Söhne-(die)	hoben-(es=)sie-Und	.Israel	(von)-(Gottes-des=)Götter-(der)

הָאֱלֹהִים	אֲרוֹן	אֵת	הַלְוִיִּם
hɔᵓᵋlohiʸm	ᵓᵃroʷn	ᵓet	halᵊwiʸyim
,(Gottes=)Götter-(der=)die	(Schrein-den=)Lade-(die)	***	Leviten-(der=)die

כִּדְבַר	מֹשֶׁה	צִוָּה	כַּאֲשֶׁר
kidᵊbar	mošɛʰ	ṣiwwɔʰ	kaᵓᵃšɛr
Wort-(dem)-(nach=)wie	(Mose=)Mosche	geheißen-hatte-(er)	wie

יְהוָ֑ה בִּכְתֵפָ֔ם בַּמֹּט֖וֹת עֲלֵיהֶֽם׃
ᶜaleʸhɛm. bammoṭoʷt bikᵊtepɔm yᵊhwɔʰ
.ihnen-auf Tragstangen-den-(mit=)in ,Schulter-ihre-(auf=)in JHWH(s)

16 וַיֹּ֣אמֶר דָּוִ֗יד לְשָׂרֵי֙
lᵊśɔreʸ dɔwiʸd wayyoʾmɛr
Ober(st)en-(den=)zu David (befahl=)sagte-(es=er)-(Dann=)Und

הַלְוִיִּ֗ם לְהַעֲמִ֞יד אֶת־אֲחֵיהֶ֤ם
ʾaḥeʸhɛm-ʾɛt lᵊhaᶜᵃmiʸd halᵊwiʸyim
,(Stammes)brüder-ihre*** (aufzustellen=)Stehenmachen-zu Leviten-(der=)die

הַמְשֹׁרְרִ֔ים בִּכְלֵי־שִׁ֖יר נְבָלִ֥ים
nᵊbɔliʸm šiʸr-bikᵊleʸ hamᵊšorᵊriʸm
Harfen :(Musikinstrumenten=)Gesang-(für)-Geräten-(mit=)in Singenden-die

וְכִנֹּר֖וֹת וּמְצִלְתָּ֑יִם מַשְׁמִיעִ֥ים
mašᵊmiʸᶜiʸm uʷmᵊṣilᵊtɔyim wᵊkinnoroʷt
sie-machend(e)-(ertönen=)hören, Zimbeln-(zwei)-und Zithern-und

לְהָרִֽים־ בְּק֖וֹל לְשִׂמְחָֽה׃
lᵊśimᵊḥɔʰ. bᵊqoʷl lᵊśimᵊḥɔʰ.
.Freude-(von=)zu (Schall=)Stimme-(mit=)in (Anheben-durch=)erbeben-zu

17 וַיַּעֲמִ֣ידוּ הַלְוִיִּ֗ם אֵ֣ת הֵימָ֞ן
heʸmɔn ʾet halᵊwiʸyim wayyaᶜᵃmiʸduʷ
Heman *** Leviten-die (auf-stellten=)stehen-machten-(sie)-(Da=)Und

בֶּן־יוֹאֵ֗ל וּמִן־ אֶחָ֔יו אָסָ֖ף בֶּן־בֶּרֶכְיָ֑הוּ
bɛrɛkᵊyɔhuʷ-bɛn ʾɔsɔp ʾɛḥɔʸw -uʷmin yoʷʾel-bɛn
.Berechja(hu)(s)-Sohn Asaph :Brüder(n)-seine(n) von-und ;Joël(s)-Sohn

וּמִן־ בְּנֵ֤י מְרָרִי֙ אֲחֵיהֶ֔ם אֵיתָ֖ן
ʾeʸtɔn ʾaḥeʸhɛm mᵊrɔriʸ bᵊneʸ -uʷmin
Etan :(Stammes)brüder(n)-ihre(n) ,Merari(s) Söhne(n)-(den) von-Und

בֶּן־קוּשָׁיָֽהוּ׃ 18 וְעִמָּהֶ֔ם אֲחֵיהֶ֖ם
ʾaḥeʸhɛm wᵊᶜimmɔhɛm quʷšɔyɔhuʷ-bɛn.
(Stammes)brüder-ihre ihnen-mit-Und .Kuschajahu(s)-Sohn

הַמִּשְׁנִ֑ים זְכַרְיָ֙הוּ֙ בֵּ֡ן וְיַעֲזִיאֵ֡ל
wᵊyaᶜᵃziʸʾel ben zᵊkarᵊyɔhuʷ hammišᵊniʸm
Jaasiël-und Ben ,Secharja(hu) :(Ranges-zweiten=)zweiten-die

וּבְנָיָהוּ	אֱלִיאָב	וְעֻנִּי	וִיחִיאֵל	וּשְׁמִירָמוֹת
uʷbᵊnɔyɔhuʷ	ʾᵋliʸʾɔb	wᵊʿunniʸ	wiʸḥiʸʾel	uʷšᵊmiʸrɔmoʷt
Benaja(hu)-und	Eliab	,Unni-und	Jechiël-und	Schemiramot-und

וּמִקְנֵיָהוּ	וֶאֱלִיפְלֵהוּ	וּמַתִּתְיָהוּ	וּמַעֲשֵׂיָהוּ
uʷmiqᵊneʸɔhuʷ	wɛʾᵋliʸpᵊlehuʷ	uʷmattitᵊyɔhuʷ	uʷmaʿᵃśeʸɔhuʷ
Mikneja(hu)-und	Elifelehu-und	Mattitja(hu)-und	Maaseja(hu)-und

19 וְהַמְשֹׁרְרִים	הַשֹּׁעֲרִים׃	וִיעִיאֵל	אֱדֹם	וְעֹבֵד
wᵊhamᵊšorᵊriʸm	haššoʿᵃriʸm.	wiʸʿiʸʾel	ʾᵋdom	wᵊʿobed
(Sänger=)Singenden-die-Und	.Torwächter-die	,Jegiël-und	Edom	-Obed-und

בִּמְצִלְתַּיִם	וְאֵיתָן	אָסָף	הֵימָן
bimᵊṣilᵊtayim	wᵊʾeʸtɔn	ʾɔsɔp	heʸmɔn
Zimbeln-(zweier)-(Begleitung)-in	Etan-und	Asaph	,Heman-(waren)

וַעֲזִיאֵל	20 וּזְכַרְיָה	לְהַשְׁמִיעַ׃	נְחֹשֶׁת
waʿᵃziʸʾel	uʷzᵊkarᵊyɔʰ	lᵊhašᵊmiʸaʿ.	nᵊḥošɛt
Usiël-und	Secharja-und	,(Musik)-hören-machen-zu	Bronze-(aus)

וּמַעֲשֵׂיָהוּ	וֶאֱלִיאָב	וְעֻנִּי	וִיחִיאֵל	וּשְׁמִירָמוֹת
uʷmaʿᵃśeʸɔhuʷ	wɛʾᵋliʸʾɔb	wᵊʿunniʸ	wiʸḥiʸʾel	uʷšᵊmiʸrɔmoʷt
Maaseja(hu)-und	Eliab-und	Unni-und	Jechiël-und	Schemiramot-und

עֲלָמוֹת׃	עַל־	בִּנְבָלִים	וּבְנָיָהוּ
ʿᵃlɔmoʷt.	-ʿal	binᵊbɔliʸm	uʷbᵊnɔyɔhuʷ
,Mädchen(weise)	(nach=)auf	Harfen-(mit=)in	Benaja(hu)-und

אֱדֹם	וְעֹבֵד	וּמִקְנֵיָהוּ	וֶאֱלִיפְלֵהוּ	21 וּמַתִּתְיָהוּ
ʾᵋdom	wᵊʿobed	uʷmiqᵊneʸɔhuʷ	wɛʾᵋliʸpᵊlehuʷ	uʷmattitᵊyɔhuʷ
Edom	-Obed-und	Mikneja(hu)-und	Eliflehu-und	Mattitja(hu)-und

עַל־	בְּכִנֹּרוֹת	וַעֲזַזְיָהוּ	וִיעִיאֵל
-ʿal	bᵊkinnoroʷt	waʿᵃzazᵊyɔhuʷ	wiʸʿiʸʾel
(nach=)auf	Zithern-(mit=)in	Asasja(hu)-und	Jegiël-und

לְנַצֵּחַ׃	הַשְּׁמִינִית
lᵊnaṣṣeaḥ.	haššᵊmiʸniʸt
.(Gesang-den)-leiten-zu	(Tonlage)-achte(n)-(der=)die

הַלְוִיִּם	שַׂר־	22 וּכְנַנְיָהוּ
halᵊwiʸyim	-śar	uʷkᵊnanᵊyɔhuʷ
,Leviten-(der=)die	(Vorsteher=)Oberste-(der)	,(Kenanja=)Chenanja(hu)-Und

יָסֹר	בְּמַשָּׂא
yɔsor	bᵊmaśśɔʾ
(Aufsicht-hatte=)herrschte-er	,Tragen-(das-für-verantwortlich=)in-(war)

הוּא׃	מֵבִין	כִּי	בַּמַּשָּׂא
huʷʾ.	mebiʸn	kiʸ	bammaśśɔʾ
.(war)-er	habend(er)-(Kenntnis=)Einsicht	denn	,Tragen-(beim=)dem-in

שֹׁעֲרִים	וְאֶלְקָנָה	23 וּבֶרֶכְיָה
šoᶜᵃriʸm	wᵊʾɛlᵊqɔnɔʰ	uʷbɛrɛkᵊyɔʰ
Türhüter-(waren)	Elkana-und	Berechja-Und

וְיוֹשָׁפָט	24 וּשְׁבַנְיָהוּ	לָאָרוֹן׃
wᵊyoʷšɔpɔṭ	uʷšᵊbanᵊyɔhuʷ	lɔʾɔroʷn.
Joschaphat-und	Schebanja(hu)-Und	.(Schrein-dem=)Lade-(der=)die-(bei=)zu

וֶאֱלִיעֶזֶר	וּבְנָיָהוּ	וּזְכַרְיָהוּ	וַעֲמָשַׂי	וּנְתַנְאֵל
wɛʾᵋliʸᶜɛzɛr	uʷbᵊnɔyɔhuʷ	uʷzᵊkarᵊyɔhuʷ	waᶜᵃmɔśay	uʷnᵊtanᵊʾel
,Eliëser-und	Benaja(hu)-und	Secharja(hu)-und	Amasai-und	Netanel-und

לִפְנֵי	בַּחֲצֹצְרוֹת	מַחֲצֹצְרִים[מַחְצְצְרִים]	הַכֹּהֲנִים
lipᵊneʸ	baḥᵃṣoṣᵊroʷt	[maḥᵊṣᵊriʸm]maḥᵃṣoṣᵊriʸm	hakkohᵃniʸm
(vor=)Gesichter-zu	Trompeten-die-in	blasend(e)-(waren)	,Priester-die

אֱדֹם	וְעֹבֵד	הָאֱלֹהִים	אֲרוֹן
ʾᵋdom	wᵊᶜobed	hɔʾᵋlohiʸm	ʾᵃroʷn
Edom	-Obed-und	,(Gottes=)Götter-(der=)die	(Schrein-dem=)Lade-(der)

לָאָרוֹן׃	שֹׁעֲרִים	וִיחִיָּה
lɔʾɔroʷn.	šoᶜᵃriʸm	wiʸḥiʸyɔʰ
.(Schrein-dem=)Lade-der-(bei=)zu	Türhüter-(waren)	,Jechija-und

יִשְׂרָאֵל	וְזִקְנֵי	דָוִיד	25 וַיְהִי
yiśᵊrɔʾel	wᵊziqᵊneʸ	dɔwiʸd	wayᵊhiʸ
Israel	(von)-(Ältesten=)Alten-(die)-und	David	war(en)-(es=)er-Und

הַהֹלְכִים	הָאֲלָפִים	וְשָׂרֵי
haholᵊkiʸm	hɔʾᵃlɔpiʸm	wᵊśɔreʸ
Gehenden-die	Tausend(schaften)-(der=)die	Anführer-(die)-und

בְּרִית	אֶת־אֲרוֹן	לְהַעֲלוֹת
bᵊriʸt	ʾᵃroʷn-ʾɛt	lᵊhaᶜᵃloʷt
(mit)-Bund(es)-(des)	(Schrein-den=)Lade-(die)***	Hinaufbringen-zu(m)

בְּשִׂמְחָה׃	עֹבֵד־אֱדֹם	בֵּית	מִן־	יְהוָה
bᵊśimᵊḥɔʰ.	ᵓᵋdom-ᶜobed	beʸt	-min	yᵊhwɔʰ
.Fröhlichkeit-in	Edom-Obed	(von)-Haus-(dem)	(aus=)von	JHWH

הָאֱלֹהִים	בֶּעְזֹר	26 וַיְהִי
hɔᵓᵋlohiʸm	bɛᶜᵊzor	wayᵊhiʸ
(Gott=)Götter-die	(beistand-nachdem=)Beistehen-in	war-(es=)er-Und

אֲרוֹן	נֹשְׂאֵי	אֶת־הַלְוִיִּם
ᵓᵃroʷn	nośᵊᵓeʸ	halᵊwiʸyim-ᵓɛt
(Schrein-den=)Lade-(die)***	(trugen-die=)Tragende	,Leviten-(den=)die***

שִׁבְעָה־	וַיִּזְבְּחוּ	יְהוָה	בְּרִית־
-šibᵊᶜɔʰ	wayyizᵊbᵊḥuʷ	yᵊhwɔʰ	-bᵊriʸt
sieben	(opferten=)schlachteten-sie-(also=)und	,JHWH	(mit)-Bund(es)-(des)

מְכֻרְבָּל	27 וְדָוִיד	אֵילִים׃	וְשִׁבְעָה	פָרִים
mᵊkurᵊbɔl	wᵊdɔwiʸd	ᵓeʸliʸm.	wᵊšibᵊᶜɔʰ	pɔriʸm
gehüllt(er)-(war)	David-Und	.Widder	sieben-und	(Stiere=)Farren

הַלְוִיִּם	וְכָל־	בּוּץ	בִּמְעִיל
halᵊwiʸyim	-wᵊkol	buʷṣ	bimᵊᶜiʸl
,Leviten-die	all-und	,Byssus-(aus)	Obergewand-(ein)-in

אֶת־הָאָרוֹן	הַנֹּשְׂאִים
hɔᵓɔroʷn-ᵓɛt	hannośᵊᵓiʸm
,(Schrein-den=)Lade-(die)***	(waren)-tragend(e)-die

הַשַּׂר	וּכְנַנְיָה	וְהַמְשֹׁרְרִים
haśśar	uʷkᵊnanᵊyɔʰ	wᵊhamᵊšorᵊriʸm
Ober(st)e-der	,(Henanja=)Chenanja-und	,(Sänger=)Singenden-die-und

דָוִיד	וְעַל־	הַמְשֹׁרְרִים	הַמַּשָּׂא
dɔwiʸd	-wᵊᶜal	hamᵊšorᵊriʸm	hammaśśɔᵓ
David	(an=)auf-Und	.(Sänger=)Singenden-(der=)die	Tragen(s)-(des=)das

יִשְׂרָאֵל	28 וְכָל־	בָּד׃	אֵפוֹד
yiśᵊrɔᵓel	-wᵊkol	bɔd.	ᵓepoʷd
Israel	(ganz=)all-Und	.Linnen-(aus)	Ephod-(ein)-(war)

יְהוָה	בְּרִית־	אֶת־אֲרוֹן	מַעֲלִים
yᵊhwɔʰ	-bᵊriʸt	ᵓᵃroʷn-ᵓɛt	maᶜᵃliʸm
JHWH	Bund(es)-(des)	(Schrein-den=)Lade-(die)***	heraufbringend(e)-(war)

שׁוֹפָר	וּבְקוֹל	בִּתְרוּעָה
šo^{w}pɔr	u^{w}b^{ə}qo^{w}l	bit^{ə}ru^{wʿ}ɔ^{h}
Posaune-(der)	(Schall=)Stimme-(mit=)in-und	Jauchzen-(unter=)in

מַשְׁמִעִים	וּבִמְצִלְתַּיִם	וּבַחֲצֹצְרוֹת
maš^{ə}miʿi^{y}m	u^{w}bim^{ə}ṣil^{ə}tɔyim	u^{w}baḥ^{a}ṣoṣ^{ə}ro^{w}t
machend(e)-hören	,Zimbeln-(zwei)-(mit=)in-und	Trompeten-(mit=)in-und

אֲרוֹן	29 וַיְהִי	וְכִנֹּרוֹת׃	בִּנְבָלִים
^{ʾa}ro^{w}n	way^{ə}hi^{y}	w^{ə}kinnoro^{w}t.	bin^{ə}bɔli^{y}m
(Schrein-der=)Lade-(die)***	war-(er)-(Als=)Und	.Zithern-und	Harfen-(mit=)in

דָּוִיד	עִיר	עַד־	בָּא	יְהוָה	בְּרִית
dɔwi^{y}d	ʿi^{y}r	-ʿad	bɔʾ	y^{ə}hwɔ^{h}	b^{ə}ri^{y}t
,David(s)	(Burg)stadt	(zur)-bis	kommend(er)	JHWH	Bund(es)-(des)

נִשְׁקְפָה	שָׁאוּל	בַּת־	וּמִיכַל
niš^{ə}q^{ə}pɔ^{h}	šɔʾu^{w}l	-bat	u^{w}mi^{y}kal
herunter-blickte-(sie)	,(Sauls=)Schaul(s)	Tochter-(die)	,Michal-(da=)und

דָּוִיד	אֶת־הַמֶּלֶךְ	וַתֵּרֶא	הַחַלּוֹן	בְּעַד
dɔwi^{y}d	hammɛlɛk-ʾɛt	watterɛʾ	haḥallo^{w}n	b^{əʿ}ad
David	König-(den=)der***	sah-sie-(als=)und	;Fenster-das	(durch=)bis-in

לוֹ	וַתִּבֶז	וּמְשַׂחֵק	מְרַקֵּד
lo^{w}	wattibɛz	u^{w}m^{ə}śaḥeq	m^{ə}raqqed
(ihn=)ihm-zu	verachtete-sie-(da=)und	,tanzend(er)-und	hüpfend(er)

בְּלִבָּהּ׃
b^{ə}libbɔh.
.Herz(en)-ihr(em)-in

16

1 וַיָּבִיאוּ
wayyɔbi^{y}ʾu^{w}
(brachten=)kommen-machten-sie-Und

וַיַּצִּיגוּ	הָאֱלֹהִים	אֶת־אֲרוֹן
wayyaṣṣi^{y}gu^{w}	hɔ^{ʾɛ}lohi^{y}m	^{ʾa}ro^{w}n-ʾɛt
auf-stellten-(sie)-und	(Gottes=)Götter-(der=)die	(Schrein-den=)Lade-(die)***

אֲשֶׁר	הָאֹהֶל	בְּתוֹךְ	אֹתוֹ
^{ʾa}šɛr	hɔʾohɛl	b^{ə}to^{w}k	ʾoto^{w}
(das=)welch(es)	,Zelt(es)-(des=)das	(inmitten=)Mitte-in	ihn

דָּוִיד	לוֹ	נָטָה־
dɔwi^{y}d	lo^{w}	-nɔṭɔ^{h}
,David	(ihn-für=)ihm-zu	aufgeschlagen-hat(te)-(es=er)

עֹלוֹת	וַיַּקְרִיבוּ
^{c}olo^{w}t	wayyaq^{ə}ri^{y}bu^{w}
(Brandopfer=)Hochopfer	(dar-brachten=)nahen-machten-sie-und

הָאֱלֹהִים׃	לִפְנֵי	וּשְׁלָמִים
hɔ^{ʾɛ}lohi^{y}m.	lip^{ə}ne^{y}	u^{w}š^{ə}lɔmi^{y}m
.(Gott=)Götter-die	(vor=)Gesichter-zu	Friedensopfer-und

מֵהַעֲלוֹת	דָּוִיד	2 וַיְכַל
meha^{ca}lo^{w}t	dɔwi^{y}d	way^{ə}kal
(Darbringen=)machen-Aufsteigen-(mit=)von	David	fertig-war-(er)-(Als=)Und

וַיְבָרֶךְ	וְהַשְּׁלָמִים	הָעֹלָה
way^{ə}bɔrɛk	w^{ə}hašš^{ə}lɔmi^{y}m	hɔ^{c}olɔ^{h}
segnete-er-(da=)und	,Friedensopfer-die-und	(Brandopfer=)Hochopfer-das

3 וַיְחַלֵּק	יְהוָה׃	בְּשֵׁם	אֶת־הָעָם
way^{ə}ḥalleq	y^{ə}hwɔ^{h}.	b^{ə}šem	hɔ^{c}ɔm-^{ʾ}ɛt
verteilt(e)-er-und	,JHWH(s)	Name(n)-(im=)in	Volk-das***

אִשָּׁה	וְעַד־	מֵאִישׁ	יִשְׂרָאֵל	לְכָל־אִישׁ
^{ʾ}iššɔ^{h}	-w^{əc}ad	me^{ʾ}i^{y}š	yiś^{ə}rɔ^{ʾ}el	^{ʾ}i^{y}š-l^{ə}kol
,Frau	bis-(und)	Mann-von	,Israel(s)	(jedermann=)Mann-all(e)-(für=)zu

וְאֶשְׁפָּר	לֶחֶם	כִּכַּר־	לְאִישׁ
w^{əʾ}ɛš^{ə}pɔr	lɛḥɛm	-kikkar	l^{əʾ}i^{y}š
Dattelkuchen-(einen)-und	Brot	Laib-(einen)	(jeden-für=)Mann-zu

לִפְנֵי	4 וַיִּתֵּן	וַאֲשִׁישָׁה׃
lip^{ə}ne^{y}	wayyitten	wa^{ʾa}ši^{y}šɔ^{h}.
(für=)Gesichter-zu	(bestellte=)gab-er-Und	.Traubenkuchen-(einen)-und

הַלְוִיִּם	מִן־	יְהוָה	אֲרוֹן
hal^{ə}wi^{y}yim	-min	y^{ə}hwɔ^{h}	^{ʾa}ro^{w}n
Leviten-(den=)die	von-(einige)	JHWH(s)	(Schrein-den=)Lade-(die)***

וּלְהוֹדוֹת	וּלְהַזְכִּיר	מְשָׁרְתִים
u^{w}l^{ə}ho^{w}do^{w}t	u^{w}l^{ə}haz^{ə}ki^{y}r	m^{ə}šɔr^{ə}ti^{y}m
danken-zu-und	(bekennen=)machen-erinnern-zu-und	(Kult)diener-(als)

וּלְהַלֵּל לַיהוָה אֱלֹהֵי יִשְׂרָאֵל: 5 אָסָף
ˀɔsɔp yiśərɔˀel. ˀɛlohey layhwɔh uwləhallel
Asaph :Israel(s) (Gott-den=)Götter-(die) ,JHWH-(zu) rühmen-zu-und

הָרֹאשׁ וּמִשְׁנֵהוּ זְכַרְיָה יְעִיאֵל
yəʿiyˀel zəkarəyɔh uwmišənehuw hɔroˀš
Jegiel .Sacharja (Zweiten=)Zweiter-sein(en)-(als-)-und ,(Ober)haupt-das-(als)

וּשְׁמִירָמוֹת וִיחִיאֵל וּמַתִּתְיָה וֶאֱלִיאָב וּבְנָיָהוּ
uwbənɔyɔhuw wɛˀɛliyˀɔb uwmattitəyɔh wiyḥiyˀel uwšəmiyrɔmowt
Benaja(hu)-und Eliab-und Mattitja-und Jechiel-und Schemiramot-und

וְעֹבֵד אֱדֹם וִיעִיאֵל בִּכְלֵי נְבָלִים
nəbɔliym bikəley wiyʿiyˀel ˀɛdom wəʿobed
Harfen- (instrumenten=)gefäße(n)-(mit=)in Jegiel-und Edom -Obed-und

וּבְכִנֹּרוֹת וְאָסָף בַּמְצִלְתַּיִם
bamṣilətayim wəˀɔsɔp uwbəkinnorowt
Zimbeln-(zwei)-(mit=in) (Asaf=)Asaph-und Zithern-(mit=)in-und

מַשְׁמִיעַ: 6 וּבְנָיָהוּ וְיַחֲזִיאֵל
wəyaḥaziyˀel uwbənɔyɔ mašəmiyaʿ.
,Jachasiël-und Benaja(hu)-(Indes=)Und .(aufspielend=)machend(er)-hören-(waren)

הַכֹּהֲנִים בַּחֲצֹצְרוֹת תָּמִיד לִפְנֵי
lipəney tɔmiyd baḥaṣoṣərowt hakkohaniym
(vor=)Gesichter-zu ständig Trompeten-(den)-(mit=)in-(waren) ,Priester-die

אֲרוֹן בְּרִית־ הָאֱלֹהִים:
hɔˀɛlohiym. -bəriyt ˀarown
.(Gott=)Göttern-(den=)die (mit)-Bund(es)-(des) (Schrein-dem=)Lade-(der)***

7 בַּיּוֹם הַהוּא אָז נָתַן דָּוִיד
dɔwiyd nɔtan ˀɔz hahuwˀ bayyowm
David (an-wies=)gab-(er) da(mals) ,da-(jenem=)jener ,Tag-(dem)-(An=)In

בְּרֹאשׁ לְהֹדוֹת לַיהוָה בְּיַד־
-bəyad layhwɔh ləhodowt bɔroˀš
(durch=)Hand-in JHWH-(zu) (danken=)huldigen-zu Haupt(sache)-(als=)in

אָסָף וְאֶחָיו: 8 הוֹדוּ לַיהוָה קִרְאוּ
qirəˀuw layhwɔh howduw wəˀɛḥɔyw. ˀɔsɔp
rufet ,JHWH-(zu) Danket :Brüder-seine-und Asaph

בְּעַמִּים	הוֹדִיעוּ	בִשְׁמוֹ
bɔᶜammiʸm	howdiʸᶜuʷ	bišᵊmoʷ
Völkern-den-(bei=)in	(bekannt=)wissen-machet	,Namen-sein(en)-(an=)in

לוֹ	זַמְּרוּ־	לוֹ	9 שִׁירוּ	עֲלִילֹתָיו׃
loʷ	-zammᵊruʷ	loʷ	šiʸruʷ	ᶜᵃliʸlotɔʸw.
,ihm-(zu)	auf-spielt	,ihm-(zu)	Singet	!Taten-(großen)-seine

10 הִתְהַלְלוּ	נִפְלְאֹתָיו	בְּכָל־	שִׂיחוּ
hitᵊhalᵊluʷ	nipᵊlᵊʾotɔʸw	-bᵊkol	śiʸḥuʷ
euch-Rühmet	!Taten-wunderbaren-seine	all(e)-(über=)in	(singet=)nach-sinnet

יִשְׂמַח	קָדְשׁוֹ	בְּשֵׁם
yiśᵊmaḥ	qodᵊšoʷ	bᵊšem
freuen-sich-(soll=)wird-(es=)er	,Heiligkeit-seine(r)	Namen-(dem)-(mit=)in

וְעֻזּוֹ	יְהוָה	11 דִּרְשׁוּ	יְהוָה׃	מְבַקְשֵׁי	לֵב
wᵊᶜuzzoʷ	yᵊhwɔʰ	dirᵊšuʷ	yᵊhwɔʰ.	mᵊbaqᵊšeʸ	leb
,Stärke-seine-und	JHWH	Suchet	!JHWH	Suchende(n)-(der)	Herz-(das)

12 זִכְרוּ	תָּמִיד׃	פָנָיו	בַּקְּשׁוּ
zikᵊruʷ	tɔmiʸd.	pɔnɔʸw	baqqᵊšuʷ
Gedenket	!immerfort	(Antlitz=)Gesichter-sein(e)	(auf)-suchet

עָשָׂה	אֲשֶׁר	נִפְלְאֹתָיו
ᶜɔśɔʰ	ʾᵃšɛr	nipᵊlᵊʾotɔʸw
,(vollbrachte=)machte-er	(die=)welch(e)	,Taten-wunderbaren-seine(r)

13 זֶרַע	פִיהוּ׃	וּמִשְׁפְּטֵי־	מֹפְתָיו
zɛraᶜ	piʸhuʷ.	-uʷmišᵊpᵊṭeʸ	mopᵊtɔʸw
Same-(Du)	!Mund(es)-sein(es)	Rechtssprüche-(der)-und	Zeichen-seine(r)

בְּחִירָיו׃	יַעֲקֹב	בְּנֵי	עַבְדּוֹ	יִשְׂרָאֵל
bᵊḥiʸrɔʸw.	yaᶜᵃqob	bᵊneʸ	ᶜabᵊdoʷ	yiśᵊrɔʾel
!Erwählten-seine	,Jakob	(von)-Söhne-(ihr)	,Knecht(es)-sein(es)	,Israel(s)

הָאָרֶץ	בְּכָל־	אֱלֹהֵינוּ	יְהוָה	14 הוּא
hɔʾɔrɛṣ	-bᵊkol	ʾᵋloheʸnuʷ	yᵊhwɔʰ	huʷʾ
Erde-(der=)die	all-(auf=)in	,(Gott=)Götter-unser(e)	,JHWH	(ist)-Er

בְּרִיתוֹ	לְעוֹלָם	15 זִכְרוּ	מִשְׁפָּטָיו׃
bᵊriʸtoʷ	lᵊᶜoʷlɔm	zikᵊruʷ	mišᵊpɔṭɔʸw.
,Bund(es)-sein(es)	ewig-(auf=)zu	Gedenket	!Gerichte-seine-(ergehen)

16 אֲשֶׁר	דּוֹר׃	לְאֶלֶף	צִוָּה	דָּבָר
ʾᵃšɛr	doʷr.	lᵊʾɛlɛp	ṣiwwɔʰ	dɔbɔr
welch(en)	,Geschlecht(er)	tausend-(an=)zu	gebot-er-(das)	,Wort(es)-(des)

וּשְׁבוּעָתוֹ	אֶת־אַבְרָהָם	כָּרַת
uʷšᵊbuʷʿɔtoʷ	ʾabᵊrɔhɔm-ʾɛt	kɔrat
Schwur(s)-sein(es)-und	,Abraham-mit	(geschlossen=)geschnitten-er

לְחֹק	לְיַעֲקֹב	17 וַיַּעֲמִידֶהָ	לְיִצְחָק׃
lᵊḥoq	lᵊyaʿᵃqob	wayyaʿᵃmiʸdɛhɔ	lᵊyiṣᵊḥɔq.
,Satzung-zu	Jakob-(für=)zu	(ihn=)sie-hin-stellte-er-Und	!Isaak-(an=)zu

עוֹלָם׃	בְּרִית	לְיִשְׂרָאֵל
ʿoʷlɔm.	bᵊriʸt	lᵊyiśᵊrɔʾel
,(ewigen=)Ewigkeit-(der)	Bund-(einen)	Israel-(für=)zu

כְּנָעַן	אֶרֶץ־	אֶתֵּן	לְךָ	18 לֵאמֹר
kᵊnɔʿan	-ʾɛrɛṣ	ʾɛttɛn	lᵊkɔ	leʾmor
,Kanaan	Land-(das)	gebe-ich	dir-(Zu)	:(sprach-er-indem=)sagen-zu

19 בִּהְיוֹתְכֶם	נַחֲלַתְכֶם׃	חֶבֶל
bihᵊyoʷtᵊkɛm	naḥᵃlatᵊkɛm.	ḥɛbɛl
Seins-eures-(Ob=)In	!Erbgut-euer-(als)	(Land)strich-(einen)

כִּמְעַט	מְתֵי מִסְפָּר
kimᵊʿaṭ	misᵊpɔr mᵊteʸ
,(Minderheit-eine-als=)Weniges-wie	,Zahl-(an-gering=)Leute

בָּהּ׃	וְגָרִים
bɔh.	wᵊgɔriʸm
,(darin=)ihr-in	(Fremde-als=)weilend(e)-und

גּוֹי	אֶל־	מִגּוֹי	20 וַיִּתְהַלְּכוּ
goʷy	-ʾɛl	miggoʷy	wayyitᵊhallᵊkuʷ
Volk	zu	Volk-von	(wanderten=)her-und-hin-gingen-sie-(da=)und

21 לֹא־	אַחֵר׃	עַם	אֶל־	וּמִמַּמְלָכָה
-loʾ	ʾaḥer.	ʿam	-ʾɛl	uʷmimmamᵊlɔkɔʰ
nicht	,ander(em)	Volk	zu	Königreich-(einem)-von-und

לְעָשְׁקָם	לְאִישׁ	הִנִּיחַ
lᵊʿošᵊqɔm	lᵊʾiʸš	hinniʸaḥ
,sie-bedrücken-zu	(jemanden=)Mann-zu	(zu-ließ=)Ruhe-in-ließ-er

אַל־ 22	מְלָכִים׃	עֲלֵיהֶם	וַיּוֹכַח
-^{ɔ}al	m^{ə}lɔki^{y}m.	^{ca}le^{y}hɛm	wayyo^{w}kaḥ
Nicht	:Könige	(ihretwegen=)sie-auf	zurecht-wies-er-und

בִּמְשִׁיחָי	תִּגְּעוּ
bim^{ə}ši^{y}ḥɔy	tigg^{əc}u^{w}
,Gesalbten-meine-(an=)in	(tasten=)berühren-(sollt=)werdet-ihr

תָּרֵעוּ׃	אַל־	וּבִנְבִיאַי
tɔre^{c}u^{w}.	-^{ɔ}al	u^{w}bin^{ə}bi^{yɔ}ay
!handeln-Böse-(sollt=)werdet-ihr	nicht	Propheten-meine(n)-(an=)in-und

אֶל־	מִיּוֹם־	בַּשְּׂרוּ	הָאָרֶץ	כָּל־	לַיהוָה	שִׁירוּ 23
-^{ɔ}ɛl	-mi^{y}yo^{w}m	baśś^{ə}ru^{w}	hɔ^{ɔ}ɔrɛṣ	-kol	layhwɔ^{h}	ši^{y}ru^{w}
zu	Tag-von	verkündet	,Erde-die	all	,JHWH(s)-(Ehren)-zu	Singet

בַגּוֹיִם	סַפְּרוּ 24	יְשׁוּעָתוֹ׃	יוֹם
baggo^{w}yim	sapp^{ə}ru^{w}	y^{ə}šu^{wc}ɔto^{w}.	yo^{w}m
Völkern-den-(bei=)in	Erzählet	!(Heil=)Hilfe-sein(e)	Tag

הָעַמִּים	בְּכָל־	אֶת־כְּבוֹדוֹ
hɔ^{c}ammi^{y}m	-b^{ə}kol	k^{ə}bo^{w}do^{w}-^{ɔ}ɛt
Nationen-(den=)die	all-(bei=)in	,Herrlichkeit-seine***

יְהוָה	גָּדוֹל	כִּי 25	נִפְלְאֹתָיו׃
y^{ə}hwɔ^{h}	gɔdo^{w}l	ki^{y}	nip^{ə}l^{əɔ}otɔ^{y}w.
JHWH	(ist)-groß(er)	Denn	!Taten-wunderbaren-seine

הוּא	וְנוֹרָא	מְאֹד	וּמְהֻלָּל
hu^{wɔ}	w^{ə}no^{w}rɔ^{ɔ}	m^{əɔ}od	u^{w}m^{ə}hullɔl
er-(ist)	gefürchtet(er)-und	sehr	(preiswürdig=)Gepriesener-(ein)-und

הָעַמִּים	אֱלֹהֵי	כָּל־	כִּי 26	אֱלֹהִים׃	כָּל־	עַל־
hɔ^{c}ammi^{y}m	^{ɔɛ}lohe^{y}	-kol	ki^{y}	^{ɔɛ}lohi^{y}m.	-kol	-^{c}al
Völker-(der=)die	Götter	all(e)	Denn	!Götter	all(e)	(über=)auf

הוֹד 27	עָשָׂה׃	שָׁמַיִם	וַיהוָה	אֱלִילִים
ho^{w}d	^{c}ɔśɔ^{h}.	šɔmayim	wayhwɔ^{h}	^{ɔɛ}li^{y}li^{y}m
Hoheit	.(schuf=)machte-er	Himmel-(die)	,JHWH-(aber=)und	,Götzen-(sind)

עֹז	לְפָנָיו	וְהָדָר
^{c}oz	l^{ə}pɔnɔ^{y}w	w^{ə}hɔdɔr
Macht	,(Antlitz-seinem=)Gesichtern-seinen-(vor=)zu	(Würde=)Glanz-und

לַיהוָה	28 הָבוּ	בִּמְקֹמוֹ׃	וְחֶדְוָה
layhwɔʰ	hɔbuʷ	bimᵊqomoʷ.	wᵊḥɛdᵊwɔʰ
,JHWH-(zu)	Gebt	.(Wohnsitz-seinem-an=)Ort-seinem-in-(sind)	Freude-und

29 הָבוּ	וָעֹז׃	כָּבוֹד	לַיהוָה	הָבוּ	עַמִּים	מִשְׁפְּחוֹת
hɔbuʷ	wɔʿoz.	kɔboʷd	layhwɔʰ	hɔbuʷ	ʿammiʸm	mišᵊpᵊḥoʷt
Gebt	!Macht-und	Ehre	JHWH-(zu)	gebt	,Völker-(der)	Sippen-(ihr)

מִנְחָה	שְׂאוּ	שְׁמוֹ	כְּבוֹד	לַיהוָה
minᵊḥɔʰ	śᵊʾuʷ	šᵊmoʷ	kᵊboʷd	layhwɔʰ
(Opfer)gabe-(eine)	(bringt=)hebet	,Name(ns)-sein(es)	Ehre-(die)	JHWH-(zu)

לַיהוָה	הִשְׁתַּחֲווּ	לְפָנָיו	וּבֹאוּ
layhwɔʰ	hišᵊtaḥᵃwuʷ	lᵊpɔnɔʸw	uʷboʾuʷ
JHWH-(vor=)zu	hin-euch-Werft	!(ihn-vor=)Gesichtern-seinen-zu	kommt-und

מִלְּפָנָיו	30 חִילוּ	קֹדֶשׁ׃	בְּהַדְרַת־
millᵊpɔnɔʸw	ḥiʸluʷ	qodɛš.	-bᵊhadᵊrat
,(ihm-vor)Gesichtern-seinen-zu-von	Erbebet	!Heiligkeit	(von)-Schmuck-in

בַּל־	תֵּבֵל	תִּכּוֹן	אַף־	הָאָרֶץ	כָּל־
-bal	tebel	tikkoʷn	-ʾap	hɔʾɔrɛṣ	-kol
nicht	,Erdkreis-(der)	gegründet-(ist=)wird-(es=sie)	Auch	!Erde-die	all

הַשָּׁמַיִם	31 יִשְׂמְחוּ	תִּמּוֹט׃
haššɔmayim	yiśᵊmᵊḥuʷ	timmoʷṭ.
Himmel-die	sich-freuen-(sollen=)werden-(Es=)Sie	.wankt-(er=)sie

וְיֹאמְרוּ	הָאָרֶץ	וְתָגֵל
wᵊyoʾmᵊruʷ	hɔʾɔrɛṣ	wᵊtɔgel
sagen-(sollen=)werden-sie-und	Erde-die	frohlocken-(soll=)wird-(es=)sie-und

הַיָּם	32 יִרְעַם	מָלָךְ׃	יְהוָה	בַגּוֹיִם
hayyɔm	yirᵊʿam	mɔlɔk.	yᵊhwɔʰ	baggoʷyim
Meer-das	tost-(Es=)Er	!König-ist-(er)	JHWH	:Völkern-den-(bei=)in

וְכָל־	הַשָּׂדֶה	יַעֲלֹץ	וּמְלוֹאוֹ
-wᵊkol	haśśɔdɛʰ	yaʿᵃloṣ	uʷmᵊloʷʾoʷ
,all(es)-und	(Flur-die=)Feld-das	jauchzt-(es=)er	,(füllt-es-was=)Fülle-seine-und

יְרַנְּנוּ	33 אָז	בּוֹ׃	אֲשֶׁר־
yᵊrannᵊnuʷ	ʾɔz	boʷ.	-ʾᵃšɛr
(laut)-jubeln-werden-(es=sie)	Dann	!(darauf=)ihm-in	(was=)welch(es)

כִּי־	יְהוָה	מִלִּפְנֵי	הַיָּעַר	עֲצֵי
-kiʸ	yᵊhwɔʰ	millipᵊneʸ	hayyɔᶜar	ᶜᵃṣeʸ
denn	,JHWH	(vor=)Gesichtern-zu-von	Wald(es)-(des=)der	Bäume-(die)

34 הוֹדוּ	אֶת־הָאָרֶץ׃	לִשְׁפּוֹט	בָא
hoʷduʷ	hɔʾɔrɛṣ-ʾɛt.	lišᵊpoʷṭ	bɔʾ
(Danket=)Preiset	.(Welt=)Erde-die***	richten-zu	(kommt=)kam-er

לְעוֹלָם	כִּי	טוֹב	כִּי	לַיהוָה
lᵊᶜoʷlɔm	kiʸ	ṭoʷb	kiʸ	layhwɔʰ
(währet)-ewig-(zu)	denn	,(er-ist)-gut	denn	,JHWH-(zu)

אֱלֹהֵי	הוֹשִׁיעֵנוּ	35 וְאִמְרוּ	חַסְדּוֹ׃
ʾᵋloheʸ	hoʷšiʸᶜenuʷ	wᵊʾimᵊruʷ	ḥasᵊdoʷ.
(Gott-du=)Götter	,uns-(Hilf=)Rette	:sprecht-Und	!(Gnade=)Huld-seine

וְהַצִּילֵנוּ	וְקַבְּצֵנוּ	יִשְׁעֵנוּ
wᵊhaṣṣiʸlenuʷ	wᵊqabbᵊṣenuʷ	yišᵊᶜenuʷ
uns-(rette=)heraus-reiße-und	uns-zusammen-hole-und	,Heil(s)-unser(es)

לְשֵׁם	לְהֹדוֹת	הַגּוֹיִם	מִן־
lᵊšem	lᵊhodoʷt	haggoʷyim	-min
Name(n)-(dem=)zu	danken-zu	Völker(n)-(den=)die	(vor=)von

בִּתְהִלָּתֶךָ׃	לְהִשְׁתַּבֵּחַ	קָדְשֶׁךָ
bitᵊhillɔtɛkɔ.	lᵊhišᵊtabbeaḥ	qodᵊšɛkɔ
.Ruhmestat-deine(r)-(mit=)in	uns-rühmen-zu	,Heiligkeit-deine(r)

מִן־	יִשְׂרָאֵל	אֱלֹהֵי	יְהוָה	36 בָּרוּךְ
-min	yiśᵊrɔʾel	ʾᵋloheʸ	yᵊhwɔʰ	bɔruʷk
von	,Israel(s)	(Gott-der=)Götter-(die)	,JHWH	(sei-Gepriesen=)Gesegnet(er)

וַיֹּאמְרוּ	הָעֹלָם	וְעַד	הָעוֹלָם
wayyoʾmᵊruʷ	hɔᶜolɔm	wᵊᶜad	hɔᶜoʷlɔm
sprach(en)-(es=)sie-Und	!Ewigkeit-(der=)die	(zu=)bis-und	Ewigkeit-(der=)die

לַיהוָה׃	וְהַלֵּל	אָמֵן	הָעָם	כָל־
layhwɔʰ.	wᵊhallel	ʾɔmen	hɔᶜɔm	-kol
!JHWH-(für=)zu	(Lob)preisen-und	Amen	:Volk-das	all

אֲרוֹן	לִפְנֵי	שָׁם	37 וַיַּעֲזָב־
ʾᵃroʷn	lipᵊneʸ	šɔm	-wayyaᶜᵃzob
(Schrein-dem=)Lade-(der)	(vor=)Gesichter-zu	dort	(es)-überließ-er-Und

וּלְאֶחָיו	לְאָסָף	בְּרִית־יְהוָה
u^{w}l^{əʾ}ɛḥɔ^{y}w	l^{əʾ}ɔsɔp	y^{ə}hwɔ^{h}-b^{ə}ri^{y}t
Brüder(n)-seine(n=)zu-und	Asaph-(dem=)zu	JHWH-(mit)-Bund(es)-(des)

לִפְנֵי	לְשָׁרֵת
lip^{ə}ne^{y}	l^{ə}šɔret
(vor=)Gesichter-zu	(verrichten-zu-Kultdienst=)dienen-zu

לִדְבַר־	תָּמִיד	הָאָרוֹן
-lid^{ə}bar	tɔmi^{y}d	hɔʾɔro^{w}n
(Erfordernis=)Wort-(nach=)zu	ständig	(Schrein-dem=)Lade-(der=)die

אֱדֹם	38 וְעֹבֵד	בְּיוֹמוֹ׃	יוֹם
ʾ^{ɛ}dom	w^{əʿ}obed	b^{ə}yo^{w}mo^{w}.	yo^{w}m
Edom	-Obed-und	;Tag-sein(em)-(an=)in	Tag(es)-(des)

אֱדֹם	וְעֹבֵד	וּשְׁמוֹנָה	שִׁשִּׁים	וַאֲחֵיהֶם
ʾ^{ɛ}dom	w^{əʿ}obed	u^{w}š^{ə}mo^{w}nɔ^{h}	šišši^{y}m	wa^{ʾa}ḥe^{y}hɛm
Edom	-Obed-und	,acht-und	sechzig	,(Stammes)brüder(n)-ihre(n)-und

צָדוֹק	39 וְאֵת	לְשֹׁעֲרִים׃	וְחֹסָה	בֶּן־יְדִיתוּן
ṣɔdo^{w}q	w^{əʾ}et	l^{ə}šo^{ʿa}ri^{y}m.	w^{ə}ḥosɔ^{h}	y^{ə}di^{y}tu^{w}n-bɛn
,Zadok	***und	;Torhüter-(als=)zu	Chosa-und	Jeditun(s)-Sohn

הַכֹּהֲנִים	וְאֶחָיו	הַכֹּהֵן
hakkoh^{a}ni^{y}m	w^{əʾ}ɛḥɔ^{y}w	hakkohen
(gewesen)-Priester-die	,Brüder-seine-und	,Priester-(den=)der

בַּבָּמָה	יְהוָה	מִשְׁכַּן	לִפְנֵי
babbɔmɔ^{h}	y^{ə}hwɔ^{h}	miš^{ə}kan	lip^{ə}ne^{y}
,(Kult)höhe-der-(auf=)in	JHWH(s)	Wohnstatt-(der)	(vor=)Gesichter-zu

40 לְהַעֲלוֹת	בְּגִבְעוֹן׃	אֲשֶׁר
l^{ə}ha^{ʿa}lo^{w}t	b^{ə}gib^{əʿ}o^{w}n.	^{ʾa}šɛr
(Darbringen=)Aufsteigen-machen-zu(m)	,(war)-Gibeon-in	welch(e)

מִזְבַּח	עַל־	לַיהוָה	עֹלוֹת
miz^{ə}baḥ	-ʿal	layhwɔ^{h}	ʿolo^{w}t
Altar-(dem)	auf	JHWH(s)-(Ehren)-zu	(Brandopfer=)Hochopfer

לַבֹּקֶר	תָּמִיד	הָעֹלָה
labboqɛr	tɔmi^{y}d	hɔʿolɔ^{h}
Morgen-(am=)zum	fortwährend	(Brandopfers=)Hochopfer(s)-(des=)das

וְלָעֶרֶב
wəlɔʿɔrɛb
,Abend-(am=)zum-und

וּלְכָל־
-uwləkol
,all(es)-(für=)zu-und

הַכָּתוּב
hakkɔtuwb
(ist-geschrieben-was=)Geschriebene-das

בְּתוֹרַת
bətowrat
Weisung-(der)-in

יְהוָה
yəhwɔh
,JHWH(s)

אֲשֶׁר
ʾašɛr
(die=)welch(e)

צִוָּה
ṣiwwɔh
hat(te)-angeordnet-er

עַל־
-ʿal
(für=)auf

יִשְׂרָאֵל׃
yiśərɔʾel.
.Israel

41 וְעִמָּהֶם
wəʿimmɔhɛm
ihnen-mit-Und

הֵימָן
heymɔn
Heman

וִידוּתוּן
wiyduwtuwn
Jedutun-und

וּשְׁאָר
uwšəʾɔr
Rest-(der)-und

הַבְּרוּרִים
habbəruwriym
,Ausersehenen-(der=)die

אֲשֶׁר
ʾašɛr
(die=)welch(e)

נִקְּבוּ
niqqəbuw
(bezeichnet=)punktiert-wurden-(sie)

בְּשֵׁמוֹת
bəšemowt
Namen-(mit=)in

לְהֹדוֹת
ləhodowt
(danken=)preisen-zu-(um)

לַיהוָה
layhwɔh
,JHWH-(zu)

כִּי
kiy
(dass=)denn

לְעוֹלָם
ləʿowlɔm
(währt-immerfort=)ewig-zu

חַסְדּוֹ׃
ḥasədow.
.(Gnade=)Huld-seine

42 וְעִמָּהֶם
wəʿimmɔhɛm
ihnen-mit-Und

הֵימָן
heymɔn
Heman

וִידוּתוּן
wiyduwtuwn
Jedutun-und

חֲצֹצְרוֹת
ḥaṣoṣərowt
Trompeten-(mit)

וּמְצִלְתַּיִם
uwməṣilətayim
Zimbeln-(zwei)-und

לְמַשְׁמִיעִים
ləmašəmiyʿiym
(Aufspielenden=)Hörenmachenden-(die)-(für=)zu

וּכְלֵי
uwkəley
(für)-(Instrumenten=)Werkzeuge(n)-und

שִׁיר
šiyr
(Musik-die=)Lied-(das)

הָאֱלֹהִים
hɔʾɛlohiym
,(Gottes=)Götter-(der=)die

וּבְנֵי
uwbəney
(von)-Söhne-(die)-und

יְדוּתוּן
yəduwtuwn
Jedutun

לַשָּׁעַר׃
laššɔʿar.
.Tor-das-(für=)zu

43 וַיֵּלְכוּ
wayyeləkuw
ging(en)-(es=sie)-(Dann=)Und

כָל־
-kol
all

הָעָם
hɔʿɔm
,Volk-das

אִישׁ
ʾiyš
(jeder=)Mann

דָּוִיד	וַיִּסֹּב	לְבֵיתוֹ
dɔwiʸd	wayyissob	lᵊbeʸtoʷ
David	sich-wandte-(es=)er-(aber=)und	,Haus-sein(em)-zu

אֶת־בֵּיתוֹ׃	לְבָרֵךְ
beʸtoʷ-ʾɛt.	lᵊbɔrek
.Haus(gemeinschaft)-sein(e)***	(begrüßen=)segnen-zu-(um)

17

דָּוִיד	יֹשֵׁב	כַּאֲשֶׁר	וַיְהִי 1
dɔwiʸd	yɔšab	kaʾašɛr	wayᵊhiʸ
David	wohnte-(er)	(als=)wie	,war-(es=)er-Und

נָתָן	אֶל־	דָּוִיד	וַיֹּאמֶר	בְּבֵיתוֹ
nɔtɔn	-ʾɛl	dɔwiʸd	wayyoʾmɛr	bᵊbeʸtoʷ
,Natan	zu	David	sagte-(es=er)-(da=)und	,Haus-sein(em)-in

בְּבֵית	יוֹשֵׁב	אָנֹכִי	הִנֵּה	הַנָּבִיא
bᵊbeʸt	yoʷšeb	ʾɔnokiʸ	hinneʰ	hannɔbiʸʾ
Haus-(einem)-in	wohnend(er)	(bin)-ich	,Siehe	:Prophet(en)-(dem=)der

וַאֲרוֹן	הָאֲרָזִים
waʾaroʷn	hɔʾarɔziʸm
(Schrein-der=)Lade-(die)-(während=)un	,Zedern-(aus=)die

יְרִיעוֹת׃	תַּחַת	בְּרִית־יְהוָה
yᵊriʸʿoʷt.	taḥat	yᵊhwɔʰ-bᵊriʸt
!(befindet)-Zeltbehängen	unter-(sich)	JHWH-(mit)-Bund(es)-(des)

אֲשֶׁר	כֹּל	דָּוִיד	אֶל־	נָתָן	וַיֹּאמֶר 2
ʾašɛr	kol	dɔwiʸd	-ʾɛl	nɔtɔn	wayyoʾmɛr
(was=)welch(es)	,All(es)	:David	zu	Natan	sprach-(es=er)-(Da=)Und

הָאֱלֹהִים	כִּי	עֲשֵׂה	בִּלְבָבְךָ
hɔʾɛlohiʸm	kiʸ	ʿaśeʰ	bilᵊbɔbᵊkɔ
(Gott=)Götter-die	denn	,(tu=)mache	,(hast-Sinn-im-du=)Herzen-deinem-in

הַהוּא	בַּלַּיְלָה	וַיְהִי 3	עִמָּךְ׃
hahuʷʾ	ballayᵊlɔʰ	wayᵊhiʸ	ʿimmɔk.
,da-jener	,Nacht-der-in	(geschah=)war-(es=)er-(Aber=)Und	!dir-mit-(ist)

נָתָן	אֶל־	אֱלֹהִים	דְּבַר־	וַיְהִי
nɔtɔn	-ʾɛl	ʾɛlohiʸm	-dᵊbar	wayᵊhiʸ
,Natan	(an=)zu	(Gottes=)Götter	Wort-(das)	(erging=)war-(es=er)-(dass=)und

דָּוִיד	אֶל־	וְאָמַרְתָּ	4 לֵךְ	לֵאמֹר׃
dɔwiʸd	-ᵓɛl	wᵊᵓɔmarᵊtɔ	lek	leᵓmor.
,David	zu	(sage=)sagst-du-und	Geh	:(besagend=)sagen-zu

אַתָּה	לֹא	יְהוָה	אָמַר	כֹּה	עַבְדִּי
ᵓattɔʰ	loᵓ	yᵊhwɔʰ	ᵓɔmar	koʰ	ᶜabᵊdiʸ
,du	Nicht	:JHWH	(spricht=)sprach-(es=er)	So	:Knecht-mein(em)

לֹא	5 כִּי	לָשָׁבֶת׃	הַבַּיִת	לִּי	תִבְנֶה־
loᵓ	kiʸ	lɔšɔbɛt.	habbayit	liʸ	-tibᵊnɛʰ
nicht	Denn	.(Be)wohnen-zum	Haus-das	mir-(zu)	erbauen-(sollst=)wirst-du

הַיּוֹם	מִן־	בְּבַיִת	יָשַׁבְתִּי
hayyoʷm	-min	bᵊbayit	yɔšabᵊtiʸ
,Tag-(dem=)der	(seit=)von	Haus-(einem)-in	gewohnt-habe-ich

הַיּוֹם	עַד	אֶת־יִשְׂרָאֵל	הֶעֱלֵיתִי	אֲשֶׁר
hayyoʷm	ᶜad	yiśᵊrɔᵓel-ᵓɛt	hɛᶜᵉleʸtiʸ	ᵓašɛr
,Tag-(dem=)der	(zu)-bis	Israel***	herauf-führte-ich	welch(em)-(an)

אֹהֶל	אֶל־	מֵאֹהֶל	וָאֶהְיֶה	הַזֶּה
ᵓohɛl	-ᵓɛl	meᵓohɛl	wɔᵓɛhᵊyɛʰ	hazzɛʰ
Zelt	zu	Zelt-von	bin-ich-und	,da-dies(em)

אֲשֶׁר־	6 בְּכֹל	וּמִמִּשְׁכָּן׃
-ᵓašɛr	bᵊkol	uʷmimmišᵊkɔn.
(wo=)welch	(Überall=)all-In	.(gezogen-Wohnung-zu)-Wohnung-von-und

דִּבַּרְתִּי	הֲדָבָר	יִשְׂרָאֵל	בְּכָל־	הִתְהַלַּכְתִּי
dibbarᵊtiʸ	hᵃdɔbɔr	yiśᵊrɔᵓel	-bᵊkol	hitᵊhallakᵊtiʸ
geredet-habe-ich	Wort-(ein)-etwa	,Israel	(ganz=)all-in	umher-ging-ich

אֲשֶׁר	יִשְׂרָאֵל	שֹׁפְטֵי	אֶת־אַחַד
ᵓašɛr	yiśᵊrɔᵓel	šopᵊṭeʸ	ᵓaḥad-ᵓɛt
welch(en)	,Israel	(von)-(Richter=)Rechtsprechende(n)-(der)	ein(em)-mit

לָמָּה	לֵאמֹר	אֶת־עַמִּי	לִרְעוֹת	צִוִּיתִי
lɔmmɔʰ	leᵓmor	ᶜammiʸ-ᵓɛt	lirᵃᶜoʷt	ṣiwwiʸtiʸ
(Warum=)was-Zu	:(sagend=)sagen-zu	,Volk-mein***	weiden-zu	gebot-ich

7 וְעַתָּה	אֲרָזִים׃	בֵּית	לִי	בְנִיתֶם	לֹא־
wᵊᶜattɔʰ	ᵓarɔziʸm.	beʸt	liʸ	bᵊniʸtɛm	-loᵓ
,nun-(Doch=)Und	?Zedern	(von)-Haus-(ein)	mir-(zu)	gebaut-habt-ihr	nicht

כֹּה	לְדָוִיד	לְעַבְדִּי	תֹאמַר	כֹּה־
koh	lədɔwiyd	ləʿabədiy	toʾmar	-koh
So	:David-zu	,Knecht-meinem-zu	sagen-(sollst=)wirst-du	so

אֲנִי	צְבָאוֹת	יְהוָה	אָמַר
ʾaniy	ṣəbɔʾowt	yəhwɔh	ʾɔmar
,Ich	:Heerscharen-(der)	JHWH	(spricht=)sprach-(er)

אַחֲרֵי	מִן־	הַנָּוֶה	מִן־	לְקַחְתִּיךָ
ʾaḥarey	-min	hannɔwɛh	-min	ləqaḥətiykɔ
hinter	(von)	,(Weideplatz=)Flur-(der=)die	von	dich-geholt-(weg)-habe-ich

יִשְׂרָאֵל׃	עַמִּי	עַל	נָגִיד	לִהְיוֹת	הַצֹּאן
yiśərɔʾel.	ʿammiy	ʿal	nɔgiyd	lihəyowt	haṣṣoʾn
.Israel	Volk-mein	(über=)auf	Fürst	sein-zu	(Schaf)herde-(der=)die

הָלַכְתָּ	אֲשֶׁר	בְּכֹל	עִמְּךָ	וָאֶהְיֶה	8
hɔlakətɔ	ʾašɛr	bəkol	ʿimməkɔ	wɔʾɛhəyɛh	
,gingst-du	(wo=)welch	,(überall=)all-in	dir-mit	war-ich-Und	

אֶת־כָּל־אוֹיְבֶיךָ	וָאַכְרִית
ʾowyəbɛykɔ-kol-ʾɛt	wɔʾakəriyt
Feinde-deine-all(e)***	(vertilgt=)geschnitten-habe-ich-und

שֵׁם	לְךָ	וְעָשִׂתִי	מִפָּנֶיךָ
šem	ləkɔ	wəʿɔśiytiy	mippɔnɛykɔ
,Namen-(einen)	dir-(zu)	mach(t)e-ich-und	(dir=)Gesichtern-deinen-(vor=)von

אֲשֶׁר	הַגְּדוֹלִים	כְּשֵׁם
ʾašɛr	haggədowliym	kəšem
welch(e)	,Großen-(der=)die	Name(n)-(dem)-(gleich=)wie

מָקוֹם	וְשַׂמְתִּי	9	בָּאָרֶץ׃
mɔqowm	wəśamətiy		bɔʾɔrɛṣ.
Stätte-(eine)	(bereite=)setze-ich-Und		.(sind)-Erde-der-(auf=)in

וּנְטַעְתִּיהוּ	יִשְׂרָאֵל	לְעַמִּי
uwnəṭaʿətiyhuw	yiśərɔʾel	ləʿammiy
,(es=)ihn-ein-pflanze-ich-und	Israel	Volk-mein-(für=)zu

וְלֹא	תַּחְתָּיו	וְשָׁכַן
wəloʾ	taḥətɔyw	wəšɔkan
nicht-und	(Stätte-seiner-an=)ihm-unter	(wohne=)wohnt-(es=)er-(dass=)und

וְלֹא־	עוֹד	יִרְגַּז
-wᵊloʾ	ʿoʷd	yirᵊgaz
nicht-und	,(mehr=)noch	aufgeschreckt-(werde=)wird-(es=)er

עַוְלָה	בְנֵי־	יוֹסִיפוּ
ʿawᵊlɔʰ	-bᵊneʸ	yoʷsiʸpuʷ
Ruchlosigkeit-(der)	Söhne	fortfahren-werden-(es=sie)

בָּרִאשׁוֹנָה׃	כַּאֲשֶׁר	לְבַלֹּתוֹ
bɔriʾšoʷnɔʰ.	kaʾᵃšɛr	lᵊballotoʷ
(ehedem=)Anfang-dem-in	wie	(es=)ihn-(aufzureiben=)verzehren-zu

צִוִּיתִי	אֲשֶׁר	10 וּלְמִיָּמִים
ṣiwwiʸtiʸ	ʾᵃšɛr	uʷlᵊmiʸyɔmiʸm
bestellte-ich	(da=)welch(e)	,Tage(n)-(den)-(seit=)von-zu-und

יִשְׂרָאֵל	עַמִּי	עַל־	שֹׁפְטִים
yiśᵊrɔʾel	ʿammiʸ	-ʿal	šopᵊṭiʸm
.Israel	Volk-mein	(über=)auf	(Richter=)Rechtsprechende

וָאַגִּד	אֶת־כָּל־אוֹיְבֶיךָ	וְהִכְנַעְתִּי
wɔʾaggid	ʾoʷyᵊbɛʸkɔ-kol-ʾɛt	wᵊhikᵊnaʿᵊtiʸ
kundgetan-habe-ich-und	Feinde-deine-***all(e)	unterwerfen-werde-ich-Und

יְהוָה׃	לְךָ	יִבְנֶה־	וּבַיִת	לָךְ
yᵊhwɔʰ.	lᵊkɔ	-yibᵊnɛʰ	uʷbayit	lɔk
.JHWH	dir-(zu)	erbauen-wird-(es=er)	Haus-(ein)-(dass=)und	,dir-(zu)

יָמֶיךָ	מָלְאוּ	כִּי־	11 וְהָיָה
yɔmɛʸkɔ	mɔlᵊʾuʷ	-kiʸ	wᵊhɔyɔʰ
Tage-deine	(erfüllt-sind=)voll-waren-(es=sie)	wenn	,sein-wird-(es=)er-Und

אֲבֹתֶיךָ	עִם־	לָלֶכֶת
ʾᵃbotɛʸkɔ	-ʿim	lɔlɛkɛt
,(Vorfahren=)Väter(n)-deine(n)	(bei=)mit	(einzugehen=)gehen-zu

אֲשֶׁר	אַחֲרֶיךָ	אֶת־זַרְעֲךָ	וַהֲקִימוֹתִי
ʾᵃšɛr	ʾaḥᵃrɛʸkɔ	zarᵊʿᵃkɔ-ʾɛt	wahᵃqiʸmoʷtiʸ
(der=)welch(er)	,dir-nach	Same(n)-dein(en)***	erstehen-lasse-ich-(dann=)und

וַהֲכִינוֹתִי	מִבָּנֶיךָ	יִהְיֶה
wahᵃkiʸnoʷtiʸ	mibbɔnɛʸkɔ	yihᵊyɛʰ
festigen-(will=)werde-ich-und	,Söhnen-deinen-von-(einer)	sein-wird-(er)

בָּ֫יִת	לִ֖י	יִבְנֶה־	12 ה֥וּא	אֶת־מַלְכוּתֽוֹ׃
bɔyit	liʸ	-yibᵊnɛʰ	huʷᵓ	malᵊkuʷtoʷ-ᵓɛt.
Haus-(ein)	mir-(zu)	bauen-(soll=)wird-er	,Er	.Königtum-sein***

אֶת־כִּסְא֖וֹ	וְכֹנַנְתִּ֥י
kisᵊᵓoʷ-ᵓɛt	wᵊkonanᵊtiʸ
Thron-sein(en)***	befestigen-(will=)werde-ich-und

לּ֣וֹ	אֶהְיֶה־	13 אֲנִ֞י	עַד־עוֹלָֽם׃
loʷ	-ᵓɛhᵊyɛʰ	ᵓᵃniʸ	ᶜoʷlɔm-ᶜad.
ihm-(zu)	sein-(will=)werde-ich	,Ich	.(Zeit-lange-auf=)Ewigkeit-bis

לְבֵ֑ן	לִ֣י	יִֽהְיֶה־	וְה֖וּא	לְאָ֔ב
lᵊben	liʸ	-yihᵊyɛʰ	wᵊhuʷᵓ	lᵊᵓɔb
,Sohn-zu(m)	mir-(zu)	sein-(soll=)wird-er	,er-und	,Vater-zu(m)

כַּאֲשֶׁ֣ר	מֵעִמּ֔וֹ	אָסִ֣יר	לֹא־	וְחַסְדִּי֙
kaᵓᵃšɛr	meᶜimmoʷ	ᵓɔsiʸr	-loᵓ	wᵊḥasᵊdiʸ
wie	,ihm-(mit)-von	weichen-lasse-ich	nicht	(Gnade=)Huld-meine-und

הָיָ֖ה	מֵאֲשֶׁ֥ר	הֲסִיר֔וֹתִי
hɔyɔʰ	meᵓᵃšɛr	hᵃsiʸroʷtiʸ
war-(d)er	,(dem=)welch(en)-von	(entzog-sie=)weichen-machte-ich

14 וְהַֽעֲמַדְתִּ֛יהוּ	לְפָנֶֽיךָ׃
wᵊhaᶜᵃmadᵊtiʸhuʷ	lᵊpɔnɛʸkɔ.
ihn-lassen-(be)stehen-(will=)werde-ich-Und	.(du-als-früher=)Gesichtern-deinen-zu

וּבְמַלְכוּתִ֖י	בְּבֵיתִ֥י
uʷbᵊmalᵊkuʷtiʸ	bᵊbeʸtiʸ
Königtum-mein(em)-in-und	Haus-mein(em)-in

יִהְיֶ֥ה	וְכִסְא֕וֹ	עַד־הָֽעוֹלָ֑ם
yihᵊyɛʰ	wᵊkisᵊᵓoʷ	hɔᶜoʷlɔm-ᶜad
sein-wird-(es=er)	Thron-sein-und	,(Zeit-lange-auf=)Ewigkeit-die-bis

15 כְּכֹל֙	עַד־עוֹלָֽם׃	נָכ֖וֹן
kᵊkol	ᶜoʷlɔm-ᶜad.	nɔkoʷn
all-(Gemäß=)Wie	!(Zeit-lange-auf=)Ewigkeit-bis	gegründet-fest

וּכְכֹ֖ל	הָאֵ֑לֶּה	הַדְּבָרִ֣ים
uʷkᵊkol	hɔᵓellɛʰ	haddᵊbɔriʸm
all-(gemäß=)wie-und	,da-diese(n)	,Worte(n)-(den=)die

הֶחָזוֹן הַזֶּה כֵּן דִּבֶּר נָתָן
nɔtɔn dibbɛr ken hazzɛʰ hɛḥɔzoʷn
Natan redete-(es=er) so ,da-dies(er) ,(Schau-prophetischen-der=)Gesicht-das

אֶל־ דָּוִיד׃ 16 וַיָּבֹא הַמֶּלֶךְ דָּוִיד
dɔwiʸd hammɛlɛk wayyɔboʾ dɔwiʸd. -ʾɛl
David König-der (ein-trat=)kam-(es=er)-(Dann=)Und .David zu

וַיֵּשֶׁב לִפְנֵי יְהוָה וַיֹּאמֶר מִי־
-miʸ wayyoʾmɛr yᵊhwɔʰ lipᵊneʸ wayyešɛb
(bin)-Wer :sprach-(er)-und JHWH (vor=)Gesichter-zu (ver)weilte-er-und

אֲנִי יְהוָה אֱלֹהִים וּמִי בֵיתִי כִּי
kiʸ beʸtiʸ uʷmiʸ ʾᵋlohiʸm yᵊhwɔʰ ʾᵃniʸ
dass ,Haus-mein (ist)-(was=)wer-und ,(Gott=)Götter-(o) ,JHWH ,ich

הֲבִיאֹתַנִי עַד־ הֲלֹם׃
hᵃlom. -ʿad hᵃbiʸʾotaniʸ
?hier(her) bis mich-kommen-machtest-du

17 וַתִּקְטַן זֹאת בְּעֵינֶיךָ
bᵊʿeʸnɛʸkɔ zoʾt wattiqᵊṭan
,Augen-(zwei)-deine(n)-in diese(s) (gering-zu=)klein-war-(es=)sie-(Doch=)Und

אֱלֹהִים וַתְּדַבֵּר עַל־ בֵּית־
-beʸt -ʿal wattᵊdabber ʾᵋlohiʸm
Haus-(das) (über=)auf sprachst-du-und ,(Gott=)Götter-(o)

עַבְדְּךָ לְמֵרָחוֹק וּרְאִיתַנִי
uʷrᵊʾiʸtaniʸ lᵊmerɔḥoʷq ʿabᵊdᵊkɔ
(an)-mich-sahst-du-und (fernhin=)Ferne-von-zu Knecht(es)-dein(es)

כְּתוֹר הָאָדָם הַמַּעֲלָה יְהוָה
yᵊhwɔʰ hammaʿᵃlɔʰ hɔʾɔdɔm kᵊtoʷr
,JHWH ,Hinaufsteigen(s)-(des=)das Mensch(en)-(von=)der Reihe-(eine)-wie

אֱלֹהִים׃ 18 מַה־ יּוֹסִיף עוֹד דָּוִיד
dɔwiʸd ʿoʷd yoʷsiʸp -maʰ ʾᵋlohiʸm.
David noch hinzufügen-(könnte=)wird-(er) Was .(Gott-o=)Götter

אֵלֶיךָ לְכָבוֹד אֶת־עַבְדֶּךָ
ʿabᵊdɛkɔ-ʾɛt lᵊkɔboʷd ʾelɛʸkɔ
,Knecht-dein*** (sei-geehrt-dass=)sein-geehrt-zu ,(dich-auf-Hinblick-im=)dir-zu

19 יְהוָה	יָדַעְתָּ׃	אֶת־עַבְדְּךָ	וְאַתָּה
yᵊhwɔʰ	yɔdɔʿᵊtɔ.	ʿabᵊdᵊkɔ-ʾɛt	wᵊʾattɔʰ
,JHWH	?(kennst=)wusstest-(du)	Knecht-dein(en)***	(doch)-du-(da=)und

עַבְדְּךָ	בַּעֲבוּר
ʿabᵊdᵊkɔ	baʿᵃbuʷr
Knecht(es)-dein(es)	(hinsichtlich=)Ertrag-(den)-(um=)in

כָּל־	אֵת	עָשִׂיתָ	וּכְלִבְּךָ
-kol	ʾet	ʿɔśiʸtɔ	uʷkᵊlibbᵊkɔ
all	***	getan-hast-du	(Wohlwollen=)Herz(en)-dein(em)-(gemäß=)wie-und

לְהֹדִיעַ	הַזֹּאת	הַגְּדוּלָּה
lᵊhodiʸaʿ	hazzoʾt	haggᵊduʷllɔʰ
(kundzutun-um=)machen-kennen-zu	,da-diese	,(Herrlichkeit=)Größe-die

כָּמוֹךָ	אֵין	20 יְהוָה	אֶת־כָּל־הַגְּדֻלּוֹת
kɔmoʷkɔ	ʾeʸn	yᵊhwɔʰ	haggᵊdulloʷt-kol-ʾɛt
,du-wie	(ist-keiner=)nicht	,JHWH	.Großtaten-deine-all(e)***

בְּכֹל	זוּלָתֶךָ	אֱלֹהִים	וְאֵין
bᵊkol	zuʷlɔtɛkɔ	ʾᵉlohiʸm	wᵊʾeʸn
,all(em)-(nach=)in	,dir-außer	(Gott-einen=)Götter	(gibt-es=)ist-nicht-und

שָׁמַעְנוּ	אֲשֶׁר־
šɔmaʿᵊnuʷ	-ʾᵃšɛr
(vernommen=)gehört-haben-wir	(was=)welch(es)

גּוֹי	יִשְׂרָאֵל	כְּעַמְּךָ	21 וּמִי	בְּאָזְנֵינוּ׃
goʷy	yiśᵊrɔʾel	kᵊʿammᵊkɔ	uʷmiʸ	bᵊʾozᵊneʸnuʷ.
Volk	Israel	Volk-dein-wie	(ist)-wer-Und	.Ohren-(zwei)-unsere(n)-(mit=)in

הָאֱלֹהִים	הָלַךְ	אֲשֶׁר	בָּאָרֶץ	אֶחָד
hɔʾᵉlohiʸm	hɔlak	ʾᵃšɛr	bɔʾɔrɛṣ	ʾɛḥɔd
(Gott=)Götter-die	(hin)-ging-(es=er)	dass	,Erde-der-(auf=)in	(eines=)einer

לָשׂוּם	עָם	לוֹ	לִפְדּוֹת
lɔśuʷm	ʿɔm	loʷ	lipᵊdoʷt
(machen=)setzen-zu-(um)	,Volk-(ein)	(sich=)ihm-zu	los-kaufen-zu-(um)

וְנֹרָאוֹת	גְּדֻלּוֹת	שֵׁם	לְךָ
wᵊnorɔʾoʷt	gᵊdulloʷt	šem	lᵊkɔ
,Furchtbarkeiten-und	Großtaten-(mit)	Name(n)-(einen)	dir-(zu)

לְגָרֵשׁ מִפְּנֵי עַמְּךָ אֲשֶׁר־
-ᵓᵃšɛr ᶜammᵊkɔ mippᵊneʸ lᵊgɔreš
(das=)welch(es) ,Volk-dein(em) (vor=)Gesichter-von Vertreiben-(im=)zu

פָּדִיתָ מִמִּצְרַיִם גּוֹיִם׃
goʷyim. mimmiṣᵊrayim pɔdiʸtɔ
.Völker ,Ägypten-(aus=)von (hast-ausgelöst=)erkauftest-du

22 וַתִּתֵּן אֶת־עַמְּךָ יִשְׂרָאֵל לְךָ לְעָם
lᵊᶜɔm lᵊkɔ yiśᵊrɔᵓel ᶜammᵊkɔ-ᵓɛt wattitten
Volk-zu(m) dir-(zu) Israel Volk-dein*** (bestimmtest=)gabst-du-Und

עַד־ עוֹלָם וְאַתָּה יְהוָה הָיִיתָ לָהֶם
lɔhɛm hɔyiʸtɔ yᵊhwɔʰ wᵊᵓattɔʰ ᶜoʷlɔm -ᶜad
ihnen-(zu) (wurdest=)warst-du ,JHWH ,du-und ,(immer=)ewig (für=)bis

לֵאלֹהִים׃ 23 וְעַתָּה יְהוָה הַדָּבָר אֲשֶׁר
ᵓᵃšɛr haddɔbɔr yᵊhwɔʰ wᵊᶜattɔʰ leᵓlohiʸm.
welch(es) ,Wort-das ,JHWH ,nun-Und .(Gott-zum=)Göttern-zu

דִּבַּרְתָּ עַל־ עַבְדְּךָ וְעַל־ בֵּיתוֹ
beʸtoʷ -wᵊᶜal ᶜabᵊdᵊkɔ -ᶜal dibbarᵊtɔ
,Haus-sein (über=)auf-und Knecht-dein(en) (über=)auf gesprochen-hast-du

יֵאָמֵן עַד־עוֹלָם
ᶜoʷlɔm-ᶜad yeᵓɔmen
;(immer-für=)ewig-bis werden-befunden-wahr-(möge=)wird-(es=er)

וַעֲשֵׂה כַּאֲשֶׁר דִּבַּרְתָּ׃
dibbarᵊtɔ. kaᵓᵃšɛr waᶜᵃśeʰ
!hast-geredet-du wie ,(tu=)mache-und

24 וְיֵאָמֵן
wᵊyeᵓɔmen
erweisen-zuverlässig-als-sich-wird-(es=er)-(Dann=)Und

וְיִגְדַּל שִׁמְךָ עַד־עוֹלָם
ᶜoʷlɔm-ᶜad šimᵊkɔ wᵊyigᵊdal
,(immer-für=)ewig-bis Name-dein sein-groß-wird-(es=)er-und

לֵאמֹר יְהוָה צְבָאוֹת
ṣᵊbɔᵓoʷt yᵊhwɔʰ leᵓmor
,Heerscharen-(der) JHWH :(spricht-man-dass=)sagen-zu

לְיִשְׂרָאֵל	אֱלֹהִים	יִשְׂרָאֵל	אֱלֹהֵי
lᵊyiśᵊrɔʾel	ʾᵋlohiʸm	yiśᵊrɔʾel	ʾᵋloheʸ
!Israel-(für=)zu	(Gott-ist=)Götter	,Israel(s)	(Gott-der=)Götter-(die)

נָכוֹן	עַבְדְּךָ	דָּוִיד	וּבֵית־
nɔkoʷn	ʿabᵊdᵊkɔ	dɔwiʸd	-uʷbeʸt
gegründet-fest-(ist)	,Knecht(es)-dein(es)	,David(s)	Haus-(das)-Und

אֱלֹהַי	אַתָּה	25 כִּי	לְפָנֶיךָ׃
ʾᵋlohay	ʾattɔʰ	kiʸ	lᵊpɔnɛʸkɔ.
,(Gott=)Götter-mein(e)	,du	Denn	.(dir-vor=)Gesichtern-deinen-zu

עַבְדְּךָ	אֶת־אֹזֶן	גָּלִיתָ
ʿabᵊdᵊkɔ	ʾozɛn-ʾɛt	gɔliʸtɔ
,Knecht(es)-dein(es)	Ohr-(das)***	auf-decktest-(du)

עַל־כֵּן	בָּיִת	לוֹ	לִבְנוֹת
ken-ʿal	bɔyit	loʷ	libᵊnoʷt
(darum=)so-auf	;Haus-(ein)	ihm-(zu)	(willst-bauen-du-dass=)bauen-zu

לְפָנֶיךָ׃	לְהִתְפַּלֵּל	עַבְדְּךָ	מָצָא
lᵊpɔnɛʸkɔ.	lᵊhitᵊpallel	ʿabᵊdᵊkɔ	mɔṣɔʾ
.(dir-vor=)Gesichtern-deinen-zu	beten-zu	Knecht-dein	(Mut)-fand-(es=er)

הָאֱלֹהִים	הוּא	אַתָּה־	יְהוָה	26 וְעַתָּה
hɔʾᵋlohiʸm	huʷʾ	-ʾattɔʰ	yᵊhwɔʰ	wᵊʿattɔʰ
,(Gott-der=)Götter-die	,(es=)er	(bist)-du	,JHWH	,nun-Und

הַטּוֹבָה	עַבְדְּךָ	עַל־	וַתְּדַבֵּר
hatṭoʷbɔʰ	ʿabᵊdᵊkɔ	-ʿal	wattᵊdabber
,Gute-(das=)die	Knecht-dein(en)	(über=)auf	geredet-hast-du-(ja=)und

אֶת־בֵּית	לְבָרֵךְ	הוֹאַלְתָּ	27 וְעַתָּה	הַזֹּאת׃
beʸt-ʾɛt	lᵊbɔrek	hoʷʾalᵊtɔ	wᵊʿattɔʰ	hazzoʾt.
Haus-(das)***	segnen-zu	geruht-hast-du	nun-und	,da-diese(s)

לְעוֹלָם	לִהְיוֹת	עַבְדְּךָ
lᵊʿoʷlɔm	lihᵊyoʷt	ʿabᵊdᵊkɔ
(immer-für=)ewig-zu	(bestehe-es-dass=)sein-zu	,Knecht(es)-dein(es)

בֵּרַכְתָּ	יְהוָה	אַתָּה	כִּי־	לְפָנֶיךָ
berakᵊtɔ	yᵊhwɔʰ	ʾattɔʰ	-kiʸ	lᵊpɔnɛʸkɔ
,segne(te)st-(du)	,JHWH	,du-(was)	Denn	.(dir-vor=)Gesichtern-deinen-zu

וּמְבֹרָךְ לְעוֹלָם׃
uʷmᵊborɔk lᵊʿoʷlɔm.
gesegnet(er)-(ist-das=)und !(immer-für=)ewig-zu

18

1 וַיְהִי אַחֲרֵי־כֵן וַיַּךְ
wayᵊhiʸ ken-ʾaḥᵃreʸ wayyak
war-(es=)er-Und ,(danach=)so-nach schlug-(er)-(dass=)und

דָּוִיד אֶת־פְּלִשְׁתִּים וַיַּכְנִיעֵם וַיִּקַּח
dɔwiʸd pᵊlišᵊtiʸm-ʾɛt wayyakᵊniʸʿem wayyiqqaḥ
David ,Philister-(die)*** sie-(unterwarf=)beugte-er-und nahm-(er)-und

אֶת־גַּת וּבְנֹתֶיהָ מִיַּד
gat-ʾɛt uʷbᵊnotɛʸhɔ miʸyad
Gat*** Töchter(städte)-(dessen=)ihre-und Hand-(der)-(aus=)von

פְּלִשְׁתִּים׃ 2 וַיַּךְ אֶת־מוֹאָב וַיִּהְיוּ
pᵊlišᵊtiʸm. wayyak moʷʾɔb-ʾɛt wayyihᵊyuʷ
.Philister-(der) schlug-er-(dann)-Und Moab*** wurde(n)-(es=)sie-und

מוֹאָב עֲבָדִים לְדָוִיד נֹשְׂאֵי מִנְחָה׃
moʷʾɔb ʿᵃbɔdiʸm lᵊdɔwiʸd nośᵊʾeʸ minᵊḥɔʰ.
Moab Knechte ,David-(für=)zu (entrichtend=)Tragende .(Tribut=)Gabe

3 וַיַּךְ דָּוִיד אֶת־הֲדַדְעֶזֶר מֶלֶךְ־
wayyak dɔwiʸd hᵃdadᵊʿɛzɛr-ʾɛt -mɛlɛk
schlug-(es=er)-(Dann=)Und David ,Eser-Hadad*** (von)-König-(den)

צוֹבָה׃ חֲמָתָה בְּלֶכְתּוֹ לְהַצִּיב יָדוֹ
ṣoʷbɔʰ. ḥᵃmɔtɔʰ bᵊlɛkᵊtoʷ lᵊhaṣṣiʸb yɔdoʷ
,Zoba ,zu-Hamat Gehen-seinem-(bei=)in festigen-zu (Macht=)Hand-seine

בִּנְהַר־פְּרָת׃ 4 וַיִּלְכֹּד דָּוִיד
pᵊrɔt-binᵊhar. wayyilᵊkod dɔwiʸd
.Euphrat-Strom-(dem)-(an=)in (gefangen)-nahm-(es=)er-Und David

מִמֶּנּוּ אֶלֶף רֶכֶב וְשִׁבְעַת אֲלָפִים פָּרָשִׁים
mimmɛnnuʷ ʾɛlɛp rɛkɛb wᵊšibᵊʿat ʾᵃlɔpiʸm pɔrɔšiʸm
ihm-von tausend Wagen -sieben-und tausend(e) Reiter

וְעֶשְׂרִים אֶלֶף אִישׁ רַגְלִי וַיְעַקֵּר דָּוִיד
wᵊʿɛśᵊriʸm ʾɛlɛp ʾiʸš ragᵊliʸ wayᵊʿaqqer dɔwiʸd
-zwanzig-und tausend Mann ;Fußvolk zerstörte-(es=)er-und David

מִמֶּנּוּ	וַיּוֹתֵר	אֶת־כָּל־הָרֶכֶב
mimmɛnnuʷ	wayyoʷter	hɔrɛkɛb-kol-ʾɛt
(davon=)ihm-von	übrig-ließ-er-(aber=)und	,Wagen(gespann)-das-all***

דַּרְמֶשֶׂק	אֲרַם	5 וַיָּבֹא	רָכֶב׃	מֵאָה
darᵊmɛśɛq	ʾᵃram	wayyɔboʾ	rɔkɛb.	meʾɔʰ
(Damaskus=)Darmesek	(von)-Aram	kam-(er)-(dann)-Und	.Wagen	hundert

צוֹבָה	מֶלֶךְ	לַהֲדַדְעֶזֶר	לַעְזוֹר
ṣoʷbɔʰ	mɛlɛk	lahᵃdadᵊʿɛzɛr	laʿᵊzoʷr
;Zoba	(von)-König	,Eser-Hadad-(dem=)zu	helfen-zu-(um)

אֶלֶף	עֶשְׂרִים־וּשְׁנַיִם	בַּאֲרָם	דָּוִיד	וַיַּךְ
ʾɛlɛp	uʷšᵊnayim-ʿɛśᵊriʸm	baʾᵃrɔm	dɔwiʸd	wayyak
tausend	-zwei-und-zwanzig	Aram-(von=)in	David	schlug-(es=)er-(aber=)und

דָּוִיד	6 וַיָּשֶׂם	אִישׁ׃
dɔwiʸd	wayyɔśɛm	ʾiʸš.
David	(Posten)-ein-setzte-(es=er)-(Sodann=)Und	.Mann

וַיְהִי	דַּרְמֶשֶׂק	בַּאֲרַם
wayᵊhiʸ	darᵊmɛśɛq	baʾᵃram
(wurde=)war-(es=)er-und	,(Damaskus=)Darmesek	(von)-Aram-(gegen=)in

מִנְחָה	נֹשְׂאֵי	עֲבָדִים	לְדָוִיד	אֲרָם
minᵊḥɔʰ	nośᵊʾeʸ	ʿᵃbɔdiʸm	lᵊdɔwiʸd	ʾᵃrɔm
.(Tribut=)Gabe	(entrichtend=)Tragende	Knecht(e)	David-(dem=)zu	Aram

בְּכֹל	לְדָוִיד	יְהוָה	וַיּוֹשַׁע
bᵊkol	lᵊdɔwiʸd	yᵊhwɔʰ	wayyoʷšaʿ
,all(em)-(bei=)in	David-(dem=)zu	JHWH	half-(es=er)-(So=)Und

אֵת	דָּוִיד	7 וַיִּקַּח	הָלָךְ׃	אֲשֶׁר
ʾet	dɔwiʸd	wayyiqqaḥ	hɔlɔk.	ʾᵃšɛr
***	David	nahm-(es=)er-Und	.(unternahm=)ging-er	(was=)welch(es)

עַל	הָיוּ	אֲשֶׁר	הַזָּהָב	שִׁלְטֵי
ʿal	hɔyuʷ	ʾᵃšɛr	hazzɔhɔb	šilᵊṭeʸ
(an=)auf	waren-(sie)	(die=)welch(e)	,(goldenen=)Gold-das	Rundschilde-(die)

הֲדַדְעֶזֶר	עַבְדֵי
hᵃdadᵊʿɔzɛr	ʿabᵊdeʸ
,Eser(s)-Hadad	(Soldaten=)Knechte(n)-(den)

יְרוּשָׁלִָם׃	וַיְבִיאֵם
yᵊruʷšɔlɔim.	wayᵊbiʸʾem
.Jerusalem-(nach)	sie-(bringen-ließ=)kommen-machte-er-und

הֲדַדְעֶזֶר	עָרֵי	וּמִכּוּן	8 וּמִטִּבְחַת
hᵃdadᵃʿɛzɛr	ʿɔreʸ	uʷmikkuʷn	uʷmiṭṭibᵊḥat
,Eser-Hadad	(von)-Städten-(den)	,Kun-(aus=)von-und	Tibchat-(aus=)von-Und

בָּהּ	מְאֹד	רַבָּה	נְחֹשֶׁת	דָּוִיד	לָקַח
bɔh	mᵊʾod	rabbɔʰ	nᵊḥošɛt	dɔwiʸd	lɔqaḥ
(Davon=)ihr-In	.sehr	viele(s)	Erz	David	nahm-(es=er)

הַנְּחֹשֶׁת	אֶת־יָם	שְׁלֹמֹה	עָשָׂה
hannᵊḥošɛt	yɔm-ʾɛt	šᵊlomoʰ	ʿɔśɔʰ
,(eherne=)Erz-das	Meer-(das)***	(Salomo=)Schlomo	machte-(es=er)

הַנְּחֹשֶׁת׃	כְּלֵי	וְאֵת	וְאֶת־הָעַמּוּדִים
hannᵊḥošɛt.	kᵊleʸ	wᵊʾet	hɔʿammuʷdiʸm-wᵊʾɛt
.Bronze-(aus=)der	Geräte-(die)	***und	Säulen-die***-und

חֲמָת	מֶלֶךְ	תֹּעוּ	9 וַיִּשְׁמַע
ḥᵃmɔt	mɛlɛk	toʿuʷ	wayyišᵊmaʿ
,(Hamat=)Chamat	(von)-König-(der)	,Togu	hörte-(es=er)-(jedoch-Als=)Und

אֶת־כָּל־חֵיל	דָּוִיד	הִכָּה	כִּי
ḥeʸl-kol-ʾɛt	dɔwiʸd	hikkɔʰ	kiʸ
(Streit)macht-(jegliche=)all***	David	geschlagen-hat(te)-(es=er)	dass

10 וַיִּשְׁלַח	צוֹבָה	מֶלֶךְ־	הֲדַדְעֶזֶר
wayyišᵊlaḥ	ṣoʷbɔʰ	-mɛlɛk	hᵃdadᵃʿɛzɛr
(hin)-sandte-er-(da=)und	,Zoba	(von)-König(s)-(des)	,Eser(s)-Hadad

הַמֶּלֶךְ־דָּוִיד	אֶל־	בְּנוֹ	אֶת־הֲדוֹרָם־
dɔwiʸd-hammɛlɛk	-ʾɛl	bᵊnoʷ	-hᵃdoʷrɔm-ʾɛt
David-König-(dem=)der	zu	,Sohn-sein(en)	,Hadoram***

לְשָׁלוֹם	לִשְׁאוֹל[לִשְׁאָל־לוֹ]
lᵊšɔloʷm	[loʷ-lišᵊʾɔl]lišᵊʾoʷl
(Wohlergehen-dem-nach=)Friede-zu	[ihm-(bei)-fragen-zu]fragen-zu-(um)

נִלְחַם	עַל אֲשֶׁר	וּלְבָרְכוֹ
nilᵊḥam	ʾᵃšɛr ʿal	uʷlᵊbɔrᵃkoʷ
gekämpft-(hatte)-er	(weil=)welch-auf	,ihn-(beglückwünschen=)segnen-zu-und

כִּי־אִישׁ	וַיַּכֵּהוּ	בַּהֲדַדְעֶזֶר
ʾiʸš-kiʸ	wayyakkehuʷ	bahᵃdadᵊʿɛzɛr
Mann-(ein)-denn —	ihn-geschlagen-hat(te)-(er)-und	Eser-Hadad-(gegen=)in

וְכֹל	הֲדַדְעָזֶר	הָיָה	תֹּעוּ	מִלְחֲמוֹת
wᵊkol	hᵃdadᵊʿɔzɛr	hɔyɔʰ	toʿuʷ	milᵊḥᵃmoʷt
all(erlei)-(sandte)-und	— Eser-Hadad	war-(er)	Togu-(gegen)	Kämpfe-(der)

אֹתָם	11 גַּם־	וּנְחֹשֶׁת׃	וָכֶסֶף	זָהָב	כְּלֵי
ʾotɔm	-gam	uʷnᵊḥošɛt.	wɔkɛsɛp	zɔhɔb	kᵊleʸ
sie	Auch	.Erz-und	Silber-und	Gold	(aus)-Geräte

עִם־	לַיהוָה	דָּוִיד	הַמֶּלֶךְ	הִקְדִּישׁ
-ʿim	layhwɔʰ	dɔwiʸd	hammɛlɛk	hiqᵊdiʸš
(samt=)mit	,JHWH-(zu)	David	König-der	(weihte=)heiligte-(er)

נָשָׂא	אֲשֶׁר	וְהַזָּהָב	הַכֶּסֶף
nɔśɔʾ	ʾᵃšɛr	wᵊhazzɔhɔb	hakkɛsɛp
(davon)trug-er	(das=)welch(es)	,Gold-(dem=)das-und	Silber-(dem=)das

וּמִמּוֹאָב	מֵאֱדוֹם	הַגּוֹיִם	מִכָּל־
uʷmimmoʷʾɔb	meʾᵋdoʷm	haggoʷyim	-mikkol
Moab-von-und	Edom-von	,Völker(n)-(den=)die	all-von

וּמֵעֲמָלֵק׃	וּמִפְּלִשְׁתִּים	עַמּוֹן	וּמִבְּנֵי
uʷmeʿᵃmɔleq.	uʷmippᵊlišᵊtiʸm	ʿammoʷn	uʷmibbᵊneʸ
.Amalek-von-und	Philistern-(den)-von-und	Ammon(s)	Söhnen-(den)-von-und

בְּגֵיא	אֶת־אֱדוֹם	הִכָּה	בֶּן־צְרוּיָה	12 וְאַבְשַׁי
bᵊgeʸʾ	ʾᵋdoʷm-ʾɛt	hikkɔʰ	ṣᵊruʷyɔʰ-bɛn	wᵊʾabᵊšay
Tal-(im=)in	Edom***	schlug-(er)	Zeruja(s)-Sohn	Abschai-Und

13 וַיָּשֶׂם	אָלֶף׃	עָשָׂר	שְׁמוֹנָה	הַמֶּלַח
wayyɔśɛm	ʾɔlɛp.	ʿɔśɔr	šᵊmoʷnɔʰ	hammɛlaḥ
auf-stellte-er-(Dann=)Und	.tausend	-zehn	-acht	:Salz(es)-(des=)das

עֲבָדִים	אֱדוֹם	כָל־	וַיִּהְיוּ	נְצִיבִים	בֶּאֱדוֹם
ʿᵃbɔdiʸm	ʾᵋdoʷm	-kol	wayyihᵊyuʷ	nᵊṣiʸbiʸm	bɛʾᵋdoʷm
Knecht(e)	Edom	(ganz=)all	wurde(n)-(es=)sie-und	,Befehlshaber	Edom-in

בְּכֹל	אֶת־דָּוִיד	יְהוָה	וַיּוֹשַׁע	לְדָוִיד
bᵊkol	dɔwiʸd-ʾɛt	yᵊhwɔʰ	wayyoʷšaʿ	lᵊdɔwiʸd
,all(em)-(bei=)in	David***	JHWH	half-(es=er)-(So=)Und	.David-(dem=)zu

דָּוִיד 14 וַיִּמְלֹךְ הָלָךְ׃ אֲשֶׁר
dɔwiʸd wayyimᵊlok hɔlɔk. ᵓašɛr
David (König-als)-regierte-(es=)er-Und .(an)ging-er (was=)welch(es)

מִשְׁפָּט עֹשֶׂה וַיְהִי יִשְׂרָאֵל כָּל־ עַל־
mišᵊpɔṭ ʿośɛʰ wayᵊhiʸ yiśᵊrɔᵓel -kol -ʿal
Recht (schaffend=)machend(er) war-er-und ,Israel (ganz=)all (über=)auf

בֶּן־צְרוּיָה 15 וְיוֹאָב עַמּוֹ׃ לְכָל־ וּצְדָקָה
ṣᵊruʷyɔʰ-bɛn wᵊyoʷᵓɔb ʿammoʷ. -lᵊkol uʷṣᵊdɔqɔʰ
Zeruja(s)-Sohn Joab-Und .Volk-sein all-(für=)zu Gerechtigkeit-und

בֶּן־אֲחִילוּד וִיהוֹשָׁפָט הַצָּבָא עַל־
ᵓaḥiʸluʷd-bɛn wiʸhoʷšɔpɔṭ haṣṣɔbɔᵓ -ʿal
Achilud(s)-Sohn Joschaphat-und ,Heer-das (über=)auf-(gesetzt-war)

וַאֲבִימֶלֶךְ בֶּן־אֲחִיטוּב 16 וְצָדוֹק מַזְכִּיר׃
waᵓabiʸmɛlɛk ᵓaḥiʸṭuʷb-bɛn wᵊṣɔdoʷq mazᵊkiʸr.
Abimelech-und Achitub(s)-Sohn Zadok-und ,(Kanzler=)machend(er)-erinnern

סוֹפֵר׃ וְשַׁוְשָׁא כֹּהֲנִים בֶּן־אֶבְיָתָר
soʷper. wᵊšawᵊšɔᵓ kohᵃniʸm ᵓɛbᵊyɔtɔr-bɛn
,Schreib(end)er-(war) Schawscha-und ,Priester-(waren) Ebjatar(s)-Sohn

הַכְּרֵתִי עַל־ בֶּן־יְהוֹיָדָע 17 וּבְנָיָהוּ
hakkᵊretiʸ -ʿal yᵊhoʷyɔdɔʿ-bɛn uʷbᵊnɔyɔhuʷ
Kreter-die (über=)auf-(gesetzt-war) J(eh)ojada(s)-Sohn Benaja(hu)-und

הָרִאשֹׁנִים דָּוִיד וּבְנֵי־ וְהַפְּלֵתִי
hɔriᵓšoniʸm dɔwiʸd -uʷbᵊneʸ wᵊhappᵊletiʸ
Ersten-die-(waren) David (von)-Söhne-(die)-(Indes=)Und .Pleter-die-und

הַמֶּלֶךְ׃ לְיַד
hammɛlɛk. lᵊyad
.König(s)-(des=)der (Dienst-zum=)Hand-zu(r)

19

אַחֲרֵי־כֵן 1 וַיְהִי
ken-ᵓaḥᵃreʸ wayᵊhiʸ
,(danach=)so-nach (geschah=)war-(es=)er-Und

בְּנֵי־עַמּוֹן מֶלֶךְ נָחָשׁ וַיָּמָת
ʿammoʷn-bᵊneʸ mɛlɛk nɔḥɔš wayyɔmot
,Ammon(s)-Söhne-(der) König-(der) ,Nachasch starb-(er)-(dass=)und

תַּחְתָּיו׃	בְּנוֹ	וַיִּמְלֹךְ
taḥᵃtɔʸw.	bᵊnoʷ	wayyimᵊlok
.(Stelle-seiner-an=)ihm-unter	Sohn-sein	(König-wurde=)herrschte-(es=)er-und

אֶעֱשֶׂה־	דָּוִיד	2 וַיֹּאמֶר
-ʾɛᶜᵋśɛʰ	dɔwiʸd	wayyoʾmɛr
(erweisen=)machen-(will=)werde-Ich	:David	(dachte=)sagte-(es=er)-(Da=)Und

כִּי־	בֶּן־נָחָשׁ	חָנוּן	עִם־	חֶסֶד
-kiʸ	nɔḥɔš-bɛn	ḥɔnuʷn	-ᶜim	ḥɛsɛd
da	,Nachasch(s)-Sohn	(Hanun=)Chanun	(an=)mit	(Gefallen=)Gnade

חֶסֶד	עִמִּי	אָבִיו	עָשָׂה
ḥɛsɛd	ᶜimmiʸ	ʾɔbiʸw	ᶜɔśɔʰ
.(Gefallen=)Gnade	mir-(an=)mit	Vater-sein	(erwiesen=)gemacht-hat-(es=er)

לְנַחֲמוֹ	מַלְאָכִים	דָּוִיד	וַיִּשְׁלַח
lᵊnaḥᵃmoʷ	malᵊʾɔkiʸm	dɔwiʸd	wayyišᵊlaḥ
ihn-trösten-zu-(um)	Boten	David	sandte-(es=er)-(Also=)Und

עַבְדֵי	וַיָּבֹאוּ	אָבִיו	עַל־
ᶜabᵊdeʸ	wayyɔboʾuʷ	ʾɔbiʸw	-ᶜal
(von)-Diener-(die)	kamen-(sie)-(Als=)Und	.Vater(s)-sein(es)	(wegen=)auf

אֶל־חָנוּן	בְּנֵי־עַמּוֹן	אֶרֶץ	אֶל־	דָּוִיד
ḥɔnuʷn-ʾɛl	ᶜammoʷn-bᵊneʸ	ʾɛrɛṣ	-ʾɛl	dɔwiʸd
(Hanun=)Chanun-zu	Ammon(s)-Söhne-(der)	Land-(das)	(in=)zu	David

שָׂרֵי	3 וַיֹּאמְרוּ	לְנַחֲמוֹ׃
śɔreʸ	wayyoʾmᵊruʷ	lᵊnaḥᵃmoʷ.
Ober(st)en-(die)	sprachen-(es=sie)-(da=)und	,ihn-trösten-zu-(um)

דָּוִיד	הַמְכַבֵּד	לְחָנוּן	בְנֵי־עַמּוֹן
dɔwiʸd	hamᵊkabbed	lᵊḥɔnuʷn	ᶜammoʷn-bᵊneʸ
David	ehrend(er)-(ist)-Etwa	:(Hanun=)Chanun-zu	Ammon(s)-Söhne-(der)

לְךָ	שָׁלַח	כִּי־	בְּעֵינֶיךָ	אֶת־אָבִיךָ
lᵊkɔ	šɔlaḥ	-kiʸ	bᵊᶜeʸnɛʸkɔ	ʾɔbiʸkɔ-ʾɛt
dir-zu	sandte-er	dass	,Augen-(zwei)-deine(n)-in	Vater-dein(en)***

בַּעֲבוּר	הֲלֹא	מְנַחֲמִים
baᶜᵃbuʷr	hᵃloʾ	mᵊnaḥᵃmiʸm
(willen...um=)von-Ertrag-(den)-(um=)in	(vielmehr)-nicht-Etwa	?Tröstende

וּלְרַגֵּל	וְלַהֲפֹךְ	לַחְקֹר
u^{w}l^{ə}raggel	w^{ə}lah^{a}pok	laḥ^{ə}qor
Auskundschaften-zu(m)-und	(umzustürzen=)um-stürzen-zu-und	erforschen-zu

אֵלֶיךָ׃	עֲבָדָיו	בָּאוּ	הָאָרֶץ
ʾelɛ^{y}kɔ.	^{ca}bɔdɔ^{y}w	bɔʾu^{w}	hɔʾɔrɛṣ
?dir-zu	Diener-seine	gekommen-sind-(es=sie)	Land-das

דָוִיד	אֶת־עַבְדֵי	חָנוּן	4 וַיִּקַּח
dɔwi^{y}d	ʿab^{ə}de^{y}-ʾɛt	ḥɔnu^{w}n	wayyiqqaḥ
,David	(von)-Diener-(die)***	(Hanun=)Chanun	(ergriff=)nahm-(es=er)-(Da=)Und

וַיִּכְרֹת	וַיְגַלְּחֵם
wayyik^{ə}rot	way^{ə}gall^{ə}ḥem
(abschneiden-ließ=)schnitt-er-(ferner=)und	,sie-(scheren-ließ=)schor-er-und

הַמִּפְשְׂעָה	עַד־	בַּחֵצִי	אֶת־מַדְוֵיהֶם
hammip^{ə}śɔʿɔ^{h}	-ʿad	baḥeṣi^{y}	mad^{ə}we^{y}hɛm-ʾɛt
,(Gesäß=)Rumpfuntere-das	(an)-bis	Hälfte-(zur=)im	Gewänder-ihre***

5 וַיֵּלְכוּ	וַיְשַׁלְּחֵם׃
wayyel^{ə}ku^{w}	way^{ə}šall^{ə}ḥem.
(hin-ging-man=)gingen-sie-(Indes=)Und	.sie-(fort)-schickte-er-(so=)und

הָאֲנָשִׁים	עַל־	לְדָוִיד	וַיַּגִּידוּ
hɔʾ^{a}nɔši^{y}m	-ʿal	l^{ə}dɔwi^{y}d	wayyaggi^{y}du^{w}
.Männer-die	(über=)auf	David-(dem=)zu	berichtete(n)-(sie)-und

הָיוּ	כִּי־	לִקְרָאתָם	וַיִּשְׁלַח
hɔyu^{w}	-ki^{y}	liq^{ə}rɔʾtɔm	wayyiš^{ə}laḥ
waren-(es=)sie	denn	,(entgegen-ihnen=)sie-treffen-zu	sandte-er-(Da=)Und

מְאֹד	נִכְלָמִים	הָאֲנָשִׁים
m^{ə}ʾod	nik^{ə}lɔmi^{y}m	hɔʾ^{a}nɔši^{y}m
;sehr	(Beschimpfte=)schämend(e)-sich	Männer-die

אֲשֶׁר־	עַד	בִירֵחוֹ	שְׁבוּ	הַמֶּלֶךְ	וַיֹּאמֶר
-ʾ^{a}šɛr	ʿad	bi^{y}reho^{w}	š^{ə}bu^{w}	hammɛlɛk	wayyoʾmɛr
dass	bis	,Jericho-in	Bleibt	:König-der	(sagen-ließ=)sagte-(es=)er-und

זְקַנְכֶם	יְצַמַּח
z^{ə}qan^{ə}kɛm	y^{ə}ṣammaḥ
,Bart-euer	(wachsen=)sprossen-wird-(es=er)

6 וַיִּרְאוּ	וְשַׁבְתֶּם׃
wayyirᵊᵓuʷ	wᵊšabᵊtɛm.
sahen-(sie)-(nun-Als=)Und	!zurückkehren-(könnt=)werdet-ihr-(dann=)und

הִתְבָּאֲשׁוּ	כִּי	עַמּוֹן	בְּנֵי
hitᵊbɔᵓᵃšuʷ	kiʸ	ᶜammoʷn	bᵊneʸ
machten-(verhasst=)stinkend-sich-sie	dass	,Ammon	(von)-Söhne-(die)

וּבְנֵי	חָנוּן	וַיִּשְׁלַח	דָּוִיד	עִם־
uʷbᵊneʸ	ḥɔnuʷn	wayyišᵊlaḥ	dɔwiʸd	-ᶜim
(von)-Söhne-(die)-und	(Hanun=)Chanun	sandte-(es=er)-(da=)und	,David	(bei=)mit

לִשְׂכֹּר	כֶּסֶף	כִּכַּר־	אֶלֶף	עַמּוֹן
liśᵊkor	kɛsɛp	-kikar	ᵓɛlɛp	ᶜammoʷn
dingen-zu-(um)	Silber	(Talente=)Scheibe(n)	tausend	Ammon

נַהֲרַיִם	אֲרַם	מִן־	לָהֶם
nahᵃrayim	ᵓᵃram	-min	lɔhɛm
[Mesopotamien=](Zweiflüsse=)Naharaim	-Aram	von	(sich-für=)ihnen-zu

וּפָרָשִׁים׃	רֶכֶב	וּמִצּוֹבָה	מַעֲכָה	אֲרַם	וּמִן־
uʷpɔrɔšiʸm.	rɛkɛb	uʷmiṣṣoʷbɔʰ	maᶜᵃkɔʰ	ᵓᵃram	-uʷmin
.Reiter-und	Wagen	Zoba-von-und	Maacha	(in)-Aram	von-und

רֶכֶב	אֶלֶף	וּשְׁלֹשִׁים	שְׁנַיִם	לָהֶם	7 וַיִּשְׂכְּרוּ
rɛkɛb	ᵓɛlɛp	uʷšᵊlošiʸm	šᵊnayim	lɔhɛm	wayyiśᵊkᵊruʷ
Wagen	tausend	-dreißig-und	-zwei	(sich=)ihnen-zu	dingten-sie-Und

וְאֶת־עַמּוֹ	מַעֲכָה	וְאֶת־מֶלֶךְ
ᶜammoʷ-wᵊᵓɛt	maᶜᵃkɔʰ	mɛlɛk-wᵊᵓɛt
.(Kriegs)volk-sein-***und	Maacha	(von)-König-(den)-***und

מֵידְבָא	לִפְנֵי	וַיַּחֲנוּ	וַיָּבֹאוּ
meʸdᵊbɔᵓ	lipᵊneʸ	wayyaḥᵃnuʷ	wayyɔboᵓuʷ
,Medeba	(vor=)Gesichter-zu	lagerten-(sie)-und	kamen-(die=)sie-Und

נֶאֶסְפוּ	עַמּוֹן	וּבְנֵי
nɛᵓɛsᵊpuʷ	ᶜammoʷn	uʷbᵊneʸ
sich-sammel(te)n-(sie)	Ammon	(von)-Söhne-(die)-und

לַמִּלְחָמָה׃	וַיָּבֹאוּ	מֵעָרֵיהֶם
lammilᵊḥɔmɔʰ.	wayyɔboᵓuʷ	meᶜɔreʸhɛm
.Kampf-dem-zu	kamen-(sie)-und	Städten-ihren-(aus=)von

אֶת־יוֹאָב	וַיִּשְׁלַח	דָּוִיד	8 וַיִּשְׁמַע
yoʷᵓɔb-ᵓɛt	wayyišᵊlaḥ	dɔwiʸd	wayyišᵊmaᶜ
Joab***	(ent)sandte-er-und	,David	(davon=)-hörte-(es=)er-(Aber)Und

9 וַיֵּצְאוּ	הַגִּבּוֹרִים׃	צָבָא	כָּל־	וְאֵת
wayyeṣᵊᵓuʷ	haggibboʷriʸm.	ṣɔbɔᵓ	-kol	wᵊᵓet
hinaus-zogen-(es=)sie-Und	.Krieger-(der=)die	Schar	(ganze-die=)all	***und

מִלְחָמָה	וַיַּעַרְכוּ	עַמּוֹן	בְּנֵי
milᵊḥɔmɔʰ	wayyaᶜarᵊkuʷ	ᶜammoʷn	bᵊneʸ
Kampf-(zum)	sich-ordneten-(sie)-und	Ammon	(von)-Söhne-(die)

אֲשֶׁר־	וְהַמְּלָכִים	הָעִיר	פֶּתַח
-ᵓašɛr	wᵊhammᵊlɔkiʸm	hɔᶜiʸr	pɛtaḥ
(die=)welch(e)	,Könige-die-(hingegen=)und	,Stadt-(der=)die	Eingang-(am)

לְבַדָּם	בָּאוּ
lᵊbaddɔm	bɔᵓuʷ
(abgesondert-standen=)sie-allein-zu	,gekommen-waren-(sie)

הָיְתָה	כִּי־	יוֹאָב	10 וַיַּרְא	בַּשָּׂדֶה׃
hɔyᵊtɔʰ	-kiʸ	yoʷᵓɔb	wayyarᵊᵓ	baśśɔdɛʰ.
war-(es=sie)	dass	,Joab	sah-(er)-(nun-Als=)Und	.Feld-(freien)-dem-(auf=)in

אֵלָיו	הַמִּלְחָמָה	פְנֵי־
ᵓelɔʸw	hammilᵊḥɔmɔʰ	-pᵊneʸ
ihn-(gegen=)zu-(gerichtet)	Kampf(es)-(des=)der	(Front=)Gesichter-(die)

וַיִּבְחַר	וְאָחוֹר	פָּנִים
wayyibᵊḥar	wᵊᵓɔḥoʷr	pɔniʸm
(aus)-wählte-er-(da=)und	,hinten-(von)-und	(vorn-von=)Gesichter

בְּיִשְׂרָאֵל	בָּחוּר	מִכָּל־
bᵊyiśᵊrɔᵓel	bɔḥuʷr	-mikkol
Israel-in	(Erlesenen=)Erlesener	all(en)-(unter=)von

אֲרָם׃	לִקְרַאת	וַיַּעֲרֹךְ
ᵓarɔm.	liqᵊraᵓt	wayyaᶜarok
,Aram	(gegenüber=)begegnen-zu	(auf-stellte=)ordnete-(er)-und

בְּיַד	נָתַן	הָעָם	יֶתֶר	11 וְאֵת
bᵊyad	nɔtan	hɔᶜɔm	yɛtɛr	wᵊᵓet
Hand-(die)-in	gab-er	Volk(es)-(des=)das	Rest-(den)	***(jedoch=)und

וַיַּעַרְכוּ	אָחִיו	אַבְשַׁי
wayyaᶜarᵊkuʷ	ʾɔḥiʸw	ʾabᵊšay
ordneten-sich-sie-(dass=)und	,Bruder(s)-sein(es)	,Abschai(s)

12 וַיֹּאמֶר	עַמּוֹן׃	בְנֵי	לִקְרַאת
wayyoʾmɛr	ᶜammoʷn.	bᵊneʸ	liqᵊraʾt
:sprach-er-Und	.Ammon(s)	Söhne(n)-(den)	(von-gegenüber=)begegnen-zu

אֲרָם	מִמֶּנִּי	תֶּחֱזַק	אִם־
ʾᵃrɔm	mimmɛnniʸ	tɛḥᵉzaq	-ʾim
,Aram	(ich-als-mehr=)mir-von	stark-ist-(es=sie)	Wenn

וְאִם־	לִתְשׁוּעָה	לִּי	וְהָיִיתָ
-wᵊʾim	litᵊšuʷᶜɔʰ	liʸ	wᵊhɔyiʸtɔ
wenn-(aber=)und	;Hilfe-zu	mir-(zu)	(komm=)sein-wirst-du-(dann=)und

מִמְּךָ	יֶחֶזְקוּ	עַמּוֹן	בְּנֵי
mimmᵊkɔ	yɛḥɛzᵊquʷ	ᶜammoʷn	bᵊneʸ
,(du-als-mehr=)dir-von	stark-sind-(sie)	Ammon	(von)-Söhne-(die)

וְנִתְחַזַּקָה	13 חֲזַק	וְהוֹשַׁעְתִּיךָ׃
wᵊnitᵊḥazzᵊqɔʰ	ḥᵃzaq	wᵊhoʷšaᶜᵊtiʸkɔ.
sein-stark-uns-lass-und	stark-Sei	.(dir=)dich-helfen-(will=)werde-ich-(so=)und

עָרֵי	וּבְעַד	עַמֵּנוּ	בְּעַד־
ᶜɔreʸ	uʷbᵊᶜad	ᶜammenuʷ	-bᵊᶜad
Städte-(die)	(für=)bis-in-und	Volk-unser	(für=)bis-in

הַטּוֹב	וַיהוָה	אֱלֹהֵינוּ
haṭṭoʷb	wayhwɔʰ	ʾᵉloheʸnuʷ
(ist-recht-was=)Gute-das	,JHWH-und	,(Gottes-unseres=)Götter-unsere(r)

יַעֲשֶׂה׃	בְּעֵינָיו
yaᶜᵃśɛʰ.	bᵊᶜeʸnɔʸw
!(tun=)machen-(möge=)wird-er	,Augen-(zwei)-seine(n)-in

אֲשֶׁר־	וְהָעָם	יוֹאָב	14 וַיִּגַּשׁ
-ʾᵃšɛr	wᵊhɔᶜɔm	yoʷʾɔb	wayyiggaš
(das=)welch(es)	,(Kriegs)volk-das-und	Joab	heranrückte-(er)-(nun-Als=)Und

לַמִּלְחָמָה	אֲרָם	לִפְנֵי	עִמּוֹ
lammilᵊḥɔmɔʰ	ʾᵃrɔm	lipᵊneʸ	ᶜimmoʷ
,Kampf-zu(m)	Aram	(gegen=)Gesichter-zu	,ihm-(bei=)mit-(war)

מִפָּנָיו׃	וַיָּנֻסוּ
mippɔnɔʸw.	wayyɔnuʷsuʷ
.(ihm-vor=)Gesichtern-seinen-von	flohen-sie-(da=)und

נָס	כִּי־	רָאוּ	עַמּוֹן	15 וּבְנֵי
nɔs	-kiʸ	rɔʾuʷ	ʿammoʷn	uʷbᵊneʸ
fliehend-(war)	dass	,sahen-(sie)	Ammon	(von)-Söhne-(die)-(als)-Und

אַבְשַׁי	מִפְּנֵי	הֵם	גַם־	וַיָּנוּסוּ	אֲרָם
ʾabᵊšay	mippᵊneʸ	hem	-gam	wayyɔnuʷsuʷ	ʾᵃrɔm
,Abschai	(vor=)Gesichter-von	sie	auch	flohen-(es=sie)-(da=)und	,Aram

הָעִירָה	וַיָּבֹאוּ	אָחִיו
hɔʿiʸrɔʰ	wayyɔboʾuʷ	ʾɔḥiʸw
,(Stadt-die-in=)zu-Stadt-die	kamen-sie-und	,Bruder-sein(em)

16 וַיַּרְא	יְרוּשָׁלִָם׃	יוֹאָב	וַיָּבֹא
wayyarᵊʾ	yᵊruʷšɔlɔim.	yoʷʾɔb	wayyɔboʾ
sah-(er)-(nun-Als=)Und	.Jerusalem-(nach)	Joab	(ging=)kam-(es=)er-und

יִשְׂרָאֵל	לִפְנֵי	נִגְּפוּ	כִּי	אֲרָם
yiśᵊrɔʾel	lipᵊneʸ	niggᵊpuʷ	kiʸ	ʾᵃrɔm
,Israel	(von=)Gesichter-zu	waren-worden-geschlagen-sie	dass	,Aram

אֶת־אֲרָם	וַיּוֹצִיאוּ	מַלְאָכִים	וַיִּשְׁלְחוּ
ʾᵃrɔm-ʾɛt	wayyoʷṣiʸʾuʷ	malᵊʾɔkiʸm	wayyišᵊlᵊḥuʷ
,Aram***	ausrücken-ließen-(sie)-und	Boten	sandten-sie-(da=)und

הַנָּהָר	מֵעֵבֶר	אֲשֶׁר
hannɔhɔr	meʿebɛr	ʾᵃšɛr
,Strom(es)-(des=)der	(jenseits=)Seite-(der)-von	(dasjenige=)welch(es)

הֲדַדְעֶזֶר	שַׂר־צְבָא	וְשׁוֹפַךְ
hᵃdadᵊʿɛzɛr	ṣᵊbɔʾ-śar	wᵊšoʷpak
,Eser(s)-Hadad	Heer(es)-(des)-Ober(st)e-(der)	,(Schofach=)Schophach-und

17 וַיֻּגַּד	לִפְנֵיהֶם׃
wayyuggad	lipᵊneʸhɛm.
gemeldet-wurde-(es=)er-(Als=)Und	.(Spitze-ihrer-an=)Gesichtern-ihren-zu-(war)

אֶת־כָּל־יִשְׂרָאֵל	וַיֶּאֱסֹף	לְדָוִיד
yiśᵊrɔʾel-kol-ʾɛt	wayyɛʾᵋsop	lᵊdɔwiʸd
Israel-(ganz=)all***	sammelte-er-(da=)und	,David-(dem=)zu

אֲלֵהֶם	וַיָּבֹא	הַיַּרְדֵּן	וַיַּעֲבֹר
ᵓᵃlehɛm	wayyɔboᵓ	hayyarᵊden	wayyaᶜᵃbor
ihnen-zu	kam-(er)-und	Jordan-(den=)der	durchquerte-(er)-und

אֲלֵהֶם	וַיַּעֲרֹךְ
ᵓᵃlehɛm	wayyaᶜᵃrok
,(sie-gegen=)ihnen-zu	(Kampf-zum)-auf-sich-stellte-er-und

מִלְחָמָה	אֲרָם	לִקְרַאת	דָּוִיד	וַיַּעֲרֹךְ
milᵊḥɔmɔʰ	ᵓᵃrɔm	liqᵊraᵓt	dɔwiʸd	wayyaᶜᵃrok
Kampf-(im)	Aram	begegnen-zu	David	auf-sich-stellte-(es=)er-und

אֲרָם	18 וַיָּנָס	עִמּוֹ׃	וַיִּלָּחֲמוּ
ᵓᵃrɔm	wayyɔnos	ᶜimmoʷ.	wayyillɔḥᵃmuʷ
Aram	floh-(es=)er-(Doch=)Und	.ihm-mit	kämpften-sie-und

דָּוִיד	וַיַּהֲרֹג	יִשְׂרָאֵל	מִלִּפְנֵי
dɔwiʸd	wayyahᵃrog	yiśᵊrɔᵓel	millipᵊneʸ
David	erschlug-(es=)er-und	,Israel(s)	Antlitz(e)-dem-von-(weg-weit)

אִישׁ	אֶלֶף	וְאַרְבָּעִים	רֶכֶב	אֲלָפִים	שִׁבְעַת	מֵאֲרָם
ᵓiʸš	ᵓɛlɛp	wᵊᵓarᵊbɔᶜiʸm	rɛkɛb	ᵓᵃlɔpiʸm	šibᵊᶜat	meᵓᵃrɔm
Mann	tausend	-vierzig-und	Wagen(pferde)	tausend(e)	-sieben	Aram-von

הַצָּבָא	שַׂר־	שׁוֹפַךְ	וְאֵת	רַגְלִי
haṣṣɔbɔᵓ	-śar	šoʷpak	wᵊᵓet	ragᵊliʸ
Heer(es)-(des=)das	Oberst(en)-(den)	,Schophach	***(auch=)und	;Fußvolk

עַבְדֵי	19 וַיִּרְאוּ	הֵמִית׃
ᶜabᵊdeʸ	wayyirᵊᵓuʷ	hemiʸt.
(Soldaten=)Knechte-(die)	sahen-(sie)-(nun-Als=)Und	.töten-(ließ=)machte-er

לִפְנֵי	נִגְּפוּ	כִּי	הֲדַדְעֶזֶר
lipᵊneʸ	niggᵊpuʷ	kiʸ	hᵃdadᵊᶜɛzɛr
(von=)Gesichter-zu	waren-worden-geschlagen-sie	dass	,Eser(s)-Hadad

דָּוִיד	עִם־	וַיַּשְׁלִימוּ	יִשְׂרָאֵל
dɔwiʸd	-ᶜim	wayyašᵊliʸmuʷ	yiśᵊrɔᵓel
David	mit	Frieden-machten-sie-(da=)und	,Israel

אָבָה	וְלֹא־	וַיַּעַבְדֻהוּ
ᵓɔbɔʰ	-wᵊloᵓ	wayyaᶜabᵊduhuʷ
willens-war-(es=er)	nicht-und	;(ihm=)ihn-(untertan-waren=)dienten-(sie)-und

עוֹד׃	אֶת־בְּנֵי־עַמּוֹן	לְהוֹשִׁיעַ	אֲרָם
ʿo^{w}d.	ʿammo^{w}n-b^{ə}ne^{y}-ʾɛt	l^{ə}ho^{w}ši^{y}aʿ	ʾ^{a}rɔm
.noch	Ammon(s)-Söhne(n)-(den)***	helfen-zu	Aram

20

תְּשׁוּבַת	לְעֵת	1 וַיְהִי
t^{ə}šu^{w}bat	l^{ə}ʿet	way^{ə}hi^{y}
Wiederkehr-(der)	Zeit-zu(r)	(geschah=)war-(es=)er-Und

הַמְּלָכִים	צֵאת	לְעֵת	הַשָּׁנָה
hamm^{ə}lɔki^{y}m	ṣeʾt	l^{ə}ʿet	haššɔnɔ^{h}
,Könige-(der=)die	Ausziehen(s)-(des)	Zeit-zu(r)	,Jahr(es)-(des=)das

הַצָּבָא	אֶת־חֵיל	יוֹאָב	וַיִּנְהַג
haṣṣɔbɔʾ	ḥe^{y}l-ʾɛt	yo^{w}ʾɔb	wayyin^{ə}hag
Heer(es)-	-macht-(die)***	Joab	(an)-führte-(es=er)-(da=)und

וַיָּבֹא	בְּנֵי־עַמּוֹן	אֶת־אֶרֶץ	וַיַּשְׁחֵת
wayyɔboʾ	ʿammo^{w}n-b^{ə}ne^{y}	ʾɛrɛṣ-ʾɛt	wayyaš^{ə}ḥet
kam-er-und	,Ammon(s)-Söhne-(der)	Land-(das)***	verwüstete-(er)-und

יֹשֵׁב	וְדָוִיד	אֶת־רַבָּה	וַיָּצַר
yošeb	w^{ə}dɔwi^{y}d	rabbɔ^{h}-ʾɛt	wayyɔṣar
weilend(er)-(war)	David-(indes=)und	;Rabba***	(belagerte=)ein-engte-(er)-und

אֶת־רַבָּה	יוֹאָב	וַיַּךְ	בִּירוּשָׁלִָם
rabbɔ^{h}-ʾɛt	yo^{w}ʾɔb	wayyak	bi^{y}ru^{w}šɔlɔim
Rabba***	Joab	schlug-(es=)er-Und	.Jerusalem-in

אֶת־עֲטֶרֶת־	דָוִיד	2 וַיִּקַּח	וַיֶּהֶרְסֶהָ׃
-ʿ^{a}ṭɛrɛt -ʾɛt	dɔwi^{y}d	wayyiqqaḥ	wayyɛhɛr^{ə}sɛhɔ.
Krone-(die)***	David	nahm-(es=)er-(Ferner=)Und	.(es=)sie-zerstörte-(er)-und

וַיִּמְצָאֶהָ	רֹאשׁוֹ	מֵעַל	מַלְכָּם
wayyim^{ə}ṣɔʾɔh	roʾšo^{w}	meʿal	mal^{ə}kɔm
sie-fand-er-und	,Haupt-sein(em)	(von-ab=)auf-von	König(s)-ihr(es)

זָהָב	כִּכַּר־	מִשְׁקַל
zɔhɔb	-kikar	miš^{ə}qal
,Gold	(Talent-einem=)Scheibe-(einer)	(von)-Gewicht-(an)

עַל־	וַתְּהִי	יְקָרָה	אֶבֶן	וּבָהּ
-ʿal	watt^{ə}hi^{y}	y^{ə}qɔrɔ^{h}	ʾɛbɛn	u^{w}bɔh
auf	(kam=)war-sie-und	,kostbare	Stein(e)	(waren)-ihr-(an=)in-und

הוֹצִיא	הָעִיר	וּשְׁלַל	דָּוִיד	רֹאשׁ
hoʷṣiʸʾ	hɔʿiʸr	uʷšᵊlal	dɔwiʸd	roʾš
heraus-führte-er	Stadt-(der=)die	Beute-(Zudem=)Und	.David(s)	Haupt-(das)

אֲשֶׁר־	3 וְאֶת־הָעָם	מְאֹד׃	הַרְבֵּה
-ʾᵃšɛr	hɔʿɔm-wᵊʾɛt	mᵊʾod.	harᵊbeʰ
(das=)welch(es)	,Volk-das-***(Aber=)Und	.sehr	(reichlich=)Vieles-(ein)

וַיָּשַׂר	הוֹצִיא	בָּהּ
wayyɔśar	hoʷṣiʸʾ	bɔh
(sägen-musste=)sägte-(es=)er-und	hinaus-führte-er	,(war)-ihr-in

הַבַּרְזֶל	וּבַחֲרִיצֵי	בַּמְּגֵרָה
habbarᵊzɛl	uʷbaḥᵃriʸṣeʸ	bammᵊgerɔʰ
Eisen-(aus=)das	Instrumenten-den-(mit=)in-und	Steinsäge-der-(mit=)in

דָּוִיד	יַעֲשֶׂה	וְכֵן	וּבַמְּגֵרוֹת
dɔwiʸd	yaʿᵃśɛʰ	wᵊken	uʷbammᵊgeroʷt
David	(tat=)machte-(es=er)	so-Und	.(Stein)sägen-den-(mit=)in-und

בְּנֵי־עַמּוֹן	עָרֵי	לְכֹל
ʿammoʷn-bᵊneʸ	ʿɔreʸ	lᵊkol
.Ammon(s)-Söhne-(der)	Städte(n)	all(en)-(mit=)zu

הָעָם	וְכָל־	דָּוִיד	וַיָּשָׁב
hɔʿɔm	-wᵊkol	dɔwiʸd	wayyɔšob
Volk-das	all-und	David	zurück-kehrte-(es=er)-(Dann=)Und

אַחֲרֵיכֵן	4 וַיְהִי	יְרוּשָׁלִָם׃
ʾaḥᵃreʸken	wayᵊhiʸ	yᵊruʷšɔlɔim.
,(danach=)so-nach	(geschah=)war-(es=)er-Und	.Jerusalem-(nach)

פְּלִשְׁתִּים	עִם־	בְּגֶזֶר	מִלְחָמָה	וַתַּעֲמֹד
pᵊlišᵊtiʸm	-ʿim	bᵊgɛzɛr	milᵊḥɔmɔʰ	wattaʿᵃmod
.Philister(n)-(den)	mit	Geser-in	Kampf-(ein)	(ent)stand-(es=sie)-(dass=)und

הַחֻשָׁתִי	סִבְּכַי	הִכָּה	אָז
haḥušɔtiʸ	sibbᵊkay	hikkɔʰ	ʾɔz
,(Huschatiter=)Chuschatiter-der	,Sibbechai	schlug-(er)	Damals

הָרְפָאִים	מִילִדֵי	אֶת־סִפַּי
hɔrᵊpɔʾiʸm	miʸlideʸ	sippay-ʾɛt
(Giganten=)Rephaïter-(der=)die	Knaben-(den)-von	Sippai-(den)***

עוֹד	5 וַתְּהִי־	וַיִּכָּנְעוּ׃
ʿo^{w}d	-watt^{ə}hi^{y}	wayyikkɔneʿu^{w}.
noch(mals)	war-(es=sie)-(Dann=)Und	.gedemütigt-wurden-sie-und

אֶלְחָנָן	וַיַּךְ	אֶת־פְּלִשְׁתִּים	מִלְחָמָה
ʾɛl^{ə}ḥɔnɔn	wayyak	p^{ə}liš^{ə}ti^{y}m-ʾɛt	mil^{ə}ḥɔmɔ^{h}
Elchanan	schlug-(es=)er-und	,Philister(n)-(den)-mit	Kampf-(ein)

גָּלְיָת	אֲחִי	אֶת־לַחְמִי	בֶּן־יָעוּר[יָעִיר]
gol^{ə}yɔt	ʾ^{a}ḥi^{y}	laḥ^{ə}mi^{y}-ʾɛt	[yɔʿi^{y}r]yɔʿu^{w}r-bɛn
,Goljat	(von)-Bruder-(den)	,Lachmi-***	[Jaïrs]Jaur(s)-Sohn

חֲנִיתוֹ	וְעֵץ	הַגִּתִּי
ḥ^{a}ni^{y}to^{w}	w^{ə}ʿeṣ	haggitti^{y}
Speer(s)-sein(es)	(Schaft=)Baum-(der)-Und	.Gittiter-(den=)der

עוֹד	6 וַתְּהִי־	אֹרְגִים׃	כִּמְנוֹר
ʿo^{w}d	-watt^{ə}hi^{y}	ʾor^{ə}gi^{y}m.	kim^{ə}no^{w}r
noch(mals)	war-(es=)sie-Und	.Webende(n)	(von)-Baum-(einem)-(glich=)wie

אִישׁ	וַיְהִי	בְּגַת	מִלְחָמָה
ʾi^{y}š	way^{ə}hi^{y}	b^{ə}gat	mil^{ə}ḥɔmɔ^{h}
(von)-Mann-(ein)	war-(es=er)-(Da=)Und	.Gat-in	Kampf-(ein)

וְאֶצְבְּעֹתָיו	מִדָּה
w^{ə}ʾɛṣ^{ə}b^{ə}ʿotɔ^{y}w	middɔ^{h}
(Zehen-und)-Finger-seine-und	,(Wuchs-hohem=)Ausdehnung

הוּא	וְגַם־	וְאַרְבַּע	עֶשְׂרִים	שֵׁשׁ־וָשֵׁשׁ
hu^{w}ʾ	-w^{ə}gam	w^{ə}ʾar^{ə}baʿ	ʿɛś^{ə}ri^{y}m	wɔšeš-šeš
er	auch-Und	.vier-und	-zwanzig	:(sechs-jeweils-waren=)sechs-und-sechs

7 וַיְחָרֵף	לְהָרָפָא׃	נוֹלַד
way^{ə}ḥɔrep	l^{ə}hɔrɔpɔʾ.	no^{w}lad
verhöhnte-er-Und	.(Gigant(en)=)Rapha-(dem=)der-zu	geboren-war-(er)

בֶּן־שִׁמְעָא	יְהוֹנָתָן	וַיַּכֵּהוּ	אֶת־יִשְׂרָאֵל
šim^{ə}ʿɔʾ-bɛn	y^{ə}ho^{w}nɔtɔn	wayyakkehu^{w}	yiś^{ə}rɔʾel-ʾɛt
,Schimea(s)-Sohn	J(eh)onatan	ihn-schlug-(es=er)-(Da=)Und	.Israel***

נוּלְּדוּ	8 אֵל	דָּוִיד׃	אֲחִי
nu^{w}ll^{ə}du^{w}	ʾel	dɔwi^{y}d.	ʾ^{a}ḥi^{y}
geboren-wurden-(sie)	Diese	.David	(von)-Bruder(s)-(des)

בְּיַד־	וַיִּפְּלוּ	בְגַת	לְהָרָפָא
-bᵊyad	wayyippᵊluʷ	bᵊgat	lᵊhɔrɔpɔʾ
Hand-(die)-(durch=)in	fielen-sie-und	,Gat-in	(Giganten=)Rapha-(dem=)der-zu

עֲבָדָיו	וּבְיַד־	דָּוִיד
ᶜᵃbɔdɔʸw	-uʷbᵊyad	dɔwiʸd
.(Soldaten=)Knechte-seine(r)	Hand-(die)-(durch=)in-und	David(s)

21

עַל־	שָׂטָן	1 וַיַּעֲמֹד
-ᶜal	śɔṭɔn	wayyaᶜᵃmod
(gegen=)auf	(Widersacher=)Satan-(der)	(auf)-stand-(es=)er-Und

אֶת־יִשְׂרָאֵל׃	לִמְנוֹת	אֶת־דָּוִיד	וַיָּסֶת	יִשְׂרָאֵל
yiśᵊrɔʾel-ʾɛt.	limᵊnoʷt	dɔwiʸd-ʾɛt	wayyɔsɛt	yiśᵊrɔʾel
.Israel***	zählen-zu	David***	verführte-er-und	,Israel

שָׂרֵי	וְאֶל־	יוֹאָב	אֶל־	דָּוִיד	2 וַיֹּאמֶר
śɔreʸ	-wᵊʾɛl	yoʷʾɔb	-ʾɛl	dɔwiʸd	wayyoʾmɛr
Fürsten-(den)	zu-und	Joab	zu	David	sprach-(es=)er-Und

שֶׁבַע	מִבְּאֵר	אֶת־יִשְׂרָאֵל	סִפְרוּ	לְכוּ	הָעָם
šɛbaᶜ	mibbᵊʾer	yiśᵊrɔʾel-ʾɛt	sipᵊruʷ	lᵊkuʷ	hɔᶜɔm
Scheba	-Beër-von	Israel***	zählt	,Geht	:Volk(es)-(des=)das

אֵלַי	וְהָבִיאוּ	דָּן	וְעַד־
ʾelay	wᵊhɔbiʸʾuʷ	dɔn	-wᵊᶜad
,(Bescheid)-mir-(zu)	(bringt=)kommen-macht-und	Dan	bis-(und)

יוֹאָב	3 וַיֹּאמֶר	אֶת־מִסְפָּרָם׃	וְאֵדְעָה
yoʷʾɔb	wayyoʾmɛr	misᵊpɔrɔm-ʾɛt.	wᵊʾedᵊᶜɔʰ
:Joab	sprach-(er)-(Da=)Und	!Zahl-ihre***	weiß-ich-(dass=)und

כָּהֵם	עַמּוֹ	עַל־	יְהוָה	יוֹסֵף
kɔhem	ᶜammoʷ	-ᶜal	yᵊhwɔʰ	yoʷsep
,(sind-ihrer=)sie-wie	Volk-sein(em)	(zu=)auf	JHWH	(sei)-Hinzufügend(er)

כֻּלָּם	הַמֶּלֶךְ	אֲדֹנִי	הֲלֹא	פְּעָמִים	מֵאָה
kullɔm	hammɛlɛk	ʾᵃdoniʸ	hᵃloʾ	pᵊᶜɔmiʸm	meʾɔʰ
sie-all(esamt)	,König-(o=)der	,Herr-mein	,nicht-Etwa	!Male	hundert

לָמָּה	לַעֲבָדִים	לַאדֹנִי
lɔmmɔʰ	laᶜᵃbɔdiʸm	laʾdoniʸ
(Warum=)was-Zu	?Knechte-(sind=)zu	Herr(n)-mein(en)-(für=)zu

לָמָּה	אֲדֹנִי	זֹאת	יְבַקֵּשׁ
lɔmmɔʰ	ʾadoniʸ	zoʾt	yᵊbaqqeš
(Warum=)was-Zu	?Herr-mein	diese(s)	(verlangt=)sucht-(es=er)

לְיִשְׂרָאֵל׃	לְאַשְׁמָה	יִהְיֶה
lᵊyiśᵊrɔʾel.	lᵊʾašᵊmɔʰ	yihᵊyɛʰ
?Israel-(für=)zu	Verschuldung-(einer)-zu	werden-(soll=)wird-(es=)er

חָזַק	הַמֶּלֶךְ	4 וּדְבַר־
ḥɔzaq	hammɛlɛk	-uʷdᵊbar
(bindend=)fest-blieb-(es=er)	König(s)-(des=)der	Wort-(das)-(Doch=)Und

וַיִּתְהַלֵּךְ	יוֹאָב	וַיֵּצֵא	יוֹאָב	עַל־
wayyitᵊhallek	yoʷʾɔb	wayyeṣeʾ	yoʷʾɔb	-ʿal
umher-ging-(er)-und	Joab	hinaus-zog-(es=er)-(Also=)Und	.Joab	(für=)auf

יְרוּשָׁלִָם׃	וַיָּבֹא	יִשְׂרָאֵל	בְּכָל־
yᵊruʷšɔlɔim.	wayyɔboʾ	yiśᵊrɔʾel	-bᵊkol
.Jerusalem-(nach)	(wieder)-kam-(er)-und	Israel	(ganz=)all-in

מִפְקַד־	אֶת־מִסְפַּר	יוֹאָב	5 וַיִּתֵּן
-mipᵊqad	misᵊpar-ʾɛt	yoʷʾɔb	wayyitten
Musterung-(der)	Zahl-(die)***	Joab	gab-(es=er)-(Dann=)Und

כָל־	וַיְהִי	דָוִיד	אֶל־	הָעָם
-kol	wayᵊhiʸ	dɔwiʸd	-ʾɛl	hɔʿɔm
(ganz=)all	(betrug=)war-(es=)er-und	,David	(an=)zu	Volk(es)-(des=)das

אִישׁ	אֶלֶף	וּמֵאָה	אֲלָפִים	אֶלֶף	יִשְׂרָאֵל
ʾiʸš	ʾɛlɛp	uʷmeʾɔʰ	ʾalɔpiʸm	ʾɛlɛp	yiśᵊrɔʾel
,Mann	tausend	-hundert-und	tausend(e)	tausend(mal)	Israel

אַרְבַּע	וִיהוּדָה	חֶרֶב	שֹׁלֵף
ʾarᵊbaʿ	wiʸhuʷdɔʰ	ḥɛrɛb	šolep
-vier	Juda-und	;Schwert-(das)	(handhaben-die=)Herausziehender

שֹׁלֵף	אִישׁ	אֶלֶף	וְשִׁבְעִים	מֵאוֹת
šolep	ʾiʸš	ʾɛlɛp	wᵊšibᵊʿiʸm	meʾoʷt
(handhaben-die=)Herausziehender	,Mann	tausend	-siebzig-und	-hundert(e)

פָקַד	לֹא	וּבִנְיָמִן	6 וְלֵוִי	חָרֶב׃
pɔqad	loʾ	uʷbinᵊyɔmin	wᵊlewiʸ	ḥɔrɛb.
musterte-er	nicht	Benjamin-und	Levi-(Aber=)Und	.Schwert-(das)

דְּבַר־	נִתְעַב	כִּי־	בְּתוֹכָם
-d^{ə}bar	nit^{əʿ}ab	-ki^{y}	b^{ə}to^{w}kɔm
Wort-(das)	zuwider-war-(es=)er	denn	,(ihnen-unter=)Mitte-ihre-in

בְּעֵינֵי	7 וַיֵּרַע	אֶת־יוֹאָב׃	הַמֶּלֶךְ
b^{əʿ}e^{y}ne^{y}	wayyera^{ʿ}	yo^{wʾ}ɔb-ʾɛt.	hammɛlɛk
Augen-(den)-in	böse-war-(es=)er-Und	.Joab-(dem)***	König(s)-(des=)der

הַזֶּה	הַדָּבָר	עַל־	הָאֱלֹהִים
hazzɛ^{h}	haddɔbɔr	-ʿal	hɔ^{ʾɛ}lohi^{y}m
,da-dies(er)	,Sache-(der=)die	(bezüglich=)auf	(Gottes=)Götter-(der=)die

אֶל־	דָּוִיד	8 וַיֹּאמֶר	אֶת־יִשְׂרָאֵל׃	וַיַּךְ
-ʾɛl	dɔwi^{y}d	wayyoʾmɛr	yiś^{ə}rɔʾel-ʾɛt.	wayyak
zu	David	sprach-(es=er)-(Da=)Und	.Israel***	schlug-er-und

אֲשֶׁר	מְאֹד	חָטָאתִי	הָאֱלֹהִים
^{ʾa}šɛr	m^{əʾ}od	ḥɔṭɔʾti^{y}	hɔ^{ʾɛ}lohi^{y}m
dass	,sehr	gesündigt-habe-Ich	:(Gott=)Göttern-(den=)die

וְעַתָּה	הַזֶּה	אֶת־הַדָּבָר	עָשִׂיתִי
w^{əʿ}attɔ^{h}	hazzɛ^{h}	haddɔbɔr-ʾɛt	ʿɔśi^{y}ti^{y}
,nun-(Doch=)Und	!da-dies(e)	,(Sache-die=)Wort-das***	(getan=)machte-ich

עַבְדְּךָ	אֶת־עֲוֺן	נָא	הַעֲבֶר־
ʿab^{ə}d^{ə}kɔ	^{ʿa}wo^{w}n-ʾɛt	nɔʾ	-ha^{ʿa}bɛr
,Knecht(es)-dein(es)	Schuld-(die)***	doch	(weg-nimm=)vorübergehen-lass

יְהוָה	9 וַיְדַבֵּר	מְאֹד׃	נִסְכַּלְתִּי	כִּי
y^{ə}hwɔ^{h}	way^{ə}dabber	m^{əʾ}od.	nis^{ə}kal^{ə}ti^{y}	ki^{y}
JHWH	redete-(es=er)-(Hierauf=)Und	!sehr	töricht-mich-verhielt-ich	denn

10 לֵךְ	לֵאמֹר׃	דָּוִיד	חֹזֵה	גָּד	אֶל־
lek	leʾmor.	dɔwi^{y}d	ḥoze^{h}	gɔd	-ʾɛl
Geh	:(sagend=)sagen-zu	,David(s)	(Seher-dem=)Sehender	,Gad	zu

כֹּה	לֵאמֹר	דָּוִיד	אֶל־	וְדִבַּרְתָּ
ko^{h}	leʾmor	dɔwi^{y}d	-ʾɛl	w^{ə}dibbar^{ə}tɔ
So	:(erklärend=)sagen-zu	,David	zu	rede(st)-(du)-und

נֹטֶה	אָנִי	שָׁלוֹשׁ	יְהוָה	אָמַר
noṭɛ^{h}	^{ʾa}ni^{y}	šɔlo^{w}š	y^{ə}hwɔ^{h}	ʾɔmar
ausbreitend(er)-(bin)	ich	Drei(erlei)	:JHWH	(spricht=)sprach-(er)

עָלֶיךָ בְּחַר־ לְךָ אַחַת מֵהֵנָּה
mehennɔʰ ʾaḥat lᵊkɔ -bᵊḥar ʿɔlɛʸkɔ
,(davon=)ihnen-von eine(s) dir-(zu) wähle ;(dir-vor=)dich-auf

וְאֶעֱשֶׂה־ לָּךְ׃ 11 וַיָּבֹא
wayyɔboʾ lɔk. -wᵊʾɛʿɛśɛʰ
(ging=)kam-(es=)er-(Und) !dir-(zu) (tun=)machen-(soll=)werde-ich-(das=)und

גָד אֶל־ דָּוִיד וַיֹּאמֶר לוֹ כֹּה־ אָמַר
ʾɔmar -koʰ loʷ wayyoʾmɛr dɔwiʸd -ʾɛl gɔd
(spricht=)sprach-(es=er) So :ihm-zu sprach-(er)-und David zu Gad

יְהוָה קַבֶּל־ לָךְ׃ 12 אִם־
-ʾim lɔk. -qabbɛl yᵊhwɔʰ
(Entweder=)Wenn :(dich-für=)dir-zu (Wähle=)entgegen-Nimm :JHWH

שָׁלוֹשׁ שָׁנִים רָעָב וְאִם־ שְׁלֹשָׁה חֳדָשִׁים
ḥᵒdɔšiʸm šᵊlošɔʰ -wᵊʾim rɔʿɔb šɔniʸm šɔloʷš
Monate drei (oder=)wenn-und Hunger(snot) Jahre drei

נִסְפֶּה מִפְּנֵי־ צָרֶיךָ
ṣɔrɛʸkɔ -mippᵊneʸ nisᵊpɛʰ
,Bedränger-deine(r) (angesichts=)Gesichter(n)-von werdend(er)-weggerafft

וְחֶרֶב אוֹיְבֶךָ לְמַשֶּׂגֶת
lᵊmaśśɛgɛt ʾoʷyᵊbɛkɔ wᵊḥɛrɛb
,(dich-träfe=)erreichend(e)-zu Feinde-deine(r) Schwert-(das)-(da=)und

וְאִם־ שְׁלֹשֶׁת יָמִים חֶרֶב יְהוָה וְדֶבֶר
wᵊdɛbɛr yᵊhwɔʰ ḥɛrɛb yɔmiʸm šᵊlošɛt -wᵊʾim
Pest-und JHWH(s) Schwert-(das) Tage drei (oder=)wenn-und

בָּאָרֶץ וּמַלְאַךְ יְהוָה
yᵊhwɔʰ uʷmalʾak bɔʾɔrɛṣ
JHWH(s) Bote-(ein)-(dass-so=)und ,Land-im

מַשְׁחִית בְּכָל־ גְּבוּל יִשְׂרָאֵל
yiśᵊrɔʾel gᵊbuʷl -bᵊkol mašᵊḥiʸt
.Israel(s) Gebiet (ganzen=)all-(im=)in (anrichtend-Unheil=)verderbend(er)-(ist)

וְעַתָּה רְאֵה מָה־ אָשִׁיב
ʾɔšiʸb -mɔʰ rᵊʾeʰ wᵊʿattɔʰ
(antworten=)zurückführen-(soll=)werde-ich was ,(zu)-sieh nun-(Also=)Und

דָּבָר׃	אֶת־שֹׁלְחִי
dɔbɔr.	šolᵊḥiʸ-ʾɛt
!(Bescheid=)Wort-(als)	,(mich-sendet-der-,dem=)Sendend(en)-mein(em)***

מְאֹד	לִי	צַר־	גָּד	אֶל־	דָּוִיד	וַיֹּאמֶר 13
mᵊʾod	liʸ	-ṣar	gɔd	-ʾɛl	dɔwiʸd	wayyoʾmɛr
!sehr	mir-(zu)	(ist-Angst=)Eng	:Gad	zu	David	sprach-(er)-(Da=)Und

כִּי־	יְהוָה	בְיַד־	נָּא	אֶפְּלָה־
-kiʸ	yᵊhwɔʰ	-bᵊyad	nɔʾ	-ʾɛppᵊloʰ
denn	,JHWH(s)	Hand-(die)-in	doch	(fallen-mich-Lass=)fallen-will-Ich

מְאֹד	רַחֲמָיו	רַבִּים
mᵊʾod	raḥᵃmɔʸw	rabbiʸm
,sehr	(Erbarmungen=)Eingeweide-seine	(sind)-(groß=)viele

אֶפֹּל׃	אַל־	וּבְיַד־אָדָם
ʾɛppol.	-ʾal	ʾɔdɔm-uʷbᵊyad
!fallen-(möchte=)werde-ich	nicht	Mensch(en)-hand-in-(doch=)und

בְּיִשְׂרָאֵל	דֶּבֶר	יְהוָה	וַיִּתֵּן 14
bᵊyiśᵊrɔʾel	dɛbɛr	yᵊhwɔʰ	wayyitten
,Israel-(gegen=)in	Pest-(eine)	JHWH	(verhängte=)gab-(es=er)-(Da=)Und

וַיִּשְׁלַח 15	אִישׁ׃	אֶלֶף	שִׁבְעִים	מִיִּשְׂרָאֵל	וַיִּפֹּל
wayyišᵊlaḥ	ʾiʸš.	ʾɛlɛp	šibᵊʿiʸm	miʸyiśᵊrɔʾel	wayyippol
sandte-(es=)er-Und	.Mann	tausend	-siebzig	Israel-von	fiel(en)-(es=)er-und

לִירוּשָׁלַם	מַלְאָךְ	הָאֱלֹהִים
liʸruʷšɔlaim	malᵊʾɔk	hɔʾᵉlohiʸm
Jerusalem-(nach=)zu	Bote(n)-(einen)	(Gott=)Götter-die

לְהַשְׁחִיתָהּ
lᵊhašᵊḥiʸtɔh
.(es=)sie-zerstören-zu-(um)

יְהוָה	רָאָה	וּכְהַשְׁחִית
yᵊhwɔʰ	rɔʾɔʰ	uʷkᵊhašᵊḥiʸt
JHWH	(es-sah=)sah-er	,(war-zerstörend-er-als=)Zerstören-(ein)-wie-(Aber=)Und

וַיֹּאמֶר	הָרָעָה	עַל־	וַיִּנָּחֶם
wayyoʾmɛr	hɔrɔʿɔʰ	-ʿal	wayyinnɔḥɛm
sprach-er-und	Unheil(s)-(des=)das	(ob=)auf	reuen-sich's-ließ-er-und

הֶרֶף	עַתָּה	רַב	הַמַּשְׁחִית	לַמַּלְאָךְ
hɛrɛp	ʿattɔʰ	rab	hammašᵊḥiʸt	lammalᵊʾɔk
ab-zieh	Nun	!(Genug=)Viel	:zerstörende(n)-(dem=)der	,Boten-dem-zu

עֹמֵד	יְהוָה	וּמַלְאַךְ	יָדֶךָ
ʿomed	yᵊhwɔʰ	uʷmalᵊʾak	yɔdɛkɔ
(sich-befand=)stehend(er)-(war)	JHWH(s)	Bote-(der)-(Indes=)Und	!Hand-deine

הַיְבוּסִי׃	אָרְנָן	גֹּרֶן	עִם־
hayᵊbuʷsiʸ.	ʾorᵊnɔn	gorɛn	-ʿim
.Jebusiter(s)-(des=)der	,Ornan(s)	Tenne-(der)	(bei=)mit

וַיַּרְא	אֶת־עֵינָיו	דָוִיד	וַיִּשָּׂא 16
wayyarᵊʾ	ʿeʸnɔʸw-ʾɛt	dɔwiʸd	wayyiśśɔʾ
sah-(er)-und	Augen-(zwei)-seine***	David	erhob-(es=er)-(Als=)Und

הָאָרֶץ	בֵּין	עֹמֵד	יְהוָה	אֶת־מַלְאַךְ
hɔʾɔrɛṣ	beʸn	ʿomed	yᵊhwɔʰ	malᵊʾak-ʾɛt
Erde-(der=)die	zwischen	stehend(er)	JHWH(s)	Bote(n)-(den)***

שְׁלוּפָה	וְחַרְבּוֹ	הַשָּׁמַיִם	וּבֵין
šᵊluʷpɔʰ	wᵊḥarᵊbɔʷ	haššɔmayim	uʷbeʸn
gezückt(e)	Schwert-sein-und	Himmel(n)-(den=)die	(zwischen)-und

יְרוּשָׁלִָם	עַל־	נְטוּיָה	בְּיָדוֹ
yᵊruʷšɔlɔim	-ʿal	nᵊṭuʷyɔʰ	bᵊyɔdoʷ
,Jerusalem	(gegen=)auf	ausgestreckt(e)	,Hand-seine(r)-in

מְכֻסִּים	וְהַזְּקֵנִים	דָּוִיד	וַיִּפֹּל
mᵊkussiʸm	wᵊhazzᵊqeniʸm	dɔwiʸd	wayyippol
bedeckt(e)	(Ältesten=)Alten-die-und	David	fiel(en)-(es=er)-(da=)und

פְּנֵיהֶם׃	עַל־	בַּשַּׂקִּים
pᵊneʸhɛm.	-ʿal	baśśaqqiʸm
.Antlitz(e)-ihr(e)	auf	(Sackgewändern=)Säcken-den-(mit=)in

הָאֱלֹהִים	אֶל־	דָּוִיד	וַיֹּאמֶר 17
hɔʾᵋlohiʸm	-ʾɛl	dɔwiʸd	wayyoʾmɛr
:(Gott=)Götter(n)-(den=)die	zu	David	sprach-(es=er)-(Dann=)Und

לִמְנוֹת	אָמַרְתִּי	אֲנִי	הֲלֹא
limᵊnoʷt	ʾɔmarᵊtiʸ	ʾᵃniʸ	hᵃloʾ
zählen-zu	(angeordnet=)gesagt-habe-ich	,(es-war)-ich	nicht-Etwa

אֲשֶׁר־	הוּא	וַאֲנִי־	בָּעָם
-ʾ^{a}šɛr	hu^{w}ʾ	-waʾ^{a}ni^{y}	bɔʿɔm
welch(er)	,(d)er-(bin)	ich-(Also=)Und	?Volk-das-(***=in)

הֲרֵעוֹתִי	וְהָרֵעַ	חָטָאתִי
h^{a}reʿo^{w}ti^{y}	w^{ə}hɔreaʿ	ḥɔṭɔʾti^{y}
!gehandelt-übel-habe-ich	(Tat-der-in=)Übeltun-(ein)-und	,gesündigt-habe-ich

עָשׂוּ	מֶה	הַצֹּאן	וְאֵלֶּה
ʿɔśu^{w}	mɛ^{h}	haṣṣoʾn	w^{ə}ʾellɛ^{h}
?(verübt-haben=)machten-sie	was	,(Schaf)herde-die	,diese-(Hingegen=)Und

יָדְךָ	נָּא	תְּהִי	אֱלֹהַי	יְהוָה
yɔd^{ə}kɔ	nɔʾ	t^{ə}hi^{y}	ʾ^{ɛ}lohay	y^{ə}hwɔ^{h}
Hand-deine	doch	sein-(möge=)wird-(es=sie)	,(Gott=)Götter-mein(e)	,JHWH

אָבִי	וּבְבֵית	בִּי
ʾɔbi^{y}	u^{w}b^{ə}be^{y}t	bi^{y}
,Vater(s)-mein(es)	Haus-(das)-(gegen=)in-und	(mich-gegen=)mir-in

לְמַגֵּפָה׃	לֹא	וּבְעַמְּךָ
l^{ə}maggepɔ^{h}.	loʾ	u^{w}b^{ə}ʿamm^{ə}kɔ
!Schlag-(einem)-zu	nicht	Volk-dein-(gegen=)in-(aber=)und

לֵאמֹר	גָּד	אֶל־	אָמַר	יְהוָה	18 וּמַלְאַךְ
leʾmor	gɔd	-ʾɛl	ʾɔmar	y^{ə}hwɔ^{h}	u^{w}mal^{ə}ʾak
sagen-zu	Gad	zu	gesagt-hatte-(er)	JHWH(s)	Bote-(der)-(Indes=)Und

דָּוִיד	יַעֲלֶה	כִּי	לְדָוִיד
dɔwi^{y}d	yaʿ^{a}lɛ^{h}	ki^{y}	l^{ə}dɔwi^{y}d
David	hinaufsteigen-(soll=)wird-(es=er)	dass	,David-zu

לַיהוָה	מִזְבֵּחַ	לְהָקִים
layhwɔ^{h}	miz^{ə}beaḥ	l^{ə}hɔqi^{y}m
JHWH-(für=)zu	Altar-(einen)	(errichten=)machen-erstehen-zu

הַיְבֻסִי׃	אָרְנָן	בְּגֹרֶן
hay^{ə}busi^{y}.	ʾor^{ə}nɔn	b^{ə}gorɛn
.Jebusiter(s)-(des=)der	,Ornan(s)	Tenne-(der)-(auf=)in

גָּד	בִּדְבַר־	דָּוִיד	19 וַיַּעַל
gɔd	-bid^{ə}bar	dɔwi^{y}d	wayyaʿal
,Gad	(von)-Wort(es)-(des)-(ob=)in	David	hinauf-stieg-(es=er)-(Da=)Und

יְהוָה:	בְּשֵׁם	דִּבֶּר	אֲשֶׁר
y^{ə}hwɔ^{h}.	b^{ə}šem	dibbɛr	^{ʾa}šɛr
.JHWH(s)	Name(n)-(im=)in	geredet-hat(te)-er	(das=)welch(es)

וַיַּרְא	אָרְנָן	20 וַיָּשָׁב
wayyar^{ʾə}	ʾor^{ə}nɔn	wayyɔšob
sah-er-(da=)und	,Ornan	um-(sich)-kehrte-(es=er)-(Als=)Und

בָנָיו	וְאַרְבַּעַת	אֶת־הַמַּלְאָךְ
bɔnɔ^{y}w	w^{ə}ʾar^{ə}baʿat	hammal^{ʾə}ɔk-ʾɛt
,Söhne-seine(r)	vier-(die)-(aber=)und	;Bote(n)-(den=)der***

וְאָרְנָן	מִתְחַבְּאִים	עִמּוֹ
w^{ə}ʾor^{ə}nɔn	mit^{ə}ḥabb^{ʾə}i^{y}m	ʿimmo^{w}
Ornan-(gerade=)und	,verbergend(e)-sich-(waren)	,(waren)-ihm-(bei=)mit-(die)

עַד־	דָּוִיד	21 וַיָּבֹא	חִטִּים:	דָּשׁ
-ʿad	dɔwi^{y}d	wayyɔboʾ	ḥiṭṭi^{y}m.	dɔš
(zu=)bis	David	kam-(es=er)-(nun-Wie=)Und	.Weizen	dreschend(er)-(war)

אֶת־דָּוִיד	וַיַּרְא	אָרְנָן	וַיַּבֵּט	אָרְנָן
dɔwi^{y}d-ʾɛt	wayyar^{ʾə}	ʾor^{ə}nɔn	wayyabbeṭ	ʾor^{ə}nɔn
,David***	sah-(er)-und	Ornan	auf-blickte-(es=er)-(da=)und	,Ornan

וַיִּשְׁתַּחוּ	הַגֹּרֶן	מִן־	וַיֵּצֵא
wayyiš^{ə}taḥu^{w}	haggorɛn	-min	wayyeṣeʾ
nieder-sich-warf-(er)-und	Tenne-(der=)die	von	heraus-kam-er-und

אָרְצָה:	אַפַּיִם	לְדָוִיד
ʾɔr^{ə}ṣɔ^{h}.	ʾappayim	l^{ə}dɔwi^{y}d
.(Erde-zur=)erdwärts	(Angesicht-dem-mit=)Nasen(löcher-beide)	David-(vor=)zu

לִי	תְּנָה־	אָרְנָן	אֶל־	דָּוִיד	22 וַיֹּאמֶר
li^{y}	-t^{ə}no^{h}	ʾor^{ə}nɔn	-ʾɛl	dɔwi^{y}d	wayyoʾmɛr
mir-(zu)	(doch)-Gib	:Ornan	zu	David	sprach-(es=er)-(Da=)Und

בּוֹ	וְאֶבְנֶה־	הַגֹּרֶן	מְקוֹם
bo^{w}	-w^{ə}ʾɛb^{ə}nɛ^{h}	haggorɛn	m^{ə}qo^{w}m
(darauf=)ihm-in	erbaue-ich-(dass=)und	,Tenne-(der=)die	(Platz=)Ort-(den)

מָלֵא	בְּכֶסֶף	לַיהוָה	מִזְבֵּחַ
mɔleʾ	b^{ə}kɛsɛp	layhwɔ^{h}	miz^{ə}beaḥ
voll(en)	(Geldwert-den=)Silber-(Um=)In	!JHWH-(für=)zu	Altar-(einen)

וְתֵעָצַר	לִי	תְּנֵהוּ
wᵊteᶜɔṣar	liʸ	tᵊnehuʷ
abgewehrt-(werde=)wird-(es=sie)-(dass=)und	,mir-(zu)	ihn-gib

23 וַיֹּאמֶר	הָעָם:	מֵעַל	הַמַּגֵּפָה
wayyoʾmɛr	hɔᶜɔm.	meᶜal	hammaggepɔʰ
sprach-(es=er)-(Da=)Und	!Volk-(dem=)das	(auf)-von	(Plage-die=)Schlag-der

לָךְ	קַח־	דָּוִיד	אֶל־	אָרְנָן
lɔk	-qaḥ	dɔwiʸd	-ʾɛl	ʾorᵊnɔn
,dir-(ihn=)zu	Nimm	:David	zu	Ornan

הַמֶּלֶךְ	אֲדֹנִי	וְיַעַשׂ
hammɛlɛk	ʾᵃdoniʸ	wᵊyaᶜaś
,König-der	,Herr-mein	(tun=)machen-(möge=)wird-(es=)er-und

נָתַתִּי	רְאֵה	בְּעֵינָיו	הַטּוֹב
nɔtattiʸ	rᵊʾeʰ	bᵊᶜeʸnɔʸw	haṭṭoʷb
(gebe=)gab-ich	,Sieh	!Augen-(zwei)-seine(n)-in	(ist-recht-es-wie=)Gute-das

לָעֹלוֹת	הַבָּקָר
lɔᶜoloʷt	habbɔqɔr
(Brandopfer=)Hochopfer-die-(für=)zu	(Rinder-die=)Rind-das

וְהַחִטִּים	לָעֵצִים	וְהַמּוֹרִגִּים
wᵊhaḥiṭṭiʸm	lɔᶜeṣiʸm	wᵊhammoʷriggiʸm
Weizen-(den=)die-und	(Brennholz=)Hölzer-(für=)zu	Dreschwalzen-die-und

נָתָתִּי:	הַכֹּל	לַמִּנְחָה
nɔtɔttiʸ.	hakkol	lamminᵊḥɔʰ
!(ich-gebe=)gab-ich	(das-all=)all(es)-das	,Speiseopfer-zu(m)

לֹא	לְאָרְנָן	דָּוִיד	הַמֶּלֶךְ	24 וַיֹּאמֶר
loʾ	lᵊʾorᵊnɔn	dɔwiʸd	hammɛlɛk	wayyoʾmɛr
,!(Nein=)Nicht	:Ornan-zu	David	König-der	sprach-(es=)er-(Aber=)Und

אֶקְנֶה	קָנֹה	כִּי־
ʾɛqᵊnɛʰ	qɔnoh	-kiʸ
(ihn)-kaufen-(will=)werde-ich	(unbedingt=)Kaufen-(ein)	denn

לֹא־	כִּי	מָלֵא	בְּכֶסֶף
-loʾ	kiʸ	mɔleʾ	bᵊkɛsɛp
nicht	Denn	!voll(en)	(Geldwert-den=)Silber-(für=)in

לְךָ֙	אֲשֶׁר־	אֶשָּׂ֤א
lᵊkɔ	-ʾᵃšɛr	ʾɛśśɔʾ
,dir-(gehört=)zu	(was=)welch(es)	,(nehmen=)tragen-(mag=)werde-ich

וְהַעֲל֥וֹת	לַֽיהוָ֔ה
wᵊhaᶜᵃloʷt	layhwɔʰ
(darbringen=)machen-aufsteigen-und	JHWH-(für=)zu

דָּוִ֛יד	25 וַיִּתֵּ֥ן	חִנָּֽם׃	עוֹלָ֖ה
dɔwiʸd	wayyitten	ḥinnɔm.	ᶜoʷlɔʰ
David	gab-(es=)er-Und	!(geschenkt=)umsonst	(Brandopfer=)Hochopfer-(ein)

זָהָ֔ב	שִׁקְלֵ֣י	בַּמָּק֑וֹם	לְאָרְנָ֖ן
zɔhɔb	šiqᵊleʸ	bammɔqoʷm	lᵊʾorᵊnɔn
Gold-	schekel(n)-(an)	(Platz=)Ort-(den)-(für=)in	Ornan-(dem=)zu

26 וַיִּבֶן֩	מֵאֽוֹת׃	שֵׁ֥שׁ	מִשְׁקַ֖ל
wayyibɛn	meʾoʷt.	šeš	mišᵊqɔl
erbaute-(es=)er-Und	.hundert(e)	-sechs	(von)-(Summe-eine=)Gewicht-(ein)

וַיַּ֥עַל	לַֽיהוָ֔ה	מִזְבֵּ֙חַ֙	דָּוִ֤יד	שָׁ֨ם
wayyaᶜal	layhwɔʰ	mizᵊbeaḥ	dɔwiʸd	šɔm
(opferte=)aufsteigen-ließ-er-und	JHWH-(für=)zu	Altar-(einen)	David	dort

יְהוָ֔ה	אֶל־	וַיִּקְרָא֙	וּשְׁלָמִ֑ים	עֹל֖וֹת
yᵊhwɔʰ	-ʾɛl	wayyiqᵊrɔʾ	uʷšᵊlɔmiʸm	ᶜoloʷt
,JHWH	zu	rief-er-und	Friedensopfer-und	(Brandopfer=)Hochopfer

עַ֖ל	הַשָּׁמַ֔יִם	מִן־	בָּאֵשׁ֙	וַיַּעֲנֵ֤הוּ
ᶜal	haššɔmayim	-min	bɔʾeš	wayyaᶜᵃnehuʷ
auf	Himmel(n)-(den=)die	(aus=)von	Feuer-(mit=)im	ihm-erwiderte-(d)er-und

הָעֹלָֽה׃	מִזְבַּ֥ח
hɔᶜolɔʰ.	mizᵊbaḥ
.(Brandopfers=)Hochopfer(s)-(des=)das	Altar-(dem)

לַמַּלְאָ֔ךְ	יְהוָה֙	27 וַיֹּ֤אמֶר
lammalᵊʾɔk	yᵊhwɔʰ	wayyoʾmɛr
,Bote(n)-(dem=)zu	JHWH	(befahl=)sagte-(es=er)-(Dann=)Und

נְדָנָֽהּ׃	אֶל־	חַרְבּ֖וֹ	וַיָּ֥שֶׁב
nᵊdɔnɔh.	-ʾɛl	ḥarᵊboʷ	wayyɔšɛb
.Scheide-(seine=)ihre-in	(in=)zu	Schwert-sein	kehren-mach(t)e-er-(dass=)und

כִּי־	דָּוִיד	בִּרְאוֹת	הַהִיא	28 בָּעֵת
-kiʸ	dɔwiʸd	birᵊʾoʷt	hahiʸʾ	bɔʿet
dass	,David	(sah-als=)Sehen-in	,da-jene(r)	,Zeit-(der)-In

אָרְנָן	בְּגֹרֶן	יְהוָה	עָנָהוּ
ʾorᵊnɔn	bᵊgorɛn	yᵊhwɔʰ	ʿɔnɔhuʷ
,Ornan(s)	Tenne-(der)-(auf=)in	JHWH	ihn-(erhört=)geantwortet-hat(te)-(es=er)

29 וּמִשְׁכַּן	שָׁם׃	וַיִּזְבַּח	הַיְבוּסִי
uʷmišᵊkan	šɔm.	wayyizᵊbaḥ	hayᵊbuʷsiʸ
Wohnstatt-(die)-(Indes=)Und	.dort	opferte-er-(da=)und	,Jebusiter(s)-(des=)der

בַּמִּדְבָּר	מֹשֶׁה	עָשָׂה	אֲשֶׁר־	יְהוָה
bammidᵊbɔr	mošɛʰ	ʿɔśɔʰ	-ʾᵃšɛr	yᵊhwɔʰ
,Wüste-der-in	(Mose=)Mosche	gemacht-hat(te)-(es=er)	welch(e)	,JHWH(s)

הָעוֹלָה	וּמִזְבַּח
hɔʿoʷlɔʰ	uʷmizᵊbaḥ
(Brandopfers=)Hochopfer(s)-(des=)das	Altar-(der)-und

בְּגִבְעוֹן׃	בַּבָּמָה	הַהִיא	בָּעֵת
bᵊgibᵊʿoʷn.	babbɔmɔʰ	hahiʸʾ	bɔʿet
.Gibeon-in	Kulthöhe-der-(auf=)in	,da-jene(r)	,Zeit-(der)-(zu=)in-(waren)

לָלֶכֶת	דָוִיד	יָכֹל	30 וְלֹא־
lɔlɛkɛt	dɔwiʸd	yɔkol	-wᵊloʾ
(hinzutreten=)gehen-zu	David	vermochte-(es=er)	nicht-(Jedoch=)Und

כִּי	אֱלֹהִים	לִדְרֹשׁ	לְפָנָיו
kiʸ	ʾᵉlohiʸm	lidᵊroš	lᵊpɔnɔʸw
denn	,(Gott=)Götter	suchen-zu-(um)	(ihn-vor=)Gesichtern-seinen-zu

חֶרֶב	מִפְּנֵי	נִבְעַת
ḥɛrɛb	mippᵊneʸ	nibᵊʿat
Schwert(es)-(des)	(wegen=)Gesichter-von	überwältigt-(Schrecken-von)-war-er

יְהוָה׃	מַלְאַךְ
yᵊhwɔʰ.	malᵊʾak
.JHWH(s)	Bote(n)-(des)

22

הוּא	זֶה	דָּוִיד	1 וַיֹּאמֶר
huʷʾ	zɛʰ	dɔwiʸd	wayyoʾmɛr
(sei-es=)er	(Hier=)Dieser	:David	sprach-(er)-(Sodann=)Und

מִזְבֵּחַ	וְזֶה־	הָאֱלֹהִים	יְהוָה	בֵּית
mizəbeaḥ	-wəzɛh	hɔʾɛlohiym	yəhwɔh	beyt
Altar-(der)	(sei)-dieser-und	,(Gott-den=)Götter-die	,JHWH	(für)-Haus-(das)

לְיִשְׂרָאֵל׃	לְעֹלָה
ləyiśərɔʾel.	ləʿolɔh
!Israel(s)-zu(gunsten)	(Brandopfer=)Hochopfer-(das)-(für=)zu-(sei)

אֶת־הַגֵּרִים	לִכְנוֹס	דָּוִיד	2 וַיֹּאמֶר
haggeriym-ʾɛt	likənows	dɔwiyd	wayyoʾmɛr
,Fremdlinge-die***	versammeln-zu	David	(hieß=)sprach-(es=er)-(Dann=)Und

חֹצְבִים	וַיַּעֲמֵד	יִשְׂרָאֵל	בְּאֶרֶץ	אֲשֶׁר
ḥoṣəbiym	wayyaʿamed	yiśərɔʾel	bəʾɛrɛṣ	ʾašɛr
Steinhauer	(be)stellte-er-und	,(waren)-Israel	Land-(im=)in	(die=)welch(e)

לִבְנוֹת	גָּזִית	אַבְנֵי	לַחְצוֹב
libənowt	gɔziyt	ʾabəney	laḥəṣowb
Erbauen-(ein)-(für=)zu	(Quadersteine=)Behau-	steine	hauen-zu-(um)

לָרֹב	3 וּבַרְזֶל	הָאֱלֹהִים׃	בֵּית
lɔrob	uwbarəzɛl	hɔʾɛlohiym.	beyt
Menge-(in=)zu	Eisen-Und	.(Gottes=)Götter-(der=)die	Haus-(das)

הַשְּׁעָרִים	לְדַלְתוֹת	לַמִּסְמְרִים
haššəʿɔriym	lədalətowt	lammisəməriym
Tore-(der=)die	Türflügel-(die)-(für=)zu	Nägel-die-(für=)zu

וּנְחֹשֶׁת	דָּוִיד	הֵכִין	וְלַמְחַבְּרוֹת
uwnəḥošɛt	dɔwiyd	hekiyn	wəlaməḥabbərowt
Erz-und	,David	bereitstellen-ließ-(er)	Klammern-die-(für=)zu-und

מִשְׁקָל׃	אֵין	לָרֹב
mišəqɔl.	ʾeyn	lɔrob
.(konnte-wägen-es-man=)Gewicht	nicht-(dass)	,Menge-(in=)zu

כִּי	מִסְפָּר	לְאֵין	אֲרָזִים	4 וַעֲצֵי
kiy	misəpɔr	ləʾeyn	ʾarɔziym	waʿaṣey
denn	,Zahl	(ohne=)Nichtsein-zu	Zedern	(aus)-(Stämme=)Hölzer-Und

וְהַצֹּרִים	הַצִּידֹנִים	הֵבִיאוּ
wəhaṣṣoriym	haṣṣiydoniym	hebiyʾuw
Tyrier-die-und	Sidonier-die	(brachten=)kommen-machten-(es=)sie

עֲצֵי	אֲרָזִים	לָרֹב	לְדָוִיד׃
ʿaṣeʸ	ʾarɔziʸm	lɔrob	lᵊdɔwiʸd.
(von)-(Stämme=)Hölzer	Zedern	Menge-(in=)zu	.David-zu

5 וַיֹּאמֶר	דָּוִיד	שְׁלֹמֹה	בְנִי
wayyoʾmɛr	dɔwiʸd	šᵊlomoʰ	bᵊniʸ
(dachte=)sagte-(es=)er-Und	:David	,(Salomo=)Schelomo	,Sohn-mein

נַעַר	וָרָךְ	וְהַבַּיִת
naʿar	wɔrɔk	wᵊhabbayit
(jung=)Knabe-(ist)	,zart-und	,(Tempel)Haus-das-(aber=)und

לִבְנוֹת	לַיהוָה
libᵊnoʷt	layhwɔʰ
(ist)-bauen-zu-(das)	,JHWH(s)-(Ehren)-zu

לְהַגְדִּיל	לְמַעְלָה
lᵊhagᵊdiʸl	lᵊmaʿᵊlɔʰ
(werden-groß-soll=)Großmachen-(einem)-zu	,(überaus=)hin-oben-zu

לְשֵׁם	וּלְתִפְאֶרֶת	לְכָל־	הָאֲרָצוֹת
lᵊšem	uʷlᵊtipᵊʾɛrɛt	-lᵊkol	hɔʾarɔṣoʷt
(Ruhm-zum=)Name-zu	(Preis=)Glanz-zu(m)-und	all-(für=)zu	.Länder-die

אָכִינָה	נָּא	לוֹ
ʾɔkiʸnɔʰ	nɔʾ	loʷ
(treffen-Vorbereitungen=)bereitstellen-(will=)werde-Ich	doch	!(ihn-für=)ihm-zu

וַיָּכֶן	דָּוִיד	לָרֹב	לִפְנֵי
wayyɔkɛn	dɔwiʸd	lɔrob	lipᵊneʸ
bereit-stellte-(es=)er-Und	David	Menge-(in=)zu	(vor=)Gesichter-zu

מוֹתוֹ׃	6 וַיִּקְרָא	לִשְׁלֹמֹה	בְּנוֹ
moʷtoʷ.	wayyiqᵊrɔʾ	lišᵊlomoʰ	bᵊnoʷ
.Tod-sein(em)	rief-er-Und	,(Salomo=)Schelomo-(den=)zu	,Sohn-sein(en)

וַיְצַוֵּהוּ	לִבְנוֹת	בַּיִת	לַיהוָה
wayᵊṣawwehuʷ	libᵊnoʷt	bayit	layhwɔʰ
ihn-hieß-er-und	(er)bauen-zu	(Tempel)haus-(das)	,JHWH(s)-(Ehren)-zu

אֱלֹהֵי	יִשְׂרָאֵל׃	7 וַיֹּאמֶר	דָּוִיד
ʾɛloheʸ	yiśᵊrɔʾel.	wayyoʾmɛr	dɔwiʸd
(von)-(Gott-den=)Götter-(die)	.Israel	sprach-(er)-(Sodann=)Und	David

אֲנִי	בְּנִי	בְנוֹ	לִשְׁלֹמֹה
ʾ^{a}ni^{y}	b^{ə}ni^{y}	b^{ə}no^{w}	liš^{ə}lomo^{h}
(selbst)-ich	,Sohn-Mein	:Sohn-sein(em)	,(Salomo=)Schelomo-zu

בַּיִת	לִבְנוֹת	לְבָבִי	עִם־	הָיָה
bayit	lib^{ə}no^{w}t	l^{ə}bɔbi^{y}	-ʿim	hɔyɔ^{h}
Haus-(ein)	(er)bauen-zu	(Sinn=)Herz-mein	(im=)mit	(hatte=)war-(es=er)

אֱלֹהָי׃	יְהוָה	לְשֵׁם
ʾ^{ɛ}lohɔy.	y^{ə}hwɔ^{h}	l^{ə}šem
.(Gottes=)Götter-meine(s)	,JHWH(s)	Name(n)-(dem=)zu

יְהוָה	דְּבַר־	עָלַי	8 וַיְהִי
y^{ə}hwɔ^{h}	-d^{ə}bar	ʿɔlay	way^{ə}hi^{y}
,JHWH(s)	Wort-(das)	mich-(an=)auf	(erging=)war-(es=)er-(Aber=)Und

וּמִלְחָמוֹת	שָׁפַכְתָּ	לָרֹב	דָּם	לֵאמֹר
u^{w}mil^{ə}ḥɔmo^{w}t	šɔpak^{ə}tɔ	lɔrob	dɔm	leʾmor
Kriege-und	,vergossen-hast-du	Menge-(in=)zu	Blut	:(lautend=)sagen-zu

תִבְנֶה	לֹא־	עָשִׂיתָ	גְּדֹלוֹת
tib^{ə}nɛ^{h}	-loʾ	ʿɔśi^{y}tɔ	g^{ə}dolo^{w}t
erbauen-(sollst=)wirst-du	Nicht	.(geführt=)gemacht-hast-du	große

רַבִּים	דָּמִים	כִּי	לִשְׁמִי	בַיִת
rabbi^{y}m	dɔmi^{y}m	ki^{y}	liš^{ə}mi^{y}	bayit
viele(s)	Blut	denn	,Name(n)-mein(en)-(für=)zu	Haus-(ein)

לְפָנָי׃	אַרְצָה	שָׁפַכְתָּ
l^{ə}pɔnɔy.	ʾar^{ə}ṣɔ^{h}	šɔpak^{ə}tɔ
.(mir-vor=)Gesichtern-meinen-zu	(Erde-zur=)erdwärts	vergossen-hast-du

יִהְיֶה	הוּא	לָךְ	נוֹלָד	בֵּן	9 הִנֵּה־
yih^{ə}yɛ^{h}	hu^{w}ʾ	lɔk	no^{w}lɔd	ben	-hinne^{h}
sein-wird-(er)	(d)er	,dir-(zu)	geboren-wird-(er)	Sohn-(ein)	,Siehe

לוֹ	וַהֲנִחוֹתִי	מְנוּחָה	אִישׁ
lo^{w}	wah^{a}niḥo^{w}ti^{y}	m^{ə}nu^{w}ḥɔ^{h}	ʾi^{y}š
ihm-(zu)	(schaffen-Ruhe-will=)ruhen-mache-ich-und	;Ruhe-(der)	Mann-(ein)

כִּי	מִסָּבִיב	אוֹיְבָיו	מִכָּל־
ki^{y}	missɔbi^{y}b	ʾo^{w}y^{ə}bɔ^{y}w	-mikkol
,(ja=)denn	;(ringsumher=)Umkreis-von	Feinde(n)-seine(n)	all-(vor=)von

וְשָׁלוֹם	שְׁמוֹ	יִהְיֶה	שְׁלֹמֹה
w^{ə}šɔlo^{w}m	š^{ə}mo^{w}	yih^{ə}yɛ^{h}	š^{ə}lomo^{h}
Friede(n)-(da=)und	,Name-sein	sein-wird-(es=er)	(Salomo=)Schlomo

בְּיָמָיו׃	יִשְׂרָאֵל	עַל־	אֶתֵּן	וָשֶׁקֶט
b^{ə}yɔmɔ^{y}w.	yiś^{ə}rɔʾel	-ʿal	ʾɛtten	wɔšɛqɛṭ
.Tage(n)-seine(n)-in	Israel	(für=)auf	(gewähre=)gebe-ich	Ruhe-und

בַּיִת	יִבְנֶה	10 הוּא־
bayit	yib^{ə}nɛ^{h}	-hu^{w}ʾ
(Tempel)haus-(ein)	erbauen-(soll=)wird-er	,Er

לִּי	יִהְיֶה־	וְהוּא	לִשְׁמִי
li^{y}	-yih^{ə}yɛ^{h}	w^{ə}hu^{w}ʾ	liš^{ə}mi^{y}
mir-(zu)	sein-(soll=)wird-er	,er-und	;Name(n)-mein(en)-(für=)zu

וַהֲכִינוֹתִי	לְאָב	לוֹ	וַאֲנִי־	לְבֵן
wah^{a}ki^{y}no^{w}ti^{y}	l^{ə}ʾɔb	lo^{w}	-waʾ^{a}ni^{y}	l^{ə}ben
festigen-werde-ich-und	,Vater-(ein=)zu	ihm-(zu)	ich-und	Sohn-(ein=)zu

עַד־	יִשְׂרָאֵל	עַל־	מַלְכוּתוֹ	כִּסֵּא
-ʿad	yiś^{ə}rɔʾel	-ʿal	mal^{ə}ku^{w}to^{w}	kisseʾ
(für=)bis	Israel	(über=)auf	Königsherrschaft-seine(r)	Thron-(den)

עִמָּךְ	יְהוָה	יְהִי	בְּנִי	11 עַתָּה	עוֹלָם׃
ʿimmɔk	y^{ə}hwɔ^{h}	y^{ə}hi^{y}	b^{ə}ni^{y}	ʿattɔ^{h}	ʿo^{w}lɔm.
,dir-mit	JHWH	sei-(es=)er	,Sohn-mein	,Nun	.(Zeit-lang=)ewig

בֵּית	וּבָנִיתָ	וְהִצְלַחְתָּ
be^{y}t	u^{w}bɔni^{y}tɔ	w^{ə}hiṣ^{ə}laḥ^{ə}tɔ
Haus-(das)	erbauen-(kannst=)wirst-(du)-und	hast-Gelingen-du-(dass=)und

כַּאֲשֶׁר	אֱלֹהֶיךָ	יְהוָה
kaʾ^{a}šɛr	ʾ^{ɛ}lohɛ^{y}kɔ	y^{ə}hwɔ^{h}
wie	,(Gottes-deines=)Götter-deine(r)	,JHWH(s)

12 אַךְ	עָלֶיךָ׃	דִּבֶּר
ʾak	ʿɔlɛ^{y}kɔ.	dibbɛr
Nur	.(dir-von=)dich-auf	(verheißen=)geredet-(hat)-er

וּבִינָה	שֵׂכֶל	יְהוָה	לְךָ	יִתֶּן־
u^{w}bi^{y}nɔ^{h}	śekɛl	y^{ə}hwɔ^{h}	l^{ə}kɔ	-yittɛn
Einsicht-und	Klugheit	JHWH	dir-(zu)	geben-(möge=)wird-(es=er)

יִשְׂרָאֵל	עַל־	וִיצַוְּךָ
yiśᵊrɔʾel	-ʿal	wiʸṣawwᵊkɔ
,Israel	(über=)auf	dich-bestellen-(möge=)wird-er-und

יְהוָה	אֶת־תּוֹרַת	וְלִשְׁמוֹר
yᵊhwɔʰ	toʷrat-ʾɛt	wᵊlišᵊmoʷr
,JHWH(s)	Weisung-(die)***	(wahrst-du-dass=)wahren-zu-und

אִם־	תַּצְלִיחַ	13 אָז	אֱלֹהֶיךָ׃
-ʾim	taṣᵊliʸaḥ	ʾɔz	ʾᵋloheʸkɔ.
wenn	,haben-Gelingen-wirst-du	Dann	!(Gottes-deines=)Götter-deine(r)

אֶת־הַחֻקִּים	לַעֲשׂוֹת	תִּשְׁמוֹר
haḥuqqiʸm-ʾɛt	laʿᵃśoʷt	tišᵊmoʷr
Satzungen-die***	(auszuführen=)machen-zu	beachtest-du

יְהוָה	צִוָּה	אֲשֶׁר	וְאֶת־הַמִּשְׁפָּטִים
yᵊhwɔʰ	ṣiwwɔʰ	ʾᵃšɛr	hammišᵊpɔṭiʸm-wᵊʾɛt
JHWH	(hat)-geheißen-(er)	(die=)welch(e)	,Rechtsvorschriften-die-***und

וֶאֱמָץ	חֲזַק	יִשְׂרָאֵל	עַל־	אֶת־מֹשֶׁה
wɛʾᵋmɔṣ	ḥᵃzaq	yiśᵊrɔʾel	-ʿal	mošɛʰ-ʾɛt
!(mutig=)fest-und	stark-Sei	.Israel	(für=)auf	(Mose=)Mosche-(dem)***

וְאַל־	תִּירָא	אַל־
-wᵊʾal	tiʸrɔʾ	-ʾal
nicht-und	(dich)-fürchten-(zu-brauchst=)wirst-du	Nicht

בְעָנְיִי	14 וְהִנֵּה	תֵּחָת׃
bᵊʿɔnᵊyiʸ	wᵊhinneʰ	teḥɔt.
Elend-mein(em)-in	,siehe-Und	!erschrecken-(sollst=)wirst-du

זָהָב	יְהוָה	לְבֵית־	הֲכִינוֹתִי
zɔhɔb	yᵊhwɔʰ	-lᵊbeʸt	hᵃkiʸnoʷtiʸ
Gold-(an)	JHWH(s)	(Temel)haus-(das)-(für=)zu	bereitgestellt-habe-ich

אֶלֶף	וְכֶסֶף	אֶלֶף	מֵאָה־	כִּכָּרִים
ʾɛlɛp	wᵊkɛsɛp	ʾɛlɛp	-meʾɔʰ	kikkɔriʸm
tausend(mal)	Silber-(an)-und	tausend	-hundert	(Talente=)Scheiben

וְלַנְּחֹשֶׁת	כִּכָּרִים	אֲלָפִים
wᵊlannᵊḥošɛt	kikkɔriʸm	ʾᵃlɔpiʸm
Erz-(das)-(für=)zu-und	,(Talente=)Scheiben	tausend(e)

לָרֹב	כִּי	מִשְׁקָל	אֵין	וְלַבַּרְזֶל
lɔrob	kiʸ	mišᵊqɔl	ᵓeʸn	wᵊlabbarᵊzɛl
(viel=)Menge-zu	denn	,Gewicht-(ein)	gibt-es-nicht	Eisen-(das)-(für=)zu-und

הֲכִינוֹתִי	וַאֲבָנִים	וְעֵצִים	הָיָה
hᵃkiʸnoʷtiʸ	waᵓᵃbɔniʸm	wᵊᶜeṣiʸm	hɔyɔʰ
.herrichten-ließ-ich	Steine-und	Hölzer-Und	.(vorhanden-ist=)war-er

15 וְעִמְּךָ	תּוֹסִיף׃	וַעֲלֵיהֶם
wᵊᶜimmᵊkɔ	toʷsiʸp.	waᶜᵃleʸhɛm
(sind)-dir-(bei=)mit-Und	!hinzufügen-(magst=)wirst-du	(darauf=)ihnen-auf-Und

חֹצְבִים	מְלָאכָה	עֹשֵׂי	לָרֹב
ḥoṣᵊbiʸm	mᵊlɔᵓkɔʰ	ᶜośeʸ	lɔrob
Steinhauer	:(Werkleute=)Arbeit	-(Verrichtende=)Machende	Menge-(in=)zu

חָכָם	וְכָל־	וָעֵץ	אֶבֶן	וְחָרָשֵׁי
ḥɔkɔm	-wᵊkol	wɔᶜeṣ	ᵓɛbɛn	wᵊḥɔrɔšeʸ
(Geschickte=)Weiser	all(erlei)-und	,Holz-und	Stein	Bearbeitende-und

לַכֶּסֶף	16 לַזָּהָב	מְלָאכָה׃	בְּכָל־
lakkɛsɛp	lazzɔhɔb	mᵊlɔᵓkɔʰ.	-bᵊkol
Silber-das-(für=)zu	,Gold-das-(Für=)Zu	.Arbeit	(jegliche=)all-(für=)in

מִסְפָּר	אֵין	וְלַבַּרְזֶל	וְלַנְּחֹשֶׁת
misᵊpɔr	ᵓeʸn	wᵊlabbarᵊzɛl	wᵊlannᵊḥošɛt
.Zahl-(eine)	(gibt-es)-nicht	Eisen-das-(für=)zu-und	Erz-das-(für=)zu-und

יְהוָה	וִיהִי	וַעֲשֵׂה	קוּם
yᵊhwɔʰ	wiʸhiʸ	waᶜᵃśeʰ	quʷm
JHWH	(sei=)ist-(es=)er-und	,(handle=)mache-und	,(Auf=)dich-Erheb

שָׂרֵי	לְכָל־	דָוִיד	17 וַיְצַו	עִמָּךְ׃
śɔreʸ	-lᵊkol	dɔwiʸd	wayᵊṣaw	ᶜimmɔk.
(von)-Fürsten	all(en=)zu	David	befahl-(es=er)-(Dann=)Und	!dir-mit

בְנוֹ׃	לִשְׁלֹמֹה	לַעְזֹר	יִשְׂרָאֵל
bᵊnoʷ.	lišᵊlomoʰ	laᶜᵃzor	yiśᵊrɔᵓel
.Sohn-sein(em)	,(Salomo=)Schlomo-(dem=)zu	helfen-zu	Israel

עִמָּכֶם	אֱלֹהֵיכֶם	יְהוָה	18 הֲלֹא
ᶜimmɔkɛm	ᵓᵉloheʸkɛm	yᵊhwɔʰ	hᵃloᵓ
,euch-mit	,(Gott-euer=)Götter-eure	,JHWH	(ist)-nicht-Etwa

מִסָּבִיב	לָכֶם	וְהֵנִיחַ
missɔbiʸb	lɔkɛm	wᵊheniʸaḥ
?(ringsumher=)Umkreis-von	euch-(für=)zu	verschafft-Ruhe-hat-(er)-und

הָאָרֶץ	יֹשְׁבֵי	אֵת	בְּיָדִי	נָתַן	כִּי
hɔʾɔrɛṣ	yošᵊbeʸ	ʾet	bᵊyɔdiʸ	nɔtan	kiʸ
,Land-das	Bewohnende	***	Hand-meine-in	gegeben-hat-er	,(Ja=)Denn

יְהוָה	לִפְנֵי	הָאָרֶץ	וְנִכְבְּשָׁה
yᵊhwɔʰ	lipᵊneʸ	hɔʾɔrɛṣ	wᵊnikᵊbᵊšɔʰ
JHWH	(vor=)Gesichter-zu	Land-das	(worden)-unterworfen-ist-(es=)sie-und

לְבַבְכֶם	תְּנוּ	19 עַתָּה	עַמּוֹ׃	וְלִפְנֵי
lᵊbabᵊkɛm	tᵊnuʷ	ʿattɔʰ	ʿammoʷ.	wᵊlipᵊneʸ
Herz-euer	(an-bietet=)gebt	Nun	.Volk-sein(em)	(vor=)Gesichter-zu-und

אֱלֹהֵיכֶם	לַיהוָה	לִדְרוֹשׁ	וְנַפְשְׁכֶם
ʾᵋloheʸkɛm	layhwɔʰ	lidᵊroʷš	wᵊnapᵊšᵊkɛm
,(Gott=)Götter-eure(m)	,JHWH-(bei=)zu	(er)suchen-zu	Seele-eure-und

יְהוָה	אֶת־מִקְדַּשׁ	וּבְנוּ	וְקוּמוּ
yᵊhwɔʰ	miqᵊdaš-ʾɛt	uʷbᵊnuʷ	wᵊquʷmuʷ
,JHWH(s)	Heiligtum-(das)***	erbaut-und	auf-euch-macht-und

לְהָבִיא	הָאֱלֹהִים
lᵊhɔbiʸʾ	hɔʾᵋlohiʸm
(bringe-man-damit=)machen-kommen-zu	(Gottes-des=)Götter-(der=)die

וּכְלֵי	בְּרִית־יְהוָה	אֶת־אֲרוֹן
uʷkᵊleʸ	yᵊhwɔʰ-bᵊriʸt	ʾᵃroʷn-ʾɛt
Geräte-(die)-und	JHWH-Bund(es)-(des)	(Schrein-den=)Lade-(die)***

לַבַּיִת	הָאֱלֹהִים	קֹדֶשׁ
labbayit	hɔʾᵋlohiʸm	qodɛš
,Haus-(das)-(in=)zu	(Gottes=)Götter-(der=)die	(heiligen=)Heiligkeit-(der)

יְהוָה׃	לְשֵׁם־	הַנִּבְנֶה
yᵊhwɔʰ.	-lᵊšem	hannibᵊnɛʰ
!JHWH(s)	Name(n)-(dem=)zu	(ist-erbauen-zu=)werdende(r)-erbauen-das

23

יָמִים	וְשָׂבַע	זָקֵן	1 וְדָוִיד
yɔmiʸm	wᵊśɔbaʿ	zɔqen	wᵊdɔwiʸd
,Tage(n)	(an)-gesättigt-und	(war)-alt	David-(Als=)Und

אֶת־שְׁלֹמֹה	וַיַּמְלֵךְ
šəlomoh-ʾɛt	wayyaməlek
,(Salomo=)Schlomo***	(König-zum=)herrschen-machte-er-(da=)und

וַיֶּאֱסֹף 2	יִשְׂרָאֵל׃	עַל־	בְּנוֹ
wayyɛʾɛsop	yiśərɔʾel.	-ʿal	bənow
versammelte-er-Und	.Israel	(über=)auf	,Sohn-sein(en)

וְהַלְוִיִּם׃	וְהַכֹּהֲנִים	יִשְׂרָאֵל	אֶת־כָּל־שָׂרֵי
wəhaləwiyyim.	wəhakkohaniym	yiśərɔʾel	śɔrey-kol-ʾɛt
.Leviten-die-und	Priester-die-und	Israel(s)	Ober(st)e(n)-all(e)***

שְׁלֹשִׁים	מִבֶּן	הַלְוִיִּם	וַיִּסָּפְרוּ 3
šəlošiym	mibbɛn	haləwiyyim	wayyissɔpəruw
-dreißig	(von)-Sohn-(einem)-von	Leviten-die	gezählt-wurden-(es=)sie-Und

מִסְפָּרָם	וַיְהִי	וָמָעְלָה	שָׁנָה
misəpɔrɔm	wayəhiy	wɔmɔʿəlɔh	šɔnɔh
,Zahl-ihre	war-(es=)er-Und	.hin-oben-nach-(und)	(dreißigjährigen=)Jahr(en)

לְגֻלְגְּלֹתָם
ləguləgəlotɔm
,(Kopf-für-Kopf=)Schädeln-ihren-(nach=)zu

אָלֶף׃	וּשְׁמוֹנָה	שְׁלֹשִׁים	לִגְבָרִים
ʾɔlɛp.	uwšəmownɔh	šəlošiym	ligəbɔriym
.tausend	-acht-und	-dreißig	:Männer-(kräftigen)-(die)-(auf-Bezug-in=)zu

מְלֶאכֶת	עַל־	לְנַצֵּחַ	מֵאֵלֶּה 4
məlɛʾkɛt	-ʿal	lənaṣṣeaḥ	meʾellɛh
(am)-Arbeit-(die)	(über=)auf	(Aufsicht-als=)Vorstehn-zu(m)	diese(n)-Von

וְשֹׁטְרִים	אָלֶף	וְאַרְבָּעָה	עֶשְׂרִים	יְהוָה	בֵּית־
wəšoṭəriym	ʾɔlɛp	wəʾarəbɔʿɔh	ʿɛśəriym	yəhwɔh	-beyt
Amtleute-und	,tausend	-vier-und	-zwanzig	:JHWH(s)	(Tempel)haus

שֹׁעֲרִים	אֲלָפִים	וְאַרְבַּעַת 5	אֲלָפִים׃	שֵׁשֶׁת	וְשֹׁפְטִים
šoʿariym	ʾalɔpiym	wəʾarəbaʿat	ʾalɔpiym.	šešɛt	wəšopəṭiym
,Torhüter	tausend(e)	-vier-und	,tausend(e)	-sechs	Richter-und

בַּכֵּלִים	לַיהוָה	מְהַלְלִים	אֲלָפִים	וְאַרְבַּעַת
bakkeliym	layhwɔh	məhaləliym	ʾalɔpiym	wəʾarəbaʿat
,Instrumente(n)-den-(mit=)in	JHWH-(zu)	Preisende	tausend(e)	-vier-und

דָּוִיד	6 וַיֶּחָלְקֵם	לְהַלֵּל׃	עָשִׂיתִי	אֲשֶׁר
dɔwiʸd	wayyɛḥɔlᵊqem	lᵊhallel.	ʿɔśiʸtiʸ	ʾᵃšɛr
David	sie-ein-teilte-(es=)er-Und	.preisen-zu-(um)	gemacht-habe-ich	welch(e)

לֵוִי	לִבְנֵי	מַחְלְקוֹת
lewiʸ	libᵊneʸ	maḥᵊlᵊqoʷt
,Levi	(von)-Söhne(n)-(den)-(nach=)zu	Abteilungen-(in)

7 לַגֵּרְשֻׁנִּי	וּמְרָרִי׃	קְהָת	לְגֵרְשׁוֹן
laggerᵊšunniʸ	uʷmᵊrɔriʸ.	qᵊhɔt	lᵊgerᵊšoʷn
:Gerschoniter-dem-(Von=)Zu	.Merari-und	Kehat	,Gerschon-(nämlich=)zu

יְחִיאֵל	הָרֹאשׁ	לַעְדָּן	8 בְּנֵי	וְשִׁמְעִי׃	לַעְדָּן
yᵊḥiʸʾel	hɔroʾš	laʿᵊdɔn	bᵊneʸ	wᵊšimᵊʿiʸ.	laʿᵊdɔn
,Jechiël	(Ober)haupt-das	:Laëdan	(von)-Söhne-(Der)	.Schimeï-und	Laëdan

שְׁלֹמוֹת[שְׁלוֹמִית]	שִׁמְעִי	9 בְּנֵי	שְׁלֹשָׁה׃	וְיוֹאֵל	וְזֵתָם
[šᵊloʷmiʸt]šᵊlomoʷt	šimᵊʿiʸ	bᵊneʸ	šᵊlošɔʰ.	wᵊyoʷʾel	wᵊzetɔm
Schelomit	:Schimeï(s)	Söhne-(Der)	.drei	:Joël-und	Setam-und

רָאשֵׁי	אֵלֶּה	שְׁלֹשָׁה	וְהָרָן	וַחֲזִיאֵל
rɔʾšeʸ	ʾellɛʰ	šᵊlošɔʰ	wᵊhɔrɔn	waḥᵃziʸʾel
(Ober)häupter-(die)	(waren-das=)diese —	drei	:Haran-und	Chasiël-und

10 וּבְנֵי	לְלַעְדָּן׃	הָאָבוֹת
uʷbᵊneʸ	lᵊlaʿᵊdɔn.	hɔʾɔboʷt
Söhne-(die)-Und	.Laëdan-(des=)zu	(Familienhäupter=)Väter-(der=)die

אֵלֶּה	וּבְרִיעָה	וִיעוּשׁ	זִינָא	יַחַת	שִׁמְעִי
ʾellɛʰ	uʷbᵊriʸʿɔʰ	wiʸʿuʷš	ziʸnɔʾ	yaḥat	šimᵊʿiʸ
(waren)-(Das=)Diese	.Beria-und	Jeüsch-und	Sina	,Jachat	:Schimeï(s)

יַחַת	11 וַיְהִי־	אַרְבָּעָה׃	שִׁמְעִי	בְּנֵי־
yaḥat	-wayᵊhiʸ	ʾarᵊbɔʿɔʰ.	šimᵊʿiʸ	-bᵊneʸ
Jachat	war-(es=)er-Und	.vier	:Schimeï	(von)-Söhne-(die)

לֹא־	וּבְרִיעָה	וִיעוּשׁ	הַשֵּׁנִי	וְזִיזָה	הָרֹאשׁ
-loʾ	uʷbᵊriʸʿɔʰ	wiʸʿuʷš	haššeniʸ	wᵊziʸzɔʰ	hɔroʾš
nicht	Beria-und	Jeüsch-(Aber=)Und	.Zweite-der	Sisa-und	,(Ober)haupt-das

לְבֵית	וַיִּהְיוּ	בָנִים	הִרְבּוּ
lᵊbeʸt	wayyihᵊyuʷ	bɔniʸm	hirᵊbuʷ
Haus-(das)-(für=)zu	waren-sie-und	Söhne	vermehren-machten-(sie)

קְהָֽת׃	12 בְּנֵ֣י	אֶחָֽת׃	לְפְקֻדָּ֖ה	אָ֣ב
qəhɔt	bəney	ʾɛḥɔt.	lipəquddɔh	ʾɔb
:Kehat	(von)-Söhne-(Der)	.eine(r)	Amtsklasse-(in=)zu	Vater(s)-(des)

אַרְבָּעָֽה׃	וְעֻזִּיאֵ֖ל	חֶבְר֥וֹן	יִצְהָ֛ר	עַמְרָ֥ם
ʾarəbɔʿɔh.	wəʿuzziyʾel	ḥɛbərown	yiṣəhɔr	ʿamərɔm
.vier	:Ussiël-und	(Hebron=)Chebron	,Jizhar	,Amram

וּמֹשֶׁ֑ה	אַהֲרֹ֣ן	עַמְרָ֔ם	13 בְּנֵ֥י
uwmošɛh	ʾaharon	ʿamərɔm	bəney
.(Mose=)Mosche-und	(Aaron=)Aharon	:Amram	(von)-Söhne-(Der)

אַהֲרֹ֜ן	וַיִּבָּדֵ֨ל
ʾaharon	wayyibbɔdel
(Aaron=)Aharon	ausgesondert-wurde-(es=)er-(Doch=)Und

קָֽדָשִׁ֗ים	קֹ֨דֶשׁ	לְהַקְדִּישׁוֹ֩
qɔdɔšiym	qodɛš	ləhaqədiyšow
,(hochheilig=)Heiligkeiten-(der)-Heiligkeit-(als)		ihn-(weihen=)heiligen-zu-(um)

עוֹלָ֗ם	עַד־	וּבָנָיו֙	הֽוּא־
ʿowlɔm	-ʿad	uwbɔnɔyw	-huwʾ
,ewig	(auf=)bis	,(Nachkommen=)Söhne-seine-und	er

יְהוָ֛ה	לִפְנֵ֧י	לְהַקְטִ֜יר
yəhwɔh	lipəney	ləhaqəṭiyr
,JHWH	(vor=)Gesichter-zu	(räucherten-sie-dass=)machen-Räuchern-zu

בִּשְׁמ֖וֹ	וּלְבָרֵ֥ךְ	לְשָׁרְת֛וֹ
bišəmow	uwləbɔrek	ləšorətow
Namen-seinem-in	segneten-(sie-dass=)zu-und	ihn-(be)dienten-(sie-dass=)zu

אִ֣ישׁ	14 וּמֹשֶׁ֖ה	עוֹלָֽם׃	עַד־
ʾiyš	uwmošɛh	ʿowlɔm.	-ʿad
Mann-(den)	,(Mose=)Mosche-(betrifft-was-Jedoch=)Und	.ewig	(auf=)bis

יִקָּרְא֖וּ	בָּנָ֕יו	הָאֱלֹהִ֑ים
yiqqɔrəʾuw	bɔnɔyw	hɔʾɛlohiym
(gerechnet=)gerufen-wurden-(sie)	Söhne-seine —	(Gottes=)Götter-(der=)die

מֹשֶֽׁה	15 בְּנֵ֥י	הַלֵּוִֽי׃	שֵׁ֥בֶט	עַל־
mošɛh	bəney	hallewiy.	šebɛṭ	-ʿal
:(Mose=)Mosche	(von)-Söhne-(Der)	.Levi-(des=)der	Stamm-(dem)	(zu=)auf

גֵּרְשֹׁם	gerᵊšom	Gerschom
וֶאֱלִיעֶזֶר׃	wɛʾᵋliʸʿɛzɛr.	.Eliëser-und
16 בְּנֵי	bᵊneʸ	Söhne-(Der)
גֵּרְשׁוֹם	gerᵊšoʷm	Gerschom(s)
שְׁבוּאֵל	šᵊbuʷʾel	Schebuël-(war)
הָרֹאשׁ׃	hɔroʾš.	.(Ober)haupt-das
17 וַיִּהְיוּ	wayyihᵊyuʷ	war(en)-(es=)sie-Und
בְנֵי־	-bᵊneʸ	Söhne-(der)
אֱלִיעֶזֶר	ʾᵋliʸʿɛzɛr	Eliëser(s)
רְחַבְיָה	rᵊḥabᵊyɔʰ	Rechabja
הָרֹאשׁ	hɔroʾš	,(Ober)haupt-das
וְלֹא־	-wᵊloʾ	nicht-und
הָיָה	hɔyɔʰ	-war-(es=er)
לֶאֱלִיעֶזֶר	lɛʾᵋliʸʿɛzɛr	Eliëser-(hatte=)zu
בָּנִים	bɔniʸm	Söhne
אֲחֵרִים	ʾᵃḥeriʸm	,(weitere=)andere
וּבְנֵי	uʷbᵊneʸ	Söhne-(der)-(jedoch=)und
רְחַבְיָה	rᵊḥabᵊyɔʰ	Rechabja(s)
רָבוּ	rɔbuʷ	viele-waren-(sie)
לְמָעְלָה׃	lᵊmɔʿᵊlɔʰ.	.(überaus=)hin-oben-zu
18 בְּנֵי	bᵊneʸ	(von)-Söhne-(Der)
יִצְהָר	yiṣᵊhɔr	Jizhar
שְׁלֹמִית	šᵊlomiʸt	Schelomit-(war)
הָרֹאשׁ׃	hɔroʾš.	.(Ober)haupt-das
19 בְּנֵי	bᵊneʸ	(von)-Söhne-(Der)
חֶבְרוֹן	ḥɛbᵊroʷn	(Hebron=)Chebron
יְרִיָּהוּ	yᵊriʸyɔhuʷ	Jerija(hu)-(war)
הָרֹאשׁ	hɔroʾš	,(Ober)haupt-das-(war)
אֲמַרְיָה	ʾᵃmarᵊyɔʰ	Amarja
הַשֵּׁנִי	haššeniʸ	,Zweite-der
יַחֲזִיאֵל	yaḥᵃziʸʾel	Jachasiël
הַשְּׁלִישִׁי	haššᵊliʸšiʸ	,Dritte-der
וִיקַמְעָם	wiʸqamᵊʿɔm	Jekameam-und
הָרְבִיעִי׃	hɔrᵊbiʸʿiʸ.	.Vierte-der
20 בְּנֵי	bᵊneʸ	(von)-Söhne-(Der)
עֻזִּיאֵל	ʿuzziʸʾel	Ussiël
מִיכָה	miʸkɔʰ	Micha-(war)
הָרֹאשׁ	hɔroʾš	,(Ober)haupt-das
וְיִשִּׁיָּה	wᵊyiššiʸyɔʰ	Jischschija
הַשֵּׁנִי׃	haššeniʸ.	.Zweite-der
21 בְּנֵי	bᵊneʸ	(von)-Söhne-(Der)
מְרָרִי	mᵊrɔriʸ	:Merari
מַחְלִי	maḥᵊliʸ	Machli
וּמוּשִׁי	uʷmuʷšiʸ	.Muschi-und
בְּנֵי	bᵊneʸ	(von)-Söhne-(Der)
מַחְלִי	maḥᵊliʸ	:Machli
אֶלְעָזָר	ʾɛlᵊʿɔzɔr	Eleasar
וְקִישׁ׃	wᵊqiʸš.	.Kisch-und
22 וַיָּמָת	wayyɔmot	starb-(es=er)-(Als=)Und
אֶלְעָזָר	ʾɛlᵊʿɔzɔr	,Eleasar
וְלֹא־	-wᵊloʾ	nicht-(da=)und
הָיוּ	hɔyuʷ	(es-gab=)waren-(es=sie)

בָּנוֹת	אִם־	כִּי	בָּנִים	לוֹ
bɔno^{w}t	-ʾim	ki^{y}	bɔni^{y}m	lo^{w}
,Töchter	(nur=)wenn	(sondern=)denn	,Söhne	ihm-(von=)zu

קִישׁ	בְנֵי־	וַיִּשָּׂאוּם
qi^{y}š	-b^{ə}ne^{y}	wayyiśśɔʾu^{w}m
,Kisch	(von)-Söhne(n)-(den)	sie-bestimmten-(die=)sie-und

וְעֵדֶר	מַחְלִי	מוּשִׁי	23 בְּנֵי	אֲחֵיהֶם׃
w^{əʿ}edɛr	maḥ^{ə}li^{y}	mu^{w}ši^{y}	b^{ə}ne^{y}	^{ʾa}ḥe^{y}hɛm.
Eder-und	Machli	:Muschi	(von)-Söhne-(Der)	.(Stammes)brüder(n)-ihre(n)

לֵוִי	בְנֵי־	24 אֵלֶּה	שְׁלֹשָׁה׃	וִירֵמוֹת
lewi^{y}	-b^{ə}ne^{y}	ʾellɛ^{h}	š^{ə}lošɔ^{h}.	wi^{y}remo^{w}t
Levi	(von)-Söhne	(waren-Das=)Diese	.drei	:Jeremot-und

רָאשֵׁי	אֲבֹתֵיהֶם	לְבֵית
rɔʾše^{y}	^{ʾa}bote^{y}hɛm	l^{ə}be^{y}t
-(Ober)häupter	,(Familien=)Väter-ihre(r)	Haus-(dem)-(nach=)zu

לִפְקוּדֵיהֶם	הָאָבוֹת
lip^{ə}qu^{w}de^{y}hɛm	hɔʾɔbo^{w}t
,Gemusterten-ihre(r)-(bezüglich=)zu	(Familienhäupter=)Väter-(der=)die

שֵׁמוֹת	בְּמִסְפַּר
šemo^{w}t	b^{ə}mis^{ə}par
Namen-(der)	(Aufzählung=)Zahl-(mit=)in

עֹשֵׂה	לְגֻלְגְּלֹתָם
ʿośe^{h}	l^{ə}gul^{ə}g^{ə}lotɔm
(Ausführenden-der=)machend(e)	,(Kopf-für-Kopf=)Schädeln-ihren-(nach=)zu

יְהוָה	בֵּית	לַעֲבֹדַת	הַמְּלָאכָה
y^{ə}hwɔ^{h}	be^{y}t	la^{ʿa}bodat	hamm^{ə}lɔʾkɔ^{h}
,JHWH(s)	(Tempel)haus-(am)	Dienst-(den)-(betreffend=)zu	,Arbeit-die

שָׁנָה	עֶשְׂרִים	מִבֶּן
šɔnɔ^{h}	ʿɛś^{ə}ri^{y}m	mibbɛn
(jährigen=)Jahr	-zwanzig	(Sohn)-(vom=)von-(angefangen)

דָּוִיד	אָמַר	25 כִּי	וָמָעְלָה׃
dɔwi^{y}d	ʾɔmar	ki^{y}	wɔmɔ^{ʿə}lɔ^{h}.
:David	(dachte=)sprach-(es=)er	Denn	.(darüber=)oben-nach-und

אֱלֹהֵי־	יְהוָה	הֵנִיחַ
-ʾᵋloheʸ	yᵊhwɔʰ	heniʸaḥ
(Gott-der=)Götter-(die)	,JHWH	(verschafft-Ruhe=)machen-ruhen-hat-(Es=)Er

בִּירוּשָׁלַ͏ִם	וַיִּשְׁכֹּן	לְעַמּוֹ	יִשְׂרָאֵל
biʸruʷšɔlaim	wayyišᵊkon	lᵊᶜammoʷ	yiśᵊrɔʾel
Jerusalem-in	genommen-Wohnung-hat-er-und	Volk-sein-(für=)zu	,Israel(s)

לַלְוִיִּם	26 וְגַם	עַד־לְעוֹלָם׃
lalᵊwiʸyim	wᵊgam	lᵊᶜoʷlɔm-ᶜad.
Leviten-die-(haben=)zu	auch-(So=)Und	.(Zeiten-alle-für=)ewig-zu-bis

כֵּלָיו	וְאֶת־כָּל־	אֶת־הַמִּשְׁכָּן	לָשֵׂאת	אֵין־
kelɔʸw	-kol-wᵊʾɛt	hammišᵊkɔn-ʾɛt	lɔśeʾt	-ʾeʸn
Geräte-seine	all-***und	(Zelt-das=)Wohnung-die***	tragen-zu	(mehr)-nicht

דָּוִיד	בְדִבְרֵי	27 כִּי	לַעֲבֹדָתוֹ׃
dɔwiʸd	bᵊdibᵊreʸ	kiʸ	laᶜᵃbodɔtoʷ.
,David(s)	Worte(n)-(den)-(nach=)in	denn	,Dienst-seinen-(für=)zu

לֵוִי	בְנֵי־	מִסְפַּר	הֵמָּה	הָאַחֲרוֹנִים
lewiʸ	-bᵊneʸ	misᵊpar	hemmɔʰ	hɔʾaḥᵃroniʸm
,Levi(s)	Söhne-(der)	Zahl-(die)	(war-dies=)sie	,letzten-(den=)die

שָׁנָה	עֶשְׂרִים	מִבֶּן
šɔnɔʰ	ᶜɛśᵊriʸm	mibbɛn
(jährigen=)Jahr	-zwanzig	(Sohn)-(vom=)von-(angefangen)

מַעֲמָדָם	28 כִּי	וּלְמָעְלָה׃
maᶜᵃmɔdɔm	kiʸ	uʷlᵊmɔᶜᵊlɔʰ.
(Posten=)Stand-ihr	(vielmehr=)denn	,(darüber=)hin-oben-zu-und

אַהֲרֹן	בְנֵי	לְיַד־
ʾahᵃron	bᵊneʸ	-lᵊyad
(Aarons=)Aharon(s)	Söhne-(der)	(Seite-zur=)Hand-zu-(war)

הַחֲצֵרוֹת	עַל־	יְהוָה	בֵּית	לַעֲבֹדַת
haḥᵃṣeroʷt	-ᶜal	yᵊhwɔʰ	beʸt	laᶜᵃbodat
Höfe(n)-(den=)die	(an=)auf	,JHWH(s)	Haus-(am)	Dienst-(den)-(für=)zu

טָהֳרַת	וְעַל־	הַלְּשָׁכוֹת	וְעַל־
ṭohᵒrat	-wᵊᶜal	hallᵊšɔkoʷt	-wᵊᶜal
Reinigung-(der)	(bei=)auf-und	Kammern-(den=)die	(an=)auf-und

לְכָל־	קֹדֶשׁ	וּמַעֲשֵׂה
-l^{ə}kol	qodɛš	u^{w}ma^{ca}śe^{h}
(alles=)all-zu	,Heiligen	(Verrichtung=)Handlung-(die)-und

עֲבֹדַת	בֵּית	הָאֱלֹהִים׃
^{ca}bodat	be^{y}t	hɔ^{ɔε}lohi^{y}m.
(am)-Dienst(es)-(des)	(Tempel)haus	,(Gottes=)Götter-(der=)die

29 וּלְלֶחֶם	הַמַּעֲרֶכֶת
u^{w}l^{ə}lɛḥɛm	hamma^{ca}rɛkɛt
-Brot-(das)-(für-sorgen)-zu-(ferner=)und	(Schaubrot=)Schichtung-(der=)die

וּלְסֹלֶת	לְמִנְחָה	וְלִרְקִיקֵי
u^{w}l^{ə}solɛt	l^{ə}min^{ə}ḥɔ^{h}	w^{ə}lir^{ə}qi^{y}qe^{y}
Feinmehl-(das)-(für=)zu-und	Speiseopfer-zu(m)	Fladen-(die)-(für=)zu-und

הַמַּצּוֹת	וְלַמַּחֲבַת
hammaṣṣo^{w}t	w^{ə}lammaḥ^{a}bat
(Brote)-ungesäuerten-(der=)die	Pfanne-die-(für=)zu-und

וְלַמֻּרְבֶּכֶת	וּלְכָל־	מְשׂוּרָה
w^{ə}lammur^{ə}bɔkɛt	-u^{w}l^{ə}kol	m^{ə}śu^{w}rɔ^{h}
Eingerührte-das-(für=)zu-und	(jedes=)all-(für=)zu-und	Hohlmaß

וּמִדָּה׃	30 וְלַעֲמֹד	בַּבֹּקֶר	בַּבֹּקֶר
u^{w}middɔ^{h}.	w^{ə}la^{ca}mod	babboqɛr	babboqɛr
.Längenmaß-und	stehen-zu-(Ferner=)Und	Morgen-(im)	Morgen-(für=)im

לְהֹדוֹת	וּלְהַלֵּל	לַיהוָה	וְכֵן
l^{ə}hodo^{w}t	u^{w}l^{ə}hallel	layhwɔ^{h}	w^{ə}ken
(danken=)huldigen-zu-(um)	preisen-zu-und	,JHWH-(zu)	(eben)so-und

לָעָרֶב׃	31 וּלְכֹל
lɔ^{c}ɔrɛb.	u^{w}l^{ə}kol
,Abend-(am=)zum	all(er)-(bei=)zu-und

הַעֲלוֹת	עֹלוֹת
ha^{ca}lo^{w}t	^{c}olo^{w}t
(von)-(Darbringung=)Aufsteigenlassen-(dem=)das	(Brandopfern=)Hochopfer(n)

לַיהוָה	לַשַּׁבָּתוֹת	לֶחֳדָשִׁים
layhwɔ^{h}	laššabbɔto^{w}t	lɛḥ^{o}dɔši^{y}m
JHWH(s)-(Ehren)-zu	,Sabbaten-den-(an=)zu	Neumonden-(den)-(an=)zu

בְּמִסְפָּר	וְלַמֹּעֲדִים
b^{ə}mis^{ə}pɔr	w^{ə}lammo^{ca}di^{y}m
Zahl-(entsprechender)-in	,Festzeiten-den-(an=)zu-und

לִפְנֵי	תָּמִיד	עֲלֵיהֶם	כְּמִשְׁפָּט
lip^{ə}ne^{y}	tɔmi^{y}d	^{ca}le^{y}hɛm	k^{ə}miš^{ə}pɔṭ
(vor=)Gesichter-zu	ständig	,(dafür=)ihnen-auf	Vorschrift-(der)-(gemäß=)wie

אֶת־מִשְׁמֶרֶת	32 וְשָׁמְרוּ	יְהוָה׃
miš^{ə}mɛrɛt-^{ɔ}ɛt	w^{ə}šɔm^{ə}ru^{w}	y^{ə}hwɔ^{h}.
(Besorgung=)Wache-(die)***	beachten-(sollen=)werden-sie-Und	.JHWH

וְאֵת	מוֹעֵד	אֹהֶל־
w^{əɔ}et	mo^{wc}ed	-^{ɔ}ohɛl
***und	(Festbegegnung=)Versammlung-(der)	Zelt-(am)

הַקֹּדֶשׁ	מִשְׁמֶרֶת
haqqodɛš	miš^{ə}mɛrɛt
Heiligtum-das	(für)-(Besorgung=)Wache-(die)

אַהֲרֹן	בְּנֵי	וּמִשְׁמֶרֶת
^{ɔ}ah^{a}ron	b^{ə}ne^{y}	u^{w}miš^{ə}mɛrɛt
,(Aarons=)Aharon(s)	Söhne(n)-(den)	(bei)-(Besorgung=)Wache-(die)-und

יְהוָה׃	בֵּית	לַעֲבֹדַת	אֲחֵיהֶם
y^{ə}hwɔ^{h}.	be^{y}t	la^{ca}bodat	^{ɔa}ḥe^{y}hɛm
.JHWH(s)	(Tempel)haus-(im)	Dienst-(beim=)zu	,Brüder(n)-ihre(n)

24

אַהֲרֹן	1 וְלִבְנֵי
^{ɔ}ah^{a}ron	w^{ə}lib^{ə}ne^{y}
(Aarons=)Aharon(s)	(Nachkommen=)Söhne-(die)-(für=)zu-Und

נָדָב	אַהֲרֹן	בְּנֵי	מַחְלְקוֹתָם
nɔdɔb	^{ɔ}ah^{a}ron	b^{ə}ne^{y}	maḥ^{ə}l^{ə}qo^{w}tɔm
Nadab-(waren)	(Aarons=)Aharon(s)	Söhne-(Die)	:Abteilungen-ihre

נָדָב	2 וַיָּמָת	וְאִיתָמָר׃	אֶלְעָזָר	וַאֲבִיהוּא
nɔdɔb	wayyɔmot	w^{əɔ}i^{y}tɔmɔr.	^{ɔ}ɛl^{əc}ɔzɔr	wa^{ɔa}bi^{y}hu^{wɔ}
Nadab	starb(en)-(es=)er-(Doch=)Und	.Itamar-und	Eleasar	,Abihu-und

הָיוּ	לֹא־	וּבָנִים	אֲבִיהֶם	לִפְנֵי	וַאֲבִיהוּא
hɔyu^{w}	-lo^{ɔ}	u^{w}bɔni^{y}m	^{ɔa}bi^{y}hɛm	lip^{ə}ne^{y}	wa^{ɔa}bi^{y}hu^{wɔ}
-waren-(sie)	nicht	Söhne-und	,Vater-ihr(em)	(vor=)Gesichter-zu	Abihu-und

אֶלְעָזָר	וַיְכַהֲנוּ	לָהֶם
ʾɛl^{a}ʿɔzɔr	way^{ə}kah^{a}nu^{w}	lɔhɛm
Eleasar	Priester-als-dienten-(es=sie)-(so=)und	;(hatten-sie=)ihnen-zu

מִן־	וְצָדוֹק	דָּוִיד	3 וַיְחָלְקֵם	וְאִיתָמָר׃
-min	w^{ə}ṣɔdo^{w}q	dɔwi^{y}d	wayyɛḥɔl^{ə}qem	w^{ə}ʾi^{y}tɔmɔr.
von	,Zadok-(zwar)-und —	David	sie-(ein)-teilte-(es=)er-Und	.Itamar-und

בְּנֵי	מִן־	וַאֲחִימֶלֶךְ	אֶלְעָזָר	בְּנֵי
b^{ə}ne^{y}	-min	waʾ^{a}ḥi^{y}mɛlɛk	ʾɛl^{a}ʿɔzɔr	b^{ə}ne^{y}
Söhne(n)-(den)	von	,Achimelech-und	,Eleasar(s)	Söhne(n)-(den)

בַּעֲבֹדָתָם׃	לִפְקֻדָּתָם	אִיתָמָר
baʿ^{a}bodɔtɔm.	lip^{ə}quddɔtɔm	ʾi^{y}tɔmɔr
.Dienst-ihren-(für=)in	Amt-ihr(em)-(nach=)zu	— Itamar(s)

אֶלְעָזָר	בְנֵי־	4 וַיִּמָּצְאוּ
ʾɛl^{a}ʿɔzɔr	-b^{ə}ne^{y}	wayyimmɔṣ^{ə}ʾu^{w}
Eleasar(s)	Söhne	(vor)gefunden-wurden-(es=)sie-(Doch=)Und

לְרָאשֵׁי	רַבִּים
l^{ə}rɔʾše^{y}	rabbi^{y}m
,(Geschlechtshäuptern=)Köpfe(n)-(an=)zu	(zahlreich=)viele

אִיתָמָר	בְּנֵי	מִן־	הַגְּבָרִים
ʾi^{y}tɔmɔr	b^{ə}ne^{y}	-min	hagg^{ə}bɔri^{y}m
.Itamar	(von)-Söhne	(als-mehr=)von	,Männer-(tüchtige)-(waren)-die

אֶלְעָזָר	לִבְנֵי	וַיַּחְלְקוּם
ʾɛl^{a}ʿɔzɔr	lib^{ə}ne^{y}	wayyaḥ^{ə}l^{ə}qu^{w}m
Eleasar(s)	Söhne(n)-(den)-(von=)zu	:sie-(ein)-teilten-sie-(Also=)Und

עָשָׂר	שִׁשָּׁה	אָבוֹת	לְבֵית־	רָאשִׁים
ʿɔśɔr	šiššɔ^{h}	ʾɔbo^{w}t	-l^{ə}be^{y}t	rɔʾši^{y}m
,zehn	-sech(s)	(Familien=)Väter-(der)	Haus(es)-(des=)zu	(Ober)häupter

לְבֵית	אִיתָמָר	וְלִבְנֵי
l^{ə}be^{y}t	ʾi^{y}tɔmɔr	w^{ə}lib^{ə}ne^{y}
Haus-(das)-(für=)zu	Itamar	(von)-Söhne-(die)-(für=)zu-und

בְּגוֹרָלוֹת	5 וַיַּחְלְקוּם	שְׁמוֹנָה׃	אֲבוֹתָם
b^{ə}go^{w}rɔlo^{w}t	wayyaḥ^{ə}l^{ə}qu^{w}m	š^{ə}mo^{w}nɔ^{h}.	ʾ^{a}bo^{w}tɔm
,Lose-(durch=)in	sie-(ein)-teilten-sie-Und	.acht	(Familien=)Väter-ihre(r)

הָיוּ	כִּי־	אֵלֶּה	עִם־	אֵלֶּה
hɔyuʷ	-kiʸ	ʾellɛʰ	-ʿim	ʾellɛʰ
(gab=)waren-(es=)sie	denn	,(andern-die=)diese	(wie=)mit	(einen-die=)diese

וְשָׂרֵי	קֹדֶשׁ	שָׂרֵי־
wᵊśɔreʸ	qodɛš	-śɔreʸ
Amtsträger-(somit=)und	,(heilige=)Heiligkeit-(der)	Amtsträger

אֶלְעָזָר	מִבְּנֵי	הָאֱלֹהִים
ʾɛlᵊʿɔzɔr	mibbᵊneʸ	hɔʾᵋlohiʸm
Eleasar(s)	(Nachkommen=)Söhne(n)-(den)-von	,(Gottes=)Götter-(der=)die

6 וַיִּכְתְּבֵם	אִיתָמָר׃	וּבִבְנֵי
wayyikᵊtᵊbem	ʾiʸtɔmɔr.	uʷbibᵊneʸ
sie-auf-schrieb-(es=)er-Und	.Itamar(s)	(Nachkommen=)Söhne(n)-(den)-von-und

מִן־	הַסּוֹפֵר	בֶּן־נְתַנְאֵל	שְׁמַעְיָה
-min	hassoʷper	nᵊtanᵊʾel-bɛn	šᵊmaʿᵊyɔʰ
(aus=)von	,(Staats)schreiber-(der)	,Netanel(s)-Sohn	Schemaëja

הַמֶּלֶךְ	לִפְנֵי	הַלֵּוִי
hammɛlɛk	lipᵊneʸ	hallewiʸ
König(s)-(des=)der	(Gegenwart-in=)Gesichter-zu	,Levi(stamm)-(dem=)der

וַאֲחִימֶלֶךְ	הַכֹּהֵן	וְצָדוֹק	וְהַשָּׂרִים
waʾᵃḥiʸmɛlɛk	hakkohen	wᵊṣɔdoʷq	wᵊhaśśɔriʸm
Achimelech(s)-und	,Priester(s)-(des=)der	,Zadok(s)-und	Fürsten-(der=)die-und

הָאָבוֹת	וְרָאשֵׁי	בֶּן־אֶבְיָתָר
hɔʾɔboʷt	wᵊrɔʾšeʸ	ʾɛbᵊyɔtɔr-bɛn
(Familienhäupter=)Väter-(der=)die	(Ober)häupter-(der)-und	,Ebjatar(s)-Sohn

אָב	בֵּית־	וְלַלְוִיִּם	לַכֹּהֲנִים
ʾɔb	-beʸt	wᵊlalᵊwiʸyim	lakkohᵃniʸm
(Familie=)Vater-	haus	;Leviten-(den=)zu-und	Priestern-den-(von=)zu

לְאֶלְעָזָר	אָחֻז	אֶחָד
lᵊʾɛlᵊʿɔzɔr	ʾɔḥuz	ʾɛḥɔd
,Eleasar-(für=)zu	(ausgelost=)gegriffen(er)-(wurde)	(eine-je=)einer

לְאִיתָמָר׃	אָחֻז	וְאָחֻז
lᵊʾiʸtɔmɔr.	ʾɔḥuz	wᵊʾɔḥuz
.Itamar-(für=)zu	(ebenfalls=)ausgelost(er)	(ausgelost=)gegriffen(er)-(wurde)-und

7 וַיֵּצֵא
wayyeṣeʾ
heraus-kam-(es=er)-(Da=)Und

הַגּוֹרָל
haggoʷrɔl
,Los-das

הָרִאשׁוֹן
hɔriʾšoʷn
,erste-(das=)der

לִיהוֹיָרִיב
liʸhoʷyɔriʸb
,Jehojarib-(für=)zu

לִידַעְיָה
liʸdaʿᵊyɔʰ
Jedaja-(für=)zu

הַשֵּׁנִי׃
haššeniʸ.
,zweite-(das=)der

8 לְחָרִם
lᵊḥɔrim
(Harim=)Charim-(für=)zu

הַשְּׁלִישִׁי
haššᵊliʸšiʸ
,dritte-(das=)der

לִשְׂעֹרִים
liśᵊʿoriʸm
Segorim-(für=)zu

הָרְבִעִי׃
hɔrᵊbiʿiʸ.
,vierte-(das=)der

9 לְמַלְכִּיָּה
lᵊmalᵊkiʸyɔʰ
Malkija-(für=)zu

הַחֲמִישִׁי
haḥᵃmiʸšiʸ
,fünfte-(das=)der

לְמִיָּמִן
lᵊmiʸyɔmin
Mijamin-(für=)zu

הַשִּׁשִּׁי׃
haššiššiʸ.
,sechste-(das=)der

10 לְהַקּוֹץ
lᵊhaqqoʷṣ
Hakkoz-(für=)zu

הַשְּׁבִעִי
haššᵊbiʿiʸ
,siebte-(das=)der

לַאֲבִיָּה
laʾᵃbiʸyɔʰ
Abija-(für=)zu

הַשְּׁמִינִי׃
haššᵊmiʸniʸ.
,achte-(das=)der

11 לְיֵשׁוּעַ
lᵊyešuʷaʿ
Jeschua-(für=)zu

הַתְּשִׁעִי
hattᵊšiʿiʸ
,neunte-(das=)der

לִשְׁכַנְיָהוּ
lišᵊkanᵊyɔhuʷ
Schechanja(hu)-(für=)zu

הָעֲשִׂרִי׃
hɔʿᵃśiriʸ.
,zehnte-(das=)der

12 לְאֶלְיָשִׁיב
lᵊʾɛlᵊyɔšiʸb
Eljaschib-(für=)zu

עַשְׁתֵּי עָשָׂר
ʿɔśɔr ʿašᵊteʸ
,(elfte-das=)zehn-(und)-eins

לְיָקִים
lᵊyɔqiʸm
Jakim-(für=)zu

שְׁנֵים עָשָׂר׃
ʿɔśɔr šᵊneʸm.
,(zwölfte-das=)zehn-zwei

13 לְחֻפָּה
lᵊḥuppɔʰ
(Huppa=)Chuppa-(für=)zu

שְׁלֹשָׁה עָשָׂר
ʿɔśɔr šᵊlošɔʰ
,(dreizehnte-das=)zehn-drei

לְיֶשֶׁבְאָב
lᵊyɛšɛbᵊʾɔb
Jeschebab-(für=)zu

אַרְבָּעָה עָשָׂר׃
ʿɔśɔr ʾarᵊbɔʿɔʰ.
,(vierzehnte-das=)zehn-vier

14 לְבִלְגָּה
lᵊbilᵊgɔʰ
Bilga-(für=)zu

חֲמִשָּׁה עָשָׂר
ʿɔśɔr ḥᵃmiššɔʰ
,(fünfzehnte-das=)zehn-fünf

לְאִמֵּר
lᵊʾimmer
Immer-(für=)zu

שִׁשָּׁה עָשָׂר׃
ʿɔśɔr šiššɔʰ.
,(sechzehnte-das=)zehn-sechs

15 לְחֵזִיר
lᵊḥeziʸr
(Hesir=)Chesir-(für=)zu

שִׁבְעָה עָשָׂר
ʿɔśɔr šibᵊʿɔʰ
,(siebzehnte-das=)zehn-sieben

לְהַפִּצֵּץ
lᵊhappiṣṣeṣ
Happizzez-(für=)zu

שְׁמוֹנָה עָשָׂר׃
ʿɔśɔr šᵊmoʷnɔʰ.
,(achtzehnte-das=)zehn-acht

לִיחֶזְקֵאל	עָשָׂר	תִּשְׁעָה	16 לִפְתַחְיָה
liʸḥεzᵊqeʾl	ʿɔśɔr	tišᵊʿɔʰ	lipᵊtaḥᵊyɔʰ
Jecheskel-(für=)zu	,(neunzehnte-das=)zehn-neun		Petachja-(für=)zu

17 לְיָכִין	הָעֶשְׂרִים:
lᵊyɔkiʸn	hɔʿεśᵊriʸm.
Jachin-(für=)zu	,zwanzig(ste)-(das=)die

לְגָמוּל	וְעֶשְׂרִים	אֶחָד
lᵊgɔmuʷl	wᵊʿεśᵊriʸm	ʾεḥɔd
Gamul-(für=)zu	,(einundzwanzigste-das=)zwanzig-und-eins	

18 לִדְלָיָהוּ	וְעֶשְׂרִים:	שְׁנַיִם
lidᵊlɔyɔhuʷ	wᵊʿεśᵊriʸm	šᵊnayim.
Delaja(hu)-(für=)zu	,(zweiundzwanzigste-das=)zwanzig-und-zwei	

לְמַעַזְיָהוּ	וְעֶשְׂרִים	שְׁלֹשָׁה
lᵊmaʿazᵊyɔhuʷ	wᵊʿεśᵊriʸm	šᵊlošɔʰ
Maasja(hu)-(für=)zu	,(dreiundzwanzigste-das=)zwanzig-und-drei	

פְּקֻדָּתָם	19 אֵלֶּה	וְעֶשְׂרִים:	אַרְבָּעָה
pᵊquddɔtɔm	ʾellεʰ	wᵊʿεśᵊriʸm	ʾarᵊbɔʿɔʰ.
Amt-ihr	(war-Das=)Diese	.(vierundzwanzigste-das=)zwanzig-und-vier	

יְהוָה	לְבֵית־	לָבוֹא	לַעֲבֹדָתָם
yᵊhwɔʰ	-lᵊbeʸt	lɔboʷʾ	laʿᵃbodɔtɔm
JHWH(s)	Haus-(das)-(in=)zu	Kommen-(beim=)zu	Dienst-ihren-(für=)zu

אַהֲרֹן	בְּיַד	כְּמִשְׁפָּטָם
ʾahᵃron	bᵊyad	kᵊmišᵊpɔṭɔm
,(Aaron=)Aharon	(durch=)Hand-in	Vorschrift-ihre(r)-(gemäß=)wie

אֱלֹהֵי	יְהוָה	צִוָּהוּ	כַּאֲשֶׁר	אֲבִיהֶם
ʾᵉloheʸ	yᵊhwɔʰ	ṣiwwɔhuʷ	kaʾᵃšεr	ʾᵃbiʸhεm
(Gott-der=)Götter-(die)	,JHWH	ihn-geheißen-(er)	wie	,Vater-ihr(en)

הַנּוֹתָרִים	לֵוִי	20 וְלִבְנֵי	יִשְׂרָאֵל:
hannoʷtɔriʸm	lewiʸ	wᵊlibᵊneʸ	yiśᵊrɔʾel.
:übrigen-(den=)die	,Levi(s)	Söhne(n)-(den)-(von=)zu-Und	.Israel(s)

לִבְנֵי	שׁוּבָאֵל	עַמְרָם	לִבְנֵי
libᵊneʸ	šuʷbɔʾel	ʿamᵊrɔm	libᵊneʸ
Söhne(n)-(den)-(Von=)Zu	.Schubael	Amram(s)	Söhne(n)-(den)-(von=)zu

לִרְחַבְיָהוּ	יֶחְדְּיָהוּ׃	שׁוּבָאֵל
lirəḥabəyɔhuw	yɛḥədəyɔhuw.	šuwbɔʾel
,Rebachja(hu)-(Von=)Zu	.Jechdeja(hu)	Schubael(s)

יִשִּׁיָּה׃	הָרֹאשׁ	לִבְנֵי־ רְחַבְיָהוּ
yiššiyyɔh.	hɔroʾš	rəḥabəyɔhuw- libəney
.Jischschija	(Ober)haupt-das-(war)	Rechabjahu(s)-Söhne(n)-(den)-(von=)zu

שְׁלֹמוֹת	לִבְנֵי	שְׁלֹמוֹת	22 לַיִּצְהָרִי
šəlomowt	libəney	šəlomowt	layyiṣəhɔriy
Schelomot(s)	Söhne(n)-(den)-(von=)zu	;Schelomot	:Jizhariter-dem-(Von=)Zu

אֲמַרְיָהוּ	יְרִיָּהוּ	23 וּבְנָי	יַחַת׃
ʾamarəyɔhuw	yəriyyɔhuw	uwbənɔy	yɔḥat.
Amarja(hu)	,Jerija(hu)	Söhne-(seiner=)meine-und	Jachat

הָרְבִיעִי׃	יְקַמְעָם	הַשְּׁלִישִׁי	יַחֲזִיאֵל	הַשֵּׁנִי
hɔrəbiyʿiy.	yəqamʿɔm	haššəliyšiy	yaḥaziyʾel	haššeniy
.Vierte-der	Jekameam	,Dritte-der	Jachasiël	,Zweite-der

מִיכָה	לִבְנֵי	מִיכָה	עֻזִּיאֵל	24 בְּנֵי
miykɔh	libəney	miykɔh	ʿuzziyʾel	bəney
Micha(s)	Söhne(n)-(den)-(von=)zu	;Micha	:Ussiël	(von)-Söhne-(Die)

יִשִּׁיָּה	מִיכָה	25 אֲחִי	שָׁמוּר[שָׁמִיר]׃
yiššiyyɔh	miykɔh	ʾaḥiy	[šɔmiyr]šɔmuwr.
;Jischschija-(war)	Micha	(von)-Bruder-(Der)	.[Schamir]Schamur

זְכַרְיָהוּ׃	יִשִּׁיָּה	לִבְנֵי
zəkarəyɔhuw.	yiššiyyɔh	libəney
.Secharja(hu)	:Jischschija(s)	(Nachkommen=)Söhne(n)-(den)-(von=)zu

בְּנֵי	וּמוּשִׁי	מַחְלִי	מְרָרִי	26 בְּנֵי
bəney	uwmuwšiy	maḥəliy	mərɔriy	bəney
(von)-Söhne-(die-und)	Muschi-und	Machli	Merari	(von)-Söhne-(Die)

לְיַעֲזִיָּהוּ	מְרָרִי	27 בְּנֵי	בְנוֹ׃	יַעֲזִיָּהוּ
ləyaʿaziyyɔhuw	mərɔriy	bəney	bənow.	yaʿaziyyɔhuw
,Jagasija(hu)-(von=)zu	,Merari	(von-)Söhne	.Sohn(es)-sein(es)	,Jagasija(hu)

28 לְמַחְלִי	וְעִבְרִי׃	וְזַכּוּר	וְשֹׁהַם	בְּנוֹ
ləmaḥəliy	wəʿibəriy.	wəzakkuwr	wəšoham	bənow
:Machli-(Von=)Zu	.Ibri-und	Sakkur-und	Schoham-und	,Sohn-sein(em)

אֶלְעָזָר וְלֹא־ הָיָה לוֹ בָּנִים׃
bɔniʸm. loʷ hɔyɔʰ -wᵊloʾ ʾɛlᵊʿɔzɔr
.Söhne (hatte=)ihm-zu-war-(es=)er -nicht-(der=)und ,Eleasar

29 לְקִישׁ בְּנֵי־ קִישׁ יְרַחְמְאֵל׃
yᵊraḥᵊmᵊʾel. qiʸš -bᵊneʸ lᵊqiʸš
.Jerachmeel :Kisch(s) Söhne(n)-(den) ,Kisch-(Von=)zu

30 וּבְנֵי מוּשִׁי מַחְלִי וְעֵדֶר וִירִימוֹת
wiʸriʸmoʷt wᵊʿedɛr maḥᵊliʸ muʷšiʸ uʷbᵊneʸ
.Jerimot-und Eder-und Machli :Muschi (von)-Söhne-(die)-Und

אֵלֶּה בְנֵי הַלְוִיִּם לְבֵית
lᵊbeʸt halᵊwiʸyim bᵊneʸ ʾellɛʰ
Haus-(dem)-(nach=)zu Leviten-(der=)die Söhne-(die) (waren-Das=)Diese

אֲבֹתֵיהֶם׃ 31 וַיַּפִּילוּ גַם־ הֵם גּוֹרָלוֹת
goʷrɔloʷt hem -gam wayyappiʸluʷ ʾᵃboteʸhɛm.
Lose sie auch (warfen=)fallen-machten-(es=)sie-Und .Väter-ihre(r)

לְעֻמַּת אֲחֵיהֶם בְּנֵי־
-bᵊneʸ ʾᵃḥeʸhɛm lᵊʿummat
Söhne(n)-(den) ,(Stammes)brüder(n)-ihre(n) entsprechend-(zu)

אַהֲרֹן לִפְנֵי דָוִיד הַמֶּלֶךְ
hammɛlɛk dɔwiʸd lipᵊneʸ ʾahᵃron
,König-(dem=)der ,David (vor=)Gesichter-zu ,(Aarons=)Aharon(s)

וְצָדוֹק וַאֲחִימֶלֶךְ וְרָאשֵׁי
wᵊrɔʾšeʸ waʾᵃḥiʸmɛlɛk wᵊṣɔdoʷq
-(Ober)häupter(n)-(den)-und Achimelech-und Zadok-und

הָאָבוֹת לַכֹּהֲנִים
lakkohᵃniʸm hɔʾɔboʷt
Priester(n)-den-(von=)zu (Familienhäuptern=)Väter-(der=)die

וְלַלְוִיִּם אָבוֹת הָרֹאשׁ
hɔroʾš ʾɔboʷt wᵊlalᵊwiʸyim
(bedeutenden=)Haupt-das (Familien=)Väter-(den) ,Leviten-(den=)zu-und

לְעֻמַּת אָחִיו הַקָּטָן׃
haqqɔṭɔn. ʾɔḥiʸw lᵊʿummat
.(geringen-des=)kleine-der ,Bruder(s)-sein(es) (wie-genauso=)entsprechend-zu

25

וְשָׂרֵי	דָּוִיד	1 וַיַּבְדֵּל
wᵊśɔreʸ	dɔwiʸd	wayyabᵊdel
Anführer-(die)-und	David	(aus)-sonderte-(es=)er-Und

אָסָף	לִבְנֵי	לַעֲבֹדָה	הַצָּבָא
ʾɔsɔp	libᵊneʸ	laᶜᵃbodɔʰ	haṣṣɔbɔʾ
Asaph(s)	Söhne(n)-(den)-(von=)zu	Dienst-zu(m)	Heer(es)-(des=)das

הַנְּבִיאִים[הַנִּבְּאִים]	וִידוּתוּן	וְהֵימָן
[hannibbᵊʾiʸm]hannᵊbiʸʾiʸm	wiʸduʷtuʷn	wᵊheʸmɔn
(waren)-spielend(en)-begeistert-die	,Jedutun(s)-und	Heman(s)-und

וּבִמְצִלְתַּיִם	בִּנְבָלִים	בְּכִנֹּרוֹת
uʷbimᵊṣilᵊtɔyim	binᵊbɔliʸm	bᵊkinnoroʷt
.Zimbeln-(zwei)-(mit=)in-und	Harfen-(mit=)in	,Zithern-(mit=)in

מְלָאכָה	אַנְשֵׁי	מִסְפָּרָם	וַיְהִי
mᵊlɔʾkɔʰ	ʾanᵊšeʸ	misᵊpɔrɔm	wayᵊhiʸ
,Arbeit-(der)	Männer(n)	(an)-Zahl-ihre	war-(es=)er-Und

וְיוֹסֵף	זַכּוּר	אָסָף	2 לִבְנֵי	לַעֲבֹדָתָם׃
wᵊyoʷsep	zakkuʷr	ʾɔsɔp	libᵊneʸ	laᶜᵃbodɔtɔm.
Joseph-und	Sakkur	:Asaph(s)	Söhne(n)-(den)-(von=)zu	:Dienst-ihren-(für=)zu

עַל	אָסָף	בְּנֵי	וַאֲשַׂרְאֵלָה	וּנְתַנְיָה
ᶜal	ʾɔsɔp	bᵊneʸ	waʾᵃśarᵊʾelɔʰ	uʷnᵊtanᵊyɔʰ
(unter=)auf-(waren)	Asaph	(von)-Söhne-(Die)	.Asarela-und	Netanja-und

עַל-	הַנִּבָּא	אָסָף	יַד-
-ᶜal	hannibbɔʾ	ʾɔsɔp	-yad
(nach=)auf	(war)-spielend(er)-begeistert-der	,Asaph(s)	(Leitung=)Hand-(der)

3 לִידוּתוּן	הַמֶּלֶךְ׃	יְדֵי
liʸduʷtuʷn	hammɛlɛk.	yᵊdeʸ
:Jedutun-(Von=)Zu	.König(s)-(des=)der	(Anweisung=)Hände(n)-(zwei)

וִישַׁעְיָהוּ	וּצְרִי	גְּדַלְיָהוּ	יְדוּתוּן	בְּנֵי
wiʸšaᶜᵊyɔhuʷ	uʷṣᵊriʸ	gᵊdalᵊyɔhuʷ	yᵊduʷtuʷn	bᵊneʸ
,Jeschaja(hu)-und	Zeri-und	Gedalja(hu)	Jedutun	(von)-Söhne-(die)

יְדֵי	עַל	שִׁשָּׁה	וּמַתִּתְיָהוּ	חֲשַׁבְיָהוּ
yᵊdeʸ	ᶜal	šiššɔʰ	uʷmattitᵊyɔhuʷ	ḥᵃšabᵊyɔhuʷ
(Leitung=)Händen-zwei	-(unter=)auf	sechs	:Mattitja(hu)-und	Chaschabja(hu)

בַּכִּנּוֹר	יְדוּתוּן	אֲבִיהֶם
bakkinnoʷr	yᵊduʷtuʷn	ʾᵃbiʸhɛm
,Zither-(der)-(mit=)in	Jedutun	Vater(s)-ihr(es)

הוֹדוֹת	עַל־	הַנִּבָּא
hodoʷt	-ʿal	hannibbɔʾ
Danksagung	(bei=)auf	(war)-spielend(er)-begeistert-der

4 לְהֵימָן	לַיהוָה׃	וְהַלֵּל
lᵊheʸmɔn	layhwɔʰ.	wᵊhallel
:Heman-(Von=)Zu	.JHWH(s)-(Ehren)-zu	(Lobpreis=)Lobpreisen-und

שְׁבוּאֵל	עֻזִּיאֵל	מַתַּנְיָהוּ	בֻּקִּיָּהוּ	הֵימָן	בְּנֵי
šᵊbuʷʾel	ʿuzziʸʾel	mattanᵊyɔhuʷ	buqqiʸyɔhuʷ	heʸmɔn	bᵊneʸ
Schebuel	,Ussiël	,Mattanja(hu)	,Bukkija(hu)	Heman	(von)-Söhne-(die)

גִּדַּלְתִּי	אֱלִיאָתָה	חֲנָנִי	חֲנַנְיָה	וִירִימוֹת
giddalᵊtiʸ	ʾᵉliʸʾɔtɔʰ	ḥᵃnɔniʸ	ḥᵃnanᵊyɔʰ	wiʸriʸmoʷt
Giddalti	,Eliata	,(Hanani=)Chanani	,(Hananja=)Chananja	,Jerimot-und

5 כָּל־	מַחֲזִיאוֹת׃	הוֹתִיר	מַלּוֹתִי	יָשְׁבְּקָשָׁה	עֵזֶר	וְרֹמַמְתִּי
-kol	maḥᵃziʸʾoʷt.	hoʷtiʸr	malloʷtiʸ	yošᵊbᵊqɔšɔʰ	ʿɛzɛr	wᵊromamᵊtiʸ
All(e)	.Machasiot	,Hotir	,Malloti	,Joschbekascha	,Eser	-Romamti-und

חֹזֵה	לְהֵימָן	בָּנִים	אֵלֶּה
ḥozeʰ	lᵊheʸmɔn	bɔniʸm	ʾɛllɛʰ
(Sehers-des=)Schauender	,Heman(s=)zu	Söhne-(waren)	diese

הָאֱלֹהִים	בְּדִבְרֵי	הַמֶּלֶךְ
hɔʾᵉlohiʸm	bᵊdibᵊreʸ	hammɛlɛk
(Gottes=)Götter-(der=)die	Worte(n)-(den)-(gemäß=)in	;König(s)-(des=)der

הָאֱלֹהִים	וַיִּתֵּן	קָרֶן	לְהָרִים
hɔʾᵉlohiʸm	wayyitten	qɔrɛn	lᵊhɔriʸm
(Gott=)Götter-die	gab-(es=)er-und	,Horn-(das)	(bliesen-sie=)aufrichten-zu

6 כָּל־	שָׁלוֹשׁ׃	וּבָנוֹת	עָשָׂר	אַרְבָּעָה	בָּנִים	לְהֵימָן
-kol	šɔloʷš.	uʷbɔnoʷt	ʿɔśɔr	ʾarᵊbɔʿɔʰ	bɔniʸm	lᵊheʸmɔn
All(e)	.drei	Töchter-und	zehn	-vier	Söhne	Heman-(dem=)zu

אֲבִיהֶם	יְדֵי	עַל־	אֵלֶּה
ʾᵃbiʸhɛm	yᵊdeʸ	-ʿal	ʾɛllɛʰ
Vater(s)-ihr(es)	(Anleitung=)Hände(n)-beide(n)	(unter=)auf-(mit-wirkten)	diese

בִּמְצִלְתַּיִם bimᵊṣilᵊtayim ,Zimbeln-(zwei)-(mit=)in	יְהוָה yᵊhwɔʰ JHWH(s)	בֵּית beʸt (Tempel)haus-(im)	בַּשִּׁיר baššiʸr Gesang-(beim=)im

בֵּית beʸt Haus-(im)	לַעֲבֹדַת laᶜᵃbodat (Kult)dienst-(beim=)zu(m)	וְכִנֹּרוֹת wᵊkinnoroʷt Zithern-und	נְבָלִים nᵊbɔliʸm Harfen

יְדֵי yᵊdeʸ (Anweisung=)Hände(n)-(zwei)	עַל ᶜal (nach=)auf	הָאֱלֹהִים hɔʾᵋlohiʸm (Gottes=)Götter-(der=)die

7 וַיְהִי wayᵊhiʸ war-(es=)er-Und	וְהֵימָן: wᵊheʸmɔn. .Heman(s)-und	וִידוּתוּן wiʸduʷtuʷn Jedutun(s)-und	אָסָף ʾɔsɔp Asaph(s)	הַמֶּלֶךְ hammɛlɛk ,König(s)-(des=)der

מְלֻמְּדֵי־ -mᵊlummᵊdeʸ (für)-ausgebildete(n)-(den)	אֲחֵיהֶם ʾᵃḥeʸhɛm ,Brüder(n)-ihre(n)	עִם־ -ᶜim mit-(zusammen)	מִסְפָּרָם misᵊpɔrɔm ,Zahl-ihre

הַמֵּבִין hammebiʸn :(Meister=)Ausgelernte(n)-(der=)die	כָּל־ -kol all	לַיהוָה layhwɔʰ ,JHWH(s)-(Ehren)-zu	שִׁיר šiʸr Gesang-(den)

8 וַיַּפִּילוּ wayyappiʸluʷ (warfen=)fallen-machten-sie-Und	וּשְׁמוֹנָה: uʷšᵊmoʷnɔʰ. .acht-und	שְׁמוֹנִים šᵊmoʷniʸm -achtzig	מָאתַיִם mɔʾtayim -zweihundert

לְעֻמַּת lᵊᶜummat (genauso=)entsprechend-zu	מִשְׁמֶרֶת mišᵊmɛrɛt Amtsordnung-(der)	גּוֹרָלוֹת goʷrɔloʷt Lose-(die)

כַּגָּדוֹל kaggɔdoʷl ,(Ältere=)Große-der-(so=)wie	כַּקָּטֹן kaqqɔṭon (Jüngere=)Kleine-der-wie

9 וַיֵּצֵא wayyeṣeʾ heraus-kam-(es=)er-Und	תַּלְמִיד: talᵊmiʸd. .Schüler-(der)	עִם־ -ᶜim (wie=)mit	מֵבִין mebiʸn (Meister=)Ausgelernte-(der)

גְּדַלְיָהוּ gᵊdalᵊyɔhuʷ Gedalja(hu)-(für)	לְיוֹסֵף lᵊyoʷsep ,Joseph-(für=)zu	לְאָסָף lᵊʾɔsɔp Asaph-(von=)zu	הָרִאשׁוֹן hɔriʾšoʷn ,erste-(das=)der	הַגּוֹרָל haggoʷrɔl ,Los-das

וּבָנָיו uʷbɔnɔʸw :Söhne-seine-und	וְאֶחָיו wᵊʾɛḥɔʸw Brüder-seine-und	הוּא־ -huʷʾ (ihn-für=)er	הַשֵּׁנִי haššeniʸ ,zweite-(das=)der
בָּנָיו bɔnɔʸw Söhne-seine	זַכּוּר zakkuʷr ,Sakkur-(für)	10 הַשְּׁלִשִׁי haššᵊlišiʸ dritte-(Das=)Der	שְׁנֵים עָשָׂר׃ ʿɔśɔr šᵊneʸm. .(zwölf=)zehn-zwei
לַיִּצְרִי layyiṣᵊriʸ ,Jizri-(für=)zu	11 הָרְבִיעִי hɔrᵊbiʸʿiʸ vierte-(Das=)Der	שְׁנֵים עָשָׂר׃ ʿɔśɔr šᵊneʸm. .(zwölf=)zehn-zwei	וְאֶחָיו wᵊʾɛḥɔʸw :Brüder-seine-und
12 הַחֲמִישִׁי haḥᵃmiʸšiʸ fünfte-(Das=)Der	שְׁנֵים עָשָׂר׃ ʿɔśɔr šᵊneʸm. .(zwölf=)zehn-zwei	וְאֶחָיו wᵊʾɛḥɔʸw :Brüder-seine-und	בָּנָיו bɔnɔʸw Söhne-seine
שְׁנֵים עָשָׂר׃ ʿɔśɔr šᵊneʸm. .(zwölf=)zehn-zwei	וְאֶחָיו wᵊʾɛḥɔʸw ,Brüder-seine-und	בָּנָיו bɔnɔʸw Söhne-seine	נְתַנְיָהוּ nᵊtanᵊyɔhuʷ ,Netanja(hu)-(für)
וְאֶחָיו wᵊʾɛḥɔʸw :Brüder-seine-und	בָּנָיו bɔnɔʸw Söhne-seine	בֻּקִּיָּהוּ buqqiʸyɔhuʷ ,Bukkija(hu)-(für)	13 הַשִּׁשִּׁי haššiššiʸ sechste-(Das=)Der
בָּנָיו bɔnɔʸw Söhne-seine	יְשַׂרְאֵלָה yᵊśarᵊʾelɔʰ ,Jesarela-(für)	14 הַשְּׁבִעִי haššᵊbiʿiʸ siebte-(Das=)Der	שְׁנֵים עָשָׂר׃ ʿɔśɔr šᵊneʸm. .(zwölf=)zehn-zwei
יְשַׁעְיָהוּ yᵊšaʿᵊyɔhuʷ ,Jesaja(hu)-(für)	15 הַשְּׁמִינִי haššᵊmiʸniʸ achte-(Das=)Der	שְׁנֵים עָשָׂר׃ ʿɔśɔr šᵊneʸm. .(zwölf=)zehn-zwei	וְאֶחָיו wᵊʾɛḥɔʸw :Brüder-seine-und
16 הַתְּשִׁיעִי hattᵊšiʸʿiʸ neunte-(Das=)Der	שְׁנֵים עָשָׂר׃ ʿɔśɔr šᵊneʸm. .(zwölf=)zehn-zwei	וְאֶחָיו wᵊʾɛḥɔʸw :Brüder-seine-und	בָּנָיו bɔnɔʸw Söhne-seine
שְׁנֵים עָשָׂר׃ ʿɔśɔr šᵊneʸm. .(zwölf=)zehn-zwei	וְאֶחָיו wᵊʾɛḥɔʸw :Brüder-seine-und	בָּנָיו bɔnɔʸw Söhne-seine	מַתַּנְיָהוּ mattanᵊyɔhuʷ ,Mattanja(hu)-(für)
וְאֶחָיו wᵊʾɛḥɔʸw :Brüder-seine-und	בָּנָיו bɔnɔʸw Söhne-seine	שִׁמְעִי šimᵊʿiʸ ,Schimeï-(für)	17 הָעֲשִׂירִי hɔʿᵃśiʸriʸ zehnte-(Das=)Der

בָּנָיו	עֲזַרְאֵל	18 עַשְׁתֵּי־עָשָׂר	שְׁנֵים עָשָׂר׃
bɔnɔʸw	ʿᵃzarᵊʾel	ʿɔśɔr-ʿašᵊteʸ	ʿɔśɔr šᵊneʸm.
Söhne-seine	,Asareël-(für)	elfte-(Das=)Der	.(zwölf=)zehn-zwei

19 הַשְּׁנֵים עָשָׂר	שְׁנֵים עָשָׂר׃	וְאֶחָיו
ʿɔśɔr haššᵊneʸm	ʿɔśɔr šᵊneʸm.	wᵊʾɛḥɔʸw
(zwölfte=)zehn-zwei-(Das=)Der	.(zwölf=)zehn-zwei	,Brüder-seine-und

שְׁנֵים עָשָׂר׃	וְאֶחָיו	בָּנָיו	לַחֲשַׁבְיָה
ʿɔśɔr šᵊneʸm.	wᵊʾɛḥɔʸw	bɔnɔʸw	laḥᵃšabᵊyɔʰ
.(zwölf=)zehn-zwei	:Brüder-seine-und	Söhne-seine	,Chaschabja-(für=)zu

וְאֶחָיו	בָּנָיו	שׁוּבָאֵל	20 לִשְׁלֹשָׁה עָשָׂר
wᵊʾɛḥɔʸw	bɔnɔʸw	šuʷbɔʾel	ʿɔśɔr lišᵊlošɔʰ
:Brüder-seine-und	Söhne-seine	,Schubael	zehn(ten)-drei-Zu(m)

בָּנָיו	מַתִּתְיָהוּ	21 לְאַרְבָּעָה עָשָׂר	שְׁנֵים עָשָׂר׃
bɔnɔʸw	mattitᵊyɔhuʷ	ʿɔśɔr lᵊʾarᵊbɔʿɔʰ	ʿɔśɔr šᵊneʸm.
Söhne-seine	,Mattitja(hu)	zehn(ten)-vier-Zu(m)	.(zwölf=)zehn-zwei

לִירֵמוֹת	22 לַחֲמִשָּׁה עָשָׂר	שְׁנֵים עָשָׂר׃	וְאֶחָיו
liʸremoʷt	ʿɔśɔr laḥᵃmiššɔʰ	ʿɔśɔr šᵊneʸm.	wᵊʾɛḥɔʸw
,Jeremot-(für=)zu	zehn(ten)-fünf-Zu(m)	.(zwölf=)zehn-zwei	:Brüder-seine-und

23 לְשִׁשָּׁה עָשָׂר	שְׁנֵים עָשָׂר׃	וְאֶחָיו	בָּנָיו
ʿɔśɔr lᵊšiššɔʰ	ʿɔśɔr šᵊneʸm.	wᵊʾɛḥɔʸw	bɔnɔʸw
zehn(ten)-sech(s)-Zu(m)	.(zwölf=)zehn-zwei	:Brüder-seine-und	Söhne-seine

וְאֶחָיו	בָּנָיו	לַחֲנַנְיָהוּ
wᵊʾɛḥɔʸw	bɔnɔʸw	laḥᵃnanᵊyɔhuʷ
:Brüder-seine-und	Söhne-seine	,(Hananja=)Chananja(hu)-(für=)zu

לְיָשְׁבְּקָשָׁה	24 לְשִׁבְעָה עָשָׂר	שְׁנֵים עָשָׂר׃
lᵊyošᵊbᵊqɔšɔʰ	ʿɔśɔr lᵊšibᵊʿɔʰ	ʿɔśɔr šᵊneʸm.
,Joschbekascha-(für=)zu	zehn(ten)-sieb(en)-Zu(m)	.(zwölf=)zehn-zwei

25 לִשְׁמוֹנָה עָשָׂר	שְׁנֵים עָשָׂר׃	וְאֶחָיו	בָּנָיו
ʿɔśɔr lišᵊmoʷnɔʰ	ʿɔśɔr šᵊneʸm.	wᵊʾɛḥɔʸw	bɔnɔʸw
zehn(ten)-acht-Zu(m)	.(zwölf=)zehn-zwei	:Brüder-seine-und	Söhne-seine

שְׁנֵים עָשָׂר׃	וְאֶחָיו	בָּנָיו	לַחֲנָנִי
ʿɔśɔr šᵊneʸm.	wᵊʾɛḥɔʸw	bɔnɔʸw	laḥᵃnɔniʸ
.(zwölf=)zehn-zwei	:Brüder-seine-und	Söhne-seine	,Chanani-(für=)zu

וְאֶחָיו	בָּנָיו	לְמַלּוֹתִי	26 לְתִשְׁעָה עָשָׂר
w^{əʾ}εḥɔ^{y}w	bɔnɔ^{y}w	l^{ə}mallo^{w}ti^{y}	ʿɔśɔr l^{ə}tiš^{ə}ʿɔ^{h}
:Brüder-seine-und	Söhne-seine	,Malloti-(für=)zu	zehn(ten)-neun-Zu(m)

בָּנָיו	לֶאֱלִיָּתָה	27 לְעֶשְׂרִים	שְׁנֵים עָשָׂר׃
bɔnɔ^{y}w	lε^{ʾε}li^{y}yɔtɔ^{h}	l^{ə}ʿεś^{ə}ri^{y}m	ʿɔśɔr š^{ə}ne^{y}m.
Söhne-seine	,Elijata-(für=)zu	zwanzig(sten)-Zu(m)	.(zwölf=)zehn-zwei

28 לְאֶחָד וְעֶשְׂרִים	שְׁנֵים עָשָׂר׃	וְאֶחָיו
w^{ə}ʿεś^{ə}ri^{y}m l^{əʾ}εḥɔd	ʿɔśɔr š^{ə}ne^{y}m.	w^{əʾ}εḥɔ^{y}w
zwanzig(sten)-und-ein-Zu(m)	.(zwölf=)zehn-zwei	:Brüder-seine-und

שְׁנֵים עָשָׂר׃	וְאֶחָיו	בָּנָיו	לְהוֹתִיר
ʿɔśɔr š^{ə}ne^{y}m.	w^{əʾ}εḥɔ^{y}w	bɔnɔ^{y}w	l^{ə}ho^{w}ti^{y}r
.(zwölf=)zehn-zwei	:Brüder-seine-und	Söhne-seine	,Hotir-(für=)zu

בָּנָיו	לְגִדַּלְתִּי	29 לִשְׁנַיִם וְעֶשְׂרִים
bɔnɔ^{y}w	l^{ə}giddal^{ə}ti^{y}	w^{ə}ʿεś^{ə}ri^{y}m liš^{ə}nayim
Söhne-seine	,Giddalti-(für=)zu	zwanzig(sten)-und-zwei-Zu(m)

30 לִשְׁלֹשָׁה וְעֶשְׂרִים	שְׁנֵים עָשָׂר׃	וְאֶחָיו
w^{ə}ʿεś^{ə}ri^{y}m liš^{ə}lošɔ^{h}	ʿɔśɔr š^{ə}ne^{y}m.	w^{əʾ}εḥɔ^{y}w
zwanzig(sten)-und-drei-Zu(m)	.(zwölf=)zehn-zwei	:Brüder-seine-und

שְׁנֵים עָשָׂר׃	וְאֶחָיו	בָּנָיו	לְמַחֲזִיאוֹת
ʿɔśɔr š^{ə}ne^{y}m.	w^{əʾ}εḥɔ^{y}w	bɔnɔ^{y}w	l^{ə}maḥ^{a}zi^{y}ʾo^{w}t
.(zwölf=)zehn-zwei	:Brüder-seine-und	Söhne-seine	,Machasiot-(für=)zu

בָּנָיו	עֹזֶר	לְרוֹמַמְתִּי	31 לְאַרְבָּעָה וְעֶשְׂרִים
bɔnɔ^{y}w	ʿɔzεr	l^{ə}ro^{w}mam^{ə}ti^{y}	w^{ə}ʿεś^{ə}ri^{y}m l^{əʾ}ar^{ə}bɔʿɔ^{h}
Söhne-seine	,Eser	-Romamti-(für=)zu	zwanzig(sten)-und-vier-Zu(m)

שְׁנֵים עָשָׂר׃	וְאֶחָיו
ʿɔśɔr š^{ə}ne^{y}m.	w^{əʾ}εḥɔ^{y}w
.(zwölf=)zehn-zwei	:Brüder-seine-und

26

לַשֹּׁעֲרִים	1 לְמַחְלְקוֹת
l^{ə}šo^{ca}ri^{y}m	l^{ə}maḥ^{ə}l^{ə}qo^{w}t
Torhüter-(der=)zu	Abteilungen-(den)-Zu

מִן־	בֶּן־קֹרֵא	מְשֶׁלֶמְיָהוּ	לַקָּרְחִים
-min	qoreʾ-bεn	m^{ə}šεlεm^{ə}yɔhu^{w}	laqqor^{ə}ḥi^{y}m
von	Kore(s)-Sohn	Meschelemja(hu)	Korachiten-die-(gehörten=)zu

בָּנִים	2 וְלִמְשֶׁלֶמְיָהוּ	אָסָף׃	בְּנֵי
bɔniʸm	wᵊlimᵊšɛlɛmᵊyɔhuʷ	ʾɔsɔp.	bᵊneʸ
.Söhne	Meschelemjahu(s)-(gehörten=)zu-und	,Asaph(s)	Söhne(n)-(den)

זְבַדְיָהוּ	הַשֵּׁנִי	יְדִיעֲאֵל	הַבְּכוֹר	זְכַרְיָהוּ
zᵊbadᵊyɔhuʷ	haššeniʸ	yᵊdiʸʿaʾel	habbᵊkoʷr	zᵊkarᵊyɔhuʷ
Sebadja(hu)	,Zweite-der	Jediaël	,Erst(geboren)e-der	Secharja(hu)

יְהוֹחָנָן	הַחֲמִישִׁי	3 עֵילָם	הָרְבִיעִי׃	יַתְנִיאֵל	הַשְּׁלִישִׁי
yᵊhoʷḥɔnɔn	haḥᵃmiʸšiʸ	ʿeʸlɔm	hɔrᵊbiʸʿiʸ.	yatᵊniʸʾel	haššᵊliʸšiʸ
J(eh)ochanan	,Fünfte-der	Elam	,Vierte-der	Jatniël	,Dritte-der

הַשְּׁבִיעִי׃	אֶלְיְהוֹעֵינָי	הַשִּׁשִּׁי
haššᵊbiʸʿiʸ.	ʾɛlᵊyᵊhoʷʿeʸnay	haššiššiʸ
.Siebte-der	Elj(eh)oenai	,Sechste-der

שְׁמַעְיָה	בָּנִים	אֱדֹם	4 וּלְעֹבֵד
šᵊmaʿᵊyɔʰ	bɔniʸm	ʾᵋdom	uʷlᵊʿobed
Schemaëja	.Söhne	Edom(s)	-Obed-(dazu-gehörten=)zu-(ferner=)Und

הַשְּׁלִשִׁי	יוֹאָח	הַשֵּׁנִי	יְהוֹזָבָד	הַבְּכוֹר
haššᵊlišiʸ	yoʷʾɔḥ	haššeniʸ	yᵊhoʷzɔbɔd	habbᵊkoʷr
Dritte-der	Joach	,Zweite-der	J(eh)osabad	,Erst(geboren)e-der-(war)

הַשִּׁשִּׁי	5 עַמִּיאֵל	הַחֲמִישִׁי׃	וּנְתַנְאֵל	הָרְבִיעִי	וְשָׂכָר
haššiššiʸ	ʿammiʸʾel	haḥᵃmiʸšiʸ.	uʷnᵊtanᵊʾel	hɔrᵊbiʸʿiʸ	wᵊśɔkɔr
,Sechste-der	Amiël	,Fünfte-der	Netanel-und	,Vierte-der	Sachar-und

בֵּרֲכוֹ	כִּי	הַשְּׁמִינִי	פְּעֻלְּתַי	הַשְּׁבִיעִי	יִשָּׂכָר
berᵃkoʷ	kiʸ	haššᵊmiʸniʸ	pᵊʿullᵊtay	haššᵊbiʸʿiʸ	yiśɔkɔr
ihn-gesegnet-hat-(es=)er	denn	;Achte-der	Peulletai	,Siebte-der	Isachar

בְּנוֹ	6 וְלִשְׁמַעְיָה	אֱלֹהִים׃
bᵊnoʷ	wᵊlišᵊmaʿᵊyɔʰ	ʾᵋlohiʸm.
,Sohn-sein(em)	,Schemaëja-(dem=)zu-(Auch=)Und	.(Gott=)Götter

בָּנִים	נוֹלַד
bɔniʸm	noʷlad
,Söhne	geboren-wurde(n)-(es=er)

לְבֵית	הַמִּמְשָׁלִים
lᵊbeʸt	hammimᵊšɔliʸm
Haus-(dem)-(in=)zu	(einnahmen-Stellung-leitende=)herrschende(n)-die

הֵמָּה׃	חָיִל	גִּבּוֹרֵי	כִּי־	אֲבִיהֶם
hemmɔʰ.	ḥayil	gibboʷreʸ	-kiʸ	ᵓᵃbiʸhɛm
.(waren)-sie	Tüchtigkeit	(von)-Männer	denn	,Vater-ihr(es)

וְעוֹבֵד	וּרְפָאֵל	עָתְנִי	שְׁמַעְיָה	7 בְּנֵי
wᵊᶜoʷbed	uʷrᵊpɔᵓel	ᶜotᵊniʸ	šᵊmaᶜᵊyɔʰ	bᵊneʸ
,Obed-und	Rephael-und	Otni	(waren)-Schemaëja	(von)-Söhne-(Die)

בְּנֵי־חָיִל	אֶחָיו	אֶלְזָבָד
ḥɔyil-bᵊneʸ	ᵓɛḥɔʸw	ᵓɛlᵊzɔbɔd
,(Leute-wackere=)Tapferkeit-(von)-Söhne	,Brüder-Seine	.Elsabad

עֹבֵד	מִבְּנֵי	אֵלֶּה	8 כָּל־	וּסְמַכְיָהוּ׃	אֱלִיהוּ
ᶜobed	mibbᵊneʸ	ᵓellɛʰ	-kol	uʷsᵊmakᵊyɔhuʷ.	ᵓᵋliʸhuʷ
-Obed	Söhne(n)-(den)-von	diese	All(e)	.Semachja(hu)-und	Elihu-(waren)

וַאֲחֵיהֶם	וּבְנֵיהֶם	הֵמָּה	אֱדֹם
waᵓᵃḥeʸhɛm	uʷbᵊneʸhɛm	hemmɔʰ	ᵓᵋdom
,Brüder-ihre-und	Söhne-ihre-und	(selbst)-sie	,Edom(s)

לַעֲבֹדָה	בַּכֹּחַ	אִישׁ־חַיִל
laᶜᵃbodɔʰ	bakkoaḥ	ḥayil-ᵓiʸš
:Dienst-(den)-(für=)zu	Kraft-(mit=)in	Tüchtigkeit-(von)-(Leute=)Mann-(waren)

אֱדֹם׃	לְעֹבֵד	וּשְׁנַיִם	שִׁשִּׁים
ᵓᵋdom.	lᵊᶜobed	uʷšᵊnayim	šiššiʸm
.Edom	-Obed-(von=)zu	zwei-und	sechzig

וְאַחִים	בָּנִים	9 וְלִמְשֶׁלֶמְיָהוּ
wᵊᵓaḥiʸm	bɔniʸm	wᵊlimᵊšɛlɛmᵊyɔhuʷ
,Brüder-und	Söhne	Meschelemja(hu)-(hatte-es=)zu-Und

עָשָׂר׃	שְׁמוֹנָה	בְּנֵי־חָיִל
ᶜɔśɔr.	šᵊmoʷnɔʰ	ḥɔyil-bᵊneʸ
.zehn	-acht	:(Leute-wackere=)Tapferkeit-(von)-Söhne

בָּנִים	מְרָרִי	בְּנֵי־	מִן־	10 וּלְחֹסָה
bɔniʸm	mᵊrɔriʸ	-bᵊneʸ	-min	uʷlᵊḥosɔʰ
.Söhne	Merari(s)	Söhne(n)-(den)	von	(Hosa=)Chosa-(hatte-es=)zu-Und

הָיָה	לֹא־	כִּי	הָרֹאשׁ	שִׁמְרִי
hɔyɔʰ	-loᵓ	kiʸ	hɔroᵓš	šimᵊriʸ
(vorhanden)-war-(es=)er	nicht	denn —	(Ober)haupt-das-(war)	Schimri

אֲבִיהוּ	וַיְשִׂימֵהוּ	בְּכוֹר
ʾɔbiʸhuʷ	wayᵊśiʸmehuʷ	bᵊkoʷr
Vater-sein	ihn-setzte-(es=er)-(also=)und	,Erst(geboren)er-(ein)

הַשֵּׁנִי	11 חִלְקִיָּהוּ	לְרֹאשׁ׃
haššeniʸ	ḥilᵊqiʸyɔhuʷ	lᵊroʾš.
,Zweite-der-(war)	(Hilkija=)Chilkija(hu)	— (ein)-(Ober)haupt-zu(m)

וְאַחִים	בָּנִים	כָּל־	הָרְבִעִי	זְכַרְיָהוּ	הַשְּׁלִשִׁי	טְבַלְיָהוּ
wᵊʾaḥiʸm	bɔniʸm	-kol	hɔrᵊbiʿiʸ	zᵊkarᵊyɔhuʷ	haššᵊlišiʸ	ṭᵊbalᵊyɔhuʷ
Brüder-und	Söhne	Alle	.Vierte-der	Secharja(hu)	,Dritte-der	Tebalja(hu)

מַחְלְקוֹת	12 לְאֵלֶּה	עָשָׂר׃	שְׁלֹשָׁה	לְחֹסָה
maḥᵊlᵊqoʷt	lᵊʾellɛʰ	ʿɔśɔr.	šᵊlošɔʰ	lᵊḥosɔʰ
Abteilungen	diese(n)-(oblag-Es=)Zu	.zehn	-drei	:(Hosa=)Chosa-(von=)zu

הַגִּבֹּרִים	לְרָאשֵׁי	הַשֹּׁעֲרִים
haggᵊbɔriʸm	lᵊrɔʾšeʸ	haššoʿᵃriʸm
,(Kraft)männer(n-den=)die	(unter)-Häupter(n)-(den=)zu	,Torhüter-(der=)die

אֲחֵיהֶם	לְעֻמַּת	מִשְׁמָרוֹת
ʾᵃḥeʸhɛm	lᵊʿummat	mišᵊmɔroʷt
,(Stammes)brüder(n)-ihre(n)	(wie-genauso=)entsprechend-zu	Amtspflicht-(die)

יְהוָה׃	בְּבֵית	לְשָׁרֵת
yᵊhwɔʰ.	bᵊbeʸt	lᵊšɔret
.JHWH(s)	(Tempel)haus-(dem)-in	(verrichten-zu-Kultdienst=)dienen-zu

כַּקָּטֹן	גּוֹרָלוֹת	13 וַיַּפִּילוּ
kaqqɔṭon	goʷrɔloʷt	wayyappiʸluʷ
(Jüngere=)Kleine-der-wie	,Lose	(warfen=)fallen-machten-sie-Und

אֲבוֹתָם	לְבֵית	כַּגָּדוֹל
ʾᵃboʷtɔm	lᵊbeʸt	kaggɔdoʷl
,Väter-ihre(r)	Haus-(dem)-(nach=)zu	,(Ältere=)Große-der-(so=)wie

הַגּוֹרָל	14 וַיִּפֹּל	וָשָׁעַר׃	לְשַׁעַר
haggoʷrɔl	wayyippol	wɔšɔʿar.	lᵊšaʿar
Los-das	fiel-(es=er)-(Da=)Und	.(Tor-einzelne-jedes=)Tor-und	-Tor-(für=)zu

וּזְכַרְיָהוּ	לְשֶׁלֶמְיָהוּ	מִזְרָחָה
uʷzᵊkarᵊyɔhuʷ	lᵊšɛlɛmᵊyɔhuʷ	mizᵊrɔḥɔʰ
,Secharja(hu)-und	;Schelemja(hu)-(an=)zu	(hin-Osten-nach=)aufgangwärts

בְּשֵׂכֶל	יוֹעֵץ	בְּנוֹ
b^{ə}śɛkɛl	yo^{w}ʿeṣ	b^{ə}no^{w}
,Verstand-(mit=)in	(Berater=)Beratender-(ein)-(war)	,Sohn-sein

וַיֵּצֵא	גּוֹרָלוֹת	הִפִּילוּ
wayyeṣeʾ	go^{w}rɔlo^{w}t	hippi^{y}lu^{w}
heraus-kam-(es=)er-und	Lose	(warfen=)fallen-machten-sie-(ihn-für)

אֱדֹם	15 לְעֹבֵד	צָפוֹנָה׃	גּוֹרָלוֹ
ʾɛdom	l^{ə}ʿobed	ṣɔpo^{w}nɔ^{h}.	go^{w}rɔlo^{w}
Edom	-Obed-(Für=)Zu	.(Nordseite-die-für=)nordwärts	Los-sein

בֵּית	וּלְבָנָיו	נֶגְבָּה
be^{y}t	u^{w}l^{ə}bɔnɔ^{y}w	nɛg^{ə}bɔ^{h}
Haus-(das)	Söhne-seine-(für=)zu-und	hin-Süden-(nach)

16 לְשֻׁפִּים	הָאֲסֻפִּים׃
l^{ə}šuppi^{y}m	hɔʾ^{a}suppi^{y}m.
Schuppim-(Für=)Zu	.(Vorräte=)Sammlungen-(der=)die

שַׁעַר	עִם	לַמַּעֲרָב	וּלְחֹסָה
šaʿar	ʿim	lammaʿ^{a}rɔb	u^{w}l^{ə}ḥosɔ^{h}
Tor-(dem)	mit	(Westen-nach=)Untergang-zum	(Hosa=)Chosa-(für=)zu-und

מִשְׁמָר	הָעוֹלָה	בַּמְסִלָּה	שַׁלֶּכֶת
miš^{ə}mɔr	hɔʿo^{w}lɔ^{h}	bam^{ə}sillɔ^{h}	šallɛkɛt
Posten	,hinaufführende(n)-(der=)die	,Straße-(der)-(an=)in	Schallechet

17 לַמִּזְרָח	מִשְׁמָר׃	לְעֻמַּת
lammiz^{ə}rɔḥ	miš^{ə}mɔr.	l^{ə}ʿummat
(Osten=)Aufgang-(Gegen=)Zu	.Posten	(neben=)entlang-dicht

אַרְבָּעָה	לַיּוֹם	לַצָּפוֹנָה	שִׁשָּׁה	הַלְוִיִּם
ʾar^{ə}bɔʿɔ^{h}	layyo^{w}m	laṣṣɔpo^{w}nɔ^{h}	šiššɔ^{h}	hal^{ə}wi^{y}yim
;vier	Tag-(pro=)dem-zu	hin-Norden-(gegen=)zu	;sechs	Leviten-(der=)die

אַרְבָּעָה	לַיּוֹם	לַנֶּגְבָּה
ʾar^{ə}bɔʿɔ^{h}	layyo^{w}m	lannɛg^{ə}bɔ^{h}
;vier	Tag-(pro=)dem-zu	hin-Süden-(gegen=)zu

18 לַפַּרְבָּר	שְׁנָיִם׃	שְׁנַיִם	וְלָאֲסֻפִּים
lappar^{ə}bɔr	š^{ə}nɔyim.	š^{ə}nayim	w^{ə}lɔʾ^{a}suppi^{y}m
Parbar-(Am=)Zum	.zwei	(je=)zwei	Vorratsräume-die-(für=)zu-und

שְׁנָיִם	לַמְסִלָּה	אַרְבָּעָה	לַמַּעֲרָב
šᵊnayim	lamᵊsillɔʰ	ʾarᵊbɔʿɔʰ	lammaʿᵃrɔb
zwei	,Straße-(die)-(für=)zu	vier	:(Westen-im=)Untergang-zum

הַשֹּׁעֲרִים	מַחְלְקוֹת	19 אֵלֶּה	לַפַּרְבָּר׃
haššoʿᵃriʸm	maḥᵊlᵊqoʷt	ʾellɛʰ	lapparᵊbɔr.
Torhüter-(der=)die	Abteilungen-(die)	(sind-Das=)Diese	.Parbar-(am=)zum

וְלִבְנֵי	הַקָּרְחִי	לִבְנֵי
wᵊlibᵊneʸ	haqqorᵊḥiʸ	libᵊneʸ
Söhne(n)-(den)-(von=)zu-und	Korachiter(s)-(des=)der	Söhne(n)-(den)-(von=)zu

עַל־	אֲחִיָּה	20 וְהַלְוִיִּם	מְרָרִי׃
-ʿal	ʾᵃḥiʸyɔʰ	wᵊhalᵊwiʸyim	mᵊrɔriʸ.
(über=)auf-(gesetzt-war)	Achija	:Leviten-die-Und	.Merari(s)

הָאֱלֹהִים	בֵּית	אוֹצְרוֹת
hɔʾᵉlohiʸm	beʸt	ʾoʷṣᵊroʷt
(Gottes=)Götter-(der=)die	Haus(es)-(des)	Schatzkammern-(die)

הַקֳּדָשִׁים׃	וּלְאֹצְרוֹת
haqqᵒdɔšiʸm.	uʷlᵊʾoṣᵊroʷt
.(Weihegaben=)Heiligtümer-der	Schatzkammern-(die)-(über=)zu-und

בְּנֵי	לַעְדָּן	21 בְּנֵי
bᵊneʸ	laʿᵊdɔn	bᵊneʸ
(Nachkommen=)Söhne-(waren)	Laëdan	(von)-Söhne-(Die)

רָאשֵׁי	לְלַעְדָּן	הַגֵּרְשֻׁנִּי
rɔʾšeʸ	lᵊlaʿᵊdɔn	haggerᵊšunniʸ
(Ober)häupter-(die)	(gehörten)-Laëdan-Zu	.Gerschoniter(s)-(des=)der

הַגֵּרְשֻׁנִּי	לְלַעְדָּן	הָאָבוֹת
haggerᵊšunniʸ	lᵊlaʿᵊdɔn	hɔʾɔboʷt
,Gerschoniter-(dem=)der	,Laëdan-(von=)zu	;(Familienhäupter=)Väter-(der=)die

זֵתָם	יְחִיאֵלִי	22 בְּנֵי	יְחִיאֵלִי׃
zetɔm	yᵊḥiʸʾeliʸ	bᵊneʸ	yᵊḥiʸʾeliʸ.
Setam	Jechiëliter(s)-(des)	Söhne(n)-(Den)	.Jechiëliter-(der)-(stammte)

אֹצְרוֹת	עַל־	אָחִיו	וְיוֹאֵל
ʾoṣᵊroʷt	-ʿal	ʾɔḥiʸw	wᵊyoʷʾel
Schatzkammer(n)-(die)	(oblagen=)auf	,Bruder-sein(em)	,Joël-und

בֵּית
beʸt
(Tempel)haus(es)-(des)

יְהוָה׃
yᵊhwɔʰ.
.JHWH(s)

23 לַעַמְרָמִי
laʿamᵊrɔmiʸ
,Amramiter(n)-(den=dem=)zu-(Ferner)

לַיִּצְהָרִי
layyiṣᵊhɔriʸ
,Jizhariter(n)-(den=dem=)zu

לַחֶבְרוֹנִי
laḥɛbᵊroʷniʸ
,(Hebronitern=)Chebroniter(n)-(den=dem=)zu

לָעָזִּיאֵלִי׃
lɔʿɔzziʸʾeliʸ.
.Assiëliter(n)-(den=dem=)zu

24 וּשְׁבֻאֵל
uʷšᵊbuʾel
Schebuël-Und

בֶּן־גֵּרְשׁוֹם
gerᵊšoʷm-bɛn
,Gerschom(s)-Sohn

בֶּן־מֹשֶׁה
mošɛʰ-bɛn
,Mosche(s)-Sohn(es)-(des)

נָגִיד
nɔgiʸd
Vorsteher-(war)

עַל־
-ʿal
(über=)auf

הָאֹצָרוֹת׃
hɔʾoṣɔroʷt.
.Schatzkammern-die

25 וְאֶחָיו
wᵊʾɛḥɔʸw
:(Stammes)brüder-seine-Und

לֶאֱלִיעֶזֶר
lɛʾᵋliʸʿɛzɛr
Eliëser-(Von=)Zu

רְחַבְיָהוּ
rᵊḥabᵊyɔhuʷ
,Rechabja(hu)-(waren)

בְּנוֹ
bᵊnoʷ
,Sohn-sein

וִישַׁעְיָהוּ
wiʸšaʿᵊyɔhuʷ
,Jeschaja(hu)-und

בְנוֹ
bᵊnoʷ
,Sohn-sein

וְיֹרָם
wᵊyorɔm
,Joram-und

בְּנוֹ
bᵊnoʷ
,Sohn-sein

וְזִכְרִי
wᵊzikᵊriʸ
,Sichri-und

בְנוֹ
bᵊnoʷ
,Sohn-sein

וּשְׁלֹמוֹת[וּשְׁלֹמִית]
[uʷšᵊlomiʸt]uʷšᵊlomoʷt
,[Schelomit-und]Schelemot-und

בְּנוֹ׃
bᵊnoʷ.
.Sohn-sein

26 הוּא
huʷʾ
(waren-Es=)Er

שְׁלֹמוֹת
šᵊlomoʷt
Schelomot

וְאֶחָיו
wᵊʾɛḥɔʸw
Brüder-seine-und

עַל
ʿal
(für-zuständig=)auf

כָּל־
-kol
all(e)

אֹצְרוֹת
ʾoṣᵊroʷt
Schatzkammer(n)

הַקֳּדָשִׁים
haqqᵒdɔšiʸm
,(Weihegaben=)Heiligtümer-(der=)die

אֲשֶׁר
ʾᵃšɛr
(die=)welch(e)

הִקְדִּישׁ
hiqᵊdiʸš
(geweiht-hatte=)heiligte-(es=er)

דָּוִיד
dɔwiʸd
,David

הַמֶּלֶךְ
hammɛlɛk
,König-der

וְרָאשֵׁי
wᵊrɔʾšeʸ
(Ober)häupter-(die)-und

הָאָבוֹת
hɔʾɔboʷt
,(Familien=)Väter-(der=)die

לְשָׂרֵי־
-lᵊśoreʸ
(über)-Ober(st)en-(der=)zu

הָאֲלָפִים
hɔʾᵃlɔpiʸm
Tausend(schaften)-die

מִן־ 27	הַצָּבָא׃	וְשָׂרֵי	וְהַמֵּאוֹת
-min	hassɔbɔʾ.	wᵊśɔreʸ	wᵊhammeʾoʷt
Von	.Heer-das	(über)-Ober(st)e(n)-(die)-und	Hundert(schaften)-die-und

הִקְדִּישׁוּ	הַשָּׁלָל	וּמִן־	הַמִּלְחָמוֹת
hiqᵊdiʸšuʷ	haššɔlɔl	-uʷmin	hammilᵊḥɔmoʷt
geweiht-hatten-sie	Beute-(der=)die	von-und	Kriege(n)-(den=)die

וְכֹל 28	יְהוָה׃	לְבֵית	לְחַזֵּק
wᵊkol	yᵊhwɔʰ.	lᵊbeʸt	lᵊḥazzeq
,all(es)-Und	.JHWH(s)	(Tempel)hauses-(des=)zu	(Stützung=)kräftigen-zu(r)

הָרֹאֶה	שְׁמוּאֵל	הַהִקְדִּישׁ
hɔroʾɛʰ	šᵊmuʷʾel	hahiqᵊdiʸš
,Seher-der	,(Samuel=)Schemuel	(geweiht=)geheiligt-hat(te)-(es=er)-(was=)das

וְיוֹאָב	בֶּן־נֵר	וְאַבְנֵר	בֶּן־קִישׁ	וְשָׁאוּל
wᵊyoʷʾɔb	ner-bɛn	wᵊʾabᵊner	qiʸš-bɛn	wᵊšɔʾuʷl
Joab-und	Ner(s)-Sohn	Abner-und	Kisch(s)-Sohn	(Saul=)Schaul-und

הַמַּקְדִּישׁ	כֹּל	בֶּן־צְרוּיָה
hammaqᵊdiʸš	kol	ṣᵊruʷyɔʰ-bɛn
,(war)-(weihend=)heiligend(er)-der	,(jeder=)all	,Zeruja(s)-Sohn

וְאֶחָיו׃	שְׁלֹמִית	יַד־	עַל
wᵊʾɛḥɔʸw.	šᵊlomiʸt	-yad	ʿal
.Brüder-seine(r)-und	Schelomit(s)	(Händen=)Hand	(zu=)auf-(es-tat)

כְּנַנְיָהוּ	29 לַיִּצְהָרִי
kᵊnanᵊyɔhuʷ	layyiṣᵊhɔriʸ
(Hananja=)Chananja(hu)-(waren)	Jizhariter(n)-(den=)dem-(Von=)Zu

הַחִיצוֹנָה	לַמְּלָאכָה	וּבָנָיו
haḥiʸṣoʷnɔʰ	lammᵊlɔʾkɔʰ	uʷbɔnɔʸw
,äußere-(das=)die	,Werk-das-(über-gesetzt=)zu	Söhne-seine-und

וּלְשֹׁפְטִים׃	לְשֹׁטְרִים	יִשְׂרָאֵל	עַל־
uʷlᵊšopᵊṭiʸm.	lᵊšoṭᵊriʸm	yiśᵊrɔʾel	-ʿal
.Richter-(als=)zu-und	Amtleute-(als=)zu	Israel	auf-(Hinsicht-in)

וְאֶחָיו	חֲשַׁבְיָהוּ	30 לַחֶבְרוֹנִי
wᵊʾɛḥɔʸw	ḥᵃšabᵊyɔhuʷ	laḥɛbᵊroʷniʸ
Brüder(n)-seine(n)-und	Chaschabja(hu)-(waren)	Chebronite(n)-dem-(Von=)Zu

וּשְׁבַע־	אֶלֶף	בְּנֵי־חַיִל
-uʷšᵊbaʿ	ʾɛlɛp	ḥayil-bᵊneʸ
-sieben-und	-tausend	,(Leute-wackere=)Tapferkeit-(von)-Söhne —

יִשְׂרָאֵל	פְּקֻדַּת	עַל	מֵאוֹת
yiśᵊrɔʾel	pᵊquddat	ʿal	meʾoʷt
Israel(s)	Verwaltung-(die)	(für-zuständig=)auf	— hundert(e)

מַעְרָבָה	לַיַּרְדֵּן	מֵעֵבֶר
maʿᵊrɔbɔʰ	layyarᵊden	meʿebɛr
,hin-Westen-(nach)	Jordan(s)-(des=)zu	(Land)-jenseitig(en)-(dem)-von

הַמֶּלֶךְ׃	וְלַעֲבֹדַת	יְהוָה	מְלֶאכֶת	לְכֹל
hammɛlɛk.	wᵊlaʿᵃbodat	yᵊhwɔʰ	mᵊlɛʾkɛt	lᵊkol
.König(s)-(des=)der	Dienst-(den)-(für=)zu	JHWH(s)	Werk-(das)	all-(für=)zu

יְרִיָּה	31 לַחֶבְרוֹנִי
yᵊriʸyɔʰ	laḥɛbᵊroʷniʸ
Jerija-(war)	(Hebronitern=)Chebroniter(n)-(den=dem)-(Von=)Zu

לַחֶבְרוֹנִי	הָרֹאשׁ
laḥɛbᵊroʷniʸ	hɔroʾš
,(Hebronitern=)Chebroniter(n)-(den=dem)-(Von=)Zu	.(Ober)haupt-das

לְתֹלְדֹתָיו
lᵊtolᵊdotɔʸw
(Geschlechterfolge-seiner=)Zeugungen-seine(n)-(von=)zu

הָאַרְבָּעִים	בִּשְׁנַת	לְאָבוֹת
hɔʾarᵊbɔʿiʸm	bišᵊnat	lᵊʾɔboʷt
vierzig(sten)-(dem=)das	Jahr-(dem)-in	,(Familien=)Vätern-(den)-(nach=)zu

נִדְרָשׁוּ	דָּוִיד	לְמַלְכוּת
nidᵊrɔšuʷ	dɔwiʸd	lᵊmalᵊkuʷt
gesucht-wurden-(es=sie)	David	(von)-Regierung(szeit)-(der=)zu

חַיִל	גִּבּוֹרֵי	בָהֶם	וַיִּמָּצֵא
ḥayil	gibboʷreʸ	bɔhɛm	wayyimmɔṣeʾ
Tapferkeit	(von)-Männer-wackere	ihnen-(unter=)in	sich-fand(en)-(es=)er-und

32 וְאֶחָיו	גִּלְעָד׃	בְּיַעְזֵיר
wᵊʾɛḥɔʸw	gilᵊʿɔd.	bᵊyaʿᵊzeʸr
(Stammes)brüder-(deren=)seine-Und	.Gilead	-Jaëser-in

וּשְׁבַע	אַלְפַּיִם	בְּנֵי־חַיִל
uʷšᵊbaʿ	ʾalᵊpayim	ḥayil-bᵊneʸ
-sieben-und	zweitausend(e)	,(Leute-wackere=)Tapferkeit-(von)-Söhne-(waren)

הָאָבוֹת	רָאשֵׁי	מֵאוֹת
hɔʾɔboʷt	rɔʾšeʸ	meʾoʷt
,(Familienhäupter=)Väter-(der=)die	-(Ober)häupter	hundert(e)

עַל־	הַמֶּלֶךְ	דָּוִיד	וַיַּפְקִידֵם
-ʿal	hammɛlɛk	dɔwiʸd	wayyapᵊqiʸdem
(über=)auf	,König-der	,David	sie-ein-setzte-(es=)er-und

וַחֲצִי	וְהַגָּדִי	הָראוּבֵנִי
waḥᵃṣiʸ	wᵊhaggɔdiʸ	hɔrʾuʷbeniʸ
Hälfte-(eine)-und	Gaditer-(die=den=)der-und	Rubeniter-(die=den=)der

דְּבַר	לְכָל־	הַמְנַשִּׁי	שֵׁבֶט
dᵊbar	-lᵊkol	hamᵊnaššiʸ	šebɛṭ
(Angelegenheit=)Sache	(jegliche=)all-für	Menaschschiter-der	Stamm(es)-(des)

הַמֶּלֶךְ׃	וּדְבַר	הָאֱלֹהִים
hammɛlɛk.	uʷdᵊbar	hɔʾᵋlohiʸm
.König(s)-(des=)der	(Angelegenheit=)Sache-und	(Gottes=)Götter-(der=)die

27

לְמִסְפָּרָם	יִשְׂרָאֵל	1 וּבְנֵי
lᵊmisᵊpɔrɔm	yiśᵊrɔʾel	uʷbᵊneʸ
Zahl-ihrer-(nach=)zu	,Israel(s)	(Kinder=)Söhne-(die)-Und

הָאָבוֹת	רָאשֵׁי
hɔʾɔboʷt	rɔʾšeʸ
(Familienhäupter=)Väter-(der=)die	-(Ober)häupter-(der)

וְהַמֵּאוֹת	הָאֲלָפִים	וְשָׂרֵי
wᵊhammeʾoʷt	hɔʾᵃlɔpiʸm	wᵊśɔreʸ
Hundert(schaften)-die-und	Tausend(schaften)-die	(über)-Obersten-(der)-und

אֶת־הַמֶּלֶךְ	הַמְשָׁרְתִים	וְשֹׁטְרֵיהֶם
hammɛlɛk-ʾɛt	hamᵊšɔrᵊtiʸm	wᵊšoṭᵊreʸhɛm
König-(dem=)der***	(waren)-dienend(e)-die	,Beamten-ihre(r)-und

הַמַּחְלְקוֹת	דְּבַר	לְכֹל
hammaḥᵊlᵊqoʷt	dᵊbar	lᵊkol
,Abteilungen-(der=)die	(Angelegenheit=)Sache	(jeglicher=)all-(in=)zu

חֹדֶשׁ	וְהַיֹּצֵאת	הַבָּאָה
ḥodɛš	wᵊhayyoṣeʾt	habbɔʾɔʰ
Monat	,(abziehende=)hinausgehende-die-und	(antretende=)kommende-die

הַמַּחֲלֹקֶת	הַשָּׁנָה	חָדְשֵׁי	לְכֹל	בְּחֹדֶשׁ
hammaḥᵃloqɛt	haššɔnɔʰ	ḥodᵊšeʸ	lᵊkol	bᵊḥodɛš
,Abteilung-die —	Jahr(es)-(des=)das	Monate	all(e)-(für=)zu	,Monat-(für=)in

אָלֶף׃	וְאַרְבָּעָה	עֶשְׂרִים	הָאַחַת
ʾɔlɛp.	wᵊʾarᵊbɔʿɔʰ	ʿɛśᵊriʸm	hɔʾaḥat
.tausend	-vier-und	-zwanzig-(betrug)	,(einzelne=)eine-die

לַחֹדֶשׁ	הָרִאשׁוֹנָה	הַמַּחֲלֹקֶת	עַל 2
laḥodɛš	hɔriʾšoʷnɔʰ	hammaḥᵃloqɛt	ʿal
,Monat-den-(für=)zu	,erste-die	,Abteilung-die	(für-Zuständig=)Auf

וְעַל	בֶּן־זַבְדִּיאֵל	יָשָׁבְעָם	הָרִאשׁוֹן
wᵊʿal	zabᵊdiʸʾel-bɛn	yɔšobᵊʿɔm	hɔriʾšoʷn
(bei=)auf-und	,Sabdiël(s)-Sohn	Jaschobeam-(war)	,erste(n)-(den=)der

מִן־ 3	אָלֶף׃	וְאַרְבָּעָה	עֶשְׂרִים	מַחֲלֻקְתּוֹ
-min	ʾɔlɛp.	wᵊʾarᵊbɔʿɔʰ	ʿɛśᵊriʸm	maḥᵃluqᵊtoʷ
von	;tausend	-vier-und	-zwanzig-(waren)	Abteilung-seine(r)

שָׂרֵי	לְכָל־	הָרֹאשׁ	בְּנֵי־פֶרֶץ
śɔreʸ	-lᵊkol	hɔroʾš	pɛrɛṣ-bᵊneʸ
Obere(n)	(aller=)all-zu	(Ober)haupt-das-(er-war)	Perez-(des)-Söhne(n)-(den)

הָרִאשׁוֹן׃	לַחֹדֶשׁ	הַצְּבָאוֹת
hɔriʾšoʷn.	laḥodɛš	haṣṣᵊbɔʾoʷt
.erste(n)-(den=)der	,Monat-den-(für=)zu	Heere-(der=)die

הַחֹדֶשׁ	מַחֲלֹקֶת	וְעַל 4
haḥodɛš	maḥᵃloqɛt	wᵊʿal
,Monat(s)-(des=)der	Abteilung-(die)	(für-zuständig=)auf-Und

הָאֲחוֹחִי	דּוֹדַי	הַשֵּׁנִי
hɔʾᵃḥoʷḥiʸ	doʷday	haššeniʸ
,Achochiter-der	,Dodai-(war)	,zweite(n)-(des=)der

הַנָּגִיד	וּמִקְלוֹת	וּמַחֲלֻקְתּוֹ
hannɔgiʸd	uʷmiqᵊloʷt	uʷmaḥᵃluqᵊtoʷ
.Fürst-der	,Miklot-(ferner=)und-(war)	Abteilung-seine(r)-(von)-und

וְעַל wᵊᶜal (bei=)auf-Und
מַחֲלֻקְתּוֹ maḥaluqᵊtoʷ Abteilung-seine(r)
עֶשְׂרִים ᶜεśᵊriʸm -zwanzig-(waren)
וְאַרְבָּעָה wᵊʾarᵊbɔᶜɔʰ -vier-und
אָלֶף׃ ʾɔlεp. .tausend

5 שַׂר śar Befehlshaber
הַצָּבָא haṣṣɔbɔʾ ,Heer(es)-(des=)das
הַשְּׁלִישִׁי haššᵊliʸšiʸ ,dritte(n)-(des=)der
לַחֹדֶשׁ laḥodεš ,Monat-den-(für=)zu-(war)
הַשְּׁלִישִׁי haššᵊliʸšiʸ ,dritte(n)-(den=)der
בְּנָיָהוּ bᵊnɔyɔhuʷ Benaja(hu)
בֶּן־יְהוֹיָדָע yᵊhoʷyɔdɔᶜ-bεn ,J(eh)ojada(s)-Sohn
הַכֹּהֵן hakkohen ,Priester(s)-(des=)der
רֹאשׁ roʾš .(Ober)haupt-(als)
וְעַל wᵊᶜal (bei=)auf-Und
מַחֲלֻקְתּוֹ maḥaluqᵊtoʷ Abteilung-seine(r)
עֶשְׂרִים ᶜεśᵊriʸm -zwanzig-(waren)
וְאַרְבָּעָה wᵊʾarᵊbɔᶜɔʰ -vier-und
אָלֶף׃ ʾɔlεp. .tausend

6 הוּא huʷʾ (Jener=)Er
בְּנָיָהוּ bᵊnɔyɔhuʷ Benaja(hu)
גִּבּוֹר gibboʷr Held-(der-war)
הַשְּׁלֹשִׁים haššᵊlošiʸm Dreißig-(der=)die
וְעַל־ -wᵊᶜal (über-gesetzt=)auf-und
הַשְּׁלֹשִׁים haššᵊlošiʸm ,Dreißig-die
וּמַחֲלֻקְתּוֹ uʷmaḥaluqᵊtoʷ Abteilung-seine(r)-(von)-und
עַמִּיזָבָד ᶜammiʸzɔbɔd ,Amisabad-(war)
בְּנוֹ׃ bᵊnoʷ. .Sohn-sein

7 הָרְבִיעִי hɔrᵊbiʸᶜiʸ ,Vierte-Der
לַחֹדֶשׁ laḥodεš ,Monat-den-(für=)zu
הָרְבִיעִי hɔrᵊbiʸᶜiʸ ,vierte(n)-(den=)der
עֲשָׂה־אֵל ʾel-ᶜaśɔʰ ,(Elasa=)El-Asa-(war)
אֲחִי ʾaḥiʸ (von)-Bruder-(der)
יוֹאָב yoʷʾɔb ,Joab
וּזְבַדְיָה uʷzᵊbadᵊyɔʰ ,Sebadja-und
בְּנוֹ bᵊnoʷ ,Sohn-sein
אַחֲרָיו ʾaḥᵃrɔʸw ;ihm-nach
וְעַל wᵊᶜal (bei=)auf-und
מַחֲלֻקְתּוֹ maḥaluqᵊtoʷ Abteilung-seine(r)
עֶשְׂרִים ᶜεśᵊriʸm -zwanzig-(waren)
וְאַרְבָּעָה wᵊʾarᵊbɔᶜɔʰ -vier-und
אָלֶף׃ ʾɔlεp. .tausend

8 הַחֲמִישִׁי haḥamiʸšiʸ ,Fünfte-Der
לַחֹדֶשׁ laḥodεš ,Monat-den-(für=)zu
הַחֲמִישִׁי haḥᵃmiʸšiʸ ,fünfte(n)-(den=)der
הַשַּׂר haśśar Befehlshaber-der-(war)
שַׁמְהוּת šamᵊhuʷt Schamhut
הַיִּזְרָח hayyizᵊrɔḥ ;Jisrach-(von=)der

וְעַל	מַחֲלֻקְתּוֹ	עֶשְׂרִים	וְאַרְבָּעָה	אָלֶף׃
wᵊʿal	maḥᵃluqᵊtoʷ	ʿɛśᵊriʸm	wᵊʾarᵊbɔʿɔʰ	ʾɔlɛp.
(bei=)auf-und	Abteilung-seine(r)	-zwanzig-(waren)	-vier-und	.tausend

9 הַשִּׁשִּׁי	לַחֹדֶשׁ	הַשִּׁשִּׁי	עִירָא
haššiššiʸ	laḥodɛš	haššiššiʸ	ʿiʸrɔʾ
,Sechste-Der	,Monat-den-(für=)zu	,sechste(n)-(den=)der	Ira-(war)

בֶּן־עִקֵּשׁ	הַתְּקוֹעִי	וְעַל	מַחֲלֻקְתּוֹ
ʿiqqeš-bɛn	hattᵊqoʷʿiʸ	wᵊʿal	maḥᵃluqᵊtoʷ
,Ikkesch(s)-Sohn	.Tekoïter-der	(bei=)auf-Und	Abteilung-seine(r)

עֶשְׂרִים	וְאַרְבָּעָה	אָלֶף׃	10 הַשְּׁבִיעִי	לַחֹדֶשׁ
ʿɛśᵊriʸm	wᵊʾarᵊbɔʿɔʰ	ʾɔlɛp.	haššᵊbiʸʿiʸ	laḥodɛš
-zwanzig-(waren)	-vier-und	.tausend	,Siebte-Der	,Monat-den-(für=)zu

הַשְּׁבִיעִי	חֶלֶץ	הַפְּלוֹנִי	מִן־
haššᵊbiʸʿiʸ	ḥɛlɛṣ	happᵊloʷniʸ	-min
,siebte(n)-(den=)der	,(Helez=)Chelez-(war)	,Peloniter-der	von

בְּנֵי	אֶפְרָיִם	וְעַל	מַחֲלֻקְתּוֹ
bᵊneʸ	ʾɛpᵊrɔyim	wᵊʿal	maḥᵃluqᵊtoʷ
Söhne(n)-(den)	.Ephraim(s)	(bei=)auf-Und	Abteilung-seine(r)

עֶשְׂרִים	וְאַרְבָּעָה	אָלֶף׃	11 הַשְּׁמִינִי	לַחֹדֶשׁ
ʿɛśᵊriʸm	wᵊʾarᵊbɔʿɔʰ	ʾɔlɛp.	haššᵊmiʸniʸ	laḥodɛš
-zwanzig-(waren)	-vier-und	.tausend	,Achte-Der	,Monat-den-(für=)zu

הַשְּׁמִינִי	סִבְּכַי	הַחֻשָׁתִי
haššᵊmiʸniʸ	sibbᵊkay	haḥušɔtiʸ
,achte(n)-(den=)der	,Sibbechai-(war)	,(Huschatiter=)Chuschatiter-der

לַזַּרְחִי	וְעַל	מַחֲלֻקְתּוֹ
lazzarᵊḥiʸ	wᵊʿal	maḥᵃluqᵊtoʷ
.Sarchiter(stamm)-dem-zu(gehörig)	(bei=)auf-Und	Abteilung-seine(r)

עֶשְׂרִים	וְאַרְבָּעָה	אָלֶף׃	12 הַתְּשִׁיעִי	לַחֹדֶשׁ
ʿɛśᵊriʸm	wᵊʾarᵊbɔʿɔʰ	ʾɔlɛp.	hattᵊšiʸʿiʸ	laḥodɛš
-zwanzig-(waren)	-vier-und	.tausend	,Neunte-Der	,Monat-den-(für=)zu

הַתְּשִׁיעִי	אֲבִיעֶזֶר	הָעַנְּתֹתִי
hattᵊšiʸʿiʸ	ʾᵃbiʸʿɛzɛr	hɔʿannᵊtotiʸ
,(neunten-den=)neunte-der	,Abiëser-(war)	Anatotiter-der

לְבִנְיָמִינִי
labbɛnᵊyᵊmiʸniʸ
Benjamiter(stamm)-dem-(von=)zu

[לַבֵּן יְמִינִי] וְעַל
wᵊʿal [yᵊmiʸniʸ labben]
(bei=)auf-Und .[Jemini(s)-Sohn(es-des)-(Stamm)-dem-(von=)zu]

מַחֲלֻקְתּוֹ עֶשְׂרִים וְאַרְבָּעָה אָלֶף׃ 13 הָעֲשִׂירִי
hɔʿᵃśiʸriʸ ʾɔlɛp. wᵊʾarᵊbɔʿɔʰ ʿɛśᵊriʸm maḥᵃluqᵊtoʷ
,Zehnte-Der .tausend -vier-und -zwanzig-(waren) Abteilung-seine(r)

לַחֹדֶשׁ הָעֲשִׂירִי מַהְרַי הַנְּטוֹפָתִי
hannᵊṭoʷpɔtiʸ mahᵊray hɔʿᵃśiʸriʸ laḥodɛš
,Netophatiter-der ,Mahrai-(war) ,zehnte(n)-(den=)der ,Monat-den-(für=)zu

לַזַּרְחִי וְעַל מַחֲלֻקְתּוֹ
maḥᵃluqᵊtoʷ wᵊʿal lazzarᵊḥiʸ
Abteilung-seine(r) (bei=)auf-Und .Sarchiter(stamm)-dem-zu(gehörig)

עֶשְׂרִים וְאַרְבָּעָה אָלֶף׃ 14 עַשְׁתֵּי־עָשָׂר
ʿɔśɔr-ʿašᵊteʸ ʾɔlɛp. wᵊʾarᵊbɔʿɔʰ ʿɛśᵊriʸm
,(Elfte-Der=)zehn-Eins .tausend -vier-und -zwanzig-(waren)

לְעַשְׁתֵּי־עָשָׂר הַחֹדֶשׁ בְּנָיָה הַפִּרְעָתוֹנִי מִן־
-min happirᵊʿɔtoʷniʸ bᵊnɔyɔʰ haḥodɛš ʿɔśɔr-lᵊʿašᵊteʸ
von Piratoniter-der ,Benaja-(war) ,Monat(s=)der (elften=)zehn-eins-(des=)zu

בְּנֵי אֶפְרָיִם וְעַל מַחֲלֻקְתּוֹ
maḥᵃluqᵊtoʷ wᵊʿal ʾɛpᵊrɔyim bᵊneʸ
Abteilung-seine(r) (bei=)auf-Und .Ephraim(s) Söhne(n)-(den)

עֶשְׂרִים וְאַרְבָּעָה אָלֶף׃ 15 הַשְּׁנֵים עָשָׂר
ʿɔśɔr haššᵊneʸm ʾɔlɛp. wᵊʾarᵊbɔʿɔʰ ʿɛśᵊriʸm
,(Zwölfte=)zehn-zwei-Der .tausend -vier-und -zwanzig-(waren)

לִשְׁנֵים עָשָׂר הַחֹדֶשׁ חֶלְדַּי
ḥɛlᵊday haḥodɛš ʿɔśɔr lišᵊneʸm
,(Heldai=)Cheldai-(war) ,Monat(s=)der (zwölften-des=)zehn-zwei-zu

הַנְּטוֹפָתִי לְעָתְנִיאֵל וְעַל מַחֲלֻקְתּוֹ
maḥᵃluqᵊtoʷ wᵊʿal lᵊʿotᵊniʸʾel hannᵊṭoʷpɔtiʸ
Abteilung-seine(r) (bei=)auf-Und .Otniël-(von=)zu Netophatiter-der

16 וְעַל	אָלֶף׃	וְאַרְבָּעָה	עֶשְׂרִים
wᵊʿal	ʾɔlɛp.	wᵊʾarᵊbɔʿɔʰ	ʿɛśᵊriʸm
(für-zuständig=)auf-Und	.tausend	-vier-und	-zwanzig-(waren)

לָרְאוּבֵנִי	יִשְׂרָאֵל	שִׁבְטֵי
lɔrʾuʷbeniʸ	yiśᵊrɔʾel	šibᵊṭeʸ
Rubeniter(stamm)-(dem)-(von=)zu	(waren)-Israel	(von)-Stämme-(die)

לַשִּׁמְעוֹנִי	בֶּן־זִכְרִי	אֱלִיעֶזֶר	נָגִיד
laššimᵊʿoʷniʸ	zikᵊriʸ-bɛn	ʾᵋliʸʿɛzɛr	nɔgiʸd
(Simeoniter=)Schimeoniter-(dem)-(von=)zu	;Sichri(s)-Sohn	Eliëser	Fürst-(als)

בֶּן־קְמוּאֵל	חֲשַׁבְיָה	17 לְלֵוִי	בֶּן־מַעֲכָה׃	שְׁפַטְיָהוּ
qᵊmuʷʾel-bɛn	ḥᵃšabᵊyɔʰ	lᵊlewiʸ	maʿᵃkɔʰ-bɛn.	šᵊpaṭᵊyɔhuʷ
;Kemuel(s)-Sohn	Chaschabja	Levi-(von=)zu	;Maacha(s)-Sohn	Schephatja(hu)

מֵאֲחֵי	אֱלִיהוּ	18 לִיהוּדָה	צָדוֹק׃	לְאַהֲרֹן
meʾᵃḥeʸ	ʾᵋliʸhuʷ	liʸhuʷdɔʰ	ṣɔdoʷq.	lᵊʾahᵃron
Brüder(n)-(den)-von-(einer)	,Elihu	Juda-(von=)zu	;Zadok	Aaron-(von=)zu

בֶּן־מִיכָאֵל׃	עָמְרִי	לְיִשָּׂשכָר	דָּוִיד
miʸkɔʾel-bɛn.	ʿɔmᵊriʸ	lᵊyiśɔkɔr	dɔwiʸd
;Michael(s)-Sohn	Omri	Jis(s)achar-(von=)zu	;David(s)

בֶּן־עֹבַדְיָהוּ	יִשְׁמַעְיָהוּ	19 לִזְבוּלֻן
ʿobadᵊyɔhuʷ-bɛn	yišᵊmaʿᵊyɔhuʷ	lizᵊbuʷlun
;Abadjahu(s)-Sohn	Jischmaja(hu)	(Sebulon=)Sebulun-(von=)zu

20 לִבְנֵי	בֶּן־עַזְרִיאֵל׃	יְרִימוֹת	לְנַפְתָּלִי
libᵊneʸ	ʿazᵊriʸʾel-bɛn.	yᵊriʸmoʷt	lᵊnapᵊtɔliʸ
Söhne(n)-(den)-(von=)zu	;Asriel(s)-Sohn	Jerimot	Naphtali-(von=)zu

לַחֲצִי	בֶּן־עֲזַזְיָהוּ	הוֹשֵׁעַ	אֶפְרַיִם
laḥᵃṣiʸ	ʿᵃzazᵊyɔhuʷ-bɛn	hoʷšeaʿ	ʾɛpᵊrayim
Hälfte-(der=)die-(von=)zu	;Asasjahu(s)-Sohn	Hoschea	Ephraim(s)

בֶּן־פְּדָיָהוּ׃	יוֹאֵל	מְנַשֶּׁה	שֵׁבֶט
pᵊdɔyɔhuʷ-bɛn.	yoʷʾel	mᵊnaššɛʰ	šɛbɛṭ
;Pedajahu(s)-Sohn	Joël	(Manasse=)Menaschsche	Stamm(es)-(des)

הַמְנַשֶּׁה	21 לַחֲצִי
hamᵊnaššɛʰ	laḥᵃṣiʸ
(Menasse=)Menaschsche-(des=)der	Hälfte-(anderen)-(der=)die-(von=)zu

יַעֲשִׂיאֵל	לְבִנְיָמִן	בֶּן־זְכַרְיָהוּ	יִדּוֹ	גִּלְעָדָה
yaᶜᵃśiʸᵓel	lᵊbinᵊyɔmin	zᵊkarᵊyɔhuʷ-bɛn	yiddoʷ	gilᵊᶜɔdɔʰ
Jaasiël	Benjamin-(von=)zu	;Secharjahu(s)-Sohn	Jiddo	Gilead-in

בֶּן־יְרֹחָם	עֲזַרְאֵל	22 לְדָן	בֶּן־אַבְנֵר׃
yᵊroḥɔm-bɛn	ᶜᵃzarᵊᵓel	lᵊdɔn	ᵓabᵊner-bɛn.
.Jerocham(s)-Sohn	Asarel	Dan-(von=)zu	;Abner(s)-Sohn

יִשְׂרָאֵל׃	שִׁבְטֵי	שָׂרֵי	אֵלֶּה
yiśᵊrɔᵓel.	šibᵊṭeʸ	śɔreʸ	ᵓellɛʰ
.Israel(s)	Stämme(n)-(den)	(von)-Fürsten-(die)	(waren-Das=)Diese

מִסְפָּרָם	דָּוִיד	נָשָׂא	23 וְלֹא־
misᵊpɔrɔm	dɔwiʸd	nɔśɔᵓ	-wᵊloᵓ
Zahl-ihre	David	(zählte=)erhob-(es=er)	nicht-(Aber=)Und

שָׁנָה	עֶשְׂרִים	לְמִבֶּן
šɔnɔʰ	ᶜɛśᵊriʸm	lᵊmibbɛn
(jährigen=)Jahr	-zwanzig	(Sohn)-(einem)-von-(nämlich=)zu

יְהוָה	אָמַר	כִּי	וּלְמָטָּה
yᵊhwɔʰ	ᵓɔmar	kiʸ	uʷlᵊmɔṭṭɔʰ
JHWH	gesprochen-hat(te)-(es=)er	denn	,(darunter=)abwärts-zu-und

הַשָּׁמָיִם׃	כְּכוֹכְבֵי	אֶת־יִשְׂרָאֵל	לְהַרְבּוֹת
haššɔmɔyim.	kᵊkoʷkᵊbeʸ	yiśᵊrɔᵓel-ᵓɛt	lᵊharᵊboʷt
.Himmel-(der=)die	Sterne-(die)-wie	Israel***	(mehren=)vielmachen-zu

וְלֹא	לִמְנוֹת	הֵחֵל	בֶּן־צְרוּיָה	24 יוֹאָב
wᵊloᵓ	limᵊnoʷt	heḥel	ṣᵊruʷyɔʰ-bɛn	yoʷᵓɔb
nicht-(aber=)und	,zählen-zu	begonnen-hat(te)-(er)	Zeruja(s)-Sohn	Joab

בְּזֹאת	וַיְהִי	כִּלָּה
bɔzoᵓt	wayᵊhiʸ	killɔʰ
Sache-diese(r)-(wegen=)in	(kam=)war-(es=er)-(da=)und	,vollendet-(es)-hatte-er

וְלֹא	יִשְׂרָאֵל	עַל־	קֶצֶף
wᵊloᵓ	yiśᵊrɔᵓel	-ᶜal	qɛṣɛp
nicht-(also=)und	;Israel	(über=)auf	Zorn

בְּמִסְפַּר	הַמִּסְפָּר	עָלָה
bᵊmisᵊpar	hammisᵊpɔr	ᶜɔlɔʰ
Aufzählung-(die)-in	Zahl-die	(aufgenommen-wurde=)auf-stieg-(es=er)

דָּוִיד׃ לַמֶּלֶךְ הַיָּמִים דִּבְרֵי־

dɔwiʸd. lammɛlɛk hayyɔmiʸm -dibᵊreʸ

.David König(s)-(des=)zu (Zeit=)Tage-(der=)die (Ereignisse=)Worte-(der)

הַמֶּלֶךְ אֹצְרוֹת וְעַל 25

hammɛlɛk ʾoṣᵊroʷt wᵊʿal

König(s)-(des=)der Schatzkammer(n)-(die) (für-zuständig=)auf-Und

הָאֹצָרוֹת וְעַל בֶּן־עֲדִיאֵל עַזְמָוֶת

hɔʾoṣɔroʷt wᵊʿal ʿᵃdiʸʾel-bɛn ʿazᵊmɔwɛt

(Vorräte=)Schatzkammern-die (für=)auf-und ,Adiël(s)-Sohn Asmawet-(war)

וּבַכְּפָרִים בֶּעָרִים בַּשָּׂדֶה

uʷbakkᵊpɔriʸm bɛʿɔriʸm baśśɔdɛʰ

Dörfer(n)-(den=)die-in-und Städten-den-in ,Feld-dem-(auf=)in

בֶּן־עֻזִּיָּהוּ׃ יְהוֹנָתָן וּבַמִּגְדָּלוֹת

ʿuzziʸyɔhuʷ-bɛn. yᵊhoʷnɔtɔn uʷbammigᵊdɔloʷt

.Ussiahu(s)-Sohn J(eh)onatan (Festungen=)Türmen-(den=)die-in-und

מְלֶאכֶת עֹשֵׂי וְעַל 26

mᵊlɛʾkɛt ʿośeʸ wᵊʿal

(Arbeit-die=)Werk-(das) (Ausführenden=)Machende(n)-(die) (für=)auf-Und

עֶזְרִי הָאֲדָמָה לַעֲבֹדַת הַשָּׂדֶה

ʿɛzᵊriʸ hɔʾᵃdɔmɔʰ laʿᵃbodat haśśɔdɛʰ

Esri :Ackererde-(der=)die (Bestellung-die-für=)Dienst-zu ,Feld(es)-(des=)das

הָרָמָתִי שִׁמְעִי הַכְּרָמִים וְעַל־ 27 בֶּן־כְּלוּב׃

hɔrɔmɔtiʸ šimᵊʿiʸ hakkᵊrɔmiʸm -wᵊʿal kᵊluʷb-bɛn.

;Ramatiter-der ,Schimeï :Weingärten-die (für=)auf-und ;Kelub(s)-Sohn

לְאֹצְרוֹת שֶׁבַּכְּרָמִים וְעַל

lᵊʾoṣᵊroʷt šɛbbakkᵊrɔmiʸm wᵊʿal

Vorräte(n)-(an=)zu (war)-Weingärten-den-in-(was,das=)welch(es) (für=)auf-und

הַזֵּיתִים וְעַל־ 28 הַשִּׁפְמִי׃ זַבְדִּי הַיַּיִן

hazzeʸtiʸm -wᵊʿal haššipᵊmiʸ. zabᵊdiʸ hayyayin

Ölbäume-die (für=)auf-Und .Schiphmiter-der ,Sabdi :Wein(es)-(des=)der

בַּעַל בַּשְּׁפֵלָה אֲשֶׁר וְהַשִּׁקְמִים

baʿal baššᵊpelɔʰ ʾᵃšɛr wᵊhaššiqᵊmiʸm

-Baal :(waren)-Niederung-der-in (die=)welch(e) ,Maulbeerfeigenbäume-und

יוֹעָשׁ׃	הַשֶּׁמֶן	אֹצְרוֹת	וְעַל־	הַגְּדֵרִי	חָנָן
yoʷᶜɔš.	haššɛmɛn	ᵓoṣᵊroʷt	-wᵊᶜal	haggᵊderiʸ	ḥɔnɔn
;Joasch	:Öl-(an=)das	Vorräte-(die)	(für=)auf-und	;Gederiter-der	,Chanan

בַּשָּׁרוֹן	הָרֹעִים	הַבָּקָר	29 וְעַל־
baššɔroʷn	hɔroᶜiʸm	habbɔqɔr	-wᵊᶜal
:Scharon-im	weidenden-die	,Rind(er)-(die=)das	(für=)auf-und

הַבָּקָר	וְעַל־	הַשָּׁרוֹנִי	שִׁטְרַי[שִׁרְטַי]
habbɔqɔr	-wᵊᶜal	haššɔroʷniʸ	[širᵊṭay]šiṭᵊray
,Rind(er)-(die=)das	(für=)auf-und	;Scharoniter-der	,[Schirtai=]Schitrai

הַגְּמַלִּים	30 וְעַל־	בֶּן־עַדְלָי׃	שָׁפָט	בָּעֲמָקִים
haggᵊmalliʸm	-wᵊᶜal	ᶜadᵊlɔy-bɛn.	šɔpɔṭ	bɔᶜᵃmɔqiʸm
:Kamele-die	(für=)auf-und	;Adlai(s)-Sohn	Schaphat	:Täler(n)-(den=)die-in

יֶחְדְּיָהוּ	הָאֲתֹנוֹת	וְעַל־	הַיִּשְׁמְעֵלִי	אוֹבִיל
yɛḥᵊdᵊyɔhuʷ	hɔᵓᵃtonoʷt	-wᵊᶜal	hayyišᵊmᵊᶜeliʸ	ᵓoʷbiʸl
Jechdeja(hu)	:Eselinnen-die	(für=)auf-und	;Jischmaeliter-der	,Obil

הַהַגְרִי	יָזִיז	הַצֹּאן	31 וְעַל־	הַמֵּרֹנֹתִי׃
hahagᵊriʸ	yɔziʸz	haṣṣoᵓn	-wᵊᶜal	hammeronotiʸ.
.Hagriter-der	,Jasis	:(Kleinvieh)herde-die	(für=)auf-und	;Meronotiter-der

אֲשֶׁר	הָרְכוּשׁ	שָׂרֵי	אֵלֶּה	כָּל־
ᵓᵃšɛr	hɔrᵊkuʷš	śɔreʸ	ᵓellɛʰ	-kol
welch(er)	,Besitz-(den=)der	(über)-Vorsteher-(waren)	diese	All(e)

דּוֹד־	32 וִיהוֹנָתָן	דָּוִיד׃	לַמֶּלֶךְ
-doʷd	wiʸhoʷnɔtɔn	dɔwiʸd.	lammɛlɛk
Onkel-(der)	,Jonatan-(Aber=)Und	.David	König-(dem)-(gehörte=)zu

מֵבִין	אִישׁ־	יוֹעֵץ	דָּוִיד
mebiʸn	-ᵓiʸš	yoʷᶜeṣ	dɔwiʸd
,verständiger	Mann-(ein)	,(Berater=)Beratender-(war)	,David(s)

בֶּן־חַכְמוֹנִי	וִיחִיאֵל	הוּא	וְסוֹפֵר
ḥakᵊmoʷniʸ-bɛn	wiʸḥiʸᵓel	huʷᵓ	wᵊsoʷper
Hachmoni(s)-Sohn	Jechiël-und	;(war)-er	(Staats)schreiber-und

33 וַאֲחִיתֹפֶל	הַמֶּלֶךְ׃	בְּנֵי	עִם־
waᵓᵃḥiʸtopɛl	hammɛlɛk.	bᵊneʸ	-ᶜim
Achitophel-(Auch=)Und	.König(s)-(des=)der	Söhne(n)-(den)	(bei=)mit-(war)

יוֹעֵץ yoʷᶜeṣ (Berater=)Beratender-(war)
לַמֶּלֶךְ lammɛlɛk ,König(s)-(des=)zu
וְחוּשַׁי wᵊḥuʷšay ,Chuschai-und
הָאַרְכִּי hɔʾarᵊkiʸ ,Arkiter-der

רֵעַ reaᶜ Vertrauter-(war)
הַמֶּלֶךְ׃ hammɛlɛk. .König(s)-(des=)der
34 וְאַחֲרֵי wᵊʾaḥᵃreʸ nach-Und
אֲחִיתֹפֶל ʾᵃḥiʸtopɛl Achitophel
יְהוֹיָדָע yᵊhoʷyɔdɔᶜ Jojada-(kam)

בֶּן־בְּנָיָהוּ bᵊnɔyɔhuʷ-bɛn Benajahu(s)-Sohn
וְאֶבְיָתָר wᵊʾɛbᵊyɔtɔr ;Ebjatar-und
וְשַׂר־ -wᵊśar Ober(st)er-(hingegen=)und
צָבָא ṣɔbɔʾ Heer(es)-(des)

לַמֶּלֶךְ lammɛlɛk König(s)-(des=)zu
יוֹאָב׃ yoʷʾɔb. .Joab-(war)

28

1 וַיַּקְהֵל wayyaqᵊhel versammelte-(es=)er-Und
דָּוִיד dɔwiʸd David
אֶת־כָּל־שָׂרֵי śɔreʸ-kol-ʾɛt (von)-Ober(st)e(n)-all(e)***

יִשְׂרָאֵל yiśᵊrɔʾel :Israel
שָׂרֵי śɔreʸ Ober(st)e(n)-(die)
הַשְּׁבָטִים haššᵊbɔṭiʸm Stämme-(der=)die
וְשָׂרֵי wᵊśɔreʸ Ober(st)e(n)-(die)-und

הַמַּחְלְקוֹת hammaḥᵊlᵊqoʷt ,Abteilungen-(der=)die
הַמְשָׁרְתִים hamᵊšɔrᵊtiʸm (waren)-dienend(e)-die
אֶת־הַמֶּלֶךְ hammɛlɛk-ʾɛt ,König-(dem=)der***

וְשָׂרֵי wᵊśɔreʸ Ober(st)e(n)-(die)-und
הָאֲלָפִים hɔʾᵃlɔpiʸm Tausend(schaften)-(der=)die
וְשָׂרֵי wᵊśɔreʸ Ober(st)e(n)-(die)-und

הַמֵּאוֹת hammeʾoʷt Hundert(schaften)-(der=)die
וְשָׂרֵי wᵊśɔreʸ (über)-Obere(n)-(die)-und
כָל־ -kol all(es)
רְכוּשׁ־ -rᵊkuʷš Eigentum

וּמִקְנֶה uʷmiqᵊnɛʰ (Viehbestand=)Besitz-(den)-und
לַמֶּלֶךְ lammɛlɛk König(s)-(des=)zu

וּלְבָנָיו uʷlᵊbɔnɔʸw ,Söhne(n)-seine(n)-(von=)zu-und
עִם־ -ᶜim (samt=)mit
הַסָּרִיסִים hassɔriʸsiʸm Höflinge(n)-(den=)die

חַ֣יִל	גִּבּ֖וֹר	וּלְכָל־	וְהַגִּבּוֹרִ֔ים
ḥɔyil	gibboʷr	-uʷlᵊkɔl	wᵊhaggibboʷriʸm
Heer(es)-(des)	Tapferen	(jedem=)all-(von=)zu-und	Helden-(den=)die-und

עַל־	הַמֶּ֙לֶךְ֙	דָּוִ֤יד	2 וַיָּ֨קָם	יְרוּשָׁלָֽם׃	אֶל־
-ʿal	hammɛlɛk	dɔwiʸd	wayyɔqom	yᵊruʷšɔlɔim.	-ʾɛl
auf	,König-der	,David	auf-stand-(es=)er-Und	.Jerusalem	zu

אַחַ֣י	שְׁמָע֖וּנִי	וַיֹּ֕אמֶר	רַגְלָ֔יו
ʾaḥay	šᵊmɔʿuʷniʸ	wayyoʾmɛr	ragᵊlɔʸw
Brüder-meine	,mich-(an)-Hört	:sprach-(er)-und	Füße-(zwei)-seine

לִבְנ֑וֹת	עִם־לְבָבִ֗י	אֲנִ֣י	וְעַמִּ֔י
libᵊnoʷt	lᵊbɔbiʸ-ʿim	ʾᵃniʸ	wᵊʿammiʸ
bauen-zu	(Sinn-im-habe=)Herz(en)-mein(em)-(in=)mit	Ich	!Volk-mein-und

בְּרִית־	לַאֲר֣וֹן	מְנוּחָ֡ה	בֵּ֣ית
-bᵊriʸt	laʾᵃroʷn	mᵊnuʷḥɔʰ	beʸt
Bund(es)-(des)	(Schrein-den=)Lade-die-(für=)zu	Ruhestatt	(als)-Haus-(ein)

רַגְלֵ֣י	וְלַהֲדֹם֙	יְהוָ֗ה
ragᵊleʸ	wᵊlahᵃdom	yᵊhwɔʰ
Füße-(zwei)-(der)	Schemel-den-(für=)zu-und	JHWH

אֱלֹהֵ֔ינוּ
ʾᵋloheʸnuʷ
,(Gottes-unseres=)Götter-unsere(r)

לִבְנֽוֹת׃	וַהֲכִינ֖וֹתִי
libᵊnoʷt.	wahᵃkiʸnoʷtiʸ
.bauen-zu-(um)	(getroffen-Vorbereitungen=)bereitgestellt-habe-ich-und

לֹא־	לִ֔י	אָ֣מַר	3 וְהָאֱלֹהִים֙
-loʾ	liʸ	ʾɔmar	wᵊhɔʾᵋlohiʸm
Nicht	:mir-zu	sprach-(es=er)	(Gott=)Götter-die-(Hingegen=)Und

כִּ֣י	לִשְׁמִ֑י	בַ֙יִת֙	תִבְנֶ֤ה
kiʸ	lišᵊmiʸ	bayit	tibᵊnɛʰ
denn	,Name(n)-(meinem=)mein-zu	Haus-(ein)	erbauen-(sollst=)wirst-du

שָׁפָֽכְתָּ׃	וְדָמִ֥ים	אַ֖תָּה	מִלְחָמ֛וֹת	אִ֣ישׁ
šɔpɔkᵊtɔ.	wᵊdɔmiʸm	ʾattɔʰ	milᵊḥɔmoʷt	ʾiʸš
.vergossen-hast-du	Blut(e)-und	(bist)-du	Kriege-(der)	Mann-(ein)

אֱלֹהֵי	יְהוָה	4 וַיִּבְחַר
ʾᵉloheʸ	yᵊhwɔʰ	wayyibᵊḥar
(von)-(Gott-der=)Götter-(die)	,JHWH	erwählt-hat-(es=)er-(Doch=)Und

אָבִי	בֵּית־	מִכֹּל	בִּי	יִשְׂרָאֵל
ʾɔbiʸ	-beʸt	mikkol	biʸ	yiśᵊrɔʾel
Vater(s)-mein(es)	Haus	(ganzen-dem=)all-(aus=)von	(mich=)mir-in	,Israel

יִשְׂרָאֵל	עַל־	לְמֶלֶךְ	לִהְיוֹת
yiśᵊrɔʾel	-ʿal	lᵊmɛlɛk	lihᵊyoʷt
Israel	(über=)auf	König-(ein=)zu	(werden=)sein-zu

לְנָגִיד	בָּחַר	בִיהוּדָה	כִּי	לְעוֹלָם
lᵊnɔgiʸd	bɔḥar	biʸhuʷdɔʰ	kiʸ	lᵊʿoʷlɔm
Fürsten-zu(m)	erwählte-er	Juda-(***=)in	denn	;(Zeit-lange-auf=)ewig-zu

אָבִי	בֵּית	יְהוּדָה	וּבְבֵית
ʾɔbiʸ	beʸt	yᵊhuʷdɔʰ	uʷbᵊbeʸt
;Vater(s)-mein(es)	Haus-(das)	Juda	Haus(es)-(des)-(innerhalb=)in-und

רָצָה	בִּי	אָבִי	וּבִבְנֵי
rɔṣɔʰ	biʸ	ʾɔbiʸ	uʷbibᵊneʸ
Gefallen-fand-er	mir-(an=)in	Vater(s)-mein(es)	Söhne(n)-(den)-(unter=)in-und

יִשְׂרָאֵל׃	כָּל־	עַל־	לְהַמְלִיךְ
yiśᵊrɔʾel.	-kol	-ʿal	lᵊhamᵊliʸk
.Israel	(ganz=)all	(über=)auf	(König-zum=)herrschen-machen-zu

רַבִּים	כִּי	בָּנַי	5 וּמִכָּל־
rabbiʸm	kiʸ	bɔnay	-uʷmikkol
viele	(doch-wo=)denn —	Söhne(n)-meine(n)	all(en)-von-Und

וַיִּבְחַר	יְהוָה	לִי	נָתַן	בָּנִים
wayyibᵊḥar	yᵊhwɔʰ	liʸ	nɔtan	bɔniʸm
erwählte-er-(da=)und	— JHWH	mir-(zu)	gegeben-hat-(er)	(Kinder=)Söhne

עַל־	לָשֶׁבֶת	בְּנִי	בִּשְׁלֹמֹה
-ʿal	lɔšɛbɛt	bᵊniʸ	bišᵊlomoʰ
auf	(thronen=)sitzen-zu	,Sohn-mein(en)	,(Salomo=)Schlomo-(***=)in

יִשְׂרָאֵל׃	עַל־	יְהוָה	מַלְכוּת	כִּסֵּא
yiśᵊrɔʾel.	-ʿal	yᵊhwɔʰ	malᵊkuʷt	kisseʾ
.Israel	(über=)auf	JHWH(s)	Königsherrschaft-(der)	Thron-(dem)

הוּא־	בִנְךָ	שְׁלֹמֹה	לִי	6 וַיֹּאמֶר
-huʷʾ	binᵊkɔ	šᵊlomoʰ	liʸ	wayyoʾmɛr
,er	,Sohn-dein	,(Salomo=)Schlomo	:mir-zu	gesagt-hat-er-Und

בָּחַרְתִּי	כִּי־	וַחֲצֵרוֹתָי	בֵּיתִי	יִבְנֶה
bɔḥarᵊtiʸ	-kiʸ	waḥᵃṣeroʷtɔy	beʸtiʸ	yibᵊnɛʰ
erwählt-habe-ich	denn	,Höfe-meine-und	Haus-mein	erbauen-(soll=)wird-er

אֶהְיֶה־	וַאֲנִי	לְבֵן	לִי	בוֹ
-ʾɛhᵊyɛʰ	waʾᵃniʸ	lᵊben	liʸ	boʷ
sein-(will=)werde-ich	,ich-und	,Sohn-zu(m)	mir-(zu)	(ihn=)ihm-in

7 וַהֲכִינוֹתִי	לְאָב׃	לוֹ
wahᵃkiʸnoʷtiʸ	lᵊʾɔb.	loʷ
bestätigen-(will=)werde-ich-und	,Vater-(ein=)zu	(ihn-für=)ihm-zu

יֶחֱזַק	אִם־	עַד־לְעוֹלָם	אֶת־מַלְכוּתוֹ
yɛḥᵉzaq	-ʾim	lᵊʿoʷlɔm-ʿad	malᵊkuʷtoʷ-ʾɛt
fest-(bleibt=)ist-er	wenn	,(Zeit-lange-für=)ewig-zu-bis	Königtum-sein***

וּמִשְׁפָּטָי	מִצְוֹתַי	לַעֲשׂוֹת
uʷmišᵊpɔṭay	miṣᵊwotay	laʿᵃśoʷt
Rechtsvorschriften-meine(r)-und	Gebote-meine(r)	(Halten-im=)machen-zu

לְעֵינֵי	8 וְעַתָּה	הַזֶּה׃	כַּיּוֹם
lᵊʿeʸneʸ	wᵊʿattɔʰ	hazzɛʰ.	kayyoʷm
Augen-(den-vor=)zu	,nun-Und	.da-dies(em)	,Tag-(am=)der-(zeigt-sich-es)-wie

יְהוָה	קְהַל־	יִשְׂרָאֵל	כָּל־
yᵊhwɔʰ	-qᵊhal	yiśᵊrɔʾel	-kol
,JHWH(s)	Gemeinde-(der)	,Israel(s)	(ganz=)all

שִׁמְרוּ	אֱלֹהֵינוּ	וּבְאָזְנֵי
šimᵊruʷ	ʾᵋloheʸnuʷ	uʷbᵊʾɔzᵊneʸ
Beobachtet	:(Gottes-unseres=)Götter-unsere(r)	Ohren-(zwei)-(den)-(vor=)in-und

יְהוָה	מִצְוֹת	כָּל־	וְדִרְשׁוּ
yᵊhwɔʰ	miṣᵊwot	-kol	wᵊdirᵊšuʷ
,JHWH(s)	Gebote	all(e)	(erforschet=)suchet-und

תִּירְשׁוּ	לְמַעַן	אֱלֹהֵיכֶם
tiʸrᵊšuʷ	lᵊmaʿan	ʾᵋloheʸkɛm
besitzen-(stets-dürft=)werdet-ihr	damit	,(Gottes-eures=)Götter-eure(r)

הַטּוֹבָה	אֶת־הָאָרֶץ
haṭṭoʷbɔʰ	hɔʾɔrɛṣ-ʾɛt
,(schöne-das=)gute-die	,Land-das***

לִבְנֵיכֶם	וְהִנְחַלְתֶּם
libᵊneʸkɛm	wᵊhinᵊḥalᵊtɛm
Söhne-eure-(an=)zu	(vererben-könnt=)machen-erben-werdet-ihr-und

9 וְאַתָּה	עוֹלָם׃	עַד־	אַחֲרֵיכֶם
wᵊʾattɔʰ	ʿoʷlɔm.	-ʿad	ʾaḥᵃreʸkɛm
,du-Und	.(immer=)Ewigkeit	(für=)bis	euch-(nach=)hinter

אֶת־אֱלֹהֵי	דַּע	בְנִי	שְׁלֹמֹה־
ʾᵋloheʸ-ʾɛt	daʿ	bᵊniʸ	-šᵊlomoʰ
(Gott-den=)Götter-(die)***	erkenne	,Sohn-mein	,(Salomo=)Schelomo

בְּלֵב	וְעָבְדֵהוּ	אָבִיךָ
bᵊleb	wᵊʿobᵊdehuʷ	ʾɔbiʸkɔ
Herz-(mit=)in	(ihm=)ihn-dienen-(sollst=)wirst-du-und	Vater(s)-dein(es)

כָּל־	כִּי	חֲפֵצָה	וּבְנֶפֶשׁ	שָׁלֵם
-kol	kiʸ	ḥᵃpeṣɔʰ	uʷbᵊnɛpɛš	šɔlem
all(e)	denn	,willige(r)	Seele-(mit=)in-und	(ungeteiltem=)vollständig

וְכָל־	יְהוָה	דּוֹרֵשׁ	לְבָבוֹת
-wᵊkol	yᵊhwɔʰ	doʷreš	lᵊbɔboʷt
(jegliches=)all-(ist)-und	JHWH	(erforschend=)suchend(er)-(ist)	Herzen

תִּדְרְשֶׁנּוּ	אִם־	מֵבִין	מַחֲשָׁבוֹת	יֵצֶר
tidᵊrᵊšɛnnuʷ	-ʾim	mebiʸn	maḥᵃšɔboʷt	yeṣɛr
,ihn-suchst-du	wenn	;(be)merkend(er)	Gedanken-(der)	Gebilde

וְאִם־	לָךְ	יִמָּצֵא
-wᵊʾim	lɔk	yimmɔṣeʾ
wenn-(doch=)und	,dir-(von=)zu	(lassen-finden-sich=)gefunden-wird-er

10 רְאֵה	לָעַד׃	יַזְנִיחֲךָ	תַּעַזְבֶנּוּ
rᵊʾeʰ	lɔʿad.	yazᵊniʸḥᵃkɔ	taʿazᵊbɛnnuʷ
Sieh	.(Dauer-auf=)Ewigkeit-zu	dich-verwerfen-wird-er	,ihn-verlässt-du

בַּיִת	לִבְנוֹת־	בְּךָ	בָּחַר	יְהוָה	כִּי־	עַתָּה
bayit	-libᵊnoʷt	bᵊkɔ	bɔḥar	yᵊhwɔʰ	-kiʸ	ʿattɔʰ
Haus-(ein)	bauen-zu	dich-(in)	erwählt-hat-(es=er)	JHWH	denn	,nun

לַמִּקְדָּשׁ
lammiq^{ə}dɔš
;Heiligtum-(als=)zum

חֲזַק
ḥ^{a}zaq
stark-sei

וַעֲשֵׂה׃
wa^{ʿa}śe^{h}.
!(handle=)mache-und

11 וַיִּתֵּן
wayyitten
(an)-gab-(es=er)-(Dann=)Und

דָּוִיד
dɔwi^{y}d
David

לִשְׁלֹמֹה
liš^{ə}lomo^{h}
,(Salomo=)Schelomo-(dem=)zu

בְּנוֹ
b^{ə}no^{w}
,Sohn-sein(em)

אֶת־תַּבְנִית
tab^{ə}ni^{y}t-ʾɛt
Bauart-(die)***

הָאוּלָם
hɔʾu^{w}lɔm
Vorhalle-(der=)die

וְאֶת־בָּתָּיו
bɔttɔ^{y}w-w^{ə}ʾɛt
(Räume-ihrer=)Häuser-seine(r)***und

וְגַנְזַכָּיו
w^{ə}gan^{ə}zakkɔ^{y}w
Schatzkammern-(ihrer=)seine(r)-und

וַעֲלִיֹּתָיו
wa^{ʿa}li^{y}yotɔ^{y}w
Obergemächer-(ihrer=)seine(r)-und

וַחֲדָרָיו
waḥ^{a}dɔrɔ^{y}w
,Innenräume-(ihrer=)seine(r)-und

הַפְּנִימִים
happ^{ə}ni^{y}mi^{y}m
,inner(st)en-die

וּבֵית
u^{w}be^{y}t
(mit)-Haus-(das)-und

הַכַּפֹּרֶת׃
hakkapporɛt.
,Deckplatte-der

12 וְתַבְנִית
w^{ə}tab^{ə}ni^{y}t
Bauart-(die)-und

כֹּל
kol
all(es)

אֲשֶׁר
ʾ^{a}šɛr
(was-,dessen=)welch(es)

הָיָה
hɔyɔ^{h}
(hatte=)war-er

בָרוּחַ
bɔru^{w}aḥ
(Sinn=)Geist-(im=)in

עִמּוֹ
ʿimmo^{w}
(sich-bei=)ihm-mit

לְחַצְרוֹת
l^{ə}ḥaṣ^{ə}ro^{w}t
Vorhöfe-(die)-(für=)zu

בֵּית־
-be^{y}t
(Tempel)haus(es)-(des)

יְהוָה
y^{ə}hwɔ^{h}
JHWH(s)

וּלְכָל־
-u^{w}l^{ə}kol
all-(für=)zu-und

הַלְּשָׁכוֹת
hall^{ə}šɔko^{w}t
Kammern-die

סָבִיב
sɔbi^{y}b
,ringsherum

לְאֹצְרוֹת
l^{ə}ʾoṣ^{ə}ro^{w}t
Vorratskammern-(die)-(für=)zu

בֵּית
be^{y}t
Haus(es)-(des)

הָאֱלֹהִים
hɔ^{ʾɛ}lohi^{y}m
(Gottes=)Götter-(der=)die

וּלְאֹצְרוֹת
u^{w}l^{ə}ʾoṣ^{ə}ro^{w}t
Vorratskammern-(die)-(für=)zu-und

הַקֳּדָשִׁים׃
haqq^{o}dɔši^{y}m.
;(Weihegaben=)Heiligtümer-(der=)die

13 וּלְמַחְלְקוֹת
u^{w}l^{ə}maḥ^{ə}l^{ə}qo^{w}t
Abteilungen-(der)-(bezüglich=)zu-und

	וּלְכָל־	וְהַלְוִיִּם	הַכֹּהֲנִים
	-uʷlᵊkol	wᵊhalᵊwiʸyim	hakkohᵃniʸm
	(jeglicher=)all-(bezüglich=)zu-und	Leviten-(der=)die-und	Priester-(der=)die
יְהוָה	בֵּית־	עֲבוֹדַת	מְלֶאכֶת
yᵊhwɔʰ	-beʸt	ᶜᵃboʷdat	mᵊlɛʾkɛt
JHWH(s)	(Tempel)haus	(im)-Dienst(es)-(des)	(Verrichtung=)Werk
בֵּית־	עֲבוֹדַת	כְּלֵי	וּלְכָל־
-beʸt	ᶜᵃboʷdat	kᵊleʸ	-uʷlᵊkol
(Tempel)haus	(im)-Dienst-(den)	(für)-Geräte	all(er)-(bezüglich=)zu-und
בַּמִּשְׁקָל		14 לַזָּהָב	יְהוָה׃
bammišᵊqɔl		lazzɔhɔb	yᵊhwɔʰ.
Gewicht-das-(für=)in		Gold-das-(auf-Bezug-in=)zu	;JHWH(s)
עֲבוֹדָה	כְּלֵי	לְכָל־	לַזָּהָב
ᶜᵃboʷdɔʰ	kᵊleʸ	-lᵊkol.	lazzɔhɔb
Arbeit(s)-	geräte	all(e)-(auf-Bezug-in=)zu-und	,Gold(es)-(des=)zu
הַכֶּסֶף	כְּלֵי	לְכֹל	וַעֲבוֹדָה
hakkɛsɛp	kᵊleʸ	lᵊkol	waᶜᵃboʷdɔʰ
Silber-(von=)das	Geräte	all(e)-(auf-Bezug-in=)zu	,Kultdienst(es)-(des)-und
עֲבוֹדָה	כְּלֵי	לְכָל־	בְּמִשְׁקָל
ᶜᵃboʷdɔʰ	kᵊlᵊʸ	-lᵊkol	bᵊmišᵊqɔl
Arbeit-(die)	(für)-Geräte	all(e)-(für=)zu	Gewicht-(nach=)in
לִמְנֹרוֹת		15 וּמִשְׁקָל	וַעֲבוֹדָה׃
limᵊnoroʷt		uʷmišᵊqɔl	waᶜᵃboʷdɔʰ.
Leuchter-(die)-(für=)zu		Gewicht-(das)-(Ferner=)Und	.Kultdienst-(den)-und
זָהָב		וְנֵרֹתֵיהֶם	הַזָּהָב
zɔhɔb		wᵊneroteʸhɛm	hazzɔhɔb
,Gold-(aus)		Lampen-(deren=)ihre-und	Gold-(aus=)das
	וּמְנוֹרָה	מְנוֹרָה	בְּמִשְׁקַל־
	uʷmᵊnoʷrɔʰ	mᵊnoʷrɔʰ	-bᵊmišᵊqal
	(Leuchters-einzelnen-jedes=)Leuchter-und-Leuchter		Gewicht-(dem)-(nach=)in
הַכֶּסֶף		וְלִמְנֹרוֹת	וְנֵרֹתֶיהָ
hakkɛsɛp		wᵊlimᵊnoroʷt	wᵊneroteʸhɔ
Silber-(aus=)das		Leuchter-(die)-(für=)zu-und	;Lampen-(seiner=)ihre-und

1 Chronik 28,16-18

בְּמִשְׁקָל֙	לִמְנוֹרָ֣ה	וְנֵרֹתֶ֔יהָ
bᵊmišᵊqɔl	limᵊnowrɔʰ	wᵊnerotεyhɔ
Gewicht-(nach=)in	Leuchter(s)-(des=)zu	,Lampen-(seiner=)ihre(r)-und

כַּעֲבוֹדַ֖ת
kaᶜᵃbowdat
(Gebrauch-dem=)Arbeit-(der)-(gemäß=)wie

מְנוֹרָ֣ה וּמְנוֹרָ֑ה	16 וְאֶת־הַזָּהָ֗ב
mᵊnowrɔʰ uwmᵊnowrɔʰ.	hazzɔhɔb-wᵊᵃet 16
.(Leuchters-einzelnen-des=)Leuchter-und-Leuchter	(an)-Gold-das-***Und

מִשְׁקָ֕ל	לְשֻׁלְחֲנ֖וֹת	הַֽמַּעֲרֶ֔כֶת
mišᵊqɔl	lᵊšulᵊḥᵃnowt	hammaᶜᵃrεket
Gewicht	Tische-(die)-(für=)zu	,(Schaubrote=)Schichtung-(der=)die

לְשֻׁלְחָ֣ן וְשֻׁלְחָ֑ן	וְכֶ֖סֶף
lᵊšulᵊḥan wᵊšulᵊḥɔn	wᵊkεsεp
,(Tisch-einzelnen-jeden-für=)Tisch-und-Tisch-zu	Silber-und

לְשֻׁלְחֲנ֥וֹת	הַכָּֽסֶף׃	17 וְהַמִּזְלָג֧וֹת
lᵊšulᵊḥᵃnowt	hakkɔsεp.	wᵊhammizᵊlɔgowt 17
Tische-(die)-(für=)zu	.Silber-(aus=)das	Fleischgabeln-die-(Ferner=)Und

וְהַמִּזְרָק֖וֹת	וְהַקְּשָׂו֛וֹת	זָהָ֖ב	טָה֑וֹר
wᵊhammizᵊrɔqowt	wᵊhaqqᵊśɔwot	zɔhɔb	ṭɔhowr
Besprengbecken-die-und	Kannen-die-und	Gold-(aus)	,rein(em)

וְלִכְפוֹרֵ֣י	הַזָּהָ֔ב	בְּמִשְׁקָ֖ל
wᵊlikᵊpowrey	hazzɔhɔb	bᵊmišᵊqɔl
Becher-(die)-(für=)zu-und	Gold-(aus=)das	Gewicht-(nach=)in

לִכְפ֣וֹר וּכְפ֔וֹר	וְלִכְפוֹרֵ֣י
uwkᵊpowr likᵊpowr	wᵊlikᵊpowrey
,(Bechers-einzelnen-jedes=)Becher-und-Becher-zu	Becher-(die)-(für=)zu-und

הַכֶּ֑סֶף	בְּמִשְׁקָ֖ל
hakkεsεp	bᵊmišᵊqɔl
Silber-(aus=)das	Gewicht-(nach=)in

לִכְפ֖וֹר וּכְפֽוֹר׃	18 וּלְמִזְבַּ֤ח
uwkᵊpowr likᵊpowr.	uwlᵊmizᵊbaḥ 18
,(Bechers-einzelnen-jedes=)Becher-und-Becher-zu	Altar-(den)-(für=)zu-und

מְזֻקָּק	זָהָב	הַקְּטֹרֶת
mᵊzuqqɔq	zɔhɔb	haqqᵊṭorɛt
geläutert(es)	Gold	Rauchopfer(s)-(des=)der

וּלְתַבְנִית	בַּמִּשְׁקָל
uʷlᵊtabᵊniʸt	bammišᵊqɔl
Modell-(das)-(auf-Bezug-in=)zu-Und	.Gewicht-(bestimmten)-dem-(nach=)in

זָהָב	הַכְּרֻבִים	הַמֶּרְכָּבָה
zɔhɔb	hakkᵊrubiʸm	hammɛrᵊkɔbɔʰ
,Gold-(aus)	,Kerube-Die	:Gefährt(s)-(des=)das

עַל־	וְסֹכְכִים	לְפֹרְשִׂים
-ʿal	wᵊsokᵊkiʸm	lᵊporᵊśiʸm
(über=)auf	zudeckend(e)-und	(Flügel-die)-Ausbreitende-(als=)zu

הַכֹּל 19	יְהוָה:	בְּרִית־	אֲרוֹן
hakkol	yᵊhwɔʰ.	-bᵊriʸt	ʾᵃroʷn
all(es)-Das	.JHWH	(mit)-Bund(es)-(des)	(Schrein-dem=)Lade-(der)

עָלַי	יְהוָה	מִיַּד	בִּכְתָב
ʿɔlay	yᵊhwɔʰ	miʸyad	bikᵊtɔb
,mich-(an=)auf	JHWH(s)	Hand-(der)-(aus=)von	Schrift-(einer)-(aufgrund=)in

הַתַּבְנִית:	מַלְאֲכוֹת	כֹּל	הִשְׂכִּיל
hattabᵊniʸt.	malᵊʾᵃkoʷt	kol	hiśᵊkiʸl
.Bauart-die-(für)	(Aufträge=)Arbeiten	all(e)	verständlich-machte-er

בְּנוֹ	לִשְׁלֹמֹה	דָּוִיד	וַיֹּאמֶר 20
bᵊnoʷ	lišᵊlomoʰ	dɔwiʸd	wayyoʾmɛr
:Sohn-sein(em)	,(Salomo=)Schelomo-zu	David	sprach-(er)-(Dann=)Und

אַל־	וַעֲשֵׂה	וֶאֱמָץ	חֲזַק
-ʾal	waʿᵃśeʰ	wɛʾᵋmaṣ	ḥᵃzaq
Nicht(s)	!(handle=)mache-und	(mutig=)fest-(sei)-und	stark-Sei

תֵּחָת	וְאַל־	תִּירָא
teḥɔt	-wᵊʾal	tiʸrɔʾ
,(verzagen=)erschrecken-(sollst=)wirst-du	nicht-und	fürchten-(sollst=)wirst-du

לֹא	עִמָּךְ	אֱלֹהַי	אֱלֹהִים	יְהוָה	כִּי
loʾ	ʿimmɔk	ʾᵋlohay	ʾᵋlohiʸm	yᵊhwɔʰ	kiʸ
nicht	,dir-mit-(ist)	,(Gott=)Götter-mein(e)	,(Gott=)Götter	,JHWH	denn

עַד־	יַעַזְבֶךָ	וְלֹא	יַרְפְּךָ
-ʿad	yaʿazᵊbɛkɔ	wᵊloʾ	yarᵊpᵊkɔ
bis	dich-verlassen-wird-er	nicht-und	dich-(lassen-fallen=)sinken-wird-er

עֲבוֹדַת	מְלֶאכֶת	כָּל־	לִכְלוֹת
ᶜᵃboʷdat	mᵊlɛʾkɛt	-kol	likᵊloʷt
(am)-Dienst-(den-für)	Arbeit	all(er)	(Vollendung-zur=)sein-fertig-zu

הַכֹּהֲנִים	מַחְלְקוֹת	21 וְהִנֵּה	יְהוָה׃	בֵּית־
hakkohᵃniʸm	maḥᵊlᵊqoʷt	wᵊhinneʰ	yᵊhwɔʰ.	-beʸt
Priester-(der=)die	Abteilungen-(die)	,siehe-Und	.JHWH(s)	(Tempel)haus

בֵּית	עֲבוֹדַת	לְכָל־	וְהַלְוִיִּם
beʸt	ᶜᵃboʷdat	-lᵊkol	wᵊhalᵊwiʸyim
Haus	(am)-Dienst-(den)	all-(für=)zu-(bereit-sind)	Leviten-(der=)die-und

וְעִמְּךָ	הָאֱלֹהִים
wᵊᶜimmᵊkɔ	hɔʾᵉlohiʸm
(welche-sind)-dir-(bei=)mit-und	,(Gottes=)Götter-(der=)die

נָדִיב	לְכָל־	מְלָאכָה	בְּכָל־
nɔdiʸb	-lᵊkol	mᵊlɔʾkɔʰ	-bᵊkol
bereitwillig	all(em)-zu	,(Werks)arbeit	(jegliche=)all-(für=)in

עֲבוֹדָה	לְכָל־	בַּחָכְמָה
ᶜᵃboʷdɔʰ	-lᵊkol	baḥokᵊmɔʰ
,Arbeit	(jegliche=)all-(für=)zu	(Kenntnis=)Weisheit-der-(ob=)in

לְכָל־	הָעָם	וְכָל־	וְהַשָּׂרִים
-lᵊkol	hɔᶜɔm	-wᵊkol	wᵊhaśśɔriʸm
all-(für=)zu	Volk-das	all-und	Fürsten-die-und

דְּבָרֶיךָ׃
dᵊbɔrɛʸkɔ.
!(Angelegenheiten=)Worte-deine

29

לְכָל־	הַמֶּלֶךְ	דָּוִיד	1 וַיֹּאמֶר
-lᵊkol	hammɛlɛk	dɔwiʸd	wayyoʾmɛr
all-zu	,König-der	,David	sprach-(er)-(Sodann=)Und

אֶחָד	בְּנִי	שְׁלֹמֹה	הַקָּהָל
ʾɛḥɔd	bᵊniʸ	šᵊlomoʰ	haqqɔhɔl
einer-(ist)	,Sohn-mein	,(Salomo=)Schelomo	:Gemeinde-(der=)die

וָרָךְ	נַעַר	אֱלֹהִים	בּוֹ	בָּחַר־
wɔrɔk	naᶜar	ᵓᵋlohiʸm	boʷ	-bɔḥar
;zart-und	(jung=)Knabe	,(Gott=)Götter	(ihn=)ihm-in	erwählt-hat-(es=)er —

לְאָדָם	לֹא	כִּי	גְדוֹלָה	וְהַמְּלָאכָה
lᵊᵓɔdɔm	loᵓ	kiʸ	gᵊdoʷlɔʰ	wᵊhammᵊlɔᵓkɔʰ
Mensch(en)-(einen)-(für=)zu	nicht	denn	,groß(e)-(ist)	Werk-das-(aber=)und

לַיהוָה	כִּי	הַבִּירָה
layhwɔʰ	kiʸ	habbiʸrɔʰ
,JHWH-(für=)zu	(sondern=)denn	,(Palast-der=)Burg-die-(ist)

כֹּחִי	2 וּכְכָל־	אֱלֹהִים׃
koḥiʸ	-uʷkᵊkol	ᵓᵋlohiʸm.
Kraft-meine(r)	all-(gemäß=)wie-Und	.(Gott=)Götter-(für)

אֱלֹהַי	לְבֵית־	הֲכִינוֹתִי
ᵓᵋlohay	-lᵊbeʸt	hᵃkiʸnoʷtiʸ
,(Gottes=)Götter-meine(s)	Haus-(das)-(für=)zu	(beschafft=)errichtet-habe-ich

לַכֶּסֶף	וְהַכֶּסֶף	לַזָּהָב	הַזָּהָב
lakkɛsɛp	wᵊhakkɛsɛp	lazzɔhɔb	hazzɔhɔb
,Silber(ne)-das-(für=)zu	Silber-das-und	,Gold(ene)-das-(für=)zu	Gold-das

לַבַּרְזֶל	הַבַּרְזֶל	לַנְּחֹשֶׁת	וְהַנְּחֹשֶׁת
labbarᵊzɛl	habbarᵊzɛl	lannᵊḥošɛt	wᵊhannᵊḥošɛt
,Eiserne-das-(für=)zu	Eisen-das	,(Eherne=)Erz-das-(für=)zu	Erz-das-und

וּמִלּוּאִים	אַבְנֵי־שֹׁהַם	לָעֵצִים	וְהָעֵצִים
uʷmilluʷᵓiʸm	šoham-ᵓabᵊneʸ	lɔᶜeṣiʸm	wᵊhɔᶜeṣiʸm
,Einfassungen-und	Schocham-steine	,Hölzer(ne)-das-(für=)zu	Hölzer-die-und

יְקָרָה	אֶבֶן	וְכֹל	וְרִקְמָה	אַבְנֵי־פוּךְ
yᵊqɔrɔʰ	ᵓɛbɛn	wᵊkol	wᵊriqᵊmɔʰ	puʷk-ᵓabᵊneʸ
kostbare	Stein(e)	all(erlei)-und	Buntstein(e)-und	Mörtel-(für)-Steine

3 וְעוֹד	לָרֹב׃	וְאַבְנֵי־שַׁיִשׁ
wᵊᶜoʷd	lɔrob.	šayiš-wᵊᵓabᵊneʸ
,(überdies=)noch-Und	.Menge-(in=)zu	Alabaster-steine-und

בְּבֵית	בִּרְצוֹתִי
bᵊbeʸt	birᵊṣoʷtiʸ
(Tempel)haus-(am=)in	Freudehaben(s)-mein(es)-(ob=)in

יֶשׁ־לִי	אֱלֹהַי
liʸ-yɛš	ᵓᵋlohay
(habe-ich=)mir-zu-gibt-es-(was)	,(Gottes-meines=)Götter-meine(r)

לְבֵית־	נָתַתִּי	וָכָסֶף	זָהָב	סְגֻלָּה
-lᵊbeʸt	nɔtattiʸ	wɔkɔsɛp	zɔhɔb	sᵊgullɔʰ
Haus-(das)-(für=)zu	(gebe=)gab-ich	,Silber-und	Gold-(an)	Eigentum-(als)

מִכָּל־	לְמַעְלָה	אֱלֹהַי
-mikkol	lᵊmaᶜᵊlɔʰ	ᵓᵋlohay
,all(em)-(unter=)von	,(zudem=)hin-oben-zu	,(Gottes-meines=)Götter-meine(r)

הַקֹּדֶשׁ׃	לְבֵית	הֲכִינוֹתִי
haqqodɛš.	lᵊbeʸt	hᵃkiʸnoʷtiʸ
,Heiligtum(s)-(des=)das	Haus-(das)-(für=)zu	(beschafft=)errichtet-habe-ich-(was)

אוֹפִיר	מִזְּהַב	זָהָב	כִּכְּרֵי	אֲלָפִים	4 שְׁלֹשֶׁת
ᵓoʷpiʸr	mizzᵊhab	zɔhɔb	kikkᵊreʸ	ᵓᵃlɔpiʸm	šᵊlošɛt
Ophir-	gold-von	Gold-	(talente=)scheiben	tausend(e)	-drei

מְזֻקָּק	כִּכַּר־כֶּסֶף	אֲלָפִים	וְשִׁבְעַת
mᵊzuqqɔq	kɛsɛp-kikkar	ᵓᵃlɔpiʸm	wᵊšibᵊᶜat
,geläutert(e)	,Silber-(talente=)scheibe(n)	tausend(e)	-sieben-und

5 לַזָּהָב	הַבָּתִּים׃	קִירוֹת	לָטוּחַ
lazzɔhɔb	habbɔttiʸm.	qiʸroʷt	lɔṭuʷaḥ
Gold-das-(jeweils=)zu	,(Räume=)Häuser-der	Wände-(die)	überziehen-zu-(um)

לַכֶּסֶף	וְלַכֶּסֶף	לַזָּהָב
lakkɛsɛp	wᵊlakkɛsɛp	lazzɔhɔb
,Silber(ne)-das-(für=)zu	Silber-das-(jeweils=)zu-und	Gold(ene)-das-(für=)zu

חָרָשִׁים	בְּיַד	מְלָאכָה	וּלְכָל־
ḥɔrɔšiʸm	bᵊyad	mᵊlɔᵓkɔʰ	-uʷlᵊkol
.Handwerker-(die)	(durch=)Hand-in	Arbeit	(jegliche=)all-(für=)zu-und

יָדוֹ	לְמַלֹּאות	מִתְנַדֵּב	וּמִי
yɔdoʷ	lᵊmalloᵓwt	mitᵊnaddeb	uʷmiʸ
(stiften=)Hand-seine	-füllen-zu	willig-sich-zeigend(er)-(ist)	wer-Und

6 וַיִּתְנַדְּבוּ	לַיהוָה׃	הַיּוֹם
wayyitᵊnaddᵊbuʷ	layhwɔʰ.	hayyoʷm
willig-sich-zeigten-(es=sie)-(Da=)Und	?JHWH-(für=)zu	(heute=)Tag-der

שָׂרֵי śɔreʸ -Obere(n)-(die)
הָאָבוֹת hɔʾɔboʷt (Familienhäupter=)Väter-(der=)die
וְשָׂרֵי wᵊśɔreʸ Fürsten-(die)-und

שִׁבְטֵי šibᵊṭeʸ Stämme-(der)
יִשְׂרָאֵל yiśᵊrɔʾel Israel(s)
וְשָׂרֵי wᵊśɔreʸ Anführer-(die)-und
הָאֲלָפִים hɔʾᵃlɔpiʸm Tausend(schaften)-(der=)die

וְהַמֵּאוֹת wᵊhammeʾoʷt Hundert(schaften)-(der=)die-und
וּלְשָׂרֵי uʷlᵊśɔreʸ Fürsten-(die)-zu(dem)-und

מְלֶאכֶת mᵊlɛʾkɛt (Dienstes-des=)Arbeit-(der)
הַמֶּלֶךְ׃ hammɛlɛk. .(königlichen=)König(s)-(des=)der

7 וַיִּתְּנוּ wayyittᵊnuʷ (stifteten=)gaben-sie-Und
לַעֲבוֹדַת laᶜᵃboʷdat Arbeit-(die)-(für=)zu
בֵּית־ -beʸt Haus(es)-(des)

הָאֱלֹהִים hɔʾᵋlohiʸm (Gottes=)Götter-(der=)die
זָהָב zɔhɔb Gold-(an)
כִּכָּרִים kikkɔriʸm (Talente=)Scheiben
חֲמֵשֶׁת־אֲלָפִים ʾᵃlɔpiʸm-ḥᵃmešɛt tausend(e)-fünf

וַאֲדַרְכֹנִים waʾᵃdarᵊkoniʸm (Goldmünzen-persische=)Dariken-und
רִבּוֹ ribboʷ ,zehntausend
וְכֶסֶף wᵊkɛsɛp -Silber-(an)-und

כִּכָּרִים kikkɔriʸm (talenten=)scheiben
עֲשֶׂרֶת ᶜᵃśɛrɛt -zehn
אֲלָפִים ʾᵃlɔpiʸm ,tausend(e)
וּנְחֹשֶׁת uʷnᵊḥošɛt Erz-(an)-und
רִבּוֹ ribboʷ zehntausend

וּשְׁמוֹנַת uʷšᵊmoʷnat acht-und
אֲלָפִים ʾᵃlɔpiʸm tausend(e)
כִּכָּרִים kikkɔriʸm ,(Talente=)Scheiben
וּבַרְזֶל uʷbarᵊzɛl Eisen-(an)-und
מֵאָה־אֶלֶף ʾɛlɛp-meʾɔʰ tausend-hundert

כִּכָּרִים׃ kikkɔriʸm. .(Talente=)Scheiben
8 וְהַנִּמְצָא wᵊhannimᵊṣɔʾ (waren-vorhanden=)werdende-Gefunden-der-(Wenn=)Und

אִתּוֹ ʾittoʷ (jemandem-bei=)ihm-mit
אֲבָנִים ʾᵃbɔniʸm ,Steine
נָתְנוּ nɔtᵊnuʷ gaben-sie-(die)
לְאוֹצַר lᵊʾoʷṣar Schatz-(den)-(in=)zu

יְחִיאֵל	יַד־	עַל	יְהוָה	בֵּית־
yəḥiyʾel	-yad	ʿal	yəhwɔh	-beyt
,Jechiël(s)	(Aufsicht=)Hand	(unter=)auf	JHWH(s)	(Tempel)haus(es)-(des)

הָעָם	9 וַיִּשְׂמְחוּ	הַגֵּרְשֻׁנִּי׃
hɔʿɔm	wayyiśəməḥuw	haggerəšunniy.
(Leute-die=)Volk-das	sich-freuten-(es=)sie-Und	.Gerschoniter(s)-(des=)der

בְּלֵב	כִּי	הִתְנַדְּבָם	עַל־
bəleb	kiy	hitənaddəbɔm	-ʿal
Herz-(mit=)in	denn	,(Freigebigkeit=)Willigsein-ihr(e)	(über=)auf

הִתְנַדְּבוּ	שָׁלֵם
hitənaddəbuw	šɔlem
spendefreudig-sich-erwiesen-sie	(ungeteiltem=)vollständiger

שָׂמַח	הַמֶּלֶךְ	דָּוִיד	וְגַם	לַיהוָה
śɔmaḥ	hammɛlɛk	dɔwiyd	wəgam	layhwɔh
sich-freute-(er)	,König-der	,David	auch-und	,JHWH(s)-(Ehren)-zu

דָּוִיד	10 וַיְבָרֶךְ	גְדוֹלָה׃	שִׂמְחָה
dɔwiyd	wayəbɔrɛk	gədowlɔh.	śiməḥɔh
David	(pries=)segnet(e)-(es=)er-(Sodann=)Und	.große(r)	Freude-(mit)

הַקָּהָל	כָּל־	לְעֵינֵי	אֶת־יְהוָה
haqqɔhɔl	-kol	ləʿeyney	yəhwɔh-ʾɛt
Gemeinde-(der=)die	all	(Gegenwart-in=)Augen-(beiden)-zu	JHWH***

יְהוָה	אַתָּה	בָּרוּךְ	דָּוִיד	וַיֹּאמֶר
yəhwɔh	ʾattɔh	boruwk	dɔwiyd	wayyoʾmɛr
,JHWH	,du	(seist-Gepriesen=)Gesegnet(er)	:David	sprach-(es=)er-und

וְעַד־עוֹלָם׃	מֵעוֹלָם	אָבִינוּ	יִשְׂרָאֵל	אֱלֹהֵי
ʿowlɔm-wəʿad.	meʿowlɔm	ʾɔbiynuw	yiśərɔʾel	ʾɛlohey
!Ewigkeit-bis-(und)	Ewigkeit-von	,Vater(s)-unser(es)	,Israel(s)	(Gott=)Götter

וְהַגְּבוּרָה	הַגְּדֻלָּה	יְהוָה	11 לְךָ
wəhaggəbuwrɔh	haggədullɔh	yəhwɔh	ləkɔ
Stärke-die-und	Größe-die	,JHWH-(o)	,(ist-Dein=)dir-Zu

וְהַהוֹד	וְהַנֵּצַח	וְהַתִּפְאֶרֶת
wəhahowd	wəhanneṣaḥ	wəhattipəʾɛrɛt
,(Majestät=)Hoheit-die-und	Glanz-der-und	(Herrlichkeit-die=)Schmuck-der-und

לְךָ	וּבָאָרֶץ	בַּשָּׁמַיִם	כֹל	כִּי־
lᵊkɔ	uʷbɔʾɔrɛṣ	baššɔmayim	kol	-kiʸ
,(ist-Dein=)dir-Zu	.Erde-der-(auf=)in-und	Himmeln-den-in	all(es)	(,ja=)denn

וְהַמִּתְנַשֵּׂא	הַמַּמְלָכָה	יְהוָה
wᵊhammitᵊnaśśeʾ	hammamᵊlɔkɔʰ	yᵊhwɔʰ
(Erhabene=)Erhebende-sich-der-(bist-du)-und	,Königsherrschaft-die	,JHWH

וְהַכָּבוֹד	12 וְהָעֹשֶׁר	לְרֹאשׁ׃	לְכֹל
wᵊhakkɔbowd	wᵊhɔʿošɛr	lᵊroʾš.	lᵊkol
(Glanz-der=)Ehre-die-und	Reichtum-der-Und	.Haupt-(als=)zu	all(es)-(über=)zu

וְאַתָּה	מִלְּפָנֶיךָ
wᵊʾattɔʰ	millᵊpɔnɛʸkɔ
(bist)-du-und	,(Antlitz-deinem=)Gesichtern-deinen-zu-von-(aus-geht)

כֹּחַ	וּבְיָדְךָ	בַּכֹּל	מוֹשֵׁל
koaḥ	uʷbᵊyɔdᵊkɔ	bakkol	moʷšel
Kraft-(ist)	Hand-deine(r)-in-und	,(alles-über=)all-in	herrschend(er)

לְגַדֵּל	וּבְיָדְךָ	וּגְבוּרָה
lᵊgaddel	uʷbᵊyɔdᵊkɔ	uʷgᵊbuʷrɔʰ
groß-machen-zu	(es-steht)-Hand-deine(r)-in-und	,Stärke-und

13 וְעַתָּה	לַכֹּל׃	וּלְחַזֵּק
wᵊʿattɔʰ	lakkol.	uʷlᵊḥazzeq
,nun-(Doch=)Und	.(jeden-einen=)all-zu	stark-machen-zu-und

לָךְ	אֲנַחְנוּ	מוֹדִים	אֱלֹהֵינוּ
lɔk	ʾanaḥᵊnuʷ	moʷdiʸm	ʾɛloheʸnuʷ
dir-(zu)	(sind)-wir	(dankend=)huldigend(e)	,(Gott-unser=)Götter-unsere

תִּפְאַרְתֶּךָ׃	לְשֵׁם	וּמְהַלְלִים
tipʾʾarᵊtɛkɔ.	lᵊšem	uʷmᵊhalᵊliʸm
!Ruhm(es)-dein(es)-(voll)	Name(n)-(den=)zu	lobpreisend(e)-und

כִּי־	עַמִּי	וּמִי	אֲנִי	מִי	14 וְכִי
-kiʸ	ʿammiʸ	uʷmiʸ	ʾaniʸ	miʸ	wᵊkiʸ
(dass=)wenn	,Volk-mein	(ist)-wer-und	(bin)-ich	wer	,(siehe=)wenn-Und

לְהִתְנַדֵּב	כֹּחַ	נַעְצֹר
lᵊhitᵊnaddeb	koaḥ	naʿᵊṣor
spendefreudig-sich-zeigen-zu	Kraft-(die)	(auf-brächten=)zurückhalten-wir

הַכֹּל	מִמְּךָ	כִּי־	כְּזֹאת
hakkol	mimmᵊkɔ	-kiʸ	kɔzoᵓt
,(das-all=)all-das	(kommt)-dir-von	Denn	?diese-wie

15 כִּי־	לָךְ׃	נָתַנּוּ	וּמִיָּדְךָ
-kiʸ	lɔk.	nɔtannuʷ	uʷmiʸyɔdᵊkɔ
Denn	!dir-(es=)zu	gegeben-haben-wir	Hand-deine(r)-(aus=)von-und

אֲנַחְנוּ	גֵרִים
ᵓᵃnaḥᵊnuʷ	geriʸm
wir	(sind)-verweilend(e)-(Fremdlinge=)Gäste-(als)

אֲבֹתֵינוּ	כְּכָל־	וְתוֹשָׁבִים	לְפָנֶיךָ
ᵓᵃboteʸnuʷ	-kᵊkol	wᵊtoʷšɔbiʸm	lᵊpɔnɛʸkɔ
;Väter-unsere	all-wie	Beisassen-und	(dir-vor=)Gesichtern-deinen-zu

הָאָרֶץ	עַל־	יָמֵינוּ	כַּצֵּל
hɔᵓɔrɛṣ	-ʿal	yɔmeʸnuʷ	kaṣṣel
,Erde-(der=)die	auf	Tage-unsere-(sind)	Schatten-der-wie

כָּל	אֱלֹהֵינוּ	16 יְהוָה	מִקְוֶה׃	וְאֵין
kol	ᵓᵋloheʸnuʷ	yᵊhwɔʰ	miqᵊwɛʰ.	wᵊᵓeʸn
all	,(Gott-unser)Götter-unsere	,JHWH	.Hoffnung	(ohne=)ist-nicht-und

הֲכִינֹנוּ	אֲשֶׁר	הַזֶּה	הֶהָמוֹן
hᵃkiʸnonuʷ	ᵓᵃšɛr	hazzɛʰ	hɛhɔmoʷn
beschafft-haben-wir	(den=)welch(en)	,da-dies(er)	,(Reichtum-der=)Menge-die

לְשֵׁם	בַּיִת	לְךָ	לִבְנוֹת־
lᵊšem	bayit	lᵊkɔ	-libᵊnoʷt
Name(n)-(dem=)zu	,Haus-(ein)	(dich-für=)dir-zu	erbauen-zu-(um)

וּלְךָ	הִיא[הוּא]	מִיָּדְךָ	קָדְשֶׁךָ
uʷlᵊkɔ	[huʷᵓ]hiʸᵓ	miʸyɔdᵊkɔ	qodᵊšɛkɔ
(ist-dein=)dir-zu-und	[er=]sie-(ist)	Hand-deiner-(aus=)von	,Heiligkeit-deine(r)

כִּי	אֱלֹהַי	17 וְיָדַעְתִּי	הַכֹּל׃
kiʸ	ᵓᵋlohay	wᵊyɔdaʿᵊtiʸ	hakkol.
(dass=)denn	,(Gott=)Götter-mein(e)	,weiß-ich-Und	!(das-all=)all(es)-das

וּמֵישָׁרִים	לֵבָב	בֹּחֵן	אַתָּה
uʷmeʸšɔriʸm	lebɔb	boḥen	ᵓattɔʰ
(Aufrichtigkeit=)Geraden-(an=)von-und	Herz-(das)	prüfend(er)	(bist)-du

תִּרְצֶה | tirəṣɛh | .Gefallen-findest-du
אֲנִי | ʾaniy | ,(selbst)-Ich
בְּיֹשֶׁר | bəyošɛr | Geradheit-(mit=)in
לְבָבִי | ləbɔbiy | Herz(ens)-mein(es)

הִתְנַדַּבְתִּי | hitənaddabətiy | gezeigt-spendenfreudig-mich-habe-ich
כָל־ | -kol | all-(mit)
אֵלֶּה | ʾɛllɛh | .diese(m)
וְעַתָּה | wəʿattɔh | ,nun-Und

עַמְּךָ | ʿamməkɔ | ,Volk-dein
הַנִּמְצְאוּ־ | -hannimṣəʾuw | zusammengefunden-sich-(das=)die
פֹּה | poh | ,hier
רָאִיתִי | rɔʾiytiy | (sehe=)sah-ich

בְשִׂמְחָה | bəśiməḥɔh | Freude-(mit=)in
לְהִתְנַדֶּב־ | -ləhitənaddɛb | (Freigebigkeit=)Willigsein-(auf-Bezug-in=)zu

לָךְ׃ | lɔk. | .(dich-gegen=)dir-zu
18 יְהוָה | yəhwɔh | ,JHWH
אֱלֹהֵי | ʾɛlohey | (Gott-du=)Götter-(die)
אַבְרָהָם | ʾabərɔhɔm | ,Abraham(s)

יִצְחָק | yiṣəḥɔq | (Isaaks=)Jizchak(s)
וְיִשְׂרָאֵל | wəyiśərɔʾel | ,Israel(s)-und
אֲבֹתֵינוּ | ʾaboteynuw | ,Väter-unsere(r)
שָׁמְרָה־ | -šoməroh | (erhalte=)bewahre

זֹּאת | zoʾt | (solches=)diese
לְעוֹלָם | ləʿowlɔm | (immerfort=)ewig-zu
לְיֵצֶר | ləyeṣɛr | gebilde-(als=)zu
מַחְשְׁבוֹת | maḥəšəbowt | (im)-Gedanken-

לְבַב | ləbab | Herz(en)
עַמֶּךָ | ʿammɛkɔ | ,Volk(es)-dein(es)
וְהָכֵן | wəhɔken | (lenke=)fest-mache-und
לְבָבָם | ləbɔbɔm | (Sinn-ihren=)Herz-ihr

אֵלֶיךָ׃ | ʾeleykɔ. | !(hin)-dir-zu
19 וְלִשְׁלֹמֹה | wəlišəlomoh | ,(Salomo=)Schelemo-(dem=)zu-Und
בְּנִי | bəniy | ,Sohn-mein(em)
תֵּן | ten | gib

לֵבָב | lebɔb | Herz-(ein)
שָׁלֵם | šɔlem | ,(ungeteiltes=)vollendet(es)
לִשְׁמוֹר | lišəmowr | (wahre-er-dass=)wahren-zu

מִצְוֹתֶיךָ | miṣəwotɛykɔ | ,Gebote-deine
עֵדְוֹתֶיךָ | ʿedəwotɛykɔ | Vorschriften-deine
וְחֻקֶּיךָ | wəḥuqqɛykɔ | ,Satzungen-deine-und

הַכֹּל	וְלַעֲשׂוֹת
hakkol	wᵊlaᶜaśoʷt
,(das-all=)all(es)-das	(ausführe-er-dass=)machen-zu-und

אֲשֶׁר־	הַבִּירָה	וְלִבְנוֹת
-ʾᵃšɛr	habbiʸrɔʰ	wᵊlibᵊnoʷt
welch(en)-(für)	,(Palast-den=)Burg-die	(erbaue-er-dass=)erbauen-zu-und

20 וַיֹּאמֶר	הֲכִינוֹתִי׃
wayyoʾmɛr	hᵃkiʸnoʷtiʸ.
sprach-(es=er)-(Sodann=)Und	!(getroffen-Vorbereitungen=)errichtet-habe-ich

נָא	בָּרְכוּ־	הַקָּהָל	לְכָל־	דָּוִיד
nɔʾ	-bɔrᵊkuʷ	haqqɔhɔl	-lᵊkol	dɔwiʸd
(nun=)doch	(Preiset=)Segnet	:Gemeinde-(der=)die	all-zu	David

כָּל־	וַיְבָרֲכוּ	אֱלֹהֵיכֶם	אֶת־יְהוָה
-kol	wayᵊbɔrᵃkuʷ	ʾᵋloheʸkɛm	yᵊhwɔʰ-ʾɛt
all —	(priesen=)segneten-sie-(Da=)Und	!(Gott-euren=)Götter-eure	,JHWH***

אֲבֹתֵיהֶם	אֱלֹהֵי	לַיהוָה	הַקָּהָל
ʾᵃboteʸhɛm	ʾᵋloheʸ	layhwɔʰ	haqqɔhɔl
,Väter-ihre(r)	(Gott-den=)Götter-(die)	,JHWH-(zu)	— Gemeinde-die

לַיהוָה	וַיִּשְׁתַּחֲווּ	וַיִּקְּדוּ
layhwɔʰ	wayyišᵊtaḥᵃwuʷ	wayyiqqᵊduʷ
JHWH-(vor=)zu	nieder-sich-warfen-(sie)-und	sich-verneigten-sie-und

לַיהוָה	21 וַיִּזְבְּחוּ	וְלַמֶּלֶךְ׃
layhwɔʰ	wayyizᵊbᵊḥuʷ	wᵊlammɛlɛk.
JHWH(s)-(Ehren)-zu	(opferten=)schlachteten-sie-Und	.König-dem-(vor=)zu-und

וַיַּעֲלוּ	זְבָחִים
wayyaᶜᵃluʷ	zᵊbɔḥiʸm
(dar-brachten=)aufsteigen-machten-sie-und	Schlachtopfer

לַיהוָה	עֹלוֹת
layhwɔʰ	ᶜoloʷt
JHWH(s)-(Ehren)-zu	(Brandopfer=)Hochopfer

הַהוּא	הַיּוֹם	לְמָחֳרַת
hahuʷʾ	hayyoʷm	lᵊmɔḥᵒrat
:(desselben=)derjenige	,Tag(es)-(des=)der	Morgen-folgenden-(dem)-(an=)zu

אֶלֶף	כְּבָשִׂים	אֶלֶף	אֵילִים	אֶלֶף	פָּרִים
ʾɛlɛp	kᵊbɔśiʸm	ʾɛlɛp	ʾeʸliʸm	ʾɛlɛp	pɔriʸm
,tausend	Lämmer	,tausend	Widder	,tausend	(Stiere=)Farren

לָרֹב	וּזְבָחִים	וְנִסְכֵּיהֶם
lɔrob	uʷzᵊbɔḥiʸm	wᵊnisᵊkeʸhɛm
Menge-(in=)zu	Schlachtopfer-und	,Trankopfer-(deren=)ihre-und

וַיִּשְׁתּוּ	22 וַיֹּאכְלוּ	יִשְׂרָאֵל׃	לְכָל־
wayyišᵊtuʷ	wayyoʾkᵊluʷ	yiśᵊrɔʾel.	-lᵊkol
tranken-(sie)-und	aßen-sie-Und	.Israel	(ganz=)all-(für=)zu

הַהוּא	בַּיּוֹם	יְהוָה	לִפְנֵי
hahuʷʾ	bayyoʷm	yᵊhwɔʰ	lipᵊneʸ
,(demselben=)derjenige	,Tag-(dem)-(an=)in	JHWH	(vor=)Gesichter-zu

וַיַּמְלִיכוּ	גְדוֹלָה	בְּשִׂמְחָה
wayyamᵊliʸkuʷ	gᵊdoʷlɔʰ	bᵊśimᵊḥɔʰ
(König-einen)-herrschen-machten-sie-und	,große(r)	Fröhlichkeit-in

בֶּן־דָּוִיד	לִשְׁלֹמֹה	שֵׁנִית
dɔwiʸd-bɛn	lišᵊlomoʰ	šeniʸt
,David(s)-Sohn	(Salomo=)Schelomo-(nämlich=)zu	,(Mal-zweites-ein=)zweite

וּלְצָדוֹק	לְנָגִיד	לַיהוָה	וַיִּמְשְׁחוּ
uʷlᵊṣɔdoʷq	lᵊnɔgiʸd	layhwɔʰ	wayyimᵊšᵊḥuʷ
Zadok-(den=)zu-und	Fürsten-zu(m)	JHWH-(für=)zu	(ihn)-salbten-sie-und

עַל־	שְׁלֹמֹה	23 וַיֵּשֶׁב	לְכֹהֵן׃
-ʿal	šᵊlomoʰ	wayyešɛb	lᵊkohen.
auf	(Salomo=)Schelomo	(sich-setzte=)saß-(es=)er-Und	.Priester-zu(m)

דָּוִיד	תַּחַת־	לְמֶלֶךְ	יְהוָה	כִּסֵּא
dɔwiʸd	-taḥat	lᵊmɛlɛk	yᵊhwɔʰ	kisseʾ
,David(s)	(Stelle-an=)unter	König-(als=)zu	JHWH(s)	Thron-(den)

וַיִּשְׁמְעוּ	וַיַּצְלַח	אָבִיו
wayyišᵊmᵊʿuʷ	wayyaṣᵊlaḥ	ʾɔbiʸw
hörte(n)-(es=)sie-und	(Glück=)Erfolg-hatte-er-Und	.Vater(s)-sein(es)

הַשָּׂרִים	24 וְכָל־	יִשְׂרָאֵל׃	כָּל־	אֵלָיו
haśśɔriʸm	-wᵊkol	yiśᵊrɔʾel.	-kol	ʾelɔʸw
Fürsten-die	all-Und	.Israel	(ganz=)all	(ihn-auf=)ihm-zu

דָּוִיד	הַמֶּלֶךְ	בְּנֵי	כָּל־	וְגַם	וְהַגִּבֹּרִים
dɔwiʸd	hammɛlɛk	bᵊneʸ	-kol	wᵊgam	wᵊhaggibboriʸm
David	König(s)-(des=)der	Söhne	all(e)	auch-und	(Kriegs)helden-die-und

שְׁלֹמֹה	תַּחַת	יָד	נָתְנוּ
šᵊlomoʰ	taḥat	yɔd	nɔtᵊnuʷ
,(Salomo=)Schelomo	(für=)unter	Hand-(die)	(an-boten=)gaben-(sie)

אֶת־שְׁלֹמֹה	יְהוָה	25 וַיְגַדֵּל	הַמֶּלֶךְ׃
šᵊlomoʰ-ʾɛt	yᵊhwɔʰ	wayᵊgaddel	hammɛlɛk.
(Salomo=)Schelomo***	JHWH	groß-machte-(es=)er-Und	.König-(den=)der

יִשְׂרָאֵל	כָּל־	לְעֵינֵי	לְמַעְלָה
yiśᵊrɔʾel	-kol	lᵊʿeʸneʸ	lᵊmaʿᵊlɔʰ
,Israel	(ganz=)all	(von)-Augen-(den)-(vor=)zu	(überaus=)hin-oben-zu

לֹא־	אֲשֶׁר	מַלְכוּת	הוֹד	עָלָיו	וַיִּתֵּן
-loʾ	ʾᵃšɛr	malᵊkuʷt	hoʷd	ʿɔlɔʸw	wayyitten
nicht	wie	,(königliche=)Königtum	Hoheit	ihn-auf	(legte=)gab-er-und

מֶלֶךְ	כָּל־	עַל־	הָיָה
mɛlɛk	-kol	-ʿal	hɔyɔʰ
König	(irgendeinem=)all	auf	(gewesen)-war-(sie=)er

26 וְדָוִיד	יִשְׂרָאֵל׃	עַל־	לְפָנָיו
wᵊdɔwiʸd	yiśᵊrɔʾel.	-ʿal	lᵊpɔnɔʸw
David-(Als=)Und	.Israel	(über=)auf	(ihm-vor=)Gesichtern-seinen-zu

יִשְׂרָאֵל׃	כָּל־	עַל־	מָלַךְ	בֶּן־יִשָׁי
yiśᵊrɔʾel.	-kol	-ʿal	mɔlak	yišɔy-bɛn
,Israel	(ganz=)all	(über=)auf	(König-als)-regierte-(er)	Jischai(s)-Sohn

מָלַךְ	אֲשֶׁר	27 וְהַיָּמִים
mɔlak	ʾᵃšɛr	wᵊhayyɔmiʸm
(König-als)-regierte-er	(die=)welch(e)	,(Zeit=)Tage-die-(betrug)-(da=)und

בְּחֶבְרוֹן	שָׁנָה	אַרְבָּעִים	יִשְׂרָאֵל	עַל־
bᵊḥɛbᵊroʷn	šɔnɔʰ	ʾarᵊbɔʿiʸm	yiśᵊrɔʾel	-ʿal
(Hebron=)Chebron-In	:Jahr(e)	vierzig	Israel	(über=)auf

וּבִירוּשָׁלַםִ	שָׁנִים	שֶׁבַע	מָלַךְ
uʷbiʸruʷšɔlaim	šɔniʸm	šɛbaʿ	mɔlak
Jerusalem-in-und	Jahre	sieben	(König-als)-regierte-er

מָלַךְ mɔlak (König-als)-regierte-er
שְׁלֹשִׁים šᵊlošiʸm -dreißig
וְשָׁלוֹשׁ׃ wᵊšɔloʷš. .drei-und
28 וַיָּמָת wayyɔmot starb-er-Und

בְּשֵׂיבָה bᵊśeʸbɔʰ (Greisenalter=)Grauhaar-in
טוֹבָה ṭoʷbɔʰ ,(schönem=)gute(m)
שְׂבַע śᵊbaʿ (an)-satt
יָמִים yɔmiʸm ,Tage(n)
עֹשֶׁר ʿošɛr Reichtum

וְכָבוֹד wᵊkɔboʷd .Ehre-und
וַיִּמְלֹךְ wayyimᵊlok (König-wurde=)herrschte-(es=er)-(Dann=)Und
שְׁלֹמֹה šᵊlomoʰ ,(Salomo=)Schlomo

בְּנוֹ bᵊnoʷ ,Sohn-sein
תַּחְתָּיו׃ taḥᵊtɔʸw. .(statt-seiner-an=)ihm-unter
29 וְדִבְרֵי wᵊdibᵊreʸ (Ereignisse=)Worte-(die)-(Jedoch=)Und

דָּוִיד dɔwiʸd ,David(s)
הַמֶּלֶךְ hammɛlɛk ,König(s)-(des=)der
הָרִאשֹׁנִים hɔriʾšoniʸm (früheren=)ersten-die
וְהָאַחֲרֹנִים wᵊhɔʾᵃḥroniʸm ,späteren-die-und

הִנָּם hinnɔm (ja-sind-die=)sie-siehe
כְּתוּבִים kᵊtuʷbiʸm (aufgezeichnet=)geschrieben(e)
עַל- -ʿal (in=)auf

דִּבְרֵי dibᵊreʸ (von)-(Ereignissen=)Worte(n)-(den)
שְׁמוּאֵל šᵊmuʷʾel ,(Samuel=)Schemuel
הָרֹאֶה hɔroʾɛʰ ,Seher-(dem=)der

וְעַל- -wᵊʿal (in=)auf-und
דִּבְרֵי dibᵊreʸ (Ereignissen=)Worte(n)-(den)
נָתָן nɔtɔn ,Natan(s)
הַנָּבִיא hannɔbiʸʾ ,Prophet(en)-(des=)der

וְעַל- -wᵊʿal (in=)auf-und
דִּבְרֵי dibᵊreʸ (Ereignissen=)Worte(n)-(den)
גָּד gɔd ,Gad(s)
הַחֹזֶה׃ haḥozɛʰ. ,Seher(s)-(des=)der

30 עִם ʿim (samt=)mit
כָּל- -kol all
מַלְכוּתוֹ malᵊkuʷtoʷ Königsherrschaft-seine(r)
וּגְבוּרָתוֹ uʷgᵊbuʷrɔtoʷ Stärke-seine(r)-und

וְהָעִתִּים wᵊhɔʿittiʸm ,Zeiten-(den=)die-und
אֲשֶׁר ʾašɛr (die=)welch(e)
עָבְרוּ ʿɔbᵊruʷ vorüber-gingen-(sie)

וְעַל	יִשְׂרָאֵל	וְעַל־	עָלָיו
wᵊʿal	yiśᵊrɔʾel	-wᵊʿal	ʿɔlɔʸw
(an=)auf-und	Israel	(an=)auf-und	ihm-(an=)auf
	הָאֲרָצוֹת׃	מַמְלְכוֹת	כָּל־
	hɔʾarɔṣoʷt.	mamᵊlᵊkoʷt	-kol
	.Länder-(der=)die	Königreiche(n)	all(en)

דברי הימים ב

2 Tage(der=)die Ereignisse

2 Chronik

1

בֶּן־דָּוִיד שְׁלֹמֹה וַיִּתְחַזֵּק 1
dɔwiʸd-bɛn šᵊlomoʰ wayyitᵊḥazzeq
David(s)-Sohn (Salomo=)Schelomo sich-festigte-(es=)er-Und

אֱלֹהָיו וַיהוָה מַלְכוּתוֹ עַל־
ᵓᵋlohɔʸw wayhwɔʰ malᵊkuʷtoʷ -ᶜal
,(Gott=)Götter-sein(e) ,JHWH-und ,Königtum-sein(em) (in=)auf

לְמָעְלָה׃ וַיְגַדְּלֵהוּ עִמּוֹ
lᵊmɔᶜᵊlɔʰ. wayᵊgaddᵊlehuʷ ᶜimmoʷ
.(überaus=)hin-oben-zu ihn-groß-machte-er-und ihm-mit-(war)

לְכָל־ שְׁלֹמֹה וַיֹּאמֶר 2
-lᵊkol šᵊlomoʰ wayyoᵓmɛr
(ganz=)all-(an=)zu (Salomo=)Schelomo (Befehl-erließ=)sprach-(es=)er-Und

הָאֲלָפִים לְשָׂרֵי יִשְׂרָאֵל
hɔᵓᵃlɔpiʸm lᵊśɔreʸ yiśᵊrɔᵓel
Tausend(schaften)-(der=)die Ober(st)en-(die)-(an=)zu ,Israel

וּלְכֹל וְלַשֹּׁפְטִים וְהַמֵּאוֹת
uʷlᵊkol wᵊlaššopᵊṭiʸm wᵊhammeᵓoʷt
all(e)-(an=)zu-und Richter-die-(an=)zu-und Hundert(schaften)-(der=)die-und

רָאשֵׁי	יִשְׂרָאֵל	לְכָל־	נְשִׂיא
rɔʾše^{y}	yiś^{ə}rɔʾel	-l^{ə}kol	nɔśi^{yʾ}
(Ober)häupter-(die)	,Israel	(ganz=)all-(in=)zu	Fürst(en)

שְׁלֹמֹה	3 וַיֵּלְכוּ	הָאָבוֹת׃
š^{ə}lomo^{h}	wayyel^{ə}ku^{w}	hɔʾɔbo^{w}t.
(Salomo=)Schelomo	,gingen-sie-(dass=)und	,(Familien=)Väter-(der=)die

אֲשֶׁר	לַבָּמָה	עִמּוֹ	הַקָּהָל	וְכָל־
ʾ^{a}šɛr	labbɔmɔ^{h}	ʿimmo^{w}	haqqɔhɔl	-w^{ə}kol
(war)-welch(e)	,(Kult)höhe-der-zu	,ihm-mit	Versammlung-die	all-und

אֹהֶל	הָיָה	שָׁם	כִּי־	בְּגִבְעוֹן
ʾohɛl	hɔyɔ^{h}	šɔm	-ki^{y}	b^{ə}gib^{ə}ʿo^{w}n
Zelt-(das)	(sich-befand=)war-(es=er)	dort	Denn	.Gibeon-in

אֲשֶׁר	הָאֱלֹהִים	מוֹעֵד
ʾ^{a}šɛr	hɔʾ^{ε}lohi^{y}m	mo^{w}ʿed
(das=)welch(es)	,(Gott=)Götter(n)-(den=)die	(mit)-(Fest)begegnung-(der)

יְהוָה	עֶבֶד־	מֹשֶׁה	עָשָׂה
y^{ə}hwɔ^{h}	-ʿɛbɛd	mošɛ^{h}	ʿɔśɔ^{h}
,JHWH(s)	Knecht-(der)	,(Mose=)Mosche	gemacht-hat(te)-(es=er)

הָאֱלֹהִים	אֲרוֹן	4 אֲבָל	בַּמִּדְבָּר׃
hɔʾ^{ε}lohi^{y}m	ʾ^{a}ro^{w}n	ʾ^{a}bɔl	bammid^{ə}bɔr.
(Gottes=)Götter-(der=)die	(Schrein-den=)Lade-(die)	Hingegen	.Wüste-der-in

יְעָרִים	מִקִּרְיַת	דָוִיד	הֶעֱלָה
y^{ə}ʿɔri^{y}m	miqqir^{ə}yat	dɔwi^{y}d	hɛʿ^{ε}lɔ^{h}
,Jearim	Kirjat-von	David	heraufgebracht-hatte-(es=er)

כִּי	דָוִיד	לוֹ	בַּהֵכִין
ki^{y}	dɔwi^{y}d	lo^{w}	baheki^{y}n
denn	,David	(ihn-für=)ihm-zu	(festsetzte=)errichtete-(es=)er-(als=)in

אֹהֶל	לוֹ	נָטָה־
ʾohɛl	lo^{w}	-nɔṭɔ^{h}
Zelt-(ein)	(ihn-für=)ihm-zu	(aufgeschlagen=)ausgebreitet-hat(te)-er

הַנְּחֹשֶׁת	5 וּמִזְבַּח	בִּירוּשָׁלָםִ׃
hann^{ə}ḥošɛt	u^{w}miz^{ə}baḥ	bi^{y}ru^{w}šɔlɔim.
,(ehernen-den=)Erz(es)-(des=)das	,Altar-(den)-(Auch=)Und	.Jerusalem-in

בֶּן־אוּרִי	בְּצַלְאֵל	עָשָׂה	אֲשֶׁר
ʾuʷriʸ-bɛn	bᵊṣalᵊʾel	ʿɔśɔʰ	ʾašɛr
,Uri(s)-Sohn	Bezalel	gemacht-hat(te)-(es=er)	(den=)welch(en)

מִשְׁכַּן	לִפְנֵי	שָׂם	בֶּן־חוּר
mišᵊkan	lipᵊneʸ	śɔm	ḥuʷr-bɛn
Wohnstätte-(die)	(vor=)Gesichter-zu	(hin)-stellte-er	,Chur(s)-Sohn(es)-(des)

שְׁלֹמֹה	וַיִּדְרְשֵׁהוּ	יְהוָה
šᵊlomoʰ	wayyidᵊrᵊšehuʷ	yᵊhwɔʰ
(Salomo=)Schelomo	(JHWH=)ihn-(auf)-suchten-(es=)sie-Und	.JHWH(s)

6 וַיַּעַל	וְהַקָּהָל׃
wayyaʿal	wᵊhaqqɔhɔl.
(opferte=)steigen-ließ-(es=)er-Und	.(Volks)gemeinde-die-und

מִזְבַּח	עַל־	שָׁם	שְׁלֹמֹה
mizᵊbaḥ	-ʿal	šɔm	šᵊlomoʰ
Altar-(dem)	auf	(daselbst=)dort	(Salomo=)Schelomo

אֲשֶׁר	יְהוָה	לִפְנֵי	הַנְּחֹשֶׁת
ʾašɛr	yᵊhwɔʰ	lipᵊneʸ	hannᵊḥošɛt
(der=)welch(er)	,JHWH	(vor=)Gesichter-zu	(ehernen=)Erz(es)-(des=)das

וַיַּעַל	מוֹעֵד	לְאֹהֶל
wayyaʿal	moʷʿed	lᵊʾohɛl
(opferte=)steigen-ließ-er-Und	.(Fest)begegnung-(der)	Zelt-zu(m)-(gehörte)

הַהוּא	7 בַּלַּיְלָה	אָלֶף׃	עֹלוֹת	עָלָיו
hahuʷʾ	ballayᵊlɔʰ	ʾɔlɛp.	ʿoloʷt	ʿɔlɔʸw
,da-jene(r)	,Nacht-der-In	.tausend	(Brandopfer=)Hochopfer	ihm-auf

לִשְׁלֹמֹה	אֱלֹהִים	נִרְאָה
lišᵊlomoʰ	ʾɛlohiʸm	nirᵊʾɔʰ
(Salomo=)Schelomo-(dem=)zu	(Gott=)Götter	(erschien=)gesehen-wurde-(es=er)

אֶתֶּן־	מָה	שְׁאַל	לוֹ	וַיֹּאמֶר
-ʾɛttɛn	mɔʰ	šᵊʾal	loʷ	wayyoʾmɛr
geben-(soll=)werde-ich	was	,(Wünsche=)Verlange	:ihm-zu	sprach-(er)-und

שְׁלֹמֹה	8 וַיֹּאמֶר	לָךְ׃
šᵊlomoʰ	wayyoʾmɛr	lɔk.
(Salomo=)Schelomo	sprach-(es=er)-(Da=)Und	!dir-(zu)

דָּוִיד	עִם־	עָשִׂיתָ	אַתָּה	לֵאלֹהִים
dɔwiʸd	-ʿim	ʿɔśiʸtɔ	ʾattɔʰ	leʾlohiʸm
,David	(an=)mit	(erwiesest=)machtest-du	,Du	:(Gott=)Göttern-(den)-zu

וְהִמְלַכְתַּנִי	גָּדוֹל	חֶסֶד	אָבִי
wᵊhimᵊlakᵊtaniʸ	gɔdoʷl	ḥɛsɛd	ʾɔbiʸ
mich-König-zum-machtest-du-und	groß(e)	(Huld=)Gnade	,Vater-mein(em)

אֱלֹהִים	יְהוָה	9 עַתָּה	תַּחְתָּיו׃
ʾᵋlohiʸm	yᵊhwɔʰ	ʿattɔʰ	taḥᵊtɔʸw.
,(Gott=)Götter	,JHWH	,Nun	.(statt-seiner-an=)ihm-unter

דָּוִיד	עִם	דְּבָרְךָ	יֵאָמֵן
dɔwiʸd	ʿim	dᵊbɔrᵊkɔ	yeʾɔmen
,David	(an=)mit	Wort-dein	(treten-Kraft-in=)sein-wahr-möge-(es=)er

עַל־	הִמְלַכְתַּנִי	אַתָּה	כִּי	אָבִי
-ʿal	himᵊlakᵊtaniʸ	ʾattɔʰ	kiʸ	ʾɔbiʸ
(über=)auf	mich-König-zum-machtest-du	,du	(da=)denn	,Vater-mein(en)

10 עַתָּה	הָאָרֶץ׃	כַּעֲפַר	רַב	עַם
ʿattɔʰ	hɔʾɔrɛṣ.	kaʿᵃpar	rab	ʿam
,Nun	.Erde-(der=)die	Staub-(der)-wie	(zahlreich-so=)viel	,Volk-(ein)

לִי	תֶּן־	וּמַדָּע	חָכְמָה
liʸ	-tɛn	uʷmaddɔʿ	ḥokᵊmɔʰ
,mir-(zu)	gib	Einsicht-und	Weisheit

הָעָם־	לִפְנֵי	וְאֵצְאָה
-hɔʿɔm	lipᵊneʸ	wᵊʾeṣᵊʾɔʰ
,Volk-das	(vor=)Gesichter-zu	hinausgehen-(möge=)werde-ich-(dass=)und

מִי	כִּי־	וְאָבוֹאָה	הַזֶּה
miʸ	-kiʸ	wᵊʾɔboʷʾɔʰ	hazzɛʰ
wer	denn	,(heim)kommen-(möge=)werde-ich-und	,da-dies(es)

הַזֶּה	אֶת־עַמְּךָ	יִשְׁפֹּט
hazzɛʰ	ʿammᵊkɔ-ʾɛt	yišᵊpoṭ
,da-dies(es)	,Volk-dein***	(regieren=)richten-(könnte=)wird-(er)

אֱלֹהִים	11 וַיֹּאמֶר־	הַגָּדוֹל׃
ʾᵋlohiʸm	-wayyoʾmɛr	haggɔdoʷl.
(Gott=)Götter	sprach-(es=er)-(Da=)Und	?(große-das=)große-der

זֹאת	הָיְתָה	אֲשֶׁר יַעַן	לִשְׁלֹמֹה
zoʾt	hɔyᵊtɔʰ	ʾᵃšɛr yaʿan	lišᵊlomoʰ
diese(s)	(ist=)war-(es=sie)	(Weil=)dass-Wegen	:(Salomo=)Schelomo-zu

שָׁאַלְתָּ	וְלֹא־	לְבָבְךָ	עִם־
šɔʾalᵊtɔ	-wᵊloʾ	lᵊbɔbɛkɔ	-ʿim
(wünschtest=)verlangtest-du	nicht-und	,(Sinn=)Herz(en)-dein(em)	(in=)mit

נֶפֶשׁ	וְאֵת	וְכָבוֹד	נְכָסִים	עֹשֶׁר
nɛpɛš	wᵊʾet	wᵊkɔboʷd	nᵊkɔsiʸm	ʿošɛr
(Leben-das=)Seele-(die)	***(noch=)und	Ehre-und	Schätze	,Reichtum

לֹא	רַבִּים	יָמִים	וְגַם־	שֹׂנְאֶיךָ
loʾ	rabbiʸm	yɔmiʸm	-wᵊgam	śonᵊʾɛʸkɔ
nicht	viele	Tage	auch-und	,(Feinde=)Hasser-deine(r)

וַתִּשְׁאַל־	שָׁאָלְתָּ
-wattišᵊʾal	šɔʾɔlᵊtɔ
(wünschtest=)verlangtest-du-(sondern=)und	,(wünschtest=)verlangtest-du

וּמַדָּע	חָכְמָה	לְּךָ
uʷmaddɔʿ	ḥokᵊmɔʰ	lᵊkɔ
,Einsicht-und	Weisheit	,(dich-für=)dir-zu

אֲשֶׁר	אֶת־עַמִּי	תִּשְׁפּוֹט	אֲשֶׁר
ʾᵃšɛr	ʿammiʸ-ʾɛt	tišᵊpoʷṭ	ʾᵃšɛr
welch(es)	,Volk-mein***	(regieren=)richten-(könnest=)wirst-du	(damit=)was

הַחָכְמָה 12	עָלָיו׃	הִמְלַכְתִּיךָ
haḥokᵊmɔʰ	ʿɔlɔʸw.	himᵊlakᵊtiʸkɔ
Weisheit-Die	:(es=)ihn-über	dich-(herrschen=)König-zum-machte-ich

וְעֹשֶׁר	לָךְ	נָתוּן	וְהַמַּדָּע
wᵊʿošɛr	lɔk	nɔtuʷn	wᵊhammaddɔʿ
Reichtum-und	,dir-(zu)	gegeben-(sei=)ist-(es=er)	Einsicht-die-und

לֹא־	אֲשֶׁר	לָךְ	אֶתֶּן־	וְכָבוֹד	וּנְכָסִים
-loʾ	ʾᵃšɛr	lɔk	-ʾɛttɛn	wᵊkɔboʷd	uʷnᵊkɔsiʸm
nicht	wie	,dir-(zu)	gebe-ich	Ehre-und	Schätze-und

אֲשֶׁר	לַמְּלָכִים	כֵּן	הָיָה
ʾᵃšɛr	lammᵊlɔkiʸm	ken	hɔyɔʰ
welch(e)	,Könige-die-(für=)zu	so	(geschah=)war-(es=)er

לֹא	וְאַחֲרֶיךָ	לְפָנֶיךָ
loʾ	wᵊʾaḥᵃrɛʸkɔ	lᵊpɔnɛʸkɔ
nicht	dir-nach-und	,(waren-dir-vor=)Gesichtern-deinen-zu

13 וַיָּבֹא	כֵּן׃	יִהְיֶה־
wayyɔboʾ	ken.	-yihᵊyɛʰ
(ging=)kam-(es=er)-(Dann=)Und	!so	(geschehen=)sein-(soll=)wird-(es=)er

בְּגִבְעוֹן	אֲשֶׁר־	לַבָּמָה	שְׁלֹמֹה
bᵊgibᵊʿoʷn	-ʾᵃšɛr	labbɔmɔʰ	šᵊlomoʰ
,(war)-Gibeon-in	(die=)welch(e)	,(Kult)höhe-der-(von=)zu	(Salomo=)Schelomo

מוֹעֵד	אֹהֶל	מִלִּפְנֵי	יְרוּשָׁלַםִ
moʷʿed	ʾohɛl	millipᵊneʸ	yᵊruʷšɔlaim
,(Fest)begegnung-(der)	Zelt-(dem)	(von-fort=)Antlitze-von	,Jerusalem-(nach)

יִשְׂרָאֵל׃	עַל־	וַיִּמְלֹךְ
yiśᵊrɔʾel.	-ʿal	wayyimᵊlok
.Israel	(über=)auf	(König-als)-herrschte-er-und

רֶכֶב	שְׁלֹמֹה	14 וַיֶּאֱסֹף
rɛkɛb	šᵊlomoʰ	wayyɛʾᵋsop
Wagen	(Salomo=)Schelomo	(beschaffte=)versammelte-(es=er)-(Hierauf=)Und

מֵאוֹת	וְאַרְבַּע־	אֶלֶף	וַיְהִי־לוֹ	וּפָרָשִׁים
meʾoʷt	-wᵊʾarᵊbaʿ	ʾɛlɛp	loʷ-wayᵊhiʸ	uʷpɔrɔšiʸm
hundert(e)	-vier-und	tausend	(hatte-er=)ihm-zu-war-(es=)er-und	,Reiter-und

פָּרָשִׁים	אֶלֶף	וּשְׁנֵים־עָשָׂר	רֶכֶב
pɔrɔšiʸm	ʾɛlɛp	ʿɔśɔr-uʷšᵊneʸm	rɛkɛb
Reiter	tausend	-(zwölf=)zehn-zwei-und	Wagen

הָרֶכֶב	בְּעָרֵי	וַיַּנִּיחֵם
hɔrɛkɛb	bᵊʿɔreʸ	wayyanniʸḥem
Wagen-die	(für)-Städte-(die)-in	sie-stellen-(ließ=)machte-er-und

בִּירוּשָׁלָםִ׃	הַמֶּלֶךְ	וְעִם־
biʸruʷšɔlɔim.	hammɛlɛk	-wᵊʿim
.Jerusalem-in	König(s)-(des=)der	(Umgebung-die-in=)mit-und

וְאֶת־הַזָּהָב	אֶת־הַכֶּסֶף	הַמֶּלֶךְ	15 וַיִּתֵּן
hazzɔhɔb-wᵊʾɛt	hakkɛsɛp-ʾɛt	hammɛlɛk	wayyitten
Gold-das-***und	Silber-das***	König-der	(an-bot=)gab-(es=)er-Und

נָתַן	הָאֲרָזִים	וְאֵת	כָּאֲבָנִים	בִּירוּשָׁלַםִ
nɔtan	hɔᵓᵃrɔziʸm	wᵊᵓet	kɔᵓᵃbɔniʸm	biʸruʷšɔlaim
(an-bot=)gab-er	Zedern-die	***und	,Steine-die-wie	Jerusalem-in

בַּשְּׁפֵלָה	אֲשֶׁר־	כַּשִּׁקְמִים
baššᵊpelɔʰ	-ᵓᵃšɛr	kaššiqᵊmiʸm
,(waren)-Niederung-der-in	welch(e)	,Maulbeerfeigenbäume-die-wie

הַסּוּסִים	16 וּמוֹצָא	לָרֹב׃
hassuʷsiʸm	uʷmoʷṣɔᵓ	lɔrob.
,Rosse-(der=)die	(Einfuhr-die=)Ausgangsort-Und	.(Fülle-in=)Menge-zur

מִמִּצְרָיִם	לִשְׁלֹמֹה	אֲשֶׁר
mimmiṣᵊrɔyim	lišᵊlomoʰ	ᵓᵃšɛr
.Ägypten-(aus=)von-(erfolgte)	,(Salomo=)Schelomo-(gehörten=)zu	welch(e)

הַמֶּלֶךְ	סֹחֲרֵי	וּמִקְוֵא
hammɛlɛk	soḥᵃreʸ	uʷmiqᵊweᵓ
,König-(den=)der	(für)-Aufkaufende(n)-(der)	(Schar=)Ansammlung-(die)-Und

יִקְחוּ	מִקְוֵא
yiqᵊḥuʷ	miqᵊweᵓ
(holten=)nehmen-sie	(Anzahl=)Ansammlung-(eine)

17 וַיַּעֲלוּ	בִּמְחִיר׃
wayyaᶜᵃluʷ	bimᵊḥiʸr.
herauf-holten-sie-(Dabei=)Und	.(Entlohnung=)Kaufpreis-(gegen=)in

מֶרְכָּבָה	מִמִּצְרַיִם	וַיּוֹצִיאוּ
mɛrᵊkɔbɔʰ	mimmiṣᵊrayim	wayyoʷṣiʸᵓuʷ
Wagen-(einen)	Ägypten-(aus=)von	(aus-führten=)ausgehen-machten-(sie)-und

בַּחֲמִשִּׁים	וְסוּס	כֶּסֶף	מֵאוֹת	בְּשֵׁשׁ
baḥᵃmiššiʸm	wᵊsuʷs	kɛsɛp	meᵓoʷt	bᵊšeš
-fünfzig-(für=)in	Ross-(ein)-und	Silber(stücke)	hundert(e)	-sechs-(für=)in

מַלְכֵי	לְכָל־	וְכֵן	וּמֵאָה
malᵊkeʸ	-lᵊkol	wᵊken	uʷmeᵓɔʰ
Könige	all(e)-(für=)zu	(eben)so-Und	.hundert-und

אֲרָם	וּמַלְכֵי	הַחִתִּים
ᵓᵃrɔm	uʷmalᵊkeʸ	haḥittiʸm
Aram	(von)-Könige-(die)-und	(Hittiter=)Chittiter-(der=)die

בְּיָדָם	יוֹצִיאוּ׃
bᵊyɔdɔm	yoʷṣiʸʾuʷ.
(Vermittlung=)Hand-ihre-(durch=)in —	.ausführen-(ließen=)machten-(diese=)sie

18 וַיֹּאמֶר	שְׁלֹמֹה	לִבְנוֹת
wayyoʾmɛr	šᵊlomoʰ	libᵊnoʷt
(hieß=)sprach-(es=)er-Und	(Salomo=)Schelomo	(er)bauen-zu

בַּיִת	לְשֵׁם	יְהוָה	וּבַיִת
bayit	lᵊšem	yᵊhwɔʰ	uʷbayit
(Tempel)haus-(ein)	Name(n)-(dem=)zu	JHWH(s)	Haus-(ein)-und

לְמַלְכוּתוֹ׃
lᵊmalᵊkuʷtoʷ.
.Königspalast-sein(en)-(als=)zu

2

1 וַיִּסְפֹּר	שְׁלֹמֹה	שִׁבְעִים
wayyisᵊpor	šᵊlomoʰ	šibᵊʿiʸm
(ab)-zählte-(es=er)-(Zudem=)Und	(Salomo=)Schelomo	-siebzig

אֶלֶף	אִישׁ	סַבָּל	וּשְׁמוֹנִים	אֶלֶף	אִישׁ
ʾɛlɛp	ʾiʸš	sabbɔl	uʷšᵊmoʷniʸm	ʾɛlɛp	ʾiʸš
tausend	Mann	Lastträger-(als)	-achtzig-und	tausend	Mann

חֹצֵב	בָּהָר	וּמְנַצְּחִים
ḥoṣeb	bɔhɔr	uʷmᵊnaṣṣᵊḥiʸm
(Steinhauer=)Aushauende(r)-(als)	,Gebirge-im	(Aufseher=)Leitende-(als)-und

עֲלֵיהֶם	שְׁלֹשֶׁת	אֲלָפִים	וְשֵׁשׁ	מֵאוֹת׃
ʿᵃleʸhɛm	šᵊlošɛt	ʾᵃlɔpiʸm	wᵊšeš	meʾoʷt.
(sie-über=)ihnen-auf	-drei	tausend(e)	-sechs-und	.hundert(e)

2 וַיִּשְׁלַח	שְׁלֹמֹה	אֶל־	חוּרָם
wayyišᵊlaḥ	šᵊlomoʰ	-ʾɛl	ḥuʷrɔm
sandte-(es=er)-(Dann=)Und	(Salomo=)Schelomo	zu	,(Huram=)Churam

מֶלֶךְ־	צֹר	לֵאמֹר	כַּאֲשֶׁר	עָשִׂיתָ	עִם־
-mɛlɛk	ṣor	leʾmor	kaʾᵃšɛr	ʿɔśiʸtɔ	-ʿim
(von)-König-(dem)	,Tyrus	:sagen-zu-(um)	Wie	(tatest=)machtest-du	mit

דָּוִיד	אָבִי	וַתִּשְׁלַח־	לוֹ	אֲרָזִים
dɔwiʸd	ʾɔbiʸ	-wattišᵊlaḥ	loʷ	ʾᵃrɔziʸm
,David	,Vater-mein(em)	schicktest-du-(da=)und	ihm-(zu)	,Zedern

בּוֹ׃	לָשֶׁבֶת	בַּיִת	לוֹ	לִבְנוֹת־
bow.	lɔšɛbɛt	bayit	low	-libənowt
,ihm-in	wohnen-zu	Haus-(ein)	(sich-für=)ihm-zu	(baue-er-dass=)bauen-zu

לְשֵׁם	בַּיִת	בוֹנֶה־	אֲנִי	3 הִנֵּה
ləšem	bayit	-bownɛh	ʾaniy	hinneh
Name(n)-(dem=)zu	(Tempel)haus-(ein)	bauend(er)-(bin)	ich	,siehe

לוֹ	לְהַקְדִּישׁ	אֱלֹהַי	יְהוָה
low	ləhaqədiyš	ʾɛlohɔy	yəhwɔh
,ihm-(zu)	(weihen=)heiligen-zu	,(Gottes-meines=)Götter-meine(r)	,JHWH(s)

לְפָנָיו	לְהַקְטִיר
ləpɔnɔyw	ləhaqəṭiyr
(ihm-vor=)Gesichtern-seinen-zu	(verbrennen=)Rauch-aufsteigen-machen-zu

וּמַעֲרֶכֶת	סַמִּים	קְטֹרֶת־
uwmaʿarɛkɛt	sammiym	-qəṭorɛt
Aufschichtung-(eine)-und	,Wohlgerüche(n)	(mit)-Räucherwerk

לַבֹּקֶר	וְעֹלוֹת	תָּמִיד
labboqɛr	wəʿolowt	tɔmiyd
Morgen-(am=)zum	(Brandopfer=)Hochopfer-und	(beständige=)Dauer-(von)

וְלֶחֳדָשִׁים	לַשַּׁבָּתוֹת	וְלָעֶרֶב
wəlɛḥodɔšiym	laššabbɔtowt	wəlɔʿɛrɛb
(Neu)monde(n)-den-(an=)zu-und	Sabbaten-den-(an=)zu	,Abend-(am=)zum-und

אֱלֹהֵינוּ	יְהוָה	וּלְמוֹעֲדֵי
ʾɛloheynuw	yəhwɔh	uwləmowʿadey
,(Gottes-unseres=)Götter-unsere(r)	,JHWH(s)	Festzeiten-(den=)zu-und

יִשְׂרָאֵל׃	עַל־	זֹאת	לְעוֹלָם
yiśərɔʾel.	-ʿal	zoʾt	ləʿowlɔm
.Israel	(obliegt=)auf	diese(s)	(immer=)ewig-(für=)zu —

בוֹנֶה	אֲנִי	אֲשֶׁר־	4 וְהַבַּיִת
bownɛh	ʾaniy	-ʾašɛr	wəhabbayit
,bauend(er)	(bin)-ich	(das=)welch(es)	,(Tempel)haus-das-Und

אֱלֹהֵינוּ	גָדוֹל	כִּי־	גָּדוֹל
ʾɛloheynuw	gɔdowl	-kiy	gɔdowl
(Gott-unser)Götter-unsere	(ist)-Großer-(ein)	denn	,(groß-sein-soll=)groß(er)

כֹּחַ	יַעֲצָר־	5 וּמִי	הָאֱלֹהִים׃	מִכָּל־
koaḥ	-yaᶜᵃṣor	uʷmiʸ	hɔᵓᵋlohiʸm.	-mikkol
Kraft	(hätte=)hat-(er)	wer-(Aber=)Und	.Götter-die	all-(als-mehr=)von

הַשָּׁמַיִם	כִּי	בַּיִת	לוֹ	לִבְנוֹת־
haššɔmayim	kiʸ	bayit	loʷ	-libᵊnoʷt
Himmel-die	da	,(Tempel)haus-(ein)	(ihn-für=)ihm-zu	(er)bauen-zu-(um)

לֹא	הַשָּׁמַיִם	וּשְׁמֵי
loᵓ	haššɔmayim	uʷšᵊmeʸ
nicht	Himmel-(der=)die	Himmel-(die)-und

אֲשֶׁר	אֲנִי	וּמִי	יְכַלְכְּלֻהוּ
ᵓᵃšɛr	ᵓᵃniʸ	uʷmiʸ	yᵊkalᵊkᵊluhuʷ
dass	,ich-(bin)	wer-Und	?ihn-(umfassen=)enthalten-(können=)werden-(sie)

בַּיִת	לוֹ	אֶבְנֶה־
bayit	loʷ	-ᵓɛbᵊnɛʰ
(Tempel)haus-(ein)	(ihn-für=)ihm-zu	erbau(t)e-ich

לְהַקְטִיר	אִם־	כִּי
lᵊhaqᵊṭiʸr	-ᵓim	kiʸ
Rauch-aufsteigen-machen-zu	(denn-sei-es=)wenn-denn —	

לִי	שְׁלַח־	6 וְעַתָּה	לְפָנָיו׃
liʸ	-šᵊlaḥ	wᵊᶜattɔʰ	lᵊpɔnɔʸw.
mir-zu	schicke	nun-(Also=)Und	?(ihm-vor=)Gesichtern-seinen-zu

בַּזָּהָב	לַעֲשׂוֹת	חָכָם	אִישׁ־
bazzɔhɔb	laᶜᵃśoʷt	ḥɔkɔm	-ᵓiʸš
Gold-(mit=)dem-in	(arbeiten=)machen-zu	(geschickten=)weiser	Mann-(einen)

וּבַבַּרְזֶל	וּבַנְּחֹשֶׁת	וּבַכֶּסֶף
uʷbabbarᵊzɛl	uʷbannᵊḥošɛt	uʷbakkɛsɛp
Eisen-(mit=)dem-in-und	Erz-(mit=)dem-in-und	Silber-(mit=)dem-in-und

וּתְכֵלֶת	וְכַרְמִיל	וּבָאַרְגְּוָן
uʷtᵊkelɛt	wᵊkarᵊmiʸl	uʷbɔᵓarᵊgᵊwɔn
,Blaupurpur-und	Karmesin-und	Purpur-(mit=)dem-in-und

פִּתּוּחִים	לְפַתֵּחַ	וְיֹדֵעַ
pittuʷḥiʸm	lᵊpatteaḥ	wᵊyodeaᶜ
,(Schnitzwerke=)Gravierungen	(schnitzen=)öffnen-zu	Verstehenden-(einen)-und

אֲשֶׁר	הַחֲכָמִים	עִם־
ʾᵃšɛr	haḥᵃkɔmiʸm	-ʿim
(die=)welch(e)	,(Künstlern=)Weisen-(den=)die	mit-(zusammen)

אֲשֶׁר	וּבִירוּשָׁלִָם	בִּיהוּדָה	עִמִּי
ʾᵃšɛr	uʷbiʸruʷšɔlaim	biʸhuʷdɔʰ	ʿimmiʸ
(die=)welch(e)	,Jerusalem-in-und	Juda-in	(sind)-mir-(bei=)mit

לִי	7 וּשְׁלַח־	אָבִי׃	דָּוִיד	הֵכִין
liʸ	-uʷšᵊlaḥ	ʾɔbiʸ.	dɔwiʸd	hekiʸn
mir-(zu)	schicke-Und	.Vater-mein	,David	bereitgestellt-hatte-(es=er)

מֵהַלְּבָנוֹן	וְאַלְגּוּמִּים	בְּרוֹשִׁים	אֲרָזִים	עֲצֵי
mehallᵊbɔnoʷn	wᵊʾalᵊguʷmmiʸm	bᵊroʷšiʸm	ʾᵃrɔziʸm	ʿᵃṣeʸ
,Libanon-dem-(aus=)von	Sandeln-und	Zypressen	,Zedern	(von)-Bäume

עֲבָדֶיךָ	אֲשֶׁר	יָדַעְתִּי	אֲנִי	כִּי
ʿᵃbɔdɛʸkɔ	ʾᵃšɛr	yɔdaʿᵊtiʸ	ʾᵃniʸ	kiʸ
Knechte-deine	dass	,(weiß=)wusste-(ich)	,ich	denn

עֲצֵי	לִכְרוֹת	יוֹדְעִים
ʿᵃṣeʸ	likᵊroʷt	yoʷdᵊʿiʸm
(auf)-Bäume	(fällen=)schneiden-zu	(verstehend=)wissend(e)-(sind)

עִם־	עֲבָדַי	וְהִנֵּה	לְבָנוֹן
-ʿim	ʿᵃbɔday	wᵊhinneʰ	lᵊbɔnoʷn
(behilflich-seien=)mit	Knechte-meine	,siehe-und	,Libanon-(dem)

לִי	8 וּלְהָכִין	עֲבָדֶיךָ׃
liʸ	uʷlᵊhɔkiʸn	ʿᵃbɔdɛʸkɔ.
mir-(zu)	(beschaffen=)bereitstellen-zu-(zwar)-und	,Knechte(n)-deine(n)

הַבַּיִת	כִּי	לָרֹב	עֵצִים
habbayit	kiʸ	lɔrob	ʿeṣiʸm
,(Tempel)haus-das	denn	,(Fülle-in=)Menge-zur	(Hölzer=)Bäume

גָּדוֹל	בּוֹנֶה	אֲנִי	אֲשֶׁר־
gɔdoʷl	boʷnɛʰ	ʾᵃniʸ	-ʾᵃšɛr
(werden-groß-soll=)groß(er)	,bauend(er)-(bin)	ich	(das=)welch(es)

לַחֹטְבִים	9 וְהִנֵּה	וְהַפְלֵא׃
laḥoṭᵊbiʸm	wᵊhinneʰ	wᵊhapᵊleʾ.
,Hauende(n)-(den=)zu	,siehe-Und	.wunderbar-und

נָתַתִּי	הָעֵצִים	לְכֹרְתֵי
nɔtattiʸ	hɔʿeṣiʸm	lᵊkorᵊteʸ
(gebe=)gab-ich	Baumstämme-die	(Fällenden=)Schneidende(n)-(den=)zu

כֹּרִים	לַעֲבָדֶיךָ	מַכּוֹת	חִטִּים
koriʸm	laʿᵃbɔdɛʸkɔ	makkoʷt	ḥiṭṭiʸm
Kormaße	Knechte-deine-(für=)zu	(Verpflegung-zur=)Schläge	Weizen-(an)

וְיַיִן	אָלֶף	עֶשְׂרִים	כֹּרִים	וּשְׂעֹרִים	אֶלֶף	עֶשְׂרִים
wᵊyayin	ʾɔlɛp	ʿɛśᵊriʸm	koriʸm	uʷśᵊʿoriʸm	ʾɛlɛp	ʿɛśᵊriʸm
Wein-und	,tausend	-zwanzig	Kormaße	Gerste(n)-und	,tausend	-zwanzig

אָלֶף׃	עֶשְׂרִים	בַּתִּים	וְשֶׁמֶן	אֶלֶף	עֶשְׂרִים	בַּתִּים
ʾɔlɛp.	ʿɛśᵊriʸm	battiʸm	wᵊšɛmɛn	ʾɛlɛp	ʿɛśᵊriʸm	battiʸm
.tausend	-zwanzig	Batmaße	Öl-und	,tausend	-zwanzig	Batmaße

מֶלֶךְ־	חוּרָם	וַיֹּאמֶר 10
-mɛlɛk	ḥuʷrɔm	wayyoʾmɛr
(von)-König-(der)	,(Huram=)Churam	(bekundete=)sprach-(es=er)-(Da=)Und

אֶל־	וַיִּשְׁלַח	בִּכְתָב	צֹר
-ʾɛl	wayyišᵊlaḥ	bikᵊtɔb	ṣor
(an=)zu	sandte-er-(das=)und	,Schreiben-(einem)-in	,Tyrus

עַמּוֹ	אֶת־	יְהוָה	בְּאַהֲבַת	שְׁלֹמֹה
ʿammoʷ	-ʾɛt	yᵊhwɔʰ	bᵊʾahᵃbat	šᵊlomoʰ
Volk-sein(em)	(zu=)mit	JHWH(s)	Liebe-(der)-(Ob=)In	:(Salomo=)Schelomo

מֶלֶךְ׃	עֲלֵיהֶם	נְתָנְךָ
mɛlɛk.	ʿᵃleʸhɛm	nᵊtɔnᵊkɔ
.König-(als)	(sie-über=)ihnen-auf	dich-(eingesetzt=)gegeben-hat-er

בָּרוּךְ	חוּרָם	וַיֹּאמֶר 11
bɔruʷk	ḥuʷrɔm	wayyoʾmɛr
(sei-Gepriesen=)Gesegnet(er)	:(Huram=)Churam	sprach-(er)-(Weiter=)Und

עָשָׂה	אֲשֶׁר	יִשְׂרָאֵל	אֱלֹהֵי	יְהוָה
ʿɔśɔʰ	ʾᵃšɛr	yiśᵊrɔʾel	ʾᵉloheʸ	yᵊhwɔʰ
gemacht-(er)	(der=)welch(er)	,Israel(s)	(Gott-der=)Götter-(die)	,JHWH

לְדָוִיד	נָתַן	אֲשֶׁר	וְאֶת־הָאָרֶץ	אֶת־הַשָּׁמַיִם
lᵊdɔwiʸd	nɔtan	ʾᵃšɛr	hɔʾɔrɛṣ-wᵊʾɛt	haššɔmayim-ʾɛt
,David-(dem=)zu	gegeben-er	dass	,Erde-die-***und	Himmel-die***

יוֹדֵעַ	חָכָם	בֵּן	הַמֶּלֶךְ
yo^{w}dea^{c}	ḥɔkɔm	ben	hammɛlɛk
(bekundend=)wissend(er)	,(weisen=)weiser	Sohn-(einen)	,König-(dem=)der

בַּיִת	יִבְנֶה־	אֲשֶׁר	וּבִינָה	שֵׂכֶל
bayit	-yib^{ə}nɛ^{h}	^{ɔa}šɛr	u^{w}bi^{y}nɔ^{h}	śekɛl
(Tempel)haus-(ein)	(er)baut-er	dass	,Einsicht-und	Klugheit

12 וְעַתָּה	לְמַלְכוּתוֹ׃	וּבַיִת	לַיהוָה
w^{əc}attɔ^{h}	l^{ə}mal^{ə}ku^{w}to^{w}.	u^{w}bayit	layhwɔ^{h}
,nun-Und	!Königspalast-sein(en)-(als=)zu	Haus-(ein)-und	JHWH-(für=)zu

חָכָם	אִישׁ־	שָׁלַחְתִּי
ḥɔkɔm	-^{ɔ}i^{y}š	šɔlaḥ^{ə}ti^{y}
,(geschickten=)weiser	Mann-(einen)	(sende=)sandte-ich

בִּינָה	יוֹדֵעַ
bi^{y}nɔ^{h}	yo^{w}dea^{c}
,(Fähigkeit=)Erkenntnis	(bekundend=)wissend(er)

מִן־	אִשָּׁה	13 בֶּן־	אָבִי׃	לְחוּרָם
-min	^{ɔ}iššɔ^{h}	-bɛn	^{ɔ}ɔbi^{y}.	l^{ə}ḥu^{w}rɔm
von	Frau-(einer)	Sohn-(den)	,Abi	-(Huram=)Churam-(nämlich=)zu

צֹרִי	אִישׁ־	וְאָבִיו	דָן	בְּנוֹת
ṣori^{y}	-^{ɔ}i^{y}š	w^{əɔ}ɔbi^{y}w	dɔn	b^{ə}no^{w}t
,Tyrer	(ein=)Mann-(war)	Vater-(dessen=)sein-und	,Dan(s)	Töchter(n)-(den)

בַּזָּהָב־	לַעֲשׂוֹת	יוֹדֵעַ
-bazzɔhɔb	la^{ca}śo^{w}t	yo^{w}dea^{c}
Gold-(mit=)dem-in	(arbeiten=)machen-zu	(verstehend=)wissend(er)

בַּבַּרְזֶל	בַּנְּחֹשֶׁת	וּבַכֶּסֶף
babbar^{ə}zɛl	bann^{ə}ḥošɛt	u^{w}bakkɛsɛp
,Eisen-(mit=)dem-in	,Erz-(mit=)dem-in-und	Silber-(mit=)dem-in-und

בָּאַרְגָּמָן	וּבָעֵצִים	בָּאֲבָנִים
bɔ^{ɔ}ar^{ə}gɔmɔn	u^{w}bɔ^{c}eṣi^{y}m	bɔ^{ɔa}bɔni^{y}m
,Rotpurpur-(mit=)dem-in	,Hölzer(n)-(mit=)den-in-und	Steine(n)-(mit=)den-in

וּבַכַּרְמִיל	וּבַבּוּץ	בַּתְּכֵלֶת
u^{w}bakkar^{ə}mi^{y}l	u^{w}babbu^{w}ṣ	batt^{ə}kelɛt
Karmesin-(mit=)dem-in-und	Byssus-(mit=)dem-in-und	Blaupurpur-(mit=)dem-in

פִּתּוּחַ	כָּל־	וּלְפַתֵּחַ
pittuʷaḥ	-kol	uʷlᵊpatteaḥ
(Schnitzwerk=)Gravierung	all(erlei)	(schnitzen=)öffnen-zu-und

אֲשֶׁר	מַחֲשָׁבֶת	כָּל־	וְלַחְשֹׁב
ʾašɛr	maḥašɔbɛt	-kol	wᵊlaḥᵊšob
(das=)welch(es)	,(Sinnreiches=)Plan	all(erlei)	ersinnen-zu-und

עִם־	לוֹ	יִנָּתֶן־
-ʿim	loʷ	-yinnɔtɛn
mit-(zusammen)	,ihm-(zu)	(aufgetragen=)gegeben-wird-(es=er)

אֲדֹנִי	וְחַכְמֵי	חֲכָמֶיךָ
ʾadoniʸ	wᵊḥakᵊmeʸ	ḥakɔmɛʸkɔ
Herr(n)-mein(es)	(Kundigen=)Weisen-(den)-und	(Kundigen=)Weisen-deine(n)

וְהַשְּׂעֹרִים	הַחִטִּים	14 וְעַתָּה	אָבִיךָ׃	דָּוִיד
wᵊhaśśᵊʿoriʸm	haḥiṭṭiʸm	wᵊʿattɔʰ	ʾɔbiʸkɔ.	dɔwiʸd
,Gerste(n)-die-und	Weizen-(den=)die	,nun-Und	.Vater(s)-dein(es)	,David

אָמַר	אֲשֶׁר	וְהַיַּיִן	הַשֶּׁמֶן
ʾɔmar	ʾašɛr	wᵊhayyayin	haššɛmɛn
gesprochen-hat-(es=er)	(dem-von=)welch(er)	,Wein-(den=)der-und	Öl-das

לַעֲבָדָיו׃	יִשְׁלַח	אֲדֹנִי
laʿabɔdɔʸw.	yišᵊlaḥ	ʾadoniʸ
.Knechte-seine-(für=)zu	schicken-(möge=)wird-er	,Herr-mein

מִן־	עֵצִים	נִכְרֹת	15 וַאֲנַחְנוּ
-min	ʿeṣiʸm	nikᵊrot	waʾanaḥᵊnuʷ
(aus=)von	Hölzer	(zu)schneiden-werden-wir	,wir-(Jedoch=)Und

צָרְכֶּךָ	כְּכָל־	הַלְּבָנוֹן
ṣorᵊkɛkɔ	-kᵊkol	hallᵊbɔnoʷn
,Bedarf-dein(em)	all-(nach=)wie	Libanon-(dem=)der

יָם	עַל־	רַפְסֹדוֹת	לְךָ	וּנְבִיאֵם
yɔm	-ʿal	rapᵊsodoʷt	lᵊkɔ	uʷnᵊbiʸʾem
Meer-(dem)	auf	Flöße-(als)	dir-zu	sie-(bringen=)kommen-machen-wir-und

אֹתָם	תַּעֲלֶה	וְאַתָּה	יָפוֹ
ʾotɔm	taʿalɛʰ	wᵊʾattɔʰ	yɔpoʷ
sie	hinaufschaffen-(magst=)wirst-du	,du-(dann=)und	,(Joppe=)Japho-(nach)

כָּל־	שְׁלֹמֹה	וַיִּסְפֹּר 16	יְרוּשָׁלִָם׃
-kol	šᵊlomoʰ	wayyisᵊpor	yᵊruʷšɔlɔim.
all	(Salomo=)Schelomo	zählte-(es=er)-(Hierauf=)Und	!Jerusalem-(nach)

אַחֲרֵי	יִשְׂרָאֵל	בְּאֶרֶץ	אֲשֶׁר	הַגֵּירִים	הָאֲנָשִׁים
ʾaḥᵃreʸ	yiśᵊrɔʾel	bᵊʾɛrɛṣ	ʾᵃšɛr	haggeʸriʸm	hɔʾᵃnɔšiʸm
nach —	(waren)-Israel	Land-(dem)-in	welch(e)	,fremden-die	,Männer-die

דָּוִיד	סְפָרָם	אֲשֶׁר	הַסְּפָר
dɔwiʸd	sᵊpɔrɔm	ʾᵃšɛr	hassᵊpɔr
,David	(vorgenommen=)sie-gezählt-hatte-(es=er)	welch(e)	,Zählung-(der=)die

וַחֲמִשִּׁים	מֵאָה	וַיִּמָּצְאוּ	אָבִיו
waḥᵃmiššiʸm	meʾɔʰ	wayyimmɔṣᵊʾuʷ	ʾɔbiʸw
-fünfzig-und	-hundert	(sich-fanden=)gefunden-wurden-(es=)sie-und	,Vater-sein

וַיַּעַשׂ 17	מֵאוֹת׃	וְשֵׁשׁ	אֲלָפִים	וּשְׁלֹשֶׁת	אֶלֶף
wayyaᶜaś	meʾoʷt.	wᵊšeš	ʾᵃlɔpiʸm	uʷšᵊlošɛt	ʾɛlɛp
machte-er-Und	.hundert(e)	-sechs-und	tausend(e)	-drei-und	tausend

אֶלֶף	וּשְׁמֹנִים	סַבָּל	אֶלֶף	שִׁבְעִים	מֵהֶם
ʾɛlɛp	uʷšᵊmoniʸm	sabbɔl	ʾɛlɛp	šibᵊᶜiʸm	mehɛm
tausend	-achtzig-und	Lastträger(n)-(zu)	tausend	-siebzig	ihnen-von

וְשֵׁשׁ	אֲלָפִים	וּשְׁלֹשֶׁת	בָּהָר	חֹצֵב
wᵊšeš	ʾᵃlɔpiʸm	uʷšᵊlošɛt	bɔhɔr	ḥoṣeb
-sechs-und	tausend(e)	-drei-und	Gebirge-im	(Steinhauern-zu=)Spaltend(er)

מְנַצְּחִים	מֵאוֹת
mᵊnaṣṣᵊḥiʸm	meʾoʷt
(Aufsehern=)Leitende(n)-(zu)	hundert(e)

אֶת־הָעָם׃	לְהַעֲבִיד
hɔᶜɔm-ʾɛt.	lᵊhaᶜᵃbiʸd
.Volk-das***	(anzuhalten-Arbeit-zur=)arbeiten-machen-zu-(um)

3

לִבְנוֹת	שְׁלֹמֹה	וַיָּחֶל 1
libᵊnoʷt	šᵊlomoʰ	wayyɔḥɛl
(er)bauen-zu	(Salomo=)Schelomo	begann-(es=er)-(Dann=)Und

בְּהַר	בִּירוּשָׁלִַם	יְהוָה	בֵּית־	אֶת־
bᵊhar	biʸruʷšɔlaim	yᵊhwɔʰ	-beʸt	-ʾɛt
,Berg-(dem)-(auf=)in	Jerusalem-in	JHWH(s)	(Tempel)haus-(das)	***

לְדָוִיד	נִרְאָה	אֲשֶׁר	הַמּוֹרִיָּה
lᵊdɔwiʸd	nirᵊʾɔʰ	ʾᵃšɛr	hammoʷriʸyɔʰ
,David-(dem=)zu	(erschien=)gesehen-wurde-er	(wo=)welch(er)	,Morija

בִּמְקוֹם	הֵכִין	אֲשֶׁר	אָבִיהוּ
bimᵊqoʷm	hekiʸn	ʾᵃšɛr	ʾɔbiʸhuʷ
Stätte-(der)-(an=)in	hergerichtet-hatte-er	(den=)welch(en)	,Vater-sein(em)

הַיְבוּסִי׃	אָרְנָן	בְּגֹרֶן	דָּוִיד
hayᵊbuʷsiʸ.	ʾorᵊnɔn	bᵊgorɛn	dɔwiʸd
.Jebusiter(s)-(des=)der	,Ornan(s)	Tenne-(der)-(auf=)in	,David(s)

הַשֵּׁנִי	בַּחֹדֶשׁ	לִבְנוֹת	2 וַיָּחֶל
haššeniʸ	baḥodɛš	libᵊnoʷt	wayyɔḥɛl
,zweite(n)-(dem=)der	Monat-im	bauen-zu	begann-er-Und

אַרְבַּע	בִּשְׁנַת	בַּשֵּׁנִי
ʾarᵊbaʿ	bišᵊnat	baššeniʸ
vier	Jahr-(dem)-in	(Tag)-zweiten-(am=)im

הוּסַד	3 וְאֵלֶּה	לְמַלְכוּתוֹ׃
huʷsad	wᵊʾellɛʰ	lᵊmalᵊkuʷtoʷ.
gegründet-wurde(n)-(sie=er)	diese-Und	.(Regierung-seiner=)Regieren-seinem-zu

אֶת־בֵּית	לִבְנוֹת	שְׁלֹמֹה
beʸt-ʾɛt	libᵊnoʷt	šᵊlomoʰ
Haus-(das)***	erbauen-Zu	.(Salomo=)Schelomo-(durch)

בַּמִּדָּה	אַמּוֹת	הָאֹרֶךְ	הָאֱלֹהִים
bammiddɔʰ	ʾammoʷt	hɔʾorɛk	hɔʾᵉlohiʸm
,Maß-dem-(nach=)in	Ellen-(in)	Länge-die-(betrug)	(Gottes=)Götter-(der=)die

עֶשְׂרִים׃	אַמּוֹת	וְרֹחַב	שִׁשִּׁים	אַמּוֹת	הָרִאשׁוֹנָה
ʿɛśᵊriʸm.	ʾammoʷt	wᵊroḥab	šiššiʸm	ʾammoʷt	hɔriʾšoʷnɔʰ
.zwanzig	Ellen	Breite-(die)-und	,sechzig	Ellen	,frühere(n)-(dem=)das

עַל־פְּנֵי	אֲשֶׁר	4 וְהָאוּלָם
pᵊneʸ-ʿal	ʾᵃšɛr	wᵊhɔʾuʷlɔm
,(gegenüber=)Gesichter-auf	(die=)welch(e)	,Vorhalle-die-Und

רֹחַב־	עַל־פְּנֵי	הָאֹרֶךְ
-roḥab	pᵊneʸ-ʿal	hɔʾorɛk
Breite-(der)	(entsprechend=)Gesichter-auf	(betrug)-Länge-die

וְעֶשְׂרִים	מֵאָה	וְהַגֹּבַהּ	עֶשְׂרִים	אַמּוֹת	הַבַּיִת
wᵊʿɛśᵊriʸm	meʾɔʰ	wᵊhaggobah	ʿɛśᵊriʸm	ʾammoʷt	habbayit
.zwanzig-und	hundert	Höhe-ihre-und	,zwanzig	Ellen	Haus(es)-(des=)das

5 וְאֵת	טָהוֹר׃	זָהָב	מִפְּנִימָה	וַיְצַפֵּהוּ
wᵊʾet	ṭɔhoʷr.	zɔhɔb	mippᵊniʸmɔʰ	wayᵊṣappehuʷ
***Und	.rein(em)	Gold-(mit)	innen-von	(es=)ihn-überzog-er-Und

בְּרוֹשִׁים	עֵץ	חִפָּה	הַגָּדוֹל	הַבַּיִת
bᵊroʷšiʸm	ʿeṣ	ḥippɔʰ	haggɔdoʷl	habbayit
Zypressen-	holz-(mit)	(verkleidete=)überzog-er	,große-(das=)der	,Haus-das

טוֹב	זָהָב	וַיְחַפֵּהוּ
ṭoʷb	zɔhɔb	wayᵊḥappehuʷ
,(kostbarem=)gut(em)	Gold-(mit)	(es=)ihn-überzog-er-und

תִּמֹרִים	עָלָיו	וַיַּעַל
timoriʸm	ʿɔlɔʸw	wayyaʿal
Palmen	(daran=)ihn-auf	(anbringen=)hinaufgehen-machte-er-und

אֶבֶן	אֶת־הַבַּיִת	6 וַיְצַף	וְשַׁרְשְׁרוֹת׃
ʾɛbɛn	habbayit-ʾɛt	wayᵊṣap	wᵊšarᵊšᵊroʷt.
(Ge)stein-(mit)	(Tempel)haus-das***	belegte-er-Und	.Ketten-und

פַּרְוָיִם׃	זְהַב	וְהַזָּהָב	לְתִפְאָרֶת	יְקָרָה
parᵊwɔyim.	zᵊhab	wᵊhazzɔhɔb	lᵊtipᵊʾɔrɛt	yᵊqɔrɔʰ
.Parwaim-	gold-(war)	Gold-das-und	,Zierde-zu(r)	kostbar(em)

הַסִּפִּים	הַקֹּרוֹת	אֶת־הַבַּיִת	7 וַיְחַף
hassippiʸm	haqqoroʷt	habbayit-ʾɛt	wayᵊḥap
Schwellen-die	,Balken-die —	(Tempel)haus-das***	überzog-er-Und

זָהָב	וְדַלְתוֹתָיו	וְקִירוֹתָיו
zɔhɔb	wᵊdalᵊtoʷtɔʸw	wᵊqiʸroʷtɔʸw
,Gold-(mit)	— Türen-seine-und	Wände-seine-und

הַקִּירוֹת׃	עַל־	כְּרוּבִים	וּפִתַּח
haqqiʸroʷt.	-ʿal	kᵊruʷbiʸm	uʷpittaḥ
.Wände-die	(an=)auf	Kerube	(ein-schnitzte=)gravierte-er-und

אֶת־בֵּית־	8 וַיַּעַשׂ
-beʸt-ʾɛt	wayyaʿaś
(für)-Haus-(das)***	machte-er-(Dann=)Und

אָרְכּוֹ ʾorᵊkoʷ (betrug)-Länge-Seine	הַקֳּדָשִׁים haqqᵒdɔšiʸm .(Allerheiligste-das=)Heiligtümer-(der=)die-Heiligkeit-(die)	קֹדֶשׁ qodɛš

אַמּוֹת ʾammoʷt Ellen	הַבַּיִת habbayit Haus(es)-(des=)das	רֹחַב־ -roḥab Breite-(der)	עַל־פְּנֵי pᵊneʸ-ʿal (entsprechend=)Gesichter-auf

וַיְחַפֵּהוּ wayᵊḥappehuʷ (es=)ihn-überzog-er-Und	עֶשְׂרִים ʿɛśᵊriʸm .zwanzig	אַמּוֹת ʾammoʷt Ellen	וְרָחְבּוֹ wᵊroḥᵊboʷ Breite-seine-und	עֶשְׂרִים ʿɛśᵊriʸm ,zwanzig

שֵׁשׁ šeš -sechs	לְכִכָּרִים lᵊkikkɔriʸm (Talenten=)Scheiben-(von=)zu	טוֹב ṭoʷb (kostbarem=)gut(em)	זָהָב zɔhɔb Gold-(mit)

לִשְׁקָלִים lišᵊqɔliʸm Schekeln-(von=)zu	לְמִסְמְרוֹת lᵊmisᵊmᵊroʷt Nägel-(die)-(für=)zu	9 וּמִשְׁקָל uʷmišᵊqɔl Gewicht-(das)-Und	מֵאוֹת׃ meʾoʷt. .hundert(e)

חִפָּה ḥippɔʰ überzog-er	וְהָעֲלִיּוֹת wᵊhɔʿaliʸyoʷt Obergemächer-die-(Auch=)Und	זָהָב zɔhɔb .Gold-(aus)	חֲמִשִּׁים ḥᵃmiššiʸm fünfzig

בְּבֵית־ -bᵊbeʸt Haus-(dem)-in	10 וַיַּעַשׂ wayyaʿaś machte-er-(Dann=)Und	זָהָב׃ zɔhɔb. .Gold-(mit)

שְׁנַיִם šᵊnayim ,zwei	כְּרוּבִים kᵊruʷbiʸm Kerube	הַקֳּדָשִׁים haqqᵒdɔšiʸm (Allerheiligsten-des=)Heiligtümer-(der=)die-Heiligkeit-(der)	קֹדֶשׁ qodɛš

וַיְצַפּוּ wayᵊṣappuʷ überzog(en)-(man=)sie-und	צַעֲצֻעִים ṣaʿᵃṣuʿiʸm ,Bildhauerkünste-(der)	מַעֲשֵׂה maʿᵃśeʰ (Werk-ein=)Arbeit-(eine)

הַכְּרוּבִים hakkᵊruʷbiʸm :Kerube(n)-(den=)die	11 וְכַנְפֵי wᵊkanᵊpeʸ (von)-Flügel-(die)-Und	זָהָב׃ zɔhɔb. .Gold-(mit)	אֹתָם ʾotɔm sie

כְּנַף kᵊnap Flügel-(der)	עֶשְׂרִים ʿɛśᵊriʸm ;zwanzig	אַמּוֹת ʾammoʷt Ellen	אָרְכָּם ʾorᵊkɔm (insgesamt-betrug)-Länge-Ihre

מַגַּעַת	חָמֵשׁ	לְאַמּוֹת	הָאֶחָד
maggaᶜat	ḥɔmeš	lᵊʾammoʷt	hɔʾɛḥɔd
(reichend=)berührend-(war)	fünf	Ellen-(von=)zu	eine(n)-(des=)der

הָאַחֶרֶת	וְהַכָּנָף	הַבַּיִת	לְקִיר
hɔʾaḥɛrɛt	wᵊhakkɔnɔp	habbayit	lᵊqiʸr
,andere-(der=die)	Flügel-der-und	,Haus(es)-(des=)das	Wand-(die)-(an=)zu

לִכְנַף	מַגִּיעַ	חָמֵשׁ	אַמּוֹת
likᵊnap	maggiʸaᶜ	ḥɔmeš	ʾammoʷt
Flügel-(einen=)zu	berührend(er)-(war)	,fünf	Ellen-(betragend)

הַכְּרוּב	12 וּכְנַף	הָאַחֵר׃	הַכְּרוּב
hakkᵊruʷb	uʷkᵊnap	hɔʾaḥer.	hakkᵊruʷb
Kerub(s)-(des=)der	Flügel-(ein)-Und	.andere(n)-(des=der)	,Kerub(s)-(des=)der

חָמֵשׁ	אַמּוֹת	הָאֶחָד
ḥɔmeš	ʾammoʷt	hɔʾɛḥɔd
,fünf	Ellen-(betragend)	,(anderen=)eine(n)-(des=der)

הַבָּיִת	לְקִיר	מַגִּיעַ
habbɔyit	lᵊqiʸr	maggiʸaᶜ
,Haus(es)-(des=)das	Wand-(die)-(an=)zu	(reichte=)machend(er)-berühren

חָמֵשׁ	אַמּוֹת	הָאַחֶרֶת	וְהַכָּנָף
ḥɔmeš	ʾammoʷt	hɔʾaḥɛrɛt	wᵊhakkɔnɔp
,fünf	Ellen-(betragend)	,andere-(der=)die	,Flügel-der-(während=)und

הַכְּרוּב	לִכְנַף	דְּבֵקָה
hakkᵊruʷb	likᵊnap	dᵊbeqɔʰ
Kerub(s)-(des=)der	Flügel-(einen)-(an=)zu	(an-stieß=)anhangend(e)

הָאֵלֶּה	הַכְּרוּבִים	13 כַּנְפֵי	הָאַחֵר׃
hɔʾellɛʰ	hakkᵊruʷbiʸm	kanᵊpeʸ	hɔʾaḥer.
,da-diese(n)	,Kerube(n)-(den=)die	(von)-Flügel-(Die)	.andere(n)-(des=der)

וְהֵם	עֶשְׂרִים	אַמּוֹת	פֹּרְשִׂים
wᵊhem	ᶜɛśᵊriʸm	ʾammoʷt	porᵊśiʸm
(selbst)-sie-Und	.zwanzig	Ellen	(ausgebreitet=)ausbreitend(e)-(betrugen)

וּפְנֵיהֶם	רַגְלֵיהֶם	עַל־	עֹמְדִים
uʷpᵊneʸhɛm	ragᵊleʸhɛm	-ᶜal	ᶜomᵊdiʸm
Antlitze(n)-ihre(n)-(mit=)und	Füße(n)-(zwei)-ihre(n)	auf	stehend(e)-(waren)

אֶת־הַפָּרֹכֶת	14 וַיַּעַשׂ	לַבָּיִת׃
happɔrokɛt-ʾɛt	wayyaʿaś	labbɔyit.
Vorhang-(den=)der***	machte-er-Und	.Haus-(dem=)das)-(nach=)zu-(gekehrt)

וּבוּץ	וְכַרְמִיל	וְאַרְגָּמָן	תְּכֵלֶת
uʷbuʷṣ	wᵊkarᵊmiʸl	wᵊʾarᵊgɔmɔn	tᵊkelɛt
Byssus-und	Karmesin-und	Rotpurpur-und	Blaupurpur-(aus)

15 וַיַּעַשׂ	כְּרוּבִים׃	עָלָיו	וַיַּעַל
wayyaʿaś	kᵊruʷbiʸm.	ʿɔlɔʸw	wayyaʿal
machte-er-Und	.Kerube	ihm-auf	(an-brachte=)hinaufgehen-machte-(er)-und

אַמּוֹת	שְׁנַיִם	עַמּוּדִים	הַבַּיִת	לִפְנֵי
ʾammoʷt	šᵊnayim	ʿammuʷdiʸm	habbayit	lipᵊneʸ
Ellen	,zwei	Säulen	Haus-(dem=)das	(vor=)Gesichter-zu

עַל־	אֲשֶׁר־	וְהַצֶּפֶת	אֹרֶךְ	וְחָמֵשׁ	שְׁלֹשִׁים
-ʿal	-ʾᵃšɛr	wᵊhaṣṣɛpɛt	ʾorɛk	wᵊḥɔmeš	šᵊlošiʸm
auf	(das=)welch(es)	,Kapitell-das-und	,Länge-(an)	fünf-und	dreißig

16 וַיַּעַשׂ	חָמֵשׁ׃	אַמּוֹת	רֹאשׁוֹ
wayyaʿaś	ḥɔmeš.	ʾammoʷt	roʾšoʷ
machte-er-Und	.fünf	Ellen	,(war)-(Spitze-ihrer=)Haupt-sein(em)

בַּדְּבִיר	שַׁרְשְׁרוֹת
baddᵊbiʸr	šarᵊšᵊroʷt
(Schreinraum=)Hinterraum-(den-für=)dem-in	Ketten

הָעַמֻּדִים	רֹאשׁ	עַל־	וַיִּתֵּן
hɔʿammudiʸm	roʾš	-ʿal	wayyitten
.Säulen-(der=)die	(Spitze-die=)Kopf-(den)	auf	(sie)-(setzte=)gab-er-und

וַיִּתֵּן	מֵאָה	רִמּוֹנִים	וַיַּעַשׂ
wayyitten	meʾɔʰ	rimmoʷniʸm	wayyaʿaś
(sie)-(befestigte=)gab-er-und	hundert	Granatäpfel	machte-er-(Dazu=)Und

17 וַיָּקֶם	בַּשַּׁרְשְׁרוֹת׃
wayyɔqɛm	baššarᵊšᵊroʷt.
(auf-stellte=)stehen-machte-er-(Dann=)Und	.Ketten-(den=)die-(an=)in

אֶחָד	הַהֵיכָל	עַל־פְּנֵי	אֶת־הָעַמּוּדִים
ʾɛḥɔd	haheʸkɔl	pᵊneʸ-ʿal	hɔʿammuʷdiʸm-ʾɛt
ein(e)	,Tempel-(dem=)der	(gegenüber=)Gesichter-auf	Säulen-die***

וַיִּקְרָא	מֵהַשְּׂמֹאול	וְאֶחָד	מִיָּמִין
wayyiqᵊrɔʾ	mehaśśᵊmoʾwl	wᵊʾɛḥɔd	miʸyɔmiʸn
(nannte=)rief-er-Und	.Linken-(zur=)vom	ein(e)-und	Rechten-(zur=)von

וְשֵׁם	יָכִין	הַיְמִינִי[הַיְמָנִי]	שֵׁם־
wᵊšem	yɔkiʸn	[hayᵊmɔniʸ]hayᵊmiʸniʸ	-šem
Name(n)-(den)-und	Jachin	rechte(n)-(der=)die	Name(n)-(den)

בֹּעַז׃	הַשְּׂמָאלִי
boʿaz.	haśśᵊmoʾliʸ
.Boas	linke(n)-(der=)die

4

עֶשְׂרִים	נְחֹשֶׁת	מִזְבַּח	1 וַיַּעַשׂ
ʿɛśᵊriʸm	nᵊḥošɛt	mizᵊbaḥ	wayyaʿaś
Zwanzig	.Erz	(von)-Altar-(einen)	machte-er-(Ferner=)Und

וְעֶשֶׂר	רָחְבּוֹ	אַמָּה	וְעֶשְׂרִים	אָרְכּוֹ	אַמָּה
wᵊʿɛśɛr	roḥᵊboʷ	ʾammɔʰ	wᵊʿɛśᵊriʸm	orᵊkoʷ	ʾammɔʰ
zehn-und	Breite-seine	Elle(n)	zwanzig-und	Länge-seine-(betrug)	Elle(n)

מוּצָק	אֶת־הַיָּם	2 וַיַּעַשׂ	קוֹמָתוֹ׃	אַמּוֹת
muʷṣɔq	hayyɔm-ʾɛt	wayyaʿaś	qoʷmɔtoʷ.	ʾammoʷt
.gegossen(er)	,Meer-das***	machte-er-(Zudem=)Und	.Höhe-seine	Ellen

אֶל־	מִשְּׂפָתוֹ	בָּאַמָּה	עֶשֶׂר
-ʾɛl	miśśᵊpɔtoʷ	bɔʾammɔʰ	ʿɛśɛr
zu	(Rand=)Lippe-seine(r)-von	Elle-der-(nach=)in	Zehn

בָּאַמָּה	וְחָמֵשׁ	סָבִיב	עָגוֹל	שְׂפָתוֹ
bɔʾammɔʰ	wᵊḥɔmeš	sɔbiʸb	ʿɔgoʷl	śᵊpɔtoʷ
Elle-der-(nach=)in	fünf-und	,.ringsum	gerundet	,(Rand=)Lippe-seine(r)

בָּאַמָּה	שְׁלֹשִׁים	וְקָו	קוֹמָתוֹ
bɔʾammɔʰ	šᵊlošiʸm	wᵊqɔw	qoʷmɔtoʷ
— Elle-der-(nach=)in	dreißig —	Schnur-(eine)-(und)	;Höhe-seine-(betrug)

בְקָרִים	3 וּדְמוּת	סָבִיב׃	אֹתוֹ	יָסֹב
bᵊqɔriʸm	uʷdᵊmuʷt	sɔbiʸb.	ʾotoʷ	yɔsob
Rinder(n)	(von)-Abbildung-(eine)-Und	.ringsum	(es=)ihn	umgab-(sie=er)

אֹתוֹ	סוֹבְבִים	סָבִיב	סָבִיב	לוֹ	תַּחַת
ʾotoʷ	soʷbᵊbiʸm	sɔbiʸb	sɔbiʸb	loʷ	taḥat
,(es=)ihn	umgebend(e)-(war)	(rundum=)ringsum	-ringsum	ihm	unter

עֶשֶׂר בָּאַמָּה מַקִּיפִים אֶת־הַיָּם סָבִיב שְׁנַיִם
šᵊnayim sɔbiʸb hayyɔm-ʾɛt maqqiʸpiʸm bɔʾammɔʰ ʿɛśɛr
zwei-(in) ,ringsum Meer-das*** umschließend(e) ,Elle-der-(nach=)in zehn

טוּרִים הַבָּקָר יְצוּקִים בְּמֻצַקְתּוֹ׃
bᵊmuṣaqᵊtoʷ. yᵊṣuʷqiʸm habbɔqɔr ṭuʷriʸm
.Guss-seinem-(bei=)in (mit)gegossen(e) Rind(er)-(die=)das-(waren) Reihen

4 עוֹמֵד עַל־ שְׁנֵים עָשָׂר בָּקָר שְׁלֹשָׁה פֹּנִים
poniʸm šᵊlošɔʰ bɔqɔr ʿɔśɔr šᵊneʸm -ʿal ʿoʷmed
wendend(e)-sich drei ;Rind(ern) (zwölf=)zehn-zwei auf Stehend(er)

צָפוֹנָה וּשְׁלוֹשָׁה פֹּנִים יָמָּה
yɔmmɔʰ poniʸm uʷšᵊloʷšɔʰ ṣɔpoʷnɔʰ
(Westen-nach=)meerwärts wendend(e)-sich drei-und zu-Norden-(nach)

וּשְׁלֹשָׁה פֹּנִים נֶגְבָּה וּשְׁלֹשָׁה פֹּנִים
poniʸm uʷšᵊlošɔʰ nɛgᵊbɔʰ poniʸm uʷšᵊlošɔʰ
wendend(e)-sich drei-und zu-Süden-(nach) wendend(e)-sich drei-und

מִזְרָחָה וְהַיָּם עֲלֵיהֶם
ʿaleʸhɛm wᵊhayyɔm mizᵊrɔḥɔʰ
ihnen-auf-(war) Meer-das-und ;(zu-Osten-nach=)aufgangwärts

מִלְמָעְלָה וְכָל־ אֲחֹרֵיהֶם
ʾaḥoreʸhɛm -wᵊkol milᵊmɔʿᵊlɔʰ
Rückseiten-ihre all-und ,(obendrauf=)hin-oben-zu-von

בָּיְתָה׃ 5 וְעָבְיוֹ טֶפַח
ṭɛpaḥ wᵊʿobᵊyoʷ bɔyᵊtɔʰ.
,Hand(breite)-(eine) Dicke-seine-Und .(gewendet-einwärts=)hauswärts-(waren)

וּשְׂפָתוֹ כְּמַעֲשֵׂה
kᵊmaʿaśeʰ uʷśᵊpɔtoʷ
(Ausformung-die=)Werk-(das)-wie-(war) (Rand=)Lippe-sein(e)-und

שְׂפַת־כּוֹס פֶּרַח שׁוֹשַׁנָּה
šoʷšannɔʰ pɛraḥ koʷs-śᵊpat
Lilie(n)- blüte-(eine) ,(Becherrandes-eines=)Becher-(von)-Lippe-(einer)

מַחֲזִיק בַּתִּים שְׁלֹשֶׁת אֲלָפִים יָכִיל׃ 6 וַיַּעַשׂ
wayyaʿaś yɔkiʸl. ʾalɔpiʸm šᵊlošɛt battiʸm maḥᵃziʸq
machte-er-Und .fasst(e)-(es=)er tausend(e) -drei Batmaße ,festhaltend(er)

כִּיּוֹרִים	עֲשָׂרָה	וַיִּתֵּן	חֲמִשָּׁה	מִיָּמִין
kiʸyoʷriʸm	ʿᵃśɔrɔʰ	wayyitten	ḥᵃmiššɔʰ	miʸyɔmiʸn
Becken	.zehn	(setzte=)gab-er-(Dann=)Und	fünf	Rechten-(zur=)von

וַחֲמִשָּׁה	מִשְּׂמֹאול	לְרָחְצָה
waḥᵃmiššɔʰ	miśśᵊmoʾwl	lᵊroḥᵊṣɔʰ
fünf-und	,Linken-(zur=)von	(wasche-man-dass=)waschen-zu

בָּהֶם	אֶת־מַעֲשֵׂה	הָעוֹלָה
bɔhɛm	maʿᵃśeʰ-ʾɛt	hɔʿoʷlɔʰ
;(darin=)ihnen-in	(für)-(Gefertigte=)Werk-(das)***	(Brandopfer=)Hochopfer-das

יָדִיחוּ	בָם	וְהַיָּם
yɔdiʸḥuʷ	bɔm	wᵊhayyɔm
abspülen-(mussten=)werden-sie	.(darin=)ihnen-in	Meer-das-(Hingegen=)Und

לְרָחְצָה	לַכֹּהֲנִים	בּוֹ׃
lᵊroḥᵊṣɔʰ	lakkohᵃniʸm	boʷ.
Waschen-(dem)-(diente=)zu	Priester-(der=)zu	.(darin=)ihm-in

7 וַיַּעַשׂ	אֶת־מְנֹרוֹת	הַזָּהָב	עֶשֶׂר
wayyaʿaś	mᵊnoroʷt-ʾɛt	hazzɔhɔb	ʿɛśɛr
machte-er-(Ferner=)Und	(von)-Leuchter-(die)***	,Gold-(dem=)das	,zehn

כְּמִשְׁפָּטָם	וַיִּתֵּן	בַּהֵיכָל
kᵊmišᵊpɔṭɔm	wayyitten	baheʸkɔl
;Vorschrift-ihre(r)-(nach=)wie	(setzte=)gab-er-und	(Tempel)halle-(die)-in

חָמֵשׁ	מִיָּמִין	וְחָמֵשׁ	מִשְּׂמֹאול׃	8 וַיַּעַשׂ
ḥɔmeš	miʸyɔmiʸn	wᵊḥɔmeš	miśśᵊmoʾwl.	wayyaʿaś
fünf	Rechten-(zur=)von	fünf-und	.Linken-(zur=)von	machte-er-Und

שֻׁלְחָנוֹת	עֲשָׂרָה	וַיַּנַּח	בַּהֵיכָל	חֲמִשָּׁה
šulᵊḥɔnoʷt	ʿᵃśɔrɔʰ	wayyannaḥ	baheʸkɔl	ḥᵃmiššɔʰ
Tische	zehn	stellte-er-und	(Tempel)halle-(der)-in	fünf

מִיָּמִין	וַחֲמִשָּׁה	מִשְּׂמֹאול	וַיַּעַשׂ
miʸyɔmiʸn	waḥᵃmiššɔʰ	miśśᵊmoʾwl	wayyaʿaś
Rechten-(zur=)von	fünf-und	.Linken-(zur=)von	machte-er-(Ferner=)Und

מִזְרְקֵי	זָהָב	מֵאָה׃	9 וַיַּעַשׂ	חֲצַר
mizᵊrᵊqeʸ	zɔhɔb	meʾɔʰ.	wayyaʿaś	ḥᵃṣar
(von)-Besprenggefäße	Gold	.hundert	machte-er-(Sodann=)Und	Vorhof-(den)

וּדְלָתוֹת	הַגְּדוֹלָה	וְהָעֲזָרָה	הַכֹּהֲנִים
uʷdəlɔtoʷt	haggədoʷlɔʰ	wəhɔᶜᵃzɔrɔʰ	hakkohᵃniʸm
Türen-(die)-und	,große-die	,Einfassung-die-und	Priester-(der=)die

צִפָּה	וְדַלְתוֹתֵיהֶם	לָעֲזָרָה
ṣippɔʰ	wədalətoʷteʸhɛm	lɔᶜᵃzɔrɔʰ
überzog-er	Türen-ihre-Und	.(Umrandung-äußere=)Einfassung-die-(für=)zu

נָתַן	10 וְאֶת־הַיָּם	נְחֹשֶׁת׃
nɔtan	hayyɔm-wəʾɛt	nəḥošɛt.
(auf-stellte=)gab-er	Meer-das-***Und	.Erz-(mit)

קֵדְמָה	הַיְמָנִית	מִכֶּתֶף
qedəmɔʰ	hayəmɔniʸt	mikkɛtɛp
zu-Osten-(nach)	,rechte(n)-(der=)die	,(Seite=)Schulter-(der)-(an=)von

נֶגְבָּה׃	מִמּוּל
nɛgəbɔʰ.	mimmuʷl
.(Südrichtung-der=)südwärts	(gegenüber=)vor-von

אֶת־הַסִּירוֹת	חוּרָם	11 וַיַּעַשׂ
hassiʸroʷt-ʾɛt	ḥuʷrɔm	wayyaᶜaś
Töpfe-die***	(Huram=)Churam	(fertigte=)machte-(es=er)-(Außerdem=)Und

וַיְכַל	וְאֶת־הַמִּזְרָקוֹת	וְאֶת־הַיָּעִים
wayəkal	hammizərɔqoʷt-wəʾɛt	hayyɔᶜiʸm-wəʾɛt
vollendete-(es=)er-Und	.Besprenggefäße-die-***und	Schaufeln-die-***und

אֲשֶׁר	אֶת־הַמְּלָאכָה	לַעֲשׂוֹת	חִירָם[חוּרָם]
ʾᵃšɛr	hamməlɔʾkɔʰ-ʾɛt	laᶜᵃśoʷt	[ḥuʷrɔm]ḥyrɔm
(das=)welch(es)	,Werk-das***	(machend=)machen-zu	(Huram=)Churam

שְׁלֹמֹה	לַמֶּלֶךְ	עָשָׂה
šəlomoʰ	lammɛlɛk	ᶜɔśɔʰ
(Salomo=)Schelomo	König-den-(für=)zu	(getan=)machte-er

שְׁנַיִם	12 עַמּוּדִים	הָאֱלֹהִים׃	בְּבֵית
šənayim	ᶜammuʷdiʸm	hɔʾᵉlohiʸm.	bəbeʸt
,zwei	Säulen	:(Gottes=)Götter-(der=)die	Haus-(dem)-(an=)in

רֹאשׁ	עַל־	וְהַכֹּתָרוֹת	וְהַגֻּלּוֹת
roʾš	-ᶜal	wəhakkotɔroʷt	wəhaggulloʷt
(Spitze-der=)Kopf-(dem)	auf	Knäufe-die-und	Kugeln-die-(dazu=)und

לְכַסּוֹת	שְׁתַּיִם	וְהַשְּׂבָכוֹת	שְׁתָּיִם	הָעַמּוּדִים
lᵊkassoʷt	šᵊtayim	wᵊhaśśᵊbɔkoʷt	šᵊtɔyim	hɔᶜammuʷdiʸm
bedecken-zu	,zwei	,Gitter-die-und	,zwei	,Säulen-(der=)die

עַל־	אֲשֶׁר	הַכֹּתָרוֹת	גֻּלּוֹת	אֶת־שְׁתֵּי
-ᶜal	ᵓᵃšɛr	hakkotɔroʷt	gulloʷt	šᵊteʸ-ᵓɛt
auf	(die=)welch(e)	,Knäufe-(der=)die	Kugeln	zwei-***(die)

הָעַמּוּדִים׃	רֹאשׁ
hɔᶜammuʷdiʸm.	roᵓš
.(waren)-Säulen-(der=)die	(Spitze-der=)Kopf-(dem)

לִשְׁתֵּי	מֵאוֹת	אַרְבַּע	13 וְאֶת־הָרִמּוֹנִים
lišᵊteʸ	meᵓoʷt	ᵓarᵊbaᶜ	hɔrimmoʷniʸm-wᵊᵓɛt
Zwei(zahl)-(die)-(für=)zu	,hundert(e)	-vier	,Granatäpfel-die-***(Dazu=)Und

לַשְּׂבָכָה	רִמּוֹנִים	טוּרִים	שְׁנַיִם	הַשְּׂבָכוֹת
laśśᵊbɔkɔʰ	rimmoʷniʸm	ṭuʷriʸm	šᵊnayim	haśśᵊbɔkoʷt
,Gitter-das-(für=)zu	Granatäpfel	Reihen	zwei	,Gitter-(der=)die

גֻּלּוֹת	אֶת־שְׁתֵּי	לְכַסּוֹת	הָאֶחָת
gulloʷt	šᵊteʸ-ᵓɛt	lᵊkassoʷt	hɔᵓɛḥɔt
Kugeln	zwei-***(die)	bedecken-zu	,(einzelne=)eine-(das=)die

פְּנֵי	עַל־	אֲשֶׁר	הַכֹּתָרוֹת
pᵊneʸ	-ᶜal	ᵓᵃšɛr	hakkotɔroʷt
(Oberfläche-der=)Gesichter	(über=)auf	(die=)welch(e)	,Knäufe-(der=)die

עָשָׂה	14 וְאֶת־הַמְּכֹנוֹת	הָעַמּוּדִים׃
ᶜɔśɔʰ	hammᵊkonoʷt-wᵊᵓɛt	hɔᶜammuʷdiʸm.
,machte-er	(Fahr)gestelle-die-***(Zudem=)Und	.(waren)-Säulen-(der=)die

15 אֶת־הַיָּם	הַמְּכֹנוֹת׃	עַל־	עָשָׂה	וְאֶת־הַכִּיֹּרוֹת
hayyɔm-ᵓɛt	hammᵊkonoʷt.	-ᶜal	ᶜɔśɔʰ	hakkiʸyoroʷt-wᵊᵓɛt
,Meer-Das***	.Gestelle(n)-(den=)die	auf	machte-er	Becken-die-***und

תַּחְתָּיו׃	שְׁנֵים־עָשָׂר	וְאֶת־הַבָּקָר	אֶחָד
taḥᵊtɔʸw.	ᶜɔśɔr-šᵊneʸm	habbɔqɔr-wᵊᵓɛt	ᵓɛḥɔd
.ihm-unter	(zwölf=)zehn-zwei	,Rind(er)-die-***und	,(eine-das=)einer

וְאֶת־הַמִּזְלָגוֹת	וְאֶת־הַיָּעִים	16 וְאֶת־הַסִּירוֹת
hammizᵊlɔgoʷt-wᵊᵓɛt	hayyɔᶜiʸm-wᵊᵓɛt	hassiʸroʷt-wᵊᵓɛt
Gabeln-die***und	Schaufeln-die-***und	Töpfe-die-***(Ferner=)Und

אֲבִיו	חוּרָם	עָשָׂה	כְלֵיהֶם	וְאֶת־כָּל־
ʾɔbiʸw	ḥuʷrɔm	ʿɔśɔʰ	kᵊleʸhɛm	-kol-wᵊʾɛt
Abiw	-(Huram=)Churam	machte-(er)	Gefäße-ihre	all***und

לְבֵית	שְׁלֹמֹה	לַמֶּלֶךְ
lᵊbeʸt	šᵊlomoʰ	lammɛlɛk
(Tempel)haus-(das)-(für=)zu	(Salomo=)Schelomo	König-den-(für=)zu

הַיַּרְדֵּן	17 בְּכִכַּר	מָרוּק׃	נְחֹשֶׁת	יְהוָה
hayyarᵊden	bᵊkikkar	mɔruʷq.	nᵊḥošɛt	yᵊhwɔʰ
Jordan-(des=)der	(Umkreis=)Rund-(dem)-In	.poliert(em)	Erz-(aus)	,JHWH(s)

בַּעֲבִי	הַמֶּלֶךְ	יְצָקָם
baʿᵃbiʸ	hammɛlɛk	yᵊṣɔqɔm
Dichtigkeit-(der)-(ob=)in	,König-der	sie-(gießen-ließ=)goss-(es=er)

צְרֵדָתָה׃	וּבֵין	סֻכּוֹת	בֵּין	הָאֲדָמָה
ṣᵊredɔtɔʰ.	uʷbeʸn	sukkoʷt	beʸn	hɔʾᵃdɔmɔʰ
.Zeredata	(zwischen)-und	Sukkot	zwischen	,(Ton)erde-(der=)die

הָאֵלֶּה	הַכֵּלִים	כָּל־	שְׁלֹמֹה	18 וַיַּעַשׂ
hɔʾellɛʰ	hakkeliʸm	-kol	šᵊlomoʰ	wayyaʿaś
,dieselben	,Geräte-die	all	(Salomo=)Schelomo	machte-(es=)er-Und

לֹא	כִּי	מְאֹד	לָרֹב
loʾ	kiʸ	mᵊʾod	lɔrob
nicht	dass	,(großer=)sehr	Menge-(in=)zu

הַנְּחֹשֶׁת׃	מִשְׁקַל	נֶחְקַר
hannᵊḥošɛt.	mišᵊqal	nɛḥᵊqar
.Erz(es)-(des=)das	Gewicht-(das)	(festzuhalten-war=)berechnet-wurde-(es=)er

הַכֵּלִים	כָּל־	אֵת	שְׁלֹמֹה	19 וַיַּעַשׂ
hakkeliʸm	-kol	ʾet	šᵊlomoʰ	wayyaʿaś
,Geräte-die	all	***	(Salomo=)Schelomo	machte-(es=)er-Und

וְאֵת	הָאֱלֹהִים	בֵּית	אֲשֶׁר
wᵊʾet	hɔʾᵋlohiʸm	beʸt	ʾᵃšɛr
***und	,(Gottes=)Götter-(der=)die	Haus-(dem)	(gehörten)-welch(e)

וְאֶת־הַשֻּׁלְחָנוֹת	הַזָּהָב	מִזְבַּח
haššulᵊḥɔnoʷt-wᵊʾɛt	hazzɔhɔb	mizᵊbaḥ
,Tische-die-***(auch=)und	,Gold-(aus=)das	Altar-(den)

הַפָּנִים:	לֶחֶם	וַעֲלֵיהֶם
happoniym.	lεḥεm	wacaleyhεm
.(Schaubrote-die=)Antlitze-(der=)die-	Brot	(waren)-(denen-auf=)ihnen-auf-und

וְנֵרֹתֵיהֶם	20 וְאֶת־הַמְּנֹרוֹת
wəneroteyhεm	hammənorowt-wə'εt
,Lampen-(deren=)ihre-und	Leuchter-die-***(Zudem=)Und

לִפְנֵי	כַּמִּשְׁפָּט	לְבַעֲרָם
lipəney	kammišəpoṭ	ləbacarom
(vor=)Gesichter-zu	Vorschrift-(nach=)wie	sie-Anzünden-(einem)-zu

זָהָב	הַדְּבִיר
zohob	haddəbiyr
Gold-(aus)	(Schreinraum=)Hinterraum-(dem=)der

וְהַנֵּרוֹת	21 וְהַפֶּרַח	סָגוּר:
wəhannerowt	wəhappεraḥ	soguwr.
Lampen-die-und	Blüte-die-(Ferner=)Und	.(gediegenem=)verschlossen(em)

מִכְלוֹת	הוּא	זָהָב	וְהַמֶּלְקָחַיִם
mikəlowt	huw'	zohob	wəhammεləqaḥayim
(feinstes=)Vollkommenheit	(war)-(es=)er	,Gold-(aus)	Scheren-(zwei)-die-und

וְהַכַּפּוֹת	וְהַמִּזְרָקוֹת	22 וְהַמְזַמְּרוֹת	זָהָב:
wəhakkappowt	wəhammizəroqowt	wəhaməzamməro wt	zohob.
Schüsseln-die-und	Besprengbecken-die-und	Messer-die-Und	.Gold

סָגוּר	זָהָב	וְהַמַּחְתּוֹת
soguwr	zohob	wəhammaḥətowt
.(gediegenem=)verschlossen(em)	Gold-(aus-waren)	Räucherpfannen-die-und

דַּלְתוֹתָיו	הַבַּיִת	וּפֶתַח
daləto wtoyw	habbayit	uwpεtaḥ
,Türen-seine	,Haus(es)-(des=)das	Eingang-(den)-(Zudem=)Und

הַקֳּדָשִׁים	לְקֹדֶשׁ	הַפְּנִימִיּוֹת
haqqodošiym	ləqodεš	happəniymiyyowt
.(Allerheiligsten-dem=)Heiligtümer-(der=)die-	Heiligkeit-zu(r)	,inneren-die

לַהֵיכָל	הַבַּיִת	וְדַלְתֵי
laheykol	habbayit	wədaləte y
(hin)-Tempelhalle-zu(r)	Haus(es)-(des=)das	Türen-(die)-(Auch=)Und

זָהָב׃
zɔhɔb.
.Gold-(aus-waren)

5

1 וַתִּשְׁלַם
wattišᵊlam
vollständig-war-(sie)-(Als=)Und

כָּל־
-kol
all

הַמְּלָאכָה
hammᵊlɔʾkɔʰ
,(Werk-das=)Arbeit-die

אֲשֶׁר־
-ʾᵃšɛr
welch(es)

עָשָׂה
ʿɔśɔʰ
gemacht-hat(te)-(es=er)

שְׁלֹמֹה
šᵊlomoʰ
(Salomo=)Schelomo

לְבֵית
lᵊbeʸt
(Tempel)haus-(das)-(für=)zu

יְהוָה
yᵊhwɔʰ
,JHWH(s)

וַיָּבֵא
wayyɔbeʾ
(brachte=)kommen-machte-(es=er)-(da=)und

שְׁלֹמֹה
šᵊlomoʰ
(Salomo=)Schelomo

אֶת־קָדְשֵׁי
qodᵊšeʸ-ʾɛt
(von)-(Weihegaben=)Heiligen-(die)***

דָּוִיד
dɔwiʸd
,David

אָבִיו
ʾɔbiʸw
,Vater-sein(em)

וְאֶת־הַכֶּסֶף
hakkɛsɛp-wᵊʾɛt
Silber-das-***und

וְאֶת־הַזָּהָב
hazzɔhɔb-wᵊʾɛt
Gold-das-***und

וְאֶת־כָּל
-kol wᵊʾɛt
all-***und

הַכֵּלִים
hakkeliʸm
Geräte-die

נָתַן
nɔtan
(legte=)gab-er

בְּאֹצְרוֹת
bᵊʾoṣᵊroʷt
Schatzkammern-(die)-in

בֵּית
beʸt
Haus(es)-(des)

הָאֱלֹהִים׃
hɔʾᵋlohiʸm.
.(Gottes=)Götter-(der=)die

2 אָז
ʾɔz
(Damals=)Dann

יַקְהֵיל
yaqᵊheʸl
versammelte-(es=er)

שְׁלֹמֹה
šᵊlomoʰ
(Salomo=)Schelomo

אֶת־זִקְנֵי
ziqᵊneʸ-ʾɛt
(von)-(Ältesten=)Alten-(die)***

יִשְׂרָאֵל
yiśᵊrɔʾel
Israel

וְאֶת־כָּל־
-kol-wᵊʾɛt
all(e)-***und

רָאשֵׁי
rɔʾšeʸ
(von)-(Ober)häupter

הַמַּטּוֹת
hammaṭṭoʷt
,Stämme(n)-(den=)die

נְשִׂיאֵי
nᵊśiʸʾeʸ
(von)-Fürsten-(die)

הָאָבוֹת
hɔʾɔboʷt
(Geschlechtern=)Väter(n)-(den=)die

לְהַעֲלוֹת	יְרוּשָׁלִָם	אֶל־	יִשְׂרָאֵל	לִבְנֵי
lᵊhaᶜᵃloʷt	yᵊruʷšɔlɔim	-ʾɛl	yiśᵊrɔʾel	libᵊneʸ
Heraufbringen-zu(m)	Jerusalem	(nach=)zu	,Israel(s)	Söhne-(der=)zu

מֵעִיר	יְהוָה	בְּרִית־	אֶת־אֲרוֹן
meᶜiʸr	yᵊhwɔʰ	-bᵊriʸt	ʾᵃroʷn-ʾɛt
Stadt-der-von-(weg)	JHWH	(mit)-Bund(es)-(des)	(Schrein-den=)Lade-(die)***

אֶל־	3 וַיִּקָּהֲלוּ	צִיּוֹן׃	הִיא	דָּוִיד
-ʾɛl	wayyiqqɔhᵃluʷ	ṣiʸyoʷn.	hiʸʾ	dɔwiʸd
(bei=)zu	sich-versammelten-(es=)-sie-Und	.Zion	(ist-das=)sie	,David(s)

הוּא	בֶּחָג	יִשְׂרָאֵל	אִישׁ	כָּל־	הַמֶּלֶךְ
huʷʾ	bɛḥɔg	yiśᵊrɔʾel	ʾiʸš	-kol	hammɛlɛk
(war-es=)er —	Fest-(am=)im	Israel(s)	Mann	all(e)	König-(dem=)der

זִקְנֵי	כֹּל	4 וַיָּבֹאוּ	הַשְּׁבִעִי׃	הַחֹדֶשׁ
ziqᵊneʸ	kol	wayyɔboʾuʷ	haššᵊbiᶜiʸ.	haḥodɛš
(von)-(Ältesten=)Alten-(die)	all	kamen-(es=)sie-Und	.siebte-der	,Monat-der

הַלְוִיִּם	וַיִּשְׂאוּ	יִשְׂרָאֵל
halᵊwiʸyim	wayyiśᵊʾuʷ	yiśᵊrɔʾel
Leviten-die	auf-hoben-(es=sie)-(Sodann=)Und	.Israel

אֶת־הָאָרוֹן	5 וַיַּעֲלוּ	אֶת־הָאָרוֹן׃
hɔʾɔroʷn-ʾɛt	wayyaᶜᵃluʷ	hɔʾɔroʷn-ʾɛt.
(Schrein-den=)Lade-(die)	herauf-brachten-sie-Und	.(Schrein-den=)Lade-(die)***

כְּלֵי	וְאֶת־כָּל־	מוֹעֵד	וְאֶת־אֹהֶל
kᵊleʸ	-kol-wᵊʾɛt	moʷᶜed	ʾohɛl-wᵊʾɛt
(von)-Geräte-(die)	all-***Und	.(Fest)begegnung-(der)	Zelt-(das)-***und

בָּאֹהֶל	אֲשֶׁר	הַקֹּדֶשׁ
bɔʾohɛl	ʾᵃšɛr	haqqodɛš
,(waren)-Zelt-dem-in	(die=)welch(e)	,Heiligtum-(dem=)das

הַלְוִיִּם׃	הַכֹּהֲנִים	אֹתָם	הֶעֱלוּ
halᵊwiʸyim.	hakkohᵃniʸm	ʾotɔm	hɛᶜᵋluʷ
.(waren)-Leviten-die	,Priester-die	sie	herauf-brachten-(es=)sie

יִשְׂרָאֵל	עֲדַת	וְכָל־	שְׁלֹמֹה	6 וְהַמֶּלֶךְ
yiśᵊrɔʾel	ᶜᵃdat	-wᵊkol	šᵊlomoʰ	wᵊhammɛlɛk
,Israel(s)	Gemeinde	(ganze-die=)all-und	(Salomo=)Schelomo	König-der-Und

לִפְנֵי	עָלָיו	הַנּוֹעָדִים
lipᵊneʸ	ʿɔlɔʸw	hannoʷʿɔdiʸm
(vor=)Gesichter-zu-(war)	,ihn-(um=)auf	(waren)-versammelnd(e)-sich-die

וּבָקָר	צֹאן	מְזַבְּחִים	הָאָרוֹן
uʷbɔqɔr	ṣoʾn	mᵊzabbᵊḥiʸm	hɔʾɔroʷn
,Großvieh-und	Kleinvieh	schlachtend(e)	(Schrein-dem=)Lade-(der=)die

יִסָּפְרוּ	לֹא־	אֲשֶׁר
yissɔpᵊruʷ	-loʾ	ʾᵃšɛr
(zählen-sich-ließ=)gezählt-(wurde=)werden-(es=sie)	nicht	(das=)welch(es)

מֵרֹב׃	יִמָּנוּ	וְלֹא
merob.	yimmɔnuʷ	wᵊloʾ
.Menge-(vor=)von	(berechnen-sich-ließ=)berechnet-wurden-sie	nicht-und

הַכֹּהֲנִים	7 וַיָּבִיאוּ
hakkohᵃniʸm	wayyɔbiʸʾuʷ
Priester-die	(brachten=)kommen-machten-(es=)sie-Und

מְקוֹמוֹ	אֶל־	יְהוָה	בְּרִית־	אֶת־אֲרוֹן
mᵊqoʷmoʷ	-ʾɛl	yᵊhwɔʰ	-bᵊriʸt	ʾᵃroʷn-ʾɛt
Stätte-seine	(an=)zu	JHWH	(mit)-Bund(es)-(des)	(Schrein-den=)Lade-(die)-***

אֶל־	הַבַּיִת	אֶל־דְּבִיר
-ʾɛl	habbayit	dᵊbiʸr-ʾɛl
(in=)zu	,Haus(es)-(des=)das	(Schreinraum=)Hinterraum-(dem)-zu

תַּחַת	אֶל־	הַקֳּדָשִׁים	קֹדֶשׁ
taḥat	-ʾɛl	haqqᵊdɔšiʸm	qodɛš
unter	(hin=)zu	,(Allerheiligste-das=)Heiligtümer-(der=)die-Heiligkeit-(die)	

הַכְּרוּבִים	8 וַיִּהְיוּ	הַכְּרוּבִים׃	כַּנְפֵי
hakkᵊruʷbiʸm	wayyihᵊyuʷ	hakkᵊruʷbiʸm.	kanᵊpeʸ
Kerube-die	waren-(es=)sie-Und	.Kerube(n)-(den=)die	(von)-Flügel-(die)

מְקוֹם	עַל־	כְּנָפַיִם	פֹּרְשִׂים
mᵊqoʷm	-ʿal	kᵊnɔpayim	porᵊśiʸm
Stätte-(der)	(über=)auf	(Doppel)flügel	(aus)spannend(e)

הַכְּרוּבִים	וַיְכַסּוּ	הָאָרוֹן
hakkᵊruʷbiʸm	wayᵊkassuʷ	hɔʾɔroʷn
Kerube-die	bedeckten-(es=sie)-(so=)und	;(Schreines-des=)Lade-(der=)die

עַל־
-ʿal
(über=)auf

הָאָרוֹן
hɔʾɔroʷn
(Schrein-dem=)Lade-(der=)die

וְעַל־
-wᵊʿal
(über=)auf-und

בַּדָּיו
baddɔʸw
(Trag)stangen-seine(n)

מִלְמָעְלָה
milᵊmɔʿᵊlɔʰ
.her-oben-von

9 וַיַּאֲרִיכוּ
wayyaʾᵃriʸkuʷ
gemacht-lang-hatten-sie-Und

הַבַּדִּים
habbaddiʸm
,(Trag)stangen-die

וַיֵּרָאוּ
wayyerɔʾuʷ
(sichtbar-waren=)gesehen-wurden-(es=sie)-(dass=)und

רָאשֵׁי
rɔʾšeʸ
(Spitzen=)Köpfe-(die)

הַבַּדִּים
habbaddiʸm
(Trag)stangen-(der=)die

מִן־
-min
von-(ausgehend)

הָאָרוֹן
hɔʾɔroʷn
(Schrein-dem=)Lade-(der=)die

עַל־פְּנֵי
pᵊneʸ-ʿal
(über-hin=)Gesichter-auf

הַדְּבִיר
haddᵊbiʸr
,(Schreinraum=)Hinterraum-(den=)der

וְלֹא
wᵊloʾ
nicht-(doch=)und

יֵרָאוּ
yerɔʾuʷ
(sichtbar-waren=)gesehen-wurden-sie

הַחוּצָה
haḥuʷṣɔʰ
;(hin-außen-nach=)zu-Gasse-(der=)die

וַיְהִי־
-wayᵊhiʸ
(blieb=)war-er-und

שָׁם
šɔm
dort

עַד
ʿad
(zu)-bis

הַיּוֹם
hayyoʷm
,Tag-(dem=)der

הַזֶּה׃
hazzɛʰ.
.da-dies(em)

10 אֵין
ʾeʸn
(war)-Nicht(s)

בָּאָרוֹן
bɔʾɔroʷn
,(Schrein-dem=)Lade-der-in

רַק
raq
nur

שְׁנֵי
šᵊneʸ
Zwei(heit)-(die)

הַלֻּחוֹת
halluḥoʷt
,Tafeln-(der=)die

אֲשֶׁר־
-ʾᵃšɛr
(die=)welch(e)

נָתַן
nɔtan
(hinein)gegeben-hat(te)-(es=er)

מֹשֶׁה
mošɛʰ
(Mose=)Mosche

בְּחֹרֵב
bᵊḥoreb
,(Horeb=)Choreb-(am=)in

אֲשֶׁר
ʾᵃšɛr
welch(en)-(mit)

עִם־	יְהוָה	כָּרַת
-ʿim	y^{ə}hwɔ^{h}	kɔrat
mit	JHWH	(geschlossen-Bund-einen=)geschnitten-hat(te)-(es=er)

מִמִּצְרָיִם׃	בְּצֵאתָם	יִשְׂרָאֵל	בְּנֵי
mimmiṣ^{ə}rɔyim.	b^{ə}ṣeʾtɔm	yiś^{ə}rɔʾel	b^{ə}ne^{y}
.Ägypten-von	Ausziehen-ihrem-(bei=)in	Israel(s)	Söhne(n)-(den)

הַכֹּהֲנִים	בְּצֵאת	11 וַיְהִי
hakkoh^{a}ni^{y}m	b^{ə}ṣeʾt	way^{ə}hi^{y}
Priester-die	(herauszogen-als=)Herausziehen-in	,(geschah=)war-(es=)er-Und

הַכֹּהֲנִים	כָּל־	כִּי	הַקֹּדֶשׁ	מִן־
hakkoh^{a}ni^{y}m	-kol	ki^{y}	haqqodɛš	-min
,Priester-die	all	denn —	Heiligtum-(dem=)das	(aus=)von

אֵין	הִתְקַדָּשׁוּ	הַנִּמְצְאִים
ʾe^{y}n	hit^{ə}qaddɔšu^{w}	hannim^{ə}ṣ^{ə}ʾi^{y}m
nicht	,(geweiht=)geheiligt-sich-hatten-(sie)	,(waren-zugegen=)gefundenen-die

12 וְהַלְוִיִּם	לְמַחְלְקוֹת׃	לִשְׁמוֹר
w^{ə}hal^{ə}wi^{y}yim	l^{ə}maḥ^{ə}l^{ə}qo^{w}t.	liš^{ə}mo^{w}r
,Leviten-die-und	— Abteilungen-(auf=)zu	(Rücksicht-ohne=)achten-zu-

לְאָסָף	לְכֻלָּם	הַמְשֹׁרְרִים
l^{ə}ʾɔsɔp	l^{ə}kullɔm	ham^{ə}šor^{a}ri^{y}m
,Asaph-(von=)zu	:(insgesamt=)ihnen-all(en)-(von=)zu	(Sänger=)singenden-die

וְלִבְנֵיהֶם	לִידֻתוּן	לְהֵימָן
w^{ə}lib^{ə}ne^{y}hɛm	li^{y}dutu^{w}n	l^{ə}he^{y}mɔn
Söhnen-ihren-(von=)zu-und	Jedutun-(von=)zu	,Heman-(von=)zu

בּוּץ	מְלֻבָּשִׁים	וְלַאֲחֵיהֶם
bu^{w}ṣ	m^{ə}lubbɔši^{y}m	w^{ə}la^{ʾa}ḥe^{y}hɛm
,Byssus-(in)	gekleidet(e)	,Brüdern-ihren-(von=)zu-und

עֹמְדִים	וּבְכִנֹּרוֹת	וּבִנְבָלִים	בִּמְצִלְתַּיִם
ʿom^{ə}di^{y}m	w^{ə}kinnoro^{w}t	u^{w}bin^{ə}bɔli^{y}m	bim^{ə}ṣil^{ə}tayim
stehend(e)-(waren)	Zithern-und	Harfen-(mit=)in-und	Zimbeln-(zwei)-(mit=)in

וְעִמָּהֶם	לַמִּזְבֵּחַ	מִזְרָח
w^{ə}ʿimmɔhɛm	lammiz^{ə}beaḥ	miz^{ə}rɔḥ
ihnen-(bei=)mit-und	Altar-dem-(von=)zu-(hin)	(Osten=)Aufgang-(nach)

מחצררים[מַחְצְרִים]	וְעֶשְׂרִ֑ים	לְמֵאָ֣ה	כֹּהֲנִים֙
[maḥᵊṣᵊriʸm]maḥᵊṣᵊririʸm	wᵊʿεśᵊriʸm	lᵊmeʾɔʰ	kohᵃniʸm
blasend(e)	,zwanzig-und	hundert-(gegen=)zu	Priester-(waren)

כְּאֶחָ֡ד	13 וַיְהִ֣י	בַּחֲצֹצְרוֹת׃
kᵊʾεḥɔd	wayᵊhiʸ	baḥᵃṣoṣᵊroʷt.
(Einstimmigkeit=)einer-wie	(herrschte=)war-(es=)er-Und	.Trompeten-die-in

וְלַמְשֹׁרְרִ֗ים	למחצצרים[לַמְחַצְּרִים]
wᵊlamᵊšorᵃriʸm	[lamᵊḥaṣṣᵊriʸm]lammaḥᵃṣoṣᵊriʸm
(Sängern=)Singenden-den-(unter=)zu-und	Trompetenblasenden-den-(unter=)zu

לְהַלֵּ֣ל	אֶחָ֔ד	קוֹל־	לְהַשְׁמִ֣יעַ
lᵊhallel	ʾεḥɔd	-qoʷl	lᵊhašᵊmiʸaʿ
preisen-zu	(einen=)einer	(Ton=)Stimme	hören-machen-zu-(um)

וּכְהָרִ֣ים	לַיהוָה֒	וּלְהֹדוֹת֮
uʷkᵊhɔriʸm	layhwɔʰ	uʷlᵊhodoʷt
(anhob=)Erhebenmachen-(als=)wie-und	,JHWH-(zu)	(danken=)huldigen-zu-und

וּבִמְצִלְתַּ֜יִם	בַּחֲצֹצְר֨וֹת	ק֡וֹל
uʷbimᵊṣilᵊtayim	baḥᵃṣoṣᵊroʷt	qoʷl
Zymbeln-(zwei)-(von=)in-und	Trompeten-(von=)in	(Schall=)Stimme-(der)

הַשִּׁ֗יר	וּבִכְלֵ֣י
haššiʸr	uʷbikᵊleʸ
Gesang-(den=)der	(für)-(Musikinstrumenten=)Geräte(n)-(von=)in-und

כִּ֣י	ט֔וֹב	כִּ֥י	לַֽיהוָה֙	וּבְהַלֵּ֤ל
kiʸ	ṭoʷb	kiʸ	layhwɔʰ	uʷbᵊhallel
dass	,(gütig=)gut-(ist-er)	dass	:JHWH-(zu)	(pries-man-als=)Preisen-in-und

וְהַבַּ֗יִת	חַסְדּ֑וֹ	לְעוֹלָ֣ם
wᵊhabbayit	ḥasᵊdoʷ	lᵊʿoʷlɔm
(Tempel)haus-das-(da=)und	,(Liebe=)Gnade-seine	(währet)-ewig-(zu)

14 וְלֹא־	יְהוָֽה׃	בֵּ֥ית	עָנָ֖ן	מָלֵ֥א
-wᵊloʾ	yᵊhwɔʰ.	beʸt	ʿɔnɔn	mɔleʾ
nicht-Und	.JHWH(s)	(Tempel)haus-(das)	,Wolke-(einer-von)	voll-(wurde)

לַעֲמ֥וֹד	הַכֹּהֲנִ֛ים	יָכְל֧וּ
laʿᵃmoʷd	hakkohᵃniʸm	yɔkᵊluʷ
(dazustehen=)stehen-zu	Priester-die	vermochten-(es=sie)

מִפְּנֵי	לְשָׁרֵת
mippᵊneʸ	lᵊšɔret
(angesichts=)Gesichtern-von	(Kultdienst-verrichten=)(be)dienen-zu-(um)

יְהוָה	כְבוֹד־	מָלֵא	כִּי־	הֶעָנָן
yᵊhwɔʰ	-kᵊboʷd	mɔleʾ	-kiʸ	hɛʿɔnɔn
JHWH(s)	Herrlichkeit-(der)	voll-war-(es=)er	denn	,Wolke-(der=)die

הָאֱלֹהִים׃	אֶת־בֵּית
hɔʾᵉlohiʸm.	beʸt-ʾɛt
.(Gottes=)Götter-(der=)die	Haus-(das)***

6

יְהוָה	שְׁלֹמֹה	אָמַר	1 אָז
yᵊhwɔʰ	šᵊlomoʰ	ʾɔmar	ʾɔz
JHWH	:(Salomo=)Schelomo	sprach-(es=er)	(Damals=)Dann

2 וַאֲנִי	בָּעֲרָפֶל׃	לִשְׁכּוֹן	אָמַר
waʾᵃniʸ	bɔʿᵃrɔpɛl.	lišᵊkoʷn	ʾɔmar
,ich-(Indes=)Und	.Wolkendunkel-im	wohnen-zu	(erklärt=)gesagt-hat-(er)

וּמָכוֹן	לָךְ	זְבֻל	בֵית־	בָּנִיתִי
uʷmɔkoʷn	lɔk	zᵊbul	-beʸt	bɔniʸtiʸ
Stätte-(eine)-und	(dich-für=)dir-zu	Wohnung	(als)-Haus-(ein)	erbaute-ich

עוֹלָמִים׃	לְשִׁבְתְּךָ
ʿoʷlɔmiʸm.	lᵊšibᵊtᵊkɔ
.Ewigkeiten-(für)	(Wohnsitz=)Wohnen-dein(em)-zu

אֶת־פָּנָיו	הַמֶּלֶךְ	3 וַיַּסֵּב
pɔnɔʸw-ʾɛt	hammɛlɛk	wayyasseb
Angesicht(e)-sein(e)***	König-der	wandte-(es=er)-(Sodann=)Und

יִשְׂרָאֵל	קְהַל	כָּל־	אֵת	וַיְבָרֶךְ
yiśᵊrɔʾel	qᵊhal	-kol	ʾet	wayᵊbɔrɛk
,Israel(s)	(Gemeinde=)Versammlung	(ganze-die=)all	***	segnet(e)-(er)-und

יִשְׂרָאֵל	קְהַל	וְכָל־
yiśᵊrɔʾel	qᵊhal	-wᵊkol
Israel(s)	(Gemeinde=)Versammlung	(ganze-die=)all-(während=)und

בָּרוּךְ	4 וַיֹּאמַר	עוֹמֵד׃
bɔruʷk	wayyoʾmɛr	ʿoʷmed.
(sei)-(Gepriesen=)Gesegneter-(Ein)	:sprach-er-(Dann=)Und	.stehend(er)-(war)

דִּבֶּר	אֲשֶׁר	יִשְׂרָאֵל	אֱלֹהֵי	יְהוָה
dibbɛr	ᵓašɛr	yiśᵊrɔᵓel	ᵓᵋloheʸ	yᵊhwɔʰ
redete-(er)	(der=)welch(er)	,Israel(s)	(Gott-der=)Götter-(die)	,JHWH

אָבִי	דָּוִיד	אֵת	בְּפִיו
ᵓɔbiʸ	dɔwiʸd	ᵓet	bᵊpiʸw
,Vater-mein(em)	,David	(zu=)mit	Mund-seinem-(mit=)in

מִלֵּא	וּבְיָדָיו
milleᵓ	uʷbᵊyɔdɔʸw
,(vollführt-hat=)erfüllte-er	Hände(n)-(zwei)-seine(n)-(mit=)in-und

אֲשֶׁר	הַיּוֹם	5 מִן־	לֵאמֹר׃
ᵓašɛr	hayyoʷm	-min	leᵓmor.
(dem-an=)welch(er)	,Tag-(dem=)der	(Seit=)Von	:(sprach-er-da=)sagen-zu

מִצְרַיִם	מֵאֶרֶץ	אֶת־עַמִּי	הוֹצֵאתִי
miṣᵊrayim	meᵓɛrɛṣ	ʿammiʸ-ᵓɛt	hoʷṣeᵓtiʸ
,Ägypten	Land-(dem)-(aus=)von	Volk-mein***	herausführen-machte-ich

מִכֹּל	בְעִיר	בָחַרְתִּי	לֹא־
mikkol	bᵊʿiʸr	bɔḥarᵊtiʸ	-loᵓ
all-(unter=)von	Stadt-(eine)-(***=)in	erwählt-habe-ich	nicht

לִהְיוֹת	בַּיִת	לִבְנוֹת	יִשְׂרָאֵל	שִׁבְטֵי
lihᵊyoʷt	bayit	libᵊnoʷt	yiśᵊrɔᵓel	šibᵊṭeʸ
(wohne-dass=)sein-zu	,Haus-(ein)	bauen-zu-(um)	Israel(s)	Stämme(n)-(den)

בְאִישׁ	בָחַרְתִּי	וְלֹא־	שָׁם	שְׁמִי
bᵊᵓiʸš	bɔḥarᵊtiʸ	-wᵊloᵓ	šɔm	šᵊmiʸ
,Mann-(einen)-(***=)in	erwählt-habe-ich	nicht-und	,dort	Name-mein

יִשְׂרָאֵל׃	עַמִּי	עַל־	נָגִיד	לִהְיוֹת
yiśᵊrɔᵓel.	ʿammiʸ	-ʿal	nɔgiʸd	lihᵊyoʷt
.Israel	Volk-mein	(über=)auf	Fürst	(sei-er-dass=)sein-zu

לִהְיוֹת	בִּירוּשָׁלַםִ	6 וָאֶבְחַר
lihᵊyoʷt	biʸruʷšɔlaim	wɔᵓɛbᵊḥar
(wohne-dass=)sein-zu	,Jerusalem-(***=)in	erwählte-ich-(Dann=)Und

בְּדָוִיד	וָאֶבְחַר	שָׁם	שְׁמִי
bᵊdɔwiʸd	wɔᵓɛbᵊḥar	šɔm	šᵊmiʸ
,David-(***=)in	erwählte-ich-und	,dort	Name-mein

7 וַיְהִ֗י	יִשְׂרָאֵֽל׃	עַמִּ֣י	עַל־	לִֽהְי֥וֹת
wayəhiʸ	yiśərɔʾel.	ʿammiʸ	-ʿal	lihəyoʷt
war-(es=)er-Und	.Israel	Volk-mein	(über=)auf	(herrsche-er-dass=)sein-zu

בַּ֫יִת	לִבְנ֣וֹת	אָבִ֔י	דָּוִ֣יד	לְבַ֣ב	עִם־
bayit	libənoʷt	ʾɔbiʸ	dɔwiʸd	ləbab	-ʿim
Haus-(ein)	bauen-zu	,Vater(s)-mein(es)	,David(s)	(Sinn=)Herz(en)	(im=)mit

יִשְׂרָאֵֽל׃	אֱלֹהֵ֥י	יְהוָ֖ה	לְשֵׁ֕ם
yiśərɔʾel.	ʾɛlohey	yəhwɔʰ	ləšem
.Israel	(von)-(Gottes-des=)Götter-(der)	,JHWH(s)	Name(n)-(den)-(für=)zu

אָבִ֔י	דָּוִ֣יד	אֶל־	יְהוָ֗ה	8 וַיֹּ֣אמֶר
ʾɔbiʸ	dɔwiʸd	-ʾɛl	yəhwɔʰ	wayyoʾmɛr
:Vater-mein(em)	,David	zu	JHWH	sprach-(es=)er-(Aber=)Und

לְבָבְךָ֔	עִם־	הָיָה֙	אֲשֶׁ֤ר	יַ֗עַן
ləbɔbəkɔ	-ʿim	hɔyɔʰ	ʾašɛr	yaʿan
(Sinn=)Herz(en)-dein(em)	(in=)mit	war-(es=)er	(weil=)was	(Eben=)Wegen

לִשְׁמִ֔י	בַ֖יִת	לִבְנ֥וֹת
lišəmiʸ	bayit	libənoʷt
,Name(n)-mein(en)-(für=)zu	(Tempel)haus-(ein)	bauen-zu

עִם־	הָיָ֖ה	כִּ֥י	הֱטִיבוֹתָ֔
-ʿim	hɔyɔʰ	kiʸ	hɛṭiʸboʷtɔ
(in=)mit	war-(es=)er	da	,(getan-wohl-hast=)gut-machtest-du

לֹ֥א	אַתָּ֔ה	9 רַ֣ק	לְבָבֶֽךָ׃
loʾ	ʾattɔʰ	raq	ləbɔbɛkɔ.
nicht	(selbst)-du	,Nur	.(Sinn=)Herz(en)-dein(em)

בִּנְךָ֙	כִּ֤י	הַבָּ֑יִת	תִּבְנֶ֖ה
binəkɔ	kiʸ	habbɔyit	tibənɛʰ
,Sohn-dein	(sondern=)denn	,Haus-das	erbauen-(sollst=)wirst-(du)

הֽוּא־	מֵחֲלָצֶ֔יךָ	הַיּוֹצֵ֣א
-huʷʾ	mehalɔṣɛʸkɔ	hayyoʷṣeʾ
(d)er	,Lenden-(zwei)-deinen-(aus=)von	hervorgehende-der

לִשְׁמִֽי׃	הַבַּ֖יִת	יִבְנֶ֥ה
lišəmiʸ.	habbayit	yibənɛʰ
!Name(ns)-mein(es)-(Ehren)-zu	Haus-das	erbauen-(soll=)wird-(er)

אֲשֶׁר	אֶת־דְּבָרוֹ	יְהוָה	10 וַיָּקֶם
ʾᵃšɛr	dᵊbɔroʷ-ʾɛt	yᵊhwɔʰ	wayyɔqɛm
(das=)welch(es)	,Wort-sein***	JHWH	(hielt=)stehen-machte-(es=)er-Und

דָּוִיד	תַּחַת	וָאָקוּם	דִּבֵּר
dɔwiʸd	taḥat	wɔʾɔquʷm	dibber
,David(s)	(Stelle-die-an=)unter	(trat=)auf-stand-ich-und	,gesprochen-(hat)-er

יִשְׂרָאֵל	כִּסֵּא	עַל־	וָאֵשֵׁב	אָבִי
yiśᵊrɔʾel	kisseʾ	-ʿal	wɔʾešeb	ʾɔbiʸ
,Israel(s)	Thron-(den)	auf	(mich-setzte=)saß-ich-und	,Vater(s)-mein(es)

וָאֶבְנֶה	יְהוָה	דִּבֶּר	כַּאֲשֶׁר
wɔʾɛbᵊnɛʰ	yᵊhwɔʰ	dibbɛr	kaʾᵃšɛr
baute-ich-und	,JHWH	(verheißen=)gesprochen-hat(te)-(er)	wie

יְהוָה	לְשֵׁם	הַבַּיִת
yᵊhwɔʰ	lᵊšem	habbayit
,JHWH(s)	Namen(s)-(des)-(Ehren)-zu	(Tempel)haus-das

שָׁם	11 וָאָשִׂים	יִשְׂרָאֵל׃	אֱלֹהֵי
šɔm	wɔʾɔśiʸm	yiśᵊrɔʾel.	ʾᵉloheʸ
dort	(auf)-stellte-ich-Und	.Israel	(von)-(Gottes-des=)Götter-(der)

יְהוָה	בְּרִית	אֲשֶׁר־שָׁם	אֶת־הָאָרוֹן
yᵊhwɔʰ	bᵊriʸt	šɔm-ʾᵃšɛr	hɔʾɔroʷn-ʾɛt
,(ist)-JHWH	(mit)-Bund-(der)	(worin=)dort-welch(er)	,(Schrein-den=)Lade-(die)

יִשְׂרָאֵל׃	בְּנֵי	עִם־	כָּרַת	אֲשֶׁר
yiśᵊrɔʾel.	bᵊneʸ	-ʿim	kɔrat	ʾᵃšɛr
.Israel(s)	Söhne(n)-(den)	mit	(geschlossen=)geschnitten-er	(den=)welch(en)

יְהוָה	מִזְבַּח	לִפְנֵי	12 וַיַּעֲמֹד
yᵊhwɔʰ	mizᵊbaḥ	lipᵊneʸ	wayyaʿᵃmod
,JHWH(s)	Altar-(den)	(vor=)Gesichter-zu	(hin-trat=)stand-er-(Dann=)Und

יִשְׂרָאֵל	קְהַל	כָּל־	נֶגֶד
yiśᵊrɔʾel	qᵊhal	-kol	nɛgɛd
,Israel(s)	(Gemeinde=)Versammlung-(der)	all	gegenüber

13 כִּי־	כַּפָּיו׃	וַיִּפְרֹשׂ
-kiʸ	kappɔʸw.	wayyipᵊroś
Denn	.Hände-(zwei)-seine	aus-breitete-(er)-und

כִּיּוֹר	שְׁלֹמֹה	עָשָׂה
kiʸyoʷr	šᵊlomoʰ	ʿɔśɔʰ
Gestell-(ein)	(Salomo=)Schelomo	(lassen-anfertigen=)gemacht-hatte-(es=)er

בְּתוֹךְ	וַיִּתְּנֵהוּ	נְחֹשֶׁת
bᵊtoʷk	wayyittᵊnehuʷ	nᵊḥošɛt
(in-mitten=)Mitte-in	(es=)ihn-(hingestellt=)gegeben-hatte-er-und	Bronze-(aus)

אַמּוֹת	וְחָמֵשׁ	אָרְכּוֹ	אַמּוֹת	חָמֵשׁ	הָעֲזָרָה
ʾammoʷt	wᵊḥɔmeš	ʾɔrᵊkoʷ	ʾammoʷt	ḥɔmeš	hɔʿᵃzɔrɔʰ
Ellen	fünf-und	Länge-seine-(betrug)	Ellen	Fünf	:Vorhof-(den=)der

וַיַּעֲמֹד	קוֹמָתוֹ	שָׁלוֹשׁ	וְאַמּוֹת	רָחְבּוֹ
wayyaʿᵃmod	qoʷmɔtoʷ	šɔloʷš	wᵊʾammoʷt	roḥᵊboʷ
(sich-stellte=)stand-er-Und	.Höhe-seine	drei	Ellen-und	Breite-seine

נֶגֶד	בִּרְכָּיו	עַל־	וַיִּבְרַךְ	עָלָיו
nɛgɛd	birᵊkɔʸw	-ʿal	wayyibᵊrak	ʿɔlɔʸw
(angesichts=)vor	Knie-(zwei)-seine	auf	nieder-kniete-(er)-und	(es=)ihn-auf

וַיִּפְרֹשׂ	יִשְׂרָאֵל	קְהַל	כָּל־
wayyiprośʹ	yiśᵊrɔʾel	qᵊhal	-kol
aus-breitete-(er)-und	,Israel(s)	(Gemeinde=)Versammlung-(der)	all

יְהוָה	14 וַיֹּאמַר	הַשָּׁמָיְמָה׃	כַּפָּיו
yᵊhwɔʰ	wayyoʾmar	haššɔmɔyᵊmɔʰ.	kappɔʸw
,JHWH	:sprach-(er)-und	zu-Himmel(n)-(den=)die	Hände-(zwei)-seine

כָּמוֹךָ	אֵין־	יִשְׂרָאֵל	אֱלֹהֵי
kɔmoʷkɔ	-ʾeʸn	yiśᵊrɔʾel	ʾᵉloheʸ
(dir-gleich=)dich-wie	(ist)-nicht	,Israel	(von)-(Gott-du=)Götter

שֹׁמֵר	וּבָאָרֶץ	בַּשָּׁמַיִם	אֱלֹהִים
šomer	uʷbɔʾɔrɛṣ	baššɔmayim	ʾᵉlohiʸm
wahrend(er)	,Erde-der-(auf=)in-und	Himmel(n)-(den=)die-in	(Gott-ein=)Götter

לַעֲבָדֶיךָ	וְהַחֶסֶד	הַבְּרִית
laʿᵃbɔdɛʸkɔ	wᵊhaḥɛsɛd	habbᵊriʸt
,Knechte(n)-deine(n)-zu	(Liebe=)Gnade-die-und	Bund-(den=)der

בְּכָל־	לְפָנֶיךָ	הַהֹלְכִים
-bᵊkol	lᵊpɔnɛʸkɔ	haholᵊkiʸm
all-(mit=)in	(dir-vor=)Gesichtern-deinen-zu	(wandelnden=)gehenden-die

שָׁמַרְתָּ	15 אֲשֶׁר	לִבָּם׃
šɔmarᵊtɔ	ᵓᵃšɛr	libbɔm.
(gehalten=)bewahrt-hast-du	(der=)welch(er)	,Herz(en)-ihr(em)

אֵת	אָבִי	דָּוִיד	לְעַבְדְּךָ
ᵓet	ᵓɔbiʸ	dɔwiʸd	lᵊʿabᵊdᵊkɔ
***	,Vater-mein(en)	,David	Knecht-dein(en)-(auf-Bezug-in=)zu

לוֹ	דִּבַּרְתָּ	אֲשֶׁר־
loʷ	dibbarᵊtɔ	-ᵓᵃšɛr
.ihm-(zu)	(verheißen=)gesprochen-hast-du	(was=)welch(es)

וּבְיָדְךָ	בְּפִיךָ	וַתְּדַבֵּר
uʷbᵊyɔdᵊkɔ	bᵊpiʸkɔ	wattᵊdabber
Hand-deine(r)-(mit=)in-und	,Mund-deinem-(mit=)in	geredet-hast-du-Und

הַזֶּה׃	כַּיּוֹם	מִלֵּאתָ
hazzɛʰ.	kayyoʷm	milleᵓtɔ
.da-dies(em)	,Tag-(am=)der-(zeigt-sich-es)-wie	,(ausgeführt-es-hast=)fülltest-du

שְׁמֹר	יִשְׂרָאֵל	אֱלֹהֵי	יְהוָה	16 וְעַתָּה
šᵊmor	yiśᵊrɔᵓel	ᵓᵉloheʸ	yᵊhwɔʰ	wᵊʿattɔʰ
wahre	,Israel	(von)-(Gott-du=)Götter	,JHWH	,nun-Und

אֵת	אָבִי	דָּוִיד	לְעַבְדְּךָ
ᵓet	ᵓɔbiʸ	dɔwiʸd	lᵊʿabᵊdᵊkɔ
***	,Vater-mein(en)	,David	Knecht-dein(en)-(auf-Bezug-in=)zu

לוֹ	דִּבַּרְתָּ	אֲשֶׁר
loʷ	dibbarᵊtɔ	ᵓᵃšɛr
ihm-(zu)	(verheißen=)gesprochen-hast-du	(was=)welch(es)

יִכָּרֵת	לֹא־	לֵאמֹר
yikkɔret	-loᵓ	leᵓmor
(fehlen=)geschnitten-(soll=)wird-(es=er)	Nicht	:(sprechend=)sprechen-zu

עַל־	יוֹשֵׁב	מִלְּפָנַי	אִישׁ	לְךָ
-ʿal	yoʷšeb	millᵊpɔnay	ᵓiʸš	lᵊkɔ
auf	sitzend(er)	(mir-vor=)Gesichtern-meinen-von	Mann-(ein)	dir-(zu)

יִשְׁמְרוּ	אִם־	רַק	יִשְׂרָאֵל	כִּסֵּא
yišᵊmᵊruʷ	-ᵓim	raq	yiśᵊrɔᵓel	kisseᵓ
(beachten=)wahren-(sie)	wenn	,nur-(freilich)	,Israel(s)	Thron-(dem)

לָלֶ֫כֶת	אֶת־דַּרְכָּ֑ם	בָנֶ֜יךָ
lɔlɛkɛt	darᵊkɔm-ʾɛt	bɔnɛʸkɔ
(wandelnd=)gehen-zu-(nämlich)	,Weg-ihr(en)***	(Nachkommen=)Söhne-deine

הָלַ֖כְתָּ	כַּאֲשֶׁ֥ר	בְּתוֹרָתִ֔י
hɔlakᵊtɔ	kaᵃšɛr	bᵊtoʷrɔtiʸ
(gewandelt=)gegangen-bist-du	wie	,Weisung-meiner-(nach=)in

אֱלֹהֵ֣י	יְהוָ֣ה	17 וְעַתָּ֗ה	לְפָנָֽי׃
ʾɛloheʸ	yᵊhwɔʰ	wᵊʿattɔʰ	lᵊpɔnɔy.
(von)-(Gott-du=)Götter	,JHWH	,nun-Und	.(mir-vor=)Gesichtern-meinen-zu

דְּבָרְךָ֖	יֵאָמֵ֣ן	יִשְׂרָאֵ֔ל
dᵊbɔrᵊkɔ	yeʾɔmen	yiśᵊrɔʾel
,Wort-dein	(haben-Bestand=)sein-fest-(möge=)wird-(es=)er	,Israel

18 כִּי	לְדָוִֽיד׃	לְעַבְדְּךָ֥	דִּבַּ֛רְתָּ	אֲשֶׁ֧ר
kiʸ	lᵊdɔwiʸd.	lᵊʿabᵊdᵊkɔ	dibbarᵊtɔ	ʾᵃšɛr
Denn	.David-zu	,Knecht-dein(em)-zu	(hast)-geredet-du	(das=)welch(es)

אֶת־	אֱלֹהִ֛ים	יֵשֵׁ֧ב	הַאֻמְנָ֗ם
-ʾɛt	ʾɛlohiʸm	yešeb	haʾumᵊnɔm
(bei=)mit	(Gott=)Götter	wohnen-(sollte=)wird-(es=er)	wirklich-etwa

שָׁמַ֜יִם	הִנֵּ֨ה	הָאָ֑רֶץ	עַל־	הָאָדָ֖ם
šɔmayim	hinneʰ	hɔʾɔrɛṣ	-ʿal	hɔʾɔdɔm
Himmel-(die)	,Siehe	?Erde-(der=)die	auf	Mensch(en)-(den=)der

יְכַלְכְּל֑וּךָ	לֹ֣א	הַשָּׁמַ֔יִם	וּשְׁמֵ֣י
yᵊkalᵊkᵊluʷkɔ	loʾ	haššɔmayim	uʷšᵊmeʸ
,dich-fassen-(sie)	nicht	Himmel-(der=)die	Himmel-(die)-und

אֲשֶׁ֥ר	הַזֶּ֖ה	הַבַּ֥יִת	כִּֽי־	אַ֕ף
ʾᵃšɛr	hazzɛʰ	habbayit	-kiʸ	ʾap
(das=)welch(es)	,da-dies(es)	,(Tempel)haus-das	denn	(geschweige=)auch

19 וּפָנִ֗יתָ	בָּנִֽיתִי׃
uʷpɔniʸtɔ	bɔniʸtiʸ.
wenden-(dich-wollest=)wirst-du-(Jedoch=)Und	!erbaute-ich

וְאֶל־	עַבְדְּךָ֖	תְּפִלַּ֥ת	אֶל־
-wᵊʾɛl	ʿabᵊdᵊkɔ	tᵊpillat	-ʾɛl
zu-und	Knecht(es)-dein(es)	Gebet-(dem)	- zu

לִשְׁמֹעַ	אֱלֹהַי	יְהוָה	תְּחִנָּתוֹ
lišᵊmoaᶜ	ᵓᵋlohɔy	yᵊhwɔʰ	tᵊḥinnɔtoʷ
(hörend=)hören-zu	,(Gott=)Götter-mein(e)	,JHWH	,Flehen-sein(em)

אֲשֶׁר	הַתְּפִלָּה	וְאֶל־	הָרִנָּה	אֶל־
ᵓᵃšɛr	hattᵊpillɔʰ	-wᵊᵓɛl	hɔrinnɔʰ	-ᵓɛl
(das=)welch(es)	,Gebet-das	(auf=)zu-und	Schreien-das	(auf=)zu

לְפָנֶיךָ׃	מִתְפַּלֵּל	עַבְדְּךָ
lᵊponɛʸkɔ.	mitᵊpallel	ᶜabᵊdᵊkɔ
,(dir-vor=)Gesichtern-deinen-zu	betend(er)-(ist)	Knecht-dein

אֶל־	פְתֻחוֹת	עֵינֶיךָ	20 לִהְיוֹת
-ᵓɛl	pᵊtuḥoʷt	ᶜeʸnɛʸkɔ	lihᵊyoʷt
(über=)zu	geöffnet(e)	Augen-(zwei)-deine	(seien-dass=)sein-zu

אֶל־	וָלַיְלָה	יוֹמָם	הַזֶּה	הַבַּיִת
-ᵓɛl	wɔlayᵊlɔʰ	yoʷmɔm	hazzɛʰ	habbayit
(über=)zu	,Nacht-(bei)-und	Tag-bei	,da-dies(em)	,Haus-(dem=)das

אָמַרְתָּ	אֲשֶׁר	הַמָּקוֹם
ᵓɔmarᵊtɔ	ᵓᵃšɛr	hammɔqoʷm
sprachst-du	(dem-von=)welch(er)	,Ort-(dem=)der

לִשְׁמוֹעַ	שָׁם	שִׁמְךָ	לָשׂוּם
lišᵊmoʷaᶜ	šɔm	šimᵊkɔ	lɔśuʷm
hören-zu-(um)	,dort	Name(n)-dein(en)	(lassen-zu-wohnen=)setzen-zu

אֶל־	עַבְדְּךָ	יִתְפַּלֵּל	אֲשֶׁר	הַתְּפִלָּה	אֶל־
-ᵓɛl	ᶜabᵊdᵊkɔ	yitᵊpallel	ᵓᵃšɛr	hattᵊpillɔʰ	-ᵓɛl
zu-(hin)	Knecht-dein	betet-(er)	(das=)welch(es)	,Gebet-das	(auf=)zu

אֶל־	21 וְשָׁמַעְתָּ	הַזֶּה׃	הַמָּקוֹם
-ᵓɛl	wᵊšɔmaᶜᵊtɔ	hazzɛʰ.	hammɔqoʷm
(auf=)zu	hören-(wollest=)wirst-du-Und	.da-dies(em)	,Ort-(dem=)der

יִשְׂרָאֵל	וְעַמְּךָ	עַבְדְּךָ	תַּחֲנוּנֵי
yiśᵊrɔᵓel	wᵊᶜammᵊkɔ	ᶜabᵊdᵊkɔ	taḥᵃnuʷneʸ
,Israel	Volk(es)-dein(es)-und	Knecht(es)-dein(es)	Flehrufe-(die)

הַזֶּה	הַמָּקוֹם	אֶל־	יִתְפַּלְלוּ	אֲשֶׁר
hazzɛʰ	hammɔqoʷm	-ᵓɛl	yitᵊpalᵊluʷ	ᵓᵃšɛr
,da-dies(em)	,Ort-(dem=)der	zu-(hin)	beten-werden-(sie)	(die=)welch(e)

וְאַתָּה
wᵊʾattɔʰ
,du-und

תִּשְׁמַע
tišᵊmaʿ
hören-(wollest=)wirst-du

מִמְּקוֹם
mimmᵊqoʷm
(Stätte-der=)Ort-(dem)-von

שִׁבְתְּךָ
šibᵊtᵊkɔ
,(Thronens=)Wohnen(s)-dein(es)

מִן־
-min
von

הַשָּׁמַיִם
haššɔmayim
,(aus)-Himmel(n)-(den=)die

וְשָׁמַעְתָּ
wᵊšɔmaʿᵊtɔ
hören-(wollest=)wirst-du-Und

וְסָלָחְתָּ׃
wᵊsɔlɔḥᵊtɔ.
.verzeihen-(wollest=)wirst-du-und

22 אִם־
-ʾim
Wenn

יֶחֱטָא
yɛḥᵉṭɔʾ
sündigt-(es=er)

אִישׁ
ʾiʸš
(einer=)Mann

לְרֵעֵהוּ
lᵊreʿehuʷ
Nächste(n)-sein(en)-(gegen=)zu

וְנָשָׁא־
-wᵊnɔšɔʾ
erhebt-(d)er-und

בוֹ
boʷ
(ihn-gegen=)ihm-in

אָלָה
ʾɔlɔʰ
(Droheid-einen=)Verfluchung-(eine)

לְהַאֲלֹתוֹ
lᵊhaʾᵃlotoʷ
,ihn-verfluchen-zu

וּבָא
uʷbɔʾ
kommend(er)-und

אָלָה
ʾɔlɔʰ
(Droheid-der=)Verfluchung-(die)

לִפְנֵי
lipᵊneʸ
(vor=)Gesichter-zu

מִזְבַּחֲךָ
mizᵊbaḥᵃkɔ
Altar-dein(en)

בַּבַּיִת
babbayit
,(Tempel)haus-(dem)-in

הַזֶּה׃
hazzɛʰ.
,da-dies(em)

23 וְאַתָּה
wᵊʾattɔʰ
,du-(dann=)und

תִּשְׁמַע
tišᵊmaʿ
hören-(wollest=)wirst-du

מִן־
-min
von

הַשָּׁמַיִם
haššɔmayim
(her)-Himmel(n)-(den=)die

וְעָשִׂיתָ
wᵊʿɔśiʸtɔ
(eingreifen=)machen-(wollest=)wirst-du-und

וְשָׁפַטְתָּ
wᵊšɔpaṭᵊtɔ
(schaffen-Recht=)richten-(wollest=)wirst-du-und

אֶת־עֲבָדֶיךָ
ʿᵃbɔdɛʸkɔ-ʾɛt
,Knechte(n)-deine(n)***

לְהָשִׁיב
lᵊhɔšiʸb
(vergeltend=)machen-kehren-zu

לְרָשָׁע
lᵊrɔšɔʿ
Frevler-(einem=)zu

לָתֵת
lɔtet
(lassend-fallen=)geben-zu

וּלְהַצְדִּיק	בְּרֹאשׁוֹ	דַּרְכּוֹ
uʷlᵊhaṣᵊdiʸq	bᵊroʾšoʷ	darᵊkoʷ
verhelfen-Recht-zu(m)-und	,Haupt-sein-(auf=)in	(Wandel=)Weg-sein(en)

לוֹ	לָתֵת	צַדִּיק
loʷ	lɔtɛt	ṣaddiʸq
ihm-(zu)	(gebend=)geben-zu	,(Gerechten=)Frommen-(einem)

יִנָּגֵף	24 וְאִם־	כְּצִדְקָתוֹ׃
yinnɔgep	-wᵊʾim	kᵊṣidᵊqɔtoʷ.
geschlagen-wird-(es=er)	wenn-Und	.Gerechtigkeit-seine(r)-(nach=)wie

יֶחֶטְאוּ־	כִּי	אוֹיֵב	לִפְנֵי	יִשְׂרָאֵל	עַמְּךָ
-yɛḥɛṭᵊʾuʷ	kiʸ	ʾoʷyeb	lipᵊneʸ	yiśᵊrɔʾel	ʿammᵊkɔ
sündig(t)en-sie	weil	,Feind-(einem)	(vor=)Gesichter-zu	Israel	Volk-dein

וְהוֹדוּ	וְשָׁבוּ	לְךָ
wᵊhoʷduʷ	wᵊšɔbuʷ	lɔk
preisen-(sie)-und	um-kehren-sie-und	,(dich-gegen=)dir-zu

וְהִתְחַנְּנוּ	וְהִתְפַּלְלוּ	אֶת־שְׁמֶךָ
wᵊhitᵊḥannᵊnuʷ	wᵊhitᵊpalᵊluʷ	šᵊmɛkɔ-ʾɛt
flehen-(sie)-und	beten-(sie)-und	Name(n)-dein(en)***

הַזֶּה׃	בַּבַּיִת	לְפָנֶיךָ
hazzɛʰ.	babbayit	lᵊpɔnɛʸkɔ
,da-dies(em)	,(Tempel)haus-(dem)-in	(dir-vor=)Gesichtern-deinen-zu

הַשָּׁמַיִם	מִן־	תִּשְׁמַע	25 וְאַתָּה
haššɔmayim	-min	tišᵊmaʿ	wᵊʾattɔʰ
(her)-Himmel(n)-(den=)die	von	hören-(wollest=)wirst-du	,du-(so=)und

יִשְׂרָאֵל	עַמְּךָ	לְחַטַּאת	וְסָלַחְתָּ
yiśᵊrɔʾel	ʿammᵊkɔ	lᵊḥaṭṭaʾt	wᵊsɔlaḥᵊtɔ
Israel	Volk(es)-dein(es)	Sünde-(eine=)zu	verzeihen-(wollest=)wirst-du-und

הָאֲדָמָה	אֶל־	וַהֲשֵׁיבוֹתָם
hɔʾᵃdɔmɔʰ	-ʾɛl	wahᵃšeʸboʷtɔm
,Boden-(dem=)der	zu	sie-zurückbringen-(wollest=)wirst-du-und

וְלַאֲבֹתֵיהֶם׃	לָהֶם	נָתַתָּה	אֲשֶׁר־
wᵊlaʾᵃboteʸhɛm.	lɔhɛm	nɔtattɔʰ	-ʾᵃšɛr
.Väter-ihre-(an=)zu-und	(sie-an=)ihnen-zu	(hast)-gegeben-du	(den=)welch(en)

וְלֹא־ -wᵊloʾ nicht-(dass=)und	הַשָּׁמַיִם haššɔmayim ,Himmel-(der=)die	בְּהֵעָצֵר 26 bᵊheᶜɔṣer Verschlossensein-(Beim=)In

לְךָ lɔk ,(dich-gegen=)dir-zu	יֶחֶטְאוּ־ -yεḥεṭᵊʾuʷ sündig(t)en-sie	כִּי kiʸ (weil=)denn	מָטָר mɔṭɔr ,Regen	יִהְיֶה yihᵊyεʰ (kommt=)ist-(es=er)

וְהוֹדוּ wᵊhoʷduʷ preisen-(sie)-und	הַזֶּה hazzεʰ ,da-dies(er)	הַמָּקוֹם hammɔqoʷm ,Stätte-(der=)die	אֶל־ -ʾεl zu-(hin)	וְהִתְפַּלְלוּ wᵊhitᵊpalᵊluʷ beten-sie-und

כִּי kiʸ (da=)denn	יְשׁוּבוּן yᵊšuʷbuʷn ,(ab=)um-kehren-sie	מֵחַטָּאתָם meḥaṭṭɔʾtɔm Sünde-ihrer-von	אֶת־שִׁמְךָ šᵊmεkɔ-ʾεt ,Namen-dein(en)-***

תִּשְׁמַע tišᵊmaᶜ hören-(wollest=)wirst-du	וְאַתָּה 27 wᵊʾattɔʰ ,du-(dann=)und	תַעֲנֵם: taᶜᵃnem. ,sie-beugst-du

לְחַטַּאת lᵊḥaṭṭaʾt Sünde-(eine=)zu	וְסָלַחְתָּ wᵊsɔlaḥᵊtɔ verzeihen-(wollest=)wirst-du-und	הַשָּׁמַיִם haššɔmayim Himmel(n)-(den=)die-(von)

כִּי kiʸ (,ja=)denn	יִשְׂרָאֵל yiśᵊrɔʾel ,Israel	וְעַמְּךָ wᵊᶜammᵊkɔ Volk(es)-dein(es)-und	עֲבָדֶיךָ ᶜᵃbɔdεʸkɔ Knechte-deine(r)

הַדֶּרֶךְ haddεrεk ,Weg-(dem=)der	אֶל־ -ʾεl (auf=)zu	תוֹרֵם toʷrem sie-unterweisen-(wollest=)wirst-du

בָהּ bɔh ,(ihm=)ihr-(auf=)in	יֵלְכוּ־ -yelᵊkuʷ gehen-(sollen=)werden-sie	אֲשֶׁר ʾᵃšεr welch(en)	הַטּוֹבָה haṭṭoʷbɔʰ ,gute(n)-(dem=)die

אֲשֶׁר־ -ʾᵃšεr welch(es)	אַרְצְךָ ʾarᵊṣᵊkɔ ,Land-dein	עַל־ -ᶜal auf	מָטָר mɔṭɔr Regen	וְנָתַתָּה wᵊnɔtattɔʰ geben-(wollest=)wirst-du-und

כִּי־ -kiʸ wenn	רָעָב 28 rɔᶜɔb Hunger	לְנַחֲלָה: lᵊnaḥᵃlɔʰ. .(Erb)besitz-(als=)zu	לְעַמְּךָ lᵊᶜammᵊkɔ Volk-dein(em=)zu	נָתַתָּה nɔtattɔʰ gegeben-hast-du

שִׁדָּפוֹן	יִהְיֶה	כִּי־	דֶּבֶר	בָּאָרֶץ	יִהְיֶה
šiddɔpoʷn	yihᵊyɛʰ	-kiʸ	dɛbɛr	bɔʾɔrɛṣ	yihᵊyɛʰ
Getreidebrand	,ist-(es=er)	wenn	(Seuche=)Pest	,Land-dem-in	ist-(es=er)

יִהְיֶה	כִּי	וְחָסִיל	אַרְבֶּה	וְיֵרָקוֹן
yihᵊyɛʰ	kiʸ	wᵊḥɔsiʸl	ʾarᵊbɛʰ	wᵊyerɔqoʷn
,ist-(es=er)	wenn	Made-(die)-und	Heuschrecke-(die)	,Getreiderost-und

אֹיְבָיו	לוֹ	יָצַר־	כִּי
ʾoʷyᵊbɔʸw	loʷ	-yɔṣar	kiʸ
Feinde-seine	,ihn-(für=zu)	(bedrängt=)eng-macht-(man=)er	wenn

כָּל־נֶגַע	שְׁעָרָיו	בְּאֶרֶץ
negaʿ-kol	šᵊʿɔrɔʸw	bᵊʾɛrɛṣ
(Plage=)Schlag-all(erlei)	,(Gerichtsbarkeit=)Tore(n)-seine(r)	-Land-(im=)in-(sind)

תְּחִנָּה	כָּל־	תְּפִלָּה	29 כָּל־	מַחֲלָה	וְכָל־
tᵊḥinnɔʰ	-kol	tᵊpillɔʰ	-kol	maḥᵃlɔʰ	-wᵊkol
,Flehen	(jegliches=)all	,Gebet	(jegliches=)all	,Krankheit	all(erlei)-und

לְכָל־	יִהְיֶה	אֲשֶׁר
-lᵊkol	yihᵊyɛʰ	ʾᵃšɛr
(irgendeinem=)all-(von=)zu	(ergehen=)sein-wird-(es=er)	welch(es)

אֲשֶׁר	יִשְׂרָאֵל	עַמְּךָ	וּלְכֹל	הָאָדָם
ʾᵃšɛr	yiśᵊrɔʾel	ʿammᵊkɔ	uʷlᵊkol	hɔʾɔdɔm
(da=)welch(e)	,Israel	Volk-dein(em)	all-(von=)zu-und	Mensch(en)-der

וּמַכְאֹבוֹ	נִגְעוֹ	אִישׁ	יֵדְעוּ
uʷmakᵊʾoboʷ	nigᵊʿoʷ	ʾiʸš	yedᵊʿuʷ
,Leiden-sein-und	Schaden-sein(en)	(jeder-ein=)Mann	(er)kennen-sie

הַזֶּה׃	הַבַּיִת	אֶל־	כַּפָּיו	וּפָרַשׂ
hazzɛʰ.	habbayit	-ʾɛl	kappɔʸw	uʷpɔraś
,da-dies(em)	,Haus-(dem=)das	zu-(hin)	Hände-(zwei)-seine	aus-breitet-er-und

הַשָּׁמַיִם	מִן־	תִּשְׁמַע	30 וְאַתָּה
haššɔmayim	-min	tišᵊmaʿ	wᵊʾattɔʰ
,(her)-Himmel(n)-(den=)die	von	hören-(wollest=)wirst-du	,du-(dann=)und

וְסָלַחְתָּ	שִׁבְתְּךָ	מְכוֹן
wᵊsɔlaḥᵊtɔ	šibᵊtɛkɔ	mᵊkoʷn
verzeihen-(wollest=)wirst-du-und	,(Thronens=)Wohnen(s)-dein(es)	Stätte-(der)

כְּכָל־	לָאִישׁ	וְנָתַתָּה
-kᵊkol	lɔʾiʸš	wᵊnɔtattɔʰ
all(en)-(gemäß=)wie	(jeden-einem=)Mann-zu	geben-(wollest=)wirst-du-und

אַתָּה	כִּי	אֶת־לְבָבוֹ	תֵּדַע	אֲשֶׁר	דְּרָכָיו
ʾattɔʰ	kiʸ	lᵊbɔboʷ-ʾɛt	tedaᶜ	ʾᵃšɛr	dᵊrɔkɔʸw
du	denn —	Herz-sein***	kennst-du	(der=)welch(er)	,Wege(n)-seine(n)

אֶת־לְבַב	יָדַעְתָּ	לְבַדְּךָ
lᵊbab-ʾɛt	yɔdaᶜᵊtɔ	lᵊbaddᵊkɔ
Herz-(das)***	(kennst=)wusstest-du	,(allein-ganz=)dir-allein-zu

31 לְמַעַן	הָאָדָם׃	בְּנֵי
lᵊmaᶜan	hɔʾɔdɔm.	bᵊneʸ
(damit=)um-zu	,— Mensch(en-des=)der	(Kinder=)Söhne-(der)

כָּל־	בִּדְרָכֶיךָ	לָלֶכֶת	יִירָאוּךָ
-kol	bidᵊrɔkɛʸkɔ	lɔlɛkɛt	yiʸrɔʾuʷkɔ
all	Wegen-deine(n)-(auf=)in	(wandelnd=)gehen-zu	dich-fürchten-sie

עַל־	חַיִּים	הֵם	אֲשֶׁר־	הַיָּמִים
-ᶜal	ḥayyiʸm	hem	-ʾᵃšɛr	hayyɔmiʸm
auf	lebend(e)	(sind)-sie	(die=)welch(e)	,(hindurch)-Tage-die

אֲשֶׁר	הָאֲדָמָה	פְּנֵי
ʾᵃšɛr	hɔʾᵃdɔmɔʰ	pᵊneʸ
(den=)welch(er)	,Erdboden(s)-(des=)der	(Angesicht-dem=)Gesichter

אֶל־	32 וְגַם	לַאֲבֹתֵינוּ׃	נָתַתָּה
-ʾɛl	wᵊgam	laʾᵃboteʸnuʷ.	nɔtattɔʰ
zu	auch-(Aber=)Und	.Väter-unsere-(an=)zu	(hast)-gegeben-du

יִשְׂרָאֵל	מֵעַמְּךָ	לֹא	אֲשֶׁר	הַנָּכְרִי
yiśᵊrɔʾel	meᶜammᵊkɔ	loʾ	ʾᵃšɛr	hannokᵊriʸ
Israel	Volk-deinem-von	nicht	(der=)welch(er)	,Fremde(n)-(dem=)der

רְחוֹקָה	מֵאֶרֶץ	וּבָא	הוּא
rᵊḥoʷqɔʰ	meʾɛrɛṣ	uʷbɔʾ	huʷʾ
ferne(n)	Land-(einem)-von	kommend(er)-(ist)-(sondern=)und	,er

וְיָדְךָ	הַגָּדוֹל	שִׁמְךָ	לְמַעַן
wᵊyɔdᵊkɔ	haggɔdoʷl	šimᵊkɔ	lᵊmaᶜan
,Hand-deine(r)-und	,große(n)-(des=)der	,Namen(s)-dein(es)	(aufgrund=)um-zu

הַנְּטוּיָה	וּזְרוֹעֲךָ	הַחֲזָקָה
hannəṭuwyɔh	uwzərowʿakɔ	haḥazɔqɔh
,ausgestreckte(n)-(des=)die	,Arm(es)-dein(es)-und	,starke(n)-(der=)die

הַבַּיִת	אֶל־	וְהִתְפַּלְלוּ	וּבָאוּ
habbayit	-ʾɛl	wəhitəpaləluw	uwbɔʾuw
,Haus-(dem=)das	zu-(hin)	be(te)ten-(sie)-und	kommen-sie-(wenn=)und

מִן־	תִּשְׁמַע	33 וְאַתָּה	הַזֶּה׃
-min	tišəmaʿ	wəʾattɔh	hazzɛh.
von	hören-(wollest=)wirst-du	,du-(dann=)und	,da-dies(em)

שִׁבְתְּךָ	מִמְּכוֹן	הַשָּׁמַיִם
šibətɛkɔ	mimməkown	haššɔmayim
,(Thronens=)Wohnen(s)-dein(es)	Stätte-(der)-von	,(her)-Himmel(n)-(den=)die

אֲשֶׁר־	כְּכֹל	וְעָשִׂיתָ
-ʾašɛr	kəkol	wəʿɔśiytɔ
(was=)welch(es)	,all(em)-(gemäß=)wie	(tun=)machen-(wollest=)wirst-du-und

כָּל־	יֵדְעוּ	לְמַעַן	הַנָּכְרִי	אֵלֶיךָ	יִקְרָא
-kol	yedəʿuw	ləmaʿan	hannokəriy	ʾelɛykɔ	yiqərɔʾ
all(e)	kennen-(sie)	(damit=)um-zu	,Fremde-der	dir-zu	ruft-(er)

אֶת־שְׁמֶךָ	הָאָרֶץ	עַמֵּי
šəmɛkɔ-ʾɛt	hɔʾɔrɛṣ	ʿammey
,Namen-dein(en)***	Erde-(der=)die	(von)-Völker

יִשְׂרָאֵל	כְּעַמְּךָ	אֹתְךָ	וּלְיִרְאָה
yiśərɔʾel	kəʿamməkɔ	ʾotəkɔ	uwləyirəʾɔh
,Israel	Volk-dein-(tut-es)-wie	,dich	(fürchte-man-dass=)fürchten-zu-und

נִקְרָא	שִׁמְךָ	כִּי־	וְלָדַעַת
niqərɔʾ	šiməkɔ	-kiy	wəlɔdaʿat
(aus)gerufen-wurde-(er)	Name-dein	dass	,(weiß-man-damit=)wissen-zu-und

בָּנִיתִי׃	אֲשֶׁר	הַזֶּה	הַבַּיִת	עַל־
bɔniytiy.	ʾašɛr	hazzɛh	habbayit	-ʿal
.erbaute-ich	(das=)welch(es)	,da-dies(es)	,(Tempel)haus-das	(über=)auf

עַל־	לַמִּלְחָמָה	עַמְּךָ	יֵצֵא	34 כִּי־
-ʿal	lammiləḥɔmɔh	ʿamməkɔ	yeṣeʾ	-kiy
(gegen=)auf	Krieg-zum	Volk-dein	auszieht-(es=er)	Wenn

תְּשְׁלָחֵם	אֲשֶׁר	בַּדֶּרֶךְ	אוֹיְבָיו
tišᵊlɔḥem	ᵓašɛr	baddɛrɛk	ᵓoʷyᵊbɔʸw
,sie-sendest-du	(den=)welch(en)	,Weg-dem-(auf=)in	,Feinde-seine

הַזֹּאת	הָעִיר	דֶּרֶךְ	אֵלֶיךָ	וְהִתְפַּלְלוּ
hazzoᵓt	hɔᶜiʸr	dɛrɛk	ᵓelɛʸkɔ	wᵊhitᵊpalᵊluʷ
,da-diese(r)	,Stadt-(der=)die	(Richtung-in=)Weg	dir-zu	beten-sie-und

וְהַבַּיִת	בָּהּ	בָּחַרְתָּ	אֲשֶׁר
wᵊhabbayit	bɔh	bɔḥarᵊtɔ	ᵓašɛr
,(Tempel)haus(es)-(des=)das-und	,sie-(***=in)	erwählt-hast-du	(die=)welch(e)

לִשְׁמֶךָ׃	בָּנִיתִי	אֲשֶׁר־
lišᵊmɛkɔ.	bɔniʸtiʸ	-ᵓašɛr
,Namen(s)-dein(es)-(Ehren)-zu	erbaute-ich	welch(es)

הַשָּׁמַיִם	מִן־	35 וְשָׁמַעְתָּ
haššɔmayim	-min	wᵊšɔmaᶜᵊtɔ
(her)-Himmel(n)-(den=)die	von	hören-(wollest=)wirst-du-(so=)und

וְעָשִׂיתָ	וְאֶת־תְּחִנָּתָם	אֶת־תְּפִלָּתָם
wᵊᶜɔśiʸtɔ	tᵊḥinnɔtɔm-wᵊᵓɛt	tᵊpillɔtɔm-ᵓɛt
(herstellen=)machen-(wollest=)wirst-du-und	Flehen-ihr-***und	Gebet-ihr***

כִּי	לָךְ	יֶחֶטְאוּ־	36 כִּי	מִשְׁפָּטָם׃
kiʸ	lɔk	-yɛḥɛṭᵊᵓuʷ	kiʸ	mišᵊpɔṭɔm.
denn —	(dich-gegen=)dir-zu	sündig(t)en-sie	Wenn	.Recht-ihr

יֶחֱטָא	לֹא־	אֲשֶׁר	אָדָם	אֵין
yɛḥᵉṭɔᵓ	-loᵓ	ᵓašɛr	ᵓɔdɔm	ᵓeʸn
— !sündigt-(er)	nicht	(der=)welch(er)	,Mensch(en)-(einen)	gibt-es-nicht

וּנְתַתָּם	בָּם	וְאָנַפְתָּ
uʷnᵊtattɔm	bɔm	wᵊᵓɔnapᵊtɔ
(preis)-sie-(gibst=)gabst-du-und	sie-(über=)in	zürnst-du-und

וְשָׁבוּם	אוֹיֵב	לִפְנֵי
wᵊšɔbuʷm	ᵓoʷyeb	lipᵊneʸ
sie-wegführen-gefangen-(sie)-(dass=)und	,Feind-(dem)	(vor=)Gesichter-zu

קְרוֹבָה׃	אוֹ	רְחוֹקָה	אֶרֶץ	אֶל־	שׁוֹבֵיהֶם
qᵊroʷbɔʰ.	ᵓoʷ	rᵊḥoʷqɔʰ	ᵓɛrɛṣ	-ᵓɛl	šoʷbeʸhɛm
,nahe(s)	oder	ferne(s)	Land-(ein)	(in=)zu	Entführer-ihre

בָּאָרֶץ	לְבָבָם	אֶל־	וְהֵשִׁ֫יבוּ 37
bɔʾɔrɛṣ	lᵊbɔbɔm	-ʾɛl	wᵊhešiʸbuʷ
,Land-dem-in	(Herzen=)Herz-ihr	zu	(sich's-nehmen=)zurück-führen-sie-und

וְשָׁבוּ	שָׁם	נִשְׁבּוּ־	אֲשֶׁר
wᵊšɔbuʷ	šɔm	-nišᵊbuʷ	ʾašɛr
um-kehren-sie-und	,dort(hin)	weggeführt-wurden-sie	welch(es)

שִׁבְיָם	בְּאֶרֶץ	אֵלֶיךָ	וְהִתְחַנְּנוּ
šibᵊyɔm	bᵊʾɛrɛṣ	ʾelɛʸkɔ	wᵊhitᵊḥannᵊnuʷ
Gefangenschaft-ihre(r)	Land-(dem)-in	dir-zu	flehen-(sie)-und

הֶעֱוִינוּ	חָטָאנוּ	לֵאמֹר
hɛʿɛwiʸnuʷ	ḥɔṭɔʾnuʷ	leʾmor
gefehlt-haben-wir	,gesündigt-haben-Wir	:(sprechend=)sprechen-zu

בְּכָל־	אֵלֶיךָ	וְשָׁבוּ 38	וְרָשָׁעְנוּ׃
-bᵊkol	ʾelɛʸkɔ	wᵊšɔbuʷ	wᵊrɔšɔʿᵊnuʷ.
all-(mit=)in	dir-zu	um-(sie-kehren=)kehren-sie-Und	!gefrevelt-haben-wir-und

בְּאֶרֶץ	נַפְשָׁם	וּבְכָל־	לִבָּם
bᵊʾɛrɛṣ	napᵊšɔm	-uʷbᵊkol	libbɔm
Land-(im=)in	Seele-ihre(r)	all-(mit=)in-und	Herz(en)-ihr(em)

אֹתָם	שָׁבוּ	אֲשֶׁר־	שִׁבְיָם
ʾotɔm	šɔbuʷ	-ʾašɛr	šibᵊyɔm
,sie	weg-gefangen-führten-sie	(wohin=)welch(e)	,Gefangenschaft-ihre(r)

אֲשֶׁר	אַרְצָם	דֶּרֶךְ	וְהִתְפַּלְלוּ
ʾašɛr	ʾarᵊṣɔm	dɛrɛk	wᵊhitᵊpalᵊluʷ
(das=)welch(es)	,Land(es)-ihr(es)	(Richtung-in=)Weg	beten-sie-und

אֲשֶׁר	וְהָעִיר	לַאֲבוֹתָם	נָתַתָּה
ʾašɛr	wᵊhɔʿiʸr	laʾaboʷtɔm	nɔtattɔʰ
(die=)welch(e)	,Stadt-(der=)die-und	,Väter-ihre-(an=)zu	(hast)-gegeben-du

בָּנִיתִי	אֲשֶׁר־	וְלַבַּיִת	בָּחַרְתָּ
bɔniʸtiʸ	-ʾašɛr	wᵊlabbayit	bɔḥarᵊtɔ
erbaut-habe-ich	(das=)welch(es)	,Haus-(dem)-(nach=)zu-und	,erwählt-hast-du

מִן־	וְשָׁמַעְתָּ 39	לִשְׁמֶךָ׃
-min	wᵊšɔmaʿᵊtɔ	lišᵊmɛkɔ.
von	hören-(wollest=)wirst-du-(so=)und	,Namen(s)-dein(es)-(Ehren)-zu

הַשָּׁמַ֫יִם
haššɔmayim
,(her)-Himmel(n)-(den=)die

מִמְּכ֣וֹן
mimmᵊkoʷn
Stätte-(der)-von

שִׁבְתְּךָ֔
šibᵊtᵊkɔ
,(Thronens=)Wohnen(s)-dein(es)

אֶת־תְּפִלָּתָ֑ם
tᵊpillɔtɔm-ʾɛt
Gebet-ihr***

וְאֶת־תְּחִנֹּתֵיהֶ֔ם
tᵊḥinnoteʸhɛm-wᵊʾɛt
Flehrufe-ihre-***und

וְעָשִׂ֖יתָ
wᵊʿɔśiʸtɔ
(herstellen=)machen-(wollest=)wirst-du-und

מִשְׁפָּטָ֑ם
mišᵊpɔṭɔm
Recht-ihr

וְסָלַחְתָּ֣
wᵊsɔlaḥᵊtɔ
verzeihen-(wollest=)wirst-du-und

לְעַמְּךָ֔
lᵊʿammᵊkɔ
,Volk-dein(em=)zu

אֲשֶׁ֥ר
ʾᵃšɛr
(was=)welch(es)

חָֽטְאוּ־
-ḥɔṭᵊʾuʷ
gesündigt-sie

לָֽךְ׃
lɔk.
!(dich-gegen=)dir-zu

40 עַתָּ֗ה
ʿattɔʰ
,Nun

אֱלֹהַ֔י
ʾᵋlohay
,(Gott=)Götter-mein(e)

יִהְיוּ־
-yihᵊyuʷ
(sein-mögen=)werden-(es=sie)

נָ֤א
nɔʾ
doch

עֵינֶ֙יךָ֙
ʿeʸnɛʸkɔ
Augen-(beiden)-deine

פְּתֻח֔וֹת
pᵊtuḥoʷt
geöffnet(e)

וְאָזְנֶ֖יךָ
wᵊʾozᵊnɛʸkɔ
Ohren-(beiden)-deine-und

קַשֻּׁב֑וֹת
qaššuboʷt
aufmerksam(e)

לִתְפִלַּ֖ת
litᵊpillat
Gebet-(dem=)zu

הַמָּק֥וֹם
hammɔqoʷm
,Stätte-(der=)die-(an)

הַזֶּֽה׃
hazzɛʰ.
!da-dies(er)

41 וְעַתָּ֡ה
wᵊʿattɔʰ
,nun-Und

ק֣וּמָ֞ה
quʷmɔʰ
,dich-erhebe

יְהוָ֤ה
yᵊhwɔʰ
,JHWH

אֱלֹהִים֙
ʾᵋlohiʸm
,(Gott-du=)Götter

לְנוּחֶ֔ךָ
lᵊnuʷḥɛkɔ
,(Wohnstatt=)Ruhe-deiner-zu

אַתָּ֖ה
ʾattɔʰ
du

וַאֲר֣וֹן
waʾᵃroʷn
(Schrein-der=)Lade-(die)-und

עֻזֶּ֑ךָ
ʿuzzɛkɔ
!Macht-deine(r)

כֹּהֲנֶ֜יךָ
kohᵃnɛʸkɔ
,Priester-Deine

יְהוָ֤ה
yᵊhwɔʰ
,JHWH

אֱלֹהִים֙
ʾᵋlohiʸm
,(Gott-o=)Götter

יִלְבְּשׁ֣וּ
yilᵊbᵊšuʷ
kleiden-sich-(sollen=)werden-(sie)

תְשׁוּעָ֔ה
tᵊšuʷʿɔʰ
Heil-(mit)

יְשַׂמְּחוּ	וַחֲסִידֶיךָ
yiśᵊmᵊḥuʷ	waḥᵃsiʸdɛʸkɔ
freuen-sich-(sollen=)werden-(sie)	(Treuen=)Frommen-deine-und

אַל־	אֱלֹהִים	42 יְהוָה	בַּטּוֹב׃
-ʾal	ʾᵋlohiʸm	yᵊhwɔʰ	baṭṭoʷb.
nicht	,(Gott-du=)Götter	,JHWH	!(Glück=)Gut(en)-(am=)in

פְּנֵי	תָּשֵׁב
pᵊneʸ	tɔšeb
(Antlitz=)Gesichter-(das)	(zurückweisen=)machen-kehren-(mögest=)wirst-du

דָּוִיד	לְחַסְדֵי	זָכְרָה	מְשִׁיחֶיךָ
dɔwiʸd	lᵊḥasᵊdeʸ	zokᵊrɔʰ	mᵊšiʸḥɛʸkɔ
,David	(gegenüber)-Hulderweise-(die)-(an=)zu	Denke	!Gesalbten-deine(r)

עַבְדֶּךָ׃
ʿabᵊdɛkɔ.
!Knecht-dein(em)

7

שְׁלֹמֹה	1 וּכְכַלּוֹת
šᵊlomoʰ	uʷkᵊkalloʷt
(Salomo=)Schelomo	(hatte-geendet-als=)Vollenden-(ein)-wie-Und

מֵהַשָּׁמַיִם	יָרְדָה	וְהָאֵשׁ	לְהִתְפַּלֵּל
mehaššɔmayim	yɔrᵊdɔʰ	wᵊhɔʾeš	lᵊhitᵊpallel
Himmeln-den-von	herab-kam-(es=sie)	Feuer-das-(da=)und	,beten-zu

וְהַזְּבָחִים	הָעֹלָה	וַתֹּאכַל
wᵊhazzᵊbɔḥiʸm	hɔʿolɔʰ	wattoʾkal
,Schlachtopfer-die-und	(Brandopfer=)Hochopfer-das	(verzehrte=)aß-(es=sie)-und

2 וְלֹא	אֶת־הַבָּיִת׃	מָלֵא	יְהוָה	וּכְבוֹד
wᵊloʾ	habbɔyit-ʾɛt.	mɔleʾ	yᵊhwɔʰ	uʷkᵊboʷd
nicht-Und	.Haus-das***	erfüllte-(sie=er)	JHWH(s)	Herrlichkeit-(die)-und

אֶל־	לָבוֹא	הַכֹּהֲנִים	יָכְלוּ
-ʾɛl	lɔboʷʾ	hakkohᵃniʸm	yɔkᵊluʷ
(in=)zu	(gehen=)kommen-zu	Priester-die	vermochten-(es=sie)

כְּבוֹד־	מָלֵא	כִּי־	יְהוָה	בֵּית
-kᵊboʷd	mɔleʾ	-kiʸ	yᵊhwɔʰ	beʸt
Herrlichkeit-(die)	erfüllte-(es=)er	denn	,JHWH(s)	(Tempel)haus-(das)

בְּנֵי	3 וְכֹל	יְהוָה׃	אֶת־בֵּית	יְהוָה
b^{ə}ne^{y}	w^{ə}kol	y^{ə}hwɔ^{h}.	be^{y}t-ʾɛt	y^{ə}hwɔ^{h}
(Kinder=)Söhne	all(e)-Und	.JHWH(s)	(Tempel)haus-(das)***	JHWH(s)

הָאֵשׁ	בְּרֶדֶת	רֹאִים	יִשְׂרָאֵל
hɔʾeš	b^{ə}rɛdɛt	roʾi^{y}m	yiś^{ə}rɔʾel
Feuer(s)-(des=)das	Herabsteigen-(beim=)in	(zu)sehend(e)-(waren)	Israel(s)

הַבָּיִת	עַל־	יְהוָה	וּכְבוֹד
habbɔyit	-ʿal	y^{ə}hwɔ^{h}	u^{w}k^{ə}bo^{w}d
,(Tempel)haus-das	auf	JHWH(s)	Herrlichkeit-(der)-und

אַפַּיִם	וַיִּכְרְעוּ
ʾappayim	wayyik^{ə}r^{ə}ʿu^{w}
(Angesicht-dem-mit=)Nasen(löcher-beide)	sich-beugten-sie-und

וַיִּשְׁתַּחֲווּ	הָרִצְפָה	עַל־	אַרְצָה
wayyiš^{ə}taḥ^{a}wu^{w}	hɔriṣ^{ə}pɔh	-ʿal	ʾar^{ə}ṣɔ^{h}
nieder-sich-warfen-(sie)-und	Steinpflaster-das	auf	(Erde-zur=)erdwärts

טוֹב	כִּי	לַיהוָה	וְהוֹדוֹת
ṭo^{w}b	ki^{y}	layhwɔ^{h}	w^{ə}ho^{w}do^{w}t
,(gütig=)gut-ist-er	(dass=)denn	,JHWH-(zu)	(priesen-sie=)Preisen-(ein)-und

וְכָל־	4 וְהַמֶּלֶךְ	חַסְדּוֹ׃	לְעוֹלָם	כִּי
-w^{ə}kol	w^{ə}hammɛlɛk	ḥas^{ə}do^{w}.	l^{ə}ʿo^{w}lɔm	ki^{y}
all-und	König-der-Und	.(Gnade=)Huld-seine	(währet)-ewig-(zu)	(dass=)denn

יְהוָה׃	לִפְנֵי	זֶבַח	זֹבְחִים	הָעָם
y^{ə}hwɔ^{h}.	lip^{ə}ne^{y}	zɛbaḥ	zob^{ə}ḥi^{y}m	hɔʿɔm
.JHWH	(vor=)Gesichter-zu	(Schlacht)opfer-(ein)	opfernd(e)-(waren)	Volk-das

שְׁלֹמֹה	הַמֶּלֶךְ	5 וַיִּזְבַּח
š^{ə}lomo^{h}	hammɛlɛk	wayyiz^{ə}baḥ
(Salomo=)Schelomo	König-der	opferte-(es=er)-(Sodann=)Und

אֶלֶף	וּשְׁנַיִם	עֶשְׂרִים	הַבָּקָר	אֶת־זֶבַח
ʾɛlɛp	u^{w}š^{ə}nayim	ʿɛś^{ə}ri^{y}m	habbɔqɔr	zɛbaḥ-ʾɛt
;tausend	-zwei-und	-zwanzig	:Rind(er)-(der=)das	(Schlacht)opfer-(das)***

וַיַּחְנְכוּ	אָלֶף	וְעֶשְׂרִים	מֵאָה	וְצֹאן
wayyaḥ^{ə}n^{ə}ku^{w}	ʾɔlɛp	w^{ə}ʿɛś^{ə}ri^{y}m	meʾɔ^{h}	w^{ə}ṣoʾn
ein-weihten-sie-(So=)Und	.tausend	-zwanzig-und	-hundert	:Schafe-(der)-und

הָעָֽם׃ | וְכָל־ | הַמֶּ֣לֶךְ | הָאֱלֹהִ֑ים | אֶת־בֵּ֣ית
hɔʿɔm. | -wᵊkol | hammɛlɛk | hɔʾɛlohiʸm | beʸt-ʾɛt
.Volk-das | all-und | König-der | ,(Gottes=)Götter-(der=)die | Haus-(das)***

עֹמְדִ֔ים | מִשְׁמְרוֹתָ֣ם | עַל־ | 6 וְהַכֹּהֲנִ֞ים
ʿomᵊdiʸm | mišᵊmᵊroʷtɔm | -ʿal | wᵊhakkohᵃniʸm
stehend(e) | (Wacht)posten-ihre(n) | (an=)auf-(waren) | Priester-die-Und

יְהוָ֗ה | בִּכְלֵי־שִׁ֣יר | וְהַלְוִיִּ֞ם
yᵊhwɔʰ | šiʸr-bikᵊleʸ | wᵊhalᵊwiʸyim
,JHWH(s) | (Musikinstrumenten=)Gesang-(für)-Geräten-(mit=)in | Leviten-die-und

הַמֶּ֗לֶךְ | דָּוִ֣יד | עָשָׂ֞ה | אֲשֶׁ֣ר
hammɛlɛk | dɔwiʸd | ʿɔśɔʰ | ʾᵃšɛr
,König-der | ,David | (anfertigen-ließ=)machte-(er) | (die=)welch(e)

לְעוֹלָ֣ם | כִּֽי־ | לַיהוָ֗ה | לְהֹדוֹת
lᵊʿoʷlɔm | -kiʸ | layhwɔʰ | lᵊhodoʷt
(währt)-ewig-(auf=)zu | dass | ,JHWH-(zu) | (danken=)preisen-zu

בְּיָדָ֑ם | דָּוִ֖יד | בְּהַלֵּ֥ל | חַסְדּ֔וֹ
bᵊyɔdɔm | dɔwiʸd | bᵊhallel | ḥasᵊdoʷ
,Hand-ihre(r)-in | David(s) | Lobpreis(en)-einem-(mit=)in | ,(Gnade=)Huld-seine

מַחֲצֹצְרִים[מַחְצְרִ֣ים] | וְהַכֹּהֲנִ֗ים
[maḥᵊṣᵊriʸm]maḥᵃṣoṣᵊriʸm | wᵊhakkohᵃniʸm
trompetend(e)-(waren) | Priester-die-(wobei=)und

יִשְׂרָאֵ֥ל | וְכָל־ | נֶגְדָּ֔ם
yiśᵊrɔʾel | -wᵊkol | nɛgᵊdɔm
Israel | (ganz=)all-und | ,(dementsprechend=)ihnen-gegenüber

שְׁלֹמֹ֜ה | 7 וַיְקַדֵּ֣שׁ | עֹמְדִֽים׃
šᵊlomoʰ | wayᵊqaddeš | ʿomᵊdiʸm.
(Salomo=)Schelomo | (weihte=)heiligte-(er)-(Dann=)Und | .(dabei)stehend(e)-(war)

אֲשֶׁר֙ | הֶחָצֵ֗ר | אֶת־תּ֣וֹךְ
ʾᵃšɛr | hɛḥɔṣer | toʷk-ʾɛt
(jenen=)welch(er) | ,Hof(es)-(des=)der | (Teil-mittleren-den=)Mitte-(die)***

כִּֽי־ | יְהוָ֔ה | בֵּית־ | לִפְנֵ֣י
-kiʸ | yᵊhwɔʰ | -beʸt | lipᵊneʸ
denn | ,JHWH(s) | (Tempel)haus-(dem) | (vor=)Gesichter-zu

וְאֵת	הָעֹלוֹת	שָׁם	עָשָׂה
wᵊʾet	hɔᶜolowᵗ	šɔm	ᶜɔśɔʰ
***und	(Brandopfer=)Hochopfer-die	dort	(bereitete=)machte-er

הַנְּחֹשֶׁת	מִזְבַּח	כִּי־	הַשְּׁלָמִים	חֶלְבֵי
hannᵊḥošɛt	mizᵊbaḥ	-kiʸ	haššᵊlɔmiʸm	ḥɛlᵊbeʸ
,(eherne=)Erz(es)-(des=)das	Altar-(der)	denn	;Friedopfer-die	(für)-Fettstücke

שְׁלֹמֹה	עָשָׂה	אֲשֶׁר
šᵊlomoʰ	ᶜɔśɔʰ	ʾašɛr
,(Salomo=)Schelomo	(lassen-anfertigen=)gemacht-hatte-(es=er)	(den=)welch(en)

אֶת־הָעֹלָה	לְהָכִיל	יָכוֹל	לֹא
hɔᶜolɔʰ-ʾɛt	lᵊhɔkiʸl	yɔkoʷl	loʾ
(Brandopfer=)Hochopfer-das***	fassen-zu	vermochte-(er)	nicht

8 וַיַּעַשׂ	וְאֶת־הַחֲלָבִים׃	וְאֶת־הַמִּנְחָה
wayyaᶜaś	haḥᵃlɔbiʸm-wᵊʾɛt.	hamminᵊḥɔʰ-wᵊʾɛt
(beging=)machte-(es=)er-Und	.Fettstücke-die-***und	Speiseopfer-das***und

הַהִיא	בָּעֵת	אֶת־הֶחָג	שְׁלֹמֹה
hahiʸʾ	bɔᶜet	hɛḥɔg-ʾɛt	šᵊlomoʰ
,da-jene(r)	,Zeit-der-in	Fest-das***	(Salomo=)Schelomo

עִמּוֹ	יִשְׂרָאֵל	וְכָל־	יָמִים	שִׁבְעַת
ᶜimmoʷ	yiśᵊrɔʾel	-wᵊkol	yɔmiʸm	šibᵊᶜat
,ihm-mit	Israel	(ganz=)all-und	,Tage(n)	(an)-Siebenzahl-(eine)

מִלְּבוֹא	מְאֹד	גָּדוֹל	קָהָל
millᵊboʷʾ	mᵊʾod	gɔdoʷl	qɔhɔl
(Zugang-vom=)eintreten-zu-von	,sehr	großer	Versammlung-(in)

מִצְרָיִם׃	נַחַל	עַד־	חֲמָת
misᵊrɔyim.	naḥal	-ᶜad	ḥᵃmɔt
.Ägypten(s)	Bach	(zum-hin=)bis	(Hamat=)Chamat-(nach)

הַשְּׁמִינִי	בַּיּוֹם	9 וַיַּעֲשׂוּ
haššᵊmiʸniʸ	bayyoʷm	wayyaᶜᵃśuʷ
,achte(n)-(dem=)der	,Tag-(am=)in	(hielten=)machten-sie-Und

הַמִּזְבֵּחַ	חֲנֻכַּת	כִּי	עֲצָרֶת
hammizᵊbeaḥ	ḥᵃnukkat	kiʸ	ᶜᵃṣɔrɛt
Altar(s)-(des=)der	Einweihung-(die)	denn	;Festversammlung-(eine)

וְהֶחָג	יָמִים	שִׁבְעַת	עָשׂוּ
wᵊhɛḥɔg	yɔmiʸm	šibᵊʿat	ʿɔśuʷ
Fest-das-und	,Tage(n)	(an)-Siebenzahl-(eine)	(begingen=)machten-sie

וּשְׁלֹשָׁה	עֶשְׂרִים	וּבְיוֹם 10	יָמִים׃	שִׁבְעַת
uʷšᵊlošɔʰ	ʿɛśᵊriʸm	uʷbᵊyoʷm	yɔmiʸm.	šibᵊʿat
drei-und	-zwanzig	Tag-(am=)-in-Und	.Tage(n)	(an)-Siebenzahl-(eine)

אֶת־הָעָם	שִׁלַּח	הַשְּׁבִיעִי	לַחֹדֶשׁ
hɔʿɔm-ʾɛt	šillaḥ	haššᵊbiʸʿiʸ	laḥodɛš
Volk-das***	(entließ=)schickte-er	siebte(n)-(des=der)	Monat(s)-(des=)zu

לֵב	וְטוֹבֵי	שְׂמֵחִים	לְאָהֳלֵיהֶם
leb	wᵊṭoʷbeʸ	śᵊmeḥiʸm	lᵊʾohᵒleʸhɛm
(Mutes=)Herz(ens)	-gute(n)-und	fröhliche-(als)	Zelten-(seinen=)ihren-zu

יְהוָה	עָשָׂה	אֲשֶׁר	הַטּוֹבָה	עַל־
yᵊhwɔʰ	ʿɔśɔʰ	ʾᵃšɛr	haṭṭoʷbɔh	-ʿal
JHWH	(erwies=)machte-(er)	(das=)welch(es)	,Gute(n)-(des=)das	(ob=)auf

וּלְיִשְׂרָאֵל	וְלִשְׁלֹמֹה	לְדָוִיד
uʷlᵊyiśᵊrɔʾel	wᵊlišᵊlomoʰ	lᵊdɔwiʸd
,Israel-(zu)-und	(Salomo=)Schelomo-(dem=)zu-und	David-(dem=)zu

שְׁלֹמֹה	וַיְכַל 11	עַמּוֹ׃
šᵊlomoʰ	wayᵊkal	ʿammoʷ.
(Salomo=)Schelomo	vollendete-(es=er)-(So=)Und	.Volk-sein(em)

וְאֶת־בֵּית	יְהוָה	אֶת־בֵּית
beʸt-wᵊʾɛt	yᵊhwɔʰ	beʸt-ʾɛt
(Palast-den=)Haus-(das)-***und	JHWH(s)	(Tempel)haus-(das)***

עַל־לֵב	הַבָּא	כָּל־	וְאֵת	הַמֶּלֶךְ
leb-ʿal	habbɔʾ	-kol	wᵊʾet	hammɛlɛk
(Sinn-den-in=)Herz-auf	Kommende-das	all	***und	,König(s)-(des=)der

יְהוָה	בְּבֵית־	לַעֲשׂוֹת	שְׁלֹמֹה
yᵊhwɔʰ	-bᵊbeʸt	laʿᵃśoʷt	šᵊlomoʰ
JHWH(s)	Hause-(im=)in	machen-zu	(Salomo=)Schelomo(s)

הִצְלִיחַ׃	וּבְבֵיתוֹ
hiṣᵊliʸaḥ.	uʷbᵊbeʸtoʷ
.(durch-führte=)gelingen-machte-er	(Palast=)Haus-sein(em)-in-und

שְׁלֹמֹה	אֶל־	יְהוָה	12 וַיֵּרָא
šᵊlomoʰ	-ʾɛl	yᵊhwɔʰ	wayyerɔʾ
(Salomo=)Schlomo	(dem=)zu	JHWH	(erschien=)gesehen-ward-(es=)er-Und

שָׁמַעְתִּי	לוֹ	וַיֹּאמֶר	בַּלָּיְלָה
šɔmaʿᵊtiʸ	loʷ	wayyoʾmɛr	ballɔyᵊlɔʰ
gehört-habe-Ich	:ihm-zu	sprach-(er)-und	Nacht-der-(während=)in

הַזֶּה	בַּמָּקוֹם	וּבָחַרְתִּי	אֶת־תְּפִלָּתֶךָ
hazzɛʰ	bammɔqoʷm	uʷbɔḥarᵊtiʸ	tᵊpillɔtɛkɔ-ʾɛt
,da-diese(r)	,Stätte-(die)-(***=in)	erwählte-ich-und	Gebet-dein***

13 הֵן	זָבַח׃	לְבֵית	לִי
hen	zɔbaḥ.	lᵊbeʸt	liʸ
(Wenn=)Siehe	.Opfer-	-(stätte=)haus-(einer)-zu	(mich-für=)mir-zu

וְלֹא־	הַשָּׁמַיִם	אֶעֱצֹר
-wᵊloʾ	haššɔmayim	ʾɛʿᵋṣor
nicht-(dass=)und	,Himmel-die	(verschließen=)zurückhalten-werde-ich

אֲצַוֶּה	וְהֵן־	מָטָר	יִהְיֶה
ʾᵃṣawwɛʰ	-wᵊhen	mɔṭɔr	yihᵊyɛʰ
verordnen-werde-ich	(wenn=)siehe-und	,Regen	(kommen=)sein-wird-(er)

וְאִם־	הָאָרֶץ	לֶאֱכוֹל	חָגָב	עַל־
-wᵊʾim	hɔʾɔrɛṣ	lɛʾᵋkoʷl	ḥɔgɔb	-ʿal
wenn-und	Land-das	(abzufressen=)essen-zu	Heuschrecke-(eine)	(für=)auf

בְּעַמִּי׃	דֶּבֶר	אֲשַׁלַּח
bᵊʿammiʸ.	dɛbɛr	ʾᵃšallaḥ
,Volk-mein-(gegen=)in	(Seuche=)Pest	sende-ich

אֲשֶׁר	עַמִּי	14 וְיִכָּנְעוּ
ʾᵃšɛr	ʿammiʸ	wᵊyikkɔnᵊʿuʷ
welch(es)	,Volk-mein	(sich-beugt-es=)beugen-sich-sie-und

וְיִתְפַּלְלוּ	עֲלֵיהֶם	שְׁמִי	נִקְרָא־
wᵊyitᵊpalᵊluʷ	ʿᵃleʸhɛm	šᵊmiʸ	-niqᵊrɔʾ
beten-sie-und	,(es-über=)ihnen-auf	Name-mein	ausgerufen-wurde-(es=)er

וְיָשֻׁבוּ	פָנַי	וִיבַקְשׁוּ
wᵊyɔšubuʷ	pɔnay	wiʸbaqᵊšuʷ
(ab=)um-kehren-sie-und	(Antlitz=)Gesichter-mein(e)	suchen-sie-und

מִדַּרְכֵיהֶם middarᵊkeʸhɛm ,Wegen-ihren-von
הָרָעִים hɔrɔʿiʸm ,bösen-(den=)die
וַאֲנִי waʾᵃniʸ ,ich-(so=)und
אֶשְׁמַע ʾɛšᵊmaʿ (er)hören-(will=)werde-ich

מִן־ -min von
הַשָּׁמַיִם haššɔmayim (her)-Himmel(n)-(den=)die
וְאֶסְלַח wᵊʾɛsᵊlaḥ vergeben-(will=)werde-ich-und

לְחַטָּאתָם lᵊḥaṭṭɔʾtɔm Sünden-ihre-(zu)
וְאֶרְפָּא wᵊʾɛrᵊpɔʾ heilen-(will=)werde-ich-und
אֶת־אַרְצָם׃ ʾarᵊṣɔm-ʾɛt. .Land-ihr***
15 עַתָּה ʿattɔʰ ,Nun

עֵינַי ʿeʸnay Augen-(beiden)-meine
יִהְיוּ yihᵊyuʷ sein-(sollen=)werden-(sie)
פְּתֻחוֹת pᵊtuḥoʷt geöffnet(e)

וְאָזְנַי wᵊʾozᵊnay Ohren-(beiden)-meine-und
קַשֻּׁבוֹת qaššuboʷt aufmerksam(e)
לִתְפִלַּת litᵊpillat Gebet-(dem=)zu
הַמָּקוֹם hammɔqoʷm ,Stätte-(der=)die

הַזֶּה׃ hazzɛʰ. .da-dies(er)
16 וְעַתָּה wᵊʿattɔʰ ,jetzt-Und
בָּחַרְתִּי bɔḥarᵊtiʸ erwählte-ich
וְהִקְדַּשְׁתִּי wᵊhiqᵊdašᵊtiʸ heiligte-ich-und
אֶת־הַבַּיִת habbayit-ʾɛt ,(Tempel)haus-das***

הַזֶּה hazzɛʰ ,da-dies(es)
לִהְיוֹת־ -lihᵊyoʷt (sei-dass=)sein-zu
שְׁמִי šᵊmiʸ Name-mein
שָׁם šɔm dort
עַד־עוֹלָם ʿoʷlɔm-ʿad ,(immer-für=)ewig-bis

וְהָיוּ wᵊhɔyuʷ (seien=)werden-(es=sie)-(so=)und
עֵינַי ʿeʸnay Augen-(beiden)-meine
וְלִבִּי wᵊlibbiʸ Herz-mein-und
שָׁם šɔm dort

כָּל־ -kol all
הַיָּמִים׃ hayyɔmiʸm. .Tage-die
17 וְאַתָּה wᵊʾattɔʰ ,du-(Jedoch=)Und
אִם־ -ʾim wenn
תֵּלֵךְ telek (wandelst=)gehst-du

לְפָנַי lᵊpɔnay ,(mir-vor=)Gesichtern-meinen-zu
כַּאֲשֶׁר kaʾᵃšɛr wie
הָלַךְ hɔlak (wandelte=)ging-(er)
דָּוִיד dɔwiʸd ,David

אָבִיךָ ʾɔbiʸkɔ ,Vater-dein
וְלַעֲשׂוֹת wᵊlaʿᵃśoʷt (tust-du-dass=)machen-zu-und
כְּכֹל kᵊkol ,all(em)-(gemäß=)wie

וְחֻקַּי wᵊḥuqqay Satzungen-meine-und	צִוִּיתִ֑יךָ ṣiwwiʸtiʸkɔ ,dich-geheißen-ich	אֲשֶׁר ʾᵃšɛr (was=)welch(es)

תִּשְׁמוֹר׃ tišᵊmoʷr. ,beobachtest-du	וּמִשְׁפָּטַי uʷmišᵊpɔṭay (Rechts)vorschriften-meine-und

כִּסֵּא kisseʾ Thron-(den)	אֵת ʾet ***	18 וַהֲקִימוֹתִי wahᵃqiʸmoʷtiʸ (bestätigen=)aufrichten-werde-ich-(dann=)und

כָּרַתִּי kɔrattiʸ (beschlossen=)geschnitten-hatte-ich	כַּאֲשֶׁר kaʾᵃšɛr wie	מַלְכוּתֶךָ malᵊkuʷtɛkɔ ,Königtum(s)-dein(es)

לֹא־ -loʾ Nicht	לֵאמֹר leʾmor :(sprechend=)sprechen-zu	אָבִיךָ ʾɔbiʸkɔ ,Vater-dein(en)	לְדָוִיד lᵊdɔwiʸd ,David-(für=)zu

מוֹשֵׁל moʷšel herrschend(er)	אִישׁ ʾiʸš Mann-(ein)	לְךָ lᵊkɔ dir-(zu)	יִכָּרֵת yikkɔret (fehlen=)geschnitten-wird-(es=er)

וַעֲזַבְתֶּם waʿᵃzabᵊtɛm verlasst-ihr-und	אַתֶּם ʾattɛm (euch=)ihr	תְּשׁוּבוּן tᵊšuʷbuʷn abkehrt-ihr	19 וְאִם־ -wᵊʾim wenn-(Doch=)Und	בְּיִשְׂרָאֵל׃ bᵊyiśᵊrɔʾel. !Israel-in

אֲשֶׁר ʾᵃšɛr (die=)welch(e)	וּמִצְוֹתַי uʷmiṣᵊwotay ,Gebote-meine-und	חֻקּוֹתַי ḥuqqoʷtay Satzungen-meine

וַהֲלַכְתֶּם wahᵃlakᵊtɛm (hin)-geht-ihr-und	לִפְנֵיכֶם lipᵊneʸkɛm ,Gesichter-eure-(vor=)zu	נָתַתִּי nɔtattiʸ (gelegt=)gegeben-habe-ich

לָהֶם׃ lɔhɛm. ,ihnen-(vor=)zu	וְהִשְׁתַּחֲוִיתֶם wᵊhišᵊtaḥᵃwiʸtɛm nieder-euch-werft-ihr-und	אֲחֵרִים ʾᵃḥeriʸm andere(n)	אֱלֹהִים ʾᵉlohiʸm Götter(n)	וַעֲבַדְתֶּם waʿᵃbadᵊtɛm dient-(ihr)-und

אַדְמָתִי ʾadᵊmɔtiʸ ,Ackererde-meine(r)	מֵעַל meʿal (aus-heraus=)auf-von	20 וּנְתַשְׁתִּים uʷnᵊtašᵊtiʸm sie-ausreißen-werde-ich-(so=)und

וְאֶת־הַבַּיִת	לָהֶם	נָתַתִּי	אֲשֶׁר
habbayit-wᵊʾɛt	lɔhɛm	nɔtattiʸ	ʾašɛr
,(Tempel)haus-das***und	,ihnen-(zu)	gegeben-habe-ich	(die=)welch(e)

הִקְדַּשְׁתִּי	אֲשֶׁר	הַזֶּה
hiqᵊdašᵊtiʸ	ʾašɛr	hazzɛʰ
(weihte=)geheiligt-ich	(das=)welch(es)	,da-dies(es)

מֵעַל	אַשְׁלִיךְ	לִשְׁמִי
meʿal	ʾašᵊliʸk	lišᵊmiʸ
(aus=)auf-von	(ver)werfe-ich	,Name(n)-(meinem=)mein-zu

וְאֶתְּנֶנּוּ	פָּנָי
wᵊʾɛttᵊnɛnnuʷ	pɔnɔy
(es=)ihn-(mache=)gebe-ich-und	(Antlitz-meinem=)Gesichter(n)-meine(n)

בְּכָל־	וְלִשְׁנִינָה	לְמָשָׁל
-bᵊkol	wᵊlišᵊniʸnɔʰ	lᵊmɔšɔl
all-(unter=)in	Hohn(gelächter)-zu(m)-und	Spott(vers)-zu(m)

אֲשֶׁר	הַזֶּה	21 וְהַבַּיִת	הָעַמִּים׃
ʾašɛr	hazzɛʰ	wᵊhabbayit	hɔʿammiʸm.
(das=)welch(es)	,da-dies(es)	,(Tempel)haus-das-Und	.Völker(n)-(den=)die

עֹבֵר	לְכָל־	עֶלְיוֹן	הָיָה
ʿober	-lᵊkol	ʿɛlᵊyoʷn	hɔyɔʰ
Vorbeigehende	(jeder=)all-zu	,(erhaben=)höchster	war-(es=er)

וְאָמַר	יִשֹּׁם	עָלָיו
wᵊʾɔmar	yiššom	ʿɔlɔʸw
:sprechen-wird-er-und	entsetzen-sich-wird-(er)	(daran=)ihn-auf

כָּכָה	יְהוָה	עָשָׂה	בַּמֶּה
kɔkɔʰ	yᵊhwɔʰ	ʿɔśɔʰ	bammɛʰ
(solches=)so-wie	JHWH	(getan=)gemacht-hat-(er)	(Warum=)was-In

הַזֶּה׃	וְלַבַּיִת	הַזֹּאת	לָאָרֶץ
hazzɛʰ.	wᵊlabbayit	hazzoʾt	lɔʾɔrɛṣ
?da-dies(em)	,Haus-dem-(an=)zu-und	,da-diese(m)	,Land-dem-(an=)zu

אֶת־יְהוָה	עָזְבוּ	אֲשֶׁר	עַל	22 וְאָמְרוּ
yᵊhwɔʰ-ʾɛt	ʿɔzᵊbuʷ	ʾašɛr	ʿal	wᵊʾɔmᵊruʷ
,JHWH***	verließen-sie	dass	,(Darob=)Auf	:sagen-werden-sie-(So=)Und

אֲשֶׁר	אֲבֹתֵיהֶם	אֱלֹהֵי
ʾašɛr	ʾaboteyhɛm	ʾɛlohey
(der=)welch(er)	,Väter-ihre(r)	(Gott-den=)Götter-(die)

מִצְרַיִם	מֵאֶרֶץ	הוֹצִיאָם
miṣərayim	meʾɛrɛṣ	howṣiyʾɔm
,Ägypten	Land-(dem)-(aus=)von	sie-herausführen-ließ-(er)

אֲחֵרִים	בֵּאלֹהִים	וַיַּחֲזִיקוּ
ʾaḥeriym	beʾlohiym	wayyaḥaziyquw
andere	Götter(n)-(an=)in	(sich-hielten=)ergriffen-sie-und

וַיַּעַבְדוּם	לָהֶם	וַיִּשְׁתַּחֲווּ
wayyaʿabəduwm	lɔhɛm	wayyišətaḥawuw
;sie-(verehrten=)dienten-sie-und	ihnen-(vor=)zu	niederwarfen-sich-sie-und

כָּל־	אֵת	עֲלֵיהֶם	הֵבִיא	עַל־כֵּן
-kol	ʾet	ʿaleyhɛm	hebiyʾ	ken-ʿal
all	***	(sie-über=)ihnen-auf	kommen-(ließ=)machte-er	(darum=)so-auf

הַזֹּאת׃	הָרָעָה
hazzoʾt.	hɔrɔʿɔh
.da-diese(s)	,Böse-das

8

שָׁנָה	עֶשְׂרִים	מִקֵּץ	1 וַיְהִי
šɔnɔh	ʿɛśəriym	miqqeṣ	wayəhiy
,Jahr(en)	zwanzig	(von-Ablauf-nach=)Ende-von	war-(es=)er-Und

אֶת־בֵּית	שְׁלֹמֹה	בָּנָה	אֲשֶׁר
beyt-ʾɛt	šəlomoh	bɔnɔh	ʾašɛr
(Tempel)haus-(das)***	(Salomo=)Schelomo	erbaut-hat(te)-(es=er)	dass

אֲשֶׁר	2 וְהֶעָרִים	וְאֶת־בֵּיתוֹ׃	יְהוָה
ʾašɛr	wəhɛʿɔriym	beytow-wəʾɛt.	yəhwɔh
(die=)welch(e)	,Städte-die-Und	.(Palast=)Haus-sein(en)-***und	JHWH(s)

לִשְׁלֹמֹה	חוּרָם	נָתַן
lišəlomoh	ḥuwrɔm	nɔtan
,(Salomo=)Schelomo-(dem=)zu	(Huram=)Churam	gegeben-hat(te)-(es=er)

שָׁם	וַיּוֹשֶׁב	אֹתָם	שְׁלֹמֹה	בָּנָה
šɔm	wayyowšɛb	ʾotɔm	šəlomoh	bɔnɔh
dort	wohnen-ließ-er-und	sie	(Salomo=)Schelomo	(aus)-baute-(es=)er

3 וַיֵּלֶךְ	יִשְׂרָאֵל׃	אֶת־בְּנֵי
wayyelɛk	yiśᵊrɔʾel.	bᵊneʸ-ʾɛt
(an)-ging-(es=er)-(Sodann=)Und	.Israel(s)	Söhne-(die)***

צוֹבָה	חֲמָת	שְׁלֹמֹה
ṣoʷbɔʰ	ḥᵃmɔt	šᵊlomoʰ
Zoba	(Hamat=)Chamat-(gegen)	(Salomo=)Schelomo

4 וַיִּבֶן	עָלֶיהָ׃	וַיֶּחֱזַק
wayyibɛn	ʿɔlɛʸhɔ.	wayyɛḥᵉzaq
baute-er-Und	.(es=)sie-(gegen=)auf	(überwältigte=)stark-war-er-und

הַמִּסְכְּנוֹת	עָרֵי	כָּל־	וְאֵת	בַּמִּדְבָּר	אֶת־תַּדְמֹר
hammisᵊkᵊnoʷt	ʿɔreʸ	-kol	wᵊʾet	bammidᵊbɔr	tadᵊmor-ʾɛt
,Vorräte-die	(für)-Städte	all(e)	***und	Wüste-der-in	Tadmor***

5 וַיִּבֶן	בַּחֲמָת׃	בָּנָה	אֲשֶׁר
wayyibɛn	baḥᵃmɔt.	bɔnɔʰ	ʾᵃšɛr
(aus)-baute-er-Und	.(Hamat=)Chamat-in	(er)baute-er	(die=)welch(e)

הַתַּחְתּוֹן	חוֹרוֹן	וְאֶת־בֵּית	הָעֶלְיוֹן	חוֹרוֹן	אֶת־בֵּית
hattaḥᵊtoʷn	ḥoʷroʷn	beʸt-wᵊʾɛt	hɔʿɛlᵊyoʷn	ḥoʷroʷn	beʸt-ʾɛt
,untere-(das=)der	,Choron	Beth-***und	,ober(e)-(das=)der	,Choron	-Beth***

דְּלָתַיִם	חוֹמוֹת	מָצוֹר	עָרֵי
dᵊlɔtayim	ḥoʷmoʷt	mɔṣoʷr	ʿɔreʸ
(Doppel)toren	,Mauern-(mit)	(Festung=)Einschließung	(der)-Städte-(als)

עָרֵי	כָּל־	וְאֵת	6 וְאֶת־בַּעֲלָת	וּבְרִיחַ׃
ʿɔreʸ	-kol	wᵊʾet	baʿᵃlɔt-wᵊʾɛt	uʷbᵊriʸaḥ.
(für)-Städte	all(e)	***und	Baalat-***(Ferner=)Und	.Riegel-und

הָיוּ	אֲשֶׁר	הַמִּסְכְּנוֹת
hɔyuʷ	ʾᵃšɛr	hammisᵊkᵊnoʷt
(bestimmt)-waren-(sie)	(die=)welch(e)	,Vorräte-die

הָרֶכֶב	עָרֵי	כָּל־	וְאֵת	לִשְׁלֹמֹה
hɔrɛkɛb	ʿɔreʸ	-kol	wᵊʾet	lišᵊlomoʰ
(Kriegs)gefährt-das	(für)-Städte	all(e)	***und	,(Salomo=)Schelomo-(für=)zu

חֵשֶׁק	כָּל־	וְאֵת	הַפָּרָשִׁים	עָרֵי	וְאֵת
ḥešɛq	-kol	wᵊʾet	happɔrɔšiʸm	ʿɔreʸ	wᵊʾet
Begehren	all(es)	***und	Reiter(ei)-die	(für)-Städte-(die)	***und

לִבְנוֹת	חָשַׁק	אֲשֶׁר	שְׁלֹמֹה
libᵊnoʷt	ḥɔšaq	ʾᵃšɛr	šᵊlomoʰ
bauen-zu	begehrte-er	(was-dessen=)welch(es)	,(Salomo=)Schelomo(s)

אֶרֶץ	וּבְכֹל	וּבַלְּבָנוֹן	בִּירוּשָׁלַםִ
ʾɛrɛṣ	uʷbᵊkol	uʷballᵊbɔnoʷn	biʸruʷšɔlaim
Land	(ganzen=)all-(im=)in-und	Libanon-dem-in-und	Jerusalem-in

מִן־	הַנּוֹתָר	הָעָם	7 כָּל־	מֶמְשַׁלְתּוֹ׃
-min	hannoʷtɔr	hɔᶜɔm	-kol	mɛmᵊšalᵊtoʷ.
von	gebliebene-übrig-(das=)der	,Volk-das	All	.Herrschaft-seine(r)

וְהַפְּרִזִּי	וְהָאֱמֹרִי	הַחִתִּי
wᵊhappᵊrizziʸ	wᵊhɔʾᵋmoriʸ	haḥittiʸ
Perissiter-(dem=)der-und	Emoriter-(dem=)der-und	(Hittiter=)Chittiter-(dem=)der

אֲשֶׁר	וְהַיְבוּסִי	וְהַחִוִּי
ʾᵃšɛr	wᵊhayᵊbuʷsiʸ	wᵊhaḥiwwiʸ
(die=)welch(e)	,Jebusiter-(dem=)der-und	(Hiwwiter=)Chiwwiter-(dem=)der-und

אֲשֶׁר	בְּנֵיהֶם	8 מִן־	הֵמָּה׃	מִיִּשְׂרָאֵל	לֹא
ʾᵃšɛr	bᵊneʸhɛm	-min	hemmɔʰ.	miʸyiśᵊrɔʾel	loʾ
welch(e)	,Söhne(n)-ihre(n)	von	,(waren)-sie	Israel-von	nicht

לֹא־	אֲשֶׁר	בָּאָרֶץ	אַחֲרֵיהֶם	נוֹתְרוּ
-loʾ	ʾᵃšɛr	bɔʾɔrɛṣ	ʾaḥᵃreʸhɛm	noʷtᵊruʷ
nicht	(die=)welch(e)	,Land-im	ihnen-nach	übrig-geblieben-waren-sie

יִשְׂרָאֵל	בְּנֵי	כִלּוּם
yiśᵊrɔʾel	bᵊneʸ	killuʷm
,Israel	(von)-Söhne-(die)	sie-vertilgten-(es=)sie

שְׁלֹמֹה	וַיַּעֲלֵם
šᵊlomoʰ	wayyaᶜᵃlem
(Salomo=)Schelomo	(aus-hob=)aufsteigen-ließ-(es=)er-(indes=)und

הַזֶּה׃	הַיּוֹם	עַד	לְמַס
hazzɛʰ.	hayyoʷm	ᶜad	lᵊmas
.(so-es-geschieht)-,da-dies(en)	,Tag-(den=)der	(auf)-bis	,Frondienst-zu

לֹא־	אֲשֶׁר	יִשְׂרָאֵל	בְּנֵי	9 וּמִן־
-loʾ	ʾᵃšɛr	yiśᵊrɔʾel	bᵊneʸ	-uʷmin
nicht	welch(e)	Israel(s)	(Kindern=)Söhne(n)-(den)	von-(Aber=)Und

לַעֲבָדִים	שְׁלֹמֹה	נָתַן
laᶜᵃbɔdiʸm	šᵊlomoʰ	nɔtan
Dienstknechten-zu	(Salomo=)Schelomo	(machte=)gab-(es=er)

מִלְחָמָה	אַנְשֵׁי	הֵמָּה	כִּי־	לִמְלַאכְתּוֹ
milᵊḥɔmɔʰ	ʾanᵊšeʸ	hemmɔʰ	-kiʸ	limᵊlaʾkᵊtoʷ
Krieg(s)-	mannen	(waren)-sie	(sondern=)denn	,Arbeit-seine-(für=)zu

רִכְבּוֹ	וְשָׂרֵי	שָׁלִישָׁיו	וְשָׂרֵי
rikᵊboʷ	wᵊśɔreʸ	šɔliʸšɔʸw	wᵊśɔreʸ
(Kriegs)gefährt(s)-sein(es)	Anführer-und	Wagenkämpfer-seine(r)	Anführer-und

שָׂרֵי	10 וְאֵלֶּה	וּפָרָשָׁיו׃
śɔreʸ	wᵊʾellɛʰ	uʷpɔrɔšɔʸw.
(über)-Obere(n)-(die)	(waren)-diese-Und	.(Kampf)pferde-seine(r)-und

לַמֶּלֶךְ	אֲשֶׁר־	הַנְּצִיבִים[הַנִּצָּבִים]
lammɛlɛk	-ʾᵃšɛr	[hanniṣṣɔbiʸm]hannᵊṣiʸbiʸm
König-der-(verfügte=)zu	welch(e)-(über)	,Vögte-die

וּמָאתַיִם	חֲמִשִּׁים	שְׁלֹמֹה
uʷmɔʾtɔyim	ḥᵃmiššiʸm	šᵊlomoʰ
zweihundert(e)-und	-Fünfzig	:(Salomo=)Schelomo

בָּעָם׃	הָרֹדִים
bɔᶜɔm.	hɔrodiʸm
.Volk-das-(über=)in	(Gewalthabende=)Herrschende

הֶעֱלָה	פַּרְעֹה	11 וְאֶת־בַּת־
hɛᶜᵋlɔʰ	parᵃᶜoʰ	-bat-wᵊʾɛt
herauf-führte-(sie)	Pharao(s)	Tochter-(die)-***(Jedoch=)Und

לַבַּיִת	דָּוִיד	מֵעִיר	שְׁלֹמֹה
labbayit	dɔwiʸd	meᶜiʸr	šᵊlomoʰ
,Haus-dem-zu	David(s)	Stadt-(der)-(aus=)von	(Salomo=)Schelomo

לֹא־	אָמַר	כִּי	לָהּ	בָּנָה־	אֲשֶׁר
-loʾ	ʾɔmar	kiʸ	lɔh	-bɔnɔʰ	ʾᵃšɛr
Nicht	:sprach-er	denn	,(sie-für=)ihr-zu	gebaut-hat(te)-er	(das=)welch(es)

בְּבֵית	לִי	אִשָּׁה	תֵשֵׁב
bᵊbeʸt	liʸ	ʾiššɔʰ	tešeb
(Palast=)Haus-(dem)-in	mir-(von=)zu	Frau-(eine)	wohnen-(darf=)wird-(es=)sie

הֵ֫מָּה	קֹ֫דֶשׁ	כִּי־	יִשְׂרָאֵל	מֶ֫לֶךְ־	דָּוִיד
hemmɔʰ	qodɛš	-kiʸ	yiśᵊrɔᵓel	-mɛlɛk	dɔwiʸd
,(dies-ist=)diese	heilig	denn	,Israel	(von)-König(s)-(des)	,David(s)

אֲרוֹן	אֲלֵיהֶם	בָּאָה	אֲשֶׁר־
ᵓᵃroʷn	ᵓᵃleʸhɛm	bɔᵓɔʰ	-ᵓᵃšɛr
(Schrein-der=)Lade-(die)	(ihm=)ihnen-zu	gekommen-ist-(es=)sie	weil

הֶעֱלָה	12 אָז	יְהוָה:
hɛᶜᵋlɔʰ	ᵓɔz	yᵊhwɔʰ.
(dar-brachte=)aufsteigen-machte-(es=er)	(Damals=)Dann	!JHWH(s)

עַל	לַיהוָה	עֹלוֹת	שְׁלֹמֹה
ᶜal	layhwɔʰ	ᶜoloʷt	šᵊlomoʰ
auf	JHWH(s)-(Ehren)-zu	(Brandopfer=)Hochopfer	(Salomo=)Schelomo

לִפְנֵי	בָּנָה	אֲשֶׁר	יְהוָה	מִזְבַּח
lipᵊneʸ	bɔnɔʰ	ᵓᵃšɛr	yᵊhwɔʰ	mizᵊbaḥ
(vor=)Gesichter-zu	erbaut-hat(te)-er	(den=)welch(en)	,JHWH(s)	Altar-(dem)

13 וּבִדְבַר־	הָאוּלָם:
-uʷbidᵊbar	hɔᵓuʷlɔm.
(Erfordernis-der=)Sache-(nach=)in-(zwar)-und	,(Tempel)halle-(der=)die

לְהַעֲלוֹת	בְּיוֹם	יוֹם
lᵊhaᶜᵃloʷt	bᵊyoʷm	yoʷm
(darzubringen=)aufsteigen-machen-zu	,Tag-(pro=)in	Tag(es)-(des)

לַשַּׁבָּתוֹת	מֹשֶׁה	כְּמִצְוַת
laššabbɔtoʷt	mošɛʰ	kᵊmiṣᵊwat
Sabbaten-den-(an=)zu	(Moses=)Mosche(s)	Gebot-(dem)-(gemäß=)wie

פְּעָמִים	שָׁלוֹשׁ	וְלַמּוֹעֲדוֹת	וְלֶחֳדָשִׁים
pᵊᶜɔmiʸm	šɔloʷš	wᵊlammoʷᶜᵃdoʷt	wᵊlɛḥᵒdɔšiʸm
Mal(e)	drei —	Festzeiten-den-(an=)zu-und	(Neu)monde(n)-den-(an=)zu-und

וּבְחַג	הַמַּצּוֹת	בְּחַג	בַּשָּׁנָה
uʷbᵊḥag	hammaṣṣoʷt	bᵊḥag	baššɔnɔʰ
Fest-(am=)in-und	(Brote)-ungesäuerten-(der=)die	Fest-(am=)in	:Jahr-im

הַסֻּכּוֹת:	וּבְחַג	הַשָּׁבֻעוֹת
hassukkoʷt.	uʷbᵊḥag	haššɔbuᶜoʷt
.(Laub)hütten-(der=)die	Fest-(am=)in-und	Wochen-(der=)die

דָּוִיד־	כְּמִשְׁפַּט	וַיַּעֲמֵד 14
-dɔwiʸd	kᵊmišᵊpaṭ	wayyaᶜᵃmed
,David(s)	Anordnung-(nach=)wie	(bestellte=)stehen-machte-er-Und

עַל־	הַכֹּהֲנִים	אֶת־מַחְלְקוֹת	אָבִיו
-ᶜal	hakkohᵃniʸm	maḥᵊlᵊqoʷt-ʾɛt	ʾɔbiʸw
(zu=)auf	Priester-(der=)die	Abteilungen-(die)***	,Vater(s)-sein(es)

לְהַלֵּל	מִשְׁמְרוֹתָם	עַל־	וְהַלְוִיִּם	עֲבֹדָתָם
lᵊhallel	mišᵊmᵊroʷtɔm	-ᶜal	wᵊhalᵊwiʸyim	ᶜᵃbodɔtɔm
lobpreisen-zu-(um)	(Wacht)posten-ihre	auf	Leviten-die-und	Dienst-ihr(em)

הַכֹּהֲנִים	נֶגֶד	וּלְשָׁרֵת
hakkohᵃniʸm	nɛgɛd	uʷlᵊšɔret
,Priester(n)-(den=)die	(bei=)vor	bedienen-zu-und

לִדְבַר־יוֹם
yoʷm-lidᵊbar
Tag(es)-(des)-(Erfordernis=)Sache-(nach=)zu

וְהַשּׁוֹעֲרִים	בְּיוֹמוֹ
wᵊhaššoʷᶜᵃriʸm	bᵊyoʷmoʷ
Torhüter-die-und	,Tag-(betreffenden=)sein(en)-(dem)-(an=)in

כֵן	כִּי	וָשָׁעַר	לְשַׁעַר	בְּמַחְלְקוֹתָם
ken	kiʸ	wɔšɔᶜar	lᵊšaᶜar	bᵊmaḥᵊlᵊqoʷtɔm
so	denn	,(Tor-einzelne-jedes=)Tor-und	-Tor-(für=)zu	Abteilungen-ihren-in

הָאֱלֹהִים׃	אִישׁ־	דָּוִיד	מִצְוַת
hɔʾɛlohiʸm.	-ʾiʸš	dɔwiʸd	miṣᵊwat
.(Gottes=)Götter-(der=)die	Mann(es)-(des)	,David(s)	Befehl-(der)-(war)

הַמֶּלֶךְ	מִצְוַת	סָרוּ	וְלֹא 15
hammɛlɛk	miṣᵊwat	sɔruʷ	wᵊloʾ
König(s)-(des=)der	Befehl-(dem)	(von)-ab-wichen-sie	nicht-Und

דָּבָר	לְכָל־	וְהַלְוִיִּם	הַכֹּהֲנִים	עַל־
dɔbɔr	-lᵊkol	wᵊhalᵊwiʸyim	hakkohᵃniʸm	-ᶜal
,Sache	(irgendeiner-in=)all-zu	Leviten-die-und	Priester-die	auf-(Hinsicht-in)

וְלָאֹצָרוֹת׃
wᵊlɔʾoṣɔroʷt.
.Schatzkammern-(der)-(bezüglich=)zu-(auch=)und

שְׁלֹמֹה	מְלֶאכֶת	כָּל־	וַתִּכֹּן 16
šᵊlomoʰ	mᵊlɛʾkɛt	-kol	wattikkon
(Salomos=)Schelomo(s)	Werk-(das)	all	errichtet-wurde-(es=sie)-(So=)Und

בֵּית־	מוּסַד	הַיּוֹם	עַד־
-beʸt	muʷsad	hayyoʷm	-ʿad
(Tempel)haus(es)-(des)	Gründung-(der)	Tag(es)-(des=)der	(während=)bis

בֵּית	שָׁלֵם	כְּלֹתוֹ	וְעַד־	יְהוָה
beʸt	šɔlem	kᵊlotoʷ	-wᵊʿad	yᵊhwɔʰ
(Tempel)haus-(das)	vollständig	Beenden-sein(em)	(zu)-bis-(und)	JHWH(s)

לְעֶצְיוֹן־גֶּבֶר	שְׁלֹמֹה	הָלַךְ	אָז 17	יְהוָה׃
gɛbɛr-lᵊʿɛṣᵊyoʷn	šᵊlomoʰ	hɔlak	ʾɔz	yᵊhwɔʰ.
Geber-Ezjon-(nach=)zu	(Salomo=)Schelomo	ging-(es=er)	Dann	.JHWH(s)

הַיָּם	שְׂפַת	עַל־	אֵילוֹת	וְאֶל־
hayyɔm	śᵊpat	-ʿal	ʾeʸloʷt	-wᵊʾɛl
Meer(es)-(des=)das	Zunge-(der)	(an=)auf	Elot	(nach=)zu-und

חוּרָם	לוֹ	וַיִּשְׁלַח־ 18	אֱדוֹם׃	בְּאֶרֶץ
ḥuʷrɔm	loʷ	-wayyišᵊlaḥ	ʾᵉdoʷm.	bᵊʾɛrɛṣ
(Huram=)Churam	ihm-zu	sandte-(es=)er-Und	.Edom	Land-(im=)in

יוֹדְעֵי	וַעֲבָדִים	אוניות[אֳנִיּוֹת]	עֲבָדָיו	בְּיַד־
yoʷdᵊʿeʸ	waʿᵃbɔdiʸm	[ʾᵒniʸyoʷt]ʾoʷniʸyoʷt	ʿᵃbɔdɔʸw	-bᵊyad
kundige	Knechte-und	Schiffe	Diener-seine	(durch=)Hand-in

שְׁלֹמֹה	עַבְדֵי	עִם־	וַיָּבֹאוּ	יָם
šᵊlomoʰ	ʿabᵊdeʸ	-ʿim	wayyɔboʾuʷ	yɔm
(Salomos=)Schelomo(s)	Knechte(n)-(den)	mit	kamen-sie-und	,meer(es)-

אַרְבַּע־מֵאוֹת	מִשָּׁם	וַיִּקְחוּ	אוֹפִירָה
meʾoʷt-ʾarᵊbaʿ	miššɔm	wayyiqᵊḥuʷ	ʾoʷpiʸrɔʰ
hundert(e)-vier	dort-von	(holten=)nahmen-(sie)-und	hin-Ophir-(nach)

זָהָב	כִּכַּר	וַחֲמִשִּׁים
zɔhɔb	kikkar	waḥᵃmiššiʸm
Gold-(an)	(Talente=)Scheibe(n)	fünfzig-und

שְׁלֹמֹה׃	הַמֶּלֶךְ	אֶל־	וַיָּבִיאוּ
šᵊlomoʰ.	hammɛlɛk	-ʾɛl	wayyɔbiʸʾuʷ
.(Salomo=)Schelomo	König-(dem=)der	-zu	(es)-brachten-sie-und

9

שָׁמְעָה	שְׁבָא	1 וּמַלְכַּת־
šɔmᵊᶜɔʰ	šᵊbɔʾ	-uʷmalᵊkat
(vernahm=)hörte-(sie)	Scheba	(von)-Königin-(die)-(Als=)Und

וַתָּבוֹא	שְׁלֹמֹה	אֶת־שֵׁמַע
wattɔboʷʾ	šᵊlomoʰ	šemaᶜ-ʾɛt
kam-sie-(da=)und	,(Salomo=)Schelomo	(von)-(Kunde-die=)Hören-(das)***

בְחִידוֹת	אֶת־שְׁלֹמֹה	לְנַסּוֹת
bᵊḥiʸdoʷt	šᵊlomoʰ-ʾɛt	lᵊnassoʷt
— Rätseln-(mit=)in	(Salomo=)Schelomo***	prüfen-zu-(um) —

מְאֹד	כָּבֵד	בְּחַיִל	בִּירוּשָׁלַם
mᵊʾod	kɔbed	bᵊḥayil	biʸruʷšɔlaim
sehr	(zahl)reich(em)	(Gefolge=)Macht-(mit=)in	Jerusalem-(nach=)in

בְּשָׂמִים	נֹשְׂאִים	וּגְמַלִּים
bᵊśɔmiʸm	nośᵊʾiʸm	uʷgᵊmalliʸm
Spezereien	(trugen-die=)tragend(e)	,Kamele(n)-(mit)-und

וְאֶבֶן	לָרֹב	וְזָהָב
wᵊʾɛbɛn	lɔrob	wᵊzɔhɔb
Gestein-(sowie=)und	,(Fülle-in=)Menge-zur	Gold-und

שְׁלֹמֹה	אֶל־	וַתָּבוֹא	יְקָרָה
šᵊlomoʰ	-ʾɛl	wattɔboʷʾ	yᵊqɔrɔʰ
(Salomo=)Schelomo	zu	kam-sie-(So=)Und	.kostbare(s)

הָיָה	אֲשֶׁר	כָּל־	אֵת	עִמּוֹ	וַתְּדַבֵּר
hɔyɔʰ	ʾᵃšɛr	-kol	ʾet	ᶜimmoʷ	wattᵊdabber
war-(es=er)	(was=)welch(es)	,all(es)	***	ihm-mit	redete-(sie)-und

לָהּ	2 וַיַּגֶּד־	עִם־לְבָבָהּ׃
lɔh	-wayyaggɛd	lᵊbɔbɔh-ᶜim .
ihr-(zu)	(deutete=)erzählte-(es=)er-(Dabei=)Und	.Herz(en)-ihr(em)-(in=)mit

נֶעְלַם	וְלֹא־	דְּבָרֶיהָ	אֶת־כָּל־	שְׁלֹמֹה
nɛᶜᵊlam	-wᵊloʾ	dᵊbɔrɛʸhɔ	-kol-ʾɛt	šᵊlomoʰ
verborgen-war-(es=er)	nicht-und	,Worte-ihre	all(e)***	(Salomo=)Schelomo

לֹא	אֲשֶׁר	מִשְּׁלֹמֹה	דָּבָר
loʾ	ʾᵃšɛr	miššᵊlomoʰ	dɔbɔr
nicht	(das=)welch(es)	,(Salomo=)Schelomo-(vor=)von	Wort-(ein)

3 וַתֵּרֶא	לָהּ:	הִגִּיד
wattereᵓ	lɔh.	higgi^{y}d
(gewahrte=)sah-(sie)-(nun-Als=)Und	.ihr-(zu)	(gedeutet=)erzählt-(hätte=)hat-er

שְׁלֹמֹה	חָכְמַת	אֵת	שְׁבָא	מַלְכַּת־
š^{ə}lomo^{h}	ḥok^{ə}mat	ᵓet	š^{ə}bɔᵓ	-mal^{ə}kat
(Salomos=)Schelomo(s)	Weisheit-(die)	***	Scheba	(von)-Königin-(die)

בָּנָה:	אֲשֶׁר	וְהַבַּיִת
bɔnɔ^{h}.	ᵓ^{a}šɛr	w^{ə}habbayit
,gebaut-er	(den=das=)welch(es)	,(Palast-den=)Haus-das-und

שֻׁלְחָנוֹ	4 וּמַאֲכַל
šul^{ə}ḥɔno^{w}	u^{w}maᵓ^{a}kal
Tafel-seine(r)-(an)	(Speise-die=)Essen-(das)-und

וּמַעֲמַד	עֲבָדָיו	וּמוֹשַׁב
u^{w}maᶜ^{a}mad	ᶜ^{a}bɔdɔ^{y}w	u^{w}mo^{w}šab
Aufwartung-(die)-und	Diener-seine(r)	(Sitzplätze-die=)Sitzen-(das)-und

וּמַשְׁקָיו	וּמַלְבּוּשֵׁיהֶם	מְשָׁרְתָיו
u^{w}maš^{ə}qɔ^{y}w	u^{w}mal^{ə}bu^{w}še^{y}hɛm	m^{ə}šɔr^{ə}tɔ^{y}w
Mundschenken-seine-und	Gewänder-ihre-und	Bediensteten-seine(r)

אֲשֶׁר	וַעֲלִיָּתוֹ	וּמַלְבּוּשֵׁיהֶם
ᵓ^{a}šɛr	waᶜ^{a}li^{y}yɔto^{w}	u^{w}mal^{ə}bu^{w}še^{y}hɛm
welch(en)	,(Treppen)aufgang-sein(en)-und	Gewänder-ihre-und

וְלֹא־	יְהוָה	בֵּית	יַעֲלֶה
-w^{ə}loᵓ	y^{ə}hwɔ^{h}	be^{y}t	yaᶜ^{a}lɛ^{h}
nicht-(da=)und	,JHWH(s)	(Tempel)haus-(zum)	hinauf-stieg-(man=)er

רוּחַ:	בָּהּ	עוֹד	הָיָה
ru^{w}aḥ.	bɔh	ᶜo^{w}d	hɔyɔ^{h}
.(sich-außer-war-sie=)(Atem=)Geist-	ihr-in-	noch-	(blieb=)war-(es=er)-

הַדָּבָר	אֱמֶת	הַמֶּלֶךְ	אֶל־	5 וַתֹּאמֶר
haddɔbɔr	ᵓ^{ɛ}mɛt	hammɛlɛk	-ᵓɛl	wattoᵓmɛr
,(Sache-die=)Wort-das	(war)-Wahrheit	:König-(dem=)der	zu	sagte-sie-Und

עַל־	בְּאַרְצִי	שָׁמַעְתִּי	אֲשֶׁר
-ᶜal	b^{ə}ᵓar^{ə}ṣi^{y}	šɔmaᶜ^{ə}ti^{y}	ᵓ^{a}šɛr
(über=)auf	Land-mein(em)-in	gehört-habe-ich	(die=)welch(e)

וְלֹא־ 6	חָכְמָתֶךָ׃	וְעַל־	דְּבָרֶיךָ
-wᵊloʾ	ḥokᵊmɔtɛkɔ.	-wᵊʿal	dᵊbɔrɛʸkɔ
nicht-Und	.Weisheit-deine	(über=)auf-und	(Leistung=)Worte-deine

וַתִּרְאֶינָה	בָּאתִי	אֲשֶׁר־	עַד	לְדִבְרֵיהֶם	הֶאֱמַנְתִּי
wattirᵊʾɛʸnɔʰ	bɔʾtiʸ	-ʾᵃšɛr	ʿad	lᵊdibᵊreʸhɛm	hɛʾᵋmanᵊtiʸ
sahen-(es=)sie-und	kam-ich	dass	bis	,Worte-ihre-(an=)zu	glaubte-ich

לִי	הֻגַּד־	לֹא	וְהִנֵּה	עֵינַי
liʸ	-huggad	loʾ	wᵊhinneʰ	ʿeʸnay
mir-(zu)	erzählt-wurde-(es=er)	nicht	,siehe-und	,Augen-(beiden)-meine

יָסַפְתָּ	חָכְמָתֶךָ	מַרְבִּית	חֲצִי
yɔsapᵊtɔ	ḥokᵊmɔtɛkɔ	marᵊbiʸt	ḥᵃṣiʸ
-hinzugefügt-hast-Du	.Weisheit-deine(r)	Fülle-(der)	Hälfte-(die)

אֲשֶׁר	הַשְּׁמוּעָה	עַל־
ʾᵃšɛr	haššᵊmuʷʿɔʰ	-ʿal
welch(e)	,(Kunde-die=)Gehörte-das	(übertroffen=)auf

אַשְׁרֵי 7	שָׁמָעְתִּי׃
ʾašᵊreʸ	šɔmɔʿᵊtiʸ.
(für)-(Glück-Ein=)Seligkeiten	.(vernommen=)gehört-habe-ich

אֵלֶּה	עֲבָדֶיךָ	וְאַשְׁרֵי	אֲנָשֶׁיךָ
ʾellɛʰ	ʿᵃbɔdɛʸkɔ	wᵊʾašᵊreʸ	ʾᵃnɔšɛʸkɔ
,diese	,Knechte-deine	(für)-(Glück-ein=)Seligkeiten-und	(Leute=)Männer-deine

וְשֹׁמְעִים	תָּמִיד	לְפָנֶיךָ	הָעֹמְדִים
wᵊšomᵊʿiʸm	tɔmiʸd	lᵊpɔnɛʸkɔ	hɔʿomᵊdiʸm
hörend(e)-(sind)-und	ständig	(dir-vor=)Gesichtern-deinen-zu	stehende(n)-die

אֱלֹהֶיךָ	יְהוָה	יְהִי 8	אֶת־חָכְמָתֶךָ׃
ʾᵋlohɛʸkɔ	yᵊhwɔʰ	yᵊhiʸ	ḥokᵊmɔtɛkɔ-ʾɛt.
,(Gott=)Götter-dein(e)	,JHWH	sei-(Es=)Er	!Weisheit-deine***

בְּךָ	חָפֵץ	אֲשֶׁר	בָּרוּךְ
bᵊkɔ	ḥɔpeṣ	ʾᵃšɛr	bɔruʷk
,dir-(an=)in	hatte-Gefallen-(er)	(der=)welch(er)	,(gepriesen=)gesegnet(er)

לְמֶלֶךְ	כִּסְאוֹ	עַל־	לְתִתְּךָ
lᵊmɛlɛk	kisᵊʾoʷ	-ʿal	lᵊtittᵊkɔ
König-(als=)zu	(Thron=)Stuhl-sein(en)	auf	dich-(setzend=)geben-zu

בְּאַהֲבַת	אֱלֹהֶיךָ	לַיהוָה
b^{ə}ʾah^{a}bat	ʾ^{ɛ}lohɛ^{y}kɔ	layhwɔ^{h}
Liebe-(der)-(Ob=)In	!(Gottes-deines=)Götter-deine(r)	,JHWH(s=zu)

אֶת־יִשְׂרָאֵל	אֱלֹהֶיךָ
yiś^{ə}rɔʾel-ʾɛt	ʾ^{ɛ}lohɛ^{y}kɔ
,Israel-(zu=)mit	(Gottes-deines=)Götter-deine(r)

לְעוֹלָם	לְהַעֲמִידוֹ
l^{ə}ʿo^{w}lɔm	l^{ə}ha^{c}^{a}mi^{y}do^{w}
,(immer-für=)ewig-zu	(es=)ihn-(be)stehen-(lassend=)machen-zu

לְמֶלֶךְ	עֲלֵיהֶם	וַיִּתֶּנְךָ
l^{ə}mɛlɛk	^{ca}le^{y}hɛm	wayyittɛn^{ə}kɔ
,König-(als=)zu	(sie-über=)ihnen-auf	dich-(ein-setzte=)gab-er-und

9 וַתִּתֵּן	וּצְדָקָה׃	מִשְׁפָּט	לַעֲשׂוֹת
wattitten	u^{w}ṣ^{ə}dɔqɔ^{h}.	miš^{ə}pɔṭ	la^{ca}śo^{w}t
gab-sie-(Sodann=)Und	!Gerechtigkeit-und	Recht	(auszuüben=)machen-zu

זָהָב	כִּכַּר	וְעֶשְׂרִים	מֵאָה	לַמֶּלֶךְ
zɔhɔb	kikkar	w^{ə}ʿɛś^{ə}ri^{y}m	meʾɔ^{h}	lammɛlɛk
Gold	(Talente=)Scheibe(n)	zwanzig-und	-hundert	König-(dem=)zum

וְאֶבֶן	מְאֹד	לָרֹב	וּבְשָׂמִים
w^{ə}ʾɛbɛn	m^{ə}ʾod	lɔrob	u^{w}b^{ə}śɔmi^{y}m
Gestein-und	(großer=)sehr	Menge-(in=)zu	(Gewürze=)Wohlgerüche-und

הָיָה	וְלֹא	יְקָרָה
hɔyɔ^{h}	w^{ə}loʾ	y^{ə}qɔrɔ^{h}
(vorhanden)-war-(es=)er	nicht-(indes=)und	;kostbare(s)

אֲשֶׁר־	הַהוּא	כַּבֹּשֶׂם
-ʾ^{a}šɛr	hahu^{w}ʾ	kabbośɛm
(das=)welch(es)	,da-(jenes=)jener	,(Gewürz-das=)Wohlgeruch-der-wie

לַמֶּלֶךְ	שְׁבָא	מַלְכַּת־	נָתְנָה
lammɛlɛk	š^{ə}bɔʾ	-mal^{ə}kat	nɔt^{ə}nɔ^{h}
König-(dem=)zum	Scheba	(von)-Königin-(die)	gab-(es=sie)

עַבְדֵי	10 וְגַם־	שְׁלֹמֹה׃
ʿab^{ə}de^{y}	-w^{ə}gam	š^{ə}lomo^{h}.
(von)-Knechte-(die)	auch-Und	.(Salomo=)Schelomo

וְעַבְדֵי	חִירָם[חוּרָם]
wᵊʿabᵊdeʸ	[ḥuʷrɔm]ḥiʸrɔm
(von)-Knechte-(die)-und	[(Huram=)Churam](Hiram=)Chiram

זָהָב	הֵבִיאוּ	אֲשֶׁר־	שְׁלֹמֹה
zɔhɔb	hebiʸᵓuʷ	-ᵓašɛr	šᵊlomoʰ
Gold	(brachten=)kommen-machten-(sie)	(die=)welch(e)	,(Salomo=)Schelomo

אַלְגּוּמִּים	עֲצֵי	הֵבִיאוּ	מֵאוֹפִיר
ᵓalᵊguʷmmiʸm	ʿaṣeʸ	hebiʸᵓuʷ	meᵓoʷpiʸr
(Sandel=)Algumim-	hölzer	(brachten=)kommen-machten-sie	,Ophir-von

אֶת־עֲצֵי	הַמֶּלֶךְ	11 וַיַּעַשׂ	יְקָרָה׃	וְאֶבֶן
ʿaṣeʸ-ᵓɛt	hammɛlɛk	wayyaʿaś	yᵊqɔrɔʰ.	wᵊᵓɛbɛn
Hölzer(n)-(den)-mit	König-der	machte-(es=)er-Und	.kostbare(s)	Gestein-und

יְהוָה	לְבֵית־	מְסִלּוֹת	הָאַלְגּוּמִּים
yᵊhwɔʰ	-lᵊbeʸt	mᵊsilloʷt	hɔᵓalᵊguʷmmiʸm
JHWH(s)	(Tempel)haus-zu(m)	Aufstiege	Algumim(bäum)e-(der=)die

וּנְבָלִים	וְכִנֹּרוֹת	הַמֶּלֶךְ	וּלְבֵית
uʷnᵊbɔliʸm	wᵊkinnoroʷt	hammɛlɛk	uʷlᵊbeʸt
Harfen-und	Zithern-und	,König(s)-(des=)der	(Palast=)Haus-zu(m)-und

נִרְאוּ	וְלֹא־	לַשָּׁרִים
nirᵓuʷ	-wᵊloᵓ	laššɔriʸm
worden-gesehen-sind-(es=sie)	nicht-und	,Sänger-die-(für=)zu

יְהוּדָה׃	בְּאֶרֶץ	לְפָנִים	כָהֵם
yᵊhuʷdɔʰ.	bᵊᵓɛrɛṣ	lᵊpɔniʸm	kɔhem
.Juda	Land-(dem)-in	(vormals=)Gesichtern-zu	(ihresgleichen=)sie-wie

נָתַן	שְׁלֹמֹה	12 וְהַמֶּלֶךְ
nɔtan	šᵊlomoʰ	wᵊhammɛlɛk
(erfüllte=)gab-(er)	(Salomo=)Schelomo	König-der-(Hingegen=)Und

חֶפְצָהּ	אֶת־כָּל־	שְׁבָא	לְמַלְכַּת־
ḥɛpᵊṣɔh	-kol-ᵓɛt	šᵊbɔᵓ	-lᵊmalᵊkat
,(Wünsche-ihre=)Begehren-ihr	all***	Scheba	(von)-Königin-(der=)zu

מִלְּבַד	שָׁאָלָה	אֲשֶׁר
millᵊbad	šɔᵓɔlɔʰ	ᵓašɛr
für-[Entgelt-dem]-außer=)allein-zu-von	,erbat-sie	(die=)welch(es)

הַמֶּלֶךְ	אֶל־	הֵבִיאָה	אֲשֶׁר־
hammɛlɛk	-ʾɛl	hebiʸʾɔʰ	-ʾᵃšɛr
.König-(dem=)der	zu	(brachte=)kommen-machte-sie	(was-,das=)welch(es)

הִיא	לְאַרְצָהּ	וַתֵּלֶךְ	וַתַּהֲפֹךְ
hiʸʾ	lᵊʾarᵊṣɔh	wattelɛk	wattahᵃpok
sie	,Land-ihr(em)-zu	ging-(sie)-und	um-kehrte-sie-(Sodann=)Und

הַזָּהָב	מִשְׁקַל	13 וַיְהִי	וַעֲבָדֶיהָ׃
hazzɔhɔb	mišᵊqal	wayᵊhiʸ	waᶜᵃbɔdɛʸhɔ.
,Gold(es)-(des=)das	Gewicht-(das)	war-(es=)er-Und	.Diener-ihre-und

לִשְׁלֹמֹה	בָּא	אֲשֶׁר־
lišᵊlomoʰ	bɔʾ	-ʾᵃšɛr
(Salomo=)Schelomo-(dem=)zu	(ein)kommend(er)-(war)	(das=)welch(es)

וָשֵׁשׁ	וְשִׁשִּׁים	מֵאוֹת	שֵׁשׁ	אֶחָת	בְּשָׁנָה
wɔšeš	wᵊšiššiʸm	meʾoʷt	šeš	ʾɛḥɔt	bᵊšɔnɔʰ
sechs-und	sechzig-und	hundert(e)	-sechs	:eine(m)	Jahr-in

מֵאַנְשֵׁי	14 לְבַד	זָהָב׃	כִּכְּרֵי
meʾanᵊšeʸ	lᵊbad	zɔhɔb.	kikkᵊreʸ
(Leuten=)Männern-(den)-von	(abgesehen=)sich-für	,Gold-	(talente=)scheiben

וְהַסֹּחֲרִים	הַתָּרִים
wᵊhassoḥᵃriʸm	hattɔriʸm
Umherziehenden-die-(was)-und	(Karawanen=)treibende(n)-Handel-(der=)die

עֲרַב	מַלְכֵי	וְכָל־	מְבִיאִים
ᶜᵃrab	malᵊkeʸ	-wᵊkol	mᵊbiʸʾiʸm
Arabien	(von)-Könige-(die)	all-(Auch=)Und	.bringend(e)-(waren)

זָהָב	מְבִיאִים	הָאָרֶץ	וּפַחוֹת
zɔhɔb	mᵊbiʸʾiʸm	hɔʾɔrɛṣ	uʷpaḥoʷt
Gold	bringend(e)-(waren)	Land(es)-(des=)das	Statthalter-(die)-und

15 וַיַּעַשׂ	לִשְׁלֹמֹה׃	וָכֶסֶף
wayyaᶜaś	lišᵊlomoʰ.	wɔkɛsɛp
(machen-ließ=)machte-(es=)er-Und	.(Salomo=)Schelomo-zu	Silber-und

זָהָב	צִנָּה	מָאתַיִם	שְׁלֹמֹה	הַמֶּלֶךְ
zɔhɔb	ṣinnoʰ	mɔʾtayim	šᵊlomoʰ	hammɛlɛk
Gold-(aus)	Tartsche(n)	zweihundert(e)	(Salomo=)Schelomo	König-der

שָׁחוּט	זָהָב	מֵאוֹת	שֵׁשׁ	שָׁחוּט
šɔḥuʷṭ	zɔhɔb	meʾoʷt	šeš	šɔḥuʷṭ
getrieben(e)	Gold(schekel)	hundert(e)	-sechs	;getrieben(em)

הַצִּנָּה	עַל־	יַעֲלֶה
haṣṣinnɔʰ	-ʿal	yaʿᵃlɛʰ
,Tartsche-die	(für=)auf	(verwendete=)aufgehn-(ließ=)wird-er

זָהָב	מָגִנִּים	16 וּשְׁלֹשׁ־מֵאוֹת	הָאֶחָת׃
zɔhɔb	mɔginniʸm	meʾoʷt-uʷšᵊloš	hɔʾɛḥɔt.
Gold-(aus)	Schilde	hundert(e)-drei-Und	.(einzelne=)eine-die

זָהָב	מֵאוֹת	שְׁלֹשׁ	שָׁחוּט
zɔhɔb	meʾoʷt	šᵊloš	šɔḥuʷṭ
Gold(schekel)	hundert(e)	-drei	;getrieben(em)

הַמָּגֵן	עַל־	יַעֲלֶה
hammɔgen	-ʿal	yaʿᵃlɛʰ
,Schild-(den=)der	(für=)auf	(verwenden=)aufgehn-(ließ=)wird-er

יַעַר	בְּבֵית	הַמֶּלֶךְ	וַיִּתְּנֵם	הָאֶחָת
yaʿar	bᵊbeʸt	hammɛlɛk	wayyittᵊnem	hɔʾɛḥɔt
Wald-	haus-in(s)	König-der	sie-gab-(es=)er-Und	.(einzelnen=)eine-(den=)die

הַמֶּלֶךְ	17 וַיַּעַשׂ	הַלְּבָנוֹן׃
hammɛlɛk	wayyaʿaś	hallᵊbɔnoʷn.
König-der	(anfertigen-ließ=)machte-(es=er)-(Ferner=)Und	.Libanon-(des=)der

טָהוֹר׃	זָהָב	וַיְצַפֵּהוּ	גָדוֹל	כִּסֵּא־שֵׁן
ṭɔhoʷr.	zɔhɔb	wayᵊṣappehuʷ	gɔdoʷl	šen-kisseʾ
.rein(em)	Gold-(mit)	ihn-überzog-(er)-und	groß(en)	Elfenbein-thron-(einen)

וְכֶבֶשׁ	לַכִּסֵּא	מַעֲלוֹת	18 וְשֵׁשׁ
wᵊkɛbɛš	lakkisseʾ	maʿᵃloʷt	wᵊšeš
Schemel-(der)-und	Thron-dem-zu	(Stufen=)Hinaufsteigen	sechs-(die)-Und

מָאֳחָזִים	לַכִּסֵּא	בַּזָּהָב
mɔʾᵒḥɔziʸm	lakkisseʾ	bazzɔhɔb
,eingefasst(e)-(waren)	Thron-dem-(an=)zu	Gold-(aus=)im

וּמִזֶּה	מִזֶּה	וְיָדוֹת
uʷmizzɛʰ	mizzɛʰ	wᵊyɔdoʷt
(drüben=)dieser-von-und	(hüben=)dieser-von	(Seitenlehnen=)Hände-seine-und

וּשְׁנַיִם	הַשָּׁבֶת	מְקוֹם	עַל־
uʷšᵊnayim	haššɔbɛt	mᵊqoʷm	-ʿal
zwei-Und	.(Thrones=)Sitzen(s)-(des=)das	Stätte-(der)	(an=)auf-(waren)

הַיָּדוֹת׃	אֵצֶל	עֹמְדִים	אֲרָיוֹת
hayyɔdoʷt.	ʾeṣɛl	ʿomᵊdiʸm	ʾᵃrɔyoʷt
.(Seitenlehnen=)Händen-(den=)die	neben	(da)stehend(e)-(waren)	Löwen

שֵׁשׁ	עַל־	שָׁם	עֹמְדִים	אֲרָיוֹת	19 וּשְׁנֵים עָשָׂר
šeš	-ʿal	šɔm	ʿomᵊdiʸm	ʾᵃrɔyoʷt	ʿɔśɔr uʷšᵊneʸm
sechs-(den)	auf	dort	stehend(e)-(waren)	Löwen	(zwölf=)zehn-zwei-Und

וּמִזֶּה	מִזֶּה	הַמַּעֲלוֹת
uʷmizzɛʰ	mizzɛʰ	hammaʿᵃloʷt
.(drüben=)dieser-von-und	(hüben=)diesem-von	(Stufen-der=)Hinaufsteigen-das

מַמְלָכָה׃	לְכָל־	כֵן	נַעֲשָׂה	לֹא־
mamᵊlɔkɔʰ.	-lᵊkol	ken	naʿᵃśɔʰ	-loʾ
.Königreich	(irgendein=)all-(für=)zu	so	worden-gemacht-ist-(es=er)	Nicht(s)

שְׁלֹמֹה	הַמֶּלֶךְ	מַשְׁקֵה	כְּלֵי	20 וְכֹל
šᵊlomoʰ	hammɛlɛk	mašᵊqeʰ	kᵊleʸ	wᵊkol
(Salomo=)Schelomo	König(s)-(des=)der	Trink-	gefäße	all(e)-Und

הַלְּבָנוֹן	בֵּית־יַעַר	כְּלֵי	וְכֹל	זָהָב
hallᵊbɔnoʷn	yaʿar-beʸt	kᵊleʸ	wᵊkol	zɔhɔb
Libanon-(des=)der	Wald-haus	(im)-Geräte	all(e)-und	,Gold-(von)-(waren)

כֶּסֶף	אֵין	סָגוּר	זָהָב
kɛsɛp	ʾeʸn	sɔguʷr	zɔhɔb
,Silber-(von)	nicht	(gediegenem=)verschlossen(em)	Gold-(von)-(waren)

שְׁלֹמֹה	בִּימֵי	נֶחְשָׁב
šᵊlomoʰ	biʸmeʸ	nɛḥᵊšɔb
(Salomos=)Schelomo(s)	Tage(n)-(den)-in	erachtet-wurde-(das=)er

אֳנִיּוֹת	21 כִּי־	לִמְאוּמָה׃
ʾᵒniʸyoʷt	-kiʸ	limᵊʾuʷmɔʰ.
Schiffe	Denn	.(wertlos=)etwas-irgend-(als=)zu

עִם	תַּרְשִׁישׁ	הֹלְכוֹת	לַמֶּלֶךְ
ʿim	tarᵊšiʸš	holᵊkoʷt	lammɛlɛk
mit	Tarschisch-(nach)	(fahrend=)gehend(e)	König-(der=)dem-(hatte=)-zu

לִשְׁלוֹשׁ	אַחַת	חוּרָם	עַבְדֵי
ləšɔlowš	ʾaḥat	ḥuwrɔm	ʿabədey
drei-(in=)zu	(einmal=)eine	;(Huram=)Churam	(von)-Knechte(n)-(den)

נֹשְׂאוֹת	תַּרְשִׁישׁ	אֳנִיּוֹת	תָּבוֹאנָה	שָׁנִים
nośəʾowt	tarəšiyš	ʾɔniyyowt	tɔbowʾnɔh	šɔniym
(beladen=)tragend(e)	,Tarschisch-(von)	Schiffe	kamen-(es=sie)	Jahre(n)

וְקוֹפִּים	שֶׁנְהַבִּים	וָכֶסֶף	זָהָב
wəqowpiym	šɛnəhabbiym	wɔkɛsɛp	zɔhɔb
Affen-und	(Elfenbein=)Elefantenzähnen	,Silber-und	Gold-(mit)

שְׁלֹמֹה	הַמֶּלֶךְ	22 וַיִּגְדַּל	וְתוּכִּיִּים׃
šəlomoh	hammɛlɛk	wayyigədal	wətuwkkiyyiym.
(Salomo=)Schelomo	König-der	groß-war-(es=er)-(So=)Und	.Pfaue(n)-und

לְעֹשֶׁר	הָאָרֶץ	מַלְכֵי	מִכֹּל
ləʿošɛr	hɔʾɔrɛṣ	maləkey	mikkol
Reichtum-(an=)zu	Erde-(der=)die	Könige	all(e)-(als-mehr=)von

מְבַקְשִׁים	הָאָרֶץ	מַלְכֵי	23 וְכֹל	וְחָכְמָה׃
məbaqəšiym	hɔʾɔrɛṣ	maləkey	wəkol	wəḥokəmɔh.
(auf)suchend(e)-(waren)	Erde-(der=)die	Könige	all(e)-Und	.Weisheit-und

לִשְׁמֹעַ	שְׁלֹמֹה	אֶת־פְּנֵי
lišəmoaʿ	šəlomoh	pəney-ʾɛt
hören-zu-(um)	(Salomos=)Schelomo(s)	(Antlitz-das=)Gesichter***

נָתַן	אֲשֶׁר־	אֶת־חָכְמָתוֹ
nɔtan	-ʾašɛr	ḥokəmɔtow-ʾɛt
(gelegt=)gegeben-hatte-(es=er)	(die=)welch(e)	,Weisheit-seine***

24 וְהֵם	בְּלִבּוֹ׃	הָאֱלֹהִים
wəhem	bəlibbow.	hɔʾɛlohiym
sie-Und	.Herz-sein-in	(Gott=)Götter-die

מִנְחָתוֹ	אִישׁ	מְבִיאִים
minəḥɔtow	ʾiyš	məbiyʾiym
,Gabe-seine	(jeder=)Mann	(brachten=)machend(e)-kommen-(waren)

נֶשֶׁק	וּשְׂלָמוֹת	זָהָב	וּכְלֵי	כֶּסֶף	כְּלֵי
nɛšɛq	uwśəlɔmowt	zɔhɔb	uwkəley	kɛsɛp	kəley
Rüstzeug	,Gewänder-und	,Gold	(von)-Gefäße-und	Silber	(von)-Gefäße

וּבְשָׂמִים	סוּסִים	וּפְרָדִים
u^{w}b^{ə}śɔmi^{y}m	su^{w}si^{y}m	u^{w}p^{ə}rɔdi^{y}m
,(Gewürze=)Wohlgerüche-und	Pferde	,Maultiere-und

דְּבַר־שָׁנָה	בְּשָׁנָה׃	25 וַיְהִי
šɔnɔ^{h}-d^{ə}bar	b^{ə}šɔnɔ^{h}.	way^{ə}hi^{y}
Jahr(es)-(satz=)sache-(den)	.Jahr-(fürs=)in	(gehörten=)war-(es=)er-Und

לִשְׁלֹמֹה	אַרְבַּעַת	אֲלָפִים	אֻרְיוֹת	סוּסִים
liš^{ə}lomo^{h}	ʾar^{ə}baʿat	ʾ^{a}lɔpi^{y}m	ʾur^{ə}yo^{w}t	su^{w}si^{y}m
(Salomo=)Schelomo-(dem=)zu	-vier	tausend(e)	,Gespanne	Pferde

וּמַרְכָּבוֹת	וּשְׁנֵים־עָשָׂר	אֶלֶף	פָּרָשִׁים
u^{w}mar^{ə}kɔbo^{w}t	ʿɔśɔr-u^{w}š^{ə}ne^{y}m	ʾɛlɛp	pɔrɔši^{y}m
Wagen-und	-(zwölf=)zehn-zwei-und	tausend	;Reiter

וַיַּנִּיחֵם	בְּעָרֵי	הָרֶכֶב
wayyanni^{y}ḥem	b^{ə}ʿɔre^{y}	hɔrɛkɛb
sie-stellen-(ließ=)machte-er-und	(für)-Städte-(die)-in	(Kriegs)gefährt-das

וְעִם־	הַמֶּלֶךְ	בִּירוּשָׁלִָם׃	26 וַיְהִי	מוֹשֵׁל
-w^{ə}ʿim	hammɛlɛk	bi^{y}ru^{w}šɔlɔim.	way^{ə}hi^{y}	mo^{w}šel
(bei=)mit-und	König-(dem=)der	.Jerusalem-in	war-er-Und	herrschend(er)

בְּכָל־	הַמְּלָכִים	מִן־	הַנָּהָר	וְעַד־
-b^{ə}kol	hamm^{ə}lɔki^{y}m	-min	hannɔhɔr	-w^{ə}ʿad
all-(über=)in	Könige-die	von	Strom-(dem=)der	(zum-hin-bis=)bis-und

אֶרֶץ	פְּלִשְׁתִּים	וְעַד	גְּבוּל	מִצְרָיִם׃
ʾɛrɛṣ	p^{ə}liš^{ə}ti^{y}m	w^{ə}ʿad	g^{ə}bu^{w}l	miṣ^{ə}rɔyim.
Land	Philister-(der)	(zur-hin=)bis-und	(von)-Grenze	.Ägypten

27 וַיִּתֵּן	הַמֶּלֶךְ	אֶת־הַכֶּסֶף	בִּירוּשָׁלִַם
wayyitten	hammɛlɛk	hakkɛsɛp-ʾɛt	bi^{y}ru^{w}šɔlaim
(mehrte=)gab-(es=er)-(Dabei=)Und	König-der	Silber-das***	Jerusalem-in

כָּאֲבָנִים	וְאֵת	הָאֲרָזִים	נָתַן
kɔʾ^{a}bɔni^{y}m	w^{ə}ʾet	hɔʾ^{a}rɔzi^{y}m	nɔtan
,Steine-die-wie	***und	Zedern-die	(zahlreich-machte=)gab-er

כַּשִּׁקְמִים	אֲשֶׁר־	בַּשְּׁפֵלָה
kaššiq^{ə}mi^{y}m	-ʾ^{a}šɛr	bašš^{ə}pelɔ^{h}
,Maulbeerfeigenbäume-die-wie	(die=)welch(e)	(waren)-Niederung-der-in

סוּסִים	28 וּמוֹצִיאִים	לָרֹב׃
suʷsiʸm	uʷmoʷṣiʸʾiʸm	lɔrob.
Rosse	(aus-führten-Sie=)Ausführende-(Und)	.Menge-(in=)zur

וּמִכָּל־	לִשְׁלֹמֹה	מִמִּצְרַיִם
-uʷmikkol	lišᵊlomoʰ	mimmiṣᵊrayim
all-(aus=)von-und	,(Salomo=)Schelomo-(für=)zu	Ägypten-(aus=)von

דִּבְרֵי	29 וּשְׁאָר	הָאֲרָצוֹת׃
dibᵊreʸ	uʷšᵊʾɔr	hɔʾarɔṣoʷt.
(des)-(Begebenheiten=)Worte-(der)	Rest-(der)-Und	.Länder(n)-(den=)die

הֲלֹא־	וְהָאַחֲרוֹנִים	הָרִאשֹׁנִים	שְׁלֹמֹה
-hᵃloʾ	wᵊhɔʾaḥᵃroʷniʸm	hɔriʾšoniʸm	šᵊlomoʰ
nicht-etwa	,späteren-die-und	(früheren=)ersten-die	,(Salomo=)Schelomo

עַל־	כְּתוּבִים	הֵם
-ʿal	kᵊtuʷbiʸm	hem
(in=)auf	(aufgezeichnet=)geschrieben(e)	(sind)-sie

הַנָּבִיא	נָתָן	דִּבְרֵי
hannɔbiʸʾ	nɔtɔn	dibᵊreʸ
,Prophet(en)-(dem=)der	,Natan	(von)-(Berichten=)Worte(n)-(den)

הַשִּׁילוֹנִי	אֲחִיָּה	נְבוּאַת	וְעַל־
haššiʸloʷniʸ	ʾᵃḥiʸyɔʰ	nᵊbuʷʾat	-wᵊʿal
,Schiloniter(s)-(des=)der	,Achija(s)	Prophetenschrift-(der)	(in=)auf-und

עַל־	הַחֹזֶה	[יֶעְדּוֹ]יֶעְדִּי	וּבַחֲזוֹת
-ʿal	haḥozɛʰ	[yɛʿᵊdoʷ]yɛʿᵊdiʸ	uʷbaḥᵃzoʷt
(über=)auf	Seher(s)-(des=)der	,Jedo(s)	Gesichten-(den)-in-und

שְׁלֹמֹה	30 וַיִּמְלֹךְ	בֶּן־נְבָט׃	יָרָבְעָם
šᵊlomoʰ	wayyimᵊlok	nᵊbɔṭ-bɛn.	yɔrobᵊʿɔm
(Salomo=)Schelomo	regierte-(es=)er-(Und)	?Nabat(s)-Sohn	Jarobeam

שָׁנָה׃	אַרְבָּעִים	יִשְׂרָאֵל	כָּל־	עַל־	בִירוּשָׁלַםִ
šɔnɔʰ.	ʾarᵊbɔʿiʸm	yiśᵊrɔʾel	-kol	-ʿal	biʸruʷšɔlaim
.Jahr(e)	vierzig	Israel	(ganz=)all	(über=)auf	Jerusalem-in

עִם־	שְׁלֹמֹה	31 וַיִּשְׁכַּב
-ʿim	šᵊlomoʰ	wayyišᵊkab
(zu=)mit	(Salomo=)Schelomo	legte-sich-(er)-(Als=)Und

בָּעִיר	וַיִּקְבְּרֻהוּ	אֲבֹתָיו
bəʿiyr	wayyiqəbəruhuw	ʾabotɔyw
Stadt-(der)-in	ihn-begruben-sie-(da=)und	,(Vorfahren=)Väter(n)-seine(n)

רְחַבְעָם	וַיִּמְלֹךְ	אָבִיו	דָּוִיד
rəḥabəʿɔm	wayyiməlok	ʾɔbiyw	dɔwiyd
,Rechabeam	(König-wurde=)herrschte-(es=)er-Und	.Vater(s)-sein(es)	,David(s)

תַּחְתָּיו׃	בְּנוֹ
taḥətɔyw.	bənow
.(statt-seiner-an=)ihm-unter	,Sohn-sein

10

שְׁכֶמָה	רְחַבְעָם	1 וַיֵּלֶךְ
šəkɛmɔh	rəḥabəʿɔm	wayyelɛk
,hin-(Sichem=)Schechem-(nach)	Rechabeam	ging-(es=)er-Und

יִשְׂרָאֵל	כָל־	בָּאוּ	שְׁכֶם	כִּי
yiśərɔʾel	-kol	bɔʾuw	šəkɛm	kiy
Israel	(ganz=)all	kam(en)-(es=sie)	(Sichem=)Schechem-(nach)	denn

אֹתוֹ׃	לְהַמְלִיךְ
ʾotow.	ləhaməliyk
.ihn	(König-zum=)herrschen-machen-zu-(um)

יָרָבְעָם	כִּשְׁמֹעַ	2 וַיְהִי
yɔrobəʿɔm	kišəmoaʿ	wayəhiy
Jarobeam	(hörte-es-als=)Hören-(ein)-wie	,(geschah=)war-(es=)er-(Aber=)Und

אֲשֶׁר	בְּמִצְרַיִם	וְהוּא	בֶּן־נְבָט
ʾašɛr	bəmiṣərayim	wəhuwʾ	nəbɔṭ-bɛn
(weil=)wie	,Ägypten-in	(war)-(d)er-(gerade=)und –	Nabat(s)-Sohn

שְׁלֹמֹה	מִפְּנֵי	בָּרַח
šəlomoh	mippəney	bɔraḥ
,(Salomo=)Schelomo	(vor=)Gesichter-von	geflohen-war-er

יָרָבְעָם	וַיָּשָׁב	הַמֶּלֶךְ
yɔrobəʿɔm	wayyɔšob	hammɛlɛk
Jarobeam	zurück-kam-(es=er)(da=)und	,— König-(dem=)der

וַיִּקְרְאוּ־	3 וַיִּשְׁלְחוּ	מִמִּצְרָיִם׃
-wayyiqərəʾuw	wayyišələḥuw	mimmiṣərɔyim.
riefen-(sie)-und	(hin)-schickten-sie-(Hierauf=)Und	.Ägypten-(aus=)von

יִשְׂרָאֵל yiśᵊrɔʾel Israel	וְכָל־ -wᵊkol (ganz=)all-und	יָרָבְעָם yɔrobᵊʿɔm Jarobeam	וַיָּבֹא wayyɔboʾ kam(en)-(es=)er-Und	לוֹ loʷ .(ihn-herbei=)ihm-zu
4 אָבִיךָ ʾɔbiʸkɔ Vater-Dein	לֵאמֹר׃ leʾmor. :(also=)sagen-zu	רְחַבְעָם rᵊḥabᵊʿɔm Rechabeam	אֶל־ -ʾɛl zu	וַיְדַבְּרוּ wayᵊdabbᵊruʷ redeten-sie-und

הָקֵל hɔqel (erleichtere=)leicht-mache	וְעַתָּה wᵊʿattɔʰ ,du-(doch=)und	אֶת־עֻלֵּנוּ ʿullenuʷ-ʾɛt ,Joch-unser***	הִקְשָׁה hiqᵊšɔʰ hart-machte-(er)

הַקָּשָׁה haqqɔšɔʰ ,harte-die	אָבִיךָ ʾɔbiʸkɔ ,Vater(s)-dein(es)	מֵעֲבֹדַת meʿᵃbodat (Fron)arbeit-(die)-(etwas=)von

נָתַן nɔtan (legte=)gab-er	אֲשֶׁר־ -ʾᵃšɛr welch(es)	הַכָּבֵד hakkɔbed ,schwere-(das=)der	וּמֵעֻלּוֹ uʷmeʿulloʷ ,Joch-sein-(etwas=)von-und

וְנַעַבְדֶךָּ׃ wᵊnaʿabᵊdɛkkɔ. !(dir=)dich-dienen-(wollen=)werden-wir-(dann=)und	עָלֵינוּ ʿɔleʸnuʷ ,uns-auf

יָמִים yɔmiʸm ,Tage	שְׁלֹשֶׁת šᵊlošɛt drei	עוֹד ʿoʷd Noch	אֲלֵהֶם ʾᵃlehɛm :ihnen-zu	5 וַיֹּאמֶר wayyoʾmɛr sprach-er-(Da=)Und

הָעָם׃ hɔʿɔm. .Volk-das	וַיֵּלֶךְ wayyelɛk (weg)-ging-(es=er)-(Also=)Und	אֵלָי ʾelɔy !mir-zu	וְשׁוּבוּ wᵊšuʷbuʷ wieder-kommt-(dann=)und
אֶת־הַזְּקֵנִים hazzᵊqeniʸm-ʾɛt ,Alten-(den=)die-mit	רְחַבְעָם rᵊḥabᵊʿɔm Rechabeam	הַמֶּלֶךְ hammɛlɛk König-der	6 וַיִּוָּעַץ wayyiwwɔʿaṣ sich-beriet-(es=er)-(Nun=)Und
לִפְנֵי lipᵊneʸ (vor=)Gesichter-zu	עֹמְדִים ʿomᵊdiʸm (Dienende=)Stehende	הָיוּ hɔyuʷ waren-(sie)	אֲשֶׁר־ -ʾᵃšɛr welch(e)

בִּהְיֹתוֹ bihᵊyotoʷ Sein(s)-sein(es)-(während=)in	אָבִיו ʾɔbiʸw ,Vater-sein(em)	שְׁלֹמֹה šᵊlomoʰ ,(Salomo=)Schlomo

נֹועֲצִים	אַתֶּם	אֵיךְ	לֵאמֹר	חַי
noʷʿɔṣiʸm	ʾattɛm	ʾeʸk	leʾmor	ḥay
ratend(e)-(seid)	ihr	Wie	:(sagte-und=)sagen-zu	,Lebender-(ein)

לָעָם־הַזֶּה	לְהָשִׁיב
hazzɛʰ-lɔʿɔm	lᵊhɔšiʸb
,da-dies(em)-,Volk-(dem=)zu	(antworten=)machen-kehren-zu

לֵאמֹר	אֵלָיו	7 וַיְדַבְּרוּ	דָבָר׃
leʾmor	ʾelɔʸw	wayᵊdabbᵊruʷ	dɔbɔr.
:(sagend=)sagen-zu	ihm-zu	redeten-sie-(Da=)Und	?(Bescheid=)Wort-(als)

הַזֶּה	לְהָעָם	לְטֹוב	תִּהְיֶה	אִם־
hazzɛʰ	lᵊhɔʿɔm	lᵊṭoʷb	tihᵊyɛʰ	-ʾim
,da-dies(es)	,Volk-das-(auf-Bezug-in=)zu	Gut(es)-(für=)zu	bist-du	Wenn

אֲלֵהֶם	וְדִבַּרְתָּ	וּרְצִיתָם
ʾalehɛm	wᵊdibbarᵊtɔ	uʷrᵊṣiʸtɔm
ihnen-zu	redest-(du)-und	(habend-Gefallen=)sie-liebend(er)-bist-du-und

עֲבָדִים	לְךָ	וְהָיוּ	טֹובִים	דְּבָרִים
ʿabɔdiʸm	lᵊkɔ	wᵊhɔyuʷ	ṭoʷbiʸm	dᵊbɔriʸm
Diener	dir-(zu)	(sein)-werden-sie-(dann=)und	,(gütige=)gute	Worte

הַזְּקֵנִים	אֶת־עֲצַת	8 וַיַּעֲזֹב	כָּל־הַיָּמִים׃
hazzᵊqeniʸm	ʿaṣat-ʾɛt	wayyaʿazob	hayyɔmiʸm-kol.
,Alten-(der=)die	Rat-(den)***	ließ-er-(Doch=)Und	!(allezeit=)Tage-die-all

וַיִּוָּעַץ	יְעָצֻהוּ	אֲשֶׁר
wayyiwwɔʿaṣ	yᵊʿɔṣuhuʷ	ʾašɛr
sich-beriet-er-und	,ihn-berieten-sie	(dem-mit=)welch(en)

אֲשֶׁר	אֶת־הַיְלָדִים
ʾašɛr	hayᵊlɔdiʸm-ʾɛt
(die=)welch(e)	,(Jungen=)Knaben-(den=)die-mit

הָעֹמְדִים	אִתֹּו	גָּדְלוּ
hɔʿomᵊdiʸm	ʾittoʷ	gɔdᵊluʷ
(standen-Dienst-im=)stehend(e)-die	,ihm-mit	(aufwuchsen=)groß-wurden-(sie)

אַתֶּם	מָה	אֲלֵהֶם	9 וַיֹּאמֶר	לְפָנָיו׃
ʾattɛm	mɔʰ	ʾalehɛm	wayyoʾmɛr	lᵊpɔnɔʸw.
ihr	Was	:ihnen-zu	sprach-er-Und	.(ihm-vor=)Gesichtern-seinen-zu

דָּבָר	וְנָשִׁיב	נוֹעָצִים
dɔbɔr	w^{ə}nɔši^{y}b	no^{w}ʿɔṣi^{y}m
(Bescheid=)Wort-(als)	zurück-geben-wir-(dass=)und	,ratend(e)-(seid)

אֵלַי	דִּבְּרוּ	אֲשֶׁר	הַזֶּה	אֶת־הָעָם
ʾelay	dibb^{ə}ru^{w}	^{ʾa}šɛr	hazzɛ^{h}	hɔʿɔm-ʾɛt
mir-zu	redeten-(sie)	welch(e)	,da-dies(em)	,Volk-(dem=)das***

הָעֹל	מִן־	הָקֵל	לֵאמֹר
hɔʿol	-min	hɔqel	leʾmor
,Joch-das	(etwas=)von	(Erleichtere=)leicht-Mache	:(sagend=)sagen-zu

עָלֵינוּ׃	אָבִיךָ	נָתַן	אֲשֶׁר־
ʿɔle^{y}nu^{w}.	ʾɔbi^{y}kɔ	nɔtan	-^{ʾa}šɛr
?!uns-auf	Vater-dein	(legte=)gab-(er)	(das=)welch(es)

אֲשֶׁר	הַיְלָדִים	אִתּוֹ	10 וַיְדַבְּרוּ
^{ʾa}šɛr	hay^{ə}lɔdi^{y}m	ʾitto^{w}	way^{ə}dabb^{ə}ru^{w}
(die=)welch(e)	,(Jungen=)Knaben-die	ihm-mit	redeten-(es=sie)-(Da=)Und

כֹּה־	לֵאמֹר	אִתּוֹ	גָּדְלוּ
-ko^{h}	leʾmor	ʾitto^{w}	gɔd^{ə}lu^{w}
So	:(folgendermaßen=)sagen-zu	,ihm-mit	(aufwuchsen=)groß-wurden-(sie)

דִּבְּרוּ	אֲשֶׁר־	לָעָם	תֹאמַר
dibb^{ə}ru^{w}	-^{ʾa}šɛr	lɔʿɔm	toʾmar
redete(n)-(es=sie)	(das=)welch(es)	,Volk-dem-zu	sprechen-(sollst=)wirst-du

אֶת־עֻלֵּנוּ	הִכְבִּיד	אָבִיךָ	לֵאמֹר	אֵלֶיךָ
ʿullenu^{w}-ʾɛt	hik^{ə}bi^{y}d	ʾɔbi^{y}kɔ	leʾmor	ʾelɛ^{y}kɔ
,Joch-unser***	gemacht-schwer-hat-(er)	Vater-Dein	:(sagend=)sagen-zu	,dir-zu

מֵעָלֵינוּ	הָקֵל	וְאַתָּה
meʿɔle^{y}nu^{w}	hɔqel	w^{ə}ʾattɔ^{h}
!uns-(für=)auf-(etwas=)von	(es-erleichtere=)leicht-mache	,du-(doch=)und

עָבָה	קָטָנִּי	אֲלֵהֶם	תֹּאמַר	כֹּה
ʿɔbɔ^{h}	qɔṭɔnni^{y}	^{ʾa}lehɛm	toʾmar	ko^{h}
dick-(ist-er)	Kleinfinger-Mein	:ihnen-zu	sagen-(sollst=)wirst-du	So

11 וְעַתָּה	אָבִי׃	מִמָּתְנֵי
w^{ə}ʿattɔ^{h}	ʾɔbi^{y}.	mimmot^{ə}ne^{y}
,nun-(Also=)Und	!Vater-mein(em)	(von)-Lenden-(die)-(als-mehr=)von

כָּבֵד	עֹל	עֲלֵיכֶם	הֶעְמִיס	אָבִי
kɔbed	ʿol	ʿᵃleʸkɛm	hɛʿᵊmiʸs	ʾɔbiʸ
,schwer(es)	Joch-(ein)	euch-(über=)auf	aufgelegt-hat-(er)	Vater-mein

אָבִי	עֻלְּכֶם	עַל־	אֹסִיף	וַאֲנִי
ʾɔbiʸ	ʿullᵊkɛm	-ʿal	ʾosiʸp	waʾᵃniʸ
Vater-Mein	!Joch-euer	auf	hinzufügen-(will=)werde-ich	,ich-und

וַאֲנִי	בַּשּׁוֹטִים	אֶתְכֶם	יִסַּר
waʾᵃniʸ	baššoʷṭiʸm	ʾɛtᵊkɛm	yissar
ich-und	Peitschen-(den=)die-(mit=)in	euch	züchtigte-(er)

יָרָבְעָם	12 וַיָּבֹא	בָּעַקְרַבִּים׃
yɔrobᵊʿɔm	wayyɔboʾ	bɔʿᵃqᵊrabbiʸm.
Jarobeam	kam-(es=er)-(nun)-(Als=)Und	!Skorpionen-(den=)die-(mit=)in

הַשְּׁלִשִׁי	בַּיּוֹם	רְחַבְעָם	אֶל־	הָעָם	וְכָל־
haššᵊlišiʸ	bayyoʷm	rᵊḥabᵊʿɔm	-ʾɛl	hɔʿɔm	-wᵊkol
,dritte(n)-(dem=)der	,Tag-(dem)-(an=)in	Rechabeam	zu	Volk-das	all-und

שׁוּבוּ	לֵאמֹר	הַמֶּלֶךְ	דִּבֶּר	כַּאֲשֶׁר
šuʷbuʷ	leʾmor	hammɛlɛk	dibbɛr	kaʾᵃšɛr
wieder-Kehrt	:(sagend=)sagen-zu	König-der	geredet-hat-(es=er)	wie

הַשְּׁלִשִׁי׃	בַּיּוֹם	אֵלַי
haššᵊlišiʸ.	bayyoʷm	ʾelay
,!dritte(n)-(dem=)der	,Tag-dem-(an=)in	mir-zu

קָשָׁה	הַמֶּלֶךְ	13 וַיַּעֲנֵם
qɔšɔʰ	hammɛlɛk	wayyaʿᵃnem
hart(e)	König-der	(ihnen=)sie-antwortete-(es=er)-(da=)und

עֲצַת	אֵת	רְחַבְעָם	הַמֶּלֶךְ	וַיַּעֲזֹב
ʿᵃṣat	ʾet	rᵊḥabᵊʿɔm	hammɛlɛk	wayyaʿᵃzob
Rat-(den)	***	Rechabeam	König-der	(Acht-außer)-ließ-(es=)er-und

כַּעֲצַת	אֲלֵהֶם	14 וַיְדַבֵּר	הַזְּקֵנִים׃
kaʿᵃṣat	ʾᵃlehɛm	wayᵊdabber	hazzᵊqeniʸm.
Rat-(dem-nach=)der-wie	ihnen-zu	redete-er-(sondern=)und	,Alten-(der=)die

אַכְבִּיד	לֵאמֹר	הַיְלָדִים
ʾakᵊbiʸd	leʾmor	hayᵊlɔdiʸm
schwer-mache-Ich	:(sagend=)sagen-zu	(Jungen=)Knaben-(der=)die

אֶת־עֻלְּכֶם	וַאֲנִי	אֹסִיף	עָלָיו	אָבִי
ʿullᵊkɛm-ʾɛt	waʾᵃniʸ	ʾosiʸp	ʿɔlɔʸw	ʾɔbiʸ
,Joch-euer***	,ich-und	hinzufügen-werde-ich	!(es=)ihn-auf	Vater-Mein

יִסַּר	אֶתְכֶם	בַּשּׁוֹטִים	וַאֲנִי
yissar	ʾɛtᵊkɛm	baššoʷṭiʸm	waʾᵃniʸ
züchtigte-(er)	euch	,Peitschen-(den=)die-(mit=)in	ich-(jedoch=)und

בָּעַקְרַבִּים׃	15 וְלֹא־	שָׁמַע	הַמֶּלֶךְ
bɔʿᵃqᵊrabbiʸm.	-wᵊloʾ	šɔmaʿ	hammɛlɛk
!Skorpionen-(den=)die-(mit=)in	nicht-(Also=)Und	hörte-(es=er)	König-der

אֶל־הָעָם	כִּי־	הָיְתָה	נְסִבָּה	מֵעִם
hɔʿɔm-ʾɛl	-kiʸ	hɔyᵊtɔʰ	nᵊsibɔʰ	meʿim
,Volk-das-(auf=)zu	denn	war-(es=)sie	Fügung-(eine)	(vonseiten=)mit-von

הָאֱלֹהִים	לְמַעַן	הָקִים	יְהוָה
hɔʾᵋlohiʸm	lᵊmaʿan	hɔqiʸm	yᵊhwɔʰ
,(Gottes=)Götter-(der=)die	(damit=)um-zu	(erfülle=)Errichten-(ein)	JHWH

אֶת־דְּבָרוֹ	אֲשֶׁר	דִּבֶּר	בְּיַד	אֲחִיָּהוּ
dᵊbɔroʷ-ʾɛt	ʾᵃšɛr	dibbɛr	bᵊyad	ʾᵃḥiʸyɔhuʷ
,Wort-sein***	(das=)welch(es)	geredet-(hat)-er	(durch=)Hand-in	,Achija(hu)

הַשִּׁלוֹנִי	אֶל־	יָרָבְעָם	בֶּן־נְבָט׃
haššiloʷniʸ	-ʾɛl	yɔrobᵊʿɔm	nᵊbɔṭ-bɛn.
,Schilonite(n)-(den=)der	zu	Jarobeam	.Nabat(s)-Sohn

16 וְכָל־	יִשְׂרָאֵל	כִּי	לֹא־	שָׁמַע	הַמֶּלֶךְ
-wᵊkol	yiśᵊrɔʾel	kiʸ	-loʾ	šɔmaʿ	hammɛlɛk
(ganz=)all-(Als=)Und	,(merkte)-Israel	dass	nicht	hörte-(es=er)	König-der

לָהֶם	וַיָּשִׁיבוּ	הָעָם
lɔhɛm	wayyɔšiʸbuʷ	hɔʿɔm
,(sie-auf=)ihnen-zu	(erwiderte=)zurück-gab(en)-(es=)sie-(da=)und	Volk-das

אֶת־הַמֶּלֶךְ	לֵאמֹר	מַה־	לָנוּ	חֵלֶק
hammɛlɛk-ʾɛt	leʾmor	-maʰ	lɔnuʷ	ḥelɛq
König-(dem=)der***	:(also=)sagen-zu	(ist)-Was	uns-(für=)zu	Anteil-(der)

בְּדָוִיד	וְלֹא־	נַחֲלָה	בְּבֶן־
bᵊdɔwiʸd	-wᵊloʾ	naḥᵃlɔʰ	-bᵊbɛn
,David-(an=)in	(ist)-nicht-(da=)und	Erbteil-(ein)	Sohn-(dem)-(an=)in

יִשַׁי אִישׁ לְאֹהָלֶיךָ יִשְׂרָאֵל עַתָּה רְאֵה
rəʾeh ʿattɔh yiśərɔʾel ləʾɔhɔlɛykɔ ʾiyš yišay
sieh Nun !Israel ,Zelten-deinen-zu (jeder-Ein=)Mann ?Jischai(s)

בֵּיתְךָ דָּוִיד וַיֵּלֶךְ כָּל־יִשְׂרָאֵל לְאֹהָלָיו׃
ləʾɔhɔlɔyw. yiśərɔʾel-kol wayyelɛk dɔwiyd beytəkɔ
.Zelten-seinen-zu Israel-ganz ging-(es=)er-Und !David ,Haus-dein

17 וּבְנֵי יִשְׂרָאֵל הַיֹּשְׁבִים בְּעָרֵי יְהוּדָה
yəhuwdɔh bəʿɔrey hayyošəbiym yiśərɔʾel uwbəney 17
,Juda (von)-Städten-(den)-in wohnenden-die ,Israel(s) Söhne-(die)-Und

וַיִּמְלֹךְ עֲלֵיהֶם רְחַבְעָם׃
rəḥabəʿɔm. ʿaleyhɛm wayyiməlok
.Rechabeam (sie-über=)ihnen-auf (König-als)-regierte-(es=er)-(damals=)und

18 וַיִּשְׁלַח הַמֶּלֶךְ רְחַבְעָם אֶת־הֲדֹרָם אֲשֶׁר עַל־
-ʿal ʾašɛr hadorɔm-ʾɛt rəḥabəʿɔm hammɛlɛk wayyišəlaḥ 18
(über=)auf welch(er) ,Hadoram*** Rechabeam König-der (hin)-sandte-(es=)er-Und

הַמַּס וַיִּרְגְּמוּ־ בוֹ בְנֵי־יִשְׂרָאֵל
yiśərɔʾel- bəney bow -wayyirəgəmuw hammas
Israel(s)-Sohne ihn-(gegen=)in warfen-(es=)sie-(aber=)und ,(war-gesetzt)-Fron-die

אֶבֶן וַיָּמֹת וְהַמֶּלֶךְ רְחַבְעָם
rəḥabəʿɔm wəhammɛlɛk wayyɔmot ʾɛbɛn
Rechabeam König-der-(Da=)Und .starb-er-(dass=)und ,Steine

הִתְאַמֵּץ לַעֲלוֹת
laʿalowt hitəʾammeṣ
(steigen=)hinauf-gehen-zu (sich-entschloss=)stark-sich-machte-(er)

בַּמֶּרְכָּבָה לָנוּס יְרוּשָׁלִָם׃
yəruwšɔlɔim. lɔnuws bammɛrəkɔbɔh
.Jerusalem-(nach) fliehen-zu-(um) Wagen-den-in

19 וַיִּפְשְׁעוּ יִשְׂרָאֵל בְּבֵית דָּוִיד
dɔwiyd bəbeyt yiśərɔʾel wayyipəšəʿuw 19
.David Haus-(dem)-(von=)in Israel ab-fiel(en)-(es=sie)-(So=)Und

עַד הַיּוֹם הַזֶּה׃
hazzɛh. hayyowm ʿad
.(so-sich-es-verhält)-,da-dies(en) ,Tag-(den=)der (auf)-Bis

11

יְרוּשָׁלִָם	רְחַבְעָם	1 וַיָּבֹא	
yəruwšɔlaim	rəḥabəʿɔm	wayyɔboʾ	
,Jerusalem-(nach)	Rechabeam	kam-(es=er)-(Als=)Und	

מֵאָה	וּבִנְיָמִן	יְהוּדָה	אֶת־בֵּית	וַיַּקְהֵל
meʾɔh	uwbinəyɔmin	yəhuwdɔh	beyt-ʾɛt	wayyaqəhel
-hundert	,Benjamin-und	Juda	Haus-(das)***	versammelte-er-(da=)und

מִלְחָמָה	עֹשֵׂה	בָּחוּר	אֶלֶף	וּשְׁמֹנִים
milәḥɔmɔh	ʿośeh	bɔḥuwr	ʾɛlɛp	uwšəmowniym
,Krieg-(zum)	(fähig=)machend(er)	(Aus)erlesene(r)	tausend	achtzig-und

לְהָשִׁיב	יִשְׂרָאֵל	עִם־	לְהִלָּחֵם
ləhɔšiyb	yiśərɔʾel	-ʿim	ləhillɔḥem
(zurück-gewinnen=)machen-kehren-zu	Israel	(gegen=)mit	kämpfen-zu-(um)

2 וַיְהִי	לִרְחַבְעָם׃	אֶת־הַמַּמְלָכָה
wayəhiy	lirəḥabəʿɔm.	hammaməlɔkɔh-ʾɛt
(erging=)war-(es=)er-(Aber=)Und	.Rechabeam-(an=)zu	Königtum-das***

אִישׁ־	שְׁמַעְיָהוּ	אֶל־	יְהוָה	דְּבַר־
-ʾiyš	šəmaʿəyɔhuw	-ʾɛl	yəhwɔh	-dəbar
Mann-(den)	,Schemaja(hu)	(an=)zu	JHWH(s)	Wort-(das)

רְחַבְעָם	אֶל־	3 אֱמֹר	לֵאמֹר׃	הָאֱלֹהִים
rəḥabəʿɔm	-ʾɛl	ʾɛmor	leʾmor.	hɔʾɛlohiym
Rechabeam	zu	Sprich	:(also=)sagen-zu	,(Gottes=)Götter-(der=)die

וְאֶל	יְהוּדָה	מֶלֶךְ	בֶּן־שְׁלֹמֹה
wəʾɛl	yəhuwdɔh	mɛlɛk	šəlomoh-bɛn
zu-und	,Juda	(von)-König-(dem)	,(Salomos=)Schelomo(s)-Sohn

4 כֹּה	לֵאמֹר׃	וּבִנְיָמִן	בִּיהוּדָה	יִשְׂרָאֵל	כָּל־
koh	leʾmor.	uwbinəyɔmin	biyhuwdɔh	yiśərɔʾel	-kol
So	:(also=)sagen-zu	Benjamin-und	Juda-in	Israel	(ganz=)all

וְלֹא־	תַעֲלוּ	לֹא־	יְהוָה	אָמַר
-wəloʾ	taʿaluw	-loʾ	yəhwɔh	ʾɔmar
nicht-und	hinaufziehn-(sollt=)werdet-ihr	Nicht	:JHWH	(befiehlt=)sprach-(er)

שׁוּבוּ	אֲחֵיכֶם	עִם־	תִלָּחֲמוּ
šuwbuw	ʾaḥeykɛm	-ʿim	tillɔḥamuw
um-Kehrt	!Brüder-eure	(gegen=)mit	kämpfen-(sollt=)werdet-ihr

נִהְיָה	מֵאִתִּי	כִּי	לְבֵיתוֹ	אִישׁ
nihᵊyɔʰ	meʾittiʸ	kiʸ	lᵊbeʸtoʷ	ʾiʸš
geschehen-ist-(es=er)	(aus)-mir-von	Denn	!Haus-sein(em)-zu	(jeder=)Mann

יְהוָה	אֶת־דִּבְרֵי	וַיִּשְׁמְעוּ	הַזֶּה	הַדָּבָר
yᵊhwɔʰ	dibᵊreʸ-ʾɛt	wayyišᵊmᵊʿuʷ	hazzɛʰ	haddɔbɔr
JHWH(s)	Worte-(die)***	(auf)-hörten-sie-(Da=)Und	!da-dies(e)	,Sache-die

יָרָבְעָם׃	אֶל־	מִלֶּכֶת	וַיָּשֻׁבוּ
yɔrobᵊʿɔm.	-ʾɛl	millɛkɛt	wayyɔšubuʷ
.Jarobeam	(gegen=)zu	(Zuge=)Gehen-dem-von	um-kehrten-(sie)-und

וַיִּבֶן	בִּירוּשָׁלָםִ	רְחַבְעָם	5 וַיֵּשֶׁב
wayyibɛn	biʸruʷšɔlɔim	rᵊḥabᵊʿɔm	wayyešɛb
(aus)-baute-er-und	Jerusalem-in	Rechabeam	(blieb=)wohnte-(es=)er-Und

אֶת־בֵּית־לֶחֶם	6 וַיִּבֶן	בִּיהוּדָה׃	לְמָצוֹר	עָרִים
lɛḥɛm-beʸt-ʾɛt	wayyibɛn	biʸhuʷdɔʰ.	lᵊmɔṣoʷr	ʿɔriʸm
Le(c)hem-Beth***	(aus)-baute-er-(So=)Und	.Juda-in	Festung(en)-zu	Städte

וְאֶת־שׂוֹכוֹ	7 וְאֶת־בֵּית־צוּר	וְאֶת־תְּקוֹעַ׃	וְאֶת־עֵיטָם
śoʷkoʷ-wᵊʾɛt	ṣuʷr-beʸt-wᵊʾɛt	tᵊqoʷaʿ-wᵊʾɛt.	ʿeʸṭɔm-wᵊʾɛt
Socho-***und	Zur-Beth-***und	Tekoa-***und	Etam-***und

וְאֶת־זִיף׃	וְאֶת־מָרֵשָׁה	8 וְאֶת־גַּת	וְאֶת־עֲדֻלָּם׃
ziʸp-wᵊʾɛt.	mɔrešɔʰ-wᵊʾɛt	gat-wᵊʾɛt	ʿadullɔm-wᵊʾɛt.
(Sif=)Siph-***und	Marescha-***und	Gat-***und	Adullam-***und

10 וְאֶת־צָרְעָה	וְאֶת־עֲזֵקָה	וְאֶת־לָכִישׁ	9 וְאֶת־אֲדוֹרַיִם
ṣorᵊʿɔʰ-wᵊʾɛt	ʿazeqɔʰ-wᵊʾɛt	lɔkiʸš-wᵊʾɛt	ʾadoʷrayim-wᵊʾɛt
Zora-***und	Aseka-***und	Lachisch-***und	Adoraim-***und

בִּיהוּדָה	אֲשֶׁר	וְאֶת־חֶבְרוֹן	וְאֶת־אַיָּלוֹן
biʸhuʷdɔʰ	ʾašɛr	ḥɛbᵊroʷn-wᵊʾɛt	ʾayyɔloʷn-wᵊʾɛt
Juda-in	(lagen=)welch(e)	,(Hebron=)Chebron-***und	Ajjalon-***und

11 וַיְחַזֵּק	מְצֻרוֹת׃	עָרֵי	וּבְבִנְיָמִן
wayᵊḥazzeq	mᵊṣuroʷt.	ʿɔreʸ	uʷbᵊbinᵊyɔmin
stark-machte-er-Und	.Befestigungen	(mit)-Städte-(als)	,Benjamin-in-und

וְאֹצְרוֹת	נְגִידִים	בָּהֶם	וַיִּתֵּן	אֶת־הַמְּצֻרוֹת
wᵊʾoṣᵊroʷt	nᵊgiʸdiʸm	bɔhɛm	wayyitten	hammᵊṣuroʷt-ʾɛt
Vorräte-und	Vorsteher	sie-(über=)in	(bestellte=)gab-er-und	Festungen-die-***

עִיר 12 וּבְכָל־ וָיָיִן׃ וְשֶׁמֶן מַאֲכָל
ˁiʸr -uʷbᵊkol wɔyɔyin. wᵊšɛmɛn maᵓᵃkɔl
(einzelne=)Stadt (jede=)all-(für=)in-und ,Wein-und Öl-und Nahrung-(an)

וַיְחַזְּקֵם וּרְמָחִים צִנּוֹת וָעִיר
wayᵊḥazzᵊqem uʷrᵊmɔḥiʸm ṣinnoʷt wɔˁiʸr
sie-stark-machte-er-und ,Lanzen-und Tartschen Stadt-(und)

לוֹ וַיְהִי־ מְאֹד לְהַרְבֵּה
loʷ -wayᵊhiʸ mᵊᵓod lᵊharᵊbeʰ
ihm-(zu) (gehörte=)war-(es=er)-(Somit=)Und .sehr (reichlich=)vermehren-zu

אֲשֶׁר וְהַלְוִיִּם 13 וְהַכֹּהֲנִים וּבִנְיָמִן׃ יְהוּדָה
ᵓᵃšɛr wᵊhalᵊwiʸyim wᵊhakkohᵃniʸm uʷbinᵊyɔmin. yᵊhuʷdɔʰ
(die=)welch(e) ,Leviten-die-und Priester-die-Und .Benjamin-und Juda

עָלָיו הִתְיַצְּבוּ יִשְׂרָאֵל בְּכָל־
ˁɔlɔʸw hitᵊyaṣṣᵊbuʷ yiśᵊrɔᵓel -bᵊkol
ihn-(um=)auf hin-sich-stellten-(sie) ,(lebten)-Israel (ganz=)all-in

הַלְוִיִּם עָזְבוּ 14 כִּי־ גְּבוּלָם׃ מִכָּל־
halᵊwiʸyim ˁɔzᵊbuʷ -kiʸ gᵊbuʷlɔm. -mikkol
Leviten-die verließen-(es=)sie Denn .Gebiet-ihr(em) all-(aus=)von

לִיהוּדָה וַיֵּלְכוּ וַאֲחֻזָּתָם אֶת־מִגְרְשֵׁיהֶם
liʸhuʷdɔʰ wayyelᵊkuʷ waᵓᵃḥuzzɔtɔm migᵊrᵊšeʸhɛm-ᵓɛt
Juda-(nach=)zu gingen-(sie)-und Besitz-ihr(en)-und Weideflächen-ihre***

יָרָבְעָם הִזְנִיחָם כִּי־ וְלִירוּשָׁלִָם
yɔrobᵊˁɔm hizᵊniʸḥɔm -kiʸ wᵊliʸruʷšɔlɔim
Jarobeam sie-verworfen-hatte-(es=)er denn ,Jerusalem-(nach=)zu-und

מִכַּהֵן וּבָנָיו
mikkahen uʷbɔnɔʸw
(Priesterdienst-vom=)Priester-als-Amtieren-von Söhne-seine-und

כֹּהֲנִים לוֹ 15 וַיַּעֲמֶד־ לַיהוָה׃
kohᵃniʸm loʷ -wayyaˁᵃmɛd layhwɔʰ.
Priester (sich-für=)ihm-zu (bestellte=)stehen-machte-er-Und .JHWH-(für=)zu

וְלַשְּׂעִירִים לַבָּמוֹת
wᵊlaśśᵊˁiʸriʸm labbɔmoʷt
Bockdämonen-die-(für=)zu-und (Kult)höhen-die-(für=)zu

עָשָׂה׃	אֲשֶׁר	וְלָעֲגָלִים
ʿɔśɔʰ.	ʾᵃšɛr	wᵊlɔʿᵃgɔliʸm
.(gefertigt-hatte=)machte-er	(die=)welch(e)	,Kälber-die-(für=)zu-und

יִשְׂרָאֵל	שִׁבְטֵי	מִכֹּל	וְאַחֲרֵיהֶם 16
yiśᵊrɔʾel	šibᵊṭeʸ	mikkol	wᵊʾaḥᵃreʸhɛm
Israel(s)	Stämme(n)	all(en)-(aus=)von	(nach-ihnen=)ihnen-nach-Und

לְבַקֵּשׁ	אֶת־לְבָבָם	הַנֹּתְנִים
lᵊbaqqeš	lᵊbɔbɔm-ʾɛt	hannotᵊniʸm
(anzuhangen=)suchen-zu	(Sinn-ihren=)Herz-ihr***	(Richtenden=)Gebenden-die

בָּאוּ	יִשְׂרָאֵל	אֱלֹהֵי	אֶת־יְהוָה
bɔʾuʷ	yiśᵊrɔʾel	ʾᵋloheʸ	yᵊhwɔʰ-ʾɛt
kamen-sie	,Israel	(von)-(Gott-dem=)Götter-(die)	,JHWH***

לַיהוָה	לִזְבּוֹחַ	יְרוּשָׁלַםִ
layhwɔʰ	lizᵊboʷaḥ	yᵊruʷšɔlaim
,JHWH(s)-(Ehren)-zu	opfern-zu-(um)	Jerusalem-(nach)

אֶת־מַלְכוּת	וַיְחַזְּקוּ 17	אֲבוֹתֵיהֶם׃	אֱלֹהֵי
malᵊkuʷt-ʾɛt	wayᵊḥazzᵊquʷ	ʾᵃboʷteʸhɛm.	ʾᵋloheʸ
Königreich-(das)-***	stärkten-sie-Und	.Väter-ihre(r)	(Gott-dem=)Götter-(die)

בֶּן־שְׁלֹמֹה	אֶת־רְחַבְעָם	וַיְאַמְּצוּ	יְהוּדָה
šᵊlomoʰ-bɛn	rᵊḥabᵊʿɔm-ʾɛt	wayᵊʾammᵊṣuʷ	yᵊhuʷdɔʰ
(Salomos=)Schelomo(s)-Sohn	Rechabeam***	festigten-(sie)-und	Juda

בְּדֶרֶךְ	הָלְכוּ	כִּי	שָׁלוֹשׁ	לְשָׁנִים
bᵊdɛrɛk	hɔlᵊkuʷ	kiʸ	šɔloʷš	lᵊšɔniʸm
Weg-(dem)-(auf=)in	(wandelten=)gingen-sie	denn	,drei	Jahre-(für=)zu

שָׁלוֹשׁ׃	לְשָׁנִים	וּשְׁלֹמֹה	דָּוִיד
šɔloʷš.	lᵊšɔniʸm	uʷšᵊlomoʰ	dɔwiʸd
.drei	Jahre-(für=)zu	(Salomos=)Schelomo(s)-und	David(s)

אֶת־מָחֲלַת	אִשָּׁה	רְחַבְעָם	לוֹ	וַיִּקַּח־ 18
mɔḥᵃlat-ʾɛt	ʾiššɔʰ	rᵊḥabᵊʿɔm	loʷ	-wayyiqqaḥ
Machalat-(die)***	Frau-(zur)	Rechabeam	(sich=)ihm-zu	nahm-(es=)er-(Und)

אֲבִיהַיִל	בֶּן־דָּוִיד	יְרִימוֹת	בֶּן[בַּת־]
ʾᵃbiʸhayil	dɔwiʸd-bɛn	yᵊriʸmoʷt	[bat]bɛn
,Abihail(s)-(und)	David(s)-Sohn(es)-(des)	,Jerimot(s)	[Tochter-eine]Sohn

בָּנִים	לוֹ	וַתֵּלֶד 19	בֶּן־יִשָׁי׃	בַּת־אֱלִיאָב
bɔniʸm	loʷ	watteled	yišɔy-bɛn.	ʾɛliʸʾɔb-bat
:Söhne	ihm-(zu)	gebar-sie-Und	.Jischai(s)-Sohn	,Eliab(s)-Tochter-(der)

לָקַח	וְאַחֲרֶיהָ 20	וְאֶת־זָהַם׃	וְאֶת־שְׁמַרְיָה	אֶת־יְעוּשׁ
lɔqaḥ	wᵊʾaḥᵃrɛʸhɔ	zɔham-wᵊʾɛt.	šᵊmarᵊyɔʰ-wᵊʾɛt	yᵊʿuʷš-ʾɛt
nahm-er	ihr-nach-Und	.Saham-***und	Schemarja-***und	Jeüsch***

אֶת־אֲבִיָּה	לוֹ	וַתֵּלֶד	בַּת־אַבְשָׁלוֹם	אֶת־מַעֲכָה
ʾᵃbiʸyɔʰ-ʾɛt	loʷ	watteled	ʾabᵊšɔloʷm-bat	maʿᵃkɔʰ-ʾɛt
Abija-***	ihm-(zu)	gebar-sie-(Und)	.Abschalom(s)-Tochter-(die)	,Maacha***

רְחַבְעָם	וַיֶּאֱהַב 21	וְאֶת־שְׁלֹמִית׃	וְאֶת־זִיזָא	וְאֶת־עַתַּי
rᵊḥabᵊʿɔm	wayyɛʾᵋhab	šᵊlomiʸt-wᵊʾɛt.	ziʸzɔʾ-wᵊʾɛt	ʿattay-wᵊʾɛt
Rechabeam	liebte-(es=)er-(Und)	.Schelomit-***und	Sisa-***und	Attai-***und

נָשָׁיו	מִכָּל־	אַבְשָׁלוֹם	בַּת־	אֶת־מַעֲכָה
nɔšɔʸw	-mikkol	ʾabᵊšɔloʷm	-bat	maʿᵃkɔʰ-ʾɛt
Frauen-seine	all(e)-(als-mehr=)von	,Abschalom(s)	Tochter-(die)	,Maacha***

שְׁמוֹנֶה־עֶשְׂרֵה	נָשִׁים	כִּי	וּפִילַגְשָׁיו
ʿɛśᵊreʰ-šᵊmoʷnɛʰ	nɔšiʸm	kiʸ	uʷpiʸlagᵊšɔʸw
zehn-acht	Frauen	denn —	Nebenfrauen-seine-und

שִׁשִּׁים	וּפִילַגְשִׁים	נָשָׂא
šiššiʸm	uʷpiʸlagᵊšiʸm	nɔśɔʾ
.sechzig	Nebenfrauen-und	,(genommen=)getragen-hat(te)-er

וְשִׁשִּׁים	בָּנִים	וּשְׁמוֹנָה	עֶשְׂרִים	וַיּוֹלֶד
wᵊšiššiʸm	bɔniʸm	uʷšᵊmoʷnɔʰ	ʿɛśᵊriʸm	wayyoʷlɛd
sechzig-und	Söhne	acht-und	-zwanzig	(zeugte=)gebären-machte-er-Und

לָרֹאשׁ	וַיַּעֲמֵד 22	בָּנוֹת׃
lɔroʾš	wayyaʿᵃmed	bɔnoʷt.
(Spitze-die-an=)Haupt-zum	(bestellte=)stehen-machte-(es=)er-(Und)	.Töchter

לְנָגִיד	בֶּן־מַעֲכָה	אֶת־אֲבִיָּה	רְחַבְעָם
lᵊnɔgiʸd	maʿᵃkɔʰ-bɛn	ʾᵃbiʸyɔʰ-ʾɛt	rᵊḥabᵊʿɔm
Fürst(en)-(als=)zu	Maacha(s)-Sohn	Abija-(den)***	Rechabeam

כִּי	בְּאֶחָיו
kiʸ	bᵊʾɛḥɔʸw
,(nämlich-plante-er=)denn	,Brüder(n)-seine(n)-(unter=)in

23 וַיָּבֶן	לְהַמְלִיכוֹ׃
wayyɔbɛn	lᵊhamᵊliʸkoʷ.
klug-war-er--(da=)und	,ihn-(König-zum=)herrschen-machen-zu

לְכָל־	בָּנָיו	מִכָּל־	וַיִּפְרֹץ
-lᵊkol	bɔnɔʸw	-mikkol	wayyipᵊroṣ
all(e)-(in=)zu	Söhne-seine	all(e)-(als-mehr=)von	aus-sich-breitete-er-und

עָרֵי	לְכֹל	וּבִנְיָמִן	יְהוּדָה	אַרְצוֹת
ʿɔreʸ	lᵊkol	uʷbinᵊyɔmin	yᵊhuʷdɔʰ	ʾarᵊṣoʷt
(mit)-Städte	all(e)-(auf=)zu	,Benjamin(s)-und	Juda(s)	(Gegenden=)Länder

הַמָּזוֹן	לָהֶם	וַיִּתֵּן	הַמְּצֻרוֹת
hammɔzoʷn	lɔhɛm	wayyitten	hammᵊṣuroʷt
Nahrung-die	ihnen-(zu)	gab-er-und	,Befestigungen-(den=)die

נָשִׁים׃	הֲמוֹן	וַיִּשְׁאַל	לָרֹב
nɔšiʸm.	hᵃmoʷn	wayyišᵊʾal	lɔrob
.Frauen	Menge-(eine)	wünschte-er-und	(Fülle-in=)Menge-zur

12

כְּהָכִין	1 וַיְהִי
kᵊhɔkiʸn	wayᵊhiʸ
(war-gefestigt-als=)Festigen-ein-wie	,war-(es=)er-(Doch=)Und

וּכְחֶזְקָתוֹ	רְחַבְעָם	מַלְכוּת
uʷkᵊḥɛzᵊqɔtoʷ	rᵊḥabᵊʿɔm	malᵊkuʷt
,(erstarkte-er=)Erstarken-sein-(sobald=)wie-und	Rechabeam(s)	Königreich-(das)

עִמּוֹ׃	יִשְׂרָאֵל	וְכָל־	יְהוָה	אֶת־תּוֹרַת	עָזַב
ʿimmoʷ.	yiśᵊrɔʾel	-wᵊkol	yᵊhwɔʰ	toʷrat-ʾɛt	ʿɔzab
.ihm-mit	Israel	(ganz=)all-und	,JHWH(s)	Weisung-(die)***	verließ-er

לַמֶּלֶךְ	הַחֲמִישִׁית	בַּשָּׁנָה	2 וַיְהִי
lammɛlɛk	haḥᵃmiʸšiʸt	baššɔnɔʰ	wayᵊhiʸ
König(s)-(des=)zu	fünfte(n)-(dem=)die	Jahr-im	(geschah=)war-(es=)er-Und

מֶלֶךְ־	שִׁישַׁק	עָלָה	רְחַבְעָם
-mɛlɛk	šiʸšaq	ʿɔlɔʰ	rᵊḥabᵊʿɔm
(von)-König-(der)	,Schischak	(heran-zog=)auf-stieg-(es=)er	,Rechabeam

כִּי	יְרוּשָׁלָםִ	עַל־	מִצְרַיִם
kiʸ	yᵊruʷšɔlɔim	-ʿal	miṣᵊrayim
(weil=)denn —	Jerusalem	(gegen=)auf	,Ägypten

3 בְּאֶלֶף	בַּיהוָה׃	מָעֲלוּ
b^{ə}ʾɛlɛp	bayhwɔ^{h}.	mɔ^{ca}lu^{w}
tausend-(mit=)in	— JHWH-(gegen=)in	geworden-untreu-waren-sie

פָּרָשִׁים	אֶלֶף	וּבְשִׁשִּׁים	רֶכֶב	וּמָאתַיִם
pɔrɔši^{y}m	ʾɛlɛp	u^{w}b^{ə}šišši^{y}m	rɛkɛb	u^{w}mɔʾtayim
,Reiter(n)	tausend	-sechzig-(mit=)in-und	(Kampf)wagen	zweihundert(e)-und

לָעָם	מִסְפָּר	וְאֵין
lɔ^{c}ɔm	mis^{ə}pɔr	w^{ə}ʾe^{y}n
,(Kriegs)volk-das-(für=)zu	Zahl-(eine)	(gab-es=)ist-nicht-und

לוּבִים	מִמִּצְרַיִם	עִמּוֹ	בָּאוּ	אֲשֶׁר־
lu^{w}bi^{y}m	mimmiṣ^{ə}rayim	^{c}immo^{w}	bɔʾu^{w}	-^{ʾa}šɛr
,Lubier	:Ägypten-(aus=)von	ihm-mit	kamen-(sie)	welch(e)-,(die-für)

אֶת־עָרֵי	4 וַיִּלְכֹּד	וְכוּשִׁים׃	סֻכִּיִּים
^{c}ɔre^{y}-ʾɛt	wayyil^{ə}kod	w^{ə}ku^{w}ši^{y}m.	sukki^{y}yi^{y}m
(mit)-Städte-(die)	(eroberte=)ein-nahm-er-Und	.Kuschiter-und	Sukkier

לִיהוּדָה	אֲשֶׁר	הַמְּצֻרוֹת
li^{y}hu^{w}dɔ^{h}	^{ʾa}šɛr	hamm^{ə}ṣuro^{w}t
,Juda-(verfügte=)zum	(die=)welch(e)-(über)	,Befestigungen-(den=)die

אֶל־	בָּא	הַנָּבִיא	5 וּשְׁמַעְיָה	יְרוּשָׁלָם׃	עַד־	וַיָּבֹא
-ʾɛl	bɔʾ	hannɔbi^{y}ʾ	u^{w}š^{ə}ma^{cə}yɔ^{h}	y^{ə}ru^{w}šɔlɔim.	-^{c}ad	wayyɔboʾ
zu	kam-(er)	,Prophet-der	,Schemaja-Und	.Jerusalem	bis	kam-er-und

אֲשֶׁר־	יְהוּדָה	וְשָׂרֵי	רְחַבְעָם
-^{ʾa}šɛr	y^{ə}hu^{w}dɔ^{h}	w^{ə}śɔre^{y}	r^{ə}ḥab^{əc}ɔm
(die=)welch(e)	,Juda	(von)-Ober(st)e(n)-(den)-und	Rechabeam

יְרוּשָׁלָם	אֶל־	נֶאֶסְפוּ
y^{ə}ru^{w}šɔlaim	-ʾɛl	nɛʾɛs^{ə}pu^{w}
Jerusalem	(nach=)zu	(zurück-zogen-sich=)versammelt-wurden-(sie)

כֹּה־	לָהֶם	וַיֹּאמֶר	שִׁישָׁק	מִפְּנֵי
-ko^{h}	lɔhɛm	wayyoʾmɛr	ši^{y}šɔq	mipp^{ə}ne^{y}
So	:ihnen-zu	sprach-er-und	,Schischak	(wegen=)Gesichter-von

אֹתִי	עֲזַבְתֶּם	אַתֶּם	יְהוָה	אָמַר
ʾoti^{y}	^{ca}zab^{ə}tɛm	ʾattɛm	y^{ə}hwɔ^{h}	ʾɔmar
,mich	verlassen-habt-ihr	,Ihr	:JHWH	(spricht=)sprach-(es=er)

שִׁישָׁק׃ בְּיַד־ אֶתְכֶם עָזַבְתִּי אֲנִי וְאַף־
šiʸšɔq. -bᵊyad ʾɛtᵊkɛm ʿɔzabᵊtiʸ ʾᵃniʸ -wᵊʾap
!Schischak (von)-Hand-(der)-in euch (ver)lasse-ich ,ich auch-(so=)und

יִשְׂרָאֵל שָׂרֵי־ וַיִּכָּנְעוּ 6
yiśᵊrɔʾel -śɔreʸ wayyikkɔnᵃʿuʷ
Israel (von)-Ober(st)e(n)-(die) sich-(demütigten=)beugten-(es=sie)-(Da=)Und

יְהוָה׃ צַדִּיק וַיֹּאמְרוּ וְהַמֶּלֶךְ
yᵊhwɔʰ. ṣaddiʸq wayyoʾmᵊruʷ wᵊhammɛlɛk
!JHWH (ist)-Gerechter-(Ein) :sprachen-sie-und ,König-der-und

כִּי יְהוָה וּבִרְאוֹת 7
kiʸ yᵊhwɔʰ uʷbirᵊʾoʷt
dass ,JHWH (gewahrte-nun-Als=)Sehen-in-Und

דְבַר־ הָיָה נִכְנָעוּ
-dᵊbar hɔyɔʰ nikᵊnɔʿuʷ
Wort-(das) (erging=)war-(es=er) ,(gedemütigt-hatten=)beugten-sich-sie

לֵאמֹר שְׁמַעְיָה אֶל־ יְהוָה
leʾmor šᵊmaʿᵊyɔʰ -ʾɛl yᵊhwɔʰ
:(sagend=)sagen-zu ,Schemaja (an=)zu JHWH(s)

אַשְׁחִיתֵם לֹא נִכְנְעוּ
ʾašᵊḥiʸtem loʾ nikᵊnᵃʿuʷ
;sie-(vernichten=)verderben-will-ich nicht ,(gedemütigt=)gebeugt-sich-haben-Sie

כִּמְעַט לָהֶם וְנָתַתִּי
kimᵃʿaṭ lɔhɛm wᵊnɔtattiʸ
Weniges-(ein=)wie ihnen-(zu) gebe-ich-(sondern=)und

תִתַּךְ וְלֹא־ לִפְלֵיטָה
tittak -wᵊloʾ lipᵊleʸṭɔʰ
sich-ergießen-(soll=)wird-(es=sie) nicht-und ,(Rettung-zur=)Entrinnen-zu

שִׁישָׁק׃ בְּיַד־ בִּירוּשָׁלִָם חֲמָתִי
šiʸšɔq. -bᵊyad biʸruʷšɔlaim ḥᵃmɔtiʸ
.Schischak (durch=)Hand-in Jerusalem-(über=)in (Grimm)glut-meine

לַעֲבָדִים לוֹ יִהְיוּ־ כִּי 8
laʿᵃbɔdiʸm loʷ -yihᵊyuʷ kiʸ
,Dienstknechte-(als=)zu ihm-(bei=)zu sein-(sollen=)werden-sie (Doch=)Wenn

וַעֲבוֹדַת	עֲבוֹדָתִי	וְיֵדְעוּ
waʿabowdat	ʿabowdɔtiy	wəyedəʿuw
Dienst-(den)-und	Dienst-mein(en)	(kennen-lernen=)wissen-sie-(damit=)und

9 וַיַּעַל	הָאֲרָצוֹת׃	מַמְלְכוֹת
wayyaʿal	hɔʾarɔṣowt.	maməlәkowt
(heran=)hinauf-zog-(es=er)-(Da=)Und	!Länder-(der=)die	Königreiche-(der)

יְרוּשָׁלִָם	עַל־	מִצְרַיִם	מֶלֶךְ־	שִׁישַׁק
yəruwšɔlaim	-ʿal	miṣərayim	-mɛlɛk	šiyšaq
Jerusalem	(gegen=)auf	,Ägypten	(von)-König-(der)	,Schischak

יְהוָה	בֵּית־	אֶת־אֹצְרוֹת	וַיִּקַּח
yəhwɔh	-beyt	ʾoṣərowt-ʾɛt	wayyiqqaḥ
JHWH(s)	(Tempel)haus-(im)	Schätze-(die)***	nahm-(er)-und

אֶת־הַכֹּל	הַמֶּלֶךְ	בֵּית	וְאֶת־אֹצְרוֹת
hakkol-ʾɛt	hammɛlɛk	beyt	ʾoṣərowt-wəʾɛt
all(es)-das***	,König(s)-(des=)der	(Palast=)Haus-(im)	Schätze-(die)***und

אֲשֶׁר	הַזָּהָב	אֶת־מָגִנֵּי	וַיִּקַּח	לָקָח
ʾašɛr	hazzɔhɔb	mɔginney-ʾɛt	wayyiqqaḥ	lɔqɔḥ
welch(e)	,Gold-(dem=)das	(aus)-Schilde-(die)-mit	nahm-er-und	nahm-er

שְׁלֹמֹה׃	עָשָׂה
šəlomoh.	ʿɔśɔh
.(Salomo=)Schelomo	(lassen-fertigen-hatte=)machte-(es=er)

רְחַבְעָם	הַמֶּלֶךְ	10 וַיַּעַשׂ
rəḥabəʿɔm	hammɛlɛk	wayyaʿaś
Rechabeam	König-der	(fertigen-ließ=)machte-(es=)er-(Doch=)Und

וְהִפְקִיד	נְחֹשֶׁת	מָגִנֵּי	תַּחְתֵּיהֶם
wəhipəqiyd	nəḥošɛt	mɔginney	taḥəteyhɛm
übergab-er-(die=)und	,Erz	(von)-Schilde	(statt-ihrer-an=)ihnen-unter

הָרָצִים	שָׂרֵי	יַד	עַל־
hɔrɔṣiym	śɔrey	yad	-ʿal
,(Eilboten=)Laufenden-(der=)die	Befehlshaber-(der)	Hand-(die)	(an=)auf

בֵּית	פֶּתַח	הַשֹּׁמְרִים
beyt	pɛtaḥ	haššoməriym
(Palast=)Haus-(zum)	Eingang-(den)	(waren)-bewachend(e)-die

מִדֵּי־	11 וַיְהִי	הַמֶּלֶךְ׃
-middeʸ	wayᵊhiʸ	hammɛlɛk.
(sooft=)Genüge-von	(,geschah=)war-(es=)er-Und	.König(s)-(des=)der

יְהוָה	בֵּית	הַמֶּלֶךְ	בֹּוא
yᵊhwɔʰ	beʸt	hammɛlɛk	boʷʾ
JHWH(s)	(Tempel)haus-(das-in)	König-der	(ging=)Kommen-(ein)

וּנְשָׂאוּם	הָרָצִים	בָּאוּ
uʷnᵊśɔʾuʷm	hɔrɔṣiʸm	bɔʾuʷ
.sie-trugen-(sie)-und	(Eilboten=)Laufenden-die	kamen-(es=sie)

תָּא	אֶל־	וֶהֱשִׁבוּם
tɔʾ	-ʾɛl	wɛhᵉšibuʷm
Wachtzimmer	zu(m)	sie-zurück-brachten-sie-(Hernach=)Und

הָרָצִים׃
hɔrɔṣiʸm.
.(Eilboten=)Laufenden-(der=)die

12 וּבְהִכָּנְעוֹ
uʷbᵊhikkɔnᵊʿoʷ
(demütigte-sich-er-weil=)Sichbeugen-sein(em)-in-(Indes=)Und

וְלֹא	יְהוָה	אַף־	מִמֶּנּוּ	שָׁב
wᵊloʾ	yᵊhwɔʰ	-ʾap	mimmɛnnuʷ	šɔb
nicht-(um=)und	JHWH(s)	Zorn-(der)	ihm-von	ab-(ließ=)kehrte-(es=er)

הָיָה	בִּיהוּדָה	וְגַם	לְכָלָה	לְהַשְׁחִית
hɔyɔʰ	biʸhuʷdɔʰ	wᵊgam	lᵊkɔlɔʰ	lᵊhašᵊḥiʸt
war(en)-(es=er)	Juda-in	auch-und	,Vernichtung-zu(r)-(bis)	verderben-zu

הַמֶּלֶךְ	13 וַיִּתְחַזֵּק	טוֹבִים׃	דְּבָרִים
hammɛlɛk	wayyitᵊḥazzeq	ṭoʷbiʸm.	dᵊbɔriʸm
König-der	sich-festigte-(es=)er-(Und)	.gut(e)	(Dinge=)Worte-(die)

בֶּן־	כִּי	וַיִּמְלֹךְ	בִּירוּשָׁלַםִ	רְחַבְעָם
-bɛn	kiʸ	wayyimᵊlok	biʸruʷšɔlaim	rᵊḥabᵊʿɔm
(alt=)(von)-Sohn	denn	;herrschte-(er)-und	Jerusalem-in	Rechabeam

רְחַבְעָם	שָׁנָה	וְאַחַת	אַרְבָּעִים
rᵊḥabᵊʿɔm	šɔnɔʰ	wᵊʾaḥat	ʾarᵊbɔʿiʸm
Rechabeam-(war)	Jahr	ein(e)-und	vierzig

שָׁנָה	עֶשְׂרֵה	וְשֶׁבַע	בְּמָלְכוֹ
šɔnɔʰ	ᶜɛśᵊreʰ	uʷšᵃbaᶜ	bᵊmolᵊkoʷ
Jahr(e)	zehn	-sieb(en)-und	(wurde-König-er-als=)Herrschen-seinem-(bei=)in

אֲשֶׁר־	הָעִיר	בִּירוּשָׁלַםִ	מָלַךְ
-ᵓᵃšɛr	hɔᶜiʸr	biʸruʷšɔlaim	mɔlak
welch(e)	,Stadt-(der=)die	,Jerusalem-in	(König-als)-regierte-er

לָשׂוּם	יְהוָה	בָּחַר
lɔśuʷm	yᵊhwɔʰ	bɔḥar
(niederzulegen-um=)setzen-zu	JHWH	erwählt-hat-(es=er)

יִשְׂרָאֵל	שִׁבְטֵי	מִכֹּל	שָׁם	אֶת־שְׁמוֹ
yiśᵊrɔᵓel	šibᵊṭeʸ	mikkol	šɔm	šᵊmoʷ-ᵓɛt
.Israel(s)	Stämme(n)-(den)	all-(aus=)von	dort	Name(n)-sein(en)***

הָעַמֹּנִית׃	נַעֲמָה	אִמּוֹ	וְשֵׁם
hɔᶜammoniʸt.	naᶜᵃmɔʰ	ᵓimmoʷ	wᵊšem
.Ammoniterin-die	,Naama-(war)	Mutter-sein(er)	Name-(der)-Und

הֵכִין	לֹא	כִּי	הָרָע	14 וַיַּעַשׂ
hekiʸn	loᵓ	kiʸ	hɔrɔᶜ	wayyaᶜaś
(aus-richtete=)bereit-stellte-er	nicht	denn	,Böse-das	(tat=)machte-er-Und

15 וְדִבְרֵי	אֶת־יְהוָה׃	לִדְרוֹשׁ	לִבּוֹ
wᵊdibᵊreʸ	yᵊhwɔʰ-ᵓɛt.	lidᵊroʷš	libboʷ
(unter)-(Ereignisse=)Worte-(die)-Und	.JHWH***	suchen-zu-(um)	Herz-sein

הֵם	הֲלֹא־	וְהָאַחֲרוֹנִים	הָרִאשֹׁנִים	רְחַבְעָם
hem	-hᵃloᵓ	wᵊhɔᵓaḥarowniʸm	hɔriᵓšoniʸm	rᵊḥabᵊᶜɔm
(sind)-sie	nicht-etwa	,späteren-die-und	(früheren=)ersten-die	,Rechabeam

שְׁמַעְיָה	בְּדִבְרֵי	כְּתוּבִים
šᵊmaᶜᵊyɔʰ	bᵊdibᵊreʸ	kᵊtuʷbiʸm
,Schemaja	(von)-(Berichten=)Worte(n)-(den)-in	geschrieben(e)

לְהִתְיַחֵשׂ	הַחֹזֶה	וְעִדּוֹ	הַנָּבִיא
lᵊhitᵊyaḥeś	haḥozɛʰ	wᵊᶜiddoʷ	hannɔbiʸᵓ
?Registrieren-zu(m)	,Seher-(dem=)der	,Iddo(s)-und	,Prophet(en)-(dem=)der

וְיָרָבְעָם	רְחַבְעָם	וּמִלְחֲמוֹת
wᵊyɔrobᵊᶜɔm	rᵊḥabᵊᶜɔm	uʷmilᵊḥᵃmoʷt
Jarobeam(s)-und	Rechabeam(s)	Kämpfe-(die)-(Indes=)Und

כָּל־הַיָּמִים׃ 16 וַיִּשְׁכַּב רְחַבְעָם
rᵊḥabᵃʿɔm wayyišᵊkab hayyɔmiʸm-kol.
Rechabeam legte-sich-(er)-(Als=)Und .(Zeit-ganze-die=)Tage-die-all-(währten)

עִם־ אֲבֹתָיו׃ וַיִּקָּבֵר
wayyiqqɔber ᵓᵃbotɔʸw. -ʿim
begraben-wurde-er-(da=)und ,(Vorfahren=)Väter(n)-seine(n) (zu=)mit

בְּעִיר דָּוִיד וַיִּמְלֹךְ אֲבִיָּה
ᵓᵃbiʸyɔʰ wayyimᵊlok dɔwiʸd bᵊʿiʸr
,Abija (König-wurde=)herrschte-(es=)er-und ,David(s) Stadt-(der)-in

בְּנוֹ תַּחְתָּיו׃
taḥᵊtɔʸw. bᵊnoʷ
.(statt-seiner-an=)ihm-unter ,Sohn-sein

13

1 בִּשְׁנַת שְׁמוֹנֶה עֶשְׂרֵה לַמֶּלֶךְ יָרָבְעָם
yɔrobᵊʿɔm lammɛlɛk ʿɛśᵊreʰ šᵊmoʷnɛʰ bišᵊnat
,Jarobeam König(s)-(des=)zu zehn -acht Jahr-(dem)-In

וַיִּמְלֹךְ אֲבִיָּה עַל־ יְהוּדָה׃ 2 שָׁלוֹשׁ
šɔloʷš yᵊhuʷdɔʰ. -ʿal ᵓᵃbiʸyɔʰ wayyimᵊlok
Drei .Juda (über=)auf Abija (König-wurde=)herrschte-(da=)und

שָׁנִים מָלַךְ בִּירוּשָׁלִָם וְשֵׁם
wᵊšem biʸruʷšɔlaim mɔlak šɔniʸm
Name-(der)-Und .Jerusalem-in (König-als)-regierte-er Jahre

אִמּוֹ מִיכָיָהוּ בַת־ אוּרִיאֵל מִן־גִּבְעָה׃
gibᵊʿɔʰ-min. ᵓuʷriʸᵓel -bat miʸkɔyɔhuʷ ᵓimmoʷ
.Gibea-(aus=)von Uriel(s) Tochter-(die) ,Michaja(hu) (war)-Mutter-sein(er)

וּמִלְחָמָה הָיְתָה בֵּין אֲבִיָּה וּבֵין יָרָבְעָם׃
yɔrobᵊʿɔm. uʷbeʸn ᵓᵃbiʸyɔʰ beʸn hɔyᵊtɔʰ uʷmilᵊḥɔmɔʰ
.Jarobeam (zwischen)-und Abija zwischen war-(es=sie) Krieg-Und

3 וַיֶּאְסֹר אֲבִיָּה אֶת־הַמִּלְחָמָה
hammilᵊḥɔmɔʰ-ᵓɛt ᵓᵃbiʸyɔʰ wayyɛᵓᵊsor
Krieg-(den=)der*** Abija (ent)fesselte-(es=)er-(Und)

בְּחַיִל גִּבּוֹרֵי מִלְחָמָה אַרְבַּע־מֵאוֹת
meᵓoʷt-ᵓarᵊbaʿ milᵊḥɔmɔʰ gibboʷreʸ bᵊḥayil
-hundert(e)-vier ,Krieg(s)- mannen-wackere(n) (von)-Heer-(einem)-(mit=)in

וְיָרָבְעָם	בָּחוּר	אִישׁ	אֶלֶף
wəyɔrobəʿɔm	bɔḥuwr	ʾiyš	ʾɛlɛp
Jarobeam-(während=)und	,auserlesen(e)	(Mannen=)Mann	tausend

בִּשְׁמוֹנֶה	מִלְחָמָה	עִמּוֹ	עָרַךְ
bišəmownɛh	miləḥɔmɔh	ʿimmow	ʿɔrak
-acht-(mit=)in	Schlacht-(zur)	ihn-(gegen=)mit	(rüstete=)ordnete-(er)

חָיִל׃	גִּבּוֹר	בָּחוּר	אִישׁ	אֶלֶף	מֵאוֹת
ḥɔyil.	gibbowr	bɔḥuwr	ʾiyš	ʾɛlɛp	meʾowt
.Kriegs-	held(en)	erlesen(er)	Mann	tausend	-hundert(e)

לְהַר	מֵעַל	אֲבִיָּה	4 וַיָּקָם
ləhar	meʿal	ʾabiyyɔh	wayyɔqom
Berg-(den=)zu	(auf-oben=)auf-von	Abija	(sich-stellte=)auf-stand-(es=)er-Und

אֶפְרָיִם	בְּהַר	אֲשֶׁר	צְמָרַיִם
ʾɛpərɔyim	bəhar	ʾašɛr	ṣəmɔrayim
,(liegt)-Ephraim	(Gebirge=)Berg-(dem)-in	(der=)welch(er)	,Zemaraim

יִשְׂרָאֵל׃	וְכָל־	יָרָבְעָם	שְׁמָעוּנִי	וַיֹּאמַר
yiśərɔʾel.	-wəkol	yɔrobəʿɔm	šəmɔʿuwniy	wayyoʾmɛr
!Israel	(ganz=)all-und	Jarobeam	,mich-(an)-Hört	:sprach-(er)-und

יְהוָה	כִּי	לָדַעַת	לָכֶם	5 הֲלֹא
yəhwɔh	kiy	lɔdaʿat	lɔkɛm	haloʾ
,JHWH	dass	,wissen-zu	euch-(an-es-ist=)zu	nicht-Etwa

מַמְלָכָה	נָתַן	יִשְׂרָאֵל	אֱלֹהֵי
maməlɔkɔh	nɔtan	yiśərɔʾel	ʾelohey
Königtum-(das)	(verliehen-hat=)gab-(er)	,Israel	(von)-(Gott-der=)Götter-(die)

לוֹ	לְעוֹלָם	יִשְׂרָאֵל	עַל־	לְדָוִיד
low	ləʿowlɔm	yiśərɔʾel	-ʿal	lədɔwiyd
ihm-(zu)	,(immer-für=)ewig-zu	Israel	(über=)auf	David-(dem=)zu

מֶלַח׃	בְּרִית	וּלְבָנָיו
mɛlaḥ.	bəriyt	uwləbɔnɔyw
?Salz-	bund-(einen)-(durch)	Söhne(n)-seine(n)-(zu)-und

עֶבֶד	בֶּן־נְבָט	יָרָבְעָם	6 וַיָּקָם
ʿɛbɛd	nəbɔṭ-bɛn	yɔrobəʿɔm	wayyɔqom
Knecht-(der)	,Nebat(s)-Sohn	Jarobeam	auf-stand-(es=)er-(Doch=)Und

עַל־	וַיִּמְרֹד	בֶּן־דָּוִיד	שְׁלֹמֹה
-ʿal	wayyimᵊrod	dɔwiʸd-bɛn	šᵊlomoʰ
(gegen=)auf	sich-empörte-(er)-und	,David(s)-Sohn	(Salomos=)Schelomo(s)

אֲנָשִׁים	עָלָיו	7 וַיִּקָּבְצוּ	אֲדֹנָיו׃
ᵓᵃnɔšiʸm	ʿɔlɔʸw	wayyiqqɔbᵊṣuʷ	ᵓᵃdonɔʸw.
(Leute=)Männer	ihn-(um=)auf	sich-sammelten-(es=)sie-Und	.Herr(e)n-seine(n)

בְלִיַּעַל	בְּנֵי	רֵקִים
bᵊliʸyaʿal	bᵊneʸ	reqiʸm
,(Schurken=)Nichtswürdigkeit	-(von)-Söhne	,(leichtfertige=)leere

רְחַבְעָם	עַל־	וַיִּתְאַמְּצוּ
rᵊḥabᵊʿɔm	-ʿal	wayyitᵊᵓammᵊṣuʷ
Rechabeam	(gegen=)auf	(auf-sich-lehnten=)trotzten-(sie)-und

נַעַר	הָיָה	וּרְחַבְעָם	בֶּן־שְׁלֹמֹה
naʿar	hɔyɔʰ	uʷrᵊḥabᵊʿɔm	šᵊlomoʰ-bɛn
(jung=)Knabe	war-(er)	Rechabeam-(denn=)und	;(Salomos=)Schelomo(s)-Sohn

הִתְחַזַּק	וְלֹא	לֵבָב	וְרַךְ־
hitᵊḥazzaq	wᵊloᵓ	lebɔb	-wᵊrak
stark-sich-zeigte-er	nicht-und	Herz(ens)	(zaghaften=)schwach-und

אַתֶּם	8 וְעַתָּה	לִפְנֵיהֶם׃
ᵓattɛm	wᵊʿattɔʰ	lipᵊneʸhɛm.
(seid)-ihr	nun-(Doch=)Und	.(ihnen-vor=)Gesichtern-ihren-zu

לִפְנֵי	לְהִתְחַזֵּק	אֹמְרִים
lipᵊneʸ	lᵊhitᵊḥazzeq	ᵓomᵊriʸm
(gegenüber=)Gesichter-zu	stark-sich-zeigen-zu	(denkend=)sagend(e)

וְאַתֶּם	דָוִיד	בְּנֵי	בְּיַד	יְהוָה	מַמְלֶכֶת
wᵊᵓattɛm	dɔwiʸd	bᵊneʸ	bᵊyad	yᵊhwɔʰ	mamᵊlɛkɛt
ihr-(da=)und	,David-	söhne-(der)	Hand-(der)-in	JHWH(s)	Königtum-(dem)

עֶגְלֵי	וְעִמָּכֶם	רָב	הָמוֹן
ʿɛgᵊleʸ	wᵊʿimmɔkɛm	rɔb	hɔmoʷn
(aus)-Kälber-(die)	euch-(bei=)mit-und	(seid)-(gewaltiger=)groß(er)	Haufe-(ein)

לָכֶם	עָשָׂה	אֲשֶׁר	זְהָב
lɔkɛm	ʿɔśɔʰ	ᵓᵃšɛr	zɔhɔb
euch-(für=)zu	(anfertigen-ließ=)machte-(er)	(die=)welch(e)	,(sind)-Gold

אֶת־כֹּהֲנֵי	הִדַּחְתֶּם	9 הֲלֹא	לֵאלֹהִים׃	יָרָבְעָם
koh^{a}ne^{y}-^{ɔ}ɛt	hiddaḥ^{ə}tɛm	h^{a}lo^{ɔ}	le^{ɔ}lohi^{y}m.	yɔrob$^{ə c}$ɔm
Priester-(die)-***	verstoßen-habt-ihr	nicht-Etwa	.Götter-(als=)zu	Jarobeam

וְהַלְוִיִּם	אַהֲרֹן	אֶת־בְּנֵי	יְהוָה
w^{ə}hal^{ə}wi^{y}yim	^{ɔ}ah^{a}ron	b^{ə}ne^{y}-^{ɔ}ɛt	y^{ə}hwɔ^{h}
,Leviten-die-und	(Aarons=)Aharon(s)	Söhne-(die)***	,JHWH(s)

כְּעַמֵּי	כֹּהֲנִים	לָכֶם	וַתַּעֲשׂוּ
k$^{ə c}$amme^{y}	koh^{a}ni^{y}m	lɔkɛm	watta^{ca}śu^{w}
(von)-Völker-(die)-wie	Priester	euch-(für=)zu	machtet-ihr-und

הַבָּא	כָּל־	הָאֲרָצוֹת
habbɔ^{ɔ}	-kol	hɔ^{ɔa}rɔṣo^{w}t
(war)-kommend(er)-der	,(Jeder=)All	?(Heiden)länder(n)-(den=)die

יָדוֹ	לְמַלֵּא
yɔdo^{w}	l^{ə}malle^{ɔ}
(lassen-zu-einsetzen-sich=)Hand-seine	-füllen-zu-(um)

וְאֵילִם	בֶּן־בָּקָר	בְּפַר
w^{əɔ}e^{y}lim	bɔqɔr-bɛn	b^{ə}par
Widdern-und	(jungen=)Rind(es)-(eines)-Sohn	(Stier=)Farren-(einem)-(mit=)in

אֱלֹהִים׃	לְלֹא	כֹהֵן	וְהָיָה	שִׁבְעָה
^{ɔɛ}lohi^{y}m.	l^{ə}lo^{ɔ}	kohen	w^{ə}hɔyɔ^{h}	šib$^{ə c}$ɔ^{h}
.Götter	-(Un=)Nicht-(für=)zu	Priester	(wurde=)war-er-(der=)und	,sieben

וְלֹא	אֱלֹהֵינוּ	יְהוָה	10 וַאֲנַחְנוּ
w^{ə}lo^{ɔ}	^{ɔɛ}lohe^{y}nu^{w}	y^{ə}hwɔ^{h}	wa^{ɔa}naḥ^{ə}nu^{w}
nicht-(also=)und	— (Gott=)Götter-unser(e)	(ist)-JHWH —	wir-(Jedoch=)Und

וְכֹהֲנִים	עֲזַבְנֻהוּ
w^{ə}koh^{a}ni^{y}m	^{ca}zab^{ə}nuhu^{w}
Priester-(als)-und	,ihn-verlassen-haben-wir

בְּנֵי	לַיהוָה	מְשָׁרְתִים
b^{ə}ne^{y}	layhwɔ^{h}	m^{ə}šɔr^{ə}ti^{y}m
(von)-Söhne-(die)	JHWH-(vor=)zu	(Kultdienst-verrichtend=)dienend(e)-(sind)

בַּמְּלָאכֶת׃	וְהַלְוִיִּם	אַהֲרֹן
bam^{ə}lɔ^{ɔ}kɛt.	w^{ə}hal^{ə}wi^{y}yim	^{ɔ}ah^{a}ron
,(Amt-ihrem=)Arbeit-der-in	Leviten-die-und	(Aaron=)Aharon

לַיהוָה   וּמַקְטִרִים 11
layhwɔʰ   uʷmaqᵊṭiriʸm
JHWH(s)-(Ehren)-zu   (opfernd=)räuchernd(e)-(sind-sie)-und

בַּבֹּקֶר   בַּבֹּקֶר־   עֹלוֹת
babboqɛr   -babboqɛr   ʿoloʷt
(Morgen-für-Morgen=)Morgen-im-Morgen-im   (Brandopfer=)Hochopfer

וּקְטֹרֶת־   בָּעֶרֶב   וּבָעֶרֶב־
-uʷqᵊṭorɛt   bɔʿɛrɛb   -uʷbɔʿɛrɛb
(von)-Räucherwerk-und   ,(Abend-für-Abend=)Abend-im-Abend-im-und

עַל־הַשֻּׁלְחָן   לֶחֶם   וּמַעֲרֶכֶת   סַמִּים
haššulᵊḥɔn-ʿal   lɛḥɛm   uʷmaʿᵃrɛkɛt   sammiʸm
,Tisch-(dem=)der-auf   Brot(e)   Schichtung-(eine)-(betreuen)-und   Wohlgerüche(n)

הַזָּהָב   וּמְנוֹרַת   הַטָּהוֹר
hazzɔhɔb   uʷmᵊnoʷrat   haṭṭɔhoʷr
(goldenen=)Gold(es)-(des=)das   Leuchter-(einen)-und   reine(n)-(dem=)der

בָּעֶרֶב   לְבָעֵר   וְנֵרֹתֶיהָ
bɔʿɛrɛb   lᵊbɔʿer   wᵊnerotɛʸhɔ
-Abend-im   (anzünden-sie-die=)anzünden-zu   ,Lampen-(dessen=)ihre-und

אֲנַחְנוּ   שֹׁמְרִים   כִּי־   בָּעָרֶב
ʾᵃnaḥᵊnuʷ   šomᵊriʸm   -kiʸ   bɔʿɛrɛb
(sind)-wir   wahrend(e)   Denn   .(Abend-für-Abend=)Abend-im

אֱלֹהֵינוּ   יְהוָה   אֶת־מִשְׁמֶרֶת
ʾᵋloheʸnuʷ   yᵊhwɔʰ   mišᵊmɛrɛt-ʾɛt
,(Gottes-unseres=)Götter-unsere(r)   ,JHWH(s)   (Verfügung=)Wache-(die)***

עִמָּנוּ   וְהִנֵּה 12   אֹתוֹ׃   עֲזַבְתֶּם   וְאַתֶּם
ʿimmɔnuʷ   wᵊhinneʰ   ʾotoʷ.   ʿᵃzabᵊtɛm   wᵊʾattɛm
(ist)-uns-mit   ,siehe-Und   .ihn   verlassen-habt-ihr   ,ihr-(während=)und

וְכֹהֲנָיו   הָאֱלֹהִים   בָּרֹאשׁ
wᵊkohᵃnɔʸw   hɔʾᵋlohiʸm   bɔroʾš
,Priester-seine-und   (Gott=)Götter-die   (Spitze-der-an=)Haupt-dem-in

הַתְּרוּעָה   חֲצֹצְרוֹת
hat tᵊruʷʿɔʰ   waḥᵃṣoṣᵊroʷt
,Lärmzeichen-das-(sind)   Trompeten-(die)-(wobei=)und

לְהָרִיעַ עֲלֵיכֶם בְּנֵי יִשְׂרָאֵל אַל־
-ʾal yiśʾrɔʾel bʾneʸ ᶜaleʸkɛm lʾhɔriʸaᶜ
Nicht !Israel(s) (Nachkommen=)Söhne ,euch-(gegen=)auf lärmen-machen-zu

תִּלָּחֲמוּ עִם־יְהוָה אֱלֹהֵי־
-ʾᵋloheʸ yʾhwɔʰ-ᶜim tillɔḥᵃmuʷ
(Gott-den=)Götter-(die) ,JHWH-(gegen=)mit kämpfen-(dürft=)werdet-ihr

אֲבֹתֵיכֶם כִּי־לֹא תַצְלִיחוּ׃ 13 וְיָרָבְעָם
wʾyɔrobʾᶜɔm taṣʾliʸḥuʷ. loʾ-kiʸ ʾᵃboteʸkɛm
Jarobeam-(Aber=)Und !sein-erfolgreich-werdet-ihr nicht-denn ,Väter-eure(r)

הֵסֵב אֶת־הַמַּאֲרָב לָבוֹא
lɔboʷʾ hammaʾʾrɔb-ʾɛt heseb
(fallen=)kommen-zu-(um) Hinterhalt-(den=)der*** wenden-(ließ=)machte-(er)

מֵאַחֲרֵיהֶם וַיִּהְיוּ לִפְנֵי
lipʾneʸ wayyihʾyuʷ meʾaḥᵃreʸhɛm
(vor=)Gesichter-zu waren-sie-(sodass=)und ,ihnen-(Rücken-den-in=)hinter-von

יְהוּדָה וְהַמַּאֲרָב מֵאַחֲרֵיהֶם׃
meʾaḥᵃreʸhɛm. wʾhammaʾʾrɔb yʾhuʷdɔʰ
.(Rücken-seinem-in=)ihnen-hinter-von Hinterhalt-der-und Juda

14 וַיִּפְנוּ יְהוּדָה וְהִנֵּה
wʾhinneʰ yʾhuʷdɔʰ wayyipʾnuʷ
(war-da-,siehe=)siehe-und ,Juda umwandte(n)-sich-(es=sie)-(Als=)Und

לָהֶם הַמִּלְחָמָה פָּנִים וְאָחוֹר
wʾʾɔḥoʷr pɔniʸm hammilʾḥɔmɔʰ lɔhɛm
.hinten-und (vorne=)Gesichter Kampf-der (sie-gegen=)ihnen-zu

וַיִּצְעֲקוּ לַיהוָה וְהַכֹּהֲנִים מַחֲצֹצְרִים[מַחְצְרִים]
[maḥᵃṣʾriʸm]maḥᵃṣoṣʾriʸm wʾhakkohᵃniʸm layhwɔʰ wayyiṣʾᶜᵃquʷ
trompetend(e)-(waren) Priester-die-und ,JHWH-zu schrien-sie-(Da=)Und

בַּחֲצֹצְרוֹת׃ 15 וַיָּרִיעוּ
wayyɔriʸᶜuʷ baḥᵃṣoṣʾroʷt.
Kriegsgeschrei-erhoben-(es=)sie-und Trompeten-(den)-(mit=)in

אִישׁ יְהוּדָה וַיְהִי
wayʾhiʸ yʾhuʷdɔʰ ʾiʸš
,(geschah=)war-(es=)er-Und .Juda (von)-Mann(en)-(die)

יְהוּדָה	אִישׁ	בְּהָרִיעַ
yᵊhuʷdɔʰ	ʾiʸš	bᵊhɔriʸaʿ
,Juda	(von)-Mann(schaft)-(die)	Kriegsgeschrei-(erhob-als=)Erheben-in

יִשְׂרָאֵל	וְכָל־	אֶת־יָרָבְעָם	נָגַף	וְהָאֱלֹהִים
yiśᵊrɔʾel	-wᵊkol	yɔrobᵊʿɔm-ʾɛt	nɔgap	wᵊhɔʾᵋlohiʸm
Israel	(ganz=)all-und	Jarobeam***	schlug-(er)	(Gott=)Götter-die-(da=)und

בְּנֵי־	16 וַיָּנוּסוּ	וִיהוּדָה:	אֲבִיָּה	לִפְנֵי
-bᵊneʸ	wayyɔnuʷsuʷ	wiʸhuʷdɔʰ.	ʾᵃbiʸyɔʰ	lipᵊneʸ
(von)-Söhne-(die)	flohen-(es=)sie-Und	.Juda-und	Abija	(vor=)Gesichter-zu

וַיִּתְּנֵם	יְהוּדָה	מִפְּנֵי	יִשְׂרָאֵל
wayyittᵊnem	yᵊhuʷdɔʰ	mippᵊneʸ	yiśᵊrɔʾel
sie-gab-(es=er)-(hingegen=)und	,Juda	(vor=)Gesichter-von	Israel

בָּהֶם	17 וַיַּכּוּ	בְּיָדָם:	אֱלֹהִים
bɔhɛm	wayyakkuʷ	bᵊyɔdɔm.	ʾᵋlohiʸm
(sie-gegen=)ihnen-in	schlugen-(es=)sie-Und	.Hand-ihre-in	(Gott=)Götter

רַבָּה	מַכָּה	וְעַמּוֹ	אֲבִיָּה
rabbɔʰ	makkɔʰ	wᵊʿammoʷ	ʾᵃbiʸyɔʰ
,(gewaltigem=)viele	Schlag-(mit)	(Kriegs)volk-sein-und	Abija

אֶלֶף	חֲמֵשׁ־מֵאוֹת	מִיִּשְׂרָאֵל	חֲלָלִים	וַיִּפְּלוּ
ʾɛlɛp	meʾoʷt-ḥᵃmeš	miʸyiśᵊrɔʾel	ḥᵃlɔliʸm	wayyippᵊluʷ
tausend	-hundert(e)-fünf	Israel-von	Erschlagene-(als)	fielen-(es=)sie-und

18 וַיִּכָּנְעוּ	בָּחוּר:	אִישׁ
wayyikkɔnᵊʿuʷ	bɔḥuʷr.	ʾiʸš
(gedemütigt=)gebeugt-wurden-(es=sie)-(So=)Und	.erlesene(r)	Mann(en)

הַהִיא	בָּעֵת	יִשְׂרָאֵל	בְּנֵי־
hahiʸʾ	bɔʿet	yiśᵊrɔʾel	-bᵊneʸ
,da-jene(r)	,Zeit-der-(zu=)in	Israel	(von)-Söhne-(die)

נִשְׁעֲנוּ	כִּי	יְהוּדָה	בְּנֵי	וַיֶּאֶמְצוּ
nišᵊʿᵃnuʷ	kiʸ	yᵊhuʷdɔʰ	bᵊneʸ	wayyɛʾɛmᵊṣuʷ
stützten-sich-sie	da	,Juda	(von)-Söhne-(die)	stark-waren-(es=)sie-und

אֲבוֹתֵיהֶם:	אֱלֹהֵי	יְהוָה	עַל־
ʾᵃboʷteʸhɛm.	ʾᵋloheʸ	yᵊhwɔʰ	-ʿal
.Väter-ihre(r)	(Gott-den=)Götter-(die)	,JHWH	auf

יָרָבְעָם	אַחֲרֵי	אֲבִיָּה	19 וַיִּרְדֹּף
yɔrobᵊᶜɔm	ᵓaḥᵃreʸ	ᵓᵃbiʸyɔʰ	wayyirᵊdop
Jarobeam	nach	Abija	(setzte=)verfolgte-(es=)er-Und

אֶת־בֵּית־אֵל	עָרִים	מִמֶּנּוּ	וַיִּלְכֹּד
ᵓel-beʸt-ᵓɛt	ᶜɔriʸm	mimmɛnnuʷ	wayyilᵊkod
El-Beth-(nämlich=)***	,Städte	ihm-von	(eroberte=)ein-nahm-(es=er)-und

וְאֶת־יְשָׁנָה	וְאֶת־בְּנוֹתֶיהָ
yᵊšɔnɔʰ-wᵊᵓɛt	bᵊnoʷtɛʸhɔ-wᵊᵓɛt
Jeschana-***und	Töchter(städte)-(dessen=)ihre-***und

[עֶפְרַיִן]וְאֶת־עֶפְרוֹן	וְאֶת־בְּנוֹתֶיהָ
[ᶜɛpᵊrayin]ᶜɛpᵊroʷn-wᵊᵓɛt	bᵊnoʷtɛʸhɔ-wᵊᵓɛt
[Efrain]Ephron-***und	Töchter(städte)-(dessen=)ihre-und

כֹּחַ־	עָצַר	20 וְלֹא־	וּבְנֹתֶיהָ׃
-koaḥ	ᶜɔṣar	-wᵊloᵓ	uʷbᵊnotɛʸhɔ.
Kraft	behielt-(es=er)	nicht-(Aber=)Und	.Töchter(städte)-(dessen=)ihre-und

אֲבִיָּהוּ	בִּימֵי	עוֹד	יָרָבְעָם
ᵓᵃbiʸyɔhuʷ	biʸmeʸ	ᶜoʷd	yɔrobᵊᶜɔm
;Abija(hu)	(von)-Tage-(der)-(während=)in	(fortan=)noch	Jarobeam

וַיָּמֹת׃	יְהוָה	וַיִּגְּפֵהוּ
wayyɔmot.	yᵊhwɔʰ	wayyiggᵊpehuʷ
.starb-er-(dass-so=)und	,JHWH	ihn-schlug-(es=)er-und

אֲבִיָּהוּ	21 וַיִּתְחַזֵּק
ᵓᵃbiʸyɔhuʷ	wayyitᵊḥazzeq
,Abija(hu)	(mächtig-wurde=)sich-festigte-(es=er)-(Hingegen=)Und

עֶשְׂרֵה	אַרְבַּע	נָשִׁים	לוֹ	וַיִּשָּׂא־
ᶜɛśᵊreʰ	ᵓarᵊbaᶜ	nɔšiʸm	loʷ	-wayyiśśoᵓ
.zehn	-vier	Frauen	(sich=)ihm-zu	(nahm=)trug-er-und

וְשֵׁשׁ	בָּנִים	וּשְׁנַיִם	עֶשְׂרִים	וַיּוֹלֶד
wᵊšeš	bɔniʸm	uʷšᵊnayim	ᶜɛśᵊriʸm	wayyoʷlɛd
-sech(s)-und	Söhne	zwei-und	-zwanzig	(zeugte=)gebären-machte-er-Und

אֲבִיָּה	דִּבְרֵי	22 וְיֶתֶר	בָּנוֹת׃	עֶשְׂרֵה
ᵓᵃbiʸyɔʰ	dibᵊreʸ	wᵊyɛtɛr	bɔnoʷt.	ᶜɛśᵊreʰ
Abija	(unter)-(Ereignisse=)Worte-(der)	Rest-(den)-Und	.Töchter	zehn

וּדְבָרָיו	וּדְרָכָיו
uʷdᵊbɔrɔʸw	uʷdᵊrɔkɔʸw
(Reden=)Worte-seine-und	(Wandel-seinen=)Wege-seine-und

בְּמִדְרַשׁ	כְּתוּבִים
bᵊmidᵊraš	kᵊtuʷbiʸm
(Erklärung-der-in=)Midrasch-(im=)in	(aufgezeichnet=)geschrieben(e)-(sind)

עִם־	אֲבִיָּה	23 וַיִּשְׁכַּב	עִדּוֹ׃	הַנָּבִיא
-ʿim	ʾᵃbiʸyɔʰ	wayyišᵊkab	ʿiddoʷ.	hannɔbiʸʾ
(zu=)mit	Abija	legte-sich-(er)-(Als=)Und	.Iddo	Prophet(en)-(des=)der

בְּעִיר	אֹתוֹ	וַיִּקְבְּרוּ	אֲבֹתָיו
bᵊʿiʸr	ʾotoʷ	wayyiqᵊbᵊruʷ	ʾᵃbotɔʸw
Stadt-(der)-in	ihn	begruben-sie-(da=)und	,(Vorfahren=)Väter(n)-seine(n)

בְּנוֹ	אָסָא	וַיִּמְלֹךְ	דָּוִיד
bᵊnoʷ	ʾɔsɔʾ	wayyimᵊlok	dɔwiʸd
,Sohn-sein	,Asa	(König-wurde=)herrschte-(Sodann=)Und	.David(s)

הָאָרֶץ	שָׁקְטָה	בְּיָמָיו	תַּחְתָּיו
hɔʾɔrɛṣ	šɔqᵊṭɔʰ	bᵊyɔmɔʸw	taḥᵊtɔʸw
Land-das	Ruhe-hatte-(es=sie)	Tage(n)-seine(n)-In	.(statt-seiner-an=)ihm-unter

שָׁנִים׃	עֶשֶׂר
šɔniʸm.	ʿɛśɛr
.Jahre	zehn

14

הַטּוֹב	אָסָא	1 וַיַּעַשׂ
haṭṭoʷb	ʾɔsɔʾ	wayyaʿaś
(gut-was=)Gute-das	,Asa	(tat=)machte-(es=)er-(Und)

יְהוָה	בְּעֵינֵי	וְהַיָּשָׁר
yᵊhwɔʰ	bᵊʿeʸneʸ	wᵊhayyɔšɔr
,JHWH(s)	Augen-(zwei)-(den)-in	(war-recht-was=)Rechte-das-und

2 וַיָּסַר	אֱלֹהָיו׃
wayyɔsar	ʾᵋlohɔʸw.
(entfernte=)wenden-machte-er-(Und)	.(Gottes-seines=)Götter-seine(r)

וַיְשַׁבֵּר	וְהַבָּמוֹת	הַנֵּכָר	אֶת־מִזְבְּחוֹת
wayᵊšabber	wᵊhabbɔmoʷt	hannekɔr	mizᵊbᵊḥoʷt-ʾɛt
zerbrach-er-und	(Kult)höhen-die-und	Fremde-(der=)die	Altäre-(die)***

אֶת־הַמַּצֵּבוֹת hammaṣṣeboʷt-ʾɛt Standmale-die***
וַיְגַדַּע wayᵊgaddaᶜ zerschlug-(er)-und
אֶת־הָאֲשֵׁרִים׃ hɔʾᵃšeriʸm-ʾɛt. .Ascheren-die***

3 וַיֹּאמֶר wayyoʾmɛr (gebot=)sprach-er-(Ferner=)Und
לִיהוּדָה liʸhuʷdɔʰ Juda-(für=)zu
לִדְרוֹשׁ lidᵊroʷš (an-halten-zu-sich=)suchen-zu

אֶת־יְהוָה yᵊhwɔʰ-ʾɛt ,JHWH***
אֱלֹהֵי ʾᵉloheʸ (Gott-den=)Götter-(die)
אֲבוֹתֵיהֶם ʾᵃboʷteʸhɛm ,Väter-ihre(r)
וְלַעֲשׂוֹת wᵊlaᶜᵃśoʷt (erfüllen=)machen-zu-und

הַתּוֹרָה hattoʷrɔʰ Weisung-die
וְהַמִּצְוָה׃ wᵊhammiṣᵊwɔʰ. .Gebot-das-und
4 וַיָּסַר wayyɔsar (entfernte=)wenden-machte-er-Und

מִכָּל־ -mikkol all(en)-(aus=)von
עָרֵי ᶜɔreʸ (von)-Städte(n)
יְהוּדָה yᵊhuʷdɔʰ Juda
אֶת־הַבָּמוֹת habbɔmoʷt-ʾɛt (Kult)höhen-die***

וְאֶת־הַחַמָּנִים haḥammɔniʸm-wᵊʾɛt ,Sonnensäulen-die-***und
וַתִּשְׁקֹט wattišᵊqoṭ Ruhe-hatte-(es=)sie-und
הַמַּמְלָכָה hammamᵊlɔkɔʰ Königreich-das

לְפָנָיו׃ lᵊpɔnɔʸw. .(ihm-unter=)Gesichtern-seinen-zu
5 וַיִּבֶן wayyibɛn baute-er-(Dazu=)Und
עָרֵי ᶜɔreʸ städte
מְצוּרָה mᵊṣuʷrɔʰ Festung(s)-

בִּיהוּדָה biʸhuʷdɔʰ ,Juda-in
כִּי־ -kiʸ (weil=)wenn
שָׁקְטָה šɔqᵊṭɔʰ Ruhe-hatte-(es=sie)
הָאָרֶץ hɔʾɔrɛṣ ,Land-das
וְאֵין־ -wᵊʾeʸn war-nicht-und

עִמּוֹ ᶜimmoʷ (es-gegen=)ihm-mit
מִלְחָמָה milᵊḥɔmɔʰ Krieg-(ein)
בַּשָּׁנִים baššɔniʸm ,Jahre(n)-(den=)die-in
הָאֵלֶּה hɔʾellɛʰ ,da-diese(n)
כִּי־ -kiʸ (da=)denn

הֵנִיחַ heniʸaḥ (Ruhe-verschaffte=)ruhen-machte-(es=)er
יְהוָה yᵊhwɔʰ JHWH
לוֹ׃ loʷ. .ihm-(zu)
6 וַיֹּאמֶר wayyoʾmɛr sprach-er-Und

לִיהוּדָה liʸhuʷdɔʰ :Juda-zu
נִבְנֶה nibᵊnɛʰ (aus)bauen-(uns-Lasst=)werden-Wir
אֶת־הֶעָרִים hɛᶜoriʸm-ʾɛt ,Städte-die***
הָאֵלֶּה hɔʾellɛʰ ,da-diese

וּמִגְדָּלִים	חוֹמָה	וְנָסֵב
uʷmigᵊdɔliʸm	ḥoʷmɔʰ	wᵊnɔseb
,Türme(n)-und	Mauer-(mit)	umgeben-(uns-lasst=)werden-wir-und

הָאָרֶץ	עוֹדֶנּוּ	וּבְרִיחִים	דְּלָתַיִם
hɔʾɔrɛṣ	ʿoʷdɛnnuʷ	uʷbᵊriʸḥiʸm	dᵊlɔtayim
Land-das-(war)	(es=)ihn-Noch	!Riegelbalken-und	(Doppel)tore(n)

אֶת־יְהוָה	דָּרַשְׁנוּ	כִּי	לְפָנֵינוּ
yᵊhwɔʰ-ʾɛt	dɔrašᵊnuʷ	kiʸ	lᵊpɔneʸnuʷ
,JHWH***	suchten-wir	denn	,(uns-vor=)Gesichtern-unseren-zu

דָּרַשְׁנוּ	אֱלֹהֵינוּ
dɔrašᵊnuʷ	ʾᵋloheʸnuʷ
(ihn)-suchten-wir	,(Gott-unseren=)Götter-unsere

מִסָּבִיב	לָנוּ	וַיָּנַח
missɔbiʸb	lɔnuʷ	wayyɔnaḥ
.(ringsumher=)Umkreis-von	uns-(zu)	(Ruhe-verschaffte=)ruhen-machte-er-und

לְאָסָא	7 וַיְהִי	וַיַּצְלִיחוּ׃	וַיִּבְנוּ
lᵊʾɔsɔʾ	wayᵊhiʸ	wayyaṣᵊliʸḥuʷ.	wayyibᵊnuʷ
Asa-(von=)zu	war-(es=)er-(Und)	.Gelingen-hatten-sie-und	bauten-sie-Und

שְׁלֹשׁ	מִיהוּדָה	וָרֹמַח	צִנָּה	נֹשֵׂא	חַיִל
šᵊloš	miʸhuʷdɔʰ	wɔromaḥ	ṣinnɔʰ	nośeʾ	ḥayil
-drei	Juda-(aus=)von	:Lanze-und	Schild	tragend(er)	Heer-(ein)

מָגֵן	נֹשְׂאֵי	וּמִבִּנְיָמִן	אֶלֶף	מֵאוֹת
mɔgen	nośᵊʾeʸ	uʷmibbinᵊyɔmin	ʾɛlɛp	meʾoʷt
Schild	tragend(e)-(waren)	Benjamin-(aus=)von-und	,tausend	-hundert(e)

אָלֶף	וּשְׁמוֹנִים	מָאתַיִם	קֶשֶׁת	וְדֹרְכֵי
ʾɔlɛp	uʷšᵊmoʷniʸm	mɔʾtayim	qɛšɛt	wᵊdorᵊkeʸ
;tausend	-achtzig-und	-zweihundert	Bogen-(den)	(Spannende=)Tretende-und

8 וַיֵּצֵא	חָיִל׃	גִּבּוֹרֵי	אֵלֶּה	כָּל־
wayyeṣeʾ	ḥɔyil.	gibboʷreʸ	ʾellɛʰ	-kol
aus-zog-(Damals=)Und	.Streitmacht-(der)	Männer-wackere	(waren)-diese	all(e)

בְּחַיִל	הַכּוּשִׁי	זֶרַח	אֲלֵיהֶם
bᵊḥayil	hakkuʷšiʸ	zɛraḥ	ʾᵃleʸhɛm
(von)-Heer-(einem)-(mit=)in	,Kuschite-der	,Serach	(sie-gegen=)ihnen-zu

מֵאוֹת	שְׁלֹשׁ	וּמַרְכָּבוֹת	אֲלָפִים	אֶלֶף
meʾo^{w}t	š^{ə}loš	u^{w}mar^{ə}kɔbo^{w}t	^{ʾa}lɔpi^{y}m	ʾɛlɛp
.hundert(e)	-drei	(Kriegs)wagen-und	(Mann)-tausend(e)	tausend(mal)

אָסָא	9 וַיֵּצֵא	מָרֵשָׁה׃	עַד־	וַיָּבֹא
ʾɔsɔʾ	wayyeṣeʾ	mɔrešɔ^{h}.	-ʿad	wayyɔboʾ
Asa	aus-zog-(es=er)-(Nun=)Und	.Marescha	bis	kam-er-Und

וַיַּעַרְכוּ	לְפָנָיו
wayyaʿar^{ə}ku^{w}	l^{ə}pɔnɔ^{y}w
sich-(auf-stellten=)ordneten-sie-und	,(ihn=)Gesichter-seine-(gegen=)zu

לְמָרֵשָׁה׃	צְפָתָה	בְּגֵיא	מִלְחָמָה
l^{ə}mɔrešɔ^{h}.	ṣ^{ə}patɔ^{h}	b^{ə}ge^{y}ʾ	mil^{ə}ḥɔmɔ^{h}
.Marescha-(bei=)zu	(Zefata=)Zephata	Tal-(im=)in	Schlacht-(zur)

אֱלֹהָיו	יְהוָה	אֶל־	אָסָא	10 וַיִּקְרָא
^{ʾɛ}lohɔ^{y}w	y^{ə}hwɔ^{h}	-ʾɛl	ʾɔsɔʾ	wayyiq^{ə}rɔʾ
,(Gott-seinem=)Götter(n)-seine(n)	,JHWH	zu	Asa	rief-(es=er)-(Da=)Und

לַעְזוֹר	עִמְּךָ	אֵין־	יְהוָה	וַיֹּאמַר
laʿ^{ə}zo^{w}r	ʿimm^{ə}kɔ	-ʾe^{y}n	y^{ə}hwɔ^{h}	wayyoʾmar
helfen-zu	dir-(außer=)mit	(einen)-gibt-es-nicht	,JHWH	:sprach-(er)-und

כֹּחַ	לְאֵין	רַב	בֵּין
koaḥ	l^{ə}ʾe^{y}n	rab	be^{y}n
.Kraft	(ohne=)Nichts-(einem)-(und=)zu	Mächtig(en)-(einem)	zwischen

עָלֶיךָ	כִּי־	אֱלֹהֵינוּ	יְהוָה	עָזְרֵנוּ
ʿɔlɛ^{y}kɔ	-ki^{y}	^{ʾɛ}lohe^{y}nu^{w}	y^{ə}hwɔ^{h}	ʿoz^{ə}renu^{w}
dich-auf	denn	,(Gott-unser)Götter-unsere	,JHWH	,uns-Hilf

עַל־	בָּאנוּ	וּבְשִׁמְךָ	נִשְׁעַנּוּ
-ʿal	bɔʾnu^{w}	u^{w}b^{ə}šim^{ə}kɔ	niš^{ə}ʿannu^{w}
(gegen=)auf	gekommen-sind-wir	Namen-deinem-in-und	,uns-stütz(t)en-wir

אֱלֹהֵינוּ	יְהוָה	הַזֶּה	הֶהָמוֹן
^{ʾɛ}lohe^{y}nu^{w}	y^{ə}hwɔ^{h}	hazzɛ^{h}	hɛhɔmo^{w}n
(Gott-unser)Götter-unsere	,JHWH	!da-dies(en)	,(Heer)haufen-(den=)der

עִמְּךָ	יַעְצֹר	אַל־	אַתָּה
ʿimm^{ə}kɔ	yaʿ^{ə}ṣor	-ʾal	ʾattɔ^{h}
dir-(neben=)mit	(sich-behauptet=)auf-hält-(es=)er	nicht	,(bist)-du

אֶת־הַכּוּשִׁים	יְהוָה	11 וַיִּגֹּף	אֱנוֹשׁ׃
hakkuʷšiʸm-ʾɛt	yᵊhwɔʰ	wayyiggop	ʾᵉnoʷš.
Kuschiten-die***	JHWH	schlug-(es=er)-(Da=)Und	!Mensch-(ein)

יְהוּדָה	וְלִפְנֵי	אָסָא	לִפְנֵי
yᵊhuʷdɔʰ	wᵊlipᵊneʸ	ʾɔsɔʾ	lipᵊneʸ
,Juda	(vor=)Gesichter-zu-und	Asa	(vor=)Gesichter-zu

אָסָא	12 וַיִּרְדְּפֵם	הַכּוּשִׁים׃	וַיָּנֻסוּ
ʾɔsɔʾ	wayyirᵊdᵊpem	hakkuʷšiʸm.	wayyɔnusuʷ
Asa	sie-verfolgten-(es=)sie-(Doch=)Und	.Kuschiten-die	flohen-(es=)sie-und

לִגְרָר	עַד־	עִמּוֹ	אֲשֶׁר־	וְהָעָם
ligᵊrɔr	-ʿad	ʿimmoʷ	-ʾᵃšɛr	wᵊhɔʿɔm
,Gerar-(nach=)zu	bis	,(war)-ihm-(bei=)mit	welch(es)	,(Kriegs)volk-das-und

לְאֵין	מִכּוּשִׁים	וַיִּפֹּל
lᵊʾeʸn	mikkuʷšiʸm	wayyippol
Nichtsein-zu(m)-(bis)	Kuschiten-(den)-von	fiel(en)-(es=)er-und

נִשְׁבְּרוּ	כִּי־	מִחְיָה	לָהֶם
nišᵊbᵊruʷ	-kiʸ	miḥᵊyɔʰ	lɔhɛm
zerschmettert-wurden-sie	denn	,Lebenserhaltung	(sie-für=)ihnen-zu

מַחֲנֵהוּ	וְלִפְנֵי	יְהוָה	לִפְנֵי־
maḥᵃnehuʷ	wᵊlipᵊneʸ	yᵊhwɔʰ	-lipᵊneʸ
.(Heer)lager-sein(em)	(vor=)Gesichter-zu-und	JHWH	(vor=)Gesichter-zu

מְאֹד׃	הַרְבֵּה	שָׁלָל	וַיִּשְׂאוּ
mᵊʾod.	harᵊbeʰ	šɔlɔl	wayyiśᵊʾuʷ
.sehr	(reichlich=)Vieles-(ein)	Beute-(an)	(davon)-trugen-sie-Und

גְּרָר	סְבִיבוֹת	הֶעָרִים	כָּל־	אֵת	13 וַיַּכּוּ
gᵊrɔr	sᵊbiʸboʷt	hɛʿɔriʸm	-kol	ʾet	wayyakkuʷ
,Gerar	(um-rings=)Umgebungen	Städte-die	all	***	schlugen-sie-Und

עֲלֵיהֶם	יְהוָה	פַּחַד־	הָיָה	כִּי־
ʿᵃleʸhɛm	yᵊhwɔʰ	-paḥad	hɔyɔʰ	-kiʸ
,ihnen-auf	JHWH(s)	Schrecken-(der)	(lag=)war-(es=)er	denn

הָיְתָה	רַבָּה	בִזָּה	כִּי־	אֶת־כָּל־הֶעָרִים	וַיָּבֹזּוּ
hɔyᵊtɔʰ	rabbɔʰ	bizzɔʰ	-kiʸ	hɛʿɔriʸm-kol-ʾɛt	wayyɔbozzuʷ
war-(es=sie)	reichliche	Beute	denn	,Städte-die-all***	plünderten-sie-und

הִכּוּ	מִקְנֶה	אָהֳלֵי	14 וְגַם־	בָּהֶם:
hikku^{w}	miq^{ə}nɛ^{h}	ʾoh^{o}le^{y}	-w^{ə}gam	bɔhɛm.
schlugen-sie	Vieh-(dem)	(mit)-Zelte-(die)	auch-Und	.ihnen-in

וּגְמַלִּים	לָרֹב	צֹאן	וַיִּשְׁבּוּ
u^{w}g^{ə}malli^{y}m	lɔrob	ṣoʾn	wayyiš^{ə}bu^{w}
.Kamele-(auch=)und	,Menge-(in=)zu	Kleinvieh-(das)	entführten-sie-und

יְרוּשָׁלִָם:	וַיָּשֻׁבוּ
y^{ə}ru^{w}šɔlɔim.	wayyɔšubu^{w}
.Jerusalem-(nach)	zurück-kehrten-sie-(Sodann=)Und

15

הָיְתָה	בֶּן־עוֹדֵד	1 וַעֲזַרְיָהוּ
hɔy^{ə}tɔ^{h}	ʿo^{w}ded-bɛn	waʿ^{a}zar^{ə}yɔhu^{w}
war-(es=)sie —	Oded(s)-Sohn	Asarja(hu)-(Nun=)Und

2 וַיֵּצֵא	אֱלֹהִים:	רוּחַ	עָלָיו
wayyeṣeʾ	ʾ^{ɛ}lohi^{y}m.	ru^{w}aḥ	ʿɔlɔ^{y}w
hinaus-trat-(er-und)	— (Gottes=)Götter-(der)	Geist-(der)	(ihm=)ihn-auf

אָסָא	שְׁמָעוּנִי	לוֹ	וַיֹּאמֶר	אָסָא	לִפְנֵי
ʾɔsɔʾ	š^{ə}mɔʿu^{w}ni^{y}	lo^{w}	wayyoʾmɛr	ʾɔsɔʾ	lip^{ə}ne^{y}
Asa-(du)	,mich-Höret	:ihm-zu	sprach-(er)-und	Asa	(vor=)Gesichter-zu

עִמָּכֶם	יְהוָה	וּבִנְיָמִן	יְהוּדָה	וְכָל־
ʿimmɔkɛm	y^{ə}hwɔ^{h}	u^{w}bin^{ə}yɔmin	y^{ə}hu^{w}dɔ^{h}	-w^{ə}kol
,euch-mit-(ist)	JHWH	!Benjamin-und	Juda	(ganz=)all-und

תִּדְרְשֻׁהוּ	וְאִם־	עִמּוֹ	בִּהְיוֹתְכֶם
tid^{ə}r^{ə}šuhu^{w}	-w^{ə}ʾim	ʿimmo^{w}	bih^{ə}yo^{w}t^{ə}kɛm
,ihn-sucht-ihr	wenn-und	ihm-(zu=)mit	(haltet-ihr-wenn=)Sein-eurem-in

וְאִם־	לָכֶם	יִמָּצֵא
-w^{ə}ʾim	lɔkɛm	yimmɔṣeʾ
wenn-(doch=)und	;euch-(von=)zu	(lassen-finden-sich-wird=)gefunden-wird-er

רַבִּים	3 וְיָמִים	אֶתְכֶם:	יַעֲזֹב	תַּעַזְבֻהוּ
rabbi^{y}m	w^{ə}yɔmi^{y}m	ʾɛt^{ə}kɛm.	yaʿ^{a}zob	taʿaz^{ə}buhu^{w}
viele	Tage-Und	.euch	verlassen-wird-er	,ihn-verlasst-ihr

אֱמֶת	אֱלֹהֵי	לְלֹא	לְיִשְׂרָאֵל
ʾ^{ɛ}mɛt	ʾ^{ɛ}lohe^{y}	l^{ə}loʾ	l^{ə}yiś^{ə}rɔʾel
Wahrheit-(der)	(Gott=)Götter	(ohne=)nicht-zu-(waren)	Israel-(für=)zu

תּוֹרָה׃	וְלֹא	מוֹרֶה	כֹּהֵן	וְלֹא
toʷrɔʰ.	uʷlᵊlɔʾ	moʷrɛʰ	kohen	uʷlᵊlɔʾ
.Weisung	(ohne=)nicht-zu-und	unterweisend(en)	Priester	(ohne=)nicht-zu-und

יְהוָה	עַל־	לוֹ	בַּצַּר־	4 וַיָּשָׁב
yᵊhwɔʰ	-ʿal	loʷ	-baṣṣar	wayyɔšob
,JHWH	(zu=)auf	,ihm-(zu)	Bedrängnis-der-in	um-kehrte-(es=)er-(Doch=)Und

וַיְבַקְשֻׁהוּ	יִשְׂרָאֵל	אֱלֹהֵי
wayᵊbaqᵊšuhuʷ	yiśᵊrɔʾel	ʾᵋloheʸ
ihn-suchten-sie-und	,Israel	(von)-(Gott-dem=)Götter(n)-(den=)die

לָהֶם׃	וַיִּמָּצֵא
lɔhɛm.	wayyimmɔṣeʾ
.ihnen-(von=)zu	(finden-sich-ließ=)gefunden-wurde-er-und

שָׁלוֹם	אֵין	הָהֵם	5 וּבָעִתִּים
šɔloʷm	ʾeʸn	hɔhem	uʷbɔʿittiʸm
Friede(n)	gab-es-nicht	,jenigen-(den=)die	,Zeiten-(den=)die-in-(Ferner=)Und

כִּי	וְלַבָּא	לַיּוֹצֵא
kiʸ	wᵊlabbɔʾ	layyoʷṣeʾ
denn	,(Heim)kommenden-den-(für=)zu-und	Hinausgehenden-den-(für=)zu

יוֹשְׁבֵי	כָּל־	עַל	רַבּוֹת	מְהוּמֹת
yoʷšᵊbeʸ	-kol	ʿal	rabboʷt	mᵊhuʷmot
(Be)wohnende(n)-(den)	all	auf-(lasteten)	viele	(Unruhen=)Tumulte

גוֹי־	6 וְכֻתְּתוּ	הָאֲרָצוֹת׃
-goʷy	wᵊkuttᵊtuʷ	hɔʾᵃrɔṣoʷt.
Volk	(gestoßen=)zerschlagen-wurde(n)-(es=)sie-Und	.Länder-die

אֱלֹהִים	כִּי־	בְּעִיר	וְעִיר	בְּגוֹי
ʾᵋlohiʸm	-kiʸ	bᵊʿiʸr	wᵊʿiʸr	bᵊgoʷy
(Gott=)Götter	denn	,Stadt-(gegen=)in	Stadt-und	Volk-(gegen=)in

7 וְאַתֶּם	צָרָה׃	בְּכָל־	הֲמָמָם
wᵊʾattɛm	ṣɔrɔʰ.	-bᵊkol	hᵃmɔmɔm
ihr-(Hingegen=)Und	.Drangsal	all(erlei)-(durch=)in	sie-verwirrte-(er)

יִרְפּוּ	וְאַל־	חִזְקוּ
yirᵊpuʷ	-wᵊʾal	ḥizᵊquʷ
(lassen)-sinken-(dürft=)werdet-ihr	nicht-und	(mutig=)stark-seid

לִפְעֻלַּתְכֶם׃	שָׂכָר	יֵשׁ	כִּי	יְדֵיכֶם
lipᵃᶜullatᵊkɛm.	śɔkɔr	yeš	kiʸ	yᵊdeʸkɛm
!Tun-euer-(für=)zu	Lohn	gibt-es	denn	,Hände-(beiden)-eure

הָאֵלֶּה	הַדְּבָרִים	אָסָא	8 וְכִשְׁמֹעַ
hɔᵓellɛʰ	haddᵊbɔriʸm	ᵓɔsɔᵓ	wᵊkišᵊmoaᶜ
,da-diese	,Worte-die	Asa	(hörte-nun-Als=)Hören-(ein)-wie-Und

הַנָּבִיא	עֹדֵד	וְהַנְּבוּאָה
hannɔbiʸᵓ	ᶜoded	wᵊhannᵊbuʷᵓɔʰ
,Prophet(en)-(des=)der	,Oded(s)	Prophetenwort-das-und

וַיַּעֲבֵר	הִתְחַזַּק
wayyaᶜᵃber	hitᵊḥazzaq
(fort-schaffte=)vorbeigehen-machte-(er)-und	(Mut-er-fasste=)stark-sich-zeigte-er

אֶרֶץ	מִכָּל־	הַשִּׁקּוּצִים
ᵓɛrɛṣ	-mikkɔl	haššiqquʷṣiʸm
Land	(ganzen-dem=)all-(aus=)von	(Kultbilder-heidnischen=)Scheusale-die

אֲשֶׁר	הֶעָרִים	וּמִן־	וּבִנְיָמִן	יְהוּדָה
ᵓᵃšɛr	hɛᶜɔriʸm	-uʷmin	uʷbinᵊyɔmin	yᵊhuʷdɔʰ
(die=)welch(e)	,Städte(n)-(den=)die	(aus=)von-und	Benjamin-und	Juda

וַיְחַדֵּשׁ	אֶפְרָיִם	מֵהַר	לָכַד
wayᵊḥaddeš	ᵓɛpᵊrɔyim	mehar	lɔkad
erneuerte-er-und	,Ephraim	Berg(land)-(dem)-von	(erobert-hatte=)nahm-er

לִפְנֵי	אֲשֶׁר	יְהוָה	אֶת־מִזְבַּח
lipᵊneʸ	ᵓᵃšɛr	yᵊhwɔʰ	mizᵊbaḥ-ᵓɛt
(vor=)Gesichter-zu	(der=)welch(er)	,JHWH(s)	Altar-(den)***

9 וַיִּקְבֹּץ	יְהוָה׃	אוּלָם
wayyiqᵊboṣ	yᵊhwɔʰ.	ᵓuʷlɔm
versammelte-er-(Dann=)Und	.(stand)-JHWH(s)	(Tempel)halle-(der)

וְהַגָּרִים	וּבִנְיָמִן	אֶת־כָּל־יְהוּדָה
wᵊhaggɔriʸm	uʷbinᵊyɔmin	yᵊhuʷdɔʰ-kol-ᵓɛt
(Fremde-als)-Wohnende(n)-die-und	Benjamin-und	Juda-(ganz=)all***

וּמְנַשֶּׁה	מֵאֶפְרַיִם	עִמָּהֶם
uʷmᵊnaššɛʰ	meᵓɛpᵊrayim	ᶜimmɔhɛm
(Manasse=)Menaschsche-und	Ephraim-(aus=)von	ihnen-(bei=)mit

עָלָיו	נָפְלוּ	כִּי־	וּמִשִּׁמְעוֹן
ʿɔlɔ^{y}w	nɔp^{ə}lu^{w}	-ki^{y}	u^{w}miššim^{əʿ}o^{w}n
ihm-(zu=)auf	(über-liefen=)ab-fielen-sie	denn	;(Simeon=)Schimeon-(von-)und

יְהוָה	כִּי־	בִּרְאֹתָם	לָרֹב	מִיִּשְׂרָאֵל
y^{ə}hwɔ^{h}	-ki^{y}	bir^{əʾ}otɔm	lɔrob	mi^{y}yiś^{ə}rɔʾel
,JHWH	dass	,(sahen-sie-da=)Sehen-ihrem-in	,Menge-(in=)zu	Israel-von

וַיִּקָּבְצוּ 10	עִמּוֹ׃	אֱלֹהָיו
wayyiqqɔb^{ə}ṣu^{w}	ʿimmo^{w}.	^{ʾɛ}lohɔ^{y}w
sich-versammelten-sie-Und	.(war)-ihm-mit	,(Gott=)Götter-sein(e)

לִשְׁנַת	הַשְּׁלִישִׁי	בַּחֹדֶשׁ	יְרוּשָׁלָםִ
liš^{ə}nat	hašš^{ə}li^{y}ši^{y}	baḥodɛš	y^{ə}ru^{w}šɔlaim
Jahr(es)-(des=)zu	,dritte(n)-(dem=)der	,Monat-im	Jerusalem-(in)

אָסָא׃	לְמַלְכוּת	חֲמֵשׁ־עֶשְׂרֵה
ʾɔsɔʾ.	l^{ə}mal^{ə}ku^{w}t	ʿɛś^{ə}re^{h}-ḥ^{a}meš
.Asa	(von)-Regierung(szeit)-(der=)zu	zehn-fünf

בַּיּוֹם	לַיהוָה	וַיִּזְבְּחוּ 11
bayyo^{w}m	layhwɔ^{h}	wayyiz^{ə}b^{ə}ḥu^{w}
,Tag-(dem)-(an=)in,	JHWH(s)-(Ehren)-zu	(opferten=)schlachteten-sie-Und

הַשָּׁלָל	מִן־	הַהוּא
haššɔlɔl	-min	hahu^{wʾ}
,Beute-der	von	,jenige(n)-(dem=)der

מֵאוֹת	שְׁבַע	בָּקָר	הֵבִיאוּ
meʾo^{w}t	š^{ə}baʿ	bɔqɔr	hebi^{yʾ}u^{w}
hundert(e)	-sieben	Rind(er)	,(heimbrachten=)kommen-machten-sie-(die)

בַבְּרִית	וַיָּבֹאוּ 12	אֲלָפִים׃	שִׁבְעַת	וְצֹאן
babb^{ə}ri^{y}t	wayyɔboʾu^{w}	^{ʾa}lɔpi^{y}m.	šib^{əʿ}at	w^{ə}ṣoʾn
Bund-den-in	(ein-traten=)kamen-sie-Und	.tausend(e)	-sieben	Schaf(e)-und

אֱלֹהֵי	אֶת־יְהוָה	לִדְרוֹשׁ
^{ʾɛ}lohe^{y}	y^{ə}hwɔ^{h}-ʾɛt	lid^{ə}ro^{w}š
(Gott-den=)Götter-(die)	,JHWH***	(an-halten-zu-sich=)suchen-zu

בְּכָל־לְבָבָם	אֲבוֹתֵיהֶם
l^{ə}bɔbɔm-b^{ə}kol	^{ʾa}bo^{w}te^{y}hɛm
Herz(en)-(ganzem=)ihrem-all-(mit=)in	,Väter-ihre(r)

לֹא־	אֲשֶׁר	13 וְכֹל	וּבְכָל־נַפְשָׁם
-loʾ	ʾašɛr	wəkol	napəšɔm-uwbəkol
nicht	(der=)welch(er)	,(jeder=)all-Und	.(Seele-ganzer=)Seele-ihrer-all-in-und

אֱלֹהֵי־	לַיהוָה	יִדְרֹשׁ
-ʾɛloheʸ	layhwɔʰ	yidəroš
(Gott-den=)Götter-(die)	,JHWH-(an=)zu	(halten-sich=)suchen-(würde=)wird-(er)

וְעַד־	קָטֹן	לְמִן־	יוּמָת	יִשְׂרָאֵל
-wəʿad	qɔṭon	-ləmin	yuwmɔt	yiśərɔʾel
bis-(und)	Klein	von-(zu)	werden-getötet-(sollte=)wird-(d)er	,Israel(s)

לַיהוָה	14 וַיִּשָּׁבְעוּ	וְעַד־אִשָּׁה	לְמֵאִישׁ	גָּדוֹל
layhwɔʰ	wayyiššɔbəʿuw	ʾiššɔʰ-wəʿad	ləmeʾiʸš	gɔdowl
JHWH-(zu)	schworen-sie-(So=)Und	.Frau-bis-(und)	Mann-von-(zu)	,Groß

וּבִתְרוּעָה	גָּדוֹל	בְּקוֹל
uwbitəruwʿɔʰ	gɔdowl	bəqowl
Jubelruf-(mit=)in-und	(lauter=)groß(er)	Stimme-(mit=)in

וּבְשׁוֹפָרוֹת׃	וּבַחֲצֹצְרוֹת
uwbəšowpɔrowt.	uwbaḥaṣoṣərowt
.(Posaunen=)Hörnern-(mit=)in-und	Trompeten-(mit=)in-und

עַל־	יְהוּדָה	כָל־	15 וַיִּשְׂמְחוּ
-ʿal	yəhuwdɔʰ	-kol	wayyiśəməḥuw
(ob=)auf	Juda	(ganz=)all	sich-(freute-es=)freuten-sie-Und

נִשְׁבָּעוּ	לְבָבָם	בְּכָל־	כִּי	הַשְּׁבוּעָה
nišəbɔʿuw	ləbɔbɔm	-bəkol	kiʸ	haššəbuwʿɔʰ
schworen-sie	Herz(en)-ihr(em)	all-(mit=)in	denn	,Schwur(s)-(des=)der

בִּקְשֻׁהוּ	רְצוֹנָם	וּבְכָל־
biqəšuhuw	rəṣownɔm	-uwbəkol
,ihn-gesucht-hatten-sie	(Willen=)Begehren-ihr(em)	all-(mit=)in-und

לָהֶם	וַיִּמָּצֵא
lɔhɛm	wayyimmɔṣeʾ
.ihnen-(von=)zu	(finden-sich-ließ=)gefunden-wurde-er-und

לָהֶם	יְהוָה	וַיָּנַח
lɔhɛm	yəhwɔʰ	wayyɔnaḥ
ihnen-(zu)	JHWH	(Ruhe-verschaffte=)ruhen-machte-(es=)er-(Und)

אָסָא	אֵם	מַעֲכָה	16 וְגַם־	מִסָּבִיב׃
ʾɔsɔʾ	ʾem	ma^{ca}kɔ^{h}	-w^{ə}gam	missɔbi^{y}b.
,Asa(s)	Mutter-(die)	,Maacha	auch-(Und)	.(ringsumher=)Umkreis-von

אֲשֶׁר־	מִגְּבִירָה	הֱסִירָהּ	הַמֶּלֶךְ
-ʾ^{a}šɛr	migg^{ə}bi^{y}rɔ^{h}	h^{ɛ}si^{y}rɔh	hammɛlɛk
weil	,Gebieterin-(als=)von	sie-(ab-setzte=)entfernte-er	,König(s)-(des=)der

מִפְלֶצֶת	לַאֲשֵׁרָה	עָשְׂתָה
mip^{ə}lɔṣɛt	laʾ^{a}šerɔ^{h}	ʿɔś^{ə}tɔh
.Schandbild-(ein)	Aschera-die-(für=)zu	gemacht-hatte-sie

וַיָּדֶק	אֶת־מִפְלַצְתָּהּ	אָסָא	וַיִּכְרֹת
wayyɔdɛq	mip^{ə}laṣ^{ə}tɔh-ʾɛt	ʾɔsɔʾ	wayyik^{ə}rot
zermalmte-er-und	Schandbild-ihr***	Asa	(um-hieb=)schnitt-(es=)er-Und

קִדְרוֹן׃	בְּנַחַל	וַיִּשְׂרֹף
qid^{ə}ro^{w}n.	b^{ə}naḥal	wayyiś^{ə}rop
.Kidron	Bach-(dem)-in	(es)-verbrannte-(er)-und

סָרוּ	לֹא־	17 וְהַבָּמוֹת
sɔru^{w}	-loʾ	w^{ə}habbɔmo^{w}t
(verschwanden=)gewichen-sind-(sie)	nicht	(Kult)höhen-die-(Jedoch=)Und

הָיָה	אָסָא	לְבַב־	רַק	מִיִּשְׂרָאֵל
hɔyɔ^{h}	ʾɔsɔʾ	-l^{ə}bab	raq	mi^{y}yiś^{ə}rɔʾel
war-(es=er)	Asa(s)	Herz-(das)	(Allein=)Nur	.Israel-(aus=)von

כָּל־יָמָיו	שָׁלֵם
yɔmɔ^{y}w-kol	šɔlem
.(lang-Leben-ganzes-sein=)Tage-seine-all(e)	(ungeteilt=)vollständig

אָבִיו	אֶת־קָדְשֵׁי	18 וַיָּבֵא
ʾɔbi^{y}w	qod^{ə}še^{y}-ʾɛt	wayyɔbeʾ
Vater(s)-sein(es)	Weihgaben-(die)***	(brachte=)kommen-machte-er-(Und)

וְזָהָב	כֶּסֶף	הָאֱלֹהִים	בֵּית	וְקָדָשָׁיו
w^{ə}zɔhɔb	kɛsɛp	hɔʾ^{ɛ}lohi^{y}m	be^{y}t	w^{ə}qɔdɔšɔ^{y}w
Gold-und	Silber	,(Gottes=)Götter-(der=)die	Haus-(ins)	Weihgaben-seine-und

שְׁנַת־	עַד	הָיְתָה	לֹא	19 וּמִלְחָמָה	וְכֵלִים׃
-š^{ə}nat	ʿad	hɔyɔtɔ^{h}	loʾ	u^{w}mil^{ə}ḥɔmɔ^{h}	w^{ə}keli^{y}m.
Jahr	(zum)-bis	(gab=)war-(es=)sie	nicht	Krieg-Und	.Geräte-und

שְׁלֹשִׁים וְחָמֵשׁ לְמַלְכוּת אָסָא׃
ʾɔsɔʾ. lᵊmalᵊkuʷt wᵊḥɔmeš šᵊlošiʸm
.Asa (von)-Regierung(szeit)-(der=)zu fünf-und -dreißig(sten)

16

1 בִּשְׁנַת שְׁלֹשִׁים וָשֵׁשׁ
wɔšeš šᵊlošiʸm bišᵊnat
sechs-und -dreißig(sten) Jahr-(dem)-In

לְמַלְכוּת אָסָא עָלָה בַּעְשָׁא
baʿᵊšɔʾ ʿɔlɔʰ ʾɔsɔʾ lᵊmalᵊkuʷt
,Bascha (heran=)auf-zog-(es=er) Asa (von)-Regierung(szeit)-(der=)zu

מֶלֶךְ־יִשְׂרָאֵל עַל־יְהוּדָה וַיִּבֶן
wayyibɛn yᵊhuʷdɔʰ -ʿal yiśᵊrɔʾel -mɛlɛk
(aus)-baute-er-und Juda (gegen=)auf ,Israel (von)-König-(der)

אֶת־הָרָמָה לְבִלְתִּי תֵּת
tet lᵊbilᵊtiʸ hɔrɔmɔʰ-ʾɛt
,(ermöglichen-zu=)Geben-(ein) (nicht-um=)nicht-zu ,Rama***

יוֹצֵא וָבָא לְאָסָא מֶלֶךְ
mɛlɛk lᵊʾɔsɔʾ wɔbɔʾ yoʷṣeʾ
(von)-König-(der) ,Asa-(heran=)zu (war)-kommend(er)-und ausrückend(er)-(dass)

יְהוּדָה׃ 2 וַיֹּצֵא אָסָא
ʾɔsɔʾ wayyoṣeʾ yᵊhuʷdɔʰ.
Asa (hervorholen-ließ=)herausgehen-machte-(es=er)-(Da=)Und .Juda

כֶּסֶף וְזָהָב מֵאֹצְרוֹת בֵּית
beʸt meʾoṣᵊroʷt wᵊzɔhɔb kɛsɛp
(Tempel)haus(es)-(des) Schatzkammern-(den)-(aus=)von Gold-und Silber

יְהוָה וּבֵית הַמֶּלֶךְ
hammɛlɛk uʷbeʸt yᵊhwɔʰ
König(s)-(des=)der (Palastes=)Haus(es)-(des)-und JHWH(s)

וַיִּשְׁלַח אֶל־בֶּן־הֲדַד מֶלֶךְ אֲרָם
ʾᵃrɔm mɛlɛk hᵃdad-bɛn -ʾɛl wayyišᵊlaḥ
,Aram (von)-König-(dem) ,Hadad-Ben zu (es)-schickte-(er)-und

הַיּוֹשֵׁב בְּדַרְמֶשֶׂק לֵאמֹר׃
leʾmor. bᵊdarᵊmɛśɛq hayyoʷšeb
:(lassend-sagen=)sagen-zu ,(Damaskus=)Darmesek-in (war)-sitzend(e)-der

3 בְּרִית בֵּינִי וּבֵינֶךָ
u^{w}be^{y}nεkɔ be^{y}ni^{y} b^{ə}ri^{y}t
,dir-(zwischen)-und mir-zwischen-(besteht) (Abkommen=)Bündnis-(Ein)

וּבֵין אָבִי וּבֵין אָבִיךָ הִנֵּה
hinne^{h} ʾɔbi^{y}kɔ u^{w}be^{y}n ʾɔbi^{y} u^{w}be^{y}n
,Siehe .Vater-dein(em) (zwischen)-und Vater-mein(em) zwischen-(wie=)und

שָׁלַחְתִּי לְךָ כֶּסֶף וְזָהָב לֵךְ הָפֵר בְּרִיתְךָ
b^{ə}ri^{y}t^{ə}kɔ hɔper lek w^{ə}zɔhɔb kεsεp l^{ə}kɔ šɔlaḥ^{ə}ti^{y}
Bündnis-dein brich ,Geh !Gold-und Silber dir-(zu) (sende=)sandte-ich

אֶת־בַּעְשָׁא מֶלֶךְ יִשְׂרָאֵל וְיַעֲלֶה
w^{ə}yaʿ^{a}lε^{h} yiś^{ə}rɔʾel mεlεk baʿ^{ə}šɔʾ-ʾεt
(abzieht=)aufsteigt-er-(dass=)und ,Israel (von)-König-(dem) ,Bascha-mit

מֵעָלָי׃ 4 וַיִּשְׁמַע בֶּן הֲדַד אֶל־ הַמֶּלֶךְ
hammεlεk -ʾεl h^{a}dad bεn wayyiš^{ə}maʿ meʿɔlɔy.
König-(den=)der (auf=)zu Hadad Ben hörte-(es=)er-Und !mir-(auf)-von

אָסָא וַיִּשְׁלַח אֶת־שָׂרֵי הַחֲיָלִים אֲשֶׁר־
-ʾ^{a}šεr haḥ^{a}yɔli^{y}m śɔre^{y}-ʾεt wayyiš^{ə}laḥ ʾɔsɔʾ
(die=)welch(e) ,Heere-(der=)die Befehlshaber-(die)*** sandte-(er)-und Asa

לוֹ אֶל־ עָרֵי יִשְׂרָאֵל וַיַּכּוּ
wayyakku^{w} yiś^{ə}rɔʾel ʿɔre^{y} -ʾεl lo^{w}
schlugen-sie-und ,Israel(s) Städte-(die) (gegen=)zu ,ihm-zu(eigen)-(waren)

אֶת־עִיּוֹן וְאֶת־דָּן וְאֵת אָבֵל מַיִם וְאֵת כָּל־
-kol w^{ə}ʾet mɔyim ʾɔbel w^{ə}ʾet dɔn-w^{ə}ʾεt ʿi^{y}yo^{w}n-ʾεt
all(e) ***und Maim -Abel ***und Dan-***und Ijon***

מִסְכְּנוֹת עָרֵי נַפְתָּלִי׃ 5 וַיְהִי
way^{ə}hi^{y} nap^{ə}tɔli^{y}. ʿɔre^{y} mis^{ə}k^{ə}no^{w}t
,war-(es=)er-Und .(Naftali=)Naphtali (von)-Städte-(der) Vorratshäuser

כִּשְׁמֹעַ בַּעְשָׁא וַיֶּחְדַּל
wayyεḥ^{ə}dal baʿ^{ə}šɔʾ kiš^{ə}moaʿ
ab-ließ-er-(da=)und ,Bascha (vernahm-es-als=)Hören-(ein)-wie

מִבְּנוֹת אֶת־הָרָמָה וַיַּשְׁבֵּת
wayyaš^{ə}bet hɔrɔmɔ^{h}-ʾεt mibb^{ə}no^{w}t
(ein-stellte=)ruhen-machte-er-und Rama-*** (Aus)bauen-(einem)-von

אֶת־מְלַאכְתּוֹ׃	6 וְאָסָא	הַמֶּלֶךְ	לָקַח
məlaʾkətow-ʾɛt.	wəʾɔsɔʾ	hammɛlɛk	lɔqaḥ
.Arbeit-seine***	,Asa-(Aber=)Und	„König-der	(holte=)nahm-(er)

אֶת־כָּל־יְהוּדָה	וַיִּשְׂאוּ	אֶת־אַבְנֵי	הָרָמָה
yəhuwdɔh-kol-ʾɛt	wayyiśəʾuw	ʾabəney-ʾɛt	hɔrɔmɔh
Juda-(ganz=)all***	(fort)-trugen-sie-und	(von)-Steine-(die)-***	Rama

וְאֶת־עֵצֶיהָ	אֲשֶׁר	בָּנָה	בַּעְשָׁא	וַיִּבֶן
ʿeṣɛyhɔ-wəʾɛt	ʾašɛr	bɔnɔh	baʿəšɔʾ	wayyibɛn
,Hölzer-ihre-***und	welch(en)-(mit)	baute-(es=er)	,Bascha	baute-er-und

בָּהֶם	אֶת־גֶּבַע	וְאֶת־הַמִּצְפָּה׃	7 וּבָעֵת
bɔhɛm	gɛbaʿ-ʾɛt	hammiṣəpɔh-wəʾɛt.	uwbɔʿet
ihnen-(mit=)in	Geba-***	.Mizpa-***und	,Zeit-der-in-(Jedoch=)Und

הַהִיא	בָּא	חֲנָנִי	הָרֹאֶה	אֶל־	אָסָא
hahiyʾ	bɔʾ	ḥanɔniy	hɔroʾɛh	-ʾɛl	ʾɔsɔʾ
,da-jene(r)	kam-(es=er)	,(Hanani=)Chanani	,Seher-der	zu	,Asa

מֶלֶךְ	יְהוּדָה	וַיֹּאמֶר	אֵלָיו
mɛlɛk	yəhuwdɔh	wayyoʾmɛr	ʾelɔyw
(von)-König-(dem)	,Juda	sprach-(er)-und	:ihm-zu

בְּהִשָּׁעֶנְךָ	עַל־	מֶלֶךְ	אֲרָם	וְלֹא
bəhiššɔʿɛnəkɔ	-ʿal	mɛlɛk	ʾarɔm	wəloʾ
dich-Stützen(s)-dein(es)-(Ob=)In	auf	(von)-König-(den)	Aram	nicht-und

נִשְׁעַנְתָּ	עַל־	יְהוָה	אֱלֹהֶיךָ	עַל־כֵּן
nišəʿanətɔ	-ʿal	yəhwɔh	ʾɛloheykɔ	ken-ʿal
dich-stütztest-du	auf	,JHWH	,(Gott=)Götter-deine(n)	(darum=)so-auf

נִמְלַט	חֵיל	מֶלֶךְ־	אֲרָם
niməlaṭ	ḥeyl	-mɛlɛk	ʾarɔm
(entronnen-ist=)gerettet-sich-hat-(es=er)	Heer-(das)	(von)-König(s)-(des)	Aram

מִיָּדֶךָ׃	8 הֲלֹא	הַכּוּשִׁים	וְהַלּוּבִים
miyyɔdɛkɔ.	haloʾ	hakkuwšiym	wəhalluwbiym
.Hand-deiner-(aus=)von	nicht-Etwa	Kuschite(n)-die	Lubier-die-und

הָיוּ	לְחַיִל	לָרֹב	לְרֶכֶב
hɔyuw	ləḥayil	lɔrob	lərɛkɛb
waren-(sie)	Heer-(ein=)zu	,(großes=)Menge-zur	(Kriegs)gefährt-(an=)zu

וּלְפָרָשִׁים uʷlᵊpɔrɔšiʸm Reitern-(an=)zu-und
לְהַרְבֵּה lᵊharᵊbeʰ (Unzahl-eine=)Vielmachen-zu
מְאֹד mᵊᵓod ?sehr

וּבְהִשָּׁעֶנְךָ uʷbᵊhiššɔᶜɛnᵊkɔ dich-Stützen(s)-dein(es)-(ob=)in-(Aber=)Und
עַל־ -ᶜal auf
יְהוָה yᵊhwɔʰ ,JHWH
נְתָנָם nᵊtɔnɔm sie-gegeben-hat-er

בְּיָדֶךָ׃ bᵊyɔdɛkɔ. .Hand-deine-in
9 כִּי kiʸ Denn
יְהוָה yᵊhwɔʰ ,JHWH
עֵינָיו ᶜeʸnɔʸw Augen-(zwei)-seine
מְשֹׁטְטוֹת mᵊšoṭᵊṭoʷt schweifend(e)-(sind)

בְּכָל־ -bᵊkol all-(über=)in
הָאָרֶץ hɔᵓɔrɛṣ Erde-die
לְהִתְחַזֵּק lᵊhitᵊḥazzeq (stark=)fest-sich-erweisen-zu
עִם־ -ᶜim ,(denen)-mit

לְבָבָם lᵊbɔbɔm Herz-(deren=)ihr
שָׁלֵם šɔlem (ungeteilt=)vollständig-(ist)
אֵלָיו ᵓelɔʸw .ihm-(bei=)zu

נִסְכַּלְתָּ nisᵊkalᵊtɔ erwiesen-töricht-dich-hast-Du
עַל־זֹאת zoᵓt-ᶜal .(diesbezüglich=)diese-auf
כִּי kiʸ Denn
מֵעַתָּה meᶜattɔʰ (an)-nun-von

יֵשׁ yeš gibt-es
עִמְּךָ ᶜimmᵊkɔ dir-bei
מִלְחָמוֹת׃ milᵊḥɔmoʷt. !Kämpfe
10 וַיִּכְעַס wayyikᵊᶜas erzürnte-(es=er)-(Da=)Und
אָסָא ᵓɔsɔᵓ Asa
אֶל־ -ᵓɛl (gegen=)zu

הָרֹאֶה hɔroᵓɛʰ Seher-(den=)der
וַיִּתְּנֵהוּ wayyittᵊnehuʷ ihn-(warf=)gab-(er)-und
בֵּית beʸt Haus-(ins)

הַמַּהְפֶּכֶת hammahᵊpɛkɛt ,(Krumm)block(es)-(des=)der
כִּי־ -kiʸ (weil=)denn
בְזַעַף bᵊzaᶜap (erbost=)Zorn-in

עִמּוֹ ᶜimmoʷ ihn-(gegen=)mit-(war-er)
עַל־זֹאת zoᵓt-ᶜal ,(darüber=)diese-auf
וַיְרַצֵּץ wayᵊraṣṣeṣ unterdrückte-(es=er)-(auch=)und

אָסָא ᵓɔsɔᵓ Asa
מִן־ -min (aus=)von-(einige)
הָעָם hɔᶜɔm Volk-(dem=)das
בָּעֵת bɔᶜet ,Zeit-der-in
הַהִיא׃ hahiʸᵓ. .da-jene(r)
11 וְהִנֵּה wᵊhinneʰ ,siehe-Und

דִּבְרֵי אָסָא הָרִאשׁוֹנִים וְהָאַחֲרוֹנִים
wᵊhɔʾaḥᵃroʷniʸm hɔriʾšoʷniʸm ʾɔsɔʾ dibᵊreʸ
,späteren-die-und (früheren=)ersten-die ,Asa (unter)-(Ereignisse=)Worte-(die)

הִנָּם כְּתוּבִים עַל־ סֵפֶר
sepɛr -ʿal kᵊtuʷbiʸm hinnɔm
Buch (im=)auf (aufgezeichnet=)geschrieben(e) (ja-sind-die=)sie-,siehe

הַמְּלָכִים לִיהוּדָה וְיִשְׂרָאֵל׃ 12 וַיֶּחֱלֶא
wayyɛḥᵉlɛʾ wᵊyiśᵊrɔʾel. liʸhuʷdɔʰ hammᵊlɔkiʸm
erkrankte-(es=er)-(Sodann=)Und .Israel-und Juda-(von=)zu Könige-(der=)die

אָסָא בִּשְׁנַת שְׁלוֹשִׁים וָתֵשַׁע
wɔtešaʿ šᵊloʷšiʸm bišᵊnat ʾɔsɔʾ
neun-und -dreißig Jahr-(dem)-in Asa

לְמַלְכוּתוֹ בְּרַגְלָיו
bᵊragᵊlɔʸw lᵊmalᵊkuʷtoʷ
,Füße(n)-(beiden)-seine(n)-(an=)in (Regierungszeit-seiner=)Regieren-sein(em)-zu

עַד־ לְמַעְלָה חָלְיוֹ וְגַם־
-wᵊgam ḥolᵊyoʷ lᵊmaʿᵊlɔʰ -ʿad
auch-(aber=)und ,Krankheit-seine (wurde-heftig=)hin-oben-zu (dass)-bis

בְּחָלְיוֹ לֹא־ דָרַשׁ אֶת־יְהוָה
yᵊhwɔʰ-ʾɛt dɔraš -loʾ bᵊḥolᵊyoʷ
,JHWH-(an=)mit (sich-wandte=)suchte-er nicht Krankheit-seiner-(während=)in

כִּי בָּרֹפְאִים׃ 13 וַיִּשְׁכַּב
wayyišᵊkab bɔropᵊʾiʸm. kiʸ
sich-legte-(es=er)-(Dann=)Und .(Ärzte=)Heiler-die-(an=)in (sondern=)denn

אָסָא עִם־ אֲבֹתָיו ׀ וַיָּמָת בִּשְׁנַת
bišᵊnat wayyɔmot ʾᵃbotɔʸw -ʿim ʾɔsɔʾ
Jahr-(dem)-in starb-er-(Und) .(Vorfahren=)Väter(n)-seine(n) (zu=)mit Asa

אַרְבָּעִים וְאַחַת לְמָלְכוֹ׃
lᵊmolᵊkoʷ wᵊʾaḥat ʾarᵊbɔʿiʸm
.(Regierung-seiner=)Herrschen-seinem-zu ein(s)-und- vierzig

14 וַיִּקְבְּרֻהוּ בְקִבְרֹתָיו
bᵊqibᵊrotɔʸw wayyiqᵊbᵊruhuʷ
,Gräber(n)-seine(n)-in ihn-(begrub-man=)-begruben-sie-Und

לוֹ	כָּרָה־	אֲשֶׁר
lo^{w}	- kɔrɔ^{h}	^{ɔa}šɛr
(sich-für=)ihm-zu	(lassen-graben-hatte=)grub-er	(die=)welch(e)
וַיַּשְׁכִּיבֻהוּ	דָּוִיד	בְּעִיר
wayyaš^{ə}ki^{y}buhu^{w}	dɔwi^{y}d	b^{əc}i^{y}r
ihn-legten-sie-und	,David(s)	(Burg)stadt-(der)-in

בְּשָׂמִים	מִלֵּא	אֲשֶׁר	בַּמִּשְׁכָּב
b^{ə}śɔmi^{y}m	mille^{ɔ}	^{ɔa}šɛr	bammiš^{ə}kɔb
Spezereien-(mit)	gefüllt-(man=)er	(das=)welch(e)	,Lager-das-(auf=)in
מַעֲשֶׂה	בְּמִרְקַחַת	מְרֻקָּחִים	וּזְנִים
ma^{ca}śɛ^{h}	b^{ə}mir^{ə}qaḥat	m^{ə}ruqqɔḥi^{y}m	u^{w}z^{ə}ni^{y}m
.werk	-Salbenmisch-(für=)in	(Duftkräutern=)Gewürzen	(von)- Arten-und
גְּדוֹלָה	שְׂרֵפָה	לוֹ	וַיִּשְׂרְפוּ־
g^{ə}do^{w}lɔ^{h}	ś^{ə}repɔ^{h}	lo^{w}	-wayyiś^{ə}r^{ə}pu^{w}
(gewaltigen=)große	Brand-(einen)	(Ehren-zu-ihm=)ihm-zu	entzündeten-sie-Und

לִמְאֹד׃	עַד־
lim^{əɔ}od.	-^{c}ad
.Mächtigkeit-zu(r)	-bis

17

1 וַיִּמְלֹךְ
wayyim^{ə}lok
(König-wurde=)herrschte-(es=er)-(Dann=)Und

תַּחְתָּיו	בְּנוֹ	יְהוֹשָׁפָט
taḥ^{ə}tɔ^{y}w	b^{ə}no^{w}	y^{ə}ho^{w}šɔpɔṭ
.(statt-seiner-an=)ihm-unter	,Sohn-sein	,(Josafat=)J(eh)oschaphat
יִשְׂרָאֵל׃	עַל־	וַיִּתְחַזֵּק
yiś^{ə}rɔ^{ɔ}el.	-^{c}al	wayyit^{ə}ḥazzeq
.Israel	(gegenüber=)auf	(mächtig-wurde=)sich-festigte-er-(Indes=)Und

יְהוּדָה	עָרֵי	בְּכָל־	חַיִל	2 וַיִּתֶּן־
y^{ə}hu^{w}dɔ^{h}	^{c}ɔre^{y}	-b^{ə}kol	ḥayil	-wayyittɛn
,Juda	(von)-Städte	all(e)-in	Heer-(ein)	(verlegte=)gab-er-Und
יְהוּדָה	בְּאֶרֶץ	נְצִיבִים	וַיִּתֵּן	הַבְּצֻרוֹת
y^{ə}hu^{w}dɔ^{h}	b^{əɔ}ɛrɛṣ	n^{ə}ṣi^{y}bi^{y}m	wayyitten	habb^{ə}ṣuro^{w}t
Juda	Land-(dem)-in	Gouverneure	(ein-setzte=)gab-er-und	,befestigten-die

לָכַד	אֲשֶׁר	אֶפְרָיִם	וּבְעָרֵי
lɔkad	ᵓašɛr	ᵓɛpᵊrayim	uʷbᵊᶜɔreʸ
(erobert-hatte=)nahm-(es=er)	(die=)welch(e)	,Ephraim(s)	Städten-(den)-in-und

כִּי	יְהוֹשָׁפָט	עִם־	יְהוָה	3 וַיְהִי	אָבִיו:	אָסָא
kiʸ	yᵊhoʷšɔpɔṭ	-ᶜim	yᵊhwɔʰ	wayᵊhiʸ	ᵓɔbiʸw.	ᵓɔsɔᵓ
(weil=)denn	,J(eh)oschaphat	mit	JHWH	war-(es=)er-(Und)	.Vater-sein	,Asa

אָבִיו	דָּוִיד	בְּדַרְכֵי	הָלַךְ
ᵓɔbiʸw	dɔwiʸd	bᵊdarᵊkeʸ	hɔlak
,(Ahnherrn=)Vater(s)-sein(es)	,David(s)	Wegen-(den)-in	(wandelte=)ging-er

דָרַשׁ	וְלֹא	הָרִאשֹׁנִים
dɔraš	wᵊloᵓ	hɔriᵓšoniʸm
(sich-hielt=)suchte-er	nicht-und	,(früheren=)ersten-(den=)der

לֵאלֹהֵי	4 כִּי	לַבְּעָלִים:
leᵓloheʸ	kiʸ	labbᵊᶜɔliʸm.
(Gott-den=)Götter-(die)-(an=)zu	(sondern=)denn	,Baale-die-(an=)zu

וּבְמִצְוֹתָיו	דָּרָשׁ	אָבִיו
uʷbᵊmiṣᵊwotɔʸw	dɔrɔš	ᵓɔbiʸw
Gebote(n)-seine(n)-in-und	(sich-hielt=)suchte-er	(Ahnherrn=)Vater(s)-sein(es)

יִשְׂרָאֵל:	כְּמַעֲשֵׂה	וְלֹא	הָלָךְ
yiśᵊrɔᵓel.	kᵊmaᶜᵃśeʰ	wᵊloᵓ	hɔlɔk
.Israel(s)	(Tun=)Werk-(dem)-(nach=)wie	nicht-und	,(wandelte=)ging-er

בְּיָדוֹ	אֶת־הַמַּמְלָכָה	יְהוָה	5 וַיָּכֶן
bᵊyɔdoʷ	hammamᵊlɔkɔʰ-ᵓɛt	yᵊhwɔʰ	wayyɔkɛn
Hand-seine(r)-in	Königtum-das***	JHWH	festigte-(es=)er-(Und)

מִנְחָה	יְהוּדָה	כָל־	וַיִּתְּנוּ
minᵊḥɔʰ	yᵊhuʷdɔʰ	-kol	wayyittᵊnuʷ
(Ab)gabe-(eine)	Juda	(ganz=)all	gab(en)-(es=)sie-und

וְכָבוֹד	עֹשֶׁר־	לוֹ	וַיְהִי־	לִיהוֹשָׁפָט
wᵊkɔboʷd	-ᶜošɛr	loʷ	-wayᵊhiʸ	liʸhoʷšɔpɔṭ
Ehre-und	Reichtum	ihm-(zu)	ward-(es=er)-(so)-und	,J(eh)oschaphat-(an=)zu

לִבּוֹ	6 וַיִּגְבַּהּ	לָרֹב:
libboʷ	wayyigᵊbah	lɔrob.
Herz-sein	hochgesinnt-war-(es=er)-(Zudem=)Und	.(Fülle-in=)Menge-zur

וְעֹוד	יְהוָה	בְּדַרְכֵי
wᵊᶜoʷd	yᵊhwɔʰ	bᵊdarᵊkeʸ
(ferner=)noch-und	,JHWH(s)	Wegen-(den)-in

וְאֶת־הָאֲשֵׁרִים	אֶת־הַבָּמֹות	הֵסִיר
hɔᵓᵃšeriʸm-wᵊᵓɛt	habbɔmoʷt-ᵓɛt	hesiʸr
Ascheren-die-***und	(Kult)höhen-die***	(beseitigen-ließ=)wenden-machte-er

שָׁלֹושׁ	7 וּבִשְׁנַת	מִיהוּדָה׃
šɔloʷš	uʷbišᵊnat	miʸhuʷdɔʰ.
drei	Jahr-(dem)-in-(Und)	.Juda-(aus=)von

לְשָׂרָיו	שָׁלַח	לְמָלְכֹו
lᵊśɔrɔʸw	šɔlaḥ	lᵊmolᵊkoʷ
,Amtsträgern-seinen-zu	sandte-er	(Regierung-seiner=)Herrschen-seinem-zu

וְלִנְתַנְאֵל	וְלִזְכַרְיָה	וּלְעֹבַדְיָה	לְבֶן־חַיִל
wᵊlinᵊtanᵊᵓel	wᵊlizᵊkarᵊyɔʰ	uʷlᵊᶜobadᵊyɔʰ	ḥayil-lᵊbɛn
Netanel-zu-und	Secharja-zu-und	Obadja-zu-und	Chail-Ben-zu

בְּעָרֵי	לְלַמֵּד	וּלְמִיכָיָהוּ
bᵊᶜɔreʸ	lᵊlammed	uʷlᵊmiʸkɔyɔhuʷ
(von)-Städten-(den)-in	(lehrten-sie-dass=)Lehren-zu	,Michaja(hu)-zu-und

וּנְתַנְיָהוּ	שְׁמַעְיָהוּ	הַלְוִיִּם	8 וְעִמָּהֶם	יְהוּדָה׃
uʷnᵊtanᵊyɔhuʷ	šᵊmaᶜᵊyɔhuʷ	halᵊwiʸyim	wᵊᶜimmɔhɛm	yᵊhuʷdɔʰ.
Netanja(hu)-und	Schemaja(hu)	Leviten-die	ihnen-mit-und	,Juda

וִיהֹונָתָן	וּשְׁמִרִימֹות[וּשְׁמִירָמֹות]	וַעֲשָׂהאֵל	וּזְבַדְיָהוּ
wiʸhoʷnɔtɔn	[uʷšᵊmiʸrɔmoʷt]uʷšᵊmiriʸmoʷt	waᶜᵃśɔhᵓel	uʷzᵊbadᵊyɔhuʷ
J(eh)onatan-und	[Schemiramot]Schemirimot-und	Asaël-und	Sebadja(hu)-und

הַלְוִיִּם	אֲדֹונִיָּה	וְטֹוב	וְטֹובִיָּהוּ	וַאֲדֹנִיָּהוּ
halᵊwiʸyim	ᵓᵃdoʷniʸyɔʰ	wᵊṭoʷb	wᵊṭoʷbiʸyɔhuʷ	waᵓᵃdoniʸyɔhuʷ
,Leviten-die	,Adinija	-Tob-und	Tobija(hu)-und	Adonija(hu)-und

הַכֹּהֲנִים׃	וִיהֹורָם	אֱלִישָׁמָע	וְעִמָּהֶם
hakkohᵃniʸm.	wiʸhoʷrɔm	ᵓɛliʸšɔmɔᶜ	wᵊᶜimmɔhɛm
.Priester-die	,J(eh)oram-und	Elischama	(denen=)ihnen-mit-und

תֹּורַת	סֵפֶר	וְעִמָּהֶם	בִּיהוּדָה	9 וַיְלַמְּדוּ
toʷrat	sepɛr	wᵊᶜimmɔhɛm	biʸhuʷdɔʰ	wayᵊlammᵊduʷ
Weisung-(der)	Buch-(das)	(war)-ihnen-mit-und	Juda-in	lehrten-sie-Und

עָרֵי	בְּכָל־	וַיָּסֹבּוּ	יְהוָה
ʿɔreʸ	-bᵊkol	wayyɔsobbuʷ	yᵊhwɔʰ
(von)-Städte(n)	all(en)-in	(umher-zogen=)umgaben-sie-(Und)	.JHWH(s)

פַּחַד	10 וַיְהִי	בָּעָם׃	וַיְלַמְּדוּ	יְהוּדָה
paḥad	wayᵊhiʸ	bɔʿɔm.	wayᵊlammᵊduʷ	yᵊhuʷdɔʰ
Schrecken-(der)	(kam=)war-(es=er)-(Da=)Und	.Volk-im	lehrten-(sie)-und	Juda

אֲשֶׁר	הָאֲרָצוֹת	מַמְלְכוֹת	כָּל־	עַל	יְהוָה
ʾᵃšɛr	hɔʾᵃrɔṣoʷt	mamᵊlᵊkoʷt	-kol	ʿal	yᵊhwɔʰ
(die=)welch(e)	,Länder-(der=)die	Königreiche	all(e)	(über=)auf	JHWH(s)

נִלְחֲמוּ	וְלֹא	יְהוּדָה	סְבִיבוֹת
nilᵊḥᵃmuʷ	wᵊloʾ	yᵊhuʷdɔʰ	sᵊbiʸboʷt
kämpften-sie	nicht-(dass=)und	,(lagen)-Juda	(um-rings=)Umgebungen

פְּלִשְׁתִּים	11 וּמִן־	יְהוֹשָׁפָט׃	עִם־
pᵊlišᵊtiʸm	-uʷmin	yᵊhoʷšɔpɔṭ.	-ʿim
Philister-(der)	(einige=)von-(Auch=)Und	.J(eh)oschaphat	(gegen=)mit

מִנְחָה	לִיהוֹשָׁפָט	מְבִיאִים
minᵊḥɔʰ	liʸhoʷšɔpɔṭ	mᵊbiʸʾiʸm
(Ab)gabe-(eine)	J(eh)oschaphat-zu	(brachten=)machend(e)-kommen-(waren)

מְבִיאִים	הָעַרְבִיאִים	גַּם	מַשָּׂא	וְכֶסֶף
mᵊbiʸʾiʸm	hɔʿarᵊbiʸʾiʸm	gam	maśśɔʾ	wᵊkɛsɛp
lassend(e)-kommen-(waren)	Araber-die	auch	,Tribut-(als)	Silber-und

מֵאוֹת	וּשְׁבַע	אֲלָפִים	שִׁבְעַת	אֵילִים	צֹאן	לוֹ
meʾoʷt	uʷšᵊbaʿ	ʾᵃlɔpiʸm	šibᵊʿat	ʾeʸliʸm	ṣoʾn	loʷ
,hundert(e)	-sieben-und	tausend(e)	-sieben	Widder	,Schaf(e)	ihm-zu

מֵאוֹת׃	וּשְׁבַע	אֲלָפִים	שִׁבְעַת	וּתְיָשִׁים
meʾoʷt.	uʷšᵊbaʿ	ʾᵃlɔpiʸm	šibᵊʿat	uʷtᵊyɔšiʸm
.hundert(e)	-sieben-und	tausend(e)	-sieben	Ziegenböcke-und

הֹלֵךְ	יְהוֹשָׁפָט	12 וַיְהִי
holek	yᵊhoʷšɔpɔṭ	wayᵊhiʸ
(zunehmend=)gehend(er)	J(eh)oschaphat	war-(es=er)-(so)-Und

וַיִּבֶן	לְמָעְלָה	עַד־	וְגָדֵל
wayyibɛn	lᵊmɔʿᵊlɔʰ	-ʿad	wᵊgɔdel
baute-er-(Und)	.(Mächtigkeit=)hin-oben	-(zur)-bis	werdend(er)-groß-(und)

מִסְכְּנוֹת׃	וְעָרֵי	בִּירָנִיּוֹת	בִּיהוּדָה
misᵊkᵊnoʷt.	wᵊʿɔreʸ	biʸrɔniʸyoʷt	biʸhuʷdɔʰ
.Vorräte-(die)	(für)-Städte-und	Burgen	Juda-in

לוֹ	הָיָה	רַבָּה	13 וּמְלָאכָה
loʷ	hɔyɔʰ	rabbɔʰ	uʷmᵊlɔʾkɔʰ
(er=)ihm-zu	(hatte=)war-(es=er)	große(s)	(Unternehmen=)Werk-(ein)-Und

גִּבּוֹרֵי	מִלְחָמָה	וְאַנְשֵׁי	יְהוּדָה	בְּעָרֵי
gibboʷreʸ	milᵊḥɔmɔʰ	wᵊʾanᵊšeʸ	yᵊhuʷdɔʰ	bᵊʿɔreʸ
(von)-Helden	,Krieg(s)-	mannen-und	,Juda	(von)-Städten-(den)-in

פְּקֻדָּתָם	14 וְאֵלֶּה	בִּירוּשָׁלָם׃	חַיִל
pᵊquddɔtɔm	wᵊʾellɛʰ	biʸruʷšɔlɔim.	ḥayil
Amt(sordnung)-ihr(e)	(war)-dies(e)-Und	.Jerusalem-in	(tüchtige=)Tüchtigkeit

שָׂרֵי	לִיהוּדָה	אֲבוֹתֵיהֶם	לְבֵית
śɔreʸ	liʸhuʷdɔʰ	ʾᵃboʷteʸhɛm	lᵊbeʸt
(über)-Befehlshaber	Juda-(Von=)Zu	:Väter-ihre(r)	Haus-(dem)-(nach=)zu

חַיִל	גִּבּוֹרֵי	וְעִמּוֹ	הַשָּׂר	עַדְנָה	אַלְפִּים
ḥayil	gibboʷreʸ	wᵊʿimmoʷ	haśśɔr	ʿadᵊnɔʰ	ʾᵃlɔpiʸm
Tüchtigkeit	-(von)-Helden	ihm-mit-und	,Befehlshaber-der	,Adna	:Tausend(e)

יָדוֹ	15 וְעַל־	אָלֶף׃	מֵאוֹת	שְׁלֹשׁ
yɔdoʷ	-wᵊʿal	ʾɔlɛp.	meʾoʷt	šᵊloš
(ihm-neben=)Hand-seiner	-(an=)auf-Und	.tausend	-hundert(e)	-drei

וּשְׁמוֹנִים	מָאתַיִם	וְעִמּוֹ	הַשָּׂר	יְהוֹחָנָן
uʷšᵊmoʷniʸm	mɔʾtayim	wᵊʿimmoʷ	haśśɔr	yᵊhoʷḥɔnɔn
-achtzig-und	zweihundert(e)	ihm-mit-und	,Befehlshaber-der	,J(eh)ochanan

בֶּן־זִכְרִי	עֲמַסְיָה	יָדוֹ	16 וְעַל־	אָלֶף׃
zikᵊriʸ-bɛn	ʿᵃmasᵊyɔʰ	yɔdoʷ	-wᵊʿal	ʾɔlɛp.
,Sichri(s)-Sohn	Amasja	(ihm-neben=)Hand-seiner-(an=)auf-Und		.tausend

מָאתַיִם	וְעִמּוֹ	לַיהוָה	הַמִּתְנַדֵּב
mɔʾtayim	wᵊʿimmoʷ	layhwɔʰ	hammitᵊnaddeb
-zweihundert(e)	ihm-mit-und	,JHWH-(vor=)zu	Zeigende-willig-sich-der

בִּנְיָמִן	17 וּמִן־	חָיִל׃	גִּבּוֹר	אֶלֶף
binᵊyɔmin	-uʷmin	ḥɔyil.	gibboʷr	ʾɛlɛp
Benjamin	von-Und	.(tüchtige=)Tüchtigkeit	(von)-Held(en)	tausend

נֹשְׁקֵי־	וְעִמּוֹ	אֶלְיָדָע	חַיִל	גִּבּוֹר
-noš^{ə}qe^{y}	w^{əʿ}immo^{w}	ʾɛl^{ə}yɔdɔʿ	ḥayil	gibbo^{w}r
(mit)-(Gerüstete=)Rüstende	ihm-mit-und	,Eljada	Krieg(s)-	held-(der)

אָלֶף׃	מָאתַיִם	וּמָגֵן	קֶשֶׁת
ʾɔlɛp.	mɔʾtayim	u^{w}mɔgen	qɛšɛt.
tausend	-zweihundert(e)	Schild-und	Bogen

וְעִמּוֹ	יְהוֹזָבָד	יָדוֹ	18 וְעַל־
w^{əʿ}immo^{w}	y^{ə}ho^{w}zɔbɔd	yɔdo^{w}	-w^{əʿ}al
ihm-mit-und	,J(eh)osabad	(ihm-neben=)Hand-seiner	-(an=)auf-Und

19 אֵלֶּה	צָבָא׃	חֲלוּצֵי	אֶלֶף	מֵאָה־וּשְׁמוֹנִים
ʾellɛ^{h}	ṣɔbɔʾ.	ḥ^{a}lu^{w}ṣe^{y}	ʾɛlɛp	u^{w}š^{ə}mo^{w}ni^{y}m-meʾɔ^{h}
(waren)-Diese	.Heer-(das)	(für)-Gerüstetete	tausend	achtzig-und-hundert

אֶת־הַמֶּלֶךְ	הַמְשָׁרְתִים
hammɛlɛk-ʾɛt	ham^{ə}šɔr^{ə}ti^{y}m
,König-(dem=)der-(bei=)mit	(Stehenden-Dienst-im=)Dienende(n)-die

נָתַן	אֲשֶׁר־	מִלְּבַד
nɔtan	-ʾ^{a}šɛr	mill^{ə}bad
(gelegt=)gegeben-hat-(es=er)	(die=)welch(e)-,(denen)	(außer=)allein-zu-von

יְהוּדָה׃	בְּכָל־	הַמִּבְצָר	בְּעָרֵי	הַמֶּלֶךְ
y^{ə}hu^{w}dɔ^{h}.	-b^{ə}kol	hammib^{ə}ṣɔr	b^{əʿ}ɔre^{y}	hammɛlɛk
.Juda	(ganz=)all-in	Festung-(der=)die	Städte-(die)-in	König-der

18

וְכָבוֹד	עֹשֶׁר	לִיהוֹשָׁפָט	1 וַיְהִי
w^{ə}kɔbo^{w}d	ʿošɛr	li^{y}ho^{w}šɔpɔṭ	way^{ə}hi^{y}
Ehre-und	Reichtum	J(eh)oschaphat-(hatte=)zu	-war-(es=)er-(Und)

לְאַחְאָב׃	וַיִּתְחַתֵּן	לָרֹב
l^{əʾ}aḥ^{əʾ}ɔb.	wayyit^{ə}ḥatten	lɔrob
.Achab-(mit=)zu	sich-verschwägerte-er-(Ferner=)Und	.(Fülle-in=)Menge-zur

אֶל־	שָׁנִים	לְקֵץ	2 וַיֵּרֶד
-ʾɛl	šɔni^{y}m	l^{ə}qeṣ	wayyerɛd
zu	Jahre(n)-(einigen)	(von)-(Ablauf-nach=)Ende-zu	hinab-zog-er-(Als=)Und

לוֹ	וַיִּזְבַּח־	לְשֹׁמְרוֹן	אַחְאָב
lo^{w}	-wayyiz^{ə}baḥ	l^{ə}šom^{ə}ro^{w}n	ʾaḥ^{əʾ}ɔb
(ihn-für=)ihm-zu	schlachtete-(es=er)-(da=)und	,Samaria-(nach=)zu	Achab

וְלָעָם	לָרֹב	וּבָקָר	צֹאן	אַחְאָב
wəlɔʿɔm	lɔrob	uwbɔqɔr	ṣoʾn	ʾaḥəʾɔb
,Volk-(das)-(für=)zu-und	Menge-(in=)zu	Rind(er)-und	Schaf(e)	Achab

וַיְסִיתֵהוּ	עִמּוֹ	אֲשֶׁר
wayəsiytehuw	ʿimmow	ʾašɛr
ihn-(überredete=)verleitete-er-und	,(war)-ihm-(bei=)mit	(das=)welch(es)

אַחְאָב	3 וַיֹּאמֶר	גִּלְעָד׃	רָמוֹת	אֶל־	לַעֲלוֹת
ʾaḥəʾɔb	wayyoʾmɛr	giləʿɔd.	rɔmowt	-ʾɛl	laʿalowt
,Achab	sprach-(es=)er-(Und)	.Gilead	Ramot	(gegen=)zu	Hinaufziehn-zu(m)

יְהוּדָה	מֶלֶךְ	יְהוֹשָׁפָט	אֶל־	יִשְׂרָאֵל	מֶלֶךְ־
yəhuwdɔh	mɛlɛk	yəhowšɔpɔṭ	-ʾɛl	yiśərɔʾel	-mɛlɛk
:Juda	(von)-König-(dem)	,J(eh)oschaphat	zu	,Israel	(von)-König-(der)

גִּלְעָד	רָמֹת	עִמִּי	הֲתֵלֵךְ
giləʿɔd	rɔmot	ʿimmiy	hatelek
?Gilead	Ramot-(nach)	mir-mit	gehen-(willst=)wirst-du-Etwa

כָּמוֹךָ	כָּמוֹנִי	לוֹ	וַיֹּאמֶר
kɔmowkɔ	kɔmowniy	low	wayyoʾmɛr
,(du-gleich=)dich-wie	,ich-(Gleich=)Wie	:ihm-zu	sprach-(d)er-Und

בַּמִּלְחָמָה׃	וְעִמְּךָ	עַמִּי	וּכְעַמְּךָ
bammiləḥɔmɔh.	wəʿimməkɔ	ʿammiy	uwkəʿamməkɔ
!Kampf-den-in	dir-mit-(also=)und	,Volk-mein	,Volk-dein-wie-und

יִשְׂרָאֵל	מֶלֶךְ	אֶל־	יְהוֹשָׁפָט	4 וַיֹּאמֶר
yiśərɔʾel	mɛlɛk	-ʾɛl	yəhowšɔpɔṭ	wayyoʾmɛr
:Israel	(von)-König-(dem)	zu	J(eh)oschaphat	sprach-(es=er)-(Dann=)Und

יְהוָה׃	אֶת־דְּבַר	כַיּוֹם	נָא	דְּרָשׁ־
yəhwɔh.	dəbar-ʾɛt	kayyowm	nɔʾ	-dəroš
!JHWH(s)	Wort-(das)***	(heute-gleich=)Tag-der-wie	doch	(Erfrage=)Suche

יִשְׂרָאֵל	מֶלֶךְ־	5 וַיִּקְבֹּץ
yiśərɔʾel	-mɛlɛk	wayyiqəboṣ
Israel	(von)-König-(der)	versammelte-(es=er)-(Hierauf=)Und

אֲלֵהֶם	וַיֹּאמֶר	אִישׁ	מֵאוֹת	אַרְבַּע	אֶת־הַנְּבִאִים
ʾalehɛm	wayyoʾmɛr	ʾiyš	meʾowt	ʾarəbaʿ	hannəbiʾiym-ʾɛt
:ihnen-zu	sprach-(er)-und	— Mann	hundert(e)	-vier —	Propheten-die***

גִּלְעָד	רָמֹת	אֶל־	הֲנֵלֵךְ
gilᵊᶜɔd	rɔmot	-ʾɛl	hᵃnelek
Gilead	Ramot	(gegen=)zu	(ziehen=)gehen-(sollen=)werden-wir-Etwa

אֶחְדָּל	אִם־	לַמִּלְחָמָה
ʾɛḥᵊdɔl	-ʾim	lammilᵊḥɔmɔʰ
?unterlassen-(es)-(soll=)werde-ich	(oder=)wenn	Kampf-zu(m)

וְיִתֵּן	עֲלֵה	וַיֹּאמְרוּ
wᵊyitten	ᶜᵃleʰ	wayyoʾmᵊruʷ
geben-wird('s)-(es=)er-(da=)und	,hinauf-Zieh	:sprachen-sie-(Da=)Und

הַמֶּלֶךְ׃	בְּיַד	הָאֱלֹהִים
hammɛlɛk.	bᵊyad	hɔʾᵉlohiʸm
!König(s)-(des=)der	Hand-(die)-in-(es)	(Gott=)Götter-die

נָבִיא	פֹּה	הַאֵין	יְהוֹשָׁפָט	וַיֹּאמֶר 6
nɔbiʸʾ	poʰ	haʾeʸn	yᵊhoʷšɔpɔṭ	wayyoʾmɛr
Prophet-(ein)	hier	ist-nicht-Etwa	:J(eh)oschaphat	sprach-(es=er)-(Da=)Und

מֵאֹתוֹ׃	וְנִדְרְשָׁה	עוֹד	לַיהוָה
meʾotoʷ.	wᵊnidᵊrᵊšɔʰ	ᶜoʷd	layhwɔʰ
?ihm-von	(er)fragen-wir('s)-(dass=)und	,noch	JHWH(s=zu)

יְהוֹשָׁפָט	אֶל־	יִשְׂרָאֵל	מֶלֶךְ־	וַיֹּאמֶר 7
yᵊhoʷšɔpɔṭ	-ʾɛl	yiśᵊrɔʾel	-mɛlɛk	wayyoʾmɛr
:J(eh)oschaphat	zu	Israel	(von)-König-(der)	sprach-(es=er)-(Hierauf=)Und

אֶת־יְהוָה	לִדְרוֹשׁ	אֶחָד	אִישׁ־	עוֹד
yᵊhwɔʰ-ʾɛt	lidᵊroʷš	ʾɛḥɔd	-ʾiʸš	ᶜoʷd
JHWH***	(befragen=)suchen-zu-(um)	einer	Mann	(ist)-Noch

אֵינֶנּוּ	כִּי־	שְׂנֵאתִיהוּ	וַאֲנִי	מֵאֹתוֹ
ʾeʸnɛnnuʷ	-kiʸ	śᵊneʾtiʸhuʷ	waʾᵃniʸ	meʾotoʷ
ist-er-nicht	denn	,ihn-hasse-ich	,ich-(jedoch=)und	,(ihn-durch=)ihm-von

כִּי	לְטוֹבָה	עָלַי	מִתְנַבֵּא
kiʸ	lᵊṭoʷbɔʰ	ᶜɔlay	mitᵊnabbeʾ
(sondern=)denn	,Gute(m)-zu	(mich-über=)mir-auf	weissagend(er)

הוּא	לְרָעָה	כָּל־יָמָיו
huʷʾ	lᵊrɔᶜɔʰ	yɔmɔʸw-kol
(ist-Es=)Er	:(Üblem=)Böse(m)-zu	(Leben-ganzes-sein=)Tage-seine-all

אַל־	יְהוֹשָׁפָט	וַיֹּאמֶר	בֶּן־יִמְלָא	מִיכָיְהוּ
-ʾal	y^{ə}ho^{w}šɔpɔṭ	wayyoʾmɛr	yim^{ə}lɔʾ-bɛn	mi^{y}kɔy^{ə}hu^{w}
Nicht	:J(eh)oschaphat	sagte-(es=)er-(Nun=)Und	!Jimla(s)-Sohn	Michajehu

8 וַיִּקְרָא	כֵּן׃	הַמֶּלֶךְ	יֹאמַר
wayyiq^{ə}rɔʾ	ken.	hammɛlɛk	yoʾmar
rief-(es=er)-(Da=)Und	!so	König-der	sprechen-(soll=)wird-(es=er)

וַיֹּאמֶר	אֶחָד	סָרִיס	אֶל־	יִשְׂרָאֵל	מֶלֶךְ
wayyoʾmɛr	ʾɛḥɔd	sɔri^{y}s	-ʾɛl	yiś^{ə}rɔʾel	mɛlɛk
:sagte-(er)-und	ein(en)	Höfling	(herbei=)zu	Israel	(von)-König-(der)

בֶּן־יִמְלָא׃	מִיכָהוּ[מִיכָיְהוּ]	מַהֵר
yim^{ə}lɔʾ-bɛn.	[mi^{y}kɔy^{ə}hu^{w}]mi^{y}kɔhu^{w}	maher
!Jimla(s)-Sohn	Michajehu	(hole-Schnell=)Eilen-(Ein)

מֶלֶךְ־	וִיהוֹשָׁפָט	יִשְׂרָאֵל	9 וּמֶלֶךְ
-mɛlɛk	wi^{y}ho^{w}šɔpɔṭ	yiś^{ə}rɔʾel	u^{w}mɛlɛk
(von)-König-(der)	,J(eh)oschaphat-und	Israel	(von)-König-(der)-(Dabei=)Und

כִּסְאוֹ	עַל־	אִישׁ	יוֹשְׁבִים	יְהוּדָה
kis^{ə}ʾo^{w}	-ʿal	ʾi^{y}š	yo^{w}š^{ə}bi^{y}m	y^{ə}hu^{w}dɔ^{h}
,(Thron=)Stuhl-sein(em)	auf	(jeder=)Mann	sitzend(e)-(waren)	,Juda

וְיֹשְׁבִים	בְּגָדִים	מְלֻבָּשִׁים
w^{ə}yoš^{ə}bi^{y}m	b^{ə}gɔdi^{y}m	m^{ə}lubbɔši^{y}m
sitzend(e)-und	(Amts)gewänder(n)-(den)-(mit=)in	(angetan=)gekleidet(e)

וְכָל־	שֹׁמְרוֹן	שַׁעַר	פֶּתַח	בְּגֹרֶן
-w^{ə}kol	šom^{ə}ro^{w}n	šaʿar	pɛtaḥ	b^{ə}gorɛn
all-und	,Samaria	(von)-Tor(es)-(des)	Eingang-(am)	Tenne-(einer)-(auf=)in

לִפְנֵיהֶם׃	מִתְנַבְּאִים	הַנְּבִיאִים
lip^{ə}ne^{y}hɛm.	mit^{ə}nabb^{ə}ʾi^{y}m	hann^{ə}bi^{y}ʾi^{y}m
.(ihnen-vor=)Gesichtern-ihren-zu	weissagend(e)-(waren)	Propheten-die

בֶּן־כְּנַעֲנָה	צִדְקִיָּהוּ	לוֹ	10 וַיַּעַשׂ
k^{ə}na^{ʿa}nɔ^{h}-bɛn	ṣid^{ə}qi^{y}yɔhu^{w}	lo^{w}	wayyaʿaś
Kenaana(s)-Sohn	Zidkija(hu)	(sich-für=)ihm-zu	machte-(es=)er-Und

יְהוָה	אָמַר	כֹּה־	וַיֹּאמֶר	בַּרְזֶל	קַרְנֵי
y^{ə}hwɔ^{h}	ʾɔmar	-ko^{h}	wayyoʾmɛr	bar^{ə}zɛl	qar^{ə}ne^{y}
:JHWH	(spricht=)sprach-(es=er)	So	:sprach-(er)-und	Eisen	(aus)-Hörner

בְּאֵלֶּה תְּנַגַּח אֶת־אֲרָם
ᵓᵃrɔm-ᵓɛt tᵊnaggaḥ bᵊᵓellɛʰ
Aram*** (nieder)stoßen-wirst-du diese(n)-(Mit=)In

עַד־כַּלּוֹתָם׃ 11 וְכָל־ הַנְּבִאִים
hannᵊbiᵓiʸm -wᵊkol kalloʷtɔm-ʿad.
Propheten-die all(e)-Und !(Ausgerottetsein=)Fertigsein-ihrem-(zu)-bis

נִבְּאִים כֵּן לֵאמֹר עֲלֵה
ʿᵃleʰ leᵓmor ken nibbᵊᵓiʸm
hinauf-Zieh :(sagend=)sagen-zu ,(eben)so weissagend(e)-(waren)

רָמֹת גִּלְעָד וְהַצְלַח
wᵊhaṣᵊlaḥ gilᵊʿɔd rɔmot
,erfolgreich-(seiest-du-dass=)sei-und Gilead Ramot-(nach)

וְנָתַן יְהוָה בְּיַד הַמֶּלֶךְ׃
hammɛlɛk. bᵊyad yᵊhwɔʰ wᵊnɔtan
!König(s)-(des=)der Hand-(die)-in JHWH geben-wird('s)-(es=)er-und

12 וְהַמַּלְאָךְ אֲשֶׁר־ הָלַךְ לִקְרֹא
liqᵊroᵓ hɔlak -ᵓᵃšɛr wᵊhammalᵊᵓɔk
rufen-zu-(um) ging-(er) (der=)welch(er) ,Bote-der-(Ferner=)Und

לְמִיכָיְהוּ דִּבֶּר אֵלָיו לֵאמֹר הִנֵּה
hinneʰ leᵓmor ᵓeloʸw dibbɛr lᵊmiʸkɔyᵊhuʷ
,Siehe :(also=)sagen-zu ihm-zu sprach-(er) ,Michajehu-(zu)

דִּבְרֵי הַנְּבִאִים פֶּה־אֶחָד טוֹב
ṭoʷb ᵓɛḥɔd-pɛʰ hannᵊbiᵓiʸm dibᵊreʸ
gut (einstimmig=)einer-Mund-(sind) Propheten-(den=)die (von)-Worte-(die)

אֶל־ הַמֶּלֶךְ וִיהִי־ נָא דְבָרְךָ
dᵊbɔrᵊkɔ nɔᵓ -wiʸhiʸ hammɛlɛk -ᵓɛl
Wort-dein doch sei-(es=er)-(Also=)Und .König-(den=)der (für=)zu

כְּאַחַד מֵהֶם וְדִבַּרְתָּ טוֹב׃
ṭoʷb. wᵊdibbarᵊtɔ mehɛm kᵊᵓaḥad
!Gut(es) redest-du-(indem=)und ,ihnen-(mit=)von (Harmonie-in=)eins-wie

13 וַיֹּאמֶר מִיכָיְהוּ חַי־יְהוָה
yᵊhwɔʰ-ḥay miʸkɔyᵊhuʷ wayyoᵓmɛr
,JHWH-(lebt=)lebendig-(Sowahr) :Michajehu sagte-(es=er)-(Da=)Und

אֹתוֹ	אֱלֹהַי	אֶת־אֲשֶׁר־יֹאמַר	כִּי
ʾotoʷ	ʾᵋlohay	yoʾmar-ʾᵃšɛr-ʾɛt	kiʸ
(das=)ihn	,(Gott=)Götter-mein(e)	sagen-wird-(es=er)-was***	,(wahrlich=)denn

הַמֶּלֶךְ	אֶל־	14 וַיָּבֹא	אֲדַבֵּר׃
hammɛlɛk	-ʾɛl	wayyɔboʾ	ʾᵃdabber.
,König-(dem=)der	zu	kam-er-(Als=)Und	!reden-werde-ich

מִיכָה	אֵלָיו	הַמֶּלֶךְ	וַיֹּאמֶר
miʸkɔʰ	ʾelɔʸw	hammɛlɛk	wayyoʾmɛr
,Micha	:ihm-zu	König-der	sagte-(es=er)-(da=)und

גִּלְעָד	רָמֹת	אֶל־	הֲנֵלֵךְ
gilᵊʿɔd	rɔmot	-ʾɛl	hᵃnelek
Gilead	Ramot	(gegen=)zu	(ziehen=)gehen-(sollen=)werden-wir-etwa

אֶחְדָּל	אִם־	לַמִּלְחָמָה
ʾɛḥᵊdɔl	-ʾim	lammilᵊḥɔmɔʰ
?(davon)-abstehen-(soll=)werde-ich	(oder=)wenn	Kampfe-zum

וְהַצְלִיחוּ	עֲלוּ	וַיֹּאמֶר
wᵊhaṣᵊliʸḥuʷ	ʿᵃluʷ	wayyoʾmɛr
,erfolgreich-(seiet-ihr-dass=)seid-und	,hinauf-Zieht	:sagte-er-(Da=)Und

אֵלָיו	15 וַיֹּאמֶר	בְּיֶדְכֶם׃	וְיִנָּתְנוּ
ʾelɔʸw	wayyoʾmɛr	bᵊyɛdᵊkɛm.	wᵊyinnɔtᵊnuʷ
ihm-zu	sprach-(es=er)-(Da=)Und	!Hand-eure-in	gegeben-werden-sie-(da=)und

אֲנִי	פְעָמִים	עַד־כַּמֶּה	הַמֶּלֶךְ
ʾᵃniʸ	pᵊʿɔmiʸm	kammɛʰ-ʿad	hammɛlɛk
ich	Male	(viele-Wie=)was-wie-Bis	:König-der

רַק־	אֵלַי	תְּדַבֵּר	לֹא־	אֲשֶׁר	מַשְׁבִּיעֶךָ
-raq	ʾelay	tᵊdabber	-loʾ	ʾᵃšɛr	mašᵊbiʸʿɛkɔ
(außer=)nur	,mir-zu	reden-wirst-du	nicht(s)	dass	,dich-beschwörend(er)-(bin)

רָאִיתִי	16 וַיֹּאמֶר	יְהוָה׃	בְּשֵׁם	אֱמֶת
rɔʾiʸtiʸ	wayyoʾmɛr	yᵊhwɔʰ.	bᵊšem	ʾᵋmɛt
sah-Ich	:sprach-er-(Darauf=)Und	?JHWH(s)	Name(n)-(im=)in	Wahrheit

כַּצֹּאן	הֶהָרִים	עַל־	נְפוֹצִים	אֶת־כָּל־יִשְׂרָאֵל
kaṣṣoʾn	hɛhɔriʸm	-ʿal	nᵊpoʷṣiʸm	yiśᵊrɔʾel-kol-ʾɛt
,Schaf(e)-die-wie	Berge-die	(über=)auf	verstreut(e)	Israel-(ganz=)all***

רֹעֶה	אֵין־לָהֶן	אֲשֶׁר
roʿɛh	lɔhɛn-ʾeyn	ʾašɛr
!Hirt(en)-(einen)	(haben=)ihnen-zu-nicht	(die=)welch(e)

אֲדֹנִים	לֹא־	יְהוָה	וַיֹּאמֶר
ʾadoniym	-loʾ	yəhwɔh	wayyoʾmɛr
Herr(e)n	(Keinen=)Nicht	:JHWH	sprach-(es=er)-(Dabei=)Und

אִישׁ־	יָשׁוּבוּ	לָאֵלֶּה
-ʾiyš	yɔšuwbuw	lɔʾellɛh
(jeder)mann	,zurückkehren-(sollen=)werden-sie	;diese(n)-(haben=)zu

מֶלֶךְ־	17 וַיֹּאמֶר	בְּשָׁלוֹם׃	לְבֵיתוֹ
-mɛlɛk	wayyoʾmɛr	bəšɔlowm.	ləbeytow
(von)-König-(der)	sprach-(es=er)-(Hierauf=)Und	!Frieden-in	,Haus-sein(em)-zu

אֵלֶיךָ	אָמַרְתִּי	הֲלֹא	יְהוֹשָׁפָט	אֶל־	יִשְׂרָאֵל
ʾelɛykɔ	ʾɔmarətiy	haloʾ	yəhowšɔpɔṭ	-ʾɛl	yiśərɔʾel
,dir-zu	gesagt-habe-ich	nicht-Etwa	:J(eh)oschaphat	zu	Israel

כִּי	טוֹב	עָלַי	יִתְנַבֵּא	לֹא־
kiy	ṭowb	ʿɔlay	yitənabbeʾ	-loʾ
(sondern=)denn	,Gut(es)	(mich-über=)mir-auf	weissagen-wird-er	nicht-(dass)

שִׁמְעוּ	לָכֵן	18 וַיֹּאמֶר	לְרָע׃	אִם־
šiməʿuw	lɔken	wayyoʾmɛr	lərɔʿ.	-ʾim
höret	(Also=)so-Zu	:sprach-er-(Da=)Und	!Unheil-zu(m)	(nur=)wenn

כִּסְאוֹ	עַל־	יוֹשֵׁב	אֶת־יְהוָה	רָאִיתִי	יְהוָה	דְּבַר־
kisəʾow	-ʿal	yowšeb	yəhwɔh-ʾɛt	rɔʾiytiy	yəhwɔh	-dəbar
,Thron-sein(em)	auf	sitzend(er)	JHWH***	sah-Ich	!JHWH(s)	Wort-(das)

עַל־	עֹמְדִים	הַשָּׁמַיִם	צְבָא	וְכָל־
-ʿal	ʿomədiym	haššɔmayim	ṣəbɔʾ	-wəkol
(zu=)auf	stehend(e)-(war)	Himmel-(der=)die	Heer	(ganze-das=)all-und

מִי	יְהוָה	19 וַיֹּאמֶר	וּשְׂמֹאלוֹ׃	יְמִינוֹ
miy	yəhwɔh	wayyoʾmɛr	uwśəmoʾlow.	yəmiynow
Wer	:JHWH	sprach-(es=)er-Und	.Linke(n)-seine(r)-und	Rechte(n)-seine(r)

יִשְׂרָאֵל	מֶלֶךְ־	אֶת־אַחְאָב	יְפַתֶּה
yiśərɔʾel	-mɛlɛk	ʾaḥəʾɔb-ʾɛt	yəpattɛh
,Israel	(von)-König-(den)	,Achab***	betören-wird-(er)

גִּלְעָד	בְּרָמֹות	וְיִפֹּל	וְיַעַל
gilaʿɔd	bərɔmowt	wəyippol	wəyaʿal
?Gilead	Ramot-in	fällt-(er)-und	hinaufzieht-er-(dass=)und

כָּכָה	אֹמֵר	זֶה	וַיֹּאמֶר
kɔkɔh	ʾomer	zɛh	wayyoʾmɛr
so-(wie)	sprechend(er)-(ist)	(eine-Der=)Dieser	:sprach-(man=)er-Und

20 וַיֵּצֵא	כָּכָה׃	אֹמֵר	וְזֶה
wayyeṣeʾ	kɔkɔh.	ʾomer	wəzɛh
hervor-kam-(Da=)Und	!so-(wie)	sprechend(er)-(ist)	(eine-der=)dieser-und

וַיֹּאמֶר	יְהוָה	לִפְנֵי	וַיַּעֲמֹד	הָרוּחַ
wayyoʾmɛr	yəhwɔh	lipəney	wayyaʿamod	hɔruwaḥ
:sprach-(er)-und	JHWH	(vor=)Gesichter-zu	(hin)-stand-er-und	Geist-der

אֵלָיו	יְהוָה	וַיֹּאמֶר	אֲפַתֶּנּוּ	אֲנִי
ʾelɔyw	yəhwɔh	wayyoʾmɛr	ʾapattɛnnuw	ʾaniy
:ihm-zu	JHWH	sprach-(er)-(Da=)Und	!ihn-betören-(will=)werde-ich	,Ich

אֵצֵא	21 וַיֹּאמֶר	בַּמָּה׃
ʾeṣeʾ	wayyoʾmɛr	bammɔh.
ausgehn-(will=)werde-Ich	:sprach-(d)er-Und	?(Womit=)was-In

שֶׁקֶר	לְרוּחַ	וְהָיִיתִי
šɛqɛr	ləruwaḥ	wəhɔyiytiy
Lüge-(der)	Geist-(einem)-zu	(werden=)sein-(will=)werde-ich-und

וַיֹּאמֶר	נְבִיאָיו	כָּל־	בְּפִי
wayyoʾmɛr	nəbiyʾɔyw	-kol	bəpiy
:sprach-er-(Da=)Und	!Propheten-seine(n)	all(en)	(von)-Mund-(im=)in

וַעֲשֵׂה־כֵן׃	צֵא	תּוּכָל	וְגַם־	תְּפַתֶּה
ken-waʿaśeh.	ṣeʾ	tuwkɔl	-wəgam	təpattɛh
!so-tu-und	aus-Zieh	!sein-imstande-wirst-du	auch-und	betören-wirst-Du

רוּחַ	יְהוָה	נָתַן	הִנֵּה	22 וְעַתָּה
ruwaḥ	yəhwɔh	nɔtan	hinneh	wəʿattɔh
Geist-(einen)	JHWH	(gelegt=)gegeben-hat-(es=)er	,siehe	,nun-(Also=)Und

אֵלֶּה	נְבִיאֶיךָ	בְּפִי	שֶׁקֶר
ʾellɛh	nəbiyʾɛykɔ	bəpiy	šɛqɛr
,diese(n)	,Propheten-deine(n)	(von)-Mund-(den)-in	Lüge-(der)

רָעָה׃	עָלֶיךָ	דִּבֶּר	וַיהוָה
rɔʿɔʰ.	ʿɔlɛʸkɔ	dibbɛr	wayhwɔʰ
!Schlimme(s)	dich-(über=)auf	geredet-hat-(er)	JHWH-(aber=)und

וַיַּךְ	בֶּן־כְּנַעֲנָה	צִדְקִיָּהוּ	23 וַיִּגַּשׁ
wayyak	kᵊnaʿᵃnɔʰ-bɛn	ṣidᵊqiʸyɔhuʷ	wayyiggaš
schlug-(er)-und	Kenaana(s)-Sohn	Zidkija(hu)	herzu-trat-(es=er)-(Da=)Und

זֶה	אֵי	וַיֹּאמַר	הַלְּחִי	עַל־	אֶת־מִיכָיְהוּ
zɛʰ	ʾeʸ	wayyoʾmɛr	hallɛḥiʸ	-ʿal	miʸkɔyᵊhuʷ-ʾɛt
(denn=)dieser	(ist)-Wo	:sprach-(er)-und	Backe-die	auf	Michajehu***

מֵאִתִּי	יְהוָה	רוּחַ־	עָבַר	הַדֶּרֶךְ
meʾittiʸ	yᵊhwɔʰ	-ruʷaḥ	ʿɔbar	haddɛrɛk
mir-von-(weg)	JHWH(s)	Geist-(der)	(ab=)durch-zog-(es=)er	,Weg-der

מִיכָיְהוּ	24 וַיֹּאמֶר	אִתָּךְ׃	לְדַבֵּר
miʸkɔyᵊhuʷ	wayyoʾmɛr	ʾotɔk.	lᵊdabber
:Michajehu	sprach-(es=er)-(Da=)Und	?dir-mit	reden-zu-(um)

הַהוּא	בַּיּוֹם	רֹאֶה	הִנְּךָ
hahuʷʾ	bayyoʷm	roʾɛʰ	hinnᵊkɔ
,da-(jenem=)jener	,Tag-(dem)-(an=)in	sehend(er)	(es-bist)-du-,Siehe

בַּחֶדֶר	חֶדֶר	תָּבוֹא	אֲשֶׁר
bᵊḥɛdɛr	ḥɛdɛr	tɔboʷʾ	ʾᵃšɛr
Kammer-(um=)in	Kammer	(betreten=)kommen-wirst-du	(dem-an=)welch(er)

יִשְׂרָאֵל	מֶלֶךְ	25 וַיֹּאמֶר	לְהֵחָבֵא׃
yiśᵊrɔʾel	mɛlɛk	wayyoʾmɛr	lᵊheḥɔbeʾ.
:Israel	(von)-König-(der)	sprach-(es=er)-(Da=)Und	!verstecken-zu-dich-(um)

אָמוֹן	אֶל־	וַהֲשִׁיבֻהוּ	אֶת־מִיכָיְהוּ	קְחוּ
ʾɔmoʷn	-ʾɛl	wahᵃšiʸbuhuʷ	miʸkɔyᵊhuʷ-ʾɛt	qᵊḥuʷ
,Amon	zu	ihn-zurück-bringt-und	Michajehu***	Nehmt

בֶּן־	יוֹאָשׁ	וְאֶל־	הָעִיר	שַׂר־
-bɛn	yoʷʾɔš	-wᵊʾɛl	hɔʿiʸr	-śar
Sohn-(dem)	,Joasch	zu-und	,Stadt-(der=)die	Ober(st)e(n)-(dem)

אָמַר	כֹּה	26 וַאֲמַרְתֶּם	הַמֶּלֶךְ׃
ʾɔmar	koʰ	waʾᵃmarᵊtɛm	hammɛlɛk.
(spricht=)sprach-(es=er)	So	:sagen-(sollt=)werdet-ihr-und	,König(s)-(des=)der

בֵּית	זֶה	שִׂימוּ	הַמֶּלֶךְ
beʸt	zɛʰ	śiʸmuʷ	hammɛlɛk
-Haus-(ins)	(den=)dieser	(Gebt=)Setzt	:König-der

לֶחֶם	וְהַאֲכִלֻהוּ	הַכֶּלֶא
lɛḥɛm	wᵊhaᵓᵃkiluhuʷ	hakkɛlɛᵓ
Brot-(mit)	ihn-(speiset=)essen-macht-und	(Gefängnis=)Kerker(s)-(des=)der

לַחַץ	וּמַיִם	לַחַץ
laḥaṣ	uʷmayim	laḥaṣ
,(notdürftigem=)Trübsal-(der)	Wasser-und	(notdürftigem=)Trübsal-(der)

בְשָׁלוֹם׃	שׁוּבִי	עַד
bᵊšɔloʷm.	šuʷbiʸ	ʿad
!(wohlbehalten=)Frieden-in	Zurückkehren-mein(em)	(zu)-bis

שׁוֹב	אִם־	מִיכָיְהוּ	27 וַיֹּאמֶר
šoʷb	-ᵓim	miʸkɔyᵊhuʷ	wayyoᵓmɛr
(tatsächlich=)Zurückkehren-(ein)	Wenn	:Michajehu	sprach-(es=er)-(Da=)Und

לֹא־	בְשָׁלוֹם	תָּשׁוּב
-loᵓ	bᵊšɔloʷm	tɔšuʷb
nicht	,(wohlbehalten=)Frieden-in	zurückkehren-(solltest=)wirst-du

וַיֹּאמֶר	בִּי	יְהוָה	דִבֶּר
wayyoᵓmɛr	biʸ	yᵊhwɔʰ	dibbɛr
:sprach-er-(Außerdem=)Und	!(mich-durch=)mir-in	JHWH	geredet-hat-(es=er)

28 וַיַּעַל	כֻּלָּם׃	עַמִּים	שִׁמְעוּ
wayyaʿal	kullɔm.	ʿammiʸm	šimᵊʿuʷ
hinauf-zog-(es=)er-(Hingegen=)Und	!(allesamt=)ihr-all	,Völker	,Höret

יְהוּדָה	מֶלֶךְ־	וִיהוֹשָׁפָט	יִשְׂרָאֵל	מֶלֶךְ־
yᵊhuʷdɔʰ	-mɛlɛk	wiʸhoʷšɔpɔṭ	yiśᵊrɔᵓel	-mɛlɛk
,Juda	(von)-König-(der)	,J(eh)oschaphat-und	Israel	(von)-König-(der)

מֶלֶךְ	29 וַיֹּאמֶר	גִּלְעָד׃	רָמֹת	אֶל־
mɛlɛk	wayyoᵓmɛr	gilᵊʿɔd.	rɔmot	-ᵓɛl
(von)-König-(der)	sprach-(es=)er-Und	.Gilead	Ramot	(gegen=)zu

יְהוֹשָׁפָט	אֶל־	יִשְׂרָאֵל
yᵊhoʷšɔpɔṭ	-ᵓɛl	yiśᵊrɔᵓel
:J(eh)oschaphat	zu	Israel

הִתְחַפֵּשׂ
hitʰḥappeś
(machen-unkenntlich-mich-will-Ich=)Unkenntlichmachen-(Ein)

לְבַשׁ	וְאַתָּה	בַּמִּלְחָמָה	וְבוֹא
lᵊbaš	wᵊʾattɔʰ	bammilᵊḥɔmɔʰ	wɔboʷʾ
dich-kleide	,du-(indes=)und	,Schlacht-die-in	(gehen=)Kommen-(ein)-und

וַיִּתְחַפֵּשׂ	בְּגָדֶיךָ
wayyitᵊḥappeś	bᵊgɔdɛʸkɔ
unkenntlich-sich-machte-(es=)er-Und	!Gewänder(n)-deine(n)-(mit=)in

בַּמִּלְחָמָה׃	וַיָּבֹאוּ	יִשְׂרָאֵל	מֶלֶךְ
bammilᵊḥɔmɔʰ.	wayyɔboʾuʷ	yiśᵊrɔʾel	mɛlɛk
.Schlacht-die-in	(gingen=)kamen-sie-und	Israel	(von)-König-(der)

צִוָּה	אֲרָם	30 וּמֶלֶךְ
ṣiwwɔʰ	ʾᵃrɔm	uʷmɛlɛk
geheißen-hatte-(er)	Aram	(von)-König-(der)-(Indes=)Und

אֲשֶׁר־	הָרֶכֶב	אֶת־שָׂרֵי
-ʾᵃšɛr	hɔrɛkɛb	śɔreʸ-ʾɛt
(das=)welch(es)	,(Kriegs)gefährt-das	(über)-Befehlshaber-(die)

תִּלָּחֲמוּ	לֹא	לֵאמֹר	לוֹ
tillɔḥᵃmuʷ	loʾ	leʾmor	loʷ
(be)kämpfen-(sollt=)werdet-ihr	Nicht	:(also=)sagen-zu	,(gehörte=)ihm-(zu)

כִּי	אֶת־הַגָּדוֹל	אֶת־הַקָּטֹן
kiʸ	haggɔdoʷl-ʾɛt	haqqɔṭon-ʾɛt
(sondern=)wenn	,Große(n)-(den=)der-***-(und)	Kleine(n)-(den=)der***

לְבַדּוֹ׃	יִשְׂרָאֵל	אֶת־מֶלֶךְ	אִם־
lᵊbaddoʷ.	yiśᵊrɔʾel	mɛlɛk-ʾɛt	-ʾim
!(allein=)ihm-bis-zu	Israel	(von)-König-(den)***	(nur=)wenn

כִּרְאוֹת	31 וַיְהִי
kirᵊʾoʷt	wayᵊhiʸ
(sahen-als=)Sehen-(ein)-wie	,(geschah=)war-(es=)er-Und

וְהֵמָּה	אֶת־יְהוֹשָׁפָט	הָרֶכֶב	שָׂרֵי
wᵊhemmɔʰ	yᵊhoʷšɔpɔṭ-ʾɛt	hɔrɛkɛb	śɔreʸ
sie-(da=)und	,J(eh)oschaphat***	(Kriegs)gefährt-das	(über)-Befehlshaber-(die)

אָמְרוּ ʾɔmᵊruʷ ,(dachten=)sagten-(sie)
מֶלֶךְ mɛlɛk (von)-König-(der)
יִשְׂרָאֵל yiśᵊrɔʾel Israel
הוּא huʷʾ ,(sei)-er
וַיָּסֹבּוּ wayyɔsobbuʷ umringten-sie-und

עָלָיו ʿɔlɔʸw ihn-(gegen=auf)
לְהִלָּחֵם lᵊhillɔḥem .(ihn-anzugreifen=)kämpfen-zu-(um)

וַיִּזְעַק wayyizᵊʿaq auf-schrie-(es=)er-(Aber=)Und
יְהוֹשָׁפָט yᵊhoʷšɔpɔṭ ,J(eh)oschaphat
וַיהוָה wayhwɔʰ JHWH-und
עֲזָרוֹ ʿᵃzɔroʷ ,(ihm=)ihn-half-(er)

וַיְסִיתֵם wayᵊsiʸtem sie-weg-lockte-(es=)er-und
אֱלֹהִים ʾᵉlohiʸm (Gott=)Götter
מִמֶּנּוּ׃ mimmɛnnuʷ. .ihm-von

32 וַיְהִי wayᵊhiʸ ,(geschah=)war-(es=)er-Und
כִּרְאוֹת kirᵊʾoʷt (sahen-sobald=)Sehen-(ein)-wie

שָׂרֵי śɔreʸ (über)-Befehlshaber-(die)
הָרֶכֶב hɔrɛkɛb ,(Kriegs)gefährt-das
כִּי kiʸ dass
לֹא־ -loʾ nicht
הָיָה hɔyɔh war-(es=)er

מֶלֶךְ mɛlɛk (von)-König-(der)
יִשְׂרָאֵל yiśᵊrɔʾel ,Israel
וַיָּשֻׁבוּ wayyɔšubuʷ (ab=)um-kehrten-sie-(da=)und
מֵאַחֲרָיו׃ meʾaḥᵃrɔʸw. .ihm-hinter-(von)

33 וְאִישׁ wᵊʾiʸš Mann-(ein)-(Jedoch=)Und
מָשַׁךְ mɔšak (spannte=)zog-(er)
בַּקֶּשֶׁת baqqɛšɛt Bogen-den-(an=)in

לְתֻמּוֹ lᵊtummoʷ (Einfalt=)Ganzheit-seiner-(in=)zu
וַיַּךְ wayyak (traf=)schlug-(er)-und
אֶת־מֶלֶךְ mɛlɛk-ʾɛt (von)-König-(den)***

יִשְׂרָאֵל yiśᵊrɔʾel Israel
בֵּין beʸn zwischen
הַדְּבָקִים haddᵊbɔqiʸm Fugen-(den=)die
וּבֵין uʷbeʸn (zwischen)-und

הַשִּׁרְיָן hašširᵊyɔn .Schuppenpanzer-(dem=)der
וַיֹּאמֶר wayyoʾmɛr sprach-er-(Da=)Und
לָרַכָּב lɔrakkɔb :Wagenlenker-zum
הֲפֹךְ hᵃpok um-Dreh

מִן־	וְהוֹצֵאתַנִי	יָדֶיךָ[יָדְךָ]
-min	wᵊhoʷṣeᵓtaniʸ	[yɔdᵊkɔ]yɔdɛʸkɔ
(aus=)von	mich-heraus-bringe-und	[Hand-deine]Hände-(zwei)-deine

הָחֳלֵיתִי׃	כִּי	הַמַּחֲנֶה
hoḥºleʸtiʸ.	kiʸ	hammaḥᵃnɛʰ
!(verwundet=)entkräftet-bin-ich	denn	,Lager-(dem=)das

הַהוּא	בַּיּוֹם	הַמִּלְחָמָה	34 וַתַּעַל
hahuʷᵓ	bayyoʷm	hammilᵊḥɔmɔʰ	wattaᶜal
,da-(jenem=)jener	,Tag-(dem)-(an=)in	Kampf-der	hoch-ging-(es=)sie-(Doch=)Und

הָיָה	יִשְׂרָאֵל	וּמֶלֶךְ
hɔyɔʰ	yiśᵊrɔᵓel	uʷmɛlɛk
(sich-hielt=)war-(er)	Israel	(von)-König-(der)-und

אֲרָם	נֹכַח	בַּמֶּרְכָּבָה	מַעֲמִיד
ᵓᵃrɔm	nokaḥ	bammɛrᵊkɔbɔʰ	maᶜᵃmiʸd
Aram	(angesichts=)gegenüber	Wagen-im	(aufrecht=)machend(er)-stehen

לְעֵת	וַיָּמָת	הָעָרֶב	עַד־
lᵊᶜet	wayyɔmot	hɔᶜɔrɛb	-ᶜad
Zeit-zu(r)	starb-er-Und	.Abend-(den=)der	(an)-bis

הַשָּׁמֶשׁ׃	בּוֹא
haššɔmɛš.	boʷᵓ
.Sonne-(der=)die	(Untergangs=)Kommen(s)-(des)

19

יְהוֹשָׁפָט	1 וַיָּשָׁב
yᵊhoʷšɔpɔṭ	wayyɔšob
,J(eh)oschaphat	zurück-kehrte-(es=er)-(Hingegen=)Und

בֵּיתוֹ	אֶל־	יְהוּדָה	מֶלֶךְ־
beʸtoʷ	-ᵓɛl	yᵊhuʷdɔʰ	-mɛlɛk
(Palast=)Haus-sein(em)	zu	,Juda	(von)-König-(der)

2 וַיֵּצֵא	לִירוּשָׁלָם׃	בְּשָׁלוֹם
wayyeṣeᵓ	liʸruʷšɔlɔim.	bᵊšɔloʷm
heraus-kam-(es=er)-(Da=)Und	.Jerusalem-(nach=)zu	(wohlbehalten=)Frieden-in

הַחֹזֶה	בֶּן־חֲנָנִי	יֵהוּא	אֶל־פָּנָיו
haḥozɛʰ	ḥᵃnɔniʸ-bɛn	yehuʷᵓ	pɔnɔʸw-ᵓɛl
,Seher-der	,Chanani(s)-Sohn	Jehu	(hin-ihn-vor=)Gesichtern-seinen-zu

יְהוֹשָׁפָט	הַמֶּלֶךְ	אֶל־	וַיֹּאמֶר
yᵊhoʷšɔpɔṭ	hammɛlɛk	-ʾɛl	wayyoʾmɛr
:J(eh)oschaphat	König-(dem=)der	zu	sprach-er-und

וּלְשֹׂנְאֵי	לַעְזֹר	הֲלָרָשָׁע
uʷlᵊśonᵊʾeʸ	laᶜᵊzor	hᵃlɔrɔšɔᶜ
(Feinde=)Hasser-(die=)zu-(da=)und	,helfen-zu	Frevler-(dem=)der-zu-Etwa

עָלֶיךָ	וּבְזֹאת	תֶּאֱהָב	יְהוָה
ᶜɔlɛʸkɔ	uʷbɔzoʾt	tɛʾᵋhɔb	yᵊhwɔʰ
dich-(gegen=)auf	(ist)-(deswegen=)diese-in-(also=)und	,liebst-du	JHWH(s)

אֲבָל 3	יְהוָה׃	מִלִּפְנֵי	קֶצֶף
ʾᵃbɔl	yᵊhwɔʰ.	millipᵊneʸ	qɛṣɛp
Jedoch	?JHWH(s)	(Seiten-von=)Gesichter-zu-von	Zorn-(der)

עִמָּךְ	נִמְצְאוּ	טוֹבִים	דְּבָרִים
ᶜimmɔk	nimᵊṣᵊʾuʷ	ṭoʷbiʸm	dᵊbɔriʸm
,dir-(an=)mit	gefunden-wurden-(sie)	gute	(Umstände=)Worte

מִן־	הָאֲשֵׁרוֹת	בִעַרְתָּ	כִּי־
-min	hɔʾᵃšeroʷt	biᶜarᵊtɔ	-kiʸ
(aus=)von	Ascheren-die	(ausgerottet-hast=)niederbranntest-du	dass-(nämlich)

לְבָבְךָ	וַהֲכִינוֹתָ	הָאָרֶץ
lᵊbɔbᵊkɔ	wahᵃkiʸnoʷtɔ	hɔʾɔrɛṣ
(Sinn=)Herz-dein(en)	(richtetest=)bestelltest-du-und	Land-(dem=)das

יְהוֹשָׁפָט	וַיֵּשֶׁב 4	הָאֱלֹהִים׃	לִדְרֹשׁ
yᵊhoʷšɔpɔṭ	wayyešɛb	hɔʾᵋlohiʸm.	lidᵊroš
J(eh)oschaphat	(blieb=)wohnte-(es=)er-(Und)	!(Gott=)Götter-die	suchen-zu

וַיֵּצֵא	וַיָּשָׁב	בִּירוּשָׁלִָם
wayyeṣeʾ	wayyɔšob	biʸruʷšɔlɔim
hinaus-ging-er-(und)	(erneut=)kehrte-(es=er)-(Dann=)Und	.Jerusalem-in

אֶפְרַיִם	הַר	עַד־	שֶׁבַע	מִבְּאֵר	בָּעָם
ʾɛpᵊrayim	har	-ᶜad	šɛbaᶜ	mibbᵊʾer	bɔᶜɔm
Ephraim	(Gebirge=)Berg	(zum)-bis	Scheba	-Bëer-von	Volk-das-(unter=)in

יְהוָה	אֶל־	וַיְשִׁיבֵם
yᵊhwɔʰ	-ʾɛl	wayᵊšiʸbem
,JHWH	zu	sie-(bekehrte=)zurückkehren-machte-er-und

אֲבוֹתֵיהֶם׃	אֱלֹהֵי
ʾᵃboʷteʸhɛm.	ʾᵋloheʸ
.(Vorfahren=)Väter-ihre(r)	(Gott-dem=)Götter(n)-(den)

בָּאָרֶץ	שֹׁפְטִים	וַיַּעֲמֵד 5
bɔʾɔrɛṣ	šopᵊṭiʸm	wayyaᶜᵃmed
,Land-(im=)in	(Richter=)Rechtsprechende	(bestellte=)stehen-machte-er-Und

לְעִיר	הַבְּצֻרוֹת	יְהוּדָה	עָרֵי	בְּכָל־
lᵊᶜiʸr	habbᵊṣuroʷt	yᵊhuʷdɔʰʸ	ᶜɔreʸ	-bᵊkol
Stadt-(je=)zu	,befestigten-(den=)die	,Juda	(von)-Städte(n)	all(en)-in

הַשֹּׁפְטִים	אֶל־	וַיֹּאמֶר 6	וָעִיר׃
haššopᵊṭiʸm	-ʾɛl	wayyoʾmɛr	wɔᶜiʸr.
:(Richtern=)Rechtsprechenden-(den=)die	zu	sprach-er-Und	.Stadt-und

לֹא	כִּי	עֹשִׂים	אַתֶּם	מָה־	רְאוּ
loʾ	kiʸ	ᶜośiʸm	ʾattɛm	-mɔʰ	rᵊʾuʷ
nicht	denn	,tuend(e)-(seid)	ihr	was	,(zu)-Seht

לַיהוָה	כִּי	תִּשְׁפְּטוּ	לְאָדָם
layhwɔʰ	kiʸ	tišᵊpᵊṭuʷ	lᵊʾɔdɔm
,JHWH-(für=)zu	(sondern=)wenn	,richtet-ihr	Mensch(en)-(einen)-(für=)zu

מִשְׁפָּט׃	בִּדְבַר	וְעִמָּכֶם
mišᵊpɔṭ.	bidᵊbar	wᵊᶜimmɔkɛm
.(Rechtsprechen=)Recht(s)-(des)	-Wort-(beim=)in	euch-(bei=)mit-(ist-er)-und

עֲלֵיכֶם	יְהוָה	פַּחַד־	יְהִי־	וְעַתָּה 7
ᶜᵃleʸkɛm	yᵊhwɔʰ	-paḥad	yᵊhiʸ	wᵊᶜattɔʰ
!euch-(über=)auf	JHWH(s)	Furcht-(die)	(sein-möge=)sei-(es=)er	,nun-Und

יְהוָה	עִם־	אֵין	כִּי־	וַעֲשׂוּ	שִׁמְרוּ
yᵊhwɔʰ	-ᶜim	ʾeʸn	-kiʸ	waᶜᵃśuʷ	šimᵊruʷ
,JHWH	(bei=)mit	(gibt-es=)ist-nicht	denn	,(aus-führt=)macht-und	Beachtet

וּמַשֹּׂא	עַוְלָה	אֱלֹהֵינוּ
uʷmaśśoʾ	ᶜawᵊlɔʰ	ʾᵋloheʸnuʷ
Bevorzugung-und	Unrecht	,(Gott-unserem=)Götter(n)-unsere(n)

שֹׁחַד׃	וּמִקַּח־	פָּנִים
šoḥad.	-uʷmiqqaḥ	pɔniʸm
!(Bestechung=)Geschenk	(von)-Annahme-und	(Person-der=)Gesichter(n)-(von)

יְהוֹשָׁפָט	הֶעֱמִיד	בִּירוּשָׁלִַם	8 וְגַם
yᵊhoʷšɔpɔṭ	hɛʿᵋmiʸd	biʸruʷšɔlaim	wᵊgam
J(eh)oschaphat	(bestellte=)stehen-machte-(es=er)	Jerusalem-in	auch-Und

וְהַכֹּהֲנִים	הַלְוִיִּם	מִן־
wᵊhakkohᵃniʸm	halᵊwiʸyim	-min
Priester(n)-(den=)die-und	Leviten-(den=)die	von-(einige)

לְיִשְׂרָאֵל	הָאָבוֹת	וּמֵרָאשֵׁי
lᵊyiśᵊrɔʾel	hɔʾɔboʷt	uʷmerɔʾšeʸ
Israel-(in=)zu	(Familien=)Väter-(der=)die	Häupter(n)-(den)-von-und

וְלָרִיב	יְהוָה	לְמִשְׁפַּט
wᵊlɔriʸb	yᵊhwɔʰ	lᵊmišᵊpaṭ
,Rechtsstreit-den-(für=)zu-und	JHWH(s)	Gericht-(das)-(für=)zu

עֲלֵיהֶם	9 וַיְצַו	יְרוּשָׁלִָם׃	וַיָּשֻׁבוּ
ʿᵃleʸhɛm	wayᵊṣaw	yᵊruʷšɔlɔim.	wayyɔšubuʷ
(sie=)ihnen-auf	beauftragte-er-Und	.Jerusalem-(nach)	zurück-kehrten-sie-und

תַּעֲשׂוּן	כֹּה	לֵאמֹר
taʿᵃśuʷn	koʰ	leʾmor
:(verfahren=)machen-(sollt=)werdet-ihr	So	:(also=)sagen-zu

וּבְלֵבָב	בֶּאֱמוּנָה	יְהוָה	בְּיִרְאַת
uʷbᵊlebɔb	bɛʾᵋmuʷnɔʰ	yᵊhwɔʰ	bᵊyirᵊʾat
Herz-(mit=)in-und	(Treue=)Festigkeit-in	,JHWH	(vor)-Furcht-(der)-in

רִיב	10 וְכָל־	שָׁלֵם׃
riʸb	-wᵊkol	šɔlem.
,Rechtsstreit	(jedem=)all-(bei)-(Also=)Und	.(ungeteiltem=)vollständig(er)

מֵאֲחֵיכֶם	עֲלֵיכֶם	יָבוֹא	אֲשֶׁר־
meʾᵃḥeʸkɛm	ʿᵃleʸkɛm	yɔboʷʾ	-ʾᵃšɛr
,Brüdern-euren-von	euch-(vor=)auf	kommt-(er)	(der=)welch(er)

דָּם	בֵּין־	בְּעָרֵיהֶם	הַיֹּשְׁבִים
dɔm	-beʸn	bᵊʿɔreʸhɛm	hayyošᵊbiʸm
Blut(vergießen)	(betreffend=)zwischen	,Städte(n)-ihre(n)-in	wohnenden-die

תּוֹרָה	בֵּין־	לְדָם
toʷrɔʰ	-beʸn	lᵊdɔm
Weisung-(eine)	(betreffend=)zwischen	,Blut(schuld)-(wegen=)zu

וּלְמִשְׁפָּטִים	לְחֻקִּים	לְמִצְוָה
uʷlᵊmišᵊpɔṭiʸm	lᵊḥuqqiʸm	lᵊmiṣᵊwɔʰ
,Rechtsansprüchen-zu-und	Satzungen-zu-(hin)	Gebot-(einem)-zu-(hin)

וְלֹא	אֹתָם	וְהִזְהַרְתֶּם
wᵊloʾ	ʾotɔm	wᵊhizᵊharᵊtɛm
nicht-(dass=)und	,sie	mahnen-(sollt=)werdet-ihr-(dann=)und

קֶצֶף	וְהָיָה־	לַיהוָה	יֶאְשְׁמוּ
qɛṣɛp	-wᵊhɔyɔʰ	layhwɔʰ	yɛʾᵊšᵊmuʷ
Zorn	(komme=)wird-(es=er)-und	JHWH-(vor=)zu	verschulden-sich-sie

כֹּה	אֲחֵיכֶם	וְעַל־	עֲלֵיכֶם
koʰ	ʾᵃḥeʸkɛm	-wᵊʿal	ʿᵃleʸkɛm
So	.Brüder-eure	(über=)auf-und	euch-(über=)auf

תֶאְשָׁמוּ׃	וְלֹא	תַעֲשׂוּן
tɛʾᵊšɔmuʷ.	wᵊloʾ	taʿᵃśuʷn
!verschuldet-euch-ihr	nicht-(dass=)und	,(verfahren=)machen-(sollt=)werdet-ihr

עֲלֵיכֶם	הָרֹאשׁ	כֹּהֵן	אֲמַרְיָהוּ	11 וְהִנֵּה
ʿᵃleʸkɛm	hɔroʾš	kohen	ʾᵃmarᵊyɔhuʷ	wᵊhinneʰ
euch-(über=)auf	Haupt-das-(ist)	,Priester-(der)	,Amarja(hu)	,siehe-Und

יְהוָה	דְּבַר־	לְכֹל
yᵊhwɔʰ	-dᵊbar	lᵊkol
,(religiösen=)JHWH(s)	(Angelegenheiten=)Sache(n)	all(e)-(für=)zu

יְהוּדָה	לְבֵית־	הַנָּגִיד	בֶן־יִשְׁמָעֵאל	וּזְבַדְיָהוּ
yᵊhuʷdɔʰ	-lᵊbeʸt	hannɔgiʸd	yišᵊmɔʿeʾl-bɛn	uʷzᵊbadᵊyɔhuʷ
,Juda	Haus(es)-(des=)zu	Fürst-der	,Jischmaël(s)-Sohn	Sebadja(hu)-und

הַמֶּלֶךְ	דְּבַר־	לְכֹל
hammɛlɛk	-dᵊbar	lᵊkol
,König(s)-(des=)der	(Angelegenheiten=)Sache(n)	all(e)-(für=)zu

לִפְנֵיכֶם	הַלְוִיִּם	וְשֹׁטְרִים
lipᵊneʸkɛm	halᵊwiʸyim	wᵊšoṭᵊriʸm
.(vor-euch =)Gesichtern-euren-(zu)	Leviten-die-(stehen)	Amtleute-(als)-und

עִם־	יְהוָה	וִיהִי	וַעֲשׂוּ	חִזְקוּ
-ʿim	yᵊhwɔʰ	wiʸhiʸ	waʿᵃśuʷ	ḥizᵊquʷ
mit	JHWH	sei-(es=)er-und	,(handelt=)macht-und	(mutig=)stark-Seid

הַטּוֹב׃
hatṭoʷb.
!Gute(n)-(dem=)das

20

1 וַיְהִי
wayᵊhiʸ
war-(es=)er-Und

אַחֲרֵיכֵן
ʾaḥᵃreʸken
,(nachher=)so-nach

בָּאוּ
bɔʾuʷ
(zogen=)kamen-(es=sie)-(da)

בְנֵי־
-bᵊneʸ
(von)-Söhne-(die)

מוֹאָב
moʷʾɔb
Moab

וּבְנֵי
uʷbᵊneʸ
(von)-Söhne-(die)-und

עַמּוֹן
ʿammoʷn
Ammon

וְעִמָּהֶם
wᵊʿimmɔhɛm
ihnen-mit-und

מֵהָעַמּוֹנִים
mehɔʿammoʷniʸm
Ammonitern-den-von-(etliche)

עַל־
-ʿal
(gegen=)auf

יְהוֹשָׁפָט
yᵊhoʷšɔpɔṭ
J(eh)oschaphat

לַמִּלְחָמָה׃
lammilᵊḥɔmɔʰ.
.Kampf-zu(m)

2 וַיָּבֹאוּ
wayyɔboʾuʷ
(man-kam-Da=)kamen-sie-Und

וַיַּגִּידוּ
wayyaggiʸduʷ
meldete(n)-(sie)-und

לִיהוֹשָׁפָט
liʸhoʷšɔpɔṭ
,J(eh)oschaphat-(dem=)zu

לֵאמֹר
leʾmor
:(erklärend=)sagen-zu

בָּא
bɔʾ
(kommt=)kam-(Es=)Er

עָלֶיךָ
ʿɔlɛʸkɔ
dich-(gegen=)auf

הָמוֹן
hɔmoʷn
Haufe-(ein)

רָב
rɔb
(großer=)viel(er)

מֵעֵבֶר
meʿebɛr
(Teil)-jenseitig(en)-(dem)-von

לַיָּם
layyɔm
,Meer(es)-(des=)zum

מֵאֲרָם
meʾᵃrɔm
,Aram-von

וְהִנָּם
wᵊhinnɔm
(sind)-sie-,siehe-und

בְּחַצְצוֹן
bᵊḥaṣᵊṣoʷn
-Chazezon-in

תָּמָר
tɔmɔr
,Tamar

הִיא
hiʸʾ
(ist)-(das=)sie

עֵין
ʿeʸn
-En

גֶּדִי׃
gɛdiʸ.
!Gedi

3 וַיִּרָא
wayyirɔʾ
(sich)-fürchtete-er-(Da=)Und

וַיִּתֵּן
wayitten
(richtete=)gab-(es=)er-und

יְהוֹשָׁפָט
yᵊhoʷšɔpɔṭ
J(eh)oschaphat

אֶת־פָּנָיו
pɔnɔʸw-ʾɛt
(Blick=)Gesichter-seine(n)

לִדְרוֹשׁ
lidᵊroʷš
(halten-zu-sich=)suchen-zu-(um)

לַיהוָה
layhwɔʰ
,JHWH-(an=)zu

יְהוּדָה	כָּל־	עַל־	צוֹם	וַיִּקְרָא־
yəhuwdɔh	-kol	-ʿal	ṣowm	-wayyiqərɔʾ
.Juda	(ganz=)all	(über=)auf	Fasten-(ein)	(aus)-rief-er-und

לְבַקֵּשׁ	יְהוּדָה	4 וַיִּקָּבְצוּ
ləbaqqeš	yəhuwdɔh	wayyiqqɔbəṣuw
(erbitten=)suchen-zu-(um)	Juda	sich-sammelte(n)-(es=sie)-(Ferner=)Und

בָּאוּ	יְהוּדָה	עָרֵי	מִכָּל־	גַּם	מֵיְהוָה
bɔʾuw	yəhuwdɔh	ʿɔrey	-mikkol	gam	meyəhwɔh
kamen-sie	Juda(s)	Städte(n)	all(en)-(aus=)von	auch	,JHWH-von

יְהוֹשָׁפָט	5 וַיַּעֲמֹד	אֶת־יְהוָה	לְבַקֵּשׁ
yəhowšɔpɔṭ	wayyaʿamod	yəhwɔh-ʾɛt	ləbaqqeš
J(eh)oschaphat	(hin)-stand-(es=)er-Und	.JHWH***	(er)suchen-zu-(um)

בְּבֵית	וִירוּשָׁלִַם	יְהוּדָה	בִּקְהַל
bəbeyt	wiyruwšɔlaim	yəhuwdɔh	biqəhal
(Tempel)haus-(dem)-in	Jerusalem(s)-und	Juda(s)	Versammlung-(der)-(bei=)in

הַחֲדָשָׁה׃	הֶחָצֵר	לִפְנֵי	יְהוָה
haḥadɔšɔh.	hɛḥɔṣer	lipəney	yəhwɔh
,neue(n)-(dem=)die	,Hof-(dem=)der	(vor=)Gesichter-zu	JHWH(s)

אַתָּה־	הֲלֹא	אֲבֹתֵינוּ	אֱלֹהֵי	יְהוָה	6 וַיֹּאמַר
-ʾattɔh	haloʾ	ʾaboteynuw	ʾɛlohey	yəhwɔh	wayyoʾmar
(bist)-du	nicht-Etwa	!Väter-unsere(r)	(Gott=)Götter	,JHWH	:sprach-er-und

וְאַתָּה	בַּשָּׁמַיִם	אֱלֹהִים	הוּא
wəʾattɔh	baššɔmayim	ʾɛlohiym	huwʾ
(bist)-du-und	Himmel(n)-(den=)die-in	(Gott=)Götter	(dieser=)er

הַגּוֹיִם	מַמְלְכוֹת	בְּכֹל	מוֹשֵׁל
haggowyim	mamələkowt	bəkol	mowšel
Völker-(der=)die	Königreiche	all(e)-(über=)in	herrschend(er)

וְאֵין	וּגְבוּרָה	כֹּחַ	וּבְיָדְךָ
wəʾeyn	uwgəbuwrɔh	koaḥ	uwbəyɔdəkɔ
(jemand)-ist-nicht-und	,Stärke-und	(Macht=)Kraft-(ist)	Hand-deine(r)-in-und

אַתָּה	7 הֲלֹא	לְהִתְיַצֵּב׃	עִמְּךָ
ʾattɔh	haloʾ	ləhityaṣṣeb.	ʿimməkɔ
,du	nicht-Etwa	?(standzuhalten=)sich-stellen-zu	dir-(neben=)mit-(um)

אֶת־יֹשְׁבֵי	הוֹרַשְׁתָּ	אֱלֹהֵינוּ
yošᵊbeʸ-ʾɛt	hoʷrašᵊtɔ	ʾᵋloheʸnuʷ
Bewohnende(n)-(die)***	vertrieben-hast-(du)	,(Gott-unser=)Götter-unsere

יִשְׂרָאֵל	עַמְּךָ	מִלִּפְנֵי	הַזֹּאת	הָאָרֶץ
yiśᵊrɔʾel	ʿammᵊkɔ	millipᵊneʸ	hazzoʾt	hɔʾɔrɛṣ
,Israel	Volk(es)-dein(es)	Antlitz(e)-dem-(zu)-von	,da-diese(s)	,Land-das

אַבְרָהָם	לְזֶרַע	וַתִּתְּנָהּ
ʾabᵊrɔhɔm	lᵊzɛraʿ	wattittᵊnɔh
,Abraham(s)	Same(n)-(dem=)zu	(es=)sie-gabst-(du)-und

8 וַיֵּשְׁבוּ־	לְעוֹלָם׃	אֹהַבְךָ
-wayyešᵊbuʷ	lᵊʿoʷlɔm.	ʾohabᵊkɔ
wohnten-sie-Und	?ewig-(auf=)zu	,(liebte-dich-der=)dich-liebend(er)

מִקְדָּשׁ	בָּהּ	לְךָ	וַיִּבְנוּ	בָהּ
miqᵊdɔš	bɔh	lᵊkɔ	wayyibᵊnuʷ	bɔh
Heiligtum-(ein)	(darin=)ihr-in	dir-(zu)	bauten-(sie)-und	(darin=)ihr-in

9 אִם־	לֵאמֹר׃	לְשִׁמְךָ
-ʾim	leʾmor.	lᵊšimᵊkɔ
Wenn	:(sprechend=)sagen-zu	,Namen(s)-dein(es)-(Ehren)-zu

וָדֶבֶר	שְׁפוֹט	חֶרֶב	רָעָה	עָלֵינוּ	תָּבוֹא
wᵊdɛbɛr	šᵊpoʷṭ	ḥɛrɛb	rɔʿɔʰ	ʿɔleʸnuʷ	tɔboʷʾ
Pest-und	Bestrafung	,Schwert	,Unheil	uns-(über=)auf	kommt-(es=sie)

לִפְנֵי	נַעַמְדָה	וְרָעָב
lipᵊneʸ	naʿamᵊdɔʰ	wᵊrɔʿɔb
(vor=)Gesichter-zu	(hintreten=)stehen-wollen-wir	,Hunger(snot)-und

שִׁמְךָ	כִּי	וּלְפָנֶיךָ	הַזֶּה	הַבַּיִת
šimᵊkɔ	kiʸ	uʷlᵊpɔnɛʸkɔ	hazzɛʰ	habbayit
(ist)-Name-dein	denn	,dich-vor-und	,da-dies(es)	,(Tempel)haus-das

אֵלֶיךָ	וְנִזְעַק	הַזֶּה	בַּבַּיִת
ʾelɛʸkɔ	wᵊnizᵊʿaq	hazzɛʰ	babbayit
dir-zu	schreien-werden-wir-und	,da-dies(em)	,(Tempel)haus-(dem=)das-in

וְתוֹשִׁיעַ׃	וְתִשְׁמַע	מִצָּרָתֵנוּ
wᵊtoʷšiʸaʿ.	wᵊtišᵊmaʿ	miṣṣɔrɔtenuʷ
.rettest-(du)-und	hörst-du-(dass=)und	,(heraus)-Not-unserer-(aus=)von

וּמוֹאָב	עַמּוֹן	בְנֵי־	הִנֵּה	10 וְעַתָּה
uʷmoʷʾɔb	ʿammoʷn	-bᵊneʸ	hinneʰ	wᵊʿattɔʰ
Moab(s)-und	Ammon(s)	Söhne-(die)	,siehe	,nun-(Doch=)Und

נָתַתָּה	לֹא־	אֲשֶׁר	שֵׂעִיר	וְהַר־
nɔtattɔʰ	-loʾ	ʾᵃšɛr	śeʿiʸr	-wᵊhar
(erlaubtest=)gabst-du	nicht	welch(e)	,Seïr	Gebirge(s)-(des=)das-und

בְּבֹאָם	בָהֶם	לָבוֹא	לְיִשְׂרָאֵל
bᵊboʾɔm	bɔhɛm	lɔboʷʾ	lᵊyiśᵊrɔʾel
(kamen-sie-als=)Kommen-ihrem-in	,sie-(unter=)in	kommen-zu	Israel-(für=)zu

סָרוּ	כִּי	מִצְרָיִם	מֵאֶרֶץ
sɔruʷ	kiʸ	miṣᵊrɔyim	meʾɛrɛṣ
ab-sich-wandten-sie	(vielmehr=)denn	,Ägypten	Land-(dem)-(aus=)von

11 וְהִנֵּה־	הִשְׁמִידוּם׃	וְלֹא	מֵעֲלֵיהֶם
-wᵊhinneʰ	hišᵊmiʸduʷm.	wᵊloʾ	meʿᵃleʸhɛm
,siehe-Und	.sie-vernichteten-sie	nicht-und	(herum-sie-um=)ihnen-auf-von

לָבוֹא	עָלֵינוּ	גֹּמְלִים	הֵם
lɔboʷʾ	ʿɔleʸnuʷ	gomᵊliʸm	hem
Kommen-(im=)zu	,uns-(gegen=)auf	(vergeltend=)tuend(e)	(sind)-(die=)sie

אֲשֶׁר	מִיְּרֻשָּׁתְךָ	לְגָרְשֵׁנוּ
ʾᵃšɛr	miʸyᵊruššɔtᵊkɔ	lᵊgɔrᵊšenuʷ
(das=)welch(es)	,Erbteil-dein(em)-(aus=)von	uns-vertreiben-zu-(um)

הֲלֹא	12 אֱלֹהֵינוּ	הוֹרַשְׁתָּנוּ׃
hᵃloʾ	ʾᵋloheʸnuʷ	hoʷrašᵊtɔnuʷ.
nicht-etwa	,(Gott-Unser=)Götter-Unsere	.uns-besitzen-machtest-du

כֹּחַ	בָּנוּ	אֵין	כִּי	בָּם	תִשְׁפָּט־
koaḥ	bɔnuʷ	ʾeʸn	kiʸ	bɔm	-tišᵊpoṭ
Kraft	uns-in	ist-nicht	Denn	?sie-(über=)in	Gericht-halten-wirst-du

הָרָב	הֶהָמוֹן	לִפְנֵי
hɔrɔb	hɛhɔmoʷn	lipᵊneʸ
,(ist-beträchtlich=)viel-der	,Haufe(ns)-(des=)der	(angesichts=)Gesichter(n)-zu

לֹא	וַאֲנַחְנוּ	עָלֵינוּ	הַבָּא	הַזֶּה
loʾ	waʾᵃnaḥᵊnuʷ	ʿɔleʸnuʷ	habbɔʾ	hazzɛʰ
nicht	,wir-und	,uns-(gegen=)auf	(ist)-kommend(er)-der	,da-dies(er)

כִּי	נַּעֲשֶׂה	מַה־	נֵדַע
ki^{y}	na^{ca}śɛ^{h}	-ma^{h}	neda^{c}
(sondern=)wenn	,(tun=)machen-(sollen=)werden-wir	was	,wissen-(wir)

יְהוּדָה	13 וְכָל־	עֵינֵינוּ׃	עָלֶיךָ
y^{ə}hu^{w}dɔ^{h}	-w^{ə}kol	^{c}e^{y}ne^{y}nu^{w}.	^{c}ɔlɛ^{y}kɔ
Juda	(ganz=)all-Und	!Augenpaare-unsere	(gerichtet-sind)-dich-auf

טַפָּם	גַּם־	יְהוָה	לִפְנֵי	עֹמְדִים
ṭappɔm	-gam	y^{ə}hwɔ^{h}	lip^{ə}ne^{y}	^{c}om^{ə}di^{y}m
,Kleinkind(er)-ihr(e)	auch	,JHWH	(vor=)Gesichter-zu	stehend(e)-(war)

בֶּן־זְכַרְיָהוּ	14 וְיַחֲזִיאֵל	וּבְנֵיהֶם׃	נְשֵׁיהֶם
z^{ə}kar^{ə}yɔhu^{w}-bɛn	w^{ə}yaḥ^{a}zi^{y}ʾel	u^{w}b^{ə}ne^{y}hɛm.	n^{ə}še^{y}hɛm
,Secharjahu(s)-Sohn	Jachasiël-Und	.Söhne-ihre-und	Frauen-ihre

בֶּן־מַתַּנְיָה	בֶּן־יְעִיאֵל	בֶּן־בְּנָיָה
mattan^{ə}yɔ^{h}-bɛn	y^{əc}i^{y}ʾel-bɛn	b^{ə}nɔyɔ^{h}-bɛn
,Matanja(s)-Sohn(es)-(des)	,Jeïel(s)-Sohn	Benaja(s)-Sohn(es)-(des)

הָיְתָה	אָסָף	בְּנֵי	מִן־	הַלֵּוִי
hɔy^{ə}tɔ^{h}	ʾɔsɔp	b^{ə}ne^{y}	-min	hallewi^{y}
(kam=)war-(es=)sie	,Asaph(s)	Söhne(n)-(den)	von	,Levite(n)-(des=)der

בְּתוֹךְ	יְהוָה	רוּחַ	עָלָיו
b^{ə}to^{w}k	y^{ə}hwɔ^{h}	ru^{w}aḥ	^{c}ɔlɔ^{y}w
(inmitten=)Mitte-in	JHWH	(von)-Geist-(der)	ihn-(über=)auf

יְהוּדָה	כָל־	הַקְשִׁיבוּ	15 וַיֹּאמֶר	הַקָּהָל׃
y^{ə}hu^{w}dɔ^{h}	-kol	haq^{ə}ši^{y}bu^{w}	wayyoʾmɛr	haqqɔhɔl.
Juda	(ganz=)all	auf-Merket	:sprach-er-und	Versammlung-(der=)die

יְהוֹשָׁפָט	וְהַמֶּלֶךְ	יְרוּשָׁלַםִ	וְיֹשְׁבֵי
y^{ə}ho^{w}šɔpɔṭ	w^{ə}hammɛlɛk	y^{ə}ru^{w}šɔlaim	w^{ə}yoš^{ə}be^{y}
!J(eh)oschaphat	König-,(du=)der-und	,Jerusalem	(in)-Wohnende(n)-(ihr)-und

אַל־	אַתֶּם	לָכֶם	יְהוָה	אָמַר	כֹּה־
-ʾal	ʾattɛm	lɔkɛm	y^{ə}hwɔ^{h}	ʾɔmar	-ko^{h}
nicht	,Ihr	:euch-zu	JHWH	(spricht=)sprach-(er)	So

תֵּחַתּוּ	וְאַל־	תִּירְאוּ
teḥattu^{w}	-w^{ə}ʾal	ti^{y}r^{ə}ʾu^{w}
sein-mutlos-(sollt=)werdet-ihr	nicht-und	(euch)-fürchten-(sollt=)werdet-ihr

הָרָב	הֶהָמוֹן	מִפְּנֵי
hɔrɔb	hɛhɔmoʷn	mippᵊneʸ
,(großen=)viel-(dem=)der	,Haufe(n)-(dem=)der	(vor=)Gesichter-von

כִּי	הַמִּלְחָמָה	לָכֶם	לֹא	כִּי	הַזֶּה
kiʸ	hammilᵊḥɔmɔʰ	lɔkɛm	loʾ	kiʸ	hazzɛʰ
(sondern=)wenn	,Kampf-der	(euer-ist=)euch-zu	nicht	denn	,da-dies(em)

עֲלֵיהֶם	רְדוּ	16 מָחָר	לֵאלֹהִים׃
ᶜᵃleʸhɛm	rᵊduʷ	mɔḥɔr	leʾlohiʸm.
!(sie-gegen=)ihnen-auf	hinab-steigt	Morgen	.(Gottes=)Götter-zu

הַצִּיץ	בְּמַעֲלֵה	עֹלִים	הִנָּם
haṣṣiʸṣ	bᵊmaᶜᵃleʰ	ᶜoliʸm	hinnɔm
,Ziz-(der)	(von)-Anstieg-(den)-(über=)in	hinaufziehend(e)	(sind)-sie-,Siehe

הַנַּחַל	בְּסוֹף	אֹתָם	וּמְצָאתֶם
hannaḥal	bᵊsoʷp	ʾotɔm	uʷmᵊṣɔʾtɛm
Bach(tales)-(des=)das	Ende-(am=)in	sie	finden-werdet-ihr-und

לָכֶם	17 לֹא	יְרוּאֵל׃	מִדְבַּר	פְּנֵי
lɔkɛm	loʾ	yᵊruʷʾel.	midᵊbar	pᵊneʸ
euch-(es-gebührt=)zu	Nicht	.Jeruël	Wüste-(der)	(vor=)Gesichter

עִמְדוּ	הִתְיַצְּבוּ	בָּזֹאת	לְהִלָּחֵם
ᶜimᵊduʷ	hitᵊyaṣṣᵊbuʷ	bɔzoʾt	lᵊhillɔḥem
steht	,auf-euch-Stellt	.(Gelegenheit)-diese(r)-(bei=)in	kämpfen-zu

יְהוּדָה	עִמָּכֶם	יְהוָה	אֶת־יְשׁוּעַת	וּרְאוּ
yᵊhuʷdɔʰ	ᶜimmɔkɛm	yᵊhwɔʰ	yᵊšuʷᶜat-ʾɛt	uʷrᵊʾuʷ
Juda	,euch-mit-(ist)	JHWH(s)	Hilfe-(die)*** —	schaut-und

וְאַל־	תִּירְאוּ	אַל־	וִירוּשָׁלַם
-wᵊʾal	tiʸrᵊʾuʷ	-ʾal	wiʸruʷšɔlaim
nicht-und	(euch)-fürchten-(sollt=)werdet-ihr	Nicht	!Jerusalem-und

צְאוּ	מָחָר	תֵּחַתּוּ
ṣᵊʾuʷ	mɔḥɔr	teḥattuʷ
zieht	Morgen	!sein-mutlos-(sollt=)werdet-ihr

עִמָּכֶם׃	וַיהוָה	לִפְנֵיהֶם
ᶜimmɔkɛm.	wayhwɔʰ	lipᵊneʸhɛm
!euch-mit-(sein-wird)	JHWH-und	,(entgegen-ihnen=)Gesichtern-ihren-zu

18 וַיִּקֹּד wayyiqqod sich-neigte-(es=er)-(Da=)Und
יְהוֹשָׁפָט yəhowšɔpɔṭ J(eh)oschaphat

אַפַּיִם ʾappayim (Angesicht-dem-mit=)Nasen(löcher-beide)
אַרְצָה ʾɔrəṣɔh ,hin-Erde-(zur)
וְכָל־ -wəkol (ganz=)all-und

יְהוּדָה yəhuwdɔh Juda
וְיֹשְׁבֵי wəyošəbey (in)-Wohnende(n)-(die)-und
יְרוּשָׁלַםִ yəruwšɔlaim Jerusalem
נָפְלוּ nɔpəluw nieder-fielen-(sie)

לִפְנֵי lipəney (vor=)Gesichter-zu
יְהוָה yəhwɔh JHWH
לְהִשְׁתַּחֲוֺת ləhišətaḥawot (anzubeten-um=)anbeten-zu
לַיהוָה׃ layhwɔh. .JHWH-(zu)

19 וַיָּקֻמוּ wayyɔqumuw sich-erhoben-(es=sie)-(Dann=)Und
הַלְוִיִּם haləwiyyim Leviten-die
מִן־ -min von
בְּנֵי bəney Söhne(n)-(den)

הַקְּהָתִים haqqəhɔtiym Kechatiter-(der=)die
וּמִן־ -uwmin von-und
בְּנֵי bəney Söhne(n)-(den)
הַקָּרְחִים haqqorəḥiym Korachiter-(der=)die

לְהַלֵּל ləhallel lobpreisen-zu-(um)
לַיהוָה layhwɔh ,JHWH-(zu)
אֱלֹהֵי ʾɛlohey (Gott-den=)Götter-(die)
יִשְׂרָאֵל yiśərɔʾel ,Israel(s)

בְּקוֹל bəqowl Stimme-(mit=)in
גָּדוֹל gɔdowl (lauter=)große(r)
לְמָעְלָה׃ ləmɔʿəlɔh. .(überaus=)hin-oben-zu

20 וַיַּשְׁכִּימוּ wayyašəkiymuw auf-sich-machten-sie-(Also=)Und
בַבֹּקֶר babboqɛr Morgen-(am=)dem-in-(früh)
וַיֵּצְאוּ wayyeṣəʾuw zogen-(sie)-und

לְמִדְבַּר ləmidəbar Wüste-zu(r)
תְּקוֹעַ təqowaʿ .Tekoa
וּבְצֵאתָם uwbəṣeʾtɔm Hinausziehen-ihrem-(bei=)in-Und
עָמַד ʿɔmad (hin)-stand-(er)

יְהוֹשָׁפָט yəhowšɔpɔṭ J(eh)oschaphat
וַיֹּאמֶר wayyoʾmɛr :sprach-(er)-und
שְׁמָעוּנִי šəmɔʿuwniy ,(an)-mich-Hört
יְהוּדָה yəhuwdɔh Juda
וְיֹשְׁבֵי wəyošəbey (in)-Wohnende-und

יְרוּשָׁלַ͏ִם / yᵊruʷšɔlaim / !Jerusalem
הַאֲמִינוּ / haᵓᵃmiʸnuʷ / Vertraut
בַּיהוָה / bayhwɔʰ / ,JHWH-(auf=)in
אֱלֹהֵיכֶם / ᵓᵋloheʸkɛm / ,(Gott-euren=)Götter-eure

וְתֵאָמֵנוּ / wᵊteᵓɔmenuʷ / !(bestehen-werdet=)sicher-bleibt-ihr-und
הַאֲמִינוּ / haᵓᵃmiʸnuʷ / Vertraut
בִנְבִיאָיו / binᵊbiʸᵓɔʸw / ,Propheten-seine-(auf=)in

וְהַצְלִיחוּ׃ / wᵊhaṣᵊliʸḥuʷ. / !erfolgreich-seid-ihr-(so=)und
21 וַיִּוָּעַץ / wayyiwwɔᶜaṣ / sich-verabredete-er-Und
אֶל־ / -ᵓɛl / (mit=)zu

הָעָם / hɔᶜɔm / Volk-(dem=)das
וַיַּעֲמֵד / wayyaᶜᵃmed / (bestellte=)stehen-machte-(er)-und
מְשֹׁרְרִים / mᵊšorᵊriʸm / Sänger
לַיהוָה / layhwɔʰ / JHWH-(für=)zu

וּמְהַלְלִים / uʷmᵊhalᵊliʸm / Lobpreisende-und
לְהַדְרַת־ / -lᵊhadᵊrat / Schmuck-(in=)zu
קֹדֶשׁ / qodɛš / (heiligem=)Heiligkeit-(der)

בְּצֵאת / bᵊṣeᵓt / Auszug-(beim=)in
לִפְנֵי / lipᵊneʸ / (vor=)Gesichter-zu
הֶחָלוּץ / hɛḥɔluʷṣ / (Kampf)gerüstete(n)-(den=)der

וְאֹמְרִים / wᵊᵓomᵊriʸm / :Sprechende(n)-und
הוֹדוּ / howduʷ / (Danket=)Preiset
לַיהוָה / layhwɔʰ / ,JHWH-(zu)
כִּי / kiʸ / denn

לְעוֹלָם / lᵊᶜowlɔm / (währt-immerfort=)ewig-zu
חַסְדּוֹ׃ / ḥasᵊdoʷ. / !(Solidarität=)Gnade-seine

22 וּבְעֵת / uʷbᵊᶜet / ,Zeit-(der)-(während=)in-(Jedoch=)Und
הֵחֵלּוּ / heḥelluʷ / begonnen-hatten-sie-(da)

בְּרִנָּה / bᵊrinnɔʰ / Jubelruf-(mit=)in
וּתְהִלָּה / uʷtᵊhillɔʰ / ,Lobpreis-und
נָתַן / nɔtan / (bestellte=)gab-(es=er)
יְהוָה / yᵊhwɔʰ / JHWH

מְאָרְבִים / mᵊᵓɔrᵊbiʸm / (Mächte-feindselige=)Auflauerer
עַל־ / -ᶜal / (gegen=)auf
בְּנֵי / bᵊneʸ / Söhne-(die)
עַמּוֹן / ᶜammoʷn / ,Ammon(s)

מוֹאָב	וְהַר־	שֵׂעִיר	הַבָּאִים
mowʾɔb	-wəhar	śeʿiyr	habbɔʾiym
Moab(s)	(Gebirges=)Berg(es)-(des)-und	,Seïr	(heran)kommende(n)-die

לִיהוּדָה	וַיִּנָּגֵפוּ׃
liyhuwdɔh	wayyinnɔgepuw.
,Juda-(gegen=)zu	.geschlagen-wurden-sie-und

23 וַיַּעַמְדוּ	בְּנֵי	עַמּוֹן	וּמוֹאָב
wayyaʿamədu w	bəney	ʿammown	uwmowʾɔb
(sich-stellten=)standen-sie-(Dann=)Und	Söhne-(die)	Ammon(s)	Moab(s)-und

עַל־	יֹשְׁבֵי	הַר־	שֵׂעִיר	לְהַחֲרִים
-ʿal	yošəbey	-har	śeʿiyr	ləhaḥariym
(gegen=)auf	(im)-Wohnende(n)-(die)	(Gebirge=)Berg	Seïr	bannen-zu-(um)

וּלְהַשְׁמִיד	וּכְכַלּוֹתָם
uwləhašəmiyd	uwkəkallowtɔm
.vernichten-zu-und	(fertig-waren-sie-als=)Beenden-ihr-wie-Und

בְּיוֹשְׁבֵי	שֵׂעִיר	עָזְרוּ	אִישׁ־
bəyowšəbey	śeʿiyr	ʿɔzəruw	-ʾiyš
(in)-Wohnenden-(den)-(mit=)in	,Seïr	halfen-sie-(da)	-Mann

בְּרֵעֵהוּ	לְמַשְׁחִית׃
bəreʿehuw	ləmašəḥiyt.
(einander=)Gefährten-seinem-(mit=)in	.Verderben-zu(m)

24 וִיהוּדָה	בָּא	עַל־	הַמִּצְפֶּה	לַמִּדְבָּר
wiyhuwdɔh	bɔʾ	-ʿal	hammiṣəpɛh	lammidəbɔr
Juda-(Als=)Und	kam-(es=er)	auf	(Höhe=)Warte-die	Wüste-der-(in=)zu

וַיִּפְנוּ	אֶל־	הֶהָמוֹן	וְהִנָּם
wayyipənuw	-ʾɛl	hɛhɔmown	wəhinnɔm
(hin)wandten-sich-sie-und	zu	,Haufe(n)-(dem=)der	sie-,siehe-(da=)und

פְּגָרִים	נֹפְלִים	אַרְצָה
pəgɔriym	nopəliym	ʾarəṣɔh
Leichen-(waren)	(daliegend=)fallende	,(Erde-der-auf=)erdwärts

וְאֵין	פְּלֵיטָה׃	25 וַיָּבֹא
wəʾeyn	pəleyṭɔh.	wayyɔboʾ
war(en)-nicht-und	.(Entronnene=)Entrinnen	(hin-ging=)kam-(es=)er-Und

וַיִּמְצְאוּ	אֶת־שְׁלָלָם	לָבֹז	וְעַמּוֹ	יְהוֹשָׁפָט
wayyimᵊṣᵊʾuʷ	šᵊlɔlɔm-ʾɛt	lɔboz	wᵊʿammoʷ	yᵊhoʷšɔpɔṭ
fanden-sie-und	,Beute-ihre***	plündern-zu-(um)	Volk-sein-und	J(eh)oschaphat

וּפְגָרִים	וּרְכוּשׁ	לָרֹב	בָּהֶם
uʷpᵊgɔriʸm	uʷrᵊkuʷš	lɔrob	bɔhɛm
Leichen-und	Habe-und	,(Fülle-in=)Menge-zur	ihnen-(bei=)in

לָהֶם	וַיְנַצְּלוּ	חֲמֻדוֹת	וּכְלֵי
lɔhɛm	wayᵊnaṣṣᵊluʷ	ḥᵃmudoʷt	uʷkᵊleʸ
(sich-für=)ihnen-zu	plünderten-sie-und	,Kostbarkeit(en)	(von)-Gefäße-und

יָמִים	וַיִּהְיוּ	מַשָּׂא	לְאֵין
yɔmiʸm	wayyihᵊyuʷ	maśśɔʾ	lᵊʾeʸn
Tage	waren-sie-(und)	;Tragen-(ein)	(unmöglich-war=)Nichtsein-zu-(bis)

הוּא׃	רַב־	כִּי	אֶת־הַשָּׁלָל	בֹּזְזִים	שְׁלוֹשָׁה
huʷʾ.	-rab	kiʸ	haššɔlɔl-ʾɛt	bozᵊziʸm	šᵊloʷšɔʰ
.(es-war=)er	viel	denn	,Beute-die***	plündernd(e)	drei

לְעֵמֶק	נִקְהֲלוּ	הָרְבִעִי	26 וּבַיּוֹם
lᵊʿemɛq	niqᵊhᵃluʷ	hɔrᵊbiʿiʸ	uʷbayyoʷm
Tal-zu(m)	zusammen-sich-taten-sie	,vierte(n)-(dem=)der	,Tag-(am=)-in-Und

אֶת־יְהוָה	בֵּרְכוּ	שָׁם	כִּי־	בְּרָכָה
yᵊhwɔʰ-ʾɛt	berᵊkuʷ	šɔm	-kiʸ	bᵊrɔkɔʰ
;JHWH***	(priesen=)segneten-sie	dort	denn	,(Lobpreises-des=)Beracha

הַמָּקוֹם	אֶת־שֵׁם	קָרְאוּ	עַל־כֵּן
hammɔqoʷm	šem-ʾɛt	qɔrᵊʾuʷ	ken-ʿal
,Ort(es)-(des=)der	Name(n)-(den)***	(nannten=)riefen-sie	(darum=)so-auf

בְּרָכָה	עֵמֶק	הַהוּא
bᵊrɔkɔʰ	ʿemɛq	hahuʷʾ
,(Lobpreises-des=)Beracha	Tal	,da-(jenes=)jener

כָּל־	27 וַיָּשֻׁבוּ	עַד־הַיּוֹם׃
-kol	wayyɔšubuʷ	hayyoʷm-ʿad.
all(e)	um-kehrten-(es=sie)-(Dann=)Und	.(so-sich-es-verhält-heute=)Tage-der-bis

וִיהוֹשָׁפָט	וִירוּשָׁלַם	יְהוּדָה	אִישׁ
wiʸhoʷšɔpɔṭ	wiʸruʷšɔlaim	yᵊhuʷdɔʰ	ʾiʸš
J(eh)oschaphat-und	,Jerusalem(s)-und	Juda(s)	Mann(en)

יְרוּשָׁלִָם	אֶל־	לָשׁוּב	בְּרֹאשָׁם
yᵊruʷšɔlaim	-ʾɛl	lɔšuʷb	bᵊroʾšɔm
Jerusalem	(nach=)zu	zurück-kehren-zu-(um)	,(Spitze-ihrer-an=)Haupt-ihr-in

מֵאוֹיְבֵיהֶם׃	יְהוָה	שִׂמְּחָם	כִּי־	בְּשִׂמְחָה
meʾoʷyᵊbeʸhɛm.	yᵊhwɔʰ	śimmᵊḥɔm	-kiʸ	bᵊśimᵊḥɔʰ
.Feinde-ihre-(über=)von	JHWH	sie-erfreute-(es=er)	weil	,Fröhlichkeit-in

וּבְכִנֹּרוֹת	בִּנְבָלִים	יְרוּשָׁלִַם	28 וַיָּבֹאוּ
uʷbᵊkinnoroʷt	binᵊbɔliʸm	yᵊruʷšɔlaim	wayyɔboʾuʷ
Zithern-(mit=)in-und	Harfen-(mit=)in	Jerusalem-(nach)	kamen-sie-Und

יְהוָה׃	בֵּית	אֶל־	וּבַחֲצֹצְרוֹת
yᵊhwɔʰ.	beʸt	-ʾɛl	uʷbaḥᵃṣoṣᵊroʷt
.JHWH(s)	(Tempel)haus	zu(m)	Trompeten-(mit=)in-und

כָּל־	עַל	אֱלֹהִים	פַּחַד	29 וַיְהִי
-kol	ʿal	ʾᵉlohiʸm	paḥad	wayᵊhiʸ
all(e)	(über=)auf	(Gottes=)Götter	Schrecken	(kam=)war-(es=)er-(Aber=)Und

כִּי	בְּשָׁמְעָם	הָאֲרָצוֹת	מַמְלְכוֹת
kiʸ	bᵊšomᵊʿɔm	hɔʾᵃrɔṣoʷt	mamᵊlᵊkoʷt
dass	,(hörten-sie-als=)Hören-ihrem-(bei=)in	,Länder-(der=)die	Königreiche

יִשְׂרָאֵל׃	אוֹיְבֵי	עִם	יְהוָה	נִלְחַם
yiśᵊrɔʾel.	ʾoʷyᵊbeʸ	ʿim	yᵊhwɔʰ	nilᵊḥam
.Israel	(von)-Feinde(n)-(den)	mit	JHWH	gekämpft-hatte-(es=er)

יְהוֹשָׁפָט	מַלְכוּת	30 וַתִּשְׁקֹט
yᵊhoʷšɔpɔṭ	malᵊkuʷt	wattišᵊqoṭ
,J(eh)oschaphat(s)	Königsherrschaft-(die)	Ruhe-hatte-(es=sie)-(Sodann=)Und

אֱלֹהָיו	לוֹ	וַיָּנַח
ʾᵉlohɔʸw	loʷ	wayyɔnaḥ
(Gott=)Götter-sein(e)	ihm-(zu)	Ruhe-verschaffte-(es=)er-und

יְהוֹשָׁפָט	31 וַיִּמְלֹךְ	מִסָּבִיב׃
yᵊhoʷšɔpɔṭ	wayyimᵊlok	missɔbiʸb.
J(eh)oschaphat	herrschte-(es=er)-(So=)Und	.(ringsumher=)Umkreis-von

שָׁנָה	וְחָמֵשׁ	שְׁלֹשִׁים	בֶּן־	יְהוּדָה	עַל־
šɔnɔʰ	wᵊḥɔmeš	šᵊlošiʸm	-bɛn	yᵊhuʷdɔʰ	-ʿal
,Jahr(e)	fünf-und	dreißig	(er-war-Alt=)Sohn-(Ein)	.Juda	(über=)auf

בְּמָלְכוֹ	וְעֶשְׂרִים	וְחָמֵשׁ
bᵊmolᵊkoʷ	wᵊʿɛśᵊriʸm	wᵊḥomeš
,(wurde-König-er-als=)Herrschen-seinem-(bei=)in	-zwanzig-und	fünf-und

שָׁנָה	מָלַךְ	בִּירוּשָׁלִָם	וְשֵׁם
šonoʰ	molak	biʸruʷšolaim	wᵊšem
Jahr(e)	(König-als)-regierte-er	;Jerusalem-in	Name-(der)-und

אִמּוֹ	עֲזוּבָה	בַּת־שִׁלְחִי׃	32 וַיֵּלֶךְ
ʾimmoʷ	ʿᵃzuʷboʰ	šilᵊḥiʸ-bat.	wayyelɛk
(war)-Mutter-sein(er)	,Azuba	.Schilchi(s)-Tochter-(eine)	(wandelte=)ging-er-(Und)

בְּדֶרֶךְ	אָבִיו	אָסָא	וְלֹא־	סָר
bᵊdɛrɛk	ʾobiʸw	ʾosoʾ	-wᵊloʾ	sor
Weg-(dem)-(auf=)in	Vater(s)-sein(es)	Asa	nicht-und	ab-wich-er

מִמֶּנָּה	לַעֲשׂוֹת	הַיָּשָׁר
mimmɛnnoʰ	laʿᵃśoʷt	hayyošor
,ihm-von	(tuend=)machen-zu	(war-recht-was=)Gerade-das

בְּעֵינֵי	יְהוָה׃	33 אַךְ	הַבָּמוֹת	לֹא־
bᵊʿeʸneʸ	yᵊhwoʰ.	ʾak	habbomoʷt	-loʾ
(von)-Augen-(zwei)-(den)-in	.JHWH	Nur	(Kult)höhen-die	nicht

סָרוּ	וְעוֹד	הָעָם	לֹא־	הֵכִינוּ
soruʷ	wᵊʿoʷd	hoʿom	-loʾ	hekiʸnuʷ
,schwanden-(sie)	noch-und	(Leute-die=)Volk-das	nicht	lenkte(n)-(es=sie)

לְבָבָם	לֵאלֹהֵי	אֲבֹתֵיהֶם׃
lᵊbobom	leʾloheʸ	ʾᵃboteʸhɛm.
(Sinn-ihren=)Herz-ihr	(Gott-dem=)Göttern-den-zu	.(Ahnen=)Väter-ihre(r)

34 וְיֶתֶר	דִּבְרֵי	יְהוֹשָׁפָט
wᵊyɛtɛr	dibᵊreʸ	yᵊhoʷšopoṭ
Rest-(der)-Und	(unter)-(Ereignisse=)Dinge-(der)	,J(eh)oschaphat

הָרִאשֹׁנִים	וְהָאַחֲרֹנִים	הִנָּם
horiʾšoniʸm	wᵊhoʾaḥᵃroniʸm	hinnom
(früheren=)ersten-die	,späteren-die-und	(ja-sind-die=)sie-,siehe

כְּתוּבִים	בְּדִבְרֵי	יֵהוּא
kᵊtuʷbiʸm	bᵊdibᵊreʸ	yehuʷʾ
(aufgezeichnet=)geschrieben(e)	(von)-(Berichten=)Dinge(n)-(den)-in	Jehu

עַל־	הָעֲלָה	אֲשֶׁר	בֶּן־חֲנָנִי
-ʿal	hoᶜᵃlɔʰ	ʾᵃšɛr	ḥᵃnɔniʸ-bɛn
(in=)auf	aufgenommen-wurde-(es=er)	(was=)welch(es)	,Chanani(s)-Sohn

35 וְאַחֲרֵי־כֵן	יִשְׂרָאֵל׃	מַלְכֵי	סֵפֶר
ken-wᵊʾaḥᵃreʸ	yiśᵊrɔʾel.	malᵊkeʸ	sepɛr
(al)so-danach-Und	.Israel	(von)-Könige-(der)	Buch-(das)

עִם	יְהוּדָה	מֶלֶךְ־	יְהוֹשָׁפָט	אֶתְחַבַּר
ʿim	yᵊhuʷdɔʰ	-mɛlɛk	yᵊhoʷšɔpɔṭ	ʾɛtᵊḥabbar
mit	,Juda	(von)-König-(der)	,J(eh)oschaphat	sich-verbündete-(es=er)

הִרְשִׁיעַ	הוּא	יִשְׂרָאֵל	מֶלֶךְ־	אֲחַזְיָה
hirᵊšiʸaʿ	huʷʾ	yiśᵊrɔʾel	-mɛlɛk	ʾᵃḥazᵊyɔʰ
,gottlos-handelte-er	,er —	Israel	(von)-König-(dem)	,Achasja

עִמּוֹ	36 וַיְחַבְּרֵהוּ	לַעֲשׂוֹת׃
ʿimmoʷ	wayᵊḥabbᵊrehuʷ	laᶜᵃśoʷt.
ihm-mit	(sich=)ihn-verbündete-er-(Und)	.(tat-es-er-als=)machen-zu

לָלֶכֶת	אֳנִיּוֹת	לַעֲשׂוֹת
lɔlɛkɛt	ʾᵒniʸyoʷt	laᶜᵃśoʷt
(fahren=)gehen-zu-(um)	Schiffe	(herzustellen=)machen-zu-(um)

גָּבֶר׃	בְּעֶצְיוֹן	אֳנִיּוֹת	וַיַּעֲשׂוּ	תַּרְשִׁישׁ
gɔbɛr.	bᵊᶜɛṣᵊyoʷn	ʾᵒniʸyoʷt	wayyaᶜᵃśuʷ	tarᵊšiʸš
.Geber	-Ezjon-in	Schiffe	(her-stellten=)machten-sie-(Und)	.Tarschisch-(nach)

בֶּן־דֹּדָוָהוּ	אֱלִיעֶזֶר	37 וַיִּתְנַבֵּא
dodɔwɔhuʷ-bɛn	ʾᵋliʸᶜɛzɛr	wayyitᵊnabbeʾ
,Dodawa(hu)s-Sohn	Eliëser	weissagte-(es=er)-(Da=)Und

לֵאמֹר	יְהוֹשָׁפָט	עַל־	מִמָּרֵשָׁה
leʾmor	yᵊhoʷšɔpɔṭ	-ʿal	mimmɔrešɔʰ
:(also=)sagen-zu	J(eh)oschaphat	(wider=)auf	,Marescha-(aus=)von

אֲחַזְיָהוּ	עִם־	כְּהִתְחַבֶּרְךָ
ʾᵃḥazᵊyɔhuʷ	-ʿim	kᵊhitᵊḥabbɛrᵊkɔ
,Achasja(hu)	mit	dich-(verbündet-hast-du-Weil=)Verbünden-dein-Wie

אֶת־מַעֲשֶׂיךָ	יְהוָה	פָּרַץ
maᶜᵃśɛʸkɔ-ʾɛt	yᵊhwɔʰ	pɔraṣ
!Werke-deine***	JHWH	(zerbricht=)erbrach-(es=)er

וְלֹא	אֳנִיּוֹת	וַיִּשָּׁבְרוּ
wᵊloʾ	ʾᵒniʸyoʷt	wayyiššobᵊruʷ
nicht-(dass=)und	,Schiffe-(die)	zerschmettert-wurden-(es=)sie-Und

תַּרְשִׁישׁ׃	אֶל־	לָלֶכֶת	עָצְרוּ
tarᵊšiʸš.	-ʾɛl	lɔlɛkɛt	ʿɔṣᵊruʷ
!Tarschisch	(nach=)zu	(fahren=)gehen-zu	(vermochten=)fest-hielten-sie

עִם־	יְהוֹשָׁפָט	1 וַיִּשְׁכַּב	**21**
-ʿim	yᵊhoʷšɔpɔṭ	wayyišᵊkab	
(zu=)mit	J(eh)oschaphat	gelegt-hatte-sich-(er)-(Als=)Und	

עִם־	וַיִּקָּבֵר	אֲבֹתָיו
-ʿim	wayyiqqɔber	ʾᵃbotɔʸw
(bei=)mit	begraben-wurde-er-(da=)und	,(Vorfahren=)Väter(n)-seine(n)

דָּוִיד	בְּעִיר	אֲבֹתָיו
dɔwiʸd	bᵊʿiʸr	ʾᵃbotɔʸw
;David(s)	Stadt-(der)-in	(Vorfahren=)Väter(n)-seine(n)

בְּנוֹ	יְהוֹרָם	וַיִּמְלֹךְ
bᵊnoʷ	yᵊhoʷrɔm	wayyimᵊlok
,Sohn-sein	,J(eh)oram	(König-wurde=)herrschte-(es=er)-(dann=)und

בְּנֵי	אַחִים	2 וְלוֹ־	תַּחְתָּיו׃
bᵊneʸ	ʾaḥiʸm	-wᵊloʷ	taḥᵊtɔʸw.
(von-)Söhne	,Brüder	(hatte-er=)ihm-zu-Und	.(statt-seiner-an=)ihm-unter

וַעֲזַרְיָהוּ	וּזְכַרְיָהוּ	וִיחִיאֵל	עֲזַרְיָה	יְהוֹשָׁפָט
waʿᵃzarᵊyɔhuʷ	uʷzᵊkarᵊyɔhuʷ	wiʸḥiʸʾel	ʿᵃzarᵊyɔʰ	yᵊhoʷšɔpɔṭ
Asarjahu-und	Secharjahu-und	Jechiël-und	Asarja	:J(eh)oschaphat

בְּנֵי	אֵלֶּה	כָּל־	וּשְׁפַטְיָהוּ	וּמִיכָאֵל
bᵊneʸ	ʾellɛʰ	-kol	uʷšᵊpaṭᵊyɔhuʷ	uʷmiʸkɔʾel
(von)-Söhne	(waren=)diese	All(e)	.Schephatjahu-und	Michael-und

אֲבִיהֶם	לָהֶם	3 וַיִּתֵּן	יִשְׂרָאֵל׃	מֶלֶךְ־	יְהוֹשָׁפָט
ʾᵃbiʸhɛm	lɔhɛm	wayyitten	yiśᵊrɔʾel.	-mɛlɛk	yᵊhoʷšɔpɔṭ
Vater-ihr	ihnen-(zu)	gab-(es=)er-Und	.Israel	(von)-König	,J(eh)oschaphat

וּלְמִגְדָּנוֹת	וּלְזָהָב	לְכֶסֶף	רַבּוֹת	מַתָּנוֹת
uʷlᵊmigᵊdɔnoʷt	uʷlᵊzɔhɔb	lᵊkɛsɛp	rabboʷt	mattɔnoʷt
Kleinodien-(an=)zu-und	Gold-(an=)zu-und	Silber-(an=)zu	viele	Geschenke

בִּיהוּדָה	מְצֻרוֹת	עָרֵי	עִם־
biʸhuʷdɔʰ	mᵊṣuroʷt	ʿɔreʸ	-ʿim
,Juda-in	Festungen	(mit)-Städten-(den)	(nebst=)mit

הוּא	כִּי־	לִיהוֹרָם	נָתַן	וְאֶת־הַמַּמְלָכָה
huʷᵓ	-kiʸ	liʸhoʷrɔm	nɔtan	hammamᵊlɔkɔʰ-wᵊᵓɛt
(war)-(d)er	denn	,J(eh)oram-(an=)zu	gab-er	Königtum-das-***-(aber=)und

עַל־	יְהוֹרָם	4 וַיָּקָם	הַבְּכוֹר׃
-ʿal	yᵊhoʷrɔm	wayyɔqom	habbᵊkoʷr.
(über=)auf	J(eh)oram	stand-(er)-(Als=)Und	.Erst(geboren)e-der

וַיַּהֲרֹג	וַיִּתְחַזַּק	אָבִיו	מַמְלֶכֶת
wayyahᵃrog	wayyitᵊḥazzaq	ᵓɔbiʸw	mamᵊlɛkat
erschlug-er-(da=)=und	,festigte-sich-er-und	Vater(s)-sein(es)	Königtum-(dem)

וְגַם	בֶּחָרֶב	אֶת־כָּל־אֶחָיו
wᵊgam	bɛḥɔrɛb	ᵓɛḥɔʸw-kol-ᵓɛt
auch-und	,Schwert-dem-(mit=)in	Brüder-seine-all(e)***

שְׁלֹשִׁים	5 בֶּן־	יִשְׂרָאֵל׃	מִשָּׂרֵי
šᵊlošiʸm	-bɛn	yiśᵊrɔᵓel.	miśśɔreʸ
-dreißig	(war-Alt=)(von)-Sohn-(Ein)	.Israel(s)	Fürsten-(den)-von-(einige)

בְּמָלְכוֹ	יְהוֹרָם	שָׁנָה	וּשְׁתַּיִם
bᵊmolᵊkoʷ	yᵊhoʷrɔm	šɔnɔʰ	uʷšᵊtayim
,(wurde-König-er-als=)Herrschen-seinem-(bei=)in	,J(eh)oram	Jahr(e)	zwei-und

בִּירוּשָׁלִָם׃	מָלַךְ	שָׁנִים	וּשְׁמוֹנֶה
biʸruʷšɔlɔim.	mɔlak	šɔniʸm	uʷšᵊmoʷnɛʰ
.Jerusalem-in	(König-als)-regierte-er	Jahre	acht-und

מַלְכֵי	בְּדֶרֶךְ	6 וַיֵּלֶךְ
malᵊkeʸ	bᵊdɛrɛk	wayyelɛk
(von)-Könige-(der)	(Weise-der-nach=)Weg-in	(wandelte=)ging-er-(Aber=)Und

כִּי	אַחְאָב	בֵּית	עָשׂוּ	כַּאֲשֶׁר	יִשְׂרָאֵל
kiʸ	ᵓaḥᵊᵓɔb	beʸt	ʿɔśuʷ	kaᵓᵃšɛr	yiśᵊrɔᵓel
denn	,Achab(s)	Haus-(das)	(getan=)machte(n)-(sie)	gleichwie	,Israel

אִשָּׁה	לּוֹ	הָיְתָה	אַחְאָב	בַּת־
ᵓiššɔʰ	loʷ	hɔyᵊtɔʰ	ᵓaḥᵊᵓɔb	-bat
,Frau-(zur)	(er=)ihm-zu	(hatte=)war-sie	Achab(s)	Tochter-(eine)

וַיַּעַשׂ
wayya‘aś
,(tat=)machte-er-und

הָרַע
hɔra‘
(war-böse-was=)Böse-das

בְּעֵינֵי
bᵊ‘eʸneʸ
(von)-Augen-(zwei)-(den)-in

יְהוָה׃
yᵊhwɔʰ.
.JHWH

7 וְלֹא־
-wᵊlo’
nicht-(Doch=)Und

אָבָה
’ɔbɔʰ
willens-war-(es=er)

יְהוָה
yᵊhwɔʰ
JHWH

לְהַשְׁחִית
lᵊhašᵊḥiʸt
(vertilgen=)verderben-zu

אֶת־בֵּית
beʸt-’ɛt
Haus-(das)***

דָּוִיד
dɔwiʸd
,David(s)

לְמַעַן
lᵊma‘an
(aufgrund=)um-zu

הַבְּרִית
habbᵊriʸt
,Bund(es)-(des=)der

אֲשֶׁר
’ašɛr
(den=)welch(en)

כָּרַת
kɔrat
(geschlossen=)geschnitten-er

לְדָוִיד
lᵊdɔwiʸd
,David-(mit=)zu

וְכַאֲשֶׁר
wᵊka’ašɛr
wie-(so=)und

אָמַר
’ɔmar
(verhieß=)sagte-er

לָתֵת
lɔtet
geben-zu

לוֹ
loʷ
ihm-(zu)

נִיר
niʸr
(Fortbestand=)Leuchte

וּלְבָנָיו
uʷlᵊbɔnɔʸw
Söhne(n)-seine(n)-(zu)-und

כָּל־הַיָּמִים׃
hayyɔmiʸm-kol.
.(allezeit=)Tage-die-all

8 בְּיָמָיו
bᵊyɔmɔʸw
Tage(n)-seine(n)-In

פָּשַׁע
pɔša‘
(los-sich-machte=)ab-fiel-(es=er)

אֱדוֹם
’ɛdoʷm
Edom

מִתַּחַת
mittaḥat
unter-(Sein)-von

יַד־
-yad
(Gewalt=)Hand-(der)

יְהוּדָה
yᵊhuʷdɔʰ
,Juda(s)

וַיַּמְלִיכוּ
wayyamᵊliʸkuʷ
(ein-setzten=)herrschen-machten-sie-und

עֲלֵיהֶם
‘aleʸhɛm
(sich-über=)ihnen-auf

מֶלֶךְ׃
mɛlɛk.
.König-(einen)

9 וַיַּעֲבֹר
wayya‘abor
hinüber-zog-(es=er)-(Da=)Und

יְהוֹרָם
yᵊhoʷrɔm
J(eh)oram

עִם־
-‘im
mit

שָׂרָיו
śɔrɔʸw
,Feldherren-seine(n)

וְכָל־
-wᵊkol
all-und

הָרֶכֶב
hɔrɛkɛb
(Kriegs)gefährt-das

עִמּוֹ
‘immoʷ
.ihm-mit

וַיְהִי
wayᵊhiʸ
war-er-(Als=)Und

קָם
qɔm
(aufbrechend=)erhebend(er)

לַיְלָה
layᵊlɔʰ
,Nacht(s)-(eines)

הַסֹּבֵב	אֶת־אֱדוֹם	וַיַּךְ
hassoʷbeb	ʾᵋdoʷm-ʾɛt	wayyak
(war)-umzingelnd(er)-(das=)der	,Edom***	(zu)-schlug-(es=er)-(da=)und

הָרָכֶב׃	שָׂרֵי	וְאֵת	אֵלָיו
hɔrɔkɛb.	śɔreʸ	wᵊʾet	ʾelɔʸw
.(Kriegs)gefährt-das	(über)-Befehlshaber-(die)	***und	ihn-(gegen=)zu

מִתַּחַת	אֱדוֹם	10 וַיִּפְשַׁע
mittaḥat	ʾᵋdoʷm	wayyipᵊšaʿ
unter-(Sein)-von	Edom	(los-sich-machte=)ab-fiel-(es=er)-(So=)Und

אָז	הַזֶּה	הַיּוֹם	עַד	יְהוּדָה	יַד־
ʾɔz	hazzɛʰ	hayyoʷm	ʿad	yᵊhuʷdɔʰ	-yad
Damals	.da-dies(em)	,Tag-(dem=)der	(zu)-bis	;Juda(s)	(Gewalt=)Hand-(der)

מִתַּחַת	הַהִיא	בָּעֵת	לִבְנָה	תִּפְשַׁע
mittaḥat	hahiʸʾ	bɔʿet	libᵊnɔʰ	tipᵊšaʿ
unter-(Sein)-von	,da-jene(r)	,Zeit-der-in	,Libna	(sich-löste=)ab-fiel-(es=sie)

אֶת־יְהוָה	עָזַב	כִּי	יָדוֹ
yᵊhwɔʰ-ʾɛt	ʿɔzab	kiʸ	yɔdoʷ
,JHWH***	verlassen-hatte-er	weil	,(Gewalt=)Hand-seine(r)

בָמוֹת	עָשָׂה־	11 גַּם־הוּא	אֲבֹתָיו׃	אֱלֹהֵי
bɔmoʷt	-ʿɔśɔʰ	huʷʾ-gam	ʾᵃbotɔʸw.	ʾᵋloheʸ
(Kult)höhen	machte-(er)	er-Auch	.Väter-seine(r)	(Gott-den=)Götter-(die)

יְהוּדָה	בְּהָרֵי
yᵊhuʷdɔʰ	bᵊhɔreʸ
,Juda	(von)-Bergen-(den)-(auf=)in

אֶת־יֹשְׁבֵי	וַיֶּזֶן
yošᵊbeʸ-ʾɛt	wayyɛzɛn
(in)-Wohnende(n)-(die)***	(Abgötterei-zur-verleitete=)huren-machte-er-und

אֶת־יְהוּדָה׃	וַיַּדַּח	יְרוּשָׁלַםִ
yᵊhuʷdɔʰ-ʾɛt.	wayyaddaḥ	yᵊruʷšɔlaim
.Juda***	Abwege-auf-brachte-er-und	Jerusalem

מֵאֵלִיָּהוּ	מִכְתָּב	אֵלָיו	12 וַיָּבֹא
meʾeliʸyɔhuʷ	mikᵊtɔb	ʾelɔʸw	wayyɔboʾ
,Elija(hu)-von	Schreiben-(ein)	ihm-zu	kam-(es=er)-(Dann=)Und

אָמַר	כֹּה	לֵאמֹר	הַנָּבִיא
ʾɔmar	koʰ	leʾmor	hannɔbiʸʾ
(spricht=)sprach-(es=er)	So	:(lautend=)sagen-zu	,Prophet(en)-(dem=)der

תַּחַת	אָבִיךָ	דָּוִיד	אֱלֹהֵי	יְהוָה
taḥat	ʾɔbiʸkɔ	dɔwiʸd	ʾᵋloheʸ	yᵊhwɔʰ
,(Dafür=)Unter	:Vater(s)-dein(es)	,David(s)	(Gott-der=)Götter-(die)	,JHWH

בְּדַרְכֵי	הָלַכְתָּ	לֹא־	אֲשֶׁר
bᵊdarᵊkeʸ	hɔlakᵊtɔ	-loʾ	ʾᵃšɛr
Wegen-(den)-(auf=)in	gegangen-bist-du	nicht	(dass=)welch(e)

אָסָא	וּבְדַרְכֵי	אָבִיךָ	יְהוֹשָׁפָט
ʾɔsɔʾ	uʷbᵊdarᵊkeʸ	ʾɔbiʸkɔ	yᵊhoʷšɔpɔṭ
,Asa(s)	Wegen-(den)-(auf=)in-und	,Vater(s)-dein(es)	,J(eh)oschaphat(s)

13 וַתֵּלֶךְ	יְהוּדָה׃	מֶלֶךְ־
wattelɛk	yᵊhuʷdɔʰ.	-mɛlɛk
(wandeltest=)gingst-du-(sondern=)und	,Juda	(von)-König(s)-(des)

יִשְׂרָאֵל	מַלְכֵי	בְּדֶרֶךְ
yiśᵊrɔʾel	malᵊkeʸ	bᵊdɛrɛk
,Israel	(von)-Könige-(der)	(Weise-der-nach=)Weg-in

אֶת־יְהוּדָה	וַתַּזְנֶה
yᵊhuʷdɔʰ-ʾɛt	wattazᵊnɛʰ
Juda***	(Abgötterei-zur-verleitet-hast=)huren-machtest-du-und

יְרוּשָׁלִַם	וְאֶת־יֹשְׁבֵי
yᵊruʷšɔlaim	yošᵊbeʸ-wᵊʾɛt
,Jerusalem	(in)-Wohnende(n)-(die)***und

אַחְאָב	בֵּית	כְּהַזְנוֹת
ʾaḥᵊʾɔb	beʸt	kᵊhazᵊnoʷt
,Achab	Haus(es)-(des)	(treiben-Abgötterei=)Huren-(dem)-gleich

בֵּית־אָבִיךָ	אֶת־אַחֶיךָ	וְגַם
ʾɔbiʸkɔ-beʸt	ʾaḥɛʸkɔ-ʾɛt	wᵊgam
,Vater(s)-dein(es)-Haus-(das)	,Brüder-deine***	auch-(du)-und

יְהוָה	14 הִנֵּה	הָרָגְתָּ׃	מִמְּךָ	הַטּוֹבִים
yᵊhwɔʰ	hinneʰ	hɔrɔgᵊtɔ.	mimmᵊkɔ	haṭṭoʷbiʸm
JHWH	,siehe	,erschlugst-(du)	,(du-als-mehr=)dir-von	(waren)-gut(e)-die

בְּעַמֶּךָ	גְדוֹלָה	מַגֵּפָה	נֹגֵף
bᵊʿammɛkɔ	gᵊdoʷloʰ	maggepoʰ	nogep
Volk-dein-(gegen=)in	große(m)	Schlag-(mit)	schlagend(er)-(ist)

וּבְכָל־	וּבְנָשֶׁיךָ	וּבְבָנֶיךָ
-uʷbᵊkol	uʷbᵊnɔšɛʸkɔ	uʷbᵊbɔnɛʸkɔ
all-(gegen=)in-und	Frauen-deine-(gegen=)in-und	Söhne-deine-(gegen=)in-und

רַבִּים	בָּחֳלָיִים	15 וְאַתָּה	רְכוּשֶׁךָ׃
rabbiʸm	boḥᵒlɔyiʸm	wᵊʾattoʰ	rᵊkuʷšɛkɔ.
,viele(n)	Leiden-(mit=)in	(dich=)du-und	,Besitz-dein(en)

יֵצְאוּ	עַד־	מֵעֶיךָ	בְּמַחֲלֵה
yeṣᵊʾuʷ	-ʿad	meʿɛʸkɔ	bᵊmaḥᵃleʰ
herauskommen-(sie)	bis	,Eingeweide-deine(r)	Krankheit-(einer)-(mit=)in

עַל־יָמִים׃	יָמִים	הַחֹלִי	מִן־	מֵעֶיךָ
yɔmiʸm-ʿal.	yɔmiʸm	haḥoliʸ	-min	meʿɛʸkɔ
!Tage-(um=)auf	Tage	Krankheit-(der=)die	(wegen=)von	Innereien-deine

רוּחַ	אֵת	יְהוֹרָם	עַל־	יְהוָה	16 וַיָּעַר
ruʷaḥ	ʾet	yᵊhoʷrɔm	-ʿal	yᵊhwɔʰ	wayyɔʿar
(Sinn=)Geist-(den)	***	J(eh)oram	(gegen=)auf	JHWH	erregte-(es=)er-Und

אֲשֶׁר	וְהָעַרְבִים	הַפְּלִשְׁתִּים
ʾᵃšɛr	wᵊhɔʿarᵊbiʸm	happᵊlišᵊtiʸm
(standen)-welch(e)	,Araber-(der=)die-und	Philister-(der=)die

17 וַיַּעֲלוּ	כּוּשִׁים׃	עַל־יַד
wayyaʿᵃluʷ	kuʷšiʸm.	yad-ʿal
herauf-zogen-(die=)sie-Und	.(Äthiopier=)Kuschiter-(der)	(Seiten=)Hand-auf

וַיִּשְׁבּוּ	וַיִּבְקָעוּהָ	בִיהוּדָה
wayyišᵊbuʷ	wayyibᵊqɔʿuʷhɔ	biʸhuʷdɔʰ
fort-führten-(sie)-und	(es=)sie-(eroberten=)spalteten-(sie)-und	Juda-(gegen=)in

לְבֵית־	הַנִּמְצָא	הָרְכוּשׁ	כָּל־	אֵת
-lᵊbeʸt	hannimᵊṣɔʾ	hɔrᵊkuʷš	-kol	ʾet
(Palast=)Haus-(im=)zu	(fand-sich-die=)Gefundene-der	,Habe-die	all	***

וְנָשָׁיו	בָּנָיו	וְגַם־	הַמֶּלֶךְ
wᵊnɔšɔʸw	bɔnɔyw	-wᵊgam	hammɛlɛk
,Frauen-seine-und	(Kinder=)Söhne-seine	auch-und	,König(s)-(des=)der

אִם־	כִּי	בֵּן	לוֹ	נִשְׁאַר־	וְלֹא
-ʾim	kiʸ	ben	loʷ	-nišʾar	wᵊloʾ
(außer=)wenn	-denn	,Sohn-(ein)	ihm-(zu)	blieb-(es=er)	nicht-und

כָּל־זֹאת	18 וְאַחֲרֵי	בָנָיו׃	קְטַן	יְהוֹאָחָז
zoʾt-kol	wᵊʾaḥᵃreʸ	bɔnɔʸw.	qᵊṭon	yᵊhoʷʾɔḥɔz
diese(m)-all	nach-Und	.Söhne-seine(r)	(jüngste=)kleine-(der)	,J(eh)oachas

בְּמֵעָיו	יְהוָה	נְגָפוֹ
bᵊmeʿɔʸw	yᵊhwɔʰ	nᵊgɔpoʷ
Eingeweide(n)-seine(n)-(an=)in	JHWH	ihn-schlug-(es=er)

19 וַיְהִי	מַרְפֵּא׃	לְאֵין	לָחֳלִי
wayᵊhiʸ	marᵊpeʾ.	lᵊʾeʸn	lɔḥᵒliʸ
war-(es=)er-(Und)	.(unheilbaren=)Heilung	-Nicht-zu	Krankheit-(einer)-(mit=)zu

וּכְעֵת	מִיָּמִים	לְיָמִים
uʷkᵊʿet	miʸyɔmiʸm	lᵊyɔmiʸm
(Frist=)Zeit-(die)-(als=)wie-und	,Tage(n)-(an=)von	(Jahren=)Tagen-(nach=)zu

לְיָמִים	הַקֵּץ	צֵאת
lᵊyɔmiʸm	haqqeṣ	ṣeʾt
(Jahren=)Tagen-(nach=)zu	,Ende-(dem=)das	(nahend=)Ausgehen-(war)

עִם־	מֵעָיו	יָצְאוּ	שְׁנַיִם
-ʿim	meʿɔʸw	yɔṣᵊʾuʷ	šᵊnayim
(infolge=)mit	Innereien-seine	hervor-kamen-(es=sie)	,zwei

וְלֹא־	רָעִים	בְּתַחֲלֻאִים	וַיָּמָת	חָלְיוֹ
-wᵊloʾ	rɔʿiʸm	bᵊtaḥᵃluʾiʸm	wayyɔmot	ḥolᵊyoʷ
nicht-und	,böse	Beschwerden-(durch=)in	starb-er-und	Krankheit-seine(r)

שְׂרֵפָה	עַמּוֹ	לוֹ	עָשׂוּ
śᵊrepɔʰ	ʿammoʷ	loʷ	ʿɔśuʷ
(Leichen)brand-(einen)	Volk-sein	(ihn-für=)ihm-zu	machte(n)-(sie)

20 בֶּן־	אֲבֹתָיו׃	כִּשְׂרֵפַת
-bɛn	ʾᵃbotɔʸw.	kiśᵊrepat
(Alt=)(von)-Sohn-(Ein)	.(Vorfahren=)Väter-seine	(für)-Brand-(dem)-gleich

בְּמָלְכוֹ	הָיָה	וּשְׁתַּיִם	שְׁלֹשִׁים
bᵊmolᵊkoʷ	hɔyɔʰ	uʷšᵊtayim	šᵊlošiʸm
,(wurde-König-er-als=)Herrschen-seinem-(bei=)in	,war-er	zwei-und	-dreißig

וַיֵּלֶךְ	בִּירוּשָׁלָ͏ִם	מָלַךְ	שָׁנִים	וּשְׁמוֹנֶה
wayyelɛk	biʸruʷšɔlɔim	mɔlak	šɔniʸm	uʷšᵊmoʷnɛʰ
(dahin)-ging-er-Und	.Jerusalem-in	(König-als)-regierte-er	Jahre	acht-und

וַיִּקְבְּרֻהוּ	חֶמְדָּה	בְּלֹא
wayyiqᵊbᵊruhuʷ	ḥɛmᵊdɔʰ	bᵊloʾ
ihn-begruben-sie-und	,(Zurückverlangen=)Begehren	(ohne=)nicht-in

הַמְּלָכִים׃	בְּקִבְרוֹת	וְלֹא	דָּוִיד	בְּעִיר
hammᵊlɔkiʸm.	bᵊqibᵊroʷt	wᵊloʾ	dɔwiʸd	bᵊʿiʸr
.Könige-(der=)die	Gräbern-(den)-in	nicht-(doch=)und	,David(s)	Stadt-(der)-in

22

1 וַיַּמְלִיכוּ
wayyamᵊliʸkuʷ
(König-als-ein-setzten=)herrschen-machten-(sie)-(Dann=)Und

בְּנוֹ	אֶת־אֲחַזְיָהוּ	יְרוּשָׁלַ͏ִם	יוֹשְׁבֵי
bᵊnoʷ	ʾᵃḥazᵊyɔhuʷ-ʾɛt	yᵊruʷšɔlaim	yoʷšᵊbeʸ
,Sohn-sein(en)	,Achasja(hu)	Jerusalem	(in)-Wohnende(n)-(die)

כָּל־	כִּי	תַּחְתָּיו	הַקָּטֹן
-kol	kiʸ	taḥᵊtɔʸw	haqqɔṭon
all	denn	,(statt-seiner-an=)ihm-unter	,(jüngsten=)kleine(n)-(den=)der

הַגְּדוּד	הָרַג	הָרִאשֹׁנִים
haggᵊduʷd	hɔrag	hɔriʾšoniʸm
,Raubzug-der	totgeschlagen-hat(te)-(es=er)	(älteren=)ersten-die

לַמַּחֲנֶה	בָּעַרְבִים	הַבָּא
lammaḥᵃnɛʰ	bɔʿarᵊbiʸm	habbɔʾ
.Lager-(ins=)zum	Arabern-den-(mit=)in	(war)-kommend(e)-der

יְהוֹרָם	בֶּן־	אֲחַזְיָהוּ	וַיִּמְלֹךְ
yᵊhoʷrɔm	-bɛn	ʾᵃḥazᵊyɔhuʷ	wayyimᵊlok
,J(eh)oram	(von)-Sohn-(der)	,Achasja(hu)	(König-wurde=)herrschte-(So=)Und

שָׁנָה	וּשְׁתַּיִם	אַרְבָּעִים	2 בֶּן־	יְהוּדָה׃	מֶלֶךְ
šɔnɔʰ	uʷšᵊtayim	ʾarᵊbɔʿiʸm	-bɛn	yᵊhuʷdɔʰ.	mɛlɛk
Jahr(e)	zwei-und	vierzig	(war-Alt=)Sohn	.Juda	(von)-König

וְשָׁנָה	בְּמָלְכוֹ	אֲחַזְיָהוּ
wᵊšɔnɔʰ	bᵊmolᵊkoʷ	ʾᵃḥazᵊyɔhuʷ
Jahr-und	(wurde-König-er-als=)Herrschen-seinem-(bei=)in	Achasja(hu)

וְשֵׁם	בִּירוּשָׁלָםִ	מָלַךְ	אַחַת
wᵊšem	biʸruʷšɔlɔim	mɔlak	ʾaḥat
Name-(der)-Und	.Jerusalem-in	(König-als)-regierte-er	(eins=)eine

הוּא	3 גַּם־	בַּת־עָמְרִי׃	עֲתַלְיָהוּ	אִמּוֹ
huʷʾ	-gam	ʿomᵊriʸ-bat.	ʿᵃtalᵊyɔhuʷ	ʾimmoʷ
(d)er	Auch	.Omri(s)-Tochter	Atalja(hu)	(war)-Mutter-sein(er)

כִּי	אַחְאָב	בֵּית	בְּדַרְכֵי	הָלַךְ
kiʸ	ʾaḥᵊʾɔb	beʸt	bᵊdarᵊkeʸ	hɔlak
denn	,Achab	Haus(es)-(des)	Wege(n)-(den)-(auf=)in	(wandelte=)ging-(er)

לְהַרְשִׁיעַ׃	יוֹעַצְתּוֹ	הָיְתָה	אִמּוֹ
lᵊharᵊšiʸaʿ.	yoʷʿaṣᵊtoʷ	hɔyᵊtɔʰ	ʾimmoʷ
.frevlerisch-handeln-zu	ihn-beratend(e)	war-sie	,Mutter-seine

בְּעֵינֵי	הָרַע	4 וַיַּעַשׂ
bᵊʿeʸneʸ	hɔraʿ	wayyaʿaś
(von)-Augen-(zwei)-(den)-in	(war-böse-was=)Böse-das	(tat=)machte-er-Und

לוֹ	הָיוּ־	הֵמָּה	כִּי־	אַחְאָב	כְּבֵית	יְהוָה
loʷ	-hɔyuʷ	hemmɔʰ	-kiʸ	ʾaḥᵊʾɔb	kᵊbeʸt	yᵊhwɔʰ
(ihn=)ihm-zu	waren-(sie)	(die=)jene	denn	,Achab	Haus-(das)-wie	,JHWH

לְמַשְׁחִית	אָבִיו	מוֹת	אַחֲרֵי	יוֹעֲצִים
lᵊmašᵊḥiʸt	ʾɔbiʸw	moʷt	ʾaḥᵃreʸ	yoʷʿᵃṣiʸm
Verderben-zu(m)	Vater(s)-sein(es)	Tod-(dem)	nach	beratend(e)

וַיֵּלֶךְ	הָלַךְ	בַּעֲצָתָם	5 גַּם	לוֹ׃
wayyelɛk	hɔlak	baʿᵃṣɔtɔm	gam	loʷ.
ging-(er)-und	(aus-zog=)ging-er	Rat-ihren-(auf=)in	Auch	.(ihn-für=)ihm-zu

לַמִּלְחָמָה	יִשְׂרָאֵל	מֶלֶךְ	בֶּן־אַחְאָב	אֶת־יְהוֹרָם
lammilᵊḥɔmɔʰ	yiśᵊrɔʾel	mɛlɛk	ʾaḥᵊʾɔb-bɛn	yᵊhoʷrɔm-ʾɛt
Kampf-zu(m)	,Israel	(von)-König-(dem)	,Achab(s)-Sohn	J(eh)oram-mit

גִּלְעָד	בְּרָמוֹת	מֶלֶךְ־אֲרָם	חֲזָאֵל	עַל־
gilᵊʿɔd	bᵊrɔmoʷt	ʾᵃrɔm-mɛlɛk	ḥᵃzɔʾel	-ʿal
;Gilead	-Ramot-in	,Aram-(von)-König	,(Hasael=)Chasael	(gegen=)auf

אֶת־יוֹרָם׃	הָרַמִּים	וַיַּכּוּ
yoʷrɔm-ʾɛt.	hɔrammiʸm	wayyakkuʷ
.Joram***	(Aramäer=)Ramäer-die	schlugen-(es=)sie-(aber=)und

בְּיִזְרְעֶאל	לְהִתְרַפֵּא	6 וַיָּשָׁב
bəyizərəʿɛʾl	ləhitərappeʾ	wayyɔšob
,Jesreel-in	lassen-zu-heilen-sich-(um=)zu	zurück-kehrte-er-(Hierauf=)Und

אֲשֶׁר	הַמַּכִּים	כִּי
ʾašɛr	hammakkiym	kiy
welch(e)	,(Schlagwunden=)Schläge-(der=)die	(wegen=)denn

בְּהִלָּחֲמוֹ	בָּרָמָה	הִכֻּהוּ
bəhillɔḥamow	bɔrɔmɔh	hikkuhuw
Kämpfen-seinem-(bei=)in	Rama-in	ihm-geschlagen-sie

וַעֲזַרְיָהוּ	אֲרָם	מֶלֶךְ	אֶת־חֲזָהאֵל
waʿazarəyɔhuw	ʾarɔm	mɛlɛk	ḥazɔhʾel-ʾɛt
Asarja(hu)-(Damals=)Und	.Aram	(von)-König-(dem)	,(Hasael=)Achasael-mit

יָרַד	יְהוּדָה	מֶלֶךְ	בֶּן־יְהוֹרָם
yɔrad	yəhuwdɔh	mɛlɛk	yəhowrɔm-bɛn
hinab-ging-(er)	,Juda	(von)-König-(der)	,J(eh)oram(s)-Sohn

כִּי־	בְּיִזְרְעֶאל	בֶּן־אַחְאָב	אֶת־יְהוֹרָם	לִרְאוֹת
-kiy	bəyizərəʿɛʾl	ʾaḥəʾɔb-bɛn	yəhowrɔm-ʾɛt	lirəʾowt
denn	,Jesreel-in	Achab(s)-Sohn	J(eh)oram***	(aufzusuchen-um=)sehen-zu

7 וּמֵאֱלֹהִים	הוּא׃	חֹלֶה
uwmeʾɛlohiym	huwʾ.	ḥolɛh
(Gott=)Göttern-von-(Doch=)Und	.(d)er	(war)-krank(er)

אֲחַזְיָהוּ	תְּבוּסַת	הָיְתָה
ʾaḥazəyɔhuw	təbuwsat	hɔyətɔh
,Achasja(hu)	(für)-(Untergang-der=)Zertretung	(beschlossen)-war-(es=)sie

וּבְבֹאוֹ	יוֹרָם	אֶל־	לָבוֹא
uwbəboʾow	yowrɔm	-ʾɛl	lɔbowʾ
Kommen-seinem-(nach=)in-Und	.Joram	zu	(ging-er-da=)kommen-zu

אֲשֶׁר	בֶּן־נִמְשִׁי	יֵהוּא	אֶל־	יְהוֹרָם	עִם־	יָצָא
ʾašɛr	nimšiy-bɛn	yehuwʾ	-ʾɛl	yəhowrɔm	-ʿim	yɔṣɔʾ
welch(en)	,Nimschi(s)-Sohn	Jehu	zu	J(eh)oram	mit	hinaus-ging-er

לְהַכְרִית	יְהוָה	מְשָׁחוֹ
ləhakəriyt	yəhwɔh	məšɔḥow
(auszurotten=)schneiden-zu-(um)	JHWH	ihn-gesalbt-hat(te)-(es=er)

8 וַיְהִי	אַחְאָב׃	אֶת־בֵּית
wayəhiy	ʾaḥəʾɔb.	beyt-ʾɛt
,war-(es=)er-Und	.Achab(s)	(Dynastie-die=)Haus-(das)***

אַחְאָב	בֵּית	עִם־	יֵהוּא	כְּהִשָּׁפֵט
ʾaḥəʾɔb	beyt	-ʿim	yehuwʾ	kəhiššɔpeṭ
,Achab	Haus-(dem)	mit	Jehu	(war)-halten(d)-Strafgericht-(als=)wie

וּבְנֵי	יְהוּדָה	אֶת־שָׂרֵי	וַיִּמְצָא
uwbəney	yəhuwdɔh	śɔrey-ʾɛt	wayyiməṣɔʾ
Söhne-(die)-und	Juda(s)	Befehlshaber-(die)	(traf=)fand-er-(da=)und

לַאֲחַזְיָהוּ	מְשָׁרְתִים	אֲחַזְיָהוּ	אֲחֵי
laʾaḥazəyɔhuw	məšɔrətiym	ʾaḥazəyɔhuw	ʾaḥey
,Achasja(hu)-(für=)zu	tuende(n)-Dienst-(die)	,Achasja(hu)	(von)-Brüder-(der)

9 וַיְבַקֵּשׁ	וַיַּהַרְגֵם׃
wayəbaqqeš	wayyaharəgem.
suchte-(man=)er-(Sodann=)Und	.sie-(nieder-machte=)tötete-er-und

וְהוּא	וַיִּלְכְּדֻהוּ	אֶת־אֲחַזְיָהוּ
wəhuwʾ	wayyiləkəduhuw	ʾaḥazəyɔhuw-ʾɛt
er-(als=)und	ihn-fing(en)-(man=)sie-und	Achasja(hu)***

וַיְבִאֻהוּ	בְשֹׁמְרוֹן	מִתְחַבֵּא
wayəbiʾuhuw	bəšomərown	mitəḥabbeʾ
ihn-(führten=)kommen-machten-sie-und	,Samaria-in	(war)-verbergend(er)-sich

כִּי	וַיִּקְבְּרֻהוּ	וַיְמִתֻהוּ	יֵהוּא	אֶל־
kiy	wayyiqəbəruhuw	wayəmituhuw	yehuwʾ	-ʾɛl
denn	,ihn-begruben-sie-(Sodann=)Und	.ihn-töteten-(sie)-und	Jehu	zu

דָּרַשׁ	אֲשֶׁר־	הוּא	יְהוֹשָׁפָט	בֶּן־	אָמְרוּ
dɔraš	-ʾašɛr	huwʾ	yəhowšɔpɔṭ	-bɛn	ʾɔməruw
(war)-suchend(er)	welch(er)	,(ist)-er	J(eh)oschaphat(s)	Sohn-(Ein)	:sagten-sie

וְאֵין	לְבָבוֹ	בְּכָל־	אֶת־יְהוָה
wəʾeyn	ləbɔbow	-bəkol	yəhwɔh-ʾɛt
(jemand)-war-nicht-(Da=)Und	!Herz(en)-sein(em)	all-(mit=)in	JHWH***

לַעְצֹר	אֲחַזְיָהוּ	לְבֵית
laʿəṣor	ʾaḥazəyɔhuw	ləbeyt
(übernehmen=)aufhalten-zu	Achasja(hu)	(von)-Haus-(das)-(für=)zu

אֵם	10 וַעֲתַלְיָהוּ	לַמַּמְלָכָה׃	כֹּחַ
ᵓem	waᶜᵃtalᵊyɔhuʷ	lᵊmamᵊlɔkɔʰ.	koaḥ
(von)-Mutter-(die)	,Atalja(hu)-(Als=)Und	.Königtum(s)-(des=)zu	Macht-(die)

וַתָּקָם	בְּנָהּ	מֵת	כִּי	רָאֲתָה	אֲחַזְיָהוּ
wattɔqom	bᵊnɔh	met	kiʸ	rɔᵓᵃtɔʰ	ᵓᵃḥazᵊyɔhuʷ
auf-stand-sie-(da=)und	,Sohn-ihr	(war)-tot	dass	,sah-(sie)	,Achasja(hu)

זֶרַע	כָּל־	אֶת־	וַתְּדַבֵּר
zɛraᶜ	-kol	-ᵓɛt	wattᵊdabber
Same(n)-(dem)	all	mit-(Her)	:(befahl=)sprach-(sie)-und

יְהוּדָה׃	לְבֵית	הַמַּמְלָכָה
yᵊhuʷdɔʰ.	lᵊbeʸt	hammamᵊlɔkɔʰ
!Juda	Haus(es)-(des=)zu	(königlichen=)Königtum(s-des=)das

בַּת־הַמֶּלֶךְ	יְהוֹשַׁבְעַת	11 וַתִּקַּח
hammɛlɛk-bat	yᵊhoʷšabᵊᶜat	wattiqqaḥ
,(Prinzessin=)Königs-tochter-(die)	,J(eh)oschabat	nahm-(es=)sie-(Aber=)Und

אֲחַזְיָהוּ	בֶּן־	אֶת־יוֹאָשׁ
ᵓᵃḥazᵊyɔhuʷ	-bɛn	yoʷᵓɔš-ᵓɛt
,Achasja(hu)	(von)-Sohn	Joasch-(den)***

מִתּוֹךְ	אֹתוֹ	וַתִּגְנֹב
mittoʷk	ᵓotoʷ	wattigᵊnob
(Bereich-dem-aus=)Mitte-von	ihn	(fort-heimlich-schaffte=)stahl-sie-und

וַתִּתֵּן	הַמּוּמָתִים	בְּנֵי־הַמֶּלֶךְ
wattitten	hammuʷmɔtiʸm	hammɛlɛk-bᵊneʸ
(tat=)gab-sie-und	,werdende(n)-getötet-(der=)die	,(Prinzen=)Königs-söhne-(der)

הַמִּטּוֹת	בַּחֲדַר	וְאֶת־מֵינִקְתּוֹ	אֹתוֹ
hammiṭṭoʷt	baḥᵃdar	meʸniqᵊtoʷ-wᵊᵓɛt	ᵓotoʷ
.Betten-(der=)die	Kammer-die-in	Amme-seine***und	ihn

בַּת־	יְהוֹשַׁבְעַת	וַתַּסְתִּירֵהוּ
-bat	yᵊhoʷšabᵊᶜat	wattasᵊtiʸrehuʷ
Tochter-(die)	,J(eh)oschabat	ihn-verbarg-(es=sie)-(So=)Und

הַכֹּהֵן	יְהוֹיָדָע	אֵשֶׁת	יְהוֹרָם	הַמֶּלֶךְ
hakkohen	yᵊhoʷyɔdɔᶜ	ᵓešɛt	yᵊhoʷrɔm	hammɛlɛk
Priester(s)-(des=)der	,J(eh)ojada(s)	Frau-(die)	,J(eh)oram	König(s)-(des=)der

אֲחַזְיָהוּ	אֲחוֹת	הָיְתָה	הִיא	כִּי
ʾᵃḥazᵊyɔhuʷ	ʾᵃḥoʷt	hɔyᵊtɔʰ	hiʸʾ	kiʸ
,— Achasja(hu)	(von)-Schwester-(die)	war-sie	,sie	denn —

וַיְהִי 12	הֱמִיתַתְהוּ׃	וְלֹא	עֲתַלְיָהוּ	מִפְּנֵי
wayᵊhiʸ	hᵋmiʸtɔtᵊhuʷ.	wᵊloʾ	ʿᵃtalᵊyɔhuʷ	mippᵊneʸ
war-er-Und	.ihn-töten-ließ-sie	nicht-(so=)und	,Atalja(hu)	(vor=)Gesichter-von

שֵׁשׁ	מִתְחַבֵּא	הָאֱלֹהִים	בְּבֵית	אִתָּם
šeš	mitᵊḥabbeʾ	hɔʾᵋlohiʸm	bᵊbeʸt	ʾittɔm
sechs	versteckt(er)	(Gottes=)Götter-(der=)die	Haus-(dem)-in	ihnen-(bei=)mit

הָאָרֶץ׃	עַל־	מֹלֶכֶת	וַעֲתַלְיָה	שָׁנִים
hɔʾɔrɛṣ.	-ʿal	molɛkɛt	waʿᵃtalᵊyɔʰ	šɔniʸm
.Land-das	(über=)auf	herrschend(e)-(war)	Atalja-(während=)und	,Jahre

23

הַשְּׁבִעִית	וּבַשָּׁנָה 1
haššᵊbiʿiʸt	uʷbaššɔnɔʰ
,siebte(n)-(dem=)die	,Jahr-dem-in-(Aber=)Und

אֶת־שָׂרֵי	וַיִּקַּח	יְהוֹיָדָע	הִתְחַזַּק
śɔreʸ-ʾɛt	wayyiqqaḥ	yᵊhoʷyɔdɔʿ	hitᵊḥazzaq
(über)-Befehlshaber-(die)***	nahm-er-und	J(eh)ojada	stark-sich-zeigte-(es=er)

בֶּן־יְרֹחָם	לַעֲזַרְיָהוּ	הַמֵּאוֹת
yᵊroḥɔm-bɛn	laʿᵃzarᵊyɔhuʷ	hammeʾoʷt
Jerocham(s)-Sohn	Asarja(hu)-(den=)zu	,Hundert(schaften)-die

וְלַעֲזַרְיָהוּ	בֶּן־יְהוֹחָנָן	וּלְיִשְׁמָעֵאל
wᵊlaʿᵃzarᵊyɔhuʷ	yᵊhoʷḥɔnɔn-bɛn	uʷlᵊyišᵊmɔʿeʾl
Asarja(hu)-(den=)zu-und	J(eh)ochan(s)-Sohn	Jischmael-(den=)zu-und

וְאֶת־אֱלִישָׁפָט	בֶּן־עֲדָיָהוּ	וְאֶת־מַעֲשֵׂיָהוּ	בֶּן־עוֹבֵד
ʾᵋliʸšɔpɔṭ-wᵊʾɛt	ʿᵃdɔyɔhuʷ-bɛn	maʿᵃśeʸɔhuʷ-wᵊʾɛt	ʿoʷbed-bɛn
Elischaphat-***und	Adaja(hu)-(von)-Sohn	Maaseja(hu)-***und	Obed(s)-Sohn

בַּבְּרִית׃	עִמּוֹ	בֶּן־זִכְרִי
babbᵊriʸt.	ʿimmoʷ	zikᵊriʸ-bɛn
.Bund-den-in	(sich-zu=)ihm-mit	Sichri(s)-Sohn

וַיִּקְבְּצוּ	בִּיהוּדָה	וַיָּסֹבּוּ 2
wayyiqᵊbᵊṣuʷ	biʸhuʷdɔʰ	wayyɔsobbuʷ
sammelten-(sie)-und	Juda-in	(umher-zogen=)sich-wandten-sie-Und

וְרָאשֵׁי	יְהוּדָה	עָרֵי	מִכָּל־	אֶת־הַלְוִיִּם
wᵊrɔʾšeʸ	yᵊhuʷdɔʰ	ʿɔreʸ	-mikkol	halᵊwiʸyim-ʾɛt
(Ober)häupter-(die)-und	Juda(s)	Städte(n)	all(en)-(aus=)von	Leviten-die***

אֶל־	וַיָּבֹאוּ	לְיִשְׂרָאֵל	הָאָבוֹת
-ʾɛl	wayyɔboʾuʷ	lᵊyiśᵊrɔʾel	hɔʾɔboʷt
(nach=)zu	kamen-sie-und	,Israel(s=)zu	(Familien=)Väter-(der=)die

הַקָּהָל	כָּל־	3 וַיִּכְרֹת	יְרוּשָׁלָםִ
haqqɔhɔl	-kol	wayyikᵊrot	yᵊruʷšɔlɔim
Versammlung-die	all	(schloss=)schnitt-(es=)er-(Und)	.Jerusalem

עִם־	הָאֱלֹהִים	בְּבֵית	בְּרִית
-ʿim	hɔʾᵉlohiʸm	bᵊbeʸt	bᵊriʸt
mit	(Gottes=)Götter-(der=)die	(Tempel)haus-(im=)in	Bund-(einen)

הִנֵּה	לָהֶם	וַיֹּאמֶר	הַמֶּלֶךְ
hinneʰ	lɔhɛm	wayyoʾmɛr	hammɛlɛk
,(Seht=)Siehe	:ihnen-zu	sprach-(d)er-Und	.König-(dem=)der

כַּאֲשֶׁר	יִמְלֹךְ	בֶן־הַמֶּלֶךְ
kaʾᵃšɛr	yimᵊlok	hammɛlɛk-bɛn
wie	(König-als)-regieren-(soll=)wird-(er)	Königs-sohn-(der)

4 זֶה	דָוִיד׃	בְּנֵי	עַל־	יְהוָה	דִּבֶּר
zɛʰ	dɔwiʸd.	bᵊneʸ	-ʿal	yᵊhwɔʰ	dibbɛr
(ist-Das=)Dieser	!David(s)	Söhne-(die)	(über=)auf	JHWH	geredet-hat-(er)

תַּעֲשׂוּ	אֲשֶׁר	הַדָּבָר
taʿᵃśuʷ	ʾᵃšɛr	haddɔbɔr
:(tun=)machen-(sollt=)werdet-ihr	(die=)welch(e)	,Sache-die

בָּאֵי	מִכֶּם	הַשְּׁלִשִׁית
bɔʾeʸ	mikkɛm	haššᵊlišiʸt
(an)-(antretend=)kommend(e)-(sei)	euch-von	(Drittel-Ein=)Dritte-Die

וְלַלְוִיִּם	לַכֹּהֲנִים	הַשַּׁבָּת
wᵊlalᵊwiʸyim	lakkohᵃniʸm	haššabbɔt
,Leviten-(den)-(von=)zu-und	Priester(n)-den-(von=)zu	,Sabbat-(dem=)der

5 וְהַשְּׁלִשִׁית	הַסִּפִּים׃	לְשֹׁעֲרֵי
wᵊhaššᵊlišiʸt	hassippiʸm.	lᵊšoʿᵃreʸ
(Drittel-ein=)Dritte-die-und	,Schwellen-(den=)die	(an)-Torhüter-(als=)zu

וְהַשְּׁלִשִׁית	הַמֶּלֶךְ	בְּבֵית
wᵊhaššᵊlišiʸt	hammɛlɛk	bᵊbeʸt
(Drittel-ein=)Dritte-die-und	König(s)-(des=)der	(Palast=)Haus-(dem)-(an=)in

בְּחַצְרוֹת	הָעָם	וְכָל־	הַיְסוֹד	בְּשַׁעַר
bᵊḥaṣᵊroʷt	hɔʿɔm	-wᵊkol	hayᵊsoʷd	bᵊšaʿar
Höfen-(den)-in	Volk-das	all-und	,Grundmauer-(der)	Tor-(dem)-(an=)in

יָבוֹא	6 וְאַל־	יְהוָה׃	בֵּית
yɔboʷʾ	-wᵊʾal	yᵊhwɔʰ.	beʸt
kommen-(darf=)wird-(man=)er	nicht-Und	.JHWH(s)	(Tempel)haus(es)-(des)

הַכֹּהֲנִים	אִם־	כִּי	יְהוָה	בֵּית־
hakkohᵃniʸm	-ʾim	kiʸ	yᵊhwɔʰ	-beʸt
Priester-die	(denn=)wenn	(sei-es=)denn	,JHWH(s)	(Tempel)haus-(das)-(in)

הֵמָּה	לַלְוִיִּם	וְהַמְשָׁרְתִים
hemmɔʰ	lalᵊwiʸyim	wᵊhamᵊšɔrᵊtiʸm
(jene=)sie	,Leviten-(den)-(unter=)zu	Diensttuenden-die-und

הֵמָּה	קֹדֶשׁ	כִּי־	יָבֹאוּ
hemmɔʰ	qodɛš	-kiʸ	yɔboʾuʷ
;(sind)-jene	(Geweihte=)Heiligkeit	denn	,kommen-(dürfen=)werden-(sie)

יִשְׁמְרוּ	הָעָם	וְכָל־
yišᵊmᵊruʷ	hɔʿɔm	-wᵊkol
beachten-(sollen=)werden-(sie)	Volk(es)-(des=)das	all(e)-und

7 וְהִקִּיפוּ	יְהוָה׃	מִשְׁמֶרֶת
wᵊhiqqiʸpuʷ	yᵊhwɔʰ.	mišᵊmɛrɛt
umgeben-(sollen=)werden-(es=)sie-Und	.JHWH(s)	(Obliegenheit=)Wache-(die)

אִישׁ	סָבִיב	אֶת־הַמֶּלֶךְ	הַלְוִיִּם
ʾiʸš	sɔbiʸb	hammɛlɛk-ʾɛt	halᵊwiʸyim
(jeder)mann	,ringsum	König-(den=)der***	Leviten-die

בְּיָדוֹ	וְכֵלָיו
bᵊyɔdoʷ	wᵊkelɔʸw
.Hand-seine(r)-in	(Waffen=)Geräte(n)-seine(n)-(mit=)und

הַבַּיִת	אֶל־	וְהַבָּא
habbayit	-ʾɛl	wᵊhabbɔʾ
,(Tempel)haus-das	(in=)zu	(eindringt-wer=)Kommende-der-Und

יוּמָת
yuʷmɔt
.werden-getötet-(muss=)wird-er

וִהְיוּ
wihᵊyuʷ
sein-(sollen=)werden-sie-Und

אֶת־הַמֶּלֶךְ
hammɛlɛk-ʾɛt
König-(dem=)der-(bei=)mit

בְּבֹאוֹ
bᵊboʾoʷ
Kommen-seinem-(bei=)in

וּבְצֵאתוֹ׃
uʷbᵊṣeʾtoʷ.
!Ausgehen-sein(em)-(bei=)in-und

8 וַיַּעֲשׂוּ
wayyaᶜᵃśuʷ
(taten=)machten-(es=sie)-(Da=)Und

הַלְוִיִּם
halᵊwiʸyim
Leviten-die

וְכָל־
-wᵊkol
(ganz=)all-und

יְהוּדָה
yᵊhuʷdɔʰ
Juda

כְּכֹל
kᵊkol
,all(em)-(gemäß=)wie

אֲשֶׁר־
-ʾᵃšɛr
(was=)welch(es)

צִוָּה
ṣiwwɔʰ
geheißen-(er)

יְהוֹיָדָע
yᵊhoʷyɔdɔᶜ
,J(eh)ojada

הַכֹּהֵן
hakkohen
.Priester-der

וַיִּקְחוּ
wayyiqᵊḥuʷ
nahmen-sie-(Und)

אִישׁ
ʾiʸš
(jeder)mann

אֶת־אֲנָשָׁיו
ʾᵃnɔšɔʸw-ʾɛt
,(Leute=)Männer-seine***

בָּאֵי
bɔʾeʸ
(an)-(Antretenden=)Kommende(n)-(die)

הַשַּׁבָּת
haššabbɔt
Sabbat-(dem=)der

עִם
ᶜim
(samt=)mit

יוֹצְאֵי
yoʷṣᵊʾeʸ
(an)-(Abtretenden=)Hinausziehende(n)-(den)

הַשַּׁבָּת
haššabbɔt
,Sabbat-(dem=)der

כִּי
kiʸ
denn

לֹא
loʾ
nicht

פָטַר
pɔṭar
entließ-(es=er)

יְהוֹיָדָע
yᵊhoʷyɔdɔᶜ
,J(eh)ojada

הַכֹּהֵן
hakkohen
,Priester-der

אֶת־הַמַּחְלְקוֹת׃
hammaḥᵊlᵊqoʷt-ʾɛt.
.Abteilungen-die***

9 וַיִּתֵּן
wayyitten
gab-(es=)er-Und

יְהוֹיָדָע
yᵊhoʷyɔdɔᶜ
,J(eh)ojada

הַכֹּהֵן
hakkohen
,Priester-der

לְשָׂרֵי
lᵊśoreʸ
Befehlshaber-(die)-(an=)zu

הַמֵּאוֹת
hammeʾoʷt
Hundert(schaften)-(der=)die

אֶת־הַחֲנִיתִים
haḥᵃniʸtiʸm-ʾɛt
Speere-die***

וְאֶת־הַמָּגִנּוֹת
hammɔginnoʷt-wᵊʾɛt
Schilde-die***und

וְאֶת־הַשְּׁלָטִים
haššᵊlɔṭiʸm-wᵊʾɛt
,Köcher-die-***und

אֲשֶׁר
ʾᵃšɛr
(die=)welch(e)

לַמֶּלֶךְ דָּוִיד אֲשֶׁר בֵּית
beʸt ᵓᵃšɛr dɔwiʸd lammɛlɛk
(Tempel)haus-(im) (waren)-welch(e) ,David König-dem-(gehörten=)zu

הָאֱלֹהִים׃ 10 וַיַּעֲמֵד אֶת־כָּל־הָעָם
hɔᶜɔm-kol-ᵓɛt wayyaᶜᵃmed hɔᵓᵉlohiʸm.
Volk-das-all*** (auf-stellte=)stehen-machte-er-und ,(Gottes=)Götter-(der=)die

וְאִישׁ שִׁלְחוֹ בְּיָדוֹ
bᵊyɔdoʷ šilᵊḥoʷ wᵊᵓiʸš
,— Hand-seine(r)-in Wurfspieß-sein(en) (hatte)-(jeder)mann-und —

מִכֶּתֶף הַבַּיִת הַיְמָנִית עַד־
-ᶜad hayᵊmɔniʸt habbayit mikkɛtɛp
(zur)-bis ,rechte(n)-(der=)die ,Haus(es)-(des=)das (Seite=)Schulter-(der)-von

כֶּתֶף הַבַּיִת הַשְּׂמָאלִית לַמִּזְבֵּחַ
lammizᵊbeaḥ haśśᵊmoᵓliʸt habbayit kɛtɛp
Altar-zum ,linke(n)-(der=)die ,Haus(es)-(des=)das (Seite=)Schulter

וְלַבָּיִת עַל־ הַמֶּלֶךְ סָבִיב׃
sɔbiʸb. hammɛlɛk -ᶜal wᵊlabbɔyit
.ringsum König-(den=)der (um=)auf ,(hin)-Haus-zu(m)-und

11 וַיּוֹצִיאוּ אֶת־בֶּן־הַמֶּלֶךְ וַיִּתְּנוּ
wayyittᵊnuʷ hammɛlɛk-bɛn-ᵓɛt wayyoʷṣiʸᵓuʷ
gaben-(sie)-und Königs-sohn-(den)*** heraus-führten-sie-(Dann=)Und

עָלָיו אֶת־הַנֵּזֶר וְאֶת־הָעֵדוּת
hɔᶜeduʷt-wᵊᵓɛt hannezɛr-ᵓɛt ᶜɔlɔʸw
(Gesetz=)Zeugnis-das***und Diadem-das*** ihn-(an=)auf

וַיַּמְלִיכוּ אֹתוֹ
ᵓotoʷ wayyamᵊliʸkuʷ
,ihn (König-als-ein-setzten=)herrschen-machten-(sie)-und

וַיִּמְשָׁחֻהוּ יְהוֹיָדָע וּבָנָיו וַיֹּאמְרוּ
wayyoᵓmᵊruʷ uʷbɔnɔʸw yᵊhoʷyɔdɔᶜ wayyimᵊšɔḥuhuʷ
:sagten-sie-(Dann=)Und .Söhne-seine-und J(eh)ojada ihn-salbten-(es=)sie-und

יְחִי הַמֶּלֶךְ׃ 12 וַתִּשְׁמַע עֲתַלְיָהוּ
ᶜᵃtalᵊyɔhuʷ wattišᵊmaᶜ hammɛlɛk. yᵊḥiʸ
Atalja(hu) hörte-(sie)-(Als=)Und !König-der lebe-(Es=)Er

הָרָצִים	הָעָם	אֶת־קוֹל
hɔrɔṣiʸm	hɔʿɔm	qoʷl-ʾɛt
Laufenden-die	,Volk(es)-(des=)das	(Lärmen-das=)Stimme-(die)

אֶל־	וַתָּבוֹא	אֶת־הַמֶּלֶךְ	וְהַמְהַלְלִים
-ʾɛl	wattɔboʷʾ	hammɛlɛk-ʾɛt	wᵊhamᵊhalᵊliʸm
zu	kam-sie-(da=)und	,König-(den=)der***	Preisenden-die-und

13 וַתֵּרֶא	יְהוָה׃	בֵּית	הָעָם
watterɛʾ	yᵊhwɔʰ.	beʸt	hɔʿɔm
,sah-sie-Und	.JHWH(s)	(Tempel)haus-(zum)	Volk-(dem=)das

עַל־	עוֹמֵד	הַמֶּלֶךְ	וְהִנֵּה
-ʿal	ʿoʷmed	hammɛlɛk	wᵊhinneʰ
auf	stehend(er)-(war)	König-der	(,da-siehe=),siehe-und

וְהַשָּׂרִים	בַּמָּבוֹא	עַמּוּדוֹ
wᵊhaśśɔriʸm	bammɔboʷʾ	ʿammuʷdoʷ
Fürsten-die-und	Eingang-dem-(an=)in	Säulenstand-sein(em)

וְכָל־	הַמֶּלֶךְ	עַל־	וְהַחֲצֹצְרוֹת
-wᵊkol	hammɛlɛk	-ʿal	wᵊhaḥᵃṣoṣᵊroʷt
(sämtliches=)all-und	König-(den=)der	(um=)auf	Trompeten(bläser)-die-und

בַּחֲצֹצְרוֹת	וְתוֹקֵעַ	שָׂמֵחַ	הָאָרֶץ	עַם
baḥᵃṣoṣᵊroʷt	wᵊtoʷqeaʿ	śɔmeaḥ	hɔʾɔrɛṣ	ʿam
Trompeten-die-in	stoßend-und	fröhlich(er)	Land(es)-(des=)das	Volk

הַשִּׁיר	בִּכְלֵי	וְהַמְשׁוֹרְרִים
haššiʸr	bikᵊleʸ	wᵊhamᵊšoʷrᵃriʸm
Gesang-(den=)der	(für)-(Instrumenten=)Gefäße(n)-(zu=)in	Singenden-die-und

לְהַלֵּל	וּמוֹדִיעִים
lᵊhallel	uʷmoʷdiʸʿiʸm
,lobpreisen-zu-(um)	(verkündend=)machend(e)-wissen-und

וַתֹּאמֶר	אֶת־בְּגָדֶיהָ	עֲתַלְיָהוּ	וַתִּקְרַע
wattoʾmɛr	bᵊgɔdɛʸhɔ-ʾɛt	ʿᵃtalᵊyɔhuʷ	wattiqᵊraʿ
:sagte-(sie)-und	Kleider-ihre***	Atalja(hu)	zerriss-(es=sie)-(da=)und

קָשֶׁר׃	קֶשֶׁר
qɔšɛr.	qɛšɛr
!Verschwörung-(Eine)	!Verschwörung-(Eine)

הַכֹּהֵ֔ן	יְהוֹיָדָ֤ע	14 וַיּוֹצֵ֡א
hakkohen	yəhowyɔdɔʿ	wayyowṣeʾ
,Priester-der	,J(eh)ojada	hervortreten-ließ-(es=er)-(Nun=)Und

פְּקוּדֵ֣י	הַמֵּא֣וֹת	אֶת־שָׂרֵ֣י
pəquwdey	hammeʾowt	śɔrey-ʾɛt
Beauftragte(n)-(die)	,Hundert(schaften)-die	(über)-Befehlshaber-(die)***

אֶל־	הוֹצִיא֙וּהָ֙	אֲלֵהֶ֗ם	וַיֹּ֣אמֶר	הַחַ֗יִל
-ʾɛl	howṣiyʾuwhɔ	ʾalehɛm	wayyoʾmɛr	haḥayil
(bis=)zu	sie-hinaus-Bringt	:ihnen-zu	sprach-er-und	,Streitmacht-(der=)die

הַשְּׂדֵרֹ֔ות	מִבֵּ֣ית
haśśəderowt	mibbeyt
,(Schlacht)reihen-die	(in)-Haus(es)-(des)-(außerhalb=)von

אַחֲרֶ֖יהָ	וְהַבָּ֥א
ʾaḥareyhɔ	wəhabbɔʾ
,(her)-ihr-hinter	(kommt-wer=)Kommende-der-und

אָמַ֣ר	כִּ֚י	בֶּחָ֑רֶב	יוּמַ֣ת
ʾɔmar	kiy	bɛḥɔrɛb	yuwmat
sprach-(es=)er	Denn	!Schwert-dem-(mit=)in	werden-getötet-(soll=)wird-(d)er

יְהוָֽה׃	בֵּ֥ית	תְמִית֖וּהָ	לֹ֥א	הַכֹּהֵ֔ן
yəhwɔh.	beyt	təmiytuwhɔ	loʾ	hakkohen
!JHWH(s)	(Tempel)haus-(im)	sie-töten-(sollt=)werdet-ihr	Nicht	:Priester-der

וַתָּב֛וֹא	יָדַ֔יִם	לָהּ֙	15 וַיָּשִׂ֤ימוּ
wattɔbowʾ	yɔdayim	lɔh	wayyɔśiymuw
kam-sie-(Als=)Und	.(an-Hand=)Hände-(zwei)	-(sie-an=)ihr-zu	legten-sie-Und

בֵּ֣ית	הַסּוּסִ֖ים	שַֽׁעַר־	מְב֥וֹא	אֶל־
beyt	hassuwsiym	-šaʿar	məbowʾ	-ʾɛl
(Palast=)Haus-(am)	Rosse-(der=)die	Tor(es)-(des)	Eingang	zu(m)

שָֽׁם׃	וַיְמִית֖וּהָ	הַמֶּ֑לֶךְ
šɔm.	wayəmiytuwhɔ	hammɛlɛk
.dort	sie-töteten-sie-(da=)und	,König(s)-(des=)der

בְּרִ֔ית	יְהוֹיָדָע֙	16 וַיִּכְרֹ֤ת
bəriyt	yəhowyɔdɔʿ	wayyikərot
Bund-(einen)	J(eh)ojada	(schloss=)schnitt-(es=er)-(Sodann=)Und

וּבֵין uʷbeʸn zwischen-und	הָעָם hɔʿɔm Volk-(dem=)das	כָּל־ -kol all	וּבֵין uʷbeʸn (zwischen)-und	בֵּינוֹ beʸnoʷ ihm-zwischen

לַיהוָה׃ layhwɔʰ. .JHWH(s=zu)	לְעָם lᵊʿɔm Volk-(ein=)zu	לִהְיוֹת lihᵊyoʷt (wollten-sein-sie-dass=)sein-zu	הַמֶּלֶךְ hammɛlɛk ,König-(dem=)der

הַבַּעַל habbaʿal Baal-(des=)der	בֵּית־ -beʸt Haus-(das)-(in)	הָעָם hɔʿɔm Volk-das	כָּל־ -kol all	17 וַיָּבֹאוּ wayyɔboʾuʷ kam(en)-(es=)sie-Und

וְאֶת־צְלָמָיו ṣᵊlɔmɔʸw-wᵊʾɛt (Götzen)bilder-seine-***und	וְאֶת־מִזְבְּחֹתָיו mizᵊbᵊḥotɔʸw-wᵊʾɛt Altäre-seine-***und	וַיִּתְּצֻהוּ wayyittᵊṣuhuʷ ,ihn-nieder-rissen-(sie)-und

הַבַּעַל habbaʿal ,Baal-(des=)der	כֹּהֵן kohen Priester-(den)	מַתָּן mattɔn ,Mattan	וְאֵת wᵊʾet ***und	שִׁבְּרוּ šibberuʷ ,zerbrachen-sie

הַמִּזְבְּחוֹת׃ hammizᵊbᵊḥoʷt. .Altäre(n)-(den=)die	לִפְנֵי lipᵊneʸ (vor=)Gesichter-zu	הָרְגוּ hɔrᵊguʷ erschlugen-sie

יְהוֹיָדָע yᵊhoʷyɔdɔʿ J(eh)ojada	18 וַיָּשֶׂם wayyɔśɛm (ein-setzte=)legte-(es=er)-(Hierauf=)Und

יְהוָה yᵊhwɔʰ JHWH(s)	בֵּית beʸt (Tempel)haus-(das)	פְּקֻדֹּת pᵊquddot (über)-(Aufsichtsbehörden=)Wachen

אֲשֶׁר ʾᵃšɛr wie	הַלְוִיִּם halᵊwiʸyim ,(waren)-Leviten-die	הַכֹּהֲנִים hakkohᵃniʸm ,Priester-die	בְּיַד bᵊyad (durch=)Hand-in

יְהוָה yᵊhwɔʰ JHWH(s)	בֵּית beʸt (Tempel)haus-(das)	עַל־ -ʿal (für=)auf	דָּוִיד dɔwiʸd David	חָלַק ḥɔlaq eingeteilt-hat(te)-(es=er)

יְהוָה yᵊhwɔʰ ,JHWH(s)	עֹלוֹת ʿoloʷt (Brandopfer=)Hochopfer	לְהַעֲלוֹת lᵊhaʿᵃloʷt (darzubringen-um=)aufsteigen-machen-zu

כַּכָּתוּב
kakkɔtu^{w}b
(steht-geschrieben=)Geschriebene-das-wie

בְּתוֹרַת
b^{ə}to^{w}rat
Weisung-(der)-in

מֹשֶׁה
mošɛ^{h}
,(Moses=)Mosche(s)

בְּשִׂמְחָה
b^{ə}śim^{ə}ḥɔ^{h}
(Jubel-unter=)Fröhlichkeit-in

וּבְשִׁיר
u^{w}b^{ə}ši^{y}r
Gesang-(mit=)in-und

עַל
ʿal
(nach=)auf

יְדֵי
y^{ə}de^{y}
(von)-(Anweisung=)Hände-(zwei)

דָּוִיד:
dɔwi^{y}d.
.David

19 וַיַּעֲמֵד
wayyaʿ^{a}med
(be)stellte-er-Und

הַשּׁוֹעֲרִים
haššo^{w}ʿ^{a}ri^{y}m
Torhüter-die

עַל־
-ʿal
(über=)auf

שַׁעֲרֵי
šaʿ^{a}re^{y}
(von)-Tore-(die)

בֵּית
be^{y}t
(Tempel)haus-(dem)

יְהוָה
y^{ə}hwɔ^{h}
,JHWH(s)

וְלֹא־
-w^{ə}lo^{ɔ}
nicht-(dass=)und

יָבֹא
yɔbo^{ɔ}
(hinein)kommen-(würde=)wird-(es=er)

טָמֵא
ṭɔme^{ɔ}
Unreiner-(ein)

לְכָל־
-l^{ə}kol
(irgendeiner=)all-(an=)zu

דָּבָר:
dɔbɔr.
.Sache

20 וַיִּקַּח
wayyiqqaḥ
nahm-er-(Dann=)Und

אֶת־שָׂרֵי
śɔre^{y}-^{ɔ}ɛt
(über)-Befehlshaber-(die)

הַמֵּאוֹת
hamme^{ɔ}o^{w}t
Hundert(schaften)-die

וְאֶת־הָאַדִּירִים
hɔ^{ɔ}addi^{y}ri^{y}m-w^{əɔ}ɛt
Vornehmen-die-***und

וְאֶת־
-w^{əɔ}ɛt
***-und

הַמּוֹשְׁלִים
hammo^{w}š^{ə}li^{y}m
Herrschenden-die

בָּעָם
bɔʿɔm
Volk-das-(über=)in

וְאֵת
w^{əɔ}et
***und

כָּל־
-kol
all(es)

עַם
ʿam
Volk

הָאָרֶץ
hɔ^{ɔ}ɔrɛṣ
Land(es)-(des=)das

וַיּוֹרֶד
wayyo^{w}rɛd
hinab-führte-er-und

אֶת־הַמֶּלֶךְ
hammɛlɛk-^{ɔ}ɛt
König-(den=)der***

מִבֵּית
mibbe^{y}t
(Tempel)haus-(dem)-von

יְהוָה
y^{ə}hwɔ^{h}
.JHWH(s)

וַיָּבֹאוּ
wayyɔbo^{ɔ}u^{w}
kamen-sie-Und

בְּתוֹךְ־
-b^{ə}to^{w}k
(durch=)Mitte-in

שַׁעַר
šaʿar
,Tor-(das)

הָעֶלְיוֹן
hɔʿɛl^{ə}yo^{w}n
,obere-(das=)der

בֵּית
be^{y}t
(Palast=)Haus-(zum)

הַמֶּלֶךְ
hammɛlɛk
König(s)-(des=)der

כִּסֵּא	עַל	אֶת־הַמֶּלֶךְ	וַיּוֹשִׁיבוּ
kisseʾ	ʿal	hammɛlɛk-ʾɛt	wayyo^{w}ši^{y}bu^{w}
Thron-(den)	auf	König-(den=)der***	sitzen-machten-sie-und

עַם־	כָּל־	21 וַיִּשְׂמְחוּ	הַמַּמְלָכָה׃
-ʿam	-kol	wayyiś^{ə}m^{ə}ḥu^{w}	hammam^{ə}lɔkɔ^{h}.
Volk	all(es)	sich-(freute-es=)freuten-sie-(Und)	.(königlichen=)Königtum-das

וְאֶת־עֲתַלְיָהוּ	שָׁקָטָה	וְהָעִיר	הָאָרֶץ
^{ca}tal^{ə}yɔhu^{w}-w^{ə}ʾɛt	šɔqɔṭɔ^{h}	w^{ə}hɔʿi^{y}r	hɔʾɔrɛṣ
Atalja(hu)-***und	;Ruhe-hatte-(es=sie)	Stadt-die-und	,Land(es)-(des=)das

בֶּחָרֶב׃	הֵמִיתוּ
bɛḥɔrɛb.	ḥemi^{y}tu^{w}
.Schwert-dem-(mit=)in	getötet-haben-sie

24

יֹאָשׁ	שָׁנִים	שֶׁבַע	1 בֶּן־
yoʾɔš	šɔni^{y}m	šɛbaʿ	-bɛn
,Joasch	Jahre	sieben	(alt-war-Es=)(von)Sohn-(Ein)

שָׁנָה	וְאַרְבָּעִים	בְּמָלְכוֹ
šɔnɔ^{h}	w^{ə}ʾar^{ə}bɔʿi^{y}m	b^{ə}mol^{ə}ko^{w}
Jahr(e)	vierzig-und	,(wurde-König-er-als=)Königwerden-seinem-(bei=)in

אִמּוֹ	וְשֵׁם	בִּירוּשָׁלָםִ	מָלַךְ
ʾimmo^{w}	w^{ə}šem	bi^{y}ru^{w}šɔlɔim	mɔlak
(war)-Mutter-sein(er)	Name-(der)-Und	.Jerusalem-in	(König-als)-regierte-er

יוֹאָשׁ	2 וַיַּעַשׂ	שָׁבַע׃	מִבְּאֵר	צִבְיָה
yo^{w}ʾɔš	wayyaʿaś	šɔbaʿ.	mibb^{ə}ʾer	ṣib^{ə}yɔ^{h}
,Joasch	(tat=)machte-(es=)er-(Und)	.Scheba	-Beër-(aus=)von	Zibja

יְמֵי	כָּל־	יְהוָה	בְּעֵינֵי	הַיָּשָׁר
y^{ə}me^{y}	-kol	y^{ə}hwɔ^{h}	b^{ə}ʿe^{y}ne^{y}	hayyɔšɔr
(von)-Tage	all(e)	JHWH	(von)-Augen-(zwei)-(den)-in	(war-recht-was=)Gerade-das

לוֹ	3 וַיִּשָּׂא־	הַכֹּהֵן׃	יְהוֹיָדָע
lo^{w}	-wayyiśśoʾ	hakkohen.	y^{ə}ho^{w}yɔdɔʿ
(ihn-für=)ihm-zu	(nahm=)erhob-(es=)er-(Und)	.Priester-(dem=)der	,J(eh)ojada

בָּנִים	וַיּוֹלֶד	שְׁתָּיִם	נָשִׁים	יְהוֹיָדָע
bɔni^{y}m	wayyo^{w}lɛd	š^{ə}tɔyim	nɔši^{y}m	y^{ə}ho^{w}yɔdɔʿ
Söhne	(zeugte=)gebären-machte-er-und	zwei	Frauen	J(eh)ojada

אַחֲרֵיכֵן	4 וַיְהִי	וּבָנוֹת׃
ʾaḥᵃreʸken	wayᵊhiʸ	uʷbɔnoʷt.
,(danach=)so-nach	(geschah=)war-(es=)er-(Aber=)Und	.Töchter-und

לְחַדֵּשׁ	יוֹאָשׁ	לֵב	עִם־	הָיָה
lᵊḥaddeš	yoʷʾɔš	leb	-ʿim	hɔyɔʰ
erneuern-zu	Joasch(s)	Herz(en)	(am=)mit	(lag=)war-(es=)er-(dass)

אֶת־הַכֹּהֲנִים	5 וַיִּקְבֹּץ	יְהוָה׃	אֶת־בֵּית
hakkohᵃniʸm-ʾɛt	wayyiqᵊboṣ	yᵊhwɔʰ.	beʸt-ʾɛt
Priester-die***	versammelte-er-Und	.JHWH(s)	(Tempel)haus-(das)***

צְאוּ	לָהֶם	וַיֹּאמֶר	וְהַלְוִיִּם
ṣᵊʾuʷ	lɔhɛm	wayyoʾmɛr	wᵊhalᵊwiʸyim
hinaus-Zieht	:ihnen-zu	sprach-(er)-und	Leviten-die-und

יִשְׂרָאֵל	מִכָּל־	וְקִבְצוּ	יְהוּדָה	לְעָרֵי
yiśᵊrɔʾel	-mikkol	wᵊqibᵊṣuʷ	yᵊhuʷdɔʰ	lᵊʿɔreʸ
Israel	(ganz=)all-von	ein-sammelt-und	Juda	(von)-Städten-(den)-zu

אֶת־בֵּית	לְחַזֵּק	כֶּסֶף
beʸt-ʾɛt	lᵊḥazzeq	kɛsɛp
(Tempel)haus-(das)***	(auszubessern=)befestigen-zu-(um)	(Geld=)Silber

שָׁנָה	מִדֵּי	אֱלֹהֵיכֶם
šɔnɔʰ	middeʸ	ʾᵋloheʸkɛm
Jahr	(von)-(Maßgabe-nach=)Genüge-von	,(Gottes-eures=)Götter-eure(r)

לַדָּבָר	תְּמַהֲרוּ	וְאַתֶּם	בְּשָׁנָה
laddɔbɔr	tᵊmahᵃruʷ	wᵊʾattɛm	bᵊšɔnɔʰ
!Sache-der-(mit=)zu	machen-schnell-(sollt=)werdet-ihr	,ihr-und	,Jahr-(zu=)in

6 וַיִּקְרָא	הַלְוִיִּם׃	מִהֲרוּ	וְלֹא
wayyiqᵊrɔʾ	halᵊwiʸyim.	mihᵃruʷ	wᵊloʾ
rief-(es=er)-(Da=)Und	.Leviten-die	sich-beeilten-(es=sie)	nicht-(Jedoch=)Und

וַיֹּאמֶר	הָרֹאשׁ	לִיהוֹיָדָע	הַמֶּלֶךְ
wayyoʾmɛr	hɔroʾš	liʸhoʷyɔdɔʿ	hammɛlɛk
sprach-(er)-und	,(Priester-der)-(Ober)haupt-das	,J(eh)ojada-(den=)zu	König-der

הַלְוִיִּם	עַל־	דָרַשְׁתָּ	לֹא־	מַדּוּעַ	לוֹ
halᵊwiʸyim	-ʿal	dɔrašᵊtɔ	-loʾ	madduʷaʿ	loʷ
Leviten-(den=)die	(von=)auf	verlangt-hast-du	nicht	Warum	:ihm-zu

וּמִירוּשָׁלַםִ	מִֽיהוּדָה	לְהָבִ֞יא
uʷmiʸruʷšɔlaim	miʸhuʷdɔʰ	lᵊhɔbiʸʾ
Jerusalem-(aus=)von-und	Juda-(aus=)von	(einzubringen=)machen-kommen-zu

יְהוָ֔ה	עֶֽבֶד־	מֹשֶׁ֣ה	אֶת־מַשְׂאַ֞ת
yᵊhwɔʰ	-ʿɛbɛd	mošɛʰ	maśᵊʾat-ʾɛt
,JHWH(s)	Knecht(es)-(des)	,(Moses=)Mosche(s)	(Abgabe=)Erhebung-(die)***

לְאֹ֖הֶל	לְיִשְׂרָאֵ֑ל	וְהַקָּהָ֥ל
lᵊʾohɛl	lᵊyiśᵊrɔʾel	wᵊhaqqɔhɔl
Zelt-(das)-(für=)zu	Israel(s=)zu	(Volks)gemeinde-(der=)die-und

עֲתַלְיָ֙הוּ֙	7 כִּ֤י	הָעֵדֽוּת׃
ʿatalᵊyɔhuʷ	kiʸ	hɔʿeduʷt.
,Atalja(hu)	Denn	?(Gesetzes-des=)Bezeugung-(der=)die

אֶת־בֵּ֣ית	פָּרְצ֖וּ	בָּנֶ֥יהָ	הַמִּרְשַׁ֔עַת
beʸt-ʾɛt	porᵊṣuʷ	bɔnɛʸhɔ	hammirᵊšaʿat
(Tempel)haus-(das)***	durchbrachen-(sie)	Söhne-ihre-(und)	,Ruchlosigkeit-die

קָדְשֵׁ֣י	כָּל־	וְגַ֙ם	הָֽאֱלֹהִ֑ים
qodᵊšeʸ	-kol	wᵊgam	hɔʾɛlohiʸm
(Weihegegenstände=)Heiligkeiten	all(e)	auch-und	,(Gottes=)Götter-(der=)die

עָשׂ֖וּ	יְהוָ֔ה	בֵית־
ʿɔśuʷ	yᵊhwɔʰ	-beʸt
(verwendeten=)machten-sie	JHWH(s)	(Tempel)haus(es)-(des)

הַמֶּ֔לֶךְ	8 וַיֹּ֣אמֶר	לַבְּעָלִֽים׃
hammɛlɛk	wayyoʾmɛr	labbᵊʿɔliʸm.
,König-der	(befahl=)sprach-(es=er)-(Dann=)Und	.Baale-(der)-(Ehren)-zu

וַֽיִּתְּנֻ֛הוּ	אֶחָ֑ד	אֲר֣וֹן	וַֽיַּעֲשׂ֖וּ
wayyittᵊnuhuʷ	ʾɛḥɔd	ʾaroʷn	wayyaʿaśuʷ
ihn-(stellten=)gaben-(sie)-und	(einen=)einer	Kasten	machten-sie-(dass=)und

חֽוּצָה׃	יְהוָ֖ה	בֵּית־	בְּשַׁ֥עַר
ḥuʷṣɔʰ.	yᵊhwɔʰ	-beʸt	bᵊšaʿar
.hin-außen-(nach)	JHWH(s)	(Tempel)haus(es)-(des)	Tor-(das)-(an=)in

בִּֽיהוּדָ֞ה	ק֞וֹל	9 וַיִּתְּנוּ־
biʸhuʷdɔʰ	qoʷl	-wayyittᵊnuʷ
Juda-in	(Aufruf-einen=)Stimme	(erließen=)gaben-sie-(Dann=)Und

לַיהוָה	לְהָבִיא	וּבִירוּשָׁלַםִ
layhwɔʰ	lᵊhɔbiʸʾ	uʷbiʸruʷšɔlaim
JHWH(s)-(Ehren)-zu	(bringe-man-dass=)kommen-machen-zu	,Jerusalem-in-und

עֶבֶד־	מֹשֶׁה	מַשְׂאַת
-ʿɛbɛd	mošɛʰ	maśᵊʾat
Knecht(es)-(des)	,(Moses=)Mosche(s)	(Abgabe=)Erhebung-(die)

בַּמִּדְבָּר׃	יִשְׂרָאֵל	עַל־	הָאֱלֹהִים
bammidᵊbɔr.	yiśᵊrɔʾel	-ʿal	hɔʾᵋlohiʸm
.Wüste-der-in	Israel	auf(erlegt)	,(Gottes=)Götter-(der=)die

הָעָם	וְכָל־	הַשָּׂרִים	כָּל־	10 וַיִּשְׂמְחוּ
hɔʿɔm	-wᵊkol	haśśɔriʸm	-kol	wayyiśᵊmᵊḥuʷ
Volk-das	all-und	Oberen-die	all	sich-freuten-(es=sie)-(Da=)Und

לָאָרוֹן	וַיַּשְׁלִיכוּ	וַיָּבִיאוּ
lɔʾɔroʷn	wayyašᵊliʸkuʷ	wayyɔbiʸʾuʷ
Kasten-(den=)der-(in=)zu	warfen-(sie)-und	(brachten=)kommen-machten-sie-und

11 וַיְהִי	לְכַלֵּה	עַד־
wayᵊhiʸ	lᵊkalleʰ	-ʿad
(geschah=)war-(es=)er-Und	.(Fertigstellung-zur=)Vollenden-(einem)-zu	bis

אֶת־הָאָרוֹן	יָבִיא	בְּעֵת
hɔʾɔroʷn-ʾɛt	yɔbiʸʾ	bᵊʿet
Kasten-(den=)der***	(bringen-zu-pflegte-man-da=)kommen-macht-er	,Zeit-(der)-in

הַלְוִיִּם	בְּיַד	הַמֶּלֶךְ	פְּקֻדַּת	אֶל־
halᵊwiʸyim	bᵊyad	hammɛlɛk	pᵊquddat	-ʾɛl
,Leviten-die	(durch=)Hand-in	König(s)-(des=)der	Verwaltung	zu(r)

רָב	כִּי־	וְכִרְאוֹתָם
rab	-kiʸ	wᵊkirᵊʾoʷtɔm
(war-genug=)viel	dass	,(sahen-sie-wenn=)Sehen-ihr-wie-und

הַמֶּלֶךְ	סוֹפֵר	וּבָא	הַכֶּסֶף
hammɛlɛk	soʷper	uʷbɔʾ	hakkɛsɛp
König(s)-(des=)der	Schreiber-(der)	kam-(es=er)-(da=)und	,(Geld=)Silber-das

הָרֹאשׁ	כֹּהֵן	וּפְקִיד
hɔroʾš	kohen	uʷpᵊqiʸd
(Oberpriesters=)(Ober)haupt(es)-(des)	-Priester-(des)	Beauftragte-(der)-und

וַיִּשָּׂאֻהוּ	אֶת־הָאָרוֹן	וִיעָרוּ
wᵊyiśśɔʾuhuʷ	hɔʾɔroʷn-ʾɛt	wiʸʿɔruʷ
ihn-auf-hoben-(sie)-und	Kasten-(den=)der***	(leerten=)entblößten-sie-und

כֹּה	מְקֹמוֹ	אֶל־	וִישִׁיבֻהוּ
koʰ	mᵊqomoʷ	-ʾɛl	wiʸšiʸbuhuʷ
So	.Ort-(ihren=)sein(en)	(an=)zu	ihn-zurückbringen-ließen-(sie)-und

וַיַּאַסְפוּ־	בְּיוֹם	לְיוֹם	עָשׂוּ
-wayyaʾasᵊpuʷ	bᵊyoʷm	lᵊyoʷm	ʿɔśuʷ
ein-sammelten-(sie)-und	Tag-(zu=)in	Tag-(von=)zu	(taten=)machten-sie

12 וַיִּתְּנֵהוּ	לָרֹב׃	כֶּסֶף
wayyittᵊnehuʷ	lɔrob.	kɛsɛp
(es=)ihn-gab(en)-(sie=er)-(Dann=)Und	.Menge-(in=)zu	(Geld=)Silber

עוֹשֵׂה	אֶל־	וִיהוֹיָדָע	הַמֶּלֶךְ
ʿoʷśeʰ	-ʾɛl	wiʸhoʷyɔdɔʿ	hammɛlɛk
(Ausführenden-den=)Tuende(n)	(an=)zu	J(eh)ojada-und	König-der

יְהוָה	בֵּית־	עֲבוֹדַת	מְלֶאכֶת
yᵊhwɔʰ	-beʸt	ʿᵃboʷdat	mᵊlɛʾkɛt
JHWH(s)	(Tempel)haus	(am)-Dienst(es)-(des)	(Verrichtung=)Arbeit-(die)

וְחָרָשִׁים	חֹצְבִים	שֹׂכְרִים	וַיִּהְיוּ
wᵊḥɔrɔšiʸm	ḥoṣᵊbiʸm	śokᵊriʸm	wayyihᵊyuʷ
Zimmerleute-und	Steinhauer-(als)	dingend(e)	waren-sie-und

וְגַם	יְהוָה	בֵּית	לְחַדֵּשׁ
wᵊgam	yᵊhwɔʰ	beʸt	lᵊḥaddeš
auch-und	,JHWH(s)	(Tempel)haus-(das)	erneuern-zu-(um)

וּנְחֹשֶׁת	בַּרְזֶל	לְחָרָשֵׁי
uʷnᵊḥošɛt	barᵊzɛl	lᵊḥɔrɔšeʸ
Kupfer-und	Eisen	(von)-Bearbeiter-(etliche=)zu

יְהוָה׃	אֶת־בֵּית	לְחַזֵּק
yᵊhwɔʰ.	beʸt-ʾɛt	lᵊḥazzeq
.JHWH(s)	(Tempel)haus-(das)***	(auszubessern=)befestigen-zu-(um)

עֹשֵׂי	13 וַיַּעֲשׂוּ
ʿośeʸ	wayyaʿᵃśuʷ
(Ausführenden=)Machende(n)-(die)	(aus-führten=)machten-(es=)sie-(Und)

הַמְּלָאכָה
hamm^{ə}lɔʾkɔ^{h}
(Werk-das=)Arbeit-die

וַתַּעַל
wattaʿal
(voran-schritt=)stieg-(es=)er-und

אֲרוּכָה
ʾ^{a}ru^{w}kɔ^{h}
(Ausbesserung=)Heilung-(die)

לַמְּלָאכָה
lamm^{ə}lɔʾkɔ^{h}
Werk-dem-(an=)zu

בְּיָדָם
b^{ə}yɔdɔm
.Hand-ihre(r)-in

וַיַּעֲמִידוּ
wayyaʿ^{a}mi^{y}du^{w}
(her-stellten=)stehen-machten-sie-(So=)Und

אֶת־בֵּית
be^{y}t-ʾɛt
(Tempel)haus-(das)***

הָאֱלֹהִים
hɔʾ^{ɛ}lohi^{y}m
(Gottes=)Götter-(der=)die

עַל־
-ʿal
(nach=)auf

מַתְכֻּנְתּוֹ
mat^{ə}kun^{ə}to^{w}
Arbeitspensum-sein(em)

וַיְאַמְּצֻהוּ׃
wayʾ^{ə}amm^{ə}ṣuhu^{w}.
.(es=)ihn-fest-machten-(sie)-und

14 וּכְכַלּוֹתָם
u^{w}k^{ə}kallo^{w}tɔm
,(fertig-waren-sie-als=)Beenden-ihr-wie-Und

הֵבִיאוּ
hebi^{y}ʾu^{w}
(brachten=)kommen-machten-sie

לִפְנֵי
lip^{ə}ne^{y}
(vor=)Gesichter-zu

הַמֶּלֶךְ
hammɛlɛk
König-(den=)der

וִיהוֹיָדָע
wi^{y}ho^{w}yɔdɔʿ
J(eh)ojada-und

אֶת־שְׁאָר
š^{ə}ʾɔr-ʾɛt
(von)-Rest-(den)***

הַכֶּסֶף
hakkɛsɛp
;(Geld=)Silber-(dem=)das

וַיַּעֲשֵׂהוּ
wayyaʿ^{a}śehu^{w}
(davon=)ihn-machte-(man=)er-(und)

כֵלִים
keli^{y}m
Geräte

לְבֵית־
-l^{ə}be^{y}t
(Tempel)haus-(das)-(für=)zu

יְהוָה
y^{ə}hwɔ^{h}
,JHWH(s)

כְּלֵי
k^{ə}le^{y}
(für)-Gefäße

שָׁרֵת
šɔret
(Dienst-den=)Dienen-(das)

וְהַעֲלוֹת
w^{ə}haʿ^{a}lo^{w}t
Darbringungen-die-und

וְכַפּוֹת
w^{ə}kappo^{w}t
Schalen-und

וּכְלֵי
u^{w}k^{ə}le^{y}
(aus)-Geräte-und

זָהָב
zɔhɔb
Gold

וָכָסֶף
wɔkɔsɛp
,Silber-und

וַיִּהְיוּ
wayyih^{ə}yu^{w}
waren-sie-und

מַעֲלִים
maʿ^{a}li^{y}m
aufopfernd(e)

עֹלוֹת
ʿolo^{w}t
(Brandopfer=)Hochopfer

בְּבֵית־
-b^{ə}be^{y}t
(Tempel)haus-(im=)in

יְהוָה
y^{ə}hwɔ^{h}
JHWH(s)

15 וַיִּזְקַן	יְהוֹיָדָע׃	יְמֵי	כֹּל	תָּמִיד
wayyizᵊqan	yᵊhoʷyɔdɔᶜ.	yᵊmeʸ	kol	tɔmiʸd
alt-wurde-(es=)er-(Und)	.J(eh)ojada	(von)-Tage-(die)	all	fortwährend

וַיָּמֹת	יָמִים	וַיִּשְׂבַּע	יְהוֹיָדָע
wayyɔmot	yɔmiʸm	wayyiśᵊbaᶜ	yᵊhoʷyɔdɔᶜ
.starb-er-(als=)und	Tage(n)	(an)-satt-war-er-und	J(eh)ojada

בְּמוֹתוֹ׃	שָׁנָה	וּשְׁלֹשִׁים	בֶּן־מֵאָה
bᵊmoʷtoʷ.	šɔnɔʰ	uʷšᵊlošiʸm	meʾɔʰ-bɛn
.Tod-seinem-(bei=)in	Jahr(e)	dreißig-und	hundert-(alt-war-Er=)Sohn

הַמְּלָכִים	עִם־	דָּוִיד	בְעִיר־	16 וַיִּקְבְּרֻהוּ
hammᵊlɔkiʸm	-ᶜim	dɔwiʸd	-bᵊᶜiʸr	wayyiqᵊbᵊruhuʷ
,Könige(n)-(den=)die	(bei=)mit	David(s)	Stadt-(der)-in	ihn-begruben-sie-Und

וְעִם	בְּיִשְׂרָאֵל	טוֹבָה	עָשָׂה	כִּי־
wᵊᶜim	bᵊyiśᵊrɔʾel	ṭoʷbɔʰ	ᶜɔśɔʰ	-kiʸ
(bei=)mit-und	Israel-in	Gute(s)	(gewirkt=)gemacht-hat(te)-er	denn

מוֹת	17 וְאַחֲרֵי	וּבֵיתוֹ׃	הָאֱלֹהִים
moʷt	wᵊʾaḥᵃreʸ	uʷbeʸtoʷ.	hɔʾᵋlohiʸm
Tod-(dem)	nach-(Und)	.(Tempel)haus-sein(em)-und	(Gott=)Göttern-(den=)die

וַיִּשְׁתַּחֲווּ	יְהוּדָה	שָׂרֵי	בָּאוּ	יְהוֹיָדָע
wayyišᵊtaḥᵃwuʷ	yᵊhuʷdɔʰ	śɔreʸ	bɔʾuʷ	yᵊhoʷyɔdɔᶜ
nieder-sich-warfen-(sie)-und	Juda(s)	Fürsten-(die)	kamen-(sie)	J(eh)ojada(s)

אֲלֵיהֶם׃	הַמֶּלֶךְ	שָׁמַע	אָז	לַמֶּלֶךְ
ʾᵃleʸhɛm.	hammɛlɛk	šɔmaᶜ	ʾɔz	lammɛlɛk
.(sie-auf=)ihnen-zu	König-der	hörte-(es=er)	da(mals)	;König-(dem)-(vor=)zu

יְהוָה	אֶת־בֵּית	18 וַיַּעַזְבוּ
yᵊhwɔʰ	beʸt-ʾɛt	wayyaᶜazᵊbuʷ
,JHWH(s)	(Tempel)haus-(das)***	verließen-sie-(Hingegen=)Und

וַיַּעַבְדוּ	אֲבוֹתֵיהֶם	אֱלֹהֵי
wayyaᶜabᵊduʷ	ʾᵃboʷteʸhɛm	ʾᵋloheʸ
dienten-(sie)-und	,Väter-ihre(r)	(Gottes-des=)Götter-(der)

וְאֶת־הָעֲצַבִּים	אֶת־הָאֲשֵׁרִים
hɔᶜᵃṣabbiʸm-wᵊʾɛt	hɔʾᵃšeriʸm-ʾɛt
.Schnitzbilder(n)-(den=)die-***und	Ascheren-(den=)die***

וִירוּשָׁלִָם	יְהוּדָה	עַל־	קֶצֶף	וַיְהִי־
wiʸruʷšɔlaim	yᵊhuʷdɔʰ	-ʿal	qɛṣɛp	-wayᵊhiʸ
Jerusalem-und	Juda	(über=)auf	Zorn	(kam=)war-(es=er)-(Da=)Und

נְבִאִים	בָּהֶם	19 וַיִּשְׁלַח	זֹאת׃	בְּאַשְׁמָתָם
nᵊbiʾiʸm	bɔhɛm	wayyišᵊlaḥ	zoʾt.	bᵊʾašᵊmɔtɔm
Propheten	sie-(unter=)in	sandte-er-Und	.diese(r)	Verschuldung-ihrer-(ob=)in

וַיָּעִידוּ	יְהוָה	אֵל־	לַהֲשִׁיבָם
wayyɔʿiʸduʷ	yᵊhwɔʰ	-ʾɛl	lahᵃšiʸbɔm
verwarnten-(die=)sie-(und)	;JHWH	zu	sie-zurückkehren-machen-zu-(um)

20 וְרוּחַ	הֶאֱזִינוּ׃	וְלֹא	בָּם
wᵊruʷaḥ	hɛʾᵋziʸnuʷ.	wᵊloʾ	bɔm
Geist-(der)-Und	.(hörten=)Ohr-liehen-sie	nicht-(aber=)und	,(sie=)ihnen-in

אֶת־זְכַרְיָה	לָבְשָׁה	אֱלֹהִים
zᵊkarᵊyɔʰ-ʾɛt	lɔbᵊšɔʰ	ʾᵋlohiʸm
Secharja***	(ergriff=)bedeckte-(er=sie)	(Gottes=)Götter-(der)

וַיַּעֲמֹד	הַכֹּהֵן	בֶּן־יְהוֹיָדָע
wayyaʿᵃmod	hakkohen	yᵊhoʷyɔdɔʿ-bɛn
(hin-trat=)stand-er-Und	.Priester(s)-(des=)der	,J(eh)ojada(s)-Sohn

כֹּה	לָהֶם	וַיֹּאמֶר	לָעָם	מֵעַל
koʰ	lɔhɛm	wayyoʾmɛr	lɔʿɔm	meʿal
So	:ihnen-zu	sprach-(er)-und	Volk-dem-zu	(obenan=)auf-von

אַתֶּם	לָמָּה	הָאֱלֹהִים	אָמַר
ʾattɛm	lɔmɔʰ	hɔʾᵋlohiʸm	ʾɔmar
(seid)-ihr	(Warum=)was-Zu	:(Gott=)Götter-die	(spricht=)sprach-(sie=er)

תַּצְלִיחוּ	וְלֹא	יְהוָה	אֶת־מִצְוֹת	עֹבְרִים
taṣᵊliʸḥuʷ	wᵊloʾ	yᵊhwɔʰ	miṣᵊwot-ʾɛt	ʿobᵊriʸm
?erfolgreich-seid-ihr	nicht-und	JHWH(s)	Gebote-(die)***	übertretend(e)

אֶתְכֶם׃	וַיַּעֲזֹב	אֶת־יְהוָה	עֲזַבְתֶּם	כִּי־
ʾɛtᵊkɛm.	wayyaʿᵃzob	yᵊhwɔʰ-ʾɛt	ʿᵃzabᵊtɛm	-kiʸ
!euch	verließ-er-(also=)und	,JHWH***	verlassen-habt-ihr	Weil

עָלָיו	21 וַיִּקְשְׁרוּ
ʿɔlɔʸw	wayyiqᵊšᵊruʷ
ihn-(gegen=)auf	sich-verschworen-sie-(Da=)Und

בְּמִצְוַת	אֶבֶן	וַיִּרְגְּמֻהוּ
bəmiṣəwat	ʾɛbɛn	wayyirəgəmuhuw
(Befehl-auf=)Gebot-in	(Ge)stein-(mit)	ihn-(bewarfen=)steinigten-sie-und

22 וְלֹא־	יְהוָה׃	בֵּית	בַּחֲצַר	הַמֶּלֶךְ
-wəloʾ	yəhwɔh.	beyt	baḥaṣar	hammɛlɛk
nicht-Und	.JHWH(s)	(Tempel)haus(es)-(des)	Vorhof-im	König(s)-(des=)der

אֲשֶׁר	הַחֶסֶד	הַמֶּלֶךְ	יוֹאָשׁ	זָכַר
ʾašɛr	haḥɛsɛd	hammɛlɛk	yowʾɔš	zɔkar
(die=)welch(e)	,(Huld=)Gnade-(der=)die	,König-der	,Joasch	gedachte-(es=)er

עִמּוֹ	אָבִיו	יְהוֹיָדָע	עָשָׂה
ʿimmow	ʾɔbiyw	yəhowyɔdɔʿ	ʿɔśɔh
.ihm-(an=)mit	,Vater-(dessen=)sein(em)	,J(eh)ojada	(erwies=)machte-er

אֶת־בְּנוֹ	וַיַּהֲרֹג
bənow-ʾɛt	wayyaharog
.Sohn-sein(en)***	(erschlagen-ließ=)tötete-er-Und

יְהוָה	יֵרֶא	אָמַר	וּכְמוֹתוֹ
yəhwɔh	yerɛʾ	ʾɔmar	uwkəmowtow
JHWH	sehen-möge-(Es=)Er	:sagte-er	,(starb-er-als=)Sterben-sein-wie-Und

לִתְקוּפַת	23 וַיְהִי	וְיִדְרֹשׁ׃
litəquwpat	wayəhiy	wəyidəroš.
Wende-zu(r)	war-(es=)er-(Und)	!(ahnden=)suchen-(es)-(möge=)wird-er-und

עָלָיו	עָלָה	הַשָּׁנָה
ʿɔlɔyw	ʿɔlɔh	haššɔnɔh
ihn-(gegen=)auf	(heran=)herauf-zog-(es=er)-(dass)	,Jahr(es)-(des=)das

וִירוּשָׁלִָם	יְהוּדָה	אֶל־	וַיָּבֹאוּ	אֲרָם	חֵיל
wiyruwšɔlaim	yəhuwdɔh	-ʾɛl	wayyɔboʾuw	ʾarɔm	ḥeyl
Jerusalem-und	Juda	(nach=)zu	kamen-sie-und	;Aram	(von)-Heer-(das)

הָעָם	אֶת־כָּל־שָׂרֵי	וַיַּשְׁחִיתוּ
hɔʿɔm	śɔrey-kol-ʾɛt	wayyašəḥiytuw
Volk(es)-(des=)das	Ober(st)e(n)-all(e)***	aus-rotteten-(sie)-und

לְמֶלֶךְ	שִׁלְּחוּ	שְׁלָלָם	וְכָל־	מֵעָם
ləmɛlɛk	šilləḥuw	šəlɔlɔm	-wəkol	meʿɔm
(von)-König-(dem=)zu	sandten-sie	Beute-ihre	all-und	,Volk-dem-(aus=)von

בְּמִצְעָר	24 כִּי	דַּרְמָשֶׂק:
bᵊmiṣᵊᶜar	kiʸ	darᵊmɔśɛq.
(geringer=)Kleines-(mit=)in	Denn	.(Damaskus=)Darmesek

אֲרָם	חֵיל	בָּאוּ	אֲנָשִׁים
ᵓᵃrɔm	ḥeʸl	bɔᵓuʷ	ᵓᵃnɔšiʸm
,— Aram	(von)-Heer-(das) —	kamen-sie	(Mannschaft=)Mannen

לָרֹב	חַיִל	בְּיָדָם	נָתַן	וַיהוָה
lɔrob	ḥayil	bᵊyɔdɔm	nɔtan	wayhwɔʰ
(zahlreiches=)Menge-zu	Heer-(ein)	Hand-ihre-in	gab-(er)	JHWH-(doch=)und

אֲבוֹתֵיהֶם	אֱלֹהֵי	אֶת־יְהוָה	עָזְבוּ	כִּי	מְאֹד
ᵓᵃboʷteʸhɛm	ᵓᵋloheʸ	yᵊhwɔʰ-ᵓɛt	ᶜɔzᵊbuʷ	kiʸ	mᵊᵓod
.Väter-ihre(r)	(Gott-den=)Götter-(die)	,JHWH***	verließen-sie	weil	,sehr

שְׁפָטִים:	עָשׂוּ	וְאֶת־יוֹאָשׁ
šᵊpɔṭiʸm.	ᶜɔśuʷ	yoʷᵓɔš-wᵊᵓɛt
.(Straf)gerichte	(vollzogen=)machten-sie	Joasch-(an=)mit-Und

אֹתוֹ	עֲזָבוּ	כִּי־	מִמֶּנּוּ	25 וּבְלֶכְתָּם
ᵓotoʷ	ᶜɔzᵊbuʷ	-kiʸ	mimmɛnnuʷ	uʷbᵊlɛkᵊtɔm
ihn	(zurück)-ließen-sie	da	,ihm-von-(weg)	Gehen-ihrem-(bei=)in-Und

הִתְקַשְּׁרוּ	רַבִּים	בְּמַחֲלִיִּים[בְּמַחֲלוּיִם]
hitᵊqaššᵊruʷ	rabbiʸm	[bᵊmaḥᵃluʷyim]bᵊmaḥᵃliʸyiʸm
sich-verschworen-(es=)sie	,(schweren=)viele(n)	Krankheiten-(mit=)in

בְּנֵי	בִּדְמֵי	עֲבָדָיו	עָלָיו
bᵊneʸ	bidᵊmeʸ	ᶜᵃbɔdɔʸw	ᶜɔlɔʸw
Söhne(n)-(den)	(an)-Bluttaten-(der)-(ob=)in	Diener-seine	ihn-(gegen=)auf

עַל־	וַיַּהַרְגֻהוּ	הַכֹּהֵן	יְהוֹיָדָע
-ᶜal	wayyaharᵊguhuʷ	hakkohen	yᵊhoʷyɔdɔᶜ
auf	ihn-erschlugen-sie-und	,Priester(s)-(des=)der	,J(eh)ojada(s)

וַיִּקְבְּרֻהוּ	וַיָּמֹת	מִטָּתוֹ
wayyiqᵊbᵊruhuʷ	wayyɔmot	miṭṭɔtoʷ
ihn-begruben-sie-(Hierauf=)Und	.starb-er-(dass=)und	,Bett-sein(em)

בְּקִבְרוֹת	קְבָרֻהוּ	וְלֹא	דָּוִיד	בְּעִיר
bᵊqibᵊroʷt	qᵊbɔruhuʷ	wᵊloᵓ	dɔwiʸd	bᵊᶜiʸr
Gräbern-(den)-in	ihn-begruben-sie	nicht-(doch=)und	,David(s)	Stadt-(der)-in

הַמִּתְקַשְּׁרִים	26 וְאֵלֶּה	הַמְּלָכִים׃
hammit^{ə}qašš^{ə}ri^{y}m	w^{əʾ}ellɛ^{h}	hamm^{ə}lɔki^{y}m.
Verschwörende(n)-Sich-die	(waren-das=)diese-Und	.Könige-(der=)die

הָעַמּוֹנִית	בֶּן־שִׁמְעָת	זָבָד	עָלָיו
hɔʿammo^{w}ni^{y}t	šim^{əʿ}ɔt-bɛn	zɔbɔd	ʿɔlɔ^{y}w
,Ammoniterin-(der=)die	,Schimeat(s)-Sohn	Sabad	:ihn-(gegen=)auf

27 וּבָנָיו	הַמּוֹאָבִית׃	בֶּן־שִׁמְרִית	וִיהוֹזָבָד
u^{w}bɔnɔ^{y}w	hammo^{wʾ}ɔbi^{y}t.	šim^{ə}ri^{y}t-bɛn	wi^{y}ho^{w}zɔbɔd
Söhne-seine-Und	.Moabiterin-(der=)die	,Schimrit(s)-Sohn	J(eh)osabad-und

הַמַּשָּׂא	וְרֹב[יִרֶב]
hammaśśɔʾ	[yirɛb]w^{ə}rob
(Vortrag=)Spruch-der	[zahlreich-war-(es=)er]Menge-(eine)-und —

וִיסוֹד	עָלָיו
wi^{y}so^{w}d	ʿɔlɔ^{y}w
(instand-setzte=)stützt(e)-(er)-(dass=)und	,(ihn-über=)ihm-auf

הִנָּם	הָאֱלֹהִים	בֵּית
hinnɔm	hɔʾ^{ɛ}lohi^{y}m	be^{y}t
(ja-sind-die=)sie-siehe	,— (Gottes=)Götter-(der=)die	(Tempel)haus-(das)

סֵפֶר	מִדְרַשׁ	עַל־	כְּתוּבִים
sepɛr	mid^{ə}raš	-ʿal	k^{ə}tu^{w}bi^{y}m
Buch(es)-(des)	(Midrasch-dem=)Auslegung-(der)	(in=)auf	(auf)geschrieben(e)

אֲמַצְיָהוּ	וַיִּמְלֹךְ	הַמְּלָכִים
ʾ^{a}maṣ^{ə}yɔhu^{w}	wayyim^{ə}lok	hamm^{ə}lɔki^{y}m
,Amazja(hu)	(König-wurde=)herrschte-(es=er)-(Sodann=)Und	.Könige-(der=)die

תַּחְתָּיו׃	בְּנוֹ
taḥ^{ə}tɔ^{y}w.	b^{ə}no^{w}
.(statt-seiner-an=)ihm-unter	,Sohn-sein

25

שָׁנָה	וְחָמֵשׁ	1 בֶּן־עֶשְׂרִים
šɔnɔ^{h}	w^{ə}ḥɔmeš	ʿɛś^{ə}ri^{y}m-bɛn
Jahr(en)	fünf-und	zwanzig-(Mit=)(von)Sohn-(Ein)

שָׁנָה	וְתֵשַׁע	וְעֶשְׂרִים	אֲמַצְיָהוּ	מָלַךְ
šɔnɔ^{h}	wɔtešaʿ	w^{əʿ}ɛś^{ə}ri^{y}m	ʾ^{a}maṣ^{ə}yɔhu^{w}	mɔlak
Jahr(e)	neun-und	zwanzig-und	Amazja(hu)	(König-wurde=)herrschte-(es=er)

מָלַךְ molak (König-als)-regierte-er | בִּירוּשָׁלִָם biyruwšɔlɔim .Jerusalem-in | וְשֵׁם wəšem Name-(der)-Und | אִמּוֹ ʾimmow (war)-Mutter-sein(er)

יְהוֹעַדָּן yəhowʿaddɔn J(eh)odan | מִירוּשָׁלָיִם׃ miyruwšɔlɔyim. .Jerusalem-(aus=)von | 2 וַיַּעַשׂ wayyaʿaś ,(tat=)machte-er-(Und)

הַיָּשָׁר hayyɔšɔr (war-recht-was=)Gerade-das | בְּעֵינֵי bəʿeyney (von)-Augen-(den)-in | יְהוָה yəhwɔh ,JHWH | רַק raq (jedoch=)nur | לֹא loʾ nicht

בְּלֵבָב bəlebɔb Herz(en)-(einem)-(mit=)in | שָׁלֵם׃ šɔlem. .(ungeteilten=)vollständig(er) | 3 וַיְהִי wayəhiy ,war-(es=)er-(Und)

כַּאֲשֶׁר kaʾašɛr (als=)wie | חָזְקָה ḥɔzəqɔh fest-war-(es=sie) | הַמַּמְלָכָה hammaməlɔkɔh Königsherrschaft-die | עָלָיו ʿɔlɔyw ,(ihn-um=)ihm-auf

וַיַּהֲרֹג wayyaharog (erschlagen-ließ=)tötete-er-(da=)und | אֶת־עֲבָדָיו ʿabɔdɔyw-ʾɛt ,(Soldaten=)Diener-seine***

הַמַּכִּים hammakkiym (waren)-erschlagend(e)-die | אֶת־הַמֶּלֶךְ hammɛlɛk-ʾɛt ,König-(den=)der*** | אָבִיו׃ ʾɔbiyw. .Vater-sein(en)

4 וְאֶת־בְּנֵיהֶם bəneyhɛm-wəʾɛt Söhne-ihre-***(Jedoch=)Und | לֹא loʾ nicht | הֵמִית hemiyt ,(töten-ließ=)sterben-machte-er

כִּי kiy (sondern=)denn | כַכָּתוּב kakkɔtuwb (steht-geschrieben=)Geschriebene-das-wie | בַתּוֹרָה battowrɔh Weisung-der-in

בְּסֵפֶר bəsepɛr Buch-(dem)-in | מֹשֶׁה mošɛh ,(Moses=)Mosche(s) | אֲשֶׁר־ -ʾašɛr welch(e) | צִוָּה ṣiwwɔh geboten-hat-(es=er) | יְהוָה yəhwɔh JHWH

לֵאמֹר leʾmor :(sagend=)sagen-zu | לֹא־ -loʾ Nicht | יָמוּתוּ yɔmuwtuw sterben-(sollen=)werden-(es=sie) | אָבוֹת ʾɔbowt Väter

לֹא־	וּבָנִים	בָּנִים	עַל־
-loʾ	uʷbɔniʸm	bɔniʸm	-ʿal
nicht	(Kinder=)Söhne-und	,(Kinder=)Söhne-(der)	(wegen=)auf
כִּי	אָבוֹת	עַל־	יָמוּתוּ
kiʸ	ʾɔboʷt	-ʿal	yɔmuʷtuʷ
(sondern=)denn	,Väter-(der)	(wegen=)auf	sterben-(sollen=)werden-(sie)

יָמוּתוּ׃	בְּחֶטְאוֹ	אִישׁ
yɔmuʷtuʷ.	bᵊḥɛṭᵊʾoʷ	ʾiʸš
!sterben-(soll=)werden-(sie)	Sünde-seine-(für=)in	(jeder=)Mann
אֶת־יְהוּדָה	אֲמַצְיָהוּ	5 וַיִּקְבֹּץ
yᵊhuʷdɔʰ-ʾɛt	ʾᵃmaṣᵊyɔhuʷ	wayyiqᵊboṣ
Juda***	Amazja(hu)	versammelte-(es=er)-(Sodann=)Und
אָבוֹת	לְבֵית־	וַיַּעֲמִידֵם
ʾɔboʷt	-lᵊbeʸt	wayyaʿᵃmiʸdem
Väter-(der)	Haus-(dem)-(nach=)zu	sie-(auf)stellen-ließ-er-und
וּלְשָׂרֵי	הָאֲלָפִים	לְשָׂרֵי
uʷlᵊśɔreʸ	hɔʾᵃlɔpiʸm	lᵊśɔreʸ
Befehlshaber-(als=)zu-und	Tausend(schaften)-(der=)die	Befehlshaber-(als=)zu

וּבִנְיָמִן	יְהוּדָה	לְכָל־	הַמֵּאוֹת
uʷbinᵊyɔmin	yᵊhuʷdɔʰ	-lᵊkol	hammeʾoʷt
,Benjamin-und	Juda	(ganz-von=)all-zu	,Hundert(schaften)-(der=)die
שָׁנָה	עֶשְׂרִים	לְמִבֶּן	וַיִּפְקְדֵם
šɔnɔʰ	ʿɛśᵊriʸm	lᵊmibbɛn	wayyipᵊqᵊdem
(jährigen=)Jahr	zwanzig	(Sohn)-(einem)-(von=)zu	sie-musterte-er-und
אֶלֶף	שְׁלֹשׁ־מֵאוֹת	וַיִּמְצָאֵם	וָמַעְלָה
ʾɛlɛp	meʾoʷt-šᵊloš	wayyimᵊṣɔʾem	wɔmaʿᵊlɔʰ
tausend	-hundert(e)-drei	(ihrer=)sie-fand-er-(und)	;(aufwärts=)oben-nach-(und)
אֹחֵז	צָבָא	יוֹצֵא	בָּחוּר
ʾoḥez	ṣɔbɔʾ	yoʷṣeʾ	bɔḥuʷr
ergreifend(er)	Heer-(als)	(auszieht-was=)Ausziehender	,(Aus)erlesene(r)
מִיִּשְׂרָאֵל	6 וַיִּשְׂכֹּר	וְצִנָּה׃	רֹמַח
miʸyiśᵊrɔʾel	wayyiśᵊkor	wᵊṣinnɔʰ.	romaḥ
Israel-(aus=)von	(Dienst-in-nahm=)dingte-er-Und	.Tartsche-und	Lanze

בְּמֵאָה	חָיִל	גִּבּוֹר	אֶלֶף	מֵאָה
bᵊme⁾ɔʰ	ḥɔyil	gibboʷr	⁾ɛlɛp	me⁾ɔʰ
hundert-(um=)in	(Tapfere=)Kraft	-(an)-Stark(e)	tausend	-hundert

הָאֱלֹהִים	7 וְאִישׁ	כִּכַּר־כָּסֶף׃
hɔ⁾ᵋlohiʸm	wᵊ⁾iʸš	kɔsɛp-kikkar.
(Gottes=)Götter-(der=)die	Mann-(ein)-(Aber=)Und	.Silber-(talente=)scheibe(n)

אַל־	הַמֶּלֶךְ	לֵאמֹר	אֵלָיו	בָּא
-⁾al	hammɛlɛk	le⁾mor	⁾elɔʸw	bɔ⁾
Nicht	!König-(O=)Der	:sagen-zu-(um)	ihm-zu	kam-(er)

כִּי	יִשְׂרָאֵל	צְבָא	עִמְּךָ	יָבֹא
kiʸ	yiśᵊrɔ⁾el	ṣᵊbɔ⁾	ʿimmᵊkɔ	yɔbo⁾
,denn	,Israel(s)	Heer-(das)	dir-mit	kommen-(soll=)wird-(es=er)

אֶפְרָיִם׃	בְּנֵי	כֹּל	יִשְׂרָאֵל	עִם־	יְהוָה	אֵין
⁾ɛpᵊrɔyim.	bᵊneʸ	kol	yiśᵊrɔ⁾el	-ʿim	yᵊhwɔʰ	⁾eʸn
.Ephraim	(von)-Söhne(n)	all(en)-(mit)	,Israel	mit	JHWH	ist-nicht

חֲזַק	עֲשֵׂה	אַתָּה	בֹּא	אִם־	8 כִּי
ḥᵃzaq	ʿᵃśeʰ	⁾attɔʰ	bo⁾	-⁾im	kiʸ
stark-sei	,(handle=)mache	,du	komm	(Sondern=)wenn-	Denn

הָאֱלֹהִים	יַכְשִׁילְךָ	לַמִּלְחָמָה
hɔ⁾ᵋlohiʸm	yakᵊšiʸlᵊkɔ	lammilᵊḥɔmɔʰ
(Gott=)Götter-die	dich-machen-straucheln-(kann=)wird-(Es=)Er	!Kampf-zu(m)

בֵּאלֹהִים	כֹּחַ	יֶשׁ־	כִּי	אוֹיֵב	לִפְנֵי
be⁾lohiʸm	koaḥ	-yɛš	kiʸ	⁾oʷyeb	lipᵊneʸ
(Gott-bei=)Götter-in	Macht	ist-es	denn	,Feind-(dem)	(vor=)Gesichter-zu

9 וַיֹּאמֶר	וּלְהַכְשִׁיל׃	לַעְזוֹר
wayyo⁾mɛr	uʷlᵊhakᵊšiʸl.	laʿᵃzoʷr
sprach-(es=er)-(Da=)Und	!(stürzen=)machen-straucheln-zu-und	helfen-zu

וּמַה־	הָאֱלֹהִים	לְאִישׁ	אֲמַצְיָהוּ
-uʷmaʰ	hɔ⁾ᵋlohiʸm	lᵊ⁾iʸš	⁾ᵃmaṣᵊyɔhuʷ
(ist)-was-Und	:(Gottes=)Götter-(der=)die	Mann-(dem)-zu	Amazja(hu)

הַכִּכָּר	לִמְאַת	לַעֲשׂוֹת
hakkikkɔr	limᵊ⁾at	laʿᵃśoʷt
,(Talenten=)Scheibe(n)-(der=)die	hundert-(den)-(mit=)zu	tun-zu

יִשְׂרָאֵל	לִגְדוּד	נָתַתִּי	אֲשֶׁר
yiśᵊrɔʾel	ligᵊduʷd	nɔtattiʸ	ʾᵃšɛr
?Israel(s)	Heerschar-(die)-(für=)zu	gegeben-habe-ich	(die=)welch(e)

הָאֱלֹהִים	אִישׁ	וַיֹּאמֶר
hɔʾᵉlohiʸm	ʾiʸš	wayyoʾmɛr
:(Gottes=)Götter-(der=)die	Mann-(der)	sprach-(es=er)-(Da=)Und

הַרְבֵּה	לְךָ	לָתֶת	לַיהוָה	יֵשׁ
harᵊbeʰ	lᵊkɔ	lɔtɛt	layhwɔʰ	yeš
Vieles-(ein)	dir-(zu)	geben-zu	JHWH-(für=)zu	(möglich)-ist-Es

אֲמַצְיָהוּ	10 וַיַּבְדִּילֵם	מִזֶּה׃
ʾᵃmaṣᵊyɔhuʷ	wayyabᵊdiʸlem	mizzɛʰ.
Amazja(hu)	sie-aussondern-ließ-(es=er)-(Hierauf=)Und	!dies-(als-mehr=)von

אֵלָיו	בָּא	אֲשֶׁר־	לְהַגְּדוּד
ʾelɔʸw	bɔʾ	-ʾᵃšɛr	lᵊhaggᵊduʷd
ihm-zu	gekommen-war-(sie=er)	(die=)welch(e)	,Heerschar-der-(von=)zu

לִמְקוֹמָם	לָלֶכֶת	מֵאֶפְרַיִם
limᵊqoʷmɔm	lɔlɛkɛt	meʾɛpᵊrayim
.(zurück)-Ort-ihrem-zu	(gehe-sie-dass=)gehen-zu	,Ephraim-(aus=)von

מְאֹד	אַפָּם	וַיִּחַר
mᵊʾod	ʾappɔm	wayyiḥar
(heftiger=)sehr	(Zorn=)Nase-ihr(e)	entflammte-(es=er)-(Da=)Und

לִמְקוֹמָם	וַיָּשׁוּבוּ	בִּיהוּדָה
limᵊqoʷmɔm	wayyɔšuʷbuʷ	biʸhuʷdɔʰ
Ort-ihrem-zu	zurück-kehrten-sie-und	Juda-(gegen=)in

11 וַאֲמַצְיָהוּ	בָּחֳרִי־אָף׃
waʾᵃmaṣᵊyɔhuʷ	ʾɔp-boḥᵒriʸ.
Amasja(hu)-(Indes=)Und	.(Zornesglut=)Nase-(der)-(in)-Glut-(mit=)in

גֵּיא	וַיֵּלֶךְ	אֶת־עַמּוֹ	וַיִּנְהַג	הִתְחַזַּק
geʸʾ	wayyelɛk	ʿammoʷ-ʾɛt	wayyinᵊhag	hitᵊḥazzaq
Tal-(dem-zu)	ging-er-Und	.Volk-sein***	führte-(er)-und	stark-sich-zeigte-(er)

עֲשֶׂרֶת	אֶת־בְּנֵי־שֵׂעִיר	וַיַּךְ	הַמֶּלַח
ʿᵃśɛrɛt	śeʿiʸr-bᵊneʸ-ʾɛt	wayyak	hammɛlaḥ
-zehn —	Seïr(s)-Söhne-(die)***	schlug-(er)-und	Salz(es)-(des=)das

| 25,12-14 | דברי הימים ב | Ereignisse der Tage 2 | 1197 |

אֲלָפִֽים׃	12 וַעֲשֶׂ֣רֶת	אֲלָפִ֔ים	חַיִּ֑ים	שָׁב֖וּ
ᵃlɔpiʸm.	waᶜᵃśɛrɛt	ᵃlɔpiʸm	ḥayyiʸm	šɔbuʷ
.tausend(e)	-zehn-Und	tausend(e)	Lebende	weg-gefangen-führten-(sie)

בְּנֵ֣י	יְהוּדָ֔ה	וַיְבִיא֖וּם
bᵊneʸ	yᵊhuʷdɔʰ	wayᵊbiʸᵊuʷm
(von)-Söhne-(die)	Juda	sie-(brachten=)kommen-machten-(sie)-und

לְרֹ֣אשׁ	הַסֶּ֑לַע	וַיַּשְׁלִיכ֖וּם
lᵊroʔš	hassɔlaᶜ	wayyašᵊliʸkuʷm
(Gipfel=)Haupt-zu(m)	Fels(ens)-(des=)der	sie-(hinab)-stürzten-(sie)-und

מֵרֹאשׁ־	הַסֶּ֖לַע	וְכֻלָּ֥ם
-meroʔš	hassɛlaᶜ,	wᵊkullɔm
(Gipfel=)Haupt-(dem)-von	Fels(ens)-(des=)der,	sie-alle-(dass=)und

נִבְקָֽעוּ׃	13 וּבְנֵי֙
nibᵊqɔᶜuʷ.	uʷbᵊneʸ
.(zerschmettert=)gespalten-wurden-(sie)	(Leute=)Söhne-(die)-(Aber=)Und

הַגְּד֗וּד	אֲשֶׁ֤ר	הֵשִׁיב֙	אֲמַצְיָ֔הוּ
haggᵊduʷd	ʔᵃšɛr	hešiʸb	ʔᵃmaṣᵊyɔhuʷ
,Streifschar-(der=)die	(die=)welch(e)	zurückkehren-machte-(es=er)	Amazja(hu)

מִלֶּ֣כֶת	עִמּוֹ֮	לַמִּלְחָמָה֒	וַֽיִּפְשְׁטוּ֙
millɛkɛt	ᶜimmoʷ	lammilᵊḥɔmɔʰ,	wayyipᵊšᵊṭuʷ
Gehen-(dem)-(vor=)von	ihm-mit	,Kampf-zu(m)	ein-fielen-(die=)sie-und

בְּעָרֵ֣י	יְהוּדָ֗ה	מִשֹּׁמְר֛וֹן	וְעַד־	בֵּ֥ית	חוֹר֖וֹן
bᵊᶜɔreʸ	yᵊhuʷdɔʰ,	miššomᵊroʷn	wᵊᶜad-	beʸt	ḥoʷʷroʷn
(von)-Städte-(die)-in	,Juda	Samaria-von	bis-(und)	-Beth	,(Horon=)Choron

וַיַּכּ֣וּ	מֵהֶם֙	שְׁלֹ֣שֶׁת	אֲלָפִ֔ים
wayyakkuʷ	mehɛm	šᵊlošɛt	ʔᵃlɔpiʸm
(er)schlugen-sie-und	(jenen=)ihnen-von	-drei	tausend(e)

וַיָּבֹ֖זּוּ	בִּזָּ֥ה	רַבָּֽה׃
wayyɔbozzuʷ	bizzɔʰ	rabbɔʰ.
erbeuteten-(sie)-und	Beute	.(reichliche=)viele

14 וַיְהִ֗י	אַחֲרֵ֨י	ב֤וֹא
wayᵊhiʸ	ʔaḥᵃreʸ	boʷʔ
(geschah=)war-(es)er-(Aber=)Und	-nach	(heimkam-als=)Kommen

אֶת־אֱדוֹמִים	מֵהַכּוֹת	אֲמַצְיָהוּ
ᵓᵃdoʷmiʸm-ᵓɛt	mehakkoʷt	ᵓᵃmaṣᵊyɔhuʷ
,Edomiter-(die)***	(über-Sieg=)Schlagen-(dem)-von	Amazja(hu)

בְּנֵי	אֶת־אֱלֹהֵי	וַיָּבֵא
bᵊneʸ	ᵓᵋloheʸ-ᵓɛt	wayyɔbeᵓ
Söhne(n)-(den)	(von)-Götter-(die)***	(brachte=)kommen-machte-er-(da=)und

לֵאלֹהִים	לוֹ	וַיַּעֲמִידֵם	שֵׂעִיר
leᵓlohiʸm	loʷ	wayyaᶜᵃmiʸdem	śeᶜiʸr
,Götter-(als=)zu	(sich-für=)ihm-zu	sie-(auf)stellen-ließ-(er)-und	Seïr(s)

וְלָהֶם	יִשְׁתַּחֲוֶה	וְלִפְנֵיהֶם
wᵊlɔhɛm	yišᵊtaḥᵃwɛʰ	wᵊlipᵊneʸhɛm
ihnen-(vor=)zu-und	nieder-sich-(warf=)wirft-er	ihnen-(vor=)zu-und

יְהוָה	אַף	15 וַיִּחַר־	יְקַטֵּר׃
yᵊhwɔʰ	ᵓap	-wayyiḥar	yᵊqaṭṭer.
JHWH(s)	(Zorn-der=)Nase-(die)	entflammte-(es=er)-(Da=)Und	.räuchert(e)-er

נָבִיא	אֵלָיו	וַיִּשְׁלַח	בַּאֲמַצְיָהוּ
nɔbiʸᵓ	ᵓelɔʸw	wayyišᵊlaḥ	baᵓᵃmaṣᵊyɔhuʷ
,Prophet(en)-(einen)	ihm-zu	sandte-er-und	,Amasja(hu)-(gegen=)in

דָרַשְׁתָּ	לָמָּה	לוֹ	וַיֹּאמֶר
dɔrašᵊtɔ	lɔmmɔʰ	loʷ	wayyoᵓmɛr
gesucht-hast-du	(Warum=)was-Zu	:ihm-zu	(spräche=)sprach-er-(dass=)und

לֹא־	אֲשֶׁר	הָעָם	אֶת־אֱלֹהֵי
-loᵓ	ᵓᵃšɛr	hɔᶜɔm	ᵓᵋloheʸ-ᵓɛt
nicht	(die=)welch(e)	,Volk-(dem=)das	(von)-Götter-(die)***

מִיָּדֶךָ׃	אֶת־עַמָּם	הִצִּילוּ
miʸyɔdɛkɔ.	ᶜammɔm-ᵓɛt	hiṣṣiʸluʷ
?Hand-deiner-(aus=)von	Volk-ihr***	gerettet-haben-(sie)

אֵלָיו	בְּדַבְּרוֹ	16 וַיְהִי
ᵓelɔʸw	bᵊdabbᵊroʷ	wayᵊhiʸ
,ihm-zu	Reden(s)-sein(es)-(während=)in	(geschah=)war-(es=)er-(Aber=)Und

לַמֶּלֶךְ	הַלְיוֹעֵץ	לוֹ	וַיֹּאמֶר
lammɛlɛk	halᵊyoʷᶜeṣ	loʷ	wayyoᵓmɛr
König-(den=)zu	Beratender-(als=)zu-Etwa	:ihm-zu	sagte-(d)er-(dass=)und

נְתַנּוּךָ חֲדַל־לְךָ לָמָּה
lɔmmɔʰ lᵊkɔ-ḥᵃdal nᵊtannuʷkɔ
(warum=)was-zu ,(das-Lass=)dir-zu-ab-Lass ?dich-(bestellt=)gegeben-haben-wir

יַכּוּךָ וַיֶּחְדַּל
wayyɛḥᵊdal yakkuʷkɔ
auf-hörte-(es=er)-(Hierauf=)Und ?dich-schlagen-(sollten=)werden-sie

הַנָּבִיא וַיֹּאמֶר יָדַעְתִּי כִּי־ יָעַץ
yɔʿaṣ -kiʸ yɔdaʿᵊtiʸ wayyoʾmɛr hannɔbiʸʾ
beschlossen-hat-(es=er) dass ,(weiß=)wusste-Ich :sprach-er-und Prophet-der

אֱלֹהִים לְהַשְׁחִיתֶךָ כִּי־ עָשִׂיתָ זֹּאת וְלֹא
wᵊloʾ zoʾt ʿɔśiʸtɔ -kiʸ lᵊhašᵊḥiʸtɛkɔ ʾᵉlohiʸm
nicht-und diese(s) getan-du weil ,dich-vernichten-zu (Gott=)Götter

שָׁמַעְתָּ לַעֲצָתִי׃ 17 וַיִּוָּעַץ אֲמַצְיָהוּ
ʾᵃmaṣᵊyɔhuʷ wayyiwwɔʿaṣ laʿᵃṣɔtiʸ. šɔmaʿᵊtɔ
,Amazja(hu) sich-beriet-(es=er)-(Darauf=)Und !Rat-meinen-(auf=)zu hörtest-du

מֶלֶךְ יְהוּדָה וַיִּשְׁלַח אֶל־ יוֹאָשׁ בֶּן־יְהוֹאָחָז
yᵊhoʷʾɔḥɔz-bɛn yoʷʾɔš -ʾɛl wayyišᵊlaḥ yᵊhuʷdɔʰ mɛlɛk
,J(eh)ochas-Sohn Joasch (an=)zu sandte-er-und ,Juda (von)-König-(der)

בֶּן־יֵהוּא מֶלֶךְ יִשְׂרָאֵל לֵאמֹר
leʾmor yiśᵊrɔʾel mɛlɛk yehuʷʾ-bɛn
:sagen-zu-(um) ,Israel (von)-König(s)-(des) ,Jehu(s)-Sohn(es)-(des)

לְךָ[לְכָה] נִתְרָאֶה פָנִים׃
pɔniʸm. nitᵊrɔʾɛʰ [lᵊkɔʰ]lᵊkɔ
!(messen-uns=)Gesichter-(die-in) -schauen-einander-wollen-wir ,(Komm=)Geh

18 וַיִּשְׁלַח יוֹאָשׁ מֶלֶךְ־ יִשְׂרָאֵל
yiśᵊrɔʾel -mɛlɛk yoʷʾɔš wayyišᵊlaḥ
,Israel (von)-König-(der) ,Joasch schickte-(es=er)-(Da=)Und

אֶל־אֲמַצְיָהוּ מֶלֶךְ־יְהוּדָה לֵאמֹר
leʾmor yᵊhuʷdɔʰ-mɛlɛk ʾᵃmaṣᵊyɔhuʷ-ʾɛl
:(mitteilend=)sagen-zu ,Juda-(von)-König-(dem) ,Amazja(hu)-zu

הַחוֹחַ אֲשֶׁר בַּלְּבָנוֹן שָׁלַח
šɔlaḥ ballᵊbɔnoʷn ʾᵃšɛr haḥoʷaḥ
sandte-(er) ,Libanon-im (ist)-welch(er) ,Dorn(strauch)-Der

אֶל־הָאֶרֶז hɔˀɛrɛz-ˀɛl ,Zeder-(der=)die-zu
אֲשֶׁר ˀᵃšɛr (ist)-welch(e)
בַּלְּבָנוֹן ballᵊbɔnoʷn ,Libanon-im
לֵאמֹר leˀmor :sagen-zu-um

תְּנָה־ -tᵊnɔʰ Gib
אֶת־בִּתְּךָ bittᵊkɔ-ˀɛt Tochter-deine***
לִבְנִי libᵊniʸ Sohn-meinen-(an=)zu
לְאִשָּׁה lᵊˀiššɔʰ !Frau-zu(r)

וַתַּעֲבֹר wattaᶜᵃbor (daher=)vorüber-kam-(es=sie)-(Da=)Und
חַיַּת ḥayyat (Ge)tier-(das)
הַשָּׂדֶה haśśɔdɛʰ ,Feld(es)-(des=)das

אֲשֶׁר ˀᵃšɛr (ist)-welch(es)
בַּלְּבָנוֹן ballᵊbɔnoʷn ,Libanon-dem-(auf=)in
וַתִּרְמֹס wattirᵊmos zertrat-(es=sie)-und

אֶת־הַחוֹחַ׃ haḥoʷaḥ-ˀɛt. .Dorn(strauch)-(den=)der***
19 אָמַרְתָּ ˀɔmarᵊtɔ ,(denkst=)sagtest-Du
הִנֵּה hinneʰ (dass=)siehe

הִכִּיתָ hikkiʸtɔ geschlagen-hast-du
אֶת־אֱדוֹם ˀᵋdoʷm-ˀɛt ,Edom***
וּנְשָׂאֲךָ uʷnᵊśɔˀᵃkɔ dich-hebt-(es=er)-(da=)und

לִבְּךָ libbᵊkɔ (Übermut=)Herz-dein
לְהַכְבִּיד lᵊhakᵊbiʸd .(erwerben-Ehre=)Schwermachen-zu(m)
עַתָּה ᶜattɔʰ Nun

בְּבֵיתֶךָ bᵊbeʸtɛkɔ (Palast=)Haus-dein(em)-in
שְׁבָה šᵊbɔʰ !bleibe
לָמָּה lɔmmɔʰ (Warum=)was-Zu

תִתְגָּרֶה titᵊgɔrɛʰ einlassen-Streit-in-dich-(willst=)wirst-du
בְּרָעָה bᵊrɔᶜɔʰ ,Unglück-in(s)-(dich-stürzen)-und)

וְנָפַלְתָּ wᵊnɔpalᵊtɔ ,fällst-du-(dass=)und
אַתָּה ˀattɔʰ (selber)-du
וִיהוּדָה wiʸhuʷdɔʰ Juda-und
עִמָּךְ׃ ᶜimmɔk. ?dir-mit
20 וְלֹא־ -wᵊloˀ nicht-(Aber=)Und

שָׁמַע šɔmaᶜ hörte-(es=er)
אֲמַצְיָהוּ ˀᵃmaṣᵊyɔhuʷ ,Amazja(hu)
כִּי kiʸ denn
מֵהָאֱלֹהִים mehɔˀᵋlohiʸm (Gott=)Göttern-den-von-(ausgehend)

תִּתָּם	לְמַעַן	הִיא
tittɔm	lᵊmaᶜan	hiʸʾ
sie-(überliefern=)Geben-(ein)	(zu-um=)um-zu	(dies-war=)sie

אֶת	דָּרְשׁוּ	כִּי	בְּיַד
ʾet	dɔrᵊšuʷ	kiʸ	bᵊyɔd
(an=)mit	(hielten-sich=)suchten-sie	weil	,(Feindesgewalt=)Hand-in

יוֹאָשׁ	21 וַיַּעַל	אֱדוֹם׃	אֱלֹהֵי
yoʷʾɔš	wayyaᶜal	ʾᵋdoʷm.	ʾᵋloheʸ
,Joasch	(heran=)hinauf-zog-(es=)er-(Und)	.Edom	(von)-Götter-(die)

וַיִּתְרָאוּ	יִשְׂרָאֵל	מֶלֶךְ־
wayyitᵊrɔʾuʷ	yiśᵊrɔʾel	-mɛlɛk
-einander-schauten-sie-und	,Israel	(von)-König-(der)

וַאֲמַצְיָהוּ	הוּא	פָּנִים
waʾᵃmaṣᵊyɔhuʷ	huʷʾ	pɔniʸm
,Amasja(hu)-und	er	,(miteinander-sich-maßen-sie=)Gesichter-die-in

אֲשֶׁר	שֶׁמֶשׁ	בְּבֵית	מֶלֶךְ־יְהוּדָה
ʾᵃšɛr	šɛmɛš	bᵊbeʸt	yᵊhuʷdɔʰ-mɛlɛk
(das=)welch(es)	,Schemesch	-Beth-in	,Juda-(von)-König-(der)

לִפְנֵי	יְהוּדָה	22 וַיִּנָּגֶף	לִיהוּדָה׃
lipᵊneʸ	yᵊhuʷdɔʰ	wayyinnɔgɛp	liʸhuʷdɔʰ.
(vor=)Gesichter-zu	Juda	geschlagen-wurde-(es=)er-Und	.Juda-zu-(gehörte)

לְאֹהָלָיו׃	אִישׁ	וַיָּנֻסוּ	יִשְׂרָאֵל
lᵊʾoholɔʸw.	ʾiʸš	wayyɔnusuʷ	yiśᵊrɔʾel
.Zelten-seinen-zu	(jeder-ein=)Mann	flohen-sie-und	Israel

יְהוּדָה	מֶלֶךְ־	אֲמַצְיָהוּ	23 וְאֵת
yᵊhuʷdɔʰ	-mɛlɛk	ʾᵃmaṣᵊyɔhuʷ	wᵊʾet
,Juda	(von)-König-(den)	,Amazja(hu)	***(Hingegen=)Und

יוֹאָשׁ	תָּפַשׂ	יְהוֹאָחָז	בֶּן־	בֶּן־יוֹאָשׁ
yoʷʾɔš	tɔpaś	yᵊhoʷʾɔḥɔz	-bɛn	yoʷʾɔš-bɛn
,Joasch	ergriff-(es=er)	,J(eh)oachas	Sohn(es)-(des)	,Joasch(s)-Sohn-(den)

שָׁמֶשׁ	בְּבֵית	יִשְׂרָאֵל	מֶלֶךְ־
šɔmɛš	bᵊbeʸt	yiśᵊrɔʾel	-mɛlɛk
Schemesch	-Beth-in	,Jsrael	(von)-König-(der)

יְרוּשָׁלָ͏ִם	וַיְבִיאֵהוּ
yəruwšɔlaim	wayəbiyʾehuw
.Jerusalem-(nach)	ihn-(bringen-ließ=)kommen-machte-er-und

יְרוּשָׁלָ͏ִם	בְּחוֹמַת	וַיִּפְרֹץ
yəruwšɔlaim	bəḥowmat	wayyipəroṣ
Jerusalem	(von)-Mauer-(die)-in	Bresche-eine-riss-er-Und

שַׁעַר	עַד־	אֶפְרַיִם	מִשַּׁעַר
šaʿar	-ʿad	ʾɛpərayim	miššaʿar
-Tor-(dem)	(zu)-bis	Ephraim	Tor-(dem)-von-(angefangen)

וְכָל־הַזָּהָב 24	אַמָּה:	מֵאוֹת	אַרְבַּע		הַפּוֹנֶה
hazzɔhɔb-wəkol	ʾammɔh.	meʾowt	ʾarəbaʿ		happownɛh
Gold-das-all-Und	.Elle(n)	hundert(e)	-vier	—	(Ecktor=)Sichwendende-das

הַנִּמְצְאִים	הַכֵּלִים	כָּל־	וְאֵת	וְהַכֶּסֶף
hanniməṣəʾiym	hakkeliym	-kol	wəʾet	wəhakkɛsɛp
vorgefundenen-die	,Geräte-die	all	***und	Silber-das-und

אֱדוֹם	עֹבֵד	עִם־	הָאֱלֹהִים	בְּבֵית־
ʾɛdowm	ʿobed	-ʿim	hɔʾɛlohiym	-bəbeyt
,Edom	-Obed	(bei=)mit	(Gottes=)Götter-(der=)die	(Tempel)haus-(dem)-in

הַמֶּלֶךְ	בֵּית	וְאֶת־אֹצְרוֹת
hammɛlɛk	beyt	ʾoṣərowt-wəʾɛt
König(s)-(des=)der	(Palastes=)Haus(es)-(des)	Schätze-(die)***und

הַתַּעֲרֻבוֹת	בְּנֵי	וְאֵת
hattaʿarubowt	bəney	wəʾet
,(Geiseln-die-und=)Bürgen-(den=)die	-(von)-Söhne	***und

אֲמַצְיָהוּ	וַיְחִי 25	שֹׁמְרוֹן:	וַיָּשָׁב
ʾamaṣəyɔhuw	wayəḥiy	šomərown.	wayyɔšob
Amazja(hu)	lebte-(es=)er-Und	.Samaria-(nach)	zurück-kehrte-er-(damit=)und

יוֹאָשׁ	מוֹת	אַחֲרֵי	יְהוּדָה	מֶלֶךְ	בֶּן־יוֹאָשׁ
yowʾɔš	mowt	ʾaḥarey	yəhuwdɔh	mɛlɛk	yowʾɔš-bɛn
Joasch(s)	Tod-(dem)	nach	,Juda	(von)-König-(der)	,Joasch(s)-Sohn

שָׁנָה:	עֶשְׂרֵה	חֲמֵשׁ	יִשְׂרָאֵל	מֶלֶךְ	בֶּן־יְהוֹאָחָז
šɔnɔh.	ʿɛśəreh	ḥameš	yiśərɔʾel	mɛlɛk	yəhowʾɔḥɔz-bɛn
.Jahr(e)	zehn	-fünf	,Israel	(von)-König	,J(eh)ochas-Sohn

אֲמַצְיָהוּ	דִּבְרֵי	26 וְיֶתֶר
ʾ^{a}maṣ^{ə}yɔhu^{w}	dib^{ə}re^{y}	w^{ə}yɛtɛr
,Amazja(hu)	(unter)-(Ereignisse=)Dinge-(der)	Rest-(der)-Und

הִנָּם	הֲלֹא	וְהָאַחֲרוֹנִים	הָרִאשֹׁנִים
hinnɔm	h^{a}loʾ	w^{ə}hɔʾaḥ^{a}ro^{w}ni^{y}m	hɔriʾšoni^{y}m
(sind-die=)sie-siehe	nicht-etwa	,späteren-die-und	(früheren=)ersten-die

מַלְכֵי־	סֵפֶר	עַל־	כְּתוּבִים
-mal^{ə}ke^{y}	sepɛr	-ʿal	k^{ə}tu^{w}bi^{y}m
(von)-Könige-(der)	Buch-(dem)	(in=)auf	(aufgezeichnet=)geschrieben(e)

אֲשֶׁר־	27 וּמֵעֵת	וְיִשְׂרָאֵל׃	יְהוּדָה
-ʾ^{a}šɛr	u^{w}meʿet	w^{ə}yiś^{ə}rɔʾel.	y^{ə}hu^{w}dɔ^{h}
(da=)welch(e)	,(an)-Zeit-der-von-(Jedoch=)Und	?Israel-und	Juda

מֵאַחֲרֵי	אֲמַצְיָהוּ	סָר
meʾaḥ^{a}re^{y}	ʾ^{a}maṣ^{ə}yɔhu^{w}	sɔr
(an)-(Anhangen-dem=)hinter-von	Amazja(hu)	(ab)gewichen-war-(es=er)

עָלָיו	וַיִּקְשְׁרוּ	יְהוָה
ʿɔlɔ^{y}w	wayyiq^{ə}š^{ə}ru^{w}	y^{ə}hwɔ^{h}
ihn-(wider=)auf	sich-verschworen-sie-(da=)und	,JHWH

לָכִישָׁה	וַיָּנָס	בִּירוּשָׁלִַם	קֶשֶׁר
lɔki^{y}šɔ^{h}	wayyɔnos	bi^{y}ru^{w}šɔlaim	qɛšɛr
,zu-Lachisch	floh-er-Und	.Jerusalem-in	Verschwörung-(einer-mit)

לָכִישָׁה	אַחֲרָיו	וַיִּשְׁלְחוּ
lɔki^{y}šɔ^{h}	ʾaḥ^{a}rɔ^{y}w	wayyiš^{ə}l^{ə}ḥu^{w}
zu-Lachisch	(her)-ihm-hinter	sandten-sie-(indes=)und

עַל־	28 וַיִּשָּׂאֻהוּ	שָׁם׃	וַיְמִיתֻהוּ
-ʿal	wayyiśśɔʾuhu^{w}	šɔm.	way^{ə}mi^{y}tuhu^{w}
auf	ihn-hoben-sie-(Sodann=)Und	.dort	ihn-(töteten=)sterben-machten-sie-und

אֲבֹתָיו	עִם־	אֹתוֹ	וַיִּקְבְּרוּ	הַסּוּסִים
ʾ^{a}botɔ^{y}w	-ʿim	ʾoto^{w}	wayyiq^{ə}b^{ə}ru^{w}	hassu^{w}si^{y}m
(Vorfahren=)Väter(n)-seine(n)	(bei=)mit	ihn	begruben-(sie)-und	Rosse-die

יְהוּדָה׃	בְּעִיר
y^{ə}hu^{w}dɔ^{h}.	b^{ə}ʿi^{y}r
.Juda	Stadt-(der)-in

26

יְהוּדָה	עַם	כָּל־	1 וַיִּקְחוּ
yᵊhuʷdɔʰ	ʿam	-kol	wayyiqᵊḥuʷ
Juda	(von)-(Leute=)Volk	all(e)	nahmen-(es=)sie-(Und)

עֶשְׂרֵה	שֵׁשׁ	בֶּן־	וְהוּא	אֶת־עֻזִּיָּהוּ
ʿɛśᵊreʰ	šeš	-bɛn	wᵊhuʷʾ	ʿuzziʸyɔhuʷ-ʾɛt
zehn	-sech(s)	(alt=)(von)-Sohn-(war)	(dies)er-(und) —	Ussija(hu)-(den)***

אֹתוֹ	וַיַּמְלִיכוּ	שָׁנָה
ʾotoʷ	wayyamᵊliʸkuʷ	šɔnɔʰ
ihn	(König-als-ein-setzten=)herrschen-machten-sie-und	— Jahr(e)

בָּנָה	2 הוּא	אֲמַצְיָהוּ׃	אָבִיו	תַּחַת
bɔnɔʰ	huʷʾ	ʾᵃmaṣᵊyɔhuʷ.	ʾɔbiʸw	taḥat
aufbaute-(d)er	,(es-war)-Er	.Amazja(hu)	Vater(s)-sein(es)	(anstelle=)unter

אַחֲרֵי	לִיהוּדָה	וַיְשִׁיבֶהָ	אֶת־אֵילוֹת
ʾaḥᵃreʸ	liʸhuʷdɔʰ	wayᵊšiʸbɛhɔ	ʾeʸloʷt-ʾɛt
nach	Juda-(an=)zu	(es=)sie-zurückkehren-machte-er-und	Elot***

עִם־	הַמֶּלֶךְ	שְׁכַב־
-ʿim	hammɛlɛk	-šᵊkab
(zu=)mit	König-der	(hatte-gelegt-sich=)Sichlegen-(dem)

עֶשְׂרֵה	שֵׁשׁ	3 בֶּן־	אֲבֹתָיו׃
ʿɛśᵊreʰ	šeš	-bɛn	ʾᵃbotɔʸw.
zehn	-sech(s)	(Alt=)(von)-Sohn	.(Vorfahren=)Väter(n)-seine(n)

בְּמָלְכוֹ	עֻזִּיָּהוּ	שָׁנָה
bᵊmolᵊkoʷ	ʿuzziʸyɔhuʷ	šɔnɔʰ
(wurde-König-er-als=)Herrschen-seinem-(bei=)in	Ussija(hu)	(war)-Jahr(e)

בִּירוּשָׁלִָם	מָלַךְ	שָׁנָה	וּשְׁתַּיִם	וַחֲמִשִּׁים
biʸruʷšɔlɔim	mɔlak	šɔnɔʰ	uʷšᵊtayim	waḥᵃmiššiʸm
.Jerusalem-in	(König-als)-regierte-er	Jahr(e)	zwei-und	-fünfzig-und

מִן־	[יְכָלְיָה]יְכִילְיָה	אִמּוֹ	וְשֵׁם
-min	[yᵊkolᵊyɔʰ]yᵊkiʸlᵊyɔʰ	ʾimmoʷ	wᵊšem
(aus=)von	[Jecholja]Jechilja	(war)-Mutter-sein(er)	Name-(der)-Und

הַיָּשָׁר	4 וַיַּעַשׂ	יְרוּשָׁלִָם׃
hayyɔšɔr	wayyaʿaś	yᵊruʷšɔlɔim.
(war-recht-was=)Gerade-das	,(tat=)machte-er-(Und)	.Jerusalem

אֲשֶׁר־	כְּכֹל	יְהוָה	בְּעֵינֵי
-ᵓᵃšɛr	kᵊkol	yᵊhwɔʰ	bᵊᶜeʸneʸ
(was=)welch(es)	,all(em)-(gemäß=)wie	JHWH	(von)-Augen-(den)-in

5 וַיְהִי	אָבִיו׃	אֲמַצְיָהוּ	עָשָׂה
wayᵊhiʸ	ᵓɔbiʸw.	ᵓᵃmaṣᵊyɔhuʷ	ᶜɔśɔʰ
(beflissen)-war-er-Und	.Vater-sein	,Amazja(hu)	(getan=)gemacht-hat-(er)

בִּימֵי	אֱלֹהִים	לִדְרֹשׁ
biʸmeʸ	ᵓᵋlohiʸm	lidᵊroš
(von)-Tagen-(den)-in	(Gott=)Götter	(an)-(halten-zu-sich=)suchen-zu

בִּרְאֹת	הַמֵּבִין	זְכַרְיָהוּ
birᵊᵓot	hammebiʸn	zᵊkarᵊyɔhuʷ
(gewahren-zu=)Schauen-in	Unterweisende(n)-(des=)der	,Secharja(hu)

אֶת־יְהוָה	דָּרְשׁוֹ	וּבִימֵי	הָאֱלֹהִים
yᵊhwɔʰ-ᵓɛt	dorᵊšoʷ	uʷbiʸmeʸ	hɔᵓᵋlohiʸm
JHWH***	Suchen(s)-sein(es)	Tagen-(den)-in-Und	.(Gott=)Götter-die

הָאֱלֹהִים׃	הִצְלִיחוֹ
hɔᵓᵋlohiʸm.	hiṣᵊliʸḥoʷ
.(Gott=)Götter-die	(ihm-Gelingen-gab=)ihn-erfolgreich-machte-(es=er)

וַיִּפְרֹץ	בַּפְּלִשְׁתִּים	וַיִּלָּחֶם	6 וַיֵּצֵא
wayyipᵊroṣ	bappᵊlišᵊtiʸm	wayyillɔḥɛm	wayyeṣeᵓ
nieder-riss-(er)-und	Philister-die-(gegen=)in	kämpfte-(er)-und	aus-zog-er-Und

יַבְנֵה	חוֹמַת	וְאֵת	גַּת	חוֹמַת	אֶת־
yabᵊneʰ	ḥoʷmat	wᵊᵓet	gat	ḥoʷmat	-ᵓɛt
Jabne	(von)-Mauer-(die)	***und	Gat	(von)-Mauer-(die)***	

וַיִּבְנֶה	אַשְׁדּוֹד	חוֹמַת	וְאֵת
wayyibᵊnɛʰ	ᵓašᵊdoʷd	ḥoʷmat	wᵊᵓet
(auf)-baute-er-und	,Aschdod	(von)-Mauer-(die)	***und

וּבַפְּלִשְׁתִּים׃	בְּאַשְׁדּוֹד	עָרִים
uʷbappᵊlišᵊtiʸm.	bᵊᵓašᵊdoʷd	ᶜɔriʸm
.Philistern-den-(bei=)in-und	Aschdod-in	Städte

הָאֱלֹהִים	7 וַיַּעְזְרֵהוּ
hɔᵓᵋlohiʸm	wayyaᶜᵃzᵊrehuʷ
(Gott=)Götter-die	(ihm-bei-stand=)ihn-unterstützte(n)-(es=er)-(Dabei=)Und

הָעַרְבִיִּים[הָעַרְבִים]	וְעַל־	פְּלִשְׁתִּים	עַל־
[hɔʿarᵊbiʸm]hɔʿarᵊbiʸyiʸm	-wᵊʿal	pᵊlišᵊtiʸm	-ʿal
,Araber-die	(gegen=)auf-und	Philister-(die)	(gegen=)auf

8 וַיִּתְּנוּ	וְהַמְּעוּנִים׃	בְּגוּר־בָּעַל	הַיֹּשְׁבִים
wayyittᵊnuʷ	wᵊhammᵊʿuʷniʸm.	bɔʿal-bᵊguʷr	hayyošᵊbiʸm
gaben-(es=)sie-Und	.Meüniter-die-(gegen)-und	,Baal-Gur-in	wohnenden-die

וַיֵּלֶךְ	לְעֻזִּיָּהוּ	מִנְחָה	הָעַמּוֹנִים
wayyelɛk	lᵊʿuzziʸyɔhuʷ	minᵊḥɔʰ	hɔʿammoʷniʸm
ging-(es=)er-und	Ussija(hu)-(an=)zu	(Tribut=)Gabe	Ammoniter-die

כִּי	מִצְרַיִם	לְבוֹא	עַד־	שְׁמוֹ
kiʸ	miṣᵊrayim	lᵊboʷʾ	-ʿad	šᵊmoʷ
denn	,Ägypten	(nach=)Kommen-zu(m)	bis	(Ruf=)Name-sein

עַד־לְמָעְלָה׃	הֶחֱזִיק
lᵊmɔʿᵊlɔʰ-ʿad.	hɛḥᵉziʸq
.(überaus=)hin-oben-zu-bis	(mächtig-wurde=)stark-machte-er

עַל־	בִּירוּשָׁלַםִ	מִגְדָּלִים	עֻזִּיָּהוּ	9 וַיִּבֶן
-ʿal	biʸruʷšɔlaim	migᵊdɔliʸm	ʿuzziʸyɔhuʷ	wayyibɛn
auf	Jerusalem-in	(Wehr)türme	Ussija(hu)	erbaute-(es=er)-(Ferner=)Und

וְעַל־	הַגַּיְא	שַׁעַר	וְעַל־	הַפִּנָּה	שַׁעַר
-wᵊʿal	haggayᵊʾ	šaʿar	-wᵊʿal	happinnɔʰ	šaʿar
auf-und	Tal(es)-(des=)das	Tor-(dem)	auf-und	(Ecke=)Zacke-der	Tor-(dem)

10 וַיִּבֶן	וַיְחַזְּקֵם׃	הַמִּקְצוֹעַ
wayyibɛn	wayᵊḥazzᵊqem.	hammiqᵊṣoʷaʿ
baute-er-(Außerdem=)Und	.sie-befestigte-er-und	,Winkel-(dem=)der

בֹּרוֹת	וַיַּחְצֹב	בַּמִּדְבָּר	מִגְדָּלִים
boroʷt	wayyaḥᵊṣob	bammidᵊbɔr	migᵊdɔliʸm
Zisternen	(aushauen-ließ=)spaltete-er-und	Wüste-(der)-in	(Wehr)türme

לוֹ	הָיָה	רַב	מִקְנֶה־	כִּי	רַבִּים
loʷ	hɔyɔʰ	rab	-miqᵊnɛʰ	kiʸ	rabbiʸm
;ihm-(von=)zu	(da)-war-(es=er)	viel	Vieh	denn	,viele

אִכָּרִים	וּבַמִּישׁוֹר	וּבַשְּׁפֵלָה
ʾikkɔriʸm	uʷbammiʸšoʷr	uʷbaššᵊpelɔʰ
Ackerbauern-(siedelten)	Ebene-der-in-(auch-als=)und	Tiefland-im-(sowohl=)und

כִּי־	וּבַכַּרְמֶל	בֶּהָרִים	וְכֹרְמִים
-kiʸ	uʷbakkarᵊmɛl	bɛhɔriʸm	wᵊkorᵊmiʸm
denn	,Gartenland-dem-in-und	Berge(n)-(den=)die-(auf=)in	Winzer-und

11 וַיְהִי	הָיָה׃	אֲדָמָה	אֹהֵב
wayᵊhiʸ	hɔyɔʰ.	ʾᵃdɔmɔʰ	ʾoheb
(gab=)war-(es=)er-Und	.war-er	(Acker)boden(s)-(des)	(Freund-ein=)Liebender

מִלְחָמָה	עֹשֵׂה	חַיִל	לְעֻזִּיָּהוּ
milᵊḥɔmɔʰ	ʿośeʰ	ḥayil	lᵊʿuzziʸyɔhuʷ
,Krieg-(für)	(geübte=)machende(r)	Streitmacht-(eine)	Ussija(hu)-(von=)zu

בְּמִסְפַּר	לִגְדוּד	צָבָא	יוֹצְאֵי
bᵊmisᵊpar	ligᵊduʷd	ṣɔbɔʾ	yoʷṣᵊʾeʸ
Zahl-(der)-(entsprechend=)in	Streifschar-(einer=)zu	Mannschaft (als)	-ausziehend(e)

יְעוּאֵל[יְעִיאֵל]	בְּיַד	פְּקֻדָּתָם
[yᵊʿiʸʾel]yᵊʿuʷʾel	bᵊyad	pᵊquddɔtɔm
,[Jegiël]Jeguël	(durch=)Hand-in	Musterung-ihre(r)

הַשּׁוֹטֵר	וּמַעֲשֵׂיָהוּ	הַסּוֹפֵר
haššoʷṭer	uʷmaʿᵃśeʸɔhuʷ	hassoʷper
,(Amtmann=)Aufseher-(den=)der	,Maaseja(hu)-und	,(Staats)schreiber-(den=)der

חֲנַנְיָהוּ	יַד־	עַל
ḥᵃnanᵊyɔhuʷ	-yad	ʿal
,(Hananjas=)Chananjahu(s)	(Aufsicht=)Hand-(der)	(unter=)auf

12 כֹּל	הַמֶּלֶךְ׃	מִשָּׂרֵי
kol	hammɛlɛk.	miśśɔreʸ
(betrug)-(Insgesamt=)All	.König(s)-(des=)der	Ober(st)e(n)-(den)-von- (einer)

הָאָבוֹת	רָאשֵׁי	מִסְפַּר
hɔʾɔboʷt	rɔʾšeʸ	misᵊpar
(Familienoberhäupter=)Väter-(der=)die	-(Ober)häupter-(der)	Zahl-(die)

מֵאוֹת׃	וְשֵׁשׁ	אַלְפַּיִם	חָיִל	לְגִבּוֹרֵי
meʾoʷt.	wᵊšeš	ʾalᵊpayim	ḥɔyil	lᵊgibboʷreʸ
.hundert(e)	-sechs-und	zweitausend(e)	,Heer(es)-(des)	Tüchtige-(als=)zu

חֵיל	יָדָם	13 וְעַל־
ḥeʸl	yɔdɔm	-wᵊʿal
Wehrmacht-(die)	(stand-Befehl-ihrem=)Hand-ihre(r)	(unter=)auf-Und

אֲלָפִים	וְשִׁבְעַת	אֶלֶף	מֵאוֹת	שְׁלֹשׁ	צָבָא
ʾ^{a}lɔpi^{y}m	w^{ə}šib^{əʿ}at	ʾɛlɛp	meʾo^{w}t	š^{ə}loš	ṣɔbɔʾ
tausend(e)	-sieben-und	tausend	hundert(e)	-Drei	:Heer(esverbandes)-(des)

בְּכֹחַ	מִלְחָמָה	עֹשֵׂי	מֵאוֹת	וַחֲמֵשׁ
b^{ə}koaḥ	mil^{ə}ḥɔmɔ^{h}	ʿo^{w}śe^{y}	meʾo^{w}t	waḥ^{a}meš
Kraft-(mit=)in	Krieg	(Führende=)Machende	hundert(e)	-fünf-und

עַל-	לַמֶּלֶךְ	לַעְזֹר	חָיִל
-ʿal	lammɛlɛk	la^{ʿə}zor	ḥɔyil
(gegen=)auf	König-(dem=)zu	(beizustehen-um=)helfen-zu	Tüchtigkeit-(und)

עֻזִּיָּהוּ	לָהֶם	14 וַיָּכֶן	הָאוֹיֵב׃
ʿuzzi^{y}yɔhu^{w}	lɔhɛm	wayyɔkɛn	hɔʾo^{w}yeb.
,Ussija(hu)	(sie-für=)ihnen-zu	bereit-stellte-(es=)er-(Und)	.Feind-(den=)der

וְכוֹבָעִים	וּרְמָחִים	מָגִנִּים	הַצָּבָא	לְכָל-
w^{ə}ko^{w}bɔʿi^{y}m	u^{w}r^{ə}mɔḥi^{y}m	mɔginni^{y}m	haṣṣɔbɔʾ	-l^{ə}kol
Helme-und	Lanzen-und	Schilde	,Heer-das	all-(für=)zu

קְלָעִים׃	וּלְאַבְנֵי	וּקְשָׁתוֹת	וְשִׁרְיֹנוֹת
q^{ə}lɔʿi^{y}m.	u^{w}l^{əʾ}ab^{ə}ne^{y}	u^{w}q^{ə}šɔto^{w}t	w^{ə}šir^{ə}yono^{w}t
.Schleuderer-(die)	(für)-Steine-(zu)-und	Bogen-und	Schuppenpanzer-und

בִּירוּשָׁלִַם	15 וַיַּעַשׂ
bi^{y}ru^{w}šɔlaim	wayyaʿaś
Jerusalem-in	(anfertigen-ließ=)macht-er-Und

חוֹשֵׁב	מַחֲשֶׁבֶת	חִשְּׁבֹנוֹת
ḥo^{w}šeb	maḥ^{a}šɛbɛt	ḥišš^{ə}bono^{w}t
beabsichtigend(er)	Erfindung-(eine)	,(Kriegsmaschinen=)Ersinnungen

הַפִּנּוֹת	וְעַל-	הַמִּגְדָּלִים	עַל-	לִהְיוֹת
happinno^{w}t	-w^{əʿ}al	hammig^{ə}dɔli^{y}m	-ʿal	lih^{ə}yo^{w}t
Zinnen-die	auf-und	(Wehr)türme-die	auf	(setzen=)sein-zu

גְּדֹלוֹת	וּבָאֲבָנִים	בַּחִצִּים	לִירוֹא
g^{ə}dolo^{w}t	u^{w}bɔ^{ʾa}bɔni^{y}m	baḥiṣṣi^{y}m	li^{y}ro^{wʾ}
.große(n)	Steine(n)-(mit=)den-in-und	Pfeilen-(mit=)den-in	schießen-zu-(um)

עַד-	שְׁמוֹ	וַיֵּצֵא
-ʿad	š^{ə}mo^{w}	wayyeṣeʾ
bis	Name-sein	(sich-verbreitete=)aus-ging-(es=er)-(So=)Und

הִפְלִיא	כִּי־	לְמֵרָחוֹק
hipᵊliʸʾ	-kiʸ	lᵊmerɔḥoʷq
-wunderbar-machte-er	denn	,(fernhin=)Ferne-von-zu

כִּי־	עַד	לְהֵעָזֵר
-kiʸ	ʿad	lᵊheʿɔzer
dass	bis	,(geholfen-wunderbar-wurde-ihm=)werden-geholfen-zu

16 וּכְחֶזְקָתוֹ	חָזָק׃
uʷkᵊḥɛzᵊqɔtoʷ	ḥɔzɔq.
Erstarken-sein(em)-(gemäß=)wie-(Indes=)Und	.stark-wurde-er

עַד־	לִבּוֹ	גָּבַהּ
-ʿad	libboʷ	gɔbah
bis	Herz-sein	(überheblich=)hoch-wurde-(es=er)

וַיִּמְעַל	לְהַשְׁחִית
wayyimᵊʿal	lᵊhašᵊḥiʸt
treubrüchig-war-(er)-und	(trieb-schlimm-es-er-dass=)verderben-machen-zu

אֶל־	וַיָּבֹא	אֱלֹהָיו	בַּיהוָה
-ʾɛl	wayyɔboʾ	ʾᵋlohɔʸw	bayhwɔʰ
(in=)zu	(ging=)kam-er-(da=)und	,(Gott=)Götter-seine(n)	,JHWH-(gegen=)in

עַל־	לְהַקְטִיר	יְהוָה	הֵיכַל
-ʿal	lᵊhaqᵊṭiʸr	yᵊhwɔʰ	heʸkal
auf	(räucherte-und=)machen-Räuchern-zu	JHWH(s)	Tempel-(den)

אַחֲרָיו	17 וַיָּבֹא	הַקְּטֹרֶת׃	מִזְבַּח
ʾaḥᵃrɔʸw	wayyɔboʾ	haqqᵊṭorɛt.	mizᵊbaḥ
(her)-ihm-hinter	kam-(es=er)-(Damals=)Und	.Rauchopfer(s)-(des=)der	Altar-(dem)

שְׁמוֹנִים	לַיהוָה	כֹּהֲנִים	וְעִמּוֹ	הַכֹּהֵן	עֲזַרְיָהוּ
šᵊmoʷniʸm	layhwɔʰ	kohᵃniʸm	wᵊʿimmoʷ	hakkohen	ʿᵃzarᵊyɔhuʷ
achtzig	,JHWH(s=zu)	Priester	ihm-mit-und	,Priester-der	,Asarja(hu)

18 וַיַּעַמְדוּ	בְּנֵי־חָיִל׃
wayyaʿamᵊduʷ	ḥɔyil-bᵊneʸ.
hin-sich-stellten-(sie)-und	,(Männer-wackere=)Tapferkeit-(von)-Söhne

לוֹ	וַיֹּאמְרוּ	הַמֶּלֶךְ	עֻזִּיָּהוּ	עַל־
loʷ	wayyoʾmᵊruʷ	hammɛlɛk	ʿuzziʸyɔhuʷ	-ʿal
:ihm-zu	sprachen-(sie)-und	,König-(den=)der	,Ussija(hu)	(gegen=)auf

לְהַקְטִיר	עֻזִּיָּהוּ	לְךָ	לֹא־
lᵊhaqᵊṭiʸr	ʿuzziʸyɔhuʷ	lᵊkɔ	-loʾ
Räuchern-machen-zu	,Ussija(hu)	,(zu-dir=)dir-zu-(es-steht)	Nicht

לַכֹּהֲנִים	כִּי	לַיהוָה
lakkohᵃniʸm	kiʸ	layhwɔʰ
,Priester(n)-(den=)zu	(sondern=)denn	,JHWH(s)-(Ehren)-zu

הַמְקֻדָּשִׁים	בְנֵי־אַהֲרֹן
hamᵊquddɔšiʸm	ʾahᵃron-bᵊneʸ
(Geweihten=)Geheiligten-(den=)die	,Aaron(s)-Söhne(n)-(den)

הַמִּקְדָּשׁ	מִן־	צֵא	לְהַקְטִיר
hammiqᵊdɔš	-min	ṣeʾ	lᵊhaqᵊṭiʸr
,Heiligtum-(dem=)das	(aus=)von	hinaus-Geh	!Räuchern-machen-zu-(um)

לְךָ	וְלֹא־	מָעַלְתָּ	כִּי
lᵊkɔ	-wᵊloʾ	mɔʿalᵊtɔ	kiʸ
dir-(gereicht-es=)zu	nicht-(da=)und	,Untreue-begangen-hast-du	denn

אֱלֹהִים׃	מֵיְהוָה	לְכָבוֹד
ʾᵋlohiʸm.	meʸᵊhwɔʰ	lᵊkɔboʷd
!(Gottes-des=)Götter-(der)	,JHWH(s)-(Seiten)-von	Ehre-zu(r)

וּבְיָדוֹ	עֻזִּיָּהוּ	וַיִּזְעַף 19
uʷbᵊyɔdoʷ	ʿuzziʸyɔhuʷ	wayyizᵊʿap
(war)-Hand-seine(r)-in-(da=)und	,Ussija(hu)	ergrimmte-(es=er)-(Hierauf=)Und

לְהַקְטִיר	מִקְטֶרֶת
lᵊhaqᵊṭiʸr	miqᵊṭɛrɛt
.Räuchern-machen-zu-(um)	Räucherpfanne-(die)

הַכֹּהֲנִים	עִם־	וּבְזַעְפּוֹ
hakkohᵃniʸm	-ʿim	uʷbᵊzaʿᵊpoʷ
,Priester-die	(gegen=)mit	(ergrimmte-er-als=)Ergrimmen-sein(em)-in-Und

בְּמִצְחוֹ	זָרְחָה	וְהַצָּרַעַת
bᵊmiṣᵊḥoʷ	zɔrᵊḥɔʰ	wᵊhaṣṣɔraʿat
Stirn-seine(r)-(an=)in	(hervor-trat=)auf-ging-(er=sie)	Aussatz-der-(da=)und

יְהוָה	בְּבֵית	הַכֹּהֲנִים	לִפְנֵי
yᵊhwɔʰ	bᵊbeʸt	hakkohᵃniʸm	lipᵊneʸ
,JHWH(s)	(Tempel)haus-(im=)in	Priester-(der=)die	(Gegenwart-in=)Gesichter-zu

מֵעַל	לְמִזְבַּח	הַקְּטֹרֶת׃
meᶜal	lᵊmizᵊbaḥ	haqqᵊṭorɛt.
(neben=)auf-von	Altar-(dem=)zu	.Rauchopfer(s)-(des=)der

20 וַיִּפֶן	אֵלָיו	עֲזַרְיָהוּ	כֹּהֵן
wayyipɛn	ʾelɔʸw	ᶜᵃzarᵊyɔhuʷ	kohen
wandte-sich-(es=er)-(Als=)Und	ihm-zu	,Asarja(hu)	-Priester-(der)

הָרֹאשׁ	וְכָל־	הַכֹּהֲנִים	וְהִנֵּה־	הוּא
hɔroʾš	-wᵊkol	hakkohᵃniʸm	-wᵊhinneʰ	huʷʾ
,(Oberpriester-der=)Haupt(es)-(des)	all-und	,Priester-die	,siehe-(da=)und	(war)-er

מְצֹרָע	בְּמִצְחוֹ	וַיַּבְהִלוּהוּ
mᵊṣorɔᶜ	bᵊmiṣᵊḥoʷ	wayyabᵊhiluʷhuʷ
aussätzig(er)	.Stirn-seine(r)-(an=)in	ihn-fort-eilig-jagten-sie-(Nun=)Und

מִשָּׁם	וְגַם־	הוּא	נִדְחַף	לָצֵאת	כִּי
miššɔm	-wᵊgam	huʷʾ	nidᵊḥap	lɔṣeʾt	kiʸ
,dort-von	auch-und	(selbst)-er	sich-beeilte-(er)	,hinaus-gehen-zu	(da=)denn

נִגְּעוֹ	יְהוָה׃	21 וַיְהִי
niggᵊᶜoʷ	yᵊhwɔʰ.	wayᵊhiʸ
(Plage=)Schlag-sein(e)	.JHWH-(von-kam)	(blieb=)war-(es=)er-(Und)

עֻזִּיָּהוּ	הַמֶּלֶךְ	מְצֹרָע	עַד־	יוֹם	מוֹתוֹ
ᶜuzziʸyɔhuʷ	hammɛlɛk	mᵊṣorɔᶜ	-ᶜad	yoʷm	moʷtoʷ
,Ussija(hu)	,König-der	Aussätziger-(ein)	(zum)-bis	Tag	;Tod(es)-sein(es)

וַיֵּשֶׁב	בֵּית	הַחָפְשׁוּת[הַחָפְשִׁית]	מְצֹרָע
wayyešɛb	beʸt	[haḥɔpᵊšiʸt]haḥɔpᵊšuʷt	mᵊṣorɔᶜ
wohnte-er-(aber=)und	Haus-(einem-in)	Aufenthalt(s)-(des=)der	,Aussätziger-(als)

כִּי	נִגְזַר	מִבֵּית	יְהוָה	וְיוֹתָם
kiʸ	nigᵊzar	mibbeʸt	yᵊhwɔʰ	wᵊyoʷtɔm
denn	getrennt-wurde-er	(Tempel)haus-(dem)-von	,JHWH(s)	,Jotam-und

בְּנוֹ	עַל־	בֵּית	הַמֶּלֶךְ
bᵊnoʷ	-ᶜal	beʸt	hammɛlɛk
,Sohn-sein	(über-war=)auf	(Palast=)Haus-(dem)	König(s)-(des=)der

שׁוֹפֵט	אֶת־עַם	הָאָרֶץ׃	22 וְיֶתֶר
šoʷpeṭ	ᶜam-ʾɛt	hɔʾɔrɛṣ.	wᵊyɛtɛr
richtend(er)	Volk-(das)***	.Land(es)-(des=)das	Rest-(der)-(Indes=)Und

הָרִאשֹׁנִים	עֻזִּיָּהוּ	דִּבְרֵי
hɔriʾšoniʸm	ʿuzziʸyɔhuʷ	dibᵊreʸ
(früheren=)ersten-die	,Ussija(hu)	(unter)-(Ereignisse=)Dinge-(der)

יְשַׁעְיָהוּ	כָּתַב	וְהָאַחֲרֹנִים
yᵊšaʿᵊyɔhuʷ	kɔtab	wᵊhɔʾaḥᵃroniʸm
Jesaja(hu)	(aufgezeichnet=)geschrieben-hat-(es=er)	,späteren-die-und

עִם־	עֻזִּיָּהוּ	23 וַיִּשְׁכַּב	הַנָּבִיא׃	בֶּן־אָמוֹץ
-ʿim	ʿuzziʸyɔhuʷ	wayyišᵊkab	hannɔbiʸʾ.	ʾɔmoʷṣ-bɛn
(zu=)mit	Ussija(hu)	sich-legte-(er)-(Als=)Und	.Prophet-der	,Amoz-(des)-Sohn

עִם־	אֹתוֹ	וַיִּקְבְּרוּ	אֲבֹתָיו
-ʿim	ʾotoʷ	wayyiqᵊbᵊruʷ	ʾᵃbotɔʸw
(bei=)mit	ihn	begruben-sie-(da=)und	,(Vorfahren=)Väter(n)-seine(n)

הַקְּבוּרָה	בִּשְׂדֵה	אֲבֹתָיו
haqqᵊbuʷrɔʰ	biśᵊdeʰ	ʾᵃbotɔʸw
,Begräbnis-das	(für)-Feld-(freien)-(dem)-(auf=)in	(Vorfahren=)Väter(n)-seine(n)

אָמְרוּ	כִּי	לַמְּלָכִים	אֲשֶׁר
ʾɔmᵊruʷ	kiʸ	lammᵊlɔkiʸm	ʾᵃšɛr
:sagten-sie	denn	,Könige-die-(für-bestimmt=)zu	(war-das=)welch(es)

וַיִּמְלֹךְ	הוּא	מְצוֹרָע
wayyimᵊlok	huʷʾ	mᵊṣoʷrɔʿ
(König-wurde=)herrschte-(es=er)-(Sodann=)Und	.(war)-er	Aussätziger-(Ein)

תַּחְתָּיו׃	בְּנוֹ	יוֹתָם
taḥᵊtɔʸw.	bᵊnoʷ	yoʷtɔm
.(statt-seiner-an=)ihm-unter	,Sohn-sein	,Jotam

27

שָׁנָה	וְחָמֵשׁ	עֶשְׂרִים	1 בֶּן־
šɔnɔʰ	wᵊḥɔmeš	ʿɛśᵊriʸm	-bɛn
Jahr(e)	fünf-und	zwanzig	(war-Alt=)(von)Sohn-(Ein)

וְשֵׁשׁ־עֶשְׂרֵה	בְּמָלְכוֹ	יוֹתָם
ʿɛśᵊreh-wᵊšeš	bᵊmolᵊkoʷ	yoʷtɔm
zehn-sech(s)-und	,(wurde-König-er-als=)Herrschen-seinem-(bei=)in	,Jotam

וְשֵׁם	בִּירוּשָׁלִָם	מָלַךְ	שָׁנָה
wᵊšem	biʸruʷšɔlɔim	mɔlak	šɔnɔʰ
Name-(der)-und	;Jerusalem-in	(König-als)-regierte-er	Jahr(e)

אִמּוֹ יְרוּשָׁה בַּת־צָדוֹק׃ 2 וַיַּעַשׂ
wayyaʿaś ṣɔdoʷq-bat. yᵊruʷšɔʰ ʾimmoʷ
,(tat=)machte-er-(Und) .Zadok(s)-Tochter Jeruscha (war)-Mutter-sein(er)

הַיָּשָׁר בְּעֵינֵי יְהוָה
yᵊhwɔʰ bᵊʿeʸneʸ hayyɔšɔr
,JHWH (von)-Augen-(zwei)-(den)-in (war-recht-was=)Gerade-das

כְּכֹל אֲשֶׁר־עָשָׂה עֻזִּיָּהוּ אָבִיו
ʾɔbiʸw ʿuzziʸyɔhuʷ ʿɔśɔʰ -ʾᵃšɛr kᵊkol
;Vater-sein ,Ussija(hu) tat-(er) (was=)welch(es) ,all(em)-(gemäß=)wie

רַק לֹא־בָא אֶל־הֵיכַל יְהוָה
yᵊhwɔʰ heʸkal -ʾɛl bɔʾ -loʾ raq
.JHWH(s) Tempel-(den) (in=)zu (hinein-ging=)kam-er nicht (dass)-nur

וְעוֹד הָעָם מַשְׁחִיתִים׃ 3 הוּא
huʷʾ mašᵊḥiʸtiʸm. hɔʿɔm wᵊʿoʷd
,Er .treibend(e)-schlimm-(es-waren) (Leute-die=)Volk-das noch-(Aber=)Und

בָּנָה אֶת־שַׁעַר בֵּית־יְהוָה הָעֶלְיוֹן
hɔʿɛlᵊyoʷn yᵊhwɔʰ -beʸt šaʿar-ʾɛt bɔnɔʰ
,obere-(das=)der ,JHWH(s) (Tempel)haus(es)-(des) Tor-(das)*** baute-er

וּבְחוֹמַת הָעֹפֶל בָּנָה לָרֹב׃
lɔrob. bɔnɔʰ hɔʿopɛl uʷbᵊḥoʷmat
.(viel=)Menge-(in=)zu baute-er Ophel(s)-(des=)der Mauer-(der)-(an=)in-und

4 וְעָרִים בָּנָה בְּהַר־יְהוּדָה
yᵊhuʷdɔʰ -bᵊhar bɔnɔʰ wᵊʿɔriʸm
Juda (von)-Berg(land)-(im=)in baute-er Städte-(Ferner=)Und

וּבֶחֳרָשִׁים בָּנָה בִּירָנִיּוֹת וּמִגְדָּלִים׃ 5 וְהוּא
wᵊhuʷʾ uʷmigᵊdɔliʸm. biʸrɔniʸyoʷt bɔnɔʰ uʷbɛḥᵒrɔšiʸm
,er-Und .(Wehr)türme-und Burgen baute-er Waldgebieten-den-in-und

נִלְחַם עִם־מֶלֶךְ בְּנֵי־עַמּוֹן וַיֶּחֱזַק
wayyɛḥᵉzaq ʿammoʷn-bᵊneʸ mɛlɛk -ʿim nilᵊḥam
stark-war-er-und Ammon(s)-Söhne-(der) König-(dem) mit kämpfte-er

עֲלֵיהֶם וַיִּתְּנוּ־לוֹ
loʷ -wayyittᵊnuʷ ʿᵃleʸhɛm
ihm-(zu) gaben-(es=sie)-(Hierauf=)Und .(sie-gegen=)ihnen-auf

מֵאָה	הַהִיא	בַּשָּׁנָה	בְּנֵי־עַמּוֹן
meʾɔʰ	hahiʸʾ	baššɔnɔʰ	ʿammoʷn-bᵊneʸ
hundert	,(demjenigen=)diejenige	,Jahr-dem-in	Ammon(s)-Söhne-(die)

חִטִּים	כֹּרִים	אֲלָפִים	וַעֲשֶׂרֶת	כִּכַּר־כֶּסֶף
ḥiṭṭiʸm	koriʸm	ʾalɔpiʸm	waʿaśɛrɛt	kɛsɛp-kikkar
Weizen	Kormaße	tausend(e)	-zehn-und	Silber-(talente=)scheibe(n)

זֹאת	אֲלָפִים	עֲשֶׂרֶת	וּשְׂעוֹרִים
zoʾt	ʾalɔpiʸm	ʿaśɛrɛt	uʷśᵊʿoʷriʸm
(Summe)-Diese	.tausend(e)	-zehn	Gerste(n)-und

עַמּוֹן	בְּנֵי	לוֹ	הֵשִׁיבוּ
ʿammoʷn	bᵊneʸ	loʷ	hešiʸbuʷ
Ammon	(von)-Söhne-(die)	ihm-zu	(erneut=)zurück-brachten-(es=sie)

וְהַשְּׁלִשִׁית׃	הַשֵּׁנִית	וּבַשָּׁנָה
wᵊhaššᵊlišiʸt.	haššeniʸt	uʷbaššɔnɔʰ
.dritte(n)-(dem=)die-und	zweite(n)-(dem=)die	,Jahr-dem-in-(auch=)und

כִּי	יוֹתָם	6 וַיִּתְחַזֵּק
kiʸ	yoʷtɔm	wayyitᵊḥazzeq
denn	,Jotam	(mächtig-wurde=)sich-festigte-(es=)er-Und

לִפְנֵי	דְּרָכָיו	הֵכִין
lipᵊneʸ	dᵊrɔkɔʸw	hekiʸn
(vor=)Gesichter-zu	Wege-seine	(standhaft-ging=)fest-setzte-er

7 וְיֶתֶר	אֱלֹהָיו׃	יְהוָה
wᵊyɛtɛr	ʾɛlohɔʸw.	yᵊhwɔʰ
Rest-(der)-(Indes=)Und	.(Gott-seinem=)Götter(n)-seine(n)	,JHWH

מִלְחֲמֹתָיו	וְכָל־	יוֹתָם	דִּבְרֵי
milᵊḥamotɔʸw	-wᵊkol	yoʷtɔm	dibᵊreʸ
Kämpfe-seine	all-und	Jotam	(unter)-(Ereignisse=)Dinge-(der)

הִנָּם	וּדְרָכָיו
hinnɔm	uʷdᵊrɔkɔʸw
(sind)-sie-,siehe	,(Unternehmungen=)Wege-seine-und

מַלְכֵי־	סֵפֶר	עַל־	כְּתוּבִים
-malᵊkeʸ	sepɛr	-ʿal	kᵊtuʷbiʸm
(von)-Könige-(der)	Buch-(dem)	(in=)auf	(aufgezeichnet=)geschrieben(e)

שָׁנָה וְחָמֵשׁ עֶשְׂרִים 8 בֶּן־ וִיהוּדָה׃ יִשְׂרָאֵל
šɔnɔh wəḥɔmeš ʿɛśərîym -bɛn wiyhuwdɔh. yiśərɔʾel
Jahr(e) fünf-und zwanzig (Alt=)(von)Sohn-(Ein) .Juda-und Israel

וְשֵׁשׁ־עֶשְׂרֵה בְמָלְכוֹ הָיָה
ʿɛśərɛh-wəšeš bəmoləkow hɔyɔh
zehn-sech(s)-und ,(wurde-König-er-als=)Herrschen-seinem-(bei=)in ,war-er

וַיִּשְׁכַּב 9 בִּירוּשָׁלָםִ׃ מָלַךְ שָׁנָה
wayyišəkab biyruwšɔlɔim. mɔlak šɔnɔh
legte-sich-(er)-(Als=)Und .Jerusalem-in (König-als)-regierte-er Jahr(e)

אֹתוֹ וַיִּקְבְּרוּ אֲבֹתָיו עִם־ יוֹתָם
ʾotow wayyiqəbəruw ʾabotɔyw -ʿim yowtɔm
ihn begruben-sie-(da=)und ,(Vorfahren=)Väter(n)-seine(n) (zu=)mit Jotam

אָחָז וַיִּמְלֹךְ דָּוִיד בְּעִיר
ʾɔḥɔz wayyiməlok dɔwiyd bəʿiyr
,Achas (König-wurde=)herrschte-(es=)er-und ,David(s) Stadt-(der)-in

תַּחְתָּיו׃ בְּנוֹ
taḥətɔyw. bənow
.(statt-seiner-an=)ihm-unter ,Sohn-sein

28

אָחָז שָׁנָה עֶשְׂרִים 1 בֶּן־
ʾɔḥɔz šɔnɔh ʿɛśərîym -bɛn
,Achas (war)-Jahr(e) zwanzig (Alt=)(von)Sohn-(Ein)

שָׁנָה וְשֵׁשׁ־עֶשְׂרֵה בְּמָלְכוֹ
šɔnɔh ʿɛśərɛh-wəšeš bəmoləkow
Jahr(e) zehn-sech(s)-und ,(wurde-König-er-als=)Herrschen-seinem-(bei=)in

עָשָׂה וְלֹא־ בִּירוּשָׁלָםִ מָלַךְ
ʿɔśɔh -wəloʾ biyruwšɔlɔim mɔlak
,tat-er nicht-(Hingegen=)Und .Jerusalem-in (König-als)-regierte-er

כְּדָוִיד יְהוָה בְּעֵינֵי הַיָּשָׁר
kədɔwiyd yəhwɔh bəʿeyney hayyɔšɔr
,David-wie ,JHWH(s) Augen-(zwei)-(den)-in (war-recht-was=)Gerade-das

בְּדַרְכֵי 2 וַיֵּלֶךְ אָבִיו׃
bədarəkey wayyelɛk ʾɔbiyw.
Wege(n)-(den)-(auf=)in ging-er-(sondern=)und ,(Ahnherr=)Vater-sein

עָשָׂה	מַסֵּכוֹת	וְגַם	יִשְׂרָאֵל	מַלְכֵי
ʿɔśɔ^h	masseko^{w}t	w^{ə}gam	yiś^{ə}rɔʾel	mal^{ə}ke^y
machte-er	Gussbilder	auch-und	,Israel	(von)-Könige-(der)

בְּגֵיא	הִקְטִיר	3 וְהוּא	לַבְּעָלִים׃
b^{ə}ge^{yʾ}	hiq^{ə}ṭi^{y}r	w^{ə}hu^{wʾ}	labb^{əʿ}ɔli^{y}m.
Tal-(im=)in	räuchern-ließ-er	,er-Und	.Baale-(der=die)-(Ehren)-zu

בָּאֵשׁ	אֶת־בָּנָיו	וַיַּבְעֵר	בֶּן־הִנֹּם
bɔʾeš	bɔnɔ^{y}w-ʾɛt	wayyab^{əʿ}er	hinnom-bɛn
,Feuer-(im=)in	(Kinder=)Söhne-seine***	verbrannte-er-und	Hinnom-Ben

הוֹרִישׁ	אֲשֶׁר	הַגּוֹיִם	כְּתֹעֲבוֹת
hori^{y}š	^{ʾa}šɛr	haggo^{w}yim	k^{ə}to^{ʿa}bo^{w}t
vertreiben-ließ-(er)	welch(e)	,Völker-(der=)die	Gräuel(n)-(den)-(gemäß=)wie

4 וַיְזַבֵּחַ	יִשְׂרָאֵל׃	בְּנֵי	מִפְּנֵי	יְהוָה
way^{ə}zabbeaḥ	yiś^{ə}rɔʾel.	b^{ə}ne^y	mipp^{ə}ne^y	y^{ə}hwɔ^h
opferte-er-(Und)	.Israel(s)	Söhne(n)-(den)	(vor=)Gesichter-von	JHWH

הַגְּבָעוֹת	וְעַל־	בַּבָּמוֹת	וַיְקַטֵּר
hagg^{ə}bɔʿo^{w}t	-w^{əʿ}al	babbɔmo^{w}t	way^{ə}qaṭṭer
Hügel(n)-(den=)die	auf-und	(Kult)höhen-den-(auf=)in	räucherte-er-und

רַעֲנָן׃	עֵץ	כָּל־	וְתַחַת
ra^{ʿa}nɔn.	ʿeṣ	-kol	w^{ə}taḥat
.grün(em)-(saftig)	Baum	(jeglichem=)all	unter-und

בְּיַד	אֱלֹהָיו	יְהוָה	5 וַיִּתְּנֵהוּ
b^{ə}yad	^{ʾɛ}lohɔ^{y}w	y^{ə}hwɔ^h	wayyitt^{ə}nehu^w
Hand-(die)-in	,(Gott=)Götter-sein(e)	,JHWH	ihn-gab-(es=er)-(Da=)Und

בּוֹ	וַיַּכּוּ־	אֲרָם	מֶלֶךְ
bo^w	-wayyakku^w	^{ʾa}rɔm	mɛlɛk
(ihn=)ihm-in	schlugen-sie-Und	.Aram	(von)-König(s)-(des)

מִמֶּנּוּ	וַיִּשְׁבּוּ
mimmɛnnu^w	wayyiš^{ə}bu^w
ihm-von	hinweg-gefangen-führten-(sie)-und

גְדוֹלָה	שִׁבְיָה
g^{ə}do^{w}lɔ^h	šib^{ə}yɔ^h
,große	(Exulantenschar=)Wegführung-(eine)

וַיָּבִיאוּ
wayyɔbiʸʾuʷ
(sie)-(führten=)kommen-machten-sie-und

דַּרְמָשֶׂק
darᵊmɔśɛq
;(Damaskus=)Darmesek-(nach)

וְגַם
wᵊgam
auch-und

בְּיַד־
-bᵊyad
Hand-(die)-in

מֶלֶךְ
mɛlɛk
(von)-König(s)-(des)

יִשְׂרָאֵל
yiśᵊrɔʾel
Israel

נִתָּן
nittɔn
gegeben-wurde-er

וַיַּךְ־
-wayyak
schlug-(d)er-und

בּוֹ
boʷ
(ihn-gegen=)ihm-in

מַכָּה
makkɔʰ
Schlag-(mit)

גְדוֹלָה׃
gᵊdoʷlɔʰ.
.große(m)

6 וַיַּהֲרֹג
wayyahᵃrog
erschlug-(es=)er-Und

פֶּקַח
pɛqaḥ
Pekach

בֶּן־רְמַלְיָהוּ
rᵊmalᵊyɔhuʷ-bɛn
Remalja(hus)-Sohn

בִּיהוּדָה
biʸhuʷdɔʰ
Juda-in

מֵאָה
meʾɔʰ
-hundert

וְעֶשְׂרִים
wᵊʿɛśᵊriʸm
-zwanzig-und

אֶלֶף
ʾɛlɛp
tausend

בְּיוֹם
bᵊyoʷm
Tag-(an=)in

אֶחָד
ʾɛḥɔd
(einem=)einer

הַכֹּל
hakkol
(lauter=)all(es)-das –

בְּנֵי־חָיִל
ḥɔyil-bᵊneʸ
– (Männer-wackere=)Tapferkeit-(von)-Söhne

בְּעָזְבָם
bᵊʿozᵊbɔm
Verlassen(s)-ihr(es)-(ob=)in

אֶת־יְהוָה
yᵊhwɔʰ-ʾɛt
,JHWH***

אֱלֹהֵי
ʾᵉloheʸ
(Gott-den=)Götter-(die)

אֲבוֹתָם׃
ʾᵃboʷtɔm.
.Väter-ihre(r)

7 וַיַּהֲרֹג
wayyahᵃrog
erschlug-(es=er)-(Dann=)Und

זִכְרִי
zikᵊriʸ
,Sichri

גִּבּוֹר
gibboʷr
Held-(ein)

אֶפְרַיִם
ʾɛpᵊrayim
,Ephraim(s)

אֶת־מַעֲשֵׂיָהוּ
maʿᵃśeʸɔhuʷ-ʾɛt
,Maaseja(hu)-(den)***

בֶּן־
-bɛn
Sohn-(den)

הַמֶּלֶךְ
hammɛlɛk
,König(s)-(des=)der

וְאֶת־עַזְרִיקָם
ʿazᵊriʸqɔm-wᵊʾɛt
,Asrikam-***und

נְגִיד
nᵊgiʸd
Vorsteher-(den)

הַבַּיִת
habbɔyit
,(Palastes=)Haus(es)-(des=)das

וְאֶת־אֶלְקָנָה
ʾɛlᵊqɔnɔʰ-wᵊʾɛt
,Elkana-***und

מִשְׁנֵה
mišᵊneʰ
(nach)-(Zweiten-den=)Verdoppelung-(die)

הַמֶּלֶךְ׃
hammɛlɛk.
.König-(dem=)der

מֵאֲחֵיהֶם	יִשְׂרָאֵל	בְנֵי־	8 וַיִּשְׁבּוּ			
meᵓᵃḥeʸhɛm	yiśᵊrɔᵓel	-bᵊneʸ	wayyišᵊbuʷ			
Brüdern-ihren-von	Israel(s)	Söhne-(die)	fort-(gefangen)-führten-(es=)sie-Und			
שָׁלָל	וְגַם־	וּבָנוֹת	בָּנִים	נָשִׁים	אֶלֶף	מָאתַיִם
šɔlɔl	-wᵊgam	uʷbɔnoʷt	bɔniʸm	nɔšiʸm	ᵓɛlɛp	mɔᵓtayim
Beute	auch-und	,Töchter-und	Söhne	,Frauen	tausend	-zweihundert(e)
וַיָּבִיאוּ	מֵהֶם	בָּזְזוּ	רָב			
wayyɔbiʸᵓuʷ	mehɛm	bɔzᵊzuʷ	rɔb			
(brachten=)kommen-machten-sie-und	ihnen-von	raubten-sie	(große=)viel			
נָבִיא	הָיָה	9 וְשָׁם	לְשֹׁמְרוֹן׃	אֶת־הַשָּׁלָל		
nɔbiʸᵓ	hɔyɔʰ	wᵊšɔm	lᵊšomᵊroʷn.	haššɔlɔl-ᵓɛt		
Prophet-(ein)	war-(es=er)	dort-(Indes=)Und	.Samaria-(nach=)zu	Beute-die***		
וַיֵּצֵא	שְׁמוֹ	עֹדֵד	לַיהוָה			
wayyeṣeᵓ	šᵊmoʷ	ᶜoded	layhwɔʰ			
heraus-kam-(d)er-und	,Name-sein-(war)	Oded	,JHWH(s=zu)			
הַבָּא	הַצָּבָא	לִפְנֵי				
habbɔᵓ	haṣṣɔbɔᵓ	lipᵊneʸ				
(war)-kommend(er)-(das=)der	,Heer-das	(vor=)Gesichter-zu				
הִנֵּה	לָהֶם	וַיֹּאמֶר	לְשֹׁמְרוֹן			
hinneʰ	lɔhɛm	wayyoᵓmɛr	lᵊšomᵊroʷn			
,Siehe	:ihnen-zu	sprach-(es=er)-und	,Samaria-(nach=)zu			
אֲבוֹתֵיכֶם	אֱלֹהֵי־	יְהוָה	בַּחֲמַת			
ᵓᵃboʷteʸkɛm	-ᵓᵉloheʸ	yᵊhwɔʰ	baḥᵃmat			
,Väter-eure(r)	(Gottes-des=)Götter-(der)	,JHWH(s)	(Zornes)glut-(der)-(ob=)in			
וַתַּהַרְגוּ־	בְּיֶדְכֶם	נְתָנָם	יְהוּדָה	עַל־		
-wattaharᵊguʷ	bᵊyɛdᵊkɛm	nᵊtɔnɔm	yᵊhuʷdɔʰ	-ᶜal		
erschlagen-habt-ihr-und	Hand-eure-in	sie-gegeben-hat-er	Juda	(über=)auf		
לַשָּׁמַיִם	עַד	בְּזַעַף	בָּם			
laššɔmayim	ᶜad	bᵊzaᶜap	bɔm			
Himmeln-den-zu	bis-(es-dass)	,Zorn-(im=)in	ihnen-(unter=)in			
יְהוּדָה	בְנֵי־	10 וְעַתָּה	הִגִּיעַ׃			
yᵊhuʷdɔʰ	-bᵊneʸ	wᵊᶜattɔʰ	higgiʸaᶜ.			
Juda(s)	Söhne-(die)	,nun-Und	.(gelangend=)reichend(er)-(war)			

וִירוּשָׁלַ͏ִם אַתֶּם אֹמְרִים לִכְבֹּשׁ
likᵊboš   ʾomᵊriʸm   ʾattɛm   wiʸruʷšɔlaim
unterwerfen-zu   (beabsichtigend=)sagend(e)   (seid)-ihr   Jerusalem(s)-und

לַעֲבָדִים וְלִשְׁפָחוֹת לָכֶם
lɔkɛm   wᵊlišᵊpɔḥoʷt   laᶜᵃbɔdiʸm
.euch-(für=)zu   Dienstmägde(n)-(als=)zu-und   Dienstknechte(n)-(als=)zu

הֲלֹא רַק־ אַתֶּם עִמָּכֶם אֲשָׁמוֹת
ʾᵃšɔmoʷt   ᶜimmɔkɛm   ʾattɛm   -raq   hᵃloʾ
Schulden   (habt=)euch-mit   ihr   (gerade=)nur   nicht-Etwa

לַיהוָה אֱלֹהֵיכֶם׃ 11 וְעַתָּה שְׁמָעוּנִי
šᵊmɔᶜuʷniʸ   wᵊᶜattɔʰ   ʾᵋloheʸkɛm.   layhwɔʰ
mich-hört   ,nun-(Also=)Und   ?(Gott-eurem=)Götter(n)-eure(n)   ,JHWH-(bei=)zu

וְהָשִׁיבוּ הַשִּׁבְיָה
haššibᵊyɔʰ   wᵊhɔšiʸbuʷ
,(Gefangenen=)Wegführung-die   (zurück-gebt=)zurückkehren-macht-und

אֲשֶׁר שְׁבִיתֶם מֵאֲחֵיכֶם כִּי חֲרוֹן
ḥᵃroʷn   kiʸ   meʾᵃḥeʸkɛm   šᵊbiʸtɛm   ʾᵃšɛr
Glut-(die)   denn   ,Brüdern-euren-von   weggeführt-habt-ihr   (die=)welch(e)

אַף־ יְהוָה עֲלֵיכֶם׃
ᶜᵃleʸkɛm.   yᵊhwɔʰ   -ʾap
!euch-(über=)auf-(ist)   JHWH(s)   (Zornes-des=)Nase-(der)

12 וַיָּקֻמוּ אֲנָשִׁים מֵרָאשֵׁי בְנֵי־
-bᵊneʸ   merɔʾšeʸ   ʾᵃnɔšiʸm   wayyɔqumuʷ
Söhne-(der)   Häuptern-(den)-von   Männer   sich-erhoben-(es=sie)-(Da=)Und

אֶפְרַיִם עֲזַרְיָהוּ בֶן־יְהוֹחָנָן בֶּרֶכְיָהוּ
bɛrɛkᵊyɔhuʷ   yᵊhoʷḥɔnɔn-bɛn   ᶜᵃzarᵊyɔhuʷ   ʾɛpᵊrayim
Berachja(hu)   ,J(eh)ochan(s)-Sohn   Asarja(hu)   :Ephraim(s)

בֶּן־מְשִׁלֵּמוֹת וִיחִזְקִיָּהוּ בֶּן־שַׁלֻּם וַעֲמָשָׂא
waᶜᵃmɔśɔʾ   šallum-bɛn   wiʸḥizᵊqiʸyɔhuʷ   mᵊšillemoʷt-bɛn
Amasa-und   Schallum(s)-Sohn   Chiskija(hu)-und   Meschillemot(s)-Sohn

בֶּן־חַדְלָי עַל־הַבָּאִים מִן־הַצָּבָא׃
haṣṣɔbɔʾ-min .   habbɔʾiʸm -ᶜal   ḥadᵊlɔy-bɛn
.Heer(eszug)-(dem=)das-von   Kommenden-die-(gegen=)auf   Chadlai(s)-Sohn

לֹא־	לָהֶם	13 וַיֹּאמְרוּ
-loʾ	lɔhɛm	wayyoʾmᵊruʷ
Nicht	:ihnen-zu	sprachen-sie-(Und)

תָבִיאוּ
tɔbiʸʾuʷ
(bringen=)machen-kommen-(sollt=)werdet-ihr

לְאַשְׁמַת	כִּי	הֵנָּה	אֶת־הַשִּׁבְיָה
lᵊʾašᵊmat	kiʸ	hennɔʰ	haššibᵊyɔʰ-ʾɛt
Verschuldung-(eine=)zu	Denn	!hierher	(Gefangenen=)Wegführung-die***

אֹמְרִים	אַתֶּם	עָלֵינוּ	יְהוָה
ʾomᵊriʸm	ʾattɛm	ʿɔleʸnuʷ	yᵊhwɔʰ
(beabsichtigend=)sagend(e)	(seid)-ihr	uns-(für=)auf	JHWH-(vor)

כִּי־	אַשְׁמָתֵינוּ	וְעַל־	חַטֹּאתֵינוּ	עַל־	לְהֹסִיף
-kiʸ	ʾašᵊmɔteʸnuʷ	-wᵊʿal	ḥaṭṭoʾteʸnuʷ	-ʿal	lᵊhosiʸp
Denn	!Verschuldung(en)-unsere	auf-und	Sünden-unsere	auf	,hinzufügen-zu

וַחֲרוֹן	לָנוּ	אַשְׁמָה	רַבָּה
waḥᵃroʷn	lɔnuʷ	ʾašᵊmɔʰ	rabbɔʰ
Glut-(die)-und	uns-(auf-lastet=)zu-(die)	,Schuld-(die)	(reichlich=)viele-(ist)-(es=)sie

14 וַיַּעֲזֹב	יִשְׂרָאֵל׃	עַל־	אָף
wayyaʿᵃzob	yiśᵊrɔʾel.	-ʿal	ʾɔp
(frei)-ließ(en)-(es=er)-(Hierauf=)Und	!Israel	auf	(Zornes-des=)Nase-der

אֶת־הַשִּׁבְיָה	הֶחָלוּץ
haššibᵊyɔʰ-ʾɛt	hɛḥɔluʷṣ
(Gefangenen=)Wegführung-die***	(Krieger-die=)Gerüstete-der

וְכָל־	הַשָּׂרִים	לִפְנֵי	וְאֶת־הַבִּזָּה
-wᵊkol	haśśɔriʸm	lipᵊneʸ	habbizzɔʰ-wᵊʾɛt
all-und	Befehliger(n)-(den=)die	(vor=)Gesichter-zu	Raub-(den=)der-***und

הָאֲנָשִׁים	15 וַיָּקֻמוּ	הַקָּהָל׃
hɔʾᵃnɔšiʸm	wayyɔqumuʷ	haqqɔhɔl.
,Mannen-die	sich-erhoben-(es=sie)-(Dann=)Und	.Versammlung-(der=)die

בְשֵׁמוֹת	נִקְּבוּ	אֲשֶׁר־
bᵊšemoʷt	niqqᵊbuʷ	-ʾᵃšɛr
,Namen-(mit=)in	(bezeichnet=)gestochen-wurden-(sie)	welch(e)

בַּשִּׁבְיָה	וַיַּחֲזִיקוּ
bašši b^{ə}yɔ^{h}	wayyaḥ^{a}zi^{y}qu^{w}
,(Gefangenen=)Wegführung-die-(um=)in	(sich-an-nahmen=)ergriffen-sie-und

הַשָּׁלָל	מִן־	הִלְבִּישׁוּ	מַעֲרֻמֵּיהֶם	וְכָל־
haššɔlɔl	-min	hil^{ə}bi^{y}šu^{w}	ma^{ca}rumme^{y}hɛm	-w^{ə}kol
,Beute-(der=)die	von	bekleideten-sie	Blößen-(deren=)ihre	all-und

וַיַּאֲכִלוּם	וַיַּנְעִלוּם	וַיַּלְבִּשׁוּם
wayya^{ɔa}kilu^{w}m	wayyan^{əc}ilu^{w}m	wayyal^{ə}bišu^{w}m
sie-speisten-sie-und	sie-beschuhten-sie-und	sie-bekleideten-sie-und

וַיְסֻכוּם	וַיַּשְׁקוּם
way^{ə}suku^{w}m	wayyaš^{ə}qu^{w}m
sie-salbten-sie-und	(ihnen-trinken-zu-gaben=)sie-tränkten-sie-und

לְכָל־	בַּחֲמֹרִים	וַיְנַהֲלוּם
-l^{ə}kol	baḥ^{a}mori^{y}m	way^{ə}nah^{a}lu^{w}m
(jeden=)all-(nämlich=)zu —	Eseln-(auf=)in	sie-(geleiteten=)führten-(sie)-und

וַיְבִיאוּם	כּוֹשֵׁל
way^{ə}bi^{y}^{ɔ}u^{w}m	ko^{w}šel
sie-(brachten=)kommen-machten-sie-und	— (Strauchelnden=)Anstoßender

אֵצֶל	הַתְּמָרִים	עִיר־	יְרֵחוֹ
^{ɔ}eṣɛl	hatt^{ə}mori^{y}m	-^{c}i^{y}r	y^{ə}reḥo^{w}
(Nähe-die-in=)neben	,Palmen-(der=)die	Stadt-(der)	,Jericho-(nach)

שֹׁמְרוֹן׃	וַיָּשׁוּבוּ	אֲחֵיהֶם
šom^{ə}ro^{w}n.	wayyɔšu^{w}bu^{w}	^{ɔa}ḥe^{y}hɛm
.Samaria-(nach)	zurück-kehrten-sie-(dann=)und	,Brüder-ihre(r)

עַל־	אָחָז	הַמֶּלֶךְ	שָׁלַח	הַהִיא	בְּעֵת 16
-^{c}al	^{ɔ}ɔḥɔz	hammɛlɛk	šɔlaḥ	hahi^{yɔ}	bɔ^{c}et
(zu=)auf	Achas	König-der	(aus)-sandte-(er)	,da-jene(r)	,Zeit-der-(Zu=)In

לוֹ׃	לַעְזֹר	אַשּׁוּר	מַלְכֵי
lo^{w}.	la^{cə}zor	^{ɔ}aššu^{w}r	mal^{ə}ke^{y}
.ihm-(zu)	(helfen-sie-damit=)helfen-zu	,Assur	(von)-Könige(n)-(den)

בִּיהוּדָה	וַיַּכּוּ	בָּאוּ	אֲדוֹמִים	וְעוֹד 17
bi^{y}hu^{w}dɔ^{h}	wayyakku^{w}	bɔ^{ɔ}u^{w}	^{ɔa}do^{w}mi^{y}m	w^{əc}o^{w}d
Juda-in	(zu)-schlugen-(sie)-und	kamen-(sie)	Edomiter	noch-Und

שְׁבִי׃	וַיִּשְׁבּוּ־
šɛbiʸ.	-wayyišᵊbuʷ
.(Gefangene=)Wegführung	hinweg-(gefangen)-führten-(sie)-und

הַשְּׁפֵלָה	בְּעָרֵי	פָּשְׁטוּ	18 וּפְלִשְׁתִּים
haššᵊpelɔʰ	bᵊᶜɔreʸ	pɔšᵊṭuʷ	uʷpᵊlišᵊtiʸm
Niederung-(der=)die	Städte-(die)-in	ein-fielen-(sie)	Philister-(die)-Und

וַיִּלְכְּדוּ	לִיהוּדָה	וְהַנֶּגֶב
wayyilᵊkᵊduʷ	liʸhuʷdɔʰ	wᵊhannɛgɛb
(eroberten=)ein-nahmen-sie-und	Juda-(von=)zu	Südsteppe-(der=)die-und

וְאֶת־שׂוֹכוֹ	וְאֶת־הַגְּדֵרוֹת	וְאֶת־אַיָּלוֹן	אֶת־בֵּית־שֶׁמֶשׁ
śoʷkoʷ-wᵊʾɛt	haggᵊderoʷt-wᵊʾɛt	ʾayyɔloʷn-wᵊʾɛt	šɛmɛš-beʸt-ʾɛt
Socho-***und	Gederot-***und	Ajjalon-***und	Schemesch-Beth***

וְאֶת־תִּמְנָה	וּבְנוֹתֶיהָ
timᵊnɔʰ-wᵊʾɛt	uʷbᵊnoʷtɛʸhɔ
Timna-***und	,(Siedlungen=)Töchter-(dessen=)ihre-und

וְאֶת־גִּמְזוֹ	וּבְנוֹתֶיהָ
gimᵊzoʷ-wᵊʾɛt	uʷbᵊnoʷtɛʸhɔ
Gimso-***und	,(Siedlungen=)Töchter-(dessen=)ihre-und

שָׁם׃	וַיֵּשְׁבוּ	וְאֶת־בְּנֹתֶיהָ
šɔm.	wayyešᵊbuʷ	bᵊnotɛʸhɔ-wᵊʾɛt
.dort	(fest-sich-setzten=)blieben-und	,(Siedlungen=)Töchter-(dessen=)ihre***und

אָחָז	בַּעֲבוּר	אֶת־יְהוּדָה	יְהוָה	הִכְנִיעַ	19 כִּי־
ʾɔḥɔz	baᶜᵃbuʷr	yᵊhuʷdɔʰ-ʾɛt	yᵊhwɔʰ	hikᵊniʸaᶜ	-kiʸ
,Achas	wegen	Juda***	JHWH	gebeugt-hatte-(es=)er	Denn

בִּיהוּדָה	הִפְרִיעַ	כִּי	יִשְׂרָאֵל	מֶלֶךְ־
biʸhuʷdɔʰ	hipᵊriʸaᶜ	kiʸ	yiśᵊrɔʾel	-mɛlɛk
Juda-in	handeln-zügellos-ließ-er	weil	,Israel	(von)-König(s)-(des)

בַּיהוָה׃	מַעַל	וּמָעוֹל
bayhwɔʰ.	maᶜal	uʷmɔᶜoʷl
.JHWH-(gegen=)in	Veruntreuung	(beging=)Veruntreuen-(ein)-und

פִּלְנְאֶסֶר	תִּלְּגַת	עָלָיו	20 וַיָּבֹא
pilᵊnᵊʾɛsɛr	tillᵊgat	ᶜɔlɔʸw	wayyɔboʾ
,Pilneëser	-Tilgat	ihn-(gegen=)auf	kam-(es=er)-(Ferner=)Und

מֶלֶךְ mɛlɛk (von)-König-(der)
אַשּׁוּר ʾaššuʷr ,(Assur=)Aschschur
וַיָּצַר wayyɔṣar bedrängte-er-und
לוֹ loʷ ,(ihn=)ihm-zu

וְלֹא wᵊloʾ nicht-(aber=)und
חֲזָקוֹ׃ ḥᵃzɔqoʷ. .(ihm-half=)ihn-stärkte-er
21 כִּי־ -kiʸ Denn
חָלַק ḥɔlaq abgeteilt-hatte-(es=)er
אָחָז ʾɔḥɔz Achas

אֶת־בֵּית beʸt-ʾɛt (Tempel)haus-(das)
יְהוָה yᵊhwɔʰ JHWH(s)
וְאֶת־בֵּית beʸt-wᵊʾɛt (Palast-den=)Haus-(das)-***und

הַמֶּלֶךְ hammɛlɛk König(s)-(des=)der
וְהַשָּׂרִים wᵊhaśśɔriʸm ,Fürsten-(der=)die-und
וַיִּתֵּן wayyitten gegeben-(hatte-er)-und

לְמֶלֶךְ lᵊmɛlɛk (von)-König-(dem=)zu
אַשּׁוּר ʾaššuʷr ,(Assur=)Aschschur
וְלֹא wᵊloʾ nicht-(doch=)und

לְעֶזְרָה lᵊʿɛzᵊrɔʰ (Beistand-als=)Hilfe-zu
לוֹ׃ loʷ. .(ihn-für=)ihm-zu
22 וּבְעֵת uʷbᵊʿet ,Zeit-(der)-in-(Selbst=)Und

הָצֵר hɔṣer (war-Bedrängnis-da=)Bedrängen-(ein)
לוֹ loʷ ,ihm-(zu)
וַיּוֹסֶף wayyoʷsɛp hinzu-fügte-er-(da=)und

לִמְעוֹל limᵊʿoʷl Untreue-verüben-zu
בַּיהוָה bayhwɔʰ ,JHWH-(gegen=)in
הוּא huʷʾ ,er
הַמֶּלֶךְ hammɛlɛk König-der
אָחָז׃ ʾɔḥɔz. .Achas

23 וַיִּזְבַּח wayyizᵊbaḥ opferte-er-Und
לֵאלֹהֵי leʾloheʸ (von)-Göttern-(den=)zu
דַּרְמֶשֶׂק darᵊmɛśɛq ,(Damaskus=)Darmesek

הַמַּכִּים hammakkiʸm (waren)-schlagend(e)-die
בּוֹ boʷ ,ihn-(gegen=)in
וַיֹּאמֶר wayyoʾmɛr :sagte-er-(indem=)und
כִּי kiʸ ,Wahrhaftig

אֱלֹהֵי ʾᵋloheʸ (von)-Götter-(die)
מַלְכֵי־ -malᵊkeʸ -Königen-(den)
אֲרָם ʾᵃrɔm ,Aram(s)
הֵם hem ,jene

אֶזַבֵּחַ	לָהֶם	אוֹתָם	מַעְזְרִים
ᵓᵃzabbeaḥ	lɔhɛm	ᵓoʷtɔm	maᶜᵊzᵊriʸm
,opfern-(will=)werde-Ich	.ihnen-(zu)	sie	(sind)-(helfend=)unterstützend(e)

הָיוּ־	וְהֵם	וְיַעְזְרוּנִי
-hɔyuʷ	wᵊhem	wᵊyaᶜᵊzᵊruʷniʸ
(dienten-=)waren-sie	,sie-(Indes=)Und	!(mir=)mich-helfen-sie-(dass=)und

וּלְכָל־יִשְׂרָאֵל׃	לְהַכְשִׁילוֹ	לוֹ
yiśᵊrɔᵓel-uʷlᵊkol .	lᵊhakᵊšiʸloʷ	loʷ
.Israel-(ganz=)all-und	ihn-machen-straucheln-zu-(um)	ihm-(zu)

אֶת־כְּלֵי	אָחָז	24 וַיֶּאֱסֹף
kᵊleʸ-ᵓɛt	ᵓɔḥɔz	wayyɛᵓᵋsop
(von)-Geräte-***(die)	Achas	zusammen-raffte-(es=er)-(Hierauf=)Und

וַיְקַצֵּץ	הָאֱלֹהִים	בֵּית־
wayᵊqaṣṣeṣ	hɔᵓᵋlohiʸm	-beʸt
(zerschlug=)zerschnitt-(er)-und	(Gottes=)Götter-(der=)die	(Tempel)haus-(dem)

הָאֱלֹהִים	בֵּית־	אֶת־כְּלֵי
hɔᵓᵋlohiʸm	-beʸt	kᵊleʸ-ᵓɛt
(Gottes=)Götter-(der=)die	(Tempel)haus(es)-(des)	Geräte-(die)***

וַיַּעַשׂ	יְהוָה	בֵּית־	אֶת־דַּלְתוֹת	וַיִּסְגֹּר
wayyaᶜaś	yᵊhwɔʰ	-beʸt	dalᵊtoʷt-ᵓɛt	wayyisᵊgor
machte-er-und	JHWH(s)	(Tempel)haus-(ins)	Türen-die***	schloss-er-und

בִּירוּשָׁלִָם׃	פִּנָּה	בְּכָל־	מִזְבְּחוֹת	לוֹ
biʸruʷšɔlɔim.	pinnɔʰ	-bᵊkol	mizᵊbᵊḥoʷt	loʷ
.Jerusalem-in	Ecke	(jeder=)all-(an=)in	Altäre	(sich-für=)ihm-zu

לִיהוּדָה	וְעִיר	עִיר	25 וּבְכָל־
liʸhuʷdɔʰ	wɔᶜiʸr	ᶜiʸr	-uʷbᵊkol
Juda-zu-(gehörend)	Stadt-(und)	(einzelnen=)Stadt	(jeder=)all-in-Und

אֲחֵרִים	לֵאלֹהִים	לְקַטֵּר	בָּמוֹת	עָשָׂה
ᵓᵃḥeriʸm	leᵓlohiʸm	lᵊqaṭṭer	bɔmoʷt	ᶜɔśɔʰ
.anderen	Göttern-(den=)zu	räuchern-zu-(um)	(Kult)höhen	machte-er

אֲבֹתָיו׃	אֱלֹהֵי	אֶת־יְהוָה	וַיַּכְעֵס
ᵓᵃbotɔʸw.	ᵓᵋloheʸ	yᵊhwɔʰ-ᵓɛt	wayyakᵊᶜes
.Väter-seine(r)	(Gott-den=)Götter-(die)	,JHWH***	kränkte-er-(So=)Und

וְכָל־	דְּבָרָיו	26 וְיֶתֶר
-wᵊkol	dᵊbɔrɔʸw	wᵊyɛtɛr
all(e)-und	(Geschichte=)Worte-seine(r)	Rest-(der)-(Indes=)Und

וְהָאַחֲרוֹנִים	הָרִאשֹׁנִים	דְּרָכָיו
wᵊhɔʾaḥᵃroʷniʸm	hɔriʾšoniʸm	dᵊrɔkɔʸw
,späteren-die-und	(früheren=)ersten-die	,(Unternehmungen=)Wege-seine

סֵפֶר	עַל־	כְּתוּבִים	הִנָּם
sepɛr	-ʿal	kᵊtuʷbiʸm	hinnɔm
Buch	(im=)auf	(aufgezeichnet=)geschrieben(e)	(ja-sind-die=)sie-,siehe

אָחָז	27 וַיִּשְׁכַּב	וְיִשְׂרָאֵל׃	יְהוּדָה	מַלְכֵי־
ʾɔḥɔz	wayyišᵊkab	wᵊyiśᵊrɔʾel.	yᵊhuʷdɔʰ	-malᵊkeʸ
Achas	gelegt-sich-(er)-(Als=)Und	.Israel-und	Juda	(von)-Könige-(der)

וַיִּקְבְּרֻהוּ	אֲבֹתָיו	עִם־
wayyiqᵊbᵊruhuʷ	ʾᵃbotɔʸw	-ʿim
ihn-begruben-sie-(da=)und	,(Vorfahren=)Väter(n)-seine(n)	(zu=)mit

לֹא	כִּי	בִּירוּשָׁלִַם	בָּעִיר
loʾ	kiʸ	biʸruʷšɔlaim	bɔʿiʸr
nicht	(doch=)denn	,Jerusalem-(in)	,Stadt-der-in

מַלְכֵי	לְקִבְרֵי	הֱבִיאֻהוּ
malᵊkeʸ	lᵊqibᵊreʸ	hᵋbiʸʾuhuʷ
(von)-Könige-(der)	Gräbern-(den)-zu	ihn-(brachten=)kommen-machten-sie

יְחִזְקִיָּהוּ	וַיִּמְלֹךְ	יִשְׂרָאֵל
yᵊḥizᵊqiʸyɔhuʷ	wayyimᵊlok	yiśᵊrɔʾel
,(Je)chiskija(hu)	(König-wurde=)herrschte-(es=er)-(Sodann=)Und	.Israel

תַּחְתָּיו׃	בְּנוֹ
taḥᵊtɔʸw.	bᵊnoʷ
.(statt-seiner-an=)ihm-unter	,Sohn-sein

29

מָלַךְ	1 יְחִזְקִיָּהוּ
mɔlak	yᵊḥizᵊqiʸyɔhuʷ
(König-wurde=)herrschte-(er)	(Hiskija=)(Je)chiskija(hu)

וְתֵשַׁע	וְעֶשְׂרִים	שָׁנָה	וְחָמֵשׁ	עֶשְׂרִים	בֶּן־
wɔtešaʿ	wᵊʿɛśᵊriʸm	šɔnɔʰ	wᵊḥɔmeš	ʿɛśᵊriʸm	-bɛn
neun-und	-zwanzig-und	,Jahr(en)	fünf-und	-zwanzig	(mit=)(von)Sohn-(ein)

שָׁנָה
šɔnɔh
Jahr(e)

מָלַךְ
mɔlak
(König-als)-regierte-er

בִּירוּשָׁלִָם
biyruwšɔlɔim
;Jerusalem-in

וְשֵׁם
wəšem
Name-(der)-und

אִמּוֹ
ʾimmow
(war)-Mutter-sein(er)

אֲבִיָּה
ʾabiyyɔh
,Abija

בַּת־
-bat.
(von)-Tochter-(eine)

זְכַרְיָהוּ׃
zəkaryɔhuw
.Secharja(hu)

2 וַיַּעַשׂ
wayyaʿaś
,(tat=)machte-er-(Indes=)Und

הַיָּשָׁר
hayyɔšɔr
(war-recht-was=)Gerade-das

בְּעֵינֵי
bəʿeyney
(von)-Augen-(beiden)-in

יְהוָה
yəhwɔh
,JHWH

כְּכֹל
kəkol
,all(em)-(gemäß=)wie

אֲשֶׁר־
-ʾašɛr
(was=)welch(es)

עָשָׂה
ʿɔśɔh
(getan=)gemacht-hat-(er)

דָּוִיד
dɔwiyd
,David

אָבִיו׃
ʾɔbiyw.
.(Ahnherr=)Vater-sein

3 הוּא
huwʾ
,Er

בַּשָּׁנָה
baššɔnɔh
,Jahr-dem-in

הָרִאשׁוֹנָה
hɔriʾšownɔh
erste(n)-(dem=)die

לְמָלְכוֹ
ləmoləkow
,(Regierung-seiner=)Herrschen-seinem-zu

בַּחֹדֶשׁ
baḥodɛš
,Monat-im

הָרִאשׁוֹן
hɔriʾšown
,(ersten-dem=)erste-der

פָּתַח
pɔtaḥ
öffnete-er

אֶת־דַּלְתוֹת
daltowt-ʾɛt
Türen-die***

בֵּית־
-beyt
(Tempel)haus(es)-(des)

יְהוָה
yəhwɔh
JHWH(s)

וַיְחַזְּקֵם׃
wayəḥazzəqem.
.sie-(her-wieder-stellte=)befestigte-(er)-und

4 וַיָּבֵא
wayyɔbeʾ
kommen-ließ-er-(Ferner=)Und

אֶת־הַכֹּהֲנִים
hakkohaniym-ʾɛt
Priester-die***

וְאֶת־הַלְוִיִּם
haləwiyyim-wəʾɛt
Leviten-die-***und

וַיַּאַסְפֵם
wayyaʾasəpem
sie-versammelte-(er)-und

לִרְחוֹב
lirəḥowb
Platz-(dem)-(auf=)zu

הַמִּזְרָח׃
hammizərɔḥ.
.(Ostens=)Aufgang-(des=)der

5 וַיֹּאמֶר
wayyoʾmɛr
sprach-er-(Sodann=)Und

לָהֶם
lɔhɛm
:ihnen-zu

שְׁמָעוּנִי
šəmɔʿuwniy
,mich-(an)-Hört

הַלְוִיִּם
haləwiyyim
!Leviten-(ihr=)die

עַתָּה
ʿattɔh
,Nun

הִתְקַדְּשׁוּ	וְקַדְּשׁוּ	אֶת־בֵּית	יְהוָה
hitᵊqaddᵊšuʷ	wᵊqaddᵊšuʷ	beʸt-ᵓɛt	yᵊhwɔʰ
euch-heiligt	heiligt-und	(Tempel)haus-(das)***	,JHWH(s)

אֱלֹהֵי	אֲבֹתֵיכֶם
ᵓᵉloheʸ	ᵓᵃboteʸkɛm
(Gottes-des=)Götter-(der)	,(Ahnen=)Väter-eure(r)

וְהוֹצִיאוּ	אֶת־הַנִּדָּה
wᵊhoʷṣiʸᵓuʷ	hanniddɔʰ-ᵓɛt
(hinaus-schafft=)hinausgehen-macht-und	(Unreine-das=)Unreinheit-die***

מִן־	הַקֹּדֶשׁ׃	6 כִּי־	מָעֲלוּ
-min	haqqodɛš.	-kiʸ	mɔᶜᵃluʷ
(aus=)von	!Heiligtum-(dem=)das	Denn	Untreue-verübten-(es=)sie

אֲבֹתֵינוּ	וְעָשׂוּ	הָרַע	בְּעֵינֵי
ᵓᵃboteʸnuʷ	wᵊᶜɔśuʷ	hɔraᶜ	bᵊᶜeʸneʸ
,Väter-unsere	,taten-sie-und	(war-böse-was=)Böse-das	Augen-(beiden)-in

יְהוָה־	אֱלֹהֵינוּ	וַיַּעַזְבֻהוּ
-yᵊhwɔʰ	ᵓᵉloheʸnuʷ	wayyaᶜazᵊbuhuʷ
,JHWH(s)	,(Gottes=)Götter-unsere(s)	.ihn-verließen-sie-und

וַיַּסֵּבּוּ	פְנֵיהֶם	מִמִּשְׁכַּן	יְהוָה
wayyassebbuʷ	pᵊneʸhɛm	mimmišᵊkan	yᵊhwɔʰ
ab-wandten-sie-(Ferner=)Und	Gesichter-ihre	Wohnstätte-(der)-von	JHWH(s)

וַיִּתְּנוּ־	עֹרֶף׃	7 גַּם	סָגְרוּ
-wayyittᵊnuʷ	ᶜorɛp.	gam	sɔgᵊruʷ
(ihr-kehrten=)gaben-(sie)-und	.(Rücken=)Nacken-(den)	Auch	schlossen-sie

דַּלְתוֹת	הָאוּלָם	וַיְכַבּוּ	אֶת־הַנֵּרוֹת
dalᵊtoʷt	hɔᵓuʷlɔm	wayᵊkabbuʷ	hanneroʷt-ᵓɛt
Türen-(die)	(Tempelvor)halle-(der=)die	aus-löschten-(sie)-und	,Lampen-die***

וּקְטֹרֶת	לֹא	הִקְטִירוּ
uʷqᵊṭorɛt	loᵓ	hiqᵊṭiʸruʷ
Räucherwerk-und	nicht	räuchern-machten-sie

וְעֹלָה	לֹא־	הֶעֱלוּ
wᵊᶜolɔʰ	-loᵓ	hɛᶜᵉluʷ
(Brandopfer=)Hochopfer-(ein)-und	nicht	(dar=)herauf-brachten-sie

8 וַיְהִי	יִשְׂרָאֵל׃	לֵאלֹהֵי	בַּקֹּדֶשׁ
wayᵊhiʸ	yiśᵊrɔʾel.	leʾloheʸ	baqqodɛš
(fiel=)war-(es=)er-Und	.Israel(s)	(Gott-dem=)Göttern-(den=)zu	Heiligtum-im

וִירוּשָׁלִָם	יְהוּדָה	עַל־	יְהוָה	קֶצֶף
wiʸruʷšɔlɔim	yᵊhuʷdɔʰ	-ʿal	yᵊhwɔʰ	qɛṣɛp
Jerusalem-und	Juda	auf	JHWH(s)	Grimm-(der)

לְשַׁמָּה	לזועה[לְזַעֲוָה]	וַיִּתְּנֵם
lᵊšammɔʰ	[lᵊzaʿᵃwɔʰ]lizᵊwɔʿɔʰ	wayyittᵊnem
Entsetzen-zu(m)	,Schrecken-zu(m)	sie-(machte=)gab-er-und

רֹאִים	אַתֶּם	כַּאֲשֶׁר	וְלִשְׁרֵקָה
roʾiʸm	ʾattɛm	kaʾᵃšɛr	wᵊlišᵊreqɔʰ
sehend(e)	(seid)-ihr	wie	,Gezische-zu(m)-und

אֲבוֹתֵינוּ	נָפְלוּ	9 וְהִנֵּה	בְּעֵינֵיכֶם׃
ʾᵃboʷteʸnuʷ	nɔpᵊluʷ	wᵊhinneʰ	bᵊʿeʸneʸkɛm.
Väter-unsere	fielen-(es=)sie	,siehe-Und	.Augen-(zwei)-euren-(mit=)in

וּבְנוֹתֵינוּ	וּבָנֵינוּ	בֶּחָרֶב
uʷbᵊnoʷteʸnuʷ	uʷbɔneʸnuʷ	bɛḥɔrɛb
Töchter-unsere-und	Söhne-unsere-und	,Schwert-das-(durch=)in

עַל־זֹאת׃	בַּשְּׁבִי	וְנָשֵׁינוּ
zoʾt-ʿal.	baššᵊbiʸ	wᵊnɔšeʸnuʷ
.(dafür=)diese-auf	Gefangenschaft-die-in-(mussten)	Frauen-unsere-und

עִם־לְבָבִי	10 עַתָּה
lᵊbɔbiʸ-ʿim	ʿattɔʰ
(vorgenommen-mir-habe-ich=)Herz(en)-mein(em)-mit	Jetzt

לַיהוָה	בְּרִית	לִכְרוֹת
layhwɔʰ	bᵊriʸt	likᵊroʷt
,JHWH-(vor=)zu	Bund-(einen)	(schließen=)schneiden-zu

וְיָשֹׁב	יִשְׂרָאֵל	אֱלֹהֵי
wᵊyɔšob	yiśᵊrɔʾel	ʾᵋloheʸ
abkehre-sich-(es=er)-(dass=)und	,Israel(s)	(Gott-dem=)Götter(n)-(den)

עַתָּה	11 בָּנַי	אַפּוֹ׃	חֲרוֹן	מִמֶּנּוּ
ʿattɔʰ	bɔnay	ʾappoʷ.	ḥᵃroʷn	mimmɛnnuʷ
nun	,Söhne-Meine	.(Zornes-seines=)Nase-seine(r)	Glut-(die)	uns-von

בָּכֶם	כִּי־	תִּשָּׁלוּ	אַל־
bɔkɛm	-kiʸ	tiššɔluʷ	-ᵓal
euch-(***=in)	denn	,sein-nachlässig-(dürft=)werdet-ihr	nicht

לְפָנָיו	לַעֲמֹד	יְהוָה	בָּחַר
lᵊpɔnɔʸw	laᶜᵃmod	yᵊhwɔʰ	bɔḥar
(ihm-vor=)Gesichtern-seinen-zu	stehen-zu	JHWH	erwählt-hat-(es=er)

לוֹ	וְלִהְיוֹת	לְשָׁרְתוֹ
loʷ	wᵊlihᵊyoʷt	lᵊšɔrᵊtoʷ
(ihn-für=)ihm-zu	sein-zu-und	ihn-(be)dienen-zu-(um)

וּמַקְטִרִים׃	מְשָׁרְתִים
uʷmaqᵊṭiriʸm.	mᵊšɔrᵊtiʸm
.lassend(e)-räuchern-und	(Dienst-Verrichtende=)Dienende

בֶּן־עֲמָשַׂי	מַחַת	הַלְוִיִּם	12 וַיָּקֻמוּ
ᶜᵃmɔśay-bɛn	maḥat	halᵊwiʸyim	wayyɔqumuʷ
Amasai(s)-Sohn	Machat	,Leviten-die	sich-erhoben-(es=sie)-(Da=)Und

הַקְּהָתִי	מִן־בְּנֵי	בֶּן־עֲזַרְיָהוּ	וְיוֹאֵל
haqqᵊhɔtiʸ	bᵊneʸ-min	ᶜᵃzarᵊyɔhuʷ-bɛn	wᵊyoʷᵓel
.Kehatiter(s)-(der=des=)der	Söhnen-(den)-von —	Asarjahu(s)-Sohn	Joel-und

וַעֲזַרְיָהוּ	בֶּן־עַבְדִּי	קִישׁ	מְרָרִי	בְּנֵי	וּמִן־
waᶜᵃzarᵊyɔhuʷ	ᶜabᵊdiʸ-bɛn	qiʸš	mᵊrɔriʸ	bᵊneʸ	-uʷmin
Asarjahu-und	Abdi(s)-Sohn	Kisch	:Merari(s)	Söhne(n)-(den)	von-Und

בֶּן־זִמָּה	יוֹאָח	וּמִן־הַגֵּרְשֻׁנִּי	בֶּן־יְהַלֶּלְאֵל
zimmɔʰ-bɛn	yoʷᵓɔḥ	haggerᵊšunniʸ-uʷmin	yᵊhallɛlᵓel-bɛn
Simma(s)-Sohn	Joach	:Gerschuniter-(dem=)der-von-Und	.Jehallelel(s)-Sohn

שִׁמְרִי	אֱלִיצָפָן	בְּנֵי	13 וּמִן־	בֶּן־יוֹאָח׃	וְעֵדֶן
šimᵊriʸ	ᵓɛliʸṣɔpɔn	bᵊneʸ	-uʷmin	yoʷᵓɔḥ-bɛn.	wᵊᶜedɛn
Schimri	:Elizaphan(s)	Söhne(n)-(den)	von-Und	.Joach(s)-Sohn	Eden-und

זְכַרְיָהוּ	אָסָף	בְּנֵי	וּמִן־	ויעואל[וִיעִיאֵל]
zᵊkarᵊyɔhuʷ	ᵓɔsɔp	bᵊneʸ	-uʷmin	[wiʸᶜiʸᵓel]wiʸᶜuʷᵓel
Secharjahu	:Asaph(s)	Söhne(n)-(den)	von-Und	.[Jegiël-und]Jeguël-und

יחואל[יְחִיאֵל]	הֵימָן	בְּנֵי	14 וּמִן־	וּמַתַּנְיָהוּ׃
[yᵊḥiʸᵓel]yᵊḥuʷᵓel	heʸmɔn	bᵊneʸ	-uʷmin	uʷmattanᵊyɔhuʷ.
[Jechiël]Jechuel	:Heman(s)	Söhne(n)-(den)	von-Und	.Mattanjahu-und

וְעֻזִּיאֵל׃	שְׁמַעְיָה	יְדוּתוּן	בְּנֵי	וּמִן־	וְשִׁמְעִי
w^{əʿ}uzzi^{yʾ}el.	š^{ə}ma^{ʿə}yɔ^{h}	y^{ə}du^{w}tu^{w}n	b^{ə}ne^{y}	-u^{w}min	w^{ə}šim^{əʿ}i^{y}
.Ussiël-und	Schemaëja	:Jedutun(s)	Söhne(n)-(den)	von-Und	.Schimei-und

וַיִּתְקַדְּשׁוּ	אֶת־אֲחֵיהֶם	15 וַיַּאַסְפוּ
wayyit^{ə}qadd^{ə}šu^{w}	^{ʾa}ḥe^{y}hɛm-^{ʾ}ɛt	wayya^{ʾ}as^{ə}pu^{w}
sich-heiligten-(sie)-und	(Stammes)brüder-ihre***	versammelten-sie-Und

הַמֶּלֶךְ	כְמִצְוַת־	וַיָּבֹאוּ
hammɛlɛk	-k^{ə}miṣ^{ə}wat	wayyɔbo^{ʾ}u^{w}
König(s)-(des=)der	Befehl-(dem)-(gemäß=)wie	kamen-(sie)-und

בֵּית	לְטַהֵר	יְהוָה	בְּדִבְרֵי
be^{y}t	l^{ə}ṭaher	y^{ə}hwɔ^{h}	b^{ə}dib^{ə}re^{y}
(Tempel)haus-(das)	reinigen-zu	JHWH(s)	Worte(n)-(den)-(nach=)in

לִפְנִימָה	הַכֹּהֲנִים	16 וַיָּבֹאוּ	יְהוָה׃
lip^{ə}ni^{y}mɔ^{h}	hakkoh^{a}ni^{y}m	wayyɔbo^{ʾ}u^{w}	y^{ə}hwɔ^{h}.
Innere-(das)-(in=)zu	Priester-die	kamen-(es=sie)-(Dann=)Und	.JHWH(s)

לְטַהֵר	יְהוָה	בֵּית־
l^{ə}ṭaher	y^{ə}hwɔ^{h}	-be^{y}t
;reinigen-zu-(um)	JHWH(s)	(Tempel)haus(es)-(des)

אֲשֶׁר	הַטֻּמְאָה	כָּל־	אֵת	וַיּוֹצִיאוּ
^{ʾa}šɛr	haṭṭum^{ʾə}ɔ^{h}	-kol	^{ʾ}et	wayyo^{w}ṣi^{yʾ}u^{w}
(die=)welch(e)	,Unreinheit-die	all	***	hinaus-schafften-sie-(dabei=)und

לַחֲצַר	יְהוָה	בְּהֵיכַל	מָצְאוּ
laḥ^{a}ṣar	y^{ə}hwɔ^{h}	b^{ə}he^{y}kal	mɔṣ^{əʾ}u^{w}
(Vor)hof-zu(m)	,JHWH(s)	(Tempel)halle-(der)-in	(antrafen=)fanden-sie

וַיְקַבְּלוּ	יְהוָה	בֵּית
way^{ə}qabb^{ə}lu^{w}	y^{ə}hwɔ^{h}	be^{y}t
(sich-auf-nahmen=)empfingen-(es=)sie-und	,JHWH(s)	Haus(es)-(des)

חוּצָה׃	קִדְרוֹן	לְנַחַל־	לְהוֹצִיא	הַלְוִיִּם
ḥu^{w}ṣɔ^{h}.	qid^{ə}ro^{w}n	-l^{ə}naḥal	l^{ə}ho^{w}ṣi^{yʾ}	hal^{ə}wi^{y}yim
.hin-außen-(nach)	Kidron	Bach-zu(m)	(es)-hinaus-schaffen-zu	Leviten-die

לַחֹדֶשׁ	בְּאֶחָד	17 וַיָּחֵלּוּ
laḥodɛš	b^{əʾ}ɛḥɔd	wayyɔḥellu^{w}
,Monat(s)-(des=)zu	(ersten-am=)einem-in	begannen-sie-(Außerdem=)Und

הָרִאשׁוֹן	לְקַדֵּשׁ	וּבְיוֹם	שְׁמוֹנָה	לַחֹדֶשׁ
hɔriʾšoʷn	lᵊqaddeš	uʷbᵊyoʷm	šᵊmoʷnɔʰ	laḥodɛš
,erste(n)-(des=)der	;heiligen-zu	Tag-(am=)in-und	acht	Monat(s)-(des=)zu

בָּאוּ	לְאוּלָם	יְהוָה	וַיְקַדְּשׁוּ
bɔʾuʷ	lᵊʾuʷlɔm	yᵊhwɔʰ	wayᵊqaddᵊšuʷ
kamen-sie	(Tempel)halle-zu(r)	JHWH(s)	heiligten-sie-und

אֶת־בֵּית־יְהוָה	לְיָמִים	שְׁמוֹנָה	וּבְיוֹם	שִׁשָּׁה
yᵊhwɔʰ-beʸt-ʾɛt	lᵊyɔmiʸm	šᵊmoʷnɔʰ	uʷbᵊyoʷm	šiššɔʰ
JHWH(s)-Haus-(das)***	Tagen-(an=)zu	,acht	Tag-(am=)in-und	-sech(s)

עָשָׂר	לַחֹדֶשׁ	הָרִאשׁוֹן
ʿɔśɔr	laḥodɛš	hɔriʾšoʷn
zehn(ten)	,Monat(s)-(des=)zu	,erste(n)-(des=)der

כִּלּוּ׃	18 וַיָּבוֹאוּ	פְּנִימָה
killuʷ.	wayyɔboʷʾuʷ	pᵊniʸmɔʰ
.(fertig-waren=)vollendeten-sie	kamen-sie-(Darauf=)Und	(hinein=)drinnen

אֶל־	חִזְקִיָּהוּ	הַמֶּלֶךְ	וַיֹּאמְרוּ
-ʾɛl	ḥizᵊqiʸyɔhuʷ	hammɛlɛk	wayyoʾmᵊruʷ
zu	,(Hiskija=)Chiskija(hu)	,König-(dem=)der	:sprachen-(sie)-und

טִהַרְנוּ	אֶת־כָּל־בֵּית	יְהוָה
ṭiharᵊnuʷ	beʸt-kol-ʾɛt	yᵊhwɔʰ
gereinigt-haben-Wir	(Tempel)haus-(ganze=)all-(das)***	:JHWH(s)

אֶת־מִזְבַּח	הָעוֹלָה
mizᵊbaḥ-ʾɛt	hɔʿoʷlɔʰ
Altar-(den)***	(Brandopfers=)Hochopfer(s)-(des=)das

וְאֶת־כָּל־	כֵּלָיו	וְאֶת־שֻׁלְחַן
kol-wᵊʾɛt	kelɔʸw	šulᵊḥan-wᵊʾɛt
all(e)-***und	.(Gefäße=)Geräte-seine	Tisch-(den)***(Ferner=)Und

הַמַּעֲרֶכֶת	וְאֶת־כָּל־	כֵּלָיו
hammaʿᵃrɛkɛt	-kol-wᵊʾɛt	kelɔʸw
(Schaubrote=)Schichtung-(der=)die	-all(e)-***und	.(Gefäße=)Geräte-seine

19 וְאֵת	כָּל־	הַכֵּלִים	אֲשֶׁר
wᵊʾet	-kol	hakkeliʸm	ʾᵃšɛr
***(Außerdem=)Und	all(e)	,(Gefäße=)Geräte-die	(die=)welch(e)

הִזְנִיחַ
hizᵊniʸaḥ
(entweihte=)Gestank-gab-(es=er)

הַמֶּלֶךְ
hammɛlɛk
König-der

אָחָז
ʾɔḥɔz
Achas

בְּמַלְכוּתוֹ
bᵊmalᵊkuʷtoʷ
Regierung-seine(r)-(während=)in

בְּמַעֲלוֹ
bᵊmaᶜᵃloʷ
,Untreue-seiner-(ob=)in

הֵכַנּוּ
hekannuʷ
(gesetzt-instand=)aufgestellt-haben-wir

וְהִקְדָּשְׁנוּ
wᵊhiqᵊdɔšᵊnuʷ
,(geweiht=)geheiligt-haben-wir-und

וְהִנָּם
wᵊhinnɔm
(sind)-sie-,siehe-und

לִפְנֵי
lipᵊneʸ
(vor=)Gesichter-zu

מִזְבַּח
mizᵊbaḥ
Altar-(dem)

יְהוָה׃
yᵊhwɔʰ.
!JHWH(s)

20 וַיַּשְׁכֵּם
wayyašᵊkem
früh-sich-erhob-(es=er)-(Da=)Und

יְחִזְקִיָּהוּ
yᵊḥizᵊqiʸyɔhuʷ
,(Hiskija=)(Je)chiskija(hu)

הַמֶּלֶךְ
hammɛlɛk
,König-der

וַיֶּאֱסֹף
wayyɛʾᵋsop
versammelte-(er)-und

אֵת
ʾet
***

שָׂרֵי
śɔreʸ
Obrigkeiten-(die)

הָעִיר
hɔᶜiʸr
Stadt-(der=)die

וַיַּעַל
wayyaᶜal
hinauf-ging-er-und

בֵּית
beʸt
(Tempel)haus-(zum)

יְהוָה׃
yᵊhwɔʰ.
.JHWH(s)

21 וַיָּבִיאוּ
wayyɔbiʸʾuʷ
(brachten=)kommen-machten-sie-(Sodann=)Und

פָּרִים־
-pɔriʸm
,(Stiere=)Farren

שִׁבְעָה
šibᵊᶜɔʰ
,Siebenzahl-(eine)

וְאֵילִים
wᵊʾeʸliʸm
,Widder-und

שִׁבְעָה
šibᵊᶜɔʰ
,Siebenzahl-(eine)

וּכְבָשִׂים
uʷkᵊbɔśiʸm
,Lämmer-und

שִׁבְעָה
šibᵊᶜɔʰ
,Siebenzahl-(eine)

וּצְפִירֵי
uʷṣᵊpiʸreʸ
böcke-und

עִזִּים
ᶜizziʸm
,Ziegen-

שִׁבְעָה
šibᵊᶜɔʰ
,Siebenzahl-(eine)

לְחַטָּאת
lᵊḥaṭṭɔʾt
Sündopfer-(als=)zu

עַל־
-ᶜal
(für=)auf

הַמַּמְלָכָה
hammamᵊlɔkɔʰ
Königreich-das

וְעַל־
-wᵊᶜal
(für=)auf-und

הַמִּקְדָּשׁ
hammiqᵊdɔš
Heiligtum-das

וְעַל־
-wᵊᶜal
(für=)auf-und

אַהֲרֹן	לִבְנֵי	וַיֹּאמֶר	יְהוּדָה
ʾahᵃron	libᵊneʸ	wayyoʾmɛr	yᵊhuʷdɔʰ
,(Aarons=)Aharon(s)	Söhne-(die=)zu	(hieß=)sprach-er-(Dann=)Und	.Juda

מִזְבַּח	עַל־	לְהַעֲלוֹת	הַכֹּהֲנִים
mizᵊbaḥ	-ʿal	lᵊhaʿᵃloʷt	hakkohᵃniʸm
Altar-(dem)	auf	(darzubringen=)aufsteigen-machen-zu	,Priester-die

וַיְקַבְּלוּ	הַבָּקָר	22 וַיִּשְׁחֲטוּ	יְהוָה׃
wayᵊqabbᵊluʷ	habbɔqɔr	wayyišᵊḥᵃṭuʷ	yᵊhwɔʰ.
auf-fingen-(es=)sie-und	,Rind(er)-(die=)das	schlachteten-sie-Und	!JHWH(s)

הַמִּזְבֵּחָה	וַיִּזְרְקוּ	אֶת־הַדָּם	הַכֹּהֲנִים
hammizᵊbeḥɔʰ	wayyizᵊrᵊquʷ	haddɔm-ʾɛt	hakkohᵃniʸm
.hin-Altar-(den=)der-(an)	(es)-sprengten-(sie)-und	Blut-das***	Priester-die

הַדָּם	וַיִּזְרְקוּ	הָאֵלִים	וַיִּשְׁחֲטוּ
haddɔm	wayyizᵊrᵊquʷ	hɔʾeliʸm	wayyišᵊḥᵃṭuʷ
Blut-das	sprengten-(sie)-und	Widder-die	schlachteten-sie-(Sodann=)Und

הַכְּבָשִׂים	וַיִּשְׁחֲטוּ	הַמִּזְבֵּחָה
hakkᵊbɔśiʸm	wayyišᵊḥᵃṭuʷ	hammizᵊbeḥɔʰ
Lämmer-die	schlachteten-sie-(Ferner=)Und	.hin-Altar-(den=)der-(an)

הַמִּזְבֵּחָה׃	הַדָּם	וַיִּזְרְקוּ
hammizᵊbeḥɔʰ.	haddɔm	wayyizᵊrᵊquʷ
.hin-Altar-(den=)der-(an)	Blut-das	sprengten-(sie)-und

אֶת־שְׂעִירֵי	23 וַיַּגִּישׁוּ
śᵊʿiʸreʸ-ʾɛt	wayyaggiʸšuʷ
(für)-Böcke-(die)***	(heran-führten=)nahen-machten-sie-(Dann=)Und

וְהַקָּהָל	הַמֶּלֶךְ	לִפְנֵי	הַחַטָּאת
wᵊhaqqɔhɔl	hammɛlɛk	lipᵊneʸ	haḥaṭṭɔʾt
,Gemeinde-die-und	König-(den=)der	(vor=)Gesichter-zu	Sündopfer-das

24 וַיִּשְׁחָטוּם	עֲלֵיהֶם׃	יְדֵיהֶם	וַיִּסְמְכוּ
wayyišᵊḥɔṭuʷm	ʿᵃleʸhɛm.	yᵊdeʸhɛm	wayyisᵊmᵊkuʷ
sie-schlachteten-(es=)sie-(Hierauf=)Und	.sie-auf	Hände-ihre	stützten-sie-und

אֶת־דָּמָם	וַיְחַטְּאוּ	הַכֹּהֲנִים
dɔmɔm-ʾɛt	wayᵊḥaṭṭᵊʾuʷ	hakkohᵃniʸm
Blut-(deren=)ihrem-mit	entsündigten-sie-und	Priester-die

כִּי	יִשְׂרָאֵל	כָּל־	עַל־	לְכַפֵּר	הַמִּזְבֵּחָה
ki^{y}	yiś^{ə}rɔʾel	-kol	-ʿal	l^{ə}kapper	hammiz^{ə}beḥɔ^{h}
denn	,Israel	(ganz=)all	(für=)auf	sühnen-zu-(um)	hin-Altar-(den=)der-(an)

הַמֶּלֶךְ	אָמַר	יִשְׂרָאֵל	לְכָל־
hammɛlɛk	ʾɔmar	yiś^{ə}rɔʾel	-l^{ə}kol
König-der	(angeordnet=)gesagt-hatte-(es=er)	Israel	(ganz=)all-(für=)zu

וְהַחַטָּאת׃	הָעוֹלָה
w^{ə}haḥaṭṭɔʾt.	hɔʿo^{w}lɔ^{h}
.Sündopfer-das-und	(Brandopfer=)Hochopfer-das

בֵּית	אֶת־הַלְוִיִּם	25 וַיַּעֲמֵד
be^{y}t	hal^{ə}wi^{y}yim-ʾɛt	wayya^{ʿa}med
(Tempel)haus-(im)	Leviten-die***	(auf)stellen-machte-er-(Ferner=)Und

וּבְכִנֹּרוֹת	בִּנְבָלִים	בִּמְצִלְתַּיִם	יְהוָה
u^{w}b^{ə}kinnoro^{w}t	bin^{ə}bɔli^{y}m	bim^{ə}ṣil^{ə}tayim	y^{ə}hwɔ^{h}
,Zithern-(mit=)in-und	Harfen-(mit=)in	,Zimbeln-(zwei)-(mit=)in	JHWH(s)

חֹזֵה־	וְגָד	דָּוִיד	בְּמִצְוַת
-ḥoze^{h}	w^{ə}gɔd	dɔwi^{y}d	b^{ə}miṣ^{ə}wat
Seher(s)-(des)	,Gad(s)-und	David(s)	Verordnung-(der-nach=)in

כִּי	הַנָּבִיא	וְנָתָן	הַמֶּלֶךְ
ki^{y}	hannɔbi^{y}ʾ	w^{ə}nɔtɔn	hammɛlɛk
denn	,Prophet(en)-(des=)der	,Natan(s)-und	,König(s)-(des=)der

בְּיַד־	הַמִּצְוָה	יְהוָה	בְּיַד־
-b^{ə}yad	hammiṣ^{ə}wɔ^{h}	y^{ə}hwɔ^{h}	-b^{ə}yad
(mittels=)Hand-in	,Verordnung-die-(erging)	JHWH	(durch=)Hand-in

הַלְוִיִּם	26 וַיַּעַמְדוּ	נְבִיאָיו׃
hal^{ə}wi^{y}yim	wayyaʿam^{ə}du^{w}	n^{ə}bi^{y}ʾɔ^{y}w.
Leviten-die	hin-sich-stellten-(sie)-(So=)Und	.Propheten-seine(r)

וְהַכֹּהֲנִים	דָּוִיד	בִּכְלֵי
w^{ə}hakkoh^{a}ni^{y}m	dɔwi^{y}d	bik^{ə}le^{y}
Priester-die-und	David(s)	(Instrumenten=)Gefäße(n)-(den)-(mit=)in

27 וַיֹּאמֶר	בַּחֲצֹצְרוֹת׃
wayyoʾmɛr	baḥ^{a}ṣoṣ^{ə}ro^{w}t.
(hieß=)sprach-(es=er)-(Dann=)Und	.Trompeten-(den)-(mit=)in

חִזְקִיָּהוּ
ḥizᵊqiʸyɔhuʷ
(Hiskija=)Chiskija(hu)

לְהַעֲלוֹת
lᵊhaᶜᵃloʷt
(darzubringen=)aufsteigen-machen-zu

הָעֹלָה
hɔᶜolɔʰ
(Brandopfer=)Hochopfer-das

לְהַמִּזְבֵּחַ
lᵊhammizᵊbeaḥ
,Altar-(dem=)der-(auf=)zu

וּבְעֵת
uʷbᵊᶜet
Zeit-(zur=)in-,(zugleich=)und

הֵחֵל
heḥel
Beginnen(s)-(des=)das

הָעוֹלָה
hɔᶜoʷlɔʰ
,(Brandopfers=)Hochopfer(s)-(des=)das

הֵחֵל
heḥel
begann(en)-(es=er)

שִׁיר־
-šiʸr
Gesang-(der)

יְהוָה
yᵊhwɔʰ
JHWH(s)

וְהַחֲצֹצְרוֹת
wᵊhaḥᵃṣoṣᵊroʷt
,Trompeten(bläser)-die-und

וְעַל־
-wᵊᶜal
(unter=)auf-(zwar)-und

יְדֵי
yᵊdeʸ
(Führung=)Hände

כְּלֵי
kᵊleʸ
(Instrumente=)Geräte-(der)

דָּוִיד
dɔwiʸd
,David(s)

מֶלֶךְ־
-mɛlɛk
(von)-König(s)-(des)

יִשְׂרָאֵל׃
yiśᵊrɔʾel.
.Israel

28 וְכָל־
-wᵊkol
all(e)-Und

הַקָּהָל
haqqɔhɔl
Gemeinde-(der=)die

מִשְׁתַּחֲוִים
mišᵊtaḥᵃwiʸm
niederwerfend(e)-sich-(waren)

וְהַשִּׁיר
wᵊhaššiʸr
Gesang-der-und

מְשׁוֹרֵר
mᵊšoʷrer
(erklang=)singend(er)

וְהַחֲצֹצְרוֹת
wᵊhaḥᵃṣoṣᵊroʷt
Trompeten(bläser)-die-und

מַחֲצֹצְרִים[מַחְצְרִים]
[maḥᵊṣᵊriʸm]maḥᵃṣoṣᵊriʸm
,[schmetternd(e)]trompetend(e)-(waren)

הַכֹּל
hakkol
,all(es)-das

עַד
ᶜad
bis

לִכְלוֹת
likᵊloʷt
(Beendigung-zur=)sein-fertig-zu

הָעֹלָה׃
hɔᶜolɔʰ.
.(Brandopfers=)Hochopfer(s)-(des=)das

29 וּכְכַלּוֹת
uʷkᵊkalloʷt
(hatte-geendet-man-als=)Beenden-(ein)-wie-Und

הַמֶּלֶךְ	כָּרְעוּ	לְהַעֲלוֹת
hammɛlɛk	kɔr^{ə}^{c}u^{w}	l^{ə}ha^{ca}lo^{w}t
König-der	Knie-die-beugten-(es=sie)	,(darzubringen=)aufsteigen-machen-zu

וַיִּשְׁתַּחֲווּ׃	אִתּוֹ	הַנִּמְצְאִים	וְכָל־
wayyiš^{ə}taḥ^{a}wu^{w}.	ʾitto^{w}	hannim^{ə}ṣ^{ə}ʾi^{y}m	-w^{ə}kol
.an-beteten-sie-und	ihm-mit	(Anwesenden=)Sichfindenden-die	all-und

הַמֶּלֶךְ	יְחִזְקִיָּהוּ	30 וַיֹּאמֶר
hammɛlɛk	y^{ə}ḥiz^{ə}qi^{y}yɔhu^{w}	wayyoʾmɛr
,König-der	,(Hiskija=)(Je)chiskija(hu)	(hieß=)sprach-(es=er)-(Dann=)Und

לַיהוָה	לְהַלֵּל	לַלְוִיִּם	וְהַשָּׂרִים
layhwɔ^{h}	l^{ə}hallel	lal^{ə}wi^{y}yim	w^{ə}haśśɔri^{y}m
JHWH-(zu)	preisen-zu	Leviten-(die=)zu	,Fürsten-die-und

הַחֹזֶה	וְאָסָף	דָּוִיד	בְּדִבְרֵי
haḥozɛ^{h}	w^{ə}ʾɔsɔp	dɔwi^{y}d	b^{ə}dib^{ə}re^{y}
,Seher(s)-(des=)der	,Asaph(s)-und	David(s)	Worten-(den)-(mit=)in

וַיִּקְּדוּ	עַד־לְשִׂמְחָה	וַיְהַלְלוּ
wayyiqq^{ə}du^{w}	l^{ə}śim^{ə}ḥɔ^{h}-^{c}ad	way^{ə}hal^{ə}lu^{w}
sich-verneigten-sie-und	(Freude-mit=)Fröhlichkeit-zu-bis	priesen-sie-und

31 וַיַּעַן	וַיִּשְׁתַּחֲווּ׃
wayya^{c}an	wayyiš^{ə}taḥ^{a}wu^{w}.
(an-hob=)antwortete-(es=er)-(Dann=)Und	.an-beteten-(sie)-und

מִלֵּאתֶם	עַתָּה	וַיֹּאמֶר	יְחִזְקִיָּהוּ
milleʾtɛm	^{c}attɔ^{h}	wayyoʾmɛr	y^{ə}ḥiz^{ə}qi^{y}yɔhu^{w}
-gefüllt-habt-ihr	Nun	:sprach-(er)-und	(Hiskija=)(Je)chiskija(hu)

גֹּשׁוּ	לַיהוָה	יֶדְכֶם
gošu^{w}	layhwɔ^{h}	yɛd^{ə}kɛm
heran-Tretet	!JHWH-(zu)	(geweiht-euch=)Hand-eure

וְתוֹדוֹת	זְבָחִים	וְהָבִיאוּ
w^{ə}to^{w}do^{w}t	z^{ə}bɔḥi^{y}m	w^{ə}hɔbi^{y}ʾu^{w}
Dankopfer-und	Schlachtopfer	(bringt=)kommen-macht-und

יְהוָה	לְבֵית
y^{ə}hwɔ^{h}	l^{ə}be^{y}t
!JHWH(s)	(Tempel)haus-zu(m)

וַיָּבִיאוּ wayyɔbiʸʾuʷ (brachte=)kommen-machte(n)-(es=sie)(Darauf=)Und	הַקָּהָל haqqɔhɔl Gemeinde-die

זְבָחִים zᵊbɔḥiʸm Schlachtopfer	וְתוֹדוֹת wᵊtoʷdoʷt ,Dankopfer-und	וְכָל־ -wᵊkol (jeder=)all-und	נְדִיב nᵊdiʸb bereitwillig(en)	לֵב leb Herz(ens)

עֹלוֹת׃ ʿoloʷt. .(Brandopfer=)Hochopfer	32 וַיְהִי wayᵊhiʸ war-(es=)er-Und	מִסְפַּר misᵊpar Zahl-(die)

הָעֹלָה hɔʿolɔʰ ,(Brandopfers=)Hochopfer(s)-(des=)das	אֲשֶׁר ʾašɛr (das=)welch(es)

הֵבִיאוּ hebiʸʾuʷ (brachte=)kommen-machte(n)-(es=sie)	הַקָּהָל haqqɔhɔl :Gemeinde-die	בָּקָר bɔqɔr Rind(er)	שִׁבְעִים šibᵊʿiʸm ;siebzig

אֵילִים ʾeʸliʸm Widder	מֵאָה meʾɔʰ ;hundert	כְּבָשִׂים kᵊbɔśiʸm Lämmer	מָאתָיִם mɔʾtɔyim zweihundert(e)

לְעֹלָה lᵊʿolɔʰ — (Brandopfer=)Hochopfer-(als=)zu	לַיהוָה layhwɔʰ JHWH(s)-(Ehren)-zu	כָּל־אֵלֶּה׃ ʾellɛʰ-kol. .(allesamt=)diese-all

33 וְהַקֳּדָשִׁים wᵊhaqqᵒdɔšiʸm :(Weihegaben)-heiligen-die-(Dazu=)Und	בָּקָר bɔqɔr Rind(er)	שֵׁשׁ šeš -sechs	מֵאוֹת meʾoʷt hundert(e)

וְצֹאן wᵊṣoʾn Schaf(e)-und	שְׁלֹשֶׁת šᵊlošɛt -drei	אֲלָפִים׃ ʾalɔpiʸm. .tausend(e)	34 רַק raq Nur	הַכֹּהֲנִים hakkohᵃniʸm Priester-die	הָיוּ hɔyuʷ waren-(sie)

לִמְעָט limᵊʿɔṭ ,wenig-zu	וְלֹא wᵊloʾ nicht-und	יָכְלוּ yɔkᵊluʷ imstande-waren-sie	לְהַפְשִׁיט lᵊhapᵊšiʸṭ enthäuten-zu

אֶת־כָּל־הָעֹלוֹת hɔʿoloʷt-kol-ʾɛt ;(Brandopfer=)Hochopfer-die-all***	וַיְחַזְּקוּם wayyᵊḥazzᵊquʷm sie-unterstützten-(es=sie)-(da=)und

הַמְּלָאכָה	כְּלוֹת	עַד־	הַלְוִיִּם	אֲחֵיהֶם
hammǝlɔʾkɔh	kǝlowt	-ʿad	halǝwiyyim	ʾaḥeyhɛm
Arbeit-die	(war-beendet=)Beenden-(ein)	bis	,Leviten-die	,Brüder-ihre

כִּי	הַכֹּהֲנִים	יִתְקַדְּשׁוּ	וְעַד
kiy	hakkohaniym	yitǝqaddǝšuw	wǝʿad
denn	,Priester-die	(geheiligt-hatten-sich=)heiligen-sich-(es=sie)	bis-und

לְהִתְקַדֵּשׁ	לֵבָב	יִשְׁרֵי	הַלְוִיִּם
lǝhitǝqaddeš	lebɔb	yišǝrey	halǝwiyyim
,Sichheiligen-(im=)zu	Herz(ens)	(redlichen=)gerade(n)-(waren)	Leviten-die

עֹלָה	35 וְגַם־	מֵהַכֹּהֲנִים׃
ʿolɔh	-wǝgam	mehakkohaniym.
(Brandopfer=)Hochopfer	auch-(Aber=)Und	.Priester-die-(als-mehr=)von

הַשְּׁלָמִים	בְּחֶלְבֵי	לָרֹב
haššǝlɔmiym	bǝḥɛlǝbey	lɔrob
Friedopfer-(der=)die	Fettstücke(n)-(den)-(bei=)in	Menge-(in=)zu-(waren)

לָעֹלָה	וּבַנְּסָכִים
lɔʿolɔh	uwbannǝsɔkiym
.(Brandopfer=)Hochopfer-(das)-(für=)zu	Trankopfer(n)-den-(bei=)in-und

עֲבוֹדַת	וַתִּכּוֹן
ʿabowdat	wattikkown
(für)-Dienst-(der)	(hergestellt=)festgesetzt-war-(es=sie)-(So=)Und

36 וַיִּשְׂמַח	יְהוָה׃	בֵּית־
wayyiśǝmaḥ	yǝhwɔh.	-beyt
sich-freute-(es=)er-Und	.JHWH(s)	(Tempel)haus-(das)

עַל	הָעָם	וְכָל־	יְחִזְקִיָּהוּ
ʿal	hɔʿɔm	-wǝkol	yǝḥizǝqiyyɔhuw
(über=)auf	Volk-das	all-und	(Hiskija=)(Je)chiskija(hu)

כִּי	לָעָם	הָאֱלֹהִים	הַהֵכִין
kiy	lɔʿɔm	hɔʾɛlohiym	hahekiyn
denn	,Volk-das-(für=)zu	(Gott=)Götter-die	bereitet-hatte-(er)-(was),das

הַדָּבָר׃	הָיָה	בְּפִתְאֹם
haddɔbɔr.	hɔyɔh	bǝpitǝʾom
.Sache-die	(geschehen)-war-(es=)er	(schnell=)augenblicklich

30

1 וַיִּשְׁלַח wayyišəlaḥ sandte-(es=er)-(Sodann=)Und | יְחִזְקִיָּהוּ yəḥizəqiyyɔhuw (Hiskija=)(Je)chiskija(hu)

עַל־ -ʿal (an=)zu | כָּל־ -kol (ganz=)all | יִשְׂרָאֵל yiśərɔʾel Israel | וִיהוּדָה wiyhuwdɔh ,Juda-und | וְגַם־ -wəgam auch-und | אִגְּרוֹת ʾiggərowt Briefe | כָּתַב kɔtab schrieb-er

עַל־ -ʿal (an=)auf | אֶפְרַיִם ʾɛpərayim Ephraim | וּמְנַשֶּׁה uwmənaššɛh ,Manasse-und | לָבוֹא lɔbowʾ (sollten-kommen-sie-dass=)kommen-zu

לְבֵית־ -ləbeyt (Tempel)haus-zu(m) | יְהוָה yəhwɔh JHWH(s) | בִּירוּשָׁלִָם biyruwšɔlɔim Jerusalem-in | לַעֲשׂוֹת laʿaśowt (bereiten=)machen-zu-(um)

פֶּסַח pɛsaḥ (Paschaopfer=)Pesach-(ein) | לַיהוָה layhwɔh ,JHWH(s)-(Ehren)-zu

אֱלֹהֵי ʾɛlohey (von)-(Gottes-des=)Götter-(der) | יִשְׂרָאֵל׃ yiśərɔʾel. .Israel | 2 וַיִּוָּעַץ wayyiwwɔʿaṣ sich-entschloss-(es=)er-(Und)

הַמֶּלֶךְ hammɛlɛk König-der | וְשָׂרָיו wəśɔrɔyw Fürsten-seine-und | וְכָל־ -wəkol all-und | הַקָּהָל haqqɔhɔl Gemeinde-die | בִּירוּשָׁלִָם biyruwšɔlɔim Jerusalem-in

לַעֲשׂוֹת laʿaśowt (bereiten=)machen-zu | הַפֶּסַח happɛsaḥ (Paschaopfer=)Pesach-das | בַּחֹדֶשׁ baḥodɛš ,Monat-im

הַשֵּׁנִי׃ haššeniy. .zweite(n)-(dem=)der | 3 כִּי kiy Denn | לֹא loʾ nicht | יָכְלוּ yɔkəluw vermochten-sie

לַעֲשֹׂתוֹ laʿaśotow (es=)ihn-(bereiten=)machen-zu | בָּעֵת bɔʿet ,Zeit-(der)-(während=)in | הַהִיא hahiyʾ ,da-jene(r) | כִּי kiy weil

הַכֹּהֲנִים hakkohaniym Priester-die | לֹא־ -loʾ nicht | הִתְקַדְּשׁוּ hitəqaddəšuw sich-geheiligt-hatten-(es=sie) | לְמַדַּי ləmadday Genüge-zu(r) | וְהָעָם wəhɔʿɔm Volk-das-und

לֹא־
-loᵓ
nicht

נֶאֶסְפוּ
nɛᵓɛsᵊpuʷ
sich-versammelte(n)-(es=sie)

לִירוּשָׁלָם׃
liʸruʷšɔlɔim.
.Jerusalem-(nach=)zu

4 וַיִּישַׁר
wayyiʸšar
(recht=)gerade-war-(es=)er-Und

הַדָּבָר
haddɔbɔr
Sache-die

בְּעֵינֵי
bᵊᶜeʸneʸ
Augen-(beiden)-in

הַמֶּלֶךְ
hammɛlɛk
König(s)-(des=)der

וּבְעֵינֵי
uʷbᵊᶜeʸneʸ
(von)-Augen-(beiden)-in-und

כָּל־
-kol
all

הַקָּהָל׃
haqqɔhɔl.
.Gemeinde-(der=)die

5 וַיַּעֲמִידוּ
wayyaᶜᵃmiʸduʷ
(fest-setzten=)stehen-machten-sie-(Dann=)Und

דָּבָר
dɔbɔr
(Verfügung-eine=)Wort-(ein)

לְהַעֲבִיר
lᵊhaᶜᵃbiʸr
(lassen-ergehen=)überschreiten-machen-zu

קוֹל
qoʷl
(Aufruf=)Stimme-(als)

בְּכָל־
-bᵊkol
(ganz=)all-(für=)in

יִשְׂרָאֵל
yiśᵊrɔᵓel
Israel

מִבְּאֵר־שֶׁבַע
šɛbaᶜ-mibbᵊᵓer
Scheba-Beër-von

וְעַד־דָּן
dɔn-wᵊᶜad
,Dan-bis-(und)

לָבוֹא
lɔboʷᵓ
(sollten-kommen-sie-dass=)kommen-zu

לַעֲשׂוֹת
laᶜᵃśoʷt
(bereiten=)machen-zu-(um)

פֶּסַח
pɛsaḥ
(Paschaopfer=)Pesach-(ein)

לַיהוָה
layhwɔʰ
,JHWH(s)-(Ehren)-zu

אֱלֹהֵי־
-ᵓᵉloheʸ
(Gottes-des=)Götter-(der)

יִשְׂרָאֵל
yiśᵊrɔᵓel
,Israel(s)

בִּירוּשָׁלָם
biʸruʷšɔlɔim
.Jerusalem-in

כִּי
kiʸ
Denn

לֹא
loᵓ
nicht

לָרֹב
lɔrob
Menge-(genügender-in=)zu

עָשׂוּ
ᶜɔśuʷ
(bereitet=)gemacht-hatten-sie

כַּכָּתוּב׃
kakkɔtuʷb.
.(Vor)geschriebene-das-wie

6 וַיֵּלְכוּ
wayyelᵊkuʷ
gingen-(es=sie)-(Also=)Und

הָרָצִים
hɔrɔṣiʸm
(Eilboten=)Laufenden-die

הַמֶּלֶךְ	מִיַּד	בְּאִגְּרוֹת
hammɛlɛk	mi^{y}yad	bɔʾigg^{ə}ro^{w}t
König(s)-(des=)der	Hand-(der)-(aus=)von	Briefe(n)-(den=)die-(mit=)in

וִיהוּדָה	יִשְׂרָאֵל	בְּכָל־	וְשָׂרָיו
wi^{y}hu^{w}dɔ^{h}	yiś^{ə}rɔʾel	-b^{ə}kol	w^{ə}śɔrɔ^{y}w
,Juda-und	Israel	(ganz=)all-(durch=)in	Fürsten-seine(r)-und

לֵאמֹר	הַמֶּלֶךְ	וּכְמִצְוַת
leʾmor	hammɛlɛk	u^{w}k^{ə}miṣ^{ə}wat
:(sprachen-sie=)sagen-zu	König(s)-(des=)der	Gebot-(dem)-(gemäß=)wie-und

יְהוָה	אֶל־	שׁוּבוּ	יִשְׂרָאֵל	בְּנֵי
y^{ə}hwɔ^{h}	-ʾɛl	šu^{w}bu^{w}	yiś^{ə}rɔʾel	b^{ə}ne^{y}
,JHWH	zu	um-kehrt	,Israel	(von)-Söhne-(Ihr)

וְיִשְׂרָאֵל	יִצְחָק	אַבְרָהָם	אֱלֹהֵי
w^{ə}yiś^{ə}rɔʾel	yiṣ^{ə}ḥɔq	ʾab^{ə}rɔhɔm	^{ʾɛ}lohe^{y}
,Israel(s)-und	(Isaaks=)Jizchak(s)	,Abraham(s)	(Gott-dem=)Götter(n)-(den)

הַפְּלֵיטָה	אֶל־	וְיָשֹׁב
happ^{ə}le^{y}ṭɔ^{h}	-ʾɛl	w^{ə}yɔšob
,(Entronnenen-den=)Rettung-(der=)die	zu-	wende-sich-er-(damit=)und

מִכַּף	לָכֶם	הַנִּשְׁאֶרֶת
mikkap	lɔkɛm	hanniš^{ə}ʾɛrɛt
(Gewalt=)Hand-(der)-(aus=)von	euch-(von=)zu	übrig-Gebliebene(n)-(den=)der

תִּהְיוּ	7 וְאַל־	אַשּׁוּר׃	מַלְכֵי
tih^{ə}yu^{w}	-w^{əa}al	ʾaššu^{w}r.	mal^{ə}ke^{y}
sein-(sollt=)werdet-ihr	nicht-Und	.(Assur=)Aschschur	(von)-Könige-(der)

אֲשֶׁר	וְכַאֲחֵיכֶם	כַּאֲבוֹתֵיכֶם
^{ʾa}šɛr	w^{ə}ka^{ʾa}ḥe^{y}kɛm	ka^{ʾa}bo^{w}te^{y}kɛm
(die=)welch(e)	,Brüder-eure-wie-und	Väter-eure-wie

בַּיהוָה	מָעֲלוּ
bayhwɔ^{h}	mɔ^{ʿa}lu^{w}
,JHWH-(gegen=)in	(begingen-Treubruch=)veruntreuten-(sie)

וַיִּתְּנֵם	אֲבוֹתֵיהֶם	אֱלֹהֵי
wayyitt^{ə}nem	^{ʾa}bo^{w}te^{y}hɛm	^{ʾɛ}lohe^{y}
sie-(machte=)gab-er-(dass=)und	,(Vorfahren=)Väter-ihre(r)	(Gott-den=)Götter-(die)

אַל־	8 עַתָּה	רֹאִים׃	אַתֶּם	כַּאֲשֶׁר	לְשַׁמָּה
-ʾal	ʿattɔʰ	roʾiʸm.	ʾattɛm	kaʾᵃšɛr	lᵊšammɔʰ
nicht	,Nun	!sehend(e)-(seid)	ihr	wie	,Entsetzen-zu(m)

כַּאֲבוֹתֵיכֶם	עָרְפְּכֶם	תַּקְשׁוּ
kaʾᵃboʷteʸkɛm	ʿorᵊpᵊkɛm	taqᵊšuʷ
!(Vorfahren=)Väter-eure-wie	Nacken-(euren=)euer	verhärten-(sollt=)werdet-ihr

לְמִקְדָּשׁוֹ	וּבֹאוּ	לַיהוָה	יָד	תְּנוּ־
lᵊmiqᵊdɔšoʷ	uʷboʾuʷ	layhwɔʰ	yɔd	-tᵊnuʷ
,Heiligtum-sein(em)-zu	kommt-und	JHWH-(zu)	Hand-(die)	(Reicht=)Gebt

וְעִבְדוּ	לְעוֹלָם	הִקְדִּישׁ	אֲשֶׁר
wᵊʿibᵊduʷ	lᵊʿoʷlɔm	hiqᵊdiʸš	ʾᵃšɛr
dient-und	,ewig-(für=)zu	(geweiht=)geheiligt-hat-er	(das=)welch(es)

וְיָשֹׁב	אֱלֹהֵיכֶם	אֶת־יְהוָה
wᵊyɔšob	ʾᵉloheʸkɛm	yᵊhwɔʰ-ʾɛt
abkehre-(es=er)-(dass=)und	,(Gott-eurem=)Götter(n)-eure(n)	,JHWH***

9 כִּי	אַפּוֹ׃	חֲרוֹן	מִכֶּם
kiʸ	ʾappoʷ.	ḥᵃroʷn	mikkɛm
Denn	!(Zornes-seines=)Nase-seine(r)	Glut-(die)	euch-von

אֲחֵיכֶם	יְהוָה	עַל־	בְּשׁוּבְכֶם
ʾᵃḥeʸkɛm	yᵊhwɔʰ	-ʿal	bᵊšuʷbᵊkɛm
Brüder-eure	,JHWH	(zu=)auf	(umkehrt-ihr-wenn=)Umkehren-eurem-in

לִפְנֵי	לְרַחֲמִים	וּבְנֵיכֶם
lipᵊneʸ	lᵊraḥᵃmiʸm	uʷbᵊneʸkɛm
(vor=)Gesichter-zu	(finden-Erbarmen-werden=)Erbarmungen-zu	Söhne-eure-und

לָאָרֶץ	וְלָשׁוּב	שׁוֹבֵיהֶם
lɔʾɔrɛṣ	wᵊlɔšuʷb	šoʷbeʸhɛm
,Land-dem-zu	(zurückkehren=)zurück-kehren-zu-und	Entführer(n)-ihre(n)

יְהוָה	וְרַחוּם	חַנּוּן	כִּי־	הַזֹּאת
yᵊhwɔʰ	wᵊraḥuʷm	ḥannuʷn	-kiʸ	hazzoʾt
,JHWH	barmherzig(er)-und	gnädig(er)-ist-(es=)er	Denn	.da-diese(m)

פָּנִים	יָסִיר	וְלֹא־	אֱלֹהֵיכֶם
pɔniʸm	yɔsiʸr	-wᵊloʾ	ʾᵉloheʸkɛm
(Antlitz-das=)Gesichter	abwenden-wird-er	nicht-und	,(Gott-euer=)Götter-eure

מִכֶּם
mikkɛm
,euch-von

אִם־
-ʾim
wenn

תָּשׁוּבוּ
tɔšuʷbuʷ
umkehrt-ihr

אֵלָיו׃
ʾelɔʸw.
!ihm-zu

10 וַיִּהְיוּ
wayyihᵊyuʷ
waren-(es=)sie-Und

הָרָצִים
hɔrɔṣiʸm
(Eilboten=)Laufenden-die

עֹבְרִים
ʿobᵊriʸm
(umherziehend=)überquerend(e)

מֵעִיר
meʿiʸr
Stadt-von

לָעִיר
lɔʿiʸr
Stadt-zu

בְּאֶרֶץ־
-bᵊʾɛrɛṣ
Land-(dem)-in

אֶפְרַיִם
ʾɛpᵊrayim
Ephraim

וּמְנַשֶּׁה
uʷmᵊnaššɛʰ
,(Manasse=)Menaschsche-und

וְעַד־
-wᵊʿad
(nach)-bis-(dann=)und

זְבֻלוּן
zᵊbuluʷn
;(Sebulon=)Sebulun

וַיִּהְיוּ
wayyihᵊyuʷ
waren-sie-(doch=)und

מַשְׂחִי קִים
maśᵊḥiʸqiʸm
lachend(e)

עֲלֵיהֶם
ʿaleʸhɛm
(ihretwegen=)ihnen-auf

וּמַלְעִגִים
uʷmalᵊʿigiʸm
spottend(e)-und

בָּם׃
bɔm.
.(sie-über=)ihnen-in

11 אַךְ־
-ʾak
Nur

אֲנָשִׁים
ʾanɔšiʸm
Männer-(einige)

מֵאָשֵׁר
meʾɔšer
Ascher-von

וּמְנַשֶּׁה
uʷmᵊnaššɛʰ
(Manasse=)Menaschsche-und

וּמִזְּבֻלוּן
uʷmizzᵊbuluʷn
(Sebulon=)Sebulun-von-und

נִכְנְעוּ
nikᵊnᵊʿuʷ
sich-(demütigten=)beugten-(sie)

וַיָּבֹאוּ
wayyɔboʾuʷ
kamen-(sie)-und

לִירוּשָׁלִָם׃
liʸruʷšɔlɔim.
.Jerusalem-(nach=)zu

12 גַּם
gam
Auch

בִּיהוּדָה
biʸhuʷdɔʰ
Juda-(über=)in

הָיְתָה
hɔyᵊtɔʰ
war-(es=sie)

יַד
yad
Hand-(die)

הָאֱלֹהִים
hɔʾᵋlohiʸm
(Gottes=)Götter-(der=)die

לָתֵת
lɔtet
geben-zu-(um)

לָהֶם
lɔhɛm
ihnen-(zu)

לֵב
leb
(Gesinnung-eine=)Herz

אֶחָד
ʾɛḥɔd
,ein(mütige)

לַעֲשׂוֹת
laʿᵃśoʷt
(auszuführen-um=)machen-zu

מִצְוַת
miṣᵊwat
Gebot-(das)

הַמֶּלֶךְ
hammɛlɛk
König(s)-(des=)der

וְהַשָּׂרִים
wᵊhaśśɔriʸm
Fürsten-(der=)die-und

בִּדְבַר
bidᵊbar
Wort-(dem)-(nach=)in

יְהוָה׃
yᵊhwɔʰ.
.JHWH(s)

רֹ֣ב	עַם־	יְרוּשָׁלִַ֙ם֙	13 וַיֵּאָסְפ֤וּ
rɔb	-ʿam	yəruwšɔlaim	wayyeʾɔsəpuw
Menge-(eine)	Volk	Jerusalem-(zu)	sich-versammelte(n)-(es=sie)-(Da=)Und

הַמַּצּ֖וֹת	אֶת־חַ֥ג	לַעֲשׂ֛וֹת
hammaṣṣowt	ḥag-ʾɛt	laʿaśowt
(Brote)-ungesäuerten-(der=)die	Fest-(das)***	(bereiten=)machen-zu-(um)

קָהָ֖ל	הַשֵּׁנִ֑י	בַּחֹ֣דֶשׁ
qɔhɔl	haššeniy	baḥodɛš
(Volksschar=)Versammlung-(eine)	,zweite(n)-(dem=)der	,Monat-im

14 וַיָּקֻ֗מוּ	מְאֹֽד׃	לָרֹ֥ב
wayyɔqumuw	məʾod.	lɔrob
auf-sich-machten-sie-(Und)	.(großer=)sehr	Menge-(in=)zu

אֲשֶׁ֣ר	אֶת־הַֽמִּזְבְּח֖וֹת	וַיָּסִ֙ירוּ֙
ʾašɛr	hammizəbəḥowt-ʾɛt	wayyɔsiyruw
(waren)-welch(e)	,Altäre-die***	(entfernten=)wenden-machten-(sie)-und

הַֽמְקַטְּר֙וֹת	כָּל־	וְאֵ֤ת	בִּירוּשָׁלִַ֔ם
haməqaṭṭərowt	-kol	wəʾet	biyruwšɔlɔim
Räucheraltäre-die	all	***und	,Jerusalem-in

לְנַ֥חַל	וַיַּשְׁלִ֖יכוּ	הֵסִ֑ירוּ
lənaḥal	wayyašəliykuw	hesiyruw
Bach-(den)-(in=)zu	(sie)-warfen-sie-und	,(weg-schafften=)wenden-machten-sie

הַפֶּ֔סַח	15 וַיִּשְׁחֲט֣וּ	קִדְרֽוֹן׃
happɛsaḥ	wayyišəḥaṭuw	qidərown.
(Paschaopfer=)Pesach-das	schlachteten-sie-(Sodann=)Und	.Kidron

הַשֵּׁנִ֑י	לַחֹ֣דֶשׁ	עָשָׂ֖ר	בְּאַרְבָּעָ֥ה
haššeniy	laḥodɛš	ʿɔśɔr	bəʾarəbɔʿɔh
,zweite(n)-(des=)der	,Monat(s)-(des=)zu	(Tag)-zehn(ten)	-vier-(am=)in

וַיִּֽתְקַדְּשׁ֔וּ	נִכְלְמוּ֙	וְהַלְוִיִּ֤ם	וְהַכֹּהֲנִ֨ים
wayyitəqaddəšuw	nikələmuw	wəhaləwiyyim	wəhakkohaniym
sich-heiligten-(sie)-und	sich-schämten-(sie)	Leviten-die-und	Priester-die-und

עֹל֖וֹת	וַיָּבִ֥יאוּ
ʿolowt	wayyɔbiyʾuw
(Brandopfer=)Hochopfer	(brachten=)kommen-machten-(sie)-und

עַל־	16 וַיַּעַמְדוּ	יְהוָה׃	בֵּית
-ʿal	wayyaʿamᵊduʷ	yᵊhwɔʰ.	beʸt
auf	standen-sie-(Und)	.JHWH(s)	(Tempel)haus-(das-in)

כְּמִשְׁפָּטָם	עָמְדָם
kᵊmišᵊpɔṭɔm	ʿomᵊdɔm
(vorschriftsgemäß=)Vorschrift-ihre-wie	(Platz=)Stehen-ihr(em)

אִישׁ־	מֹשֶׁה	כְּתוֹרַת
-ʾiʸš	mošɛʰ	kᵊtoʷrat
Mann(es)-(des)	,(Moses=)Mosche(s)	Weisung-(der)-(nach=)wie

זֹרְקִים	הַכֹּהֲנִים	הָאֱלֹהִים
zorᵊqiʸm	hakkohᵃniʸm	hɔʾᵉlohiʸm
besprengend(e)-(waren)	Priester-die	;(Gottes=)Götter-(der=)die

17 כִּי־	הַלְוִיִּם׃	מִיַּד	אֶת־הַדָּם
-kiʸ	halᵊwiʸyim.	miʸyad	haddɔm-ʾɛt
Weil	.Leviten-(der=)die	Hand-(der)-(aus=)von	Blut-(dem=)das-mit

לֹא־	אֲשֶׁר	בַּקָּהָל	רַבַּת
-loʾ	ʾᵃšɛr	baqqɔhɔl	rabbat
nicht	(die=)welch(e)	,Gemeinde-(der)-in-(weilte)	Vielzahl-(eine)

עַל־	וְהַלְוִיִּם	הִתְקַדָּשׁוּ
-ʿal	wᵊhalᵊwiʸyim	hitᵊqaddɔšuʷ
(oblag=)auf	Leviten-(den=)die-(so=)und	,sich-geheiligt-hatten-(sie)

לֹא	לְכֹל	הַפְּסָחִים	שְׁחִיטַת
loʾ	lᵊkol	happᵊsɔḥiʸm	šᵊḥiʸṭat
nicht-(die)	,all(e)-(für=)zu	(Paschaopfer=)Pesache-(der=)die	Schlachtung-(die)

מַרְבִּית	18 כִּי	לַיהוָה׃	לְהַקְדִּישׁ	טָהוֹר
marᵊbiʸt	kiʸ	layhwɔʰ.	lᵊhaqᵊdiʸš	ṭɔhoʷr
Mehrzahl-(die)	Denn	.JHWH-(für=)zu	(weihen=)heiligen-zu	(waren)-rein

מֵאֶפְרַיִם	רַבַּת	הָעָם
meʾɛpᵊrayim	rabbat	hɔʿɔm
Ephraim-(aus=)von	Menge-(eine)	,Volk(es)-(des=)das

לֹא	וּזְבֻלוּן	יִשָּׂשכָר	וּמְנַשֶּׁה
loʾ	uʷzᵊbuluʷn	yiśśɔkɔr	uʷmᵊnaššɛʰ
nicht	,(Sebulon=)Sebulun-und	Issachar	,(Manasse=)Menaschsche-und

הִטֶּהָרוּ hiṭṭɛhɔruʷ ,sich-gereinigt-hatte(n)-(sie)	כִּי־ -kiʸ (sondern=)denn	אָכְלוּ ʾɔkᵊluʷ aßen-sie
אֶת־הַפֶּסַח happɛsaḥ-ʾɛt ,(Paschaopfer=)Pesach-das***	בְּלֹא bᵊloʾ nicht-in(des)	כַּכָּתוּב kakkɔtuʷb ,(Vor)geschriebene-das-wie

כִּי kiʸ (aber=)denn	הִתְפַּלֵּל hitᵊpallel betete-(es=)er	יְחִזְקִיָּהוּ yᵊḥizᵊqiʸyɔhuʷ (Hiskija=)(Je)chiskija(hu)	עֲלֵיהֶם ᶜaleʸhɛm ,(ihretwegen=)ihnen-auf

לֵאמֹר leʾmor :(sagend=)sagen-zu	יְהוָה yᵊhwɔʰ ,JHWH	הַטּוֹב haṭṭoʷb ,(Gütige=)Gute-der
יְכַפֵּר yᵊkapper ,(vergeben=)sühnen-(möge=)wird-(er)	בְּעַד׃ bᵊᶜad. (als-solange=)bis-in	19 כָּל־ -kol (jeder=)all
לְבָבוֹ lᵊbɔboʷ (Sinn=)Herz-sein(en)	הֵכִין hekiʸn (ausgerichtet=)bereitet-hat-(es=er)	לִדְרוֹשׁ lidᵊroʷš suchen-zu

הָאֱלֹהִים hɔʾᵋlohiʸm (Gott-den=)Götter-die	יְהוָה yᵊhwɔʰ ,JHWH	אֱלֹהֵי ʾᵋloheʸ (Gott-den=)Götter-(die)	אֲבוֹתָיו ʾᵃboʷtɔʸw ,Väter-seine(r)

וְלֹא wᵊloʾ nicht-(auch-wenn=)und	כְּטָהֳרַת kᵊṭohᵒrat Reinheit-(der)-(gemäß=)wie	הַקֹּדֶשׁ׃ haqqodɛš. !Heiligtum(s)-(des=)das

20 וַיִּשְׁמַע wayyišᵊmaᶜ hörte-(es=)er-Und	יְהוָה yᵊhwɔʰ JHWH	אֶל־ -ʾɛl (auf=)zu	יְחִזְקִיָּהוּ yᵊḥizᵊqiʸyɔhuʷ (Hiskija=)(Je)chiskija(hu)

וַיִּרְפָּא wayyirᵊpɔʾ heilte-er-(indem=)und	אֶת־הָעָם׃ hɔᶜɔm-ʾɛt. .Volk-das***

21 וַיַּעֲשׂוּ wayyaᶜᵃśuʷ (begingen=)machten-(es=sie)-(So=)Und	בְנֵי־ -bᵊneʸ (Kinder=)Söhne-(die)	יִשְׂרָאֵל yiśᵊrɔʾel ,Israel(s)

אֶת־חַג	בִּירוּשָׁלִַם	הַנִּמְצְאִים
ḥag-ʾɛt	bi^{y}ru^{w}šɔlaim	hannim^{ə}ṣ^{ə}ʾi^{y}m
Fest-(das)***	,Jerusalem-in	(Anwesenden=)Sichfindenden-die

גְדוֹלָה	בְּשִׂמְחָה	יָמִים	שִׁבְעַת	הַמַּצּוֹת
g^{ə}do^{w}lɔ^{h}	b^{ə}śim^{ə}ḥɔ^{h}	yɔmi^{y}m	šib^{əc}at	hammaṣṣo^{w}t
,große(r)	Freude-(mit=)in	Tage	sieben	(Brote)-ungesäuerten-(der=)die

בְּיוֹם	יוֹם	לַיהוָה	וּמְהַלְלִים
b^{ə}yo^{w}m	yo^{w}m	layhwɔ^{h}	u^{w}m^{ə}hal^{ə}li^{y}m
Tag-(für=)in	Tag	JHWH-(vor=)zu	lobpreisend(e)-(waren-es)-und

בִּכְלֵי־	וְהַכֹּהֲנִים	הַלְוִיִּם
-bik^{ə}le^{y}	w^{ə}hakkoh^{a}ni^{y}m	hal^{ə}wi^{y}yim
(von)-(Instrumenten=)Geräten-(mit=)in	Priester-die-und	Leviten-die

יְחִזְקִיָּהוּ	22 וַיְדַבֵּר	לַיהוָה׃	עֹז
y^{ə}ḥiz^{ə}qi^{y}yɔhu^{w}	way^{ə}dabber	layhwɔ^{h}.	^{c}oz
(Hiskija=)(Je)chiskija(hu)	redete-(es=)er-Und	.JHWH-(für=)zu	(lauten=)Kraft

הַמַּשְׂכִּילִים	הַלְוִיִּם	כָּל־	לֵב	עַל־
hammaś^{ə}ki^{y}li^{y}m	hal^{ə}wi^{y}yim	-kol	leb	-^{c}al
handelnd(e)-klug-(waren)-die	,Leviten-(der=)die	all	Herz(en)	(zum=)auf

וַיֹּאכְלוּ	לַיהוָה	טוֹב	שֵׂכֶל־
wayyoʾk^{ə}lu^{w}	layhwɔ^{h}	ṭo^{w}b	-śekɛl
(genossen=)aßen-sie-und	,JHWH-(für=)zu	(erfreulichem=)gut(em)	Erfolg-(mit-und)

מְזַבְּחִים	הַיָּמִים	שִׁבְעַת	אֶת־הַמּוֹעֵד
m^{ə}zabb^{ə}ḥi^{y}m	hayyɔmi^{y}m	šib^{əc}at	hammo^{wc}ed-ʾɛt
schlachtend(e)	,Tage(n)-(an=)der	Siebenzahl-(eine)	(Festopfer=)Festzeit-die***

לַיהוָה	וּמִתְוַדִּים	שְׁלָמִים	זִבְחֵי
layhwɔ^{h}	u^{w}mit^{ə}waddi^{y}m	š^{ə}lɔmi^{y}m	zib^{ə}ḥe^{y}
,JHWH-(zu)	(preisend=)bekennend(e)-und	Frieden(s)-	opfer

כָּל־	23 וַיִּוָּעֲצוּ	אֲבוֹתֵיהֶם׃	אֱלֹהֵי
-kol	wayyiwwɔ^{ca}ṣu^{w}	^{ʾa}bo^{w}te^{y}hɛm.	^{ʾɛ}lohe^{y}
all	sich-entschied(en)-(es=)sie-Und	.Väter-ihre(r)	(Gott-den=)Götter-(die)

יָמִים	שִׁבְעַת	לַעֲשׂוֹת	הַקָּהָל
yɔmi^{y}m	šib^{əc}at	la^{ca}śo^{w}t	haqqɔhɔl
Tage	sieben-(noch)	(begehen=)machen-zu	Volksschar-die

יָמִים	שִׁבְעַת־	וַיַּעֲשׂוּ	אֲחֵרִים
yɔmiʸm	-šibᵊᶜat	wayyaᶜᵃśuʷ	ᵓᵃḥeriʸm
Tage	sieben	(begingen=)machten-sie-und	,(weitere=)andere

מֶלֶךְ־	חִזְקִיָּהוּ	24 כִּי	שִׂמְחָה׃
-mɛlɛk	ḥizᵊqiʸyɔhuʷ	kiʸ	śimᵊḥɔʰ.
(von)-König-(der)	,(Hiskija=)Chiskija(hu)	Denn	.Freude(nfest)-(ein)

אֶלֶף	לַקָּהָל	הֵרִים	יְהוּדָה
ᵓɛlɛp	laqqɔhɔl	heriʸm	yᵊhuʷdɔʰ
tausend	Gemeinde-die-(für=)zu	(spendete=)erheben-ließ-(er)	,Juda

וְהַשָּׂרִים	צֹאן	אֲלָפִים	וְשִׁבְעַת	פָּרִים
wᵊhaśśɔriʸm	ṣoᵓn	ᵓᵃlɔpiʸm	wᵊšibᵊᶜat	pɔriʸm
Fürsten-die-und	;(Schafe=)Herde	tausend(e)	-sieben-und	(Stiere=)Farren

פָּרִים	לַקָּהָל	הֵרִימוּ
pɔriʸm	laqqɔhɔl	heriʸmuʷ
(Stiere=)Farren	Gemeinde-die-(für=)zu	(spendeten=)erheben-machten-(sie)

וַיִּתְקַדְּשׁוּ	אֲלָפִים	עֲשֶׂרֶת	וְצֹאן	אֶלֶף
wayyitᵊqaddᵊšuʷ	ᵓᵃlɔpiʸm	ᶜᵃśɛrɛt	wᵊṣoᵓn	ᵓɛlɛp
sich-heiligten-(es=)sie-Und	;tausend(e)	-zehn	(Schafe=)Herde-und	tausend

כָּל־	25 וַיִּשְׂמְחוּ	לָרֹב׃	כֹהֲנִים
-kol	wayyiśᵊmᵊḥuʷ	lɔrob.	kohᵃniʸm
(ganze-die=)all	sich-freute(n)-(es=sie)-(So=)Und	.Menge-(in=)zu	Priester

וְכָל־	וְהַלְוִיִּם	וְהַכֹּהֲנִים	יְהוּדָה	קְהַל
-wᵊkol	wᵊhalᵊwiʸyim	wᵊhakkohᵃniʸm	yᵊhuʷdɔʰ	qᵊhal
all-und	Leviten-die-und	Priester-die-und	Juda(s)	(Gemeinde=)Versammlung

מִיִּשְׂרָאֵל	הַבָּאִים	הַקָּהָל
miʸyiśᵊrɔᵓel	habbɔᵓiʸm	haqqɔhɔl
,Israel-(aus=)von	(waren)-kommend(e)-die	,Volksgemeinde-die

הַבָּאִים	וְהַגֵּרִים
habbɔᵓiʸm	wᵊhaggeriʸm
(waren)-kommend(e)-die	,(Schutzbürger=)Fremden-die-(sowie=)und

בִּיהוּדָה׃	וְהַיּוֹשְׁבִים	יִשְׂרָאֵל	מֵאֶרֶץ
biʸhuʷdɔʰ.	wᵊhayyoʷšᵊbiʸm	yiśᵊrɔᵓel	meᵓɛrɛṣ
.Juda-in	Wohnenden-die-und	,Israel	Land-(dem)-(aus=)von

26 וַתְּהִי wattᵊhiʸ war-(es=)sie-Und | שִׂמְחָה־ -śimᵊḥɔʰ Freude | גְדוֹלָה gᵊdoʷlɔʰ große | בִּירוּשָׁלִָם biʸruʷšɔlɔim ,Jerusalem-in | כִּי kiʸ denn

מִימֵי miʸmeʸ Tage(n)-(den)-(seit=)von | שְׁלֹמֹה šᵊlomoʰ (Salomos=)Schelomo(s) | בֶן־דָּוִיד dɔwiʸd-bɛn ,David(s)-Sohn

מֶלֶךְ mɛlɛk (von)-König(s)-(des) | יִשְׂרָאֵל yiśᵊrɔʾel ,Israel | לֹא loʾ (gewesen-war)-nicht | כָּזֹאת kɔzoʾt (dergleichen=)diese-wie

בִּירוּשָׁלִָם׃ biʸruʷšɔlɔim. .Jerusalem-in | 27 וַיָּקֻמוּ wayyɔqumuʷ sich-erhoben-(es=sie)-(Dann=)Und | הַכֹּהֲנִים hakkohᵃniʸm ,Priester-die | הַלְוִיִּם halᵊwiʸyim ,levitischen-die

וַיְבָרֲכוּ wayᵊbɔrᵃkuʷ segneten-(sie)-und | אֶת־הָעָם hɔʿɔm-ʾɛt ,Volk-das*** | וַיִּשָּׁמַע wayyiššɔmaʿ (vernommen=)gehört-wurde-(es=)er-und

בְּקוֹלָם bᵊqoʷlɔm Stimme-ihre-(***=)in | וַתָּבוֹא wattɔboʷʾ (drang=)kam-(es=)sie-und | תְּפִלָּתָם tᵊpillɔtɔm Gebet-ihr | לִמְעוֹן limᵊʿoʷn Wohnung-zu(r)

קָדְשׁוֹ qodᵊšoʷ Heiligkeit-sein(er) | לַשָּׁמָיִם׃ laššɔmɔyim. .Himmeln-den-zu

31

1 וּכְכַלּוֹת uʷkᵊkalloʷt (war-beendet-nun-Als=)Vollenden-(ein)-wie-Und | כָּל־ -kol all | זֹאת zʾot ,diese(s)

יָצְאוּ yɔṣᵊʾuʷ aus-zog(en)-(es=sie) | כָל־ -kol (ganz=)all | יִשְׂרָאֵל yiśᵊrɔʾel ,Israel | הַנִּמְצְאִים hannimᵊṣᵊʾiʸm ,(Anwesenden=)Sichfindenden-die

לְעָרֵי lᵊʿɔreʸ Städte-(die)-(in=)zu | יְהוּדָה yᵊhuʷdɔʰ ,Juda(s) | וַיְשַׁבְּרוּ wayᵊšabbᵊruʷ zerbrachen-sie-und | הַמַּצֵּבוֹת hammaṣṣeboʷt Gedenksäulen-die

וַיְגַדְּעוּ wayᵊgaddᵊʿuʷ zerschlugen-(sie)-und | הָאֲשֵׁרִים hɔʾᵃšeriʸm Ascheren-die | וַיְנַתְּצוּ wayᵊnattᵊṣuʷ zerstörten-(sie)-und | אֶת־הַבָּמוֹת habbɔmoʷt-ʾɛt (Kult)höhen-die***

וּבְאֶפְרַיִם	וּבִנְיָמִן	יְהוּדָה	מִכָּל־	וְאֶת־הַמִּזְבְּחֹת
uwbəʾɛpərayim	uwbinəyɔmin	yəhuwdɔh	-mikkol	hammizəbəḥot-wəʾɛt
Ephraim-in-und	Benjamin-und	Juda	(ganz=)all-von	Altäre-die-***und

לְכַלֵּה	עַד־	וּמְנַשֶּׁה
ləkalleh	-ʿad	uwmənaššɛh
.(Vernichtung-zur=)Vollenden-zu(m)	bis	(Manasse=)Menaschsche-und

יִשְׂרָאֵל	בְּנֵי	כָּל־	וַיָּשׁוּבוּ
yiśərɔʾel	bəney	-kol	wayyɔšuwbuw
,Israel(s)	(Kinder=)Söhne	all(e)	zurück-kehrten-(es=sie)-(Dann=)Und

לְעָרֵיהֶם׃	לַאֲחֻזָּתוֹ	אִישׁ
ləʿɔreyhɛm.	laʾaḥuzzɔtow	ʾiyš
.Städten-ihren-(in=)zu	Besitztum-seinem-zu	(jeder)mann

יְחִזְקִיָּהוּ	2 וַיַּעֲמֵד
yəḥizəqiyyɔhuw	wayyaʿamed
(Hiskija=)(Je)chiskija(hu)	(bestellte=)stehen-machte-(es=er)-(Hierauf=)Und

עַל־	וְהַלְוִיִּם	הַכֹּהֲנִים	אֶת־מַחְלְקוֹת
-ʿal	wəhaləwiyyim	hakkohaniym	maḥələqowt-ʾɛt
(entsprechend=)auf	Leviten-(der=)die-und	Priester-(der=)die	Abteilungen-(die)***

כְּפִי	אִישׁ	מַחְלְקוֹתָם
kəpiy	ʾiyš	maḥələqowtɔm
(gemäß=)Mund-wie	(jeden=)Mann	,Abteilungen-(deren=)ihre(n)

וְלַלְוִיִּם	לַכֹּהֲנִים	עֲבֹדָתוֹ
wəlaləwiyyim	lakkohaniym	ʿabodɔtow
,Leviten-(den)-(unter=)zu-und	Priester(n)-den-(unter=)zu	,Dienst-seine(m)

וְלִשְׁלָמִים	לְעֹלָה
wəlišəlɔmiym	ləʿolɔh
,Friedensopfer-(die)-(für=)zu-und	(Brandopfer=)Hochopfer-(das)-(für=)zu

וּלְהַלֵּל	וּלְהֹדוֹת	לְשָׁרֵת
uwləhallel	uwləhodowt	ləšɔret
preisen-zu-und	(danken=)huldigen-zu-und	(Dienste-leisten=)dienen-zu-(um)

3 וּמְנָת	יְהוָה׃	מַחֲנוֹת	בְּשַׁעֲרֵי
uwmənɔt	yəhwɔh.	maḥanowt	bəšaʿarey
(Beitrag=)Anteil-(der)-Und	.JHWH(s)	Lagern-(den)	(von)-Toren-(den)-in

הַמֶּלֶךְ	מִן־	רְכוּשׁוֹ
hammɛlɛk	-min	r^{ə}ku^{w}šo^{w}
König(s)-(des=)der	(aus=)von	(war)-(Vermögen=)Besitz-sein(em)

לָעֹלוֹת	לְעֹלוֹת
lɔᶜolo^{w}t	l^{ə}ᶜolo^{w}t
,(Brandopfer=)Hochopfer-die-(für=)zu	(Brandopfer=)Hochopfer-die-(für=)zu

הַבֹּקֶר	וְהָעֶרֶב	וְהָעֹלוֹת
habboqɛr	w^{ə}hɔᶜɛrɛb	w^{ə}hɔᶜolo^{w}t
Morgen(s)-(des=)der	Abend(s)-(des=)der-und	(Brandopfer=)Hochopfer-die-und

לַשַּׁבָּתוֹת	וְלֶחֳדָשִׁים
laššabbɔto^{w}t	w^{ə}lɛḥ^{o}dɔši^{y}m
Sabbaten-den-(an=)zu	(Neu)monde(n)-den-(an=)zu-und

וְלַמֹּעֲדִים	כַּכָּתוּב
w^{ə}lammoᶜ^{a}di^{y}m	kakkɔtu^{w}b
,Festzeiten-den-(an=)zu-und	(steht-geschrieben=)Geschriebene-das-wie

בְּתוֹרַת	יְהוָה׃	4 וַיֹּאמֶר	לָעָם
b^{ə}to^{w}rat	y^{ə}hwɔ^{h}.	wayyoʾmɛr	lɔᶜɔm
Weisung-(der)-in	.JHWH(s)	(gebot=)sprach-er-Und	,Volke-(dem=)zu

לְיוֹשְׁבֵי	יְרוּשָׁלִָם	לָתֵת	מְנָת
l^{ə}yo^{w}š^{ə}be^{y}	y^{ə}ru^{w}šɔlaim	lɔtet	m^{ə}nɔt
(in)-Wohnende(n)-(den=)zu	,Jerusalem	geben-zu	Anteil-(den)

הַכֹּהֲנִים	וְהַלְוִיִּם	לְמַעַן	יֶחֶזְקוּ
hakkoh^{a}ni^{y}m	w^{ə}hal^{ə}wi^{y}yim	l^{ə}maᶜan	yɛḥɛz^{ə}qu^{w}
Priester-(der=)die	,Leviten-(der=)die-und	(damit=)um-zu	(seien-fest=)stark-sie

בְּתוֹרַת	יְהוָה׃	5 וְכִפְרֹץ
b^{ə}to^{w}rat	y^{ə}hwɔ^{h}.	w^{ə}kip^{ə}roṣ
Weisung-(der)-in	.JHWH(s)	(verbreitete-nun-sich-Als=)Verbreiten-(ein)-wie-Und

הַדָּבָר	הִרְבּוּ	בְנֵי־	יִשְׂרָאֵל
haddɔbɔr	hir^{ə}bu^{w}	-b^{ə}ne^{y}	yiś^{ə}rɔʾel
,Sache-die	viel-(gaben=)machten-(es=sie)	(Kinder=)Söhne-(die)	Israel(s)

רֵאשִׁית	דָּגָן	תִּירוֹשׁ	וְיִצְהָר
reʾši^{y}t	dɔgɔn	ti^{y}ro^{w}š	w^{ə}yiṣ^{ə}hɔr
(Erstlingsfrucht-der=)Anfang-(von)	,Getreide-(an)	Most	Öl-und

וּמַעְשַׂר	שָׂדֶה	תְּבוּאַת	וְכֹל	וּדְבַשׁ
uʷmaᶜᵊśar	śɔdɛʰ	tᵊbuʷʾat	wᵊkol	uʷdᵊbaš
Zehnten-(den)-und	,Feld(es)-(des)	Ertrag(es)	(jeglichen=)all-und	Honig-und

הֵבִיאוּ׃	לָרֹב	הַכֹּל
hebiʸʾuʷ.	lɔrob	hakkol
.(brachten=)kommen-machten-sie	Menge-(in=)zu	(allem-von=)all-das

הַיּוֹשְׁבִים	וִיהוּדָה	יִשְׂרָאֵל	6 וּבְנֵי
hayyoʷšᵊbiʸm	wiʸhuʷdɔʰ	yiśᵊrɔʾel	uʷbᵊneʸ
wohnenden-die	,Juda(s)-und	Israel(s)	(Kinder=)Söhne-(die)-Und

בָּקָר	מַעְשַׂר	הֵם	גַּם־	יְהוּדָה	בְּעָרֵי
bɔqɔr	maᶜᵊśar	hem	-gam	yᵊhuʷdɔʰ	bᵊᶜɔreʸ
Rind	(von)-Zehnten-(den)	sie	auch	,Juda(s)	Städten-(den)-in

קֳדָשִׁים	וּמַעְשַׂר	וָצֹאן
qɔdɔšiʸm	uʷmaᶜᵊśar	wɔṣoʾn
,Weihegaben-(der)	Zehnten-(den)-und	(Schaf)herde-und

אֱלֹהֵיהֶם	לַיהוָה	הַמְקֻדָּשִׁים
ʾᵋloheʸhɛm	layhwɔʰ	hamᵊquddɔšiʸm
,(Gott=)Götter-ihre(n)	,JHWH-(für=)zu	(geweihten=)geheiligten-die

עֲרֵמוֹת׃	עֲרֵמוֹת	וַיִּתְּנוּ	הֵבִיאוּ
ᶜaremoʷt.	ᶜaremoʷt	wayyittᵊnuʷ	hebiʸʾuʷ
.Haufen-(um)	Haufen	(hin)-gaben-(sie)-und	(brachten=)kommen-machten-sie

הָעֲרֵמוֹת	הֵחֵלּוּ	הַשְּׁלִשִׁי	7 בַּחֹדֶשׁ
hɔᶜaremoʷt	heḥelluʷ	haššᵊlišiʸ	baḥodɛš
Haufen-die	begannen-sie	,dritte(n)-(dem=)der	,Monat-Im

הַשְּׁבִיעִי	וּבַחֹדֶשׁ	לִיסּוֹד
haššᵊbiʸᶜiʸ	uʷbaḥodɛš	lᵊyissoʷd
,siebte(n)-(dem=)der	,Monat-im-und	,(aufzuschichten=)gründen-zu

יְחִזְקִיָּהוּ	8 וַיָּבֹאוּ	כִּלּוּ׃
yᵊḥizᵊqiʸyɔhuʷ	wayyɔboʾuʷ	killuʷ.
(Hiskija=)(Je)chiskija(hu)	kamen-(es=sie)-(Dann=)Und	.auf-hörten-sie

וַיְבָרְכוּ	אֶת־הָעֲרֵמוֹת	וַיִּרְאוּ	וְהַשָּׂרִים
wayᵊbɔrᵃkuʷ	hɔᶜaremoʷt-ʾɛt	wayyirᵊʾuʷ	wᵊhaśśɔriʸm
(priesen=)segneten-(sie)-und	Haufen-die***	sahen-(sie)-und	Fürsten-die-und

יִשְׂרָאֵל׃	עַמּוֹ	וְאֵת	אֶת־יְהוָה
yiśᵊrɔʾel.	ᶜammoʷ	wᵊʾet	yᵊhwɔʰ -ʾɛt
.Israel	Volk-sein	***und	JHWH***

יְחִזְקִיָּהוּ	9 וַיִּדְרֹשׁ
yᵊḥizᵊqiʸyɔhuʷ	wayyidᵊroš
(Hiskija=)(Je)chiskija(hu)	(sich-erkundigte=)suchte-(es=er)-(Dann=)Und

עַל־	וְהַלְוִיִּם	הַכֹּהֲנִים	עַל־
-ᶜal	wᵊhalᵊwiʸyim	hakkohᵃniʸm	-ᶜal
(wegen=)auf	Leviten-(den=)die-und	Priester(n)-(den=)die	(bei=)auf

הַכֹּהֵן	עֲזַרְיָהוּ	אֵלָיו	10 וַיֹּאמֶר	הָעֲרֵמוֹת׃
hakkohen	ᶜᵃzarᵊyɔhuʷ	ʾelɔʸw	wayyoʾmɛr	hɔᶜᵃremoʷt.
-Priester-der	,Asarja(hu)	ihm-zu	sprach-(es=er)-(Da=)Und	.Haufen-(der=)die

צָדוֹק	לְבֵית	הָרֹאשׁ
ṣɔdoʷq	lᵊbeʸt	hɔroʾš
,Zadok	Haus-(dem)-(aus=)zu	,(Oberpriester-der=)Haupt(es)-(des)

מֵהָחֵל	וַיֹּאמֶר
mehɔḥel	wayyoʾmɛr
(anfing-man-Seit=)Anfangen-Von	:(bekundete=)sprach-er-und

בֵּית־	לָבִיא	הַתְּרוּמָה
-beʸt	lɔbiʸʾ	hattᵊruʷmɔʰ
(Tempel)haus-(ins)	(bringen=)machen-kommen-zu	Abgabe-(heilige)-die

וְשָׂבוֹעַ	אָכוֹל	יְהוָה
wᵊśɔboʷaᶜ	ʾɔkoʷl	yᵊhwɔʰ
(uns-sättigten-wir=)Sättigen-(ein)-und	(aßen-wir=)Essen-(ein)	,JHWH(s)

כִּי	לָרוֹב	עַד־	וְהוֹתֵר
kiʸ	lɔroʷb	-ᶜad	wᵊhoʷter
denn	,Menge-(in=)zur	(sogar=)bis	(übrig-ließen-wir=)Übriglassen-(ein)-und

וְהַנּוֹתָר	אֶת־עַמּוֹ	בֵּרַךְ	יְהוָה
wᵊhannoʷtɔr	ᶜammoʷ-ʾɛt	berak	yᵊhwɔʰ
,Übriggebliebene-(das=)der-und	,Volk-sein***	gesegnet-hat-(er)	JHWH

11 וַיֹּאמֶר	הַזֶּה׃	אֶת־הֶהָמוֹן
wayyoʾmɛr	hazzɛʰ.	hɛhɔmoʷn-ʾɛt
(hieß=)sprach-(er)-(Da=)Und	!(ist's)-da-dies(e)	,Menge-die***

יְחִזְקִיָּהוּ
yᵊḥizᵊqiʸyɔhuʷ
(Hiskija=)(Je)chiskija(hu)

לְהָכִין
lᵊhɔkiʸn
(herzurichten=)errichten-zu

לְשָׁכוֹת
lᵊšɔkoʷt
Kammern

בְּבֵית
bᵊbeʸt
(Tempel)haus-(dem)-in

יְהוָה
yᵊhwɔʰ
,JHWH(s)

וַיָּכִינוּ׃
wayyɔkiʸnuʷ.
.her-(sie)-richteten-sie-und

12 וַיָּבִיאוּ
wayyɔbiʸʾuʷ
(ein-brachten=)kommen-machten-sie-(Dann=)Und

אֶת־הַתְּרוּמָה
hattᵊruʷmɔʰ -ʾɛt
Abgabe-(heilige)-die***

וְהַמַּעֲשֵׂר
wᵊhammaᶜᵃśer
Zehnte(n)-(den=)der-und

וְהַקֳּדָשִׁים
wᵊhaqqᵒdɔšiʸm
(Weihegaben)-heiligen-die-und

בֶּאֱמוּנָה
bɛʾᵋmuʷnɔʰ
.(Treue=)Festigkeit-in

וַעֲלֵיהֶם
waᶜᵃleʸhɛm
(war)-(sie=)ihnen-(über=)auf-Und

נָגִיד
nɔgiʸd
Vorsteher

כוננְיָהוּ[כָּנַנְיָהוּ]
[kɔnanᵊyɔhuʷ]kɔwnanᵊyɔhuʷ
,Kananjahu

הַלֵּוִי
hallewiʸ
,Levit-der

וְשִׁמְעִי
wᵊšimᵊᶜiʸ
,Schimei-und

אָחִיהוּ
ʾɔḥiʸhuʷ
,Bruder-sein

מִשְׁנֶה׃
mišᵊnɛʰ.
.(Zweiter=)Verdoppelung-(als)

13 וִיחִיאֵל
wiʸḥiʸʾel
Jechiël-(Ferner=)Und

וַעֲזַזְיָהוּ
waᶜᵃzazᵊyɔhuʷ
Asasja(hu)-und

וְנַחַת
wᵊnaḥat
Nachat-und

וַעֲשָׂהאֵל
waᶜᵃśɔhʾel
Asaël-und

וִירִימוֹת
wiʸriʸmoʷt
Jerimot-und

וְיוֹזָבָד
wᵊyoʷzɔbɔd
Josabad-und

וֶאֱלִיאֵל
wɛʾᵋliʸʾel
Eliël-und

וְיִסְמַכְיָהוּ
wᵊyisᵊmakᵊyɔhuʷ
Jismachjahu-und

וּמַחַת
uʷmaḥat
Machat-und

וּבְנָיָהוּ
uʷbᵊnɔyɔhuʷ
Benaja(hu)-und

פְּקִידִים
pᵊqiʸdiʸm
(Beamte=)Beauftragte-(als)

מִיַּד
miʸyad
Hand-(zur=)von

כוננְיָהוּ[כָּנַנְיָהוּ]
[kɔnanᵊyɔhuʷ]kɔwnanᵊyɔhuʷ
Kananjahu(s)

וְשִׁמְעִי
wᵊšimᵊᶜiʸ
,Schimei(s)-und

אָחִיו
ʾɔḥiʸw
,Bruder(s)-sein(es)

בְּמִפְקַד
bᵊmipᵊqad
(von)-Anordnung-(nach=)in

יְחִזְקִיָּהוּ
yᵊḥizᵊqiʸyɔhuʷ
,(Hiskija=)(Je)chiskija(hu)

הַמֶּלֶךְ
hammɛlɛk
,König-(dem=)der

וַעֲזַרְיָהוּ
waᶜᵃzarᵊyɔhuʷ
,Asarja(hu)-und

נְגִיד
nᵊgiʸd
Vorsteher-(dem)

בֶּן־יִמְנָה	14 וְקוֹרֵא	הָאֱלֹהִים׃	בֵּית־
yimᵊnɔʰ -bɛn	wᵊqoʷreᵓ	hɔᵓᵋlohiʸm.	-beʸt
,Jimna(s)-Sohn	Kore-Und	.(Gottes=)Götter-(der=)die	Haus(es)-(des)

לַמִּזְרָחָה	הַשּׁוֹעֵר	הַלֵּוִי
lammizᵊrɔḥɔʰ	haššoʷᶜer	hallewiʸ
,(hin)-Ostseite-(der=)die-(nach=)zu	Torhüter-(dem=)der	,Levite(n)-(dem=)der

הָאֱלֹהִים	נִדְבוֹת	עַל
hɔᵓᵋlohiʸm	nidᵊboʷt	ᶜal
,(Gott=)Götter-die-(für)	Gaben-freiwillige(n)-(die)	(oblagen=)auf

יְהוָה	תְּרוּמַת	לָתֵת
yᵊhwɔʰ	tᵊruʷmat	lɔtet
JHWH	(für)-Abgabe-(heilige)-(als)	(anzunehmen=)geben-zu

הַקֳּדָשִׁים׃	וְקָדְשֵׁי
haqqᵒdɔšiʸm	wᵊqodᵊšeʸ.
.(Hochheilige-das=)Heiligkeiten-(der=)die	-Heiligkeiten-und

וְיֵשׁוּעַ	וּמִנְיָמִן	עֵדֶן	15 וְעַל־יָדוֹ
wᵊyešuʷaᶜ	uʷminᵊyɔmin	ᶜedɛn	yɔdoʷ-wᵊᵃᶜal
Jeschua-und	Minjamin-und	Eden	:(Hand-zur-ihm=)Hand-seiner-(an=)auf-Und

בְּעָרֵי	וּשְׁכַנְיָהוּ	אֲמַרְיָהוּ	וּשְׁמַעְיָהוּ
bᵊᶜɔreʸ	uʷšᵊkanᵊyɔhuʷ	ᵓᵃmarᵊyɔhuʷ	uʷšᵊmaᶜᵊyɔhuʷ
Städten-(den)-in	Schechanja(hu)-und	Amaraja(hu)	,Schemaja(hu)-und

לָתֵת	בֶּאֱמוּנָה	הַכֹּהֲנִים
lɔtet	bɛᵓᵋmuʷnɔʰ	hakkohᵃniʸm
(abzugeben-um=)geben-zu	(Treue=)Festigkeit-in	Priester-(der=)die

כַּגָּדוֹל	בְּמַחְלְקוֹת	לַאֲחֵיהֶם
kaggɔdoʷl	bᵊmaḥᵊlᵊqoʷt	laᵓᵃḥeʸhɛm
,Große-der-wie —	Abteilungen-(den)-(nach=)in	Brüder-ihre-(an=)zu

16 מִלְּבַד	כַּקָּטָן׃
millᵊbad	kaqqɔṭɔn.
(von-Abgesehen=)allein-zu-Von	.Kleine-der-(so=)wie

לִזְכָרִים	הִתְיַחְשָׂם
lizᵊkɔriʸm	hitᵊyaḥᵊśɔm
,Männlichen-(nach=)zu	Lassen-eintragen-Sich-ihr(em)

מִבֶּן
mibbɛn
(einem=)Sohn-von-(angefangen)

שָׁלוֹשׁ
šɔlowš
-Drei

שָׁנִים
šɔniʸm
(jährigen=)Jahre

וּלְמַעְלָה
uʷləmaʿəlɔʰ
,(aufwärts=)hin-oben-zu-und

לְכָל־
-ləkol
,(jedem=)all-(von=)zu

הַבָּא
habbɔʾ
(war)-kommend(er)-der

לְבֵית־
-ləbeʸt
(Tempel)haus-(ins=)zu

יְהוָה
yəhwɔʰ
,JHWH(s)

לִדְבַר־
-lidəbar
(Erfordernis=)Wort-(nach=)zu

יוֹם
yoʷm
Tag(es)-(des)

בְּיוֹמוֹ
bəyoʷmoʷ
,Tag-sein(em)-(an=)in

לַעֲבוֹדָתָם
laʿᵃboʷdɔtɔm
,Dienst-ihren-(für=)zu

בְּמִשְׁמְרוֹתָם
bəmišəməroʷtɔm
Amtsverpflichtungen-ihre-in

כְּמַחְלְקוֹתֵיהֶם׃
kəmaḥələqoʷteʸhɛm.
,Abteilungen-ihre(n)-(gemäß=)wie

17 וְאֵת
wəʾet
(nebst=)mit-und

הִתְיַחֵשׂ
hitəyaḥeś
Eintragen-Sich-(einem)

הַכֹּהֲנִים
hakkohᵃniʸm
Priester-(der=)die

לְבֵית
ləbeʸt
Haus-(dem)-(nach=)zu

אֲבוֹתֵיהֶם
ʾᵃboʷteʸhɛm
(Familien=)Väter-ihre(r)

וְהַלְוִיִּם
wəhaləwiʸyim
,Leviten-(der=)die-und

מִבֶּן
mibbɛn
(einem=)Sohn-von-(angefangen)

עֶשְׂרִים
ʿɛśəriʸm
-Zwanzig

שָׁנָה
šɔnɔʰ
(jährigen=)Jahr

וּלְמָעְלָה
uʷləmɔʿəlɔʰ
,(aufwärts=)hin-oben-zu-und

בְּמִשְׁמְרוֹתֵיהֶם
bəmišəməroʷteʸhɛm
,Amtsverpflichtungen-ihre-in

בְּמַחְלְקוֹתֵיהֶם׃
bəmaḥələqoʷteʸhɛm.
.Abteilungen-ihre(n)-in

18 וּלְהִתְיַחֵשׂ
uʷləhitəyaḥeś
Eintragen-Sich-(einem)-zu-Und

בְּכָל־
-bəkol
all-(mit=)in

טַפָּם
ṭappɔm
,Kleinkind(ern)-ihr(en)

נְשֵׁיהֶם
nəšeʸhɛm
Frauen-ihre(n)

וּבְנֵיהֶם
uʷbəneʸhɛm
Söhne(n)-ihre(n)-und

וּבְנוֹתֵיהֶם
uʷbənoʷteʸhɛm
Töchter(n)-ihre(n)-und

לְכָל־
-ləkol
(jeder=)all-(nach=)zu

קָהָל
qɔhɔl
,Gemeinschaft

כִּי
kiʸ
denn

בֶּאֱמוּנָתָם
bɛʾɛmuʷnɔtɔm
(gewissenhaft=)Treue-ihre(r)-in

יִתְקַדְּשׁוּ־
-yitᵊqaddᵊšuʷ
sich-heiligen-(mussten=)werden-sie

קֹדֶשׁ׃
qodɛš.
.Heiligkeit-(in)

19 וְלִבְנֵי
wᵊlibᵊneʸ
(von)-Söhne-(die)-(für=)zu-Und

אַהֲרֹן
ʾahᵃron
,(Aaron=)Aharon

הַכֹּהֲנִים
hakkohᵃniʸm
,Priester-die

בִּשְׂדֵי
biśᵊdeʸ
Feldern-(den)-in

מִגְרַשׁ
migᵊraš
Weideland(es)-(des)

עָרֵיהֶם
ʿɔreʸhɛm
,Städte-ihre(r)

בְּכָל־
-bᵊkol
(jeder=)all-in

עִיר
ʿiʸr
(einzelnen=)Stadt

וָעִיר
wɔʿiʸr
,Stadt-(und)

אֲנָשִׁים
ʾᵃnɔšiʸm
,Männer-(waren)

אֲשֶׁר
ʾᵃšɛr
welch(e)

נִקְּבוּ
niqqᵊbuʷ
(bezeichnet=)gestochen-wurden-(sie)

בְּשֵׁמוֹת
bᵊšemoʷt
,Namen-(mit=)in

לָתֵת
lɔtet
(über)geben-zu

מָנוֹת
mɔnoʷt
Anteile

לְכָל־
-lᵊkol
(jeden=)all-(an=)zu

זָכָר
zɔkɔr
(Mann=)Männlicher

בַּכֹּהֲנִים
bakkohᵃniʸm
Priester(n)-(den=)die-(unter=)in

וּלְכָל־
-uʷlᵊkol
,all(en)-(unter=)zu-und

הִתְיַחֵשׂ
hitᵊyaḥeś
(eingetragen-sich-die=)Eintragen-Sich-(ein)

בַּלְוִיִּם׃
balᵊwiʸyim.
.Leviten-(den=)die-(unter=)in

20 וַיַּעַשׂ
wayyaʿaś
(tat=)machte-(es=)er-Und

כָּזֹאת
kɔzoʾt
(dergleichen=)diese-wie

יְחִזְקִיָּהוּ
yᵊḥizᵊqiʸyɔhuʷ
(Hiskija=)(Je)chiskija(hu)

בְּכָל־
-bᵊkol
(ganz=)all-in

יְהוּדָה
yᵊhuʷdɔʰ
.Juda

וַיַּעַשׂ
wayyaʿaś
,(tat=)machte-er-(Und)

הַטּוֹב
haṭṭoʷb
(gut-was=)Gute-das

וְהַיָּשָׁר
wᵊhayyɔšɔr
(war-recht-was=)Rechte-das-und

וְהָאֱמֶת
wᵊhɔʾɛmɛt
(war-wahr-was=)Wahrheit-die-und

לִפְנֵי
lipᵊneʸ
(vor=)Gesichter-zu

יְהוָה
yᵊhwɔʰ
,JHWH

אֱלֹהָיו׃ 21 וּבְכָל־ מַעֲשֶׂה אֲשֶׁר־
-ʾᵃšɛr maᶜᵃśɛʰ -uʷbᵊkol ʾᵉlohɔʸw.
(die=)welch(e) ,Tätigkeit all(er)-in-Und .(Gott-seinem=)Götter(n)-seine(n)

הֵחֵל בַּעֲבוֹדַת בֵּית־הָאֱלֹהִים
hɔʾᵉlohiʸm-beʸt baᶜᵃboʷdat heḥel
(Gottes=)Götter-(der=)die-Haus (am)-Dienst-im begann-er

וּבַתּוֹרָה וּבַמִּצְוָה לִדְרֹשׁ
lidᵊroš uʷbammiṣᵊwɔʰ uʷbattoʷrɔʰ
suchen-zu Gebot-dem-(nach=)in-und Weisung-der-(nach=)in-und

לֵאלֹהָיו בְּכָל־ לְבָבוֹ
lᵊbɔboʷ -bᵊkol leʾlohɔʸw
Herz(en)-sein(em) all-(mit=)in ,(Gott-seinem=)Göttern-seinen-(nach=)zu

עָשָׂה וְהִצְלִיחַ׃
wᵊhiṣᵊliʸaḥ. ᶜɔśɔʰ
.Erfolg-hatte-(er)-und (handelte=)machte-er

32

1 אַחֲרֵי הַדְּבָרִים
haddᵊbɔriʸm ʾaḥᵃreʸ
(Begebenheiten-den=)Worte-die Nach

וְהָאֱמֶת הָאֵלֶּה בָּא סַנְחֵרִיב
sanᵊḥeriʸb bɔʾ hɔʾellɛʰ wᵊhɔʾᵉmɛt
,Sancherib kam-(es=er) ,da-diese(r) ,Treue-(zuverlässigen)-(der=)die-und

מֶלֶךְ־ אַשּׁוּר וַיָּבֹא בִיהוּדָה
biʸhuʷdɔʰ wayyɔboʾ ʾaššuʷr -mɛlɛk
Juda-(über=)in kam-er-und ,(Assur=)Aschschur (von)-König-(der)

וַיִּחַן עַל־ הֶעָרִים הַבְּצֻרוֹת
habbᵊṣuroʷt hɛᶜɔriʸm -ᶜal wayyiḥan
,befestigten-die ,Städte-die (gegen=)auf (sich)-lagerte-(er)-und

וַיֹּאמֶר לְבִקְעָם אֵלָיו׃
ʾelɔʸw. lᵊbiqᵊᶜɔm wayyoʾmɛr
.(sich-für=)ihm-zu sie-(erobern=)brechen-zu (gedachte=)sagte-er-und

2 וַיַּרְא יְחִזְקִיָּהוּ כִּי־ בָא
bɔʾ -kiʸ yᵊḥizᵊqiʸyɔhuʷ wayyarᵊʾ
kam-(es=er) (dass=)wenn ,(Hiskija=)(Je)chiskija(hu) sah-(er)-(nun-Als=)Und

עַל־	לַמִּלְחָמָה	וּפָנָיו	סַנְחֵרִיב
-ʿal	lammilᵊḥomoʰ	uʷponoʸw	sanᵊḥeriʸb
(gegen=)auf	Kampf-zu(m)	(Absicht-der-in=)Gesichter-seine-und	Sancherib

שָׂרָיו	עִם־	3 וַיִּוָּעַץ	יְרוּשָׁלָםִ:
śoroʸw	-ʿim	wayyiwwoʿaṣ	yᵊruʷšoloim.
Ober(st)e(n)-seine(n)	mit	sich-entschloss-er-(da=)und	,Jerusalem

הָעֲיָנוֹת	אֶת־מֵימֵי	לִסְתּוֹם	וְגִבֹּרָיו
hoʿᵃyonoʷt	meʸmeʸ-ʾɛt	lisᵊtoʷm	wᵊgibboroʸw
,Quellen-(der=)die	Wasser-(die)***	verstopfen-zu	Helden-seine(n)-und

לָעִיר	מִחוּץ	אֲשֶׁר
loʿiʸr	miḥuʷṣ	ʾᵃšɛr
,(waren)-Stadt-(der=)zur	(außerhalb=)außen-von	(die=)welch(e)

4 וַיִּקָּבְצוּ	וַיַּעְזְרוּהוּ:
wayyiqqobᵊṣuʷ	wayyaʿᵊzᵊruʷhuʷ.
sich-versammelte(n)-(es=sie)-(Damals=)Und	.(dabei)-ihn-unterstützten-sie-und

הַמַּעְיָנוֹת	אֶת־כָּל־	וַיִּסְתְּמוּ	רָב	עַם־
hammaʿᵊyonoʷt	-kol-ʾɛt	wayyisᵊtᵊmuʷ	rob	-ʿam
Quellen-die	all(e)***	verstopften-sie-und	(zahlreiches=)viel	Volk

בְּתוֹךְ־	הַשּׁוֹטֵף	וְאֶת־הַנַּחַל
-bᵊtoʷk	haššoʷṭep	hannaḥal-wᵊʾɛt
(durch-mitten=)Mitte-in	(war)-strömend(er)-der	,Bach-(den=)der-***und

לָמָּה	לֵאמֹר	הָאָרֶץ
lommoʰ	leʾmor	hoʾorɛṣ
(Warum=)was-Zu	:(denkend=)sagen-zu	,(Landschaft-die=)Land-das

אַשּׁוּר	מַלְכֵי	יָבוֹאוּ
ʾaššuʷr	malᵊkeʸ	yoboʷʾuʷ
(Assur=)Aschschur	(von)-Könige-(die)	kommen-(sollen=)werden-(es=sie)

רַבִּים:	מַיִם	וּמָצְאוּ
rabbiʸm.	mayim	uʷmoṣᵊʾuʷ
?(reichlich=)viele	Wasser	finden-(sollten=)werden-(sie)-und

הַחוֹמָה	אֶת־כָּל־	וַיִּבֶן	5 וַיִּתְחַזַּק
haḥoʷmoʰ	-kol-ʾɛt	wayyibɛn	wayyitᵊḥazzaq
,Mauer-die	all***	(aus)-baute-(er)-und	stark-sich-machte-er-Und

הַמִּגְדָּלוֹת	עַל־	וַיַּעַל	הַפְּרוּצָה
hammigᵊdɔloʷt	-ʿal	wayyaʿal	happᵊruʷṣɔʰ
Türme-die	(erhöhte=)auf	-hoch-machte-er-(Dann=)Und	.eingerissene-die

וַיְחַזֵּק	אַחֶרֶת	הַחוֹמָה	וְלַחוּצָה
wayᵊḥazzeq	ʾaḥɛrɛt	haḥoʷmɔʰ	wᵊlaḥuʷṣɔʰ
verstärkte-er-und	,andere	Mauer-die	hin-außen-(nach=)zu-und

דָּוִיד	עִיר	אֶת־הַמִּלּוֹא
dɔwiʸd	ʿiʸr	hammilloʷʾ-ʾɛt
.David(s)	Stadt-(die)	(Auffüllung-der=)Millo-(dem=)das-mit

לָרֹב	שֶׁלַח	וַיַּעַשׂ
lɔrob	šɛlaḥ	wayyaʿaś
Menge-(in=)zu	Wurfspieß(e)	(anfertigen-ließ=)machte-er-(Ferner=)Und

הָעָם	עַל־	מִלְחָמוֹת	שָׂרֵי	6 וַיִּתֵּן	וּמָגִנִּים׃
hɔʿɔm	-ʿal	milᵊḥɔmoʷt	śɔreʸ	wayyitten	uʷmɔginniʸm.
Volk-das	(über=)auf	Krieg(s)-	oberste	(stellte=)gab-er-Und	.Schilde-und

שַׁעַר	רְחוֹב	אֶל־	אֵלָיו	וַיִּקְבְּצֵם
šaʿar	rᵊḥoʷb	-ʾɛl	ʾelɔʸw	wayyiqᵊbᵊṣem
Tor(es)-(des)	Platz-(freien-den)	(auf=)zu	(sich=)ihm-zu	sie-sammelte-er-und

לֵאמֹר׃	לְבָבָם	עַל־	וַיְדַבֵּר	הָעִיר
leʾmor.	lᵊbɔbɔm	-ʿal	wayᵊdabber	hɔʿiʸr
:(sagend=)sagen-zu	,Herz-ihr	(an=)auf	redete-(er)-und	Stadt-(der=)die

וְאַל־	תִּירְאוּ	אַל־	וְאִמְצוּ	7 חִזְקוּ
-wᵊʾal	tiʸrᵊʾuʷ	-ʾal	wᵊʾimᵊṣuʷ	ḥizᵊquʷ
nicht-und	fürchten-(sollt=)werdet-ihr	nicht(s)	,mutig-und	stark-Seid

מֶלֶךְ	מִפְּנֵי	תֵּחַתּוּ
mɛlɛk	mippᵊneʸ	teḥattuʷ
(von)-König-(dem)	(vor=)Gesichter-von	erschrecken-(sollt=)werdet-ihr

כָּל־	וּמִלִּפְנֵי	אַשּׁוּר
-kol	uʷmillipᵊneʸ	ʾaššuʷr
all	(wegen=)Gesichter-zu-von-und	(Assur=)Aschschur

כִּי־	עִמּוֹ	אֲשֶׁר־	הֶהָמוֹן
-kiʸ	ʿimmoʷ	-ʾašɛr	hɛhɔmoʷn
Denn	!ihm-(bei=)mit-(ist)	(der=)welch(er)	,(Heer)haufen-(dem=)der

זְרֹ֫עַ	8 עִמּ֫וֹ	מֵעִמּֽוֹ׃	רָ֑ב	עִמָּ֫נוּ
zᵊroʷaᶜ	ᶜimmoʷ	meᶜimmoʷ.	rab	ᶜimmɔnuʷ
(von)-Arm-(der)	(ist)-ihm-Mit	!ihm-mit-(als-mehr=)von	viel	(ist)-uns-mit

אֱלֹהֵ֫ינוּ	יְהוָ֣ה	וְעִמָּ֗נוּ	בָּשָׂ֔ר
ᵓᵋloheʸnuʷ	yᵊhwɔʰ	wᵊᶜimmɔnuʷ	bɔśɔr
,(Gott=)Götter-unser(e)	,JHWH	(ist)-uns-mit-(aber=)und	,Fleisch

מִלְחֲמֹתֵ֑נוּ	וּלְהִלָּחֵם	לְעָזְרֵ֔נוּ
milᵊḥᵃmotenuʷ	uʷlᵊhillɔḥem	lᵊᶜozᵊrenuʷ
!Kriege-unsere	(führen=)kämpfen-zu-und	uns-(helfen=)stützen-zu-(um)

דִּבְרֵ֖י	עַל־	הָעָ֔ם	וַיִּסָּמְכ֣וּ
dibᵊreʸ	-ᶜal	hɔᶜɔm	wayyissɔmᵊkuʷ
(von)-Worte-(die)	auf	Volk-das	(sich-verließ=)stützte(n)-(es=sie)-(Da=)Und

זֶ֗ה	9 אַחַ֣ר	יְהוּדָֽה׃	מֶֽלֶךְ־	יְחִזְקִיָּ֥הוּ
zɛʰ	ᵓaḥar	yᵊhuʷdɔʰ.	-mɛlɛk	yᵊḥizᵊqiʸyɔhuʷ
dies(em)	Nach	.Juda	(von)-König-(dem)	,(Hiskija=)(Je)chiskija(hu)

עֲבָדָ֜יו	אַשּׁ֖וּר	מֶֽלֶךְ־	סַנְחֵרִ֥יב	שָׁלַח֩
ᶜᵃbɔdɔʸw	ᵓaššuʷr	-mɛlɛk	sanᵊḥeriʸb	šɔlaḥ
Diener-seine	,(Assur=)Aschschur	(von)-König-(der)	,Sancherib	sandte-(es=er)

וְכָל־	לָכִ֔ישׁ	עַל־	וְהוּא֙	יְר֣וּשָׁלַ֔יְמָה
-wᵊkol.	lɔkiʸš	-ᶜal	wᵊhuʷᵓ	yᵊruʷšɔlayᵊmɔʰ
all-und	(lag)-Lachisch	(vor=)auf	er-(während=)und —	zu-Jerusalem

יְחִזְקִיָּ֫הוּ	עַל־	עִמּ֑וֹ	מֶמְשַׁלְתּ֣וֹ
yᵊḥizᵊqiʸyɔhuʷ	-ᶜal	ᶜimmoʷ	mɛmᵊšalᵊtoʷ
,(Hiskija=)(Je)chiskija(hu)	(zu=)auf	— ihm-mit	(Heeres)macht-seine

יְהוּדָ֔ה	כָּל־	וְעַל־	יְהוּדָ֔ה	מֶ֣לֶךְ
yᵊhuʷdɔʰ	-kol	-wᵊᶜal	yᵊhuʷdɔʰ	mɛlɛk
,Juda	(ganz=)all	(an=)auf-und	,Juda	(von)-König-(dem)

10 כֹּ֣ה	לֵאמֹֽר׃	בִּירוּשָׁלַ֖ם	אֲשֶׁ֥ר
koʰ	leᵓmor.	biʸruʷšɔlaim	ᵓᵃšɛr
So	:(mitteilend=)sagen-zu	,(war)-Jerusalem-in	(das=)welch(es)

אַשּׁ֑וּר	מֶ֣לֶךְ	סַנְחֵרִ֖יב	אָמַ֔ר
ᵓaššuʷr	mɛlɛk	sanᵊḥeriʸb	ᵓɔmar
:(Assur=)Aschschur	(von)-König-(der)	,Sancherib	(spricht=)sprach-(es=er)

בֹּטְחִים	אַתֶּם	עַל־מָה
botᵊḥiʸm	ʾattɛm	mɔʰ-ʿal
,vertrauend(e)-(seid)	ihr	(Worauf=)was-Auf

בְּמָצוֹר	וְיֹשְׁבִים
bᵊmɔṣoʷr	wᵊyošᵊbiʸm
(Festung=)Befestigung-(der)-in	(bleibt-ihr-dass=)bleibend(e)-und

מַסִּית	יְחִזְקִיָּהוּ	11 הֲלֹא	בִּירוּשָׁלִָם:
massiʸt	yᵊḥizᵊqiʸyɔhuʷ	hᵃloʾ	biʸruʷšɔlɔim.
verleitend(er)	(Hiskija=)(Je)chiskija(hu)	(ist)-nicht-Etwa	?Jerusalem-in

לָמוּת	אֶתְכֶם	לָתֵת	אֶתְכֶם
lɔmuʷt	ʾɛtᵊkɛm	lɔtet	ʾɛtᵊkɛm
(Tod-dem=)sterben-zu	euch	(preisgebend=)geben-zu	,euch

יְהוָה	לֵאמֹר	וּבְצָמָא	בְּרָעָב
yᵊhwɔʰ	leʾmor	uʷbᵊṣɔmɔʾ	bᵊrɔʿɔb
,JHWH	:(behauptend=)sagen-zu	,Durst-(durch=)in-und	Hunger-(durch=)in

מִכַּף	יַצִּילֵנוּ	אֱלֹהֵינוּ
mikkap	yaṣṣiʸlenuʷ	ʾᵋloheʸnuʷ
(Gewalt=)Faust-(der)-(aus=)von	uns-erretten-wird-er	,(Gott=)Götter-unser(e)

הוּא	12 הֲלֹא־	אַשּׁוּר:	מֶלֶךְ
huʷʾ	-hᵃloʾ	ʾaššuʷr.	mɛlɛk
(dies)er	nicht-Etwa	?!(Assur=)Aschschur	(von)-König(s)-(des)

אֶת־בָּמֹתָיו	הֵסִיר	יְחִזְקִיָּהוּ
bɔmotɔʸw-ʾɛt	hesiʸr	yᵊḥizᵊqiʸyɔhuʷ
(Kult)höhen-seine***	entfernen-machte-(er)	(Hiskija=)(Je)chiskija(hu)

לִיהוּדָה	וַיֹּאמֶר	וְאֶת־מִזְבְּחֹתָיו
liʸhuʷdɔʰ	wayyoʾmɛr	mizᵊbᵊḥotɔʸw-wᵊʾɛt
Juda-(für=)zu	(an-ordnete=)sagte-(er)-und	Altäre-seine-***und

מִזְבֵּחַ	לִפְנֵי	לֵאמֹר	וְלִירוּשָׁלִַם
mizᵊbeaḥ	lipᵊneʸ	leʾmor	wᵊliʸruʷšɔlaim
Altar	(Vor=)Gesichter-Zu	:(befehlend=)sagen-zu	,Jerusalem-(für=)zu-und

וְעָלָיו	תִּשְׁתַּחֲווּ	אֶחָד
wᵊʿɔlɔʸw	tišᵊtaḥᵃwuʷ	ʾɛḥɔd
ihm-auf-und	niederwerfen-euch-(sollt=)werdet-ihr	(einzigem=)einer

תַּקְטִירוּ׃	13 הֲלֹא	תֵדְעוּ	מֶה
taq^{ə}ṭi^{y}ru^{w}.	h^{a}lo^{ɔ}	ted^{əc}u^{w}	mε^{h}
?!(opfern=)räuchern-(sollt=)werdet-ihr	nicht-Etwa	,wisst-ihr	was

עָשִׂיתִי	אֲנִי	וַאֲבוֹתַי	לְכֹל
^{c}ɔśi^{y}ti^{y}	^{ɔa}ni^{y}	wa^{ɔa}bo^{w}tay	l^{ə}kol
,(getan=)machte-ich	ich	,(Vorfahren=)Väter-meine-und	all-(an=)zu

עַמֵּי	הָאֲרָצוֹת	הֲיָכוֹל
^{c}amme^{y}	hɔ^{ɔa}rɔṣo^{w}t	h^{a}yɔko^{w}l
Völker(n)-(den)	?Länder-(der=)die	(gar=)Können-(ein)-(Etwa)

יָכְלוּ	אֱלֹהֵי	גוֹיֵ
yɔk^{ə}lu^{w}	^{ɔε}lohe^{y}	go^{w}ye
(vermochten=)konnten-(es=sie)	Götter-(die)	(in)-Völker-(der)

הָאֲרָצוֹת	לְהַצִּיל	אֶת־אַרְצָם	מִיָּדִי׃
hɔ^{ɔa}rɔṣo^{w}t	l^{ə}haṣṣi^{y}l	^{ɔ}ar^{ə}ṣɔm-^{ɔ}εt	mi^{y}yɔdi^{y}.
Länder(n)-(den=)die	entreißen-zu	Land-ihr***	?Hand-meiner-(aus=)von

14 מִי	בְּכָל־	אֱלֹהֵי	הַגּוֹיִם	הָאֵלֶּה
mi^{y}	-b^{ə}kol	^{ɔε}lohe^{y}	haggo^{w}yim	hɔ^{ɔ}ellε^{h}
(war)-Wer	all-(unter=)in	Götter(n)-(den)	,Völker-(der=)die	,da-diese(r)

אֲשֶׁר	הֶחֱרִימוּ
^{ɔa}šεr	hεḥ^{ε}ri^{y}mu^{w}
,(diejenigen=)welch(e)	Vernichtung-der-weihten-(sie)-die

אֲבוֹתַי	אֲשֶׁר	יָכוֹל	לְהַצִּיל
^{ɔa}bo^{w}tay	^{ɔa}šεr	yɔko^{w}l	l^{ə}haṣṣi^{y}l
,(Vorfahren=)Väter-meine	(der=)welch(er)	vermochte-(er)	entreißen-zu

אֶת־עַמּוֹ	מִיָּדִי	כִּי	יוּכַל
^{c}ammo^{w}-^{ɔ}εt	mi^{y}yɔdi^{y}	ki^{y}	yu^{w}kal
Volk-sein***	,Hand-meiner-(aus=)von	dass	(vermöchte=)vermag-(er)

אֱלֹהֵיכֶם	לְהַצִּיל	אֶתְכֶם	מִיָּדִי׃
^{ɔε}lohe^{y}kεm	l^{ə}haṣṣi^{y}l	^{ɔ}εt^{ə}kεm	mi^{y}yɔdi^{y}.
(Gott-euer=)Götter-eure	entreißen-zu	euch	?Hand-meiner-(aus=)von

15 וְעַתָּה	אַל־	יַשִּׁיא	אֶתְכֶם
w^{əc}attɔ^{h}	-^{ɔ}al	yašši^{yɔ}	^{ɔ}εt^{ə}kεm
,nun-(Also=)Und	nicht	täuschen-(soll=)wird-(es=er)	euch

אֶתְכֶם	יַסִּית	וְאַל־	חִזְקִיָּהוּ
ᵓɛtᵊkɛm	yassiʸt	-wᵊᵓal	ḥizᵊqiʸyɔhuʷ
euch	irreführen-(soll=)wird-er	nicht-und	(Hiskija=)Chiskija(hu)

וְאַל־	כָּזֹאת
-wᵊᵓal	kɔzoᵓt
nicht-(also=)und	;(solchermaßen=)diese-wie

לֹא	כִּי־	לוֹ	תַּאֲמִינוּ
loᵓ	-kiʸ	loʷ	taᵓᵃmiʸnuʷ
nicht	Denn	!ihm-(zu)	schenken-Glauben-(sollt=)werdet-ihr

אֱלוֹהַּ	כָּל־	יוּכַל
ᵓᵋloʷaʰ	-kol	yuʷkal
(Gott=)Eloah-(ein)	(irgendein=)all	(vermochte=)vermag-(es=)er

עַמּוֹ	לְהַצִּיל	וּמַמְלָכָה	גּוֹי	כָּל־
ᶜammoʷ	lᵊhaṣṣiʸl	uʷmamᵊlɔkɔʰ	goʷy	-kol
Volk-sein	entreißen-zu	Königreich(es)-und	Volk(es)	(irgendeines=)all

אֲבוֹתַי	וּמִיַּד	מִיָּדִי
ᵓᵃboʷtɔy	uʷmiʸyad	miʸyɔdiʸ
,(Vorfahren=)Väter-meine(r)	Hand-(der)-(aus=)von-und	Hand-meiner-(aus=)von

לֹא־	אֱלֹהֵיכֶם	כִּי	אַף
-loᵓ	ᵓᵋloheʸkɛm	kiʸ	ᵓap
Nicht	!(Gott-euer=)Götter-eure	denn	(geschweige=)auch

מִיָּדִי׃	אֶתְכֶם	יַצִּילוּ
miʸyɔdiʸ.	ᵓɛtᵊkɛm	yaṣṣiʸluʷ
!Hand-meiner-(aus=)von	euch	(können)-entreißen-(wird=)werden-(er=)sie

יְהוָה	עַל־	עֲבָדָיו	דִּבְּרוּ	16 וְעוֹד
yᵊhwɔʰ	-ᶜal	ᶜᵃbɔdɔʸw	dibbᵊruʷ	wᵊᶜoʷd
,JHWH	(gegen=)auf	Diener-seine	redeten-(es=sie)	(mehr)-noch-Und

יְחִזְקִיָּהוּ	וְעַל	הָאֱלֹהִים
yᵊḥizᵊqiʸyɔhuʷ	wᵊᶜal	hɔᵓᵋlohiʸm
,(Hiskija=)(Je)chiskija(hu)	(gegen=)auf-und	,(Gott=)Götter-die

לְחָרֵף	כָּתַב	17 וּסְפָרִים	עַבְדּוֹ׃
lᵊḥɔrep	kɔtab	uʷsᵊpɔriʸm	ᶜabᵊdoʷ.
lästern-zu-(um)	schrieb-er	(Brief-einen=)Bücher-(Auch=)Und	.Knecht-sein(en)

יִשְׂרָאֵל	אֱלֹהֵי	לַיהוָה
yiśᵊrɔʾel	ʾᵋloheʸ	layhwɔʰ
,Israel	(von)-(Gott-den=)Götter-(die)	,JHWH-(wider=)zu

לֵאמֹר	עָלָיו	וְלֵאמֹר
leʾmor	ʿɔlɔʸw	wᵊleʾmor
:(also=)sagen-zu	(ihn-gegen=)ihm-auf	(sagte-er-indem=)sagen-zu-und

לֹא־	אֲשֶׁר	הָאֲרָצוֹת	גּוֹיֵ	כֵּאלֹהֵי
-loʾ	ʾᵃšɛr	hɔʾᵃrɔṣoʷt	goʷye	keʾloheʸ
nicht	welch(e)	,Länder-(der=)die	Völker(n)-(den)	(von)-Götter-die-Wie

לֹא־	כֵּן	מִיָּדִי	עַמָּם	הִצִּילוּ
-loʾ	ken	miʸyɔdiʸ	ʿammɔm	hiṣṣiʸluʷ
nicht	so	,Hand-meiner-(aus=)von	Volk-ihr	entrissen-haben-(sie)

אֱלֹהֵי	יַצִּיל
ʾᵋloheʸ	yaṣṣiʸl
(von)-(Gott-der=)Götter-(die)	entreißen-(kann=)wird-(es=er)

18 וַיִּקְרְאוּ	מִיָּדִי׃	עַמּוֹ	יְחִזְקִיָּהוּ
wayyiqᵊrᵊʾuʷ	miʸyɔdiʸ.	ʿammoʷ	yᵊḥizᵊqiʸyɔhuʷ
riefen-sie-Und	!Hand-meiner-(aus=)von	Volk-sein	(Hiskija=)(Je)chiskija(hu)

עַם	עַל־	יְהוּדִית	גָּדוֹל	בְקוֹל־
ʿam	-ʿal	yᵊhuʷdiʸt	gɔdoʷl	-bᵊqoʷl
Volk-(das)	(gegen=)auf	Judäisch-(auf)	(lauter=)große(r)	Stimme-(mit=)in

הַחוֹמָה	עַל־	אֲשֶׁר	יְרוּשָׁלַםִ
haḥoʷmɔʰ	-ʿal	ʾᵃšɛr	yᵊruʷšɔlaim
,(war)-Mauer-der	auf	(das=)welch(es)	,Jerusalem-(in)

לְמַעַן	וּלְבַהֲלָם	לְיָרְאָם
lᵊmaʿan	uʷlᵊbahᵃlɔm	lᵊyɔrᵊʾɔm
(damit=)um-zu	,sie-erschrecken-zu-und	sie-versetzen-zu-Furcht-in-(um)

אֶל־	19 וַיְדַבְּרוּ	אֶת־הָעִיר׃	יִלְכְּדוּ
-ʾɛl	wayᵊdabbᵊruʷ	hɔʿiʸr-ʾɛt.	yilᵊkᵊduʷ
(über=)zu	redeten-sie-Und	.Stadt-die***	einnehmen-(könnten=)werden-sie

אֱלֹהֵי	כְּעַל	יְרוּשָׁלַםִ	אֱלֹהֵי
ʾᵋloheʸ	kᵊʿal	yᵊruʷšɔlɔim	ʾᵋloheʸ
Götter-(die)	(über=)auf-wie	Jerusalem	(von)-(Gott-den=)Götter-(die)

יְדֵי	מַעֲשֵׂה	הָאָרֶץ	עַמֵּי
y^{ə}de^{y}	ma^{c}^{a}śe^{h}	hɔʾɔrɛṣ	^{c}amme^{y}
Hände(n)-(zwei)	(von)-Werk-(das)	,Land(es)-(des=)das	Völker-(der)

יְחִזְקִיָּהוּ	20 וַיִּתְפַּלֵּל	הָאָדָם׃
y^{ə}ḥiz^{ə}qi^{y}yɔhu^{w}	wayyit^{ə}pallel	hɔʾɔdɔm.
,(Hiskija=)(Je)chiskija(hu)	betete-(es=er)-(Da=)Und	.Mensch(en)-(des=)der

הַנָּבִיא	בֶן־אָמוֹץ	וִישַׁעְיָהוּ	הַמֶּלֶךְ
hannɔbi^{y}ʾ	ʾɔmo^{w}ṣ-bɛn	wi^{y}ša^{c}^{ə}yɔhu^{w}	hammɛlɛk
,Prophet-der	,Amoz-(des)-Sohn	Jeschaja(hu)-und	,König-der

הַשָּׁמָיִם׃	וַיִּזְעֲקוּ	עַל־זֹאת
haššɔmɔyim.	wayyiz^{ə}^{c}^{a}qu^{w}	zoʾt-^{c}al
.Himmel(n)-(den=)die	(zu)-schrien-sie-und	,(deswegen=)diese-auf

וַיַּכְחֵד	מַלְאָךְ	יְהוָה	21 וַיִּשְׁלַח
wayyak^{ə}ḥed	mal^{ə}ʾɔk	y^{ə}hwɔ^{h}	wayyiš^{ə}laḥ
vertilgte-(d)er-und	,Engel-(einen)	JHWH	sandte-(es=er)-(Darauf=)Und

וְשַׂר	וְנָגִיד	חַיִל	גִּבּוֹר	כָּל־
w^{ə}śɔr	w^{ə}nɔgi^{y}d	ḥayil	gibbo^{w}r	-kol
Ober(sten)-und	Anführer-und	Streitmacht-(der)	Krieger	(jeglichen=)all

וַיָּשָׁב	אַשּׁוּר	מֶלֶךְ	בְּמַחֲנֵה
wayyɔšob	ʾaššu^{w}r	mɛlɛk	b^{ə}maḥ^{a}ne^{h}
zurück-kehrte-er-und	,(Assur=)Aschschur	(von)-König(s)-(des)	Lager-(im=)in

וַיָּבֹא	לְאַרְצוֹ	פָּנִים	בְּבֹשֶׁת
wayyɔboʾ	l^{ə}ʾar^{ə}ṣo^{w}	pɔni^{y}m	b^{ə}bošɛt
kam-er-(als)-Und	.Land-sein-(in=)zu	(Antlitz-im=)Gesichter	Scham-(mit=)in

אֱלֹהָיו	בֵּית
ʾ^{ɛ}lohɔ^{y}w	be^{y}t
,(Gottes-seines=)Götter-seine(r)	(Tempel)haus-(ins)

וּמִיצִיאוֹ[וּמִיצִיאֵי]
[u^{w}mi^{y}ṣi^{y}ʾe^{y}]u^{w}mi^{y}ṣi^{y}ʾo^{w}
(Entsprießenden-den=)Herauskommenden-von-(einige)-(da=)und

הִפִּילֻהוּ	שָׁם	מֵעָיו
hippi^{y}luhu^{w}	šɔm	me^{c}ɔ^{y}w
ihn-fallen-machten-(sie)	dort	(Leib-seinem=)Eingeweide(n)-seine(n)-von

בֶּחָֽרֶב׃
bɛḥɔrɛb.
.Schwert-das-(durch=)in

22 וַיּוֹשַׁע
wayyoʷšaᶜ
rettete-(es=er)-(So=)Und

יְהוָה
yᵊhwɔʰ
JHWH

אֶת־יְחִזְקִיָּהוּ
yᵊḥizᵊqiʸyɔhuʷ-ʾɛt
(Hiskija=)(Je)chiskija(hu)-(den)***

וְאֵת
wᵊʾet
***und

יֹשְׁבֵי
yošᵊbeʸ
(in)-Wohnende(n)-(die)

יְרוּשָׁלִַם
yᵊruʷšɔlaim
Jerusalem

מִיַּד
miʸyad
(Gewalt=)Hand-(der)-(aus=)von

סַנְחֵרִיב
sanᵊḥeriʸb
,Sancherib(s)

מֶלֶךְ־
-mɛlɛk
(von)-König(s)-(des)

אַשּׁוּר
ʾaššuʷr
,(Assur=)Aschschur

וּמִיַּד־
-uʷmiʸyad
(Gewalt=)Hand-(der)-(aus=)von-und

כֹּל
kol
,all(er)

וַיְנַהֲלֵם
wayᵊnahᵃlem
sie-leitete-er-und

מִסָּבִיב׃
missɔbiʸb.
.(ringsum=)Umkreis-von

23 וְרַבִּים
wᵊrabbiʸm
viele-(Sodann=)Und

מְבִיאִים
mᵊbiʸʾiʸm
(bringend=)machend(e)-kommen-(waren)

מִנְחָה
minᵊḥɔʰ
(Opfer)gabe-(eine)

לַיהוָה
layhwɔʰ
JHWH(s)-(Ehren)-zu

לִירוּשָׁלִַם
liʸruʷšɔlaim
,Jerusalem-(nach=)zu

וּמִגְדָּנוֹת
uʷmigᵊdɔnoʷt
Kostbarkeiten-und

לִיחִזְקִיָּהוּ
liʸḥizᵊqiʸyɔhuʷ
,(Hiskija=)(Je)chiskija(hu)-(für=)zu

מֶלֶךְ
mɛlɛk
(von)-König-(den)

יְהוּדָה
yᵊhuʷdɔʰ
,Juda

וַיִּנַּשֵּׂא
wayyinnaśśeʾ
(geachtet=)gehoben-wurde-er-und

לְעֵינֵי
lᵊᶜeʸneʸ
Augen-(den)-(in=)zu

כָל־
-kol
all

הַגּוֹיִם
haggoʷyim
Völker-(der=)die

מֵאַחֲרֵי־כֵן׃
ken-meʾaḥᵃreʸ.
.(danach=)so-nach-von

24 בַּיָּמִים
bayyɔmiʸm
,Tagen-den-In

הָהֵם
hɔhem
,jenigen-(den=)die

חָלָה
ḥɔlɔʰ
erkrankte-(es=er)

יְחִזְקִיָּהוּ
yᵊḥizᵊqiʸyɔhuʷ
(Hiskija=)(Je)chiskija(hu)

עַד־
-ᶜad
(nahe=)bis

לָמוּת
lɔmuʷt
Sterben-zum

וַיִּתְפַּלֵּל
wayyitᵊpallel
betete-er-und

אֶל־
-ʾɛl
zu

לֽוֹ׃	נָתַן	וּמוֹפֵת	לוֹ	וַיֹּאמֶר	יְהוָה
lo^{w}.	nɔtan	u^{w}mo^{w}pet	lo^{w}	wayyoʾmɛr	y^{ə}hwɔ^{h}
.ihm-(zu)	gab-er	Wunderzeichen-(ein)-und	ihm-zu	sprach-(d)er-und	,JHWH

עָלָיו	כִּגְמֻל	25 וְלֹא־
ʿɔlɔ^{y}w	kig^{ə}mul	-w^{ə}loʾ
(ihm-zu=)ihn-auf	(Erwiesene=)Getane-(das)-wie	nicht-(Aber=)Und

כִּי	יְחִזְקִיָּהוּ	הֵשִׁיב
ki^{y}	y^{ə}ḥiz^{ə}qi^{y}yɔhu^{w}	heši^{y}b
(sondern=)wenn	,(Hiskija=)(Je)chiskija(hu)	(vergalt=)kehren-machte-(es=er)

עָלָיו	וַיְהִי	לִבּוֹ	גָבַהּ
ʿɔlɔ^{y}w	way^{ə}hi^{y}	libbo^{w}	gɔbah
ihn-auf	(fiel=)war-(es=er)-(dass=)und	,Herz-sein	hoch(mütig)-wurde-(es=)er

26 וַיִּכָּנַע	וִירוּשָׁלִָם׃	יְהוּדָה	וְעַל־	קֶצֶף
wayyikkɔnaʿ	wi^{y}ru^{w}šɔlɔim.	y^{ə}hu^{w}dɔ^{h}	-w^{ə}ʿal	qɛṣɛp
sich-beugte-(es=er)-(Da=)Und	.Jerusalem-und	Juda	auf-und	Zorn

הוּא	לִבּוֹ	בְּגֹבַהּ	יְחִזְקִיָּהוּ
hu^{w}ʾ	libbo^{w}	b^{ə}gobah	y^{ə}ḥiz^{ə}qi^{y}yɔhu^{w}
er	,Herzen(s)-sein(es)	(Hochmutes-des-ob=)Höhe-in	(Hiskija=)(Je)chiskija(hu)

בָא	וְלֹא־	יְרוּשָׁלִָם	וְיֹשְׁבֵי
bɔʾ	-w^{ə}loʾ	y^{ə}ru^{w}šɔlɔim	w^{ə}yoš^{ə}be^{y}
kam-(es=er)	nicht-(so=)und	,Jerusalem	(in)-Wohnenden-(die)-und

בִּימֵי	יְהוָה	קֶצֶף	עֲלֵיהֶם
bi^{y}me^{y}	y^{ə}hwɔ^{h}	qɛṣɛp	ʿ^{a}le^{y}hɛm
(von)-Tage-(der)-(während=)in	JHWH(s)	Zorn-(der)	(sie-über=)ihnen-auf

27 וַיְהִי	יְחִזְקִיָּהוּ׃
way^{ə}hi^{y}	y^{ə}ḥiz^{ə}qi^{y}yɔhu^{w}.
ward-(es=)er-Und	.(Hiskija=)(Je)chiskija(hu)

מְאֹד	הַרְבֵּה	וְכָבוֹד	עֹשֶׁר	לִיחִזְקִיָּהוּ
m^{ə}ʾod	har^{ə}be^{h}	w^{ə}kɔbo^{w}d	ʿošɛr	li^{y}ḥiz^{ə}qi^{y}yɔhu^{w}
,sehr	Vieles-(ein)	Pracht-und	Reichtum	(Hiskija=)(Je)chiskija(hu)-(dem=)zu

לְכֶסֶף	לוֹ	עָשָׂה־	וְאֹצָרוֹת
l^{ə}kɛsɛp	lo^{w}	-ʿɔśɔ^{h}	w^{əʾ}oṣɔro^{w}t
Silber-(das)-(für=)zu	(sich=)ihm-zu	machte-er	Schatzkammern-und

וּלְזָּהָב uʷlᵊzɔhɔb Gold-(das)-(für=)zu-und
וּלְאֶבֶן uʷlᵊʾɛbɛn (Edel)stein(e)-(für=)zu-und
יְקָרָה yᵊqɔrɔʰ kostbare

וְלִבְשָׂמִים wᵊlibᵊśɔmiʸm (Spezereien=)Balsame-(die)-(für=)zu-und
וּלְמָגִנִּים uʷlᵊmɔginniʸm Schilde-(die)-(für=)zu-und

וּלְכֹל uʷlᵊkol all(erlei)-(für=)zu-und
כְּלֵי kᵊleʸ (von)-Geräte
חֶמְדָּה׃ ḥɛmᵊdɔʰ. .Kostbarkeit
28 וּמִסְכְּנוֹת uʷmisᵊkᵊnoʷt Magazine-Und

לִתְבוּאַת litᵊbuʷʾat (an)-Ertrag-(den)-(für=)zu
דָּגָן dɔgɔn Getreide
וְתִירוֹשׁ wᵊtiʸroʷš Most-und
וְיִצְהָר wᵊyiṣᵊhɔr Öl-und

וְאֻרָוֺת wᵊʾurɔwot Stallungen-(sowie=)und
לְכָל־ -lᵊkol all(es)-(für=)zu
בְּהֵמָה bᵊhemɔʰ (verschiedene=)Vieh
וּבְהֵמָה uʷbᵊhemɔʰ Vieh-(und)

וַעֲדָרִים waᶜᵃdɔriʸm Herden-(betrieb)-und
לָאֲוֵרוֹת׃ lɔʾᵃweroʷt. .Stallungen-(die)-(für=)zu
29 וְעָרִים wᵊᶜɔriʸm Städte-Und

עָשָׂה ᶜɔśɔʰ (an-legte=)machte-er
לוֹ loʷ (sich=)ihm-zu
וּמִקְנֵה־צֹאן ṣoʾn-uʷmiqᵊneʰ Kleinvieh-herde(n)-und
וּבָקָר uʷbɔqɔr Rind(er)-und

לָרֹב lɔrob ,Menge-(in=)zu
כִּי kiʸ denn
נָתַן־ -nɔtan gab-(es=)er
לוֹ loʷ ihm-(zu)
אֱלֹהִים ʾᵉlohiʸm (Gott=)Götter
רְכוּשׁ rᵊkuʷš Besitz
רָב rab viel

מְאֹד׃ mᵊʾod. .sehr
30 וְהוּא wᵊhuʷʾ (war-es=)er-Und
יְחִזְקִיָּהוּ yᵊḥizᵊqiʸyɔhuʷ ,(Hiskija=)(Je)chiskija(hu)
סָתַם sɔtam verstopfte-(d)er

אֶת־מוֹצָא moʷṣɔʾ-ʾɛt (Ausfluss=)Ausgang-(den)***
מֵימֵי meʸmeʸ Wassern-(den)-von
גִּיחוֹן giʸḥoʷn ,Gichon-(des)

הָעֶלְיוֹן hɔᶜɛlᵊyoʷn ,obere(n)-(den=)der
וַ יַּישְּׁרֵם wayyayšᵊrem sie-leitete-er-und
לְמַטָּה־ -lᵊmaṭṭɔʰ (hinunter=)drunten-zu
מַעְרָבָה maᶜᵊrɔbɔʰ hin-Westen-(nach)

יְחִזְקִיָּהוּ	וַיַּצְלַח	דָּוִיד	לְעִיר
yᵊḥizᵊqiʸyɔhuʷ	wayyaṣᵊlaḥ	dɔwiʸd	lᵊʿiʸr
(Hiskija=)(Je)chiskija(hu)	Erfolg-hatte-(es=)er-und	;David(s)	Stadt-zu(r)

31 וְכֵן	מַעֲשֵׂהוּ׃	בְּכָל־
wᵊken	maʿᵃśehuʷ.	-bᵊkol
(darum-Gerade=)so-Und	.Tun-sein(em)	all-in

בָבֶל	שָׂרֵי	בִּמְלִיצֵי
bɔbɛl	śɔreʸ	bimᵊliʸṣeʸ
,Babel	(von)-Ober(st)e(n)-(der)	(Gesandten=)Übersetzer(n)-(den)-(bei=)in

לִדְרֹשׁ	עָלָיו	הַמְשַׁלְּחִים
lidᵊroš	ʿɔlɔʸw	hamᵊšallᵊḥiʸm
(nach)-fragen-zu-(um)	(ihm-zu=)ihn-auf	(waren)-aussendend(e)-die

בָאָרֶץ	הָיָה	אֲשֶׁר	הַמּוֹפֵת
bɔʾɔrɛṣ	hɔyɔʰ	ʾᵃšɛr	hammoʷpet
,Land-im	geschehen-war-(er)	(das=)welch(es)	,Wunderzeichen-(dem=)das

לְנַסּוֹתוֹ	הָאֱלֹהִים	עֲזָבוֹ
lᵊnassoʷtoʷ	hɔʾᵉlohiʸm	ʿᵃzɔboʷ
ihn-Probe-die-auf-stellen-zu-(um)	(Gott=)Götter-die	ihn-verließ-(es=er)

32 וְיֶתֶר	בִּלְבָבוֹ׃	כָּל־	לָדַעַת
wᵊyɛtɛr	bilᵊbɔboʷ.	-kol	lɔdaʿat
Rest-(den)-Und	.(war)-Herz(en)-sein(em)-in-(was)	,all(es)	wissen-zu-(und)

יְחִזְקִיָּהוּ	דִּבְרֵי
yᵊḥizᵊqiʸyɔhuʷ	dibᵊreʸ
(Hiskija=)(Je)chiskija(hu)	(unter)-(Ereignisse=)Dinge-(der)

הִנָּם	וַחֲסָדָיו
hinnɔm	waḥᵃsɔdɔʸw
(ja-sind-die=)sie-,siehe	,(Taten-frommen=)Gnaden(erweise)-seine-und

יְשַׁעְיָהוּ	בַּחֲזוֹן	כְּתוּבִים
yᵊšaʿᵃyɔhuʷ	baḥᵃzoʷn	kᵊtuʷbiʸm
Jesaja(hu)	(von)-Vision-(der)-in	(aufgezeichnet=)geschrieben(e)

מַלְכֵי־	סֵפֶר	עַל־	הַנָּבִיא	בֶּן־אָמוֹץ
-malᵊkeʸ	sepɛr	-ʿal	hannɔbiʸʾ	ʾɔmoʷṣ-bɛn
(von)-Könige-(der)	Buch	(im=)auf	,Prophet(en)-(des=)der	,Amoz-(des)-Sohn

וַיִּשְׁכַּב 33	וְיִשְׂרָאֵל׃	יְהוּדָה
wayyišᵊkab	wᵊyiśᵊrɔʾel.	yᵊhuʷdɔʰ
gelegt-hatte-sich-(er)-(Als=)Und	.Israel-und	Juda
אֲבֹתָיו	עִם־	יְחִזְקִיָּהוּ
ʾᵃbotɔʸw	-ʿim	yᵊḥizᵊqiʸyɔhuʷ
,(Vorfahren=)Väter(n)-seine(n)	(zu=)mit	(Hiskija=)(Je)chiskija(hu)
קִבְרֵי	בְּמַעֲלֵה	וַיִּקְבְּרֻהוּ
qibᵊreʸ	bᵊmaʿᵃleʰ	wayyiqᵊbᵊruhuʷ
Gräber-(der)	Aufstieg-(dem)-(an=)in	ihn-begruben-sie-(da=)und

לוֹ	עָשׂוּ־	וְכָבוֹד	בְנֵי־דָוִיד
loʷ	-ʿɔśuʷ	wᵊkɔboʷd	dɔwiʸd-bᵊneʸ
ihm-(zu)	(erwiesen=)machten-(es=sie)	Ehre-und	,David(s)-Söhne-(der)
וְיֹשְׁבֵי	יְהוּדָה	כָּל־	בְּמוֹתוֹ
wᵊyošᵊbeʸ	yᵊhuʷdɔʰ	-kol	bᵊmoʷtoʷ
(in)-Wohnenden-(die)-und	Juda	(ganz=)all	Tod-seinem-(bei=)in

מְנַשֶּׁה	וַיִּמְלֹךְ	יְרוּשָׁלָםִ
mᵊnaššɛʰ	wayyimᵊlok	yᵊruʷšɔlɔim
,(Manasse=)Menaschsche	(König-wurde=)herrschte-(es=)er-Und	.Jerusalem
	תַּחְתָּיו׃	בְּנוֹ
	taḥᵊtɔʸw.	bᵊnoʷ
	.(statt-seiner-an=)ihm-unter	,Sohn-sein

33

שָׁנָה	שְׁתֵּים עֶשְׂרֵה	1 בֶּן־
šɔnɔʰ	ʿɛśᵊreʰ šᵊteʸm	-bɛn
Jahr(e)	(zwölf=)zehn-zwei	(war-Alt=)Sohn

בְמָלְכוֹ	מְנַשֶּׁה
bᵊmolᵊkoʷ	mᵊnaššɛʰ
,(wurde-König-er-als=)Herrschen-seinem-(bei=)in	,(Manasse=)Menaschsche

בִּירוּשָׁלָםִ׃	מָלַךְ	שָׁנָה	וְחָמֵשׁ	וַחֲמִשִּׁים
biʸruʷšɔlɔim.	mɔlak	šɔnɔʰ	wᵊḥɔmeš	waḥᵃmiššiʸm
.Jerusalem-in	(König-als)-regierte-er	Jahr(e)	fünf-und	-fünfzig-und

בְּעֵינֵי	הָרַע	2 וַיַּעַשׂ
bᵊʿeʸneʸ	hɔraʿ	wayyaʿaś
Augen-(beiden)-in	(war-böse-was=)Böse-das	,(tat=)machte-er-(Doch=)Und

אֲשֶׁר ʾᵃšɛr welch(e)	הַגּוֹיִם haggoʷyim ,Völker-(der=)die	כְּתֹעֲבוֹת kᵊtoʷʿᵃboʷt Gräueltaten-(den)-(gemäß=)wie	יְהוָה yᵊhwɔʰ ,JHWH(s)

מִפְּנֵי mippᵊneʸ (vor=)Gesichter-von	יְהוָה yᵊhwɔʰ JHWH	הוֹרִישׁ hoʷriʸš (vertrieb=)enterben-machte-(es=er)

3 וַיָּשָׁב wayyɔšob (erneut=)zurück-kehrte-er-Und	יִשְׂרָאֵל׃ yiśᵊrɔʾel. .Israel(s)	בְּנֵי bᵊneʸ (Kindern=)Söhne(n)-(den)

אֲשֶׁר ʾᵃšɛr (die=)welch(e)	אֶת־הַבָּמוֹת habbɔmoʷt-ʾɛt ,(Kult)höhen-die***	וַיִּבֶן wayyibɛn auf-baute-er-(also=)und

אָבִיו ʾɔbiʸw ,Vater-sein	יְחִזְקִיָּהוּ yᵊḥizᵊqiʸyɔhuʷ ,(Hiskija=)(Je)chiskija(hu)	נִתַּץ nittaṣ zerstört-hatte-(es=er)

לַבְּעָלִים labbᵊʿɔliʸm Baale-(der)-(Ehren)-zu	מִזְבְּחוֹת mizᵊbᵊḥoʷt Altäre	וַיָּקֶם wayyɔqɛm (errichtete=)erstehen-machte-er-und

לְכָל־ -lᵊkol all-(vor=)zu	וַיִּשְׁתַּחוּ wayyišᵊtaḥuʷ nieder-sich-warf-er-(Ferner=)Und	אֲשֵׁרוֹת ʾᵃšeroʷt .Ascheren	וַיַּעַשׂ wayyaʿaś machte-(er)-und

אֹתָם׃ ʾotɔm. .(ihnen=)sie	וַיַּעֲבֹד wayyaʿᵃbod diente-er-und	הַשָּׁמַיִם haššɔmayim Himmel-(der=)die	צְבָא ṣᵊbɔʾ Heer-(dem)

יְהוָה yᵊhwɔʰ ,JHWH(s)	בְּבֵית bᵊbeʸt (Tempel)haus-(dem)-in	מִזְבְּחוֹת mizᵊbᵊḥoʷt Altäre	4 וּבָנָה uʷbɔnɔʰ baute-er-(Außerdem=)Und

בִּירוּשָׁלַםִ biʸruʷšɔlaim Jerusalem-In	יְהוָה yᵊhwɔʰ :JHWH	אָמַר ʾɔmar gesagt-hat(te)-(es=er)	אֲשֶׁר ʾᵃšɛr (wovon=)welch(e)

לְעוֹלָם׃ lᵊʿoʷlɔm. !(Zeit-alle=)ewig-zu	שְׁמִי šᵊmiʸ Name-mein	יִהְיֶה־ -yihᵊyɛʰ sein-(soll=)wird-(es=er)

הַשָּׁמָיִם	צְבָא	לְכָל־	מִזְבְּחוֹת	5 וַיִּבֶן
haššɔmɔyim	ṣ^{ə}bɔʾ	-l^{ə}kol	miz^{ə}b^{ə}ḥo^{w}t	wayyibεn
Himmel-(der=)die	Heer-(das)	all-(für=)zu	Altäre	baute-er-(Zudem=)Und

6 וְהוּא	יְהוָה׃	בֵּית־	חַצְרוֹת	בִּשְׁתֵּי
w^{ə}hu^{w}ʾ	y^{ə}hwɔ^{h}.	-be^{y}t	ḥaṣ^{ə}ro^{w}t	biš^{ə}te^{y}
,er-Und	.JHWH(s)	(Tempel)haus(es)-(des)	Höfe(n)	beide(n)-in

בָּאֵשׁ	אֶת־בָּנָיו	הֶעֱבִיר
bɔʾeš	bɔnɔ^{y}w-ʾεt	hε^{cε}bi^{y}r
Feuer-das-(durch=)in	(Kinder=)Söhne-seine***	hinübergehen-ließ-er

וְעוֹנֵן	בֶן־הִנֹּם	בְּגֵי
w^{əc}o^{w}nen	hinnom-bεn	b^{ə}ge^{y}
beschwörend(er)-(war-er)-und	,Hinnom-Ben	Tal-(dem)-in

וְעָשָׂה	וְכִשֵּׁף	וְנִחֵשׁ
w^{əc}ɔśɔ^{h}	w^{ə}kiššep	w^{ə}niḥeš
(aus-führte=)machte-er-und	Magie-übte-er-und	Zauberei-trieb-er-und

הִרְבָּה	וְיִדְּעוֹנִי	אוֹב
hir^{ə}bɔ^{h}	w^{ə}yidd^{əc}o^{w}ni^{y}	ʾo^{w}b
,(reichlich-machte=)vermehrte-Er	.Wahrsagerei-und	Totenbeschwörung

בְּעֵינֵי	הָרַע	לַעֲשׂוֹת
b^{əc}e^{y}ne^{y}	hɔra^{c}	la^{ca}śo^{w}t
(von)-Augen-(zwei)-(den)-in	(war)-böse-was=)Böse-das	(tuend=)machen-zu

אֶת־פֶּסֶל	7 וַיָּשֶׂם	לְהַכְעִיסוֹ׃	יְהוָה
pεsεl-ʾεt	wayyɔśεm	l^{ə}hak^{əc}i^{y}so^{w}.	y^{ə}hwɔ^{h}
Standbild-(das)***	setzte-er-(Ferner=)Und	.ihn-reizen-zu-(um)	,JHWH

בְּבֵית	עָשָׂה	אֲשֶׁר	הַסֶּמֶל
b^{ə}be^{y}t	^{c}ɔśɔ^{h}	^{ɔa}šεr	hassεmεl
Haus-(das)-in	,(anfertigte=)machte-er	(das=)welch(es)	,Götze(n)-(des=)der

אָמַר	אֲשֶׁר	הָאֱלֹהִים
ʾɔmar	^{ɔa}šεr	hɔ^{ɔε}lohi^{y}m
gesagt-hat(te)-(es=er)	(dem-von=)welch(er)	,(Gottes=)Götter-(der=)die

בְּנוֹ	שְׁלֹמֹה	וְאֶל־	דָּוִיד	אֶל־	אֱלֹהִים
b^{ə}no^{w}	š^{ə}lomo^{h}	-w^{əɔ}εl	dɔwi^{y}d	-ʾεl	^{ɔε}lohi^{y}m
:Sohn-sein(em)	,(Salomo=)Schelomo	zu-und	David	zu	(Gott=)Götter

אֲשֶׁר	וּבִירוּשָׁלַםִ	הַזֶּה	בַּבַּיִת
ᵓᵃšɛr	uʷbiʸruʷšɔlaim	hazzɛʰ	babbayit
(das=)welch(es)	,Jerusalem-in-und	,da-dies(es)	,Haus-(das)-In

יִשְׂרָאֵל	שִׁבְטֵי	מִכֹּל	בָּחַרְתִּי
yiśᵊrɔᵓel	šibᵊṭeʸ	mikkol	bɔḥarᵊtiʸ
,Israel(s)	Stämme(n)	all(en)-(aus=)von	erwählt-habe-ich

לְעֵילוֹם׃	אֶת־שְׁמִי	אָשִׂים
lᵊᶜeʸloʷm.	šᵊmiʸ-ᵓɛt	ᵓɔśiʸm
.(immer-für=)Ewigkeit-zu	Name(n)-mein(en)***	setzen-(will=)werde-ich

לְהָסִיר	אוֹסִיף	8 וְלֹא
lᵊhɔsiʸr	ᵓoʷsiʸp	wᵊloᵓ
(entfernen=)(ab)wenden-zu	(einmal-noch-will=)hinzufügen-werde-ich	nicht-Und

אֲשֶׁר	הָאֲדָמָה	מֵעַל	יִשְׂרָאֵל	אֶת־רֶגֶל
ᵓᵃšɛr	hɔᵓᵃdɔmɔʰ	meᶜal	yiśᵊrɔᵓel	rɛgɛl-ᵓɛt
welch(en)	,Boden-(dem=)der	(aus=)auf-von	Israel(s)	Fuß-(den)***

אִם־	רַק	לַאֲבֹתֵיכֶם	הֶעֱמַדְתִּי
-ᵓim	raq	laᵓᵃboteʸkɛm	hɛᶜᵉmadᵊtiʸ
wenn	nur-(allein)	,Väter-eure-(für=)zu	(festgesetzt-habe=)stehen-machte-ich

צִוִּיתִים	כָּל־אֲשֶׁר	אֵת	לַעֲשׂוֹת	יִשְׁמְרוּ
ṣiwwiʸtiʸm	ᵓᵃšɛr-kol	ᵓet	laᶜᵃśoʷt	yišᵊmᵊruʷ
sie-geheißen-ich	(was=)welch(es)-,all(es)	***	tun-zu	tragen-Sorge-sie

וְהַחֻקִּים	הַתּוֹרָה	לְכָל־
wᵊhaḥuqqiʸm	hattoʷrɔʰ	-lᵊkol
Satzungen-(den=)die-und	Weisung-(der=)die	all-(in=)zu

מֹשֶׁה׃	בְּיַד־	וְהַמִּשְׁפָּטִים
mošɛʰ.	-bᵊyad	wᵊhammišᵊpɔṭiʸm
!(Mose=)Mosche	(durch=)Hand-in	Rechtsvorschriften-(den=)die-und

מְנַשֶּׁה	9 וַיֶּתַע
mᵊnaššɛʰ	wayyɛtaᶜ
(Manasse=)Menaschsche	(verführte=)herumirren-machte-(es=)er-(Aber=)Und

לַעֲשׂוֹת	יְרוּשָׁלָםִ	וְיֹשְׁבֵי	אֶת־יְהוּדָה
laᶜᵃśoʷt	yᵊruʷšɔlɔim	wᵊyošᵊbeʸ	yᵊhuʷdɔʰ -ᵓɛt
(tun=)machen-zu	Jerusalem	(in)-Wohnende(n)-(die)-und	Juda***

הִשְׁמִיד	אֲשֶׁר	הַגּוֹיִם	מִן־	רָע
his^{ə}mi^{y}d	^{ɔa}šɛr	haggo^{w}yim	-min	rɔ^{c}
vertilgt-hatte-(es=er)	(die=)welch(e)	,Völker-die	(als-mehr=)von	,Böse(s)

יִשְׂרָאֵל׃	בְּנֵי	מִפְּנֵי	יְהוָה
yiś^{ə}rɔ^{ɔ}el.	b^{ə}ne^{y}	mipp^{ə}ne^{y}	y^{ə}hwɔ^{h}
.Israel(s)	(Kindern=)Söhne(n)-(den)	(vor=)Gesichter-von	JHWH

וְאֶל־	מְנַשֶּׁה	אֶל־	יְהוָה	וַיְדַבֵּר 10
-w^{əɔ}ɛl	m^{ə}naššɛ^{h}	-^{ɔ}ɛl	y^{ə}hwɔ^{h}	way^{ə}dabber
zu-und	(Manasse=)Menaschsche	zu	JHWH	redete-(es=er)-(Dabei=)Und

הִקְשִׁיבוּ׃	וְלֹא	עַמּוֹ
hiq^{ə}ši^{y}bu^{w}.	w^{ə}lo^{ɔ}	^{c}ammo^{w}
.auf-merkten-sie	nicht-(aber=)und	,Volk-sein(em)

עֲלֵיהֶם	יְהוָה	וַיָּבֵא 11
^{ca}le^{y}hɛm	y^{ə}hwɔ^{h}	wayyɔbe^{ɔ}
(sie-über=)ihnen-auf	JHWH	(brachte=)kommen-machte-(es=er)-(Da=)Und

אֲשֶׁר	הַצָּבָא	אֶת־שָׂרֵי
^{ɔa}šɛr	haṣṣɔbɔ^{ɔ}	śɔre^{y}-^{ɔ}ɛt
(das=)welch(es)	,Heer(es)-(des=)das	Befehlshaber-(die)***

וַיִּלְכְּדוּ	אַשּׁוּר	לְמֶלֶךְ
wayyil^{ə}k^{ə}du^{w}	^{ɔ}aššu^{w}r	l^{ə}mɛlɛk
fingen-sie-und	,(Assur=)Aschschur	(von)-König-(dem)-(gehörte=)zu

וַיַּאַסְרֻהוּ	בַּחֹחִים	אֶת־מְנַשֶּׁה
wayya^{ɔ}as^{ə}ruhu^{w}	baḥoḥi^{y}m	m^{ə}naššɛ^{h} -^{ɔ}ɛt
ihn-fesselten-(sie)-und	(Wider)haken-(mit=)in	(Manasse=)Menaschsche***

וַיּוֹלִיכֻהוּ	בַּנְחֻשְׁתַּיִם
wayyo^{w}li^{y}kuhu^{w}	ban^{ə}ḥuš^{ə}tayim
ihn-(führten=)gehen-machten-sie-und	Erzketten-(zwei)-(mit=)in

לוֹ	וּכְהָצֵר 12	בָּבֶלָה׃
lo^{w}	u^{w}k^{ə}hɔṣer	bɔbɛlɔ^{h}.
,ihm	(war)-Bedrängen-(ein)-(so)wie-(Jedoch=)Und	.(Babel-nach=)zu-Babel

יְהוָה	אֶת־פְּנֵי	חִלָּה
y^{ə}hwɔ^{h}	p^{ə}ne^{y}-^{ɔ}ɛt	ḥillɔ^{h}
,JHWH(s)	(Antlitz-das=)Gesichter***	besänftigte-er

מְאֹד	וַיִּכָּנַע	אֱלֹהָיו
mᵊʾod	wayyikkɔnaʿ	ʾᵋlohɔʸw
sehr	beugte-sich-er-(indem=)und	,(Gottes-seines=)Götter-seine(r)

אֲבֹתָיו׃	אֱלֹהֵי	מִלִּפְנֵי
ʾᵃbotɔʸw.	ʾᵋloheʸ	millipᵊneʸ
.Väter-seine(r)	(Gott-dem=)Götter(n)-(den)	(vor=)Gesichter-zu-von

לוֹ	וַיֵּעָתֶר	אֵלָיו	13 וַיִּתְפַּלֵּל
loʷ	wayyeʿɔtɛr	ʾelɔʸw	wayyitᵊpallel
ihm-(von=)zu	erbitten-sich-ließ-(d)er-und	,ihm-zu	betete-er-Und

יְרוּשָׁלַםִ	וַיְשִׁיבֵהוּ	תְּחִנָּתוֹ	וַיִּשְׁמַע
yᵊruʷšɔlaim	wayᵊšiʸbehuʷ	tᵊḥinnɔtoʷ	wayyišᵊmaʿ
Jerusalem-(nach)	ihn-zurückbringen-ließ-er-und	,Gebet-sein	(er)hörte-(er)-und

מְנַשֶּׁה	וַיֵּדַע	לְמַלְכוּתוֹ
mᵊnaššɛʰ	wayyedaʿ	lᵊmalᵊkuʷtoʷ
,(Manasse=)Menaschsche	(er)kannte-(es=er)-(da=)und	;Königssitz-sein(em)-zu

14 וְאַחֲרֵי־כֵן	הָאֱלֹהִים׃	הוּא	יְהוָה	כִּי
ken-wᵊʾaḥᵃreʸ	hɔʾᵋlohiʸm.	huʷʾ	yᵊhwɔʰ	kiʸ
(danach=)so-nach-Und	.(Gott-wahre-der=)Götter-die	(ist)-er	,JHWH	dass

מַעְרָבָה	דָוִיד	לְעִיר־	חִיצוֹנָה	חוֹמָה	בָּנָה
maʿᵊrɔbɔʰ	dɔwiʸd	-lᵊʿiʸr	ḥiʸṣoʷnɔʰ	ḥoʷmɔʰ	bɔnɔʰ
westlich	,David(s)	Stadt-(der)-(an=)zu	äußere	Mauer-(eine)	baute-er

בַּנַּחַל	לְגִיחוֹן
bannaḥal	lᵊgiʸḥoʷn
Bach(tal)-im	Gichon-(dem)-(von=)zu

בַשַּׁעַר	וְלָבוֹא
bᵊšaʿar	wᵊlɔboʷʾ
Tor-(das)-(an=)in	(kommt-man-wo-,dahin-bis=)Kommen-zum-und

לָעֹפֶל	וְסָבַב	הַדָּגִים
lɔʿopɛl	wᵊsɔbab	haddɔgiʸm
Ophel(hügel)-(den=)zum	umschloss-er-und	,Fische-(der=)die

שָׂרֵי־חַיִל	וַיָּשֶׂם	מְאֹד	וַיַּגְבִּיהֶהָ
ḥayil-śɔreʸ	wayyɔśɛm	mᵊʾod	wayyagᵊbiʸhɛhɔ
Heer(es)-oberste	setzte-er-(Ferner=)Und	.sehr	sie-hoch-machte-er-und

בְּכָל־	הֶעָרִים	הַבְּצֻרוֹת	בִּיהוּדָה׃
-b^{ə}kol	hɛʿɔri^{y}m	habb^{ə}ṣuro^{w}t	bi^{y}hu^{w}dɔ^{h}.
all(e)-in	,Städte-die	(waren)-befestigt(e)-die	.Juda-in

15 וַיָּסַר	אֶת־אֱלֹהֵי	הַנֵּכָר
wayyɔsar	ʾ^{ɛ}lohe^{y}-ʾɛt	hannekɔr
(entfernte=)wenden-machte-er-Und	(von)-Götter-(die)***	Fremde-(der=)die

וְאֶת־הַסֶּמֶל	מִבֵּית	יְהוָה	וְכָל־
hassɛmɛl-w^{ə}ʾɛt	mibbe^{y}t	y^{ə}hwɔ^{h}	-w^{ə}kol
Götzenbild-das-***und	Haus-(dem)-(aus=)von	JHWH(s)	all-und

הַמִּזְבְּחוֹת	אֲשֶׁר	בָּנָה	בְּהַר	בֵּית־
hammiz^{ə}b^{ə}ḥo^{w}t	ʾ^{a}šɛr	bɔnɔ^{h}	b^{ə}har	-be^{y}t
,Altäre-die	welch(e)	erbaut-hat(te)-er	Berg-(dem)-(auf=)in	Haus(es)-(des)

יְהוָה	וּבִירוּשָׁלִַם	וַיַּשְׁלֵךְ	חוּצָה
y^{ə}hwɔ^{h}	u^{w}bi^{y}ru^{w}šɔlɔim	wayyaš^{ə}lek	ḥu^{w}ṣɔ^{h}
JHWH	,Jerusalem-in-und	(sie)-warf-er-und	(hinaus=)hin-außen

לָעִיר׃	16 וַיָּכֶן[וַיִּבֶן]	אֶת־מִזְבַּח
lɔʿi^{y}r.	[wayyibɛn]wayyɔkɛn	miz^{ə}baḥ-ʾɛt
.Stadt-die-(vor=)zu	[baute-er-und]errichtete-er-(Sodann=)Und	Altar-(den)***

יְהוָה	וַיִּזְבַּח	עָלָיו	זִבְחֵי	שְׁלָמִים	וְתוֹדָה
y^{ə}hwɔ^{h}	wayyiz^{ə}baḥ	ʿɔlɔ^{y}w	zib^{ə}ḥe^{y}	š^{ə}lɔmi^{y}m	w^{ə}to^{w}dɔ^{h}
JHWH(s)	opferte-(er)-und	ihm-auf	opfer	Frieden(s)-	.Dank(opfer)-und

וַיֹּאמֶר	לִיהוּדָה	לַעֲבוֹד
wayyoʾmɛr	li^{y}hu^{w}dɔ^{h}	laʿ^{a}bo^{w}d
(an-ordnete=)sprach-er-(Ferner=)Und	Juda-(für=)zu	(verehren=)dienen-zu

אֶת־יְהוָה	אֱלֹהֵי	יִשְׂרָאֵל׃	17 אֲבָל	עוֹד	הָעָם
y^{ə}hwɔ^{h}-ʾɛt	ʾ^{ɛ}lohe^{y}	yiś^{ə}rɔʾel.	ʾ^{a}bɔl	ʿo^{w}d	hɔʿɔm
,JHWH***	(Gott-den=)Götter-(die)	.Israel(s)	Aber	noch	Volk-das

זֹבְחִים	בַּבָּמוֹת	רַק	לַיהוָה
zob^{ə}ḥi^{y}m	babbɔmo^{w}t	raq	layhwɔ^{h}
opfernd(e)-(war)	,(Kult)höhen-den-(auf=)in	nur-(jedoch)	,JHWH(s)-(Ehren)-zu

אֱלֹהֵיהֶם׃	18 וְיֶתֶר	דִּבְרֵי
ʾ^{ɛ}lohe^{y}hɛm.	w^{ə}yɛtɛr	dib^{ə}re^{y}
.(Gottes-ihres=)Götter-ihre(r)	Rest-(der)-Und	(unter)-(Ereignisse=)Dinge-(der)

אֶל־	וּתְפִלָּתוֹ	מְנַשֶּׁה
-ʾɛl	u^{w}t^{ə}pillɔto^{w}	m^{ə}naššɛ^{h}
zu	Gebet-sein-(sowie=)und	(Manasse=)Menaschsche

הַחֹזִים	וְדִבְרֵי	אֱלֹהָיו
haḥozi^{y}m	w^{ə}dib^{ə}re^{y}	ʾ^{ɛ}lohɔ^{y}w
,Seher(n)-(den=)die	(von)-Worte-(die)-und	(Gott-seinem=)Götter(n)-seine(n)

יְהוָה	בְּשֵׁם	אֵלָיו	הַמְדַבְּרִים
y^{ə}hwɔ^{h}	b^{ə}šem	ʾelɔ^{y}w	ham^{ə}dabb^{ə}ri^{y}m
,JHWH(s)	Name(n)-(im=)in	ihm-zu	(waren)-redend(e)-die

עַל־	הִנָּם	יִשְׂרָאֵל	אֱלֹהֵי
-ʿal	hinnɔm	yiś^{ə}rɔʾel	ʾ^{ɛ}lohe^{y}
(in=)auf	(ja-steht-es=)sie-,siehe	,Israel(s)	(Gottes-des=)Götter-(der)

19 וּתְפִלָּתוֹ	יִשְׂרָאֵל׃	מַלְכֵי	דִּבְרֵי
u^{w}t^{ə}pillɔto^{w}	yiś^{ə}rɔʾel.	mal^{ə}ke^{y}	dib^{ə}re^{y}
,Gebet-sein-Und	.Israel	(von)-Könige-(der)	(Begebenheiten=)Dinge(n)-(den)

וְכָל־	לוֹ	וְהֵעָתֶר־
-w^{ə}kol	lo^{w}	-w^{ə}heʿɔtɛr
all-und	,ihm-(von=zu)	(wurde-zuteil-Erhörung=)ließ-erbitten-sich-er-(wie)-und

בָּנָה	אֲשֶׁר	וְהַמְּקֹמוֹת	וּמַעְלוֹ	חַטָּאתוֹ
bɔnɔ^{h}	ʾ^{a}šɛr	w^{ə}hamm^{ə}qomo^{w}t	u^{w}maʿ^{ə}lo^{w}	ḥaṭṭɔʾto^{w}
baute-er	(wo=)welch(e)	,Orte-die-und	,Untreue-seine-und	Sünde-seine

הָאֲשֵׁרִים	וְהֶעֱמִיד	בָּמוֹת	בָּהֶם
hɔʾ^{a}šeri^{y}m	w^{ə}hɛʿ^{ɛ}mi^{y}d	bɔmo^{w}t	bɔhɛm
Ascheren-die	(auf-stellte=)stehen-machte-(er)-und	(Kult)höhen	ihnen-(auf=)in

הִכָּנְעוֹ	לִפְנֵי	וְהַפְּסִלִים
hikkɔn^{ə}ʿo^{w}	lip^{ə}ne^{y}	w^{ə}happ^{ə}sili^{y}m
,Sichbeugen-sein(em)	(vor=)Gesichter-zu	,Götzenbilder-die-und

דִּבְרֵי	עַל	כְּתוּבִים	הִנָּם
dib^{ə}re^{y}	ʿal	k^{ə}tu^{w}bi^{y}m	hinnɔm
Worte(n)-(den)	(in=)auf	(aufgezeichnet=)geschrieben(e)	(ja-ist-es=)sie-,siehe

מְנַשֶּׁה	20 וַיִּשְׁכַּב	חוֹזָי׃
m^{ə}naššɛ^{h}	wayyiš^{ə}kab	ḥo^{w}zɔy.
(Manasse=)Menaschsche	gelegt-hat(te)-sich-(er)-(Als=)Und	.Chosai(s)

וַ יִּקְבְּרֻהוּ	אֲבֹתָיו	עִם־
wayyiqᵊbᵊruhuʷ	ᵓᵃbotɔʸw	-ᶜim
ihn-begruben-sie-(da=)und	,(Vorfahren=)Väter(n)-seine(n)	(zu=)mit

אַמֹון	וַיִּמְלֹךְ	בֵּיתוֹ
ᵓɔmoʷn	wayyimᵊlok	beʸtoʷ
,Amon	(König-wurde=)herrschte-(es=)er-Und	.(Palast=)Haus-sein(em)-(in)

וּשְׁתַּיִם	עֶשְׂרִים	21 בֶּן־	תַּחְתָּיו׃	בְּנוֹ
uʷšᵊtayim	ᶜɛśᵊriʸm	-bɛn	taḥᵊtɔʸw.	bᵊnoʷ
zwei-und	-zwanzig	(war-Alt=)Sohn	.(statt-seiner-an=)ihm-unter	,Sohn-sein

וּשְׁתַּיִם	בְּמָלְכוֹ	אָמוֹן	שָׁנָה
uʷšᵊtayim	bᵊmolᵊkoʷ	ᵓɔmoʷn	šɔnɔʰ
zwei-und	,(wurde-König-er-als=)Herrschen-seinem-(bei=)in	,Amon	Jahr(e)

22 וַיַּעַשׂ	בִּירוּשָׁלִָם׃	מָלַךְ	שָׁנִים
wayyaᶜaś	biʸruʷšɔlɔim.	mɔlak	šoniʸm
,(tat=)machte-er-(Aber=)Und	.Jerusalem-in	(König-als)-regierte-er	Jahre

כַּאֲשֶׁר	יְהוָה	בְּעֵינֵי	הָרַע
kaᵓᵃšɛr	yᵊhwɔʰ	bᵊᶜeʸneʸ	hɔraᶜ
wie	,JHWH	(von)-Augen-(zwei)-(den)-in	(war-böse-was=)Böse-das

אָבִיו	מְנַשֶּׁה	עָשָׂה
ᵓɔbiʸw	mᵊnaššɛʰ	ᶜɔśɔʰ
;Vater-sein	,(Manasse=)Menaschsche	(getan=)gemacht-hat(te)-(es=er)

אֲשֶׁר	הַפְּסִילִים	וּלְכָל־
ᵓᵃšɛr	happᵊsiʸliʸm	-uʷlᵊkol
welch(e)	,Götzenbilder(n)-(den=)die	all-(vor=)zu-und

אָבִיו	מְנַשֶּׁה	עָשָׂה
ᵓɔbiʸw	mᵊnaššɛʰ	ᶜɔśɔʰ
,Vater-sein	,(Manasse=)Menaschsche	(angefertigt=)gemacht-hat(te)-(es=er)

23 וְלֹא	וַיַּעַבְדֵם׃	אָמוֹן	זִבַּח
wᵊloᵓ	wayyaᶜabᵊdem.	ᵓɔmoʷn	zibbaḥ
nicht-(Hingegen=)Und	.(ihnen=)sie-diente-(er)-und	Amon	opferte-(es=er)

יְהוָה	מִלִּפְנֵי	נִכְנַע
yᵊhwɔʰ	millipᵊneʸ	nikᵊnaᶜ
,JHWH	(vor=)Gesichtern-zu-von	sich-(demütigte=)beugte-er

כְּהִכָּנַע
k^{ə}hikkɔnaʿ
(demütigte-sich=)Sichbeugen-(ein)-wie

מְנַשֶּׁה
m^{ə}naššɛ^{h}
,(Manasse=)Menaschsche

אָבִיו
ʾɔbi^{y}w
,Vater-sein

כִּי
ki^{y}
(sondern=)denn

הוּא
hu^{wʾ}
(jen)er

אָמוֹן
ʾɔmo^{w}n
Amon

הִרְבָּה
hir^{ə}bɔ^{h}
viel-(an-häufte=)machte-(er)

אַשְׁמָה׃
ʾaš^{ə}mɔ^{h}.
.Schuld

24 וַיִּקְשְׁרוּ
wayyiq^{ə}š^{ə}ru^{w}
sich-verschworen-(es=sie)-(Da=)Und

עָלָיו
ʿɔlɔ^{y}w
ihn-(gegen=)auf

עֲבָדָיו
ʿ^{a}bɔdɔ^{y}w
Diener-seine

וַיְמִיתֻהוּ
way^{ə}mi^{y}tuhu^{w}
ihn-(töteten=)sterben-machten-(sie)-und

בְּבֵיתוֹ׃
b^{ə}be^{y}to^{w}.
.(Palast=)Haus-sein(em)-in

25 וַיַּכּוּ
wayyakku^{w}
(er)schlug(en)-(es=sie)-(Sodann=)Und

עַם־
-ʿam
Volk-(das)

הָאָרֶץ
hɔʾɔrɛṣ
(Landes-des=)Erde-die

אֵת
ʾet
***

כָּל־
-kol
,all(e)

הַקֹּשְׁרִים
haqqoš^{ə}ri^{y}m
(waren)-verschwörend(e)-sich-die

עַל־
-ʿal
(gegen=)auf

הַמֶּלֶךְ
hammɛlɛk
König-(den=)der

אָמוֹן
ʾɔmo^{w}n
,Amon

וַיַּמְלִיכוּ
wayyam^{ə}li^{y}ku^{w}
(König-als-ein-setzte=)herrschen-machte(n)-(es=)sie-und

עַם־
-ʿam
Volk-(das)

הָאָרֶץ
hɔʾɔrɛṣ
Land(es)-(des=)das

אֶת־יֹאשִׁיָּהוּ
yoʾši^{y}yɔhu^{w}-ʾɛt
,Joschija(hu)***

בְנוֹ
b^{ə}no^{w}
,Sohn-(dessen=)sein

תַּחְתָּיו׃
taḥ^{ə}tɔ^{y}w.
.(statt-seiner-an=)ihm-unter

34

1 בֶּן־
-bɛn
(war-Alt=)Sohn

שְׁמוֹנֶה
š^{ə}mo^{w}nɛ^{h}
acht

שָׁנִים
šɔni^{y}m
Jahre

יֹאשִׁיָּהוּ
yoʾši^{y}yɔhu^{w}
,Joschija(hu)

בְמָלְכוֹ
b^{ə}mol^{ə}ko^{w}
,(wurde-König-er-als=)Herrschen-seinem-(bei=)in

וּשְׁלֹשִׁים
u^{w}š^{ə}loši^{y}m
dreißig-und

וְאַחַת
w^{ə}ʾaḥat
ein(e)-und

שָׁנָה
šɔnɔ^{h}
Jahr

2 וַיַּעַשׂ	בִּירוּשָׁלִָם׃	מָלַךְ
wayyaᶜaś	biʸruʷšɔlɔim.	mɔlak
,(tat=)machte-er-(Indes=)Und	.Jerusalem-in	(König-als)-regiert(e)-er

יְהוָה	בְּעֵינֵי	הַיָּשָׁר
yᵊĥwɔʰ	bᵊᶜeʸneʸ	hayyɔšɔr
,JHWH	(von)-Augen-(zwei)-(den)-in	(war-recht-was=)Gerade-das

דָּוִיד	בְּדַרְכֵי	וַיֵּלֶךְ
dɔwiʸd	bᵊdarᵊkeʸ	wayyelɛk
,David(s)	Wege(n)-(den)-(auf=)in	(wandelte=)ging-er-und

יָמִין	סָר	וְלֹא־	אָבִיו
yɔmiʸn	sɔr	-wᵊloᵓ	ᵓɔbiʸw
rechts-(nach)	ab-wich-er	nicht-und	,(Ahnherrn=)Vater(s)-sein(es)

שָׁנִים	3 וּבִשְׁמוֹנֶה	וּשְׂמֹאול׃
šɔniʸm	uʷbišᵊmoʷnɛʰ	uʷśᵊmoᵓwl.
Jahr(e)	(achten-im=)acht-in-Und	.links-(oder=)und

עוֹדֶנּוּ	וְהוּא	לְמָלְכוֹ
ᶜoʷdɛnnuʷ	wᵊhuʷᵓ	lᵊmolᵊkoʷ
(er=)ihn-noch	,er-und —	(Regierung-seiner=)Herrschen-seinem-zu

לִדְרוֹשׁ	הֵחֵל	נַעַר
lidᵊroʷš	heḥel	naᶜar
(nachzugehn=)suchen-zu	begann-er	— Jüngling-(ein-war)

אָבִיו	דָּוִיד	לֵאלֹהֵי
ᵓɔbiʸw	dɔwiʸd	leᵓloheʸ
,(Ahnherrn=)Vater(s)-sein(es)	,David(s)	(Gott-dem=)Göttern-den-zu

לְטַהֵר	הֵחֵל	שָׁנָה	עֶשְׂרֵה וּבִשְׁתֵּים
lᵊṭaher	heḥel	šɔnɔʰ	ᶜɛśᵊreʰ uʷbišᵊteʸm
(säubern=)reinigen-zu	begann-er	Jahr	(zwölften-im=)zehn-zwei-in-und

הַבָּמוֹת	מִן־	וִירוּשָׁלִַם	אֶת־יְהוּדָה
habbɔmoʷt	-min	wiʸruʷšɔlaim	yᵊhuʷdɔʰ-ᵓɛt
(Kult)höhen-(den=)die	von	Jerusalem-und	Juda***

וְהַפְּסִלִים	וְהָאֲשֵׁרִים
wᵊhappᵊsiliʸm	wᵊhɔᵓᵃšeriʸm
Götzenbilder(n)-(geschnitzten)-(den=)die-und	Ascheren-(den)-die-und

4 וַיְנַתְּצוּ	וְהַמַּסֵּכוֹת׃
wayᵊnattᵊṣuʷ	wᵊhammassekoʷt.
nieder-rissen-sie-Und	.Gussbilder(n)-(den=)die-und

הַבְּעָלִים	מִזְבְּחוֹת	אֵת	לְפָנָיו
habbᵊʿɔliʸm	mizᵊbᵊḥoʷt	ʾet	lᵊpɔnɔʸw
;Baale-(der=)die	Altäre-(die)	***	(Gegenwart-seiner-in=)Gesichtern-seinen-zu

לְמַעְלָה	אֲשֶׁר־	וְהַחַמָּנִים
lᵊmaʿᵊlɔʰ	-ʾᵃšɛr	wᵊhaḥammɔniʸm
(obendrauf=)hin-oben-zu	welch(e)	,Sonnensäulen-die-und

וְהָאֲשֵׁרִים	גִּדֵּעַ	מֵעֲלֵיהֶם
wᵊhɔʾᵃšeriʸm	giddeaʿ	meʿᵃleʸhɛm
Ascheren-die-und	,zertrümmerte-er	,(waren)-ihnen-(auf)-von

וְהֵדַק	שִׁבַּר	וְהַמַּסֵּכוֹת	וְהַפְּסִלִים
wᵊhedaq	šibbar	wᵊhammassekoʷt	wᵊhappᵊsiliʸm
zermalmte-(er)-und	zerbrach-er	Gussbilder-die-und	Schnitzbilder-die-und

הַקְּבָרִים	עַל־פְּנֵי	וַיִּזְרֹק
haqqᵊbɔriʸm	pᵊneʸ-ʿal	wayyizᵊroq
Gräber-die	(über-hin=)Gesichter-auf	(es)-verstreute-(er)-und

כֹּהֲנִים	5 וְעַצְמוֹת	לָהֶם׃	הַזֹּבְחִים
kohᵃniʸm	wᵊʿaṣᵊmoʷt	lɔhɛm.	hazzobᵊḥiʸm
Priester-(der)	Gebeine-(die)-Und	.ihnen-(zu)	opferten-die-,(derer)

וַיְטַהֵר	מִזְבְּחוֹתָים[מִזְבְּחוֹתָם]	עַל־	שָׂרַף
wayᵊṭaher	[mizᵊbᵊḥoʷtɔm]mizᵊbᵊḥoʷtɔym	-ʿal	śɔrap
(säuberte=)reinigte-(er)-und	Altäre(n)-ihre(n)	auf	verbrannte-er

6 וּבְעָרֵי	וְאֶת־יְרוּשָׁלִָם׃	אֶת־יְהוּדָה
uʷbᵊʿɔreʸ	yᵊruʷšɔlɔim-wᵊʾɛt.	yᵊhuʷdɔʰ-ʾɛt
(von)-Städten-(den)-in-und	Jerusalem***und	Juda***

וְשִׁמְעוֹן	וְאֶפְרַיִם	מְנַשֶּׁה
wᵊšimᵊʿoʷn	wᵊʾɛpᵊrayim	mᵊnaššɛʰ
(Simeon=)Schimeon-und	Ephraim-und	(Manasse=)Menaschsche

סָבִיב׃	בְּתֵיהֶם[בְּחַרְבֹתֵיהֶם]	בְּהַר	נַפְתָּלִי	וְעַד־
sɔbiʸb.	[bᵊḥarᵊboteʸhɛm]bɔtteʸhɛm	bɔhar	napᵊtɔliʸ	-wᵊʿad
.ringsum	Trümmerstätten-ihre(n)-in		,Naphtali	(nach-hin=)bis-und

וְאֶת־הָאֲשֵׁרִים	אֶת־הַמִּזְבְּחוֹת	7 וַיְנַתֵּץ
hɔʾᵃšeriʸm-wᵊʾɛt	hammizᵊbᵊḥoʷt-ʾɛt	wayᵊnatteṣ
Ascheren-die-***und	;Altäre-die***	nieder-riss-er-(Ferner=)Und

כִּתַּת	וְהַפְּסִלִים
kittat	wᵊhappᵊsiliʸm
zerschlug-er	Götzenbilder-(geschnitzten)-die-und

הַחַמָּנִים	וְכָל־	לְהֵדַק
haḥammɔniʸm	-wᵊkol	lᵊhedaq
Sonnensäulen-die	all-(Zudem=)Und	.(zermalmte-und=)zermalmen-zu

וַיָּשָׁב	יִשְׂרָאֵל	אֶרֶץ	בְּכָל־	גִּדַּע
wayyɔšob	yiśᵊrɔʾel	ʾɛrɛṣ	-bᵊkol	giddaʿ
zurück-kehrte-er-(Dann=)Und	.Israel	Land	(ganzen-im=)all-in	zerbrach-er

עֶשְׂרֵה	שְׁמוֹנֶה	8 וּבִשְׁנַת	לִירוּשָׁלִָם׃
ʿɛśᵊreʰ	šᵊmoʷnɛʰ	uʷbišᵊnat	liʸruʷšɔlɔim.
zehn	-acht	Jahr-(dem)-in-(zwar)-und	,Jerusalem-(nach=)zu

הָאָרֶץ	לְטַהֵר	לְמָלְכוֹ
hɔʾɔrɛṣ	lᵊṭaher	lᵊmolᵊkoʷ
Land-das	(säubern=)reinigen-zu-(um)	,(Regierung-seiner=)Herrschen-seinem-zu

בֶּן־אֲצַלְיָהוּ	אֶת־שָׁפָן	שָׁלַח	וְהַבָּיִת
ʾᵃṣalᵊyɔhuʷ-bɛn	šɔpɔn-ʾɛt	šɔlaḥ	wᵊhabbɔyit
Azalja(hu)-(von)-Sohn	Schaphan***	schickte-Er	.(Tempel)haus-das-und

יוֹאָח	וְאֵת	הָעִיר	שַׂר־	וְאֶת־מַעֲשֵׂיָהוּ
yoʷʾɔḥ	wᵊʾet	hɔʿiʸr	-śar	maʿᵃśeʸɔhuʷ-wᵊʾɛt
Joach	***und	,Stadt-(der=)die	Oberst(en)-(den)	,Maaseja(hu)-***und

הַמַּזְכִּיר	בֶּן־יוֹאָחָז
hammazᵊkiʸr	yoʷʾɔḥɔz-bɛn
,(Kanzleirat=)Erinnerer-(den=)der	,Joachas-(von)-Sohn

יְהוָה	אֶת־בֵּית	לְחַזֵּק
yᵊhwɔʰ	beʸt-ʾɛt	lᵊḥazzeq
,JHWH(s)	(Tempel)haus-(das)***	(auszubessern-um=)festigen-zu

חִלְקִיָּהוּ	אֶל־	9 וַיָּבֹאוּ	אֱלֹהָיו׃
ḥilᵊqiʸyɔhuʷ	-ʾɛl	wayyɔboʾuʷ	ʾᵉlohɔʸw.
,(Hilkija=)Chilkija(hu)	zu	kamen-sie-Und	.(Gottes-seines=)Götter-seine(r)

וַיִּתְּנוּ	הַגָּדוֹל	הַכֹּהֵן
wayyittᵊnuʷ	haggɔdoʷl	hakkohen
gaben-(sie)-und	,(Hohenpriester-dem=)große(n)-(dem=)der	-Priester-(dem=)der

בֵּית־	הַמּוּבָא	אֶת־הַכֶּסֶף
-beʸt	hammuʷbɔʾ	hakkɛsɛp-ʾɛt
Haus-(ins)	war-worden-(gebracht=)gemacht-kommen-das	,(Geld=)Silber-das***

הַלְוִיִּם	אָסְפוּ־	אֲשֶׁר	אֱלֹהִים
halᵊwiʸyim	-ʾɔsᵊpuʷ	ʾᵃšɛr	ʾᵉlohiʸm
,Leviten-die	eingesammelt-hatten-(es=sie)	welch(es)	,(Gottes=)Götter-(der)

מִיַּד	הַסַּף	שֹׁמְרֵי
miʸyad	hassap	šomᵊreʸ
Hand-(der)-(aus=)von	,Schwelle-(der=)die	(an)-Wachende(n)-(die)

שְׁאֵרִית	וּמִכֹּל	וְאֶפְרַיִם	מְנַשֶּׁה
šᵊʾeriʸt	uʷmikkol	wᵊʾɛpᵊrayim	mᵊnaššɛʰ
Überrest-(dem)	all-von-und	Ephraim(s)-und	(Manasses=)Menaschsche(s)

וּבִנְיָמִן	יְהוּדָה	וּמִכָּל־	יִשְׂרָאֵל
uʷbinᵊyɔmin	yᵊhuʷdɔʰ	-uʷmikkol	yiśᵊrɔʾel
,Benjamin-und	Juda	(ganz=)all-von-und	Israel(s)

וַיִּתְּנוּ 10	יְרוּשָׁלִָם׃	וְיֹשְׁבֵי[וַיָּשֻׁבוּ]
wayyittᵊnuʷ	yᵊruʷšɔlɔim.	[wayyɔšubuʷ]wᵊyošᵊbeʸ
(es)-(über)gaben-sie-Und	.Jerusalem-(nach)	zurück-kehrten-sie-(dann=)und

הַמְּלָאכָה	עֹשֵׂה	יַד	עַל־
hammᵊlɔʾkɔʰ	ʿośeʰ	yad	-ʿal
,(Werk-das=)Arbeit-die	(Ausführenden-des=)Machender	Hand-(die)	(in=)auf

וַיִּתְּנוּ	יְהוָה	בְּבֵית	הַמֻּפְקָדִים
wayyittᵊnuʷ	yᵊhwɔʰ	bᵊbeʸt	hammupᵊqɔdiʸm
gaben-(die=)sie-und	,JHWH(s)	(Tempel)haus-(am=)in	Bestellten-(der=)die

אֲשֶׁר	הַמְּלָאכָה	עוֹשֵׂי	אֹתוֹ
ʾᵃšɛr	hammᵊlɔʾkɔʰ	ʿoʷśeʸ	ʾotoʷ
welch(e)	,Arbeit-die	(Ausführenden=)Machende(n)-(den)	(es=)ihn

יְהוָה	בְּבֵית	עֹשִׂים
yᵊhwɔʰ	bᵊbeʸt	ʿośiʸm
JHWH(s)	(Tempel)haus-(am=)in	(schaffend=)machend(e)-(waren-sie)

הַבָּיִת׃	וּלְחַזֵּק	לִבְדּוֹק
habbɔyit.	uʷlᵊḥazzeq	libᵊdoʷq
.(Tempel)haus-das	festigen-zu-und	(auszubessern-um=)Ausbessern-zu(m)

לְחָרָשִׁים	11 וַיִּתְּנוּ
lɛḥɔrɔšiʸm	wayyittᵊnuʷ
(Zimmerleute=)Schneidende(n)-(die)-(an=)zu	(davon)-gaben-(die=)sie-(Dann=)Und

אַבְנֵי	לִקְנוֹת	וְלַבֹּנִים
ᵓabᵊneʸ	liqᵊnoʷt	wᵊlabboniʸm
Steine	kaufen-zu-(um)	(Bauleute=)Bauende(n)-die-(an=)zu-und

וּלְקָרוֹת	לַמְחַבְּרוֹת	וְעֵצִים	מַחְצֵב
uʷlᵊqɔroʷt	lamᵊḥabbᵊroʷt	wᵊᶜeṣiʸm	maḥᵊṣeb
bedachen-zu-und	Balken-die-(für=)zu	Holz(stämme)-und	Behauen(s)-(des)

הִשְׁחִיתוּ	אֲשֶׁר	אֶת־הַבָּתִּים
hišᵊḥiʸtuʷ	ᵓᵃšɛr	habbɔttiʸm-ᵓɛt
(verfallen-ließen=)verderben-machten-(es=sie)	(die=)welch(e)	,Häuser-die***

12 וְהָאֲנָשִׁים	יְהוּדָה׃	מַלְכֵי
wᵊhɔᵓᵃnɔšiʸm	yᵊhuʷdɔʰ.	malᵊkeʸ
Männer-die-(Und)	.Juda	(von)-Könige-(die)

בֶּאֱמוּנָה	עֹשִׂים
bɛᵓᵉmuʷnɔʰ	ᶜośiʸm
(Zuverlässigkeit=)Festigkeit-(mit=)in	(schaffend=)machend(e)-(waren-sie)

מֻפְקָדִים	וַעֲלֵיהֶם	בַּמְּלָאכָה
mupᵊqɔdiʸm	waᶜᵃleʸhɛm	bammᵊlɔᵓkɔʰ
bestellt(e)-(waren)	(sie=)ihnen-(über=)auf-und	,Werk-(dem=)das-(an=)in

מְרָרִי	בְּנֵי	מִן־	הַלְוִיִּם	וְעֹבַדְיָהוּ	יַחַת
mᵊrɔriʸ	bᵊneʸ	-min	halᵊwiʸyim	wᵊᶜobadᵊyɔhuʷ	yaḥat
,Merari(s)	Söhne(n)-(den)	von	Leviten-die	,Obadja(hu)-und	Jachat

הַקְּהָתִים	בְּנֵי	מִן־	וּמְשֻׁלָּם	וּזְכַרְיָה
haqqᵊhɔtiʸm	bᵊneʸ	-min	uʷmᵊšullɔm	uʷzᵊkarᵊyɔʰ
,Kehatiter-(der=)die	Söhne(n)-(den)	von	Meschullam-und	Secharja-und

כָּל־	וְהַלְוִיִּם	לְנַצֵּחַ
-kol	wᵊhalᵊwiʸyim	lᵊnaṣṣeaḥ
,(jeder=)all	,Leviten-die-und	,(Beaufsichtigung-zur=)leiten-zu

מֵבִין
mebi^{y}n
(war-geschult-der=)Einsicht-habend(er)

13 וְעַל	שִׁיר׃	בִּכְלֵי־
w^{ə}^{c}al	ši^{y}r	-bik^{ə}le^{y}.
(vor-standen=)auf-und	,(Musikinstrumente=)Gesang	-(für)-Geräte(n)-(für=)-in

וּמְנַצְּחִים	הַסַּבָּלִים
u^{w}m^{ə}naṣṣ^{ə}ḥi^{y}m	hassabbɔli^{y}m
(habend-Aufsicht=)leitend(e)-(waren)-und	Lastträger(n)-(den=)die

מְלָאכָה	עֹשֵׂה	לְכֹל
m^{ə}lɔ^{ʾ}kɔ^{h}	^{c}ośe^{h}	l^{ə}kol
,Werk-(das)	(war-ausführend-der=)Machender	,(jeden=)all-(über=)zu

וּמֵהַלְוִיִּם	וַעֲבוֹדָה	לַעֲבוֹדָה
u^{w}mehal^{ə}wi^{y}yim	wa^{ca}bo^{w}dɔ^{h}	la^{ca}bo^{w}dɔ^{h}
Leviten-den-von-(einige)-Und	.Arbeit-(einzelnen=)und	(jeder=)Arbeit-(bei=)zu

וְשֹׁטְרִים	סוֹפְרִים
w^{ə}šoṭ^{ə}ri^{y}m	so^{w}p^{ə}ri^{y}m
(Aufseher=)Beaufsichtigende-und	(Schreiber=)Schreibende-(waren)

אֶת־הַכֶּסֶף	14 וּבְהוֹצִיאָם	וְשׁוֹעֲרִים׃
hakkɛsɛp-^{ʾ}ɛt	u^{w}b^{ə}ho^{w}ṣi^{y}^{ʾ}ɔm	w^{ə}šo^{wca}ri^{y}m.
,(Geld=)Silber-das***	Herausholen-ihrem-(bei=)in-Und	.Torhüter-und

מָצָא	יְהוָה	בֵּית	הַמּוּבָא
mɔṣɔ^{ʾ}	y^{ə}hwɔ^{h}	be^{y}t	hammu^{w}bɔ^{ʾ}
fand-(es=er)	,JHWH(s)	(Tempel)haus(-das-in)	war-worden-gebracht-das

יְהוָה	תּוֹרַת־	אֶת־סֵפֶר	הַכֹּהֵן	חִלְקִיָּהוּ
y^{ə}hwɔ^{h}	-to^{w}rat	sepɛr-^{ʾ}ɛt	hakkohen	ḥil^{ə}qi^{y}yɔhu^{w}
JHWH(s)	Weisung-(der)	Buch-(das)***	,Priester-der	,(Hilkija=)Chilkija(hu)

15 וַיַּעַן	מֹשֶׁה׃	בְּיַד־
wayya^{c}an	mošɛ^{h}.	-b^{ə}yad
(an-hob=)antwortete-(es=er)-(Da=)Und	.(Mose=)Mosche	(durch=)Hand-in

שָׁפָן	אֶל־	וַיֹּאמֶר	חִלְקִיָּהוּ
šɔpɔn	-^{ʾ}ɛl	wayy^{ʾ}mɛr	ḥil^{ə}qi^{y}yɔhu^{w}
,Schaphan	zu	sprach-(er)-und	(Hilkija=)Chilkija(hu)

הַתּוֹרָה	סֵפֶר	הַסּוֹפֵר
hattoʷrɔʰ	sepɛr	hassoʷper
Weisung-(der=)die	Buch-(Das)	:(Schreiber=)Schreibend(en)-(dem=)der

וַיִּתֵּן	יְהוָה	בְּבֵית	מָצָאתִי
wayyitten	yᵊhwɔʰ	bᵊbeʸt	mɔṣɔʾtiʸ
gab-(es=)er-Und	!JHWH(s)	(Tempel)haus-(im=)in	gefunden-habe-ich

שָׁפָן׃	אֶל־	אֶת־הַסֵּפֶר	חִלְקִיָּהוּ
šɔpɔn.	-ʾɛl	hassepɛr-ʾɛt	ḥilᵊqiʸyɔhuʷ
.Schaphan	(an=)zu	Buch-das***	(Hilkija=)Chilkija(hu)

אֶל־	אֶת־הַסֵּפֶר	שָׁפָן	16 וַיָּבֵא
-ʾɛl	hassepɛr-ʾɛt	šɔpɔn	wayyɔbeʾ
zu	Buch-das***	Schaphan	(brachte=)kommen-machte-(es=er)-(Sodann=)Und

עוֹד	וַיָּשֶׁב	הַמֶּלֶךְ
ʿoʷd	wayyɔšɛb	hammɛlɛk
(ferner=)noch	(erstattete=)kehren-machte-er-und	König-(dem=)der

כֹּל	לֵאמֹר	דָּבָר	אֶת־הַמֶּלֶךְ
kol	leʾmor	dɔbɔr	hammɛlɛk-ʾɛt
,All(es)	:(erklärend=)sagen-zu	,(Bericht=)Wort	König-(dem=)der***

עֲבָדֶיךָ	בְּיַד־	נִתַּן	אֲשֶׁר־
ʿᵃbɔdɛʸkɔ	-bᵊyad	nittan	-ʾᵃšɛr
,Knechte-deine(r)	Hand-(die)-in	gegeben-wurde-(es=er)	(was=)welch(es)

17 וַיַּתִּיכוּ	עֹשִׂים׃	הֵם
wayyattiʸkuʷ	ʿośiʸm.	hem
ausgeschüttet-haben-sie-Und	!(ausführend=)machend(e)	(sind)-sie

בְּבֵית־	הַנִּמְצָא	אֶת־הַכֶּסֶף
-bᵊbeʸt	hannimᵊṣɔʾ	hakkɛsɛp-ʾɛt
(Tempel)haus-(im=)in	(Vorgefundene-das=)Gefundene-(der)	,(Geld=)Silber-das

הַמֻּפְקָדִים	יַד	עַל־	וַיִּתְּנוּהוּ	יְהוָה
hammupᵊqɔdiʸm	yad	-ʿal	wayyittᵊnuʷhuʷ	yᵊhwɔʰ
(über)-Bestellten-(der=)die	Hand-(die)	(in=)auf	(es=)ihn-gaben-sie-und	,JHWH(s)

הַמְּלָאכָה׃	עוֹשֵׂי	יַד	וְעַל־
hammᵊlɔʾkɔʰ.	ʿoʷśeʸ	yad	-wᵊʿal
!(Werk)arbeit-die	(Ausführenden=)Machende(n)-(der)	Hand-(die)	(in=)auf-und

הַסֹּופֵר	שָׁפָן	18 וַיַּגֵּד
hassoʷper	šɔpɔn	wayyagged
,(Schreiber=)Schreibende-der	,Schaphan	berichtete-(es=)er-(Und)

נָתַן	סֵפֶר	לֵאמֹר	לַמֶּלֶךְ
nɔtan	sepɛr	leʾmor	lammɛlɛk
gegeben-hat-(es=er)	Buch-(Ein)	:(mitteilend=)sagen-zu	,König-(dem=)zu

וַיִּקְרָא־	הַכֹּהֵן	חִלְקִיָּהוּ	לִי
-wayyiqᵊrɔʾ	hakkohen	ḥilᵊqiʸyɔhuʷ	liʸ
(vor-las=)rief-(es=)er-Und	!Priester-der	,(Hilkija=)Chilkija(hu)	mir-(zu)

הַמֶּלֶךְ׃	לִפְנֵי	שָׁפָן	בֹו
hammɛlɛk.	lipᵊneʸ	šɔpɔn	boʷ
.König-(dem=)der	(vor=)Gesichter-zu	Schaphan	(daraus=)ihm-in

אֶת	הַמֶּלֶךְ	כִּשְׁמֹעַ	19 וַיְהִי
ʾet	hammɛlɛk	kišᵊmoaʿ	wayᵊhiʸ
***	König-der	(hörte-als=)Hören-(ein)-wie	,(geschah=)war-(es=)er-(Und)

אֶת־בְּגָדָיו	וַיִּקְרַע	הַתֹּורָה	דִּבְרֵי
bᵊgɔdɔʸw-ʾɛt	wayyiqᵊraʿ	hattoʷrɔʰ	dibᵊreʸ
.Kleider-seine***	zerriss-er-(da=)und	,Weisung-(der=)die	(von)-Worte-(die)

אֶת־חִלְקִיָּהוּ	הַמֶּלֶךְ	20 וַיְצַו
ḥilᵊqiʸyɔhuʷ-ʾɛt	hammɛlɛk	wayᵊṣaw
(Hilkija=)Chilkijahu-(dem)***	König-der	befahl-(es=er)-(Dann=)Und

וְאֵת	בֶּן־מִיכָה	וְאֶת־עַבְדֹּון	בֶּן־שָׁפָן	וְאֶת־אֲחִיקָם
wᵊʾet	miʸkɔʰ-bɛn	ʿabᵊdoʷn-wᵊʾɛt	šɔpɔn-bɛn	ʾᵃḥiʸqɔm-wᵊʾɛt
***und	Micha(s)-Sohn	Abdon-***und	Schaphan(s)-Sohn	Achikam***und

עֲשָׂיָה	וְאֵת	הַסֹּופֵר	שָׁפָן
ʿᵃśɔyɔʰ	wᵊʾet	hassoʷper	šɔpɔn
,Asaja	***und	,(Schreiber=)Schreibend(en)-(dem=)der	,Schaphan

21 לְכוּ	לֵאמֹר׃	הַמֶּלֶךְ	עֶבֶד־
lᵊkuʷ	leʾmor.	hammɛlɛk	-ʿɛbɛd
,Geht	:(befehlend=)sagen-zu	,König(s)-(des=)der	Diener-(dem)

וּבְעַד	בַּעֲדִי	אֶת־יְהוָה	דִּרְשׁוּ
uʷbᵊʿad	baʿᵃdiʸ	yᵊhwɔʰ-ʾɛt	dirᵊšuʷ
(für=)bis-in-und	mich-(für=)bis-in	JHWH***	(befragt=)sucht

עַל־	וּבִיהוּדָה	בְּיִשְׂרָאֵל	הַנִּשְׁאָר
-ᶜal	uʷbiʸhuʷdɔʰ	bᵊyiśᵊrɔᵓel	hannišᵊᵓɔr
(wegen=)auf	Juda-in-und	Israel-in	(Überrest-den=)Übriggebliebene-der

אֲשֶׁר	הַסֵּפֶר	דִּבְרֵי
ᵓᵃšɛr	hassepɛr	dibᵊreʸ
(das=)welch(es)	,Buch-(dem=)das	(von)-Worte-(der)

חֲמַת־	גְדוֹלָה	כִּי־	נִמְצָא
-ḥᵃmat	gᵊdoʷlɔʰ	-kiʸ	nimᵊṣɔᵓ
(Zornes)glut-(die)	(ist)-groß(e)	denn	,(fand-man=)gefunden-wurde-(es=er)

עַל	בָּנוּ	נִתְּכָה	אֲשֶׁר	יְהוָה
ᶜal	bɔnuʷ	nittᵊkɔʰ	ᵓᵃšɛr	yᵊhwɔʰ
,(darob=)auf	,uns-(gegen=)in	ergossen-sich-hat-(sie)	welch(e)	,JHWH(s)

אֶת־דְּבַר	אֲבוֹתֵינוּ	שָׁמְרוּ	לֹא־	אֲשֶׁר
dᵊbar-ᵓɛt	ᵓᵃboʷteʸnuʷ	šɔmᵊruʷ	-loᵓ	ᵓᵃšɛr
Wort-(das)***	Väter-unsere	beobachtet-haben-(es=sie)	nicht	dass

עַל־	הַכָּתוּב	כְּכָל־	לַעֲשׂוֹת	יְהוָה
-ᶜal	hakkɔtuʷb	-kᵊkol	laᶜᵃśoʷt	yᵊhwɔʰ
(in=)auf	Geschriebene-das	all-wie	(tun=)machen-zu	JHWH(s)

חִלְקִיָּהוּ	22 וַיֵּלֶךְ	הַזֶּה׃	הַסֵּפֶר
ḥilᵊqiʸyɔhuʷ	wayyelɛk	hazzɛʰ.	hassepɛr
,(Hilkija=)Chilkija(hu)	ging-(er)-(Sodann=)Und	!da-dies(em)	,Buch-(dem=)das

חֻלְדָּה	אֶל־	הַמֶּלֶךְ	וַאֲשֶׁר
ḥulᵊdɔʰ	-ᵓɛl	hammɛlɛk	waᵓᵃšɛr
,(Hulda=)Chulda	zu-(sandte)	,König-der	(die=)welch(e)-und

בֶּן־תָּוקְהַת[תָּקְהַת]	שַׁלֻּם	אֵשֶׁת	הַנְּבִיאָה
[toqᵊhat]tɔwqᵊhat-bɛn	šallum	ᵓešɛt	hannᵊbiʸᵓɔʰ
,Tokhat(s)-Sohn	Schallum(s)	Frau-(der)	,Prophetin-(der=)die

הַבְּגָדִים	שׁוֹמֵר	חַסְרָה	בֶּן־
habbᵊgɔdiʸm	šoʷmer	ḥasᵊrɔʰ	-bɛn
Kleider-(der=)die	Bewahrer(s)-(des)	,(Hasras=)Chasra(s)	Sohn(es)-(des)

בַּמִּשְׁנֶה	בִּירוּשָׁלִַם	יוֹשֶׁבֶת	וְהִיא
bammišᵊnɛʰ	biʸruʷšɔlaim	yoʷšɛbɛt	wᵊhiʸᵓ
,— Zweit(bezirk)-im	Jerusalem-in	wohnend(e)-(war)	sie-und —

23 וַתֹּאמֶר	כָּזֹאת׃	אֵלֶיהָ	וַיְדַבְּרוּ
wattoʾmɛr	kɔzoʾt.	ʾelɛʸhɔ	wayᵊdabbᵊruʷ
sprach-sie-(Da=)Und	.(demgemäß=)diese-wie	ihr-zu	redeten-(die=)sie-und

אֱלֹהֵי	יְהוָה	אָמַר	כֹּה־	לָהֶם
ʾᵋloheʸ	yᵊhwɔʰ	ʾɔmar	-koʰ	lɔhɛm
(Gott-der=)Götter-(die)	,JHWH	(spricht=)sprach-(es=er)	So	:ihnen-zu

אֶתְכֶם	שָׁלַח	אֲשֶׁר־	לָאִישׁ	אִמְרוּ	יִשְׂרָאֵל
ʾɛtᵊkɛm	šɔlaḥ	-ʾᵃšɛr	lɔʾiʸš	ʾimᵊruʷ	yiśᵊrɔʾel
euch	gesandt-hat-(er)	(der=)welch(er)	,Mann-(dem=)zum	Sagt	:Israel(s)

הִנְנִי	יְהוָה	אָמַר	24 כֹּה	אֵלָי׃
hinᵊniʸ	yᵊhwɔʰ	ʾɔmar	koʰ	ʾelɔy.
(bin)-ich-,Siehe	:JHWH	(spricht=)sprach-(es=er)	So	:mir-zu

הַמָּקוֹם	עַל־	רָעָה	מֵבִיא
hammɔqoʷm	-ʿal	rɔʿɔʰ	mebiʸʾ
,Ort-(den=)der	(über=)auf	(Unheil=)Übel	(bringend=)machend(er)-kommen

כָּל־	אֵת	יוֹשְׁבָיו	וְעַל־	הַזֶּה
-kol	ʾet	yoʷšᵊbɔʸw	-wᵊʿal	hazzɛʰ
all(e)	***	,(Bewohner=)Wohnende(n)-seine	(über=)auf-und	,da-dies(en)

אֲשֶׁר	הַסֵּפֶר	עַל־	הַכְּתוּבוֹת	הָאָלוֹת
ʾᵃšɛr	hassepɛr	-ʿal	hakkᵊtuʷboʷt	hɔʾɔloʷt
(daraus=)welch(es)	,Buch-(dem=)das	(in=)auf	geschriebenen-die	,Flüche-die

יְהוּדָה׃	מֶלֶךְ	לִפְנֵי	קָרְאוּ
yᵊhuʷdɔʰ.	mɛlɛk	lipᵊneʸ	qɔrᵊʾuʷ
,Juda	(von)-König-(dem)	(vor=)Gesichter-zu	(lasen=)riefen-sie

עֲזָבוּנִי	אֲשֶׁר	25 תַּחַת
ʿᵃzɔbuʷniʸ	ʾᵃšɛr	taḥat
mich-verließen-sie	dass	,(dafür=)unter

אֲחֵרִים	לֵאלֹהִים	[וַיְקַטְּרוּ]וַיַּקְטִירוּ
ʾᵃḥeriʸm	leʾlohiʸm	[wayᵊqaṭṭᵊruʷ]wayyaqᵊṭiʸruʷ
,andere	Götter-(für=)zu	aufsteigen-Rauch-in-(Opfer)-ließen-sie-und

מַעֲשֵׂי	בְּכֹל	הַכְעִיסֵנִי	לְמַעַן
maʿᵃśeʸ	bᵊkol	hakᵊʿiʸseniʸ	lᵊmaʿan
Werke(n)-(den)	all-(mit=)in	mich-reizten-sie	(dass-auf=)um-zu

יְדֵיהֶם — yᵊdeʸhɛm — ,Hände-(zwei)-ihre(r)
וַתִּתַּךְ — wᵊtittak — sich-(ergießt=)ergoss-(es=sie)-(also=)und

חֲמָתִי — ḥᵃmɔtiʸ — (Grimm)glut-meine
בַּמָּקוֹם — bammɔqoʷm — ,Ort-den-(gegen=)in
הַזֶּה — hazzɛʰ — ,da-dies(en)
וְלֹא — wᵊloʾ — nicht-und

תִכְבֶּה׃ — tikᵊbɛʰ. — !erlöschen-wird-sie
26 וְאֶל־ — -wᵊʾɛl — zu-Und
מֶלֶךְ — mɛlɛk — (von)-König-(dem)
יְהוּדָה — yᵊhuʷdɔʰ — ,Juda

הַשֹּׁלֵחַ — haššoleaḥ — (ist)-sendend(er)-der
אֶתְכֶם — ʾɛtᵊkɛm — euch
לִדְרוֹשׁ — lidᵊroʷš — (Auskunft)-suchen-zu-(um)
בַּיהוָה — bayhwɔʰ — ,JHWH-(bei=)in

כֹּה — koʰ — so
תֹאמְרוּ — toʾmᵊruʷ — sagen-(sollt=)werdet-ihr
אֵלָיו — ʾelɔʸw — :ihm-zu
כֹּה־ — -koʰ — So
אָמַר — ʾɔmar — (spricht=)sprach-(es=er)
יְהוָה — yᵊhwɔⁿ — ,JHWH

אֱלֹהֵי — ʾᵋloheʸ — (Gott-der=)Götter-(die)
יִשְׂרָאֵל — yiśᵊrɔʾel — :Israel(s)
הַדְּבָרִים — haddᵊbɔriʸm — ,Worte-Die
אֲשֶׁר — ʾᵃšɛr — (die=)welch(e)
שָׁמָעְתָּ׃ — šɔmɔʿᵊtɔ. — .gehört-hast-du

27 יַעַן — yaʿan — Weil
רַךְ־ — -rak — (war)-(erweicht=)zart
לְבָבְךָ — lᵊbɔbᵊkɔ — Herz-dein
וַתִּכָּנַע — wattikkɔnaʿ — gebeugt-hast-dich-du-und

מִלִּפְנֵי — millipᵊneʸ — (vor=)Gesichtern-zu-von
אֱלֹהִים — ʾᵋlohiʸm — ,(Gott=)Götter
בְּשָׁמְעֲךָ — bᵊšomᵃʿᵃkɔ — (hörtest-du-als=)Hören-deinem-in

אֶת־דְּבָרָיו — dᵊbɔrɔʸw-ʾɛt — Worte-seine***
עַל־ — -ʿal — (über=)auf
הַמָּקוֹם — hammɔqoʷm — ,Ort-(den=)der
הַזֶּה — hazzɛʰ — ,da-dies(en)
וְעַל־ — -wᵊʿal — (über=)auf-und

יֹשְׁבָיו — yošᵊbɔʸw — ,(Bewohner=)Wohnende(n)-seine
וַתִּכָּנַע — wattikkɔnaʿ — (gedemütigt=)gebeugt-hast-dich-du-und

לְפָנַי — lᵊpɔnay — (mir-vor=)Gesichtern-meinen-zu
וַתִּקְרַע — wattiqᵊraʿ — zerrissest-du-und
אֶת־בְּגָדֶיךָ — bᵊgɔdɛʸkɔ-ʾɛt — Kleider-deine***

וַתֵּבְךְּ
watteb°k°
weintest-du-und

לְפָנָי
lᵊpɔnɔy
,(mir-vor=)Gesichtern-meinen-zu

וְגַם־
-wᵊgam
auch-(so=)und

אָנִי
ᵓaniʸ
,ich

שָׁמַעְתִּי
šɔmaᶜᵊtiʸ
(geschenkt-Gehör=)gehört-habe-ich

—

נְאֻם־יְהוָה׃
yᵊhwɔʰ-nᵊᵓum.
!JHWH(s)-Spruch

28 הִנְנִי
hinᵊniʸ
(bin)-ich-,Siehe

אֹסִפְךָ
ᵓosipᵊkɔ
dich-versammelnd(er)

אֶל־
-ᵓɛl
zu

אֲבֹתֶיךָ
ᵓᵃbotɛʸkɔ
,(Vorfahren=)Väter(n)-deine(n)

וְנֶאֱסַפְתָּ
wᵊnɛᵓᵋsapᵊtɔ
werden-eingebracht-wirst-du-und

אֶל־
-ᵓɛl
zu

קִבְרֹתֶיךָ
qibᵊrotɛʸkɔ
Gräber(n)-deine(n)

בְּשָׁלוֹם
bᵊšɔloʷm
,Frieden-in

וְלֹא־
-wᵊloᵓ
nicht-und

תִרְאֶינָה
tirᵊᵓɛʸnɔʰ
sehen-(müssen=)werden-(es=sie)

עֵינֶיךָ
ᶜeʸnɛʸkɔ
Augen-(zwei)-deine

בְּכֹל
bᵊkol
all-(auf=)in

הָרָעָה
hɔrɔᶜɔʰ
,(Unheil=)Übel-das

אֲשֶׁר
ᵓᵃšɛr
(das=)welch(es)

אֲנִי
ᵓᵃniʸ
(bin)-ich

מֵבִיא
mebiʸᵓ
(bringend=)machend(er)-kommen

עַל־
-ᶜal
(über=)auf

הַמָּקוֹם
hammɔqoʷm
,Ort-(den=)der

הַזֶּה
hazzɛʰ
,da-dies(en)

וְעַל־
-wᵊᶜal
(über=)auf-und

יֹשְׁבָיו
yošᵊbɔʸw
!(Bewohner=)Wohnende(n)-seine

וַיָּשִׁיבוּ
wayyɔšiʸbuʷ
(erstatteten=)kehren-machten-sie-(Darauf=)Und

אֶת־הַמֶּלֶךְ
hammɛlɛk-ᵓɛt
König-(dem=)der***

דָּבָר׃
dɔbɔr.
.(Bericht=)Wort

29 וַיִּשְׁלַח
wayyišᵊlaḥ
(Boten)-sandte-(es=er)-(Sodann=)Und

הַמֶּלֶךְ
hammɛlɛk
König-der

וַיֶּאֱסֹף
wayyɛᵓᵋsop
versammelte-(er)-und

אֶת־כָּל־זִקְנֵי
ziqᵊneʸ-kol-ᵓɛt
(von)-(Ältesten=)Alten-all(e)***

יְהוּדָה
yᵊhuʷdɔʰ
Juda

בֵּית־	הַמֶּלֶךְ	וַיַּעַל 30	וִירוּשָׁלִָם׃
-beʸt	hammɛlɛk	wayyaᶜal	wiʸruʷšɔlɔim.
(Tempel)haus-(ins)	König-der	hinauf-ging-(es=)er-Und	.Jerusalem-und

וְיֹשְׁבֵי	יְהוּדָה	אִישׁ	וְכָל־	יְהוָה
wᵊyošᵊbeʸ	yᵊhuʷdɔʰ	ʾiʸš	-wᵊkol	yᵊhwɔʰ
(in)-Wohnenden-(die)-und	Juda(s)	(Männer=)Mann	all(e)-und	,JHWH(s)

מִגָּדוֹל	הָעָם	וְכָל־	וְהַלְוִיִּם	וְהַכֹּהֲנִים	יְרוּשָׁלִַם
miggɔdoʷl	hɔᶜɔm	-wᵊkol	wᵊhalᵊwiʸyim	wᵊhakkohᵃniʸm	yᵊruʷšɔlaim
Groß-von	Volk-das	all-und	Leviten-die-und	Priester-die-und	Jerusalem

אֶת־כָּל־דִּבְרֵי	בְאָזְנֵיהֶם	וַיִּקְרָא	קָטָן	וְעַד־
dibᵊreʸ-kol-ʾɛt	bᵊʾozᵊneʸhɛm	wayyiqᵊrɔʾ	qɔṭɔn	-wᵊᶜad
(von)-Worte-(die)-all(e)***	Ohren-ihre-in	rief-er-und	,Klein	(zu=)bis-(und)

הַנִּמְצָא	הַבְּרִית	סֵפֶר
hannimᵊṣɔʾ	habbᵊriʸt	sepɛr
(auf)gefundene(n)-(dem=)der	,Bund(es)-(des=)der	Buch-(dem)

עַל־	הַמֶּלֶךְ	וַיַּעֲמֹד 31	יְהוָה׃	בֵּית
-ᶜal	hammɛlɛk	wayyaᶜᵃmod	yᵊhwɔʰ.	beʸt
auf	König-der	stand-(es=)er-(Und)	.JHWH(s)	(Tempel)haus-(im)

אֶת־הַבְּרִית	וַיִּכְרֹת	עָמְדוֹ
habbᵊriʸt-ʾɛt	wayyikᵊrot	ᶜomᵊdoʷ
Bund-(den=)der***	(schloss=)schnitt-(er)-und	(Platz=)Stehen-sein(em)

יְהוָה	אַחֲרֵי	לָלֶכֶת	יְהוָה	לִפְנֵי
yᵊhwɔʰ	ʾaḥᵃreʸ	lɔlɛkɛt	yᵊhwɔʰ	lipᵊneʸ
JHWH	hinter	(wandeln=)gehen-zu	,JHWH	(vor=)Gesichter-zu

וְחֻקָּיו	וְעֵדְוֹתָיו	אֶת־מִצְוֹתָיו	וְלִשְׁמוֹר
wᵊḥuqqɔʸw	wᵊᶜedᵊwotɔʸw	misᵊwotɔʸw-ʾɛt	wᵊlišᵊmoʷr
Satzungen-seine-und	Zeugnisse-seine-und	Gebote-seine***	halten-zu-und

נַפְשׁוֹ	וּבְכָל־	לְבָבוֹ	בְּכָל־
napᵊšoʷ	-uʷbᵊkol	lᵊbɔboʷ	-bᵊkol
,Seele-seine(r)	all-(mit=)in-und	Herz(en)-sein(em)	all-(mit=)in

הַבְּרִית	אֶת־דִּבְרֵי	לַעֲשׂוֹת
habbᵊriʸt	dibᵊreʸ-ʾɛt	laᶜᵃśoʷt
,Bund(es)-(des=)der	Worte-(die)***	(auszuführen=)machen-zu-(um)

הַזֶּה׃	הַסֵּפֶר	עַל־	הַכְּתוּבִים
hazzɛʰ.	hassepɛr	-ʿal	hakkᵊtuʷbiʸm
.da-dies(em)	,Buch-(dem=)das	(in=)auf	(aufgezeichneten=)geschriebenen-die

כָּל־	אֵת	32 וַיַּעֲמֵד
-kol	ʾet	wayyaʿᵃmed
,(jeden=)all	***	(hintreten=)stehen-ließ-er-(Sodann=)Und

וּבִנְיָמִן	בִּירוּשָׁלִַם	הַנִּמְצָא
uʷbinᵊyɔmin	biʸruʷšɔlaim	hannimᵊṣɔʾ
,Benjamin-und	Jerusalem-in	(fand-sich=)Gefundene-der

יְרוּשָׁלִַם	יֹשְׁבֵי	וַיַּעֲשׂוּ
yᵊruʷšɔlaim	yošᵊbeʸ	wayyaʿᵃśuʷ
Jerusalem(s)	(Bewohner=)Wohnenden-(die)	(handelten=)machten-(es=)sie-und

אֱלֹהֵי	אֱלֹהִים	כִּבְרִית
ʾᵉloheʸ	ʾᵉlohiʸm	kibᵊriʸt
(Gottes-des=)Götter-(der)	,(Gottes=)Götter	Bund-(dem=)der-(nach=)wie

יֹאשִׁיָּהוּ	33 וַיָּסַר	אֲבוֹתֵיהֶם׃
yoʾšiʸyɔhuʷ	wayyɔsar	ʾᵃboʷteʸhɛm.
Joschija(hu)	(entfernte=)wenden-machte-(es=)er-(Und)	.Väter-ihre(r)

אֲשֶׁר	הָאֲרָצוֹת	מִכָּל־	אֶת־כָּל־הַתּוֹעֵבוֹת
ʾᵃšɛr	hɔʾᵃrɔṣoʷt	-mikkol	hattoʷʿeboʷt-kol-ʾɛt
welch(e)	,Länder(n)-(den=)die	all-(aus=)von	Gräuel-die-all**

יִשְׂרָאֵל	לִבְנֵי
yiśᵊrɔʾel	libᵊneʸ
,Israel(s)	(Kindern=)Söhne(n)-(den)-(gehörten=)zu

הַנִּמְצָא	כָּל־	אֵת	וַיַּעֲבֵד
hannimᵊṣɔʾ	-kol	ʾet	wayyaʿᵃbed
(Anwesenden=)Gefundene-der	(jeden=)all	***	(nötigte=)dienen-machte-er-und

אֱלֹהֵיהֶם	אֶת־יְהוָה	לַעֲבוֹד	בְּיִשְׂרָאֵל
ʾᵉloheʸhɛm	yᵊhwɔʰ-ʾɛt	laʿᵃboʷd	bᵊyiśᵊrɔʾel
.(Gott=)Götter(n)-ihre(n)	,JHWH***	(verehren=)dienen-zu	Israel-in

יְהוָה	מֵאַחֲרֵי	סָרוּ	לֹא	כָּל־יָמָיו
yᵊhwɔʰ	meʾaḥᵃreʸ	sɔruʷ	loʾ	yɔmɔʸw-kol
,JHWH(s)	(Weg-dem=)hinter-von	ab-wichen-sie	nicht	Tage-seine-All(e)

אֱלֹהֵי
ʾɛloheʸ
(Gottes-des=)Götter-(der)

אֲבוֹתֵיהֶם׃
ʾᵃboʷteʸhɛm.
.(Ahnen=)Väter-ihre(r)

35

1 וַיַּעַשׂ
wayyaʿaś
(beging=)machte-(es=)er-(Und)

יֹאשִׁיָּהוּ
yoʾšiʸyɔhuʷ
Joschija(hu)

בִּירוּשָׁלִָם
biʸruʷšɔlaim
Jerusalem-in

פֶּסַח
pɛsaḥ
(Paschaopfer=)Pesach-(ein)

לַיהוָה
layhwɔʰ
.JHWH(s)-(Ehren)-zu

וַיִּשְׁחֲטוּ
wayyišᵊḥᵃṭuʷ
schlachteten-sie-Und

הַפֶּסַח
happɛsaḥ
(Paschaopfer=)Pesach-das

בְּאַרְבָּעָה
bᵊʾarᵊbɔʿɔʰ
-vier-(am=)in

עָשָׂר
ʿɔśɔr
zehn(ten)

לַחֹדֶשׁ
laḥodɛš
,Monat(s)-(des=)zu

הָרִאשׁוֹן׃
hɔriʾšoʷn.
.erste(n)-(des=)der

2 וַיַּעֲמֵד
wayyaʿᵃmed
(bestellte=)stehen-machte-er-Und

הַכֹּהֲנִים
hakkohᵃniʸm
Priester-die

עַל־
-ʿal
(zu=)auf

מִשְׁמְרוֹתָם
mišᵊmᵊroʷtɔm
(Amtshandlungen=)Wachen-ihre(n)

וַיְחַזְּקֵם
wayᵊḥazzᵊqem
sie-(ermutigte=)stärkte-(er)-und

לַעֲבוֹדַת
laʿᵃboʷdat
(im)-Dienst-(den)-(für=)zu

בֵּית
beʸt
(Tempel)haus

יְהוָה׃
yᵊhwɔʰ.
.JHWH(s)

3 וַיֹּאמֶר
wayyoʾmɛr
sprach-er-(Sodann=)Und

לַלְוִיִּם
lalᵊwiʸyim
,Leviten-(den)-zu

הַמְּבוּנִים[הַמְּבִינִים]
[hammᵊbiʸniʸm]hammᵊbuʷniʸm
(waren)-(belehrend=)machend(e)-verstehen-die

לְכָל־
-lᵊkol
(ganz=)all-(für=)zu

יִשְׂרָאֵל
yiśᵊrɔʾel
,Israel

הַקְּדוֹשִׁים
haqqᵊdoʷšiʸm
(Geweihten=)Geheiligten-die

לַיהוָה
layhwɔʰ
:JHWH(s=zu)

תְּנוּ
tᵊnuʷ
(Setzt=)Gebt

אֶת־אֲרוֹן
-ʾᵃroʷn-ʾɛt
,(Schrein-den=)Lade-(die)***

הַקֹּדֶשׁ
haqqodɛš
,(heiligen-den=)heilige-(die=)der

בַּבַּיִת
babbayit
,(Tempel)haus-(das)-in

אֲשֶׁר
ʾᵃšɛr
(das=)welch(es)

בָּנָה
bɔnɔʰ
(er)baute-(er)

שְׁלֹמֹה
šᵊlomoʰ
(Salomo=)Schelomo

לָכֶם	אֵין־	יִשְׂרָאֵל	מֶלֶךְ	בֶּן־דָּוִיד
lɔkɛm'	-ʾeʸn	yiśᵊrɔʾel	mɛlɛk	dɔwiʸd-bɛn
euch-(für=)zu	(sei-es)-nicht	;Israel	(von)-König-(der)	,David(s)-Sohn

אֶת־יְהוָה	עִבְדוּ	עַתָּה	בַּכָּתֵף	מַשָּׂא
yᵊhwɔʰ-ʾɛt	ʿibᵊduʷ	ʿattɔʰ	bakkɔtep	maśśɔʾ
,JHWH***	dient	Nun	!Schulter-(der)-(auf=)in	Last-(eine)

יִשְׂרָאֵל׃	עַמּוֹ	וְאֵת	אֱלֹהֵיכֶם
yiśᵊrɔʾel.	ʿammoʷ	wᵊʾet	ʾᵋloheʸkɛm
!Israel	Volk-sein(em)	***und	,(Gott-eurem=)Götter(n)-eure(n)

אֲבוֹתֵיכֶם	לְבֵית־	וְהִכּוֹנוּ[וְהָכִינוּ] 4
ʾᵃboʷteʸkɛm	-lᵊbeʸt	[wᵊhɔkiʸnuʷ]wᵊhikkoʷnuʷ
,Väter-eure(r)	(Familien-den=)Haus-(nach=)zu	(es-bereitet=)zu-rüstet-Und

דָּוִיד	בִּכְתָב	כְּמַחְלְקוֹתֵיכֶם
dɔwiʸd	bikᵊtɔb	kᵊmaḥᵊlᵊqoʷteʸkɛm
,David(s)	Schrift-(einer)-(aufgrund=)in	,Abteilungen-eure(n)-(gemäß=)wie

וּבְמִכְתַּב	יִשְׂרָאֵל	מֶלֶךְ
uʷbᵊmikᵊtab	yiśᵊrɔʾel	mɛlɛk
Schriftstück(es)-(des)-(aufgrund=)in-und	,Israel	(von)-König(s)-(des)

בַּקֹּדֶשׁ	וְעִמְדוּ 5	בְנוֹ׃	שְׁלֹמֹה
baqqodɛš	wᵊʿimᵊduʷ	bᵊnoʷ.	šᵊlomoʰ
Heiligtum-im	(an-tretet=)steht-Und	.Sohn(es)-sein(es)	,(Salomos=)Schelomo(s)

הָאָבוֹת	בֵּית	לִפְלֻגּוֹת
hɔʾɔboʷt	beʸt	lipᵊluggoʷt
Väter-(der=)die	Haus(es)-(des)	Gruppen-(den)-(nach=)zu

הָעָם	בְּנֵי	לַאֲחֵיכֶם
hɔʿɔm	bᵊneʸ	laʾᵃḥeʸkɛm
,Volk(es)-(des=)das	Söhne-(der)	,Brüder(n)-eure(n)-(von=)zu

וְשַׁחֲטוּ 6	לַלְוִיִּם׃	בֵּית־אָב	וַחֲלֻקַּת
wᵊšaḥᵃṭuʷ	lalᵊwiʸyim.	ʾɔb-beʸt	waḥᵃluqqat
schlachtet-Und	.Leviten-(der=)zu	Vater-haus(es)-(des)	Abteilung-(eine)-und

לַאֲחֵיכֶם	וְהָכִינוּ	וְהִתְקַדְּשׁוּ	הַפָּסַח
laʾᵃḥeʸkɛm	wᵊhɔkiʸnuʷ	wᵊhitᵊqaddᵊšuʷ	happɔsaḥ
,Brüder-eure-(für=)zu	zu-rüstet-und	euch-heiligt-und	(Paschaopfer=)Pesach-das

יְהוָה	כִּדְבַר־	לַעֲשׂוֹת
yᵊhwɔʰ	-kidᵊbar	laᶜaśoʷt
,JHWH(s)	Wort-(dem)-(gemäß=)wie	(begehen=)machen-zu-(um)

מֹשֶׁה׃	בְּיַד־
mošɛʰ.	-bᵊyad
!(Moses=)Mosche(s)	(durch-wurde-übermittelt=)Hand-in-(welches)

לִבְנֵי	יֹאשִׁיָּהוּ	7 וַיָּרֶם
libᵊneʸ	yoʾšiʸyɔhuʷ	wayyɔrɛm
Söhne-(die)-(für=)zu	Joschija(hu)	(ab-hob=)auf-richtete-(es=er)-(Dann=)Und

כְּבָשִׂים	צֹאן	הָעָם
kᵊbɔśiʸm	ṣoʾn	hɔᶜɔm
Lämmer	,(Schafe=)Herde	Volk(es)-(des=)das

הַכֹּל	וּבְנֵי־עִזִּים
hakkol	ᶜizziʸm-uʷbᵊneʸ
all(es)-das	,(Zicklein=)Ziegen-(von)-Söhne-und

לְכָל־	לַפְּסָחִים
-lᵊkol	lappᵊsɔḥiʸm
(jeden=)all-(für=)zu	(Paschaopfer=)Pesache-die-(für=)zu

אֶלֶף	שְׁלֹשִׁים	לְמִסְפַּר	הַנִּמְצָא
ʾɛlɛp	šᵊlošiʸm	lᵊmisᵊpar	hannimᵊṣɔʾ
,tausend	-dreißig	(von)-Anzahl-(eine=)zu	,(Anwesenden=)Gefundene-der

מֵרְכוּשׁ	אֵלֶּה	אֲלָפִים	שְׁלֹשֶׁת	וּבָקָר
merᵊkuʷš	ʾellɛʰ	ʾᵃlɔpiʸm	šᵊlošɛt	uʷbɔqɔr
Besitz-(dem)-(aus=)von	(waren)-diese	;tausend(e)	-drei	Rind(er)-und

לִנְדָבָה	8 וְשָׂרָיו	הַמֶּלֶךְ׃
linᵊdɔbɔʰ	wᵊśɔrɔʸw	hammɛlɛk.
(freiwillig=)Antrieb-innerem-(aus=)zu	Fürsten-seine-Und	.König(s)-(des=)der

וְלַלְוִיִּם	לַכֹּהֲנִים	לָעָם
wᵊlalᵊwiʸyim	lakkohᵃniʸm	lɔᶜɔm
Leviten-(die)-(für=)zu-und	Priester-die-(für=)zu	,Volk-das-(für=)zu

וִיחִיאֵל	וּזְכַרְיָהוּ	חִלְקִיָּה	הֵרִימוּ
wiʸḥiʸʾel	uʷzᵊkarᵊyɔhuʷ	ḥilᵊqiʸyɔʰ	heriʸmuʷ
,Jechiël-und	Secharja(hu)-und	(Hilkija=)Chilkija	.(lieferten=)auf-richteten-sie

נְגִידֵי
nəgiydey
Vorsteher-(die)

בֵּית
beyt
Haus(es)-(des)

הָאֱלֹהִים
hɔʾɛlohiym
,(Gottes=)Götter-(der=)die

לַכֹּהֲנִים
lakkohaniym
Priestern-(den=)zu

נָתְנוּ
notənuw
gaben-sie

לַפְּסָחִים
lappəsɔḥiym
(Paschaopfer=)Pesache-die-(für=)zu

אַלְפַּיִם
ʾaləpayim
tausend(e)

וְשֵׁשׁ
wəšeš
-sechs-und

מֵאוֹת
meʾowt
,hundert(e)

וּבָקָר
uwbɔqɔr
Rind(er)-und

שְׁלֹשׁ
šəloš
-drei

מֵאוֹת׃
meʾowt.
.hundert(e)

9 וְכוֹנַנְיָהוּ[וְכָנַנְיָהוּ]
[wəkɔnanəyɔhuw]wəkownanəyɔhuw
Kananja(hu)-Und

וּשְׁמַעְיָהוּ
uwšəmaʿəyɔhuw
Schemaja(hu)-und

וּנְתַנְאֵל
uwnətanəʾel
,Netanel-und

אֶחָיו
ʾɛḥɔyw
,Brüder-seine

וַחֲשַׁבְיָהוּ
waḥašabəyɔhuw
Chaschabja(hu)-und

וִיעִיאֵל
wiyʿiyʾel
Jegiel-und

וְיוֹזָבָד
wəyowzɔbɔd
,Josabad-und

שָׂרֵי
śɔrey
Ober)st)e(n)-(die)

הַלְוִיִּם
haləwiyyim
,Leviten-(der=)die

הֵרִימוּ
heriymuw
(lieferten=)auf-richteten-(sie)

לַלְוִיִּם
laləwiyyim
Leviten-die-(für=)zu

לַפְּסָחִים
lappəsɔḥiym
(Paschaopfer=)Pesache-die-(für=)zu

חֲמֵשֶׁת
ḥamešɛt
-fünf

אֲלָפִים
ʾalɔpiym
,tausend(e)

וּבָקָר
uwbɔqɔr
Rind(er)-und

חֲמֵשׁ
ḥameš
-fünf

מֵאוֹת׃
meʾowt.
.hundert(e)

10 וַתִּכּוֹן
wattikkown
(geordnet=)aufgestellt-wurde-(Es=Er)

הָעֲבוֹדָה
hɔʿabowdɔh
,Dienst-der

וַיַּעַמְדוּ
wayyaʿamənduw
standen-(es=)sie-und

הַכֹּהֲנִים
hakkohaniym
Priester-die

עַל-
-ʿal
(an=)auf

עָמְדָם
ʿomədɔm
(Platz=)Standort-ihr(em)

וְהַלְוִיִּם
wəhaləwiyyim
Leviten-die-und

עַל-
-ʿal
(bei=)auf

מַחְלְקוֹתָם
maḥləqowtɔm
,Abteilungen-(deren=)ihre(n)

כְּמִצְוַת
kəmiṣəwat
Gebot-(dem)-(gemäß=)wie

הַמֶּלֶךְ׃
hammɛlɛk.
.König(s)-(des=)der

11 וַיִּשְׁחֲטוּ
wayyišəḥaṭuw
schlachteten-sie-(Sodann=)Und

הַפָּסַח
happɔsaḥ
(Paschaopfer=)Pesach-das

וַיִּזְרְקוּ
wayyizərəquw
besprengten-(es=)sie-und

הַכֹּהֲנִים
hakkohaniym
Priester-die

מִיָּדָם
miyyɔdɔm
,Hand-ihrer-(aus=)von

וְהַלְוִיִּם
wəhaləwiyyim
Leviten-die-(während=)und

מַפְשִׁיטִים׃
mapəšiyṭiym.
.(waren)-abhäutend(e)

12 וַיָּסִירוּ
wayyɔsiyruw
(beiseite-legten=)wenden-machten-sie-Und

הָעֹלָה
hɔʿolɔh
(Brandopfer=)Hochopfer-das

לְתִתָּם
lətittɔm
(es=)sie-geben-zu-(um)

לְמִפְלַגּוֹת
ləmipəlaggowt
Gruppen-(die)-(an=)zu

לְבֵית־אָבוֹת
ʾɔbowt-ləbeyt
(Familien-der=)Vater-haus-zu

לִבְנֵי
libəney
Söhne-(der=)zu

הָעָם
hɔʿɔm
,Volk(es)-(des=)das

לְהַקְרִיב
ləhaqəriyb
(herbei=)nahe-bringen-zu-(um)

לַיהוָה
layhwɔh
JHWH(s)-(Ehren)-zu

כַּכָּתוּב
kakkɔtuwb
(steht-geschrieben=)Geschriebene-das-wie

בְּסֵפֶר
bəsepɛr
Buch-(im=)in

מֹשֶׁה
mošɛh
;(Moses=)Mosche(s)

וְכֵן
wəken
(verfuhren-sie)-so-und

לַבָּקָר׃
labbɔqɔr.
.Rind(ern)-den-(mit=)zu

13 וַיְבַשְּׁלוּ
wayəbaššəluw
(brieten=)kochten-sie-(Dann=)Und

הַפֶּסַח
happɛsaḥ
(Paschaopfer=)Pesach-das

בָּאֵשׁ
bɔʾeš
Feuer-dem-(auf=)in

כַּמִּשְׁפָּט
kammišəpɔṭ
,Vorschrift-(der)-(gemäß=)wie

וְהַקֳּדָשִׁים
wəhaqqodɔšiym
Weihegaben-die-und

בִּשְּׁלוּ
biššəluw
kochten-sie

בַּסִּירוֹת
bassiyrowt
Kesseln-den-in

וּבַדְּוָדִים
uwbaddəwɔdiym
Töpfen-den-in-und

וּבַצֵּלָחוֹת
uwbaṣṣelɔḥowt
Schüsseln-den-in-und

וַיָּרִיצוּ
wayyɔriyṣuw
(eilig-es-reichten=)laufen-machten-sie-und

לְכָל־
-ləkol
all(e)-(an=)zu

בְּנֵי
bəney
Söhne

לָהֶם	הֵכִינוּ	14 וְאַחַר	הָעָם׃
lɔhɛm	heki^{y}nu^{w}	w^{əʾ}aḥar	hɔ^{c}ɔm.
(sich-für=)ihnen-zu	zu-rüsteten-sie	danach-Und	.Volk(es)-(des=)das

בְּנֵי	הַכֹּהֲנִים	כִּי	וְלַכֹּהֲנִים
b^{ə}ne^{y}	hakkoh^{a}ni^{y}m	ki^{y}	w^{ə}lakkoh^{a}ni^{y}m
(Nachkommen=)Söhne-(die)	,Priester-die	denn	,Priester-die-(für=)zu-und

בְּהַעֲלוֹת	אַהֲרֹן
b^{ə}ha^{ca}lo^{w}t	ʾah^{a}ron
(Darbringen=)Aufsteigenmachen-(beim=)in-(waren)	,(Aarons=)Aharon(s)

עַד־	וְהַחֲלָבִים	הָעוֹלָה
-^{c}ad	w^{ə}haḥ^{a}lɔbi^{y}m	hɔ^{c}o^{w}lɔ^{h}
bis	Fettstücke-(der=)die-und	(Brandopfers=)Hochopfer(s)-(des=)das

לָהֶם	הֵכִינוּ	וְהַלְוִיִּם	לַיְלָה
lɔhɛm	heki^{y}nu^{w}	w^{ə}hal^{ə}wi^{y}yim	lɔy^{ə}lɔ^{h}
(sich-für=)ihnen-zu	zu-rüsteten-(sie)	Leviten-die-(so)-und	,(da)-Nacht-(zur)

אַהֲרֹן׃	בְּנֵי	וְלַכֹּהֲנִים
ʾah^{a}ron.	b^{ə}ne^{y}	w^{ə}lakkoh^{a}ni^{y}m
.(Aarons=)Aharon(s)	(Nachkommen=)Söhne-(die)	,Priester-die-(für=)zu-und

עַל־	בְנֵי־אָסָף	15 וְהַמְשֹׁרְרִים
-^{c}al	ʾɔsɔp-b^{ə}ne^{y}	w^{ə}ham^{ə}šor^{a}ri^{y}m
auf-(waren)	,Asaph(s)-(Nachkommen=)Söhne-(die)	,(Sänger=)Singenden-die-Und

וְאָסָף	דָּוִיד	כְּמִצְוַת	מַעֲמָדָם
w^{əʾ}ɔsɔp	dɔwi^{y}d	k^{ə}miṣ^{ə}wat	ma^{ca}mɔdɔm
Asaph(s)-und	David(s)	Gebot-(dem)-(gemäß=)wie	(Posten=)Stand-ihr(em)

הַמֶּלֶךְ	חוֹזֵה	וִידֻתוּן	וְהֵימָן
hammɛlɛk	ḥo^{w}ze^{h}	wi^{y}dutu^{w}n	w^{ə}he^{y}mɔn
,König(s)-(des=)der	(Sehers-des=)Sehender	,Jedutun(s)-und	Heman(s)-und

אֵין	וָשַׁעַר	לְשַׁעַר	וְהַשֹּׁעֲרִים
ʾe^{y}n	wɔšɔ^{c}ar	l^{ə}ša^{c}ar	w^{ə}haššo^{ca}ri^{y}m
nicht	;Tor-(und)	(einzelnen-jedem-bei=)Tor-zu	Torwächter-die-und

כִּי־	עֲבֹדָתָם	מֵעַל	לָסוּר	לָהֶם
-ki^{y}	^{ca}bodɔtɔm	me^{c}al	lɔsu^{w}r	lɔhɛm
da	,Dienst-ihr(em)	(aus=)auf-von	weichen-zu	(brauchten-sie=)ihnen-zu

אֲחֵיהֶם
ʾaḥeyhɛm
,Brüder-ihre

הַלְוִיִּם
halǝwiyyim
,Leviten-die

הֵכִינוּ
hekiynuw
zu-rüsteten-(sie)

לָהֶם׃
lɔhɛm.
.(sie-für=)ihnen-zu

16 וַתִּכּוֹן
wattikkown
(geordnet=)aufgestellt-wurde-(es=er)-(So=)Und

כָּל־
-kol
(ganze-der=)all

עֲבוֹדַת
ʿabowdat
(für)-Dienst

יְהוָה
yǝhwɔh
JHWH

בַּיּוֹם
bayyowm
,Tag-(am=)in

הַהוּא
hahuwʾ
,jenige(n)-(dem=)der

לַעֲשׂוֹת
laʿaśowt
(begehen=)machen-zu-(um)

הַפֶּסַח
happɛsaḥ
(Pascha=)Pesach-das

וְהַעֲלוֹת
wǝhaʿalowt
(Darbringung-die=)Aufsteigenmachen-das-und

עֹלוֹת
ʿolowt
(Brandopfer=)Hochopfer-(der)

עַל
ʿal
auf

מִזְבַּח
mizǝbaḥ
Altar-(dem)

יְהוָה
yǝhwɔh
,JHWH(s)

כְּמִצְוַת
kǝmiṣǝwat
Gebot-(dem)-(gemäß=)wie

הַמֶּלֶךְ
hammɛlɛk
König(s)-(des=)der

יֹאשִׁיָּהוּ׃
yoʾšiyyɔhuw.
.Joschija(hu)

17 וַיַּעֲשׂוּ
wayyaʿaśuw
(begingen=)machten-(es=sie)-(So=)Und

בְנֵי־
-bǝney
(Kinder=)Söhne-(die)

יִשְׂרָאֵל
yiśǝrɔʾel
,Israel(s)

הַנִּמְצְאִים
hannimǝṣǝʾiym
,(Anwesenden=)Sichfindenden-die

אֶת־הַפֶּסַח
happɛsaḥ-ʾɛt
(Pascha=)Pesach-das

בָּעֵת
bɔʿet
,Zeit-(der)-in

הַהִיא
hahiyʾ
,da-jene(r)

וְאֶת־חַג
ḥag-wǝʾɛt
Fest-(das)***und

הַמַּצּוֹת
hammaṣṣowt
(Brote)-ungesäuerten-(der=)die

שִׁבְעַת
šibǝʿat
sieben

יָמִים׃
yɔmiym.
.(lang)-Tage

18 וְלֹא־
-wǝloʾ
nicht-Und

נַעֲשָׂה
naʿaśɔh
(worden-begangen-war=)gemacht-wurde-(es=er)

פֶּסַח
pɛsaḥ
(Pascha=)Pesach-(ein)

כָּמֹהוּ
kɔmohuw
(seinesgleichen=)er-wie

בְּיִשְׂרָאֵל
bǝyiśǝrɔʾel
Israel-in

וְכָל־	הַנָּבִיא	שְׁמוּאֵל	מִימֵי
-wəkol	hannɔbiyʾ	šəmuwʾel	miymey
all-und	,Prophet(en)-(des=)der	,(Samuels=)Schemuel(s)	Tagen-(den)-(seit=)von

עָשׂוּ	לֹא־	יִשְׂרָאֵל	מַלְכֵי
ʿɔśuw	-loʾ	yiśərɔʾel	maləkey
(begangen=)gemacht-hatten-(sie)	nicht	Israel	(von)-Könige-(die)

עָשָׂה	אֲשֶׁר־	כַּפֶּסַח
ʿɔśɔh	-ʾašɛr	kappɛsaḥ
(feierten=)machte-(es=er)	welch(es)	,(Pascha=)Pesach-(dieses=)das-wie-(eines)

יְהוּדָה	וְכָל־	וְהַלְוִיִּם	וְהַכֹּהֲנִים	יֹאשִׁיָּהוּ
yəhuwdɔh	-wəkol	wəhaləwiyyim	wəhakkohaniym	yoʾšiyyɔhuw
Juda	(ganz=)all-und	Leviten-die-und	Priester-die-und	Joschija(hu)

וְיוֹשְׁבֵי	הַנִּמְצָא	וְיִשְׂרָאֵל
wəyowšəbey	hanniməṣɔʾ	wəyiśərɔʾel
(in)-Wohnende(n)-(die)-und	,(Anwesenden-die=)Gefundene-der	,Israel-und

לְמַלְכוּת	שָׁנָה	עֶשְׂרֵה	19 בִּשְׁמוֹנֶה	יְרוּשָׁלִָם׃
ləmaləkuwt	šɔnɔh	ʿɛśəreh	bišəmownɛh	yəruwšɔlɔim.
(von)-Regierung-(der=)zu	Jahr	zehn(ten)	-acht-(Im=)In	.Jerusalem

הַפֶּסַח	נַעֲשָׂה	יֹאשִׁיָּהוּ
happɛsaḥ	naʿaśɔh	yoʾšiyyɔhuw
,(Pascha=)Pesach-das	(begangen=)gemacht-wurde-(es=er)	Joschija(hu)

אֲשֶׁר	כָּל־זֹאת	20 אַחֲרֵי	הַזֶּה׃
ʾašɛr	zoʾt-kol	ʾaḥarey	hazzɛh.
(da=)welch(es)	,diese(m)-all	Nach	.da-dies(es)

אֶת־הַבַּיִת	יֹאשִׁיָּהוּ	הֵכִין
habbayit-ʾɛt	yoʾšiyyɔhuw	hekiyn
,(Tempel)haus-das***	Joschija(hu)	(instand-gesetzt=)hergerichtet-hatte-(es=er)

מִצְרַיִם	מֶלֶךְ־	נְכוֹ	עָלָה
miṣərayim	-mɛlɛk	nəkow	ʿɔlɔh
,Ägypten	(von)-König-(der)	,Necho	(heran=)hinauf-zog-(es=er)

פְּרָת	עַל־	בְּכַרְכְּמִישׁ	לְהִלָּחֵם
pərɔt	-ʿal	bəkarəkəmiyš	ləhillɔḥem
.(Euphrat=)Perat	(am=)auf	Karkemisch-(bei=)in	kämpfen-zu-(um)

וַיֵּצֵא
wayyeṣeʾ
aus-zog-(Da=)Und

לִקְרָאתוֹ
liq^{ə}rɔʾto^{w}
(entgegen-ihm=)Begegnen-sein(em)-zu

יֹאשִׁיָּהוּ׃
yoʾši^{y}yɔhu^{w}.
.Joschija(hu)

21 וַיִּשְׁלַח
wayyiš^{ə}laḥ
schickte-(d)er-(Aber=)Und

אֵלָיו
ʾelɔ^{y}w
ihm-zu

מַלְאָכִים
mal^{ə}ʾɔki^{y}m
Boten

לֵאמֹר
leʾmor
:(mitzuteilen-um=)sagen-zu

מַה־
-ma^{h}
Was

לִּי
li^{y}
(habe-ich=)mir-zu

וָלָךְ
wɔlɔk
,(dir-mit=)dir-zu-und

מֶלֶךְ
mɛlɛk
(von)-König

יְהוּדָה
y^{ə}hu^{w}dɔ^{h}
?Juda

לֹא־
-loʾ
Nicht

עָלֶיךָ
ʿɔlɛ^{y}kɔ
dich-(gegen=)auf

אַתָּה
ʾattɔ^{h}
(selber=)du

הַיּוֹם
hayyo^{w}m
,(heute=)Tag-der-(es-geht)

כִּי
ki^{y}
(sondern=)wenn

אֶל־
-ʾɛl
(gegen=)zu

בֵּית
be^{y}t
,Haus-(das)

מִלְחַמְתִּי
mil^{ə}ḥam^{ə}ti^{y}
,(führt-Krieg-mir-mit-das=)Kampfes-mein(es)

וֵאלֹהִים
weʾlohi^{y}m
(Gott=)Götter-und

אָמַר
ʾɔmar
sprach-(es=er)

לְבַהֲלֵנִי
l^{ə}bah^{a}leni^{y}
!mich-beeilen-zu

חֲדַל־
-ḥ^{a}dal
ab-Lass

לְךָ
l^{ə}kɔ
(deinetwegen=)dir-zu

מֵאֱלֹהִים
meʾ^{ɛ}lohi^{y}m
,(Gott=)Götter(n)-von

אֲשֶׁר־
-ʾ^{a}šɛr
(der=)welch(er)

עִמִּי
ʿimmi^{y}
,(ist)-mir-mit

וְאַל־
-w^{ə}ʾal
nicht-(dass=)und

יַשְׁחִיתֶךָ׃
yaš^{ə}ḥi^{y}tɛkɔ.
!dich-vernichte(t)-er

22 וְלֹא־
-w^{ə}loʾ
nicht-(Aber=)Und

הֵסֵב
heseb
ab-wandte-(es=er)

יֹאשִׁיָּהוּ
yoʾši^{y}yɔhu^{w}
Joschija(hu)

פָּנָיו
pɔnɔ^{y}w
(Antlitz=)Gesichter-sein(e)

מִמֶּנּוּ
mimmɛnnu^{w}
,ihm-von

כִּי
ki^{y}
(sondern=)denn

לְהִלָּחֵם־
-l^{ə}hillɔḥem
kämpfen-zu-(suchte)

בּוֹ
bo^{w}
;(ihn-gegen=)ihm-in

הִתְחַפֵּשׂ
hit^{ə}ḥappeś
,unkenntlich-sich-machte-er

וְלֹא
w^{ə}loʾ
nicht-und

שָׁמַע
šɔmaʿ
hörte-er

אֶל־
-ʾɛl
(auf=)zu

דִּבְרֵי
dib^{ə}re^{y}
(von)-Worte-(die)

נְכוֹ
n^{ə}ko^{w}
Necho

מִפִּי
mippiʸ
Mund-(dem)-(aus=)von

אֱלֹהִים
ᵓᵋlohiʸm
.(Gottes=)Götter-(der)

וַיָּבֹא
wayyɔboᵓ
kam-er-Und

לְהִלָּחֵם
lᵊhillɔḥem
kämpfen-zu-(um)

בְּבִקְעַת
bᵊbiqᵓᶜat
(von)-Ebene-(der)-in

מְגִדּוֹ׃
mᵊgiddoʷ.
.Megiddo

23 וַיֹּרוּ
wayyoruʷ
schossen-(es=sie)-(Da=)Und

הַיֹּרִים
hayyoriʸm
(Schützen=)Werfenden-die

לַמֶּלֶךְ
lammɛlɛk
König-(den)-(auf=)zu

יֹאשִׁיָּהוּ
yoᵓšiʸyɔhuʷ
,Joschija(hu)

וַיֹּאמֶר
wayyoᵓmɛr
sagte-(es=)er-und

הַמֶּלֶךְ
hammɛlɛk
König-der

לַעֲבָדָיו
laᶜᵃbɔdɔʸw
:(Soldaten=)Knechten-seinen-zu

הַעֲבִירוּנִי
haᶜᵃbiʸruʷniʸ
,(weg-mich-Führt=)mich-weggehen-Macht

כִּי
kiʸ
denn

הָחֳלֵיתִי
hoḥᵒleʸtiʸ
(verwundet=)entkräftet-bin-ich

מְאֹד׃
mᵊᵓod.
!sehr

24 וַיַּעֲבִירֻהוּ
wayyaᶜᵃbiʸruhuʷ
ihn-(weg=)hinüber-brachten-(es=sie)-(Daraufhin=)Und

עֲבָדָיו
ᶜᵃbɔdɔʸw
(Soldaten=)Knechte-seine

מִן־הַמֶּרְכָּבָה
hammɛrᵊkɔbɔʰ-min
(Kriegs)gefährt-(dem=)das-von-(weg)

וַיַּרְכִּיבֻהוּ
wayyarᵊkiʸbuhuʷ
ihn-(fahren=)reiten-machten-sie-und

עַל
ᶜal
auf

רֶכֶב
rɛkɛb
,Wagen-(dem)

הַמִּשְׁנֶה
hammišᵊnɛʰ
,(zweiten-dem=)Verdoppelung-die

אֲשֶׁר־
-ᵓᵃšɛr
welch(en)

לוֹ
loʷ
,(hatte-er=)ihm-zu

וַיּוֹלִיכֻהוּ
wayyoʷliʸkuhuʷ
ihn-(führten=)gehen-machten-sie-und

יְרוּשָׁלַםִ
yᵊruʷšɔlaim
.Jerusalem-(nach)

וַיָּמָת
wayyɔmot
starb-er-Und

וַיִּקָּבֵר
wayyiqqɔber
begraben-wurde-(er)-und

בְּקִבְרוֹת
bᵊqibᵊroʷt
Gräbern-(den)-in

אֲבֹתָיו
ᵓᵃbotɔʸw
,(Vorfahren=)Väter-seine(r)

עַל־	מִתְאַבְּלִים	וִירוּשָׁלִַם	יְהוּדָה	וְכָל־
-ʿal	mit^{ə}ʾabb^{ə}li^{y}m	wi^{y}ru^{w}šɔlaim	y^{ə}hu^{w}dɔ^{h}	-w^{ə}kol
(um=)auf	trauernd(e)-(waren)	Jerusalem-und	Juda	(ganz=)all-und

עַל־	יִרְמְיָהוּ	25 וַיְקוֹנֵן	יֹאשִׁיָּהוּ׃
-ʿal	yir^{ə}m^{ə}yɔhu^{w}	way^{ə}qo^{w}nen	yoʾši^{y}yɔhu^{w}.
(über=)auf	Jeremia(hu)	Klagelied-ein-sang-(es=er)-(Damals=)Und	.Joschija(hu)

הַשָּׁרִים	כָל־	וַיֹּאמְרוּ	יֹאשִׁיָּהוּ
haššɔri^{y}m	-kol	wayyoʾm^{ə}ru^{w}	yoʾši^{y}yɔhu^{w}
(Sänger=)Singenden-die	all	(singen=)sprachen-(es=sie)-(Nun=)Und	.Joschija(hu)

עַד־	יֹאשִׁיָּהוּ	עַל־	בְּקִינוֹתֵיהֶם	וְהַשָּׁרוֹת
-ʿad	yoʾši^{y}yɔhu^{w}	-ʿal	b^{ə}qi^{y}no^{w}te^{y}hɛm	w^{ə}haššɔro^{w}t
bis	,Joschija(hu)	(über=)auf	Klageliedern-ihren-in	Sängerinnen-die-und

וַיִּתְּנוּם	הַיּוֹם
wayyitt^{ə}nu^{w}m	hayyo^{w}m
sie-(machte=)gab(en)-(Man=)sie-Und	.(so-sich-es-verhält-heute=)Tag-der

וְהִנָּם	יִשְׂרָאֵל	עַל־	לְחֹק
w^{ə}hinnɔm	yiś^{ə}rɔʾel	-ʿal	l^{ə}ḥoq
(sind)-sie-,siehe-und	,Israel	(für=)auf	(Vorschrift-zur=)Festgesetztem-zu

הַקִּינוֹת׃	עַל־	כְּתוּבִים
haqqi^{y}no^{w}t.	-ʿal	k^{ə}tu^{w}bi^{y}m
.Klagelieder(n)-(den=)die	(bei=)auf	(aufgezeichnet=)geschrieben(e)

יֹאשִׁיָּהוּ	דִּבְרֵי	26 וְיֶתֶר
yoʾši^{y}yɔhu^{w}	dib^{ə}re^{y}	w^{ə}yɛtɛr
Joschija(hu)	(unter)-(Ereignisse=)Dinge-(der)	Rest-(den)-(Aber=)Und

בְּתוֹרַת	כַּכָּתוּב	וַחֲסָדָיו
b^{ə}to^{w}rat	kakkɔtu^{w}b	waḥ^{a}sɔdɔ^{y}w
Weisung-(der)-in	(Vor)geschriebene-das-wie	,Werke-frommen-seine-und

הָרִאשֹׁנִים	27 וּדְבָרָיו	יְהוָה׃
hɔriʾšoni^{y}m	u^{w}d^{ə}bɔrɔ^{y}w	y^{ə}hwɔ^{h}.
(früheren=)ersten-die	,(Berichte=)Worte-seine-und	,JHWH(s)

כְּתוּבִים	הִנָּם	וְהָאַחֲרֹנִים
k^{ə}tu^{w}bi^{y}m	hinnɔm	w^{ə}hɔʾaḥ^{a}roni^{y}m
(aufgezeichnet=)geschrieben(e)	(ja-sind-die=)sie-,siehe	,späteren-die-und

וִיהוּדָה׃	יִשְׂרָאֵל	מַלְכֵי־	סֵפֶר	עַל־
wi^{y}hu^{w}dɔ^{h}.	yiś^{ə}rɔʾel	-mal^{ə}ke^{y}	sepɛr	-ʿal
.Juda-und	Israel	(von)-Könige-(der)	Buch	(im=)auf

36

הָאָרֶץ	עַם־	1 וַיִּקְחוּ
hɔʾɔrɛṣ	-ʿam	wayyiq^{ə}ḥu^{w}
Land(es)-(des=)das	Volk-(das)	nahm(en)-(es=sie)-(Darauf=)Und

בֶּן־יֹאשִׁיָּהוּ	אֶת־יְהוֹאָחָז
yoʾši^{y}yɔhu^{w}-bɛn	y^{ə}ho^{w}ʾɔḥɔz-ʾɛt
,Joschija(hu)-(von)-Sohn	J(eh)oachas-(den)***

אָבִיו	תַּחַת־	וַיַּמְלִיכֻהוּ
ʾɔbi^{y}w	-taḥat	wayyam^{ə}li^{y}kuhu^{w}
Vater(s)-sein(es)	(Stelle-an=)unter	ihn-(König-zum=)herrschen-machten-sie-und

יוֹאָחָז	שָׁנָה	וְעֶשְׂרִים	שָׁלוֹשׁ	2 בֶּן־	בִּירוּשָׁלָםִ׃
yo^{w}ʾɔḥɔz	šɔnɔ^{h}	w^{ə}ʿɛś^{ə}ri^{y}m	šɔlo^{w}š	-bɛn	bi^{y}ru^{w}šɔlɔim.
,Joachas	Jahr(e)	zwanzig-und	drei	(war-Alt=)Sohn	.Jerusalem-in

חֳדָשִׁים	וּשְׁלֹשָׁה	בְּמָלְכוֹ
ḥ^{o}dɔši^{y}m	u^{w}š^{ə}lošɔ^{h}	b^{ə}mol^{ə}ko^{w}
Monate	drei-und	,(wurde-König-er-als=)Herrschen-seinem-(bei=)in

בִּירוּשָׁלָםִ׃	מָלַךְ
bi^{y}ru^{w}šɔlɔim.	mɔlak
.Jerusalem-in	(König-als-regierte=)herrschte-er

מֶלֶךְ־	3 וַיְסִירֵהוּ
-mɛlɛk	way^{ə}si^{y}rehu^{w}
(von)-König-(der)	ihn-(ab-setzte=)entfernen-machte-(es=er)-(Dann=)Und

אֶת־הָאָרֶץ	וַיַּעֲנֹשׁ	בִּירוּשָׁלָםִ	מִצְרַיִם
hɔʾɔrɛṣ-ʾɛt	wayyaʿ^{a}noš	bi^{y}ru^{w}šɔlɔim	miṣ^{ə}rayim
:Land-das***	Geldbuße-einer-mit-belegte-er-und	,Jerusalem-in	Ägypten

זָהָב׃	וְכִכַּר	כִּכַּר־כֶּסֶף	מֵאָה
zɔhɔb.	w^{ə}kikkar	kɛsɛp-kikkar	meʾɔ^{h}
.Gold-	(talente=)scheiben-und	Silber-(talente=)scheibe(n)	hundert

אֶת־אֶלְיָקִים	מִצְרַיִם	מֶלֶךְ־	4 וַיַּמְלֵךְ
ʾɛl^{ə}yɔqi^{y}m-ʾɛt	miṣ^{ə}rayim	-mɛlɛk	wayyam^{ə}lek
,Eljakim-(den)***	Ägypten	(von)-König-(der)	herrschen-machte-(es=)er-Und

וִירוּשָׁלִָם	יְהוּדָה	עַל־	אָחִיו
wiʸruʷšɔlaim	yᵊhuʷdɔʰ	-ʿal	ʾɔḥiʸw
.Jerusalem-und	Juda	(über=)auf	,Bruder-sein(en)

יְהוֹיָקִים	אֶת־שְׁמוֹ	וַיַּסֵּב
yᵊhoʷyɔqiʸm	šᵊmoʷ-ʾɛt	wayyasseb
.J(eh)ojakim-(in)	Name(n)-sein(en)***	(änderte=)wandte-er-(Dabei=)Und

נְכוֹ	לָקַח	אָחִיו	וְאֶת־יוֹאָחָז
nᵊkoʷ	lɔqaḥ	ʾɔḥiʸw	yoʷʾɔḥɔz-wᵊʾɛt
Necho	nahm-(es=er)	,Bruder-sein(en)	,Joachas-***-(Aber=)Und

מִצְרָיְמָה׃	וַיְבִיאֵהוּ
miṣᵊrɔyᵊmɔʰ.	wayᵊbiʸʾehuʷ
.hin-Ägypten-(nach)	ihn-(bringen-ließ=)kommen-machte-(er)-und

יְהוֹיָקִים	שָׁנָה	וְחָמֵשׁ	עֶשְׂרִים	5 בֶּן־
yᵊhoʷyɔqiʸm	šɔnɔʰ	wᵊḥɔmeš	ʿɛśᵊriʸm	-bɛn
,J(eh)ojakim	Jahr(e)	fünf-und	zwanzig	(war-Alt=)Sohn

שָׁנָה	עֶשְׂרֵה	וְאַחַת	בְּמָלְכוֹ
šɔnɔʰ	ʿɛśᵊreʰ	wᵊʾaḥat	bᵊmolᵊkoʷ
Jahr(e)	(elf=)zehn-ein(e)-und		,(wurde-König-er-als=)Herrschen-seinem-(bei=)in

וַיַּעַשׂ	בִּירוּשָׁלִָם	מָלַךְ
wayyaʿaś	biʸruʷšɔlɔim	mɔlak
,(tat=)machte-er-(Indes=)Und	.Jerusalem-in	(König-als)-regierte-er

אֱלֹהָיו׃	יְהוָה	בְּעֵינֵי	הָרַע
ʾᵋlohɔʸw.	yᵊhwɔʰ	bᵊʿeʸneʸ	hɔraʿ
.Gott(es)-sein(es)	,JHWH(s)	Augen-(zwei)-(den)-in	(war-böse-was=)Böse-das

מֶלֶךְ	נְבוּכַדְנֶאצַּר	עָלָה	6 עָלָיו
mɛlɛk	nᵊbuʷkadᵊnɛʾṣar	ʿɔlɔʰ	ʿɔlɔʸw
(von)-König-(der)	,Nebuchadnezzar	(heran=)auf-zog-(es=er)	ihn-(Gegen=)Auf

בַּנְחֻשְׁתַּיִם	וַיַּאַסְרֵהוּ	בָּבֶל
banᵊḥušᵊtayim	wayyaʾasᵊrehuʷ	bɔbɛl
Erzketten-(zwei)-(mit=)in	ihn-fesselte-(d)er-und	,Babel

בָּבֶלָה׃	לְהֹלִיכוֹ
bɔbɛlɔʰ.	lᵊholiʸkoʷ
.(Babel-nach=)babelwärts	ihn-(führen=)gehen-machen-zu-(um)

יְהוָה	בֵּית	7 וּמִכְּלֵי
y^{ə}hwɔ^{h}	be^{y}t	u^{w}mikk^{ə}le^{y}
JHWH(s)	(Tempel)haus(es)-(des)	(Gefäßen=)Geräten-(den)-von-(Ferner=)Und

לְבָבֶל	נְבוּכַדְנֶאצַּר	הֵבִיא
l^{ə}bɔbɛl	n^{ə}bu^{w}kad^{ə}nɛʾṣar	hebi^{y}ʾ
Babel-(nach=)zu	Nebuchadnezzar	(bringen-ließ=)kommen-machte-(es=er)

8 וְיֶתֶר	בְּבָבֶל׃	בְּהֵיכָלוֹ	וַיִּתְּנֵם
w^{ə}yɛtɛr	b^{ə}bɔbɛl.	b^{ə}he^{y}kɔlo^{w}	wayyitt^{ə}nem
Rest-(der)-Und	.Babel-in	Palast-seinen-in	sie-gab-er-und

אֲשֶׁר־	וְתֹעֲבֹתָיו	יְהוֹיָקִים	דִּבְרֵי
-ʾ^{a}šɛr	w^{ə}toʿ^{a}botɔ^{y}w	y^{ə}ho^{w}yɔqi^{y}m	dib^{ə}re^{y}
(die=)welch(e)	,Gräueltaten-seine-und	Jojakim	(unter)-(Ereignisse=)Dinge-(der)

עָלָיו	וְהַנִּמְצָא	עָשָׂה
ʿɔlɔ^{y}w	w^{ə}hannim^{ə}ṣɔʾ	ʿɔśɔ^{h}
,(ihm-an=)ihn-auf	(Geschehene=)Gefundene-(das=)der-und	,(beging=)machte-er

מַלְכֵי	סֵפֶר	עַל־	כְּתוּבִים	הִנָּם
mal^{ə}ke^{y}	sepɛr	-ʿal	k^{ə}tu^{w}bi^{y}m	hinnɔm
(von)-Könige-(der)	Buch	(im=)auf	geschrieben(e)	(ja-steht-es=)sie-,siehe

וַיִּמְלֹךְ	וִיהוּדָה	יִשְׂרָאֵל
wayyim^{ə}lok	wi^{y}hu^{w}dɔ^{h}	yiś^{ə}rɔʾel
(König-wurde=)herrschte-(es=er)-(Sodann=)Und	.Juda-und	Israel

9 בֶּן־	תַּחְתָּיו׃	בְּנוֹ	יְהוֹיָכִין
-bɛn	taḥ^{ə}tɔ^{y}w.	b^{ə}no^{w}	y^{ə}ho^{w}yɔki^{y}n
(war-Alt=)Sohn	.(statt-seiner-an=)ihm-unter	,Sohn-sein	,J(eh)ojachin

יְהוֹיָכִין	שָׁנִים	שְׁמוֹנֶה
y^{ə}ho^{w}yɔki^{y}n	šɔni^{y}m	š^{ə}mo^{w}nɛ^{h}
,J(eh)ojachin	Jahre	acht

וַעֲשֶׂרֶת	חֳדָשִׁים	וּשְׁלֹשָׁה	בְּמָלְכוֹ
wa^{ʿa}śɛrɛt	ḥ^{o}dɔši^{y}m	u^{w}š^{ə}lošɔ^{h}	b^{ə}mol^{ə}ko^{w}
zehn-und	Monate	drei-und	,(wurde-König-er-als=)Herrschen-seinem-(bei=)in

וַיַּעַשׂ	בִּירוּשָׁלִָם	מָלַךְ	יָמִים
wayyaʿaś	bi^{y}ru^{w}šɔlɔim	mɔlak	yɔmi^{y}m
,(tat=)machte-er-(Indes=)Und	.Jerusalem-in	(König-als)-regierte-er	Tage

יְהוָה׃	בְּעֵינֵי	הָרַע
yᵊhwɔʰ.	bᵊʿeʸneʸ	hɔraʿ
.JHWH(s)	Augen-(zwei)-(den)-in	(war-böse-was=)Böse-das

הַמֶּלֶךְ	שָׁלַח	הַשָּׁנָה	10 וְלִתְשׁוּבַת
hammɛlɛk	šɔlaḥ	haššɔnɔʰ	wᵊlitᵊšuʷbat
König-der	schickte-(es=er)	Jahr(es)-(des=)das	(Wende=)Umkehr-zu(r)-Und

וַיְבִאֵהוּ	נְבוּכַדְנֶאצַּר
wayᵊbiʾehuʷ	nᵊbuʷkadᵊnɛʾṣar
ihn-(bringen-ließ=)kommen-machte-(er)-und	Nebuchadnezzar

בֵּית־	חֶמְדַּת	כְּלֵי	עִם־	בָּבֶלָה
-beʸt	ḥɛmᵊdat	kᵊleʸ	-ʿim	bɔbɛlɔʰ
Haus(es)-(des)	Kostbarkeit	(von)-Geräte(n)	mit	(Babel-nach=)zu-Babel

אָחִיו	אֶת־צִדְקִיָּהוּ	וַיַּמְלֵךְ	יְהוָה
ʾɔḥiʸw	ṣidᵊqiʸyɔhuʷ-ʾɛt	wayyamᵊlek	yᵊhwɔʰ
,Bruder-sein(en)	,Zidkija(hu)***	herrschen-machte-er-und	,JHWH(s)

וְאַחַת	עֶשְׂרִים	11 בֶּן־	וִירוּשָׁלִָם׃	יְהוּדָה	עַל־
wᵊʾaḥat	ʿɛśᵊriʸm	-bɛn	wiʸruʷšɔlɔim.	yᵊhuʷdɔʰ	-ʿal
ein(e)-und	zwanzig	(war-Alt=)Sohn	.Jerusalem-und	Juda	(über=)auf

בְּמָלְכוֹ	צִדְקִיָּהוּ	שָׁנָה
bᵊmolᵊkoʷ	ṣidᵊqiʸyɔhuʷ	šɔnɔʰ
,(wurde-König-er-als=)Herrschen-seinem-(bei=)in	,Zidkija(hu)	Jahr

בִּירוּשָׁלִָם׃	מָלַךְ	שָׁנָה	עֶשְׂרֵה	וְאַחַת
biʸruʷšɔlɔim.	mɔlak	šɔnɔʰ	ʿɛśᵊreʰ	wᵊʾaḥat
.Jerusalem-in	(König-als)-regierte-er	Jahr(e)	(elf=)zehn	ein(e)-und

בְּעֵינֵי	הָרַע	12 וַיַּעַשׂ
bᵊʿeʸneʸ	hɔraʿ	wayyaʿaś
Augen-(zwei)-(den)-in	(war-böse-was=)Böse-das	,(tat=)machte-er-(Indes=)Und

נִכְנַע	לֹא	אֱלֹהָיו	יְהוָה
nikᵊnaʿ	loʾ	ʾᵉlohɔʸw	yᵊhwɔʰ
sich-beugte-er	Nicht	.(Gottes-seines=)Götter-seine(r)	,JHWH(s)

הַנָּבִיא	יִרְמְיָהוּ	מִלִּפְנֵי
hannɔbiʸʾ	yirᵊmᵊyɔhuʷ	millipᵊneʸ
,Prophet(en)-(dem=)der	,(Jeremia=)Jirmeja(hu)	(vor=)Gesichter-zu-von

בַּמֶּלֶךְ	13 וְגַם	יְהוָה׃	מִפִּי
bammɛlɛk	w^{ə}gam	y^{ə}hwɔ^{h}.	mippi^{y}
König-(den)-(gegen=)in	auch-Und	.JHWH	(von-Auftrag-im=)Munde-vom

הִשְׁבִּיעוֹ	אֲשֶׁר	מָרָד	נְבוּכַדְנֶאצַּר
hiš^{ə}bi^{y}ʿo^{w}	^{ʾa}šɛr	mɔrɔd	n^{ə}bu^{w}kad^{ə}nɛʾṣar
ihn-schwören-machte-(er)	welch(er)	,sich-empörte-er	Nebuchadnezzar

אֶת־עָרְפּוֹ	וַיֶּקֶשׁ	בֵּאלֹהִים
ʿor^{ə}po^{w}-ʾɛt	wayyɛqɛš	beʾlohi^{y}m
Nacken-sein(en)***	verhärtete-er-Und	.(Gott-bei=)Götter-in

אֶל־	מִשּׁוּב	אֶת־לְבָבוֹ	וַיְאַמֵּץ
-ʾɛl	miššu^{w}b	l^{ə}bɔbo^{w}-ʾɛt	way^{əʾ}ammeṣ
zu	(umkehrte-er-nicht-dass=)Umkehren-von	,Herz-sein	verhärtete-(er)-und

שָׂרֵי	כָּל־	14 גַּם	יִשְׂרָאֵל׃	אֱלֹהֵי	יְהוָה
śɔre^{y}	-kol	gam	yiś^{ə}rɔʾel.	^{ʾɛ}lohe^{y}	y^{ə}hwɔ^{h}
Anführer	all(e)	Auch	.Israel(s)	(Gott-dem=)Götter(n)-(den)	,JHWH

הִרְבּוּ	וְהָעָם	הַכֹּהֲנִים
hir^{ə}bu^{w}	w^{ə}hɔʿɔm	hakkoh^{a}ni^{y}m
(vermehrten=)viel-machten-(sie)	Volk-das-und	Priester-(der=)die

הַגּוֹיִם	תֹּעֲבוֹת	כְּכֹל	לִמְעוֹל[לִמְעָל־מַעַל]
haggo^{w}yim	to^{ʿa}bo^{w}t	k^{ə}kol	[maʿal-lim^{əʿ}ol]lim^{əʿ}o^{w}l
,Völker-(der=)die	Gräueltaten-(die)	all-wie	Untreue-(begehen=)veruntreuen-zu

אֲשֶׁר	יְהוָה	אֶת־בֵּית	וַיְטַמְּאוּ
^{ʾa}šɛr	y^{ə}hwɔ^{h}	be^{y}t-ʾɛt	way^{ə}ṭamm^{əʾ}u^{w}
welch(es)	,JHWH(s)	(Tempel)haus-(das)***	verunreinigten-sie-und

15 וַיִּשְׁלַח	בִּירוּשָׁלָם׃	הִקְדִּישׁ
wayyiš^{ə}laḥ	bi^{y}ru^{w}šɔlɔim.	hiq^{ə}di^{y}š
schickte-(es=er)-(Hierauf=)Und	.Jerusalem-in	(geweiht-hatte=)heiligte-er

עֲלֵיהֶם	אֲבוֹתֵיהֶם	אֱלֹהֵי	יְהוָה
^{ʿa}le^{y}hɛm	^{ʾa}bo^{w}te^{y}hɛm	^{ʾɛ}lohe^{y}	y^{ə}hwɔ^{h}
ihnen-(zu=)auf	,(Vorfahren=)Väter-ihre(r)	(Gott-der=)Götter-(die)	,JHWH

הַשְׁכֵּם	מַלְאָכָיו	בְּיַד
haš^{ə}kem	mal^{əʾ}ɔkɔ^{y}w	b^{ə}yad
(unermüdlich=)Aufladen-(ein)	,Boten-seine	(durch=)Hand-in

עַל־	חָמַל	כִּי־	וְשָׁלוֹחַ
-ʿal	ḥɔmal	-kiʸ	wᵊšɔloʷaḥ
(mit=)auf	Mitleid-hatte-er	denn	,(wieder-immer=)Schicken-(ein)-und

16 וַיִּהְיוּ	מְעוֹנוֹ׃	וְעַל־	עַמּוֹ
wayyihᵊyuʷ	mᵊʿoʷnoʷ.	-wᵊʿal	ʿammoʷ
waren-sie-(Aber=)Und	.Wohnstätte-seine(r)	(mit=)auf-und	Volke-sein(em)

וּבוֹזִים	הָאֱלֹהִים	בְּמַלְאֲכֵי	מַלְעִבִים
uʷboʷziʸm	hɔʾᵉlohiʸm	bᵊmalʾᵃkeʸ	malʿibiʸm
verachtend(e)-und	(Gottes=)Götter-(der=)die	Boten-(die)-(über=)in	höhnend(e)

עַד	בִּנְבִאָיו	וּמִתַּעְתְּעִים	דְּבָרָיו
ʿad	binᵊbiʾɔʸw	uʷmittaʿᵊtᵊʿiʸm	dᵊbɔrɔʸw
bis	,Propheten-seine-(über=)in	spottend(e)-und	Worte-seine

עַד־	בְּעַמּוֹ	חֲמַת־יְהוָה	עֲלוֹת
-ʿad	bᵊʿammoʷ	yᵊhwɔʰ-ḥᵊmat	ʿᵃloʷt
bis	,Volk-sein-(gegen=)in	JHWH(s)-(Zorn)glut	(aufbrodelte=)Aufgehen

מַרְפֵּא׃	לְאֵין
marᵊpeʾ.	lᵊʾeʸn
.Heilung-(eine)	(unmöglich-war-dass=)Nicht(sein)-zu

עֲלֵיהֶם	17 וַיַּעַל
ʿᵃleʸhɛm	wayyaʿal
(sie-gegen=)ihnen-auf	(herauf-führte=)heraufgehen-machte-er-(So=)Und

בַּחוּרֵיהֶם	וַיַּהֲרֹג	כַּשְׂדִּיִּים[כַּשְׂדִּים]	אֶת־מֶלֶךְ
baḥuʷreʸhɛm	wayyahᵃrog	[kaśᵊdiʸm]kaśᵊdiʸyiʸm	mɛlɛk-ʾɛt
Jünglinge-ihre	tötete-(d)er-Und	.(Chaldäer=)Chasdäer-(der)	König-(den)***

וְלֹא	מִקְדָּשָׁם	בְּבֵית	בַּחֶרֶב
wᵊloʾ	miqᵊdɔšɔm	bᵊbeʸt	baḥɛrɛb
nicht-und	,Heiligtum(s)-ihr(es)	Haus-(im=)in	Schwert-dem-(mit=)in

זָקֵן	וּבְתוּלָה	בָּחוּר	עַל־	חָמַל
zɔqen	uʷbᵊtuʷlɔʰ	bɔḥuʷr	-ʿal	ḥɔmal
(Greisen=)Alter-und	Jungfrau-und	Jüngling	(über=)auf	sich-erbarmte-er

בְּיָדוֹ׃	נָתַן	הַכֹּל	וְיָשֵׁשׁ
bᵊyɔdoʷ.	nɔtan	hakkol	wᵊyɔšeš
.Hand-seine-in	gab-er	(Gesamtheit-die=)all(es)-das	,Alter(sschwachen)-und

הָאֱלֹהִים	בֵּית	כְּלֵי	18 וְכֹל
hɔʾᵋlohiʸm	beʸt	kᵊleʸ	wᵊkol
,(Gottes=)Götter-(der=)die	(Tempel)haus-(dem)	(von)-Geräte-(die)	all-Und

יְהוָה	בֵּית	וְאֹצְרוֹת	וְהַקְּטַנִּים	הַגְּדֹלִים
yᵊhwɔʰ	beʸt	wᵊʾoṣᵊroʷt	wᵊhaqqᵊṭanniʸm	haggᵊdoliʸm
,JHWH(s)	(Tempel)haus-(im)	Schätze-(die)-und	,kleinen-die-und	großen-die

הַכֹּל	וְשָׂרָיו	הַמֶּלֶךְ	וְאֹצְרוֹת
hakkol	wᵊśɔrɔʸw	hammɛlɛk	wᵊʾoṣᵊroʷt
all(es)-das	,Fürsten-seine(r)-und	König(s)-(des=)der	Schätze-(die)-(sowie=)und

19 וַיִּשְׂרְפוּ	בָּבֶל׃	הֵבִיא
wayyiśᵊrᵊpuʷ	bɔbɛl.	hebiʸʾ
verbrannten-sie-(Ferner=)Und	.Babel-(nach)	(bringen-ließ=)kommen-machte-er

וַיְנַתְּצוּ	הָאֱלֹהִים	אֶת־בֵּית
wayᵊnattᵊṣuʷ	hɔʾᵋlohiʸm	beʸt-ʾɛt
nieder-rissen-sie-und	(Gottes=)Götter-(der=)die	(Tempel)haus-(das)***

שָׂרְפוּ	אַרְמְנוֹתֶיהָ	וְכָל־	יְרוּשָׁלִַם	חוֹמַת	אֵת
śɔrᵊpuʷ	ʾarᵊmᵊnoʷtɛʸhɔ	-wᵊkol	yᵊruʷšɔlɔim	ḥoʷmat	ʾet
verbrannten-sie	Paläste-ihre	all(e)-und	,Jerusalem(s)	Mauer-(die)***	

מַחֲמַדֶּיהָ	כְּלֵי	וְכָל־	בָּאֵשׁ
maḥᵃmaddɛʸhɔ	kᵊleʸ	-wᵊkol	bɔʾeš
Begehren(s)-ihr(es)	Gefäße	all(e)-und	,Feuer-im

20 וַיֶּגֶל	לְהַשְׁחִית׃
wayyɛgɛl	lᵊhašᵊḥiʸt.
Verbannung-die-in-führte-er-Und	.Verderben-(dem=)zu-(überantworteten-sie)

בָּבֶל	אֶל־	הַחֶרֶב	מִן־	הַשְּׁאֵרִית
bɔbɛl	-ʾɛl	haḥɛrɛb	-min	haššᵊʾeriʸt
,Babel	(nach=)zu	Schwert-(dem=)das	von	Übriggebliebene-das

לַעֲבָדִים	וּלְבָנָיו	לוֹ	וַיִּהְיוּ־
laᶜᵃbɔdiʸm	uʷlᵊbɔnɔʸw	loʷ	-wayyihᵊyuʷ
Sklaven-zu	Söhne(n)-seine(n)-(zu)-und	ihm-(zu)	(wurden=)waren-sie-und

פָּרָס׃	מַלְכוּת	מְלֹךְ	עַד־
pɔrɔs.	malᵊkuʷt	mᵊlok	-ᶜad
,(Persien=)Paras	Königreich(es)-(des)	Herrschen-(zum)	bis

בְּפִי	יְהוָה	דְּבַר־	21 לְמַלֹּאות
b^{ə}pi^{y}	y^{ə}hwɔ^{h}	-d^{ə}bar	l^{ə}mallɔʾwt
(durch=)Mund-in	JHWH(s)	Wort-(das)	(erfüllte-sich-dass=)erfüllen-zu

הָאָרֶץ	רָצְתָה	עַד־	יִרְמְיָהוּ
hɔʾɔrɛṣ	rɔṣ^{ə}tɔ^{h}	-ʿad	yir^{ə}m^{ə}yɔhu^{w}
Land-das	abgetragen-hatte-(es=sie)	bis	,(Jeremia=) Jirmejahu

יְמֵי	כָּל־	אֶת־שַׁבְּתוֹתֶיהָ
y^{ə}me^{y}	-kol	šabb^{ə}to^{w}tɛ^{y}hɔ-ʾɛt
Tage-(die)	all	,Sabbate-(gefeierten-nicht)-(seine=)ihre***

שָׁבָתָה	הָשַּׁמָּה
šɔbɔtɔ^{h}	hɔššammɔ^{h}
,(brach-lag=)ruhte-(es=)sie	Verödung-(der=)die

שָׁנָה׃	שִׁבְעִים	לְמַלֹּאות
šɔnɔ^{h}.	šib^{ə}ʿi^{y}m	l^{ə}mallɔʾwt
.Jahr(en)	siebzig	(von-Erfüllung-zur-bis=)erfüllen-zu

מֶלֶךְ	לְכוֹרֶשׁ	אַחַת	22 וּבִשְׁנַת
mɛlɛk	l^{ə}ko^{w}rɛš	ʾaḥat	u^{w}biš^{ə}nat
(von)-König-(dem)	,Kyrus-(von=)zu	(eins=)eine	Jahr-(dem)-in-(Aber=)Und

דְּבַר־יְהוָה	לִכְלוֹת	פָּרָס
y^{ə}hwɔ^{h}-d^{ə}bar	lik^{ə}lo^{w}t	pɔras
JHWH(s)-Wort-(das)	(Erfüllen=)Beenden-zu(m)	,(Persien=)Paras

יְהוָה	הֵעִיר	יִרְמְיָהוּ	בְּפִי
y^{ə}hwɔ^{h}	heʿi^{y}r	yir^{ə}m^{ə}yɔhu^{w}	b^{ə}pi^{y}
JHWH	auf-reizte-(es=er)	,(Jeremia=)Jirmejahu	(durch=)Mund-in

מֶלֶךְ־פָּרָס	כּוֹרֶשׁ	אֶת־רוּחַ
pɔras-mɛlɛk	ko^{w}rɛš	ru^{w}aḥ-ʾɛt
,(Persien=)Paras-(von)-König	,(Kyrus=)Koresch	(von)-Geist-(den)***

בְּכָל־מַלְכוּתוֹ	קוֹל	וַיַּעֲבֶר־
mal^{ə}ku^{w}to^{w}-b^{ə}kol	qo^{w}l	-wayya^{ʿa}bɛr
(König)reich-sein(em)-all-in	(Aufruf-einen=)Stimme	ergehen-ließ-(d)er-und

לֵאמֹר׃	בְּמִכְתָּב	וְגַם־
leʾmor.	b^{ə}mik^{ə}tɔb	-w^{ə}gam
:(lassend-sagen-war-er=)sagen-zu	Schreiben-(ein)-(durch=)in	auch-und

מֶלֶךְ	כּוֹרֶשׁ	אָמַר	כֹּה־	23
mɛlɛk	ko^{w}rɛš	ʾɔmar	-ko^{h}	
(von)-König-(der)	,(Kyrus=)Koresch	(spricht=)sprach-(es=er)	So	

נָתַן	הָאָרֶץ	מַמְלְכוֹת	כָּל־	פָּרַס
nɔtan	hɔʾɔrɛṣ	mam^{ə}l^{ə}ko^{w}t	-kol	pɔras
gegeben-hat-(es=er)	Erde-(der=)die	Königreiche	All(e)	:(Persien=)Paras

וְהוּא־	הַשָּׁמַיִם	אֱלֹהֵי	יְהוָה	לִי
-w^{ə}hu^{w}ʾ	haššɔmayim	ʾ^{ɛ}lohe^{y}	y^{ə}hwɔ^{h}	li^{y}
(selbst)-er-und	,Himmel-(der=)die	(Gott-der=)Götter-(die)	,JHWH	mir-(zu)

לוֹ	לִבְנוֹת־	עָלַי	פָּקַד
lo^{w}	-lib^{ə}no^{w}t	ʿɔlay	pɔqad
(ihn-für=)ihm-zu	(er)bauen-zu	(mir=)mich-auf	aufgetragen-hat-(er)

מִי־	בִּיהוּדָה	אֲשֶׁר	בִּירוּשָׁלַםִ	בַּיִת
-mi^{y}	bi^{y}hu^{w}dɔ^{h}	ʾ^{a}šɛr	bi^{y}ru^{w}šɔlaim	bayit
Wer	.(ist)-Juda-in	welch(es)	,Jerusalem-in	(Tempel)haus-(ein)

אֱלֹהָיו	יְהוָה	עַמּוֹ	מִכָּל־	בָכֶם
ʾ^{ɛ}lohɔ^{y}w	y^{ə}hwɔ^{h}	ʿammo^{w}	-mikkol	bɔkɛm
,(Gott=)Götter-sein(e)	,JHWH	,(ist)-Volk-sein(em)	all-von	euch-(unter=)in

וְיָעַל׃	עִמּוֹ
w^{ə}yɔʿal.	ʿimmo^{w}
!hinaufziehen-(soll=)wird-er-und	ihm-mit-(sei)